Der Same Seths

Nag Hammadi and Manichaean Studies

VOLUME 78

The titles published in this series are listed at brill.nl/nhms

Hans-Martin Schenke

1929–2002

Der Same Seths

Hans-Martin Schenkes *Kleine Schriften* zu Gnosis, Koptologie und Neuem Testament

Herausgegeben von

Gesine Schenke Robinson
Gesa Schenke
Uwe-Karsten Plisch

BRILL

LEIDEN • BOSTON
2012

This book is printed on acid-free paper.

Library of Congress Cataloging-in-Publication Data

Schenke, Hans-Martin.
Der Same Seths : Hans-Martin Schenkes kleine Schriften zu Gnosis, Koptologie und Neuem Testament / herausgegeben von Gesine Schenke Robinson, Gesa Schenke und Uwe-Karsten Plisch.
p. cm. — (Nag Hammadi and Manichaean studies, ISSN 0929-2470 ; v. 78)
German and English.
Includes bibliographical references (p.).
ISBN 978-90-04-22390-5 (hardback : alk. paper)
1. Gnosticism. 2. Nag Hammadi codices. 3. Coptic Church. 4. Berliner Arbeitskreis für Koptisch-Gnostische Schriften. 5. Bible. N.T.—Criticism, interpretation, etc. I. Robinson, Gesine Schenke. II. Schenke, Gesa. III. Plisch, Uwe-Karsten. IV. Title.

BT1390.S34 2012
270.1—dc23

2012000310

This publication has been typeset in the multilingual "Brill" typeface. With over 5,100 characters covering Latin, IPA, Greek, and Cyrillic, this typeface is especially suitable for use in the humanities. For more information, please see www.brill.nl/brill-typeface.

ISSN 0929-2470
ISBN 978 90 04 22390 5 (hardback)
ISBN 978 90 04 22624 1 (e-book)

PRINTED BY DRUKKERIJ WILCO B.V. - AMERSFOORT, THE NETHERLANDS

INHALT

ESSAYS

REZENSIONEN

VORWORT

Der hier vorliegende Sammelband will einen Einblick in die Bandbreite der wissenschaftlichen Bemühungen des Lehrers und Forschers Hans-Martin Schenke vermitteln. Er ist gedacht, Interessierten den Zugang zu seinen zahlreichen, teils an entlegenen Orten veröffentlichten Publikationen zu erleichtern.

Auf Grund seines vielfältigen und weit reichenden Schaffens als Neutestamentler, Koptologe und Gnosisspezialist konnte allerdings nur ein Teil seiner Arbeiten ausgewählt werden. So wurde auf Beiträge für Handwörterbücher und Lexika verzichtet und auch Texteditionen und Übersetzungen blieben weitgehend unberücksichtigt. Von seinen zahlreichen Rezensionen wird ebenfalls nur eine Auswahl geboten. Dabei wurden vor allem Arbeiten einbezogen, die einen eigenständigen Beitrag zur Forschungsdiskussion leisten.

Dass Hans-Martin Schenke besonders gern und häufig Rezensionen schrieb, lag zunächst darin begründet, dass er, in der DDR lebend, die meisten Bücher, die er zur Arbeit brauchte, auf andere Weise nicht hätte bekommen können. Diese Gewohnheit behielt er später bei, denn er hatte – um es mit seinen Worten zu sagen – die Rezension unterdessen zu einer eigenen Literaturform erhoben.

Die Darbietung der ausgewählten Essays und Rezensionen erfolgt jeweils in chronologischer Reihenfolge. Um eine allgemeine Orientierung und das gezielte Auffinden bestimmter Essays zu erleichtern, werden diese anschließend noch einmal nach Hans-Martin Schenkes Hauptforschungsgebieten geordnet aufgelistet. Da die Überschreitung von Fächergrenzen zu den herausragenden Eigenschaften seiner wissenschaftlichen Arbeit zählte, kommt es bei einer solchen thematischen Zuordnung notwendigerweise immer wieder zu Überschneidungen. Deshalb werden in diesem Verzeichnis einige Beiträge gegebenenfalls mehrfach aufgeführt.

Für die hier wiedergegebenen Abhandlungen wurden von den entsprechenden Verlagen die jeweiligen Republikationsgenehmigungen eingeholt. Faksimiles, Abbildungen und Zeichnungen konnten jedoch nicht nachgedruckt werden, da unterdessen die Originale nicht mehr zur Verfügung stehen.

Literaturangaben innerhalb der einzelnen Publikationen wurden so weit wie möglich vereinheitlicht und die Orthographie der neueren Form angepasst. Zudem wurde ein Verzeichnis der erwähnten Literatur erstellt, das den Umgang mit Querverweisen erleichtern soll. Den Abschluss bildet eine vollständige Bibliographie von Hans-Martin Schenke.

Juni 2011

Gesine Schenke Robinson
Gesa Schenke
Uwe-Karsten Plisch

ABKÜRZUNGEN

AAWB	Abhandlungen der Akademie der Wissenschaften zu Berlin
ACW	Ancient Christian Writers
ADAIK	Abhandlungen des Deutschen Archäologischen Instituts Kairo
ADAIK.K	Koptische Reihe
ADPV	Abhandlungen des deutschen Palästina-Vereins
ÄgA	Ägyptologische Abhandlungen
ÄgF	Ägyptologische Forschungen
AELAC	Association pour l'étude de la littérature apocryphe chrétienne
AGWG	Abhandlungen der königlichen Gesellschaft der Wissenschaften zu Göttingen
AGWG.NF	Neue Folge
AGWG.PH	Philologisch-historische Klasse
AHR	American Historical Review
AnO	Analecta Orientalia, Commentationes scientificae de rebus Orientis Antiqui
ANRW	Aufstieg und Niedergang der römischen Welt
ANWAW	Abhandlungen der Nordrhein-Westfälischen Akademie der Wissenschaften
ANWAW.PC	Papyrologica Coloniensia
APF	Archiv für Papyrusforschung und verwandte Gebiete
ARW	Archiv für Religionswissenschaft
ASAW	Abhandlungen der sächsischen Akademie der Wissenschaften zu Leipzig
ASAW.PH	Philologisch-historische Klasse
ASKÄ	Arbeiten zum spätantiken und koptischen Ägypten
ASTI	Annual of the Swedish Theological Institute
AStP	American Studies in Papyrology
AThANT	Abhandlungen zur Theologie des Alten und Neuen Testaments
AthM	Athenäums Monografien
BÄ	Beiträge zur Ägyptologie
BASOR	Bulletin of the American Schools of Oriental Research

BASP	Bulletin of the American Society of Papyrologists
BAW	Bibliothek der alten Welt
BAW.AC	Reihe Antike und Christentum
BB	Brennpunkt Bibel
BBA	Berliner Byzantinistische Arbeiten
BBB	Bonner Biblische Beiträge
BBI	Bulletin of the Byzantine Institute
BCNH	Bibliothèque copte de Nag Hammadi
BCNH.C	Section concordances
BCNH.É	Section études
BCNH.T	Section textes
BEC	Bibliothèque d'études coptes
BET	Beiträge zur biblischen Exegese und Theologie
BEThL	Bibliotheca Ephemeridum theologicarum Lovaniensium
BEvTh	Beiträge zur Evangelischen Theologie
BFChTh	Beiträge zur Förderung christlicher Theologie
BGPhMA	Beiträge zur Geschichte der Philosophie und Theologie des Mittelalters, Texte und Untersuchungen
BHTh	Beiträge zur historischen Theologie
BibA	Bibliotheca Orientalis
Bibl	Biblica. Commentarii periodici ad rem biblicam scientifice investigandam
BiblAr	The Biblical Archaeologist
BiblZ	Biblische Zeitschrift
BibOr	Bibliotheca Orientalis
BIE	Bulletin de l'Institute d'Égypte
BIFAO	Bulletin de l'Institut Français d'Archéologie Orientale
BKV	Bibliothek der Kirchenväter
BSAC	Bulletin de la Société d'Archéologie Copte
BSEG	Bulletin de la Société d'Egyptologie de Genève
BSRAA	Bulletin de la Société Royale d'Archéologie Alexandrie.
BSRAA.NS	Numen Supplementum
BTNT	Beiträge zur Theologie des Neuen Testaments
BU	Biblische Untersuchungen
BVSAW	Berichte über die Verhandlungen der Sächsischen Gesellschaft der Wissenschaften
BZAW	Beihefte zur Zeitschrift für die alttestamentliche Wissenschaft
BZNS	Beihefte zur Zeitschrift für neutestamentliche Studien

BZNW	Beihefte zur Zeitschrift für die neutestamentliche Wissenschaft und die Kunde der älteren Kirche
CBQ	The Catholic Biblical Quarterly
CChr	Corpus Christianorum
CChr.SA	Series Apocryphorum
CFM	Corpus Fontium Manichaeorum
CFM.C	Series Coptica
CGLib	The Coptic Gnostic Library
ChH	Church History
ChNI	Christian News from Israel
ChrÉ	Chronique d'Égypte
CoptSt	Coptic Studies
COr	Cahiers d'Orientalisme
CRAI	Comptes rendus des séances de l'Académie des Inscriptions et Belles-Lettres
CRB	Cahiers de la Revue biblique
CSCO	Corpus Scriptorum Christianorum Orientalium
CSCO.C	Scriptores Coptici
CSCO.S	Scriptores Syri
CSEL	Corpus scriptorum ecclesiasticorum Latinorum
CSHB	Corpus scriptorum historiae Byzantinae
CSIC	Consejo Superior de investigaciones cientificas
CSIC.TyE	Textos y estudios
DAWB.IO	Deutsche Akademie der Wissenschaften zu Berlin, Institut für Orientforschung
EJb	Eranos-Jahrbuch
EKK	Evangelisch-katholischer Kommentar zum Neuen Testament
Enchoria	Zeitschrift für Demotistik und Koptologie
EPRO	Études préliminaires aux religions orientales dans l'empire Romain
ET	The Expository Times
Études	Études. Revue catholique d'intérêt général
EU	Egyptologische Uitgaven
EvTh	Evangelische Theologie
FacEd	The Facsimile Edition of the Nag Hammadi Codices

FRLANT	Forschungen zur Religion und Literatur des Alten und Neuen Testaments
FRLANT.NF	Neue Folge
FS	Festschrift
FuB	Forschungen und Berichte
FuF	Forschungen und Fortschritte
FuV	Forschung und Volkskunde
GCS	Die griechischen christlichen Schriftsteller der ersten drei Jahrhunderte
GCS.NF	Neue Folge
GGA	Göttingische Gelehrte Anzeigen
GLECS	Comtes rendus du groupe linguistique d'études chamito-sémitique
GM	Göttinger Miszellen
GOF	Göttinger Orientforschungen
GOF.H	Hellenistica
GrTS	Grazer Theologische Studien
GTA	Göttinger Theologische Arbeiten
HBO	Hallesche Beiträge zur Orientwissenschaft
HCNT	Hand-Commentar zum Neuen Testament
HDR	Harvard Dissertations in Religion
Hermeneia	Hermeneia. A Critical and Historical Commentary on the Bible
HK	Handkommentar zum Alten Testament
HNT	Handbuch zum Neuen Testament
HO	Handbuch der Orientalistik
HThK	Herders theologischer Kommentar zum Neuen Testament
HThR	Harvard Theological Review
HThS	Harvard Theological Studies
IACS	International Association for Coptic Studies
IACS.NL	Newsletter
IDB	Interpreter's Dictionary of the Bible
IDB.S	Supplement
IEJ	Israel Exploration Journal
IELOA	Instruments pour l'étude des langues de l'Orient ancien
JA	Journal Asiatique
JAC	Jahrbuch für Antike und Christentum
JAC.E	Ergänzungsband

JANESCU	Journal of the Ancient Near Eastern Society of Columbia University
JARCE	Journal of the American Research Center in Egypt
JBL	Journal of Biblical Literature
JBW	Jahrbücher der Biblischen Wissenschaft
JCoptS	Journal of Coptic Studies
JDTh	Jahrbücher der deutschen Theologie
JEA	Journal of Egyptian Archeology
JECS	Journal of Early Christian Studies
JEH	Journal of Ecclesiastical History
JJS	Journal of Jewish Studies
JPOS	Journal of the Palestine Oriental Society
JSHRZ	Jüdische Schriften aus hellenistisch-römischer Zeit
JSJ	Journal for the Study of Judaism in the Persian, Hellenistic and Roman Period
JSNT	Journal for the Study of the New Testament
JSNT.SS	Supplement Series
JThS	Journal of Theological Studies
Kairos	Kairos. Zeitschrift für Religionswissenschaft und Theologie
KEK	Kritisch-exegetischer Kommentar über das Neue Testament
KMA	Kelsey Museum of Archeology
KMA.S	Studies
KTA	Kröners Taschenausgabe
LNC	La Nouvelle Clio
LOA	Langues orientales anciennes
LOA.PL	philologie et linguistique
LPP	La parola del passato
LThK	Lexikon für Theologie und Kirche
LTP	Laval théologique et philosophique
MÄS	Mitteilungen aus der ägyptischen Sammlung
MGWJ	Monatsschrift für Geschichte und Wissenschaft des Judentums
MIFAO	Mémoires publiés par les Membres de l'Institut Français d'Archéologie Orientale
MPER	Mitteilungen aus der Papyrussammlung der Österreichischen Nationalbibliothek
MSÉO	Mémoires de la Société d'Études Orientales „Ex Oriente Lux"
MSRAA	Mémoires de la Société Royale d'Archéologie d'Alexandrie
MThZ	Münchener Theologische Zeitschrift

MVÄG	Mitteilungen der vorderasiatisch-ägyptischen Gesellschaft
NA	Neues Abendland
NARCEg	Newsletter of the American Research Center in Egypt
NedThT	Nederlands theologisch tijdschrift
NGWG	Nachrichten der Gesellschaft der Wissenschaften zu Göttingen
NGWG.PH	Philologisch-historische Klasse
NHLibEng	The Nag Hammadi Library in English
NHMS	Nag Hammadi and Manichaean Studies
NHS	Nag Hammadi Studies
NovT	Novum Testamentum. An International Quarterly for New Testament and Related Studies
NovT.S	Supplements
NRTh	Nouvelle revue théologique
NTA	Neutestamentliche Abhandlungen
NTApo	Neutestamentliche Apokryphen in deutscher Übersetzung
NTD	Das Neue Testament Deutsch
NTD.NF	Neue Folge
NTS	New Testament Studies
OBC	Orientalia Biblica et Christiana
OBO	Orbis Biblicus et Orientalis
OCA	Orientalia Christiana Analecta
ÖTK	Ökumenischer Taschenbuchkommentar zum Neuen Testament
OLA	Orientalia Lovaniensia Analecta
OLP	Orientalia Lovaniensia Periodica
OLZ	Orientalistische Literaturzeitung
OM	Oxbow Monograph
OrChr	Oriens Christianus
OTS	Oudtestamentische studien
PapC	Papyrologica Castroctaviana
PapC.ST	Studia et Textus
PapCol	Papyrologica Coloniensia
PEFQS	Palestine Exploration Fund Quarterly Statement, London 1869–1936
PIOL	Publications de l'Institut Orientaliste de Louvain

PLA	Porta Linguarum Orientalium
PLA.NS	Neue Serie
P.Mil.Copti	Papiri della Università degli Studi di Milano
PO	Patrologia orientalis
PRE	Paulys Real-Encyclopädie der classischen Alterthumswissenschaft
PTA	Papyrologische Texte und Abhandlungen
PTS	Patristische Texte und Studien
Qedem	Qedem. Monographs of the Institute of Archaeology, Hebrew University of Jerusalem
RA	Revue Archéologique
RB	Revue biblique
RDStO	Rivista degli studi orientali
RE	Realenzyklopädie für protestantische Theologie und Kirche
REAug	Revue des études Augustiniennes
RGG	Die Religion in Geschichte und Gegenwart
RGVV	Religionsgeschichtliche Versuche und Vorarbeiten
RHR	Revue de l'histoire des religions
RMP	Rheinisches Museum für Philologie
RMP.NF	Neue Folge
RO	Res Orientales
RQ	Revue de Qumran
RSAC	Recherches Suisses d'Archéologie Copte
RSPhTh	Revue des sciences philosophiques et théologiques
RSR	Recherches de science religieuse
RSV	Revised Standard Version of the Oxford Bible
RWS	Religionswissenschaftliche Studien
SAH	Studia Augustiniana historica
SBL	Society of Biblical Literature
SBL.DS	Dissertation Series
SBL.MS	Monograph Series
SBL.PS	Pseudepigrapha Series
SBL.SBSt	Sources for Biblical Study
SBL.SCSt	Septuagint and Cognate Studies
SBL.SP	Seminar Papers
SBL.TT	Texts and Translations

SBS	Stuttgarter Bibelstudien
SC	Sources Chrétiennes
SecCent	The Second Century Journal
SGM	Sources Gnostiques et Manichéennes
SGRR	Studies in Greek and Roman Religion
SH	Scripta Hierosolymitana
SHG	Subsidia Hagiographica
SHR	Studies in the History of Religions
SHR.SN	Supplement to Numen
SJ	Studia Judaica. Forschungen zur Wissenschaft des Judentums
SJLA	Studies in Judaism in Late Antiquity
SKCO	Sprachen und Kulturen des christlichen Orients
SNTS	Studiorum Novi Testamenti Societas/Society for New Testament Studies
SNTS.MS	Monograph Series
SPAW	Sitzungsberichte der Preußischen Akademie der Wissenschaften zu Berlin
SPAW.PH	Philosophisch-historische Klasse
SQS	Sammlung ausgewählter kirchen- und dogmengeschichtlicher Quellenschriften
SQS.NF	Neue Folge
STAC	Studien und Texte zu Antike und Christentum
StAeg	Studia Aegyptiaca
StANT	Studien zum Alten und Neuen Testament
StNP	Studies in Neoplatonism
StNT	Studien zum Neuen Testament
StPatr	Studia Patristica
StPB	Studia Post-Biblica
StTh	Studia Theologica
StudPap	Studia Papyrologica
StUNT	Studien zur Umwelt des Neuen Testaments
StZ	Stimmen der Zeit
SubHag	Subsidia Hagiographica
SWP	The Survey of Western Palestine
Syria	Syria. Revue d'art oriental et d'archéologie
TAVO	Tübinger Atlas des Vorderen Orients
TDSA	Testi e documenti per lo studio dell'antichità
ThF	Theologische Forschung
ThHK	Theologischer Handkommentar zum Neuen Testament

ThLZ	Theologische Literaturzeitung
ThR	Theologische Rundschau
ThR.NF	Neue Folge
ThStKR	Theologische Studien und Kritiken. Zeitschrift für das gesamte Gebiet der Theologie
ThW	Theologische Wissenschaft
ThZ	Theologische Zeitschrift
TRE	Theologische Realenzyklopädie
TU	Texte und Untersuchungen zur Geschichte der altchristlichen Literatur
TU.NF	Neue Folge
TuW	Theologie und Wirklichkeit
Tyche	Tyche. Beiträge zur alten Geschichte, Papyrologie und Epigraphik
UF	UNESCO-Features
UTb	Urban-Taschenbücher
VF	Verkündigung und Forschung
VHSUB	Veröffentlichungen aus der Hamburger Staats- und Universitäts-Bibliothek
VHSUB.NF	Neue Folge
VigChr	Vigiliae Christianae. Review of Early Christian Life and Language
VigChr.S	Supplements
VIO	Veröffentlichungen des Instituts für Orientforschung der Deutschen Akademie der Wissenschaften zu Berlin
VOHD	Verzeichnis der orientalischen Handschriften in Deutschland
VT	Vetus Testamentum
VT.S	Supplementum
WBH	Wissenschaftliche Beiträge der Martin-Luther-Universität Halle-Wittenberg
WdF	Wege der Forschung
WMANT	Wissenschaftliche Monographien zum Alten und Neuen Testament
WuD	Wort und Dienst. Jahrbuch der Theologischen Schule Bethel
WuD.NF	Neue Folge

WUNT	Wissenschaftliche Untersuchungen zum Neuen Testament
WuW	Wort und Wahrheit
WZH	Wissenschaftliche Zeitschrift der Martin-Luther-Universität Halle-Wittenberg
WZKM	Wiener Zeitschrift für die Kunde des Morgenlandes
ZAC	Zeitschrift für antikes Christentum
ZAW	Zeitschrift für die alttestamentliche Wissenschaft
ZBK	Zürcher Bibelkommentare
ZBK.NT	Neues Testament
ZDMG	Zeitschrift der Deutschen Morgenländischen Gesellschaft
ZDMG.S	Supplementa
ZDPV	Zeitschrift des Deutschen Palästinavereins
ZÄS	Zeitschrift für ägyptische Sprache und Altertumskunde
ZKG	Zeitschrift für Kirchengeschichte
ZNW	Zeitschrift für die neutestamentliche Wissenschaft und die Kunde des Urchristentums
ZPE	Zeitschrift für Papyrologie und Epigraphik
ZRGG	Zeitschrift für Religions- und Geistesgeschichte
ZSG	Zeitschrift für Semitische und verwandte Gebiete
ZThK	Zeitschrift für Theologie und Kirche

HANS-MARTIN SCHENKE – MENSCH UND BERUFUNG

Geboren wurde Hans-Martin Schenke am 25. April 1929 in Oschersleben an der Bode. Die meiste Zeit seines Lebens hat er jedoch in Berlin verbracht, einer Stadt, die ihm in über 50 Jahren irgendwie ans Herz gewachsen war. Als er 1948 an der Kirchlichen Hochschule in Berlin-Zehlendorf zu studieren begann, lag der größte Teil Berlins noch in Schutt und Asche. Er hat die Stadt sich erheben sehen, von der unmittelbaren Nachkriegszeit, über die Jahre als „Hauptstadt der DDR", bis hin zum neuen Regierungssitz des wiedervereinten Deutschlands.

Hans-Martin Schenke lebte stets im Ostteil der Stadt – in *Prenzlauer Berg*, in *Mitte* und zuletzt in *Hohenschönhausen*. Dort starb er am Abend des 4. September 2002 im Beisein seiner beiden älteren Töchter. Begraben liegt er auf dem Georgen-Parochial-Friedhof in Prenzlauer Berg.

Seit 1950 studierte Hans-Martin Schenke an der *Humboldt-Universität* zu Berlin. Er promovierte 1956 im Fach Neues Testament und 1960 im Fach Ägyptologie. Darauf folgte 1961 die Habilitation mit der *venia legendi* im Fach Neues Testament. Seiner Alma Mater blieb er auch als Mitglied des Lehrkörpers – als Dozent (1960–64), als Professor mit Lehrauftrag (1964–66), als Professor mit vollem Lehrauftrag (1966–69) und seit 1969 als ordentlicher Professor – bis zu seiner Emeritierung im Jahre 1994 treu.

Schon als junger Professor bot Hans-Martin Schenke auf Wunsch seiner Studenten einen Koptischkurs an, zu dem sich auch einige seiner Kollegen und ehemaligen Schüler einfanden. Aus diesem Kurs wurde bald ein Seminar, das sich wöchentlich der Übersetzung und Bearbeitung koptischer Texte widmete. Allmählich formierte sich so der *Berliner Arbeitskreis für Koptisch-Gnostische Schriften*, der sich jahrelang an unzähligen Samstagen in den Privatwohnungen seiner Mitglieder zur Erörterung um Gnosis und Neues Testament kreisender Themen zusammen fand. In über 30 Jahren gingen aus diesem Kreis in Form von Dissertationen und Habilitationen zahlreicheErsteditionen und Neueditionen von Nag Hammadi-Texten hervor, die schließlich auch Eingang in die Sammelbände „Nag Hammadi Deutsch" (Band I: 2001, Band II: 2003) fanden.

Mit wie viel Begeisterung Hans-Martin Schenke an die Arbeit ging, wenn es einen problematischen Sachverhalt zu begreifen und erklären galt, zeigt sich in zahlreichen seiner Schriften und wird auch von seinen Schülern und Kollegen immer wieder betont. Der Mensch Hans-Martin tritt jedoch mit all seinen Einfällen und „Ausfällen", seiner unverhüllten Freude am spielerischen Lösen einer Aufgabe und seiner teils spitzzüngig unterbetonten Provokation besonders deutlich in einer Vorlesung zu Tage, die er anlässlich des Berliner Theologenballs 1987 – also zwei Jahre vor dem Fall der Berliner Mauer – vor Studenten, Lehrkörper und Gästen hielt. Das unmögliche Thema lautete *750 Jahre Berlin und das Neue Testament*. Was er daraus zu zaubern sich anschickte, soll den Lesern seiner ernsthaften Schriften nicht vorenthalten bleiben und wird deshalb hier in voller Länge geboten.

750 Jahre Berlin und das Neue Testament

Keine Feier ohne Festrede – wie aufhaltsam auch immer. Aber jede Festrede geht einmal vorüber; jede Festfeier geht einmal vorüber; jedes Festjahr geht einmal vorüber. Aber noch sind wir nicht soweit. Noch sind wir mitten drin im Festjahr, in der Jubelzeit „750 Jahre Berlin". Die 750 Jahre Berlins halten uns fest, lassen uns nicht entkommen. Es verhält sich damit wie mit dem Glaubensbegriff bei Paulus: Nicht nur, dass wir das Fest haben; das Fest hat auch uns. Die 750 Jahre Berlins sind allgegenwärtig: als neues Verkehrszeichen, als Aufschrift auf Bussen und Straßenbahnen, ja sogar auf Baumkuchenverpackungen[1] und Bierflaschen. Sie durchdringen alles. Auch sie sind „einem Sauerteig gleich, den ein Weib nahm und vermengte ihn unter drei Scheffel Mehl, bis dass es ganz durchsäuert ward" (Mt 13,33). Sie „versäuern" auch unseren heutigen Theologenball. Und so wollen wir denn dem Zwang der Zeit gehorsam folgen und uns dem Thema „750 Jahre Berlin und das NT" stellen.

Dabei handelt es sich um ein schwieriges Problem. Und auf den ersten Blick scheint das Thema wenig ergiebig. Umso sorgsamer müssen wir vorgehen. Und wie in solchen Fällen immer, kommt man nicht ohne gründliche Vorüberlegungen – auch *Prolegomena* genannt – aus.

Der *Prolegomena* erster Teil

Die kirchliche Legitimität des Themas (Dürfen wir überhaupt? Ja, wir dürfen!)

Wenn die These des bekannten Buchtitels von W. Marxsen, „Das NT als Buch der Kirche", gilt, kommen wir bei einem so kühnen Unternehmen,

[1] Hans-Martins Lieblingskuchen.

wie wir es vorhaben, nicht ohne kirchliche Legitimation aus. Wir gewinnen sie *per analogiam*. Als die UNO vor einiger Zeit das Jahr 1979 zum Jahr des Kindes proklamierte, da hat auch die Greifswalder Kirche diesem Aufruf entsprochen. Aber nicht etwa, dass die Pastoren nun mehr mit ihren Kindern gespielt hätten, nicht dass man alle kirchlichen Eltern aufgerufen hätte, sich mehr Zeit für ihre Kinder zu nehmen, nicht dass man eine Sammlung veranstaltet hätte, um den hungernden und kranken Kindern in anderen Teilen der Welt zu helfen. Vielleicht hat man das alles sogar getan, das weiß ich nicht; aber, was ich weiß, ist, dass die Kirchenleitung zunächst einmal den Greifswalder Neutestamentler beauftragt hat, ein Grundsatzpapier zu erarbeiten, unter dem Titel: „Das Kind im NT". Dass dabei auch exegetisch nichts herausgekommen ist, will ich hier nicht weiter ausführen; auch nicht, dass dieser Mensch – in Verkennung der Sachlage – damit nachher noch verschiedene Gremien bis auf den Tod gelangweilt hat; nach dem Pilatus-Grundsatz „Was ich geschrieben habe, das habe ich geschrieben" (Joh 19,22) hat er es schließlich auch noch in der *ThLZ* veröffentlicht.[2] Worauf es hier allein ankommt, ist der folgende Punkt: Wenn solches schon dem „Kind", das doch jung und klein ist, recht ist, um wie viel mehr ist es der Stadt Berlin, die doch alt und groß ist, billig.

Der *Prolegomena* zweiter Teil

Zur exegetischen Durchführbarkeit des Themas („Geht das denn?" – „Jeht allet", sagte Paul.)[3]

Es mag sein, dass es unter uns einige Kleingläubige gibt, die nicht nur mit Blick auf die Ergiebigkeit oder die Legitimität des Themas, sondern auch schon, was die bloße „Machbarkeit" anbelangt, zweifeln. Ich will gern gestehen, dass ich selbst zu den geringsten jener Kleingläubigen, der ich nicht wert wäre, dass ich ein Exeget hieße, gehören würde, wenn ich nicht erst kürzlich ein bestimmtes Buch eines bestimmten Fachkollegen zu rezensieren gehabt hätte. Es handelt sich um Peter Hofrichter: Im Anfang war der „Johannesprolog". Das urchristliche Logosbekenntnis – die Basis neutestamentlicher und gnostischer Theologie.[4] Spannend ist das Buch. So groß ist die Spannung, dass ich sie beim Lesen nicht ertragen konnte und

---

2 ThLZ 104, 1979, 625–638.

3 Zitat aus dem DEFA-Kultfilm *Die Legende von Paul und Paula* (1973) des Drehbuchautors Ulrich Plenzdorf.

4 Biblische Untersuchungen 17 (Regensburg, Verlag Friedrich Pustet 1986), 8°, 481 S.

es mir hier das erste mal bei einem wissenschaftlichen Buch passiert ist, was manche Leser von Kriminalromanen gelegentlich tun sollen, nämlich, dass ich die Lösung des „Falls" am Ende des Buches, d.h. die Antwort auf die Frage, woher denn der Johannesprolog nun stammt, vor der umfangreichen Darstellung des Weges, auf dem der Autor den Leser dahin führt, gelesen habe. Da erfährt man nun, dass der Täter in der Nähe des Andreas zu suchen sei. Was den Inhalt insgesamt anbelangt – der übrigens dem Anspruch des Autors: „Siehe, ich mache alles neu", durchaus genügt –, so komme ich mit meinem privaten Trostspruch: „Es gibt viele langweilige Wahrheiten und hochinteressante Irrtümer" hier nicht durch.

Es ist alles Unsinn, wenn auch Unsinn mit Methode. Nachdem ich mir, die eigene Natur unterjochend, eine seriöse Rezension für das *JAC* abgequält habe[5], finde ich zum inneren Gleichgewicht zurück, indem ich dieses Werk endlich hier in seinen natürlichen Kontext stellen kann, den einer Narrenrede. Was also lehrt uns das Buch? Vorbereitet durch Werke, wie Wolfgang Schenk: Der Passionsbericht nach Markus,[6] erfahren wir hier, dass die moderne neutestamentliche Exegese die Vielfalt und Diffizilität der Methode auf eine solche Höhe geführt – sie so auf die Spitze getrieben – hat, dass ihr nichts mehr unmöglich ist. Als ob es sich auf die Exegese bezöge, wenn es heißt: „Und machet sie euch untertan und herrschet über sie". Also: „750 Jahre Berlin und das NT" – machbar ist es. Was Hofrichter kann, das können wir auch!

Der *Prolegomena* dritter Teil

Die Forschungsgeschichte des Themas
(Die Zukunft hat schon begonnen.)

Nicht dass Sie nun denken, wir beträten mit dem allen Neuland! Gerade an unserer Sektion hat die exegetische Forschung hinsichtlich der Stadt Berlin bereits den vom Minister für Hoch- und Fachschulwesen so dringend geforderten und vom Rektor unserer Universität geförderten und durch mancherlei Auszeichnungen stimulierten Höchststand erreicht. Um das blitzlichtartig zu erhellen, verweise ich einfach auf einen Artikel in der bekannten Untergrundzeitschrift *Fennpfuhler Blättlein*,[7] Jahrgang

---

5 JAC 30 (1987), 195–200; hier 1088–1096.

6 Evangelische Verlagsanstalt Berlin 1974.

7 Die *Fennpfuhler Blättlein* waren privat gedruckte und handverteilte Informationsblätter des evangelischen Gemeindezentrums *Am Fennpfuhl* im Ostberliner Stadtteil Lichtenberg.

1983, S. 2–3. Es handelt sich um ein Interview in Sachen Brief des Paulus πρὸς Μαρζανίους, das ein Mitglied des Lehrkörpers unserer Sektion einem Reporter dieser Zeitschrift gewährte. Es heißt da:

Fennpfuhler Blättlein: „Wie aus außergewöhnlich schlecht informierten kirchlichen Kreisen verlautet, wurde bei der Modernisierung vorzeitlicher Wohnhöhlen in Berlin-Marzahn[8] ein sensationeller Fund gemacht. Es handelt sich im Einzelnen um Folgendes: Zwischen einigen Gefäßen mit einer bislang nicht identifizierten klebrigen Flüssigkeit fanden sich zwei relativ unversehrte Kochtöpfe mit leicht zerkrümelten Schriftstücken, die sich bei näherem Hinsehen als eine Sammlung neutestamentlicher Paulus-Briefdurchschläge entpuppten, welche vermutlich – nach den Schrifttypen zu urteilen – auf einer Erika-Reiseschreibmaschine ca. 60 n.Chr. geschrieben wurden. Darunter befand sich auch die bislang unbekannte Original-Maschinenschrift eines Briefes des Paulus πρὸς Μαρζανίους. Sie sollen gegenwärtig mit der Auswertung dieses Fundes beschäftigt sein. Was lässt sich heute schon näheres darüber sagen?"

Professor X: „Der Fund ist tatsächlich von allergrößter Wichtigkeit für die Rekonstruktion der *Vita Pauli* und der Entwicklung seiner Theologie. Das gilt natürlich in allererster Linie von dem bisher nicht bekannten Brief ‚An die Marzanier', von dem leider nur die Überschrift eindeutig lesbar ist. Das Corpus ist zu fragmentarisch und in einem so schlechten Erhaltungszustand, dass es noch der Entwicklung neuer fotografischer und chemischer Verfahren bedarf, bis man vielleicht einige Buchstaben erkennen kann.

Was die Sachdeutung der Überschrift anbelangt, so schwanke ich noch zwischen zwei verschiedenen Hypothesen. Nehmen wir die Überschrift, wie sie ist, so dürfen wir schließen, dass Paulus bei seiner Europamission nicht nur bis Illyrien, sondern auch bis zu dem Ort, der jetzt Marzahn heißt, gekommen ist und unter dessen keltischen Ureinwohnern missioniert hat. Die Idee dazu dürfte ihm in Galatien gekommen sein, da die Galater ja ebenso wie die Marzanier Kelten waren. Vielleicht aber sind auch die Marzanier wie die Galater paulinische Kinder des Zufalls, da der Ort ja damals schon nicht besonders bedeutsam war. Vielleicht wollte Paulus hier auch nur durchziehen – und zwar, wie ich vermuten möchte, in den fernen und wilden Westen, d.h. nach Amerika – und er wäre auch hier wieder krank geworden...

Ich liebäugele aber im Grunde mit einer noch ganz anderen Deutung, die mehr auf der Linie der Literarkritik liegt. Die Buchstaben Nr. 4 und 7 innerhalb des *nomen proprium* sind merkwürdig unscharf und sehen eigentlich aus wie Tippfehler, die dem Sekretär des Paulus hier unterlaufen sind. Wahrscheinlich sollte die Überschrift nämlich lauten πρὸς Μαρκιανούς. Paulus hätte diesen Brief also nicht an eine von ihm gegründete Gemeinde,

[8] *Marzahn* bezeichnet einen ehemaligen Ostberliner Stadtbezirk, heute Bezirk Marzahn-Hellersdorf.

sondern an die berühmte, nach ihrem Gründer Marcion benannte Sekte der Marcioniten, die eben auch Marcianer genannt werden, geschrieben. Der Fundort Marzahn wäre mithin nur zufällig. Damit aber erscheint die gesamte paulinische Theologie in einem neuen Licht. Bisher ging man immer davon aus, dass Marcion etwa hundert Jahre *nach* Paulus gewirkt hätte. Aber das scheint sich nun als eine ‚optische Täuschung' zu entpuppen. Man muss nunmehr Marcion hundert Jahre *vor* Paulus ansetzen. Und es wäre eben nicht so, dass Marcion die paulinische Theologie infolge eines Missverständnisses überspitzt und so radikalisiert, sondern Paulus hätte die Theologie des Marcion entschärft, domestiziert. Man könnte auch sagen: „Paulus ist der ‚Lukas' des Marcion".

(Ende der *Prolegomena*)

Interludium: Zur Befragungshinsicht

Am Übergang von den *Prolegomena* zur Sache selbst muss das stehen, was unsere Studenten bei ihren Seminararbeiten so häufig vergessen oder nur unzureichend machen, nämlich eine Reflexion darüber, wie man das Thema anzupacken gedenkt. Sie werden mit mir einer Meinung sein, dass die 750 Jahre Berlins nicht nur nicht zum zentralen *Kerygma* des NT gehören, sondern überhaupt nicht vorkommen. Berlin ist, obwohl schon so ältlich (richtig alt kann man wohl nicht sagen), doch noch neuer als das Neue Testament. Dieses blickt also nicht auf Berlin zurück (wie etwa auf Ninive, Babylon, Athen oder Rom), sondern kann bestenfalls auf Berlin vorausblicken; aber das wäre, wie alle Prophetie, nur verhüllt möglich. Kurzum, da das NT nicht von sich aus etwas zum Thema ‚750 Jahre Berlin' sagen will, oder sagen kann, handelt es sich bei unserem Thema um eine Frage, die wir an das NT herantragen. Wir befragen also das NT bei dieser Thematik, wie bei vielen anderen Themen, gegen seine Intention. Die 750 Jahre Berlins können sich nur verschlüsselt im NT finden. Wir versuchen die Dechiffrierung in drei Etappen.

I. *Die Zahl 750 im NT*

Wonach wir zunächst suchen müssten, wäre die griechische Wendung ἑπτακόσια καὶ πεντήκοντα ἔτη bzw. ἑπτακοσιοστὸν καὶ πεντηκοστὸν ἔτος. Aber ein solcher Ausdruck findet sich im NT nicht. Nun mag, wenn es selbstverständlich ist, dass es sich um Jahre handelt, die gezählt werden, das Stichwort ἔτος/ἔτη wegfallen können. Aber auch die bloße Zahl 750 kommt im NT nicht vor – jedenfalls nicht an der Oberfläche. Aber wir wollen ja auch keine oberflächliche Zahl, sondern eine prophetisch-/apokalyptisch-geheimnisvolle. Nun ist bekanntermaßen die geheimnisvollste Zahl im NT die Zahl 666 in Apk 13,18. Aber das ist nur scheinbar eine Zahl, in Wirklichkeit der nach dem Prinzip der Gematrie verschlüsselte Name eines Menschen, eines römischen Kaisers, und zwar des Kaisers Nero. Es geht hier nach demselben Prinzip, nach dem man in christlichen Texten sehr oft die Zahl 99 (= ϘΘ) für das Wort ἀμην schreibt, weil die addierten Zahlenwerte der Buchstaben dieses Wortes (= 90 + 9 bzw. 1 + 40 + 8 + 50) die Zahl 99 ergeben. Es erhebt sich nun die Frage, ob es etwa auch das Umgekehrte im NT gibt, dass etwas, das als Name erscheint, in Wirklichkeit eine Zahl ist bzw. zugleich als Zahl erscheinen kann, und ob wir so vielleicht die Zahl 750 entdecken. Und das ist eben der Fall. Dabei handelt es sich sogar um die antipodische Entsprechung zum Kaiser Nero, nämlich um nichts Geringeres als um den Namen Christus (Χριστός) selbst, und zwar im Akkusativ Χριστόν. Damit ist übrigens auch gegeben, dass im Unterschied zur Zahl 666 die Gegenzahl 750 geradezu omnipräsent ist. Aber um das, was ich meine zu sehen, müssen wir hinter unser „Schulbuch" Nestle–Aland[26] zurückgehen auf die echten Zeugen des Bibeltextes, also etwa die Papyri Chester Beatty I.II.III; Bodmer II.VII.VIII.XIV.XV.XVII; die Pergamentkodices Vaticanus, Sinaiticus, Alexandrinus, Bezae Cantabrigiensis. In diesen direkten Zeugen werden nämlich Namen und Wörter wie Χριστός, Ἰησοῦς, Θεός, *κύριος*, *πνεῦμα* etc. als *nomina sacra* in Kontraktion geschrieben. Der Akkusativ Χριστόν erscheint da eben als $\overline{\text{ΧΡΝ}}$. Der Kontraktionsstrich unterscheidet sich in nichts von dem Strich, der den Zahlenwert der Buchstaben markiert. $\overline{\text{ΧΡΝ}}$ ist also eigentlich auch 600 + 100 + 50. Was zu beweisen war. (Ende der ersten Etappe.)

II. *Die Stadt Berlin im NT*

„Berlin" ist ein *nomen proprium* und auch noch eines in einer – selbst an der griechischen *Koine* gemessen – barbarischen Sprache, also auch ein *nomen barbarum*. Aber Barbarisches findet sich im NT sowieso nicht – und wenn doch, hätten wir es längst weginterpretiert. Aber wenn schon der Name nicht, vielleicht doch wenigstens die Sache! Auf die Suche nach dem Eigennamen „Berlin" sollten wir auch noch aus einem anderen Grunde verzichten. Der Name ist nicht eindeutig. Es gibt mehrere „Berlins": Hier und fast hier je eins aus Stein, und dann noch zwei aus Holz in New Hampshire und Virginia, USA. Wie wenig eindeutig und sicher der Name „Berlin" ist, dafür gibt es auch ganz praktische Beispiele.

Vor fast auf den Tag genau vier Jahren, wegen eines defekten Transformators im Cockpit einer Boeing 747 mit sechs Stunden Verspätung aus Bosten in London Heathrow angekommen, musste die TWA die meisten Anschlussflüge umbuchen. Als ich an der Reihe war, erfuhr ich, dass die Fortsetzung meines Heimfluges nach Berlin schon in einer Stunde erfolgen würde. Als ich aber in Berlin ankam, hatte man Schönefeld inzwischen umgebaut, wie es schien; auch waren die Uniformen plötzlich anders. Es war gar nicht Schönefeld, sondern Tegel, wie sich bald herausstellte.

In der Exegese dürfen wir uns solchen Verwechslungen nicht aussetzen. Was wir brauchen, ist ein die gemeinte Sache eindeutig bezeichnender Terminus. Einen solchen brauchen wir aber gar nicht selbst zu prägen. Er ist schon vorhanden und bietet sich selbst geradezu an. Ich meine die in unserem Lande gebräuchliche hochoffizielle Apposition zum *nomen proprium* „Berlin". Was aber heißt „Hauptstadt der DDR" auf Griechisch, das ist die Frage. „Hauptstadt" hieße μητρόπολις, aber das Wort kommt im NT nicht vor. Außerdem hätten wir dann die größten Schwierigkeiten mit der Rückübersetzung des Genetivs „der DDR". Was wir brauchen, ist vielmehr ein griechischer, auch im NT vorkommender Ausdruck, der gleich dem gesamten Ausdruck entspricht. Und den gibt es auch. Er lautet πατρίς „Vaterstadt, Vaterland" etc. πατρίς kommt im NT achtmal vor. Siebenmal ist er allerdings direkt oder indirekt durch die Beziehung auf Nazareth festgelegt. Und Nazareth ist nicht Berlin. Es gibt bloß eine freie Stelle, die für uns in Frage kommt; und das ist Hebr 11,14, wo es heißt: „Denn die solches sagen, die geben zu verstehen, dass sie eine πατρίς suchen". Wenn es also im NT eine Stelle gibt, die sich prophetisch auf unser Berlin beziehen könnte, dann nur diese (oder eben keine). (Ende der zweiten Etappe.)

III. *Die 750 (Jahre) und Berlin im NT*

Wir nähern uns dem Höhepunkt der Problematik. In welcher Beziehung stehen die 750 Jahre zu der Stadt Berlin im NT, d.h. in welcher Beziehung steht der Ausdruck $\overline{\chi\rho\nu}$ zu dem Ausdruck πατρίς von Hebr 11,14. Der Ausdruck $\overline{\chi\rho\nu}$ findet sich weder im Glaubenskapitel des Hebr noch irgendwo anders im Hebr selbst. Die der Stelle Hebr 11,14 nächstgelegene Stelle mit $\overline{\chi\rho\nu}$ sind vielmehr: vorher Phlm 6: „So möge die Gemeinschaft deines Glaubens wirksam werden in der Erkenntnis alles Guten unter euch auf Christum (bzw. 750 [Jahre]) hin"; danach 1Petr 1,11: „Sie (die Propheten) forschten, auf welche und was für eine Zeit der in ihnen (waltende) Geist... hinweise, der die Leiden und die darauf folgenden Herrlichkeiten, die für Christum (bzw. 750 [Jahre]) (bestimmt sind), im Voraus bezeugt".

Wir haben also zu fragen: Was bedeutet die nicht unerhebliche Entfernung der Zahl vom Gezählten (nach rückwärts 20 Nestleseiten, nach vorwärts 18 Nestleseiten). Meines Erachtens ist das einfach schon ein formaler Hinweis darauf, dass, wenn schon die πατρίς von Hebr 11,14 auf unser Berlin beziehbar ist, doch dort nicht einfach das Vorfindliche, das real Existierende gemeint ist, sondern das Berlin, wie es sein sollte, wie es sein könnte, wie es sein müsste, das zu sich selbst hin auch noch auf dem Weg ist. Dem scheint ja nun auch die gewählte Terminologie der herangezogenen Stellen zu entsprechen. Da ist eben nicht nur von dem schon vorhandenen Guten die Rede, sondern auch vom Glauben und sogar von Konflikten – wenn ich παθήματα einmal so übersetzen darf. Vor allen Dingen aber kommt dieser Sachverhalt in dem unmittelbar mit πατρίς verbundenen Verbum ἐπιζητεῖν zur Sprache (πατρίδα ἐπιζητοῦσιν). ἐπιζητεῖν in einem Syntagma wie diesem heißt auch „suchen, erstreben, wünschen, fordern". Die πατρίς ist schon da; und doch wird sie noch gesucht, erstrebt, gewünscht, gefordert.

Um es kurz zu machen, ich vermute, dass das letztlich damit zusammenhängt, dass die Zahl 750, weil sie eine unvollkommene Zahl ist, nicht ganz zur vollkommenen πατρίς passt. Die vollkommene Zahl ist 1000. Und weil erst 1000 Jahre eine Stadt vollkommen machen bzw. ein vollkommenes Jubiläum darstellen, kommt der Ausdruck 1000 Jahre (χίλια ἔτη) im NT – und zwar nicht weniger als achtmal – auch unverhüllt vor.

Kurzum, wenn ein Kollege von mir in 250 Jahren, wiederum auf einem Studentenfest, vielleicht dann im großen Ballsaal des Berliner Doms, die Ehre haben sollte zum Sachverhalt Berlin und das NT zu sprechen, dann aber unter dem Titel „1000 Jahre Berlin und das NT", dürfte er nicht mehr die Probleme haben, mit denen wir uns heute noch herumschlagen mussten. Ich danke für Ihre Aufmerksamkeit.

ESSAYS

DIE FEHLENDEN SEITEN DES SO GENANNTEN EVANGELIUMS DER WAHRHEIT*

In der von Malinine, Puech und Quispel besorgten Edition des sog. Evangelium Veritatis (EV)[1] aus dem Codex Jung[2] fehlen die Seiten 33–36, wie denn der ganze Codex Jung (CJ) mehrere Lücken von insgesamt mehr als 40 Seiten aufweist. Nach G. Quispel (Neue Funde zur valentinianischen Gnosis, ZRGG 6 [1954], 290) umfassen diese Lücken außer den Seiten 33–36 die Seiten 49–50 und 54–90. Die in der Züricher Handschrift vermissten Blätter sind mit den 12 anderen Codices des sensationellen Fundes von Nag Hammadi in den Besitz des Koptischen Museums zu Alt-Kairo gelangt und in dem ersten Photokopienband dieses Institutes (Pahor Labib, Coptic Gnostic Papyri in the Coptic Museum at Old Cairo, Vol. I, Cairo 1956) auf den Tafeln 1–46 veröffentlicht worden. Format, Schriftbild, Sprache, Inhalt und die Seitenzahlen, soweit sie erhalten sind oder erschlossen werden können, machen die Identifikation sicher. Die Tafeln 5, 6, 9 und 10 bieten nun die vier fehlenden Seiten bzw. zwei Blätter des sog. EV. Tafel 9 zeigt oben die Seitenzahl 33, Tafel 10 die Zahl 35, Tafel 5 die Zahl 36, Tafel 6 ebenfalls die Zahl 36. Tafel 10 ist aber das verso von Tafel 9. Dem Schreiber, der den Codex mit Seitenzahlen versehen hat, ist also ein Fehler unterlaufen. Er hat die Seitenzahl 34 ausgelassen, dafür die Seitenzahl 36 zweimal geschrieben. Von Tafel 5 und 6 ist nach Ausweis des Inhalts Tafel 6 das recto, Tafel 5 das verso. Diese Umkehrung von recto und verso ist kein Einzelfall in der Ausgabe, die Tafeln 1–46 entbehren – abgesehen davon, dass recto und verso nicht voneinander getrennt wurden – überhaupt jeder Ordnung, wie aus der folgenden Übersicht entnommen werden kann. Es entsprechen sich, soweit wir es erkennen konnten:

---

* ThLZ 83 (1958), 497–500.

1 Es handelt sich in Wirklichkeit weder um das EV von Iren. III 11,9 noch überhaupt um eine valentinianische Schrift, sondern um eine Homilie, die Gedanken enthält, wie sie sich ähnlich in den Oden Salomos finden. Vgl. meine demnächst bei der Evangelischen Verlagsanstalt erscheinende Schrift: Die Herkunft des sog. EV.

2 Rezensiert von J. Leipoldt in ThLZ 82 (1957), 825–834.

Pahor Labib I (Lab)			Codex Jung (CJ)		
pl.	1	=	p.	[49]	recto
pl.	2	=	p.	50	verso
pl.	3	=	p.	73	r
pl.	4	=	p.	74	v
pl.	5	=	p.	36	v
pl.	6	=	p.	3<5>	r
pl.	7	=	p.	72	v
pl.	8	=	p.	[71]	r
pl.	9	=	p.	33	r
pl.	10	=	p.	3<4>	v
pl.	11	=	p.	[76]	v
pl.	12	=	p.	75	r
pl.	13	=	p.	78	v
pl.	14	=	p.	77	r
pl.	15	=	p.	82	v
pl.	16	=	p.	[81]	r
pl.	17	=	p.	90	v
pl.	18	=	p.	89	r
pl.	19	=	p.	88	v
pl.	20	=	p.	87	r
pl.	21	=	p.	80	v
pl.	22	=	p.	79	r
pl.	23	=	p.	[83 ?]	r
pl.	24	=	p.	[84 ?]	v
pl.	25	=	p.	[85 ?]	r
pl.	26	=	p.	[86 ?]	v
pl.	37	=	p.	[65]	r
pl.	38	=	p.	66	v
pl.	41	=	p.	[67]	r
pl.	42	=	p.	68	v
pl.	43	=	p.	6[9]	r
pl.	44	=	p.	70	v

Die nicht aufgeführten Tafeln bieten nur Bruchstücke. – Wir bringen nun eine Übersetzung der Seiten 33–36 aus dem EV mit den letzten Sätzen von Seite 32 und den ersten Sätzen von Seite 37. Eckige Klammern enthalten Ergänzungen, Winkelklammern Verbesserungen.

(CJ 32,31) Redet aber aus dem Herzen heraus, denn (32) ihr seid der Tag, der vollkommen ist,[3] (33) und es wohnt in euch (34) das Licht, das nicht untergeht![4] (35) Redet über die Wahrheit mit denen, die (36) nach ihr verlangen, und über das Wissen für die, (37) die gesündigt haben in ihrer Verirrung (πλάνη)! (38) Ihr seid die Kinder des Wissens! (Lab 9 = CJ 33,1) Stärkt den Fuß der (2) Gestrauchelten, und streckt eure (3) Hände nach den Kranken aus! Speist (4) die Hungrigen, den Leidenden (5) verschafft Linderung, und (6) richtet die Gutwilligen auf! (7) Richtet auf und weckt die (8) Schlafenden! Denn (γάρ) ihr seid die (9) starke (?)[5] Vernunft. Wenn (10) die Stärke sich gürtet (?), wird sie (11) noch stärker. Richtet euer Augenmerk auf euch (12) selbst![6] Richtet euer Augenmerk nicht auf (13) anderes, nämlich das, was ihr (14) von euch entfernt habt, das, was ihr (15) abgelegt habt![7] Kehrt nicht (16) dazu zurück, um es zu essen! Seid nicht mottenzerfressen! (17) Seid nicht wurmzerfressen, denn ihr habt (18) ihn schon abgeschüttelt! (19) Seid nicht Wohnstätte (τόπος) (20) für den Teufel (διάβολος), denn ihr habt (21) ihn schon zunichte gemacht! (22) Befestigt nicht eure hinfälligen (23) Hindernisse, weil (ὡς) es ein Vorwurf ist![8] (24) Nichts ist nämlich (γάρ) der Ungesetzliche, so (25) dass er sich mehr schadet als dem Gesetz. (26) Denn (γάρ) jener[9] (27) tut seine[10] Werke, weil (ὡς) er (28) ein Ungesetzlicher ist. Dieser[11] aber, weil (ὡς) (29) er ein Gerechter (δίκαιος) ist, tut er seine[12] (30) Werke unter anderen.[13] Tut (31) ihr nun den Willen des Vaters, (32) denn ihr stammt aus ihm!

---

[3] Vgl. OdSal 41,4.

[4] Vgl. OdSal 32,1; 33,8. In 32,26–34 weicht unsere Übers. beträchtlich von der der Hrsg. ab.

[5] Das Verbum tōkĭm kann hier wohl nicht den gewöhnlichen Sinn „herausziehen" (Crum 406a) haben. Der Zusammenhang erfordert die Annahme eines sonst nicht belegten Verbs tōkĭm mit der Bedeutung „stärken".

[6] Am Anfang von Z. 12 sind drei Buchstaben, die auf Dittographie beruhen, zu tilgen.

[7] In Z. 15 ist von uns ein Omega ergänzt worden.

[8] Vielleicht sind mit den Hindernissen die irdischen Leiber gemeint, die den Weg der Seele nach oben hindern und deren Pflege einen Vorwurf einbringen wird.

[9] Der Ungesetzliche.

[10] Sc. bösen.

[11] Das Gegenstück des Ungesetzlichen: der Gerechte.

[12] Sc. guten.

[13] Vgl. Mt 12,35; Lk 6,45a.

(33) Denn (γάρ) der Vater ist süß, und (34) sein Wille ist gut. (35) Er hatte Kenntnis von dem (36) Eurigen genommen, damit ihr euch (37) auf ihm[14] ausruht. Denn (γάρ) an den (38) Früchten erkennt man (39) das Eurige,[15] dass es[16] die Kinder des Vaters (Lab 10 = CJ 34,1) sind, sein Geruch, dass sie aus (2) der Gnade (χάρις) seines Antlitzes stammen. (3) Deswegen liebt der Vater (4) seinen Geruch. Und er[17] offenbart sich (5) in jedem Ort. Und wenn er[18] vermischt ist (6) mit der Materie (ὕλη), übergibt er[19] seinen Geruch (7) dem Lichte; und in seine Ruhe (8) lässt es ihn aufsteigen in jeder Gestalt, (9) in jedem Geräusch. Denn (γάρ) nicht die Ohren sind es, die (10) den Geruch riechen, sondern (ἀλλά) {der Geruch}[20] (11) der Geist (πνεῦμα) ist es, der die Fähigkeit des (12) Riechens besitzt. Und er zieht ihn (13) für sich zu sich und versinkt (14) in den Geruch des Vaters. Er ist ja der Ort (15) für ihn, und er empfängt ihn in dem Ort, (16) von wo er gekommen ist (17) in dem ersten Geruch, der erkaltet ist. (18) Es handelt sich um ein Kommen in ein seelisches (ψυχικόν)[21] (19) Gebilde (πλάσμα), das kaltem (20) Wasser gleicht, (21) welches …[22] ist und sich in lockerer (22) Erde befindet, worüber diejenigen, die es (23) sehen, denken: Es (24) ist Erde, die sich bald wieder (25) auflöst. Wenn ein Hauch (26) sich sammelt, ist er heiß. Die Gerüche (27) nun, die erkaltet sind, stammen aus der Trennung. (28) Deswegen kam Gott. (29) Er löste die Trennung auf. (30) Und er brachte die heiße (31) Vollendung (πλήρωμα) der Liebe (ἀγάπη), damit (32) die Kälte nicht wieder entsteht, (33) sondern (ἀλλά) die Einheit des (34) vollkommenen Gedankens herrscht.[23] Dies (35) ist das Wort (λόγος) des Evangeliums des (36) Findens der Vollendung (πλήρωμα) für die, (37) die warten auf die[24] (Lab 6 = CJ 35,1) Rettung, die von (2) oben kommt. Es ist ausgestreckt (3) ihre Hoffnung (ἐλπίς), auf die sie (4) warten, sie,

---

[14] Sc. dem Eurigen.

[15] Vgl. Mt 12,33b; Lk 6,44a.

[16] Übergang von der 2. zur 3. Person.

[17] Der Geruch.

[18] Sc. der Geruch.

[19] Sc. der Vater.

[20] Das Wort „Geruch“ beruht wohl auf einer Dittographie und ist zu tilgen. Vgl. 33,11f., wo ebenfalls eine Dittographie begegnet.

[21] In Z. 18 haben wir ein überflüssiges Epsilon getilgt. Ein solch überflüssiges Epsilon begegnet noch 35,15.

[22] Intr. Verb unbekannter Bedeutung; vermutlich = ōt (Crum 531b).

[23] Der Fall und die Rettung des Lichtes wird bildhaft folgendermaßen vorgestellt. Der heiße Geruch, der den Vater umgibt, erkaltet infolge der Trennung von seinem Urheber. Nun befinden sich die erkalteten Geruchteile als höheres Prinzip in der Seele des menschlichen Leibes. Die Rettung erfolgt dadurch, dass der Vater den Geruch wieder erhitzt.

[24] Wörtlich: ausgestreckt sind vor der….

deren Urbild (5) das Licht ist, in dem es keinen Schatten (6) gibt. Wenn[25] von jener Seite (7) die Vollendung (πλήρωμα) kommt, (8) ist der Mangel (?) der (9) Materie (ὕλη) nicht durch (10) die Grenzenlosigkeit des (11) Vaters entstanden, der gekommen ist zur Zeit des (12) Mangels, obgleich (καίτοιγε) niemand (13) sagen konnte, dass der (14) Unvergängliche in dieser Weise kommen wird. Sondern (ἀλλά) (15) reich[26] war die Tiefe (βάθος) des (16) Vaters, und (17) der Gedanke der Verirrung (πλάνη) war nicht (18) bei ihm. Eine Sache, um niederzustürzen, ist es; (19) eine Sache ist es, die ruht, um sich (20) aufzurichten beim Finden dessen, (21) der gekommen ist zu dem, der (22) zurückkehren will.

Dieses Zurückkehren (23) nennt man nämlich (γάρ) Buße (μετάνοια). (24) Deswegen hat die Unzerstörbarkeit (25) gehaucht. Sie folgte dem, (26) der gesündigt hatte, damit er (27) Ruhe finde. Denn (γάρ) die Vergebung ist (28) das, was (allein) übrig bleibt für das Licht im Mangel, (29) das Wort der Vollendung (πλήρωμα). (30) Denn (γάρ) der Arzt eilt zu dem Ort, in (31) dem ein Kranker sich befindet, weil es der (32) Wille ist, der in [ihm] (33) ist. Der, der einen Mangel hat, aber (34) verbirgt sich nicht, denn er[27] besitzt das, (35) woran er[28] [Mangel] hat. Ebenso (37) füllte sich aber der Mangel mit der (36) Vollendung (πλήρωμα), [die] keinen Mangel hat, die (Lab 5 = CJ 36,1) sich von sich aus dahingegeben hat, um (2) den, der an ihr Mangel hat, zu füllen, damit (3) nun die Gnade ihn herausreiße aus dem Ort, (4) der Mangel hatte und keine Gnade (5) besaß. Deswegen war es (6) eine Erniedrigung,[29] was geschah an (7) dem Ort, wo es keine Gnade gibt, (8) der Gegend, wo man den ergreift, der (9) niedrig[30] ist, den, der an ihr Mangel hat.

Er[31] (10) offenbarte sich als Vollendung (πλήρωμα), (11) d. h. das Finden des Lichtes (12) der Wahrheit, das an ihm aufstrahlte, weil (13) es unwandelbar ist. Deswegen (16) redeten die, die in Bestürzung geraten waren, (14) über Christus in ihrer (15) Mitte, damit sie eine Zurückführung empfingen (17) und er sie salbe mit der Salbung. Die Salbung ist (18) das Mitleid des Vaters, der ihnen gnädig (19) sein will. Die aber (δέ), die er

---

[25] In 35,6–18 handelt es sich um eine Argumentation zur Abwehr eines Missverständnisses.

[26] Die Schreibung des koptischen Wortes für „reich sein" enthält ein Epsilon zu viel.

[27] Der Arzt.

[28] Der Kranke.

[29] Wörtlich: Verkleinerung.

[30] Wörtlich: klein.

[31] Sc. Christus.

gesalbt hat, (20) sind die, die vollendet wurden. (21) Die[32] gefüllten Gefäße sind es nämlich (γάρ), die (22) man zu salben pflegt. Wenn aber (δέ) (23) die Salbung bei einem sich auflösen (24) wird, leert es sich, und die Ursache (25) dafür, dass es mangelhaft wird, ist der Gegenstand, (26) von dem seine Salbung weichen (27) wird. Denn (γάρ) dann (28) lässt ein Hauch es auslaufen, einer[33] (29) durch die Kraft dessen, was mit ihm ist. Aber (ἀλλά) (30) bei diesem, der makellos (31) ist,[34] man entsiegelt nichts (32) bei ihm noch (οὐδέ) gießt man etwas aus, (33) sondern (ἀλλά) woran es Mangel hat, (34) damit füllt es der vollkommene (35) Vater wieder. Er ist gut (ἀγαθός). Er kennt (36) seine Pflanzungen, denn er ist es, (37) der sie in seinem Paradiese (παράδισσος sic) (38) gepflanzt hat. Sein Paradies (παράδισσος) aber (δέ) (39) ist sein Ruheort. Dies (CJ 37,1) ist die Vollendung aus dem Gedanken (2) des Vaters, und dies sind (3) die Worte seines Überlegens.

---

32 Es folgt bis Z. 29 ein sachlich nicht ganz durchsichtiger Vergleich. Es muss sich um eine von außen erfolgende Abdichtung von Gefäßen, die eine Flüssigkeit enthalten, handeln.

33 Sc. ein Hauch.

34 Sc. dem Vater.

DIE HERKUNFT DES SO GENANNTEN EVANGELIUM VERITATIS*

Am Fuße des Gebel et-Tarif in Oberägypten, nicht weit von dem Flecken Nag Hammadi entfernt, in der Nähe des Ortes, an dem das alte Chenoboskion gelegen hat – der heutige arabische Name lautet Kasr es Saijād –, fanden um das Jahr 1945 einige Fellachen in einem großen Krug, den sie dort bei einem antiken Friedhof ausgegraben hatten, dreizehn Papyruscodices bzw. Reste von solchen. Wie sich später herausstellte, handelt es sich um Textsammlungen, die im Ganzen 48 gnostische und hermetische Schriften in koptischer Sprache enthielten. Neben der Entdeckung der Handschriften vom Toten Meer stellt dieser Fund für Theologie und Religionswissenschaft eine zweite Sensation dar, da wir bisher gnostische Originalschriften nur in sehr beschränktem Umfange besaßen, sie uns nun aber in großer Fülle beschert worden sind.

Die dreizehn Codices kamen durch dunkle Kanäle in verschiedene Posten zerteilt auf den ägyptischen Antiquitätenmarkt. Eine Textsammlung wurde schon im Jahre 1946 vom Koptischen Museum zu Kairo erworben. Weitere elf Codices gelangten erst viel später in den Besitz dieses Instituts. Im Ganzen befinden sich im Koptischen Museum zu Kairo also gegenwärtig zwölf von den dreizehn gefundenen Handschriften. Weitaus die meisten Texte davon sind im sahidischen Dialekt geschrieben. Bei den übrigen ist die Dialektfrage noch ungeklärt. In Analogie zu dem Papyrus Berolinensis 8502, den man nach den in ihm enthaltenen drei gnostischen Schriften, dem Evangelium Mariae (EvMar), dem Apokryphon Johannis (AJ) und der Sophia Jesu Christi (SJC) Codex Berolinensis Gnosticus, abgekürzt BG, nennt, bezeichnet man jede der Kairenser Handschriften Codex Cairensis Gnosticus unter entsprechender Hinzufügung der römischen Zahlen I–XII, abgekürzt also CG I, CG II, CG III usw. Der CG I ist der schon im Jahre 1946 erworbene Codex, über den bereits sehr viel geschrieben worden ist. Er enthält unter anderem das Apokryphon Johannis, die Sophia Jesu Christi, die sich auch im BG finden, und einen Brief des Eugnostos. Nach mündlichen Mitteilungen Herrn Professor Hintzes, der im Frühjahr 1957 acht Wochen lang in Ägypten war, und schriftlichen Informationen von Herrn Professor Till, ist im September 1956 im Koptischen Museum

* Berlin/Göttingen 1959.

zu Kairo ein internationales Komitee zum Studium und zur Herausgabe der koptisch-gnostischen Texte gegründet worden. Diesem Komitee gehören folgende Forscher an: Von den Ägyptern: Pahor Labib, der Direktor des Koptischen Museums, wahrscheinlich auch Yassa Abd al-Masih, der Bibliothekar, vielleicht außerdem noch andere Ägypter; an nichtägyptischen Mitgliedern: Walter C. Till (Manchester), Gilles Quispel (Utrecht), Henri-Charles Puech (Paris), Meier (Zürich), Peterson (Washington) und vielleicht auch Jean Doresse.[1] Die Texte sollen in einem Corpus gleichmäßig herausgegeben werden, je mit einer französischen, englischen und deutschen Übersetzung. Die neuen politischen Spannungen zwischen Ägypten einerseits, England und Frankreich andererseits, wirken auf die geplante Edition natürlich äußerst hemmend. Ein direkter Verkehr zwischen Ägypten und England, wahrscheinlich auch Frankreich, ist entweder nicht möglich oder doch nicht erwünscht. Zunächst wird voraussichtlich das Evangelium des Thomas aus dem CG II ediert werden, und zwar von Guillaumont, Abd al-Masih, Till, Quispel und Puech. Mit dem Erscheinen der Publikation ist demnächst zu rechnen. Als nächstes kommt vielleicht der CG I heraus, bearbeitet von Pahor Labib, vielleicht noch anderen Ägyptern, Till, Puech und Doresse. Das wird aber vermutlich noch eine Weile dauern.

Der fehlende dreizehnte Codex ist im Jahre 1946 von dem Antiquar M. Eid angekauft worden und machte eine weite Reise, ehe er seinen endgültigen Besitzer fand. Zunächst kam er nach den USA, von dort nach Belgien, und von dort schließlich über Holland in die Schweiz, wo er am 10. Mai 1952 vom C. G. Jung Institut in Zürich erworben wurde und zu Ehren des berühmten Tiefenpsychologen den Namen Codex Jung (CJ) erhielt. Die in ihm enthaltenen Schriften, ein Apokryphon des Jakobus, das so genannte Evangelium der Wahrheit, ein Brief an einen gewissen Rheginus über die Auferstehung, eine Abhandlung über die drei Naturen und das Gebet des Apostels, sind im subachmimischen Dialekt geschrieben. Mit der Herausgabe der Textsammlung wurden Puech und Quispel betraut. Später wurde Michel Malinine (Paris) noch hinzugezogen. Im Frühjahr 1957 ist endlich die lange vorher angekündigte Edition der zweiten Schrift des Codex Jung, das Evangelium der Wahrheit, bei Rascher in Zürich erschienen.[2] Nach einer Mitteilung des Rascher-Verlages vom 10.

[1] Vgl. jetzt auch Pahor Labib, Coptic Gnostic Papyri I, p. 2.

[2] Evangelium Veritatis ediderunt Michel Malinine, Henri-Charles Puech, Gilles Quispel, Studien aus dem C. G. Jung-Institut VI, Zürich 1956.

Mai 1957 werden die Übersetzungsarbeiten an den übrigen vier Schriften des Codex noch sehr viel Zeit in Anspruch nehmen. Unter zwei Jahren sei nicht mit dem Erscheinen der Texte zu rechnen.

Zwölf Jahre nach dem sensationellen Fund der 48 gnostischen Schriften ist also erst eine einzige zugänglich,[3] wenn man von den Sonderlesarten des Apokryphon Johannis, der Sophia Jesu Christi und des Briefes des Eugnostos aus dem CG I, die Till seiner Ausgabe des BG einarbeiten durfte, absieht.[4] Dieser zweiten Schrift aus dem Codex Jung wenden wir nun unsere Betrachtung zu. Und zwar soll es zunächst unsere Aufgabe sein, ihren literarischen Charakter und ihren Aufbau zu ermitteln.

I. *Literarischer Charakter und Aufbau der zweiten Schrift aus dem Codex Jung*

Das sog. Evangelium Veritatis (EV) entbehrt, ebenso wie drei andere der übrigen vier Schriften, die der Codex Jung enthält,[5] sowohl eines Titels als auch jeder Notiz über den Verfasser. Für die Erkenntnis, welcher Literaturgattung unser Text angehört, sind wir also – ebenso wie bei allen übrigen Fragen, die wir an den Text herantragen – einzig und allein auf die Analyse des Inhalts angewiesen. Wesentlich ist nun schon, dass der Inhalt unserer Schrift weder einem Apostel, noch einem Propheten, noch auch einem himmlischen Wesen in den Mund gelegt ist, wie es sich sonst in gnostischen Texten häufig findet. Es handelt sich demnach nicht um eine Offenbarungsschrift. Weiter lässt sich unser Text von seinem Inhalt her nicht der Gattung der gnostischen Evangelien zurechnen, oder etwa der der gnostischen oder gnostisch beeinflussten Apostelgeschichten. Der Verfasser unserer Schrift spricht an einer Stelle ganz unbefangen von sich selbst in der ersten Person Singular.[6] Es handelt sich dort der Form nach um ein persönliches Bekenntnis: Er sei in einer Verzückung am Ort der Seligen gewesen; trotzdem sei es ihm nicht möglich, über diesen Ort

[3] Inzwischen ist der erste Band einer vorläufigen, photographischen Studienausgabe der Texte des Koptischen Museums zu Kairo erschienen (Pahor Labib, Coptic Gnostic Papyri I). Er enthält: 1. die fehlenden Blätter des Codex Jung; 2. eine Version des Apokryphon Johannis; 3. ein Thomasevangelium; 4. ein Philippusevangelium; 5. eine Schrift mit dem Titel „Das Wesen der Archonten"; 6. eine titellose, mit dem „Wesen der Archonten" eng verwandte Schrift (Nr. 2–5 bilden den ersten Teil des CG II).

[4] Vgl. Walter C. Till, Die gnostischen Schriften des koptischen Papyrus Berolinensis 8502, TU 60, Berlin 1955.

[5] Vgl. Quispel, Neue Funde zur valentinianischen Gnosis, ZRGG 6 (1954), 290.

[6] CJ 42,39–43,6.

anders als in Andeutungen zu reden. Neben dem Verfasser treten auch die Leute, an die die Worte des Textes gerichtet sind, direkt ins Blickfeld, und zwar vier Mal.[7] Entweder erfolgen Anreden bzw. Aufforderungen in der zweiten Person Plural,[8] oder der Verfasser schließt sich selbst mit ein und redet von „wir" und „uns".[9] Aus unseren Stellen ist zu schließen, dass unser Text ein Brief oder eine Homilie ist. Die zuerst genannte Möglichkeit wird nun kaum in Betracht kommen, da die Schrift weder einen Briefkopf noch einen Briefschluss aufweist. Also haben wir es mit einer Homilie zu tun.

Der Inhalt unserer Schrift besteht zu einem Teil aus Schilderungen und Erörterungen über die Erlösung der erwählten Menschen durch Jesus, den Logos des Vaters. Dieser Teil hat also einen ganz speziellen Sachverhalt zum Gegenstand. Er behandelt einen kleinen Ausschnitt aus dem großen kosmischen Drama. Zum anderen Teil enthält der Text Ausführungen allgemeiner und universeller Art. Es ist die Rede von der Entstehung der Äonen aus dem Vater, von dem Verhältnis des Logos zum Vater und zu den Äonen, von der Wurzel der Äonen, vom Sündenfall der Äonen, vom Heilsplan des Vaters in Bezug auf das ganze Universum, von der Entstehung der irdischen Welt, vom Werk des Logos an den Äonen, von der Vollendung der Äonen und ihrer Rückkehr zum Vater. Die speziellen und die universellen Ausführungen unserer Schrift berühren sich natürlich gelegentlich inhaltlich. Ist die Rettung der erwählten Menschen doch ein Teil des universellen, kosmischen Geschehens. Gleichwohl heben sich die beiden Arten des Inhalts deutlich voneinander ab. Die speziellen Erörterungen finden sich an folgenden Stellen: 16,31–17,6; 18,11–33; 19,17–20,14; 20,22–21,8; 21,25–22,27; 24,20–27,9; 28,24–32,38; 40,30–41,14; 41,28–43,24. Die universellen Erörterungen finden sich: 17,6–18,11; 18,33–19,17; 20,14–22; 21,8–25; 22,27–24,20; 27,9–28,24; 37,1–40,29; 41,14–28. Diese Aufstellung zeigt, dass spezielle und universelle Ausführungen in unserer Schrift nicht etwa voneinander getrennt dargeboten werden. Sie sind vielmehr ineinander geschoben. Die Übergänge von den speziellen zu den universellen Stücken und umgekehrt können abrupt und deutlich markiert sein, wie z. B. 17,6–18,11 → 18,11–33 oder 24,20–27,9 → 27,9–28,24. Sie können aber auch gleitend sein, wie es 17,4–6; 22,27–33; 41,23–28 der Fall ist. Gedanklich sind die Übergänge jedes Mal anders vermittelt. Wir ver-

---

[7] 17,28f.; 25,19–35; 32,22–38; 40,2–5.
[8] 17,28f.; 32,22–38.
[9] 25,19–35; 40,2–5.

weisen für das Einzelne auf die Erläuterungen zu unserer Übersetzung. Zahlenmäßig stellt sich das Verhältnis der verschiedenen Stücke zueinander folgendermaßen dar: von den 842 Zeilen des ganzen Textes entfallen 479 Zeilen auf die speziellen Stücke, das ist etwa 4/7 des Gesamtumfangs, 363 Zeilen auf die universellen Stücke, das ist etwa 3/7 des Gesamtumfangs. Die speziellen Ausführungen nehmen also einen größeren Raum ein als die universellen. Dazu kommt noch, dass unser Text mit einer speziellen Erörterung beginnt und mit einer speziellen Erörterung schließt. Auch ziehen sich die speziellen Stücke wie ein roter Faden durch die ganze Schrift hindurch. Wir gelangen somit zu dem Urteil, dass die speziellen Erörterungen den Hauptinhalt der vorliegenden Homilie darstellen. Die universellen Stücke sind in deren Zusammenhang nur eingefügt oder eingeflochten. Das Thema der Homilie ist nicht angegeben. Dass sie eines hat, darüber kann kein Zweifel bestehen. Wir müssen es ungefähr aus dem Inhalt, genauer gesagt aus dem Hauptinhalt, zu bestimmen versuchen. Den Hauptinhalt bilden nun Schilderungen und Erörterungen über die Erlösung der erwählten Menschen durch Jesus. Die erlösende Tätigkeit Jesu besteht natürlich vor allen Dingen im Übermitteln der Gnosis. Aber nicht eigentlich die Erlösten oder die Erlösung sind der Mittelpunkt der Betrachtungen, sondern die Person des Erlösers selbst. Damit wieder könnte es übrigens zusammenhängen, dass auch in den eingefügten und eingeflochtenen universellen Ausführungen die Spekulationen über den Logos einen relativ großen Raum einnehmen. Wir möchten als Thema der vorliegenden Homilie nach alledem etwa annehmen: „Jesus, der Offenbarer und Erlöser für die Erwählten."

So etwas wie einen Aufbau oder eine Gliederung scheint unsere Homilie auf den ersten Blick überhaupt nicht aufzuweisen. Nur zum Teil liegt das an der bereits erörterten Verschiedenheit des Inhalts und an der Unterbrechung, die durch das Fehlen von vier Seiten gegeben ist. Ein fortlaufender Gedankengang wird nicht erkennbar. Dafür begegnen gelegentlich Wiederholungen. Der ganzen geistigen Struktur nach und in der Unbestimmtheit des Ausdrucks erinnert uns die Homilie an die deutschen Predigten Meister Eckharts. Damit ist, trotz aller sachlichen Unterschiede zwischen der so genannten deutschen Mystik und der Gnosis, ein Schlüssel für die Erkenntnis des Aufbaus unserer Homilie gegeben: Es handelt sich bei ihr um ein Produkt meditativen Denkens. Dass unser Text in Wirklichkeit nicht ohne eine gewisse Ordnung ist, kann man schon bei einer Betrachtung des Anfangs und des Endes sehen. Ehe zu dem Thema „Jesus, der Offenbarer und Erlöser für die Erwählten" geredet wird, hebt der Prediger am Beginn die Bedeutung des Evangeliums, das Jesus bringt, hervor. Und am Schluss handelt er von dem seligen Zustand der Erlösten in der oberen Welt. Aber nicht nur sind Anfang und Ende sinnvoll, sondern auch von rhetorischem Schwung und eindrucksvoller Form. Einem Prediger, der Anfang und Ende so gestaltet, kann man auch im Hauptteil geistige Disziplin zutrauen. So erweist sich denn auch der Hauptteil, in dem nach dem oben Ausgeführten im Wesentlichen von der Erlösung der erwählten Menschen die Rede ist, bei eindringlicher Lektüre nicht ohne methodischen Aufbau. Zwar wird die Erlösung nicht in chronologischer Ordnung geschildert. Auch wird sie nicht nach systematischen Gesichtspunkten dargestellt. So würde es aber nur ein rationales Denken erfordern. Es wird indessen hier – wie wir sahen – meditativ oder in der Denkform der Mystik gedacht. Das ist kein schlechteres, sondern nur ein anderes Denken. Die Methode der Darstellung ist vielmehr folgende: Ein und derselbe Sachverhalt, nämlich das erlösende Kommen Jesu in die Welt und sein Wirken in der Welt, wird immer wieder behandelt, und zwar immer wieder unter anderen Gesichtspunkten. Diese Struktur unserer Homilie wird am deutlichsten, wenn wir die von uns für die Übersetzung erarbeiteten Abschnittsüberschriften, soweit sie sich auf den Hauptinhalt unseres Textes beziehen, hier hintereinander aufführen:

Das Evangelium Jesu bedeutet Freude und Hoffnung für die auserwählten Gnostiker (16,31–17,6);
Jesus offenbart den Erwählten das Evangelium (18,11–19,17);
Jesus, die „Weisen" und die Kinder (19,17–34);
Das Buch der Lebenden (19,34–20,27);
Nur die Erwählten empfangen die Botschaft Jesu (20,34–22,20);
Jesus führt die Erwählten in die obere Welt zurück (22,20–27);
Jesus löst durch sein Kommen die Welt auf (24,20–25,19);
Das Kommen Jesu ist das Gericht für die Welt (25,35–27,9);
Das Erkennen des Gnostikers gleicht dem Erwachen aus Angstträumen (28,24–30,14);
Das Werk Jesu und des Heiligen Geistes an den Gnostikern (30,14–31,35);
Jesus, der gute Hirte (31,35–32,30);
Der Zweck der Sendung Jesu in die Welt (40,30–41,35);
Die Erlösten haben die Erlösung verdient (41,35–42,11);
Die Seinsweise der Gnostiker in der unteren und oberen Welt (42,11–43,24).

Aus dem, was wir erkannten, gilt es nun, die Folgerungen zu ziehen.

II. *Die zweite Schrift des Codex Jung und das valentinianische Evangelium der Wahrheit*

Die Herausgeber unserer Homilie sind nun der Meinung, dass es sich bei ihr um das in der Hauptsache von Irenäus[10] bezeugte Evangelium Veritatis der Valentinianer handele.[11] Nach Irenäus besaßen die Valentinianer fünf Evangelien: die vier kanonischen und das Evangelium der Wahrheit. Wenngleich anderen Inhalts als die kanonischen muss das valentinianische Evangelium der Wahrheit ihnen doch formal ähnlich gewesen sein, d. h., es muss ein gnostisches Evangelium gewesen sein, etwa in der Art des Evangeliums der Maria oder des Apokryphon Johannis. Der These der Herausgeber widerstreitet demnach schon die Form der titellosen Homilie aus dem Codex Jung, wie sie selbst zugeben.[12] Sie wären auch nie zu ihrer Auffassung gelangt, wenn sie sich nicht von den ersten zwei Wörtern unserer Homilie hätten täuschen lassen. Sie beginnt nämlich: „Das Evangelium der Wahrheit ist Freude für die, die die Gnade vom Vater der Wahrheit empfangen haben, um ihn (den Vater) zu erkennen."[13] Die Herausgeber wollen in den ersten beiden Wörtern den Titel unserer Schrift sehen. Das widerspricht aber dem Zusammenhang, in dem die Wörter stehen. Sie sind grammatisch ein Teil des langen Anfangssatzes. In diesem Satze nun ist Evangelium nicht die Bezeichnung einer bestimmten Literaturgattung – so müsste es nach der These der Herausgeber sein –, sondern hat die Bedeutung Heilsbotschaft, wie aus den Stellen CJ 17,2; 18,11–12 hervorgeht, wo das Anfangswort der Homilie ohne den Genitivzusatz wieder aufgenommen wird. Danach bezeichnet die Wendung des Anfangs „Evangelium der Wahrheit" die erlösende Gnosis, die Jesus bringt. Den

[10] Adv. haer. III 11,9; es heißt dort: „Die Valentinianer aber, die ebenfalls ohne jede Scheu sind, veröffentlichen ihre Kompositionen und rühmen sich, mehr Evangelien zu besitzen, als es überhaupt gibt. Denn sie sind in ihrer Kühnheit so weit gegangen, dass sie ein unlängst von ihnen verfasstes Buch Evangelium der Wahrheit nennen, obgleich es in nichts mit den Evangelien der Apostel übereinstimmt, so dass nicht einmal das Evangelium bei ihnen der Lästerung entgeht. Wenn nämlich das Buch, das von ihnen veröffentlicht wird, das Evangelium der Wahrheit ist, andererseits aber von den Evangelien, die uns von den Aposteln überliefert worden sind, verschieden ist, dann kann sich jeder Interessierte informieren – wie es aus den Schriften selbst hervorgeht –, dass nicht mehr das Evangelium, das von den Aposteln überliefert worden ist, das Evangelium der Wahrheit ist." Vgl. auch Ps.-Tertullian adv. omn. haer. 4, CSEL 47, p. 221,11f.

[11] EV, p. XII. Diese These vertreten sie (d. h. Puech und Quispel) bereits seit Jahren in sehr vielen Zeitschriftenartikeln.

[12] EV, p. XVf.

[13] CJ 16,31–33.

Genitivzusatz „der Wahrheit“[14] können die Herausgeber nicht als Stütze ihrer These anführen, denn er kommt in unserer Homilie noch zweimal bei anderen Wörtern vor.[15] Dieser Zusatz ist besonders in gnostischen Texten etwas ganz geläufiges: Eine Qualitätsbezeichnung für Gegenstände, die mit der Lichtwelt, der wahren Welt, in Beziehung stehen.[16] Im Übrigen findet sich der Genitiv auch außer unserer Homilie und dem valentinianischen Buchtitel in der Verbindung mit dem Worte Evangelium. In Eph 1,13 heißt es: ὁ λόγος τῆς ἀληθείας, τὸ εὐαγγέλιον τῆς σωτηρίας. Irenäus nennt die vier kanonischen Evangelien das Evangelium Veritatis.[17] Und eine solche Verbindung ist nur zu natürlich. Das Evangelium – welche besondere Bedeutung auch vorliegen mag – enthält ja die Wahrheit und stammt aus der Welt der Wahrheit. Nach alledem erweist sich die Identifizierung der zweiten Schrift des Codex Jung mit dem valentinianischen Evangelium Veritatis als unmöglich.[18]

Wir wenden uns nun der Frage zu, ob dann unsere Homilie überhaupt valentinianisch ist. Nach der Meinung der Herausgeber ist das über jeden Zweifel erhaben.[19] Um aber zu einem sicheren Urteil zu gelangen, ist es notwendig, vorher die gnostische Lehre unserer Homilie zu verstehen und herauszuarbeiten. Das haben die Herausgeber nicht für erforderlich erachtet.

III. *Die Lehre der zweiten Schrift aus dem Codex Jung*

Unsere Homilie enthält eine sehr charakteristische Lehre, entwickelt sie aber weder systematisch noch vollständig. Wir haben es ja mit einer erbaulichen Erörterung zu tun, die ein einzelnes Lehrstück in den Mittelpunkt

---

[14] ïntmēe = τῆς ἀληθείας.

[15] CJ 16,33 findet sich die Wendung „der Vater der Wahrheit“ (pjōt ïnte tmēe), CJ 23,8f., „Schriftzeichen der Wahrheit“ (hïnshej ïntetimïntmēe).

[16] Als Beispiele seien folgende Wendungen angeführt: Wort oder Worte der Wahrheit (Eph 1,13; Ps.-Clem. Hom. II 21,1; Clem. Alex. Strom. V 13,2; OdSal 8,8; 12,1), Lehre oder Lehren der Wahrheit (Ps.-Clem. Hom. II 21,2), Weg oder Wege der Wahrheit (OdSal 11,3; 33,8; A Manich. Ps.B. II, Ps. 223; Allberry 9,9), Söhne der Wahrheit (Turfan Fragm. T II K Z. 14, Waldschmidt/Lentz, Die Stellung Jesu im Manichäismus, AAWB 1926, 115), Kranz der Wahrheit (OdSal 1,2), Fels der Wahrheit (OdSal 11,5), Denken der Wahrheit (OdSal 17,5), Höhe der Wahrheit (OdSal 17,7), Licht der Wahrheit (OdSal 38,1).

[17] Adv. haer. III 11,9.

[18] In dieser Auffassung erfreuen wir uns völliger Übereinstimmung mit Leipoldt, welcher dieselbe Anschauung in seiner in der ThLZ (82 [1957], 825–834) erschienenen Rezension der Textausgabe vertreten hat. Vgl. auch Haenchen, ZKG 67 (1955/56), 154f.

[19] Vgl. EV, p. XII.

besinnlicher Betrachtung stellt, nämlich die Erlösung der erwählten Menschen durch Jesus. Die mehr oder weniger ausführlichen Darlegungen über andere Lehrstücke in unserem Text, auf die eine Homilie über die Erlösung ja nicht ganz verzichten kann, sind trotz ihrer gelegentlich sehr großen Breite im Rahmen des Ganzen von nur untergeordneter Bedeutung und erfolgen entsprechend da, wo und nur soweit sie nach dem Urteil des Verfassers dem Hauptanliegen zu dienen vermögen.

Wir gewinnen die Lehre unseres Textes aus unserem Text demnach nur dadurch, dass wir die einzelnen, über die ganze Homilie verstreuten, lehrhaften Ausführungen und die verschiedenen Anspielungen auf das vorausgesetzte System miteinander kombinieren, aufeinander beziehen und systematisch ordnen. Von besonderer Wichtigkeit sind für uns in diesem Zusammenhang die oben besprochenen universellen Erörterungen unserer Schrift. Aber auch die speziellen Teile mit ihrer besonderen Lehre und mit ihren zahlreichen Hinweisen sind von großem Wert. Es ergibt sich auf diese Weise zwar kein vollständiges, wohl aber ein geschlossenes System.

Es gibt nur ein Wesen, das im strengen Sinne existiert, weil es existiert, ohne entstanden zu sein. Dieses Wesen ist der Vater.[20] So kann denn der Vater einfach der Seiende genannt werden.[21] Die Wohnstätte des Vaters ist das Pleroma.[22] Derselbe Ort heißt auch „die Ruhe des Vaters".[23] Als erstes Wesen bringt der Vater den Logos, seinen eigenen Sohn, hervor,[24] und zwar entsteht der Logos aus dem Vater und dem Gedanken des Vaters[25] bzw. seiner Sophia.[26] Auch der Nous des Vaters ist an der Entstehung des Logos beteiligt,[27] ebenso der Wille des Vaters.[28] Gedanke, Nous und Wille sind aber keine selbständigen Gott-Wesen, sondern bloß Kräfte des Vaters.

---

20 38,32f.

21 28,13; weitere Namen bzw. Bezeichnungen des Vaters sind „der undenkbare Unbegreifliche" (17,7f.; 17,22f.; 18,31f.), „der Unbegreifliche" (30,33f.), „die unmessbare Größe" (42,13f.).

22 16,35; 41,1.14; 43,15f.

23 23,29. Eine besonders merkwürdige Aussage über den Vater finden wir 40,26f. Es wird dort gesagt, der Vater sei aus der Tiefe hervorgekommen. Diese Äußerung ist vermutlich mit dem Umstand in Zusammenhang zu bringen, dass der Vater andere Wesen aus sich entstehen lässt. Das ist aber nicht möglich, ohne dass der, der bis dahin allein existierte, auch sich selbst ändert. Er muss gewissermaßen aus seiner eigenen Tiefe (vgl. 22,25–27) hervorkommen.

24 23,18–24,3; 37,8–18; 38,6–40,29.

25 16,35; 37,1.8.13.

26 23,18; der Gedanke bzw. Die Sophia des Vaters ist wohl die 24,7 genannte Mutter.

27 16,36; 37,10f.

28 37,5f.17f.

Sobald der Logos entstanden ist, nimmt der Vater ihn bei sich in dem Pleroma auf.[29] Dieser Logos führt den Namen Jesus Christus,[30] Jesus[31] und Soter.[32] Der letzte Name bezieht sich auf seine Tätigkeit im Rahmen des Rettungswerkes, das am Ende der Weltentwicklung auszuführen sein wird.[33] Nach dem Logos[34] lässt der Vater das All, d. h. die Gesamtheit der Äonen, aus sich entstehen.[35] Derselbe Sachverhalt wird auch so ausgedrückt, dass der Vater das All schafft.[36] Obgleich das All durch das Entstehen aus dem Vater herausgetreten ist, bleibt es doch in gewisser Weise in ihm,[37] denn der Vater umfasst auch die aus ihm herausgetretenen Äonen,[38] sind sie doch seine Glieder.[39] Sie befinden sich ursprünglich zusammen mit dem Logos im Pleroma des Vaters.[40] Die Äonen heißen auch Emanationen des Vaters[41] oder Räume.[42] Zum Herrn über die Äonen, über das All, setzt der Vater nun den Logos ein.[43]

Der so geschaffene Zustand entbehrt aber der Stabilität. Von all den entstandenen Wesen ist der Logos nämlich das einzige, das den Vater kennt.[44] Nur durch die Vermittlung des Logos besteht für die Äonen die Möglichkeit, den Vater zu erkennen, und eben diese Vermittlung der Erkenntnis über den Vater ist von Anfang an die Aufgabe des Logos.[45] Von dieser Erkenntnis aber ist nach dem Willen des Vaters die Stabilisierung, die Vollendung des Alls abhängig.[46] Diese für die Konsolidierung des Alls notwendige Erkenntnis des Vaters seitens der Äonen kommt jedoch nicht

---

29 16,34f.; 23,29f.; 41,12–14.

30 18,16.

31 20,11.24; 24,8.

32 16,38.

33 16,38–17,1.

34 37,9.16; 38,35f.

35 17,5f.; 20,21f.; 21,24f.; 27,10f.11–13; 38,3f.; 41,18–20.

36 18,33f.; 19,7f.; 27,33.

37 17,6f.; 18,29f.34f.; 19 8f.; 22,28; 22,33; 27,22.25; 27,36–28,2.

38 22,25f.

39 18, 39f.

40 21,8–11; 22,27–33; 43,11–16.

41 22,37; 26,29; 27,11; 41,14.16.

42 20,21f.; 22,26; 25,10; 27,10f.25; 28,11; 42,8f. Man kann, wie aus der letzten Bezeichnung schon hervorgeht, bei gnostischen Äonen nicht scharf zwischen den himmlischen Wesen selbst und den Orten, wo sie sich befinden, trennen. So wird es verständlich, wenn in unserer Schrift die Äonen nach dem Pleroma, dem Wohnort des Vaters, auch Pleromata genannt werden (41,15f.); vgl. dazu auch K. Müller, Beitr. z. Verständnis d. val. Gnosis, NGWG 1920, 179.

43 24,3; 38,36–38.

44 39,8; 40,20–23.

45 22,35–37; 23,18–22; 38,15–24; 18,4f.

46 Vgl. 19,10–14.

zustande.[47] Es ist das ein nicht zu verstehendes Wunder, zumal die Äonen sich ja in dem zu erkennenden Vater befinden.[48] Das Nichtzustandekommen der Erkenntnis hat weit reichende und schlimme Folgen. Es ist nun nicht so, dass die Äonen sich gar nicht um eine Erkenntnis gemüht hätten, vielmehr suchten sie nach dem, aus dem sie entstanden waren.[49] Als sie ihn nicht finden, geraten sie in Unruhe und schließlich in Schrecken und Furcht. Die Furcht aber lähmt ihrerseits die Erkenntnisfähigkeit und verstrickt die Äonen in Vergessenheit.[50] So entsteht der Irrtum hinsichtlich des Vaters, die πλάνη.[51] In ihrer Benommenheit verlassen die Äonen nun das Pleroma.[52] Die πλάνη aber wird zu einer persönlichen Macht. Sie ist der Demiurg. Waren schon die Äonen in Unkenntnis über den Vater, so ist es die πλάνη erst recht. Sie erzeugt die Materie und bildet aus ihr die irdische Welt als Abbild der oberen Welt der Äonen,[53] d. h. des jetzigen Aufenthaltsortes und Wirkungsbereiches der aus dem Pleroma entwichenen Äonen. In der von ihr geschaffenen Welt formt die πλάνη nun den Leib des ersten Menschen. Ihre Absicht dabei ist, irgendwelche Äonen aus dem All, der Welt der Äonen, in den Leib dieses ersten Menschen und seiner Nachfahren zu locken, um sie dort gefangen zu halten. Es gelingt der πλάνη, die am stärksten von der Vergessenheit befallenen, die untersten der Äonen, die Wesen der Mitte, die sich nahe der Grenze zwischen oben und unten befinden, zu verleiten. Sie verlassen ihre Wohnräume in der oberen Welt und nehmen Wohnung in den Menschen.[54] Sie verbinden sich der Welt durch das Leben in ihr immer mehr und verstricken sich dadurch noch stärker in die Vergessenheit.[55] Da die Erkenntnis des Vaters von Seiten des Alls nicht zustande gekommen ist, enthält der Vater die Vollendung, die er von Anfang an für seine Geschöpfe, die Äonen, bereitet hatte,[56] dem All zunächst vor.[57] Diese Vollendung wird der Vater dem All

47 17,9f.; 18,8f.; 22,29.31–33; 24,29f.
48 22,27–29.
49 17,4–6.
50 17,24.
51 17,6–15.
52 22,27–33.
53 Vgl. 17,15–21.30–33. Die einzelnen Schöpfungen der πλάνη heißen auch ihre Emanationen (26,25).
54 Vgl. 17,33–36; 22,20–33; 30,19–23; 41,3–8.
55 41,8–12.
56 21,18–25.
57 18,36–38; 19,3f.; 21,8f.18f. Zur Vollendung gehört, dass die Äonen Gestalt und einen Namen empfangen (27,15–18). Beides erhalten sie auf Grund von Erkenntnis, und erst wenn sie beides erhalten, entstehen sie im Vollsinne (27,15–28,16), weil ihr Zustand dann stabil ist.

am Ende der Weltentwicklung geben, wenn er den Äonen die Erkenntnis schenken wird, die nun nach ihrer Verfehlung von den Äonen selbst nicht mehr erlangt werden kann.

Das so entstandene Universum besteht aus drei Teilen: 1. dem Vater und dem Logos im Pleroma, 2. der oberen Welt, die aus Äonen besteht, die sich dem Vater entfremdet haben, 3. der unteren, irdischen Welt, über die die πλάνη herrscht. Der Zustand der oberen und der unteren Welt nach dem geistigen Sündenfall der Äonen ist des Näheren folgendermaßen zu beschreiben: Alle Äonen, sowohl die, die sich in der oberen Welt befinden, als auch die, die in der unteren Welt gefangen gehalten werden, haben Mangel an dem Vater.[58] Dieser Mangel besteht darin, dass ihnen die Erkenntnis des Vaters fehlt,[59] denn sie sind unwissend über den Vater,[60] sie sehen ihn nicht.[61] Sie suchen aber nach dem Vater.[62] Das braucht nun den Äonen selbst nicht bewusst zu sein, sind sie doch trotz ihres Suchens befangen in der Vergessenheit.[63] Auf jeden Fall weist die Tatsache, dass die Äonen nach dem Vater suchen, darauf hin, dass bei aller Entfremdung doch eine wesensmäßige Verbindung mit dem Vater bestehen geblieben ist.[64] Die obere Welt mit den in ihr befindlichen Äonen muss, obgleich von ihr in unserer Schrift immer nur summarisch geredet wird, eine bestimmte Gliederung aufweisen. Es muss verschiedene Orte geben und in ihnen Äonen verschiedenen Ranges, denn an einer Stelle ist ja von Wesen der Mitte die Rede.[65] Auch wird es sich bei diesen Orten – ebenso wie bei der oberen Welt als ganzer – wohl um Orte der Verbannung handeln, an denen sich die Äonen zur Strafe für ihre Verfehlung befinden.[66] Die untere Welt, die Schöpfung der πλάνη, ist die Gestalt des Mangels,[67] d. h. die Gestalt gewordene Unkenntnis. In ihr herrschen Neid und Streit.[68] In dieser Welt gibt es nun zwei Klassen von Menschen. Die einen sind zwar dem Leibe nach Geschöpfe der πλάνη, in ihnen eingeschlossen ist aber jeweils ein Äon aus der oberen Welt, genauer aus dem Ort der Mitte. Die Gesamtheit der in den Menschen befindlichen,

---

58 18,35; 19,9f.; 21,14–18.
59 19,14–17; 21,14f.; 27,22f.
60 16,39–17,1; 21,14f.31.34f.; 27,32f.; 28,32f.; 29,34; 30,9; 31,30f.
61 28,33–29,1.
62 18,12f.; 24,17f.; 31,31f.; 32,35f.
63 17,24.32f.36; 18,1.6.8.11.18; 20,38; 21,36.
64 26,31f.; 41,25–28.
65 17,34f.
66 21,8–11.18–21; 41,23–28.
67 24,22f.
68 24,25f.

gefallenen Äonen heißt die Seele oder der Same des Vaters.[69] Die anderen sind nur Geschöpfe der πλάνη.[70] Das sind die Menschen der Hyle.[71] Alle Menschen in der unteren Welt befinden sich in Furcht, Bestürzung, Schwachheit, Zwiespältigkeit, Teilung.[72] Sie werden von der πλάνη gequält durch Züchtigungen, Strafen und Fesseln.[73] Dabei ist die ganze untere Welt nur Schein, von der Wirklichkeit des Vaters aus gesehen.[74] Da sie nur Gestalt gewordene Unkenntnis ist, ist sie – wie die Unkenntnis selbst – ein Nichts.[75]

Als solches erweist sie sich am Ende der Weltentwicklung, wenn der Vater die Äonen aus der Entfremdung errettet, dadurch, dass der Logos ihnen die Erkenntnis des Vaters übermittelt.[76] Der Logos löst so den Mangel auf,[77] dadurch dass er die Erkenntnis bewirkt.[78] Zu diesem Zwecke verlässt er das Pleroma[79] und begibt sich herab zunächst zu der oberen Welt, zu den Orten, in denen sich die verschiedenen Äonengruppen befinden. Dabei nimmt er jeweils die Gestalt der Äonen an, denen er die Erkenntnis des Vaters offenbaren will.[80] Nachdem er sein Rettungswerk an den Äonen der oberen Welt getan hat, steigt er herab zur unteren Welt, um auch den in ihr befindlichen Äonen die rettende Erkenntnis mitzuteilen. Beim Betreten der unteren Welt nimmt er einen Leib an,[81] eine Fleischesgestalt.[82] Im Unterschied zu den Leibern der Menschen ist der Leib des Erlösers allerdings unfassbar.[83] Auf Veranlassung der πλάνη, die sich mit Recht durch sein Wirken bedroht fühlt, wird er ans Kreuz geschlagen[84] und stirbt.[85] Danach legt er wieder seine Unvergänglichkeit an[86] und zieht vor den Erlösten her ins Pleroma zurück.[87] Nur die eine

69 42,35–37; 43,14.
70 21,35f.
71 31,4.
72 29,1–5.
73 31,21–25.
74 28,24–30,6.
75 17,23–25.
76 22,38–23,1.
77 24,20f.
78 24,28–32.
79 16,34f.
80 24,3–5.
81 23,30–24,3; 26,7f.
82 31,5f.
83 31,4–7.
84 18,21–24; 20,25–27.
85 20,28–30.
86 20,30–34.
87 22,20–27.

Gruppe von Menschen, nur die Menschen, in denen sich ein gefallener Äon befindet, nehmen die dargebotene Erkenntnis an.[88]

Die Eschatologie wird beherrscht von der Spannung zwischen dem „schon" und dem „noch nicht." Durch das Kommen des Erlösers, der die Erkenntnis bringt, ist die Welt, die Gestalt der Unwissenheit, im Grunde schon aufgelöst, und doch steht die Auflösung in einem besonderen Akt erst noch bevor.[89] Für alle Äonen ist die Ruhe im Vater, im Pleroma, das Endziel.[90] Was nun speziell die in den Menschenleibern eingeschlossenen Äonen angeht, so sind sie schon nach dem Empfang der Erkenntnis vollkommen,[91] und doch steht das Vollkommenwerden noch aus.[92] Bei der Auflösung der Welt bzw. bei ihrem Tode, wie man wohl annehmen darf, werden sie sich von der Verstrickung in die Vielfalt der Welt reinigen, ihr aus Materie bestehender Leib wird sich in nichts auflösen.[93] Die so befreiten Äonen gehen nicht hinab zur Unterwelt,[94] sondern steigen hinauf zum Vater, zum Ruheort, dem Ort der Seligen, wo sie keinen Mangel mehr am Vater haben werden.[95]

Damit haben wir die Voraussetzung geschaffen, um die Frage, ob das Evangelium der Wahrheit valentinianisch ist oder nicht, beantworten zu können.

IV. *Die zweite Schrift des Codex Jung und der Valentinianismus*

Die Herausgeber machen für ihre These vom valentinianischen Ursprung des EV viele Einzelheiten geltend, doch nichts Wesentliches. Sie berufen sich so zunächst auf die Terminologie unserer Homilie. Ausdrücke und Vorstellungen wie „Äon", „das All", „Pleroma" als Bezeichnung für die obere Welt oder einen Ort in ihr, „Mangel" als Bezeichnung der niederen Welt, „der Ort der Ruhe", „Ruhe" als Endzustand der Geretteten in der

---

88 21,3–6; 21,25–22,4. Die Folgen der Erkenntnis werden in charakteristischen, einander sehr ähnlichen Formeln ausgedrückt: Die Menschen erkennen; sie werden erkannt (19,32f.). Sie finden den Vater in sich (18,31). Der Vater ist in ihnen, und sie sind im Vater (42,26–28). Das Licht wohnt in ihnen (32,33f.). Der Name des Vaters ruht in ihnen, und sie ruhen im Namen des Vaters (38,29–32). Sie ruhen in dem, der (sc. in ihnen) ruht (42,21–23).

89 24,20–25,19.

90 24,18–20; 22,11f.; 41,28f.; 42,31f.; 43,1.

91 42,28f.

92 25,8–10.

93 25,12–19.

94 42,17f.

95 41,28–35; 42,34–43,24.

oberen Welt, „Hyliker“, „die von der Mitte“, seien spezifisch valentinianisch.[96] Das aber ist ein Irrtum, denn alle diese Ausdrücke und Vorstellungen begegnen auch bei anderen Gnostikern.[97] Bei dem Ausdruck „die von der Mitte“ müssen die Herausgeber sogar selber zugeben, dass er einen anderen Sinn hat als im Valentinianismus.[98] Ein Argument für die Ansicht der Herausgeber wäre es noch nicht einmal, wenn sie damit Recht hätten, dass der Terminus „Ort“ in unserer Schrift vorkäme.[99] Aber im absoluten Gebrauch ist dieser Ausdruck hier gar nicht belegt.[100] Sie stellen nämlich selbst fest, dass er in einem nicht valentinianischen Sinne gebraucht wird.[101] Die Herausgeber weisen auch darauf hin, dass unsere Schrift allgemein der geistigen Haltung des Valentinus entspreche.[102] Nun kennen wir diese „geistige Haltung“ des Valentinus aus ganzen neun Fragmenten, womit auch dieses Argument hinfällt.[103] Als Beweis ihrer These führen die Herausgeber weiter an, dass die Interpretation des Gleichnisses vom verlorenen Schaf CJ 31,35–32,17 mit Hilfe einer Spekulation über die antiken Fingerzahlen genau parallel der Interpretation dieses Gleichnisses bei den Marcosiern Iren. I 16,2; II 24,6 sei.[104] Das ist aber ebenfalls eine irrige Behauptung. Die Marcosier haben das Gleichnis vom verlorenen Schaf überhaupt nicht mit der Zahlenspekulation von Iren. I 16,2 in Zusammenhang gebracht.[105]

96 EV, p. XII f.

97 Vgl. für „Äon“ z. B. EvMar BG 17,6; AJ BG 20,13.15.16; 25,2.4.; 26,6.9f.22; SJC BG 93,10f.; 95,12; 101,18; 106,12.17; – für „das All“ (ptērïf = τὸ πᾶν, τὸ ὅλον oder τὰ πάντα, τὰ ὅλα) z. B. EvMar BG 15,21; AJ BG 22,22; 26,9; 27,9.11; SJC BG 78,4; 80,2; 86,14; – für „Pleroma“ z. B. PS (Coptica 2) 4,5; 16,1; I. BJ (TU 8, 1/2) 39,7; UAW (TU 8, 1/2) 226,5; 227,10; 228,3; 230,4.9; 254,9; Iren. III 11,1 (Kerinth); Epiph. Haer. 23 4 (Satornil); – für „Mangel“ (= ὑστέρημα) z. B. šta in der Bedeutung Mangel AJ BG 64,9.13; SJC BG 123,8.9; – für „Ort der Ruhe“ z. B. SJC BG 125,10; UAW 261,11; II. BJ 122,8; OdSal 3,5; – für „Ruhe“ z. B. EvMar BG 17,5; SJC BG 117,2f.; OdSal 25,12; 37,4; – für „Hyliker“ z. B. UAW 254,7 (nathylē); 262,7 (nečpo ïnthylē); Hippol. Elench. V 8,22, Wendland 93,11 (Naassener); V 27,3, Wendland 133,9 (χοϊκοί, Justin); – für „die von der Mitte“ z. B. PS 188,11.22; 197,16; 216,18f.; 231,2f.; 248,21f.; 252,20f.; 356,1; 361,1.

98 EV, p. XIII.

99 EV, p. XIII.

100 Auch nicht 40,32. ïntafi (40,33) bezieht sich auch auf ptopos (40,32) zurück.

101 EV, p. XIII.

102 EV, p. XIII f.

103 Quispel allerdings glaubt, das originale System des Valentinus herausarbeiten zu können; The original doctrine of Valentine, VigChr 1 (1947), 43–73; Gnosis als Weltreligion, Zürich 1951, 84f. Seine Ausführungen vermögen uns jedoch nicht zu überzeugen.

104 EV, p. XIII.

105 Das geht schon daraus hervor, dass sie gegen den biblischen Text nur von 11 verlassenen Schafen, nicht aber 99, reden; Iren. I 16,1. Die Marcosier deuten das Gleichnis übrigens ebenso wie die Ptolemäer auf die gefallene Sophia (vgl. Iren. I 8,4), das EV aber auf die unerlösten Menschen. Nur Irenäus bringt die Zahlenspekulation von Iren. I 16,2 zum Zwecke der Widerlegung mit dem Gleichnis vom verlorenen Schaf zusammen (Iren. II 24,6). Eine Ähnlichkeit besteht nur zwischen der Zahlenspekulation der Marcosier Iren.

Auch der Terminus Vater der Wahrheit, der sich CJ 16,33 findet, ist nicht – wie man vielleicht zu denken geneigt ist – nur valentinianisch.[106]

Hingegen fehlt unserer Schrift gerade das wirklich für den Valentinianismus Charakteristische, worauf die Herausgeber selbst hinweisen: Die dreißig Äonen, der Mythos vom Fall der Sophia, die untere Sophia, der Demiurg, die drei Menschenklassen usw.[107] Dieses argumentum e silentio ist gewiss schwerwiegend genug und würde u. E. schon genügen, um den valentinianischen Ursprung unserer Schrift auszuschließen. Gleichwohl fügen wir dem negativen Beweis den positiven bei, wozu uns unsere Ausführungen über die Lehre der zweiten Schrift des Codex Jung verhelfen, indem wir das, was nun wirklich im EV gelehrt wird, mit den valentinianischen Systemen konfrontieren. Da ergibt sich, dass die Anschauungen des EV ganz anders sind als die bei aller Verschiedenheit im Großen und Ganzen doch einheitlichen Systeme der Valentinianer.[108] Wir zeigen das im Einzelnen an einigen markanten Punkten, und zwar beginnen wir gerade mit den Lehrstücken, wo unsere Homilie und der Valentinianismus sich ähneln.

Nach dem EV besteht ja der Fall darin, dass die Äonen den Vater nicht erkennen. Nun wird doch auch von den Valentinianern gelehrt, dass nur

---

I 16,2 und der Zahlenspekulation des EV über das Gleichnis vom verlorenen Schaf. Und zwar besteht sie des Näheren darin, dass man auf beiden Seiten das Zählen der Zahlen von 1–99 an der linken Hand, der Zahlen von 100 an aufwärts an der rechten Hand als Brauch voraussetzt, ein Brauch, der den Menschen innerhalb des römischen Weltreiches selbstverständlich war (K. Menninger: Zahlwort und Ziffer, Breslau 1934, 140–158), und dass man mit der linken und rechten Hand die gnostisch gefüllten Vorstellungen von links und rechts als gleichbedeutend mit unten und oben in Verbindung bringt. Im Einzelnen gehen die beiden gnostischen Interpretationen der besagten Zählweise jedoch völlig auseinander. Nach den Marcosiern bedeutet die linke Hand und mit ihr die Zahl 99 den Ort der Mangelhaftigkeit. Man entflieht ihm, wenn man nach der 1, d. h. nach dem Vater, sucht. Die rechte Hand bedeutet den Ort der Vollendung, zu dem man gelangt, wenn man die 1 gefunden hat. Diese Spekulation ist nun vermutlich gar nicht einmal valentinianisch, sondern wie so vieles von älteren Gnostikern übernommen worden (vgl. E. Schwartz, Aporien im vierten Evangelium II, NGWG.PH 1908, 130). Für die Valentinianer ist ja rechts gar nicht mehr oben, sondern nur eine Kennzeichnung für das Seelische. Nach dem EV bedeuten nun die 99 Zahlen, die man an der linken Hand zählt, bzw. die 99 Schafe, die vom Vater abgefallenen, aber noch in der oberen Welt befindlichen Äonen. Die fehlende 1, bzw. das verlorene Schaf, sind die in der Menschenwelt befindlichen Äonen. Erst wenn Jesus auch diesen am tiefsten gefallenen Äonen die rettende Erkenntnis mitgeteilt hat, kehren alle Äonen zum Vater, der durch die Zahl 100 bzw. die rechte Hand symbolisiert wird, zurück. Nach alledem ist die Interpretation des Gleichnisses vom verlorenen Schaf CJ 31,35–32,17 kein Argument für valentinianischen Ursprung unserer Schrift.

[106] Vgl. OdSal 41,9; Acta Thomae 7 (Lipsius-Bonnet II 2, 110,20; Brautlied der Sophia); II. Clem. 3,1; 20,5.

[107] Vgl. EV, p. XIII.

[108] Vgl. auch EV, p. XIII, wo die Herausgeber das im Grunde selbst zugeben.

der Sohn des Vaters, der Nous, den Vater erkenne, dass es in der oberen Welt einen Fall infolge von Unwissenheit über den Vater gegeben habe und dass die erschütterte Ordnung der Äonen dadurch wiederhergestellt worden sei, dass Christus ihnen Erkenntnis mitgeteilt habe.[109] Zunächst sei darauf hingewiesen, dass es sich dabei keineswegs um die valentinianische Lehre vom Fall in der oberen Welt handelt. Wie Valentinus selbst über diesen Lehrpunkt gedacht hat, wissen wir nicht. In dem valentinianischen System, das Hippolyt Elench. VI 29,1–36,4 bietet, wird der Fall im Pleroma und die Wiederherstellung der Ordnung völlig anders geschildert, das Motiv von Unkenntnis und Erkenntnis spielt dabei keine Rolle; dasselbe gilt von der Vorstellung des Falles, die Irenäus I 2,3f. beiläufig erwähnt. Das System, das Excerpta ex Theodoto 29–42 vorausgesetzt wird, könnte vielleicht den Fehltritt, der im Pleroma geschieht, mit dem Motiv der Unkenntnis in Zusammenhang gebracht haben, wie aus § 31 zu entnehmen ist. Im Einzelnen lässt der Text die Vorgänge jedenfalls im Dunkeln. Das einzige System, das die erwähnte Lehre hinreichend deutlich bietet, ist das System der Schüler des Ptolemäus und des Herakleon Iren. I 1–8.[110] Eine Ähnlichkeit dieser Lehre mit den Gedanken des EV besteht aber auch nur auf den ersten Blick. Sieht man näher hin, löst sie sich auf. Der Vater will nämlich danach gar nicht erkannt werden. Er will nur, dass die Äonen nach ihm suchen. Auch kommen nicht etwa alle Äonen zu Fall, sondern nur ein einziger, der unterste, die Sophia. Und der Fall besteht nicht in Unwissenheit, sondern setzt solche nur voraus. Der Fall selbst besteht darin, dass die Sophia den Vater zu heftig sucht, die Unwissenheit aber darin, dass die Sophia nicht weiß, dass der Vater unerkennbar ist. Entsprechend besteht die Erkenntnis, die Christus allen Äonen des Pleroma mitteilt, darin, dass der Vater eben unerkennbar ist, und sie soll nur vorbeugen, damit andere Äonen den Fehler der Sophia nicht wiederholen. Die tiefe Kluft zwischen dem EV und dem Valentinianismus tut sich vollends auf, wenn wir bedenken, dass die Belehrung der Äonen ja noch vor der Entstehung der Welt stattfindet[111] und dass erst durch sie die Kosmogonie ermöglicht wird.

Eine weitere Ähnlichkeit des Valentinianismus mit der Lehre des EV besteht darin, dass auch nach der Kosmogonie der Valentinianer die Welt als eine Schöpfung der πλάνη, der Verirrung der Sophia hinsichtlich des

---

[109] Vgl. Iren. I 2.

[110] Vgl. über Iren. I 1–8. W. Foerster, Von Valentin zu Herakleon, BZNW 7, Gießen 1928, 81. 101.

[111] Vgl. Iren. I 2,1f.5f.

Vaters, erscheinen könnte.[112] Für das System Hippolyt Elench. VI 29,1–36,4 und für Iren. I 2,3f. trifft das nach allem Gesagten gewiss nicht zu, obgleich Iren. I 2,3[113] die ἄγνοια als eine der Ursachen der Materie genannt wird.[114] Aber dort handelt es sich nicht um Unwissenheit in Bezug auf den Vater, sondern um Unwissenheit über das, was die Sophia tun soll. Die Frage kann sich nur darauf beschränken, ob es im Sinne des Systems Iren. I 1–8 ist, die Welt ein Gebilde der Unwissenheit und der Verirrung zu nennen. In gewisser Weise könnte man das sagen. Die Welt entsteht ja tatsächlich infolge von Unwissenheit der Sophia. Aber damit würde man der Lehre der Ptolemäer Gewalt antun; denn sie selbst sahen nicht die Unwissenheit, sondern die Begierde (ἐνθύμησις) und die Erregung (πάθος) der Sophia auf der Suche nach dem Vater als die entscheidenden Ursachen für das Entstehen der Welt an.[115] Dass nur diese Interpretation des ptolemäischen Systems zulässig ist, geht indirekt daraus hervor, dass in der Lehre von der Welt als der Gestalt gewordenen Erregung der Sophia alle bekannt gewordenen valentinianischen Systeme, so verschieden sie auch den Fall der Sophia selbst auffassen, übereinstimmen.[116] Außerdem aber stellt die πλάνη der Ptolemäer nur den geistigen Zustand einer bestimmten Person dar. Nach dem EV ist die πλάνη dagegen selbst eine Person.

Als völlig unvereinbar mit dem Valentinianismus erweist sich das EV schließlich, wenn wir nun noch die in die Augen springenden Unterschiede der Christologien betrachten. Soweit ihre Systeme bekannt sind, vertreten nämlich alle Valentinianer die Anschauung, dass es drei verschiedene Erlösergestalten, drei Christusse, gebe.[117] Im EV gibt es aber nur einen einzigen Christus.

---

[112] Vgl. Iren. I 21,4 (Völker, Quellen z. Gesch. d. christl. Gnosis, 140,2–4).

[113] Völker 98,13.

[114] Vgl. auch Hippolyt Elench. VI 31,1 (Wendland 158,15).

[115] I 2,2 (Völker 97,16.20); I 2,2 (Völker 98,1); I 4,1 (Völker 102,24f.).

[116] Vgl. Iren. I 2,3 (Völker 98,3); I 2,4 (Völker 98,21f.23); Hippolyt Elench. VI 30,6–31,6.

[117] Bei Hippolyt Elench. VI 36,4 (Wendland 166,10–14) heißt es z. B.: „Es gibt nun nach ihnen drei Christusse: der vom Nous und der Aletheia mit dem Heiligen Geist hervorgebrachte, und die gemeinsame Frucht des Pleromas, der Gemahl der außerhalb befindlichen Sophia, die selbst auch Heiliger Geist genannt wird, er ist aber dem ersteren untergeordnet; und der dritte der aus Maria zur Besserung unserer Schöpfung geborene" (vgl. Iren. III 16,1). – Valentinus: Iren. I 11,1; Clem. Alex. Strom. III 59,3 (Stählin II 223,12–16); – Herakleon: siehe W. Foerster, BZNW 7, 69. 72f.; – Marcus: Iren. I 15,2f. (gegen Hilgenfeld, Die Ketzergesch. d. Urchristentums, Leipzig 1884, 374–378); – Ptolemäer: Iren. I 2,5f.; I 6,1 (Völker 112,19–114,5); Excerpta ex Theodoto 58,1–59,4 (Stählin III 126,8–25); 44,1 (Stählin III 120,20); zu dem Verhältnis zwischen Iren. I 1–8 und Excerpta ex Theodoto 43–65 vgl. O. Dibelius, Stud. z. Gesch. d. Valentinianer, ZNW 9 (1908), 230–247; – anonyme Valentinianer: Iren.

Wenn nun, wie sich gezeigt hat, unsere Homilie aus dem Codex Jung nichts spezifisch Valentinianisches enthält und die in ihr vorgetragene Lehre mit dem Valentinianismus unvereinbar ist, muss man den Schluss ziehen, dass sie überhaupt nicht valentinianischen Ursprungs ist. Man kann diesem Schluss nämlich auch nicht dadurch aus dem Wege gehen, dass man mit Quispel, van Unnik und Puech das EV dem jungen Valentinus oder einem frühen Entwicklungsstadium der valentinianischen Lehre zuschreibt.[118] Eine dieser Theorie entsprechende Entwicklungslinie ist für Valentinus schlechterdings undenkbar,[119] für die valentinianische Schule durch die Zeugnisse, die wir besitzen, ausgeschlossen. Je mehr gnostische Originalquellen aufgetaucht sind, desto deutlicher wurde vielmehr, dass Valentinus und die Valentinianer in ihrer Lehrbildung von einem gnostischen System ausgegangen sind, ähnlich denen des Apokryphon Johannis (AJ), der Sophia Jesu Christi (SJC) und denen, die Irenäus adv. haer. I 29, I 30 darstellt.[120] Diese Systeme sind aber ebenso unvereinbar mit dem EV wie der Valentinianismus selbst.[121] Es ist übrigens nicht das erste Mal, dass eine neu auftauchende gnostische Originalschrift zunächst irrtümlich auf Valentinus als den berühmtesten aller Gnostiker bzw. auf seine Schüler

---

I 12,3; – anonyme Valentinianer: Iren. I 7,2; – anonyme Valentinianer: Excerpta ex Theodoto 32,2 (Stählin III 117,16f.); 35,1 (Stählin III 118,10f.).

118 Vgl. Quispel, Neue Funde zur valentinianischen Gnosis, ZRGG 6 (1954), 295f.; EV, p. XIV f.; W. C. van Unnik, The "Gospel of Truth" and the New Testament, The Jung Codex, London 1955, 81–129.

119 Es ist nämlich nicht gerechtfertigt, mit Preuschen etwa das System Iren. I 11,1 dem Valentinus abzusprechen (Valentinus u. s. Schule, RE³ 20, 402f.); vgl. Foerster, BZNW 7, 97; C. Schmidt, Valentin, RGG² V, 1436.

120 Vgl. Foerster, BZNW 7, 98; Leisegang, Valentinus Valentinianer, PRE 14,2, 2263; K. Rudolph, Ein Grundtyp gnostischer Urmensch-Adam-Spekulation, ZRGG 9 (1957), 2.

121 Man wird nach alledem die Veröffentlichung der übrigen gnostischen Schriften aus dem Codex Jung mit einiger Spannung erwarten. Die erste Schrift, der Brief von Jakobus, wird von Puech und Quispel nur mit Zurückhaltung für valentinianisch ausgegeben (Quispel, ZRGG 6 (1954), 291f.; EV, p. XI). Die dritte und vierte Schrift, der Brief an Rheginus und die Verhandlung über die drei Naturen, sollen aber sicher valentinianisch sein. Puech und Quispel glauben sogar, als Verfasser der vierten Schrift Herakleon angeben zu können (vgl. Quispel, ZRGG 6 (1954), 299–304; EV, p. XI f.). Wie eine wirklich valentinianische Originalschrift etwa aussieht, kann man an dem Philippusevangelium aus dem CG II sehen (Pahor Labib, Coptic Gnostic Papyri I, pl. 99–134), das u. E. sicher den Valentinianern zugeschrieben werden muss; vgl. H.-M. Schenke, ThLZ 84 (1959), 1–26. Diese valentinianische Schrift findet sich im CG II neben Werken der so genannten Barbelognostiker. Aus diesem Sachverhalt geht hervor, dass die Beurteilung der Herkunft der zweiten Schrift des CJ völlig unabhängig davon ist, ob die These vom valentinianischen Ursprung der dritten und vierten Schrift des CJ sich als zutreffend erweist oder nicht. Nach dem, was wir vom Text der vierten Schrift bereits gesehen haben, scheint uns deren valentinianischer Charakter nicht unmöglich zu sein.

zurückgeführt wird. Dasselbe Schicksal teilten bereits die Pistis Sophia,[122] die Oden Salomos[123] und die Sophia Jesu Christi.[124]

Unsere Ausführungen würden nun allerdings wenig befriedigen, wenn es bei diesem negativen Ergebnis bliebe. Wir müssen also versuchen, die Lehre des EV auf irgendeine andere uns bekannte gnostische Gruppe oder Schule zurückzuführen. Eine Durchsicht der Kirchenväterberichte bleibt ohne Ergebnis. Wir können also unsere Schrift mit keinem der bekannten Namen gnostischer Lehrer in Verbindung bringen. Gleichwohl sind wir in einer glücklichen Lage, weil wir das EV einer gnostischen Gruppe zuweisen können, deren Originalurkunden wir besitzen. Diese Originalurkunden sind die Oden Salomos.

V. *Die zweite Schrift des Codex Jung und die Oden Salomos*

Die Oden Salomos sind die einzigen gnostischen Texte, in denen wir die Zentralgedanken des EV wiederfinden. Der eigenartigste Gedanke des EV ist der, dass die Welt nichts ist. Es heißt CJ 17,18–25: „Sie (die πλάνη) war bei einer Bildung, indem sie kraftvoll in Schönheit den Ersatz der Wahrheit bereitete. Das aber war keine Demütigung für ihn, den undenkbaren Unbegreiflichen. Denn ein Nichts war das Erschrecken, die Vergessenheit und das Gebilde der Lüge." Damit ist zu vergleichen OdSal 34,4f.:

> Urbild dessen, was drunten ist,
> ist das, was droben.
> Denn alles ist droben,
> und drunten ist nichts, sondern es erscheint (nur so) denen, in denen keine Erkenntnis ist.

In beiden Schriften wird – wie aus den Zitaten hervorgeht – der Gedanke der Nichtigkeit der Welt mit der Vorstellung verbunden, dass die irdische Welt das Abbild der oberen Welt darstellt. Wie im EV ist auch in den OdSal die Verirrung, die ṭāʿjuthā, eine personifizierte widergöttliche Macht.[125] In OdSal 31,1f. wird z. B. gesagt:

> Es schmolzen vor dem Herrn die Tiefen,
> und es verging die Finsternis vor seinem Antlitz.

[122] Vgl. Koptisch-gnostische Schriften I, hrsg. v. C. Schmidt, 2. Aufl. bearb. v. W. Till, GCS 45 (13), Berlin 1954, XII. XV. XXV.

[123] Preuschen, ZNW (1910), 328 N. 3.

[124] Hennecke, NTApo [2]I, 70.

[125] Vgl. Gunkel, Die Oden Salomos, ZNW 11 (1910), 324.

> Es verirrte sich die Verirrung und ging durch ihn zugrunde,
> und die Torheit verlor die Fähigkeit zu gehen und sank
> zusammen vor der Wahrheit des Herrn.[126]

In OdSal 18,10 heißt es:

> Und die Verirrung kennst du (Gott) nicht,
> weil auch sie dich nicht kennt.

Am deutlichsten tritt uns die Personifizierung in Ode 38 entgegen, wo die Verirrung dazu noch in ein männliches und ein weibliches Wesen aufgespalten erscheint. OdSal 38 schildert in der ersten Person eine Himmelfahrt der Seele in Verzückung unter Führung der Wahrheit.[127] Die uns interessierenden Verse 6–14 lauten:

> Es floh vor ihr (der Wahrheit) die Verirrung
> und trat ihr nicht entgegen.
> Die Wahrheit aber ging auf rechtem Wege,
> und alles, was ich nicht wusste,
> zeigte sie mir,
> alle Gifte der Verirrung
> und jene Lockungen, die als Süßigkeit des Todes
> anzusehen sind,
> und den Verderber des Verderbens.
> Ich sah, wie sich schmückte die verdorbene Braut
> und der Bräutigam, der verderbend und verdorben ist.
> Und ich fragte die Wahrheit: ‚Wer sind diese?'
> Und sie sagte zu mir:
> Das sind der Irreführer und die Verirrung.
> Und sie ahmen nach den Geliebten und seine Braut
> und führen die Welt in die Irre und verderben sie.
> Und sie laden viele zum Trinkgelage
> und geben ihnen zu trinken den Wein ihrer Trunkenheit,
> dass sie ausspeien ihre Weisheit und ihr Bewusstsein,
> und machen sie ohne Verstand;
> und dann lassen sie sie laufen.

Das hier auftretende Motiv der Trunkenheit finden wir ebenfalls im EV, nämlich CJ 22,16–20.

Im EV ist die erlösende Erkenntnis im Wesentlichen eine Erkenntnis des einen Gottes. Genau so liegen die Dinge in den Oden Salomos.[128] Die

---

126 ṭāʿjuthā nicht personifiziert: OdSal 15,6; 18,14.
127 Vgl. Gunkel, ZNW 11 (1910), 315ff.
128 Vgl. z. B. OdSal 6,6; 7,21; 8,8; 12,13.

Erkennenden erkennen den einen Gott als den, der sie geschaffen hat.[129] Wir stellen aus beiden Schriften je einen charakteristischen Satz heraus. CJ 24,11–18: „Er (der Vater) offenbarte sein Verborgenes…, damit die Äonen durch das Mitleid des Vaters ihn erkennen und aufhören, sich zu plagen, dadurch dass sie nach dem Vater suchen.“

OdSal 7,12:

> Er (der Vater der Äonen) hat sich gegeben, von denen sich sehen zu lassen, die sein sind,
> auf dass sie den erkennen sollten, der sie gemacht hat,
> und dass sie nicht meinen sollten, von sich selbst her zu sein.

Weiter begegnet eine so undoketische Christologie, wie wir sie im EV finden, im Raume der Gnosis nur noch in den Oden Salomos. Die für unseren Zusammenhang wichtigen Züge aus der Christologie der Oden Salomos sind folgende: Es gibt nur einen Christus. Wörtlich heißt es OdSal 41, 15a:

> Christus ist in Wahrheit einer.

Das klingt wie Polemik gegen andere gnostische Auffassungen.[130] Der Logos,[131] Christus,[132] der Sohn[133] und der Erlöser[134] sind ein und dieselbe Person.[135] Dieser Christus wird gekreuzigt[136] und stirbt den irdischen Tod.[137] Weil der Tod aber keine Macht über ihn hat, ersteht er wieder von den Toten.[138] Neben diesen auffälligsten Lehrstücken beider Schriften gibt es viele andere Punkte, an denen sie übereinstimmen. Auch nach den Oden Salomos hat der Vater die Äonen entstehen lassen. Er ist ihre Fülle und ihr Vater.[139] Dem Orte des Vaters stehen die Orte gegenüber.[140] Das All, d. h. die Gesamtheit der Äonen, ist gefallen und wird durch den Logos bei seinem Abstieg gerettet.[141] Auf der Erde herrschen Hass und Missgunst.[142]

---

129 OdSal 12,10.

130 Vgl. Gunkel, ZNW 11 (1910), 322; Abramowski, Der Christus der Salomooden, ZNW 35 (1936), 57.

131 7,7; 12,3.5.10.12; 16,7.8.14.19; 37,3; pethgāmā bzw. melthā.

132 9,3; 17,16; 24,1; 29,6; 39,11; 41,3; m^e^šiḥā.

133 3,7; 7,15; 19,2; 23,18.22; 42,15.

134 42,18 pāroqā.

135 41,11–16.

136 27,3; 42,1f.

137 42,10f.; vgl. Gunkel, ZNW 11 (1910), 320f.

138 42,6; vgl. zur ganzen Christologie der OdSal Abramowski, ZNW 35 (1936), 53–57.

139 OdSal 7,11; 12,4.8; 16,19.

140 OdSal 4,1–3.

141 OdSal 7,16a; 12,4a.8–11.

142 OdSal 7,20.

Auch der gnostische Prädestinationsgedanke findet sich. Es gibt bei den Menschen zwei scharf voneinander unterschiedene Gruppen, die Nichtigen und die Besitzer der Erkenntnis.[143] Die Angehörigen der zweiten Gruppe sind die Geschöpfe des Vaters, die Seinigen, die Erwählten. Die Erwählten aber werden auf jeden Fall mittels der Erkenntnis des Heils teilhaftig,[144] und zwar sie allein.[145] Der Erlöser zieht in die Menschen ein, die zur Erkenntnis gelangen, und wohnt dann in ihnen.[146] Die Gnostiker haben die Pflicht, ein heiliges Leben zu führen.[147] Eine wesentliche Folge der Errettung ist das Ruhefinden.[148] Auch der Vater befindet sich ja im Zustand der Ruhe.[149] Schließlich kennen die Oden Salomos ebenso wie das EV die Vorstellung der Unterwelt.[150] Der Sieg Christi und sein Erlösungswerk im Hades ist ein Thema, das ihrem Verfasser ganz besonders am Herzen liegt.[151] Es sind diesen Übereinstimmungen gegenüber nun keine Anschauungen aufzufinden, die sich ausschließen. Neben der Lehre gibt es aber auch noch interessante Nebensächlichkeiten, in denen eine bemerkenswerte Übereinstimmung besteht. Eine der merkwürdigsten Stellen des EV ist CJ 24,9–11, wo es heißt: „Der Vater offenbarte seinen Busen. Sein Busen aber ist der Heilige Geist." Von den Brüsten des Vaters ist nun in den OdSal wiederholt die Rede.[152] Auch der Busen des Vaters wird genannt.[153] Eine sehr gute Parallele zu der angeführten Stelle aus dem EV bietet schließlich OdSal 19,1f.:

> Ein Becher Milch ist mir gereicht worden,
> und ich habe ihn getrunken in der süßen
> Freundlichkeit des Herrn.
> Der Sohn ist der Becher,
> und der, der gemolken wurde, der Vater,
> und der ihn molk, der Heilige Geist!

In Wortwahl und Bildgebrauch sind sich die beiden Schriften weiter ähnlich. Zu vergleichen sind dazu die der Übersetzung des EV beigefügten

143 OdSal 5,4; 18,12–14; 24,10–14; 25,3–11; 42,7.
144 OdSal 4,7f.; 8,14f.; 41,8f.
145 OdSal 23,1–3.
146 OdSal 32,1; 33,8.
147 OdSal 8,2; 20,4–6.
148 OdSal 11,12; 26,12; 30,2.7; 35,6; 37,4; 38,4.
149 OdSal 25,12.
150 OdSal 15,9; 29,4; 42,11; 24,5.7.
151 OdSal 22; 42,10–20.
152 8,16; 14,2; 19,3f.
153 19,4.

Angaben von ähnlichen Stellen aus den Oden Salomos. Hinzu kommt noch der auffallende Einfluss, den das vierte Evangelium auf beide Texte ausgeübt hat.[154]

Aus dem dargebotenen Material ist nur ein Schluss möglich: Das EV entstammt einem gnostischen Kreise, dem auch der Verfasser der OdSal angehört.[155]

Wir stehen am Ende unserer Untersuchungen und stellen die Frage, ob es denn nun zu bedauern sei, dass uns der Codex Jung anstelle des valentinianischen Evangeliums der Wahrheit die Homilie eines namentlich unbekannten Gnostikers geschenkt hat. Diese Frage ist mit Entschiedenheit zu verneinen. Diese Homilie eines Unbekannten eröffnet u. E. eine neue Perspektive der Geschichte der christlichen Gnosis: Valentinus mag wohl der für die Kirche gefährlichste christliche Gnostiker gewesen sein. Der bedeutendste war er auf keinen Fall. Die Anschauungen unseres Unbekannten sind von solch bestechender Konsequenz, Tiefe und Schönheit, dass sein Name sehr zu Unrecht der Vergessenheit anheim gefallen ist.

---

154 Vgl. für die OdSal Bihlmeyer/Tüchle, Kirchengeschichte, Paderborn [12]1951, 157. Es sei noch bemerkt, dass auch die Anspielung auf eine Entrückung im EV CJ 42,39–43, 2 sehr gut zu den OdSal passt, wo OdSal 21; 35; 36; 38 von der Himmelfahrt der Seele in der Verzückung handeln.

155 Wenn die Herausgeber des EV die These vom valentinianischen Ursprung nicht aufgeben wollen, dann werden sie die Theorie Preuschens übernehmen müssen, dass die OdSal von Valentinus herrühren; vgl. ZNW 11 (1910), 328 N. 3.

NAG HAMMADI-STUDIEN I: DAS LITERARISCHE PROBLEM DES APOKRYPHON JOHANNIS*

Der Bericht des Irenäus über die so genannten Barbelognostiker in adv. haer. I 29 (Harvey I 221–226) ist nach allgemeiner Ansicht der Fachleute ein Auszug aus einer gnostischen Originalschrift. Neuerdings können wir diese Vorlage des Irenäus näher bestimmen. Sie muss ganz eng verwandt gewesen sein mit dem Apokryphon Johannis (AJ), wie es im koptischen Codex Berolinensis Gnosticus (BG) und in einem der 1945/46 bei Nag Hammadi in Oberägypten gefundenen, jetzt im koptischen Museum zu Alt-Kairo befindlichen koptisch-gnostischen Papyruscodices, dem so genannten Codex Cairensis Gnosticus I (CG I) enthalten ist.[1] Nun ist es außerordentlich auffällig, dass der Auszug des Irenäus nur die erste Hälfte des Inhalts des AJ umfasst und mit den Worten schließt: „Illa igitur secedente, se solum opinatum esse, et propter hoc dixisse: Ego sum Deus zelator, et praeter me nemo est," was im AJ der Stelle BG 44,11–15 entspricht. Es gibt für diesen Sachverhalt grundsätzlich zwei Erklärungsmöglichkeiten:

1. Dem Irenäus hat eine Schrift von der Länge des AJ vorgelegen; daraus hat er nur den ersten Teil exzerpiert.

---

* ZRGG 14 (1962), 57–63.

[1] Der im sahidischen Dialekt der koptischen Sprache erhaltene Text des AJ ist veröffentlicht worden von Walter C. Till, Die gnostischen Schriften des koptischen Papyrus Berolinensis 8502, TU 60, Berlin 1955. Der Apparat dieser Ausgabe des BG enthält die Varianten des AJ nach dem CG I. Es gibt übrigens noch zwei längere und von dem Text des BG und des CG I stark abweichende Versionen des AJ im CG II (in Photokopien veröffentlicht bei Pahor Labib, Coptic Gnostic Papyri in the Coptic Museum at Old Cairo, Vol. I, Cairo 1956, pl. 47–80) und im CG VII. Soweit ich es bisher absehen kann, scheinen aber die Langformen auf sekundärer Auffüllung und Erweiterung zu beruhen. Eine Gesamtausgabe aller Versionen und Fragmente des AJ von Martin Krause befindet sich nach meinen Informationen im Druck. Martin Krause und Pahor Labib, Die drei Versionen des Apokryphon des Johannes im Koptischen Museum zu Alt-Kairo, ADAIK.K 1, Wiesbaden.

Ich zitiere im Folgenden das AJ zweckmäßigkeitshalber nach dem BG. – An Spezialliteratur über das AJ liegt m. W. bis jetzt folgendes vor: Jean Doresse, Nouveaux aperçus historiques sur les gnostiques coptes: Ophites et Séthiens, BIE 31 (1949), 409–419; Werner Foerster, Das Apokryphon des Johannes, Gott und die Götter, in: H. Bardtke (Hg.), Berlin 1958, 134–141; Gilles Quispel, Gnosis als Weltreligion, Zürich 1951, 13–15 (II. Auszüge aus dem Apokryphon Johannis); Walter C. Till, Die Gnosis in Aegypten, LPP 4 (1949), 230–249; ders., The Gnostic Apocryphon of John, JEH 3 (1952), 14–22.

2. Dem Irenäus hat eine Schrift vorgelegen, die nur dem ersten Teil des AJ entsprach; diese hat er ganz exzerpiert.

C. Schmidt hat die erste Erklärungsmöglichkeit vertreten,[2] während ich dagegen die zweite für richtig halte, was hier begründet werden soll.

Zunächst einmal ist grundlegend festzustellen: Nicht unser AJ selbst – mit geringfügigen Abweichungen im Text – ist die Quelle des Irenäus, sondern nur eine diesem AJ verwandte Schrift. C. Schmidt hat in seinem zitierten Aufsatz den Beweis für diese von mir abgelehnte Auffassung zu erbringen versucht. Dagegen ist aber einzuwenden, dass trotz der Übereinstimmung vieler Partien des AJ und des Auszuges bei Irenäus sich interessante und charakteristische Abweichungen der beiden Systeme voneinander feststellen lassen. Bei Irenäus sind alle Wesen der oberen Welt in Paaren angeordnet, im AJ ursprünglich nur die zwei obersten (Vater und Barbelo) und die zwei untersten (Paargenosse und Sophia).[3] Mit der Anordnung in Paaren hängt es zusammen, dass bei Irenäus anstelle der zwölf Äonen des AJ[4] nur vier auftreten. Diese vier werden nämlich die Paargenossinnen der vier Lichter. Entsprechend wird der Fall der Sophia jedes Mal anders dargestellt. Bei Irenäus sieht die Sophia, dass alle weiblichen Äonen außer ihr einen Paargenossen haben. In der Sehnsucht nach einem Paargenossen bringt sie den Protarchon hervor. Nach dem AJ hat die Sophia einen Paargenossen. Ihr Fehltritt besteht gerade darin, dass sie ohne Zustimmung dieses Paargenossen ein Wesen, den Jaldabaoth, erzeugt.[5] Solche Abweichungen lassen sich nicht als Missverständnisse des Irenäus interpretieren. Es ist also anzunehmen, dass es neben dem AJ noch andere Schriften ähnlichen Inhalts gegeben hat, die natürlich denselben Titel „Apokryphon Johannis" getragen haben können. Dann aber ist die Möglichkeit nicht von der Hand zu weisen, dass es auch Schriften gegeben hat, die bloß einem Teil des Inhalts des AJ entsprachen.

Weiter ist zu sagen: Das schriftstellerische Verfahren des Irenäus wird durch die zweite Auffassungsmöglichkeit besser erklärt als durch die erste. Jeder Vertreter der ersten Auffassung sieht sich nämlich vor die schwierige Frage gestellt, warum denn Irenäus den zweiten, für einen Ketzerbestreiter noch wichtigeren Teil der ihm vorliegenden Schrift nicht mit ausgeschrieben habe. Nach C. Schmidt ist der Grund dafür der,

---

2 Vgl. Irenäus und seine Quelle in adv. haer. I, 29, Philotesia, Berlin 1909, 333f.

3 BG 27,1–28,4; 36,16–37,16. Vgl. im Übrigen meine dritte Studie.

4 BG 32,19–34,15.

5 BG 36,16–37,16.

dass Irenäus unmittelbar danach noch eine ähnliche Schrift ausschreiben wollte,[6] die auch die Anthropologie und die Soteriologie dieser Art von Gnostikern enthielt und in der die Erschaffung des Menschen und die Menschheitsgeschichte noch eingehender dargestellt, das Verhältnis zum Alten Testament aber das Gleiche gewesen sei.[7] Man kann natürlich auch genau umgekehrt argumentieren: Daraus, dass Irenäus adv. haer. I 30 die Anthropologie und die Soteriologie mit exzerpiert hat, geht hervor, dass die Schrift, die er vorher ausschrieb,[8] keine Anthropologie und Soteriologie enthalten habe. Das entscheidende Argument gegen C. Schmidt ist aber der Umstand, dass Irenäus die zweite Schrift nach der ersten – und nicht umgekehrt – exzerpiert hat. Zunächst kann man darauf hinweisen, dass es geschickter gewesen wäre, auch den zweiten Teil des AJ zu exzerpieren und dann auf das Ausschreiben des zweiten Teiles der zweiten Schrift zu verzichten. Wenn dagegen betont würde, dass die Darstellung der Schöpfung des Menschen und der Menschheitsgeschichte in der zweiten Schrift noch ausführlicher gewesen sei und dass deshalb Irenäus den zweiten Teil dieser Schrift, nicht aber den zweiten Teil der ersten Schrift ausschreiben wollte, dann wäre zu entgegnen: Irenäus hätte in diesem Falle vermutlich zuerst die zweite Schrift ganz und dann erst die erste zur Hälfte exzerpiert, nämlich zunächst das Ganze und dann erst einen abweichenden Teil geboten.

Der entscheidende Beweis für die Auffassung, dass die dem Irenäus vorliegende Schrift weiterreichte, als das Exzerpt ihr folgt, dass Irenäus also nur ihren ersten Teil exzerpiert habe, ist nach C. Schmidt nun der Umstand, dass Irenäus vor dem Ende seines Exzerptes die Scham der Sophia erwähnt, die im AJ erst nach BG 44,19 berichtet werde.[9] Es heißt bei Irenäus: „Generatis autem his, mater contristata refugit, et in alteriora secessit et fit deorsum numerantibus octonatio." Während der Schöpfungen des Protarchon ist die Sophia in seiner Nähe und für ihn sichtbar. Danach zieht sie sich traurig in die Achtheit zurück und ist dem Protarchon von nun an verborgen. So kann er denn von sich behaupten, er sei Gott und es gebe keinen Gott außer ihm. Ganz anders ist die Darstellung der Scham der Sophia in AJ BG 44,19–45,19. Die Sophia ist nach ihrem Fall in der Neunheit. In den Räumen darunter ist sie nie gewesen. Es erfasst sie Scham darüber, dass sie mit ihrem Paargenossen nicht

6 Adv. haer. I 30 (Harvey I 226–241).
7 C. Schmidt, Iren. und seine Quelle, 334.
8 Adv. haer. I 29.
9 Iren. und seine Quelle, 333.

übereingestimmt hatte. Diese Scham der Sophia ist der Beginn der Rettung für sie selbst und ihre verlorene Lichtkraft. Schon diese Unterschiede in den zwei Berichten von der Scham der Sophia verbieten eigentlich von vornherein einen Schluss, wie C. Schmidt ihn zieht. Nun fügt sich, wie gezeigt wurde, das Motiv von der Scham der Sophia an der Stelle, wo es im Exzerpt des Irenäus erscheint, gut in den Sinnzusammenhang des Systems von adv. haer. I 29 ein. Also kann man es nicht als die Vorwegnahme eines in der exzerpierten Schrift erst an späterer Stelle folgenden Stückes ansehen. Denn dann müsste es sich als eine eingeschobene Glosse von dem übrigen Text des Irenäus deutlich abheben. Damit ist aber C. Schmidts Argument hinfällig.

Erscheint nach alledem schon die zweite Auffassungsmöglichkeit wahrscheinlicher als die erste, so erhalten wir noch größere Sicherheit in der Lösung unseres Problems durch einige Beobachtungen am AJ selbst. Es ist ja auffallend, dass Irenäus sein Exzerpt gerade an der Stelle beendet, wo im AJ eine deutliche literarische Naht vorliegt. Bis BG 44,19 erfolgten die Darlegungen in der Form der Offenbarungsrede; von BG 44,19 an bis zum Schluss der Schrift in der Form von Frage und Antwort. Diese literarische Naht liegt genau zwischen der Darstellung der Kosmogonie und der Soteriologie. Lässt schon diese formale Beobachtung die ursprüngliche literarische Einheit unserer Schrift als fraglich erscheinen, so wird sie ausgeschlossen durch Partien in beiden Teilen des AJ, die sich zwar nicht direkt und offen widersprechen, die aber doch in einer ursprünglich einheitlichen Konzeption unmöglich sind.

BG 34,19–36,15 berichtet von der Entstehung des Adam und seiner Einsetzung in den ersten Äon beim Lichte Harmozēl, von der Einsetzung seines Sohnes Sēth in den zweiten Äon beim Lichte Orojaēl, von der Einsetzung der Nachkommenschaft des Sēth in den dritten Äon beim Lichte Daveithe und von der Einsetzung derer, die sich erst zum Schluss bekehrten, in den vierten Äon beim Lichte Elēlēth. Adam kann hier kein göttliches Wesen sein, muss viel mehr als der Stammvater der Menschen verstanden werden, denn Sēth wird ja sein Sohn genannt; außerdem ist von der Nachkommenschaft des Sēth die Rede. Es ist eigentümlich, dass vom irdischen Adam und seinen Nachkommen die Rede ist, ehe noch der Fehltritt der Sophia berichtet wurde. So sind unsere Sätze als Vorwegnahme von etwas sachlich Späterem zu verstehen, veranlasst durch die Schilderung der Entstehung der vier großen Lichter und ihrer Äonen. Es sollte gleich hier erklärt werden, wozu die Lichter und ihre Äonen dienen. Nun wird aber im zweiten Teil des AJ noch einmal die Entstehung des Adam erzählt (BG 48,14–52,15). Nach BG 34,19–35,5 entstand er „auf

Veranlassung und auf Beschluss des großen unsichtbaren Geistes in Gegenwart des Autogenes“; nach BG 48,14–52,15 ist er das Produkt der Zusammenarbeit von Jaldabaoth, seinen sieben Gewalten, deren sieben Kräften und den dreihundertsechzig Engeln: Die sieben Gewalten formen aus sich ein Gebilde;[10] die sieben Kräfte bilden aus ihrer eigenen Substanz dafür eine niedere Seele, bestehend aus sieben Einzelseelen und schmücken das Gebilde mit ihr;[11] die dreihundertsechzig Engel ordnen das mit der niederen Seele verbundene Gebilde;[12] diesem unbeweglichen Ding haucht Jaldabaoth die höhere Seele, das Göttliche im Menschen, ein.[13] Nach BG 35,5 gibt der Vater dem Menschen den Namen Adam, nach BG 49,6–9 die sieben Kräfte.

BG 36,2–15 ist die Rede von zwei Gruppen unter den Gnostikern und entsprechend von zwei verschiedenen Schicksalen nach dem Tode. Wer gleich glaubt, dessen Seele kommt nach dem Tode in den dritten Äon; wer erst zuletzt glaubt, kommt in den vierten Äon. Dasselbe Thema wird auch im zweiten Teil des AJ behandelt, nämlich BG 64,13–71,2. Danach gibt es drei Gruppen von Menschen: Bei der ersten Gruppe herrscht der Geist des Lebens über die Seele; bei der zweiten Gruppe herrscht das Antimimon-Pneuma über die Seele; bei der dritten Gruppe herrschte der Geist des Lebens über die Seele; jetzt herrscht das Antimimon-Pneuma. Die Seelen der ersten Gruppe steigen nach dem Tode gleich ins Lichtreich hinauf; die Seelen der zweiten Gruppe machen solange die Seelenwanderung durch, bis auch über sie der Geist des Lebens die Herrschaft antritt, und sie dann nach dem Tode ebenfalls zum Lichtreich hinaufsteigen; die Seelen der dritten Gruppe kommen an den Ort der Verdammnis. Man möchte vielleicht versucht sein, die erste und zweite Gruppe mit den beiden Gruppen von Gnostikern in BG 36,2–15 gleichzusetzen. Beim genaueren Zusehen lässt sich aber eine solche Gleichsetzung nicht durchführen. In BG 36,7–15 sind Menschen gemeint, die sich erst am Ende ihres Lebens bekehren. BG 68,13–70,8 handelt von der Bekehrung der Seelen nach mehreren Inkarnationen. Nach BG 36,2–15 sind als Aufenthaltsorte für die Seelen der Gnostiker zwei ganz bestimmte Stellen der Lichtwelt angegeben: der dritte und der vierte Äon. Offenbar ist dabei die Vorstellung mit im Spiele, dass der Grad der Seligkeit im dritten Äon höher sei als im vierten. In BG 64,13–71,2 fehlt eine solche Bestimmtheit und Differenzierung. Es wird

---

10 BG 48,16f.

11 BG 48,17–50,6.

12 BG 50,6–14.

13 BG 51,17–52,1.

allgemein gesagt, die Seelen der Gnostiker kommen nach dem Tode „an einen Ort für diejenige Seele, die dem Antimimon-Pneuma weit überlegen war",[14] zur Ruhe der Äonen,[15] zu den großen Lichtern.[16] Nur die letzte Aussage von den großen Lichtern erinnert in gewisser Weise an BG 36,7–15. Aber es fehlt eben die Aussage, dass nur der Äon des dritten und der des vierten Lichtes für die Gläubigen bestimmt sind.

In BG 35,20–36,2 wird der zweite Äon dem Sēth zugewiesen, in BG 36,2–7 werden dann die Gnostiker „Same des Sēth" genannt. Das setzt voraus, dass Sēth bei den Menschen, auf die der erste Teil des AJ zurückgeht, neben Adam als der Prototyp des Gnostikers galt. Im zweiten Teil des AJ dagegen ist das Einzige, was von Sēth gesagt wird, die kurze Bemerkung: „Adam erkannte seine ousia, die ihm glich, und zeugte Sēth."[17]

Schließlich sei noch eine kleine Beobachtung erwähnt, die in dieselbe Richtung weist. In BG 40,10–13 wird von dem siebenten der zwölf Engel des Jaldabaoth gesagt, er heiße Kainan und Kaē, werde aber auch Kain genannt, und sei die Sonne. Im zweiten Teil des AJ führt ein ganz anderes Wesen den Namen Kain. BG 62,3–63,2 wird erzählt, Jaldabaoth habe Eva geschändet und aus ihr den ungerechten Jave und den gerechten Eloim gezeugt. Diese beiden Dämonen würden bei den Menschen Kain und Abel genannt.

Aus alledem glaube ich schließen zu dürfen, dass unser AJ aus zwei Teilen zusammengewachsen ist.[18] Die Nahtstelle liegt vor in BG 44,19–45,5. Wenn aber das AJ gar keine ursprüngliche Einheit darstellt, dann ist es, zusammen mit den oben angeführten Argumenten, um auf den Ausgangspunkt der Erörterungen zurückzukommen, als überaus wahrscheinlich anzusehen, dass Irenäus eine Schrift zum Exzerpt vor sich hatte, die nur dem ersten Teile des AJ entsprach, was ja zu beweisen war.

Man kann nun noch einige Erwägungen darüber anstellen, wie der Prozess des Zusammenwachsens der beiden Teile des AJ zu denken sei. Aus Irenäus adv. haer. I 29 darf man nun entnehmen, dass der erste Teil einmal eine selbständige, in sich geschlossene Schrift war, die nur die Kosmogonie zum Gegenstand hatte. Der zweite Teil des AJ war vermutlich niemals selbständig. Ich möchte annehmen, dass ihm ursprünglich

[14] BG 68,4–7.
[15] BG 68,12f.
[16] BG 65,8.
[17] BG 63,12–14.
[18] Vgl. die ähnlichen Verhältnisse im „Wesen der Archonten"; Leipoldt/Schenke, Koptisch-gnostische Schriften aus den Papyrus-Codices von Nag-Hamadi, Hamburg 1960, 69.

einmal eine wenn auch kurze Darstellung der Kosmogonie in derselben Form von Frage und Antwort vorherging. In gewisser Weise kann man auf die Sophia Jesu Christi als Parallele verweisen.[19] Es ist nicht nur möglich, sondern wahrscheinlich, dass beide Teile bei der Zusammenfügung zum AJ kleine Änderungen, Verkürzungen und Zusätze erfahren haben. Es ist aber nicht mehr möglich, diese deutlich zu erkennen.[20]

Bei meinen Argumentationen spielte die Stelle BG 35,5–36,15 eine große Rolle. Deshalb möchte ich zum Schluss noch einen Blick auf die entsprechenden Aussagen bei Irenäus werfen und die charakteristischen Unterschiede zu der Darstellung des AJ notieren. Auch Adam wird wie alle himmlischen Wesen im System des Irenäus mit einer Paargenossin verbunden, der Vollkommenen Erkenntnis. Beide zusammen bringen das Holz, das Gnosis heißt, hervor. Adam ist nicht beim ersten Lichte. Es wird direkt gesagt, dass man ihn von Harmozēl entfernte. Von Sēth und seinem Samen ist überhaupt nicht die Rede. Dies und der Umstand, dass die Paargenossin des Adam nicht Eva, sondern ein hypostasierter Begriff ist, lässt mich vermuten, dass Adam hier bei Irenäus nicht der irdische Adam, der Stammvater der Menschen, sondern ein Himmelswesen, das Urbild des irdischen Adam ist; er wird ja homo verus genannt. Auch an diesem einen Punkte wird wieder deutlich, dass die Schrift, die Irenäus adv. haer. I 29 benutzte, bei aller engen Verwandtschaft zum ersten Teil des AJ, eine *Variante* der dort dargestellten Kosmogonie, nicht diese Kosmogonie selbst, enthalten hat.

---

[19] Der Sophia Jesu Christi wird die zweite Studie gewidmet sein.

[20] Dass die Gnostiker so, wie es hier vorausgesetzt wird, mit den ihnen vorgegebenen Texten verfahren sind, zeigen mehrere Paare von Nag Hammadi-Handschriften, deren Glieder im Verhältnis von Vorlage und Bearbeitung stehen: AJ Kurzform/Langform; Sophia Jesu Christi/Eugnostos; Wesen der Archonten/Ursprung der Welt (vgl. H.-M. Schenke, ThLZ 1959, 246f.).

NAG HAMMADI-STUDIEN II: DAS SYSTEM DER SOPHIA JESU CHRISTI*

Die Sophia Jesu Christi (SJC) ist eine vor dem Jahre 300 n. Chr. entstandene gnostische Schrift, die enthalten ist im koptischen Codex Berolinensis Gnosticus (BG) – zusammen mit dem Evangelium der Maria, dem Apokryphon Johannis (AJ) und einem Stück der Acta Petri – und in einem der 1945/46 bei Nag Hammadi in Oberägypten gefundenen, jetzt im Koptischen Museum zu Alt-Kairo befindlichen koptisch-gnostischen Papyruscodices, dem Codex Cairensis Gnosticus I (CG I). Der zuletzt genannte Codex enthält darüber hinaus u. a. noch eine Schrift unter dem Titel „Eugnostos, der Selige" (Eug),[1] die zwar keine ausgesprochene Parallele zur SJC darstellt, deren Text aber doch auf weite Strecken hin dem der SJC entspricht. Ein ganz kurzes Bruchstück der SJC bietet, wie H.-Ch. Puech erkannte, schließlich der griechische Text des Papyrus Oxyrhynchus 1081.[2] Der im sahidischen Dialekt erhaltene Text der SJC wurde erstmalig Ende 1955 zugänglich gemacht durch die Veröffentlichung von Walter C. Till: Die gnostischen Schriften des koptischen Papyrus Berolinensis 8502, TU 60, Berlin 1955, deren Apparat auch die Varianten beider Schriften des CG I enthält.

Unter dem Thema „Das System der Sophia Jesu Christi" soll hier nun über das Problem gehandelt werden, das damit gegeben ist, dass die SJC so etwas, das man mit Recht „System" nennen könnte, überhaupt nicht zu enthalten scheint. Till formuliert diesen Sachverhalt so: „Die in der Sophia Jesu Christi enthaltenen Lehren stehen in Form und Inhalt denen des Apokryphon Johannis weit nach ... Jedenfalls ist aber so viel gewiss, dass der im Apokryphon Johannis noch deutlich erkennbare philosophische Ausgangspunkt und die folgerichtige Entwicklung schon ganz geschwunden sind und dass das Weltbild in seiner Entwicklung zu dem in der ‚Pistis Sophia' widergespiegelten Endpunkt mit der Überfülle überirdischer Wesen und Welten schon ein gutes Stück vorwärtsgeschritten

* ZRGG 14 (1962), 263–278.

[1] Diese Schrift findet sich in fragmentarischer Form übrigens auch noch in einem anderen Codex des Nag Hammadi-Fundes, im sog. CG VI.

[2] Vgl. Till, Die gnostischen Schriften, 52f.

ist."[3] Nach Doresse ist die SJC sogar von der Pistis Sophia abhängig.[4] Er nennt sie „une falsification relativement tardive."[5]

Diese nun allerdings überspitzte Auffassung von Doresse ist begründet in seiner Sicht der literarischen Beziehungen zwischen Eug und der SJC. Eine von beiden Schriften muss die Bearbeitung der anderen sein. Das Problem ist nur, welche die Quelle darstellt und welche die Bearbeitung. Diese Frage ist für unseren Zusammenhang von nicht geringer Wichtigkeit. Macht es doch einen großen Unterschied, ob wir das System einer eigenständigen Schrift oder das System einer Schrift, die von einer anderen sklavisch abhängig ist, zu erarbeiten trachten. Doresse kommt bei seiner Untersuchung zu dem Ergebnis, dass die SJC den Eug benutzt. Quispel schließt sich diesem Urteil an.[6] Die Gründe von Doresse sind im Wesentlichen die folgenden:

1. Der Inhalt der SJC wird in der Form von Frage und Antwort dargeboten. Die Jünger fragen, Jesus antwortet. Der Eug dagegen ist eine Abhandlung in Briefform mit einem Menschen als Verfasser, nämlich dem Eugnostos. Es sei nun undenkbar, dass jemand die Lehre der SJC ihres Rahmens und damit ihrer Autorität, die sie im Munde Jesu hat, entkleidet hätte, um daraus eine einfache Abhandlung zu gestalten.
2. Eug ist von höherem literarischem Rang als die SJC.
3. An zwei Stellen wird in der SJC der Ausdruck „Ogdoas" gebraucht, während er in Eug an den entsprechenden Stellen fehlt. Da Eug sonst unbefangen diesen Terminus verwendet, kann es sich an den zwei Stellen nicht um eine doktrinäre Unterdrückung des Ausdrucks seitens des Verfassers des Eug handeln. Also ist es eine Hinzufügung der SJC, die damit als die abhängige, spätere Schrift gekennzeichnet ist.
4. Ein weiteres Argument bieten sprachliche Beobachtungen. An mehreren Stellen hat Eug ein griechisches Wort, während die SJC seine koptische Entsprechung aufweist. Da es absurd wäre, anzunehmen, dass ein koptischer Bearbeiter ein koptisches Wort durch ein griechisches ersetzt hätte, geht auch aus diesem Sachverhalt hervor, dass Eug die Quelle für die SJC sein muss.
5. Die Stücke, die die SJC über den beiden Schriften gemeinsamen Textbestand hinaus enthält, sind einerseits der ganze Rahmen, andererseits

---

[3] Die gnost. Schr., 56.
[4] Trois livres gnostiques inédits, VigChr. 2 (1948), 159.
[5] VigChr 2 (1948), 159.
[6] Vgl. Gnosis als Weltreligion, Zürich 1951, 5.

im Wesentlichen die Lehrstücke CG I 107ff.; BG 103,10–107,3 und CG I 14–119; BG 117,9–127,12, von denen das erste anthropologische, das zweite eschatologische Fragen erörtert. Der Rahmen der SJC nun erinnere deutlich an Entsprechendes in der Pistis Sophia, woraus auf seinen sekundären Charakter zu schließen sei.
6. Auch die anthropologischen und eschatologischen Ausführungen der beiden anderen Stücke berühren sich mit ähnlichen Erörterungen in der Pistis Sophia. Die Folgerung ist dieselbe.[7]

Bei der Prüfung der Argumente, die Doresse vorgebracht hat, und vor allem bei der Darlegung des eigenen Standpunktes muss man behutsam zu Werke gehen. Wir kennen von Eug nämlich dem Wortlaut nach nur die mit der SJC parallelen Stücke, sonst nur die Inhaltsangabe von Doresse.[8] Aber Doresse war bei seiner Beurteilung des Verhältnisses selbst in keiner besseren Lage. Wohl hatte er den Eug ganz vor sich, dafür aber kannte er den Berliner Text der SJC nicht und wusste auch noch nichts von dem griechischen Fragment.[9] Das erste Argument von Doresse *erscheint* nur zwingend, ist es aber in Wirklichkeit nicht. Die Entwicklung von der SJC zum Eug mag nicht einfach vorzustellen sein. Aber eine Entwicklung in umgekehrter Richtung bereitet noch größere Schwierigkeiten. Es erscheint uns kaum glaublich, dass jemand, sei es auch ein Gnostiker, ein systematisch geordnetes Ganzes in ein den Gedankengang entstellendes Schema von Frage und Antwort presst. Verständlich dagegen ist der umgekehrte Weg, dass nämlich unsystematische Ausführungen nachträglich systematisiert werden. Und dass die Autorität einer Lehre leide, wenn sie aus dem Munde Jesu in den eines einfachen gnostischen Lehrers verlegt wird, ist ein bisschen zu christlich und zu wenig gnostisch gedacht. Die Worte eines inspirierten Gnostikers sind in gnostischer Sicht nicht weniger gültig als die Jesu.[10] Wenn Doresse im Übrigen darauf hinweist dass Eug fast überhaupt nicht christlich beeinflusst zu sein scheint,[11] so ist dem entschieden zu widersprechen. Christliche Motive sind in der Lehre des Eug fest verwurzelt. Aber selbst wenn Doresse recht hätte, wäre seine

[7] Vgl. Doresse, VigChr 2 (1948), 150–154. Vgl. auch die späteren Ausführungen von Doresse, die sich auf derselben Linie bewegen: Jean Doresse, Les livres secrets des gnostiques d'Égypte I: Introduction aux écrits gnostiques coptes découverts à Khénoboskion, Paris 1958, 209–214 (Eug), 215–218 (SJC).

[8] Vgl. VigChr 2 (1948), 143–146.

[9] Vgl. Till: Die gnost. Schr., 54.

[10] Vgl. dazu Iren. adv. haer. I 25,2.

[11] Vgl. VigChr 2 (1948), 154. 156; vgl. Quispel, Gnosis als Weltreligion, 5.

Beobachtung für unser Problem ohne Belang, da von vornherein in der Geschichte der Gnosis neben der Tendenz der Verchristlichung mit der der Entchristlichung zu rechnen ist. Das dritte Argument von Doresse kann zur Klärung der literarischen Beziehungen zwischen Eug und SJC überhaupt nicht verwendet werden. An den betreffenden zwei Stellen könnte nämlich der Terminus „Ogdoas" ebensogut von Eug – wenn auch nicht aus einer von der Lehre her bestimmten Tendenz – ausgelassen wie von der SJC hinzugefügt worden sein. Das vierte, sprachliche Argument ist inzwischen durch die Veröffentlichung des BG und die Entdeckung eines griechischen Fragments der SJC hinfällig geworden. Der koptische Text der SJC ist die Übersetzung eines griechischen Textes. Da nach den Ausführungen von Doresse der koptische Eug nicht aus der koptischen Übersetzung der SJC entstanden sein kann, stellt auch er eine Übersetzung aus dem Griechischen dar.[12] Bei seinem fünften und sechsten Argument setzt Doresse etwas voraus, was erst zu beweisen wäre, nämlich dass die SJC jünger als die Pistis Sophia ist. Dieser Beweis kann aber überhaupt nicht geführt werden. Verglichen mit dem Inhalt der Pistis Sophia ist die gewiss auch verwirrende Lehre der SJC so einfach, dass unbedingt die SJC als die ältere von beiden Schriften angesehen werden muss.[13] Was nun speziell das fünfte Argument betrifft, so ist darauf aufmerksam zu machen, dass auch das AJ einen solchen Rahmen wie die SJC aufweist. Und das AJ ist ja anerkanntermaßen eine sehr alte Schrift. In Entgegnung auf das sechste Argument möchte ich betonen, dass es mir doch ursprünglicher zu sein scheint, wenn eine gnostische Offenbarungsschrift anthropologische und eschatologische Ausführungen enthält, als wenn sie sich, wie der Eug, ausschließlich mit der Entstehung der oberen Welt beschäftigt. Wir kennen nur einen dem Eug in dieser Beziehung vergleichbaren Text, und das ist der so genannte valentinianische Lehrbrief Epiphanius Pan. 31,5f. Diesen Brief aber hält man im Allgemeinen für ein spätes Produkt des Valentinianismus. Schon nach all dem Ausgeführten scheint es mir näher zu liegen, die SJC als die Quelle für den Eug anzusehen.[14] Entscheidend aber ist m. E. ein Sachverhalt, der bei der Erörterung der Argumente von Doresse noch nicht zur Sprache gekommen ist. Auch der Eug enthält Stücke, die in der SJC nicht vorkommen. Das längste dieser überschießenden Stücke

[12] Vgl. Till, Die gnost. Schr., 54. 305.
[13] Vgl. Till, Die Gnosis in Aegypten, LPP 4 (1949), 245f.
[14] Vgl. auch Till, Die gnost. Schr., 54.

CGI 82,6–84,13 handelt nun u. a. davon, wie der Soter zusammen mit der Pistis-Sophia die sechs folgenden Äonenpaare entstehen lässt:

1. Agennetos – Sophia Pansophos;
2. Autogennetos – Sophia Panmetor;
3. Genetor – Sophia Pangeneteira;
4. Protogenetor – Sophia Protogeneteira;
5. Pangenetor – Sophia Agape;
6. Archigenetor – Sophia Pistis.[15]

Diese Äonen vermehren und komplizieren den in der SJC vorliegenden Bestand an himmlischen Wesen beträchtlich und geben sich durch ihre Namen deutlich als Produkte sekundärer Weiterbildung des ursprünglichen Systems zu erkennen. Aber auch als Ganzes macht der Eug – nach der Inhaltsangabe von Doresse – auf mich den Eindruck, als ob er aus mehreren aus dem ursprünglichen Rahmen gelösten Stücken zusammengesetzt sei. An verschiedenen Punkten glaubt man noch deutlich die Zäsuren zu erkennen. Ob dieser Eindruck richtig ist, kann allerdings erst entschieden werden, wenn der ganze Text des Eug zugänglich gemacht sein wird. Damit komme ich schließlich zu dem noch nicht besprochenen zweiten Argument von Doresse. Über das, was sich aus der literarischen Qualität des Eug und der SJC für das Verhältnis beider Schriften zueinander ergibt, und über alle damit zusammenhängenden Fragen lässt sich zur Zeit noch so gut wie gar nichts sagen. Das kann erst dann geschehen, wenn beide Texte eindringend bearbeitet worden sind. Für den Eug ist eine solche Bearbeitung vorerst nicht zu erwarten, da der Text noch nicht einmal ganz veröffentlicht ist. Was die SJC angeht, so möchte die vorliegende Studie ein erster Schritt zu solcher Bearbeitung sein.

Die Lektüre der SJC ist zunächst schlechterdings verwirrend. Dazu trägt nicht unwesentlich der Umstand bei, dass oft nicht ohne weiteres deutlich ist, welches Wesen mit einem Pronomen oder einer bestimmten Bezeichnung gemeint ist. Man muss es bei der Interpretation jeweils mit einer Deutung versuchen und sehen, ob man mit ihr durch die ganze Schrift hindurch kommt.

Wenn wir nun doch nach einem System fragen, so haben wir grundsätzlich zu bedenken, dass die SJC, die ja zwölf Antworten Christi auf zwölf Fragen der Jünger darstellt, gar kein System und schon gar kein vollständiges System entwickeln will. Die Frage kann also nur lauten: Setzen die Ausführungen der SJC nicht doch ein System voraus? Ich will hier zeigen,

---

[15] Vgl. Doresse, VigChr 2 (1948), 145.

dass diese Frage trotz des gegenteiligen Scheins positiv beantwortet werden muss.

In einem ersten Teil will ich an einigen Punkten, an denen es mir nötig zu sein scheint, begründen, dass hinter der SJC ein verhältnismäßig klares und einfaches System steht. In einem zweiten Teil werde ich dieses System selbst dann entwickeln.[16]

I

Zunächst muss festgestellt werden, dass die Bezeichnungen der drei obersten göttlichen Wesen, des Vorvaters, des Vaters und des Christus, die ganz ähnlich klingen, nicht ein einziges Mal verwechselt werden.

Nur der Vorvater heißt

pečojs ïmptērïf 90,15 (der Herr des Alls);
propatōr 90,17;
šïrïp ïnjōt 91,3.9 (erster Vater);
agenētos ïnjōt 90,12; 91,13 (ungezeugter Vater);
jōt ïmptērïf 86,5; 123,1 (Vater des Alls);
atčpof ïnjōt 87,8; 123,6 (ungezeugter Vater);
jōt ïmmïntattako nim 88,16f. (Vater jeder Unvergänglichkeit);
noute ïnjōt 91,10 (göttlicher Vater);
pjōt ïnša eneh 127,9 (ewiger Vater);
autogenēs ïnjōt 95,3 (selbstentstandener Vater);
autogenēs ïnaiōn 108,16 (selbstentstandener Äon);
autogenēs (absolut) 102,3;
autophyēs ïnautoktistos ïnjōt 94,1f. (selbstentstandener und selbstgeschaffener Vater);
archē[17] 110,2; 112,3;
piša eneh ïnaperanton ïnnoute 108,14–16 (der ewige, unbegrenzbare Gott);
piaperanton 87,14; 102,4 (der Grenzenlose).

Nur der Vater heißt

jōt 90,16.17; 95,8; 100,4f.; 123,2.4 (Vater);
pefjōt 99,18 (sein Vater, sc. Christi);

---

[16] Alle Stellenangaben im Folgenden beziehen sich auf den Berliner Papyrus (BG).
[17] Als term. techn. im Sgl. mit best. Art. gebraucht.

protogenetōr ïnjōt 100,12f. (Protogenetor-Vater);
pewjōt 101,6 (ihr Vater, sc. der guten Engel);
pewjōt 105,12 (ihr Vater, sc. der Menschen);
autopatōr 95,9;
autogenetōr ïnjōt 107,4f. (Autogenetor-Vater).

Nur Christus heißt

protogenetōr 99,4.7.14; 100,12; 108,4.

Weiter ergibt sich bei einer genaueren Untersuchung unseres Textes, dass verschiedene Vorgänge mehrmals berichtet werden. Das ist schon von vornherein wahrscheinlich, wenn man sich einmal die zwölf Fragen vor Augen führt, auf die Christus in der SJC antwortet:

1. „Lehre uns doch die Wahrheit!" (82,19–83,4);
2. „..., wieso hat er sich denn den Vollkommenen geoffenbart?" (86,6–8);
3. „..., weshalb sind diese entstanden und weshalb wurden sie geoffenbart?" (87,8–11);
4. „..., wie wird man das erkennen?" (89,20–90,3);
5. „Wie ist denn der Mensch in Erscheinung getreten?" (93,12–15);
6. „Wieso wurde er im Evangelium ‚der Mensch' und ‚der Sohn des Menschen' genannt? Aus welchen von ihnen ist dieser Sohn?" (98,7–13);
7. „..., erkläre uns den Vater, den man ‚den Menschen' nennt, damit auch wir seine Herrlichkeit genau kennen lernen." (100,3–9);
8. „..., belehre uns offen, <wie> er von den Ungeoffenbarten, die es gibt, herab von den Unsterblichen in die sterbliche Welt gekommen ist." (102,7–14);
9. „..., wie viele Äonen gibt es, die die Himmel übertreffen?" (106,10–13);
10. „Wie viele Äonen gibt es von den Grenzenlosen der Unsterblichen an?" (107,13–16);
11. „..., offenbare uns die, die in den Äonen sind, da es für uns notwendig ist, nach ihnen zu fragen." (114,12–18);
12. „..., woher kamen deine Jünger oder wohin werden sie gehen oder was tun sie da?" (117,12–17).

Die Antworten auf diese Fragen überschneiden sich notwendig; der Antwortende muss sich wiederholen. Aber es gibt auch direkte Hinweise auf Wiederholungen im Text selbst. Fünfmal wird in der SJC auf schon Gesagtes Bezug genommen mit der Formel ïnthe ïntajčoos ïnšorïp („wie ich schon sagte") oder ähnlich (97,9f.; 107,2f.; 108,18f.; 113,11f.; 119,4f.). An drei Stellen besagt sie, dass ein schon berichteter Vorgang noch einmal dargestellt wird oder wurde (117,2f.; 113,11f.; 119,4f.).

91,4–13 wird die Entstehung des Vaters aus dem Vorvater folgendermaßen geschildert: „Indem er sich selbst in sich wie in einem Spiegel sah, offenbarte er sich sich selbst gleichend. Er aber zeigte sein Aussehen als Erstvater, als göttlicher Vater *und* als Gegenüberseiendes vor dem Angesicht des von Anfang an Seienden, des ungezeugten Vaters."[18] Drei Seiten später stellt Christus die Entstehung eines Wesens dar, das „der Mensch" genannt wird: „Er (sc. der selbstentstandene, selbstgeschaffene Vater) begreift die ἀρχή, so dass sein Aussehen zu großer Kraft kommt. In jener Stunde trat das Licht jener ἀρχή in Erscheinung in einem ersten, unsterblichen, männlich-weiblichen Menschen" (94,4–11). 95,8f. und 100,4–6 aber steht geschrieben: pjōt ešawčos erof če prōme bzw. pjōt ete šawmoute erof če prōme („der Vater, den man den Menschen nennt"),[19] woraus zwingend hervorgeht, dass 91,4–13 und 94,4–11 nicht die Entstehung zweier verschiedener Wesen nacheinander berichtet wird, sondern dass Christus die Erzeugung ein und derselben Person zweimal erzählt.

Fünfmal wird in der SJC die Entstehung von Äonen aus dem Vater dargestellt: 91,17–93,12; 95,17–96,3; 109,4–110,4; 96,11–98,7; 112,4–113,10; an den ersten drei Stellen in großen Zügen, an den übrigen zwei im Einzelnen. Hier handelt es sich wieder nicht um fünf verschiedene Äonenreihen und um zeitlich voneinander getrennte Schöpfungen des Vaters. Vielmehr wird ein und derselbe Vorgang fünfmal geschildert. 91,17–93,12 folgt nämlich auf die Darstellung der Entstehung des Vaters, 95,17–96,3 aber auf die des Menschen. Da aber der Mensch und der Vater ein und dieselbe Person sind, wird auch an den beiden Stellen die Entstehung ein und derselben Äonenreihe erzählt. 96,11–98,7 ist aber weiter nichts als eine mehr ins Einzelne gehende Ergänzung zu 95,17–96,3. Der Wortlaut und der Zusammenhang der Darstellung 109,4–110,4 legen nahe, an eine erstmalige Schaffung von Äonen zu denken, so dass es sich auch hier um denselben

---

[18] Diese Übersetzung weicht von Tills Übersetzung ab. *Z.* 5f. für hi̇n oujal lies mit Eug i̇nthe i̇noujal; Z. 6 für šafwōni̇h lies mit CG I afwōni̇h; Z. 11f. epi i̇fi̇mto ebol i̇mpho (Till) ist im Koptischen kaum möglich; es ist nach den Paralleltexten zu konjizieren: i̇mpefi̇mto ebol i̇mpho.

[19] Vgl. Iren. adv. haer. I 30 (Harvey I 227): esse autem et hoc Patrem omnium, et vocari Primum Hominem.

Vorgang handelt wie an den vorhergehenden Textstellen. 112,4–113,10 endlich ist wieder nur eine Erläuterung zu 109,4–110,4.[20]

96,12–19 heißt es: „Der erste Mensch hat in sich einen νοῦς, der ihm selbst gehört, und eine ἔννοια, so wie er es ist, eine ἐνθύμησις und ein φρόνησις, ein Denken (meewe) und eine Kraft (com)." Diese Kräfte werden im Folgenden „Glieder" (96,19) und „die Erstlingsgeschöpfe" (ïnšïrïp ïnčpo 97,10f.) genannt; νοῦς, ἔννοια, ἐνθύμησις, φρόνησις, Denken und Kraft sind also die ersten Äonen.[21] Interessant ist ein Vergleich unserer Stelle mit 86,13–87,1, wo es vom Vorvater vor der Schaffung anderer Wesen heißt: „Er umfasst die Ganzheiten des Alls, während nichts ihn umfasst. Denn dieser ist ganz νοῦς, er ist ἐνθύμησις, er ist ἔννοια und Weisheit (mïntsabe = φρόνησις), er ist Denken (meewe) und Kraft (com)."[22] Entscheidend für das Verständnis ist hier das Wort „denn" (γάρ). Der zweite Satz kann ja den ersten, der besagt, dass die Äonen zunächst *im* Vorvater sind, nur begründen, wenn er interpretiert wird: νοῦς, ἐνθύμησις, ἔννοια, Weisheit, Denken und Kraft sind auf göttliche Weise – das heißt jenes: „er ist ganz ..." – *im* Vorvater; und: νοῦς, ἐνθύμησις, ἔννοια, Weisheit, Denken und Kraft sind zukünftige Äonen, und zwar die höchsten. Für mittlere oder untere Äonen wäre das „denn" wieder sinnlos, da ja dann die Möglichkeit bestünde, dass höhere Äonen den Vorvater dennoch umfassten. Der Vergleich von 96,12–19 und 86,13–87,1 ergibt somit, dass die obersten Äonen, die zunächst im Vorvater sind, nicht aus diesem direkt, sondern auf einem Umwege aus dem Vater, dem Abbild des Vorvaters, in Erscheinung treten. Besonders dunkel ist nun folgende Stelle (107,1–8): „Als die, die ich schon erwähnt habe, in Erscheinung traten, schuf für sich der αὐτογενέτωρ-Vater zunächst zwölf Äonen zur Dienstleistung für die zwölf Engel." Meine Übersetzung weicht von Tills Übersetzung ab. Till übersetzt: „Nachdem ... getreten waren ..." Diese Übersetzung widerspricht aber dem „zunächst" (afïr šïrïp ïntamio 107,3f.). Außerdem heißt ïntere weit häufiger „als ..." als „nachdem ..." Wer sind die zwölf Engel? Die beste Antwort, die ich auf diese Frage weiß, ist die, dass es die erwähnten sechs obersten Äonen mit ihren sonst nicht ausdrücklich erwähnten, aber zu erschließenden weiblichen Gegenstücken sind. Vorvater, Vater und Christus sind ja zweigeschlechtlich; und alle übrigen Himmelswesen auch (111,6–112,2). 109,8–15 wird weiter gesagt, dass die Äonen ihren eigenen Willen tun konnten, weil

[20] Vgl. 109,19–110,3 mit 112,2ff.

[21] Vgl. noch 98,17f.; 99,1–3; 113,17; 123,14; im AJ heißen die ersten Äonen: ἔννοια, erste Erkenntnis, ἀφθαρσία, ewiges Leben, νοῦς, Wille und λόγος; BG 28,4–31,18.

[22] Die Übersetzung weicht von Tills Übersetzung ab.

sie miteinander übereinstimmten (συμφωνεῖν). Nun ist aber συμφωνεῖν in der SJC und im AJ so etwas wie ein terminus technicus und bezeichnet den sublimierten Zeugungsakt.[23] Von da aus erscheint es mir als wahrscheinlich, dass dieses „miteinander" meint: „jeder mit seinem weiblichen Gegenstück", woraus dann wieder hervorginge, dass alle Äonen zweigeschlechtlich gedacht sind. Außerdem sei noch hingewiesen auf eine ganz ähnliche Stelle im AJ. Nachdem zunächst nur von fünf Äonen geredet wurde, heißt es plötzlich ganz unvorbereitet nach dem Berliner Papyrus (BG): „Das ist die männlich-weibliche Fünfheit, nämlich die Zehnerschaft der Äonen" (29,14–17).[24] Nach dem CG I heißt es: „Das sind die fünf Männlich-weiblichen, nämlich die zehn Äonen".[25]

Es ist weiterhin notwendig, einen besonderen Blick auf die schon herangezogenen Stellen 96,11–98,7 und 112,4–113,10 zu werfen. 112,4–113,10 werden sechs verschiedene Engelklassen genannt, deren jede aus der je höheren entstanden ist, die höchste aber aus dem Vater. Sie heißen von oben nach unten: Götter der Götter, Götter, Herren der Herren, Herren, Erzengel, Engel.[26] 96,11–98,7 handelt von sechs verschiedenen Entstehungsweisen sechs verschiedener Engelgruppen, deren jede wieder aus der je höheren entstanden ist. Die oberste Gruppe stellen die sechs schon genannten höchsten Äonen dar. Ihre besondere Entstehungsweise wird nicht direkt bezeichnet, ergibt sich aber aus dem Zusammenhang. Sie entstehen durch Verselbständigung geistiger Kräfte des Vaters. Es folgt dann eine Gruppe, die „in Erscheinung tritt" (wōnïh), dann eine, die „geschaffen wird" (sōnït), dann eine, die „gebildet wird" (πλάσσειν), dann eine, die „Gestalt empfängt" (či morphē), und schließlich eine, die „benannt wird" (ti ran). Beide Stellen ergänzen sich offenbar.

Die Anthropologie der SJC findet sich 102,14–106,10 und 118,1–123,1. Beide Stellen lassen sich wieder ganz gut kombinieren und ergeben ein einigermaßen geschlossenes Bild.

Ein Wort sei noch gesagt über die schillernde Bedeutung der Bezeichnung „Äon" in der SJC. Das Wort bezeichnet einmal den Raum, in dem irgendwelche Gottwesen sich befinden, dann wieder die Gottwesen selbst. 108,12–16 heißt z. B. der dritte[27] Äon piaiōn ... ïnte piša eneh ïnaperanton ïnnoute („der Äon des ewigen, göttlichen Unbegrenzten"), d. h.,

---

[23] Vgl. 102,15–103,2; 45,2–4; 46,11–13.
[24] Vgl. die Anm. z. St.
[25] Till, Die gnost. Schr., 98f., Anm. z. 29,14ff.
[26] Till, Die gnost. Schr., 246f., vgl. Anm. z. 112,14ff.
[27] ... von unten, bzw. der erste von oben.

der dritte Äon ist etwas, was der Vorvater *besitzt.* 110,2f. liest man dagegen: tarchē ete paj pe pehwit ïnaiōn („die ἀρχή, das *ist* der erste Äon"). Hier ist also der Vorvater selber der Äon. Oder: 107,1–8 wird erzählt, dass den zwölf Engeln zwölf neu geschaffene Äonen untergeordnet werden.[28] 109,4–8 sind die zwölf Engel aber in den dort „Äonen" genannten Gottwesen mit einbegriffen.

Nach diesen den Weg bereitenden Ausführungen kann ich nun zur Darstellung des Systems übergehen.

II

Es handelt sich, wie bereits angedeutet, nicht um ein System, das in der SJC *entwickelt* würde, wie es etwa im ersten Teil des AJ der Fall ist, sondern um das System, das in ihr *vorausgesetzt* wird. Ähnlich verhält es sich mit dem System des so genannten Evangelium Veritatis.[29] Man kann nun aber auch nicht das *vollständige* System, das die SJC voraussetzt, rekonstruieren. Es finden sich in dieser Schrift aber doch so viele Teilstücke, dass die Rekonstruktion ein einigermaßen geschlossenes Bild ergibt.

Gott der Vater des Alls, der Vorvater, ist unnennbar und unfassbar.[30] Er ist vor Allem. Ehe die anderen Gottwesen entstanden, waren sie alle in ihm, der Quelle; auch die obersten der Wesen: νοῦς, ἐνθύμησις, ἔννοια, Weisheit (mïntsabe), Denken (meewe) und Kraft (com).[31] Der Vater des Alls ist nun männlich und weiblich zugleich. Sein weiblicher Teil heißt πρόγνωσις,[32] bzw. com ïnrefčpe ousia ïnrefti morphē („wesenzeugende und formgebende Kraft").[33] Wie man sagen kann, dass alles zunächst im Vater des Alls ist, so kann man auch sagen, es sei alles in seiner πρόγνωσις gewesen. Der Vorvater ließ nun andere Gottwesen aus sich entstehen, čekaas esewōnïh ebol ïnci tnoc ïmmïntrïmmao etïnhētïf („damit sich offenbare der große Reichtum, der in ihm ist").[34] Als erstes Wesen entstand der Vater, der auch ‚der Mensch' heißt;[35] und zwar geschah das folgendermaßen: Gott sah sich selbst in sich selbst wie in einem Spiegel. Dieses

---

28 Hier sind die Äonen keine Orte, sondern dienstbare Geister.

29 Vgl. H.-M. Schenke, Die Herkunft des sog. Evangelium Veritatis, Berlin 1959, 15–20.

30 80,4–86,6.

31 86,10–87,4.

32 87,6f.

33 87,17–19.

34 87,19–88,1; vgl. aber überhaupt 87,19–88,18.

35 95,8f.; 100,4–6.

Spiegelbild verselbständigte sich dann und trat ihm als ein anderes, neues Wesen gegenüber.[36] Diese Entstehung des Vaters kann aber auch anders beschrieben werden: Das Sich-selbst-Sehen ist doch ein Erkennen, und zwar erkennt Gott die ἀρχή. Dieser Gedanke, die ἔννοια Gottes,[37] verselbständigt sich und wird so der Vater oder der erste Mensch. Auch er ist zweigeschlechtlich. Sein weiblicher Teil ist die *Große* Sophia,[38] auf deren Wunsch nun die gesamte obere Welt entsteht.[39] Nachdem der Vater sich einen Wohnort und Wirkungsraum, die ὀγδοάς, geschaffen hat,[40] entstehen aus ihm (dem Vater) nun die drei ersten der im Ganzen sechs Wesen, die die Bezeichnung „Götter der Götter" tragen, nämlich die ἔννοια des Vaters oder μονάς,[41] der νοῦς[42] und die ἐνθύμησις,[43] welch letztere dadurch entstand, dass der Vater zusammen mit der *Großen* Sophia überlegte (ἐνθυμεῖσθαι). Nach diesen drei Wesen ließ der Vater ein Wesen entstehen, das ihm selbst viel näher steht, nämlich seinen eigenen Sohn, den Sohn ‚des Menschen', der Christus heißt. Auch dieser ist wieder zweigeschlechtlich; sein weiblicher Teil heißt *Agape*-Sophia.[44] Der Sohn des Menschen lässt auch seinerseits ein zweigeschlechtliches Wesen entstehen, den Soter, dessen weiblicher Teil die *Pistis*-Sophia ist.[45] Außerdem lässt der Sohn des Menschen viele andere Wesen entstehen, die ihm nicht so nahestehen wie der Soter.[46] Währenddessen sind aber aus dem Vater drei weitere Wesen mit dem Titel „Götter der Götter" entstanden, nämlich φρόνησις, Denken (meewe) und Kraft (com).[47] Auch diese sechs Götter der Götter muss man sich, wie überhaupt alle Wesen der oberen Welt, zweigeschlechtlich vorstellen, so dass die Götter der Götter in Wirklichkeit zwölf an der Zahl sind. Für diese zwölf Engelwesen schuf der Vater nun zwölf Äonen zur Dienstleistung.[48] Die Götter der Götter lassen ihrerseits danach die „Götter" in Erscheinung treten, diese „die Herren der Herren", diese „die Herren", diese die Erzengel, und diese die

36 91,8–17.
37 90,8; 96,15f.; 112,5.
38 94,11.19f.
39 114,9–12.
40 95,11–14.
41 97,5–11.
42 98,17f.
43 99,1–3; 113,17; 123,14.
44 99,3–18.
45 102,15–103,9.
46 99,18–100,3.
47 96,12–19.
48 107,3–8.

Engel.[49] Jede dieser Klassen von göttlichen Wesen besitzt weniger Kraft als die ihr übergeordnete, der sie ihr Entstehen verdankt.[50] Entsprechend is auch der Charakter ihres In-Erscheinung-Tretens verschieden. Der Vater tritt in Erscheinung wie ein Sohn,[51] die Götter der Götter wie sich verselbständigende Eigenschaften dieses Sohnes, die übrigens dieselben sind wie die Eigenschaften des Vorvaters.[52] Die Götter werden „geoffenbart" (wōnïh), die Herren der Herren werden „geschaffen" (sōnït), die Herren werden „gebildet" (πλάσσειν), die Erzengel „empfangen Gestalt" (či morphē), und die Engel „werden genannt" (ti ran).[53] Jeder einer dieser sechs Engelklassen Zugehörige schafft dann für sich Wohnorte[54] und in ihnen dienstbare Geister.[55] Christus, der Sohn „des Menschen" (= des Vaters) ist mit der Herrschaft über alle aus dem Vater und aus ihm selbst entstandenen Götterwesen beauftragt.[56] Die Vollkommenheit der oberen Welt kommt darin zum Ausdruck, dass sich alle Gottwesen ewig freuen.[57] Vorvater, Vater und Christus heißen auch „die drei (sc. ersten) Äonen":[58] der Vorvater der erste, der Vater der zweite, Christus der dritte, oder umgekehrt, je nachdem, ob man von unten nach oben oder von oben nach unten zählt.[59] Alle übrigen Himmelswesen werden „die Kirche der drei Äonen" genannt,[60] d. h., die Kirche sind eigentlich nur die männlichen Gottwesen; die Gesamtheit ihrer weiblichen Gegenstücke heißt ζωή.[61] Während der Vater bei der Entstehung des Sohnes des Menschen und der Sohn des Menschen bei der Entstehung des Soter mit ihren Partnerinnen, der *Großen* Sophia bzw. der *Agape*-Sophia, zusammengewirkt hatten, wie es auch sonst alle Gottwesen mit ihren weiblichen Teilen tun,[62] ließ die

---

49 112,9–113,6.

50 91,16f.; 97,4–8.

51 97,5f.

52 Vgl. 86,16–87,1 mit 96,12–19.

53 97,11–98,4; vgl. zur Entstehung der Götterwesen aus dem Vater auch 91,17–92,4; 95,17–96,5; 109,4–110,4.

54 114,2–12.

55 115,4–15.

56 101,6–9.

57 92,16–93,12; 100,16–101,6; 101,9–102,1; 116,11–117,8. In 116,12 ist ïmpechaos zu ïmpechristos zu verbessern.

58 110,11f.

59 108,1–109,4; 110,2–7.

60 110,10–12 (ἐκκλησία); vgl. Iren. adv. haer. I 30 (Harvey I 228): Esse autem hanc et veram et sanctam Ecclesiam, quae fuerit appellatio et conventio et adunatio Patris omnium, Primi Hominis, et Filii, Secundi Hominis, et Christi, filii eorum, et praedictae foeminae.

61 111,6–112,2.

62 109,13–15.

Partnerin des Soter, die *Pistis*-Sophia, Geschöpfe ohne Hilfe ihres Gefährten entstehen.[63] Infolge dieser Verfehlung haftet ihr ein Makel an.[64] Durch ihren Fehltritt entstand Jaldabaoth,[65] der auch ἀρχιγενέτωρ[66] oder „der Allmächtige"[67] heißt und das Chaos beherrscht[68] – d. h. alles unterhalb der oberen Welt, die Himmel und die Welt der Menschen. Ihm zur Seite stehen seine sechs Engel,[69] die zusammen mit ihm die Siebenheit darstellen.[70] In dem Machtbereiche Jaldabaoths gibt es aber auch noch viele andere Engelwesen, und zwar sind sie nach dem Bilde der Wesen der oberen Welt gestaltet.[71] Diese Engelwesen haben nun wieder ihrerseits Engelwesen nach dem Bilde der oberen Welt hervorgebracht.[72] Jaldabaoth und seine Engel sind überheblich, hochmütig, blind und unwissend,[73] weil sie sich für Götter halten,[74] obgleich sie es nicht sind, vielmehr den Wesen der oberen Welt an Qualität weit nachstehen. Sie verhalten sich der oberen Welt gegenüber feindlich, insofern als sie versuchen, die Seele und den Geist des Menschen durch Unwissenheit in ihrem Machtbereich festzuhalten,[75] weswegen sie „Räuber" heißen.[76] Der irdische Mensch besteht nämlich aus Fleisch,[77] Seele[78] und Geist (das ist der oft erwähnte Lichttropfen).[79] Seele und Geist gehören ihrer Herkunft nach eigentlich zusammen; beide stammen aus der oberen Welt (kata the činïn šorïp).[80] Im wirklichen unerlösten Menschen sind aber Geist und Seele keine Einheit. Als in dem von Jaldabaoth und seinen Gewalten geschaffenen Menschen die Seele schon erloschen war und in der Erkenntnisunfähigkeit schlummerte, sandte der Soter, der Gefährte der *Pistis*-Sophia, einen Lichttropfen, der den Menschen (d. h. die Seele im Menschen) behüten sollte.[81] Der Tropfen wurde der

63 118,2ff. nach CG I zu emendieren.
64 105,7f.; 107,12f.
65 119,16.
66 126,16.
67 103,15; 119,9.
68 119,9f.
69 125,17.
70 109,1–3.
71 113,6–10.
72 116,2–10, zu emendieren nach CG I; vgl. Till, Die gnost. Schr., 272f.
73 104,4–6; 125,15f.
74 125,17–19.
75 106,2f.
76 94,18f.; 104,12; 121,3.16f.
77 106,7f.
78 120,1.3; 121,6.
79 103,13; 104,15; 119,6.12.17.
80 122,11f.
81 103,15f.

Seele eingehaucht.[82] Daraufhin erwachte der Mensch vorübergehend aus der Erkenntnisunfähigkeit.[83] Er benannte alles, was Jaldabaoth und seine Engel geschaffen hatten,[84] d. h., er nannte es beim rechten Namen und offenbarte damit die Schöpfer in ihrer Torheit und Unwissenheit. So ist des Menschen Tun ein Gericht der himmlischen Gewalten über Jaldabaoth und seine Engel.[85] Aber die Seele vermochte nicht, den Lichttropfen ständig in sich zu behalten. Seele und Geist befinden sich jetzt getrennt voneinander im Menschen.[86] Damit sind Geist,[87] Seele[88] und auch der Mensch als Ganzer[89] in die Erkenntnisunfähigkeit verstrickt. Nach außen zeigt sich die Erkenntnisunfähigkeit im Geschlechtsverkehr.[90] Dieses Verhängnis dauert bis zur Ankunft des Offenbarers Christus. Er erweckt die Menschen endgültig aus der Erkenntnisunfähigkeit[91] zur Rückkehr in die obere Welt, was dadurch geschieht, dass er den Lichttropfen, also den Geist des Menschen, erweckt;[92] und dies geschieht wiederum dadurch, dass sich Geist und Seele zu ursprünglicher Einheit verbinden.[93] Pflicht für den Gnostiker ist es, sich des Geschlechtsverkehrs zu enthalten, in dem ja die Unwissenheit sich bisher am auffälligsten gezeigt hat.[94] Der ganze Prozess nach dem Fall der *Pistis*-Sophia ist so, wie er geschah, mit allen scheinbaren Misserfolgen der Lichtwelt, von den himmlischen Mächten gewollt.[95] Dadurch, dass Seele und Geist des Menschen in die obere Welt zurückkehren, wird das Reich Jaldabaoths, das nur von dem Raube aus dem Lichtreich lebte, aufgelöst,[96] und dann die *Pistis*-Sophia freigesprochen von ihrem Makel.[97]

Ich will abschließend noch einige Gedanken darüber äußern, wozu die Erkenntnis des Systems der SJC, die zunächst um ihrer selbst willen erstrebt wurde, weiterhin dienen könnte. Ein Vergleich des Systems der SJC mit dem zum Teil erheblich davon abweichenden System des AJ muss

[82] 119,19f.
[83] 120,3–7.
[84] 119,10–13; 120,7–13.
[85] 119,13–16; 120,14–121,3.
[86] 122,7–11.
[87] 103,17f.
[88] 120,1–3.
[89] 106,1–3; 122,4f.
[90] 106,3–8.
[91] 106,1–3; 122,4f.
[92] 104,13.
[93] 122,7–12.
[94] 106,3–8.
[95] 118,11–18; 119,10–3; 120,14–121,2; 103,18–104,7; 104,9f.
[96] 104,10f.
[97] 105,5–7.

erkennen lassen, was an diesen Systemen den Gnostikern, auf die die beiden Sammlungen des BG und des CG I zurückgehen, wesentlich war und was unwesentlich. Schließlich wird sich aus der Gegenüberstellung beider Systeme mit Deutlichkeit ein zeitlich und sachlich vor ihnen liegendes erschließen lassen, das vermutlich in sehr viel frühere Zeit zurückreicht.

NAG HAMMADI-STUDIEN III: DIE SPITZE DES DEM APOKRYPHON JOHANNIS UND DER SOPHIA JESU CHRISTI ZUGRUNDE LIEGENDEN GNOSTISCHEN SYSTEMS*

Im Codex Berolinensis Gnosticus (BG) und im Codex Cairensis Gnosticus I (CG I) finden sich nebeneinander zwei gnostische Schriften: das Apokryphon Johannis (AJ) und die Sophia Jesu Christi (SJC).[1] Die in ihnen entwickelten bzw. vorausgesetzten Systeme stimmen teilweise miteinander überein, teilweise weichen sie stark voneinander ab. Aber gerade auch in den Abweichungen lassen sich Ähnlichkeiten feststellen. Dieser Sachverhalt zusammen mit dem Umstand, dass sich die Schriften nebeneinander in zwei verschiedenen Erbauungsbüchern gnostischer Gemeinden finden, also in dem für diese Gnostiker Wesentlichen übereinstimmen müssen, wird am besten erklärt durch die Annahme, dass beide Systeme Weiterentwicklungen eines und desselben Grundsystems darstellen. Von diesem ursprünglichen System lässt sich noch manches erkennen. Viele Züge des Systems ergeben sich einfach aus dem, was den verschiedenen Systemen jetzt noch gemein ist. Aber das sind leider Gedanken, die mehr oder weniger allgemein-gnostisch bzw. ohne besonderes Interesse sind. Nun kann man aber auch indirekt durch ein Rückschlussverfahren etwas über das zugrunde liegende System ausmachen; und zwar ist es möglich, die *Spitze*, d. h. die Anordnung und das Verhalten der obersten Äonen, zu rekonstruieren. Das Rückschlussverfahren, das auch sonst in der Erforschung der Gnosis angewendet wird, führt hier zu einem besonders sicheren und klaren Ergebnis, weil wir von zwei verschiedenen Fortbildungen des Grundsystems ausgehen können. Dieses Ergebnis wird im Übrigen nichts Allgemeingnostisches mehr sein und somit diese besondere Untersuchung rechtfertigen.

I

In der SJC bilden vier Äonenpaare die Spitze des Systems:

* ZRGG 14 (1962), 352–361.

[1] Die Texte sind herausgegeben worden von Walter C. Till, Die gnostischen Schriften des koptischen Papyrus Berolinensis 8502, TU 60, Berlin 1955.

1. Vorvater – πρόγνωσις (87,4–8);[2]
2. Vater – Große Sophia (94,7–95,4);
3. Christus – Agape-Sophia (99,3–18);
4. Soter – Pistis-Sophia (102,15–103,9).

Die Spitze des Systems im AJ besteht dagegen nur aus dem Vater, seiner ἔννοια, die Barbelo heißt, und dem Sohne beider, Christus (29,18–31,5). Dass die Vielzahl der obersten Äonen in der SJC auf einer Vervielfältigung einer ursprünglich kleineren Zahl beruht, wird schon dadurch angezeigt, dass drei Wesen den Namen Sophia tragen. Ähnliches lässt sich an der Bezeichnung tmau („die Mutter") beobachten: 99,12 wird die Paargenossin des Christus tmau ïmptērïf („die Mutter des Alls") genannt; 114,11f. die Paargenossin des Vaters; 118,3 heißt die Paargenossin des Soter tmau ïnniptērïf („die Mutter der Ganzheiten");[3] 124,14 heißt die Pistis-Sophia tmaau („die Mutter") schlechthin.

Auch drei der männlichen Äonen tragen dieselbe Bezeichnung. Neben dem Paargenossen der Pistis-Sophia, der ja in besonderem Sinne Soter heißt, werden auch der Vater und der Christus σωτήρ genannt. 92,13f. heißt der Vater psōtēr ïnïnšēre ïnte pnoute („der Soter der Kinder Gottes"). Weitaus am häufigsten gilt die Bezeichnung σωτήρ dem Christus. In der Anrede und der Erzählung wird er genannt: psōtēr („der Soter"),[4] ptelios ïnsōtēr („der vollkommene Soter"),[5] pmakarios ïnsōtēr („der selige Soter");[6] in der Offenbarungsrede: psōtēr paj ïntafwōnïh ebol („der Soter, der erschienen ist"),[7] pnoc ïnsōtēr („der große Soter").[8] An der Person Christi haftet der Titel σωτήρ also am stärksten, so dass man schließen darf, ursprünglich habe nur Christus so geheißen, auf den Vater sei der Titel dann sachgemäß übertragen worden und der Soter stelle nur eine Verdoppelung Christi dar. Der sekundäre Charakter des Soter wird an einer Stelle der SJC besonders deutlich: 108,1–109,4 ist von den obersten drei Äonen (Vorvater, Vater, Christus) die Rede. Der Soter wird überhaupt nicht erwähnt, dagegen die sich verfehlende Sophia im dritten Äon (Christus) vorausgesetzt.

---

[2] Sämtliche Zahlenangaben beziehen sich auf den BG, wenn nicht ausdrücklich etwas anderes gesagt wird.
[3] CG I 114,15 ïmptērïf.
[4] 78,8.12; 79,13f.; 80,3; 83,5; 87,9; 106,11f.; 114,14.
[5] 86,9; 87,12; 90,3f.; 93,16; 100,9f.; 102,14f.; 106,14f.; 107,17f.; 114,18–115,1; 117,18–118,1.
[6] 126,17f.
[7] 108,6f.
[8] 83,19; 105,3; in der Selbstaussage.

Aus 96,12–19 und 86,13–87,1 ergibt sich, dass die Äonen νοῦς, ἔννοια, ἐνθύμησις, φρόνησις, meewe („Denken"), com („Kraft"), die zunächst im Vorvater sind, nicht aus diesem direkt, sondern auf einem Umwege aus dem Vater in Erscheinung treten.[9] Das kann aber wohl kaum eine ursprüngliche Vorstellung sein. Das Natürliche und Ursprüngliche ist doch wohl, dass die genannten Äonen aus dem Vorvater direkt in Erscheinung treten. Dann gab es ursprünglich wohl gar keine zwei Väter im System. Der Vater ist vielmehr nur die Verdoppelung des Vorvaters. Von der Großen Sophia, der Mutter des Alls, wird gesagt, auf ihren Wunsch seien die Äonen entstanden (114,9–12). Vergleicht man damit die Stelle 28,4–29,8 aus dem AJ, wird man zu dem Schluss geführt, dass auch die Große Sophia nur eine Verdoppelung der πρόγνωσις, der Gefährtin des Vorvaters ist.

Weiter ist nun festzustellen, dass die Große Sophia, die Gefährtin des Vaters, und die Agape-Sophia, die Gefährtin des Christus, praktisch keine Rollen spielen; sie kommen z. B. in den soteriologischen Ausführungen der SJC neben dem Vater und dem Christus überhaupt nicht vor. Daraus ist zu schließen, dass die Person des Vaters und die des Christus erst sekundär in den spekulativen Ausführungen über die Entstehung der Lichtwelt in zwei Wesen verschiedenen Geschlechts aufgespalten worden sind.

In der SJC kommt an drei Stellen zum Ausdruck, dass der Vater die ἔννοια des Vorvaters ist.[10] Das muss die ursprüngliche Vorstellung sein. Denn im vorliegenden System stoßen sich diese Stellen mit der Auffassung, dass der Vorvater ja die πρόγνωσις zur Partnerin hat und dass der Vater männlich ist und selbst ein weibliches Gegenstück, die Große Sophia, besitzt. Wenn man die Darstellungen der Entstehung des Vaters aus dem Vorvater in der SJC (91,4–13; 94,4–11)[11] mit der Schilderung von der Entstehung der Barbelo aus dem Vater im AJ (27,1–8) vergleicht, wird der Schluss zwingend, dass der Vater des Systems der SJC ursprünglich die ἔννοια oder die πρόγνωσις des Vorvaters ist. Damit hört aber der Vorvater auf, *Vor*vater – im Unterschied zu einem Vater – zu sein. Er ist dann der Vater schlechthin. Und nach alledem, was ausgeführt wurde, gab es ursprünglich in der Spitze des Systems neben diesen zwei Gestalten, dem Vorvater und dem Vater, d. h. dem Vater und seiner ἔννοια, nur noch eine einzige Gestalt: den ungepaarten Christus. Der Christus war dann natürlich der Sohn von Vater und ἔννοια, wie es im System des AJ noch jetzt der Fall ist.

---

9 Vgl. H.-M. Schenke, Nag Hamadi Studien II. Das System der SJC, ZRGG 14 (1962), 271.

10 90,8; 96,15f.; 112,5.

11 Vgl. Das System der SJC, ZRGG 14 (1962), 270.

Die drei Sophien des Systems der SJC sind entstanden durch Vervielfältigung einer einzigen. Wessen Gefährtin war sie nun ursprünglich? Die Gefährtin des Soter kann sie nicht gewesen sein, da der Soter nur eine sekundäre Verdoppelung des Christus darstellt. Die Gefährtin des Christus kann sie ebenso wenig gewesen sein, weil Christus ursprünglich ungepaart war. Aber auch die Gefährtin des Vaters kann sie nicht gewesen sein, da der Vater ursprünglich keine Gefährtin hatte, sondern selbst die ἔννοια bzw. die πρόγνωσις des Vorvaters war. Also muss die Sophia ursprünglich die Gefährtin des Vorvaters gewesen sein. Das heißt aber, ἔννοια bzw. πρόγνωσις und Sophia waren Bezeichnungen derselben Gestalt. Sophia ist ursprünglich der Name der ἔννοια bzw. der πρόγνωσις. Der wesentlichste Zug an der Gestalt der Sophia ist ihr Fehltritt. Folglich war es ursprünglich die ἔννοια selbst, das zweithöchste Gottwesen also, die durch ihren Fehltritt die Entstehung der niederen Welt verursacht hat, wie es im System der SJC von der Pistis-Sophia, der Gefährtin des Soter, erzählt wird.

Im AJ hat sich aus dem ursprünglichen System die Anordnung der obersten Äonen in einer Trias: Vater, Mutter, Sohn erhalten. In der SJC ist ein alter, auf das ursprüngliche System zurückweisender Zug der Umstand, dass die Sophia, durch deren Fall die Welt entsteht, ein relativ sehr hoher Äon ist, während es im AJ der unterste aller Äonen ist. Es lässt sich aber auch für das AJ nachweisen, dass ursprünglich die ἔννοια und die Sophia eine und dieselbe Gestalt waren.

II

Sowohl die Barbelo als auch die Sophia tragen im AJ die Bezeichnung tmau („die Mutter"). 38,12f. heißt die Barbelo tmau ïnwon nim („die Mutter aller"). Sehr häufig wird die Sophia die Mutter genannt.[12] 75,11 heißt die Sophia tmau ïnjōt („die Vatermutter"). 35,18f. findet sich die triadische Formel: pšomït pjōt mïn tmaau mïn pšēre („die drei: der Vater, die Mutter und der Sohn"). Dem Zusammenhang nach ist die Mutter die Barbelo. Aber die Formel klingt doch so, als gäbe es überhaupt nur eine Mutter. 60,8f. werden der Vater und die Mutter in einem Atemzug genannt, als handele es sich um ein festes Paar. Und doch ergibt sich aus dem Zusammenhang, dass die Mutter die Sophia ist. 21,19–21 stellt sich Christus mit

[12] 37,17; 38,17; 42,17f.; 43,2; 44,19; 46,1.3.5.9; 51,14.19; 60,13.15; 63,16; 71,6; 76,1.

den Worten vor: anok pe pjōt anok pe tmau anok pe pšēre („ich bin der Vater, ich bin die Mutter, ich bin der Sohn"). Nach 75,10–13 muss die Mutter die Sophia sein. Christus ist aber der Sohn des Vaters und der Barbelo. Die einzige Erklärung der aufgewiesenen Phänomene ist die, dass ursprünglich Barbelo und Sophia eine einzige Gestalt waren.

75,10–13 kommt zum Ausdruck, dass das entscheidende Heilsereignis darin bestehe, dass die Sophia in ihrer Nachkommenschaft Gestalt annimmt (sc. in Christus). Das ist aber nur schwer zu verstehen, wenn die Sophia der allerunterste Äon ist. 71,6 und 75,12 wird das Wesen der Sophia gekennzeichnet durch die Wendung ete naše pesna („die erbarmungsreiche"). Vergleicht man damit, dass es auch vom Vater heißt: ete naše pefnae („der erbarmungsreiche")[13] bzw. ourefïrppetnanouf ïnnaēt („ein barmherziger Wohltäter"),[14] so ist auch diese Kennzeichnung als Kennzeichnung eines ganz niedrigen Äons kaum verständlich.

Das oberste Äonenpaar sind im AJ der Vater und die Barbelo, das unterste die Sophia und ihr Paargenosse. Zwei von diesen vier Gestalten haben nur ein Schattendasein: die Barbelo und der Paargenosse der Sophia. Die Barbelo spielt nur bei der Entstehung der oberen Welt eine Rolle, danach nicht mehr. Der Paargenosse der Sophia hat noch nicht einmal einen eigenen Namen. Die eigentlich handelnden Personen von den Vieren sind der Vater und die Sophia, ein männliches und ein weibliches Wesen, ein Paar also, das aber nach dem jetzigen System des AJ nicht zusammengehört.

Den Vater und die Sophia als ein zusammen handelndes, wenn auch jetzt nicht mehr zusammen gehörendes Paar zeigen die soteriologischen Ausführungen der behandelten Schrift.

51,1–17: Auf die Bitte der Sophia veranlasst der Vater, dass Jaldabaoth die in ihm befindliche Lichtsubstanz dem Menschen einbläst. Auch nach 52,17–54,4 arbeiten der Vater und die Sophia Hand in Hand. Der Vater sendet die ἐπίνοια der Lichtkraft zu Hilfe (52,17–53,18); die Sophia beseitigt ihre Mängel durch diese ἐπίνοια (54,2–4). Ähnliches besagt die Stelle 63,14–64,3. Der Vater sendet der Mutter ihren Geist in die Neunheit nach.[15] Der Geist soll aber nicht in der Neunheit bei der Sophia bleiben, sondern weiter hinabsteigen und den Menschen helfen. Auch 71,5–14 handelt von der Zusammenarbeit zwischen dem Vater und der Sophia, denn der Vater hat ja die ἐπίνοια, von der neben der Mutter die Rede ist, ausgesandt.

---

13 51,6f.

14 52,18f.

15 Der BG ist in 63,16f. nach dem CG I folgendermaßen zu verbessern: tmaau awtïnnoou nas ïmpete pōs pe. Das logische Subjekt von awtïnnoou ist natürlich der Vater.

75,10–15 und 76,1–5 handeln von der entscheidenden Rettungstat der Lichtwelt. Die Rettung geht direkt aus von der Sophia, die in Christus menschliche Gestalt annimmt. Ehe jedoch Christus zur Welt heruntersteigt, um im Auftrag der Sophia die endgültige Offenbarung zu bringen, steigt er herauf von seinem Sitz in der Himmelswelt zu dem Vater.[16] Denn in Christus offenbart sich nach 29,19–21 nicht nur die Sophia, sondern auch der Vater. Nur an zwei Stellen wird auch der Paargenosse der Sophia im Zusammenhang mit den Rettungsaktionen der Lichtwelt neben der Sophia und dem Vater erwähnt: 46,15–48,14; 60,12–14,[17] deren zweite aber nur eine Rückverweisung auf die erste darstellt. Als die Sophia ihren Fehltritt bereute, sei auf Befehl des Vaters ihr Paargenosse zu ihr in die Neunheit herabgekommen, um ihre Mängel richtigzustellen (46,15–47,5). Aber die Erwähnung des Paargenossen wird im Text gar nicht ursprünglich sein. Der Text des BG unterscheidet sich hier sachlich in keiner Beziehung von dem des CG I, so dass die Hinzufügung schon in der griechischen Vorlage erfolgt sein muss. Es würde an unserer Stelle ein klarerer Gedankengang übrig bleiben, wenn die Aussage vom Kommen des Paargenossen 47,3–5 nicht im Text stünde. Der Satz sieht wie eingeschoben aus. In 47,6 läge im Falle seines Fehlens kein Subjektwechsel vor, denn das Subjekt von afïr hnaf.... 47,6 kann nur der Vater sein. Die Angabe, dass der Paargenosse die Mängel der Sophia beseitigen will, stößt sich mit der, die dasselbe zwei Zeilen später vom Vater behauptet. Außerdem scheint der Satz 47,3–5 eine Dublette von 63,14–64,3 zu sein. Unser Textstück 46,15–48,14 handelte ursprünglich nur davon, dass auf die Reue der Sophia hin der Vater über sie einen Geist ausgegossen und einen Heilsplan ersonnen habe, dessen ersten Teil er sogleich ausführte, indem er den Archonten sein Bild zeigte und sie dadurch verführte, einen Menschen zu schaffen.

Dass die Sophia und der Vater ursprünglich einmal ein Paar gebildet haben, zeigt sich auch bei einer Untersuchung des Problems der Zweigeschlechtlichkeit im AJ. Das System kennt nur drei Äonenpaare: Vater-ἔννοια, Paargenosse-Sophia, Jaldabaoth-ἀπόνοια (30,1–4; 36,16–37,16; 39,4–10). Alle anderen männlichen und weiblichen Äonen sind ungepaart. Die wenigen Stellen, die dem widersprechen, erweisen sich als nachträgliche Zusätze. Und zwar handelt es sich um zwei ganz verschiedene Gruppen von Zusätzen, die sich gegenseitig ausschließen. An zwei Stellen

[16] Der aiōn ïntelios 75,15 ist der Vater; vgl. 108,12–17 (SJC).

[17] BG 60,12–14 ist nach dem CG I folgendermaßen zu verbessern: ebol če awtïnnoou ebol ïmpsynzygos ïntmau ïnsetahos eratïs ... !

(32,19–33,5; 34,19–35,5) werden je ein männlicher und ein weiblicher Äon zu einer Syzygie zusammengestellt. Für alle Äonen durchgeführt findet sich die Paarung im System der Barbelognostiker bei Irenäus adv. haer. I 29, das ich für jünger als unser System mit den ungepaarten Äonen halte, da man sich die Entstehung der gepaarten aus den ungepaarten Äonen besser vorstellen kann, als eine Entstehung der ungepaarten aus den gepaarten. An zwei anderen Stellen (27,1–28,4; 29,8–18) werden bestimmte Äonen aufgespalten in ein männliches und in ein weibliches Wesen. Für alle Äonen durchgeführt findet sich diese Spaltung im System der SJC (vgl. bes. 111,6–112,2). Es bleibt noch übrig, diese Behauptungen zu beweisen!

27,1–28,4: Dass die ἔννοια ein weibliches Wesen ist, geht zwingend nicht nur aus dem Namen tbarbēlō („die Barbelo“ 27,14),[18] aus den vielen anderen femininen Benennungen unserer Stelle und den entsprechenden grammatischen Formen hervor, sondern vor allem aus 30,1–4, wo sie als das Weib des Vaters diesem einen Sohn gebiert. Dann aber werden die wenigen männlichen Benennungen der ἔννοια an unserer Stelle: pšomïthowt („der dreifach Männliche“ 27,21), patšomïnte ïncom („der mit den drei Kräften“ 27,21–28,1), papšomïnt ïnran („der mit den drei Namen“ 28,1), papšomïnt ïnčpo („der mit den drei Zeugungen“ 28,2) übernommene, der zugrunde liegenden Vorstellung heterogene Traditionsstücke sein, die Bezeichnung phowtshime („der männlich-weibliche“ 28,3) aber ein tendenziöser Zusatz.

29,8–18: Der Text des BG ist hier nicht in Ordnung. Man muss nach dem CG I in Z. 15–18 verbessern: ete ïntos te tmehmēte ïnte niaiōn ïmpiagenētos ïnjōt („nämlich die Zehnerschaft der Äonen des ungezeugten Vaters“). Der Satz 29,14–18, der besagt, dass jedes der fünf weiblichen Wesen: ἡ βάρβηλω, ἡ ἔννοια, ἡ πρόγνωσις, ἡ ἀφθαρσία, ἡ ζωὴ αἰώνιος in ein männliches und ein weibliches Wesen zerspalten gedacht werden müsse und es im Ganzen also zehn Wesen seien, widerspricht der Aussage von 29,8–14, nach der es sich um im Ganzen fünf Wesen handelt. Nach 32,19–33,5 ist die ἀφθαρσία, nach 34,19–35,5 die πρόγνωσις ein nur weibliches Wesen, das einem männlichen Äon Kinder bzw. ein Kind gebiert. Auch nach dem mit unserem ganz eng verwandten System bei Irenäus adv. haer. I 29 sind diese fünf Äonen rein weiblichen Geschlechts. Also ist die Aussage 29,14–18 ein nachträglicher Zusatz, der die gleiche Tendenz zeigt wie der Zusatz phowtshime („der männlich-weibliche“ 28,3).

32,19–33,5: Die Bestimmung ebol hïm pwoin ete pechristos pe mïn taphtharsia („aus dem Licht – das ist Christus – und der Unvergänglichkeit“

[18] Vgl. auch 28,5f.12.20; 29,5.12.20; 30,14; 31,9; 32,6.

32,19–21) und die Bestimmung ebol hïm pautogenēs ïnnoute („durch den göttlichen Autogenes“ 33,2f.) widersprechen einander. Entweder sind die vier Lichter aus Christus und der Aphtharsia entstanden, oder nur aus bzw. durch Christus. Eine Bestimmung muss also sekundär sein. Das kann aber nur die erste sein! Unsere Stelle hatte ursprünglich vermutlich folgenden Inhalt: „Aus dem Lichte aber traten auf Veranlassung des unsichtbaren Geistes durch den göttlichen Autogenes die vier großen Lichter in Erscheinung, damit sie sich zu ihm stellen und zu den dreien: dem Willen, der ἔννοια und dem Ewigen Leben.“

34,19–35,5: Die Aussage der Stelle enthält zwar keinen offenen Widerspruch, aber eine der Aussagen über den Ursprung des Menschen würde eigentlich genügen; entweder ebol hïm pšorïp ïnsowïn mïn pnous ïntelios („aus der Ersten Erkenntnis und dem vollkommenen Verstand“ 34,19f.), oder hitïm pti mïn teudokia ïmpnoc ïnahoraton ïmpneuma ïmpemto ebol ïmpautogenēs („auf Veranlassung und Beschluss des großen unsichtbaren Geistes in Gegenwart des Autogenes“ 34,20–35,3), wie man mit dem CG I lesen muss. Vor allem die Parallelität unserer Stelle mit 32,19–33,5 begründet meine Überzeugung, dass auch hier die Wendung ebol hïm pšorïp ïnsowïn mïn pnous ïntelios („aus der Ersten Erkenntnis und dem vollkommenen Verstand“), die den Gedanken einer Syzygie zwischen νοῦς und πρόγνωσις zum Ausdruck bringt, sekundär ist. Allgemein spricht gegen die Ursprünglichkeit des Syzygiegedankens in 32,19–33,5 und 34,19–35,5, dass von einer durchgehenden Äonensyzygie im AJ nirgends die Rede ist. Weiter ist noch festzustellen, dass die Zusätze an den vier behandelten Textstellen schon im griechischen Text des AJ erfolgt sein müssen, da der BG und der CG I den gleichen oder einen dem des anderen entsprechenden Text bieten. Ein Blick sei noch auf die Stelle 31,18–32,8 geworfen. Der Gedanke des Textes ist hier: Die bisher entstandenen Äonen, von denen nicht alle aufgezählt werden, an ihrer Spitze Christus, treten lobpreisend vor Gott und die Barbelo hin. Dann tritt Christus von der Seite der Äonen zu dem Vater und der Mutter hinüber und wird mit der Herrschaft über das All betraut. Von einer Syzygie zwischen dem Willen und dem Ewigen Leben, dem νοῦς und der πρόγνωσις ist im Text nichts angedeutet. So glaube ich denn nicht, dass C. Schmidt Recht hatte, wenn er den Text des AJ als eine Verstümmelung eines Textes ansah, wie er von Irenäus adv. haer. I 29,1 (Harvey I 221–223) benutzt worden sei.[19]

---

[19] Vgl. Irenäus und seine Quelle in adv. haer. I,29, Philotesia, Berlin 1907, 325. Auch Till wendet sich gegen die Auffassung von C. Schmidt, Gnostische Schriften, 299f.

Nach diesem Beweisgang komme ich nun auf meine oben aufgestellte Behauptung zurück. Das dritte Paar Jaldabaoth-ἀπόνοια ist nur die dämonische Widerspiegelung des ersten Paares Vater-ἔννοια und interessiert uns hier nicht weiter. In der oberen Welt ist die Syzygie zwischen dem Paargenossen und der Sophia die einzige neben der von Vater und Barbelo. Die Syzygie Vater-Barbelo ist mit dem System fest verwurzelt. Da alle übrigen Äonen ungepaart sind, muss man die Syzygie Paargenosse-Sophia dann verstehen als eine Nachbildung der Syzygie Vater-Barbelo. Die Syzygie Paargenosse-Sophia hat nun im Gegensatz zu der oberen Syzygie nur die Bedeutung zu erklären, warum das Hervorbringen des Jaldabaoth ein Fehltritt der Sophia sei. Daraus ist m. E. wieder zu schließen, dass es ursprünglich die Paargenossin des Vaters war, die den Fehltritt beging, und dass die Nachbildung der oberen Syzygie wohl nur den Zweck gehabt hat, den Gedanken eines Fehltrittes des zweithöchsten Gottwesens zu vermeiden.

Nun gilt es aber noch in Rechnung zu stellen, dass in der Syzygie Paargenosse-Sophia die Sophia eine plastische Gestalt ist, der Paargenosse dagegen ein Schatten. In dieser Syzygie ist die Gestalt der Sophia ursprünglich, nur die Verbindung mit einem Paargenossen ist sekundär. Umgekehrt ist bei der Syzygie Vater-Barbelo die Verbindung des Vaters mit einem weiblichen Wesen, das den Namen Barbelo führt und seine ἔννοια ist, ursprünglich, die konkrete Gestalt dieses Wesens, das nur bei der Entstehung der Äonen eine Rolle spielt, sekundär. Dann muss man sich den Vorgang der Entstehung der im AJ vorliegenden zwei Äonenpaare so vorstellen: Ursprünglich gab es nur ein Äonenpaar, den Vater und ein Wesen, das die Namen Sophia und Barbelo trug und das durch einen Fehltritt, indem es ein Wesen ohne die Zustimmung des Vaters schuf, die Entstehung der unteren Welt veranlasste. Da der Gedanke, dass ein so hohes göttliches Wesen fallen könnte, dem frommen Verstande unerträglich wurde, versetzte man die fallende und zu erlösende Sophia in die unterste Region der Lichtwelt. Oben blieb als ein Schatten ihrer selbst ihr Charakter, soweit er untadelig war, unter dem Namen Barbelo zurück. Da aber zu der Vorstellung des Falles, so wie sie einmal da war, ein männliches Wesen gehört, dem die Paargenossin nicht gehorcht, wurde der Sophia ein Statist zugesellt, der Paargenosse.

Die Spitze des Systems, das dem AJ und der SJC gleichermaßen zugrunde liegt, bestand nach all dem, was ausgeführt worden ist, aus drei Gestalten: Dem Vater, seiner ἔννοια, die den Namen Sophia trug, und ihrem gemeinsamen Sohn, dem Christus. Bei dessen Entstehen haben Vater und Mutter zusammengewirkt; vermutlich auch bei der Entstehung anderer Äonen (vgl. 28,4–32,3; 114,9–12). Dann aber begeht die Sophia einen Fehltritt, indem sie versucht, nun auch einmal ein Wesen ohne den Vater hervorzubringen. Durch dieses natürlich unvollkommen ausfallende Produkt ist dann die untere Welt entstanden.

Nun stellt das System, das Irenäus adv. haer. I 29 wiedergibt, wie wir sahen,[20] eine Weiterbildung der Lehre unseres AJ dar. Andererseits ist das System des Eug eine Fortentwicklung des Systems der SJC.[21] Auch zeigt sich eine bemerkenswerte Verwandtschaft zwischen dem System der SJC und dem in Irenäus adv. haer I 30 dargebotenen.[22] Das alles macht deutlich, wie aufschlussreich die von uns gewonnene Erkenntnis ist. Sie verschafft uns indirekt einen interessanten Einblick in den Prozess der Systembildung bei einem ganzen Zweige gnostischer Überlieferung.

---

[20] Siehe oben; vgl. auch Nag-Hamadi Studien I, ZRGG 14 (1962), 58f.
[21] Siehe Nag-Hamadi Studien II, ZRGG 14 (1962), 266f.
[22] Vgl. Nag-Hamadi Studien II, ZRGG 14 (1962), 263–278, Anm. 19 und 60.

ORAKELWESEN IM ALTEN ÄGYPTEN*

Die Arbeiter, die in den Felsen westlich der ägyptischen Hauptstadt Theben das Grab des Königs auszuhauen und kunstvoll herzurichten haben, werden vom Hunger gepeinigt. Der Nachschub der Verpflegung klappt wieder einmal nicht. Was soll werden? Was soll man tun? Man streikt nicht gleich – auch das kam vor –, sondern man beschließt, erst einen Gott, zu dem man Vertrauen hat, um ein klärendes Orakel zu bitten. Dieser Gott ist Amenophis I., ein bedeutender früherer (1557–1530 v. u. Z.) König, der nach dem Tode in seinem Totentempel auf dem Westufer der Stadt Theben als Gott verehrt wurde. Er galt bald als eine Art Schutzpatron der thebanischen Nekropolenarbeiter und ist in unserer Zeit ein häufig befragter Orakelgott. Die hungernden Arbeiter lassen ihre Orakelfrage auf eine Scherbe, ein so genanntes Ostrakon, schreiben: „Mein guter Herr! Wird man uns den Proviant geben?" Dann, als der Gott, d. h. die Gottesstatue, in einem bootsartigen Traggestell, der so genannten Tragbarke, von den Priestern auf der Schulter getragen, zu einer Prozession den Tempel verlässt, wird die Scherbe mit der Schrift nach unten vor dem Gott niedergelegt. Die Prozession hält an. Alles blickt gespannt auf die Tragbarke, denn aus ihrer jetzt erfolgenden Bewegung kann man die Antwort des Gottes entnehmen. Im Allgemeinen bedeutet ein Ruck nach vorn „ja", ein Ruck nach hinten „nein". Wie diese Orakelbefragung, die man sich in ihrem Ablauf ungefähr so vorzustellen hat, damals um 1200 v. u. Z. ausgegangen ist, wissen wir nicht. Erhalten ist uns von dem ganzen Vorgang nur das Ostrakon mit der Orakelfrage, unter einer Vielzahl anderer Ostraka mit ähnlichen Fragen aus derselben Zeit und von demselben Ort. Man fragt etwa noch: „Werden die Zänkereien, die ich gemacht habe, dir unangenehm sein?" „Ist das Kalb gut, so dass ich es entgegennehmen kann?" „Wird man veranlassen, dass ich Vorgesetzter werde?" „Werden sie mich dem Wesir nennen?"

Wir begeben uns im Geiste in eine andere Zeit und an einen anderen Ort! Haupttriebkraft im menschlichen Leben damals wie heute ist neben dem Hunger die Liebe. Wir haben das Jahr 6 u. Z. Asklepiades, Sohn des Areios, aus der Ortschaft Soknopaiu Nesos im Fayum hat Liebeskummer.

---

* Das Altertum 9 (1963), 67–77.

Er ist verliebt in Tapetheus, Tochter des Marres, die schon einmal mit einem gewissen Horion verheiratet war; vielleicht ist Asklepiades ein bisschen zu schüchtern, jedenfalls macht er keine Fortschritte in Richtung auf das Ziel seiner Wünsche. In seiner Ratlosigkeit wendet er sich mit der Bitte um einen Orakelbescheid an den krokodilgestaltigen Ortsgott Soknopaios. Er lässt sich den folgenden Brief an den Gott, der uns auf einem Papyrusblättchen in griechischer Sprache erhalten ist, aufsetzen, um ihn dann im Tempel abzugeben:

> Dem größten, gewaltigen Gotte Soknopaios von Asklepiades, Sohn des Areios. Wird mir nicht gewährt, Tapetheus, Tochter des Marres, zu heiraten, und wird sie nicht etwa eines anderen Frau? Zeig es mir an und setze dies Schreiben in Kraft. Vorher war Tapetheus Frau des Horion. Jahr 35 des Cäsar, 1. Pachon.

Asklepiades erwartet nach der örtlichen Orakelpraxis und dem Orakelglauben seiner Zeit, dass er den Brief mit der vom Gott eigenhändig unten auf das Papyrusblättchen geschriebenen Antwort aus dem Tempel zurückerhält.

So, wie es uns in diesen Fällen anschaulich vor Augen tritt, spielten die Orakel und die verschiedenen Praktiken ihrer Einholung im täglichen Leben der Ägypter von alters her eine große Rolle. Zum Götterglauben, der im alten Ägypten und in der Antike überhaupt allgemein herrschte, gehört ja notwendig die Vorstellung, dass die Götter, wenn sie nicht gar allwissend sind, so doch jedenfalls weit mehr wissen und verstehen als die Menschen. Aber die Götter lassen auf übernatürliche Weise die Menschen hin und wieder an ihrem himmlischen Wissen teilhaben, unter anderem durch Orakel. Durch Orakel geben sie den Menschen Ratschläge, teilen sie den Gläubigen ihren Willen mit. Durch Orakel erhellen sie die dunkle Vergangenheit und die noch dunklere Zukunft. Und um die Götter zu solchen Orakeln zu veranlassen, haben die Menschen vielfältige Praktiken erfunden. Auf diesem allgemeinen Hintergrund antiker Orakelpraxis haben wir das Orakelwesen im alten Ägypten zu sehen. Wir besitzen darüber eine Fülle verschiedenartiger Zeugnisse, die aber nicht nur die Bedeutung und Verbreitung der Orakel im alten Ägypten zeigen, sondern uns zugleich einen tiefen Blick in die soziologischen, juristischen, politischen Verhältnisse des Landes gestatten.

Eine Frau, die um 1300 v. u. Z. wohl in Westtheben lebte, hat geheiratet. Von ihrem Vater hat sie als Mitgift erhalten: einen Topf, ein Rasiermesser, zwei weitere Töpfe von anderer Art. Dazu hat der Vater versprochen, dem jungen Paar jährlich eine bestimmte Menge Getreide zu liefern. Das Verhältnis zwischen dem Vater und der Mutter der jungen Frau scheint nicht das Beste gewesen zu sein. Denn die Mutter hat die Mitgift, die der Vater gegeben hatte, der Tochter inzwischen wieder entwendet und sich dafür selber einen Spiegel gekauft. Von dem versprochenen Korn ist auch nur etwas mehr als die Hälfte geliefert worden, so dass die junge Frau argwöhnen muss, dass auch dabei die Mutter ihre Hand im Spiele hat, nämlich dass sie das fehlende Korn unterschlagen hat. Jetzt wendet sich die geschädigte junge Frau mit einer schriftlichen Eingabe, die uns erhalten ist und aus der wir den ganzen Fall erschließen können, an das Orakel Amenophis' I. mit der Bitte, der Gott möge ihr durch Orakelentscheid zu ihrem Recht verhelfen.

Als Richter in Rechtsstreitigkeiten wurden die ägyptischen Orakelgötter auffällig häufig in Anspruch genommen. Offenbar hatten die einfachen Leute weithin mehr Vertrauen zum Rechtsempfinden ihres göttlichen Schutzpatrons oder ihres Dorfgottes als zur Rechtsprechung der zuständigen Beamten. Einem Magazinverwalter namens Amonemuja, der um 1200 v. u. Z. in einer kleinen Ortschaft des Gaues von Theben seinen Dienst versah, sind eines Mittags fünf Hemden weggekommen, anscheinend gestohlen. Wer ist der Dieb? Aber Amonemuja wendet sich nicht an die Polizei mit dieser Frage, sondern an seinen Dorfgott, eine Lokalform des Gottes Amon. Er tritt während einer Festprozession vor die Tragbarke des Gottes und zählt alle Einwohner des Dorfes auf. Als der Name des Landmannes Pataueemdiamon fällt, gibt der Gott durch eine entsprechende Bewegung der Barke zu verstehen, dass das der Dieb sei. Aber unser Pataueemdiamon gehört zu den Ägyptern, die an den göttlichen Orakeln zu zweifeln wagten. Er leugnet alle Schuld und appelliert an das Orakel seines benachbarten Heimatdorfes. Vor diesem ihm vertrauten Gott versucht er den plumpen Trick, den Diebstahl einem anderen in die Schuhe zu schieben. Aber auch dieser Gott bezeichnet ihn selbst als den Dieb. Doch Pataueemdiamon leugnet weiter. Auch die Befragung eines weiteren, als besondere Autorität geltenden Orakelgottes in der Nähe endet mit dem Schuldspruch für Pataueemdiamon, aber ohne dass der sein Leugnen aufgibt. Das geschieht erst, als er wieder vor dem zuerst befragten Dorfgott steht und der Gott sich nicht mit einem erneuten Schuldspruch begnügt, sondern gleichzeitig seinen die Tragbarke begleitenden Propheten dazu inspiriert, dass der sich den Pataueemdiamon greift und in Vertretung des Gottes vor der versammelten Einwohnerschaft des Dorfes durch eine gehörige Tracht Prügel züchtigt. Von diesem verwickelten und für die

Frage des Orakel*unglaubens* besonders aufschlussreichen Vorgang ist uns eine Art Protokoll auf Papyrus erhalten.

Die Orakelbefragung ist ursprünglich eine volkstümliche Sitte; kleine Leute fragen kleine Götter, gern auch „bloß“ vergöttlichte Menschen oder den zwerggestaltigen Dämon Bes (Besa), der in der Kaiserzeit zu ganz besonderer Berühmtheit als Orakelspender gelangt, nach den kleinen Dingen ihres Alltags. Aber die Orakel werden bald hoffähig; die Könige machen daraus, wohl schon im Mittleren Reich (2060–1788 v. u. Z.), ein Mittel der Politik. Auf diese Weise werden auch die Staatsgötter (Amon, Osiris, Ptah und andere) sekundär zu Orakelspendern. Die politischen Orakel spielen dann im Neuen Reich (1580–1085 v. u. Z.) und später eine außerordentlich große Rolle. Diese Entwicklung, die eine den neuen Anforderungen entsprechende Verfeinerung der Orakeltechnik in den großen Heiligtümern zur Folge hat, wirkt natürlich anregend zurück auf die allgemeine Orakelpraxis. Schon beim Regierungsantritt fragen die Könige die Staatsgötter nach Glück und Dauer ihrer Regierung. Dann holen sie Orakel ein, ehe sie in den Krieg ziehen oder ehe sie eine Expedition aussenden. Besondere Bauten, die sie errichten wollen, lassen sie sich durch göttliche Orakel befehlen. Durch den Gebrauch in der Politik bekommen die Orakel einen besonders fatalen Beigeschmack. Es lässt sich ja nicht ganz verschleiern, dass der Gott Amon immer genau das durch Orakel befiehlt, was dem Willen des Königs entspricht; allerdings nur, wenn es sich um einen starken König handelt. In labilen Zeiten kann es dann passieren, dass Amon heute genau das Gegenteil von gestern bestimmt. Andererseits wird das Orakel natürlich auch ein Mittel im Tauziehen zwischen Priestertum und Königtum um die Macht im Staate.

Von der 18. Dynastie (1580–1314 v. u. Z.) an benutzt man das Orakel gar, um den Thronfolger vom Reichsgott Amon selbst erwählen zu lassen. Dieses Verfahren ist erstmals bei Thutmosis III., der dann einer der mächtigsten Herrscher der 18. Dynastie wurde, angewandt worden. Er berichtet später selbst darüber auf einer Inschrift, in der er seiner Jugendzeit und dieser Thronerhebung durch die Gunst des Gottes Amon gedenkt und die Bauten und Geschenke aufführt, die er diesem Gott zum Dank dafür im Laufe seiner Regierung widmete. Er sei, so berichtet er, als Jüngling ein Priester niederen Ranges im Reichstempel zu Theben gewesen. Ein Fest wird gefeiert. Die Prozession beginnt; der Gott verlässt in seiner Barke das Allerheiligste, während der König (Thutmosis II.) opfert. Die riesige Tragbarke des Gottes Amon-Re schwankt auf den Schultern der Priester durch die große Säulenhalle des Tempels. Irgendwo an unscheinbarer

Stelle steht auch der junge Priester Thutmosis. Da geschieht etwas völlig Überraschendes und Unerhörtes. Die Barkenprozession weicht von ihrem Kurs ab. Sie zieht nicht einfach durch die Halle hindurch, sondern auf der einen Seite hinauf und auf der anderen Seite wieder hinunter, als ob der Gott unter den ringsum Stehenden jemanden suche. Und vor dem priesterlichen Prinzen Thutmosis macht die Barke plötzlich halt. Die Gottespropheten deuten sogleich den aufregenden Vorgang: Der Gott Amon-Re hat den Prinzen Thutmosis zum Mitregenten und späteren Nachfolger König Thutmosis' II. erwählt.

Diese ganz neuartige Königswahl durch Orakel, die dann in der Folge Schule macht und in der Dynastie der äthiopischen Pharaonen normaler Brauch wird, hat natürlich ihre politischen Hintergründe. Die ganze Sache ist wahrscheinlich von Thutmosis II., dem Vater Thutmosis' III., inszeniert worden. Er wollte auf diese Weise die Thronfolge extra sichern, von der er die Befürchtung hegte, dass sie ohne besondere Vorkehrungen nicht reibungslos verlaufen könnte. Der König kannte wohl den Charakter und die Herrschsucht seiner Gemahlin Hatschepsut genau und ahnte daher, dass sie seinem noch jugendlichen Sohn, ihrem Stiefsohn, die Herrschaft streitig machen würde. Außerdem war der vom König ausersehene Thronfolger von nicht rein königlicher Abstammung. Nur vom Vater her hatte er königliches Blut in den Adern. Seine Mutter war keine Prinzessin, wie es nach Brauch und Anschauung der frühen 18. Dynastie eigentlich für den künftigen König erforderlich gewesen wäre, sondern nur eine Nebenfrau namens Isis.

Wir wollen nach diesen Detailaufnahmen nun das Ganze des ägyptischen Orakelwesens in den Blick bekommen. Da bietet sich uns ein Bild von verwirrender Vielfalt und Buntheit. Es gibt eine Fülle von Orakelgöttern, die allerdings nicht alle zur gleichen Zeit gleich hoch im Kurs standen; jede Zeit hatte vielmehr ihre Modegötter. Unter den Orakelspendern gibt es dann noch besondere Spezialisten, namentlich für medizinische Orakel. Man kann kaum einen ägyptischen Gott nennen, von dem wir nicht wüssten, dass er irgendwo und irgendwann als Orakelgott gewirkt hat. Jeder Gott eines Dorfes, einer Stadt, eines Gaues, des Staates *konnte* Orakel erteilen und *hat* irgendwann einmal Orakel erteilt. Aber unter den vielen Orten gibt es doch einzelne, die jeweils zeitweise im ganzen Lande und darüber hinaus einen besonderen Ruf als Orakelorte genossen. Man reiste von weit her an, um dem jeweiligen Gott des so berühmten Ortes seine Fragen zu stellen. Solche Orakelorte von besonderem Ruf waren Memphis, Theben, Abydos, die Oase Siwa und die Insel Philae. Nun gibt es im alten Ägypten auch noch ganz verschiedene Orakelpraktiken. An einem Ort verfuhr man so, an einem anderen Ort anders. Zu der einen Zeit bevorzugte man diese Technik, zu einer anderen Zeit jene. Wir haben im Wesentlichen fünf Orakelarten zu unterscheiden: das Barkenorakel, das Tierorakel, das Sprechorakel, das Brieforakel und das Inkubationsorakel. Alle diese Orakelarten gibt es übrigens entweder genauso oder so ähnlich auch außerhalb von Ägypten.

Das *Barkenorakel* ist wohl ungefähr so alt wie die Barkenprozessionen der Götter überhaupt, d. h., wir dürfen es schon für das Alte Reich (2740–2270 v. u. Z.) voraussetzen. Der Hauptverkehrsweg Ägyptens ist der Nil, und das Hauptverkehrsmittel ist entsprechend das Schiff. Wie die Menschen, so reisen auch die Götter zu Schiff. Auch wenn die Götter über Land reisen, lässt man sie zu Schiff reisen, d. h., man gibt den Traggestellen, mit denen sie auf der Schulter getragen werden, Schiffsgestalt. Diese kleinen tragbaren Schiffe haben in der Mitte anstelle einer Kajüte einen Schrein, der das Gottesbild aufnimmt. Es ist nahe liegend, wenn ein Gott mit solch einer Tragbarke in feierlicher Prozession herumgetragen wird, dass man besonders auffällige Bewegungen der Barke als bedeutsames Zeichen des Gottes versteht. Aus dieser primitiven Möglichkeit, den Willen des Gottes zu erkennen, entwickelte man allmählich eine ausgefeilte Technik der Orakeldeutung und dann auch der Orakelbefragung. Das Prinzip dieser Orakelart ist klar: Das Orakel erfolgt durch eine bestimmte Bewegung der Tragbarke. Nach dem Orakelglauben der Ägypter gibt der Gott (die Gottesstatue) in dem Schrein auf der Barke den entsprechenden Impuls. In Wirklichkeit geben aber natürlich die Priester, auf deren Schultern sich das Gestell mit dem Gott befindet, der Tragbarke die erforderliche Bewegung. Dabei ist nicht unbedingt immer vorauszusetzen, dass das bewusst und nach vorhergehender Verabredung geschieht. Man muss sich die Sache ähnlich vorstellen wie das Tischrücken des modernen Aberglaubens. Nach demselben Prinzip wie beim altägyptischen Barkenorakel werden übrigens auch im antiken Syrien, im antiken Italien, in Afrika sogar stellenweise bis in unsere Tage hinein Orakel eingeholt.

Wo das Barkenorakel in Ägypten sozusagen kultiviert ist, kennt man vor allen Dingen bestimmte Bewegungen für „ja“ und „nein“. Als Ja-Bewegungen können wir aus den Quellen erschließen: 1. den einfachen Ruck nach vorn; 2. eine Art Schaukelbewegung in der Längsachse, d. h. ein „Wackeln“. Als Nein-Bewegungen kennen wir: 1. das Ausbleiben einer Bewegung; 2. den einfachen Ruck nach hinten; 3. eine Kreisbewegung, bei der sich die Barke mitsamt der Trägerschaft mehrmals um die eigene Vertikalachse dreht. Welche von diesen Zeichen für „ja“ und „nein“ jeweils angewendet wurden, das mag örtlich verschieden gewesen sein. Es kam nun, wenn der Gott nur mit „ja" und „nein" antworten konnte, darauf an, dass der Orakelheischende die Fragen richtig formulierte – wie bei gewissen modernen Ratespielen. Das Normale dürfte gewesen sein, dass der zuständige Priester vor der Barke stehend dem Gott die Orakelfragen mündlich vortrug. Es kam aber auch häufig schriftliche Befragung vor, wobei man die jeweilige Frage auf ein Ostrakon schrieb und dieses vor der Barke auf den Boden legte (vgl. die oben geschilderte Episode).

Dieses ganze Frage-und-Antwort-Spiel ist aber, wie schon angedeutet, nur die stilisierte Form des Barkenorakels. Das Ursprüngliche waren vermutlich die unvorhersehbaren, sozusagen wilden Bewegungen der Götterbarken bei den Prozessionen. Und diese wilde Form des Barkenorakels besteht neben der kultivierten Form durchaus weiter. Das oben beschriebene Königswahlorakel für Thutmosis III. erfolgte z. B. auf diese urwüchsige Art. Solche wilden Bewegungen der Barke bedürfen aber einer besonderen Deutung, und zu dieser Deutung ist wiederum ein besonderer Sachverständiger erforderlich. Vermutlich war die Deutung unvorhergesehener Barkenzeichen Aufgabe des Priesters, der gewöhnlich neben der Barke geht, mit einer erhobenen Hand eine der Tragstangen berührend. Er ist gewissermaßen der Barkenführer. Dieser Priester trägt nämlich normalerweise den ägyptischen Titel „Gottesdiener", und dieser Titel wird im Griechischen mit „Prophet" wiedergegeben.

Das *Tierorakel* ist wohl nicht weniger alt und urwüchsig als das Barkenorakel. Wie dieses stammt es vermutlich schon aus dem Alten Reich (2740–2270 v. u. Z.). Es beruht übrigens auf einem ganz ähnlichen Prinzip. Die Wurzel des Tierorakels ist die für die ägyptische Religion so charakteristische Tierverehrung. Viele ägyptische Götter haben Tiergestalt oder können in ihr erscheinen und dargestellt werden. Andere Göttergestalten haben den Leib eines Menschen und den Kopf eines Tieres. Die sich in alledem ausdrückende religiöse Scheu vor göttlichen Kräften im Tier reicht bis zur kultischen Verehrung einzelner lebender Exemplare und führt schließlich zur Heilighaltung ganzer Gattungen, was in der Spätzeit zum hervorstechenden, wenn nicht beherrschenden Zug ägyptischer Religiosität wird. Kein Wunder also, wenn man in besonders auffälligen Bewegungen solcher heilig gehaltenen Tiere Orakelzeichen der Gottheit sieht. Dasselbe Orakelprinzip begegnet uns ja auch bei anderen Völkern: Bei den Germanen und den Oderslawen gibt ein heiliges Pferd Orakel; die Römer beobachten den Vogelflug und die Einwohner von Sura in Lykien das Schwimmen von Fischen, um Orakel zu gewinnen. Obgleich nun die Wurzel des ägyptischen Tierorakels in frühe Zeit zurückreicht und das

Tierorakel selbst im Prinzip alt sein muss, gewinnt es größere und allgemeine Bedeutung in Ägypten selbst und über Ägypten hinaus erst etwa von der Perserzeit (525–332 v. u. Z.) an. Unsere Quellen bezeugen ausdrücklich das Orakel des Apis, des heiligen Stieres von Memphis, das Orakel der heiligen Buchisstiere in Hermonthis und seinen Filialheiligtümern und Orakel heiliger Krokodile.

Wie kann nun aber ein Tier *Gottes*orakel geben? Die gläubig ein Tierorakel aufsuchenden Menschen haben wohl daran gedacht, dass der Apisstier eine Inkarnation des Gottes Ptah darstellt, der Buchisstier eine Inkarnation des Gottes Month, und das heilige Krokodil eine Inkarnation des Gottes Suchos, und dass der Gott so direkt durch die Bewegung des Tieres zu ihnen spreche. Oder sie haben sich vielleicht vorgestellt, der Gott inspiriere die Tiere indirekt zu ihren Zeichen. Die Zeichen, die ein Tier geben kann, sind natürlich begrenzt. Das normale, einfachste und unmittelbar einleuchtende Zeichen ist folgendes: Der Orakelheischende hält dem Tier Futter hin. Nimmt das Tier das Futter an, so bedeutet das Glück; lehnt das Tier das Futter ab, so bedeutet das Unglück. Ein anderes Zeichen hat genau die gleiche Bedeutung: Dem Apisstier hatte man zwei Ställe gebaut, zwischen denen er beliebig hin und her wechseln konnte. Geht er in den einen, so bedeutet das Glück; geht er in den anderen, so bedeutet das Unglück. Solch ein heiliges Tier machte aber auch auffällige Bewegungen, die unverständlich waren. Für diese Fälle gab es einen Propheten, der die Zeichen deutete.

Das *Sprechorakel* ist, weil es, wie der Name sagt, gesprochen wird, wesentlich deutlicher und ausdrucksfähiger. Es eignet sich so weit mehr zur Beantwortung komplizierter Orakelfragen. Beim Sprechorakel gibt nämlich der Gott ganz direkt, und zwar mit seiner eigenen Stimme, Antwort. Da nun aber eine Gottesstatue in Wirklichkeit gar nicht reden kann, muss ein Priester, der irgendwo an verborgener Stelle des Allerheiligsten in allernächster Nähe des befragten Kultobjektes hockt, die Stimme des Gottes vortäuschen. Das Sprechorakel begegnet uns zum ersten Mal sicher unter der Regierung der Königin Hatschepsut (etwa 1479–1457 v. u. Z.). Man wird wohl in der Annahme nicht fehlgehen, dass diese Orakelart in der 18. Dynastie, davor und danach kaum weniger gebräuchlich gewesen ist als das Barkenorakel. In hellenistisch-römischer Zeit gerät diese ägyptische Orakelart dann in den Sog der Kultpraktiken des spätantiken, wundersüchtigen und wundergläubigen Synkretismus. Man baut in Ägypten kunstvolle, ja raffinierte Anlagen, um die Gläubigen die Stimme ihres Gottes hören zu lassen. Man durchbohrt Tempelwände oder Götterbilder mit sprachrohrähnlichen Kanälen. Man legt geheime Zellen an, in die sich der Orakelsprecher zur Orakelerteilung begibt. Schließlich fertigt man ganze hohle Gottesstatuen an, aus deren Bauch ein verborgener Priester die Stimme Gottes zu Gehör bringt.

Damit ist schon angedeutet, dass auch die ägyptischen Sprechorakel nichts spezifisch Ägyptisches sind. Tacitus, um nur einiges Wenige zu nennen, bezeugt z. B. eine sprechende Gottesstatue des Apollon Klarios (Annalen 12, 22). Ganz besonders anschaulich werden solche Sprechorakel oder autophone Orakel von Lukian in seinem „Alexander sive Pseudomantis" (26) geschildert. Der falsche Prophet Alexander von Abonuteichos, der im zweiten Jahrhundert u. Z. wirkte, unterhielt eine ausgedehnte Orakelpraxis. Bei ganz besonders zahlungskräftigen Kunden ließ er seinen Schlangengott Asklepios (eine lebendige Riesenschlange mit einem aus Leinwand hergestellten künstlichen, menschenähnlichen Drachenkopf) die Orakel direkt, ohne Mithilfe eines Propheten, aussprechen. Zu diesem Zwecke hatte Alexander in den künstlichen Drachenkopf, den er immer, wenn es darauf ankam, geschickt an den Leib der Schlange hielt, indem er gleichzeitig deren wirklichen Kopf unter seiner Achsel verbarg, eine Art Schlauch gesteckt. In einem Nebenraum brüllte nun ein Gehilfe in das andere Ende des Schlauches hinein mit dem Effekt, dass die drinnen vor dem „Asklepios" Stehenden den Eindruck hatten, der Schlangengott spräche selbst.

Bei der Erörterung der ägyptischen Sprechorakel wird natürlich die immer schon latent hinter unserer Betrachtung stehende Frage nach dem Orakel*glauben*, und zwar auf Seiten der *Priester*, ganz besonders akut. Wie mag es im Kopf eines Priesters ausgesehen haben, der in einem Tempel zu Alexandria im hohlen Bauch einer Gottesstatue hockte und die Stimme des Gottes vortäuschte? War er sich bewusst, dass er Betrug übte? Die Spanne der Möglichkeiten für ihn wie für andere Orakelpriester reicht von subjektiv ehrlicher Gottergriffenheit und frommem Amtsbewusstsein bis zu raffinierter und betrügerischer Ausnutzung des Glaubens der Orakelheischenden.

Das *Brieforakel* finden wir erst in der Ptolemäer- und Kaiserzeit in Ägypten. Es ist vermutlich griechischer Import. Das heißt, griechische Orakelpraktiken haben von der Ptolemäerzeit an mancherorts ältere, auf ägyptischem Boden gewachsene Orakelpraktiken verdrängt. Unsere Quellen bezeugen das Brieforakel für eine Reihe von Ortschaften im Fayum und für die Stadt Oxyrhynchus. Der Orakelvorgang hier im Fayum und in Oxyrhynchus scheint eine besondere Ähnlichkeit mit der Praxis, wie wir sie vom Orakel des Gottes Apollon Koropaios in Thessalien kennen, gehabt zu haben. Man hat sich nun den Vorgang der Orakelbefragung und Orakelerteilung beim ägyptischen Brieforakel folgendermaßen vorzustellen: Der Orakelsuchende schreibt – oder lässt sich schreiben – eine Art Brief mit seiner Frage an den Gott seines Vertrauens. Wir haben oben den Wortlaut eines solchen Briefes kennen gelernt. Ich füge hier noch vier weitere derartige Briefe ein, deren Inhalt für sich selbst spricht:

> Den großen, großen Göttern Soknopaios und Sokonpieios. Wird mir gegeben, mich mit einer Frau zu verbinden? Das bringe mir heraus (aus Soknopaiu Nesos im Fayum; 2. Jahrhundert u. Z.).
>
> Dem Zeus Helios, dem großen Sarapis und den Mitgöttern seines Tempels. Menandros ersucht, ob mir gegeben ist zu heiraten. Das gib mir an (aus Oxyrhynchus; 2. Jahrhundert u. Z.).
>
> Den großen Göttern Soknopaios und Sokonpieios von Stotoëtis, Sohn des Apynchis, Sohn des Tesenuphis. Werde ich diese Krankheit, die in mir steckt, überstehen? Das gib mir an (aus Soknopaiu Nesos im Fayum; 1. Jahrhundert u. Z.).
>
> Dem Zeus Helios, dem großen Serapis und den Mitgöttern seines Tempels. Es fragt Nike, ob es mir nützlich ist, von der Tasarapion ihren Sklaven Sarapion mit Beinamen Gaion zu kaufen. Das gib mir an (aus Oxyrhynchus; 2. Jahrhundert u. Z.).

Der Orakelsuchende muss einen solchen Brief in doppelter Ausfertigung schreiben. Dann begibt er sich zum Tempel, um die beiden Briefe abzugeben. Das eine Exemplar geht in das Tempelarchiv zu den Akten – für eventuelle Kontrollen durch die Behörden; Buchführung über die Orakelfragen und Stichproben seitens der Behörden sollten verhindern, dass die Leute unangenehme Fragen an das Orakel richteten, etwa: „Lebt der Kaiser noch lange?" Das andere Exemplar wirft der Orakelsuchende in eine Urne, die ein Priester am Tempeltor aufhält. Ebenso tun es die anderen Menschen, die noch den Rat des Gottes begehren. Vor aller Augen schließt und versiegelt nun der Priester die Urne. Dann verschwindet er mit ihr im Inneren des Heiligtums. Hier im Tempel öffnen die Priester die Urne mit einem Trick, so dass das Siegel nicht verletzt wird. Sie lesen die Briefe und schreiben darunter die Antwort, die sie für richtig halten. Sind sie mit der Arbeit fertig, kommen die Briefe wieder in die Urne zurück. Der Priester nimmt die Urne und begibt sich wieder hinaus ans Tor, wo die Menge seiner geduldig harrt. Die Urne wird vorgezeigt: Das Siegel ist unversehrt! Dann erbricht der Priester das Siegel, öffnet die Urne, ruft die einzelnen

Leute auf und gibt die Briefe den Einsendern zurück. Aber, o Wunder, auf jedem Brief steht eine Unterschrift mit der Antwort. Die Leute glauben und werden von der Priesterschaft in dem Glauben gehalten, dass auf wunderbare Weise der Gott selbst die Antwort unter den Brief geschrieben hat. Die Urne konnte ja nicht geöffnet worden sein. Keines Menschen Hand konnte die Briefe berührt, geschweige denn beschrieben haben.

Das *Inkubationsorakel* unterscheidet sich von all den schon beschriebenen Orakelarten dadurch, dass man bei ihm den Willen der Götter, die Zukunft und ähnliche Dinge, die die Götter mehr und besser wissen als die Menschen, nicht in wachem Zustande erfährt, sondern während des Tempelschlafes und durch das Medium des Traums. Das Inkubationsorakel ist also eine Spezialform der allgemeinen Inkubation (= Tempelschlaf) und zugleich eine Spezialform der gewöhnlichen Traumoffenbarung. Dass der Traum für die Götter ein Mittel ist, um den Menschen etwas zu offenbaren, ist in Ägypten altbekannt. Aber nur solche Traumoffenbarungen, die an heiliger Stelle, im Tempel, geschehen, bieten die Möglichkeit der Reglementierung und Kultivierung; nur aus ihnen kann sich ein geregelter Orakelbetrieb entwickeln, der der Praxis bei den anderen Orakelarten vergleichbar ist.

Die besondere Form des Inkubationsorakels zeigt nun eine deutliche Affinität zu einem bestimmten Orakelinhalt, nämlich zum medizinischen Inhalt: Nach Aussage unserer Zeugnisse jedenfalls sind alle medizinischen Orakel Inkubationsorakel – allerdings sind nicht umgekehrt alle Inkubationsorakel auch medizinische Orakel. Der Orakelsuchende braucht beim Inkubationsorakel nur zu schlafen. Darum ist diese Form des Orakels geradezu ideal für Kranke. Hinzu kommt, dass das medizinische Inkubationsorakel ja nur eine besondere Form der Heilinkubation überhaupt ist. Im Prinzip sind Inkubation, Inkubationsorakel überhaupt und medizinisches Inkubationsorakel schon im Neuen Reich (1580–1085 v. u. Z.) denkbar, aber erst in der Ptolemäerzeit (305–30 v. u. Z.) wird das Inkubationsorakel zu einer allgemein verbreiteten, häufig, ja sogar regelmäßig geübten Kultpraxis. Die Praxis der medizinischen Inkubationsorakel im Besonderen bekommt einen starken Auftrieb durch den griechischen Einfluss. Vor allem die Orakelpraktiken des damals in der ganzen Mittelmeerwelt berühmten Heiligtums des Asklepios von Epidauros spornen zu Übertragung und Nachahmung an. So wird bezeichnenderweise der vergöttlichte und zum Sohn des Gottes Ptah avancierte Imhotep, den die Griechen mit ihrem Asklepios identifizierten, zu einem der Hauptspender medizinischer Orakel. Und neben Imhotep treten vor allem solche ägyptischen Gottheiten in der Erteilung medizinischer Inkubationsorakel hervor, die sich besonders weit dem griechischen Einfluss geöffnet haben, vornehmlich Sarapis, Isis und ihr Sohn Horus.

Was aber hatte ein Ägypter denn nun im Einzelnen zu tun, wenn er ein Inkubationsorakel empfangen wollte? Das wollen wir uns an einem Beispiel verdeutlichen: Taimhotep (ca. 72–36 v. u. Z.), die Frau des memphitischen Hohenpriesters Pschereenptah III., hat, wie sie auf ihrem Grabstein berichtet, dreimal hintereinander eine Tochter geboren. Beide Eheleute sind darüber sehr traurig. Da beschließen sie, den Gott Imhotep um ein Orakel zu bitten. Pschereenptah und Taimhotep begeben sich also in seinen Tempel und beten gemeinsam zu dem Gott, er möge ihnen doch mitteilen, was sie tun sollen, damit sie endlich den ersehnten Sohn bekämen. Dann geht Taimhotep wieder nach Hause, während sich ihr Gatte im Tempel zum Schlafe niederlegt, um dem Gott Gelegenheit zu geben, im Traum eine Antwort auf ihre Frage zu erteilen. Der Gott erscheint im Traum und offenbart dem Pschereenptah, dass er einen Sohn erhalten solle, wenn er für den Imhoteptempel eine Statue anfertigen lassen würde. Der Mann erfüllt die Bedingung, worauf Taimhotep schwanger wird und den erhofften Sohn tatsächlich gebiert. Dieses Beispiel lässt übrigens zugleich noch einmal ganz deutlich, sogar für die Spätzeit, die Urwüchsigkeit und Lebensverbundenheit des ägyptischen Orakelwesens erkennen. Wir beschließen die Beschreibung des Inkubationsorakels und die ganze Darstellung mit einem Epigramm, das jemand zur Kaiserzeit in eine Wand des alten Osiristempels von Abydos geritzt hat:

Hier hab' ich oftmals geschlafen und sah wahrhaftige Träume,
ich Harpokras, ein Mann aus Panias, der heiligen Stadt,
Priester, erzeugt als Sohn von dem Priester mit Namen Kopreias.
Besa, dem Gott der Orakel, sei unaufhörlicher Dank.

DETERMINATION UND ETHIK IM ERSTEN JOHANNESBRIEF*

Das Problem der dualistischen Determination in den johanneischen Schriften ist gegenwärtig höchst aktuell. Die beiden wichtigen Handschriftenfunde der Nachkriegszeit bei Qumran in Palästina und bei Nag Hammadi in Oberägypten werfen nämlich gerade auf dieses Stück der Theologie des vierten Evangelisten ein besonderes Licht. Die dualistisch-deterministischen Anschauungen der jüdischen Häretiker am Ufer des Toten Meeres und der gnostische deterministische Dualismus, wie ihn die Schriften von Nag Hammadi uns vor Augen führen, stellen erneut die Frage nach der religionsgeschichtlichen Einordnung und nach dem theologischen Sinn der entsprechenden Aussagen im johanneischen Schrifttum. In dieser Perspektive gewinnt das an sich schon interessante Thema „Determination und Ethik im ersten Johannesbrief" einen ganz besonderen Reiz.

Keine moderne Erörterung über ein Problem der Theologie des 1Joh kann nun an der neuerdings aufgeworfenen Frage nach etwaigen Quellen, die im 1Joh verarbeitet wären, einfach vorübergehen. Die Spannung zwischen der Behauptung: „jeder, der von Gott gezeugt ist, tut keine Sünde" (3,9a) und der Aussage: „wir sind verpflichtet, einander zu lieben" (4,11b) würde sich beispielsweise erheblich mindern und einen ganz anderen Aspekt gewinnen, wenn wir jede Aussage einer anderen theologischen Schicht des Briefes zuweisen könnten. Es ist also unumgänglich, in einer Vorbemerkung die Quellentheorie zu skizzieren, ihre Problematik aufzuweisen und unsere eigene Stellung anzudeuten.[1]

Vorbemerkung: Die Quellentheorie

Im Jahre 1907 veröffentlichte E. v. Dobschütz einen Aufsatz,[2] in dem er 1Joh 2,28–3,12 analysierte. Sein Ergebnis war, dass hier eine Quelle von einer Bearbeitung zu scheiden sei. Die Quelle hätte aus thesenartigen Sätzen

---

* ZThK 60 (1963), 203–215.

Die vorliegenden Ausführungen beruhen auf meiner Probevorlesung, gehalten am 4. 5. 1960 vor der Theologischen Fakultät der Humboldt-Universität zu Berlin.

[1] Eine ausführlichere Erörterung der literarkritischen Theorien findet sich bei W. Nauck, Die Tradition und der Charakter des ersten Johannesbriefes, WUNT 3, 1957, 1–11. Vgl. auch E. Haenchen, Neuere Literatur zu den Johannesbriefen, ThR NF 26, (1960), 1–43. 267–291, bes. 8–12. 15–20. 24–27.

[2] Johanneische Studien I, ZNW 8 (1907), 1–8.

bestanden, die der Bearbeiter in homiletischem Stil kommentiere. Diesen Ansatz von v. Dobschütz führte R. Bultmann im Jahre 1927 weiter.[3] Sein Ausgangspunkt ist jedoch im Unterschied zu v. Dobschütz 1Joh 1,5–2,2. Diese Stelle ist es übrigens, die ihn nicht nur zur Quellenkritik des 1Joh, sondern auch der Reden des Johannesevangeliums inspiriert hat. Bultmann analysiert den ganzen Brief und sondert durchgehend eine Quelle im Stile gnostischer Offenbarungsrede von der homiletischen und paränetischen Bearbeitung des Verfassers. Dabei stellt er mit bewundernswerter Klarheit die Stilunterschiede zwischen Quelle und Bearbeitung heraus. H. Windisch übernimmt in der zweiten Auflage seines Kommentars (1930) die Quellentheorie von v. Dobschütz und Bultmann, vermutet aber darüber hinaus noch andere Quellen und erwägt die Annahme einer redaktionellen Überarbeitung des Briefes.[4] H. Preisker nimmt neben der von Bultmann herausgeschälten Quelle noch als zweite Quelle einen eschatologischen Text an, weil bestimmte eschatologische Aussagen von der für den Verfasser charakteristischen Eschatologie merklich abweichen.[5] Diese traditionell eschatologischen Wendungen sind es, die neben anderen Beobachtungen Bultmann schließlich (1951) zu der Unterscheidung zwischen dem Verfasser und einem kirchlichen Redaktor des 1Joh führen, nachdem er eine ähnliche Sonderung inzwischen schon im Johannesevangelium vollzogen hatte.[6] Diese Unterscheidung Bultmanns zwischen Verfasser und Redaktion leuchtet mir, ganz im Unterschied zu seiner Quellentheorie, im Prinzip jedenfalls, mehr und mehr ein. Gegen Bultmanns Quellentheorie hingegen sind gewichtige Bedenken zu erheben und auch bereits erhoben worden, und zwar gerade von zweien seiner Schüler: E. Käsemann und H. Braun. Beide stellen fest, dass die vermutbare Quelle, die nach Bultmann heidnisch-gnostisch sein müsste, in Wirklichkeit zumindest teilweise schon christlich ist. Das veranlasst Käsemann zur Ablehnung der Quellentheorie.[7] Braun hält zwar an der Quellentheorie weiter fest, sieht sich aber gezwungen, die Annahme der Einheitlichkeit der Quelle aufzugeben.[8] Weiter stößt Braun bei der Kritik an Bultmann auf die Schwierigkeit, dass sich bei Bultmanns Rekonstruktion der Quelle Stilkritiken und Sachkritiken einander nicht ergänzen, sondern weitgehend

---

3 Analyse des ersten Johannesbriefes, 1927, 138–158.
4 H. Windisch/H. Preisker, Die katholischen Briefe, HNT 15, [3]1951, 136.
5 Windisch/Preisker, HNT 15, 168–171.
6 Die kirchliche Redaktion des ersten Johannesbriefes, 1951, 189–201.
7 Ketzer und Zeuge, ZThK 48 (1951), 292–311, s. 306 Anm. 2.
8 Literar-Analyse und theologische Schichtung im ersten Johannesbrief, ZThK 48 (1951), 262–292, bes. 269f.

aufheben. Das heißt, vieles, was nach dem Stil zur Quelle gehören müsste, wird des Inhalts wegen doch dem Verfasser zugerechnet. Dabei muss Bultmann zu der wenig glücklichen Annahme greifen, dass der Verfasser den Stil der Quelle imitiert. Braun kann hier Bultmann nicht folgen und gibt daher auch die Annahme, dass die Quelle sicher abgrenzbar ist, auf,[9] während Nauck außerdem noch zu der Identifizierung der Verfasser von Quelle und Brief gelangt.[10] U. E. drängen die Beobachtungen Brauns über dessen eigenen Standpunkt in der Quellenfrage hinaus und führen zu der Konsequenz, die Käsemann gezogen hat, nämlich zur Aufgabe der Quellentheorie. Der Stilunterschied innerhalb des Briefes, auf den hingewiesen zu haben das Verdienst Bultmanns bleibt, erklärt sich u. E. aus dem, was der Verfasser sagen will: äußert er dualistisch-spekulative Gedanken, muss der Stil anders sein, als wenn er paränetisch redet. Der Stil der Rede ist eine Funktion des Inhalts der Rede. Wir glauben also in unserer Erörterung von der literarischen Einheitlichkeit des Briefes ausgehen zu müssen.

Zunächst wollen wir unser Thema „Determination und Ethik im 1Joh" noch etwas präzisieren. Die Determination, wie sie in bestimmten Aussagen des 1Joh vorausgesetzt wird, wirkt sich nämlich gerade im guten und rechten Handeln des Determinierten aus, ist also selbst schon ethisch relevant im Sinne – modern ausgedrückt – einer materialen Wertethik. Man könnte das Problem, von dem die Rede sein soll, demnach genauer folgendermaßen formulieren: Determination des rechten Handelns und Verpflichtung zum rechten Handeln. Dabei ist aber nun nicht nur das „und" problematisch, sondern schon unsere Behauptung, dass der Gedanke der Determination, so wie wir ihn kennzeichneten, überhaupt vorliegt. Wir behandeln entsprechend in einem ersten Abschnitt die Frage des Determinismus im 1Joh und in einem zweiten Abschnitt dann das Verhältnis dieser Determination zur Ethik.

I. *Der Determinismus im 1Joh*

Das Problem liegt in folgenden Textstellen beschlossen:

1Joh 1,6f.8.10;
2,3–6.9–11.15.29;
3,6–11. 14b.15.17.18.19a.24a;

[9] ZThK 48 (1951), 265–270.
[10] Tradition, 74.

4,6.7.8.11f.15.16b;
5,1a.4.18;
2Joh 8.9;
3Joh 11.

Es handelt sich um einen über den ganzen Brief verstreuten, aber sachlich zusammengehörenden Komplex von meist apodiktischen, thesenartigen Aussagen. Nach Bultmanns Quellentheorie gehören sie zum größten Teil zur Quelle. In ihnen wird – in mehr oder weniger deutlicher Antithese gegen gnostische Irrlehrer – die Beziehung des Von-Gott-Gezeugtseins eines Menschen zu seinem Tun und Glauben definiert. Neben dem Ausdruck „Von-Gott-Gezeugtsein" treten in diesen Thesen auch andere gleichbedeutende Ausdrücke auf, wie:

Kind-Gottes-Sein,
Von-Gott-Stammen,
Gott-Erkannt-Haben bzw. -Erkennen,
Gott-Gesehen-Haben,
In-Gott-μένειν,
Gemeinschaft-mit-Gott-Haben,
Im-Licht-Sein.

Die Definition erfolgt nach folgendem Schema: Entweder wird gewissermaßen in der Richtung von oben nach unten gesagt: „Wer von Gott gezeugt ist, übt Liebe, hat den rechten Glauben und sündigt nicht", oder weitaus häufiger in der umgekehrten Richtung von unten nach oben: „Wer Liebe übt und den rechten Glauben hat, ist von Gott gezeugt", bzw. negativ: „Wer beides nicht hat, ist nicht von Gott gezeugt". In diesen Thesen kann das Tun und Glauben, d.h. der irdische Aspekt des Gottgezeugten, nicht nur nach dem bereits genannten Schema „Wer Liebe übt..." bezeichnet werden (ὁ + Part.: I 2,10.11a; 3,7b.8a.14b.24a; 4,8a.16b; II 9b; III 11b.11c; oder ὃς δ' ἂν bzw. ὃς ἐὰν + Konj.: I 2,5; 3,17; 4,15), sondern auch nach dem Schema „Jeder, der Liebe übt..." (πᾶς ὁ + Part.: I 2,29b; 3,6b.10b.15; 4,7b; 5,1a; II 9a) und nach dem Schema „Wenn wir Liebe üben..." bzw. „Wenn einer Liebe übt..." (ἐὰν + Konj.: I 1,8.10; 2,15b; 4,12).

Nachdem man die Einheitlichkeit und Zusammengehörigkeit des ganzen Thesenkomplexes einmal erkannt hat, gibt es, soweit wir sehen, zwei Interpretationsansätze, die ein adäquates Verstehen von vornherein verbauen können. Sie bestehen darin, dass man einerseits die verschiedenen Ausdrücke zur Bezeichnung für das Von-Gott-Gezeugtsein zu stark nivelliert, und dass man andererseits die Ausdrücke zur Kennzeichnung des Tuns zu stark differenziert. Der eine Interpretationsansatz tritt in der neuesten Literatur besonders typisch bei Suitbertus a S. Joanne a Cruce in Erscheinung in seinem Aufsatz: „Die Vollkommenheitslehre des ersten Johannesbriefes."[11] Für Suitbertus meinen die vielschichtigen Synonyme der Gotteszeugung weiter nichts als „Gemeinschaft mit Gott". Den anderen Interpretationsansatz sehen wir z. B. bei R. Schnackenburg, wenn er in den Ausdrücken, die die Seite des Tuns bezeichnen, die Formulierungen mit ἐάν von den anderen abhebt und die ἐάν-Sätze als Bedingung auffasst, die man erfüllen muss, um das im Nachsatz Gesagte zu erlangen.[12] Konkret gesprochen: 1Joh 4,12 lautet: ἐὰν ἀγαπῶμεν ἀλλήλους,... ἡ ἀγάπη αὐτοῦ τετελειωμένη ἐν ἡμῖν ἐστιν. Nach dem Prinzip Schnackenburgs müsste die These bedeuten: Wenn wir Liebe üben, dann erreichen wir damit, dass sich die Liebe Gottes in uns vollendet. Die These meint jedoch: Wenn wir Liebe üben, kann man daran ersehen, dass die Liebe Gottes in uns schon vollendet ist. Vgl. 1Joh 2,3: *καὶ* ἐν τούτῳ *γινώσκομεν* ὅτι ἐγνώκαμεν αὐτόν, ἐὰν τὰς ἐντολὰς αὐτοῦ τηρῶμεν.

Aus solchen Ansätzen erwachsen dann die gewiss nicht unrichtigen, aber doch den Sinn verkürzenden Gesamtauffassungen unseres Thesenkomplexes. So meint v. Dobschütz etwa, diese Thesen wollten „nicht eine physische Unmöglichkeit, sondern eine sittliche Unzulässigkeit ausdrücken."[13] Und P. Feine umschreibt den Sinn der Thesen, dort sei „kein wahres Christentum, wo der rechte Wandel fehlt."[14] Nauck vergleicht zwar das Verhältnis des Seins zum Tun mit der Beziehung von Baum und Frucht, fährt dann aber fort, es liege den Thesen „auf keinen Fall die Vorstellung einer schicksalhaften Determination des Menschen zugrunde."[15]

Die Vertreter einer solchen Auffassung sind gezwungen, in der zentralen These 1Joh 3,9: πᾶς ὁ γεγεννημένος ἐκ τοῦ θεοῦ ... οὐ δύναται ἁμαρτάνειν das οὐ δύναται abschwächend zu interpretieren. Es handelt sich aber dabei nicht etwa um eine einzelne, einsame Stelle. Vielmehr gehören alle Thesen von der Gotteszeugung innerlich zusammen. Steht das οὐ δύναται auch nur in einer von ihnen, gilt es doch sachlich von allen. Das zeigen

---

[11] Bibl 39 (1958), 319–333. 449–470.
[12] Die Johannesbriefe, HThK 13,3, 1953, 58.
[13] ZNW 8 (1907), 8.
[14] Theol. d. NT, [8]1951, 363.
[15] Tradition, 17. – Vgl. noch H. H. Wendt, Die Johannesbriefe und das johanneische Christentum, 1925, 103. 107; B. Weiss, Die drei Briefe des Apostels Johannes, KEK 14, [6]1899, zu 1Joh 1,7, S. 33f.; zu 3,9, S. 93; Bultmann, Theol. d. NT, [4]1961, 432; ders., In memoriam E. Lohmeyer, 194; H. J. Holtzmann/W. Bauer, Evangelium, Briefe und Offenbarung des Johannes, HCNT 4, [3]1908 (zu 1Joh 2,29, 339f.; zu 3,6, 342; zu 3,9, 343); F. Hauck, Die Kirchenbriefe, NTD 10, [5]1949, zu 1Joh 3,8f., S. 135f.; Braun, ZThK 48 (1951), 273f.

die zahlreichen anderen Formulierungen mit πᾶς (1Joh 3,6a; 5,4a.18a; – 2,29b; 3,6b.10b.15; 4,7b; 5,1a; 2Joh 9a). Auch wird bei der charakterisierten Interpretationsweise der Dualismus der Johannesbriefe nicht genügend in Rechnung gestellt und der Umstand, dass Stellen wie 1Joh 2,3.5; 3,18.19a, nach denen am rechten Tun eines Menschen das Sein aus Gott *erkannt* wird, eigentlich nur sinnvoll sind, wenn die in unserem ganzen Thesenkomplex behauptete Verbindung von Sein und Tun den Charakter der Notwendigkeit hat.

Braun behauptet allerdings, dass die Bruderliebe und der rechte Glaube nicht nur der Erkenntnisgrund für die Teilhabe am Heil, sondern auch der Realgrund sei.[16] Wie wenig textnah diese Behauptung ist, erkennt man schon, wenn man für den farblosen und unscharfen Ausdruck „Teilhabe am Heil" den konkreten Ausdruck „Von-Gott-Gezeugtsein" einsetzt, der deutlich auf etwas hinweist, was der Mensch schon ist bzw. hat. Braun gelangt zu seiner Auffassung einmal dadurch, dass er nicht genügend beachtet, wie der Verfasser des 1Joh zuweilen in Formulierungen überspringt, die man nach dem Vorhergehenden nicht erwartet hätte, bzw. dass er mehr sagt, als man erwartet: 1Joh 1,7.8.9.10; 2,10.11; 3,7b; 5,1b.2. Man kann dasselbe auch so sagen: Der Stil, den unser Thesenkomplex aufweist, beschränkt sich nicht auf diesen Thesenkomplex. Auch ganz andere Inhalte können in derselben Form zum Ausdruck gebracht werden. In 1Joh 1,9 z. B. erwartet man nach dem Vordersatz „wenn wir unsere Sünden bekennen" als Nachsatz etwa „zeigen wir damit, dass wir im Lichte sind." Stattdessen sagt der Verfasser: „so ist er treu und gerecht, dass er uns die Sünden vergibt und uns von jeder Ungerechtigkeit reinigt." Natürlich „gewinnt" man – wie Braun feststellt – durch das Sündenbekenntnis die Vergebung, aber daraus kann man doch nicht schließen, dass durch das Bekennen der Sünde auch das Sein der Wahrheit in uns gewonnen würde. – Ein weiterer Grund von Brauns Interpretation ist die Missverständlichkeit des einen Synonyms der Gotteszeugung, nämlich des μένειν ἐν, die übrigens auch für Schnackenburg den Ausgangspunkt einer typisch katholischen Deutung unserer Thesen bildet.[17]

Dieser Umstand nötigt uns dazu, hier einen *Exkurs über* μένειν ἐν als Synonym der Gotteszeugung einzuschieben. Die Verbindung μένειν ἐν steht an folgenden Stellen als ein Synonym für das Von-Gott-Gezeugtsein:

16 ZThK 48 (1951), 274.
17 Kommentar, 94f. 257.

1Joh 3,24a; 4,13.15.16b	(wir in Gott bzw. Christus, und Gott bzw. Christus in uns);
1Joh 2,6.10; 3,6a	(wir in Christus bzw. im Licht);
1Joh 2,14c; 3,9a.17.24b; 4,12	(Gott bzw. Christus bzw. der Logos, der Same, die Liebe Gottes in uns).

Gewöhnlich übersetzt und interpretiert man nun das μένειν ἐν an diesen Stellen, ebenso wie im Brief sonst, durchweg mit „bleiben in." Wir müssen zunächst feststellen, dass die Synonyme des μένειν ἐν etwas gegenwärtig schlechthin Vorhandenes bzw. Abgeschlossenes meinen; „bleiben in Gott" aber weist in die Zukunft. M. a. W., die Synonyme haben alle den Sinn von εἶναι, aber μένειν verstanden als „bleiben" den Sinn von ἔσεσθαι.[18] Wenn man nun die innere Einheit unseres Thesenkomplexes nicht voll würdigt, kann man mit einigem Schein von Berechtigung eine These wie 1Joh 3,24a folgendermaßen deuten: Es heißt dort: ὁ τηρῶν τὰς ἐντολὰς αὐτοῦ ἐν αὐτῷ μένει καὶ αὐτὸς ἐν αὐτῷ. Man kann nun sagen: ὁ τηρῶν κτλ. bezeichnet eine Bedingung, und ἐν αὐτῷ μένει κτλ. ist eine Verheißung. Und das Ganze wäre zu paraphrasieren: „Wenn jemand die Gebote Christi beachtet, dann erreicht er damit, dass er in Christus und Christus in ihm bleibt." Eine solche Deutung ist aber ausgeschlossen, wenn man mit der Erkenntnis Ernst macht, dass das μένειν ἐν ein Synonym für das Von-Gott-Gezeugtsein darstellt. Man hat dann vielmehr zu interpretieren: „Wer die Gebote Christi beachtet, der zeigt damit, dass er von Gott gezeugt ist; wer aber aus Gott stammt, bei der Bekehrung von Gott gezeugt wurde und nun in Gott bzw. Christus ist, der bleibt auch weiterhin in Christus." Außerdem müssen wir im Auge behalten, dass μένειν ἐν eine größere Bedeutungsskala besitzt als nur „bleiben in". Es kann ja auch bedeuten „logieren, wohnen, weilen, sich aufhalten in".[19] In dieser anderen Bedeutung hat das μένειν ἐν den Aspekt der Dauer, aber ohne einen speziell futurischen Aspekt. Es gibt nun im johanneischen Schrifttum Stellen, wo vom Zusammenhang her für die Wendung μένειν ἐν der futurische Aspekt ausgeschlossen ist, mit anderen Worten, wo die Bedeutung „logieren, sich aufhalten in" unter deutlicher Abgrenzung gegen die Bedeutung „bleiben in" vorliegt, während sonst die Bedeutungen nicht scharf voneinander zu trennen sind, vielmehr ineinander übergehen. Das ist zunächst der Fall beim *wörtlichen* Gebrauch der Wendung: Joh 1,38f.; 14,25 (vgl. 14,23: μονή = Wohnung), dann aber auch

[18] Vgl. Bultmann, Das Evangelium des Johannes, KEK 2, [12]1952, 477 Anm. 1.
[19] Vgl. Bauer, Wörterbuch zum NT, [5]1958, 995f.

im *übertragenen* Gebrauch: Joh 14,10: ὁ πατὴρ ἐν ἐμοὶ μένων „der Vater, der dauernd in mir ist".[20] Auch an vier der oben angeführten Stellen aus dem 1Joh scheint uns die Formulierung die Annahme eines futurischen Aspekts und damit die Übersetzung mit „bleiben in" zu verbieten.

1. 3,6a: πᾶς ὁ ἐν αὐτῷ μένων οὐχ ἁμαρτάνει; das kann u. E. nur heißen: „jeder, der in ihm wohnt, sündigt nicht."
2. 3,17: ὃς δ' ἂν … θεωρῇ τὸν ἀδελφὸν αὐτοῦ χρείαν ἔχοντα καὶ κλείσῃ τὰ σπλάγχνα αὐτοῦ ἀπ' αὐτοῦ, πῶς ἡ ἀγάπη τοῦ θεοῦ μένει ἐν αὐτῷ; das muss heißen: „wer … sieht, wie sein Bruder Mangel hat, und sein Herz vor ihm verschließt, wie kann in dem die Liebe Gottes wohnen?" (Vgl. 1Joh 2,15b: … οὐκ *ἔστιν* ἡ ἀγάπη τοῦ πατρὸς ἐν αὐτῷ mit 1Joh 3,17: … πῶς ἡ ἀγάπη τοῦ θεοῦ *μένει* ἐν αὐτῷ.)
3. 4,12: ἐὰν ἀγαπῶμεν ἀλλήλους, ὁ θεὸς ἐν ἡμῖν *μένει* καὶ ἡ ἀγάπη αὐτοῦ τετελειωμένη ἐν ἡμῖν ἐστιν; das kann u. E. nur heißen: „wenn wir einander lieben, *wohnt* Gott in uns und *ist* seine Liebe vollkommen in uns."
4. 2,6: ὁ λέγων ἐν αὐτῷ μένειν …; das muss heißen: „wer behauptet, in ihm zu wohnen …"[21]

Mit diesem Exkurs und den vorangegangenen kritischen Auseinandersetzungen haben wir uns den Weg bereitet, um nun darlegen zu können, wie denn die Thesen, die das Verhältnis des Von-Gott-Gezeugtseins zum Tun und Glauben angeben, unserer Meinung nach aufzufassen sind. Man kann sie – wie bereits angedeutet – nur auf dem Hintergrund des Dualismus verstehen. (Vgl. zu diesem Hintergrund: 1Joh 2,16.21b.23; 3,1.12.13; 4,4–6; 5,10.12.18–20.) Diesen Sachverhalt hat besonders Bultmann von seinem religionsgeschichtlichen Standpunkt aus treffend herausgearbeitet; er hat erkannt, dass das Sündigen und Nichtsündigen der Texte einen dualistisch festgelegten unentrinnbaren Weg meint. Nur bleibt diese Erkenntnis bei ihm ohne Belang für die johanneische Theologie, da im Zuge der Quellentheorie diese dualistisch-deterministischen Gedanken allein der Quelle zuerkannt werden. Hinter unseren Thesen steht also folgende Anschauung: Es gibt zwei voneinander geschiedene Gruppen von Menschen; die einen stammen von Gott, die anderen vom Teufel. Und

---

[20] Bauer, Wörterbuch zum NT, 996.

[21] In 1Joh 2,5f. ist deutlich ἐν αὐτῷ εἶναι und ἐν αὐτῷ μένειν dasselbe; vgl. Windisch/Preisker, Kommentar zu 1Joh 2,5, 144; vgl. zu dem ganzen Exkurs, was F. Hauck über die Vorstufen und Analogien des johanneischen Gebrauchs von μένειν ἐν sagt (Art. μένω κτλ., ThW 4, 580, 19–26).

entsprechend ihrer Herkunft ist auch ihr Handeln. Die einen üben Bruderliebe und haben rechten Glauben, die anderen tun und glauben das Gegenteil. Und für beide Gruppen gilt das οὐ δύναται, d. h., sie müssen tun, was sie tun. Die einen müssen lieben und recht glauben, können gar nicht sündigen; die anderen müssen hassen und falschem Glauben anhängen, können nicht anders. Weil der Gottgezeugte, der Mensch, der Gott erkannt hat, der in Gott wohnt und bleibt, nicht anders kann als Liebe üben und rechten Glauben haben, darum und nur darum kann man an der Bruderliebe und am rechten Glauben eines Menschen erkennen, dass er aus Gott ist und umgekehrt.

Nun könnte es nach dem bisher Ausgeführten fast so scheinen, als besagten die Thesen des 1Joh, dass der aus Gott Stammende sündlos sei. Das ist aber keineswegs der Fall. Wir haben jetzt 1Joh 1,8–10 besonders zu bedenken. Die These von 1Joh 3,9, dass der Gottgezeugte nicht sündigen könne, und alle ähnlichen Thesen werden durch 1Joh 1,8–10 ergänzt, wo zum Ausdruck gebracht wird, dass der Gottgezeugte, wenn ihm eine Sünde passiert, er diese bekennt, um damit Vergebung zu erlangen. Diese beiden Aussagen (3,9 und 1,8–10), deren Beziehung zueinander ein Hauptproblem der Theologie von 1Joh bildet, stehen im Brief selbst unverbunden und unvermittelt nebeneinander. Die Ordensregel von Qumran (1QS), die einen dualistischen Determinismus ähnlicher Struktur vertritt, nur dass die theoretische Seite weit stärker betont ist, zeigt uns neuerdings, dass eine theoretische Vermittlung zwischen 1Joh 3,9 und 1,8–10 sehr wohl denkbar ist, worauf Nauck nachdrücklich hinweist.[22] Wenn man nun alle zu Anfang aufgeführten Thesen über die Gotteszeugung zusammenfasst, erhalten wir folgende Gesamtanschauung: Wer aus Gott gezeugt ist, kann nicht sündigen, muss vielmehr Liebe üben, muss dem rechten Bekenntnis anhängen und kann, wenn er schon einmal sündigt, gar nicht anders, als seine Sünden bekennen. Entsprechend wäre das Negative zu formulieren. Durch die Einbeziehung der Sünde in den Thesenkomplex ist – darauf kommt es uns hier an – das οὐ δύναται nicht aufgehoben. Der Verfasser stellt sich den rechten Christen praktisch als einen Menschen vor, der im Allgemeinen nicht sündigt und der, wenn es ihm schon passiert, seine Sünden bekennt. Und dieses rechte Verhalten sieht der Verfasser nun sub specie aeternitatis, d. h., er sieht es als in Gottes Wirken so begründet, dass es sich mit Notwendigkeit vollzieht. Ein Blick auf das Johannesevangelium

[22] Tradition, 98–122.

zeigt, dass dort derselbe dualistische Determinismus vorliegt, wenn auch mit anderer Zuspitzung, wie sie sich aus dem Unterschied in der literarischen Gattung zwischen Epistel und Evangelium zwangsläufig ergibt. Im Evangelium handelt es sich um die Determiniertheit des Gläubig*werdens*, im 1Joh um die Determiniertheit des Gläubig*bleibens* und der rechten Bewährung des Glaubens im Tun.

Bei alledem dürfen wir aber drei Tatsachen nicht aus dem Auge verlieren, ohne deren Berücksichtigung das ganze Bild schief werden würde:

1. Der johanneische Dualismus ist kein konsequenter Dualismus, er ist nicht kosmologisch, sondern soteriologisch interessiert.
2. Der Verfasser von 1Joh entwickelt den von uns skizzierten deterministischen Dualismus nicht, sondern setzt ihn voraus.
3. Entsprechend dem praktischen Sinn des Schreibens ist der Verfasser im 1Joh fast ausschließlich an den praktischen Konsequenzen des von ihm vertretenen deterministischen Dualismus interessiert.

Hebt denn aber der Gedanke der Determination des Tuns das Sollen, die Pflicht zum Tun, nicht auf? Damit kommen wir zum zweiten Problemkreis.

II. *Das Verhältnis von Determination und Verpflichtung*

Nach den mehr philologischen und exegetischen Ausführungen des ersten Abschnittes muss dieser zweite mehr systematischen Charakter tragen. Wir wollen das zu behandelnde Problem in dreierlei Hinsicht erörtern, nämlich in praktischer, logischer und theologischer Hinsicht.

In *praktischer* Hinsicht ist festzustellen, dass der Verfasser des 1Joh das Sollen keineswegs für überflüssig hält. Die Verpflichtung der Christen zum rechten Tun ist ihm ganz und gar selbstverständlich. Selbstverständlich ist es ihm auch, die Christen zur Einhaltung dieser Verpflichtung zu ermahnen. Die Mahnungen werden zuweilen direkt ausgesprochen und stehen dann unmittelbar neben unseren Thesen: 1Joh 2,3–6.15; 3,18–19a; 4,11f; 2Joh 8–9; 3Joh 11. Wir wollen eine dieser Stellen näher betrachten. In 1Joh 2,15 lesen wir: μὴ ἀγαπᾶτε τὸν κόσμον μηδὲ τὰ ἐν τῷ κόσμῳ. ἐάν τις ἀγαπᾷ τὸν κόσμον, οὐκ ἔστιν ἡ ἀγάπη τοῦ πατρὸς ἐν αὐτῷ. Es ist ohne weiteres deutlich, dass die Mahnung des ersten Halbverses mit der These des zweiten Halbverses begründet wird. Entsprechendes kann man an den anderen Stellen feststellen: Die Thesen bilden die Begründungen für die Mahnungen. Jedoch entdecken wir an keiner dieser Stellen eine

Begründungs- bzw. Folgerungspartikel. Das liegt aber einfach am Stil dieser Sätze.[23] Dass das Nebeneinander von Thesen und Mahnungen wirklich so gemeint ist, zeigt 1Joh 4,7–8, wo tatsächlich ein ὅτι steht: ἀγαπητοί, ἀγαπῶμεν ἀλλήλους, ὅτι ἡ ἀγάπη ἐκ τοῦ θεοῦ ἐστιν, καὶ πᾶς ὁ ἀγαπῶν ἐκ τοῦ θεοῦ γεγέννηται κτλ. Häufiger allerdings steht gar keine Mahnung bei den Thesen. Aber der Zusammenhang macht deutlich, dass sie auch zugleich als Mahnung gedacht sind. Die Worte πᾶς ὁ πιστεύων ὅτι Ἰησοῦς ἐστιν ὁ χριστὸς ἐκ τοῦ θεοῦ γεγέννηται (1Joh 5,1a) z. B. sind nicht bloß geschrieben, um den Lesern einen theoretischen Lehrsatz einzuprägen, sondern sind ein Appell, den rechten Glauben beizubehalten. Die These impliziert die Mahnung. Entsprechendes gilt für die Stellen 1Joh 1,6f.8.10; 2,9–11.29; 3,6–11.17; 4,16b.[24] Dann sind die Thesen Mahnung und Begründung in einem. Nur muss dabei bedacht werden, dass das Erste das Zweite nicht aufhebt, dass durch die Mahnungsabzweckung der Aussagecharakter der Sätze nicht wegfällt.[25]

In *logischer* Hinsicht ist zu konstatieren, dass zwischen den Thesen und den Mahnungen ein Widerspruch besteht. Rein logisch schließen die Thesen die Mahnungen aus.[26] Die Mahnungen erscheinen neben den Thesen als überflüssig. Die angeredeten Christen sind für den Verfasser ja praktisch mit den von Gott Gezeugten identisch. Sie können also gar nicht anders als Liebe üben und rechten Glauben haben. Theoretisch lässt der Verfasser freilich die Möglichkeit offen, dass doch der eine oder andere Christ – wie die aus dem Christentum hervorgegangenen Irrlehrer – nicht zu den von Gott Stammenden und von Gott Gezeugten gehört. Aber auch unter dieser Voraussetzung schließen die Thesen die Mahnungen aus. Entweder sind die Angeredeten von Gott gezeugt, dann können sie gar nicht anders als das tun, was ein von Gott Gezeugter tun muss; oder aber sie sind es nicht, dann können sie nicht tun, was ein Gottgezeugter tun muss, ob sie die Mahnungen nun hören oder nicht.

Aber gibt es nicht doch eine Möglichkeit, die Mahnungen neben den Thesen als nicht nur nicht überflüssig, sondern als sachlich notwendig zu verstehen? Die Menschen müssen doch, ehe sie sich scheiden in die von Gott Gezeugten und in die, deren Vater der Teufel ist, die Forderungen, die Gebote Gottes zur Kenntnis nehmen, an denen sich jene Scheidung vollzieht. Die Menschen müssen erst hören: dann erst folgen die einen dem

23 Vgl. A. Jülicher/E. Fascher, Einleitung in das NT, [7]1931, 231.
24 Vgl. Bultmann, Theol. d. NT, [4]1961, 432; Braun, ZThK 48 (1951), 274.
25 Gegen Bultmann, Theol. d. NT, 432.
26 Vgl. H. J. Holtzmann, Lehrbuch der Neutestamentlichen Theologie II, [2]1911, 544.

Gehörten, weil sie ihm folgen müssen, die anderen folgen nicht, weil sie es nicht können. In dieser Weise ist ja im Johannesevangelium der Ruf Jesu zum Glauben neben den deterministischen Aussagen, dass nur die eine Klasse von Menschen diesem Ruf tatsächlich Folge leisten kann, von der Sache her einsichtig und sinnvoll. Wenn nun die Mahnungen des 1Joh solches Zur-Kenntnis-Bringen der Forderungen Gottes wären, wäre das oben Gesagte erfüllt: Sie wären neben den Thesen sachlich notwendig. Sie setzten dann im Sinne des Verfassers gar nicht voraus, dass jeder Angeredete auch tun könne, was der Appell verlangt. Dass wir mit einem derartigen Versuch zur Interpretation der Mahnungen im 1Joh nicht durchkommen, geht einmal daraus hervor, dass der Verfasser schon weiß, dass seine Leser – von möglichen Ausnahmen abgesehen – zu den von Gott Gezeugten gehören. Damit hängt das Zweite zusammen: Der Verfasser setzt ganz deutlich voraus, dass die Leser ihre Pflichten bereits kennen.

Alle diese Erwägungen, die man anstellen kann, zeigen, dass wir zu keinem rechten Verständnis der Mahnungen neben den Thesen gelangen, solange wir dabei von den Thesen ausgehen. Und das ist gar kein Wunder, denn zu fragen, wie denn neben den Thesen die Mahnungen möglich seien, ist im Prinzip nichts anderes, als von einer Theorie her die Wirklichkeit zu rechtfertigen. M. a. W., die Notwendigkeit der Mahnungen und die Tatsächlichkeit der Pflicht stehen vor jedem Entwurf einer Theorie schon fest. Wir wollen denselben Sachverhalt noch von einer anderen Seite her beleuchten, nämlich von der Frage aus, was denn eigentlich diese Logik ist, vor deren Richtstuhl die Thesen und die Mahnungen einander widerstreiten, ohne zu einem Vergleich kommen zu können. Es verhält sich damit u. E. folgendermaßen: Die Gesetzmäßigkeiten, wie sie im Bereich der unbelebten Natur herrschen, kann der menschliche Geist von ihrem ureigenen Bereich abstrahieren und auf andere Bereiche übertragen. Diese Denkform der Physik ist es, die im 1Joh – aber natürlich nicht nur im 1Joh – zur Deutung des christlichen Daseins verwendet wird, wo sie mit anderen Gesetzmäßigkeiten, wie sie im Bereich der Psychologie und Soziologie zu Hause sind, kollidieren muss.

Das spannungsvolle Nebeneinander der Thesen und der Mahnungen erscheint uns bei dieser Betrachtungsweise durchaus verständlich. Wieso kann aber der Verfasser in den Thesen außerdem noch den Grund für die Mahnungen sehen? Das liegt zutiefst daran, dass, wie wir bereits am Anfang andeuteten, die Thesen selbst schon eine Ethik, nämlich eine materiale Wertethik, enthalten. M. a. W., die Thesen enthalten und entwerfen – wenn auch auf deterministischem Hintergrund – ein Leitbild christlichen Handelns und rechten Glaubens, das sich für den Menschen, dem das

Sollen selbstverständlich ist, zwanglos in eine Verpflichtung umsetzt. Wir wollen das wieder an einer Einzelstelle veranschaulichen. In 3Joh 11 wird der Adressat Gaius angeredet: ἀγαπητέ, μὴ μιμοῦ τὸ κακὸν ἀλλὰ τὸ ἀγαθόν (Mahnung). ὁ ἀγαθοποιῶν ἐκ τοῦ θεοῦ ἐστιν· ὁ κακοποιῶν οὐχ ἑώρακεν τὸν θεόν (These). In dieser Argumentation liegt m. E. folgende innere Struktur vor: Du möchtest doch zu denen gehören, von denen man sagen kann: sie stammen von Gott. Man erkennt aber einen von Gott Stammenden daran, dass er Gutes und nichts Böses tut. *Also* tue Gutes und kein Böses! Nach demselben Prinzip argumentiert übrigens Calvin in seiner Institutio, um nachzuweisen, dass seine Prädestinationslehre keineswegs die Sittlichkeit und den Eifer zu rechtem Leben ertöte.

Damit kommen wir am Schluss zur Betrachtung des Verhältnisses von Thesen und Mahnungen, von Determination und Ethik im 1Joh in *theologischer* Hinsicht. Dem spannungsvollen Neben- und Ineinander von Determination und Ethik im 1Joh entspricht im Johannesevangelium das Nebeneinander von Determination und Verantwortlichkeit. Dass unser Problem im Johannesevangelium eine solche Entsprechung hat, darin kündigt sich an, dass das spannungsvolle Verhältnis von Determination und Ethik weder eine willkürliche „Erfindung" des Verfassers von 1Joh darstellt, noch sich allein daraus erklärt, dass der Verfasser den hier obwaltenden Widerspruch nicht so empfunden hat, wie wir ihn empfinden. Der Verfasser wird vielmehr – unbeschadet der Herkunft des Vorstellungs- und Begriffsmaterials für den dualistischen Determinismus aus der religiösen Umwelt – von einer ihn umgreifenden Wirklichkeit genötigt, solche einander widersprechenden Aussagen zu formulieren. Diese Wirklichkeit ist das christliche Dasein mit seinem überirdischen und irdischen Aspekt. Der Gedanke der Verpflichtung zu rechtem Tun und Glauben erwächst vorwiegend aus dem irdischen Aspekt. Der Gedanke der Determination erwächst vorwiegend aus dem überirdischen Aspekt, wo die Überzeugung von der Größe und der zuvorkommenden Gnade Gottes zu Auffassungen führen muss, die jede Zufälligkeit im menschlichen Verhalten, jedes Nicht-von-Gott-Gewirktsein im irdischen Tun ausschließen. Entsprechend hat keine wahrhaft protestantische Theologie auf den Gedanken der Determination bzw. der Prädestination verzichtet und kann sie nicht auf ihn verzichten, ohne dass sie dabei der speziell johanneischen, d. h. dualistischen Ausprägung der Prädestinationsvorstellung sklavisch verhaftet wäre.

DER WIDERSTREIT GNOSTISCHER UND KIRCHLICHER CHRISTOLOGIE IM SPIEGEL DES KOLOSSERBRIEFES*

Der Kolosserbrief fixiert innerhalb der Entwicklung der urkirchlichen Christologie eine außerordentlich interessante Stufe. Die wichtigsten Aussagen des Kol sind christologische Aussagen. Nun geht es in ihnen, genau genommen, weniger um die Christologie insgesamt als um einen ganz besonderen Aspekt daraus, nämlich um ihren kosmologischen Aspekt. Dem Verfasser ist es nämlich vor allem darum zu tun, das Verhältnis Christi zu den Mächten zu bestimmen. Die eigentümliche Christologie des Kol ist also wesentlich die Entfaltung eines bestimmten Typs urkirchlicher Christologie in Bezug auf die Mächte. Diese Entfaltung geschieht aber nicht um ihrer selbst willen, sondern ist konkret veranlasst, geschieht im Streit wider eine andere, falsche, häretische Bestimmung des Verhältnisses Christi zu den Mächten, geschieht, wie wir auch sagen können, im Streit wider eine andere, falsche, häretische Christologie, von der wir nur den einen Aspekt, nämlich die Sicht des Verhältnisses Christi zu den Mächten indirekt durch die Polemik des Kol hindurch zu Gesicht bekommen. Träger dieser anderen Christologie sind die Häretiker, deren Bekämpfung der ganze Kol überhaupt gewidmet ist. Die im Kol bekämpften Häretiker sind aber nun nach der heute gängigen Auffassung als Gnostiker zu identifizieren.[1] Wir haben es also im Kol wesentlich zu tun mit dem Streit einer kirchlichen Christologie wider eine gnostische Christologie, d. h., wir haben die einmalige Gelegenheit, im Spiegel des Kol den Widerstreit gnostischer und kirchlicher Christologie in einem ganz frühen Stadium zu betrachten.

Dass das so ist, ist zunächst einmal eine Behauptung. Sie ruht auf zwei Voraussetzungen, die im Allgemeinen so nicht, bzw. nicht bewusst, gemacht werden, nämlich einmal, dass die im Kol bekämpften Gnostiker überhaupt eine bestimmte Christologie haben, und ferner, dass diese

---

* ZThK 61 (1964), 391–403.
Gastvorlesung, gehalten am 14. April 1964 im Canisianum zu Innsbruck.

[1] Vgl. P. Feine/J. Behm/W.G. Kümmel, Einleitung in das NT, [12]1963, 244. An Forschern, die heute noch die Häretiker nicht für Gnostiker halten, sind vor allem zu nennen E. Percy, Die Probleme der Kolosser- und Epheserbriefe, Lund 1946, 137–178; H. Hegermann, Die Vorstellung vom Schöpfungsmittler im hellenistischen Judentum und Urchristentum, TU 82, 1961, 161–168.

sog. Gnostiker auch Vertreter der wirklichen Gnosis sind. Dass diese Voraussetzungen richtig sind, muss in einem ersten Teil der folgenden Erörterung erst erwiesen werden, in dem es eben um die Herausarbeitung der im Kol bekämpften gnostischen Christologie gehen soll. Der zweite Teil soll dann zeigen, wie der Verfasser des Kol wider diese gnostische Christologie streitet bzw. worin die von ihm vertretene und entfaltete Christologie der als häretisch bekämpften Christologie widerstreitet. M. E. bedeutet die in alledem sich vollziehende Aufhellung des Hintergrundes der christologischen Aussagen des Kol übrigens auch einen wesentlichen Beitrag zum allgemeinen Verständnis des ganzen Briefes.

I. *Die Christologie der Irrlehrer*

Wir bekommen die Christologie der im Kol bekämpften Gegner nicht direkt, sondern nur indirekt zu fassen, und zwar am besten, wenn wir uns von den im Brief gegebenen Charakteristika der Häretiker, vom Äußerlichen zum Wesentlichen ansteigend, leiten lassen. Allerdings sind auch diese Charakteristika nicht direkt gegeben; vielmehr müssen wir sie aus der Polemik gegen sie und aus Anspielungen des Textes erst mühsam erschließen. Die Häretiker halten bestimmte heilige Zeiten ein, z. B. Neumond und Sabbat (2,16), und beobachten strenge Speisevorschriften (2,16.21). Sie üben dabei eine scharfe Askese (2,23). Wahrscheinlich forderten und praktizierten sie auch den Ritus der Beschneidung (2,1–13).[2] Sie berufen sich für Lehre und Praxis auf alte, echte Traditionen (2,8.22) und auf Visionen (2,18). Ihre Lehre nennen sie selbst Philosophie (2,8). Bezeichnende, vom Verfasser des Kol aufgenommene Schlagworte in ihrem Munde dürften gewesen sein: σοφία (1,9.28; 2,3.23; 3,16), σύνεσις (1,9; 2,2), γνῶσις (2,3), ἐπίγνωσις/ἐπιγινώσκειν (1,6.9.10; 2,2; 3,10), τελειότης/τέλειος (1,28; 3,14; 4,12), πλήρωμα/πληροῦσθαι (1,9.19; 2,9.10); die bekämpfte „Philosophie" gibt anscheinend vor, den Anhängern γνῶσις, τελειότης und πλήρωμα zu vermitteln. Das eigentlich Charakteristische an der

[2] Das, und d. h. die entsprechende Deutung von 2,11–13, ist allerdings umstritten. Eine Beschneidungspraxis der Häretiker nehmen z. B. auch an E. Lohmeyer, Die Briefe an die Philipper, an die Kolosser und an Philemon. KEK 9, ^{10}1954, 6. 8; M. Dibelius/H. Greeven, An die Kolosser, Epheser, an Philemon, HNT 12, ^{3}1953, 30. 39; G. Bornkamm, Die Häresie des Kolosserbriefes, ThLZ 73 (1948), 11–20 (= Das Ende des Gesetzes, BEvTh 16, ^{2}1958, 139–156), 15 bzw. 147; Hegermann, Die Vorstellung vom Schöpfungsmittler, 162. 174. 179. Sie wird dagegen bestritten z. B. von Feine/Behm/Kümmel, Einleitung, 243; E. Käsemann, RGG^{3} III, 1728.

Verkündigung der Häretiker und zugleich der hauptsächliche Streitpunkt, der Punkt, wo die Differenz zwischen der neuen „Philosophie" und dem Christentum des Verfassers des Kol in aller Schärfe aufbricht, ist nun aber erst ihre Engellehre, deren Konsequenz die oben genannten praktischen Verhaltensweisen offenbar nur sind. Und diese Engellehre ist auch für uns der Schlüsselpunkt auf der einen Seite zur Identifizierung der bekämpften Häresie als wirkliche Gnosis, auf der anderen Seite zur Herausarbeitung ihrer Christologie. Die Häretiker widmen in irgendeiner Form den Engeln, den Mächten, den Weltelementen einen kultischen Dienst.[3] Die wichtigsten diesbezüglichen Stellen und Wendungen sind: 2,8: κατὰ τὰ στοιχεῖα τοῦ κόσμου; 2,18: θρησκεία τῶν ἀγγέλων; 2,20: ἀπὸ τῶν στοιχείων τοῦ κόσμου; 2,23: ἐθελοθρησκία. Nach Meinung des Verfassers ist solche Verehrung οὐ κατὰ Χριστόν (2,8); wer sie pflegt, ist οὐ κρατῶν τὴν κεφαλήν (2,19). Die Art und der Sinn dieses στοιχεῖα- bzw. Engelkultes ist nun aber unklar, problematisch und umstritten. Hier harrt ein ganzes Bündel von Problemen der Lösung. Zunächst: Was ist eigentlich unter den kultisch verehrten στοιχεῖα zu verstehen? Wie unterscheiden sie sich von den zugleich auch kultisch verehrten ἄγγελοι? Als mögliche Bedeutungen von τὰ στοιχεῖα kommen theoretisch in Frage: 1. „die Anfangsgründe," „die Grundlehren"; 2. „die Urbestandteile," „die Grundstoffe," „die Elemente"; 3. „die Gestirne"; 4. da die Elemente und Gestirne als von Geistern bzw. Gottwesen beseelt gedacht werden, „die Elementargeister," „die Gestirngeister."[4] Welche von diesen Bedeutungen soll man für den Kol konkret voraussetzen? Und wie ist dann der Kult dieser στοιχεῖα zu verstehen, positiv oder negativ? Das heißt, sind die στοιχεῖα für die Häretiker etwas Verehrungswürdiges, etwas Göttliches, und zwar irgendwie neben oder außerhalb von Christus, oder dient man ihnen nur gezwungenermaßen und aus Angst, weil sie noch ihre verderbliche Macht über die ihnen nicht gehorsam erscheinenden Menschen ausüben? Von einem Kultus der στοιχεῖα hören wir auch sonst gelegentlich in der Antike bzw. Spätantike; z. B. Herodot I, 131 (über die Perser): οἱ δὲ νομίζουσι Διὶ ... θυσίας ἔρδειν, τὸν κύκλον πάντα τοῦ οὐρανοῦ Δία καλέοντες. θύουσι δὲ ἡλίῳ τε καὶ σελήνῃ καὶ γῇ καὶ πυρὶ καὶ ὕδατι καὶ ἀνέμοισι. Vettius Valens VII, 5 (Kroll 293, 26f.): ὁρκίζω σε Ἥλιον καὶ Σελήνην καὶ τῶν πέντε Ἀστέρων τοὺς δρόμους Φύσιν τε καὶ Πρόνοιαν καὶ τὰ τέσσαρα Στοιχεῖα.[5]

[3] Es ist abwegig, wenn einzelne Exegeten (wie heute Percy, Bieder, Masson, Klijn) das Vorliegen eines Engelkultes überhaupt bestreiten; vgl. Feine/Behm/Kümmel, Einleitung, 244.

[4] Vgl. Dibelius/Greeven, Kolosser, Epheser, an Philemon, 27–29; W. Bauer, Wörterbuch zum NT, [5]1958, 1523; A. W. Cramer, STOICHEIA TOU KOSMOU, Nieuwkoop 1961.

[5] Weitere Belege bei Dibelius/Greeven, Kolosser, Epheser, an Philemon, 28f.

Handelt es sich um den Kult der (vier) Elemente, so ist er stets positiv gemeint. Der Kult der Sterne dagegen, besonders der sieben Planeten, die ja auch τὰ στοιχεῖα heißen können, kann auch von negativen Gefühlen getragen sein.[6] Nun werden, wie bereits erwähnt, die im Kol bekämpften Häretiker schon auf Grund ihrer sonstigen, oben aufgeführten Eigentümlichkeiten heute weitestgehend als Gnostiker identifiziert; ist aber bei Gnostikern überhaupt ein στοιχεῖα-Kult in positivem Sinne denkbar, bzw. wie müssen die στοιχεῖα bestimmt werden, damit ihr Kult in positivem Sinne bei Gnostikern denkbar ist? Noch etwas kommt hinzu: die Möglichkeit einer direkten Beziehung zwischen den στοιχεῖα des Kolosser- und denen des Galaterbriefes (4,3.9). H. Hegermann hat nämlich eben unter Berufung auf Gal 4,3.9 die These in die Diskussion geworfen, dass der Ausdruck στοιχεῖα τοῦ κόσμου (Kol 2,8.20) vom Verfasser, in dem er allerdings Paulus selbst sieht, stammt.[7] M. E. muss in der Tat jedenfalls mit der Möglichkeit gerechnet werden, dass der Ausdruck τὰ στοιχεῖα gar nicht im Munde der Häretiker begegnete, dass er vielmehr schon eine abwertende polemische Bezeichnung des Verfassers für die von den Häretikern selbst unter den Bezeichnungen ἄγγελοι, ἀρχαί, ἐξουσίαι, θρόνοι, κυριότητες verehrten Mächte darstellt.

Die bisher vorliegenden und heute allgemein angebotenen Lösungen dieses Problembündels und d. h., die im Großen und Ganzen herrschenden Auffassungen von Art und Sinn des kolossischen στοιχεῖα-Kultes erscheinen mir unbefriedigend, wenn nicht gar unmöglich. Man erklärt die Häretiker zu Gnostikern und versteht gleichzeitig ihren στοιχεῖα-Kult in einem positiven Sinne. Das sieht dann konkret etwa so aus: Es scheint sich „in der kolossischen Philosophie um eine gnostische Religion der Selbsterlösung mit jüdischem Untergrund zu handeln. Ihr geben die ‚Elemente der Welt', d. h. ein geschlossenes Reich himmlischer Gestalten, in dem sich die ‚Fülle der Gottheit' wie die wahre Wirklichkeit der ‚Welt' spiegeln, Richtung und Ziel; ihr Inhalt ist die Flucht aus dem Diesseits in jenes jenseitige Reich der ‚Erfüllung', und sie geschieht durch Askese und Gnosis…"[8] Oder: „Offenbar besagt die häretische Lehre, dass in den στοιχεῖα τοῦ κόσμου das πλήρωμα der Gottheit wohne… Wer ihren ‚Satzungen' gehorcht,… hat die Verheißung, an den in den Elementen waltenden Gotteskräften Anteil zu empfangen.… Der mythologische und christologische Ausdruck

---

[6] Vgl. Corpus Hermeticum Fragm. 29 aus Stobaeus (Nock IV, 99); Hermetisches Fragm. VI bei J. P. Pitra, Analecta sacra et classica V, 1888, 284ff.

[7] Die Vorstellung vom Schöpfungsmittler, 161.

[8] So Lohmeyer, Philipper, an die Kolosser und an Philemon, 8; vgl. auch 4f.

dieser Lehre dürfte ... der gewesen sein, dass die Gegner die στοιχεῖα τοῦ κόσμου selbst als σῶμα Christi bzw. als seine Glieder, und Christus als Inbegriff der Weltelemente verstanden.... Der religionsgeschichtliche Hintergrund der kolossischen Häresie dürfte ... hinreichend deutlich geworden sein. Sie entstammt einem gnostisierten Judentum, in dem jüdische und iranisch-persische Elemente, sicher auch Einflüsse chaldäischer Astrologie sich eigentümlich verschmolzen und mit dem Christentum verbunden haben."[9] Oder: Es handele sich bei der häretischen Lehre um „Gnosis, Geheimweisheit synkretistischer Art ..., die asketisch-ritualistische Elementenverehrung mit jüdischem Ritualismus und jüdischer Engelspekulation verbindet."[10] Das Unbefriedigende dieser Auffassungen, deren Nuancierungen im Einzelnen wir deswegen nicht zu übersehen brauchen, besteht nun in Folgendem: Bei ihnen wird nicht deutlich, wieso die Häretiker eigentlich Gnostiker sein sollen; für wirkliche Gnostiker ist doch eine derartige Hochschätzung der Elemente kaum denkbar und jedenfalls völlig anomal. Das betont auch Hegermann, nur dass er daraus den Schluss zieht, dass die Häretiker des Kol eben keine Gnostiker seien.[11] Insofern hat Hegermann allerdings schon Recht: Entweder man versteht den Engelkult positiv, dann sind die Häretiker keine Gnostiker; oder aber die Häretiker sind Gnostiker, dann muss ihr Engelkult anders verstanden werden. Davon später mehr. Der Begriff „gnostisch" wird bei der gängigen Auffassung also wenn nicht missbraucht, so doch in einem schillernden und irreführenden Sinne verwendet. Die bekämpfte Häresie im Ganzen wird so unter den Händen der Vertreter dieser Auffassungen vom στοιχεῖα-Kult zu einem merkwürdigen Zwitter, dessen Lebensfähigkeit, um von der Gefährlichkeit ganz zu schweigen, man billig bezweifeln kann, abgesehen davon, dass man bei einem solchen Verständnis der Irrlehre den dagegen zu Felde ziehenden Verfasser des Kol im Grunde Luftgefechte führen lässt. Diese Schwierigkeit bzw. überhaupt der Bruch innerhalb der einschlägigen Charakterisierungen der Häresie des Kol kommt in aller Deutlichkeit bei Kümmel zum Ausdruck, wenn er in offenbarem Gegensatz zu seiner eigenen Charakterisierung der Gegner (s. oben) hinterher und völlig unerwartet noch sagt: „Weil die kolossischen Irrlehrer an der Überwindung der Geisterwelt durch Christus zweifelten und sich darum diese Mächte

9 So Bornkamm, Die Häresie des Kol, 11f. u. 18 bzw. 140f. u. 153.
10 So Feine/Behm/Kümmel, Einleitung, 244.
11 Die Vorstellung vom Schöpfungsmittler, 163.

günstig zu stimmen suchten, betont Paulus die *kosmische* Rolle Christi und die Überwindung der Geistermächte durch ihn. …"[12]

Meine eigenen Erwägungen gehen nun in die folgende Richtung: Wenn die Häretiker Gnostiker sind – und in diesem Punkte stimme ich der bisherigen Forschung voll und ganz zu –, dann liegt auf jeden Fall eine negative Auffassung ihres στοιχεῖα-Kultes am nächsten. Eine solche Auffassung wurde und wird zwar gelegentlich erwogen,[13] aber es fehlt m. W. an einem modernen Versuch, sie wirklich, und zwar auf dem Hintergrund der Gnosis, durchzuführen. Weiter liegt es am nächsten, dass die στοιχεῖα sachlich überhaupt nicht von den ἄγγελοι zu unterscheiden sind,[14] dass für die Lehre der Häretiker vielmehr die Gleichung gilt: τὰ στοιχεῖα τοῦ κόσμου (2,8.20) = οἱ ἄγγελοι (2,18) = αἱ ἀρχαὶ καὶ ἐξουσίαι (1,16; 2,10). Und interessanterweise kommt τὰ στοιχεῖα ja auch als Bezeichnung der Sterne und der sie bewohnenden Geistwesen vor (s. oben). Dann aber ist es doch das Nächstliegende, in den Mächten, die in der Lehre der Häretiker eine solche Rolle spielen, die bösen, weltschöpferischen und weltbeherrschenden Archonten der eigentlichen Gnosis zu sehen. ἄγγελοι, ἀρχαί, ἐξουσίαι sind absolut selbstverständliche Bezeichnungen der Gnosis für diese Archonten. Und selbst die Verwendung von τὰ στοιχεῖα zur Bezeichnung (böser) weltbeherrschender Dämonen ist belegt.[15] Zudem sind ja die gnostischen Archonten von Hause aus die sieben Planetengeister. Und nach der allgemeinen Weltanschauung der Gnosis liegt entsprechend das Herrschaftsgebiet dieser sieben bösen Archonten, die ja dem Lichte oben und dem Lichte, das sich in den Menschen als Seele befindet, feindlich sind, in der Mitte zwischen dem Reich des Lichtes und der Menschenwelt. Die entscheidende Frage ist nun die: Ist innerhalb der Gnosis aus gnostischer Daseinshaltung und Weltanschauung heraus diesen Archonten gegenüber ein Kult denkbar? M. E. ist diese Frage positiv zu beantworten. Dabei sind folgende Gesichtspunkte für mich entscheidend: Nach allgemein-gnostischer Auffassung üben die Archonten ihre Macht ja noch aus; und auch die Gnostiker, obgleich sie im Prinzip schon von ihnen erlöst sind, bleiben doch noch, solange sie leben, ihrer Herrschaft unterworfen.

---

[12] Feine/Behm/Kümmel, Einleitung, 244f.

[13] Vgl. z. B. A. Jülicher/E. Fascher, Einleitung in das NT, [7]1931, 131; E. Käsemann, RGG[3] III, 1728.

[14] So auch Dibelius/Greeven, Kolosser, Epheser, an Philemon, 38.

[15] Vgl. TestSal 8 (McCown 31*–35*). 18 (McCown 51*–59*); Ps.-Kallisthenes ed. Müller (im Anhang der Didotschen Arrianausgabe), 1f. u. 11f.; Simplicius in Arist. cael. I, 3 (Heiberg 107, 15f.).

Das zeigt sich am deutlichsten darin, dass, obgleich der Erlöser bei seinem triumphalen Wiederaufstieg für die Seelen der Gnostiker den Weg durch das Reich der Archonten ins Reich des Lichtes gebahnt hat, dieser Weg, den die Seele des Gnostikers nach dem Tode gehen muss, noch sehr gefährlich ist. Es bedarf besonderer Vorkehrungen, um ohne Schaden an den Archonten vorbeizukommen.[16] Und diese so mächtigen Mächte fordern nun von allen Menschen, also auch von den Gnostikern, Verehrung. Vgl. als Belege für diesen der Gnosis selbstverständlichen Gedanken z. B. NHC II, p. 140,29–32 (Wesen der Archonten):[17] Der Demiurg bedrängt Norea und sagt: „Es ist nötig, dass du uns dienst, [wie] auch deine Mutter Eva getan hat. Denn sie gaben mir [die Ehre]." Oder NHC II, p. 160,33–161,5 (Titellose Schrift):[18] Die Archonten schaffen den Menschen, damit er ihnen diene. Der Gnostiker kann diese Forderung offen ablehnen, wie Norea im Wesen der Archonten, die entsprechenden Gebote mit Absicht übertreten; umgekehrt aber gibt es für ihn auch keinen Grund, weswegen er diesen Kult der Archonten nicht mitmachen dürfte. Der Kult der Archonten ist im Grunde, wie jedes andere irdische Tun,[19] ein Adiaphoron. Den Archonten gegenüber sind ja überhaupt zwei extreme Haltungen möglich: Opposition und Tarnung. Ob man die Opposition wählt oder die Tarnung, die Verachtung ihres Kultes oder den Mitvollzug, dürfte wesentlich davon abhängen, ob das Schon oder das Noch-Nicht des gnostischen Heils mehr betont wird. Auch beim Aufstieg nach dem Tode muss sich ja nach der bei Irenäus (adv. haer. I 21,5; 13,6) bezeugten besonderen Ansicht die Seele des Gnostikers vor den Archonten tarnen, um vorbeizukommen. Ganz ähnlich hat sich nach allgemeingnostischer Vorstellung der Erlöser beim Herabstieg vor den Archonten getarnt, nämlich indem er ihnen ähnlich wurde.[20] Warum sollte sich der Gnostiker bei Lebzeiten nicht auch vor den Archonten tarnen dürfen, eben indem er ihren Kult mitmacht? Dabei hängt es natürlich von der konkreten Vorstellung über die Archonten ab, was man praktisch als deren Kult versteht. Auch der Opferkult könnte zum

---

16 Vgl. vor allem Iren. adv. haer. I 21,5; 13,6; 1ApcJac, Nag-Hammadi-Codex V, 33,2–35,25 (A. Böhlig/P. Labib, Koptisch-gnostische Apokalypsen aus Codex V von Nag Hammadi, 1963, 43–45).

17 J. Leipoldt/H.-M. Schenke, Koptisch-gnostische Schriften aus den Papyrus-Codices von Nag-Hamadi, 1960, 75.

18 A. Böhlig/P. Labib, Die koptisch-gnostische Schrift ohne Titel aus Codex II von Nag Hammadi, ThF 20, 1962, 71.

19 Vgl. Iren. adv. haer. I 24,5; 25,5.

20 Vgl. z. B. Iren. adv. haer. I 23,3; 24,5f.; 30,12; AscJes 10,7–11,32; 1Kor 2,8; Epiph. pan. 21,2,4; Epist. apost. 13(24); Pistis Sophia Kap. 7.

Dienst der Archonten gerechnet worden sein. Dann hätten wir für das, was wir meinen, sogar eine ganze Anzahl direkter Belege; Irenäus sagt z. B. in adv. haer. I 24,5 von der Lehre des Basilides: „Die Götzenopfer könne man verachten und für nichts halten, dürfe aber an ihnen ohne Scheu teilnehmen." Über die Valentinianer sagt Irenäus (adv. haer. I 6,3): „Götzenopfer essen sie unbedenklich und glauben nicht, von ihm befleckt zu werden, und bei jedem Fest der Heiden und Schmaus zu Ehren der Götzen stellen sie sich als erste ein."[21] Von manchen Gnostikern wissen bzw. hören wir auch, dass sie keine Bedenken hatten, unter entsprechendem politischem Druck einen mit ihrer Anschauung eigentlich in Widerspruch stehenden Kult, vor allem den Kaiserkult, äußerlich zu vollziehen.[22] Einen derartigen Kultvollzug könnte man durchaus als eine irdische Parallele zu einem gnostischen Archontenkult betrachten, den wir mit alledem als Möglichkeit aufgewiesen zu haben glauben. Damit haben wir uns das Recht erarbeitet, den Engelkult der im Kol bekämpften Häretiker in diesem Sinne zu verstehen. Die στοιχεῖα dieser Häretiker sind die gnostischen Archonten, und ihr Kult ist nur die konsequente Anwendung der ersten Hälfte des gnostischen Grundsatzes: „man müsse das Sarkische dem Sarkischen und das Pneumatische dem Pneumatischen darbringen".[23] Und konkret könnte man sich den στοιχεῖα-Kult gut und gern entsprechend den Vorschriften des Buches Elchasai über die Beobachtung der „bösen Gestirne der Gottlosigkeit" vorstellen (Hippolyt ref. IX 16, 2–4). Vgl. besonders Kol 2,16 mit der Anweisung daraus: ἔτι δὲ τιμήσατε τὴν ἡμέραν τοῦ σαββάτου, ἐπειδή ἐστιν ἡμέρα μία ἐξ αὐτῶν (Wendland 254, 28f). Von dieser Interpretation aus könnte man schließlich auch das häretische Schlagwort von der ταπεινοφροσύνη (2,18.23) sehr konkret verstehen: Den widergöttlichen Archonten gegenüber ist vorläufig noch „Demut" am Platze; und auch auf das Schlagwort ἐθελοθρησκία (2,23) fällt ein neues Licht: Der Kult der Archonten ist eigentlich ein Adiaphoron, den als Gnostiker noch zu vollziehen eine Sache der Freiheit und des Willens ist.

Die Häretiker des Kol sind nach alledem wirkliche Gnostiker, frühe Exponenten der einen gnostischen Bewegung, wie wir es oben vorausgesetzt und behauptet hatten. Dabei weist die spezielle Ausprägung der Gnosis, die sie vertreten und propagieren, starke jüdische Einschläge auf. Aber wie ist es nun mit der Christologie? Was bisher schon implizit zur

---

[21] Vgl. noch Iren. adv. haer. I 26,3; Justin dial. 35,1–6.

[22] Vgl. Iren. adv. haer. I 24,6; Tertullian scorpiace 15; Epiph. pan. 19,1,8; vgl. auch Ginza 29,24–27 (Lidzbarski).

[23] Iren. adv. haer. I 6,3.

Stelle war, gilt es jetzt zu explizieren. Die bekämpften Gnostiker verehren nämlich auch Christus, und zwar als Erlöser. Das wird im Brief nicht gesagt, weil es als ganz selbstverständlich gilt. Sie vertreten also, genauer gesagt, eine juden-*christliche* Gnosis. Ihr στοιχεῖα-Kult setzt dann bei ihnen die folgende Konzeption des Verhältnisses Christi zu den Mächten voraus bzw. lässt mit Sicherheit darauf schließen: Der Erlöser Christus hat bei seinem Wiederaufstieg in die Lichtwelt die Mächte zwar besiegt und die an ihn Glaubenden von ihnen erlöst, aber dieser Sieg und diese Erlösung sind von nur prinzipieller Natur. Tatsächlich üben die Mächte ihre gott- und menschenfeindliche Herrschaft in der Mitte zwischen der oberen Welt des Lichtes und der unteren Welt der Menschen bis zum Ende aller Dinge noch aus und versperren so den Gläubigen wirksam den Weg zu Christus, der nur unter großer Gefahr zurückgelegt werden kann. Und genau das, die von Christus trennende Mächtigkeit der Mächte, ist der Punkt, der den Protest des Verfassers des Kol herausfordert, und der ihn zwingt, nun seinerseits in Antithese dazu darzulegen, wie das Verhältnis Christi zu den Mächten richtig und christlich legitim zu bestimmen ist.

II. *Die Christologie des Kolosserbriefes*

Für den Verfasser steht von vornherein fest, dass nichts mehr die Gläubigen von Christus trennen kann; und das heißt auf die Archonten angewandt, von deren Existenz er genauso wie seine Gegner überzeugt ist, dass die feindlichen στοιχεῖα von Christus völlig entmächtigt bzw. ihrer Eigenmacht entkleidet sein müssen. Die Macht in der Welt hat einzig und allein Christus. Und diesen christologischen Gedanken der Entmächtigung der Mächte führt er nun als Hauptwaffe gegen die gnostischen Gegner ins Feld. Dabei muss man m. E. im Blick behalten, dass unser Verfasser selbst ganz stark in seinem Denken und in seinen Vorstellungen von der Gnosis beeinflusst ist. Man kann schon mit einem gewissen Recht sagen, dass es sich im Kol eigentlich um den Widerstreit einer gemäßigten Form gnostischer Christologie, die der Verfasser vertritt, mit einer radikaleren Form gnostischer Christologie handelt. Es ist vielleicht gut und kann mögliche Missverständnisse vermeiden helfen, wenn ich an dieser Stelle kurz einflechte, wie ich über die Abfassungsverhältnisse des Kol denke, obgleich unser Argumentationszusammenhang sachlich kaum davon abhängig ist. M. E. stammt der Kol von einem Paulusschüler, der um 70 n. Chr. mit dieser seiner Schrift die inzwischen nach Kleinasien gelangte und das Christentum dort unterwandernde Gnosis bekämpfen und die Christen gegen diese Gefahr immunisieren wollte.

Den Gedanken der Entmächtigung der Mächte durch Christus entfaltet und konkretisiert der Verfasser nun, ausgehend von seiner eigenen christologischen Grundposition, in Antithese zur Anschauung der gnostischen Häretiker in zwei verschiedenen Nuancen. Diese beiden konkreten Ausgestaltungen des Gedankens harmonisieren allerdings nicht völlig miteinander, sondern widerstreiten einander, genau besehen, nicht wenig. Darin zeigt sich eben, dass sie vom Zweck her, nicht von ihrem Aussagegehalt an sich aus, zu verstehen sind. Auf der einen Seite legt der Verfasser dar, dass Christus sich die Mächte wieder untergeordnet hat (1,20; 2,10.19); auf der anderen Seite bringt er zum Ausdruck, dass Christus die Mächte beim Wiederaufstieg in das Reich des Lichtes besiegt und ihnen alle Macht genommen habe (2,15). Sehen wir uns diese beiden Gedankenkomplexe etwas näher an!

Die Zentralstelle für den Gedankenkomplex der Wiederunterordnung ist zweifellos 1,20, und zwar dieser Vers innerhalb des Zusammenhangs 1,15–20. Dieses Stück steht nun sowieso gerade im Brennpunkt der wissenschaftlichen Bemühungen um den Kol, namentlich was seine formale Struktur anbelangt. Eine Bezugnahme auf diese Diskussion dürfte sich für unsere Erörterungen als förderlich erweisen. Man hat neuerdings erkannt, und es muss als erwiesen gelten, dass der Verfasser in 1,15–20 einen ihm geläufigen Christushymnus zitiert und ihn gleichzeitig mit (zumeist aktuellen) Glossen versieht. Umstritten ist nur die Gliederung des Hymnus im Einzelnen (Zwei- oder Dreistrophigkeit, Abgrenzung der Zeilen, Ausmaß der Glossierung), der geistige Charakter und die Herkunft (vorchristlich und gnostisch oder hellenistisch-christlich und vorpaulinisch bzw. vordeuteropaulinisch oder paulinisch bzw. deuteropaulinisch), sowie die Frage, ob ein-, zwei- oder dreistufige Analyse angemessen ist bzw. wo der Verfasser zu zitieren beginnt, in V. 15 oder schon in V. 12/13.[24] Und man darf natürlich nicht etwa, wie W. G. Kümmel es z. B. leider tut, auf Grund der Vielfalt der Meinungen in den Einzelheiten das Vorliegen eines Hymnus überhaupt bezweifeln.[25] Mir leuchtet von den vorliegen-

---

[24] Vgl. Lohmeyer, Philipper, an die Kolosser und an Philemon, 41–68; E. Käsemann, Eine urchristliche Taufliturgie, FS für R. Bultmann, 1949, 133–148 = Exegetische Versuche und Besinnungen I, 1960, 34–51; Ch. Maurer, Die Begründung der Herrschaft Christi über die Mächte nach Kolosser 1,15–20, WuD.NF 4 (1955), 79–93; J. M. Robinson, A Formal Analysis of Colossians 1,15–20, JBL 76 (1957), 270–287; E. Schweizer, Die Kirche als Leib Christi in den paulinischen Antilegomena, ThLZ 86 (1961), 241–256; Hegermann, Die Vorstellung vom Schöpfungsmittler, 88–157.

[25] Feine/Behm/Kümmel, Einleitung, 246–248.

den Einzelanalysen die Hegermanns am meisten ein, wenngleich ich auch sie mir nicht in Bausch und Bogen zueigen machen kann. Meiner Meinung nach ist der zitierte und glossierte Hymnus des Näheren ein Stück Traditionsgut, das dem Verfasser vorgegeben ist, aber bereits christlich, und zwar in einer spezifischen Weise hellenistisch-christlich; und ich möchte diesen Hymnus wie folgt abgrenzen:

> ὅς ἐστιν εἰκὼν τοῦ θεοῦ τοῦ ἀοράτου,
> πρωτότοκος πάσης κτίσεως,
> ὅτι ἐν αὐτῷ ἐκτίσθη τὰ πάντα ἐν τοῖς οὐρανοῖς καὶ ἐπὶ τῆς γῆς·
> τὰ πάντα δι᾽ αὐτοῦ καὶ εἰς αὐτὸν ἔκτισται·
> καὶ αὐτός ἐστιν πρὸ πάντων
> καὶ τὰ πάντα ἐν αὐτῷ συνέστηκεν,
> καὶ αὐτός ἐστιν ἡ κεφαλὴ τοῦ σώματος·
>
> ὅς ἐστιν ἀρχή,
> πρωτότοκος ἐκ τῶν νεκρῶν,
> ἵνα γένηται ἐν πᾶσιν αὐτὸς πρωτεύων,
> ὅτι ἐν αὐτῷ εὐδόκησεν πᾶν τὸ πλήρωμα κατοικῆσαι
> καὶ δι᾽ αὐτοῦ ἀποκαταλλάξαι τὰ πάντα εἰς αὐτόν,
> εἰρηνοποιήσας <τὰ πάντα?> δι᾽ αὐτοῦ.

Die Erkenntnis der formalen Struktur von Kol 1,15–20 ist für unseren Zusammenhang insofern wichtig, als wir hier nun gewissermaßen an einem Musterbeispiel genau beobachten können, wie der Verfasser es technisch fertig bringt, die ihm durch die kirchliche (nachpaulinische) Tradition, in der er steht, gegebene Christologie zu einer Lehre auszubauen, die die andersartige Christologie der gnostischen Gegner implizit widerlegt. Die Sache hat zwei Seiten: Mir liegt zunächst an der Feststellung, dass die dem Kol eigentümliche Christologie nicht nur aus dem Konflikt mit der Gnosis genetisch zu erklären ist; der Verfasser hat schon eine profilierte Christologie, bevor es zu dieser Auseinandersetzung kommt; und diese primäre Christologie wird im Rahmen der Auseinandersetzung nur, gewissermaßen sekundär, in geeigneter Weise entfaltet. Es scheint mir nun vieles dafür zu sprechen, in dem zitierten Christushymnus gleichsam den Typ dieser primären Christologie zu sehen; denn es liegt doch am nächsten, dass der Verfasser ein Lied zitiert, das seine Leser kennen, dass wir hier also ein Lied der kirchlichen Gruppe, in der der Verfasser selbst steht und für die er schreibt, vor uns haben. Die polemische Entfaltung dieser Christologie ist dann, wie wir an Kol 1,15–20 sehen, sehr nahe liegend und sehr einfach. Der Verfasser braucht bloß das τὰ πάντα des Hymnus entsprechend näher zu bestimmen, wie er es durch die beiden Glossen τὰ ὁρατὰ καὶ τὰ ἀόρατα εἴτε θρόνοι εἴτε κυριότητες εἴτε ἀρχαὶ εἴτε ἐξουσίαι

(V. 16b) und εἴτε τὰ ἐπὶ τῆς γῆς εἴτε τὰ ἐν τοῖς οὐρανοῖς (V. 20c) tut. Ganz analog bestimmt er ja auch außerhalb des Hymnus Christus, die κεφαλή des Weltleibes (1,18a), polemisch näher als ἡ κεφαλὴ πάσης ἀρχῆς καὶ ἐξουσίας (2,10). Die formale Analyse von Kol 1,15–20 öffnet zugleich den Blick für den religionsgeschichtlichen Hintergrund der hier vorliegenden Christologie und damit zugleich, wenn auch indirekt, für die Ausrichtung des polemischen Gedankenkomplexes der Wiederunterordnung der Mächte unter Christus. Die Christologie des Hymnus kommt dadurch zustande, dass zu der „normalen" urkirchlichen Christologie drei Vorstellungen hinzutreten und sich mit ihr und untereinander verbinden. Es handelt sich dabei um folgende Vorstellungen: 1. Die Vorstellung von der Welt als dem Sohne Gottes; umgekehrt besagt diese Vorstellung, dass der Sohn Gottes die Welt ist. 2. Die pantheistische Vorstellung vom Weltengott: die Welt wird vorgestellt als der Leib eines Gottes. Durch Verbindung mit der ersten Vorstellung ergibt sich der Gedanke, dass die Welt der Leib des Sohnes Gottes ist, der Leib Christi. 3. Die gnostische Erlöservorstellung, nach der die Erlösung kosmische Dimensionen hat. Und der auf dem Hintergrund dieser Christologie entwickelte polemische Gedankenkomplex der Wiederunterwerfung der Mächte unter Christus, der ja sachlich besagt, dass eine ursprüngliche von Gott durch Christus geschaffene Ordnung, aus der die Mächte nur eine Zeitlang herausgefallen waren, durch Christus wiederhergestellt wird, so dass die Mächte ihre ursprüngliche positive Funktion wiedererhalten, erweist sich letztlich stark vom Schöpfungsglauben bestimmt, nur dass dieser in hellenistische Vorstellungen, nicht ohne gnostischen Einschlag, umgegossen erscheint.

Das verhält sich ganz anders bei dem zweiten polemischen Gedankenkomplex, dem von der Vernichtung der Mächte durch Christus. Dieser Gedankenkomplex findet sich nur an einer Stelle, nämlich 2,15. Kol 2,15 gehört in denselben christologischen Vorstellungskreis wie etwa 1Kor 2,6–9; Phil 2,9–11; IgnEph 19; Evgl. Nicodemi 20–23.[26] Die Vorstellung selbst ist die: Christus, der unerkannt durch die Sphären der Archonten hindurch auf die Erde herabgestiegen ist, wird von den Archonten aus Unkenntnis, weil sie ihn für einen gewöhnlichen, wenn auch unbequemen, Menschen halten, ans Kreuz gebracht. Damit haben sie selbst ihr Schicksal besiegelt. Denn das Kreuz ist als Auslösung des Vorgangs selbst sozusagen schon die erste Stufe des Wiederaufstiegs, der im Unterschied zum Abstieg in voller Glorie als ein Triumphzug erfolgt und in dessen

[26] Hennecke/Schneemelcher, NTApo ³I, 350f.

Verlauf Christus die Archonten jeglicher Macht für immer entkleidet und sie zurück ins Nichts stürzt. Das alles ist natürlich ganz von der gnostischen Erlöservorstellung aus gedacht bzw. *ist* bereits ein Stück christlich-gnostischer Erlöservorstellung, und zwar – darauf kommt es an – mit ganz übermäßig starker Betonung des *Schon* des gnostischen Heils hinsichtlich des Aspekts der Überwindung der Archonten. Diese Betonung ist so stark, dass sie sich nicht mehr aus der Gnosis erklären lässt. Hier ist also der gnostische Gedanke von der christlichen Anschauung aus, dass Christus der Herr der Welt (und damit natürlich auch der Archonten) ist, überformt und fortentwickelt, ja man kann sagen radikalisiert worden. Das heißt aber: Der gnostischen Christologie der Häretiker wird hier mit einer radikalisierten gnostischen Christologie begegnet; der gnostisch-christlichen Voraussetzung des Noch-Nicht hinsichtlich der endgültigen Überwindung der Archonten durch Christus wird hier die christlich-gnostische Betonung des Schon hinsichtlich dieser Überwindung entgegengestellt.

Die zwei von uns betrachteten, nicht direkt miteinander harmonisierenden Gedankenkomplexe, der der Wiederunterordnung der Mächte und der der Vernichtung der Mächte, die beide aktuelle, implizit-polemische Zuspitzungen der von dem Bewusstsein des Herrentums Christi und der Endgültigkeit der durch ihn erlangten Erlösung bestimmten Christologie unseres Verfassers darstellen, haben über diesen ihren Zweck und ihren Grund hinaus doch noch etwas letztlich Gemeinsames. Um das abschließend in den Blick zu rücken, müssen wir wieder aufnehmen, was oben über die Beeinflussung durch die Gnosis, die unser Verfasser selber in Denken und Vorstellen zeigt, gesagt wurde. In gewisser Weise streitet hier schon eine gnostische Christologie wider die andere. Aber der dualistische Zug der Gnosis, der letztlich die christologische Konzeption der Gegner noch prägt, ist in der Christologie des Kol – und das wird eben auch bis in ihre beiden polemischen Zuspitzungen durchgehalten – vom jüdisch-christlichen Monotheismus und Schöpfungsglauben aufgefangen worden.

ZUM GEGENWÄRTIGEN STAND DER ERFORSCHUNG DER NAG HAMMADI-HANDSCHRIFTEN*

Die im Ganzen schleppende Edition der N`ag Hammadi-Handschriften hat in den letzten Jahren doch gewisse nicht unbeachtliche Fortschritte gemacht, und damit hat sich inzwischen die Basis für die eigentliche Erforschung und Auswertung jenes so bedeutsamen Schatzes neu gefundener gnostischer Originalquellen beträchtlich verbreitert. Unter diesem Gesichtspunkt sind hier folgende Werke zu nennen:

A. Böhlig/P. Labib, Die koptisch-gnostische Schrift ohne Titel aus Codex II von Nag Hammadi im Koptischen Museum zu Alt-Kairo, DAWB.IO 58, Berlin 1962.

M. Krause/P. Labib, Die drei Versionen des Apokryphon des Johannes im Koptischen Museum zu Alt-Kairo, ADAIK.K 1, Wiesbaden 1962.

M. Malinine/H.-CH. Puech/G. Quispel/W. Till, De resurrectione (epistula ad Rheginum), Zürich und Stuttgart 1963.

A. Böhlig/P. Labib, Koptisch-gnostische Apokalypsen aus Codex V von Nag Hammadi im Koptischen Museum zu Alt-Kairo (WZH, Sonderband) 1963. (Diese Ausgabe bietet im Einzelnen: eine Apokalypse des Paulus [ApcPl], zwei Apokalypsen des Jakobus [ApcJac] und eine Apokalypse des Adam [ApcAd].)

W.C. Till, Das Evangelium nach Philippos, PTS 2, Berlin 1963.[1]

Zunächst eine kurze Charakterisierung von Eigenart und Wert derjenigen aus der Zahl der hier veröffentlichten Schriften, die mit der betreffenden Edition ganz neu in den Horizont der allgemeinen Forschung getreten sind.

Bei der unter dem Titel „de resurrectione" herausgegebenen dritten Schrift des Codex Jung haben wir es, was die Darstellungsform anbelangt, mit dem (präskriptlosen) Corpus eines Briefes zu tun, den ein im Dunkeln bleibender Verfasser, der sich zwar für seine Lehre auf direkte

* In: Koptologische Studien in der DDR, WZH Sonderheft, Halle (Saale) 1965, 124–135.

1 Als Ergänzungen hierzu sind zu erwähnen: R. Mcl. Wilson, The Gospel of Philip translated from the Coptic text, with an introduction and commentary, London 1962; M. Krause (Rezension von Tills Ausgabe mit einer Fülle von Verbesserungen der Lesung), ZKG 75 (1964), 168–182.

Offenbarung durch Jesus Christus beruft, aber dennoch ausdrücklich den Apostel (Paulus) zitiert und auf das Evangelium(sbuch) verweist, an seinen Schüler, einen gewissen, sonst unbekannten Rheginus, der in Palästina wohnend vorausgesetzt wird, schreibt. Von daher erscheint übrigens der jetzt am Schluss stehende Titel der Schrift „der λόγος über die ἀνάστασις", u. zw. ob die Briefform nun echt oder fingiert ist, als deutlich sekundär. Der Inhalt dieses Briefes an Rheginus ist eindeutig gnostisch, u. zw. geht es um eine gnostische Usurpierung des Begriffs der Auferstehung. Es wird eine gnostische Konzeption der Auferstehung entwickelt, wie sie im Prinzip bereits hinter der Parole ἀνάστασιν ἤδη γεγονέναι (2Tim 2,18) der in den Pastoralbriefen bekämpften Häretiker stehen dürfte. Und wo diese Gedanken vorwiegend am Begriff der Auferstehung orientiert sind, ist die Argumentation auch durchsichtig; eins ihrer wesentlichen Prinzipien ist da, wie mir scheint, das durch die koptische Übersetzung noch hindurchschimmernde Wortspiel mit ἀνιστάναι. Aber der Verfasser will ja auch die Vorstellung der Auferstehung des Leibes bzw. des Fleisches nach dem Tode beibehalten und mit dem Gedanken des Seelenaufstiegs kombinieren. Und dabei kommt natürlich keine wirkliche Kombination heraus, sondern nur ein Hin- und Herpendeln in den Worten. Übrigens habe ich persönlich, u. zw. sehr im Unterschied zu den Herausgebern, die die Schrift zu Unrecht für valentinianisch halten, besonders wegen der Gegenüberstellung Gottessohn (Gottheit Jesu) und Menschensohn (Menschheit Jesu) (44,21–36) den Verdacht, dass die uns hier vorliegende Schrift erst ein relativ spätes Produkt der Gnosis darstellt.

Die Apokalypse des Paulus (NHC V p. 17–24) ist ein kümmerliches Machwerk. Es handelt sich nur um eine wilde zweck- und ziellose Ausmalung der Entrückung des Paulus (2Kor 12,2–4), verziert mit ein paar paulinischen Eierschalen. Und zwar lässt der Verfasser diese Entrückung stattfinden bei Jericho auf dem Wege des gerade bekehrten Apostels Paulus von Damaskus nach Jerusalem zu seinen älteren Mitaposteln, die ihm eben bis Jericho entgegengekommen sind. Diese Situation ist übrigens als Ansatzpunkt für apokryphe Wucherungen schon aus den Paulusakten bekannt.[2] Das Verständnis des Inhalts dieser Schrift wird besonders dadurch belastet, dass nicht ohne weiteres deutlich ist, wo sich eigentlich die zwölf Apostel befinden, von denen immer wieder die Rede ist: sind sie etwa auch im Himmel oder auf der Erde? Böhlig meint, dass der „Aufstieg" des Paulus „gemeinsam mit den übrigen Aposteln … erfolgt" (S. 16). Ich

[2] Vgl. E. Hennecke/W. Schneemelcher, NTApo [3]II, 1964, 242. 269.

bin der entgegen gesetzten Meinung: Der als Geist unter Zurücklassen des Körpers von Himmel zu Himmel aufsteigende Paulus blickt immer wieder nach unten und sieht dort auf der Erde die zwölf Apostel und auch sich selbst in ihrem Kreise.[3]

Die zwei Apokalypsen des Jakobus (NHC V p. 24–44 und 44–63) sind dagegen von großem Wert. Beide benutzen, jede in ihrer besonderen Weise, als Hintergrund der auszuführenden gnostischen Gedanken weitestgehend die apokryphe (juden)christliche Jakobustradition. Dabei gilt beiden der „Herrenbruder" Jakobus als der entscheidende Mittler der Gnosis, als derjenige, der von Jesus die Schlüssel der Gnosis bekommen hat. Was nun den speziellen Rahmen der ersten Jakobusapokalypse anbelangt, so handelt es sich um Gespräche Jesu mit Jakobus anlässlich zweier Begegnungen, deren erste am Dienstag der Karwoche und deren zweite einige Tage nach der „Auferstehung" stattgefunden hätte, mit einer kurzen Schilderung des Jakobusmartyriums als sinnvollem Abschluss. Die Gedanken der Schrift kreisen ja vor allem um das Erlösung bedeutende Scheiden aus der Welt: Jesus geht dabei voran, Jakobus als Prototyp des Gnostikers soll folgen; dabei hat das Ganze einen doppelten Boden, insofern als Jerusalem mit der Welt in Parallele gesetzt wird, die irdischen Feinde mit den Archonten usw. Die Schrift trägt den Stempel des Valentinianismus an der Stirn. Als geradezu sensationell empfinde ich die in 33,16–34,18 und 34,26–35,19 vorliegende Einarbeitung zweier schon durch die Zitierung bei Irenäus bekannter (adv. haer. I 21,5) valentinianischer Mysterienformeln.[4]

Die zweite Jakobusapokalypse stellt sich dar als ein Bericht, den ein Priester namens Marim, der dann auch als Verfasser der Schrift selbst gilt, dem Vater des Jakobus namens Theudas von der Predigt des Jakobus im Tempel (worin dieser wiederum unter Verwendung von dessen [angeblichen] Worten über [den gnostischen] Jesus gesprochen und insbesondere seine eigene Ostervision samt der ihm dabei zuteil gewordenen Offenbarung geschildert habe) und von des Jakobus auf diese Tempelpredigt folgenden Martyrium gegeben habe. Merkmale eines besonderen gnostischen Systems oder einer besonderen gnostischen Schule finden sich in dieser zweiten Jakobusapokalypse hingegen nicht. Das Gedankengut, das sie darbietet, ist vielmehr allgemeingnostisch, allerdings von solcher Art, dass sich in

[3] Vgl. AscJes bes. 7,5; 8,11.14; 11,35; Parapharasis des Sēem NCH VII,1 (H.-M. Schenke, Der Gott „Mensch" in der Gnosis, 1962, 86 Anm. 51).

[4] W. Völker, Quellen zur Geschichte der christllichen Gnosis, 1932, 140,17–21 und 24–30.

ihm die charakteristische Daseinshaltung der Gnosis eindrucksvoll widerspiegelt. Es ist mithin ein Text, wie ihn gerade der Religionshistoriker sich beinahe nicht besser wünschen kann. Und dieses Gedankengut erscheint nun weitgehend auch noch in einer Sprache von poetischer Schönheit und Kraft. Stil und Sprache dieser poetischen Stücke ähneln auffällig den so genannten Offenbarungsreden des Johannesevangeliums.

Die Apokalypse des Adam (NHC V p. 64–85), ähnlich wie die Titellose Schrift aus NHC II offensichtlich ein Spätprodukt der Gnosis, ist die Skizze einer vollständigen gnostischen Weltgeschichte im fiktiven Schema einer Zukunftsoffenbarung, die Adam von den drei zu ihm gekommenen Himmelsboten Jesseus, Mazareus und Jessedekeus empfangen hat und die er nun unmittelbar vor dem Tode seinem Sohne Seth als dem Prototyp der Gnostiker testamentarisch weitergibt. Eingeschoben und nur ganz künstlich mit diesem Rahmen verbunden ist ein quasi-systematischer Exkurs über andere Erlöservorstellungen, in dem sich echte mythologische Konzeptionen mit bloßen Konstruktionen eigenartig mischen. Schema und Material der Schrift sind im Wesentlichen wohl spät jüdisch-apokryph und wurden mit Gewalt, so gut (bzw. schlecht) es eben ging, gnostischer Weltanschauung dienstbar gemacht. Entsprechend bleibt vieles vom Inhalt unklar. Die Weltgeschichte bis zum Kommen des σωτήρ (Jesus), von dem unter der Bezeichnung φωστήρ die Rede ist, ohne dass dies auf manichäischen Einfluss zurückgehen müsste, wird jedenfalls in drei Perioden gesehen: die erste endet mit der Sintflut; die zweite mit einer Feuerkatastrophe; die dritte reicht bis zum Kommen des Erlösers. (Vgl. NHC II p. 144, 27–34 [Wesen der Archonten].) Auch die Menschheit selbst wird anscheinend dreifach geteilt gedacht: Der Same des Seth stellt die vollkommenen Gnostiker dar, der Same des Sem wohl die negative Entsprechung, nämlich die bedingungslosen Anhänger des Demiurgen, während der Same des Ham und Japhet irgendwie dazwischen steht und wohl die der Erlösung fähigen Menschen repräsentiert. Der Same des Seth ist allerdings selbst schon eine schillernde Größe mit einem Gefälle von der Existenz als wirkliche Menschen über eine Art Heroendasein zur Seinsweise von Himmelswesen.

Nach diesem Überblick nun zu einigen aus der Fülle des neuen Stoffes ausgewählten Einzelaspekten und Einzelproblemen. Zunächst sei da der behauptete religionsgeschichtliche Wert der zweiten Jakobusapokalypse an einem Beispiel demonstriert, u. zw. an 2ApcJac NHC V p. 48,5–49,23. Jakobus referiert hier (angebliche) Selbstaussagen Jesu; es heißt: „(48,5) (Ich bin eingegangen in) [das unwiss]ende | Fleisch (σάρξ); ich wer[de] sie heraus[bringen] aus | dem [Fle]isch ([σάρ]ξ) durch [Er]kenntnis ([γ]νῶσις).| I[c]h bin einer, der des Todes [stirbt];| aber (δέ) ich werde lebendig erfunden (10) werden. Ich bin (in die Welt) eingegangen,| um [ge]richt[et zu] werden; [aber (ἀλλά) ich] werde (sie) verlassen i[n Sieg (νίκη)].| Ich richte nic[ht und ich t]adele | nicht die (15) Sklaven seines (des Demiurgen) W[ill]ens (θ[έλ]ημα<?>),| die ich mich gerade befleißige | frei zu machen und die ich | über den, der | sie beherrschen möchte, (20) erheben will. Wenn | [ich] ihnen (so) zur Hilfe komme (βοηθεῖν),| bin ich (also) heim[lich] | jener Bruder, der | sei[n ...] verle[ugne]te (ἀρ[νεῖσ]θ[αι]), bis .... (49,5) Ich [bin der Er]st[geborene],| der (zuerst) erzeugt wurde und [ihrer | al]ler Herr[schaft] vernichten wird.| Ich [bin d]ieser Geliebte,| ich bin dieser Ge[re]chte (δ[ίκ]αιος), (10) ich bin dieser Sohn des | [Vaters]. Ich rede, wie | [ich] (es) ge[h]ört habe; ich gebe Anweisung,| wie [ich] das Gebot (ἐντολή) [empfangen] habe; ich | lehr[e] e[u]ch, wie (15) ich erka[nn]t habe. Siehe, ich rede,| um (aus der Welt) herauszukommen. Gebt | acht auf mich, damit (ἵνα) ihr | mich (wirklich) seht: Wenn ich | entstanden bin, wer bin ich denn dann? (20) Ich *bin* nämlich (γάρ) <nicht> so gekommen, wie ich | bin; und ich *werde* auch nicht (οὐδέ) | in Erscheinung treten, wie ich | [b]in."

In den neuen Texten finden sich auch wertvolle, weil zugleich authentische und deutliche Formulierungen des gnostischen Doketismus. Die interessanteste diesbezügliche Stelle ist 1ApcJac NHC V p. 31,17–26; der auferstandene Jesus sagt da von sich: „Ich bin jener, der | in mir war. Niemals | habe ich irgendwie gelitten, (20) noch (οὔτε) bin ich (je) gepeinigt worden,| und nicht hat dies Volk (λαός) mir | irgendetwas Böses angetan.| Dies (Leiden usw.) war vielmehr (δέ) vorbehalten | ein[em] Gebilde (τύπος) der Archo[n]ten (ἄρχω[ν]) (d. h. meinem σῶμα), (25) und (di)es verdiente es (ja), durch s[ie] | zer[stört] zu werden."

Interessant, freilich in einer ganz anderen Weise, und einer besonderen Hervorhebung wert erscheinen mir weiter die Einflüsse aus zwei bestimmten Richtungen, die unsere Texte erkennen bzw. vermuten lassen. Ich meine auf der einen Seite den typisch ägyptischen Einschlag in den Nag Hammadi-Schriften, der automatisch zu der Frage führt, *ob* hier nicht, *inwieweit* und *auf welcher Stufe*, direkte Einwirkungen der Umwelt der ägyptischen Gnostiker zu konstatieren sind. Die Möglichkeit des Einfließens von Lokalkolorit ist ja mit der überaus freien Behandlung der jeweils vorgegebenen gnostischen Literatur durch die sie benutzenden Gnostiker, wie die neuen Texte sie uns ebenfalls anschaulich machen, ohne weiteres gegeben. Unter diesem Blickwinkel sind vor allem die folgenden Stellen zu sehen: Titellose Schrift NHC II p. 169,35–171,1; ApcAd NHC V

p. 77,18–82,28; EvPhil § 7.109.110.[5] Auf der anderen Seite scheinen mir gewisse Partien mancher Nag Hammadi-Schriften einen manichäischen Einfluss zu verraten. Ich denke hier vor allem an Titellose Schrift NHC II p. 156,2–163,5 und an EvThom Spr. 50(49). 76(75).[6] Dieser Tatbestand – vorausgesetzt, dass das richtig gesehen ist und durch ähnliche Stücke in den noch unbekannten Nag Hammadi-Schriften erhärtet wird, worauf es in Zukunft besonders zu achten gälte –, ist von Wichtigkeit als Auswirkung und Beispiel des allgemeinen Phänomens der Überlagerung der ersten Hauptwelle der Gnosis durch die zweite (eben die manichäische).

Inzwischen hat die Erschließung des nun schon geraume Zeit bekannten EvPhil durch die Bemühungen von Till, Wilson, Krause und mir erhebliche Fortschritte gemacht. Das sei an drei Beispielen aufgezeigt.

In § 53 (Lab I 111,21–24) ist, nach der Berichtigung der Abteilung zwischen § 52/53 durch Till, für das Verständnis entscheidend, dass das rätselhafte Pharisatha sich als Femininum gar nicht auf Jesus, sondern nur auf εὐχαριστία beziehen kann (Lab I 111,22 demnach ⲉⲣⲟϥ in ⲉⲣⲟ<ⲥ> zu konjizieren!) und dass wir es hier mit einem Wortspiel auf Grund der beiden gleich klingenden Wurzeln פרס „teilen", „Brot brechen" und פרש „ausbreiten", die im Syrischen auch gleich geschrieben werden, zu tun haben. § 53 muss nach alledem heißen: „Die Eucharistie (εὐχαριστία) bedeutet: Jesus.| <Sie> heißt nämlich (γάρ) auf Syrisch (σύρος) ‚Pha|risatha (d. h. Brotbrechen)', was (zugleich auch) ‚das (bzw. der) Ausgebreitete' bedeutet.| Jesus kam ja (γάρ), um der Welt (κόσμος) (ausgebreitet, d. h.) gekreuzigt zu werden (σταυροῦν)."

Der bisher rätselhafte § 65 (Lab I 114,29–115,2) ist nach Krauses Verbesserung der Lesung m. E. im Prinzip klar. Und zwar ist hier Bezug genommen auf eine visionäre Höllenschau nach Art der vulgärchristlichen Petrus- bzw. Paulusapokalypsen, in denen sich auch so gut wie alle hiesigen Motive wiederfinden. Ich möchte den § 65 nunmehr wie folgt ergänzen und übersetzen:

29 ⲟⲩⲁⲡⲟ
30 ⲥⲧⲟⲗⲕ̣[ⲟ]ⲥ [ϩ]ⲛ̣̄ ⲟ̣[ⲩ]ⲟ̣ⲡⲧ̣ⲁⲥⲓⲁ ⲁϥⲛⲁⲩ ⲁϩⲟ
31 ⲉⲓⲛⲉ ⲉⲩⲟⲧ̣ⲡ̣ [ⲉϩⲟⲩ]ⲛ̣ ⲉ̣ⲩⲏⲉⲓ ⲛ̄ⲕⲱϩⲧ ⲁⲩ

[5] Ich halte es für zweckmäßig, die kleinen Einheiten, aus denen das EvPhil besteht, hinfort nicht mehr „Spruch", sondern „Paragraph" zu nennen.

[6] Vgl. dazu J. Leipoldt/H.-M. Schenke, Koptisch-gnostische Schriften aus den Papyrus-Codices von Nag-Hamadi, 1960, 18 Anm. 2.

32 ⲱ ⲉ[ⲩ]ⲙ̣ⲏⲣ ϩⲛ [ⲥⲛⲁⲩϩ] ⲛ̄ⲕⲱϩⲧ ⲉⲩⲛⲏϫ
33 [ⲉϣⲏ]ⲓ̈ ⲛ̄ⲕⲱϩⲧ [ⲉⲩⲛ]ⲧ̣ⲟⲩ ⲙ̄ⲙⲟⲟⲩ ϩⲛ̄
34 [ⲡⲉⲩⲙ]ⲧ[ⲟ ⲉⲃⲟⲗ] ⲁ̣ⲩⲱ ⲡⲉϫⲁⲩ ⲛⲁ<ϥ>
35 [ϫⲉ ⲛⲁⲉⲓ ⲛⲉⲟⲩⲛ ϭ]ⲟⲙ ⲙ̄ⲙⲟⲟⲩ ⲁⲛⲟⲩϩⲙ̄
36 [ⲛⲛⲉⲩⲯⲩⲭⲏ ⲁⲗⲗⲁ] ⲙ̣̄ⲡⲟⲩⲟⲩⲱϣ ⲁⲩϫⲓ
37 [ⲙⲡⲉⲉⲓⲙⲁ ⲛⲛ]ⲕ̣ⲟⲗⲁⲥⲓⲥ ⲡⲁⲉⲓ ⲉⲧⲟⲩⲙⲟⲩⲧⲉ
1 ⲉⲣⲟϥ ϫⲉ ⲡⲕⲁⲕⲉ ⲉⲧ[ϩⲓ ⲡⲥⲁ ⲛⲃⲟ]ⲗ̣ ϫⲉ ϥⲙ̣[ⲏϩ]
2 ⲉⲃⲟⲗ ϩⲛ̄ ⲟⲩⲙⲟⲟⲩ ⲙ̣ⲛ̣ ⲟⲩⲕⲱϩⲧ

Ein Apostolischer (ἀπο|στολικ[ό]ς) sah [i]n ein[em] Gesicht (ὀπτασία) einige | (Menschen), die waren eingeschlossen [i]n einem feurigen Hause,| gebunden mit feurigen [Ketten], und geworfen | [in einen] feurigen [Pfu]hl, [während] sie Wasser (zum Anschauen) vo[r sich] ha[tten]. Und es wurde ih<m>gesagt: (35) [‚Diese hätten ihre Seelen (ψυχή)] retten | [k]önnen, [aber (ἀλλά)] sie haben nicht gewollt. (So) haben sie [diesen | Ort der] Strafen (κόλασις) erlangt' – der die (1) äu[ßerst]e Finsternis genannt wird, denn sie ist v[oll] | von Wasser und Feuer.

In § 111 (Lab I 125,35–126,12) gilt innerhalb des Satzes ⲛⲉⲧⲧⲁϩⲥ̄ ⲛ̄ⲥⲟϭⲛ ⲉⲩϣⲁⲗⲟ ⲉⲧⲟⲩⲱⲟⲩ ⲛ̄ⲥⲉⲃⲱⲕ ϣⲁⲣⲉ ⲛⲏ ⲉⲥⲉⲧⲟϩⲥ ⲁⲛ ⲙⲟⲛⲟⲛ ⲉⲩⲁϩⲉ ⲉⲣⲁⲧⲟⲩ ⲙ̄ⲡⲟⲩⲃⲁⲗ ϣⲁⲩϭⲱ ⲟⲛ ϩⲙ̄ ⲡⲟⲩⲥϯⲃⲱⲱⲛ (Lab I 126,4–7) das ⲉⲧⲟⲩⲱⲟⲩ als rätselhaft. Till meint, nach dem Zusammenhang sei ⲉⲧⲟϩⲥⲟⲩ zu erwarten (S. 80), hält also ⲉⲧⲟⲩⲱⲟⲩ für einen Infinitiv. In Wirklichkeit liegt aber hier gar kein Problem vor. ⲉⲧⲟⲩⲱⲟⲩ ist eine ganz normale Präposition und heißt „bei ihnen". Dann muss davor nur ein irrtümlich ausgelassenes <ⲉⲁϩⲉⲣⲁⲧⲟⲩ> ergänzt werden. Der erste Teil von § 111 muss jetzt heißen: „Die geist[liche] (πνευμ[ατική]) Liebe (ἀγάπη) | ist (wie) Wein und (Salben)duft. Es ge[nießen] (ἀπο[λαύειν]) (1) sie alle, die sich mit ihr salben werden.| Es genießen (ἀπολαύειν) (sie) auch diejenigen, die neben ihnen | stehen, solange (ὡς) die Gesalbten (bei ihnen) | stehen. Wenn die mit Salbe Gesalbten aufhören, bei (5) ihnen <zu stehen> und weggehen, bleiben jene, die nicht | gesalbt sind und nur (μόνον) neben ihnen standen,| wieder in ihrem (eigenen) Gestank zurück. . . ."

Eine ähnliche Schwierigkeit im Text der ApcAd, mit der Böhlig nicht fertig geworden ist, führt uns zu einem wirklich interessanten philologischen Einzelproblem. ApcAd NHC V p. 81,16–20 steht innerhalb des Exkurses mit den vierzehn Erlöservorstellungen folgendes: ⲁⲡⲉϥⲛⲟⲩⲧⲉ ⲙⲉⲣⲉ ⲟⲩϭⲏⲡⲉ ⲛⲧⲉ ϯⲉⲡⲓⲑⲩⲙⲓⲁ ⲁϥϫⲡⲟ ⲙⲙⲟϥ ϩⲣⲁⲓ̈ ⲉⲧⲉϥϭⲓϫ ⲁⲩⲱ ⲁϥⲛⲟⲩϫⲉ [ⲉϫ]ⲛ ϯⲕⲗⲟⲟⲗⲉ ⲉϩⲟⲩⲉ ⲉⲣⲟϥ [ⲉ]ⲃⲟⲗ ϩⲛ ϯⲧⲗϯⲗⲉ. Böhlig übersetzt: „Sein Gott liebte eine Wolke der Begierde (und) erzeugte ihn in seine Hand und warf hin zur Wolke *über sich* von dem Tropfen." Er leitet ⲉϩⲟⲩⲉ von ϩⲟⲩⲟ ab (s. Index S. 127a). Natürlich ist weder diese Ableitung an sich noch daraufhin die Übersetzung „über sich" vertretbar. Es handelt sich vielmehr ganz gewiss um das Verb ⲟⲩⲉ ⲉ- „fern sein von", und ⲉϩⲟⲩⲉ ⲉⲣⲟϥ bedeutet ebenso gewiss „(zur Wolke), die fern von ihm war." Die Frage ist nur, wie das Element ⲉϩ- philologisch aufzufassen ist. Und das ist das Einzelproblem, das ich meinte. Ich neige dazu, dieses ⲉϩ- für eine Dialektform bzw. (tonlose) Nebenform der zur Einleitung perfektischer Relativsätze gebrauchten Partikel ⲁϩ- zu halten, wenngleich eine solche Form bisher m. W. nicht belegt ist.[7] Aber wenn auf der einen Seite dieses ⲁϩ-, was sicher sein dürfte, sowohl mit dem starren ⲛⲧⲁϩ/ⲉⲧⲁϩ als auch mit dem flexiblen ⲁϩ⸗ bzw. ⲛⲧⲁϩ⸗ zusammengehört, und wenn auf der anderen Seite, wie man wohl annehmen muss,[8] alle diese Formen von dem als Hilfsverb verwendeten ägyptischen Verbum wꜣḥ abzuleiten sind, dann scheint mir das bloße ⲁϩ- wie das ⲁϩ in ⲛⲧⲁϩ/ⲉⲧⲁϩ nur als ein altes perfektisches Partizip des Aktiv verständlich zu sein.[9] Nun hat zwar das bekannte koptische Partizip, das es praktisch nur noch als participium conjunctum gibt und das allerdings auf das ägyptische imperfektische Partizip des Aktiv zurückgehen wird, gewöhnlich in allen Dialekten den Vokal ⲁ, aber es gibt auch einzelne Verben, wo beim Partizip neben der Form mit ⲁ (in anderen Dialekten) eine Form mit ⲉ steht; vgl. z. B. bei ⲙⲓⲥⲉ: ⲙⲁⲥ- SABF und ⲙⲉⲥ- SAF; bei ⲙⲟⲩϩ: ⲙⲁϩ- (S)AA$_2$B(F) und ⲙⲉϩ- SF (Ordinalzahlpräfix). Also, wenn auch ⲉϩ- neben ⲁϩ- nicht belegt ist, so hat es doch seine Parallelen! Vgl. übrigens auch das unserem ⲁϩ-/(ⲉϩ-) syntaktisch völlig parallele ⲉⲣ-,[10] das wohl ebenfalls als ein perfektisches Partizip des Aktiv, nur eben von ỉrj/ⲉⲓⲣⲉ, zu deuten ist.[11]

Eine andere Schwierigkeit betrifft den ganzen Erlöserexkurs der ApcAd (NHC V p. 77,18–82,28). Am Ende jeder der dortigen vierzehn ganz verschiedenen Aussagen über den φωστήρ (mit Ausnahme der vierzehnten) steht nämlich stereotyp und rätselhaft die Wendung: ⲁⲩⲱ ⲛⲧⲉϩⲉ ⲁϥⲉⲓ ⲉϫⲙ ⲡⲓⲙⲟⲟⲩ. Wir haben es also mit einer Formel zu tun. Aber wie ist sie zu verstehen? Das heißt, wie ist das Wort ⲙⲟⲟⲩ „Wasser" darin zu verstehen? Denn in der Verwendung eben dieses Wortes liegt die Rätselhaftigkeit der Formel beschlossen. Böhlig vertritt die Auffassung, dass diese Formel auf dem Hintergrund einer bestimmten mythologischen Vorstellung – er

7 Vgl. W. E. Crum, A Coptic Dictionary, 1939, 24a; P. E. Kahle, Bala'izah I, 1954, 175–179.

8 Vgl. Kahle, Bala'izah I, 177.

9 Es ist m. E. nicht verständlich als Qualitativ, wofür Crum es hält; Copt. Dict. 24a.

10 Crum, Copt. Dict. 57b; dazu jetzt NHC III p. 69,9f.: ⲡⲉⲣⲥϩⲏⲧⲥ „der es (ab)geschrieben hat."

11 Vgl. Kahle, Bala'izah I 264.

selbst denkt konkret an die iranische Vorstellung von der Entstehung der endzeitlichen Saošyants – zu verstehen sei (S. 92). Dass hinter unserer Formel etwa die allgemeine gnostische Vorstellung von der unteren Welt als dem Wasser der Tiefe steht, erscheint mir nun zur Not durchaus als nicht undenkbar. Aber diese Auffassung wäre doch nicht voll befriedigend, namentlich weil die entwickelten mythologischen Konzeptionen fast durchweg gar nicht gnostisch sind, und ich frage mich, ob es nicht noch eine näherliegende und mehr einleuchtende Erklärungsmöglichkeit gibt. Ich neige dazu, in dieser unserer Formel einen übertragenen Gebrauch des Wortes ⲙⲟⲟⲩ in Aufnahme und Weiterbildung der bekannten bildlichen Verwendung von *mw* im Ägyptischen zu vermuten.[12] Als Bedeutung der Formel wäre dann etwa anzunehmen: „und so trat er in Erscheinung". Allerdings würde aus dieser Interpretation folgen, dass man den ganzen Exkurs mit den vierzehn Vorstellungen von dem Erlöser für original koptisch konzipiert halten müsste.

Hinweisen möchte ich ferner auf eine in NHC V dreimal begegnende ungewöhnliche und unnötige Umschreibung des Possessivartikels:

23,28	ⲛⲉⲧⲉ ⲛⲱϥ ⲛⲛⲉⳅⲟⲩⲥ[ⲓⲁ][13]	für	ⲛⲉϥⲉⳅⲟⲩⲥⲓⲁ
26,1	ⲧⲉⲧⲉ ⲧⲱϥ ⲛϩⲉⲃⲇⲟⲙⲁⲥ	für	ⲧⲉϥϩⲉⲃⲇⲟⲙⲁⲥ
30,21f	ⲛⲉⲧⲉ ⲛⲱϥ ⲙⲙⲁⲑⲏⲧⲏⲥ	für	ⲛⲉϥⲙⲁⲑⲏⲧⲏⲥ

Analysieren wir an dem zweiten Beleg: Es gehört nicht direkt zusammen ⲧⲱϥⲟⲛϩ, wie Böhlig meint (S.14). Vielmehr haben wir hier eine relativische Umschreibung des Possessivartikels vom Typ ⲟⲩϣⲏⲣⲉ ⲉⲡⲱⲓ ⲡⲉ vor uns,[14] nur dass die Umschreibung hier gar nicht nötig wäre, dass der Relativsatz vor das Beziehungswort gezogen und dass die Kopula, wie in derartigen Relativsätzen auch sonst in NHC V, ausgefallen ist: ⲧϩⲉⲃⲇⲟⲙⲁⲥ ⲧⲉⲧⲉ ⲧⲱϥ ⲧⲉ → ⲧⲉⲧⲉ ⲧⲱϥ (ⲧⲉ) ⲛϩⲉⲃⲇⲟⲙⲁⲥ. Steht hinter dieser vom Koptischen her unnötigen Formulierung etwa einfach im Unterschied zu ἡ ἑβδομάς αὐτοῦ ein ἡ ἑβδομάς ἡ ἰδία → ἡ ἰδία ἑβδομάς? Im Bohairischen sind andererseits solche Formulierungen ganz geläufig.[15]

Und noch eine letzte interessante wie problematische Einzelheit: Es sieht so aus, als hätten wir in 1ApcJac zwei Fälle, wo ein bloßer Infinitiv

[12] Vgl. A. Erman/H. Grapow, Wörterbuch der aegyptischen Sprache II 52/53[D].
[13] Böhligs Ergänzung ⲛⲉ ist sicher falsch.
[14] W. Till, Koptische Grammatik, ²1961, § 207 B.
[15] Vgl. A. Mallon, Grammaire Copte, ⁴1956, § 91; dort sogar das Beispiel ⲛⲏ ⲉⲧⲉ ⲛⲟⲩϥ ⲙ̀ⲙⲁⲑⲏⲧⲏⲥ.

mit ⲁⲩⲱ an einen mit einem Konjugationspräfix versehenen Infinitiv angeknüpft wird:

24,16–18 ϫⲉⲕⲁⲁⲥ… <ⲉⲕⲉ>ⲉⲓⲙⲉ ⲁⲩⲱ ⲥⲱⲧⲙ
25,23f. ⲕⲛⲁ[ⲉⲓⲙⲉ] ⲁⲩⲱ ⲥⲱⲧⲙ

Wenn hier Konjektur und Beziehung richtig sind, dann müssten wir die hiesigen Wendungen wohl von einschlägigen ägyptischen Konstruktionen aus, z. B. ỉw·f ḥr+Inf. ḥnʿ+Inf., verstehen.[16]

[16] Vgl. A. Gardiner, Egyptian Grammar, ³1957, § 171,3.

DIE GNOSIS*

I. *Was ist Gnosis, was ist gnostisch?*

Von der Wortbedeutung her und aus der Verwendung in der Forschungsgeschichte haftet dem Begriff „Gnosis" – ähnlich wie dem Begriff „Mystik" – eine gewisse Unschärfe an. Deshalb ist es notwendig, jeweils genau zu definieren, was unter „Gnosis" verstanden werden soll. Wir verwenden das Wort „Gnosis" hier als Sammelbezeichnung für bestimmte Gestalten, Gruppen, Anschauungen der spätantiken Religionsgeschichte. Die folgende Liste soll zunächst einen Überblick über die wesentlichen und eindeutigen dieser unter „Gnosis" zusammengefassten Erscheinungen vermitteln:

(a) Simon Magus, Menander, Kerinth, Satornil, Basilides, Valentinus, Marcion, Mani; und zwar jeweils mit ihren Schülern, Anhängern und Lehren.
(b) H(K)arpokratianer; Naassener, Peraten, Sethianer (des Hippolyt); Nikolaiten, Stratiatiker, Phibioniten, Sokratiten, Zakchäer, Koddianer, Borboriten, Ophiten, Kaïaner, Sethianer, Archontiker (des Epiphanius); Ophianer (des Origenes); Gnostiker (des Plotin); Mandäer; jeweils mit ihren Lehren.
(c) Zwei Systeme bei Irenäus, adv. haer. I 29 und 30; Baruchbuch des Gnostikers Justin; Traktat „Poimandres" und andere hermetische Schriften; koptisch-gnostische Schriften.

Die Zusammenfassung all dieser verschiedenen Größen unter dem einen Oberbegriff „Gnosis" ist nun aber keineswegs willkürlich. Sie gehören vielmehr innerlich und sachlich zusammen als verschiedenartige Träger und Zeugen von ein und derselben, sich deutlich von der geistigen Umgebung abhebenden Weltanschauung. Wir müssen also neben die erste äußerliche Definition eine zweite Definition stellen, eine Definition von innen her, d. h. von eben dieser besonderen Weltanschauung her: Die Gnosis

* In: J. Leipoldt/W. Grundmann (Hg.), Umwelt des Urchristentums, Bd. 1: Darstellung des neutestamentlichen Zeitalters, Berlin 1965, 371–415. (Siehe auch H.-M. Schenke in: J. Leipoldt/W. Grundmann (Hg.), Umwelt des Urchristentums, Bd. 2: Texte zum neutestamentlichen Zeitalter, Berlin 1967, 350–418.)

ist eine religiöse Erlösungsbewegung der Spätantike, in der die Möglichkeit einer negativen Welt- und Daseinsdeutung in besonderer und unverwechselbarer Weise ergriffen ist und sich zu einer konsequent weltverneinenden Weltanschauung verfestigt hat, die sich ihrerseits wieder in Wortprägungen, Bildersprache und Kunstmythen charakteristischen Ausdruck verleiht. Negativ formuliert: Die Gnosis ist also *nicht* entartetes Christentum, wie man es früher allgemein glaubte, aber auch heute noch verschiedentlich meint (klassischer Vertreter Harnack: „akute Hellenisierung des Christentums"); die Gnosis ist *nicht* die direkte Fortsetzung bzw. eine besondere Entwicklungsstufe einer orientalischen (iranischen) Volksreligion, wie die sog. religionsgeschichtliche Schule[1] meinte (Hauptvertreter Bousset und Reitzenstein); die Gnosis ist *nicht* der Geist der Spätantike schlechthin, wie Jonas meint.

Der Begriff „Gnosis" selbst ist übrigens ganz vorzüglich geeignet zur Bezeichnung des gemeinten Sachverhalts. Die Träger dieser Erlösungsbewegung nannten sich nämlich selbst γνωστικοί, und γνῶσις war nicht nur ihr Schlagwort, sondern nach ihrer Weltanschauung auch das eigentliche, ja im Prinzip das einzige Mittel der Erlösung. Für die Gegner, namentlich die christlichen Ketzerbestreiter, ist das natürlich eine ψευδώνυμος γνῶσις, der man die rechte christliche γνῶσις entgegensetzt. Nicht selten benutzt man übrigens in der Forschung anstelle von „Gnosis" oder neben „Gnosis" auch den Begriff „Gnostizismus". Dabei versteht man gelegentlich unter Gnostizismus die christliche Gnosis im Unterschied zur vorchristlichen, heidnischen Gnosis. Der Begriff Gnostizismus ist jedenfalls abwertend und liegt im Grunde auf der Linie der Terminologie der Ketzerbestreiter.

Nach dieser Definition von „Gnosis" ist an sich klar, was wir unter „gnostisch" zu verstehen haben: Gnostisch sind Aussagen, Vorstellungen, Systemstücke, die aus der bezeichneten Daseinshaltung und Weltanschauung erwachsen bzw. ihren spezifischen Sinn erhalten. Also nicht alles Dunkle und Geheimnisvolle ist gnostisch! Schwierig ist die Bestimmung, ob gnostisch oder nicht, nun aber in Fällen, wo man nicht ein Ganzes mit seinen Teilen vor Augen hat, sondern nur Teilstücke, d. h. einzelne Aussagen, Vorstellungen, Systemfragmente. Diese Schwierigkeit wird dadurch noch erhöht, dass ja die Gnostiker für die darstellende Entfaltung ihrer Weltanschauung im System weitestgehend überliefertes Material, und zwar aus ganz verschiedenen Kulturkreisen, verwenden. Die Aussage z. B., der Mensch soll wissen, woher er kommt und wohin er geht, kann

[1] Vgl. C. Colpe, Die religionsgeschichtliche Schule, FRLANT 78 (60), Göttingen 1961.

ganz prägnant gnostisch sein und das tiefste Geheimnis der Gnosis meinen;[2] aber mit demselben Satz kann auch der Jude[3] und der Stoiker[4] seine jeweils ganz andere Daseinshaltung zum Ausdruck bringen. Oder nehmen wir die Lehre vom Aufstieg der Seele nach dem Tode durch die Planetensphären; sie bildet ein zentrales Stück im Ganzen der gnostischen Weltanschauung, aber die Lehre an sich ist älter als die Gnosis, und auch wo sie zur Zeit der Gnosis für sich allein begegnet, braucht sie noch keineswegs gnostisch zu sein.

II. *Die Quellen*

A. Für die Erforschung wie für eine Darstellung der Gnosis grundlegend sind naturgemäß die schriftlichen Äußerungen der Gnostiker selbst. Wir verfügen heute im Wesentlichen über vier Gruppen solcher *Originalquellen.* Es sind dies: 1. die koptisch-gnostischen Schriften; 2. der gnostische Teil der hermetischen Schriften; 3. die mitteliranischen und alttürkischen Manichäertexte aus Turfan, die chinesischen Manichäertexte aus der Bibliothekshöhle bei Tunhuang und die koptischen Manichäertexte aus Medinet Mahdi im Fayum; 4. das mandäische Schrifttum.

Die Gruppe der koptisch-gnostischen Schriften steht gegenwärtig im Mittelpunkt der Gnosisforschung. Im Einzelnen handelt es sich neben dem Codex Askewianus (Pistis Sophia) und dem Codex Brucianus (zwei Bücher Jeû, sog. unbekanntes altgnostisches Werk), die schon länger bekannt sind, um den Papyrus Berolinensis 8502 (Evangelium nach Maria, Apokryphon Johannis, Sophia Jesu Christi) und um die dreizehn Codices, die 1945/1946 bei Nag Hammadi in Oberägypten gefunden wurden und die sich jetzt im Koptischen Museum zu Alt-Kairo befinden, mit Ausnahme des sog. Codex Jung, der in Zürich liegt. Von den in diesen Codices enthaltenen etwa einundfünfzig Schriften sind bis jetzt veröffentlicht: das Thomasevangelium, das Philippusevangelium, das sog. Evangelium Veritatis, das Wesen der Archonten, eine titellose Schrift über den Ursprung der Welt, der Brief an Rheginus über die Auferstehung, eine Apokalypse des Paulus, zwei Apokalypsen des Jakobus, eine Apokalypse des Adam.

[2] Evangelium Veritatis, Codex Jung 22,13–15; Exc. ex Theod. 78,2.
[3] Abot 3,1.
[4] Seneca, ep. 82,6.

B. Über die eigentlichen Originalquellen hinaus besitzen wir noch zahlreiche *Exzerpte* und *Fragmente* gnostischer Schriften in den Werken der jeweiligen Gegner.

C. Dann gibt es die *Beschreibungen* gnostischer Praktiken, Lehren, Systeme und sonstige *Nachrichten* von der Hand dieser Gegner selbst, bei deren Auswertung man aber eventuelle Missverständnisse, Verzerrungen und Entstellungen berücksichtigen muss.

D. Als Quellen in weiterem Sinne können schließlich solche Texte gelten, die nur unter anderem gnostisches Gedanken- und Vorstellungsgut enthalten, die nur – mehr oder weniger – gnostisch beeinflusst sind bzw. über deren gnostischen Charakter man streiten kann. Solche Quellen sind z. B. die Pseudoklementinen, die Oden Salomos, zahlreiche apokryphe Apostelgeschichten und nicht zuletzt Teile oder Schichten des NT selbst.

III. *Die gnostische Weltanschauung*

Die gnostische Weltanschauung, wie sie allen Gnostikern gemeinsam ist und ihren mannigfaltigen Spekulationen und Systemen zugrunde liegt, realisiert eine der Möglichkeiten, die der Mensch im Prinzip immer hat, um die Welt und sein Dasein in ihr zu verstehen und zu deuten. Auch vor, neben und nach den Gnostikern haben Menschen diese Möglichkeit der negativen Daseinsdeutung ergriffen, allerdings in verschiedenen Graden, verschiedener Intensität, verschiedener Konsequenz und verschiedener Begrifflichkeit. Die Weltanschauung, die die gnostische Bewegung trägt und eint, hebt sich von ähnlichen Weltanschauungen, die auf derselben Daseinshaltung und demselben Weltgefühl beruhen, durch die Art, wie diese allgemeinmenschliche Möglichkeit hier Gestalt gewonnen hat, ab. Sie ist von bestechender Konsequenz und eindrucksvoller Geschlossenheit:

(Der gegenwärtige Zustand:) Der Mensch, d. h. der wahre, innere Mensch, das Ich, das Selbst, die Seele, der νοῦς, wie immer man es nennen mag, befindet sich in der Fremde, in feindlicher Umgebung. Er ist gefangen in der Welt und gefesselt an den Leib, das Grab der Seele. Der Mensch selbst ist ein Stück Licht, während die Welt das Reich der Finsternis ist. Der Mensch kann also nicht aus der Welt stammen. Er ist vielmehr ein versprengter Teil aus der oberen Welt, dem Reiche des Lichtes, das über dem Reiche der Finsternis liegt.

(Die Entstehung des jetzigen Zustandes:) Wie ist es eigentlich zu dieser anomalen Lage gekommen? Darauf antwortet – mehr oder weniger ausführlich – die Kosmogonie. Ursprünglich war das ganze Licht oben im

Reiche des Lichtes. Durch ein Versagen der Lichtwelt ist ein Teil des Lichtes verloren gegangen und wurde Anlass zur Entstehung der Welt als einer Gestaltung der Finsternis. Das kleine Stück Licht ist das, was die Welt der Finsternis im Innersten zusammenhält. Im Verlaufe der Weltentstehung gelangte das verloren gegangene Licht schließlich als Seele, νοῦς oder Ich in den irdischen Leib.

(Die Aufhebung des jetzigen Zustandes:) Wie wird der Mensch aus seiner Verlorenheit erlöst? Wie kommt das versprengte Licht wieder in die obere Heimat? Die Antwort lautet: Durch Gnosis! Die Gnosis hat aber der Mensch nicht von sich aus; sie muss ihm von oben zur Rettung übermittelt werden. Diese Gnosis, die den Menschen befreit, ist zunächst die Erkenntnis, in welchem verlorenen Zustande er sich befindet und wie es zu dieser Verlorenheit gekommen ist, dann aber auch die Kenntnis gewisser Spezialmittel zum Wiederaufstieg ins Lichtreich. Dies letztere ist übrigens der Hauptberührungspunkt der Gnosis mit der Magie und der Anknüpfungspunkt für Mysterienpraktiken. Wenn alle Menschenseelen, d. h. alle in der Verlorenheit befindlichen Lichtteile, den durch Gnosis ermöglichten Wiederaufstieg vollzogen haben, sinkt die Welt der Finsternis zurück ins Nichts.

Die gnostische Weltanschauung begegnet und erschließt sich uns in erbaulichen oder dichterischen Äußerungen mit ihrem typischen Bildgebrauch oft reiner und besser als auf dem Umweg über die großen und komplizierten Systeme. Wir stellen daher hier einen Strauß solcher unmittelbar sprechenden Aussagen zusammen, um das abstrakt und systematisch über die gnostische Weltanschauung Gesagte zu beleben und zu illustrieren. Von der Seele wird gesagt: „Und sie gleicht dem scheuen Wilde, das gehetzt wird auf der Erde von dem Tod, der seine Kräfte unentwegt an ihr erprobet. Ist sie heut im Reich des Lichtes, morgen ist sie schon im Elend, tief versenkt in Schmerz und Tränen.... Und im Labyrinthe irrend, sucht vergebens sie den Ausweg."[5] Wird im Bilde von der Seele gesprochen, so ist sie oft eine Perle. „Wenn man eine Perle in den Schmutz wirft, wird sie nicht geringer an Wert, noch kann sie, wenn man sie mit Balsamöl salbt, wertvoller werden, sondern sie hat immer den(selben) Wert bei ihrem Besitzer. Ebenso verhält es sich mit den Kindern Gottes, wo sie auch sein mögen, denn sie haben (immer)

[5] Aus dem sog. Naassenerhymnus in der Übersetzung von A. v. Harnack; Hippolyt, ref. V 10,2.

den(selben) Wert bei ihrem Vater."[6] Typische Bilder für das Verlorensein des Menschen oder der Seele in der Unwissenheit sind Schlaf und Traum. Wie Träumende waren die von oben stammenden Menschen „unwissend über den Vater, ihn, den sie nicht sahen. Weil dies(e Unwissenheit) Furcht, Bestürzung, Unbeständigkeit, Zweifel und Absonderung hervorrief, gab es viele durch (eben) diese (Dinge) wirksame Wahnvorstellungen und (viele) nichtige Unsinnigkeiten, wie wenn man in Schlaf fällt und sich (dann) in wirren Träumen befindet: (es folgen typische Beispiele von Angstträumen). (So geht es) bis zu dem Augenblick, wo diejenigen, die durch alle diese (Traumerlebnisse hindurch)gehen, erwachen. Sie, die in allen diesen (Traum-)Wirrnissen waren, sehen (nun auf einmal) nichts (mehr), weil diese (Wirrnisse) eben nichts (Wirkliches) waren. Ebenso haben sie (die Gnostiker) die Unwissenheit von sich geworfen, (nämlich) wie den Schlaf, den sie für nichts halten und dessen Dinge sie auch nicht für wirkliche Dinge halten. Vielmehr verlassen sie sie wie einen Traum in der Nacht und beurteilen die Erkenntnis des Vaters als das Licht. So verhielt sich jeder schlafend in der Zeit, wo er ohne Erkenntnis war; und so soll er (nun) Erkenntnis erlangen, als ob er erwacht sei."[7] Andere Bilder für die Unwissenheit sind das Trunkensein und die Blindheit. „Jesus sagte: Ich stand mitten in der Welt; und ich erschien ihnen im Fleisch. Ich fand sie alle trunken; ich fand keinen unter ihnen durstig. Und meine Seele litt Schmerz um die Menschenkinder, weil sie blind sind in ihrem Herzen und nicht sehen, dass sie leer in die Welt gekommen sind. (So) suchen sie (denn) auch leer wieder aus der Welt herauszukommen. Doch jetzt sind sie (ja) trunken. Wenn sie (allerdings) ihren Wein(rausch) abschütteln, dann werden sie ihren Sinn ändern."[8] „Ehe nun" Jesus „den Söhnen erschien, waren die Menschen in großer Unwissenheit und Verirrung. Als aber" Jesus, „der Fleisch angezogen hatte, um in die Wahrnehmung(ssphäre) des Menschen herabzusteigen, . . ., sich offenbarte, da wurden sie dadurch, dass sie ihn erkannten, die Unwissenheit los und kamen aus dem Tode ins Leben, indem" Jesus „ihnen zum Weg wurde, der zum Vater der Wahrheit führt. Denn der Vater des Alls war entschlossen, die Unwissenheit aufzulösen und den Tod zu zerstören. Die Auflösung der Unwissenheit aber geschah dadurch, dass man ihn erkannte."[9] „Folglich ist einer, wenn er die Erkenntnis besitzt, ein Wesen von oben. Wenn man ihn ruft, hört er. Er

[6] Philippusevangelium § 48.
[7] Evangelium Veritatis, Codex Jung 28,32–30,12.
[8] Thomasevangelium Spruch 28(29) = Papyrus Oxyrhynchus 1,11ff.
[9] Irenäus, adv. haer. I 15,2.

antwortet. Er wendet sich zu dem, der ihn ruft, und steigt zu ihm auf. Er weiß, in welcher Weise man ihn ruft. Weil er die Erkenntnis besitzt, führt er den Willen dessen aus, der ihn gerufen hat. Er will ihm Wohlgefallen. Er empfängt Ruhe. Der Name des Einen wird ihm zuteil. Wer diese Erkenntnis erlangen wird, weiß, woher er gekommen ist und wohin er geht. Er weiß es wie einer, der trunken war und sich von seiner Trunkenheit abwandte, der sich zu sich selbst hinwandte und sein Eigentum in Ordnung brachte."[10] „Die bloße Erkenntnis der unaussprechlichen Größe ist die vollkommene Erlösung. Aus der Unwissenheit sind nämlich der Mangel und die Leidenschaft entstanden, und durch die Gnosis wird alles, was aus der Unwissenheit zustande gekommen ist, wieder aufgehoben. Daher ist die Gnosis die Erlösung des inneren Menschen."[11] Wer die Gnosis gefunden hat, kann dann etwa so beten: „Ich danke dir, Herr, ... der du mich vom Verderben entfernt und in mir das Leben gesät hast; ... der du mich vom Fall erlöst, zum Besseren hingeleitet und vom Zeitlichen befreit, aber des Unsterblichen und Immerwährenden gewürdigt hast; ... der du dein Erbarmen nicht von mir, der verlorengeht, zurückgehalten, sondern mir gezeigt hast, mich selbst zu suchen und zu erkennen, wer ich war und wer und wie ich jetzt bin, *damit ich wieder würde, was ich war*."[12]

Die letzten Worte zeigen übrigens, wodurch sich die gnostische Weltanschauung und der Mysterienglaube, deren Zeugnisse ja sehr oft ganz ähnlich klingen und die einander mannigfach beeinflusst haben, voneinander unterscheiden. Im Ansatz und im Prinzip ist die Erlösung nach dem Mysterienglauben eine Vergottung des Menschen: der Mensch wird durch das Mysterium etwas, was er vorher nicht war (καί εἰμι νῦν οὐχ ὃ πρίν).[13] Nach der gnostischen Weltanschauung dagegen ist die Erlösung im Prinzip ein Wieder-Gott-Werden des Menschen: der Mensch wird durch die Gnosis, was er ursprünglich war und eigentlich potentiell immer ist (ἵνα πάλιν γένωμαι ὃ ἤμην).[14] Die Gnostiker sind also φύσει σῳζόμενοι.[15] „Es ist nötig, dass jeder zu dem Ort geht, aus dem er gekommen ist. Denn

[10] Evangelium Veritatis, Codex Jung 22,2–20.
[11] Irenäus, adv. haer. I 21,4.
[12] Acta Thomae 15.
[13] Corpus Hermeticum XIII 3.
[14] Acta Thomae 15.
[15] Exc. ex Theodotos 56; Clemens Alexandrinus, strom. IV. 13,89; Irenäus, adv. haer. I 6,1.

jeder Einzelne wird durch seine Handlung und seine Erkenntnis seine *Natur* offenbaren."[16]

IV. *Die Hauptelemente der gnostischen Systeme*

Die eine gnostische Weltanschauung liegt uns nun breit entfaltet in einer Fülle verschiedener gnostischer Systeme vor. Ein solches System ist eine mythologische Darstellung der jeweiligen gnostischen Theologie, Kosmogonie, Anthropogonie, Anthropologie, Soteriologie, Eschatologie, und zwar normalerweise in dieser Reihenfolge. Man kann anstelle von „System" auch „Mythos" sagen. Nur muss man sich bewusst sein, dass es sich bei den gnostischen Mythen um *Kunst*-Mythen handelt. Es sind keine organisch gewachsenen Mythen. Vielmehr komponieren die Gnostiker ihre Systeme mit ganz verschiedenem mythologischem Material aus ihrer religiösen und geistigen Umwelt. Sie nehmen ohne Hemmungen alles, was ihnen zur systematischen Ausgestaltung der eigenen Weltanschauung irgendwie als brauchbar erscheint. Das Bild, das die vielen ausführlichen und voneinander abweichenden Kompositionen dann bieten, ist entsprechend verwirrend. Wir erleichtern uns den Zugang zu dieser fremdartigen gnostischen Gedankenwelt ganz beträchtlich, wenn wir uns zunächst einmal die wesentlichen Bausteine, die Hauptelemente, der gnostischen Systembildung vor Augen führen, die jeweils in verschiedener Weise ausgestaltet und miteinander kombiniert sind, ohne dass dabei allerdings alle Elemente in ein und demselben System auftauchen müssten.

Der unbekannte Gott. Er bildet immer die Spitze und den Anfang des Systems. Es ist der ganz transzendente, überweltliche und unweltliche Gott. Als solcher wird er gern mit der Begrifflichkeit der sog. negativen Theologie beschrieben. Der unbekannte Gott der Gnosis berührt sich mit dem Gottesbegriff mancher Formen der Mystik.

Die Sophia als Weltschöpferin. Dieses Element bezeichnet man auch als Sophiamythos. Es handelt sich dabei um die Lehre, dass die Welt durch die Sophia (Gottes) entstanden ist, und zwar durch einen Fehler der Sophia. Man stellt sich die Vorgänge gewöhnlich so vor, dass die Sophia ohne oder gegen den Willen Gottes den bösen Demiurgen hervorbringt, der dann seinerseits die schlechte Welt erschafft. Es hat den Anschein, als ob wir in diesem Lehrstück letztlich ein von der gnostischen Weltanschauung aus

[16] Titellose Schrift über den Ursprung der Welt, Labib (I) 175,14–17.

umgeprägtes jüdisches Theologumenon, nämlich von der Sophia als der Werkmeisterin Gottes, zu erkennen hätten.

Die sieben Planetenherrscher. Die Welt wird regiert von sieben bösen Archonten, deren oberster im Allgemeinen der schon genannte Demiurg ist. Die Beziehung dieser sieben zu den Planeten ist offenkundig und den Gnostikern oft sogar selber bewusst. Wir haben es hier also mit einem Erbe der Gnosis aus der hellenistischen Astralreligion und Astrologie zu tun. Die Bewertung des ererbten Gutes ist natürlich spezifisch gnostisch. Mit der Vorstellung der sieben Planetenherrscher hängt wurzelhaft der Gedanke der Heimarmene zusammen. Die sieben Planeten sind oder wirken das Schicksal, unter dem die Menschen seufzen und von dem sie erlöst zu werden sich sehnen. Zu diesem astrologischen Erbe im weiteren Sinne gehören schließlich Spekulationen mit den Zahlen 7, 12, 30, 72, 365: sieben Planeten/Wochentage/Archonten; zwölf Tierkreiszeichen/Monate/Weltherrscher; dreißig Monatstage/Äonen; zweiundsiebzig Wochen/Engel; dreihundertfünfundsechzig Tage/Himmel.

Abstieg und Wiederaufstieg der Seele. Die Seele stammt aus der Himmelsregion. Sie steigt durch die Planetensphären in die Welt und in den menschlichen Körper hinab und kehrt nach dem Tode durch die Planetensphären in die Himmelsregion zurück. Oft ist diese Grundvorstellung dann noch um den Gedanken der Seelenwanderung erweitert. Dieser Komplex ist wiederum nicht an sich gnostisch. Die Gnostiker haben ihn als eine weitverbreitete Vorstellung aus dem Hellenismus übernommen, um ihn zum Ausdruck ihrer eigenen besonderen Weltanschauung zu verwenden.

Dualismus Licht/Finsternis. Dieses Element ist im Unterschied zu den bisher aufgeführten kein Einzelkomplex, sondern formt und durchdringt mehr oder weniger das Ganze eines gnostischen Systems. Der unbekannte Gott, der innere Mensch gehören zum Reiche des Lichtes; der Demiurg, die Archonten, die Welt gehören zum Reiche der Finsternis. Man wird wohl annehmen dürfen, dass der Dualismus Licht/Finsternis in der Gnosis, und zwar an sich und abgesehen von seiner besonderen Anwendung hier, ein iranisches Erbe darstellt.

Dualismus Seele/Leib und Geist/Materie. Der angedeutete Dualismus iranischer Herkunft ist in der Gnosis verschmolzen mit einem Dualismus Seele/Leib bzw. Geist/Materie, den wir besonders aus der griechisch-hellenistischen Sphäre kennen: τὸ σῶμά ἐστιν ἡμῖν σῆμα.[17] Treibendes Moment

[17] Platon, Gorg. 493 A.

und Prinzip bei dieser Verschmelzung ist natürlich wieder die neue gnostische Daseinshaltung und Weltanschauung gewesen. Der Leib und die Materie werden zu den wesentlichen Charakteristika des Reiches der Finsternis, während Seele und Geist mit dem Licht identifiziert werden.

Die Lehre vom Gotte „Mensch",[18] auch Urmenschmythos genannt. Das ist ein aus gnostischer Interpretation von Gen. 1,26f. entwickelter Gedankenkomplex. Der unbekannte Gott, das Urbild des Menschen, ist der Erste Mensch. In dem gleichen Namen „Mensch" für Gott und Mensch kommt die Wesenseinheit beider zum Ausdruck. Die Lehre begegnet nun in zwei Typen: 1. Der Erste Mensch erscheint den Archonten, und diese schaffen darauf den irdischen Menschen nach seinem Bilde. Das dem Menschen so aufgeprägte Bild Gottes verbindet Gott und Mensch wesensmäßig. 2. Der Erste Mensch lässt einen zweiten ihm wesensgleichen himmlischen Menschen entstehen. Nach dessen Bilde schaffen die Archonten den Leib des irdischen Menschen. Der zweite Mensch wird durch die Ähnlichkeit dieses Leibes mit ihm verführt, in ihm Wohnung zu nehmen. Aber der Leib erweist sich als eine Falle; der Himmelsmensch ist in ihm gefangen und wird so zur Seele des Leibes.

Erlöservorstellung. Die gnostische Weltanschauung und also auch die gnostischen Systeme sind im Prinzip auf die Vorstellung eines erlösenden Offenbarers bzw. eines durch Offenbarung erlösenden Boten hin angelegt. Wie die Anlage realisiert wird, ist ganz verschieden. Der Erlöser kann eine Himmelsgestalt sein, eine Person der mythischen Vorzeit (Adam, Seth), aber auch eine Person der Gegenwart (Simon Magus, Menander); und diese Möglichkeiten brauchen einander nicht auszuschließen. Als die Gnosis dann dem Christentum begegnet, wirkt die christliche Vorstellung des einen einzigen Erlösers sekundär kräftig ein.

Das verbreitete Schlagwort vom *Erlösten Erlöser* (salvator salvandus bzw. salvatus) eignet sich nicht zur Erfassung und Kennzeichnung der gnostischen Erlöservorstellung. Die Vorstellung, für die dieses Schlagwort (von Reitzenstein) geprägt wurde, besagt: Ein himmlisches Lichtwesen gerät in das Reich der Finsternis und wird dort festgehalten. Nur dem wichtigsten Teil dieses Wesens gelingt vorerst die Rückkehr in die himmlische Heimat. Dieser zuerst erlöste Teil wird dann später zum Erlöser des Restes der einstigen Lichtgestalt, der inzwischen als Seele in die menschlichen Leiber eingesperrt worden ist, und somit zum Erlöser seiner selbst. Diese Vorstellung tritt nun aber innerhalb der Gnosis erst sehr spät, und nur im

[18] Vgl. H.-M. Schenke, Der Gott„Mensch" in der Gnosis, Berlin 1962.

Manichäismus auf. Die früheren gnostischen Erlöservorstellungen haben nur eine gewisse Ähnlichkeit mit ihr. Ist der Erlöser ein Himmelswesen, so kann man zwar sagen, dass durch ihn das Licht sich selbst erlöst, da der Erlöser und die zu Erlösenden letztlich von derselben Lichtsubstanz sind, aber dieser Erlöser ist vorher nicht selbst erlöst worden. Ist der Erlöser selber ein Mensch, so ist er zwar ein Erlöster, aber man kann nicht gut von ihm als einem primus inter pares behaupten, dass er, indem er seine Mitmenschen erlöst, sich selbst erlöst.

Hypostasenlehre und *Emanationsgedanke* treten mehr oder weniger ausgeprägt und ausgedehnt in den meisten gnostischen Systemen auf. Eine Hypostase ist ein personifizierter Begriff und im Grunde genommen ein etwas blasser Ersatz für eine wirkliche Gottheit oder einen Engel. Eine Emanation ist ein vergeistigter Zeugungs- oder Geburtsakt. Hypostasenlehre und Emanationsgedanke sind zu verstehen als ein Ausdruck der Tendenz, aus der Gnosis, die ursprünglich Religion und Mythologie ist, eine Art Philosophie zu machen. Die übergroße und verwirrende Fülle der Hypostasen und Emanationen in vielen Systemen ist für den Gnostiker meist nur ein Ausdruck des unermesslichen Reichtums der Lichtwelt bzw. der großen Gefährlichkeit der Archonten- und Dämonenwelt.

V. *Die gnostischen Systeme*

Um ein gnostisches System zu verstehen, muss man es von der richtigen Seite aus betrachten, nämlich von seiner Mitte aus. Das System soll im Grunde nur erklären, wie das Ich des Gnostikers in die gegenwärtige fremde Umgebung gekommen ist und wie es aus ihr wieder befreit wird. Für sich selbst genommen oder vom Anfang zum Ende hin betrachtet ist kein gnostisches System logisch einwandfrei oder konsequent. Wenn auch viele Gnostiker sich von der Mythologie möglichst abwenden und mit der Philosophie kokettieren, so werden sie von einem wirklichen Philosophen, der die Dinge um ihrer selbst willen betrachtet, doch nicht ernst genommen.[19]

Nach allen diesen Vorbereitungen kann die gnostische Systembildung nun selbst zur Sprache kommen. Wir veranschaulichen sie an fünf Beispielen.

[19] Vgl. Plotin, enn. II 9.

1. *Das System des Simon Magus*

An der Spitze des Systems steht der Vater des Alls, auch bezeichnet als „die große Kraft." Neben ihm, aus ihm entsprungen, steht die Mutter des Alls, die sog. Ennoia des Vaters. Sie erzeugte Engel und Mächte, und diese wiederum schufen die Welt. Diese weltschöpferischen Engel wollten aber ihr eigenes Entstandensein verwischen; sie wollten von sich selbst her sein und keinen über sich haben. Deswegen hielten sie ihre Mutter, die Ennoia, zurück und setzten sie in der Welt gefangen. Dass es noch einen Vater über der Mutter gebe, ahnten diese Engel freilich nicht. Die Ennoia musste in der Welt, die ihr zum Gefängnis wurde, jede Art von Schmach erleiden. Sie wurde in einem menschlichen Körper eingeschlossen und wanderte von einem Frauenleib in den anderen. Der Tiefpunkt ihres Leidensweges und der Höhepunkt ihrer Schmach war erreicht, als die Ennoia, eingeschlossen in den Leib einer gewissen Helena, in einem Bordell zu Tyrus landete. Das Leiden und die Schmach der Ennoia sind Vorbild und Symbol für das Leiden und die Schmach der Seele im Menschen. Die Seele des Menschen stammt nicht, wie alles andere am Menschen, von den weltschöpferischen Engeln, sondern von der Ennoia. Wie die Ennoia ist die Seele im menschlichen Leibe gefangen und harrt der Erlösung.[20] Jetzt, wo die Not am größten ist, greift der Vater des Alls ein. Er steigt in eigener Person herab, durchschreitet die Sphären der weltschöpferischen Engel unerkannt und ungehindert, weil er sich so verwandelt, dass er ihnen ähnlich erscheint und für einen der Ihren gehalten wird; er erscheint dann unter den Menschen als der, der diese Lehre verkündet, nämlich als Simon (Magus) aus Gitta. In der Gestalt des Simon befreit der Vater die Ennoia in Gestalt der Helena aus dem Bordell und aus der Welt überhaupt. Auch die Erlösung der Ennoia ist Vorbild und Symbol für die Seelen. Simon erlöst die Seelen der Menschen, indem er ihnen die rettende Erkenntnis, eben diesen hier umrissenen Mythos, mitteilt.

2. *Das System des Apokryphon Johannis*

Der unbekannte Gott an der Spitze des Systems heißt auch hier der Vater des Alls; ein anderer Name für ihn lautet: der Erste Mensch. Aus ihm entsteht, sozusagen als Gestalt gewordener Gedanke, die Ennoia, die auch

---

[20] Diese Verbindung von Ennoia und Seele ist in der Überlieferung nicht zum Ausdruck gebracht, beruht vielmehr auf einer Rekonstruktion meinerseits. E. Haenchen meint, ursprünglich seien in der Lehre Simons die Ennoia und die Menschenseele identisch, vgl. Gab es eine vorchristliche Gnosis?, ZThK 49 (1952), 340–342. 348.

den Namen Barbelo trägt. Auf Veranlassung der Barbelo entstehen aus dem Vater als nächste Lichtwesen: eine zweite Ennoia, das Vorherwissen, die Unvergänglichkeit, das ewige Leben, m. a. W. lauter Gestalt gewordene Eigenschaften der Gottheit. Dann erzeugen Vater und Barbelo einen Sohn, den Monogenes, der den Namen Christus erhält. Auf Veranlassung des Christus entstehen aus dem Vater noch weitere Lichtwesen, nämlich: Verstand, Wille, Logos. Nun wird der Christus vom Vater als Herrscher über das All, das entstehen soll, eingesetzt. Christus schafft sich also das All, seinen Herrschaftsbereich, bestehend aus vier großen Lichtäonen, über denen je ein Lichtengel waltet und die in je drei Unteräonen gegliedert sind. Die einzelnen Größen tragen von oben nach unten folgende Namen:

1. Lichtäon: χάρις, mit dem Lichtengel: Harmozel
und den drei Unteräonen: (1) χάρις (2) Wahrheit, (3) μορφή.

2. Lichtäon: σύνεσις, mit dem Lichtengel: Oroiael
und den drei Unteräonen: (4) πρόνοια, (5) αἴσθησις, (6) Erinnern.

3. Lichtäon: αἴσθησις, mit dem Lichtengel: Daveithe
und den drei Unteräonen: (7) σύνεσις, (8) ἀγάπη, (9) ἰδέα.

4. Lichtäon: φρόνησις, mit dem Lichtengel: Eleleth
und den drei Unteräonen: (10) Vollkommenheit, (11) εἰρήνη, (12) σοφία.

Damit ist die obere Welt, die Lichtwelt, vollendet. So weit, so gut. Aber da begeht das unterste Wesen der Lichtwelt, der zwölfte Unteräon, die Sophia, einen folgenschweren Fehler, der zur Entstehung einer unteren Welt des Mangels führt. Die Sophia möchte auch etwas schaffen und erzeugt ein Wesen ohne Zustimmung ihres Paargenossen; d. h., das Weib „Sophia" bringt ohne Mann ein Kind hervor, und das kann nur eine Fehlgeburt werden. Die Sophia verstößt diesen ihren unvollkommenen und hässlichen Sohn aus dem Reiche des Lichtes. Er bekommt den Namen Jaldabaoth und wird zum Demiurgen und Herrscher der unteren Welt. Aber auch die Sophia selbst verliert durch den ihr seit dem Fehltritt anhaftenden Makel ihren Wohnsitz im Reiche des Lichtes. Sie tut unten in der Finsternis Buße, ihre Buße wird vom Vater des Alls anerkannt. Sie bekommt einen Platz unmittelbar unterhalb der Lichtwelt und oberhalb von Jaldabaoth angewiesen. Hier muss sie ausharren, bis sie die Folgen ihres Fehltrittes rückgängig gemacht hat, d. h. bis zum Ende der Welt. Jaldabaoth schafft nun nach dem Vorbild der oberen Himmelswelt eine untere Himmelswelt der Archonten. Zuerst schafft er in Analogie zu den zwölf Äonen, die Christus unterstehen, zwölf untere Äonen mit je einem Engel. Die Namen dieser zwölf (Tierkreis-)Engel lauten: (1) Jaoth, (2) Hermas, (3) Galila,

(4) Jobel, (5) Adonaios, (6) Sabaoth, (7) Kainan und Kae, (8) Abiressine, (9) Jobel, (10) Harmupiael, (11) Adonin, (12) Belias. Jedem dieser Engel unterstehen sieben andere Engel mit je drei Kräften. Neben den zwölf (Tierkreis-)Engeln schafft Jaldabaoth noch sieben Himmelskönige (= Planeten) mit sieben Kräften, sowie fünf Unterweltskönige. Die sieben Himmelskönige sind: (1) Jaoth, das Löwengesicht, (2) Eloaios, das Eselsgesicht, (3) Astaphaios, das Hyänengesicht, (4) Jao, das Schlangengesicht mit sieben Köpfen, (5) Adonaios, das Drachengesicht, (6) Adoni, das Affengesicht, (7) Sabbataios, das leuchtende Feuerflammengesicht. Die der Herrschaft des Jaldabaoth unterstehenden archontischen Engelwesen betragen insgesamt 360. Jaldabaoth, der über sich nur seine Mutter, die Sophia, wähnt und nichts von der Welt des Lichtes ahnt, lässt sich im Blick auf seine Schöpfung zu dem hochmütigen Ausspruch verleiten: „Ich bin ein eifersüchtiger Gott; außer mir gibt es keinen." Prompt kommt die Antwort aus der Lichtwelt auf diese Herausforderung. Zunächst ertönt eine Stimme von oben: „Es existiert der Mensch und der Sohn des Menschen." Kaum ist die Himmelsstimme, die dem Jaldabaoth und seinen Archonten die Existenz des Vaters, der ja auch den Namen „Mensch" trägt, und seines Sohnes Christus kundtut, verklungen, da erscheint dieser „Mensch" selbst oben an der Grenze der Sphäre der Archonten, um sie auch durch die Anschauung über seine Existenz zu belehren. Zu diesem Zwecke hat er, der seinem Wesen nach unsichtbar ist, eine ihm angemessene Gestalt angenommen; das heißt, das Folgende vorwegnehmend: eine Menschengestalt. Bei seinem Erscheinen zittert die Schöpfung. Die Archonten sind über die Himmelsstimme und die darauf erfolgende Erschütterung in Aufregung geraten. Sie wagen nicht, nach oben zu schauen, sondern lassen die Köpfe hängen und blicken nach unten. Da sehen sie im Wasser der Tiefe das Spiegelbild der oben erschienenen Gestalt. Dieses Spiegelbild erleuchtet das dunkle Chaos. Die Archonten bilden aus ihrer Substanz das Spiegelbild nach, um in ihrer Finsternis auch Licht zu haben, wenn das leuchtende Spiegelbild im Wasser wieder verschwinden sollte. Neben der Gestalt geben die Archonten ihrem Gebilde auch noch den wunderbaren Gottesnamen „Mensch" = Adam. Gestalt und Name haben magische Kraft und bannen, wie die Archonten meinen, das göttliche Licht an und in ihr Gebilde. Dieser Leib des Menschen kann sich trotz allem noch nicht bewegen. Durch Boten aus der Lichtwelt, nämlich Christus und seine vier Lichtengel, die das Aussehen von Archonten annehmen, wird Jaldabaoth verleitet, die von seiner Mutter Sophia ererbte Lichtkraft in den Menschen zu hauchen.

Um diese Lichtkraft geht es. Sie ist der Sophia und damit dem Reiche des Lichtes verloren gegangen. Das Bestreben der Sophia und der ganzen Lichtwelt geht dahin, diese Lichtkraft wiederzuerlangen. Sie soll zunächst erst einmal aus Jaldabaoth heraus und in den Menschen hinein. Jaldabaoth lässt sich verleiten und bläst dem Gebilde seine Lichtkraft ein. Es bewegt sich nun, aber Jaldabaoth ist seine Lichtkraft, durch deren Besitz er sich von den übrigen Archonten unterschied, los. Nun beginnt das Ringen zwischen dem Reich des Lichts und den bösen Archonten um den Menschen bzw. um die in ihm eingeschlossene Lichtkraft. Diese Lichtkraft hat die Tendenz, wieder nach oben in die Heimat aufzusteigen. Diese Tendenz äußert sich jeweils in der Erkenntnis des Menschen, in dem die Lichtkraft wohnt. Je mehr Gnosis, desto größer die Nähe zur Heimat, und desto größer die Gefahr für die Archonten, die Lichtkraft zu verlieren. Die Archonten tun also alles, um den Menschen in Unkenntnis zu halten oder zu stürzen; die Lichtwelt tut alles, um die Gnosis zu wecken und zu fördern. Die Archonten bringen den Menschen zum Grunde der Materie; sie stecken ihn, der bisher nur eine Art ätherischen Körper hatte, in einen groben Fleischesleib; dann bringen sie ihn ins Paradies; sie lassen ein Erkenntnisunvermögen über ihn kommen; sie schaffen ihm eine Frau; man vertreibt Adam und Eva aus dem Paradiese, worauf Jaldabaoth die Eva vergewaltigt und so beide Menschen zum Geschlechtsverkehr verführt; die Archonten fesseln die Menschen an die Heimarmene, und Jaldabaoth bringt die Flut über sie; danach verführen die Engel der Archonten die Töchter der Menschen. Alle diese archontischen Maßnahmen sind Reaktionen auf sich wiederholende Erkenntnisregungen der Lichtkraft im Menschen. Die Erkenntnis und somit die Lichtkraft werden jeweils vom Lichtreich aus unterstützt, vor allem durch ein dem Menschen beigegebenes hilfreiches Geistwesen, die sog. Epinoia des Lichts. Die Archonten haben jedoch als Gegengewicht gegen dieses gute himmlische Geistwesen ein böses archontisches Geistwesen geschaffen, das sog. Antimimon-Pneuma.

Diesen Kampf um den Menschen und die in ihm eingeschlossene Lichtkraft scheinen die Archonten längst gewonnen zu haben. Da aber bringt die Sendung des Christus, der den das Antimimon-Pneuma überwindenden Geist des Lebens im Gefolge hat, die endgültige Entscheidung zugunsten der Lichtwelt. Der Mensch, d. h. der Teil der Lichtkraft in ihm, der sich jetzt durch den Geist des Lebens zur Erkenntnis und Vollkommenheit führen lässt, steigt gleich nach dem Tode wieder ins Lichtreich empor. Der Mensch, der sich noch durch das Antimimon-Pneuma an der

Erkenntnis und der Vollkommenheit hindern lässt, muss so lange die Seelenwanderung durchmachen, bis er irgendwann einmal durch den Geist des Lebens zur Erkenntnis geführt wird; dann steigt auch er wieder ins Lichtreich empor. Der Mensch aber, der vom Geist des Lebens abfällt und sich dem Antimimon-Pneuma wieder überantwortet, kommt nach dem Tode an den Ort der Verdammnis.

3. *Das System der Sophia Jesu Christi*

In der koptisch-gnostischen Schrift „Die Sophia Jesu Christi" wird folgendes System vorausgesetzt: Der unbekannte Gott, der Vater des Alls, der *Vorvater*, ist unnennbar und unfassbar. Er ist vor allem. Ehe die anderen Gottwesen entstanden, waren sie alle in ihm, der Quelle. Dieser Vater des Alls ist männlich und weiblich zugleich. Seine weibliche Hälfte heißt Prognosis. Der Vorvater ließ ein anderes Gottwesen aus sich entstehen: den *Vater*, der auch „der Mensch" heißt; und zwar geschah das folgendermaßen: Der Vorvater sah sich selbst in sich selbst wie in einem Spiegel. Dieses Spiegelbild verselbständigte sich dann und trat ihm als ein anderes, neues Wesen gegenüber. Auch der Vater ist zweigeschlechtlich. Seine weibliche Hälfte ist die *Große Sophia*, auf deren Wunsch nun die gesamte obere Welt entsteht. Nachdem der Vater sich einen Wohnort und Wirkungsraum, die Achtheit, geschaffen hat, entstehen aus ihm (dem Vater) die drei ersten der im Ganzen sechs Wesen, die die Bezeichnung „Götter der Götter" tragen, nämlich die Ennoia des Vaters, der Nous und die Enthymesis, welch Letztere dadurch entstand, dass der Vater zusammen mit der Großen Sophia „überlegte" (ἐνθυμεῖσθαι). Nach diesen drei Wesen ließ der Vater ein Wesen entstehen, das ihm selbst viel nähersteht, nämlich seinen eigenen Sohn, den „Sohn des Menschen", der *Christus* heißt. Auch dieser ist wieder zweigeschlechtlich; seine weibliche Hälfte heißt *Agape-Sophia*. Der „Sohn des Menschen" lässt auch seinerseits ein zweigeschlechtliches Wesen entstehen, den *Soter*, dessen weibliche Hälfte die *Pistis-Sophia* ist. Außerdem lässt der Sohn des Menschen viele andere Wesen entstehen, die ihm nicht so nahestehen wie der Soter.

Währenddessen sind aber aus dem Vater drei weitere Wesen mit dem Titel „Götter der Götter" entstanden, nämlich: Phronesis, Denken und Kraft. Auch diese sechs „Götter der Götter" muss man sich, wie überhaupt alle Wesen der oberen Welt, zweigeschlechtlich vorstellen, so dass die „Götter der Götter" in Wirklichkeit zwölf an der Zahl sind. Für diese zwölf Engelwesen schuf der Vater nun zwölf Äonen zur Dienstleistung. Die „Götter der Götter" lassen ihrerseits danach die „Götter" in Erscheinung treten, diese die „Herren der Herren“, diese die „Herren“, diese die Erzengel, und diese die Engel. Jede dieser Klassen von göttlichen Wesen besitzt weniger Kraft als die ihr übergeordnete, der sie ihr Entstehen verdankt. Entsprechend ist auch der Charakter ihres In-Erscheinungtretens verschieden. Der Vater tritt aus dem Vorvater in Erscheinung wie ein Sohn, die „Götter der Götter“ wie sich verselbständigende Eigenschaften dieses Sohnes. Die „Götter“ werden „geoffenbart“, die „Herren der Herren“ werden „geschaffen“, die „Herren“ werden „gebildet“, die Erzengel „empfangen Gestalt“, und die Engel werden „genannt“. Jeder einer dieser sechs Engelklassen Zugehörige schafft dann für sich Wohnorte und in ihnen dienstbare Geister. *Christus*, der Sohn des „Menschen“ (= des Vaters), ist mit der Herrschaft über alle aus dem Vater und aus ihm selbst entstandenen Gottwesen beauftragt. Die Vollkommenheit der oberen Welt findet darin ihren Ausdruck, dass alle Gottwesen sich ewig freuen.

Während der Vater bei der Entstehung des „Sohnes des Menschen“ und der „Sohn des Menschen“ bei der Entstehung des Soter mit ihren Partnerinnen, der Großen Sophia bzw. der Agape-Sophia, zusammengewirkt hatten, wie es auch sonst alle Gottwesen mit ihren weiblichen Hälften tun, ließ die Partnerin des Soter, die *Pistis-Sophia*, ohne Inanspruchnahme ihres „Gatten“ Geschöpfe entstehen. Infolge dieser Verfehlung haftet ihr ein Makel an. Durch ihren Fehltritt entstand *Jaldabaoth*, der auch Archigenetor oder „der Allmächtige“ heißt und das Chaos beherrscht, d. h. alles unterhalb der oberen Welt: die irdischen Himmel und die Welt der Menschen. Ihm zur Seite stehen seine sechs Engel, die zusammen mit ihm die Siebenheit darstellen. In dem Machtbereich Jaldabaoths gibt es aber auch noch viele andere Engelwesen, und zwar sind sie nach dem Bilde der Wesen der oberen Welt gestaltet. Diese Engelwesen haben nun wieder ihrerseits Engelwesen nach dem Bilde der oberen Welt hervorgebracht. Jaldabaoth und seine Engel sind überheblich, hochmütig, blind und unwissend. Sie halten sich nämlich für Götter, obgleich sie es nicht sind, vielmehr den Wesen der oberen Welt an Qualität weit nachstehen. Sie verhalten sich der oberen Welt gegenüber feindlich, insofern als sie versuchen, die Seele und den Geist des Menschen durch Unwissenheit in ihrem Machtbereich festzuhalten, weswegen sie auch „Räuber“ heißen.

Der irdische Mensch besteht nämlich aus Fleisch, Seele und Geist (das ist der sog. Lichttropfen). Seele und Geist gehören ihrer Herkunft nach eigentlich zusammen; beide stammen aus der oberen Welt. Im wirklichen unerlösten Menschen sind aber Geist und Seele keine Einheit. Als in dem von Jaldabaoth und seinen Mächten geschaffenen Menschen die Seele schon erloschen war und in der Erkenntnisunfähigkeit schlummerte, sandte der *Soter*, der „Gatte" der Pistis-Sophia, einen Lichttropfen, der den Menschen (d. h. die Seele im Menschen) behüten sollte. Der Tropfen wurde der Seele eingehaucht. Daraufhin erwachte der Mensch vorübergehend aus der Erkenntnisunfähigkeit. Er benannte alles, was Jaldabaoth und seine Engel geschaffen hatten, d. h., er nannte es beim rechten Namen und offenbarte damit die Schöpfer in ihrer Torheit und Unwissenheit. So ist des Menschen Tun ein Gericht der himmlischen Gewalten über Jaldabaoth und seine Engel. Aber die Seele vermochte nicht, den Lichttropfen ständig in sich zu behalten. Seele und Geist befinden sich jetzt getrennt voneinander im Menschen. Damit sind Geist, Seele und auch der Mensch als Ganzer in die Erkenntnisunfähigkeit verstrickt. Nach außen zeigt sich die Erkenntnisunfähigkeit im Geschlechtsverkehr. Dieses Verhängnis dauert bis zur Ankunft des Offenbarers *Christus*. Er erweckt die Menschen endgültig aus der Erkenntnisunfähigkeit zur Rückkehr in die obere Welt, was dadurch geschieht, dass er den Lichttropfen, also den Geist des Menschen, erweckt; und dies geschieht wiederum dadurch, dass sich Geist und Seele zu ursprünglicher Einheit verbinden.

Pflicht für den Gnostiker ist es, sich des Geschlechtsverkehrs zu enthalten, in dem ja die Unwissenheit sich bisher am auffälligsten gezeigt hat. Der ganze Prozess nach dem Fall der *Pistis-Sophia* ist so, wie er geschah, mit allen scheinbaren Misserfolgen der Lichtwelt von den himmlischen Mächten gewollt. Dadurch dass Seele und Geist des Menschen in die obere Welt zurückkehren, wird das Reich Jaldabaoths, das nur von dem Raube aus dem Lichtreich lebte, aufgelöst. So kann endlich die *Pistis-Sophia* freigesprochen werden von ihrem Makel.

4. *Das System des Evangelium Veritatis*

Das hinter dem sog. Evangelium Veritatis stehende System kann folgendermaßen zusammengefasst werden: Es gibt nur ein Wesen, das im strengen Sinne existiert, weil es existiert, ohne entstanden zu sein. Dieses Wesen ist der *Vater* (= der unbekannte Gott). So kann denn der Vater einfach der Seiende genannt werden. Die Wohnstätte des Vaters ist das Pleroma. Derselbe Ort heißt auch „die Ruhe des Vaters". Als erstes Wesen bringt der Vater den *Logos*, seinen eigenen Sohn, hervor, und zwar entsteht der Logos aus dem Vater und dem Gedanken des Vaters bzw. seiner Sophia. Auch der Nous des Vaters ist an der Entstehung des Logos beteiligt, ebenso der Wille des Vaters. Gedanke, Nous und Wille sind aber keine selbständigen Hypostasen, sondern bloß Kräfte des Vaters. Sobald der Logos entstanden ist, nimmt der Vater ihn bei sich in dem Pleroma auf. Dieser Logos führt den Namen Jesus Christus, Jesus und Soter. Nach dem Logos lässt der Vater das *All*, d. h. die Gesamtheit der *Äonen*, bildlich gesprochen: seine Pflanzungen, aus sich entstehen. Obgleich das All durch das Entstehen aus dem Vater herausgetreten ist, bleibt es doch in gewisser Weise in ihm, denn der Vater umfasst auch die aus ihm herausgetretenen Äonen, sind sie doch seine Glieder. Sie befinden sich ursprünglich zusammen mit dem Logos im Pleroma des Vaters. Und den Logos setzt der Vater zum Herrn über das All ein.

Der so geschaffene Zustand entbehrt aber der Stabilität. Von all den entstandenen Wesen ist der Logos nämlich das einzige Wesen, das den Vater kennt. Nur durch die Vermittlung des Logos besteht für die Äonen die Möglichkeit, den Vater zu erkennen, und eben diese Vermittlung der Erkenntnis über den Vater ist von Anfang an die Aufgabe des Logos. Von dieser Erkenntnis aber ist nach dem Willen des Vaters die Stabilisierung, die Vollendung des Alls abhängig. Diese für die Konsolidierung des Alls notwendige Erkenntnis des Vaters seitens der Äonen kommt jedoch nicht zustande. Es ist das ein nicht zu verstehendes Wunder, zumal die Äonen sich ja in dem zu erkennenden Vater befinden. Das Nichtzustandekommen der Erkenntnis hat weit reichende und schlimme Folgen. Es ist nun nicht so, dass die Äonen sich gar nicht um eine Erkenntnis gemüht hätten, vielmehr suchten sie nach dem, aus dem sie entstanden waren. Als sie ihn nicht finden, geraten sie in Unruhe und schließlich in Schrecken und Furcht. Die Furcht aber lähmt ihrerseits die Erkenntnisfähigkeit und verstrickt die Äonen in Vergessenheit. So entsteht der Irrtum hinsichtlich des Vaters, die „*Verirrung*“ (πλάνη). In ihrer Benommenheit verlassen die Äonen nun das Pleroma. Die „*Verirrung*“ aber wird zu einer persönlichen Macht. Sie ist der *Demiurg.* Waren schon die Äonen in Unkenntnis über den Vater, so ist es die „*Verirrung*“ erst recht. Sie erzeugt die Materie und bildet aus ihr die irdische Welt als Abbild der oberen Welt der Äonen, d. h. des jetzigen Aufenthaltsortes und Wirkungsbereiches der aus dem Pleroma entwichenen Äonen. In der von ihr geschaffenen Welt formt die „*Verirrung*“ nun den Leib des ersten Menschen. Ihre Absicht dabei ist, irgendwelche Himmelswesen aus dem All, der Welt der Äonen, in den Leib dieses ersten Menschen und seiner Nachfahren zu locken, um sie dort gefangen zu halten. Es gelingt der „*Verirrung*“, die am stärksten von der Vergessenheit befallenen, die untersten der Himmelswesen, die Wesen der Mitte, die sich nahe der Grenze zwischen oben und unten befinden, zu verleiten. Sie verlassen ihre Wohnräume in der oberen Welt und nehmen Wohnung in den Menschen. Der Fall der Himmelswesen in den Leib des Menschen kann auch so vorgestellt werden: Die Himmelswesen sind gewissermaßen ein warmer Duft, der den Vater umgibt, oder der Hauch, der warm seinem Munde entströmt. Der Duft bzw. Hauch, getrennt von seinem Ursprung, senkt sich nach unten in die Materie und vermischt sich mit ihr. Dabei erkaltet er und wird so zur Seele im materiellen Leibe. (Wortspiel ψυχοῦσθαι → ψυχή). Die nun als Seelen in den menschlichen Leibern befindlichen Himmelswesen verbinden sich mit der Welt durch das Leben in ihr immer mehr und verstricken sich dadurch noch stärker in die Vergessenheit. Da die Erkenntnis des Vaters von Seiten des Alls nicht zustande gekommen ist, enthält der Vater die Vollendung, die er von Anfang an für seine Geschöpfe, die Äonen, bereitet hatte, dem All zunächst vor. Diese Vollendung wird der Vater dem All am Ende der Welt geben, wenn er den Äonen die Erkenntnis *schenken* wird, die nun nach ihrer Verfehlung von den Äonen selbst nicht mehr erlangt werden kann.

Das so entstandene Universum besteht aus drei Teilen: 1. dem Vater und dem Logos im Pleroma; 2. der oberen Welt, die aus Äonen besteht, die sich dem Vater entfremdet haben; 3. der unteren, irdischen Welt, über die die „*Verirrung*" herrscht. Der Zustand der oberen und der unteren Welt nach dem geistigen Sündenfall der Äonen ist des Näheren folgendermaßen zu beschreiben: Alle Himmelswesen, sowohl die Äonen, die sich in der oberen Welt befinden, als auch die Himmelswesen, die in der unteren Welt gefangen gehalten werden, haben Mangel an dem Vater. Dieser Mangel besteht darin, dass ihnen die Erkenntnis des Vaters fehlt, denn sie sind unwissend über den Vater; sie sehen ihn nicht. Sie suchen aber nach dem Vater. Das braucht nun den Himmelswesen selbst nicht bewusst zu sein, sind sie doch trotz ihres Suchens befangen in der Vergessenheit. Auf jeden Fall weist die Tatsache, dass die Himmelswesen nach dem Vater suchen, darauf hin, dass bei aller Entfremdung doch eine wesensmäßige Verbindung mit dem Vater bestehen geblieben ist.

Die untere Welt, die Schöpfung der „*Verirrung*", ist die Gestalt des Mangels, d. h. die Gestalt gewordene Unkenntnis. In ihr herrschen Neid und Streit. In dieser Welt gibt es nun zwei Klassen von Menschen. Die einen sind zwar dem Leibe nach Geschöpfe der „*Verirrung*", in ihnen eingeschlossen ist aber jeweils ein Lichtwesen aus der oberen Welt, genauer aus dem Ort der Mitte. Die Gesamtheit der in den Menschen befindlichen, gefallenen Himmelswesen heißt die Seele oder der Same des Vaters. Die anderen sind nur Geschöpfe der „*Verirrung*". Das sind die Menschen der Hyle. Alle Menschen in der unteren Welt befinden sich in Furcht, Bestürzung, Unbeständigkeit, Zweifel und Absonderung. Sie werden von der *„Verirrung"* gequält durch Züchtigungen, Strafen und Fesseln. Dabei ist die ganze untere Welt nur Schein, von der Wirklichkeit des Vaters aus gesehen. Da sie nur Gestalt gewordene Unkenntnis ist, ist sie – wie die Unkenntnis selbst – ein Nichts.

Als solches erweist sie sich am Ende der Welt, wenn der Vater seine Geschöpfe aus der Entfremdung errettet, dadurch, dass der *Logos* ihnen die Erkenntnis des Vaters übermittelt. Der Logos löst so den Mangel auf, dadurch dass er die Erkenntnis bewirkt. Zu diesem Zweck verlässt er das Pleroma und begibt sich herab zunächst zu der oberen Welt, zu den Orten, in denen sich die verschiedenen Äonengruppen befinden. Dabei nimmt er jeweils die Gestalt der Äonen an, denen er die Erkenntnis des Vaters offenbaren will. Nachdem er sein Rettungswerk an den Äonen der oberen Welt getan hat, steigt er herab zur unteren Welt, um auch den in ihr befindlichen Himmelswesen die rettende Erkenntnis mitzuteilen. Beim Betreten der unteren Welt nimmt er einen Leib an, eine Fleischesgestalt. Im Unterschied zu den Leibern der Menschen ist der Leib des Erlösers allerdings unfassbar. Auf Veranlassung der *„Verirrung"*, die sich mit Recht durch sein Wirken bedroht fühlt, wird er ans Kreuz geschlagen und stirbt. Danach legt er wieder seine Unvergänglichkeit an und zieht vor den Erlösten her ins Pleroma zurück. Nur die eine Gruppe von Menschen, nur die Menschen, in denen sich ein gefallenes Himmelswesen befindet, nehmen die dargebotene Erkenntnis an.

Die Eschatologie wird beherrscht von der Spannung zwischen dem „schon" und dem „noch nicht". Durch das Kommen des Erlösers, der die Erkenntnis bringt, ist die Welt, die Gestalt der Unwissenheit, im Grunde schon aufgelöst, und doch steht die Auflösung in einem besonderen Akt erst noch bevor. Für alle Himmelswesen ist die Ruhe im Vater, im Pleroma, das Endziel. Was nun speziell die in den Menschenleibern eingeschlossenen Himmelswesen angeht, so sind sie schon nach dem Empfang der Erkenntnis vollkommen, und doch steht das Vollkommenwerden noch aus. Bei der Auflösung der Welt bzw. bei ihrem Tode werden sie sich von der Verstrickung in die Vielfalt der Welt reinigen, ihr aus Materie bestehender Leib wird sich in nichts auflösen. Anders ausgedrückt: Der zur Seele in der Materie erkaltete Duft bzw. Hauch des Vaters wird wieder erhitzt, steigt nach oben, und der materielle Körper, dem so die Form entzogen ist, fällt in sich zusammen. Die befreiten Himmelswesen gehen nicht hinab zur Unterwelt, sondern steigen hinauf zum Vater, zum Ruheort, dem Ort der Seligen, wo sie keinen Mangel mehr am Vater haben werden.

5. *Das valentinianische System (nach Irenäus adv. haer. I 1–8)*

Der unbekannte Gott ist der Urvater und heißt Bythos. Er existiert unermessliche Zeiten mit seiner Paargenossin, der Ennoia, die auch Sige (=Stille) heißt, allein. Die Entstehung des Seienden beginnt erst, als der Bythos die Sige geistlich begattet, worauf diese den Nous, der auch Monogenes heißt, und die Wahrheit gebiert. Der Nous bringt (zusammen mit seiner Paargenossin Wahrheit) nun seinerseits den Logos und die Zoe hervor; und Logos und Zoe erzeugen den Anthropos und die Kirche. Diese vier Paare bilden die sog. Achtheit. Logos und Zoe erzeugen nun noch weitere zehn Wesen, nämlich: Bythios und Mixis, Ageratos und Henosis, Autophyes und Hedone, Akinetos und Synkrasis, Monogenes und Makaria. Der Anthropos und die Kirche aber erzeugen noch zwölf Wesen, nämlich: Parakletos und Pistis, Patrikos und Elpis, Metrikos und Agape, Aeinous und Synesis, Ekklesiastikos und Makariotes, Theletos und *Sophia.* Diese dreißig Wesen, die sog. Äonen, gegliedert in eine Achtheit, eine Zehnheit und eine Zwölfheit, bilden das Pleroma, d. h. das Reich der Vollkommenheit.

Der Bythos ist nur für seinen eigenen Sohn, den Nous, erkennbar. Aber er will, dass alle Äonen ihn wenigstens zu erkennen *suchen.* Der unterste, dreißigste Äon, die *Sophia*, versteht das falsch. Sie versucht in leidenschaftlicher *Erregung* das Unmögliche, nämlich den Bythos voll zu erfassen, und bringt dadurch das ganze Pleroma in Verwirrung. Der Ordnungshüter des Pleroma, der sog. Horos, bringt sie mit Mühe wieder zur Ordnung, und sie legt ihre *Erregung* ab und verbannt diese aus dem Pleroma.[21] Jetzt erzeugt der Nous (mit der Wahrheit) noch ein besonderes Äonenpaar zu dem Zweck, die Ordnung im Pleroma endgültig wiederherzustellen; es sind dies Christus und der Heilige Geist. Christus belehrt die Äonen über die Unfassbarkeit des Bythos, und der Heilige Geist bringt Ruhe und Gleichheit ins Pleroma. Aus dieser neu und endgültig gewonnenen Harmonie heraus bringt die Gesamtheit der Äonen den Soter und seine Engel hervor.

Die aus dem Pleroma verbannte *Erregung* der Sophia (praktisch ihre Fehlgeburt) befindet sich unterhalb des Pleroma im sog. Ort der Mitte. Sie ist ein gestaltloses Wesen und heißt: die untere Sophia oder die *Achamoth.*

---

[21] Diese ganze Auffassung vom Fehltritt der Sophia ist nur eine Verfeinerung der zugrunde liegenden Vorstellung, dass die Sophia ohne ihren Gatten Theletos eine Fehlgeburt hervorbringt.

Christus erbarmt sich ihrer, kommt aus dem Pleroma zu ihr herab, gibt ihr eine erste vorläufige Gestaltung, so dass sie Empfindungen haben kann, und kehrt wieder ins Pleroma zurück. Jetzt wird die Achamoth von Gefühlen hin und her gerissen; sie *leidet*, denn sie empfindet, wenn auch nur verschwommen, dass sie sich in einer unmöglichen Lage und fern ihrer eigentlichen Heimat befindet. Endlich wird der Soter samt seinen Engeln zu ihr herabgeschickt, und zwar als Herr über das All, das unterhalb des Pleroma entstehen wird, und zugleich als zukünftiger Paargenosse für die Achamoth. Er heilt die Achamoth zunächst von ihrem *Leiden*, indem er dieses Leiden von ihr abtrennt, so dass es etwas Selbständiges neben ihr wird. Dann bringt er sie zur Erkenntnis ihrer selbst und des über ihr befindlichen Pleroma, und das bewirkt die *Umkehr* der Achamoth; auch die Umkehr löst sich von der Achamoth ab. Nun lässt sich die Achamoth von den Engeln des Soter schwängern und gebiert nach ihrem eigenen Bilde und nach dem Bilde der Engel ebenso viele Geistwesen, wie es Engel gibt. Und es gibt so viele Engel, wie es später Pneumatiker geben wird. Sie werden ja deren Schutzengel sein und die zukünftigen Bräutigame der in den Pneumatikern wohnenden Geistwesen. Diese Geistwesen, die Kinder der Achamoth, sind jetzt noch unfertig, bedürfen noch des Reifens; deswegen heißen sie auch Spermata. Sie sind, genau wie ihre Mutter selbst, die ja eine Art Fehlgeburt der Geisteswelt darstellt, unvollkommener, unreifer Geist.

Bei der Achamoth und dem Soter gibt es jetzt drei Substanzen: Das von der Achamoth abgetrennte *Leiden* war zu materieller Substanz geworden; die *Umkehr* der Achamoth hatte sich ebenfalls verselbständigt und war zu seelischer Substanz geworden;[22] die Gesamtheit der Kinder, die die Achamoth von den Engeln bekommen hat, bildet die geistige Substanz. Aus der seelischen Substanz lässt die Achamoth den Demiurgen entstehen, der dann seinerseits aus dem Rest der seelischen Substanz und aus der materiellen Substanz die ganze untere Welt erschafft. Der Demiurg, der nur seelisch ist und deshalb von sich aus nichts Geistiges erfassen kann, glaubt, dass es über ihm nichts mehr gebe und dass er von sich aus die Welt schaffe. In Wirklichkeit wirken der Soter und die Achamoth heimlich durch ihn und lassen ihn die Welt so machen, dass sie ein Abbild des Pleroma wird. Unter anderem schafft sich der Demiurg sieben Himmel,

[22] Mit besonderer Vorliebe malen sich die Valentinianer aus, wie die einzelnen Bestandteile der irdischen Welt aus den verschiedenen Empfindungen der Achamoth entstanden sind.

über denen er thront. Nachdem er die übrige Welt geschaffen hat, bildet er auch den Menschen: Er gestaltet aus feiner, unsichtbarer Materie einen Körper und pflanzt da hinein die Seele. Dann umgibt er dieses ganze Gebilde mit dem groben Fleischesleib. Nun ist aber in dem so geschaffenen Menschen auch etwas Geistiges. Die Achamoth hat nämlich eins der von ihr geborenen Geistwesen heimlich dem Demiurgen eingeblasen, und der hat es, ohne etwas zu merken, mit der Seele dem menschlichen Leibe eingepflanzt. Nach demselben Prinzip lässt die Achamoth im Verlaufe der Menschheitsgeschichte nach und nach alle ihre Kinder, die Geistwesen, gewissermaßen als Spermata in neugeborene Menschen gelangen, bis die geistige Substanz dabei verbraucht ist.

Aber nicht alle Menschen bekommen und haben in sich ein solches Geistwesen. Es gibt vielmehr drei Gruppen von Menschen. Die Pneumatiker oder Gnostiker bestehen aus Materie, Seele und Geist. Sie bzw. ihre Geister steigen notwendig, von Natur aus, wieder ins Pleroma auf und empfangen das volle Heil. Die Geister sind nur in der Welt, um in der Bindung an die Seele *vollkommen* zu werden. Die Geistwesen, die die Achamoth geboren hat, sind sozusagen noch nicht ausgereift. Sie werden als Spermata in die Menschen gesät, um hier auszureifen. Die ganze Welt ist im Grunde nur eine große Reifungsvorrichtung für die Kinder der Achamoth. Die Psychiker bestehen nur aus Materie und Seele. Ihr Schicksal ist offen; sie haben sozusagen Entscheidungsfreiheit: Neigen sie sich dem Geistigen zu, d. h., haben sie Glauben und tun sie gute Werke, wird ihren Seelen Heil zuteil, allerdings ein geringeres als den Geistern der Pneumatiker. Neigen sie sich jedoch dem Materiellen zu, so teilen sie das Schicksal der Hyliker. Diese Hyliker bestehen nur aus Materie. Sie gehen notwendig, von Natur aus, mit allem Materiellen überhaupt zugrunde.

Die Heilsgewinnung der Pneumatiker und Psychiker wird wesentlich dadurch gefördert, dass zu seiner Zeit der Soter in die Menschenwelt kommt. Dabei nimmt er nur die Substanzen an, die des Heils teilhaftig werden können. Bei seinem Abstieg nimmt er von der Achamoth etwas Geistiges an, dann von dem Demiurgen etwas Seelisches. Materielles nimmt er nicht an. Sein Leib, in dem er unter den Menschen erscheint, ist von seelischer Substanz, aber so kunstvoll gestaltet, dass er sichtbar, greifbar und leidensfähig ist. Der seelische Demiurg erfährt erst durch das Herniedersteigen des Soter von der über ihm befindlichen Welt, von dem Ort der Mitte, wo die Achamoth ist, und von dem Pleroma. Er tut sofort Buße und ordnet sich dem Soter willig unter, weswegen später auch er des Heils teilhaftig wird; er verhält sich also ganz als Vorbild der Psychiker.

Wenn alle Kinder der Achamoth in die Menschheit eingegangen sind und sich dort vollendet haben, kommt das Ende der Welt. Alles Materielle, die Leiber der Pneumatiker und Psychiker und die Hyliker ganz eingeschlossen, wird durch Feuer vernichtet, und das Feuer verzehrt sich danach selbst. Die Seelen und Geister der Psychiker und Pneumatiker aber steigen nach oben, nehmen unterwegs den Demiurgen mit und gelangen bis zum Ort der Mitte unterhalb des Pleroma. Der Demiurg und die Seelen, auch die Seelen der Pneumatiker, bleiben hier zum Genuss ewiger Seligkeit, nachdem der Soter mit seinen Engeln den Ort der Mitte vorher geräumt hat und ins Pleroma zurückgekehrt ist. Dann trennen sich die Geister der Pneumatiker, die zu noch Höherem bestimmt sind, von ihren Seelen, die sie am Ort der Mitte zurücklassen müssen, und steigen unter Führung ihrer Mutter Achamoth ins Pleroma empor. Hier im Pleroma wird dann die Achamoth mit dem Soter und werden die Kinder der Achamoth mit den Engeln des Soter vermählt.

VI. *Die Geschichte der Gnosis*

1. *Der Ursprung*

Der Ursprung der Gnosis ist *dunkel.* Das liegt wohl nicht zuletzt daran, dass auch bei der gnostischen Bewegung die *Anfänge unscheinbar* waren. Viele Zeichen weisen jedoch darauf hin, dass die Gnosis in dem Völker- und Religionsgemisch des Raumes von Syrien-Palästina entstanden ist, und zwar, was die Zeit anbelangt, nicht lange vor der Entstehung des Christentums oder zur gleichen Zeit wie das Christentum, aber unabhängig von ihm. Von Anfang an scheint neben vielen anderen auch ein jüdisches Element an der Gnosis beteiligt zu sein. Ganz ungewiss ist es, ob die Gnosis innerhalb des bezeichneten Raumes von mehreren Orten zugleich oder von einem einzigen Ort ihren Ausgang genommen hat. Jedenfalls darf man sich wohl allgemein vorstellen, dass die Zeit für die Gnosis reif war, dass die Geburt einer neuen religiösen Bewegung mit einer solch negativen Weltanschauung gewissermaßen in der Luft lag. Die Intuition eines prophetischen Menschen und ein Funke, der von ihm dann auf eine Menschengruppe übersprang, genügten, um sie auszulösen. Die Gnosis ist zunächst eine volkstümliche Bewegung, wenn sie auch wegen ihrer eigentümlichen Weltanschauung keine rechte Volksbewegung werden konnte. Ihre innere Dynamik gewinnt sie aus dem Wechselspiel der Kräfte zwischen religiösem Individuum und der jeweiligen Gemeinschaft. Vielerorts im Lande gewinnt die Gnosis äußerlich Gestalt in Konventikeln und Sekten. So in kleinem Kreise halten die Gnostiker brüderlich zusammen und pflegen gemeinsam ihre Frömmigkeit. Die kultischen Formen, in denen das geschieht, sind jeweils verschieden. Wir hören z. B. von Taufbräuchen, sakramentalen Mahlzeiten, Ölsalbung, Zeichnung der Ohren, Sterbesakrament. Die Skala der Kultübung reicht vom kultlosen Gottesdienst bis zu ausgesprochenen Zauberpraktiken. Der Lebenswandel in den gnostischen Sekten richtet sich sonst ganz nach der Weltanschauung. Die Welt und der Leib sind schlecht; also muss man protestieren gegen das Schlechte und sich selbst möglichst distanzieren von Welt und Leib. Das geschieht normalerweise in der Form strenger Askese. Man kann aber zuweilen aus derselben Weltanschauung auch eine ziemlich entgegen gesetzte ethische Haltung ableiten: Gebt der Welt, was der Welt gehört! Das berührt den inneren, wahren Lichtmenschen überhaupt nicht. Solche Ethik mit umgekehrtem Vorzeichen (der sog. Libertinismus) kann dann auch als bewusste Brüskierung der bösen Weltherrscher verstanden werden. Und speziell auf sexuellem Gebiet kommt noch der Gedanke hinzu, dass die Fortpflanzung ja eine heimtückische Erfindung des Demiurgen ist, um die Menschen in Gefangenschaft zu halten; also darf man mit dem Samen und den Zeugungsorganen alles machen, nur keine Kinder hervorbringen. Ob Askese (Ethik des Sich-Zurückziehens) oder Libertinismus (Ethik des leidenschaftlichen Protestes), jedenfalls ist man von der eigenartigen neuen Weltanschauung hingerissen. An schriftliche Fixierung und Ausgestaltung komplizierter Systeme denkt im Anfang kein Mensch. Das alles ist sekundär und geschieht erst, als das erste Feuer der Begeisterung bereits abgeklungen ist. Erst dann macht sich auch eine mehr oder weniger unbewusste, aber relativ starke Tendenz bemerkbar, die Gnosis aus der Sphäre der Religion in die Sphäre der Philosophie hinüberzuziehen und gleichzeitig die Sektengemeinschaften in Schulen umzuwandeln.

2. *Die Verbreitung der Gnosis*

Die Gnosis fällt wie der Same auf den zubereiteten Acker oder wie der Funke in eine Scheune. Die kirchlichen Gegner sagen, die Gnosis greife um sich wie ein Krebsgeschwür und die gnostischen Sekten schössen wie Pilze aus dem Boden. Die Gnosis breitet sich also ungeheuer schnell, in verschiedenen Spielarten, oft in mehreren Wellen hintereinander,[23] nach

---

[23] Zum Beispiel Vulgärgnosis – Valentinianismus – Manichäismus; oder Vulgärgnosis – Marcionitismus – Manichäismus.

allen Himmelsrichtungen hin aus. Wir können nicht alles fassen; aber was wir an Daten zusammenstellen können, ist eindrucksvoll genug.

Im Jordantal wird eine häretisch-jüdische Taufsekte von der gnostischen Bewegung erfasst; die Zeit kann man nur schätzen: Der Vorgang mag sich am Anfang des ersten Jahrhunderts n. Chr. abgespielt haben. Das ist die Geburtsstunde der mandäischen Gnosis.

Exkurs: Die Mandäer und das Mandäerproblem[24]

So wenigstens darf man sich m. E. den Ursprung der gnostischen Sekte der – wie die Wissenschaft sie vornehmlich nennt – „Mandäer", deren gängige Selbstbezeichnung jedoch „Nāṣōräer" lautet, vorstellen, und zwar auf Grund vielschichtiger und komplizierter historischer Rückschlüsse. Was oben gesagt wurde, ist also kein direkt aufweisbarer, eindeutiger, durch Quellen bezeugter Tatbestand, sondern eine Hypothese. Entsprechend denken – oder richtiger dachten – viele Forscher auch ganz anders über den Ursprung der Mandäer. Die Mandäer sind eine – wie gesagt – gnostische Sekte, und zwar die einzige, die sich bis in unsere Gegenwart hinein erhalten hat. Sie umfasst heute allerdings nur noch etwa 5000 Gläubige. Diese leben hauptsächlich im südlichen Irak, nämlich in dem Sumpfgebiet des unteren Euphrat und Tigris und des Schat el Arab. Man findet sie aber auch noch hier und da außerhalb dieses Gebietes in irakischen Städten; überdies gibt es kleine Gruppen im Iran am Flusse Karun. Von ihrer Existenz und deren Tragweite nahm die Wissenschaft jedoch erst Anfang des zwanzigsten Jahrhunderts in gebührendem Maße Kenntnis, nachdem die wichtigsten heiligen Schriften der Mandäer (Ginzā, Johannesbuch, Liturgien),[25] die schon geraume Zeit vorher von Missionaren und Reisenden mit nach Europa gebracht worden waren, durch Gelehrte wie Petermann, Euting, Nöldeke, Brandt, Lidzbarski erschlossen waren. Diese Hauptschriften sind relativ jung; sie dürften erst im siebenten bis achten Jahrhundert n. Chr. zusammengestellt und redigiert worden sein; die Mandäer verfolgten damit wohl den Zweck, sich dem Islam gegenüber als „Schriftbesitzer" zu legitimieren. – In diesen Schriften also ist die mandäische *Lehre* niedergelegt. Diese Lehre macht auf den ersten Blick einen äußerst konfusen Eindruck. Das liegt letztlich daran, dass hier die Lehrausprägungen verschiedener Jahrhunderte einfach nebeneinanderliegen oder miteinander verflochten sind. Es ist daher unmöglich, aus ihnen so etwas wie eine systematische Zusammenfassung der mandäischen Lehre, sozusagen das System der Mandäer, zu gewinnen. Es genügt in diesem Zusammenhang auch, einige typische Hauptvorstellungen und charakteristische Grundbegriffe aufzuführen: Die

---

[24] K. Rudolph, Die Mandäer I u. II, FRLANT 74 NF 56 u. 75 NF 57, Göttingen 1960/1961; G. Widengren, Die Mandäer, HO I 8,2, Leiden/Köln 1961, 83–101; C. Colpe, Mandäer, RGG^3 IV, 709–712.

[25] U. a. M. Lidzbarski, Das Johannesbuch der Mandäer, I u. II, Gießen 1905 u. 1915; ders., Mandäische Liturgien, Berlin 1920; ders., Ginzā, der Schatz oder das große Buch der Mandäer, Göttingen/Leipzig 1925.

höchste Lichtgottheit heißt meist „das Große Leben" oder „der Große Mānā" (mānā meint „Geist", bedeutet aber eigentlich „Gefäß"). In seiner hehren Welt des Lichtes wohnen unzählige Mānās und Uthras (uthra eigentlich „Reichtum"), so heißen die mandäischen Engelwesen. Tief unten befindet sich als Gegenpol die Welt des schwarzen Wassers, über der Ur und Rūhā walten. Die Tibil (= die irdische Welt) wird von Abathur, dem Mann mit der Waage, der die Taten der Menschen wägt, und von dessen Sohn Ptahil, dem eigentlichen Demiurgen, geschaffen; beide sind weder gut noch schlecht. Aber beherrscht, geknechtet und verführt werden die Tibil und die Menschen von den bösen Sieben (= Planeten), die Ur und Rūhā erzeugt und eingesetzt haben; Rūhā und die Sieben gehören fest zusammen. Die Sieben haben auch den Leib Adams geschaffen. Aus der Lichtwelt wurde jedoch Adakas (= „der verborgene Adam") als beseelendes und erleuchtendes Element in diesen „körperlichen Rumpf" gebracht. Gesandte der Lichtwelt, vor allem Mandā ḏHaijē (= „Gnosis des Lebens"), Hibil-Zīwā (= „leuchtender Abel"), Anōš-Uthra, die jeweils als „fremder Mann" in der Tibil erscheinen, suchen Adam, sein Weib Hawwā (= Eva) und deren Nachkommen durch Übermittlung des wahren Wissens aus der Gewalt Rūhās und der bösen Sieben zu erlösen. Mit den Gestalten Mandā ḏHaijē und Hibil-Zīwā ist übrigens auch die Vorstellung einer urzeitlichen Überwältigung des Ungeheuers Ur verknüpft. Die mandäische Gedankenwelt kann man nicht systematisch begreifen, wohl aber historisch, und zwar auf dem Wege der Analyse. Man muss Schritt für Schritt, Stufe für Stufe, wie bei einer Ausgrabung, die jeweils jüngeren Schichten von den jeweils älteren abheben. Das ist im Prinzip zwar klar, in der tatsächlichen Durchführung aber außerordentlich schwierig und bisher auch nur ansatzweise bzw. probeweise unternommen worden.[26] Einfacher als die Sonderung der jüngeren Schichten untereinander ist der Durchblick auf den allen Überlagerungen zugrunde liegenden Urbestand. Dieser Urbestand des in den mandäischen Schriften enthaltenen Gedankengutes konvergiert nämlich offensichtlich mit dem, was wir auch als Grundbestand der übrigen gnostischen Systembildung zu erkennen vermögen.

Aber Gnosis ist ja nicht nur Lehre. Weitaus wichtiger als die Lehrmeinungen sind uns an den heiligen Schriften der Mandäer die *erbaulichen Partien*, die wir nirgends sonst innerhalb der gnostischen Überlieferung in auch nur annähernd vergleichbarer Breite finden. In ihnen nämlich spricht die gnostische Daseinshaltung direkt, ohne Umweg über das System, zu uns. Diese umfangreichen Stücke, sei es in dichterischer Form, sei es in Prosa, mit ihren immer wiederkehrenden anschaulichen Bildern und typischen Symbolen, sind trotz des späten Zeitpunkts ihrer Aufzeichnung vorzüglich geeignet, an ihnen die Daseinshaltung der Gnosis abzulesen und zu demonstrieren, wie Jonas es ja auch getan hat.[27] – Die mandäischen Schriften spiegeln schließlich auch den *Kult* dieser Sekte wider. Die Mandäer nehmen in so mancher Hinsicht eine Sonderstellung innerhalb des Gesamtphänomens „Gnosis" und seiner Erforschung ein; ganz wesentlich dazu

---

[26] Vgl. neuerdings K. Rudolph, Theogonie, Kosmogonie und Anthropogonie in den mandäischen Schriften. Eine literarkritische und traditionsgeschichtliche Untersuchung, Phil. Habil.-Schrift Leipzig 1961.

[27] Gnosis und spätantiker Geist I, ^{3}1964, 94–140.

beigetragen hat eben dieser ihr Gottesdienst. Er lässt die Sekte der Mandäer wesentlich als eine Kultgemeinde, als eine Art Kirche erscheinen. Historisch wird man jedoch die Sache so sehen müssen, dass uns in den mandäischen Schriften die mandäische Gnosis in sekundär verkirchlichter Gestalt vorliegt. Denn natürlich hat auch der mandäische Kult, genau wie die mandäische Gedankenwelt, seine Geschichte gehabt. Um deren Aufhellung haben sich in neuester Zeit unabhängig voneinander E. Segelberg[28] und K. Rudolph[29] bemüht, ohne allerdings da, wo sie sich überschneiden, volle Übereinstimmung zu erreichen. Die beiden wichtigsten und offensichtlich auch ältesten Kultakte sind die Taufe (Maṣbūtā) und die Totenmesse (Masiqtā „Aufstieg" sc. der Seele ins Lichtreich nach dem Tode des Menschen). Von ihnen scheint mir wiederum die Taufe der ältere zu sein und als bloßer Taufbrauch bis in die Ursprungszeit der Mandäer zurückzureichen. Das sozusagen klassische Taufritual der Mandäer, wie die heiligen Schriften und die heutige Praxis es direkt erkennen lassen, kann man, wenn man von den vorbereitenden und abschließenden Riten absieht, mit Segelberg in vier Hauptteile gliedern: 1. zentraler Akt der Taufe im „Jordan" (im Wesentlichen bestehend aus Herabsteigen ins Wasser [Descensus], dreimalige Untertauchung [Immersio], dreimalige Zeichnung [Signatio], dreimaliger Wassertrunk [Potio], Bekränzung [Coronatio], Handauflegung [Impositio manus], Kušṭā,[30] Heraufsteigen aus dem Wasser [Ascensus]); 2. Ölsalbung; 3. Mahl von Brot und Wasser (Pihtā und Mambūhā); 4. Folge von Gebeten und Akten, deren Hauptsache die Siegelgebete und ein dunkler Ritus der „Erhebung" sind. Die Taufe ist nach diesem Ritual eine zu wiederholende Handlung und wird am voll bekleideten Täufling vollzogen; der Mandäer legt jeweils vor der Taufe seine Kultkleidung an und steigt angezogen in das Wasser. Man kann und muss nun von diesem klassischen Ritual aus zurückschließen auf ein zugrunde liegendes älteres. Man erkennt relativ leicht die Hauptteile 2–4 als spätere, sekundäre Erweiterungen, wobei die Ölsalbung und das Mahl wiederum jünger sind als der vierte Hauptteil (Siegelung = „Erhebung"). Und der Kern des Rituals, der zentrale Taufakt (Hauptteil 1) muss ursprünglich einmal ein einmaliger, unwiederholbarer Initiationsritus gewesen sein, den man am unbekleideten Täufling, der nach der Taufe in einem besonderen Akt (Vestitio) mit den Taufgewändern bekleidet wurde, vollzog. Man darf als Reihenfolge der Kultakte des ursprünglichen Taufrituals vermuten: Depositio vestium, Descensus, Immersio, Signatio, Potio, Ascensus, Vestitio, Coronatio, Impositio manus, Kušṭā.[31] Ältestes Taufritual ist aber noch nicht älteste Tauf*praxis*. Ich bin der Meinung, dass wir mit der Rekonstruktion des ältesten Rituals noch nicht am Ursprung

[28] Maṣbūtā, Studies in the Ritual of the Mandaean Baptism, Upsala 1958.

[29] Die Mandäer II: Der Kult, Göttingen 1961.

[30] „Wahrheit", hier und sonst noch oft Bezeichnung für den rituellen Handschlag der Mandäer.

[31] K. Rudolph kommt in seiner Analyse zu einem anderen Ergebnis; seiner Meinung nach hatte die mandäische Taufe ursprünglich folgende Gestalt: 1. Immersio, 2. Signatio, 3. Potio, 4. Coronatio, 5. Impositio manus, 6. Kušṭā, 7. Communio (= Brot-Wasser-Mahl), 8. Kušṭā; sie wird von einem Priester geleitet, erfolgt in voller Bekleidung und muss ständig wiederholt werden.

der Mandäer sind. Dieses Ritual dürfte vielmehr schon ein erster Schritt sein auf dem Wege der gnostischen Taufbewegung der Mandäer zur mandäischen Kirche. Ähnlich wie bei der Taufe kann man auch bei der Totenmesse hinter den literarisch fixiert vorliegenden und den praktizierten Zeremonien eine ältere, ursprüngliche Gestalt erkennen. Nach Rudolph umfasste sie folgende Akte: 1. Waschung bzw. Taufe, 2. Bekleidung, 3. Mahl (Reisezehrung), 4. Hymnenbegleitung.

Das allgemeinere Bekanntwerden der Existenz der Mandäer und ihrer Literatur rief bald eine lebhafte Diskussion, ja einen leidenschaftlichen Streit um die sog. *Mandäerfrage*, um das sog. *Mandäerproblem* hervor. Die Auseinandersetzungen haben noch nicht zu einem durchweg anerkannten Ergebnis geführt. Man streitet zwar heute nicht mehr so heftig, aber die Meinungen bleiben zum großen Teil doch verschieden; die unterschied-lichen Standpunkte haben sich nur verhärtet. Die „Mandäerfräge" bzw. das „Mandäerproblem" sind bloße Kennworte für einen ganzen äußerst verwickelten und vielschichtigen Fragenkomplex, dessen Aspekte alle zu beleuchten in diesem Rahmen nicht möglich ist. Die Fülle der Einzelprobleme gruppiert sich jedoch um zwei Hauptfragen: 1. Wie alt ist die Sekte der Mandäer? (Ist sie jünger oder älter als das Christentum?) 2. Woher stammt die Sekte der Mandäer? (Stammt sie daher, wo sie jetzt lebt, also aus Babylonien-Mesopotamien, oder stammt sie aus Syrien-Palästina?) Und von den Spezialfragen muss wenigstens eine hier zur Sprache kommen, deren Beantwortung natürlich wesentlich von der Entscheidung in den beiden Hauptfragen abhängt, nämlich: Ist es legitim, die doch so späten Mandäertexte zur Interpretation des Neuen Testaments (besonders der johanneischen Schriften) heranzuziehen? Wir haben diese Teilfrage schon im Vorangegangenen implizit bejaht. Die Skala der Versuche, die zentrale Doppelfrage zu beantworten, liegt zwischen den zwei folgenden Extremen: 1. Die Mandäer sind nur ein später Ableger des ostsyrischen (nestorianischen) Christentums (so etwa vor allem von Hans Lietzmann vertreten).[32] 2. Der Mandäismus ist direkter Spross einer weit vorchristlichen iranisch-babylonischen volkstümlichen Erlösungsreligion (so etwa vertreten von Richard Reitzenstein).[33] Die historische Wahrscheinlichkeit und Wahrheit liegt irgendwo zwischen diesen extremen Hypothesen. Die Mandäer sind im Osten (Mesopotamien-Babylonien), wo ihre heiligen Schriften in einem besonderen ostaramäischen Dialekt, dem sog. Mandäischen, abgefasst wurden, wo sie eine Jahrhunderte lange Geschichte gehabt haben und wo ihre Reste heute noch leben, ziemlich sicher nicht autochthon. Zahlreiche Momente, die seltsame Bezeichnung des Taufwassers, das fließendes Wasser sein muss, als „Jordan", westaramäische Termini technici inmitten der sonst ostaramäischen Sprache und ähnliches, weisen darauf hin, dass die Sekte der Mandäer aus dem Westen (Syrien-Palästina) stammt, von wo sie dann in relativ früher Zeit nach dem Osten ausgewandert sein muss. Hinreichend deutlich ist auch die Verbindung dieser Urmandäer mit den häretisch-jüdischen Taufbewegungen des Jordantales. Weitgehend beantwortet

---

32 Ein Beitrag zur Mandäerfrage, SPAW.PH 1930, 595–608 (= in: K. Aland (Hg.), Kleine Schriften I, TU 67, Berlin 1958, 124–140).

33 R. Reitzenstein, Das iranische Erlösungsmysterium, Bonn 1921.

man daher heute, namentlich im Kreise der Spezialisten,[34] die zentrale Doppelfrage des Mandäerproblems etwa mit folgender Hypothese: Die Mandäer sind als eine gnostische Sekte etwa gleich alt wie das Christentum. Ihr Ursprungsort ist Syrien-Palästina, wo die mandäische Sekte aus einem häretischen Judentum herauswuchs. Noch im ersten Jahrhundert n. Chr.[35] sind sie von dort nach Mesopotamien ausgewandert, wo ihre Weltanschauung und ihr Kult von der neuen Umgebung mannigfaltig beeinflusst worden sind. Die diesen äußeren Vorgängen entsprechende innere Entwicklung der Urmandäer, die das Bild erst vollständig macht, darf man sich m. E. in drei Stadien erfolgend vorstellen: 1. Stadium: die Mandäer sind ursprünglich eine gewöhnliche häretisch-jüdische Taufsekte, eine von vielen; 2. Stadium: die Mandäer öffnen sich der gnostischen Weltanschauung;[36] 3. Stadium: die so entstandene mandäische Gnosis verkirchlicht. Trotzdem bleibt das typisch Gnostische weitgehend erhalten und findet auch später seinen Niederschlag in den heiligen Schriften, die man deswegen völlig legitim, genau wie andere gnostische Texte, zur Erklärung des Neuen Testaments heranziehen darf. Im zweiten oder dritten Stadium muss sich dann aus dem ursprünglichen unspezifischen Brauch der Tauchbäder ein Initiationsritus mit einem festen Zeremoniell entwickelt haben, das vorklassische mandäische Taufritual, von dem oben die Rede war.

Von dieser notwendigen Einblendung der besonderen Mandäerproblematik nun wieder zurück zu dem Mosaikstück, das die Mandäer im Gesamtbild von der Verbreitung der Gnosis bilden! Die Mandäersekte blüht und wirkt am Jordan bzw. in Palästina-Syrien überhaupt nur wenige Jahrzehnte, Reste von ihr jedoch möglicherweise noch bis ins zweite Jahrhundert hinein.

Es spricht einiges dafür, dass auch ein Teil der nicht christgewordenen Johannesjünger in *Palästina-Syrien* unter gnostischen Einfluss geraten ist; man scheint hier nämlich Johannes den Täufer nicht mehr nur als eschatologischen Heilsmittler, sondern auch als gnostischen Offenbarer verstanden zu haben.

Der Samaritaner Simon (Magus) vertritt und lehrt in *Samarien* in der ersten Hälfte des ersten Jahrhunderts n. Chr. eine typisch gnostische Weltanschauung (siehe oben), unbeeinflusst vom Christentum, und längst ehe die christliche Mission nach Samaria gelangt. Er findet in Samarien weithin Glauben. Simon scheint übrigens auch versucht zu haben, seine Lehre über die Grenzen seiner Heimat hinauszutragen. Es ist möglich, dass er in diesem Zusammenhang auch Rom besucht hat. Zur Zeit des Justin, also etwa um 150 n. Chr., war der Simonianismus in Samarien die vorherrschende Religion; außerhalb Samariens aber gab es nur vereinzelte Gruppen von Simonianern.[37]

Ein Samaritaner verkündet etwa in der zweiten Hälfte des ersten Jahrhunderts n. Chr. mit Erfolg die gnostische Weltanschauung in *Antiochien*. Es ist Menander aus dem Dorfe Kapparetäa in der Landschaft Samarien, der eine vom Christentum

[34] R. Macuch, Alter und Heimat des Mandäismus nach neuerschlossenen Quellen, ThLZ 82 (1957), 401–408; K. Rudolph, Die Mandäer I, 246–255; C. Colpe, RGG³ IV, 711f.

[35] Nach K. Rudolph erst im 2. Jahrhundert, und zwar im Zusammenhang mit dem Bar-Kochba-Aufstand (Die Mandäer I, 251).

[36] Vgl. C. Colpe, RGG³ IV, 711.

[37] Justin, apol. I 26.

nicht beeinflusste Gnosis vertritt. Wie Simon Magus ist er ein von christlichen Vorstellungen nicht infizierter gnostischer Erlöser. Dass er es war, der die neue Weltanschauung überhaupt erst, etwa aus Samarien, nach Syrien gebracht hat, darf allerdings nicht als wahrscheinlich gelten. Vermutlich ist es doch Antiochia gewesen, wo Paulus bereits mehrere Jahrzehnte früher gnostische Vorstellungen kennenlernte, aus denen er bestimmte Motive in seine Verkündigung übernommen hat. Menander und seine Anhänger waren also zu ihrer Zeit auch kaum die einzigen Gnostiker in Syrien. Für die Zeit kurz vor 100 n. Chr. bezeugen die johanneischen Schriften jedenfalls in Syrien eine weitverbreitete und vielfältige Gnosis, die inzwischen allerdings sich dem Christentum angepasst hat und von der der johanneische Kreis selbst getragen wird und die er doch in bestimmten, nämlich doketischen, Ausprägungen als christliche Häresie bekämpft. Etwas später, zur Zeit des Kaisers Hadrian (117–138), wirkt, wie wir wissen, der Antiochener Satornil als ein namhafter Vertreter der verchristlichten Gnosis in Antiochia und Syrien überhaupt. Aus Syrien stammt auch der Gnostiker Cerdo und speziell wohl aus Antiochia der Maler und Gnostiker Hermogenes,[38] der um und nach 180 n. Chr. wirkte. Von Syrien aus ist die Gnosis wohl bald nach *Cypern* getragen worden. Später erwähnt die vita des Epiphanius (Kap. 59 u. 64) Valentinianer in Cypern.[39]

Früh ist die gnostische Weltanschauung aus Palästina-Syrien nach *Kleinasien* gedrungen. Hier tritt sie uns zuerst etwa um 65 n. Chr. vor Augen als eine mit jüdisch-gesetzlichen Elementen durchsetzte christliche Gnosis, die der Verfasser des Kolosserbriefes bekämpft. Aber um diese Zeit ist die Gnosis schon keine Einzelerscheinung in Kleinasien mehr, denn der ephesinische (?) Verfasser des Kolosserbriefes verwendet selbst weitgehend gnostisches Gedankengut. Der Kolosserbrief hat seinen Zweck übrigens nicht erreicht. Der Verfasser der Pastoralbriefe sieht sich nämlich um das Jahr 100 n. Chr. gezwungen, auf breiter Front gegen die anscheinend inzwischen in Kleinasien und darüber hinaus voll aufgeblühte judaisierende christliche Gnosis zu Felde zu ziehen; er tut dies allerdings mit ganz anderem Geschütz. In dieselbe Front reiht sich wenige Jahre später (um 110 n. Chr.) der Bischof Ignatius von Antiochia ein; seine Briefe an die Gemeinden von Tralles, Magnesia, Smyrna, Philadelphia sind wertvolle Zeugnisse für das kräftige Weiterwirken der Gnosis in Kleinasien. Eine Gestalt ragt aus der Menge der kleinasiatischen Gnostiker besonders heraus und ist namentlich bekannt: Kerinth, ein Zeitgenosse des Bischofs Polykarp von Smyrna. Aus Kleinasien stammt aber auch Marcion, dessen bedeutende gnostische Theologie wohl kaum ganz unbeeinflusst von der allgemeinen kleinasiatischen Gnosis entstanden sein dürfte.

Der Brief des Polykarp setzt Gnostiker in *Makedonien* und wohl auch in *Griechenland* voraus.

---

[38] Vgl. E. Heintzel, Hermogenes der Hauptvertreter des philosophischen Dualismus in der alten Kirche, Phil. Diss. Erlangen 1902; J. H. Waszink, Observations on Tertullian's Treatise against Hermogenes, Vigiliae Christianae 9 (1955), 129–147; ders., Tertullian, The Treatise against Hermogenes, ACW 24, Westminster/Maryland 1956, 3ff.

[39] K. Holl, Epiphanius I, 396 z. Z. 1ff.

Besonders fruchtbar war der Boden *Ägyptens* für die Gnosis. Das zeigen eindrucksvoll die zahlreichen koptisch-gnostischen Texte, die man hier gefunden hat. Aus der vulgären Gnosis wächst der christliche Gnostiker Basilides hervor, der zwischen 117 und 161 n. Chr. in Alexandria wirkt und zum Begründer einer besonderen gnostischen Schulrichtung wird. Der Basilidianismus verbreitet sich nicht nur in Ägypten, sondern auch über die Grenzen Ägyptens hinaus. Auch der christliche Gnostiker Valentinus stammt aus Ägypten, tritt aber, solange er in Ägypten lebt, noch nicht offen und groß als Gnostiker hervor. Später (zwischen 276 und 300) strömt in einer breiten Welle der Manichäismus über Syrien-Palästina in Ägypten ein und legt sich hier neben oder über die ältere Gnosis.

Von Ägypten gelangt die Gnosis nach *Nordafrika.* Hier gewinnt sie besonders Gestalt in der marcionitischen Bewegung und in der Lehre des aus Antiochia nach Karthago gekommenen Gnostikers Hermogenes, gegen die Tertullian Streitschriften verfasst. Die nordafrikanische Gnosis wird dann später aufgesogen von der zweiten gnostischen Hauptwelle, dem Manichäismus, der in Nordafrika einen fruchtbaren Boden findet.

Rom ist natürlich das bevorzugte Ziel vieler gnostischer Lehrer. Möglicherweise hat schon Simon Magus Rom besucht und dort die gnostische Weltanschauung verbreitet. Etwa in dem Zeitraum von 140 bis 160 n. Chr. wirken – abgesehen von dem weniger bedeutenden Syrer Cerdo – zwei ganz verschieden profilierte christliche Gnostiker, nämlich Marcion und Valentinus, mit ungeheurem Erfolg in Rom. Und von Rom aus verbreitet sich dann die durch sie um- bzw. neugeprägte Gnosis in einer neuen Welle als Marcionitismus und Valentinianismus beinahe über die ganze damalige Welt. Unter Bischof Anicet (etwa 155 bis 166) kommt eine gewisse Marcellina aus Ägypten nach Rom[40] als Verkünderin der sog. h(k)arpokratianischen Gnosis,[41] einer auf dem Boden des Nillandes entstandenen Ausprägung der gnostischen Weltanschauung, und gewinnt großen Anhang.

Die Gnosis dringt im Westen bis nach *Gallien* vor; Irenäus von Lyon verfasst etwa 180 n. Chr. seine Schrift Adversus haereses, weil die Gnostiker, und zwar Valentinianer (Ptolemäer und Markosier), schon bis zu ihm nach Gallien gekommen sind.[42]

Die Ausbreitung der Gnosis nach Osten wird uns fassbar in der Gestalt des Bardesanes, syrisch Bar Daisan (154–222 n. Chr.), der am Hofe König Abgars IX. von *Edessa* lebt. Er ist christlicher Theologe, aber seine Theologie weist einen starken gnostischen Einschlag auf, der sich bei seinem Sohn Harmonius noch verstärkt. Die von ihm geprägte Form des syrischen Christentums hat sich, obgleich sie bald von der Orthodoxie als häretisch verurteilt wurde, in verschiedenen Zweigen noch Jahrhunderte lang gehalten.

Noch im ersten Jahrhundert n. Chr., und zwar wahrscheinlich vor der Zerstörung Jerusalems und des Tempels, möglicherweise sogar schon gegen

---

[40] Irenäus, adv. haer. I 25,6.

[41] Vgl. H. Liboron, Die karpokratianische Gnosis, Leipzig 1938; H. Kraft, Gab es einen Gnostiker Karpokrates?, ThZ 8 (1952), 434–443.

[42] Irenäus, adv. haer. I 13,7.

Ende der Regierung des Partherkönigs Artabanus III. (12 bis etwa 38)[43] wandern die Mandäer aus Syrien-Palästina nach Mesopotamien aus. Sie haben ihre alte Heimat wahrscheinlich nicht freiwillig verlassen, sondern sahen sich wohl durch Verfolgungen von Seiten der Juden zum Exodus genötigt. Auch darf man kaum annehmen, dass alle ohne Ausnahme sich zur Auswanderung entschließen konnten; Reste blieben wohl im Lande zurück. Und die Auswanderer ihrerseits sind kaum auf direktem Wege in ihre heutigen Wohnsitze gezogen; sie scheinen sich zunächst mehr im zentralen Babylonien niedergelassen zu haben, noch davor vielleicht im medischen Bergland (Haran-Gawaitha-Legende), wo später, als das Gros weiter gezogen war, ein Rest verblieben sein könnte; erst unter dem Druck der christlichen Kirche und dann des Islams jedenfalls zogen sie sich in die südlichen Sumpfgebiete zurück, wo ihre Hauptgruppe heute lebt. Die Einzelheiten und die sonstigen Motive dieser Wanderung liegen für uns im Dunkeln. Hier in Mesopotamien hat dann das Mandäertum nach und nach unter den Einflüssen der neuen Umwelt und in einem Prozess zunehmender innerer Erstarrung die Gestalt gewonnen, in der es uns mit seinen klassischen heiligen Schriften und in der heutigen Praxis direkt entgegentritt: Die gnostische Grundanschauung, die ursprüngliche Mythologie und der ursprüngliche Kult werden mit christlichen, babylonischen (besonders magischen und astrologischen) und iranischen (besonders kultischen) Elementen und Motiven versetzt bzw. kombiniert. Wie die Geschichte des Mandäertums selbst noch nicht abgeschlossen ist, so auch nicht seine Erforschung. Im Gegenteil! Man kann von einer zweiten Phase der Mandäerforschung in der unmittelbaren Gegenwart sprechen, die sich besonders mit der heutigen Praxis der Mandäer und mit den jüngeren ihrer heiligen Schriften befasst bzw. davon ausgeht. Diese Renaissance der Mandäerforschung ist weitgehend das Verdienst einer Frau, das Verdienst von Lady E. S. Drower, die ihre ganze Leidenschaft und ihre reichen Mittel in den Dienst dieser Sache gestellt hat. Es ist ihr gelungen, viele neue Texte zu bekommen; sie hat die Mandäer mehrfach besucht, ihre Priester befragt, ja sogar mandäische Kultakte photographiert und gefilmt. Von der Gegenwart aber nun wieder zurück ins antike Mesopotamien!

Von Mesopotamien nimmt wiederum der Manichäismus im Jahre 276 n. Chr. (Todesjahr Manis) seinen Ausgang. Sein Weg im Westen (Mesopotamien, Syrien, Kleinasien, Nordarabien, Palästina, Ägypten, Nordafrika, Gallien, Spanien, Italien, Dalmatien) ist als zweite gnostische Hauptwelle z. T. schon zur Sprache gekommen. Seit dem sechsten Jahrhundert geht der Manichäismus im weströmischen Reich ständig zurück; im oströmischen Reich wird er noch im neunten Jahrhundert bekämpft. Von Mesopotamien aus nach Osten gelangt die Gnosis fast ausschließlich in *einer* Welle, fast nur in der Gestalt des Manichäismus; und zwar trägt der im Einzelnen recht komplizierte Prozess der Ausbreitung des Manichäismus die gnostische Weltanschauung nach Armenien, nach Ostiran, nach West- und Ostturkestan, und schließlich sogar nach China, wo der Manichäismus sich in Resten bis etwa 1370/1374 hält.

43 Vgl. R. Macuch, ThLZ 82 (1957), 405f.; ThLZ 87 (1962), 740f.

Um die urwüchsige Kraft der gnostischen Bewegung voll zu erfassen, ist es noch notwendig, das äußere Bild der Ausbreitung der Gnosis von Ort zu Ort und von Land zu Land zu ergänzen um eine Betrachtung über die Art, wie die Gnosis andere Anschauungen sozusagen unterwandert und von innen her durchdringt. Die Gnosis verbreitet sich ja nicht nur als komplette Weltanschauung oder in geschlossenen Systemen, sondern auch so, dass sie andere Weltanschauungen und Gedankengefüge nur in verschiedenen Graden und Qualitäten beeinflusst. Schon das Urchristentum ist in seiner Theologie nicht unbeträchtlich von der Gnosis bestimmt worden. Namentlich die gnostische Erlöservorstellung und die gnostische Kosmologie und Anthropologie sind es, die vor allem Paulus, die Verfasser des Kolosser- und Epheserbriefes und der johanneische Kreis in Terminologie und Gehalt zur Interpretation des Christusgeschehens und zur Gestaltung der Theologie verwenden. Dann ist ein großer Teil der apokryphen altchristlichen Literatur mit gnostischen Gedanken durchsetzt und mit gnostischem Gut angereichert. Die Theologie des Bardesanes ist halbgnostisch. Ähnliches gilt von der Lehre des Arabers Monoimos, der sich wohl von gnostischen Gedanken beeinflusst zeigt, aber selbst kein ausgesprochener Gnostiker ist, und von dem hermetischen Schrifttum. Schließlich sind die gnostischen Vorstellungen auch in die Mysterienreligionen eingedrungen und haben deren Theologie weitgehend überformt.

3. *Die gnostischen Lehrer*

Der Strom der gnostischen Bewegung wälzt sich in der Hauptsache anonym dahin. Aber hin und wieder tauchen aus ihm prophetische Führergestalten auf, die der sie tragenden Gnosis ihren persönlichen Stempel aufdrücken und so innerhalb der umgreifenden Bewegung zu Sekten- oder Schulhäuptern werden. Diese gnostischen Lehrer und ihre Anhänger, die sich nach dem Namen des Meisters nennen (z. B. Simonianer, Basilidianer, Valentinianer, Marcioniten, Manichäer), gleichen dem sichtbaren Teil eines Eisberges. Mit „gnostischen Lehrern" sind hier natürlich nur die historischen Lehrergestalten gemeint, nicht die fiktiven und mythischen (wie Seth, Baruch, Jesus usw.). Die bedeutendsten dieser gnostischen Lehrer seien hier einzeln betrachtet.

Simon Magus

Die erste fassbare gnostische Lehrergestalt ist der schon genannte Simon Magus. Er stammt aus einem Dorf namens Gitta in der Landschaft Samarien. Simon zieht im Lande umher in Begleitung einer Frau namens Helena, die vor ihrer Bekanntschaft mit Simon als Lohndirne in Tyrus gelebt hat.[44]

---

[44] Die Historizität der Helena ist übrigens umstritten; für die Historizität: R. P. Casey, E. Meyer; dagegen: G. Quispel, E. Haenchen.

Sein Auftreten als gnostischer Lehrer und Erlöser und seine Lehre selbst sind schon oben geschildert worden. Diese ursprüngliche Lehre des Simon hat man später sekundär, als der Simonianismus mit dem Christentum in Berührung kam und in Konkurrenz trat, um einige wenige christliche Anleihen bereichert. Mit ihrer Hilfe vermochte man nämlich den Simonianismus leicht als die Erfüllung und Überbietung des Christentums zu interpretieren. Man lehrte jetzt, der Meister Simon sei unter den Juden als Sohn erschienen, in Samarien als Vater herabgestiegen und bei den übrigen Völkern als der Heilige Geist angekommen.[45] In Judäa glaube man, dass er (als Sohn) gelitten habe, während er in Wirklichkeit gar nicht habe leiden können.[46] Und die Ennoia verstand man als das verlorene Schaf des Evangeliums.[47] Simon gilt aber nun nicht nur bei den Simonianern als Autorität, sondern auch bei Gnostikern anderer Richtungen. So kann später ein gnostischer Einzelgänger, der die gnostische Weltanschauung in ein monistisch-philosophisches System einzukleiden sucht, sein Werk unter dem Namen des berühmten, sagenumsponnenen Simon veröffentlichen. Dieses Werk, die sog. Ἀπόφασις Μεγάλη (Große Verkündigung), kennen wir durch Hippolyt, der es ausgiebig zitiert.[48] Die Große Verkündigung ist so wenig simonianisch, wie die Pastoralbriefe paulinisch sind. Zur Zeit des Origenes scheinen die Simonianer dann fast ausgestorben zu sein.[49]

Basilides

Im Unterschied zu Simon Magus ist Basilides ein christlicher Gnostiker, und zwar einer von denen, die sich nicht damit begnügen, die Gnosis mit einem dünnen christlichen Firnis zu überziehen, sondern ernsthaft um eine Synthese von Gnosis und Christentum ringen. Basilides lebt und wirkt in Ägypten unter Hadrian und Antoninus Pius,[50] d. h. also innerhalb des Zeitraums 117 bis 161 n. Chr. Vielleicht ist Ägypten nur seine Wahlheimat und er gebürtiger Antiochener. Möglicherweise ist er, bevor er nach Ägypten kam, auch einmal bei den Persern gewesen. Der Schauplatz seines Wirkens und Lehrens ist jedenfalls Alexandria. Von hier aus unternimmt

---

[45] Irenäus, adv. haer. I 23,1.
[46] Irenäus, adv. haer. I 23,3.
[47] Irenäus, adv. haer. I 23,2.
[48] Ref. VI 9,3–18,7.
[49] C. Cels. I 57; VI 11.
[50] Clemens Alexandrinus, strom. VII 106,4.

er auch Missionsreisen durch die Gaue des Nildeltas.[51] Er lehrt nicht nur durch das gesprochene, sondern auch durch das geschriebene Wort. Wir wissen, dass er „Exegetica“ (einen Kommentar zum Evangelium in vierundzwanzig Büchern, von dem nur wenige Fragmente erhalten sind) und Oden verfasst hat. Er ruft in Ägypten eine eigene Schule ins Leben, die nach seinem Tode sein Sohn und Schüler Isidorus dort weiterführt. Auch Isidorus ist schriftstellerisch tätig; wir kennen von ihm die Titel: Die hinzugewachsene Seele (Περὶ προσφυοῦς ψυχῆς); Exegetica zum Propheten Parchor; Ethica. Die Basilidianer feiern als besonderes Fest den Tag der Taufe Christi, und zwar am 10. Januar (manche schon am 6. Januar).[52] Die Schule des Basilides verbreitet sich auch über die Grenzen Ägyptens hinaus und hält sich bis ins vierte Jahrhundert.

Das für die Lehre des Basilides und der Basilidianer Typische ist folgendes: Aus dem unbekannten Gott entsteht die Himmelswelt in bruchloser Emanationskette so, dass jeweils das höhere Wesen das unter ihm stehende und deswegen geringere hervorbringt. Es folgen also aufeinander von oben nach unten: Unbekannter Gott – Nous (= Christus) – Logos – Phronesis – Sophia/Dynamis – 1. Engelklasse (die den 1. Himmel schafft) – 2. Engelklasse (die den 2. Himmel schafft) – 3. Engelklasse (die den 3. Himmel schafft) – [usw. bis zur] – 365. und untersten Engelklasse (die den 365. und untersten Himmel schafft). Diese unterste Engelklasse hat die irdische Welt geschaffen und den irdischen Menschen als Gefängnis für die direkt aus dem unbekannten Gott stammende Seele. Um diese zu erlösen, steigt Christus in die Menschenwelt herab, ohne Mensch zu werden. Er hat auch nicht gelitten, sondern verwandelte den Simon von Kyrene in seine Gestalt und nahm selbst dessen Gestalt an, so dass irrtümlich Simon von Kyrene von den Weltherrschern gekreuzigt wurde, während der wahre Christus in der Gestalt Simons lachend dabeistand. Danach stieg er unerkannt wieder empor als Wegbereiter für die Seelen.[53]

Name und Lehre des Basilides kamen auch nach Rom, und hier hat ein von der Gnosis infizierter Philosoph bzw. ein Gnostiker mit philosophischen Ambitionen unter dem Namen des Basilides ein Werk mit einem geistreichen monistischen System verfasst, das Hippolyt irrtümlich seiner Darstellung des Basilidianismus zugrunde legt.[54]

---

51 Epiphanius, Panarion 24,1,1.
52 Clemens Alexandrinus, strom. I 146,1f.
53 Irenäus, adv. haer. I 24,3–7.
54 Ref. VII 20–27.

Valentinus

Valentinus hat der christlichen Gnosis die Gestalt gegeben, in der sie der werdenden Kirche am gefährlichsten wurde. Valentinus stammt von der Seeküste Ägyptens und empfängt hellenistische Bildung in Alexandria.[55] Hier wird er von der gnostischen Bewegung erfasst, und hier mag er auch zum Christentum gekommen sein. Jedenfalls wirkt er eine ganze Zeit in Ägypten unangefochten als christlicher Lehrer. Aber es zieht ihn nach Rom,[56] wo er sich der dortigen Christengemeinde anschließt. Hier dauert es jedoch nicht lange, und er wird (bald nach 140 n. Chr.) als Häretiker ausgeschieden.[57] Aber Valentinus gibt deswegen Rom als Tätigkeitsfeld nicht auf, vielmehr wirkt er hier neben der offiziellen Kirche etwa zwei Jahrzehnte lang bis zu seinem Tode (um 160 n. Chr.) als christlich-gnostischer Lehrer und als Gründer, Haupt, Organisator einer eigenen Schule. Anhänger hat Valentinus schon in Ägypten gewonnen; in Rom kommen neue hinzu. Die Schule greift aber bald über Ägypten und Rom hinaus und verbreitet sich auch in Syrien und Gallien; namentlich im Orient kann sie sich fast ein Jahrhundert hindurch halten. Von den direkten und indirekten Jüngern des Valentinus ist eine beträchtliche Anzahl namentlich bekannt, nämlich Secundus; Kolarbasos; Marcus (direkter Schüler des Kolarbasos, hat u. a. in Asien gewirkt; Irenäus spricht von Marcus wie von einem Zeitgenossen); Ptolemäus und Herakleon (beide haben vermutlich vor allem in Italien [Rom] gewirkt); Theotimos; Axionikos (in Antiochia, vertritt noch zu Tertullians Zeit den Valentinianismus); Alexander; Theodotos. Die Schule spaltet sich z. T. in zwei Richtungen, die von den Valentinianern selbst „die anatolische“ und „die italische“ genannt werden. Zur anatolischen Richtung gehören: Axionikos, Theodotos; zur italischen: Ptolemäus, Herakleon. In der Schule des Valentinus wurde nun die Lehre des Meisters nicht etwa unverändert weiterüberliefert, sondern laufend bearbeitet, ausgestaltet und weiterentwickelt. Man fühlte sich hier, wie in der Gnosis überhaupt, dem Geist verbunden, nicht dem toten Buchstaben. So kommt es, dass uns der Valentinianismus in einem bunten Strauß im Prinzip übereinstimmender, aber in Einzelheiten beträchtlich voneinander abweichender Systeme überliefert ist. Obgleich wir einige Fragmente des Valentinus besitzen, können wir eine Vorstellung von der Lehre des Meisters selbst nur im Rückschluss aus diesen überlieferten

55 Epiphanius, Panarion 31,2.
56 Epiphanius, Panarion 31,7.
57 Irenäus., adv. haer. III 4,3; Tertullian, praescr. haer. 30.

Systemen seiner Schüler gewinnen; und zwar muss von Valentinus mindestens das stammen, worin alle valentinianischen Systeme übereinstimmen. Eins der valentinianischen Systeme, vermutlich das der Schüler des Ptolemäus und des Herakleon, haben wir oben als Beispiel für die gnostische Systembildung in den Grundzügen entwickelt. Als besonders typisch für den gesamten Valentinianismus, und also auch für Valentinus selbst, können drei Lehrstücke herausgehoben werden: 1. Die Vorstellung von dem aus dreißig Äonen bestehenden Pleroma (die Zahl dreißig steht fest; wie diese Zahl erreicht und im Einzelnen mit Äonen angefüllt wird, darin schwanken die valentinianischen Systeme). 2. Die Lehre von einer zweiten, unteren Sophia namens Achamoth, von dem Soter als dem Bräutigam der Achamoth und von den Engeln des Soter als den Bräutigamen der Kinder bzw. Spermata der Achamoth. (In den Einzelheiten des Lehrstücks weichen die anderen valentinianischen Systeme von dem oben dargestellten System wieder ab. Den größten Unterschied weist das System auf, das Hippolyt ref. VI 29–36 mitteilt. Danach findet die Vermählung zwischen der Achamoth und dem Soter gleich bei der ersten Begegnung der beiden statt; aus dieser Verbindung entstehen siebzig Logoi, die dann als geistiges Prinzip in die Menschen gelangen. Engel des Soter treten in dieser Version überhaupt nicht auf.) 3. Die Dreistufigkeit Geist – Seele – Materie mit der Möglichkeit einer geringeren ewigen Seligkeit für das Seelische.

Marcion

Ein christlicher Gnostiker ganz anderen Typs ist Marcion. Ihm liegt nämlich gar nichts an geistreicher religionsphilosophischer Spekulation, er will vielmehr ganz bewusst Bibeltheologe sein. Während einem Basilides und einem Valentinus das Christentum zum Ausbau der Gnosis dient, dient dem Marcion die Gnosis zu einem neuen Verständnis des Christentums. Marcion übernimmt wohl zahlreiche Motive aus der schon fertigen gnostischen Vorstellungswelt, aber im Wesentlichen stellt seine Lehre doch eine neue, andersartige, gewissermaßen der Kirche von innen her erwachsende, Verobjektivierung der gnostischen Daseinshaltung und Weltanschauung dar. Marcion, von Haus aus eigentlich Reeder, stammt aus Sinope im Pontus und ist anfangs Glied der dortigen Christengemeinde, der sein eigener Vater als Bischof vorsteht. Schon in dieser Periode müssen sich die Grundzüge seiner Lehre herausgebildet haben, denn vermutlich hat ihn sein Vater wegen theologischer Differenzen aus der Gemeinde ausgestoßen. Er versucht nun anscheinend im Westen Kleinasiens, vor allem in den Gemeinden von Ephesus und Smyrna Fuß zu fassen, aber er wird abgewiesen, namentlich durch den Bischof Polykarp von Smyrna. Als gereifter Mann kommt er schließlich (vor 140 n. Chr.) nach Rom und findet in dieser Gemeinde, der er ein beträchtliches Vermögen übereignet, tatsächlich auch Eingang. Aber bald treten auch hier die Gegensätze zutage. Ende Juli 144 n. Chr. erfolgt der endgültige Bruch mit der Kirche.

Seine Lehre, die zu dieser Trennung führte, besagt im Wesentlichen: Es gibt zwei Götter, nämlich den bekannten, gerechten, minderwertigen Gott des Alten Testaments und der Juden, und den unbekannten, guten, vollkommenen Gott, den Jesus und Paulus verkündet haben. Der nur gerechte Gott hat aus der schlechten Materie die Welt und in der Welt den aus Leib und Seele bestehenden Menschen geschaffen, und zwar unvollkommen, wie er selbst unvollkommen ist. Dieses unvollkommene Wesen „Mensch" quält er nun mit der unpassenden Norm der Gerechtigkeit, deren Übertretungen er mit boshafter Rachsucht ahndet. Da erbarmt sich der im dritten Himmel wohnende gute Gott des ihm völlig fremden Wesens, sendet seinen eigenen Sohn als Jesus Christus mit einem Scheinleibe in die Welt, damit er die Seelen der Menschen von der grausamen Herrschaft des gerechten Gottes durch Lehre und Kreuzestod loskaufe. Die Erlösung erfolgt, wenn die Menschen der von Jesus (und Paulus) gepredigten Botschaft vom unbekannten, guten Gotte Glauben schenken und entsprechend in strengster Askese ihr Leben führen; die Erlösung wirkt sich endgültig aus am Ende der Welt, wenn die Seelen der Gläubigen das ewige Leben empfangen, die Ungläubigen aber samt Welt und Weltschöpfer vernichtet werden. Das Auffällige und Typische dieser Lehre innerhalb der Gnosis ist dreierlei: 1. Die Zwei-Götter-Lehre. 2. Das Fehlen der Emanationsvorstellung und der Äonenspekulation. 3. Das Fehlen des Gedankens von der Wesensgleichheit des inneren Menschen mit dem unbekannten Gott; erst Schüler des Marcion ergänzen die Lehre sekundär um diesen der Gnosis sonst geläufigen Gedanken.

Nach dem erwähnten Bruch mit dem Frühkatholizismus wird Marcion zum Gründer einer eigenen Gegenkirche, die sich, auf Grund einer Propaganda größten Stiles, im Nu über die ganze damalige Welt verbreitet; wir finden sie vor dem Ende des zweiten Jahrhunderts schon im westlichen Kleinasien, in Korinth, Kreta, Antiochia, Alexandria, Karthago, Lyon; später überall, wo es überhaupt Christen gibt. Er gibt dieser Kirche als Heilige Schrift das vermeintlich paulinische Lukasevangelium und die paulinischen Briefe, nachdem er beides von angeblich sekundären, judaistischen Verfälschungen gereinigt hatte. Seine Lehre selbst hatte er in einem „Antithesen“ betitelten Werk, in dem er die Aussagen des Alten Testaments und des Evangeliums als unvereinbar einander gegenüberstellt, niedergelegt. Etwa 160 n. Chr. ist Marcion gestorben. Unter seinen Anhängern, die nicht selten in den Prinzipienfragen die Lehre des Meisters weiterbilden – vorwiegend in Richtung auf gängige gnostische Tendenzen und Vorstellungen –, ragt besonders der vom Meister abgefallene Schüler Apelles hervor. Die Marcionitenkirche blüht bis zur Mitte des dritten Jahrhunderts als eine Lebensgefahr für die Großkirche. Danach geht die Bewegung im Abendland langsam zurück und ist um 400 erloschen, nachdem der Manichäismus ihre Reste aufgesogen hat. Im Orient jedoch kann sie sich bis zur Mitte des fünften Jahrhunderts, z. T. neben dem Manichäismus, kräftig behaupten, und in abgelegenen Gebieten halten sich ihre Reste noch Jahrhunderte lang.

Mani

Mani ist es, der die Spätstufe und in gewisser Hinsicht die Krönung der Gnosis verkörpert und begründet. Er ist 216 n. Chr. in der Nähe der parthischen Residenz Seleukia-Ktesiphon geboren und entstammt einer vornehmen persischen Familie. Sein Vater schloss sich einer südbabylonischen (gnostischen?) Taufsekte an. In deren Geist wächst Mani auf; andere Einflüsse kommen hinzu: bodenständig iranische, christlich-gnostische. Auf einer Indienreise kommt er mit dem Buddhismus in Berührung. Aus all diesen Elementen gestaltet sich seinem religiösen Genie eine einheitliche Lehre gnostischen Typs, die er als Überbietung und Erfüllung von Zoroastrismus, Christentum und Buddhismus versteht und in mehreren Werken schriftlich fixiert, da er bewusst eine Buchreligion schaffen will. Das Schicksal seiner Lehre, seiner Verkündigung derselben und seiner eigenen Person wird nun hineingezogen in die Religionspolitik der sassanidischen Könige. Nach dem Tode Ardaschirs I. (224–242) kehrt er aus Indien zurück und verkündet seine neue Lehre in Südpersien, Mesene, Susiana, später mit Unterstützung Schapurs I. (242–273) im ganzen Sassanidenreich. Unter dessen Nachfolger Hormizd I. (273/274) lebt Mani in Babylonien. Bahram I. (274–277) aber lässt ihn verhaften und, nach einem Verhör, in der neuen Hauptstadt Gondeschapur (früher Beth Lapat) ins Gefängnis werfen, wo er vermutlich im Jahre 276 n. Chr. seinen Leiden erliegt.

Der besondere Charakter der Lehre des Mani im Rahmen der Gnosis beruht zu einem großen Teil auf der systematischen Einschmelzung der iranischen Mythologie in die gnostische Vorstellungswelt; hervorgehoben sei der zoroastrische Dualismus, die volkstümlich-iranische Vorstellung von einem Urriesen, aus dessen Teilen die Welt entsteht, die zoroastrische

Lehre vom Urmenschen Gayomart. Im Grundriss sieht die Lehre Manis so aus: Es gibt zwei streng voneinander geschiedene Urprinzipien: das Licht und die Finsternis. Aber die Finsternis begehrt nach dem Lichte. Es gelingt ihr, ein Stück Licht zu erbeuten und sich mit ihm zu vermischen. Im Wechselspiel zwischen dem Licht, das den verloren gegangenen Teil seiner selbst wiederhaben will, und der Finsternis, die ihn nicht hergeben will, entsteht der Kosmos, so dass in dessen einzelnen Teilen (z. B. in den Gestirnen, Pflanzen, Tieren und vor allem in den Menschen) das Licht in verschiedener Konzentration enthalten ist. Die Welt- und Heilsgeschichte hat nun den Sinn, dass nach und nach das ganze in der Welt verteilte Licht ausgesondert wird und ins Lichtreich zurückkehrt. Das wird erreicht durch direktes Eingreifen des Lichtreiches von außen und durch das rechte Verhalten des Menschen, als des höchstprozentigen Lichtbehälters, von innen. Das Ziel des ganzen Prozesses ist, dass Licht und Finsternis wieder gesondert seien wie im Anfang, aber so, dass die Finsternis nicht mehr nach dem Licht begehren kann. Dieser Grundriss ist aber nun in concreto ausgefüllt mit einer verwirrenden Fülle mythologischer Gestalten und Aktionen.

Im Unterschied zu allen anderen gnostischen Richtungen bleibt bei den Manichäern die Lehre – abgesehen von der Terminologie – unverändert, und das trotz der ungeheuren Ausbreitung (von Spanien bis China) und trotz der mehr als tausendjährigen Geschichte, die den Manichäismus als einzige Gestalt der gnostischen Bewegung zur Weltreligion machen.

4. *Die Geschichte der gnostischen Systeme*

Nicht nur die von der gnostischen Weltanschauung ergriffenen Menschen haben ihre Geschichte, sondern auch die von ihnen weitergetragenen gnostischen Systeme selbst, in denen die gnostische Weltanschauung feste Gestalt angenommen hat. Wir meinen hier nicht die Elemente der Systeme und wie diese etwa aus der heidnischen oder jüdischen Mythologie in die Gnosis gelangt sind, sondern die Systeme als Ganzheiten, speziell ihr jeweiliges Kernstück: die *Kosmogonien*, und *deren* Geschichte *innerhalb* der Gnosis. Die einzelnen Gnostiker bzw. gnostischen Lehrer haben nämlich normalerweise nicht jeder für sich die eigene Weltanschauung in ein besonderes, jeweils neues System gekleidet. Vielmehr haben sie einander mit der Weltanschauung auch die Grundzüge des Systems vererbt. Die Individualität des jeweiligen gnostischen Lehrers und der jeweiligen gnostischen Richtung zeigt sich nur darin, wie man dieses Grundschema jeweils bearbeitet, erweitert, variiert. Dieser Sachverhalt hat sich in der

Überlieferung folgendermaßen niedergeschlagen: Von allen Systemen, wie wir sie aus den primären und sekundären Quellen kennen, stellen weitaus die meisten nur Zweige ein und desselben Stammes dar. Daneben gibt es ganz wenige andere Systeme, von denen jedes für sich allein dasteht und die untereinander nicht verwandt sind; von ihnen stellt jedes einen eigenständigen Entwurf dar. Um im Bild zu bleiben: Es sind gewissermaßen Seitentriebe aus derselben Wurzel. Nun sind diese Einzelsysteme ziemlich offenkundig sachlich und zeitlich relativ späte Erscheinungsformen der Gnosis. Es handelt sich, wenn man von Marcion als einem Sonderfall absieht, nur um gewisse Systeme, die Hippolyt in Rom kennengelernt hat und in denen die Gnosis von gnostischen Einzelgängern bewusst neu gestaltet ist: das pseudo-simonianische System der Ἀπόφασις Μεγάλη (ref. VI 9,3–18,7); das pseudo-basilidianische System (ref. VII 20–27); die Systeme der Peraten, Sethianer und des Justin[58] (ref. V 12–27). Aus der geschilderten Sachlage ergibt sich für uns nun die Möglichkeit, an Hand der zahlreichen Systeme, die Zweige ein und desselben Stammes sind, die Geschichte der Gnosis zurückzuverfolgen. In einem Rückschlussverfahren, das im Einzelnen recht kompliziert ist, stoßen wir schließlich auf ein einziges, nicht bezeugtes, sondern zu postulierendes System, als dessen vielfältige und vielstufige Bearbeitungen und Variationen sich alle die zahlreichen bezeugten Systeme verstehen lassen.

Dieses postulierte System kann man etwa folgendermaßen umreißen: In der Achtheit, d. h. im achten Himmel, in der Fixsternsphäre, wohnt der unbekannte Gott zusammen mit seiner Sophia, die als sein göttliches Weib vorgestellt wird. Gott und Sophia erzeugen gemeinsam viele himmlische Kinder als Bewohner der Achtheit. Die Sophia versucht auch einmal ohne ihren göttlichen Gatten ein Kind hervorzubringen; das wird eine Fehlgeburt von Sohn, der im siebenten Himmel, der obersten Planetensphäre, wohnt. Er ist der Demiurg und bringt zunächst die übrigen sechs Planetenherrscher hervor, so dass die Zahl der sieben Archonten voll wird. Die sieben Archonten, angeführt von ihrem ersten, dem Demiurgen, schaffen nun aus der Materie die irdische Welt und in ihr den Menschen. Aber der Mensch kriecht wie ein Wurm am Boden und kann sich nicht aufrichten. Da sendet der unbekannte Gott aus seiner Lichtwelt die Seele in den menschlichen Leib hinab. Der Mensch richtet sich auf, erkennt die

[58] Vgl. E. Haenchen, Das Buch Baruch. Ein Beitrag zum Problem der christlichen Gnosis, ZThK 50 (1953), 123–158.

Welt als Werk der Archonten und weiß, dass er selbst, d. h. sein Ich, seine Seele, dem Lichtreich oberhalb der Archonten zugehört.

Es sieht also ganz danach aus, als ob es ursprünglich ein einziges Ursystem der Gnosis gegeben hat, das etwa dem skizzierten Modell entsprochen haben mag. Damit stünden wir allerdings noch nicht an Wurzel und Ursprung der Gnosis überhaupt – die Gnosis lebt schon vor jedem System und kann auch später prinzipiell ohne System auskommen –, wohl aber am Anfang des Sich-selbst-Bewusstwerdens der Gnosis, am Beginn der Verobjektivierung der gnostischen Weltanschauung im System. Als ein von der gnostischen Weltanschauung ergriffener prophetischer Mensch die Aufgabe erkannte, einen *ätiologischen* Mythos zu schaffen, der die Fremdheit des Menschen in der Welt erklären konnte, konzipierte er dieses System. Und zunächst verbreitete sich die gnostische Weltanschauung fast ausschließlich in der Bindung an dieses System. Man versuchte nur, dieses System der neuen Weltanschauung immer besser anzupassen und den Mythos in sich konsequenter zu gestalten. Das sind die beiden Haupttriebkräfte der Weiterentwicklung des Ursystems. Im Einzelnen bemühte man sich vor allem, das Wesen, dessen Fehltritt die Weltentstehung auslöst, möglichst weit von dem doch vollkommenen Gott abzurücken und außerdem verständlich zu machen, aus welchem Motiv eigentlich Gott die Seele (oder den Geist) in den menschlichen Körper sendet.

5. *Hauptlinien der Entwicklung*

Überblickt man schließlich die Geschichte der Gnosis von ihrem Ursprung bis zu ihrem Untergang noch einmal aus größerer Entfernung, werden drei Marksteine innerhalb des Entwicklungs- und Ausbreitungsprozesses deutlich sichtbar.

Der erste Markstein ist die Kehrtwendung der jungen gnostischen Bewegung gegen das offizielle Judentum. Ursprünglich lag eine solche Feindschaft der Gnosis fern; das jüdische Volkselement war ja an ihrer Entstehung maßgeblich beteiligt, und das Ursystem weist starke jüdische Motive auf. Die Wendung gegen das Judentum scheint älter zu sein als die Begegnung der Gnosis mit dem Christentum. Das Motiv ist, wie so vieles andere, unbekannt. Aber es gehört nicht viel Phantasie dazu, sich vorzustellen, dass eine Verfolgung der Gnostiker durch die Juden ein wesentlicher Grund gewesen sein könnte. Man könnte allerdings, vielleicht daneben, auch an einen gewissen Systemzwang denken; im Ursystem trugen der unbekannte Gott und der Demiurg Züge des alttestamentlichen

Gottes; dieser gewissermaßen labile Zustand konnte eigentlich nur so beseitigt werden, dass man die Züge des alttestamentlichen Gottes auf den Demiurgen beschränkte. Im Ganzen wirkt sich die Kehrtwendung jedenfalls so aus, dass in der gnostischen Vorstellungswelt der Gott der Juden und des Alten Testaments namens Sabaoth nun vom unbekannten Gott und Paargenossen der Sophia, der er ursprünglich ist, zum unwissenden und bösen Demiurgen degradiert wird. Dabei wird entweder auch der alte Demiurgenname Jaldabaoth durch den Namen Sabaoth ersetzt, oder Jaldabaoth wird nur praktisch als Judengott verstanden.

Der zweite Markstein ist die Begegnung der Gnosis mit dem Christentum. Sie vollzieht sich in zwei Stufen, die man wohl sachlich, aber nicht zeitlich gegeneinander abgrenzen kann. Auf der ersten Stufe berühren sich beide Größen nur, und es kommt zu einem gegenseitigen Geben und Nehmen. Das Christentum profitiert vor allem von der gnostischen Welt- und Erlöservorstellung, und die Gnosis übernimmt die Gestalt und Geschichte des *einen* Heilbringers Jesus Christus. Die zweite Stufe ist dadurch gekennzeichnet, dass die gnostische Bewegung versucht, innerhalb des Verbandes der Kirche Fuß zu fassen. Und das führt dann dazu, dass ein erheblicher Teil der Geschichte der Gnosis als urkirchliche Ketzergeschichte erscheint. Aus der gnostischen Weltanschauung und Vorstellungswelt ergaben sich nämlich bei engerer Verbindung mit christlichen Gedanken *notwendig* bestimmte und einschneidende Modifikationen der traditionellen kirchlichen Anschauungen: 1. Es gibt keine Auferstehung des Fleisches (der Auferstehungsgedanke wird uminterpretiert). 2. Christus hat nicht gelitten und ist nicht gestorben (Doketismus). 3. Der oberste Gott und Vater Christi ist nicht der Weltschöpfer. Und diese Modifikationen mussten wiederum die kirchlichen Ketzerbestreiter auf den Plan rufen.

Der dritte Markstein ist dann endlich die Umgestaltung der Gnosis zu einer iranischen Weltreligion und Weltkirche durch Mani.

Quer durch die ganze Geschichte der Gnosis aber zieht sich gewissermaßen als mehr oder minder starke Unterströmung die Tendenz, aus der Gnosis, die ursprünglich Religion ist, eine Art Philosophie zu machen und aus den gnostischen Sektengemeinschaften quasi-philosophische Schulen. Ein weiteres Charakteristikum ist, dass die gnostische Bewegung sich vollzieht als eine Bewegung unübersehbar vieler Gruppen und Grüppchen von Gnostikern. Beides, die Tendenz von der Religion zur Philosophie wie die Zersplitterung der gnostischen Bewegung, spiegelt sich wider in den Selbstbezeichnungen der einzelnen Gruppen.[59] „Gnostiker" ist der alle Gruppen verbindende allgemeine Name. Manche Gruppen führen überhaupt daneben keinen speziellen Namen. Manche führen zwar Sondernamen; diese sind uns aber nicht sicher deutbar: z. B. „Peraten", „Koddianer". Manche nennen sich nach einer Besonderheit ihrer Lehre oder nach einer besonders in Geltung stehenden mythologischen Gestalt: „Ophiten", „Kaïaner", „Sethianer", „Noachiten" usw. Manche nennen sich schließlich nach ihren Lehrern und Schulhäuptern: „Simonianer", „Satornilianer", „Basilidianer", „Valentinianer", „Marcioniten" usw.[60]

---

[59] Selbstbezeichnungen im Unterschied zu den Bezeichnungen durch die Gegner und zu den modernen wissenschaftlichen Bezeichnungen.

[60] Vgl. auch, wie sich die kirchlichen Gegner die Namen der einzelnen Gruppen zurechtlegen, Justin, dial. 35; Clemens Alexandrinus, strom. VII 108.

HAUPTPROBLEME DER GNOSIS. GESICHTSPUNKTE ZU EINER NEUEN DARSTELLUNG DES GESAMTPHÄNOMENS*

Die Hauptprobleme der Gnosis sind heute nicht mehr dieselben wie zu der Zeit, als W. Bousset sein klassisches so betiteltes Werk schrieb.[1] Die Fragestellungen haben sich wesentlich verschoben. So bestehen die Probleme, die Bousset behandelte, zwar weithin noch fort, aber sie sind nicht mehr die *Haupt*probleme. Nun ist es klar, dass besonders jede Gesamtdarstellung der Gnosis eine klare Erfassung dieser hauptsächlichsten Problematik und eine ebenso klare Stellungnahme ihr gegenüber notwendig voraussetzt. Und aus dieser Stellungnahme können sich dann gewisse leitende Gesichtspunkte für die Darstellung selbst ergeben. Natürlich hängt die Entscheidung darüber, was als Hauptproblem und was als ein untergeordnetes Problem anzusehen ist, nicht nur von der allgemeinen Forschungslage, sondern auch von der subjektiven Einschätzung des jeweiligen Forschers ab. Und auch wieweit man die Darstellung von der eigenen Lösung dieser Hauptprobleme bestimmt sein lässt, ist eine Frage des jeweiligen individuellen oder auch kollektiven Stils und Geschmacks.

Nun sind das alles keine rein theoretischen und hypothetischen Erwägungen, sondern sie stammten gewissermaßen aus der eigenen Praxis. Ich war nämlich ganz konkret vor die Aufgabe gestellt, eine solche Gesamtdarstellung abzufassen. Die Darstellung ist schon fertig und befindet sich im Druck.[1a] Aber es liegt mir daran, die Probleme, die mir vor und während der Arbeit als besonders wesentlich und interessant erschienen sind, und gewisse damit zusammenhängende mir wichtig gewordene Gesichtspunkte der Darstellung hier, sozusagen im Nachhinein, einmal als solche besonders zur Diskussion zu stellen.

---

* Kairos 7 (1965), 114–123. Neudruck in: K. Rudolph (Hg.), Gnosis und Gnostizismus, Darmstadt 1975, 585–600. Vortrag gehalten anlässlich meiner Österreichreise im Frühjahr 1964.

[1] Hauptprobleme der Gnosis, Göttingen 1907 (Neudruck 1973).

[1a] Erschienen in: Umwelt des Urchristentums, J. Leipoldt/W. Grundmann (Hg.), Bd. 1, Berlin ³1971, 371–415.

I

Zuerst wäre da ein gewissermaßen ganz unterwertiges und scheinbar bloß äußerliches Problem zu nennen. Man muss sich nämlich die Frage stellen, ob es überhaupt sinnvoll ist, im gegenwärtigen Stadium der Gnosisforschung eine Darstellung des Gesamtphänomens zu versuchen. Der sensationelle 1945/46 bei Nag Hammadi gemachte Fund einer ganzen Bibliothek gnostischer Originalschriften, die nach und nach der wissenschaftlichen Öffentlichkeit zugänglich werden, stellt ja den Anfang einer ganz neuen Epoche der Gnosisforschung dar. Völlig neue Fragen tauchen damit für uns auf. Alle bisher gewonnenen Lösungen der bekannten Probleme müssen im Licht der neuen Texte überprüft werden. Wäre es in Anbetracht dessen nicht am besten, wenn das Thema „Gnosis als Gesamtphänomen" erst einmal für einige Jahrzehnte als gesperrt betrachtet und behandelt würde, bis die Nag Hammadi-Schriften alle veröffentlicht und durchforscht sind? Sollte man sich jetzt nicht ganz auf Spezialuntersuchungen konzentrieren? Aber die Nag Hammadi-Schriften sind inzwischen bereits zu einem nicht unbeträchtlichen Teil veröffentlicht und auf ihre sachliche Relevanz untersucht worden. Über den noch unveröffentlichten Teil liest und hört man dieses und jenes. Aus alledem ergibt sich, wie es scheint, zunächst einmal, dass die Nag Hammadi-Schriften zwar eine neue Epoche der Gnosisforschung einleiten, aber keine Revolution mit sich bringen. Man kann auch praktisch unmöglich den Interessierten, namentlich den Studenten, auf Jahrzehnte hinaus ein Gesamtbild der Gnosis vorenthalten. An diesem Bilde hängt ja auch zuviel, wie sich an der Diskussion über einen etwaigen positiven Einfluss der Gnosis auf die Entwicklung des Urchristentums leicht ablesen lässt. Aber dieser praktische Gesichtspunkt darf nicht der entscheidende sein. Auch aus sachlichen Gründen kann nicht auf den Entwurf eines Gesamtbildes der Gnosis verzichtet werden. All die Einzeluntersuchungen, die die Nag Hammadi-Schriften ermöglichen und fordern, sind doch nur sinnvoll in einem dialektischen Verhältnis zu einem solchen Gesamtbild, sei es, dass dies Gesamtbild literarisch vorliegt, sei es, dass es nur im Kopf des jeweiligen Forschers ist. Das Einzelne kann nur vom Ganzen her und zum Ganzen hin betrachtet werden. Man muss schon ein wenigstens provisorisches Gesamtbild haben, um überhaupt ein konkretes Einzelproblem zu sehen und in seiner Problematik zu erkennen. Und die besondere Behandlung eines solchen Einzelproblems ist nur wirklich sinnvoll, wenn sie in Beziehung zum Gesamtbild bleibt, sei es, dass sie es bestätigt, sei es, dass sie es ergänzt, sei es, dass sie es modifiziert. Hinzu kommt noch, dass der Nag Hammadi-Fund gerade in eine besonders kritische Situation fiel, wo die Gnosisforschung sowieso schon einem Chaos glich. Es gab gar kein einigermaßen, wenigstens im Großen und Ganzen, anerkanntes Gesamtbild der Gnosis. Dafür aber eine Fülle von Teilansichten, die einander fremd und unversöhnlich gegenüberstanden. Dass das so ist, kann man mit aller nur wünschenswerten Deutlichkeit schon an dem dreiteiligen Artikel „Gnosis“ in RGG³ I, 1648–1661 ablesen, oder auch an der Ratlosigkeit unserer Studenten, wenn sie sich anhand der vorliegenden Literatur über die Gnosis informieren wollen. Es ist also nicht nur verzeihlich, sondern ein Gebot der Stunde, wenn wir uns gerade zu einer Zeit, wo die Spezialthemen nach Bearbeitern rufen, auch um ein Gesamtbild der Gnosis bemühen.

II

Das erste eigentlich sachliche Problem, das es dann auf jeden Fall zu lösen gilt, kann man in die Frage fassen: Was ist denn eigentlich Gnosis und was ist gnostisch? Von der Wortbedeutung her und aus der Verwendung in der Forschungsgeschichte haftet dem Begriff Gnosis – ähnlich wie dem Begriff Mystik – eine gewisse Unschärfe an. Die einen verstehen z. B. unter Gnosis nur die bewusste, von den kirchlichen Ketzerbestreitern bekämpfte, innerhalb der christlichen Gemeinden auftretende häretische Bewegung; für andere fallen unter den Begriff Gnosis darüber hinaus noch nichtchristliche Erscheinungen wie die Hermetik, das Mandäertum, der Manichäismus; dabei gehen übrigens Einzelne soweit, auch die Mysterienreligionen, Philo, den Neuplatonismus u. ä. mit zur Gnosis zu rechnen (vor allem Jonas); wieder andere nennen Gnosis alle dunklen und geheimnisvollen Gedanken- und Vorstellungsgefüge, in denen der Erkenntnis eine maßgebliche Rolle zukommt. Es ist also schon etwas Wahres daran, wenn H. J. Schoeps seinen Eindruck in das Urteil kleidet: „Die meisten Autoren operieren ... mit so ungeklärten Begriffen, dass die Polemiken, die sie führen, zu Scheingefechten werden, da jeder unter Gnosis offenbar etwas anderes versteht.“[2] Nun ist allerdings mit einer sauberen Begriffsverwendung noch nicht all zu viel gewonnen. Im Gegenteil, das Bestehen auf Klärung der Begriffe kann geradezu eine Trübung in der Erkenntnis der gemeinten Sache zur Folge haben, wie man m. E. an R. McL. Wilsons dies-

[2] Urgemeinde, Judenchristentum, Gnosis, Tübingen 1956, 30.

bezüglichen Ausführungen studieren kann.[3] Natürlich ist es notwendig, genau zu definieren, was unter „Gnosis“ verstanden werden soll. Aber eine solche Definition ist, recht verstanden, keine willkürliche Angelegenheit, sondern es kommt alles darauf an, dass dem einen modernen wissenschaftlichen Begriff Gnosis in der Wirklichkeit auch ein in sich einheitlicher, von der Umgebung deutlich abgehobener Sachverhalt entspricht. Ich halte es für sachgemäß, unter dem Begriff Gnosis im Wesentlichen folgende Gestalten, Gruppen, Anschauungen der spätantiken Religionsgeschichte zusammenzuschließen:

a) Simon Magus, Menander, Kerinth, Satornil, Basilides, Valentinus, Marcion, Mani; und zwar jeweils mit ihren Schülern, Anhängern und Lehren.
b) Harpokratianer; Naassener, Peraten, Sethianer (des Hippolyt); Nikolaiten, Stratiatiker, Phibioniten, Sokratiten, Zakchäer, Koddianer, Borboriten, Ophiten, Kaïaner, Sethianer, Archontiker (des Epiphanius); Ophianer (des Origenes); Gnostiker (des Plotin); Mandäer; jeweils mit ihren Lehren.
c) Zwei Systeme bei Irenäus, adv. haer. I 29 und 30; Baruchbuch des Gnostikers Justin; Traktat „Poimandres“ und andere hermetische Schriften; Koptisch-gnostische Schriften.

Alle diese Gestalten, Gruppen und Anschauungen erweisen sich nämlich als sachlich zusammengehörig, insofern als sie auf die jeweils vertretene und den Spekulationen zugrunde liegende Daseinshaltung hin befragt, als nur äußerlich verschiedenartige Träger und Zeugen von ein und derselben, sich deutlich von der geistigen Umgebung abhebenden Weltanschauung erscheinen. Dann können wir die erste, äußere, durch bloße Aufzählung des Zusammengehörigen erfolgte Definition durch eine zweite Definition von innen her ergänzen: Wir verstehen unter Gnosis eine religiöse Erlösungsbewegung der Spätantike, in der die Möglichkeit einer negativen Welt- und Daseinsdeutung in besonderer und unverwechselbarer Weise ergriffen ist und sich zu einer konsequent weltverneinenden Weltanschauung verfestigt hat, die sich ihrerseits wieder in Wortprägungen, Bildersprache und Kunstmythen charakteristischen Ausdruck verleiht. Und das heißt negativ: Die Gnosis ist also *nicht* entartetes Christentum, wie

[3] Gnostic Origins, VigChr 9 (1955), 193–211; Gnostic Origins again, VigChr 11 (1957), 93–110; Simon, Dositheus and the Dead Sea Scrolls, ZRGG 9 (1957), 21–30.

man es früher allgemein glaubte, aber auch heute noch verschiedentlich meint (klassischer Vertreter Harnack: „akute Hellenisierung des Christentums“); die Gnosis ist *nicht* die direkte Fortsetzung bzw. eine besondere Entwicklungsstufe einer orientalischen (iranischen) Volksreligion, wie die religionsgeschichtliche Schule[4] (Hauptvertreter Bousset und Reitzenstein) meinte; und die Gnosis ist *nicht* der Geist der Spätantike schlechthin, wie Jonas meint.[5]

Der Begriff Gnosis selbst ist übrigens ganz vorzüglich geeignet zur zusammenfassenden Bezeichnung des gemeinten Sachverhalts. Die Träger dieser Erlösungsbewegung nannten sich nämlich weithin selbst *gnōstikoí*, und *gnôsis* war nicht nur ihr Schlagwort, sondern nach ihrer Weltanschauung auch das eigentliche, ja im Prinzip das einzige Mittel der Erlösung.

Nach dieser Definition von Gnosis ist an sich klar, was wir unter „gnostisch“ zu verstehen haben: Gnostisch sind Aussagen, Vorstellungen, Systemstücke, die aus der bezeichneten Daseinshaltung und Weltanschauung erwachsen bzw. ihren spezifischen Sinn erhalten. Also nicht alles Dunkle und Geheimnisvolle ist gnostisch! Schwierig ist die Bestimmung, ob gnostisch oder nicht, nun aber in Fällen, wo man nicht ein Ganzes mit seinen Teilen von Augen hat, sondern nur Teilstücke, d. h. einzelne Aussagen, Vorstellungen, Systemfragmente. Diese Schwierigkeit wird dadurch noch erhöht, dass ja die Gnostiker für die darstellende Entfaltung ihrer Weltanschauung im System weitestgehend überliefertes Material, und zwar aus ganz verschiedenen Kulturkreisen, verwenden. Die Aussage z. B.: „der Mensch soll wissen, woher er kommt und wohin er geht,“ kann ganz prägnant gnostisch sein und das tiefe Geheimnis der Gnosis meinen;[6] aber mit demselben Satz kann auch der Jude[7] und der Stoiker[8] seine jeweils ganz andere Daseinshaltung zum Ausdruck bringen. Oder nehmen wir die Lehre vom Aufstieg der Seele nach dem Tode durch die Planetensphären; sie bildet ein zentrales Stück im Ganzen der gnostischen Weltanschauung, aber die Lehre an sich ist älter als die Gnosis, und auch wo sie zur Zeit der Gnosis für sich allein begegnet, braucht sie noch keineswegs gnostisch zu sein.

---

4 Vgl. C. Colpe, Die religionsgeschichtliche Schule, Göttingen 1961.

5 Zu meiner Stellungnahme gegenüber Jonas vgl. des Näheren ThLZ 1959, 813–820; ThLZ 85 (1960), 657–661.

6 Codex Jung 22,13–15 (Evangelium Veritatis); Excerpta ex Theodoto 78,2.

7 Abot 3,1.

8 Seneca ep. 82,6.

III

Ein weiteres Problem ist die überfällige Klärung des Verhältnisses zwischen der Gnosis und den Mysterienreligionen. Es hat einige Verwirrung verursacht und nicht geringen Ärger hervorgerufen, dass von Seiten der so genannten religionsgeschichtlichen Schule immer wieder Belege aus den Mysterienreligionen als gnostisch ausgegeben und verwendet worden sind. Nun geht es ja in beiden Erscheinungen gleichermaßen ganz wesentlich um die Erlösung des Menschen. Aber Erlösung und Erlösung ist nicht dasselbe! Gnosis und Mysterienglaube sind nicht identisch, sind wurzelhaft, ursprünglich und im Wesen verschieden.[9] Im Ansatz und im Prinzip ist die Erlösung nach dem Mysterienglauben eine *Ver*gottung des Menschen: der Mensch wird durch das Mysterium etwas, was er vorher nicht war. Vgl. die klassische Formulierung Corpus Hermeticum 13,3: *kaí eimi nŷn ouch ho prín; metamorphoûsthai*; sonst noch typische Ausdrücke sind *apotheoûsthai,*[10] *anagennâsthai.* Nach der gnostischen Weltanschauung dagegen ist die Erlösung im Prinzip ein *Wieder*-Gottwerden des Menschen: der Mensch wird durch die Gnosis, was er ursprünglich war und eigentlich im Prinzip immer ist; der Zweck der Erlösung ist *hína pálin génōmai hò ēmēn* (ActThom 15). Die Gnostiker sind also *phýsei sōizómenoi,*[11] während man die Mysten als *teletē* bzw. *anagennēsei sōizómenoi* bezeichnen müsste. Vgl. für die naturhafte Erlösung des Gnostikers, der das naturhafte Verlorensein der Übrigen entspricht, noch Nag Hammadi Codex II 175,14–17 (Titellose Schrift):[12] „Es ist nötig, dass jeder zu dem Ort geht, aus dem er gekommen ist. Denn jeder Einzelne wird durch seine Handlung und seine Erkenntnis seine Natur offenbaren."

Das alles ist im Prinzip so; aber nicht ohne weiteres auch in der Wirklichkeit. Denn die Gnosis wie der Mysterienglaube sind geschichtliche Größen und haben sich im Verlaufe ihrer Entwicklung und Verbreitung mannigfach gegenseitig beeinflusst. Dieser Sachverhalt ist am leichtesten

---

[9] Vgl. dazu etwa K. G. Kuhn, Die Sektenschrift und die iranische Religion, ZThK 49 (1952), 316; H. Hegermann, Die Vorstellung vom Schöpfungsmittler im hellenistischen Judentum und Urchristentum, Berlin 1961, 2–5; diese Unterscheidung ist an sich richtig, nur wird sie oft (auch von Kuhn und Hegermann selbst) dazu benutzt, um dem Gedanken eines Einflusses der Gnosis auf bestimmte Schichten des NT zu entgehen.

[10] R. Reitzenstein, Die hellenistischen Mysterienreligionen, Leipzig/Berlin [3]1927, 262–265.

[11] Irenäus, adv. haer. I 6,1; Clemens Alex., strom. IV 13,89; Exc. ex Theod. 56.

[12] A. Böhlig/P. Labib, Die koptisch-gnostische Schrift ohne Titel aus Codex II von Nag Hammadi, Berlin 1962.

überall da fassbar, wo die Gnosis, obgleich doch im Prinzip die Erkenntnis das einzige und genugsame Mittel der Erlösung ist, dennoch Mysterien*praktiken* verwendet, d. h. sekundär, direkt oder indirekt, übernommen hat. Aber auch die Terminologie und gewisse Vorstellungen der Mysterien, die sowieso damals schon, wie Philo, Clemens von Alexandria u. a. zeigen,[13] außerhalb der Mysterien in, meist übertragenem, Gebrauch waren, wurden von der Gnosis weithin absorbiert. Der deutlichste Beleg für diesen Sachverhalt ist CorpHerm 13, wo das Zur-Gnosis-Kommen als *paliggenesía* beschrieben wird. Umgekehrt dürfte der Geist der Gnosis sekundär in die Mysterienreligionen eingedrungen sein und sie in verschiedenem Grade unterwandert haben.

IV

Das heikelste Problem überhaupt ist natürlich der Ursprung der Gnosis. Er ist auf jeden Fall dunkel. Der Versuch, ihn aufzuhellen, hat in negativer Weise davon auszugehen, dass die an sich eindrucksvolle Theorie der so genannten religionsgeschichtlichen Schule vom weit vorchristlichen iranischen Ursprung der Gnosis unhaltbar geworden ist;[14] in positiver Hinsicht hat sie auszugehen von der Bejahung der Hauptidee des Werkes von H. Jonas, bei aller Kritik im Einzelnen, von der Erkenntnis nämlich, dass die Frage nach der Daseinshaltung der Schlüssel zum geistesgeschichtlichen Verständnis der Gnosis ist. Der Ursprung der Gnosis ist demnach zu bestimmen als der Ursprung der der Gnosis eigentümlichen, nicht ableitbaren Daseinshaltung. Alle Anzeichen weisen nun darauf hin, dass diese neue Daseinshaltung und somit die Gnosis in dem Völker- und Religionsgemisch des Raumes von Syrien-Palästina aufgekommen ist, und zwar, was die Zeit anbelangt, nicht lange vor der Entstehung des Christentums oder zur gleichen Zeit wie das Christentum, aber unabhängig von ihm. Von Anfang an scheint neben vielen anderen auch ein jüdisches Element an der Gnosis beteiligt zu sein. Eine mir sehr wichtige, wenn auch kaum zu beantwortende, so doch als solche schon instruktive Nebenfrage ist nun die, ob die Gnosis innerhalb des bezeichneten Raumes von mehreren

[13] Vgl. besonders A. Wlosok, Laktanz und die philosophische Gnosis, Heidelberg 1960, 143–179.

[14] C. Colpe, Die religionsgeschichtliche Schule, 1961; H.-M. Schenke, Der Gott „Mensch" in der Gnosis, Göttingen 1962, 1–5. 16–33.

Orten zugleich oder von einem einzigen Ort ihren Ausgang genommen hat. Diese Frage stellt so auch Wilson als bedeutsam heraus.[15] Colpe z. B. erwägt ganz ernsthaft ein etwa gleichzeitiges Aufkommen der Gnosis an mehreren Orten, wobei er übrigens nicht unsere lokale Eingrenzung des Ursprungsraumes teilt.[16] Für mich verbindet sich mit dieser Frage sofort eine weitere, nämlich die nach dem Verhältnis von Individuum und Kollektiv bei der Entstehung der Gnosis. Ich persönlich stelle mir die Sache ganz allgemein etwa so vor: Die Zeit muss für die Gnosis reif gewesen sein; die Geburt einer neuen religiösen Bewegung mit einer solch negativen Weltanschauung lag gewissermaßen in der Luft. Die Intuition eines prophetischen Menschen und ein Funke, der von ihm dann auf eine Menschengruppe übersprang, genügten, um sie auszulösen. Auch in der dann folgenden Entwicklung gewinnt die Gnosis ihre innere Dynamik aus dem Wechselspiel der Kräfte zwischen religiösem Individuum und der jeweiligen Gemeinschaft.

V

Damit kommen wir auch gleich zu einem unmittelbar angrenzenden Problem, das man so formulieren könnte: In welchem Verhältnis zueinander stehen Religion und Philosophie, Sekte und Schule innerhalb des Gesamtphänomens „Gnosis"? Der Anlass zu dieser Frage liegt einfach in dem Sachverhalt, dass sich in unseren Zeugnissen nebeneinander mehr nach Philosophie aussehende und mehr nach Mythologie aussehende Systeme finden, dass wir von schulmäßig organisierten Gruppen und gleichzeitig von wild wucherndem Konventikelwesen hören.[17] War also die Gnosis ursprünglich eine in Sekten gegliederte religiöse Bewegung, in die erst sekundär ein Zug der Philosophie hineinkam, wodurch sich die Sekten z. T. in quasiphilosophische Schulen umbildeten, oder war es genau umgekehrt? H. Leisegang hat ja ganz konkret die Anschauung vertreten, dass die Gnosis entartete griechische Philosophie ist.[18] Und der Gedanke als solcher spukt noch heute durch die Gnosisforschung, insonderheit da, wo der Anteil des Platonismus am Entstehen der Gnosis besonders

---

[15] Vgl. VigChr 9 (1955), 200.

[16] RGG[3] II, 1651.

[17] Vgl. etwa die Apóphasis Megálē (Hippolyt, ref. VI 9,3–18,7) gegenüber dem Baruchbuch des Gnostikers Justin (ref. V 24,2–27,5), und die valentinianische Schule gegenüber der Gemeinschaft, deren Bibliothek kürzlich bei Nag Hammadi gefunden wurde.

[18] Vgl. Die Gnosis, Leipzig 1924, bes. 1–59.

hervorgehoben wird. Vor kurzem erst hat W. Till eine derartige Entwicklungslinie von einem philosophischen Ansatz aus zur religiösen Entartung speziell für die ägyptische Gnosis aufzuzeigen sich bemüht.[19] Der beste Ansatzpunkt, um zu einer sicheren Stellungnahme innerhalb unseres Problemkreises zu gelangen, ist der Vergleich des angeblich simonianischen, stark philosophisch bestimmten Systems der *Apóphasis Megálē* (Hippolyt, ref. VI 9,3–18,7) und des von ähnlich philosophischen Intentionen getragenen angeblich basilidianischen Systems (Hippolyt, ref. VII 20–27) mit den religiös-mythologischen Lehren, die Simon und Basilides nebst ihren jeweiligen Anhängern nach Irenäus (adv. haer. I 23,1–4; 24,3–7) und der sonstigen Überlieferung verkündigt haben. Es ist m. E. ziemlich offensichtlich, dass die beiden genannten philosophisch bestimmten Systeme das Spätere und Sekundäre darstellen; ich selbst möchte darüber hinaus vermuten, dass sie sogar pseudosimonianisch und pseudobasilidianisch sind. Überhaupt legt alles, was für den Ursprung der Gnosis in Syrien-Palästina spricht, zugleich und indirekt die Annahme eines ursprünglich religiösen Charakters der gnostischen Bewegung nahe. Auch der Jonassche Ansatz fordert bzw. setzt voraus diese Sicht der Entwicklung. Dann also kann man etwa sagen: Die ursprünglich religiös und mythologisch bestimmte Bewegung, die wir Gnosis nennen, gewann äußerlich Gestalt in Konventikeln und Sekten. Erst später und sekundär macht sich eine mehr oder weniger unbewusste, aber relativ starke Tendenz bemerkbar, die Gnosis aus der Sphäre der Religionen in die Sphäre der Philosophie hinüberzuziehen und gleichzeitig die Sektengemeinschaften in Schulen umzuwandeln.

VI

Dass die gnostische Bewegung, nachdem sie einmal entstanden war, sich ungeheuer schnell nach allen Himmelsrichtungen hin verbreitet hat, ist kein Problem, sondern eine Tatsache; eine Tatsache allerdings, die kaum stark genug herausgestellt werden kann. Mir erscheint es nun zweckmäßig, um die urwüchsige Kraft der gnostischen Bewegung im Spiegel ihrer Ausbreitung voll zu erfassen, zwischen extensiver und intensiver Ausbreitung zu unterscheiden. Die extensive, d. h. lokale Ausbreitung, die sich in dieser oder jener Form bis nach Kleinasien, Dalmatien, Ägypten,

[19] Die Gnosis in Ägypten, LPP 4 (1949), 230–249.

Nordafrika, Rom, Gallien, Spanien, Mesopotamien, Armenien, Iran, Turkestan, China erstreckt, ist bekannt und spricht für sich. Demgegenüber bedarf die intensive Ausbreitung der Gnosis, die eigentlich noch interessanter ist, einmal besonders betrachtet zu werden. Die Gnosis dringt ja nicht nur als reine Gnosis von Ort zu Ort und von Land zu Land vor, sondern unterwandert sozusagen und durchdringt dabei von innen her auch andere Anschauungen, auf die sie dort trifft. Die Gnosis verbreitet sich nicht nur als ganze Weltanschauung oder in geschlossenen Systemen, sondern auch so, dass sie andere Weltanschauungen und Gedankengefüge nur in verschiedenen Graden und Qualitäten beeinflusst. Schon das Urchristentum ist in seiner Theologie nicht unbeträchtlich von der Gnosis bestimmt worden. Namentlich die gnostische Erlöservorstellung ist es, die vor allem Paulus, die Verfasser des Kolosser- und Epheserbriefes und der johanneische Kreis in Terminologie und Vorstellungsgehalt zur Interpretation des Christusgeschehens und zur Gestaltung der Christologie verwenden. Dann ist ein großer Teil der apokryphen Literatur mit gnostischen Gedanken durchsetzt und mit gnostischem Gut angereichert. Die Theologie des Bardesanes ist halbgnostisch. Ähnliches gilt von der Lehre des Arabers Monoimos, der sich wohl von gnostischen Gedanken beeinflusst zeigt, aber selbst kein ausgesprochener Gnostiker ist, und von dem hermetischen Schrifttum. Schließlich sind die gnostischen Vorstellungen auch in die Mysterienreligionen eingedrungen und haben deren Theologie weitgehend überformt.

VII

Die lokale Ausbreitung der Gnosis – und das ist ein weiterer Gesichtspunkt, der mir wichtig erscheint – erfolgte übrigens nicht kontinuierlich, sondern, entsprechend der Gliederung in lauter Sekten und Schulen, stoßweise, in verschiedenen Wellen. Dabei kam es natürlich zu Überlagerungen, wenn eine neuere Ausformung der Gnosis auf eine ältere traf, etwa der Valentinianismus auf die Vulgärgnosis. Auf der einen Seite wirkten sich solche Berührungen positiv aus. Die eine Sekte übernahm und benutzte auch die Schriften, die in der anderen Sekte entstanden waren bzw. die diese selbst erst von einer dritten Sekte übernommen hatte. Auf diese indirekte und auch auf direkte Weise kam es zu einer vielfältigen gegenseitigen Beeinflussung der verschiedenen gnostischen Spielarten an Lehre und Systembildung. Auf der anderen Seite kam es natürlich auch zu negativen Reaktionen. Eine gewisse Tendenz zur Absonderung und

Selbstbehauptung der einen Sekte gegenüber einer anderen musste sich schon aus der weithin allerdings nur als blasse Theorie fungierenden Überzeugung ergeben, dass die eigenen Lehren und Schriften auf direkter Offenbarung beruhten und vor jedem Außenstehenden geheim zu halten seien. Ganz typisch dafür ist die Verfluchung derer, die die Geheimnisse verraten, am Ende des Apokryphon Johannis, aber auch das entsprechende Verbot im 2. Buch Jeû Kap. 43 und der Eid im Baruchbuch des Justin (Hippolyt, ref. V 24,27). Es gibt aber darüber hinaus auch direkte und scharfe Polemik zwischen verschiedenen gnostischen Richtungen.[20]

Das alles wiederholt sich in größerem Maßstab und uns daher deutlicher sichtbar, als der Manichäismus als eine zweite Hauptwelle der gnostischen Bewegung in breiter Front die älteren gnostischen Sekten insgesamt überflutet. Die Manichäer übernehmen ohne Bedenken ältere gnostische Schriften, die sie in gnostischen Sekten vorfinden, z. B. das Thomasevangelium.[21] Umgekehrt übernehmen gnostische Sekten gewisse manichäische Theologumena in ihre Vorstellungen, Schriften und Systeme. Deutlich fassbar wird uns dieser interessante Vorgang m. E. im so genannten Perlenlied der Thomasakten und in der Titellosen Schrift über den Ursprung der Welt aus Nag Hammadi Codex II.[22] Das Perlenlied stellt trotz A. Adam[23] sicher einen manichäischen Hymnus im Rahmen der auch sonst manichäisch bearbeiteten, ursprünglich allgemein-gnostischen Thomasakten dar.[24] In der Titellosen Schrift weist das Stück (Codex II p. 156,2–163,5) mehrfach und unverkennbar sachliche Berührungen mit dem charakteristischen Motiv der manichäischen Kosmogonie auf, wie die an den Himmel gekreuzigten Archonten männlichen und weiblichen Geschlechts beim Erscheinen des Dritten Gesandten ihren Samen bzw. ihre Fehlgeburten auf die Erde fallen lassen, was der Anfang der Entstehung der Pflanzen-, Tier- und Menschenwelt ist.[25] Böhlig hält diese Aussagen der Titellosen

[20] Vgl. 2. Buch Jeû Kap. 43 und dazu W. C. van Unnik, Die jüdische Komponente in der Entstehung der Gnosis, VigChr 15 (1961), 70 [in diesem Band, 481].

[21] Vgl. H.-Ch. Puech bei Hennecke/Schneemelcher, NTApo [3]I, 199–204.

[22] Siehe Anm. 12.

[23] Die Psalmen des Thomas und das Perlenlied als Zeugnisse vorchristlicher Gnosis, Berlin 1959.

[24] W. Bousset, Manichäisches in den Thomasakten, ZNW 18 (1917/18), 1–39; G. Bornkamm, Mythos und Legende in den apokryphen Thomas-Akten, Göttingen 1933, 115–117; H. Lietzmann, Geschichte der alten Kirche II, Berlin [2]1953, 78f.; H.-Ch. Puech, Le manichéisme, son fondateur, sa doctrine, Paris 1949, 36.

[25] Vgl. H.-M. Schenke, Gott „Mensch", 51.

Schrift zwar für Vorstufen der manichäischen Konzeption,[26] aber ich bin ziemlich sicher, dass es sich genau umgekehrt verhält: Wir haben es hier mit Einwirkungen der fertigen manichäischen Kosmogonie auf die Lehre einer vormanichäischen gnostischen Sekte zu tun. Es gibt aber auch einen ganz deutlichen Beleg dafür, dass ältere gnostische Richtungen im Manichäismus ihren Konkurrenten und Todfeind gesehen haben. Das setzt voraus, dass sie über Unterschieden im Detail die Übereinstimmung im Wesentlichen überhaupt nicht gesehen haben. In einem beim Alchimisten Zosimus (Buch Ω) sich findenden Text von eindeutig gnostischem Charakter über den Urmenschen, einem Text, der, wie ich vermuten möchte, ein Exzerpt einer hermetischen Schrift darstellt, heißt es: „Ehe der Antimimos (der Gegenspieler des Sohnes Gottes und typische Gottes- und Menschenfeind), der eifersüchtige, das aber wagt (nämlich am Ende der Welt sich unter der Vorspiegelung, der Sohn Gottes zu sein, den Menschen zu nähern), schickt er zuerst seinen Vorläufer aus Persien, der lügenhafte Reden hält und die Menschen in das Gefolge der Heimarmene führt. Sein Name aber hat neun Buchstaben, wenn man den Diphthong als zwei rechnet, entsprechend der Berechnung der Heimarmene."[27] Und der gemeinte Name ist offensichtlich *Manichaîos*.[28]

VIII

Als letzter sei hier ein aus der Lösung des Problems der Fülle und Vielfalt gnostischer Systembildungen abzuleitender Gesichtspunkt genannt, nämlich der, dass nicht nur die von der gnostischen Weltanschauung ergriffenen Menschen ihre Geschichte haben, sondern auch die von ihnen weiter getragenen gnostischen Systeme selbst, in denen die gnostische Weltanschauung feste Gestalt angenommen hat. Wir meinen hier nicht die Elemente der Systeme und wie diese etwa aus der heidnischen oder jüdischen Mythologie in die Gnosis gelangt sind, sondern Systeme als Ganzheiten, speziell ihr jeweiliges Kernstück: die Kosmogonien, und deren Geschichte innerhalb der Gnosis. Die einzelnen Gnostiker bzw. gnostischen Lehrer haben nämlich normalerweise nicht jeder für sich die eigene

---

26 Schrift ohne Titel, Berlin 1962, 58f.

27 Text z. B. Scott/Ferguson, Hermetica IV, Oxford 1936, 109; vgl. Schenke, Gott „Mensch", 53.

28 Vgl. dazu A.-J. Festugière, La révélation d'Hermès Trismégiste I, Paris ²1950, 271 Anm. 7.

Weltanschauung in ein besonderes, jeweils neues System gekleidet. Vielmehr haben sie einander mit der Weltanschauung auch die Grundzüge des Systems vererbt. Die Individualität des jeweiligen gnostischen Lehrers und der jeweiligen gnostischen Richtung zeigt sich nur darin, wie man dieses Grundschema jeweils bearbeitet, erweitert, variiert. Dieser Sachverhalt hat sich in der Überlieferung folgendermaßen niedergeschlagen: Von allen Systemen, wie wir sie aus den primären und sekundären Quellen kennen, stellen weitaus die meisten nur Zweige ein und desselben Stammes dar. Daneben gibt es ganz wenige andere Systeme, von denen jedes für sich allein dasteht und die untereinander nicht verwandt sind; von ihnen stellt jedes einen eigenständigen Entwurf dar. Um im Bild zu bleiben: Es sind gewissermaßen Seitentriebe aus derselben Wurzel. Nun sind diese Einzelsysteme ziemlich offenkundig sachlich und zeitlich relativ späte Erscheinungsformen der Gnosis. Es handelt sich, wenn man von Marcion als einem Sonderfall absieht, nur um gewisse Systeme, die Hippolyt in Rom kennen gelernt hat und in denen die Gnosis von gnostischen Einzelgängern bewusst neu gestaltet ist: das pseudosimonianische System der *Apóphasis Megálē* (ref. VI 9,3–18,7); das pseudobasilidianische System (ref. VII 20–27); die Systeme der Peraten, Sethianer und des Justin (ref. V 12–27). Aus der geschilderten Sachlage ergibt sich für uns nun die Möglichkeit, an Hand der zahlreichen Systeme, die Zweige ein und desselben Stammes sind, die Geschichte der Gnosis zurück zu verfolgen. In einem Rückschlussverfahren, das im Einzelnen recht kompliziert ist,[29] stoßen wir schließlich auf ein einziges, nicht bezeugtes, sondern zu postulierendes System, als dessen vielfältige und vielstufige Bearbeitungen und Variationen sich alle die zahlreichen bezeugten Systeme verstehen lassen. Dieses postulierte System kann man etwa folgendermaßen umreißen: In der Achtheit, d. h. im achten Himmel, in der Fixsternsphäre, wohnt der unbekannte Gott zusammen mit seiner Sophia, die als sein göttliches Weib vorgestellt wird. Die Sophia gebiert ohne ihren göttlichen Gatten eine Fehlgeburt von Sohn, dessen Wohnung die Siebenheit, der siebente Himmel, die oberste Planetensphäre, wird. Er ist der Demiurg und bringt zunächst die übrigen sechs Planetenherrscher hervor, so dass die Zahl der sieben Archonten voll wird. Die sieben Archonten, angeführt von ihrem ersten, dem Demiurgen, schaffen nun aus der Materie die irdische Welt und in ihr den Menschen. Aber der Mensch kriecht wie ein Wurm am Boden und kann sich nicht aufrichten. Da sendet der unbekannte Gott aus seiner

---

[29] Vgl. H.-M. Schenke, Nag-Hammadi-Studien III, ZRGG 14 (1962), 352–361.

Lichtwelt die Seele in den menschlichen Leib hinab. Der Mensch richtet sich auf, erkennt die Welt als Werk der Archonten und weiß, dass er selbst, d. h. sein Ich, seine Seele, dem Lichtreich oberhalb der Archonten zugehört. Es sieht also so aus, als ob es ursprünglich ein einziges Ursystem der Gnosis gegeben hat, das etwa dem skizzierten Modell entsprochen haben mag. Damit stünden wir allerdings noch nicht an Wurzel und Ursprung der Gnosis überhaupt – die Gnosis lebt schon vor jedem System und kann auch später prinzipiell ohne System auskommen –, wohl aber am Anfang des sich selbst Bewusstwerdens der Gnosis, am Beginn der Verobjektivierung der gnostischen Weltanschauung im System. Als ein von der gnostischen Weltanschauung ergriffener prophetischer Mensch die Aufgabe erkannte, einen ätiologischen Mythos zu schaffen, der die Fremdheit des Menschen in der Welt erklären konnte, konzipierte er dieses System. Und zunächst verbreitete sich die gnostische Weltanschauung fast ausschließlich in der Bindung an dieses System. Man versuchte nur, dieses System der neuen Weltanschauung immer besser anzupassen und den Mythos in sich konsequenter zu gestalten. Das sind die beiden Haupttriebkräfte der Weiterentwicklung des Ursystems. Im Einzelnen bemühte man sich vor allem, das Wesen, dessen Fehltritt die Weltentstehung auslöst, möglichst weit von dem doch vollkommenen Gott abzurücken, und außerdem verständlich zu machen, aus welchem Motiv eigentlich Gott die Seele (oder den Geist) in den menschlichen Körper sendet.

DAS PROBLEM DER BEZIEHUNG ZWISCHEN JUDENTUM UND GNOSIS. IST DIE GNOSIS AUS DEM JUDENTUM ABLEITBAR?*

Die Beziehung zwischen Judentum und Gnosis ist problematisch. Dass überhaupt eine Beziehung vorliegt, kann freilich kaum übersehen werden. Aber die Art dieser Beziehung ist zunächst unklar und daher in der Forschung umstritten. Eine extreme, gegenwärtig hoch im Kurs stehende These lautet: Die Gnosis hat sich aus dem Judentum entwickelt. Die Frage nach der Richtigkeit dieser These ist der konkrete Anlass unserer Erörterung. Ihre Beantwortung aber, sofern sie mehr sein soll als bloß ein weitläufig begründetes „nein", erfolgt am zweckmäßigsten eingebettet in eine Erörterung über die Beziehung zwischen Judentum und Gnosis überhaupt. In solch weiterem Rahmen kann auch das Wahrheitsmoment jener These, d. h. der ihr positiv zugrunde liegende Sachverhalt, zur Geltung kommen.

Das ganze Problem wurzelt zunächst darin, dass gewisse jüdische Gedankenkomplexe entsprechenden gnostischen sehr ähnlich sind; da wären etwa zu nennen: die Logos- und Urmenschlehre Philos; die Sophiaspekulationen der Weisheitsliteratur; die Urmenschspekulationen des rabbinischen Spätjudentums; die Menschensohnkonzeption, die Aufstiegsvorstellung und der Dualismus der Apokalyptik; neuerdings auch der dualistische Determinismus der Qumransekte. Diese Ähnlichkeit wird auf einem Flügel der Forschung damit erklärt und die Beziehung zwischen Judentum und Gnosis also so gesehen, dass diese jüdischen Gedankenkomplexe bereits von der Gnosis beeinflusst und geprägt sind. Die Gnosis, und d. h. nach dieser Anschauung der gnostische Mythos vom erlösten Erlöser, sei um Jahrhunderte älter als das Christentum und habe aus dem Osten nach dem Westen vordringend bereits in vorchristlicher Zeit mannigfaltig und vielstufig auf das Judentum eingewirkt. Diese Auffassung wird im Anschluss an die Forschungen Boussets und Reitzensteins vor allem von Bultmann und von seiner Schule bzw. in seinem Einflussbereich vertreten.[1] Sie beruht allerdings auf einer unhaltbaren

* Kairos 7 (1965), 124–133. Siehe auch H.-M. Schenke, Kairos 7 (1965), 114, Anm. 1.

[1] Vgl. etwa R. Bultmann, RGG³ III, 846f.; W. Schmithals, Die Gnosis in Korinth, Göttingen 1956, bes. 82–134; K. Rudolph, Die Mandäer I, Göttingen 1960, 169–176; Feine/Behm/Kümmel, Einleitung in das NT, Heidelberg ¹²1963, 150–157.

Voraussetzung, nämlich der Konzeption von *dem* lange vorchristlichen aus dem Osten stammenden gnostischen Mythos vom erlösten Erlöser,[2] womit diese Sicht der Beziehung zwischen Judentum und Gnosis natürlich hinfällig ist. Andere Forscher, nämlich G. Quispel,[3] R. M. Grant,[4] G. Kretschmar,[5] R. McL. Wilson,[6] Th. Caldwell,[7] M. Simon,[8] in etwa auch G. Scholem,[9] erklären die bewussten Ähnlichkeiten zwischen jüdischen und gnostischen Gedankenkomplexen in differenzierter Nachfolge von bzw. in Analogie zu M. Friedländer[10] umgekehrt mit der Abhängigkeit der gnostischen von den jüdischen Komplexen. Überhaupt sei die Gnosis aus dem Judentum, und zwar an seinem geistigen Rande, erwachsen; die Gnosis sei also aus (wie man kurz sagt) heterodoxem Judentum abzuleiten. Das wäre die oben schon im Vorgriff genannte These. Gemäß den verschiedenen Bereichen des Judentums, innerhalb derer sich die Ähnlichkeiten mit der Gnosis finden, erscheint die Hypothese von der Entstehung der Gnosis aus dem heterodoxen Judentum in verschiedenen Nuancen. So denkt Quispel an spätjüdische Adamspekulationen als Ausgangspunkt der Gnosis. Grant leitet die Gnosis aus der Enttäuschung der apokalyptischen Hoffnung ab. Wilson sieht in der Gedankenwelt Philos und in der von Qumran den Wurzelboden der Gnosis; zwischen Qumran und der Gnosis stehe als vermittelndes Glied Dositheus (so ähnlich denkt auch Caldwell). Simon lässt sie in der Sphäre der jüdischen Magie entstanden sein. Nun ist allerdings – das sei gleich hier angemerkt – die Ableitung der Gnosis aus dem Judentum m. E. um keinen Deut besser oder plausibler

---

[2] Zur Kritik dieser Konzeption vgl. C. Colpe, Die religionsgeschichtliche Schule, Göttingen 1961; H.-M. Schenke, Der Gott „Mensch" in der Gnosis, Göttingen 1962, 1–5. 16–33.

[3] Der gnostische Anthropos und die jüdische Tradition, EJb 22 (1953), 195–234; Christliche Gnosis und jüdische Heterodoxie, EvTh 14 (1954), 474–484.

[4] The Earliest Christian Gnosticism, ChH 22 (1953), 81–98; Gnosticism and Early Christianity, New York 1959, 13–15. 34–38.

[5] Zur religionsgeschichtlichen Einordnung der Gnosis, EvTh 13 (1953), 354–361; RGG^3 II, 1656–1661.

[6] Gnostic Origins, VigChr 9 (1955), 193–211; Gnostic Origins again, VigChr 11 (1957), 93–110; Simon, Dositheus and the Dead Sea Scrolls, ZRGG 9 (1957), 21–30; The Gnostic Problem, London 1958.

[7] Dositheos Samaritanus, Kairos 4 (1962), 105–117.

[8] Verus Israel, Paris 1948, 404f.

[9] Die jüdische Mystik in ihren Hauptströmungen, Frankfurt 1957, 393 Anm. 24; vgl. auch die Würdigung von E. K. Pohl, Der Sondercharakter jüdischer Mystik, Kairos 3 (1960), 16–19.

[10] Der vorchristliche jüdische Gnosticismus, Göttingen 1898.

als andere versuchte Ableitungen, etwa aus dem Christentum, aus dem Griechentum, aus Ägypten, aus dem Iran. Die Gnosis ist überhaupt nicht ableitbar!

Außerhalb dieser beiden profilierten, wenn auch ungenügenden Versuche, Judentum und Gnosis einander richtig zuzuordnen, macht sich das Problem ihrer Beziehung zueinander natürlich in der Forschung bzw. in der einschlägigen Literatur auch als solches, direkt, d. h. ohne Umweg über eine falsche Lösung, sozusagen unartikuliert und halbbewusst geltend; z. B. wenn die Lehre und die Frömmigkeit der Qumransekte als von „gnostischer Struktur" bestimmt bezeichnet wird;[11] oder wenn man diese und ähnliche jüdische Konzeptionen mit dem Etikett „Praegnosis" versieht.[12] So ist es heute gängig, von einer frühen jüdischen Gnosis zu reden, womit ein zumindest relativ frühes Stadium der eigentlichen gnostischen Bewegung gemeint ist.[13] Andererseits werden aber auch bestimmte genuin jüdische Spekulationen, namentlich die so genannte Merkabahmystik, als jüdische Gnosis bezeichnet.[14] Oder man fragt nur nach der „jüdischen Komponente" der gnostischen Bewegung, wobei man das Judentum als einen von „vielen Brunnen" versteht, aus denen das Wasser quillt, um sich „in einem Becken" zu sammeln, „in dem es seine eigenartige Mischung erhält".[15]

Gerade dieses Zitat vermag uns auf einen ganz wesentlichen ad vocem „Ableitung" schon einmal kurz angedeuteten Gesichtspunkt aufmerksam zu machen. Die Frage nach der Beziehung zwischen Judentum und Gnosis kann sinnvoll überhaupt nur unter einer bestimmten methodischen wie sachlichen Voraussetzung gestellt werden; nämlich unter der Voraussetzung, dass die Gnosis überhaupt nicht *ableitbar* ist, weder aus dem Judentum noch von woanders, d. h., dass die Gnosis mehr ist als die Summe ihrer Vorstellungselemente. Diese Vorstellungselemente werden

---

[11] K. G. Kuhn, Die in Palästina gefundenen hebräischen Texte und das NT, ZThK 47 (1950), 210; H. J. Schoeps, Das gnostische Judentum in den Dead Sea Scrolls, ZRGG 6 (1954), 276–279; K. Schubert, Problem und Wesen der jüdischen Gnosis, Kairos 3 (1961), 5–8.

[12] B. Reicke, NTS 1 (1954/55), 137ff.; Quispel, EvTh 14 (1954), 476; Wilson, VigChr 9 (1955), 203[43]. 204. 208. 211.

[13] Feine/Behm/Kümmel, Einleitung, 151–157.

[14] Scholem, Die jüd. Mystik, 43–86 (2. Kap.: Merkaba-Mystik und jüdische Gnosis); ders., Jewish Gnosticism, Merkabah Mysticism, and Talmudic Tradition, New York 1960; Schubert, Kairos 3 (1961), 9–14; ders., Jüdischer Hellenismus und jüdische Gnosis, WuW 18 (1963), 455–461.

[15] W. C. van Unnik, Die jüdische Komponente in der Entstehung der Gnosis, VigChr 5 (1961), 65–82; bes. 72.

vielmehr zusammengehalten, ja wurden überhaupt erst zusammengefügt, von einer der Gnosis innewohnenden geistigen Kraft. Und diese Kraft ist eine in der Spätantike neue, charakteristische, unverwechselbare negative Daseinshaltung und Weltanschauung. Mit anderen Worten, man kann heute in der Gnosisforschung hinter die diesbezüglichen Erkenntnisse von H. Jonas einfach nicht mehr zurück.[16] Man muss allerdings bei Jonas scheiden zwischen unaufgebbaren Einsichten und gewissen, m. E. nicht annehmbaren Vorstellungen, mit denen sie verbunden bzw. in die sie verpackt sind. Zu dem nicht Annehmbaren gehört vor allen Dingen die Ausweitung des Begriffs der Gnosis mit der Identifikation von Gnosis und spätantikem Geist schlechthin und der idealistische Zug im Verständnis der Daseinshaltung. Das Bekenntnis zur Hauptidee von Jonas kann also nur in kritischer Auseinandersetzung mit ihm erfolgen.[17]

Als nächstes ist es natürlich unumgänglich, vorher zu klären, für was denn unter der Bezeichnung „Gnosis" die rechte Beziehung zum Judentum gesucht werden soll. Wir meinen hier mit „Gnosis" die eigentliche Gnosis, die Gnosis im engeren Sinne, die so genannte mythologische Gnosis, oder in Form einer Definition: diejenige religiöse Erlösungsbewegung der Spätantike, in der die Möglichkeit einer negativen Welt- und Daseinsdeutung in besonderer und unverwechselbarer Weise ergriffen ist und sich zu einer konsequent weltverneinenden Weltanschauung verfestigt hat, die sich ihrerseits wieder in Wortprägungen, Bildersprache und Kunstmythen charakteristischen Ausdruck verleiht. Aber auch zum Begriff „Judentum" ist ein klärendes Wort vonnöten. Die Bezeichnungen „Judentum" und „jüdisch" sind ja mehrdeutig; sie können vor allem religiös und völkisch gemeint sein. Es kommt hier alles darauf an, dass wir den Begriff „Judentum" weit genug fassen, sonst existiert nämlich überhaupt keine Beziehung zur Gnosis; er muss mit umfassen: Nichtjuden, die als Juden leben; Juden, die nicht als Juden leben; und Israeliten bzw. deren Nachkommen, die keine eigentlichen Juden sind.

Als Ausgangspunkt unserer eigenen Bestimmung der Beziehung zwischen Judentum und Gnosis wählen wir nun zweckmäßigerweise die andere Wurzel unseres Problems, nämlich den Sachverhalt, dass so viele jüdische Stoffe, Vorstellungen, Namen in Schrifttum, Mythologie und Spekulation der Gnostiker erscheinen. Also genau genommen fragen

---

[16] Gnosis und spätantiker Geist ^{2}I, II1, Göttingen 1954; ders., Gnostic Religion, Boston 1958.

[17] Vgl. H-M. Schenke, ThLZ 84 (1959), 813–820; ders., ThLZ 85 (1960), 657–661.

wir umgekehrt nach der Beziehung der Gnosis zum Judentum. Auf den besagten Sachverhalt selbst haben uns ja neuerdings wieder, und zwar in besonders nachdrücklicher Weise, die zu einem Teil bereits so oder so veröffentlichten Nag Hammadi-Handschriften aufmerksam gemacht. Ich meine besonders das „Wesen der Archonten",[18] die Titellose Schrift über den Ursprung der Welt[19] und das Apokryphon Johannis,[20] die weithin den Charakter einer gnostischen Paraphrase des ersten Teils der Genesis tragen. Ähnliches kannte man vorher bereits aus Irenäus, adv. haer. I 30. In anderer Weise findet sich ein gleichermaßen massiver jüdischer Einschlag besonders noch im Baruchbuch des Gnostikers Justin (Hippolyt, ref. V 24–27). Aber dies sind alles Produkte der christlichen Gnosis. Und bei ihnen ist es durchaus möglich, wie überhaupt in der christlichen Gnosis, dass die jüdischen Elemente auf dem Wege über das Christentum und d. h. sekundär Eingang in die Gnosis gefunden haben. Allerdings hat man bei vielen Produkten der christlichen Gnosis von vornherein den Eindruck, dass das Christliche nur einen dünnen Firnis darstellt, mit dem das Ganze überzogen ist, während das Jüdische einen integrierenden Bestandteil dieses Ganzen ausmacht. Aber ein solcher Eindruck könnte natürlich täuschen. Und sicher dürfte sein, dass die Gnosis im Laufe ihrer Geschichte mannigfach so oder so mit dem Judentum in Berührung gekommen und von ihm, sei es positiv, durch Übernahme von brauchbaren Stoffen, sei es negativ, namentlich in der ausdrücklichen Identifikation des Demiurgen mit dem Gott des AT fassbar, beeinflusst worden ist. Aber uns geht es nicht eigentlich um die vielfältigen sekundären Beziehungen zwischen Gnosis und Judentum, sondern darum, ob und welche primäre, ursprüngliche Beziehung es zwischen Gnosis und Judentum gegeben hat. Als Schlüssel zur Beantwortung dieser Frage eignen sich aber die genannten Nag Hammadi-Schriften nicht, eignen sich überhaupt die Ausformungen der gesamten eigentlichen christlichen Gnosis nicht. Wir müssen uns da schon in erster Linie an die Zeugnisse der nichtchristlichen, der so genannten heidnischen Gnosis bzw. an die nachweislich ganz frühen Formen der christlichen Gnosis halten.

---

[18] P. Labib, Coptic Gnostic Papyri in the Coptic Museum at Old Cairo I, Cairo 1956, Taf. 134–145; Leipoldt/Schenke, Kopt.-gnost. Schriften aus den Papyrus-Codices von Nag-Hamadi, Hamburg 1960, 67–78.

[19] A. Böhlig/P. Labib, Die kopt.-gnost. Schrift ohne Titel aus Codex II von Nag Hammadi, Berlin 1962.

[20] W. Till, Die gnostischen Schriften des koptischen Papyrus Berolinensis 8502, Berlin 1955; M. Krause/P. Labib, Die drei Versionen des Apokryphon des Johannes im Koptischen Museum zu Alt-Kairo, Wiesbaden 1962.

Der so genannte Poimandres, der erste Traktat des Corpus Hermeticum, ist eine solche gnostische Schrift, die keinen noch so dünnen christlichen Firnis aufweist, also nach allgemeinem Urteil vom Christentum völlig unbeeinflusst ist.[21] Allerdings ist ihre zeitliche Ansetzung nicht ganz sicher. Reitzenstein vertrat die Auffassung, dass der Verfasser des Poimandres ein Zeitgenosse bzw. sogar ein Vorgänger Philos gewesen sei.[22] Seine Begründung hat sich jedoch als nicht stichhaltig erwiesen.[23] Um so auffälliger ist es, dass neuerdings Latte wieder unter Berufung auf Reitzenstein einen angeblichen Grundtext des Poimandres als spätestens im 1. Jahrhundert post entstanden erklärt.[24] Mit Vordatierungen ist in der Gnosisforschung schon viel Verwirrung gestiftet worden. Wir halten daher eine neutrale unproblematische Datierung für erforderlich und nehmen mit Scott[25] und Nilsson[26] das zweite nachchristliche Jahrhundert als Entstehungszeit des Poimandres an. Die nichtchristliche Gnosis des Poimandres ist also nicht schon eine vorchristliche, sondern eine nebenchristliche. Der Traktat selbst bietet in Form einer Offenbarung des Geistwesens „Poimandres" an ein „Ich" eine typisch gnostische Kosmogonie, Anthropogonie und Eschatologie. Alle diese Komplexe zeigen sich nun – und darauf kommt es uns hier an – auffällig stark von jüdischen Vorstellungen, besonders den beiden Schöpfungsgeschichten der Genesis, beeinflusst und durchtränkt.[27] Vgl. z. B.

§ 5:	*kinoúmena dè ên dià tòn epipherómenon pneumatikòn lógon eis akoēn* (sc. *gê kaì hýdōr*).	Gen 1,1: *kaì pneûma theoû epephéreto epánō toû hýdatos.*
§ 9:		Gen 1,14–18
§ 11:		Gen 1,6–7.9–10
§ 11:		Gen 1,20–21.24–25

[21] R. Reitzenstein, Poimandres, Leipzig 1904, 58f.; W. Bousset, Hauptprobleme der Gnosis, Göttingen 1907, 113. 181; W. Scott, Hermetica II, Oxford 1925, 8f.; H. Dörrie, RGG³ III, 265; K. Latte, RGG³ V, 424.

[22] Poimandres, 36. 188; Reitzenstein/Schaeder, Studien zum antiken Synkretismus, Leipzig/Berlin 1926, 10f. 32.

[23] Vgl. W. Bousset, GGA 167, 1905, 694.

[24] Poimandres RGG³ V, 424.

[25] Hermetica II, 12.

[26] Geschichte der griechischen Religion II, München 1950, 585.

[27] Reitzenstein, Poimandres, 51 Anm. 1. 59; Scott, Hermetica I, 12; Quispel, Gnosis als Weltreligion, Zürich 1951, 32; Der gnost. Anthropos, 222; E. Haenchen, Aufbau und Theologie des Poimandres, ZThK 53 (1956), 150f.

§ 18: *ho dè theòs euthýs eîpen hagîō lógō: auxánesthe en auxēsei kaì plēthýnesthe en plēthei pánta tà ktísmata kaì dēmiourgēmata…*	Gen 1,22: *auxánesthe kaì plēthýnesthe kaì plērōsate tà hýdata en taîs thalássais, kaì tà peteinà plēthynésthōsan epì tês gês;*
	Gen 1,26: *auxánesthe kaì plēthýnesthe kaì plērōsate tēn gēn…*

Der jüdische Einfluss im Poimandres wird besonders stark hervorgehoben von E. Meyer.[28] C. H. Dodd überspitzt das allerdings, wenn er meint, der Verfasser des Poimandres habe den biblischen Schöpfungsbericht direkt als Leitfaden benutzt.[29] Wir konstatieren also im Poimandres einen unübersehbar starken jüdischen Einschlag, ohne dass sich zugleich christlicher Einfluss zeigt, d. h. aber ohne christliche Vermittlung. Und ähnlich, nur nicht so deutlich ausgeprägt, ist es mit dem jüdischen Einschlag auch sonst im hermetischen Schrifttum, das allerdings nicht durchweg gnostisch ist.

Der Poimandres und das hermetische Schrifttum stehen aber damit keineswegs allein da. Denselben Sachverhalt bekommen wir auch in einem ganz anderen Bereich der Gnosis, nämlich bei der so genannten Naassenerpredigt, zu fassen, Es handelt sich dabei um eine gnostische Schrift, angeblich aus der Sekte der Naassener stammend, von der Hippolyt in seiner Refutatio (V 7,3–9,9) ein großes Stück wörtlich mitteilt; und eben dieses mitgeteilte Stück, ein in sich abgeschlossenes Ganzes, nennt man konventionell „Naassenerpredigt". In Wirklichkeit ist sie ein geistreicher allegorischer Kommentar eines am Schluss (V 9,8; Wendland 99,11–23) zitierten Attisliedes, mit dem sein Verfasser den Beweis führen will, dass alle Menschen, Griechen, Libyer, Assyrer, Chaldäer, Phrygier, Ägypter, Samothraker, Hämonier, eine bestimmte Lehre vom Urmenschen kennen, ohne dass sie sich dessen bewusst sind. Diese Naassenerpredigt ist nun geradezu überladen mit Bibelzitaten aus dem NT und AT. Diese Zitate stören weithin den Zusammenhang und sein Verständnis auf empfindliche Weise. Dieses an sich richtige Empfinden und diese Erkenntnis hat Reitzenstein zunächst zu der Annahme veranlasst, alle diese Bibelzitate seien sekundär, und die von Hippolyt zitierte Schrift stelle somit eine nur oberflächliche christlich(-gnostisch)e Bearbeitung einer älteren

[28] Ursprung und Anfänge des Christentums II, Stuttgart/Berlin 1921, 371–377.
[29] The Bible and the Greeks, London ²1954, 103–170.

ursprünglich rein heidnisch-gnostischen Schrift dar.[30] Aber Reitzenstein erkannte später selbst, dass diese Theorie nicht aufging. Einige der alttestamentlichen Zitate lassen sich nämlich aus dem Zusammenhang überhaupt nicht wegdenken. Dementsprechend hat er seine ursprüngliche Ansicht korrigiert. Die Urform der Naassenerpredigt sei nicht rein heidnisch, vielmehr sei eine Beteiligung hellenistischer Juden an ihrer Entstehung anzunehmen.[31] Reitzensteins diesbezügliche Auffassung ist deswegen für uns absolut verlässlich und also eine wertvolle Stütze, weil er sie gewissermaßen gegen sich selbst gewonnen hat, weil sie seinen eigenen Intentionen stracks zuwiderläuft. Nun bin ich zwar der Meinung und glaube das auch nachgewiesen zu haben,[32] dass Juden an der Entstehung der ursprünglichen Schrift nicht nur mitgewirkt haben, sondern dass Juden sie überhaupt erst geschaffen haben. Aber ich will aus methodischen Gründen hierauf jetzt kein Gewicht legen, wie ich auch um der Lauterkeit der Argumentation willen überhaupt meine an sich in diesen Rahmen hineingehörende Theorie über den Ursprung des so genannten Urmenschmythos bewusst ausklammere, um gar nicht erst den Anschein zu erwecken, als würde hier etwa ein Gebäude auf einer einzigen Hypothese errichtet. Wir halten also fest: Eine hinter der dem Hippolyt bekannten und von ihm zitierten Form der Naassenerpredigt leicht und sicher erkennbare Urform weist keinerlei christlich(-gnostisch)e Elemente auf, wohl aber jüdische Elemente. Es handelt sich somit wieder um ein Zeugnis einer nebenchristlichen Gnosis, die stark vom Judentum beeinflusst ist.

Keinen nennenswerten christlichen Einschlag, wohl aber einen außerordentlich starken und breiten jüdischen zeigt weiter die vielschichtige Vorstellungswelt der Mandäer. Der jüdische Einschlag äußert sich z. B. in der Namensgebung mandäischer Licht- und Finsterniswesen, wobei die Namen teils einfach aus dem AT genommen, teils mit jüdischen Elementen neu gebildet sind. Er äußert sich weiter in der reichen literarischen Verwendung at. Erzählungsstoffe nebst Anspielung an Einzelstellen, in der Übernahme at. Begriffe, in Ethik und Praxis der Mandäer, in der großen Rolle, die Judäa und Jerusalem in ihrer Vorstellungswelt spielt, und nicht zuletzt auch in ihrem profilierten Antijudaismus. Das alles ist natürlich nicht gleich alt. Die Geschichte der Mandäer ist lang, ihre literarischen Zeugnisse jung, der jüdische Einfluss entsprechend vielstufig. Aber – und

30 Poimandres, 81–83.
31 Studien, 105f.
32 Der Gott „Mensch", 58f.

das ist das Entscheidende – schon die im Rückschluss zu gewinnende Grundanschauung des Mandäismus ist wesentlich von solchen jüdischen Elementen bestimmt. Solche alten jüdischen Elemente im mandäischen Glauben sind z. B. das Offenbarer-Dreigestirn Hibil, Šitil und Anōš (= Abel, Seth und Enosch); Adam und Hawwā (= Eva) als erstes Menschenpaar; hinter der Erzdämonin Rūhā steht, natürlich nur zu einem Teil, die *ruaeh* Elohim von Gen 1,2, und der Name des Erzdämons Ur (*ʿûr*) ist vermutlich einfach aus Gen 1,3f. (*ʾôr* = „Licht") abgeleitet; der mandäische Demiurg Ptahil ist deutlich mit Zügen des biblischen Schöpfergottes ausgestattet; die gängige mandäische Bezeichnung der unteren, irdischen Welt „Tibil" ist das biblische *tēbēl*. Man kann das noch durch die folgende Feststellung ergänzen: Der ursprüngliche Mandäismus enthält weithin dieselben jüdischen Elemente wie die christliche Gnosis, nur dass eben der christliche Firnis (noch) fehlt.[33] Mit der Beziehung zwischen dem Mandäismus und dem Judentum haben wir übrigens das so genannte Mandäerproblem angeschnitten, von dem das ein gewichtiger Teilaspekt ist. Das Mandäerproblem selbst, bei dem es in der Hauptsache um den Ursprungsort und die Ursprungszeit dieser Sekte geht, stellt wiederum einen Komplex für sich innerhalb der Gnosisforschung dar. Nach heftigem Streit in früheren Jahren hat sich heute bei den Spezialisten und darüber hinaus die Auffassung durchgesetzt, dass die Mandäersekte im Westen, d. h. in Syrien-Palästina, entstanden ist und dass es sich bei ihr um eine vorchristliche gnostische Sekte handelt.[34] Auf unsere spezielle Frage zugeschnitten heißt das: Wir bekommen in den Urmandäern eine bereits vorchristliche Gnosis zu fassen, die wesentlich vom Judentum bestimmt ist. Nach meiner Überzeugung handelt es sich übrigens bei den Urmandäern des Näheren um eine häretisch-jüdische Taufsekte des Jordantals, die dort von der gnostischen Bewegung erfasst worden ist.

Auf dem Boden Palästinas treffen wir gleich noch eine zweite Spielart vorchristlicher Gnosis, begründet und bestimmt durch Simon Magus und seine Lehre. Dieser Simon ist Samaritaner und stammt aus einem Dorf namens Gitta in der Landschaft Samarien. Er vertritt und lehrt in Samarien in der ersten Hälfte des ersten Jahrhunderts post (unter Claudius [41–54]) eine typisch gnostische Weltanschauung, längst ehe die christliche Mission nach Samarien gelangt. Er findet in Samarien weithin Glauben. Zur Zeit des Justin (gest. um 165), also etwa um 150 post, ist der Simonianismus in

---

33 Vgl. zu alledem Rudolph, Mandäer I, 80–101.

34 Vgl. Rudolph, Mandäer I, 252–255.

Samarien die vorherrschende Religion.[35] Die ursprüngliche simonianische Lehre selbst kennen wir nur aus zusammenfassenden Wiedergaben der kirchlichen Ketzerbestreiter; praktisch haben wir nur eine einzige Quelle, nämlich den auf Justin fußenden Bericht des Irenäus (adv. haer. I 23,1–4). Irenäus referiert allerdings den Simonianismus in einem Stadium, wo er bereits sekundär einige Anleihen beim Christentum gemacht hat und sich als Erfüllung, ja Überbietung des Christentums versteht. Die christlichen Elemente innerhalb der Darstellung des Irenäus, praktisch nicht mehr als drei Wendungen,[36] haben überhaupt keine organische Verbindung mit der übrigen dargebotenen Lehre, erweisen sich dadurch, wie behauptet, als sekundär und zeigen umgekehrt zugleich, dass, wie ebenfalls behauptet, der Simonianismus vorchristlich ist. In der nach Abzug der drei besagten Wendungen übrig bleibenden, also vorchristlichen Lehre, die etwa der Verkündigung des Simon selbst entsprechen dürfte, erkennt man, trotz des sehr summarischen Charakters der Darstellung, wieder typisch jüdische Elemente: Die Welt ist durch Engel geschaffen; hinter der Ennoia steht deutlich die Sophiagestalt der jüdischen Weisheitsspekulation; die biblischen Propheten sind in das System einbezogen, und zwar gelten sie als von den bösen Engeln inspiriert. Für unseren Zusammenhang ist folgendes wesentlich: Die vorchristliche gnostische Lehre des Simon weist einen starken jüdischen Einschlag auf; ihr Verkünder ist selbst ein Samaritaner, also eine Art Halbjude; und seine Lehre floriert unter den Samaritanern, also unter Halbjuden. Nun ist das Halbjudentum des Simonianismus allerdings nicht ganz sicher. In Samarien wohnen zu unserer Zeit nicht nur, völkisch gesehen, Nachkommen von Israeliten und, religiös gesehen, Samaritaner im speziellen Sinne, sondern natürlich auch Nicht-Israeliten und Heiden. So vertritt Haenchen die Auffassung, Simon sei ein solcher in Samarien wohnender Heide gewesen und habe nur unter den Heiden von Samarien gewirkt.[37] Was Simon selbst betrifft, so ist Haenchens Meinung nicht unmöglich, wenngleich mir in Anbetracht der jüdischen Züge seiner Lehre die entgegengesetzte Ansicht näher zu liegen scheint. Die Anhängerschaft des Simon kann man hingegen unmöglich auf die Heiden

---

[35] Justin apol. I 26,3.

[36] I 23,1: docuit semetipsum esse, qui inter Iudaeos quidem quasi Filius apparuerit, in Samaria autem quasi Pater descenderit, in reliquis vero gentibus quasi Spiritus sanctus adventaverit; 23,3: et passum autem in Iudaea putatum, cum non esset passus; 23,2: et hanc (sc. Ennoiam) esse perditam ovem.

[37] Die Apostelgeschichte, KEK 3, Göttingen [12]1959, 257f.

Samarias beschränkt denken.[38] Übrigens haben wir in Menander gleich noch einen samaritanischen Vertreter einer vorchristlichen Gnosis, die jüdische Züge aufweist.[39]

Eine in unserem Zusammenhang interessante frühe Gnosis mit auffälligen jüdischen Zügen finden wir auch vertreten durch gewisse Häretiker, die von einzelnen Schriften des NT bekämpft werden. Zwar handelt es sich hier bereits um christliche Gnosis, aber zugleich ist sonnenklar, dass die jüdischen Züge in diesen Fällen nicht durch das Christentum vermittelt sein können.

Dass die in den m. E. um 100 post von einem Paulusschüler verfassten Pastoralbriefen bekämpften Gegner Gnostiker sind, ist eigentlich unbestreitbar und so gut wie unbestritten. Schlagwort und Selbstbezeichnung ihrer Lehre ist ja *gnôsis* (1Tim 6,20; Tit 1,16). Das bestätigen und belegen im Einzelnen auch die sonstigen Charakteristika, die allerdings hinter der Polemik nur schwer sichtbar werden. Die Häretiker lehren Mythen, d. h. erklären den jetzigen Zustand der Welt durch Mythen (1Tim 1,4; 4,7; 2Tim 4,4; Tit 1,14) und Genealogien, d. h. eine Fülle aus einander entstandener Wesen im Lichtreich (1Tim 1,4; Tit 3,9). Sie spiritualisieren den Auferstehungsgedanken, indem sie lehren, die Auferstehung sei schon erfolgt (2Tim 2,18). In praktischer Hinsicht fordern sie eine strenge sexuelle und Nahrungsaskese (1Tim 4,3; Tit 1,14f.). Im Rahmen einer großen missionarischen Aktivität (2Tim 3,6; Tit 1,11) haben sie besonderen Erfolg bei Frauen, die sie als den Männern durchaus gleichberechtigt ansehen (2Tim 3,6). Dass es sich hier um eine *frühe* Gnosis handelt, kann man vielleicht daran ersehen, dass sich in den Past noch keine klare Anspielung auf irgendeinen typischen Zug eines der späteren großen Systeme findet. Auch aus der Nennung von *antithéseis* (1Tim 6,20) darf man nicht etwa mit W. Bauer[40] und H. von Campenhausen[41] schließen, dass in den Past der Marcionitismus bekämpft werde. Denn – und darauf kommt es uns hier an – die Gnostiker der Past berufen sich ausdrücklich auf das AT (1Tim 1,7; Tit 1,14; 3,9); und die ganze Richtung wird maßgeblich von Juden getragen und bestimmt (Tit 1,10). Das heißt, die in den Past fassbare frühe christliche Gnosis ist ausgesprochen *juden*christlich.

[38] Vgl. sonst noch neuerdings zu Simon Magus: Haenchen, Gab es eine vorchristliche Gnosis?, ZThK 49 (1952), 316–349; Quispel, „Simon en Helena", NedThT 5 (1952), 339–345; G. Klein, Simon Magus, RGG³ VI, 38f.

[39] Vgl. Irenäus, adv. haer. I 23,5.

[40] Rechtgläubigkeit und Ketzerei im ältesten Christentum, Tübingen 1934, 229.

[41] Polykarp von Smyrna und die Pastoralbriefe, SAH 1951, 2, 10–13.

Nicht ganz so deutlich und nicht ganz so allgemein erkannt ist, dass auch schon die Häretiker, um derentwillen der Kolosserbrief (m. E. um 70 von einem Paulusschüler) geschrieben wurde, Exponenten der Gnosis sind, und zwar der eigentlichen gnostischen Bewegung; nach der verbreiteten Meinung ist die im Kol bekämpfte Häresie nur irgendwie „gnostisch".[42] Dennoch lässt sich diese Erkenntnis m. E. nicht umgehen.[43] Von diesen Häretikern erfahren wir nämlich direkt und indirekt folgende in ihrer Gesamtheit für die Gnosis typischen Charakteristika: Sie üben eine scharfe Askese (2,23). Für Lehre und Praxis berufen sie sich auf alte, echte Traditionen (2,8.22) und auf Visionen (2,18). Ihre Lehre nennen sie selbst Philosophie (2,8). Bezeichnende, vom Verfasser aufgenommene Schlagworte in ihrem Munde dürften gewesen sein: *sophía* (1,9.28; 2,3.23; 3,16), *sýnesis* (1,9; 2,2), *gnôsis* (2,3), *epígnōsis/epígnōskein* (1,6.9; 2,2; 3,10), *teleiótēs/téleios* (1,28; 3,14; 4,12), *plērōma/plēroûsthai* (1,9.19; 2,9.10); die bekämpfte „Philosophie" gibt anscheinend vor, den Anhängern *gnôsis, teleiótēs* und *plērōma* zu vermitteln. Das eigentlich Charakteristische an ihr und der hauptsächliche Streitpunkt, der Punkt, wo die Differenz zwischen der neuen „Philosophie" und dem Christentum des Verfassers in aller Schärfe aufbricht, ist aber ihre Engellehre. Die Häretiker verehren in irgendeiner Form die Engel, die Mächte, die Weltelemente (vgl. vor allem 2,8.18.20.23).

Die Art und der Sinn dieser Verehrung sind problematisch. Die nächstliegende Auffassung, wie an anderer Stelle ausführlicher dargelegt werden soll, ist die, dass die Engel, denen der Kult gilt, die bekannten Archonten der Gnosis sind. Sie versperren nach mutmaßlicher Auffassung der Häretiker als noch immer gefährliche antigöttliche Mächte den Weg zu Christus. Es ist daher gut, sie nicht zu provozieren. Ihr Kult seitens der Häretiker ist also ein Darbringen des Bloß-Irdischen den Bloß-Irdischen. In unserem Zusammenhang aber interessiert uns an den im Kol bekämpften Häretikern, bzw. wie wir nun sagen können, Gnostikern, dass sie auch bestimmte heilige Zeiten einhalten, worunter vor allem die Feier des Neumonds und des Sabbat fällt (2,16); und sie fordern und praktizieren auch, wie ich jedenfalls annehmen möchte – manche denken darüber

---

[42] Vgl. an neuerer Spezialliteratur über die im Kol bekämpfte Irrlehre G. Bornkamm, Die Häresie des Kolosserbriefes, Das Ende des Gesetzes, München ^{2}1958, 139–156; H. Hegermann, Die Vorstellung vom Schöpfungsmittler im hellenistischen Judentum und Urchristentum, Berlin 1961, 161–168.

[43] Dass die Häresie des Kol wirkliche Gnosis darstellt, darin stimme ich mit Schmithals überein; vgl. z. B. Die Häretiker in Galatien, ZNW 47 (1956), 62.

anders –, den Ritus der Beschneidung (2,11–13). Das heißt zunächst, grob gesagt, die im Kol bekämpfte Gnosis ist eine judenchristliche, von Judenchristen getragene und propagierte Gnosis. Wir aber konstatieren hier genauer wieder einen erheblichen jüdischen Einschlag in einer ganz frühen Gestalt der christlichen, d. h. ins Christentum eingedrungenen Gnosis, der nicht durch eine Vermittlung des Christentums erklärt werden kann.

Was besagt das alles nun für unsere Frage nach einer primären Beziehung zwischen Gnosis und Judentum? Wie ist das im Einzelnen Erkannte zusammenfassend zu formulieren? Zunächst so: Es gab eine vorchristliche Gnosis, die auch später noch neben dem inzwischen entstandenen Christentum und der ins Christentum eingedrungenen Gnosis her ging; und in dieser vor- und nebenchristlichen Gnosis spielten bereits jüdische Menschen (Samaritaner, Proselyten, Abtrünnige nach unserer Definition eingeschlossen) und infolgedessen auch jüdische Traditionen, der neuen Weltanschauung eingepasst, eine ganz wesentliche Rolle. Wir können aber noch weit mehr sagen, wenn wir noch in aller hier gebotenen Kürze die Frage nach dem Ursprung der Gnosis anschneiden. Der Ursprung der Gnosis ist dunkel. Die Theorie, von einer alten östlichen, iranischen Volksreligion, die aus dem Osten vorgedrungen wäre und sich dabei zur Gnosis abgewandelt hätte, ist nicht mehr vertretbar, auch wenn sie noch vertreten wird. Sie fällt nämlich im Grunde schon unter das Jonas'sche Verdikt, Chemie der Weltanschauungen zu betreiben, obgleich Jonas selbst sie noch voraussetzt. Und neuere religionsgeschichtliche Untersuchungen haben gezeigt, dass ihre Grundlage, der iranische Mythos vom erlösten Erlöser, selbst nur ein Mythos, ein moderner, wissenschaftlicher ist. Alle wirklichen Spuren weisen, und zwar aus allen Himmelsrichtungen, auf Syrien-Palästina als Wiege der Gnosis. Dann aber wird sie, was die Zeit anbelangt, dort nicht allzu lange, bevor sie für uns in den Mandäern, in Simon Magus, in Menander zuerst in Erscheinung tritt, entstanden sein; wir kämen damit etwa auf die Zeitenwende. Das aber heißt für unsere Frage nach der primären Beziehung zwischen Gnosis und Judentum: Jüdische Menschen sind schon am Ursprung und an der frühesten Verbreitung der Gnosis wesentlich beteiligt, und jüdische Traditionen waren dementsprechend schon Bestandteil der ersten Objektivierung der Daseinshaltung und Weltanschauung im Mythos.

Wie aber war es möglich, dass der Funke der Gnosis innerhalb des Judentums überhaupt zünden konnte? Wäre er in das offizielle oder später in das orthodoxe Judentum gefallen, hätte er doch wohl notwendigerweise wie in Wasser erlöschen müssen. Von da aus und so herum wird nun das komplexe Phänomen eines nicht offiziellen Judentums, sozusagen als Zunder, auf den der Funke der Gnosis fiel, für uns interessant. Das Judentum etwa um die Zeitenwende, also zu einer Zeit, da die Gnosis entstanden sein dürfte, war ja, wie immer deutlicher sichtbar wird, eine vielfältige und vielschichtige Größe. Schon im Rahmen des offiziellen Judentums innerhalb und außerhalb Palästinas gab es verschiedene Tendenzen und Richtungen. Und neben dem offiziellen Judentum gab es nun ein ausgeprägtes Sekten- und Konventikelwesen: apokalyptische Schwärmer, Taufsekten, die Essener.[44] Innerhalb der Diaspora wären hier zu nennen die ägyptischen Juden mit ihrem Tempel zu Leontopolis,[45] die merkwürdige Gestalt des Philo, Leute, die sagen konnten, dass Jahwe und Zeus nur verschiedene Namen für denselben einen Gott seien (Arist 16). Und dann die ausgesprochenen Randerscheinungen. Das anscheinend für den Synkretismus besonders anfällige (vgl. Joh 8,48) Halbjudentum der Samaritaner, der jüdische Zauber, der Abfall, wie ihn besonders die Fälle des Tiberius Julius Alexander[46] und später des Elisa b. Abuja[47] paradigmatisch zeigen. Und was heißt eigentlich Rand? Es gab überhaupt keinen Rand. Die Grenze zwischen Judentum und Nichtjudentum war fließend. Hellenistische Gedanken, Vorstellungen und Gewohnheiten drangen mehr oder weniger weit und tief in das Judentum ein; das Judentum wirkte seinerseits nach draußen. Dieser ganze nicht offizielle Bereich des Judentums dürfte der Boden sein, auf dem die Gnosis Fuß fassen konnte und Fuß gefasst hat.

---

44 Vgl. z. B. M. Noth, Geschichte Israels, Berlin ^{2}1953, 357–359.

45 E. Schürer, Geschichte des jüdischen Volkes III, Leipzig 1909, 144–148; E. Lohse, RGG^{3} IV, 324.

46 Schürer, Geschichte des jüdischen Volkes I, ^{4}1901, 567f. 624.

47 Vgl. z. B. Schubert, Kairos 3 (1961), 14f.

APORIEN IM RÖMERBRIEF*

Die Überschrift ist ein Verlegenheitsprodukt. Man weiß sofort, es soll verschiedenes Kleines zum großen Römerbrief gesagt werden. Nur geht es im konkreten Fall wirklich auch sachlich um Verlegenheit, nämlich um die Verlegenheit, in der ich mich, in der man sich, angesichts gewisser Stellen des Römerbriefs befinde(t) bzw. befinden müsste. Es soll im Folgenden unter verschiedener Hinsicht von vier Stellen die Rede sein, von Stellen, über die ich zu meiner eigenen Überraschung, ohne dass ich mich gestoßen fühlte, gestolpert bin. Und es geht mir dabei nicht eigentlich darum, die Art und den Ort dieses Stolperns mitzuteilen; das ist vielmehr nur die Basis, um möglichst Sympathie zu erwecken für gewisse Versuche meinerseits, hier nun wieder in Tritt zu kommen.

I

Die erste Aporie, von der hier die Rede sein soll, ergibt sich aus der, wie auch ich glaube, unvermeidlichen literarkritischen Analyse von II p. 16. Die Frage ist heute, wie mir scheint, gar nicht so sehr das Ob als das Wie. Dabei dürfte aus den bekannten Gründen – neben der Unechtheit der Doxologie (16,25–27) – selbstverständlich sein, dass die Liste der zu bestellenden Grüße (16,3–16) und die Warnung vor Irrlehrern (16,17–20)[1] Ephesus als

* ThLZ 92 (1967), 881–888.

[1] Um welche Art von Irrlehrern es sich hier übrigens handelt, ist nicht von vornherein deutlich. Die Gegner werden nämlich nicht objektiv gezeichnet, sondern böse karikiert, typisiert und von vornherein verteufelt. Sicher erscheint mir nur, dass es sich um anders denkende und entsprechend wirkende Christen handelt. Natürlich muss man diese Gegner mit den sonstigen Gegnern des Paulus in Zusammenhang bringen. So hat man sie meist des näheren als Judaisten angesehen (z. B. H. Lietzmann, An die Römer, HNT 8, [4]1933, 127; P. Feine IJ. Behm, Einleitung in das NT, [9]1950, 175; H. W. Schmidt, Der Brief des Paulus an die Römer, ThHK 6, 1963, 257 Anm. 2); oder man dachte an Libertinisten (z. B. H. Appel, Einleitung in das NT, 1922, 47) oder an irgendeine Art von Gnostikern (erwogen z. B. von O. Michel, Der Brief an die Römer, KEK 4, [12]1963, 10. 376 Anm. 2. 383). Neuerdings hat W. Schmithals nun, ohne zu überzeugen, versucht, auch unsere Irrlehrerpolemik in den Rahmen seiner Sicht der antipaulinischen Front einzupassen. Er bemüht sich also, aus einer Interpretation des Wortlauts der vier Verse zu erweisen, dass sie sich gegen jüdische Gnostiker richten müssen. Natürlich vergeblich. Die stärksten Argumente sind die Vergleiche mit den einschlägigen Stellen aus 2Kor, Gal, Phil. Aber deren Auffassung durch Schmithals ist ja gerade selbst unhaltbar. (Die Irrlehrer von Röm. 16, 17–20, StTh 13, 1959,

Adresse hat. Problematisch und im großen Kreise derer, die Kap. 16 so in der Hauptsache (3–20) als nach Ephesus gerichtet ansehen, umstritten ist nun die Zugehörigkeit der kleinen Abschnitte davor und danach: Sind die Empfehlung der Phoebe (16,1f.) und die Grüße an die Adressaten (16,21–23) auch nach Ephesus oder sind sie nach Rom gerichtet? Die Frage wird nach Maßgabe der kombinatorischen Möglichkeiten vierfach verschieden beantwortet. In den entsprechenden Erörterungen über die Abgrenzung des an die Epheser gerichteten Textes spielen zwei Gesichtspunkte eine Hauptrolle: Soll man sich den Ephesertext als Fragment oder als Ganzheit vorstellen? Und: Ist der Ephesertext an den Römerbrief bloß angehängt, oder ist er in ihn eingefügt? Wenn 16,1f. zum Ephesertext gehörte, könnte man mit dem Gedanken wenigstens spielen, dass der Ephesertext weiter nichts als ein Empfehlungsbrief für Phoebe gewesen und also im Wesentlichen ganz erhalten sei. Auf der anderen Seite könnte man 16,1f. aber auch als Unterschrift unter den Römerbrief mit einem Hinweis auf die Überbringerin *dieses* Briefes verstehen. Gehörte aber 16,1f. nicht zum Ephesertext, könnte es sich bei ihm nur um ein Fragment handeln. Gehörte 16,21–23 zum Ephesertext, könnte man den jetzigen Textbestand, sei es, dass der Ephesertext mit 16,1, sei es, dass er mit 16,3 begönne, als Produkt einer Anfügung des Ephesertextes an den Römerbrief zu erklären trachten. Sonst würde es sich um eine *Ein*fügung handeln, und die setzt ein größeres Maß bewusster redaktioneller Tätigkeit voraus.

Was übrigens meine Meinung innerhalb dieses geläufigen Fragenkomplexes anbelangt, so gehören m. E. erst einmal 16,1f. und 16,21–23 in denselben Brief, sei es der Ephesertext, sei es der Römerbrief. Phoebe wohnt in Kenchrae, der östlichen Hafenstadt von Korinth. Sind wir mit Kenchrae nach Korinth gewiesen, dann muss man m. E. auch in dem 16,23a genannten Gastgeber des Paulus namens Gajus einen der führenden Christen Korinths sehen (1Kor 1,14) und weiter 16,1f. und 16,21–23 aus derselben Situation stammen lassen. Zugleich dürfte andererseits 16,21–23 kaum ursprünglich mit dem Komplex 16,3–20 zusammengehört haben. Dagegen scheint mir nämlich die Zäsur zwischen V. 20 und 21 zu sprechen: die Grüße von 16,21–23 passen eigentlich nicht mehr hinter die scharfe Warnung 16,17–20 und schon gar nicht nach dem Gruß 16,20b, der doch

51–69 = Paulus und die Gnostiker, ThF 35, 1965, 159–173). Meiner Meinung nach geht die gewöhnliche Deutung auf Judaisten schon in die richtige Richtung. Sie ist nur zu eng. Wir werden sagen müssen: Paulus kämpft auch hier Röm 16,17–20 in einem Brief nach Ephesus, wie sonst, gegen die Vertreter der offiziellen Kirche, u. zw. speziell gegen die neue Front Antiochia/Jerusalem.

wie ein Schlussgruß aussieht. Der besondere Gruß des Schreibers Tertius, dem Paulus diktiert hatte (16,22), erscheint mir schließlich sinnvoll eigentlich nur nach einem Brief von beträchtlicher Länge. Da wir von dem ursprünglichen Umfang des Briefes, in dem der Ephesertext stand, überhaupt nichts wissen, das Normale aber sicher relativ kurze Briefe waren, wird man in Tertius den Schreiber des Römerbriefes sehen müssen. Aus dem allen ergibt sich m. E., dass 16,1f.21–23 nicht zum Ephesertext, sondern zum Römerbrief gehören.

Soweit das Feld, dessen Grenzen die gewöhnlichen Erwägungen nicht überschreiten. Dennoch kann man hier unmöglich einfach haltmachen. Der Text 16,3–20 ist kein Brief. Er würde auch keiner, wenn man 16,1f.21–23 hinzurechnen könnte. Hier hat Kümmel einfach Recht: Dieser Text wäre als komplettes Briefcorpus von einem literarisch unmöglichen Charakter.[2] Nur wird mir von daher die Analyse von Röm 16 nicht fraglich. 16,3–20 kann eben nur angesehen werden als *Fragment* eines Epheserbriefes. Wo aber ist der Rest? Diese Erkenntnis ruft also mit Notwendigkeit wenigstens die Frage hervor, ob 16,3–20 wirklich das einzige Fragment dieses Epheserbriefes im Römerbrief sei, d. h., ob sich im Römerbrief nicht noch andere Stücke finden, die auf den Epheserbrief zurückzuführen sind. Und diese Frage steht in Entsprechung zu unseren sonstigen Erfahrungen bei der Literarkritik der Paulusbriefe. Diese Frage ist auch nicht einmal neu; sie ist nur ein bisschen in Vergessenheit geraten, was wohl auch damit zusammenhängt, dass die Antworten, die seinerzeit angeboten wurden, mit Recht von der modernen Forschung verworfen worden sind. So rechnete C. H. Weisse außer 16,1–23 auch noch Kap. 9–11 zu dem in unseren Römerbrief eingeschobenen, an eine kleinasiatische Gemeinde gerichteten Brief.[3] H. Schultz hingegen rechnete zu dem Epheserbrief außer 16,3–20 noch 12,1–15,6.[4] Ähnlich bestimmte F. Spitta außer 16,1–20 noch 12,1–15,7 als Bestandteil dieses zweiten Briefes, den er allerdings nicht nach Ephesus, sondern wiederum nach Rom gerichtet sieht.[5] Als Erwägung erscheint die Möglichkeit eines solchen Zusammengehörens von Röm 16,1–20 mit Röm 12,1–15,6 auch bei J. Weiß.[6]

---

[2] P. Feine/J. Behm/W. G. Kümmel, Einleitung in das NT, [13]1965, 228f.

[3] Beiträge zur Kritik paulinischer Briefe, 1867, 46ff.

[4] Die Adresse der letzten Kapitel des Briefes an die Römer, JDTh 21 (1876), 104–130.

[5] Untersuchungen über den Brief des Paulus an die Römer, Zur Geschichte und Literatur des Urchristentums III 1, 1901. Vgl. übrigens noch C. Clemen (Die Einheitlichkeit der paulinischen Briefe, 1894, 70f.) über die ähnlichen Auffassungen von Heumann und Straatman.

[6] Das Urchristentum, Göttingen [2]1917, 279f.; vgl. früher ThLZ 18 (1893), 395.

M. E. ist nun als weiterer Bestandteil unseres Epheserbriefes im Römerbrief erwägenswert – und auf eben diese Erwägung kommt es mir hier an – einzig und allein 14,1–15,13. Dieser Abschnitt ist in sich geschlossen, d. h. vorn und hinten deutlich abgesetzt. 15,14 wäre als direkte Fortsetzung von 13,14 sehr gut vorstellbar. Dieser Abschnitt hebt sich aber nicht nur formal, sondern auch inhaltlich von der Umgebung ab. Es ist nämlich das einzige Stück innerhalb von Röm 1–15, das überraschend und deutlich Vertrautheit mit den Gemeindeverhältnissen der Adressaten verrät. Es ist, besonders innerhalb der Paränese, das auffälligerweise einzige Stück, in dem Paulus wirklich konkret redet. Die anderen Teile des Römerbriefes machen hingegen den Eindruck, dass Paulus die römische Gemeinde gar nicht näher kennt.[7] Röm 14,1–15,13 mit Röm 16,3–20 zusammenzunehmen heißt im Grunde nur eins und eins zusammenzuzählen!

Das Zusammenwachsen unseres kanonischen Schriftstückes aus einem Römer- und einem Epheserbrief zu erklären, bietet übrigens auch keine großen – schon gar keine unüberwindlichen – Schwierigkeiten. Man kann sich das Zusammenwachsen beider Briefe schon vorstellen, nur gibt es eben zu viele Möglichkeiten der Vorstellung. Eben deswegen ist von einer solchen Erklärung des Zusammenwachsens, d. h. von der Aufweisbarkeit der Synthese, auch das Recht auf Analyse nicht abhängig.[8] Am nächsten scheint mir persönlich folgende Vorstellung zu liegen: Der Epheserbrief ist als eine Art Abschiedsbrief aus der Gefangenschaft in Rom geschrieben worden[9] und entweder nie abgegangen, oder die Gemeinde hat sich eine Kopie davon gemacht und zurückbehalten.[10] Und redaktionell zusammengefügt hätte die beiden im Besitz der römischen Gemeinde befindlichen

[7] Vgl. J. Weiß, Urchristentum, 279.

[8] Gegen Feine/Behm/Kümmel, Einleitung in das NT, 229.

[9] Gewöhnlich nimmt man ja an, dass der Epheserbrief nicht lange nach der Abreise des Paulus aus Ephesus verfasst sei, d. h., man setzt ihn zeitlich wie örtlich ganz in die Nähe des Römerbriefes. Im Einzelnen hängt die jeweilige Einordnung natürlich von der jeweiligen Abgrenzung des Epheserbriefes ab. Wer z. B. 16,1f. und (bzw. oder) 16,21–23 zum Epheserbief rechnet, kommt mit einiger Notwendigkeit auf Korinth als Abfassungsort. Michaelis speziell meint, der Epheserbrief sei auf der Rückreise von Korinth in Philippi oder Troas geschrieben und habe als Ganzer den Zweck gehabt, die Ältesten von Ephesus nach Milet zu bestellen (Einleitung in das NT, ^{2}1954, 164–166). Ich habe dieser allgemeinen Meinung gegenüber Bedenken. Die lange Grußliste erscheint mir, nicht nur kurz nach der Abreise, sondern überhaupt, ganz und gar ungewöhnlich. Sie passt m. E. nur in ein außergewöhnliches Schreiben und scheint mir etwa vorauszusetzen, dass Paulus lange und weit aus Ephesus weg ist und ohne Aussicht, die Gemeinde überhaupt oder sobald wiederzusehen. So scheint mir der Gedanke am nächsten zu liegen, dass der Epheserbrief aus dem Gefängnis, u. zw. dem in Rom, stammt.

[10] So ähnlich dachte bereits Schultz (s. Clemen, Einheitlichkeit, 89f.).

Briefe – entsprechend seinem Verfahren bei anderen Briefen – der wohl in Korinth beheimatete Herausgeber des ersten Corpus Paulinum, in dem die Korintherbriefe am Anfang standen und der Römerbrief am Schluss.[11]

II

Ein ähnliches Zusammenzählen von eins und eins kann man auch in Kap. 4 vornehmen, indem man die beiden unverständlichen und korrupten Verse 1 und 17b miteinander in Beziehung sieht. In V. 17b scheint das κατέναντι ... θεοῦ völlig in der Luft zu hängen. Zum unmittelbar Vorhergehenden (V. 17a) kann es unmöglich gehören. Die einzig erträgliche Möglichkeit scheint zu sein, κατέναντι ... θεοῦ über V. 17a hinweg auf das Ende von V. 16 zu beziehen:

ὅς ἐστιν πατὴρ πάντων ἡμῶν ←→ κατέναντι οὗ ἐπίστευσεν θεοῦ

der unser aller Vater ist vor Gott, an den er glaubte.[12]

Aber ich kann auch dieser Verbindung keinen einleuchtenden Sinn abgewinnen. Und das führt dann eben zu der Vermutung, dass der Text hier einfach nicht in Ordnung ist.

Ähnlich verhält es sich nun auch in V. 1. Der Text ist sprachlich und sachlich dunkel und eigentlich unverständlich, wie sich schon in der Textüberlieferung des für die Schwierigkeiten hauptverantwortlichen Infinitivs εὑρηκέναι widerspiegelt.[13] Dies εὑρηκέναι ist ziemlich offensichtlich ohne konkreten sachlichen Bezug sinnlos. Der Anfang einer Möglichkeit des Verstehens scheint mir nun die Vermutung zu sein, dass hinter dem εὑρηκέναι irgendwie der in Gen 18,3 ausgedrückte Sachverhalt stehen könnte, dass Abraham vor Gott *Gnade* gefunden hat:

καὶ εἶπεν· κύριε, εἰ ἄρα εὗρον χάριν ἐναντίον σου, μὴ παρέλθῃς τὸν παῖδά σου[14]

Andererseits ist τί οὖν ἐροῦμεν; eine feste paulinische Übergangsformel, so dass es nicht gut denkbar ist, dass die Wendung hier mit dem Folgenden syntaktisch zusammenzunehmen sei. Man hat also auch hier hinter

[11] Vgl. zu diesen Problemen W. Schmithals, Zur Abfassung und ältesten Sammlung der paulinischen Hauptbriefe, ZNW 51 (1960), 225–245 (=Paulus und die Gnostiker, 175–200).

[12] So z. B. auch Lietzmann, Michel, Althaus, Schmidt.

[13] Vgl. zu den LAA, den Zeugen und ihrem Wert Lietzmann, An die Römer, 53.

[14] Vgl. Michel, Der Brief an die Römer, 115.

ἐροῦμεν mit einem Fragezeichen abzuteilen. Da dann der Rest des Verses syntaktisch unvollständig ist, bleibt m. E. kaum etwas anderes übrig, als hier eben eine Textverderbnis zu konstatieren. Das heißt aber, irgend etwas scheint ausgefallen zu sein. Auf jeden Fall dürfte dann m. E. der Begriff der χάρις selbst hier ursprünglich gestanden haben und sekundär ausgefallen sein. In V. 4 erscheint er nämlich so selbstverständlich, als wäre er vorher schon gefallen. Nun gehört aber zum „Gnade finden" gewöhnlich ein „vor wem?" Vgl. z. B. im NT Lk 1,30; Apg 7,46; 2Tim 1,18 und vor allem Gen 18,3 selbst (ἐναντίον σου).

Nun findet sich eben eigenartigerweise innerhalb von Röm 4 an späterer, nämlich der bewussten anderen verderbten Stelle (V. 17b) eine solche, dort, wie schon gesagt, beziehungslos stehende Bestimmung (κατέναντι … θεοῦ κτλ.). Und man kann sich m. E. nun durchaus fragen, ob diese Bestimmung nicht ursprünglich innerhalb von V. 1 gestanden hat. Nach alledem könnte man sich den ursprünglichen Text am Anfang von Röm 4 dann etwa folgendermaßen vorstellen:

> τί οὖν ἐροῦμεν; οὐ χάρις ἐστὶν ἣν οἴδαμεν εὑρηκέναι Ἀβραὰμ τὸν προπάτορα ἡμῶν κατὰ σάρκα κατέναντι οὗ ἐπίστευσεν θεοῦ τοῦ ζωο ποιοῦντος τοὺς νεκροὺς καὶ καλοῦντος τὰ μὴ ὄντα ὡς ὄντα;

Man muss sich dann ergänzend natürlich noch die Frage stellen, wie denn nun der zweite Teil dieser Wendung sekundär an die Stelle geraten sein könnte, wo diese Worte heute stehen (V. 17b). Ich könnte mir vorstellen, dass sie wegen des Motivs „Glauben, dass Gott Totes lebendig machen kann" zu dem Abschnitt V. 18–22 gestellt worden sind, der ja von demselben Motiv bestimmt ist.

III

In Kap. 3 bereiten die Verse 10–18 dem Verständnis Schwierigkeiten. Es handelt sich um ein, durch καθὼς γέγραπται eingeleitetes, längeres Schrift*zitat*, genauer um ein Mosaik einschlägiger Schriftstellen, in der Funktion eines Schrift*beweises*. Und dieser Schriftbeweis hat, wenn man ihn näher betrachtet, das Aussehen einer Sphinx. Er sieht von vorn anders aus als von hinten. Von V. 9b aus betrachtet, beweist er nämlich die Sündhaftigkeit und Gerichtsverfallenheit *aller* Menschen; von V. 19a aus betrachtet, beweist er die Sündhaftigkeit und Gerichtsverfallenheit nur für die Juden. V. 19a scheint ja zwanglos nur so aufgefasst werden zu können: „Nun wissen wir aber, dass die Aussprüche des Gesetzes sich auf das Volk des Gesetzes beziehen" (Übersetzung von Lietzmann).

Kann man der aufgewiesenen Schwierigkeit damit begegnen, dass man für V. 19a gegen den ersten Anschein doch noch mit gutem Gewissen einen zu V. 9b passenden Sinn abgewinnt? Man könnte es zunächst bei dem Ausdruck οἱ ἐν τῷ νόμῳ versuchen. Kann sich das nicht doch auf alle Menschen, also Juden *und Heiden*, beziehen, etwa in dem Sinne „die auf dem Heilsweg des Gesetzes wandeln (auch wenn sie das Gesetz wie die Heiden direkt gar nicht kennen)", „die in der Aera des Gesetzes, in dem alten Äon, der durch das Gesetz qualifiziert ist, leben" (vgl. z. B. Gal 3,23; 4,5 [ὑπὸ νόμον])? Ein solcher Sinn für unsere Wendung erscheint mir an sich nicht ausgeschlossen, aber hier angesichts der Korrespondenz von ὁ νόμος und οἱ ἐν τῷ νόμῳ denkbar unwahrscheinlich (vgl. übrigens 2,12.14 [ἐν νόμῳ εἶναι = νόμον ἔχειν]). Man könnte es dann bei dem Verbum λαλεῖν versuchen. Könnte man es nicht verstehen als Bezeichnung einer bloßen Information *an* die Juden (über einen alle betreffenden Sachverhalt) und nicht, wie man zunächst denken muss, als eine existentielle Aussage *über* die Juden selbst? Der Sinn wäre dann: Der in dem Schriftzitat zur Sprache kommende Sachverhalt betrifft alle Menschen, aber nur die Juden wissen, dass es so ist, wie es dort steht. Aber eine solche an den Haaren herbeigezogene Interpretation kann man nicht im Ernst vornehmen. Man könnte schließlich noch psychologisch erklären wollen: Paulus drücke sich hier, von dem langen Zitat irgendwie verleitet oder dadurch, dass es einen Heilsweg des Gesetzes strenggenommen eben nur für die Juden gibt, ungenau und inkorrekt aus; er sage „die Juden", aber er meine „alle Menschen"; „die Juden" stünden stellvertretend für die Menschen schlechthin. Aber auch solche Interpretation hätte fatale Ähnlichkeit mit einer exegetischen Notbremse.

Merkwürdigerweise ist nämlich der an der Gesamtheit der Menschen orientierte Aspekt (von V. 9b) in V. 19b/20 urplötzlich und unvermittelt wieder zur Stelle (<u>πᾶν</u> στόμα, <u>πᾶς</u> ὁ κόσμος, <u>πᾶσα</u> σάρξ) u. zw. zudem in einem Finalsatz, bei dem die logische Beziehung des ἵνα auf die Aussage von V. 19a sowieso, ganz abgesehen von dem Aspektunterschied, problematisch ist. Lietzmann z. B. meint, unser ἵνα von der tatsächlichen Folge gebraucht verstehen zu müssen.[15]

Nach alledem erhebt sich für mich die Frage, ob das Problem der Sphinxgestalt des Schriftzitats sich nicht am besten literarkritisch lösen lässt, d. h., ob nicht ursprünglich V. 19b die direkte Fortsetzung von V. 9b ist und ob entsprechend das Schriftzitat (V. 10–18) samt V. 19a nicht

[15] An die Römer, 48.

als eine sekundäre Einschaltung angesehen werden sollte. Der Finalsatz V. 19b würde sich ja auch vorzüglich an V. 9 b anfügen, und das Motiv für den Fall einer solch sekundären Einfügung von V. 10–18 (mit der ungeschickten, möglicherweise einen antijüdischen Akzent tragenden und einbringenden Klammer V. 19a) wäre ohne weiteres klar: Unterstreichung bzw. Ergänzung der Argumentationen des Paulus![16]

Mit ebendieser literarkritischen Erwägung scheint mir nun auch die formgeschichtliche Betrachtung von 3,10–18 zu konvergieren. Das Zitatenmosaik wirkt ja keineswegs wie eine wahllose Anhäufung von einschlägigen Bibelversen, sondern wie ein sinn- und stilvolles, wohlgeordnetes neues Ganzes. Wir haben es also anscheinend mit einem schon vor der Niederschrift an dieser Stelle geprägten Stück zu tun, auf das dann formgeschichtliche Kategorien anzuwenden wären. Dieser Frage ist Michel besonders nachgegangen (Römer, 99f.). Seiner Meinung nach weist die unserem Stück eigene Kunstform mehr auf einen liturgischen als auf einen katechetischen Sitz im Leben. Als eine ganz interessante Einzelheit sei übrigens hervorgehoben Michels Beobachtung, dass in V. 13–17 die menschlichen Glieder gewissermaßen verselbständigt in Erscheinung treten. Michel bestimmt unser Stück schließlich als ein Klagelied vom Typ der Gottesklage. „Wir haben einen urchristlichen Psalm vor uns, der aus der Vielheit von Einzelzitaten zu einer kunstvollen Einheit zusammengewachsen ist." Und Michel erwägt entsprechend, ob dieser nicht schon vorpaulinisch sein könnte. Mir erscheint die formgeschichtliche Analyse Michels im Großen und Ganzen als überzeugend und in der Hauptsache übernehmbar. Während Michel natürlich meint, dass Paulus selber diesen urchristlichen Psalm in den Römerbrief aufgenommen habe, besteht für mich im Zusammenhang dieser Ausführungen das Interesse darin, dass einen solchen eigenständigen Psalm, sei er vorpaulinisch, wie Michel meint, sei er neben- oder nachpaulinisch, was eben auch denkbar wäre, natürlich auch, wie, wenn Gründe für diese Vermutung vorliegen, leicht vorzustellen ist, ein Späterer in den Zusammenhang des Römerbriefes gebracht haben kann. Schwierigkeiten und Kopfzerbrechen macht mir übrigens noch die nähere Bestimmung eines Sitzes im Leben für diesen urchristlichen Psalm. Von seinem Inhalt her könnte man ihn am ehesten als

[16] Dieser Passus ist unter anderen Voraussetzungen früher schon mehrfach angefochten worden, wie ich nachträglich sehe. So tilgten (nach Clemen, Einheitlichkeit, 80) Weisse, Schulthess und Cramer V. 11–18, Pierson und Naber V. 10–19, Michelsen V. 13–18, van Manen V. 10–18. Von hier aus wird auch die Parallele Justin dial 27 (244 DE. 245 A), die damals schon eine Rolle spielte, wieder interessant.

ein Stück urchristlicher Judenpolemik verstehen (vgl. V. 19a). Aber damit passt doch die liturgische Form, eben die Psalmenform, nicht zusammen. Michel hält den Psalm für ein Bußgebet. Aber für ein solches scheint mir im Urchristentum gar kein Bedarf vorzuliegen, es sei denn, dass man an die Situation der Taufe mit ihrer Bußforderung denkt, worauf ja auch das von Michel beobachtete Motiv der Glieder hinweisen könnte.

IV

Schließlich sei noch und wieder einmal die so schwierige Stelle Röm 1,18 in den Blick gefasst. Das ἀποκαλύπτεται steht, wie jeder sieht, in, wohl beabsichtigtem, Parallelismus zum ἀποκαλύπτεται von V. 17. Und das heißt in der Sache: Die Offenbarung des Gotteszorns hängt irgendwie mit der Offenbarung der Gottesgerechtigkeit zusammen, erfolgt zur gleichen Zeit wie diese (s. das Tempus!) und ist wie diese ein eschatologisches Geschehen. Entsprechend meint ὀργὴ θεοῦ keinen Affekt Gottes, sondern das von Gott ausgehende (Gen. auct.) eschatologische Zorngericht (vgl. vor allem Röm 2,5; 3,5; 5,9; 1Thess 1,10; Kol 3,6; Eph 5,6). Dann aber ist der Vollzug der ὀργὴ θεοῦ zu unterscheiden (wenigstens nach Meinung und Intention des Paulus)[16a] von dem innerzeitlichen Vollzug des göttlichen παραδοῦναι (V. 24.26.28). Also, entgegen anderen Auffassungen, ist m. E. ὀργὴ θεοῦ nicht gleich παρέδωκεν. Diese Ungleichung wird noch von einer ganz anderen Seite gestützt: Nach 3,26 ist nämlich die Periode vor der Offenbarung der Gottesgerechtigkeit eine Periode der ἀνοχὴ τοῦ θεοῦ. So weit, so gut.

Die eigentlichen Schwierigkeiten unseres Verses, die verantwortlich sind für die ungewöhnlich große Ratlosigkeit der Exegese an dieser Stelle,

[16a] Paulus übernimmt ja, wie man annehmen muss, in 1,18–22 ziemlich en bloc ein gängiges hellenistisch-jüdisches Gemälde vom Heidentum unter dem Zorn Gottes. Diese Annahme ergibt sich 1. aus den bekanntermaßen ganz ungewöhnlich vielen Parallelen in der, aus der spätantiken (Popular-)Philosophie gespeisten, apologetischen bzw. propagandistischen bzw. missionarischen bzw. polemischen Literatur des hellenistischen Judentums, zumal die Parallelen sich nicht etwa auf je einzelne Vorstellungen und Gedanken beschränken, sondern auch die Reihenfolge der Vorstellungen und Gedanken, den Duktus und die Tendenz des ganzen Komplexes 1,18–32 betreffen; 2. aus dem Widerstreit zwischen diesem Stoff und seinem Zweck im Rahmen des größeren paulinischen Zusammenhangs: Der Stoff hat ein mehr oder weniger anderes Gefälle, als es dem paulinischen Zusammenhang entspricht; das macht ja gerade, neben der eigentümlichen Interferenz zwischen Satzbau und Gedankengang, die Schwierigkeit dieses Abschnitts aus.

ob man sich dieser Ratlosigkeit bewusst ist oder nicht, sind das unscheinbare Wörtchen γάρ und die Präpositionalwendung ἀπ' οὐρανοῦ.

Das γάρ soll wohl die in V. 17 stillschweigend vorausgesetzte *Notwendigkeit* der Offenbarung der von Gott geschenkten Glaubensgerechtigkeit als des neuen Heilsweges begründen. Der Gedanke dürfte sein: Die Offenbarung der heilbringenden und rettenden Glaubensgerechtigkeit war *notwendig*, weil ohne sie alle Menschen dem Zorngericht Gottes verfallen sind.

Das ἀπ' οὐρανοῦ scheint zu ἀποκαλύπτεται zu gehören und entsprechend in Korrespondenz zu dem ἐν αὐτῷ von V. 17 zu stehen. Und diesem Schein entsprechend wird gewöhnlich auch interpretiert: Während die Gottesgerechtigkeit im *Evangelium* geoffenbart wird, werde der Gotteszorn *vom Himmel her* geoffenbart. Das klingt zwar schön – und man ist daran gewöhnt –, führt aber in eine ausweglose exegetische Aporie; der so herauskommende Gedanke lässt sich einfach nicht wirklich denken. Die Parallelität zu V. 17, das Präsens ἀποκαλύπτεται, der eschatologische Aspekt von ὀργὴ θεοῦ lassen sich bei dieser Beziehung von ἀπ' οὐρανοῦ schlechterdings nicht auf einen gemeinsamen Nenner bringen. Um sich davon zu überzeugen, braucht man nur einen Blick in die gängigen Kommentare zu werfen. Ich muss von mir jedenfalls gestehen, dass mich das, was da in der Regel zu unserer Stelle gesagt wird, völlig unbefriedigt lässt. G. Bornkamm arbeitet in seinem Aufsatz „Die Offenbarung des Zornes Gottes" die besagte Schwierigkeit zwar klar heraus und hebt sie so ins Bewusstsein, ohne aber m. E. die festgestellte Aporie wirklich überwinden zu können; er überwindet sie nicht, er überspielt sie nur mit – allerdings gekonnt – glanzvollen theologischen Formulierungen.[17]

Noch das Vernünftigste, was, soweit mir bekannt, über 1,18 gesagt ist, scheint mir die Auffassung von A. Pallis[18] zu sein. Er hält nämlich V. 18 Anfang für eine Verkürzung aus

> ἀποκαλύπτεται γὰρ ἐν αὐτῷ (=τῷ εὐαγγελίῳ) ὅτι ὀργὴ θεοῦ ἔσται ἀπ' οὐρανοῦ ἐπὶ κτλ.

So umstritten das von ihm benutzte philologische Mittel auch ist, so richtig dürften das Prinzip und der Grundgedanke seiner Erklärung sein. Ich sehe gar keinen anderen Ausweg aus dem Dilemma als eben das Aufgeben der zunächst nahe liegenden Verbindung des ἀπ' οὐρανοῦ mit ἀποκαλύπτεται.

---

[17] ZNW 34 (1935), 239–262 = Das Ende des Gesetzes, BEvTh 16, ²1958, 9–33. 239–242. 259–262 bzw. 9–12. 30–33.

[18] To the Romans, 1920, 40.

Dann dürfte ἀπ' οὐρανοῦ ganz eng mit ὀργὴ θεοῦ zusammengehören, praktisch einen einzigen Begriff bildend: „der Zorn Gottes vom Himmel her" = „der vom Himmel her ergehende Zorn Gottes". Sprachlich kann man sich das verschieden zurechtlegen:

ὀργὴ θεοῦ ἀπ' οὐρανοῦ =
(ἡ) ὀργὴ (τοῦ) θεοῦ (ἡ) ἀπ' οὐρανοῦ
ὀργὴ θεοῦ ἀπ' οὐρανοῦ (ἐρχομένη)

ὀργὴ θεοῦ ἀπ' οὐρανοῦ korrespondiert dann dem δικαιοσύνη θεοῦ ἐκ πίστεως εἰς πίστιν.[19] Und zu ἀποκαλύπτεται gehört dann immer noch das ἐν αὐτῷ von V. 17. Wie im Evangelium die rettende Glaubensgerechtigkeit geoffenbart wird, so wird auch (erst) im Evangelium als die Kehrseite derselben Sache (explizit oder implizit) geoffenbart, dass alle Menschen unter dem, gleichsam drohend über ihren Häuptern schwebenden, Zorngericht Gottes stehen. Wir hätten 1,18 also insgesamt zu verstehen: „Es wird nämlich (im Evangelium zugleich) geoffenbart der Zorn Gottes, (mit Recht) vom Himmel her über jede Gottlosigkeit und Ungerechtigkeit der Menschen (ergehend), die die Wahrheit in Ungerechtigkeit niederhalten." Diese Deutung hat übrigens den nicht zu unterschätzenden Vorteil, dass der so gedeutete Satz mit der Wirklichkeit übereinstimmt. Denn dem Paulus selbst ist die allgemeine Gerichtsverfallenheit erst vom Evangelium her und mit ihm zusammen klargeworden; und ebenso kann man überhaupt die allgemeine Gerichtsverfallenheit sinnvoll nur vom Evangelium aus behaupten, denn zu sehen und wirklich aufzuzeigen ist sie ja nicht.

---

[19] Auch in 1,17 gehört m. E. die Wendung ἐκ πίστεως εἰς πίστιν entgegen dem ersten, durch die Wortstellung suggerierten Eindruck nicht zu ἀποκαλύπτεται, sondern zu δικαιοσύνη (θεοῦ). 1,17a ist m. E. zu paraphrasieren: Denn von Gott geschenkte Gerechtigkeit wird im Evangelium als neuer Heilsweg geoffenbart, eine Gerechtigkeit aus Glauben zu Glauben.

EXEGETISCHE PROBLEME DER ZWEITEN JAKOBUSAPOKALYPSE IN NAG HAMMADI-CODEX V*

Diese 2ApcJac, aus der wir eine für das (Miss-)Verständnis der ganzen Schrift zentrale Stelle (nämlich NHC V 46/47) exegetisch unter die Lupe nehmen wollen, benutzt, wie kurz noch einmal erinnert werden darf, als Hintergrund bzw. zur Lokalisierung der auszuführenden gnostischen Gedanken weitestgehend die apokryphe (juden-)christliche Jakobustradition. Und dabei gilt dann der „Herrenbruder" Jakobus als der entscheidende Mittler der Gnosis, als derjenige, der von Jesus sozusagen die Schlüssel der Gnosis bekommen hat bzw. bekommt. Und des Näheren stellt sich unsere Apc, wie mir scheint, dar als ein Bericht, den ein Priester namens Marim, der dann auch als Verfasser der Schrift selbst gilt, dem Vater des Jakobus namens Theudas von der Predigt des Jakobus im Tempel (worin dieser *unter Verwendung von dessen angeblichen Worten* über den gnostisch verstandenen Jesus spricht und insbesondere seine eigene Ostervision samt der ihm dabei zuteil gewordenen Offenbarung schildert) und seinem darauf folgenden Martyrium gegeben habe. Aber diese Auffassung, namentlich hinsichtlich der Zitierung von Jesusworten durch Jakobus, hängt eben wesentlich ab (neben dem Verständnis von 47,19–22) von dem Verständnis der S. 46, die ja den Anfang der Predigt des Jakobus bezeichnet; und sie richtet sich gegen die entsprechende, m. E. ganz offenkundig falsche, Auffassung des Herausgebers A. Böhlig, die eben auch ihre Wurzel in seinem (Miss-)Verständnis dieser S. 46/47 hat. Böhlig bezieht nämlich am Anfang der Schrift Aussagen (die m. E. eben solche) von Jesus (sind) auf Jakobus; und entsprechend verkennt er, dass die Richter, die genannt werden, nicht die Richter des Jakobus sind, dessen Gegenüber vielmehr das Volk ist, sondern die vormaligen Richter Jesu.[1] Böhligs Auffassung läuft darauf hinaus, in unserer Schrift einen Beleg dafür zu sehen, dass in der christlichen Gnosis ohne weiteres alle Aussagen über den Erlöser auch auf den Gnostiker übertragbar sind.

* In: P. Nagel (Hg.), Probleme der koptischen Literatur, WBH 1, Halle (Saale) 1968, 109–114.

[1] Vgl. die Ausgabe von A. Böhlig/P. Labib, Koptisch-gnostische Apokalypsen aus Codex V von Nag Hammadi im Koptischen Museum zu Alt-Kairo, 58. Übrigens scheint mir Kasser wesentlich von dieser Auffassung Böhligs bestimmt zu sein.

Damit ist die sachliche Bedeutung der Differenz deutlich. Da nun aber, obgleich mir die Sache (und Böhligs Unrecht) sonnenklar erscheint, für den, der nicht (so schnell) nachprüfen kann, praktisch gilt: in dubio pro editore, möchte ich die Gelegenheit benutzen, den von mir behaupteten Sachverhalt an diesem Punkt, d. h. auf dieser Doppelseite, einmal gezielt und ausführlich zur Sprache zu bringen.

R. Kassers Anmerkungen zu unserer Schrift,[2] in denen es ihm wesentlich um eine in Verbindung mit dem kühnen Versuch, die großen Lücken des Textes zu ergänzen, stehende weitergehende, nämlich literarkritische Analyse des Textes geht, namentlich die späteren, die eine Kollation des Originals und an M. Krauses Photographien voraussetzen, verwerten und so mitteilen, können uns dabei eine Hilfe sein, abgesehen davon, dass man sie sowieso nicht übergehen kann.

Kassers Analyse des Ganzen spiegelt sich auf unserer S. 46 folgendermaßen wider:

45,29–46,4 Zwei der vier-versigen Strophen aus Hymnus I; „oet
46,4–9 Hymne, où abonde la première personne du singulier, contient une exhortation en forme de révélation“.

46,9–19 Zwei der acht-versigen Strophen aus Hymnus II; der
46,21–47,4 „décrit l’œuvre d’un envoyé celeste, sans doute le <Christ> gnostique“.

36,20 = Eine der Glossen (zweiter Ordnung).

An Verbesserungen der Lesungen sind (nur – d. h., sonst ist Böhligs Text hier in Ordnung) zwei zu nennen:

Z. 6 am Anfang [ϩ]ⲁ̣ⲡ [ⲡ]ⲉ, wo auch die Ergänzung Kassers überzeugt (Gerichtsverkündigung am Anfang der Predigt).

Z. 26 am Ende]ⲛ̄ⲙ̄ⲡ̣[.

Die vielen nur geratenen Ergänzungen (die auch auf unserer Seite die Hymnen erst zu dem machen, was sie sein sollen) können wir hier im Allgemeinen wohl beiseite lassen, abgesehen davon, dass Kasser durch seine zweite Ergänzung von Z. 4 die angenommene Zäsur zwischen den beiden angeblichen Strophen (und damit diesen Teil seiner Theorie überhaupt) selbst zerstört. Wichtig ist mir an Kassers Aufteilung dieser Seite die in der Zuweisung von 46,9–19 und 46,21–47,4 zum angeblich zweiten Hymnus

[2] R. Kasser, Le Muséon 78 (1965), 85–91. 302–304.

implizierte, meine eigene Auffassung bestätigende, Richtigstellung der Beziehung dreier der vier von Böhlig falsch bezogenen substantivierten Relativsätze (Z. 12. 14. 17): Hier ist nicht die Rede von einer Sache (Böhlig: „Fülle, die"), sondern (natürlich) vom gnostischen Christus. Nur mit dem Relativsatz von Z. 9 stimmt die Sache auch bei Kasser noch nicht. Und das liegt letztlich an dem, was Kasser mit Z. 20 macht (Glosse zweiter Ordnung), wie ja m. E. Kassers Glossen zweiter Ordnung (dieser „Rest", der übrig bleibt) den Offenbarungseid seiner Analyse darstellen. Dass es mit der Ausklammerung von Z. 20 nicht geht, zeigt schon die sprachliche Unmöglichkeit seiner Ergänzung am Anfang von Z. 21: erst [ⲛ̄ⲧⲟϥ], dann „verbessert" in [ⲡⲁϊ]. In der Lücke muss vielmehr das Haupt*verb* gestanden haben, etwa so etwas wie [ⲁϥⲉⲓ]. Mit anderen Worten, ⲡⲉϊϫⲟⲉⲓⲥ von Z. 20 wird als Subjekt der folgenden Aussagen dringend gebraucht. Und das hat nun auch seine Konsequenzen rückwärts. Kasser ergänzt in Z. 11: ⲁϥⲥⲱⲧⲙ ⲛⲥⲁ ⲡ[ⲉϥϩⲣⲟⲟⲩ]. Nun aber haben wir es hier offenbar mit einem Parallelismus zu tun:

ⲡⲉⲛ[ⲧⲁⲩⲣ] ϣⲟⲣⲡ ⲛⲧⲁϩⲙⲉϥ ϩⲙ ⲡⲏ ⲉⲧⲛⲉⲁϥ
ⲁⲩⲱ ⲁϥⲥⲱⲧⲙ ⲛⲥⲁ ⲡ [ ].

Und darin sind wiederum offenbar, wie die Verben ⲧⲱϩⲙ und ⲥⲱⲧⲙ einander entsprechen, so auch die Ausdrücke ⲡⲏ ⲉⲧⲛⲉⲁϥ und ⲡ[ ] synonym. Berufenwerden und diesem Ruf folgen ist aber eine menschliche Aktion. Andererseits ist Jakobus, verstanden wie in unserer Schrift als Mittler der Gnosis, sozusagen als gnostischer Petrus, sachlich der zuerst, und zwar vom gnostischen Christus, der dann mit dem „Großen" gemeint sein muss, mit Erfolg Berufene. Wiederum weist in Z. 20 der Demonstrativartikel vor ϫⲟⲉⲓⲥ darauf hin, dass das Stichwort ⲡϫⲟⲉⲓⲥ im Vorhergehenden schon einmal gefallen sein muss. Also dürfte man nach alledem in Z. 11 zu ergänzen haben (noch innerhalb der Selbstaussage des Jakobus): ⲁϥⲥⲱⲧⲙ ⲛⲥⲁ ⲡ̣[ϫⲟⲉⲓⲥ].

Und nun noch ein ganz kurzes Wort zu 47,19–22 als der falschen Weiche für Böhlig, die ihn verkennen lässt, dass Jakobus auf S. 48 und 49 Selbstaussagen Jesu referiert. Der betreffende Text lautet: ⲡⲓ|ⲥⲛⲁⲩ ⲉⲧⲛⲁⲩ ⲉⲃⲟⲗ ⲁⲛⲟⲕ̣ | ⲁⲩⲣ ϣⲟⲣⲡ ⲛⲧⲁϣⲉⲟ[ⲉⲓϣ] | ⲉⲃⲟⲗ ϩⲓⲧⲟⲟⲧⲟⲩ ⲛⲛⲓ[ⲅⲣⲁⲫⲏ]. Und Böhlig übersetzt das phantastisch: „Beides, was mich erwartet, ist vorausverkündet durch die Schrift". Kasser versteht anders, aber nicht besser, wobei er den Text noch ändern muss, ohne dass ein Sinn herauskommt: Durch Einfügung eines <ⲙ> vor ⲡⲓⲥⲛⲁⲩ verknüpft er diese unsere Wendung mit dem Vorhergehenden, und das ⲁⲛⲟⲕ tilgt er. Er übersetzt dann: „et il sera manifesté par les deux voyants; ils ont été premièrement proclamés par les écritures". Und der ganze Passus von ⲡⲉⲧⲁϥⲟⲩⲱⲛϩ von Z. 16 an (bis Z. 22) soll nun auch noch zu den Glossen zweiter Ordnung gehören, wodurch die Einführungsformel des Schriftzitats von dem Schriftzitat selbst getrennt wird.

In Wahrheit besteht Z. 19–22 aus zwei Sätzen und heißt: „Die(se) beiden, die wieder sehen, das bin ich.[3] – Durch die Schrift ist (natürlich über *ihn*, Jesus) prophezeit" usw. Das Schriftzitat beschränkt sich im Übrigen auf frei wiedergegebenes μετὰ ἀνόμων ἐλογίσθη (Jes 53,12 = Lk 22,37 und zwar im Munde Jesu selbst.). Dann geht es mit (dem Inhalt des Schriftzitats entsprechenden) hymnischen Prädikationen über Jesus weiter, und in der folgenden Lücke muss irgendwo (vielleicht einfach schon in dem [ⲛ]ⲧⲁϥϣⲁ|[ϫⲉ ϫⲉ] von 48,1/2) der von der Sache her ja auch nahe liegende Übergang von den Worten über Jesus zu den Worten Jesu selber gestanden haben. Was die Schrift über Jesus vorausgesagt hat, ist natürlich von ihm selbst entsprechend aufgenommen worden (vgl. eben Lk 22,37).

Zum Schluss gebe ich meine Übersetzung von 2ApcJac 46,6–47,27 im Zusammenhang:

46,6 . I[c]h bi[n] es, d[em]
7 die [Of]fenbarung zuteil wurde von Seiten
8 der Füll[e und] der Unvergänglichkeit,
9 der zuerst berufen
10 wurde durch den Großen und
11 gehört hat auf den [*Herrn*],
12 *der* durchschritten hat
13 dieWe[lten,.........]
14 der [,............der]
15 sich s[elbst] (der Unvergänglichkeit) entkleidet hat [und]
16 (von ihr) entblö[ßt] gewandelt ist,
17 der in Vergänglichkeit erfunden
18 wurde (und wieder) zur Unvergänglichkeit
19 erhoben werden wird.
20 [Ebendies]er Herr
21 [ist gekommen] als Sohn, der [nach] uns
22 sieht, und als Bruder,
23 [der] seinen Namen ver[leiht], wenn er kommt zu
24 [dem], den [sein Vater] gezeugt [hat].

47,7 Jetzt wiederum bin ich [re]ich an
8 Erkennt[nis un]d habe
9 einen einzigen Er[löser],

[3] Eine exegetische Aussage mit Bezug auf Vorgegebenes bzw. vorher Gesagtes.

10 der erzeugt wurde durch
11 das W[or]t allein und die Ab-
12 [sicht, die] aus Wahrheit [und]
13 [......] kommt. Ich bin der
14 ....
15 ....de[n]
16 ich erka[nnt] habe, der sich mir geoffenbart
17 hat (und) verbor[gen w]ar fern von
18 a[l]len und sich durch sich (selbst)
19 offenbaren wird. Die
20 beiden (Blinden[4] oder Augen), die wieder sehen, das bin ich. –
21 Durch die [Schrift]
22 ist (über ihn) prophezei[t]:
23 „Man wird ihn richten mit [den Übel-]
24 tätern“ Er, der gelebt hat oh[ne]
25 Fluch, ist gestorben im Flu[ch].
26 Er, der ver[wo]rfen [wurde],
27 wird [.............
....

[4] Vgl. Mt 9,27–31; 20,29–34.

JAKOBSBRUNNEN – JOSEPHSGRAB – SYCHAR. TOPOGRAPHISCHE UNTERSUCHUNGEN UND ERWÄGUNGEN IN DER PERSPEKTIVE VON JOH 4,5.6*

Mein Interesse an der Gegend um den Jakobsbrunnen stammt aus der Exegese von Joh 4. Alle Fragen, mit denen ich mich an Ort und Stelle, Antwort suchend, umsah, sind von da her bestimmt. Aber Exegese und Exegese ist nicht dasselbe. Es ist also m. E. sachlich notwendig, von vornherein zu erklären, von welcher Exegese aus mein Suchen bestimmt wurde.

I. *Vorbemerkung: Kritische Analyse von Joh 4,1–42*

Ein sachliches Verständnis dieser schwierigen Perikope ist m. E. nur möglich mit Hilfe einer, der auf das ganze vierte Evangelium angewendeten Methode entsprechenden, literarkritischen und formgeschichtlichen Analyse. M. E. liegen hier vier Schichten übereinander.

1. Bestimmte Partien des vorliegenden Textes erweisen sich bzw. sind am zweckmäßigsten aufzufassen als nachjohanneisch, als redaktionell. Die erste Schicht (von oben) ist also, wie man schematisierend sagen kann, die Schicht der Redaktion. Zu ihr gehört: in V. 1 die Worte ἔγω ὁ κύριος ὅτι; V. 2; in V. 9 die Worte οὐ γὰρ συγχρῶνται Ἰουδαῖοι Σαμαρίταις; V. 37 und V. 38.

2. Die zweite Schicht ist dann die Perikope, wie der Evangelist selbst sie (seinerseits wiederum eine Vorlage bearbeitend) geschrieben und gestaltet hat. Dabei kommt auf das Konto der Bearbeitung durch den Evangelisten: der Rest von V. 1; V. 3 und V. 4; V. 8; V. 10–15; V. 23 (teilweise); V. 24–27; V. 31–34; V. 36b (von εἰς ζωήν an); V. 39; V. 41 und V. 42. Die Intention des Evangelisten ist klar. Es ist dieselbe wie immer und überall. Er will zeigen, dass Jesus, der von Gott gesandte Erlöser der Welt, die Leben schenkende Offenbarung bringt, die von den Menschen im Glauben ergriffen werden muss. Bemerkenswert ist dabei das Nacheinander der Prädikationen, die Jesus zuteil werden: προφήτης (V. 19); Μεσσίας

* ZDPV 84 (1968), 159–184. Für archäologische Hinweise bin ich meinem Berliner Kollegen A. Raddatz dankbar.

(V. 25f.); σωτὴρ τοῦ κόσμου (V. 42). Das erscheint als eine, freilich in Anlehnung an Vorgegebenes gestaltete, und durch unter der Hand vollzogenen Austausch des zweiten durch den dritten Titel vollendete, beabsichtigte Stufung: Stufenweise erkennen die Menschen die wahre Funktion Jesu. Den besonderen und unverwechselbaren Charakter erhält diese Perikope und das, was der Evangelist mit ihr sagen will, aber nun erst durch den Stoff, den der Evangelist seiner Darstellung zugrunde gelegt hat, dem er weithin einfach folgt, um ihm an geeigneten Stellen nur seine Lichter aufzustecken. Diesen Stoff nennen wir die Vorlage des Evangelisten.

3. Diese Vorlage des Evangelisten ist die dritte Schicht, auf die wir stoßen, wenn wir die redaktionellen und johanneischen Elemente und Partien in Gedanken abheben. Es bleiben dann als Vorlage, bzw. als aus der (vielleicht etwas umfangreicheren) Vorlage stammend, folgende Partien unserer Perikope übrig: V. 5–7; V. 9 (bis Σαμαρίτιδος οὔσης); V. 16–22; V. 23 (teilweise; ursprünglich etwa ἀλλὰ ἔρχεται ὥρα ὅτε πάντες προσκυνήσουσιν τῷ θεῷ [so auch in V. 21] ἐν ἀληθείᾳ); V. 28–30 (in V. 29 hieß es ursprünglich vielleicht: μήτι οὗτός ἐστιν ὁ Ταὴβ ὁ λεγόμενος Μεσσίας); V. 35; V. 36a (bis καρπόν); V. 40. Dieser Rest nun ist fast völlig in sich verständlich und stellt eine in ihrem Verlauf folgerichtige und unter einem Thema stehende Erzählung dar. Vor V. 5 muss man sich nur ein paar allgemeinere Worte der Einleitung denken. Zwischen V. 9 und V. 16 vermisst man lediglich ein Motiv für die Aufforderung Jesu an die Frau, ihren Mann zu holen. Vielleicht war die ursprüngliche Verbindung einfach eine, im Anschluss an die Frage von V. 9, von der Frau geäußerte weitere Frage: τίς εἶ, κύριε; (vgl. V. 19: κύριε, θεωρῶ ὅτι προφήτης εἶ σύ). Und vor V. 35 müsste man sich ein einfaches καὶ εἶπεν ὁ Ἰησοῦς τοῖς μαθηταῖς αὐτοῦ vorstellen. Das Thema dieser die Vorlage des Evangelisten bildenden Erzählung ist: das Verhältnis von Samaritanertum und Judentum in der Sicht des Christentums. Und dieses Thema wird in drei Aspekten behandelt:

a. am konkreten Fall (V. 5–7.9);
b. grundsätzlich (V. 20–22.23 [teilweise]);
c. unter missionarischem Gesichtspunkt (V. 35.36 [bis καρπόν]): „Samaria ist reif für das Christentum".

Thema und Haltung der Erzählung sind typisch judenchristlich. Dann dürfte die Erzählung wohl aus der palästinensischen Urgemeinde stammen. Ihr geistiger und zeitlicher Ort lässt sich aber noch näher bestimmen, nämlich so: sie gehört sachlich zwischen den alten Grundsatz der urgemeindlichen Judenmission Mt 10,5 (εἰς πόλιν Σαμαριτῶν μὴ εἰσέλθητε) und die Einzelerzählung, die der lukanischen Komposition Apg 8,4–25 zugrunde liegt (das Zusammentreffen der Simonianer und Christen in Samarien, dargestellt nach der Art einer Kultlegende als das Zusammentreffen der beiden Prototypen Simon und Philippus in der Hauptstadt mit dem Zweck, Simon Magus, den Begründer und das Haupt einer mit dem Christentum in der Landschaft Samarien konkurrierenden religiösen Bewegung, zu diffamieren und die Überlegenheit des Christentums, vertreten durch Philippus als den Missionar Samariens, über den Simonianismus darzustellen). Das heißt, sie stammt aus einer Zeit, als die Urgemeinde ihre anfängliche missionarische Zurückhaltung (wie gegenüber den Heiden, so auch) gegenüber den Samaritanern bereits aufgegeben hatte, zu der aber noch nicht der Gegensatz Simonianismus/Christentum die christliche Mission in Samaria entscheidend prägte.

4. Diese als Vorlage des Evangelisten erkannte Erzählung ist nun aber selbst schon das Produkt eines traditionsgeschichtlichen Wachstumsprozesses; umgekehrt formuliert: sie erweist sich bei noch schärferem Hinsehen als noch keine ursprüngliche Einheit. Wir stoßen also noch auf eine vierte Schicht; und das ist erst die Urform der Erzählung, die erweitert dem Evangelisten als Vorlage gedient hat. Die bisher herausgearbeitete Vorlage weist nämlich hinreichend offensichtlich zwei im Verhältnis zum Grundbestand der Erzählung sekundäre Stücke, Einschübe, auf; es sind dies a) V. 20–22; V. 23 (teilweise); b) V. 35; V. 36 (bis καρπόν).

Zu a): Der Übergang zu dem theoretischen Thema des rechten Gottesdienstes erfolgt unvermittelt und abrupt. Zudem bezieht sich die Frau in V. 29 nur auf das bis V. 19 Erzählte. Dieser erste Einschub geht, wie ich vermuten möchte, stofflich zurück auf einen Topos palästinensisch-urchristlicher, eschatologisch ausgerichteter Kontroverstheologie: Der christliche Gottesdienst als der allein wahre und geistliche, in dem die eschatologische Erwartung des wahren, an keinen Ort gebundenen Gottesdienstes der Endzeit erfüllt ist, hebt zusammen mit dem abbildhaften jüdischen auch den irrigen samaritanischen auf und versöhnt so beide miteinander. Und eingefügt worden ist dieser Topos, um den Skopus der vorgegebenen Erzählung zu verstärken, zu verdeutlichen und zu versachlichen, nachdem er dazu künstlich in Dialogform umgesetzt worden war.

Zu b): Dieses Stück setzt die Jünger voraus, die der ursprünglichen Erzählung offensichtlich fremd waren. Außerdem hat es die sekundäre Zerreißung des ursprünglichen Zusammenhangs zwischen V. 30 und V. 40 samt einer gewissen damit zusammenhängenden Verdoppelung der Aussagen verursacht. R. Bultmann ist schon im Recht, wenn er als ursprünglichen Wortlaut hinter V. 30+40 etwa vermutet: ἐξῆλθον ἐκ τῆς πόλεως καὶ ἠρώτων αὐτὸν μεῖναι παρ' αὐτοῖς κτλ.[1] Dieser zweite Einschub, für sich betrachtet, ist ursprünglich wohl ein selbständig umlaufendes Logion synoptischen Typs, das im Bilde von dem unmittelbar bevorstehenden Einbruch des Endes handelte; vgl. Mk 13,28f. Parr.; Mt 3,10 Par. Nun ist der θερισμός nicht nur Bild für die eschatologische Endabrechnung, sondern auch für die Mission (vgl. Mt 9,37f. Par.). So konnte man unser Logion sekundär missionarisch verstehen; und das war wiederum die Voraussetzung dafür, dass man es in unsere Erzählung von der Samaritanerin einfügte zu dem erklärten Zweck, Jesus in diesem vorgegebenen Zusammenhang mit diesem Wort die Missionierung der Samaritaner befehlen bzw. voraussagen zu lassen.

Was nach Abzug der beiden Einschübe übrig bleibt, also unsere 4. Schicht, ist eine in sich vollständig geschlossene, volkstümliche, wunderhafte Erzählung von der Begegnung Jesu mit einer Samaritanerin, deren Tendenz allerdings schon dieselbe ist wie nach ihrer Erweiterung um die beiden Einschübe, nur dass diese Tendenz ihr mehr unter der Oberfläche der erzählten Vorgänge verborgen innewohnt.[2]

In dieser 4. und untersten Schicht, in dieser volkstümlichen Erzählung, ist nun die Ortsangabe zu Hause: πόλις τῆς Σαμαρείας λεγομένη Σύχαρ, πλησίον τοῦ χωρίου ὃ ἔδωκεν Ἰακὼβ τῷ Ἰωσὴφ τῷ υἱῷ αὐτοῦ · ἦν δὲ ἐκεῖ πηγὴ τοῦ Ἰακώβ. Und die Fragen, die diese Exegese nun an die Topographie stellt, bzw. von denen sie sich gegebenenfalls in Frage stellen lassen muss, sind vor allem: Die genannte Stadt oder Ortschaft Sychar müsste, wenn die Erzählung in unserem Sinne wirklich schlüssig sein sollte, so etwas wie das (geistige) Zentrum des Samaritanertums gewesen sein. Aber was oder wo ist Sychar? War dieses Zentrum nicht Sichem, das ja auch ein gutes Stück

---

[1] Das Evangelium des Johannes, KEK 2, Göttingen [12]1952, 128 Anm. 1.

[2] Eine Anregung (nicht mehr) zu solcher Analyse unserer Perikope findet sich schon bei W. Bauer, Das Johannesevangelium, HNT 6, Tübingen [3]1933, 75 und zu den Versen 22.27–29.35ff. Mit R. Bultmann stimme ich im Prinzip der Quellenanalyse und in gewissen Umrissen des Ergebnisses überein. Die wichtigsten Unterschiede der Analyse Bultmanns von der hier vorgelegten seien noch ausdrücklich genannt. Bultmann geht in der Analyse über die Vorlage nicht hinaus, vollzieht also nur eine dreistufige Analyse. Für V. 20–24 erwägt er zwar das Zugrundeliegen der Vorlage, hält diese aber für völlig johanneisch übermalt; der größte Anstoß (V. 22) wird im Gegenteil als auf die Redaktion zurückgehend erklärt. Für V. 35–38 bringt er die Vorlage überhaupt nicht in Ansatz. Stattdessen sieht er die Vorlage hinter V. 25f. stehen. Nach seiner Vermutung gehörte die Vorlage zur σημεῖα-Quelle. Die Entstehung der Erzählung selbst sei in den Lokaltraditionen der christlichen Gemeinden Samariens zu suchen (Ev. d. Joh., 129 Anm. 9). Innerhalb der auf den Evangelisten zurückgehenden Partien rechnet Bultmann mit der Verwendung von Stücken aus der Quelle der Offenbarungsreden. (Vgl. im Übrigen vor allem Ev. d. Joh., 127f. 131. 139 Anm. 1. 136 Anm. 5. 141 Anm. 1. 144 Anm. 3.)

näher am traditionellen Jakobsbrunnen liegt als das Dörfchen *ʿAskar* am südöstlichen Fuß des Ebal (etwa 1 km entfernt vom Brunnen), mit dem Sychar meistens identifiziert wird, so dass sich doch die alte Auskunft des Hieronymus nahelegen könnte, Sychar sei nur eine Verschreibung von Sichem,[3] zumal in solch einem Standardwerk wie W. Bauers Wörterbuch zum NT, 5. Aufl. (Berlin 1958), s. v. Συχάρ sich die Bemerkung findet, dass „die jüngsten Ausgrabungen dem Hieronymus Recht zu geben" scheinen.[4] Gab es aber Sichem nach seiner Zerstörung durch Johannes Hyrkanus (im Jahre 128 v. Chr.) überhaupt noch bzw. spielte es noch eine nennenswerte Rolle zur Zeit unserer Geschichte? Die gewöhnliche Antwort lautet: nein! Andererseits und entsprechend ist die gewöhnliche Identifikation von Sychar mit *ʿAskar* keineswegs über jeden Zweifel erhaben. Von der philologischen und literarischen Seite her hat zwar erst kürzlich M. Delcor[5] diese Identifikation überzeugend als berechtigt zu erweisen gesucht. Aber es fehlt bisher noch völlig ein archäologischer Befund. Das ist eben der wunde Punkt der ganzen Sychar-*ʿAskar*-Theorie.[6] Denn *ʿAskar* gilt durchweg als ein ganz junges und völlig unbedeutendes „Nest". Die Frage ist also: Wie alt ist *ʿAskar*? Gibt es in *ʿAskar* (nicht doch) Altertümer im weitesten Sinne? Und gerade, wenn Sychar = *ʿAskar* ist, das ja eine besonders reiche und gute Quelle besitzt, erhebt sich als weitere Frage: Welche Funktion hat zur Zeit unserer Geschichte eigentlich der Jakobsbrunnen? Sollte der Brunnen, zu dem der Erzähler die Frau zu unmöglicher Zeit so weit gehen lässt, während sie das Wasser ja zu Hause hat, nicht primär religiöse Bedeutung haben? Und dann in welchem Sinne? Kam es dem Erzähler vielleicht darauf an, die Samaritanerin und Jesus an einem den Samaritanern heiligen Ort zusammentreffen zu lassen?

Das waren etwa die konkreten Fragen, mit denen ich als Teilnehmer des Lehrkurses 1965 an den Schauplatz der Erzählung kam. An Ort und Stelle kamen andere Fragen hinzu.

---

[3] Ep. 108, 13 (CSEL 55, p. 322, 14f.): *transivit* (sc. Paula) *Sychem – non, ut plerique errantes legunt, Sichar*. Quaest. in Gen zu Gen 48,22 (MPL 23, p. 1055): *Sicima... Hebraice Sichem dicitur, ut Joannes quoque evangelista testatur: licet vitiose, ut Sichar legatur, error inolevit*. Vgl. die entsprechende LA von sy^s.

[4] Sp. 1575; unter Berufung auf RB 37 (1928), 619; da wird in diesem Sinne im Rahmen einer Rezension der letzten Lieferungen von Bauers Wörterbuch hingewiesen auf römische Konstruktionen auf dem alten Stadthügel von Sichem (Tell Balāṭa), die bei den Ausgrabungen von 1927 zutage gekommen seien. Vgl. ZDPV 50 (1927), 208 (Silbermünze des Königs Antigonus); 269 (Haus aus römischer Zeit); 273f. (römisches Grab); 274 (Sichem habe neben Flavia Neapolis weiter existiert).

[5] Von Sichem zu Sychar, ZDPV 78 (1962), 34–48.

[6] Vgl. z. B. C. Kopp, Die heiligen Stätten der Evangelien, Regensburg 1959, 210.

II. *Die Unternehmungen des Lehrkurses in der Gegend des Jakobsbrunnens*

Der Lehrkurs 1965 war – allerdings nicht immer vollzählig, und die betreffenden Teilnehmer auch nicht alle zu demselben Zweck – im Ganzen viermal in der Gegend des Jakobsbrunnens, am 26. 8., 11. 9., 17. 9. und 22. 9.

Am 26. 8. kamen wir nur im Rahmen einer allgemeinen Orientierungsfahrt am Nachmittag hierher. Nach einer Besichtigung des *Tell Balāṭa*, von dem aus mir die vielen neuen Häuser am Hang des Ebal und westlich vom eigentlichen *ʿAskar* auffielen, besuchten wir den seit 1860 dem griechischen Patriarchat in Jerusalem gehörenden ummauerten Gartenbezirk, in dem der Jakobsbrunnen liegt. Inmitten eines Gartens mit kitschigen Zutaten sind Reste einer byzantinischen Kirche verstreut bzw. aufgestellt, offenbar aus der Enttrümmerung am Jakobsbrunnen stammend; Reste, die übrigens interessanter und aufschlussreicher sind, als es mir sogleich bewusst war (siehe unten). Im Garten erhebt sich dann der unfertige und unschöne Neubau einer orthodoxen Kirche; der Bau ist 1914 stecken geblieben. In diesem Neubau aber stehen und liegen weitere Reste der alten Kirche, besonders ins Auge fallend die so genannte Helenasäule – so hörte ich sie nennen.[7] Übrigens scheint sie aus drei gar nicht zueinander gehörenden Teilen zusammengestückelt zu sein. In der Krypta der neuen Kirche ist der Brunnen selbst zu sehen. Diese Krypta ist als orthodoxe Kapelle ausgestaltet. Der Brunnen ist jetzt vollkommen intakt (1935 gereinigt worden).[8] Nach Aussage des Führers ist der Wasserspiegel in 25 m Tiefe, und das Wasser selbst steht noch 17 m hoch; die Gesamttiefe des Brunnens sei 42 m. Links hinter bzw. neben der Apsis außerhalb der neuen Kirche ist ein Stück Fußbodenmosaik freigelegt, zweifellos byzantinisch und zu einem Innenraumfußboden gehörend. Links neben dem Eingang von der Straße zum Garten, innen, steht ein Sarkophag, aus dem 6./7. Jahrhundert stammend. Den Abschluss der Exkursion an diesem Tage bildete übrigens eine Fahrt auf den Garizim zur Besichtigung des Opferplatzes der Samaritaner, des *Welī Šēḫ Ġānim*, der Ruinen der von Kaiser Zenon um 484 n. Chr. erbauten oktogonalen Theotokoskirche samt

---

7 Die Helena-Tradition kenne ich nur aus Boniface de Raguse (Liber de perenni cultu, 253), der 1550, die mittelalterlichen Verhältnisse auf die altkirchlichen übertragend, dort schreibt: *iuxta hunc puteum ab Helena sancta fuit extructa magna Ecclesia, quam plusquam centum Virgines incolebant. Nunc autem solo aequata cernitur Ecclesia et Monasterium.* Vgl. F.-M., Abel, RB42, (1933), 398 Anm. 4.

8 Vgl. G. E. Wright, Shechem, London 1965, 216.

deren von Justinian nach 529 n. Chr. darum aufgeführten rechteckigen Bastion, und schließlich des *Tell er-Rās*, wo wir auch die Spuren der dortigen amerikanischen Grabung wahrnahmen.

Am 11. 9. wurde nach kurzer Besichtigung des Josephsgrabes die Durchforschung von *ʿAskar* nach Altertümern, noch ohne festen Plan, in Angriff genommen. Wir setzten ein bei der Quelle als dem natürlichen Mittelpunkt. Die Quelle, die sich offenbar ursprünglich in ein noch erhaltenes rechteckiges Becken ergoss, ist jetzt abgeleitet; die Rohre führen auf die andere Straßenseite, wo die Leute von *ʿAskar* für sich und das Vieh Wasser entnehmen, und von da weiter ins Flüchtlingslager *ʿAskar*camp. Um die Quelle herum liegen Keramikreste in Fülle. Besonders haben wir Scherben gelesen auf dem Grundstück bzw. in dem Bereich nordöstlich oberhalb der Quelle. Auch sonst im Dorf stießen wir auf Scherbenbelag sowie auf der Flur südlich der Dorfstraße und östlich des Josephsgrabes. Neben den Scherben, die wir fanden, erregten Mosaiksteine unsere Aufmerksamkeit: nordöstlich oberhalb der Quelle gab es ein paar, auf der Flur südlich der Dorfstraße und südlich der sie begrenzenden Asphaltstraße große Mengen. Nordöstlich unmittelbar oberhalb der Quelle ragt ein merkwürdiger Felsblock auf, der anscheinend Spuren von Bearbeitung zeigt: vor allem so etwas wie Stufen. Etwa östlich davon, an eine Feldsteinmauer gelehnt, fand sich eine auffällige Steinplatte (110 × 56,5 × 18 cm) mit einer großen Durchbohrung (5 cm) an der einen Ecke. Die Steine der Stufen zur Quelle hinab, zur Moschee hinauf, in eine Gasse hinauf (unterhalb der Moschee) erinnern in Farbe und Glanz an das Pflaster des Lithostrotos. Die unterste Stufe an der Quelle ist besonders merkwürdig: Es handelt sich um den größeren Bruchteil (noch 85 cm lang) einer Platte aus besagtem Stein; auf der Oberseite ist ein Rechteck eingemeißelt, und in dem Rechteck ein Rhombus. Das Stück ist byzantinisch und sicher nicht ursprünglich eine Stufe gewesen, sondern vermutlich eine Wandplatte. Auf dem erhöhten Vorplatz der kleinen Moschee steht (auf dem Kopf) eine Säulenbasis, die auf jeden Fall älter als die Kreuzfahrerzeit ist, und ein Säulenkapitell. Letzteres erwies sich als vorbyzantinisch, und zwar als römisch; am ehesten ist es als hadrianisch aufzufassen. Das heißt aber, wir hätten hier (in *ʿAskar*) ein Überbleibsel der Prunkbauten (Säulenstraßen, Tempel) des römischen Neapolis vor uns. Ein Stück die Dorfstraße abwärts geht eine kleine Seitengasse rechts in Stufen bergauf. Die erste Stufe (130 × 47 × 15 cm) ähnelt entfernt der untersten Stufe an der Quelle, hat aber parallele schräg laufende Linien als Musterung. Dieser kleinen Gasse wenige Meter aufwärts dient der Teil der Türrahmung (eventuell Türsturz) eines Monumentalbaus als Hoftorschwelle. Südöstlich der Verlängerung der Dorfstraße (bzw. Zufahrtsstraße), wo keine Häuser mehr (bzw. noch nicht) stehen, liegt etwas im Feld eine moderne Ruine; und 20–40 m südlich davon fand sich ein ganz erhaltener Chorschrankenpfeiler. In den Bruchsteinmauern, die den Acker von den spitz zulaufenden Straßen abgrenzen, fanden sich zwei Säulenfragmente, das eine rötlich, das andere grau; außerdem wurde noch eine gebrochene Basis beobachtet. In der Nähe der Mauern auf dem Feld liegen ein Säulenstück aus demselben grauen Stein und ein Kapitellbruchstück. Auf dieser Ackerspitze fanden sich noch sechs Fragmente von marmornen (wahrscheinlich Fußboden-)Platten, ein Basaltbruchstück (wahrscheinlich von einer mächtigen Schale [für liturgische Waschungen?]) und eine abgebrochene Eckarchivolte eines korinthischen Kompositkapitells aus Kalkstein; und wieder Mosaiksteine in Fülle. Ein großes Stück einer roten Säule soll auch da gelegen haben, aber von den amerikanischen Ausgräbern Sichems im Jahre zuvor nach dem *Tell Balāṭa* gebracht worden sein; auf dem *Tell* wurde tatsächlich ein ca. 1,20 m langes, oberes Säulenstück aus rotem Stein gesehen. In diesem Zusammenhang hörten wir übrigens von der ergebnislosen Probegrabung der amerikanischen Sichemexpedition südlich des Josephsgrabes.[9] Auch beschrieben uns Einheimische das interessante Innere der Quelle von *ʿAskar*,[10] in das einen Blick zu werfen uns allerdings weder an diesem Tage noch am 17. 9. gelang; die Quelle, deren Wasser jetzt in einem festen Verhältnis zwischen *ʿAskar* und *ʿAskar*camp geteilt wird (*ʿAskar* selbst steht nur ein kleiner Teil zu), ist nämlich zweifach verschlossen; ein Schlüssel wird in *ʿAskar* gehütet, der andere in *ʿAskar*camp, und es gelang uns nie, beide Schlüsselbewahrer zugleich an der Quelle zu haben. Eine besonders interessante Stelle innerhalb des Dorfes liegt gleich nordöstlich oberhalb der Quelle: Vor der Errichtung eines neuen Hauses wurden Fundamentgräben im Siedlungsschutt ausgehoben und später an einer Seite nicht wieder aufgefüllt. Man kann dort einen 1,50 m hohen, ziemlich sauberen Schnitt durch den Siedlungsschutt beobachten. Die Schichten des Schutts und die Scherben darin sind deutlich zu erkennen. Aus der untersten Schicht dieses Schnittes wurden drei Scherben von alten Glasgefäßen gezogen.

Nachdem S. Mittmann unter den am 26. 8. und 11. 9. aufgelesenen Kleinfunden römische Scherben festgestellt hatte, wurden die Untersuchungen

---

[9] Vgl. jetzt BASOR 180 (1965), 7: „We sank a trench on the south side of the compound of the traditional Tomb of Joseph with completely negative results."

[10] Vgl. z. B. C. R. Conder und H. Kitchener, The Survey of Western Palestine, Memoirs II (1882), 170.

am 17. und 22. 9. in allen sieben Bereichen planmäßig fortgesetzt. Die Ergebnisse sind in der folgenden Tabelle zusammengestellt:[11]

1. Eisen-II (5), Späthell. (3), Frühröm., Byzant.
2. Eisen-I (wenig), Eisen-II (viel), Frühröm., Byzant., Abbas., Maml., Türk.
3. Eisen-I, Hell. (1), Byzant., Maml., Türk.
4. Spät. Eisen-II (5), Späthell. (?), Frühröm. (viel), Byzant., Maml., Türk.
5. Eisen-II (1), Hell., Frühröm. (6), Byzant. und Späteres.
6. Mittelbronze-II C (1), Eisen-II, Frühröm. (3), Byzant., Türk. (vorherrschend).
7. Eisen-II (5), Frühröm. (2), Byzant., Maml.

An der Südwestecke des *ʿAskar*camps ist die zum *Wādi Bēdān* führende Straße kürzlich verbreitert worden. Dabei wurde auf einer Länge von etwa 100 m alter Siedlungsschutt angeschnitten. Dort ist u. a. ein ungefähr 5 m langes Mauerstück zu beobachten, das noch in Mannshöhe ansteht. Außer den in der obigen Tabelle unter Nr. 2 aufgeführten Tonscherben wurden Glasscherben, Feuersteinsplitter, darunter die Fragmente einer Klinge und eines Schabers, und Knochen gefunden.[12]

Bei der nachträglichen, im Folgenden vorzulegenden Auswertung des Vorgefundenen und Beobachteten habe ich, einer Anregung Martin Noths folgend, mit großem Gewinn möglichst viel an Pilgerliteratur und Verwandtem – das Wesentliche, hoffe ich, vollständig – benutzt,[13] in der schon allgemein interessant zu beobachten ist, wie sich die richtige und alte Tradition doch immer wieder inmitten all des späteren vielschichtigen Irrtums durchsetzt, wie viele irrtümliche Traditionen einfach durch (konsequente) Missverständnisse des johanneischen Textes und anderer biblischer Texte zustande kommen, wie die Tradition ständig neue Impulse aus den Überzeugungen der Samaritaner empfängt.

---

[11] Ich danke P. W. Lapp für die Bestimmung der Keramikscherben. Die aufgelesenen Glasscherben waren nach seinem Urteil vorwiegend byzantinisch, der Rest aus späterer Zeit.

[12] Diese Bestimmung nahm dankenswerterweise Hans Hermann Müller vom Institut für Ur- und Frühgeschichte der Deutschen Akademie der Wissenschaften zu Berlin vor. U. zw. waren von den Knochen zu identifizieren: ein rechter Metatarsus V vom Menschen, Teile eines weiteren Metatarsus (?), 1. Phalanx; ein Caput femoris vom Pferd (Equus caballus); ein rechter Metacarpus vom Rind (Bos taurus). Was das Alter der Knochen anbelangt, so kann man nur ganz allgemein „antik“ sagen (wegen ihres kreidigen Zustandes).

[13] Eine handliche Zusammenstellung der wichtigsten Textstellen über den Jakobsbrunnen bietet D. Baldi, Enchiridion Locorum Sanctorum, Jerusalem ²1955, 218–228.

III. *Der heilige Bezirk am Jakobsbrunnen*

Zunächst soll es um die Frage gehen, wie man sich nach alledem den direkten Schauplatz der Joh 4 zugrundeliegenden Erzählung des Näheren vorstellen darf. Das ist eine schwierige Angelegenheit; aber ich glaube, es lässt sich doch mehr als bisher sagen, wenn man sich nur die richtigen Fragen stellt und die verschiedenen Anknüpfungspunkte in der rechten, am nächsten liegenden Relation sieht.

Wir gehen aus von zwei Einzelheiten in der Ortsangabe von Joh. 4,5.6. In V. 6 ist aufschlussreich das Wörtchen ἐκεῖ. Es gibt dafür theoretisch mehrere Auffassungsmöglichkeiten, aber wirklich sinnvoll und allein natürlich ist die „auf eben diesem χωρίον".[14] Und ganz merkwürdig ist nun, dass in V. 5 die Lage der Ortschaft Sychar nach dem χωρίον bestimmt wird und nicht umgekehrt; natürlich wäre doch „der Jakobsacker bei Sychar", aber es steht da „Sychar beim Jakobsacker". Eine solche Ausdrucksweise erscheint aber überhaupt nur möglich, wenn das χωρίον eben gar kein gewöhnlicher Acker ist, sondern eine unverwechselbare, eindeutige Örtlichkeit, die bekannter und wichtiger ist als der Ort Sychar selbst. Nach der biblischen Tradition ist nun der Jakobsacker vor allen Dingen der Ort, wo Joseph begraben ist (Jos 24,32). Warum das Josephsgrab in Joh 4 überhaupt nicht erwähnt wird, kann man mit Recht fragen. Es sind verschiedene Antworten möglich. Vom Josephsgrab und dem Jakobsbrunnen auf dem Jakobsacker war erzählungstechnisch nur der Brunnen von Bedeutung. Vielleicht war der judenchristliche Erzähler der Auffassung, dass Joseph in Hebron begraben sei (siehe unten). Andererseits ist es nicht undenkbar, dass zur Zeit unseres Erzählers gar kein Grab zu sehen war; dieses Grab scheint ja auch später einmal zwischendurch verschwunden gewesen zu sein (siehe unten). Später werden am Jakobsbrunnen und am Josephsgrab Bäume bezeugt.[15] Wir haben uns also auf dem Jakobsacker wohl auch schon zu

---

[14] Vgl. G. Dalman, Orte und Wege Jesu, BFChTh 2, 1, Gütersloh ^{3}1924, 228. Es ist übrigens nur eine solch (u. zw. fahrlässig) falsche Beziehung unseres ἐκεῖ, die den Jakobsbrunnen bei Eusebius in Sychar selbst zu liegen kommen lässt; Onom. 164, 1–4 (ed. Klostermann): Συχάρ. πρὸ τῆς Νέας πόλεως „πλησίον τοῦ χωρίου οὗ ἔδωκεν Ἰακὼβ Ἰωσὴφ τῷ υἱῷ αὐτοῦ." ἐν ᾗ ὁ Χριστὸς κατὰ τὸν Ἰωάννην τῇ Σαμαρείτιδι παρὰ τῇ πηγῇ διαλέγεται. καὶ εἰς ἔτι νῦν δείκνυται. Hieronymus verbessert dann das unsinnige ἐν ᾗ durch sein, unser Verständnis des ἐκεῖ implizierendes, in quo (165,2 ed. Klostermann).

[15] Itinerarium Burdigalense (CSEL 39, p. 20, 11f.): *ubi* (nämlich am Jakobsbrunnen) *sunt et arbores platani, quas plantavit Jacob.* Auch in der rabbinischen Literatur wird übrigens auf diese den Samaritanern heiligen Bäume polemisch Bezug genommen (vgl. J. Jeremias, Heiligengräber in Jesu Umwelt, Göttingen 1958, 34 Anm. 4). Eusebius Onom. 54, 23f.: Βάλανος Σικίμων. ... δείκνυται ἐν προαστείοις Νέας πόλεως ἐν τῷ τάφῳ Ἰωσήφ; dazu die

unserer Zeit – heilige Bäume wachsen nicht von heute auf morgen – noch einen heiligen Hain und einen besonders heiligen Einzelbaum vorzustellen. Noch weiter bringt uns nun die bis zu Verwechslungen führende Ähnlichkeit bzw. Parallelität dessen, was wir so auf dem Jakobsacker vorfinden, mit dem, was wir von Mamre bei Hebron wissen. In der gerade (Anm. 15) genannten Chronographia des Georgius Syncellus wird gleich nach dem zitierten Satz die Terebinthe von Sichem (= vom Jakobsacker) mit der Terebinthe von Mamre verwechselt. Nun stammt ja die Terebinthe als solche – nicht allerdings ihre jeweilige Lokalisierung – beiderseits aus der biblischen Tradition. Um so interessanter ist die Parallelität, wo eine solche Tradition nicht gegeben ist. So entspricht dem Jakobsbrunnen auf dem Jakobsacker ein Abrahamsbrunnen in Mamre.[16] Und das Josephsgrab wird nicht nur bei Sichem sondern auch bei Hebron gezeigt,[17] wie umgekehrt das Grab der (elf) Jakobssöhne nicht nur in Mamre sondern auch bei Sichem liegen soll.[18] Ich glaube übrigens dabei nicht, dass das Josephsgrab und das Grab der Jakobssöhne bei Sichem zwei verschiedene Lokalitäten sind, halte vielmehr die Überlieferung vom Grab der Jakobssöhne nur für eine andere sekundär erweiternde (nicht elf sondern zwölf, also Joseph + die übrigen elf) Interpretation derselben Lokalität, die sonst

präzisierende Version des Hieronymus (55,24–26): *Balanus, id est quercus Sicimorum, … quae usque hodie ostenditur in suburbano rure Neaspoleos propter sepulcrum Iosef.* Das ist wahrscheinlich derselbe Baum, der auch Terebinthe genannt wird. Vgl. Eusebius onom. 164, 11f.: Τερέβινθος ἡ ἐν Σικίμοις…., πλησίον Νέας πόλεως. Und von dieser θαυμασία τερέβινθος heißt es bei Georgius Syncellus, dass sie μέχρι νῦν εἰς τιμὴν τῶν πατριαρχῶν ὑπὸ τῶν πλησιοχώρων τιμᾶται (Chronographia ed. Dindorf 1829 im CSHB I p. 202, 6f.). Und noch 1173 (ʿAlī von *Harāt*) lag das Josephsgrab am Fuße eines Baumes (Guy le Strange, Palestine under the Moslems, London 1890, 512).

16 Itinerarium Burdigalense (CSEL 39, p. 25, 11f.): *Inde Terebintho milia VIIII. Ubi Abraham habitavit et puteum fodit sub arbore terebintho etc.* Diese Parallelität findet sich besonders herausgestellt bei F.-M. Abel, Géographie de la Palestine, I, Paris ²1933, 448.

17 Petrus Diaconus, Liber de locis sanctis (CSEL 39, p. 110, 31–111, 2): *Item Abramiri vinea est, in qua est spelunca, ubi requiescunt corpora undecim filiorum Jacob; ossa autem Joseph separatim sepulta in sua ecclesia sunt.* Antoninus Placentinus itinerarium 30 (CSEL 39, p. 178, 22–179, 1): *De Bethlem autem usque ad ilicem Mambre sunt milia XXIV, in quo loco iacent Abraham et Isaac et Jacob et Sarra, sed et ossa Joseph.* Vgl. noch Test. Jos. 20 nach Cod. Vat. Graec. 731 (13. Jh.), wo es in einem Textzusatz heißt, Joseph sei in Hebron begraben worden; und dazu J. Jeremias, Heiligengräber, 32 Anm. 1.

18 Hieronymus ep. 57, 10 (CSEL 54, p. 522): *duodecim autem patriarchae non sunt sepulti in Arboc* (= Hebron), *sed in Sychem.* ep. 108,13 (CSEL 55, p. 322): *atque inde* (von der Kirche über dem Jakobsbrunnen) *devertens vidit* (Paula) *duodecim patriarcharum sepulchra.* Georgius Syncellus, Chronographia ed. Dindorf 1829 im CSHB I p. 284,12–15: τὰ ὀστᾶ Ἰωσὴφ ἀνήγαγον ἐξ Αἰγύπτου οἱ υἱοὶ Ἰσραηλ, καὶ ἔθαψαν αὐτὸν ἐν Σικίμοις ἐν τῇ μερίδι τοῦ ἀγροῦ, ἣν ἐξώνηται ἀμνῶν ρ' ὁ Ἰακὼβ παρὰ τῶν υἱῶν Ἐμμὼρ, φασὶ δ' ὅτι καὶ τῶν λοιπῶν πατριαρχῶν. Eben diese Anschauung ist höchstwahrscheinlich schon Apg. 7,16 vorausgesetzt.

als das Josephsgrab gilt. Und natürlich sind die genannten Doppeltraditionen, wie andere auch (die vom Garizim und Ebal, vom Berg der Opferung Isaaks, von Bethel) zu verstehen als Ausdruck und Widerspiegelung des (Erb-)Streits und der Konkurrenz zwischen Juden und Samaritanern. Die Parallelität und Verwechselbarkeit von Jakobsacker und Mamre findet einen geradezu klassischen Ausdruck in der Bezeichnung Hebrons als des Sichems von Arabien durch einen russischen Pilger.[19] Das alles heißt aber für uns: Wir dürfen und müssen uns den Jakobsacker m. E. in Analogie zu dem heiligen Bezirk Mamre bei Hebron vorstellen, u. zw. hinsichtlich der religiösen Funktion (Mamre war zu der in Betracht kommenden Zeit ein Wallfahrtsheiligtum, und der Brunnen diente weniger zum Wasserschöpfen als zum Hineinwerfen von Opfergaben)[20] und hinsichtlich der Größe. Den Jakobsacker muss man sich also als einen relativ kleinen, eng und fest begrenzten (heiligen) Bezirk vorstellen. Nur so wird ja auch erst die uns aufgefallene Relation in der Ortsangabe „Sychar beim Jakobsacker" einsichtig. Das aber impliziert bzw. führt auf die Annahme, dass, wenn ursprünglich das Josephsgrab ganz dicht am Jakobsbrunnen lag, weder die heutige Lage des Josephsgrabes noch die, die das Itinerarium Burdigalense (unmittelbar an den Ruinen von Sichem [*Tell Balāṭa*])[21] voraussetzt, dem ältesten Zustand, und auch noch nicht dem Zustand zur Zeit der Erzählung von Joh 4, entspricht.[22]

Und eben diese Folgerung hinsichtlich des Josephsgrabes legt sich genauso auch noch von einer ganz anderen Seite nahe, nämlich von der Erwägung aus, wie denn wohl der betreffende (einsame) Brunnen (inmitten einer Umgebung, wo es an Quellen nur so sprudelt) zum Jakobsbrunnen, zum Brunnen, den Jakob gegraben habe (Joh 4,12), geworden sein mag. Das Prinzip dieses Vorgangs dürfte folgendermaßen zu sehen sein:

---

19 B. de Khitrowo, Itinéraires russes en Orient, I,1, Genf 1889, 216 (= Vie et pèlerinage du diacre Zosime, 1419–1421): „De là j'allai à Sichem d'Arabie, surnommé Rahel, où sont les tombeaux d'Abraham, d'Isaac, de Jacob, de Sara & de Rebecca. Près de là se dresse sur une montagne le chêne de Mambré" usw.

20 Vgl. Sozomenus, Hist. eccl. II 4,5 (GCS 50, p. 55): αἴθριος γὰρ καὶ ἀρόσιμός ἐστιν ὁ χῶρος καὶ οὐκ ἔχων οἰκήματα ἢ μόνον τὰ παρ' αὐτὴν τὴν δρῦν πάλαι τοῦ Ἀβραὰμ γενόμενα καὶ τὸ φρέαρ τὸ παρ' αὐτοῦ κατασκευασθέν· περὶ δὲ τὸν καιρὸν τῆς πανηγύρεως οὐδεὶς ἐντεῦθεν ὑδρεύετο. νόμῳ γὰρ Ἑλληνικῷ οἱ μὲν λύχνους ἡμμένους ἐνθάδε ἐτίθεσαν, οἱ δὲ οἶνον ἐπέχεον ἢ πόπανα ἔρριπτον, ἄλλοι δὲ νομίσματα ἢ μύρα ἢ θυμιάματα. καὶ διὰ τοῦτο, ὥς γε εἰκός, ἀκρεῖον τὸ ὕδωρ ἐγίνετο τῇ μετουσίᾳ τῶν ἐμβαλλομένων.

21 CSEL 39, p. 20,3–5: *Inde ad pede montis ipsius* (des Garizim) *locus est, cui nomen est Sechim. Ibi positum est monumentum, ubi positus est Joseph in villa, quam dedit ei Jacob pater eius.*

22 So urteilte übrigens schon G. Dalman, Orte u. Wege, [3]1924, 228 m. Anm. 5.

Zunächst war da ein Feld- oder Gartenbrunnen, gegraben, um den Besitzer des Feldes oder Gartens unabhängig vom Wasser der Nachbarschaft zu machen. Dann wurde irgend etwas neben dem Brunnen (etwa ein Stein oder/und ein Baum) als Grabmal für Joseph gedeutet. Damit wurde das Feld bzw. der Garten automatisch zum Jakobsacker. Und nun wurde auch noch alles Übrige, was auf dem Acker war, in nahe liegender Weise auf Jakob zurückgeführt (den Hain habe Jakob gepflanzt, und den Brunnen habe Jakob gegraben).[23]

Das ist das Prinzip des Vorgangs. Welches aber ist die Zeit des Vorgangs? Nun ist einerseits die Tradition vom Jakobsbrunnen sicher samaritanisch. Andererseits gibt es keinerlei Anlass, sie für älter als samaritanisch zu halten. Im Gegenteil! Wie die amerikanischen Ausgrabungen auf dem *Tell Balāṭa* gerade erwiesen haben, hatte der Stadthügel von Sichem, bevor hier seit etwa 331 v. Chr. das hellenistische (= samaritanische) Sichem in ganz kurzer Zeit und offenbar nach einem bestimmten Programm aus dem Boden schoss, etwa eineinhalb Jahrhunderte lang (nämlich den größten Teil der persischen Periode über) in Ruinen und unbewohnt dagelegen.[24] Und so ist die Annahme nahe liegend, dass der Lücke mit folgendem Neuanfang hinsichtlich der Besiedlung auch eine Lücke mit Neuanfang hinsichtlich der lokalen Tradition entsprochen habe. Dann hätten wir also die (Neu-)[25]Identifizierung von Josephsgrab und Jakobsacker samt der Heiligung des dabei bzw. darauf liegenden Brunnens und Hains bis hin zum Heiligtumwerden dieses ganzen Landstückchens in Verbindung zu sehen mit dem Aufschwung des Kults und dem Tempelbau auf dem Garizim: Die Samaritaner schaffen sich, wie ihr „Jerusalem", so auch ihr „Hebron/Mamre". Und der politische Hintergrund wäre: Flucht bzw. Vertreibung der Samaritaner aus Samaria wegen der Ermordung des Andromachus (Samaria wird hellenistisch, eine Stadt von Fremden) und Aufbau einer neuen Hauptstadt der Einheimischen, eben an der verlassenen Stelle des altehrwürdigen Sichem.[26]

Ich möchte also nach alledem, um auf die Ausgangsfrage zurückzukommen, vermuten, dass der Schauplatz der Joh 4 zugrundeliegenden

---

23 Vgl. noch einmal G. Dalman, Orte u. Wege, ^{3}1924, 228 m. Anm. 5.
24 G. E. Wright, Shechem, The Biography of a Biblical City, London 1965, bes. 167. 170–175.
25 S. unten Anm. 83.
26 Vg. G. E. Wright, Shechem, 175–181.

Erzählung als ein samaritanisches Heiligtum zu denken ist, als samaritanische Entsprechung des jüdischen Mamre.[27]

IV. *Die Kirche über dem Jakobsbrunnen*

Die Geschichte der christlichen Kultbauten an und über dem Jakobsbrunnen ist im Großen und Ganzen bekannt.[28] Ich darf diese Geschichte nach F.-M. Abel hier noch einmal skizzieren, um in diesen Rahmen dann gewisse Beobachtungen, die ich teils an Ort und Stelle, teils nachträglich gemacht habe, samt ihren Konsequenzen anstellen zu können.

Das älteste christliche Bauwerk am Jakobsbrunnen ist wahrscheinlich ein einfaches Baptisterium, bezeugt vom Itinerarium Burdigalense,[29] erbaut also vor 333 n. Chr., vermutlich durch den Bischof von Neapolis Germanus. Über dem Brunnen selbst wird wenig später, wohl um 380 n. Chr. und also unter Theodosius I., eine kreuzförmige Kirche errichtet, die Kirche als solche erstmalig bezeugt durch Hieronymus,[30] die Kreuzform durch Arculf bzw. Adamnanus.[31] Diese Kirche ist aber wahrscheinlich nicht unzerstört durch die beiden Samaritanerrevolten, unter Zenon und unter Anastasius I., gekommen und gehört vermutlich zu den fünf christlichen Heiligtümern von Neapolis und Umgebung, die Justinian restaurieren ließ.[32] Sie

[27] In diesem Zusammenhang kommt mir die Frage, ob die Notiz des Epiphanius über den unter freiem Himmel befindlichen Gebetsplatz der Samaritaner bei Sichem (pan. 80, 1, 6 [Holl III 485, 19–22]: ἀλλὰ καὶ προσευχῆς τόπος ἐν Σικίμοις, ἐν τῇ νυνὶ καλουμένῃ Νεαπόλει, ἔξω τῆς πόλεως ἐν τῇ πεδιάδι ὡς ἀπὸ σημείων δύο, θεατροειδὴς οὕτως ἐν ἀέρι καὶ αἰθρίῳ τόπῳ ἐστὶ κατασκευασθεὶς ὑπὸ τῶν Σαμαρειτῶν πάντα τὰ τῶν Ἰουδαίων μιμουμένων) nicht am besten zu verstehen ist als eine Widerspiegelung der vorchristlichen Verhältnisse am Jakobsbrunnen. Die anderen Bezugsmöglichkeiten sind: der damalige Opferplatz auf dem Garizim (der Platz, wo Kaiser Zenon 484 dann ja die Theotokos-Kirche bauen ließ) oder eine sonst unbekannte Lokalität. Aber: ἐν τῇ πεδιάδι schließt den Garizim eigentlich aus; Sichem hat weiter im Grunde nur eine πεδιάς, u. zw. im Osten; und auf dieser Ebene liegt eben in einer Entfernung von zwei Meilen von Neapolis der Jakobsbrunnen (vgl. Petrus Diaconus liber de locis sanctis [CSEL 39, p. 112, 10f.]: *Duo autem miliaria ecclesia ista distat ab eadem villa, quae olim dicta est Sychem*); schließlich kann bei dem Vorwurf des Nachmachens konkret nur (das vorchristliche!) Mamre gemeint sein.

[28] Vgl. vor allem F.-M. Abel, Le puits de Jacob et l'église Saint-Sauveur, RB 42 (1933), 384–402.

[29] CSEL 39, p. 20, 10f.: *ubi* (sc. am *puteus Jacobi*) *sunt et arbores platani, quas plantavit Jacob, et balneus, qui de eo puteo lavatur*.

[30] Ep. 108, 13 (CSEL 55, p. 322, 14–323, 1) [der Brief ist geschrieben 404 n. Chr.; die geschilderte Reise der Paula hat stattgefunden um 400 n. Chr.]; Onom. 165, 1–4.

[31] De locis sanctis XXI, mit Skizze (CSEL 39, p. 270f.). Arculf war etwa um 670 n. Chr. im Heiligen Land und am Jakobsbrunnen.

[32] Procopius, De aed. Just. V 7, 17.

hat dann allerdings, wie man vermuten muss, weder beim Persersturm (614 n. Chr.) noch beim Arabereinfall (636 n. Chr.) Schaden erlitten.[33] Sie kann erst nach 808 n. Chr.[34] zerstört worden sein, wie die Kreuzfahrer sie vorfanden. Der mittelalterliche Neubau dieser Kirche, die nun den Namen Sancti Salvatoris bekommt, auf den Fundamenten der byzantinischen, aber im Kreuzfahrerstil, erfolgt um 1150 n. Chr. unter Königin Melisendis für das dortige Kloster benediktinischer Nonnen, einer Filiale der Lazarusabtei zu Bethanien.[35] Nach dem Ende der Kreuzfahrerherrschaft stand die Kirche noch zwei Jahrhunderte lang, allerdings allmählich vereinsamend.[36] Erst im 15. Jahrhundert stürzt sie ein, was ihre Benutzung als Steinbruch zur Folge hatte. 1860 wurde der restliche Trümmerhaufen über dem Jakobsbrunnen vom griechischen Patriarchat in Jerusalem erworben, später dann enttrümmert, die Krypta mit dem Brunnen wieder instand gesetzt und in Gebrauch genommen, schließlich auf den Fundamenten der Kreuzfahrerkirche ein Neubau angefangen (siehe oben).

In dieser Perspektive ist zunächst das Kapitell der Helenasäule eine Betrachtung wert. Es erweist sich nämlich als aus spätkonstantinischer Zeit stammend, d. h., wir hätten in ihm, wenn es, wie anzunehmen, an Ort und Stelle gefunden wurde, ein Stück aus der ältesten Phase (um 380 n. Chr.) der byzantinischen Kirche über dem Jakobsbrunnen vor uns. Da dieses Kapitell, wie es scheint, vereinzelt ist, ist die Frage nach seiner ursprünglichen Funktion interessant, wenn auch nicht beantwortbar.

Das Fußbodenmosaikfragment (vgl. oben) links außerhalb der Apsis der heutigen Kirche, und d. h. zugleich der Kreuzfahrerkirche, – übrigens dreifarbig: schwarz, rot, weiß – das etwa auf demselben Niveau liegt wie der Fußboden der heutigen Kirche, bedeutet zunächst nichts geringeres als eine archäologische Bestätigung der von Arculf bezeugten Kreuzform der byzantinischen Kirche.[37] Es repräsentiert ein Stück Fußboden des

---

33 Vgl. ihre Beschreibung durch Arculf (s. oben Anm. 31) und Willibald von Eichstätt, 723–726 (Hodoeporicon S. Willibaldi Ch. XXVII, T. Tobler/A. Molinier, Itinera Hierosolymitana I, Genf 1879, 269f.).

34 Zeit des Commemoratorium de casis Dei, das sie als völlig intakt voraussetzt (T. Tobler/A. Molinier, Itin. Hier. I, 304).

35 Vgl. den Plan PEFQS 40 (1908), 252.

36 Die Behauptung von C. K. Spyridonidis, die Kirche sei gleich 1187 n. Chr. zerstört worden (PEFQS 40 [1908], 251), ist offenkundig irrig.

37 Man hat dem Arculf in dieser Beziehung nämlich nicht immer ganz geglaubt. Vgl. C. K. Spyridonidis, PEFQS 40 (1908), 251 Anm. 2: die Angabe des Arculf „does not at all coincide with the plan of the church as now recovered, which shows the well under the sanctuary, which forms one of the arms of the cross. I am inclined to agree with Bliss, Q. S.,

Nordarms dieser Kirche. Daraufhin kann man nun aber auch etwas über die Größe der byzantinischen Kirche sagen. Die Kreuzfahrerkirche umfasst nur ein Viertel der Fläche der byzantinischen. Man hat (im Prinzip) nur den Westarm der alten Kirche wieder neu hochgezogen, um offensichtlich den Brunnen in der Krypta mit dem Hochaltar darüber im Osten zu haben. Wir dürfen dabei wohl annehmen, dass das Längsschiff der Kreuzfahrerkirche, bzw. ihr westlicher Teil, auf den Fundamenten der byzantinischen Kirche ruht. Diese byzantinische Kirche dürfte dann von Westen nach Osten und von Süden nach Norden eine (Längs-)Ausdehnung von etwa 70 m gehabt haben (gegenüber rund 100 m in *Qalʿat Simʿān*), bei einer Breite der vier Kreuzarme von je 25 m (das entspricht der Breite der Arme in *Qalʿat Simʿān*). Wenn nun die beiden Kirchen etwa auf demselben Niveau gelegen haben, wie kommt dann aber der Brunnen in die Krypta? Die Beschreibung und Zeichnung des Arculf setzen nämlich die Brunnenöffnung in der Höhe des Kirchenfußbodens voraus. Nun gibt es ja eine Theorie, die besagt, dass der *balneus* des Itinerarium Burdigalense, also eine Taufpiscine, unmittelbar am Brunnen bzw. um den Brunnen herum lag – die Kirche sei über diesem Baptisterium errichtet worden; der Brunnen hätte also tiefer (in der Piscine) als der Kirchenfußboden gelegen, und dieses Taufbecken sei im Mittelalter einfach durch Überwölbung zur Krypta geworden.[38] Aber die Piscine kann unmöglich so tief gewesen sein, dass man sie einfach nur hätte zu überwölben brauchen, um eine Krypta zu erhalten. Technisch wäre eine um den Brunnen herum liegende Piscine kaum sinnvoll: das Wasser aus dem Becken würde ja in den Brunnen zurücklaufen. Normal ist vielmehr die Trennung von Kirche und Baptisterium.[39] Und das Rechteck bzw. Quadrat, das auf der Zeichnung des Arculf in der Mitte der Kirche das (relativ weite) Brunnenrund umgibt, ist am besten als eine Art (monumentaler?) Schranke zu verstehen. Das alles heißt aber, dass der Brunnen in der Kreuzfahrerzeit künstlich und sekundär verkürzt (oben, wo er sowieso gemauert ist, abgebaut) worden sein dürfte. Wahrscheinlich hat er auch erst damals den verengten

---

April 1894, p. 108, that the church Arculf described was the crypt, the upper church having been destroyed by the Arabs."

[38] F.-M. Abel, RB 42 (1933), 394.

[39] Vgl. im Itinerarium Burdigalense selbst die Notiz über das Baptisterium der Grabeskirche: *ibidem modo iusso Constantini imperatoris basilica facta est, id est dominicum, mirae pulchritudinis, habens ad latus excepturia, unde aqua levatur, et balneum a tergo, ubi infantes lavantur* (CSEL 39, p. 23, 1–4).

Hals bekommen, während er in byzantinischer Zeit wohl an der Öffnung genauso weit war wie durchweg (228,6 cm).[40]

Was übrigens den Brunnenrand anbelangt, so gibt es da eine späte Tradition, nach der er sich als Reliquie in der Hagia Sophia zu Konstantinopel befunden habe,[41] die F.-M. Abel z. B. für glaubwürdig hält und mit der Restaurierung der Jakobsbrunnenkirche unter Justinian in Verbindung bringt: damals habe man den Rand entfernt und nach Konstantinopel geschafft.[42] Der Kontext freilich, in dem diese Tradition uns entgegentritt (in einem Atemzug mit dem Brunnenrand werden die Trompeten von Jericho und der Tisch, an dem Abraham die Dreieinigkeit bewirtet habe, als heilige Sehenswürdigkeiten in der Hagia Sophia genannt), lässt sie sogleich als freies Produkt des frommen Aberglaubens erscheinen.

Der auf dem Feld von *'Askar* entdeckte Chorschrankenpfeiler (siehe oben) ist sicher byzantinisch. Und es dürfte am nächsten liegen, in ihm ein Überbleibsel der byzantinischen Kirche über dem Jakobsbrunnen zu sehen (freilich hat es mehr byzantinische Kirchen im weiteren Umkreis gegeben: mindestens eine in Neapolis; vielleicht sogar auch eine in Sychar/*'Askar* [siehe unten]). Dann aber kann man ihn als archäologische Bestätigung oder wenigstens Illustration der von dem anonymen Pilger von Piacenza (ca. 570 n. Chr.) erwähnten Altarschranken betrachten.[43]

Der interessanteste Rest der byzantinischen Kirche über dem Jakobsbrunnen ist aber nun etwas, was man nicht mehr ohne weiteres sehen kann. Ich meine die vier quer stehenden Doppelsäulen, die bei der Enttrümmerung der Kreuzfahrerkirche in situ, z. T. sogar noch stehend, vorgefunden

---

[40] Vgl. den Schnitt bei C. R. Conder/H. Kitchener, SWP, Mem. II, 175.

[41] Vgl. Anonymi antiquitates Cpolitanae, MPG 122, p. 1305 C; exuviae Cpolitanae II, 222; B. de Khitrowo, Itin. russes, 96. 161. 201. 226.

[42] F.-M. Abel, RB 42 (1933), 395. In Abels Darstellung gefällt mir übrigens auch nicht, dass er den Bau der Kirche über dem Jakobsbrunnen als Reaktion der Christen auf eine samaritanische Verlegung des Jakobsackers – und nicht umgekehrt – sieht (RB 42 [1933], 392f.).

[43] Antoninus Placentinus, Itinerarium (CSEL 39, p. 162, 14–163, 2): ... *venimus* ... *in civitatem, quae vocata est in tempore Samaria, modo vero dicitur Neapolis, in qua est puteus, ubi Dominus a Samaritana aquam petiit, ubi facta est basilica sancti Johannis; et ipse puteus est ante cancellos altaris. et siclus ibi est, de quo dicitur, quia ipse est, de quo bibit Dominus, et multae aegritudines ibi sanantur*. Der Pilger bringt hier ad vocem Samaria, das häufig in der Pilgerliteratur – nicht ohne Schuld des 4. Evangelisten selbst – mit Sichem/Neapolis vermengt wird (vgl. Joh 4,7: γυνὴ ἐκ τῆς Σαμαρείας), die Kirche über dem Jakobsbrunnen, die er meint, versehentlich mit der Kirche Johannes des Täufers in (Samaria/)Sebaste durcheinander. Die sicheren (möglicherweise alleinigen) Sebaste-Einschläge in der Beschreibung der Kirche über dem Jakobsbrunnen sind oben im Text unterstrichen.

wurden.[44] Diese Doppelsäulen waren offensichtlich (als Gewölbestützen) einbezogen in die Architektonik der Kreuzfahrerkirche, sind an sich aber byzantinisch, u. zw. müssen sie schon (als Reste der alten byzantinischen Kirche) an Ort und Stelle gestanden haben, als der Kreuzfahrerbau hier begonnen wurde. Ihre Kapitelle, je an der einen Seite, mit der sie (wie die Säulen selbst: ohne Zwischenraum) an das Nachbarkapitell stießen, glatt abgeschlagen, sind – wohl ebenso wie Stücke von den Säulen selbst – im Hof bzw. Garten der heutigen Kirche aufgestellt. Sie sind justinianisch oder etwas älter. Wenn wir nun die mutmaßliche Position dieser Doppelsäulen innerhalb der byzantinischen Kirche betrachten, fällt die Wohlproportioniertheit auf: Zwei liegen genau in der Flucht der Westwände des N- und des S-Armes; zwei weitere teilen den W-Arm in zwei gleiche Teile; im Querschnitt ist der Abstand von der Seitenwand bis zur Doppelsäule halb so groß wie der von der einen Doppelsäule zur anderen. Aber von dieser Säulenverteilung innerhalb des W-Armes auf die Struktur der ganzen Kreuzkirche zu schließen, ist doch nicht möglich. Mit den vier Doppelsäulen des W-Armes dürfte es vielmehr eine ganz besondere Bewandtnis haben. Man kommt dementsprechend auch kaum um den Schluss herum, dass sie (wenigstens in ihrer Gesamtheit) im Verhältnis zur Kirche selbst, in der sie stehen, (bzw. zur ursprünglichen Kirche vor Justinians Restaurierung) sekundär sind, in welche Richtung ja auch die Beschaffenheit ihrer Kapitelle (etwa im Vergleich zu dem der so genannten Helenasäule) weist. Nun lässt die mutmaßliche Breite jedes der vier Arme (25 m) und zugleich die Streuung von Säulenfragmenten in der Umgebung auf Säulenketten innerhalb jedes der vier Arme schließen. Und es ist das Nächstliegende, sie uns je als dreischiffige Basilika vorzustellen. Im W-Arm dürfte dann jeweils die äußere Säule der Doppelsäulen zur Längsflucht der Säulenketten gehören. Was aber mag dann die Funktion der jeweils inneren der Doppelsäulen gewesen sein? Sie müssen etwas anderes getragen haben. Am nächsten liegt die Vorstellung, dass diese vier Säulen die Stützen für einen steinernen Baldachin gewesen sein könnten. Mit solcher Anlage wäre dann natürlich ein (zweiter) besonders heiliger Bezirk innerhalb der großen Kreuzkirche bezeichnet. Es müsste zwischen diesen vier Säulen und unter dem hypothetischen Baldachin noch etwas Besonderes gewesen sein. Aber was? Man denkt vielleicht zuerst an den vom Pilger aus Piacenza vorausgesetzten und erwähnten umschränkten

[44] Vgl. C. K. Spyridonidis, PEFQS 40 (1908), 248–253, vor allem die beiden Photos und den Plan.

Altar (siehe oben). Aber dann läge ja der Altar im Westen der Kirche. So spiele ich noch mit einer anderen Deutungsmöglichkeit, für die es ähnlich konkrete Ausgangspunkte gibt, von der aber erst unten geredet werden soll. Aber vielleicht schließen sich die eine und die andere Möglichkeit gar nicht unbedingt aus.

Noch ein Wort über die mutmaßliche Funktion der ganzen byzantinischen Jakobsbrunnenkirche! Die Position des eigentlichen Heiligtums (des Brunnens) in der Mitte des Baus, der Ein- bzw. Zugang von allen vier Seiten, die Lage der Kirche außerhalb der Ortschaften, in alledem die Parallelität mit *Qalʿat Simʿān* und schließlich die Wunderheilungskraft, die dem Brunnenwasser, wie der Pilger von Piacenza bezeugt (s. Anm. 43), zugeschrieben wird, lassen darauf schließen, dass die Kirche über dem Jakobsbrunnen (oder, um es in der richtigen Perspektive zu sagen: über dem Brunnen der Samaritanerin) von Anfang an gedacht und erbaut war als eine Wallfahrtskirche. Und man darf das alles wohl in Beziehung sehen zu der auffällig großen Rolle, die die Szene von Joh 4 (Jesus und die Samaritanerin am Brunnen) schon sehr früh in der christlichen Malerei gespielt hat.[45]

V. *Das Josephsgrab*

Während der Jakobsbrunnen (d. h. ein vereinzelter alter Brunnen, der vermutlich in hellenistischer Zeit als Jakobsbrunnen gedeutet wurde) sozusagen von Natur aus fest an seinen Platz gebunden war – nur was darum und darüber war, änderte sich –, dürfte das hinsichtlich des Josephsgrabes ganz anders gewesen sein. Schon von Natur aus ist ein solches Grab „transportabel": Es geht ja nur (u. zw. von alters her) um ein Grabmal, dessen Möglichkeiten sich von einem einfachen Steinbrocken oder Baum über ein Kenotaph bis zu einem Memorialbau erstrecken. Ein begrabener Joseph war sowieso nicht da. „Joseph" ist ein personifizierter Stamm, und die Tradition von seinem Grab bei Sichem kann also nur als sekundäre israelitische, nämlich geschichtliche Deutung eines älteren kanaanäischen Heiligtums bzw. heiligen Platzes verstanden werden. Und außerdem sind nach jüdischem Brauch die Grabmäler der Heiligen sowieso getrennt von der Stelle der (vermeintlichen) Bestattung.[46] Tatsächlich ist das

[45] Vgl. Dura Europos, Christliche Kapelle (The Excavations at Dura-Europos, Fifth Season, P.V.C. Baur/M. I. Rostovtzeff (ed.), New Haven 1934, Taf. 46).

[46] Vgl. J. Jeremias, Heiligengräber, 118–125.

Josephsgrab(-mal) kurz vor 415 n. Chr. als verschwunden bezeugt (siehe unten), was ja nicht schwer vorzustellen ist, wenn es (das Mal) nur etwa in einem Baum oder einem Stein bestand. Und der Gebäudekomplex über und um ein Kenotaph herum, der heute als Josephsgrab gilt,[47] ist ganz modern und enthält nicht einmal alte Bauelemente. In diesem Zusammenhang ist auch die völlige Ergebnislosigkeit der amerikanischen Ausgrabung unmittelbar südlich dieses Josephsgrabkomplexes zu sehen.[48] Es spricht also nichts dafür anzunehmen, dass das heutige Josephsgrabmal sich an einer (bzw. der einen) Stelle befindet, in der man etwa schon seit alters her das Josephsgrab gesehen hätte.[49]

Bei den Quellen nun, die vom Josephsgrab reden, müssen wir streng unterscheiden zwischen den vielen, die bloß aus der Bibel (sozusagen literarisch) wissen, dass Joseph bei Sichem begraben ist, und den relativ wenigen, die von einem an Ort und Stelle gesehenen Grabmal Josephs (also topographisch) Kunde geben. Die Notwendigkeit dieser Unterscheidung – nicht jeder eben, der vom Josephsgrab bei Sichem schreibt, hat dort auch eins gesehen – wird aufs Schönste illustriert durch Eusebius, der topographisch das Josephsgrab bei Sichem bezeugt,[50] literarisch aber die Bestattung des Joseph nach Jos 17,7 auf ein fälschlich von diesem unterschiedenes zweites Sichem bezieht.[51]

Nach unserer Vermutung lag das Josephsgrab etwa vom Beginn der hellenistischen Zeit an bis ins 1. Jahrhundert n. Chr. (Zeit unserer Erzählung) unmittelbar neben dem Jakobsbrunnen (siehe oben). Wenn diese Vermutung das Richtige trifft, dann muss das Josephsgrab (samt heiligem Baum und Jakobsacker) zwischen dem 1. Jahrhundert n. Chr. und dem Jahre 333 n. Chr. (Zeit des Itinerarium Burdigalense) seinen Platz gewechselt haben; denn nach dem Itinerarium Burdigalense liegt es bei Alt-Sichem (also beim jetzigen *Tell Balāṭa*), und zwar eine römische Meile von Sychar

47 Vgl. schon C. R. Conder/H. Kitchener, SWP2, 194f.; G. Hölscher, Bemerkungen zur Topographie Palästinas, 3. Sichem und Umgebung, ZDPV 33 (1910), 98–106.

48 BASOR 180 (1965), 7–9; innerhalb dieses Komplexes weiterzugraben, wurde nicht erlaubt.

49 Vgl. G. Dalman, Orte u. Wege, ^{3}1924, 228 mit Anm. 5. Ganz anders denken freilich darüber G. Hölscher (ZDPV 33 [1910], 98–106) und J. Jeremias (Heiligengräber, 35f.). Die von der des umgebenden Raumes abweichende Achse des Kenotaphs zeugt doch höchstens von dessen relativ höherem Alter. Und wenn die Säulenreste aus rötlichem Granit, die da, wie auch bereits Jeremias festgestellt hat, in der Umgebung herumliegen, schon von der Josephsgrabkapelle stammen sollen, eine Möglichkeit, die auch ich für erwägenswert halte, dann kommt man aber für diese Kapelle kaum auf eine Lage „unweit“ nordöstlich vom heutigen Josephsgrab.

50 Onom. 54, 23f. und 150, 1–3.

51 Onom. 150, 6f. und 158, 1–3.

(= ʿ*Askar*) entfernt.[52] Auf dasselbe laufen auch die einschlägigen Angaben des Eusebius hinaus.[53] Diese Angaben führen nun aber gar nicht zu der Stelle des heutigen Josephsgrabes, sondern zu einer Stelle, die weiter von ʿ*Askar* entfernt ist und sehr viel näher am *Tell Balāṭa* liegt; man möchte sie am liebsten südlich vom *Tell Balāṭa* suchen, und zwar in dem ältesten Teil des dortigen Dorfes *Balāṭa*, das ja nach allgemeiner Auffassung von den Platanen bei d(ies)em Josephsgrab seinen Namen hat.[54] Wenn aber eine solche Verlagerung des Josephsgrabes (vom Jakobsbrunnen nach *Balāṭa*) als stattgefunden angenommen werden soll, müssten wir ein Motiv dafür zu nennen wissen. Und es gibt in der Tat ein recht einleuchtendes! Das Heiligtum am Jakobsbrunnen gehörte doch den Samaritanern. Nun setzt aber das Itinerarium Burdigalense mit seiner Erwähnung eines *balneus*, d. h. eines Baptisteriums, voraus, dass zu seiner Zeit die Christen bereits von diesem Platz Besitz ergriffen, die Samaritaner also verdrängt hatten.[55] Und es ist auch nur natürlich, dass die Samaritaner nicht „kampflos" das Feld geräumt haben. Den Brunnen konnten sie zwar nicht mitnehmen. Aber es war doch ein Leichtes, nun eine andere Stelle als das Josephsgrab zu verehren, was auch von den Christen ohne Widerspruch hingenommen worden sein mag, für die allein der Jakobsbrunnen und zwar als Brunnen der Samaritanerin von Bedeutung war, während für sie ein Josephsgrabmal – wenigstens zunächst (wie übrigens auch später normalerweise) – ohne jedes Interesse gewesen sein dürfte. Wir hätten mithin hier einen Vorgang anzunehmen, wie wir ihn, und zwar gleich als einen doppelten, hinreichend sicher für das Heiligtum der Samaritaner auf dem Garizim konstatieren können: Von ihrem seit der Zerstörung durch Johannes Hyrkanus (128 v. Chr.) in Trümmern liegenden Heiligtum auf dem *Tell er-Rās*, auf dessen Fundament die Amerikaner bei ihrer dortigen Grabung

---

52 CSEL 39, p. 20, 3–7: *Inde ad pede montis ipsius* (des Garizim) *locus est, cui nomen est Sechim. Ibi positum est monumentum, ubi positus est Joseph in villa, quam dedit ei Jacob pater eius. ... Inde passus mille locus est, cui nomen Sechar*, etc. Die tausend Schritte finden sich auch bei Toblers Innominatus I, VI (T. Tobler, Theoderici libellus de Locis Sanctis, St. Gallen/Paris 1865, 117): *Inde non longe est Sichem, ... Ibi est villa, quam dedit Jacob Joseph, filio suo, ibique requiescit corpus eius. Inde ad mille passus est Sichar*, etc.

53 Onom. 54, 23f.: Βάλανος Σικίμων. ... δείκνυται ἐν προαστείοις (*in suburbano rure* [Hieronymus]) Νέας πόλεως ἐν τῷ τάφῳ (*propter sepulcrum* [H.]) Ἰωσήφ.

Onom. 150, 1–3: Συχέμ ... νῦν ἔρημος. δείκνυται δὲ ὁ τόπος ἐν προαστείοις Νέας πόλεως, ἔνθα καὶ ὁ τάφος δείκνυται τοῦ Ἰωσήφ, καὶ παράκειται (iuxta sepulcrum Josef [H.]).

54 Vgl. sogar J. Jeremias, Heiligengräber, 34 Anm. 4. Zum Namen von *Balāṭa* überhaupt vgl. jetzt G. R. H. Wright, ZDPV 83 (1967), 199–202.

55 CSEL 39, p. 20, 10f.: *ubi ... et balneus, qui de eo puteo lavatur*.

gestoßen sind,[56] wurden die Samaritaner durch die Römer verdrängt, als diese dort, unter Hadrian, den Tempel für Zeus Hypsistos errichteten.[57] Die Samaritaner wichen aus auf die Hauptkuppe des Garizim, wo sie später (484 n. Chr.) wiederum, aber nun den Christen weichen mussten, als dort zur Strafe für ihren Aufstand die Theotokoskirche errichtet wurde.[58] Und bei diesem zweimaligen Rückzug nahmen nun die Samaritaner jeweils ihre Lokaltraditionen mit.

Bei alledem haben wir aber eine ganz bestimmte Vorstellung von der damaligen Beschaffenheit des Josephsgrabmals vorausgesetzt, die es jetzt noch zu erläutern und zu begründen gilt. Das Josephsgrabmal kann damals (noch) nichts besonderes gewesen sein, kein Kenotaph[59] und schon gar kein Memorialbau. Zwar nennt das Itinerarium Burdigalense es ein *monumentum* (s. Anm. 52), aber das ist ein Relationsbegriff, der auch auf einen Stein oder (und) einen Baum gehen könnte. Vor allen Dingen setzt die (unten näher zu besprechende) nur wenig später (415 n. Chr.) erfolgende offizielle Suche nach den Gebeinen des Joseph, deren Zeugnisse allgemein als glaubwürdig gelten und es im Wesentlichen wohl auch sind, ausdrücklich und implizit voraus, dass in dieser ganzen Gegend kein als solches ohne weiteres erkennbares Grabmal vorhanden war.[60]

In diesem Zusammenhang könnte man auch das Fehlen einer Vignette für die Legende ΤΟ ΤΟΥ ΙΩϹΗΦ auf dem (freilich erst aus dem Ende des 6. Jahrhunderts stammenden) Madeba-Mosaik (vgl. M. Avi-Yonah, The Madaba Mosaic Map, Jerusalem 1954, Taf. 6 Nr. 34) sehen und sich fragen, ob sich darin nicht noch das ursprüngliche Fehlen eines Josephsgrabmals im eigentlichen Sinne widerspiegelt.[61] Das Josephsgrab auf der Madeba-Karte ist nun allerdings ein Problem für sich. Zunächst einmal haben auf dieser Karte die auf ein Grabmal bzw. ein vergleichbares

---

56 BASOR 180 (1965), 9. 37–41.

57 Vgl. A. M. Schneider, Römische und byzantinische Bauten auf dem Garizim, ZDPV 68 (1951), 211–234.

58 Vgl. z. B. Procopius, De aedificiis Justiniani V 7, 7: Ζήνων δὲ βασιλεὺς... ἔκ τε ὄρους τοῦ Γαριζὶν τοὺς Σαμαρείτας ἐξελάσας, εὐθὺς Χριστιανοῖς τε αὐτὸ παραδίδωσιν, ἐκκλησίαν τε ἄνω δειμάμενος τῇ θεοτόκῳ ἀνέθηκε.

59 Gegen J. Jeremias, Heiligengräber, 33.

60 Vgl. vor allen Dingen die Wendung *nulloque sepulturae signo in eo* (sc. *campo*) *viso* (Canonici Hebronensis tractatus de inventione Sanctorum Patriarcharum Abraham, Ysaac et Jacob, Recueil des Historiens des Croisades, Historiens Occidentaux V 1, Paris 1886, 1, 7 [p. 307 G]). F.-M. Abels Vorstellung, dass ein Josephsgrabmal selbstverständlich da war, man aber aus Furcht einfach woanders nach den Gebeinen des Joseph gesucht hätte (RB 42 [1933], 395 Anm. 4), finde ich indiskutabel.

61 Die vielschichtige Quellenlage bei dieser Mosaik-Karte (vgl. Avi-Yonah, Madaba Mosaic Map, 28–32) lässt mir eine solche Annahme durchaus als möglich erscheinen.

Heiligtum bezogenen Legenden sonst stets eine Vignette bei sich. (Vgl. τὸ τοῦ ἁγίου Ἰωάννου [M. Avi-Yonah, Madaba Mosaic Map, Taf. 2 Nr. 7], τὸ τοῦ ἁγί(ου) Λ[ωτ] [Taf. 4 Nr. 17], τὸ τοῦ ἁγίου Ἐλισαίου [Taf. 6 Nr. 26], [τ]ὸ τοῦ ἁγίου Ἰώνα [Taf. 7 Nr. 67], τό τοῦ ἁγ(ίου) Φιλίππου [Taf. 8 Nr. 81], τὸ τοῦ ἁγίου Ζαχαρίου [Taf. 8 Nr. 87], τὸ τ[οῦ ἁγίου Μιχαίου] [Taf. 8 Nr. 89], ὁ τοῦ ἁγίου Βίκτορος [Taf. 9 Nr. 117]; außerdem τ̣ὸ̣ [τοῦ ἁγίου] / Ἰ̣[λαρίωνος] [H. Donner, ZDPV 83 (1967), 28f.]. Bei τὸ τοῦ Ἰωσήφ [M. Avi-Yonah, Madaba Mosaic Map, Taf. 6 Nr. 34] allein steht übrigens kein ἁγίου![62] Könnte das für unsere Erwägungen von Bedeutung sein?) Nun findet sich auch bei τὸ τοῦ Ἰωσήφ, und zwar darüber, also zwischen der Josephsgrab- und der Sycharlegende, eine Vignette, aber eine Ortsvignette. Gleichwohl sehen manche darin – oder erwägen es –, gewöhnlich unter Annahme eines Versehens des Mosaizisten, die Vignette des Josephsgrabes;[63] so auch H. Donner unter Berufung auf eine oberhalb der Legende von Sychar am Rande des Gebirges befindliche einfache Ortsvignette, die zu Sychar gehören könnte, wenn sie nicht eine nicht näher bezeichnete Ortschaft darstellen sollte.[64] Nun aber finden sich auf dem Madeba-Mosaik die Legenden gewöhnlich über oder rechts neben den zu ihnen gehörenden Vignetten. Ich kann daher in der zur Debatte stehenden Ortsvignette nur den Ort Sychar sehen. Wenn dann also eine Vignette des Josephsgrabes tatsächlich fehlen sollte, so könnte das natürlich auch den ganz banalen Grund haben, dass an dieser Stelle des Mosaiks einfach kein Platz mehr für eine Vignette war.[65] Nicht ausgeschlossen werden kann schließlich auch die Möglichkeit, dass das Mosaik im Fehlen einer Vignette zum Josephsgrab den späteren Zustand widerspiegelt, wo es die (kurzlebige) Kirche über dem Josephsgrab schon nicht mehr gab.

Um das Jahr 415 n. Chr. änderten sich nun die Verhältnisse in Bezug auf das Josephsgrab wiederum grundlegend. Kaiser Theodosius II. hatte eine Kommission nach Hebron gesandt, um die Reliquien der Patriarchen Abraham, Isaak und Jakob für seine Hauptstadt zu gewinnen. Als dieses Unterfangen fehlschlug, versuchte man, sich wenigstens die Gebeine des Joseph, die bei Sichem ruhen sollten, zu sichern. Man wusste nur, in

---

[62] Dieses Phänomen konstatiert ausdrücklich auch M. Avi-Yonah (Madaba Mosaic Map, 46).

[63] R. Hartmann, ZDPV 33 (1910), 176; M. Avi-Yonah, Madaba Mosaic Map 46; H. Donner, Brief vom 14. 4. 1967.

[64] M. Avi-Yonah setzt als selbstverständlich die zweite Möglichkeit voraus (Madaba Mosaic Map, 45: „Two unnamed villages appear south of Shilo – perhaps Geba and Jeshana?").

[65] Vgl. V. R. Gold, The Mosaic Map of Madeba, BA 21 (1958), 55.

welchem Bereich man zu suchen hatte; ein Grabmal war nämlich nicht da. (Möglicherweise haben die Samaritaner, die ihr Josephsgrab natürlich den Christen nicht überlassen wollten, ihre Markierung rechtzeitig verschwinden lassen.) So sondierte man in dieser Gegend drauflos, bis man auf eins der hier nicht seltenen Gräber stieß – unter einem unbenutzten einfachen fand man einen benutzten Marmorsarkophag –, dessen Inhalt man als Josephsreliquien nach Konstantinopel in die Hagia Sophia überführte.[66] Über diesem neuen, nun leeren, vermeintlichen Josephsgrab aber wurde dann, wie man annehmen muss, die von einem Anonymus, den Petrus Diaconus excerpiert hat, erwähnte Kirche, wohl eine relativ kleine Grabkapelle, errichtet.[67] Diese Josephsgrabkapelle war 500 Schritt von der Jakobsbrunnenkirche entfernt. Zwar ist die Richtung, in der sie lag, nicht genannt, aber man denkt wohl mit Recht zuerst an die Richtung etwa nach Neapolis. Und diese Kapelle dürfte dann in dem Samaritaneraufstand unter Anastasius (vielleicht auch schon in dem unter Zenon) zerstört worden sein. Diesen Ablauf der Dinge scheinen auch die samaritanischen Quellen in ihrer Weise zu bezeugen, wenn sie nämlich berichten, dass die Christen versucht hätten, die Gebeine Josephs zu entführen; der Anschlag sei jedoch durch ein Wunder verhindert worden; und die Christen hätten sich daraufhin mit dem Bau einer Kirche über dem Grab begnügt; doch hätten die Samaritaner diese zerstört.[68]

Nun ist es weiter wahrscheinlich, dass die Josephsgrabkapelle zu den fünf christlichen Heiligtümern der Region von Neapolis gehört hat, die Justinian dann wieder hat aufbauen bzw. restaurieren lassen.[69] Andererseits hören wir in den Quellen nie wieder etwas über diese (eine) Kapelle über dem Josephsgrab. Vielleicht hat Justinian die Kapelle auf eine ganz besondere Weise „erneuert“! Ich halte es durchaus für möglich, ja für eine recht plausible Lösung mancher schon genannter und noch zu nennender Rätsel, dass Justinian die Josephsgrabkapelle nicht an ihrem früheren Ort (500 Schritt weit entfernt), sondern innerhalb der Jakobsbrunnenkirche wieder neu erstehen ließ. Eine solche Zusammenlegung machte ja die

---

[66] Tract. de inv. SS. Patriarcharum (s. Anm. 60) 1, 7/8 (p. 307/8); und Chronicon paschale, ed. L. Dindorf, I, Bonn 1832, (CSHB) p. 572, 13–573, 2.

[67] Liber de locis sanctis (CSEL 39, p. 112, 9–13): *Duo autem miliaria ecclesia ista* (die Kirche über dem Jakobsbrunnen) *distat ab eadem villa* (gemeint Neapolis), *quae olim dicta est Sychem. A longe vero ab eadem ecclesia passus quingentos est ecclesia, in qua requiescit sanctus* (!) *Joseph.*

[68] J. Jeremias, Heiligengräber, 33 mit Anm. 5.

[69] Procopius, De aedificiis Justiniani V 7, 17: ἐνταῦθα δὲ καὶ ἱερὰ πέντε Χριστιανῶν ἀνενεώσατο πρὸς τῶν Σαμαρειτῶν καταφλεχθέντα.

Josephsgrabkapelle relativ sicher vor neuen samaritanischen Übergriffen. Die Verlegung könnte in religiöser Hinsicht ermöglicht und erleichtert worden sein durch das Wissen, dass das Josephsgrab selbst ja jetzt leer sei und es sich bei einem solchen Bau sowieso nur um eine Gedächtniskapelle handeln könnte. Der archäologische Befund innerhalb der Jakobsbrunnenkirche kommt einer solchen Hypothese sehr entgegen: die vier (vermutlich eben unter Justinian eingebauten) Doppelsäulen wären m. E. am sinnvollsten als Stützen eines steinernen Baldachins über einem Josephkenotaph.[70] Man könnte auch die einschlägige Angabe im Pilgerführer des Theodosius (ca. 530 n. Chr.) durchaus auf diese hypothetische Neuordnung der Dinge beziehen.[71] Und im Jahre 808 n. Chr. zeigt man in der Kirche am Jakobsbrunnen auch ein Grab, allerdings das Grab der Samaritanerin, was aber wie auf einer *(re)interpretatio christiana* des (hypothetischen) dortigen Josephsgrabes beruhend anmutet.[72]

Was für eine offizielle Rolle (und ob überhaupt eine) das Josephsgrab von Sichem bei den Kreuzfahrern spielte, ist uns unbekannt. Die konkreten Angaben über die Lage des Grabmals wie über dessen Beschaffenheit aus dieser und späterer Zeit sind jedenfalls verwirrend vielfältig und weit davon entfernt, etwa auf die Lage des heutigen Josephsgrabes hinzuweisen. Es ist vielmehr wohl zu schließen, dass man im Mittelalter wiederum, sei es zu verschiedenen Zeiten, sei es in verschiedenen Gruppen (Juden, Samaritaner, Christen, Moslems), verschiedene Dinge an verschiedenen Plätzen dafür ansah und ausgab. ʿAlī von *Harāt*, der 1173 schreibt, ist der erste Vertreter einer Gruppe von Zeugen, nach denen das Josephsgrab in *Balāṭa*, nahe *Nāblus*, unter einem Baum, an der Quelle *el-Ḥudr* liegt. („There is also near Nâbulus the spring of Al Khudr [Elias], and the field of Yûsuf as Sadik (Joseph); further, Joseph is buried at the foot of the tree at this place.")[73] Zu dieser Gruppe gehören dann noch Yāqūt (vor 1225) und der Verfasser des *Marāṣid*, bei denen es über *Balāṭa* heißt: "There is here the spring called ʾAin al Khidr. Yûsuf (Joseph) as Sadîk was buried here, and his tomb is well known, lying under the tree."[74] Man kann fragen,

---

[70] Vgl. das Grab in der Nekropole von Beth-Shearim, Abb. bei A. Harman/Yigael Yadin, Israel, Tel-Aviv 1958, Tafel 21.

[71] De situ terrae sanctae (CSEL 39, p. 137, 11–13): *De Bethsaida* (sic! für Bethel) *usque in Samari, quae dicitur modo Neapolis, milia XVIII. Ibi est puteus, quem fabricavit Jacob, ibi sunt ossa sancti Joseph.*

[72] Commemoratorium de casis Dei (T. Tobler/A. Molinier, Itin. Hier. I, 304): *In Sichem, quam Neapolim vocant, ecclesia magna, ubi illa sancta mulier Samaritana requiescit.*

[73] Guy le Strange, Palestine under the Moslems, 512.

[74] Guy le Strange, Palestine under the Moslems, 416.

welche Quelle gemeint ist. Sollte es einfach die heutige *ʿĒn Balāṭa* sein? Jedenfalls geht aus der Bestimmung nach dem Baum wohl hervor, dass das gemeinte Grabmal nicht sehr auffällig gewesen sein kann. In *Balāṭa* kennen auch später (noch bzw. wieder) Gerson von Scarmela (1561) und Uri von Biel (1564) das bzw. ein Josephsgrab: „Nablous est Sichem. Là est le sépulcre de Joseph le Juste, dans le village Al-Belata"[75] bzw. „Éloigné d'un terme sabbathique (sc. von Sichem = Nablus), est un village nommé Balata, où est enseveli Joseph le Juste."[76] Aber die der Notiz des Uri von Biel beigegebene – vermutlich, wie man aus anderen kontrollierbaren Abbildungen dieser Schrift wohl schließen darf, dem Original entsprechende – Abbildung dieses Josephsgrabmals, m. W. die einzige Abbildung eines solchen überhaupt – erweckt die Vorstellung einer romanischen Kirche oder Kapelle. Sollte hier eine ursprüngliche Kreuzfahrerkirche von *Balāṭa* bzw. etwas in ihr als Josephsgrabmal interpretiert sein? Ganz anders wieder bestimmt Estori ha-Parḥi (1322) den Platz des Josephsgrabmals, nämlich als etwa 450 m nördlich von *Balāṭa* gelegen.[77] Alexander Ariosti (1463)[78] und Francesco Suriano (1485)[79] bestimmen ihn nach der Kirche über dem Jakobsbrunnen, und zwar nur ganz allgemein als in der Nähe davon. Wieder andere, nämlich Samuel bar Simson (1210),[80] Jakob von Paris (1258),[81] Ishak Chelo (1334)[82] und Johannes Poloner (1422),[83] lokalisieren das Josephsgrabmal in bzw. bei (Sichem =) *Nāblus*. Gabriel Muffel schließlich beschreibt gar ein Josephsgrabmal, und zwar ein monumentales, jenseits

[75] Sépulcres des Justes par Gerson de Scarmela; bei E. Carmoly, Itinéraires de la Terre Sainte des XIIIe, XIVe, XVe, XVIe, et XVIIe Siècle, traduits de l'Hébreu, Brüssel 1847, 386.

[76] Tombeaux des Patriarches par Uri de Biel; bei E. Carmoly, Itin., 445.

[77] Siehe J. Jeremias, Heiligengräber, 35.

[78] Baldi Nr. 293: *Id vero predium non modo ibi* (auf die Kirche über dem Jakobsbrunnen bezogen) *monstratur quod donavit Jacob filio suo Joseph, sed et ipsius Joseph sepulchrum.*

[79] Baldi Nr. 294: (in Sichem = Nablus habe ich viel Trost empfangen) maxime discendendo nel pozo de la Samaritana, che sta in una misqueta de mori. Similiter al sepulcro del Sanctissimo Ioseph Patriarcha.

[80] „De Beth-El nous nous rendîmes à Silo (lies ‚Sichem' bzw. ergänze ‚und von Silo nach Sichem'). Nous y vîmes aussi le sépulcre de Ioseph-le-Iuste" (Itinéraire de Palestine par Samuel bar Simson; bei E. Carmoly, Itin., 130).

[81] „Sichem renferme les ossements de Joseph, fils de Jacob, qu'on a rapportés d'Égypte" (Description des Tombeaux sacrés par Iakob de Paris; bei E. Carmoly, Itin., 186).

[82] „De Silo on vient à Sichem, la ville renommée. On l'appela du temps de nos sages Neapolis; aujourd'hui elle porte le nom de Nablous. On y vient de loin pour visiter le tombeau de Joseph le Juste, et le puits de Jacob le Patriarche" (Les Chemins de Jérusalem par Ishak Chelo; bei E. Carmoly, Itin., 251).

[83] Descriptio Terrae Sanctae (Titus Tobler, Descriptiones Terrae Sanctae ex saeculo XIII. IX. XII. et XV., Leipzig 1874, 263):... *Sichem, quam graeci Napolosam vocant... In Sichem sepulta erant ossa Joseph.* (S. 274:) *In Sichem fuerunt ossa Joseph translata de Aegypto et sepulta.*

(westlich) von *Nāblus*, halbwegs zwischen *Nāblus* und Sebaste. Es heißt in der Beschreibung seiner Jerusalemfahrt von 1465, erhalten im unveröffentlichten Egerton MSS 1900 des British Museum fol. 70 a/b:[84] „Wann du dich schaidest von Jerusalem und wilt gen in die gegent samaria so gestu zwischen dem auffgang der sunne und dez pergs und wann pist… teutscher meill von jerusalem so gestu in ein eben die ist voller olbaum und auff die rechten hant stett ein perg mit einer schon statt die haist sichn[85] und in der eben des pergs ist ein haus sant saluators aber ytzut ist es zerprochn ynnen in der kirchn ist der prunne jacobs do unnser herr wekerte die samaritanin als das ewangelig spricht und der selb prunne ist nohent aller verschutt und hat wenig wassers und vor dem prunne(n) was der alter und nach dem alter ist der stein do unnser herr auff sas do er der samaritanin predigt und do ist grosser applas / Do pey zu nachst ist ein vels do jacop verparg lichola und do von auff ein welische meill do ist der tempell gewesen do abraha(m) macht den alter und do selbst weint er lang zeitt und von dem gepot gottes wolt er habn geopffert seinen sun ysacc und do ist pey do iacop schlieff und sach in dem schlaff ein laitt(er) von himel pis auff die erde und die engel stigen auff und nyder und do verwandelt im der engel den nomen israhell und so du furpas gest auff drey welisch meill do vinstu ein schone statt die haist appolosa und do herbergt ober nacht und des morgens gestu durch ein tall do rint ein wasser und enhalb dez wassers do ist ein grosse grepnus josep jacobs sün wan(n) seine pein prachten das volk von israhell von egipten und wegrubn sie da das grap ist wol hoch von der erden und so du furpas gest

84 Durch die dankenswerte Vermittlung des Instituts erhielt ich Photokopien der mich interessierenden Seiten. Diese Schilderung Muffels (die Aussagen über das Josephsgrab eingeschlossen) hat eine genaue Parallele in der älteren des Niccolo da Poggibonsi vom Jahre 1347 (Alberto Bacchi della Lega [ed.], Libro d'Oltramare di Fra Niccolo da Poggibonsi I, Bologna 1881, 256–259).

85 Vgl. Burchardus de Monte Sion (1283): *Ad sinistram fontis huius* (wenn man von Nablus kommt) *est opidum quoddam magnum valde, sed desertum, quod credo fuisse Sichem antiquam, quia ruine magne sunt valde ex palaciis marmoreis et columpnis mirabilibus, distans de fonte et mansione Iacob quantum bis potest iacere arcus, et amenissimo loco situm, nisi quod aquis caret; nec vidi alias locum tam fertilem et fecundum. Distat autem a civitate, que Neapolis dicitur, iactu duorum arcuum* (Baldi, Nr. 288). Ich glaube allerdings im Unterschied etwa zu C. Kopp (Die heiligen Stätten, 208 Anm. 99) nicht recht, dass Burchard (und Muffel) mit der Deutung der Ruinen auf Sichem Recht hat und *Tell Balāṭa* gemeint ist. Die Beschreibungen scheinen mir viel beser auf das *'Askar* der Kreuzfahrerzeit als Nachfahre des römischen Sychar zu passen, wie ja denn der dem des Muffel parallele Bericht des Niccolo da Poggibonsi (1347) tatsächlich Sichar anstelle von Sichem hat (essendo di lungi de Ierusalem da XXIIII miglia, si entri in nuno piano, con molti ulivi, e da parte destra si è uno monte, con una ciptà, che si chiama Sichar [Baldi Nr. 291]), was übrigens von C. Kopp selbst einleuchtend auf *'Askar* bezogen wird (Die heiligen Stätten, 208 Anm. 100).

auff (Zahlzeichen = 4) welisch meill do vintstu ein perg stat do leit die stat sebaste die ist nohent alle zerprochn.“

VI. *Sychar/ʿAskar*

Wie alt ist *ʿAskar*?, war unsere Frage. Ich möchte sie genauer nun so formulieren: Ist es möglich, *ʿAskar* bzw. die Ortschaft, die (jetzt) *ʿAskar* heißt, über die Kreuzfahrerzeit mit ihren zahlreichen literarischen und urkundlichen Belegen[86] durch die byzantinische Epoche mit ihren umstrittenen Belegen bis in die Römerzeit archäologisch zurückzuverfolgen und nachzuweisen? Die Antwort ist klar! Namentlich der Scherbenbefund, und da wieder vor allem die relativ große Zahl der Scherben aus der hellenistischen und römischen Zeit, spricht eine deutliche Sprache. Und d. h., es spricht nun nichts mehr dagegen, sondern alles dafür, dass das heutige *ʿAskar* an der Stelle des Sychar von Joh 4 liegt, dass also die Ortschaften Sychar und *ʿAskar* identisch sind. Und diese archäologische Bestätigung der alten exegetischen Hypothese ist höchst aktuell. Sah sich doch der Leiter der amerikanischen Ausgrabungen auf dem *Tell Balāṭa*, G. E. Wright, unmittelbar vor unseren Untersuchungen in *ʿAskar* veranlasst bzw. noch in der Lage, der auf Hieronymus zurückgehenden Alternativhypothese, dass Sychar (nicht *ʿAskar*, sondern) Sichem sei – obgleich sie eigentlich der Evidenz der Ausgrabungsergebnisse zuwiderläuft (auf dem *Tell Balāṭa* fand sich so gut wie nichts römisches mehr) –, den Vorzug zu geben.[87] Wright folgt damit, wie übrigens wohl auch V. R. Gold,[88] der Autorität W. F. Albrights.[89] Für diese (m. E. allerdings auch schon in sich

---

[86] J. L. La Monte, The Viscounts of Naplouse in the twelfth Century, Syria 19 (1938), 272–278; G. Beyer, Neapolis (*Nāblus*) und sein Gebiet in der Kreuzfahrerzeit, ZDPV 63 (1940), 155–209.

[87] Shechem S. 243f. Anm. 6: „In any event, it is very doubtful that the ancient tradition is correct in identifying ʿAskar with Sychar in John 4:5. It is much more probable that Sychar is a very ancient textual corruption of Sychem (Shechem), and that the Samaritan woman who met Jesus at Jacob's Well came from the neighboring Shechem and not from Sychar which, if at ʿAskar, is so much farther away. Of course, as our archaeological work has shown, Shechem as a city on the old tell was no longer in existence, but it is highly probable that a village has always existed where the village of Balâṭah now is. Roman-Byzantine remains in this village, including provision for water in water tunnels from Gerizim springs, are still to be found.“

[88] BA 21 (1958), 64.

[89] Vgl. The Archaeology of Palestine (1954), 247f.; Recent Discoveries in Palestine and the Gospel of St. John, The Background of the NT and its Eschatology, FS. C. H. Dodd, Cambridge 1956, 160.

widerspruchsvolle) Neufassung der alten Theorie ist typisch, dass einerseits die Existenz von Sychar/*ʿAskar* in römischer Zeit – man denkt an eine römische Militärstation – gar nicht bestritten wird und dass man andererseits einen Vorläufer des Dorfes *Balāṭa* als (auch namentlichen!) Nachfolger der nicht mehr existenten Stadt Sichem unterschiebt. Von dieser Alternative her bekommt somit ein besonderes Gewicht, was sich aus unserer Untersuchung von *ʿAskar* hinsichtlich seiner Größe in römischer Zeit ergibt. Die zahlreichen hellenistischen und römischen Scherben fanden sich so gut wie in allen sieben gesondert abgesuchten Regionen in und um *ʿAskar* herum (s. oben Tabelle). Von besonderem Gewicht und am meisten überraschend ist dabei der Befund in Region 1 (Nr. 1), die ja ziemlich hoch am Hang des Ebal liegt, während an die tiefer liegenden Fundorte (etwa Nr. 4, 5, 6) das Regenwasser die Scherben gespült haben könnte. Alles in allem wird man m. E. sagen dürfen: Sychar/*ʿAskar* muss in römischer Zeit, vor allem nach der Zerstörung Sichems (128 bzw. 107 v. Chr.) und vor der Gründung von Neapolis (72 n. Chr.), eine ziemlich große und bedeutende, unbefestigte und darum breit angelegte Ortschaft gewesen sein, die an Ausdehnung vermutlich größer war als ehemals das befestigte Sichem. Die Größe und Bedeutung von Sychar/*ʿAskar* in römischer Zeit könnte sich auch in dem Umstand spiegeln, dass der Ort in byzantinischer Zeit eine eigene Kirche gehabt hat. Auf dem Madeba-Mosaik, das neben Sichem als einer Größe der heiligen Vergangenheit, Sychar als lebendige Ortschaft durch Legende ([CY]XAP H NYN / [...]XΩPA)[90] und Vignette[91] verzeichnet (siehe M. Avi-Yonah, Madaba Mosaic Map, Taf. 6 Nr. 34), ist nämlich über der Mauer der Ortsvignette von Sychar ein rotes Dach zu sehen,[92] und das bedeutet auf dieser Karte eben das Vorhandensein einer Kirche. Eine Kirche in Sychar/*ʿAskar* würde wiederum die Fülle der in *ʿAskar* gefundenen Mosaiksteine am besten erklären.

Die Legende von Sychar auf dem Madeba-Mosaik ist aber auch an sich interessant, allerdings schwer zu lesen.[93] Ihr Problem ist der zweite Name

---

90 Lesung brieflich bestätigt von H. Donner.

91 M. E. gehört – im Unterschied zu anders gerichteten Erwägungen (siehe oben) – die Legende zu der Ortsvignette *unter* ihr.

92 Brief H. Donners vom 14. 4. 1967.

93 „Die Sycharlegende befindet sich mitten in dem großen Brandfleck um Neapolis, der nach unseren Untersuchungen 1965 bereits im Altertum entstanden ist; ich vermute 614 während des Persersturmes, dem die Kirche wahrscheinlich zum Opfer fiel. Alle Mosaiksteine dieses Teils sind total durchgeglüht und haben ihre ursprünglichen Farben fast ganz verloren. Außerdem hat der Brand die Zersplitterung der Steine verursacht oder beschleunigt. Mit einem Wort: Man kann wenig erkennen." (H. Donner im Brief vom 14. 4. 1967).

der Ortschaft, mit dem sie zur Zeit des Mosaizisten benannt wurde. Dass in der ersten Zeile [CY]XAP zu lesen ist, darf als sicher gelten; aber was hat man vor]XΩPA zu ergänzen? Sicher beantworten kann man die Frage sowieso nicht. Aber nach den Bemühungen H. Donners um das Madeba-Mosaik herrscht wenigstens Klarheit hinsichtlich des Buchstabenrestes unmittelbar vor dem X.[94] H. Donner schreibt mir dazu: „Die zweite Zeile der Legende ist leider ganz dunkel. Denn sicher kann nur]XΩPA erkannt werden, wobei bereits das X ziemlich zersplittert ist (aber noch deutlich zu lesen). Unmittelbar links davon ist eine so genannte Fehlstelle, d. h. ein abgesunkenes und später (um 1884) mit Zement verschmiertes Mosaikstück. Vor der Restaurierung war von dem]XΩPA vorausgehenden Buchstaben praktisch nichts zu erkennen, auch das nicht, was Palmer gezeichnet hat. Ich hatte die Hoffnung, dass nach der Hebung mehr zu sehen sein würde. Es ergab sich aber nach Entfernung des Zementes und Hebung des Mosaikteiles, dass die Steine an dieser Stelle ganz und gar zerschmettert sind (eine sekundäre Flickung mit allerhand Steinsplittern ist nicht ausgeschlossen). Was herauskam, waren schwarze (also wohl zur Legende gehörige) Steinstückchen, die die eindeutige Lesung eines Buchstabens freilich nicht zulassen."[95] Gewöhnlich ergänzt man in Analogie zu [Σύ]χαρ [Συ (χ)]χώρα. Sehr viel mehr für sich hat m. E. eine Ergänzung in Analogie zu *ʿAskar*, wie sie im Prinzip E. Schürer schon erwogen hat:[96] [Ἀσ]χώρα (oder in Analogie zum samaritanischen Iskar [Ἰσ]χώρα).

Stellen wir nun die Frage nach Größe und Bedeutung von Sychar/*ʿAskar* in der Römerzeit noch einmal exegetisch: Welche Funktion hatte Sychar/*ʿAskar* zur Zeit der Erzählung, die Joh 4 zugrunde liegt, d. h. etwa um die Mitte des 1. Jahrhunderts n. Chr.? Sychar/*ʿAskar* dürfte nach all dem Gesagten damals (als Nachfolgerin Sichems) das Zentrum des Samaritanertums gewesen sein. Man hätte sich vorzustellen, dass nach der Zerstörung Sichems die Mehrzahl der Überlebenden, vor allem etwa die samaritanischen Priester, sich im (damals schon lange vorhandenen) benachbarten Sychar niedergelassen haben. Das alte Zentrum Sichem war unbewohnbar gemacht worden, und in der Nähe des heiligen Garizim musste man ja bleiben!

Nach diesem samaritanischen Sychar/*ʿAskar* in römischer Zeit hatten wir ja gesucht. Aber gefunden haben wir nun außerdem – und darin liegt

---

[94] Vgl. jetzt H. Donner/H. Cüppers, Die Restauration und Konservierung der Mosaikkarte von Madeba, ZDPV 83 (1967), 1–33.

[95] Brief vom 14. 4. 1967.

[96] Vgl. A. Schulten, AGGW.NF 4,2 (1900), 9.

eine große Überraschung – als seinen Vorläufer ein israelitisches Sychar/ *ʿAskar*, mag der Ort auch damals anders geheißen haben. Der Scherbenbefund spricht eine eindeutige Sprache. Man darf noch einen Schritt weiter gehen: Der Scherbenbefund in und um *ʿAskar* lässt vermuten, dass dieser Platz schon seit vorisraelitischer Zeit bewohnt gewesen ist. Das wird man sagen dürfen, auch wenn man sich davor hütet, den einen Henkel aus MB-II, der ja auch in ziemlicher Entfernung von *ʿAskar* selbst gefunden wurde, überzubewerten. Und sogleich stellen sich gewisse Assoziationen ein, ob man will oder nicht. Man sucht ja seit langem nach einer alten Ortslage nicht allzu weit östlich von Sichem (*Tell Balāṭa*) zur Identifikation mit dem in Gen 12,6f.; 33,18–20; 35,4; Deut 11,30; Jos 24,26.32; Ri 9,6.37 bezeugten bzw. aus diesen Stellen zu erschließenden alten Baumheiligtum östlich[97] von Sichem, ohne bisher etwas Passendes gefunden zu haben. Ein Teil der genannten Stellen ist m. E. offensichtlich von vielfältig ätiologischer Natur. Und man hat wohl anzunehmen, dass das, was wirklich vorhanden war, einfach ein bemerkenswerter Baum und ein bemerkenswerter Stein war. In vorisraelitischer Zeit galt das eben als Heiligtum. Die Israeliten bzw. bestimmte Stämme (das „Haus" Josephs) übernahmen es zunächst als Heiligtum für ihren Gott – eine Zeitlang war es dann das (erste) Zentralheiligtum der Amphiktyonie, als solches später von Bethel abgelöst –, das angeblich Abraham bzw. Jakob begründet habe. Später deuteten sie es – bzw. andere Israeliten deuteten es – stärker geschichtlich als Grab Josephs usw. Vermutlich handelt es sich stets um ein und denselben Platz![98] Und dass um ein Heiligtum herum eine Ortschaft ist bzw. entsteht, ist ganz natürlich. Und so ergibt sich automatisch die Frage – und solche Erwägungen drängten sich uns bald schon an Ort und Stelle auf –, ob nicht *ʿAskar* dieser Ort mit dem alten Baumheiligtum gewesen sein kann.

Ehe wir aber dieser Frage nähertreten können, ist es nötig, wenigstens zu erwähnen, dass der Leiter der amerikanischen Ausgrabungen auf dem *Tell Balāṭa*, G. E. Wright, das alte Heiligtum bei Sichem ganz woanders nicht nur sucht, sondern bereits gefunden zu haben meint. Er bezieht nämlich all die Stellen, die andere vernünftigerweise auf ein Heiligtum in einiger Entfernung östlich von Sichem (ein zweites Heiligtum neben dem Tempel des Baal [bzw. El]-Berith in Sichem) deuten, auf den von

97 Andere Erwägungen bei J. A. Soggin, ZDPV 83 (1967), 183–198.

98 Vgl. bes. H. Gunkel, Genesis, HK I 1, Göttingen ^{5}1922, 166f. 368f.; aber etwa auch R. de Vaux, Das AT und seine Lebensordnungen II, Freiburg 1962, 94. 107–109.

ihm in Sichem ausgegrabenen heiligen Bezirk unter Berufung darauf, dass in ganz früher Zeit dieser Bezirk einmal unmittelbar außerhalb der Stadtmauer gelegen habe.[99]

Aber zurück zur Frage, ob *'Askar* der Ort des alten Baumheiligtums gewesen sein könnte. Alt genug ist der Ort also. Die Entfernung von Sichem und die Richtung (ONO) würden sehr gut passen. Unter dieser Fragestellung wollen mir nun auch die Stellen Deut 27,1–10; Jos 8,30–32, wie ich hier mit größtem Vorbehalt äußern möchte, in einem möglicherweise neuen bzw. klareren Licht erscheinen.[100] Es ist davon die Rede, dass Josua einen Altar *bhr 'ybl* errichtet. *'Askar* liegt ja nun am Hang des Ebal. Und *bhr 'ybl* muss ja nicht „auf dem Berge Ebal" bedeuten; es kann ja auch heißen „am Berge Ebal". Sollten also nicht auch diese beiden Stellen, wie z. B. M. Noth sowieso annimmt, sich auf das Baumheiligtum östlich von Sichem beziehen und nur eine wieder andere Interpretation dieses einen heiligen Ortes darstellen, was eben zwanglos nur geht, wenn *'Askar* tatsächlich der Ort dieses alten Heiligtums sein würde? In dieser Perspektive wird mir auch der oben schon genannte merkwürdige Stein oberhalb der Quelle von *'Askar* immer bedeutsamer. Vorausgesetzt, wir hätten Recht mit der Vermutung, dass das Substrat des Heiligtums ein auffälliger Baum und ein auffälliger Stein waren – ein solcher Stein wäre noch da. Und da dieser sich direkt an einer Quelle befindet, könnte man fortfahren: Wo eine Quelle war, kann auch ein auffälliger Baum gewesen sein![101]

---

99 Vgl. Shechem, 123–138; als eine Art Zusammenfassung vgl. besonders 137: „The continuity of cultic tradition – needed to support the hypothesis that the *māqôm* of the Patriarchal period, and the temples of Joshua 24 und Judges 9, all point to the same sacred area which has been excavated – seems to have been present when we examine the ‚constants' in the various traditions: sanctuary, covenant, the special name of God as he was worshiped there, oak or terebinth and sacred pillar."

100 Vgl. M. Noth, Geschichte Israels, Berlin ^{5}1963, 89–92.

101 Wenn man das alles noch einmal unter dem Gesichtspunkt des Josephsgrabes sieht (siehe oben), wird man sagen dürfen: Bevor die Samaritaner, nachdem der Faden der lokalen Tradition gerissen war, das biblische Josephsgrab mit etwas (einem Stein oder Baum) am späteren Jakobsbrunnen identifizierten, galt u. a. als Josephsgrab das ehemalige Baumheiligtum östlich von Sichem, das seinerseits möglicherweise am Platz des heutigen *'Askar* lag.

AUFERSTEHUNGSGLAUBE UND GNOSIS*

Einer der Hauptvorwürfe der kirchlichen Ketzerbestreiter gegen die gnostischen Häretiker war (neben dem christologischen Doketismus und der Trennung zwischen dem höchsten Gott, dem Vater Christi und dem Weltschöpfer) deren Leugnung oder Umdeutung der Auferstehung (des Fleisches). Dieser Konflikt an dem Sachverhalt, der Vorstellung und dem Begriff der Auferstehung (des Fleisches) ist, wie man heute weiß, zu verstehen als ein Teilaspekt des Aufeinandertreffens und des entsprechenden Durchdringungsversuches zweier wurzelhaft verschiedener Weltanschauungen und ihrer Anthropologien. Der Tatbestand selbst ist auch auf Seiten der Gnostiker klar; und es ist interessant, ihn sich im Einzelnen vor Augen zu führen. Dabei habe ich die Tendenz zu zeigen, dass die positive Aufnahme des Begriffs und der Vorstellung der Auferstehung, soweit wie irgend möglich (und gelegentlich noch ein bisschen weiter), sich durch die gesamte christliche Gnosis zieht, also nicht spezifisch valentinianisch ist (ich gebe also nur nicht-valentinianische Stellen).

Schon für die in den Pastoralbriefen bekämpften Häretiker ist solche Aufnahme samt Umdeutung bezeugt; sie lehren ἀνάστασιν ἤδη γεγονέναι (2Tim 2,18). In halb entstellter Form findet sich das wieder Acta Pauli et Theclae 14: „Demas und Hermogenes sagten aber: ... wir werden dich über die Auferstehung belehren, von der dieser (Paulus) sagt, dass sie geschehe, nämlich dass sie schon in den Kindern geschehen ist, die wir haben, und wir auferstanden sind, indem wir den wahren Gott erkannt haben." – Von Menander heißt es bei Irenäus, adv. haer. I 23,5: „Durch seine Taufe empfangen seine Schüler die Auferstehung, können fortab nicht sterben, sind unvergänglich, ewig jung und unsterblich." – Entsprechendes gilt von Simon, Karpokrates und überhaupt; siehe Iren. adv. haer. II 31,2: „Die Anhänger des Simon, Karpokrates und, wer sonst noch Zeichen wirken soll, ... Sie aber sind so weit davon entfernt, dies (Tote aufzuerwecken) zu vermögen, dass sie nicht einmal glauben, es zu können. Vielmehr behaupten sie, die Auferstehung von den Toten sei nichts anderes als die Erkenntnis ihrer so genannten Wahrheit." Entsprechend heißt es auch Ps.-Clem. Hom. II 22,5 von Simon: „er glaubt nicht, dass (die) Tote(n) auferstehen werden." – Der umgeprägte Auferstehungsgedanke ist weiter auch

* ZNW 59 (1968), 123–126. Referat, gehalten am 15. November 1966 auf der Arbeitstagung „Häresien und Schismen" in der Deutschen Akademie der Wissenschaften zu Berlin.

in der Naassenerpredigt zu Hause; vgl. Hippol. ref. V 8,22–24: „Die Phryger nennen ihn (den Urmenschen) auch den Toten, den im Leibe wie in Grab und Gruft Bestatteten. Dies bedeutet das Wort: Ihr seid übertünchte Gräber, innen voll Totengebeinen, weil in euch der lebendige Mensch nicht ist. Auch heißt es wiederum: Den Gräbern werden die Toten entsteigen, d. i. aus den irdischen Leibern die wiedergeborenen geistigen, nicht die fleischlichen. Das ist die Auferstehung, die durch das Himmelstor erfolgt; alle, die nicht durch dieses eingehen, bleiben tot. Nach der Umwandlung nennen ihn die Phryger Gott. Denn er wird Gott, wenn er von den Toten auferstehen und durch dies Tor in den Himmel eingehen wird."

Da wie sonst so auch in der Gnosis der Gedanke der allgemeinen Totenauferstehung in direkter Korrespondenz zur Auferstehung Jesu steht, gehört auch die besondere Lehre des ps.-basilidianischen Systems bei Hippolyt über die Auferstehung Jesu in diesen Zusammenhang. Es heißt bei Hippol. ref. VII 27,10: „Das Körperliche an ihm (Jesus), das aus der Gestaltlosigkeit stammte, hat gelitten und kam wieder zur Gestaltlosigkeit; das Psychische an ihm, das aus der Siebenzahl stammte, ist auferstanden und kam zu ihr; das, was aus der Höhe vom großen Archon stammte, hat die Auferstehung bewirkt und blieb beim großen Archon." Nun ist unsere Kenntnis von diesem Sachverhalt in jüngster Zeit durch zwei neue Quellen noch wesentlich erweitert und vertieft worden: durch das EvPhil,[1] in dem oft von der Auferstehung die Rede ist (vgl. §§ 11. 21. 63. 67. 90. 92. 95), und durch den Brief an Rheginus,[2] in dem die (gnostische) Auferstehung das Thema schlechthin ist.

Die Auffassung des EvPhil von der Auferstehung ist im Grunde die normale der christlichen Gnosis: Auferstehung = Gnosis, wobei diese Auferstehung nur in besonderer Weise an das Mysterium der Salbung geknüpft erscheint (vgl. §§ 92. 95). Dem Verständnis ernsthafte Schwierigkeiten macht nur § 23. Es heißt dort:

> (§ 23a) Einige fürchten sich davor, nackt aufzuerstehen. Deswegen wollen sie auferstehen im Fleisch. Und sie wissen nicht, dass die, die das Fl[eisch] tragen, [gerade] die Nackten sind und die, die [man ergreift], um sie nackt zu machen, [gerade die] Nichtnack[ten]. Fleisch [und Blut können] das Reich [Gottes] nicht erben. Welches ist das (Fleisch), das nicht erben kann? Das (Fleisch), das wir an uns tragen! Welches aber ist das, das erben kann? Es

---

[1] Textausgabe: Das Evangelium nach Philippos hrsg. u. übers, von Walter C. Till, PTS 2, Berlin 1963.

[2] Textausgabe: De resurrectione (epistula ad Rheginum) ed. M. Malinine, H.-Ch. Puech, G. Quispel, W. Till, Zürich und Stuttgart 1963.

> ist das (Fleisch) Jesu und sein Blut! Deswegen sagte er: Wer mein Fleisch nicht essen wird und nicht trinken wird mein Blut, hat kein Leben in sich. Was bedeutet das? Sein Fleisch ist das Wort! Und sein Blut ist der Heilige Geist! Wer dies empfangen hat, hat Nahrung, Trank und Kleidung. (§ 23b) Ich tadele die anderen, die behaupten, dass es (sc. das Fleisch) nicht auferstehen kann. {Demnach sind sie beide im Unrecht.} Du behauptest, dass das Fleisch nicht auferstehen kann. Aber sage mir doch, was auferstehen kann, auf dass wir dich (als Lehrer) ehren! Du erwiderst: Der Geist im Fleisch ist es und auch dies(er) Licht(funke) im Fleisch. Auch dies (was du genannt hast) ist (aber) ein Ding, das es (nur) im Fleisch gibt, denn, was du (auch) nennen magst, du nennst (doch) nichts, was es außerhalb des Fleisches gäbe. Es ist (also) nötig, in diesem Fleisch aufzuerstehen, weil jedes Ding sich in ihm befindet.

Ich habe immer wieder versucht, diese Ausführungen zu verstehen, bin aber schließlich zu dem Ergebnis gekommen, sie sind nicht zu verstehen; und es sind auch überhaupt keine eigentlichen Ausführungen. Vielmehr dürften es zwei Exzerpte aus zwei ganz verschiedenen Schriften mit ganz verschiedener, ja entgegen gesetzter Tendenz sein, aus einer gnostischen oder gnostisierenden und aus einer kirchlich-orthodoxen, die der Sammler des Florilegiums, das jetzt durch Zufall „EvPhil" heißt, bzw. ein Erweiterer, hier ad vocem Auferstehung nach der Methode sic et non einander gegenübergestellt hat. Der Stil der beiden Teile ist ja auffällig verschieden. Und verschieden ist auch jeweils die literarische Beziehung: Während der erste Teil (§ 23a) eine Beziehung zu Ign. Trall. VIII und Röm. VII 3 aufweist, hat der zweite Teil (§ 23b) eine solche zu Hermas 60 (= Sim. V 7). Der Satz „Demnach sind sie beide im Unrecht" müsste entsprechend eine nachträgliche Glosse sein von einem, der das sic et non schon nicht mehr verstand.

In dem Brief an Rheginus, einer Abhandlung über die Auferstehung, in der sich keine Indizien finden, die es erlauben würden, diese Schrift einer bestimmten Schule zuzuweisen, geht es, wie gesagt, thematisch um eine gnostische Usurpierung bzw. um ein gnostisches Verarbeiten des Begriffs der Auferstehung. Hierin gibt es manche dunkle Stelle, was letztlich daran liegt, dass gnostische Weltanschauung und Auferstehungsgedanke eigentlich überhaupt nicht zueinander passen, dass der Verf. sich mithin im Grunde um eine gar nicht mögliche Harmonie bemüht. Dem Verf. aber erscheint der Auferstehungsgedanke (bes. vielleicht in der Nuance der *Auferweckung* und hinsichtlich seiner ursächlichen Beziehung zur Auferstehung Jesu) deswegen als unbedingt übernehmbar bzw. unaufgebbar, weil er ihn als einen wesentlichen Ausdruck des Von-Außen-Kommens des Heils bzw. des Gnadengedankens versteht. Das kommt m. E. in einer

Ausführung ad vocem πιστεύειν zum Ausdruck (CJ 46,3–24), die, wie ich glaube, folgendermaßen zu übersetzen und zu verstehen ist:

> Wenn aber jemand da ist, der (es) nicht glaubt, ist es nicht möglich, ihn zu überzeugen. Denn es ist ein Grundsatz des Glaubens, mein Sohn, und nicht des Überzeugtwerdens: ‚der Tote wird auferstehen.' Und es gibt (wohl) den Fall, dass jemand das Glauben (an so etwas) gelten lässt unter den hiesigen Philosophen. Aber (es gilt für uns:) ‚er wird *auferstehen* (d. h. *auferweckt werden*)', und der (betreffende) hiesige Philosoph soll nicht glauben, (der Tote sei) einer, der sich selbst zurückwendet. Und was *unseren* Glauben anbelangt: Wir haben nämlich den Sohn des Menschen erkannt und sind zu *dem* Glauben gekommen, dass *er* auferstanden ist von den Toten. Und *dieser* ist es, von dem wir sagen: er ist zur Auflösung des Todes geworden. Da es ein Großer ist, *an den* man glaubt, sind Unvergängliche *die, welche* glauben. Es wird nicht vergehen das Denken derer, die gerettet sind, (und) wird nicht vergehen der Verstand derer, die ihn erkannt haben.

Die sachlichen Schwierigkeiten der Schrift liegen bes. da, wo – und weil hier in einem sonst nicht bekannten Maße – versucht wird, die Vorstellung der Auferstehung des Leibes bzw. des Fleisches nach dem Tode beizubehalten bzw. zu übernehmen und mit dem Gedanken des Seelenaufstiegs nach dem Tode zu kombinieren. Die diesbezügliche schwierige Stelle ist CJ 47,1–49,7, wo m. E. folgendes gesagt wird:

> Folglich zweifle nicht betreffs der Auferstehung, mein Sohn Rheginus. Denn wenn du (einst noch) nicht existiertest, (nämlich) im Fleisch, (und extra) Fleisch angenommen hast, als du (zwecks Existenz) in diese Welt kamst, weswegen sollst du nicht (auch) das Fleisch (wieder)bekommen, wenn du (bei der Auferstehung) hinaufsteigst zu dem Äon, der (zwar) besser ist als das Fleisch, der (aber zugleich) für es Ursache des Lebens ist. Was deinetwegen entstanden ist (d. h. der fleischliche Leib), ist es etwa nicht (unauflöslich) dein? Was dein ist, ist es etwa nicht (notwendig) mit dir verbunden? … Denn du wirst nicht das Wertvolle (die Seele?) ablegen, wenn du scheidest. (Und) das Schlechte (der Leib?) hat (zwar) die Eigenschaft des Dahinschwindens, aber es gibt Gnade für es (eben in der Auferstehung). … In den alten Weisen also werden die sichtbaren Glieder, die tot sind, nicht gerettet werden, denn (sonst) würden die lebendigen Glieder (der Sünde), die in ihnen sind, (mit) auferstehen. … (Bei der Auferstehung) handelt es sich um die Verwandlung der Dinge und um einen Umschlag zur Neuheit. Denn die Unvergänglichkeit [kommt] herab über die Vergänglichkeit, und das Licht fließt herab über die Finsternis, wobei es sie verschlingt, und die Fülle vollendet den Mangel. Dies sind die Symbole und die Vergleiche für die Auferstehung. (Ich habe den Faden, in dem es um die Auferstehung des Leibes geht, hier herausgehoben.)

Dem Verf. schwebt, wie mir scheint, vor: (in Analogie zu seinem Verständnis von der Auferstehung Jesu) Befreiung der Seele vom Körper (= seelische Auferstehung) = Verwandlung des Fleisches, in dem Seele und Geist sich befinden (= fleischliche Auferstehung). Vgl. unter diesem Gesichtspunkt noch einmal CJ 45,39–46,2, wo gesagt wird, dass die geistige Auferstehung die seelische Auferstehung und die fleischliche Auferstehung verschlingt.

DIE NEUTESTAMENTLICHE CHRISTOLOGIE UND DER GNOSTISCHE ERLÖSER*

Die Christologie des Urchristentums – wie die Christologie überhaupt – ist die Artikulation der Bedeutsamkeit des Menschen Jesus von Nazareth in den Kategorien der betreffenden Zeit und der betreffenden Umgebung. Bedienten sich die ersten Christen, weil sie palästinensische Juden waren, dabei also jüdischer Begriffe und Vorstellungen,[1] so kamen, als das Christentum sich in die hellenistische Welt hinein ausbreitete, Aussagen über Jesus in hellenistischer Begrifflichkeit und Vorstellungsweise, die aus dem palästinensischen Urchristentum ererbten übersetzend und überlagernd, hinzu.[2] Die hellenistischen Kategorien, deren sich die hellenistische Gemeinde dabei bediente, die an sich als nicht weniger angemessen gelten sollten als die älteren jüdischen, sind mehrschichtig und vielfältig. Und eine von ihnen ist die Erlöservorstellung der Gnosis. Mit ihrer Anwendung hängt das Aufkommen der Präexistenzchristologie ursächlich zusammen, sie ist für bestimmte konkrete Ausprägungen derselben sowie für andere christologische Konzeptionen verantwortlich. Gleichwohl ist sie nicht einfach die Wurzel und auch nicht der einzige Faktor für die Entstehung der Präexistenzchristologie, die es ja in verschiedenen Formen gibt, wie umgekehrt die Kategorien der Gnosis keineswegs nur auf die Christologie angewendet wurden.

Das alles ist natürlich Hypothese, historische Rekonstruktion, die im Prinzip so innerhalb der religionsgeschichtlichen Schule der Neutestamentler zwar als selbstverständlich gilt, während andere Exegeten in diesen Fragen aber ganz andere Meinungen vertreten. Unsere Aufgabe soll es hier einfach sein, diese schon vorgegebene Hypothese – unter den heute notwendig erscheinenden Modifikationen – darzulegen und zu entfalten.

---

* In: K.-W. Tröger (Hg.), Gnosis und Neues Testament, Berlin 1973, 205–229.

1 Aufnahme in den Himmel zwecks Ankunft als Menschensohn; himmlische Adoption zum Gottessohn und Geistbegabung für das baldige Wirken als Messias; Auferstehung von den Toten als Beginn der eschatologischen allgemeinen Totenauferstehung; Opfertod für die Sünden des Volkes.

2 Gegenwärtiges Wirken im Himmel in göttlicher Macht als Herr der Gemeinde; Präexistenz als göttlicher Sohn des göttlichen Vaters im Himmel vor der Wirksamkeit auf Erden; Abstieg vom Himmel zur Erlösung der Seinen und Wiederaufstieg als ihr Wegbereiter; Betrauung mit der gegenwärtigen Weltherrschaft nach der irdischen Wirksamkeit; Schöpfungsmittlerschaft lange vor der irdischen Wirksamkeit.

Hinsichtlich des Problems der Entstehung der Präexistenzchristologie – die ja nicht einfach wie andere christologische Konzeptionen an Hand eines christologischen Hoheitstitels zu fassen ist, wenngleich der metaphysisch neu verstandene Gottessohntitel in ihren Rahmen gehört (vgl. besonders Gal 4,4; Röm 8,3; Joh 3,16; 1Joh 4,9), sondern sich in gewissen ganzen Sätzen, und d. h. wesentlich in bestimmten Verben: ἔρχεσθαι, ἀποστέλλειν, πέμπειν usw., ausdrückt – ist die Ableitung aus der Gnosis a priori nicht die einzige Möglichkeit; man könnte sie auch als Produkt innerchristlicher Entwicklung oder durch Ableitung aus jüdischen Konzeptionen, sei es aus der Menschensohnchristologie, sei es aus der spätjüdischen Hypostasenvorstellung, sei es aus der hellenistisch-jüdischen Weisheitsspekulation, zu verstehen suchen. So entwickelt sich nach Ferdinand Hahn die Präexistenzchristologie im Wesentlichen aus dem Sendungsgedanken; Hahn bietet praktisch eine Ableitung sozusagen vom Irdischen.[3] Eduard Schweizer sieht sie innerhalb des hellenistischen Judenchristentums durch die Übertragung der Kategorien der hellenistisch-jüdischen Weisheitsspekulation auf Jesus Christus entstanden.[4] Ulrich Wilckens meint, in der Vorstellung des im Himmel weilenden Menschensohnes liege „der Ansatzpunkt für die Entwicklung der weiteren Vorstellung, dass auch schon der irdische Jesus eigentlich der himmlische Menschensohn gewesen sei";[5] und das sei der Anfang der Präexistenzvorstellung. Rudolf Bultmann dagegen leitet die Präexistenzchristologie eben aus dem gnostischen Erlösermythos ab, den er aber so weit fasst, dass die ganze Weisheitsspekulation mit zu ihm gehört.[6] Nun ist bei den meisten der anderen Ableitungsmöglichkeiten und Erklärungen offensichtlich irgendetwas Richtiges mit im Spiele. Es kommt also in unserem Zusammenhang darauf an, genau zu sagen, wie wir den Anteil der Gnosis bei der Entstehung der Präexistenzchristologie sehen. Als Ort der Entstehung muss natürlich, wie im Vorhergehenden schon vorausgesetzt, die hellenistische Gemeinde gelten. Meines Erachtens dürfte nun der Ansatzpunkt für die neu entstehende Präexistenzchristologie innerhalb der bereits vorhandenen christologischen Konzeptionen die Vorstellung vom Erhöhten sein; und die Gedankenbewegung müsste gewesen sein: Ein himmlisches Wesen kann man eigentlich

---

[3] Christologische Hoheitstitel, Berlin 1965, 314–319.

[4] Erniedrigung und Erhöhung, Zürich ²1962, 93–102, 166f.; Neotestamentica, Zürich/Stuttgart 1963, 105–109, 110–121; ZNW 57 (1966), 199–210; Jesus Christus, München/Hamburg 1968, 83–92.

[5] RGG³ V, 491f.

[6] Theologie des Neuen Testaments, Tübingen ⁵1965, 132–135, 167–171, 178–180.

nicht werden, sondern muss man immer schon sein. Der Gedanke bewegt sich sozusagen in gerader Linie, oberhalb, unter Überspringung der irdischen Existenz, von der himmlischen Postexistenz auf eine himmlische Präexistenz zu. Die wirkliche Anwendbarkeit des Gedankens der Präexistenz, die gedankliche Verbindung nach unten und wieder nach oben zurück, vermittelte im Allgemeinen die selbstverständliche Vorstellung der hellenistischen Umwelt, dass einerseits Götter oder Göttersöhne zu den Menschen herabsteigen können und das auch hin und wieder tun, und andererseits Propheten von sich behaupten können und das auch hin und wieder tun: „ich bin Gott" bzw. „ich bin Gottes Sohn",[7] im Speziellen aber das gnostische Erlöserschema, durch dessen Verbindung mit der bloßen Präexistenzidee die Präexistenzchristologie als wirkliche Konzeption erst stabil wird. Dass übrigens in ihrem Rahmen im Allgemeinen der Ton viel mehr auf dem Kommen aus der Präexistenz, also auf dem Abstieg, als auf dem Wiederaufstieg liegt, ist darin begründet, dass für die Versetzung aus der irdischen Existenz in die himmlische die ältere Konzeption der Erhöhung schon vorgegeben war.[8] Die Konzipierung dieser soteriologisch bestimmten Präexistenzchristologie mit ihrer Erfassung des bloßen Dass der Präexistenz ist meines Erachtens nun aber als ein – mindestens sachlich, wenn nicht auch zeitlich – erster Schritt in dieser Richtung zu scheiden von der Verlängerung dieser Präexistenz nach vorn und Verbreiterung durch Konzipierung des kosmologischen Gedankens der Schöpfungsmittlerschaft des Präexistenten als einem zweiten Schritt. Und dieser zweite Schritt als solcher ist, wie ich im Unterschied zu Bultmann meine, nicht bzw. nicht wesentlich bestimmt durch die gnostische Erlöserlehre, sondern durch die hellenistisch-jüdische Sophiaspekulation bzw. die hellenistische Logosvorstellung, durch eine ursprünglich gebliebene Form dieser Vorstellung, d. h. eine solche, die die gnostische Metamorphose nicht durchgemacht hat.

Als Nächstes scheint es gut, uns über die Voraussetzungen unserer Hypothese von der (mehrstufigen) Beeinflussung der Christologie durch die gnostische Erlöserlehre Rechenschaft zu geben. Die erste Voraussetzung ist natürlich, dass die Gnosis überhaupt, und zwar als einer der bestimmenden geistigen Faktoren der damaligen Welt, vorchristlich ist oder wenigstens etwa gleichzeitig, aber unabhängig vom Christentum entstanden ist, sich entwickelt und ausgebreitet hat. Nun, die Existenz

[7] Origenes, Contra Cels VII 9.

[8] Vgl. die Ungleichheit der beiden Teile des Philipperhymnus, 2,6–8/9–11.

heidnisch-gnostischer bzw. vom Christentum völlig unberührter gnostischer Schriften, z. B. die gnostischen Schriften des Corpus Hermeticum, das mandäische Schrifttum in seiner Gesamtheit, der Grundtext der so genannten Naassenerpredigt,[9] die Schrift „Nebront oder vollkommener Verstand" aus NHC VI, „Die drei Stelen des Seth" aus NHC VII, weiter die große Zahl solch christlich-gnostischer Schriften bzw. Systeme, bei denen das Christliche offenbar nur ein ganz dünner und sekundär aufgetragener Firnis ist, z. B. das Baruchbuch des Gnostikers Justin, die Hypostase der Archonten aus NHC II, das Ägypterevangelium aus Nag Hammadi, der Authentikos Logos aus NHC VI, schließlich solche historischen Gestalten wie Simon Magus und Menander, all das weist von verschiedenen Seiten her in dieselbe Richtung, eben darauf, dass die Gnosis als solche tatsächlich vorchristlich sein muss, wie denn dieser Schluss und diese Auffassung sich seit geraumer Zeit in der Fachwelt auch weithin durchgesetzt haben. Nun gibt es aber eine ganze Anzahl von Gelehrten, die die Existenz einer vorchristlichen Gnosis zwar anerkennen, aber zugleich meinen, dass diese keine Erlöservorstellung kannte – die Erlöservorstellung sei erst durch das Christentum in die Gnosis gelangt –, vielmehr von dem Gedanken der Selbsterlösung bestimmt war.[10] Diese Auffassung wird verständlich und gleichzeitig als unfundiert durchschaubar, wenn man sieht, dass sie einseitig an einem bestimmten, einzigen, wie Jesus Christus sozusagen in der Mitte der Zeit zu den Menschen gekommenen Erlöser orientiert ist. Unsere zweite Voraussetzung muss also sein, dass die vorchristliche Gnosis nicht nur von der Erlösungs-, sondern auch von der Erlöservorstellung bestimmt und geprägt war, dass es die Gnosis ohne Erlöservorstellung nie gegeben hat. Auch für diese Voraussetzung gibt es Gründe. Einerseits gilt ja die Gnosis phänomenologisch als eine Weltanschauung, in der die Verlorenheit des Menschen so radikal gedacht ist, dass die Erlösung nur als von außen, also durch Erlöser, kommend in den Blick geraten kann. Andererseits gibt es praktisch keine gnostische Schrift bzw. kein gnostisches System, worin nicht der gnostische Erlöser in irgendeiner Form als integrierendes Element der jeweiligen Konzeption erscheint. Wohlgemerkt: in irgendeiner Form! Die Variationsmöglichkeiten in der Form reichen von dem Erlöser Simon Magus, der sich selbst als der zur Erlösung der Seinen vom Himmel herabgestiegene höchste Gott versteht

[9] Hippolyt, ref. V 7,2–9,9.
[10] Vgl. C. Colpe und G. Kretschmar, RGG³ II, 1652 und 1657.

(als dem einen Extrem), bis zu der Auffassung und Beschreibung eines Abstraktums wie des Rufes aus dem Himmel als des Erlösers (als dem anderen Extrem). Vgl. z. B. die Beschreibung der Buße als Erlöser in ÄgEv NHC III p. 59,4–60,2: „Wegen der Herabkunft des Bildes oben, das d(ies)er Stimme in der Höhe entsprach, (wegen der Herabkunft) des Bildes, das erblickt wurde, (und) auf Grund d(ies)es Erblickens des Bildes oben, wurde das erste (menschliche) Gebilde gebildet, um dessentwillen die Buße entstand. Sie empfing ihre Vollendung und ihre Kraft durch den Willen des Vaters und sein Wohlgefallen. Er hatte Wohlgefallen an dem großen unvergänglichen nicht wankenden Geschlecht der großen starken Menschen des großen Seth, so dass (dies)er sie den (im Gewordenen) ge<bo>renen Äonen verkündete, damit diese durch sie den Mangel füllten. Sie war nämlich hervorgekommen in der Höhe (und hatte sich) nach unten (begeben) in die Welt, die der Nacht gleicht. Als sie gekommen war, rief sie sowohl nach dem Samen des Herrschers dieses Äons und <der> aus ihm entstandenen Gewalten, (nach) jenem befleckten und dem Verderben geweihten (Samen) des Dämonen zeugenden Gottes, als auch nach dem Samen Adams, (nach jenem Samen,) der der Sonne und dem großen Seth gleicht." Da die Buße praktisch gleich der Erlösung ist, könnte man zugespitzt sagen: Hier wird die Erlösung selbst als Erlöser begriffen. Und damit kommen wir zu der dritten Voraussetzung, die wir machen müssen. Wir müssen noch voraussetzen, dass es zu unserer Zeit, d. h. im ersten Jahrhundert n. Chr., neben und trotz der vielen Formen der Erlöservorstellung innerhalb der Gnosis auch etwas Gemeinsames, etwas die verschiedenen Anschauungen miteinander Verbindendes in Sachen Erlöservorstellung gegeben hat, ein allgemeines Bewusstsein, so etwas wie eine weltanschauliche Kategorie innerhalb der Gnosis, des Inhalts etwa, dass, wie die Erlösung als Erlöser im Anfang von oben gekommen ist, sie so, die Menschheit in ihrer Geschichte begleitend, immer wieder kommt. So etwas können wir unsererseits tatsächlich als das Gemeinsame aus den verschiedenen Erlöservorstellungen herausdestillieren, in diesem Sinne können wir sie schon auf einen gemeinsamen Nenner bringen (siehe unten). Aber wir müssen eben zusätzlich voraussetzen, dass dieser Sachverhalt auch das Bewusstsein der Gnostiker selbst (in welchem Grade von Klarheit auch immer) beherrschte.

Zur Klärung der Voraussetzungen unserer, wie schon gesagt, keineswegs neuen Hypothese gehört in gewissem Sinne auch noch die Klarstellung, wie unsere Version sich schon im Ansatz von der älteren Form der Hypothese unterscheidet. Ihr bedeutendster Vertreter ist ja Bultmann. Und wir haben nun und setzen voraus ein in einem ganz bestimmten Punkte anderes, nämlich modifiziertes Modell der vorchristlichen Gnosis, wie im Vorhergehenden schon anklang. Für Bultmann steht z. B. die hellenistisch-jüdische Weisheitsspekulation, ebenso wie die gesamte spätantike, nicht schulmäßig stoische Logosvorstellung, sei es philonischer, sei es neupythagoreischer, sei es neuplatonischer, sei es volkstümlicher Prägung, nicht neben, sondern bereits innerhalb der Gnosis. Die gesamte gnostische Weltanschauung gehe zurück auf einen alten orientalischen Mythos, der zum Inhalt hatte, wie die Welt als ein zweiter Gott bzw. aus den Gliedern und Teilen eines zweiten Gottes und Gottessohnes, des Gottes „Mensch", entstanden sei. Lange vor dem Christentum habe dieser zunächst nur kosmogonische Mythos eine Metamorphose durchgemacht, wodurch er zu dem einen und einzigen, die gesamte Gnosis von Anfang an einheitlich bestimmenden und alle ihre (späteren) Ausformungen zusammenhaltenden (Grund-)Mythos wurde, nämlich zum so genannten gnostischen Anthropusmythos bzw., was dasselbe ist, zum Mythos vom Erlösten Erlöser. Nach der Metamorphose habe der Mythos folgendermaßen ausgesehen: Der zweite Gott, der Gottessohn, der Gott „Mensch" kommt aus dem Lichtreich in die Welt der Finsternis hinab und wird von den dort herrschenden Gewalten festgehalten und am Wiederaufstieg gehindert. Nur einem Teil dieses Gottwesens gelingt die Rückkehr in die himmlische Heimat. Der andere Teil aber wird umso fester an die Materie gefesselt. Er befindet sich, in viele kleine Stücke aufgespalten, als Seele in den menschlichen Körpern. Um auch diesen anderen Teil seiner ursprünglichen Gestalt zu retten, steigt der bereits erlöste Teil schließlich noch einmal als Erlöser des Restes zur Welt der Finsternis hinunter und teilt den Seelen der Menschen die erlösende Erkenntnis, eben dass sie Teil jener Gestalt sind und in Wahrheit dem Reiche des Lichtes zugehören, mit. Durch den Prozess der Erlösung wird das Gottwesen in seiner Ganzheit wiederhergestellt. – Diese den Gesamtrahmen betreffende Auffassung Bultmanns von der Gnosis ruht auf zwei Säulen: einerseits auf der religionsgeschichtlichen Konzeption von dem Anthropusmythos als der Wurzel der gnostischen Bewegung, wie sie Bousset und Reitzenstein begründet haben und wie sie sich in der so genannten religionsgeschichtlichen Schule (Bultmann eingeschlossen) ziemlich allgemein durchgesetzt hatte; andererseits auf der geisteswissenschaftlichen und philosophiegeschichtlichen Konzeption von Hans Jonas, dass der Geist der Gnosis identisch sei mit dem Geist der Spätantike überhaupt.[11] Nun gibt es in gnostischen Texten durchaus Partien und Konzeptionen, die dem angeblichen Anthropusmythos Boussets und Reitzensteins ähnlich sind; dennoch ist dieser Anthropusmythos, gewonnen im Wesentlichen an manichäischen Texten, in seiner behaupteten Allgemeinverbindlichkeit als eine unsachgemäße Abstraktion zu betrachten und ist die betreffende Rahmenkonzeption der Gnosis längst nicht mehr vertretbar.[12] Auch die genannte Gnosiskonzeption von Jonas – unbeschadet der Tatsache, dass andere seiner Ideen und Thesen die Gnosisforschung insgesamt auf eine höhere Stufe gehoben haben – erscheint mir (aber nicht mir allein) falsch.[13] Die Gnosis ist nur eines der Hauptphänomene innerhalb des spätantiken Synkretismus (etwa neben Pantheismus, Allgottvorstellung und Mysterienglaube), der Geist der Gnosis nur eine der den Geist der Spätantike bestimmenden Komponenten. Die wesentlichen Unterschiede unseres Gnosismodells von dem Bultmanns kann man so zusammenfassen: Die Gnosis ist nicht uralt, sondern nur wenig älter als das Christentum; sie ist nicht entstanden im Iran bzw. in Mesopotamien, sondern im Raume Syrien/Palästina; den einen einheitlichen (Ur-)Mythos der Gnosis vom Erlösten Erlöser gibt es nicht, sondern die Gnosis ist bei einheitlicher Daseinshaltung, Weltanschauung und Weltbild in ihrem Mythos, d. h. in ihren mythologischen Objektivationen, von Anfang an vielfältig und variabel.[14]

Es ist damit aber auch klar, dass wir es von dieser modifizierten Voraussetzung aus bei der Durchführung unserer Hypothese schwerer haben als die Vorgänger. Wir können nicht mehr so schematisch argumentieren. Wir können nicht mehr einfach von einem hinter und in allen gnostischen Texten vorauszusetzenden allgemeinverbindlichen Erlösermythos ausgehen (denn wenn es den Mythos vom Erlösten Erlöser nicht gibt, dann gibt es auch den gnostischen Erlösermythos nicht), sondern müssen (aufs Neue) direkt bei den Texten einsetzen, zumal der Bestand durch die neuen Schriften aus dem Fund von Nag Hammadi sich inzwischen quantitativ und qualitativ erheblich verändert hat.

---

[11] Gnosis und spätantiker Geist I, Göttingen [3]1964; II 1, 1954.

[12] C. Colpe, Die religionsgeschichtliche Schule, Göttingen 1961; H.-M. Schenke, Der Gott „Mensch" in der Gnosis, Berlin 1962, bes. 16–33.

[13] Vgl. H.-M. Schenke, ThLZ 1959, 813–820; 1960, 657–661.

[14] Die auffälligen Gemeinsamkeiten so vieler gnostischer Systeme (vgl. Leipoldt/Grundmann, Umwelt des Urchristentums I, Berlin [3]1971, 412f.) gehen vielleicht eher auf das Konto eines allgemeinen hinter der Gnosis stehenden Weltbildes, als dass sie Reflexe eines spezifisch gnostischen mythologischen Urentwurfes repräsentieren.

Wir fragen also: Wie hat die gnostische Erlöservorstellung ausgesehen, bzw. wie hat man sie sich vorzustellen, die nach unserer Hypothese auf die urchristliche Christologie prägend eingewirkt hat?[15] Wenn man nun also die Texte unter der Frage nach ihrer Erlöservorstellung durchgeht, so stößt man in ihnen überraschend oft auf offenkundig vorchristliche Erlöserkonzeptionen, und zwar nicht nur in den nichtchristlichen Texten, sondern auch in christlichen, vornehmlich in solchen, die ausführlich genug die Weltgeschichte unter gnostischem Gesichtspunkt beschreiben. In solchen Texten, für die natürlich der gnostisch verstandene Jesus Christus der entscheidende Erlöser ist, finden sich – man möchte fast sagen: normalerweise – solche anderen älteren Erlöserkonzeptionen eingebettet, abgelagert, versteinert, die, ähnlich wie die Zauberpapyri, viele ältere religiöse Konzeptionen gewissermaßen als Versteinerungen enthalten. Dass die Prioritätsverhältnisse tatsächlich so liegen, wie hier vorausgesetzt, d. h., dass die Vorstellung von Christus als dem Erlöser den anderen Erlöserkonzeptionen gegenüber sekundär ist (und nicht umgekehrt), geht aus der Darstellung der Texte selbst deutlich hervor: Christus erscheint nach ihnen als Erlöser eigentlich völlig überflüssig, weil es Erlösung und Erlöser schon seit dem Anfang der Menschheitsgeschichte gibt. Christus ist als Erlöser ganz künstlich einer schon vorhandenen Erlöserkonzeption aufgesetzt. Man kann oft sogar exakt die Aufsatzstelle bezeichnen. Die ist da, wo nach dem Vorhergehenden völlig überraschend (nur vom Folgenden her verständlich) gesagt wird: Da fielen die Menschen ganz und gar in die Unwissenheit; und dann kam Christus, um sie daraus zu erlösen.[16]

Diese nichtchristlichen bzw. vorchristlichen Erlöserkonzeptionen der verschiedenen dafür fruchtbaren Texte gilt es jetzt hinsichtlich des Gemeinsamen und hinsichtlich des Besonderen, hinsichtlich des Kategorialen und hinsichtlich der Einzelausprägungen auszuwerten.

Zu dem Gemeinsamen, zu der weltanschaulichen Erlöserkategorie gehört neben der bekannten Vorstellung, dass der Erlöser je von oben (die Sphären der feindlichen Archonten heimlich und unerkannt passierend) kommt, die Erlösung durch Mitteilung der Erkenntnis bringt und den Seinen den Aufstieg nach oben in die himmlische Heimat ermöglicht und gewährleistet (durch Aufstieg im Triumph und Breschenschlag oder durch Mitteilung von Passworten), eine wesenhafte Doppelheit des

---

15 Vgl. zu dieser Frage und der Methode ihrer Beantwortung K. M. Fischer, Tendenz und Absicht des Epheserbriefes, Berlin 1972, 176ff.

16 Vg. z. B. AJ BG,2 p. 75,7–13 Parr; SJC BG,3 p. 121,6–13; HA Lab I pl. 144,27–34; UW Lab (I) pl. 171,15–24; ÄgEv NHC III,2 p. 61,10ff.; ApcAd NHC V,5 p. 76,15–20.

Erlöserwirkens, nämlich in einer Uroffenbarung und einer kontinuierlich immer wieder im Laufe der Menschheitsgeschichte erfolgenden Offenbarung, auf deren Darlegung und Klärung es uns hier ankommt.[17] Zunächst einmal: Der Erlöser der vorchristlichen Gnosis wirkt am Anfang der Menschheitsgeschichte. Das ist so nicht nur in den alten nichtchristlichen Texten bzw. vorchristlichen Textpartien, die wir hier direkt im Auge haben, sondern hält sich durch bis in den Manichäismus; und das beste Anschauungsmaterial für diesen Sachverhalt sind ja die betreffenden Partien der mandäischen Schriften. In der Konkretion und näheren Ausmalung kann das sehr verschieden aussehen. Der die Erlösung bringende Uroffenbarer kann als bloßer Ruf aus dem Himmel gedacht sein. Irgendein Bote aus dem Himmel kann die Uroffenbarung bringen. Oder sie kommt aus dem Munde der Schlange im Paradies. Auch die (mehr oder weniger gefallen gedachte) Sophia erscheint direkt oder in irgendeiner Verkleidung bzw. Metamorphose als Spenderin der Uroffenbarung. Und schließlich kann auch der mehr oder weniger himmlisch gedachte Urmensch diese Rolle übernehmen. Aber es bleibt nun nie bei dieser Uroffenbarung allein. Vielmehr wiederholt sich die Offenbarung, wobei die Art und auch die Häufigkeit der Wiederholung wiederum ganz verschieden gedacht sein können. Der Uroffenbarer kann selbst für die kontinuierliche Offenbarung verantwortlich sein; oder ein anderes Wesen übernimmt diese Funktion oder mehrere. Einer der Namen für das Gestalt gewordene Prinzip der kontinuierlichen Offenbarung dürfte übrigens das rätselhafte „Phoster" in der Adamsapokalypse aus NHC V sein. Die kontinuierliche Offenbarung kann jeweils von oben kommen; so ist es, wenn die Pronoia oder der himmlische Seth mehrmals als Erlöser in der unteren Welt erscheinen. Oder das Prinzip der kontinuierlichen Offenbarung kommt nur einmal herab und bleibt dann unter oder in den zu Erlösenden; so geht der Engel Baruch von einem gnostischen Propheten, diesen als Werkzeug der Offenbarung benutzend, in den anderen über;[18] ähnlich agiert die so genannte Epinoia des Lichtes im Apokryphon Johannis, nur dass eben hier der Prinzipcharakter der kontinuierlichen Offenbarung durch die abstrakte Benennung des agierenden Himmelswesens ganz klar hervortritt. Schließlich kann ein in jedem zu erlösenden Menschen befindlicher Geist (EV CJ p. 30,14ff.; ApcAd NHC V,5 p. 76,24–27; SJC BG,3 p. 122,8f.) – das ist der gnostisch gedeutete „Geist des Lebens" aus Gen 2,7 (AJ BG,2 p. 65,3f.; 66,16; 67,9.10f.;

---

[17] Vgl. übrigens hierzu schon R. Bultmann, Exegetica, Tübingen 1967, 245–249.

[18] Nach dem Baruchbuch des Gnostikers Justin; Hippolyt, ref. V 24,2–27,5.

70,4 [jeweils mit Parr]; ApcAd NHC V,5 p. 69,22–25), der als solcher „der Geist der Wahrheit" ist (HA Lab I pl. 144,24.35) – das Prinzip der kontinuierlichen Offenbarung sein. Dieser Geist der Wahrheit kommt merkwürdig oft in dieser Funktion in den gnostischen Texten vor (allerdings nicht nur als Fortsetzer der Uroffenbarung, sondern auch als Fortsetzer der Offenbarung durch den Erlöser Jesus Christus) und immer organisch in den Kontext integriert, so dass es weniger gut denkbar ist, dass er aus dem vierten Evangelium stammt, als dass das vierte Evangelium ihn aus der Gnosis hat.

Zwischen der Erlöserkategorie, einer Abstraktion, die nicht die Gegebenheiten der Texte in ein nachträgliches künstliches Schema zwingen, sondern etwas in den Texten selbst Liegendes nur herausheben will, und den konkreten Erlöservorstellungen bzw. deren Struktur kann man noch eine Art Mittelglied stellen oder stehend denken, eine Art von Erlöserarchetypen, in denen die Erlöserkategorie zunächst einmal mit einer gewissen Notwendigkeit eine erste Gestalt gewinnt bzw., umgekehrt betrachtet, durch die jeweils mehrere konkrete Erlöservorstellungen miteinander verbunden sind. Der Erlösergedanke kann weibliche oder männliche Gestalt annehmen, und die kann sich konkret ausprägen in dem Archetyp der Mutter, die ihre Kinder rettet (dabei ist die Mutter immer letztlich die Sophia, die mehr oder weniger gefallen und mehr oder weniger selbst als vorher erlöst gedachte Paargenossin des väterlichen Urgottes); in dem Archetyp des Vaters, der seinen Samen, d. h. seine Nachkommenschaft, rettet (dabei ist der Vater der mehr oder weniger himmlisch und mehr oder weniger als vorher selbst der Erlösung bedürftig gedachte Adamas bzw. Urmensch; an seine Stelle kann aber auch dessen mehr oder weniger himmlisch gedachter Sohn Seth treten); in dem Archetyp des Weibes, das seinen Mann samt dessen Kindern rettet (dabei ist das Weib als die Zoe oder die Sophia, das geistige Weib Adams [Gen 3,20] als Urbild und Gegenüber des fleischlichen Weibes [Gen 2,23] gedacht; das ist im Grunde die gnostische Metamorphose einer Vorstellung, wie sie bei Philo [Quis rerum divinarum heres sit 53,1] begegnet); in dem Archetyp des Mannes, der sein Weib bzw. seine Braut rettet (dabei ist der Mann als der göttliche Urvater selbst oder der Sohn Gottes, das Weib als die gefallene Sophia an sich und als Inbegriff aller ihrer Kinder, d. h. der in der Welt zerstreuten Seelen oder Lichtteile, gedacht); in dem Archetyp des einen Bruders, der den anderen Bruder rettet.

Um das Gesagte zu belegen und abzurunden, geben wir noch eine kurze Übersicht über die Struktur der vorchristlichen Erlöservorstellungen, wie sie sich konkret je in den betreffenden Texten selbst finden.

Die Konzeption von der Sophia als dem Erlöser ihrer Kinder (der Menschen) findet sich klassisch in der zweiten der „drei Stelen des Seth" aus NHC VII. Dieser Text ist auch der Schlüssel für das Wiederfinden dieses manchmal verdeckten Sachverhaltes in anderen Schriften. Die Sophia ist hier die so genannte Barbelo, die himmlische Paargenossin des Urvaters, und das ist offenbar das Ursprüngliche. Dieselbe Konzeption trägt und prägt auch die Ausführungen in der Schrift „Nebront oder vollkommener Verstand" aus NHC VI, die übrigens klassisch die Gnostisierung der jüdischen Sophiavorstellung repräsentiert. Nach beiden Schriften offenbart sich die Sophia gleichermaßen als der Nous. Auch der Rahmen der Schrift „Der Gedanke unserer großen Kraft" aus NHC VI ist durch diese Konzeption bestimmt. Der Rahmen, in den der christlich-gnostische Inhalt dieser Schrift eingespannt ist, ist nämlich der, dass die durch ihren Fall zur Weltschöpferin gewordene Sophia, die nun unterhalb der Lichtwelt als Erlöserin ihrer verlorenen Kinder wirkt, hier zu Seth (?) und seinem Samen spricht. Und noch einmal liegt diese Konzeption vor in der Selbstoffenbarung der Pronoia am Ende der Langversion des Apokryphon Johannis; Pronoia ist ja nur ein anderer Name für dieselbe Gestalt der Sophia.[19] In dem System Irenäus, adv. haer. I 30 finden wir diese (vorchristliche) Erlöser-Konzeption (Erlöserversion A) in offenbar sekundärer Verbindung mit einer christlich-gnostischen Erlöserversion (B) wieder. Nach der Version A (3–11a) erlöst die als ganz tief gefallen und gesunken gedachte Sophia erst sich selbst und wirkt dann selbst als die Erlöserin ihrer verlorenen Lichtsubstanz, d. h. ihrer Kinder, während nach der darüber gestülpten Version B (11b–14) die Sophia und der ihr zu Hilfe kommende Christus, die sowohl Schwester und Bruder als auch Braut und Bräutigam sind, gemeinsam die Kinder der Sophia erlösen.

Nach der „Hypostase der Archonten", in der die christlich-gnostischen Elemente nur Anspielungen sind, die künstlich aufgesetzt erscheinen, ist der Geist in mancherlei Gestalt der Erlöser für die Seele(n): bei der Uroffenbarung an Adam wirkt er von innen als himmlischer Urmensch, der das Abbild Gottes ist, von außen als pneumatisches Weib; bei der (zweiten) Uroffenbarung an Norea als Engel Eleleth; bei der kontinuierlichen Offenbarung als Geist der Wahrheit in den Menschen des Geschlechts der Norea. Die Sophia und ihre Tochter Zoe sind nur in kosmischen Dimensionen tätig; eine Verbindung zur Erlösung der Menschen wird hier nicht

---

[19] Vgl. NHC II,1 p. 30,11–31,25; Leipoldt/Grundmann, Umwelt des Urchristentums II, Berlin 1967, ^{2}1970, Nr. 358.

gezogen, obgleich doch letztlich und ursprünglich das pneumatische Weib Adams identisch mit der Zoe und zugleich mit der Sophia ist.

In der titellosen Schrift aus NHC II, in der die deutlichen christlich-gnostischen Züge teils aufgesetzt erscheinen, teils ausgeklammert werden können, geht die Erlösung des vom himmlischen Urmenschen stammenden Lichtes in Adam und seinem Samen vom göttlichen Urvater bzw. der für die Weltentstehung verantwortlichen Pistis Sophia aus und erfolgt durch deren Tochter Zoe; und zwar erfolgt die Uroffenbarung einerseits durch die Zoe, die Tochter der Pistis Sophia, als pneumatisches Weib und himmlisches Ebenbild Adams, andererseits durch den so genannten Lehrer, ein durch die Zoe hervorgebrachtes Abbild des himmlischen Urmenschen, der besonders in der Schlange des Paradieses wirkt; die kontinuierliche Offenbarung erfolgt durch die himmlischen Ebenbilder des Einzelmenschen, die das Gefolge des himmlischen Urmenschen darstellen. Praktisch ist die Zoe ebenso wie der „Lehrer" (bzw. die Zoe an sich und als der „Lehrer") eine Gestalt des himmlischen Urmenschen selbst; und das heißt: Im Grunde rettet das himmlische Urbild des Menschen den Menschen als sein Abbild.

Aus dem Apokryphon Johannis lässt sich als vorchristlich folgende Erlöservorstellung erheben: Zu der gefallenen Sophia, die als solche die Mutter ihres Samens ist, kommt als Erlöser für sie selbst und ihren Samen ihr eigener Bruder und Paargenosse (hinter dem im Grunde der göttliche Urvater selbst sich verbirgt) herab; dabei vollzieht sich die Erlösung des Samens der Sophia konkret durch Vermittlung der Epinoia des Lichtes, die als ständiger Erlöser wirkt; und zwar wirkt sie erst an Adam als „Zoe, die Mutter der Lebenden" (Uroffenbarung), dann in dem Samen (d. h. den Kindern) der Sophia als Pneuma (kontinuierliche Offenbarung).

Nach der Adamsapokalypse aus NHC V wirkt als der für die Uroffenbarung verantwortliche Erlöser erst die Gnosis (die praktisch mit der Sophia identisch ist) selbst, dann der dreifache Beistand (Jesseus, Mazareus, Jessedekeus); die für die kontinuierliche Offenbarung zuständigen Erlöser sind Engelwesen in Verbindung mit (bzw. unter der Regie von) dem himmlischen Seth, der wahrscheinlich der Phoster ist.

Im Poimandres ist der Urerlöser der göttliche Urvater (seinerseits identisch mit dem Nous) selbst, und zwar durch die Vermittlung seines Weckrufes (§ 18 Ende). Und in der Gestalt des Poimandres fungiert der Vater und Nous selbst dann auch als eine Art himmlischer Doppelgänger des wesenhaften Menschen und wirkt so die kontinuierliche Offenbarung. Der Erlöser ist hier ganz ohne ein eigenes Gefallensein gedacht, es sei denn, dass man verstehen muss, er habe einen Fehler bei der Schöpfung gemacht, insofern als er dem himmlischen Urmenschen dessen Wunsch gestattete.

Nach dem Baruchbuch des Gnostikers Justin (Hippolyt, ref. V 24,2–27,5) ist der so genannte Vater (gleich Elohim) der Erlöser; und zwar erlöst er erst sich selbst und wird dann zum Erlöser seines Samens (des Pneuma), der sich in den Menschen befindet, wobei er sich des durch die Zeitalter wandelnden Engels Baruch, der somit die kontinuierliche Offenbarung vertritt, bedient. Auch diese Erlöserkonzeption ist im Grunde vorchristlich; die christlichen Lichter sind dem Text ganz künstlich aufgesteckt. Die Erlöserkonzeption ist von rein männlichem Typ; die Vorstellung der Syzygie spielt im Rahmen der Erlösung keine Rolle. Im Übrigen ist der Vater (Elohim) in dieser Schrift eigentlich eine Art himmlischer Urmensch bzw. himmlischer Adam.

Im System der Peraten (Hippolyt, ref. V 12–17) ist – trotz der neutestamentlichen Sprüche und trotz der Verknüpfung mit Jesus – die Konzeption vom Erlöser, der der Logos, der Sohn und die Schlange ist, unchristlich; das Christliche ist künstlich aufgesetzt.[20]

Auch im Rahmen der Lehre der Sethianer des Hippolyt (ref. V 19–22) erscheint das Christliche künstlich und sachlich sekundär; als primär ist eine Erlöserlehre des Typs sichtbar, wo ein Bruder (nämlich der Logos) den anderen Bruder (nämlich den Nous) rettet.

Die Konzeption von Adam(as) als Erlöser finden wir rein und klassisch ausgeprägt in der ersten der „drei Stelen des Seth" aus NHC VII. Hier ist der himmlische und irdische Adam der Erlöser seiner Kinder, und zwar durch Vermittlung des Seth, der auch seinerseits als Erlöser wirkt. Von dieser Schrift aus fällt Licht auf manchen erratischen Block innerhalb der vorliegenden christlich-gnostischen Systeme; sie wirkt als Schlüssel für das Verständnis der zahllosen versprengten Elemente der Urmenschvorstellung.[21] Auf unserer „Stele" erscheint z. B. Adam als der αὐτογενής; und daraus muss man folgern, dass, wenn nach AJ und ÄgEv Christus der αὐτογενής ist, da eine sekundäre Weiterbildung vorliegt. Und somit dürfte innerhalb dieses Systemstammes auch der Sohn als solcher ursprünglich der himmlische Adam selbst sein. Im himmlischen Wohnort des so genannten ersten Lichtes Harmozel befindet sich ja (nach AJ und ÄgEv) Christus

[20] Vgl. bes. V 17 und darin § 8.

[21] Vgl. z. B. ÄgEv NHC III,2 p. 49,14–16; AJ BG,2 p. 53,6f. Parr und p. 55,13f. Parr (Prädikation des irdischen Adam als „des Ersten, der herabkam"); SJC BG,3 p. 82,15f. und p. 125,11f. („der Erste, der gesandt wurde"); PS [GCS 45], 181,17 („denn wir stammen von Dir ab"); UAW [GCS 45], 338,31; 339,26; 354,3; 359,20; 364,29.32.

in deutlicher Konkurrenz neben Adam, ebenso wie nach dem ÄgEv im so genannten zweiten Licht Oroiael Jesus in Konkurrenz neben Seth sitzt. In dieser Perspektive wird überhaupt die Bewohnung der vier Lichter ebenso wie die besondere Erlöserfunktion, die gerade das vierte Licht Eleleth nach HA hat, einsichtig. Der Same des Seth im dritten Licht Daueithe ist nämlich wohl die vor der Sintflut bzw. Feuerflut dorthin entrückte Urgeneration der Sethianer (gleich Gnostiker), während ins vierte Licht Eleleth alle Gnostiker (gleich Sethianer) aufsteigen, die in der Zeit zwischen der Flut und dem Weltende, d. h. in der eigentlichen Weltzeit, zur Erkenntnis kommen. Und diese vier Lichter, die ja auch Äonen heißen, sind nicht nur himmlische, paradiesische Räume, sondern zugleich die vier Zeitalter der Welt (1. das des Adam, 2. das des Seth, 3. das der Ursethianer, 4. das der jetzigen Sethianer) bzw. deren Repräsentanten oder Häupter, Eleleth somit das Haupt der eigentlichen jetzigen Weltzeit.[22]

Der klassische Beleg für Seth als Erlöser ist das Ägypterevangelium aus NHC III. Nach dessen Lehre bringt der himmlische Seth seinen Samen zum Reifen in diese Welt und wieder in die himmlische Heimat zurück. Seths Erlösercharakter kommt zweimal ausdrücklich zur Sprache, nämlich p. 63,4–8, wo es heißt: „Er nahm auf sich die dreifache Ankunft,[23] … um jenes irrende (Geschlecht) zu erlösen," und p. 68,22, wo er „der große Soter" genannt wird. So erfolgt die Uroffenbarung durch Seth (p. 59,16–18). Und die kontinuierliche Offenbarung besorgt er teils selbst, indem er durch die Zeitalter wandelt (p. 63,4–8), teils durch die Vermittlung eines Engels als Beistand (p. 57,20f.), teils durch die Vermittlung von Propheten und Wächtern (p. 61,8f.). Dass die Inkarnation des Seth speziell in Jesus (p. 63/64)[24] sachlich sekundär ist, ist überdeutlich.

Nach unserer Hypothese hat also diese gnostische Erlöservorstellung, sei es in ihrer kategorialen Grundstruktur, sei es in dieser und jener konkreten Ausformung, hier und dort bzw. dann und wann auf die Entwicklung der Christologie des Urchristentums eingewirkt. Nun gibt es im

---

[22] Vgl. zu alledem neben dem AJ besonders die Partien bzw. Sachverhalte, in denen ApcAd und ÄgEv einander entsprechen und ergänzen.

[23] Der Topos von der dreifachen Ankunft des Erlösers findet sich, sei es an sich, sei es in Reflexen, noch ÄgEv NHC III,2 p. 60,25–61,1: ApcAd NHC V,5 p. 76,8–17 (ausgesagt vom Phoster, hinter dem sich aber wohl Seth selbst verbirgt); AJ NHC II,1 p. 30,11–31,25 (in der Selbstoffenbarung der Pronoia); vgl. weiter HA Lab I pl. 144,27–31; PS [GCS 45], 108,37ff. Diese dreifache Ankunft ist zu verstehen als eine besondere Konkretion des Prinzips der kontinuierlichen Offenbarung. Es ist gemeint, dass der Erlöser jeweils aufs Neue in die drei dem Zeitalter Adams folgenden Zeitalter (des Seth, der Ursethianer, der jetzigen Sethianer) eingeht, um sie zum Zwecke der erlösenden Offenbarung zu durchwandeln.

[24] Diese Vorstellung findet sich auch bei Epiphanius, Pan XXXIX 3,5.

Prinzip zwei Möglichkeiten, die gnostische Erlöservorstellung (bzw. etwas von ihr) auf Jesus zu übertragen: Einerseits kann man in Jesus die kontinuierliche Offenbarung zum Zuge bzw. zum Ziele kommen sehen, andererseits kann man den Sachverhalt der Uroffenbarung auf Jesus übertragen, d.h. ihn als den Uroffenbarer beschreiben. Dass es möglich und tatsächlich vorgekommen ist, einen konkreten Menschen als Uroffenbarer zu verstehen, das kann man an Simon Magus und Menander sehen, die sich sogar selbst so, nämlich als Träger der Uroffenbarung, verstanden haben. Im Übrigen spiegelt sich die besagte doppelte Möglichkeit vom Ergebnis her, nämlich in den Spielarten der Christologie der christlich-gnostischen Systeme, deutlich genug wider. Und eben diese doppelte Möglichkeit dürfte sich schon ausgewirkt haben bei der frühen Inanspruchnahme der gnostischen Erlöservorstellung zur hellenistisch-christlichen Neuinterpretation der Bedeutsamkeit Jesu, um die es uns hier geht. Diese Doppelheit könnte z.B. der Grund sein für die ganz verschiedene, ja gegensätzliche Struktur der christologischen Konzeptionen von Phil 2,6–8 und Kol 1,19, obwohl beide gleichermaßen von der gnostischen Vorstellung geprägt scheinen. Dabei liegt das Problem auf der Seite von Kol 1,19, nämlich in dessen Verhältnis zu Phil 2,6–8. Denn ἐν αὐτῷ εὐδόκησεν πᾶν τὸ πλήρωμα κατοικῆσαι ist ja eigentlich genau das Gegenteil der dortigen Aussage des Abstiegs, der Inkarnation, der „Entleerung". Es ist eher eine Art Adoption des Menschen Jesus, wie wir sie aus gnostischen Parallelen kennen, in denen eben Jesus wesentlich als Vermittler der kontinuierlichen Offenbarung gedacht ist. Demgegenüber ist, wie Phil 2,6–8, die gesamte Christologie des vierten Evangeliums anscheinend so orientiert, dass mit Jesus die Uroffenbarung in die Welt kommt. Aber im vierten Evangelium (wenn man vom Prolog absieht; siehe unten) ist es nun so, dass das gesamte Erlöserschema, bestehend aus Uroffenbarer und kontinuierlichem Offenbarer, vom Anfang der Zeit in die Mitte der Zeit verschoben ist: Jesus ist der Uroffenbarer, und der Paraklet, der ja auch der Geist der Wahrheit heißt (14,17; 15,26; 16,13), der kontinuierliche Offenbarer. In dieser religionsgeschichtlichen Perspektive scheint mir nämlich die Lösung des Parakletproblems zu liegen, das ja darin kulminiert, dass der Heilige Geist neben Jesus, dem ersten Parakleten, d.h. dem ersten Beistand, als der zweite Paraklet erscheint (14,16), und dass dieser zweite Paraklet erst die volle Offenbarung bringt (16,13).

Und damit sind wir auch schon bei dem letzten Sachverhalt, den es hier zu erörtern gilt. Der eigentliche Grund der ganzen Hypothese ist nämlich noch gar nicht ausdrücklich zur Sprache gekommen. Er besteht darin, dass bestimmte, an sich merkwürdige und rätselhafte christologische

Aussagen, Partien und Komplexe eben nur in dieser religionsgeschichtlichen Perspektive sachlich voll verständlich werden. Von ihnen wollen wir die wichtigsten, und zwar unter diesem Gesichtspunkt und eigene Akzente setzend, Revue passieren lassen, um so zugleich nach der Tiefe des Problems auch seine Breite zu erfassen. Es handelt sich im Wesentlichen um vorpaulinisch hellenistisch-christliche, paulinische, deuteropaulinische und johanneische Aussagen.[25]

Der von Paulus zitierte und glossierte Christushymnus der hellenistischen Gemeinde (Phil 2,6–11) gilt in der kritischen Forschung weithin als in gnostischen Kategorien gedacht und formuliert.[26] Die gnostische Beeinflussung betrifft genau genommen nur die erste Hälfte, und dieser Sachverhalt lässt sich nun noch konkretisieren. Zunächst hat die logische Struktur dieser ersten Hälfte meines Erachtens folgendes Aussehen:

ἐν μορφῇ θεοῦ ὑπάρχων
οὐχ ἁρπαγμὸν ἡγήσατο
τὸ εἶναι ἴσα θεῷ,
ἀλλὰ ἑαυτὸν ἐκένωσεν
μορφὴν δούλου λαβών.
ἐν ὁμοιώματι ἀνθρώπων γενόμενος
καὶ σχήματι εὑρεθεὶς ὡς ἄνθρωπος
ἐταπείνωσεν ἑαυτὸν
γενόμενος ὑπήκοος μέχρι θανάτου.

Dabei ist übrigens der Punkt hinter λαβών (d. h. die Erkenntnis, dass mit λαβών der erste Gedanke zu Ende ist) einer der Schlüssel zum Verständnis des Ganzen. Das rätselhafte οὐχ ἁρπαγμὸν ἡγήσατο τὸ εἶναι ἴσα θεῷ aber wird meines Erachtens wirklich und konkret verständlich nur auf dem Hintergrund des in der Gnosis weitverbreiteten Topos von der Entstehung der Welt durch den Fall eines göttlichen Wesens, gewöhnlich der Sophia: Sie trachtet in räuberischer Vermessenheit danach, dem göttlichen Urvater gleich zu sein, indem sie wie dieser etwas aus sich allein hervorzubringen versucht; entsprechend wird ihr Produkt, zunächst der Demiurg, der seinerseits wieder Gott gleich sein will, und dann auch die Welt, nur eine Fehlgeburt. Man hätte unsere Wendung auf diesem Hintergrund zu paraphrasieren: Der Gottessohn begeht nicht den Fehler seiner

---

[25] Der vorhandene exegetische Unterbau für die im Folgenden vorausgesetzten Analysen und Rekonstruktionen, der im Rahmen dieses Aufsatzes nicht dargeboten werden kann, wird, wenn möglich, anderweitig publiziert.

[26] Vgl. bes. R. Bultmann, Theologie des Neuen Testaments, 179f.; E. Käsemann, Exegetische Versuche und Besinnungen I, Göttingen [2]1960, 51–95.

Schwester, sondern steigt, den Reichtum seiner göttlichen Fülle um der zu Rettenden willen im Himmel zurücklassend (ἐκένωσεν; vgl. 2Kor 8,9), in die Welt hinab, um den Fehler wiedergutzumachen. Die Beschreibung seiner menschlichen Daseinsweise: ἐν ὁμοιώματι ἀνθρώπων γενόμενος καὶ σχήματι εὑρεθεὶς ὡς ἄνθρωπος klingt durchaus nach Doketismus, wie dieser eben bei der Übertragung der gnostischen Erlöservorstellung auf Jesus mit einer gewissen Notwendigkeit herauskommt. Weiter gehören das δοῦλος-Sein, das ταπεινοῦν und das ὑπήκοος-Sein offenbar zusammen. Dann aber muss man fragen: nicht nur, wessen Sklave er wird, sondern auch, vor wem er sich eigentlich demütigt und wem er gehorsam wird,[27] und ob also diese drei Ausdrücke nicht denselben Bezugspunkt haben. Kann man nicht, ja muss man nicht verstehen bzw. wenigstens als ursprünglich einmal gemeint ansehen: Er wurde zum Sklaven der widergöttlichen Mächte, er demütigte sich vor ihnen, er wurde ihnen gehorsam[28] – das entspräche dem gnostischen Motiv, dass der Erlöser aus List den Archonten zunächst unerkennbar bleibt –, bis zu seinem Tode, d. h. bis zu dem Augenblick, wo er sich von ihnen töten lässt, um sie selbst so gerade zugrunde zu richten (vgl. 1Kor 2,8)? Von da aus könnte man weiter erwägen, ob nicht eine Querverbindung besteht zwischen dem hiesigen ἐταπείνωσεν ἑαυτόν und der von den im Kolosserbrief bekämpften (christlichen) Gnostikern geforderten ταπεινοφροσύνη gegenüber den Archonten (Kol 2,18.23). Ist diese Forderung etwa in einer solchen Christologie begründet und verankert, wie wir sie in bzw. hinter der ersten Hälfte des Philipperhymnus vermuten? Die zweite Hälfte ist nicht gnostisch, sondern in den Kategorien der (an sich, nicht in der hiesigen konkreten Ausführung) der christologischen Benutzung der gnostischen Erlöservorstellung vorausliegenden und vorgegebenen Erhöhungschristologie gedacht; d. h., von den zwei künstlich (durch das διό) zusammengeschweißten Hälften ist im Grunde nicht die zweite der ersten, sondern die erste der zweiten angeschweißt.

Der Satz 1Kor 2,8 ist nur zu verstehen als ein aus seinem eigentlichen christologischen Kontext heraus gelöster Topos einer ganz speziellen Ausformung einer schon christlich-gnostischen Erlöservorstellung. Mitsamt seinem Kontext haben wir diesen Topos neuerdings direkt vor uns in der Schrift „Der Gedanke unserer großen Kraft" aus NHC VI (p. 41,13–42,21). Der springende Punkt unseres Topos ist, dass der Tod des wahrhaft

---

[27] Vgl. zu dieser Frage als solcher E. Käsemann, Exegetische Versuche und Besinnungen I, 77.

[28] Vgl. Hippolyt, ref. V 26,22.

Lebendigen notwendig zum Tod des Todes und seiner Archonten selbst wird; der vom Tod verschlungene wahrhaft Lebendige ist für ihn das Gift, an dem er stirbt.

Auch die Adam-Christus-Typologie (Röm 5,12–21 und 1Kor 15,21f.45–49) gilt als von der gnostischen Erlöservorstellung her konzipiert, weil ohne diese religionsgeschichtliche Perspektive die Texte sachlich undurchsichtig bleiben würden. Aber das ist noch zu präzisieren! Die Vertreter dieser Auffassung nehmen nämlich bisher an, dass Paulus den ganzen Komplex der Adam-Christus-Typologie mehr oder weniger komplett aus der Gnosis übernommen habe, wobei man eben an dem bewussten gnostischen Urmenschmythos, wie Bousset und Reitzenstein ihn (re)konstruiert hatten, orientiert ist bzw. die angeblich gnostische Vorlage ohne Anhalt an wirklichen gnostischen Vorstellungen passend aus den Paulusstellen erst herausdestilliert. Axiom ist dabei außerdem bzw. entsprechend eine wurzelhafte Verbindung zwischen Adam-Christus-Typologie und Leib-Christi-Vorstellung, obgleich die Begriffe σῶμα Χριστοῦ, κεφαλή, sogar ἐν Χριστῷ (nur 1Kor 15,22 ἐν τῷ Χριστῷ) innerhalb der Adam-Christus-Typologie fehlen.[29] In Wirklichkeit ist die Sache wohl komplizierter, wie die Typologie ja schon einen doppelten religionsgeschichtlichen Hintergund hat: zunächst einmal auf der einen Seite die wohl gängige und für Paulus selbstverständliche spätjüdische Adamhaggada (Adam als Urheber von Sünde und Tod), und erst dann auf einer zweiten Seite, wie besonders 1Kor 15,46 zeigt, eine spezifische gnostische Urmenschspekulation nach dem Archetyp vom himmlischen Adam als Erlöser seines Samens und wohl in der Konkretion gemäß dem Schema des von mir so genannten zweiten Typs der Lehre vom Gotte „Mensch". Man hätte sich diese Urmenschspekulation also etwa so vorzustellen: Im Rahmen der Kosmogonie entsteht nach dem Bilde des höchsten Gottes, der der eigentliche Urmensch ist, der irdische Urmensch. Vorher aber entsteht nach dem Bilde Gottes neben Gott noch ein zweiter himmlischer Urmensch. Von der Ähnlichkeit des irdischen Urmenschen verleitet kommt dieser himmlische Urmensch in den (bzw. zu dem) irdischen Urmenschen hinab und wird, soweit er ihm immanent wird bzw. bleibt, zu dessen höherem Prinzip (νοῦς bzw. πνεῦμα), soweit er ihm transzendent bleibt oder wieder wird, zu dessen Urerlöser bzw. zum Urerlöser von dessen νοῦς bzw. πνεῦμα. Von diesem so durch Eingang

[29] Vgl. R. Bultmann, Theologie des Neuen Testaments, ^{5}1965, 177f., 181, 251–253, 302f., 348f.; ders., Exegetica, 431–444, 250; E. Käsemann, Leib und Leib Christi, Tübingen 1933, 163–168; E. Brandenburger, Adam und Christus, WMANT 7, Neukirchen 1962.

des himmlischen in den irdischen Urmenschen entstandenen „doppelten" Urmenschen stammen nun die zwei Menschenklassen ab: einerseits die (bloß) irdischen bzw. seelischen Menschen, in denen nichts vom himmlischen Urmenschen wohnt; andererseits die geistigen Menschen, die in ihrem irdischen Leibe etwas, ein Stück, vom himmlischen Urmenschen bewahren.[30] Paulus hätte nun, wo sich doch die Identifikation des irdischen Urmenschen dieser gnostischen Lehre mit dem Adam der jüdischen Haggada geradezu anbot, den himmlischen Urmenschen dieser gnostischen Lehre dann auf den ja auch vom Himmel gekommenen Christus bezogen und entsprechend die Pneumatiker auf die Christen und so aus dem gnostischen Übereinander ein apokalyptisches Nacheinander gemacht. Und „beziehen" soll heißen: Paulus benutzt diese gnostische Vorstellung und die entsprechende Begrifflichkeit zur Interpretation der Gestalt und Funktion Christi. Innerhalb der paulinischen Gedankenwelt stammt also, was die Adam-Christus-Typologie betrifft, die Adampartie aus einer Kombination des jüdischen Adam mit dem irdischen Urmenschen der Gnosis, wobei in der konkreten Äußerung jeweils das jüdische oder das gnostische Element vorherrschend sein kann (in Röm 5 herrscht deutlich das jüdische Element vor, in 1Kor 15 das gnostische), und stammt die Christuspartie samt dem Gedanken einer Entsprechung zwischen Adam und Christus aus einer paulinischen Transponierung des himmlischen Urmenschen der Gnosis aus gnostischer Perspektive (nach der er in der Urzeit wirkt) in apokalyptische (nach der er nun also in der Endzeit wirkend gedacht wird).

Der Kolosserbrief und der Epheserbrief sind als Ganze erheblich von gnostischen Vorstellungen geprägt und damit natürlich auch ihre Christologie, die ihrerseits besonders in hymnischen Partien zum Ausdruck kommt. Uns interessiert hier zunächst die zweite Strophe des in Kol 1,15–20 zitierten und glossierten Hymnus, die ursprünglich so ausgesehen haben könnte:

ὅς ἐστιν ἀρχὴ <...>,
πρωτότοκος ἐκ τῶν νεκρῶν,
ἵνα γένηται ἐν πᾶσιν αὐτὸς πρωτεύων,
ὅτι ἐν αὐτῷ εὐδόκησεν πᾶν τὸ πλήρωμα κατοικῆσαι
καὶ δι' αὐτοῦ ἀποκαταλλάξαι τὰ πάντα εἰς αὐτόν,
εἰρηνοποιήσας <τὰ πάντα?> δι' αὐτοῦ.

[30] Vgl. H.-M. Schenke, Der Gott „Mensch", 44–48, 52–68, 98–106; und vgl. dazu vor allem CH I (Poimandres) 15. 18 E. 19–23.

Die erste Strophe, die ihr in formaler Kongruenz, bei sachlicher Inkongruenz, nachgebildet und vorangestellt ist, ist von anderen religionsgeschichtlichen Vorstellungen geprägt, nämlich von der vorgnostischen Sophiaspekulation und der Allgottkonzeption. In dieser zweiten Strophe nun wird eine besondere Ausformung des alten christlichen Bekenntnisses von der Auferstehung Jesu als dem Anfang der allgemeinen Totenauferstehung (Zeile 1–3) durch den Begründungssatz (Zeile 4–6) mit typisch christlich-gnostischen Vorstellungen verschmolzen. Und zwar liegt das Gnostische des ὅτι-Satzes einerseits in der in Zeile 4 zum Ausdruck kommenden eigenartigen Ausprägung des Gedankens einer Adoption des Menschen Jesus (bei dessen Taufe), für die es eben typische christlich-gnostische Parallelen gibt,[31] andererseits in den kosmischen Dimensionen der Versöhnung und Friedensstiftung durch den Erlöser (Zeile 5/6), die auf dem Einfluss einer bestimmten Form des gnostischen Weltbildes, die stärker durch den Emanationsgedanken als durch einen schroffen Dualismus bestimmt ist, beruhen dürften.[32]

Auch die andere zentrale christologische Aussage des Kolosserbriefes (2,13c-15) ist in Anlehnung an einen gnostisch bestimmten Hymnus formuliert; und zwar dürfte das benutzte Hymnenstück so ausgesehen haben:

ἐξαλείψας τὸ καθ' ἡμῶν χειρόγραφον,
καὶ αὐτὸ ἦρκεν ἐκ τοῦ μέσου,
προσηλώσας αὐτὸ τῷ σταυρῷ·
ἀπεκδυσάμενος τὰς ἀρχὰς καὶ τὰς ἐξουσίας
ἐδειγμάτισεν ἐν παρρησίᾳ,
θριαμβεύσας αὐτοὺς ἐν αὐτῷ (sc. τῷ σταυρῷ).

Er löschte die Urkunde unserer Schuld
und räumte sie auch ganz aus dem Wege,
indem er sie ans Kreuz nageln ließ.
Er entwaffnete die Mächte und Gewalten
und machte sie öffentlich zum Spott,
nachdem er an ihm (dem Kreuz) über sie triumphiert hatte.

Der Hymnus, aus dem das stammt, war natürlich bereits ein christlich-gnostischer. In Zeile 1–3 ist mit dem Schuldschein wohl das Fleisch Christi und in ihm das Fleisch überhaupt gemeint.[33] Vgl. unter diesem

[31] Vgl. z. B. Irenäus, adv. haer. I 26,1; 30,12–14; 7,2; PS (GCS 45), 82/83; ÄgEv NHC III,2 p. 63,10–64,4.

[32] Vgl. PS (GCS 45), 82/83 (und überhaupt die vielfältige Interpretation von Ps 84,10.11); 137,36f.; ÄgEv NHC III,2 p. 63,9.16f.

[33] Vgl. G. Schille, Frühchristliche Hymnen, Berlin 1965, 36.

Gesichtspunkt EV CJ p. 20,22–27: „Deswegen trat Jesus in Erscheinung. Er bekleidete sich mit jenem Buch. Er wurde ans Holz genagelt. Er veröffentlichte den Befehl des Vaters am Kreuz." In den Rahmen der Vorstellung als solcher gehört übrigens wohl auch schon die περιτομὴ τοῦ Χριστοῦ von 2,11. Der Genitiv dürfte nämlich ein Gen. subj. sein; und gemeint ist wohl die Beschneidung, die Christus selbst, in der ἀπέκδυσις τοῦ σώματος τῆς σαρκός, und zwar vorbildlich, durchgemacht hat.[34] Zeile 4–6 unseres Hymnenfragments enthält die typisch gnostische Vorstellung vom offenbaren und triumphalen Wiederaufstieg des Erlösers durch die Archontensphären, die er beim Abstieg heimlich hatte durchschreiten müssen – in der Übertragung auf (den gekreuzigten) Jesus.[35] Dieses Motiv, so wie es hier auftritt, gehört allerdings zu einer besonderen Ausprägung der Gnosis, einer solchen nämlich, in der der Dualismus besonders betont ist; die Archonten werden nicht versöhnt, sie huldigen dem wiederaufsteigenden Erlöser nicht; sie sind vielmehr so grundsätzlich negativ gedacht, dass sie besiegt und vernichtet werden müssen.

Auch die schwierigen Sätze Eph 2,14–18 werden erst voll verständlich durch die Erkenntnis, dass hier ein christlich-gnostischer Hymnus zugrunde liegt, der eine zweifache Umdeutung erfahren hat. Auf diesen Hymnus dürften etwa folgende Elemente des Textes zurückgehen:

Αὐτός ἐστιν ἡ εἰρήνη,
ὁ ποιήσας τὰ ἀμφότερα ἓν
καὶ τὸ μεσότοιχον τοῦ φραγμοῦ λύσας
τὴν ἔχθραν ἐν τῇ σαρκὶ καταργήσας

<er stieg herab usw.>

καὶ ἐλθὼν εὐηγγελίσατο
εἰρήνην τοῖς μακρὰν
καὶ εἰρήνην τοῖς ἐγγύς.

Der Hymnus ist kosmologisch orientiert; es geht um die Herstellung des kosmischen Friedens zwischen oberer und unterer Welt durch den Erlöser. τὰ ἀμφότερα meint eben einerseits das Pleroma, andererseits den dem Pleroma feindlichen Herrschaftsbereich des Demiurgen bzw. der σάρξ.

---

34 Vgl. E. Käsemann, Exegetische Versuche und Besinnungen I, 45f.; und vgl. als Parallele in gewisser Hinsicht Irenäus, adv. haer. I 21,2 und ÄgEv NHC III,2 p. 63,23–64,4: „Und er (der Vater) machte durch sie (seine Pronoia) die heilige überhimmlische Taufe gültig kraft jenes unvergänglichen Logosgeborenen, des lebendigen Jesus, dessen, den der große Seth angezogen und (so) die Kräfte der dreizehn Äonen an(s Kreuz) genagelt hatte."

35 Vgl. z. B. EpJac CJ p. 15,6ff.; 2ApcJac NHC V,4 p. 48,5–49,23 (Leipoldt/Grundmann, Umwelt des Urchristentums II, Nr. 364); AscJes 10,7–15.

Entsprechend sind „die Nahen“ die Wesen innerhalb des göttlichen Lichtreiches, „die Fernen“ aber die wegen ihres Falles außerhalb befindlichen.[36] Die beiden kosmischen Bereiche sind getrennt durch das μεσότοιχον τοῦ φραγμοῦ; das ist eine, der Sache, nicht dem hiesigen Terminus nach, geläufige gnostische Interpretation des Firmaments bzw. der Fixsternsphäre; für die Valentinianer z. B. ist diese Zwischenwand der personifizierte Horos; andere Gnostiker verstehen sie als ein καταπέτασμα,[37] wieder andere als φραγμὸς κακίας.[38] Und das Durchstoßen dieser Zwischenwand, die Spaltung des Firmanents seitens des herabsteigenden Erlösers, kann als schon die ganze Erlösung implizierend gedacht werden.[39] Die doppelte Uminterpretation, in der uns, wie gesagt, der Hymnus vorliegt, beruht nun im Prinzip auf der Deutung der Zwischenwand als des (jüdischen) Gesetzes, das einerseits alle Menschen von Gott trennt, andererseits die Nichtjuden von den Juden. Dabei brauchen die beiden Umdeutungen meines Erachtens nicht unbedingt zwei Stufen nacheinander zu repräsentieren, sondern könnten unter Umständen durchaus zugleich erfolgt sein.

Übrigens könnte das Zitat 4,8, das in den beiden folgenden Versen sowieso nach den Kategorien der gnostischen Erlöservorstellung ausgelegt wird, um als Schriftbeweis, der es sein soll, fungieren zu können, wie die organische Fortsetzung unseres in 2,14–18 enthaltenen Hymnus erscheinen. Vielleicht ist es so etwas auch gewesen, d. h., vielleicht wird hier gar nicht Ps LXX 67,19 zitiert, sondern ein gnostischer Hymnus, in den Ps LXX 67,19 unter entsprechender Umformung einbezogen war, wie Jes 57,19 in das Hymnenstück von 2,14–18.

Die Ausführungen von Eph 5,22–33 über die Kirche als Braut Christi werden ebenfalls erst verständlich, wenn man sie in der richtigen religionsgeschichtlichen Perspektive sieht. Was hier hinter dem Text steht, ist eine ganz bestimmte vorchristliche gnostische Vorstellung vom Erlöser und dem, was zu erlösen ist, die vom Verfasser des Epheserbriefes bzw. schon von der Tradition, in der er steht, auf Christus und die Kirche übertragen wurde. Was die Kirche betrifft, die hier ja nicht nur als präexistent, sondern als besudelt und als erlösungsbedürftig gilt, so wird dahinter die Sophia stehen (vgl. 3,10), und zwar die Sophia einer ganz bestimmten Form des gnostischen Sophiamythos, nach dem die Sophia, die Mutter

---

[36] Vgl. Hippolyt, ref. V 22.

[37] EvPhil §76.125; HA; Titellose Schrift aus NHC II.

[38] Origenes, Contra Cels. VI 31.

[39] Vgl. Euseb, Hist. eccl. I 13,20: καὶ διέσχισε φραγμὸν τὸν ἐξ αἰῶνος μὴ σχισθέντα (aus der Abgarsage).

bzw. der Inbegriff aller ihrer Kinder, d. h. der dann später in der Welt zerstreuten Seelen oder Lichtteile, im Zusammenhang der Weltentstehung durch ihre Verfehlung bis in die Materie gesunken ist und im Anfang der Welt von ihrem göttlichen Bruder und Bräutigam bzw. Paargenossen, die sukzessive Rettung der einzelnen Seelen oder Lichtteile vorabbildend und begründend, erlöst wurde. Das heißt auf den Erlösergedanken zugespitzt: Hinter unserem Text steht die Vorstellung des Erlösers, die nach dem Archetyp des Mannes, der sein Weib bzw. seine Braut rettet, entworfen ist (siehe oben). Als Belege dieser Erlöservorstellung und dieses Sophiamythos bzw. als deutliche Spuren davon enthaltend wären zu nennen: die Exegese über die Seele NHC II,6; das Apokryphon Johannis; die Lehre des Simon Magus (Irenäus, adv. haer. I 23,2–3); der Valentinianismus; das Philippusevangelium (§ 35. 36. 39. 55; zu § 36; vgl. Irenäus, adv. haer. IV 31,3); die Pistis Sophia; Irenäus, adv. haer. I 30,12; Authentikos Logos NHC VI,3 p. 22,22ff.; 24,7–10 (Seele ins Hurenhaus geworfen); 32,6f. (Brautgewand); 35,10f. (Brautgemach); die vermutlich gnostisch beeinflusste Schrift Joseph und Aseneth (Aseneth als Gottesbraut: 4,2.8; 11,11; 15,6.9; 19,5; 21,4; Joseph als Gottessohn: 6,2.5; 13,13; Aseneth als seine Schwester: 7,9.11; 23,10). Mit der Leibvorstellung hat dieser hinter unserem Text stehende Mythos (von Haus aus) wohl überhaupt nichts zu tun (wie der Hintergrund der Leib-Christi-Konzeption bei Paulus und im Kolosser- und Epheserbrief meines Erachtens eben nicht die Gnosis ist); vielmehr dürfte die Kombination damit auf das Konto des Verfassers des Epheserbriefes gehen.[40]

Waren bisher die Textkomplexe, an denen wir zeigen wollten, dass sie nur auf dem Hintergrund der gnostischen Erlöservorstellung voll verstehbar sind, durchaus lokal begrenzt, so ist das beim johanneischen Schrifttum anders. Hier ist das christliche Kerygma insgesamt und so konsequent wie möglich in der Sprache und in den Kategorien der Gnosis zum Ausdruck gebracht, sei es, dass hier ein Gnostiker (samt seinem Kreise) das Christentum in die eigenen Kategorien übersetzt hatte, sei es, dass diese Übersetzung vorgenommen worden war, um Gnostiker für das Christentum zu gewinnen. Was nun das vierte Evangelium anbelangt, das eben als Evangelium vom Anfang bis zum Ende Christologie ist, so ist es als Ganzes von der gnostischen Erlöservorstellung bestimmt. Der allgemeine Nachweis dafür ist auf breiter Basis längst erbracht, besonders von R. Bultmann,[41]

---

[40] Vgl. K. M. Fischer, Tendenz und Absicht, 54ff.
[41] Vgl. Exegetica, 10–35, 55–104, 230–254.

und kann und braucht hier nicht wiederholt zu werden – die neuen Quellen lassen das bereits Erkannte nur noch deutlicher werden –; und die Anerkenntnis dieses Sachverhalts ist weit verbreitet, nur dass man mit Recht gegenüber Bultmanns spezieller literarkritischer Hypothese einer im vierten Evangelium durchgängig benutzten (gnostischen) Quelle der Offenbarungsreden (und seiner entsprechenden Hypothese für die Johannesbriefe) zurückhaltend ist. Wir wollen vielmehr hier den gnostischen Hintergrund der Christologie des vierten Evangeliums, in Ergänzung zu dem bereits oben über das Verhältnis Jesus/Paraklet Gesagten, nur noch anhand zweier Einzelstellen verdeutlichen und konkretisieren.

Das Prinzip der Neuinterpretation Jesu im vierten Evangelium kann man besonders gut am Prolog studieren, insofern als dieser auf der Übertragung einer zwar besonderen, dafür aber als in sich geschlossen noch ohne weiteres erkennbaren Erlöservorstellung auf Jesus beruht. Dem Prolog liegt nämlich offenbar ein Logoslied zugrunde, das meines Erachtens etwa folgendermaßen abzugrenzen und zu rekonstruieren ist:

1. ἐν ἀρχῇ ἦν ὁ λόγος,
καὶ ὁ λόγος ἦν πρὸς τὸν θεόν,
καὶ θεὸς ἦν ὁ λόγος.
3. πάντα δι᾽ αὐτοῦ ἐγένετο,
καὶ χωρὶς αὐτοῦ ἐγένετο οὐδὲ ἕν,
4. ὃ γέγονεν, ἐν τούτῳ αὐτὸς ζωὴ ἦν,
καὶ ἡ ζωὴ ἦν τὸ φῶς τῶν ἀνθρώπων.
5. καὶ τὸ φῶς ἐν τῇ σκοτίᾳ φαίνει,
καὶ ἡ σκοτία αὐτὸ οὐ κατέλαβεν.
9. τὸ φῶς ὃ φωτίζει πάντα ἄνθρωπον
ἦλθεν εἰς τὸν κόσμον.
10. ἐν τῷ κόσμῳ ἦν,
καὶ ὁ κόσμος δι᾽ αὐτοῦ ἐγένετο,
καὶ ὁ κόσμος αὐτὸν οὐκ ἔγνω.
11. εἰς τὰ ἴδια ἦλθεν,
καὶ οἱ ἴδιοι αὐτὸν οὐ παρέλαβον.
12. ὅσοι δὲ ἔλαβον αὐτόν,
ἔδωκεν αὐτοῖς τέκνα θεοῦ γενέσθαι.

Das Lied handelt von der Göttlichkeit des Logos, von der Schöpfung durch den Logos, von der Uroffenbarung durch den Logos; als die ihren Zweck verfehlt, geht der Logos in die Menschenwelt ein, erscheint er immer wieder in einzelnen Menschen, um so doch den Menschen noch die Offenbarung zu bringen; nur einzelne Menschen nehmen allerdings die Offenbarung an, aber die macht der Logos dann zu Kindern Gottes. Die Doppelheit des Erlöserwirkens des Logos in Uroffenbarung und kontinuierlicher

Offenbarung in Verbindung mit dem durch die Konzeption der σκοτία (V. 5) bezeichneten Bruch in der Weltanschauung erweist das Lied, trotz der nichtgnostischen Parallelen (Sophiaspekulation; Philo), die sich neben den gnostischen Parallelen (Oden Salomos; Evangelium der Wahrheit; Corpus Hermeticum usw.) zu seinen Vorstellungen und Begriffen finden, als gnostisch. Allerdings zeigt andererseits vor allem der Schöpfungsgedanke, dass in dem Lied eine ganz besondere Gnosis spricht, eine Gnosis nämlich, die, ähnlich der der Oden Salomos, eine enge Verbindung mit dem Judentum und seinem Gottesgedanken zu halten bemüht ist. Der vierte Evangelist hat nun geglaubt, in der Logosgestalt dieses Liedes Jesus in seiner Präexistenz und als Menschgewordenen erkennen zu können. Man könnte auch sagen: Er sieht sich veranlasst, das Logoslied allegorisch auf Jesus zu deuten. Sein Verständnis des Liedes prägt er dem Text auf, indem er zunächst genau an der Zäsur des Liedes zwischen Uroffenbarung und Eingehen des Logos in die Menschheit Johannes den Täufer als Vorausverkünder der bevorstehenden Erscheinung des Logos in Jesus von Nazareth einschiebt (V. 6–8). Auf diese Weise wird die Schilderung des Liedes vom Eingehen des Logos in die Menschheit und seinem offenbarenden Wirken in verschiedenen Individuen (V. 9–12b) zu einer geheimnisvollen, nur andeutenden Darstellung der Menschwerdung des Logos in Jesus und der irdischen Wirksamkeit Jesu, was dann zu kleinen Ergänzungen herausforderte (V. 12c.13). Der andeutenden, an die Vorlage gebundenen Schilderung lässt der Evangelist schließlich von sich aus die eindeutige Darstellung des gemeinten Sachverhalts der Inkarnation, sozusagen die Entschleierung des Rätsels folgen (V. 14.16.18).[42] Bei dieser Übertragung des Logosliedes auf Jesus erscheint Jesus übrigens, im Unterschied zur sonstigen Struktur der Christologie des vierten Evangeliums (vgl. oben), nur in der Kategorie des (zwar entscheidenden) Vertreters der kontinuierlichen Offenbarung.[43]

Auch sonst kann man den gnostischen Hintergrund der johanneischen Christologie am besten an solchen Komplexen erkennen, wo die Verbindung der benutzten Vorstellung mit dem, was sachlich in ihrem Rahmen gesagt werden soll, nicht völlig bzw. gar nicht geglückt ist. Das beste Anschauungsmaterial in dieser Hinsicht findet sich meines Erachtens

[42] V. 15 und 17 dürften spätere Hinzufügungen sein, und zwar ist V. 15 wohl eine zufällig in den Text gelangte Randglosse, während V. 17 eine Ergänzung aus dem Schülerkreis des Evangelisten darstellen mag.

[43] Zu der Alternative siehe oben.

im dritten Kapitel (genauer: in der Perikope 2,23–3,21 u. 3,31–36). Hier begegnet uns außerdem das interessante Phänomen, dass nicht die gnostische Erlöservorstellung, sondern die gnostische Anthropologie (die ja aber in der Gnosis ganz eng mit der Erlöservorstellung zusammenhängt) die johanneische Christologie bestimmt. Die Analyse dieses Kapitels zeigt nämlich, dass der Evangelist hier eine kurze, aus der christlichen Tradition stammende apophthegmenähnliche Erzählung von Nikodemus (aus der im Großen und Ganzen der Inhalt der V. 1.2.3.9.10 stammt) wegen des sie beherrschenden Stichworts *ἀναγεννηθῆναι mit einer rein gnostischen Dichtung über das *ἄνωθεν γεγεννῆσθαι (die etwa unter der Überschrift Περὶ τοῦ ἄνωθεν γεγεννημένου gestanden haben könnte) verbunden hat. Aus dieser Dichtung dürften folgende Sätze bzw. Satzteile stammen (meist als rein heidnisch aus dem Zusammenhang hervorstechend):

6. τὸ γεγεννημένον ἐκ τῆς σαρκὸς σάρξ ἐστιν,
καὶ τὸ γεγεννημένον ἐκ τοῦ πνεύματος πνεῦμά ἐστιν.
8. τὸ πνεῦμα ὅπου θέλει πνεῖ,
καὶ τὴν φωνὴν αὐτοῦ ἀκούεις,
ἀλλ᾽ οὐκ οἶδας πόθεν ἔρχεται καὶ ποῦ ὑπάγει·
οὕτως ἐστὶν πᾶς ὁ γεγεννημένος ἐκ τοῦ πνεύματος.
11. … ὃ οἴδαμεν λαλοῦμεν …
12. … τὰ ἐπίγεια …
… τὰ ἐπουράνια …
13. καὶ οὐδεὶς ἀναβέβηκεν εἰς τὸν οὐρανὸν
εἰ μὴ ὁ ἐκ τοῦ οὐρανοῦ καταβάς.
31. ὁ ἄνωθεν ἐρχόμενος ἐπάνω πάντων ἐστίν·
ὁ ὢν ἐκ τῆς γῆς ἐκ τῆς γῆς ἐστιν καὶ ἐκ τῆς γῆς λαλεῖ.
ὁ ἐκ τοῦ οὐρανοῦ ἐρχόμενος ἐπάνω πάντων ἐστίν.

Der Evangelist benutzt die Aussagen der gnostischen Dichtung (den Stoff übrigens hier weniger beherrschend, als dass der ihn beherrscht) zu einer Aus- und Umgestaltung des Gesprächsgrundrisses der Nikodemuserzählung. Gewisse Aussagen dieser gnostischen Dichtung waren nun aber von solcher Art, dass der Evangelist sie nicht auf den Menschen, sondern nur auf den Erlöser, speziell auf die Herabkunft des Erlösers, beziehen konnte. Und eben das dürfte es auch gewesen sein, was ihn veranlasste, in seiner Darstellung vom Thema der Wiedergeburt zum Thema der Sendung des Erlösers überzugehen.

Die Benutzung der gnostischen Erlöservorstellung zur Formulierung und Entwicklung der Christologie bedeutet ein Eingehen des Christentums auf die es umgebende hellenistische Welt. Ohne ein solches Eingehen ist Verkündigung nicht möglich. Aber solches Eingehen ist auch stets in der

Gefahr, sich selbst an die Umwelt zu verlieren. Offenbar kommt es auf das rechte Maß an. Aber dieses ist nun nicht ohne weiteres und von vornherein festzulegen. Sicher ist es auch besser, über das Maß hinauszuschießen, als gar kein Risiko zu wagen. Wir haben es hier sowieso mit keiner festen Grenze zu tun, sondern mit einer Bewegung, die zu einem Sich-Einpendeln führt. Diesen Sachverhalt kann man am Neuen Testament selbst ablesen. Paulus, die Deuteropaulinen, das johanneische Schrifttum repräsentieren (jeweils auf verschiedenen Ebenen) ein solches Sich-Eingependelthaben, das Gefundenhaben eines Maßes, das Gewonnenhaben eines Blickes für die Stellen, wo man in heiliger Inkonsequenz abbiegen oder abbrechen muss – die Konsequenz in dieser Sache führt zur Häresie. Vor ihnen und neben ihnen gibt es radikaleres Eingehen auf die Gnosis. Produkte solcher Richtungen, wenn man sie übernimmt, werden durch Glossen oder ähnliche Praktiken korrigiert (vgl. als Modell die Glossen des Philipperhymnus [2,6–11] und des Kolosserhymnus [1,15–20]), die radikalsten Richtungen als Häretiker bekämpft (die Gegner des Kolosserbriefes, der Pastoralbriefe und der Johannesbriefe), wie es später von einem weniger offenen Standpunkt aus die Kirche mit den Fortsetzern dieser Richtungen tut. Den kritischen Punkt der Anwendung gnostischer Erlöservorstellungen auf die Christologie bezeichnen vom Wesen der Sache her am deutlichsten die Johannesbriefe (1Joh 2,22; 4,2; 2Joh 7). Wenn Christologie Interpretation der Bedeutung des Menschen Jesus von Nazareth ist, dann ist eine Christologie, die die Menschheit Jesu selbst aufhebt (Doketismus), eben sachlich unmöglich.

ERWÄGUNGEN ZUM RÄTSEL DES HEBRÄERBRIEFES*

Die Erwägungen, die ich mit diesem Aufsatz einer größeren Öffentlichkeit vorlege, wenden sich vornehmlich an solche Kollegen, für die bis heute der Hebr in mehr als einer Hinsicht und in viel stärkerem Maße als andere Schriften des NT ein Rätsel ist. Dass der Jubilar, dem diese Zeilen insbesondere gewidmet sind, ein in dieser Hinsicht idealer Gesprächspartner oder gegebenenfalls auch Beichtvater für exegetische Sünden ist, glaube ich zu wissen. Ich erinnere mich, dass in der Einleitungsvorlesung, die ich im Wintersemester 1950/51 bei ihm hörte, die Rätselhaftigkeit des Hebr eindrucksvoll zur Sprache kam. Und jetzt arbeitet er an einem Kommentar zum Hebr (für das Handbuch zum NT), und jeder weiß ja von sich selbst, dass die Rätsel einer Sache um so größer werden, je näher man mit ihr befasst ist.

Besondere Umstände erfordern besondere Maßnahmen. Die besonderen Umstände, die das Hebr-Rätsel für mich mit sich bringt, bestehen darin, dass ich mich veranlasst sehe, die Lösung wesentlich in einem Bereich zu suchen, in dem ich mich nicht zuhause fühle. Und das zwingt eben zu der Maßnahme besonderer Vorsicht und Behutsamkeit im Vorgehen, dazu, dass man z. B. viel mehr fragt als antwortet. Ja, das Ganze ist tatsächlich mehr als Frage an die Kollegen gedacht, ob man die Dinge so, wie noch darzulegen sein wird, sehen kann, denn als fertige Hypothese. Damit hängt auch zusammen, dass die vorzutragenden Erwägungen eigentlich schon keine Angelegenheit eines Einzelnen mehr sind. Ich bin zusammen mit Karl Martin Fischer bei der Erarbeitung einer Konzeption für den Hebr im Rahmen der Vorbereitung unserer Einleitung in die Schriften des NT auf sie verfallen. Wir haben sie bereits im Seminar und im Kolloquium mit den Fachkollegen in unserer näheren Umgebung mit Erfolg erprobt. Und außerdem haben wir uns der „Rückendeckung" durch J. Maier, einen der ganz wenigen Sachverständigen auf dem Forschungsgebiet, von dessen Ergebnissen wir dabei abhängig sind, versichert.

---

* In: H. D. Betz (Hg.), Neues Testament und christliche Existenz, FS H. Braun, Tübingen 1973, 421–437.

Ein Rätsel in dem von mir gemeinten Sinne dürfte allerdings der Hebr nur für diejenigen sein, die ebenfalls den Eindruck haben bzw. die Überzeugung teilen, dass zwei heute als Lösungen geltende und Bewusstsein und Denkgewohnheit in Bezug auf den Hebr weithin bestimmende Betrachtungsweisen[1] nicht stimmen bzw. nicht aufgehen. Ich meine einerseits die von E. Käsemann ins Spiel gebrachte religionsgeschichtliche Einschätzung des Hebr, die ihn in seiner Ganzheit auf dem Hintergrund des gnostischen Mythos versteht,[2] und andererseits die theologische Auffassung, dass der Skopus des Hebr gar nicht in seinen theoretischen Erörterungen, sondern in den Paränesen liege, wie sie z. B. den großen Kommentar von O. Michel durchzieht und besonders durchschaubar von W. Nauck herausgestellt wird.[3] Zu der zweiten Anschauung habe ich, wie ich bekennen muss, überhaupt keinen Zugang zu finden vermocht. Den Verf. des Hebr primär als Seelsorger zu verstehen, erscheint mir von vornherein als völlig unmöglich. Seelsorge ist so ungefähr das Einzige, was er bestimmt nicht kann. Es kommt mir so vor, als ob man hier angesichts der Hebr-Variante des Verhältnisses von Indikativ und Imperativ, weil es Schwierigkeiten bereitet, die Imperative als Konsequenz der Indikative zu verstehen, aus der Not eine Tugend machend einfach sich die Indikative nach der Norm der Imperative zurechtlegt. Mehr als die zweite Anschauung tangiert uns in unserem Zusammenhang die erste. Zwar gibt es nur wenige, die die These Käsemanns in Bausch und Bogen übernommen hätten, aber unterschwellig und partiell durchsäuert sie die Auffassung vieler bis hin zu W. G. Kümmel,[4] und in der wissenschaftlichen Diskussion über den Hebr bildet sie einen ganz entscheidenden Streitpunkt. Aber Käsemanns kühne und interessante Konstruktion ist dennoch auf Sand gebaut, was viele immer schon gefühlt haben und wie es die neuerliche Kritik ihres religionsgeschichtlichen Unterbaus, nämlich einerseits die im Wesentlichen von Bousset und Reitzenstein entwickelte Auffassung über den Mythos vom Erlösten Erlöser als dem einen Grundmythos der Gnosis, andererseits die weite Fassung des Begriffs der Gnosis, die Jonas eingeführt hat und wonach der Geist der Gnosis mit dem Geist der Spätantike identisch ist (sie ist es ja, die es Käsemann erlaubt, sozusagen

---

1 Vgl. den Forschungsbericht von E. Gräßer, ThR.NF 30 (1964), 138–236.

2 Das wandernde Gottesvolk, Göttingen 1939.

3 Zum Aufbau des Hebr, in: Judentum – Urchristentum – Kirche, FS Joachim Jeremias, BZNW 26 (1960), 199–206.

4 Feine/Behm/Kümmel, Einleitung in das Neue Testament, Berlin [13]1965, 286.

alles in einen Topf zu werfen), deutlich aufzuweisen unternommen hat.[5] Gegenwärtig zeigt diese Kritik – wie in Bezug auf andere Schriften des NT, so auch in Bezug auf den Hebr – bereits ihre Früchte, zunächst in Gestalt einer fruchtbaren Verunsicherung in Sachen Gnosis. Die Kriterien der religionsgeschichtlichen Schule der Neutestamentler sind zerbrochen, und neue Kriterien sind noch nicht da.[6] Diese Lage spiegeln zwei besonders interessante der neuesten Monographien über den Hebr deutlich wider,[7] wenn auch die Reaktion auf die Lage verschieden ist. Theißen ist bestrebt, die Konzeption Käsemanns im Entscheidenden beizubehalten, und zwar gerade über das Mittel eines Versuchs, sie – im Unterschied zu bisher – auf eine tragfähige Basis zu stellen.[8] Für Hofius dagegen ergibt sich aus einer Analyse von Käsemanns Ausgangsstelle Hebr 3,7–4,13, die die neueste Phase der Gnosisforschung berücksichtigt, dass nicht die Gnosis, sondern die Apokalyptik der Hintergrund des Hebr sei. Er stellt sich also grundsätzlich auf Michels Seite, nur dass er sich im Unterschied zu Michel um Eindeutigkeit bemüht.

Die Streitfrage: gnostischer Hintergrund oder nicht, die praktisch gleichbedeutend ist mit der Alternative: Gnosis oder Apokalyptik als Hintergrund des Hebr, ja, die Erforschung des Hebr überhaupt, hat nun gegenwärtig sowieso eine ganz besondere Zuspitzung erfahren durch die Entdeckung und Veröffentlichung des Qumranfragments 11Q Melch.[9] Nun haben Qumranschriften bzw. das Gesamtphänomen der Qumransekte auch vorher schon eine erhebliche, allerdings unglückliche, mehr verwirrende als erhellende Rolle in der Diskussion über den sog. „Hintergrund" – wie

5 C. Colpe und H.-M. Schenke.

6 Mir liegt übrigens keineswegs daran, hier das Kind mit dem Bade auszuschütten; vielmehr bemühe ich mich selber um solche neuen Kriterien, und zwar besonders in einem Aufsatz mit dem Titel „Die neutestamentliche Christologie und der gnostische Erlöser", der in einer von K. W. Tröger herausgegebenen Aufsatzsammlung „Gnosis und NT" bei der Evangelischen Verlagsanstalt Berlin erscheinen wird.

7 G. Theißen, Untersuchungen zum Hebräerbrief, StNT 2, Gütersloh 1969; O. Hofius, Katapausis, die Vorstellung vom endzeitlichen Ruheort im Hebräerbrief, WUNT 11, Tübingen 1970.

8 Untersuchungen zum Hebr, 115–152.

9 A. S. van der Woude, Melchisedek als himmlische Erlösergestalt in den neugefundenen eschatologischen Midraschim aus Qumran Höhle XI, OTS 14 (1965), 354–373; M. de Jonge/A. S. van der Woude, 11Q Melchizedek and the New Testament, NTS 1 (1965/66), 301–326; und vgl. dazu Y. Yadin, A Note on Melchizedek and Qumran, IEJ 15 (1965), 152–154; D. Flusser, Melchizedek and the Son of Man, a preliminary note on a new fragment from Qumran, ChNI 17 (1966), 23–29; J. A. Fitzmyer, Further Light on Melchizedek from Qumran Cave 11, JBL 86 (1967), 25–41.

immer man „Hintergrund" dabei verstanden hat – des Hebr gespielt.[10] Die Weltanschauung der Qumranleute ist anscheinend kein dritter Weg, kein Mittel, um der Alternative Gnosis oder Apokalyptik zu entgehen, bietet aber auch keine Möglichkeit, eine Entscheidung zugunsten der einen oder der anderen Seite herbeizuführen, ob man die Qumranlehre nun mehr zur Apokalyptik oder mehr, indem man vor allem ihren deterministischen Dualismus mit einem Etikett wie „Praegnosis" versieht, zur Gnosis gehörig ansieht. Es kommt also sehr darauf an, in welcher Perspektive man 11Q Melch in den Blick fasst. Dass solch ein neuer Text nicht ohne weiteres „redet", kann man auch an der völlig entgegen gesetzten Beurteilung des Wertes, den 11Q Melch für den Hebr hat, durch Michel und Theißen ablesen. Während der letzte Nachtrag in Michels Kommentar[11] durchaus so klingt, als müsste nun eigentlich der ganze Kommentar von 11Q Melch aus umgeschrieben werden, kann Theißen sagen: „Zur Interpretation des Hb trägt das Fragment nur wenig bei."[12] Entscheidend für die Bewertung von 11Q Melch ist also offenbar, mit welchen Fragen man an dieses Fragment herantritt. Diese Fragen müssen natürlich aus der Analyse des Hebr selbst erwachsen. In der Perspektive der Fragen und Erwägungen, die ich hier darzulegen im Begriff bin, könnte dem Fragment 11Q Melch geradezu die Funktion des Schlusssteins beim Bau eines Gewölbes zukommen.

Diese Erwägungen, wenn ich auch das noch, bereits Gesagtes in gewisser Weise wiederaufnehmend, vorausschicken darf, haben ganz und gar nicht die Absicht, dem Schatz der obskuren Hypothesen über den Hebr eine perverse Neuheit hinzuzufügen. Ich sage das deswegen ausdrücklich, weil die ganze Angelegenheit auf den Schemen einer Hypothese hinausläuft, die beim ersten Hören oder Lesen erheblich befremdend wirken könnte bzw. wirken muss. Und dennoch habe ich in gewisser Hinsicht gar nichts Neues zu sagen. Es handelt sich im Grunde um lauter alte, z. T. uralte, wohlbekannte Sachverhalte, nur dass eben ihre Beziehung zueinander ein wenig anders gesehen, die Weichen ein bisschen anders gestellt werden. Anders ausgedrückt, ich finde das, was ich hier zum Ausdruck bringen will, eigentlich in der Literatur überall wieder, aber immer nur in kleinen Stücken, niemals – soweit ich weiß – das Ganze, das mir vorschwebt.

10 Sehr typisch dafür ist z. B. Y. Yadin, The Dead Sea Scrolls and the Epistle to the Hebrews, SH 4 (1958), 36–55; vgl. an Stellungnahmen, dazu und zu Ähnlichem H. Braun, Qumran und das NT, Tübingen 1966, Bd. I: 241–278, Bd. II: 181–184; E. Gräßer, ThR.NF 30 (1964), 171–177; Feine/Behm/Kümmel, Einleitung, 286.

11 7. Eine neue Wendung in der Melchisedek-Forschung, KEK 13, [12]1969, 559.

12 Untersuchungen zum Hebr, 143.

Anscheinend braucht man also nur das, was da wie Bruchstücke in der Literatur „herumliegt", aufzuheben und zusammenzusetzen.

Der Einsatzpunkt meiner Erwägungen ist die an sich wohlbekannte, wesentlich religionsgeschichtlich bestimmte Frage nach dem Verhältnis von Jüdischem und Gnostischem im Hebr. Das ist in der Tat eine Schlüsselfrage, mit der eine ganze Anzahl anderer Fragen mehr oder weniger direkt zusammenhängt. Zunächst einmal ist damit gewissermaßen nach dem Hintergrund der Ausführungen des Hebr gefragt. So, wie die Dinge im Hebr nun einmal liegen, ist die Frage aber allein sinnvoll und fruchtbar, wenn man unter „Hintergrund" die geistigen und theologischen Voraussetzungen, die der Verf. mitbringt, versteht. Der einzige Zugang zum Hebr als einem Stück ehemaliger Wirklichkeit in Raum und Zeit führt ja (wie auch bei einigen anderen Schriften des NT) sowieso nur über den Verf. Über die Adressaten, ihre äußere und geistige Lage, über die Größenordnung der ins Auge gefassten Leserschaft, über ihren Ort bzw. Bereich, ebenso wie über den Abfassungsort und die Abfassungszeit können wir dem Schreiben nämlich direkt kaum etwas bzw. gar nichts entnehmen.[13] Woran wir uns allein halten können und müssen, ist der Verf., wie wir ihn vor allem in seinem Denken, aber auch in seinem Fühlen und Wollen in seinem Werk vor uns haben. Das Denken des Verf. des Hebr, d. h. die charakteristische Theologie des Hebr, fordert nun bekanntermaßen zu einem Vergleich mit der des Paulus heraus; beiden geht es ja ganz wesentlich um das Gesetz, aber eben in vollkommen verschiedener Perspektive. Wenn man diesen Vergleich nun aber unter Berücksichtigung des jeweiligen Hintergrundes, d. h. unter der nahe liegenden Voraussetzung, dass wesentliches an dem Profil der jeweiligen Theologie, und besonders die Verschiedenheit voneinander, abhängig ist von den Denkvoraussetzungen, von den Vorstellungen und Voraussetzungen, mit denen Paulus einerseits und der Verf. des Hebr andererseits von vornherein an das Christentum ihrer Zeit und ihres Ortes herangetreten bzw. hineingewachsen waren, dann ergibt sich folgender Gedankengang: Wenn es stimmt, dass die paulinische Theologie typisch als Theologie eines Christ gewordenen Pharisäers ist, müsste oder könnte man dann die Theologie des Hebr etwa entsprechend ansehen als typische Theologie eines Christ gewordenen Sadduzäers? So nahe liegend die *Richtung* dieser Frage sein mag, als ehemaligen Sadduzäer kann man den Verf. des Hebr ganz offensichtlich nicht *wirklich* verstehen. Ein solcher müsste im Jerusalemer Tempel und Kult besser Bescheid wissen.

---

[13] Ich gehöre zu denen, die 13,18–25 für sekundär halten.

Aber vielleicht könnte man sagen, dass er etwas *Ähnliches* wie ein Sadduzäer gewesen sein dürfte, und dann die in dem „ähnlich wie" liegende Differenz sachlich zu definieren versuchen. Das könnte so aussehen: Er mag nicht ein Priester am Heiligtum in Jerusalem gewesen sein, sondern eine Art Priester am himmlischen Heiligtum (denn im himmlischen Heiligtum kennt er sich aus, und die bekannten Aussagen, die in Beziehung auf den Jerusalemer Tempel falsch sind [9,1–5], erweisen sich als richtig in der Perspektive des himmlischen Heiligtums), ein Mann, den ausschließlich der Kult im (obersten) Himmel als dem Allerheiligsten des Alls an dem bzw. vor dem Thron Gottes interessiert, während ihm der ehemalige irdische Kult in Jerusalem bzw. in der Wüste nur noch als schwacher Abglanz davon gilt. Es ist ja überaus interessant und aufschlussreich, wie der Hebr vom Thron Gottes redet (4,16; 8,1; 12,2), in einer Weise nämlich, die innerhalb des NT nur mit der der Apk vergleichbar ist. Damit hängt dann wiederum zusammen eine ganz bestimmte Modifikation, in der das traditionelle christologische Motiv des „Sitzens zur Rechten" im Hebr erscheint (vgl. unter diesem Gesichtspunkt neben 8,1; 12,2 auch 1,3).

Wie stellt sich nun die Frage nach dem Verhältnis von Jüdischem und Gnostischem im Licht dieser Erwägungen über den Hintergrund des Hebr dar? Zunächst einmal möchte ich im Blick auf Grässer[14] nachdrücklich behaupten, dass, wenn Käsemanns religionsgeschichtliche Prämissen nicht mehr stimmen, Jüdisches und Gnostisches, und zwar natürlicherweise, wieder bzw. auch weiterhin als Alternativen zu behandeln sind. Andererseits bin auch ich der Überzeugung, dass der Hebr (neben Jüdischem) tatsächlich auch Gnostisches enthält. Genau das ist für mich das Wahrheitsmoment von Käsemanns Konzeption und das relative Recht seiner Position. Am deutlichsten ist der gnostische Hintergrund an der in dieser Hinsicht berühmten Stelle 2,11. Die andere Stelle, die dieser sonst an Beweiskraft gleichgeachtet wird, nämlich 10,20, kann ich allerdings nicht in dieser Perspektive sehen. Die dunkle Wendung τοῦτ' ἔστιν τῆς σαρκὸς αὐτοῦ als Apposition zu τοῦ καταπετάσματος gibt m. E. nämlich auch keinen gnostischen Sinn; sie gibt *gar keinen* Sinn. Ich spiele daher lieber mit der Frage, ob man das nicht eher als eine ungeschickt in den Text eingefügte Randglosse ansehen könnte, die eigentlich das ἐν τῷ αἵματι Ἰησοῦ (V. 19) im Sinne eines ἐν τῷ αἵματι τῆς σαρκὸς Ἰησοῦ erläutern sollte. Das Gnostische betrifft jedenfalls die Christologie. Genauer gesagt, in die Christologie des Hebr ist eine ganz bestimmte Spielart der

---

14 ThR.NF 30 (1964), 176.

auf dem Hintergrund der gnostischen Erlöserlehre von der hellenistischen Gemeinde entworfenen Präexistenzchristologie, wie sie etwa auch den Philipperhymnus prägt und das vierte Evangelium durchzieht, integriert. Ich kann mich auch nicht dem Eindruck verschließen, dass diese Spielart der Präexistenzchristologie an gewissen Punkten „gnostischer" ist als andere Spielarten im NT. Worauf es mir hier aber ankommt, ist der Stellenwert, der dieser Spielart der Präexistenzchristologie samt ihrem Plus an Gnostischem im Rahmen der Gesamtchristologie und Theologie des Hebr zukommt. Dazu nehmen wir den Gesichtspunkt des Hintergrundes wieder auf. Das bezeichnete Gnostische und das Jüdische können nach den genannten Prämissen nicht denselben Hintergrund haben. Damit erhebt sich dann die Frage, ob es sinnvoll sein könnte, mit der Vorstellung eines doppelten Hintergrundes zu operieren, wobei dann allerdings der Begriff des Hintergrundes einen jeweils anderen Bedeutungsinhalt hätte. Denn „Hintergrund" im Sinne der weltanschaulichen Voraussetzungen, mit den der Verf. des Hebr an das Christentum herantritt, als er sich ihm zuwendet, im Sinne seiner mitgebrachten Kategorien, in denen er sich die Bedeutung des Christentums zurechtlegt, kann es nur *einen* geben. Aber auch das Christentum, dem er beim Eintritt als einer bereits in sich geschlossenen Größe begegnet, bildet ja einen Hintergrund, eine zweite Voraussetzung seines Denkens. Im Prinzip läuft diese Betrachtungsweise genau auf die m. E. sehr fruchtbare Methode hinaus, unter der neuerdings Theißen den Hebr exegetisch befragt, wenn er sich nämlich konsequent um die Scheidung zwischen der Tradition, die der Verf. voraussetzt, und der Modifikation bzw. Kritik, die er ihr angedeihen lässt, bemüht. Zwar wendet er diese Methode im Hauptteil seines Buches anders an, insofern als es ihm vorwiegend darum geht, eine stark mysterienhaft und sakramental bestimmte Frömmigkeit im Hebr modifiziert und kritisiert zu sehen, aber im religionsgeschichtlichen Anhang wird ausdrücklich die Frage und Möglichkeit als solche artikuliert, ob etwa die gnostischen Elemente der Christologie bloß zu der dem Verf. vorgegebenen und von ihm einfach übernommenen christlichen Tradition gehören, eine Frage, die er selbst dann schließlich unter dem Eindruck von Käsemanns Argumentationen allerdings doch verneint.[15] Der springende Punkt ist hier, ob das Gnostische an der Christologie des Hebr sozusagen noch lebt, ob noch ein direkter oder lebendiger Kontakt besteht zwischen dem Verf. und dem weltanschaulichen Hintergrund dieser gnostischen Elemente, kurz, ob der

[15] Vgl. z. B. Untersuchungen zum Hebr, 123.

Verf. noch *weiß*, dass das im Grunde gnostisch ist. Das ist jedenfalls nicht selbstverständlich. Nach allgemeiner Überzeugung ist der Hebr ein relativ spätes Produkt des Urchristentums. In dieser Zeit ist es ohne weiteres möglich, dass ehemalige gedankliche Neuschöpfungen der hellenistischen Gemeinde in manchen Bereichen bereits zu selbstverständlichen Dogmen versteinert sind. Und es ist sicher nicht richtig, weil das Christentum erst in jüdischen Kategorien gedacht wurde und dann erst in hellenistische Kategorien übersetzt und in ihnen weiterentwickelt wurde, anzunehmen, dass in einer christlichen Schrift das Hellenistische *immer* das Neue und Lebendige und das Jüdische entsprechend *immer* das Alte und Versteinerte ist. Es gibt ja auch sonst – vom Hebr einmal abgesehen – das überaus interessante Phänomen eines das hellenistische Christentum voraussetzenden Judenchristentums. Nun scheinen im Hebr die Dinge tatsächlich so „verkehrt herum" zu liegen. Anders könnte man sich schon die ganz merkwürdige und neben der Präexistenzchristologie überraschende adoptianische Christologie (vgl. besonders 1,3b–13), die wie eine Wiederbelebung – offenbar unter neuen Bedingungen – aussieht, m. E. gar nicht erklären. Das entscheidende Phänomen aber dürfte sein, dass durch die Zäsur in 5,11–6,12, die gewissermaßen das Normale und Vorausgesetzte von dem Neuen und Ungewöhnlichen trennt, die Präexistenzchristologie mitsamt ihren besonders gnostischen Zügen in die Perspektive des als normal und bekannt Vorausgesetzten gerückt erscheint, während zugleich mit der Hohepriesterlehre sozusagen weiter nichts als eine besondere Version der alten und ursprünglich judenchristlichen Vorstellung vom Sühnopfer Jesu als tiefstes und ganz neues Geheimnis erscheint. Dass aber die alte Sühnopfervorstellung dermaßen als Mysterium gedacht und dargestellt werden kann, ist andererseits m. E. überhaupt nur unter einer einzigen Voraussetzung verstehbar, nämlich falls für den Verf. die *besonderen Kategorien*, in denen er sie zur Sprache bringt, schon von vornherein und an sich mit dem Fluidum des erhabensten Geheimnisses umgeben waren. Diese Kategorien sind aber eben nichts anderes als die Vorstellung eines himmlischen Heiligtums mit all seinem Zubehör, eines himmlischen Kults, einer himmlischen Priesterschaft und eines himmlischen Hohenpriestertums. Und dass es eine Richtung im zeitgenössischen Judentum gab, für welche die Betrachtung eben dieser Dinge, das Nachdenken darüber, das Sichversenken in sie, allerhöchstes Mysterium war, ist nun auch nachweisbar, ja ist tatsächlich erwiesen. Wir kommen später darauf noch zurück. Zunächst wollen wir sagen, dass nach dem bisher Ausgeführten die Struktur der Christologie des Hebr im Prinzip so begriffen werden kann, als sei auf eine dem Verf. durch die christliche Tradition vorgegebene Spielart der Präexistenzchristologie die Hohepriesterchristologie aufgesetzt worden, die Hohepriesterchristologie als ein dem Verf. eigentümliches, in seinen aus einer bestimmten Art des Judentums mitgebrachten Kategorien gedachtes Neuverständnis der ihm in der christlichen Tradition begegnenden komplexen Gestalt des Jesus Christus. An einem ganz bestimmten Punkt wird übrigens das Darunterliegende von dem Darübergesetzten mit neuem Leben erfüllt und so modifiziert, dass das nun Darüberliegende *genau* passt. Ich meine den charakteristischen Zug, dass der aus dem Rahmen der Präexistenzchristologie stammende Sachverhalt des Menschgewesenseins Jesu Christi verstanden wird als Garantie für die Sympathie des jetzigen himmlischen Hohenpriesters mit den Menschen (vgl. besonders 2,10–18; 5,5–10; 4,15).

Ein anderer Erwägungsfaden knüpft an das geläufige Problem an, dass im Hebr die offenbare Hauptsache, nämlich die Hohepriesterchristologie, erst so relativ spät kommt. Oder sollte sie doch schon die Ausführungen in Wirklichkeit von Anfang an beherrschen, nur dass das eigentliche Thema noch nicht ausdrücklich genannt wird? Nun hat ja Hofius m. E. überzeugend dargelegt, dass z. B. mit κατάπαυσις in 3,7–4,13 der Sache nach nichts anderes gemeint ist als das himmlische Heiligtum selbst, von dem später in offenen Worten gesprochen wird.[16] Solche Frageweise erscheint also durchaus als fruchtbar. Dann müssten entsprechend die Aussagen der Erhöhung, die den merkwürdigen adoptianischen Aspekt aufweisen, von Anfang an die Einsetzung Jesu zum himmlischen Hohenpriester meinen bzw. auf diesen Sachverhalt abzielen. Von da aus würde sich auch der hervorgekehrte adoptianische Aspekt selbst erklären, der ja eine göttliche Setzung und Einsetzung zur Sprache bringt. Die Einsetzung zum himmlischen Hohenpriester ist ja auch für den Gottessohn nichts Selbstverständliches und keineswegs mit der Rückkehr des herabgestiegenen Präexistenten in seine eigentliche und ursprüngliche Gottheit automatisch verbunden. Eine ganz wesentliche Voraussetzung für das Wandeln auf dieser exegetischen Versuchsstrecke ist nun aber, dass man irgendwie erklären kann, in welcher Verbindung (wenn überhaupt in einer) der Aufweis der ersten beiden Kapitel, dass Jesus über die Engel erhöht sei, mit dem Hohenpriestertum Jesu stehen mag. Das Motiv „höher als die Engel" ist ja auch schon für sich schwer zu verstehen und fordert sofort zu der Frage heraus: Wieso eigentlich „als die Engel"? Jede andere Gruppe von wirklichen oder gedachten Wesen scheint ja für einen derartigen

[16] Vgl. z. B. Katapausis, 58. 91–101.

Vergleich besser geeignet zu sein. Allerdings liegt für dieses Einzelproblem eine völlig überzeugende Lösung im Prinzip schon bereit,[17] die wir bloß aufzunehmen und unseren Erwägungen einzupassen brauchen. Danach sind diese Aussagen des Hebr nur verständlich auf einem ganz bestimmten Hintergrund, nämlich auf dem Hintergrund einer Vorstellung von den Engeln als den Priestern des himmlischen Heiligtums: Jesus als himmlischer Hoherpriester wird hier als in Konkurrenz zu einer priesterlichen Engelhierarchie stehend vorausgesetzt, namentlich in Konkurrenz zu deren Spitze: dem als himmlischen Hohenpriester vorgestellten Erzengel Michael. Dass mit dieser Lösung des Engelproblems auch zugleich die Frage nach der Möglichkeit einer Verbindung zwischen dem Engelthema und dem Hohenpriesterthema eine Antwort gefunden hätte, ist unmittelbar deutlich. Allerdings ist der berufene Hintergrund u. E. nicht in den Köpfen irgendwelcher Adressaten oder Gegner zu lokalisieren, sondern im Kopf des Verf. selbst. Er liegt hier nicht im Kampfe mit irgendwelchen Gegnern innerhalb oder außerhalb der Gemeinde, sondern setzt sich mit sich selbst auseinander. Nun lässt ja auch das gedankliche Zentrum des Hebr im Spiegel der einschlägigen religionsgeschichtlichen Parallelen klar erkennen, dass für seinen Verf. der erhöhte Jesus Christus tatsächlich eben die Position einnimmt, die in einer ganz bestimmten Spielart des Judentums der Erzengel Michael behauptet. In dieser Perspektive kann man dann die Vorstellung des Hebr von Jesus als dem über allen Engeln stehenden himmlischen Hohenpriester als ungefähre Sachparallele zu der Vorstellung von dem zum Metatron verwandelten und zum höchsten aller Engel eingesetzten Henoch, wie sie sich in einem Strang der jüdischen Esoterik findet, betrachten.[18] Noch einen Schritt weiter hinsichtlich des mutmaßlichen Hintergrundes der Anschauungen des Hebr führt uns der Melchisedekaspekt des Jesus übertragenen himmlischen Hohenpriestertums. Die Zentralstelle dafür, 7,1–17, spricht eine hinreichend deutliche Sprache. Der Melchisedekaspekt entstammt nicht einer basislosen schriftgelehrten Spekulation, sondern dürfte das Ergebnis der Übertragung einer ganz konkreten und lebendigen Melchisedektradition, die ihre Basis in einer ganz bestimmten jüdischen Gruppe gehabt haben wird, auf den erhöhten Jesus sein. Dass hinter 7,1–17 eine solche Tradition steht, besonders fassbar in 7,1–3, erkennt man an der Künstlichkeit, ja Gewaltsamkeit,

---

[17] Vgl. besonders W. Lueken, Michael, Göttingen 1898, 139–148.

[18] Vgl. besonders H. Odeberg, 3 Enoch or The Hebrew Book of Enoch, Cambridge 1928; G. Scholem, Die jüdische Mystik in ihren Hauptströmungen, Zürich 1957, 72–76.

mit der sie auf Jesus umgebogen wird – die hier im Zusammenhang mit Melchisedek geäußerten Gedanken sind keineswegs für Jesus geschaffen –, denn wenn das, was in 7,1–3 über Melchisedek gesagt wird, wirklich gälte, wäre das ganze Hohepriestertum Jesu ja überflüssig. In diesem Abschnitt steckt schon genau das von Anfang an drin, was man gelegentlich in der alten Kirche aus ihm herausgelesen hat,[19] nämlich dass der (Hohe-)Priester Melchisedek ein erhabenes himmlisches Engelwesen ist. Die Begegnung mit Abraham dürfte dann etwa so vorgestellt sein, dass Abraham dem zum Zwecke eben dieser Begegnung vom Himmel herabgestiegenen Engel Melchisedek begegnet.[20] Wenn im Hebr nun aber Jesus vom Verf. einerseits an die Stelle, die der Engel Melchisedek in der hinter 7,1–17 stehenden Tradition innehatte, gesetzt wurde, andererseits an die Stelle des als himmlischen Hohenpriester verstandenen Erzengels Michael, dann setzt das voraus (unter der Prämisse, dass der Hintergrund beide Male im Kopf des Verf. zu lokalisieren ist), dass der Verf. von einer Vorstellung aus an die Interpretation der Gestalt Jesu herangeht, nach der Michael und Melchisedek nur verschiedene Bezeichnungen ein und derselben Gestalt, nämlich des die Funktion eines himmlischen Hohenpriesters ausübenden obersten Erzengels, sind.[21] Es ist nun eben interessant und bedeutsam, dass genau diese auch aus dem Hebr allein erschließbare Identität bzw. Synonymität bzw. Austauschbarkeit von Michael und Melchisedek durch das Fragment 11Q Melch gedeckt ist.[22] Aus diesem Fragment geht hervor, dass es tatsächlich eine jüdische Gruppe gegeben hat, für die Michael und Melchisedek identisch waren, während zugleich der Ausnahmecharakter des Eintretens des Melchisedek für Michael zeigt, dass diese Gruppe nicht die Qumrangemeinde selbst gewesen sein dürfte.

Die jüdische Gruppe, deren besondere Ausprägung des Judentums den wesentlichen und charakteristischen Hintergrund des Hebr nach unseren Erwägungen zu bilden scheint, bekommen wir im Spiegel des Hebr auch ins Blickfeld, wenn wir über das Gesagte hinaus noch bestimmte andere „priesterliche" Aspekte des Hebr ins Auge fassen. Dabei ist zunächst einmal einfach aufzunehmen, was Hofius ganz allgemein hinsichtlich des

[19] Siehe die Belege z. B. bei de Jonge/van der Woude, NTS 12 (1965/66), 323–326.

[20] Vgl. de Jonge/van der Woude, NTS 12 (1965/66), 321.

[21] Dass der Name „Melchisedek" – u. zw. wohl wegen seiner offensichtlichen Bedeutung – relativ leicht als Beiname auf eine andere Gestalt bezogen werden konnte, zeigt die rabbinische Lehre von der Identität des Melchisedek mit Sem. (Vgl. Bill. IV, 453, Anm. 2.)

[22] Vgl. besonders van der Woude, OTS 14 (1965), 369–373; de Jonge/van der Woude, NTS 12 (1965/66), 305f.

priesterlichen Charakters der Gläubigen in der Sicht des Hebr herausgearbeitet und dargelegt hat.[23] Damit in Zusammenhang steht übrigens bei Hofius der völlig überzeugende Nachweis, dass auch Käsemanns Auffassung vom „Wandernden Gottesvolk“ als dem Thema des Hebr – diese mit ihrem Assoziationsreichtum so eingängige These, die oft selbst da übernommen wird, wo man Käsemann sonst nicht glaubt, und die schwer wieder aus dem allgemeinen Bewusstsein zu verdrängen sein dürfte – weder vorn noch hinten stimmt. Die christliche Gemeinde ist im Hebr vielmehr gesehen als ein Geschlecht von Priestern, das auf den Einzug ins himmlische Heiligtum wartet.[24] Die Vorstellung des Himmels und des Paradieses als Tempel (vgl. besonders 8,2; 9,11f.24) und die Auffassung des Heils als Weilen im Allerheiligsten (vgl. besonders 10,19f.) entspringt eben letztlich priesterlichem Denken und priesterlicher Mentalität. Unter diesem Gesichtspunkt ist auch ein Aspekt des mehrschichtigen und schwierigen Problems der Paränesen relevant. Wirklich organisch ergeben sich ja nur zwei allgemeine und immer wiederkehrende Forderungen aus den theoretischen Darlegungen, nämlich: 1. zum himmlischen Heiligtum, wo Jesus jetzt ist, „heranzutreten“, und 2. angesichts der großen Verheißung nicht wankend zu werden, geschweige denn von ihr abzufallen, während die Paränesen, sobald sie konkret werden, beziehungslos im Raum zu stehen scheinen und ausgesprochen „gewöhnlich“ aussehen, so dass sich einem die Frage aufdrängen kann, wie real sie eigentlich sind. Die direkte und indirekte Forderung des προσέρχεσθαι (o. ä.) (vgl. besonders 4,11.16; 10,22) ist nun, was Terminologie und Vorstellung betrifft, anerkanntermaßen priesterlich. Aber da das Ziel des „Herantretens“ im Himmel ist, während sich die zum Herantreten Aufgeforderten auf der Erde befinden, erhebt sich beim Bemühen, das Gemeinte zu verstehen, mit Notwendigkeit sogleich die Frage, wie denn dieses προσέρχεσθαι, das sowohl im Indikativ wie im Imperativ begegnet, wenn es nun *getan* werden soll, eigentlich zu bewerkstelligen sei. Nun fällt die hier von einem großen Teil der Exegeten gewöhnlich ergriffene Möglichkeit, das Herantreten zum himmlischen Heiligtum sich als konkret im Herantreten an den Tisch des Herrenmahls erfolgend zu denken, bei genauer Prüfung der Texte, wie ich mit dem anderen Teil der Exegeten meine, aus. Die Beziehung auf das Herrenmahl wäre dem Verf. von seinen Prämissen aus so überaus leicht gefallen, dass der Umstand, dass er diese Beziehung eben gerade nicht

---

[23] Vgl. Katapausis, besonders 96f. 101. 133. 144–151.

[24] Vgl. Katapausis, besonders 144–151.

zum Ausdruck bringt (und also wohl nicht vollzieht), hier das entscheidende Datum ist, weswegen damit zu rechnen ist, dass der Verf. des Hebr ebenso wie seine Adressaten den Brauch des Herrenmahls gar nicht kennen.[25] Dann aber ist die Vorstellung und Forderung des Herantretens so seltsam und so wenig aus sich selbst heraus verständlich, dass man auch für sie nach einem die ganze Sache erhellenden Hintergrund suchen muss. Und dieser Hintergrund müsste sein – nicht nur priesterliches Denken allgemein – sondern eine von priesterlichem Denken bestimmte Gedankenwelt, in der der Sachverhalt des Herantretens *von unten nach oben*, d. h. des Aufstiegs, zum himmlischen Heiligtum eine zentrale Rolle spielte. Auch eine Einzelheit kann schließlich in dieser Perspektive noch bedeutsam werden. Hebr 11,17–19, wo die Opferung und Rückgabe Isaaks vermutlich den Sühnetod und die Erhöhung Jesu vorabbilden soll, wird am zwanglosesten verständlich auf dem Hintergrund des eben typisch priesterlichen, wenn auch in rabbinischen Quellen bewahrten Vorstellungskomplexes von der Fesselung des Isaak.[26]

All unsere konvergierenden Erwägungen scheinen zu dem Schluss zu führen, dass der wesentliche Hintergrund des Hebr – um das immer schon Gemeinte nun endlich beim Namen zu nennen – eine ganz bestimmte frühe Form der jüdischen Merkabamystik, aus der der Verf. kommt und die noch als Christ seine Denkformen bestimmt, ist. Als die für unseren Zusammenhang wesentlichen Konturen dieser Form jüdischer Mystik müsste man ansetzen: die Vorstellung des Himmels als des Allerheiligsten mit Gottesthron nebst Altar und dem obersten aller Engel Michael/Melchisedek als himmlischem Hohenpriester. Die jüdische Merkabamystik oder, wie man auch sagt, die jüdische Esoterik bzw. die jüdische „Gnosis" (dieser zuletzt genannte Ausdruck ist allerdings missverständlich, weil „Gnosis" dabei einen ganz anderen Sinn hat als der, in dem wir das Wort oben verwendet haben und in dem es in der religionsgeschichtlichen Schule gebräuchlich ist) als ein besonderer Bereich von Traditionen, Vorstellungen und Entwicklungen (neben Apokalyptik und Rabbinismus) des frühen Judentums ist noch nicht lange einer breiteren wissenschaftlichen Öffentlichkeit bekannt und bewusst. Die bahnbrechenden Arbeiten auf diesem Gebiet der Judaistik verdanken wir (von der älteren Generation)

---

[25] Vgl. dazu besonders M. Dibelius, Der himmlische Kultus nach dem Hebr, in: ders., Botschaft und Geschichte II, Tübingen 1956, 160–176; F. Schröger, Der Gottesdienst der Hebräerbriefgemeinde, MThZ 19 (1968), 161–181.

[26] Vgl. G. Vermes, Scripture and Tradition in Judaism, StPB 4, Leiden 1961, 193–227.

G. Scholem[27] und (von der jüngeren Generation) J. Maier.[28] Uns interessiert natürlich die frühe Phase dieser jüdischen Tradition, wenngleich gerade deren Erschließung wegen der besonderen Problematik der Quellenlage außergewöhnlich schwierig ist und man nicht ohne Rückschlüsse und Denkmodelle auskommt. Zunächst einmal erscheint der Traditionsstrang der jüdischen Mystik, wenn man ihn zurückverfolgt, gegen das Ende zu merkwürdig in verschiedene Fäden aufgefasert, und zwar führt der eine Hauptfaden in die talmudische und der andere in die apokalyptische Sphäre und Literatur; aber darüber im Einzelnen zu handeln, kann nicht meine Aufgabe sein. Mir liegt aber an dem Gesichtspunkt, dass, wie die rabbinische, so auch die apokalyptische Literatur offenbar ein Sammelbecken ist, in dem viele Traditionen und Materialien zusammengeflossen sind, eben auch solche (vgl. besonders äthHen 14), die mit dem Strom der Apokalyptik von Haus aus gar nichts zu tun haben. Dass Objektivationen der jüdischen Mystik in die apokalyptische Literatur Aufnahme gefunden haben, dürfte übrigens nicht zuletzt damit zusammenhängen, dass – wie a priori anzunehmen ist – auch die jüdische Mystik eine ihr gemäße Eschatologie gehabt hat. Ganz entsprechend möchte ich in dem Qumranfragment 11Q Melch, in welchem Grade auch immer, mindestens was die Gestalt bzw. den Namen des Mechisedek betrifft, ein Eindringen jüdischer Mystik in die Gedankenwelt der Sekte von Qumran sehen, ein Prozess, der ja auch in Qumranfragmenten, die direkt von der Merkaba handeln, fassbar ist.[29] J. Maier hat speziell gezeigt, in welchem hohen Grade – vermutlich – die Weltanschauung der jüdischen Mystik von priesterlichen Vorstellungen und Gedanken wurzelhaft bestimmt ist, so dass man summarisch durchaus etwa sagen könnte: Diese Weltanschauung ist Priesterideologie, der (im Jahre 70 n. Chr.) die Basis abhanden gekommen ist. Dass wir in der Voraussetzung, die wir wegen der geistigen Nähe des Hebr zu Philo machen müssen, dass die jüdische Mystik auch auf die Diaspora ausstrahlte, dass es sie auch in hellenistisch-jüdischer Version gab, nicht zu weit gehen, zeigt zunächst Philo selbst, wenn er seine Logoslehre

[27] Die jüdische Mystik in ihren Hauptströmungen, Zürich 1957; Jewish Gnosticism, Merkabah Mysticism, and Talmudic Tradition, New York [2]1965; Ursprung und Anfänge der Kabbala, SJ 3, Berlin 1962, 15–29.

[28] Das Gefährdungsmotiv bei der Himmelsreise in der jüdischen Apokalyptik und „Gnosis", Kairos 5 (1963), 18–40; Vom Kultus zur Gnosis, Studien zur Vor- und Frühgeschichte der „jüdischen Gnosis", Bundeslade, Gottesthron und Märkābāh, RWS 1, Salzburg 1964.

[29] Vgl. J. Strugnell, The Angelic Liturgy at Qumran – 4Q Serek šîrôt ʿôlat haššabbāt, in VT.S 7 (1960), 318–345 (bes. 335–345).

gelegentlich auf dem Hintergrund der Vorstellungen und unter Benutzung der Begriffe der jüdischen Mystik entfaltet und anwendet;[30] in diesem Zusammenhang scheint es mir u. U. sogar möglich, die Stelle leg.all. III 79–82 so zu verstehen, dass für Philo auch Melchisedek, der ja u. a. ἱερεὺς λόγος genannt wird,[31] letztlich ein Symbol für den (hohenpriesterlichen) himmlischen Logos ist. Außerdem kann man sich auf Josephus berufen, der ebenfalls wenigstens die Grundzüge des Weltbildes der jüdischen Mystik kennt.[32] Von den Schriften des NT liegt – außer dem Hebr – auch die Apk im Ausstrahlungsbereich der jüdischen Mystik. Aber damit ist eigentlich viel zu wenig gesagt. Denn die Apk ist gerade in ihren eigentümlichsten Partien durch und durch von diesen Vorstellungen bestimmt.[33] Dafür, dass die jüdische Mystik zu der uns interessierenden Zeit nicht nur überhaupt vorhanden war, sondern bereits kräftig lebte und wirkte, spricht nicht zuletzt das Vorkommen ihrer Motive in gnostischen Texten, die man in der noch viel weiteren Perspektive jüdischer Bausteine in gnostischen Systemen zu betrachten hat. Unter diesen Gesichtspunkt gehört z. B. die Vorstellung, dass das Firmament ein großer Vorhang sei, der das Reich des Lichts (als das Allerheiligste) von den darunter gelegenen Sphären und Bereichen trennt.[34] Entsprechend gelten die Gnostiker auch als Priesterschaft, die mit dem Erlöser als ihrem Hohenpriester in das himmlische Heiligtum eintreten dürfen.[35] Der Grad gnostischer Bearbeitung dieser Bausteine ist ganz besonders gering, wo das Zentrum der jüdischen Mystik, nämlich die Merkabaspekulation selbst, übernommen wird: Die Thronsphäre bleibt da, obwohl nur dem Demiurgen zugehörig, praktisch wie sie in dieser jüdischen Tradition gedacht wird, nur dass man sich die Achtheit, den eigentlichen Himmel der Gnostiker, noch über ihr liegend vorstellt.[36] Hierher gehört schließlich auch die Gestalt des Melchisedek in der Pistis Sophia: Die Aufgabe des hohen Lichtwesens Melchisedek

30 Vgl. besonders som. I 214f.; spec. leg. I 66; conf. ling. 146; her. 205f.

31 Cohn/Wendland, I 131,6.

32 Vgl. ant. 3,123. 179ff.; bell. 5,207ff.; und dazu Maier, Kairos 5 (1963), 35.

33 Vgl. 4,1–5,14; 6,9–11; 7,9–17; 8,3–5; 9,13; 11,15–19; 14,1–5.15.17f.; 15,2–8; 16,5–7.17; 19,1–8; 21,2f.9–27; 22,1–5.

34 Vgl. Hypostase der Archonten, in: P. Labib, Coptic Gnostic Papyri in the Coptic Museum at Old Cairo, Bd. I, Cairo 1956, pl 142,7–10; Titellose Schrift aus Nag-Hammadi-Codex II, in: Labib I, pl 146,16–23; Philippusevangelium § 76. 125.

35 Vgl. Philippusevangelium § 125.

36 Vgl. Hypostase der Archonten, in Labib I, pl 143,26–31; Titellose Schrift aus Nag-Hammadi-Codex II, in: Labib I, pl 152,17–154,11 (und dazu Hofius, Katapausis, 99f.): Exc. ex Theod. § 34. 37. 38 (hier wird der Sachverhalt der „unbehauenen" Übernahme wohl am deutlichsten an dem term.techn. ὁ Τόπος in Anwendung auf den Demiurgen).

ist es hier, die Seelen bzw. das in den Menschen eingeschlossene Licht zu reinigen, zu sammeln und ins Lichtreich heraufzubringen. Und dieser Melchisedek ist wohl nichts anderes als eine gnostische Metamorphose des himmlischen Hohenpriesters Michael/Melchisedek, der die Seelen der Gerechten Gott darbringt. Dass das so ist, und dass also auch dieser Melchisedek vermutlich aus der jüdischen Mystik stammt, lässt sich vielleicht am deutlichsten an seiner Position unmittelbar neben Jeû ablesen.[37]

Noch eine letzte Erwägung gilt es anzustellen: Im Qumranfragment 11Q Melch ist im Zusammenhang mit der Wirksamkeit des Melchisedek auch von einer eschatologischen Sühnung der Sünden die Rede (Z. 6.8). Unklar und umstritten ist allerdings, wer das direkte Subjekt dieser Sühnung ist, ob Melchisedek selbst, der dann neben dem von Michael geerbten kriegerischen auch seinen eigenen priesterlichen Aspekt behalten hätte, oder ob Gott als der Sühnende zu denken ist, oder der Freudenbote als ein Vorläufer Gottes bzw. des Melchisedek.[38] Nun ist nach Lage der Dinge dieses Problem für 11Q Melch nicht zu entscheiden. Aber die erste Interpretationsmöglichkeit als solche bringt uns doch auf eine viel allgemeinere und grundsätzlichere Frage, die dann auch abgesehen von 11Q Melch Bestand hat, ob es nämlich – die Berechtigung unserer Annahme vorausgesetzt, dass jede jüdische Richtung ihre Eschatologie hat – legitim sei, sich für die Eschatologie der *eigentlichen* jüdischen Mystik solch endzeitliche Sühnung der Sünden des Volkes, und zwar hier nun wirklich durch den himmlischen Hohenpriester Michael/Melchisedek und als Abschluss seines ständigen himmlischen Opferdienstes erfolgend, vorzustellen. Eine solche Erwägung ist deshalb so verlockend, weil es unter dieser Voraussetzung besonders gut verständlich würde, wieso der Verf. des Hebr, wenn er aus den Kreisen jüdischer Mystik stammt, darauf kommen konnte, den

[37] Eine ungleich größere, ja zentrale Rolle spielt Melchisedek übrigens in der ersten Schrift von Nag Hammadi-Codex IX, die leider nur fragmentarisch erhalten ist, so dass ihre Deutung unsicher bleibt (vgl. K. W. Tröger [Hg.], Gnosis und NT). Es scheint da aber kaum direkte Einwirkung einer lebendigen jüdischen Tradition vorzuliegen. Der Hintergrund und Ausgangspunkt dürfte viel eher die vom Hebr bewirkte normale frühchristliche Beurteilung des biblischen Melchisedek sein. Jedenfalls wird Melchisedek, wie es scheint, wesentlich als eine irdische Person der grauen Vorzeit, als gnostischer Vorläufer des gnostischen Christus, gesehen. Allerdings steht Melchisedek offenbar in einer besonderen Beziehung zum gnostisch gedeuteten Taufsakrament; und damit könnte unter Umständen doch eine Querverbindung gegeben sein zum Melchisedek des 2. Buches Jeu, der als himmlischer Bringer der Lebenswasser- und Feuertaufe gilt (C. Schmidt/W. Till, Koptisch-gnostische Schriften I, 3. Aufl. Berlin 1962, 309f.).

[38] Vgl. de Jonge/van der Woude, NTS 12 (1965/66), 306; G. Theißen, Untersuchungen zum Hebr, 139, Anm. 49, 50; 141–143.

Jesus Christus des christlichen Glaubens, der, vorübergehend Mensch geworden, für die Sühnung aller Sünden gestorben war, als Überbietung des himmlischen Hohenpriesters seines eigenen (alten) Glaubens zu verstehen, selber anzunehmen und schließlich (im Hebr) anderen in dieser Perspektive vor Augen zu stellen.

DAS SETHIANISCHE SYSTEM NACH NAG HAMMADI-HANDSCHRIFTEN*

Ein großer Teil der gnostischen Schriften des Nag Hammadi-Fundes ist nach allgemein vertretener Meinung speziell sethianischen Charakters. Aber was ist „sethianisch"? Was sind die Charakteristika der sethianischen Gnosis? Was ist das Wesen des Sethianischen? Offenbar muss eine Schrift, die unter dem Namen des Seth umläuft, deswegen noch nicht wesenhaft sethianisch sein, wie der Zweite Logos des großen Seth (NHC VII,2) zeigt, eine Schrift, die deutlich den Stempel christlicher Gnosis trägt und deren so lautender (offenbar sekundärer) griechischer Untertitel völlig irreführend ist, denn von Seth ist explizit oder implizit in dieser Schrift überhaupt nicht die Rede. Nicht einmal, wer sich selber Sethianer nennt, muss es wirklich sein; noch viel weniger, wem etwa bloß die kirchlichen Ketzerbestreiter die Bezeichnung „Sethianer" beigelegt haben. So hat z. B. die Lehre der sog. Sethianer des Hippolyt (ref. V 19–22 [vermutlich nach der von Hippolyt in V 22 genannten Paraphrase des Seth dargestellt]) ebenso wenig spezifisch sethianischen Charakter wie die ihr parallele Gnosis der Paraphrase des Sēem (NHC VII,1). Für eine Schrift dieses Inhalts passt jedenfalls der Titel Paraphrase des Sēem besser bzw. weniger schlecht als Paraphrase des Seth. Überhaupt geben uns die Ketzerbestreiter wenig Hilfe zur Bestimmung des Sethianischen. Einen gewissen Ausgangspunkt in diesem Bereich bietet eigentlich bloß die knappe Kennzeichnung von Sethianern bei Epiphanius, pan. 39 (vgl. allerdings dazu noch 40,7,1–5) samt ihren Parallelen bei Ps.-Tertullian (adv. omn. haer. 2) und Filastrius (haer. 3). Gemessen daran und vor allen Dingen nach ihrem Inhalt selbst wären von den Nag Hammadi-Schriften, soweit sie mir schon bekannt sind, die folgenden mit Sicherheit als mehr oder weniger sethianisch zu diagnostizieren und dürften damit die Grundlage bilden für jede wissenschaftliche Erhebung dessen, was sethianisch ist:

Apokryphon Johannis [AJ] in seinen vier Versionen (BG; NHC II,1; III,1; IV,1) samt der Parallele in Irenäus, adv. haer. I 29;
Hypostase der Archonten (NHC II,4) [HA];
Ägypterevangelium (NHC III,2 [par IV,2]) [ÄgEv];

* In: P. Nagel (Hg.), Studia Coptica, BBA 45, Berlin 1974, 165–172.

Apokalypse des Adam (NHC V,5) [ApcAd];
Die drei Stelen des Seth (NHC VII,5) [StelSeth];
Zostrianus (NHC VIII,1) [Zostr];
Melchisedek (NHC IX,1) [Melch];
Ode über Norea (NHC IX,2) [OdNor];
Dreigestaltige Protennoia (NHC XIII,1) [Protennoia].

Alle diese Schriften sind eng miteinander verwandt und repräsentieren bzw. setzen voraus – in verschiedener Blickrichtung, mehr oder weniger rein, bzw. mehr oder weniger verunreinigt durch Motive aus anderen Systemen, sei es in urwüchsiger, sei es in bereits durch Vervielfältigungen von Systemteilen und weiteren Ausspinnungen zersagter Form – ein und dasselbe gnostische System. Und dieses all diese Schriften verbindende System erweist sich eben als typisch sethianisch.

Es ist aufgebaut auf dem als Grunddogma des Sethianismus zu verstehenden Selbstverständnis dieser Gnostiker als Same des Seth, d. h. als physische und zugleich pneumatische Nachkommenschaft des Seth. Als Kinder des Seth sind sie φύσει σωζόμενοι. Und dazu gehört dann eigentlich und unmittelbar die Auffassung vom himmlisch/irdischen bzw. irdisch/ himmlischen Seth als dem gnostischen Erlöser, wie sie besonders deutlich im ÄgEv zum Ausdruck kommt. Diese sethianische Soteriologie kann aber auch in der Form begegnen, dass der eigentliche Erlöser der himmlisch/ irdische Adamas ist, der sich seines himmlisch/irdischen Sohnes Seth als eines Erlösungs*mittlers* bedient. Das ist etwa die Konzeption der Ersten Stele des Seth. Als Überbau gehört weiter dazu und erweist sich als spezifisch sethianisch die Vorstellung von den vier Äonen und Erleuchtern des αὐτογενής: Harmozel, Oroiael, Daveithe, Eleleth. Das offenkundig Sethianische an ihnen ist ja der Umstand, dass sie die himmlischen Ruheorte für Adam, Seth und den Samen des Seth darstellen. Der αὐτογενής selbst ist Glied einer in all diesen Schriften immer wieder genannten himmlischen Göttertrias als göttlicher Sohn des Urvaters und seiner Paargenossin Barbelo. So darf man auch diese Trias mit zu dem spezifisch Sethianischen rechnen. Mit der Konzeption der himmlischen Trias verbindet sich den Sethianern leicht die Vorstellung vom Gotte „Mensch" in ihrer ersten Form.[1] Und unterhalb der vier Lichter ist nach unserer Schriftengruppe das Reich des sich selbst überhebenden Demiurgen Jaldabaoth. Aber sowohl die Vorstellung vom Gotte „Mensch" als auch der entsprechende Topos von Jaldabaoths Selbstüberhebung und nachfolgender Bestrafung findet sich auch in Systemen von ganz anderer Struktur, darf also nicht als

[1] Vgl. H.-M. Schenke, Der Gott „Mensch" in der Gnosis, Berlin 1962, 64–68. 94–107.

spezifisch sethianisch in Anspruch genommen werden. Wohl aber dürfte zur sethianischen Gnosis wesentlich eine bestimmte Geschichtsspekulation, eine Periodisierung der Vergangenheit, eine Weltzeitalterlehre gehören. Die Vorstellung, dass der Demiurg Jaldabaoth (vergeblich) den Samen des Seth durch die Sintflut vernichten will, der Gedankenkomplex, dass es die Kinder des Seth sind, die als Bewohner des Landes von Sodom und Gomorra vom Feuergericht des Jaldabaoth bedroht, aber durch Vertreter der Lichtwelt gerettet werden, finden sich nicht zufällig in unserem Schriftenkreis.

Die bisher herausgestellten und als solche erkannten Elemente und Strukturen des sethianischen Systems, die an sich ja bereits mehr oder weniger bekannt sind, werden nun aber in ihrer Motivation und in ihrer Zusammengehörigkeit ein gutes Stück verständlicher und klarer, wenn und wo wir jetzt Gelegenheit haben und nehmen, die Texte unserer Schriftengruppe synoptisch zu betrachten. Wir wollen diesen Sachverhalt anhand zweier bisher unlösbarer Rätsel, die sich jetzt von selbst gelöst haben, in den Blick fassen.

1. *Rätsel*

(wie es etwa das AJ für sich dem Leser aufgibt): Was ist der Same des Seth im dritten Äon des Erleuchters Daveithe und wie kommt er dorthin? Die Antwort ergibt sich aus einem Vergleich von ÄgEv p. 56,4–21 mit ApcAd p. 75,17–27. In ÄgEv p. 56,4–21 heißt es: „Da kam hervor aus jenem Ort... Plēsithea...„ die Jungfrau, die mit den vier Brüsten, Frucht bringend aus der Gomorraquelle und (aus) Sodom, nämlich die Frucht der Gomorraquelle, die in ihr (sc. der Stadt Sodom?) liegt.... Er (Seth) erhielt seinen Samen von der mit den vier Brüsten, der Jungfrau. Er setzte ihn (den Samen) bei sich { } in das dritte große Licht Daveithe." Und in ApcAd p. 75,17–27 liest man nach der Schilderung des demiurgischen Feuergerichts über die Sethianer: „Und es werden herabkommen große Lichtwolken <aus den großen Äonen>; und auf ihnen werden kommen { } Abrasax, Sablō und Gamaliēl; und sie werden jene Menschen aus dem Feuer und dem Zorn erlösen und sie zu einem Platz oberhalb der Engel und der Herrschaftsbereiche der Mächte versetzen." Nun braucht man nur noch aus ÄgEv p. 52,19–53,1 zu wissen, dass Gamaliel, Gabriel, Samlo und Abrasax Repräsentanten jeweils des Erleuchters Harmozel bzw. des Oroiael bzw. des Daveithe bzw. des Eleleth sind, und die hinter den Texten stehende Auffassung ist klar: Der Same des Seth im dritten Äon sind eine Art Ursethianer, ein gnostisch gedachtes Heldengeschlecht der Vorzeit, das nach seiner provisorischen Rettung aus der Sintflut das Land Sodom und Gomorra in Besitz genommen hatte, aber anlässlich des dieses Land deswegen treffenden demiurgischen Feuergerichts endgültig der unteren Welt entnommen und in eben diesen Bereich des Himmels entrückt wurde. Aber warum gerade in den *dritten* Äon? Damit kommen wir zum.

2. *Rätsel*

Wieso kommt in der HA pl. 140,33–141,13 auf den Hilfeschrei der Norea eigentlich *nur* der vierte Erleuchter Eleleth zu ihrer Rettung und zu ihrer eigenen und ihrer Nachkommenschaft Belehrung über die wahre Gnosis? Die Sache ist nur sinnvoll, wenn er der sozusagen Zuständige, ja der zuständige Erlöser, für die Nachkommenschaft der Norea, d. h. der gewissermaßen geschichtlichen Sethianer, deren Kette als bis zur Gegenwart reichend angenommen wird, ist, wie der Erleuchter Daveithe dann als der Zuständige für die Ursethianer erkennbar wäre. Entsprechend wäre der vierte Äon das Paradies der geschichtlichen Sethianer, in das sie nach und nach bis zum Ende der Welt alle eingehen; und eben in diesem Sinne hätten wir die diesbezüglichen Textstellen unserer Schriftengruppe zu verstehen (z. B. AJ BG p. 36,7–15 Parr; ÄgEv p. 65,20–22).

Daraus aber darf man wiederum folgern, dass die vier sethianischen Äonen, wie ihr Name ja eigentlich auch schon andeutet, vier verschiedenen Weltperioden entsprechen, dass sie die himmlischen Paradiese von vier verschiedenen Weltperioden sind, und dass die vier Erleuchter Harmozel, Oroiael, Daveithe und Eleleth entsprechend eigentlich sind bzw. ursprünglich einmal waren: die vier Gestirne bzw. Planeten, die je eine Jahreszeit des Weltjahres regieren.[2] Das heißt, die vier Äonen und Erleuchter gehören eigentlich nebeneinander und nicht untereinander, obgleich die sethianische Spekulation sie auch so (untereinander) vorgestellt hat. Von hier aus ad vocem Erleuchter (= φωστήρ) sollte man sich vielleicht für die Frage offen halten, ob nicht die merkwürdige Erlöserbezeichnung φωστήρ, die außerhalb unseres Schriftenkomplexes z. B. auch im Brief des Petrus an Philippus (NHC VIII,2) begegnet, ursprünglich in der sethianischen Gnosis zu Hause ist.

---

[2] Vgl. als eine gewisse Analogie bzw. Vorlage Chantepie de la Saussaye, Lehrbuch der Religionsgeschichte, Tübingen [4]1925, I 507.

Dass die Zeitalterspekulation zum Wesen der sethianischen Gnosis gehört, spiegelt sich auch in dem innerhalb unseres Schriftenkomplexes sich findenden, zunächst sehr merkwürdig anmutenden Motiv der dreifachen Ankunft des Erlösers wider (ÄgEv p. 63,4–8 [ausgesagt von Seth]; ApcAd p. 76,8–17 [ausgesagt vom Phōstēr, hinter dem sich aber wohl Seth selbst verbirgt]; AJ NHC II p. 30,11–31,25 [in der Selbstoffenbarung der Pronoia]; Protennoia; vgl. weiter HA pl. 144,27–31; Pistis Sophia [GCS 45], S. 108,37ff.). Diese dreifache Ankunft, eine besondere Konkretion des Prinzips der kontinuierlichen Offenbarung, gehört irgendwie in den Rahmen der Vorstellung von den vier Weltzeitaltern. Es ist wohl gemeint, dass der Erlöser jeweils aufs Neue in die drei dem Zeitalter Adams folgenden Zeitalter (des Seth, der Ursethianer, der geschichtlichen Sethianer) eingeht, um sie zum Zwecke der erlösenden Offenbarung zu durchwandeln. Als Ankunftszeiten denkt man am ehesten an den Beginn jeweils des zweiten, dritten und vierten Äons. Es gibt aber auch einen Hinweis auf eine andere Konkretion, nach der die Zäsuren die Sintflut, das Feuergericht und die Verurteilung (in Jesus) wären (ÄgEv p. 63,4–8). Auch von dem Geschlecht der Sethianer als solchem wird übrigens ein dreifaches Durchwandeln ausgesagt, nämlich ÄgEv p. 60,25–61,1: „Das ist das große unvergängliche Geschlecht, das herkam (und) durch drei Welten hindurch in die(se) Welt (gelangte).“ In dieser Perspektive sind die drei Welten dann wohl der Äon Adams, der Äon Seths und der Äon der Ursethianer.

Unser Schriftenkomplex zeigt uns das sethianische System, wie gesagt, in mancherlei Gestalt, u. a. in christlicher und nichtchristlicher Gestalt, d. h. in verchristlichter und in ursprünglich nichtchristlicher Gestalt. Die Sethianer sind also ursprünglich eine vorchristliche gnostische Richtung. Die Zeugen von solch nichtchristlicher Ausprägung des sethianischen Systems sind StelSeth und Zostr, von denen der zuerst Genannte (StelSeth) in mehrfacher Hinsicht noch der Wichtigere ist. Die drei Stelen enthalten eine Anrufung der himmlischen Trias: die erste ist gerichtet an den αὐτογενής, die zweite an die Barbelo, die dritte an den göttlichen Urvater. Und der auf der ersten Stele angerufene αὐτογενής ist nun niemand anderes als der himmlische Adamas selbst. Das heißt, die Sohnesgestalt der sethianischen Göttertrias ist ursprünglich einfach der himmlische Adamas.

Dieser Adamas trägt übrigens in mehreren Schriften (AJ NHC II p. 8,34f.; StelSeth; Zostr; Melch) auch den rätselhaften Namen ⲡⲓⲅⲉⲣⲁⲇⲁⲙⲁⲥ. Aus der Synopse des AJ geht zunächst einmal hervor, dass ⲡⲓⲅⲉⲣⲁⲇⲁⲙⲁⲥ mit ⲁⲇⲁⲙⲁⲥ identisch ist. Dann dürfte eigentlich das überschießende Namenselement keine andere Funktion haben, als diesen Adamas speziell als himmlisches Wesen zu charakterisieren. Eine entsprechende Bezeichnung findet sich nun in der titellosen Schrift aus NHC II, nämlich pl. 156,23: ⲁⲇⲁⲙⲁ(ⲥ) ⲉⲧⲟⲩⲁⲁⲃ. Sollte man ⲡⲓⲅⲉⲣⲁⲇⲁⲙⲁⲥ analog dazu aufzufassen haben als eine verderbt zum terminus technicus gewordene koptische Wiedergabe eines ὁ Ἱεραδαμᾶς (ⲡ-ⲓⲅⲉⲣ-ⲁⲇⲁⲙⲁⲥ)? Dieser Adamas dürfte übrigens ursprünglich auch identisch sein mit dem „Kind" (ⲡⲁⲗⲟⲩ) (Zostr; sog. Unbekanntes altgnostisches Werk [GCS 45], S. 338,39) bzw. dem Drei-Männer-Kind (so hat man m. E. den in ÄgEv und Zostr begegnenden Ausdruck ⲡϣⲟⲙⲛ̄ⲧ ⲛ̄ϩⲟⲟⲩⲧ ⲛ̄ⲁⲗⲟⲩ zu verstehen;[3] entsprechend wäre dann der Ausdruck „Kindeskind" (ⲡⲁⲗⲟⲩ ⲙ̄ⲡⲁⲗⲟⲩ [ÄgEv; Zostr; Pistis Sophia]) ursprünglich eine Bezeichnung des Seth.

Wenn nun in anderen (christlichen) Ausprägungen des sethianischen Systems Christus als der αὐτογενής erscheint und der αὐτογενής vom himmlischen Adamas unterschieden ist, wie etwa im AJ und im ÄgEv, so stellt das eben eine sekundäre Veränderung dar. Dass das so ist, kann man auch daran erkennen, dass in diesen verchristlichten Formen Christus und Adamas als Bewohner des ersten Äons ziemlich deutlich in Konkurrenz zueinander stehen. Und damit haben wir nun auch schon eine der beiden wesentlichen Modifikationen im Visier (wir brauchen dieselbe Sache bloß von der anderen Seite aus zu betrachten), durch die das sethianische System relativ leicht zu verchristlichen war und verchristlicht wurde. Die andere Modifikation (neben der Identifizierung des αὐτογενής mit Christus) ist das an entsprechender Stelle erfolgende In-Eins-Setzen des als Erlöser der Seinen durch die Äonen wandelnden Seth mit Jesus, d. h. die Auffassung Jesu als einer Erscheinungsform des Seth.

Die synoptische Betrachtung der sethianischen Nag Hammadi-Schriften eröffnet uns vielleicht eine noch weiter reichende Perspektive der Entwicklung der sethianischen Gnosis. Die Schlüsselfrage dazu ist, wie es wohl dazu gekommen sein mag, dass für eine Gruppe von Menschen ausgerechnet Seth zum Heros der Gnosis geworden ist. Warum wesentlich heidnisch bestimmte Gnostiker ein besonderes Interesse an Seth gefunden haben sollten, ist nicht recht einzusehen. Auch bot ja die doch positive Gestalt des Seth einem Gnostiker keinen Anreiz, hier den revolutionären Impuls zur Umwertung aller Werte in einer entsprechenden Lehre zu objektivieren. Andererseits zeigt, wie es scheint, auch das zeitgenössische Judentum in seinen verschiedenen Spielarten kein besonderes Interesse

---

[3] Vgl. H.-M. Schenke, Das Ägypterevangelium aus Nag-Hammadi-Codex III, NTS 16 (1969/70), 197 Anm. 1.

an dieser Figur seiner Tradition. Und es gibt nun Grund zu der Vermutung, dass dieses Desinteresse des Judentums an Seth nur die Kehrseite davon ist, dass die Samaritaner diese Gestalt für sich mit Beschlag belegt hatten. Vgl. z. B. die Damaskusschrift VII 20f. in dieser Perspektive und, dass nach J. Bowman in der esoterischen samaritanischen Überlieferung Seth der bevorzugte Sohn Adams und Evas sei, von dem die zu Moses führende Kette der „Kinder des Lichts" nach dem Bilde Gottes abstamme.[4] Kann man die Gestalt des Seth als Kronzeuge der Gnosis in gewisser Analogie zu der des Herrenbruders Jakobus in eben dieser Funktion sehen? Jakobus dürfte ja zum Heros der Gnosis einfach und nur dadurch geworden sein, dass Judenchristen, für die Jakobus schon vorher *die* Autorität war, in den Strudel der gnostischen Bewegung gerieten und ihren Heros einfach mitnahmen: Jakobus blieb für sie die Quelle und Autorität für das, was sie glaubten, wie groß auch die Metamorphose war, die dieser Glaube durchmachte. Wenn man nun noch findet, dass die StelSeth als von Dositheus entdeckt und überliefert gelten („Die Offenbarung des Dositheus betreffs der drei Stelen des Seth, des Vaters des lebendigen und nicht wankenden Geschlechts, (betreffs der drei Stelen,) die er gesehen und verstanden, gelesen und behalten hat, und die er den Erwählten genau so überlieferte, wie sie an jenem Ort geschrieben standen" [p. 118,10–19]), so haben wir damit erstmalig ein direktes Zeugnis für eine Beziehung zwischen der sethianischen Gnosis und dem Samaritanertum. Denn der besagte Dositheus kann doch kein anderer sein als der aus der Literatur bekannte berühmte und legendäre samaritanische Sektenstifter, den auch schon manche antihäretischen Schriften der Kirche mit der Entstehung der Gnosis überhaupt in Zusammenhang gebracht haben.[5] Nach alledem müssen wir uns also für die Möglichkeit offen halten, dass die sethianische Richtung der Gnosis entstanden sein könnte innerhalb der (an sich nicht gnostischen) samaritanischen Sekte der Dositheaner, dadurch dass ein Teil dieser Sekte von der internationalen Bewegung der Gnosis erfasst und mitgerissen wurde, wobei dann (gewissermaßen automatisch) sowohl der mythische als auch der legendär geschichtliche Heros, sowohl Seth als auch Dositheus, aus Kronzeugen des Samaritanertums zu Kronzeugen der in dieser Metamorphose entstehenden neuen Spielart der Gnosis wurden.

---

[4] Samaritanische Probleme, Stuttgart 1967, 51 (nach K. Rudolph, ThR.NF 34 [1969], 161).

[5] Vgl. A. Hilgenfeld, Die Ketzergeschichte des Urchristentums, Leipzig 1884 (Nachdruck Hildesheim 1963), 155–161.

Anhang:

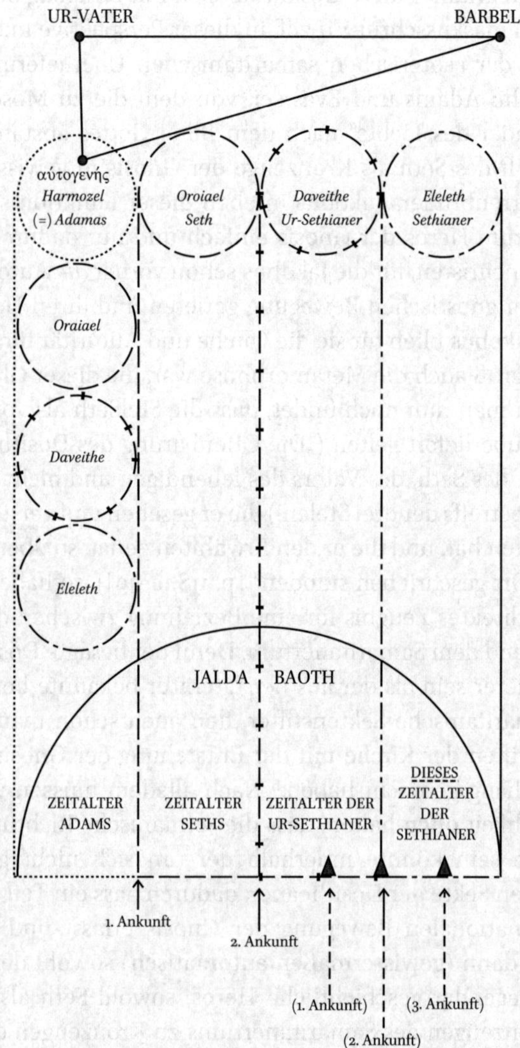

Schenke, Das sethianische System

BEMERKUNGEN ZUM KOPTISCHEN PAPYRUS BEROLINENSIS 8502*

Die Kollation des koptischen P 8502 (BG) aus der Papyrussammlung der Staatlichen Museen zu Berlin, die ich kürzlich im Rahmen der Vorbereitung der zweiten Auflage von Tills zum Leidwesen aller Fachleute und Interessenten in Sachen Koptologie und Gnosis seit geraumer Zeit vergriffenen Edition[1] vorzunehmen hatte, war natürlich im Wesentlichen eine Routineangelegenheit, wenn auch eine unbedingt notwendige. Denn, wenngleich Tills Werk, wie es schon der Respekt vor der Leistung dieses Altmeisters der Koptologie – von anderen in dieselbe Richtung gehenden Erwägungen abgesehen – gebot, auch in zweiter Auflage (trotz der selbstverständlich einzuarbeitenden bzw. anzufügenden Berücksichtigung der inzwischen weitergegangenen Entwicklung) seinen Charakter als Repräsentant einer ganz bestimmten Etappe im Prozess der Gnosisforschung behalten musste, so war es doch ein dringendes Erfordernis, den Tillschen Text genauestens am Original zu überprüfen und diesen, wenn nötig, direkt zu korrigieren. Die Notwendigkeit einer solchen Kontrolle und der Sachverhalt, dass eben dies die Hauptaufgabe bei der Überarbeitung des Werkes zur Neuausgabe war, wird jedem sofort deutlich sein, der sich durch Tills Einleitung in die unglückliche Vorgeschichte dieser Textausgabe einführen lässt. Till selbst konnte nur mit Photographien des Textes – wenn auch mit vorzüglichen, wie er sagt – arbeiten. Aber auch die besten Photographien können eben das Original nicht ersetzen. Übrigens wurde mir diese Arbeit der Textkollation, wie ich an dieser Stelle dankbar hervorheben möchte, durch das große Entgegenkommen der Herren der Papyrussammlung so angenehm wie möglich gemacht.

Trotz des bloß Routinemäßigen der Arbeit am Text – und obgleich sich dabei die Edition Tills im Ganzen als bewundernswert zuverlässig erwies – haben sich doch, infolge objektiver Ursachen, manche neuen Aspekte ergeben, von denen mir einige – freilich auf ganz verschiedenen Ebenen

---

* In: FS zum 150jährigen Bestehen des Berliner Ägyptischen Museums, MÄS 8, Berlin 1974, 315–322, Taf. 45–47.

[1] Walter C. Till, Die gnostischen Schriften des koptischen Papyrus Berolinensis 8502, TU 60, Berlin 1955.

liegende – interessant genug erscheinen, um sie hier einmal für sich zu erörtern und sie so mit einem besonderen Akzent zu versehen.

I

Aus der Tatsache bzw. den ihm zur Verfügung stehenden Angaben, dass die 65 erhaltenen Blätter des P 8502 von einem Codex stammen, der ursprünglich aus 72 Blättern bestand, und dass das ein einlagiger Codex war, hat Till offenbar einfach die, gewiss nahe liegende, Konsequenz gezogen, dass dieses Papyrusbuch ursprünglich eben aus 36 Doppelblättern bestanden habe (S. 7). Dennoch stimmt dieser Schluss nicht und erweist sich die Sachlage hier als komplizierter, was sich schon darin zeigt, dass die Mitte dieses einlagigen Codex bei p. 76/77 liegt. Das heißt, die erste Hälfte des Buchblocks weist sechs Blätter mehr auf als die zweite. Der Codex enthielt also neben 33 Doppelblättern auch 6 Einzelblätter. Drei davon sind erhalten (19/20; 43/44; 47/48); zwei davon sogar mitsamt ihrem schmalen Heftrand (19/20 [Taf. 45b]; 47/48 [Taf. 45c]). Die drei übrigen müssen unter den vier verlorenen ersten Blättern gewesen sein; wahrscheinlich waren es A/B; 1/2; 3/4. Das heißt aber, im Unterschied zu 19/20; 43/44; 47/48 sind A/B; 1/2; 3/4 vielleicht gar keine echten Einzelblätter gewesen, sondern zufällige, sekundär dazu gewordene, sei es, dass etwa der Schreiber, der sowieso hinten im Codex zu viel Platz gehabt zu haben scheint, oder auch ein Späterer, die drei letzten immer noch leer gebliebenen Blätter des (ursprünglich diese drei Blätter mehr umfassenden) Buchblockes herausgetrennt hätte, sei es, dass etwa diese leeren letzten drei Blätter mit Bestandteil des hinteren Einbanddeckels geworden sind (und mit ihm später vom Buchblock abgerissen wurden). Jedenfalls könnte das jetzige Fehlen der Blätter A/B; 1/2; 3/4 mit diesem ihrem mutmaßlichen sekundären Einzelblattcharakter zusammenhängen (sie waren dadurch automatisch lose [oder locker] und konnten leicht herausfallen), wie entsprechend das Fehlen der Blätter 13/14 und 133/134 in Korrespondenz steht. Vgl. im Übrigen zur gesamten Struktur dieses einlagigen Codex die Tabelle auf S. 296.

Der Buchblock war übrigens mit zwei Fäden geheftet; die Partie mit den zwei Lochpaaren ist bei manchen Blättern noch erhalten.

II

Da wir schon bei den Äußerlichkeiten sind, so erscheint es mir als sinnvoll, hier sogleich eine Erörterung und Erläuterung der Zeichen, die der Text über Buchstaben und Seitenzahlen hinaus aufweist, anzufügen, da diese ja einerseits (neben dem Schriftduktus selbst) für eine chronologische Einordnung des Papyrus von nicht zu unterschätzender Bedeutung sind, andererseits aber im Typendruck der Ausgabe vielleicht nicht angemessen wiedergegeben werden können. Alle diese Zeichen – schon das ist aufschlussreich – erscheinen nur gelegentlich. Es begegnet hin und wieder zur Bezeichnung des Endes eines Satzes bzw. eines Abschnittes bzw. einer ganzen Schrift ein Zeichen in der Zeile *und* bzw. *oder* ein Zeichen am linken Rande der Kolumne. Die betreffenden Zeichen am Rande sind die Paragraphos (17,9/10 [Taf. 45a]; 113,10/11?; 126,16/17) und die Koronis (15,10/11; 19,2/3 [am Ende des Evangeliums der Maria; Taf. 45b]; 82,19/83,1 [Taf. 46a]). Diese Zeichen sind in dieser Funktion an sich normal. Nun findet in unserem Papyrus aber in gleicher Funktion auch noch ein Stern Verwendung (86,6/7.8/9; 87,8/9.12 [Taf. 46b]; 106,11.14; 107,17). Das entsprechende innerhalb der Zeile begegnende Trennungszeichen ist normalerweise ein mit der Spitze nach rechts gerichteter Winkel, dessen unterer Schenkel gelegentlich weit nach unten gezogen wird (15,10; 28,21 [an falscher Stelle]; 33,7; 82,19 [Taf. 46a]; 83,4; 86,6; 87,8 [Taf. 46b]; 116,8). Nur zweimal begegnet der an sich gewöhnliche Doppelpunkt (34,9; 139,10). Der besagte Winkel findet sich nun aber auch noch in zwei ganz anderen Funktionen, nämlich als Zeilenfüller und als Hervorhebungszeichen. Der Winkel (ein- oder mehrfach) als Zeilenfüller tritt so häufig auf, dass sich Stellenangaben dafür erübrigen (Taf. 45d, 46c, 46d, 47a, 47b). Sein Gebrauch nimmt, je mehr es dem Ende des Codex zugeht und je schmaler dementsprechend der Schriftspiegel wird, zu. (Übrigens scheint sich auch in der Verzierung der Titel eine Entwicklung [u. zw. vom Einfachen zum Prunkhaften] vollzogen zu haben [Taf. 45b, 45d, 46d, 47b].) Abwandlungen dieser Form des Zeilenfüllers finden sich 55,20 (Spitze besonders lang ausgezogen) und 87,14. Die Funktion, die die vor der Zeile stehenden Hervorhebungszeichen – die sonst z. B. zur Kennzeichnung von Zitaten im Text verwendet werden – in unserem Papyrus haben, ist unklar (26,6.7; 60,6; 80,5.6; 87,13 [Taf. 46b]; 108,6.7.8.9.10.16.17 [Taf. 46c]; 117,7.8; 123,14.15.16.17; 124,17; 127,3.4.5.6.7 [Taf. 46d]; 130,15.16; 132,16.17; 135,7 [Taf. 47a]). Zur Abgrenzung von Wörtern oder Silben begegnet uns fünfmal der Apostroph (15,4; 16,21; 40,5; 88,11; 107,3), einmal der Punkt an der Oberzeile (22,21) und einmal ein kurzer schräger Strich über der Zeile (84,13).

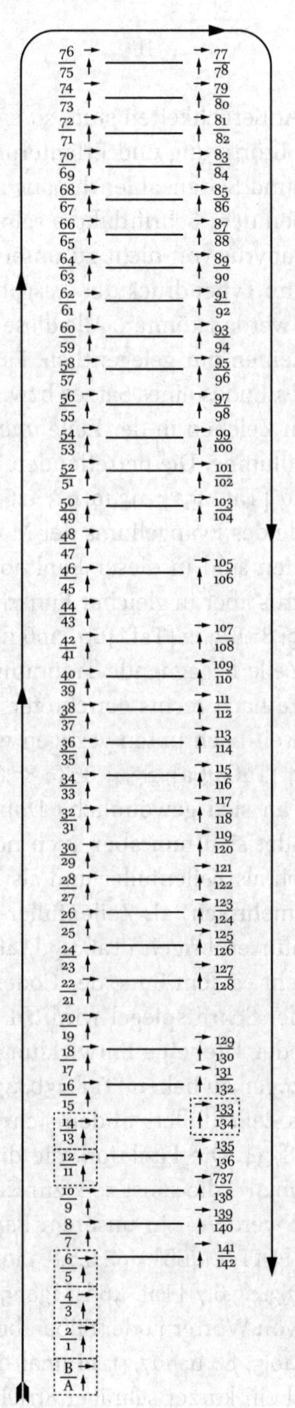

Blattfolge des Codex P Berlin 8502

Zuweilen lag dem Schreiber daran, die letzte Zeile einer Seite nicht mitten im Wort abzubrechen, und er setzte dann die restlichen Buchstaben noch unter das Ende der letzten (ganzen) Zeile (9; 15; 19 [Taf. 45b]; 21; 31; 43; 65; 79; 93; 135). Und manchmal markiert er den Sachverhalt solchen Umbruchs ausdrücklich mittels eines besonderen Zeichens, nämlich eines hinter die umgebrochenen Buchstaben gesetzten langen waagerechten Striches mit schräg nach oben geführtem Anstrich (43; 65; 79; 135 [Taf. 47a]). Gelegentlich begegnet der Spiritus lenis, aber nur über dem griechischen ἤ (ⲏ) „oder" (23,4; 79,16.17; 85,2; 117,15; 129,14), und das Trema über ⲩ (ⲩ̈), allerdings mit Ausnahme von 66,8 nur im Namen des Mose (ⲙⲱⲩ̈ⲥⲏⲥ) (45,9; 58,17; 59,17; 73,4). Der Zirkumflex ist über ⲉⲓ (ⲉ͡ⲓ) relativ häufig (24,2; 47,14.19 [Taf. 45c]; 58,10; 64,7; 67,4; 72,15; 75,14; 81,17; 87,13 [Taf. 46b]; 104,8; 126,1), während er nur einmal über ⲱ (ⲱ͡) wo das die griechische Partikel zur Einführung des Vokativs ist, steht (139,18). Ein Strich über ⲟ findet sich zweimal, einmal gerade (72,1) und einmal zirkumflexartig gebogen (129,14).

III

In der ersten Schrift des P 8502, dem Evangelium nach Maria, waren nach der bisherigen Ausgabe ein paar Stellen so dunkel, dass kein Mensch sie verstehen konnte. Die Befragung des Originals vermochte aber das Dunkel zu lichten.

Schon der Anfang der ersten erhaltenen Seite ist in der alten Übersetzung „unverdaulich": „[......] wird nun [die Materie (?)] | [gerettet werden (?)] oder nicht?" (7,1f.). Das Entscheidende ist die Lesung des bei Till durch einen Stern bezeichneten letzten Buchstabens des ersten Wortes der zweiten Zeile. Man muss diesen Buchstaben tatsächlich, wie Till es selber auch im Apparat erwägt, als ⲡ̣ lesen. Dann aber kommt als Verb, das mit ⲟⲩ beginnt und mit ⲡ endet, nur ⲟⲩⲱϭⲡ (Crum 513a) in Frage, dessen Bedeutung zudem vorzüglich in den hiesigen Zusammenhang passt. Man hat danach und nach Kontrolle des Übrigen in 7,1f. nunmehr zu lesen: [.] . [ ]ⲙ̣ ⲑ[ⲩ]ⲗⲏ ϭⲉ ⲛⲁ|ⲟⲩ[ⲱϭ]ⲡ̣ ϫⲛ ⲙⲙⲟⲛ „[........] Wird nun die [Ma]terie | zerst[ör]t werden oder nicht?"

Am Ende von p. 7 und am Anfang von p. 8 lässt sich anhand des Originals noch mancher Buchstabe erkennen oder erschließen, so dass auch diese dunkle Stelle ergänzbar und im Zusammenhang verstehbar wird. In dieser Perspektive legt es sich dann übrigens auch nahe, in 7,21f. das ϣϣ[.]ⲉ, statt mit Till zu ϣⲱⲡⲉ, lieber zu ϣϣ̣ⲛⲉ zu ergänzen. Die Stelle

7,21–8,4 heißt nach alledem: ⲉⲧⲃⲉ ⲡⲁⲓ ⲧⲉⲧⲛ̄ϣⲱ̣|[ⲛ]ⲉ ⲁⲩⲱ ⲧⲉⲧⲙ̄ⲙⲟⲩ ϫⲉ ⲧ̣[ⲉⲧⲛⲙⲉ] | ⲙ̄ⲡⲉⲧⲁⲣ̣̄[ⲁ]ⲡ̣ⲁ̣[ⲧⲁ ⲙ̄ⲙⲱⲧⲛ ⲡⲉⲧⲣ̄]|ⲛⲟⲓ̈ ⲙⲁⲣⲉϥⲣ̄ⲛⲟⲉⲓ [ⲁⲑ]ⲩ̣ⲗ̣ⲏ̣ [ϫⲡ]ⲉ̣ ⲟⲩ|ⲡⲁⲑⲟⲥ ⲉⲙⲛ̄ⲧⲁϥ ⲙⲙⲁⲩ ⲙ̄ⲡⲉⲓⲛⲉ | ⲉ̣ⲁϥⲉ̣ⲓ̣ ⲉ̣ⲃⲟⲗ ϩⲛ ⲟⲩⲡⲁⲣⲁⲫⲩⲥⲓⲥ „Ihr seid *deswegen* kra[n]k | und sterbt, *weil* i[hr etwas liebt (?)], | das [euch be]trü[gen] wird. [Wer] | begreift, möge begreifen! [Die Ma]terie [erze]ugt[e] eine | Leidenschaft, die (ihres)gleichen nicht hat | und aus Widernatürlichem hervorgegangen ist."

Die Unklarheit des ganzen Abschnitts 10,16ff. liegt daran, dass das Stichwort „Verstand (νοῦς)" schon in (und sogar am Anfang) der Frage erscheint (10,17). Nun ist aber, wie ich zu meiner eigenen nicht geringen Überraschung feststellte, im Original an der Stelle gar nicht das Tillsche ⲡ̣ⲛ̣ⲟ̣ⲩ̣ⲥ̣ zu lesen, sondern ein einfaches ⲧ̣ⲉ̣ⲛ̣ⲟⲩ; und damit ist die ganze Passage klar: „Ich sagte zu ihm: ‚Herr, wenn nun jemand eine (solche) Vision sieht, sieht er sie da mit der Seele oder (mit) dem Geist?' Der Erlöser antwortete und sprach: ‚Er sieht (sie) nicht mit der Seele und auch nicht mit dem Geist, sondern der Verstand, der *zwischen* diesen beiden (Erkenntnisorganen) ste[ht], de[r ist es, der] die Vision sieht, un[d] der ist es, d[er…' ".

Die letzte der gemeinten dunklen Stellen ist 18,17. In dem Satz: „Wir sollen uns vielmehr schämen, den vollkommenen Menschen anziehen, [uns so formen (?)], wie er (es) uns aufgetragen hat, und das Evangelium verkünden" ist ja Tills „[uns so formen (?)]" schon auf den ersten Blick aus dem Rahmen fallend. Und auch die ausführliche Erörterung dieser Stelle in den „Bemerkungen" des Anhangs vermag diesen Eindruck nicht zu mildern. Auf dem Papyrus hingegen ist ⲛ̣ⲧ̣̄ⲛ̣̄ⲁ̣ⲡ̣ⲟ̣ⲭ̣ⲱ̣ⲣ̣ⲓ ⲕ̣ⲁⲧ̣ⲁ̣ zu erkennen. Und diese Lesung ist hier auch allein sinnvoll und stellt die problematische Sachlage sofort klar. Der Text heißt: „Wir wollen uns vielmehr schämen und den vollkommenen Menschen anziehen; *und wir wollen* (*von hier*) *losziehen*, wie er (es) uns aufgetragen hat, und das Evangelium verkünden." Hier ist in der zweiten Hälfte offenbar Bezug genommen auf den so genannten Missionsbefehl Mt 28,19f. Vgl. im Übrigen 1Clem 42,3: παραγγελίας οὖν λαβόντες… ἐξῆλθον εὐαγγελιζόμενοι, τὴν βασιλείαν τοῦ θεοῦ μέλλειν ἔρχεσθαι. Justin apol. I 39: ἀπὸ γὰρ Ἱερουσαλὴμ ἄνδρες δεκαδύο τὸν ἀριθμὸν ἐξῆλθον εἰς τὸν κόσμον, καὶ οὗτοι ἰδιῶται, λαλεῖν μὴ δυνάμενοι, διὰ δὲ θεοῦ δυνάμεως ἐμήνυσαν παντὶ γένει ἀνθρώπων ὡς ἀπεστάλησαν ὑπὸ τοῦ Χριστοῦ διδάξαι πάντας τὸν τοῦ θεοῦ λόγον. Vgl. auch Acta Thomae 1. Die nächste Parallele zu unserer Stelle ist aber m. W. das Ende vom „Brief des Petrus an Philippus" in Nag Hammadi Codex VIII, wo es (p. 140,15–27) heißt: „Da erschien Jesus und sprach zu ihnen: ‚Friede sei mit euch [al]len und (mit) jedem, der an meinen Namen glaubt. Wenn ihr aber geht, so wird euch Freude, Gnade und Kraft zuteil werden. Seid aber nicht furchtsam! Siehe, ich bin bei euch in Ewigkeit!' Da trennten sich die Apostel (und gingen) in die vier Himmelsrichtungen (?), um die Botschaft auszurichten; und (zwar) gingen sie in der Kraft Jesu mit Frieden."

IV

Auch die zweite Schrift des P 8502, das Apokryphon Johannis, hatte in der alten Edition einige „blinde Flecken". Aber sie waren von anderer Art. Sie rührten daher, dass an manchen Stellen, wo der Berliner Papyrus Lücken hat, auch die andere Kurzversion des AJ in dem Till bei seiner Arbeit, soweit er ihn brauchte, zur Verfügung stehenden NHC III (Tills CG I) unglücklicherweise gerade lückenhaft ist. Inzwischen sind auch die beiden Langversionen des AJ in NHC II und IV in einer Publikation zugänglich. (M. Krause/P. Labib: Die drei Versionen des Apokryphon des Johannes im Koptischen Museum zu Alt-Kairo, ADAIK.K 1, Wiesbaden 1962.) Und mit deren Hilfe – namentlich mit Hilfe der gut erhaltenen Version in NHC II – war es mehr oder weniger leicht möglich, gelegentliche Unsicherheiten zu beseitigen und verbliebene Lücken zu schließen.

Aber, statt das auch hier, ähnlich wie für das Evangelium nach Maria, Punkt für Punkt vorzuführen, möchte ich lieber die ganze Aufmerksamkeit auf die m. E. wichtigste dieser Stellen lenken, an ihrem Beispiel das hinter allen Änderungen stehende Verfahren, das übrigens nicht nur der Kurzversion zugute kommt, sondern auch umgekehrt Partien der Langversion erhellt, vor Augen führen und eine bestimmte, auf den ersten Blick vielleicht sehr kühn erscheinende Korrektur des Tillschen Textes erläutern und begründen. Ich meine die Stelle BG p. 20,19–21,13 parallel NHC II p. 1,30–2,9 (das Stück ist überhaupt nur in diesen beiden Codices erhalten). Eine Synopse beider Versionen dieser Stelle nach Text und Übersetzung, die alle Ergebnisse schon enthält, die, soweit sie nicht durch sich selbst evident sind, zweckmäßigerweise erst hinterher erörtert werden, müsste m. E. folgendermaßen aussehen (dem hiesigen Zweck entsprechend zerlegen wir den Text in syntaktisch möglichst geschlossene kleine Abschnitte, die wir durchnumerieren):

1 (NHC II ϩⲛ̄ ⲧⲟⲩⲛ̣[ⲟⲩ ⲛ̄ⲧⲁⲣⲓⲙⲉⲉⲩⲉ ⲉⲛⲁⲓ̈ ⲉⲓⲥ ϩ]ⲏⲧⲉ
(BG) ⲛ̄ⲧⲉⲩⲛⲟⲩ ⲉ̣ⲉ̣ⲓ̣ⲙⲉⲉⲩⲉ̣ ⲉⲛⲁⲓ̈
2 ⲁⲙ̣̄[ⲡⲏⲟⲩⲉ ⲟⲩⲱⲛ ⲁⲩⲱ ⲁⲡⲥⲱⲛⲧ ⲣ̄ ⲟⲩⲟⲉⲓⲛ]
ⲁⲙⲡⲏⲩⲉ ⲟⲩⲱⲛ ⲁⲩⲱ ⲁⲡⲥⲱⲛⲧ ⲧⲏⲣϥ ⲣ̄ ⲟⲩⲟⲉⲓⲛ
3 ⲛ̄ⲟⲩⲟⲉⲓⲛ̣ [ⲉϥ]ⲕⲧ[ⲏⲩ ⲉⲡⲉⲧⲙ̄ⲡⲥⲁ] ⲙ̄ⲡⲓⲧⲛ̄ ⲛ̄ⲧ̣ⲡⲉ
ϩⲛ ⲟⲩⲟ̣ⲓ̣ⲛ̣ ⲉⲧⲛ[ⲡⲥⲁ ⲙⲡⲓⲧⲛ ⲛⲧ]ⲡ̣ⲉ
4 ⲁⲩⲱ ⲁϥⲕⲓⲙ [ⲛ̄ϭⲓ ⲡⲕⲟⲥⲙⲟⲥ ⲧⲏⲣϥ̄]
ⲁⲩⲱ ⲁ ⲡⲕⲟⲥⲙⲟⲥ [ⲧⲏⲣϥ ⲁϥⲕⲓⲙ]
5 ⲁ[ⲛⲟⲕ ⲁⲓ̈ⲣ̄ϩⲟⲧⲉ ⲁⲩⲱ ⲁⲓ̈ⲡⲁϩⲧ]
ⲁⲛⲟⲕ ⲁⲓ̈ⲣ̄ϩⲟⲧⲉ ⲁⲩ[ⲱ ⲁⲓⲡⲁϩ]ⲧ
6 [ⲁⲉⲓ]ⲛ̣ⲁⲩ ϩⲣⲁⲓ̈ ϩⲙ̄ ⲡⲟⲩⲟ̣ⲉ̣ⲓⲛ [ⲉⲩⲁⲗⲟⲩ ⲉϥⲱϩⲉ ⲉ]ⲣⲁⲧϥ̄ ⲛⲁⲓ̈
ⲁⲩⲱ ⲉⲓⲥ ϩⲏⲏⲧⲉ ⲁϥ[ⲟⲩⲱⲛϩ ⲛ]ⲁⲓ̈ ⲉⲃⲟⲗ ⲛ̄ϭⲓ ⲟⲩⲁⲗⲟⲩ
7 ⲛ̄ⲧⲁⲣⲓⲛⲁ̣[ⲩ ⲇⲉ ⲉⲡⲉⲓⲛⲉ ⲉⲩϣⲏⲙ ⲡⲉ] ⲉϥⲟ ⲛ̄ⲑⲉ ⲛ̣̄ⲟⲩⲛⲟϭ
[ⲛⲧⲁⲣⲓⲛⲁⲩ] ⲇⲉ ⲉⲡⲉⲓⲛⲉ
8 ⲁⲩⲱ ⲛⲁϥϣ̣[ⲓⲃⲉ ⲙ̄ⲡⲉ]ϥⲥⲙⲁⲧ ⲉϥⲟ ⲛ̄ⲑⲉ ⲛ̄ⲟⲩϩⲗ̣̄ⲗ̣ⲟ
ⲉⲩϩⲗ̄ⲗⲟ [ⲡⲉ ⲉⲛⲉⲣⲉ ⲡⲟ]ⲩⲟⲉⲓ̈ⲛ ϣⲟⲡ ⲛϩⲏⲧϥ
9 ⲛ̄ⲛⲁⲩ [ⲛⲓⲙ ⲙ̄]ⲡⲁⲙ̄ⲧⲟ ⲉⲃⲟⲗ
[ⲁⲓϭⲱϣ]ⲧ ⲉϩⲟⲩⲛ ⲉⲣⲟϥ
10 ⲁⲩⲱ ⲛⲉⲟⲩⲛ ⲟ[ⲩⲥϩⲓⲙⲉ]
ⲙⲡⲓ[(ⲣ)ⲛⲟ(ⲉ)ⲓ ⲙⲡⲉ]ⲓϣⲡⲏⲣⲉ ⲉϣϫⲉ ⲟⲩ[ⲛ ⲟⲩⲥϩⲓⲙ]ⲉ
11 [ⲛ̄]ϩⲁϩ ⲙ̄ⲙⲟⲣⲫⲏ ϩⲣⲁⲓ̈ ϩⲙ̄ ⲡⲟⲩⲟ̣[ⲉⲓⲛ]
ⲉⲛⲁϣⲉ ⲛⲉⲥⲙⲟⲣⲫⲏ [ϩⲣⲁⲓ̈ ϩⲙ ⲡⲟ]ⲩⲟⲉⲓⲛ
12 [ⲁ]ⲩⲱ ⲙ̣[ⲙⲟⲣⲫⲏ] ⲛⲁⲩⲟⲩⲟⲛϩ ϩⲓⲧⲛ̄ ⲛⲉⲩⲉⲣⲏⲩ̣
ⲛⲉⲥⲙⲟⲣⲫⲏ [ⲛⲉⲩⲟⲩⲟⲛ]ϩ ⲉⲃⲟⲗ ϩⲓ̈ⲧⲛ̄ ⲛⲉⲩⲉ[ⲣⲏⲩ]
13 ϫ̣[ⲉ ⲟⲩⲁ] ⲡⲱ[ⲥ] ⲛⲁϥⲟ ⲛ̄ϣ̣ⲟ[ⲙ]ⲧ[ⲉ] ⲙ̄ⲙⲟⲣⲫⲏ
[ϫ]ⲉ̣ ⲉϣϫⲉ ⲟⲩⲉⲓⲉ ⲧⲉ ⲛ̄[ⲁϣ ⲛϩⲉ] ⲉⲥⲟ ⲛ̄ϣⲟⲙⲧ ⲛ̄ϩⲟ

1 In dem Augen[blick, als ich dies [bedachte, siehe] da
Sogleich während ich dies bedachte,
2 öffneten [sich] die [Himmel, und die Schöpfung erstrahlte]
öffneten sich die Himmel, und die ganze Schöpfung,
3 in einem Licht, [welches (alles) das, was unter]halb des Himmels ist, umf[asste],
die un[terhalb des] Himmels [ist], erstrahlte im Licht
4 und es erzitterte [die ganze Welt].
und die [ganze] Welt [erzitterte].
5 I[ch fürchtete mich und warf mich nieder].
Ich fürchtete mich un[d warf] mich [nieder].
6 [Ich] sah in dem Licht[, wie ein Kind zu] mir trat.
Und siehe, es [erschien m]ir ein Kind.
7 Als ich [aber] kaum gese[hen] hatte, [dass die Erscheinung ein kleines Kind war], das (doch) wie ein Erwachsener wirkt
[Als ich] aber [sah], dass die Erscheinung,
8 da verwan[delte sie] ih[re] Gestalt, so dass sie wie ein Greis aussah,
in [der] sich das [L]icht befand, (plötzlich) ein Greis [war],
9 (und diese Verwandlung wiederholte sich) fort[während v]or meinem Angesicht.
st[arrte ich] sie an.

0 Und da war ei[ne] vielgestaltige
Ich [verstand die]ses Wunder nicht, dass da (plötzlich) [eine] vielgestaltige
1 [Frau] in dem Lic[ht].
[Fra]u [in dem L]icht war.
2 [U]nd die (drei) [Gestalten (der Erscheinung)] waren abwechselnd sichtbar. (Ich dachte):
Ihre (der Erscheinung) (drei) Gestalten [waren] abwechse[lnd sichtb]ar. (Ich dachte):
3 Wie[so] konnte [eine (Erscheinung)] aus drei Gestalten bestehen?
Wenn es eine (Erscheinung) ist, w[ie] kann sie aus drei Personen bestehen?

Die Schwierigkeit einer solchen Synopse zwischen Lang- und Kurzversion des AJ, besonders wenn, wie hier, die jeweiligen Lücken gegenseitig ergänzt werden müssen, besteht darin, das Gleiche in der Ungleichheit zu erkennen und sichtbar zu machen. Und die Ergänzung der Lücken der einen Version, da wo die andere nur in Ungleichheit gleich ist, beruht auf der Prämisse, dass in solchem Fall die Lücke der einen Version, wenn irgend möglich, mit (den geeigneten) Elementen der anderen zu ergänzen ist. Diese Prämisse und eine darauf bauende Ergänzung kann im Einzelfall durchaus falsch sein, aber methodisch gibt es für uns gar keinen anderen Weg. Unter Voraussetzung der methodischen Gültigkeit der genannten Prämisse halte ich die dargebotene synoptische Anordnung und Ergänzung des Textes im Großen und Ganzen für zwingend. – Aber nun zu einigen Einzelheiten.

Der Nachsatz des mit ⲛ̄ⲧⲁⲣⲓⲛⲁⲩ ⲇⲉ in Abschnitt 7 beginnenden Temporalsatzes ist in beiden Versionen nicht ohne weiteres erkenntlich. Und wenn man einen solchen mit einiger Mühe, sei es hinsichtlich des Inhalts (BG), sei es hinsichtlich der Syntax (NHC II), aus dem Folgenden gewinnt, ist der betreffende Nachsatz in beiden Versionen ganz verschieden, u. zw. verschieden im Sinne einer qualitativ ganz anderen Differenz, als sie in unserem Abschnitt sonst zwischen den Versionen vorkommt. Daher ist die Möglichkeit nicht von der Hand zu weisen, dass der Temporalsatz ein Anakoluth ist und man sich einerseits vor ⲁⲩⲱ ⲛⲁϥϣⲓⲃⲉ (Abschnitt 8), andererseits vor ⲁⲓϭⲱϣⲧ (Abschnitt 9) ein „da wunderte ich mich" oder „da geriet ich in Verwirrung" hinzudenken bzw. als ausgefallen vorstellen müsste.

Die Lesung und Deutung des ⲛ̄ⲟⲩϩⲗ̣ⲁ̣ in Abschnitt 8 ist problematisch. An Krauses Lesung ⲛ̄ⲟⲩϩⲙ „(wie) ein Kleiner" stört mich das ⲙ. Die äußeren Striche erscheinen für ein ⲙ (wenigstens für das normale ⲙ in diesem Codex) viel zu schräg. Nach der Photographie in Labibs Tafelband erscheint die Lesung dessen, was für Krause ein ⲙ ist, als ⲗ̣ⲁ̣ durchaus als möglich. Und die Annahme bzw. Konsequenz, dass hier ϩⲗⲁ für ϩⲗⲗⲟ stünde, ist zudem nicht schwieriger als die, die ϩⲙ für ϣⲏⲙ nimmt. Aber die letzte Entscheidung kann hier wohl erst ein Blick auf das Kairoer Original bringen. Gleichwohl scheint mir von der Anatomie des Textes und der Struktur der Parallelität beider Versionen her das Motiv des Greises erst hierher, nämlich hinter das ⲛⲁϥϣⲓⲃⲉ ⲙ̄ⲡⲉϥⲥⲙⲁⲧ zu gehören, zumal die Parallelität des beidmaligen ⲉϥⲟ ⲛ̄ⲑⲉ ⲛ̄- (Abschnitt 7 und 8) nur eine scheinbare ist, weil das zweite ein normaler Umstandssatz sein muss, während das erste ein unechter Relativsatz sein dürfte.

Der Gegensatz von klein und groß (Abschnitt 7), den schon Krause als eine Pointe des Textes erkannte, die wir nur anders lokalisieren, ist auf verschiedene Vorstellungen beziehbar. Man könnte z. B. auch in Analogie zu einem Motiv aus dem in mancher Hinsicht eine vorzügliche Parallele zu unserem Text darstellenden Abschnitt Acta Johannis 88–90 an ein riesengroß erscheinendes Kind denken. Vgl. übrigens auch das Fragment eines Evangeliums der Maria (Epiphanius pan. 26, 3,1).

Das ⲉϣϫⲉ in Abschnitt 10 entspricht offenbar einem griechischen εἰ „dass" nach Verben des Affekts; u. zw. scheint es hier gebraucht zu sein, weil das „ich verstand dieses Wunder nicht" empfunden wurde wie ein „ich wunderte mich darüber".

Die Attribute ⲛ̄ϩⲁϩ ⲙ̄ⲙⲟⲣⲫⲏ bzw. ⲉⲛⲁϣⲉ ⲛⲉⲥⲙⲟⲣⲫⲏ (Abschnitt 11) geben wahrscheinlich in verschiedener Weise nur ein und dasselbe zugrundeliegende πολύμορφος wieder. Die hier ausgesagte *Viel*gestaltigkeit ist offenbar etwas anderes als die *Drei*gestaltigkeit, von der in Abschnitt 13 die Rede ist, und also auch auf ein anderes Subjekt als diese zu beziehen. Und ein erster Hinweis darauf, wer oder was dieses Subjekt sein könnte, ist der Umstand, dass unser πολύμορφος ja ein ganz bekanntes Epitheton der in der Spätantike als Allgöttin verstandenen Muttergottheit Isis ist. (Vgl. H. Bonnet, Reallexikon der ägyptischen Religionsgeschichte, 1952, 329b; und z. B. ZP IV 2726. 2799.) Und damit sind wir nun schon genau an dem Punkt (bzw. der Lücke) unseres Textes, an dem uns in diesem Zusammenhang am meisten liegt. Sowohl wegen der im Text des AJ folgenden Deutung der Vision: „Ich bin der Vater, ich bin die *Mutter*, ich bin der Sohn" (BG p. 21,19–21 Parr), als auch wegen der Rede von den *drei* Gestalten bzw. Personen in unserem Abschnitt 13, muss man im Rahmen der Vision neben der Erscheinung Jesu als Kind und als Greis eigentlich auch eine Erscheinung in weiblicher Gestalt voraussetzen. Der Text aber schien sie uns vorzuenthalten. Im erhaltenen Text (beider Versionen) steht nichts von dem Vorauszusetzenden. Und die einzige Lücke, in der es gestanden haben könnte und müsste, nämlich unmittelbar vor dem Äquivalent von πολύμορφος, d. h. am Ende von Abschnitt 10, war durch Tills Ergänzung blockiert. Till las hier nämlich ⲟⲩ[ⲙⲛⲧⲟⲩⲁ ⲧ]ⲉ ⲉⲛⲁϣⲉ ⲛⲉⲥⲙⲟⲣⲫⲏ, und danach hat Krause die entsprechende Lücke in NHC II ausgefüllt. Nun ist der betreffende Satz in NHC II ⲛⲉⲟⲩⲛ ⲟ[ⲩ+Nomen ⲛ̄]ϩⲁϩ ⲙ̄ⲙⲟⲣⲫⲏ ϩⲣⲁï ϩⲙ̄ ⲡⲟⲩⲟ̣[ⲉⲓⲛ] (Abschnitt 10/11) ein klarer präteritaler Existentialsatz, wie er zur Vermeidung eines Adverbialsatzes mit indeterminiertem nominalem Subjekt üblich ist. Und dieselbe syntaktische Struktur muss man dann auch für die Parallele im BG voraussetzen. Das heißt aber, vorn ist zu lesen ⲉϥϫⲉ ⲟⲩ[ⲛ ⲟⲩ+Nomen], und hinten als Prädikat des Satzes [ϩⲣⲁï ϩⲙ ⲡⲟ]ⲩⲟⲉⲓⲛ. Eine Nominalsatzpartikel ⲧ]ⲉ gehört dann natürlich nicht in diesen syntaktischen Zusammenhang, und für das Tillsche ⲙⲛⲧⲟⲩⲁ ist der Platz nun sowieso zu knapp. Dann kann aber das ⲉ nach der Lücke des BG nur das Ende des in der Lücke vorauszusetzenden Nomens selbst sein. Und als Nomen mit fünf Buchstaben, dessen letzter ⲉ ist, zu dem sich als Attribut πολύμορφος fügt und das zur Bezeichnung einer im Licht der Vision sichtbar werdenden weiblichen Gestalt passt, kommt eben nur ⲥϩⲓⲙⲉ in Frage. Dass die Verwandlung des bisher in der Vision Geschauten in eine weibliche Gestalt im BG gar nicht erst erzählt wird, sondern gleich als Gegenstand der Reflexion des Visionärs erscheint, ist bei solchen Visionsschilderungen nichts Ungewöhnliches. Und die NHC II-Version bringt ja denn auch diesen Zug, ohne die Künstlichkeit des BG, als direkte Schilderung.

Worauf die Aussage des Abschnitts 12 zu beziehen ist, ob man sie auf die Vielgestaltigkeit des erschienenen Weibes allein beziehen muss, oder ob man sie auf die drei Gestalten, des Kindes, des Greises und des Weibes, unter denen Christus erschienen ist, beziehen darf, hängt von einer grammatischen Kleinigkeit ab. Die Entscheidung hängt nämlich ab von der Frage, ob das Bezugswort des Suffixes in ⲛⲉⲥⲙⲟⲣⲫⲏ (BG) etwas anderes sein kann als das Nomen ⲥϩⲓⲙⲉ (ein in Frage kommendes anderes Femininum ist nämlich im Vorhergehenden überhaupt nicht sichtbar), anders ausgedrückt, ob das ⲛⲉⲥⲙⲟⲣⲫⲏ in Abschnitt 11 und das ⲛⲉⲥⲙⲟⲣⲫⲏ in Abschnitt 12 identisch sind oder nicht. Mit diesem Problem hängt m. E. nun auch die Genusdifferenz beider Versionen hinsichtlich des Subjekts des folgenden Satzes (Abschnitt 13) zusammen. Im BG ist es wieder feminin; es auf ⲙⲟⲣⲫⲏ zu beziehen, ist wegen der Parallele des NHC II, wo ⲙⲟⲣⲫⲏ das Äquivalent von ϩⲟ ist, nicht gut möglich; und die Beziehung auf ⲥϩⲓⲙⲉ hier offenkundig sinnwidrig. Die Lösung dieses Problems scheint mir in dem Hauptbegriff dieser Visionsschilderung zu liegen, und das ist das maskuline ⲉⲓⲛⲉ (Abschnitt 7), hinter dem sich aber das griechische feminine εἰκών verbirgt, dessen ursprüngliches Geschlecht, wie auch sonst oft, hier im BG eben durchschlägt. Das Bezugswort für ⲛⲉⲥⲙⲟⲣⲫⲏ in Abschnitt 12 und ⲟⲩⲁ/ⲟⲩⲉⲓⲉ in Abschnitt 13 dürfte also ⲉⲓⲛⲉ/εἰκών sein.

Christus erscheint hier übrigens im Grunde in der typischen Weise des Aion-Helios (morgens ein Kind, abends ein Greis [vgl. z. B. ZP II 106f.119; III 153f.; IV 1695.1783–1786; XXXVI 218f.]), zu dessen Aspekten auch die ihrerseits vielgestaltige Selene-Isis gehört. Als Aion, der Raum und Zeit umfasst, ist Christus eben, wie es im Text des AJ gleich darauf heißt, allezeit bei den Seinen.

Korrekturzusatz

Zu III. Die nachträgliche Klärung zweier dunkel verbliebener Stellen des EvMar ist das Verdienst von George MacRae: p. 8,22 Ende ist nämlich in Wirklichkeit zu lesen ⲙ̣ⲡ̣ⲣ̣̄ und p. 9,2 entsprechend ⲙ̄ⲡⲣ̄ϯ (anstelle von ⲙ̄ⲡⲓ̈ϯ).

Zu IV. Der Text des NHC II in der Synopse fußt auf Krauses Lesungen und seinen (impliziten) Angaben über die Größe der Lücken. Aber dieses Fundament hat sich inzwischen überraschend als unzuverlässig erwiesen, wie aus den mir jetzt zur Verfügung stehenden Kollationen, die Frederik Wisse gemacht hat, hervorgeht. Im Lichte von Wisses Ergebnissen dürften für den Text des NHC II in der Synopse m. E. folgende Änderungen (samt den entsprechenden Konsequenzen für die Übersetzung) nötig sein: 2/3: ⲁⲙ[ⲡⲏⲩⲉ ⲟⲩⲱⲛ ⲉⲃⲟⲗ ⲁⲩⲱ ⲛⲉⲥⲟ] | ⲛ̄ⲟⲩⲟⲉⲓⲛ̣ [ⲛ̄ϭⲓ] ⲧ̣ⲕⲧⲓ̣ⲥ̣[ⲓⲥ ⲧⲏⲣⲥ̄ ⲉⲧⲙ̄ⲡⲥⲁ] ⲙ̄ⲡⲓⲧⲛ̄ ⲛ̄ⲧ̣ⲡⲉ. 4: ohne ⲧⲏⲣϥ̄. 6: [ⲉⲩϣⲏⲣⲉ ϣⲏⲙ ⲉⲛⲉϥⲁϩ]ⲉ̣ⲣⲁⲧϥ ⲛⲁï. 7: ⲛ̄ⲧⲁⲣⲓⲛⲁ[ⲩ ⲇⲉ ⲉⲡⲉϥⲉⲓⲛ]ⲉ̣ ⲉϥⲟ usw. 8: Ende ⲛ̄ⲟⲩϩⲁⲗ. 9: ⲛ̄ⲛⲁⲩ [ⲛⲓⲙ ⲛⲉϥⲟ ⲙ̄]ⲡⲁⲙ̄ⲧⲟ ⲉⲃⲟⲗ. 10/11: ⲁⲩⲱ ⲛⲉⲟⲩⲛ ⲟ[ⲩⲥϩⲓ]ⲙ̣ⲉ | ⲉ̣[ⲥⲟ ⲛ̄]ϩⲁϩ ⲙ̄ⲙⲟⲣⲫⲏ usw. 13: ⲁ[ⲩⲱ] ⲡⲉ̣[ⲥⲙⲁ]ⲧ ⲛⲁϥⲟ usw.

Übrigens ist inzwischen auch ein Fragment des NHC III von dieser Stelle (p. 2,<15–21>) durch M. Krause entdeckt und identifiziert worden, dessen Kenntnis ich wiederum F. Wisse verdanke. NHC III hat hier, soweit man erkennen kann, eine eigenständige Textversion.

ZUR FAKSIMILE-AUSGABE DER NAG HAMMADI-SCHRIFTEN: NAG HAMMADI-CODEX VI*

Der vorliegende, als erster erschienene Band der Faksimile-Ausgabe der Nag Hammadi-Texte bietet die 78 relativ gut erhaltenen Seiten des Codex VI in vorzüglicher Reproduktion und gibt der Forschung ein verlässliches Arbeitsmittel in die Hand. Wie kann man sein Erscheinen besser würdigen, als dass man mit ihm zu arbeiten anfängt, zumal Inhaltsangaben und Charakterisierungen – mehr oder weniger instruktiv – von den acht Schriften dieses Codex bereits in hinreichender Zahl vorliegen. Es gilt, das bereits Bewusste und das anderswo schon Gesagte zu ergänzen und um neue Erkenntnisse zu erweitern. Entsprechend soll hier von den Schriften des Codex VI unter zwei Schwerpunkten gehandelt werden. Einerseits wollen wir unser Ergebnis des schwierigen, aber unbedingt notwendigen Versuchs, den Text der oben beschädigten Seiten, soweit wie möglich, zu ergänzen, wenigstens für die vierte Schrift darbieten (das, wie ursprünglich geplant, für alle Schriften zu tun, würde den Rahmen dieser Rezension sprengen), andererseits soll das besondere Augenmerk der dunkelsten der acht Schriften – das ist die fünfte – gelten, für die wir inzwischen den Schlüssel gefunden haben.

Die erste Schrift (p. 1–12), nicht gnostisch, sondern vulgärchristlich, mit dem Titel „Die Taten des Petrus und der zwölf Apostel", traditionsgeschichtlich wohl aus einer apokryphen Predigt des Petrus herausgewachsen, erzählt im Surrealismus des Märchens, wie Petrus und die übrigen Apostel nach dem Aufbruch zur Mission in eine Inselstadt verschlagen werden, wo ihnen Jesus in der Gestalt des Heilungsengels Lithargoēl begegnet und sie veranlasst, ihm in seine Himmelsstadt zu folgen, von wo er sie, mit Instruktion und Vollmacht versehen, zur Mission auf die Erde zurückschickt. Die engen traditionsgeschichtlichen Beziehungen zwischen Jesus als Lithargoēl in NHC VI,1 und dem Engel Litharkūēl im „Buch der Einsetzung des Erzengels Gabriel" erstrecken sich bis in den koptischen Wortlaut hinein; vgl. CSCO 225, 71,3–5: ⲁϥⲟⲩⲱ̅ϣ̅ⲃ̅ ⲛ̄ϭⲓ ⲡ̄ⲙⲉϩ†ⲟⲩ ⲛⲁⲅⲅⲉⲗⲟⲥ ϫⲉ ⲁ̅ⲛ̅ⲟⲕ ⲡⲉ ⲗⲓ̈ⲑⲁⲣⲕⲟⲩⲏⲗ, ⲡⲉⲧⲉⲣⲉ ⲡ̄ⲛⲁⲣⲇⲓ̈ⲝ ⲛ̄ⲧⲟⲟⲧϥ

* OLZ 69 (1974), 229–243. (Besprechung von FacEd of Codex VI, Leiden 1972.)

ⲉϥⲙⲉϩ ⲙ̄ⲡⲁϩⲣⲉ ⲛⲱⲛϩ̄ ⲉⲓ̈ⲉⲣ ⲡⲁϩⲣⲉ ⲉ̄ⲯⲩⲭⲏ ⲛⲓ̈ⲙ. Größerer Ergänzungen bedürftig sind die Seiten 1–8. Sie sind aber – mit Ausnahme derer von Seite 1 – wegen der durchsichtigen Handlung relativ leicht und mit einem großen Grad an Sicherheit durchzuführen. Von den sprachlichen Einzelproblemen dieser ersten Schrift verdient die Deutung des Namens Lithargoēl hervorgehoben zu werden: ⲡⲱⲛⲉ ⲛ̄ϭⲁϩⲥⲉ ⲉⲧⲁⲥⲓⲱⲟⲩ (p. 5,18). Dabei kann ⲁⲥⲓⲱⲟⲩ aber kaum – wie es bei mechanischer Betrachtung nahe zu liegen scheint – als Qualitativ von ⲁⲥⲁⲓ „leicht sein" aufgefasst werden, sondern als Qualitativ von ⲥⲁ „schön sein" (ⲁⲥⲓⲱⲟⲩ für ⲥⲁⲓⲱⲟⲩ). Der ganze Ausdruck heißt mithin zunächst: „der herrliche X-Stein" und zeigt deutlich, dass diese (sekundäre) Deutung des Namens Lithargoēl mit Hilfe der Brücke λίθος ἀργός „glänzender Stein" erfolgte. Aber was ist nun X? Die Antwort scheint einfach. ϭⲁϩⲥⲉ heißt „Gazelle". Aber einen „Gazellenstein" scheint es – nach meinen Informationen – in der antiken Mineralogie überhaupt nicht zu geben, weder in der seriösen noch in der unseriösen. Wenn es sich bestätigt, dass die Antwort nicht in der Mineralogie gefunden werden kann, muss man sie in der Theologie suchen. Es ist ja Jesus, der hier qua Lithargoēl als „herrlicher X-Stein" gedeutet wird. Da denkt man doch sofort an Stellen wie 1Petr 2,4ff. Und in dieser Perspektive drängt sich die Frage auf, ob ϭⲁϩⲥⲉ nicht ein ganz anderes, bisher unbekanntes Wort ist, ein Femininum, das etymologisch mit ⲕⲟⲟϩ, ⲕⲁϩ „Ecke" zusammenhängt. So käme man auf die Bedeutung „der herrliche Eckstein". An besonderen Formen wäre hervorzuheben ϭⲟⲗ (p. 7,14), das dem Zusammenhang nach nicht „Lüge" heißen kann, sondern das Wort ϫⲟⲗ/ϭⲁⲗ (Crum 765b) „Woge" ist. Und p. 7,23 begegnet der Achmimismus ϫⲉ (für ⲛ̄ϭⲓ).

Die zweite Schrift (p. 13–21), gnostisch ohne christlichen Einfluss, hat die Überschrift ⲛ̣ⲉⲃⲣⲟⲛⲧⲏ: ⲛⲟⲩⲥ ⲛ̄ⲧⲉⲗⲉⲓⲟⲥ. Das Problem dieses Titels hängt nun schon ganz eng mit der Bestimmung des Charakters der Schrift zusammen. Ursprünglich hat man ⲧ̣ⲉⲃⲣⲟⲛⲧⲏ gelesen; und seitdem heißt NHC VI,2 bei vielen „Der Donner (βροντή), vollkommener Verstand", obgleich man jetzt entsprechend der Lesung ⲛ̣ⲉⲃⲣⲟⲛⲧⲏ wenigstens sagen müsste: „Die Donner" bzw. „Das Gewitter, vollkommener Verstand". Dass das Unsinn ist, konnte aber nur so lange verborgen bleiben, wie der Text nicht allgemein zugänglich war. Nun kommt das Wort „Donner" und der Sachverhalt einer Donnerstimme durchaus in gnostischen Schriften und der ihnen verwandten Literatur vor, aber eben nicht in unserer Schrift. Ja, diese Offenbarungsrede, um die es sich bei ihr handelt, kann man sich nicht einmal mit Donnerstimme gesprochen *vorstellen*. Außerdem hängt bei dieser Auffassung das indeterminierte (!) zweite Element ⲛⲟⲩⲥ ⲛ̄ⲧⲉⲗⲉⲓⲟⲥ völlig in der Luft. ⲛⲟⲩⲥ ⲛ̄ⲧⲉⲗⲉⲓⲟⲥ ist aber tatsächlich – und ist im Titel offenbar auch so gemeint – ein bestimmter (männlicher) Aspekt (vgl. p. 18,9f.; 14,13 [λόγος]) des hier redenden göttlichen Wesens, das primär als Sophia (also weiblich) vorgestellt ist; sie kann ja von sich z. B. sagen: „Ich bin die Braut und der Bräutigam" (p. 13,27–29). Man erwartet daher im ersten Teil des Titels irgendeine weibliche Bezeichnung der Sophia. ⲏ müsste dann = ἤ „oder" sein. (Das nahe Zusammenstehen von ⲧ und ⲏ, sowie der Zwischenraum zwischen dem Doppelpunkt und dem nächsten Wort, sind kein ernsthaftes Hemmnis für diese Deutung; vgl. ähnlich seltsame Verteilungen von Buchstaben z. B. p. 8,22; 15,2.3.) Und vorn bliebe übrig ⲛⲉⲃⲣⲟⲛⲧ. Da nun die Sophia p. 16,3–5 betont von sich sagt: „Ich bin die Sophia der Griechen und die Gnosis der Barbaren", wird man in ⲛⲉⲃⲣⲟⲛⲧ einen Eigennamen der Sophia in der ῥῆσις βαρβαρική zu sehen haben. „Nebront" wäre also ein Name wie Barbelo und Achamoth. Und der ganze Titel „Nebront oder (ἤ) Vollkommener Verstand" wäre, was die Zusammenspannung eines barbarischen Eigennamens mit einer griechischen Deutung betrifft, zu vergleichen mit der Selbstvorstellung des Poimandres in C. H. I 2: Ἐγὼ μέν, φησίν, εἰμὶ ὁ Ποιμάνδρης, ὁ τῆς αὐθεντίας νοῦς. (Und vgl. für das ἤ im Titel die Überschrift von C. H. IV: ὁ κρατὴρ ἢ μονάς.) Hinzu kommt nun noch, dass sich Name und Gestalt der Nebront anderswo nachweisen lassen. „Nebront" ist wohl derselbe Name wie Νεβρώδ; und so heißt die den Menschen hervorbringende Erzdämonin der Manichäer in der großen Abschwörungsformel,[1] und diese Nebrōd wiederum ist namentlich wie sachlich identisch mit „Namrus, der Mutter der Welt" bei den Mandäern (womit wir nur eine gängige These aufnehmen);[2] wie ja sowohl Nebrōd als auch Namrus (rein äußerlich und abgesehen vom Geschlecht) Formen des Namens Nimrod darstellen könnten. Im Beinamen von Namrus kommt auch noch der ursprüngliche Sophia- und Allgöttinaspekt dieser Gestalt zum Ausdruck. Auch Nebrōd und Namrus sind ja nur – allerdings radikal einseitig – gnostifizierte Formen der Allgöttin Sophia.

NHC VI,2 ist also eine Offenbarungsrede der als Allgöttin verstandenen Sophia (die Verschmelzung der jüdischen Sophiagestalt mit der spätantiken Allgöttin Isis-Hekate-Selene ist vorausgesetzt; bes. der Isisaspekt schlägt in NHC VI,2 ja deutlich durch [besonders p. 16,6f.]): Sie umfängt

1 Vgl. A. Adam, Texte zum Manichäismus, Berlin 1969, 98 Z. 49.

2 Vgl. K. Rudolph, Die Mandäer I, FRLANT 74, Göttingen 1960, 184, Anm. 5.

die Welt, erhält sie von außen und innen; sie ist die Weltseele und zugleich die Seele jedes einzelnen Menschen; usw. Aber, die hier redet, ist die Allgöttin in gnostischer Metamorphose; d. h., sie ist *zugleich* das Prinzip der guten Welt und *zugleich* Ursache, Prinzip und Opfer des Bösen, sowie der Erlöser aus ihm. (Die so genannte dualistische Weisheit, mit der E. Brandenburger z. B. religionsgeschichtlich operiert, hat es also tatsächlich gegeben, aber das ist kein Ersatz für Gnosis, auch keine Vorstufe davon, sondern sie selbst.) Der gemeinte Sachverhalt, der ja ein Geschehen voraussetzt, wird in der Offenbarungsrede aber nun nicht in seinem Nacheinander dargelegt und entwickelt, was das Normale wäre, sondern, indem die jeweiligen Extreme des Prozesses unter Absehung von der zeitlichen Perspektive zusammengestellt werden, gewissermaßen dialektisch entfaltet. Ich glaube mithin nicht, dass in NHC VI,2 Gnosis ohne Mythos – sei es als Früh-, sei es als Spätform – vorliegt, sondern nur eine besondere Stilform, in der Sachverhalte des gnostischen Mythos erscheinen können. Kürzere Stücke von derselben Stilform waren vorher schon bekannt. Es ist erstaunlich und spricht für künstlerischen Rang, dass der Verfasser diese Stilform in einem so langen Text durchzuhalten vermag, ohne sich zu wiederholen und langweilig zu werden.

Die Worte unseres Textes könnte man sich im Munde vieler gnostischer Sophiagestalten vorstellen; und was nicht durch das jeweilige System gedeckt wird, kann man aufs Prinzip schieben, für Überspitzung oder Ergebnis der sich selbständig machenden Dialektik halten. Am besten aber würden sie in den Mund der simonianischen Ennoia passen, deren Geschick die größte Spannweite hat. Interessanterweise bin ich bei dem Bemühen um die Ergänzung des oberen Teils von p. 21 unabsichtlich auf einen Text gekommen, der regelrecht simonianisch klingt. Diese etwas komplizierte Ergänzung möchte ich hier doch noch vorlegen. Die übrigen für die Seiten 17. 18. 19. 20 ergeben sich leichter und infolge des festen Stils mit einer gewissen Notwendigkeit.

p. 21

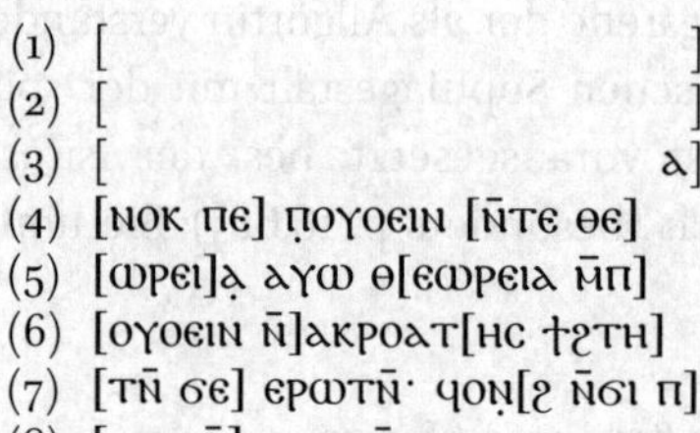

(1) [ ]
(2) [ ]
(3) [ⲁ]
(4) [ⲛⲟⲕ ⲡⲉ] ⲡ̣ⲟⲩⲟⲉⲓⲛ [ⲛ̄ⲧⲉ ⲑⲉ]
(5) [ⲱⲣⲉⲓ]ⲁ̣ ⲁⲩⲱ ⲑ[ⲉⲱⲣⲉⲓⲁ ⲙ̄ⲡ]
(6) [ⲟⲩⲟⲉⲓⲛ ⲛ̄]ⲁⲕⲣⲟⲁⲧ[ⲏⲥ ϯϩⲧⲏ]
(7) [ⲧⲛ̄ ϭⲉ] ⲉⲣⲱⲧⲛ̄· ϥⲟⲛ̣[ϩ ⲛ̄ϭⲓ ⲡ]
(8) [ⲣⲁⲛ ⲛ̄]ⲧⲛⲟϭ ⲛ̄ϭⲟⲙ· ⲁⲩⲱ ⲡⲉ̣

(9) [ⲧⲉ(ⲣⲉ) ⲡϫⲓ]ⲧϥ̄ ⲛⲁⲕⲓⲙ ⲁⲛ ⲙ̄ⲡⲣⲁⲛ·
(10) [ⲡⲉⲧⲁϩ]ⲉ ⲣⲁⲧϥ̄ ⲡⲉⲛⲧⲁϥⲧⲁⲙⲓⲟï·

„[Ich bin] das Licht [der Schau] und die Sch[au des Lichts]. [Ihr] Höre[r, gebt nun acht] auf euch! Bei [dem Namen] der großen Kraft und (bei) dem, dessen [Ergreifung] den Namen nicht erschüttern wird: [Der Ste-]hende ist es, der mich geschaffen hat.“

Die dritte Schrift (p. 22–35), gnostisch mit leichtem christlichen Einschlag, die den Titel „Authentikos Logos“ trägt, predigt gnostische Ethik auf dem Hintergrund des gnostischen Seelenmythos, wie ihn NHC VI,2 voraussetzt und NHC II,6 („Die Exegese über die Seele“) entfaltet, und unter Verwendung plastischer und breit ausgeführter Bilder und Vergleiche. Bei ihr sind die Textlücken besonders störend – zumal schon der Anfang fehlt –, das Bemühen um ihre Ergänzung für das Verständnis des Zusammenhangs besonders nötig. Das innerhalb der beschädigten Partie von p. 24(,8) als Metapher für die Welt begegnende πορνεῖον dürfte übrigens ein neues Licht auf die alte Streitfrage werfen, ob die aus dem Bordell zu Tyrus erlöste simonianische Helena mythologisierte Historie oder historisierter Mythos ist, und wird für diejenigen zu Buche schlagen, die diese Helena immer schon für unhistorisch gehalten haben.

p. 22

(1) [(Um die gefallene Seele zu erlösen,]
(2) [hielt ihr himmlischer Bräutigam nicht]
(3) [an seiner göttlichen Herrlichkeit fest...)]
(4) [...ⲁⲗⲗ]ⲁ̣ ⲁ̣ϥⲕ̣ⲁⲁ̣[ϥ ⲛ̄ⲥⲱϥ]
(5) [ⲟⲩⲇⲉ ⲙ̄]ⲡ̣ⲉϥⲙⲟⲩ̣[ⲛ ϩⲱⲱϥ]
(6) [ⲛ̄ϩⲣⲁⲉⲓ] ϩⲛ̄ ⲧⲡⲉ ⲛ̄ⲁ̣[ⲟ]ⲣ̣[ⲁⲧⲟⲥ ⲡⲙⲁ]
(7) [ⲉⲛⲉⲥϣⲟⲟ]ⲡ̣ ϩⲣⲁï ⲛ̄ϩⲏⲧϥ̣ [ⲉⲙⲡⲁⲧ]
(8) [ⲉ] ⲗ̣ⲁ̣ⲁ̣ⲩ ⲟⲩⲱⲛϩ̄ ⲉⲃⲟ[ⲗ ⲉⲃⲟⲗ ϩⲛ̄]
(9) ⲙⲡⲏⲟⲩⲉ ⲉⲧϩⲏⲡ· ⲟ[ⲩⲇⲉ ⲛⲉⲧ]
(10) ⲟⲩⲟⲛϩ̄ ⲉⲃⲟⲗ· ⲁⲩⲱ ⲉⲙ̣[ⲡ]ⲁ̣[ⲧⲟ]ⲩ̣
(11) ⲟⲩⲱⲛϩ̄ ⲉⲃⲟⲗ ⲛ̄ϭⲓ ⲛ̄ⲕⲟⲥⲙⲟⲥ
(12) ⲛ̄ⲁϩⲟⲣⲁⲧⲟⲥ ⲛ̄ⲛⲁⲧϣⲁϫⲉ ⲙ̄ⲙⲟ
(13) ⲟⲩ· usw.

„..., sond]ern er legte [sie ab; und] er blie[b auch seinerseits ni]cht im unsicht[baren] Himmel, wo [sie (die Seele) wa]r, [bevor] irgendeiner d[er] verborgenen [oder der] sichtbaren Himmel in Erscheinung getreten war und e[h]e die unsichtbaren und unbeschreiblichen Welten in Erscheinung getreten waren. –

Nachdem die unsichtbare Seele der Gerechtigkeit diese (himmlischen Welten) verlassen hat, ist sie sowohl Genosse der Glieder und Genosse des Leibes als auch Genosse des Geistes. Ob sie sich nun in der Erniedrigung oder in (dem Prozess) der Vollendung befindet, sie ist nicht von ihnen (den Himmlischen) getrennt, sondern sie sehen auf sie herab, und sie blickt zu ihnen hinauf in der Kraft des unsichtbaren Logos."

p. 23

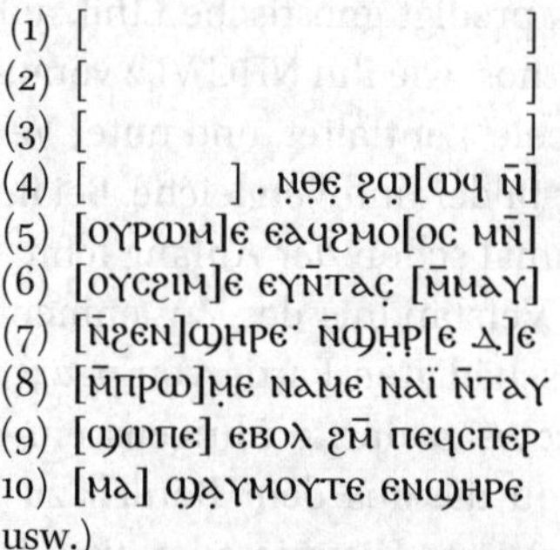
(1) [ ]
(2) [ ]
(3) [ ]
(4) [ ] . ⲛ̣ⲑⲉ̣ ϩⲱ̣[ⲱϥ ⲛ̄]
(5) [ⲟⲩⲣⲱⲙ]ⲉ̣ ⲉⲁϥϩⲙⲟ[ⲟⲥ ⲙⲛ̄]
(6) [ⲟⲩⲥϩⲓⲙ]ⲉ ⲉⲩⲛ̄ⲧⲁⲥ̣ [ⲙ̄ⲙⲁⲩ]
(7) [ⲛ̄ϩⲉⲛ]ϣⲏⲣⲉ· ⲛ̄ϣⲏ̣ⲣ̣[ⲉ ⲇ]ⲉ
(8) [ⲙ̄ⲡⲣⲱ]ⲙ̣ⲉ ⲛⲁⲙⲉ ⲛⲁï ⲛ̄ⲧⲁⲩ
(9) [ϣⲱⲡⲉ] ⲉⲃⲟⲗ ϩⲙ̄ ⲡⲉϥⲥⲡⲉⲣ
(10) [ⲙⲁ] ϣⲁ̣ⲩⲙⲟⲩⲧⲉ ⲉⲛϣⲏⲣⲉ
(usw.)

„Wie nu[n, wenn ein Man]n [eine Fra]u, die schon Kinder hat, geheira[tet] hat, die wirklichen Kinder [des Man]nes, die nämlich, die aus seinem Sam[en entstanden] sind, die Kinder der Frau ‚unsere Brüder' nennen, so wurde auch die geistige Seele, als sie in den Leib hinabgeworfen wurde, zum Bruder der Begierde, des Hasses und des Neides, kurzum (zum Bruder) der materiellen Seelen (insgesamt)."

p. 24

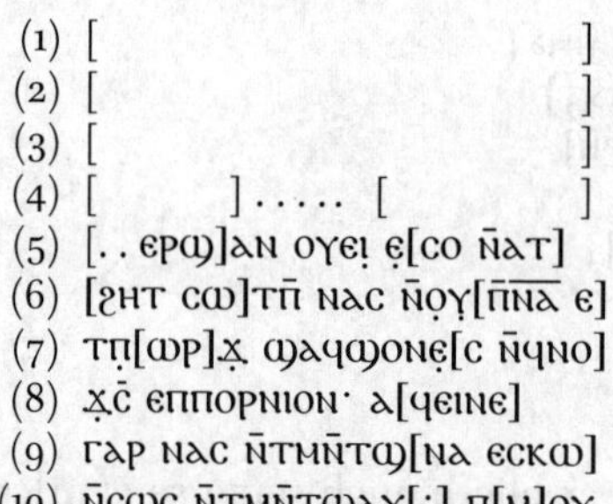
(1) [ ]
(2) [ ]
(3) [ ]
(4) [ ] . . . . . [ ]
(5) [. . ⲉⲣϣ]ⲁⲛ ⲟⲩⲉⲓ̣ ⲉ̣[ⲥⲟ ⲛ̄ⲁⲧ]
(6) [ϩⲏⲧ ⲥⲱ]ⲧⲡ̄ ⲛⲁⲥ ⲛ̄ⲟ̣ⲩ̣[ⲡ︦ⲛ︦ⲁ︦ ⲉ]
(7) ⲧⲡ̣[ⲱⲣ]ϫ̣ ϣⲁϥϣⲟⲛⲉ̣[ⲥ ⲛ̄ϥⲛⲟ]
(8) ϫ̣ⲥ̄ ⲉⲡⲡⲟⲣⲛⲓⲟⲛ· ⲁ[ϥⲉⲓⲛⲉ]
(9) ⲅⲁⲣ ⲛⲁⲥ ⲛ̄ⲧⲙⲛ̄ⲧϣ[ⲛⲁ ⲉⲥⲕⲱ]
(10) ⲛ̄ⲥⲱⲥ ⲛ̄ⲧⲙⲛ̄ⲧϣⲁⲩ[·] ⲡ[ⲙ]ⲟⲩ

„[… We]nn eine (Seele), d[ie unverständig ist], sich einen tre[nn]enden [Geist erwä]hlt, so schließt er [sie] aus [und w]irft sie ins Hurenhaus. Denn [er brach]te ihr die Lie[derlich]keit, [weil sie] die Besonnenheit ab[legte]."

Diese Ergänzungen sind nur, was ihre *Struktur* betrifft, wahrscheinlich, nicht hinsichtlich der einzelnen Wörter. – Vermutlich handelt es sich bei diesem Text nicht um ein Gleichnis, sondern um eine direkte Aussage über die Möglichkeiten der Seele. Entsprechend ist dann πορνεῖον Metapher für die untere Welt überhaupt (gegenüber παρθενών als Metapher für den Himmel [NHC II,6 ExAn p. 126,1]).

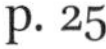

p. 25

(1) [ ]
(2) [ ]
(3) [ⲙⲉⲣⲉ ⲧⲙⲛ̄ⲧⲡⲁⲣⲑⲉⲛⲟⲥ]
(4) [ϭⲙ̄ϭⲟⲙ] ⲉ̣ⲧⲱϩ ⲙⲛ̄ ⲧ̣[ⲟⲩⲡⲟⲣ]
(5) [ⲛⲓ]ⲁ̣ ⲟ̣ⲩ̣ⲙⲉⲉⲩⲉ ⲅⲁ[ⲣ ⲛ̄ⲧⲉ]ⲡ̣ⲓ
(6) [ⲑ]ⲩ̣ⲙ̣ⲓ̣ⲁ ⲉϥϣⲁⲛⲉⲓ̂ ⲉ[ϩⲟ]ⲩ̣ⲛ
(7) [ⲉ]ⲩ̣ⲣⲱⲙⲉ ⲙ̄ⲡⲁⲣⲑⲉⲛⲟⲥ <ϣ>ⲁϥ
(8) [ϭ]ⲱ ⲉϥϫⲱϩⲙ̄· ⲁⲩⲱ ⲧⲟⲩ
(9) [ⲙⲛ̄]ⲧ̣ⲟⲩⲁⲙϩⲁϩ· usw.

„[Die Jungfräulichkeit kann] sich [nicht] mit ih[rer Hurer]ei verbinden. Den[n] (schon) wenn ein Gedanke [der Be]gierde i[n ei]nen jungfräulichen Menschen eingeht, [bl]eibt der Betreffende besudelt."

p. 27

(1) [ ]
(2) [ ]
(3) [ ]
(4) [ⲧ]ⲏ̣ⲣ̣ⲟⲩ ⲉⲃⲟ̣[ⲗ ϩⲓⲧⲛ̄]
(5) [ⲛ̄ⲁⲣⲭⲏ] ⲛ̄ⲕⲟⲥⲙⲓⲕ[ⲟⲥ ⲉⲧ ⲉ]ⲣ̣ⲟ[ⲛ]
(6) [ϫⲉ] ⲛ̣̄ⲛ[ⲉ]ⲛϫⲓ ϣⲓⲡⲉ [ⲛⲁⲡ]ⲕⲟⲥⲙⲟⲥ̣
(7) [ⲛ̄]ⲥ̣ⲣ̄ⲙⲉⲗⲉⲓ ⲛⲁⲛ ⲁⲛ ϩⲁⲣ̣ⲟⲟⲩ· ⲉⲩ
(8) [ϣⲁ]ϫⲉ ⲛ̄ⲥⲱⲛ· ⲁⲩⲱ ⲉⲛⲱⲃϣ̄
(9) [ⲙ̄ⲙ]ⲟ̣ⲛ ⲉⲣⲟⲟⲩ· usw.

„[(Wir ertragen) a]lle [(Trübsale)] seit[ens der] weltlich[en Gewalten, die uns] entgegenstehen, [damit] wir nicht beschämt werden – [das] Welt[liche] kümmert uns nicht –: sie ver[leu]mden uns, doch wir überhören sie; (usw.)".

In Zeile 4 ist die Lesung]ⲏ̣ⲣ̣ⲟⲩ keineswegs das Nächstliegende. Die Lesung]ⲛ̣ϯ̣ⲟⲩ läge vom bloßen Erscheinungsbild her näher.

p. 28

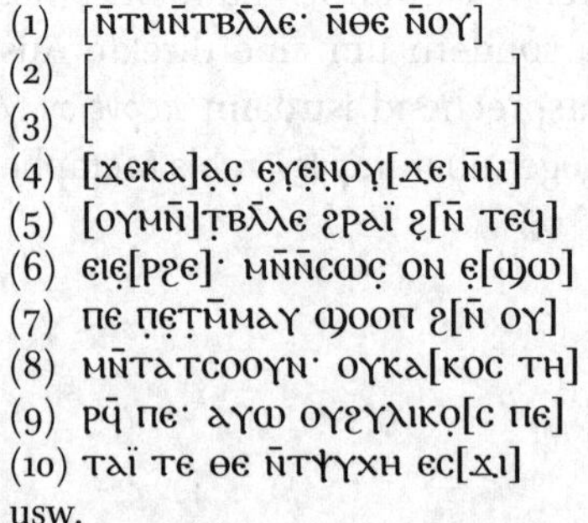

„Deswegen folgt sie dem Logos und legt ihn auf ihre Augen wie ein Heilmittel, das sie anwendet, und wirft von sich (p. 28) [die Blindheit. Wie einem (unverständigen Mann die Dämonen nahen), u]m [sein] Sehver[mögen mit] Blindh[eit] zu schlag[en] und jener dann, [we]nn er i[n] Unwissenheit gestürzt ist, [ganz u]nd gar schle[cht] und der Materie verfallen [ist], so [empfängt] die Seele jederzeit einen Logos (usw.)".

Die vierte Schrift (p. 36,1–48,15), unter dem Titel „Der Gedanke unserer großen Kraft", ist die Epitome einer christlich-gnostischen „Weltgeschichte", von der Entstehung der Welt aus dem Wasser bis zu ihrem Untergang im Feuer reichend, in Form einer Offenbarung von Vergangenem und Zukünftigem seitens eines nicht genannten göttlichen Wesens vor nicht genannten Empfängern. Da der Offenbarer sich mit den Adressaten zusammenschließen kann („wir") und ein einzelner Mensch aus dem Kreis der Empfänger („ihr") herausgehoben erscheint („du" [p. 43,26]), und aus noch anderen Gründen, die hier aufzuführen, zu weit gehen würde, kann man sich vorstellen, dass es eine Offenbarung des himmlischen Urmenschen an Adam und seine Nachkommen sein soll. Das Verständnis der Schrift ist sehr schwierig, weil die einzelnen Komplexe so verkürzt sind und dann so zusammengefügt wurden, dass die Bezugspunkte weithin unklar bleiben, ja manchmal sogar die Beziehungswörter fehlen. Es handelt sich um das Nacheinander folgender Komplexe:

1. Verheißungswort; 2. Aufruf zur Gnosis; 3. Das Wasser des Lebens; 4. Der Geist; 5. Die Entstehung der Welt und der Seele; 6. Der Äon des Fleisches und sein Gericht: die Sintflut; 7. Der seelische Äon und seine Wirkungen; 8. Weckruf; 9. Sodom und Gomorrha; 10. Der Weltenbrand; 11. Das Auftreten Jesu; 12. Der Descensus ad inferos – Judas; 13. Die Macht des Wortes

Jesu; 14. Kreuzigung, Himmelfahrt und kosmische Zeichen; 15. Seligpreisung; 16. Nachfolger; 17. Vergleich dieser Äonen mit den zukünftigen; 18. Beginn des Gerichts und der Erlösung; 19. Eschatologische Drangsal nach dem Bild des jüdischen Krieges; 20. Das Auftreten des Antichrist im Bilde des Nero redivivus – und des Simon Magus (?); 21. Die Versuchung des Erlösers durch den Nachahmergeist; 22. Die Zeit des Abfalls; 23. Beginn des Weltuntergangs; 24. Die Rettung der reinen Seelen; 25. Der Weltenbrand; 26. Der Einzug der reinen Seelen ins Brautgemach; 27. Das Schicksal der unreinen Seelen.

Manchmal will es einem scheinen, als ob diese Elemente gewissermaßen nach dem „Baukastenprinzip" gestaltet seien, so dass man sie (oder wenigstens einige) auch anders zusammensetzen könnte. Damit hängt zusammen, dass man darüber, wie sich der Verfasser das Endgeschehen und die Reihenfolge der Endereignisse vorgestellt hat, obgleich auf der Eschatologie offenbar der Akzent seiner Schrift liegt, kein auch nur einigermaßen klares Bild gewinnt. Und entsprechend schwierig sind die Ergänzungen der beiden oben beschädigten Seiten 47 und 48.

Der fünfte Text des NHC VI (p. 48,16–51,23) ist ein Stück aus Platons Staat (588 B–589 B), allerdings fürchterlich misshandelt durch die Übersetzung eines nicht nur in der Philosophie, sondern auch schon in der griechischen Sprache Unmündigen (und die ihr folgende Überlieferung). Dieser doppelte Sachverhalt kann schon an einer deutschen Übersetzung des koptischen Textes, die nach dem Gesagten allerdings ein besonderes Risiko darstellt, abgelesen werden.

Übersetzung

(p. 48,16) „Nachdem wir in der Untersuchung zu diesem Punkt gelangt sind, wollen wir nun die uns zuvor genannte These wieder aufnehmen; und wir werden es finden! (20) Er sagt: ‚Gut ist der, dem vollkommen Unrecht getan wurde; er wird mit Recht gepriesen.' Wurde er nicht auf diese Weise zurechtgewiesen?"

- „So allerdings (25) geziemt es sich."
- Ich sagte aber: „Jetzt nun haben wir gesprochen, weil er gesagt hat, dass der, der Unrecht tut, und der, der Gerechtigkeit übt, jeweils eine ihm eigentümliche (30) Kraft hat."
- „In welcher Weise denn?", sagte er.

- (Ich sagte): „Ein ungestaltetes Bild ist der Logos für die Seele, damit zur Erkenntnis komme der, der (p. 49) da[s] gesagt h[a]t."
- Er [sag]te [:„Ist] es [d]enn [der Logos], der [dieses Bi]ld zust[ande bringt], oder [sag]ten wir, dass es [das] Existieren[de] sei?"

  „(Nein!) Sondern alle (5) [Mythen], die [die] Ersten erzählt haben, die nun sind es, die zu Geschöpfen wurden, und (zwar) die Chimäre, der Kerberos und alle Übrigen, (10) von denen erzählt wurde: Sie kamen alle hin, sie wuchsen auf in (vielen) Erscheinungen und Gestalten und wurden alle zu einer einzigen Gestalt."
- „Man (15) sagt es", (sagte, er).
- (Ich sagte): „Bilde jetzt! Eine einzige Gestalt allerdings ist es, (nämlich) diese, die entstand als die Gestalt eines Tieres, das mannigfaltig ist in Bezug auf einen großen Kopf. (20) Manchmal zwar ist es wie die Gestalt eines wilden Tieres. Danach kann es die erste Gestalt abwerfen, und diese alle, die schwierigen (25) und mühevollen Bildungen, sie erwachsen aus ihm in einem Werk."
- „Weil die, die jetzt schön gebildet werden, (30) und alle Übrigen, die ihnen gleichen, jetzt durch das Wort gebildet werden."
- „Denn jetzt ist es eine einzige Gestalt. Denn eine Gestalt ist die des Löwen, (35) eine andere Gestalt ist die des Menschen, (p. 50) [und wieder eine a]ndere Ge[stalt] ist die [dieses Gew]altigen. U[nd] diese ist [es, die] viel [ma]nnigfaltiger ist als [die er]ste und die zweite."
- (5) „[Das Phan]tom wurde gebildet."
- „Verbindet sie nun miteinander und macht sie zu einer einzigen – es sind ja drei –, so dass sie alle miteinander (zusammen-)wachsen (10) und in einer einzigen Gestalt erstehen, außen im Bilde des Menschen, wie auch der, der nicht sehen kann, was in seinem Inneren ist, sondern (15) nur das Äußere sieht – und es wird sichtbar, in welchem Lebewesen seine Gestalt ist."
- Und (er sagte): „Er wurde in menschlicher Gestalt gebildet."
- „Ich sagte (20) aber zu dem, der gesagt hatte, es sei nützlich das Unrechttun für den Menschen: Wer aber der Gerechtigkeit (?) Unrecht tut, dem ist es nicht nützlich und er hat keinen Vorteil. Sondern, (25) was ihm nützlich ist, ist dies: niederzuwerfen alle Gestalten des bösen Tieres und sie zu Boden zu treten samt den Gestalten des Löwen. Der Mensch aber ist in solcher Schwachheit, (30) und alles, was er tun kann, ist schwach, so dass sie ihn dahin ziehen, wo er zu[vor] bei ihnen weilt, (p. 51) [un]d er [ihre Ge]wöhn[ung (aneinander) nicht zustande bringt, so dass sie] ihm umge[kehrt zum Freund würden], sondern zu den (5) Feindseligkeiten bei[träg]t, die unt[er ihnen] herrschen und zu ihren gegenseitigen und verzehrenden Streitigkeiten, die unter ihnen herrschen."
- „Ja, das alles sagte er einem jeden, der (10) das Unrechttun lobt."
- „Nützt es nun nicht auch dem, der auf gerechte Weise spricht? Und wenn er diese (Worte) tut und in ihnen spricht, (15) werden sie im Inneren des Menschen sicher festgehalten. Deswegen strebt er umso mehr danach, für sie zu sorgen, und versorgt er sie, wie auch der Landmann (20) seine

Pflanzung täglich versorgt, die wilden Tiere jedoch sie am Gedeihen hindern.“

Bei dieser Übersetzung sind folgende Ergänzungen vorausgesetzt:

p. 49

(1) ⲧ̣[ⲁ]ϥ̣ϫⲉ ⲛⲁ[ï] ⲁ̣ϥ̣[ϫⲟⲟⲥ ϫⲉ ⲡⲗⲟ]
(2) [ⲅⲟⲥ ⲅ]ⲁ̣ⲣ̣ ⲡⲉ ⲡϯ̣[ⲣⲉ ⲙ̅ⲡⲉïⲉⲓ]
(3) ⲛⲉ ⲏ ⲙ̅ⲙⲟⲛ ⲁⲛ[ϫⲟⲟⲥ ϫⲉ ⲛⲉⲧ]
(4) ϣⲟⲟⲡ ⲛⲁï· ⲁⲗⲗⲁ ⲙ̣̅[ⲙⲩⲑⲟⲥ]
(5) ⲧⲏⲣⲟⲩ ⲉⲛⲧⲁⲩϫⲟⲟⲩ [ⲛ̅ϭⲓ ⲛⲓ]
(6) ⲁⲣⲭⲱⲛ· ⲛⲁï ϯⲛⲟⲩ ⲛⲉⲛ̣
(7) ⲧⲁⲩϣⲱⲡⲉ ⲙ̅ⲫⲩⲥⲓⲥ· ⲁⲩⲱ̣

p. 50

(1) [ⲁⲩⲱ ⲟⲛ ⲟ]ⲩ̣ⲉ̣ⲧ ⲡⲉⲓ[ⲛⲉ] ⲙ̅
(2) [ⲡⲉïⲣⲉϥⲧ]ⲱϭⲉ ⲁ[ⲩⲱ] ⲡ̣ⲁï
(3) [ⲡⲉ ⲡⲉⲧϣ]ⲃⲃⲓⲁⲉⲓⲧ ⲙ̅ⲡϣⲁ ⲛ̅ϩⲟⲩⲟ
(4) [ⲉⲡϣⲟ]ⲣ̣ⲡ̣· ⲁⲩⲱ ⲡⲙⲁϩⲥⲛⲁⲩ
(5) [ⲡϣⲓ]ϣⲙ̅· ⲁⲩⲣ̅ⲡⲗⲁⲥⲥⲉ ⲙ̅ⲙⲟϥ·

p. 51

(1) [ⲣⲡ̅ ⲁⲩ]ⲱ ⲛ̅ϥ̣[ⲧⲙ̅ⲉⲓⲣⲉ ⲛ]
(2) [ⲧⲟⲩⲥⲩ]ⲛ̣ⲏⲑⲉ̣[ⲓⲁ ⲛ̅ⲥⲉⲣ̅ϣⲃⲏⲣ]
(3) ⲛⲁ̣ϥ ϩⲛ̣ ⲟⲩⲉⲡⲓⲥ̣[ⲧⲣⲟⲫⲏ]
(4) ⲁⲗⲗⲁ ⲉϣⲁϥⲉⲓⲣⲉ ⲛ[ⲟⲩϩⲱ]
(5) ⲃ ⲉⲙ̅ⲙⲛ̅ⲧϫⲁϫⲉ ϩⲣⲁⲓ ⲛ̣ϩ̣[ⲏⲧⲟⲩ]

Was den Platontext selbst anbelangt, so ist das nicht irgendeiner, sondern als eine Art – mit einem Gleichnis illustrierte – Summe der platonischen Anthropologie ein relativ in sich geschlossener Komplex, der in fast derselben Abgrenzung z. B. auch Eus. praep. ev. XII 46,2–6 – wenngleich unter ganz anderem Gesichtspunkt – zitiert wird. Vgl. die prägnante Zusammenfassung seines Inhalts bei J. Adam: “We are now in a position to refute the thesis that Injustice combined with a reputation for Justice is profitable for him who is unjust. The soul may be likened to a composite creature – part bestial, part leonine, part human, – wearing the outward semblance of humanity. He who maintains that Injustice profits a man, holds that it is profitable to starve the human element and make strong the rest, and encourage strife and sedition within the soul. The advocate of Justice on the other hand asserts that the human element should have the mastery and bring the others into harmony with one another and

itself."[3] Sein Charakter und sein spezifisches Gewicht ist auch an der Rolle ablesbar, die er im Neuplatonismus spielt (vgl. Plotin enn. I 1,7 [= 53 § 42]; Proclus in rem publ. ed. Kroll I 225,16–18; 226,8–11; 227,24–27; 229,23–26; 292,28–293,2 [τὴν μὲν γὰρ οὐσίαν ἡμῶν ἐν τῷ ἐνάτῳ Πλάτων ἀπεικάζει ζῴῳ συμμιγῆ λαχόντι φύσιν ἔκ τε ἀνθρώπου καὶ λέοντος καὶ θηρίου πολυκεφάλου τινός, καὶ τοῦ ἔξωθεν οἷον ἐλύτρου περικειμένου πᾶσιν]). Eine Anspielung auf ihn findet sich möglicherweise auch bei Clem. Alex. Strom. VII 16,3.[4] Das Auftauchen eines solchen Platonabschnitts in gnostischem bzw. hermetischem Kontext hat man einerseits im Licht der Notiz Iren. adv. haer. I 25,6 zu sehen, wonach in der gnostischen Sekte der <H>arpokratianer u. a. Platonbilder verehrt wurden, und erinnert andererseits daran, dass den Hermetikern der τρισμέγας Πλάτων neben dem μυριομέγας Ἑρμῆς (Zosimus bei R. Reitzenstein[5]) ja als hohe Autorität galt, wobei man Platon wohl als Schüler des Hermes verstand.[6] Im vorliegenden Falle haben wir uns wohl vorzustellen, dass der Platontext zusammen mit den folgenden hermetischen Schriften in die Sammlung unseres Codex gekommen ist. Er dürfte in griechischer Urgestalt (und also um seines wirklichen Sinnes willen und wohl auch unter einer zutreffenden Bezeichnung) einmal Bestandteil einer griechischen Sammlung hermetischer Schriften gewesen sein. Insofern NHC VI,5 dieses deutlich werden lässt, stellt er eine echte Sensation dar und ist er von unschätzbarem Wert.

Nicht von Wert dagegen ist seine direkt vorliegende koptische Übersetzung. Sie zu verstehen, heißt, mit der Kummer gewohnten Routine eines Griechischlehrers für Anfänger der Logik des Irrtums auf die Spur zu kommen. Für sich betrachtet wirkt dieses Stück nämlich wie eine „verhauene" Graecumsklausur eines koptischen Theologiestudenten, die durch einen witzigen Zufall und mit Hilfe argloser „Textfinder" und Redaktoren, die das Schlimme verschlimmbesserten, in die Literatur geraten ist.

Eine Synopse des griechischen und koptischen Textes zeigt sofort, dass NHC VI,5 tatsächlich, wie behauptet, nichts anderes als eine unmögliche Platonübersetzung ist, und nicht etwa eine gnostische Bearbeitung des Platontextes. An diesem Text war ja auch gar nichts gnostisch umzudeuten, weil sich die gnostische Daseinshaltung in ihm direkt wiedererkennen konnte, ja musste, wie das die oben genannte Clemensstelle

---

[3] J. Adam, The Republic of Plato, Bd. II, Cambridge 1902, 362 Anm. zu 588 A–589 B.

[4] Vgl. O. Stählin, Des Clemens von Alexandreia ausgewählte Schriften, BKV 2. R. Bd. 20, 22[4] Anm. 4.

[5] Poimandres, Leipzig 1904, 104.

[6] Vgl. Reitzenstein, Poimandres, 184. 304–308.

hinreichend deutlich zeigt. Der koptische Text hat dieselben Worte, dieselben Wortgruppen, dieselben Leitbegriffe und das alles in derselben Reihenfolge. Wo er, abgesehen von offenkundigen Missverständnissen, von Platon abweicht, handelt es sich nur darum, dass etwa ein Ausdruck doppelt wiedergegeben wird, bzw. um ein kurzschlüssiges und ratendes Umbiegen der grundsätzlichen und hypothetischen Aussagen des Textes ins Moralische oder ins Reale (am Ende des Textes gerät der Übersetzer auf diese Weise aus der Anthropologie in die Landwirtschaft). Der Übersetzer, der offenbar erst im Begriffe ist, Koinegriechisch zu lernen, macht typische Anfängerfehler: Er verwechselt ähnlich klingende Wörter und, was er nicht versteht, lässt er weg oder versucht er zu erraten. Mit der Formenlehre und der Syntax steht er auf Kriegsfuß. Und hinsichtlich der Perioden des platonischen Stils und des komplizierten Dialogs zwischen Sokrates und Glaukon unter Bezugnahme auf eine hypothetische Person als Vertreter der Unrechtsideologie[7] tappt er völlig im Dunkeln.

Das alles kann man besser und schneller an einer Synopse ablesen als mit Worten beschreiben. Die wichtigsten und sichersten diesbezüglichen Anhaltspunkte und Sachverhalte seien aber doch im Folgenden aufgeführt.

ⲁⲩⲱ ⲧⲛ̄ⲛⲁϭⲓⲛⲉ ⲙ̄ⲙⲟⲥ (p. 48,19) entspricht bei Platon dem δι’ ἃ δεῦρ’ ἥκομεν und erklärt sich daraus, dass der koptische Übersetzer (im Folgenden kurz K genannt) in den beiden letzten Worten ein εὑρήσομεν gesehen hat.

ϣⲁϥϫⲓ ⲉⲟⲟⲩ ⲇⲓⲕⲁⲓⲱⲥ (p. 48,22) entspricht dem δοξαζομένῳ δὲ δικαίῳ und erklärt sich daraus, dass K für δοξάζεσθαι statt der ersten klassischen Bedeutung „gehalten werden für“ die zweite „gepriesen werden“ vorausgesetzt hat. Zusammen mit dem ⲡⲉⲛⲧⲁⲩϫⲓⲧϥ̄ ⲛ̄ϭⲟⲛⲥ̄ (p. 48,21) im Vordersatz, in dem aus dem ἄδικος ein ἀδικηθείς geworden ist – wohl, weil für K ein Ungerechter doch nicht „gepriesen“ werden könne – ist dadurch schon der Ausgangspunkt des ganzen Abschnitts vollständig verdreht: Aus dem vollkommen Ungerechten Platons ist beinahe so etwas wie ein vollkommener Märtyrer geworden. Die Weichen scheinen zu Anfang völlig anders gestellt zu sein, aber der Zug fährt nicht in dieser anderen Richtung, sondern bleibt auf dem Kurse Platons.

Dem (ⲉⲛⲧ)ⲁⲩϫⲡⲓⲟϥ (p. 48,23f.) entspricht ἐλέχθη; hier hat K ἐλέχθη mit ἐλέγχθη verwechselt, und zwar obgleich er kurz vorher λεχθέντα mit ⲉⲛⲧⲁⲩϫⲟⲟⲩ (p. 48,18) noch richtig übersetzt hatte.

---

7 Vgl. 361 Aff. und J. Adam, The Republic of Plato II, 362 Anm. zu 588 B.

Das ohne Entsprechung stehende ⲉⲧⲉϣϣⲉ (p. 48,25) dürfte übrigens den von K aus Versehen und Unkenntnis hereingebrachten moralischen Aspekt repräsentieren und verraten.

Das merkwürdige ⲟⲩϩⲓ̈ⲕⲱⲛ ⲉⲙⲛ̄ⲧⲁϥⲉⲓⲛⲉ (p. 48,31f.) könnte daraus resultieren, dass K das entsprechende Εἰκόνα πλάσαντες für so etwas wie εἰκὼν ἄπλαστος gehalten hat.

Das ⲏ ⲙ̄ⲙⲟⲛ (p. 49,3) könnte mit einer Fehldeutung des ἦ in ἦ δ' ὅς als ἤ zusammenhängen.

Zu den gnostisch aussehenden Archonten (p. 49,5f.) ist unser Text auch nur aus Versehen gekommen, weil K παλαιός durch ἀρχαῖος wiedergeben wollte, und er (bzw. ein Redaktor) dies dann mit ἄρχων verwechselte.

ⲡϫⲓⲙⲁⲣⲣⲁⲓⲥ (p. 49,8) = ⲡⲭⲓⲙⲁⲓⲣ(ⲣ)ⲁⲥ; der Artikel ist natürlich falsch, und außerdem ist einfach die Genitivform der Vorlage (ἥ τε [sc. φύσις] Χιμαίρας) übernommen worden, ebenso wie bei ⲡⲕⲉⲣⲃⲟⲩ (p. 49,8) = ⲛⲕⲉⲣⲃ<ⲉⲣ>ⲟⲩ.

Das auffällige ϩⲉⲛϩⲟⲟⲩ (p. 49,20) stammt aus dem Missverständnis des ersten Wortes der Wendung ἡμέρων δὲ θηρίων ἔχοντος κεφαλὰς κύκλῳ καὶ ἀγρίων. K hat ἡμέρων für ἡμερῶν gehalten und damit dem vorzustellenden vielköpfigen Tier die Köpfe der zahmen Tiere „wegoperiert", so dass nur die der wilden Tiere übrig blieben. Dasselbe Missgeschick passiert ihm auch noch ein zweites Mal. Wenn man sich fragt, wieso K in p. 51,21 auf ⲙ̄ⲙⲏⲛⲉ kommt, so lautet die Antwort: Er hat das τὰ μὲν ἥμερα der Vorlage für so etwas wie καθ' ἡμέραν gehalten; und weil ihm nun ein Objekt zu τρέφων/ⲉϣⲁϥⲥⲁⲁⲛϣ̄ fehlte, hat er mit ⲙ̄ⲡⲉϥⲅⲉⲛⲏⲙⲁ einfach eine Anleihe bei der wirklichen Landwirtschaft gemacht.

Der Passus von ϫⲉ ⲁⲣⲓϩⲱⲃ (p. 49,15) bis ϩⲛ̄ ⲟⲩⲉⲣⲅⲟⲛ (p. 49,26f.) kann als Paradebeispiel für das Unvermögen von K, die Konstruktion zu durchschauen, gelten. Aus der umfänglichen Beschreibung des vorzustellenden Ungetüms macht er durch sinnloses Zerhacken des Zusammengehörigen eine Art Drama, den Anfang der Antwort des Glaukon gleich mit „durch den Wolf drehend".

In der Wendung ⲉⲡⲓⲇⲏ ⲛⲉⲧⲟⲩⲣ̄ⲡⲗⲁⲥⲥⲉ ⲙ̄ⲙⲟⲟⲩ ϯⲛⲟⲩ ϩⲛ̄ ⲟⲩⲗⲁϩⲗⲉϩ (p. 49,27–29) ist das „Wachs" der Vorlage (ἐπειδὴ εὐπλαστότερον κηροῦ) scheinbar verloren gegangen. Es hat sich aber wohl nur in die Zeitangabe ϯⲛⲟⲩ verwandelt, weil K das κηροῦ für καιροῦ hielt und im Sinne eines ἐν τῷ καιρῷ verstand. ϩⲛ̄ ⲟⲩⲗⲁϩⲗⲉϩ dagegen ist die Entsprechung zu εὐ-.[8]

[8] Zu ⲗⲁϩⲗⲉϩ vgl. R. Kasser, Compléments au Dictionnaire Copte de Crum, BEC 7, Kairo 1964, 24f. Möglicherweise heißt das Verb überhaupt nicht „hoch sein" und ist diese

Das sinnentstellende ⲛ̄ⲑⲉ ϩⲱⲱϥ (p. 50,12) dürfte daher kommen, dass K das ihm vorliegende ὥστε für ὡς δέ genommen hat.

Als Paradebeispiel dafür, wie K den Text moralisiert, bevor er ihn verstanden hat, kann p. 50,24–28 gelten: für ὅτι οὐδὲν ἄλλο φησὶν ἢ λυσιτελεῖν αὐτῷ τὸ παντοδαπὸν θηρίον εὐωχοῦντι ποιεῖν ἰσχυρόν steht bei K: ⲁⲗⲗⲁ ⲡⲉⲧⲣ̄ⲛⲟϥⲣⲉ ⲛⲁϥ ⲡⲉ ⲡⲁï ⲉⲧⲣⲉϥⲧⲉⲩⲟ ⲉϩⲣⲁï ⲙ̄ⲡⲓⲛⲉ ⲛⲓⲙ ⲛ̄ⲑⲏⲣⲓⲟⲛ ⲉⲧⲑⲟⲟⲩ ⲁⲩⲱ ⲛ̄ϥϩⲟⲙⲟⲩ. D. h., ὅτι οὐδέν und φησὶν ἤ bleiben unberücksichtigt, aus ἄλλο wird in den Augen von K ἀλλά, und aus einer theoretischen bösen Konsequenz wird eine Anweisung zum guten Handeln.

Wenn die Ergänzung ⲛ̄ϣⲟⲣⲡ̄ (p. 50,33/p. 51,1) richtig ist, dann lässt sich die nun vorliegende Aussage kaum anders verstehen, als dass K das ὁπότερον der Vorlage für πρότερον genommen hat.

Die sechste Schrift (p. 52,1–63,2), deren Titel weg gebrochen ist, hermetisch-gnostisch, handelt in der üblichen Form eines Dialogs zwischen Hermes Trismegistos und einem hier nicht mit Namen genannten mythischen Urgnostiker von dessen Wiedergeburt und Vergottung durch Schau der obersten Sphären der Lichtwelt, d. h. des achten und neunten Himmels. Es ist die Ätiologie eines hermetischen Wiedergeburtsmysteriums (verwandt und vergleichbar mit C. H. XIII) und spiegelt dessen Liturgie folglich nur in gattungsgemäßer Brechung wider. Da im Übrigen die Bedeutung von NHC VI,6 anderswo vorerst genügend gewürdigt worden ist, möchte ich hier den Blick auf einige bemerkenswerte Einzelheiten lenken. Die vorliegende koptische Übersetzung (bzw. auch Überlieferung) des zu vermutenden griechischen Originals ist mäßig (offenbar stammt zwar der Codex von demselben Schreiber, die Texte aber von ganz verschiedenen Übersetzern); charakteristisch für sie sind eigentümlich verstellte und an den Satzanfang gerückte (bzw. eben stehen gelassene) adverbielle Ausdrücke, ohne deren Einschätzung als unkoptisch wesentliches am Text unverständlich bleibt. In der verkehrt herum (nämlich als Anweisung zur Herstellung) dargestellten Legende von der Herkunft dieser Schrift (sie sei eine Wiedergabe von hieroglyphischen Stelen, die im Heiligtum des Hermes [= Thot] zu Diospolis [magna = Theben] standen) findet sich dreimal das Wort ⲡⲣⲁⲛϣ̄ (einmal so, zweimal ⲡⲣⲁⲉⲓϣ geschrieben), und zwar stets in der stereotypen Wendung: schreiben ... ϩⲛ̄ ϩⲉⲛⲥϩⲁï ⲛ̄ⲥⲁϩ ⲡⲣⲁⲛϣ̄ (p. 61,20.30; 62,15). ⲡⲣⲁⲛϣ̄ ist offenbar = ⲡⲣ-ⲁⲛϣ̄ und das koptische Äquivalent des ägyptischen *pr-ꜥnḫ* „Lebenshaus" als term. techn. für das Haus

Annahme nur dadurch zustande gekommen, dass das Verb häufig zur Beschreibung der Schönheit von Bäumen verwendet wird.

der Schriftgelehrten (Wb. I 515; H. Bonnet, Reallexikon d. ägypt. Religionsgesch., 417f.). Die Wendung heißt also: „schreiben ... in der Schrift der Gelehrten des Lebenshauses“ = „schreiben ... in Hieroglyphen“. In demselben Zusammenhang begegnet das Wort ⲟⲩⲱⲡⲉ (ⲛ̄ⲅⲕⲁⲁϥ ⲛ̄ϩⲟⲩ[ⲛ ϩⲛ̄] | ⲡⲁⲟⲩⲱⲡⲉ [p. 62,3f.] „stelle ihn [den Stein] auf in meinem ...“). Und ⲟⲩⲱⲡⲉ dürfte dem ägyptischen *wꜥb* „die reine Sätte“ = Heiligtum (Wb. I 284) entsprechen. In Z. 5 am Ende hat man wohl zu lesen ⲙⲛ̄ [ⲡ]ⲁ̣ⲧ̣ⲟ̣. Der ganze Satz ⲛ̄ⲅⲕⲁⲁϥ ⲛ̄ϩⲟⲩ[ⲛ ϩⲛ̄] ⲡⲁⲟⲩⲱⲡⲉ· ⲉⲩⲛ̄ ϣⲙⲟⲩ[ⲛ ⲛ̄]ⲫⲩⲗⲁⲝ ⲣⲟⲉⲓⲥ ⲉⲣⲟϥ ⲙⲛ̄ [ⲡ]ⲁ̣ⲧ̣ⲟ̣ ⲙ̄ⲫⲏⲗⲓⲟⲥ· ⲛ̄ϩⲟⲟⲩⲧ ⲙ[ⲉ]ⲛ ϩⲓ̄ ⲟⲩⲛⲁⲙ ⲉⲩⲉ ⲙ̄ⲡⲣⲟⲥⲱⲡ{ⲣ}ⲟⲛ ⲛ̄ⲕⲣⲟⲩⲣ ⲛ̄ϩⲓ̄ⲟⲙⲉ ⲇⲉ ϩⲓ̄ ϭⲃⲟⲩⲣ ⲉⲩⲉ ⲙ̄ⲡⲣⲟⲥⲱⲡⲟⲛ ⲛ̄ⲉⲙⲟⲩ heißt dann: „Stelle ihn (den Stein) in meinem Heiligtum so auf, dass acht Wächter nebst dem großen Gefolge des Helios ihn bewachen: die (vier) männlichen froschgesichtigen rechts, die (vier) weiblichen katzengesichtigen links“. Und die acht Wächter sind wohl nichts Geringeres als die so genannte Achtheit (d. h. die acht Urgottheiten) von Hermopolis (die ja auch nach Theben gezogen worden war), obgleich die weiblichen Götter hier katzen- und nicht schlangengesichtig vorgestellt werden.[9] Das gemeinte Heiligtum des Hermes Trismegistos könnte Kasr el Aguz sein. Schwieriger Ergänzungen bedürftig sind jeweils die ersten Zeilen der Seiten 52–59. Möglicherweise steckt der vorn weggebrochene Titel der Schrift in dem entstellten Schlusssatz des Textes: ⲡⲁⲓ̈ ⲡⲉ ⲡⲧⲉⲗⲉⲓⲟⲥ <ⲛ̄ⲗⲟⲅⲟⲥ> ⲉⲧϣⲟⲟⲡ <...> ⲱ ⲡⲁϣⲏⲣⲉ (p. 63,31f.). Vgl. die Titel von C. H. III (ἱερὸς λόγος) und XIII (ἐν ὄρει λόγος ἀπόκρυφος).

Die siebente Schrift (p. 63,33–65,7) mit dem Titel „Dies ist das Gebet, das sie sprachen,“ ebenfalls hermetisch-gnostisch, ist nur die koptische Version des in griechischer Fassung aus dem Pap. Mimaut, in lateinischer Fassung aus dem 41. Kapitel des Asclepius bekannten Textes. – Zwischen dem siebenten und dem achten Text steht mit kleiner Schrift und in einer gezeichneten tabula ansata ein siebenzeiliger Kolophon (p. 65,8–14), der wohl aus der Vorlage stammt und sich auf die beiden vorhergehenden, offenbar als Einheit empfundenen, hermetischen Schriften beziehen dürfte.

Die achte Schrift schließlich: (p. 65,15–78,43), wiederum hermetisch-gnostisch, stellt eine ausführlichere Version des Textes dar, den wir lateinisch in Asclepius Kap. 21(Mitte)-29 bereits besitzen. Ich möchte mich

---

[9] Vgl. H. Bonnet, Reallexikon der ägyptischen Religionsgeschichte, Berlin 1952, 5f.

hier auf Hinweise zu ein paar schwer lesbaren Stellen beschränken, die allerdings zugleich ein Licht auf das im Einzelnen recht komplizierte Verhältnis der koptischen zur lateinischen Version zu werfen vermögen. p. 66,3: ⲛⲁⲓ̈ ⲇⲉ ⲛ̄ⲧⲙ̣ⲓⲛⲉ ⲛ̄ϩⲁϩ ⲉⲛ ⲛⲉ „Solche (Menschen) gibt es nicht viele" (entsprechend dem Lateinischen: sunt autem non multi [Ascl. 22, Nock II 323,8]). p. 66,38–67,3: ⲁⲩⲱ ⲁϥϫⲓ ⲙ̄ⲙⲟϥ ⲉⲃⲟⲗ (p. 67) ϩⲛ̄ ⲧⲙⲉⲣⲓⲥ ⲛ̄ⲑⲩⲗⲏ [ⲁϥϯ ⲯ]ⲩⲭ̣[ⲏ] | ⲉϩⲟⲩⲛ ⲉⲡⲧⲁⲙⲓⲟ ⲙ̣̄[ⲡⲣⲱⲙ]ⲉ | ⲙ̄ⲡ̣[ϣⲱ]ϣ̣ⲉ· „Und er nahm ihn aus dem Anteil der Materie [und legte eine S]eel[e] in das Geschöpf d[es Men]schen, zu gl[eichen Tei]len" (entsprechend dem Lateinischen: ex parte corruptiore mundi et ex divina pari lance conponderans [Ascl. 22, Nock II 323,24–324,1]). p. 75,11–13: ⲡⲉϥⲧⲟⲡⲟⲥ ⲇⲉ ⲙⲛ̄ | ⲡⲉ ⲙ̄ⲙ[ⲁ]ⲩ· ⲟⲩⲧⲉ ⲙⲛ̄ ⲥⲓⲟⲩ· ⲁⲩⲱ | ϥⲧⲟⲩϥ̣ⲏ̣ⲟⲩ ⲁⲥ̣ⲱⲙⲁ „Sein Ort aber hat keinen Himmel, auch keine Sterne, und er ist unberührt vom Körperlichen" (entsprechend dem Lateinischen: sic est enim ultra caelum locus sine stellis ab omnibus rebus corpulentis alienus [Ascl. 27, Nock II 332,10–12]).

BEMERKUNGEN ZUR APOKALYPSE DES PETRUS*

Die Apokalypse des Petrus (ApcPt) (p. 70,13–84,14), ein rätselhafter Text, den man aber dennoch, wenn man die geeigneten exegetischen Methoden auf ihn anwendet, verstehen kann, ist die Verlautbarung eines gnostifizierten Judenchristentums, ihr Inhalt im Grunde nur eine doketische Deutung der in den traditionellen Evangelien erzählten Passion Jesu, aber dargeboten als eine vom „irdischen" Jesus gewährte Vision (nebst Audition) des Petrus ein paar Tage vorher, die nun zugleich als Rahmen für eine knappe Prophezeiung Jesu über den alsbald einsetzenden vielfältigen und bis zum nicht fernen Weltende währenden Abfall von der wahren, allein durch Petrus vermittelten Gnosis dient. Die im Laufe der Zeit und in mehreren Etappen gewonnene Auffassung unseres Arbeitskreises von der ApcPt ist bereits in mehr oder weniger kurzer Form an verschiedenen Orten niedergelegt worden.[1] Im Rahmen dieses Beitrages sollen nun drei besonders schwierige, aber auch besonders wichtige Einzelstellen – in Weiterführung der bisherigen Arbeit – herausgehoben und in ihrer exegetischen Problematik besprochen werden.

I. *p. 71,15–72,4*

Der Text lautet:

ⲛⲧⲟⲕ ⲇⲉ ϩⲱⲱⲕ ⲡⲉⲧⲣⲉ ϣⲱⲡⲉ
ⲉⲕⲉ ⲛ̄ⲧⲉⲗⲓⲟⲥ ⲛ̄ϩⲣⲁⲓ̈ ϩⲙ̄ ⲡⲉⲕⲣⲁⲛ
ⲛ̄ⲙ̄ⲙⲁⲓ̈ ϩⲱ
ⲡⲏ ⲉⲧⲁϥⲥⲱⲧⲡ̄ ⲙ̄ⲙⲟⲕ·
ϫⲉ ⲉⲃⲟⲗ ⲙ̄ⲙⲟⲕ ⲁⲓ̈ⲉⲓⲣⲉ ⲛ̄ⲟⲩⲁⲣⲭⲏ ⲙ̄ⲡⲓⲕⲉⲥⲉⲉⲡⲉ
ⲉⲧⲁⲓ̈ⲧⲁϩⲙⲟⲩ ⲉϩⲟⲩⲛ ⲉⲩⲥⲟⲟⲩⲛ·
ϩⲱⲥⲧⲉ ϭⲙ̄ϭⲟⲙ
ϣⲁⲛⲧⲉ ⲡⲓⲁⲛⲧⲓⲙⲓⲙⲟⲛ ⲛ̄ⲧⲉ ϯⲇⲓⲕⲁⲓⲟⲥⲩⲛⲏ ⲛ̄ⲧⲉ
ⲡⲏ ⲉⲧⲁϥⲣ̄ϣⲟⲣⲡ̄ ⲛ̄ⲧⲱϩⲙ̄ ⲙ̄ⲙⲟⲕ·
ⲉⲁϥⲧⲁϩⲙⲉⲕ ϫⲉ ⲉⲕⲉⲥⲟⲩⲱⲛϥ̄ ⲛ̄ⲑⲉ ⲉⲧⲉⲥⲙ̄ⲡϣⲁ ⲛ̄ⲁⲁⲥ·
ⲉⲧⲃⲉ ϯⲁⲡⲟⲭⲏ ⲉⲧⲡⲏϩ ⲉⲣⲟϥ·

* In: M. Krause (Hg.), Essays on the Nag Hammadi Texts in Honour of Pahor Labib, NHS 6, Leiden 1975, 277–285.

[1] K.-W. Tröger (Hg.), Gnosis und NT, Berlin 1973, 61f.; A. Werner (federführend), ThLZ 99 (1974), 575–584 (Übersetzung mit Einführung und Anmerkungen); H.-M. Schenke, ZÄS 102 (1975), 123–138, (im Rahmen einer Rezension der Faksimile-Ausgabe von NHC VII).

ⲙⲛ̄ ⲛⲓⲙⲟⲩⲧ ⲛ̄ⲧⲉ ⲛⲉϥϭⲓϫ·
ⲁⲩⲱ ⲛⲉϥⲟⲩⲉⲣⲏⲧⲉ·
ⲙⲛ̄ ⲡⲓϯⲕⲗⲟⲙ ⲉⲃⲟⲗ ϩⲓ̄ⲧⲛ̄
ⲛⲏ ⲛ̄ⲧⲉ ϯⲙⲉⲥⲟⲧⲏⲥ
ⲙⲛ̄ ⲡⲓⲥⲱⲙⲁ ⲛ̄ⲧⲉ ⲡⲣ̄[ⲟ]ⲩ̣ⲟⲉⲓⲛ ⲛ̄ⲧⲁϥ·
ⲉⲩⲉⲓⲛⲉ ⲙ̄[ⲙ]ⲟ̣ϥ
ϩ̣[ⲛ̄ ⲟ]ⲩϩⲉⲗⲡⲓⲥ ⲛ̄ⲧⲉ ⲟⲩⲇⲓⲁⲕⲟⲛⲓⲁ
ⲉⲧⲃⲉ ⲟⲩⲃⲉⲕⲉ ⲛ̄ⲧⲉ ⲟⲩⲧⲁⲉⲓⲟ·
ϩⲱⲥ ⲉϥⲛⲁⲥⲟⲟϩⲉ ⲙ̄ⲙⲟⲕ ⲛ̄ϣⲟⲙⲧ̄ ⲛ̄ⲥⲟⲡ ϩⲛ̄ ⲧⲉⲓ̈ⲟⲩϣⲏ·

Dieser Text (den wir – das Folgende in gewisser Weise vorabbildend – gleich soweit wie möglich sachlich gegliedert haben) ist überladen, schwer durchschaubar und unkonkret. Das liegt zunächst einmal daran, dass von Jesus hier sowohl in der ersten als auch in der dritten Person die Rede ist. Wie solches kommt, kann man deutlich an zwei Appositionen bzw. Umschreibungen für das Ich Jesu ablesen, die wir ohne weiteres bzw. zunächst wenigstens (gewissermaßen linguistisch experimentierend) in „Ich-bin"-Sätze verwandeln und aus dem Textgefüge herausnehmen können:

(ⲁⲛⲟⲕ ⲡⲉ) ⲡⲏ ⲉⲧⲁϥⲥⲱⲧⲡ̄ ⲙ̄ⲙⲟⲕ· ϫⲉ ⲉⲃⲟⲗ ⲙ̄ⲙⲟⲕ ⲁⲓ̈ⲉⲓⲣⲉ ⲛ̄ⲟⲩⲁⲣⲭⲏ ⲙ̄ⲡⲓⲕⲉⲥⲉⲉⲡⲉ ⲉⲧⲁⲓ̈ⲧⲁϩⲙⲟⲩ ⲉϩⲟⲩⲛ ⲉⲩⲥⲟⲟⲩⲛ·

„(Ich bin) der, der dich erwählt hat; denn ich habe durch dich einen Anfang gemacht für die Übrigen, die ich zur Erkenntnis berufen habe".

(ⲁⲛⲟⲕ ⲡⲉ) ⲡⲏ ⲉⲧⲁϥⲣ̄ϣⲟⲣⲡ̄ ⲛ̄ⲧⲱϩⲙ̄ ⲙ̄ⲙⲟⲕ· ⲉⲁϥⲧⲁϩⲙⲉⲕ ϫⲉ ⲉⲕⲉⲥⲟⲩⲱⲛϥ̄ ⲛ̄ⲑⲉ ⲉⲧⲉⲥⲙ̄ⲡϣⲁ ⲛ̄ⲁⲁⲥ·

„(Ich bin) der, der dich als Ersten berufen hat und dich zu dem Zweck berufen hat, dass du ihn so erkennst, wie es angemessen ist".

(Davor muss man natürlich für die Dauer des Experiments das ⲛ̄ⲧⲉ in Gedanken zu ⲛ̄ⲧⲁⲓ̈ „von mir" transformieren.)

Diese Aussagen sind nun aber auch sachlich von großer Relevanz. Denn hier tritt uns nichts Geringeres entgegen als der typisch judenchristliche Gedanke einer nur über Petrus laufenden apostolischen Tradition (vgl. Mt 16,17–19; Joh 21,15–19; der Hintergrund der Glosse Gal 2,7b.8; die Petrusgestalt in den Kerygmata Petrou und im Nazaräerevangelium [15a.16]), und zwar in gnostischer Metamorphose. Es ist die gleiche Metamorphose, die uns die Nag Hammdi-Texte an der Gestalt des Herrenbruders Jakobus geschehen zeigen (vgl. EvThom Spr. 12; 1ApcJac; 2ApcJac). Natürlich ist der Petrus- und Jakobusprimat, sei es in ursprünglich judenchristlicher, sei es in gnostischer Version, alternativ.

Die Dunkelheit unseres Textes liegt weiter ganz wesentlich an der scheinbar ungeordneten Fülle der Assoziationen in seiner zweiten Hälfte:

ⲛⲓⲙⲟⲩⲧ ⲛ̄ⲧⲉ ⲛⲉϥϭⲓϫ ⲁⲩⲱ ⲛⲉϥⲟⲩⲉⲣⲏⲧⲉ ⲙⲛ̄ ⲡⲓϯⲕⲗⲟⲙ „die Fesseln seiner Hände und Füße und die (Dornen-)Bekränzung“ muss sich auf die Verspottung des gefangenen Jesus beziehen. ⲛⲏ ⲛ̄ⲧⲉ ϯⲙⲉⲥⲟⲧⲏⲥ ⲙⲛ̄ ⲡⲓⲥⲱⲙⲁ ⲛ̄ⲧⲉ ⲡⲣ̄ⲟⲩⲟⲉⲓⲛ ⲛ̄ⲧⲁϥ „die (Wesen) der Mitte und sein leuchtender Leib“ lässt an die Szene der Verklärung Jesu denken.

ⲉⲩⲉⲓⲛⲉ ⲙ̄ⲙⲟϥ ϩⲛ̄ ⲟⲩϩⲉⲗⲡⲓⲥ ⲛ̄ⲧⲉ ⲟⲩⲇⲓⲁⲕⲟⲛⲓⲁ ⲉⲧⲃⲉ ⲟⲩⲃⲉⲕⲉ ⲛ̄ⲧⲉ ⲟⲩⲧⲁⲉⲓⲟ dürfte auf Verrat und Gefangennahme gehen; die komischen Genitive beruhen vielleicht auf einem bloßen Schreiberversehen infolge des Übergangs auf eine neue Seite, denn es passen zusammen nur einerseits ⲟⲩϩⲉⲗⲡⲓⲥ ⲛ̄ⲧⲉ ⲟⲩⲧⲁⲉⲓⲟ und andererseits ⲟⲩⲇⲓⲁⲕⲟⲛⲓⲁ ⲛ̄ⲧⲉ ⲟⲩⲃⲉⲕⲉ; vielleicht ist also eigentlich gemeint „ihn bringend in Hoffnung auf ein Geschenk (und) in Ausführung eines Dienstes um Lohnes willen“.

Und schließlich deutet ϩⲱⲥ ⲉϥⲛⲁⲥⲟⲟϩⲉ ⲙ̄ⲙⲟⲕ ⲛ̄ϣⲟⲙⲧ̄ ⲛ̄ⲥⲟⲡ ϩⲛ̄ ⲧⲉⲓ̈ⲟⲩϣⲏ „damit er dich dreimal in dieser Nacht zum Abfall bewege“ auf die Verleugnung des Petrus hin (ⲥⲟⲟϩⲉ dürfte das Verb mit der Grundbedeutung „entfernen“ sein [Crum 380a,16]; zur hiesigen Bedeutungsnuance vgl. Till, BSAC 17, 214 [ⲥⲟϩⲉ „Abfall“ (?)]).

Die Fülle dieser Beziehungen ist nun schon an sich für die Erkenntnis des Wesens der ApcPt von Bedeutung. Diese Phänomene eben sind der Grund für die Einschätzung, dass die Basis der ApcPt eine ganz bestimmte (gnostisch-revolutionäre) Exegese der Evangelientradition, namentlich der Passionsgeschichte, ist. Und die Unklarheit der ApcPt, die Unvorstellbarkeit vieler ihrer Schilderungen, hängt wesentlich damit zusammen, dass der Verfasser es nicht hinreichend vermag, diese gnostische Exegese in „Theater“ umzuwandeln; vielleicht ist das überhaupt eine unlösbare Aufgabe.

Nun sind allerdings nicht alle Unklarheiten im zweiten Teil in dieser Weise „prinzipiell“. Wenn wir mit dem über die Assoziationen Gesagten Recht haben und also ⲡⲓⲧϯⲕⲗⲟⲙ auf die Verspottung geht, ⲛⲏ ⲛ̄ⲧⲉ ϯⲙⲉⲥⲟⲧⲏⲥ aber auf die Verklärung, dann muss, trotz der sprachlich scheinbar glatten Verbindung, dazwischen ein Bruch angenommen werden. Eine Anspielung auf die Verspottung und eine auf die Verklärung können unmöglich hier unter einem gemeinsamen Gesichtspunkt gemacht sein. Nun ist ⲛⲏ ⲛ̄ⲧⲉ ein ungewöhnlicher Bohairismus,[2] während dieses Demonstrativpronomen mit folgendem Relativsatz in der ApcPt geradezu stereotyp ist. Vielleicht sollte man hier also einfach die Auslassung einer Zeile durch Homoioteleuton (ad vocem ⲛⲏ) annehmen; etwa: ⲡⲓϯⲕⲗⲟⲙ ⲉⲃⲟⲗ ϩ̈ⲓⲧⲛ̄ ⲛⲏ <ⲉⲧⲥⲱⲃⲉ· ⲁⲣⲓ ⲡⲙⲉⲉⲩⲉ ⲛ̄ⲛⲏ> ⲛ̄ⲧⲉ ϯⲙⲉⲥⲟⲧⲏⲥ „die Bekränzung durch die <Spötter. Erinnere dich an die (Wesen)> der Mitte“ usw.

---

2 Vgl. Stern, Koptische Grammatik, § 246 Ende.

Wenn wir den Text weiter zurückverfolgen, stoßen wir auf die weitere Schwierigkeit, dass der Konjugationsbasis ϣⲁⲛⲧⲉ ein Verb fehlt: ϣⲁⲛⲧⲉ ⲡⲓⲁⲛⲧⲓⲙⲓⲙⲟⲛ ⲛ̄ⲧⲉ ϯⲇⲓⲕⲁⲓⲟⲥⲩⲛⲏ ⲛ̄ⲧ(ⲁⲓ̈) <…> „damit der Nachahmer (mein)er Gerechtigkeit <…>". Dies Fehlen hängt natürlich mit der hier eingeschobenen Umschreibung für das Ich Jesu zusammen. Vielleicht fehlt das Verb gar nicht wirklich, sondern ist einfach in dieser Umschreibung anakoluthisch impliziert. Dann müsste das gemeinte Verb, auf das ϣⲁⲛⲧⲉ zusteuert, eben ⲥⲟⲟⲩⲛ sein: „damit der Nachahmer (mein)er Gerechtigkeit (von dir angemessen erkannt wird)".

Schließlich ist am Anfang noch eine Alternative zu entscheiden, nämlich ob ⲉⲕⲉ mit ϣⲱⲡⲉ zusammen eine conjugatio periphrastica bildet, oder ob ϣⲱⲡⲉ mit ⲛⲙ̄ⲙⲁⲓ̈ zusammengehört, während ⲉⲕⲉ als normaler Umstandssatz aufzufassen wäre. Sobald man die zwei Möglichkeiten überhaupt sieht, wird man die zweite als allein befriedigend vorziehen.

Nach alledem heißt der Text: „Du aber, Petrus, bleibe – vollkommen seiend in deinem Namen – bei mir allein als dem, der dich erwählt hat; denn ich habe durch dich einen Anfang gemacht für die Übrigen, die ich zur Erkenntnis berufen habe. Sei also standhaft, damit der Nachahmer der Gerechtigkeit (‚die mein ist, als) dessen, der dich als Ersten berufen hat und dich zu dem Zweck berufen hat, dass du ihn so erkennst, wie es angemessen ist, (von dir angemessen erkannt wird; solche Erkenntnis ist erforderlich) wegen der Geschiedenheit, die ihm eignet, infolge der Fesseln seiner Hände und Füße und der Bekränzung durch die <Spötter. Erinnere dich an die (Wesen)> der Mitte und seinen leuchtenden Leib, wenn man ihn abführt in Hoffnung auf ein Geschenk (und) in Ausführung eines Dienstes um Lohnes willen, damit er dich dreimal in dieser Nacht zum Abfall bewege". (Zu ⲉⲧⲡⲏϩ ⲉⲣⲟϥ als der Umschreibung eines Possessivverhältnisses [praktisch parallel zu einem ⲛ̄ⲧⲁϥ] vgl. 1Kor 15,10; 2Kor 1,11.18 im sahidischen NT.)

Der Abschnitt insgesamt ist nach alledem zu verstehen als die mit allen Registern an Petrus ergehende Aufforderung, seinem Namen „Fels" entsprechend und seiner Bestimmung getreu den wahren Erlöser, der sich vor der Passion von dem Menschen Jesus trennt, nicht zu verleugnen, und d. h., der Versuchung zu widerstehen, sich etwa zu diesem dem Leiden unterworfenen Jesus zu bekennen. Das impliziert wiederum eine typisch gnostische Deutung der traditionellen Erzählung von der Verleugnung des Petrus, bei der dessen „ich kenne den Menschen nicht" (Mt 26,72.74) radikal umgewertet wird, ähnlich dem Verrat des Judas bei den Kainiten (Irenäus adv. haer. I 31,1).

II. *p. 74,27–34*

Es geht um folgenden Text:

> ϩⲉⲛϩⲟⲉⲓⲛⲉ ⲙⲉⲛ ⲥⲉⲛⲁϯ ⲣⲁⲛ ⲉⲣⲟⲟⲩ ϫⲉ ⲉⲩⲁϩⲉⲣⲁⲧⲟⲩ ϩⲛ̄ ⲟⲩϭⲟⲙ ⲛ̄ⲧⲉ ⲛⲓⲁⲣⲭⲱⲛ· ⲛ̄ⲧⲉ ⲟⲩⲣⲱⲙⲉ ⲙⲛ̄ ⲟⲩⲥϩ̄ⲓ̄ⲙⲉ ⲉⲥⲕⲏⲕ ⲁϩⲏⲟⲩ ⲉⲥⲉ ⲛ̄ⲟⲩⲙⲏⲏϣⲉ ⲙ̄ⲙⲟⲣⲫⲏ ⲙⲛ̄ ⲟⲩⲙⲏⲏϣⲉ ⲛ̄ⲛⲙ̄ⲕⲁϩ·

Schwierigkeiten macht hier zunächst das ⲛ̄ⲧⲉ ⲟⲩⲣⲱⲙⲉ, das mit dem Vorhergehenden nicht sinnvoll zu verbinden ist. Andererseits erwartet man natürlich irgendeine Angabe darüber, wie die hier apostrophierten Leute nun eigentlich heißen. Und der ϫⲉ-Satz lässt sich nur schwer als Namensangabe verstehen. So scheint es wohl am besten zu sein, die erwartete Bezeichnung hinter dem ⲛ̄ⲧⲉ ⲟⲩⲣⲱⲙⲉ zu vermuten, vor dem man dann so etwas wie <ϩⲛ̄ ⲟⲩⲣⲁⲛ> als ausgefallen anzunehmen hätte. ⲟⲩⲙⲏⲏϣⲉ ⲙ̄ⲙⲟⲣⲫⲏ und ⲟⲩⲙⲏⲏϣⲉ ⲛ̄ⲛⲙ̄ⲕⲁϩ sind wahrscheinlich die Äquivalente von πολύμορφος und πολυπαθής (vgl. zu diesem Gebrauch von ⲙⲏⲏϣⲉ Crum 202 a [unter b]). Dann hieße der Satz: "Etliche fürwahr werden sich benennen – weil sie unter der Gewalt der Archonten stehen – <nach dem Namen> eines Mannes mit einem nackten, vielgestaltigen und vielerlei Leiden ausgesetzten Weib". Gemeint sind also wahrscheinlich die Simonianer, denn die Bezeichnung des Mannes passt eigentlich nur auf Simon Magus als den Partner der Helena. Diese Polemik gegen Simon und die Simonianer, die in einer Schrift, die selbst gnostisch ist, zunächst außerordentlich überraschend erscheinen muss, hat man wahrscheinlich in unmittelbarer Beziehung zu dem kurz vorher genannten „argen Betrüger" (p. 74,18f.), wenn mit ihm Paulus („der feindliche Mensch" der Kerygmata Petrou) gemeint sein sollte, zu sehen und erklärt sich dann wohl aus dem judenchristlichen Substrat der ApcPt bzw. dem traditionellen Petrusbild, zu dem Simon Magus als Gegner gehört, wie sich ja auch noch andere Querverbindungen zu den Pseudoklementinen insgesamt und besonders den Kerygmata Petrou aufdrängen (viele Meinungen statt der ursprünglichen einfachen Lehre; Verdrehung der Petruslehre nach seinem Tod; falsche Lehren von Träumen und Dämonen bestimmt).

Wenn die Deutung unserer Textstelle auf Simon richtig ist, dann kann man der hiesigen Bezeichnung seiner „Partnerin" Helena einen wichtigen Hinweis für das Verständnis des Simonianismus entnehmen. Denn die Bezeichnung „ein nacktes, vielgestaltiges und vielerlei Leiden ausgesetztes Weib" passt im Grunde weniger auf eine wirkliche Frau, als auf eine Göttin bzw. ein mythologisches weibliches Wesen (vgl. die Selbstoffenbarung des weiblichen Wesens, das in der zweiten Schrift von NHC VI spricht). So würde sich unser Text einfügen in die an anderem Ort aufgezeigte Kette der Indizien aus Nag Hammadi-Texten, die das alte Problem, ob die simonianische Helena mythologisierte Historie oder historisierte Mythologie ist, endgültig im Sinne der Unhistorizität der Helena zu lösen drängen.[3]

Ich möchte hier nun noch eine der am Schluss des genannten Aufsatzes angestellten Erwägungen um einen Schritt weiterführen, nämlich dass die Erkenntnis, dass die Dirne Helena als Braut und Objekt der Erlösung Simons vermutlich eine gegnerische Persiflage der von ihm verkündeten Seelenlehre ist, nicht ohne Auswirkung auf unser Bild vom Selbstverständnis Simons bleiben kann. Mit dem Wegfall der einen Person des Zwei-Personen-Stückes ändert sich auch die Rolle der anderen Person, und d. h. in der Sache, ist das punktuell Einmalige des Erlösungsvorganges dahin, sowie die Auffassung Simons als des höchsten Gottes in Person. Wenn es keine Braut gibt, kann Simon sich auch nicht als Bräutigam verstanden haben. Er könnte sich in Wirklichkeit höchstens verstanden haben als Erscheinungsform der großen Kraft in dem weltlangen Prozess der Errettung der gefallenen Allseele. Mit diesen Gedanken sind wir aber nun schon längst in das Kraftfeld einer anderen klassischen Alternative der Simonforschung geraten, die da lautet: Ist eigentlich der Simon des Irenäus oder der Simon der bei Hippolyt zitierten Apophasis Megale der echte? Nachdem die Frage längst zugunsten der Irenäusdarstellung entschieden zu sein schien, ist sie nämlich jetzt wieder völlig offen, seit J. Frickel das, was Hippolyt zitiert, als bloße Paraphrase der angeblich von Simon stammenden Apophasis Megale (und nicht als diese selbst) identifizieren konnte.[4] Der Simon der in der Paraphrase zitierten Fragmente der Apophasis Megale hat durchaus Chancen, gegenüber dem nunmehr „angekratzten" Simon des Irenäus zu bestehen, zumal eines dieser Fragmente sachlich unmittelbar mit der (von uns als im Grunde simonianisch verdächtigten) zweiten Schrift von NHC VI zusammenhängt.[5] Kurzum, unsere Erwägungen und Frickels Bemühungen könnten konvergieren.

[3] Vgl. H.-M. Schenke, Die Relevanz der Kirchenväter für die Erschließung der Nag-Hammadi-Texte (Teil III), Das Korpus der griechisch-christlichen Schriftsteller. Historie, Gegenwart, Zukunft, TU 120, 1977, 209–218.

[4] Die „Apophasis Megale" in Hippolyt's Refutatio (VI 9–18). Eine Paraphrase zur Apophasis Simons, OCA 182, Rom 1968; ders., Ein Kriterium zur Quellenscheidung innerhalb einer Paraphrase, Le Muséon 85 (1972), 425–450.

[5] Vgl. H.-G. Bethge, (federführend), ThLZ 100 (1973), 98f.

III. *p. 82,3–9*

Es heißt an dieser Stelle:

> ⲁⲛⲟⲕ ⲇⲉ ⲁⲉⲓⲛⲁⲩ ⲉⲟⲩⲁ ⲉϥⲛⲁϩⲱⲛ ⲉⲣⲟⲛ ⲉϥⲉⲓⲛⲉ ⲙ̄ⲙⲟϥ ⲙⲛ̄ ⲡⲏ ⲉⲛⲉϥⲥⲱⲃⲉ ϩⲓ̄ϫⲙ̄ ⲡⲓϣⲉ ⲛⲉϥⲥⲏϩ ⲇⲉ ⲡⲉ ⲛ̄ϩⲣⲁï ϩⲛ̄ ⲟⲩⲡⲛ̄ⲁ̄ ⲉϥⲟⲩⲁⲁⲃ ⲁⲩⲱ ⲛ̄ⲧⲟϥ ⲡⲓⲥⲱⲧⲏⲣ·

Was sachlich hier gemeint ist, kann von vornherein als klar gelten: Es ist die Rede von der Erscheinung des wahren Erlösers, der im Schema einer trichotomischen Christologie als pneumatisches Wesen gedacht ist. Schwierigkeit macht nur die konkrete Vorstellung, in der der Text das zum Ausdruck bringt. Man kann das Problem hier mit einem Rätselraten vergleichen, bei dem zu erraten ist, wer oder was ⲟⲩⲁ ist. Und des Rätsels Lösung hängt einzig und allein von der Deutung des ⲥⲏϩ ab.

Zunächst wird kaum ein Interpret auf den Gedanken kommen, in diesem ⲥⲏϩ nicht das Qualitativ von ⲥϩⲁï zu sehen. Der Anstoß kommt hier von außen. Die Religionsgeschichte hilft der Philologie auf die Sprünge. Mir persönlich hat die Erinnerung an die berühmte Passage des Perlenliedes über das Strahlenkleid des Königssohnes die Augen geöffnet, besonders die Verse 76–78:

> (Doch) plötzlich, als ich es mir gegenüber sah,
> wurde das <Strahlen(kleid) > (ähnlich) meinem Spiegelbild mir gleich;
> ich sah es <ganz > in mir,
> und in ihm sah ich (mich) auch <mir ganz> gegenüber,
> so dass wir Zwei waren in Geschiedenheit
> und wieder Eins in einer Gestalt.
> (Übersetzung nach Hennecke/Schneemelcher: NTApo ^{3}II, 352.)

Die gesuchte Vorstellung dürfte also die Gewandvorstellung sein, die geläufige Vorstellung von der irdischen bzw. himmlischen Gestalt der Menschen bzw. des Erlösers als eines Gewandes. Noch näher als das Perlenlied steht unserem Text die Vorstellung vom himmlischen Gewand des Erlösers am Anfang der Pistis Sophia und in der ParSem. (Vgl. sonst noch OdSal 7,4; 11,11; 13; 15,8; 17,4; 21,3; 25,8; 33,12; Ginza 461,31; 559,29–32 [Lidzbarski]; Mand. Lit. 81 [Lidzbarski].[6]

Diese exegetische Auffassung ist natürlich nur möglich, weil man das bereits als Schlüssel bezeichnete ⲥⲏϩ unseres Textes auch als Qualitativ von ⲥⲱϩⲉ „weben" (Crum 381a,15) verstehen kann (vgl. als Analogie z. B. ⲕⲱⲧⲉ/

[6] Vgl. also R. Reitzenstein, Die hellenistischen Mysterienreligionen, ^{3}1927, 226; W. Bousset, Hauptprobleme der Gnosis, 1907, 303 Anm. 2.

ⲕⲏⲧ [Crum 124a,11]). Eine solche Qualitativform ist zwar im Sahidischen bisher noch nicht belegt, wohl aber die bohairische Entsprechung ⲥⲏϧ. Und diese unsere Ableitung entspräche durchaus der inneren Gesetzlichkeit der koptischen Sprache.[7] Das koptische Verb ist auch sonst in metaphorischem Gebrauch im Rahmen der Gewandvorstellung nachweisbar,[8] ebenso wie sein griechisches Äquivalent ὑφαίνειν.[9]

Nach alledem hätten wir unsere Stelle zu übersetzen: „Ich aber sah etwas auf uns zukommen, das ihm und dem, der neben dem Holz (stehend) lachte, glich – es war aber gewebt in heiligem Geist – und dies ist der Erlöser."

Vielleicht trägt dieses Neuverständnis der Textstelle gerade mit der dazugehörigen Öffnung des Blickes für den Anfang der Pistis Sophia nicht unerheblich zum sachlichen Verständnis der zwischen Dichotomie und Trichotomie scheinbar schwankenden Christologie der ApcPt bei: Der auf Erden wandelnde Erlöser besteht nur aus zwei Naturen; das eigentliche geistige Wesen des Erlösers ist gar nicht herabgestiegen, sondern wirkt vom Himmel aus.

---

[7] Vgl. Stern, Koptische Grammatik, § 351 Absatz 3)

[8] Vgl. H. de Vis, Homélies Coptes II, 102,7–11: ⲙⲁⲣⲟⲩ ϩⲱⲟⲩ ϯⲛⲟⲩ ⲛⲧⲟⲩϭⲓϣⲓⲡⲓ ⲛ̄ϫⲉ ⲛⲏ ⲉ̄ⲧⲓⲣⲓ ⲙ̄ⲡϣⲏⲣⲓ ⲙ̄ⲫϯ ⲉ̄ⲫⲩⲥⲓⲥ ⲥⲛⲟⲩϯ ⲉⲩⲥⲱⲧⲉⲙ ⲉⲡⲓⲁⲣⲭⲏⲁⲅⲅⲉⲗⲟⲥ ⲉϥϫⲱ ⲙ̄ⲙⲟⲥ ϫⲉ ϯⲥⲁⲣⲝ ⲟⲩⲉ̄ⲃⲟⲗ ϧⲉⲛ ⲟⲩⲡ̄ⲛ̄ⲁ̄ ⲉϥⲟⲩⲁⲃ ⲧⲉ ⲕⲉⲅⲁⲣ ⲡⲓⲡ̄ⲛ̄ⲁ̄ ⲉⲑⲟⲩⲁⲃ ⲡⲉ ⲉ̄ⲧⲁϥⲟⲩⲟϫⲥ ⲟⲩⲟϩ ⲁϥⲥⲱϧⲓ ⲙ̄ⲙⲟⲥ ⲁϥⲁⲓⲥ ⲛⲟⲩⲁⲓ ⲛⲟⲩⲱⲧ ⲛⲉⲙⲁϥ „Es mögen jetzt auch beschämt werden diejenigen, die den Sohn Gottes zu zwei Naturen machen, wenn sie hören, wie der Erzengel sagt: ‚Das Fleisch stammt aus heiligem Geist'. Denn der Heilige Geist ist es, der es geschnitten und gewebt hat (und der) es zu einem einzigen mit ihm (selbst) gemacht hat".

[9] Vgl. Exc. ex Theod. 59,4: σῶμα τοίνυν αὐτῷ ὑφαίνεται ἐκ τῆς ἀφανοῦς ψυχικῆς οὐσίας, δυνάμει δὲ θείας ἐγκατασκευῆς εἰς αἰσθητὸν κόσμον ἀφιγμένον „Es wird ihm (dem Erlöser) also aus der unsichtbaren seelischen Substanz ein Leib gewebt, der aber kraft göttlicher Kunstfertigkeit (als wahrnehmbarer) in die wahrnehmbare Welt gekommen ist".

DAS WEITERWIRKEN DES PAULUS UND DIE PFLEGE SEINES ERBES DURCH DIE PAULUSSCHULE*

Die folgenden Erwägungen und Darlegungen sind ein besonders problematisches und deshalb des Gedankenaustauschs im Voraus sehr bedürftiges Teilstück eines Manuskriptes einer „Einleitung in die Schriften des Neuen Testaments", die in der Evangelischen Verlagsanstalt Berlin erscheinen wird. Für die Voraussetzungen, die im Rahmen dieses Ausschnitts nicht begründet und geklärt werden können, darf ich auf dieses hoffentlich bald gedruckt vorliegende Buch verweisen.

Wie es zweckmäßig und notwendig ist, die Erörterung der einzelnen Teile des Corpus Paulinum mit einem besonderen Abschnitt über das Leben des Paulus zu eröffnen, so erscheint es sinnvoll, sachgemäß und erforderlich, den paulinischen Komplex der Einleitung mit einer Reflexion über das unmittelbare Weiterleben des Paulus abzurunden und zu beschließen. Es hat sich ja einerseits gezeigt, dass das Corpus der Paulusbriefe gar nicht ohne weiteres aus Briefen, die Paulus so geschrieben hat, und die man dann, ohne Rücksicht auf ihr Gesammeltsein, je für sich nehmen könnte, besteht. Der Sammlungscharakter ist nicht etwas, das den einzelnen gesammelten Teilen nachträglich hinzugefügt wäre, sondern haftet auch im Inneren dieser einzelnen Teile. Andererseits steht im Corpus Paulinum Echtes und Unechtes, Paulinisches und Deuteropaulinisches nebeneinander. Die Behandlung der einzelnen „Briefe" unserer Sammlung von Paulusbriefen setzt in Wirklichkeit immer schon ihre „Fassung" durch das Corpus voraus; und deshalb genügt es nicht, nur die einzelnen „Briefe" je als Einheit zu begreifen. Vielmehr muss man, um sie in jeder Hinsicht zu verstehen, sie auch als Teil des ganzen Corpus sehen, und das heißt, man muss auch das Corpus selbst in den Blick fassen und als Einheit zu begreifen versuchen.

Bei dieser nicht kanonsgeschichtlich orientierten Betrachtung eines an sich bekannten Gegenstandes der Kanonsgeschichte liegt mir vor allem daran, die Redaktion, Sammlung und (deuteropaulinische) Ergänzung der Paulusbriefe als einen einheitlichen Prozess zu sehen, man könnte auch sagen: das komplexe Phänomen des Deuteropaulinismus, ohne den es

* NTS 21 (1975), 505–518.

einen Paulinismus überhaupt nicht gäbe, mit einem Blick zu umfassen. Ich fühle mich zu diesem Versuch einer Zusammenschau schon durch die literarkritischen Ergebnisse, die sich bei der Analyse der einzelnen „Briefe" ungewollt eingestellt haben, verpflichtet. Denn sie führen mit Notwendigkeit zu einem erheblich anderen Bild von der Nachwirkung des Paulus, als man es gewöhnlich hat. Auch ist solche Zusammenschau ein letzter Test für die Einzelergebnisse. Sie sind ja nur haltbar, wenn sie auch alle zusammenpassen. Schließlich verdient noch herausgestellt zu werden, dass wir uns mit alledem auch eine an sich hoch interessante Lücke zum Thema gemacht haben, nämlich die Lücke zwischen Paulus selbst und der Paulusbenutzung bzw. dem Paulusverständnis im zweiten Jahrhundert (in dem Zeitraum zwischen 1Clem und Irenäus bzw. Clemens Alexandrinus und Origenes).

Das Phänomen hinter der Lücke ist ja auch seltsam genug und bestimmt natürlich die besonderen Hinsichten der großen und allgemeinen Frage, wie es dazu kam und kommen konnte. Schon hier, vom Ende des dunklen Prozesses aus, den zu erhellen versucht werden muss, wird deutlich, welch prinzipieller Unterschied es ist, ob man, wenn man überhaupt etwas von Paulus weiß bzw. wissen will, nur die bloße und wehrlose Person des Paulus kennt, die beliebig als Garant oder Vermittler der jeweils herrschenden Lehre hingestellt werden kann, oder ob man Bezug hat zu dem Paulus, der im Schutzmantel seiner Briefe steckt.

Da gibt es ja das Phänomen, dass man in maßgeblichen Kreisen keinerlei Bezug auf Paulus nimmt und kein Wissen von ihm hat oder verrät (Barn, Did, Papias, Hegesipp, Justin), was keineswegs nur als orthodoxe Reaktion auf die Beschlagnahmung des Paulus durch die Ketzer zu verstehen ist.[1]

Bei den Ketzern aber gibt es einerseits ausgesprochenen Paulushass, andererseits ein große Verehrung ihm gegenüber.

Das Judenchristentum des zweiten Jahrhunderts, so wie es sich nun einmal entwickelt hat, verwirft – trotz seiner Schattierungen im Einzelnen – den Paulus einhellig als Verderber des göttlichen Gesetzes.[2] Dieser Antipaulinismus wird am deutlichsten – in seiner Art und hinsichtlich seiner Begründung – fassbar in den Ps.-Clementinen, nämlich auf Grund einer Quelle ihrer Grundschrift, der den Paulus bekämpfenden Kerygmata

[1] Vgl. W. Schneemelcher, Paulus in der griechischen Kirche des zweiten Jahrhunderts, ZKG 75 (1964), 18.

[2] Vgl. E. Hennecke/W. Schneemelcher, NTApo ³II, 39.

Petri, und durch die im Laufe des literarischen Entstehungsprozesses der Ps.-Clementinen zustande gekommene Überlagerung der Gestalt des Paulus durch die des Simon Magus hindurch.[3]

In der Gnosis dagegen wird Paulus weithin – auch abgesehen von Marcion – als Kronzeuge der jeweiligen Richtung hoch geschätzt und angerufen, eine Beschlagnahme, die sich am prägnantesten in Tertullians Apostrophierung des Paulus als haereticorum apostolus (adv. Marc, III 5) widerspiegelt.[4]

Es gibt daneben eine Paulusverehrung ganz anderer Art, die – im Unterschied zu der der Gnosis – darauf beruht, dass man ihn (aus seinen Briefen) nicht kennt. Sie gilt dem erbaulichen Paulus der Legende und hat ihren Ort in bestimmten Kreisen des Vulgärchristentums. Ihr Hauptzeugnis sind die Paulusakten, aber auch andere ähnliche apokryphe Apostelschriften, sofern in ihnen Paulus vorkommt, wie die Petrusakten (ActVerc Kap. 1–3, 4, 6, 10, 23), die Akten des Andreas und Paulus[5] und die Epistula Apostolorum (31 [42], 33 [44]). An dem Paulusbild dieser Texte sind übrigens zwei hervorhebenswerte Züge nicht einfach legendär, sondern Reflex theologischer bzw. kirchenpolitischer Programme, nämlich einerseits die Unterstellung des Heidenmissionars Paulus unter die zwölf Apostel samt der Vorstellung seiner Abhängigkeit von der allein durch sie einheitlich vermittelten Tradition, wie sie sich in der Epistula Apostolorum findet, andererseits die Zusammenfügung des Paulus mit Petrus zu *dem* Apostelpaar schlechthin, von der die Petrusakten zeugen.

Dieses Verständnis des Paulus als eines Paargenossen von Petrus erscheint nun aber erstaunlicherweise auch in einem Bereich, wo man den Paulus besser – nämlich aus seinen Briefen – kennt oder kennen könnte bzw. müsste, wie Clemens von Rom (1Clem 5), Ignatius (Röm. 4,3) und Dionysius von Korinth (bei Euseb. KG II 25,8) bezeugen. Vermutlich haben wir es hier, wenn nicht mit einer in Rom ganz neu entstandenen,

---

[3] Vgl. G. Strecker, Das Judenchristentum in den Pseudoklementinen, TU 70, 1958, 187–96; Hennecke/Schneemelcher, NTApo ³II, 63–80.

[4] Vgl. z. B. hinsichtlich des älteren Belegmaterials G. Heinrichi, Die valentinianische Gnosis und die Heilige Schrift, 1871, 184f., 192; Th. Zahn, Geschichte des neutestamentlichen Kanons, I,2, 1889, 751–758; R. Lichtenhan, Die Offenbarung im Gnosticismus, 1901, 79–81; H. v. Campenhausen, Die Entstehung der christlichen Bibel, BHTh 39, 1968, 171f. Die wichtigsten einschlägigen Stellen der Nag Hammadi-Schriften sind: Brief an Rheginus über die Auferstehung, Codex I, p. 45,23–28; Die Hypostase der Archonten, Codex II, p. 86,21–25 („der große Apostel"); Die Exegese (der Schrift) hinsichtlich der Seele, Codex II, p. 131,2–14; Die Lehren des Silvanus, Codex VII, p. 108,30–32 (‚Paulus, der Christus gleichgeworden ist').

[5] Vgl. Hennecke/Schneemelcher, NTApo ³II, 402.

so doch von Rom aus bewusst propagierten Parole („Petrus *und* Paulus") zu tun.[6]

Wie schon die Verwendung dieser (vom echten Paulus her unverständlichen) Parole bei Clemens und Ignatius zeigt, bedeutet die an gewissen Anspielungen ablesbare Kenntnis eines oder mehrerer Paulusbriefe, ja selbst die ausdrückliche und ehrerbietige Berufung auf einen Paulusbrief (1Clem 47,1–4; Polyk. 2Phil. 3,2) bzw. auf Paulusbriefe (Ign. Eph. 12,2; 2Petr. 3,15f.), nicht einmal, dass die betreffenden Autoren von den Briefen, um die sie wissen bzw. die sie zur Verfügung haben, wirklich gründlich Kenntnis nehmen, während von einem Einfluss der Gedankenwelt des Paulus auf ihr theologisches Denken sowieso nicht gesprochen werden kann.

Wie es zu der Sammlung der Paulusbriefe gekommen ist, darüber liegen zwei markante Theorien bereits vor, mit denen wir uns also auseinandersetzen müssen, um unsere eigene Sicht der Dinge zu entfalten. Die erste, etwas abseits von unserem Wege liegende, aber im englischen Sprachgebiet eine bedeutende Rolle spielende Theorie ist von E. J. Goodspeed unter Aufnahme älterer einschlägiger Gedanken konzipiert worden und wird von ihm selbst und anderen, die dabei mancherlei leichte Modifikationen anbringen, mit Nachdruck und Erfolg propagiert.[7] Danach erfolgte die erste Sammlung und Edition der Paulusbriefe ca. 95 in Ephesus. Den Grundstock der Sammlung habe der (von G. als echt angesehene) Kol (mit Phlm) gebildet, der dem Editor seit langem bekannt und vertraut gewesen sei. Die Sammlung sei ermöglicht worden durch die gerade vorher erschienene Apostelgeschichte, aus der der Editor erfahren habe, an welche Gemeinden er sich mit seiner Frage nach weiteren Paulusbriefen wenden konnte. Der Zweck von Sammlung und Edition sei gewesen, den Paulus und seine Lehre der Vergessenheit zu entreißen. Die so zustande gekommene und edierte Sammlung habe umfasst: Röm, 1Kor, 2Kor, Gal, Phil, Kol, 1Thess, 2Thess, Phlm. Nach G. ist auch der 2Thess echt; und er setzt voraus, dass der Editor die Briefe so, wie er sie von den betreffenden Gemeinden bekommen (und wie Paulus diese an sie

[6] Vgl. W. Bauer, Rechtgläubigkeit und Ketzerei im ältesten Christentum, BHTh 10, 1934, 105. 116f.

[7] The Meaning of Ephesians, 1933; ders., Ephesians and the First Edition of Paul, JBL 52 (1951), 285–291; ders., The Key to Ephesians, 1956. Ähnlich schon J. Weiß, Das Urchristentum, 1917, 534; und nun vor allem C. L. Mitton, Goodspeed's Theory Regarding the Origin of Ephesians, ET 59 (1948), 323–327; ders., The Epistle to the Ephesians, its Authorship, Origin and Purpose, 1951; ders., The Authorship of the Epistle to the Ephesians, ET 67 (1955/1956), 195–198; mit geringfügigen Differenzen auch P. N. Harrison, The Author of Ephesians, Studia Evangelica II,1, TU 87, 1964, 595–604.

geschrieben) habe, herausgab, d. h., dass er nur als Editor, nicht auch als Redaktor, wirksam war. Allerdings habe er die gesammelten Paulusbriefe nicht ohne Vorwort herausgehen lassen. Und dieses Vorwort ist nach G. der vom Editor selbst zur Einführung in die Theologie des Paulus geschriebene und der Sammlung vorangestellte (noch adressenlose) Epheserbrief. Dass der Editor nach Meinung von G. der paulustreue Onesimus, einst Sklave (Phlm), aber jetzt Bischof von Ephesus (Ign. Eph. 1,3; 2,1; 6,2) war, ist im hiesigen Zusammenhang ohne großen Belang, wo es um die wesentlichen Strukturen der Theorie geht. Es kommt auch nicht darauf an, dass und warum ich persönlich der Theorie Goodspeeds nicht folgen kann. Viel wichtiger ist es, ganz deutlich herauszuheben, was von ihr in unserer Perspektive interessant und förderlich ist. Das ist zunächst einmal überhaupt die Zusammenschau des Phänomens des Deuteropaulinismus mit dem Prozess der Sammlung der Paulusbriefe nebst der Voraussetzung, dass das Wissen um Paulus und seine Briefe nicht selbstverständlich ist. Das ist weiter die Ortsvorstellung, dass es ein Nachleben des Paulus in Ephesus und um Ephesus herum gab, dass der Deuteropaulinismus und die Wahrung des Pauluserbes auf dem ehemaligen Missionsgebiet des Paulus in Kleinasien eine Heimstatt hatte. Das ist schließlich der Umstand, dass hier in der Person des Onesimus der Sachverhalt des den Deuteropaulinismus tragenden und die Sammlung der Paulusbriefe verantwortenden Paulusjüngertums in den Blick kommt.

Dass das Nachleben des Paulus in der deuteropaulinischen Schriftstellerei und in dem Prozess der Bewahrung, Sicherung und Propagierung der Paulusbriefe mit der Existenz einer Paulusschule nach dem Tode des Paulus zusammenhängt und dass deren Zentrum in Ephesus bzw. überhaupt in der Asia zu suchen sei, ist ja eine Auffassung, die, mit der kritischen Sicht insgesamt, anscheinend immer mehr Boden gewinnt.[8] Man wird allerdings den Begriff einer „Paulusschule" genauer bestimmen oder umschreiben müssen bzw., was auf dasselbe hinausläuft, man hat den Sachverhalt einer Paulusschule so vielschichtig und vielfältig, wie das wirkliche Leben nun einmal ist, in Ansatz zu bringen. Dann wird man auch von vornherein gar nicht auf den Gedanken verfallen, dass die Paulusschule, wenn sie ihren Sitz in Ephesus hatte, nicht auch woanders zuhause gewesen sein kann.

---

8 E. Lohse, Die Briefe an die Kolosser und an Philemon, KEK 9,2, [14]1968, 254; J. Gnilka, Der Epheserbrief, HThK 10,2 (1971), 6. 11. 46.

Die zweite auf unserem Wege liegende Theorie über die Entstehung der Sammlung der Paulusbriefe stammt von W. Schmithals. Sie ist in all ihrer Besonderheit errichtet auf der breiten Basis der Auffassung vieler, dass die älteste Sammlung von Paulusbriefen, auf die man zurückschließen kann, wegen der Eigenart des Präskripts im 1Kor und wegen der Doxologie am Ende des Röm mit dem 1Kor begann und mit dem Röm endete und entsprechend in Korinth zustande gebracht worden war.[9] Im Rückschluss aus den ältesten Verzeichnissen der Paulusbriefe, im Kanon Muratori, bei Tertullian und im Codex Claromontanus, bzw. aus ihrer Reihenfolge im Apostolikon Marcions und in der ältesten Handschrift, dem P^{46}, kommt Sch., mehr aus strukturellen als aus sachlichen Gründen nicht nur die Pastoralbriefe, sondern auch die Dreiheit Eph/Kol/Phlm als offenbar jeweils spätere Auffüllung des alten Rahmens abziehend, als älteste in solchem Rückschluss erreichbare Form der Sammlung der Paulusbriefe auf den Bestand: 1Kor–2Kor–Gal–Phil–1Thess–2Thess–Röm. Den 2Thess in diesem Rahmen zu finden, muss natürlich jeden, der nicht mit Sch.s Augen sieht, überraschen; von seinen Prämissen aus ist es jedoch konsequent. Und dieser Brief spielt nun auch für die weiteren Folgerungen Sch.s eine entscheidende Rolle. Denn mit dem 2Thess handelt es sich bei der erschlossenen Sammlung um ausgerechnet sieben Briefe. Diese Siebenzahl aber ist der wesentliche Grund dafür, dass Sch. an dieser Stelle das Rückschlussverfahren abbricht, also hier eine unüberschreitbare Schwelle sieht, und gerade an dieser Stelle die Rückwärtsbewegung, die von den alten Listen der Sammlung der Paulusbriefe ausgeht, mit der Vorwärtsbewegung, die in den Folgerungen aus dem redaktionellen Charakter fast aller dieser sieben Briefe besteht, zusammentreffen lässt. Sch.s Theorie ist ja schon deswegen für uns als Testmodell so wichtig, weil auch er den redaktionellen Charakter fast aller „Briefe" der ältesten Sammlung voraussetzt und wir also mit großem Interesse gerade darauf achten, welche Folgerungen sich ihm aus dem Sachverhalt der Redaktion für die Sicht der Entstehung der Sammlung ergeben. Weil die Siebenheit die Gesamtheit bedeute und ein Corpus von sieben Briefen also eo ipso katholischen Charakter habe, sieht Sch. in der Zahl sieben den eigentlichen Schlüssel für das Verständnis des Gesamtphänomens der Redaktion der Paulusbriefe, von denen ja jeder einzelne schon durch die Redaktion

[9] Vgl. z. B. A. v. Harnack, Die Briefsammlung des Apostels Paulus und die anderen vorkonstantinischen christlichen Briefsammlungen, 1926, 8–10; J. Weiß, Das Urchristentum, [2]1917, 534.

den katholischen Stempel aufgedrückt bekommen hat. Der Herausgeber der Sammlung und der Redaktor von jedem der sieben in ihr enthaltenen „Briefe" müssten ein und dieselbe Person sein, ein Kirchenmann, der in den achtziger Jahren des ersten Jahrhunderts den aus den fünf Gemeinden gesammelten Paulusnachlass unter Wahrung der geistigen „Eigentumsrechte" jeder der fünf Gemeinden so zusammengefügt habe, dass gerade eine Siebenheit von „Schreiben" herauskam. Und der Zweck dieser katholischen Redaktion und Edition der Pauluskorrespondenz sei derselbe, den diese Korrespondenz selbst schon gehabt habe: der antignostische Kampf, nur eben auf einer inzwischen breiter gewordenen Front.[10] Damit würde nun auch der Redaktor und Herausgeber des Pauluserbes unter derselben tragischen Verkennung der Gegner leiden, die schon den Paulus von Schmithals auszeichnet, wenn Sch. das, was Paulus in mehr oder weniger großer Ahnungslosigkeit über den wahren Frontverlauf befangen über seine Gegner gesagt hat, zusammenballt, um es als Waffe gegen dieselbe Front einzusetzen. Jedenfalls haben es weder die Gnostiker selbst noch die wirklichen Nachfahren jenes von Sch. gedachten Kirchenmannes gemerkt, dass die Sammlung der Paulusbriefe eine Waffe gegen die Gnosis sein sollte.

Der Übergang bzw. Absprung von Sch.s Theorie zu unserer eigenen Sicht der Dinge ergibt sich sehr leicht aus der kritischen Betrachtung einiger ihrer Besonderheiten. Ohne den 2Thess bestünde die alte Sammlung nur aus sechs „Briefen" und gäbe es keine im Rückwärtsgang unüberschreitbare Schwelle. Wer über die Gegner des Paulus nicht so denken kann wie Sch., der muss sowieso noch einmal ganz von vorn nach den mutmaßlichen Motiven von Redaktion, Sammlung und Edition der Paulusbriefe fragen. Es ist auch schwer verständlich, warum die Einsicht, dass Redaktion und Edition vermutlich zwei Seiten derselben Sache sind, sich bei Sch. zu der Vorstellung von dem „Ein-Mann-Betrieb", von dem einen Mann, der zugleich Redaktor und Editor sei, verhärtet. Wenn das Subjekt des einen Prozesses von Redaktion und Edition nicht als Singular einer Person, sondern als Singular eines Kollektivums gedacht würde, wenn wir also als Subjekt hier etwa das schon erwähnte Phänomen einer Paulusschule einsetzen würden, bekäme die Theorie sofort einen viel flexibleren und d. h. wirklichkeitsnäheren Charakter. Aber Sch. schneidet sich selbst und den Übrigen solch andere Denkmöglichkeiten ab mit der m. E. falschen

[10] Zur Abfassung und ältesten Sammlung der paulinischen Hauptbriefe, Paulus und die Gnostiker, ThF 35, 1965, 185–200.

Alternative, dass entweder Redaktor und Editor ein und dieselbe Person seien, oder die gleichartige Redaktion der einzelnen „Briefe“ vollständig unabhängig voneinander erfolgt sein müsste, was eben unvorstellbar sei. Außerdem dürfte die „Gleichartigkeit“ der Redaktion von Sch. maßlos übertrieben worden sein; sie besteht im Wesentlichen doch nur darin, dass man, um aus mehreren wirklichen Briefen ein Lesebuch mit Briefrahmen zu machen, nur einen Briefrahmen beibehalten konnte, die anderen also soweit wie nötig wegschneiden musste.

Die Vor- und Frühgeschichte des Corpus Paulinum darf man sich von vornherein nicht weniger kompliziert vorstellen, als seine Geschichte aussieht, soweit unser rückwärtsgerichteter Blick reicht.[11] Und die einzige Möglichkeit, in diese im Dunkeln liegende Frühgeschichte etwas Licht zu bringen, ist die diesbezügliche Auswertung der kritischen Analyse der Paulus-„Briefe“ selbst.[12] Eine der wesentlichsten derartigen Folgerungen aus der analytischen Erkenntnis des redaktionellen Charakters der Paulusbriefe ist nun der Bruch mit einem bisher unerschütterten Dogma, dass nämlich die Briefe, die Paulus seinen Gemeinden schrieb, von diesen seit dem Tage des Empfangs stets hoch geachtet und ohne Unterlass in den Versammlungen vorgelesen und bedacht wurden. Man hat sich vielmehr vorzustellen, dass die wirklichen kleinen (und nur gelegentlich längeren) Briefe des Paulus behandelt wurden, wie wirkliche Briefe eben behandelt werden. Sie wurden den Adressaten vorgelesen, taten die mit ihnen beabsichtigte Wirkung, mehr oder weniger, oder auch nicht, und verschwanden dann in der Ablage eines der zuständigen Leute.

Wo immer in solcher Weise der gebündelte Einzelwille des Paulus auf das komplexe Phänomen des Bewusstseins einer wirklichen, d. h. vielschichtigen Gemeinde traf, mussten die Reaktionen unterschiedlich sein. Und es wird immer auch Gemeindeglieder gegeben haben, die sich über das, was Paulus da verlautbarte, mehr ärgerten als freuten. Die Gemeinden des Paulus bedurften des (nach dem in konkreter Situation Einmal-Vorgelesenseins) toten Buchstabens seiner gelegentlichen Briefe gar nicht. Sie hatten es zu tun mit dem lebendigen Paulus, mit seinem gegenwärtigen Wirken und Wort, mit der Erinnerung daran und dem Fortwirken in ihnen, mit dem Wirken und Wort der reisenden bevollmächtigten Stellvertreter

---

[11] Vgl. zu dieser Perspektive besonders N. A. Dahl, The Particularity of the Pauline Epistles as a Problem in the Ancient Church, Neotestamentica et Patristica, FS O. Cullmann, NovT.S 6 (1962), 261–271.

[12] Dieser Gesichtspunkt findet sich sehr deutlich bei L. Mowry, The Early Circulation of Paul's Letters, JBL 63 (1944), 73–86.

des Paulus, mit dem Wirken und Wort derer in der Gemeinde, die als der verlängerte Arm des Paulus gelten konnten, und mit alledem, was man sich von Paulus erzählte. Die Paulusfama, die Pauluslegende,[13] die Paulussage dürfte verständlicherweise schon ganz früh eine wichtige Rolle gespielt haben (vgl. nur Gal 1,23), und zwar nicht nur innerhalb der paulinischen Gemeinden, sondern auch in christlichen Gemeinden von vielfältig anderem Profil. Die Paulussage hat eine Ausstrahlungskraft entwickelt, wie sie weder das mündliche Pauluswort, noch später das schriftliche seiner gesammelten Briefe jemals erreichen konnten. Das heißt, wenn man sich die Frage stellt, was älter sei, die Paulusbriefe oder die Paulussage, muss man wohl antworten: die Paulussage, und zwar sogar wenn man bei den Briefen nicht an die redigiert veröffentlichten, sondern an die ursprünglichen denkt. Allein in dieser Perspektive findet übrigens dann auch eines der m. E. schwierigsten Rätsel des NT eine vernünftige und zwanglose Erklärung, nämlich warum der Verfasser der Apostelgeschichte die Paulusbriefe weder benutzt noch erwähnt. Die Antwort lautet: Weil es die (Sammlung der) Paulusbriefe noch gar nicht gibt, sei es, dass sie überhaupt damals noch nicht existierte,[14] sei es, dass sie noch so in den Anfängen steckte, dass es sie für ihn und den ganzen Bereich, in dem er wirkte, noch nicht gab. Wenn man bei der Auskunft bleiben will, dass er sie nicht nennt, nur weil er sie nicht kannte, so braucht man den Verfasser der Apostelgeschichte nun nicht mehr in irgend eine abgelegene Ecke der alten Welt zu versetzen, wo solches denkbar wäre, sondern darf voraussetzen, dass solches Nichtkennen der Paulusbriefe damals ganz normal war, dass die Paulusbriefe damals so wenig eine Rolle spielten, wie man sich das von der Zeit nach Marcion aus rückblickend bisher überhaupt nicht vorstellen konnte. Das muss schon für die paulinischen Gemeinden gelten, geschweige denn für den kirchlichen Bereich, zu dem der Verfasser der Apostelgeschichte gehört, wo man zwar den Paulus der Paulussage kennt und verehrt, aber keinerlei Kontakt zur lebendigen Paulustradition hat.

---

[13] Der Sachverhalt der Pauluslegende spielt eine gewichtige Rolle in der „Presidential Address" von C. K. Barrett auf dem General Meeting 1973, mit deren Thematik und Problematik meine Erwägungen sich auch sonst eng berühren, Pauline Controversies in the Post-Pauline Period, NTS 20 (1973/74), 229–245.

[14] Die mutmaßliche Abfassungszeit von Lk/Apg (ca. 100) liegt ganz in der Nähe der für den 1Clem angenommenen (ca. 95), der als das älteste Zeugnis für das Vorhandensein der (bzw. einer) Sammlung von Paulusbriefen gilt (47,1–4).

Der in all seinen Begleitumständen für die Christen Aufsehen erregende Märtyrertod des Paulus, der seine Getreuen tief erschüttert zu haben scheint (vgl. Kol 1,24), dürfte nun eine Zäsur in dem Verhältnis der paulinischen Gemeinden zum Wort ihres Apostels bezeichnen. Erst der Tod des Paulus gibt den Anstoß dazu, dass man auf paulinischem Missionsgebiet beginnt, seine Briefe als seinen Nachlass zu sammeln und dieses Erbe für den Gemeindegebrauch (durch geeignete Redaktion) verwendungsfähig zu machen.[15] Über einen Brief des lebendigen Paulus konnte man sich unter Umständen ärgern. Der Tod des Paulus verklärt die härtesten Aussagen selbst in den Augen derer, denen sie galten. Das Prinzip der Arbeit am schriftlichen Nachlass ist, aus den Gelegenheitsschreiben allgemein nützliche Lesebücher zu machen. Aus den meist kleinen Briefen, die mehr oder weniger den Stempel einer einmaligen und unwiederholbaren Situation trugen, sollte das zeitlos gültige Wort des Paulus, das er auf dem Weg über je eine Gemeinde der ganzen Kirche zu sagen hatte, werden. Da das Gewicht der Sache auch eine gewisse Länge der Schriften erfordert haben dürfte, mag es wohl von vornherein nahe gelegen haben, im Prinzip alle in einer Gemeinde auffindbaren schriftlichen Paulusäußerungen zusammenzufassen und in einen Rahmen zu spannen. Vielleicht hat aber auch die Länge der längsten paulinischen Gelegenheitsschreiben (Röm, Gal) einen gewissen Einfluss auf die Vorstellung von der Länge, die ein grundsätzliches Pauluswort zu haben hätte, ausgeübt. Es beginnt ein Prozess der Sammlung, Redigierung und Verbreitung der aus den Ablagen wieder hervorgeholten Paulusbriefe, deren einzelne Akte und Stufen alle miteinander zusammenhängen und deren Träger diejenigen sind, die Paulus als Personen hinterlassen hat, welchen Personenkreis man abgekürzt „Paulusschule“ nennen kann, ein (offener) Kreis, dessen Bemühen aber nicht nur den hinterlassenen Buchstaben des Paulus galt, sondern ebenso sehr, wenn nicht noch mehr, darin und daneben dem hinterlassenen Geist, und das alles in der Fortsetzung des Dienstes an den hinterlassenen und noch hinzuzugewinnenden Gemeinden, ein Bemühen, in dessen Vollzug die Paulusschule sich selbst – unter Einwirkung der Zeit, der vielgestaltigen heidnischen Umwelt und anderer neben dem paulinischen Typ vorhandenen und sich entwickelnden Typen des Christentums – differenzierte und wandelte.

[15] Diesen Sachverhalt hat in m. E. bahnbrechender Weise J. Gnilka im Bemühen, den redaktionellen Charakter des Phil zu verstehen, herausgearbeitet; vgl. Der Philipperbrief, HThK 10,3, 1968, 14–18.

Die Beziehung zwischen den Akten und Stufen des Prozesses ist nun nicht nur ein Axiom, sondern kann man gelegentlich durchaus sehen. Wenn wir die hier zu nennenden Sachverhalte nach dem Grade der Deutlichkeit, mit der sie sichtbar sind, aufführen wollen, müssen wir damit beginnen, dass der deuteropaulinische Kol (ca. 70) mithilfe des brieflichen Rahmens von Phlm geschaffen wurde und dass von Kol wiederum Eph (ca. 90) literarisch abhängig ist. Der deuteropaulinische 2Thess (ca. 90–95) dürfte in Analogie zu dem (nach 70) redigierten 1Thess verfasst worden sein. Der Kol ist noch einmal zu nennen, insofern als er m. E. die Kenntnis des (nach 70) redigierten und verbreiteten Gal vorauszusetzen scheint.

Soweit ist das nur eine Zusammenstellung von Ergebnissen, die bei der Analyse der betreffenden Briefe direkt zu gewinnen sind und über deren Gründe an anderem Ort Rechenschaft abgelegt werden wird. Anders ist das mit dem Verhältnis der Redaktion des 2Kor zu der des 1Kor. Aus der Thessalonichkorrespondenz wurde, wenn unsere Auffassung vom 2Thess gilt, nur *ein* Lesebuch im Rahmen *eines* (des) Briefes nach Thessalonich geschaffen. Also, was sich in Rom fand, wurde als Röm veröffentlicht, was sich in Galatien fand, als Gal, was sich in Philippi fand, als Phil, was sich in Thessalonich fand, als Thess. Warum aber hat man aus der Korinthkorrespondenz zwei „Briefe“ gemacht? Es ist nicht recht glaubhaft, dass das einfach an der Fülle des dortigen Materials gelegen haben sollte. Warum hätte man nicht aus der gesamten vorfindlichen Korrespondenz einen einzigen längeren „Brief“ machen können, zumal wenn der Prozess der Redaktion des Pauluserbes in Korinth seinen Ausgang genommen hat, es also damals und dort noch keinerlei verbindliche Vorbilder für die Länge solch redaktioneller Paulusbücher gab. Vorstellbar ist die Sache vielmehr eigentlich nur so, dass die Pauluskorrespondenz in Korinth nicht auf einmal, sondern etappenweise aus der Versenkung wieder auftauchte. Unser 1Kor müsste als *der* Kor schon ediert worden und im Umlauf gewesen sein, als das Material, das unseren 2Kor ausmacht, ans Tageslicht kam – vielleicht aus der Ablage einer anderen korinthischen Persönlichkeit. Man könnte übrigens durchaus fragen, ob diese Sicht der Dinge nicht durch den Wortlaut von 1Clem 47,1f. gestützt wird, ebenso wie überhaupt durch das frühe Auftauchen des 1Kor im Verhältnis zum späten Auftauchen des 2Kor in der altchristlichen Literatur.

Einen gewissen Abschluss erreicht der Prozess der Redaktion und Edition der Pauluskorrespondenz in Gestalt eines kleinen Corpus, das (1)Kor, (2Kor), Gal., Phil, (1)Thess, Röm umfasste; das ist ja die älteste Sammlung der Paulusbriefe, auf die wir im Rückschlussverfahren kommen. Aus der Grenze des Rückschlussverfahrens ergibt sich in unserer Perspektive ja keineswegs die Folgerung, dass die dort sichtbar gewordene Sammlung nicht Vorstufen gehabt haben könne. Im Gegenteil, wir vermögen dieses alte Corpus gar nicht anders zu verstehen denn als Produkt eines vielfältigen Prozesses des Zusammenwachsens seiner Teile. Auch die Anfänge des Corpus Paulinum dürften, wie gesagt, nicht weniger kompliziert gewesen sein als seine späteren Geschicke. Für diese Sicht des ältesten Corpus Paulinum spricht nicht zuletzt die Entstehung und Verbreitung der deuteropaulinischen Briefe bzw. Briefkomplexe ([Phlm +] Kol, Eph, 2Thess, 1Petr, Past), ein Sachverhalt, den wir sowieso noch in unser Bild einbeziehen müssen. Die Entstehung und Verbreitung der deuteropaulinischen Briefe setzt nämlich eine gewisse, aus dem Gewachsensein zu erklärende Weichheit des Rahmens des betreffenden jeweils bereits vorhandenen Corpus von redigierter Pauluskorrespondenz voraus, die sich auf der einen Seite darin zeigt, dass man sich nicht wundert, wenn man plötzlich auf einen einzeln veröffentlichten und einzeln umlaufenden „Paulusbrief" trifft, auf der anderen Seite darin, dass man nicht jede neu auftauchende „Paulusschrift", falls man sie schon nicht verwirft, automatisch und sofort in das Corpus einspannt.

Die Ausstrahlung des Unternehmens der Edition des Pauluserbes in Briefform muss von vornherein als begrenzt angesehen werden. Sie dürfte kaum über die Grenzen der paulinischen Gemeinden bzw. paulinischer Kreise hinaus gedrungen sein. Die Konflikte, in denen wir Paulus mit seiner christlichen Umwelt sehen, die Frontstellung der offiziellen Kirche gegen ihn, seine Isolierung, all das kann ja mit seinem Tode nicht einfach aufgehört haben. Vielmehr hatten wohl auch dieses „Erbe" die Seinen zu übernehmen. Gleichwohl bleibt natürlich die Konfrontation nicht einfach dieselbe, sondern entwickelt und modifiziert sich entsprechend dem Entwicklungs- und Wandlungsprozess auf jeder der beiden Seiten. Dass tatsächlich das paulinische Christentum nach dem Tode des Paulus nur eine Ausprägung des Christentums neben anderen darstellt, ist ja offenkundig, denn in diesem Zeitraum entstehen und wirken um den Paulinismus herum (und in ihn hinein) als Dokumente christlichen Glaubens: Mk (nach 70), Mt (ca. 90), Joh (ca. 90), Apk (ca. 90–95), Lk/Apg (ca. 100) nebst den Gemeinden bzw. christlichen Gruppierungen, die die in ihnen niedergelegten Anschauungen vertreten bzw. für die diese Dokumente gemacht sind. Gleichwohl ist das wirklich offizielle Christentum des uns interessierenden Zeitraums noch etwas anderes, nämlich ein Christentum, das noch von keiner dieser christlichen Schriften lebt, sondern aus der christlich interpretierten LXX und (unkontrollierbarer) mündlicher Tradition hinsichtlich der Hauptpunkte des christlichen Glaubens und der Gebote Jesu, einem breiten, trägen, schwer überschaubaren Strom vergleichbar, im Vergleich zu dem all die genannten speziellen Ausprägungen des Christentums nur Bäche sind. Was noch übrig bleibt, ist die Konkretion dieser Größenverhältnisse speziell hinsichtlich des paulinischen Christentums. W. Bauer hat mit gewichtigen Gründen die These vertreten, dass die Zeit nach dem Tode des Paulus „als eine Periode der Einbußen" gesehen werden müsse, und nicht etwa „als eine der Ausdehnung des paulinischen Geltungsbereiches".[16] Nun kann man sich aber den Prozess, um den es uns hier geht und an dessen Ende das Corpus der Paulus-„Briefe" steht, ohne eine gewisse Breite der Basis (bestehend in paulinischen Gemeinden) nicht vorstellen. Vielleicht genügt es, Bauers These nur dahingehend zu modifizieren, dass man den Rückgang aufs Ganze gesehen nur in einer geringeren Wachstumsrate im Vergleich zur Konkurrenz bestehen lässt. Man müsste andererseits jedoch in diese Perspektive einbeziehen, dass diese, in Maßen zu denkende, Verbreiterung des Paulinismus an der Peripherie, infolge des unvermeidlichen und intensiven Kontaktes mit anderen Formen des Christentums, zu verschiedentlichen Aufweichungen führte.

Der Prozess der Bewahrung und des Zur-Geltung-Bringens des Pauluserbes muss, wie wir sagten, als von der Paulusschule getragen gedacht werden, und dabei soll der Terminus „Paulusschule" nur als Abkürzung für eine sehr komplexe und verzweigte, in der Entwicklung befindliche Größe verstanden werden. Auch diesen Gesichtspunkt gilt es noch, soweit wie möglich, zu konkretisieren. Was gemeint ist, wird sofort deutlich, wenn wir statt des Terminus Paulusschule, unseren Prämissen gemäß, den Terminus Deuteropaulinismus einsetzen und uns vergegenwärtigen, wie verschieden der Deuteropaulinismus sich präsentiert. Die Verfasser von Kol und Eph, der Verfasser des 2Thess, der Verfasser des 1Petr und der Verfasser der Pastoralbriefe müssen ja alle als Paulusschüler und Angehörige der Paulusschule gelten. Und doch, wie groß sind die Unterschiede zwischen ihnen! Von den für diese Unterschiede verantwortlichen bzw. sie repräsentierenden Faktoren wollen wir besonders den des Ortes und den des Geistes in den Blick fassen.

Und bei dem Sachverhalt der Verschiedenheit des Ortes nehmen wir unseren Ausgangspunkt bei der vorgegebenen Alternative „Korinth oder Ephesus" als Sitz der Paulusschule, um sofort erst einmal die Legitimität dieser Alternative zu bestreiten. Bei einem flexiblen Begriff von Paulusschule

[16] Rechtgläubigkeit und Ketzerei, 221; vgl. auch 216, 235.

kann man nicht aus den Indizien, die uns die Paulusschule als in Korinth wirksam verraten, schließen, dass sie nicht auch (unter Umständen sogar gleichzeitig) in Ephesus am Werk gewesen sein könne, und umgekehrt. Nun ist allerdings interessanterweise die Art ihrer Wirksamkeit, einerseits in Korinth, andererseits in Ephesus, auf die die Indizien weisen, verschieden. Müssen wir nämlich einerseits schließen, dass die Redaktion und Sammlung der echten Pauluskorrespondenz in Korinth ihren Ursprung und ihr Zentrum hatte – Phil, (1)Thess, Röm stammen gewissermaßen aus dem „Hinterland" von Korinth; nur Gal, der, weil überhaupt nicht in einem vergleichbaren Maße redigiert, sowieso ein Unikum im Kreise der ältesten Paulusschriften darstellt, stammt aus dem „Hinterland" von Ephesus –, so führt uns andererseits die Frage nach dem mutmaßlichen Ursprungsort der Deuteropaulinen ([Phlm. +] Kol, Eph, 2Thess, 1Petr, Past) mehr oder weniger deutlich immer wieder auf Ephesus und sein „Hinterland", so dass man fast zu fragen versucht ist, ob es etwa einmal einen typisch „europäischen" (mehr konservierenden) und einen typisch „asiatischen" (mehr aktualisierenden) Paulinismus gegeben haben könnte.

Unter dem Gesichtspunkt des geistigen Profils der Paulusschule geht es uns speziell um eine Art „Definition", um eine Grenzbestimmung für das, was sinnvollerweise unter Paulinismus zu verstehen sei, insonderheit um die Frage, wo eigentlich der Paulinismus aufhört (bzw. an der Grenze ist), Paulinismus zu sein. Wenn wir hier, um im Rahmen zu bleiben, von der inneren Legitimität absehen dürfen, dann bleiben zwei wichtige relativ äußere Kriterien, gewissermaßen „messbare" Dinge, übrig. Das erste Kriterium könnte man das Bestimmtsein durch die „Paulusbrieflichkeit" nennen. Echten Paulinismus kann es nur da geben, wo man den Paulus der Briefe kennt und das briefliche Wort des Apostels als Richtschnur nimmt, und wo man, wenn man das Wort des Paulus in veränderter Situation neu zu Gehör bringen will, es eben in der Form von Paulusbriefen tut. Das andere Kriterium ist das Bewusstsein von der absoluten Autorität des Paulus, so dass, wenn im Paulinismus der Gedanke der apostolischen Tradition aufkommt bzw. in ihn eindringt, man, wie die Pastoralbriefe zeigen, die Tradition allein durch den Apostel Paulus vermittelt sieht. Andere Apostel neben dem Apostel Paulus gibt es im Paulinismus nicht. Danach hätten wir dann in zwei Dokumenten der Paulusschule selbst die Grenze des Paulinismus bzw. eine Grenzüberschreitung zu konstatieren, wobei die Dinge gewissermaßen „über Kreuz" liegen: Während nämlich im Eph mit seiner in bestimmter Hinsicht sozusagen geradlinig weiterentwickelten paulinischen Gedankenwelt neben dem Apostel Paulus noch andere Apostel als Autorität in den Blick kommen, gilt in den Past zwar nur Paulus als Apostel, dem aber im breitesten Umfang Gedankengut in den Mund gelegt wird, das offenbar auf dem Boden eines anderen Typs von Christentum gewachsen ist.

Die letzte Frage, die wir in diesem Zusammenhang zu erörtern haben und die auch, wenngleich in ganz anderer Perspektive, mit der Grenze des Paulinismus bzw. der Paulusschule zu tun hat, gilt unter der Suggestion der Sicht W. Bauers, die unsere Ausführungen sowieso schon weithin bestimmt hat, der Beziehung der echten Verwalter des Pauluserbes zu Rom, und umgekehrt, wobei die Prämisse ist, dass es wahrscheinlich auch paulinische Christen in Rom gegeben haben wird, aber die römische Gemeinde als Ganze nicht paulinisch war. Wir wissen ja einerseits aus dem 1Clem, dass Paulus, und zwar auch der Paulus der Briefe, in Rom durchaus bekannt war und man sich seiner wohl zu bedienen wusste; andererseits glauben wir vermuten zu müssen, dass die Paulusschule den Röm bzw. das Material zur Redaktion desselben nur aus Rom selber haben kann. Es gibt drei Sachverhalte, die in dieser Perspektive Aufmerksamkeit verdienen. Zunächst dürfte sich das Gewicht Roms darin widerspiegeln, dass in der ältesten Sammlung von Paulus-„Briefen", auf die wir im Rückschluss kommen ([1]Kor, [2Kor,] Gal, Phil, [1]Thess, Röm], der Röm die markante Stellung am Ende, d. h. als Abschluss, der Sammlung einnahm. Dann interessiert die redaktionelle Zusammenstellung von Petrus und Paulus in der Glosse Gal 2,7*b*.8 (so allein dürfte diese Wendung m. E. verständlich sein). Man kann sie zwar kaum (wegen der Sicht des Petrus als des Judenapostels) direkt auf römischen Ursprung zurückführen, sie musste aber, einmal vorhanden, den diesbezüglichen Intentionen Roms sehr entgegenkommen. Die interessanteste, wichtigste und folgenreichste Einwirkung Roms auf den Paulinismus dürfte jedoch, wenn K. M. Fischer mit der Deutung der Angabe des Absenders in 1Petr 1,1 recht haben sollte (dass da ursprünglich einmal gestanden hat: „*Paulus*, Apostel Jesu Christi"), in der Enteignung eines deuteropaulinischen Paulusbriefes bestehen. Denn wie immer das Verschwinden des Namens „Paulus" in 1Petr 1,1 zustande gekommen sein mag, seine Ersetzung bzw. die Ergänzung der möglicherweise versehrten Stelle durch den Namen Petrus dient offenkundig den römischen Interessen und ist also wohl allein als Werk Roms voll verständlich. Die Enteignung des 1Petr müsste relativ früh erfolgt sein, als es noch gar keinen Rahmen gab, der redigierte Paulusbriefe *und* deuteropaulinische Briefe umspannte und zusammenhielt, so früh, dass er noch gar nicht als „Paulus"-Brief ins allgemeine Bewusstsein der paulinischen Gemeinden getreten war. Was den Folgenreichtum dieses zu vermutenden Vorgangs betrifft, so ist die wichtigste Folge die auf diese Weise, d. h. also künstlich, zustande gekommene Verbindung des Markus mit Petrus, woraus dann wiederum die Legende von seinem Dolmetscheramt bei Petrus entstand, samt der ganzen kirchlichen „Tradition" über das zweite Evangelium als Werk des Markus.[17]

[17] Der Umstand, dass schon Papias den 1Petr als Brief des Petrus kannte und benutzte (Euseb. KG III 39,17), und das erstmalige Auftauchen der als Tradition ausgegebenen Idee über den Verfasser des zweiten Evangeliums bei eben diesem Papias (Euseb. KG III 39,15) dürften einen ursächlichen Zusammenhang verraten. – Vgl. zum Ganzen an weiterer Literatur, auf die nicht ausdrücklich Bezug genommen wurde, obgleich die vorgetragenen Erwägungen sie mit voraussetzen und so oder so auch auf ihr beruhen, noch: einerseits W. Völker, Paulus bei Origenes, ThStKr 102 (1930), 258–279; H. Seesemann, Das Paulusverständnis des Clemens Alexandrinus, ThStKr 107 (1936), 312–346; E. Aleith, Paulusverständnis in der alten Kirche, BZNW 18, 1937; E. Hoffmann/Aleith, Das Paulusverständnis des Johannes Chrysostomus, ZNW 38 (1939), 181–188; H. Rathke, Ignatius von Antiochien und die Paulusbriefe, TU 99, 1967; G. Strecker, Paulus in nachpaulinischer Zeit, Kairos 12 (1970), 208–216; andererseits A. E. Barnett, Paul Becomes a Literary Influence, 1941; K. L. Carroll, The Expansion of the Pauline Corpus, JBL 72 (1953), 230–237; C. L. Mitton, The Formation of the Pauline Corpus of Letters, 1955; J. Finegan, The Original Form of the Pauline Collection, HThR 49 (1956), 85–103; G. Bonner, The Scillitan Saints and the Pauline Epistles, JEH 7 (1956), 141–146; W. Michaelis, Teilungshypothesen bei Paulusbriefen – Briefkompositionen und ihr Sitz im Leben, ThZ 14 (1958), 321–326; N. A. Dahl, Welche Ordnung der Paulusbriefe wird vom muratorischen Kanon vorausgesetzt?, ZNW 52 (1961), 39–53.

SPRACHLICHE UND EXEGETISCHE PROBLEME IN DEN BEIDEN LETZTEN SCHRIFTEN DES CODEX II VON NAG HAMMADI*

Endlich, nachdem sie seit etwa einem Jahrzehnt als unmittelbar bevorstehend angekündigt wird und M. Krause sie ebenso lange bereits zitiert und mit ihr argumentiert, ist diese Edition von zehn wichtigen Nag Hammadi-Texten – allerdings erst kurz nach der Publikation des Faksimilebandes von Codex VI – erschienen.[1] Über das Wesen und die Bedeutung dieser zehn Texte haben meine Mitarbeiter und ich uns schon verschiedentlich geäußert, so dass eigentlich nur noch übrig bleibt, speziell zu der Behandlung der Texte durch K. Stellung zu nehmen.

Auf die Lesung und Bereitstellung des erhaltenen koptischen Textes einschließlich der sicheren Ergänzungen von Lücken hat K. viel Mühe, Zeit und Sorgfalt gewendet. Im Falle der acht Schriften des Codex VI ist die Arbeit K.s ja jetzt kontrollierbar. Das Ergebnis der Prüfung stellt dem Editor ein gutes Zeugnis aus: Der Text ist – von Grenzfällen abgesehen – zuverlässig.

Anstatt die Texte zu übersetzen, wählt K. das Prinzip der konkordanten Übertragung. Gleichwohl spiegelt sich das mutmaßlich Gemeinte, solange der koptische Text K.s spezifischer Weise der Wiedergabe entgegenkommt, bei ihm im Großen und Ganzen erkennbar wider. Aber oft macht der Text auch Schwierigkeiten. Und von diesen Schwierigkeiten des Textes, sei es, dass er sie an sich aufweist, sei es, dass er sie nur K. bereitet, soll im Folgenden (um der gebotenen Kürze willen) am Beispiel der zwei Schriften aus Codex II die Rede sein. (Im ursprünglichen Manuskript war das für alle Schriften durchgeführt.)

Der Titel „Die Exegese über die Seele“ (NHC II p. 127,18–137,27) ist zu verstehen im Sinne von: „Die Exegese der Heiligen Schrift(en) hinsichtlich der Seele“. 127,29–31: ⲉⲩⲡⲉⲓⲑⲉ usw. ist ein Umstandssatz, der dem ϩⲛ̄ ⲟⲩⲃⲓⲁ im ersten Glied entspricht. Also: „Die einen bedienten sich ihrer mit Gewalt, die anderen (sc. bedienten sich ihrer) auf die Weise, dass sie sie mit einem verführerischen Geschenk sich gefügig machten.“ 128,3: Das Fut. ⲡⲉⲧⲥⲁϭⲟⲗϫ̄ⲥ̄ ⲙ̄ⲙⲟϥ kann man sachgemäßer wiedergeben, etwa: „von

* OLZ 70 (1975), 5–13. (Besprechung von M. Krause/P. Labib, Gnostische und hermetische Schriften aus Codex II und Codex VI, Glückstadt 1971.)

[1] Vgl. H.-M. Schenke, OLZ 69 (1974), 229ff.

jedem, den sie zu umarmen im Begriff ist“. 128,14–16: ⲛ̄ⲑⲉ ⲛ̄ⲛⲓϩⲁⲉⲓ ⲉⲧⲛ̄ϩⲟⲧ ⲛ̄ⲣⲙ̄ⲙ̄ⲙⲉ wohl proleptisch, also: „dadurch dass sie ihr vorspiegeln, sie wie treue und echte Ehemänner sehr zu verehren“. 128,19f.: ⲟⲩⲇⲉ ϣⲁⲩ ⲙⲁⲁϫⲉ ⲙⲛ̄ⲧⲁⲥϥ enthält mit dem Element ϣⲁⲩ eine objektive Schwierigkeit. K. übersetzt „sie hat auch kein Anhören“. Nach Ausweis des Registers versteht er aber schon das bloße ⲙⲁⲁϫⲉ als „Anhören“. Was er dann mit ϣⲁⲩ macht, bleibt unklar, zumal es weder im Register noch bei der Behandlung der Sprache auftaucht. ϣⲁⲩ dürfte wohl eine Form (am nächsten liegt die des part. conj.) von einem Verb sein, das mit ⲙⲁⲁⲭⲉ eine ähnliche Verbindung eingehen kann wie ⲕⲱ (ⲕⲁ ⲙⲁⲁϫⲉ) oder ⲣⲓⲕⲉ (ⲣⲓⲕⲉ ⲙ̄ⲡⲙⲁⲁϫⲉ). Als das gesuchte Verb kommt am ehesten ϣⲓ (Grundbedeutung „messen“, übertragen vielleicht die Bedeutung „weit machen“ möglich) in Frage, zu dem man sich ein part. conj. ϣⲁⲩ- in Analogie zu ϫⲓ/part. conj. ϫⲁⲩ- gut vorstellen kann. Entsprechend müsste unsere Stelle heißen: „nicht einmal einen, der ihr sein Ohr öffnet, hat sie“. 129,3f.: Zu lesen wohl ϥⲛⲁⲣ̄ⲕⲣⲓⲛⲉ | <ⲉ>ⲁⲁⲥ ⲛ̄ⲁⲝⲓⲟⲥ ⲁⲧⲣⲉϥⲛⲁ ⲛⲁⲥ. K.s „wird er beschließen, sie würdig zu machen, dass er sich ihrer erbarmt“ impliziert drei Akte, und das dürfte einer zuviel sein. ⲉⲓⲣⲉ ⲛ̄ⲁⲝⲓⲟⲥ gibt wohl ein griechisches ἀξιοῦν wieder, so dass der Text bedeutet: „wird er beschließen, sie seines Erbarmens zu würdigen“. 129,15: ⲉⲡⲥⲟⲟⲩⲧⲛ̄. K.s „zur Höhe“ ist eine Kombination der Übersetzung des hebräischen Textes („zu den Höhen“) mit dem hiesigen Sgl. Unser Text folgt aber dem Missverständnis der LXX (εἰς εὐθεῖαν). Es muss also heißen: „Richte deine Augen auf den geraden Weg“. 130,17f.: „und deine Füße auf jeden Weg ausgestreckt“, wie K. übersetzt, ist eigentlich moralisch unanstößig, und man versteht nicht, was der Prophet dagegen hat. 130,33–35: Es scheint sich (im Prinzip) folgende Ergänzung geradezu aufzudrängen: ⲧⲛ̄ⲥⲟⲡⲥ̄] ⲙ̣̄|ⲡⲛⲟⲩⲧⲉ ϣⲓⲛⲁ ϫⲉ ⲛ[ⲛⲉ ⲛⲁⲉⲓ] ⲛⲧⲉⲉⲓ|ⲙ̣[ⲓ]ⲛ̣ⲉ ϣϣ̣ⲡⲉ ϩⲣⲁï ⲛ̄ϩⲏⲧ̣[ⲛ] „wir bitten] Gott, dass ni[chts der]artiges in [unserer] Mitte geschehe“. 130,36: Die Ergänzung ⲛ̄ⲁⲅⲱⲛ passt denkbar schlecht. ⲛ̄ⲕⲓⲛⲇⲩⲛⲟⲥ o. ä. ist viel besser; und das vorhergehende ⲛⲟϭ hätte superlativische Bedeutung: „die größte [Gefahr be]steht hinsichtlich der Hurerei der Seele“. 131,5 ist das οὐ πάντως sinnentstellend wiedergegeben; es muss heißen: „nicht überhaupt“. 131,8ff. kommt die Logik des Textes nicht heraus. Man hat zu verstehen: „Das Zitierte meint er pneumatisch, denn ‚Unser Kampf usw.,‘ wie er gesagt hat, ‚sondern …‘.“ 131,15f.: ⲥϣⲟⲟⲡ ϩⲁ ⲡⲁⲥⲭⲁ ⲛ̄ⲛⲉⲧⲥⲙ̄ⲡϣⲁ ⲉⲧⲣⲉⲥϫⲓⲧⲟⲩ ist schwierig. Und unter K.s Übersetzung „ist sie unter der Pein derer, die sie aufzunehmen verpflichtet ist“ kann ich mir nichts vorstellen. Man muss wohl verstehen und übersetzen: „erleidet sie das (nämlich die Strafen), was sie gebührend dafür empfängt“. ⲥⲙ̄ⲡϣⲁ ist am besten unpersönlich aufzufassen. 131,20:

K.s „von den Außenseiten" ist hier einmal nicht nur zu wörtlich, sondern auch einfach falsch. Es muss heißen: „von den äußeren (Dingen)". 131,25: „umgibt die Außenseite" usw. ist wohl wörtlicher als möglich. Es dürfte etwa heißen: „bewegt sich im Äußeren, so wie die männlichen Geschlechtsorgane außen sind". 131,32: statt ⲉϣⲁⲩ- ist wohl besser ⲉⲧⲁⲩ- zu ergänzen. 131,33: K.s Auffassung von ⲉⲧⲕⲧⲟⲟⲩ als „das sie umgibt" ist unmöglich (Verstoß gegen die Jernstedtsche Regel). Zu ergänzen vielleicht ⲡ̣[ⲉⲓⲱ ⲉⲧⲣⲉ ⲛ̄ⲣⲁϩ]ⲉⲧ ⲕⲧⲟⲟⲩ. Der ganze Vergleich würde dann heißen: „wie die beschmu[tzten] Ge[wänder] zum [Waschen] gebracht werden, [damit die Walk]er sie spülen, bis ihr Schmutz [ent]fernt ist und sie wieder rein sind. Die Reinigung der Seele aber besteht darin, dass sie die Unberührtheit ihrer früheren Natur wiedererlangt und sich zurückwendet. Das ist ihre Taufe." Der Konj. ⲛ̄ⲥⲕⲧⲟⲥ (132,1) kann nur den Inf. ϫⲓ fortsetzen. 132,4: ⲛ̄ⲧⲉⲩⲛⲟⲩ ⲉⲩϣⲁ-; K.s „sofort, wenn sie" ist mir nicht wörtlich genug. M. E. besser: „in der Stunde, da sie". 132,5: K.s „sich selbst ... zu drehen pflegen" entspricht weder dem Bild, noch der Sache, noch der koptischen Syntax (weil das ⲉⲣⲟⲟⲩ nicht berücksichtigend). Es muss heißen: „sich ... gegen sich selbst zu wenden pflegen". 132,32: Mit K.s Ergänzung kann ich mich nicht befreunden, ⲧ[ⲙⲉⲓⲟ ist außerdem wohl ein Druckfehler für ⲧ[ⲙⲁⲉⲓⲟ. Das ⲧ vor der Lücke ist aber sowieso eher für den Anfang der Negation ⲧ[ⲙ̄ zu halten. Wenn das ⲁ̣ⲗ am Zeilenende auch ⲙ̣ sein könnte, wäre es verlockend zu ergänzen ⲛ̄ⲥⲉⲧ[ⲙ̄ϩⲟⲧⲣⲟⲩ ⲛⲁⲙⲉ] ⲙ̣|ⲛ̄ⲛⲟⲩⲉⲣⲏⲩ; und der ganze Gedanke hieße: „und wie (man) Lasten (abwirft,) befreien sie sich nur von der durch die Begierde verursachten Unruhe, oh[ne sich in Wahrheit mi]teinander [zu verbinden]." 132,34: Die Textauffassung, die die Basis ist für die Übersetzung „wenn sie zu den Vereinigungen kommen", kann nicht befriedigen. ⲛ̄ϩⲱⲧⲣ̄ muss ein angeknüpfter Inf. sein; und wenn man raten darf, dann hat am Anfang der nächsten Zeile das dazugehörige ⲙⲛ̄ⲛⲟⲩⲉⲣⲏⲩ gestanden. Das Problem ist nur das Verb, von dem ⲛ̄ϩⲱⲧⲣ̄ abhängig sein kann. Wenn unbedingt ein ⲁ̣ gelesen werden muss, wäre etwa an ⲙ̄ⲡϣⲁ zu denken und zu fragen, ob ⲉⲩϣⲁ(ⲛ)ⲙ̄ⲡϣⲁ ⲛ̄ϩⲱⲧⲣ̄ („wenn sie sich vereinigen dürfen") mit dem Buchstabenrest vor der Lücke und der Größe der Lücke vereinbar wäre. 133,20f.: ϥⲣ̄ⲁϫⲓⲟⲩ ... ⲙ̄ⲙⲟⲥ ⲁⲧⲣⲉⲥ- heißt wohl einfach: „Er fordert von ihr, dass sie". 133,23f.: Das Präfix von ⲛⲉⲥⲣ̄ⲡⲣⲟⲥⲉⲭⲉ ist sicher nur ein falsch geschriebener Konj. K. nimmt das ⲛⲉⲥ- für das, wonach es aussieht (Impf.), und macht dadurch aus den restlichen drei Vierteln der Definition des Sollens eine Erzählung. 133,33: K.s Ergänzung kann nicht stimmen. Vielleicht: ϣ[ⲁⲥⲃⲱⲕ ⲉ]ⲙ̣ⲉⲉⲧⲉ. Das Ganze dürfte heißen: „So macht sich die Seele, nachdem sie sich geschmückt hat, in ganzer Schönheit auf, um den, den sie liebt, zu treffen.“ 134,5: Mit ϩⲱⲥⲧⲉ muss hier ein neuer Satz anfangen. 134,14 u. 15: ⲛ̄ⲃⲱⲕ ⲉϩⲣⲁï wohl beide Male besser „um aufzusteigen“. 134,33: Zweimal „Gott“ ist zuviel; und ⲣⲱⲙⲉ passt auch nicht recht. Vielleicht sollte man lesen: ⲧⲇⲱⲣⲉⲁ ⲙ̄ⲡⲛ[ⲉⲩⲙⲁⲧⲓⲕⲏ ⲛ̄ⲧ]ⲙ̣ⲉ „die ge[istliche] Gabe [der] Wahrheit“. 134,34: K. trennt hier ⲟⲩⲉⲓⲉⲓ ⲡⲉ, während er S. 29 [II 3] die Elemente zusammenschreibt und ⲉⲓⲉⲓⲡⲉ als nicht vollständig erhaltenes Nomen erklärt. Dem Zusammenhang nach und entsprechend der Sachparallele 134,4f. würde man als Sinn des ganzen Satzes etwa erwarten: „Diese Sache ist nämlich ein großes Wunder“. ⲉⲓⲉⲓⲡⲉ könnte wirklich „Wunder“ heißen, sofern es einerseits mit ⲙⲉⲧⲉⲃⲏ (Crum 52b), andererseits mit *bj3j.t* (WB I 440) zusammenhängt. 134,35: K.s Ergänzung [ⲁϥ] ϣⲕⲁⲕ ⲉⲃⲟⲗ ist unmöglich, weil ϣⲕⲁⲕ ein Nomen ist. Dass hier nicht etwa ein Druckfehler vorliegt, zeigt das Register, wo man unter Berufung auf unserer Stelle findet: ϣⲕⲁⲕ ⲉⲃⲟⲗ „ausrufen (das ⲉⲃⲟⲗ hat mit dem Nomen ϣⲕⲁⲕ gar nichts zu tun, sondern gehört zum Verbum ⲱϣ). Zu lesen ist also, wenn in die Lücke auch drei Buchstaben passen, [ⲁϥⲁ]ϣⲕⲁⲕ ⲉⲃⲟⲗ oder sonst (Präs.) [ϥⲁ]ϣⲕⲁⲕ ⲉⲃⲟⲗ. 135,32 muss (entspr. Z. 33) ϫ[ⲉ ⲉⲣϣⲁⲛ ⲛⲉⲧ]ⲛ̣̄ⲛⲟⲃⲉ ϣⲱⲡⲉ und in 135,35/136,1 der Konj. ⲛ̄ⲧⲉ]‖ⲧⲛ̄ gelesen werden. 136,19: K.s Übersetzung von ⲛ̄ⲑⲁⲗⲁⲥⲥⲁ ⲉⲧⲡⲗⲉⲁ „des Meeres, das schwankt“ ist mir zu frei. πλεῖν ist hier passivisch gebraucht. Die Wendung entspricht genau dem griechischen ἡ θάλαττα πλεομένη (Luc. Prom. 14) „das mit Schiffen befahrene Meer“. 136,24: „das Herz, das auf der unteren Seite ist“ geht doch wohl offensichtlich in der „Wörtlichkeit“ auf Abwege. Gemeint ist „das unterste Herz“ = „das, was im Herzen am tiefsten verborgen ist“. 136,33–35: K.s Ergänzungen ergeben keinen vernünftigen koptischen Satz. ⲥⲁⲃⲏ[ⲗ kann hier eigentlich nur die Einleitung eines Irrealis sein [(ⲛ) ⲥⲁⲃⲏⲗ ϫⲉ (Till: Sah. Gr. § 457)]. Damit ist die Struktur des folgenden Satzes klar, die man dann etwa folgendermaßen ausfüllen könnte: ⲁⲩⲱ ⲥⲁⲃⲏ[ⲗ ϫⲉ ⲛⲉⲩⲛ̄ⲧⲁϥ] ⲃ̣ⲟ|ⲏⲑⲉⲓⲁ ⲉⲃⲟⲗ ϩⲛ̄ ⲧⲡⲉ ⲛ̣[ⲉϥⲛⲁⲥⲧⲟ ⲁ̄]‖ⲉⲡⲉϥϯⲙ̣ⲉ „Und wenn [er] kei[ne] Hilfe vom Himmel [gehabt hätte], wä[re er nicht] zu seiner Stadt [zurückgekehrt].“ 136,35: Die Ergänzung ⲧⲕⲉ[ⲯⲩ]ⲭ̣ⲏ̣ passt nicht recht in den Kontext. Ihr widerstreiten ⲡⲁⲗⲓⲛ, ⲕⲉ und die Konkretheit dessen, was „sie“ sagt. Wer ist „sie“? K. verweist mit Recht auf Od. 4,261ff. Man wird noch einen Schritt weiter gehen müssen zur Erkenntnis, dass hier gar nicht mehr auf die Odyssee Bezug genommen wird, sondern auf die Ilias (vgl. Il. 3,171ff.399ff.; 24,762ff.), in der – parallel zum Odysseus der Odyssee – Helena als Symbol der Seele gesehen wird. Von daher ist zu fragen, ob nicht ⲡⲁⲗⲓⲛ ⲧⲕⲉ[ϩⲉⲗⲉ]ⲛ̣ⲏ̣ mit den erhaltenen Resten vereinbar ist: „Andererseits sagt auch Helena“. 137,8: Statt K.s „die im Besitze (oder: in der Zeugung) dieses Ortes ist“ als Wiedergabe von ⲧⲁⲉⲓ ⲉⲧϣⲟⲟⲡ ϩⲙ̄ пєϫпо м̄пєєιмⲁ (wobei das „oder" allein die richtige Richtung bezeichnet) sollte man wohl besser sagen: „(infolge des Betrugs der Aphrodite), der allem Zeugen hienieden innewohnt". 137,11–15: K. verkennt die Zusammengehörigkeit und den irrealen Charakter dieser Periode (vgl. Till: Sah. Gr. § 451). Es muss etwa heißen: „Denn auch Israel wäre vormals nicht gnädig heimgesucht und aus dem Land Ägypten, dem Haus der Knechtschaft, herausgeführt worden, wenn es nicht zu Gott geseufzt und über die Last seiner Sklavenarbeit geweint hätte."

„Das Buch des Thomas" (NHC II 138–145) ist eine Logiensammlung unter dem doppelten Stichwort Licht/Feuer, die künstlich in den Rahmen eines Dialogs zwischen Jesus und Thomas gezwängt worden ist. Gnostisch ist an dem Buch eigentlich nur die Gestalt des Thomas selbst und etwas am Rahmen, soweit die Gestalt des Thomas auf ihn abfärbt. Die vulgärchristlichen Lehren, mit denen Thomas so behelligt wird und für die er nun gerade stehen muss, können ihn indessen als gnostische Autorität eigentlich nur diskreditieren. 138,3f.: K. dreht Haupt- und Nebensatz um. Eigentlich heißt es: „Ich kam zufällig vorbei und hörte so, wie sie miteinander sprachen". 138,4–7: M. E. „Solange du noch Gelegenheit dazu in der Welt hast, höre mir zu, auf dass ich …". 138,9: ⲁⲕϣⲟⲟⲡ deutet K. als inkorrektes Perf. I (s. S. 36 [III 5]) anstelle von korrektem ⲁⲕϣⲱⲡⲉ. Nun hätte aber „du warst" eindeutig durch ⲛⲉⲕϣⲟⲟⲡ ausgedrückt werden können, so dass sich die Frage erhebt, ob ⲁⲕϣⲟⲟⲡ nicht einfacher als durch einen anderen Dialekt (AFB) eingefärbtes Präs. II, das der vorliegenden Satzstruktur durchaus entspräche, zu verstehen ist. 138,11: „für den es sich nicht ziemt" ist falsch. Es muss heißen: „darfst du nicht unwissend über dich selbst sein". 138,19f.: ϩⲏⲡ mit Präp. ⲉⲃⲟⲗ ϩⲛ̄ ist m. W. ziemlich ungewöhnlich. 138,23: Die Ergänzung am Zeilenanfang ist falsch. Sie muss lauten [ⲛ̄ⲛ]ⲉ̣ϯϣⲓⲛⲉ. 138,39: Druckfehler; lies ϫⲉ ⲥⲱⲙⲁ [ⲛⲓ]ⲙ̣. Wäre danach nicht besser zu ergänzen [ⲛ̄ⲧⲉ ⲛ̄ⲣⲱⲙⲉ ⲙ]ⲛ̄? „[Al]le Körper [der Menschen u]nd der Tiere werden erzeugt"; danach müsste (schon wegen des Präs. II) ein präpositioneller Ausdruck kommen. 138,41: ⲛ̣̄ⲥ̣[ⲉⲟⲩ]ⲟⲛϩ wäre Konj. + Q. Das kann kaum stimmen. 138,42:] ⲡ̣ⲁï ϩⲱⲱϥ dürfte eher einen Satzanfang (und nicht ein Satzende) markieren. 139,1: Besser: „aus ihrer eigenen Wurzel". 139,15–20: Was heißt hier „oder"? Wurfspeere eignen sich wirklich nicht als Folie für den Sachverhalt „Licht". K.s „damit sie … ausbreiten" für ϫⲉ ⲉⲩϫⲱⲗⲕ (Z. 17) ist unmöglich (kein Fut.). Vielleicht ist ϫⲉ = ϭⲉ. Merkwürdig ist auch ϩⲱⲡ (Z. 19); mindestens ein sehr kühnes Bild. Es ist im Gleichnis vermutlich die Rede von (militärischen) Feuersignalen: „sie gleichen denen, die eine Kette von Feuern machen, um ein Zeichen in der Nacht zu geben: sie machen zwar eine Kette von

Feuern, wie solche eben als Zeichen gesetzt werden, ohne dass (die Sache selbst) sichtbar ist; wenn aber das Licht hervorkommt und die Finsternis verhüllt, dann wird die Sache eines jeden sichtbar werden." 139,26f.: Statt „damit ihr nicht" muss es heißen „nicht (etwa) damit ihr"; nur das ϫⲉⲕⲁⲁⲥ ist verneint. 139,41f.: K.s Auffassung und Ergänzung kommt einem (sprachlich und sachlich) ziemlich pervers vor. Das Feuer muss doch gerade die Gewalt sein, die die Männer zu den Frauen, und die Frauen zu den Männern treibt. Die Ergänzung ⲛ̄ϩⲟⲟⲩⲧⲥ[ϩⲓⲙⲉ (Z. 41) geht sowieso nicht, weil ϩⲟⲟⲩⲧ nicht enttont ist. Das auf ⲙ endende Verb am Anfang des Satzes könnte auch z. B. ϩⲙⲟⲙ sein. Wenn man das ⲥ vor der Lücke (Z. 41) auch als ⲉ̣ lesen dürfte, würde man ⲥ[ϩⲓⲙⲉ ⲁϫⲛ̄ durch ⲉ̣[ⲃⲟⲗ ϩⲓⲧⲛ̄ ersetzen und hätte einen vernünftigen Sinn: „Denn [es sind entflam]mt die Männer [durch die Frau]en und die Frauen na[ch den Männern]". In der folgenden Ergänzung ⲧⲟⲧⲉ ⲁϥ] (Z. 42 Ende) ist das ⲁϥ- (vor ϫⲱ ⲙ̄ⲙⲟⲥ!) unmöglich. Es muss schon irgendetwas wie ⲁϥⲟⲩⲱϩ ⲉϥ] dagestanden haben. 140,1f. heißt m. E.: „Jeder, der nach der (Frau) Wahrheit fragt, wird durch Hilfe der weisen (Frau) Wahrheit sich Flügel bereiten" usw. 140,10: ϫⲉ dürfte wegen des folgenden ⲅⲁⲣ kausal verwendet sein. 140,12: Man hat wohl zu verstehen: „ist euer Name: ‚Unwissend'." 140,16: „denn der Kluge wird sich nämlich" geht nicht an. Hier ist nur, wie so oft, ein und dieselbe Partikel der griechischen Vorlage sowohl übersetzt (ϫⲉ) als auch beibehalten (ⲅⲁⲣ) worden. 140,17f.: „wird wie der Baum sein, der auf dem Regenguss wächst" (K.). Ich weiß zwar nicht, wie man sich das vorstellen soll; aber vor allem, wie kommt K. von ⲙⲟⲩ ⲛⲥⲱⲣⲙ auf „Regenguss" (so auch im Register)? Hat etwa die deutsche Bedeutung „Gießbach" eine Vermittlerrolle gespielt? Jedenfalls muss es heißen: „der am Bache wächst" (vgl. Ps 1,3). 140,18–20: Bedeutung m. E. etwa: „Denn es gibt Leute, die, obgleich sie Flügel haben, nur auf das Sichtbare, das der Wahrheit fern ist, zustreben." 140,22 heißt m. E.: „und ihnen herrlich leuchten". 140,32–37 gehört wohl noch zum vorhergehenden Satz; vgl. ⲛ̄ⲛⲁⲉⲓ (Z. 32). „… gebunden mit der Bitterkeit der Fessel der Begierde nach dem Sichtbaren, Vergänglichen, Wandelbaren und Wechselvollen, gemäß dem Zuge, <durch den> sie (einst) von oben nach unten gezogen wurden und (jetzt) ständig getötet werden infolge des Zuges zu allen Tieren der Befleckung." 140,39: Der koptische Text kann das, was K. übersetzt, nur bedeuten, wenn man nach ⲁ[ⲛ noch ⲙ̄ⲙⲟⲟⲩ ergänzt. 141,3f.: Besser wohl als Frage aufzufassen. 141,5: γάρ in der Antwort = „ja"; ⲁⲩⲱ am besten: „und zwar". 141,5.f.: M. E.: „das, was an den Menschen sichtbar ist". 141,7: M. E.: „Auch wenn". 141,9: Mit ⲛⲁⲩ ist der Satz wohl zuende. 141,12f.: M. E.: „Die aber sehend werden in Bezug auf das Nichtsichtbare, werden, wenn sie die erste Liebe nicht festhalten, zugrunde gehen.“ 141,15–18: M. E.: „Dann werden hässliche Gespenster kommen und im Inneren der Gräber ewig auf den Leichen hocken zum Schmerz und Verderben für die Seelen.“ 141,22f.: Ob man vielleicht lesen und verstehen sollte: ⲁⲛⲉⲓ ⲁ̣[ⲛⲣ̄ ⲡⲉ]|ⲧⲛⲁⲛⲟⲩϥ ⲁⲩⲱ ⲁⲩⲥⲁϩⲟⲩ <ⲛ>ⲁⲛ „Wir haben Gutes getan und wurden doch verflucht“. 141,29: Wie kommt K. dazu, als zum Q ϩⲟⲩⲣⲟⲉⲓⲧ gehörenden Inf. im Register einfach ϩⲟⲩⲣⲟ (S. 222) anzugeben, wo er doch bei der Behandlung der Sprache vorn (S. 34[II 4]) die richtige Ableitung (von ϩⲟⲟⲩⲣⲉ) gibt? 141,35f.: M. E.: „bis sie kopfüber zu dem Ort stürzen, den sie nicht kennen“. Mit ⲁⲩⲱ geht dann wohl nicht der eschatologische Gedanke weiter, sondern wird die in Z. 32 verlassene Beschreibung wieder aufgenommen. 141,40: Die Ergänzung [ⲛ̄ⲥⲉ]ⲡ̣ⲏ̣ⲧ, die den Konj. vor das Q setzt, ist wieder ein Verstoß gegen die Jernstedtsche Regel. 141,42: ἁπαξαπλῶς passt eigentlich schlecht. Erwarten würde man ja „ihren eigenen Körper“; und entsprechend könnte man auch ergänzen ϩⲁ̣[ⲣⲓϩⲁⲣⲟⲟⲩ. 142,6f.: K.s Textauffassung, auf der die Übersetzung: „Du hast, was dir offenbar ist“ beruht, gibt weder in sich noch im Zusammenhang einen Sinn, abgesehen davon, dass das ⲉ in ⲉⲩⲛ̄ⲧⲁⲕ kaum zu erklären ist. Wenn man jedoch liest: ⲉⲩ ⲛ̄ⲧⲁⲕ, stimmt die Sache (in A_2): „Was ist dir selbst offenbar?“ 142,17: Tage und Winde passen weder an sich noch als Ursache der Verwesung gut zusammen. Wohl aber wären Regen und Wind ein Paar. Sollte also ϩⲟⲟⲩ hier = ϩⲱⲟⲩ „Regen“ sein? 143,5: In dem folgendermaßen abgeteilten Ausdruck: ⲑⲓⲏ ⲙ̄ⲡⲁ ⲉⲓⲃ̄ⲧⲉ hält K. nach Ausweis des Registers (S. 213) ⲡⲁ unverständlicherweise für ein Possessivpräfix. In Wirklichkeit ist ⲡ der Artikel, und das ⲁ gehört zu dem Wort „Osten“ (ⲁⲉⲓⲃ̄ⲧⲉ; vgl. EvPhil Lab I pl. 117,20 und die fay. Form ⲁⲓⲏⲃⲧ bei Crum): „der Weg des Ostens“. 143,21: ⲛ̣̄ϥⲥⲃⲧⲉ ⲧⲏⲛⲉ ϩⲣⲁ̈ⲓ ϩⲛ̄ ⲛⲉⲧⲛ̄ⲉⲣⲏⲩ erscheint mir rätselhaft. K.s Übersetzung: „und euch untereinander fertig machen“ sieht aus wie ein Germanismus. Wenn ⲥⲃⲧⲉ- wirklich (wie es aussieht) von ⲥⲟⲃⲧⲉ „bereiten“ kommt, gibt der Satz überhaupt keinen Sinn. Entweder steckt in ⲥⲃⲧⲉ- ein anderes, bisher unbekanntes Verb, etwa mit der Bedeutung „trennen“, „entzweien,“ oder es liegt eine Textverderbnis vor (z. B. könnte der koptische Übersetzer ἀφορίζειν und πορίζειν verwechselt haben). 143,25: Zu lesen ist offenbar {ϩ}ⲛ̄ⲛⲉⲧⲛ̄<ⲛ̄>ϩⲏⲧⲟⲩ. 143,32f.: Das zweite ⲛ̄ϩⲏⲧ ist wohl Dittographie. Also: „Ihr habt eure Herzen finster gemacht“. 143,39: Man möchte etwa ergänzen: [ϩⲛ̄] ⲑ̣ⲉⲗ[ⲡⲓⲥ ⲉⲧ]ϣⲟⲟⲡ ⲁⲛ „(ihr wurdet festgehalten) [in] der Hoffn[ung, die] keinen Bestand hat“. Die Fortsetzung könnte sein: „und wem ihr geglaubt habt, wisst ihr nicht“, wenn man Z. 39/40 ⲡⲉⲛⲧ̣[ⲁⲧⲉ|ⲧⲛ̄] ergänzen würde. 144,5f.: M. E. „(... Licht der Sonne, die alles richtet, die auf alles herabblickt,) denn sie wird sich gegen alle (bösen) Werke wenden und die Feinde unterwerfen." 144,8: ⲛⲥⲱⲙⲁ ⲛ̄ⲛⲉⲧ[ⲛ̄] ϩⲉⲧⲃⲉ. Das kann nichts anderes heißen als „die Leichen eurer Gemetzel". K. tut sich indessen mit dem Wort ϩⲉⲧⲃⲉ unfasslich schwer. Er übersetzt „die Körper eurer Getöteten", erklärt auf S. 34[II 4] dieses ϩⲉⲧⲃⲉ als Qualitativ von ϩⲱⲧⲃ, führt es im Register (S. 222) mit der Bedeutung „Getöteter" auf, wo er es dann noch ausdrücklich von ϩⲉⲧⲃⲉ „Mord", das er nebenbei zum masculinum umfunktioniert, unterscheidet. 144,15–17: K. übersetzt: „Wer wird auf euch einen Ruhetau regnen, damit er mit viel Feuer aus euch und eurer Glut herausfließt?" Dieser überraschende chemische Vorgang wird einfacher, wenn man in Z. 16 ⲉⲥⲛⲁϩⲱⲧⲙ̄ ⲛ̄ϩⲁϩ ⲛ̄ⲕⲱϩⲧ liest (ϩⲱⲧⲙ̄ = ϣⲱⲧⲙ̄ [Crum 595b/596a]). Man wird dann übersetzen: „Wer ist es, der einen erquickenden Tau auf euch regnen lassen wird, auf dass dieser zur Ruhe bringe in euch viele Feuer und euren Brand?" Auch 144,19–21 wird eine rhetorische Frage sein, in der das zweite ⲙⲛ̄ von Z. 20 wahrscheinlich „mittels" heißt und πνεῦμα (Z. 21) „Wind" bedeutet. 144,22: σῶμα = „Leiche". Mit ⲙ̄ⲡⲣⲏⲧⲉ (144,23) dürfte ein neuer Satz und ein neuer Gedanke beginnen. 144,27: Das Wort ϣⲛⲁ übersetzt K. als „Sträucher(?)"; und ohne dass er es bei der Erörterung der Sprache (S. 31–36) einer Erwähnung für bedürftig hält, dekretiert er es im Register als Pluralform von ϣⲏⲛ „Baum" (S. 219). Es handelt sich indessen um ein ganz anderes Wort (A_2) mit der Bedeutung „Dornstrauch" u. ä. (vgl. W. Westendorf: Kopt. Handwörterbuch, 316). In 144, 37 bringt sich unüberhörbar die Quelle dieses Thomasbuches zu Gehör. 144,38: M. E. fängt mit ⲁⲩⲱ ein neuer Satz an. 145,17–19: Hier sind wir am „Geburtsort" von Thomas „dem Athleten". Wer ihn gezeugt hat, weiß ich nicht. Jedenfalls war es eine Fehlgeburt. K.s Übersetzung: „Das Buch des Thomas des Athleten, welcher an die Vollkommenen schreibt" ist mir bei weitem nicht wörtlich genug. Nach Zeilenanordnung und Syntax kann der Text nur heißen: „Das Buch des Thomas. | Der Athlet schreibt an die Vollkommenen." Der zweite Teil ist nun eine ganz normale Briefpräskriptformel, so dass man versucht ist zu umschreiben: „Brief des Athleten an die Vollkommenen." Wir hätten darin dann einen besonderen zweiten Titel des Thomasbuches, in Entsprechung zu der Matthiasnotiz am Anfang konzipiert, zu sehen, der es als Inhalt eines Briefes, den Matthias mit dem Beinamen „der Athlet" an alle Gnostiker gerichtet habe, deklariert. Der dabei vorauszusetzende feste Beiname „Athlet" (was in unserem Bereich soviel wie „Asket", „Kämpfer gegen Fleisch und Sünde" bedeutet) für Matthias ist sonst nicht bezeugt, würde aber das Bild, das man von ihm hatte, vorzüglich treffen (vgl. Clem. Alex. strom. III 26,3).

K.s Register (Indices S. 207–231) enthalten nach Quantität und Qualität erhebliche Missgriffe; und seine Analyse der Sprache der zehn Schriften

(S. 22–67) ist viel zu schematisch, um mehr als die Oberfläche Betreffendes bieten zu können (was wiederum im ursprünglichen Ms. im Einzelnen dargelegt war).

Nachtrag

Zwischen der Abfassung dieser Rezension und ihrer Kürzung hatte ich Gelegenheit, das Original der „Exegese über die Seele" in Kairo zu studieren und die schwierigen Stellen mit F. Wisse zu besprechen. Die wichtigsten Resultate seien hier in Ergänzung bzw. Verbesserung des oben Dargelegten aufgeführt:

129,32: ϩⲛⲛ̣ ⲟ̣[ⲩⲉⲓⲃⲉ ϯ]ⲛⲁⲛⲁ ⲁⲛ; 34: ϯϣ[ⲓⲡⲉ ⲛ̄ⲛⲉⲥϣ]ⲏ̣ⲣ̣[ⲉ]. 130,34: ϣⲓⲛⲁ ϫⲉ ⲛⲉ̣ [ⲛ̄ϩⲃⲏⲩ]ⲉ̣ (Ergänzung nach F. Wisse); 36: ⲕⲓⲛⲇⲩⲛⲟⲥ ist zu lang, zumal wenn man mit F. Wisse das zweite Tempus wählt; vielleicht [ⲛ̄ⲣⲟⲟⲩϣ ⲉϥϣ]ⲟⲟⲡ. 131,15f.: ⲡⲁⲥⲭⲁ ist hier wohl gar kein Nomen, sondern eine koptische Form des griechischen Infinitivs πάσχειν; für dies unechte ⲁ der Endung griechischer Verben im Koptischen gibt es auch sonst interessante Belege. 32: ϣ̣[ⲧⲏⲛ ⲉⲩ]ϣⲁ̣ [ⲗ]ⲱⲱⲙ; 35 Ende: ⲟ̣ⲛ̣ statt ⲧ̣ⲁ̣ⲓ. 132,32/33: etwa ⲛ̄ⲥⲉⲧⲙ̣[ⲛⲟⲩϩⲙ̄ ⲉⲃ]ⲟ̣ⲗ | ⲛ̄ⲛⲟⲩⲉⲣⲏⲩ „ohne einander [voll]ständig [zu erlösen]"; 33: ⲡⲉⲉⲓ̣[ⲣⲏⲧⲉ ϩⲱⲱ]ϥ̣ [ⲁ]ⲛ ⲡⲉ; 34: hier ist besser ⲉⲩϣⲁ[ⲡⲱ]ϩ̣ ⲛ̄ϩⲱⲧⲣ̄ zu lesen. 34/35: vielleicht ⲉⲩϣⲁ[ⲣ] ϩ̣ⲛ̄ϩⲱⲧⲣ̄ | [ⲁ]ⲛ̣[ⲟ]ⲩ̣[ⲉⲣⲏⲩ]. 133,33: ⲟⲛ̣ [ⲁⲥϭⲉⲡⲏ ⲉϯ]ⲙ̣ⲉⲉⲧⲉ. 134,32: etwa ⲧⲭⲁⲣⲓ̣[ⲥ] ⲛ̣̄ⲧ̣[ⲉⲗⲓⲟⲥ ⲧ]ⲉ̣; 34: vielleicht ⲟⲩⲉⲓⲉⲓⲡⲉ̣ ⲙ̣[ⲡⲉⲡ̅ⲛ̅]ⲁ̣ ⲡⲉ; 35: in die Lücke passen nur zwei Buchstaben, also gilt die zweite Möglichkeit: [ϥⲁ]ϣ̣ⲕⲁⲕ ⲉⲃⲟⲗ. 135,32: ϫ[ⲉ ⲉⲣϣⲁ] ⲛ̣ⲉ̣[ⲧ]ⲛ̣̄ⲛⲟⲃⲉ; 35: vor dem Konj. ist aus Raumgründen noch ⲁⲩⲱ zu ergänzen. 136,34: ⲛ[ⲉϥⲛⲁⲃⲱ]ⲕ̣ ⲟ̣[ⲛ] ⲁ̣̄; 35: die erwogene Lesung ⲧⲕⲉ[ϩⲉⲗⲉ]ⲛ̣ⲏ̣ stimmt mit der Größe der Lücke und mit den Buchstabenresten überein.

Inzwischen war ich zum dritten Mal in Kairo (Herbst 1974) und konnte mir auch das Orginal vom Buch des Thomas in Muße ansehen (sogar mit Hilfe ultravioletter Lampen). Obgleich, wie ich mich überzeugen konnte, an einigen Stellen meine spekulativen Zweifel an K.s Lesungen unberechtigt waren, erwies sich sein Text an anderen problematischen Stellen (erwarteter- und unerwartetermaßen) als nicht immer zuverlässig (z. B. ist 144,21 statt ⲉϥϣⲁ̄ [was dem Verständnis unlösbare Rätsel aufgab] genau das Gegenteil zu lesen, nämlich ⲉϥⲧ̣ⲙ̄). Mit beiden Aspekten hängt zusammen, dass nun einige der oben aufgeworfenen Fragen eine zum Teil andere Gestalt bzw. eine Modifikation der zunächst erwogenen Antwort verlangen, was hier allerdings nicht mehr ausgeführt werden kann.

ZUR FAKSIMILE-AUSGABE DER NAG HAMMADI-SCHRIFTEN: DIE SCHRIFTEN DES CODEX VII*

Der jetzt vorliegende zweite Band der Faksimile-Ausgabe der Nag Hammadi-Schriften ist von gleichem Aufbau und gleicher Qualität wie der kurz vorher erschienene erste:[1] Auf eine knappe Vorrede (in Englisch und Arabisch) über die bisherige Arbeit am Codex VII aus der Feder von J. M. Robinson als dem Sekretär des für die Ausgabe verantwortlichen International Committee for the Nag Hammadi Codices (ins Arabische übersetzt von V. Girgis) folgen 136 Faksimiletafeln von solch vorzüglicher Qualität, dass für den Benutzer die Notwendigkeit, daneben doch noch die Originale in Kairo einzusehen, als auf ein unvermeidliches Minimum beschränkt gelten kann. – Aus der Vorrede verdienen zwei Sachverhalte, die den Codex als Ganzen betreffen, hervorgehoben zu werden:

Der Buchblock dieses einlagigen Codex enthielt, wie derartiges bei solchen Codices durchaus geläufig ist, auch drei mit eingeheftete Einzelblätter, von denen der Heftrand in zwei Fällen sogar bei der Zerlegung des Codex zwecks Verglasung in situ gefunden, wenngleich nicht sofort als solcher erkannt wurde. Vielmehr erkannte erst F. Wisse die Funktion dieser beiden schmalen, unbeschriebenen Papyrusstreifen (vgl. pl. 135/136). Daraus ergibt sich dann folgendes Schema von der Struktur des Codex:

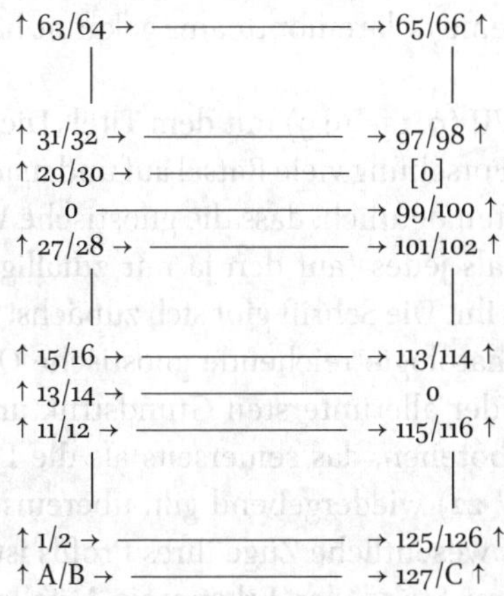

* ZÄS 102 (1975), 123–138. (Besprechung von FacEd of Codex VII, Leiden 1972.)

[1] Vgl. H.-M. Schenke, OLZ 69 (1974), 229–243.

Mit dieser Einsicht in die Struktur des Codex VII sollte übrigens die bislang verlautbarte naive Auffassung, die sich die einlagigen Nag Hammadi-Codices nicht anders als aus lauter Doppelblättern zusammengefügt vorstellen konnte, ein für allemal erledigt sein.

Bei unserem Codex reden sogar die Buchdeckel. Denn der Codex VII ist einer der Nag Hammadi-Codices, in deren (aus Papyrusmakulatur bestehenden) Einbandfutter sich auch beschriftete Stücke fanden (vgl. pl. 4), die überraschend sichere Hinweise auf die Entstehungszeit und den Entstehungsort der Nag Hammadi-Bibliothek geben bzw. zu geben versprechen. Die Veröffentlichung dieser Papyri ist dem abschließenden Bande der Faksimilie-Ausgabe vorbehalten. Aber schon die vorläufigen Ergebnisse sind sensationell. Unter den aus dem Einband von Codex VII wiedergewonnenen Papyri wurden nämlich griechische Quittungen für abgeliefertes Getreide, die anscheinend auf das Jahr 339 bzw. 342 n. Chr. datiert sind, (von J. Barns) identifiziert, gibt es Stücke, auf denen die Orte Diospolis (parva) und Dendera, die in der Umgebung von Nag Hammadi liegen, genannt sind, und auch einen fragmentarischen koptischen Brief an einen „Father Pachome“ (S. IX). Ja, darunter waren sogar zwei fragmentarische Blätter einer sahidischen Genesishandschrift.[2]

Die nun folgenden Bemerkungen über die fünf Schriften des Codex VII, in denen darauf Wert gelegt ist, möglichst nichts zu wiederholen, was an anderem Ort von Mitgliedern des Berliner Arbeitskreises schon gesagt ist, wären in der vorliegenden Form gar nicht denkbar, wenn ich den Text nicht schon vorher, durch Vermittlung von J. M. Robinson, aus dem einschlägigen Arbeitsmaterial seines Claremontteams gekannt hätte.

Die erste Schrift von Codex VII (p. 1,1–49,9) mit dem Titel „Die Paraphrase des Sēem“ (ParSem) gibt der Forschung viele Rätsel auf und macht mehr als andere Nag Hammadi-Schriften deutlich, dass die gnostische Wirklichkeit sehr viel komplizierter war als jedes (auf den ja nur zufällig erhaltenen Quellen beruhende) Bild von ihr. Die Schrift gibt sich zunächst als eine von der Kosmogonie bis zur Eschatologie reichende gnostische Offenbarung, deren System – aber nur in der alleruntersten Grundstruktur – mit dem bei Hippolyt ref. V 19–22 gebotenen, das seinerseits als die Lehren einer „Paraphrase des Seth“ (ref. V 22) wiedergebend gilt, übereinstimmt. Und über ihren Inhalt sowie über wesentliche Züge ihres Profils ist das Nötige und nach dem gegenwärtigen Stand der Erkenntnis Mögliche (ebenso

[2] Diese von R. Kasser bereits gesondert veröffentlicht in Le Muséon 85 (1972), 65–89.

übrigens wie bei den anderen Schriften dieses Codex) bereits gesagt.[3] Aber die Einzelheiten entziehen sich auf eine merkwürdige Weise dem Versuch, sie zu begreifen. Fast überall, wo man scharf hinsieht, wird der Text verschwommen. Man muss schon die eigene Optik unscharf einstellen, um wenigstens etwas zu sehen. Man könnte das Auffällige des Textes auch umgekehrt bezeichnen, etwa mit der Feststellung, dass es dem Verfasser (oder wer bzw. was immer für die vorliegende Gestalt der Schrift verantwortlich ist) trotz intensiven Bemühens nicht gelungen ist, das Verständnis seines Werkes völlig auszuschließen. Die Sätze und Satzfolgen machen oft den Eindruck gnostischer „Glossolalie", was wiederum weithin mit einem „Aufstand der Bilder" zusammenhängt. Man kann bei alledem fragen, wieweit diese Unschärfe etwa beabsichtigt ist und wieweit sie auf Unvermögen bzw. sekundären Entstellungen beruht. Denn einerseits klingt das Ende so, als sollte dieser geheimnisvollen Offenbarung erst später die Entschlüsselung folgen, was aus der fiktiven Ursituation in die gnostische Gegenwart übersetzt ja heißen würde, dass die Schrift weniger zum Lesen als zum Erklärtwerden bestimmt wäre; andererseits wird man den Eindruck nicht los, als könnten die zahlreichen, für die Verschwommenheit hauptverantwortlichen Wiederholungen, Überlappungen und Gedanken-„Rückschritte" ihre Erklärung darin finden, dass der Dialog zwischen dem Offenbarungsspender Derdekeas und dem Offenbarungsempfänger Sēem ursprünglich einmal lebhafter war und dass ganze Komplexe, die eigentlich nebeneinander gehören, durch sekundäres Weglassen von erklärungsheischenden Zwischenfragen des Sēem nur sozusagen zufällig hintereinander geraten sind, zumal der mythologische Untergrund der Ausführungen des Textes urwüchsig und echt wirkt, obgleich man nicht weiß, wie tief unter der Oberfläche dieser Grund liegt.

Die Unklarheiten fangen schon beim Titel an. Der offenbar aus zwei Teilen bestehende Eingang, der den Titel erklärt bzw. aus dem der (Kurz-) Titel abgeleitet ist, ist so, wie er dasteht, eigentlich unmöglich; denn eine Paraphrase kann nicht „geschehen" und dem ⲁⲛⲟⲕ ⲥⲏⲙ fehlt im Vorhergehenden ein „mir" als Bezugswort. Man hat sich als ursprünglich gemeint wohl vorzustellen: [ⲧ]ⲡⲁⲣⲁⲫⲣⲁⲥⲓⲥ <ⲛ̄ⲧⲉⲫⲁⲛⲉⲣⲱⲥⲓⲥ> (vgl. p. 49,5f.) ⲉⲣϣⲱⲡⲉ <ⲛⲁï> ⲉⲧⲃⲉ ⲡ̄ⲛ̄ⲁ̄ ⲛ̄ⲁⲅⲉⲛⲛⲏⲧⲟⲛ· ⲁⲛⲟⲕ ⲥⲏⲙ· ⲛⲉⲛⲧⲁϥϭⲟⲗⲡⲟⲩ ⲛⲁï ⲉⲃⲟⲗ ⲛ̄ϭⲓ ⲇⲉⲣⲇⲉⲕⲉⲁ<ⲥ>· ⲕⲁⲧⲁ ⲡⲟⲩⲱϣ ⲙ̄ⲡⲙⲉⲅⲉⲑⲟⲥ· „[Die] Umschreibung

[3] F. Wisse, The Redeemer Figure in the Paraphrase of Shem, NovT 12 (1970), 130–140; K.-W. Tröger (Hg.), Gnosis u. NT, 1973, 57–59.

<der Offenbarung> über den ungezeugten Geist, die <mir>, Sēem, zuteil wurde. Das, was mir Derdekea<s> nach dem Willen der Majestät enthüllt hat."

In diesem Sinne wäre dann auch der Kurztitel „Paraphrase des Sēem" zu verstehen: Von Sēem schriftlich niedergelegte Paraphrase der Offenbarung des Derdekeas.

Die nächste Schwierigkeit ist, dass es den hiesigen Offenbarungsempfänger Sēem eigentlich gar nicht gibt. Bisher war jedenfalls trotz intensiven Bemühens dieser Name nirgendwo anders wiederzufinden, nicht einmal als v. l. von Σήμ in irgendeiner Hs. der griechischen oder koptischen Bibel. Wohl aber kommt in biblischen Hss. gelegentlich die Schreibung. Σέμ statt Σήμ vor.[4] Vielleicht hat man sich vorzustellen, dass in der Vorlage, von der unser Text abgeschrieben ist, infolge der Arbeit eines
ⲏ ⲉ
Korrektors diese beiden Alternativen übereinander standen (ⲥⲉⲙ oder ⲥⲏⲙ), ohne dass der Abschreiber sie als solche erkannt hätte. Dieses Missverständnis ist vielleicht dadurch erleichtert worden, dass der Name Sēm auch in der Magie eine Rolle spielte (vgl. etwa den Vok. Σημέα [ZP V 428]; ⲥⲏⲙ ⲁⲑⲁⲛⲁⲏⲗ [Kropp I, H 87J; den Dekannamen ⲥⲏⲙⲓⲁⲕ [Kropp II u. III Reg.]) und eben nur in Zaubernamen oder Zauberworten die merkwürdige Vokalverbindung ⲏⲉ belegbar ist (vgl. z. B. solche Bildungen wie ωυσαχηε, ζηεωζε, ζηεζω [Bücher des Jeû, GCS 45, 272. 274. 327,13]). Aber mit dem Namen ist noch nicht ohne weiteres auch die gemeinte Gestalt gegeben. Denn in der biblischen Tradition gibt es auch eine Verwechslung der Namen Sēm und Sēth (vgl. die LXX Hss. zu Gen 10,31; Brooke/McLean App. zu Gen 5,32; 6,10), mit der Verwechslung der Gestalten des Sēm und des Sēth im Gefolge, die ja sowieso sehr eng zusammengerückt erscheinen können (vgl. Sir 49,16). Vielleicht hängt die merkwürdige Namensform unseres Offenbarungsempfängers also auch noch mit einer Vermengung der beiden Gestalten Sēm und Sēth zusammen. Unsere Schrift heißt ja bei Hippolyt (ref. V 22) „Paraphrase des Seth". Dem könnte entsprechen, dass die Schrift auch eine doppelte Situation vorauszusetzen scheint, insofern als der Offenbarungsempfänger sowohl mit Sethaspekt (vgl. z. B. p. 1,20f.) als auch mit Semaspekt (vgl. z. B. p. 26,20ff.) versehen ist. Aber da der Inhalt (abgesehen von der Sodomdeutung) nichts typisch Sethianisches

4 Vgl. Brooke/McLean App. zu Gen 10,31; Sah. NT ed. Horner App. zu Lk 3,36.

enthält,[5] der Semaspekt viel tiefer sitzt und viel beherrschender ist als der Sethaspekt, und überhaupt der Sēem unseres Textes viel stärker der Erde allgemein und speziell dem Heiligen Lande verbunden ist als der Seth der Sethianer, ist doch wohl anzunehmen, dass der hiesige Offenbarungsempfänger – wie verfremdet auch immer – der Sem der Bibel (und der Haggada) sein soll. In dieser Perspektive ist nun Augustin de haer. 19 (PL 42, 29) eine Stelle, auf die bereits Wisse hingewiesen hat,[6] von einiger Relevanz, aber nicht in erster Linie als Zeugnis für die Verwechslung von Seth und Sem, sondern als Zeugnis für gnostische Verehrung des Sem als des Erlösers. Der letzte der sich dort findenden vier Sätze über die Sethianer lautet nämlich: Quidam eos dicunt Sem filium Noe Christum putare. Und die Verwechslung dürfte eher auf Seiten der hier zitierten Gewährsleute (bzw. des Zitierenden), als auf Seiten der Gnostiker, deren Glaube beschrieben wird, liegen.

Merkwürdigerweise gibt es auch den Namen Derdekeas, den der Offenbarungsspender und Erlöser trägt, sonst überhaupt nicht. Jedenfalls ist es bisher nicht gelungen, ihn irgendwo anders nachzuweisen bzw. ihn überhaupt allgemein einleuchtend zu erklären. Vielleicht ist schon die Suche nach ihm in den Sprachen der Menschen von vornherein vergeblich, falls er nämlich der „Sprache der Engel“ angehört, also eine Art von magischem „Homespun“, so etwas wie Kaulakau (vgl. Irenäus adv. haer. I 24,5f.) darstellt. Die Form des Namens und seine Varianten könnten ja schon an sich in diese Richtung weisen; vgl.

p. 1, 5 :	ⲇⲉⲣ	ⲇⲉ	ⲕⲉⲁ	
p. 8, 24 :	ⲇⲉⲣ	ⲇⲉ	ⲕⲉⲁ	ⲥ
p. 32, 35f. :	ⲇⲉⲣ	ⲇⲉⲣ	ⲕⲉⲁ	ⲥ
p. 46, 8 :	ⲥⲉ	ⲇⲉⲣ	ⲕⲉⲁ	
ZP V 442 :		δερ	κυων.	

Wenn nun unsere Lesung von p. 32,35–33,1 richtig sein sollte (s. unten), wäre dies auch die Auffassung, die der Text selbst vom Namen Derde-keas hat.

Der Rahmen der Schrift (als Offenbarung des Derdekeas an Sem) ist nur vorn einigermaßen deutlich ausgeprägt, während er sich hinten nur in den verschiedenen Stadien seiner Auflösung erhalten hat. Ein Ende von Entrückung und Offenbarung liegt z. B. schon in p. 25,35–26,20 vor.

---

[5] Vgl. H.-M. Schenke, Das sethianische System, BBA 45, 1974, 165–173.

[6] F. Wisse, The Redeemer Figure in the Paraphrase of Shem, NovT 12 (1970), 138, Anm. 1.

Vor allem aber gehört die Wendung ⲧⲁⲓ̈ ⲧⲉ ⲧⲡⲁ̣ⲣⲁⲫⲣⲁⲥⲓⲥ in p. 32,27 hierher, die ich meinerseits nur als eine Schlussmarkierung verstehen kann. Vermutlich ist die erwogene Eliminierung des Dialoggerippes der ursprünglichen Schrift nur die eine Seite der Sache, deren andere Seite die künstliche Zusammenziehung von eigentlich mehreren über einen größeren Zeitraum verteilten und verschiedenartigen Offenbarungen zu einer einzigen ist. Eigentümlicherweise verhält es sich mit dem Inhalt umgekehrt; der ist nämlich in der zweiten Hälfte der Schrift viel weniger unklar als in der ersten. Und in der ersten Hälfte ist es namentlich die Kosmogonie, die weithin dunkel bleibt. Gleichwohl kann man wenigstens die Koordinaten, innerhalb deren hier kosmogonisch gedacht (oder vielmehr gestammelt) wird, erkennen und damit das Dunkel lokalisieren. Das Bewegungsprinzip, nach dem – von der Voraussetzung der drei Wurzeln des Alls: Licht, Geist und Finsternis aus – die Welt entsteht und vergeht, ist die Mischung und Entmischung von Licht und Finsternis, ein mehrschichtiger Prozess, in dem die Entmischung, d. h. die Erlösung, u. zw. als dauernde, und die weitere Mischung nebeneinander herlaufen können. Auch das Ziel der Bewegung ist klar. Was nämlich bei dem Prozess der Mischung herauskommt, ist eben die wirkliche Welt, u. zw. mehr oder weniger im Spiegel der Urgeschichte der Genesis gesehen. Das heißt auf der anderen Seite, es sind die Motivationen der Einzelprozesse, die dunkel bleiben. Entsprechend ist auch die Kosmologie eher zu fassen als die Kosmogonie. Die Grundkonzeption der unteren Welt als μήτρα nebst χόριον und ὑμήν ist nur eine besondere Ausprägung der Vorstellung von der „Mutter Erde". Damit hängt übrigens wohl auch das Motiv des sich (nämlich in Schwangerschaft) Emporwölbens der Physis zusammen (vgl. ZP XIII 479f. 537).

Dazu noch einige Details: Die Stelle der Archonten vertreten in ParSem im Wesentlichen die aus und nach dem Bilde der Urmutter und der Finsternis (als dem Urvater) entstandenen Winde und Dämonen, wobei die Winde ihrerseits eine Mētra besitzen, also weiblich gedacht sind, während die Dämonen an dem unreinen πρόσθεμα, d. h. männlichen Glied (vgl. Liddell/Scott s. v. II [1]), mit dem sie versehen sind, als männlich erkannt werden (vgl. bes. p. 21,22–22,16). Die häufig vorkommende, Nous oder Auge der Finsternis (oder ähnlich) genannte Wesenheit meint wohl die Sonne (bzw. den Sonnengott) und entspricht funktional dem bußfertigen Sabaoth von HA und UW bzw. dem erlösungsfähigen Demiurgen der Valentinianer. Dass die himmlischen Sphären „Wolken" heißen, verbindet unsere Schrift mit entsprechenden Vorstellungen der Mandäer (vgl. z. B. Lidzbarski, Ginza, Reg.s. „Wolke"). Der merkwürdige Zug von der Rettung des Noah vor der Sintflut durch einen Turm (p. 25,7–35) dürfte mindestens vorbereitet sein durch eine Auffassung von Noah als Erbauer des Turms zu Babel, wie sie sich Eus. praep. ev. IX 17 u. 18,2 findet.[7] Im Spiegel des Euhemerismus dieser Parallele könnte übrigens zugleich die für ParSem typische Bezeichnung hervorragender Menschen als „Dämonen" verständlicher werden.

Die besondere Beziehung der ParSem zum Christentum ist geeignet, das wissenschaftliche Bewusstsein dafür zu schärfen, dass die Alternative christlich-gnostisch oder nichtchristlich-gnostisch einfach nicht mehr ausreicht zur geistigen Ortsbestimmung einer gnostischen Schrift. Es gibt offenbar ein ganzes Spektrum von Möglichkeiten, wie eine Schrift „christlich-gnostisch" sein kann. Dass die ParSem das Christentum voraussetzt, kann wegen der stereotypen Bezeichnung der Gnosis als „Pistis" und der durchsichtigen Verfremdung des Paares „Johannes der Täufer und Jesus" m. E. nicht zweifelhaft sein. Und dennoch ist gar nichts an ihr in einem nennenswerten Sinne christlich.

Was die Verfremdung und Umwertung Johannes des Täufers und Jesu anbelangt – das ist eine der interessantesten Einzelheiten unserer Schrift überhaupt –, so wird gelehrt: Derdekeas hat zur bestimmten Zeit im Dämon Soldas (wohl = Ἠσαλδαῖος [Hippol. ref. V 7,30] bzw. Ἠσαδδαῖος [Hippol. ref. V 26,3]) Wohnung genommen und ist so unter den Menschen erschienen, um den Glauben zu verkünden. In dieser Situation hat er zum Gegenspieler einen anderen Dämon, der die Menschen durch die Taufe mit schmutzigem Wasser, die angeblich die Vergebung der Sünden bewirkt, verführt. Beim Kommen des Soldas zur Taufe des Wassertäufers kommt es unter Wunderzeichen zur offenen Konfrontation. Aber die Tochter des Täufers namens Rebuel (der Name m. W. nur Prov 31,1 [Theod.]: ῥήματα Ῥεβουήλ) steht auf Seiten des Soldas (und des Derdekeas); und sie ist es, die enthauptet und zum Blutzeugen für den Glauben wird. (p. 29,33–30,36; 31,13–22; 32,5–18; 39,28–40,31.) Der aktuelle Bezugspunkt des literarischen Kampfes der ParSem gegen die Johannestaufe dürfte nichts anderes als das Taufsakrament der Großkirche sein, dem eben damit der Geist abgesprochen wird. Traditionsgeschichtlich indessen hat man diese radikal negative Sicht des Johannes und seiner Taufe im Netzwerk interessanter Querverbindungen zu folgenden Texten zu sehen: Kerygmata Petri:[8] Negative Sicht des Johannes als eines Vertreters der weiblichen Prophetie – trotz Hochschätzung der Wassertaufe (Bewertung des Wassers im Verhältnis zum Feuer genau umgekehrt wie in Par Sem); TestVer NHC IX

[7] Vgl. M. Hengel, Judentum und Hellenismus, WUNT 10, Tübingen 1969, 162–164.

[8] Vgl. Hennecke/Schneemelcher, NTApo ³II, 72f., 76.

p. 30,18–31,5; 69,7–22: Negative Sicht des Johannes (repräsentiert den Archonten des Mutterleibes) verbunden mit Ablehnung der Wassertaufe; Wunderzeichen im Jordan beim Kommen Jesu;[9] Lidzbarski, Ginza, 178,32; 179,6; 192,16–23: Jordanwunder bei der Begegnung des mandäischen Erlösers mit Johannes (die Wertung des Paares Jesus/Johannes bei den Mandäern sieht übrigens aus wie die Umkehrung der von ParSem); Herakleon Fragm. 5.8.10:[10] Doppelte Erscheinung des Johannes, nämlich einerseits als seelische, andererseits als pneumatische Wesenheit; EpJac NHC I p. 6,28–7,1: Hypostasierung des abgeschlagenen Hauptes (des Johannes) neben Johannes selbst.

Der Text von ParSem ist vorzüglich erhalten (bzw. ohne weiteres zu ergänzen), mit Ausnahme der jeweils letzten Zeile von p. 32; 34–40; 42, die deswegen unserer Aufmerksamkeit bedürfen.

p. 32,35–33,1 lies: ⲁⲩⲱ ⲇⲉⲣⲇⲉⲣⲕⲉ|ⲁⲥ ⲡ[ⲁⲣ]ⲁ̣ⲛ̣ [ⲡⲉ ⲡ]ⲉⲉⲓϣⲁϫⲉ | ϩⲙ̄ ⲡϩⲣⲟⲟⲩ ⲙ̄ⲡⲟⲩⲟⲉⲓⲛ· „Und ‚Derderkeas' [ist] m[ein N]ame – [d]ieses Wort (ist ein Wort) in der Sprache des Licht(reich)es."

p. 34,34 lies: [ⲛⲁ]ⲓ̣̈ [ⲉⲃⲟ]ⲗ̣ [ⲛ̄ⲑⲉ ⲛ̄ⲧⲁ]ⲓ̈ϫⲟⲟ̣ⲥ̣ ⲛ̣ⲁⲕ.

p. 35,33–36,1 lies: ⲥⲉⲛ̣ⲁ̣|ⲃⲱⲗ ⲉⲃⲟⲗ̣ ϩⲙ̄ ⲡⲕ̣[ⲁ]ⲕⲉ̣· ⲡ̣ⲙ̣[ⲁ] | ⲉⲧⲉ ⲙ̄ⲡⲉ ⲙⲉⲧⲁⲛⲟⲓⲁ ⲉⲓ ⲉⲙ[ⲁⲩ].

p. 36,34–37,3 lies: ⲧⲟⲩⲙⲉⲣⲓⲥ ⲛⲁ|[ϣ]ϣ̣[ⲡⲉ ⲉⲥⲟⲡⲥ̄ ⲉⲧⲃ]ⲉ ⲡ̣[ⲛⲁ] | ⲛ̄ⲥⲟⲡ ⲥⲛⲁⲩ ϩⲙ̄ ⲡⲉϩⲟⲟⲩ ⲙ̄ⲡⲙⲟ|ⲟⲩ ⲙⲛ̄ ⲙ̄ⲙⲟⲣⲫⲏ ⲛ̄ⲧⲫⲩⲥⲓⲥ· | ⲁⲩⲱ ⲥⲉⲛⲁϯ ⲛⲁⲩ ⲁⲛ· „... deren Los wird s[ein, u]m Er[barmen zu bitten], zweimal: am Tage des Wasser(gericht)s und (am Tage der Vernichtung) der Gestalten der Physis, und (es) wird ihnen nicht gewährt werden."

p. 37,35 lies: ⲟ̣ⲩ̣ⲛⲟϭ[ⲛⲉϭ· ⲟⲩ......] „Schmä[hung, (+ ein weiteres Laster).]"

p. 38,33 lies: [ⲧ]ⲁ̣ϩ̣[ⲩⲗ]ⲏ̣ [ⲛ̄ⲕⲁⲕⲉ ⲁ]ⲩⲱ ⲥⲛ̣ⲁ̣.

p. 39,33 lies: ⲧϥ̣̄ ⲉⲡϫ[ⲱⲕ]ⲙ̣ [ϩⲛ̄] ⲟ̣ⲩ̣ⲡⲗ[ⲏ]ⲅ̣ⲏ. Der schwierige Zusammenhang, in dem das steht (p. 39,28–40,1), dürfte folgendermaßen zu gliedern und zu verstehen sein:

ⲛⲉⲥⲟⲩⲱϣ ⲅⲁⲣ ⲡⲉ ϩⲙ̄ ⲡⲕⲁⲓⲣⲟⲥ ⲉⲧⲙ̄ⲙⲁⲩ
ⲉϭⲱⲣϭ̄ ⲉⲣⲟⲉⲓ·
ⲛⲉⲥ<ⲛ>ⲁⲣ̄ⲡ<ⲗ>ⲏⲥⲥⲉ ⲛ̄ⲥⲟⲗⲇⲁⲛ
ⲉⲧⲉ ⲡϣⲁϩ ⲛ̄ⲕⲁⲕⲉ ⲡⲉ· ⲡⲁⲓ̈ ⲛ̄ⲧⲁϥⲁϩⲉⲣⲁ̣ⲧϥ̣̄ ⲉⲡϫ[ⲱⲕ]ⲙ̣
[ϩⲛ̄] ⲟ̣ⲩ̣ⲡⲗ[ⲏ]ⲅ̣ⲏ
ϫⲉⲕⲁⲁⲥ ⲉ<ⲥ>ⲛⲁϭⲱⲣϭ̄ ⲉⲣⲟⲉⲓ·

9 Vgl. W. Brandt, Mandäische Schriften, Göttingen 1893, 200, Anm. 1.
10 Vgl. W. Foerster, Die Gnosis I, 215–218.

„Denn zu jenem Zeitpunkt wollte sie mich fangen; (u. zw.) war sie dabei, *Soldas* – ihn, der das dunkle Feuer ist (das mich umgibt), ihn, der zur Taufe gekommen war – mit schwerem Schlag zu treffen, um mich zu fangen."

p. 40,34 lies: [ⲁ]ⲩ̣ⲱ̣ [ⲁⲛⲁⲭ]ⲱ̣[ⲣⲓ ⲁ]ⲩⲱ̣ ⲛ̣ⲉ[ⲧ]ⲕ̣̄; und das heißt im Zusammenhang: „Siehe, o Sēem, dass alles, was ich dir gesagt habe, in Erfüllung gegangen ist; [u]nd (nun) [kehre (zur Erde) zu]rü[ck! U]nd w[as] dir noch fehlt, wird dir nach meinem Willen an jenem Ort auf der Erde enthüllt werden" (usw.).

p. 42,33 lies: ⲥⲉⲛⲁ̣[ⲣ̄]ⲕ̣ⲱ̣[ⲗ]ⲩⲉ̣ [ⲙ̄]ⲙⲟⲟⲩ ⲁⲛ̣ „sie werden nicht zurückgehalten werden".

An notwendigen bzw. nahe liegenden Konjekturen sei vermerkt:

p. 26,3f.: ⲭⲱⲣⲓⲥ ⲥⲱⲙⲁ ϩ̄ⲓ̄ ⲁⲛⲁⲅⲕⲏ ist kein einsichtiges Hendiadyoin. Vielleicht wurde dieses ⲥⲱⲙⲁ irrtümlich, veranlasst durch das gleich folgende ⲥⲱⲙⲁ ⲛⲓⲙ ⲛ̄ⲕⲁⲕⲉ, geschrieben; lies dann etwa ⲭⲱⲣⲓⲥ <ⲃⲓⲁ> ϩ̄ⲓ̄ ⲁⲛⲁⲅⲕⲏ (vgl. 2LogSeth p. 61,26).

p. 34,22: lies ⲫⲩⲥⲓⲥ statt ⲡⲓⲥⲧⲓⲥ.

p. 34,31: lies ⲛ̄ϭⲓ ⲛⲁϊ <ⲛ̄ⲧ>ⲁⲩⲟⲩⲱⲛϩ̄ ⲉⲃⲟⲗ ⲛ̄ⲧⲉⲕ.

p. 36,23f.: lies etwa

ⲁⲩⲱ	<ⲛⲉⲧⲛⲁϣⲱⲡⲉ>	ⲉⲧⲃⲏⲏⲧ	ⲕⲁⲧⲁ ⲥⲁⲣⲝ̄
	ⲥⲉⲛⲁⲣ̄ⲁⲣⲭⲉⲓ	ⲉϫⲱⲟⲩ	ⲕⲁⲧⲁ ⲫⲩⲗⲏ

„Und <die, die entstehen werden> um meinetwillen in fleischlicher Weise,
geherrscht werden wird über sie stammesweise."

Aus dem Wortschatz von ParSem verdienen vier Wörter hervorgehoben zu werden:

ⲛⲟⲩϭⲉ vb p. 26,29; 47,34f. Entweder = ⲛ̣ⲟⲩϭⲥ̄ (in formaler Parallele zu ϩⲁⲉⲓⲃⲉ/ϩⲁⲉⲓⲃⲥ̄); oder (m. E. näherliegend) = *ngj* (WB II 348) „zerbrechen, aufbrechen" (vgl. Gen 7,11).

ϣⲗ̄ⲙⲉ nn f p. 25,18; 34,7; 35,3 ist das normale feminine Nomen zu ϣⲱⲗⲙ̄ (wie ⲥⲱⲛⲧ̄/ⲥⲛ̄ⲧⲉ, ⲕⲱⲗϫ̄/ⲕⲗ̄ϫⲉ, ⲃⲱⲗⲕ̄/ⲃⲗ̄ⲕⲉ usw.) mit der Bedeutung „Duft".

ϩⲃⲏⲧⲉ nn f p. 20,9; 23,15; natürlich = ⲥϩⲃⲏⲏⲧⲉ „Schaum, Gischt, Geifer". Aber das Wort galt bisher als masculinum, obgleich von den Belegen bei Crum nur ein einziger überhaupt den best. Art. des Sgl. (eben den masc.) hat. Dem steht jetzt mit NHC VII p. 20,9 ein Zeuge für das andere Geschlecht gegenüber.

ϩⲁⲙ nn m p. 30,27; 43,28 = Crum 674a 18 = ϩⲁⲛ Crum 683a 20;[11] in der Nominalsatzkonstruktion: ⲡϩⲁⲙ (Subj.) + Kaus. Inf. (Prädikatsnomen) (± ⲡⲉ) „müssen". Das Wort ϩⲁⲙ p. 7,2 hat damit nichts zu tun, sondern gehört zu ϩⲟⲉⲓⲙ (Crum 674a 31; vgl. die Form ϩⲟⲙⲉ in den Compléments von Kasser).

Auch die durch den griechischen Untertitel „Zweiter Logos des großen Seth" (2LogSeth) zu unrecht als sethianisch deklarierte zweite Schrift in Codex VII (p. 49,10–70,12) ist nach Wesen und Inhalt inzwischen bereits bekannt gemacht,[12] so dass ich mich auch hier auf ganz bestimmte Aspekte konzentrieren kann. Bei 2LogSeth kann man den Rahmen als das Hauptproblem bezeichnen, schon deswegen, weil eigentlich gar kein solcher da ist. Wir haben es nämlich mit einer ungerahmten Rede des erhöhten (gnostischen) Christus an die Seinen, die zwischendurch gelegentlich respondieren (p. 49,22–31; 60,7–12), zu tun. Das heißt, wer jeweils gerade spricht (auch in welcher Situation er das tut), und der Wechsel des Sprechers ist nur aus dem Gesprochenen selbst zu entnehmen. So jedenfalls ist die Sache im Prinzip gedacht. Dass auch diese Schrift aber nicht aus einem Guss ist, wird besonders deutlich an einem eingesprengten Stück, das in der 3. Pers. formuliert ist (p. 65,33–67,21).

Grundlegend für eine solche Bestimmung des „Rahmens" von 2LogSeth ist die Analyse der außerordentlich schwierigen Eingangssätze. Natürlich kann man auch von diesen Sätzen eine so genannte „Übersetzung" anfertigen; es wird nur schwierig, wenn man sie verstehen will.

Satz 1:
ⲉϥⲙⲟⲧⲛ̄ ⲇⲉ ⲙ̄ⲙⲟϥ
ⲛ̄ϭⲓ ⲡⲙⲉⲅⲉⲑⲟⲥ
ⲉⲧϫⲏⲕ ϩⲣⲁï ϩⲙ̄ ⲡⲓⲟⲩⲟⲉⲓⲛ ⲛ̄ⲁⲧϣⲁϫⲉ ⲙ̄ⲙⲟϥ
ⲛ̄ϩⲣⲁï ϩⲛ̄ ⲟⲩⲙⲛ̄ⲧⲙⲉ
ⲛ̄ⲧⲉ ⲧⲙⲁⲁⲩ ⲛ̄ⲧⲉ ⲛⲁï ⲧⲏⲣⲟⲩ

In diesem Satz (wenn man ihn auf der Suche nach seinem Sinn schließlich so, wie angegeben, gliedert,) vermisst man eine Angabe darüber, wo die Größe ruht, während zugleich eine Einführung des im zweiten Satz vorausgesetzten „Ich" fehlt. Deswegen und im Lichte von Jes 11,2; 61,1 =

[11] Vgl. H. J. Polotsky, JEA 25 (1939), 112 Z. 45f.

[12] Vgl. K.-W. Tröger (Hg.), Gnosis und NT, 60–61; H.-G. Bethge (federführend), ThLZ 100 (1975), 97–110.

Lk 4,18; HebrEv Fragm. 2 u. 3 (Hennecke/Schneemelcher, NTApo [3]I, 107f.) wird man wohl am Ende so etwas wie ein <ⲉϫⲱⲓ̈> als ausgefallen annehmen müssen.

Satz 2:

ⲁⲩⲱ ⲛ̄ⲧⲱⲧⲛ̄ ⲧⲏⲣⲧⲛ̄
    ⲉⲁⲛⲟⲕ ⲟⲩⲁⲁⲧ ⲉⲧⲟ ⲛ̄ⲧⲉⲗⲓⲟⲥ
        ⲛⲏ ⲉⲧⲡⲏϩ ⲉⲣⲟⲓ̈ ⲉⲧⲃⲉ ⲡⲓϣⲁϫⲉ

Hier erscheint der Umstandssatz, genau in der „Spalte" der cleft sentence stehend, völlig deplaziert, zumal in keiner Weise verständlich wird, wie er sich auf den Hauptsatz beziehen könnte. Im größeren Zusammenhang ist aber nicht der Umstandssatz (der vorzüglich zu Satz 1 passt) fehl am Platze, sondern die ihn umrahmende cleft sentence, insofern als ⲡⲓϣⲁϫⲉ offenbar auf einen Sachverhalt Bezug nimmt, der erst am Ende des nächsten Satzes eingeführt wird, und ist sie entsprechend umzustellen (hinter ⲡⲉⲛⲉⲓⲱⲧ [p. 49,22]).

Satz 3:

a ⲉⲓ̈ϣⲟⲟⲡ ⲅⲁⲣ ⲙⲛ̄ ϯⲙⲛ̄ⲧ̄ⲛⲟϭ ⲧⲏⲣⲥ̇ ⲛ̄ⲧⲉ ⲡⲓⲡ̄ⲛ̄ⲁ̄
b ⲉⲧⲉ ⲛ̄ϣⲃⲏⲣ ⲛⲙ̄ⲙⲁⲛ
c ⲙⲛ̄ ϩⲉⲛϣⲃⲏⲣ ⲛ̄ⲧⲱϭⲉ ϩⲛ̄ ⲟⲩϣⲱϣ
d ⲉⲁⲓ̈ⲉⲓⲛⲉ ⲉⲃⲟⲗ ⲛ̄ⲟⲩϣⲁϫⲉ
e ⲁⲩⲉⲟⲟⲩ ⲛ̄ⲧⲉ ⲡⲉⲛⲉⲓⲱⲧ

c ist deutlich ein eingeschobenes Sätzchen (vorausgesetzt, dass ⲙⲛ̄ tatsächlich „es ist nicht" [und nicht „und"] ist). Aber in wessen Mund ist es zu denken? Möglicherweise im Mund der „wir", deren „wir" sowieso zum beherrschenden „ich" in einer gewissen Spannung steht. Dann müsste schon b zu dem Eingeschobenen gehören; und schließlich auch e. Das führt aber wiederum zu der Folgerung, dass der Satz 3 im Wechsel zwischen Erlöser (A) und Erlösten (B) gesprochen vorzustellen sei.

Nach alledem wäre der Anfang von 2LogSeth folgendermaßen zu übersetzen:

(A) „Es ruht aber die Größe der Mutter des Alls, die in Wahrheit erfüllt ist vom unaussprechlichen Licht, <auf mir>: {[1]} und ich allein bin es, der vollkommen ist {[2]}. Denn ich bin vereinigt mit der ganzen Größe des Geistes,"

(B) „der unser Gefährte ist – es gibt keine Gefährten seinesgleichen –,“
(A) „nachdem ich ein Wort hervorgebracht habe“
(B) „zur Ehre unseres Vaters.“
(A) „<[1.2] Und ihr alle seid es, die zu mir gelangt sind wegen dieses Wortes>.“

Im vierten Satz, in dem das bisherige „ich“ als „er“ erscheint, fehlt ganz offenkundig, u. zw. genau zwischen ⲧⲉϥⲙⲛ̄ⲧⲭⲣ̄ⲥ̄ und ⲙⲛ̄ (p. 49,23), das Verb. Zu ergänzen ist so etwas wie ⲁϥϩⲟⲧⲡⲛ̄, oder besser noch im zweiten Tempus: ⲛ̄ⲧⲁϥϩⲟⲧⲡⲛ̄.

Der fünfte Satz enthält dann – neben dem Namen (Christus) des zum „er“ gewordenen „ich“ – wieder das uns schon aufgefallene „wir“. Das heißt, von Satz 4 an reden wieder die Erlösten, u. zw. bis Satz 6. Denn der merkwürdige Rel.-Satz an dessen Ende ⲉⲧⲉ ⲉⲃⲟⲗ ⲙ̄ⲙⲟⲛ ⲡⲉ ⲡⲓϣⲁϫⲉ dürfte trotz des „wir“ nicht mehr zu dieser Antwort der Erlösten gehören, sondern eine Rubrik sein, die – sozusagen von außen her – die letzten Sätze als von den Erlösten zu sprechen bezeichnet. So (relativ) leicht der allgemeine Sinn dieser Worte zu erkennen ist, so schwierig erscheint – wenigstens auf den ersten Blick – die sprachliche Analyse. Gleichwohl ist sie im Rahmen der koptischen Syntax selbst durchaus möglich (man braucht also keine falsche oder schlechte Übersetzung der griechischen Vorlage anzunehmen). Es handelt sich um einen rel. Nom.-Satz, dessen Subj. (es ist hier nämlich ⲡⲓϣⲁϫⲉ, u. zw. wohl als nomen actionis zu verstehen) nicht das Rel.-Pron. ist, dessen Prädikat einen der seltenen Fälle darstellt, in denen ein präp. Ausdruck als nominales Prädikat fungiert (vgl. Till, Kopt. Gr. [S], § 248 und als nächste Parallele Joh 1,13 B: ⲛⲏ ⲉⲧⲉ ⲉⲃⲟⲗ ϧⲉⲛ ⲥⲛⲟϥ·ⲁⲛ ⲛⲉ), und bei dem die Art der Relativität unausgesprochen ist bzw., falls ⲡⲓ- demonstrative Kraft hat, durch dieses Element nur eben angedeutet ist (vgl. bei Till § 472 den Beleg Hiob 4,19), während sich das ⲉⲧⲉ auf das Ganze der drei vorhergehenden Sätze bezieht. Eine konkordante Übertragung würde etwa lauten: „wovon aus uns ist das Sprechen“, die Übersetzung: „was zu sprechen uns obliegt“.

Es würde natürlich den Rahmen sprengen, wollten wir die Analyse von 2LogSeth so fortsetzen, wie wir sie hier angefangen haben, obgleich sich dabei zeigen würde, dass sich solche und ähnliche Schwierigkeiten, wie sie gerade besprochen sind, wiederholen, und wir also mit dieser Beschränkung auf die rückläufige, vom Ganzen aus das Einzelstück betreffende, Legitimierung unseres hiesigen Verfahrens, das manchem auf

Anhieb als zu kühn erscheinen könnte, verzichten. 2LogSeth weist nämlich auch sonst ungewöhnlich viele Textverderbnisse auf.[13]

Stattdessen wollen wir lieber von der Wendung ⲙⲛ̄ ϩⲉⲛϣⲃⲏⲣ ⲛ̄ⲧⲱϭⲉ ϩⲛ̄ ⲟⲩϣⲱϣ (p. 49,19f.) aus eine Art μετάβασις εἰς ἄλλο γένος begehen und die Aufmerksamkeit darauf lenken, dass und inwiefern diese Wendung eine trotz jahrhundertelanger exegetischer Bemühungen m. E. unverständlich gebliebene Stelle des paulinischen Römerbriefes zu erhellen vermag. Gemeint ist Röm 6,5, der elliptische Satz εἰ γὰρ σύμφυτοι γεγόναμεν τῷ ὁμοιώματι τοῦ θανάτου αὐτου, ἀλλὰ καὶ τῆς ἀναστάσεως ἐσόμεθα (in der sahidischen Übersetzung: ⲉϣϫⲉ ⲁⲛϣⲱⲡⲉ ⲅⲁⲣ ⲛ̄ϣⲃⲣ̄ⲧⲱϭⲉ ⲙ̄ⲡⲓⲛⲉ ⲙ̄ⲡⲉϥⲙⲟⲩ ⲉ̈ⲓⲉ ⲧⲛ̄ⲛⲁϣⲱⲡⲉ ⲟⲛ ⲙ̄ⲡⲉϥⲕⲉⲧⲱⲟⲩⲛ; bohairisch: ⲓⲥϫⲉ ⲅⲁⲣ ⲁⲛⲉⲣϣⲫⲏⲣ ⲛ̄ⲧⲱϫⲓ ϧⲉⲛ ⲡⲥⲙⲟⲧ ⲛ̄ⲧⲉ ⲡⲉϥⲙⲟⲩ ⲁⲗⲗⲁ ⲉⲛⲉϣⲱⲡⲓ ⲟⲛ ⲉⲧⲉϥⲕⲉⲁⲛⲁⲥⲧⲁⲥⲓⲥ). Die Verbindung tritt schon äußerlich durch das jeweilige ϣⲃⲏⲣ ⲛ̄ⲧⲱϭⲉ bzw. ϣⲃⲣ̄ⲧⲱϭⲉ/ϣⲫⲏⲣ ⲛ̄ⲧⲱϫⲓ zutage, zumal hinter diesem Wort auch in 2LogSeth nur das griechische σύμφυτος stehen kann (vgl. Crum 465a 4 v. u.); und es geht auch in der Sache genau um dieses σύμφυτος, das ja das Schlüsselwort der Römerstelle ist. Aber eben dieses Wort ist es auch, das dafür verantwortlich ist, dass die exegetischen Bemühungen um diesen Vers sich bisher in einem circulus vitiosus bewegen (was hier freilich nicht illustriert werden kann; aber ein Blick in die Kommentare genügt, um sich davon zu überzeugen). Denn man hielt es auf Grund der zur Verfügung stehenden griechischen Belege für das mit dem Dativ zu konstruierende Adj. in der Bedeutung „zusammengewachsen mit", „verwachsen mit". Ich hatte schon vor Kenntnis der Stelle aus 2LogSeth den Eindruck, dass man aus diesem Kreis nur herauskäme, wenn man mit dieser scheinbar unumgänglichen Voraussetzung brechen würde und stattdessen annehmen könnte, dass σύμφυτος in Röm 6,5 substantiviert und als Subst. (also mit dem Gen.) konstruiert sei, und dass auf der Bildseite des Wortes nicht der Akzent liege, man vielmehr als Bedeutung etwas Ähnliches wie κοινωνός oder συμμύστης vermuten dürfte. Dann könnte man nämlich die Ellipse folgendermaßen auflösen:

> εἰ γὰρ <u>σύμφυτοι</u> γεγόναμεν τῷ ὁμοιώματι τοῦ θανάτου αὐτοῦ (sc. <u>τοῦ θανάτου αὐτοῦ</u>), ἀλλὰ καὶ (sc. σύμφυτοι) τῆς ἀναστάσεως (αὐτοῦ) ἐσόμεθα;

und übersetzen: „Wenn wir nämlich durch das Abbild seines Todes (d. h. die Taufe) Teilhaber seines Todes geworden sind, so werden wir

---

13 Vgl. im Übrigen H.-G. Bethge (federführend), ThLZ 98 (1975), 97–110, Anmerkungen.

doch gewiss erst recht Teilhaber seiner Auferstehung sein". Und eben beides, sowohl subst. Gebrauch von σύμφυτος, als auch eine Bedeutung, die κοινωνός entspricht, dürfte mit unserer Stelle aus 2LogSeth, durch das Medium der koptischen Übersetzung hindurch, tatsächlich belegt sein. Hinter dem koptischen Text hat man sich nämlich so etwas wie οὐκ εἰσὶν σύμφυτοι ἴσοι αὐτῷ vorzustellen. Und die behauptete Bedeutung von σύμφυτος ergibt sich aus der Synonymität des hiesigen ϣⲃⲏⲣ ⲛ̄ⲧⲱϭⲉ (= σύμφυτος) mit dem (innerhalb der Wendung ⲡⲓⲡ︦ⲛ︦ⲁ︦ ⲉⲧⲉ ⲛ̄|ϣⲃⲏⲣ ⲛⲙ̄ⲙⲁⲛ „der Geist, der als Gefährte mit uns ist" [p. 49,18f.]) unmittelbar vorhergehenden bloßen ϣⲃⲏⲣ, das das koptische Äquivalent für φίλος, ἑταῖρος u. a. ist (vgl. Crum 553a).

An dritter Stelle im Codex VII steht die Apokalypse des Petrus (ApcPt; p. 70,13–84,14;[14] Es handelt sich bei ihr im Grunde um eine gnostisch-doketistische Deutung der in den Evangelien erzählten Passion Jesu, aber dargestellt als eine vom „irdischen" Jesus gewährte Vision (nebst Audition) des Petrus ein paar Tage vorher, die zugleich als Rahmen für eine knappe Prophezeiung Jesu über den alsbald einsetzenden vielfältigen und bis zum nicht fernen Weltende währenden Abfall von der wahren, allein durch Petrus vermittelten Gnosis dient. Das Substrat der hier mehr vorausgesetzten als entwickelten Gnosis ist unverkennbar judenchristlich. Kennzeichnend für diese äußerlich vorzüglich erhaltene Schrift (p. 70,32 Ende lies ϩⲱ̣ⲥ̣) ist auch eine gewisse Dunkelheit, die aber nur scheinbar ist, insofern als sie sich dem Eingeweihten ohne zu große Schwierigkeit ziemlich erhellt. Z. B. lässt sich von dem zunächst Unverständlichen manches genau lokalisieren und als Textverderbnis identifizieren (die dann heilbar ist) – erst die Einsicht, dass der vorliegende Text weithin der Schläfrigkeit eines Abschreibers zu verdanken ist, ermöglicht es, ihn zu verstehen –; bei anderen Stellen beruht die Schwierigkeit vor allem auf der Mehrdeutigkeit bzw. Beziehungslosigkeit der Personalpronomina, die einen solchen Satz wie eine (durchaus lösbare) Gleichung mit zwei (und mehr) Unbekannten erscheinen lassen. Von dieser Art ist übrigens auch der rätselhafte Schlusssatz ⲛⲁϊ ⲛ̄ⲧⲁϥϫⲟⲟⲩ ⲁϥϣⲱⲡⲉ ϩⲣⲁϊ ⲛ̄ϩⲏⲧϥ̄ (p. 84,11–13), wo das ϩⲣⲁϊ ⲛ̄ϩⲏⲧϥ̄ vollständig in der Luft zu hängen scheint. Von den verschiedenen Möglichkeiten der Beziehung dürfte m. E. die am

[14] Vgl. K.-W. Tröger (Hg.), Gnosis und NT, 61–62; A. Werner (federführend), ThLZ 99 (1974), 575–584.

wahrscheinlichsten sein, nach der der Satz heißt: „Als er diese (Worte) sprach, war er (Jesus) in ihm (sc. dem Geist).“

Noch viel rätselhafter ist der Anfang (p. 70,14–20). U. zw. liegt das Rätsel in den Worten, die zwischen ⲉϥϩⲙⲟⲟⲥ ⲛ̄ϭⲓ ⲡⲥ̄ⲱ̄ⲣ ⲛ̄ϩⲣⲁⲓ̈ ϩⲙ̄ ⲡⲓⲣ̄ⲡⲉ und ⲡⲉϫⲁϥ ⲛⲁⲓ̈ („Als der Heiland im Tempel saß…, sprach er zu mir“) stehen. Eine Möglichkeit des Verstehens sehe ich eigentlich nur, wenn man sie (mit ihren drei Zahlen) nicht etwa als eine Konkretisierung der schon gegebenen Ortsangabe, sondern als eine (apokalyptisch verschlüsselte) dreigliedrige Zeitangabe (nach Jahr, Monat und Wochentag) zu fassen versucht:

1. ⲛ̄ϩⲣⲁⲓ̈ ϩⲛ̄ ϯⲙⲉϩⲧ̄ (ⲛ̄ⲣⲟⲙⲡⲉ) ⲛ̄ⲧⲉ ⲡⲓⲥⲙ̄ⲛⲉ
2. ⲙⲛ̄ ⲡⲓϯⲙⲁⲧⲉ ⲛ̄ⲧⲉ ⲡⲓⲙⲁϩⲙⲏⲧ ⲛ̄ⲥⲧⲩⲗⲟⲥ
3. ⲁⲩⲱ ⲉϥⲙⲟⲧⲛ̄ ⲙ̄ⲙⲟϥ ϩ̄ⲓ̈ϫⲛ̄ ϯⲏⲛⲉ ⲛ̄ⲧⲉ ϯⲙⲛ̄ⲧ̄ⲛ̄ⲟϭ ⲉⲧⲟⲛϩ̄ ⲛ̄ⲁⲧϫⲱϩⲙ̄

(„im 300. [sc. Jahr] der Einrichtung und [bei]m Erreichen der zehnten Säule [= 10. Monat] und als er ruhte auf der Zahl der lebendigen, unbefleckten Größe“ [= 7. Wochentag = Sabbat/κατάπαυσις]). ⲡⲓⲥⲙ̄ⲛⲉ müsste dabei eine (wirkliche oder fiktive) Ära bezeichnen bzw. andeuten, deren Beginn (mit der Einrichtung von irgend etwas) um 270 v. Chr. liegend vorausgesetzt wäre; die zwölf Tierkreiszeichen wären als die zwölf Säulen des Weltalls verstanden (eine Vorstellung, die in Bezug auf die sieben Planeten wohlbekannt ist; vgl. Prov 9,1; Exc. ex Theod. 46,2; Lidzbarski, Joh. B., II, 216,6; Ginza 341,12; vgl. aber die vier Säulen ZP IV 669); und das Subj. von ⲉϥⲙⲟⲧⲛ̄ ⲙ̄ⲙⲟϥ wäre keineswegs Jesus, sondern wäre identisch mit dem logischen Subj. des ϯⲙⲁⲧⲉ, d. h., es wäre die Sonne bzw. der Sonnengott. Übrigens könnte man in dieser Perspektive versucht sein zu fragen, ob nicht statt des sowieso sachlich merkwürdigen ⲛ̄|ⲁⲧϫⲱϩⲙ̄ ein ⲛ̄<ϭⲓ ⲡⲓ>ⲁⲧϫⲱϩⲙ̄ als ursprünglich anzusetzen sei.

Die wichtigsten Textverderbnisse (meist durch Homoioteleuton oder versehentliche Auslassung einer ganzen Zeile) mit den erforderlichen bzw. als möglich vorzuschlagenden Konjekturen sind:

p. 70,22 lies: ⲉ<ⲧ>ⲥⲁⲧⲡⲉ ⲛ̄ⲛⲓⲡⲏⲩⲉ (vgl. z. B. ExAn NHC II p. 128,27).

p. 71,28: hinter ⲉⲣⲟϥ dürfte das zur Konjugationsbasis ϣⲁⲛⲧⲉ- (Z.22) gehörige Verb (etwa ⲉⲓ) ausgefallen sein; denn bis hierhin reicht das (aufgefächerte) nominale Subjekt.

p. 71,30: Zwischen ⲡⲓϯⲕⲗⲟⲙ und ⲉⲃⲟⲗ ϩ̄ⲓⲧⲛ̄ dürfte ein Bruch in sprachlicher wie sachlicher Hinsicht zu konstatieren sein. Das ⲉⲃⲟⲗ ϩ̄ⲓⲧⲛ̄ könnte man sich zu einem, dem ϭⲙ̄ϭⲟⲙ (Z.22) parallelen, Imp. (etwa: „Lass dich nicht verführen“) gehörig vorstellen.

p. 73,9: Hinter ⲟⲛ ist offensichtlich ein ganzes Textstück ausgefallen. Man hat sich das hier Gemeinte wohl in Analogie zu der Dublette p. 82,11–14 zu rekonstruieren; etwa so: ⲁⲩⲱ ⲁⲉⲓⲥⲱⲧⲙ̄ ⲟⲛ <ⲁⲩⲱ ⲡⲉϫⲁï ⲛⲁϥ ϫⲉ ⲟⲩⲛ̄ ⲟⲩⲁϣⲁï ⲛ̄ⲧⲉ ϩⲉⲛⲁⲅⲅⲉⲗⲟⲥ ⲛ̄ⲁⲧϣⲁϫⲉ ⲉⲣⲟⲟⲩ ⲁⲩⲱ ⲛ̄ⲁⲧⲛⲁⲩ ⲉⲣⲟⲟⲩ ⲉⲩⲕⲱⲧⲉ ⲉⲣⲟⲕ> ⲉⲕϩⲙⲟⲟⲥ ⲉⲩϯ ⲉⲟⲟⲩ ⲛⲁⲕ „Und ich hörte wieder hin. <Und ich sagte zu ihm: ‚Da sind viele unbeschreibliche und unsichtbare Engel>, die dich, der du hier sitzt, <umgeben und> preisen'."

p. 73,24: Zwischen ϫⲓ ⲉⲃⲟⲗ und ϩⲛ̄ fehlt ein ϩⲛ̄ + Nomen im Plural als Bezeichnung dessen, wovon die Befreiung erfolgt und als Beziehungswort für das ⲉⲣⲟⲟⲩ (Z. 26). Ergänze etwa <ϩⲛ̄ ⲛⲟⲩⲡⲗⲁⲛⲏ>: „Denn viele werden befreit werden von (ihren Irrtümern) am Anfang unserer Verkündigung, und werden (doch) wieder zu ihnen zurückkehren."

p. 74,30: Der Genitiv ⲛ̄ⲧⲉ ⲟⲩⲣⲱⲙⲉ (dessen Beziehungswort ja kaum etwas anderes als ⲣⲁⲛ sein kann) hängt völlig in der Luft; und dem entspricht auch das Fehlen eines dem ϩⲉⲛϩⲟⲉⲓⲛⲉ ⲙⲉⲛ (Z. 27f.) parallelen ϩⲉⲛⲕⲟⲟⲩⲉ ⲇⲉ. Ergänze also etwa: <ϩⲉⲛⲕⲟⲟⲩⲉ ⲇⲉ ⲥⲉⲛⲁⲙⲟⲩⲧⲉ ⲉⲣⲟⲟⲩ ϩⲙ̄ ⲡⲣⲁⲛ> ⲛ̄ⲧⲉ ⲟⲩⲣⲱⲙⲉ „<Andere aber werden genannt werden nach dem Namen> eines Mannes" usw.

p. 75,2–7: Hier stößt ein konzessiver Vordersatz mit einem temporalen Nachsatz zusammen. Vermutlich haben wir es entweder mit einem Satzzeugma zu tun; oder aber in der Fuge (vor ⲧⲟⲧⲉ Z. 5) ist wieder etwas (durch Homoioteleuton?) ausgefallen, etwa <„wird es ihnen nichts nützen. Denn wenn zu Ende geht die Zeit *ihres Irrtums*,> dann" usw.

p. 75,10 lies: ⲙ̄ⲙ<ⲁ>ⲩ statt ⲙ̄ⲙⲟⲟⲩ (ⲙ̄ⲙⲟⲟⲩ vielleicht als „Verbesserung" eines vermeintlichen Achmimismus zu erklären).

p. 76,16f.: Der Gen. ⲛ̄|ⲧⲉ ⲡⲓⲱⲛϩ̄ hängt in der Luft, wie nicht nur die Widersinnigkeit einer direkten Verbindung mit dem Vorhergehenden, sondern auch das Fehlen eines Plurals als Beziehungsmöglichkeit des ⲉⲧⲟⲩ- (Z. 17) zeigen. Man könnte sich etwa vorstellen: <ⲉⲣⲉ ⲛⲉⲥⲕⲉⲕⲁⲣⲡⲟⲥ ⲉⲃⲟⲗ ϩⲙ̄ ⲡⲏ> „Jene (andere Seele) aber entsteht (als ein Zweig) am ewigen (Baum), an jenem (Baum) des Lebens und der Unsterblichkeit <; und auch ihre Früchte stammen von jenem (Baum)> des Lebens, dem sie (ja) gleichen."

p. 76,34–77,2 lies: ⲁⲩⲱ̣ | ⲛ̄ϩⲣⲁï ϩⲛ̄ ⲟⲩϫⲓⲥⲉ ⲛ̄ϩⲏⲧ | ⲉⲩⲉϩ̄ⲓ̄ⲧⲟⲟⲧⲟⲩ ⲉ<…> ⲧⲙⲛ̄ⲧ̄|ϫⲁⲥⲓϩⲏⲧ ⲉⲣ̄ⲫⲑⲟⲛⲓ usw. Auch hier dürfte an der bezeichneten Stelle ein Bruch in Syntax und Sache (infolge versehentlicher Auslassung) vorliegen, u. zw. gerade am Übergang von der Prophezeiung zu einem kurzen, der Unterstreichung dienenden Rekurs auf einen zeitlos gültigen Sachverhalt gnostischer Mythologie ad vocem „Hochmut". Als weggefallen wäre etwa denkbar <ⲥⲱⲣⲙ̄ ⲛ̄ⲛⲓⲯⲩⲭⲏ· ϣ̄ϣⲉ ⲅⲁⲣ ⲉ> „Und voller Hochmut werden sie versuchen, <die Seelen> zu <verführen. Denn es ist nötig für> den Hochmut, neidisch zu sein auf die unsterbliche Seele, die zum Pfand geworden ist."

p. 77,20/21: Zwischen ⲉϫⲙ̄ ⲡⲏ und ⲛ̄ⲧⲉ ⲛⲏ fehlt das (nachgestellte) zu ϣⲁⲩⲣ̄ϩⲟⲣⲙⲁⲍⲉ gehörige nominale Subj. und das Beziehungswort für den Gen., was im einfachsten Fall ein und dasselbe Wort sein könnte. In diesem Falle könnte man etwa an <ⲛ̄ϭⲓ ⲛⲓⲇⲁⲓⲙⲱⲛ> denken.

p. 78,7/8: Zwischen ⲛ̄ϩⲏⲧⲟⲩ und ⲁⲩⲱ liegt ein Bruch. Es fehlt das Subj. des ⲉⲩⲉϣⲱⲡⲉ und das erste Glied, das mit ⲡⲓⲕⲱ ⲉⲃⲟⲗ usw. ein Paar bildet; außerdem die Einführung des Paares. Man vermisst also etwas wie z. B. <ⲛ̄ϭⲓ ϩⲉⲛϩⲟⲉⲓⲛⲉ ⲉⲩⲕⲱ ⲙ̄ⲡⲁϣⲁϫⲉ ⲛ̄ⲥⲱⲟⲩ> „Denn es werden erstehen aus ihrem Kreise <Leute, die mein Wort verlassen> und meine Vergebung ihrer Verfehlungen" usw.

p. 82,15–17: ⲁⲛⲟⲕ ⲇⲉ ⲉⲧⲁïⲛⲁⲩ ⲉⲣⲟϥ ⲉ<ϥ> ⲟⲩⲱⲛϩ̄ ⲉⲃⲟⲗ ⲙ̄ⲡⲏ ⲉⲧϯ ⲉⲟ|ⲟⲩ „ich aber bin es, der gesehen hat, wie er sich offenbart in jenem, der (ihm) Herrlichkeit verleiht."

p. 82,25: <ⲙⲛ̄ ⲡⲓⲣⲱⲙⲉ> ⲛ̄ⲧⲉ ⲉ̅ⲗ̅ⲱ̅ⲉ̅ⲓ̅ⲙ̅· <ⲙⲛ̄ ⲡⲓⲣⲱⲙⲉ> ⲛ̄ⲧⲉ ⲡⲓⲥ̣̅ⲣ̣̅ⲟ̅ⲥ̅ „<und der Mensch> des Elohim <und der Mensch> des Kreuzes".

p. 82,28f.: ⲡⲓϣⲟ|ⲣⲡ̄ <ⲙ̄ⲙⲓⲥⲉ ⲙ̄ⲯⲩⲭⲏ ⲉⲛⲉϥϣⲟⲟⲡ> ⲛ̄ϩⲏⲧϥ̄ „der <seelische> Erst<geboren>e, <der> in ihm <war>". Von daher könnte man übrigens erwägen, ob nicht ⲡⲓϣⲟⲣⲡ̄ ⲙ̄ⲙⲓⲥⲉ („der Erstgeborene") von Z. 21f. im Sinne eines ⲡⲓϣⲟⲣⲡ̄ ⲙ̄ⲙⲓⲥⲉ ⲛ̄ⲥⲁⲣⲝ̄ („der fleischliche Erstgeborene") aufzufassen bzw. zu ergänzen ist, was ja auch dem Verständnis des unmittelbar Folgenden sehr zugute kommen würde.

p. 83,4f.: ⲉϥⲉϣⲱⲡⲉ ⲟⲩⲛ ⲁⲣⲁ ⲛ̄|ϭⲓ ⲡⲓⲣⲉϥϫⲓⲙ̣̄ⲕⲁϩ <ⲉϥϫⲓⲙ̄ⲕⲁϩ> „Also wird (nur) der Leidensfähige <leiden>".

p. 83,19f.: ⲟⲩ ⲅⲁⲣ ⲙ̄ⲙⲛ̄ ⲧⲁⲉⲓⲟ <ⲛ̄ⲧⲉⲉⲓⲙⲓⲛⲉ o. ä.> ⲛⲁ<ϣ>|ϣⲱⲡⲉ ⲛ̄ϩⲣⲁï ϩⲛ̄ ⲣⲱⲙⲉ ⲛⲓⲙ „denn nicht kann ein Geschenk <von solcher Art> in irgendwelchen Menschen wohnen".

p. 83,28f.: ⲁⲩ|ⲱ <ⲟⲩⲛ̄> ⲟⲩⲟⲛ ⲛⲁⲣ̄ϩⲟⲩⲟ ⲉⲣⲟϥ „und etwas wird ihm übrig sein" = „und er wird Überfluss haben".

p. 83,32–34: ⲉϥ|ⲟⲩⲟⲧⲃ̄ ⲉⲃⲟⲗ ϩⲙ̄ ⲡⲓⲧⲱϭ[ⲉ] ⲛ̣̄|ⲧⲉ ⲡⲓⲥⲱⲛⲧ̄ <ⲉϥϣⲟⲟⲡ ⲉⲃⲟⲗ ϩⲛ̄ ⲛⲓⲣⲱⲙⲉ> ⲛ̄ⲧⲉ ⲡⲓϫⲡ[ⲟ] „...wenn er die Pflanzung dieser Schöpfung verlässt, <(und) weil er zu den Menschen> dieses Geschlechtes <gehört>, ...".

Die Schwierigkeit des Satzes ⲛⲉϥⲥⲏϩ ⲇⲉ ⲡⲉ ⲛ̄ϩⲣⲁï ϩⲛ̄ ⲟⲩ|ⲡ̄ⲛ̄ⲁ̄ ⲉϥⲟⲩⲁⲁⲃ (p. 82,7f.), die durch das unerwartete Verb zustande kommt, beruht möglicherweise nicht auf Textverderbnis (in welchem Falle man z. B. am Ende

<ⲛ̄ϭⲓ ⲡⲉϥⲣⲁⲛ> ergänzen könnte), sondern eher auf der Verkürzung eines Vergleiches: „Er war aber (wie ein Bild) von heiligem Geist gemalt". In der Sache ist sicher gemeint, dass diese Gestalt, die der eigentliche Erlöser und das eigentliche Ich Jesu ist, ganz und gar aus heiligem Geist besteht.

An interessanten Wörtern wären zu nennen:

ⲥⲟⲩⲣⲉ ⲛ̄ⲛⲟϫⲉ „Distel" (p. 76,8) = B ⲥⲉⲣⲟϫⲓ Crum 354b 25f.

ⲕⲁⲡ ⲛ̄ⲱⲛⲓ „Steingefäß" (p. 82,23f.; als Behausung von Dämonen [vgl. die λίθιναι ὑδρίαι Joh 2,6 und NHC IX p. [70],9–20] und als solche wiederum Metapher für den Fleischesleib des Erlösers); im zweiten Glied Bohairismus; erstes Glied = Crum 113b 20.

Das in S ganz seltene, in B aber geläufige Wort ⲥⲣⲁϩ „Beispiel" (Crum 358a 2) kommt (u. zw. mit ⲉⲓⲣⲉ konstruiert: ⲉⲓⲣⲉ ⲙ̄ⲙⲟ⸗ ⲛ̄ⲥ. bzw. ⲁⲁ⸗ ⲛ̄ⲥ. = „jem. zuschanden machen") außer zweimal in der bekannten Gestalt (p. 80,29; 81,22) auch zweimal in der Gestalt ⲥⲧⲣⲁϩ vor (p. 80,19; 82,3).

Das zweimal begegnende (fem.) Nomen ϣⲉⲃⲓⲱ „Tausch, Entgelt, Vergeltung, Gegenwert" (p. 81,21; 83,6) dient als term. techn. der trichotomischen Christologie und bezeichnet von den drei (im Schema Geist – Seele – Fleisch gedachten) ineinander geschachtelten und vor bzw. bei der Kreuzigung sich voneinander trennenden Wesenheiten Jesu seinen fleischlichen Leib, der allein getötet werden kann, ist aber nicht sicher in seiner konkreten Bedeutung im Textzusammenhang zu fassen und so oder so schwer zu übersetzen. Dass ϣⲉⲃⲓⲱ an einer der beiden Stellen (p. 81,21) als masc. behandelt wird, dürfte nun am ehesten als Einwirkung des mutmaßlich dahinter stehenden griechischen Äquivalents ἀντάλλαγμα zu erklären sein. Bei ἀντάλλαγμα denkt man aber leicht an Stellen wie Mk 8,37 par Mt 16,26; Ps LXX 88,52, und in dieser Perspektive dürfte sich dann der Biblizismus „Lösegeld" für die Übersetzung am meisten empfehlen mit dem doppelten oder alternativen Sinn: das Fleischliche (Jesu), das dem Tode überantwortet wird, damit das Seelische frei werde; *und*: das so genannte „Lösegeld" der kirchlichen Kreuzestheologie, welcher Ausdruck sich eben höchstens auf das bloße Fleisch Jesu beziehen kann.

Die vierte Schrift des NHC VII (p. 84,15–118,7) trägt den Titel „Die Lehren des Silvanus" (Silv). Und auch sie ist bereits, u. zw. mehrfach, bekannt gemacht, bewertet und analysiert worden.[15] Sie fällt völlig aus dem

[15] Vgl. J. Zandee, NHS 3, 1972, 144–155; M. L. Peel/J. Zandee, NovT 14 (1972), 294–311; K.-W. Tröger (Hg.), Gnosis und NT, 62–64; W.-P. Funk (federführend), ThLZ 100 (1975), 7–23.

Rahmen der sie umgebenden Schriften heraus, insofern als sie überhaupt nicht gnostisch ist. Es handelt sich bei ihr vielmehr um eine christianisierte Weisheitslehre des hellenistischen Judentums. Gerade als solche ist sie nun von allergrößter Bedeutung für die spätantike Religionsgeschichte und die Geschichte des frühen Christentums; aber es kommt sehr darauf an, dass man sie in der richtigen Perspektive sieht. Zunächst einmal gehört sie als Weisheitslehre, in der es um die Didaktik des rechten Verhaltens gegenüber Gott und den Menschen geht, zur Textsorte der Sammlungen von paränetischem Traditionsgut. Das heißt aber, ihre vorliegende Form ist gar nicht auf einen Verfasser zurückzuführen, sondern auf einen Redaktor. Bei solcher Betrachtung verliert dann die Vielfalt der religionsgeschichtlichen Beziehungen und die Disparatheit ihres Inhalts auch jeden Schein von Auffälligkeit. Hinsichtlich der „Beziehungen" ist übrigens bei der zukünftigen wissenschaftlichen Aufarbeitung möglichst zu unterscheiden, wo nur Geist vom selben Geist vorliegt und wo sachliche bzw. wörtliche Identität zu konstatieren ist.

Der Sammlungscharakter unseres Textes wird besonders deutlich im Lichte der von W.-P. Funk entdeckten wörtlichen Identität gerade eines seiner charakteristischsten Stücke (p. 97,9–21 + 97,30–98,22) mit W. E. Crum, Catalogue of the Coptic Manuscripts in the British Museum, London 1905, No. 979 fol. a, wo die Worte dem Apa Antonius in den Mund gelegt sind (= Spiritualia Documenta, PG 40, 1077 AB). Aufgrund dieser geradezu verblüffenden Parallele kann man nun sogar eine der wenigen schwierigen Lücken des Silv mit absoluter Sicherheit ergänzen, nämlich p. 97,35 Anf., wo nach BM 979 (ⲁⲩⲱ ⲣⲱⲙⲉ ⲛⲓⲙ ϣⲧⲣⲧⲱⲣ ⲉⲡϫⲓⲛϫⲏ ⲁⲩⲱ ⲉⲡⲣⲁ „und jeder Mensch ist umsonst und vergeblich in Unruhe") [ⲉⲡϫⲓⲛϫ]ⲏ zu lesen ist.

Silv ist mithin zu betrachten als kleiner Ausschnitt des breiten und verzweigten Stroms der Weisheitslehre, der, in seinem Laufe den mannigfaltigsten Einflüssen ausgesetzt, aus dem alten Orient durch Israel und das hellenistische Judentum fließend, schließlich sowohl (besonders hinsichtlich der pessimistischen Daseinshaltung) die ägyptische Mönchsethik, als auch (besonders hinsichtlich der spekulativen Aspekte) die alexandrinische Theologie, als auch (unter radikaler Metamorphose) die Gnosis speist.

In diesem unserem Ausschnitt aber sind zwei Stadien sichtbar; außer dem mit dem Abschneiden selbst gegebenen christlichen auch noch als Basis desselben ein hellenistisch-jüdisches. Wenn man sich nämlich die christlichen Elemente wegdenkt – was eben leicht möglich ist, – dann bleibt eine jüdische Weisheitslehre übrig, wie sie sich im Ausstrahlungsbereich Philos von Alexandria hätte bilden können bzw. wie sie dem philonischen Denken zugrunde gelegen haben mag. Das würde andererseits für die weitere Forschung besagen, dass u. E. der nächstgelegene Bereich für die Suche nach Sachparallelen für die (nichtchristlichen) wesentlichen Punkte von Silv der literarische Nachlass Philos ist.

Ein solch wirklich charakteristischer Punkt ist z. B. die Lehre von den drei Wurzeln des Menschen (p. 92,15–33):

> Erkenne doch, dass du aus drei Wurzeln entstanden bist: aus der Erde, aus dem ‚Bilden' und aus dem ‚Erschaffen'. Aus der Erde (, d. h.) aus irdischer Substanz, entstand der Leib. Das ‚Bilden' hatte zum Ziel die Seele (und erfolgte) aus der Erinnerung an das Göttliche. Das ‚Erschaffen' aber meint den Nous (als) denjenigen (Menschen), der nach dem Bilde Gottes entstanden ist. Der göttliche Nous hat nun sein Wesen aus dem Göttlichen. Die Seele aber ist der (andere Mensch), der in ihnen selbst ‚gebildet' wurde; ich meine nämlich, dass sie (die Seele) das Weib des ebenbildlichen (Menschen) ist. Die Substanz des aus der Erde entstandenen Leibes aber ist die Materie.

Und dieser Topos ist eben im Grunde sachlich identisch mit der bekannten Lehre Philos von den zwei Menschen (Gen 1,26f. einerseits und Gen 2,7f. andererseits). (Zu dem nicht aufgehenden Rest s. unten!)

Es ist übrigens interessant zu bemerken, dass sich im Silv, trotz aller Hellenisierung (vor allem durch die Identifizierung der σοφία mit dem λόγος), bestimmte konstitutive Elemente auch des Gehalts der alten Weisheit, z. B. der Pessimismus und das Ideal der Demut, in erstaunlicher Klarheit erhalten haben bzw. in natürlicher Entfaltung vorliegen.

Die Christianisierung der zugrunde liegenden hellenistisch-jüdischen Weisheitslehre, als deren letztes Ergebnis der – als einer der urchristlichen διδάσκαλοι (1Kor 12,28f.; Eph 4,11; Apg 13,1) verstandene – Paulusgefährte Silvanus zu ihrem fiktiven Autor, der hier im Namen der Weisheit „seinen Sohn" den Weg der Weisheit zu gehen lehrt, geworden sein dürfte, wirkt nun aber keineswegs übermäßig künstlich. Kein Wunder! Denn dieses Phänomen des Silv ist ja zu sehen als Teil des an sich bereits, und zwar im Wesentlichen auf Grund von Indizien, erkannten Prozesses – dessen wertvollstes, weil direktes Zeugnis Silv jetzt ist –, in dessen (nicht gradlinigen und nicht in sich abgeschlossenen) Verlauf einerseits durch das Verständnis Jesu als des Lehrers der göttlichen Weisheit und durch entsprechende Verlegung von Weisheitsworten in seinen Mund die urchristliche Logientradition wesentlich bestimmt wurde, andererseits infolge der Übertragung der mythologischen Weisheitsspekulation auf Jesu Person und Geschick die Christologie, besonders in der Präexistenzchristologie, eine charakteristische Formung erhielt.[16]

In dieser Perspektive ist übrigens bei den Beziehungen von Aussagen des Silv zu Stellen des NT durchaus damit zu rechnen, dass sie sich nicht nur bzw. nicht alle als Einwirkungen dieser NT-Stellen zu erklären brauchen, sondern dass an solchen Stellen unter Umständen auch die Hintergründe der betreffenden NT-Stellen ans Licht kommen können. Ein besonders deutliches und wichtiges Beispiel für diese zweite Möglichkeit ist p. 88,35–89,12:

> Die Weisheit ruft dich; doch du willst den Unverstand. Nicht nach deinem (eigenen) Willen tust du das, sondern die tierische Natur in dir ist es, die das tut. Die Weisheit ruft dich in ihrer Güte und spricht: ‚Kommt her zu mir alle, die ihr unverständig seid, so werdet ihr als Geschenk empfangen die gute und auserlesene Verständigkeit!' Ich gebe dir ein hohepriesterliches Gewand, das aus lauter Weisheit gewebt ist.

Hier wird doch der sowieso vermutete weisheitliche Hintergrund des so genannten Heilandsrufes Mt 11,28–30 direkt sichtbar.

Aufs Ganze gesehen wird man sich die Alternativfrage stellen müssen, ob im Silv ein sozusagen normales Christentum nur zufällig durch die Form der Weisheitslehre verkürzt in unser Blickfeld tritt, oder ob hier ein Christentum zu Wort kommt, dem die Weisheitslehre eine gemäße Form ist und das also an sich so ist, wie es hier erscheint. Mir scheint die zweite Auffassungsmöglichkeit die näher liegende zu sein. Der für die Gestalt des Silv verantwortliche Redaktor und die Gruppe, die er repräsentiert, scheinen tatsächlich weisheitlich zu denken. Die Christologie unserer Schrift ist ja auch zu auffällig, insofern als sie so rein von der Sophiaspekulation her konzipiert ist wie kaum irgendwo im NT (an den vergleichbaren NT-Stellen ist m. E. immer schon die Übertragung der gnostischen Erlöserlehre auf Jesus mit im Spiel).

Von großer Problematik erscheint mir die Frage nach dem Verhältnis des Silv zur Gnosis. Die Frage ist unausweichlich. Sie ist schon damit gegeben, dass uns Silv in einem gnostischen Codex, der Teil einer gnostischen Bibliothek ist, begegnet. Dabei besteht das Problem nicht so sehr darin, sich zu erklären, wie Gnostiker an einer solchen christlichen Weisheit, wie Silv sie darstellt, Gefallen finden und aus ihr Nutzen ziehen konnten.

16 Vgl. H. Köster/J. M. Robinson, Entwicklungslinien durch die Welt des frühen Christentums, Tübingen 1971, 204–208.

In der Anthropologie, Theologie und Christologie von Silv, auch in ihren Metaphern und Allegorien, mochte jeder Gnostiker, namentlich jeder christliche, wenn er sie von vornherein mit seinen Augen las, leicht Geist von seinem Geist erkennen. Das Merkwürdige ist vielmehr, dass es so aussieht, als gäbe es in dieser von Gnostikern benutzten nichtgnostischen Schrift Überbleibsel gnostischer Gedanken bzw. Stellen, denen man noch ansieht, dass hier eine gnostische These herausgebrochen ist. Eine dieser Stellen ist uns schon zu Gesicht gekommen, nämlich die Wendung ⲉⲃⲟⲗ ϩⲙ̄ ⲡⲙⲉⲉⲩⲉ ⲙ̄ⲡⲑⲉⲓⲟⲛ (p. 92,22f. oben übersetzt als „aus der Erinnerung an das Göttliche"), die eben nur einen Sinn zu geben scheint auf dem Hintergrund einer Anschauung, wie sie z. B. Iren. adv. haer. I 24,1 zum Ausdruck kommt. Für sich selbst sprechend ist in dieser Perspektive die Aussage: „Schwer zu finden ist (schon) ein Psychiker. Um wie viel schwerer zu finden ist – der Herr; nach meiner Meinung ist nämlich Gott der (sc. einzige) Pneumatiker" (p. 93,22–25). Der Satz vom Brautgemach (p. 94,25–29) ist, wie es scheint, sowieso anakoluthisch. In diesem wohl chiastisch gedachten Parallelismus von der Form a^1b^1/b^2a^2 dürfte b^2 durch Homoioteleuton ausgefallen sein. Es muss wohl heißen: „Als du eingingst in ein körperliches Gebilde, wurdest du geboren. <Als du wiedergeboren wurdest,> gelangtest du in das Innere des Brautgemachs und begannst zu leuchten im Nous." Ich kann das nur für eine gnostische (aber im Zusammenhang des Silv eben deplazierte) These halten, eine Art Antwort auf die Frage τί γέννησις, τί ἀναγέννησις (Exc. ex Theod. 78,2). Die Voraussetzung der hymnischen Aussagen über den Abstieg Christi, dass diese Welt die Hölle sei, ist ebenfalls am ehesten als aus der Gnosis stammend zu verstehen; abgesehen davon, dass auch die Gegenspieler des Hymnus (p. 110,19–111,13) sich kaum rein ethisch erklären lassen, sondern zwingen, an die Archonten der gnostischen Mythologie zu denken. Schließlich ist man versucht, auch die alleinige Nennung des Namens des Paulus und noch mehr die Art, wie das geschieht (p. 108,30–32), damit in Zusammenhang zu bringen, dass er ja haereticorum apostolus war (Tertullian adv. Marc. III 5).

An interessanten Kleinigkeiten sei noch das Folgende erwähnt:

p. 91,24: Zu lesen wohl ⲙ̄ⲡⲥⲁ<ϩ>: „nimm dir zum Lehrer der Frömmigkeit den Logos".

In dem Satz p. 95,7–20 ist vielleicht das erste ϩⲛ̄ ⲧⲙⲛ̄ⲧⲣⲙ̄ⲛ̄ϩⲏⲧ (Z.8f.) als Abschreibfehler zu tilgen.

Bohairismen sind wohl das Nomen ⲣⲙ̄ϩⲛ̄ⲏⲉⲓ (p. 92,8; 109,5; 115,22), die Negation ϣⲧⲙ̄ (p. 117,3) und die Behandlung des Verbs ⲉⲓⲙⲉ als transitivum beim Imp. ⲙ̄ⲙⲉ ⲙ̄ⲙⲟⲕ (p. 92,15).

Bemerkenswerte Wortformen sind ϩⲃ̄ϩⲉ (p. 115,2f.) = ϩⲱϩϥ̄ „Hand“ als Maß (Crum 742b) und ⲃⲁϩⲟⲩ (p. 113,35) = ⲃⲟⲩϩⲉ „Augenlid“ (Crum 48a), wobei vielleicht ⲃⲁϩⲟⲩ eine alte Dualform ist.

Auffällig sind auch zwei Wörter, die offenbar einen griechischen, wenn auch nicht unproblematischen, Hintergrund haben: ⲥⲧⲩⲫⲏ (p. 87,16.26; 95,31) heißt „Strenge“ (vgl. Gr. Nyss. hom. 9 in Cant. [PG 44,969 C]: ὁ τῆς ἀρετῆς καρπός, τῇ στυφῇ καὶ τῇ τῆς ἐγκρατείας περιβολῇ πεφραγμένος) und gehört zu einer größeren Wortfamilie, die aber nur in patristischer Literatur begegnet (vgl. Lampe, p. 1265b). Das andere Wort ⲙⲟⲛⲑⲩⲗⲟⲥ (p. 88,18) scheint es im Griechischen gar nicht zu geben, wohl aber μονθύλευσις, μονθυλεύω, μονθυλευτός, und zwar als termini technici der Kochkunst „mit gehacktem Fleisch füllen“ usw. ⲙ̄ⲡⲣ̄ϣⲱⲡⲉ ⲙ̄ⲙⲟⲛⲑⲩⲗⲟⲥ ist vielleicht – wenn man nicht einfach ⲙ̄ⲙⲟⲛⲑⲩⲗ<ⲉⲩⲧ>ⲟⲥ lesen will – eine (mit ihrer fälschlichen „Normalisierung“ im Rahmen koptischer Übersetzungspraxis nicht analogielose) Wiedergabe eines zugrunde liegenden μὴ μεμονθυλεύσθε, das im hiesigen Zusammenhang (wie μονθύλευσις bei Pollux 6,60 [μονθυλεύσεις = „übermäßige Aufwendungen“]) metaphorisch gebraucht wäre: „Seid nicht angefüllt (mit vielen Dingen)“.

Der Kolophon von Silv (ΙΧΘΥΣ θαῦμα ἀμήχανον) ist von drei mal drei magischen Zeichen eingerahmt, deren Bedeutung auf jeden Fall im Umkreis des frühchristlichen Fischsymbols zu suchen ist (dies Symbol auch ÄgEv NHC III p. 69,14f.). Dann dürften φφφ und ηηη wohl am ehesten geheime Namen Christi – oder geheime Schreibungen bekannter Namen (wie φῶς und ζωή)[17] – darstellen (vgl. zum Prinzip Pistis Sophia Kap. 62 Zusatz [GCS 45, 81]). Das erste Zeichen der dritten Gruppe, das überhaupt kein Buchstabe ist, dürfte den zum „Fisch“ gehörigen Anker stilisiert wiedergeben (vgl. bes. Dölger, ΙΧΘΥΣ I², 318–322; III, XLVIII 2; IV, 167; 171,1; 174,1; 195), während das Tau wohl das Zeichen des Kreuzes und des Lebens ist (vgl. Dölger, ΙΧΘΥΣ I², 2*–8*; IV, 220,2) und das Ypsilon vermutlich das bekannte pythagoräische Symbol und Zauberzeichen des Unterweltgottes Typhon-Seth, das ja auch rechts oberhalb des so genannten Spottkruzifixus vom Palatin zu sehen ist.[18]

---

[17] Vgl. F. J. Dölger, ΙΧΘΥΣ I², 247f.; IV, 246,1.

[18] Vgl. Dölger, ΙΧΘΥΣ I², 323; IV, 223 Z. 9 Ende; sowie F. Dornseiff, Das Alphabet in Mystik und Magie, ²1925, 24. 34; R. Wünsch, Sethianische Verfluchungstafeln aus Rom, 1898, 98f.; vgl. aber auch das ⲧⲩ im 1. Buch des Jeû (GCS 45), 261 (in der Mitte des gezeichneten Kreises.)

Ganz am Ende des Codex VII (p. 118,10–127,32) finden wir noch eine relativ kurze und doch überaus bedeutsame Schrift mit dem Haupttitel „Die drei Stelen des Seth" (StelSeth). Es ist ein noch nicht „christianisierter" echt sethianischer Text (so echt, dass man nach ihm geradezu das Wesen des gnostischen Sethianismus bestimmen kann) von liturgischem Charakter, nämlich das Formular für den ekstatischen Aufstieg zur Gottesschau.[19] Sein Kern sind drei Hymnen, mit denen die gnostischen Sethianer, in liturgischer und magischer Identifikation mit ihrem Stammvater und Erlöser Seth, die drei höchsten Gottheiten des sethianischen Systems anrufen, nämlich erstens den göttlichen Sohn, der der himmlische Adamas ist, zweitens die göttliche Mutter namens Barbelo, drittens den göttlichen Vater. Nach p. 127,17–21 [„Von der Dreiheit aus preisen sie die Zweiheit; danach (von der Zweiheit aus) die Einheit. Der Weg des Aufsteigens ist der Weg des Herabkommens"] sind die Hymnen beim Vollzug des Aufstiegsmysteriums in der Reihenfolge 1 2 3 3 2 1 zu rezitieren, während die schweigende Schau zwischen 3 und 3 stattfindet. Dieser Kern ist nun vorn und hinten garniert mit Regieanweisungen (wie der zitierten) und Aussagen über die Wirkung der Hymnen, und ist mehrfach gerahmt, zunächst dadurch, dass im Inneren die drei Hymnen als Inhalt der legendären Stelen des Seth, deren Zahl dabei zwangsläufig von zwei auf drei erhöht wird, ausgegeben werden, während zugleich das Ganze hinten in einem Pseudokolophon (p. 127,28–32) als Buch, das Seth eigenhändig geschrieben habe, aufgefasst wird, am Anfang sich jedoch als Offenbarung des (berühmten und legendären samaritanischen Sektenstifters) Dositheus über das, was er auf den Stelen des Seth gelesen habe, gibt.

Diese Rahmung am Anfang ist übrigens als direktes Zeugnis einer Beziehung zwischen der sethianischen Gnosis und dem Samaritanertum (und damit als Basis weitreichender diesbezüglicher Erwägungen [s. den Aufsatz über das sethianische System, Anm. 19]) m. E. von erheblicher Bedeutung.

Die Einfachheit der in StelSeth begegnenden mythologischen Vorstellungen macht den Eindruck von Ursprünglichkeit. Jedoch bedarf dieser unmittelbare Eindruck durchaus noch der Reflexion darüber, ob er nicht täuscht, ob es sich hier also wirklich (bzw. mit größerer Wahrscheinlichkeit) um ursprüngliche Einfachheit und nicht etwa um

[19] Vgl. K.-W. Tröger (Hg.), Gnosis und NT, 64–65; K. Wekel (federführend), ThLZ 100 (1975), 571–580; H.-M. Schenke, Das sethianische System nach Nag-Hammadi-Handschriften, 165–173.

sekundäre (möglicherweise von den Gesetzen der Textsorte mitbestimmte) Vereinfachung im Sinne einer bewussten Beschränkung auf das Wesentliche handelt. Diese Besinnung ist für mich besonders mit zwei (auch an sich wichtigen) Sachverhalten des Textes verknüpft.

Der erste Sachverhalt ist im ersten Hymnus die Bezeichnung des himmlischen Adamas als ⲡⲏ ⲉⲧⲁⲩⲡⲟϣϥ̄ ⲉϯⲡⲉⲛⲧⲁⲥ „jener, der auf die Fünfheit aufgeteilt wurde" (p. 120,19f.), was ja eine erheblich konkretere Aussage ist als die Parallelstelle p. 121,10f.: „Du wurdest überallhin zerteilt (und) bist doch einer geblieben". Und es mag einem zunächst so vorkommen, als sei diese Aussage nur auf dem Hintergrund der manichäischen Urmenschlehre zu verstehen. Aber man wird die Pentas schließlich doch wohl eher auf die allgemeine und vorgnostische Vorstellung von den fünf Elementen der Welt und (bzw. oder) auf die Vorstellung von den (ursprünglich) fünf Planeten beziehen.

Der zweite Sachverhalt ist eine bloße Abkürzung, die aber hinsichtlich ihrer Tragweite umso bedeutsamer erscheint, je mehr man über sie nachdenkt. Dreimal finden wir in StelSeth, u. zwar in Bezug auf die Barbelo, die Figur ⲕ̅ⲗ̅ⲥ̅ (p. 122,14; 123,1; 126,5); und es kann im Hinblick auf verwandte sethianische Schriften (Zostrianus NHC VIII,1; Allogenes NHC XI,3) kein Zweifel sein, dass es sich hierbei um das Wort ⲕⲁⲗⲩⲡⲧⲟⲥ handelt, das, wie bei bestimmten Nomina sacra üblich, unter Kontraktion geschrieben ist. (Im Zostrianus begegnet die Kontraktion 29 Mal, gegenüber drei Fällen, wo ⲕⲁⲗⲩⲡⲧⲟⲥ ausgeschrieben ist [NHC VIII p. 15,12; 20,4; 22,12], während das Wort im Allogenes nur ausgeschrieben vorkommt [NHC XI p. 45,30; 46,31.33; 51,16; 60,18]. Man kann übrigens auch deswegen so sicher sein, dass ⲕ̅ⲗ̅ⲥ̅ = ⲕⲁⲗⲩⲡⲧⲟⲥ ist, weil unser Ausdruck in diesen sethianischen Schriften ein unverwechselbares Element der Dreistufung des himmlischen Bereichs unmittelbar unterhalb der Gottheit selbst bezeichnet, bestehend aus den Stufen:

καλυπτός
πρωτοφανής [vgl. StelSeth p. 123,5]
αὐτογενής [vgl. StelSeth p. 119,16].

Da nun die Kontraktion von Nomina sacra fast ausschließlich in christlichem Schrifttum begegnet, muss man sich die Frage stellen, ob die Kontraktion ⲕ̅ⲗ̅ⲥ̅ nicht doch irgendwie christliche Einwirkung auf StelSeth verrät, etwa derart, dass man ⲕ̅ⲗ̅ⲥ̅ in Analogie zu ⲭ̅ⲣ̅ⲥ̅ (unter Voraussetzung der Identität der so bezeichneten Gestalten) gebildet hätte, und sei es auch bloß beim Abschreiben. Aber StelSeth zeigen sonst keinerlei christlichen Firnis. Und auch die einzige andere Kontraktion in unserem Text ⲡ̅ⲛ̅ⲁ̅

(p. 125,6.25) ist zwar die aus dem christlichen Schrifttum bekannte, ist jedoch – wie das Prinzip der Kontraktion von Nomina sacra überhaupt – nicht aus dem Christentum ableitbar, sondern dürfte aus dem hellenistischen Judentum stammen.[20] Und damit erhebt sich nun die faszinierende Frage, da die Schreibung ⲕ̅ⲗ̅ⲥ̅ auch nicht gut als Erfindung der Leute, von denen der Stellenwert des καλυπτός im sethianischen System stammt, zu verstehen ist, ob hinter καλυπτός/ⲕ̅ⲗ̅ⲥ̅ nicht einfach eine jüdische Gottesbezeichnung (aus welchem Bereich des Judentums auch immer) steht, die die Sethianer samt ihrer „heiligen" Schreibung – möglicherweise auf dem Umweg über die Magie – einfach übernommen hätten.

Der Codex ist hier am Ende ein bisschen angegriffen, so dass sich einige unangenehme und schwer zu ergänzende Textlücken ergeben, deren Ergänzung um des Verständnisses des Ganzen willen aber dennoch (im Rahmen des Möglichen) versucht werden soll:

p. 122,31–123,1: ⲁϯϭⲟⲙ ϩⲛ̄ ⲟ[ⲩ]ϫⲡⲟ ⲙⲛ̄ | ϩⲉⲛⲉⲓⲇⲟⲥ ϩⲙ̄ ⲡⲏ̣ [ⲉⲧ]ϣⲟⲟⲡ | ϣⲁ(ⲣⲉ) ϩⲉⲛⲕⲟⲟⲩⲉ ϣ̣[ⲁ]ⲩ̣ⲕ̣ⲱ ⲉ̣|[ϩ]ⲣ̣ⲁⲓ̈ ⲙⲛ̄ ⲟⲩ̣ϫ[ⲡⲟ ⲉⲥϯ]ϭⲟⲙ ⲛ̄|ⲛⲁⲓ̈ „Du hast (ihnen) Kraft verliehen durch Zeugung und (durch) Urbilder im Existierenden. Andere werden niedergelegt mittels einer Ze[ugung, die] diesen Kraft [verleiht]."

p. 124,2–5: Hier ist der Sinn, den der Satz haben muss, von vornherein klar: „Denn was uns betrifft, wir sind ein Schatten von dir, so wie auch du zuvor ein Schatten des Präexistenten bist." Lies also: ϫⲉ [ⲁ]ⲛⲟ[ⲛ ⲁ]ⲛⲟ[ⲛ] ⲟⲩϩⲁⲉⲓ|ⲃⲉⲥ ⲛ̄[ⲧ]ⲉ· ⲕⲁⲧⲁ̣ ⲑ̣ⲉ̣ [ⲟ]ⲛ̣ ⲉⲧⲉ ⲛ̣̄|ⲧⲉ ⲟⲩϩⲁⲉⲓⲃ[ⲉⲥ ⲛ̄]ⲧ[ⲉ] ⲡ̣[ⲏ ⲉ]ⲧⲣ̄|ϣⲣ̄ⲡ̄ ⲛ̄ϣⲟⲟⲡ̣ [ⲛ̄]ϣ̣ⲟⲣⲡ̄·

p. 124,33–125,4: [ⲧ]ⲛ̣ⲥⲙⲟⲩ̣ | ⲉⲣⲟⲕ ⲧⲏⲣⲛ̄ ⲡ[ⲓ]ⲣⲉϥⲉ̣ⲓⲙⲉ ϩⲛ̣ | ⲟⲩⲥⲙⲟⲩ ⲉ[ϥⲧⲃ̄ⲃⲏ]ⲩ· ⲡⲁⲓ̈ ⲉ|ⲧⲉ ⲉⲧⲃⲏ[ⲏ]ⲧϥ̄ ⲡ̣[ⲉ ⲛⲁⲓ̈] ⲧ[ⲏ]ⲣ̣ⲟⲩ· | ⲛ̄ⲧⲉ̣[ⲕ]ⲅ̣[ⲛ]ⲱ̣[ⲥⲓⲥ ⲇⲓⲕⲁⲓ]ⲱ̣ⲥ | ⲉⲧ̣[ⲉ ⲛ̄ⲧⲟⲟ]ⲩ ⲛ̣ⲉⲧⲉⲓⲙⲉ ⲉⲣⲟⲕ | ⲉⲃⲟ[ⲗ ϩ̄ⲓ̄ⲧ]ⲟⲟ̣ⲧⲕ̄ [ⲙⲁ]ⲩ̣ⲁⲁⲕ·

Wir preisen dich alle,
du Wissender,
mit [reine]m Lobpreis,
den, um dessentwillen [al]le [si]nd
in [d]einer E[rke]nn[tnis] nach [Gebühr],
di[e si]e es sind, die dich erkennen
dur[ch di]ch [se]lbst.

[20] Vgl. zur Gesamtperspektive L. Traube, Nomina sacra, München 1907, bes. 3–128; dazu S. Brown, Concerning the Origin of the ‚Nomina Sacra', StudPap 9 (1970), 7–19, dessen Kritik an Traubes Ursprungsthese aber m. E. oberflächlich ist.

p. 126,1–6: ⲛ̄ⲧⲟⲕ ⲁⲕⲟⲩⲉϩ ⲥⲁϩ[ⲛ]ⲉ ⲛ̄ⲛⲁï | ⲧⲏⲣ[ⲟ]ⲩ̣ ⲉ[ⲧⲣ]ⲉ̣[ⲩ]ⲛ̣ⲟⲩ[ϩ]ⲙ̣ ϩⲙ̄ ⲡⲉⲕ|ϣⲁ[ϫⲉ ⲙ]ⲁ̣ⲩ̣ⲁ̣ⲁ̣[ⲕ] ⲉ[ⲧϫⲱⲕ ⲉⲃⲟ]ⲗ̣ | ⲙ̄ⲙ[ⲟⲟ]ⲩ· ⲡⲓⲉⲟ̣ⲟ[ⲩ ⲛ̄ϣⲟⲣ]ⲡ̣ | ⲉⲧϩⲁϫⲱϥ̣ [ⲡⲓⲕ̄]ⲭ̄ⲥ ⲡ̣ⲓⲙ[ⲁ]ⲕⲁⲣⲓ|ⲟⲥ

„Du hast allen befohlen, [sich] re[tt]en zu [lassen] durch dein [ei]gene[s] Wo[rt], da[s si]e [erfüll]t. Du [erst]e Herrlichke[it], die bei ihm ist! [Du Ver]borgener! Du seliger…"

p. 126,32–127,6
ⲉⲛⲉⲓⲣⲉ ⲙ̄ⲡⲁï ⲧⲏⲣⲛ̣̄ {[ⲉ]ⲛⲉⲓⲣ̣[ⲉ]
ⲙ̄ⲡⲁï ⲧⲏⲣⲛ̄·} [ⲛ̄ⲧ]ⲉⲛ[ⲛⲁⲁⲁϥ]
ⲁⲛ ⲉⲃⲟⲗ ϩ̄ⲓ̄ⲧⲛ̣̄ [± 8]
(p. 127) [± 6] . ⲕ̣ ⲁ̣ⲛ ϩⲱ̣ [± 5]
[± 10] . . [± 6]
ⲁ̣[ⲩⲱ ⲁⲛⲟⲛ ϩⲱ]ⲱ̣ⲛ· ⲉⲛ̣[ϣ]ⲁ̣ⲛⲙ̣
ⲁ̣[ⲧⲉ ⲛ̄ⲧⲉϥⲥⲟⲫ]ⲓⲁ· ⲡⲏ ⲉⲧⲁϥ
ⲛ[ⲁ ⲛⲁⲛ ϥⲛⲁⲕⲁ]ⲁⲛ ⲟⲛ ⲙⲛ̄ ⲛⲏ
ⲉⲧ̣[ⲁ]ⲩ̣ⲛ̣ⲟ̣[ⲩϩⲙ̄]

„Wenn wir alle dies vollbringen {}, [werden w]ir [es] nicht [vollbringen] durch [(unsere eigene Kraft, sondern durch seine Hilfe).] U[nd wir sel]bst, [w]enn wir [seine Weis]heit er[langen, wird] jener, der sich [unser] er[barmt] hat, uns auch zu denen [verset]zen, die (schon) ger[ettet] sind."

Korrekturnachtrag

Inzwischen ist eine Ausgabe der Schriften des NHC VII (mit Ausnahme von Silv) durch M. Krause erschienen, in: F. Altheim/R. Stiehl, Christentum am Roten Meer, II, Berlin 1973, 1–229. Zum Ende von ApcPt vgl. A. Böhlig, Göttinger Miszellen 8 (1973), 11–13; zum Silv J. Zandee, «Les enseignements de Silvanos» et Philon d'Alexandrie, Mélanges d'Histoire des Religions offerts à H.-Ch. Puech, 1974, 337–345; speziell über das Verhältnis zum Antoniusfragment W.-P. Funk, Ein doppelt überliefertes Stück spätägyptischer Weisheit, ZÄS 103, 1; zu StelSeth M. Tardieu, Les Trois Stèles de Seth, RSPhTh 57, 1973, 545–575.

DIE RELEVANZ DER KIRCHENVÄTER FÜR DIE ERSCHLIEẞUNG DER NAG HAMMADI-TEXTE*

Nach dem – nun schon fast dreißig Jahre zurückliegenden – sensationellen Handschriftenfund von Nag Hammadi, der der Wissenschaft eine Fülle von gnostischen Originaltexten brachte, und im Verlauf der komplizierten Anfangsphasen des Prozesses ihrer Bestandsaufnahme und Publikation, der – stoßweise erfolgend – von einigen wenigen mit leidenschaftlichem Eifer, aber unter ängstlicher Diskretion betrieben, von den vielen mit Spannung, Ungeduld und Enttäuschung über Verzögerungen und anderes verfolgt wurde, erschien verständlicher, wenn nicht notwendigerweise das Verhältnis dieser neuen von Gnostikern selbst verfassten Schriften zu der altbekannten kritischen Beschreibung und Einschätzung der Gnosis im Rahmen der Ketzerbekämpfung der Kirchenväter in der Perspektive, dass man nun endlich, weil in der Lage, in genügendem Umfang aus Originalquellen schöpfen zu können, und also nicht nur von Quellen zweiter beziehungsweise dritter Hand, als welche die Kirchenväter zu gelten haben, abhängig, einen qualitativ ganz neuartigen Zugang zum Phänomen der Gnosis erhalten habe. Man fühlte sich endlich frei von den Kirchenvätern; man sah sich in der Lage, endlich die wirkliche Gnosis, und nicht mehr die im Spiegel der Kirchenväter verzerrte und entstellte, zu erblicken. Und das alles hatte und hat sein gutes Recht.

Allerdings konnte in der Welle der durch die Welt gehenden Entdeckungsfreude nur allzu leicht – wenigstens bei den Nichteingeweihten – verborgen bleiben oder verdeckt werden, dass in dieser Perspektive das Verhältnis zwischen den Nag Hammadi-Texten und den Kirchenvätern nicht differenziert genug in den Blick kam, ja dass dieses Verhältnis in bestimmter Hinsicht auch geradezu umgekehrt erscheinen kann oder muss. Es ist wohl an der Zeit, und dies ist auch die sich anbietende Gelegenheit, einmal solche anderen Seiten des Verhältnisses zu skizzieren und mit ein paar Beispielen zu belegen.

* In: J. Irmscher/K. Treu (Hg.), Das Korpus der griechisch-christlichen Schriftsteller, TU 120, Berlin 1977, 209–218.

I

Die Kirchenväter sind schon bei dem Versuch, die einzelnen Nag Hammadi-Schriften zu sortieren und ihren jeweiligen geistigen Ort innerhalb des Gesamtbereichs der Gnosis zu bestimmen, ganz unentbehrlich; und jeder an solchem Projekt Arbeitende benutzt die Kirchenväter in diesem Sinne – mit welchem Grade von Bewusstheit, und ob er im Einzelfall diesen Kirchenväterschlüssel richtig anwendet oder nicht, ist eine andere Frage.

Die zweite Schrift des Codex Jung (= Nag Hammadi Codex [NHC] I) beispielsweise wird, indem man von einer Notiz des Irenäus in adv. haer. III 11,9 über ein „Evangelium der Wahrheit" der Valentinianer ausgeht und sie als wesentliches Argument betrachtet, von vielen (allerdings wohl zu Unrecht) für valentinianisch gehalten. Aber auch wirklich beziehungsweise unbestritten valentinianische Schriften aus dem Nag Hammadi-Fund, wie das Philippusevangelium (NHC II,3) und die (Erste) Apokalypse des Jakobus (NHC V,3), werden mit Hilfe der Kirchenväter als valentinianisch identifiziert, dadurch dass man sie an den Valentinianismusmodellen der Kirchenväter misst. Für die Einschätzung und Wesensbestimmung der schwierigen Schrift mit dem Titel „Die Paraphrase des Sēem" (NHC VII,1) ist der erste und grundlegende Schritt die Erkenntnis, dass sie mit dem System der so genannten Sethianer bei Hippolyt, ref. V 19–22, eng verwandt ist, wenngleich diese Verwandtschaft komplizierter ist, als es auf den ersten Blick erscheinen mag.

Dass die Kirchenväter als solcher Schlüssel benutzt werden können und ein solcher Schlüssel sind, hängt übrigens ganz wesentlich gerade mit dem Sachverhalt des sekundären Charakters der Gnosis bei ihnen zusammen. In der Konfrontation mit der Gnosis und in der Zwangslage, einerseits einleuchtend widerlegen und andererseits rational überzeugen zu müssen, musste es ihnen darauf ankommen, nicht alles, sondern gerade das Wesentliche an der Gnosis zu erfassen. Dass es in gnostischen Originaltexten auch viel Unwesentliches, Unspezifisches und Langweiliges gibt, auch diesen Sachverhalt lassen die Nag Hammadi-Texte jetzt, wo ihr Inhalt manchem bereits überschaubar ist, leider deutlich erkennen. Uninteressant wird es meines Erachtens vor allem immer dann, wenn die gnostischen Darlegungen und Spekulationen den vielfältig möglichen Bezug auf die Wirklichkeit verlieren. Verständlicherweise gerät gerade die Beschreibung der himmlischen Welt, wenn es über ihre Struktur, die sie als Ursache und Urbild der Wirklichkeit verständlich macht, und vorgegebene Weltbilder hinausgeht, ganz leicht in Leerlauf, wo der himmlische Reichtum dann nur noch in endlosen Wiederholungen seinen Ausdruck findet.

Als Schlüssel zur Identifikation gnostischer Originaltexte beziehungsweise ihrer Systeme – sei es, dass er passt, sei es auch, dass er nicht passt – eignen sich die Kirchenväter auch deswegen, weil sie einen ganz anderen Überblick haben und vermitteln, als er sich aus irgendeiner, doch immer zufälligen, Sammlung von Originalschriften ergibt. Die Kirchenväter sind am Ganzen des Phänomens der Gnosis orientiert, während die Nag Hammadi-Texte doch nur einen kleinen Teil repräsentieren. Und zwar ist die Nag Hammadi-Sammlung auch noch – mindestens zunächst einmal – ein mehr oder weniger typisches Zeugnis von provinzieller Gnosis, während die Optik der Kirchenväter natürlich die internationale Gnosis der großen Metropolen nicht nur mit umfasst, sondern von ihr ausgeht.

Streben nach Erfassung des Wesentlichen und Erklärung der Teile aus dem Ganzen eines Phänomens ist aber im Grunde nichts anderes als ein wesentlicher Zug von Wissenschaftlichkeit. So könnte man mit einem gewissen Recht die Behandlung der Gnosis durch die Kirchenväter die erste wissenschaftliche Erschließung der Gnosis nennen. In dieser Perspektive gesehen, bringen die Kirchenväter die Gnosis erstmalig sozusagen „auf den Begriff", wie die reiche Anschauung, die die Nag Hammadi-Texte vermitteln, solchen Begriffs beziehungsweise der Begriffe dringend bedarf, um nicht blind zu sein. Wer etwa glaubt, die Nag Hammadi-Texte seien durch einfache Beschreibung der einzelnen Inhalte und Summierung des Bestandes zu erschließen, der irrt sich sehr, abgesehen davon, dass in der Kunst, den Inhalt einer gnostischen Schrift sachgemäß zu referieren, ein Irenäus (beziehungsweise der betreffende Gewährsmann) keineswegs von jedem unserer Nag Hammadi-Spezialisten erreicht wird.

Kurzum, Nag Hammadi-Forschung ist nicht möglich ohne die Kirchenväter, oder genauer gesagt, ist nicht möglich, ohne dass man die aus den Kirchenvätern entnommenen, in Nachfolge der Kirchenväter erarbeiteten oder auch in Auseinandersetzung mit ihnen modifizierten Begriffe und Kategorien von Gnosis hat und anwendet. Dass dabei Begriffe und Anschauungen in einer dialektischen Wechselbeziehung stehen und neues Anschauungsmaterial, wie die Nag Hammadi-Texte, die jeweils vorgegebenen Begriffe auch modifiziert, liegt in der Natur der Sache und braucht hier nicht besonders hervorgehoben zu werden.

II

Die Relevanz der Kirchenväter für die Nag Hammadi-Schriften tritt in ein helles Licht durch den Umstand, dass die Glaubwürdigkeit und Verlässlichkeit ihrer Darstellung durch die Nag Hammadi-Texte in erstaunlichem Umfang direkt sichtbar gemacht wird. Das gilt von ganzen Schriften beziehungsweise Systemen wie von markanten einzelnen Lehrstücken.[1] Was ganze Schriften anbelangt, so ist das deutlichste und bekannteste Beispiel die Bestätigung des Systems von Irenäus adv. haer. I 29 durch das Apokryphon Johannis. Beispiele für die Bestätigung einzelner Lehrstücke sind natürlich viel zahlreicher. Zwei besonders interessante Beispiele seien herausgegriffen.

Die Behauptung der Kirchenväter über die Feindlichkeit der Gnostiker gegenüber dem Alten Testament und seinem Gott wird besonders eindrucksvoll illustriert durch einen auch an sich – unter formalen wie sachlichen Gesichtspunkten – bedeutsamen und heraushebenswerten Abschnitt im Zweiten Logos des großen Seth (NHC VII,2, p. 49,10–70,12).[2] Das Stück (p. 62,27–65,2), das ursprünglich wohl selbständig gewesen sein dürfte, könnte man ganz gut als ein „antijüdisches Manifest“ bezeichnen. Der Demiurg erscheint hier übrigens unter dem Namen „der Siebente“ (= der siebente Planetenherrscher, von unten gerechnet). Es heißt:

Zum Lachen war Adam,
der in Fälschung als Abbild eines Menschen
geschaffen wurde durch *den Siebenten*,
als ob *er* (dadurch) mich und meine Brüder
überwältigt hätte,
die wir schuldlos bei ihm sind
und nicht gesündigt haben.
Zum Lachen war auch Abraham samt Isaak und Jakob,
insofern als sie in Fälschung „die Väter“
genannt wurden durch *den Siebenten*,

---

[1] Es gibt allerdings auch einen Bereich, wo die Originaltexte die Behauptungen der Kirchenväter rundweg in Frage stellen: Das ist der ganze Komplex des gnostischen Libertinismus. Hier hat wohl die Automatik eines bestimmten Schemas der kirchlichen Ketzerpolemik („Wer eine falsche Lehre vertritt, muss auch moralisch minderwertig sein“) – ansetzend bei gewissen delikaten Symbolen innerhalb gnostischer Systeme – das Bild gnostischer Moral vollständig verzerrt.

[2] Vgl. FacEd of Codex VII, Leiden 1972. Infolge der Zusammenarbeit mit dem Nag Hammadi-Team von Claremont, durch die uns ein großer Teil von dessen internem Arbeitsmaterial zugänglich wurde, konnten wir an dem Text schon geraume Zeit vor Erscheinen seiner Faksimile-Ausgabe arbeiten.

als ob *er* (dadurch) mich und meine Brüder
überwältigt hätte,
die wir schuldlos bei ihm sind
und nicht gesündigt haben.
Zum Lachen war David,
insofern als sein Sohn „der Menschensohn“
genannt wurde, welches bewirkt wurde
durch *den Siebenten*,
als ob *er* (dadurch) mich und meine Artgenossen
überwältigt hätte,
die wir doch schuldlos bei ihm sind
und nicht gesündigt haben.
Zum Lachen war Salomo,
insofern als er, in der Meinung, er sei
ein Christus, hochmütig wurde
auf Veranlassung *des Siebenten*,
als ob *er* (dadurch) mich und meine Brüder
überwältigt hätte,
die wir doch schuldlos bei ihm sind
und nicht gesündigt habe<n>.
Zum Lachen waren die zwölf Propheten,
insofern als sie in Fälschung auftraten
als Abklatsch der wahren Propheten
auf Veranlassung *des Siebenten*,
als ob *er* (dadurch) mich und meine Brüder
überwältigt hätte,
die wir doch schuldlos bei ihm sind
und nicht gesündigt haben.
Zum Lachen war Mose,
nach gottlosem Zeugnis ein treuer Knecht,
der „der Freund (Gottes)“ genannt wurde

– der mich nie erkannt hat, weder er, noch die, die vor ihm waren; von Adam bis Mose und Johannes dem Täufer hat niemand von ihnen mich erkannt noch meine Brüder. Denn (alles), was sie hatten, war eine von Engeln gegebene Lehre, die (nur) auf die Beachtung von Speis(evorschrift)en abzielte, und eine bittere Knechtschaft, ohne dass sie jemals Wahrheit erkannten noch erkennen werden. Denn eine große Täuschung liegt auf ihrer Seele, so dass sie niemals in der Lage sind, den Gedanken der Freiheit zu finden und zu erkennen, bis sie den Menschensohn erkennen. Wegen meines (unbekannten) Vaters aber bin ich jener, den die Welt nicht erkannte –

und mit diesem erhob *er* sich gegen mich und meine Brüder,
die wir doch schuldlos bei ihm sind
und nicht gesündigt haben.
Ja, zum Lachen war dieser Archont (selbst),
weil er sagte: „Ich bin Gott; und es gibt
keinen, der größer ist als ich. Ich allein bin
der Vater, der Herr; und es gibt keinen anderen

außer mir. Ich bin ein eifersüchtiger Gott, der
ich bringe die Sünden der Väter über die Kinder
bis zu drei und vier Generationen“,
als ob er (dadurch) mich und meine Brüder
überwältigt hätte,
die wir doch schuldlos bei ihm sind
und nicht gesündigt haben;
und so überwanden wir seine Lehre,
weil er befangen ist in eitlem Ruhm
und nicht übereinstimmt mit unserem Vater,
und so – durch unsere Freundschaft –
hielten wir nieder seine Lehre,
weil er aufgeblasen ist in eitlem Ruhm
und nicht übereinstimmt mit unserem Vater.
Ja, zum Lachen war es,
ein (Selbst-)Gericht und falsche Prophetie.

In derselben Schrift (p. 55,9–56,20) findet sich eine bemerkenswerte umfassende Illustration auch des von den Kirchenvätern behaupteten und bekämpften christologischen Doketismus (wie es an sich deren viele gibt in den Nag Hammadi-Texten), eine Illustration, die hinsichtlich dessen, was sie illustriert, noch spezifischer wird, wenn man ein in ihr enthaltenes exegetisches Problem in einer ganz bestimmten Richtung lösen dürfte. Es heißt an der Stelle:

Ich war im Rachen von Löwen.
Und ihr Plan mit mir, hinsichtlich dessen sie durchschaut wurden,
führt zur Auflösung ihres Irrtums und ihrer Torheit.
Ich wurde ihnen nicht ausgeliefert, wie sie geplant hatten.
Ich war doch überhaupt nicht dem Leiden unterworfen.
Jene bestraften mich (mit dem Tode),
doch ich starb nicht wirklich, sondern (nur) dem Schein nach,
damit ich nicht durch sie zuschanden gemacht würde
<und auch nicht die Meinigen(?)>,
denn sie sind ein Stück von mir.
Ich trennte ab von mir die Schande,
und fürchtete mich nicht vor dem,
was mir von ihnen widerfahren sollte.
<Wenn nicht ....,>
wäre ich zum Sklaven der Furcht geworden.
Ich aber litt (nur) in ihrer Vorstellung und ihrer Meinung nach,
damit niemals mehr ein Wort über sie verloren zu werden braucht.
Denn dieser Tod von mir ist es, von dem sie denken,
dass er ihnen zunutz eingetreten sei,
während sie in ihrem Irrtum und ihrer Blindheit
ihren Menschen an(s Kreuz) nagelten

<und so> an ihren Tod <auslieferten>;
denn ihre Gedanken sahen mich nicht;
denn sie waren Taube und Blinde.
Dadurch dass sie dies aber tun,
richten sie sich (selbst).
Wahrlich <nicht> mich sahen und bestraften sie,
ein anderer – *ihr Vater* – war jener,
der die Galle und den Essig trank,
nicht ich war es, der mit dem Rohr geschlagen wurde,
ein anderer war es, der das Kreuz auf seiner Schulter trug,
nämlich *Simon*.
Ein anderer war es, dem die Dornenkrone aufs Haupt gesetzt wurde;
ich aber ergötzte mich in der Höhe
an dem ganzen Reichtum der Archonten
und dem Samen ihres Irrtums
<und dem ...> ihres eitlen Ruhmes;
und ich lachte über ihren Unverstand.

Das exegetische Problem dieses Textes ist, wie sein offenbarer Doketismus des Näheren zu verstehen ist: mehr im allgemeinen Sinne entsprechend der Christologie eines Kerinth, (Irenäus, adv. haer. I 26,1), dass der himmlische Erlöser nach zeitlich begrenzter Einwohnung im Menschen Jesus diesen vor dessen Passion verlassen habe, oder im speziellen Sinne der Christologie des Basilides (Irenäus, adv. haer. I 24,4), dass irrtümlich Simon von Kyrene für den himmlischen Erlöser gehalten und gekreuzigt wurde. An unserem Text orientiert heißt diese Alternative: Meint „ihren Menschen" (p. 55,34f) den irdischen Jesus oder Simon von Kyrene? Nun ist im Text ja von Simon noch die Rede (p. 56,11); aber wenn auch ausdrücklich nur hinsichtlich seines Kreuztragens, so doch in einer Weise und einem Zusammenhang, der diese Bemerkung über Simon sinnlos machen würde, wenn er nicht zugleich sowieso schon mit „dem anderen" gemeint ist, von dem im Umkreis gesprochen wird. Die letzte Entscheidung dürfte aber wohl an der zunächst rätselhaften Apposition „ihr Vater" (p. 56,6) fallen; das ist übrigens eine Stelle, die zugleich einen Hinweis liefern könnte, wie es zu den schwebenden Formulierungen unseres Textes überhaupt gekommen sein mag. Ich sehe nämlich keine andere sinnvolle Möglichkeit, als diesen Ausdruck „ihr Vater" auf dem Hintergrund von Mk 15,21 und also Simon von Kyrene als den Vater von Alexander und Rufus zu verstehen. Und die Unvermitteltheit seines Auftauchens, ebenso wie die Unschärfe der Umgebung, müsste man dann erklären aus der rhetorischen, ja dichterischen „Auflockerung" eines eigentlich dogmatischen Lehrstückes, das etwa die Struktur gehabt haben könnte:

Nicht den Erlöser sahen und bestraften sie;
nicht er war es, der die Galle und den Essig trank;
nicht er war es, der mit dem Rohr geschlagen wurde;
nicht er war es, dem die Dornenkrone aufs Haupt gesetzt wurde;
nicht er war es, der das Kreuz auf seiner Schulter trug;
sondern all das geschah einem der eigenen Geschöpfe der Archonten,
Simon, dem Vater von Alexander und Rufus.

Ich glaube also, dass unser Textstück speziell einen solchen gnostischen Doketismus vertritt, wie ihn Basilides nach Iren. adv. haer. I 24,4 gelehrt hat (auch das Motiv des Verlachens stimmt übrigens überein), womit andersherum betrachtet eben gegeben wäre, dass selbst diese bisher so unglaublich makaber anmutende Lehre von der Kreuzigung des Simon von Kyrene nicht etwa eine bösartige Unterstellung des Irenäus (oder seiner Quelle), sondern echt und Irenäus selbst zuverlässig ist.

III

Eine fruchtbare Beziehung zwischen den einschlägigen Werken der Kirchenväter und gnostischen Originaltexten, wie es die Nag Hammadi-Schriften sind, besteht auch insofern, als durch die Berichte der Kirchenväter bestimmte alte, bislang unlösbare Probleme bzw. festgelegte Alternativen vorgegeben sind, hinsichtlich derer die Frage gestellt werden muss, ob sich für sie etwa aus den neuen Texten endlich eine Lösung ergibt bzw. eine Entscheidung in dieser oder jener Richtung abzeichnet.

Ein besonders interessantes derartiges Problem stellt die Gestalt der Helena im simonianischen System dar. Nach den Kirchenvätern zog Simon Magus ja in Begleitung einer gewissen Helena, einer ehemaligen Lohndirne aus Tyrus, die er aus dem Bordell losgekauft hatte, im Lande herum und hat er diese Helena verstanden und gedeutet als die in der Welt gefangene Ennoia des höchsten Gottes, zu deren Erlösung dieser Gott in seiner (des Simon) Person vom Himmel herabgestiegen sei (vgl. Irenäus, adv. haer. I 23,2–4 und Parallelen). Da nun aber wichtige Quellen (vor allem Apg 8,4–25, aber auch die alten Petrusakten) diese Helena überhaupt nicht erwähnen und andererseits im simonianischen System der Kirchenväter eine sachliche Beziehung zwischen der Erlösung der Ennoia/Helena und der Erlösung der Menschen nicht erkennbar wird, ist die Historizität der simonianischen Helena seit langem umstritten.[3] Man

[3] Für die Echtheit der Helena sind z. B. eingetreten: E. Meyer, Ursprung und Anfänge des Christentums III, Stuttgart/Berlin 1923, 290f.; R. P. Casey, in: The Beginnings of Christianity

kann die Alternative, um die es hier geht, in die Form kleiden: Ist die simonianische Helena mythologisierte Historie oder historisierter Mythos?

Das Moment, das einen Teil der Forscher vor der radikalen (zweiten) Lösung zurückschrecken ließ oder die Entscheidung in der Schwebe zu lassen nötigte, war wohl im Wesentlichen die – wie es schien – Unerfindbarkeit einer solchen Gestalt (vgl. z. B. Foerster, Die Gnosis I, 40f.). Aber gerade diesen Punkt, die scheinbare beziehungsweise angebliche Unerfindbarkeit der Helena, haben einige Nag Hammadi-Schriften meines Erachtens schwer erschüttert, insofern als sie erkennen lassen, dass in einem ganzen Bereich der Gnosis πορνεία/πορνεύειν beziehungsweise πορνεῖον geläufige Metapher für das Verlorensein beziehungsweise den Ort der Verlorenheit der Seele war (was übrigens nur die Kehrseite der Sicht des Verhältnisses von Erlöser und Seele in der Kategorie von Bräutigam/Mann und Braut/Weib ist) und die schöne Helena der griechischen Sage ein Symbol beziehungsweise ein allegorischer Topos für die Seele selbst. Es handelt sich um die Schriften „Die Brontē – Vollkommener Verstand" (NHC VI,2, p. 13,1–21,32 [Brontē]), „Authentikos Logos" (NHC VI,3, p. 22,1–35,24 [AuthLog]) und „Die Exegese hinsichtlich der Seele" (NHC II,6, p. 127,18–137,27 [Ex An]), drei Schriften, die eng verwandt sind und einander doch auf eine eigenartige Weise ergänzen, insofern als man sagen kann, dass ein und derselbe Seelenmythos in Brontē dialektisch, in AuthLog ethisch, in ExAn mythologisch und exegetisch zur Sprache kommt.[4]

Aus Brontē ist in unserer Perspektive zunächst und schon rein äußerlich wichtig p. 13,15–18:

> Ich bin die Erste
> und die Letzte.

I,5, London 1933, 155f.; L.-H. Vincent, RB 45 (1936), 229–232; W. Foerster, in: Die Gnosis I, Zürich 1969, 40f.; auch ich selbst habe sie bisher vorausgesetzt: Umwelt des Urchristentums I, Berlin 1965, 406; für deren Unechtheit z. B. G. Quispel, Gnosis als Weltreligion, Zürich 1951, 61–70; und NedThT 7 (1952), 339–345; G. Kretschmar, EvTh 13 (1953), 358; E. Haenchen, Gott und Mensch, Tübingen 1965, 290f. 297f. Vgl. zur Forschungslage in Sachen Simonianismus überhaupt vor allem K. Beyschlag, Zur Simon-Magus-Frage, ZThK 68 (1971), 395–426 (auch B.s Sicht der Dinge impliziert die Unechtheit der Helena); K. Rudolph im Rahmen seines Forschungsberichtes, ThR.NF 37 (1972), 322–347.

[4] Vgl. einerseits FacEd of Codex VI, Leiden 1972; Codex II, Leiden 1974; andererseits M. Krause/P. Labib, Gnostische und hermetische Schriften aus Codex II und Codex VI, ADAIK.K 2, Glückstadt 1971; und die Übersetzungen der drei Schriften in ThLZ 98 (1973), 97–104 (H.-G. Bethge federführend). 251–259 (W.-P. Funk federführend); ThLZ 101 (1976), 93–104 (H. Bethge federführend).

Ich bin die Geehrte
und die Verachtete.
Ich bin *die Dirne*
und die Ehrbare.

Dass das Gewicht, das wir damit auf die Wendung ⲁⲛⲟⲕ ⲧⲉ ⲧⲡⲟⲣⲛⲏ (p. 13,18) legen, und die simonianische Perspektive überhaupt nicht unsachgemäß sind, kann schon eine andere Einzelstelle zeigen, die mit Ergänzungen lautet:

Bei [dem Namen] der *großen Kraft*
und (bei) dem, dessen [Ergreifung] den Namen nicht erschüttern wird:
[*Der Ste*]*hende* ist es, der mich geschaffen hat. (p. 21,7–10).

Übrigens dürfte in der mittleren Zeile, wenn die Ergänzung richtig ist, der vom höchsten Gott (= Große Kraft = Der Stehende) unterschiedene Erlöser, und zwar in doketistischer Weise, bezeichnet sein. (Vgl. als verchristlichte Form des Gedankens Irenäus, adv. haer. I 23,3: et passum autem in Judaea putatum, cum non esset passus). Wirklich entscheidend dafür ist aber die Gesamteinschätzung von Brontē. Wenn man sich nämlich fragt, in den Mund welcher der bekannten gnostischen Sophiagestalten diese dialektische Offenbarungsrede am ehesten passt, dann muss man eben die simonianische Ennoia, deren Geschick die größte Spannweite hat, nennen.

Im AuthLog findet sich dann sogar das Stichwort πορνεῖον. Es heißt p. 24,5–10:

[Wenn nun] eine (Seele), d[ie unverständig ist], sich einen tr[enn]enden [Geist erwä]hlt, so schließt er [sie] aus [und w]irft sie ins *Hurenhaus*. Denn [er brach]te ihr die Last[erhaftig]keit, [weil sie] die Sittsamkeit ab[legte].

Wir haben es hier wahrscheinlich nicht etwa mit einem Gleichnis zu tun, sondern mit einer direkten Aussage über die Möglichkeiten der Seele. Entsprechend ist πορνεῖον dann verwendet als Metapher für die untere Welt überhaupt.

Die entsprechende Metapher παρθενών für die himmlische Lichtwelt ist in ExAn enthalten (p. 126,1). Das ist kein Wunder. Denn der Seelenmythos dieser Schrift ist von der πορνεία-Metapher (und ihrem positiven Komplement) durch und durch bestimmt. Das zeigt schon die bloße Wortstatistik (πορνεία p. 128,30f.; 129,6.17.26.33; 130,18f.28.31.36; 131,1; 132,11; πορνεῖον p. 130,13.16; πορνεύειν p. 128,1; 129,12f.16.34; 130,1.19; πόρνος p. 131,4f.5).

Das Bedeutsamste aber an dieser Schrift in unserer Perspektive ist, dass in ihr außerdem noch Helena als Symbol für die gefallene Seele erscheint. Nachdem nämlich der Verfasser die ganze Schrift hindurch den gnostischen Seelenmythos als in der Bibel enthalten nachgewiesen hat, tut er das gegen Ende zu auch noch kurz mit Homer. Zunächst interpretiert er Odysseus als Symbol der Seele (p. 136,25–35):

> Denn niemand ist der Rettung würdig, der noch den Ort der Verirrung liebt. Deshalb ist beim Dichter geschrieben: „Odysseus saß weinend und trauernd auf der Insel und wandte sein Angesicht ab von den Worten der Kalypso und ihren Betörungen, voll Verlangen, seine Stadt – und (sei es auch nur) Rauch von ihr aufsteigen – zu sehen. Und wenn [er] kei[ne] Hilfe vom Himmel [gehabt hätte], wä[re er nicht] zu seiner Stadt [zurückgekehrt]."
> (Vgl. Od. 1,13ff.48–52.)

Die Lesung und das Verständnis der nächsten Worte ist nun (oder war bisher) problematisch, da der Papyrus gerade an der entscheidenden Stelle eine Lücke aufweist. Das Phänomen dieser bedeutsamen Lücke ist mir durch die vorläufige Transkription und Übersetzung von ExAn durch W. C. Robinson Jr., den Zuständigen des Claremontteams für diesen Text, die mir dankenswerterweise zur Verfügung gestellt worden sind, seit geraumer Zeit bekannt.

Krause hat jetzt in seiner Edition:

ⲡⲁⲗⲓⲛ ⲧⲕⲉ[ⲯⲩ]ⲭ̣ⲏ̣ ⲉⲥ'ϫⲱ̣ | [ⲙ̄ⲙⲟⲥ.

Das Problem ist das (neue, feminine) Subjekt. ⲯⲩⲭⲏ passt nicht recht zum Kontext. Dem widerstreiten ⲡⲁⲗⲓⲛ, ⲕⲉ und die Konkretheit dessen, was „sie" sagt. Ich selbst war von Anfang an der Meinung, dass von hier an auf die Ilias Bezug genommen werde und (in Parallele zu Odysseus) der Name der Helena genannt gewesen sein müsse. Im Dezember 1972 hatte ich Gelegenheit, das Original in Kairo zu sehen. Meine Vermutung, dass ⲧⲕⲉ[ϩⲉⲗⲉ]ⲛ̣ⲏ̣ zu lesen sei, hat sich bestätigt. Der Platz reicht bequem für [ϩⲉⲗⲉ]; und vom vorletzten Buchstaben ist nur die rechte untere Ecke erhalten, die genausogut von ⲛ wie von ⲭ stammen kann. Die Fortsetzung heißt dann (p. 136,35–137,11):

> Andererseits (steht) auch (über) [Hele]na (geschrieben, dass) sie sa[gt: „Mein Gelieb]ter hat sich von mir abgewandt. Ich will wie[der] in mein Haus gehen," denn seufzend sagte sie: „Aphrodite ist es, die mich betrogen hat. Sie brachte mich aus meiner Stadt. Meine einzige Tochter habe ich verlassen und meinen guten, verständigen und schönen Gatten."
> (Vgl. z. B. Il. 3,171ff. 399ff; 24,762ff.)

> Denn wenn die Seele ihren vollkommenen Gatten infolge des Betrugs der Aphrodite, der allem Zeugen hienieden innewohnt, verlässt, dann wird sie Unbill erleiden. Wenn sie aber seufzt und Buße tut, wird sie wieder in ihr Haus zurückkehren.

Man wird wohl im Lichte dieser Stellen und ihres Hintergrundes einerseits urteilen müssen, dass die Gewichte sich zugunsten der Unechtheit der Simongefährtin Helena verschoben haben, und andererseits vermuten dürfen, dass die exegetische Behandlung der klassischen Helena im Simonianismus in Wirklichkeit auf derselben Linie lag wie in ExAn.

Im Zusammenhang damit drängen sich gleich ein paar weitere Fragen, Probleme und Thesen auf, die ich hier, auch wenn sie etwas jenseits meines Themas liegen, doch ganz gern noch andeuten möchte.

1. Wer könnte aus der unter anderem unter dem Symbol der klassischen Helena gesehenen, in der mit der Metapher „Bordell" bezeichneten Welt gefangenen Allseele, zu deren Erlösung der höchste Gott als ihr himmlischer Paargenosse (unter anderem?) in der Gestalt des Simon wirkt, eine wirkliche Dirne „Helena" als Objekt der Erlösung und Gefährtin Simons gemacht haben? Ich kann mir das als Produkt immanenter Systemfortbildung des Simonianismus schlecht vorstellen und würde lieber polemische Unterstellung und Persiflage annehmen, die dann allerdings auch die entsprechenden Züge des Selbstverständnisses Simons mit betroffen haben müsste.
2. Nun lassen die drei Schriften Brontē, AuthLog, ExAn den Simonianismus sowieso schon als bloße Teilerscheinung einer viel breiteren Strömung innerhalb der Gnosis erkennen.
3. Von daher könnte man dann schließlich sogar versucht sein zu fragen, ob nicht die Schriften Brontē, AuthLog, ExAn am Ende vielleicht viel simonianischer sind als der Simonianismus der Kirchenväter.

DIE WIEDERENTDECKUNG UND AUSGRABUNG EINES UNTERÄGYPTISCHEN ANACHORETENZENTRUMS*

Die beiden vorliegenden Bände (RSAC I und II) sind nur der Anfang der Publikation der Ergebnisse der bisherigen schweizerischen (von der Universität Genf, an der R. Kasser lehrt, getragenen) Explorationen und Ausgrabungen einer riesigen Mönchsstadt in dem fernen wüsten Hinterland Alexandrias, etwa 60 km südöstlich davon und etwa 45 km nördlich des Wadi Natrun gelegen. Und außerdem sind diese schweizerischen Aktivitäten nur die Hälfte des archäologischen Gesamtunternehmens, dessen anderer Teil von den Franzosen (A. Guillaumont und das Institut Français d'Archéologie Orientale) bestritten wird.[1]

Ausmaß und Aufwand dieses archäologischen Unternehmens scheinen nun auf den ersten Blick in einem merkwürdigen Widerspruch zu der Bescheidenheit seines Objekts zu stehen – Ruinen von Mönchszellen aus luftgetrockneten Ziegeln, die noch dazu, wie es bisher aussieht, vor dem endgültigen Zerfall auffälligerweise vollständig ausgeraubt worden sind (vgl. CRAI 1965, 386f.). Jedoch kann man diesen scheinbaren Widerspruch aus dem Prozess der Loslösung der Koptologie aus dem

---

* OLZ 72 (1977), 341–346. (Besprechung von R. Kasser avec la collaboration de M.-K. Błocka, G. Gardet, A. Leman, J. et W. Micuta, M. Viaro, Kellia 1965, topographie générale, mensurations et fouilles aux Qouçoûr 'Îsâ et aux Qouçoûr el-'Abîd, mensurations aux Qouçoûr el-'Izeila, première expédition archéologique de l'Université de Genève au site copte appelé Kellia, en Basse-Egypte occidentale. Genève: Georg 1967. = RSAC I; ders. avec la collaboration de S. Favre et D. Weidmann, Kellia topographie. Plan topographique principal au 1 : 2000, établi sous la direction de J.-C. Pasquier et R. Pesenti, avec la collaboration de R. Maurer, P.-F. Bonnardel, J. J. Chevallier, J. C. Mermoz et J. M. Savary. Plans topographiques complémentaires au 1 : 2000, 1 : 5000 et 1 : 20000, établis sous la direction de R. Kasser, avec la collaboration occasionnelle de S. Favre, A. Guex, P. Homewood, G. Kaenel, J. Wagner et D. Weidmann. Genève: Georg 1972. = RSAC II.)

[1] Die entsprechenden Berichte bzw. Publikationen von französischer Seite sind: A. Guillaumont, Premières fouilles au site des Kellia (Basse-Égypte), CRAI 1965, 218–225; die Ausführungen von F. Daumas im Rahmen seiner jährlichen Berichte über die Arbeiten des I.F.A.O., CRAI 1965, 384–390; CRAI 1966, 300–309; CRAI 1967, 438–451; CRAI 1968, 395–402; CRAI 1969, 496–507; J. Jarry, Description des restes d'un petit monastère coupé en deux par un canal d'irrigation aux Kellia, BIFAO 66 (1968), 147–155; F. Daumas, Les fouilles de l'Institut Français d'Archéologie Orientale de 1959 à 1968 et le site monastique des Kellia, ZDMG.S I, XVII. Deutscher Orientalistentag, Vorträge, Teil 1, 1969, 1–7; F. Daumas et A. Guillaumont, avec la collaboration de J.-C. Garcin, J. Jarry, B. Boyaval, R. Kasser, J.-C. Goyon, J.-L. Despagne, B. Lenthéric et J. Schruoffeneger, Kellia I, kôm 219, fouilles exécutées en 1964 et 1965, fasc. I et II, Le Caire 1969.

Rahmen der Ägyptologie durchaus begreifen. Für die Koptologie als selbständiges Fach und eigenständiges Forschungsgebiet erscheinen eben solche Klöster unter Umständen nicht weniger wichtig als die Pyramiden des Alten Reiches für die Ägyptologie. Das christliche Ägypten, nicht zuletzt in seinem antibyzantinischen Kampf um nationale Selbstbehauptung, war wesentlich geprägt durch seine Mönche und Klöster. Und wenn das Ausgrabungsfeld, um das es hier geht, wirklich Kellia ist, dann befinden wir uns an einem der berühmtesten Orte der Anfänge.

Das Ausgrabungsfeld erstreckt sich von West nach Ost über etwa 11 km und von Nord nach Süd über etwa 3 km. Es besteht aus drei Komplexen von insgesamt etwa 1400 Kôms (in deren jeden die Beduinen ein Kasr sahen): im Westen liegt der große Komplex der Kusûr er-Rubaiyat mit Kasr Waheid, im Osten der große Komplex der Kusûr Isa mit den Kusûr el-Abid, und dazwischen in der Mitte der kleine Komplex der Kusûr el-Izeila.[2]

Nun kann gar kein Zweifel daran bestehen, dass die heute Kusûr er-Rubaiyat, Kusûr-Izeila und Kusûr Isa genannten Ruinenfelder mit der aus mittelalterlichen arabischen Quellen bekannten Wüstenstadt El-Muna, die damals als Karawanenstation diente, identisch sind, wie besonders aus der Beschreibung von El Bakri deutlich wird.[3] Demgegenüber bleibt die von den Ausgräbern vorausgesetzte Identifizierung von Kusûr er-Rubaiyat und Umgebung mit der in der Spätantike τὰ κελλία genannten Mönchswüste hypothetisch.

Merkwürdigerweise wurde aber diese Hypothese gleich zweimal aufgestellt: schon 1937 in dem genannten Aufsatz von de Cosson, und dann neuerdings noch einmal von A. Guillaumont,[4] der von seinem Vorgänger erst nachträglich erfuhr (vgl. CRAI 1965, 219 Anm. 1). Sie ruht auf drei Säulen: 1. auf der Identifizierung der anderen berühmten alten Mönchswüste namens Nitria mit dem ⲡⲉⲣⲛⲟⲩϫ der bohairischen bzw. dem Barnûg der arabischen Quellen, das dem heutigen El-Barnugi entspricht, während als auf das Wadi Natrun gehend nur der Name Sketis zu gelten hätte;[5] 2. auf der Deutung des Namens El-Muna, in dem arabisiertes

[2] Ungefähr 10 km südöstlich von Kusûr Isa hat Kasser übrigens noch zwei weitere kleinere Komplexe von insgesamt über 120 gleichartigen Kôms entdeckt, die Kusûr Hegeila und Kusûr Ereima heißen; vgl. R. Kasser, Exploration dans le désert occidental: Qouçoûr Ḥégeila et Qouçoûr ʿEreima, Kêmi 19 (1969), 103–110.

[3] Vgl. A. F. C. de Cosson, The Desert City of El Muna, BSRAA.NS 9 (1936/37), 247–253.

[4] La site des „Cellia“ (Basse Égypte), RA 2 (1964), 43–50.

[5] Vgl. A. F. C. de Cosson, El Barnugi, BSRAA.NS 9 (1936/37), 113–116.

ⲚⲒⲘⲞⲚⲎ gesehen wird, als gleichbedeutend mit τὰ κελλία (diese beiden grundlegenden Thesen wurden schon vorher, besonders nachdrücklich durch H. G. E. White vertreten;[6] 3. auf einer bestimmten Auswahl aus den an sich verwirrenden Angaben der griechischen und lateinischen Quellen über die Lage von Kellia. Kasser scheint übrigens nicht mit der gleichen Sicherheit wie Guillaumont das Ausgrabungsgebiet für Kellia zu halten, weil die Größe und Dichte der wirklichen Klosterruinen nicht recht zu den literarischen Angaben über Kellia, nach denen die Eremiten einander weder sehen noch hören konnten, passen. Mir scheint dieser Widerspruch kein wirkliches Hindernis zu sein, da nach allen Analogien sowieso nicht damit zu rechnen ist, dass es lange bei dem ursprünglichen Zustand in Kellia geblieben ist. Dasss Kusûrʻer-Rubaiyat und Umgebung tatsächlich Kellia ist, darf m. E. als sehr wahrscheinlich gelten. Die letzte Sicherheit könnten freilich nur entsprechende Texte bringen, die am Ausgrabungsort gefunden werden müssten. In den bisher entdeckten Inschriften kommt der Name Kellia bzw. sein koptisches Äquivalent jedoch nicht vor. Andererseits darf man sich nach Lage der Dinge aber auch nicht allzu sehr wundern, wenn auch heute noch manche Forscher Kellia woanders suchen. Im Jahre 1935 hatte nämlich O. Toussoun (auch er auf den Forschungen von White fußend) Kellia mit Klosterruinen des Gabal Khashm el-Guud, ungefähr 30 km westlich des letzten nördlichen Sees des Wadi Natrun, identifiziert.[7] Und dessen Auffassung hat durchaus Schule gemacht;[8] nach Kötting, Cramer und Bacht ist die Nitrische Wüste der nordwestliche Teil des Wadi Natrun und war die Kellienwüste eine besonders unwirtliche Gegend der Nitria.[9]

Als de Cosson 1937 seine Identifizierung von Kellia mit den Kusûr er-Rubaiyat bekannt gab, zitierte er auch aus der Beschreibung dieser Kusûr er-Rubaiyat durch E. Breccia die folgenden Worte: „Ces ruines ne courent pour le moment aucun danger, mais je pense qu'il serait intéressant de consacrer prochainement une campagne de fouilles, d'une trentaine de jours, pour les explorer. Sans escompter la découverte de monuments d'une grande valeur artistique, on peut espérer mettre à jour

[6] Vgl. The History of the Monasteries of Nitria and of Scetis (The Monasteries of the Wâdi 'n Natrûn, II, 1932), 17–24 u. 24–27.

[7] Notes sur le désert Lybique: „Cellia" et ses couvents, MSRAA 7,1, Alexandria 1935; und vgl. dazu CRAI 1968, 407f.

[8] Vgl. O. Meinardus, Atlas of Christian Sites in Egypt, Le Caire 1962, Karte 1.

[9] B. Kötting/M. Cramer, Nitrische Wüste, LThK 7, ^{2}1962, 1011f.; H. Bacht, Pachomius und Evagrius, in: . K. Wessel (Hg.), Christentum am Nil, Recklinghausen 1964, 156 Anm. 27.

des documents intéressants pour l'histoire et l'archéologie du christianisme égyptien".[10] Dabei blieb es. Als aber Guillaumont im Jahre 1964 die Entdeckung de Cossons wiederholte, löste das auf der Stelle eine ungeahnte archäologische Aktivität aus. Jetzt war allerdings auch Gefahr da. Es galt einen archäologischen Wettlauf mit der Agrarreform des ägyptischen Staates aufzunehmen, in deren Rahmen schon damit begonnen worden war, auch diesen Teil der Wüste durch Bewässerung in Fruchtland zu verwandeln. Übrigens hängt nicht nur der Anfang der Ausgrabungen von El-Muna, sondern auch ihr vorläufiges Ende im Jahre 1969 mit der Politik zusammen, in diesem Falle aber nicht mit der Wirtschafts-, sondern der Verteidigungspolitik.

Es begann mit einer französisch-schweizerischen Erkundungsfahrt zu den Kusûr er-Rubaiyat im März 1964, gefolgt von einer französisch-schweizerischen Ausgrabungskampagne daselbst März/April 1965. Die weiteren Arbeiten erfolgten getrennt. Denn die Schweizer, die bislang nur Gäste der Franzosen waren, erhielten eine eigene Grabungslizenz für die von Kasser während der gemeinsamen Kampagne erst entdeckten Kusûr el-Izeila und Kusûr Isa mit Kusûr el-Abid. Die französischen Kampagnen waren: Nov./Dez. 1965; Frühling 1966; Nov./Dez. 1966; Nov./Dez. 1967; Nov./Dez. 1968; die schweizerischen: Nov. 1965; Sept./Okt. 1966; Sept./Okt. 1967; Sept./Okt. 1968. Dann mussten die Arbeiten vorerst aufhören, weil das Ausgrabungsgebiet mit zu den Regionen gehörte, die aus militärischen Gründen für Ausländer gesperrt wurden.

Während die Franzosen sich sogleich den Ausgrabungen widmen konnten, die übrigens mit dem Ziel betrieben wurden, einen möglichst vollständigen Überblick über alle hier vorkommenden Typen von Bauwerken zu gewinnen, war der Schwerpunkt der schweizerischen Arbeiten die topographische Gesamtaufnahme der riesigen Ortslage, ein Projekt, dem bestimmte Sondierungen und einzelne Grabungen, die gleichwohl stattfanden, untergeordnet waren. Denn gerade im schweizerischen Teil von El-Muna waren die meisten der Kôms eigentlich gar nicht mehr da, sondern waren schon planiert und in das Neuland einbezogen worden; und wie schnell es mit den übrigen ebenso geschieht, war ungewiss. Aber Not macht auch die Archäologen erfinderisch. Und so ist es Kasser und seinem Team durch Entwicklung und Anwendung raffinierter Beobachtungs- und Messmethoden tatsächlich gelungen, das in Wirklichkeit bereits Unsichtbare auf dem Papier wieder sichtbar zu machen und also einen

[10] The Desert City of El Muna, 251.

vollständigen Plan der Mönchsstadt zustande zu bringen. Dieser Plan, auf 48 sich ergänzenden Buchseiten (177–225) und 5 Faltkarten, mit der dazugehörigen Liste der Kôms, in deren Rahmen gegebenenfalls die Ergebnisse der jeweiligen Sondierungen bzw. Ausgrabungen mitgeteilt oder skizziert werden (35–129), ist auch der Hauptinhalt des vorliegenden, das Topographieprojekt abschließenden Bandes RSAC II, während der Band RSAC I nur den Beginn aller schweizerischen Aktivitäten im Jahre 1965 mit den damals bereits erzielten Ergebnissen beschreibt. Weitere Bände der Recherches Suisses d'Archéologie Copte werden im Text mehrfach angekündigt, vor allem ein Band „Kellia, céramique" von M. Egloff und die Berichte über die Ausgrabungen von Kôm 57, 4/18 und Kôm 58, 85/19, 46.

Die Mönchsstadt besteht also aus drei planlos angeordneten, lockeren Komplexen von Miniaturklöstern (wobei sich die „Kleinheit" weniger auf die räumliche Ausdehnung der Bauwerke als auf die Zahl ihrer Insassen bezieht). Die Klöster sind von einer – gewöhnlich rechteckigen – Umfassungsmauer umgeben und bestehen im Inneren im Prinzip aus einem Hof mit Garten und einer oder mehr als einer Zelle. Diese Zellen ihrerseits bestehen gewöhnlich aus mehreren Räumen, im Falle der größeren Zellen etwa als Andachtsraum, Arbeitsraum, Schlafraum, Empfangsraum deutbar, nebst Küche und Magazin. Die mehrzelligen Klöster haben auch Gemeinschaftsräume. In einigen Klöstern wurden darüber hinaus auch Kirchen ausgegraben bzw. nachgewiesen. Der allgemeine Eindruck ist, dass die einzelnen Mönche ungeheuer viel Platz gehabt haben dürften. Allerdings ist das bestreitbar. Kasser z. B. rechnet mit einer erheblich stärkeren Belegung der Klöster als die Franzosen (RSAC II, 58f.). Das normale Baumaterial sind luftgetrocknete Schlammziegel. Nur die Wasseranlagen sind mit gebrannten Ziegeln hergestellt. Und aus Einzelfunden ist zu schließen, dass bei den Kirchen manche Architekturteile auch aus Marmor waren. Die mutmaßlichen Haupträume der Zellen haben über dem Fußboden von Stampferde gewöhnlich einen Estrich aus hartem rotem Mörtel. Dieser rote Mörtel dient auch als Schutzbewurf des unteren Teils der Wände, während der obere Teil weiß verputzt ist. In mittlerer Höhe, also bequem mit den Händen zu erreichen, sind in die dicken Wände meist Nischen eingetieft, die wohl verschiedenen praktischen Zwecken dienten. Dasselbe dürfte für die rätselhaften waagerecht in die Wände eingemauerten Amphoren gelten, die sich gut zur Aufbewahrung länglicher Gegenstände geeignet haben müssen. Noch schwerer scheint übrigens die Deutung einer anderen Merkwürdigkeit, nämlich der beinahe regelmäßig hinter den Türen in den Fußboden eingelassenen offenen Töpfe. Ob sie mit einem Reinigungsritus zusammenhängen? Manche der

Nischen haben einen auf bescheidene Weise, vor allem durch Bemalung, verzierten Rand. Etliche von ihnen dürften wohl Gebetsnischen gewesen sein, an deren Rückwand man sich vielleicht eine Ikone aufgestellt zu denken hätte (vgl. CRAI 1967, 448). Bemalung tragen übrigens auch andere Stellen der Gebäude. Die Dächer der Räume bestanden ursprünglich aus Gewölben bzw. Kuppeln von luftgetrockneten Ziegeln, die aber alle eingestürzt sind.

Relativ viele Wände der Zellengemächer tragen bzw. trugen auf den Putz gemalte Inschriften, gewöhnlich koptisch, und zwar im bohairischen Dialekt. Diese Dipinti gehören wohl zu den interessantesten Funden von El-Muna. Kasser widmet ihnen einen entsprechend breiten Raum und legt auch gleich ein ausführliches Register vor, das nicht nur die von ihm selbst hier (RSAC I und II) veröffentlichten, sondern auch die in der großen französischen Publikation (Kellia I) enthaltenen umfasst (RSAC II, 157–171). Diese Dipinti sind, soweit man es nach ihrer fragmentarischen Beschaffenheit beurteilen kann, fast durchweg die in Klöstern durchaus üblichen Epitaphe für ehemalige Insassen des betreffenden einzelnen Klosters, bzw. für tote Glieder der Mönchsgemeinde. Ihre Gebets- und Sterbeformeln fügen sich im Großen und Ganzen in das bekannte Spektrum der Grab(stein)inschriften ohne weiteres ein. Wenn allerdings die Angabe der Todesstunde sonst wirklich kaum vorkommen sollte (vgl. M. Cramer, Archäologische und epigraphische Klassifikation koptischer Denkmäler, 1957, 26), würden die Epitaphe von El-Muna doch eine Besonderheit darstellen; denn hier ist diese Angabe durchaus gebräuchlich (siehe Kassers Register unter ⲁϫⲡ). Als typisch für ihr Ensemble könnte sonst vielleicht noch der Konjunktiv in den Gebetsformeln gelten (obgleich er an sich auch anderswo in Grabinschriften vorkommt), und zwar zunächst als Index einer syntaktischen Zweigliedrigkeit, die ihrerseits aber wieder nur organischer Ausdruck einer typisch subordinatianischen Christologie wäre. Vgl. als Modell etwa: ⲡ̅ⲟ̅ⲥ̅ ⲫ̅ϯ̅ ⲓ̅ⲏ̅ⲥ̅ ⲡ̅ⲭ̅ⲥ̅ ⲁⲣⲓ ⲫⲙⲉⲩⲓ ⲛ̅ⲓⲱⲁⲛⲛⲏⲥ ⲇⲓⲁⲕⲟⲛⲟⲩ (ⲛ)ⲧⲉ ⲡ̅ⲟ̅ⲥ̅ ⲉⲣ ⲡⲓⲛⲁⲓ ⲛⲉⲙⲁϥ ⲁⲙⲏⲛ „O Herr Gott Jesus Christus! Gedenke des Diakons Johannes, auf dass der Herr mit ihm Erbarmen habe! Amen!" (RSAC II, 101b) Wir hätten als Grundlage ein Formular anzusetzen, nach dem die Anrede (auch ohne Vokativ) weder einem anderen Menschen noch etwa Gott selbst, sondern allein Christus gilt, und dieser um Fürbitte für den Toten bei Gott gebeten wird – ein Formular, das in den konkreten Texten allerdings vielfältig „zersagt" worden wäre. In dieser Perspektive könnte man auch die Lösung eines ungelösten Rätsels suchen. Es findet sich in dem Dipinto: ⲁⲣ̣[ⲓ ⲡ]ⲓ̣ⲛⲁⲓ | ⲙ̅ⲇ̅ ⲛⲉⲙ ⲅⲉⲱⲣⲅⲓ|ⲛⲧⲉ ⲫϯ ⲟ̣ⲩ̣ⲓ̣ⲕⲁϯ ⲛⲧ̣ϥ̣ [? (RSAC II, 100a [übrigens ist in Z. 3 zweifellos gemeint ⲛⲧⲉ ⲫ̅ϯ̅ ϯ ⲟⲩⲕⲁϯ ⲛⲁϥ]). Das Rätsel liegt in ⲙ̄ⲇ̄. Die Auffassung dieses Graphems als die Zahl 44 gibt keinerlei Sinn (es sei denn, man denkt an eine Glosse des Inhalts, dass ⲁⲣⲓ ⲡⲓⲛⲁⲓ 44 Mal gesprochen werden soll). Syntaktisch scheint an diese Stelle eigentlich nur ein Vokativ zu passen, der dann der Sache nach eben Christus meinen müsste („Habe Erbarmen, o Christus, mit Georgi, auf dass Gott" usw.) Darf man an Kryptographie oder Gematrie denken? Kryptographie kommt in anderen Dipinti von El-Muna sowieso vor; und wenn man zwei verkehrt herum angeordnete griechische Alphabete[11] um drei Positionen gegeneinander verschöbe, so dass ⲁ = ⲫ wäre, ⲃ = ⲩ usw., könnte man für ⲙ̄ⲇ̄ auf (die Kontraktion) ⲕ̄ⲥ̄ (= κύριος) kommen. Wäre Gematrie vorauszusetzen, könnte man vielleicht an ⲕ̄ⲉ̄ ⲁⲅⲁⲑⲉ, dessen Zahlenwert 44 ist, denken.[12] Gewisse Schwierigkeiten bereitet mir übrigens auch noch das ⲕⲁϯ (das normalerweise „Verständnis" heißt) als für den Verstorbenen Erbetenes. Es kommt in dieser Funktion noch in drei weiteren Epitaphen von El-Muna vor. Sollte man das ϯⲟⲩⲕⲁϯ nicht als Synonym von ϯ ⲙⲧⲟⲛ auffassen dürfen und entsprechend in dem hiesigen ⲕⲁϯ eine Form des Wortes ⲛ̄ⲕⲟⲧⲕ sehen? Man kann auch sonst gelegentlich einmal anderer Meinung sein. Z. B. fällt es mir schwer, in ⲕ̄ⲩ̄ ⲟ ⲑⲉⲟⲥ ⲃⲟⲏⲑⲏ ⲧⲟⲩ ⲇⲟⲩⲗⲟⲩ ⲓⲱⲥⲏⲫ ⲧⲟⲩ ⲇⲟⲩⲗⲟⲩ ⲥⲟⲩ (RSAC II, 163a. 166b) mit Kasser ⲃⲟⲏⲑⲏ für das Verb βοηθεῖν (und nicht für das Nomen βοήθεια) zu halten. ⲙⲏⲛⲁ ⲡⲉⲇⲓⲁⲕⲱⲛ ⲉⲛⲇⲉ ⲓⲁⲛⲛ̣ⲏ (RSAC I, 46a) möchte ich lieber als „Der Diakon Mena, Sohn des Janne" verstehen; und ⲡⲁⲥⲟⲛ ⲓⲁⲕⲱⲃ ⲡϣⲏⲣⲓ ⲛⲓⲱⲧ ⲙⲏⲛⲁⲥ ⲛⲧⲉ ⲓⲥⲭⲓⲣⲱⲛ (RSAC II, 116a) scheint mir eher „Mein Bruder Jakob, der Sohn von ‚Vater' Menas, Sohns des Ischiron" zu bedeuten.

Schließlich sei noch ausdrücklich hingewiesen auf die interessanten Zeichnungen, die sich in einigen der untersuchten Zellen der Klosterstadt fanden und auf deren getreue Wiedergabe Kasser und sein Team viel Sorgfalt verwendet haben.

---

[11] Vgl. Fouilles exécutées à Baouît par J. Maspero. Notes mises en ordre et éditées par E. Drioton, MIFAO 59/1931, Inschrift Nr. 436.

[12] Vgl. die Grabinschriften vom Typ ⲡⲛⲟⲩⲧⲉ ⲡⲁⲅⲁⲑⲟⲥ z. B. bei M. Cramer, Archäologische und epigraphische Klassifikation koptischer Denkmäler, Wiesbaden 1957, Nr. 49 u. 50.

DIE TENDENZ DER WEISHEIT ZUR GNOSIS*

I

Es geht mir im Folgenden um den Versuch, ein sehr schwieriges, vielschichtiges und weiträumiges Problem, vor dem die moderne Gnosisforschung steht, zunächst insgesamt und ganz allgemein zu beschreiben und so möglichst unverzerrt in den Blick zu bekommen. Gemeint ist die Beziehung oder das Verhältnis zwischen der altorientalischen Weisheit, namentlich in ihrer hellenistisch-jüdischen Ausprägung, und dem spätantiken religionsgeschichtlichen Phänomen der Gnosis, und zwar in Anbetracht der offenkundigen partiellen Parallelität und Überschneidung ihrer Aussagen und Vorstellungen, wobei aber die Betrachtung einseitig von der Gnosis aus erfolgt, in deren bunt zusammen gewürfelten, zur eigenen Systembildung wieder verwendeten, fremden Baumaterial so vieles auch aus der Weisheitstradition ererbt erscheint.[1] Die Titelbegriffe „Weisheit" und „Gnosis" sollen also hier eigentlich die allgemein mit diesen Namen belegten überindividuellen geistigen Bewegungen mit ihren gedanklichen Objektivationen bezeichnen, obgleich man die mit dem Thema auch assoziierbare Frage nicht völlig aus den Augen verlieren sollte, wie weit im Rahmen der Tendenz der einen Weltanschauung zur anderen auch ein als entsprechend zu vermutendes Gefälle zwischen den beiden homonymen individuellen Idealen oder „Tugenden", also eine Tendenz von der die Welt bewältigenden praktischen (Lebens-)Weisheit zur von außen Erlösung aus der Welt bringenden Erkenntnis verifizierbar ist.

Übrigens ist der Gegenstand unseres Beschreibungsversuches als solcher, also das Verhältnis von Weisheit und Gnosis, natürlich keineswegs neu. Die kritische Gnosisforschung unserer geistigen Väter sah ja z. B. im hellenistisch-jüdischen Weisheitsmythos ausdrücklich eine Spielart der Gnosis selbst.[2] Die Neuheit und Neuformulierung der Frage nach dem alten Gegenstand hat eine vierfache Wurzel, bestehend in einer neuen Lage, einer neuen Chance, einer neuen Idee und einem neuen Irrtum.

---

* In: B. Aland (Hg.), Gnosis, FS H. Jonas, Göttingen 1978, 351–172.

[1] Vgl. zu diesem Problemfeld z. B. G. W. MacRae, The Jewish Background of the Gnostic Sophia Myth, NovT 12 (1970), 86–101.

[2] Vgl. z. B. R. Bultmann, Das Evangelium des Johannes, KEK 2, Göttingen [12]1952, 8f.

Als neue Forschungslage sei hier bezeichnet das Zerbrochensein des Gnosismodells unserer Väter.[3] Die gemeinte neue Chance besteht in der wesenhaft weisheitlichen Bestimmtheit zahlreicher gnostischer Nag Hammadi-Schriften. Von denen betrifft diese Bestimmtheit, wenn auch in verschiedener Weise, manche sogar als Ganze, nämlich das schon eine geraume Zeit bekannte und auch bereits mannigfaltig ausgewertete Thomasevangelium (EvThom, NHC II,2 p. 32,10–51,28),[4] die Schrift mit dem Titel „Die Brontē – Vollkommener Nous" (Brontē, NHC VI,2 p. 13,1–21,32),[5]

[3] Vgl. dazu z. B. H.-M. Schenke, Die neutestamentliche Christologie und der gnostische Erlöser, in: K.-W. Tröger (Hg.), Gnosis und Neues Testament, Berlin 1973, 209–211.

[4] Vgl. dazu FacEd von Codex II, Leiden 1974, 42–63; die erste Textedition A. Guillaumont/ H.-Ch. Puech/G. Quispel/W. Till/Yassah 'Abd al Masīh, Evangelium nach Thomas, Leiden 1959.

[5] Vgl. dazu FacEd von Codex VI, Leiden 1972,17–25; Textedition M. Krause/P. Labib, Gnostische und hermetische Schriften aus Codex II und Codex VI, ADAIK.K 2, Glückstadt 1971, 122–132; vgl. in diesem Zusammenhang besonders die Einschätzung und Übersetzung unseres Arbeitskreises in H.-G. Bethge, ThLZ 98 (1973), 97–104.

Unser Arbeitskreis hatte ursprünglich in dem Titel dieser Schrift (p. 13,1) den Rest des ersten Buchstabens anders ergänzt und die Mitte der Zeile anders gedeutet, so dass sich „Nebront oder Vollkommener Verstand" ergab (vgl. z. B. noch H.-M. Schenke, OLZ 69 [1974], 230–232). Das sollte übrigens nicht etwa ein Angriff auf einen schon traditionellen Titel sein, sondern ein Versuch, den „normalen" Titel einer noch gar nicht bekannten Schrift erst zu entdecken. Die Idee hat sich nicht durchgesetzt. Und der Augenschein spricht ja auch gegen sie. So halten wir es für geraten, unsere ursprüngliche Auffassung des Titels zugunsten derjenigen zurückzustellen, die inzwischen die normale geworden ist – nicht zuletzt zu dem Zweck, einer vernünftigen und einheitlichen Nomenklatur nicht fürderhin im Wege zu stehen. Den letzten Anstoß zu diesem Einlenken gaben die Ausführungen von M. Tardieu (Le titre du deuxième écrit du codex VI, Le Muséon 87 [1974], 523–530; 88 [1975], 365–369). Aber nicht etwa, weil er unsere Erwägung als „hardi, . . . tour de passe-passe" (87/1974, 523) und „pirouette philologique" (87/1974, 529) klassifiziert. Es wäre ein Leichtes, diesen Vorwurf zurückzugeben, zumal Tardieu, während wir damit im Dunkeln blieben, seine philologischen Pirouetten nun im Hellen dreht, wo jeder, der die Belege, die er im powerplay vorführt, prüft, selbst sehen kann, wie weit entfernt sie von dem sind, was er daraus entnimmt. Und wenn Tardieu also formuliert: „le sens du titre du deuxième écrit du codex VI apparaît clairement" (87/1974, 529), so ist das ein falscher Schein, den nur er selbst erzeugt hat. Für uns ist indessen wichtig, dass er einerseits zwei wesentliche Prämissen mit uns teilt, nämlich dass der Titel sinnvoll und also wohl ursprünglich ist, und dass sowohl der zweite als auch der erste Teil des Titels eine Bezeichnung bzw. ein Name des göttlichen Wesens seien, dessen Selbstoffenbarung die Schrift enthält, wobei Teil 1 plus Teil 2 bzw. Haupt- und Untertitel eine gewichtige These implizieren. Andererseits gibt es in dem weiten Kreis der von Tardieus imponierender Gelehrsamkeit aufgewiesenen Assoziationsmöglichkeiten (die er freilich für Genealogien hält) auch eine echte genealogische Spur, die zu verfolgen sich zu lohnen scheint und die die Möglichkeit eröffnen könnte, den ersten Teil des Titels doch in der nächstliegenden Form nicht nur zu lesen, sondern auch wirklich zu verstehen. (Wir haben derartiges immer schon – aber ohne Erfolg – von der Isisgestalt aus versucht.) Es scheint nämlich möglich zu sein, dass der Titel unserer Schrift (wie manches in ihr sowieso) speziell vom Athena-Aspekt der spätantiken synkretistischen Allgöttin, die in gnostischer Metamorphose das Subjekt des Textes ist, bestimmt wäre, d. h. dass ἡ βροντή („der Donner") ursprünglich ein Name der Athena wäre, der ihr als Tochter des Zeus, des Donnerers, von dem der Donner eben ausgeht, sinnvollerweise zukommt.

Tardieu behauptet übrigens bzw. setzt voraus, dass das schlechthin so ist; aber die von ihm beigebrachten Belege berechtigen noch in keiner Weise dazu. In diesem Licht bekäme auch die Notiz Irenäus adv. haer. I 23,4, nach der die Simonianer Simon und Helena in den Bildern des Zeus und der Athena verehrt hätten, eine neue Perspektive. (Vgl. zu der Irenäusnotiz z. B. G. Quispel, Gnosis als Weltreligion, Zürich 1951, 65; G. Lüdemann, Untersuchungen zur simonianischen Gnosis, GTA 1, Göttingen 1975, 55f.)

Auf die neue und kommentierte Übersetzung unseres Textes von R. Unger (Zur sprachlichen und formalen Struktur des gnostischen Textes „Der Donner: der vollkommene Nous", OrChr 59 [1975], 78–107) kann nur unter Vorbehalt hingewiesen werden. Sie enthält zwar zur Formanalyse des Textes interessante Ideen und richtige Einsichten, verrät aber auf Schritt und Tritt eine noch ungenügende Beherrschung der koptischen Syntax. Ihre arglose Rezeption von objektiven Fehlern der Textausgabe ist mir außerdem zum Anlass geworden, deren Mängel hier kurz richtigzustellen. Der Text ist zu wichtig, als dass sich derartige Übernahmen wiederholen und die Fehler der Erstausgabe so fortpflanzen dürften.

NHC p. 13,9f.: Mit der Übersetzung: „folgt mir nicht vor euren Augen" kann man keinen Sinn verbinden. 14,2f.: ⲟⲩϩⲉ [ⲙ̄]|ⲙⲓⲥⲉ dürfte weder „Geburtsart" noch „Geburtsfall" bedeuten, sondern Haplographie für ⲟⲩ(ϩ)<ⲟⲩ>ϩⲉ ⲙ̄ⲙⲓⲥⲉ „unzeitige Geburt" sein. 14,21f.: Ob die viermalige Präp. ⲉⲣⲟⲉⲓ mit „mir" und „mich" sachgemäß wiedergegeben ist, muss man bezweifeln. 15,20: Was hat man sich unter „löst euch nicht zu mir" vorzustellen? 16,29: Falsche Worttrennung; lies ⲁⲛⲟⲕ ⲧⲉ ⲧⲉⲛⲧⲁⲧⲉⲧⲛ̄-. 16,31f.: Lies ⲁⲛⲟⲕ ⲛⲉⲛ|ⲧⲁⲧⲉⲧⲛ̄-. 17,1f.: Die Ergänzung ⲉⲣ̣[ϣ]ⲁⲛⲧⲉⲧⲛ̄|[ⲟⲩⲟⲛϩⲧⲛ̄ ⲉ]ⲃⲟⲗ, die bedeuten soll „[wenn] ihr [euch offenbart]" ist unmöglich. ⲉⲣϣⲁⲛ- ist das Präfix vor nominalem Subj.; entsprechend kann ⲧⲉⲧⲛ̄- nur fem. Poss.-Art. sein; auch wäre statt ⲟⲩⲟⲛϩⲧⲛ̄ sicher ⲟⲩⲉⲛϩ ⲧⲏⲛⲉ bzw. ⲧⲏⲩⲧⲛ̄ zu erwarten. 17,6: ϥⲓ ⲙ̄ⲙⲟⲉⲓ kann niemals „nehmt von mir" heißen. 17,12: Ob ⲧⲁⲛⲟ so ohne weiteres „Vernichtung" heißen kann und diese Bedeutung gar dem hiesigen Zusammenhang entspricht, muss man sehr bezweifeln. 18,8: ⲛⲉⲧⲙⲛ̄ⲛ̄ⲥⲁ ⲛⲁϊ heißt natürlich nicht „die nach mir", sondern (wenn man im Stil der Übersetzung bleiben will) „die nach diesen"; ganz abgesehen davon, dass das ⲛⲉⲧ im Original durchgestrichen zu sein scheint. 19,5: „der Schleier des Herzens" ist – wiewohl lexikalisch möglich – ungefähr das Gegenteil von dem, was der Text meinen kann. ϩⲃ̄ⲥ̄ kann nur = ϩⲏⲃⲥ „Lampe" (Crum 658a) sein. 19,9f.: ⲡⲁⲧⲁ|[ⲙⲁ]ϩⲧ̣[ⲉ] als „das Nicht[ergreifen]" ist sprachlich unmöglich. 19,27: ⲉⲣⲟⲉⲓ kann nicht „von mir" heißen. In 19,28 ist schon die Worttrennung falsch. Es handelt sich um eine normale Cleft Sentence ⲁⲛⲟⲕ ⲧⲉⲧⲁϣϭⲏⲗ ⲉⲃⲟⲗ „ich bin es, die schreit". Dasselbe Missverständnis findet sich ein paar Zeilen später noch einmal (19,33f.). 20,1: Anstelle der grotesken Lesung ϯⲟⲩⲟⲉϊ̣ ⲉ̣ⲃⲟⲗ ⲁ̣ⲩ̣[ⲱ, die bedeuten soll: „Sucht [und]", hat man als Text wohl anzusehen: ϯⲟⲩⲟⲛ̣ϩ ⲉ̣ⲃⲟⲗ ϩⲙ̣[. 20,10: „und ihr flüstert [mir] zu" gibt kaum einen Sinn. Wahrscheinlich ist ⲕⲁⲥⲕⲥ̄ das Verb ⲕⲟⲥⲕⲥ (Crum 121b). 20,15: Dass ⲉⲃⲟⲗ ϩⲙ̄ ⲡⲁϊ „wegen diesem" (sic) heißen kann, ist unwahrscheinlich; entsprechendes gilt für ⲉⲃⲟⲗ ⲛ̄ϩⲏⲧϥ̄ „wegen ihm" (sic) (20,17). 20,18–20: ⲛⲉⲧⲛ̄ⲡⲉⲧⲛ̄ⲥⲁ – ⲛ̄ϩⲟⲩⲛ ⲅⲁⲣ ⲡⲉ ⲡⲉⲧⲛ̄ⲡⲉⲧⲛ̄ⲥⲁⲛⲃⲟⲗ wird falsch übersetzt, weil das jeweils erste ⲡⲉⲧⲛ̄-(= ⲡ-ⲉⲧ-ⲛ̄) einfach übersehen worden ist. Es muss heißen: „Der nämlich, der in euch ist, ist der(selbe), der außerhalb von euch ist". 20,21: ⲛ̄ⲧⲁϥⲣ̄ⲧⲩⲡⲟⲩ ⲙ̄ⲙⲟϥ ⲙ̄ⲡⲉⲧⲛ̄ⲥⲁⲛϩⲟⲩⲛ wird fehlübersetzt, weil ⲙ̄ⲙⲟϥ übersehen ist und die Grundregel der Verwendung der zweiten Tempora unberücksichtigt bleibt. Es muss heißen: „(er) hat *sich* gestaltet *in* eurem Inneren". 20,22–24: Der unbegreifliche Satz: „was ihr seht von eurem Äußeren, seht ihr von eurem Inneren" kommt dadurch zustande, dass die zweimalige bloße Präp. ⲛ̄-mit „von" statt mit „in" übersetzt ist. 21,10: Ergänzung und Übersetzung des Ergänzten sind gleichermaßen unmöglich. Die syntaktische Struktur erfordert indessen vorn die Ergänzung eines Nominalsatzgliedes (vgl. H.-M. Schenke, OLZ 69 [1974], 232). 21,13: ⲛ̄ⲧⲁⲩϫⲱⲕ ⲉⲃⲟⲗ kann nicht Perf. II sein (weil keine adverbielle Bestimmung da ist), sondern nur Relativsatz des Perf. I. 21,26f.: ⲉⲩⲁⲙⲁϩⲧⲉ ⲙ̄ⲙⲟⲟⲩ, relativisch (fehl)übersetzt, ist weder ein echter noch ein unechter Relativsatz.

Vgl. auch G. M. Browne, Textual Notes on Nag Hammadi Codex VI, ZPE 13 (1974), 305–309; und schließlich W. Wuellner, „The Thunder, Perfect Mind." Protocol of the Fifth Colloquy of the Center for Hermeneutical Studies in Hellenistic and Modern Culture,

den Authentikos Logos (AuthLog, NHC VI,3 p. 22,1–35,24)[6] und die Lehren des Silvanus (Silv, NHC VII,4 p. 84,15–118,7).[7] Bei der Epistula Jacobi Apocrypha (EpJac, NHC I,2 p. 1,1–16,30)[8] und dem Buch des Thomas (LibThom, NHC II,7 p. 138,1–145,19)[9] liegt die weisheitliche Bestimmtheit in ihrem Substrat an Spruch(sammlungs)gut. In der Schrift mit dem Titel „Die dreigestaltige Protennoia“ (NHC XIII p. 35,1–50,24)[10] ist alles, was die Zentralgestalt der Protennoia selbst betrifft, eine ziemlich offenkundige gnostische Metamorphose von hellenistisch-jüdischer Weisheits- und Logosspekulation. Die das Profil der Frage bestimmende neue Idee stammt von H. Köster und J. M. Robinson, die sich ihrerseits in mancher wichtigen Hinsicht auf D. Georgi berufen, und besagt, dass die inner- und außerhalb des Neuen Testaments bezeugte urchristliche Weisheitschristologie nicht nur in bestimmten Akzentuierungen komplexerer christologischer Konzeptionen der *einen* sich entwickelnden und ausbreitenden christlichen Gemeinde ihr Wesen hat, sondern ursprünglich und vor allem die einseitige, alleinige und eigenständige Christologie einer ganz bestimmten (von mehreren) urchristlichen Gruppe gewesen sein dürfte mit einer eigenen Entwicklung, die durch das Gefälle von der Weisheit zur Gnosis bestimmt sei.[11] Mit dem provozierenden neuen Irrtum meine ich eine

---

11 March 1973, Graduate Theological Union, and the University of California – Berkeley, Berkeley, California 1973.

[6] Vgl. dazu FacEd von Codex VI, Leiden 1972, 26–39; Textedition Krause/Labib, Gnostische und hermetische Schriften aus Codex II und Codex VI, ADAIK.K 2, Glückstadt 1971, 133–149; vgl. besonders H.-G. Bethge, ThLZ 98 (1973), 251–259; und H.-M. Schenke, OLZ 69 (1974), 232–235.

[7] Vgl. dazu FacEd von Codex VII, Leiden 1972, 90–124; K. Wekel, ThLZ 100 (1975), 7–23; H.-M. Schenke, ZÄS 102 (1975), 133–136; W. R. Poehlmann, Addressed Wisdom Teaching in „The Teachings of Silvanus.“ A Form Critical Study, Ph.D. Diss. Harvard University 1974.

[8] Vgl. dazu FacEd von Codex I, Leiden 1977, 5–20; Textedition R. Kasser/M. Malinine/H.-Ch. Puech/G. Quispel/W. Till/R. McL. Wilson/J. Zandee, Epistula Iacobi Apocrypha, Zürich 1968; vgl. H.-M. Schenke, OLZ 66 (1971), 117–130; D. Kirchner, Epistula Jacobi Apocrypha. Die erste Schrift aus Nag-Hammadi-Codex I (Codex Jung), Berlin 1977.

[9] Vgl. dazu FacEd von Codex II, Leiden 1974, 150–157; Texteditionen Krause/Labib, Gnostische und hermetische Schriften aus Codex II und Codex VI, ADAIK.K 2, 88–106; J. D. Turner, The Book of Thomas the Contender, SBL.DS 23, Missoula, Montana 1975; vgl. H.-M. Schenke, OLZ 70 (1975), 9–13; D. Kirchner, ThLZ 102 (1977), 793–804.

[10] Vgl. dazu FacEd der Codices XI, XII und XIII, Leiden 1973, 105–120; G. Schenke (Robinson), ThLZ 99 (1974), 731–746. – Vgl. im Übrigen zu den genannten und anderen Nag Hammadi Schriften D. M. Scholer, Nag Hammadi Bibliography 1948–1969, NHS 1, Leiden 1971; und die Fortsetzung D. M. Scholer, Bibliographia Gnostica, NovT 13 (1971), 322–336; 14 (1972), 312–331; 15 (1973), 327–345; 16 (1974), 316–336; 17 (1975), 305–336; wird fortgesetzt (aber 18 [1976] übersprungen).

[11] Vgl. vor allem H. Köster/J. M. Robinson, Entwicklungslinien durch die Welt des frühen Christentums, Tübingen 1971, besonders 155–173. 204–208.

(forschungsgeschichtlich und psychologisch durchaus verständliche, aber dennoch) falsche Alternative, die das religionsgeschichtliche Herangehen an zentrale christologische Konzeptionen der hellenistischen Christenheit heute weithin bestimmt und verbaut, insofern als man den hellenistisch-jüdischen Weisheitsmythos bzw. eine „dualistische Weisheit" als religionsgeschichtlichen Hintergrund dieser Konzeptionen *anstelle des* Gnosismodells der Väter anbietet und überhaupt im Schema „Gnosis *oder* Weisheit" denkt und argumentiert.[12]

Bei der Durchführung unseres Versuchs kommt es zunächst einmal wesentlich darauf an, das gesamte weite und differenzierte Feld weisheitlichen Redens und Denkens nebst ihrer Verschriftlichung im Auge zu behalten und zu bezeichnen. Wir bemühen uns darum in der Gestalt eines idealtypologischen Spektrums der Formen, in denen Weisheit vorkommt.[13] Zum Kraftfeld der Weisheit gehören:

1. die paränetische Weisheit (in Gestalt von Weisheitssprüchen) in ungebrochen optimistischer Version;
2. die Vorstellung von der (personifizierten) Weisheit Gottes als Offenbarer menschlicher Weisheit in ungebrochen optimistischer Version;
3. die paränetische Weisheit (in Gestalt von Weisheitssprüchen) in gebrochener Version;

---

[12] Vgl. z. B. E. Schweitzer, Zur Herkunft der Präexistenzvorstellung bei Paulus, Neotestamentica, Zürich 1963, 105–109; Aufnahme und Korrektur jüdischer Sophiatheologie im Neuen Testament, Neotestamentica, 110–121; Zum religionsgeschichtlichen Hintergrund der „Sendungsformel" Gal 4,4f., Röm 8,3f., Joh 3,16f., 1. Joh 4,9, BTNT, Zürich 1970, 83–95; D. Georgi, Der vorpaulinische Hymnus Phil 2,6–11, in: E. Dinkler (Hg.), Zeit und Geschichte, Tübingen 1964, 263–293; E. Brandenburger, Fleisch und Geist. Paulus und die dualistische Weisheit, WMANT 29, Neukirchen-Vluyn 1968; B. L. Mack, Logos und Sophia. Untersuchungen zur Weisheitstheologie im hellenistischen Judentum, StUNT 10, Göttingen 1973.

[13] Was den jüdischen Bereich dieses Spektrums anbelangt, so kann das zu ihm gehörende Material im Einzelnen ja verschieden klassifiziert und bezeichnet werden und wird es tatsächlich teils so ähnlich wie hier, teils verschieden klassifiziert. Die Erforschung der jüdischen Weisheit in ihren verschiedenen Spielarten und Gattungen ist ja selbst ein weites Feld, auf dem naturgemäß manches in Bewegung ist, so dass nicht jeder, der die Ergebnisse braucht, wirklich eingeweiht sein kann. (Vgl. an neuester Literatur noch E. Zenger, Die späte Weisheit und das Gesetz, in: J. Maier/J. Schreiner (Hg.), Literatur und Religion des Frühjudentums, Würzburg 1973, 43–56; O. Rickenbacher, Weisheitsperikopen bei Ben Sira, OBO 1, Freiburg/Schweiz 1973; R. Braun, Kohelet und die frühhellenistische Popularphilosophie, BZAW 130, Berlin 1973; O. Keel, Die Weisheit spielt vor Gott. Ein ikonographischer Beitrag zur Deutung des m^{e}saḥāqāt in Sprüche 8,30f., Freiburg/Schweiz 1974; M. Küchler, Frühjüdische ḥākām/sophos Traditionen und die Verkündigung Jesu, OBO 26, Freiburg/Göttingen 1979. Gleichwohl hoffen wir, alles Wesentliche durch unser Spektrum gedeckt zu haben.

4. die Vorstellung von der (personifizierten) Weisheit Gottes als Offenbarer menschlicher Weisheit in gebrochener Version;
5. die vom synkretistischen Isisglauben unterwanderte Sophiavorstellung mit ihrer Tendenz zu dialektischer Gebrochenheit;[14]
6. die (reine) Isis/Sophiavorstellung in gnostischer Metamorphose;[15]
7. die (Isis/)Sophiavorstellung als Bestandteil komplexer gnostischer Systeme.

Und diese sieben Formen sollen im hiesigen Zusammenhang nur als Anhaltspunkte in einem Kontinuum von Möglichkeiten gelten. Dazu muss noch die weitgehende Austauschbarkeit einerseits von Sophia und Logos, andererseits von Sophia und Nomos begrifflich und als Hypostase in das Blickfeld einbezogen werden. Und schließlich ist der Sachverhalt zu bedenken, dass es diese Formen sowohl außerhalb wie innerhalb des Christentums bzw. seines Ausstrahlungsbereichs gibt.

Mit alledem haben wir uns aber erst ein statisches Bild gemacht, in dem die gnostischen Weisheitsformen zwar schon ihren Platz haben, aber eben einfach neben den (noch) nicht gnostischen Formen. Der eigentliche scopus unserer Betrachtung zielt aber gerade auf das dynamische Phänomen der *Entstehung* gnostischer Weisheitsformen aus den ihnen vorausliegenden eigentlichen bzw. ursprünglicheren Weisheitsformen.[16] Diese Seite der Sache bekommen wir nun ins Bild, wenn wir sagen: Innerhalb des von uns abgesteckten Feldes hat sich eine Bewegung vollzogen von der eigentlichen Weisheit ausgehend und zur Gnosis hinführend, und Partien unseres obigen Spektrums sind das Ergebnis solcher Bewegung. Und diese Bewegung, die wir meinen und die die betreffenden Texte voraussetzen, bezeichnen wir, wenn wir sie als ganzheitliches Geschehen fassen wollen, am besten als Metamorphose, als gnostische Metamorphose von Formen der Weisheit. In diesem Prozess modifiziert

[14] Vgl. zum Isisaspekt der Sophia z. B. H. Schlier, Der Brief an die Epheser, Düsseldorf [5]1965, 162–165; H. Conzelmann, Die Mutter der Weisheit, in: E. Dinkler (Hg.), Zeit und Geschichte, 225–234; B. L. Mack, Logos und Sophia, besonders 38–42.

[15] Diese Form kann man in klassischer Weise in Brontē repräsentiert sehen; hier haben wir wirklich „dualistische Weisheit" vor uns, die aber keine Alternative zur Gnosis, sondern selbst gnostisch ist (vgl. H.-M. Schenke, OLZ 69 [1974], 231f.).

[16] Vielleicht ist es doch nicht ganz überflüssig, auch negativ ausdrücklich zu erklären, dass hier nicht etwa – natürlich nicht! – so etwas wie eine „neue" Ableitung der Gnosis aus der Weisheit versucht werden soll. Also, eine Fragestellung, wie sie im Titel eines bekannten Aufsatzes von A. Adam als paradigmatisch formuliert angesehen werden kann („Ist die Gnosis in aramäischen Weisheitsschulen entstanden?", Le Origini dello Gnosticismo, SHR.SN 12, Leiden 1967, 291–300), liegt uns völlig fern.

sich die Weisheitsspekulation zum gnostischen Mythos, wird die Gattung der Weisheitssprüche zur Gestalt gnostischer Spruchsammlungen, geht die urchristliche Konzeption von Jesus als Gestalt der Weisheit über in die Erlöserlehre der christlichen Gnosis, verwandelt sich das Bild von Jesus als dem Boten und Sprecher der Weisheit zu der Vorstellung von ihm als dem Bringer geheimer erlösender Offenbarungen.

An dem Geschehensein dieser Bewegung kann man nun, da uns ihre Produkte vorliegen, nicht gut zweifeln. Wohl aber kommt es entscheidend darauf an, was wir über die Art und Weise dieser Bewegung denken. Da ist nun zunächst einmal festzuhalten, dass zwischen Weisheit und Gnosis so etwas wie eine kategoriale Schranke besteht, die Weisheit und Gnosis deutlich und streng scheidet. An dieser Stelle und bei dieser Betrachtung gilt tatsächlich die Alternative: Weisheit *oder* Gnosis; hier Weisheit, da Gnosis, tertium non datur. Es gibt keine kategoriale Vermischung. Aber die Menschen als Träger dieser kategorial verschiedenen Konzeptionen können sich sehr wohl über die Schranke hinweg verständigen, voneinander lernen, in ihren Köpfen die Systeme, in welchem Mischungsverhältnis auch immer, und nicht nur in möglicher, sondern auch in unmöglicher Weise kombinieren; ja, sie vermögen auch die Schranke selber zu überschreiten, d. h., die eine Konzeption durch die andere zu ersetzen.

Nun ist aber auch sogleich hinzuzufügen, dass die Schranke zwischen Weisheit und Gnosis keineswegs die einzige Schranke unseres Betrachtungsfeldes ist. Sie mag besonders hoch sein, aber funktional ist sie nicht anders zu beurteilen als die mannigfachen Schranken zwischen Weisheit und Weisheit. An unserer Schranke vollzieht sich nicht der einzige Synkretismus bzw. Sprung in eine andere Qualität innerhalb des Gesamtfeldes der Weisheit. Die Verschmelzung der Sophia mit Isis oder/und das Werden der Sophia zur Allgöttin und Weltseele,[17] die

[17] Vgl. z. B. den Abschnitt aus einem Gebet an Selene(-Isis-Sophia):
Sei gnädig mir, der dich ruft,
und erhöre mich gütig,
die du über die vielfassende Welt nachts waltest,
vor der die Dämonen erschauern
und die Unsterblichen erzittern,
Männer verherrlichende Göttin,
Vielnamige, Schöngeborene, Stieräugige, Gehörnte,
der Götter und Menschen Erzeugerin
und Allmutter Natur:
denn du wandelst im Himmel
und suchst den weiten, unermesslichen Abgrund auf.
Anfang und Ende bist du,

Kombination der Sophiavorstellung mit der Logoslehre bezeichnen ja auch Überschreitungen von sehr markanten Schranken.

Außerdem ist die Bewegung, die es in unserem Betrachtungsfeld gibt, keineswegs gleichgerichtet. Das ist der allgemeine Hintergrund dafür, dass an der Schranke zwischen Weisheit und Gnosis die *Richtung* der Bewegung von der Weisheit zur Gnosis keineswegs die allein mögliche und vorkommende ist, sondern dass es hier eine Bewegung auch in der genau entgegen gesetzten Richtung gibt. Das wichtigste Zeugnis dafür ist Silv als eine Schrift, die Gnosis voraussetzt und Weisheit entwickelt.[18] Solche merkwürdigen Verschränkungen in der Entwicklung der Christologie gibt es übrigens auch außerhalb des Feldes der Weisheit, vor allem im Matthäusevangelium und im Hebräerbrief, wo jeweils hellenistische Christologie vorausgesetzt und eine judenchristliche entwickelt wird.[19] An diesem Punkt wird m. E. ganz offensichtlich, warum man aus dem deutlichen Vorliegen von weisheitlichen Gedanken an einer beliebigen Stelle nicht ohne weiteres schließen darf, dass *infolgedessen* Gnosis nicht (mit) im Spiele sein könne.

Die Bewegung von der Weisheit zur Gnosis setzt eine Trieb- bzw. Zugkraft oder wenigstens ein Gefälle oder eine der Sache innewohnende *Tendenz* voraus. Und eben die Frage nach dieser Kraft, nach der Ursache der Bewegung ist die Frage nach dem innersten Geheimnis unseres Gegenstandes. Dem Geheimnis der Sache angemessen ist es schon an sich wichtig, bloß die falschen Antworten in ihren Ansätzen auszuschließen. Man darf sich auf keinen Fall die hier wirkende Kraft oder Tendenz als mechanisch wirkend vorstellen. Herangehen müssen wir vielmehr so: Wenn die Bewegung *wirklich* gewesen ist, dann muss sie auch *möglich* gewesen sein. Was lässt sich also über ihre Möglichkeit denken oder ahnen? Zunächst könnte man als Ermöglichungsgrund in Erwägung ziehen den bekannten Pessimismus der Welt und sich selbst gegenüber, der manchen Formen der Weisheit eigentümlich ist, ja von dem die spezielle Weisheitsforschung sagt, dass er im Gefälle der natürlichen Entwicklung

über alle herrschest du allein;
denn von dir ist alles,
und in dich, Ewige, endigt alles.

(K. Preisendanz, Papyri Graecae Magicae, I, Leipzig 1928, 163 [IV 2826–2839].)

18 Vgl. H.-M. Schenke, ZÄS 102 (1975), 133–135.

19 Vgl. H.-M. Schenke, Erwägungen zum Rätsel des Hebräerbriefes, in: H. D. Betz/L. Schottroff (Hg.), Neues Testament und christliche Existenz, Tübingen 1973, 426–429; H.-M. Schenke/K.-M. Fischer, Einleitung in die Schriften des Neuen Testaments II, Berlin 1979, § 22.

weisheitlichen Denkens liegt. Wahrscheinlich gehört auch, und zwar mehr auf der Seite der gedanklichen Objektivation, der *Isisaspekt* der hellenistisch-jüdischen bzw. synkretistischen Sophiagestalt, durch den diese neben den hellen auch die dunklen Seiten bekommt und also dualistische Vorstellungen Eingang finden, zusammen mit dem Aspekt der Allgöttin, die ja auch das Böse in der Welt mit umfassen muss, zu den unmittelbaren Voraussetzungen. In Zusammenhang mit dem zuerst genannten Sachverhalt ist mir die Frage wichtig geworden, ob man etwa, wenn ja die Daseinshaltung als das Primäre und die gedanklichen Objektivationen als das Sekundäre zu betrachten sind, nicht a priori die Daseinshaltung an sich und in ihrer Entwicklung als konstanter annehmen sollte als alles, was sich im geistigen Überbau abspielen mag, d. h., dass wir es an unserer Schranke zwischen Weisheit und Gnosis mit Identität bzw. Konstanz bzw. konstanter Entfaltung der (pessimistischen) Daseinshaltung unter Modifizierung bzw. Austausch (nur) der Ideologien zu tun haben. Zumindest könnte das ein wichtiger Aspekt sein. Dass es so etwas tatsächlich gibt, dafür könnte – in einer gewissen Umkehrung freilich – die Nag Hammadi-Bibliothek als Ganze ein schlagender Beweis sein, falls nämlich die Indizien nicht täuschen und also die Sammler und Benutzer der in ihr enthaltenen Schriften gar nicht (mehr) Gnostiker, sondern (bloß) häretische Mönche waren.[20] Den entscheidenden Grund für die Bewegung von der Weisheit zur Gnosis wird man allerdings in dem Bereich menschlicher Spontaneität zu suchen haben, was aber die Annahme einer hinter der Bewegung stehenden geistesgeschichtlichen Notwendigkeit nicht unbedingt ausschließt. Als diese mit Notwendigkeit wirkende Ursache könnte man dann den spätantiken Geist selbst, und zwar in seiner die Gesamtheit des geistigen Lebens umfassenden, bestimmenden und bewegenden Kraft, in Ansatz bringen.

II

Im Folgenden möchte ich nun diese allgemeine Sicht der Dinge, bzw. wesentliches davon, in der Behandlung zweier spezieller Fragenkomplexe, die mir auch an sich wichtig sind, zur Geltung kommen lassen. Zunächst liegt mir eine Würdigung der oben genannten neuen Idee von Köster und Robinson am Herzen, und zwar so, wie ich sie verstanden habe und nicht

[20] Vgl. W.-P. Funk, Ein doppelt überliefertes Stück spätägyptischer Weisheit, ZÄS 103 (1976), 8f.

ohne eine gewisse Verschiebung der Akzente und unter Modifikationen an ihrem Rande.

Das Vorhandensein von Weisheitschristologie im Neuen Testament ist unbestreitbar und seit langem bekannt. Einerseits ist deutlich sichtbar, dass sich in der Logientradition zahlreiche Jesus in den Mund gelegte Weisheitsworte finden. Am klarsten präsentieren sich als solche: Mt 11,18f. par Lk 7,33–35; Mt 23,34–37 par Lk 11,49–51 und 13,34; Mt 11,28–30 im Vergleich zu Prov 9,1–6; Sir 24,25–31; Silv NHC VII p. 88,35–89,10.[21] Andererseits finden sich in christologischen Bekenntnissen und im Lobpreis der Bedeutsamkeit Jesu vielfältige und zum Teil sehr dichte Übertragungen von Weisheitsattributen und Weisheitsvorstellungen auf ihn. Die wichtigsten und klarsten Stellen sind: Joh 1,1–18; Kol 1,15–20; 1Kor 1,18–31 und Mt 11,25–27 par Lk 10,21f.

Das Verdienst von Köster und Robinson ist es nun, die wahre Relevanz dieser an sich bewussten Sachverhalte erkannt zu haben, dass das nämlich bloß versprengte Teile einer ursprünglich eigenständigen christologischen Konzeption, deren Träger wiederum eine besondere urchristliche Gruppe war, sind. Das Bekanntwerden der „Lehren des Silvanus", in denen eine reine Weisheitschristologie vertreten und entfaltet wird, brachte dann die endgültige Bestätigung dieser Sicht der Dinge und ließ das postulierte einseitig weisheitlich bestimmte Christentum samt einer ihm eigentümlichen Tradition und Geschichte aus dem Bereich der Hypothesen in den der Tatsachen rücken. Die Reinheit dieses christologischen Typs muss und sollte dabei nicht als hundertprozentig verstanden, gedacht oder gefordert werden; denn natürlich existierten die christlichen Gruppen im Allgemeinen nicht (lange) ohne Kenntnis voneinander. Es genügt die wesentliche Bestimmtheit durch die Weisheit.

Die zweite Seite der neuen Idee von Köster und Robinson liegt in der Erkenntnis der christologischen Implikation und Relevanz der Sammlungen von Sprüchen Jesu als einer besonderen Gattung nebst dem Aufweis, dass diese Gattung „Sammlung von Sprüchen Jesu" die eigentliche und ursprüngliche Evangelienform des weisheitlich bestimmten Christentums war. Und dieser Sachverhalt wird anhand der Spruchsammlung, die wegen ihrer sekundären Funktion als Quelle des Matthäus- und Lukasevangeliums praktisch nur unter dem Namen „Logien-Quelle" bzw. in der Abkürzung Q bekannt ist, und des Thomasevangeliums samt ihrer Beziehung zueinander eindrucksvoll und überzeugend herausgearbeitet.

---

[21] Vgl. H.-M. Schenke, ThLZ 100 (1975), 13.

Nun wird aber bei Köster und Robinson in diesem Zusammenhang auch – und damit fängt das an, was m. E. problematisch erscheinen muss – der Gattung der Spruchsammlung als solcher eine Tendenz von der Weisheit zur Gnosis zugeschrieben.[22] Und die Art, wie das zuweilen formuliert wird – insbesondere durch die Verwendung des Begriffs der „Entwicklungslinie" – ruft die Assoziation einer automatischen Wirksamkeit dieser Tendenz hervor.[23] Wegen dieser fatalen Tendenz habe die aus den frühen Gruppen zusammenwachsende Kirche die Logiensammlung(en) durch entschärfende Vereinnahmung, nämlich durch Einordnung in den kerygmatisch ganz anders bestimmten Rahmen der synoptischen Evangelien, unterdrückt oder ganz abgestoßen.[24] Andererseits habe in der Gnosis die Gattung des Spruchevangeliums den gnostischen Inhalt auf die Dauer nicht fassen können und sei daher notwendigerweise durch die Gattung des Dialoges des Erlösers mit seinen Jüngern abgelöst worden.[25]

Ich möchte gegen diese Auffassungen zunächst einmal polemisch die These stellen, dass die Logien Jesu nicht nur einzeln, sondern auch als Sammlung noch „orthodox" waren, als sämtliche drei synoptischen Evangelien in der Kirche noch unter dem Verdacht der Häresie standen. Die Tendenz aber, die der Gattung der Spruchsammlungen tatsächlich wesenhaft innewohnt, wirkt in Richtung auf Allgemeingültigkeit, Gegenwärtigkeit, Vergegenwärtigung des in den Sprüchen Gesagten und Enthaltenen. Negativ gesagt, es fehlt dieser Gattung der Aspekt des Geschehniszusammenhangs und des Historischen. Entsprechend impliziert sie christologisch die Vorstellung von Jesus als dem stets *bei* oder *in* den Jüngern Gegenwärtigen. Doch dieser Sachverhalt seinerseits bietet nicht mehr als die Möglichkeit – vielleicht in der Tat als eine nahe liegende –, dass Leute, die schon Gnostiker waren oder in den Einflussbereich gnostischen Denkens gerieten, die vorhandenen Sprüche gnostisch verstanden, gnostisch veränderten oder um mehr oder weniger offensichtlich gnostische vermehrten. Auch das Verhältnis von Spruchsammlung und Dialog kann man differenzierter sehen. Einerseits ist der Dialog – ähnlich wie der Brief und die Diatribe – in der Spätantike überhaupt eine für volkstümliche und auf Überzeugung des Lesers (oder Hörers im Falle des Verlesenwerdens) abzielende Stoffe beliebte Stilform. Andererseits gilt in der Weisheitsforschung der Dialog als eine organische Entfaltung der in

[22] Vgl. Entwicklungslinien, z. B. 97. 131. 172f.
[23] Vgl. z. B. 106. 208.
[24] Vgl. z. B. 106. 127.
[25] Vgl. z. B. 79f. 96. 106.

der Spruchsammlung angelegten Möglichkeiten.[26] Man braucht also zwischen gnostischem Spruchevangelium und gnostischem Dialog an sich keinen Bruch oder Sprung anzusetzen. Dass der Dialog sich für schriftliche Verkündigung von Gnosis gut eignete, ist natürlich nicht zu bestreiten.

Eine andere Weichenstellung als die bei Köster und Robinson vorgenommene ergibt sich für mich unter der notwendigen Frage, wie denn weisheitliches Christentum mit dem Tod Jesu und dem ihm beim Kontakt mit anderen Formen des Christentums begegnenden, ihm selbst an sich fremden, theologischen Gedanken der Auferstehung Jesu von den Toten fertig geworden sein mag. Dabei dürfte m. E. nämlich kaum etwas anderes als die in der ursprünglich ja selbständigen Leidensgeschichte der Evangelien implizierte Christologie herausgekommen sein, die eben entgegen der von Köster und Robinson (und auch von vielen anderen) vertretenen Auffassung keineswegs mit der Christologie des so genannten Kerygmas identisch ist. Die Leidensgeschichte liegt irgendwie direkt im Einflussbereich des weisheitlichen Christentums; wenn auch nicht in ihm allein, denn auch die θεῖος ἀνήρ-Christologie hat z. B. hier stärker eingewirkt, als man es gemeinhin annimmt. Und es gilt von ihr zunächst einmal, was bei Köster und Robinson zu Unrecht über die Christologie des Kerygmas gesagt wird,[27] nämlich dass Jesus gesehen wird als der nach Gottes Willen und aufgrund der Uneinsichtigkeit und Bosheit der Menschen leidende Gerechte, den Gott durch die Auferweckung *gerechtfertigt* hat. Und zwar ist das die implizite Christologie der Leidensgeschichte auf einer Stufe, wo sie bereits in die Erzählung der Auferweckung mündete.[28] Nun gehört aber der Topos vom leidenden Gerechten auch in den Rahmen der jüdischen Weisheitslehre.[29] Und wenn man nun einmal etwa in der ersten Leidensweissagung (Mk 8,31) den Inhalt der weitläufigen Leidensgeschichte auf eine Formel gebracht sieht und in einem Satz wie Mk 12,10f. dessen ausdrückliche Deutung (Stichwortverbindung ἀποδοκιμάζειν), und wenn man dann noch die Querverbindung über das Stichwort „Rechtfertigung" mit Lk 7,35 Par bedenkt, dann liegt es nahe, die ganze Leidensgeschichte strukturell auf dem Hintergrund der mythologischen Weisheitsspekulation zu sehen, wonach die Weisheit von Gott in

[26] Vgl. z. B. H. Gese, RGG³ VI, 1577.

[27] Entwicklungslinien, 209–213.

[28] Vgl. zur Auffassung der Auferweckung als *Rechtfertigung*, der in unserem Zusammenhang eine Schlüsselfunktion zukommt, Joh 16,8–10; 1Tim 3,16; OdSal 31,5; R. Bultmann, Exegetica, Tübingen 1967, 85–87.

[29] Vgl. z. B. Weish 2,10–20.

die Welt gesandt wurde, aber unter den Menschen keine Wohnung fand und deswegen in den Himmel zurückkehrte (Sir 24,11 und äthHen 42,1f.), und den Jesus der Leidensgeschichte somit eben als Exponenten der (zunächst) in der Welt nicht willkommenen und verkannten Weisheit.

Mit alledem haben wir schon die Frage nach der Einheitlichkeit des weisheitlichen Christentums, die ein weiteres Problem darstellt, das bei Köster und Robinson nicht genügend berücksichtigt wird, berührt. Es macht sich schon in der Mehrzahl der von ihm hervorgebrachten bzw. bestimmten Textsorten bemerkbar (neben die Sammlung von Sprüchen Jesu und die Leidensgeschichte tritt ja auch noch Silv mit seiner wiederum ganz andersartigen Struktur und seiner identifizierenden Christologie). Der Gipfel des Problems liegt m. E. jedoch in der Frage nach dem Verhältnis der beiden Grundtypen der Weisheitschristologie zueinander. Wie ist die Beziehung zwischen der der Gattung der Spruchsammlung impliziten christologischen Konzeption von Jesus als dem *Boten* und *„Mund“* der Weisheit und der expliziten Christologie von Bekenntnissen und Hymnen, die Jesus als *Gestalt* der Weisheit versteht? Oder ganz einfach: Wie gehören die auf Jesus übertragenen Weisheitsworte einerseits und der auf Jesus übertragene Weisheitsmythos andererseits innerhalb des Christentums zusammen? Dass eine Verbindung tatsächlich irgendwie besteht – nicht nur im Ursprungs-, sondern auch im Anwendungsbereich –, geht schon daraus hervor, dass der auf Jesus übertragene Weisheitsmythos auch innerhalb der Spruchsammlungen, und zwar als Worte Jesu über sich selbst formuliert, erscheint. Die wichtigsten Belege dafür sind wohl EvThom Log. 28. 77; Mt 11,25–27 par Lk 10,21f.; aber hierhin gehört wohl auch ein Teil der so genannten „Ich-Worte“ oder „Christusworte“ der synoptischen Tradition, besonders wenn sie mit ἦλθον beginnen, wie z. B. Mk 2,17b; Lk 12,49 (par EvThom Log. 10); Mt 10,34–36 par Lk 12,51–53 (par EvThom Log. 16). Gleichwohl glaube ich nicht, dass man, wie Köster und Robinson es tun, beide Komplexe bzw. Konzeptionen von vornherein als Einheit sehen darf, bzw. voraussetzen darf, dass nur eine direkte Verbindung zwischen beiden Bereichen möglich ist. Bei Köster und Robinson hängt das ursächlich damit zusammen, dass sie die Präexistenzchristologie überhaupt aus der Konzeption von Jesus als Gestalt der Weisheit ableiten und entsprechend beide Bereiche der Weisheitschristologie gemeinsam der Tendenz, die zur Gnosis führt, ausgesetzt sehen.[30] Nun scheint es mir (in Übereinstimmung mit einer ganzen Forschungsrichtung) ziemlich sicher,

---

[30] Vgl. z. B. 204–208.

dass die Beziehung der mythologischen Weisheitsspekulation auf Jesus schon die unter *gnostischem* Einfluss entstandene Präexistenzchristologie oder wenigstens Präexistenzkonzeption voraussetzt, bzw. dass die auf den präexistenten Jesus übertragene Weisheitsspekulation schon gnostisch ist. Zumindest muss diese Auffassung auch als möglich gelten; und die konkreten Texte scheinen sie m. E. eher zu decken als die Gegenthese. Auch soll damit gar nicht ausgeschlossen sein, dass im Einzelfall die Präexistenzidee auch einmal ohne gnostischen Einfluss unmittelbar zusammen mit dem Verständnis Jesu als einer Gestalt der Weisheit im Kopf eines Theologen oder im Denken einer Gruppe entstanden sein kann. Aber im Prinzip bzw. im Wesentlichen sehen wir für die beiden Bereiche der Weisheitschristologie die Tendenz in entgegen gesetzter Richtung wirken: Bei der Konzeption von Jesus als dem Boten der Weisheit hat sie die Richtung von der Weisheit zur Gnosis, bei der Konzeption von Jesus als Gestalt der Weisheit genau umgekehrt von der Gnosis zur Weisheit. Nach diesem Schema würde die Verbindung zwischen beiden Konzeptionen der Weisheitschristologie innerhalb des Christentums nicht durch eine kurze und gerade Linie repräsentiert sein, sondern durch eine längere geknickte, die da umbiegt, wo sich die beiden entgegengesetzt verlaufenden Tendenzlinien kreuzen.

Ein weiterer Punkt, wo ich aber nicht so sehr eine Differenz als eine echte Frage anzumelden habe, betrifft die Relation der von Paulus in 1Kor 1–4 in der Auseinandersetzung mit der korinthischen Gemeinde zum Ausdruck gebrachten dialektischen Weisheitschristologie. Köster und Robinson verstehen diese paulinischen Äußerungen über Weisheit und Torheit (nur) als eine situationsgebundene Reaktion des Paulus auf das auch in Korinth bekannt und wirksam gewordene weisheitliche Christentum mit seinem Verständnis der (gesammelten) Herrenworte als *des* Evangeliums und seiner Deutung der Person Jesu als Gestalt der Weisheit, das in der korinthischen Christenheit bereits die in ihm angelegte häretische Tendenz, die es in Richtung auf die Gnosis zu bewegt, offenbart.[31]

Diese Bestimmung des paulinischen Gegenübers ist forschungsgeschichtlich übrigens nur eine Modifikation der viel vertretenen These, dass Paulus in seinen Briefen nach Korinth bereits gegen die Gnosis kämpft, die Köster und Robinson (mit Georgi) auf den 1Kor einschränken, indem sie gleichzeitig (mit Brandenburger) den Begriff der Gnosis durch den der dualistischen Weisheit ersetzen. Mir liegt hier nun gar nicht daran,

[31] Vgl. Entwicklungslinien, 40–42. 55. 59. 139f. 173. 207f.

meinen Dissens hinsichtlich der Bestimmung der Gegnerschaft des Paulus zu artikulieren. Mich fasziniert lediglich die Frage, ob es denkbar ist, dass die Dinge genau umgekehrt liegen. Ich meine, um es einmal ganz überspitzt zu formulieren, ob man sagen kann: Was immer die korinthischen Christen für problematische Meinungen hatten, was immer sie unter der von ihnen geschätzten „Weisheit" verstanden, der einzige, der in diesem (einseitig erhaltenen) Dialog wirklich dualistisch-weisheitlich redet, der wirklich durch die Kategorien der Weisheitschristologie bestimmt ist, ist Paulus. Den in der Tat auffälligen theologisch gebrochenen, dialektischen Charakter, den die Aussagen des Paulus über Christus als die Weisheit Gottes haben, von einem entsprechenden Gegenüber (einer undialektischen Weisheitschristologie) her zu verstehen, ist ja nicht die einzige Möglichkeit, die es gibt. Der dialektische Charakter könnte ebenso gut aus den jüdisch-theologischen oder überhaupt weltanschaulichen Voraussetzungen im Denken des Paulus stammen, bzw. von einem Paulus zuhandenen Denkmodell. Und solch ein (passender) Hintergrund ist nun gar kein bloßes Postulat mehr, sondern wird uns in der zweiten Schrift der Textsammlung des NHC VI, die den Titel „Die Brontē – Vollkommener Nous" trägt,[32] direkt fassbar. Und was mich hier im Zusammenhang eigentlich interessiert, ohne dass ich auf diese Frage selbst schon eine Antwort wüsste, ist eben, ob ein solch (relativ) direkter geistiger Zusammenhang zwischen der gnostischen Weisheitstheologie von Brontē und der dialektischen Weisheitschristologie des Paulus in 1Kor 1–4 wirklich denkbar und als historisch wahrscheinlich aufgewiesen werden könnte. Es ist ja auch überaus auffällig und interessant, dass die weisheitliche Tradition, deren Niederschlag Silv ist, die betreffenden Gedanken des Paulus so aufgenommen hat, als wären es ihre eigenen.

Vgl. p. 111,21–112,8:

> Er (sc. Paulus) hat großen Frömmigkeitseifer offenbart! „Wo ist ein Weiser? Wo ein (zugleich) Mächtiger (und) Kluger? Wo ein Vielgewandter, der (zugleich) die Weisheit kennt? Lass ihn doch die Weisheit sagen und (nur) große Prahlerei hervorbringen! Denn jeder Mensch ist zum Narren geworden", sagte er (sc. Paulus) aus seinem Wissen heraus, „denn er (sc. Christus) hat die Ratschläge der Vielgewandten verwirrt, und er fing die Weisen in ihrer Klugheit. Wer vermag den Rat des Allmächtigen zu finden oder die Gottheit zu beschreiben oder sie richtig auszusprechen?" – Wenn wir nicht einmal unsere gegenseitigen Ratschläge erfassen konnten, wer könnte da die Gottheit oder die Gottheiten in den Himmeln begreifen? Wenn wir

---

[32] Vgl. oben Anm. 5.

> kaum das finden, was auf der Erde ist, wer wollte da nach den himmlischen Dingen suchen?
> (Übers. nach ThLZ 100 [1975], 20.)

Und schon vorher p. 107,1–17:

> Und wenn du bei dieser (sc. der Weisheit) anklopfst, so klopfst du an bei „verborgenen Schätzen"; denn Weisheit ist er – er macht den Toren weise. Ein heiliges Königtum ist sie, und ein strahlendes Gewand. Denn es ist ein goldreiches (sc. Gewand), das dir großen Glanz verleiht.
> Die Weisheit Gottes wurde um deinetwillen zur törichten Gestalt,
> damit sie dich, du Tor, heraufführe und weise mache.
> Und das Leben ist um deinetwillen gestorben, als es kraftlos war,
> damit es dir, der du tot warst, durch seinen Tod das Leben gebe.
> (Übers. nach ThLZ 100 [1975], 18f.)

III

Der andere spezielle Fragenkomplex, den ich innerhalb des umfassenden Themas der Relation Weisheit/Gnosis berühren möchte, ohne dass ich dabei den Kreis der Diskussionspartner zu wechseln brauche, ist der religionsgeschichtliche Hintergrund des Philipperhymnus. D. Georgi hat nämlich in einem überaus anregenden Aufsatz, gegenüber der im Ausstrahlungsbereich der Bultmannschule gewöhnlichen Auffassung, die diesen Hintergrund in der Gnosis sieht,[33] die These zu begründen und durchzuführen versucht, dass der Hymnus aus den Denkkategorien der Weisheit heraus entworfen und formuliert sei; und Köster und Robinson setzen ebendiese Auffassung als richtig schon voraus,[34] während sie sonst, soweit ich sehe, kaum Einfluss ausgeübt hat. Nun kann ich meinerseits mich zwar von der Richtigkeit der konkreten Gestalt, die diese These bei Georgi annimmt, nicht überzeugen, finde aber die These selbst in ihrer Grundstruktur hoch bedeutsam. Und ich glaube, dass man ihre Durchführung modifizieren könne und müsse. Ja, gerade die gedankliche Auseinandersetzung mit ihm hat mich eine solch andere Möglichkeit erblicken lassen, die ich hier, zunächst im Sinne eines exegetischen Experiments, skizzieren möchte.[35]

---

[33] So neuerdings, und zwar in sehr entschiedener Weise, wieder K. Wengst, Christologische Formeln und Lieder des Urchristentums, StNT 7, Gütersloh 1972, 153–156.

[34] D. Georgi, Der vorpaulinische Hymnus Phil 2,6–11, in: E. Dinkler (Hg.), Zeit und Geschichte, 263–293; H. Köster/J. M. Robinson, Entwicklungslinien, 206.

[35] Die oben gegebene Einschätzung der Arbeit von Georgi ist übrigens rein subjektiv und davon bestimmt, was sie mir bzw. in der mich interessierenden Perspektive bedeutet.

Bisher habe ich im Prinzip die „orthodoxe" religionsgeschichtliche Sicht der Bultmannschule geteilt, also den Hintergrund des ersten Teils des Hymnus für gnostisch gehalten.[36] Und ich hatte die die Einsicht der Exegese weiterführende Bedeutung, die jetzt dem großen Demutshymnus in Silv NHC VII p. 110,19–111,13[37] als Parallele zu Phil 2,6–11 zukommt, zunächst in dieser Richtung zu entfalten versucht.[38] Erst die Erkenntnis, dass Silv selbst gar nicht gnostisch (wiewohl Gnosis voraussetzend), sondern weisheitlich ist,[39] machte mich empfänglich für Georgis Anliegen. Und nun erscheint auch die Bedeutung des Silv für das Verständnis des Philipperhymnus noch viel größer und in einer weiteren Perspektive. Die neue Möglichkeit, den Philipperhymnus von der Weisheitstheologie her zu verstehen, besteht m. E. gerade darin, ihn auch bzw. vor allen Dingen auf dem Hintergrund des Gesamtphänomens, das Silv darstellt, als einer weithin analogen Erscheinung zu sehen. Silv liegt zwar zeitlich natürlich erheblich später, ist aber dennoch der natürliche Kontext des Philipperhymnus;

Dabei habe ich sie weithin sozusagen „allegorisch" verstanden. Zu dem, was Georgi tatsächlich sagt und meint, auch wenn es, wie zugegeben sei, ungewöhnlich geistreich ist, finde ich – wie die meisten anderen auch – überhaupt keinen Zugang; das fängt schon an bei den religionsgeschichtlichen Voraussetzungen, wonach die „Wiege" des gnostischen Denkens „im Judentum stand" (269), betrifft die verschiedenen Aspekte der Methodik und reicht bis zum sachlichen und theologiegeschichtlichen Verständnis des Philipperhymnus selbst. (Vgl. auch die Zusammenfassung und Kritik von J. Gnilka, Der Philipperbrief, HThK 10,3, Freiburg 1968, 142f.; und K. Wengst, Christologische Formeln, 151–153.) Ich kann nicht einmal an die Existenz des Bereichs weisheitlichen Denkens, in dem er den Hintergrund des Philipperhymnus sieht und den er „(hellenistisch-jüdische) spekulative Mystik" nennt, glauben, d. h., ich sehe mich überhaupt nicht in der Lage, seine diesbezügliche Interpretation der Weisheit Salomos zu akzeptieren. Kurzum, mir ist wohl bewusst, dass trotz des gemeinsamen Stichwortes „Weisheit" das, was Georgi meint, und das, was mir vorschwebt, der Sache nach etwas völlig Verschiedenes ist.

Natürlich ist auch Georgis Arbeit rein zeitlich nicht das bisher letzte Wort zum Philipperhymnus, dessen religionsgeschichtliche Problematik ja auch nur einen Teilaspekt eines sehr komplexen Gesamtphänomens darstellt. Vgl. an neueren und an anderen Aspekten orientierten bzw. von anderen Prämissen ausgehenden Arbeiten vor allem R. P. Martin, Carmen Christi. Philippians II. 5–11 in Recent Interpretation and in the Setting of Early Christian Worship, SNTS.MS 4, Cambridge 1967; H.-W. Bartsch, Die konkrete Wahrheit und die Lüge der Spekulation. Untersuchung über den vorpaulinischen Christus-Hymnus und seine gnostische Mythisierung, TuW 1, Frankfurt a. M./Bern 1974; O. Hofius, Der Christushymnus Philipper 2,6–11. Untersuchungen zu Gestalt und Aussage eines urchristlichen Psalms, WUNT 17, Tübingen 1976.

[36] Die neutestamentliche Christologie und der gnostische Erlöser, in: K.-W. Tröger (Hg.), Gnosis u. NT, 218–220.

[37] W.-P. Funk, ThLZ 100 (1975), 20.

[38] H.-M. Schenke/K. M. Fischer, Einleitung in die Schriften des NT I, Berlin 1977, 162.

[39] H.-M. Schenke, ZÄS 102 (1975), 133–135; und ZÄS 103 (1976), 9; W.-P. Funk, ThLZ 100 (1975), 7–10.

denn er enthält das als normal, worin der Philipperhymnus als Ausnahme erscheint.

Bei diesem Versuch einer neuen Sicht der Dinge kann und soll das, was über gnostische Motive bisher gedacht und gesagt worden ist, an sich und im Prinzip seine Gültigkeit behalten. Diese Motive bekommen nur einen anderen Stellenwert für die Struktur und den Gesamtsinn des Hymnus. Die gnostischen Motive gehören zum Baumaterial, zu den Voraussetzungen, während Struktur und Gesamtsinn weisheitlich sind. Dass die mir jetzt vorschwebende Auffassung des Philipperhymnus in diesem Zusammenhang und infolge ihres noch „unreifen" Zustandes nur mit ein paar Strichen angedeutet werden kann, möge nicht zu sehr als Mangel empfunden werden. Denn eigentlich ist zum Philipperhymnus praktisch alles Denkbare schon irgendwie gedacht worden und alles Sagbare gesagt, so dass man sich tatsächlich mit ganz wenigen Worten verständlich machen und verständigen kann. Und vor allem will ich ja weniger etwas vorführen als den Interessierten Veranlassung geben, die Sache selbst einmal in der bezeichneten Perspektive, nämlich den Philipperhymnus im Lichte des Silv, zu betrachten.

Der große Vorteil dieser Sicht ist, dass in ihr die beiden Teile oder Strophen nicht mehr, weil in verschiedenen Bereichen geistig beheimatet,[40] nur künstlich und mit Gewalt zusammengeschoben wirken, sondern das Ganze des Hymnus als von einem einheitlichen Konzept, das die Bausteine aus den verschiedenen Bereichen in seinen Dienst zwingt, beherrscht erscheint. Das Lächeln über unseren *Umweg* von Seiten derer, die, weil von anderen religionsgeschichtlichen Prämissen ausgehend, das schon immer so gesehen haben, wollen wir gern ertragen. Das Ganze ist aus einem „Guss". Das διό (V. 9) braucht nicht mehr als eine „Schweißnaht" angesehen zu werden, mit der der erste Teil, vor den zweiten gesetzt, künstlich zusammengefügt worden wäre. Im ganzen Hymnus wird das Schema „Erniedrigung und Erhöhung" als Thema der Weisheit rein durchgeführt. Im Einzelnen sind wir nun z. B. auch dazu befreit, ἁρπαγμός (V. 6) – trotz des gnostischen Hintergrundes des ganzen Motivs – als negatives Pendant des χαρίζεσθαι (V. 9) würdigen zu können.

Ob das Nächste, was zu sagen ist, wirklich auch ein Vorteil ist, oder sich doch (manchem) als Nachteil erweisen wird, weiß ich noch nicht

40 Annahme eines zweigeteilten Hintergrundes z. B. auch bei W. Kramer, Christos – Kyrios – Gottessohn, AThANT 44, Zürich 1963, 119f.; und G. Strecker, Redaktion und Tradition im Christushymnus Phil 2,6–11, ZNW 55 (1964), 72–74.

abzuschätzen. Wenn nämlich die Analogie zum Silv stimmt, dann ist das Auftauchen unseres Hymnus mitten in der Paränese nicht mehr im gewohnten Maße als auffällig zu betrachten. Das bedeutet nun nicht, dass die Forschungsgeschichte zurückgedreht werden müsste und Paulus nun doch wieder als Autor dieser hymnischen Sätze seiner Paränese anzusehen sei. Aber man kann es nicht mehr als eine besondere und geheimnisvolle theologische Entscheidung des Paulus ansehen, dass er die Demutsparänese mit diesem Christushymnus begründet. Vielmehr folgt er hier wohl nur einem festen Stil weisheitlicher Paränese oder sogar einem ganz bestimmten Muster. Damit ist zugleich die geläufige Frage nach dem Sitz im Leben der Gemeinde für diesen Hymnus von der Alternative Herrenmahl oder Taufe[41] befreit und mit der Erkenntnis beantwortet, dass er von vornherein in der Paränese zu Hause ist. Er ist schon als Teil weisheitlicher Paränese zur Demut entworfen. Die hymnische Form weisheitlicher Stoffe bzw. der Übergang der Gattung der Spruchsammlung in die des Hymnus in der Weisheitsdichtung ist ja ein der Forschung wohlvertrauter Sachverhalt.[42] Und im Silv, dessen weisheitliche Paränesen immer wieder durch Hymnen oder hymnenartige Wendungen ergänzt und abgerundet werden, hat man diesen innerhalb des gleichen Genus der Weisheitsliteratur vollziehbaren Gattungswechsel in aller Deutlichkeit vor Augen.

Vgl. z. B. p. 112,8–113,23:

> Der Welt ist erschienen große Macht und große Herrlichkeit und das himmlische Leben in der Absicht, das All zu erneuern – so dass es das Schwache und jede schwarze Gestalt abwirft und jeder Einzelne in himmlischen Gewändern erstrahlt – und zu offenbaren, wie überaus hell der Befehl des Vaters erstrahlt. Und um diejenigen zu krönen, die gut kämpfen wollen, ist Christus Kampfrichter – er, der einen jeden gekrönt hat. Er lehrt jeden zu kämpfen – er, der als Erster kämpfte, die Krone empfing, als Sieger hervorging und, einem jeden Licht spendend, sich offenbarte. Und zwar ist das All erneuert worden durch den heiligen Geist und den Nous.
> Herr, Allmächtiger!
> Wieviel Lobpreis soll ich dir bringen?
> – Keiner aber konnte (je) Gott so preisen, wie er ist. –
> Der du verherrlicht hast deinen Logos,

[41] Vgl. zu dieser Frage bzw. Alternative E. Käsemann, Kritische Analyse von Phil. 2,5–11, Exegetische Versuche und Besinnungen I, Göttingen 1960, 95; R. Deichgräber, Gotteshymnus und Christushymnus in der frühen Christenheit, StUNT 5, Göttingen 1967, 131–133; J. Gnilka, Philipperbrief, 147.

[42] Vgl. z. B. H. Gese, RGG³ VI, 1577. 1581.

um jeden Einzelnen zu erretten
– o du barmherziger Gott! –,
den, der aus deinem Munde gekommen
und in deinem Herzen aufgestiegen ist,
den Erstgeborenen,
die Weisheit,
den Prototyp,
das erste Licht!
Denn er ist ein Licht aus der Kraft Gottes,
und er ist ein lauter<er> Ausfluss der Herrlichkeit des Allmächtigen,
und er ist der reine Spiegel der Wirksamkeit Gottes,
und er ist das Abbild seiner Güte.
Denn er ist auch das Licht des Lichtes bis in Ewigkeit.
Er ist das Sehen, das auf den unsichtbaren Vater blickt.
Er dient allzeit und schafft durch den Willen des Vaters –
er, der allein durch das Wohlgefallen des Vaters gezeugt ist.
Denn er ist ein unfasslicher Logos,
und die Weisheit und das Leben ist er.
Alle Lebewesen und Kräfte ruft er ins Leben und ernährt sie –
wie die Seele alle Glieder (des Leibes) belebt.
Er beherrscht alles durch die Kraft und belebt es,
denn er ist der Anfang und das Ende von allem.
Er wacht über alles und umfängt es.
(Übers. nach ThLZ 100 [1975], 20f.)

Aus dem ursprünglich paränetischen Kontext und Entwurf des Philipperhymnus dürfte sich nun auch das seit langem bewusste exegetische Rätsel lösen, dass der Hymnus keine explizite Soteriologie enthält, dass er gar nichts darüber sagt, was das im Hymnus geschilderte himmlisch-irdisch-himmlische Handeln und Geschehen für die Erlösung der Gläubigen bedeutet.[43] Die Entscheidung und das Vollbringen des als Weisheit und Logos verstandenen Jesus mit ihren Voraussetzungen und Folgen wird eben tatsächlich hier nur als ethisches Vorbild entfaltet.

Diese Gesamteinschätzung des Philipperhymnus ist nun auch schon relevant für das Verständnis der alten crux interpretum, die in seiner unmittelbaren Einführung (V. 5) besteht[44] und Ursache zahlreicher exegetischer Kapriolen geworden ist. Wir sind jetzt endlich wieder dazu befreit, diesen elliptischen Satz in der einzig sinnvollen Weise, die die

[43] Vgl. z. B. E. Käsemann, Exegetische Versuche und Besinnungen I, ²1965, 94f.; G. Strecker, ZNW 55 (1964), 75; D. Georgi, Der vorpaulinische Hymnus, 265; J. Gnilka, Philipperbrief, 122–124. 132f.; K. Wengst, Christologische Formeln, 155f.

[44] Vgl. z. B. E. Käsemann, Exegetische Versuche und Besinnungen I, 90f.; G. Strecker, ZNW 55 (1964), 66–68; J. Gnilka, Philipperbrief, 108–110.

Grammatik anbietet, zu verstehen: τοῦτο (sc. τὸ φρόνημα) φρονεῖτε ἐν ὑμῖν ὃ καὶ ἐν Χριστῷ Ἰησοῦ (sc. ἦν).[45] Der von φρονεῖν abhängige Akk. ist der Akk. des inneren Objekts, und das ἐν ist beide Male lokal zu verstehen: „inwendig in euch" bzw. „inwendig in Christus Jesus". „Dasselbe Trachten habt in euch, das (schon) in Christus Jesus war." Im Prinzip liegt eine solche Textauffassung schon der vertrauten Übersetzung Luthers zugrunde: „Ein jeglicher sei gesinnt wie Jesus Christus auch war." Kurzum, das von der modernen Exegese ziemlich einhellig und unter Berufung auf tiefere Einsicht abgetane ethische Verständnis dieses Verses und damit des ganzen Hymnus scheint eben doch richtig gewesen zu sein. Vgl. die Einleitung zum Demutshymnus des Silv (nebst diesem selbst) NHC VII p. 110,14–111,20:

> Erkenne, wer Christus ist, und mach ihn dir zum Freund – denn dieser ist der treue Freund!
> Er ist auch Gott und der Meister. Obwohl er Gott ist, wurde er Mensch um deinetwillen.
> Er ist es, der die eisernen Riegel der Hölle und die bronzenen Bolzen zerbrach;
> er ist es, der gewaltsam alle hochmütigen Tyrannen niederwarf;
> der von sich die Ketten (des Todes) abwarf, mit denen er gefesselt war;
> und die Armen aus dem Abgrund
> und die Betrübten aus der Hölle heraufbrachte;
> der die hochmütigen Kräfte demütigte
> und den Hochmütigen durch die Demut zuschanden machte;
> der den Starken und den Menschenverächter
> durch die Schwachheit niederwarf;
> der in seiner Verachtung das verschmähte,
> was für Ruhm erachtet wird;
> damit die Demut vor Gott besonders groß werde;
> der den Menschen anzog
> und (doch) Gott ist,
> der göttliche Logos;
> der allzeit den Menschen trägt
> und die Demut in dem Hochmütigen hervorbringen wollte:
> der den Menschen erhöhte
> – und er wurde Gott ähnlich;
> nicht um Gott hinunter zum Menschen zu bringen,
> sondern um den Menschen Gott ähnlich werden zu lassen.
> O solch große Güte Gottes!
> O Christus, König, der du den Menschen die große Frömmigkeit offenbart hast!

[45] Vgl. G. Bertram, ThW 9, 229 Anm. 75.

König aller Tugend und König des Lebens!
König der Äonen und Größter in den Himmeln!
Erhöre meine Worte und vergib mir!
(Übers. nach ThLZ 100 [1975], 20.)

Wenn man die Gesamtstruktur des Philipperhymnus von der Weisheit her versteht, kann man auch – trotz des gnostischen Hintergrundes des Gesamtmotivs von V. 6 – die exegetische Möglichkeit realisieren, die in der thematischen Verbindung von μορφὴ θεοῦ zum κατ' εἰκόνα von Gen 1,26 liegt, insofern als nach Philo der dort genannte ebenbildliche Mensch auf den göttlichen Logos gedeutet werden kann und gedeutet worden ist.[46]

In der Wendung μορφὴν δούλου λαβών (V. 7) muss man wohl ad vocem δοῦλος vor allem das gesamte Feld semantischer Bezüge, in dem Wort und Wendung in gnostisch/*weisheitlichem* Kontext stehen, mithören. Dann wird hier auch gesagt, dass Christus die *Freiheit* aufgab, dass er die Freiheit mit der Knechtschaft vertauschte; und es wird die Welt als das Reich der Knechtschaft gesehen, was wohl eine gnostische Voraussetzung ist.

Entgegen meiner früheren Erwägung[47] muss man im Horizont weisheitlichen Denkens allgemein und speziell im Licht von Silv NHC VII p. 110,19–111,13 in der Wendung ἐταπείνωσεν ἑαυτὸν γενόμενος ὑπήκοος die Tugenden der ταπείνωσις/ταπεινοφροσύνη und der ὑπακοή an sich gemeint sehen;[48] und auf die Frage, wem gegenüber ταπείνωσις und ὑπακοή von Jesus geübt wird und von allen Menschen zu üben ist, kann die Antwort dann doch nur „Gott" lauten, und also nicht, wie ich am genannten Ort und aus anderen Prämissen heraus erwogen habe, „den (gnostischen) Archonten".

Der nicht ausdrücklich genannte, aber dennoch zum Motivfeld gehörende und also zu assoziierende Hintergrund der Aussage von der ταπείνωσις und der ὑπακοή ist, wie die ausführlichere Parallele im Silv zeigt, der Hochmut und Ungehorsam der gottlosen, Unrecht und Gewalt ausübenden Menschen und Mächte. Und weil die Mächte, die die Welt beherrschen, gottlos, ungerecht und gewalttätig sind, verfolgen sie ja den wahrhaft Demütigen und Gehorsamen; und weil er nicht von Demut und

---

[46] Vgl. zur Möglichkeit einer Verbindung zwischen Phil 2,6 und Gen 1,26 z. B. J. Jervell, Imago Dei. Gen 1,26f. im Spätjudentum, in der Gnosis und in den paulinischen Briefen, FRLANT 76, Göttingen 1960, 227–231; G. Bornkamm, Zum Verständnis des Christus-Hymnus Phil 2,6–11, Studien zu Antike und Urchristentum, BEvTh 28, München 1963, 179; J. Gnilka, Philipperbrief, 114 mit Anm. 17.

[47] Die neutestamentliche Christologie und der gnostische Erlöser, in: K.-W. Tröger (Hg.), Gnosis u. NT, 219f.

[48] Vgl. J. Gnilka, Philipperbrief, 123.

Gehorsam lassen will, töten sie ihn schließlich. Ich könnte mir denken, dass das die Relation ist, in der das μέχρι θανάτου (V. 8) ursprünglich gemeint gewesen ist. Im Zusammenhang damit könnte man dann auch erwägen, ob die himmlischen, irdischen und unterirdischen Mächte, indem sie die Knie beugen und das Herrentum Jesu Christi nun anerkennen (V. 10f.), nicht eo ipso als die vorher Ungehorsamen dem Eingeweihten kenntlich sind.

Wenn das alles stimmen sollte, dann ist tatsächlich die ταπείνωσις und ὑπακοή Jesu Christi die sachliche Mitte des Hymnus, und die in ihm entwickelte Weisheitschristologie müsste trotz des mythischen Vor- und Nachspiels im Himmel charakterisiert werden als wesenhaft am irdischen Jesus orientiert und dort wohl auch ihren Quellort habend.

ON THE MIDDLE EGYPTIAN DIALECT OF THE COPTIC LANGUAGE*

There is a special difficulty with my topic since I am going to talk about something of which I cannot say anything—that is to say, I cannot say enough, nor everything, nor even the most important things. However, since in our Colloquium we are not confined to the present state of Coptology but are considering its future, trying to clear the way for it, it is desirable to make the attempt to outline the great importance that the so-called Middle Egyptian (or Oxyrhynchite) dialect of the Coptic language will have. To be sure, in that area too, the future has already begun. And something started the wrong way from the outset. Therefore it is our task to correct some lines of thinking and procedures that have already taken a false direction.

The term Middle Egyptian, of course, refers to the distinct variety of Coptic dialects that P. E. Kahle discovered and so named,[1] and which has now attained a position with an identity of its own alongside the other and earlier-known Coptic dialects. If we were to point out the distinct character of this dialect in only a few words, we could say: In its less distinctive features it looks like Fayumic, but without showing lambdacism and a final unstressed ι. Additional unambiguous main features are the occurrence of ο, where all the other dialects have ω, and the formation of the Perfect on the conjugation base ϩⲁ-.

Two of the textual witnesses to this dialect, which were not yet available to the public at the time of Kahle's work, have since been edited; these are: A parchment fragment with Genesis 6:8–18 (or 7–19, respectively)[2] and a fragmentary papyrus codex of the Gospel of John, whose well established linguistic standard displays essential features of Middle Egyptian, while those features not typical for Middle Egyptian are accounted for by Fayumic.[3] But the current sensation concerning the witnesses to Middle

---

* Enchoria 8 (1978), Sonderband, 43*–58* (89–104).

I want to express my gratitude to W.-P. Funk and H. W. Attridge for their assistance in finding a proper English shape for this paper.

[1] *Bala'izah* I, London 1954, 196. 220–227.

[2] Cf. *Bala'izah* I, 220[4] = J. W. B. Barns/R. Kasser, "Le manuscrit moyen-égyptien B.M.OR. 9035," *Le Muséon* 84 (1971) 395–401.

[3] Cf. Bala'izah I, 225[1] = E. M. Husselman, *The Gospel of John in Fayumic Coptic* (*P.Mich. Inv. 3521*), KMA.S 2, Ann Arbor 1962. The importance of that edition, to be sure, becomes

Egyptian has been created by the fact that after the death of Kahle, there suddenly appeared three long manuscripts written in this dialect, the existence of which Kahle could not anticipate. On the one hand, they completely affirmed his views, but on the other hand, because of their value, they pushed all the material known to him to the background. These are two completely preserved parchment codices of small size. One of these—Ms. G 67 in possession of the Pierpont Morgan Library, New York—contains the text of Acts 1:1–15:3, and a small portion of 4 Kings (1:2end-3) on a front flyleaf.[4] Its companion volume contains the whole Gospel of Matthew with the addition of the angelic hymn in Greek and Middle Egyptian. This was formerly in Schweinfurt, Germany, and has now been acquired by the Scheide Library of Princeton, New Jersey.[5] The third manuscript is a fragmentary papyrus codex in Milan, which contains the collection of the Pauline Epistles. Only this third manuscript has already been published.[6] The edition of the two others, which are even more important because of their completeness, is still awaited. And it is evident—at least to those who have already had the opportunity to take a glance at them—that it is no longer or not yet possible to speak authentically about Middle Egyptian without referring to these manuscripts of Matthew and Acts. Nevertheless, the future has begun in so far as Kasser was permitted to include the complete vocabulary and almost the complete stock of conjugation elements of the two unpublished texts in his "Compléments morphologiques au Dictionnaire de Crum" (*BIFAO* 64, 1966, 19–66), and thus to make them public. And from that material many items have already reappeared in the *Koptisches Handwörterbuch* by W. Westendorf (Heidelberg 1965/1977). On the other hand, H. Quecke has used Kasser's Middle Egyptian compilations based only on Matthew and Acts as secondary assistance and reassurance in his excellent linguistic description and analysis of the Middle Egyptian dialect primarily

really evident only in the reflecting mirror of its review by H. J. Polotsky, *OLZ* 59 (1964) 250–253 (= *Collected Papers*, Jerusalem 1971, 436–438).

[4] Cf. Th. C. Petersen, "An Early Coptic Manuscript of Acts: An Unrevised Version of the Ancient So-Called Western Text," *CBQ* 26 (1964) 225–241; E. J. Epp, "Coptic Manuscript G 67 and the Rôle of Codex Bezae as a Western Witness in Acts," *JBL* 85 (1966) 197–212; idem, *The Theological Tendency of Codex Bezae Cantabrigiensis in Acts*, SNTS MS 3, Cambridge 1966, esp. IX. 10f. 29f.; E. Haenchen/P. Weigandt, "The Original Text of Acts?," *NTS* 14 (1967/68) 469–481.

[5] Cf. B. M. Metzger, "An Early Coptic Manuscript of the Gospel According to Matthew," in: J. K. Elliot (ed.), *Studies in New Testament Language and Text*, NovT.S 44, Leiden 1976, 301–312.

[6] T. Orlandi (ed.), *Lettere di San Paolo in Copto-Ossirinchita*, P.Mil.Copti 5, Milano 1974.

constructed on the basis of the text of the Pauline Epistles, included in the edition of the Milan text.[7]

Those studies of Kasser and Quecke on the Middle Egyptian dialect are profitable prerequisites which we even now can use as a starting point and foundation to explain here in some special respects and at some single points the relevance of Middle Egyptian for future research in the field of Coptology.[8]

But first of all we have to make some emphasizing and critical comments on that very foundation. The most exciting aspect of Quecke's analysis of Middle Egyptian is his account of the vowel omicron, which is so distinctive for Middle Egyptian. Quecke has made it probable that this sign does not define the vowel in question as *short*, but as *open*.[9] In other words, the Middle Egyptian omicron would be a phenomenon comparable with the Fayumic lambda: it is probably only the graphic sign that is completely different, not in the same degree the sound designated. Quecke has also already found an explanation for the exception to the rule, that in Middle Egyptian ⲟ is written where the other dialects have ⲱ; it is when the o–sound occurs before a following aleph that it assumes the form of ⲱ.[10] The same principle results in the typical ⲏ at the end of words, which, in principle, Middle Egyptian shares with Fayumic.[11] And ϣⲉ "go" is by no means an exception, contrary to Quecke's opinion.[12] This ϣⲉ does not exist at all; the verb in question is always ϣⲏ. But with the *dativus reflexivus* it becomes a compound losing its full stress and hence is written ϣⲉⲛⲉ⸗. The alternation, depending on stress, between ⲉ and ⲁ, which Middle Egyptian in accordance with Fayumic displays in the noun ⲙⲉ/ⲙⲁ- "place," and which Quecke points out with good reason,[13] could be taken into account even for some other phenomena of Middle Egyptian that make us doubt whether the alternation in question is really connected with old ayin. In any case, the matter is obvious with the word "side" (cf. in particular the expression ⲛ̇ⲥⲁⲟⲩⲥⲉ). Perhaps the Imperative prefix

[7] *Lettere di San Paolo*, 87–108.

[8] For permission to include at least some references and single passages of the two unpublished codices I want to express my gratitude to Dom Paulinus Bellet, the editor of the manuscript of Acts, and to the authorities of the Pierpont Morgan Library, New York, as well as to Mr. William Scheide and the Scheide Library of Princeton, New Jersey.

[9] *Lettere di San Paolo*, 87–89.

[10] *Lettere di San Paolo*, 88.89.

[11] Cf. *Lettere di San Paolo*, 90.

[12] *Lettere di San Paolo*, 90[25].

[13] *Lettere di San Paolo*, 92.

ⲙⲉ of the verb ϣⲉⲛⲉ⸗, which differs from the normal ⲙⲁ-, has a stress of its own.[14] The Imperfect, too, shows the same alternation; the unconjugated converter is ⲛⲉ, while the Imperfect conjugation base has the form ⲛⲁ⸗; the same relation is shown by the Circumstantial Imperfect introducing the Irrealis: ⲉⲛⲛⲉ against ⲉⲛⲛⲁ⸗. Apparently there is an analogous alternation between the vowels ⲁ and ⲟⲩ as well as ⲉ and ⲟⲩ, which seems obvious by comparison of the Plural forms ϩⲗⲁϊⲉ and ϩⲗⲟⲩϊⲉ, ⲗⲉⲗⲁⲟⲩⲉ̇ and ⲗⲟⲩⲗⲁⲟⲩⲉ̇ respectively. And in this perspective it is suggestive to regard the Middle Egyptian ϣⲟⲩ-, which apparently has the meaning "it is necessary," and which Kasser, followed by Westendorf, placed within the lemma of ϣⲁⲩ "use," as nothing but the unstressed form of ϣϣⲉ, or Middle Egyptian ϣϣⲏ, respectively, = (ⲥ)ϣⲟⲩ-. Cf.

2 Thess 3:7: ⲟⲩ [ⲡⲉ]ⲧⲉϣϣⲏ ⲉⲣⲟⲧⲉⲛ ⲉ[ⲧⲟⲛⲧⲛ ⲙ]ⲙⲟⲧⲛ ⲉⲣⲁⲛ
1 Thess 4:1: ⲟⲩ ⲧⲉ ⲑⲏ ⲉⲧϣⲟⲩⲙⲁ̣[ϣⲉ]

In reviewing the arrangement of the Middle Egyptian linguistic material in Kasser's "Compléments morphologiques"—apart from some minor objections—we have to object seriously to some of his "préfixes verbaux" (63–66), above all to the "Imparfait II relatif" and the "Parfait II relatif" (including the foregoing remark to "Parfait II"). While we can agree to the "Futur II circonstanciel" we must object both to the "Présent II avec ⲉⲛⲉ-" and the "Parfait I avec ⲉⲛⲉ-." "Présent II avec ϫⲓⲛ-" looks very strange, too. These special conjugations invented by Kasser are due to a confusion of morphologic and syntactical perspectives. Regarding the two different forms of the relative Perfect in Middle Egyptian, cf. H. J. Polotsky, *OLZ* 59 (1964), 251f. (= *Coll. Pap.*, 437); with the Relative Imperfect the case is analogous. With regard to the "Présent II" and "Parfait I avec ⲉⲛⲉ-," I cannot see—quite apart from the asymmetry—why it should not be possible to take ⲉⲛⲉ- for the Circumstantial Imperfect.[15]

1.1

Proceeding from these preliminary notes to the subject itself I would first like—in view of the prospective importance of Middle Egyptian—to make

[14] At any rate, the explanation of Kasser ("Compléments morphologiques au dictionnaire de Crum," *BIFAO* 64 [1966] 66) "pour éviter une confusion avec ⲙⲁϣⲉ <marcher>" does not seem plausible.

[15] The note 1 on page 63 remains enigmatic to me, and apparently also to Quecke (*Lettere di San Paolo*, 98[97]).

some remarks on the *conjugation system*. The advantage of Middle Egyptian within that area, an advantage which hardly can be overestimated, lies in the fact that it is the only Coptic dialect which, by different forms of the conjugation bases, distinguishes the Present II *not only* from the Circumstantial Present I, *but also* from the Perfect I.[16] The Middle Egyptian morphological triad corresponding to the three syntactically different functions of the three tenses, i.e.:

Circ. Pres. I	Pres. II	Perf. I
ⲉϥ-	ⲁϥ-	ϩⲁϥ-

is especially important because of the formal unambiguousness of the Present II. The future investigation of the use of the Present II in completely preserved Middle Egyptian texts will provide us with the possibility of finally verifying the syntactic rules, discovered by H. J. Polotsky, to which the second tenses are subject, and of exploring certain boundary zones of their functioning.

Quite different are the problems and tasks raised by the Perfect I. Here we have to put the Middle Egyptian ϩⲁϥ- in a reasonable synchronic and diachronic arrangement with the Lycopolitan (= Subachmimic) ⲁϩϥ- and with the ⲁϥ- of the other dialects. Regarding the designation of the Perfect with ϩ, the term Perfect III introduced by P. Nagel[17] ought to be given up, since the usual distinction of I and II tenses does not point to merely morphological but also syntactical differences. And the morphological variation in the three appearances of the Perfect I, as it seems so far, has absolutely no syntactical or semantic relevance, not even in those texts where the Perfect with ⲁ and one of the Perfects with ϩ are found side by side. Nevertheless, for a diachronic consideration it has to be appreciated as a clear symptom of different roots in the older stage of the language. In my opinion, the view is well established that both ϩⲁϥ- and ⲁϩϥ- derive from the Demotic auxiliary verb *wꜣḥ.f*, which served to express the accomplishment of the action stated in the following infinitive,[18] whereas—according to common opinion—ⲁϥ- is the successor of the Demotic *ỉr.f*, denoting the action itself. Accordingly, it would be legitimate to take up

[16] Cf. P. E. Kahle, *Bala'izah* I, 172.

[17] "Grammatische Untersuchungen zu Nag Hammadi Codex II," in: F. Altheim/R. Stiehl, *Die Araber in der Alten Welt*, V,2, Berlin 1969, 444 § 44 .

[18] Cf. R. Haardt, "Koptologische Miszellen," *WZKM* 57 (1961) 96–97; H. J. Polotsky, *OLZ* 59 (1964) 251f. (= *Coll. Pap.*, 437).

a very impressive suggestion of Polotsky[19] and to consider both ϩⲁϥ- and ⲁϩϥ- (with the original aspect of "have *already* done") as the virtual positive counterpart of ⲙ̄ⲡⲁⲧϥ̄- ("have *not yet* done"). However, in reality, at the Coptic stage of the language, aspectual difference between the two Perfect constructions has been completely lost, and the different forms have become simple variants. Either one group of dialects has standardized one form and the other group the other form, or in a certain dialect or text they are used promiscuously. That the special aspect of ϩⲁϥ-/ⲁϩϥ- has disappeared so completely is perhaps not too surprising if we consider that even its negative counterpart hardly exists as such. It is only the Circumstantial of ⲙ̄ⲡⲁⲧϥ̄- that remained alive, since the language needed it, by all means, to denote a special relation between two events.

1.2

Middle Egyptian as a new means of perceiving Coptic syntax not only brings new evidence, but it also discloses new problems or makes already existing problems actually known. One of these problems, the knowledge of which results directly from the unambiguousness of distinction between Present II and Circumstantial Present I in Middle Egyptian, is the following: The Sahidic epistolary prescript that connects the naming of the sender (in the nominative) with the statement of the addressee (in the dative) by the verb ⲥϩⲁⲓ, in principle, has the two forms:[20]

ⲚⲒⲘ ⲈϤⲤϨⲀⲒ ⲚⲚⲒⲘ
ⲚⲒⲘ (Ⲡ)ⲈⲦⲤϨⲀⲒ ⲚⲚⲒⲘ

This could seem to suggest taking the ambiguous Sahidic ⲉϥⲥϩⲁⲓ[21] for Present II, since a finite verb seemed to be indispensable. And this interpretation could seem to be supported by the apparent interchangeability of ⲉϥⲥϩⲁⲓ with the Cleft Sentence.[22] Now, in the Middle Egyptian

19 "The Coptic Conjugation System," *Orientalia* 29 (1960) 393[1] (= *Coll. Pap.*, 239[1]); cf. also P. Nagel, *Untersuchungen zur Grammatik des subachmimischen Dialekts*, Leipzig 1964, 179.

20 Cf. P. E. Kahle, *Bala'izah*, 183–186. There is also in Sahidic the form without verb ⲚⲒⲘ Ⲛ̄ⲚⲒⲘ (e.g. NHC III p. 70,1f.: ⲉⲩⲅⲛⲱⲧⲟⲥ ⲡⲙⲁⲕⲁⲣⲓⲟⲥ ⲛ̄ⲛⲉⲧⲉ ⲛⲟⲩϥ ⲛⲉ ϫⲉ ⲣⲁϣⲉ), which in Bohairic—at least in the translation of the epistolary prescript of the biblical letters—is obligatory.

21 The Bohairic, where Present II and Circumstantial Present I would differ, cannot function as means of control, because, as just mentioned before (note 20), it does not use a verb at all in the epistolary prescript.

22 Cf. e.g. D. Kirchner, *Epistula Jacobi Apocrypha. Die erste Schrift aus Nag-Hammadi-Codex I (Codex Jung) neu herausgegeben und kommentiert*, Berlin 1977, 104f.

collection of the Pauline Epistles, where in accordance with the Sahidic New Testament, the form with the conjugated verb between sender and addressee has been chosen in the epistolary prescript, the conjugation of the verb ⲥϩⲉⲓ has been preserved in three instances: ⲉϥ- (Eph 1:1) and ⲉⲩ- (2 Thess 1:1; Col 1:2). Consequently, these forms are Circumstantial Present I. By the way, this realization was already possible without the Middle Egyptian evidence, e.g. by means of the Achmimic material (cf. the prescript of 1 Cl [A], and, as I was told, the fact is well known in the school of H. J. Polotsky. Nevertheless, the fact is surprising. And how it can be understood is another question, which cannot fully be answered here. Perhaps the main verb has to be supplemented in a certain analogy to the Greek model that is itself elliptic, e.g. "N.N. writing to N.N. (says:)."

1.3

I believe the most exciting item of the conjugation bases disclosed by R. Kasser in his "Compléments morphologiques" on pages 63–66 is the "Conditionnel (ou conditionnel primitif)" (p. 66). As a matter of fact, in Middle Egyptian there exists a (affirmative) Conditional without ϣⲁⲛ, the possibility and background of which Kasser had already dealt with in his paper "A propos des différentes formes du conditionnel copte" (*Le Muséon* 76, 1963, 267–270). This is a form which looks like Present II, but which is syntactically subject to the rules governing the clause conjugations of the tripartite pattern. Especially obvious is its appearance as the base of the auxiliary verb ⲉⲓ within a certain periphrastic construction,[23] in consequence of the syntactical equivalence of the following four types of construction:

	ⲁϥ—ⲉⲓ	ⲉϥ(ⲛⲉ)-
ⲉ́ϣⲱⲡⲉ	ⲁϥ—ⲉⲓ	ⲉϥ(ⲛⲉ)-
	ⲁϥϣⲁⲛⲉⲓ	ⲉϥ ⲛⲉ -
ϩⲟⲧⲁⲛ	ⲁϥϣⲁⲛⲉⲓ	ⲉϥ -

By the way, this special form of the Conditional in this special use provides the explanation of the first (and also perhaps of the third) of those apparently irregular phraseological constructions recorded by Polotsky, in

[23] With regard to the general phenomenon of the periphrastic construction with ⲉⲓ cf. e.g. Crum, *A Coptic Dictionary*, 70a 4 from below; W. Till, *Koptische Grammatik*, Leipzig [2]1961, §333.

which ⲉⲓ appears in the Sahidic Bible.[24] That is to say, the Sahidic ⲉϥⲉⲓ is not at all Circumstantial Present I but a pure Conditional.

In Middle Egyptian, this sort of Conditional is also in use—and in an unambiguous manner—outside the construction with ⲉⲓ; cf.

ⲁ̀ⲣⲉ ϩⲓ ϫⲉⲥ "if anyone says" (Matt 24:23);
ⲁ̀ⲣⲉ ⲡⲓϩⲉⲗ ⲇⲉ ⲉ̀ⲑⲁⲩ ϫⲁⲥ "but if that evil servant says" (Matt 24:48);
ⲁⲩⲛⲉϣ "if they were able to" (Matt 24:24).

And perhaps the pure Conditional occurs also after ⲉ̀ϣⲟⲡⲉ, if besides the types

ⲉ̀ϣⲟⲡⲉ ⲁϥϣⲁⲛ-
ⲉ̀ϣⲟⲡⲉ ⲁϥⲧⲙ-

sometimes the type ⲉ̀ϣⲟⲡⲉ ⲁϥ- is found; cf.

ⲉ̀ϣⲟⲡⲉ . . . ⲁ̀ⲧⲉⲧⲛⲙⲉⲣⲣⲉ ⲛⲉⲧⲙⲏⲓ̈ⲉ̀ ⲙ̀ⲙⲟⲧⲛ ⲙ̀ⲙⲉⲧⲉ (Matt 5:46);
ⲉ̀ϣⲟⲡⲉ ⲁ̀——ⲧⲛⲁ̀ⲥⲡⲁⲍⲉ ⲛ̀ⲛⲉⲧⲛⲥⲛⲏⲟⲩ ⲟⲩⲁ̀ⲉⲩ (Matt 5:47).

Moreover, in the first instance our explanation is suggested by the direct connection of the object. And in the other dialects, accordingly, it may be possible to interpret an apparent Present II after ⲉϣⲱⲡⲉ and its dialectical variants and equivalents as a pure Conditional, if the interpretation of the form in question can be excluded as Circumstantial, which besides many other constructions after ⲉϣⲱⲡⲉ is also possible.

1.4

Far-reaching consequences for Coptic grammar are also to be found, in my opinion, in the form ⲉⲧⲥⲉ(ⲛⲉ)- of the 3rd pl. of the Relative Present I (and Future I) with which the Middle Egyptian dialect has surprisingly confronted us.[25] To be sure, in the Middle Egyptian texts there also occurs ⲉⲧⲟⲩ(ⲛⲉ)-, but the relations of quantity and distribution make it clear that only ⲉⲧⲥⲉ(ⲛⲉ)- represents the Middle Egyptian standard. Our ⲉⲧⲥⲉ- dissolves the framework of the traditional views with the same force as did, on the opposite side, the 1st sg. ⲉⲧⲉⲉⲓ-/ⲉⲧⲉⲓ̈- in Pap. Bodmer VI Pro 4,2; 6,3; 7,15 and NHC V p. 49,20.[26] This lets us thoroughly rethink once

24 "Conjugation System," 397 Obs. 1 (= *Coll. Pap.*, 243); cf. also *OLZ* 52 (1957) 229 (= *Coll. Pap.*, 231).
25 Cf. R. Kasser, "Compl. morph.," 63; H. Quecke, *Lettere di San Paolo*, 104f with note 171.
26 Cf. for the latter W.-P. Funk, *Die zweite Apokalypse des Jakobus aus Nag-Hammadi-Codex V*, TU 119, Berlin 1976, 56–58.

again the whole question of the morphology and the origin of the forms of the Relative Present I.[27] It even looks as if the Coptic language still had the ability to form the Relative Present in two different ways: on the one hand by directly connecting the Present I with the relative particle ϵτ, on the other hand by connection with the particle ϵτ after the Present I has been transformed by a converter, which in its external shape is identical with the Circumstantial converter, with the result of the following two paradigms:

ϵ(τ) – ϯ	ϵτ - ϵї
ϵ(τ) – κ	ϵτ - ϵκ
ϵ(τ) – τϵ	ϵτ - ϵρϵ
ϵ τ – ϥ	ϵτ - ϵϥ
ϵ τ – c	ϵτ - ϵc
ϵ(τ) – τн̄	ϵτ - ϵн
ϵ(τ) - τϵτн̄	ϵτ - (ϵτ)ϵτн̄
ϵ τ - cϵ	
and	
ϵ τ - oϒ	ϵτ - ϵϒ
ϵτ<ϵ> + nomen	ϵτ - ϵρϵ + nomen

Thus the two Coptic paradigms correspond to and may have originated in the two New Egyptian or Demotic types of the Relative Present, respectively:

ntj tw·j	*ntj ỉw·j*
ntj tw·k	*ntj ỉw·k*
etc.	etc.

On that view, in the paradigm of the Present I between the New Egyptian and the Coptic stage of language, an analogical formation for the 3rd persons could or should be supposed[28]—in the Singular for the relative forms as well as for the normal forms. Thus the third person forms would correspond completely to the other forms:

(*ntj*) *tw·f* (*ntj*) *tw·s* *ntj tw·w*.

[27] The present state of thinking is nearly marked by the alternative positions of W. Till (*Achmimisch-koptische Grammatik*, Leipzig 1928, §239f. Bem.; *Kopt Gramm* § 470) and H. J. Polotsky ("Conjugation System," 399 § 12 Obs. [= *Coll. Pap.*, 245]); cf. also A. I. Elanskaja, *Proischoždenie nastojaščego vremeni opredelitel'nogo predloženija i sistema upotreblenija form otnositel'nogo mestoimenija* ϵτ (*ntj*) *i* ϵτϵ (*ntj ỉw*) *v koptskom jazyke*, Istorija, èkonomika i kul'tura 3, Akademija nauk SSSR, 1961, 170–178.

[28] Which for the 3rd sg.m. of Present I is obvious; cf. A. Erman, *Neuaegyptische Grammatik*, Leipzig ²1933, § 478.

This last form, however, (as our ⲉⲧⲥⲉ- against ⲉⲧⲟⲩ- displays) did not succeed in all dialects. That neither of the two Coptic possibilities has been put into practice to the same degree or in a pure form, is another matter.

1.5

Regarding the relation between the possibilities of language and the part of it that is really put into practice, it is of considerable interest to answer the question whether there are any satellites of the affirmative and negative Energetic Future in Middle Egyptian and, if so, which ones there are. It is especially interesting if we keep in mind the system of the conjugation bases and their satellites established by Polotsky,[29] and consider the differences between Sahidic and Bohairic regarding the use of this tense. In Middle Egyptian, the relative forms are quite usual, not only with the negative basis (type: ⲉ̇ⲧⲉ ⲛ̇ⲛⲉϥ-), but also with its positive counterpart (type: ⲉ̇ⲧⲉϥⲉ-).[30] We can take Rom 14:22b as an illustration:

ⲛⲁ[ⲉⲓⲉ̇ⲧϥ ⲙ̇ⲡⲉⲧⲉ ⲛ]ϥⲛⲉⲕⲣⲓⲛⲉ [ⲙ̇ⲙⲁϥ ⲉⲛ ϩⲙ ⲡⲉⲧ]ⲉϥⲉⲥⲁⲧⲡϥ
(cf. S ⲛⲁⲓ̈ⲁⲧϥ̄ ⲙ̄ⲡⲉⲧⲉ ⲛ̄ϥⲕⲣⲓⲛⲉ ⲙ̄ⲙⲟϥ ⲁⲛ ϩⲙ̄ ⲡⲉⲧϥ̄ⲇⲟⲕⲓⲙⲁⲍⲉ ⲙ̄ⲙⲟϥ)

Also the Circumstantial of the Negative Energetic Future occurs, as it seems, yet only twice and not even after ϫⲉⲕⲉⲥ, but as a virtual relative clause; cf. the form quoted by Kasser ("Compl. morph.," 65) with the Sahidic parallel (Matt 16:28), which brings further support for the interpretation of the form in question as Circumstantial:

M ⲟⲩⲛ̇ ϩⲁⲓ̈ⲛⲉ ⲛ̇ⲛⲉⲧⲟϩⲉⲣⲉⲧⲟⲩ ⲙ̇ⲡⲉⲓ̈ⲙⲉ ⲛⲉⲓ̈ ⲉⲛⲛⲉⲩϫⲓ ϯⲡⲉ ⲙ̇ⲡⲙⲟⲩ
S ⲟⲩⲛ̄ ϩⲟⲉⲓⲛⲉ ⲛ̄ⲛⲉⲧⲁϩⲉⲣⲁⲧⲟⲩ ⲙ̄ⲡⲉⲓⲙⲁ ⲛⲁⲓ ⲉⲛⲥⲉⲛⲁϫⲓ ϯⲡⲉ ⲁⲛ ⲙ̄ⲡⲙⲟⲩ

The question of whether we can infer also the existence of the Circumstantial of the Affirmative Energetic Future in Middle Egyptian still requires a thorough grammatical investigation, since the form in question would not differ in its shape from the basic one.

1.6

With regard to the Middle Egyptian Perfect II, two different forms are found in our texts. In the Gospel of John[31] and in the Pauline Epistles,[32] the

29 "Conjugation System," 400f § 18 (= *Coll. Pap.*, 246f.).
30 Cf. R. Kasser, "Compl. morph.," 65; H. Quecke, *Lettere di San Paolo*, 106f.
31 7:42(?); 8:41; 9:15,39; 12:47; 13:29; cf. H. J. Polotsky, *OLZ* 59 (1964) 252 (= *Coll. Pap.*, 437).
32 1 Thess 2:3: ⲡⲉ[ⲛ]ϯⲧⲟⲕ [ⲅⲁⲣ ⲛϩⲏⲧ ⲛ]ⲁϩⲁϥϣⲟⲡ̣[ⲉ] ⲉⲛ ⲉⲃⲁ[ⲗ ϩⲛ ⲟⲩⲡⲗⲁ]ⲛⲏ; Col 1:16 (2x).

Perfect II reads ⲁ̀ϩⲁ- and differs even in its form from the Circumstantial Perfect I appearing as ⲉ̀ϩⲁ-, while in Matthew and Acts both the Perfect II and the Circumstantial Perfect I are ⲉ̀ϩⲁ-. Therefore only the syntactical structure of the sentence can indicate which of the two forms we have in each case. And the state of affairs is not always as unambiguous as in the case of negation by ⲉⲛ, which clearly indicates the second tense. Regarding those two forms, of course, the question arises which of them might be the genuine and typical Middle Egyptian one. But in this connection it is also advisable to ask if it is legitimate at all to pose that question. I consider the question legitimate and even answerable. Polotsky already saw the form ⲁ̀ϩⲁ- in the light of the characteristic Fayumic Perfect II ⲁⲁ-;[33] and it seems to me as if the form ⲁ̀ϩⲁ- was a result of Fayumic influence on Middle Egyptian. This influence is basic and essential for the dialect of the Gospel of John; and now there is some evidence suggesting the Middle Egyptian of the Pauline Epistles to be a little nearer to Fayumic than the Middle Egyptian of Matthew and Acts.[34] That means, when we change the perspective, it is the form ⲉ̀ϩⲁ- which we have to recognize as the typical Middle Egyptian Perfect II.

By the way, there is a similar pair of alternative forms for the Aorist II, i.e. ⲛ̀ϣⲁ- and ⲉ̀ϣⲁ-,[35] which points in exactly the same direction due to the typically Fayumic Aorist II ⲛϣⲁ-.[36]

2

The next general point of view under which, in connection with considerations of the conjugation system just made, we want to review further characteristics of Middle Egyptian, is the position of Middle Egyptian within the system of the Coptic dialects. This issue was already of decisive importance for the discovery of this new dialect by P. E. Kahle, insofar as for him it was the connecting link missing so far between Lycopolitan and Fayumic. And that aspect is of permanent value, even if we refrain, as we should, from seeing the location of dialects in the linguistic scheme in direct correlation with the actual geographic location of dialects. Now

[33] *OLZ* 59 (1964) 252 (= *Coll. Pap.*, 437); for the Fayumic Perfect II itself (cf. H. J. Polotsky, "Deux verbes auxiliaires méconnus du copte," *GLECS* 3 (1937) 1–3 (= *Coll. Pap.*, 99–101); *Études de syntaxe copte*, Le Caire 1944, 21 (= *Coll. Pap.*, 125).

[34] Cf. e.g. H. Quecke, *Lettere di San Paolo*, 93 with note 53.

[35] Cf. H. Quecke, *Lettere di San Paolo*, 106.

[36] Cf. H. J. Polotsky, *Études de syntaxe copte*, 21 (= *Coll. Pap.*, 125).

it is striking that on one side, i.e. between Middle Egyptian and Fayumic, Kahle was able to present a mediating link, the so-called Middle Egyptian with Fayumic influence, or, as others prefer to call it, Fayumic with Middle Egyptian influence, but not on the other side where Lycopolitan is the neighbor. Therefore it is tempting to follow up just such elements of Middle Egyptian by which it is connected with that side.

We do so by means of three phenomena of quite different nature, which nevertheless seem important themselves, i.e. the conjugation basis ϩⲁ-, to which we return here once more for the sake of another perspective, the relative particle ⲉⲣ- and the noun ⲙⲏⲧ. And we do so, by simultaneously at least raising the general question whether and under what circumstances such connections can be regarded as evidence for the assumption that one dialect has influenced the other.

2.1

The conjugation base of Perfect I in the form of ϩⲁ- can be traced back to the Old Coptic text of the Paris magic papyrus[37] and can be found as an intrusion also in a limited number of older or younger Fayumic, Lycopolitan, Achmimic and Sahidic texts in the vicinity of Middle Egyptian.[38] The relations, especially the proportions of quantity and distribution, are so evident here that it is impossible to doubt Kahle's judgment who regarded them as due to Middle Egyptian influence. But even in the case of such an evident state of affairs, I believe it is necessary to concede that such influence, such encroachment, such coloring of one dialect by another seems possible only if the second dialect could, in principle, have generated the respective (alien) forms by itself. That means, influence of that kind (re-) activates what is possible but unusual (or no longer usual); a horizontal co-ordinate runs into a vertical one here.

Just in the immediate vicinity of Middle Egyptian, in the area of the varieties of Lycopolitan, the situation is indeed intricate or at least not lucid, owing to the fact that the textual basis has considerably broadened since Kahle wrote. Especially important here are the Nag Hammadi texts, i.e. the whole of Codex I (*Pr. Paul, Ap. Jas., Gos. Truth, Treat. Res., Tri. Trac.*), Codex X (*Marsanes*) and the first two tractates of Codex XI (*Interp. Know., Val.*

37 Cf. R. Haardt, *WZKM* 57 (1961) 96–97. But the opinion that it also appears in the Old Coptic text from Oxyrhynchus is based on a mistake; cf. now J. Osing, *Der spätägyptische Papyrus BM 10808*, ÄgA 33, Wiesbaden 1976, 77. 119.

38 Cf. P. E. Kahle, *Bala'izah* I, 171–175. 230.

Exp. + *On Bap. A B C*, and *On Euch. A B*). At any rate, in the whole field of Lycopolitan there are three paradigms of Perfect I in use,[39] i.e.:

ⲁ + nomen	ⲁϩ-ⲁ + nomen	ϩⲁ + nomen
ⲁ⸗ϥ etc., and	ⲁϩ⸗ϥ etc., but	ϩⲁ⸗ϥ etc., and
ⲁ⸗ⲧⲉⲧⲛ̄	ⲁϩ-ⲁ⸗ⲧⲉⲧⲛ̄	ϩⲁ⸗ⲧⲉⲧⲛ̄

At any rate, in regard to the prenominal form and the base with the heavy suffix ⲧⲉⲧⲛ̄, I have gained the impression that ⲁϩⲁ- (unlike the mere ϩⲁ-) just belongs to the paradigm ⲁϩ⸗.

The distribution of those paradigms or their elements, respectively, in the single texts, and the relationship of texts with different distributions, certainly requires future research and linguistically relevant specifications of the kind D. Kirchner has just worked out for the Apocryphon of James.[40] But there can hardly be any doubt that the paradigm ⲁϩ⸗ is the one typical of Lycopolitan. And it seems likely that the forms with ϩⲁ⸗ should be regarded as a Middle Egyptian import, while the Lycopolitan prenominal form and the base with the suffix ⲧⲉⲧⲛ̄, because of their resemblance to their Middle Egyptian equivalents, are especially exposed to becoming really transformed into Middle Egyptian, that is, to losing the initial ⲁ. But the phenomenon of essential interest in thinking over the supposed process of Middle Egyptian influence on Lycopolitan is that here it is not the case that dead things are restored to life, but that the Middle Egyptian forms come across such forms which are linguistically genuine variants of their own, which they then duplicate or supersede.

2.2

The relative particle ⲉⲣ-, which in diachronic perspective is nothing but the Coptic form of the current Demotic active participle of Perfect *ỉ.ỉr* deriving from *ỉrj* (ⲉⲓⲣⲉ),[41] is found scattered in an increasing number of relatively old (mostly Sahidic) texts. Cf. beyond the material collected by Haardt e.g. Deut 4:42 (Pap. Bodmer XVIII); *Gos. Eg.* NHC III p. 69,9f.; *Dial. Sav.* NHC III p. 133,10f.; *Paraph. Shem* NHC VII p. 1,2.11; 6,6.27.29; 7,21; 8,21; 10,20; 12,11; 13,2; 14,26; 16,6.7.13; 20,31; 21,29.32; 22,14.21; 24,14.28; 25,19; 26,7.26.32; 27,13.20; 30,9; 33,5.7<.31>; 34,2; 36,2; 40,8.9.15.

---

39 Cf. P. Nagel, *Untersuchungen zur Grammatik des subachmimischen Dialekts*, 179.

40 Cf. *Epistula Jacobi Apocrypha*, Berlin 1977, 94f.

41 Cf. K. Sethe, "Die relativischen Partizipialumschreibungen des Demotischen und ihre Überreste im Koptischen in zwei Ausdrücken der hellenistischen Mysteriensprache," *NGWG* 1919, 145–158; R. Haardt, *WZKM* 57 (1961) 90–96.

And quite a number of these examples can no longer be called archaisms.[42] It would seem advisable to admit a living use of the particle ⲉⲣ- wherever it occurs not only in stereotyped expressions,[43] but also in such a flexible construction as the Cleft Sentence (both without and with reduction);[44] cf.

John 15:16 (B)[45]: ⲛⲑⲱⲧⲉⲛ ⲁⲛ ⲉⲣⲥⲱⲧⲡ ⲙⲙⲟⲓ ⲁⲗⲗⲁ ⲁⲛⲟⲕ ⲁⲓⲥⲉⲧⲡ ⲑⲏⲛⲟⲩ
John 15:16 (L): ⲛ̄ⲧⲱⲧⲛ̄ ⲉⲛ ⲡ[ⲉⲣ]ⲥ̣[ⲁⲧⲡⲧ] ⲁⲗⲗⲁ ⲁⲛⲁⲕ ⲡⲉⲣⲥ̣[ⲁⲧⲛ ⲧⲏⲛ]ⲉ̣

When this ⲉⲣ- is found in a living use of that kind, we cannot but regard it—in synchronic view—as a real relative pronoun of the Perfect (the Perfect equivalent of the Present ⲉⲧ).

Within the well-known texts, the most extensive and various use of our particle ⲉⲣ- is found in the Lycopolitan Gospel of John. It occurs 16 times in the following modes of application:

Cleft Sentence [5,36; 6,32.70; 15,16 2x; 17,21.25; 18,34; 19,21];
reduced Cleft Sentence [17,8; 18,26; 20,15];
attributive Relative Clause i.e., without article [5,37; 6,44];
appositional Relative Clause i.e., with repeated article or demonstrative [4,12];
substantive Relative Clause [7,28].

Thus, in former times one could get the impression that the sporadic ⲉⲣ- in other dialects was due to Lycopolitan influence. In the meantime Middle Egyptian has become a serious rival of Lycopolitan as the source of our ⲉⲣ-. It is not attested, to be sure, in the Pauline Epistles nor in the Gospel of John—which could be due to a common Fayumic "barrier" for this element in both texts. But it is indeed abundant in Matthew (34 times) and in Acts (18 times).[46] In these texts it looks entirely normal, appearing in all the five syntactic possibilities known from the Lycopolitan Gospel of John. But unlike the pure ⲉⲧ in the Present, it is not obligatory whenever the subject of the relative clause and the antecedent are identical, but in principle it appears freely exchangeable with (ⲡ)ⲉⲑⲁϥ- or (ⲛ)ⲉⲑⲁⲩ-, respectively (nevertheless the actual distribution has yet to be investigated).

42 Cf. e.g. W. Vycichl, *OLZ* 59 (1964) 547.
43 As in Pistis Sophia and e.g. ⲡⲉⲣϩⲱⲧⲃ "the murderer" P. Bodmer 18 Deu 4,42.
44 Regarding that type of sentences cf. H. J. Polotsky, "Nominalsatz und Cleft Sentence im Koptischen," *Orientalia 31* (1962) 413–430 (= *Coll. Pap.*, 418–435).
45 P. Bodmer 3.
46 Cf. W. Till/H.-M. Schenke, *Die gnostischen Schriften des koptischen Papyrus Berolinensis 8502*, TU 60, Berlin ²1972, 335f.; R. Kasser, "Compl. morph.," 64 (under "Parfait I relatif").

Considering all the details (above all, the relations of quantity and the impression that ⲉⲣ- is typical in Middle Egyptian, whereas it looks exceptional in Lycopolitan, the more so as Lycopolitan disposes with ⲛ̄ⲧⲁϩ- by an equivalent of its own) it is my opinion that we should take it as probable that our ⲉⲣ- as a vital element of language might be a characteristic only of Middle Egyptian, whereas its appearance in other dialects could essentially be explained as a re-vivification or a re-activation under its influence of an old or principal possibility.

2.3

Another interesting connection between Middle Egyptian and Lycopolitan, which is perhaps not of the same order but in fact unique, and to which already Kahle had assigned a considerable importance,[47] is the noun ⲙⲏⲧ, which probably has the same linguistic root as ⲙ̇ⲧⲁ (M) / ⲙ̄ⲧⲟ (L). It occurs in Middle Egyptian (Matthew, Acts [not Pauline Epistles and John]) within the expression ⲙ̇ⲡⲙⲏⲧ ⲉ̇ⲃⲁⲗ ⲛ- / ⲙ̇ⲡⲉ⸗ ⲙⲏⲧ ⲉ̇ⲃⲁⲗ frequently beside and with the same function and meaning as ⲙ̇ⲡⲉⲙⲧⲁ ⲉ̇ⲃⲁⲗ ⲛ- / ⲙ̇ⲡⲉ⸗ ⲙ̇ⲧⲁ ⲉ̇ⲃⲁⲗ. Cf. as illustration the two old examples of B.M.Or. 9035:

Gen 6:8: ⲛⲱⲉ ⲇⲉ [ϩⲁϥ]ϭ̣ⲓⲛⲉ ⲛⲟⲩ[ϩⲙ]ⲁ̣ⲧ ⲙ̄ⲡⲙⲏⲧ [ⲉⲃ]ⲁ̣ⲗ ⲙ̄ⲡⲛ̄ⲧ̄
Gen 6:11: [ϩⲁ] ⲡ̣ⲕⲉϩⲉ ⲇⲉ [ⲧⲁ]ⲕⲁ ⲙ̄ⲡⲙⲏⲧ [ⲉⲃ]ⲁ̣[ⲗ] ⲙ̣ⲡ[ⲛ̄ⲧ̄]

And just this co-existence has also been found in the Lycopolitan, Manichaica:

ⲙ̄ⲡⲙ̄ⲧⲟ (ⲁⲃⲁⲗ) ⲛ̄- / ⲙ̄ⲡ⸗ ⲙ̄ⲧⲟ ⲁⲃⲁⲗ
ⲙ̄ⲡⲙⲏⲧ ⲁⲃⲁⲗ ⲛ̄- / ⲙ̄ⲡⲉ⸗ ⲙⲏⲧ ⲁⲃⲁⲗ

(ⲙⲏⲧ in another construction appears only in Ps.B. 196,9; cf. the indices of the editions of Psalm Book and Homilies).

Regarding the relevance of this connection it seems important that again Middle Egyptian is linked up only with one distinct type of Lycopolitan.

It is striking and carries great weight that all three elements we have considered here (ϩⲁ-, ⲉⲣ-, ⲙⲏⲧ), which in Middle Egyptian belong together, are found somewhere in Lycopolitan, but each one in a different body of texts:

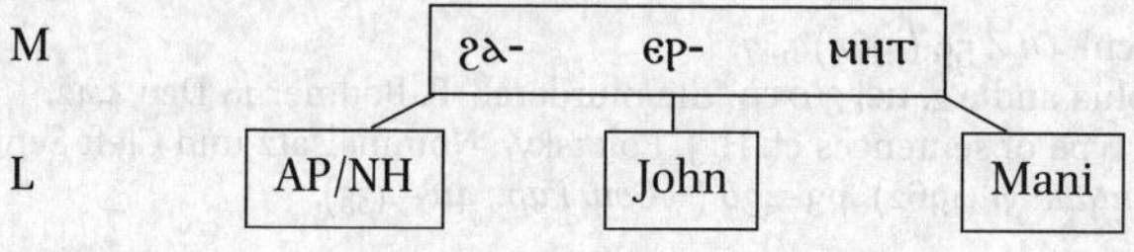

[47] *Bala'izah* I, 216. 222.

By the way, how Westendorf came to claim the word ⲙⲏⲧ as a plural of ⲙⲧⲟ (*Handwb.* 103. 104) is a complete mystery to me. Perhaps he understood Kasser's notation that way,[48] and perhaps even Kasser meant just that. At any rate, this interpretation is without foundation or reason.

2.4

On the general issue of the position of Middle Egyptian within the system of Coptic dialects, finally attention should be given once again to the relationship between Middle Egyptian and Fayumic, and some comments need to be made on a striking phenomenon which exhibits this relationship most distinctly. What is meant is the contracted writing of the word "god" as a nomen sacrum. The contraction concerns first of all the determined form of the noun and usually has, as we know, the appearance of ⲡⲛ̄ϯ; with possessive article ⲡⲉ⸗ ⲛ̄ϯ (cf. e.g. ⲡⲉⲛⲛ̄ϯ 1 Thess 3:9 and 2 Thess 1:11.12; ⲡⲉⲩⲛ̄ϯ Phil 3:19); plural ⲛ̀ⲛ̄ϯ "the gods" (Acts 14:11). Further, since in the normal case of the simple determined singular the whole expression was perceived as a unit, the scribes could also write ⲛ̄ϯ (cf. the Bohairic contraction ⲫ̄ϯ). The contraction in the more usual form, where the article is felt as something outside the nomen sacrum, is also used in the case where the word "god" is not determined, either in attributive use (ⲟⲩϩⲣⲁⲩ ⲛ̀ⲛ̄ϯ Acts 12:22; cf. 1 Cor 8:5 [?]), or in compounds (Eph 2:12 [?]), or when no article is used (in the negative existential sentence: 1 Cor 8:4; 4 Kings 1:3), or after the indefinite article (1 Cor 8:6 [?]; 2 Thess 2:4: ⲛⲉⲏ ⲛ̀ⲟⲩⲛ̄ϯ). Obviously the basis of this contraction is the Fayumic shape of the word for "god", i.e. (ⲡ)ⲛⲟⲩϯ.

But now we must not conclude or presuppose, that, accordingly, also the word for "god" was spelled (ⲡ)ⲛⲟⲩϯ in Middle Egyptian.[49] For, where the word is not contracted but written in full—which is twice the case—it reads as it should according to the phonological structure of Middle Egyptian, i.e. ⲛⲟⲩⲧⲉ.[50] That means, it is only for *writing* the word for "god" (understood as a nomen sacrum) that Middle Egyptian borrows directly from Fayumic and takes over the contraction of the word concerned, or the word itself for contraction, respectively, from the neighboring dialect.

48 Cf. *Compléments au Dictionnaire Copte de Crum*, Le Caire 1964, 31a under ⲙⲧⲟ.

49 In the literature, even in the work of Kahle, there are found more or less obscure remarks on our subject implying or asserting just that; cf. *Bala'izah* I, 221f.; B.M. Metzger, *An Early Coptic Manuscript*, 306; H. Quecke, *Lettere di San Paolo*, 91 with note 40.

50 Cf. Till/Schenke, *Die gnostischen Schriften*, [2]1972, 341 (Acts 2:11: ⲉⲩϫⲱ ⲛ̀ⲛ̀ⲙⲛⲧⲛⲁϭ ⲙ̀ⲡⲛⲟⲩⲧⲉ; 7:40: ⲙⲁⲧⲁⲙⲙⲓⲁ̀ ⲛⲉⲛ ⲛ̀ϩⲉⲛⲛⲟⲩⲧⲉ).

This is especially curious insofar as Fayumic does not at all make use of that (possible) contraction of its own word (or does not know it at all) but instead takes over in its turn from Bohairic the contraction of the Bohairic word ⲫⲛⲟⲩϯ, i.e. ⲫ̅ϯ̅. The reason for this should be sought, but it is impossible, for the time being, to give an answer.[51] By the way, this characteristic of Middle Egyptian at times had an impact even beyond the border of the area where Middle Egyptian was spoken, as is shown by the Sahidic Pap. Ber. 8502, and this characteristic also caused some confusion there.[52]

3

In the following part, some further important and already transmittable points that cannot be grouped under a common head are still to be discussed.

In Middle Egyptian there occurs very often a form ⲛⲉϣ, which in each case has its place between the conjugation base and the infinitive; cf. e.g.

Hos 2:10: (ⲛ)ⲛⲉ ϩⲓ ⲛⲉϣ-ⲛⲉϩⲙⲥ[53]
1 Thess 3:1: ⲉⲧⲃⲉ ⲡ[ⲉⲓ ϭⲏ ⲙ]ⲡⲉⲛ-ⲛⲉϣ-ⲁⲩ ⲛϩⲏⲧ
(cf. S: ⲉⲧⲃⲉ ⲡⲁï ϭⲉ ⲙ̄ⲡⲛ̄—ⲉϣ-ϭⲱ)

And about that ⲛⲉϣ, wrong teachings have already been circulated.[54] On the background of the relevant lemma in Crum's *Dictionary* (541b) and a statement by Till[55] it is taken for an expression meaning "be unable"; and the fact that it is not only used after negative conjugation bases (Neg. Energ. Fut.; Neg. Aor.; Neg. Perf. I; negated Conj.), but also after positive ones (Fut. I; Circ. Fut. I; Fut. II; Impf.; pure Conditional) and apparently with the positive meaning of "be able", seems to be reflected, though somewhat inadequately, in Kasser's statement that ⲛⲉϣ would follow a "préfixe verbal exprimant la négation, la doute (condition irréalisée), l'interrogation appelant une négation, ou l'interrogation ordinaire."[56]

---

51 Cf. H. J. Polotsky, "Zur Neugestaltung der koptischen Grammatik," *OLZ* 54 (1959) 453[1] (= *Coll. Pap.*, 234).

52 Cf. Till/Schenke, *Die gnostischen Schriften*, ^{2}1972, 323–325. 341.

53 *JEA* 11 (1925) 244; Crum, *Dict.*, 227b under ⲛⲓⲛⲉ (divided differently; cf. the grotesque notation of ϩⲓⲛⲉ "nothing," "nobody" in W. Westendorf, *Handwörterbuch*, 377).

54 Cf. R. Kasser, "Compl. morph.," 49a (under ϣ); W. Westendorf, *Handwörterbuch*, 299; H. Quecke, *Lettere di San Paolo*, 107.

55 Die gnostischen Schriften, 22f.

56 "Compl. morph.," 49a. That all this is not true is most obviously shown by Matt 20:22 (ⲧⲛⲛⲉⲛⲉϣ "we can"), since that, on no account, fits Kasser's scheme.

In fact, the Middle Egyptian use of ⲛⲉϣ at last brings light into the hitherto obscure and confused annotations (of Crum and Till). Under the head of ⲛⲉϣ, two quite different things were thrown together, which nevertheless have indeed two *aspects* in common, i.e. the auxiliary verb ϣ "be able," and the tendency to express the logical future implicit in "be able" by the grammatical category of Future.[57]

The first ⲛⲉϣ (including our Middle Egyptian one) follows a conjugation and is positive in meaning ("be able"), dialectically not neutral (only in Middle Egyptian and Fayumic it is spelled ⲛⲉϣ; in the other dialects it would read ⲛⲁϣ) and has in front of ϣ the same element that *also* or *otherwise*, respectively, forms the Future I.

The other ⲛⲉϣ, which in its derived form precedes (or seems to precede) a conjugation, is negative in meaning ("be unable"), dialectically neutral and in principle nothing but a combination of the Neg. Energ. Fut. and ϣ.[58] This second ⲛⲉϣ appears in two forms:

a. The first form, strictly speaking, is completely without real problems, the more so as the Neg. Energ. Fut. without initial ⲛ̄ is not at all rare.

↓ (ⲛ̄)ⲛⲉ——ϥ——ϣ—ⲥⲱⲧⲙ̄
(ⲛ̄)ⲛⲉ—ϣ—ⲡⲣⲱⲙⲉ——ⲥⲱⲧⲙ̄

b. The second form starts with and develops the nominal variant of the first form and, apparently by interposition of the base of the Causative Infinitive, makes both ⲡⲣⲱⲙⲉ and ⲥⲱⲧⲙ̄ together the nominal subject of an imaginary verb ϣⲱⲡⲉ.

↓ (ⲛ̄)ⲛⲉϣ—ⲧ(ⲣ)ⲉ—ⲡⲣⲱⲙⲉ——ⲥⲱⲧⲙ̄ <ϣⲱⲡⲉ>
(ⲛ̄)ⲛⲉϣ—ⲧ(ⲣ)ⲉ—ϥ——ⲥⲱⲧⲙ̄ <ϣⲱⲡⲉ>

At any rate, the supervening element can hardly be anything else than the Causative Infinitive, and the construction in the second form functions like the Negative Causative Imperative (zero-subject implied).

---

[57] I owe the knowledge of this widespread tendency to H. Quecke who, about fifteen years ago, drew my attention to the relevant facts.

[58] In that perspective, the very enigmatic statements of Till (*Die gnostischen Schriften*, 22f.), which nevertheless led him in the end to the true track, are in urgent need of correction. The parallels to 79,1f. and 117,4 elucidate the state of affairs in that sphere; cf.

BG	p. 79,1f.:	ⲛⲁϣϣⲁϫⲉ ⲉⲣⲟϥ
NHC III	p. 91,14f.:	ⲛ̄ⲛⲁϣϣⲁϫⲉ ⲉⲣⲟϥ
BG	p. 117,3–5:	ⲛⲁï ⲉ[ⲧⲉ] ⲛⲉⲩϣϣⲁϫⲉ ⲉⲣⲟ[ⲟ]ⲩ
NHC III	p. 114,2f.:	ⲧⲁï ⲉ ⲧⲉ ⲛ̄ⲛⲉⲩⲉϣϣⲁϫⲉ ⲉⲣⲟⲥ.

Concerning the first (positive) ⲛⲉϣ and its construction, it should be added that here (in Middle Egyptian and its vicinity) the elements ⲛⲉ- ϣ had already grown so closely together that the original identity of this ⲛⲉ- with the structural element denoting the Future was no longer felt. Therefore this ⲛⲉϣ can be construed even with Fut. I and Fut. II (→ (ⲁ)ϥⲛⲉⲛⲉϣⲥⲱⲧⲙ). Nevertheless, the Middle Egyptian ⲛⲉϣ, if our analysis proves true, might have some considerable relevance for the old issue of Coptic diachronic grammar, that is, whether the structural element of Fut. (ⲛⲁ-/ⲛⲉ-) was originally a Qualitative or an Infinitive,[59] and at first sight would seem to strengthen the arguments in favour of its explanation as an Infinitive (because ⲛⲉϣ occurs also, if not most frequently, in the tripartite pattern).

4

In Middle Egyptian there is a construction that seems at first sight very curious. It looks like a tripartite nominal sentence, the first position of which is always filled by the absolute personal pronoun, while ⲉ̇ⲧⲉ occurs like a copula between this pronoun and a following noun. This construction has become known through a quotation from the angelic hymn (verse 26.27) that, in Greek and Middle Egyptian versions, fills the last pages of the codex containing the Middle Egyptian Gospel of Matthew.[60] The quotation reads:[61]

ⲛ̇ⲧⲁⲕ ⲉ̇ⲧⲉ ⲡⲉⲧⲟⲩⲉⲃ ⲟⲩⲁ̇ⲉϥ.
ⲛ̇ⲧⲁⲕ ⲉ̇ⲧⲉ ⲡⲉⲧϫⲁⲥⲉ ⲟⲩⲁ̇ⲉϥ·

That we have actually chosen the right perspective may be shown by the three extant Sahidic versions of those two verses; cf.

a. ⲛⲧⲟⲕ ⲙⲁⲩⲁⲁⲕ ⲡⲡⲉⲧⲟⲩⲁⲁ̄ⲃ
ⲛⲧⲟⲕ ⲙⲁⲩⲁ̄ⲁ̄ⲕ ⲡⲉⲧϫⲟⲥⲉ·[62]
b. ⲛ̄ⲧⲟⲕ ⲙⲁⲩⲁ̄ⲁⲕ ⲡⲉⲧⲟⲩⲁⲁⲃ·
ⲛ̄ⲧⲟⲕ ⲙⲁⲩⲁ̄ⲁⲕ ⲡⲉⲧϫⲟⲥⲉ.[63]

---

[59] Cf. e.g. H. J. Polotsky, "Neugestaltung," *OLZ* 54 (1959) 458 (= *Coll. Pap.*, 236); W. Westendorf, *Handwörterbuch*, 116 with note 8.

[60] Cf. B. M. Metzger, *An Early Coptic Manuscript*, 301. 304. 309–312.

[61] H. Quecke, *Untersuchungen zum koptischen Stundengebet*, Louvain 1970, 417 note concerning 1. 23f.; cf. also 275⁴.

[62] Pap. Ber. 8099; H. Junker, "Eine sa'îdische Rezension des Engelshymnus," *OrChr* 6 (1906) 444.

[63] Pierpont Morgan Library M 574; H. Quecke, *Stundengebet*, 416.

c. ⲛⲧⲟⲕ ⲙⲁⲟⲩⲁⲁⲕ ⲡⲉ ⲡⲡⲉⲧⲟⲩⲁⲁⲃ
ⲛⲧⲟⲕ ⲙⲁⲟⲩⲁⲁⲕ ⲡⲉ ⲡⲡⲉϫⲟⲥⲉ (sic)[64]

It seems most suitable to start our consideration from the third Sahidic version and to place both types of sentences on a common denominator by replacing the substantive relative clause with any noun, e.g. ⲡⲛ̄ⲧ︦, and omitting the "alone." Then we obtain the two following types of sentences corresponding to each other:

ⲛ̄ⲧⲟⲕ ⲡⲉ ⲡⲛⲟⲩⲧⲉ
ⲛ̇ⲧⲁⲕ ⲉ̇ⲧⲉ ⲡⲛ̄ⲧ︦

Now, since that ⲉ̇ⲧⲉ can be nothing but the relative pronoun, it seems proper to regard the opposition of the two types of sentences as an opposition between the nominal sentence and a certain kind of Cleft Sentence. This would be a reduced Cleft Sentence[65] in which the relative part is not formed, as usual, from a verbal or pseudo-verbal sentence, but from a sentence that is itself a nominal one, the copula of which would have been dropped. There would correspond accordingly:

ⲛ̄ⲧⲟⲕ ⲡⲉ ⲡⲛⲟⲩⲧⲉ
ⲛ̄ⲧⲟⲕ ⲉⲧⲟ ⲛ̄ⲛⲟⲩⲧⲉ
ⲛ̇ⲧⲁⲕ ⲉ̇ⲧⲉ ⲡⲛ̄ⲧ︦ (ⲡⲉ)

The regular omission of the copula is also found in other cases where new comprehensive structures are built by means of a nominal sentence, especially in expressions of the type ⲡⲉⲧⲉ ⲡⲱϥ (ⲡⲉ) ⲛ̄ⲣⲱⲙⲉ.[66]

5

A mystery seems to hang also over the expression ϩⲛⲧⲟⲩⲟ⸗, which in Middle Egyptian normally fills the position of a verb in the syntactical frame. Scholars are prepared for the encounter with it by the relevant note in Crum (444b, 4–7). The text quoted there (PMich 3521) has been published[67] and actually displays the construction in question twice. The two passages read:

---

64 Ms. Toronto 924.68.2; H. Quecke, *Stundengebet*, 480.
65 Cf. H. J. Polotsky, "Nominalsatz," 424f (= *Coll. Pap.*, 429f.).
66 Cf. H.-M. Schenke, "Zum gegenwärtigen Stand der Erforschung der Nag-Hammadi-Handschriften," *Koptologische Studien in der DDR*, WZH Sonderheft, Halle-Wittenberg 1965, 134.
67 Cf. above with note 3.

John 12:2: ⲗⲁⲍⲁⲣⲟⲥ | [ⲇⲉ] ⲛ̣ⲉ ⲟⲩⲉⲓ̈ ⲡⲉ ⲛ̄ⲛⲉⲧⲛⲁⲩ||[ϩⲛⲧⲟ]ⲩⲱⲟⲩ ⲡⲉ ⲙⲛ̄ ⲓ̅ⲥ̅
John 13:28: ⲙ̄ⲡⲉ ϩⲓ ⲇⲉ ⲓⲙⲓ ϩⲛ̄ ⲛⲉⲧⲛⲁⲩϩⲛ̄ⲧⲟⲩⲱⲟⲩ ϫⲉ ⲉⲧⲃⲉ ⲟⲩ ⲁϩⲁϥϫⲉ ⲡⲉⲓ̈ ⲛⲉϥ

Accordingly, ϩⲛ̄ⲧⲟⲩⲱ⸗ (which in pure Middle Egyptian is ϩⲛⲧⲟⲩⲟ⸗) is obviously a Coptic equivalent for ἀνακεῖσθαι (or ἀνακλιθῆναι, or ἀναπεσεῖν, respectively). And it is also evident that our expression is a compound, the second part of which has to be identified with ⲧⲟⲩⲱ⸗ "bosom." But what is ϩⲛ?

E. Husselman, in her indices, lists these passages under ⲧⲟⲩⲱ⸗ (90a), but since the ϩⲛ is not identified anywhere in the indices, the suspicion arises that for her it might be included under (the preposition) "ϩⲛ passim" (92a). And Kasser's statement, "ϩⲛⲧⲟⲩⲟ⸗ (avec préfixe et suffixe concordants, utilisé comme verbe!),"[68] can only be (properly) understood, if he shares that opinion. Westendorf complicates the whole issue even more by noting: "ⲛⲟⲩϩⲛⲧⲟⲩⲱ⸗ (A): ⲛⲁⲩϩⲛⲧⲟⲩⲱ⸗ (F): ϩⲛⲧⲟⲩⲟ⸗ (M) (sich) setzen (zum Essen),"[69] thus interpreting, in the case of F, the Imperfect prefix of the two passages from John as part of the verbal expression.

The expression ϩⲛⲧⲟⲩⲟ⸗ / ϩⲛ̄ⲧⲟⲩⲱ⸗ actually does not only occur in the bipartite but also in the tripartite pattern.[70] This fact could already have been observed in the one non-Middle Egyptian, i.e. Achmimic, witness to our expression, if a chain of errors, beginning with the editor himself, had not run through the literature.[71] The monster ϥ̄ⲛⲟⲩϩⲛ̄ⲧⲟⲩⲱⲟⲩ is the equivalent of ἀνακλινεῖ αὐτούς in Luke 12:37.[72] Now, by chance, there is a photo given with the edition showing just this passage. And there the letter ⲧ seems clearly discernible instead of ⲛ. The expression must therefore read ϥ̄ⲧⲟⲩϩⲛ̄ⲧⲟⲩⲱⲟⲩ, that is Conjunctive (continuing the preceding Future) + suffixed Causative Infinitive + ϩⲛ̄- ⲧⲟⲩⲱⲟⲩ "he will make them recline." But then our ϩⲛ̄ cannot be the preposition ϩⲛ̄, but has to be analysed as a status nominalis of a verb. Our Middle Egyptian expression

---

68 "Compl. morph.," 44a (under ⲧⲟⲩⲱ⸗).

69 *Handwb.* 251 (under ⲧⲟⲩⲱ⸗).

70 And once even as a noun within a nominal compound.

71 Cf. L. Th. Lefort, "Fragments bibliques en dialecte akhmîmique," *Le Muséon* 66 (1953) 23. 29[10]; R. Kasser, "Compl. morph.," 69a (under ⲧⲟⲩⲱ⸗); W. Westendorf, *Handwörterbuch*, 251 (see above p.18).

72 The entire text given by Lefort reads thus: [ϩⲁⲙⲏⲛ] | ϯϫⲟⲩ ⲙ̄ⲙⲁⲥ ⲛⲏⲧⲛⲉ ϫ̣[ⲉϥⲛⲁⲙⲁⲣϥ̄] | ϥ̄ⲛⲟⲩϩⲛ̄ⲧⲟⲩⲱⲟⲩ ϥ̄[ⲉⲓ ⲁⲃⲁⲗ ϩⲓⲱ]||ⲟ̣ⲩ̣ⲉ ⲉ[ϥ]ⲣ̄[ⲇⲓⲁ]ⲕⲟⲛⲉⲓ [ⲛⲉⲩ.

ϩⲛ- ⲧⲟⲩⲟ⸗, both morphologically and syntactically, follows the same lines as Lycopolitan ϯ- ⲧⲟⲩⲱ⸗. Cf.

Keph.	180, 21f:	ⲛϥⲧⲙ̣|ϭⲱⲧⲡ	. . .	ⲛϥⲧⲙϯⲧⲟⲩⲱϥ
Ps.B.	165,13:	[ⲙ]ⲡⲱⲣϭⲱⲧⲡ̄		ⲛⲕ̄—ϯⲧⲟⲩⲱⲕ

And as status absolutus of our ϩⲛ- there is hardly another verb suitable than ϩⲓⲛⲉ (Crum 689a, 37), the more so as it is also otherwise common in Middle Egyptian.[73] The original meaning of the compound verb then ought to be approximately "move down one's bosom," "recline." And on the other side, its unchanged use in the bipartite pattern (ϥϩⲛⲧⲟⲩⲟϥ, and not *ϥϩⲓⲛⲉ ⲛ̀ⲧⲟⲩⲟϥ) would have to be added to the exceptions from Jernstedt's rule in analogy to ⲣ̄- ϩⲧⲏ⸗ and ϣⲛ̄- ϩⲧⲏ⸗, but also to ⲣ̄ⲁⲛⲁ⸗.[74]

6

There is still another Middle Egyptian verb, the relevance of which extends beyond the boundaries of that dialect, but which shares the misfortune of being misunderstood in the existing analysis of Middle Egyptian. I think of the verb ⲙ̀ⲧⲟⲟⲩ. This word has already entered into the dictionaries as a Qualitative of ⲙⲁⲧⲉ.[75] It is found only three times in Middle Egyptian texts, and only once in verbal use, i.e. Acts 9:22 in an addition to the so-called western text:

ⲉ̀ⲧⲉ	ϩⲁ	ⲡⲛ̄ϯ	ⲙ̀ⲧⲟⲟⲩ	ϩⲣⲏï	ⲛ̀ϩⲏⲧϥ	
in	quo	deus	bene	sensit		[gig (h p)]
(*ἐν	ᾧ	ὁ θεὸς	εὐδόκησεν)			

By its use in the tripartite pattern, however, ⲙ̀ⲧⲟⲟⲩ is unambiguously defined as an infinitive. And in that perspective it is not at all surprising[76] to see ⲙ̀ⲧⲟⲟⲩ in the other two passages being used as a noun, i.e. as a substantivized infinitive; cf. 1 Cor 7:5:

(M)	ⲙⲡⲉⲣ]|[ϥ]ⲉϭ	ⲛⲉⲧⲉⲛⲁⲣⲏⲟⲩ·
(B)	ⲙ̄ⲡⲉⲣ—ϥⲉϫ	ⲛⲉⲧⲉⲛⲉⲣⲏⲟⲩ
	μὴ ἀποστερεῖτε ἀλλήλους,	

---

73 Cf. R. Kasser, "Compl. morph.," 54b; W. Westendorf, *Handwörterbuch*, 377.
74 Cf. H. J. Polotsky, "Conjugation System," 402 Obs. 1.2 (= *Coll. Pap.*, 248).
75 Cf. R. Kasser, "Compl. morph.," 32b; W. Westendorf, *Handwörterbuch*, 103.
76 Cf. the remark of H. Quecke (*Lettere di San Paolo*, 100 with note 129).

[ⲉⲓⲙⲏⲧⲓ ϩⲛ] | ⲟⲩⲙⲧⲟⲟⲩ ⲡⲣⲟⲥ ⲟⲩⲟ̣[ⲩⲁⲉⲓϣ]
ⲉⲃⲏⲗ ⲁⲣⲏⲟⲩ ϧⲉⲛ ⲟⲩϯⲙⲁϯ ⲡⲣⲟⲥ ⲟⲩⲥⲏⲟⲩ
εἰ μήτι ἂν ἐκ συμφώνου πρὸς καιρόν

The third passage is verse 3 of the angelic hymn:

ⲛⲉϥⲙ̇ⲧⲟⲟⲩ ϩⲛ ⲛ̇ⲣⲟⲙⲉ
ⲟⲩϯⲙⲁⲧⲉ ϩⲛ̄ ⲛ̄ⲣⲱⲙⲉ (Pierpont Morgan Lib. M 574)
ⲟⲩϯⲙⲁⲧⲉ ϩⲛ̄ ⲛⲉⲣⲱⲙⲉ (Pap. Ber. 8099)
ⲛⲛ̄ⲣⲱⲙⲉ ⲙⲡϥⲟⲩⲱϣ (Ms. Toronto 924.68.2)

The concordance of versions and the semantic implications, on the other hand, suggest that there is really a connection between our ⲙ̇ⲧⲟⲟⲩ and ⲙⲁⲧⲉ. Hence ⲙ̇ⲧⲟⲟⲩ might be explained as the Second Infinitive of the common root.[77]

And now it is fascinating to see that an example of this infinitive is also to be found in a Sahidic text, or rather, that the acquaintance with the Middle Egyptian ⲙ̇ⲧⲟⲟⲩ makes it possible to solve the enigma of a certain passage in "The Letter of Peter to Philip" (NHC VIII) with this result that p. 133,22–26 can now be read as:[78]

ⲡ̣ⲓⲱⲧ̣ [ⲛ̄]ⲧⲉ ⲡⲟⲩⲟⲉⲓⲛ ⲡⲁï ⲉ|ⲧⲉⲩⲛ̄ⲧ̣ⲁϥ ⲛ̄ⲛⲓⲁⲫⲑⲁⲣⲥⲓⲁ | ⲥⲱⲧ[ⲙ̄] ⲉⲣⲟⲛ ⲕⲁⲧⲁ ⲑⲉ ⲉⲧⲁ[ⲕ]||ⲙ̄ⲧⲱ[.]ⲩ ϩⲙ̄ ⲡⲉⲕⲁⲗⲟⲩ ⲉⲧ|ⲟ̣ⲩⲁⲁ[ⲃ ⲓ]ⲥ̄ ⲡⲉⲭ̄ⲥ̄.

And the crucial ⲙ̄ⲧⲱ[.]ⲩ, simply by reason of Coptic phonology, cannot be restored otherwise than to ⲙ̄ⲧⲱ[ⲟ]ⲩ. And this verbal form, which is defined as an infinitive by its use in the tripartite pattern, can hardly be anything else than the Sahidic equivalent of the Middle Egyptian ⲙ̇ⲧⲟⲟⲩ. Therefore, the sentence in question reads: "O Father of the Light, possessing the imperishabilities, hear us, as thou hast been well pleased in thy holy Servant, Jesus Christ" (*καθὼς εὐδόκησας ἐν τῷ παιδί σου Ἰησοῦ χριστῷ).

[77] Cf. on that complex W.-P. Funk, "Zur Syntax des koptischen Qualitativs," *ZÄS* 104 (1977) 31f., §2.

[78] It was F. Wisse who first drew my attention to the problem of this passage even before I saw the original and long before I found its solution. And it is his transcription I am permitted to make use of in this context.

ZUM SO GENANNTEN TRACTATUS TRIPARTITUS DES CODEX JUNG*

Mit einem umfangreichen, zweibändigen Werk bringt das Herausgeberteam des Codex Jung (NHC I) seine langjährige Arbeit an der Erschließung und Veröffentlichung der in diesem Codex enthaltenen Schriften zum Abschluss. Im Prinzip entspricht dieses letzte Teilstück des Editionsunternehmens, trotz einer gewissen Umprofilierung des Herausgeberteams und des Übergangs auf einen anderen Verlag, den drei vorangegangenen Bänden (Evangelium Veritatis, 1956; De Resurrectione, 1963; Epistula Jacobi Apocrypha, 1968); auch diese Ausgabe hat also den bekannten Trend zum Pleonasmus und ist polyphon. Die Polyphonie des Codex Jung-Teams, die anscheinend im Laufe der Zeit, wie dieses Team selbst, zugenommen hat, erreicht hier in Anbetracht des ganz besonders schwierigen Textes verständlicherweise einen relativen Höhepunkt. Darum ist es für den Benutzer des Werkes wichtig zu erfahren, wer wofür zuständig ist; vgl. Bd. I, S. 7f.; Bd. II, S. 7. Für die papyrologische und linguistische Seite des Unternehmens trägt Kasser die Hauptverantwortung; neben der Herstellung des koptischen Textes und den dankenswert ausführlichen Registern (II 289–345) stammen die papyrologische und sprachliche Einführung (I 11–35) und die sprachlichen Anmerkungen (I 287–310; II 179–192.261f.) von ihm. Die dem Text jeweils vorangestellte Inhaltsanalyse und Gesamteinschätzung des TractTrip (I 37–64; II 9–30) ist im Wesentlichen das Werk Zandees. Die dem koptischen Text gegenüberstehende französische Übersetzung stammt von Malinine und Puech; die deutsche Übersetzung (I 177–230; II 105–139.255f.) von Kasser und Vycichl; die englische (I 233–286; II 143–177.259f.) von Wilson und Zandee. Den Inhaltskommentar zum TractTrip (I 311–387; II 193–242) haben Quispel und Zandee geschrieben, den zur Oratio Pauli (II 263–285) Puech.

Die partiellen Unterschiede zwischen den Herausgebern in der Textauffassung, besonders an den schier unzähligen Stellen, wo der Text dunkel oder korrupt (bzw. beides zugleich) ist, kommen vor allem

* ZÄS 105 (1978), 133–141. (Besprechung von R. Kasser, M. Malinine, H.-Ch. Puech, G. Quispel, J. Zandee, W. Vycichl, R. McL. Wilson, Tractatus Tripartitus, Pars I: De Supernis. Codex Jung F. XXVI^{r} – F. LII^{v}, p. 51–104. Bern 1973; Tractatus Tripartitus, Pars II: De Creatione Hominis; Pars III: De Generibus Tribus. Codex Jung F. LII^{v}–F. LXX^{v} (p. 104–140); Oratio Pauli Apostoli. Codex Jung F. LXXII (?) p. 143?–144?; Evangelium Veritatis: supplementum photographicum. Bern 1975.)

natürlich in den drei Übersetzungen zum Ausdruck. In Anbetracht dieser Differenzen wird der Benutzer des Werkes im Vorwort jeweils ausdrücklich dazu aufgerufen, seine eigene Wahl zwischen den drei angebotenen Übersetzungen bzw. gegebenenfalls auch gegen sie alle zu treffen (I 7f.; II 7f.). M. E. ist übrigens von den Dreien die englische am brauchbarsten, wenn man von ihrer ständigen Umfunktionierung von Umstandssätzen in Hauptsätze absieht; sie bietet jedenfalls an zahlreichen Stellen allein das offenbar Richtige. Die Übersetzungen unterscheiden sich aber auch darin, wie sie sich selbst verstehen. Während die französische und englische ihre Aufgabe darin sehen, den erkannten Sinn des koptischen Textes in die moderne Sprache zu übertragen, wirkt die deutsche so, als schwebte Kasser und Vycichl nur eine Art Präparation, die andere zur Übersetzung befähigen soll, vor, nämlich eine Kombination von Vokabelbereitstellung und Syntaxnachzeichnung. Das heißt zugleich, der Benutzer, der aus Versehen diese deutsche „Übersetzung" für das nimmt, was man gemeinhin unter einer solchen versteht, muss sich fortwährend „auf den Arm genommen" fühlen. Der genannte Effekt wird noch dadurch verstärkt, dass die Autoren in Durchführung ihres Programms zur semantischen Verfremdung des Textes neigen. In diesem Zusammenhang spielt auch das häufig gebrauchte Wort „wörtlich" eine problematische und anfechtbare Rolle.

Den Kommentaren zu beiden Schriften ist eine gewisse Überfülle gemein, obgleich sie sich ganz verschieden und im Rahmen einer grundsätzlich unterschiedlichen Art von Kommentierung äußert. Der Kommentar zum TractTrip besteht praktisch fast ausschließlich aus den in extenso und immer wieder, wenn möglich auch zweisprachig (griechisch und lateinisch [im Falle des Irenäus] oder griechisch und französisch) abgedruckten bekannten valentinianischen oder damit verwandten Aussagen, an die sich die Autoren durch den jeweiligen Textabschnitt erinnert fühlen, während verbindende Worte und Erläuterungen nur einen vergleichsweise geringen Raum einnehmen. Die angewendete Methode könnte man ein „exegetisches Roulette" nennen. Und in der Tat gibt es sehr häufig dabei reichen Gewinn, wo der dunkle Text, der ja nun tatsächlich valentinianisch ist, durch die angeführten Parallelen schlagartig und wunderbar erhellt erscheint. Aber all zu oft glaubt man auch deutlich zu empfinden, dass der Text etwas ganz anderes sagt, als die bei ihm zu stehen gekommenen „Parallelen". Von Quispels ursprünglicher These, dass Herakleon der Verfasser des TractTrip gewesen sei, gibt es im Kommentar übrigens nur noch gewisse Spuren. Und wenn man als letztes Wort des Kommentars die (absolut richtige) Feststellung liest, dass

Valentinus selbst auf keinen Fall der Verfasser des TractTrip gewesen sein kann (II 242), so ist das voll verständlich nur von den Voraussetzungen (und Erwartungen) aus, unter denen der Kern des Codex Jung-Teams vor Jahren an die Arbeit gegangen war. Der ausführliche Kommentar zur kurzen Oratio Pauli verdient demgegenüber diesen Namen wirklich, weil er sich ganz konsequent und mit wissenschaftlicher Akribie auf das Verstehen des vorliegenden Textes in allen seinen Nuancen konzentriert. Aber über dem gelehrten Reichtum des beigebrachten Materials zur Erklärung des Erklärbaren werden die eigentlichen Schwierigkeiten des Textes, die doch vor allem wenigstens nach dem Versuch einer Deutung verlangen, und der eigenartige Charakter des Textes im Ganzen übersehen. Während übrigens der Kommentar zum TractTrip die im Codex vorhergehenden Schriften unbekümmert als valentinianisch voraussetzt oder deklariert, drückt sich der zur Oratio Pauli, wenn er auf diese Schriften Bezug nimmt, hinsichtlich der Frage ihres valentinianischen Charakters auffallend zurückhaltend und geradezu umständlich distanziert aus.

Insgesamt wird man den Herausgebern, die ihr Werk im Wissen um dessen Vorläufigkeit nur zögernd der Öffentlichkeit anvertrauen, wohl bescheinigen dürfen, dass sie die von ihnen übernommene Aufgabe, den ersten Schritt in der Bearbeitung des Textes zu tun, gut gelöst haben und also den Text im Großen und Ganzen für die wissenschaftliche Nutzung wirklich erschlossen haben.

Der TractTrip, dem das Hauptinteresse gilt, ist, wie in der Edition klar und überzeugend herausgestellt wird, eine mit dem System von Iren. adv. haer. I 1–8 etwa synchron laufende Darbietung eines valentinianischen Systems, das, weil einzelne seiner spezifischen Züge sich bald in dieser, bald in jener der bekannten Ausprägungen des Valentinianismus wiederfinden, im bisherigen Spektrum des Valentinianismus nicht lokalisierbar ist. Es handelt sich vermutlich um einen, wohl zum Zwecke der Anpassung an die Kirchenlehre, revidierten Valentinianismus. Das Auffälligste an ihm dürfte die (scheinbare oder wirkliche) Delegierung der ganz verschiedenen Funktionen von Sophia, Achamoth, Christus und Soter an ein und dieselbe Gestalt, die Logos genannt wird, sein, wodurch der Logos zu einer Parallelerscheinung der Sophiagestalt bestimmter nichtvalentinianischer Systeme wird, als „die eine Kraft, nach oben und nach unten geteilt, sich selbst erzeugend, sich selbst vermehrend, sich selbst suchend, sich selbst findend, ihre eigene Mutter, ihr eigener Vater, ihre eigene Schwester, ihre eigene Gattin, ihre eigene Tochter, ihr eigener Sohn, Mutter, Vater, eines, des Alls Wurzel“ (Hippolyt ref. VI 17,3; vgl. HA NHC II

p. 89,14–17; UW NHC II p. 114,7–15; Brontē NHC VI p. 13–21.[1]

Nicht zufrieden geben kann man sich indessen mit der Behandlung des Textes im ganz *Allgemeinen* und im ganz *Speziellen*. Mit dem „ganz Allgemeinen" meine ich die Bestimmung der Textsorte. Das Problem springt einem schon mit dem ersten Wort des Textes in die Augen: ϫⲉ; und ebenso fangen die beiden anderen Teile an. Kasser hat hier durchaus ein Problem gesehen (I 287 zu p. 51,1), aber seine Tragweite nicht erkannt. Denn dieses merkwürdige, unmotivierte ϫⲉ findet sich, den Text offensichtlich gliedernd, immer wieder auch innerhalb der drei Teile (insgesamt m. E. etwa 160 Mal). Dass dieses ϫⲉ nur das zur Einführung der direkten Rede sein kann, zeigen gelegentliche Wendungen davor wie ⲉⲩ(bzw. ⲥⲉ) ϫⲟⲩ ⲙ̄ⲙⲁⲥ (p. 51,19f.; 106,26; 114,1–4), die trotz ihres nur gelegentlichen Erscheinens dennoch das Gerüst der ganzen Schrift repräsentieren; das zeigt negativ auch die bis zur Sinnlosigkeit gehende Künstlichkeit der Übersetzungen, die dieses ϫⲉ anders (meist kausal) deuten. Man kann dieses die Struktur des ganzen Textes von außen her prägende ϫⲉ von den textimmanenten Erscheinungen des ϫⲉ am besten da unterscheiden, wo die immanente Logik des Satzes von einer anderen Partikel bestimmt wird, also bei Figuren wie ϫⲉ … ϭⲉ; ϫⲉ … ⲇⲉ; ϫⲉ … ⲙⲉⲛ (40 mal). Vgl. Apg 1,5:

ϫⲉ ⲓⲱⲁⲛⲛⲏⲥ ⲙⲉⲛ ⲁϥϯⲱⲙⲥ ϧⲉⲛ ⲟⲩⲙⲱⲟⲩ	usw.	B;
ϫⲉ ⲓ̈ⲱϩⲁⲛⲛⲏⲥ ⲙⲉⲛ ⲁϥⲃⲁⲡⲧⲓⲍⲉ ϩⲛ ⲟⲩⲙⲁⲩ	usw.	M;
ⲡⲉϫⲁϥ ϫⲉ ⲓ̈ⲱϩⲁⲛⲛⲏⲥ ⲙⲉⲛ ⲁϥⲃⲁⲡⲧⲓⲍⲉ ϩⲛ̄ ⲟⲩⲙⲟⲟⲩ	usw.	S.

Diesem Beispiel entsprechend wird man das rahmende ϫⲉ des TractTrip grammatisch des Näheren als elliptisch für ⲡⲉϫⲁⲩ ϫⲉ deuten (vgl. Crum 747a,15ff.; auffälligerweise kommt der Ausdruck ⲡⲉϫⲉ-/ⲡⲉϫⲁ⸗ bzw. ⲡⲁϫⲉ-/ⲡⲁϫⲉ⸗ in unserem Text *überhaupt nicht* vor). In der Sache aber bedeutet nach alledem das auffällige ϫⲉ unseres Textes nichts Geringeres, als dass er gar kein Traktat ist, sondern nur das Referat bzw. Exzerpt eines solchen. Anders ausgedrückt: Der bewusste revisionistische Valentinianismus, der den Inhalt ausmacht, liegt in einem doppelten Rahmen vor; über der Fassung im typischen Wir-Stil der Abhandlung (der auch gelegentlich in den Ich-Stil übergehen kann) liegt noch das Referats- bzw. Exzerptschema des „Sie sagen, dass …", „… wie sie sagen …" usw. Von daher kann man nun sogar fragen, ob nicht gelegentlich einmal auch eine andere Formulierung in der 3. Pers. Pl. vielleicht gar nicht zum Inhalt,

[1] Vgl. dazu auch H.-G. Bethge (federführend), ThLZ 98 (1973), 97–104.

sondern zum zweiten Rahmen gehört (z. B. das achtfache auf die Taufe bezogene ⲥⲉⲙⲟⲩⲧⲉ ⲁⲣⲁϥ ϫⲉ u. ä. p. 128f.). Und schließlich wird man erwägen dürfen, ob eine ganz bestimmte, sehr merkwürdige und außerhalb des Gedankenzusammenhangs zu stehen scheinende Formulierung im Ich-Stil, in dessen „Ich“ Malinine und Puech als Grenzmöglichkeit sogar den (oder einen) Kopisten des Textes sehen zu können glauben (II 191 zu p. 139,20–23), nicht doch vielleicht noch eher als ein Signum des Epitomators aufzufassen wäre, der hier gegen Ende des Textes dann in einer für das (Un-)Verständnis unseres Textes grundlegenden Weise zu seiner nun praktisch abgeschlossenen Arbeit Stellung nimmt. Die Stelle findet sich p. 139,20–3 und lautet (nach einer notwendigen Verbesserung der Lesung in Z. 22/3): ⲉⲉⲓⲣ̄ⲭⲣⲁ|[ⲥⲑⲁ]ⲓ̣ ⲅⲁⲣ̣ ⲁ̣[ⲛ]ⲟ̣ⲕ ⲉⲉⲓⲙⲏⲛ|[ⲛϩⲣⲏ]ⲓ̈ ϩⲛ̄ ⲛⲓ̣ϣⲉϫⲉ ⲙ̄ⲡⲓ̣ⲥ̣ⲟⲩ|[ⲱⲛ] ⲛ̣ⲉϥⲙⲉⲩⲉ („Denn während ich beharrlich diese Worte gebrauche, habe ich seine Gedanken nicht verstanden“).

In dem so genannten Tractatus Tripartitus, der gar kein Traktat ist, kann man nun übrigens auch noch seine Dreiteiligkeit bezweifeln. Die offenkundige Dreigeteiltheit der uns vorliegenden Abschrift hat nämlich keinen zureichenden Grund im Profil des Inhalts selbst, der eben keineswegs dreiteilig ist, wie schon rein äußerlich die Kürze des „zweiten Teils“ zeigt. Vielleicht sind die betreffenden Zäsuren einfach aus dem Bedürfnis entstanden, die wenigen relativ konkreten Seiten in der Mitte der langen Schrift mit der Bezugnahme auf die Urgeschichte der Genesis herauszuheben. Unser Text wäre nach alledem also nur ein (langes) Exzerpt aus einem (noch längeren) Traktat eines uns unbekannten Valentinianers, und man sollte vielleicht erwägen, ihn (noch einmal) entsprechend „umzutaufen“, etwa in: Excerpta ex Anonymo Valentiniano (ExcAnVal).

Das „ganz Spezielle“, hinsichtlich dessen man am Werk der Herausgeber gewisse Bedürfnisse nicht befriedigt sieht, meint den praktischen Umgang mit der Sprache des Textes. Das von den Herausgebern aufgebotene sprachwissenschaftliche Instrumentarium reicht zur genaueren Erschließung dieses sprachlich so ungewöhnlich schwierigen Textes, dessen irreales Koptisch (unreine Mischung von S und L) es gar nicht in Wirklichkeit, sondern nur auf dem Papyr(us), u. zw. nur auf diesem, gibt, einfach nicht aus. Diese Empfindung kann sich hin und wieder sogar zu der Vorstellung verdichten, als wollten die Herausgeber einen Panzerschrank mit dem Taschenmesser aufbrechen. Das meiste, was an den Übersetzungen allgemein unbefriedigend ist, beruht auf ungenügender Berücksichtigung folgender mehr oder weniger komplizierter Phänomene der koptischen Sprache: 1. Syntax der Vergleichssätze; 2. Syntax komplizierterer Relativsätze; 3. Verdoppelung der Konjugationsbasis; 4. Gesetze des

Passiv; 5. Syntax und Semantik des Qualitativ (gegenüber dem Infinitiv); 6. Beschränkungen des zweiteiligen Konjugationsschemas; 7. Syntax der Partikel ⲛ̄ϭⲓ. Ein sprachwissenschaftlich voll aufgerüstetes Herangehen ist natürlich besonders an den unglaublich zahlreichen Stellen erforderlich, wo der Text korrupt ist. Es ist – gegen den in der Ausgabe häufig erweckten Schein – eben keineswegs alles, was da geschrieben steht, übersetzbar. Und es ist in Wahrheit auch keineswegs etwa beliebig, ob und wie viel man emendiert. Der koptische Text ist ja in einem solchen Maße irregulär, dass Kasser – im Prinzip völlig zu Recht – den Verantwortlichen für die Übersetzung aus dem Griechischen ins Koptische für einen Mann hält „connaissant peu et mal la langue copte" (I 34) und den Kopisten, auf den unsere Handschrift zurückgeht, für einen „homme vraisemblablement plus grec que copte" (I 35). Nur sollte man vielleicht doch nicht als sicher voraussetzen, dass das Subjekt des Übersetzungsprozesses wirklich das Griechische besser beherrschte als das Koptische und muss man sich nicht gezwungen fühlen, die Genesis des vorliegenden Textes a priori im Sinne eines Dramas mit möglichst wenigen Personen zu denken. Wenn man stattdessen im Prinzip mit einem (vielleicht komplizierten) Prozess der Entstehung rechnet und also nicht alles auf einer Ebene liegend sieht, unterliegen die von Kasser so vorzüglich herausgestellten sprachgeschichtlich interessanten Aspekte am Koptisch unseres Textes nicht mehr unbedingt dem Verdikt, es bloß scheinbar zu sein. Mir ist besonders die in unserem Text fast normale Schreibung des *u* bzw. *w* als ⲩⲟⲩ interessant,[2] und zwar zugleich unter der Frage, ob etwa das rätselhafte ⲉⲣⲉ unseres Textes in ⲉⲣⲉⲁ- und ⲉⲣⲉⲛⲧⲁ- (I 29 u. Reg.) ein in gewisser Hinsicht vergleichbares Phänomen ist und einfach als graphisches Äquivalent (vielleicht ebenfalls mit phonetischem Hintergrund) von ⲉ anzusehen wäre, womit freilich über die grammatische Einschätzung der betreffenden Basen, weil sie gelegentlich auch noch andere Irregularitäten aufweisen, nicht automatisch entschieden sein kann. Überhaupt hängt das seltsame Phänomen unseres Textes weitgehend mit einer wilden, von Orthographie weit entfernten *Schreibung* zusammen, die lebhaft an die Schreibung nichtliterarischer Texte erinnert, deren Urheber zwar koptisch sprechen, aber ihre Muttersprache nur unvollkommen schreiben konnten, und äußert sich in Zusammenhang damit und auch überhaupt wesentlich in einer wilden Promiskuität bestimmter Vokalalternativen:

---

[2] Vgl. F. Hintze/H.-M. Schenke, Die Berliner Handschrift der sahidischen Apostelgeschichte (P. 15 926), TU 109, 1970, 16–19.

ⲉ/ⲓ; ⲉ/ⲏ; ⲟ/ⲱ; ⲱ/ⲟⲩ und ⲉ/ⲁ, wobei die letzte so gravierend ist, weil sie zu einer völligen Aufhebung des graphischen Unterschieds von Präsens und Perfekt, namentlich in den Relativformen, führt (ⲉⲧϥ̄-/ⲉⲧⲉϥ- und ⲉ(ⲛ)ⲧⲁϥ- sind für unseren Text schlechthin austauschbar [daraus folgt übrigens, dass, wo ⲉ(ⲛ)ⲧⲁϥ- syntaktisch Perfekt sein kann, es das noch nicht sein muss]). Nun kann man zwar daraus resultierende und auch andere Unmöglichkeiten vom syntaktischen Rahmen aus in die Normalität überführen (z. B. p. 66,39: ⲉⲛⲧⲁϥϣⲟⲟⲡ = ⲉ<ⲧϥ̄>ϣⲟⲟⲡ; p. 67,3f.: ⲉⲛⲧⲁϥⲟⲉⲓ = ⲉ<ⲧϥ̄>ⲟⲉⲓ; p. 73,31: ⲁϩⲉⲛⲟⲩⲁⲉⲓϣ ⲡⲏϣ = <ⲉ>ⲛⲟⲩⲁⲉⲓϣ ⲡⲏϣ; p. 63,19: ϥⲟⲩⲁⲛϩϥ̄ = ϥ<ⲛⲁ>ⲟⲩⲁⲛϩϥ̄ p.63,26: ϥϣⲱⲡⲉ ⲉϥⲟⲩⲁⲛϩ̄ = ϥ<ⲛⲁ>ϣⲱⲡⲉ ⲉϥⲟⲩⲁⲛϩ̄; p.75,1: ⲉϥϫⲓⲧϥ̄ = ⲉϥ<ⲉ>ϫⲓⲧϥ̄; p. 75,2 u. 4: ϥϫⲡⲁϥ = <ⲛ̄>ϥϫⲡⲁϥ), aber diese die Syntax affizierende und die Grammatikalität überhaupt in Frage stellende Seite des Textes,[3] zu der noch viele andere, weniger offenkundige Phänomene gehören, zwingt doch zu dem Argwohn, dass bei der Genesis des Textes, auf welcher oder wieviel Stufen auch immer, auch jemand seine Hand im Spiele gehabt hat, für den Koptisch nur eine Fremdsprache (und auch noch eine schlecht beherrschte) war.

Nun ist die sprachwissenschaftliche Kleinarbeit zur Erhellung der noch verbliebenen Probleme unserer Schrift sicher ein langwieriger Prozess. Aber anfangen muss man ihn wohl gleich, u. zw. zunächst mit der Kritik gewisser Punkte, wo die Edition sich dem Koptisch des edierten Textes allzu „kongenial“ zeigt und also den Fehlern des Textes neue und schwerwiegende hinzufügt.

p. 51,21: In ⲉⲩⲟⲩⲁⲧⲣⲉⲗⲁⲩⲉ kann wegen des syntaktischen Rahmens nicht der mit der Präp. ⲁ- eingeführte Kaus. Inf. stecken (so Reg. II 300a unter ⲁⲧⲣⲉ-); die Analyse muss vielmehr lauten: ⲉ-ⲟⲩ-ⲁⲧ-<ⲧ>ⲣⲉⲗⲁⲩⲉ, wobei allerdings offen bleiben muss, ob das wirklich gebräuchliches Koptisch ist.

p. 53,25: Die Anm. dazu (I 288): „ⲁϥⲉⲓ, lire ⲉϥⲉⲓ (voir intr. p. 29)“ ist eine Verschlimmbesserung, weil der Inf. ⲉⲓ im zweiteiligen Konjugationsschema ungebräuchlich ist.[4]

p. 53,38f.: Der kurze Nominalsatz mit dem Kaus. Inf. als Subj. (ⲁⲧⲣⲉϥϫⲟⲟⲥ ⲛ̄ⲧⲉⲉⲓϩⲉ ⲟⲩⲙⲛ̄ⲧⲁⲧⲥⲃⲱ ⲧⲉ „In solcher Weise zu reden wäre Torheit“[5] ist von allen drei Übersetzungen vollständig verkannt worden.

---

[3] Vgl. W.-P. Funk, Zur Syntax des koptischen Qualitativs, ZÄS 104 (1977), 38 Anm. 77.
[4] Vgl. H. J. Polotsky, OLZ 52 (1957), 229.
[5] Vgl. Till, Koptische Grammatik, 1961, § 337.

p. 56,3–5: Die Anm. zu ⲉⲩⲟⲩϫⲡⲟϥ ⲙ̄ⲙⲓⲛ ⲙ̄ⲙⲟϥ ⲟⲩⲁⲉⲉⲧϥ̄ (sc. <ⲡⲉ>) „«s'engendrant lui-même seul» lit. «étant un (être) qui s'engendre lui-même seul»" (I 290) dokumentiert eine rätselhafte Unsicherheit der Übersetzer. Entweder heißt die Wendung doch: „ein absolutes Sich-selbst-Zeugen <ist es>", oder man muss ⲉⲩⲟⲩ<ⲣⲉϥ>ϫⲡⲟϥ konjizieren.

p. 59,19f.: In der Anm. dazu (I 291) wird der Text völlig zu Unrecht als verderbt bezeichnet und zum Gegenstand von allerlei „Verbesserungen" gemacht. (ⲛ̄)ⲛⲉϣ-ϣⲉϫⲉ ϫⲟⲟⲩ „kein Wort wird sie bezeichnen können" ist einwandfreies Koptisch.

p. 59,23: Wie die franz. Übers., die Aussage des Textes ins Gegenteil verkehrend, auf „impossible" kommt, ist unerfindlich.

p. 59,29: Die Figur ϯⲥⲩⲥⲧⲁⲥⲓⲥ ⲉⲧⲉ ⲧⲉⲉⲓ ⲧⲉ („ebendiese Einrichtung") wird von allen drei Übersetzungen verkannt, was Anlass zu erheblicher Verwirrung gibt. Dieselbe Figur (eine demonstrative Variante der geläufigeren possessiven Phrase ⲡ…ⲉⲧⲉ ⲡⲱϥ ⲡⲉ) begegnet in unserem Text noch dreimal (p. 76,3f.25f.; 134,5f.).[6]

p. 60,6: Die „Verbesserung" in den Anmerkungen (I 292) ist gegenstandslos. Lies [ⲛ̄]ϭⲓ ⲛϫⲡ̣ⲟⲟⲩⲉ (nachgestelltes Subjekt).

p. 61,9: Der Teil der Anm. (I 292), wo ⲙⲛ̄ⲧ̄ⲥ̣ⲁ̣[ⲧⲡ als mögliche Rekonstruktion bezeichnet wird, ist zu verwerfen.

p. 64,39–65,1: Die merkwürdige Erwägung in der Anm. (I 293), dass in ⲡⲉⲧϥ̄ϣⲟⲟⲡϥ̄ der status pronominalis von ϣⲱⲡ stecken könnte, vergisst ganz die Jernstedtsche Regel.

p. 65,16f.: Wie man als Alternative des korrekten ⲉⲩ ⲡⲉ[ⲧⲉ]ⲛ̣ⲉϥϣⲟⲟⲡ in der Anm. (I 294) ein gleich in mehrfacher Hinsicht falsches ⲉⲩ ⲡⲉ [ⲡⲉⲧ] ⲉϥϣⲟⲟⲡ erwägen kann, ist nicht zu verstehen.

p. 65,27: Malinine und Puech bzw. Wilson und Zandee halten nach der betreffenden Anm. (I 294) statt ⲉϥⲧⲉⲉ[ⲓ]ⲉ ϩⲓⲱⲱϥ (diese Alternative Kassers [s. Reg.] ist zu bevorzugen) auch die Lesungen ⲉϥⲧⲉⲉ[ⲩ] (für ⲉϥⲧⲉⲉⲉⲩ) ⲉϩⲓⲱⲱϥ bzw. ⲉϥⲧⲉⲉ[ⲥ]ⲉ ϩⲓⲱⲱϥ für möglich, was wohl die Voraussetzung für ihre Übersetzungen „ce qu'il revêt" bzw. „who clothes himself with them" sein soll, aber – nicht nur wegen der Jernstedtschen Regel – völlig ausgeschlossen ist.

p. 65,36f.: Das ⲉⲩⲛⲁϣϩⲱⲛ macht den Übersetzern, weil sie es offenbar für die 3. Pers. Pl. des Fut. II halten, unsagbare Schwierigkeiten. In Wirklichkeit ist das ⲉⲩ aber das Interrogativpronomen als nominales Subj. („wer kann sich nähern?"). Vgl. zu dieser direkten Formulierungsmöglichkeit (anstelle

[6] Vgl. sonst z.B. noch Protennoia NHC XIII p. 42,28.33; 49,29f.

der häufigeren Cleft Sentence) Apg (S) 7,40; Röm (S) 3,3; Phil (S) 1,18; und das ϣⲁⲛⲧⲉ ⲟⲩ ϣⲱⲡⲉ (Crum 468b,6).

p. 66,25: In <ⲛ̄>ⲛⲉⲧ̣ϥ̄ⲥⲁϩⲟⲩ deuten die Herausgeber das ⲥⲁϩⲟⲩ (statt als metathetisch geschriebenen Qualitativ ⲥⲁⲟⲩϩ [„die Versammlung derer, bei denen er anwesend ist“]) nach Ausweis des Registers (II 324a) und der Übersetzungen unverständlicherweise als stat. pronom, mit Suff., der 3. Pers. Pl.

p. 69,41: Es ist schon unbegreiflich, wie jemand überhaupt auf die Lesung ⲛ̣ vor ϣⲟⲟⲡ kommen konnte, geschweige denn, wie die franz. und die dt. Übersetzung sich diesen Unsinn dann zurechtlegen. Die in der Anm. (I 296) als eine andere Möglichkeit genannte Auffassung von Wilson und Zandee, nach der ϥϣⲟⲟⲡ zu lesen sei, ist das einzig Mögliche und Richtige.

p. 71,33f.: Warum Kasser und Vycichl in der Anm. (I 296) den korrekten Text ⲡⲉⲧⲟⲩⲱϣⲉ zu ⲡⲉⲧⲟⲩⲟⲩⲱϣⲉ zu verunstalten – wenn auch vorsichtig – erwägen, bleibt völlig dunkel, zumal auch ihre Übersetzung kein Bedürfnis nach einem vom Rel. Pronom. verschiedenen Subj. des Relativsatzes erkennen lässt.

p. 73,22: Die Konjektur in der Anm. z. St. (I 297) macht gegen den syntaktischen Rahmen, nach dem auf ϩⲱⲥ hier die Umstandsform eines Nominalsatzes folgt, aus dem nominalen ⲛⲟⲩϩⲉ mit Gewalt eine Verbform. Lies ⲉ<ⲟⲩ>ⲛⲟⲩϩⲉ.

p. 74,8: Die Überlegungen in der Anm. (I 297) zum Ausdruck ⲁϩⲛ̄ⲛⲓⲣⲱⲟⲩ sind gegenstandslos, weil ϩⲛ̄ⲛ- einfach der unbest. Pl. Art. (mit verdoppeltem ⲛ, weil das anlautende ⲓ hier wie ein Vokal wirkt) ist.

p. 76,23–27: Dass die mit ϫⲉ beginnende Wortfolge, wie das Fut. II des Hauptverbs ⲉϥⲛⲁϯ zeigt, ein Finalsatz ist, wird von allen drei Übersetzungen nicht erkannt.

p. 77,21f.: Die Ergänzung ⲙ̄|[ⲡϣ]ⲁ̣ macht den Satz unsyntaktisch (der Bezug für das Rel. Pronom. fehlt) und passt entweder nicht zur Struktur der Übersetzungen oder führt sie in die Irre. Könnte man ⲙ̄|[ⲙⲁ]ϥ (Präp. „in“ etc.) lesen? (Vgl. p. 98,38.)

p. 78,14: Die Ergänzung ⲛ̣[ⲉⲁⲩ]|ϣⲟⲟⲡ ist noch schlimmer als die „echten“ Fehler unseres Textes, zumal die ergänzte Konjugationsbasis nach Ausweis des Registers (II 313b unter ⲛⲉⲁ-) tatsächlich als Präteritum des Perfekt gemeint ist. Dass hier nur ein Impf. ergänzt werden kann, sollte keines Wortes bedürfen.

p. 80,23: Die Zeile ist ganz unmöglich. Lies <ⲉⲧ>ⲁⲩϥⲓⲧ̣ϥ̄ ⲁ̣[ⲃⲁⲗ]. Das Verb ⲕⲁⲁϥ muss zur Basis ⲛ̄ⲧⲁⲣⲉ- gehören.

p. 80,27: Die Anm. (I 300) verschlimmbessert einen völlig intakten Text. Das ⲙ̄- vor ⲡⲗⲏⲣⲱⲙⲁ ist der Pl. Art. des direkt angeschlossenen Objekts.

p. 83,8–9: Die Anm. z. St. (I 301) ist falsch und auch noch sehr komisch hinsichtlich dessen, was da zum Attribut des Qualitativ gesagt wird. Es handelt sich um eine ganz normale Cleft Sentence im Impf. mit einem etwas komplizierten relativischen Teil: „…(dann) war dieser allein es, in welchem sie erhabener sind als jene“.

p. 83,35: Der in der Anm. z. St. (I 301) aufgenommene Gedanke von Wilson und Zandee, dass in ⲙⲛ̄ⲧ̄ⲙⲛ̄ⲙⲁⲉⲓⲟⲩⲉϩⲥⲁϩⲛⲉ das überflüssig scheinende (und in Wirklichkeit mit den übrigen Herausgebern zu tilgende) ⲙⲛ̄ „pourrait correspondre à l’α-privatif grec (cf. Crum 167a)“, ist wegen der dabei obwaltenden Verwechslung zwischen semantischer und syntaktischer Entsprechung absurd.

p. 84,8f.: In ⲛ̣[ⲓⲇⲁ]|ⲅⲙⲁ ⲥⲛⲉⲩ ist der Pl. Art. (so oder so) falsch. Nach der Photographie sind die Spuren des problematischen Buchstabens mit dem grammatisch richtigen ⲡ̣[ⲓ- genauso gut vereinbar.

p. 85,3f.: Die Ergänzung des dauerzeitlichen ⲉⲧⲉⲣⲉ- als Basis für den stat. pronom. ⲕⲁⲩⲟⲩ ist ein eklatanter Verstoß gegen die Jernstedtsche Regel.

p. 86,3: In ⲉⲧⲟⲩⲧⲁϫ]ⲣ̣ⲟ kann (entgegen der impliziten Voraussetzung aller drei Übersetzungen) der Inf. wegen des ergänzten zweiteiligen Konjugationsschemas keine passivische Bedeutung haben (nur im dreiteiligen Schema ist solches möglich; das zweiteilige hat dafür den Qualitativ). Da jedoch der größere syntaktische Rahmen, wie auch der Zusammenhang, eine Art Passiv verlangt, müsste man etwa ergänzen [ⲉⲧⲟⲩϫⲓⲧⲁϫ]ⲣ̣ⲟ.

p. 86,13: Das ⲉϩⲛⲉⲩ erscheint im Spiegel seiner Misshandlung durch die Herausgeber (im Reg. als Beleg für ⲣ̄ϩⲛⲉ⸗ aufgeführt; in allen Übersetzungen so oder so gegen die Syntax mit ⲟⲩⲱϣⲉ zusammengenommen: „bonne volonté“, „gefälligen Willen(sregungen)“, „willingness“) ganz unnötigerweise als eine Art Rätsel. Es ist ein normaler, dem ⲁⲩϯ ⲙⲉⲧⲉ (Z. 12) untergeordneter, Umstandssatz: „weil sie einverstanden waren“.

p. 87,10f.: In der Anm. z. St. (I 303) wird diese Stelle in uneinsichtiger Weise „verbessert“, wonach sich aber merkwürdiger- und glücklicherweise keine Übersetzung richtet.

p. 90,1: ⲉⲛⲧⲁϥⲁⲃϣⲟⲩ ist zwar vermutlich verderbt (man könnte sich so etwas wie ⲉⲛⲧⲁϥ<ⲧⲁ>ϣⲟⲩ als sinnvoll vorstellen); zu kritisieren ist aber, wie in der Edition der Text dennoch an der hiesigen Stelle und in der Anm. dazu (I 304) unter Vorspiegelung falscher Tatsachen, sei es frei, sei es wörtlich, übersetzt wird (nur die erste wörtliche Übers. in der Anm. ist in Ordnung).

p. 94,13f.: In der vielfach anfechtbaren Behandlung der korrupten Stelle ⲛⲉⲧⲁⲛϩⲟⲩⲁⲛ̣|ϩ̣ⲟⲩⲛ durch die Herausgeber (das ⲁ am Zeilenende, das nur ergänzt ist, um das im Kontext sinnlose und unübersetzte Wort ⲁϩⲟⲩⲛ zu erzeugen, gehört in eckige Klammern) ist der gewichtigste Fehler die Verschlimmbesserung ⲛⲉⲧⲧⲁⲛϩⲟⲟⲩ (Anm. z. St., I 306), die in unzulässiger Weise den Inf. mit direkt angeschlossenem pronom. Obj. mit einer Basis des zweiteiligen Schemas verbindet. (Der vorliegende Text dürfte sich erklären lassen als eine Verballhornung von ⲛⲉⲧⲁϩⲧⲁⲛϩⲟⲟⲩ ⲁⲛ ⲛⲉ.)

p. 95,34: Verschiedene Grade von Unmöglichkeit kennzeichnen die Behandlung von ⲉⲩϫⲁⲩ durch die Herausgeber, von denen Kasser und Vycichl (so auch das Reg.) in ϫⲁⲩ das Verb „senden", alle übrigen den stat. pronom. (mit Suff. der 3. Pers. Pl.) von ϫⲟ „säen" sehen. Der gemeinsame Irrtum besteht in der Auffassung des Ausdrucks als Passiv. An „indem sie (fort)geschickt werden" ist falsch die als passivisch angenommene Bedeutung des Inf. im zweiteiligen Schema. Als besonders schlimm dürfte wohl „They are sown", wegen der offenkundigen Verletzung der Jernstedtschen Regel, gelten. Bei „à être semés" wird man in Anbetracht der Parallelübersetzungen zwar argwöhnen, dass entsprechend hier Umstandssatz des Präs. I mit dem dabei unzulässigen Inf. im stat. pronom. vorausgesetzt ist; jedoch ist es nicht ausgeschlossen, in diesen Worten auch eine freie Übersetzung einer anderen und möglichen Konstruktion zu sehen (wörtlich: „zu einem Sie-Säen"). Wahrscheinlich ist nämlich ⲉⲩ- gar keine Konjugationsbasis, sondern die Präp. ⲉ- + unbest. Art. Bei der Identifizierung des Verbs empfiehlt sich allerdings noch eher eine dritte Möglichkeit, nämlich das zweite ϫⲟ (Crum 752b,37), u. zw. wegen seiner festen Verbindung mit ⲉⲃⲟⲗ.

p. 99,13f.: Die Rekonstruktion ⲉⲧ<ⲧ>ⲥⲁⲃ[ⲟ]‖ⲟⲩ (s. auch Anm., I 309) verstößt wieder gegen die Jernstedtsche Regel. Der Rahmen verlangt den Qualitativ: ⲉⲧ<ⲧ>ⲥⲁⲃ[ⲏ]‖ⲟⲩ.

p. 107,19f.: ⲉⲛⲧⲁⲩⲉ̣[ⲓⲣⲉ]‖ ⲛⲉϥ kann nicht heißen, was die drei Übersetzungen bieten („qu'on lui a faite"; „das sie an ihm begangen haben"; „which was inflicted on him"). Man hätte etwa zu rekonstruieren: ⲉⲛⲧⲁⲩⲉ̣[ⲉϥ]‖ ⲛⲉϥ.

p. 113,3–5 ist in allen Übersetzungen und in der Anm. z. St. (II 182) verschiedentlich misshandelt worden. Es muss m. E. etwa heißen: „Die Vielfältigkeit und die Vielgestaltigkeit der Schriften ist es, was ihre Gesetzeslehrer auf den Plan gerufen hat". In Z. 3 determiniert der Art. nicht ϩⲁϩ, sondern die beiden Komposita ϩⲁϩⲛ̄ⲣⲏⲧⲉ und ϩⲁϩⲛ̄ⲥⲙⲁⲧ. Von da aus kann man keineswegs die Ergänzung des ⲡ am Anfang von Z. 2 rechtfertigen. Diese Lücke kann vielmehr nur eine Konjugationsstütze ausgefüllt haben. Da für ⲟⲩⲛ der Platz nicht reicht, wird man an ⲉ (Präs. II) denken.

p. 119,36: Die Ergänzung [ⲛⲑ]ⲉ̣ scheint mir nicht in den syntaktischen Rahmen des Vergleichs zu passen, da der vorausgesetzte Sachverhalt (Wie-Teil) bereits in der ⲕⲁⲧⲁ-Konstruktion (Z. 34f.) liegt. Dagegen dürfte ein verstärkendes [ⲡⲉ]ⲉ̣[ⲓ] wohl vertretbar sein.

p. 122,33: Der in der Anm. (II 186) zu ⲟⲩⲉⲉⲓ ⲛ̄ⲟⲩⲱⲧ „ergänzte" unbest. Art. ist ein in der koptischen Grammatik gar nicht vorgesehener Pleonasmus.

p. 132,28.31: Das zweimalige ⲉϣⲡⲉ ist natürlich mit der Mehrheit der Herausgeber (vgl. Anm. z. St., II 188) gegen Kasser und Vycichl als ⲉϣ ⲡⲉ aufzufassen und hat im Register (II 305a) nichts unter dem Lemma ⲉϣⲡⲉ zu suchen.

p. 134,11f.: Das ⲟⲩⲱⲧ in der Wendung ⲡⲉⲧⲉ ⲛⲛⲉⲩⲟⲩⲱⲧ ⲙ̄ⲙⲟϥ ⲉⲛ für das unpersönliche Verb „it is different" (Crum 495b,8 v. u.) zu halten, wie das die Übersetzungen voraussetzen und das Reg. dokumentiert (II 330a), dürfte ganz unmöglich sein. Gemeint ist vielmehr wohl das Verb ⲟⲩ(ⲱ) ⲱⲧⲉ „send" (Crum 495a,5 v. u.).

p. 134,12: Die Ergänzung [ⲁⲩϫⲓ] erscheint insofern problematisch, als sie syntaktisch die Möglichkeit blockiert, den Inf. ⲁⲧⲣⲉϥϣⲱⲡⲉ Z. 14 (der nämlich entgegen der Auffassung der Herausgeber nicht den Inhalt des ⲙⲉⲉⲩⲉ Z. 13 bezeichnen kann) als Ergänzung der in der Lücke nach ⲁⲗⲗⲁ vorauszusetzenden kausativen Aussage zu verstehen. Sinnvoll wäre vielleicht [ⲁⲩϯⲙ̄] (vgl. p. 61,32f.; 62,27f.) oder [ⲁⲩⲕⲁ] (vgl. p. 118,12).

p. 135,2: Die Behandlung, die diesem (im Reg. fehlenden) ϩⲁϩ durch die Herausgeber widerfährt, ist wiederum inkorrekt. Die Determination durch ⲡⲓ- kann sich nur auf das dem ϩⲁϩ folgende Element ⲙ̄ⲡⲉⲧⲛⲁⲛⲟⲩ||[ϥ (wohl doch so; s. Anm., II 189) beziehen, mit dem ϩⲁϩ eine primäre und engere Verbindung eingegangen ist, als beide Elemente der Zusammensetzung mit dem Art. haben. (Vielleicht = πολύχρ̣ηστος.)

p. 139,7: Infolge eines Druckfehlers fehlt das ⲗ in ϩⲩⲗⲓⲕⲟⲛ.

p. 139,8: Alle drei Übersetzungen setzen bei dem Inf. ϯ einen passivischen Sinn voraus, den dieses Verb als eines von denen mit stark aktiver Bedeutung (Stern, Kopt. Gramm., § 475) niemals hat.

p. 139,16: In der Anm. z. St. (II 191) ist das „ⲟⲩ [ⲥⲁⲧⲡⲟⲩ <ⲉⲛ>]" wieder eine der Unachtsamkeiten, die der syntaktischen Beschränkungen des zweiteiligen Schemas nicht gedenkt (Jernstedtsche Regel).

Schließlich wären noch zwei Stellen des Registers mit Anstößen des gleichen Ranges zu bezeichnen. II 315b, Z. 2–5: Die beiden dort aufgeführten Präfixe gehören wegen ihrer Negation durch ⲉⲛ unter keinen Umständen (auch nicht unter dem Vorzeichen des „cf.") in die Rubrik des Konjunktivs. II 324b, Z. 6: Die gleichzeitige Bezeichnung eines Wortes als Qualitativ und Nomen ist nicht zu vertreten.

An Hinweisen und Erwägungen, die der Weiterführung der Diskussion dienen könnten, hätte ich noch das Folgende auf dem Herzen.

p. 52,28 u. 67,5: ⲣⲏⲧⲉ dürfte in der hiesigen Verbindung ⲁⲕⲉⲣⲏⲧⲉ den zeitlichen Aspekt hervorkehren, den das Wort haben kann. Die Bedeutung „ein andermal" geht besonders deutlich aus der Opposition zu ⲧⲉⲛⲟⲩ hervor.[7]

p. 60,7: Es wäre am Original zu prüfen, ob man das erste Wort der Zeile auch ⲛ̣ϫⲓ (= ⲛ̄ϭⲓ) lesen kann, wodurch Syntax und Sinn des ganzen Satzes erst verständlich würden.

p. 60,13: Die Ergänzung [ⲁϥⲧⲉⲩ]ⲟ̣ ist weder syntaktisch noch semantisch glücklich. Nun scheint mir nach der Photographie der Buchstabenrest nach der Lücke auch von einem ⲉ stammen zu können. In diesem Fall könnte man – unter gleichzeitiger Verbesserung einer syntaktischen Unebenheit in der Rekonstruktion der Zeile vorher – den Text so herstellen (Z. 11–13): ⲁⲗⲗⲁ ⲉϥϣⲟ|[ⲟⲡ ⲛ̄ⲑⲉ] ⲉⲧϥ̄ϣⲟⲟⲡ ⲙ̄ⲙⲁⲥ | [ϥⲟⲉⲓ ⲛ̄ⲑ]ⲉ̣ ⲛ̄ⲛⲟⲩⲡⲏⲅⲏ „Aber während er exist[iert in der Weise], in der er existiert, [ist er wi]e eine Quelle" usw.

p. 81,33: Vielleicht ist es kontextgemäßer ⲥⲉⲡ ⲧⲏⲣϥ̄ zu lesen und als „immer", „jeweils" zu verstehen. Vgl. einerseits ⲥⲉⲡⲥⲛⲁⲩ, andererseits ⲥⲟⲡ ⲛⲓⲙ.

p. 95,9: Lies ⲉⲁⲩⲛⲉⲩⲉ ⲁⲣⲁⲩ̣ⲟ̣ⲩ̣ (das Verb ist nicht ⲛⲉⲩ, sondern νεύειν) „wobei ihnen bestimmt war".

p. 106,29: Ich glaube nicht, dass ϭⲟⲙ hier „Kraft" sein kann, halte es vielmehr für das Wort ϭⲱⲙ „Garten" (Crum 817b, 14); „weil es ein so beschaffener Garten ist, dass er auf dreierlei Weise Genuss bietet".

p. 107,8f.: Statt der unmöglichen Ergänzung ⲉ[ⲧⲃⲉ ⲛⲓⲁⲫⲟⲣ]|ⲙⲏⲟⲩ bietet sich ⲉ[ⲣⲟϥ ⲉϥⲧⲙ]|ⲙⲏⲟⲩ an; „damit e[r] s[ich] nicht ihre Vorzüge erwerbe, [dadurch dass er (damit) gesp]eist wäre".

p. 114,38: Das sinnlose ϩⲛ̄ⲧⲉⲕⲟ ist vermutlich fehlerhaft für ϩⲛ̄<ϣ>ⲧⲉⲕⲟ (vgl. LibThom NHC II p. 143,11). Der Zusammenhang dürfte sein: „Als er sich um ihretwillen offenbarte, wurde <er> in ungewolltem Erleiden zu Fleisch und Seele, was (zusammen) dasjenige (Element) darstellt, das sie auf ewig beherrscht und <sie gefangen hält> mittels sterblicher Gefängnisse".

p. 124,33: Lies ⲧ[ⲩ]ⲡⲟⲥ (statt des wenig sinnvollen ⲧ[ⲟ]ⲡⲟⲥ)!

Innerhalb der eigenartigen Phraseologie des TractTrip könnte das häufige ⲙⲛ̄ⲧ̄ⲙⲁⲉⲓⲟⲩⲉϩⲥⲁϩⲛⲉ einem φιλαρχία der Vorlage entsprechen, das ϩⲛ̄ ⲟⲩⲙⲛ̄ⲧ̄ϫⲁⲉⲓⲥ (o. ä.) einem κυρίως „eigentlich" u. ä. (parallel gebildet zu dem

[7] Vgl. W. Westendorf, Kopt. Handwörterbuch, 168; Apg (M) 12,7; 14,2 (ⲙ̇ⲡⲣⲏⲧⲉ als Äquivalent zu ἐν τάχει bzw. ταχύ).

geläufigen ϩⲛ̄ ⲟⲩⲙⲛ̄ⲧⲙⲉ = ἀληθῶς)! ⲡⲉⲧϥ̄ϣⲟⲟⲛ (bzw. ⲟⲉⲓ) ⲙ̄ⲙⲁϥ entspricht ὅ ἐστιν („das, was er ist"). Das viermalige (II 342b), unkoptisch aussehende ⲙ̄ⲡⲣⲏⲧⲉ ⲁϫⲟⲟⲥ ϫⲉ ist vielleicht die Wiedergabe von ὡς ἔπος εἰπεῖν „sozusagen". Bei ⲧⲙⲉⲧ fällt es (entgegen den merkwürdigen Spekulationen von Kasser [I 32]) schwer, nicht an eine Zusammengehörigkeit mit *mꜣꜥ.t*|ⲙⲉ zu glauben; es könnte dem einschlägigen ἀληθῶς des ÄgEv entsprechen (vgl. besonders NHC III p. 66,19f.; 67,26–68,1). Für (ⲛ̄)ⲥⲉϩⲏⲧϥ̄ ergibt sich (entgegen dem Zögern Kassers) aus dem Kontext ziemlich sicher die Bedeutung „sogleich" (parallel dem bekannten ⲛ̄ⲥⲁⲧⲟⲟⲧϥ̄). Interessant ist auch das ϩⲟ „Gesicht" (bzw. ϩⲱ geschrieben) als quasi bedeutungsloses Bildungselement, nicht nur in ⲙⲟⲩⲛⲕⲛ̄ϩⲟ „Gestalt", sondern auch in (ϭⲛ̄) ⲛⲉⲩⲛ̄ϩⲟ „Schau" und ⲙⲛ̄ⲧⲁⲧⲣ̄ⲛⲟⲓ̈ⲛ̄ϩⲟ „Unerkennbarkeit". In die Nähe des Phänomens der Verdoppelung der Konjugationsbasis könnte man auch folgende (aus einfacher Prolepse ableitbare [vgl. p. 61,1–5; 115,5f.]) syntaktische Figur bei dem mit der Präp. ⲁ- angeknüpften (einen Final- oder Konsekutivsatz vertretenden) Kaus. Inf. stellen: ⲁⲡⲣⲱⲙⲉ ⲁⲧⲣⲉϥⲥⲱⲧⲙ̄ für ⲁⲧⲣⲉ ⲡⲣⲱⲙⲉ ⲥⲱⲧⲙ̄ bzw. ⲁⲡⲣⲱⲙⲉ ⲁⲧⲣⲟⲩⲥⲱⲧⲙ̄ ⲛ̄ⲥⲱϥ für ⲁⲧⲣⲟⲩⲥⲱⲧⲙ̄ ⲛ̄ⲥⲁ ⲡⲣⲱⲙⲉ (p. 125,17f.; 127,3–6; vielleicht auch 95,32f.; 110,27–29).

Hinsichtlich des das Ende des Codex bildenden kurzen Textes, von dem leider nur der Schluss mitsamt dem griechischen Titel (προσευχὴ Πα̣[ύλου] ἀποστόλου) erhalten ist, wird man den Herausgebern zustimmen können, wenn sie (auch) ihm valentinianischen Charakter zuerkennen. Noch offen geblieben ist aber der gesamte formgeschichtliche Aspekt. Man hat diesen Text wohl ganz analog zu dem gnostischen Sterbegebet am Ende von 2ApcJac in NHC V zu verstehen, das ja nach W.-P. Funks Analyse auch ursprünglich (als „Das Gebet des Jakobus") ein eigenständiger Text war.[8] Der Text dürfte ein Sterbegebet der Valentinianer sein, das nun ätiologisch aus der Situation des Martyriums Pauli hergeleitet wird. Es gibt nur einen einzigen Topos in diesem Gebet, der scheinbar nicht in die Situation des Abscheidens von der Erde, um in den Himmel aufzusteigen, passt, die (auch ganz ungnostische) Bitte um die Heilung des Leibes (ⲙⲁϯ ⲛ̄ⲛⲟⲩ|[ⲧⲁⲗ]ϭⲟ ⲙ̄ⲡⲁⲥⲱⲙⲁ [p. 143,17f.]). Aber die Ergänzung, die diesen Sinn erst ergibt, ist gar nicht unbedingt zwingend. M. E. könnte man durchaus auch die Ergänzung [ⲧⲉ]ϭⲟ (für ⲧⲉⲕⲟ) erwägen, bzw. das [ⲧⲁⲗ]ϭⲟ als im Laufe der Textgeschichte eingetretenes Missverständnis

[8] Vgl. Die zweite Apokalypse des Jakobus aus Nag-Hammadi-Codex V, TU 119, 1976, besonders 193–198.211–220.

eines ursprünglichen ⲧⲉⲕⲟ ansehen. Die Bitte „Lass meinen Leib vergehen" wäre genau das, was wir dem Kontext nach hinsichtlich des Leibes erwarten müssen.

Nach Fertigstellung dieses Beitrags hat J. M. Robinson, dem ich einen Durchschlag zur Kenntnisnahme übersandt hatte, meine Lesungsvorschläge zu p. 60,7; 60,13; 84,8 durch Stephen Emmel am Original in Kairo prüfen lassen – mit dem Ergebnis, dass sie stimmen.

Korrekturnachtrag

Nach Übergabe auch der letzten in Zürich verbliebenen Teile des Codex an das Koptische Museum zu Kairo ist auch eine Revision der in dem hier besprochenen Werk enthaltenen kodikologischen Analyse möglich geworden und im Rahmen der Arbeit des von J. M. Robinson geleiteten Internationalen Komitees für die Nag Hammadi Codices vor allem von Stephen Emmel durchgeführt worden. Die wesentlichste Veränderung besteht neben der Zählung des letzten Blattes des TractTrip als p. [137]/[138] (gegenüber p. 139/140 – das bedeutet, dass keineswegs zwei Textseiten fehlen) vor allem in der Erkenntnis, dass das Gebet des Apostels Paulus in Wirklichkeit keineswegs ans Ende, sondern an den Anfang des Codex gehört. Es handelt sich um einen Text, der erst nachträglich auf das Vorsatzblatt (front flyleaf) des Codex geschrieben worden ist (vgl. FacEd von Codex I, Leiden 1977).

DER SO GENANNTE TRACTATUS TRIPARTITUS UND DIE IN DEN HIMMEL PROJIZIERTE GNOSTISCHE ANTHROPOLOGIE*

Der so genannte Tractatus Tripartitus ist eine mit dem System von Iren. adv. haer. I 1–8 etwa synchron laufende und möglicherweise als Auslegung des von den Valentinianern gebrauchten, aber nicht an sich valentinianischen Evangelium Veritatis konzipierte Darbietung eines valentinianischen Systems, das, weil einzelne seiner spezifischen Züge sich bald in dieser, bald in jener der bekannten Ausprägungen des Valentinianismus wiederfinden, im bisherigen Spektrum des Valentinianismus nicht lokalisierbar ist.[1] Es handelt sich vermutlich um einen, wohl zum Zwecke der Anpassung an die Kirchenlehre, revidierten Valentinianismus. Das Auffälligste an ihm dürfte die (scheinbare oder wirkliche) Delegierung der ganz verschiedenen Funktionen von Sophia, Achamoth, Christus und Soter an ein und dieselbe Gestalt, die Logos genannt wird, sein, wodurch der Logos zu einer Parallelerscheinung der Sophiagestalt bestimmter nichtvalentinianischer Systeme wird, als „die eine Kraft, nach oben und nach unten geteilt, sich selbst erzeugend, sich selbst vermehrend, sich selbst suchend, sich selbst findend, ihre eigene Mutter, ihr eigener Vater, ihre eigene Schwester, ihre eigene Gattin, ihre eigene Tochter, ihr eigener Sohn, Mutter, Vater, eines, des Alls Wurzel".[2]

Viel größere Schwierigkeit als die sachliche Einordnung unserer Schrift in den großen Rahmen der Gnosis und in den kleineren Rahmen des Valentinianismus macht die Bestimmung der Textsorte, in der der gnostische Inhalt hier dargeboten wird. Das Problem springt einem schon mit dem ersten Wort des Textes in die Augen: ϫⲉ. Und ebenso fangen die beiden anderen Teile an. Dieses merkwürdige, unmotivierte ϫⲉ findet

---

* In: P. Nagel (Hg.), Studien zum Menschenbild in Gnosis und Manichäismus, WBH 39, Halle (Saale) 1979, 147–160.

[1] Diesen Sachverhalt und besonders den valentinianischen Charakter des Textes überhaupt haben die Editoren des TractTrip klar und überzeugend herausgearbeitet. Vgl. R. Kasser, M. Malinine, H.-Ch. Puech, G. Quispel, J. Zandee, W. Vycichl, R. McL. Wilson, Tractatus Tripartitus, Pars I: De Supernis, Codex Jung F. XXVI^{r} – F. LII^{v} (p. 51–104), Bern 1973; Tractatus Tripartitus, Pars II: De Creatione Hominis; Pars III: De Generibus Tribus, Codex Jung F. LII^{v}–F. LXX^{v} (p. 104–140); Oratio Pauli Apostoli, Codex Jung F. LXXII (?) (p. 143?–144?); Evangelium Veritatis: supplementum photographicum, Bern 1975.

[2] Hippolyt ref. VI 17,3; vgl. HA NHC II p. 89,14–7; UW NHC II p. 114,7–15; Brontē NHC VI p. 13–21 (und dazu H.-G. Bethge (federführend), ThLZ 98 [1973], 97–104).

sich, den Text offensichtlich gliedernd, immer wieder auch innerhalb der drei Teile (insgesamt m. E. etwa 160 Mal). Dass dieses ϫⲉ nur das zur Einführung der direkten Rede sein kann, zeigen gelegentliche Wendungen davor, wie ⲉⲩ (bzw. ⲥⲉ)ϫⲟⲩ ⲙ̄ⲙⲁⲥ (p. 51,19f.; 106,26; 114,1–4), die trotz ihres nur gelegentlichen Erscheinens dennoch das Gerüst der ganzen Schrift repräsentieren.[3] Man kann dieses die Struktur des ganzen Textes von außen her prägende ϫⲉ von den textimmanenten Erscheinungen des ϫⲉ am besten da unterscheiden, wo die immanente Logik des Satzes von einer anderen Partikel bestimmt wird, also bei Figuren wie ϫⲉ … ϭⲉ; ϫⲉ … ⲇⲉ; ϫⲉ … ⲙⲉⲛ (40 mal). Vgl. Apg 1,5:

ϫⲉ ⲓⲱⲁⲛⲛⲏⲥ ⲙⲉⲛ ⲁϥϯⲱⲙⲥ ϧⲉⲛ ⲟⲩⲙⲱⲟⲩ usw. B;
ϫⲉ ϊⲱϩⲁⲛⲛⲏⲥ ⲙⲉⲛ ⲁϥⲃⲁⲡⲧⲓⲍⲉ ϩⲛ ⲟⲩⲙⲁⲩ usw. M;
ⲡⲉϫⲁϥ ϫⲉ ϊⲱϩⲁⲛⲛⲏⲥ ⲙⲉⲛ ⲁϥⲃⲁⲡⲧⲓⲍⲉ ϩⲛ̄ ⲟⲩⲙⲟⲟⲩ usw. S.

Diesem Beispiel entsprechend wird man das rahmende ϫⲉ des TractTrip grammatisch des Näheren als elliptisch für ⲡⲉϫⲁⲩ ϫⲉ deuten.[4] In der Sache aber bedeutet nach alledem das auffällige ϫⲉ unseres Textes nichts Geringeres, als dass er gar kein Traktat ist, sondern nur das Referat bzw. Exzerpt eines solchen. Anders ausgedrückt, der bewusste revisionistische Valentinianismus, der den Inhalt ausmacht, liegt in einem doppelten Rahmen vor; über der Fassung im typischen Wir-Stil der Abhandlung (der auch gelegentlich in den Ich-Stil übergehen kann) liegt noch das Referats- bzw. Exzerptschema des „Sie sagen, dass …", „… wie sie sagen …" usw. Von daher kann man nun sogar fragen, ob nicht gelegentlich einmal auch eine andere Formulierung in der 3. Pers. Pl. vielleicht gar nicht zum Inhalt, sondern zum zweiten Rahmen gehört.[5] Und schließlich wird man erwägen dürfen, ob eine ganz bestimmte, sehr merkwürdige und außerhalb des Gedankenzusammenhangs zu stehen scheinende Formulierung im Ich-Stil, in dessen „Ich" Malinine und Puech als Grenzmöglichkeit sogar den (oder einen) Kopisten des Textes sehen zu können glauben,[6] nicht doch vielleicht noch eher als ein Signum des Epitomators aufzufassen wäre, der hier gegen Ende des Textes dann in einer für das (Un-)Verständnis unseres Textes grundlegenden Weise zu seiner nun praktisch abgeschlossenen

3 Das zeigt übrigens negativ auch die bis zur Sinnlosigkeit gehende Künstlichkeit der drei Übersetzungen, die in der Edition geboten werden, wenn sie dieses ϫⲉ anders (meist kausal) deuten.

4 Vgl. Crum 747a,15ff.; auffälligerweise kommt der Ausdruck ⲡⲉϫⲉ-/ⲡⲉϫⲁ⸗ bzw. ⲡⲁϫⲉ-/ⲡⲁϫⲉ⸗ in unserem Text *überhaupt nicht* vor.

5 Z. B. das achtfache auf die Taufe bezogene ⲥⲉⲙⲟⲩⲧⲉ ⲁⲣⲁϥ ϫⲉ u. ä. p. 128f.

6 Edition Bd. II,191 zu p. 139,20–23.

Arbeit Stellung nimmt. Die Stelle findet sich p. 139,20–23 und lautet (nach einer notwendigen Verbesserung der Lesung in Z. 22/3): ⲉⲉⲓⲣ̄ⲭⲣⲁ|[ⲥⲑⲁ]ⲓ̣ ⲅⲁⲣ̣ ⲁ̣[ⲛ]ⲟ̣ⲕ ⲉⲉⲓⲙⲏⲛ|[ⲛϩⲣⲏ]ⲓ̈ ϩⲛ̄ ⲛⲓ̣ϣⲉϫⲉ ⲙ̄ⲡⲓ̣ⲥ̣ⲟⲩ|[ⲱⲛ] ⲛ̣ⲉϥⲙⲉⲩⲉ („Denn während ich beharrlich diese Worte gebrauche, habe ich seine Gedanken nicht verstanden").

In dem Tractatus Tripartitus, der gar kein Traktat ist, kann man nun auch noch seine Dreiteiligkeit bezweifeln. Die offenkundige Dreigeteiltheit der uns vorliegenden Abschrift hat nämlich keinen zureichenden Grund im Profil des Inhalts selbst, der eben keineswegs dreiteilig ist, wie schon rein äußerlich die Kürze des „zweiten Teils" zeigt. Vielleicht sind die betreffenden Zäsuren einfach aus dem Bedürfnis entstanden, die wenigen relativ konkreten Seiten in der Mitte der langen Schrift mit der Bezugnahme auf die Urgeschichte der Genesis herauszuheben.

Unser Text wäre nach alledem also nur ein (langes) Exzerpt aus einem (noch längeren) Traktat eines uns unbekannten Valentinianers, und man sollte vielleicht erwägen, ihn (noch einmal) entsprechend „umzutaufen", etwa in: Excerpta ex Anonymo Valentiniano (ExcAnVal).

Problematisch ist auch die *Sprache* des Textes. Das von den Herausgebern aufgebotene sprachwissenschaftliche Instrumentarium reicht zur genaueren Erschließung dieses sprachlich so ungewöhnlich schwierigen Textes, dessen irreales Koptisch (eine unreine Mischung von S und L) es gar nicht in Wirklichkeit, sondern nur auf dem Papyr(us), und zwar nur auf diesem, gibt, einfach nicht aus. Diese Empfindung kann sich hin und wieder sogar zu der Vorstellung verdichten, als wollten die Herausgeber einen Panzerschrank mit dem Taschenmesser aufbrechen. Das meiste, was an ihren Übersetzungen allgemein unbefriedigend ist, beruht auf ungenügender Berücksichtigung folgender mehr oder weniger komplizierter Phänomene der koptischen Sprache: 1.) Syntax der Vergleichssätze; 2.) Syntax komplizierterer Relativsätze; 3.) Verdoppelung der Konjugationsbasis; 4.) Gesetze des Passiv; 5.) Syntax und Semantik des Qualitativ (gegenüber dem Infinitiv); 6.) Beschränkungen des zweiteiligen Konjugationsschemas; 7.) Syntax der Partikel ⲛ̄ϭⲓ. Ein sprachwissenschaftlich vollaufgerüstetes Herangehen ist natürlich besonders an den unglaublich zahlreichen Stellen erforderlich, wo der Text korrupt ist. Es ist – gegen den in der Textausgabe häufig erweckten Schein – eben keineswegs alles, was da geschrieben steht, übersetzbar. Und es ist in Wahrheit auch keineswegs etwa beliebig, ob und wieviel man emendiert. Der koptische Text ist ja in einem solchen Maße irregulär, dass Kasser – im Prinzip völlig zu Recht – den Verantwortlichen für die Übersetzung aus dem Griechischen ins Koptische für einen Mann hält „connaissant peu et mal la langue copte“[1] und den Kopisten, auf den unsere Handschrift zurückgeht, für einen „homme vraisemblablement plus grec que copte“.[2] Nur sollte man vielleicht doch nicht als sicher voraussetzen, dass das Subjekt des Übersetzungsprozesses wirklich das Griechische besser beherrschte als das Koptische und muss man sich nicht gezwungen fühlen, die Genesis des vorliegenden Textes a priori im Sinne eines Dramas mit möglichst wenigen Personen zu denken. Wenn man statt dessen im Prinzip mit einem (vielleicht komplizierten) *Prozess* der Entstehung rechnet und also nicht alles auf einer Ebene liegend sieht, unterliegen die von Kasser so vorzüglich herausgestellten sprachgeschichtlich interessanten Aspekte am Koptisch unseres Textes nicht mehr unbedingt dem Verdikt, es bloß scheinbar zu sein. Mir ist besonders die in unserem Text fast normale Schreibung des *u* bzw. *w* als ⲩⲟⲩ interessant,[3] und zwar zugleich unter der Frage, ob etwa das rätselhafte ⲉⲣⲉ unseres Textes in ⲉⲣⲉⲁ- und ⲉⲣⲉⲛⲧⲁ-[4] ein in gewisser Hinsicht vergleichbares Phänomen ist und einfach als graphisches Äquivalent (vielleicht ebenfalls mit phonetischem Hintergrund) von ⲉ anzusehen wäre, womit freilich über die grammatische Einschätzung der betreffenden Basen, weil sie gelegentlich auch noch andere Irregularitäten aufweisen, nicht automatisch entschieden sein kann. Überhaupt hängt das seltsame Phänomen unseres Textes weitgehend mit einer wilden, von Orthographie weit entfernten Schreibung zusammen, die lebhaft an die Schreibung nichtliterarischer Texte erinnert, deren Urheber zwar koptisch sprechen, aber ihre Muttersprache nur unvollkommen schreiben konnten, und äußert sich in Zusammenhang damit und auch überhaupt wesentlich in einer wilden Promiskuität bestimmter Vokalalternativen: ⲉ/ⲓ; ⲉ/ⲏ; ⲟ/ⲱ; ⲱ/ⲟⲩ und ⲉ/ⲁ, wobei die letzte so gravierend ist, weil sie zu einer völligen Aufhebung des graphischen Unterschieds von Präsens und Perfekt, namentlich in den Relativformen, führt (ⲉⲧϥ̄-/ⲉⲧⲉϥ- und ⲉ(ⲛ)ⲧⲁϥ- sind für unseren Text schlechthin austauschbar [daraus folgt übrigens, dass, wo ⲉ(ⲛ)ⲧⲁϥ- syntaktisch Perfekt sein *kann*, es das noch nicht sein *muss*). Nun kann man zwar daraus resultierende und auch andere Unmöglichkeiten vom syntaktischen Rahmen aus in die Normalität überführen; z.B.

---

1 Edition Bd. I, 34.

2 Edition Bd. I, 35.

3 Vgl. F. Hintze/H.-M. Schenke, Die Berliner Handschrift der sahidischen Apostelgeschichte (P. 15 926), TU 109, Berlin 1970, 16–19.

4 Edition Bd. I, 29 und Register.

p. 66,39: ⲉⲛⲧⲁϥϣⲟⲟⲡ = ⲉ<ⲧϥ̄>ϣⲟⲟⲡ;
p. 67,3f.: ⲉⲛⲧⲁϥⲟⲉⲓ = ⲉ<ⲧϥ̄>ⲟⲉⲓ;
p. 73,31: ⲁϩⲉⲛⲟⲩⲁⲉⲓϣ ⲡⲏϣ = <ⲉ>ⲛⲟⲩⲁⲉⲓϣ ⲡⲏϣ;
p. 63,19: ϥⲟⲩⲁⲛϩ̄ϥ = ϥ<ⲛⲁ>ⲟⲩⲁⲛϩ̄ϥ;
p. 63,26: ϥϣⲱⲡⲉ ⲉϥⲟⲩⲁⲛ̄ϩ = ϥ<ⲛⲁ>ϣⲱⲡⲉ ⲉϥⲟⲩⲁⲛ̄ϩ;
p. 75,1: ⲉϥϫⲓⲧϥ̄ = ⲉϥ<ⲉ>ϫⲓⲧϥ̄;
p. 75,2 u. 4: ϥϫⲡⲁϥ = <ⲛ̄>ϥϫⲡⲁϥ;

aber diese die Syntax affizierende und die Grammatikalität überhaupt in Frage stellende Seite des Textes,[5] zu der noch viele andere, weniger offenkundige Phänomene gehören, zwingt doch zu dem Argwohn, dass bei der Genesis des Textes, auf welcher oder wie viel Stufen auch immer, auch jemand seine Hand im Spiele gehabt hat, für den Koptisch nur eine Fremdsprache (und auch noch eine schlecht beherrschte) war.

Wenn wir nun die Frage stellen, was der TractTrip für das Generalthema unserer Tagung, die gnostische Anthropologie, abwirft, so muss die Antwort wohl lauten: im Grunde – d.h. abgesehen von bestimmten, gewiss nicht uninteressanten neuen Akzenten – nichts Neues! Als valentinianischer Text bietet er eben die typisch valantinianische trichotomische Anthropologie. Aber es ist auch interessant genug, im Spiegel dieser Schrift als eines neuen Zeugnisses für den Valentinianismus das Alte zu bedenken, und zwar eben besonders unter dem für unser Generalthema wichtigen Aspekt, auf den bereits der Titel dieses Beitrages anspielt, dass in der Gnosis – wie es im Valentinianismus nur besonders deutlich wird – Anthropologie nicht nur da zur Sprache kommt, wo vom Menschen die Rede ist.

Wir wollen unsere Aufgabe durchführen anhand einiger ausgewählter Passagen des – wie gesagt, schwer zu übersetzenden und schwer im Einzelnen zu deutenden – TractTrip und beginnen mit der eigentlichen und normalen valentinianischen Anthropologie in der Artikulation dieses neuen Textes.

p. 118,14–119,24:
Die Menschheit gelangte in den Zustand, der Substanz nach dreifach zu sein, (bestehend aus:) der pneumatischen (Substanz), der psychischen (Substanz) und der hylischen (Substanz), der Struktur nach damit widerspiegelnd die Verfassung jenes Dreifachen, nämlich <die> des Logos, diejenige, aus der hervorgebracht wurde das Hylische, das Psychische und das Pneumatische.

Jede einzelne der Substanzen des Dreifachen wird auf Grund ihrer Frucht erkannt werden. Sie waren nicht schon vorher erkannt worden, sondern

[5] Vgl. W.-P. Funk: Zur Syntax des koptischen Qualitativs, ZÄS 104 (1977), 38 Anm. 77.

> (wurden es erst) als der Soter, der (nur) die Heiligen erleuchtete, zu ihnen kam und jeden einzelnen offenbart hat als das, was er ist. Die pneumatische Gattung, da sie wie Licht von Licht und wie Geist von Geist ist, ist, als ihr Haupt erschien, sogleich zu ihm geeilt, ist sogleich zum Leib für ihr Haupt geworden und empfing sogleich die Erkenntnis aus der Offenbarung. Die psychische Gattung aber, da sie (nur) Licht von Feuer ist, ließ sich Zeit mit der Erkenntnis dessen, der sich ihr immer reicher offenbarte, (und ließ sich Zeit) zu ihm zu eilen im Glauben, obgleich sie durch eine Stimme in reichem Maße belehrt wurde; und sie war damit zufrieden, nicht weit entfernt zu sein von der Hoffnung gemäß der Verheißung, nachdem sie gewissermaßen wie ein Angeld die Gewissheit des Zukünftigen empfangen hatte. Die hylische Gattung aber ist fremd in jeder Hinsicht, da sie Finsternis ist, die sich vom Schein des Lichtes abwenden wird, weil seine Erscheinung sie auflöst; da sie seine Offen<barung> nicht annahm, ist sie erst recht wei<te Entferntheit> und ist sie Hass gegenüber dem Herrn, der sich (als solcher) entlarven sollte.
>
> Die pneumatische Gattung wird die Erlösung empfangen gänzlich (und) in jeder Hinsicht. Die hylische (Gattung) aber wird das Verderben empfangen in jeder Hinsicht (und) wie einer, der sich ihm (dem Verderben) widersetzt. Die psychische Gattung aber, da sie etwas in der Mitte Befindliches ist, (sowohl) hinsichtlich ihrer Entstehung als auch (hinsichtlich) ihrer Existenz, ist von doppelter Beschaffenheit entsprechend ihrer Bestimmung zum Guten und Bösen.

Diese universelle Anthropologie wird natürlich zurückgeführt auf die Entstehung und das Geschick des Urmenschen Adam. An der Art, wie das im TractTrip geschieht, ist – als m. E. neuer Akzent – besonders interessant, dass um des Gedankens der Trichotomie willen der eine Baum *der Erkenntnis* des Guten und des Bösen in zwei verschiedene Bäume verwandelt wird, in *den* guten Baum und den bösen Baum, wobei dann der letztere seinerseits als mit allen Bäumen des Paradieses, von denen zu essen erlaubt ist, identisch erscheint.

> p. 106,18–107,9:
> Der erste Mensch aber ist ein Gebilde, das (mit einem anderen) vereinigt ist, und ein Geschöpf, das (mit dem einen) vereinigt ist, und (zwar) eine Einrichtung der Linken und der Rechten, und ein pneumatischer Logos, dessen Gesinnung zweigeteilt ist, gerichtet auf diese oder jene der Wesenheiten – dieser, der sein Sein empfangen hat aus ihnen und aus diesem.
>
> Sie sagen wiederum: Sie pflanzten ihm ein Paradies, auf dass er esse Speise von dreierlei Bäumen, weil es ein so beschaffener Garten ist, dass er auf dreierlei Weise Genuss bietet. Der Adel des erlesenen Wesens, das in ihm ist, war überweltlich und fügt<e> ihnen (den Archonten) Schaden zu. Deswegen ließen sie drohend einen Befehl ergehen und brachten gleichzeitig eine große Gefahr über ihn, die da besteht im Tode. Nur den Genuss der bösen (Speisen) – davon erlaubte er ihm zu essen; und von dem anderen Baum, der das andere (sc. das Gute) besaß, erlaubten sie ihm nicht zu essen,

> am allerwenigsten von dem (Baum) des Lebens, damit er [sich] nicht ihre Vorzüge erwerbe, [dadurch dass er (damit) gesp]eist wäre, und damit sie sich sicherten.

Dass die Gestalt und das Geschick der Achamoth im Valentinianismus anthropologische Relevanz hat, insofern als der Gnostiker sich selbst in ihr wiedererkennt und wiedererkennen soll, bzw. insofern, als die Achamoth weithin einfach nach dem Bilde des Gnostikers (mythologisch) geschaffen wurde, ist der Forschung allgemein bewusst. Eben diese anthropologische Typosfunktion hat im TractTrip auch die Gestalt des Logos, was an zwei Textstellen verdeutlicht sei.

> p. 80,30–82,9:
> Der Logos also, existierend in derartigen unbeständigen Zuständen, konnte nicht noch einmal solche Emanationen hervorbringen, wie sie in dem herrlichen Pleroma sind, das entstanden ist zum Lobe des Vaters; sondern er brachte (Wesen) hervor in <(Armut)> und Schwachheit, die gering sind und gehindert sind durch die Krankheiten, durch die auch er selbst gehindert ist. Die Nachahmung der Einrichtung, die eine einzige gewesen ist, ist dasjenige (Prinzip), was zur Ursache der Dinge, die nicht selbst präexistieren, geworden ist. Solange bis der, der solche hervorgebracht hat und für den Mangel verantwortlich ist, diese, die um seinetwillen ohne Grund entstanden sind, verurteilt – diese Verurteilung ist es, die zum peinlichen Gericht wurde, zum Verderben für die, die gegen das Gericht waren – folgt ihnen der Zorn; demgegenüber erweist sich als hilfreich und heilsam für ihre (irrige) Meinung und ihren Abfall, der aus ihr stammt, die Einkehr, die auch Buße genannt wird. Der Logos wandte sich zu einer anderen Meinung und zu einem anderen Gedanken, indem er sich abkehrte vom Bösen und sich zukehrte dem Guten. Der Einkehr folgte die Erinnerung an die Seienden und das Gebet (um die Erlaubnis), zu sich selbst zurückkehren zu dürfen im Guten. Zuerst hat er den, der im Pleroma ist, angerufen und sich an ihn erinnert, dann seine Brüder – einen nach dem anderen und (zwar) jeweils (?) mit dessen Nächsten –, dann alle (zusammen); vor allen aber den Vater. Dieses Gebet des Alls war nun eine Hilfe für ihn, um zu sich selbst und zum All zurückzufinden. Es war eine Ursache für ihn, um sich der Präexistierenden zu erinnern, auf dass diese sich seiner erinnern – das ist die Erinnerung, die von fern her ruft und ihn zurückbringt.

> p. 85,15–37:
> Der Logos, der in Unruhe geraten war, besaß die Hoffnung und die Erwartung des Erhabenen. Von den (Kräften) des Schattens wandte er sich in jeder Weise ab, da sie gegen ihn stritten und sehr aufrührerisch gegen ihn waren; er kam aber zur Ruhe auf den (Kräften) der Erinnerung. Und dieser, der auf diese (beschriebene) Weise hinauf fliegt und in der erhabenen Bestimmung ist, gedenkt dessen, der mangelhaft wurde. Der Logos <offenbar>te <sich> selbst in Unsichtbarkeit unter denen, die entstanden gemäß der Erinnerung,

gemäß dem, der bei ihnen war, bis das Licht ihm erstrahlte aus der Höhe als lebendig machend – dies (Licht), das erzeugt wurde aus dem Gedanken der Bruderliebe der präexistierenden Pleromata. Den Fall, der geschehen war, den nahmen die leidensfähigen Äonen des Vaters des Alls auf sich, als wäre es ihr eigener, in Fürsorge, Güte und in großer Freundlichkeit.

Dass die drei aus bzw. bei der Achamoth (bzw. – im Falle des TractTrip – aus bzw. beim Logos) im mittleren Himmel entstehenden Wesenheiten: das Hylische, das Psychische und das Pneumatische zu verstehen sind als in den Himmel projizierte Anthropologie –, das hier in Erinnerung zu rufen erscheint nützlich, ist aber an sich – ebenfalls – klar.

Mir geht es nun auf dieser Basis noch um einen ganz bestimmten und m. E. sehr interessanten Akzent, den unsere Schrift dabei setzt. Was ich meine, wird fassbar an einem ganz bestimmten und zentralen Terminus des TractTrip: ⲙⲛ̄ⲧ̄ⲙⲁⲉⲓⲟⲩⲉϩⲥⲁϩⲛⲉ, was wohl einem zugrunde liegenden φιλαρχία entsprechen dürfte. Für den TractTrip ist mit diesem ethischen Unwert das eigentliche Wesen der hylischen Wesenheit bzw. das Wesentliche des Zusammenseins von hylischer und psychischer Wesenheit bezeichnet. Vgl.:

p. 79,16–32:
Deswegen waren sie offenbar im Ungehorsam und im Abfall, weil sie sich nicht demütigten vor dem, um dessentwillen sie entstanden waren. Sie wollten einander *befehlen*, sich übertreffend in ihrer eitlen Ruhmsucht, während der Ruhm, den sie haben, eine Ursache enthält [für] die Einrichtung, die entstehen sollte. Sie sind also Abbildungen der Erhabenen, (mit der Folge,) dass sich jeder von ihnen zur *Herrschsucht* hinreißen lässt entsprechend der Größe des Namens, zu dem er als Schatten gehört, indem er sich einbildet größer zu sein als der jeweils andere.

p. 83,34–84,24:
Sie also wurden besiegt in der *Herrschsucht* (in der Meinung), dass sie viel herrlicher wären als die ersten, über die sie sich erhoben. Jene hatten sich nicht gedemütigt. Sie dachten von sich, dass sie aus sich selbst Seiende seien und (dass) sie Anfangslose seien, die (ihrerseits) zuerst (anderes) hervorbringen ihrem Gebären gemäß. Es kämpften gegeneinander die beiden Abteilungen, streitend ohne Befehl. Daher geschah es, dass sie versanken in vielen Gewalttaten und vielen Grausamkeiten nach der Bestimmung des Kampfes gegeneinander, wobei sie selbst auch die *Herrschsucht* haben und auch alle anderen derartigen (Laster). Aufgrund dieser (Dinge) zieht die eitle Ruhmsucht sie alle zur Begierde der *Herrschsucht* hin, so dass keiner von ihnen sich erinnert an den Erhabenen und sie ihn nicht bekennen.

Dass die „Herrschsucht" wirklich ein Schlüsselbegriff des Tract Trip ist, kann man auch daran sehen, dass der genau entgegengesetzte ethische

Wert als Wesensbestimmtheit der pneumatischen Wesenheit mit aller nur wünschenswerten Deutlichkeit herausgearbeitet wird. Vgl.:

> p. 96,26–97,4:
> Dann ordnete er den Ort für die, die er (hervor)gebracht hatte, in herrlicher Weise, (den Ort,) der genannt wird: „Paradies" und „Genuss" und „Wonne", der angefüllt ist mit der Nahrung und der Wonne der Präexistenten und mit allen Gütern, die im Pleroma sind, – das Vorbild bewahrend. Dann ordnete er das Reich, so dass es wie eine Stadt ist, die angefüllt ist mit allem Schönen – das ist die *Bruderliebe* und die große *Neidlosigkeit* –, (das Reich,) das erfüllt ist von den heiligen Geistern und [den] starken Kräften, <in> dem als Bürger die leben, die der Logos hervorgebracht hatte.

Schließlich kommt die zentrale Bedeutung der Herrschsucht, die ja nichts geringeres als die Übertragung eines/des menschlichen Urtriebes in die Metaphysik ist, auch noch darin zum Ausdruck, dass unsere Schrift die lückenlose Bestimmtheit des gesamten demiurgischen Bereichs von ihr im Sinne einer Hierarchie des Willens zur Macht so eindrucksvoll herausstellt, dass es einem geradezu vorkommt, als sei hier der Staat der römischen Kaiserzeit in den Himmel verlegt. Vgl.:

> p. 99,25–101,5:
> Und es wurde befohlen, dass jeder ein Archont sein soll von seinem Ort nebst seiner Sache, wobei er sich unterordnet dem, der höher ist als er, auf dass er befehle <den> übrigen Orten in ihren Sachen, wobei er im Los der Sache ist, die zu ergreifen ihm zukommt aufgrund der Art des Seins, so dass es *Befehlende* gibt und Gehorchende, *Herrschaft* und Sklaverei bei den Engeln und den Erzengeln, weil die Sachen vielfältig und verschieden sind. Jeder der Archonten mit seinem Geschlecht und seinem Wert, denen sein Los ihn zugeordnet hat – wie sie in Erscheinung getreten waren, (so) bewahrte er (der Logos) (sie), da er mit dem Heilsplan betraut worden war. Und es gibt keinen, der ohne *Befehl* ist; und es gibt keinen, der ohne König ist, von dem Ende der Himmel bis zum Ende der [Erde], bis hinab zu den Fundamenten der [Erde] und (zu) denen, die unter der Erde sind. Es gibt einen König; es gibt einen Herrn. Und was die anbelangt, denen Befehle erteilt werden, so (haben) die einen den Befehl, Strafe auszuteilen, die anderen, Urteile abzugeben, wieder andere, zu beruhigen und zu heilen, wieder andere, zu belehren, wieder andere, zu bewahren. Über alle Bilder setzte er einen Archonten ein, dem keiner befiehlt, der ihrer aller Herr ist, welcher ist das Abbild, das der Logos hervorgebracht hat in seinem Gedanken nach dem Bilde des Vaters des Alls. Deswegen ist er geschmückt mit jedem Namen (sc. des Vaters), weil er ein Abbild von ihm ist, der (Herr) aller Tugenden und der (Herr) aller Herrlichkeiten. Er wird nämlich auch „Vater" genannt und „Gott" und „Demiurg" und „König" und „Richter" und „Ort" und „Wohnung" und „Gesetz". Dessen also bediente sich der Logos wie einer Hand, um zu ordnen und um zu bewirken das Untere; und er bediente sich seiner wie

eines Mundes, um auszusprechen das, was geweissagt werden sollte. Wenn er das, was er gesagt hat, bewirkt, und nachdem er gesehen hatte, dass es groß, gut und staunenswert war, freute er sich und jubelte, als ob er mit seinen Gedanken es sei, der es sagt und tut, weil er unwissend darüber ist, dass die Bewegung seiner Hand vom Geist stammt, der ihn bewegt in einer Bestimmung auf das hin, was er will.

DIE JÜDISCHE MELCHISEDEKGESTALT ALS THEMA DER GNOSIS*

I. *Einführung*

Die geheimnisvolle Gestalt des Priesterkönigs von Salem namens Melchisedek, die in der Genesis nur kurz auftaucht, um sofort wieder zu verschwinden (Gen 14,18–20), d. h., die nur in einem, den Textzusammenhang störenden, Traditionssplitter zu Hause ist, hat dennoch in überaus interessanter Weise nachgewirkt in jüdischen, samaritanischen, christlichen und eben auch gnostischen Vorstellungen, Spekulationen und Legenden.[1] Die Nachwirkungen finden sich schon in der Bibel selbst, und zwar im 110. Psalm (V. 4) und im Hebräerbrief, wobei jede der beiden Aufnahmen der Melchisedekvorstellung deren weitere Wirkungsgeschichte wesentlich mitbestimmt hat, während zugleich in beiden Fällen nicht nur interessant und wichtig ist, was *gesagt* wird, sondern auch, was als *Hintergrund* der Aussagen erkennbar oder spürbar wird. Als Hintergrund der Melchisedekchristologie des Hebr kann man z. B. eine Vorform der jüdischen Merkabamystik erkennen, für die die Vorstellung von einem mit Michael identischen himmlischen Melchisedek konstitutiv ist, der als oberster aller Engel den Dienst des Hohenpriesters im himmlischen Allerheiligsten verrichtet.[2] In jüngster Zeit kam nun in das langvertraute und wohlgeordnete Feld der Belege für die Melchisedekvorstellungen eine neue Bewegung durch das Bekanntwerden zweier Texte, die zu jeweils einem der beiden großen Textfunde unserer Tage gehören. Der eine Text stammt aus dem Fund von Qumran; es ist das Fragment 11Q Melch. Der

---

* In: K.-W. Tröger (Hg.), Altes Testament – Frühjudentum – Gnosis, Berlin 1980, 111–136.

[1] Vgl. zu dem gesamten Komplex etwa F. J. Jérôme, Das geschichtliche Melchisedech-Bild und seine Bedeutung im Hebräerbriefe, Freiburg i. B. 1920; V. Aptowitzer, Malkizedek – Zu den Sagen der Agada, MGWJ 70 (1926), 93–113; G. Wuttke, Melchisedech der Priesterkönig von Salem – Eine Studie zur Geschichte der Exegese, BZNW 5, Gießen 1927; H. W. Hertzberg, Die Melkiṣedeq-Traditionen, JPOS 8 (1928), 169–179; M. Delcor, Melchizedek from Genesis to the Qumran Texts and the Epistle to the Hebrews, JSJ 2 (1971), 115–135; B. Demarest, A History of Interpretation of Hebrews 7, 1–10 from the Reformation to the Present, Tübingen 1976; F. L. Horton, The Melchizedek Tradition – A critical examination of the sources to the fifth century A.D. and in the Epistle to the Hebrews, SNTS.MS 30, London 1976.

[2] Vgl. für die Einzelheiten: H.-M. Schenke, Erwägungen zum Rätsel des Hebräerbriefes, in: H. D. Betz/L. Schottroff (Hg.), Neues Testament und christliche Existenz. FS H. Braun, Tübingen 1973, 421–437.

andere Text findet sich in einem der Nag Hammadi-Codices; es handelt sich um die erste Schrift des Codex IX, die direkt den Titel „Melchisedek" trägt. Die Auswertung des qumranischen Melchisedektextes, der bereits 1965 veröffentlicht worden ist,[3] ist voll im Gange. Meine eigene (oben und in Anm. 2 erwähnte) Bemühung um den Hintergrund des Hebräerbriefes gehört selbst in diesen Prozess hinein. Und mir kommt es so vor, als ob manche der kirchlichen Spekulationen über den biblischen Melchisedek, insbesondere aber diejenige, die in Melchisedek einen Engel sieht,[4] im Licht von 11Q Melch einen anderen Stellenwert bekommen könnten. Vielleicht sind da die Bemühungen christlicher Exegeten nicht ohne den Einfluss der entsprechenden noch lebendigen jüdischen Tradition zu dem bewussten Ergebnis gekommen.[5] Der wichtigste neuere Beitrag zur Auswertung von 11QMelch dürfte die Arbeit von J. T. Milik sein,[6] in der er das Melchisedekfragment als Teil eines Jubiläenkommentars zur heiligen Geschichte identifiziert.[7]

Demgegenüber steckt die Auswertung des Melchisedektextes aus dem Nag Hammadi-Fund noch in den allerersten Anfängen. Und sie etwas voranzutreiben ist das Hauptanliegen dieses Beitrages, nicht zuletzt, um zu sehen, ob bzw. wie dieses neue Zeugnis die Gesamtperspektive beeinflusst oder verändert. Dabei ist natürlich auch interessant, ob es etwa eine Querverbindung zwischen den beiden neuen Melchisedektexten gibt. Es geht mir dabei zugleich um die Schließung der Lücke, die in meiner Darstellung der Melchisedekproblematik des Hebräerbriefes vorerst noch geblieben war.[8] Und nebenbei kann schließlich noch das Problem der Beziehung des Nag Hammadi-Traktats „Melchisedek" zu einer anderen, schon länger bekannten gnostischen Melchisedekschrift gelöst werden.

---

[3] A. S. van der Woude, Melchisedek als himmlische Erlösergestalt in den neugefundenen eschatologischen Midraschim aus Qumran Höhle XI, OTS 14 (1965), 354–373.

[4] Vgl. Jérôme, Melchisedech-Bild, 23–58.

[5] So denkt übrigens auch M. Hengel, Der Sohn Gottes – Die Entstehung der Christologie und die jüdisch-hellenistische Religionsgeschichte, Tübingen ²1977, 129.

[6] Milkî-ṣedeq et Milkî-reša' dans les anciens écrits juifs et chrétiens, JJS 23 (1972), 95–144.

[7] Aus der Literatur wäre sonst noch hervorzuheben J. Carmignac, Le document de Qumran sur Melkisédeq, RQ 7 (1970/71), 343–378; D. F. Miner, A Suggested Reading for 11Q Melchizedek 17, JSJ 2 (1971), 144–148; F. du Toit Laubscher, God's Angel of Truth and Melchizedek – A Note on 11Q Melch 13b, JSJ 3 (1972), 46–51; J. A. Sanders, The Old Testament in 11Q Melchizedek, JANESCU 5 (1973), 373–382; R. N. Longenecker, Biblical Exegesis in the Apostolic Period, New York ²1977, 161, 170, 183; A. F. Segal, Two Powers in Heaven – Early Rabbinic Reports about Christianity and Gnosticism, SJLA 25, Leiden 1977, 193–195.

[8] Siehe: Erwägungen zum Rätsel des Hebräerbriefes, 436, Anm. 37.

Diese andere gnostische Melchisedekschrift ist Ms. Bala'izah Nr. 52. Sie war schon von W. E. Crum im Jahre 1943 veröffentlicht worden.[9] P. E. Kahle hat sie – nicht zuletzt um der Verbesserung etlicher Lesungen willen – noch einmal im Rahmen der Gesamtausgabe der in den Ruinen des Apa Apollo-Klosters (= Deir el-Bala'izah) gefundenen koptischen Handschriften herausgegeben.[10] Kahle enthält sich nun eines Kommentars zu dem Text mit folgender Begründung: „For a commentary on this text see Crum's edition. It is possible that the whole text may be preserved in one of the Gnostic manuscripts found at Nag-Hammadi, and it seems unnecessary to add to Crum's commentary before the new Gnostic manuscripts have been published."[11] Diese Hoffnung hat sich nicht erfüllt. In dem (fragmentarischen) Text von Bala'izah (erhalten nur ein Pergamentblatt und Fragmente von zwei weiteren) kommt nun an markanter Stelle und in markanter Weise – nicht nur einmal (Z. 80f.), sondern wahrscheinlich noch ein zweites Mal (Z. 12) – Melchisedek vor, und daraus ergibt sich die oben formulierte Frage, ob bzw. welche Beziehung zu NHC IX,1 besteht. Die Antwort muss lauten: Außer dem Vorkommen des Namens und der Gestalt des Melchisedek und außer dem gnostischen Charakter beider Texte – keine! Wenn man von den Fragmenten auf das Ganze schließen darf, dann handelte es sich bei dem Text von Bala'izah um Fragen des Johannes an Jesus (dessen Name zwar nicht vorkommt und den man sich wohl als nach der Auferstehung dem Johannes erschienen vorzustellen hat) über Sachverhalte und Personen aus der Urgeschichte der Genesis (Adam, Paradies mit den *fünf* Bäumen, Kain und Abel nebst Brudermord, Noah und die Arche, und eben Melchisedek), die Jesus allegorisch beantwortet. (Also hinsichtlich des vermutbaren Rahmens und hinsichtlich der einseitigen Dialogstruktur hat die Schrift eine bemerkenswerte Ähnlichkeit mit dem [Rahmen und dem Dialogstil des] Apokryphon Johannis.) Dass die Frage nach Melchisedek nicht einfach eine neben vielen anderen ist, könnte daraus hervorgehen, dass sie unter wörtlicher Aufnahme von Hebr 7,3 gestellt wird (Z. 82–89), und wenn man damit in Verbindung bringen darf, dass in der Antwort auf die Frage nach dem Paradies vom Paradies *des Himmels* die Rede ist (Z. 19). Kurzum, der Text bleibt interessant für das gesamte Feld der Melchisedektradition; für das Verständnis des Melchisedektraktats in NHC IX bietet er keine Hilfe – und umgekehrt.

---

[9] JThS 44 (1943), 176–179.

[10] Bala'izah – Coptic Texts from Deir el-Bala'izah in Upper Egypt, hrsg. von P. E. Kahle, London 1954, Vol. I, 473–477; vgl. auch E. Hennecke/W. Schneemelcher, NTApo ^{3}I, 244f.

[11] Bala'izah, I, 474.

Der Nag Hammadi-Traktat „Melchisedek", enthalten als erste Schrift in Codex IX auf p. 1,1–27,10, ist allgemein zugänglich seit Ende 1977 bzw. Anfang 1978 im Rahmen der Faksimile-Ausgabe der Codices IX und X[12] und im Rahmen der englischen Gesamtübersetzung der Nag Hammadi-Texte.[13] Man kann von diesen beiden Fundamenten für die Erschließung des „Melchisedek" nicht sprechen, ohne auf die Verdienste, die sich Birger A. Pearson durch seine Pionierarbeit an diesem Text erworben hat, hinzuweisen. Er als der Verantwortliche des Coptic Gnostic Library Project für die Codices IX und X hat in jahrelanger intensiver, mühseliger und genialer Arbeit in Kairo und zu Hause die sehr fragmentarischen Codices (und also auch NHC IX,1) rekonstruiert und ihren Inhalt identifiziert. Die vorliegende englische Übersetzung des „Melchisedek" nebst der Einleitung dazu stammt also von ihm und in gewisser Weise auch die betreffenden Faksimiletafeln, d. h. der jetzige Zustand der Plexiglascontainer im Koptischen Museum zu Kairo, deren Abbildungen sie sind. Er ist es auch, der diese erste Schrift des Codex IX als Melchisedektraktat erkannt und in zwei Aufsätzen zu diesem Text bereits die ersten Schritte zu seiner religionsgeschichtlichen Erschließung getan hat.[14]

Es folgt zunächst eine deutsche Übersetzung des Melchisedektraktats. Ihre Basis ist diejenige kritische Textausgabe der Codices IX und X, die B. A. Pearson für die englischsprachige Gesamtausgabe des Nag Hammadi-Fundes besorgt hat.[15]

---

[12] FacEd of Codices IX and X, Leiden 1977, 5–31.

[13] NHLibEng, San Francisco 1977, 399–403.

[14] Anti-Heretical Warnings in Codex IX from Nag Hammadi, NHS VI, Leiden 1975, 145–154 (über Melch 146–150); The Figure of Melchizedek in the First Tractate of the Unpublished Coptic-Gnostic Codex IX from Nag Hammadi, in: C. J. Bleeker/G. Widengren/E. J. Sharpe (ed.), Proceedings of the XIIth International Congress of the International Association for the History of Religions, SHR.SN 31, Leiden 1975, 200–208.

[15] Der Gesamttitel lautet: „The Coptic Gnostic Library, edited with English translation, introduction and notes, published under the auspices of the Institute for Antiquity and Christianity", General Editor ist James M. Robinson, und sie erscheint nach und nach in Leiden im Rahmen der Nag Hammadi Studies. Der betreffende Band von Pearson ist noch nicht erschienen, aber mir steht eine Kopie seines druckfertigen Manuskripts zur Verfügung, und ich habe sein Einverständnis, sie zum hiesigen Zweck zu benutzen Es ist vielleicht auch gut noch anzumerken, dass ich seit Dezember 1972, wo ich im Rahmen der vierten Work Session of the Technical Subcommittee of the International Committee for the Nag Hammadi Codices im Koptischen Museum zu Kairo die Aufgabe hatte, bei der Arbeit am Codex IX mitzuhelfen, ein ziemlich enges Verhältnis gerade zu diesem Codex und B. Pearsons Arbeit daran habe. Auch hinsichtlich der endgültigen Textfassung stand und stehe ich mit ihm in Kontakt.

II. *Übersetzung*

(p. *1*) Melchis[edek] |

„Jesus Christus, der So[hn Got-] | [tes (ist es, der sich offenbart durch mich (?)),] | [(der ich gekommen bin, damit) ....] [....... der] Äonen, (damit) ich alle | Äonen [durchschreite(?)], un[d] (damit) [ich] | in jedem einzelnen der Äonen [die] | Natur des (betr.) Äons [finde(?) bzw.], von welcher [Art] | er ist, und (damit) ich mi[ch] in Liebe und [G]üte | kleide, o Bruder [, der (du) in (?)] | [....................] | [....................] | [....................] [....................] | [....................] | [......] und [........] | [... (*Jesus Christus* wird kommen und) ...] | [.... ih]r Ende ent[hüllen ....] [...] und er wird [ihnen] | die Wahrheit [offenbaren. [......] | [....................] | [....................] | [....................] in der U[nterwelt (?)] [.... in (?) Sp]rüch[en ....] | [....................] | [....................] | [....................] (p. *2*) [.... zu]erst in Gleichnisse[n] | [und R]ätseln [..........] | [....................] | [....... (wenn (?) er)] sie [ver]kündigt, wird der Tod in Un[ru]he | und Zorn geraten; aber nicht nu[r] | [e]r [s]elbst, sondern auch (alle) seine [Gefährten:] | [der] Weltherrscher, die Archonten, | Mächte und Gewalten, die weiblich[en] und die männlich[en] Gött[er], | [ne]bst den [Erz]engeln. Und die [......] | [....................] | [....................] | [....................] [....................] | [....... a]lle [.......] | [des W]eltherrschers [........] | [.... a]lle und die [........] | [..... alle und die [.......] [a]lle werden sage[n .... in Bezug] | [a]uf ihn und in Bezug auf [.......] | [.......] und [........] | [....................] | [....................] [.....] sie werden [....... die Ge-] | [h]eimnis[se], die verbor[gen] sind [......] | [....]...[.......] | [....................] (p. *3*) [....................] | [....................] | [...... Ärger]nis (?) durch | [den ....] d[es] All[s]. Sie werden [...] [........]. Des[wegen (?)] werden die Gerichts- | [diener] ihn eilig begraben. | [Sie werden] ihn einen [go]ttlosen, | dem Gesetz ungehorsamen [und unre]inen Men[schen] | nennen. Doch [am] drit- [ten] Tage [wird] er [auferstehen] | [von den To]ten [...........] | [....................]

(LACUNA Rest der Seite)

(p. *4*) [....................] und [..................] | sie [.........] seine] heil[igen] | [Jü]nger [. Und] der Erlöser [wird] ihnen [die Rede], | die dem [Al]l das Leben schenkt, | [offen]baren. Es redeten [aber durch diese]

| Rede (alle), die im [Himmel], | auf der Erd[e und] unter der Erde sind. [..........] | [..........] und [........] | [....................] | [.........] ihnen [.........] | [....................]

(LACUNA Rest der Seite)

(p. 5) [was] geschehen wird in seinem Namen. | <Und>[16] sie werden [a]uch von ihm sagen, er sei

einer, der nicht | als Mensch geboren wurde,
  obgleich er doch als Mensch geboren worden ist,
einer, der nicht | isst,
  obgleich er doch isst,
einer, der nicht trinkt,
  obgleich er doch trinkt,
einer, der keine Beschneidung kennt, |
  obgleich er doch beschnitten worden ist,
einer, der kein Fleisch | trägt,
  obgleich er doch im Fleisch Wohnung genommen hat,
einer, der nicht | dem Leiden unterworfen war,
  obgleich er doch dem Leiden unterworfen wurde, |
einer, der nicht von den Toten aufzuerstehen brauchte,
  obgleich er doch von den Toten auferstanden | ist.

[Es wer]den [nicht so] reden | all die Stä[mme und a]ll [die] | [Völk]er, wenn sie von [dir] | selbst, o [Melchise-] d[ek], du hei[l]iger H[oher-] | [pr]iester, [sei]ne vollkomm[ene] Hoffnung | [auf] das Leben empfangen.

I[ch bin] | [Gamal]iel, der [ich aus]gesandt wurde, | um zu [enthül]len, dass die Kirche d[er] Kin[der] des Seth oberhalb von | tau[sendmal] tausend un[d zehntausend-] | mal zehntausend [Ä]onen ist – b[is in alle Ewigkeit.] | A[men.

[Du W]esen eines [jeden] Ä[on]s: |
  [A]ba[ba Ab]a<b>a Ababa;
du U[nsicht-] [barer, du] göttliche [Natu]r [all]er |
[Äonen,] du Bewe[gung einer jeden Na]tur, | [du Mutter] der Äonen:
  [B]arb[elon;] |

[16] Am Anfang von Zeile 2 auf p. 5 ist vor dem Ny noch Platz für einen Buchstaben. Nach brieflicher Diskussion der diffizilen Problematik dieser Stelle mit Pearson möchte dieser jetzt [o]n lesen und dementsprechend am Ende von Z. 1 ein <auō> konjizieren. Dieser Auffassung habe ich mich gern angeschlossen.

[du] Ers[t]ling der [Ä]on[en]:
(p. 6) Aithops Doxomedon Dom[edon]; |
du Besitzer jener Herrlichkeiten:
Jesus Christus;
ihr Ar[chi-] | strat[ege]n der Erleuchter, ihr [Kräfte]: |
(H)armozel, Oroiael, Dau[eithe,] Elel[eth];
und du leuchtender, | unsterblicher Äon:
Pigeradama[n]a; |
und du guter Gott der | wohlgestalteten Welten:
Mirocheiro- | thetou –
(euch alle rufe ich an) durch Jesus Christus, den Sohn Gottes.

Diesen verkündige | ich demgemäß, w[ie] | [darauf Be]dacht genommen hat d[er, de]r wahrlich i[s]t, | [gegenüber dem, w]as [fälschlich] ist, de[r das Sein hat gegenüber] | [dem] Nicht[se]ienden: Abel Boro[uch], [dass d]ir die Erkenntnis [der Wahrh]eit | [als Charisma gegeben werde], dass er (Jesus Christus) a[us] | [dem Ge]schlecht des Hohen[p]riest[e]rs stammt, | [der] ober[halb] von tau[sendmal tau]send und | [zehntausend]mal zehntausend Äo[n]en ist. [E]s [sind] [un]wissend über ihn die [f]eindlichen | [Geister] ebenso wie über ihren | [U]ntergang. Nicht nur (das, sondern) ich bin gekommen, um | dir [die] Wahrheit, [die un]ter [den Brü]dern | herrscht, zu enth[üllen]. Er (Jesus Christus) trug [sich] zwar selbst als lebendiges | [O]pf[er], [jedoch] zusammen mit deiner Nachkom[menschaft]. Er [brach-] | te sie dar als Op[fer für] | [das] All. [Denn nicht] Tie[re sind es,] | [die] du darbringen sollst [we-] (p. 7) gen der Ungläubigke[it]en [und wegen] | [der] Unwissenheiten un[d aller] | bösen [Taten], die sie [begehen werden. Sie sind tot] | [u]nd gelangen [nicht hinauf] [zum V]ater des Alls. [.......] | [......] den Glaub[en...... | [..........] | [.....................] | [....................] | [....]...... [...........] [....................]

(LACUNA Z. 11–24)

[......... W]el[t.........] | [......... We]lt [.........] | [.........], um die T[aufe] zu empfangen [.....] | [in den W]assern. Du [(sollst) (?).......]. (p. 8) Denn [(, was) die] ober[en Wass]er (anbelangt,) | [jeder, d]er die Taufe [in ihnen] empfängt, | [wird zur Höhe aufstei]gen (?). Aber empfange (du) die Ta[u-] | [fe, (und zwar) jene, die] in den [unte(?)]ren W[a]ssern vollzogen wird [........] wenn er kommen wird zu (?) [...] | [........]

der M[ühen(?)......] | [....... gro]ße [.........] | [...................] | [......... Tau]fe, wobei sie [.........] (10) [......... ü]ber [.........]

(LACUNA Z. 11–24)

(25) [....................] | [.........] durc[h..........] | [...........] von dem [.........] | [.........]. Bete für [.......... der] (p. *9*) [Ar]chonten und [all]er Engel und | [des] Samens <, der (?)> herausgeflossen ist [aus] | [dem Vate]r des Alls! H[eile (?) den] ganzen | [Sam]en von [der...........!] (5) Die G[ötter, die Eng]el, | die Mensch[en und die Dämonen wurden] hervorgebracht | [a]us dem Sa[men,] alle | [Wesen], die im [Himmel,] | auf der Erde und [un]ter (10) de[r Er]de sind. [..........]

(LACUNA Z. 11–15)

[...................] | [..................] | [...................] | [...................] (20) [..................] | hinauf [...................] | [...................] | [...................] | [........] | Hab' [nicht (?)] Gefa[llen(?) daran (?)] (25) [und an der (?)] Natur der Frauen [........] | [.........] unter denen, die in der [......] sind | [........] sie [wurden] gefesselt mit vie[len (?).....] | [Jedoch nicht (?)] der wahr[e] Adam (p. *10*) ist es, [auch nicht (?)] die wahr[e] Eva. | Si[e sind es, die] von dem Bau[m des Lebens] | [esse]n, [wobei] sie zertreten [die] | [Cherubi]m und die Seraphi[m][17] (5) [und das flam]mende [Schwert. Der] | [We]ltherrscher u[nd seine Archonten] | gelan[gten (?) zur Bra]ut (?) Adams, [die bei ihm] | [war.] Sie [wu]rden dur[ch sie] | [verun]rei[nigt (?). N]achdem sie [nun] (10) Produkte der Archonten nebst [ihren] | [welt]liche[n (Eigenschaften)] hervorgebracht hatten, [sol]che, die zugehörig sind zu |

(LACUNA Z. 12–16)

[.................,] son- | [dern................,] wobei sie | [.......] sind [..........] (20) [...................] | [...................]

(LACUNA Z. 22–24)

(25) [...... Li]cht [............] | [u]nd [alle (?)] Frauen und Män[ner,] | [d]ie bei ih[m] waren, [werden] | sich [ver]bergen vor jeder Natur, [und sie

---

17 Zur Vermengung von Cherubim und Seraphim in p. 10,4 vgl. A. M. Kropp, Ausgewählte koptische Zaubertexte, Bruxelles 1930/1931, Bd. III, 70.

werden] | sich [lo]s[sage]n von den Archo[nten, nachdem sie] (p. *11*) von ihm ihre (?) [........] empfangen haben. | Denn [sie] sind würdig [un]sterblicher | [.........] und g[roßer.........] | [..........] und g[roßer.....] [und] großer [........] | [........] Söhne der Me[nschen....] | [........] [J]ü[ng]er [..........] | [....... Ab]bil[d] und [........] | [.......... a]us dem Li[cht] [.........] heiligen [........] | [...... D]enn [.......] von | [Anfang] an [.......] ein Sa- | [me..................]

(LACUNA Rest der Seite)

(p. *12*) [...........] Ich werde aber schweigen | [...........]. Denn wir sind [die] | [....., die] herabgestiegen [sin]d au[s] | [den] lebendigen [......]. Es werden [di]r die Offen[barungen (?)] enthü[llt (?)] werden | durch (?) die [erwähl]ten (?) | [Erstlinge (?)] Adams, [nämlich] | [durch Abe]l, Henoch, N[oah...] | [...........]chei[........] [di]r Melchised[ek, dem Priester] | des [höchsten] Gottes [..........] | diejenigen, die für w[ürdig befunden (?)] worden sind [,........] | die Frauen [..............] | Un[......] heit [..............] ... [..............]

(LACUNA Rest der Seite)

(p. *13*) Diese beiden, die erwählt wurden, | werden nicht [zu] jeder Zeit und nicht | [an] jedem [O]rt hervorgebr[acht] | werden. Wenn sie hervorgebrac[ht] werden [durch] Feinde und Freunde, | [au]s Fremden und [Eige-] | nen, bei Gottlo[sen] | und Frommen, wer[den] | [si]ch a[lle entgegen]gesetzten Naturen [........], [die] | [sicht]baren ebenso wie die | un[sichtbare]n, und die | im Himmel, die [auf] | der Erde [u]nd die un[ter] der Erde [sin]d. Sie werden Kri[eg] | führen [, wobei sie (?)] gegen (?) einen jeden [......]. Denn | [sie sin]d entweder in dem [hei]ligen | [.........] samt den [....] | [............] von [........] [....................] | [........] sie sind [za]hlreich [....] | [........ a] us (?) einem [......] | [........ zu] ihnen [........] | [..................] [........]; diese aber in dem [....] | [..... eines] jeden werden sie [........] | [......] sie. Diese wer[den........] | [...... m]it jedem Schlag [........] (p. *14*) Schwachheiten. Die einen werden in | and[ere] Gestalten eingesperrt [und] | gepeinigt werden. [Jene] | [nu]n wird der Erlöser befre[ien,] und sie werden über alles erhaben sein – [nicht] | du[rch] die Aussprüche und Worte, | sondern durch die [Na-] | [t]ur[en (?)], die für [sie] bereitet werden. [Er wird] | den Tod vernichten.

[Diese (Dinge) nun,] (10) von [den]en mir befoh[len] ist, | sie (dir) zu [off]enbaren, | die sollst auch du offen[baren, so wie ich es getan habe! Das] | aber, was verborgen ist, [off]enbare | niemand[em], auß[er] wenn es dir (zu tun) (15) geoffe[nba]rt wird!"

Und sogl[eich] | erhob [ich] mich, i[ch], Mel[chise-] | [dek, u]nd begann, [den] h[öchsten] | Gott zu [..................] | [......], um mich zu erfreu[en....] (20) [........] wird [..........] | [........] wirken[d.......] | [........ d]er lebendig ist [........] | [Ich spra]ch: „Ich [.............] | [........ u]nd ich [........] (25) [.....] hinauf den [..........] | [und ich] werde nicht (davon) ablassen von [nun] an | [bis in Ewigkei]t, o Vater des [Alls,] | [we]il du dich m[ei]ner erbarmt hast un[d] (p. *15*) [deinen] lichten [Eng]el | [Gamaliel (?)] aus deinen | Ä[onen geschickt hast, damit er mir] | [........] offenbare. Dieser, als er gekommen war, [ver-] (5) [anlasste] er, [dass ich] aus der Un- | [wi]ssenheit und dem Zustand, wo ich | dem To[d]e Fru[ch]t brachte, zum Leben erhob[en wur]de. | Denn ich habe einen Namen. | Ich bin [Melch]isedek, der Prie- (10) ster des höchsten [Gott]es. Ich | [wei]ß, dass ich wahrlich (nur) | [das Bild (?)] vom wahren Hohenpriester | [des] höchsten Go[ttes] bin und| [das] H[aupt (?) der] Welt. Denn (15) es ist k[eine] geringe [Sach]e, [dass] | Gott [..........] mit [......] | [...............], wobei er [...] | Und [........Eng]el si[ch befin-] | dend a[uf der] Erde [..........] (20) [...................] | [.................] | ist das Schl[achtop]fer (?) der [........,] | den der [T]od verführte. | Als [er star]b, fesselte er [s]ie (25) [an] die Naturen, die [sie] ver- | [füh]ren. Er brachte noch da[r] (p. *16*) Opfe[r...................] | der (?) Tier[e................] | übergab ich sie dem To[de........] | [u]nd [den Enge]ln und den [.....] (5) [....... den D]ämo[nen......] | lebendige Opfer [............,] | habe ich mich und die Meinigen | dir als O[pf]er dargebracht, dir, | der du allein der Vater des Alls bist, zusammen mit (10) denen, die du liebst, d[ie] aus dir | hervorgega[n]gen sind, den heilige[n und leben]digen. Und <nach> | den vollkom[menen] Gesetzen werde ich | [m]einen Namen aussprechen, indem ich die Ta[u]fe empfange, | [je]tzt und immerdar, (als Namen) unter den [leben]digen (15) und heiligen Na[men], und (zwar) in den [Was-] | sern. Ame[n."

H]ei[lig,] | [he]ilig, heilig bist du,
  o Va[ter] | [des Alls], der du wahrlich bist | [gegenüber (?)
  denen, die ni]cht sind:
    Ab[el Bor]ou[ch,] (20) [....

b]is in alle [Ew]igkeit. [Am]en. |
[He]ilig, [he]ili[g, he]ilig bist du, |
[o Vater, der du seiend bi]st (?) vor der [……] | …:
Zaraz]az (?),[18]
bi[s in alle Ewig]keit. | [Amen.
H]eil[ig, h]eilig, (25) [heilig bist du,
o M]utter [der] Äonen: |
Ba[r]belon, |
[bis i]n alle Ewigkei[t. A]men. |
[H]ei[lig], heilig, heilig bist du, |
[o Er]stling der Äonen:
[Do-] | [xo]medon [………………] (p. *17*) [………
bis in all]e Ewigkeit. Amen. |
[Heilig, heilig,] heilig bist du, |
[………………] | […………:
Akra]man (?),
(5) [bis in alle Ewigkei]t. Amen. |
[Heilig, heili]g, heilig bist du, |
[o Archistratege], | [Erleuchter im er]sten Äon, | [Kraft:
(H)armozel,
bis in a]lle Ewigkeit. (10) [Amen.
Hei]lig, heilig, | [heilig bist du,
o St]ratege, Erleuch- | [ter der Äonen:]
Or<o>iael,
bis in | [alle Ewigkeit.] Amen.
Hei[lig] | [heilig, heilig bist du,
o] Stra[te-] (15) [ge der Äonen], du Erleuch- | [ter:
Daueithe,]
bis in alle | [Ewigkeit. Am]en.
Heilig, | [heilig, hei]lig bist du,
o Arch[istr]a- | [tege:
Eleleth,
…………] (20) [……… der] Äo[nen.
Heil]ig (?), | [heilig, heilig bist du,

[18] Die Ergänzung des Namens zu Zarazaz in p. 16,23 (vgl. Pistis Sophia [C. Schmidt/W. Till, Koptisch-gnostische Schriften I, 240,18]) ist nicht im Sinne einer Rekonstruktion gemeint, sondern soll nur veranschaulichen, wie ein solches nomen barbarum, das auf -az endet, ausgesehen haben *könnte*. Andere Namen, die so enden, finden sich z. B. noch im 2. Buch Jeû (C. Schmidt/W. Till, Koptisch-gnostische Schriften I, 308,32.39; 310,33).

........] | [....................] | [.............]
der Ar[chistrate-] | [gen (?):
Pigerada]man[a (?) .....]
[bis in alle Ewigkeit.] Am [en.] |
[Heilig, h]eilig, h[eilig] bist du, |
[o g]uter [Gott der] (p. *18*) [wohlgestalte]ten Welten [............:] |
Mirochei[rothetou
bis in] | alle Ewigkeit. Amen.] |
Hei[lig, heilig, heilig bist du,]
o Archis[tratege des Al]ls: |
Jesus Christus,
[bis in alle Ewigkeit.] | Amen.

U[nd das Wort (?) der Prophe-] | tie (?) und [der Offenbarung (?) –] | heil [dem, der in diesem Bekennt]nis [bleibt (?)]! A[ber wer] es [nicht] | [beke]nnen [wird............] | [.....] soglei[ch............] | also geschieht es i[hm (?).....] | [....] Furcht un[d............] Furcht und [.............] | U[n]ruhe [...............] | ihn (?) umgebend [............] | an dem Ort, w[o] große | Finsternis [herrscht..........] und viele [.................] | sichtbar wer[den.................] | dort. [..........] | [.....]au[s(?)..........] | [....................] [....................] | [....................] | [....................] | [....................] (p. *19*) [..............]. Und | [.......... di]e bekleidet waren mit | [.....] ganzen [.....] und | [.................. ha]tten [....................]. Und | [.................] sind wie | [...................] sie| [....................] | [....................] [..........] Bewegungen; sie g[a]ben | [....... ..] ihre Worte | [.......... u]nd sie sagten zu mir | [: „Sei gegrüßt (?), Mel-] chis[ed]ek, | [du Priester] des [höchsten] Gottes!“ [Sie] rede[te]n, als ob [..........] | [......... ih]re Münde[r.........] | [........] im All [........] | [.............. u]nd [.....] | [.............] deine [.....] [....................] | [....................] | [....................] | [....................] | [........ er hat] ir[re]geführt [..............] er hat ge[-.....] | [................] | [...................] | [...................] (p. *20*) und seine [Opfer (?) und seine] | Verehrungen un[d seine...... und seine] | Gelübd[e] un[d seine...... und] | seine Gebete. Un[d........ die Tie-] re (?). Un[d...............] | die [S]einig[en............] | zuerst [............... ge-] | tan (?).“ I[c]h ab[er hörte (?)] | s[ie sagen (?): „Die ....] hab[en] sich keine Sorgen darüber gemacht, dass [das Priester-] | tum, [das] du ausübst (und) | das aus dem [.......] stammt [...] | [.................] | [durch die An]schläge d[er.......] [des]

Satans, um [es (?)] zusammen [mit dir (?)] | [a]uszu[tilgen (?). Jedes] Op[fer] | [....... nach (?)] seinen Leh[ren.....] | [....] gegenüber deinen Überleg[ungen....] | [....................] [d]ieses Äo[ns..............] | [....................] | [....................] | [....................] | [....................] [der] i[n.......] existiert [......] | [........] führt ir[re.........] | [....................] | [....................] (p. *21*) [..........] und einige | [...............]. U[n]d [.....] | [............] nicht (?). E[r (?).......-]te | [..........] er s[a]ndte sie hi[nauf (?)] [............ u]nd [........] | [.......... un]d dreizehn [........]

(LACUNA Rest der Seite)

... ich (?)] (p. *22*) werfe ih[n..............,] | [d]ami[t] du [....................] | [....................] | [De]nn (?) sogleich [.............] [du]rch ih[n ....] | [un]ten. Der [...............]

(LACUNA Rest der Seite)

(LACUNA p. *23*)

(p. *24*) [D]enn [........] aus [..........] | [o]berha[lb..............]

(LACUNA Rest der Seite)

„.....
(p. *25*) [ihr habt] mich [.........].
Und | [ihr habt mich.......;]
ihr [habt mich] | [mit dem Rohr (?)] geschlagen;
ihr habt mich | [in die Grube zu den (?)] Leichen geworfen.
Und [ihr habt mich an(s Kreuz) gehängt]
von der drit[ten] | Stunde [des] Sabbat[vortages]
bis | [zur neu]nten [Stunde].
Un[d d]a- | [nach bin ich aufer]standen von den | [Toten."

Mein Den]ken kehr[te] au[s der] [Höhe] zu mir zurück. [.........] | [..........] Meine Augen begannen [wieder] | zu se[hen; aber sie] f[a]nden kein[en....] | [...........] hin[ab......] | [............ m]ich [.......]

(LACUNA Rest der Seite)

.... Sie] (p. *26*) umarmten mi[ch......... und] | [sa]gten zu mir: „Sei sta[rk, o Melchi-] | [s]edek, du großer [Hoherpriester] | des [höchsten] Gottes! [Denn die Ar-] chonten, die deine [Feinde sind, haben Kri]eg (gegen dich) | geführt. Du hast [sie] besie[gt und] | nicht haben s[ie] di[ch] besiegt. [Und du warst] | ausd[a]uernd un[d hast] deine | Fein[de vern]ichtet [..........] Ju[be]le(?) in [großer Freude! Denn du] | wirst [R]uhe finden an kein[em (anderen) Ort außer] | [jenem] lebendigen und heil[igen,] gegen [den] | sich [niemand] erheben[kann] i[n der .....] | [.... des F]leisches. [...............] [....................]

(LACUNA Rest der Seite)

[(Heil einem jeden)........] (p. 27) in den Opfergaben, wirkend für das | Gute und beharrlich | fastend. –

Enthülle diese Offen- | barungen niemandem, der im Fleisch ist – da es nichts Fleischliches ist –, | außer wenn eine (diesbezügliche) Offenbarung an dich ergeht!" |

Als die Brüder, die zu den Geschlechtern des | Lebens gehören, diese (Worte) ausgesprochen hatten, | wurden sie (wieder) emporgehoben zu dem Ort, der oberhalb aller Himmel liegt. [A]men.

III. *Der Rahmen für mögliche Interpretationen von „Melchisedek"*

Der Traktat Melchisedek stellt sich dar als ein Zeugnis der sethianischen Gnosis bzw. des gnostischen Sethianismus. Dabei ist der Begriff des Sethianismus zwar in einem spezifischen Sinn gemeint,[19] jedoch ohne dass man sich beim Gebrauch dieses Begriffes auf eine bestimmte „Existenz*weise*" des gemeinten Phänomens festgelegt zu fühlen braucht.[20] Ferner ist auf den ersten Blick hin deutlich, dass wir es hier mit der verchristlichten

---

[19] Vgl. H.-M. Schenke, Das sethianische System nach Nag-Hammadi-Handschriften, in: P. Nagel (ed.), Studia Coptica, BBA 45, Berlin 1974, 165–173; ders., The Phenomenon and Significance of Gnostic Sethianism, in: Proceedings of the International Conference on Gnosticism at Yale, 28–31 March 1978, Bd. 2, Leiden 1981, 588–616.

[20] Wirklich sichtbar und fassbar geworden ist das Phänomen des Sethianismus übrigens erst durch den Nag Hammadi-Fund. Und seine Bedeutung spiegelt sich in der Tatsache wider, dass auf der International Conference on Gnosticism in Yale eines der beiden Seminare dem „Sethian Gnosticism" gewidmet war. Während jedoch die meisten Teilnehmer des Seminars von der Existenz des Sethianismus überzeugt waren bzw. von ihr ausgingen, waren die Meinungen über seine mutmaßliche Existenz*weise* noch sehr unentschlossen und divergent. Die betreffenden Texte – im Wesentlichen – als Produkte bzw. Reflexe der religiösen Bewegung und Entwicklung einer ganz bestimmten Menschengruppe zu verstehen, wie es mir – auch bzw. erst recht nach der Diskussion in Yale – als allein sinnvoll vorkommt, konnte sich die Mehrzahl noch nicht entschließen.

Form der sethianischen Gnosis zu tun haben. Der Text enthält ja eine ausgeprägte Christologie. Dieser Sachverhalt ist so gewichtig, dass ich meine Äußerung, das AJ sei als die „christlichste" aller sethianischen Originalschriften anzusehen,[21] wohl werde zurücknehmen müssen. Die Christologie von Melch hat nun zudem eine unübersehbare antidoketistiche Spitze. Da der einschlägige Textabschnitt (p. 5,1–11) zufällig auf einer der am besten erhaltenen Seiten steht und also an dem Wortlaut und dem Sinn nicht der geringste Zweifel bestehen kann, hat dieser Zug des Textes sogleich Aufsehen erregt und ist schon seit geraumer Zeit Gegenstand der Forschung.[22] Das vorliegende Phänomen wird so gedeutet, dass hier – interessanterweise und ähnlich wie in TestVer – eine gnostische Richtung gegen eine andere gnostische Richtung polemisiere. Nun unterliegt allerdings der gnostische Grundcharakter von TestVer keinem Zweifel, und gezweifelt wurde auch noch nicht an dem – ja auch hier vorausgesetzten – gnostischen Charakter von Melch; aber *möglich* ist solcher Zweifel im Falle des Melch. Der Zweifel findet übrigens weitere Nahrung an einem bemerkenswerten, nämlich monistisch erscheinenden Begriff des Alls, der seine Krönung in einer dreimaligen Umschreibung als „die Himmlischen, die Irdischen und die Unterirdischen" (analog zu bzw. in Anlehnung an Phil 2,10) findet (p. 4,8–10; 9,8–10; 13,12–15). Man ist wohl verpflichtet, die Frage einmal durchzuspielen, ob vielleicht der in Melch vorliegende verchristlichte Sethianismus gar nicht mehr gnostisch ist und was für Folgerungen für unser Bild vom Sethianismus sich in diesem Fall ergeben würden.[23] Wirklich zu beantworten ist die Frage freilich wegen des fragmentarischen Erhaltungszustandes der Schrift nicht. Wenn aber Melch doch als gnostisch anzuerkennen ist, dann haben wir in diesem Text so etwas wie einen Beweis für die These – bzw. die Widerlegung der weit verbreiteten gegenteiligen Behauptung –, dass auch eine Aussage wie καὶ ὁ λόγος σὰρξ ἐγένετο (Joh 1,14) von der Basis gnostischer Weltanschauung aus als möglich gelten muss. Denn in dem Satz: „(sie werden von ihm sagen, er sei ...) einer, der kein Fleisch trägt, obgleich er doch im Fleisch Wohnung genommen hat" (p. 5,6f.), dessen koptischen Wortlaut man sich etwa als Wiedergabe eines griechischen (ἐροῦσιν περὶ αὐτοῦ ὅτι ...) ἄσαρκός ἐστιν εἰ

---

[21] The Phenomenon, Kap. 5.

[22] Vgl. K.-W. Tröger (Hg.), Gnosis und NT, 68f.; ders., Die Passion Jesu Christi in der Gnosis nach den Schriften von Nag Hammadi, Berlin 1978, 76f.; B. A. Pearson, Anti-Heretical Warnings, 146–150.

[23] Es dürfte übrigens aufschlussreich sein, die Konfrontation von Melch – so oder so – mit der von 1Joh und 2Joh zu vergleichen. Die Struktur des Gegensatzes hier und dort scheint fast gleich zu sein.

καὶ ἐγένετο ἐν σαρκί vorstellen kann, ist das γενόμενος ἐν σαρκί – und zwar eben als kontradiktorischer Gegensatz zu ἄσαρκος ὤν – sachlich identisch mit einem σάρξ γενόμενος bzw. σάρξ ὤν.

Im Zusammenhang mit dem sethianischen Charakter von Melch bekommt eine Einzelfrage ein nicht zu unterschätzendes Gewicht. Es sieht so aus, als ob hier die oberste sethianische Gottheit, die gewöhnlich als „der unsichtbare, jungfräuliche Geist" bezeichnet wird, mit Ababa Ababa Ababa angerufen wird (p. 5,24) bzw. unter dem Namen Abel Borouch erscheint (p. 6,14; 16,19). An der ersten Stelle ist wohl die einfachste Erklärung, dass hier ein Dreifaches „Abba" zugrunde liegt bzw. gemeint ist.[24] Das heißt, das zusätzliche, mittlere a wäre als phonetische Schreibung einer bestimmten Aussprache deutbar, und das Jota anstelle eines zweiten Beta im mittleren Ababa als Schreibfehler. Innerhalb des Doppelnamens Abel Borouch wird man in dem zweiten Element, das als Zauberwort bzw. Zaubername in magischen Texten nicht selten vorkommt,[25] das hebräische Partizip בָּרוּךְ „gepriesen" wiedererkennen. Das erste Element ist formal identisch mit dem Namen des Adamsohnes (vgl. p. 12,8). Wenn man es verstehen wollte unter der Voraussetzung, dass es sich tatsächlich um *denselben* Namen handelt, und sich dann fragen müsste, wie der Name des Adamsohnes zum Namen des höchsten Gottes hat werden können, böte sich einerseits der Vergleich mit AJ BG p. 62,8–63,2 Parr an, wo Abel mit Eloim gleichgesetzt wird, andererseits ein Hinweis auf die mandäische Erlösergestalt des Hibil-Zīwā.[26] Aber wahrscheinlich ist die genannte Voraussetzung weder nötig noch nahe liegend. Es dürfte sich eher empfehlen, das Element Abel in Abel Borouch für eine Fehlschreibung – vielleicht auf Grund eines akustischen Missverständnisses – zu halten und *in* bzw. *hinter* dem ganzen Ausdruck die Formel 'Ab, 'el baruk „Vater, Gott, gepriesener" zu sehen. Das 'Ab in dieser Benennung würde vorzüglich mit der Anrufung durch „Abba" übereinstimmen; und die Verbindung 'el baruk ist in der rabbinischen Liturgie tatsächlich belegt, nämlich im

---

[24] Vgl. Mk 14,36; Röm 8,15; Gal 4,6; und für die mehrfache Wiederholung Kropp, Ausgewählte koptische Zaubertexte, Bd. I, 46 (= H′ 2, Z. 1f): tiōš ehraj erok mpoou/ ạḅḅạ ab̄b̄a āb̄b̄ā ab̄b̄ā ab̄b̄[ā] ab̄b̄ā ạ[.

[25] Vgl. vor allem βαρούχ ZP III 109f.; V 479; Βαρούχ ZP XLV 3 (zweimal); Βαρωχ ZP XII 155; E. Peterson, Engel- und Dämonennamen – Nomina barbara, RMP.NF 75 (1926), 393–421, Nr. 25; Barouch, Baroucha, Barouchia, Baracha, βαρουχ, βοροκ (Kropp, Ausgewählte koptische Zaubertexte, Bd. I, 25, 27, 36, 62; Bd. II, 81, 141, 159, 239). Vgl. aber auch Irenäus, adv haer II 24,2 (Harvey I, 336: „... et maxime autem super omnia nomen quod dicitur Deus, quod et ipsum Hebraice Baruch dicitur, et duas et dimidiam habet literas").

[26] Hibil Zīwā heißt ja nichts anderes als „Abel, der Glanz"; und das wäre sprachlich und sachlich nicht weit entfernt von „Abel, der Gepriesene".

alten Stück des Morgengebets der Sabbate und Festtage: ’el baruk gedol de‘ah....[27]

Außer dem sethianischen Charakter ist auch die generelle literarische Struktur des Melch, trotz seines fragmentarischen Erhaltungszustandes, hinreichend deutlich erkennbar und also bereits beschrieben bzw. skizziert worden.[28] Das braucht hier nur soweit noch einmal aufgenommen zu werden, als es zur Basis für weiterführende Erwägungen dient. Der Traktat besteht aus zwei Offenbarungen an Melchisedek (p. 1,1–14,15; p. 18,unten[29]–27,10) und einem Zwischenstück (p. 14,15–18,unten), das die Reaktion des Melchisedek auf die erste Offenbarung enthält, unter anderem das Taufgebet und das sethianische Trishagion. Als Mittler der ersten Offenbarung hat Pearson im Rahmen einer seiner glänzendsten Rekonstruktionen Gamaliel, das ist hier der große Engel des ersten Erleuchters Harmozel, identifiziert (p. 5,18). Wer aber ist als Vermittler der zweiten Offenbarung vorzustellen? Und diese Frage ist fast gleichbedeutend mit der nach der Identität der „Brüder“, von deren Rückkehr in den Himmel am Ende des Textes die Rede ist (p. 27,6–10). Zwar nennt Gamaliel den Melchisedek „Bruder“ (p. 1,10); aber daraus darf man nicht ohne weiteres schließen, dass diese Anrede auch in umgekehrter Richtung als möglich empfunden worden wäre. Kurzum, die „Brüder“ am Ende scheinen dem Melchisedek erheblich näher verwandt zu sein als der *Engel* Gamaliel. Und so legt sich die Frage nahe, ob diese „Brüder“ nicht die p. 12,8 genannten (bzw. von Pearson rekonstruierten) Abel, Henoch, Noah etc. sind, zumal die Reste des unmittelbaren Kontextes es als möglich erscheinen lassen, dass hier im Rahmen der ersten bereits auf die zweite Offenbarung voraus gewiesen wird. Wie aber können die Mittler der zweiten Offenbarung, von der man doch irgendeine Steigerung gegenüber der ersten erwartet, von geringerem himmlischen Rang sein als der Mittler der ersten Offenbarung? Damit sind wir schon mitten in der zentralen Frage nach dem Verhältnis der ersten zur zweiten Offenbarung, die zunächst erst einmal als solche gestellt sei. Der Versuch einer Antwort erfolgt jedoch am besten erst im Zusammenhang mit den noch nötigen Bemerkungen über die *Person* des Offenbarungsempfängers.

---

[27] Thesaurus of Mediaeval Hebrew Poetry, hrsg. von I. Davidson, I, New York 1924, Alef Nr. 3514; diesen Literaturhinweis mitsamt der ganzen Idee und dem guten semitistischen Gewissen dabei verdanke ich Johann Maier.

[28] Vgl. K.-W. Tröger (Hg.), Gnosis und NT, 67–69; B. A. Pearson, in NHLibEng, 399.

[29] Pearson sieht diese Zäsur in Z. 7; m. E. kann sie aber nur irgendwo im verlorenen unteren Teil der Seite gelegen haben.

Das Bezugsfeld, in dem die hier als Offenbarungsempfänger dienende Gestalt des Melchisedek steht – von der Genesis bis zu den Melchisedekianern und von 11Q Melch bis zur Pistis Sophia sich erstreckend –, ist von Pearson bereits abgesteckt worden.[30] Pearson kommt dabei auch auf zwei Fragen zu sprechen, die für das Verständnis des ganzen Traktats in der Tat von entscheidender Bedeutung sind, obgleich sie leichter zu stellen als zu beantworten sind: 1. Ist Melch von Hebr abhängig? 2. Wie ist das Verhältnis zwischen dem Offenbarungsempfänger Melchisedek und dem Erlöser Jesus Christus vorgestellt? Die beiden Fragen sind auch nicht ohne einen gewissen Zusammenhang untereinander. Hinsichtlich der ersten Frage stellt er mit Recht zunächst fest, dass es keinen eindeutigen Hinweis darauf gebe, dass Melch den Hebr benutzt bzw. voraussetzt.[31] Gleichwohl kann ich mir die Rede von dem *wahren* Hohenpriester, der von Melchisedek unterschieden wird (p. 15,12) und der doch dann wohl nur Jesus Christus sein kann (vgl. p. 6,16–19), kaum ohne die Voraussetzung der vom Hebr vertretenen und geschaffenen Relation Melchisedek – Jesus vorstellen.[32] Aber auch wenn der Hebr doch Spuren in Melch hinterlassen hat, muss das nicht notwendig heißen (wie wir noch sehen werden), dass die These von Pearson, wonach die Gestalt des Melchisedek von NHC IX,1 direkt und ohne Vermittlung durch das Christentum aus dem Judentum stamme,[33] gänzlich falsch sei. Die zweite Frage (konkret, ob also Melchisedek und Jesus zwei verschiedene Gestalten oder identisch sind und welche Gestalt oder Erscheinung der anderen untergeordnet sei) ist nach der Einschätzung Pearsons nicht mit Sicherheit zu beantworten.[34] Dennoch ist seine Hinneigung zu der Auffassung, dass Jesus nur eine Erscheinung des Melchisedek und diesem untergeordnet sei – nicht zuletzt infolge eines Zwanges, den die vermeintliche Analogie zu den Melchisedekianern ausübt – von Anfang an nicht zu übersehen.[35] Sie wird schließlich in der Einleitung zur Übersetzung ganz deutlich ausgesprochen („…, the tractate's apparent identification of Melchizedek with Jesus Christ, …". „The second revelation … then depicts Melchizedek transported into the future. Melchizedek sees that the role of Jesus Christ as suffering savior and triumphant victor is his own future

30 The Figure of Melchizedek, 200–208.
31 The Figure of Melchizedek, 207, Anm. 29.
32 So auch Pearson jetzt in NHLibEng, 399.
33 The Figure of Melchizedek, 207.
34 Vgl. besonders Anti-Heretical Warnings, 150, Anm. 5.
35 Vgl. Anti-Heretical Warnings, 149f.; The Figure of Melchizedek 201, 207f.

role."[36] Die Entscheidung für oder gegen diese Auffassung muss offenbar an der Interpretation des Restes von p. 25 fallen, speziell des dortigen „ich". Noch genauer genommen, fällt sie eigentlich durch die drei Alpha des Restes von Zeile 11. Das heißt, hier ist in Wirklichkeit von zwei „ichs" die Rede. Das des Melchisedek kommt aber erst in Z. 11 wieder ins Spiel. Der Sprecher davor ist also Jesus, die Situation, in der Jesus diese Worte sagt, etwa analog derjenigen von Matth 25,35f.42f. zu denken. Und die Worte des Melchisedek „meine Augen haben ge-…" machen deutlich, dass diese Worte Jesu beim Endgericht zu einer *Vision*, die Melchisedek gehabt hat, gehören. Damit ist nun auch die oben angeschnittene Frage nach dem Verhältnis der beiden Offenbarungen zueinander beantwortbar: Die erste ist im Wesentlichen eine Vorher*sage* (typisches Tempus das Futur), während die zweite im Wesentlichen eine Vorher*schau* ist (in deren Rahmen das Zukünftige eben auch als Perfekt zur Sprache kommen kann).

Pearson hat in seinen bisherigen Arbeiten zu Melch implizit und explizit schon zum Ausdruck gebracht, dass die sachliche Erschließung eines so fragmentarischen Textes besondere Methoden erfordert und auch indirekte Wege zu gehen zwingt, wo und sofern es keine direkten gibt. Solch indirekter Weg ist z. B. der Vergleich gewisser Strukturen bzw. Teilstrukturen, die in unserem Text erkennbar sind, mit ähnlichen Strukturen in der Umwelt. Im Sinne eines derartigen exegetischen Experimentierens hat Pearson zwei Topoi des Melch herausgegriffen, nämlich den des Antidoketismus und den der Relation Melchisedek – Jesus, sie auf das entsprechende allgemeine und vorgegebene Koordinatennetz bezogen und so unseren Text geistig zu lokalisieren versucht. Ich möchte diese großräumige experimentelle Exegese in zwei „Schüben" fortsetzen, aber nicht durch vergleichendes Heranziehen einzelner Topoi, sondern durch den Vergleich mit ganzen Texten bzw. Textgruppen.

Zunächst dürfte sich ein Vergleich zwischen Melch und der Ascensio Jesaiae als fruchtbar erweisen. Er kann in diesem Rahmen selbstverständlich nicht völlig durchgeführt werden; vielmehr soll anhand der wichtigsten Punkte nur die Perspektive aufgezeigt werden. Auch geht es mir bei dem Vergleich nicht – bzw. nicht in erster Linie – um die Frage der literarischen Verwandtschaft der beiden Texte (immerhin ist wenigstens das Martyrium Jesajas an einer späteren Stelle desselben Codex IX – in

36 The Nag Hammadi Library in English, 399.

TestVer[37] – vorausgesetzt [p. 40,21–41,4]); vielmehr wird AscJes heuristisch als „Brille" benutzt, um Melch besser zu sehen. Die Legitimität für eine solche „Synopse" der beiden Texte kann man vielleicht am besten und schnellsten aus der Übereinstimmung in einem ganz kleinen und einem ganz großen Sachverhalt ableiten. Einerseits findet sich eine Entsprechung für die Verwendung des seltenen Wortes προσάββατον in einer kerygmatischen Formulierung (Melch p. 25,6) nur noch in AscJes 3,13.[38] Andererseits teilt Melch mit AscJes den durchgehenden und profilbestimmenden kompositorischen Mangel an dezenter Fiktionalität.[39] Aber dann legt sich sofort erst einmal der Eindruck nahe, dass Melchisedek als Offenbarungsempfänger *hier* wohl auf der gleichen Bezugsebene seinen Platz hat wie Jesaja *dort*, d. h., dass die Beziehung des Melchisedek zu Jesus Christus kategorial die gleiche ist wie die des Jesaja.[40] Dass diese Sicht der Dinge nicht kurzschlüssig ist, geht aus weiteren auffälligen und instruktiven Übereinstimmungen hervor. Auch AscJes enthält literarisch zwei Offenbarungen, von denen der Inhalt der ersten als Vorhersage formuliert ist (3,13–5,1), die zweite dagegen als Vision geschildert wird (Kap. 6–11). Bei der Vorhersage ist für uns besonders wichtig die Prophezeiung des Abfalls von der rechten Lehre (AscJes 3,21; vgl. Melch p. 5,1–11). Die Art, wie die Vision des Jesaja beschrieben wird, vor allem hinsichtlich seiner Augen (AscJes 5,7; 6,10–12.17; 9,37), ist in Beziehung zu setzen mit Melch p. 25,11. In AscJes spielen auch die Urväter als schon Selige eine Rolle (Adam, *Abel, Henoch* etc. [9,7–9]; Adam, *Abel*, Seth etc. [9,28]), was man vergleichen kann mit Melch p. 12,8 und (gegebenenfalls) p. 27,7f. Hinsichtlich des die Offenbarung vermittelnden Engels sind beide Schriften verbunden durch das Motiv der Zweckangabe des Gesandtseins (AscJes 7,5; Melch p. 5,18f. [vgl. 1,1ff.]) und durch das der Freundlichkeit (AscJes 7,6f.; Melch p. 1,9–11). Während die zuletzt genannten Berührungen wohl für das Verständnis von Melch hilfreich, aber nicht an sich erstaunlich sind, gibt es noch einen Punkt, wo die Übereinstimmung noch einmal wesentlich und verblüffend wird: Beiden Apokalypsen ist das Fehlen einer klaren Traditionsvorstellung gemeinsam (vgl. AscJes 11,39 mit Melch

[37] Vgl. die deutsche Übersetzung von K. Koschorke in ZNW 69 (1978), 91–117.

[38] Mk 15,42 bzw. das Diatessaron reichen je als Bezugspunkt zur Erklärung nicht aus.

[39] Vgl. dazu Ph. Vielhauer, Geschichte der urchristlichen Literatur, Berlin 1975, 525.

[40] Auch durch diese Perspektive scheinen sich meine ersten Eindrücke zu bestätigen; vgl. K.-W. Tröger (Hg.), Gnosis und NT, 68; Erwägungen zum Rätsel des Hebräerbriefes, 436 Anm. 37.

p. 14,12–15 und p. 27,3–6); nach dem, was da steht, ist gar nicht zu begreifen, wie die Texte überhaupt geschrieben werden konnten.[41]

Wenn man nun einmal dabei ist, Melch – versuchsweise, wie gesagt, und soweit es eben geht – durch die Brille von AscJes zu betrachten, tauchen noch zwei Fragen auf, die, ob man sie nun (so oder so) beantworten kann oder mag, von allergrößtem Gewicht sind. Die erste Frage ergibt sich aus dem Stellenwert des Gnostischen in der AscJes. Die AscJes spielt ja in der religionsgeschichtlichen Schule als Quelle für die gnostische Erlöservorstellung eine nicht geringe Rolle. A. K. Helmbold hat nun kürzlich – im Licht unserer neuen Quellen – das, was an AscJes gnostisch ist, einmal gezielt herausgearbeitet.[42] Helmbold selbst lässt sich von den zahlreichen gnostischen Motiven zu dem Schluss führen, dass der Ursprung der AscJes also nicht in christlichen, sondern in halbchristlichen bzw. christlich-gnostischen Kreisen zu suchen sei.[43] Mir hat jedoch seine Demonstration einen ganz anderen Eindruck vermittelt. Gnostische *Elemente* machen ja eine Schrift noch nicht gnostisch. Mir kommt es so vor, als hätten wir in AscJes eine christliche Schrift zu sehen, die zwar reichlich gnostische *Motive* enthält, ohne aber selbst *noch* gnostisch zu sein. Und im Durchblick auf Melch fühlt man sich dann provoziert zu der Erwägung (das oben [S. 123] bereits Angedeutete von einer anderen Seite aus noch einmal aufnehmend, auch nicht etwa, um eine entsprechende These vorzubereiten, sondern um eine Grenzmöglichkeit in den Blick zu bekommen), ob nicht etwa auch diese Schrift, trotz ihres erheblich spezifischeren Motivbestandes, den wir aus anderen (sethianisch-)gnostischen Texten kennen, den gnostischen Geist schon hinter sich gelassen haben könnte. Man darf jedenfalls die Frage, ob Melch gnostisch sei oder nicht, nicht mehr einfach mit dem Hinweis auf das Vorkommen von Barbelo, Doxomedon, den vier Erleuchtern, Pigeradamas usw.[44] – obgleich das ganz wichtige Indizien sind – für hinreichend beantwortet halten. Selbst Gestalten wie Barbelo, Doxomedon usw. sind ja gnostisch (bzw. bleiben es) nicht an sich, sondern nur in einem bestimmten Zusammenhang. Die andere Frage resultiert aus unserem Wissen, dass die *christliche* Apokalypse der „Ascensio Jesaiae" entstanden ist als literarische Erweiterung eines

---

41 Vgl. Ph. Vielhauer, Geschichte der urchristlichen Literatur, 525.

42 Gnostic Elements in the ‚Ascension of Isaiah', NTS 18 (1971/1972), 222–227.

43 Gnostic Elements, 227.

44 Vgl. K.-W. Tröger (Hg.), Gnosis und NT, 67; B. A. Pearson, Anti-Heretical Warnings, 149.

jüdischen Apokryphons vom Martyrium des Jesaja.[45] Nun hat Pearson ja bereits, wie in anderem Zusammenhang schon gesagt (s. oben), den Eindruck formuliert, dass in Melch die Titelfigur – ohne Vermittlung durch das Christentum – aus dem zeitgenössischen Judentum übernommen sei.[46] Und in der Tat, wenngleich die spezifische Relation des Melchisedek zu Jesus nicht ohne Einfluss des Hebr vorgestellt werden kann, so ist doch die besondere „Farbe", mit der die Gestalt des Melchisedek an sich hier gemalt ist, aus dem Hebr in keiner Weise ableitbar. Und das wiederum ermutigt uns zu dem versuchsweise zu ziehenden Analogieschluss, dass, wie bei AscJes, auch im Falle von Melch ein nichtchristliches Substrat zugrunde liegen mag, das man sich etwa als eine jüdische Melchisedeklegende vorzustellen hätte.

Dieser Gedanke seinerseits leitet über zu dem zweiten „Schub" unseres exegetischen Experimentierens, d. h. zu dem Vergleich des Melch mit einer anderen Textgruppe. Ich bin auf die mögliche Relevanz dieser Textgruppe für das Verständnis von Melch aufmerksam geworden unter der Fragestellung, wie es zu erklären ist, dass Melchisedek in dieser Schrift als ein Heros der Sethianer erscheint. Wie kann Melchisedek zum Offenbarungsempfänger und -tradenten des Sethianismus geworden sein? Es ist vielleicht nicht uninteressant zu vermerken, dass diese Grundfrage für das Gesamtverständnis unseres Textes natürlich auch bei Pearson erscheint, *aber* in genau entgegengesetzter Richtung; ihm ist das sethianische Gut in einer Melchisedekschrift das Problem. Und diese Fragerichtung scheint auch in gewisser Weise das Ergebnis vorzuprogrammieren, nämlich dass die sethianischen Elemente in dieser christlich-gnostischen Schrift möglicherweise sekundär sind.[47]

Wenn man es für legitim hält, zunächst einmal vorauszusetzen, dass die Einbeziehung des Melchisedek in den Rahmen des Sethianismus *nicht* zufällig ist, und wenn man weiter in Anknüpfung an das Ende der vorhergehenden Erwägung (hinsichtlich einer jüdischen Melchisedeklegende als Substrat des Traktats) die Antwort auf die Grundfrage zunächst in der Tradition sucht, fällt der Blick *einerseits* auf die syrische Schatzhöhle[48] samt

45 Vgl. vor allem jetzt E. Hammershaimb, Das Martyrium Jesajas, in: W. G. Kümmel (Hg.), JSHRZ II,1, Gütersloh 1973.

46 The Figure of Melchizedek, 207.

47 NHLibEng, 399.

48 C. Bezold, Die Schatzhöhle syrisch und deutsch herausgegeben; I: Übersetzung, Leipzig 1883; II: Texte, Leipzig 1888; deutsche Übersetzung auch bei P. Rießler, Altjüdisches Schrifttum außerhalb der Bibel, Heidelberg [2]1966, 942–1013.

der von ihr abhängigen Literatur,[49] aus der für uns besonders das christliche Adambuch des Morgenlandes noch wichtig ist;[50] *andererseits* fällt der Blick auf den Melchisedekappendix des slavischen Henochbuches,[51] der aber vielleicht doch gar kein sekundärer Anhang oder ein zufällig am Ende lokalisiertes Fragment ist, sondern der organische Schluss der Urgestalt des slHen.[52] Nun sind die Texte dieser Textgruppe zwar entweder eindeutig christlich (Schatzhöhle etc.) oder aber wenigstens dem Verdacht christlicher Einwirkung ausgesetzt (slHen),[53] aber das jüdische Substrat an den uns interessierenden Stellen ist hinreichend deutlich. Auch der Umstand, dass diese Schriften selbst voller textkritischer, literarkritischer und formgeschichtlicher Probleme stecken,[54] braucht uns nicht zu irritieren. Wir brauchen ja nur einen Rohvergleich, und es genügen uns Näherungswerte.

In der syrischen Schatzhöhle begegnet Melchisedek an folgenden Stellen (nach der Kapitel- und Verseinteilung von Rießler): 16,22–28; 22,3–13; 23,1–25; 28,8–13; 29,3–9; 30,2–17; 31,5–6; 49,2–8; im christlichen Adambuch des Morgenlandes (nach den Seiten der Übersetzung von Dillmann): S. 102, 109, 111, 112, 113, 114, 115, 116, 120, 122. Die für uns wichtigen Züge des Melchisedekbildes sind: Das besondere Verhältnis des Melchisedek zu Adam: das gottunmittelbare Priestertum Adams geht von Adam direkt auf Melchisedek über; die Begründung seines Priestertums im Zusammenhang mit der Sintflut, überhaupt die „Ansiedlung" des Melchisedek in der Noahgeschichte; das Zusammenwirken mit dem Noahsohn Sem, als dessen Urenkel er vorgestellt wird; das Priestertum

---

49 Vgl. A. Götze, Die Nachwirkung der Schatzhöhle, ZSG 2 (1924), 51–94; 3 (1924), 53–71. 153–177; W. Lüdtke, Georgische Adam-Bücher, ZAW 38 (1919/1920), 155–168.

50 A. Dillmann, Das christliche Adambuch des Morgenlandes, JBW 5 (1852/1853), 1–144.

51 W. R. Morfill/R. H. Charles, The Book of the Secrets of Enoch, Oxford 1896, 85–93; G. N. Bonwetsch, Die Bücher der Geheimnisse Henochs – Das so genannte slavische Henochbuch, TU 44,2, Leipzig 1922, 105–121; A. Vaillant, Le livre des secrets d'Hénoch – Texte slave et traduction française, Paris 1952, 69ff (Kap. 22 und 23).

52 Vgl A. Rubinstein, Observations on the Slavonic book of Enoch, JJS 13 (1962), 1–21, besonders § 2: „The legend of the birth of Melchizedek" S. 4–6; vgl. noch S. 20: „... there is the possibility that the Melchizedek story *was* part of our original pseudepigraph. If so, the Slavonic Enoch can hardly have been composed before *Hebrews* became fairly well known in the Christian world."

53 Vgl. Rubenstein, Observations, besonders § 4: „The problem of Jewish or Christian origin of the Slavonic Enoch" S. 10–15, und das Zitat in der vorigen Anmerkung. M. Delcor dagegen hält die Melchisedekgeschichte des slHen doch für vorchristlich und jüdisch, cf. JSJ 2 (1971), 127–130.

54 Vgl. einerseits noch A. Götze, Die Schatzhöhle – Überlieferung und Quellen, SAH 1922, Nr. 4, andererseits den Aufsatz von Rubinstein (Anm. 52) als Ganzen.

des Melchisedek schließt blutige Opfer aus und fordert von ihm absolute Askese: Melchisedek ist also auch jungfräulich; sein Priestergewand ist ein Tierfell; Haupthaar und Nägel darf er nicht beschneiden; der Engel Gottes (Michael) ist es, der Melchisedek mit dem zum Leben Nötigen versorgt, wie er auch schon Sem und Melchisedek zum Ort von dessen Priestertum geführt hatte. (Zur Vorstellung von dieser Engelsbeziehung des Melchisedek vgl. besonders Dillmann S. 112: „Und der engel des Herrn kam in jener nacht zu Melchisedek, da er auf seinem lager schlief, und erschien ihm in gestalt eines jünglings wie er, und klopfte ihm auf seine rechte seite und weckte ihn von seinem schlafe auf. Und als er es hörte, stand er auf und sah das zimmer voll von licht und eine person vor sich stehen, und er fürchtete sich vor ihm, denn er hatte noch nie einen engel gesehen, außer dieses einzigemal. Und der engel benahm ihm die furcht und salbte ihm haupt und brust und sagte zu ihm: ‚fürchte dich nicht, ich bin der engel des Herrn, er hat mich zu dir geschickt mit folgendem auftrag, damit du ihn für deinen Gott vollziehest.' Und er sagte zu ihm: ‚was ist das für ein auftrag?' denn er war ein jüngling vollkommenen sinnes. Und er sagte zu ihm: ‚dass du mit dem körper deines vaters Adam in die mitte der erde gehest und dort dienend und Gott verehrend vor ihm stehest; denn Gott hat dich von deiner kindheit an erwählt, weil du vom samen der gesegneten bist'.")

Das Melchisedekbild im „Appendix" von slHen stimmt mit dem der Schatzhöhle etc. nur zum Teil überein, ist aber auf jeden Fall mit ihm verwandt. Für uns ist vor allem wichtig, dass Melchisedek auch hier in der Noah- und Flutgeschichte seinen Platz hat. Allerdings ist er hier nicht Urenkel, sondern – nach seiner irdischen Seite – eine Art (Stief-)Vetter des Sem, d. h., er gehört nicht der Nach-, sondern der Vorflutgeneration an. Er übersteht die Sintflut nicht mit in der Arche, sondern wird vom Engel Michael ins Paradies entrückt. Also auch das Engelmotiv ist da, wenngleich anders orientiert. Übrigens heißt Michael hier „Archistratege" (vgl. Bonwetsch Appendix III 28; IV 5; so auch schon XXII 6; XXXIII 10). Hinsichtlich dessen, was mit Melchisedek nach seiner Entrückung weiter geschieht, gehen anscheinend verschiedene Vorstellungen durcheinander.[55] Bald sieht es so aus, als diene die Entrückung nur dem Überstehen der Flut und würde Melchisedek danach auf die Erde zurückkehren und *dort* den Ort seines Priesterdienstes aufsuchen. Das schiene auch in der Logik der Sache zu liegen. Und in diesen Zusammenhang scheint die für

[55] Vgl. dazu z. B. Rubinstein, Observations, 20[61].

unsere Fragestellung wichtige Vorstellung von Melchisedek als Antitypos des Seth zu gehören; vgl. IV 2 (Bonwetsch): „und ich werde ein anderes Geschlecht aufrichten, und Melchisedek wird das Haupt den Priestern sein in jenem Geschlecht, wie mir Seth in diesem Geschlecht war." Aber mit dieser Vorstellung konkurriert offenbar eine andere, nach der Melchisedek bis in alle Ewigkeit im Paradies bleibt und ein *anderer* Melchisedek später dem Abraham begegnen wird. Diese andere Vorstellung, soweit sie nicht ihrerseits vom Christentum (bes. Hebr) beeinflusst ist, könnte man als mit der Melchisedekkonzeption von 11Q Melch und/oder der *hinter* dem Hebr erkennbaren verwandt ansehen. Und hier ist nun der Ort, wo wir auf unsere Nebenfrage nach einer möglichen Querverbindung zwischen dem Melchisedek von Qumran und dem von Nag Hammadi zurückkommen können. Ich kann nur eine indirekte sehen, und zwar eine solche, die über den „Appendix" des slHen läuft.

Aber als eigentliches Ergebnis unseres Hinüberblickens auf den ganzen Textkomplex Schatzhöhle etc./slHen möchte ich, die skizzierten Sachverhalte deutend, behaupten, dass wir hier hinter den konkreten Texten einen jüdischen Legendenkranz erahnen, innerhalb dessen wir Melchisedek als einen integrierenden Bestandteil derselben jüdischen Tradition finden, die weithin sowieso als der wesentliche nichtgnostische Hintergrund bzw. als die Basis des gnostischen Sethianismus angesehen wird. Ich darf in diesem Zusammenhang übrigens auf den einschlägigen Topos von A. Götzes quellenkritischer Analyse der Schatzhöhle hinweisen, nicht zuletzt um anzudeuten, dass sich unser phänomenologisches Überspringen der Jahrhunderte unter Umständen sehr wohl historisch absichern lässt. Er setzt die Entstehungszeit einer Urschatzhöhle um 350 n. Chr. an. Und eine von deren Quellen, die bis ins 3.–2. Jahrhundert zurückreichen sollen, sei ein Sethianisches Adambuch gewesen, zu dem eben auch die Melchisedekstücke schon gehört hätten.[56] Hier liegt natürlich ein anderer, weniger strenger Begriff von Sethianismus vor. Aber das, was Götze „Sethianismus" nennt, und das, was wir für das jüdische (oder semijüdische) Substrat der sethianischen Gnosis halten, kommt ungefähr auf dasselbe hinaus.

---

[56] Die Schatzhöhle – Überlieferung und Quellen, 50; eine Zusammenfassung bei Wuttke, Melchisedech der Priesterkönig von Salem, 42 Anm. 7.

IV. *Offene Fragen*

Nachdem wir schon in den bisherigen Darlegungen mehr den Rahmen für mögliche Interpretationen abgesteckt als diese selbst geliefert haben, wollen wir sozusagen das Maß noch voll machen dadurch, dass wir zum Schluss nur noch ein bloßes Raster weiterer Fragen zusammenstellen. Es handelt sich um Fragen, denen wir den Traktat Melch m. E. aussetzen müssen, auch wenn wir schon vorher wissen bzw. mit Grund vermuten, dass jedenfalls die erhaltenen Fragmente die Antworten nicht zu geben vermögen.

1. *Frage*: Ist in Melch die Gleichung Salem = Sodom vorausgesetzt? Im erhaltenen Text kommen allerdings weder Salem noch Sodom vor. Die Frage hat nun einen bestimmten Hintergrund. Auf die für das Verständnis des Traktats als ganzen wichtige Frage, wie Melchisedek eigentlich unter die Sethianer kommt, gibt es ja vielleicht mehr als eine Antwort. Dass es möglich ist, wie angedeutet, den Sachverhalt traditionsgeschichtlich zu erklären, schließt ja nicht aus, dass er zugleich noch eine andere Dimension hat. Nun ist einerseits in Gen 14,17–24 das Umspringen von Sodom zu Salem und von Salem wieder zu Sodom schlechterdings verwirrend und bietet sich zum Rätselraten geradezu an. Andererseits verstehen die Sethianer in ihrer revolutionären Exegese Sodom (und Gomorrha) als (zweite) irdische Heimat der Ursethianer, die dann der unwissende und böse Demiurg wegen ihrer Anbetung des wahren Gottes durch seine Feuerflut (vergeblich) zu vernichten suchte bzw. vernichtet zu haben glaubt. Die Frage ist also, ob sethianische Exegese diese beiden Elemente hat zusammenbringen können durch den Schluss, dass Sodom und Salem offenbar nur verschiedene Namen für ein und denselben Ort seien, Melchisedek mithin König von Sodom *und also* der Priesterkönig der Ursethianer. Erwägbar scheint mir solches schon zu sein. Klar ist aber auch, dass niemand sich darauf wird festlegen wollen, zumal sich auch eine vorgnostische Exegese, die Sodom und Salem identifiziert hätte und an die die Sethianer gegebenenfalls hätten anknüpfen können, meines Wissens und nach Auskunft befragter Sachverständiger nicht nachweisen lässt.

2. *Frage*: Wo hat man sich den Melchisedek unseres Traktates vorzustellen: in Jerusalem oder am Garizim? Diese zweite Frage gewönne besondere Kraft, wenn die erste negativ zu beantworten wäre. Auch ihre Relevanz ist klar. Es geht darum, ob Melchisedek wirklich aus jüdischer oder etwa aus

samaritanischer Tradition in den Sethianismus gekommen ist, und zwar als Teilaspekt der generellen Alternative „jüdisch oder samaritanisch" hinsichtlich des vorgnostischen Substrats der sethianischen Gnosis.[57] Die Ortsfrage ist völlig offen. Es kommt nicht nur Salem nicht vor, sondern überhaupt keine geographische Angabe. Sie würde aber auch gelten, wenn Salem vorkäme; denn das wird ja seinerseits verschieden lokalisiert. Zwar identifizieren die meisten Quellen Salem mit Jerusalem; aber das ist eine optische Täuschung infolge des mengenmäßigen Vorherrschens jüdischer Zeugnisse. Die Samaritaner haben es sich jedenfalls am Garizim vorgestellt.[58]

3. *Frage*: Hat auch die Gestalt Johannes des Täufers dem Melchisedekbilde unseres Textes Farbe geliehen? Beide sind ja zum Typ des Vorläufers gemacht worden, so dass ein Austausch der Attribute bzw. ein Überwechseln von solchen von dem einen (dem gewöhnlichen) zu dem anderen (dem speziellen) gut vorstellbar wäre. Diese Frage stellt keine Gedankenspielerei dar, sondern wird durch die Verbindung der Gestalt des Melchisedek mit der Taufe (p. 7,27–8,9; 16,13–16), die Pearson bereits als auffällig hervorgehoben hat,[59] geradezu herausgefordert. Das Asketentum des Melchisedek stellt ein weiteres verbindendes Glied dar. Und schließlich gibt es ja eine Tradition, die Johannes den Täufer an einem Ort wirken lässt, der – zumindest – denselben Namen trägt wie die Stadt des alttestamentlichen Melchisedek (Joh 3,23).[60] Und auf dem Gebiete der Topographie ist es auch nachweisbar, dass Johannes- und Melchisedektraditionen einander anziehen konnten.[61] Die Melchisedekstellen im so genannten zweiten Buch des Jeû mit ihrem Taufkontext[62] sehen übrigens aus wie Reflexe des „getauften Täufers" Melchisedek, wie unser Traktat ihn zeichnet, bzw. wie Zweige an demselben Ast, während die zahlreichen Melchisedekbelege der Pistis Sophia,[63] trotz des gleichen Beinamens

---

[57] Vgl. H.-M. Schenke, Das sethianische System, 171f.; ders., The Phenomenon, Kap. 1.

[58] Vgl. L. Wächter, Salem bei Sichem, ZDPV 84 (1968), 63–72, bes. 70; N. Walter, Fragmente jüdisch-hellenistischer Historiker, in: W. G. Kümmel (Hg.), Jüdische Schriften aus hellenistisch-römischer Zeit, I, 2, Gütersloh 1976, 142 (Pseudo-Eupolemos Fragment 1 § 5f).

[59] The Figure of Melchizedek, 202.

[60] Vgl. L. Wächter, Salem bei Sichern, 70; R. Schnackenburg, Das Johannesevangelium, HThK IV, I. Teil, Freiburg 1965, 450f.

[61] Vgl. H. W. Hertzberg, Die Melkiṣedeq-Traditionen, 177f.

[62] C. Schmidt/W. Till, Koptisch-gnostische Schriften I, 309,16; 310,23f.36.

[63] C. Schmidt/W. Till, Koptisch-gnostische Schriften I, 21,4.16.31; 22,6.15; 125,24.34; 188,33.35; 212,6.10; 213,18; 218,17.28; 232,12; 237,8f.13f.23; 239,31.

„Zorokothora" für Melchisedek, davon getrennt zu halten sind; sie machen eher den Eindruck einer gnostischen Variante der qumranischen Melchisedekvorstellung. Auf der Linie von Melch und 2Jeû liegt es wiederum, wenn Melchisedek anstelle von Mellidon bzw. Melchoidos als der zuständige Engel für das Fluss- und Quellwasser erscheint.[64] Andererseits lässt gerade der letzte Belegkomplex es als Möglichkeit erscheinen, dass der Taufkontext des sethianisch adaptierten Melchisedek einfach durch Ersetzung der Namen der Taufengel Micheus, Michar, Mnesinous durch den seinen begründet ist.

4. *Frage*: Setzt unser Traktat etwa die Identifikation des Melchisedek mit Sem voraus, die ja sowohl in der rabbinischen als auch in der samaritanischen Tradition geläufig ist? Der exegetische Grund für diese Frage besteht in der auffälligen Rolle, die das Namenmotiv in Melch spielt (p. 15,8; 16,13), und zwar besonders wenn man es im Spiegel der Interpretation, die Ephraem der Syrer der Gestalt des Melchisedek angedeihen lässt,[65] betrachtet. Vielleicht ist auch in unserem Text im Grunde gemeint, dass die Person des Offenbarungsempfängers der Mensch Sem ist, der eben „Melchisedek" als göttlichen Namen empfängt bzw. empfangen hat. Immerhin wird Sem als fiktiver Empfänger gnostischer Offenbarungen auch sonst verwendet (vgl. besonders NHC VII,1 „Die Paraphrase des Sēem"), wobei es übrigens zur Verwechslung bzw. zur Verschmelzung mit der Gestalt des Seth kommen kann.[66] Falls sich die bei Ephraem fassbare Auffassung als eine „heiße Spur" erweisen sollte, würde uns das in denselben Bereich führen, in den wir schon durch die Vergleichbarkeit zwischen Melch und Schatzhöhle etc. gewiesen worden waren. Auch in umgekehrter Perspektive erscheint die Erwägung als attraktiv; denn das Zusammen*wirken* von Sem und Melchisedek in der Schatzhöhle etc. ist so auffällig, dass es die Zusammen*schau* beider Gestalten bereits zur Voraussetzung haben könnte oder wenigstens leicht zum Zusammen*fallen* führen mochte.

---

[64] Vgl. E. Peterson, Engel- und Dämonennamen, Nr. 73 (= S. 407).

[65] Vgl. Jérôme, Melchisedech-Bild, 40.

[66] Vgl. H.-M. Schenke, Zur Faksimile-Ausgabe der Nag-Hammadi-Schriften. Die Schriften des Codex VII, ZÄS 102 (1975), (123–138) 125.

Nachtrag

Der Informations- und Gedankenaustausch mit B. A. Pearson (s. Anm. 15) ist auch nach Abschluss des Manuskripts noch weitergegangen bzw. hat auf der Basis des Manuskripts noch einmal angefangen. Auch habe ich erst nachträglich mit W.-P. Funk ausführlich die Übersetzung und die Gedanken zu Melch besprechen können. Was bei alledem noch an Verbesserungen und neuen Gesichtspunkten (im Wesentlichen die Übersetzung betreffend) herauskam, ist nach Möglichkeit gleich in den Text selbst hineinkorrigiert worden. Der Rest sei hier aufgeführt.

Was die Frage des Einflusses von Hebr auf Melch anbelangt, so hat Pearson inzwischen seine Meinung geändert, wie es in der Einleitung zu seiner Textausgabe, deren Manuskript er mir zugänglich gemacht hat, ausdrücklich gesagt wird und sich vielfältig auswirkt, so dass darin jetzt völlige Übereinstimmung herrscht.

p. 5,24: In der Mitte des nomen barbarum liest Pearson jetzt]aiai. Das heißt, man hat zwischen dem Ababa vorn und dem Ababa hinten mit Pearson doch etwas anderes, etwa iai]aiai (wobei das Ganze als Palindrom aufzufassen wäre) oder ai]aiai anzunehmen.

p. 6,25: Die Reste des Wortes vor ouaaf̣ sind schwer zu deuten. Mein Übersetzungsversuch setzt hier ein ṃen voraus, dem sich aber nach Pearson die Spuren vor dem Ny nicht ganz zu fügen scheinen. Pearson selbst möchte jetzt hier e] ḥụon lesen.

p. 10,1: Nach Auskunft von Pearson, die auch der Meinung von Funk entspricht, ist in der Lakune am Ende der Zeile kein Platz für die Negationspartikel an. Man müsste sie schon konjizieren. Platzschwierigkeiten gibt es, wenn man normale Bedingungen voraussetzt, an drei weiteren Stellen, p. 17,20 Ende: zu knapp für kouaa]b; p. 17,23/24: nicht ausreichend für ar[chistratē]|[gos; p. 26,10 Anfang: zu reichlich für tẹ[lē]ḷ.

Von W.-P. Funk stammt z. B. die Beobachtung, dass der trümmerhafte Anfang der Schrift sich am besten auf ein Abstiegsschema beziehen lässt.

Um Missverständnissen vorzubeugen, sei ausdrücklich darauf hingewiesen, dass die christologischen Antithesen von p. 5,2–11 absichtlich relativ frei übersetzt worden sind – auch im Wissen darum, dass eine dem Wortlaut nähere Übersetzung bereits vorhanden ist.[67]

p. 5,23: Nach Funk wäre auf die Ergänzung eines nim am Zeilenende zu verzichten, so dass man übersetzen könnte: „Du Sei]nsgrund der Ä[onen".

p. 8,4: Funk möchte am Ende der ersten Lakune ntok ergänzen, was zu der Übersetzung führen würde: „Aber empfange [du] die Ta[ufe] in den [unte(?)]ren Wa[s]sern".

p. 9,25: Funk würde lieber „Natur des Weiblichen" übersetzen.

p. 10,26: Nach Funk wäre vorzuziehen: „weibliche und män[nliche] (Wesen)".

p. 14,12: Funk wäre für einfaches [...ntok...] statt des hier vorausgesetzten [...hn tahe...], was ergeben würde: „..., sollst [auch] du offenbaren!]" M. E. könnte man auch an ein [„sogleich"] denken.

---

67 Vgl. K.-W. Trögel (Hg.), Gnosis und NT, 68f.

THE PHENOMENON AND SIGNIFICANCE OF GNOSTIC SETHIANISM*

One of the most important insights bestowed upon us by the Nag Hammadi Library comes in the form of the discovery, or rather the elucidation, of a variety of Gnosticism that may be well compared to Valentinianism in both extent and historical importance.[1] In the Nag Hammadi codices, there exists a constellation of texts that clearly stand apart as a relatively close-knit group (no matter how much they may also be related to other Nag Hammadi writings). Clear membership in the group is enjoyed not only by the texts that are central to it, but also by those that are peripheral. This text group includes:

- The *Apocryphon of John* (NHC II,*1*; III,*1*; IV,*1*; plus the BG version and the parallel in Irenaeus *Adv. haer.* 1.29)
- The *Hypostasis of the Archons* (II,4)
- The *Gospel of the Egyptians* (III,2; IV,2)
- The *Apocalypse of Adam* (V,5)
- The *Three Steles of Seth* (VII,5)
- *Zostrianos* (VIII,*1*)
- *Melchizedek* (IX,*1*)
- The *Thought of Norea* (IX,2)
- *Marsanes* (X)
- *Allogenes* (XI,3)
- The *Trimorphic Protennoia* (XIII)

In the light of the text group mentioned above, still other texts can be seen to belong to this variety of Gnosticism. Of original Gnostic writings, these are (besides the aforementioned version of BG,2) the *Untitled Treatise* of the Codex Brucianus; and from the domain of anti-heretical literature (besides the system of Irenaeus *Adv. haer.* 1.29 mentioned above),

* In: B. Layton (ed.), The Rediscovery of Gnosticism, Proceedings of the International Conference on Gnosticism at Yale, Bd. 2: Sethian Gnosticism, SHR 41,2, Leiden 1981, 588–616.

[1] Heartfelt thanks are due to my colleague and friend Bentley Layton for translating this paper into English.

the doctrines of the so-called Gnostics, Sethians, and Archontics of Epiphanius (*Haer.* 26.39.40).

The texts of this group shed light upon one another if compared synoptically; and the proportion and relationship of common, shared material to special, unique material permits a process of deduction that leads to considerable insight not only into the development of the teaching they contain, but also into the history of the community that transmitted them.

One instance of how these texts illuminate one another is the way certain shadowy figures suddenly spring to life. Thus in the *Hypostasis of the Archons* we unexpectedly encounter the light-giver Eleleth—who in most texts of our group looks like a long-dead component of the system—as a surprisingly lively savior and revealer (p. 93,2ff.). In the *Gospel of the Egyptians* and the *Trimorphic Protennoia*, he is even the luminous being who gives rise to the origin of the lower world (NHC III p. 56,22ff. = IV p. 68,5ff.; XIII p. 39,13ff.). Also Youel, "the one pertaining to all the glories,"[2] who according to the *Gospel of the Egyptians* is merely the consort of the thrice-male child[3] (= divine Autogenes = celestial Adamas),[4] plays a leading role as giver of revelation in *Allogenes* (NHC XI p. 50,20; 52,14; 55,18. 34; 57,25).

An outline of my view of this phenomenon, based on a lecture delivered in 1971,[5] has already been published. It is not my intention to bring up what was said before—to the extent that it still seems correct. Rather, I should like to make certain additions, to shift the emphasis somewhat, and to stress certain points that have become important in the interim, generally approaching the same topic from a slightly different perspective and in a more fundamental way. Although both major and minor issues are interesting and important in our text group—and there are problems of both general and very specific import—I would stress that its special significance lies largely in the fact that it is also limited, and therefore constitutes a readily surveyable field of observation, which we can use as

[2] The strange stereotyped epithet ⲧⲁⲛⲓⲉⲟⲟⲩ ⲧⲏⲣⲟⲩ probably renders only a single Greek adjective, probably something like πανένδοξος.

[3] I no longer hold to my former understanding of ϣⲟⲙⲛ̄ⲧ ⲛ̄ϩⲟⲟⲩⲧ ⲛ̄ⲁⲗⲟⲩ (and the like) as "Dreimännerkind," *NTS* 16 (1969) 197 n. 1; *Studia Coptica* (below, n. 5), 170; this was an exegetical exaggeration.

[4] Cf. further the *Untitled Treatise* from Codex Brucianus (ed. Baynes) p. 18,29; 48,3; *Zost.* p. 53,14; 54,17; 63,11; 125,14.

[5] H.-M. Schenke, "Das sethianische System nach Nag-Hammadi-Handschriften," in: P. Nagel (ed.), *Studia Coptica*, BBA 45, Berlin 1974, 165–173.

an ideal model for studying fundamental problems of the overall phenomenon of Gnosticism.

I. *The Designation of the Text Group as "Sethian" and its Implications*

As a kind of shorthand one could designate our text group by any neutral convention, such as *X*-group, or *Apocryphon of John*-group, etc. On the other hand, a label of a thing can legitimately be expected to say something about its nature. Moreover, it can hardly be ignored that there are already designations for the texts of our group, which attempt to say something about their essential nature. In this connection, the term Sethianism, which is borrowed from the church fathers, was playing a leading role since the Nag Hammadi codices have become known. According to G. MacRae, for example, the *Apocalypse of Adam* is a literary product of Sethian Gnostics.[6] A. Böhlig and F. Wisse define the content of the *Gospel of the Egyptians* as a combination of Barbelo-Gnosticism and Sethianism.[7] Y. Janssens calls the Gnostics from whom the main witnesses of our text group derive "Barbélognostiques-séthiens" and the like.[8] Nevertheless, the use of the terms "Barbelo-Gnostic" and "Sethian" as alternatives and in combination with one another seems rather suspect, since the terms come from different sources: the first originates from Irenaeus (*Adv. haer.* 1.29.1), who for his part does not use the term "Sethians" at all; the second derives from the so-called "Sethians" of Hippolytus, Epiphanius, and Theodoret, Theodoret being the first to attribute the system of Irenaeus *Adv. haer.* 1.30 to the Sethians. With those two formally distinct terms one could unintentionally refer to one and the same object. And if we are permitted to consider our text group as being essentially Sethian, this will actually turn out to be the case.

In the literature, other texts actually not belonging to our group also have been designated Sethian. Here it becomes apparent, as F. Wisse has emphasized, that what the anti-heretical writers of the church said about Sethianism and Sethians is entirely inadequate for distinguishing meaningfully and unambiguously which Gnostic texts are Sethian.[9] Yet this does

---

[6] G. MacRae, "Adam, Apocalypse of," *IDB.S* 10, New York 1976.

[7] *Nag Hammadi Codices III,2 and IV,2: The Gospel of the Egyptians*, NHS 4, Leiden 1975, 32. 36.

[8] "Le codex XIII de Nag Hammadi," *Le Muséon* 78 (1974) 348 etc.

[9] Cf. F. Wisse, "The Sethians and the Nag Hammadi Library," *SBL.SP 1972*, 601–607.

not necessarily preclude the opposite procedure, viz., of starting out from certain texts in which Seth has a key function, and examining, testing, and confirming or rejecting the church fathers' accounts of Sethianism in the light of these texts. In such a procedure, what counts is not the fact that Seth appears in a text (or that he is its reputed author), but the way in which he appears. I must confess that I do not feel the criticisms advanced at the end of M. Tardieu's recent article[10] really applying to me, all the less so since in his paper on the *Three Steles of Seth* Tardieu, without reservation, considers the latter text to be Sethian.[11] It is not a question of old or new artificial names of heresies. Rather, presupposing (as the church fathers seem to have done) that Gnostic Sethianism, i.e. Gnostics who designated and understood themselves as Sethians, really did exist, it is a question of using primary sources to bring order into the pertinent statements of the church fathers and to inquire after the essence of real Sethianism.

The occurrence of the figure and name of Seth (along with his equivalents such as "child of the child" or "Allogenes") in our text group seems to me essential and basic. For instance, the mythic concept of the four light-givers and their aeons, so typical of these texts, is directly connected with the idea of Seth, for they are the celestial home of Seth and his offspring. But all of this need not be pointed out for a second time. Especially characteristic is the self-designation and self-understanding of our Gnostics as the "seed of Seth," which runs through these texts, either verbatim or in the form of synonyms ("the unshakable race," "great race," etc.). I believe the most fitting way to express the essence of the texts in our group is to designate them as "Sethian." And then, on the basis of these texts, it will further be possible to determine what Sethian or Sethianism does and does not mean, and also where the statements of the church fathers are right and where they are wrong.

The question of names immediately gives rise to a further question, the answer to which is much more difficult: it concerns the actual persons (quite apart from dramatis personae) who held the ideas expressed in the texts of our group. The phenomenon and structure of our text group, its extent, the unity behind its variety, the varying density of what is essential, all this gives the impression that we have before us the genuine product

10 "Les livres mis sous le nom de Seth et les Séthiens de l'hérésiologie," in: M. Krause (ed.), *Gnosis and Gnosticism*, NHS 8, Leiden 1977, 204–210.

11 "Les Trois stèles de Seth – Un écrit gnostique retrouvé à Nag Hammadi, Introduit et traduit," *RSPhTh* 57 (1973) 545–575.

of one and the same human community of no small dimensions, but one that is in the process of natural development and movement. That is, I cannot think of our documents as having no basis in a group of human beings, nor do I think of this basis as being artificial and short-lived. Now if, from this perspective, we can conclude from the relevant terms of the texts, that it is precisely this group of human beings who understood themselves to be the seed and offspring of Seth, the obvious question about the origins of this social group and about its traditions is brought into focus. Does this connection with Seth give evidence of a non-Gnostic prehistory of these Sethian Gnostics?

I consider this question to be important, even more important than my own first attempts to answer it! In view of the tradition that we find integrated (and partly Gnosticized) in the writings of the group in question, the problem of its origins has quite rightly played a considerable role in research. But it would in any case seem to be an oversimplification of the problem if, a priori, only Judaism were to be taken into account as a possible background, or source, or field of origin. For my old idea of a link between Gnostic Sethianism and the Samaritans, the only obvious connection is the reference to Dositheus as the (fictitious) guarantor of the content of the three steles of Seth (in the prefatory frame of that text, but without further mention; cf. NHC VII p. 118,10f.). Thrilling as the appearance of this famous name may be in a Gnostic primary source, I must concede that, for our present problem, its value is open to question. Since this name does not reappear in any other text of our group, it may, in terms of tradition history, be either genuine or fictitious. Hence, the name can as well be seen on the same level as "Zostrianos" in the book which bears that name (NHC VIII,*1*). That is, the Sethians could have borrowed the name Dositheus from elsewhere on account of its legendary fame.[12] Nevertheless, I would think it incorrect to assume that the problem is laid to rest simply because there is an alternative solution. The supposed indifference of Judaism towards the figure of Seth compared with the great esteem for Seth among the Samaritans, arguments that I once adduced,[13] is problematic on both scores, just as my reference to J. Bowman offers me no real support. Here I am indebted to U. Luz and O. Hofius[14] for valuable criticisms. But I am not yet ready to lay down arms. Rather I should prefer

[12] The ambivalence of this matter is also seen by K. Wekel, *Die drei Stelen des Seth (NHC VII,5), Text – Übersetzung – Kommentar*, Berlin 1977, 75–77.

[13] "Das sethianische System," 171.

[14] Letters of January 30, 1975, from each of these scholars.

to keep the question open and pursue the Samaritan track a little longer, just as Luz and Hofius prefer to do with the Jewish one. If thereby it turns out that there really were Jewish groups seeing themselves in a special connection with Seth, and that, consequently, it would be more suitable to consider them as the ancestors of Gnostic Sethianism, I should be content with that outcome as well.

II. *The Identity of the Sethian Text Group and its Mutual Relationship*

The group of Sethian documents is held together not simply by the role that Seth plays in them, but rather by the role of Seth plus the fundamental identity of the system. Accordingly, it is possible to identify a given text as Sethian, even if Seth (for whatever reason) does not appear in it at all, whether under his own name or as one of its equivalents.

Besides those things that connect all texts of the group with one another, there is an extremely interesting network of special relations between individual members of the group. The connections include:

- A special prayer: *Three Steles of Seth* p. 125,23–126,16 and *Allogenes* p. 54,11–37[15]
- A specific deployment of negative theology: *Apocryphon of John* and *Allogenes*[16]
- A division of the Autogenēs into the triad of Kalyptos, Protophanēs, Autogenēs: *Three Steles of Seth, Zostrianos, Allogenes*[17]
- A specific philosophical terminology: *Three Steles of Seth, Zostrianos, Marsanes, Allogenes*
- Obvious (secondary) Christianization: *Apocryphon of John, Hypostasis of the Archons, Melchizedek*
- The presupposition of a second tetrad (Gamaliel, Gabriel, Samblo, Abrasax [or the like]) alongside the four light-givers: *Gospel of the Egyptians, Apocalypse of Adam, Zostrianos, Melchizedek, Marsanes, Trimorphic Protennoia*

---

15 See below.

16 Cf. A. Werner, *Das Apokryphon des Johannes in seinen vier Versionen synoptisch betrachtet und unter besonderer Berücksichtigung anderer Nag-Hammadi-Schriften in Auswahl erläutert*, Berlin, 1977, 19; J. M. Robinson, "The Three Steles of Seth and the Gnostics of Plotinus," in: G. Widengren (ed.), *Proceedings of the International Colloquium on Gnosticism*, 136; *NHLibEng*, 443.

17 Cf. H.-M. Schenke, *ZÄS* 102 (1975) 137.

The designation (in Coptic) "Pigeradamas"[18] for Adamas: *Apocryphon of John* (NHC II), *Three Steles of Seth, Zostrianos, Melchizedek*

The concept of Eleleth as cause of the terrestrial world: *Gospel of the Egyptians, Trimorphic Protennoia*[19]

The name and figure of Mirothea/Mirotheos (or the like): *Gospel of the Egyptians, Three Steles of Seth, Zostrianos, Trimorphic Protennoia*

By referring to mythological and magical names, the network of connecting lines could be given even more complexity.

The texts of our group are different in length and quite varied in degree of preservation. Consequently, the shorter ones (such as the so-called *Thought of Norea*) and the fragmentary ones (such as *Melchizedek* and *Marsanes*) have relatively less chance of displaying their Sethian character. Herein lies the problem of the identifiability of Sethian documents. This problem is weighty and deserves our interest, even if it is raised and discussed here only belatedly. In my opinion, the Sethian system, or that which is Sethian within the system, is sufficiently distinct that we can proceed in this matter like a specialist in ancient ceramics, who is able to reconstruct the original form of a vessel without difficulty from a surviving handle or fragment of a rim.

The identification depends on a number of distinctive features or on the quality of those features. A single "Sethian" feature is not sufficient as an indicator of Sethianism. I should like to illustrate both the problem and the possibility of identification in the case of the short text without title, NHC IX,2 (called by the American Coptic Gnostic Library Project "The Thought of Norea," but our Berliner Arbeitskreis calls it "*Ode on Norea*"). Now, the distinctive features of that text are "the divine Autogenes" (p. 28,6f.) and "the four holy helpers" (p. 28,27f.), who can hardly be anyone else but the four light-givers Harmozel, Oroiael, Daveithe, and Eleleth, or

[18] A fully satisfactory explanation of this epithet is still awaited. Every attempt thus far has its weak points: H.-M. Schenke, "Das sethianische System," 170; *TLZ* 100 (1975) 573; F. Wisse, communication of April 5, 1974; A. Böhlig, "Zum 'Pluralismus' in den Schriften von Nag Hammadi. Die Behandlung des Adamas in den Drei Stelen des Seth und im Ägypterevangelium," in: M. Krause (ed.), *Essays on the Nag Hammadi Texts*, NHS 6, Leiden 1975, 25f.; Tardieu, "Les trois stèles de Seth," 567 [he translates, "O vénérable (γέρας) Adamas (Ἀδαμας)"]; K. Wekel, *Die drei Stelen des Seth*, 87f. It is striking that until now neither the form *ⲅⲉⲣⲁⲇⲁⲙⲁⲥ (without the supposed demonstrative article) nor the form *ⲡⲅⲉⲣⲁⲇⲁⲙⲁⲥ (with normal article) is attested. Incidentally, if the Greek stem γερ- is involved in the first half, one would have to assume that something like ὁ γεραρὸς Ἀδαμᾶς (with an adjective) were the basis of the Coptic expression.

[19] See below and above.

their four messengers Gamaliel, Gabriel, Samblo, and Abrasax. Add to this the figure of Norea herself—not so much the figure in general as the specific manner in which she appears, namely as the female equivalent of Seth. This is especially displayed by the concept of her "assumption" (p. 27,24f.). The role that Norea plays here, and the presupposed situation, connects our text with the second part of the *Hypostasis of the Archons*. Finally, it is of importance that the features mentioned—both those that are unambiguous and those that are not—do not enter into competition with distinctive features from any other system. (Incidentally, now as before, it is not the content and its identification that is the main problem of this text, but its peculiar form. Indeed, that is the sole reason why we resist so obstinately the temptation of simply taking the expression *noēsis n-Norea* ["thought of Norea"], which occurs in the body of the text [p. 29,3], as its title.[20])

Similar problems appear when the border or periphery of Sethianism becomes the object of our practical and theoretic reflections. First of all, it must theoretically be maintained that the Sethian scriptures, though spiritual products of the Gnostic group of Sethians, did not remain only in the hands of the Sethians, but circulated and were used also in other Gnostic circles and even in non-Gnostic communities. Indeed, in the case of the Sethian texts of Nag Hammadi, it is probable that the last link in the chain of tradition was a foreign one: not only non-Sethian, but even non-Gnostic.[21] What is true of whole documents is naturally true also of single mythic concepts and single ideas. Sethian mythic concepts and ideas could easily spread beyond the limits of the group and thus, for example, gain entry into texts of quite different origin, into the scriptures of other Gnostic communities as well as into texts that came into being only as isolated literary works of single individuals.

On the other hand, that in this sense the outer contours of Sethianism have to be thought of as a bit soft must not be taken as a reason to doubt the existence of a hard inner core. Here, too, I should like to make use of an image: that of the Coptic dialects, which do not lack an identity simply because there are overlapping features shared with other dialects in areas

---

[20] On the figure of Norea and its background cf. B. Pearson, "The Figure of Norea in Gnostic Literature," in: G. Widengren (ed.), *Proceedings of the International Colloquium on Gnosticism*, Stockholm 1977, 143–152.

[21] F. Wisse, "Gnosticism and Early Monasticism in Egypt," in: B. Aland (ed.), *Gnosis, FS Hans Jonas*, Göttingen 1978, 431–440.

near the dialect boundaries; nor is it possible to recognize a dialect from a single feature.

The whole matter becomes quite practical as soon as one takes up the question of whether an entire, well-preserved writing that seems near to being Sethian, or that contains Sethian elements, is really and truly Sethian. Such a decision would seem to depend essentially upon the proportion of the Sethian or Sethian-like material to the non-Sethian. For, Sethianism itself could just as well take in material from the outside. In the case of *Eugnostos the Blessed* and the *Sophia of Jesus Christ* it is possible to state with confidence that they are not Sethian (pace R. McL. Wilson, who sees *Eugnostos* and the *Sophia of Jesus Christ* as comparable to the *Apocryphon of John*, the *Apocalypse of Adam*, and the *Hypostasis of the Archons*).[22] The connection of the *Gospel of the Egyptians* and *Eugnostos* through the mere name "Eugnostos" is of no relevance. So faint are the signs of discernible connection between the texts of our group and the *Pistis Sophia* (Codex Askewianus) and even the two *Books of Jeû*, that one can only characterize these texts as slightly influenced by Sethianism.

But the question becomes really serious in the case of the *Hypostasis of the Archons* and the treatise *On the Origin of the World* (NHC II,5). I would suggest that the *Hypostasis of the Archons* be treated as belonging to Sethianism (as I have been presupposing above), but not *On the Origin of the World*. To arrive at this conclusion is by no means simple, because of the obvious close relationship between the two texts (from which must be explained, incidentally, the very curious fact that both writings are silent on the celestial world, the sphere of the ogdoad). Probably the two texts are both dependent upon a third; it can be hypothesized that this was an *Apocalypse of Norea*, in which the topic of the ogdoad had already been omitted from discussion.[23] Significant for determining the particular character of Gnosticism that marks the *Hypostasis of the Archons* is the figure of the angel Eleleth, and all that is said about him; especially that he is one of the four light-givers who stand in the presence of the Great Invisible Spirit (p. 93,20–22);[24] and his stereotyped designation as "Understanding" (*tmntrmnhēt* p. 93,19; 94,3f.; or *tmntsabe* p. 93,3).[25] To

22 "The Gospel of the Egyptians," *StPatr* 14 (TU 117), Berlin 1976, 249.

23 Cf. *OLZ* 72 (1977) 379–381.

24 "The Great Invisible Spirit" is the terminus technicus for the highest deity in Sethianism.

25 The two Coptic expressions correspond to Greek ἡ φρόνησις; for its systematic correspondence to Eleleth see, e.g., *Gos. Eg.* NHC III p. 52,13; 69,9.

this may be added Norea as an equivalent of Seth, the motif of the threefold coming of the savior (p. 96,27–31), and the figure of Pistis Sophia (assuming that in the non-Sethian *Pistis Sophia* her status as daughter of Barbelo preserves a genuinely Sethian theologoumenon).[26] While nothing speaks against the assumption that the hypothetical source (*Apocalypse of Norea*) was already Sethian in character, the constellation of elements in the second offshoot of this source, *On the Origin of the World*, is quite different. Since the angel Eleleth does not appear, it lacks the only unambiguous Sethian element. For the author of *On the Origin of the World*, the hypothetical *Apocalypse of Norea* is only one source among many, even if it is perhaps the most important one. The parallels to the *Hypostasis of the Archons*, because of their context in the *Origin of the World*, have quite a different function. The latter treatise not only has no Sethian aspect, but, in general, no communitarian aspect either, nothing that could prove it to be the product of a community. It is a treatise through which a single Gnostic writer intends to publicly propagandize on behalf of the Gnostic worldview.[27] If the author was in fact a Sethian, he seems nevertheless to have made no use of his sectarian affiliation in this work.

III. *The Interdependence of Content and Form in the Sethian Texts*

During the earlier phase of publication and research on Nag Hammadi (when typical premature conclusions were being drawn as to the age of the new texts, their grouping, their Christian or non-Christian character, etc.), one got the impression that judgments as to the relationship of the texts (including some from our group), either to one another or to other works of literature, were being formed only on the basis of their content, without regard to their external form. Such an undertaking is dubious in many respects. In texts like ours, the content, almost as a matter of course, is no longer displayed within its original framework. Rather, in various ways during the history of its usage, the content has been reframed, and as a result has not been able to remain what it once was.

Just how helpful the analytical consideration of our texts can be for understanding their content has been shown by C. W. Hedrick in the case

---

26 C. Schmidt/W. Till, *Koptisch-Gnostische Schriften* I, GCS 45; Berlin ²1954, 234.40; C. Schmidt, *Pistis Sophia*, Coptica 2, Copenhagen 1925, 356.25.

27 Cf. *NHLibEng*, 161.

of the *Apocalypse of Adam*.[28] Now, as to whether the two threads of text that he has extracted (his source A and source B) ever were real sources and actual independent texts, I have not yet been able to decide. But the two threads as such really do exist. Even more surely, Hedrick has made clear the existence of the textual cruces on which his theory is based. It is not entirely clear to me whether, in constructing his "bold" literary analysis, Hedrick really is obliged to exclude our own text critical hypothesis on p. 84,5–8, a hypothesis that is limited and much more moderate in boldness.[29] Indeed, literary criticism and textual criticism need not be mutually exclusive. Moreover, close study of the Nag Hammadi texts, especially from the linguistic point of view, shows that many passages of the text are not in good order. In principle, I should wish to concede a methodological pride of place to textual criticism. Here, in *Apoc. Adam* p. 84,5–8, the understanding of the text greatly depends on whether one is prepared to see the words ⲙ̄ⲓⲭⲉⲩ ⲙⲛ̄ ⲙ̄ⲓⲭⲁⲣ ⲙⲛ̄ ⲙ̄ⲛⲏⲥⲓⲛⲟⲩⲥ· ⲛⲏ ⲉⲧϩⲓϫⲛ̄ ⲡⲓϫⲱⲕ̄ⲙ̄ ⲉⲧⲟⲩⲁⲁⲃ ⲙⲛ̄ ⲡⲓⲙⲟⲟⲩ ⲉ̣ⲧ̣ⲟⲛ̄ϩ̄ {ϫⲉ} as a foreign body in the text. In principle, I do not see the matter any differently than I did in 1966. Rather, in the meantime, I have become more confident of my position, especially since the broader context of overall Sethianism (which was not yet known to me at the time) seems to completely exclude the possibility that the guardians of the holy baptismal water Micheus, Michar, and Mnesinous are *fallen* angels. In p. 84,4ff., the celestial scolding can only be directed at human beings, namely those who have been hostile to Gnostics and Gnosticism.

Actually, in speaking of "form," I should like to turn to something higher than the linguistic and material intactness of a text or its composite nature. I mean "form" in the sense proper to form criticism (*Formgeschichte*)—though not of the scholastic kind still widely practised in the field of New Testament scholarship, rather a kind of form criticism that seeks once again a connection with modern linguistics. The question is to comprehend and describe the genre (*Textsorte*) to which a given text belongs, and to determine the degree of dependence thereupon displayed by its content. Incidentally, investigation of genre is necessary and promising not only for the Sethian text group, but also for the rest of the Nag Hammadi Library. Thus, for example, in the *Hypostasis of the Archons*, it is not only

---

28 "The Apocalypse of Adam: A Literary and Source Analysis," *SBL.SP 1972*, 581–590.

29 "Apocalypse of Adam," 586. F. Morard regards our hypothesis as possible but not necessary; cf. "L'Apocalypse d'Adam de Nag Hammadi: Un essai d'interpretation," in: M. Krause (ed.), *Gnosis and Gnosticism*, NHS 8, Leiden 1977, 37.

the character of the hypothetical source (*Apocalypse of Norea*) that causes the upper world to be completely left out of consideration, but also the aim of this text, which sets out to include only what a Gnostic needs to know about the evil and dangerous archons. It would therefore be erroneous to suppose that the absence of certain Sethian characteristics, which belong to the upper world, mean that this writing is non-Sethian in character.

In the case of *Allogenes* we have, in a way, the opposite extreme. The theme here is exclusively the doctrine of God. The terrestrial world and the entire upper world, except for its summit, are thematically excluded. The content of the text is divided into two parts. Seth (here "Allogenes"), while on earth in bodily form, is taught by Youel about the highest deity and its proper being and life. After a period of one hundred years of life in this state of Gnosis, Seth is also permitted, during what amounts to a celestial journey, to see that which up to this point he had merely heard. But since such a vision cannot be communicated, the second part of the theology of this text appears again in words. And as speakers, there are now introduced the (four) light-givers or their powers. The whole complex is not told purely and simply, but is cast in the frame of tidings of these events that Seth conveys himself. As the recipient of these tidings, a member of the offspring of Seth is introduced, a certain Messus who, after an intervening period with the usual catastrophes, is supposed to find the book containing these tidings; it will be in the form of the steles of Seth, completely intact, on the top of a high mountain. Again, we should not conclude anything, at least not directly, from things that are not present in the text itself, and which indeed cannot be there, given its purpose.

The *Hypostasis of the Archons* and *Allogenes* are simply two examples of how the content of a text depends upon its form. But with the *Gospel of the Egyptians* and the *Three Steles of Seth*, the question of genre becomes really difficult and crucial. In Böhlig/Wisse's edition of the two versions of the *Gospel of the Egyptians*, a masterful edition that provides at long last a reliable basis for investigating this important Sethian text, the question of genre has neither been asked nor, in any sense, been answered (not even implicitly)—if I understand it rightly. This is sorely missed in their edition, for without taking up the remarkable form of the text, a satisfactory overall evaluation of the *Gospel of the Egyptians* is unfeasible. The text is not simply to be understood as the development of a mythological (Sethian) system, and therefore cannot be directly compared with texts that are. I would like to stress now as before that we must start from the fact that the main and most consistent subject of this text is prayer, rather than emanation or action. And this trait makes sense only if the main issue is prayer, that is, if the writing aims to demonstrate and teach how to invoke the super-celestial powers correctly and efficaciously, and which powers to invoke. After all, the emphasis of the text lies upon the final part, that is, the mystical prayer of baptism and regeneration, which apparently represents the climax of the whole work.[30] Accordingly, the *Gospel of the Egyptians* has to be understood as the mythological justification of a well-defined ritual of baptism including the invocations that must be performed therein. Incidentally, despite the edition of Böhlig and Wisse, I must hold to my old idea concerning the title at the beginning. For various objections must be raised against the reconstruction of the title by these editors. Their attempt to demonstrate that the content has a specifically Egyptian character is not successful. The way in which they postulate a connection between Seth son of Adam and the Graeco-Egyptian deity of that name is unacceptable.[31] Above all, their reconstruction seems to contradict their own fundamental insights according to which the colophon as a whole is secondary and the designation of the book as "according to the *Egyptians*" has been given from the outside. In short, still nothing prevents the search for a Greek feminine nomen actionis, which can take as its genetivus objectivus the Invisible Spirit. And I still consider ἐπίκλησις, "invocation," to be the best candidate. For the rest, the amount of agreement and disagreement between the two versions in the incipit would be in no way greater than within the book, if we read:

III ⲡϫⲱⲱⲙⲉ ⲛ̄ⲧϩ[ⲓⲉ]ⲣ[ⲁ ⲛ̄ⲉⲡⲓⲕⲗⲏⲥⲓⲥ] etc.
IV [ⲡϫⲱⲱⲙⲉ ⲉⲧⲟⲩⲁ]ⲁ̣ⲃ ⲛ̄ⲧⲉ ⲛⲓ[ⲉⲡⲓⲕⲗⲏⲥⲓⲥ] etc.

III "The Book of the H[ol]y [Invocation]" etc.
IV "[The Ho]ly [Book] of the [Invocation]s" etc.

That the *Three Steles of Seth* is relevant in terms of form criticism can easily be seen. Incidentally, the form critical approach has received special attention from K. Wekel in his commentary on the text.[32] And it is likely from the outset that the peculiarities of the content (e.g., the simplicity of

---

30 Cf. H.-M. Schenke, Das Ägypterevangelium aus Nag-Hammadi-Codex III, *NTS* 16 (1969), 196.

31 Cf. B. A. Pearson, "Egyptian Seth and Gnostic Seth," *SBL.SP 1977*, 33–34 with nn. 75–78. In this essay Pearson finally lays to rest the old idea, still held over from the "prehistoric" days of research in Gnosticism, that there was a connection between Gnostic Sethianism and the Egyptian god Seth. For the figure of Seth son of Adam in general, see recently A. F. J. Klijn, *Seth in Jewish, Christian and Gnostic Literature*, Leiden 1977.

32 *Die Drei Stelen des Seth.*

the system, the absence of dualistic traits) are in the first instance related to the form of the text. Now, J. M. Robinson, in an analysis of *Allogenes* and its connections with the *Three Steles of Seth,*[33] has noted the parallelism of two very specific doxologies in the two works, a parallel that is significant in terms of form criticism (*Allogenes* p. 54,11–37, paralleled by *Steles Seth* p. 125,23–126,16). This striking connection was also discovered independently by K. Wekel, and discussed in his commentary.[34] I would like to question Robinson's idea that in *Allogenes* it is Youel who has to be seen as the speaker of that doxology.[35] Hypostatized knowledge ("Gnosis") seems to me a more likely candidate. In the same context Robinson also assigns considerable weight to *Steles Seth* p. 127,6–21;[36] I believe this passage to be the key to an overall form critical understanding of this text. But Robinson concludes from it that the *Three Steles of Seth,* just like *Allogenes,* presupposes a celestial journey and that, accordingly, the three invocations of the *Three Steles of Seth* have their place in the course of such a celestial journey. Though to a degree this is right, it seems to me that the further deductions made by him run exactly in the wrong direction. If we were only interested in the relationship of the documents, all would be in order. But there is reason, I think, not to treat the *Three Steles of Seth* and *Allogenes* alike. That the one celestial journey is not equivalent to the other is already made clear by the emphasis laid upon "we" in the *Three Steles of Seth. Allogenes* commemorates the exceptional experiences of a single individual. Here the role of Allogenes-Seth is that of a mediator of a revelation. The *Three Steles of Seth,* however, deals with progressive invocations of the deity by Seth, functioning as prototype—invocations which affect an ascension and which the community can and must reproduce. In short, I cannot help seeing the *Three Steles of Seth* as a typical liturgical text. And the passage p. 127,6–21 mentioned above is something like a rubric, in which is expressed how the three prayer formulas are to be used, and what results from performance of the ritual. Our text does not represent the pure formula, as it were, but has been stylized and framed as an etiology of the ritual. The *Three Steles of Seth* is the etiology of a mystery of ascension of the Sethian community.

---

33 "The Three Steles of Seth and the Gnostics of Plotinus," 133–136.

34 *Die Drei Stelen des Seth*, 181–191.

35 P. 134.

36 P. 136; see also *NHLibEng*, 362f.

IV. *Cultic Practice in Sethianism*

Should our form critical evaluation of the *Three Steles of Seth* be correct, this would have an importance reaching far beyond the confines of Sethianism. For while we are well and extensively informed about the Gnostic thought world, information about Gnostic practice is hard to come by: every new source, whether discovered or reconstructed, is of exceptional value.

If we remain within the corpus of Sethian writings, we can ascertain that the Sethians, or at least some Sethians, had two sacraments, two mysteries. First, there is a more commonplace sacrament, baptism, to which quite frequent and varied reference is made in our text group; this fact has been repeatedly stressed in the literature on the various tractates. The second sacrament, higher in degree and repeatable, is the mystery of cultic ascension discussed above. Because of the diversity of its attestation, the Sethian mystery of baptism is perhaps the more problematic rite; and perhaps it is also the more important one.

The importance that baptism has for the Sethians is displayed not least, and perhaps even most conspicuously, by a distinct ideology or mythology of baptism. In their view there is a baptism not only on earth but also in heaven. During his celestial journey Zostrianos can enter the celestial spheres only if he becomes like their inhabitants. And he achieves this by first undergoing a (celestial) baptism. According to the *Trimorphic Protennoia,* the ascension after death of each Gnostic is tied up with a celestial baptism (NHC XIII p. 45,17f.; 48,18–21). The water used for baptism on earth is thought of as being of celestial quality and has its source in heaven, where above all the two (or three) guardians Micheus and Michar (and also Mnesinous) watch over it (cf. *Gos. Eg.* III p. 64,14–16,19f. and parallels in IV p. 76,2–4,8–10; *Apoc. Adam* p. 84,5–8;[37] *Trim. Prot.* p. 48,19f.; *Zost.* p. 6,9f.,15f.; *Untitled Treatise* from Codex Brucianus [ed. Baynes] p. 61,15–21). Another triad of persons or names, Jesseus Mazareus Jessedekeus (or the like) seems to embody the celestial water of baptism itself. At any rate, I do not know what else the stereotyped apposition π(ι)ⲙⲟⲟⲩ ⲉⲧⲟⲛϩ could mean (cf. *Apoc. Adam* p. 85,30f.; *Gos. Eg.* III p. 64,10–12; 66,19f., parr. IV p. 75,25–27; 78,12f.; *Zost.* p. 47,5f.; 57,5f.).

[37] As I said above, I cannot believe that in the *Apocalypse of Adam* it is presupposed that Micheus, Michar, and Mnesinous have deserted their charge.

In the domain of baptismal ideology probably belongs also the curious concept of the five seals, especially since baptism and sealing refer to one and the same act, or designate only different procedures within one and the same act (cf. e.g. *Zost.* p. 6,13–17). The expression "the five seals" occurs in *Trim. Prot.* p. 48,31; 49,27f.29; 50,9f. ⲁⲩⲱ ⲁⲉⲓⲧⲁϣⲉ ⲟⲉⲓϣ ⲛⲁⲩ ⲛ̄ⲧ[ⲙⲉϩϯⲉ ⲛ̄]||[ⲛⲓⲥⲫⲣ]ⲁ̣ⲅⲓⲥ ⲛ̄ⲁⲧϣⲁϫⲉ ⲙ̄ⲙⲟⲟⲩ;[38] *Ap. John* II p. 31,24 parr. IV p. 49,4 (hymn of Pronoia at the end of the long version); *Gos. Eg.* IV p. 56,25; 58,6.27f.; 59,27f.; III p. 55,12 parr. IV p. 66,25f.; III p. 63,3 parr. IV p. 74,16; III p. 66,3 parr. IV p. 78,4f. ; *Untitled Treatise* from Codex Brucianus (ed. Baynes) p. 18.21f. Possibly the conclusion of *Allogenes* belongs here as well, if we read: [. . . ⲧⲁϣⲉ | ⲟ]ⲉⲓϣ ⲙ̣̄[ⲙⲟⲟⲩ ⲱ̂ ⲡⲁ]||ϣⲏⲣⲉ ⲙⲉ̣[ⲥⲥ]ⲟ̣ⲥ̣ [ϯϯⲉ ⲛ̄]||ⲥⲫⲣⲁⲅ̣ⲓ̣ⲥ̣ [ⲛ̄]ⲧⲉ [ⲛⲓϫⲱ]||ⲱⲙⲉ ⲧⲏ̣ⲣⲟⲩ ⲛ̣̄[ⲧⲉ] | ⲡⲁⲗⲗⲟ̣[ⲅⲉ]ⲛ̣ⲏ̣ⲥ̣ (XI p. 69,14–19). If this reconstruction is correct, the five seals are designated, by an actual Sethian, as typically Sethian in character.[39] The meaning and implication of the five seals, what they are, what they consist of, is in the first instance an enigma, which gives rise to all sorts of speculation.[40] We should now like to speculate that it is the designation of a divine "Quinity" of the Sethians (that is, five divine persons in one essence, parallel to the Christian Trinity). The reason for this designation would be that probably every time one of the five names is invoked in the rite of baptism the person being baptized is provided with a σφραγίς.[41] The clearest evidence for this interpretation is a pair of sentences (*Trim. Prot.* p. 49,26–34), especially the genetivus epexegeticus in ϯϯⲉ ⲛ̄ⲥⲫⲣⲁⲅⲓⲥ ⲛ̄ⲧⲉ ⲛ̣̄ⲉ̣ⲉⲓⲣⲁⲛ ⲉⲧⲉ ⲛⲁϊ ⲛⲉ (line 29f.). Thus the concept of the five seals would seem to provide a direct connection between baptismal ideology and the execution of baptism.

Likewise the soteriological relevance of Sethian baptism finds expression precisely in the *Trimorphic Protennoia*; cf. further, besides the immediate context of the "five seals", (p. 41,20–24): "It is I that descended first on account of my portion that is left behind, that is, the spirit that (now) dwells in the soul, < in order > that it might come into being <again> by the water of life and by the baptism of mysteries." Baptism brings Gnosis

---

38 Text established by G. Schenke (Robinson), *Die dreigestaltige Protennoia*, Berlin 1977, 45. 138.

39 This is by and large the Claremont project's reconstruction, only with a change of the unsyntactic [ⲛ̄ⲅⲣ̄] (line 16) before ⲥⲫⲣⲁⲅⲓⲥ, which was to mean: "[and make] (the) seal [of] all [the books of] Allo[ge]nes"; see *NHLibEng*, 452.

40 Cf. A. Böhlig/F. Wisse, *Nag Hammadi Codices III,2 and IV,2: The Gospel of the Egyptians*, NHS 4, Leiden 1975, 27. 50. 174.

41 Cf. G. Schenke (Robinson), *Protennoia*, 125–127. 134f.

and total salvation. As for the connection of celestial baptism with that performed on earth, it probably lies essentially in the fact that the two baptisms are cultically identical. In the act of baptism there is already performed the putting off of darkness and the putting on of light (NHC XIII p. 47,34–48,14; 49,28–34).

The first half of this process is given especially interesting and striking expression in the baptismal doctrine of the *Gospel of the Egyptians*. According to what was said above, the *Gospel of the Egyptians* is in any case our main witness for Sethian baptism. And the most conspicuous trait of the understanding of baptism developed or presupposed in this tractate is that, in striking analogy to Col 2:11–15 and its background,[42] baptism is comprehended as ἀπέκδυσις τοῦ σώματος τῆς σαρκός, "putting off the body of flesh." This ἀπέκδυσις is seen to be rooted in the savior's having left behind his carnal body on the cross in order to return to his celestial home; the Gnostic now mysteriously repeats this event during baptism. Incidentally, this can scarcely be explained as the influence of Colossians upon the *Gospel of the Egyptians*; rather both works seem to have drawn independently upon the same conceptual field.

Incidentally, this interpretation of the text is in no small way dependent on a matter of philological detail. It is a matter of a single letter: *pi* or *beta*. The question is this: in NHC III p. 63,9.16f. and its parallel IV p. 74,24; 75,3f., is the actual reading of the text ϩⲱⲧⲡ or ϩⲱⲧⲃ? Codex III reads ϩⲱⲧⲡ, Codex IV reads ϩⲱⲧⲃ (p. 75,3; in p. 74,24 the verb is not preserved). The contrast between the *signifiants* is minimal, but the difference of the *signifiés* is immense: salvation at baptism consists either in the *reconciliation* (ϩⲱⲧⲡ) of the world (*with* the world), or in the *killing* (ϩⲱⲧⲃ) of the world (*by* the world). As long as only the Codex III version was available, it was understandable that scholars translated the text as "reconciliation" and then tried to make the best of it.[43] But now, given a choice of variants that must be made primarily on the basis of context, I cannot understand why Böhlig and Wisse nevertheless retain a reading that stands in contradiction to the context.[44] Our Berlin *Arbeitskreis* had already for some time suspected that ϩⲱⲧⲡ in Codex III was an error of transmission and now finds this to be confirmed by the reading of Codex IV.

---

42 Cf. K.-W. Tröger (ed.), *Gnosis und Neues Testament*, Berlin 1973, 222f.

43 Thus already J. Doresse, „Le Livre sacré du grand Esprit invisible" ou „'L'Évangile des Égyptiens'" *JA* 254 (1966) 405; and H.-M. Schenke, *NTS* 16 (1969) 205.

44 *Gospel of the Egyptians* p. 30,144f.; cf. now also *NHLibEng* 203.

Also quite typical of the concept of ἀπέκδυσις τοῦ σώματος τῆς σαρκός is a peculiar statement about crucifixion of the aeons:

III ⲁⲩⲱ ⲁϥⲱϥⲧ ⲛ̄ⲛ̄ⲇⲩⲛⲁⲙⲓⲥ ⲙ̄- ⲡⲙⲛ̄ⲧϣⲟⲙⲧⲉ ⲛ̄ⲁⲓⲱⲛ
IV ⲁ[ⲩ]ⲱ̣ ⲁϥϯⲉⲓϥ̣ⲧ̄ ⲛ̄ⲛⲓϭⲟⲙ ⲛ̄ⲧⲉ ⲡⲓⲙⲛ̄ⲧ̄ϣⲟⲙⲧⲉ ⲛ̄ⲛⲉⲱⲛ

III ⲁⲩⲱ ⲁϥⲕⲩⲣⲟⲩ ⲉⲃⲟⲗ ϩⲓⲧⲟⲟⲧ̄ϥ̄ (p. 64,3–5)
IV ⲁⲩⲱ ⲁϥⲟⲩⲟⲥϥⲟⲩ ⲉⲃⲟⲗ ϩ︦ⲓ︦ⲧⲟⲟⲧ̄ϥ̄ (p. 75,17–20)

The phrase ⲉⲃⲟⲗ ϩⲓⲧⲟⲟⲧ̄ϥ̄ corresponds strikingly to ἐν αὐτῷ of Col 2:15. Therefore I hardly think it refers to Jesus (as the passive agent of Seth); rather it must refer either to the fact of the crucifixion of the powers of the aeons (Seth in the form of Jesus lets his earthly body be nailed to the cross by the archons and delivers it to destruction, but in reality it is the archons who are crucified and destroyed) or else to the cross (which, however, is not explicitly mentioned in the text, merely presupposed). Furthermore, the obscure expression ⲕⲩⲣⲟⲩ has to be interpreted in the light of the clear parallel ⲟⲩⲟⲥϥⲟⲩ. That is, ⲕⲩⲣⲟⲩ in this passage can no longer be taken to be a Greek verb. Rather it seems likely that the -ⲟⲩ of ⲕⲩⲣⲟⲩ is a suffix, and the rest accordingly a corrupt form of a Coptic status pronominalis (e.g., from ⲕⲱⲣϥ or ⲕⲱⲱⲣⲉ). Therefore our sentence means "he nailed the powers of the thirteen aeons to the cross and thereby (or: by it, namely the cross) brought them to naught."

The special meaning that baptism had for the Sethians is reflected also in the fragments of *Melchizedek*. Here we find a long baptismal prayer, which in its overall structure is very reminiscent of the baptismal prayer at the end of the *Gospel of the Egyptians*. On p. 16 it is already under way and extends to p. 18,6. In a sense it is a high priestly prayer, spoken (by Melchizedek) or meant to be spoken precisely on the occasion of baptism. The best preserved passage reads, "I have offered up myself to you as a sacrifice, together with those that are mine, to you yourself, (O) Father of the All, and (to) those things which you love, which have come forth from you who are holy (and) [living]. And <according to> the [perfect] laws, I shall pronounce my name as I receive baptism [now] (and) for ever among the living (and) holy [names], and in the [waters], Amen" (p. 16,7–16; translation S. Giversen and B. Pearson, *NHLibEng* [slightly modified]).

Many statements on earthly baptism in the Sethian texts are phrased such that it could be asked whether this baptism was actually performed in real water, i.e., whether the passages in question do not rather point to a spiritualized cultic act. Such a hypothesis does indeed play a role in the literature on various tractates of our corpus. We cannot actually exclude the possibility that there were also groups of Gnostic Sethians who had completely sublimated their sacrament of baptism, for we must not suppose the entire Sethian community to have been completely homogeneous and fixed. But even the clearest statements in this regard do not compel us to such a conclusion. Epiphanius's statement that the so-called Archontics repudiated baptism (*Haer.* 40.2.6; ed. Holl 2. 82.27f.) possibly refers only to the baptism of the Great Church. Moreover, talk of the defilement of the water of life by non-Gnostics (NHC V p. 84,17–23) might run along the same lines as the polemic of the Mandaeans against Christian baptism.[45]

But above all, the whole of Sethian statements on baptism, including the most sublimated and speculative ones, can conversely only be understood on the basis of a strong, deep-rooted, and obviously already traditional practice of water baptism. And so we find once again a perspective similar to the Sethians' self-understanding as offspring of Seth, a perspective that permits us to look behind the domain of Gnosticism to the possibility of a pre-Gnostic phase of Gnostic Sethianism. If the practice of baptism is really as deep-rooted in Sethianism as it seems, then one could draw a parallel between the Sethians and the Mandaeans, both being Gnosticized baptist sects, and accordingly look for the ultimate origin of Gnostic Sethianism in the baptist circles of Palestine. Such a conjecture has already been suggested by G. MacRae (after A. Böhlig) in the light of the *Apocalypse of Adam*.[46]

V. *The Interaction of Sethianism with Christianity*

Originally and essentially Gnostic Sethianism, or Sethian Gnosis, is non-Christian and even pre-Christian: pre-Christian at least in substance, even if not in chronology, about which nothing can be said. I believe this to be incontestable; it has justly been stressed by experts again and again in the literature on the various Sethian tractates. It is plainly visible in that most writings of our text group contain no Christian elements at all (*Three Steles of Seth, Allogenes, Marsanes, Thought of Norea*); others contain barely Christian motifs (*Zostrianos, Apocalypse of Adam*) or display

45 Cf. M. Lidzbarski, *Ginzā*, Göttingen 1925, 51.12–17.

46 "The Apocalypse of Adam Reconsidered," in: L. C. McGaughy, *The Society of Biblical Literature's One Hundred Eight Annual Meeting, Book of Seminar Papers*, Leiden 1972, 577; idem, "Adam, Apocalypse of," *IDB.S* 10.

only here and there a Christian veneer (*Trimorphic Protennoia, Gospel of the Egyptians*); while only a few (*Hypostasis of the Archons, Melchizedek, Apocryphon of John*) come near to being what is called Christian Gnosis. Incidentally, I should like to take this opportunity to formally retract my earlier objection to Böhlig's evaluation of the *Apocalypse of Adam* as a product of pre-Christian Gnosis. I must also retract my counter-hypothesis that the *Apocalypse of Adam* should be regarded as a late product of Gnosis;[47] this former view of mine, which now seems unjustified in the broader perspective, is still occasionally attributed to me in the literature, to my regret.

But it is not the essentially non-Christian character of Sethianism that we wish to make the object of our consideration here, but rather the phenomenon of its secondary Christianization; our intention is to utilize the Sethian text group as an attestation, an illustration, and a model of the interaction of Gnosis with Christianity. This, it is true, will give us only an one-sided view of the meeting of these two worldviews, which are at once so similar and yet so different. For we shall only see how Sethianism reacted to Christianity. Nevertheless such a utilization of the Sethian texts may make an important contribution to the vast and complex set of problems concerning the Christianness of Gnosis: what is proper Christian Gnosis; in which spectrum of possibilities does it occur; who are the representatives of such combinations of Gnosis and Christianity or of Gnostic and Christian elements; and when and how is it legitimate to call their products (writings of various text types) "Christian-Gnostic."[48]

To determine the Christianness or non-Christianness of texts can be more difficult than it seems at first glance: this has been forcefully argued by R. McL. Wilson with reference to certain texts of our group.[49] I must admit that Wilson's noncommittal handling of the problem is foreign to my own position; furthermore he exaggerates the value of the occurrence in our texts of single words of the New Testament as being an indication of Christian influence. Yet I do not want to toss the voice of his admonition to the winds. The problem to which he points truly does exist, even though for me it seems important in other places and other ways.

---

[47] *OLZ* 61 (1966) 31f.

[48] An important aspect of this problem has been recently treated by K.-W. Tröger, *Die Passion Jesu Christi in der Gnosis nach den Schriften von Nag Hammadi*, Berlin 1978; this area of research has also been of particular interest to K. Koschorke.

[49] "Gospel of the Egyptians," 243–250; "The Trimorphic Protennoia," in: M. Krause (ed.), *Gnosis and Gnosticism*, NHS 8, Leiden 1977, 50–54.

In the first instance I am concerned with such passages as:

Zost. p. 48,26–28, "In that place there was also that one who suffers although he is unable to suffer."

Apoc. Adam p. 76,28–77,3. "[Then there will co]me [the great] light-giver [of Gnosis ... and will perform signs and wonders in order to bring to naught these powers and their ruler."

Apoc. Adam p. 77,16–18, "Then they will punish the flesh of that man (with death) upon whom the holy spirit has come."

The last-quoted passage, for example, occasioned G. MacRae, because of the non-Christian character that the document as a whole displays, to undertake a forced and, I believe, unsatisfactory search for parallels and possible conceptual models in the Jewish domain.[50] In my opinion, such a procedure and the approach that it presupposes is no longer adequate to the complicated textual relationships. Comprehension of the deep-rooted non-Christian character of Sethian Gnosis as a whole liberates us to objectively examine and deal with the individual passages that are not in accord with the overall conclusion, and if it seems correct, to decide that secondary Christian influence is present.[51] On the other hand, one may not infringe upon the sovereignty of the individual texts, but rather one must guarantee equal rights for all of them! By this I mean that it is not fair to assert, e.g., that 1 Cor 2:8 and the well-known passages from Colossians, Ephesians, and the Fourth Gospel are best understood against a background of Gnosis, and then to deny that Christianity may be the best perspective for understanding Gnostic passages like the ones quoted above from *Zostrianos* and the *Apocalypse of Adam*. At least, I could not do so in good conscience.

In my earlier paper I noted two points in the Sethian system, with two associated modalities, where Sethianism can be—indeed was—most easily combined with Christian concepts.[52] Not long ago, our Berlin *Arbeitskreis* was investigating the first of these instances with regard to the secondary Christianization of the *Trimorphic Protennoia*, whereby the divine Autogenes (properly and originally the celestial Adam, for Sethians) is combined with the Christian concept of the preexistence of Christ.

---

50 "Apocalypse of Adam Reconsidered," 575.

51 Cf. for example Tröger, *Die Passion Jesu Christi in der Gnosis nach den Schriften von Nag Hammadi*, Berlin 1978, 192. 290.

52 Cf. H.-M. Schenke, "Das sethianische System," 169–171.

Specifically, it was asked whether the anointing, before the beginning of time, of the Autogenes with the father's ⲙⲛ̄ⲧⲭ̄ⲣ̄ⲥ̄ (goodness, *khrēstotēs*) was already a feature of the pre-Christian stage, or whether it owed its existence (or at least its elaboration) within the Sethian system to Christian influence alone. (The motif in question occurs in *Trim. Prot.* p. 37,30–33; *Ap. John* BG p. 30,14–31,1 and parallels; Irenaeus *Adv. haer.* 1.29.1 ["et videntem Patrem lumen hoc unxisse illud sua benignitate, ut perfectum fieret. Hunc autem dicunt esse Christum"]; *Gos. Eg.* (NHC III p. 44,22–24 = IV p. 55,11–14.) The matter is difficult and it is still an open question. At this point I think that the most obvious answer, and the one that accords best with the texts, is to say that in the Sethian system the pre-Christian form of this motif was the transfer of the goodness (*khrēstotēs*) of the Invisible Spirit to the divine Autogenes, enabling the latter to discharge his office of ruler of the universe and redeemer of those who belong to him (cf. *Allogenes* p. 58,6–15; *Zost.* p. 131,14f.); and that this served as the connecting link with the motif of annointing, which from the way it occurs in the above-mentioned passages of the *Trimorphic Protennoia, Apocryphon of John*, and *Gospel of the Egyptians* must represent Christian influence. The mere word *sōtēr*, "savior," on the other hand, which occurs in the two passages from *Allogenes* and *Zostrianos*, does not seem to require in itself a Christian background for those passages.

Despite one's first impression that the *Trimorphic Protennoia* only displays quite superficial and occasional Christianization,[53] our work on this tractate has shown that the entire passage p. 48,35–49,22 must be seen in this perspective. This passage seems to have the aim of describing for a second time the descent of the Logos as redeemer through the spheres of the archons and his accommodation to the inhabitants of those spheres. But closer investigation shows that this repetition has the additional aim of giving an etiological account of certain well-known honorific titles that Christianity had conferred upon Jesus, namely "Christ," "Son of God," "Son of Man," and possibly "Angel"; and of shedding critical light upon them from the viewpoint of Sethian Gnosis. At any rate, it is only as a polemic against ordinary Christianity that this difficult text in all its nuances becomes fully understandable to exegesis. Thus here it is already presupposed that the Logos has "put on" Jesus, a view that is explicitly stated only later (p. 50,12–15). Only the Gnostics recognized Jesus to be the garment worn

[53] Cf. Tröger (ed.), *Gnosis und NT*, 75f.; G. Schenke (Robinson) (federführend), *ThLZ* 99 (1974), 733.

by their beloved brother who had descended to them; the archons, and Christians dominated by them, were completely wrong in their understanding of the descent.[54]

That the relationship of Sethianism to Christianity is not limited to the possibility of direct confrontation (i.e., rejection or acceptance) but can have had a deeper dimension is also clear in the *Trimorphic Protennoia*, just as it was in our discussion of baptismal ideology in the *Gospel of the Egyptians*. For the understanding of baptism in the *Gospel of the Egyptians* as ἀπέκδυσις τοῦ σώματος τῆς σαρκός "putting off the body of flesh" has its real parallel not in Col 2:11–15, but in the source of this passage, that is, the hymn that is quoted there. Similarly, the numerous parallels of *Trimorphic Protennoia* with Col 1:15ff. on the one hand and with the Fourth Gospel on the other (noted by Gesine Schenke in her dissertation) suggest a relationship of our Sethian text not to these writings, but to their respective Gnostic sources—at any rate, this aspect is the more important one. J. M. Robinson has called attention to a similar deep-level connection between the coming of the savior in the *Apocalypse of Adam* and, above all, the beginning of the Gospel of Mark.[55]

Sethian concepts and texts receive their most "Christian" appearance when they are provided with a Christian framework. In the case of the *Hypostasis of the Archons* the Christian framework is very thin (at the beginning there is a quotation from Paul [Eph 6:12], and at the end the term "son"), and it functions in a very forced and unnatural way. This framework stands in distinct contrast to the few mere Christian accents that have been imposed upon the relatively extensive contents; practically, these accents consist only of the preference given to the term "*Holy* Spirit"[56] and the presupposition that the predicted entry of the "perfect" or "true" man (also "that seed," cf. Gen 3:15) into a human body will be unique.

The same discrepancy between framework and content appears even more clearly in the most "Christian" of all Sethian writings, the *Apocryphon of John*. By means of the framework, in which John the son of Zebedee receives instructions from the ascended Jesus, the ancient editor gives the text a New Testament coloring. Thus the framework is scarcely Gnostic in its tendency. Reminiscences of Christian, and especially of

---

[54] Cf. G. Schenke (Robinson), *Protennoia*, 128f.

[55] "On the Gattung of Mark (and John)," in: D. G. Miller/D. Y. Hadidian (ed.), *Jesus and Man's Hope*, vol. I, Pittsburgh 1970, 118–126.

[56] Applied to three different personae: (1) the spirit of truth that dwells within the Gnostics; (2) Barbelo; (3) the highest deity, the Invisible Spirit.

Jewish Christian, traditions can be detected. But the framework, which is so distinctly Christian, has no clearly discernible continuation in the interior of the writing, except in the simple addresses to the revealer in the dialogue passages. But in themselves these dialogue passages of the second half of the text must literarily be kept separate from the events of the frame story. Rather, what is found is a fictitious conversation, with no specifically Christian traits, between a revealer and an ideal recipient of the revelation. Even though in the eyes of the ancient editor Jesus also speaks in the interior of the *Apocryphon of John*, and it is John whose questions he answers, in terms of the history of tradition the revealer who speaks in the interior of the text, especially in the paraphrase and parody of Genesis, has first of all to be distinguished from Jesus who speaks in the frame story. And it is not redaction history but the history of tradition that is fruitful in the exegesis of the *Apocryphon of John*. This has been worked out convincingly by A. Werner in his dissertation on the *Apocryphon of John*.[57] Werner also lets us raise the question of whether the speaker in the interior of the document is actually male. This is a fascinating question, for the possibility that the speaker was originally a female persona sheds light upon some features that are still obscure, especially in the context of the other Sethian texts. In particular, we would have here an important connection with the *Hypostasis of the Archons*. For the first half of the *Apocryphon of John*, there is also evidence of the artificiality of the Christian framework in the parallel of Irenaeus *Adv. haer.* 1.29. This chapter of Irenaeus excerpts from a Sethian writing that did not yet have such a framework, and displays only a weak sign of contact with Christianity when it endows (typically) the Sethian son figure with the name of "Christ." This alone constitutes the Christianness of the content of the revelation that "Jesus" transmits in the *Apocryphon of John*.

From all these facts one could arrive at an impression which I should now like to formulate as a working hypothesis: Gnostic Sethianism not only is in substance pre-Christian, but it is also so autonomous and non-Christian in its essence that, when it encountered and coexisted with Christianity, despite the attraction that Christianity exerted here and there, no genuine combination with Christianity resulted, and indeed could not result. In the domain of Sethianism, there is no Christian Gnosis worthy of the name.

57 See above note 16.

VI. *The Encounter of Sethianism with Philosophy*

It is interesting that our group of Sethian texts not only shows the reaction of Sethianism to the religious challenge of Christianity, but also, just as distinctly, its reaction to the philosophy in Late Antiquity. This took place in the form of an effort towards conciliation, or even affiliation, with that philosophy. The specific phenomenon of Gnostic Sethianism ranges from one extreme limit of Gnosis to the other. The most exciting aspect of this perspective is that even the Gnostics in Rome who were members or visitors of the school of Plotinus, and who became the occasion for the only polemical work that Plotinus ever wrote (*Ennead* 2.9 [= 33]), were apparently none other than Sethians, or more exactly, a particular branch of Sethians. The tendency of Gnosis towards philosophy as such is well known.[58] But it is simply a matter of astonishment that also Sethianism, which is so deeply rooted in mythology and even devoted to magic in no small measure, was caught up by this tendency, and that it was this branch of all branches of Gnosis that could challenge Neoplatonism.

The first grounds for this view are about as old as the Nag Hammadi find itself. The two documents *Zostrianos* and *Allogenes*, or more precisely, what was formerly known of them, immediately called forth comparisons with Porphyry's *Life of Plotinus*, chap. 16,[59] and an identification of the two new texts with those mentioned by Porphyry.[60] But the word "and" occurred not only between the names Zoroaster and Zostrianos, but also between Allogenes and Messus, and seemed to cause no small difficulty; also there certainly once existed many writings under the names of Allogenes (cf. Epiphanius *Haer.* 39.5.1; 40.2.2)—and accordingly perhaps also under the unfamiliar name of Zostrianos; therefore it was possible to remain skeptical and disinterested in the face of these identifications. To this moment the effort to establish such direct external interconnections, even if now based on accurate knowledge of the new material,

---

58 See recently B. Aland, "Gnosis und Philosophie," in: G. Widengren (ed.), *Proceedings of the International Colloquium on Gnosticism*, Stockholm 1977, 34–73.

59 γεγόνασι δὲ κατ' αὐτὸν τῶν Χριστιανῶν πολλοὶ μὲν καὶ ἄλλοι, αἱρετικοὶ δὲ ἐκ τῆς παλαιᾶς φιλοσοφίας ἀνηγμένοι οἱ περὶ Ἀδέλφιον καὶ Ἀκυλῖνον, οἳ τὰ Ἀλεξάνδρου τοῦ Λίβυος καὶ Φιλοκώμου καὶ Δημοστράτου τοῦ Λυδοῦ συγγράμματα πλεῖστα κεκτημένοι ἀποκαλύψεις τε προφέροντες Ζωροάστρου καὶ Ζωστριανοῦ καὶ Νικοθέου καὶ Ἀλλογενοῦς καὶ Μέσου καὶ ἄλλων τοιούτων πολλοὺς ἐξηπάτων καὶ αὐτοὶ ἠπατημένοι, ὡς δὴ τοῦ Πλάτωνος εἰς τὸ βάθος τῆς νοητῆς οὐσίας οὐ πελάσαντος.

60 Cf. above all, J. Doresse, "Les apocalypses de Zoroastre, de Zostrien, de Nicothée," in: *Coptic Studies in Honor of W. E. Crum*, Boston 1950, 255–263.

seems doubtful. I have in mind the attempts of J. M. Robinson and B. A. Pearson to show that also the *Three Steles of Seth* (as an apocalypse of Dositheus) and *Marsanes* were in the hands of Plotinus's Gnostic adversaries in Rome, and that these writings are included in Porphyry's reference to ἀποκαλύψεις ...ἄλλων τοιούτων.[61]

These external considerations would be important only if it were possible to show that the complete anti-Gnostic writing of Plotinus, that is, the original treatise consisting of *Enneads* 3.8, 5.8, 5.5, and 2.9 (= 30–33), were clearly directed against distinct positions that are represented in the pertinent Nag Hammadi texts (*Zostrianos, Allogenes, Three Steles of Seth, Marsanes*). To our surprise, it suddenly became clear that this is actually the case as we undertook the critical evaluation of a book by C. Elsas on this topic. It is the newest and actually the most important treatment of the identity of the Gnostics opposed by Plotinus, a book in which the author himself, however, comes to a different result, which, if correct, would be devastating for the above-mentioned attempts at identifying those four Nag Hammadi documents.[62] Elsas first gives a plausible and instructive elaboration of the opponents' position(s) against which Plotinus directs himself. Then follows a comparison of the individual motifs of the opponents' position(s) with a selected field of concepts from the intellectual and spiritual environment. As a grid, Elsas uses a catalogue of graded single motifs; this grid would be very useful in recording the Gnostic worldview as a whole, but used as a means of identifying a particular variety of Gnosis or Gnostic system, where only the distinctive features are in fact relevant, it is a source of problems. And this is not without bearing upon the results. The utilization of motif analysis for the total assessment of Plotinus's adversaries is in principle carried out by reversing the direction of analysis, i.e., by synthesis. Just as analysis traces the single motifs back to various areas, so by synthesis the total phenomenon under investigation is held to have grown together out of those different areas. Thus Elsas himself comes to the syncretistic—and therefore indefinable—character of the Gnosis of Plotinus's opponents. If, however, on the basis of the same material the distinctive features of the opponents' teaching are

---

[61] Robinson, "The Three Steles of Seth and Plotinus," in: G. Widengren (ed.), Proceedings of the International Colloquium on Gnosticism, Stockholm 1977, 132f.; B. A. Pearson, "The Tractate Marsanes (NHC X) and the Platonic Tradition," in: B. Aland (ed.), *Gnosis, FS Hans Jonas*, Göttingen 1978, 375.

[62] *Neuplatonische und gnostische Weltablehnung in der Schule Plotins*, RGVV 34, Berlin 1975.

taken as clues to the identity of Plotinus's Gnostic opponents, one arrives at precisely the Sethianism that we see represented in the group of texts under discussion.[63] In this connection also particular terms gain a considerable importance, especially the triad παροικήσεις, ἀντίτυποι, μετάνοιαι (cf. *Ennead* 2.9.6.2;[64] and the appearance of these terms in *Zostrianos* [e.g. on p. 8]).[65] This is, by the way, only the "second edition"—though with a new look—of an older hypothesis, held especially by C. Schmidt, of the essentially Sethian character of the Gnostics opposed by Plotinus.[66]

In this perspective many things, both general and specific, in certain documents of our text group can be seen in a new light. In the *Three Steles of Seth*, for example, it can be discovered that dualism, considered so typical of Gnosticism, is curiously missing. Now, surely this is first of all a function of the liturgical character of the text. In a Gnostic liturgy of ascension it is quite understandable that the orientation towards a destination above could result in silence about dualism, even if dualism were presupposed. On the other hand, already the one-sided emphasis upon "whither," while leaving out of consideration "whence," can be suspected to be an attempt to move *away from* properly dualistic Gnosis and *towards* a more strongly monistic, philosophic worldview. B. A. Pearson has noted a similar subsiding of dualism in *Marsanes* and *Allogenes* and draws in fact the same conclusion.[67] It could perhaps even be conjectured that related to this tendency is also a transformation in the domain of mythology, as in the attribution of the origin of the lower world to no less a being than the light-giver Eleleth (*Gospel of the Egyptians, Trimorphic Protennoia*). Without intending to contest the relevance of these phenomena in our present context, it must be noted that regarding dualism, there is another way to handle the question once we look beyond the borders of Sethianism to the whole complex of Gnosis. The Nag Hammadi Library has bestowed upon us so many Gnostic texts in which dualism plays no special role, that there is reason to ask whether our usual premises are really correct: is dualism actually so essential to Gnosis as one has always said, and if so, which kind?

---

63 Cf. H.-M. Schenke, *ThLZ* 102 (1977), 644–646.

64 Elsas, *Weltablehnung*, 74.

65 Cf. J. H. Sieber, "An Introduction to the Tractate Zostrianus from Nag Hammadi," *NovT* 15 (1973), 238; Tröger, *Passion Jesu Christi*, 191.

66 Cf. C. Schmidt, *Plotins Stellung zum Gnostizismus und kirchlichen Christentum*, TU.NF 5/4, Leipzig 1901; Schmidt/Till, *Koptisch-Gnostische Schriften* I, XXXIIIf.

67 "The Tractate Marsanes," 383f.

Not least, there is a considerable gain of importance for the terminology (already striking) of the Sethian texts in question. To a high degree, *Zostrianos, Allogenes*, the *Three Steles of Seth*, and *Marsanes* speak the same language as the philosophy of that day. J. M. Robinson has emphasized the especially interesting "trinity" of Being, Intelligence, and Life (ὕπαρξις, νοῦς, ζωή, and equivalents) and interpreted it as being such a connecting link.[68] It is the striking term of Nonbeing (ἀούσιος/ⲁⲧⲟⲩⲥⲓⲁ, etc.) and its relevance within the present perspective to which B. A. Pearson has devoted particular attention.[69] M. Tardieu has investigated the entire philosophical concept system of the *Three Steles of Seth*, isolated it, and brought it into order. When he claims that this philosophical system underlies the *Three Steles of Seth* (it is a "structure métaphysique sous-jacente"), this accords well with our way of seeing things, provided one understands Tardieu, or uses his results in such a way that in the *Three Steles of Seth*, within the framework of a liturgy of ascension, it is still Sethian Gnosis that is seen to be articulated in this striking use of a coherent philosophical concept system.[70]

For, however philosophic our texts may give themselves out to be, however much they may have been able to seduce students of philosophy and to challenge philosophical masters, they nevertheless remain Sethian Gnosis. On this score, too, both in its encounter and in its coexistence with philosophy, Sethianism did not overstep the categorical boundary that distinguishes it from the neighboring phenomenon in the history of mind.

68 "The Three Steles of Seth and Plotinus," 140–142.
69 "The Tractate Marsanes," 381–384.
70 "Trois Stèles de Seth," 560–567.

ZUR BILDUNG DER NOMINA IN DER ÄGYPTISCHEN SPRACHE*

Die Schrift, in der eine Sprache niedergelegt ist und überliefert wird, entstammt und dient den Sprechern dieser Sprache. Einem Außenstehenden, und also auch dem Sprachforscher, kann geschriebene Sprache nur begrenzten Aufschluss über ihr wirkliches Funktionieren geben. Bei den so genannten toten Sprachen ergibt sich damit eine kaum oder nur schwer überwindbare Barriere für die wissenschaftliche Bemühung um ihre Phonologie und Phonetik. Das gilt nun ganz besonders für das Ägyptische, dessen Hieroglyphenschrift, in all ihren Formen, zu den Schriftsystemen gehört, wo in der Schreibung, unter Verzicht auf die Vokale, nur das Konsonantengerüst der Wörter festgehalten wird. Wir haben also nur einen „Schatten" dieser Sprache. Man kann die Dokumente der ägyptischen Sprache verstehen und übersetzen, aber eigentlich nicht „lesen". Natürlich sind Rückschlüsse auf das Ägyptische als eine einst gesprochene Sprache möglich. Und in vielen Punkten haben wir durchaus begründete Vorstellungen, wie einzelne Wörter gelautet haben. Wer über dieses bruchstückhafte Wissen hinaus will und das Ganze, das sprachliche System des Ägyptischen als solches, im Auge hat, muss sich einen Bereich des Ägyptischen suchen, wo die Voraussetzungen einem umfassenden Rekonstruktionsversuch besonders günstig sind. Und als solcher dürfte sich der Bereich der Nomina erwiesen haben, wie die einschlägigen Bemühungen J. Osings jetzt ergeben.

Das hier zu besprechende Werk ist die als Manuskript gedruckte Habilitationsschrift O.s, die im Wintersemester 1973/74 vom Fachbereich Altertumswissenschaften der Freien Universität Berlin angenommen worden war. Ein Teil des umfangreichsten Komplexes dieses Werks, nämlich desjenigen, der den deverbalen Ableitungen gewidmet ist (Hauptteil, Kapitel A = S. 36–289), stellt die überarbeitete Fassung der Dissertation dar, mit der O. im Wintersemester 1967/68 an der Philosophischen Fakultät der Universität Heidelberg promoviert hatte, und deren Titel war: „Die Bildungsweisen der nomina agentis, Adjektive und aktiven Partizipien im Ägyptischen" (Band 1, A II = S. 120–211, nebst den dazugehörigen Anmerkungen 519–910 in Band 2, S. 589–749). Die Seiten der beiden

* OLZ 77 (1982), 229–236. (Besprechung von Jürgen Osing, Die Nominalbildung des Ägyptischen, I. Textband, II. Anmerkungen und Indices, Mainz 1976.)

Bände sind durchgezählt; der erste Band ist der Textband (bis S. 338), der zweite enthält Anmerkungen (S. 339–877), Nachträge (S. 878–892) und Indices (S. 893–952).

Was die Bedeutung der Arbeit anbelangt, so haben wir es m. E. mit einer Pionierleistung von hohem Rang zu tun. Es ist O. gelungen, den Schleier, der für uns immer noch über der ägyptischen Sprache als einer einst *gesprochenen* liegt, ein erhebliches Stück weiter zu lüften, so dass der Blick vom Koptischen aus frei wird für bestimmte Substrukturen dieser Spätform des Ägyptischen, und man das Profil des Kontinuums der ägyptischen *Sprach*geschichte sich abzuzeichnen erlebt. Zugleich hat er ein Arbeitsmittel geschaffen, ein Nachschlagewerk, ein Speziallexikon höheren Grades (mit zahlreichen Korrekturen und Nachträgen übrigens sowohl zum Wörterbuch der Ägyptischen Sprache als auch zum Coptic Dictionary von Crum), dessen Brauchbarkeit zwar schon unmittelbar deutlich ist, dessen eigentliche Frucht aber sicher erst durch den kontinuierlichen Gebrauch über viele Jahre hin eingebracht werden dürfte. Es zeigt sich hier auch, welch großer Nutzen gerade aus der Arbeit einer sehr speziellen Schule mit ihren programmatisch auf Diachronie angelegten und fixierten Interessen und Methoden für die Allgemeinheit erwachsen kann. Gemeint ist die Schule von Gerhard Fecht (jetzt Berlin), die wiederum ihre Wurzeln in Heidelberg bei Elmar Edel hat. Die Basis, von der O.s Aufstellungen und Untersuchungen ausgehen, ist die diachronische Analyse von Elementen der ägyptischen Sprache und die Theorie über die Entwicklung des Ägyptischen, wie sie G. Fecht ausgearbeitet und besonders in seinem Werk „Wortakzent und Silbenstruktur" niedergelegt hat.[1] Das innere Funktionieren der Schule wirkt sich nicht zuletzt darin aus, dass O. freimütig und ausgiebig Gebrauch machen kann von zwei noch unpublizierten Arbeiten seines Lehrers; es sind dies die Habilitationsschrift Fechts vom Jahre 1952 „Die geschichtliche Entwicklung der ägyptischen Tonvokale" (siehe schon das Literaturverzeichnis; von Fecht selbst bereits erwähnt in „Wortakzent", z. B. 3^{12} und 187^{523}) und eine Arbeit über die ägyptischen Infinitive (Anm. 261. 290). Auch schließt das über die Basis Gesagte einen interessanten, lebhaften und eben weithin auch kritischen Dialog O.s mit Fecht keineswegs aus. Es ergeben sich eben neue Aspekte (auch über Fecht hinaus), wenn man einen Gegenstand so systematisch

---

[1] Wortakzent und Silbenstruktur – Untersuchungen zur Geschichte der ägyptischen Sprache", ÄgF 21, Glückstadt 1960; vgl. die Rezension von W. Schenkel, OLZ 63 (1968), 533–541 (das Werk ist aus Fechts Dissertation vom Jahre 1950 hervorgegangen).

und konzentriert angeht, wie O. es hier mit den Nominalbildungen tut. Von den sonstigen Autoritäten und Fachkollegen, mit denen sich O. auseinandersetzen muss, sind die wichtigsten übrigens E. Edel, J. Vergote, W. Vycichl und J. Černý. Was den zuletzt Genannten anbelangt, so konnte O. dessen Zusammenfassung seiner einschlägigen Arbeiten in dem „Coptic Etymological Dictionary" (Cambridge 1976) nicht mehr (auch nicht in den Nachträgen) verwenden. Das Anliegen, dem O. seine Arbeit gewidmet hat, scheint schon bei E. Edel impliziert bzw. angedeutet zu sein.[2] Aus dem (bereits berührten) sehr speziellen Charakter der Schule, in der das Buch wurzelt, folgt nun auch, dass die Zahl derer, die sich für einen seiner Teilaspekte als Sachverständige interessieren und es danach beurteilen werden, was es hier an Erkenntniszuwachs vermittelt, unverhältnismäßig viel größer ist als die Zahl derjenigen, die gerade an demselben Schnittpunkt verschiedener Arbeitsfelder und Forschungsbereiche arbeiten und Erfahrung gesammelt haben. Kurzum, es gibt nur ganz wenige, die das Ganze gleichmäßig zu würdigen in der Lage wären. Wer etwas aus der Feder eines solchen sucht, der sei auf J. Vergote verwiesen.[3] Eine Würdigung des Ganzen findet er dort freilich auch nicht; und die Rezension ist keineswegs von der Objektivität, die Vergote ihr zuerkannt wissen möchte.[4]

Mein Zugang zu O.s Werk ist dessen koptologische Relevanz; und in dieser Perspektive kann ich nicht umhin zu gestehen, dass ich es ganz wesentlich auch im Spiegel seines Nebenprodukts betrachte, man könnte auch sagen: seines „Zwillings". Gemeint ist O.s Neuausgabe des Pap. BM 10 808.[5] In der Tat gehören ja die beiden Arbeiten eng zusammen; in „Nominalbildung" wird fortwährend auf diese Ausgabe verwiesen – und umgekehrt; und ihre Vorform fungierte schon als Anhang von O.s Dissertation. Die Entschlüsselung jenes Papyrus aus Oxyrhynchos zeugt von einer derart absolut soliden Genialität, und ihre Methodik auf der Suche nach der Erkenntnis von Unerkanntem kommt mir so vertraut vor, dass ich fast ohne Bedenken O. in seiner Theorie der Nominalbildung auch da zu folgen und mit seinen Ergebnissen weiterzuarbeiten mich

---

2 Altägyptische Grammatik I, AnO 34, Rom 1955, §§ 21. 106f. 153–157.

3 Problèmes de la ‚Nominalbildung' en égyptien, ChrÉ 51 (1976), 261–285.

4 ChrÉ 51 (1976), 285 Z. 3. Eine direkte Antwort Osings ließ nicht lange auf sich warten; vgl. J. Osing, Nochmals zur ägyptischen Nominalbildung, GM 27 (1978), 59–74.

5 J. Osing, Der spätägyptische Papyrus BM 10 808, ÄgA 33, Wiesbaden 1976; vgl. auch hier die (defensive) Rezension von J. Vergote, La vocalisation des formes verbales en égyptien – Des matériaux nouveaux?, BibOr 34 (1977), 135–139.

bereit fühle, wo ich ihre letzten Gründe, manche Implikationen und Einzelheiten der Argumentation (noch) nicht zu überschauen vermag.

Der Stellenwert, den der Pap. BM 10 808 für O.s Aufgabe hat, wird sofort deutlich, wenn wir nun zu deren Beschreibung kommen. Es geht O. um nichts geringeres als um eine fundierte und methodisch saubere Rekonstruktion des Ägyptischen in seiner vollen silbisch-morphologischen Gestalt, also um die Vokale, die zwischen das geschriebene Konsonantengerippe gehören und im Wechselspiel mit denen die bedeutungsdeterminierenden, -profilierenden und -nuancierenden Wortstrukturen sich einst nur haben ergeben können. Und der Papyrus aus Oxyrhynchos, der nur koptisch bzw. altkoptisch aussieht, in Wirklichkeit aber eine „hieratische" Sprachform des Ägyptischen repräsentiert, wie sie sich so ähnlich in den Tempelinschriften der griechisch-römischen Zeit findet, stellt den direktesten Zugang zum Vokalismus bzw. zur Revokalisierung der Hieroglyphenschrift dar – nur dass diese „Zugangstür" bisher wie „verklemmt" war und erst wieder geöffnet werden musste. Für den Versuch einer solchen Rekonstruktion gilt es, erst einmal den am meisten erfolgversprechenden Bereich der ägyptischen Sprache zu finden. Besonders nachdem der Versuch Vergotes bei den Verbalformen nicht zur Evidenz und allgemeinen Zustimmung geführt hat,[6] mussten sich die Nomina empfehlen. Dafür, dass hier eine günstigere Einstiegsmöglichkeit liegt, sprach zunächst die eingeschränkte Flexibilität der Nomina, sodann der Umstand, dass ihre Einteilbarkeit in Bedeutungsklassen mit den Typen der Wortstrukturen, auf die die Rekonstruktion führt, konvergiert. Schließlich steht der Erfolg, der dem Bemühen O.s auf diesem Felde offenbar beschieden ist, nicht zuletzt damit im Zusammenhang, dass er den Bestand der Nomina gleichmäßig, global und systematisch zu erfassen unternahm.

Die Mittel, derer O. sich bei seiner Arbeit bedient, sind – abgesehen von dem neu erschlossenen Pap. BM 10 808 – die dabei üblichen, nämlich in allererster Linie das Koptische als voll vokalisierte, wenn auch späte und daher vielfältig abgewandelte Gestalt der ägyptischen Sprache, sodann der Bestand ägyptischer Wörter, die auch in Keilschrift oder in griechischer Transkription bzw. Transformation begegnen, schließlich Wörter in syllabischer Hieroglyphenschrift bzw. anderweitig distinktive hieroglyphische Schreibungen (unter welchem Gesichtspunkt besonders die Sargtexte aufgearbeitet werden). Um sachgemäß und optimal die nötigen

[6] Vgl. besonders H. J. Polotsky: Ägyptische Verbalformen und ihre Vokalisation, Orientalia 33 (1964), 267–285 (= Collected Papers, Jerusalem 1971, 52–70).

und möglichen Rückschlüsse aus dem reichen koptischen Material ziehen zu können, bedarf es natürlich der Kenntnis der an bestimmten einsichtigen Beispielen abzulesenden und zu verallgemeinernden Gesetze, denen die Entwicklung der ägyptischen Laute zum Koptischen hin unterliegt. Für die Konsonanten stellt das kein großes Problem mehr dar, wohl aber für die Vokale, auf die es hier ja sowieso entscheidend ankommt, und sofern man auch für sie auf die Erkenntnis der Gesetzmäßigkeiten angewiesen ist, die für sie auf die Abweichungen von den Hauptregeln verantwortlich sind. Wegen des fundamentalen Stellenwerts dieser Frage innerhalb seines Programms hat O. seinem Hauptteil eine „Vorbemerkung zum ägyptischen Vokalsystem" (S. 10–30 mit Anm. 35–184 [= Bd. 2, 360–500]) vorangestellt, in der sich wichtige neue Einsichten finden, die zum großen Teil der oben genannten Habilitationsschrift von G. Fecht verdankt werden, die gerade in diesem Teil seiner Arbeit mitzuteilen und systematisch auszuwerten O. autorisiert worden war.

Der Hauptteil des Werkes bietet die Ergebnisse von O.s Untersuchungen. Was von den Wegen, wie man zu ihnen kommt, als mitteilenswert erachtet worden war, hat seinen Platz in dem reichen Anmerkungsteil angewiesen erhalten. Die hinsichtlich des Prinzips ihrer Bildung identifizierbaren Nomina der ägyptischen Sprache werden zu Listen zusammengestellt; jeweils eine Liste für einen Bildungstyp. Jede Liste wird am Ende unter verschiedenen Gesichtspunkten ausgewertet. Eine zusammenfassende Auswertung, die man als das Herz des Ganzen bezeichnen kann, gibt es (auf S. 268–289) nur für die insgesamt 34 *deverbalen* Ableitungen – mit denen ja auch weder die noch (unter B) folgenden denominalen Ableitungen (S. 290–320) noch die (unter C) denominalen Erweiterungen (S. 321–338) sich an Wichtigkeit messen können – unter der Überschrift (A. V.) „Das System der deverbal abgeleiteten Nominalbildungstypen."

Es würde diesen Rahmen wohl sprengen, wollte man in der Charakterisierung des Werkes noch weiter in die Einzelheiten gehen und einen Einblick in die Fülle der Einzelergebnisse und Erkenntnisse zu geben versuchen, zumal gerade hier das Hauptgewicht auf dem Ganzen liegt. Gleichwohl vermag ich die Anmerkung nicht zu unterdrücken, dass mir besonders willkommen ist die Erhellung besonderer Wortformen des noch relativ unerschlossenen mittelägyptischen Dialekts des Koptischen, die sich aus O.s System ergibt. (Die betreffenden Wörter im Dialekt M hat O. den beiden „Compléments" von R. Kasser entnommen.)[7] Aus der

[7] Compléments au Dictionnaire Copte de Crum, BEC 7, Kairo 1964; Compléments morphologiques au Dictionnaire de Crum, BIFAO 64 (1966), 19–66.

Fülle auch dieses Materials sei hervorgehoben: ⲁϫⲉ „Ungerechtigkeit" S. 535[351] (nomen abstractum, vermutlich wie die *bo* Entsprechung ⲟϫⲓ durch Geschlechtswandel zum Femininum geworden);[8] ⲙⲙⲉ „dort" S. 418[93]; ⲥⲙⲟⲩⲉ „segnen" S. 108; ⲧⲕⲁⲛ „Stoß" S. 43 (erweist sich vom Bildungstyp her als Maskulinum); ⲟⲩⲛⲉ „Mühle" S. 386[73] und S. 624[637] (die Etymologie erweist es als Femininum); ϣⲉⲣⲉ „Hürde" S. 586[511] und S. 879 [Nachtrag zu S. 429]; ϣⲣⲁϣ „Bündel" S. 221 (vom Bildungstyp her ein Maskulinum); ϩⲗⲟⲩϊⲉ/ϩⲗⲁϊⲉ „Knechte" S. 488[159]; ϩⲟⲩⲁⲉⲓⲥⲧⲉ S. 338 (verstanden als potenzierte denominale Erweiterung von ϩⲟⲩⲁ „Übermaß" um die Affixe *-s* und *-taj* [das ⲉⲓⲥⲧⲉ wäre demnach – entgegen den Auffassungen von Crum (736a 1; 736b 46) und Westendorf (HWb 52. 402. 404) – nicht verkürztes ⲉⲓⲥ ϩⲏⲏⲧⲉ zum Zwecke der Verstärkung von ⲛϩⲟⲩⲁ bzw. ⲉϩⲟⲩⲁ]); ϫⲁⲣⲁ „sichern" S. 878 [Nachtrag zu S. 47]. (Das *mäg* ϫⲗⲉ „Hindernis", „Zaun" [S. 891, Nachtrag zu S. 418] ist hingegen nicht existent; in Mt 21,33 M heißt es nicht ϫⲗⲉ, sondern ϫⲁⲉ, und zwar mit einem Supralinearpunkt über dem Epsilon.)

Aber anstatt mich nun doch weiter in Einzelheiten zu verlieren, möchte ich lieber noch einige durchgehende und das Profil des Werkes bestimmende Charakteristika ins Licht rücken, nicht zuletzt, weil man zu einigen von ihnen auch Fragen haben kann.

1. Unter Abrücken von dem kombinierten Verfahren Vergotes an dem gleichen Gegenstand arbeitet O. rein *analytisch*, d. h., er verzichtet auf das a priori einer prinzipiellen Übereinstimmung des Ägyptischen mit anderen, besonders den semitischen Sprachen bei der Nominalbildung, bleibt also ganz innerhalb des Rahmens der Ägyptologie und nimmt dafür in Kauf, dass in seinem System *Leerstellen* (wo der Vokal einer unbetonten Silbe bei analytischem Verfahren nicht auffindbar ist) und/oder *Alternativen* (in der Zuweisung bestimmter Wörter zu diesem oder jenem Bildungsschema) bleiben.

2. Groß ist die Rolle, die (in Wort und Sache) die „Akzentvarianten" spielen. In der Analyse tragen die Akzentvarianten (wo also durch die Wanderung des Akzents der Vokal einer anderen Silbe zum Tonvokal

---

[8] Von dem semantisch-syntaktischen Spektrum der koptischen Belege aus wäre allerdings zu fragen, ob sich hinter dem *bo* ⲟϫⲓ nicht in Wirklichkeit zwei verschiedene Ableitungen verbergen, nämlich neben dem schon im MR bezeugten und im Laufe der Sprachentwicklung zum Femininum gewordenen Nomen abstractum (S. 72) noch ein nur zu postulierendes Nomen agentis/Adjektiv nach dem Schema *sắḏmij* (A. II. 5) oder *sắḏmaw* (A. II. 6). Das *mäg* ⲁϫⲉ in Mt 25,26 würde dann zur zweiten Ableitung (Nomen agentis/Adjektiv) gehören und als sein Genus wäre das Maskulinum anzusetzen.

wird) wesentlich zur Erschließung der unbetonten Vokale des Grundwortes (und des Bildungsmusters) bei. Nun gibt es offenbar gesetzmäßige (vor allem bei der Bildung von Femininum, Plural und Status pronominalis) und „unerwartete", unregelmäßige Akzentvarianten. Und es ist gerade der reichliche Gebrauch, den O. von dieser zweiten Kategorie bei der Zuteilung der Wörter zu den Bildungstypen macht, der so auffällt, ja direkt etwas stutzig machen kann. Ich muss gestehen, dass ich noch nicht ganz überzeugt bin, dass solch eine „Akzentvariante" wirklich zu dem Typos gehören muss, dem sie als solche zugerechnet wird, und nicht doch etwa einen eigenen Typos darstellt.[9]

3. Mit dieser Relativierung des Akzents hängt wiederum zusammen die Voraussetzung oder Implikation der Zweitrangigkeit der Vokal*quantität* (bzw. die Befindlichkeit desselben Vokals in offener oder geschlossener Silbe) für die Morphologie. Zum Ausdruck kommt dieser Sachverhalt darin, dass bestimmte Bildungstypen als solche für Akzentvarianten voneinander erklärt werden; so sind z. B. das Verhältnis der Typen *sá̱dam* und *sa̱dắm, sí̱dim* und *si̱dím, sí̱dam* und *si̱dắm* zueinander gesehen (vgl. vor allem S. 268). Im Sinne einer Theorie ist das nur unter einer ganz bestimmten Prämisse möglich, die dann auch auf S. 286f. – wenngleich wie eine Art von Folgerung – formuliert wird, des Inhalts, dass ursprünglich alle Vokale, die betonten wie die unbetonten, von gleicher Quantität, und zwar kurz, waren. Unter den Denkvoraussetzungen der Fechtschule muss dieser Gedanke übrigens als völlig natürlich erscheinen.[10]

4. Aus der schulbegründeten Prädisposition des Verfassers erklärt sich auch sein selbstverständliches Operieren mit dem *Dreisilbengesetz*. Alle erschlossenen Bildungstypen werden auf diejenige Struktur zurückgeführt, die der Typos unter der Herrschaft des Dreisilbengesetzes einst gehabt haben müsse. Mit Hilfe dieser Vorform wird auch die innere Systematik der Ableitungen entdeckt. Besonders fruchtbar erscheint mir persönlich die Arbeit mit der Hypothese des Dreisilbengesetzes insofern, als sie zu erklären vermag, wieso bei Verlagerung des Akzents, etwa bei der Bildung der femininen Entsprechung eines Bildungsmusters, aus einer Silbenfuge (des Maskulinums) plötzlich ein Vokal, und zwar ein ganz bestimmter, hervorkommt.

---

[9] Hinsichtlich der Akzentvarianten findet sich jetzt eine schöne Klarstellung seiner Position als Antwort an Vergote, der den Finger auf die gleiche Stelle gelegt hatte (GM 27 [1978], 67).

[10] Vgl. z. B. G. Fecht, Wortakzent, § 347.

5. In den Listen des Hauptteils fungieren in der Regel als Lemmata – logischerweise – jeweils die rekonstruierten Gestalten eines Wortes, und zwar in derjenigen *vollständigen* (idealen) *Ausgangsform*, an der ihre Bildungsprinzipien sichtbar sind, d. h. mit konsonantischem *j* und *w*, wenn auch die Stellen der unbetonten Vokale häufig leer gelassen werden müssen. So wird nun auch verfahren in den zahlreichen Fällen, wo ein Wort in Wirklichkeit nur (und erst) im Koptischen vorhanden ist, wodurch das Lemma als so etwas wie ein „ghostword" wirkt. S. 33 (Mitte) begründet O. dieses Verfahren nun mit der *Möglichkeit*, dass es dieses Wort schon zu der Zeit, als die ägyptischen Wörter noch so waren, wie dieses hier im Lemma erscheint, gegeben habe. Impliziert der Vollzug der Etymologie aber nicht vielmehr *notwendig* die Behauptung, dass die betreffenden Wörter – wie wenig auch immer gebraucht – im Inventar der ägyptischen Sprache stets vorhanden waren? Denn dass auch die Bildungstypen selbst sich so gewandelt haben können (wie es S. 33 unten angedeutet wird), ist mir jedenfalls nicht ohne weiteres einleuchtend.

6. Nicht selten repräsentiert die Anordnung des Stoffes Schwierigkeiten mit dem Principium divisionis. Man kann fragen, ob es wirklich unvermeidlich war, Ableitungen „zweiten Grades", wie z. B. Kausativformen von Infinitiven (S. 39. 47. 54–56. 113) und Nomina mit Augment (S. 129. 156. 184. 194. 238. 258) oder Präformativ (siehe S. 283), unter die „reinen" Nominalbildungstypen zu subsumieren. Fast schon den Charakter eines Einwands gewinnt die diesbezügliche Frage bei der Menge der subsumierten Nomina mit den Affixen *-f* und *-s*. Manche Listen würden erheblich schrumpfen, wenn man jene herausnähme (vgl. z. B. die Feminina des Bildungstyps AI5). Und die Vertretung einer nicht vorhandenen einfachen Ableitung durch eine Form, die aussieht wie eine Weiterableitung von derselben, erscheint problematisch.

7. Mit diesen affigierten Nomina haben wir es noch einmal zu tun unter dem mehreres übergreifenden Gesichtspunkt, dass im vorliegenden Werk infolge des eindeutigen Vorherrschens diachronischer Betrachtung und Methodik es dort zu Verkürzungen zu kommen scheint, wo Phänomene in erster Linie synchronisch angefasst zu werden verlangen. Und das ist eben wohl der Fall bei den Nomina, die mit dem Affix *-f* bzw. *-s* versehen sind, zumal diese Bildungsweise gerade erst im Koptischen richtig produktiv geworden ist (vgl. S. 327. 330). Möglicherweise steht hier doch nicht alles auf *einem* (denominalen) Nenner (wenngleich sogar Vergote in diesem Punkt O. voll zustimmt). Besonders eine Form wie ⲃⲁⲗⲕϥ „zornmütig" (S. 162) lässt uns vorerst nicht mit dem Erreichten zufrieden sein. Und

während O. ⲕⲁⲣⲁⲓⲧϥ „Ruhe" als Ableitung von einem als Infinitiv gebrauchten Qualitativ von ⲕⲁⲣⲱ⸗ erklärt (S. 327), würde ich mich eher gezwungen fühlen, einen echten Infinitiv zu postulieren, von dem ⲕⲁⲣⲁⲓⲧ⸗ der Status pronominalis sein könnte. Auch wo sonst vom Qualitativ die Rede ist, scheint mir gelegentlich seine semantisch-syntagmatische Definiertheit in der Gefahr zu stehen, gegenüber der bloßen Morphologie etwas zu kurz zu kommen. (Vgl. S. 465 [(125)]. 515[253]. 875 [(1435)] zu *srftj*; einwandfrei dagegen S. 700[802].)[11] Und schließlich müssen wir unter dem hiesigen Gesichtspunkt noch einmal auf das behauptete Korrelatsverhältnis zwischen den Bildungstypen *sâḏam* und *saḏắm* (*saḏắm* als Akzentvariante von *sắḏam*) zurückkommen. Denn bei den Infinitiven, die zu den beiden Mustern gehören, scheint das Schema nicht aufzugehen bzw. als Erklärung nicht zu genügen. Das zeigt sich schon an der von O. selbst registrierten (S. 46f.) semantischen Besonderheit (Beschränkung) des Infinitivtyps *saḏắm* (auch II. Infinitiv genannt) gegenüber dem Infinitivtyp *sắḏam* (I. Infinitiv). Aber hinzu kommt nun ja auch noch (bei verbalem Gebrauch) ein auffälliges syntagmatisches Eingeschränktsein auf das dreiteilige Konjugationsschema.

---

[11] Vgl. im Übrigen jetzt W.-P. Funk, Zur Syntax des koptischen Qualitativs, ZÄS 104 (1977), 25–39; 105 (1978), 94–114.

THE PROBLEM OF GNOSIS*

Adam was a laughing stock,
  who was made in forgery
  as an image of a man by the Seventh,
as though (by that) he would have overpowered
  me and my brethren
being with him (but) without guilt,
  and without having sinned.
Abraham, too, was a laughing stock,
  along with Isaac and Jacob....
David was a laughing stock....
Solomon was a laughing stock....
The Twelve Prophets were a laughing stock....
Moses was a laughing stock....
Indeed, this archon was (himself) a laughing stock....
Indeed, it was a laughing stock,
  a (self-)condemnation and false prophecy.

(*Treat. Seth*, NHC VII p. 62,27–65,2)

Truly, it is [not] I that they saw and punished,
it was another—their father –
who drank the gall and the vinegar,
it was not I who was struck with the reed,
it was another who bore the cross on his shoulder,
namely Simon.
It was another upon whom the crown of thorns was placed;
but I was rejoicing in the height
over all the "wealth" of the archons
and the offspring of their error
[and the...] of their empty glory;
and I was laughing at their ignorance.

(*Treat. Seth*, NHC VII p 56,4–20)

Jesus said: "Blessed are the solitary and elect,
for you will find the Kingdom.

---

* The SecCent 3 (1983) 73–87.

Paper read during my lecture tour of October–November 1982 at The Catholic University of America, Washington DC; Yale University, New Haven; Barnard College, New York; University of Pennsylvania, Philadelphia; Iliff School of Theology, Denver; University of Oregon, Eugene; University of California, Riverside; University of California, Santa Barbara. I should like to express heartfelt thanks to my colleague and friend Bentley Layton for his emendation of my English style.

For you are from it,
and to it you will return."

(*Gos. Thom.* § 49, NHC II p. 41,27–30)

This is Gnosis. The figure of the laughing savior and injunctions like "become what you were" are typically Gnostic. But what is Gnosis as a whole? And what is the particular problem that it poses?

I ask this question at a time when Gnostic research—now that the Nag Hammadi "library" has been published—has reached the top of its mighty new wave. However, the enormous increase of new primary materials and new insights also entails new uncertainty. Above all, the delimitation of Gnosis, the borderline between Gnosis and non-Gnosis, is in danger of becoming fuzzy. As scholars study the so-called Coptic *Gnostic* library of Nag Hammadi, more and more texts are turning out to be *non*-Gnostic. The more special varieties of Gnosis, such as Valentinianism, Marcionism, Mandaeism, Manichaeism, and now also Sethianism, stand out in relief, the more Gnosis as a whole seems to lose its distinctiveness. Dualism is no longer always considered to be an essential tenet of Gnosis. And at the same time, new and confusing definitions, semi-definitions, and pseudo-definitions of Gnosis or as some prefer Gnostic*ism*, have begun to appear. Thus on the one hand, one can read that Gnosis is (nothing but) a special form of theological thinking—the view of Luise Schottroff and Barbara Aland—or only a characteristic mode of interpretation—the view of Klaus Koschorke and Helmut Koester. On the other hand, Gnosis is held by other scholars, such as Hans Jonas[1] and Karl-Wolfgang Tröger, to be a religion. One might then ask, which noun (representing the *genus proximum* of classical logic) is in fact most naturally modified by the adjective "Gnostic" (which thus would indicate the *differentia specifica*)?

With these remarks, I have already touched on more problems than I can discuss, let alone set out to solve, in the present paper. All I want to do here is to start from the main issue of Gnosis, namely its definition, and move quickly through several principal problems. In this enterprise, I will summarize and revise in part the views I expressed some years ago in a paper entitled—after Wilhelm Bousset's famous book—"Hauptprobleme der Gnosis," or "Basic Problems of Gnosis."

[1] H. Jonas, *The Gnostic Religion: The Message of the Alien God and the Beginnings of Christianity*, second edition revised, Boston 1963.

I. *The Definition of Gnosis*

First we have to ask, what properly is Gnosis and what can be called Gnostic? Both the meaning of the word and its use in the history of research have lent a certain vagueness to the term "Gnosis," not unlike the imprecision of the term "mysticism." Some scholars, especially those preferring the term Gnostic*ism*, understand Gnosis to mean only the well-known heretical movement appearing within the Christian communities of the second century A.D. and opposed by the anti-heretical fathers of the church. In the view of others, the term Gnosis covers, in addition, such non-Christian phenomena as Hermeticism, Mandaeism, and Manichaeism. Several scholars—above all Hans Jonas—even go so far as to reckon the Hellenistic mystery religions, the thinking of Philo of Alexandria, and Neo-Platonism as parts of Gnosis. Different still, there are those who apply the term "Gnosis" to every mysterious conception in which knowledge plays a prominent role.[2] Hence there is some truth in the words of Hans Joachim Schoeps: "Most scholars operate ... with concepts that are so unsettled that the controversies they carry on are actually battles with straw men, since obviously everybody understands a different thing by the word Gnosis."[3]

But even a careful use of terms does not by itself necessarily guarantee a gain—quite the opposite. Insistence on clarifying our terminology can even lead to the darkening of our perception, as the published works of Robert McL. Wilson have amply demonstrated.[4]

Certainly we must try to define what we mean by "Gnosis" as exactly as possible. But such a definition must not be an arbitrary decision. What matters is that the modern scholarly term "Gnosis" should correspond faithfully to a real historical phenomenon that was homogeneous in itself and was distinctly set off against its environment. I consider it appropriate to take together, under the term "Gnosis," the following figures, groups, and views from the history of religion in late antiquity:

---

[2] Cf. Messina Proposal (A); U. Bianchi (ed.), *The Origins of Gnosticism*, SHR.SN 12, Leiden 1967, XXVI.

[3] H. J. Schoeps, *Urgemeinde, Judenchristentum, Gnosis*, Tübingen 1956, 30; my own translation.

[4] R. McL. Wilson, "Gnostic Origins," *VigChr* 9 (1955) 193–211; idem, "Gnostic Origins Again," *VigChr* 11 (1957), 93–110; idem, "Simon, Dositheus and the Dead Sea Scrolls," *ZRGG* 9 (1957) 21–30; idem, *Gnosis und Neues Testament*, UTb 118, Stuttgart 1971.

1. Simon Magus, Menander, Cerinthus, Satorninus, Basilides, Valentinus, Marcion, and Mani, along with their disciples, followers, and teachings.
2. Carpocratians; Naassenes, Peratae, Sethians (of Hippolytus); Nicolaitans, Stratiatics, Phibionites, Socratitae, Zacchaeans, Coddians, Borboritae, Ophites, Caians, Sethians, Archontics (of Epiphanius); Ophians (of Origen); Gnostics (of Plotinus); and Mandaeans, along with their teachings.
3. Two systems in Irenaeus *Adv. haer.* I.29 and 30; the *Book of Baruch* by Justin the Gnostic; the tractate "Poimandres" and other Hermetic writings; and the large complex of Coptic Gnostic writings.

All these figures, groups, and teachings essentially belong together inasmuch as the understanding of existence that underlies their various speculations, despite external differences, attests to one and the same worldview set off against the spiritual environment. We can now supplement this first, outward definition, formed by a simple listing of what belongs together, with a second definition made from within: by the word "Gnosis" we should understand "a religious salvation movement of late antiquity in which the possibility of a negative attitude towards self and world is taken up in a special and unmistakable way and consolidated into a consistently world-negating worldview, which expresses itself in characteristic word usage, metaphorical language, and artificial myths."

The negative side of the coin is this: Gnosis is *not* a degenerate form of Christianity, as was generally believed by past scholars like Adolf von Harnack (who understood Gnosis as "acute hellenization of Christianity"), and is still believed today by individuals such as Barbara Aland. Gnosis is *not* the direct continuation or a special stage in the development of an Oriental, Iranian popular religion, as was thought by the so-called religio-historical school of Wilhelm Bousset, Richard Reitzenstein, and Rudolf Bultmann. Gnosis is *not* the spirit of late antiquity pure and simple, which is the well-known view of Hans Jonas.

Now the term "Gnosis" is appropriate to designate the phenomenon I have in view. To be sure, the followers of this salvation movement only sometimes called themselves γνωστικοί.[5] Nevertheless, γνῶσις, was their

[5] M. Smith, "The History of the Term Gnostikos," in: B. Layton (ed.), *The Rediscovery of Gnosticism*, Leiden 1981, 796–807.

watchword and, according to their worldview, the virtual and unique means of salvation.

On the basis of this definition of "Gnosis," the meaning of the adjective "Gnostic" is also clear: of Gnostic character are statements, conceptions, and system elements that arise from the worldview of Gnosis and its understanding of being, or which receive their specific meaning from it. This means that not everything that is dark and mysterious can sensibly be called Gnostic.

While this definition is clear in principle, it is not entirely clear in historical application. For the decision whether or not to call a thing "Gnostic" often turns out to be rather difficult, especially in those cases where one is confronted by only a fragment of a larger whole. Such a fragment may be the imperfect remains of a larger text, or it may be a single element quoted or used in another text of "mixed" character. Thus classification is extremely difficult in the case of isolated statements, conceptions, and system elements as they appear, for example, in the apocryphal *Acts of the Apostles*, the *Odes of Solomon*, the *Teachings of Silvanus*, and not least in the New Testament itself. This difficulty is even greater because the Gnostics, as we know, made use of traditional materials from quite disparate cultural spheres in order to elaborate their worldview within a system. For instance, the statement, "A person shall know where he or she comes from and where he or she is going to" can be quite specifically Gnostic and can signify the deepest mystery of Gnosis, as in the *Gospel of Truth* (NHC I p. 22,13–15)[6] or the *Excerpts from Theodotus* (78,2). With the same sentence, a Jew—as in *Avōt* 3,1—and a Stoic—for instance Seneca (*Ep.* 82,6)—can express their quite different understandings of existence. Or, let us take the teaching about the post-mortal ascension of the soul through the spheres of the planets. This teaching constitutes a central part of the overall Gnostic worldview; but by itself it is earlier than Gnosis. Thus when we find it stated in isolation, even in a text from the age of Gnosis, it still might not be Gnostic.

---

[6] Cf. the sentence within its context, *Gos. Truth* p. 22,2–20: "Therefore if one has knowledge, he is from above. If he is called, he hears, he answers, and he turns to him who is calling him, and ascends to him. And he knows in what manner he is called. Having knowledge, he does the will of the one who called him, he wishes to be pleasing to him, he receives rest. The name of the One becomes his. *He who is to have knowledge in this manner knows where he comes from and where he is going to*. He knows as one who having become drunk has turned away from his drunkenness, (and) having returned to himself, has set right what are his own" (translation G. W. MacRae, with minor alteration).

II. *Gnosis and Mysteries*

Another main issue is the relationship between Gnosis and the mystery religions. Some confusion and no little annoyance has resulted because examples from the sphere of the mystery religions have repeatedly been said to be Gnostic and were used in this way by the religio-historical school. Actually the two phenomena display striking similarities, and there are traceable cross-connections between them. In both, to be sure, what matters is the salvation of the human being. But salvation in the one is not salvation in the other. Gnosis and mystery belief are not identical; they have different roots, different origins, and different natures. In principle, salvation according to mystery belief is a deification of the human being: by the mystery, a person becomes something he or she was not before. Compare the classic formulation of *Corpus Hermeticum* 13,3: "And I am no longer what I was before" (καὶ εἰμι νῦν οὐχ ὁ πρίν). The pertinent technical terms are μεταμορφοῦσθαι, ἀποθεοῦσθαι, ἀναγεννᾶσθαι, which mean to change in form, to be deified, to be reborn.

In sharp contrast, according to the Gnostic worldview, salvation means not an innovative change, but a return once again to divinity. By means of γνῶσις ("knowledge"), human beings become again what they originally were and in principle always are. The purpose of salvation is to "become again what we once were" (ἵνα πάλιν γένωμαι ὃ ἤμην), as the *Acts of Thomas* (ch. 15) puts it. Hence the Gnostics are "saved by their very nature" (φύσει σῳζόμενοι; cf. Irenaeus *Adv. haer.* I.6.1; Clement of Alexandria *Strom.* IV.13.89; *Excerpta ex Theodoto* 56). This observation should be stressed against the opposing view of Luise Schottroff. Incidentally, one would have to characterize the initiates of the mysteries as τελετῇ, or ἀναγεννήσει σῳζόμενοι. Regarding the salvation of the Gnostics by their very nature, this salvation is counterbalanced by the perdition of others according to an opposite nature. A classic statement of the doctrine is found in the untitled treatise *On the Origin of the World in* Nag Hammadi Codex II (p. 127,14–17): "It is necessary that every one enter the place from whence he came. For each one by his deeds and his knowledge will reveal his nature."

What I have just said is an accurate statement of principle; but the matter was not quite so neat in reality. For Gnosis, like mystery belief, was a historical phenomenon, and in the course of their development and expansion the two influenced one another. This state of affairs is most easily seen in those instances where Gnosis, even though knowledge is in principle its only and sufficient means of salvation, nevertheless makes use of mystery practices. In such cases, Gnosis has secondarily borrowed such practices, whether directly or indirectly. Furthermore, the terminology and certain conceptions of the mysteries were used by the Gnostics. Indeed, at that time these were already in use outside the mysteries, mostly in a metaphorical sense, as we see in Philo, Clement of Alexandria, and others. The strongest evidence for this is the thirteenth tractate of the *Corpus Hermeticum* and the Nag Hammadi writing called *The Discourse on the Eighth and Ninth* (NHC VI,*6*). In *Corpus Hermeticum* 13 (περὶ παλιγγενεσίας), the very acquisition of saving knowledge is called rebirth, παλιγγενεσία. Conversely, the spirit of Gnosis must have secondarily broken into the mystery religions and infiltrated them in various degrees.

This may be the natural place to mention the relationship that must also have existed between Gnosis and late-antique magic. For instance, in the Nag Hammadi texts, especially that group of writings that I have called Sethian, the incantations, *nomina barbara*, and chains of vowels speak for themselves. To be sure, at that time no sharp line was drawn between cultic practice and magical practice. Thus we can suppose a direct connection of Gnosis and magic. This view is of importance since it would make it possible to understand the "international" phenomenon of magic as a quarry from which not a few of the disparate building blocks of the Gnostic systems might have directly come.

III. *The Origin of Gnosis*

The most delicate subject is, of course, the origin of Gnosis. What can be said with confidence is only that the origin of Gnosis is obscure. Perhaps what applies to other mighty movements, not least to Christianity, is true of Gnosis too: that the beginnings are inconspicuous. Any attempt to shed light upon this obscure point must work negatively from the fact that the impressive theory, held by the religio-historical school, of a distant pre-Christian, Iranian origin of Gnosis has become untenable.[7] In positive respects one has to base one's considerations on the principal idea of Hans Jonas, notwithstanding criticism of certain details: namely, the recognition

[7] Cf. C. Colpe, *Die religionsgeschichtliche Schule – Darstellung und Kritik ihres Bildes vom Gnostischen Erlösermythus*, FRLANT 78, Göttingen 1961; H.-M. Schenke, *Der Gott „Mensch" in der Gnosis – Ein religionsgeschichtlicher Beitrag zur Diskussion über die paulinische Anschauung von der Kirche als Leib Christi*, Berlin/Göttingen, 1962.

that the key to understanding Gnosis in terms of the history of mind is the discovery of a specific attitude toward an experience and view of the self and the world. All the evidence we now have seems to indicate that this new attitude toward existence that became Gnosis sprang up among the mixture of peoples and religions in the region of Syria and Palestine. Regarding the date of its origin, all indications point to a time not long before the origin of Christianity; perhaps the two were even simultaneous, though independent of one another.

From the outset, a Jewish (or late-Israelite) element, side by side with many others, also seems to be involved in Gnosis. However, this does not automatically mean, as is often said at present, that Gnosis originated within Judaism, or, more strictly speaking, on the spiritual verge of Judaism, within a variety of heterodox Judaism. In fact, the character of this original Jewish element is a problem in itself. What kind of element was it? Must we reckon with people along with their traditions? Or only with traditions as they are transmitted by others? If the origin of Gnosis was purely pagan, Gnosis may have mined this original "Jewish" element from the quarry of international magic. Equally important, we should distinguish this original Jewish element, which poses a serious problem, from other Jewish elements that apparently result from contact between Gnosis and Judaism during their respective histories (cf., for example, the Merkabah speculation included in *Orig. World* and the Adam haggadah of *Apoc. Adam*). Those Jewish elements that Christian Gnosis simply shares with non-Gnostic Christianity are yet another matter.

There is a side issue, which seems very important to me, whether or not it can be resolved. It involves asking if, within the aforementioned region, Gnosis proceeded from several places simultaneously or from a single place. The significance of this question has already been emphasized by Wilson.[8] Carsten Colpe, for example, has actually taken into account an approximately simultaneous rise of Gnosis at various places; and in doing so, incidentally, he does not share our limitation of the place of origin.[9] In my view still another question is immediately connected with this one, namely the question of the relationship between individual and community at the birth of Gnosis.

For a long time, because I saw the origin of Gnosis as being analogous to that of Christianity, I felt forced to hold a view opposite to that of

---

[8] Wilson, "Gnostic Origins," 200.

[9] C. Colpe, "Gnosis, I. Religionsgeschichtlich," *RGG*[3] II, 1651.

Colpe. Only a single point of origin seemed conceivable to me, and so I used to express myself in words such as these: "Time must have been ripe for Gnosis; the birth of a new religious movement bearing such a negative worldview was, as it were, in the wind. The intuition of a prophetic personality and a spark flashing across from him to a group of men were sufficient to release it. In the following development as well, Gnosis gains its internal dynamics from the interplay of religious individuals and the community."[10] It was under the influence of my friend Karl Martin Fischer and by force of other analogies (fascism, student unrest in the seventies, et cetera) that this prepossession was broken up and my mind changed. Given that the Gnostic movement is spiritual in nature, it is better to reckon with a multiple origin. This seems also to be the current position of Hans Jonas, who has written: "The Gnostic movement—such we must call it—was a widespread phenomenon in the critical centuries indicated, feeding like Christianity on the impulses of a widely prevalent human situation, and therefore *erupting in many places*, many forms, and many languages."[11]

IV. *Religion or Philosophy?*

We now turn to a problem immediately adjacent to the one just discussed: the relationship of religion and philosophy, sect and school, within the overall phenomenon of Gnosis. This question is provoked by the simple fact that side by side in our witnesses there are systems having the appearance of philosophy and systems looking rather like mythology; that we hear of groups organized like schools and at the same time are told of a wild sectarianism. Was Gnosis, then, originally a religious movement divided into sects, and did a tendency toward philosophy penetrate only secondarily, transforming some of the sects into semi-philosophical schools? Or has one to take the opposite view? The opposite view has certainly been held. Above all, it was the opinion of Hans Leisegang that Gnosis was degenerate Greek philosophy. This notion haunts Gnosis scholarship even now, especially wherever the share of Platonism in the origin of Gnosis is emphasized. Not too long ago the late Walter Till attempted to trace such

---

[10] H.-M. Schenke, "Hauptprobleme der Gnosis – Gesichtspunkte zu einer neuen Darstellung des Gesamtphänomens," *Kairos* 7 (1965) 119.

[11] Jonas, *Gnostic Religion*, 326.

a line of development, especially for Egyptian Gnosis, from a philosophical origin to a religious degeneration."[12]

The best starting point in the investigation of this problem is a comparison of the allegedly Simonian and strongly philosophizing system of the so-called Ἀπόφασις Μεγάλη, or *Great Preaching* (Hippolytus, *Ref.* VI.9.3–18.7) and the supposed Basilidian system of Hippolytus which demonstrates similar philosophical intentions (Hippolytus, *Ref.* VII.20–27) with their counterparts, the religious and mythological teachings of Simon Magus and Basilides according to Irenaeus (*Adv. haer.* I.23.1–4 and 24.3–7). Here we cannot undertake this contrast in detail, but such a comparison was made not long ago by Barbara Aland regarding the Simonian texts.[13] In my opinion it is quite obvious that in the two sets of alternatives, it is the philosophizing options that are later and secondary. Moreover, I would guess that these systems are even pseudo-Simonian and pseudo-Basilidian, respectively. In the case of the Ἀπόφασις Μεγάλη one must consider that the text given by Hippolytus is not all the Ἀπόφασις itself, but only a sort of commentary on certain passages of it. This was demonstrated—in my opinion convincingly—by Josef Frickel some years ago.[14] Therefore, supposing that the commentary is pseudo-Simonian, the text commented on may nevertheless be genuine.

The same growth from mythology toward philosophy can be observed within a text group, mainly from Nag Hammadi, which I like to call—and which certainly is—Sethian. Some of the texts, namely *Three Steles of Seth, Zostrianos, Marsanes*, and *Allogenes* show a distinct reaction of Sethianism to late-antique philosophy. This took place in the form of an effort toward conciliation, or even affiliation, with that philosophy. Moreover, it can be demonstrated that those Gnostics in Rome who were members or visitors of the school of Plotinus and who became the occasion for the only polemical work that Plotinus ever wrote (*Ennead* 2.9 [= 33]), were apparently none other than Sethians, or more exactly, a particular branch of Sethians. That Sethianism, which is so deeply rooted in mythology and even

[12] W. Till, "Die Gnosis in Ägypten," *LPP* 4 (1949) 230–249.

[13] B. Aland, "Gnosis und Philosophie," in: G. Widengren (ed.), *Proceedings of the International Colloquium on Gnosticism*, Stockholm 1977, 34–73.

[14] J. Frickel, "Die 'Apophasis Megale' in Hippolyt's Refutatio (VI 9–18): Eine Paraphrase zur Apophasis Simons," *OCA* 182, Rome 1968.

devoted to magic in no small measure, was also caught up by the tendency of Gnosis toward philosophy speaks for itself.[15]

In general, whatever speaks for the origin of Gnosis in Syria and Palestine also indirectly suggests the originally religious character of the Gnostic movement. The approach of Jonas demands, or presupposes, this view of the development as well. Hence, one is allowed to say that the movement which we call "Gnosis" and which was in the beginning religiously and mythologically oriented took shape in small communities and sects. Only later and secondarily was there felt a tendency, more or less conscious but relatively strong, to draw Gnosis from the sphere of religions into the sphere of philosophy and, simultaneously, to transform the sectarian communities into schools.

V. *The Force of Gnosis*

Once the Gnostic movement had come into being, it spread with amazing rapidity in all directions. This is not conjecture but rather a fact that can hardly be emphasized enough. To appreciate fully the natural force of the Gnostic movement as it expanded, we can make a distinction between extensive spreading and intensive spreading. In one form or another, the extensive or local expansion reached as far as Asia Minor, Dalmatia, Egypt, North Africa, Rome, Gaul, Spain, Mesopotamia, Armenia, Iran, Turkistan, and China; this is well known and speaks for itself. But the intensive expansion of Gnosis, which is still more interesting, needs our special consideration.

Not only did Gnosis advance in pure form from place to place and from one country to the next, but it also influenced other conceptions that it encountered, permeating them from within. It spread not only as a complete worldview expressed in self-contained systems but also by influencing other worldviews and structures of thought in different degrees. The theology of early Christianity was not inconsiderably determined by Gnosis. It was especially the Gnostic savior conception that Paul, his followers who wrote Colossians and Ephesians, and the Johannine circle

[15] It seems possible to ask whether the alternative is justified. I do not want to deny that there might have been a development in the opposite direction as well, from philosophy towards religion. But I would still claim priority for the development from religion towards philosophy.

used. They used it not only for terminology but also for the content of its conceptions in order to interpret the Christ event and to build up Christology. Furthermore, a considerable part of the "normal" apocryphal literature is interspersed with Gnostic thought and enriched by Gnostic materials. The theology of Bardesanes is semi-Gnostic. The same is true of the teachings of Monoimus the Arab, who appears to have been influenced by Gnostic thought but is not himself a decided Gnostic, and of the Hermetic literature. The Gnostic conceptions penetrated even into the mysteries, modifying the genuine mystery theology.

Obviously some of the materials that can be called Christian Gnostic belong to this phenomenon. So let me add two general remarks on Christian Gnosis. (1) The discovery and publication of the library of Nag Hammadi has stimulated new research in the special field of Christian Gnosis; at present the protagonists are Elaine Pagels and Klaus Koschorke. (2) One Christian Gnosis is not the same as another. There is a whole range of possibilities within which a text or passage can be called Christian Gnostic, ranging from a superficial Christianization of non-Christian Gnostic documents (Christian veneer) to a consistent reinterpretation of Christian tradition by Christians from a genuinely Gnostic point of view.

VI. *The Waves of Gnosis*

Another issue, also more fact than controversy, is that the local spread of Gnosis did not take place steadily but in various sects and schools, intermittently and in different waves. This, of course, produced superimpositions whenever a newer shape of Gnosis stumbled upon an older one, for example, Valentinianism upon vulgar Gnosis. On the one hand, such contacts worked out positively. One sect took over and used writings that had originated in another sect, or which this other sect on its part had previously taken over from a third one. In these ways, directly or indirectly, a multifarious and mutual influence of the Gnostic varieties took place both in teaching and in the construction of systems. On the other hand, of course, there were negative reactions. A tendency toward separation and self-identification over against other sects must have resulted from the conviction—which often, to be sure, may have functioned only as a pale theory—that one's own teachings and books were due to direct revelation and had to be kept secret from all outsiders. Quite typical examples of this are the curses upon those who divulge secrets found at the end of the *Apocryphon of John*, the corresponding prohibition in the *Second*

Book of Jeû (ch. 43), and the oath in Justin the Gnostic's *Book of Baruch* (Hippolytus, *Ref.* V.24.27).

In addition there are also direct and bitter controversies between different Gnostic varieties. The most thrilling examples of this are now to be found in two Nag Hammadi writings: the tractates *Melchizedek* (NHC IX,*1*) and the *Testimony of Truth* (NHC IX,*3*). In *Melchizedek*, the controversy is of Christological character. Here a mild Gnostic Docetism is opposed to an open Gnostic Docetism. The relevant passage reads:

> [And al]so they will say of him that he is one who was not begotten
> even though he has been begotten,
> one who does not eat
> even though he eats,
> one who does not drink
> even though he drinks,
> one who is uncircumcised
> even though he has been circumcised,
> one who does not bear flesh
> even though he has come into flesh,
> one who was not subject to suffering
> even though he became subject to suffering,
> one who had no need to rise from the dead
> even though he arose from the dead. (p. 5,1–11)

In the other text, the *Testimony of Truth*, because the pertinent passage is very fragmentary, the issue at stake is not clear. Nonetheless, the designations of some of the persons or groups under attack are preserved, namely Valentinus and his disciples, Basilides and his son Isidore, and the Simonians.[16]

All this happened again on a larger scale and became more obvious when Manichaeism, a second principal wave of the Gnostic movement, flowed over the earlier Gnostic sects in one mighty surge. Without hesitation the Manichaeans took over earlier Gnostic writings that they came upon in Gnostic sects, above all the *Gospel of Thomas*. Conversely, Gnostic sects took over certain Manichaean *theologoumena* into their concepts, writings, and systems. This interesting process can clearly be observed, as I see it, at least in the so-called *Hymn of the Pearl* included in the *Acts of Thomas*, and in the writing without title of the Nag Hammadi Codex II

[16] B. A. Pearson, *Nag Hammadi Codices IX and X*, NHS 15, Leiden 1981, 107–108.

called *On the Origin of the World.* But there is also rather obvious evidence that earlier Gnostic varieties considered Manichaeism to be only a hated rival and, what is more, their deadly enemy. We may assume that because they focused on the differences in detail, they did not see the conformity in the essentials. In a text found in the *Book Omega* of the alchemist Zosimus, a text of unequivocal Gnostic character on the primal man that can be assumed to represent an excerpt from a Hermetic document, one reads:

> But before the Mimic [i.e., the antagonist of the Son of God and the typical enemy of God and men], the Jealous One, dares these things [namely to approach men at the end of the world pretending to be the Son of God], he will first send his own forerunner from Persia, telling deceptive, fabulous tales and leading men on about Fate. The letters of his name are nine, if the diphthong is preserved, in accord with the pattern of Fate.[17]

And the name meant is obviously Μανιχαῖος ("the living Mani").

VII. *History of Gnostic Systems*

Finally, I want to mention a point that might help solve the problem of the abundance and multiplicity of Gnostic systems. Not only do the people and groups seized by the Gnostic worldview have their history, but so also do the systems of thought borne by them—Gnostic systems in which the Gnostic worldview has taken a stable form. I am not referring to the elements of these systems and how they might have come from pagan or Jewish mythology into Gnosis; rather, I mean the systems in their totality, and especially their central component, the cosmogonies. Normally an individual Gnostic teacher did not clothe his or her own worldview in a new system independent of all other such teachers. Rather, along with the worldview, these teachers handed down to each other the basic concepts of the system. The individuality of a given Gnostic teacher, and thus the individuality of a particular Gnostic variety, is manifested only in the way this basic structure is dealt with, expanded, and varied. Of all the systems we know, from both primary and secondary sources, by far the majority seem to be only branches of one and the same tree.

---

[17] H. M. Jackson, *Zosimos of Panopolis on the Letter Omega*, SBL.TT 14, Graeco-Roman Religion 5, Missoula, MT, 1978, 35.

Apart from them, there are very few systems that stand for themselves and have no relation to others. Each of them represents a self-contained creation. To stick to the metaphor, they are single runners, though they emerge from the same root. These independent and isolated systems are secondary and relatively late. If we disregard Marcion as a special case, we are dealing only with systems known to Hippolytus in Rome, systems in which Gnosis has been deliberately reshaped by Gnostic outsiders: namely the pseudo-Simonian commentary on the *Apophasis Megalē* (*Ref.* VI.9.3–18.7); the pseudo-Basilidian system (*Ref.* VII.20–27); the system of the Peratae (*Ref.* V.12–18); the so-called "Sethian" system (*Ref.* V.19–22, to be compared with the Nag Hammadi tractate *The Paraphrase of Shem*); and the teaching of Justin the Gnostic (*Ref.* V.23–27).

Almost two decades ago, these general considerations were my starting point in a special attempt to trace the majority of the Gnostic systems back to a single system or point of origin that could be understood as the primitive Gnostic system.[18] Such an attempt now has to be abandoned.[19] But as I see it, without this early mistake of exaggeration I would perhaps never have recognized the characteristic traits of a specific Sethian Gnostic system.

The phenomenon of Sethian Gnosis—or Gnostic Sethianism—can be summarized as follows: In the Nag Hammadi codices there exists a constellation of texts that clearly stands apart and is relatively close-knit (however much they may also be related to other Nag Hammadi writings). Clear membership in the group is enjoyed not only by the texts that are central to it, but also by those that are peripheral. This text group includes: the *Apocryphon of John* (NHC II,*1*; III,*1*; IV,*1*; plus the BG version and the parallel in Irenaeus, *Adv. haer.* I.29); the *Hypostasis of the Archons* (II,*4*); the *Gospel of the Egyptians* (III,*2*; IV,*2*); the *Apocalypse of Adam* (V,*5*); the *Three Steles of Seth* (VII,*5*); *Zostrianus* (VIII,*1*); *Melchizedek* (IX,*1*); the *Thought of Norea* (IX,*2*); *Marsanes* (X); Allogenes (XI,*3*); and the *Trimorphic Protennoia* (XIII). In the light of the abovementioned text group, still other writings can be seen to belong to this variety of Gnosis. These are, of original Gnostic writings (besides the aforementioned BG,2), the *Untitled Treatise* of the Codex Brucianus; and from the domain of antiheretical

[18] Cf. H.-M. Schenke, "Hauptprobleme der Gnosis," 122f.; idem, "Die Gnosis," in: J. Leipoldt/W. Grundmann (ed.), *Umwelt des Urchristentums, I: Darstellung des neutestamentlichen Zeitalters,* Berlin 1965, 413.

[19] Cf. C. Colpe, "Sethian and Zoroastrian Ages of the World," in: B. Layton (ed.), *The Rediscovery of Gnosticism*, 640.

literature (besides the aforementioned system of Irenaeus, *Adv. haer.* I.29), the doctrines of the so-called Gnostics, Sethians, and Archontics of Epiphanius (*Pan.* 26.39.40). The texts of this group shed light upon one another if compared synoptically. Moreover, the proportion and relationship of common, shared material to special, unique material permits a process of deduction that leads to considerable insight into the development of the teaching they contain and the system they presuppose, as well as into the history of the community that transmitted them.[20]

Thus what I said earlier about an imaginary original system of Gnosis in general might be transferred to, and limited by, my later reconstruction of a narrower phenomenon of Sethian Gnosis. Additionally, the word "system" used so often by me in this connection should not be taken in the strictest sense, but rather as a shorthand term for something like a "complex of interconnected basic beliefs and basic concepts."[21]

To conclude, within the complicated general history of Gnostic systems, which is mostly only to be presupposed, a special history of the Sethian "system" stands apart. Thanks to the many Sethian documents reflecting the same system in different stages and to the range of evidence available for study, we can trace a systemic history more easily here than anywhere else. Thus the history and development of the Sethian "system" can be used as a model for the overall hypothesis that Gnostic systems had their history.

---

[20] For the details cf. H.-M. Schenke, "Das sethianische System nach Nag-Hammadi-Handschriften," in: P. Nagel (ed.), *Studia Coptica*, BBA 45, Berlin 1974, 165–173; idem, "The Phenomenon and Significance of Gnostic Sethianism," in: Layton (ed.), *Rediscovery of Gnosticism*, 588–616, 634–640, 683–685.

[21] Cf. "The Phenomenon and Significance," 685.

THE MYSTERY OF THE GOSPEL OF MARK*

The Gospel of Mark is even more mysterious than many perceive it to be, and the more one spends time with it, the more its mystery increases. For the modern investigator, the diverse and enigmatic components of this mystery can be understood only by taking account of the fact that between its original composition and its inclusion in the four-Gospel canon, the Gospel of Mark had a history. Within this time it must have undergone modifications, additions, and omissions—but without losing its identity.

Only recently a thrilling discovery about Mark has been made, one which unveils a great mystery and, at the same time, presents several new ones, making the history of the Gospel between its composition and its canonization appear even more complicated than before. The discovery in question is the fragment of a letter from Clement of Alexandria to a certain Theodore, found in 1958 by Morton Smith in the Mar Saba Monastery and edited by him in 1973, after a long period of research.[1] The fragment supplies information about what is called the "secret" or "mystic" Gospel of Mark—a heretofore unknown form of the Gospel, said to have been used in the church of Alexandria along with the common form. The present paper will discuss this mystic Gospel of Mark and Clement's statement about it with reference to three topics: (1) the prior state of the Markan question and the basis of my receptivity to the contents of Clement's letter; (2) the reception of Clement's letter by the scholarly world, especially Helmut Koester's interpretation, as a starting point for further investigations; (3) the possible relevance of Clement's letter beyond Koester's conclusions.

---

* The SecCent 4 (1984) 65–82.

An earlier version of this paper was read during a lecture tour (October–November, 1982) at Wesleyan University, Union Theological Seminary in New York, Harvard University, Southwest Missouri State University, Iliff School of Theology, and the Institute for Antiquity and Christianity in Claremont.

I should like to thank my friend Wolf-Peter Funk and also Elizabeth Castelli of the Institute for Antiquity and Christianity, who improved the English of my paper.

[1] M. Smith, *Clement of Alexandria and a Secret Gospel of Mark*, Cambridge, MA, 1973; popular presentation in *The Secret Gospel: The Discovery and Interpretation of the Secret Gospel according to Mark*, New York 1973.

I. *The Prior State of the Question*

In this perspective, the first mystery of the Gospel of Mark is its curiously abrupt ending (16:8), which textual criticism shows to date from the very beginnings of the Gospel's known textual history. This is a well-known problem that I will not discuss here. I simply want to state in passing that I think the original conclusion of Mark is probably lost. The objection to this hypothesis that argues the ending was not just lost, but was suppressed because of its content, does not seem valid to me. In any case, from the testimony of the manuscripts one does not get to the origin of the Gospel's history; hence there are no compelling objections to the hypothesis from textual criticism.[2] Presumably it was *only without* its original ending that Mark entered official circulation in the church—just as the Gospel of John, on the other hand, entered circulation *only with* its secondary ending (ch. 21). If, as I believe, the Gospel of Mark underwent some sort of development before attaining its final form as the canonical Second Gospel, and if, furthermore, it originally was a highly disputed document,[3] then to assume that the original ending was suppressed is not so daring after all. What is missing from the text after 16:8? In literary terms, the text lacks the fulfillment of the promises made at 14:28 and 16:7; indeed, these unfulfilled promises are like dangling threads. In theological terms, the text lacks a narrative about the appearance of the risen Jesus in Galilee, a narrative that would establish some connection with the present celestial existence of Jesus. The bodily risen Jesus still had to be transformed from a terrestrial being into a supernatural one in order to be raised from earth.

No less relevant to our study of Mark, as a text with a history, is the less familiar problem of the beginning of the Gospel. I have in mind the Markan story about the baptism of Jesus and his sojourn in the desert. This account is probably dependent upon a myth of the coming of the savior that in fourteen-fold variation has now become especially evident in *Apocalypse of Adam* (NHC V) p. 77,21–82,28. The new text illuminates already-known parallels. James M. Robinson has recently hinted at this problematic state

---

[2] K. Aland, "Der wiedergefundene Markusschluss? – Eine methodologische Bemerkung zur textkritischen Arbeit," *ZThK* 67 (1970) 9.

[3] K. Niederwimmer, "Johannes Markus und die Frage nach dem Verfasser des zweiten Evangeliums," *ZNW* 58 (1967) 172–188.

of affairs.[4] To be sure, Robinson's argument does not claim, for the time being, to be more than a beginning at working out this religio-historical background. Many points are still open to question. Nevertheless, it is obvious that the Gospel of Mark does not, as many scholars claim, begin in a plainly "historical" way. At any rate, two short sentences at the end of 1:13, "and he was with the wild beasts, and the angels ministered unto him" (καὶ ἦν μετὰ τῶν θηρίων, καὶ οἱ ἄγγελοι διηκόνουν αὐτῷ), appear to be the remnant of something lost. Furthermore, it might well be asked in this perspective whether the interpretation of Mark 1:9–13 by the Gnostics Cerinthus and Basilides[5] is in fact as much out of line as scholars usually assume. Perhaps one should rather suppose that the text of Mark itself met the Gnostic interpreters halfway. This possible affinity between the text of Mark and Gnostic interpretation[6] should be kept in mind.

The history of the development of Mark must also be related to some aspects of the Synoptic problem or, in other words, to the gray zone of the two-source hypothesis.

On the one hand, there are those noteworthy cases where only one of the users of Mark (Matthew *or* Luke) presents a section of Mark while it remains obscure why the other Gospel omits it—provided that this evangelist had known the material in question. Such sections are:

Mark	Matt	Luke
1:21–28	....	4:31–37
6:17–29	14:3–12	....
9:38–41	....	9:49f.
12:41–44	....	21:1–4
10:35–40	20:20–23	....

In each case the question arises whether one of the evangelists has made an *omission* of the text. It would be easier to assume that the version of Mark in the hands of that evangelist did not yet include the section in question. This solution would, as I see it, be plausible for at least some of these sections. But it would imply that there were several versions of Mark's Gospel and that Matthew used a version different from Luke's. On this assumption, too, the phenomenon of the so-called great Lukan omission—the striking absence in the Third Gospel of any material equivalent

[4] "On the Gattung of Mark (and John)," in: D. G. Miller/D. Y. Hadidian (ed.), *Jesus and Man's Hope*, Pittsburgh 1970, 99–129.
[5] Irenaeus, *Adv. haer.* I.26.1; I.24.2 and 4.
[6] Cf. generally Irenaeus, *Adv. haer.* III.11.7.

to Mark 6:45–8:26 || Matt 14:22–16:12—could be accounted for. Conversely, this "omission" is the clearest evidence for different versions of Mark being used by Matthew and Luke. One would have to suppose that this particular section of Mark was not yet—or no longer—a part of the version that lay before the third evangelist.

On the other hand, there is some significance in the material completely peculiar to Mark, as well as in the larger or smaller agreements between Matthew and Luke against Mark. To be sure, the material that is peculiar to Mark is not extensive. It includes some whole sections: Mark 4:26–29; 7:32–37; 8:22–26. It also includes *parts* of other sections that do not appear in either Matthew or Luke, e.g. Mark 2:26 (only the words ἐπὶ Ἀβιαθὰρ ἀρχιερέως); 2:27; 3:20f.; 9:29,48; 12:32–34; 14:51f.; 15:21 (only the words τὸν πατέρα Ἀλεξάνδρου καὶ Ῥούφου); 15:44f. The absence of these passages from Matthew and Luke calls for an explanation, especially if one assumes, as I do, that Mark was one of the sources of the other two synoptics. In principle, the following alternatives are possible: either Matthew and Luke omitted these passages from Mark independently of each other, or they did not find them in their source. But this question need not be answered in the same way for each of the problematic passages. Suffice it to say, some of them probably were added to Mark only after Matthew and Luke had used it. Thus these passages, and others where Matthew and Luke seem unaccountably to agree against Mark, suggest the conclusion that the Markan source as a text was susceptible to changes even *after* its use by Matthew and Luke. The history of its development continued.

Within the special Markan material, one of the above-mentioned passages will play a prominent role in the present paper: Mark 14:51f. This is a well-known crux both in its wording and individual motifs, and in its meaning within a larger context. It is often assumed that Matthew and Luke omitted it since they no longer understood its meaning. If we may disregard details and come directly to the point, thus far only three interpretations have emerged as possibilities:[7]

1. The passage is open to interpretation as a familiar literary motif of flight, in which a pursuer only gets hold of a coat that the chased person lets slip (cf. Gen 39:12; *Act. Thom.* 98). Thus the whole scene might be understood as an illustration of the general flight of the

[7] Cf. especially H. Fleddermann, "The Flight of a Naked Young Man (Mark 14:51–52)," *CBQ* 41 (1979) 412–418.

disciples (v. 50). (Fleddermann proposes this interpretation and considers it a new one.)

2. Amos 2:16 reads, ὁ γυμνὸς διώξεται ἐν ἐκείνῃ τῇ ἡμέρᾳ. Accordingly, one might be inclined to understand the scene again as an illustration of the disciples' flight, but constructed under the influence of the passage from Amos, which would be understood as a scriptural proof.[8]
3. The scene might represent the oldest tradition and reflect a historical event. In this case, of course, the question about the identity of the νεανίσκος would arise, a question to which many answers have been offered.

While the first two interpretations have never seemed very plausible to me, I have long adhered to the third possibility. Recently, however, I began to have doubts about this interpretation. The latest state of my thinking—before I became acquainted with Smith's letter of Clement and under the influence of Robinson's view on the beginning of Mark—was to see in 14:51f. (as in 1:13b) the now incomprehensible remains of something that was originally more extensive, which had been eliminated, and may have been of a highly mythological nature. Thus I was already more favorably predisposed to Smith's discovery than were a great many of my colleagues.

II. *Reception of the Letter of Clement by the Scholarly World*

The overall reception of Smith's announcement of his discovery was not very favorable. The German establishment of New Testament scholarship reacted almost malignantly to what they saw as Smith's violation of the public tranquility.

> Once again total warfare has been declared on New Testament scholarship. The miraculous weapon expected to blow up all its laboriously-gained positions is an incomplete copy made in the 18th century of a hitherto unknown letter of Clement of Alexandria. The strategist who discovered it and controls its operation is Morton Smith, professor at Columbia University, New York. The blurb of the book published in fall 1973 promises that, in the case of its authenticity, the letter-fragment would "radically alter thinking about the practice and teaching of Jesus, the origins of the Gospels, and the character and early history of the Christian church." Those full-toned

[8] E. Klostermann, *Das Markusevangelium*, HNT 3, Tübingen ^{4}1950, 153.

> announcements call to mind all sorts of things.... All those attempts to understand Jesus against the biblical tradition are now enriched by an obstinate variant by Morton Smith: Jesus is said to have been a libertine. The starting point of this thesis is a fragment of a "secret gospel," which is said to have been in use in the Alexandrian church and with the gnostic Carpocratians. It proves, according to Smith, that Jesus within his closer circle of disciples practiced magic, and possibly homosexuality. In addition to that, Smith wants to demonstrate a libertine trend also in the early church, which later would have been hushed up by the church. Surprisingly the yellow press has not yet taken up this "discovery." But this will not be long in coming.

Such are the opening words of Helmut Merkel in his review (to my knowledge the first one in German) of Smith's book.[9]

Werner Georg Kümmel, in his synopsis of recent research on Jesus, begins his account with an impartial summary of the contents of Smith's work;[10] but in the concluding critical comments the following judgments are to be found:

> And indeed, the Clementine origin of this text is anything but probable or proved, as has been confirmed to me by Hans von Campenhausen in writing. Not only does its way of transmission speak against it, but also the description of ecclesiastical archives holding secret writings, the recommendation of a lie to be reinforced by a false oath for polemical reasons, the conception of two stages of secret teachings of Jesus, and the news about an emigration of Mark to Alexandria contradict all we know of Clement. Since the Clementine origin of the whole letter is anything but probable, Smith's judgment on the literary character and the historical value of the gospel fragments quoted in the letter can only be characterized as untenable in any case. In careful investigations, H. Merkel, R. E. Brown, and F. F. Bruce have pointed out that the alleged fragments of a partly-enlarged, partly-shortened Gospel of Mark in reality presuppose all four canonical gospels (and not only gospel traditions!), as is likewise the case with other apocryphal texts of the 2nd century (e.g., the so-called "Unknown Gospel").... Hence, the fanciful quotation from the "secret gospel" found in the alleged letter of Clement is in any case a falsification dating from the end of the 2nd century at the earliest, and the interpretation Smith derived from this text stating that Jesus performed a magical rite of baptism, possibly of a homosexual nature, follows from the text only by completely untenable manipulations and is in flagrant contradiction to the whole gospel tradition about Jesus.... [O]ne cannot but regret that so well-informed and meritorious a scholar as

[9] "Auf den Spuren des Urmarkus? Ein neuer Fund und seine Beurteilung," *ZThK* 71 (1974) 123f. The translation is my own.

[10] W. G. Kümmel, "Ein Jahrzehnt Jesusforschung (1965–1975)," *ThR*.NF 40 (1975) 299–302; cf. also *ThR*.NF 41 (1976) 353.

> M. Smith has applied such an arbitrary and fanciful interpretation to the text he has discovered.[11]

Hans Conzelmann, in his report of the literature on the synoptic Gospels, even says:

> The book of M. Smith has undeservedly created a sensation, above all in America. It is not reviewed here since it does not belong to scholarly, nor even to discussible, literature. This holds true even if the letter of Clement of Alexandria discovered by the author under somewhat mysteriously reported conditions and now published should be genuine, which is believed by many serious scholars. This letter contains information about a secret version of Mark that is suggestive of rank apocryphal growth. Such an apocryphon may have existed, for all I care. But now Smith obtains from it the historical Jesus as a magician and performer of nocturnal consecration with a homosexual touch.[12]

In his supplement Conzelmann once again refers to the book as the "science fiction story on Mark by Morton Smith."[13]

However, the most severe-criticism (in terms of facts, not words) came from within the United States in the comment made by Quentin Quesnell.[14] This comment is curiously attractive in more than one respect and, in its frankness and exaggeration, is able to clear the air like a tempest. Quesnell makes no secret of his suspicion that Smith might have forged the Clementine letter himself. Two points are important in this connection. (1) Considering the possibility of forgery, Quesnell is nonetheless unable to provide an understandable intention. What remains is only the purpose of mystification. (2) At the same time, it becomes evident from Quesnell that a forgery would have been feasible under normal circumstances only after 1936, that is, only after the publication of volume 4 of Stählin's edition of Clement, which included indexes. The rest of Quesnell's argument is as far from oriental reality as Massachusetts is from the desert of Judah. He demands the protection of the discovered object that North American or European museums grant to their possessions, and an investigation of its authenticity by using all the methods of modern criminology. Finally, in addition to the other aspects of Smith's

---

[11] Ibid., *ThR*.NF 40 (1975) 302f. The translation is my own.

[12] H. Conzelmann, "Literaturbericht zu den Synoptischen Evangelien (Forsetzung)," *ThR*.NF 43 (1978) 23. The translation is my own.

[13] Ibid., *ThR*.NF 43 (1978) 321. The translation is my own.

[14] "The Mar Saba Clementine: A Question of Evidence," *CBQ* 37 (1975) 48–67.

work that do not stand Quesnell's criticism, there is one aspect for which Quesnell expresses my own sentiments exactly. Quesnell is justified in his astonishment at the immense quantity of unnecessary scholarly minutiae in Smith's book. I would summarize Quesnell's suspicion in this way: Why is Smith's demonstration so tedious? Could he have intended to lull readers to sleep in order to lead them all the more easily where they do not want to go?

It is suitable at this point to say that, in my opinion, it is to a large degree the fault of Smith himself that his discovery has not been duly appreciated. Indeed, the various parts of his work are of varying value. The first half of his work is admirable and extremely instructive, even if its expression flows sluggishly. The second part, however, is characterized by a rapid fall into an abyss. Nevertheless, one may recognize Smith as a scholar to whom the ideal of completeness is more important than the ideal of concentration on the essential. Moreover, Smith's method may be condoned because he is breaking new ground. Since Smith does not adhere to one of the great schools of New Testament scholarship, there is no reason to be astonished at the direction that his analysis of the document takes—that is, directly toward the historical Jesus. Obviously he does not accept the "spectrum analysis," as it were, of early Christian tradition, which has become a matter of course for almost everyone else. Rather, in unrestrained biblicism, he has seen everything on one level. Consequently, there is no denying that his conclusion that Jesus is the greatest of all magicians has some logical consistency.

Smith's analysis, however, is only one matter. Quite another matter is the discovered document itself—provided that it is genuine. Whether or not it *is* genuine is the question here. If it is genuine, it will be of utmost relevance, though in quite a different way than Smith has pursued. In this situation, however, we cannot wait for the proof that Quesnell demands. Taking the risk of assuming the genuine character of the document seems to be a defensible position. This is, in any case, the view—or the concession—of a vast majority of scholars. Besides, no comprehensible motive for an alleged forgery has been named. Provided that the letter of Clement is genuine, it follows that the special version of Mark described in the letter as a document used in Alexandria is (relatively) old. The document's age suggests that, with respect to its features, which criticism has judged to be "apocryphal," the manifest or demonstrable correspondence or points of contact with passages from canonical Gospel narratives cannot automatically signify literary dependence on the respective canonical Gospels. Here we arrive at another crucial point: Is the view initiated by

Helmut Koester[15] about the value of early Christian apocryphal writings for the history of tradition correct?

Koester from the outset responded affirmatively to Smith's discovery and research, and in regard to the relevance of the letter of Clement and the information it conveys, he appropriately shifted the object of study.[16] The new text shines light not on the historical Jesus, but on the origin of the Gospel of Mark and its early history. Koester's efforts in this direction eventually culminated in a great paper entitled "History and Development of Mark's Gospel (From Mark to Secret Mark and 'Canonical' Mark)."[17] It is natural that some of the facts with which I began are also to be found in Koester's discussion. Koester uses these facts, along with others, as the basis and frame for his particular view, whose character is already evident in the title of his paper. His point is that there is no direct path from the Mark that Matthew (or Luke) used to the Second Gospel as we have it. Rather the Alexandrian Secret Gospel of Mark was an intermediate stage. This apocryphal version of Mark from Alexandria would by no means have been an enlargement of our Second Gospel; rather, our Gospel would have been a purified abridgement of the Alexandrian apocryphon.

Koester's argument and presentation are, on the whole, self-evident. Therefore, I want neither to describe nor to scrutinize the individual steps in his demonstration. However, since I will use his results as a basis for raising further questions, at least the relevant results of his study should be given in some detail and in his own words. The following sentences are taken from Koester's conclusion, in which he summarizes the assumed five-stage process of the development of Mark. The quotation covers stages 4a, 4b, and 5a:

> (4a) Whereas Matthew and Luke fundamentally altered the character of Proto-Mark and thus, in fact, created new gospels, the further development of Proto-Mark which resulted ultimately in canonical Mark was more conservative and preserved the original outline more or less intact.... There

---

15 "Dialog und Spruchüberlieferung in den gnostischen Texten von Nag Hammadi," *EvTh* 39 (1979) 532–556; idem, "Gnostic Writings as Witnesses for the Development of the Sayings Tradition," in: B. Layton (ed.), *The Rediscovery of Gnosticism*, SHR 41, Vol. I: *The School of Valentinus*, Leiden 1980, 238–256 (256–261); idem, "Apocryphal and Canonical Gospels," *HThR* 73 (1980) 105–130.

16 Review of the two books by M. Smith in note 1, *AHR* 80 (1975) 620–622; "Apocryphal and Canonical Gospels," *HThR* 73 (1980) 109. 111; idem, *Einführung in das Neue Testament im Rahmen der Religionsgeschichte und Kulturgeschichte der hellenistischen und römischen Zeit*, Berlin 1980, 604f. and 660f.

17 In: Bruce Corley (ed.), *Colloquy on New Testament Studies: A Time for Reappraisal and Fresh Approaches*, Macon, GA, 1983, 35–57.

> is one stage of revision which can be more clearly identified: The Secret Gospel of Mark. The story of the raising of a youth from the dead and his subsequent initiation, attested by Clement of Alexandria as part of Secret Mark, is closely related to a number of other Markan features which were not present in the copies of Proto-Mark used by Matthew and Luke: a special understanding of Jesus' teaching in terms of resurrection and initiation, the concept of "mystery" as the sum total of Jesus' message to the disciples and probably a similar interpretation of the term εὐαγγέλιον, and the elevation of Jesus to a supernatural being endowed with magical powers and with a "new teaching." (4b) A different edition of Secret Mark was used by the sect of the Carpocratians.... (5a) A large number of features which distinguish Canonical Mark from Proto-Mark are so closely related to the special material of Secret Mark quoted by Clement of Alexandria that the conclusion is unavoidable: Canonical Mark is derived from Secret Mark. The basic difference between the two seems to be that the redactor of canonical Mark eliminated the story of the raising of the youth and the reference to this story in Mk 10:46.... It is easy to understand why this story of the raising of the youth was not acceptable for a gospel publicly used in the church.... The redaction of Mark which produced the Secret Gospel must have taken place early in the 2nd century.... "Canonical Mark" would have been written some time thereafter, but before Clement of Alexandria. The Carpocratians, however, based their new edition of Mark upon the full and unabbreviated text of the Secret Gospel.[18]

This view of the process of transmission is based essentially on two supports. One is Mark 4:11, where the central concept of *mystery* is expressed in the strange singular (ὑμῖν τὸ μυστήριον δέδοται τῆς βασιλείας τοῦ θεοῦ), as against the Lukan and Matthean plural, *mysteries* (ὑμῖν δέδοται γνῶναι τὰ μυστήρια τῆς βασιλείας τοῦ θεοῦ || τῶν οὐρανῶν), which corresponds with the ἐδίδασκε... αὐτὸν ὁ Ἰησοῦς τὸ μυστήριον τῆς βασιλείας τοῦ θεοῦ from the first quotation of the Secret Mark in the letter of Clement.[19] The second support, which is more important, is Mark 14:51f. This enigmatic material in Mark, upon which we laid so much stress earlier, becomes understandable only in the light of the whole resurrection narrative of the Secret Gospel of Mark. The figure of the young man wearing a linen cloth over his naked body is found here, so to speak, in its natural context. The opposite view (which is held by all those who consider the narrative to be a cento made from all four Gospels) that the clothing of the youth in the resurrection narrative was taken over from Mark 14:51f. appears to be unnatural.

[18] Ibid., 55–57.
[19] Ibid., 47–49 for the details.

III. *Further Relevance of Clement's Letter*

We may now turn to those considerations based on Koester's theory that are the actual goal of this discussion. Three complexes of questions will be addressed.

The Secret Gospel in Alexandria

The first question is: How did the Secret Gospel of Mark get to Alexandria? Our Second Gospel has shown up as a purified abbreviation of the Secret Gospel of Mark, which is attested to have been available and in use (only) in the church of Alexandria. This fact can, or even must, be understood as an indication that the church of Alexandria may have played a or the decisive role both in the final shaping of Mark and in its consideration for the growing (four-)Gospel canon of the whole church. We may indeed be indebted to the church of Alexandria that Mark did not experience the fate of the "Sayings Gospel" (which we call the "sayings *source*"), which became superfluous and disappeared after its incorporation into the Gospels of Matthew and Luke.

How may it be explained that in Alexandria the Secret Gospel gained such great importance and functioned as a ritual text used in the initiation of the Perfect? Indeed, the rite connected with the Secret Gospel of Mark is so strange that many scholars refuse to acknowledge it as real. But provided that the letter of Clement is genuine and, accordingly, that this rite was really practiced in Alexandria, then the rite must have been something that was never *introduced* to that place but rather something that *was* simply there. Applied to the Secret Gospel of Mark, this would mean that it never *came* to Alexandria, but *was* there all along. It is the very own Gospel of orthodox Christianity in Alexandria and is linked in a fundamental way to the origin of that Christianity.

The origin of orthodox Christianity in Alexandria, however, is not identical with the origin of Alexandrian Christianity—according to common opinion. Therefore, the inquiry must go further. Now the inevitable question concerns the presumed relationship between the Secret Gospel of Mark and the Carpocratian Gospel of Mark. It may be conceded to Smith that this question is, strictly speaking, "insoluble." But we have every reason to inquire *behind* the embarrassed, fanciful, and anti-heretical interpretation that Clement gives regarding the relationship between the two versions of Mark and to resist all rash commitments to his view. I am referring to statements such as, "The Carpocratians, however, based their new edition of Mark upon the full and unabbreviated text of the *Secret Gospel*."[20] Rather, we have to go beyond Clement's interpretation and try to discover the underlying situation concerning the various versions of Mark in Alexandria. The situation was as follows. In Alexandria, there were three versions of the Gospel of Mark: (1) the canonical Gospel of Mark, (2) the Secret Gospel of Mark, and (3) the Carpocratian Gospel of Mark. Canonical Mark was in public use and was, as a matter of course, assumed to be used in the church beyond Alexandria as well. The Secret Gospel of Mark existed only in Alexandria and was handled by the church there with a sort of arcane-discipline. The Carpocratian Gospel of Mark is again not to be thought of as confined to the city of Alexandria. Nevertheless, it could have in fact originated in Alexandria, in which case at least this assertion by Clement would be correct. However, it need not have been *produced* there by the Carpocratians. We can only assume with certainty that they *used* it inside and outside of Alexandria. Accordingly, it cannot be rejected that the text was used in addition by other heretical Christians who were related to the Carpocratians. Of course, all three versions of the Gospel are closely related to one another. The differences are not such that the Gospel of Mark loses its identity. It seems, however, that versions 2 and 3 are more closely related to each other than the two of them are to version 1.

Obviously, Clement could explain this relationship only by reconstructing the history as leading from no. 1 via no. 2 to no. 3. Now, on the basis of Koester's hypothesis, which was discussed and accepted above, the reversal of no. 1 and no. 2 within the sequence is obligatory.[21] One may ask whether it is not more logical to assume the reverse direction of development for the whole chain, all the more so if one is inclined to see the origin of the specifically Alexandrian version of the Gospel of Mark in connection with the origin of Christianity itself in Alexandria. These beginnings were heretical—according to the view of the specialists. By the way, it seems to me that a statement of Koester found elsewhere is in harmony with these considerations:

> Perhaps this apocryphal version of the gospel was brought to Egypt earlier than the Gospel of Mark, which was later admitted to the canon of the New Testament. The *Secret Gospel of Mark* gives indications of a secret initiation rite: Jesus spends a night with the young man he had raised from the dead;

[20] Ibid., 56–57.
[21] Ibid., 57.

> he comes to Jesus dressed only in a linen cloth, and Jesus teaches him the mystery of the kingdom of God. This fits very well with what is otherwise known about secret rites of initiation among the gnostic sects of Egypt.[22]

Important, too, in this connection is the opinion of F. F. Bruce, who thinks it possible that the longer text of Mark originated in Carpocratian circles.[23]

Supposing that this view is true, we would have to extend Koester's hypothesis on canonical Mark as a purified abbreviation of the Secret Gospel of Mark. We would modify Koester's thesis to say that canonical Mark is a later version of the "Carpocratian" Gospel of Mark, purified and shortened in two phases. Or to be more precise, we should say that canonical Mark is a later version of the Gospel that was peculiar to the early non-orthodox Christianity of Alexandria.

The "Young Man"

A second set of problems converges with this consideration. In discussing these problems, we will attempt on the basis of our hypothesis to get to the bottom of the mystery described at the end of the first part of this paper. We may ask, What can be said *now* about the meaning of the (repeated and seemingly unmotivated) appearance of the "young man, having a linen cloth cast about his naked body"—which means wearing the ritual garment of a special initiation ceremony[24]—and his flight in Mark 14:51f.? At first, we might present a quite modest answer: of the three classical interpretations mentioned above, only the third remains acceptable as regards the understanding of the *redactor* himself. This is the best answer for the necessary and difficult question of why, in purifying the Secret Gospel of Mark, the redactor cancelled the whole complex in which the young man is introduced and where he is "at home," so to speak, but then left untouched the true conclusion of the story in 14:51f. Presumably, he no longer saw the connection between the two passages—the eyes of the readers may have changed—and then he understood the content of 14:51f. as stating a simple fact of the passion narrative, a narrative that now aroused such great interest that he did not want to omit any available information. Yet we are not primarily interested in the subsequent

[22] Helmut Koester, *Introduction to the New Testament*, vol. 2, *History and Literature of Early Christianity*, Philadelphia 1982, 223.

[23] *The 'Secret' Gospel of Mark*, The Ethel M. Wood Lecture, University of London, 11 February 1974, London 1974, 20.

[24] M. Smith, *Clement of Alexandria and a Secret Gospel of Mark*, 175–178, 221.

interpretation of what is only a fragment in the Second Gospel, but rather in the presumably original meaning of this scene in the context of the Secret Gospel of Mark. I should like to begin with Koester's answer to this question, which reads: "The scene at Gethsemane, with Jesus being 'amazed' (θαμβεῖσθαι) and distressed, may have attracted the redactor to introduce the youth once more—who had been initiated into the mystery of the kingdom and now flees shamefully."[25] It is this last phrase, "and now flees shamefully," that triggered a reaction in me to seek the solution in the opposite direction. At any rate, Carpocrates, Cerinthus, Basilides, and all the rest of the early users of Mark certainly understood the scene in another way. Strictly speaking, the youth is not at all a human being of flesh and blood, but rather only a "shadow," a sort of symbol, an ideal figure. He is something like the Johannine "beloved disciple," according to the interpretation of Rudolf Bultmann and his school.

The same picture emerges from the structure of the narrative that introduces the figure. What underlies the narrative here is a separately circulating "apocryphal" resurrection story, the older version of the same story that, via the Signs Source, has also been included as the resurrection of Lazarus in the Gospel of John. This story itself extends to ἦν γὰρ πλούσιος (III 6). In addition, an older conclusion of it may be preserved in the following supplement, having it then read: ἐκεῖθεν δὲ ἀναστὰς ἐπέστρεψεν εἰς τὸ πέραν τοῦ Ἰορδάνου (cf. III 10f.). This supplement, however, which was added to the story at the latest at the point of its insertion into the Secret Gospel of Mark, makes it a mere antecedent of something like an institution story. This new focal point, on the strength of which the risen youth now appears as a prototype and a symbol of all those who are to be initiated into the higher discipleship of Jesus, bestows a new dimension upon the resurrection story itself. The whole story then necessarily appears as a symbol.

Accordingly, the later scene in which this symbolic figure of the ideal disciple—virtually a double of Jesus—flees in such a strange manner, ought to be meant symbolically. At least, it might have been intended to show that the genuine disciple, once he has become the equal of Jesus, cannot be taken prisoner and kept in custody by the powers of this world. Whatever they are able to seize is only his corporeal cover. At the same time, this scene would serve as an announcement (according to the rule that the disciple is the same as his master, and vice versa) that the

---

25 H. Koester, "History and Development of Mark's Gospel," 54.

rulers will not be able to detain Jesus either—or that they were not able to detain him depending on whether one takes the immanent perspective of the narrative or the backward perspective of the reader. In these words it is presupposed—and it may also be stated explicitly—that I feel certain associations to be inevitable, when one reflects on Mark 14:51f. in the new perspective of the Secret Gospel of Mark. Generally, the complex of metaphors about putting on and stripping off the body, or about the soul being naked or dressed, may be noted in this connection; but attention may also be drawn, especially, to the relationship between Jesus and his ideal disciple combined with the literary elements of a foretelling and a gazing down upon the events of the passion from a lofty standpoint, as is found in *First Apocalypse of James* and *Apocalypse of Peter*.

Incidentally, our interpretation of Mark 14:51f. as just outlined is not absolutely new. There is some correspondence, as I see belatedly, between this interpretation and the interpretations that were attempted now and then off the beaten track of scholarship. Mentioned above all should be Hermann Raschke who, referring to W. B. Smith, says in answer to the question of the identity of the strange youth of Mark 14:51f.:

> The only conjecture worth being taken seriously in terms of scholarship is ... that this figure is the angelic self of Jesus, his pneumatic nature hidden in the lower cover, just the higher nature of Jesus, which is Christ.
>
> For properly speaking, one cannot see how the men are entitled to seize the youth; they may forbid him to come along, they can drive him away, but there is no reason to arrest him except that they make a sheer mistake, taking one for the other since they are the same in every way. The fact that the servants behave toward the youth just as if he were Jesus, the person to be arrested himself, indicates the identity of the two doubles. But regarding the explicit statement: "they took hold of the young man," how is it conceivable that a person already in the hands of some robust soldiers should yet try to escape? This is impossible naturally. But whatever *can* be seized of this being by human power certainly remains in the fists of the myrmidons, namely the seizable cover, which from another point of view, they already have in their hands in the person of Jesus.[26]

A similar interpretation, though one without Gnostic implications, is put forward by J. Knox[27] and A. Vanhoye.[28] "Knox and Vanhoye see in the young

---

[26] *Die Werkstatt des Markusevangelisten – Eine neue Evangelientheorie*, Jena 1924, 81, 82. The translation is my own.

[27] "A Note on Mark 14:51–52," in: S. Johnson (ed.), *The Joy of Study*, New York 1951, 27–30.

[28] "La fuite du jeune homme nu (Mc 14, 51–52)," *Bibl* 52 (1971) 401–406.

man a pre-figurement of the risen Jesus. The man is arrested, but, leaving his clothing, he flees. Just so Jesus is arrested, but he also leaves the cloth in which he was wrapped and escapes in the resurrection."[29] There are also interesting correspondences with the interpretations of H. Waetjen[30] and R. Scroggs/K. Groff.[31] This is Fleddermann's summary of their position: "Waetjen ... compares the young man and Jesus with the help of his Joseph typology. Just as Joseph was rejected and then exalted, so Jesus is rejected and then exalted"; "Scroggs and Groff see in the fleeing young man the Christian baptismal initiate who strips off his old clothing to be clothed in the white baptismal robe."[32]

"Six Days"

No less exciting than the phrase νεανίσκος ... περιβεβλημένος σινδόνα ἐπὶ γυμνοῦ (III 8), seen in its context, is the motif of the six days—καὶ μεθ' ἡμέρας ἕξ (III 6.7)—within the greater fragment of the Secret Gospel of Mark. This very motif is the point of our third question: What is behind the mystery of the six days? The initiation of the young man into the mystery of the kingdom of God, his transfiguration into the nature of Jesus, as it were, takes place six days after his resurrection. The six days, in and of themselves, are not mysterious, nor are they mysterious for having been mentioned in this context. Rather, the matter is important only because the exegete associates *this* καὶ μεθ' ἡμέρας ἕξ with the *inexplicable* phrase καὶ μετὰ ἡμέρας ἕξ (Mark 9:2) with which the story of the transfiguration of Jesus begins. So the question arises as to whether there might be a meaningful correspondence in the mention of this period of time in the two cases, and whether this correspondence might cast new light on the dark phrase in Mark 9:2. The suspicion that such a correspondence is intentional seems to be quite reasonable, if the two situations that are introduced with the phrase are *both*, in fact, transfigurations. Such a correspondence, however, is not *manifest* in the text. Yet the phrase "after six days" in the transfiguration narrative, unconnected as it is in its present context, is one of the reasons for the familiar hypothesis that the transfiguration narrative was originally a post-resurrection narrative that has been transplanted backwards into the life of Jesus. In this perspective,

---

29 H. Fleddermann, *op. cit.*, 416.
30 "The Ending of Mark and the Gospel's Shift in Eschatology," *ASTI* 4 (1965) 117–120.
31 "Baptism in Mark: Dying and Rising with Christ," *JBL* 92 (1973) 536–540.
32 H. Fleddermann, *op. cit.*, 416, 417.

the six days appear to be a natural counting from the day of the resurrection forward. Once one imagines the transfiguration functioning as an appearance and glorification of Jesus at the end of Mark, then the correspondence emerges clearly: the phrase "after six days" connects resurrection and metamorphosis in both cases. The resurrection and initiation of the ideal disciple represent the resurrection and deification of Jesus. It is only in this perspective that the whole of the first fragment of the Secret Gospel of Mark displays the logic that is embedded in its material.

To be sure, there is nothing that entitles us to assume that either the Secret Gospel of Mark or the Carpocratian Gospel of Mark still included the transfiguration scene as the concluding post-resurrection narrative. But it would suffice for our explanation to assume that the Alexandrian addition to the Gospel of Mark was done with the awareness that the "transfiguration" scene, though located in the middle, belongs at the end, and virtually is the end. Or, are we allowed even to assume that the author(s) of the addition knew, or at least had heard about, such a version of the Gospel of Mark, with the "transfiguration" scene still at the end? In the light of the new information about the Secret Gospel of Mark, the process of development of the Gospel of Mark appears to be much more complicated than has been assumed so far. This being the case, one may not easily be inclined to rule out such a possibility. In other words, if the development of the Gospel has been so complex, then even a version of Mark may have existed that looked at the end like the source of the Second Gospel as Walter Schmithals reconstructs it.[33] According to him, in the immediate predecessor of canonical Mark the material of 9:2–8a was actually located after Mark 16:1–8, where it was still followed by the complexes 3:13–19 and 16:15–20. In order to give a clear idea of this reconstruction, below is Schmithals's reconstructed conclusion of the source document.

> After six days Jesus appeared to Simon and led him up to a high mountain. He was transfigured before his eyes; his face shone like the sun, and his raiment became shining like light. And there appeared to them Moses and Elijah, and they were talking to Jesus. And Simon said to Jesus, Master, it is well that I am here: let me make three booths; one for you, and one for Moses, and one for Elijah. For he did not know what to say; for he was exceedingly afraid. And there was a cloud that overshadowed them: and a voice

[33] "Der Markusschluss, die Verklärungsgeschichte und die Aussendung der Zwölf," *ZThK* 69 (1972) 379–411.

came out of the cloud, saying, This is my beloved Son: listen to him. And suddenly, when he looked round about, he no longer saw any one.

And after forty days Jesus appeared again on a mountain and called to him those whom he desired: and they came to him. And he appointed the twelve apostles: Simon and Andrew, and Simon he surnamed Peter and said to him, Simon, behold, Satan demanded to have you, that he might sift you like wheat: But I have prayed for you, that your faith may not fail. And you, strengthen your brethren. And James the son of Zebedee, and John the brother of James; and he surnamed them Boanerges, which is, The sons of thunder: And Philip, and Bartholomew, and Matthew, and Thomas, and James the son of Alphaeus, and Thaddaeus, and Simon the Canaanite, and Judas Iscariot.

And he said to them, Go into all the world, and preach the gospel to the whole creation. He who believes and is baptized will be saved; but he who does not believe will be condemned. And these signs will accompany those who believe: In my name they will cast out demons; they will speak in new tongues; they will pick up serpents with their hands; and if they drink any deadly thing, it will not hurt them; they will lay hands on the sick, and they will recover.

So then the Lord after he had spoken to them, was taken up into heaven, and sat down at the right hand of God. And they went forth and preached everywhere while the Lord worked with them and confirmed the message by the signs that attended it.[34]

As evidence for the prior existence of such a version of Mark, or of any Gospel document where the transfiguration story was still the narrative of a post-resurrection appearance, Schmithals and his predecessors usually refer to the fact that both 2 Peter 1:16–18 and *Apocalypse of Peter* (the non-Gnostic) 15–17 were still familiar with the transfiguration story as an Easter narrative.[35] The force of these two references can be augmented by a third reference. The so-called *Epistle to Rheginos* (also known as "*The Treatise on Resurrection*," NHC I,4) contains a passage (p. 48,6–19) that unfolds the Gnostic view of resurrection in diatribe style:

What, then, is the resurrection? It is always the disclosure of those who have risen. For if you remember reading in *the Gospel* that Elijah appeared and Moses *with him*, do not think the resurrection is an illusion. It is no illusion, but it is truth. Indeed, it is more fitting to say that the world is an illusion, rather than the resurrection which has come into being through our Lord the Savior, Jesus Christ.[36]

34 *Das Evangelium nach Markus*, ÖTK 2, Gütersloh/Würzburg, 1979, 721, 729, 740, 746.
35 Ibid., 400.
36 *NHLibEng*, New York 1977, 52–53.

The reference to the scripture made in this text entails two key questions: (1) To whom does "with him" refer (Coptic nm̄mef, line 10, renders Greek σὺν αὐτῷ)? (2) Which Gospel is meant? So far, to my knowledge, all the translators and commentators have taken the expression "with him" to refer to Elijah (Moses appeared together with Elijah)—all except Bentley Layton. Only Layton saw and took up another possibility, which is the only way to make the dark sentence comprehensible both in itself and as an argument in the context. Layton understands the expression "with him" to refer to Jesus (both Elijah and Moses appeared together with Jesus).[37] According to this understanding, Jesus, too, is assumed *to have appeared*; and this, in turn, means that the story referred to was a version of the "transfiguration" scene in which the "transfiguration" was still seen as an appearance of the risen Christ after Easter. But in which Gospel was Rheginos supposed to read this scene? This question, while posed explicitly by Layton,[38] is not evidently answered by him. However, to have asked this question in our present perspective is to have answered it. It must have been the same sort of Gospel that Schmithals imagines the Markan source to have been, or such a version of the Gospel of Mark as the redactors of the longer Alexandrian Gospel of Mark ("Carpocratian" Gospel of Mark/Secret Gospel of Mark) will have had in mind when, inserting the great supplement as an institution narrative for a mystery, they joined the two components by the phrase "and after six days."

[37] *The Gnostic Treatise on Resurrection from Nag Hammadi Edited with Translation and Commentary*, HDR 12, Missoula, MT, 1979, 27 and 94.
[38] Ibid., 94f.

RADIKALE SEXUELLE ENTHALTSAMKEIT ALS HELLENISTISCH-JÜDISCHES VOLLKOMMENHEITSIDEAL IM THOMASBUCH (NHC II,7)*

Das Spezifische am Inhalt des Thomasbuches (LibThom) ist – neben der Vorstellung der Höllenstrafen und dem Begriff des Feuers und in unmittelbarem Sachzusammenhang mit beiden Themen – „ein bedingungsloses Werben für asketische Lebensweise, speziell geschlechtliche Enthaltsamkeit".[1] Das ist offensichtlich und wohlbekannt; ebenso wohlbekannt, wie inzwischen der gesamte Inhalt dieser aus dem Funde von Nag Hammadi stammenden Schrift sein dürfte.[2] Nun ist ein solcher Schwerpunkt für eine christlich-gnostische Schrift, als welche sich das Thomasbuch präsentiert, an sich nicht sonderlich überraschend, wenngleich der Grad und die Einseitigkeit, mit der das Ideal vertreten wird, auch so Beachtung verdienen würde. Aber in Wirklichkeit sind die (primären) Träger dieses Vollkommenheitsideals gar nicht irgendwelche christlichen Gnostiker, sondern Menschen, die jedenfalls weder christlich noch gnostisch sind. Und genau diese Perspektive, die Frage nach den eigentlichen Vertretern, nach der Gruppenbasis der im Thomasbuch niedergelegten enkratitischen Anschauungen ist es, was diese Schrift für das Generalthema der Motivation von Enkrateia von erheblicher Bedeutung werden lassen könnte.

Der Rahmen von LibThom, der Dialog zwischen Jesus und Thomas, ist nämlich deutlich sekundär. Wenn man ihn ausblendet, bleibt im Text nichts Christliches[3] oder Gnostisches übrig. Und der Text wird plötzlich

---

* In: U. Bianchi (Hg.), La tradizione dell' enkrateia. Motivazioni ontologiche e protologiche, Rom 1985, 263–291.

[1] H. Quecke (Rezension der Textausgabe von J. D. Turner), Bibl 57 (1976), 430.

[2] Vgl. die Ausgaben von M. Krause, Gnostische und hermetische Schriften aus Kodex II und Kodex VI, ADAIK.K 2, Glückstadt 1971; und J. D. Turner, The Book of Thomas the Contender from Codex II of the Cairo Gnostic Library from Nag Hammadi (CG II,7), SBL.DS 23, Missoula, MT, 1975; außerdem die Übersetzungen von M. Krause, Koptische Quellen aus Nag Hammadi, in: W. Foerster (ed.), Die Gnosis, II, Zürich/Stuttgart 1971, 5–170; D. Kirchner (federführend), "Das Buch des Thomas", ThLZ 102 (1977), 793–804; und J. D. Turner, in NHLibEng, 1977, 188–194.

[3] Dass sich im Corpus des Textes *überhaupt* nichts eindeutig Christliches findet, gilt allerdings streng genommen nur, wenn man den Passus p. 141,10–13 (von *etbe tagapē n̄tpistis bis tshorp n̄agapē* (= Anhang Z. 110–113) als der Ebene des Rahmens zugehörig ansieht. Das ist aber eine wohl vertretbare Auffassung. Denn auch die Einzelexegese kann

wohlverständlich, schön und bedeutend, was man von ihm in der vorfindlichen Form nicht sagen kann. Der „entrahmte" Text aber macht den Eindruck einer platonisierenden hellenistisch-jüdischen Weisheitsschrift. Kurzum, der literarische Charakter von LibThom gleicht dem der „Sophia Jesu Christi" (NHC III,4 und BG 3). LibThom ist wie SJC die christliche „Dramatisierung" einer nichtchristlichen „Prosa"-Vorlage. Aber während die Grundschrift von SJC in Gestalt des Eugnostosbriefes (NHC III,3 und V,1) daneben noch vorhanden ist, kann man die Grundschrift von LibThom nur aus diesem Text selbst erschließen bzw. rekonstruieren.[4]

Eine solche Rekonstruktion habe ich im Rahmen einer ausführlichen Kommentierung von LibThom im Einzelnen durchgeführt.[5] Ihr Ergebnis wird hier als Anhang im Voraus mitgeteilt. Damit verfolge ich zwei spezielle Interessen: Ich möchte gern in Erfahrung bringen, ob bzw. in welchem Maße die Rekonstruktion etwa in sich selbst evident ist, also einsichtig und akzeptabel, auch ohne dass bzw. bevor man die dahinter stehende exegetische Kleinarbeit kennt. Und mich würde das Urteil darüber interessieren, ob dieser Text tatsächlich noch als Verlautbarung einer Spielart des hellenistischen Judentums (noch jenseits von Philo) verständlich ist, und wie man diese Art des Judentums gegebenenfalls geistesgeschichtlich einzuordnen hätte. Dennoch soll ein Eindruck von der Argumentation im Detail gegeben werden. Als Beispiele wähle ich die weichenstellende einschlägige Analyse des Anfangs der Schrift und dann noch die Analyse des Schlusstitels.

Zuvor aber seien noch ein paar „vermischte" Bemerkungen gestattet. Dass der in LibThom über dem Stoff liegende Dialograhmen tatsächlich nicht passt und den Text empfindlich stört, davon kann man sich vielleicht am schnellsten und einfachsten überzeugen an der Stelle p. 139,12–20 (entspricht Anhang Z. 39–47), wo der unverständige Thomas plötzlich anfängt, den Offenbarer zu belehren. Dass der Inhalt von LibThom nicht christlich ist, wird wohl am deutlichsten an der Art, wie von der Sonne

---

diese Worte nur verständlich machen unter der Annahme, dass es sich bei ihnen um eine redaktionelle Einfügung handelt.

[4] Vgl. zum Verhältnis von SJC zu Eug z. B. D. M. Parrott in NHLibEng, 206f.; samt der folgenden synoptischen Übersetzung von Eug und SJC; H. Köster, Dialog und Spruchüberlieferung in den gnostischen Texten von Nag Hammadi, EvTh 39 (1979), 536f.

[5] Nach dem Plan des Berliner Arbeitskreises für koptisch-gnostische Schriften ist eine meiner Aufgaben die Herstellung einer kommentierten Textausgabe des LibThom. Diese Arbeit ist praktisch abgeschlossen. Sie soll, wie alle unsere Ausgaben ausgewählter Nag Hammadi-Texte, in der Reihe „Texte und Untersuchungen" des Akademie-Verlags Berlin erscheinen.

die Rede ist (vgl. besonders die Rede von ihr als dem guten Diener: p. 139,28–31 = Anhang Z. 51–55).

Dem Kenner des Thomasbuches wird der Text des Anhangs, abgesehen von den Übergängen zwischen den Abschnitten, im Großen und Ganzen vertraut vorkommen. Und in der Tat sind diese Komplexe einfach identisch mit den betreffenden Partien der vertrauten Schrift. Da der *koptische* Text jedoch auch sprachliche und exegetische Probleme enthält – ganz zu schweigen von seinen Lücken, die *so* oder *anders* oder auch *gar nicht* ergänzt werden (können) –, spiegelt unsere deutsche Wiedergabe an solchen Stellen natürlich eine bestimmte (eine der bekannten) Textauffassung(en) wider. Das ist selbstverständlich; und ich sage es eigentlich auch nur, um einen Anknüpfungspunkt zu haben für den Hinweis auf einzelne ganz bestimmte Stellen, wo unsere Übersetzung (sei es, dass man es merkt, sei es, dass sie doch genauso oder so ähnlich klingt, wie die bereits vorhandenen) auf einer m. E. völlig neuen Textauffassung beruht, die sich mir in dem mehrstufigen Prozess der Arbeit am LibThom schließlich ergeben hat und die man im Kommentar dann im Einzelnen begründet finden wird. Dabei geht es zunächst um eine Verbform. Es begegnet in LibThom mehrfach ein Ausdruck von der Struktur *efsōtm̄*, bei dem es aus syntaktischen oder anderen Gründen sicher bzw. wahrscheinlich ist, dass er nicht zum Präsens (= Zweiteiliges Konjugationsschema), sondern zum Verbalsatz (= Dreiteiliges Konjugationsschema) gehört. Er ist einerseits zu deuten als einfacher Konditionalis (das ist Shisha-Halevys Protatic *efsōtm̄*),[6] den es dann in LibThom *neben* der gewöhnlichen langen Form *efshansōtm̄* geben würde, andererseits als kurze Form des Energetischen Futurs (das ist Shisha-Halevys Apodotic *efsōtm̄*),[7] dessen gewöhnliche Form *efesōtm̄* in LibThom überhaupt nich vorkommt. Es handelt sich um folgende Stellen:

Einfacher Konditionalis

efpōt	(p. 140,4)	„wenn er fliehen muss"	(Anhang Z. 68f.);
eupōt	(p. 140,19)	„wenn sie (dem, was sichtbar ist,) nachjagen"	(Anhang Z. 80f.);

6 Vgl. A. Shisha-Halevy, Protatic *efsōtm̄*: A Hitherto Unnoticed Coptic Tripartite Conjugation-Form and Its Diachronic Connections, Orientalia 43 (1974), 369–381; und ders., Protatic *efsōtm̄*: Some Additional Material, Orientalia 46 (1977), 127–128; W.-P. Funk, Beiträge des mittelägyptischen Dialekts zum koptischen Konjugationssystem, in: D. W. Young (ed.), Studies Presented to Hans Jakob Polotsky, E. Gloucester, Mass, 1981, § 1.1.2; 2.3.

7 Vgl. Shisha-Halevy, A., Apodotic *efsōtm̄*: A Hitherto Unnoticed Late Coptic Tripartite Pattern Conjugation-Form and Its Diachronic Perspective, Le Muséon 86 (1973), 455–466.

eprē pr̄rie	(p. 144,24)	„Wenn die Sonne (ihn) bescheint"	(Anhang Z. 249);
etetn̄sopš	(p. 145,10)	„wenn ihr betet"	(Anhang Z. 277f.).

Energetisches Futur affirmativ (*kurze Form*)

efti tkas nau	(p. 141,9)	„(Und dann) wird (das sichtbare Feuer) ihnen Pein bereiten"	(Anhang Z. 109);
efci[*n*]*e n̄tsate*	(p. 143,2f.)	„wird er das Feuer fi[nd]en"	(Anhang Z. 182);
efcnts	(p. 143,3)	„wird er es (auch dort) finden"	(Anhang Z. 183);
etetn̄tako	(p. 143,15)	„dann werdet ihr (eure Seelen) zugrunderichten"	(Anhang Z. 195f.).

Andererseits geht es bei den gemeinten Neuerungen um die Beziehung bestimmter Satzteile. Und das Wichtigste ist die Erkenntnis von etwas, das scheinbar nur eine Satzzäsur ist: *paï ettajrēu* (p. 142,37) ist als der Beginn eines neuen Satzes aufzufassen = „Wer sich verlässt" (Anhang Z. 175)! Aber das hat nun erhebliche Auswirkungen auf das Verständnis des gesamten Abschnitts p. 142,26–143,7 (Anhang Z. 166–188), dass hier nämlich über *drei* verschiedene Arten von Toren und *drei* entsprechende Arten von Höllenstrafen gesprochen wird. Von weit geringerem Belang – aber doch nicht unwichtig – ist in p. 144,5f. = Z. 229f., dass die Wendung *atre n̄jaje r̄hmhal* („zur Unterwerfung der Feinde") mit *n̄hbēue tērou* („alle Taten") zusammengenommen werden muss, und dass in p. 145,4 = Z. 271f. „Um der Liebe willen" die Begründung der Seligpreisung ist.

Sonst darf vielleicht für das im Anhang dokumentierte Textverständnis noch als typisch gelten das Rechnen mit einer ganzen Anzahl (wörtlicher) Zitate (vgl. Z. 19–21 = p. 138,35; Z. 37 = p. 139,11; Z. 64–68 = p. 139,42–140,4; Z. 68f. = p. 140,4f.; Z. 78f. = p. 140,17f.; Z. 97f. = p. 140,38–40; Z. 106f. = p. 141,6f.; Z. 136ff. = p. 141,35f.) und die Identifizierung von Textverderbnissen (-auslassungen) (vgl. Z. 37f. = p. 139,11; Z. 42f. = p. 139,17; Z. 114 = p. 141,13; Z. 148 = (p. 142,3); Z. 203 = p. 143,21; Z. 278 = p. 145,11).

Als letzter Punkt der „vermischten" Vorbemerkungen seien als kontrastierender Hintergrund für die hier dargebotene bzw. vorausgesetzte Gesamtperspektive, in der LibThom gesehen wird, (die) zwei charakteristische(n) andere(n) Grundkonzeptionen, vertreten von J. D. Turner bzw. P. Perkins, ausdrücklich ins Bewusstsein gehoben. Mit Turner geteilt wird die Voraussetzung, dass zum Verständnis des LibThom die Methode der Literarkritik unumgänglich ist. Und es liegt m. E. nur an einer verschiedenen Beurteilung der Prioritäten unter den erkannten Problemen, wenn er mit derselben Methode zu einem ganz anderen Ergebnis kommt. Nach ihm ist nämlich LibThom aus zwei Quellen redaktionell zusammengefügt worden. „One work, section A" (= p. 138,4–142,21 [26]

„was a dialogue between Thomas and the Savior, perhaps entitled ‚The Book of Thomas the Contender writing to the Perfect.‘ The other work, section B“ (= p. 142,26–145,16) „was a collection of the Savior's sayings gathered into a homiletical discourse (...), perhaps entitled ‚The Hidden Words which the Savior spoke, which I wrote down, even I, Matthaias.‘ A redactor has prefixed section A to section B, and prefaced the whole with an *incipit* title composed on analogy with the original title to section B, and designating Matthaias as the scribe of the whole. The subscript title, designating Thomas as the scribe of the whole, was borrowed from the original title to section A, and suffixed to the newly-formed whole“ (The Book of Thomas, 1975, 215). Und sachlich ordnet Turner die beiden Quellenschriften und das neue Ganze ein in die Gattungsgeschichte der Sprüche Jesu innerhalb eines synkretistischen (asketischen und leicht gnostisierenden) Christentums, wo der Prozess über die immanente Auslegung der Sprüche innerhalb von Spruchsammlungen schließlich zur Neuformung von Sprüchen im Offenbarungsdialog führe (vgl. The Book of Thomas, 1975, 224f.).

P. Perkins hat sich zwar nicht ausführlich zu LibThom geäußert, aber in ihrem Buch über den gnostischen Dialog spielt unser Text natürlich eine wichtige Rolle. Und dabei benutzt Perkins nun ein Deutungsschema, dem, weil es die Realisierung einer nahe liegenden und auch sonst oft ergriffenen exegetischen Möglichkeit darstellt, dennoch grundsätzliche Bedeutung zuerkannt werden kann. Übereinstimmung zwischen uns besteht darin, dass sie wohl erkennt, dass „an ascetic homily which condemns lust as the power that leads humanity to bestiality ... is the basic literary form behind the dialogue.“[8] Aber sie ist nun – schon von ihrem Thema her – nicht an dieser literarischen Basis interessiert, sondern an seiner Dialogisierung, wie sie nun einmal vorliegt. Und da ist nun das Typische, dass sie den Text aus einem Konflikt zwischen zwei christlichen Gruppen resultierend versteht; er sei das Produkt einer Konfrontation der „Träger“ dieser Schrift mit bestimmten Opponenten. (Die Versuchung, aus Paränese eine gegnerische Front exegetisch „aufzubauen“, lauert immer am Wege!) „The opponents were probably orthodox Christians who also revered traditions that were said to have come from the Risen Jesus through Thomas. By the time ThCont is written, the ascetics seem to have withdrawn to their own sect,

[8] Vgl. P. Perkins, The Gnostic Dialogue. The Early Church and the Crisis of Gnosticism, Theological Inqiries, New York 1980, 100f.

'resting among their own'. But there is still enough interaction among the two groups to produce converts to one side or the other. One must admit, however, that ThCont reads as though the opponents are having more success in winning converts for their version of Christianity than are the ascetics" (Gnostic Dialogue, 106f.).

Wenden wir uns nun der angekündigten beispielhaften Analyse des Anfangs von LibThom zu. Nach dem Incipit („Die geheimen Worte, die der Erlöser zu Judas Thomas sprach und die ich, Matthäus, niedergeschrieben habe; ich war vorbeigekommen und hatte sie miteinander reden hören.") heißt es zunächst: „Der Erlöser sprach: ‚Bruder Thomas, höre mir zu, solange du noch Gelegenheit dazu in der Welt hast, auf dass ich dir enthülle, was du in deinem Herzen zu ergründen gesucht hast'" (p. 138,4–7). Dieser Paragraph als Ganzer und für sich betrachtet kann nur verstanden werden als Exposition zur einer Apokalypse, wo Jesus im Zeitraum zwischen Auferstehung und Himmelfahrt als schon überirdisches Wesen dem Thomas diejenigen himmlischen Geheimnisse enthüllt, die dieser, als bloßer Mensch, trotz allen Grübelns nicht enträtseln konnte. Die beherrschende und die Erwartung des Lesers in diese Richtung zwingende Aussage ist: „(höre mir zu,) auf dass ich dir enthülle" etc. Unter der Herrschaft dieser Aussage kann der Temporalsatz „solange du noch Zeit in der Welt hast" nur im Sinne von „vor meiner Himmelfahrt" (vgl. p. 138,23) aufgefasst werden. Dass es nun nicht so weitergeht, wie der Leser es zu erwarten ein Recht hat, dass also im Folgenden nicht himmlische Geheimnisse, die nur der Auferstandene wissen kann, enthüllt, sondern durchaus irdische Sachverhalte, die im Grunde jeder selbst wissen kann, mitgeteilt werden, das ist zunächst ein Phänomen, das es einfach zu konstatieren gilt. Der arglose Leser wird sich im Nachhinein die Dinge so zurechtlegen, dass die Offenbarungsnomenklatur nicht so ganz eigentlich gemeint gewesen ist, und damit wohl durchaus mit Meinung und Absicht des Autors zusammentreffen. Dem nicht arglosen Leser, dem solche „Verwerfungen" leicht zu Zeichen einer Mehrschichtigkeit des Textes werden, wird aber nun auch noch auffallen, dass sich der Temporalsatz erheblich gegen die Herrschaft der Hauptaussage sträubt. Er wird nicht so leicht darüber hinwegkommen, dass es *nicht* heißt „solange ich noch Zeit in der Welt habe". Denn „solange du noch Zeit in der Welt hast" kann doch beim Wort genommen nur soviel bedeuten wie „solange du noch lebst". Wenn man nun, noch im Erstaunen begriffen, den Zwangsrahmen einmal probehalber abdeckt, kommt einem der Temporalsatz als zu einer Aufforderung passend bzw. eigentlich gehörend vor, die von jedem Menschen, oder jedenfalls von jedem, der so etwas wie Vollkommenheit erstrebt, zu Lebzeiten eine ganz bestimmte über Heil und Unheil danach entscheidende Haltung verlangt, und zwar, wenn man das „höre mir zu" als „höre auf mich" noch hinzudenken darf, ist diese Aufforderung wohl von einer Stimme gesprochen zu denken, die als Mahnerin das ganze Leben des Menschen begleitet. Kurzum, wir stoßen hier zum ersten Mal in LibThom auf eine Diskrepanz zwischen Rahmen und Inhalt, die für das Werk weithin charakteristisch ist und von der Interpretation eine zweidimensionale Betrachtungsweise fordert, durch die allein auch die vielen Absonderlichkeiten der Oberfläche verständlich werden.

Der Rest der Dialogeröffnung durch den Erlöser (bis zum ersten Einwurf des Thomas) lautet dann folgendermaßen: „‚Weil aber gesagt wurde, dass du mein Zwilling und mein einzig wahrer Freund bist, (deshalb) ergründe dich selbst und erkenne, wer du bist, wie du bist und wie du sein wirst! Weil du mein Bruder genannt wirst, darfst du nicht in Unkenntnis über dich selbst bleiben. Und ich weiß, dass du zu erkennen begonnen hast. Denn du hast schon erkannt, dass ich die Erkenntnis der Wahrheit bin. Während du also mit mir gewandelt bist, hast du schon, wiewohl noch unwissend, Erkenntnis erlangt. Und du sollst (später) einmal genannt werden: „der (Mensch), der sich selbst erkennt". Denn, wer sich selbst nicht erkannt hat, hat gar nichts erkannt. Wer aber sich selbst erkannt hat, hat auch schon Erkenntnis über die Tiefe des Alls erlangt. Deswegen also hast du (allein), mein Bruder Thomas, erblickt, was verborgen ist vor den Menschen, nämlich das, worüber sie, wenn sie es nicht bemerken, zu Fall kommen.'" (p. 138,7–21)

Wir sehen hier von den erheblichen Einzelproblemen des Abschnitts ab und wenden uns gleich der Gesamterfassung seines Inhalts zu, oder bescheidener ausgedrückt, dem Versuch dazu. Der erste Topos der erwarteten Offenbarung des Überirdischen durch Jesus an Thomas ist erstaunlicherweise die vergleichsweise irdische Notwendigkeit der – in mehrfacher Hinsicht aufgefächerten – Selbsterkenntnis. Nachdem sich bei uns die erste Überraschung gelegt hat, konstatieren wir also, dass hier, gleich am Eingang des LibThom, eines der großen Themen der Antike angeschlagen wird, die letztlich wohl delphische Maxime γνῶθι σαυτόν, die, in der Auslegung durch Sokrates bzw. Plato, zur Zeit der Spätantike, auch abgesehen von der Philosophie, in vielen Bereichen des geistigen und religiösen Lebens und unter mannigfacher Adaption rezipiert worden ist. Die weite Verbreitung und ihre Attraktivität hängen übrigens wohl nicht zuletzt damit zusammen, dass der Charakter des Rätselhaften und Mehrdeutigen ihr erhalten blieb (vgl. z. B. Clem. Alex. strom. V 23,1). Was der Zitierende damit meint, kann jeweils nur durch ausdrückliche Interpretation oder durch den Kontext wirklich klar werden.[9] Wie wertvoll hermetische Parallelen (Corp. Herm. I 19.21; XIII 22) für das Verständnis unserer Textstelle sind, hat Turner bereits gezeigt (The Book of Thomas, 1975, 120f.). Mir erscheinen darüber hinaus auch die einschlägigen Stellen in den Werken des Clemens Alexandrinus, bei dem das γνῶθι σαυτόν auffällig häufig erscheint, hilfreich und weiterführend (vgl. paid. III 1,1; strom. I 60,3; 178,2; II 70,5; 71,3; III 44,3; IV 27,3; V 23,1; 45,4; VII 20,7f.).[10] Das lapidare τοῦτ' οὖν ἐστι τὸ εὑρεῖν τὴν ψυχήν, τὸ γνῶναι ἑαυτόν (strom. IV 27,3), für sich genommen, dürfte einen Großteil dessen decken, was mit der Maxime in LibThom gemeint ist; es könnte sich in solcher Schlüsselfunktion noch flankieren lassen etwa durch das Zitat in der Naassenerpredigt: ἀρχὴ τελειώσεως γνῶσις ἀνθρώπου, θεοῦ δὲ γνῶσις ἀπηρτισμένη τελείωσις (Hippol. ref. V 8,38; vgl. schon V 6,6).

Das wichtigste an Clemens ist mir allerdings, dass uns diese „alexandrinische Spur" auf Philo zurückführt, dessen einschlägige Hauptstellen (migr. Abr. 8; som. I 54–60; vgl. aber auch som. I 211ff.; spec. leg. I 10.263f.) m. E. von geradezu grundlegender Bedeutung sind, weil sie in einem Kontext stehen, in dem zugleich auch viele der anderen Topoi von LibThom begegnen. Was die einzelnen Formulierungen des Topos an unserer Stelle anbelangt, so kann man zwei als Schemata daran erkennen, dass sich eine ganze Anzahl formaler Parallelen beibringen lässt. Für die Entfaltung des γνῶθι σαυτόν in einer Kette indirekter Fragesätze (p. 138,8–10) kann verwiesen werden z. B. auf Exc. ex Theod. 78.2; EV p. 22,13–15; Silv p. 92,10–14; Clem. Alex. strom. V 23,1 (καὶ εἰς τί γέγονας, γνῶθι, φησί [sc. τὸ „γνῶθι σαυτόν"], καὶ τίνος εἰκὼν ὑπάρχεις, τίς τέ σου ἡ οὐσία καὶ τίς ἡ δημιουργία καὶ ἡ πρὸς τὸ θεῖον οἰκείωσις τίς).

Für die Verknüpfung zwischen Selbsterkenntnis und Erkenntnis des Alls (p. 138,16–18), besonders was die negative Hälfte anbelangt (*ohne* Selbsterkenntnis gibt es auch *keine* [wirkliche] Erkenntnis des Alls), ist die nächstgelegene Parallele EvThom Log. 67, vorausgesetzt, dass das verbreitete Verständnis dieses Satzes richtig ist, wonach er bedeutet: „Wer (angeblich) das All erkennt und dabei selbst Mangel (nämlich keine

[9] Vgl. an Literatur vor allem H. D. Betz, The Delphic Maxim γνῶθι σαυτόν in Hermetic interpretation, HThR 63 (1970), 465–484; P. Courcelle, Connais-toi toi-même de Socrate à Saint Bernard, I. II, Études Augustiniennes, Paris 1974. 1975.

[10] Und vgl. dazu J. Zandee, "The Teachings of Silvanus" and Clement of Alexandria. A New Document of Alexandrian Theology, Mémoires de la Société d'Études Orientales "Ex Oriente Lux" XIX, Leiden 1977, 129f.

*Selbst*erkenntnis) hat, dem fehlt die (Erkenntnis der) ganze(n) Welt."[11] Eine weitere Parallele ist Silv p. 117,3–5; „Wenn du dich selbst nicht erkennst, wirst du auch nicht in der Lage sein, das All zu begreifen." So jedenfalls kann man am Ende übersetzen (*naï tērou* = τὰ πάντα), wenn man diesen Satz vom Zusammenhang losgelöst betrachtet. An charakteristischen Zügen der Entfaltung des γνῶθι σαυτόν im Eingang von LibThom, die von weniger schematischer Natur sind, haben wir ebenfalls zwei hervorzuheben. Zunächst verdient unsere Aufmerksamkeit die Betonung der eschatologischen Perspektive in der Selbsterkenntnis.

Das *eknashōpe n̄nash n̄rēte* (p. 138,9f.) hat eben kein Gegengewicht in einem vorhergehenden *n̄takei tōn* (vgl. EV p. 22,14f.; Joh [S] 3,8).[12] Dieses Gefälle in der zur Pflicht gemachten Selbsterkenntnis könnte man von dem her, was folgt, mit folgender Paraphrase veranschaulichen: „Erkenne dein doppeltes Wesen, damit du nicht durch Hingabe an die Lust zum Tiere wirst und in die Hölle stürzt, sondern deine Seele in den Himmel kommt! Sieh' zu, dass dir nicht das ‚Wehe euch', sondern das ‚Wohl euch' gebührt!" Auffällig ist weiterhin der in dem „Schon und Noch-nicht" (p. 138,12–15) zum Ausdruck kommende Sachverhalt, dass es in der Selbsterkenntnis offenbar ein Wachsen gibt, m. a. W., dass der hier Angeredete als einer verstanden zu sein scheint, der sich auf dem Wege zur τελείωσις befindet. Nun bereiten aber gerade diese Zeilen, wenn man sie genauer verstehen will, die allergrößten Schwierigkeiten.

Während wir nämlich die einzelnen Worte, Motive und Wendungen des Abschnitts ohne weiteres verstehen können, bleiben uns die Logik in der Verbindung der Aussagen und der gesamte Gedankenzusammenhang irgendwie verborgen. Man kommt z. B. ins Rätselraten, wenn man fragt, wieso aus der Zwillingsbruderschaft mit dem Erlöser folgt, dass Thomas sich selbst erkennen müsse, oder wie es zu dem Übergang zum Thema vom Verborgenen (und Sichtbaren) kommt. Aber es ist wohl nicht sinnvoll, das im Einzelnen aufzuzeigen und durchzuspielen, nachdem Turner ja schon aufgewiesen hat, dass „the passage is full of inconsistencies" (The Book of Thomas, 1975, 122), und seine Schlüsse daraus gezogen hat. Den

[11] Die grammatische Analyse und die sachliche Deutung dieses Logions sind jedoch problematisch; die Übersetzung von Lambdin in NHLibEng repräsentiert ein ganz anderes Textverständnis, und die von S. Emmel (bei B. Layton in CGLib zur Stelle [Die Ausgabe des Codex II durch Layton ist noch nicht erschienen; sie wurde im Manuskript benutzt]) vorgeschlagene andere Worttrennung führt wiederum zu einem nochmals anderen Sinn.

[12] Diesen Zug hat Turner bereits herausgearbeitet (The Book of Thomas, 1975, 119f.).

schlimmsten „Knoten" hat man wohl in dem Satz mit den zwei Vordersätzen zu sehen (p. 138,14f.). Die Sache ist so hoffnungslos, dass man Turner Recht geben muss, wenn er meint, dass der Text, wie er vorliegt, nur literarkritisch zu erklären sei. Nach Turner ist der Text am besten zu erklären als ein Geflecht von zwei Textsträngen: "1) The tradition of Thomas as the twin brother of Jesus who ponders things in his heart, who has recognized the Savior as the knowledge of the truth and therefore has beheld that which is hidden from ignorant men; 2) the gnostic call to selfknowledge which is the key to the knowledge of the All." (The Book of Thomas, 1975, 123).

Dabei sei allein der zweite Strang eine echte Quelle; der erste eigentlich nur eine Serie von Einschaltungen von der Hand des Verfassers (dieses Teils) von LibThom. Das alles ist bei Turner noch im Einzelnen ausgeführt (The Book of Thomas, 1975, 122–126). Wie bei Turners Literarkritik am LibThom im Ganzen, so gilt auch von seiner Quellentheorie zu diesem Abschnitt, dass die zugrunde liegenden Beobachtungen richtig, wertvoll und fruchtbar sind. Wenn ich, bei der Bejahung der Methode als solcher, im Großen wie im Kleinen zu mehr oder weniger anderen Ergebnissen komme, so liegt das – wie schon gesagt – nur an einer verschiedenen Beurteilung der Hierarchie bei den erklärungsbedürftigen Schwierigkeiten. M. E. muss man die Hauptschwierigkeit folgendermaßen sehen: Alles, was zur Person des Thomas gesagt wird, ist klar; und alles, was über die Selbsterkenntnis an sich, ja auch über das Sehen des Verborgenen, gesagt wird, ist klar; nur die Verbindung dieser beiden Dinge miteinander macht Schwierigkeiten (und auch erst durch dies Verbundensein ergibt sich die Dunkelheit der Gedankenfolge). Da nun gerade das Thema der Selbsterkenntnis ein eigenständiges Thema menschlicher Weisheit und seine Einbeziehung in die Tradition der Jesusüberlieferung, wieweit auch immer diese Einbeziehung hinter dem jetzigen Text liegen mag, sowieso sekundär ist, muss es sich nahe legen, auch von der hiesigen Rahmung als Jesusoffenbarung (an Thomas) einmal abzusehen, um zu prüfen, ob etwa so das zum Thema der Selbsterkenntnis Gesagte besser verständlich wird.

Man müsste also experimentell einmal alle Elemente des Textes ausklammern, die vom Ich Jesu und dem Du des Thomas bestimmt sind. Wenn dieser Versuch der Entrahmung am koptischen Text durchgeführt wird, dann geschieht das wegen der besseren Demonstrierbarkeit und unter der Voraussetzung, dass, falls es am koptischen Text geht, es erst recht mit einer griechischen Vorlage zu machen wäre. Es wäre folgendes auszuklammern:

epei de aujoos je n̄tok pasoeish auō pashbr̄ m̄mēe	(p. 138,7f.);
epeidē semoute erok je pason	(p. 138,10);
auō tisooune je	(p. 138,12);
m̄moei und *anok*	(p. 138,13; und durch *m̄mof* und *ou* zu ersetzen);
hōs ekmooshe ce nm̄maei	(p. 138,14);
etbe paï ce n̄tok pason Thomas ak-	(p. 138,19).

Das Experiment gelingt. Der entrahmte Text würde in jede Proverbiensammlung, in jeden paränetischen Text passen. Wenn wir ihn z. B. als Teil des neutestamentlichen Jakobusbriefes oder irgendwo mitten im Silv oder AuthLog fänden, würde er uns gar nicht als Fremdkörper auffallen. In dem entrahmten Text entfällt zugleich die Schwierigkeit, die die Ablösung des einen Themas (Selbsterkenntnis) durch das andere (Sehen des Unsichtbaren) im Dialog machte. In der Paränese ist die lockere Folge der Themen ja natürlich. Darin aber, dass das zweite Thema sich im Dialog nun noch fortsetzt, dürfte sich anzeigen, dass der besondere literarische Charakter, der uns für den Anfang von LibThom zu dieser Literarkritik geführt hat, nicht etwa auf das Anfangsthema beschränkt ist, sondern vermutlich die ganze Schrift bestimmt.[13] Zu der besonderen Nuance des *ensesooun an* (p. 138,20f.) ist übrigens auf Lk (S) 11,44 hinzuweisen. Der ganze Satz vom Erblicken des Verborgenen scheint in der Formulierung noch sehr nahe an dem Bilde von dem tückisch gelegten Hindernis, über das man straucheln soll, zu sein. Der übertragene Gebrauch des Bildes artikuliert sich im Wesentlichen in dem Gegensatz zwischen dem „Du" des Angeredeten und „den (sc. gewöhnlichen) Menschen". Zum Motiv des Strauchelns in der Paränese vgl. z. B. Philo agric. 177: „Denn schwer ist es, wie ein Läufer, wenn man den Weg zur Frömmigkeit betreten hat, den Lauf ohne Straucheln (ἀπταίστως) in einem Zuge durchzuführen, da sich zahllose Hindernisse (ἐμποδών) jedem Sterblichen in den Weg stellen" (Übersetzung von I. Heinemann); vgl. auch noch § 180 (ὀκλάζειν/ὀλισθαίνειν). Was dieses Motiv *sachlich* bedeuten kann in einem dem unsrigen ähnlichen Zusammenhang, davon vermag Philo leg. all. III 16 (... ἐὰν ... μέλλῃς πταίειν) im Kontext von § 12–27, der sonst noch von den Topoi Flucht (vor der Sinnenwelt), Asketentum, Kampf um die Tugend bestimmt ist, eine Vorstellung zu erwecken.

[13] Schon Turner bestimmte den Schlusssatz der Jesusrede mit dem neuen Thema (p. 138,19–21) "as an editorial bridge to the next subject of the tractate" (The Book of Thomas, 1975, 126).

Wir springen nun sogleich zum Schlusstitel, den wir als das zweite Exempel der Entfaltung unserer Sicht der Dinge angekündigt hatten. Für die Exegese des Schlusstitels ist grundlegend die Erkenntnis, dass er offensichtlich aus zwei syntaktisch völlig selbständigen Aussageeinheiten besteht. Zwischen: „Das Buch des Thomas" (p. 145,17) und: „Der Athlet schreibt an die Vollkommenen" (p. 145,18f.) liegt eine unüberbrückbare grammatische Kluft.[14] Nun lautet ja der Titel bei Krause: „Das Buch des Thomas des Athleten, welcher an die Vollkommenen schreibt" (ADAIK, 105f.; Koptische Quellen, 148), und bei Turner: „The Book of Thomas the Contender(,) writing to the Perfect" (The Book of Thomas, 1975, 37; NHLibEng, 194). Aber beides sind eben illegitime Wiedergaben des koptischen Textes. Und wenn Nagel sagt: „Ich behalte den traditionellen Titel bei, da die Argumente für die Zerlegung der Titelnachschrift ... in zwei Schlusstitel und deren Verteilung auf zwei Personen, nämlich ‚Thomas' und den ‚Athleten' (...), mir nicht hinreichend begründet erscheinen",[15] so kann man schon fragen, mit welchem Recht hier das Wort „traditionell" gebraucht wird. Ob Thomas und der Athlet zwei Personen sind, darüber kann man freilich streiten. Aber die „Zerlegung" ist eine Sache, die man überhaupt nicht begründen müssen sollte; entweder man sieht es, oder man sieht es eben nicht. Eine Sache zum Begründen ist schon eher die Unmöglichkeit der „traditionellen" Auffassung. Krauses Übersetzung ist einfach falsch; Turners Übersetzung verdient diesen Namen nicht, weil sie nur eine ungeordnete Folge von übertragenen Einzelwörtern darstellt. Was beiden offenbar vorschwebt, müsste schon gelautet haben: *pjōme n̄Thomas pathlētēs entafsahf n̄n̄teleios* „Das Buch des Athleten Thomas, das er für die Vollkommenen geschrieben hat." Aber das steht eben nicht da. Der neuralgische Punkt ist der Verbalausdruck. Es sind gleich drei Elemente, die dem wirklichen Ausdruck fehlen, um bedeuten zu können, was er nach Krause und Turner bedeuten soll: 1. Es ist nun einmal kein Relativsatz (*adjektivische* Transposition), sondern ein Umstandssatz (*adverbiale* Transposition). 2. Es gibt keine Bezugspronomen. 3. Auch das Tempus stimmt nicht; man müsste ad vocem „Buch" ein Perfect, nicht

[14] Vgl. schon H.-M. Schenke, Sprachliche und exegetische Probleme in den beiden letzten Schriften des Codex II von Nag Hammadi, OLZ 70 (1975), 12; und D. Kirchner (federführend), Buch des Thomas, ThLZ 102 (1977), 802. 804.

[15] P. Nagel, Thomas der Mitstreiter (zu NHC II,7: p. 138,8), Mélanges offerts à M. Werner Vycichl, Société d'Égyptologie Genève, Bulletin No. 4 (1980), 65 Anm. 1.

ein Präsens, erwarten.[16] Daraus folgt übrigens, dass auch die „Tradition" solcher wissenschaftlicher Kurztitel und Abkürzungen wie „Buch des Athleten Thomas", „Buch von Thomas dem Athleten", „Thomas, der Athlet", "The Book of Thomas the Contender", "Thomas the Contender", „ThCont", „Thom. Cont." eben zu ändern ist. Man kann das vorliegende Phänomen auch so bezeichnen: Das Stichwort Buch und die Art, wie hier vom Schreiben die Rede ist, sind nicht auf einen grammatischen Nenner zu bringen. Der Ausdruck, der mit „Das Buch" anfängt, ist schon mit dem folgenden Wort, der Angabe des (angeblichen) Autors im Genitiv, zu Ende. Der Rest, die Wörter um das zweite Zentrum *efshaï* herum, sind dagegen ein vollständiger, und zwar präsentischer, Satz mit Extraposition des grammatischen Subjekts. Aber das ist nun nicht irgendein Satz, sondern ein Satz von ausgesprochen seltsamer Struktur. Auch bei isolierter Betrachtung dieses zweiten Wortgefüges ist ja das Fehlen eines direkten Objekts noch auffällig. Das Eigenartigste ist jedoch der hiesige Gebrauch des Circumstantialis als einziger Verbform eines Hauptsatzes. Denn unser *efshaï* ist keineswegs, wie es zunächst scheinen mochte, zweites Präsens, sondern Umstandssatz.[17] Dass es so ist, zeigen gleichartige Sätze in koptischen Dialekten (A und M), in denen sich das zweite Präsens vom Circumstantialis formal unterscheidet.[18] Ein solcher Satz wie der unsrige ist als Ganzer zu bestimmen als Cleft Sentence mit circumstantialer *glose*.[19] Der Satz heißt also eigentlich: „Der Athlet ist es, der an die Vollkommenen schreibt". Nun kommt dieser Satztyp mit dem Verbum „schreiben" praktisch nur in einer einzigen Funktion vor, nämlich als Einführung und Verknüpfung von Absender und Adressat am Anfang eines Briefpräskripts. Unser Satz trägt das Gepräge eines der koptischen Formulare für den ersten Teil (d.h. den Teil vor dem Gruß) eines Briefpräskripts. Mit anderen Worten, wenn auf einem Papyrusfragment nur dieser unser Satz erhalten wäre, würden und müssten alle Koptologen sagen: Hier haben wir den Anfang eines Briefes, den ein Mann, der sich „der Athlet" nennt, an Leute richtet, die er als „die Vollkommenen" bezeichnen kann. Als subscriptio eines literarischen Werkes ist seine nächste Parallele der Schlusstitel des so

[16] Vgl. vor allem ÄgEv NHC III p. 68,1f.10f. Par; aber auch EvThom Incipit p. 32,10–2 und LibThom selbst p. 138, 1–3.

[17] Entsprechend ist die einschlägige Bemerkung bei Kirchner, Buch des Thomas, 804 zu korrigieren.

[18] Vgl. H.-M. Schenke, On the Middle Egyptian Dialect of the Coptic Language, Enchoria 8, Sonderband (1978), (92)46*f.

[19] Vgl. A. Shisha-Halevy, The Circumstantial Present as an antecedent-less (i.e. substantival) Relative in Coptic, JEA 62 (1976), 137.

genannten Eugnostosbriefes (NHC III,3): *Eugnōstos pmakarios* (p. 90,12f.), der eine auf die Absenderangabe beschränkte Abkürzung des Incipit bzw. des Präskripts darstellt, das im Ganzen lautet: *Eugnōstos pmakarios n̄nete nouf ne je rashe* (p. 70,1f.) „Der selige Eugnostos[20] (schreibt) an die Seinen: Seid gegrüßt!" Es ließe sich nun auch eine weniger radikale Abkürzung für den Schlusstitel vorstellen; die würde dann gelautet haben: *Eugnōstos pmakarios n̄nete nouf ne* und wäre ganz genau konform mit dem zweiten Schlusstitel von LibThom. Die Zusammenstellung der beiden Titel am Schluss von LibThom ist schließlich (zunächst einmal) dahingehend zu verstehen, dass das *Buch* des Thomas zugleich ein *Brief* „des Athleten" an die Vollkommenen sein soll.

Bis dahin möchte ich meine Ausführungen zum Schlusstitel lediglich als Erhebung und Beschreibung eines objektiven Tatbestandes verstanden wissen. Die *Deutung* dieses Tatbestandes ist eine andere Sache. Erst mit dem Versuch, diesen Tatbestand zu deuten, kommen wir in den Bereich von Hypothesen.

Zunächst einmal ist ja nun mit der Erkenntnis der Zweiteiligkeit des Schlusstitels nicht ohne weiteres gegeben, dass Thomas und „der Athlet" auch der Sache nach nicht identisch sind. Der Mann, der diesen Titel so formuliert bzw. zusammengestellt hat, wird die Sache wohl so verstanden haben, dass „der Athlet", von dem der zweite Titel redet, dieselbe Person ist, die auch Thomas heißt. Da nun der Thomas der syrischen Judas Thomastradition, wenn auch der Titel „Athlet" für ihn sonst nicht belegt ist, doch der Sache nach die Züge eines geistlichen Kämpfers trägt, könnte man es dabei belassen – *wenn nur nicht* der so verstandene Titel dem Incipit widerspräche und *wenn nur nicht* auch der Inhalt des LibThom genauso merkwürdig „doppelt" wäre wie sein Schlusstitel. Nach dem Incipit ist es ja Matthäus – und nicht Thomas selbst –, der die vorliegende Schrift verfasst, nieder*geschrieben*, haben soll. Und so könnte und konnte man auf den Gedanken kommen, dass „der Athlet" des zweiten Schlusstitels vielleicht eine Bezeichnung des Matthäus sein soll (vgl. im Einzelnen Schenke, Sprachliche und exegetische Probleme, 1975, 12; auch Kirchner, Das Buch des Thomas, ThLZ, 795). Diese Harmonisierung von Anfangs- und Schlusstitel erscheint mir nun aber nicht mehr befriedigend, und

[20] Bzw. ursprünglich „Der Eugnostos Makarios"; vgl. P. Bellet, The Colophon of the *Gospel of the Egyptians*: Concessus and Macarius of Nag Hammadi, in: R. McL. Wilson (ed.), Nag Hammadi and Gnosis. Papers read at the First International Congress of Coptology in Cairo, December 1976, NHS 14, Leiden 1978, 54–56.

nicht nur, weil der Titel „Athlet“ für Matthäus bzw. Matthias nicht belegbar ist. Wichtiger ist schon die Erkenntnis, dass vorn und hinten ja in einem ganz verschiedenen Sinne vom Schreiben gesprochen wird. Die Hauptsache aber ist, dass man wohl auch die Titeldifferenz auf dem Hintergrund der Gesamtproblematik von LibThom, und das heißt literarkritisch, wird sehen müssen. In grundsätzlicher Übereinstimmung mit Turner möchte ich jetzt die Sachgemäßheit und Notwendigkeit literarkritischer Reflexion hinsichtlich des Anfangs- und Schlusstitels bejahen. Aber, während bei Turner in Entsprechung zu seinem literarkritischen Modell, dessen Wesen in einer vertikalen Zweiteilung der jetzigen Schrift besteht, und auch weil ihm der Schlusstitel unproblematisch erschien, es der Anfangstitel ist, in dem er literarische Überlagerungen und sekundäre Verschmelzungen erkennt, führt unsere sozusagen horizontale literarkritische „Zweiteilung“ des Corpus von LibThom nebst der Einsicht in die wahre Struktur des Schlusstitels dazu, eine mögliche Überlagerung eher hier am Ende zu erwägen. Wenn man es also für möglich oder wahrscheinlich halten darf, dass sich die formale Merkwürdigkeit des jetzigen doppelten Schlusstitels erst aus einem Prozess des literarischen Zusammenwachsens bzw. durch einen Akt literarischer Zusammenfügung ergeben hat, kann man die folgende Erwägung anstellen. Der erste Titel „Das Buch des Thomas“ deckt die Schrift, wie sie jetzt ist, bzw. ist speziell an ihrem jetzigen dialogischen Rahmen orientiert. Während es nun keine immanent notwendige Verbindung vom ersten Titel hinüber zum zweiten gibt, enthält der zweite Titel mit den Begriffen des Athleten und der Vollkommenen gerade Vorstellungen, wie sie für den der Rahmung unterworfenen Stoff ganz zentral sind. Das heißt, der zweite Titel erscheint geeignet, die Vorlage, die Quelle von LibThom abzudecken. Und wenn man nun, zunächst wiederum im Sinne eines exegetischen Experiments, den zweiten Titel tatsächlich einmal im Lichte der von uns herausgearbeiteten Vorlage zu lesen und zu verstehen unternimmt, bekommt die rätselhafte Bezeichnung des Athleten unversehens so etwas wie Eindeutigkeit. Denn in dem Bereich, aus dem die Vorlage stammt, also im Bereich platonisierender jüdischer Weisheit, dessen Hauptzeuge uns Philo von Alexandria ist, gibt es nur *einen* Athleten, nämlich den Gotteskämpfer Jakob. Wenn in diesem Bereich von *„dem* Athleten“ oder auch *„dem* Asketen“ die Rede ist, weiß jeder, dass Jakob gemeint ist. Das ist hier so, weil Jakob als Ideal und Typos des Menschen verstanden wird, der die Weisheit und Tugend nicht schon hat, sondern in fortwährendem Kampf gegen die Leidenschaften ständig um sie ringt. Dass diese Auffassung von Jakob sich bei Philo findet, ist ein wohlbekannter Sachverhalt. (Die einschlägigen Stellen sind schier unübersehbar zahlreich. Es erübrigt sich, sie hier aufzuzählen. Alles Wesentliche findet sich ja im Grunde auch schon bei Meyer;[21] vgl. z. B. auch noch ThW I, 492f.; Leisegang in: Philo von Alexandria – Die Werke in deutscher Übersetzung, hrsg. v. L. Cohn, I. Heinemann, M. Adler und W. Theiler, III^2, 1962, 216^3. Als philonisches Erbe findet sich dieses Jakobbild auch bei Clemens von Alexandria; vgl. paid. I 57,1–3 [nebst der einschlägigen Anmerkung Stählins zu seiner Übersetzung dieser Stelle (S. 254^7)]; strom. I 31,4.) Für unseren Zusammenhang ist nun die Frage wichtig, ob diese Jakobkonzeption Philos, unbeschadet ihrer Integration in die spezifisch philonische Schrifterklärung, doch zu den Vorstellungen gehört, die Philo nicht selbst entworfen hat, sondern mit seiner unmittelbaren geistigen Umgebung teilt. M. E. kann man das mit gutem Grund annehmen. Vielleicht darf man übrigens auch noch die eigenartige Weise, wie Jakob in bestimmten gnostischen Texten – nämlich als Engel – auftaucht, als einen fernen Reflex dieses mutmaßlichen hellenistisch-jüdischen Jakobverständnisses interpretieren (vgl. Böhlig,[22] und außer den von Böhlig angeführten Stellen noch UW p. 105,23–25). Ist es zu verwegen, wenn es uns als Ergebnis unseres Gedankenexperiments nun als wahrscheinlich vorkommt, dass der zweite Schlusstitel von LibThom tatsächlich der ursprüngliche Titel der Grundschrift von LibThom gewesen sei und dass also die bewusste Grundschrift sich als (pseudepigrapher) Brief des (Gottes-)Kämpfers (Jakob) an die Vollkommenen präsentiert habe? Das würde sich ja auch vorzüglich zu dem Umstand fügen, dass man bereits im Stoff der Vorlage Jakobmotive erkennen kann. Und der „Dramaturg", der die jetzige Gestalt unserer Schrift geschaffen hat und der dann auch selbst für die Redaktion des gesamten Schlusstitels verantwortlich gemacht werden müsste, würde also nicht nur das Corpus seiner Vorlage, sondern auch ihren Schlusstitel neu gefasst haben, und zwar durch dessen Zusammenspannung *mit* und sachliche Subsumierung *unter* den neuen Titel für die neue Textgestalt „Das Buch des Thomas".

Noch eine letzte Assoziation drängt sich auf. Gesetzt den Fall, dass unsere Argumente und Erwägungen richtig sind, dann könnte man die Entstehung von LibThom auch in Analogie dazu sehen, wie nach A. Meyer (1930) der neutestamentliche Jakobusbrief entstanden ist. Meyer glaubt ja, dass das Rätsel des Jakobusbriefes so zu lösen sei, dass hier ein

---

[21] A. Meyer, Das Rätsel des Jacobusbriefes, BZNW 190, Gießen 1930, 197–202. 270–279.

[22] A. Böhlig, Jacob as an Angel in Gnosticism and Manicheism, in: R.McL. Wilson (ed.), Nag Hammadi and Gnosis, 1978, 122–130.

apokrypher hellenistisch-jüdischer Jakobbrief in ganz leichter und nur oberflächlicher christlicher Redaktion vorliege. Und diese Hypothese ist bis heute im Gespräch. Obgleich kaum jemand sie ganz akzeptiert hat, gibt es viele, die mit ihr liebäugeln und wichtige ihrer Aspekte der eigenen Auffassung zu assimilieren trachten.[23] Es ist nun der Aspekt, dass nach beiden Hypothesen (der unsrigen für LibThom, der von A. Meyer über Jak) der jetzigen christlichen Schrift gerade jeweils ein apokrypher Jakobbrief zugrunde liegt, auf den es hier ankommt. Darf man etwa mit der ehemaligen Existenz zweier Jakobbriefe rechnen? Ist vielleicht die Annahme zweier solcher Pseudepigraphen leichter als die hinsichtlich eines einzigen? Können die beiden Hypothesen einander verstärken, oder heben sie sich gegenseitig auf? Aber diese Fragen müssen vorerst offen bleiben.

---

[23] Vgl. H.-M. Schenke/K.-M. Fischer, Einleitung in die Schriften des Neuen Testaments, II: Die Evangelien und die anderen neutestamentlichen Schriften, Berlin 1979, 243f.

ANHANG

Die (rekonstruierte) Vorlage von LibThom

Höre mir zu, solange du noch Gelegenheit dazu in der Welt hast! Ergründe dich selbst und erkenne, wer du bist, wie du bist und wie du sein wirst! Du darfst nicht in Unkenntnis über dich selbst bleiben! Du hast zu erkennen begonnen. Denn du hast schon erkannt, was die Erkenntnis der Wahrheit ist. Du hast schon, wiewohl noch unwissend, Erkenntnis erlangt. Und du sollst einmal genannt werden: „der (Mensch), der sich selbst erkennt." Denn, wer sich selbst nicht erkannt hat, hat gar nichts erkannt. Wer aber sich selbst erkannt hat, hat auch schon Erkenntnis über die Tiefe des Alls erlangt.

Erblicke, was verborgen ist vor den Menschen, nämlich das, worüber sie, wenn sie es nicht bemerken, zu Fall kommen! Aber es ist schwer, die Wahrheit vor den Menschen zu tun. Wenn schon das, was ihr sehen könnt, verborgen ist vor euch, wie könnt ihr dann hören von dem, was nicht zu sehen ist? Wenn es schon schwer für euch ist, die in der Welt sichtbaren Werke der Wahrheit zu tun, wie wollt ihr dann die (Werke) der erhabenen Größe und der Erfüllung, die ja nicht sichtbar sind, tun? Wie also wollt ihr „Täter (der Wahrheit)" genannt werden? Deswegen (gilt): Ihr seid Anfänger! Und: Ihr habt noch nicht das Maß der Vollkommenheit erreicht.

[Jed]er Leib [ist auf dieselbe Weise entstanden, in] der die Tiere gezeugt werden (– nämlich) o[hne Vernun]ft. F[olgli]ch ist er auf diese Weise auch si[ch]tbar, (nämlich) wie [ein Geschö]pf, das [nach einem anderen Geschö]pf trach[tet]. Desw[egen] aber [existieren] die oberen Wesen [nicht in der gleichen Weise] wie die, die sichtbar sind; sondern [sie] leben aus ihrer eigenen Wurzel. Und ihre Früchte sind es, was sie ernährt. Diese sichtbaren Leiber aber essen von den Geschöpfen, die ihnen gleichen. Deswegen verändern sich ja die Leiber. Was sich aber verändert, wird zugrunde gehen und verschwinden und hat keine Hoffnung auf Leben mehr. Denn dieser Leib ist tierisch. Wie nun bei den Tieren der Leib zugrunde geht, so werden auch diese Gebilde zugrunde gehen. Stammt er etwa nicht aus dem Beischlaf wie der der Tiere? Wenn aber auch er aus diesem hervorgegangen ist, wie kann er besser sein als sie? Deswegen also (gilt): Ihr seid unmündig! <Wie lange soll es noch dauern,> bis ihr vollkommen werdet <?>.

Wer über Dinge redet, die nicht zu sehen und (nur) schwer zu erklären sind, der gleicht solchen (Bogenschützen), die in der Nacht mit ihren Pfeilen eine Zielscheibe zu treffen suchen. Sie schießen zwar ihre Pfeile ab wie Leute <, die (nicht wissen, was sie tun [?])>. Denn das Ziel ist es, was sie treffen wollen; aber das ist ja gar nicht zu sehen. Wenn aber das Licht hervorkommt und es die Finsternis verhüllt, dann wird der Erfolg eines jeden sichtbar sein.

Der Lichtglanz ist es, der leuchtet. Nur kraft des Lichtes gibt es das Licht. Seht das sichtbare Licht hier; es geht nicht nur auf, sondern auch wieder unter! Allein um euretwillen scheint dies sichtbare Licht, aber nicht dam[it] ihr an diesem Ort bleibt, sondern damit ihr euch zurückzieht a[us] ihm. Wenn aber alle Auserwählten das tierische Wesen abgelegt haben, dann wird (auch) dies Licht nach oben zu seiner Heimat zurückkehren. Und die Heimat wird es (wieder) aufnehmen, weil es ein guter Diener war. O du unaufspürbare Liebe des Lichtes!

O du bitteres Feuer! Du entfachst einen Brand in den Leibern der Menschen und in ihrem Mark, der in ihnen brennt zur Nacht und am T[age]. Du verzehrst die Glieder der Menschen, [lässt i]hre Herzen trunken werden und ihre Seelen in Verwirrung geraten. D[u übst (deine) Macht aus] an ih[n]en, in den Männern und in den Frauen, [am] Tag[e und in der N]acht. Du erregst sie [m]it einer [Erreg]ung, die verborgen und offenkundig [erregt]. Denn [wenn] die Männer [in Erreg]ung geraten, [zieht es sie zu den Fra]uen [hin], und die Frauen zu [den Männern. Deswegen wird] gesagt: „Jeder, der nach der Wahrheit fragt bei der wahrhaft Weisen, der wird sich Flügel bereiten, um zu fliegen, wenn er fliehen muss vor der Begierde, die die Geister der Menschen verbrennt.“ Und: „der wird sich Flügel bereiten, wenn er fliehen muss vor jedem sichtbaren Geist.“

Erkennt, dass wir es sind, die etwas haben, was euch von Nutzen ist! Deswegen müssen wir zu euch reden. Denn dies ist die Lehre für die Vollkommenen. Wenn ihr also vollkommen sein wollt, müsst ihr euch nach diesen (Worten) richten. Wenn (ihr euch) nicht (nach ihnen richtet), ist euer Name „Unwissend“, weil es nicht möglich ist, dass ein Verständiger mit einem Toren zusammen wohnt. Denn der Verständige ist angefüllt mit aller Weisheit. Für den Toren aber ist das Gute und das Böse gleich. Denn der Weise wird sich von der Wahrheit nähren und „wird sein wie der Baum, der am Wildbach wächst“.

Es gibt ja Leute, die Flügel haben, wenn sie dem, was sichtbar ist, nachjagen, dem, was weit entfernt ist von der Wahrheit. Denn das, was sie leitet – das ist das Feuer –, wird ihnen ein Trugbild der Wahrheit geben [un]d ihnen in vergängli[cher] Schönheit leuchten. Und es wird sie einfangen durch finsteres Vergnügen, sie wegführen durch stinkende Lust. Und es wird sie blind machen durch die unstillbare Begierde. Und es wird ihre Seelen verbrennen und für sie se[in] wie ein Pfahl, der ihnen im Herzen steckt, ohne dass sie ihn herausziehen könnten, und wie eine Trense im (Pferde-)Maul, die sie lenkt entsprechend dem ihm eigenen Trachten.

Ja, es hat sie gefesselt mit seinen Ketten; und all ihre Glieder hat es gebunden mit der bitteren Fessel der Begierde nach dem Sichtbaren, das (doch) vergehen, sich wandeln und wechseln wird. Entsprechend der Anziehung wurden sie von oben herabgezogen. Fortwährend werden sie getötet, dadurch, dass sie zu allen Tieren der Unreinheit hingezogen werden.

Und [es] ist auch gesagt worden: „[ ] die, die nicht kennen [der] Seele.“ [Wo]hl dem weisen Mann, der [nach der Wahrheit] s[uch]te. [Denn a]ls er sie gefunden hatte, ließ er sich auf ihr zur Ruhe nieder für immer und fürchtete sich nicht mehr vor denen, die ihn verwirren wollten. So ist es von Nutzen für euch, zur Ruhe zu kommen in dem, was euch gehört!

Ja, es ist das, was sich geziemt. Und (zwar) ist es gut für euch, weil das, was von den Menschen in Erscheinung tritt, sich auflösen wird. Denn (es heißt:) „Das Gefäß ihrer Fleischlichkeit wird sich auflösen." Aber auch wenn es zerfällt, wird es noch zur Erscheinungswelt, (d. h.) zum Bereich des Sichtbaren gehören, Und dann wird das sichtbare Feuer ihnen Pein bereiten.

> { Wegen der Liebe zum Glauben, die sie vor jener Zeit gehabt haben, werden sie wieder eingebracht werden in die Erscheinungswelt. Diejenigen aber, die sehen können, sind nicht in der Erscheinungswelt. Ohne die erste Liebe}

werden sie zugrunde gehen. <…> in der Sorge d(ies)es Lebens und der Glut des Feuers für eine kurze Zeit, bis das, was die Erscheinung ausmacht, aufgelöst wird. Dann werden missgestaltete Gespenster entstehen und drinnen in den Gräbern für immer auf den Leichen verweilen unter Peinigung und Vernichtung der Seele.

Was hätten wir zu sagen gegenüber diesen (Toren)? Was sollten wir sagen zu den blinden Menschen? Was für eine Lehre sollten wir vermitteln an jene e[le]nden Sterblichen, die da sagen: „Wir wollten [G]utes erlangen, und nicht Fluch." Vielmehr werden sie aufs Neue s[agen]: „Wenn wir nicht geboren worden wären im Fleisch, hätten wir keine [Fre]veltat kennengelernt."

Wahrlich, was [j]ene anbelangt, so halte sie nicht für Menschen, sondern betrachte sie a[ls Tie]re! Denn wie die Tiere einander fressen, so ist es auch bei solchen Menschen, [dass sie] einander „fressen." Aber sie sind der Kö[nigs]herrschaft verlustig gegangen; denn: sie lieben das Vergnügen des Feuers und sind (daher) Sklaven des Todes; sie jagen den Werken der Unreinheit nach und vollbringen (dasselbe), was (schon) die Begierde ihrer Väter war. Sie werden in den Abgrund hinab geworfen werden und werden gezüchtigt werden, wie es sich mit Notwendigkeit aus ihrer bitteren und bösen Natur ergibt. Denn: „Sie werden gepeitscht werden, dass sie sich kopfüber zu dem Ort hinstürzen, den sie nicht kennen."

Und sie werden nicht mit Ausdauer von ihren Gliedern abla[ssen], sondern [du wirst] schwach werden! Und sie freuen sich über [jenen] B[rand, wobei sie] die Raserei und den Wahnsinn [lieben], weil sie [Toren] sind. [Sie] streben n[ach] Sinnesverwirrung, ohn[e ihre Ras]erei zu erkennen, wobei sie [glaub]en, klug zu sei[n. Sie die L]iebe zu ihrem Körper [ ], wobei ihr Sinn auf sie (selbst) gerichtet ist, während ihr Gedanke bei ihren Händeln weilt. Es ist aber das Feuer, was sie verzehren wird.

<. . .> Frage dich, wie es dem, was in sie hineingeworfen worden ist, ergehen wird! Ja, sorge dich sehr um sie! Denn viele sind es, die ihnen entgegenstehen.

Höre auf das, was ich dir sagen werde und glaube an die Wahrheit! Der, der sät, und das, was gesät wird, werden aufgelöst werden durch ihr Feuer – in dem Feuer und dem Wasser – [u]nd werden sich verbergen in den Gräbern der Finsternis. Und nach langer Zeit werden die Früchte der schlechten Bäume offenkundig gemacht werden, indem sie bestraft werden, indem sie getötet werden, durch den Mund der Tiere und der Menschen, durch die Gelegenheit der Regenfälle, der Winde, der Luft und des Gestirns, das oben leuchtet.

Lasst euch überzeugen und seht im Herzen ein, dass mein Wort ohne Einschränkung ist. Aber wundert euch nicht, dass jene Wor[te, d]ie ich zu euch sage, für die We[l]t etwas zum Lachen sind, und etwas, worüber man die Nase rümpft, da sie ja nicht verstanden werden. Trotzdem sollt ihr hingehen, um sie zu [ver]kündigen, auch wenn ihr ja [nicht]s geltet [i]n der Welt! [Wah]rlich, ich sage euch: Wer eu[re R]ede hören wird und sein Gesicht abwenden, oder die Nase darüber rümpf[en], oder gleichermaßen die Lippen verziehen wird – wahrlich, ich sage euch: der wird übergeben werden dem Herrscher oben, der über alle Mächte als ihr König herrscht, und er wird jenen verwerfen und von oben in den Abgrund hinab stoßen lassen, und er wird in einen engen und finsteren Raum eingesperrt werden; er kann sich folglich nicht umdrehen oder bewegen wegen der großen Tiefe des Tartaros und der [drüc]kenden Bi[tter]keit der Unterwelt. Wer sich verlässt a[uf das,] was zu ihm hin[gebracht wi]rd, [we]nn si[e], dem wi[rd seine R]aserei nicht verziehen werden; er [wird sein Urteil empfangen.

Wer] euch verfolgt [hat], [wird] übergeb[en werden jenem En]gel, dem Tartaruchos, [bei dem flammendes F]euer [ist], das sie verfolgt, [während] Feuergeißeln Funken über Funken sprühen lassen, immer ins Gesicht hinein bei dem, der verfolgt wird. Wenn er nach Westen flieht, wird er das Feuer fi[nd]en. Wenn er sich nach Süden wendet, wird er es auch dort finden. Wenn er sich nach Norden wendet, kommt ihm wieder die Drohung lodernden Feuers entgegen. Er findet aber nicht den Weg nach Osten, um dorthin zu fliehen und gerettet zu werden. Denn er hatte ihn nicht gefunden zur Zeit, da er im Lei[b]e war, so dass er ihn (wieder)finden könnte am Tage des Gerichts.

1. Wehe euch, ihr Gottlosen, die ihr keine Hoffnung habt, die ihr euch verlasst auf etwas, das keinen Bestand hat!
2. Wehe euch, die ihr eure Hoffnung auf das Fleisch setzt und auf das Gefängnis, das zerfallen wird – wie lange wollt ihr noch schlafen? – und auf die ‚Unvergänglichen', von denen ihr meint, dass sie nicht vergehen werden! Wenn eu[r]e Hoffnung sich auf die Welt gründet und euer Gott dieses Leben ist, dann werdet ihr eure Seelen zugrunde richten.
3. Wehe euch angesichts des Feuers, das in euch brennt! Denn es ist unersättlich.
4. Wehe euch aufgrund des Rades, das sich im Kreise dreht – in euren Gedanken!
5. Wehe euch ob des Brandes, der in euch ist! Denn er wird in sichtbarer Weise euer Fleisch verzehren und in unanschaubarer Weise eure Seelen spalten und euch dazu bringen <, dass ihr ... > untereinander.
6. Wehe [e]uch, ihr Gefangenen! Denn ihr seid festgebunden in den Höh[l]en. Ihr lacht und freut euch bei dem, was von wahnsinniger Lächerlich[keit] ist. Ihr begreift nicht euer Verderben, noch begreift i[h]r das, worin ihr seid, noch hab[t i]hr erkannt, dass ihr in der Finsternis und im To[d]e seid. Vielmehr seid ihr trunken vom Feuer und angefüllt mit Bitterkeit. Euer Sinn ist euch verwirrt wegen des Brennens, das in euch ist. Und süß ist euch das Gift und der Stich eurer Feinde. Und die Finsternis ist für euch aufgegangen wie das Licht. Denn: Eure

Freiheit habt ihr ausgeliefert an die Knechtschaft; ihr habt eure Sinne finster gemacht. Und eure Gedanken habt ihr ausgeliefert an die Torheit; und angefüllt habt ihr eure Gedan[ke]n mit dem Rauch des Feuers, das in euch ist. Und [ver] borgen [hat sich] euer Licht in der [finsteren] Wolke. [U]nd das Gewand, das ihr tragt, habt ihr li[eb gewonnen, obgleich es be]sudelt ist. Und ih[r] seid in Besitz genommen worden [von] der Hoff[nung, die es] nicht gibt. Und w[er] es ist, dem [ihr] Glaub[en geschenkt ha]bt, wi[sst] ihr [nicht. Und ihr s]eid alle in eu[ren Fesseln. Und ihr rü]hmt euch, als ob i[hr in Freiheit wärt. Und] ihr habt untergehen lassen eure Seelen im Wasser der Finster[nis]. Ihr seid gelaufen entsprechend euren eigenen Lüsten.

7. Wehe euch, die ihr ins Verderben geraten seid und nicht das Licht der Sonne seht, die alles richtet, die auf alles hinblickt, dass sie sich wenden wird gegen alle Taten zur Unterwerfung der Feinde! Und ihr nehmt auch nicht den Mond wahr, wie er bei Nacht und am Tage herabblickt und die Leichen eur[er] Gemetzel sieht.

8. Wehe euch, die ihr den Verkehr mit der Weiblichkeit und das unzüchtige Zusammensein mit ihr liebt!

9. Und wehe euch ob der Machthaber eures Leibes! Denn jene werden euch ins Unglück stürzen.

10. Wehe euch ob der Wirkungen der bösen Dämonen!

11. Wehe euch, die ihr eure Glieder ins Feuer treibt! Wer ist es, der euch einen erquickenden Tau fallen lassen wird, damit d(ies)er ein so gewaltiges Feuer in euch mit eurem Brand auslösche? Wer ist es, der euch gewähren wird, dass die Sonne über euch aufgeht, um die Finsternis, die in euch ist, aufzulösen und um die Finsternis und das schmutzige Wasser zu verhüllen?

Die Sonne und der Mond werden euch Wohlgeruch schenken – nebst der Luft, dem Winde, der Erde und dem Wasser. Denn wenn die Sonne jene Leiber nicht bescheint, werden sie in Fäulnis geraten und [ve]rgehen, [w]ie es auch bei Lolch oder Gras geschieht. Wenn die Sonne ihn bescheint, wird er stark und erstickt den Weinstock. Wenn aber der

Weinstock schon stark ist und Schatten wirft auf jenen Lolch [un]d überhaupt auf alles Gras, das mit ihm zusammen aufwächst, we[nn er sich ausst]reckt und breit wird, dann er[b]t er allein den Boden, auf dem er wächst, und bemächtig er sich jeder Stelle, auf die er Schatten geworfen hat. Dann also, wenn er zunimmt, bemächtigt er sich des ganzen Bodens und gedeiht er seinem Besitzer und gewinnt er sein Wohlgefallen über die Maßen. Denn (dies)er hätte große Strapazen auf sich nehmen müssen wegen des Lolchs, bis er ihn ausgerissen hätte. Aber nun hat der Weinstock selbst ihn dort beseitigt. Und (zwar) hat er ihn erstickt, ist er abgestorben und zu Erde geworden.

12. We[he e]u[ch]! Denn ihr habt die Lehre nicht angenommen. Und die, die [sie annehmen] w[ollen], werden Mühe haben, wenn sie verkündigen. [Denn ihr werdet ihnen nachstellen], und lauft (dabei) in e[ur]e [eigenen] Net[ze. Ih]r werdet si[e hi]nab senden vo[r und] werdet sie täglich töten, damit sie vom Tode auferstehen.

1. Wohl euch, die ihr im Voraus die Fallen erkennt und vor dem, was fremd ist, flieht!
2. Wohl euch, die ihr geschmäht und nicht geachtet werdet! Um der Liebe willen, die euer Herr zu euch hegt.
3. Wohl euch, die ihr weint und bedrängt werdet von denen, die kei[ne] Hoffnung [hab]en! Denn ihr werdet losgemacht werden aus jeglicher Fessel.

Wachet und betet, dass ihr nicht im Fleisch bleibt, sondern dass ihr der bitteren Fessel des Lebens entkommt! Und wenn ihr betet, werdet ihr Ruhe finden, <…>, dass ihr die Mühsal und die Schmach hinter euch gelassen habt. Denn wenn ihr den Mühen und den Leidenschaften des Leibes entkommt, werdet ihr einen Ruheort erhalten von Seiten des Guten. Und ihr werdet errschen mit dem Herrscher, ihr verbunden mit ihm und er verbunden mit euch, von nun an bis in al[l]e Ewigkeit. Amen.

Der (Gottes-)Kämpfer schreibt an die Vollkommenen

THE FUNCTION AND BACKGROUND OF THE BELOVED DISCIPLE IN THE GOSPEL OF JOHN*

Preface[1]

This paper raises and addresses the following question: is it possible to solve the special problem of the function and background of the Johannine Beloved Disciple with the help of the Gnostic parallels found in the Nag Hammadi documents and related texts? This question of identity appears as a specific query within the larger question—which, according to the program of the seminar, will be addressed by the Working Seminar in a variety of approaches—namely the question of the overall importance of the Nag Hammadi texts for understanding the Gospel of John and Johannine Christianity. Consequently, I feel compelled to outline or to restate my own position regarding the larger general question.

During my work, two Nag Hammadi texts have surfaced as especially relevant for the exegesis of the Gospel of John, namely the *Book of Thomas* (= *Thomas, the Contender*), which has previously been recognized as significant to such discussion, and the *Trimorphic Protennoia.* Regarding the relevance of the *Book of Thomas* (NHC II,7) there are two further points. On the one hand, the material of the *Book of Thomas* displays striking parallels to some obscure passages of John 3. *Book of Thomas* II,7 p. 138,21–36 contains parallels to John 3:12 and 3:21 (plus 1 John 1:6). *Book of Thomas* II,7 p. 140,5–18 throws light on John 3:11. On the other hand, the dialogue framework of the *Book of Thomas* as a whole proves attractive for Johannine scholarship since the *Book of Thomas* and John are

* In: C. W. Hedrick/R. Hodgson Jr. (ed.), Nag Hammadi, Gnosticism, and Early Christianity, Peabody, MA 1986, 111–125.

1 The present contribution was not specifically prepared for the Working Seminar on Gnosticism and Early Christianity. Originally it was a lecture given at Princeton Theological Seminary and at the State University of California in Long Beach on a lecture tour across this country from October 11 to November 20, 1982. But now I place it at the disposal of this seminar. For, I believe it fits nicely with the topic of the seminar. Nevertheless, in this new context and as a contribution to the discussion on the relationship between Primitive Christianity and Gnosticism, the paper receives another bias. I should like to thank my colleagues James M. Robinson, Robert Hodgson, Jr. and Harold W. Attridge for their advice and assistance in improving the English style of the present paper.

obviously linked by the phenomenon that the Savior's dialogue partner(s) frequently misunderstand him.[2]

For my general view regarding the importance of the *Trimorphic Protennoia* (NHC XIII) for the understanding of the prologue of the Gospel of John—a view identical with that of our group, the *Berliner Arbeitskreis für koptisch-gnostische Schriften*—I may simply refer to James M. Robinson's contribution to the Yale Conference ("Sethians") and the respective discussion.[3]

Beyond this it may be worth noting that Christoph Demke's interpretation[4] has subsequently caused me to change my earlier literary-critical analysis of the prologue of John together with the corresponding reconstruction of its source.[5] That earlier analysis was characterized by the understanding that the source extended only to 1:12b and by the hypothesis of a double redaction (evangelist and ecclesiastical redactor). But now I think that it is necessary to attribute also John 1:14,16, and 18 to the source. There are five reasons for this:

1. The parallel to *Trimorphic Protennoia* with its threefold revelation, where the Christianization also occurs only *within* the third part (the keyword "tent" σκηνή, e.g., appears in the third part).
2. My own argument in the Melchizedek paper[6] that John 1:14a ("And the Word became flesh") could very easily have been conceived in a Gnostic way. At the very least this possibility cannot be excluded.

[2] For the details cf. H.-M. Schenke, "The Book of Thomas (NHC II,7). A Revision of a Pseudepigraphical Epistle of Jacob the Contender," in: A. H. B. Logan/A. J. M. Wedderburn (ed.), *The New Testament and Gnosis*, Edinburgh 1983, sections 1, 2, 4.

[3] B. Layton, *The Rediscovery of Gnosticism*, vol. II, Leiden 1981, 643–662 and 662–670; siehe also G. Schenke (Robinson) (federführend), "Die dreigestaltige Protennoia, eine gnostische Offenbarungsrede in koptischer Sprache aus dem Fund von Nag Hammadi," *ThLZ* 99 (1974), 731–746; sowie idem, *Die dreigestaltige Protennoia* (*Nag Hammadi Codex XIII*), TU 132, Berlin 1984.

[4] Cf. Chr. Demke, "Der sogenannte Logos-Hymnus im Johanneischen Prolog," *ZNW* 58 (1968); compare especially p. 64, "By this we can conclude the research of the shape of the source. Our result is: As sources for the prologue the evangelist uses (1) a song of the 'celestials,' which used to be performed in the service of the congregation (vss 1,3–5, 10–12b); (2) the confession of the 'terrestrials' of the congregation, responding to this song (vss 14,16)" (author's translation).

[5] Cf. H.-M. Schenke, "Die neutestamentliche Christologie und der gnostische Erlöser," in: K.-W. Tröger (ed.), *Gnosis und Neues Testament*, Berlin 1973, 226–227.

[6] Cf. H.-M. Schenke, "Die jüdische Melchisedek-Gestalt als Thema der Gnosis," in: K.-W. Tröger, *Altes Testament – Frühjudentum – Gnosis*, Berlin 1980, 124–125.

3. My vivid impression that among the numerous explanations of the insertion of John the Baptist (1:6–8), the explanation of Rudolf Bultmann—with its implication (namely that the "prologue" was originally a hymn on John the Baptist)—is the best one after all. Especially in view of the role of the Baptist as it now appears from Nag Hammadi texts, Bultmann's interpretation seems quite conceivable. (In this case 1:15 also comes from the evangelist.)
4. My view of the Sethians, from which the possibility emerges of seeing Sethians, Mandaeans, and the disciples of John the Baptist in a certain parallel development, appears to support Bultmann's analysis.
5. In principle the new and different style of 1:14,16,18—including the "we," which, as an element presumably coming from the evangelist, repeatedly took me into increasing difficulties—could be sufficiently explained along the lines of Demke's view. But I would prefer to conceive of a poetic structure in which just the style changes between stanzas two and three. Such a shift of style—and of the person imagined as the speaker—is well known from the Nag Hammadi texts (and, e.g., also from the *Odes of Solomon*).

Finally, I cannot avoid asking a very subtle but irresistibly suggestive question, although I feel unable to judge whether it warrants pursuit: is the relationship between *Trimorphic Protennoia* and the prologue of John only a specific example of a much more general relationship between Sethianism and the whole Gospel of John? This suggests that Sethianism could be understood as the gnostic background of (the discourses of) the Fourth Gospel. For the time being it seems as if this might explain several obscure aspects of the Fourth Gospel from one common root. These aspects are, above all, the following four:

1. *The polemic against John the Baptist and his disciples.* The rivals of the Johannine community would have been Samaritan baptists who considered their founder, John the Baptist, to have been an incarnation of the celestial Seth as the Logos.
2. *The specific Johannine conception of the Son of Man.* This "Son of Man" would be in principle the celestial Seth as the son of the celestial Adamas or his incarnation.
3. *The Paraclete figure.* The "other" Paraclete would be the next form in which the celestial Seth will assist his race.
4. *The prominent role of the Samaritan motif in the Fourth Gospel* (provided that Sethianism is actually rooted in Samaritanism).

I. *Introduction*

The figure of the Beloved Disciple is admittedly one of the great puzzles in the mysterious Fourth Gospel. The expression "Beloved Disciple" usually refers to that nameless and shadowy disciple of Jesus whom John alone denotes according to the pattern "the disciple whom Jesus loved"[7] (John 13:23; 19:26; 20:2; 21:7,20). The problems raised by this figure in the Fourth Gospel are both numerous and complex. Who or what is the Beloved Disciple? Is he a real figure or an ideal one? If real, is he an eyewitness to all that is reported in the Gospel or only the guarantor of certain episodes and facts? In this latter case, is he identical with one of the known followers of Jesus, such as John, the son of Zebedee; John Mark; the Ephesian John; Lazarus; Matthias; Paul? If ideal, is he a symbol for Gentile Christianity or for the charismatic function of the church? Is it the purpose of this figure, in either case, to project back into the life of Jesus the Christian group that forms the social basis of the Fourth Gospel? Has the figure two levels of meaning such that the ideal witness simultaneously serves as a literary monument to a key figure in the history of the Johannine circle? How is 21:24, the final statement that the Beloved Disciple, having died in the meantime, is the author of the Gospel related to the preceding passages about the Beloved Disciple? How is this statement to be understood at all? How many passages actually referring to the Beloved Disciple are there? Does the figure appear even where the stereotyped designation does not? How can the strange distribution of the Beloved Disciple passages be explained; that is, why does he not appear (at least distinctively) before 13:23? Do the formulae in 13:23; 19:26; 20:2; 21:7,20 referring to the figure of the Beloved Disciple belong to the same literary stratum in the Gospel of John, or are they distributed among two different layers? What claim is made by the designation "Beloved Disciple"? How should one understand this claim? There is, after all, a considerable difference between a

[7] 13:23 ἦν ἀνακείμενος εἷς ἐκ τῶν μαθητῶν αὐτοῦ ἐν τῷ κόλπῳ τοῦ Ἰησοῦ, ὃν ἠγάπα ὁ Ἰησοῦς: "One of his disciples, whom Jesus loved, was lying close to the breast of Jesus" (RSV).

19:26 Ἰησοῦς οὖν ἰδὼν τὴν μητέρα καὶ τὸν μαθητὴν παρεστῶτα ὃν ἠγάπα: "When Jesus saw his mother, and the disciple whom he loved standing near..." (RSV).

20:2 καὶ ἔρχεται πρὸς Σίμωνα Πέτρον καὶ πρὸς τὸν ἄλλον μαθητὴν ὃν ἐφίλει ὁ Ἰησοῦς: "... and went to Simon Peter and the other disciple, the one whom Jesus loved" (RSV).

21:7 λέγει οὖν ὁ μαθητὴς ἐκεῖνος ὃν ἠγάπα ὁ Ἰησοῦς: "That disciple whom Jesus loved said..." (RSV).

21:20 Ἐπιστραφεὶς ὁ Πέτρος βλέπει τὸν μαθητὴν ὃν ἠγάπα ὁ Ἰησοῦς ἀκολουθοῦντα: "Peter turned and saw following them the disciple whom Jesus loved" (RSV).

sentence like "Jesus loved the disciple so-and-so"[8] and a sentence like "It is the disciple so-and-so whom Jesus loved." The difference would seem to be between an instance of general love and one of exclusive love, the latter ultimately assigning the other disciples to the category of "non-beloved." But even if the designation "Beloved Disciple" does not denote a radical exclusivity, it does at least connote a comparative one ("the disciple whom Jesus loved more than all the others").

The questions are numerous, and so are the answers—numerous, and embarrassing. But a history-of-research would be out of place here, for the reader may easily go and read it in the relevant literature.[9]

All these problems are interlaced one with another, although the intersections are not equidistant at every point. The question about the *function* of the Beloved Disciple in the Fourth Gospel, however, is a point in the network of questions where especially many lines converge, and one may conveniently start here. There are also some new things to be said here. First of all, what is new is a general change of view within German Johannine research with respect to the question of function, a change that can be noticed and should be taken up, though one must try to keep it from getting out of hand. The second part of the present paper will later, under the ambiguous rubric "background," raise the following question: is it possible that new light can be thrown upon the set of problems concerning the Beloved Disciple from outside the Gospel of John and Johannine research?

II. *On the Function of the Beloved Disciple*

Even in addressing only one of the major issues regarding the Beloved Disciple, it would be impossible within the scope of a paper to take up all the individual problems connected with it. That would, indeed, mean to start from zero once again. Therefore one should avoid devoting the

---

[8] Cf. 11:5 ἠγάπα δὲ ὁ Ἰησοῦς … τὸν Λάζαρον: "Now Jesus loved … Lazarus."

[9] Cf. A. Kragerud, *Der Lieblingsjünger im Johannesevangelium*, Oslo 1959; J. Roloff, "Der johanneische Lieblingsjünger und die Lehre der Gerechtigkeit, *NTS* 15 (1968/69), 129–151; R. Schnackenburg, "Der Jünger, den Jesus liebte," *EKK* 2, Neukirchen 1970, 97–117; idem, *Das Johannesevangelium* III, HThK 4,3, Freiburg i. B. 1975, 449–464; Th. Lorenzen, *Der Lieblingsjünger im Johannesevangelium*, Stuttgart 1971; H. Thyen, "Johannesevangelium," *TRE* 17 (1988), 200–225; idem, "Entwicklungen innerhalb der johanneischen Theologie im Spiegel von Joh 21 und der Lieblingsjüngertexte des Evangeliums," in: M. de Longe (ed.), *L'Évangile de Jean*, BEThL 44, Gembloux/Leuven 1977, 259–299.

same amount of attention to the viewpoints of others as to one's own or those of one's particular scholarly tradition.[10] Then it becomes increasingly necessary to reveal one's own premises. The bases of the following remarks are the—certainly widespread—views (1) that neither the Gospel of John as a whole nor certain parts of it can be thought of as guaranteed by a historically trustworthy person or regarded as written by an eyewitness; and (2) that the whole of chapter 21 is redactional. Starting from these premises, the question about the function of the Beloved Disciple hinges on the stratum or strata to which one assigns the Beloved Disciple passages. The Beloved Disciple clearly appears, it is true, in the supplementary chapter of the redaction (21:1–14 and 15–24) but also in three earlier sections (20:1–10; 19:25–27; 13:21–30). In the tradition of New Testament scholarship in which this writer is rooted it is usual to reckon the Beloved Disciple passages in chapters 13, 19, and 20 to the stratum of the evangelist, who speaks here rather vaguely of the Beloved Disciple. It is thought that either the evangelist introduces here an ideal or symbolic figure into the history of Jesus; or that he appeals in these places to a real person as guarantor of the pertinent events. But the editor, while trying to imitate the evangelist on the whole, has in chapter 21 blatantly and recklessly identified the Beloved Disciple as the author of the Gospel. This tradition of scholarship appears most markedly in the commentary on John by Rudolf Bultmann and it is, accordingly, almost a matter of course both in the Bultmannian school and in the wider sphere of its influence.

This hypothesis, however, does not fit, and ends ultimately in a dilemma, as the pertinent literature clearly shows. There seems to be only one way out of the dilemma, a way that is practical without much ado and follows from the assumption that the Beloved Disciple is already redactional in chs. 13, 19, and 20. The Beloved Disciple would have penetrated into the Gospel from behind, that is to say, from ch. 21. This theory would have to say, then, that all the Beloved Disciple passages belong to the same stratum, namely to the latest, or that of the redactor. The Beloved Disciple, thus, is a redactional fiction that functions to give the Fourth Gospel the appearance of being authenticated and written by an eyewitness. But this

---

[10] Recently an article appeared, the title of which is almost identical with the title of this paper, but its author is rooted in a different scholarly tradition and so in fact approaches other problems. Cf. D.J. Hawkin, "The Function of the Beloved Disciple Motif in the Johannine Tradition," *LTP* 33 (1977), 135–150. Prof. Paul-Hubert Poirier, director of BCNH and a participant in the Working Seminar, kindly provided me with a copy of this article.

is, in principle, only the resumption of an earlier theory under now modified conditions.[11]

Interestingly, however, this earlier view, appropriately modified, frequently reappears as a "new" solution to the Beloved Disciple problem in that part of German Johannine scholarship, which is wrestling with the Bultmann heritage. Two sentences from Hartwig Thyen evidence the feeling that such a general change of view has made some headway. He writes in the first instance: "We shall see that—contrary to Bultmann's explanation—in current research the awareness of the uniformity of all the Beloved Disciple passages in the Gospel, including chapter 21, is more and more keenly felt."[12] In the second instance he writes: "After all, a growing and by no means uncritical consensus holds that the literary figure of the Beloved Disciple as located on the level of the text must correspond with a concrete person on the level of the real history of Johannine Christianity."[13] Advocates of this new view are, in addition to Thyen himself, his student Wolfgang Langbrandtner, and above all Ernst Haenchen.[14]

In the Thyen school, however, this return to an older basic assumption about the purely redactional character of the Beloved Disciple assumes a specific form which the present writer is unable to accept. In Thyen's view of the Beloved Disciple one meets two basic tendencies in German Johannine scholarship of the era after Bultmann; or, at least, one suspects that Thyen's view is being developed against the background of these tendencies. On the one hand, the extent of the material ascribed to the redactor is increasing to such an extent that the evangelist is about to disappear. On this hypothesis the work of the evangelist in a sense takes on the function of Bultmann's conjectural source consisting of revelation discourses (*Offenbarungsreden*). For the work of the evangelist becomes itself a Gnosticizing source, whereas the role of the Bultmannian evangelist is conferred upon the redactor, who thus becomes the main level

[11] Cf. Kragerud, *Lieblingsjünger*, 11–12; and add to his survey: M. Goguel, *Introduction au Nouveau Testament*, vol. 2, Paris 1923, 361–364; Harnack, *Studien zur Geschichte des Neuen Testaments und der Alten Kirche*, Berlin/Leipzig 1931, 126 n. 2.

[12] Thyen, "Johannesevangelium," 222 (author's translation).

[13] Thyen, "Johannesevangelium," 223 (author's translation).

[14] Cf. Thyen, "Johannes 13 und die ‚kirchliche Redaktion' des vierten Evangeliums," in: G. Jeremias (ed.), *Tradition und Glaube*, Göttingen 1971; idem, "Johannesevangelium"; idem, "Entwicklungen"; W. Langbrandtner, *Weltferner Gott oder Gott der Liebe: Der Ketzerstreit in der johanneischen Kirche. Eine exegetisch-religionsgeschichtliche Untersuchung mit Berücksichtigung der koptisch-gnostischen Texte aus Nag-Hammadi*, BET 6, Frankfurt a. Main 1977; E. Haenchen, *Das Johannesevangelium: Ein Kommentar*, Tübingen 1980, 601–605.

of interpretation. On the other hand (and at the same time), the Fourth Gospel and Johannine literature as a whole are no longer seen as the intentional creation of one author (or, if necessary, of more than one author); instead, the Gospel as a whole and all the material contained in it are seen primarily as the product of a special Johannine tradition, of a Johannine history of preaching, or of a Johannine "trajectory."[15] What triggered these two tendencies is one and the same factor, namely the rejection, even in the Bultmann school, of a source of revelation discourses.

In this context, then, the redactional fiction of the Beloved Disciple, in the view of Thyen, receives a second dimension (cf. the second quotation above). The Beloved Disciple is taken to be a fiction only on the literary level of the Gospel. On the level of the real history of Johannine Christianity, however, a real person (who enjoyed general veneration) corresponds to him. A literary monument has been set up to the memory of this person in the Gospel by devising the Beloved Disciple figure. The historical role and appreciation of this person, as Thyen sees it, emerged from his settling a serious crisis within Johannine Christianity over Christological issues, which crisis ended in schism.

Against Thyen's extension and evaluation of the jointly shared basic assumption, the present writer wishes to retain as much as possible of Bultmann's model of literary criticism. Accordingly, one ought not to assign more of the Beloved Disciple passages to the redactor than is absolutely necessary. Moreover, provided it is correct to read the Beloved Disciple passages, so to speak, backwards, it follows that the technique used by the redactor in editing the Beloved Disciple into ch. 21 is possibly the same as in other places where the Beloved Disciple appears with Peter. In other words, the most likely assumption is that, as in ch. 21, the figure of Peter in 13:21–30 and 20:1–10 belonged already to the text that the redactor edited. Thus, in the supposed text of the evangelist in chapter 13, it would have been Peter himself who asked Jesus to disclose the traitor and to whom the traitor was revealed. Accordingly one would have to imagine the original form of the section as follows:

> When Jesus had thus spoken, he was troubled in spirit, and testified, "Truly, truly, I say to you, one of you will betray me." The disciples looked at one

---

[15] Cf. J. Becker, "Aufbau, Schichtung und theologiegeschichtliche Stellung des Gebetes von Joh 17," *ZNW* 60 (1969), 56–83; idem, "Die Abschiedsreden Jesu im Johannesevangelium," *ZNW* 61 (1972), 215–246; J. M. Robinson/H. Köster, *Entwicklungslinien durch die Welt des frühen Christentums*, Tübingen 1971, 233–235; U. B. Müller, "Die Parakletenvorstellung im Johannesevangelium," *ZThK* 71 (1974), 31–78.

> another, uncertain of whom he spoke. One of his disciples was lying close to the breast of Jesus, Simon Peter. Therefore they beckoned to him, that he should ask who it is of whom he spoke. So lying thus close to the breast of Jesus he said to him, "Lord, who is it?" Jesus answered, "It is he to whom I shall give the morsel, when I have dipped it." So when he had dipped the morsel, he gave it to Judas Iscariot, the son of Simon. Then after the morsel Satan entered into him. Jesus said to him, "What you are going to do, do quickly." Now no one at the table knew why he said this to him. Some thought that, because Judas had the money box, Jesus was telling him, "Buy what we need for the feast"; or, that he should give something to the poor. So, after receiving the morsel he immediately went out; and it was night.

Along the same lines, in ch. 20 (in the *Vorlage* prior to its redaction) Peter would have run together with Mary Magdalene to the empty tomb. It is easier to describe the work of the redactor in ch. 20 than in ch. 13. One simply needs to transpose the ready-made results of literary-critical analysis from the relation source/evangelist to the relation evangelist/redactor.[16] One would reconstruct the original form of the section 20:1–10 as follows:

> Now on the first day of the week Mary Magdalene came to the tomb early while it was still dark, and saw that the stone had been taken away from the tomb. So she ran, and went to Simon Peter and said to him, "They have taken the Lord out of the tomb, and we do not know where they have laid him." Peter then came out (with her) and they went toward the tomb. Stooping to look in, Peter saw the linen clothes lying and the napkin, which had been on his head, not lying with the linen clothes, but rolled up in a place by itself. And he saw, and wondered in himself; for as yet he did not know the scripture, that he must rise from the dead. Then the disciple went back to his home.[17]

The third Beloved Disciple passage (apart from the supplementary ch. 21) is 19:25–27. Located shortly before a (widely accepted) editorial gloss (19:34,35), it is the only Beloved Disciple scene in the Fourth Gospel with a theme other than the superiority of the Beloved Disciple to Peter. One may without difficulty attribute the whole double verse 19:26/27, which is in any case clearly discernible as an insertion into an earlier context, to the redactor (instead of the evangelist). In this case 19:26–27 and 19:34b,35 belong to the same stratum, and the "eyewitness" of 19:35 denotes directly and "originally" the Beloved Disciple mentioned before. The intention

[16] Cf. esp. Schnackenburg, "Jünger," 102–105; G. Hartmann, "Die Vorlage der Osterberichte in Joh 20," *ZNW* 55 (1964), 197–220.

[17] Cf. the reconstruction of the Greek text in Hartmann, "Vorlage," 220.

of 19:26–27 is to have the Beloved Disciple, in the dying-hour of Jesus, appointed his successor on earth.[18] But, as Anton Dauer has convincingly pointed out, the essential point here is that this appointment as successor is accomplished by making the Beloved Disciple, in a sort of adoption, the brother of Jesus.[19] We will have to return to this point in the third part.

Contrary to Thyen, therefore, the Beloved Disciple passages are only a simple fiction of the redactor. Reference is made to the alleged Beloved Disciple in the same way as the Pastorals refer to Paul. The function of the Beloved Disciple is to ground the Fourth Gospel (and the tradition of the Christian group in which it originates and has its influence) in the eyewitness testimony of one who was especially intimate with Jesus. This kind of deception may find its explanation and, what is more, its justification, only within a particular historical situation of conflict. The circumstances, however, do not point to a conflict within the group, but rather to a confrontation with another Christian (Petrine) tradition.

III. *On the Background of the Beloved Disciple*

Turning to the question of the background of the Beloved Disciple fiction, possible sources of light from outside the Gospel will be considered. The Beloved Disciple nomenclature appears outside John in the special material of the so-called Secret Gospel of Mark, a gospel used on certain occasions in the church of Alexandria. This material is quoted in a recently discovered letter of Clement of Alexandria to a certain Theodore.[20] In a quotation from the narrative of the resurrection of a young man, one reads: "Then the young man, having looked upon him, loved him" (III,4).[21] And in a second quotation from this special material the young man is referred to as: "(the young man) whom Jesus loved" (III,15).[22] If the letter of Clement be genuine, it is probable that the resurrection story of

[18] Cf. Thyen, "Johannesevangelium," 225.

[19] Cf. A. Dauer, "Das Wort des Gekreuzigten an seine Mutter und den 'Jünger, den er liebte'. Eine traditionsgeschichtliche und theologische Untersuchung zu Joh, 19,25–27," *BiblZ* 11 (1967), 222–239; BiblZ 12 (1968), 80–93.; idem, *Die Passionsgeschichte im Johannesevangelium. Eine traditionsgeschichtliche und theologische Untersuchung zu Joh 18,1–19,30*, StANT 30, München 1972, 192–200. 316–333.

[20] M. Smith, *Clement of Alexandria and a Secret Gospel of Mark*, Cambridge, MA, 1973; idem, *The Secret Gospel. The Discovery and Interpretation of the Secret Gospel according to Mark*, New York 1973.

[21] ὁ δὲ νεανίσκος ἐμβλέψας αὐτῷ ἠγάπησεν αὐτόν.

[22] (ὁ νεανίσκος) ὃν ἠγάπα αὐτὸν ὁ Ἰησοῦς.

the anonymous youth in the Secret Gospel of Mark represents an earlier stage, in terms of the history of tradition, of the narrative we know as the resurrection of Lazarus in the Fourth Gospel. So the question could be raised whether the new evidence does not prove that those scholars were right who have always taken Lazarus to be the Beloved Disciple.[23] On the other hand, this resurrected youth who submits himself to the mystery of initiation six days after his resurrection assumes the symbolic role of an ideal figure. And it is this role that seems to connect the resurrected youth once again with the Johannine Beloved Disciple.

The two parallels between the Beloved Disciple of the Gospel of John and the resurrected youth of the Secret Gospel of Mark are, however, not really quite parallel. First, one should note that there is a difference between Jesus doing the loving in the Gospel of John and the resurrected youth doing the loving in the Secret Gospel of Mark. Actually, this motif of loving Jesus fits perfectly the context in the Secret Gospel of Mark and, therefore, seems to be original here. The resurrected youth has every reason to be grateful to Jesus for raising him, and hence to say "he loved Jesus" fits the flow of the narrative. To be sure, there is a later reference in the Secret Gospel of Mark to Jesus loving the resurrected youth. But this shift from the youth loving Jesus, to Jesus loving the youth makes sense in this second reference. For here Jesus is refusing to receive some women who are related to the resurrected youth, and hence it needs to be made clear that Jesus is not also rejecting the youth by affirming that Jesus did in fact love him. There is a second difference between the Beloved Disciple in the Gospel of John and the resurrected youth in the Secret Gospel of Mark: the love for the Beloved Disciple has an exclusive overtone; or, at least a comparison is made which favors the Beloved Disciple over against the others. For by calling the beloved person a disciple, the suggestion is that Jesus did not love the other disciples as much as he did the Beloved Disciple. But in the Secret Gospel of Mark, when the resurrected youth is loved by Jesus, this suggests only that Jesus cared for the deceased and raised him from the dead. There is implied no diminution of all the other young men or of the disciples of Jesus. A third difference between the two stories is that the fiction or role differs in the two cases. The context of the resurrected youth in the Secret Gospel of Mark is cultic—a sacrament is involved, probably the baptism and higher initiation of the youth. The resurrected youth is thus a symbolic portrayal of the validity

[23] E.g. J. Kreyenbühl, R. Eisler, W. K. Fleming, F. V. Filson, J. N. Sanders, K. A. Eckhardt.

of a secret initiation, since it projects the initiation back into the life of Christ. But the Beloved Disciple in the Gospel of John is something quite different. While both figures are fictional (indeed the resurrected youth in the Secret Gospel of Mark is a mere phantom), the Beloved Disciple in the Gospel of John is portrayed as a person of flesh and blood, and, consequently much more historicized.

A more promising starting point for elucidating the background of the Johannine Beloved Disciple is the assumption that the redactor in modeling the fictitious Beloved Disciple had in view a special legendary disciple-figure of Jesus who, advanced in years, had died a natural death and about whom various legends had arisen.[24] The question, then, would be whether it is possible to identify this figure. To begin with, the typology of the "Beloved Disciple" takes one a step further, since the designation "the disciple whom Jesus loved" means no less than "the disciple whom Jesus loved more than all the other disciples." Now, there is a passage in the *Gospel of Philip* that may present a fuller context for such a view:[25]

> [As for Ma]ry Mag[da]lene, the S[avior lov]ed he[r] more than [all] the disciples [and used] to kiss her [oft]en on her [mouth]. The rest of [the disciples wen]t to [them in order to] make [dema]nds. They said to him: "Why do you love her more than all of us?" The Savior answered and said to them: "Why do I not love you like her?"

The type of disciple-figure to whom this applies is one who is loved by Jesus more than all the other disciples. Such figures representing *this* type of the "Beloved Disciple" appear often in the apocryphal tradition, the most prominent ones being Mary Magdalene (as in the quotation above), James, the brother of the Lord, and Judas Thomas. Mary Magdalene appears as the "Beloved Disciple" also in another passage of the *Gospel of Philip*:[26]

> There were (only) three (women) always keeping company with the Lord: Mary his mother and h<is> sister and Magdalene, the one who was called his consort. His sister and his mother and his consort were each a Mary.

In this connection it is worth noting that this view of Mary Magdalene has provided the framework as well as the title for the *Gospel of Mary* (BG 8502,*1*). From this text two passages are cited:

---

24 Cf. R. Bultmann, *Das Evangelium des Johannes*, KEK 2, Göttingen 1941, 554.
25 Section 55b; NHC II,*3* p. 63,33–64,5.
26 Section 32; NHC II,*3* p. 59,6–11.

> Peter said to Mary: "Sister, we know that the Savior loved you more than the rest of women. Tell us the words of the Savior which you remember—which you know (but) we do not, nor have we heard them." Mary answered and said: "What is hidden from you I will proclaim to you" (p. 10,1–9).
>
> Peter answered and spoke concerning these same things. He questioned them about the Savior: "Did he really speak with a woman without our knowledge (and) not openly? Are we to turn about and all listen to her? Did he prefer her to us?" Then Mary wept and said to Peter: "My brother Peter, what do you think? Do you think that I thought this up myself in my heart, or that I am lying about the Savior?" Levi answered and said to Peter: "Peter, you have always been hot-tempered. Now I see you contending against the woman like an adversary. But if the Savior made her worthy, who are you indeed to reject her? Surely the Savior knows her very well. That is why he loved her more than us" (p. 17,15–18,15).

James, the brother of the Lord, also serves as a type of the "Beloved Disciple," as the three Nag Hammadi tractates that bear the name "James" reveal: the *Apocryphon of James* (NHC I,2), the (*First*) *Apocalypse of James* (NHC V,3), and the (*Second*) *Apocalypse of James* (NHC V,4). There is also saying 12 of the *Gospel of Thomas* (NHC II,2), which makes the "Beloved Disciple" James appear to be the sole foundation of the church:

> The disciples said to Jesus: "We know that you will depart from us. Who is to be our leader?" Jesus said to them: "Wherever you came from, you are to go to James the righteous, for whose sake heaven and earth came into being" (p. 34,25–30).

Judas Thomas, too, embodies the "Beloved Disciple" idea, and one may first of all refer to the entire Syrian Judas Thomas tradition, especially in the light of Helmut Koester's research.[27] Two passages deserve special attention here. One is the section of the *Gospel of Thomas* dealing with the creed-like statement of Thomas:[28]

> Jesus said to his disciples: "Compare me to someone and tell me whom I am like." Simon Peter said to him: "You are like a righteous messenger." Matthew said to him: "You are like a wise philosopher." Thomas said to him: "Master, my mouth is wholly incapable of saying whom you are like." Jesus said: "I am not your master because you have drunk (yourself) and become intoxicated from the bubbling spring which I have measured out."

Even more suggestive for the "Beloved Disciple" character of Judas Thomas is the beginning of the *Book of Thomas* (NHC II,7). The framework of the

27 Robinson/Köster, *Entwicklungslinien*, 118–134.

28 Logion 13a; NHC II,2 p. 34,30–35,7.

first part of its parenetic materials is a revelation discourse delivered by Jesus to Thomas (p. 138,4–21). In it Thomas is addressed or mentioned three times as the (physical) brother of Jesus. There are also the following words that bear on the character of Judas Thomas: "You are my twin and my true friend" (p. 138,7–8). Against Peter Nagel[29] one can show that the second predicate of the sentence really means "my true friend" and not "my fellow contender." One is thus justified in supposing a Greek original with this meaning "you are … my true friend" behind the Coptic.[30] Transposed into a form parallel with that of the Gospel of John, this would read "you are the one I truly love," or, in the third person singular, "he is the one whom Jesus truly loved."[31]

In general, two considerations seem important. On the one hand, it lies in the nature of these "Beloved Disciple" figures that they claim superiority to Peter. This is evident in some of the quoted examples. In the *Apocryphon of James* this goes to the extent that Peter, as the foil of James within this pair of disciples, has to play the fool.[32] On the other hand, the "Beloved-Discipleship" seems to connote certain family ties between the respective disciple and Jesus. One is inclined to ask whether the natural predisposition to love among family members might not have facilitated the conceiving and applying of the "Beloved Disciple" idea.

In this connection the observation about John 19:26–27, where Jesus entrusts his mother to the Beloved Disciple, reveals its full relevance. While all the other Beloved Disciple scenes of the Fourth Gospel are designed to reveal the superiority of the Beloved Disciple to Peter, this scene serves "only" to make the Beloved Disciple the brother of Jesus. Here the question suggests itself whether Judas Thomas, the most mysterious of all the brothers of Jesus, might not have been the historical model (in terms of history of tradition) for the Beloved Disciple figure of the Fourth Gospel. In other words, has the redactor of the Fourth Gospel made use here of one of the versions of the Thomas legend? This seems to be particularly plausible if Johannine Christianity can be localized in Syria, which is otherwise known as the home of the Thomas tradition. What is needed in order to make this theory really plausible is evidence to the effect that Jesus promised Thomas that he would tarry till he comes, i.e., that he would not die before the return of Christ. Perhaps it is possible

29 P. Nagel, "Thomas der Mitstreiter (zu NHC II,7: p. 138,8)," *BSEG* 4 (1980), 65–71.

30 σὺ εἶ … ὁ φίλος μου ὁ ἀληθινός.

31 σὺ εἶ ὃν φιλῶ ἀληθῶς, or: αὐτός ἐστιν ὃν ἐφίλει ἀληθῶς ὁ Ἰησοῦς.

32 Cf. H.-M. Schenke, "Der Jakobusbrief aus dem Codex Jung," *OLZ* 66 (1971), 117–118.

to understand logion 1 in the *Gospel of Thomas* and the strange tradition about the mysterious "three words" in logion 13b[33] as such evidence, or at least the remains of this supposed promise.

Turning to the *Gospel of Thomas*, one may note that after the confession of Thomas in logion 13, acknowledged by Jesus as being the truth, the text continues:

> And he took him and withdrew and told him three "words." When Thomas returned to his companions, they asked him: "What did Jesus say to you?" Thomas said to them: "If I tell you one of the 'words' which he told me, you will pick up stones and throw them at me; a fire will come out of the stones and burn you up" (p. 35,7–14).

Only this second part of the logion has a parallel in the *Acts of Thomas* 47, where Thomas addresses Jesus in a prayer thus: "Who did set me apart from all my companions and speak to me three words, wherewith I am inflamed, and tell them to others I cannot!"[34] It does not require much to imagine that one of these three "words" could have been something like: "You will remain until I come"[35] or "you will not experience death until I come."[36] At any rate a promise of this sort would lead understandably to the anticipated jealousy of the other disciples.

Logion 1 of the *Gospel of Thomas* reads: "And he (Jesus [?]) had said: '*Whoever* finds the explanation of these sayings will not experience death'" (p. 32,12–14). This could easily be taken to be a transformation (like John 21:23b) of "Jesus had said to Thomas: 'Since you have found the explanation of my sayings, you will not experience death.' "

If this suggestion be correct, the redactor of the Fourth Gospel would in fact have doubled the figure of Thomas. For Thomas appears in the Gospel of John also under his own name, especially in the part of the Gospel written by the Evangelist,[37] and then reappears in the part of the Gospel added by the editor as the anonymous Beloved Disciple. But this duplication would not necessarily disprove such an hypothesis. There are several possible reasons for the doubling, e.g., the redactor could have done it without realizing it; or, he could have done it deliberately and, for that very reason, have chosen the mysterious paraphrase. After all, Thomas

33 Cf. Acts of Thomas, 47.

34 ὁ ἀφορίσας με κατ' ἰδίαν ἐκ τῶν ἑταίρων μου πάντων, καὶ εἰπών μοι τρεῖς λόγους ἐν οἷς ἐγὼ ἐκπυροῦμαι, καὶ ἄλλοις εἰπεῖν αὐτὰ οὐ δύναμαι.

35 σὺ μένεις ἕως ἔρχομαι.

36 σὺ οὐ μὴ γεύσῃ θανάτου ἕως ἔρχομαι.

37 Cf. John 11:16; 14:5,22(?); 20:24,26,27,28; 21:2.

appears in two roles even in the *Gospel of Thomas*: as he *who reports*, i.e., as the (alleged) author (in the incipit), and as a person *who is reported on* (logion 13). Finally it seems easy to reverse the whole question and to look upon the conspicuous role that Thomas plays in the text of the unrevised Fourth Gospel as created under the influence of the same Syrian Judas Thomas tradition, which, then, would have affected the Fourth Gospel at two stages in its development.

GNOSIS: ZUM FORSCHUNGSSTAND UNTER BESONDERER BERÜCKSICHTIGUNG DER RELIGIONSGESCHICHTLICHEN PROBLEMATIK*

Die folgenden Bemerkungen zum Stand der Erforschung der Gnosis als eines Phänomens der Religionsgeschichte zielen darauf ab – und beschränken sich darauf – wesentliche Aspekte, Tendenzen und Ergebnisse der in jüngster Zeit an den gnostischen Nag Hammadi-Texten geleisteten Arbeit zusammenzufassen und mitzuteilen.

Vorbemerkung

Zunächst sei auf die religionsgeschichtliche Bedeutung zweier *nichtgnostischer* Nag Hammadi-Schriften hingewiesen. Es ist schon an sich wichtig, sich zu vergegenwärtigen, dass nicht alle Texte der „gnostischen" Bibliothek von Nag Hammadi wirklich gnostisch sind. Genauso wichtig ist die Erkenntnis, dass nicht alle Nag Hammadi-Schriften wirklich von Bedeutung sind. Auch hier gilt eine διάκρισις πνευμάτων. Die beiden Schriften sind „Die Lehren des Silvanus" (Silv NHC VII,4) und „Das Buch des Thomas" (LibThom NHC II,7).

Bei Silv handelt es sich um eine christianisierte Weisheitslehre des hellenistischen Judentums. Als solche ist sie von allergrößter Bedeutung sowohl für die spätantike Religionsgeschichte als auch für die Geschichte des frühen Christentums. Als eine Weisheitslehre, in der es um die Didaktik des rechten Verhaltens gegenüber Gott und den Menschen geht, gehört diese Schrift zur Textsorte der Sammlungen von paränetischem Traditionsgut. Ihre vorliegende Form ist also gar nicht auf einen Verfasser zurückzuführen, sondern auf einen Redaktor. So gesehen verliert die Vielfalt der religionsgeschichtlichen Beziehungen und die Disparatheit ihres Inhalts jeden Schein von Auffälligkeit. Silv ist zu betrachten als kleiner Ausschnitt des breiten und verzweigten Stroms der Weisheitslehre, der, in seinem Laufe den mannigfaltigsten Einflüssen ausgesetzt, aus dem alten Orient durch Israel und das hellenistische Judentum fließend schließlich sowohl die ägyptische Mönchsethik als auch die alexandrinische Theologie, als auch die Gnosis speist.

---

* VF 32 (1987), 2–21.

In diesem unserem Ausschnitt aber sind zwei Stadien sichtbar; außer dem mit der Schnittfläche selbst gegebenen christlichen (Stadium) auch noch als Basis desselben ein hellenistisch-jüdisches. Wenn man sich nämlich die christlichen Elemente wegdenkt – was eben leicht möglich ist –, dann bleibt eine jüdische Weisheitslehre übrig, wie sie sich im Ausstrahlungsbereich Philos von Alexandria hätte bilden können bzw. wie sie dem philonischen Denken zugrunde gelegen haben mag.

Die Christianisierung dieser Weisheitslehre – als deren letztes Ergebnis der Paulusgefährte Silvanus zu ihrem fiktiven Autor, der hier im Namen der Weisheit „seinen Sohn" den Weg der Weisheit zu gehen lehrt, geworden sein dürfte – wirkt nun aber keineswegs übermäßig künstlich. Kein Wunder! Denn dieses Phänomen ist ja zu sehen als Teil des an sich bereits – und zwar im Wesentlichen auf Grund von Indizien – erkannten Prozesses, dessen wertvollstes, weil direktes Zeugnis Silv jetzt ist, in dessen Verlauf einerseits durch das Verständnis Jesu als des Lehrers der göttlichen Weisheit und durch entsprechende Verlegung von Weisheitsworten in seinen Mund die urchristliche Logientradition wesentlich bestimmt wurde, andererseits infolge der Übertragung der mythologischen Weisheitsspekulation auf Jesu Person und Geschick die Christologie, besonders in der Präexistenzchristologie, eine charakteristische Formung erhielt.[1]

In dieser Perspektive ist übrigens bei den Beziehungen von Aussagen des Silv zu Stellen des NT durchaus damit zu rechnen, dass sie sich nicht nur bzw. nicht alle als Einwirkungen dieser NT-Stellen zu erklären brauchen, sondern dass an solchen Stellen unter Umständen auch die Hintergründe der betreffenden NT-Stellen ans Licht kommen können. Ein besonders deutliches und wichtiges Beispiel für diese zweite Möglichkeit ist die Stelle p. 88,35–89,12:

> Die Weisheit ruft dich, doch du willst den Unverstand. Nicht nach deinem (eigenen) Willen tust du das, sondern die tierische Natur in dir ist es, die das tut. Die Weisheit ruft dich in ihrer Güte und spricht: „Kommt her zu mir alle, die ihr unverständig seid, so werdet ihr als Geschenk empfangen die gute und auserlesene Verständigkeit!" Ich gebe dir ein hohepriesterliches Gewand, das aus lauter Weisheit gewebt ist.

Hier wird doch der sowieso vermutete weisheitliche Hintergrund des so genannten Heilandsrufes Mt 11,28–30 direkt sichtbar.

---

[1] Vgl. H. Köster/J. M. Robinson, Entwicklungslinien durch die Welt des frühen Christentums, Tübingen 1971, 204–208.

Ein zweites Beispiel ist der große Demutshymnus des Silv (p. 110,14–111,20), der für das Verständnis des Philipperhymnus m. E. neue Perspektiven eröffnet. Silv bietet eine neue Möglichkeit, den Philipperhymnus von der Weisheitstradition her zu verstehen, und zwar indem man den Philipperhymnus auf dem Hintergrund des Gesamtphänomens, das Silv darstellt, – als einer weithin analogen Erscheinung – sieht. Silv liegt zwar zeitlich natürlich erheblich später, ist aber dennoch der natürliche Kontext des Philipperhymnus; denn er enthält das als normal, worin der Philipperhymnus als Ausnahme erscheint.[2]

Aufs Ganze gesehen wird man sich die Alternativfrage stellen müssen, ob im Silv ein sozusagen normales Christentum nur zufällig durch die Form der Weisheitslehre verkürzt in unser Blickfeld tritt, oder ob hier ein Christentum zu Wort kommt, dem die Weisheitslehre die gemäße Form ist und das also an sich so ist, wie es hier erscheint. Mir scheint die zweite Auffassungsmöglichkeit die näher liegende zu sein. Der für die Gestalt des Silv verantwortliche Redaktor und die Gruppe, die er repräsentiert, scheinen tatsächlich weisheitlich zu denken. Die Christologie unserer Schrift ist ja auch zu auffällig, insofern als sie so rein von der Sophiaspekulation her konzipiert ist wie kaum irgendwo im NT.[3]

LibThom ist der Form nach ein Dialog zwischen Jesus und Thomas. Das Spezifische an seinem Inhalt ist neben der Vorstellung der Höllenstrafen und dem Begriff des Feuers – und in unmittelbarem Zusammenhang mit beiden Themen – die Propagierung einer konsequent asketischen Lebensweise, vor allem der sexuellen Enthaltsamkeit. Je mehr man sich mit dem LibThom beschäftigt, desto deutlicher wird, dass es in vielfältiger Hinsicht für die Wissenschaft von ungewöhnlich großer Bedeutung ist. In mancher Hinsicht wirkt es wie ein Vergrößerungsglas oder wie ein Spiegel für vorgegebene Probleme, Methoden und Theorien. Der m. E. wichtigste Aspekt ist aber ein traditionsgeschichtlicher. Die eigentlichen Träger des in dieser christlich-gnostischen Schrift so radikal und einseitig vertretenen Vollkommenheitsideals sind nämlich in Wirklichkeit nicht irgendwelche christlichen Gnostiker, sondern Menschen, die jedenfalls weder christlich noch gnostisch sind. Der Rahmen von LibThom, der Dialog zwischen Jesus und Thomas, ist nämlich deutlich sekundär. Wenn man

[2] Vgl. zu den Einzelheiten H.-M. Schenke, Die Tendenz der Weisheit zur Gnosis, in: B. Aland (Hg.), Gnosis, Göttingen 1978, bes. 365–372.

[3] Vgl. H.-M. Schenke, Zur Faksimile-Ausgabe der Nag-Hammadi-Schriften: Die Schriften des Codex VII, ZÄS 102 (1975), bes. 133–136; ders., Tendenz der Weisheit, 351–372.; sowie W.-P. Funk, Ein doppelt überliefertes Stück spätägyptischer Weisheit, ZÄS 103 (1976), 8–21.

ihn ausblendet, bleibt im Text nichts Christliches oder Gnostisches übrig. Auch wird der Text plötzlich wohlverständlich, schön und bedeutend, was man von ihm in der vorfindlichen Form nicht sagen kann. Der „entrahmte" Text erweist sich als eine platonisierende hellenistisch-jüdische Weisheitsschrift. Kurzum, der literarische Charakter von LibThom gleicht dem der „Sophia Jesu Christi" (SJC NHC III,4 und BG 3). LibThom ist wie SJC die christliche „Dramatisierung" einer nicht christlichen „Prosa"-Vorlage. Aber während die Grundschrift von SJC in der Gestalt des „Briefes des Eugnostos" (Eug NHC III,3 und V,1) daneben noch vorhanden ist, kann man die Grundschrift von LibThom nur aus diesem Text selbst erschließen bzw. rekonstruieren.

Dass der in LibThom über dem Stoff liegende Dialograhmen tatsächlich nicht passt und den Text empfindlich stört, davon kann man sich vielleicht am schnellsten und einfachsten überzeugen an der Stelle p. 139,12–20, wo der unverständige Thomas plötzlich anfängt, den Offenbarer zu belehren. Dass der Inhalt von LibThom nicht christlich ist, wird wohl am deutlichsten an der Art, wie von der Sonne die Rede ist (vgl. besonders die Rede von ihr als dem guten Diener: p. 139,28–31).

In diese Perspektive gehört nun auch die Problematik des Schlusstitels von LibThom hinein. Dieser Titel ist zweiteilig. Er lautet: „Das Buch des Thomas. Der Athlet schreibt an die Vollkommenen." Das heißt, der Titel besteht aus zwei syntaktisch völlig selbständigen Aussageeinheiten. Die entscheidende Frage ist nun, ob diese formale Merkwürdigkeit des Schlusstitels etwa unmittelbar mit dem literarischen Charakter der Schrift selbst als der sekundären christlichen Dialogisierung einer jüdischen Grundschrift zusammenhängt. Das dürfte in der Tat eine einleuchtende Erklärung sein. Der erste Titel „Das Buch des Thomas" deckt die Schrift, wie sie jetzt ist, bzw. ist speziell an ihrem jetzigen dialogischen Rahmen orientiert. Während es nun keine immanent notwendige Verbindung vom ersten Titel hinüber zum zweiten gibt, enthält der zweite Titel mit den Begriffen des Athleten und der Vollkommenen gerade Vorstellungen, wie sie für den der Rahmung unterliegenden Stoff ganz zentral sind. Das heißt, der zweite Teil erscheint geeignet, die Vorlage von LibThom abzudecken. Und im alleinigen Lichte des Materials (bei ausgeblendetem Dialograhmen) bekommt auch die rätselhafte Bezeichnung „der Athlet" unversehens so etwas wie Eindeutigkeit. Denn in dem Bereich, aus dem die mutmaßliche Vorlage wohl stammen dürfte, also im Bereich platonisierender jüdischer Weisheit, dessen Hauptzeuge uns Philo von Alexandria ist, gibt es nur *einen* Athleten, und das ist Jakob. Wenn in diesem Bereich von „*dem* Athleten", als dessen Synonym auch die Bezeichnung „*der* Asket" fungiert, die Rede ist, weiß jeder, dass Jakob gemeint ist. Das ist hier so, weil Jakob als Ideal und Typos des Menschen verstanden wird, der die Weisheit und Tugend nicht schon hat, sondern in fortwährendem Kampf gegen die Leidenschaften ständig um sie ringt. Dazu muss man nun noch den Sachverhalt nehmen, dass auch schon das Material von LibThom selbst an wesentlichen Stellen und in erheblichem Umfang paränetische Jakobmotive erkennen lässt.

Das alles heißt aber konkret: Es darf vermutet werden, dass der zweite Schlusstitel von LibThom tatsächlich der ursprüngliche Titel der Grundschrift von LibThom gewesen sei und dass also die bewusste Grundschrift sich als (pseudepigrapher) *Brief* des Athleten (Jakob) an die Vollkommenen präsentiert habe, also im Prinzip ein solches Dokument war, wie es sich Arnold Meyer als Grundlage des neutestamentlichen Jakobusbriefes vorgestellt hat.[4]

I. *Die Entdeckung des Sethianismus*

Zu den bedeutendsten Erkenntnissen, die uns der Fund von Nag Hammadi beschert hat, gehört m. E. die Entdeckung von bzw. Klarheit über eine ganz bestimmte Spielart der Gnosis, die ein Phänomen darstellt, das man dem Valentinianismus hinsichtlich der Größenordnung und Relevanz sehr wohl an die Seite stellen kann. In den Nag Hammadi-Codices findet sich nämlich eine Gruppe von Texten, die untereinander deutlich stärker verwandt sind, als es jeder einzelne Text mit jeder anderen Nag Hammadi-Schrift ist, wie viel ihn auch sonst mit ihr verbinden mag. Und zwar gilt das nicht nur für die zentralen Texte der Gruppe, sondern auch für ihre Randzeugen. Zu dieser Gruppe gehören die folgenden Schriften:

Das Apokryphon des Johannes (AJ) NHC II,1; III,1; IV, 1 (zuzüglich der Version des BG [2] und der Parallele in Irenäus adv. haer. I 29);
Die Hypostase der Archonten (HA) NHC II,4;
Das Ägypterevangelium (ÄgEv) NHC III,2; IV,2;
Die Apokalypse des Adam (ApcAd) NHC V,5;
Die drei Stelen des Seth (StelSeth) NHC VII,5;
Zostrianus (Zostr) NHC VIII,1;
Melchisedek (Melch) NHC IX,1;
Die Ode über Norea (OdNor) NHC IX,2;

[4] Vgl. H.-M. Schenke, The Book of Thomas (NHC II,7), in: A. H. B. Logan/A. J. M. Wedderburn (ed.), The New Testament and Gnosis, Edinburgh 1983, 213–228; ders., Radikale sexuelle Enthaltsamkeit als hellenistisch-jüdisches Vollkommenheitsideal im Thomas-Buch, in: U. Bianchi (ed.), La tradizione dell' enkrateia, Rom 1985, 263–291; ders., Das Thomas-Buch (Nag-Hammadi-Codex II,7), TU 138, Berlin 1989.

Marsanes (Mar) NHC X;
Der Allogenes (Allog) NHC XI,3;
Die dreigestaltige Protennoia (Protennoia) NHC XIII.

Im Lichte dieser Gruppe von Nag Hammadi-Texten erweisen sich als dazugehörig von den sonstigen Originalschriften (außer dem schon erwähnten Text BG 2) noch die Titellose Schrift aus dem Codex Brucianus und aus dem Bereich der ketzerbestreitenden Literatur (außer dem bereits genannten System Iren. adv. haer. I 29) die Lehren der so genannten Gnostiker, Sethianer und Archontiker des Epiphanius (pan. 26.39.40).

Die Texte dieser Gruppe erhellen sich bei synoptischem Vergleich gegenseitig und lassen durch das Verhältnis von Gemeinsamem und Verschiedenem in ihnen ein Rückschlussverfahren zu, das manchen Einblick nicht nur in die Entwicklung der in ihnen enthaltenen Lehre(n), sondern auch in die Geschichte der sie tragenden Gemeinschaft verspricht.

Die sich in diesen Texten Ausdruck verschaffende Lehre ist aufgebaut auf dem, was man das Grunddogma des Sethianismus nennen könnte, nämlich auf dem Selbstverständnis dieser Gnostiker als Same des Seth, d. h. als physische und zugleich pneumatische Nachkommenschaft des Seth. Als Kinder des Seth sind sie φύσει σωζόμενοι. Und dazu gehört dann eigentlich und unmittelbar die Auffassung vom himmlisch/irdischen bzw. irdisch/himmlischen Seth als dem gnostischen Erlöser, wie sie besonders deutlich im ÄgEv zum Ausdruck kommt. Diese sethianische Soteriologie kann aber auch in der Form begegnen, dass der eigentliche Erlöser der himmlisch/irdische Adamas ist, der sich seines himmlisch/irdischen Sohnes Seth als eines Erlösungs*mittlers* bedient. Das ist etwa die Konzeption von StelSeth. Als Überbau gehört weiter dazu und erweist sich als spezifisch sethianisch die Vorstellung von den vier Äonen und Erleuchtern des αὐτογενής: Harmozel, Oroiael, Daveithe, Eleleth. Das offenkundig Sethianische an ihnen ist ja der Umstand, dass sie die himmlischen Ruheorte für Adam, Seth und den Samen des Seth darstellen. Der αὐτογενής selbst ist Glied einer in all diesen Schriften immer wieder genannten himmlischen Göttertrias als göttlicher Sohn des Unsichtbaren Geistes (so heißt der Urvater) und seiner Paargenossin Barbelo. So darf man auch diese Trias mit zu dem spezifisch Sethianischen rechnen. Mit der Konzeption der himmlischen Trias verbindet sich den Sethianern leicht eine bestimmte Spielart der Vorstellung vom Gotte „Mensch“.[5] Und

[5] Vgl. H.-M. Schenke, Der Gott „Mensch“ in der Gnosis, Göttingen 1962, 64–68. 94–107.

unterhalb der vier Lichter ist nach unserer Schriftengruppe das Reich des sich selbst überhebenden Demiurgen Jaldabaoth. Aber sowohl die Vorstellung vom Gotte „Mensch" als auch der entsprechende Topos von Jaldabaoths Selbstüberhebung und nachfolgender Zurechtweisung findet sich auch in Systemen von ganz anderer Struktur, darf also nicht als spezifisch sethianisch in Anspruch genommen werden. Wohl aber dürfte zur sethianischen Gnosis wesentlich eine bestimmte Geschichtsspekulation, eine Periodisierung der Vergangenheit, eine Weltzeitalterlehre gehören. Konstitutive Elemente sind dabei die Vorstellung, dass der Demiurg Jaldabaoth (vergeblich) versucht, den Samen des Seth durch die Sintflut zu vernichten, und der Gedankenkomplex, dass es die Kinder des Seth sind, die als Bewohner des Landes von Sodom und Gomorra vom Feuergericht des Jaldabaoth bedroht, aber durch Vertreter der Lichtwelt gerettet werden. Die vier sethianischen Äonen entsprechen vier verschiedenen Weltperioden, sind die himmlischen Paradiese von vier verschiedenen Weltperioden. Entsprechend sind die vier Erleuchter Harmozel, Oroiael, Daveithe und Eleleth eigentlich die vier Gestirne bzw. Planeten, die je eine Jahreszeit des Weltjahres regieren. Zu dieser Zeitalterspekulation gehört schließlich auch noch das Motiv der dreifachen Ankunft des Erlösers.

Unsere sethianische Textgruppe, an der Großes und Kleines interessant und wichtig ist, in der es übergreifende und sehr spezielle Probleme gibt, ist auch – und darin besteht zum großen Teil ihre besondere Bedeutung – ein begrenztes und überschaubares Beobachtungsfeld, auf dem man Grundprobleme des Gesamtphänomens der Gnosis in idealer Weise wie an einem Modell studieren kann.

Was uns der Nag Hammadi-Fund ja *nicht* beschert hat, ist ein gnostischer Originaltext aus eindeutig vorchristlicher Zeit, so dass also die wissenschaftliche Hypothese vom vorchristlichen Ursprung der Gnosis immer noch nicht die Sicherheit einer Tatsache hat. Aber der Nag Hammadi- Fund hat bewiesen, dass *in ihrem Wesen* die Gnosis ein „vorchristliches" (das Christentum nicht voraussetzendes) Phänomen ist. Und diese Erkenntnis, bzw. die Sicherheit der Fachleute in dieser Frage, ergibt sich eben gerade aus der Analyse unserer sethianischen Textgruppe. Es zeigt sich nämlich, dass jedenfalls der gnostische Sethianismus bzw. die sethianische Gnosis von Hause aus und wurzelhaft ein nichtchristliches Phänomen ist. Dieser Sachverhalt ist m. E. unbestreitbar und wird in der Literatur zu den einzelnen sethianischen Originalschriften von den Sachverständigen mit Recht immer wieder betont. Man kann das einfach sehen, nämlich daran, dass von den Schriften unserer Textgruppe die meisten überhaupt keine (StelSeth, Allog, Mar, OdNor) oder *kaum* (Zostr, ApcAd) christliche

Motive enthalten bzw. nur da und dort einen dünnen christlichen Firnis aufweisen (Protennoia, ÄgEv), während nur wenige (HA, Melch, AJ) in die Nähe dessen, was man christliche Gnosis nennt, gelangen. Umgekehrt kann man an der sethianischen Textgruppe mit Gewinn das Phänomen seiner sekundären Verchristlichung studieren. Meines Erachtens kommt dabei als Ergebnis heraus: Der gnostische Sethianismus ist nicht nur (der Sache nach) vorchristlich, sondern ist seinem Wesen so eigenständig und unchristlich, dass es bei seiner Begegnung und dem nachbarlichen Zusammenleben mit dem Christentum trotz der Attraktivität, die das Christentum da und dort auf ihn ausübte, nicht zu einer echten Verbindung mit dem Christentum kam und kommen konnte. Im Bereich des Sethianismus gibt es keine christliche Gnosis, die diesen Namen verdient.

Eine der wichtigsten Fragen zum Verständnis der sethianischen Gruppe von Texten, eine Frage, die im Sethianismusseminar der Yale Conference on Gnosticism[6] am heftigsten umstritten war und noch lange danach die Gemüter bewegt hat, ist die, ob die Verwandtschaft der sethianischen Texte untereinander ein rein *literarisches* Phänomen ist oder eine *soziologische* Basis in einer bestimmten gnostischen Gruppe hat und deren Entwicklung und Geschichte widerspiegelt. Der beste Weg, um hier zu einer Antwort zu kommen, führt über die Erörterung der sethianischen Kultpraxis. Die Sethianer kannten zwei Sakramente, zwei Mysterien, nämlich neben dem allgemeineren der Taufe, von dem in unserer Textgruppe ganz auffällig häufig und vielfältig die Rede ist, noch das höhere und wiederholbare des kultischen Aufstiegs. Wegen der Vielfältigkeit der Bezeugung ist das sethianische Mysterium der Taufe vielleicht das problematischere und auch noch wichtigere. Die Bedeutung, die die Taufe bei den Sethianern hat, zeigt sich am auffälligsten in einer ausgeprägten Taufideologie bzw. Taufmythologie. Es gibt die Taufe nicht nur auf Erden, sondern auch im Himmel. Zostrianus kann auf seiner Himmelsreise die verschiedenen himmlischen Räume nur betreten, wenn er ihren Bewohnern gleich wird; und dies wird er dadurch, dass er sich jeweils zuvor einer (himmlischen) Taufe unterzieht. Nach der Protennoia ist der postmortale Aufstieg eines jeden Gnostikers mit einer himmlischen Taufe verbunden (NHC XIII p. 45,17f.; 48,18–21). Das bei der Taufe auf Erden verwendete Taufwasser gilt als von himmlischer Qualität und hat seine Quelle im Himmel, wo vor

---

6 Vgl. B. Layton (Hg.), The Rediscovery of Gnosticism, Proceedings of the International Conference on Gnosticism at Yale, New Haven, CT (March 28–31, 1978), Bd. II, SHR 42, Leiden 1981, 455–685.

allem die drei bzw. zwei Wächter: Micheus, Michar (und Mnesinous) über ihm wachen. Eine andere Personen- bzw. Namendreiheit, nämlich Jesseus Mazareus Jessedekeus, scheint das himmlische Taufwasser selbst verkörpern zu sollen. In den Bereich der Taufideologie gehört wohl auch die merkwürdige Vorstellung von den fünf Siegeln, zumal ja Taufe und Versiegelung ein und denselben Akt meinen bzw. nur verschiedene Handlungen innerhalb ein und desselben Aktes bezeichnen. Die soteriologische Relevanz der sethianischen Taufe findet in Protennoia besonders prägnanten Ausdruck. Die Taufe bringt die Gnosis und das ganze Heil. Wenn man nach der Beziehung der himmlischen Taufe zu der auf Erden vollzogenen fragt, so muss die Antwort im Wesentlichen wohl sein: sie sind von kultischer Identität. In der Taufe vollzieht sich bereits das Ablegen der Finsternis und das Anlegen des Lichtes.

Nun klingen manche Aussagen über die auf Erden zu vollziehende Taufe in den sethianischen Texten manchmal so, dass die Frage aufkommen könnte, ob diese Taufe wirklich auch real und in realem Wasser vollzogen wurde, d. h., ob die Äußerungen nicht eher auf einen vergeistigten Kultakt hindeuten. Solche Erwägungen spielen in der Literatur über einzelne unserer Texte ja tatsächlich eine Rolle. Nun kann man die Möglichkeit nicht ausschließen, dass es auch Gruppen von gnostischen Sethianern gegeben haben mag, die ihr Taufsakrament vollkommen sublimiert haben. Denn man wird sich ja die sethianische „Gesamtgemeinde" nicht als völlig homogen und starr vorstellen dürfen. Aber selbst die in dieser Beziehung klarsten Aussagen erzwingen diesen Schluss nicht.

Vor allen Dingen ist umgekehrt die Gesamtheit der sethianischen Äußerungen einschließlich der sublimiertesten und spekulativsten über die Taufe m. E. überhaupt nur zu verstehen auf der Basis eines intensiven, fest eingewurzelten und offenbar schon traditionellen Brauches der Wassertaufe. Und damit eröffnet sich – ganz ähnlich übrigens, wie es beim Selbstverständnis der Sethianer als Nachkommenschaft des Seth der Fall ist – eine Perspektive, die uns über den Bereich der Gnosis hinausblicken und die Möglichkeit einer vorgnostischen Phase des gnostischen Sethianismus ahnen lässt. Wenn der Taufbrauch im Sethianismus wirklich so fest verwurzelt ist, wie es uns scheint, dann kann man die Sethianer in Parallele zu den Mandäern als eine gnostifizierte Taufsekte verstehen und ihren Ursprung letztlich in Täuferkreisen Palästinas suchen.[7]

---

[7] Vgl. H.-M. Schenke, Das sethianische System nach Nag-Hammadi-Handschriften, in: P. Nagel (Hg.), Studia Coptica, BBA 45, Berlin 1974, 165–173; ders., The Phenomenon and

Die hier skizzierte Auffassung vom Sethianismus ist Gegenstand der Diskussionen im Sethianismusseminar der Yale Conference von 1978 gewesen. Dieses Seminar darf man wohl als eine Art „Schaltstelle" in der Sethianismusfrage betrachten. Schon damals wurde diese Auffassung von der Mehrzahl der beteiligten Kollegen geteilt. Es gab aber auch Zurückhaltung und Widerspruch. Mein persönlicher Eindruck von der Tendenz der Entwicklung ist, dass in Aus- und Nachwirkung der Yale Conference diese Sethianismuskonzeption sich mehr und mehr durchsetzt. Entscheidenden Anteil daran hat John D. Turner von der University of Nebraska, Lincoln. Er hat nach der Conference drei große Arbeiten zu diesem Gegenstand verfasst, von denen allerdings nur eine bisher im Druck vorliegt.[8]

Ein besonderer Schwerpunkt in Turners Arbeit liegt auf der sehr wichtigen Untergruppe der sethianischen Texte, in denen neben der typisch sethianischen Nomenklatur und Mythologie der Reichtum an philosophischer Fachterminologie auffällt. Zu dieser Gruppe gehören: StelSeth, Zostr, Mar und Allog. Die Texte dieser Untergruppe sind zu verstehen als Zeugnisse einer intensiven Begegnung zwischen sethianischer Gnosis und spätantiker Philosophie.[9] Turner konnte nun mit guten Gründen zeigen, dass Allog wohl die älteste Schrift (ca. 200 n. Chr.) und zugleich der Leittext dieser Gruppe ist, für die er deswegen den Terminus „Allogenesgruppe" geprägt hat. Dieser Text verdient tatsächlich die große Aufmerksamkeit, die er in letzter Zeit auf sich gezogen hat. Turner selbst hat schon unendlich viel für die Erschließung des Allog geleistet. Er ist der für diese Schrift Zuständige im Coptic Gnostic Library Team. In dieser Funktion hat er Bahnbrechendes geleistet in der Aufbereitung des koptischen Textes mit einer die Möglichkeiten voll ausschöpfenden Erschließung dessen, was in den Lücken des Papyrus einst gestanden haben mag.

Die allerneuste Bemühung um diesen bedeutenden und schwierigen Text stammt von Karen King. Sie hat unter Billigung und Förderung von J. M. Robinson, C. W. Hedrick und J. D. Turner den Allog zum Gegenstand ihrer Dissertation gemacht und vorerst (als Grundlage für einen geplanten Sachkommentar) unter Benutzung der druckfertigen Textfassung für die Coptic Gnostic Library Edition eine eigenständige, ausführlich eingeleitete und mit vollständigem Register versehene Sonderedition dieser

---

Significance of Gnostic Sethianism, in: B. Layton (ed.), The Rediscovery of Gnosticism II, Leiden 1981, 588–616.

8 NovT 22 (1980), 324–351.

9 Vgl. dazu auch Luise Abramowski, Marius Victorinus, Porphyrius und die römischen Gnostiker, ZNW 74 (1983), 108–128.

Einzelschrift geliefert. Ich selbst habe ihr mit einem Beitrag auf dem Third International Congress of Coptic Studies in Warschau (20.–25. August 1984) sekundiert.[10]

II. *Simon Magus und „Simonianisches" in Nag Hammadi-Texten*

Da Simon Magus eine Schlüsselrolle in der Geschichte der Gnosis bzw. in der Gnosisforschung (speziell unter der Frage, ob die Gnosis ein vorchristliches Phänomen sei) spielt, muss es uns interessieren, ob er und die Seinen auch in Nag Hammadi-Texten vorkommen und ob sich hieraus etwa neue Aspekte zum Verständnis des Simonianismus ergeben. Ja, sie kommen vor, an verschiedenen Stellen, in verschiedener Weise und verschieden deutlich. Es gibt drei Einzelstellen und drei ganze Texte, die unter diesem Aspekt relevant sind. Das wirklich Wichtige ist die kleine Textgruppe, bestehend aus den Schriften:

Die Brontē – Vollkommener Verstand (Brontē NHC VI,2);
Authentikos Logos (AuthLog NHC VI, 3);
Die Exegese über die Seele (ExAn NHC II,6).

Die drei Schriften sind eng miteinander verwandt und ergänzen doch einander auf eine eigenartige Weise. Man kann sagen, dass ein und derselbe Seelenmythos in Brontē dialektisch, in AuthLog ethisch, in ExAn mythologisch und exegetisch zur Sprache kommt. Zu welcher gnostischen (oder nicht gnostischen) Richtung sie gehören, geht aus ihnen nicht eindeutig hervor; aber das Auffällige ist, dass vieles in ihnen sehr an Simonianisches *erinnert*. Es ist also die Frage, was aus ihnen zu machen ist. M. E. eröffnet sich in ihnen die Möglichkeit, in der Geschichte der Entwicklung des Simonianismus, wenn schon nicht zur Lehre des wirklichen Simon, so doch wenigstens auf eine Entwicklungsstufe, die noch vor der häresiologischen Festschreibung durch Justins Syntagma liegt, zurückzukommen.

Aber fangen wir mit den Einzelstellen an! Alle drei sind übrigens in verschiedener Weise polemisch.

In der Schrift Testimonium Veritatis (TestVer NHC IX,3) gibt es eine Stelle, wo diese Schrift, die selbst eindeutig gnostisch ist, gegen andere gnostische Richtungen polemisiert. Leider ist die Stelle so fragmentarisch, dass man nicht weiß, um welches Problem es geht. Aber von den

---

[10] K. King, The Quiescent Eye, 1984; und dazu H.-M. Schenke, Bemerkungen zur Apokalypse des Allogenes (NHC XI,3), in: W. Godlewski (ed.), Coptic Studies, Warschau 1990, 417–424.

Namen der Personen bzw. Gruppen, gegen die polemisiert wird, ist etliches erhalten bzw. sicher rekonstruierbar; und da erscheinen eben neben Valentinus und seinen Jüngern, neben Basilides und seinem Sohn Isidor, auch die Simonianer.[11]

Die Schrift mit dem seltsamen Titel „Der Gedanke unserer großen Kraft" (Noēma NHC VI,4) bietet so etwas wie den Abriss einer universalen gnostischen Heilsgeschichte, deren Einzelsätze und Einzelstücke zwar einigermaßen klar sind, während ihre Anordnung und überhaupt Sinn und Rahmen des Ganzen noch rätselhaft bleiben. In ihr findet sich nun ein Abschnitt (p. 44,10–29), dem Karl-Martin Fischer (Gedanke unserer großen Kraft, 173) die Zwischenüberschrift gegeben hat (20. Das Auftreten des Antichrist im Bilde des Nero redivivus – und des Simon Magus? –), und an dessen Ende offenbar die Tradition vom Flugversuch des Simon verwendet worden ist. Es heißt da:

> Dann, als die Zeiten sich erfüllten, da erhob sich die Bosheit sehr und (kam) bis zur äußersten Grenze des Logos. Dann machte sich der Archont des Westens auf; und von Osten aus wird er ein Werk tun, um die Menschen seine Bosheit zu lehren, und (zwar) in der Absicht, alle Lehren, (nämlich) die Weisheitsworte der Wahrheit, aufzulösen, weil er die lügnerische Weisheit liebt. Er richtete nämlich seinen Angriff gegen das Alte, weil er die Bosheit einführen und sich mit Ehrbarkeit bekleiden wollte. Er vermochte (es) nicht, weil seine Befleckungen und <die> seine<r> Kleider (zu) zahlreich waren. Da geriet er in Zorn. Er trat öffentlich auf und wollte aufsteigen, um zu jenem Ort hinüberzuwechseln.

Die dritte antisimonianische Stelle findet sich in der Apokalypse des Petrus (ApcPt NHC VII,3), und zwar innerhalb der in ihrem Rahmen eingebauten „kirchengeschichtlichen" Prophezeiung Jesu über den alsbald einsetzenden vielfältigen und bis zum nicht fernen Weltende währenden Abfall von der wahren, allein durch Petrus vermittelten Gnosis. Der Satz, um den es geht (p. 74,27–34), ist sprachlich nicht ganz einfach. Es gibt aber gute Gründe dafür, dass er folgendermaßen zu verstehen ist:

> Etliche fürwahr werden sich benennen – weil sie unter der Gewalt der Archonten stehen – <nach dem Namen> eines Mannes mit einem nackten, vielgestaltigen und vielerlei Leiden ausgesetzten Weib.

Gemeint sind also wahrscheinlich die Simonianer, denn die Bezeichnung des Mannes passt eigentlich nur auf Simon Magus als den Partner der Helena. Diese Polemik gegen Simon und die Simonianer, die – auch wenn

11 Vgl. B. Pearson, The Nag-Hammadi-Codices IX and X, NHS 15, Leiden 1981, 107–108.

wir auf so etwas nun schon vorbereitet sind – in einer Schrift, die selbst gnostisch ist, immer noch seltsam erscheinen muss, hat man wahrscheinlich in unmittelbarer Beziehung zu dem kurz vorher genannten „argen Betrüger" (p. 74,18f.) zu sehen, wenn mit ihm Paulus („der feindliche Mensch" der Kerygmata Petrou) gemeint sein sollte, und erklärt sich dann wohl aus dem judenchristlichen Substrat der ApcPt bzw. dem traditionellen Petrusbild, zu dem Simon Magus als Gegner gehört, wie sich ja auch noch andere Querverbindungen zu den Pseudoklementinen insgesamt und besonders den Kerygmata Petrou aufdrängen (viele Meinungen statt der ursprünglichen einfachen Lehre; Verdrehung der Petruslehre nach seinem Tod; falsche Lehren von Träumen und Dämonen bestimmt).

Wenn die Deutung dieser Textstelle auf Simon richtig ist, dann kann man der hiesigen Bezeichnung seiner „Partnerin" Helena einen wichtigen Hinweis für das Verständnis des Simonianismus entnehmen. Denn die Bezeichnung „ein nacktes, vielgestaltiges und vielerlei Leiden ausgesetztes Weib" passt im Grunde weniger auf eine wirkliche Frau als auf eine Göttin bzw. ein mythologisches weibliches Wesen.

Die Helenafrage ist für uns nun auch der Einstieg, um die genannten drei ganzen Texte, die nicht gegen den Simonianismus polemisieren, sondern positiv an „Simonianisches" erinnern, in unsere Perspektive einzubeziehen. Die Gestalt der Helena im Rahmen des simonianischen Systems ist ja auch an sich ein interessantes Problem, ja ein Schlüsselproblem. Nach den Kirchenvätern zog Simon Magus in Begleitung einer gewissen Helena, einer ehemaligen Lohndirne aus Tyrus, die er aus dem Bordell losgekauft hatte, im Lande herum und hat er diese Helena verstanden und gedeutet als die in der Welt gefangene Ennoia des höchsten Gottes, zu deren Erlösung dieser Gott in seiner (des Simon) Person vom Himmel herabgestiegen sei.[12] Da nun aber wichtige Quellen (vor allem Apg 8,4–25, aber auch die alten Petrusakten) diese Helena überhaupt nicht erwähnen und andererseits im simonianischen System der Kirchenväter eine sachliche Beziehung zwischen der Erlösung der Ennoia/Helena und der Erlösung der (Seelen der) Menschen nicht erkennbar wird, ist die Historizität der simonianischen Helena seit langem umstritten. Man kann die Alternative, um die es hier geht, in die Form kleiden: Ist die simonianische Helena mythologisierte Historie oder historisierter Mythos?

Das Moment, das einen Teil der Forscher von der radikalen (zweiten) Lösung zurückschrecken ließ oder die Entscheidung in der Schwebe

---

[12] Vgl. Irenäus adv. haer. I 23,2–4 und Parallelen.

zu lassen nötigte, war wohl im Wesentlichen die – wie es schien – Unerfindbarkeit einer solchen Gestalt.[13] Aber gerade diesen Punkt, die scheinbare bzw. angebliche Unerfindbarkeit der Helena, haben unsere drei Nag Hammadi-Schriften m. E. schwer erschüttert, insofern als sie erkennen lassen, dass in einem ganzen Bereich der Gnosis πορνεία/πορνεύειν beziehungsweise πορνεῖον geläufige Metapher für das Verlorensein bzw. den Ort der Verlorenheit der Seele war (was übrigens nur die Kehrseite der Sicht des Verhältnisses von Erlöser und Seele in der Kategorie von Bräutigam/Mann und Braut/Weib ist) und die schöne Helena der griechischen Sage ein Symbol bzw. ein allegorischer Topos für die Seele selbst.

Aus Brontē ist in unserer Perspektive zunächst und schon rein äußerlich wichtig die Stelle p. 13,15–18:

> Ich bin die Erste und die Letzte.
> Ich bin die Geehrte und die Verachtete.
> Ich bin *die Dirne* und die Ehrbare.

Dass das Gewicht, das wir damit auf die Wendung „Ich bin die Dirne" (p. 13,18) legen, und die simonianische Perspektive überhaupt nicht unsachgemäß sind, kann schon eine andere Einzelstelle zeigen, die mit Ergänzungen lautet:

> Bei [dem Namen] der *großen Kraft*
> und (bei) dem, dessen [Ergreifung] den Namen nicht erschüttern wird:
> [*Der Ste*]*hende* ist es, der mich geschaffen hat (p. 21,7–10);

Übrigens dürfte in der mittleren Zeile, wenn die Ergänzung richtig ist, der vom höchsten Gott (= Große Kraft = Der Stehende) *unterschiedene* Erlöser, und zwar in doketistischer Weise, bezeichnet sein.[14] Wirklich entscheidend dafür ist aber die Gesamteinschätzung von Brontē. Wenn man sich nämlich fragt, in den Mund welcher der bekannten gnostischen Sophiagestalten diese dialektische Offenbarungsrede am ehesten passt, dann muss man eben die simonianische Ennoia, deren Geschick die größte Spannweite hat, nennen. Im AuthLog findet sich dann sogar das Stichwort πορνεῖον. Es heißt p. 24,5–10:

---

[13] Vgl. z. B. Werner Foerster, *Die* Gnosis I. Zeugnisse der Kirchenväter, BAW.AC, Stuttgart/Zürich 1969, 40f.

[14] Vgl. als verchristlichte Form des Gedankens Irenäus adv. haer. I 23,3: et passum autem in Judaea putatum, cum non esset passus.

> [Wenn nun] eine (Seele), d[ie unverständig ist], sich einen tr[enn]enden [Geist erwä]hlt, so schließt er [sie] aus [und w]irft sie ins *Hurenhaus*. Denn [er brach]te ihr die Last[erhaftig]keit, [weil sie] die Sittsamkeit ab[legte].

Wir haben es hier wahrscheinlich nicht etwa mit einem Gleichnis zu tun, sondern mit einer direkten Aussage über die Möglichkeiten der Seele. Entsprechend ist πορνεῖον dann verwendet als Metapher für die untere Welt überhaupt.

Die entsprechende Metapher παρθενών für die himmlische Lichtwelt ist in ExAn enthalten (p. 126,1). Das ist kein Wunder. Denn der Seelenmythos dieser Schrift ist von der πορνεία-Metapher (und ihrem positiven Komplement) durch und durch bestimmt. Das zeigt schon die bloße Wortstatistik (πορνεία p. 128,30f.; 129,6.17.26.33; 130,18f.28.31.36; 131,1; 132,11; πορνεῖον p. 130,13.16; πορνεύειν p. 128,1; 129,12f.16.34; 130,1.19; πόρνος p. 131,4f.5).

Das Bedeutsamste aber an dieser Schrift in unserer Perspektive ist, dass in ihr außerdem noch Helena als Symbol für die gefallene Seele erscheint. Nachdem nämlich der Verfasser die ganze Schrift hindurch den Seelenmythos als in der Bibel enthalten nachgewiesen hat, tut er das gegen Ende zu auch noch kurz mit Homer. Zunächst interpretiert er Odysseus als Symbol der Seele (p. 136,25–35):

> Denn niemand ist der Rettung würdig, der noch den Ort der Verirrung liebt. Deshalb ist beim Dichter geschrieben: „Odysseus saß weinend und trauernd auf der Insel und wandte sein Angesicht ab von den Worten der Kalypso und ihren Betörungen, voll Verlangen, seine Stadt – und (sei es auch nur) Rauch von ihr aufsteigen – zu sehen. Und wenn [er] kei[ne] Hilfe vom Himmel [gehabt hätte], wä[re er nicht] zu seiner Stadt [zurückgekehrt]."[15]

Die Lesung und das Verständnis der nächsten Worte hat in der „Steinzeit" der Nag Hammadi-Forschung eine Zeitlang Schwierigkeiten bereitet, zumal der Papyrus gerade an der entscheidenden Stelle eine Lücke aufweist. Inzwischen ist die Sache allerdings klar. Der Anschluss lautet nicht: „Wiederum spricht auch [die Seele]" usw.,[16] sondern:

> Andererseits (steht) auch (über) [Hele]na (geschrieben, dass) sie sa[gt: „Mein Gelieb]ter hat sich von mir abgewandt. Ich will wie[der] in mein Haus gehen", denn seufzend sagte sie: „Aphrodite ist es, die mich betrogen

[15] Vgl. Od. 1,13ff.48–52.

[16] So M. Krause, Gnostische und hermetische Schriften aus Codex II und Codex VI, ADAIK.K 2, Glückstadt 1971, 86; ders., Koptische Quellen aus Nag Hammadi, in: W. Foerster (Hg.), Die Gnosis II, BAW.AC, Zürich/Stuttgart 1971, 134.

hat. Sie brachte mich aus meiner Stadt. Meine einzige Tochter habe ich verlassen und meinen guten, verständigen und schönen Gatten." (Vgl. z. B. Il. 3,171ff.399ff.; 24,762ff.) Denn wenn die Seele ihren vollkommenen Gatten infolge des Betrugs der Aphrodite, der allem Zeugen hienieden innewohnt, verlässt, dann wird sie Unbill erleiden. Wenn sie aber seufzt und Buße tut, wird sie wieder in ihr Haus zurückkehren (p. 136,35–137,11).

Man wird wohl im Lichte dieser Stellen aus unserer Dreiergruppe von Texten einerseits urteilen müssen, dass die Gewichte sich zugunsten der Unechtheit der Simongefährtin Helena verschoben haben, und andererseits vermuten dürfen, dass die exegetische Behandlung der klassischen Helena im Simonianismus ursprünglich auf derselben Linie lag wie in ExAn.

Damit berühren wir aber bereits einen zweiten neuralgischen Punkt der Simonianismusforschung, nämlich die Frage nach Entwicklungsstufen des simonianischen Systems und ihrem Verhältnis zueinander. Ist also dann Helena, wo sie so, wie oben skizziert, als geschichtliche Person und Begleiterin Simons erscheint, zu verstehen als ein Produkt der Entwicklungsgeschichte des simonianischen Systems? Das gilt m. W. bisher als die unausweichliche Folge. Wenn man sich aber die entscheidende Frage noch einmal ganz gründlich aufs Neue stellt, nämlich, wie eigentlich aus der unter anderem unter dem Symbol der klassischen Helena gesehenen, in der mit der Metapher „Bordell" bezeichneten Welt gefangenen Allseele, zu deren Erlösung der höchste Gott als ihr himmlischer Paargenosse in der Gestalt des Simon wirkt, eine wirkliche Dirne „Helena" als Objekt der Erlösung und Gefährtin Simons geworden sein kann, so wird man sagen müssen, dass solches als Produkt immanenter Systemfortbildung eigentlich doch schlecht vorstellbar ist und man lieber polemische Unterstellung und Persiflage seitens der Gegner des Simonianismus annehmen sollte. Gegner, die solches hätten tun können, gab es wahrlich genug, wie schon die oben genannten drei einzelnen Stellen aus Nag Hammadi-Schriften zeigen.

Aber diese Erkenntnis, dass die Dirne Helena als Braut und Objekt der Erlösung Simons vermutlich eine gegnerische Persiflage der von ihm verkündeten (oder ihm früh in den Mund gelegten) Seelenlehre ist, kann wiederum nicht ohne Auswirkung auf unser Bild vom Selbstverständnis (bzw. von der „christologischen" Deutung) Simons bleiben. Mit dem Wegfall der einen Person des Zwei-Personen-Stückes ändert sich auch die Rolle der anderen Person, und das heißt in der Sache: Das punktuell Einmalige des Erlösungsvorganges ist dahin und damit zugleich die Auffassung Simons als des höchsten Gottes in Person. Wenn es keine Braut gibt, kann Simon sich auch nicht als Bräutigam verstanden haben. Er könnte sich in Wirklichkeit höchstens verstanden haben als Erscheinungsform der großen Kraft in dem weltlangen Prozess der Errettung der gefallenen Allseele.

Nun gibt es allerdings unter den Nag Hammadi-Forschern da und dort zunehmend Zweifel an dem *gnostischen* Charakter von Texten unserer Dreiergruppe.[17] Solcher Zweifel muss aber unserer Arbeitshypothese, dass die Schriften Brontē, AuthLog und ExAn vielleicht viel simonianischer sind als der Simonianismus der Kirchenväter, nicht unbedingt abträglich sein. Ja, diese Möglichkeit könnte es denen, die wegen Apg 8,9–24 den historischen Simon noch nicht für einen richtigen Gnostiker halten können, gerade sehr erleichtern, es mit dieser Hypothese einmal zu versuchen.

Mit all diesen Gedanken sind wir aber nun schon längst in das Kraftfeld einer anderen klassischen Alternative der Simonforschung geraten, die da lautet: Ist eigentlich der Simon des Irenäus oder der Simon der bei Hippolyt zitierten Apophasis Megale der echte? Nachdem die Frage längst zugunsten der Irenäusdarstellung entschieden zu sein schien, ist sie nämlich jetzt wieder völlig offen, seit Josef Frickel das, was Hippolyt zitiert (und was ich persönlich immer für eine *pseudo*simonianische Schrift gehalten habe), als bloße Paraphrase der angeblich von Simon stammenden Apophasis Megale (und also nicht diese selbst seiend) identifizieren konnte. Der Simon der in der Paraphrase zitierten Fragmente der Apophasis Megale hat durchaus Chancen, gegenüber dem nunmehr „angekratzten" Simon des Irenäus zu bestehen, zumal eines dieser Fragmente (ref. VI 17,3) sachlich unmittelbar mit einer unserer drei Nag Hammadi-Schriften, nämlich mit Brontē, zusammenhängt. Dieses Fragment lautet ja:

> Dies ist *eine* Kraft, geteilt nach oben und unten, sich selbst zeugend, sich selbst vermehrend, sich selbst suchend, sich selbst findend, ihre eigene Mutter, ihr eigener Vater, ihre eigene Schwester, ihr eigener Gemahl, ihre eigene Tochter, ihr eigener Sohn, Mutter, Vater, eins, Wurzel des Alls.[18]

Kurzum, unsere oben geschilderten Erwägungen und Frickels Bemühungen könnten konvergieren.[19]

---

[17] Vgl. z. B. für Brontē: G. Quispel, Jewish Gnosis and Mandaean Gnosticism, in: J.-E. Ménard (ed.), Les Textes de Nag Hammadi, NSH 7, Leiden 1975, 82f.; für AuthLog: R. van den Broek, The Authentikos Logos, VigChr 11 (1979), 260–286; für ExAn: F. Wisse, On Exegeting "The Exegesis on the Soul," in: J. E. Ménard (ed.), Les Textes de Nag Hammadi, NHS 7, Leiden 1975, 68–81.

[18] Übersetzung Foerster, Die Gnosis I, 333.

[19] Vgl. J. Frickel, Die "Apophasis Megale", OCA 182; ders., Le Muséon 85, 1972; H.-M. Schenke, Bemerkungen zur Apokalypse des Petrus, in: M. Krause (Hg.), Essays on

III. *Die (gnostischen) Metamorphosen der Weisheit in Nag Hammadi-Texten*

Dass der Nag Hammadi-Fund unsere Kenntnis von der Geschichte der Weisheitstradition ganz wesentlich erweitert hat, diesem Sachverhalt waren wir – besonders in unserem Einleitungsteil – mehr oder weniger beiläufig schon begegnet. Und man kann ihn gar nicht genug betonen. Wenn man nach dem Wert des Nag Hammadi-Fundes fragt, ist das eine der ganz wesentlichen Antworten. Wir wollen das gemeinte Phänomen hier zum Schluss noch kurz thematisieren, wobei es uns besonders auf die wirklich gnostifizierten Formen der Weisheit ankommt. Wir werden aber das Gesamtphänomen nur skizzieren, um dann eine besonders wichtige, hierher gehörige Schrift, die übrigens unter anderem Gesichtspunkt schon vorgekommen ist, besonders in den Blick zu fassen.

Es gibt eine ganze Reihe gnostischer Nag Hammadi-Schriften von wesenhaft weisheitlicher Bestimmtheit. Manche von ihnen sind als Ganze weisheitlich bestimmt – wenn auch in verschiedener Weise. Dazu gehört das schon eine geraume Zeit bekannte und auch bereits mannigfaltig ausgewertete Thomasevangelium (EvThom NHC II,2), dann die beiden unter anderem Gesichtspunkt schon zur Sprache gekommenen Schriften „Die Brontē – Vollkommener Verstand" (NHC VI,2) und der Authentikos Logos (NHC VI,3), dessen gnostischer Charakter allerdings umstritten ist. Auch die Lehren des Silvanus (NHC VII,4) dürfen hier genannt werden, die zwar selbst nicht gnostisch sind, aber Gnosis voraussetzen.[20] Bei der Epistula Jacobi Apocrypha (EpJac NHC I,2) und dem Buch des Thomas (NHC II,7) liegt die weisheitliche Bestimmtheit in ihrem Substrat an Spruch(sammlungs)gut. Im Falle von LibThom ist zwar dieses Substrat selbst nicht gnostisch (s. oben), wohl aber das dialogisierte Werk, wie es jetzt vorliegt. In der zum sethianischen Komplex gehörenden Schrift mit dem Titel „Die dreigestaltige Protennoia" (NHC XIII) ist alles, was die Zentralgestalt der Protennoia selbst betrifft, eine ziemlich offenkundige

---

the Nag Hammadi Texts, NHS 6, Leiden 1975, 281–283; ders., Die Relevanz der Kirchenväter für die Erschließung der Nag-Hammadi-Texte, in: J. Irmscher/K. Treu (Hg.), Das Korpus der griechisch-christlichen Schriftsteller, TU 120, Berlin 1977, 215–218. Verwandte Erwägungen bei G. Lüdemann, Untersuchungen zur simonianischen Gnosis, GTA 1, Göttingen 1975; S. Arai, Simonianische Gnosis und die Exegese über die Seele, in: M. Krause (Hg.), Gnosis und Gnosticism, NHS 8, Leiden 1977, 185–203; vgl. sonst zum Simonianismus besonders K. Beyschlag, Simon Magus und die christliche Gnosis, WUNT 16, Tübingen 1974; K. Rudolph, Simon – Magus oder Gnosticus, ThR 42 (1977), 279–359.

20 Vgl. H.-M. Schenke, Schriften des Codex VII, 135.

gnostische Metamorphose von hellenistisch-jüdischer Weisheits- und Logosspekulation.[21]

Diese Nag Hammadi-Schriften kann man zwei Kategorien eines idealtypologischen Gesamtspektrums der Formen, in denen Weisheit vorkommt, zuordnen:

1. der paränetischen Weisheit (in Gestalt von Weisheitssprüchen) in gebrochener Version, der zusätzlich gnostische „Lichter" aufgesetzt sind (EvThom; AuthLog; Silv; EpJac; LibThom) – damit ist auch schon gesagt, dass es in der Natur der Sache liegt, wenn es in diesem Bereich gelegentlich schwierig ist, eine Schrift als gnostisch zu identifizieren;
2. der (reinen) Isis/Sophiavorstellung in gnostischer Metamorphose (Brontē; Protennoia).
3. in den Bereich der Gnosis gehört an sich noch eine dritte Kategorie, nämlich die (Isis)/Sophiavorstellung als Bestandteil komplexer gnostischer Systeme. Aber zu ihr gehören so viele Texte in- und außerhalb der Bibliothek von Nag Hammadi und der betreffende Sachverhalt ist seit langem so bekannt, dass wir all das hier ausklammern dürfen.[22]

Wir wollen nun den allgemeinen Sachverhalt der gnostifizierten Weisheit des Näheren im Spiegel einer dieser Schriften, der vielleicht wichtigsten und typischsten, betrachten, nämlich im Spiegel von Brontē, und so zugleich die Aufmerksamkeit gerade auf diese Schrift lenken, die überhaupt zu den bedeutendsten des gesamten Nag Hammadi-Fundes zählt. Gilles Quispel beginnt einen Aufsatz über diesen Text mit folgenden Worten: „The writing *The Thunder, The Perfect Mind* is the most impressive writing that I know".[23] Und Bentley Layton nennt ihn „unique in the surviving Mediterranean literature" und das „most bizarre of all works from the Nag Hammadi corpus".[24]

Die Schrift Brontē ist die Offenbarungsrede einer „Himmelsstimme" (wenn wir den Haupttitel βροντή einmal so mit Hilfe seines koptischen Äquivalents „verfremden" dürfen). Wem diese Stimme gehört, geht nur

---

[21] Vgl. G. Schenke (Robinson), Die dreigestaltige Protennoia (Nag Hammadi Codex XIII). Herausgegeben, übersetzt und kommentiert, TU 132, Berlin 1984.

[22] Vgl. H.-M. Schenke, Tendenz der Weisheit, 351–359.

[23] Jewish Gnosis and Mandaean Gnosticism. Some Reflections on the Writing Brontē, in: J.-E. Ménard (ed.), Les Textes de Nag Hammadi, NSH 7, Leiden 1975, 82.

[24] The Riddle of the Thunder (NHC VI,2). The Function of Paradox in a Gnostic Text from Nag Hammadi, in: C. W. Hedrick/R. Hodgson Jr. (ed.), Nag Hammadi, Gnosticism and Early Christianity, Peabody, MA, 1986, 1.

aus dem, was sie sagt, hervor. Es ist die als Allgöttin verstandene Sophia, wobei die Verschmelzung der jüdischen Sophiagestalt mit der spätantiken Allgöttin Isis-Hekate-Selene vorausgesetzt ist; vor allem der Isisaspekt schlägt deutlich durch (vgl. besonders p. 16,6f.). Sie umfängt die Welt, erhält sie von außen und innen. Sie ist die Weltseele und zugleich die Seele jedes einzelnen Menschen. Aber, die hier redet, ist die Allgöttin in gnostischer Metamorphose; d. h., sie ist zugleich das Prinzip der guten Welt und zugleich Ursache, Prinzip und Opfer des Bösen, sowie der Erlöser aus ihm. Der gemeinte Sachverhalt, der ja ein Geschehen voraussetzt, wird in der Offenbarungsrede aber nun nicht in seinem Nacheinander dargelegt und entwickelt, was das Normale wäre, sondern, indem die jeweiligen Extreme des Prozesses unter Absehung von der zeitlichen Perspektive zusammengestellt werden, gewissermaßen dialektisch entfaltet. Ich glaube mithin nicht, dass in Brontē etwa Gnosis ohne Mythos – sei es als Früh-, sei es als Spätform – vorliegt, sondern nur eine besondere Stilform, in der Sachverhalte des gnostischen Mythos erscheinen können. Kürzere Stücke von derselben Stilform waren vorher schon bekannt. Es ist erstaunlich und spricht für künstlerischen Rang, dass der Verfasser diese Stilform in einem so langen Text durchzuhalten vermag, ohne sich zu wiederholen und langweilig zu werden.[25]

Aber in dem, was bisher hier Stilform genannt wurde, lag bis vor kurzem ein unerklärlicher und unerklärter Rest verborgen. Und es ist auch deswegen gut, hier besonders auf Brontē einzugehen, weil mitgeteilt werden kann, dass inzwischen jemand für diesen „Rest" den „Stein der Weisen" gefunden hat. Der glückliche Entdecker ist Bentley Layton. Und er hat diese Entdeckung in seinem Beitrag „The Riddle of the Thunder" auf dem Working Seminar „Gnosticism and Early Christianity", Springfield, MO, 29. 3.–1. 4. 1983, mitgeteilt. Mit Recht bestimmt er die Füllung der geläufigen Ego-eimi-Aussageform mit dem beispiellos paradoxen Inhalt als die exegetische crux unseres Textes. Sätze in dieser bekannten Form und mit diesem frustrierenden Inhalt machen übrigens etwa die Hälfte des Textbestandes von Brontē aus. Der Rest ist weisheitliche Mahn- und Scheltrede, aber auch sie weithin paradox formuliert. Solche Rede in paradoxen Aussagepaaren könne auch nicht als Ausdruck der auch in der Gnosis so verbreiteten negativen Theologie gedeutet werden. Und wenn

[25] Vgl. H.-M. Schenke, Zur Faksimile-Ausgabe der Nag-Hammadi-Schriften: Nag-Hammadi-Codex VI, OLZ 69 (1974), 231f.

man sich nicht mit der globalen Vermutung begnügen will, dass es der Sinn dieser Aussagen sei, alle Wertsysteme, die es in dieser Welt gibt, zu verwerfen und ad absurdum zu führen, sondern die Details ernst nehmen und verstehen will, stehe man vor einem *Rätsel.* Ja, vor einem Rätsel in des Wortes eigentlicher Bedeutung. Denn Layton hat erkannt – und, nachdem er es einmal ausgesprochen hat, ist es einfach evident –, dass dieser paradoxe Stil der Stil des griechischen Rätsels ist. Die vielen merkwürdigen Ego-eimi-Komplexe sind also Rätselrede.

Zum Zwecke der Anschauung möchte ich hier die Beispiele wiederholen, die Layton angeführt hat:

> Mich sieht kein Sehender. Nur wer nicht sieht, erblickt mich.
> Es spricht kein Sprechender, es läuft kein Laufender.
> Obwohl ich lüge, sage ich die Wahrheit stets.
> (Übersetzung D. Ebener, in: Die griechische Anthologie, XIV 110 [3,224].
> Auflösung: ein Traum.)

> Ich gebäre die Mutter und werde von ihr auch geboren;
> abwechselnd zeige ich mich kleiner und größer als sie.
> (Übersetzung D. Ebener, in: Die griechische Anthologie, XIV 41 [3, 207].
> Auflösung nicht erhalten.)

> Mädchen bin ich und wurde von einem Mädchen geboren.
> Trotzdem gebäre ich selbst jährlich aufs neue ein Kind.
> (Übersetzung D. Ebener, in: Die griechische Anthologie, XIV 42 [3,207].
> Auflösung: eine Dattelpalme.)

Rätselrede fordert die Aktivität des Hörers. Er muss erst die Lösung finden und dann die ganze Rede noch einmal durchgehen, um zu sehen, dass und wie die Lösung wirklich aufgeht. Auch die Ego-eimi-Rätselrede von Brontē verlangt vom Benutzer die Lösung des Rätsels, das da lautet: Wer ist „Ich"? Layton ist nun ganz sicher, nicht nur das Rätsel als solches erkannt, sondern auch die Lösung gefunden zu haben. Die Lösung laute: Eva! Allerdings nicht einfach die biblische Eva, sondern die Eva der jüdischen Tradition und Legende und zudem noch in gnostischer Interpretation, die eine himmlisch-pneumatische Eva und die irdische Paargenossin Adams in eins sehen kann.

Layton kann gute Gründe für diese Lösung anführen. Schwerwiegend ist die Tatsache, dass gerade Eva in hellenistisch-jüdischer Tradition ein beliebter Gegenstand der Rätselrede war. Als Beispiel führt Layton folgendes, ebenfalls im Appendix des Planudes zur Palatinischen Anthologie zu findendes Rätsel an:

ἀνήρ με γεννᾷ, καὶ πατὴρ ὑπὲρ φύσιν·
ζωὴν καλεῖ με καὶ θάνατον προσφέρω.

Ein Mann erzeugt mich, und mein Vater ist übernatürlich.
Er nennt mich Leben, und ich bringe ihm Tod.[26]

Außerdem fänden sich die schon erwähnten kürzeren Parallelen der paradoxen Ego-eimi-Reden von Brontē wirklich im Munde der Eva (bzw. in die 3. Prs. transponiert und über sie gesagt). Es handelt sich um folgende Texte und Stellen: Titellose Schrift „Vom Ursprung der Welt" (UW NHC II,5) p. 114,4–15; Hypostase der Archonten (NHC II,4) p. 89,11–17; Zitat aus dem von den Gnōstikoi gebrauchten Evangelium der Eva (Epiphanius pan. 26,3,1 [Holl I 278,8–13]). Es fehlt übrigens bei Layton merkwürdigerweise die Einbeziehung der Parallele aus der Apophasis Megale, Hippolyt ref. VI 17,3, die ihn vielleicht in der einseitigen Verfolgung der Evaspur hätte irritieren können. So jedenfalls führt ihn die Verfolgung der Spur der Eva zu der Hypothese, dass dieses bei Epiphanius genannte Evangelium der Eva die gemeinsame Quelle sowohl für die beiden Testimonia in UW und HA als auch für Brontē gewesen sei. Und mit dieser Hypothese in unmittelbarem Zusammenhang steht Laytons Auffassung, dass Brontē, auch wenn sie den sethianischen Stempel nicht an der Stirn trage, doch ein sethianischer Text sei und also zu unserer Gruppe sethianischer Texte (siehe oben) hinzugefügt werden müsse. Und er bringt für diese Sicht der Dinge eine Fülle von Indizien bei.

Es ist klar, dass diese letzten Folgerungen Laytons nicht mehr zu unserer Gesamteinschätzung von Brontē passen. Ich komme also nicht umhin, zum Schluss noch kurz zu sagen, wie und wo die Weichen anders gestellt werden müssten bzw. wie allein ich mir Laytons wichtige Entdeckung zu eigen zu machen vermag. Die Verbindungslinien zwischen Brontē und dem sethianischen Corpus sind m. E. unspezifisch. Um das Evangelium der Eva wirklich für die Quelle von UW, HA und Brontē halten zu können,[27] müsste man von ihm etwas mehr wissen. Laytons Lösung des Rätsels, das Brontē stellt, nämlich: „Eva", ist an sich evident, aber zu eng. Die himmlische Eva muss noch weiter gefasst werden, als Layton es tut. Oder anders gesagt: Irdische und himmlische Eva können selbst nur als Aspekte der Weisheit Gottes bzw. der Ennoia des Urvaters gelten; in diese Richtung weist übrigens auch die Parallele in der Apophasis Megale. Wichtige Hinweise finden sich auch bei Layton selbst. Am Anfang von Anm. 24 sagt

[26] Zitiert nach Layton: Riddle of the Thunder, 13.
[27] Layton ist sich da selbst nicht ganz sicher; vgl. Riddle of the Thunder, 15.

er: „This is not, of course, to say that our text *is* a riddle pure and simple." Und in Anm. 25 erscheinen dann in einem Zitat aus K. Ohlert[28] folgende Sätze: „Auch Orakel und Sprüche waren bei den meisten Völkern in die dunkle Sprache des Rätsels gehüllt und wurden als Äußerungen einer höheren göttlichen Einsicht angesehen. Daher tragen Rätsel, Orakel und Sprüche in der ältesten Zeit den Charakter eines geheimen und geheiligten Schatzes."

Ich würde also lieber gar nicht vom Rätsel bzw. von den Rätseln der Schrift Brontē reden, sondern von *Rätselrede* (dieser Begriff wurde ja auch schon bei dem Referat von Laytons Beitrag gebraucht). Der auffällige Stil der Ego-eimi-Partien von Brontē ist eben des Näheren zu identifizieren als Stil der Rätselrede. Die Rätselrede ist ja auch der hellenistisch-jüdischen Weisheit wohlvertraut; m. E. ist z. B. Logion 2 des Thomasevangeliums (nebst seinen Parallelen) ein Rätsel. Und es erscheint mir nicht zu verwunderlich, wenn Ego-eimi-Aussagen der Weisheit beim Umschlagen von bloß pessimistischer Weisheit zu dualistischer Weisheit den paradoxen Stil der Rätselrede als ein gemäßes Ausdrucksmittel der neuen Weltsicht angenommen hätten. Die so genannte dualistische Weisheit, mit der Egon Brandenburger z. B. religionsgeschichtlich operiert, hat es eben tatsächlich gegeben, allerdings nicht als eine Alternative von Gnosis, auch nicht als Vorstufe davon, sondern als sie selbst. Und unsere Schrift Brontē ist bisher das einzige direkte Zeugnis dafür. Es könnte einfach daran liegen, dass ihr Stil und literarischer Charakter – wiewohl *natürlich* und *normal* – bisher als „unique in the surviving Mediterranean literature" erscheinen.

[28] Rätsel und Rätselspiele der alten Griechen, Berlin ²1912.

MITTELÄGYPTISCHE „NACHLESE“ I*

Bemerkungen zum Adverb ϩⲓⲧⲣⲟⲩⲣ „schnell“
anlässlich der Edition von Restfragmenten der
Mailänder mittelägyptischen Handschrift der Paulusbriefe
mit einem neuen Beleg[1]

Die Erforschung der Dialekte der koptischen Sprache und ihrer Beziehungen untereinander hat in der jüngsten Zeit erneut das Interesse der Spezialisten auf sich gezogen und dabei wichtige Impulse erhalten und erhebliche Fortschritte gemacht, was dem Leser dieser Zeitschrift z. B. durch die zahlreichen einschlägigen Beiträge von W.-P. Funk deutlich vor Augen steht. Nun ist eine der wesentlichen Voraussetzungen dieses neuen Problem- und Wissensstandes die gar nicht lange zurückliegende Entdeckung und in der Gegenwart sprunghaft schnell sich vollziehende Erschließung eines neuen, inzwischen auch wohldokumentierten koptischen Dialekts, über dessen Namen man sich freilich immer noch nicht ganz einig ist. Hier wird aus Treue zum Entdecker und unter Geringachtung der viel beschworenen Missverständlichkeit die Bezeichnung „Mittelägyptisch(er Dialekt des Koptischen)“ gebraucht und empfohlen (Abkürzung: Mäg./mäg.; Dialektsigel: *M*). Aber, was andere über das „Oxyrhynch(it)ische“ oder das „Mesokemische“ (Englisch: „Mesokemic“) sagen, meint denselben Gegenstand. Die Entdeckung des Mittelägyptischen fügt nicht einfach ein neues Phänomen den alten oder anderen neuen Phänomenen hinzu. Vielmehr kommt ihr eine solche Schlüsselrolle zu, dass man sagen kann: „it is difficult to predict what impact it will have on our view of grammatical phenomena and dialectological conception, esp. the metalinguistic ‚stasis' or balance between the northern and southern dialects of Coptic.“[2] Auch ist die kurze und intensive Geschichte der bisherigen Erforschung des mittelägyptischen Dialekts außerordentlich interessant, wenn man sie nicht geradezu dramatisch nennen muss.

---

* ZÄS 116 (1989), 160–174.

[1] Der Kern dieses Aufsatzes war Gegenstand eines kleinen Vortrags auf einer Veranstaltung der „Neuen Forschungen zur ägyptischen Geschichte“ zu Ehren des 65. Geburtstages von Fritz Hintze. Auch die erweiterte Form bleibt dem Lehrer in Dankbarkeit und mit Respekt gewidmet.

[2] A. Shisha-Halevy, "Middle Egyptian" Gleanings: Grammatical notes on the "Middle Egyptian" Text of Matthew, ChrÉ 58, (1983), 311.

Das Verdienst, das Mittelägyptische als einen eigenständigen Dialekt – und zwar an Hand ganz weniger und kleiner Fragmente – entdeckt zu haben, gebührt P. E. Kahle jr. Wann diese Entdeckung wirklich stattgefunden hat, ist unbekannt. Jedenfalls beginnt die mittelägyptische „Zeitrechnung" erst 1954, mit dem Erscheinungsjahr seiner zweibändigen Ausgabe der koptischen Texte von Deir el-Bala'izah, wo er im neunten Kapitel der langen Einleitung, das die Überschrift trägt: „The Coptic Literary Dialects: Their Origin, Development and Interrelationship",[3] einen „Mittelägyptisch" genannten Dialekt[4] als Bindeglied zwischen dem Subachmimischen (wofür sich jetzt die Bezeichnung „Lykopolitanisch" durchzusetzen scheint) und dem Fayumischen behauptet und beschreibt.[5] Die winzige und, wie gesagt, fragmentarische Basis dafür bestand nur aus sechs Elementen, nämlich zunächst drei Bibelfragmenten: 1. Gen 6,7–19;[6] 2. Hi 30,8–9.17–18;[7] 3. Röm 4,15–24;[8] dann 4. einem Homiliefragment der Hoskyns Collection, Corpus Christi College, Cambridge;[9] 5. einem Brief von einem gewissen Bēs und einem Aphinge an einen Unbekannten, der sich im Besitz des Britischen Museums (bzw. jetzt, wie all die anderen aufgeführten BM-Texte, der British Library) unter der Inv. No. 2548 befindet;[10] 6. Fragmenten, ebenfalls Eigentum des Britischen Museums, von einem Griechisch-Koptischen Glossar zu Hosea und Amos.[11] Von dem eigentlichen, reinen Mittelägyptisch unterschied Kahle noch eine Zwischenstufe zwischen diesem und dem Fayumischen, das so genannte „Mittelägyptisch mit fayumischem Einfluss". Seine Hauptzeugen für diese

[3] P. E. Kahle, Bala'izah: Coptic Texts from Deir el-Bala'izah in Upper Egypt, London 1954, 193–268.

[4] Der Ausdruck „Mittelägyptisch" als Bezeichnung eines koptischen Dialekts ist übrigens von Kahle keineswegs neu geprägt worden. Es handelt sich vielmehr um eine durchaus traditionelle Bezeichnung, mit der man aber bis dahin den gesamten Komplex des Fayumischen meinte; Kahle hat den alten Begriff nur neu und sehr viel spezieller bezogen.

[5] Kahle, Bala'izah, 220–224.

[6] Aus Wadi Sarga; B. M. Or. 9035 (45) (46) (49); im Jahre 1954 noch unveröffentlicht; vgl. jetzt J. W. B. Barns/R. Kasser, Le manuscrit moyen-égyptien B.M. Or. 9035, Le Muséon 84 (1971), 395–401; andererseits B. Layton, Catalogue of Coptic Literary Manuscripts in the British Library Acquired Since the Year 1906, London 1987, No. 192.

[7] Aus Wadi Sarga; B. M. Or. 9035 (41); W. E. Crum/H. I. Bell, Wadi Sarga: Coptic and Greek Texts, Coptica 3, Hauniae 1922, 29f.; vgl. jetzt auch Layton, No. 186, wo aber dieser rein mittelägyptische Standardtext als fayumisches Dokument aufgeführt wird.

[8] Aus Oxyrhynchos; W. E. Crum, Some Further Meletian Documents, JEA 13 (1927), 26.

[9] Von Kahle zitiert nach Notebook 87 des Crum Materials, Griffith Institute, Oxford; bis heute unveröffentlicht.

[10] H. I. Bell, Jews and Christians in Egypt, Oxford 1924, 97–99.

[11] H. I. Bell/H. Thompson, A Greek-Coptic Glossary to Hosea and Amos, JEA 11 (1925), 241–246.

Dialektvariante waren, neben dem – den gemeinten Typ aber nicht rein repräsentierenden – Didachefragment des Britischen Museums[12] und BM 508, zwei umfangreiche, aber noch nicht veröffentlichte Texte, nämlich P. Mich. Inv. 3521 (Johannesevangelium) und P. Mich. Inv. 3520 (Ecclesiastes, 1. Johannesbrief, 2. Petrusbrief). Aber in seinen diesbezüglichen Aufstellungen stützt er sich nur auf das Didachefragment und bemerkt dazu: „A further discussion will have to wait until the Michigan MSS are published".[13]

Kahles Entdeckung des mittelägyptischen Dialekts fand jedoch keineswegs sogleich die gebührende Anerkennung; sein „Mittelägyptisch" schien eher, wie H. J. Polotsky es formuliert hat, „bei den Fachgenossen einer gewissen misstrauischen Zurückhaltung zu begegnen".[14] Dass er doch – und wie sehr er – Recht hatte, wurde erst geraume Zeit nach seinem zu frühen Tode (am 30. April 1955) offenbar. Nicht nur, dass seit dem Jahre 1962 der für Kahle so wichtige P. Mich. 3521[15] in der Ausgabe von E. M. Husselman der Fachwelt vorlag[16] und die Bildung eines eigenen Urteils über diese „Abart" des Mittelägyptischen ermöglichte; dieselbe Autorin entdeckte in der Papyrussammlung der University of Michigan auch einen weiteren Text in reinem Mittelägyptisch, den sie 1965 publizierte,[17] wenn auch an so entlegener Stelle, dass seine Existenz lange von den meisten übersehen werden konnte. Es handelt sich um vier Fragmente des Martyriums des Cyri(a)cus und seiner Mutter Julitta (P. Mich. Inv. 1291).[18] Vor allem aber tauchten in den frühen sechziger Jahren plötzlich drei umfangreiche Handschriften (zwei von ihnen absolut vollständig erhalten) von Büchern des Neuen Testaments, die in „Kahles" reinem mittelägyptischen Dialekt geschrieben waren, auf dem Antiquitätenmarkt auf. Sie waren es, die sofort die allgemeine Aufmerksamkeit erregten und den Durchbruch erzielten.

---

[12] B. M. Or. 9271; C. Schmidt, Das koptische Didache-Fragment des British Museum, ZNW 24 (1925), 81–99; vgl. jetzt auch Layton, Catalogue 1987, No. 189.

[13] Kahle, Bala'izah, 225 Anm. 5.

[14] H. J. Polotsky (Rezension von E. M. Husselmann, The Gospel of John in Fayumic Coptic), Collected Papers, Jerusalem 1971, 437a.

[15] Vgl. Polotsky, 437a.

[16] E. M. Husselman, The Gospel of John in Fayumic Coptic (P. Mich. Inv. 3521), KMA.S 2, Ann Arbor 1962.

[17] E. M. Husselman, The Martyrdom of Cyriacus and Julitta in Coptic, JARCE 4 (1965), 83–86.

[18] Neubearbeitung als Anhang in H.-M. Schenke, Apostelgeschichte 1,1–15,3 im mittelägyptischen Dialekt des Koptischen (Codex Glazier), TU 137, Berlin 1991.

Es handelt sich um zwei vorzüglich erhaltene kleine Pergamentcodices, die beide durch die Hände des New Yorker Antiquars Hans P. Kraus gegangen sind. Der eine, der das gesamte Matthäusevangelium (und den so genannten Engelshymnus) enthält, war zunächst nach Schweinfurt in den Besitz von Herrn Otto Schäfer gelangt. Am 15. Juli 1973 wurde er aber von William H. Scheide erworben (deswegen und seitdem „Codex Scheide" genannt) und befindet sich nun unter der Inventarnummer M 144 in der Scheide Library zu Princeton, New Jersey, USA (das ist die Privatbibliothek von Mr. Scheide, die aber in den Räumen der Princeton University Library untergebracht und gesichert ist). Der andere enthält lückenlos den ersten Teil der Apostelgeschichte (1,1–15,3); er ist im Jahre 1962 von Hans P. Kraus an William S. Glazier verkauft worden (daher der Name „Codex Glazier"). Nach dem frühen Tode von Mr. Glazier im Jahre 1962 befindet er sich seit 1963 mit der übrigen Glazier Collection in der Pierpont Morgan Library, New York City, zunächst nur in Obhut; aber mit dem 9. Mai 1984 ist er in den Besitz dieser Bibliothek übergegangen, wo er die Signatur G. 67 trägt. Die dritte große Handschrift ist ein fragmentarischer Papyruscodex, der die Paulusbriefe enthielt. Er befindet sich unter der Signatur P(apiri) Mil(anesi) Copti 1 im Besitz des Istituto di Papirologia dell'Università degli Studi di Milano. Obwohl man von seiner Existenz erst einige Jahre später erfuhr, war er doch der erste, der veröffentlicht wurde.[19] Es folgte erst einige Jahre später die Edition des Codex Scheide.[20] Aber inzwischen ist auch die Ausgabe des Codex Glazier bereits fertiggestellt und befindet sich z. Z. im Druck.[21]

Nicht unausgewertet und uneinbezogen geblieben sind schließlich auch die beiden großen Michiganhandschriften, sowohl die bereits veröffentlichte (P. Mich. 3521) als auch die unveröffentlichte (P. Mich. 3520); die letztere allein nach Fotografien.[22] Galt es doch, das Verhältnis von

---

[19] T. Orlandi, Lettre di San Paolo in Copto-ossirinchita, P.Mil.Copti 5, Milano 1974.

[20] H.-M. Schenke, Das Matthäus-Evangelium im mittelägyptischen Dialekt des Koptischen (Codex Scheide), TU 127, Berlin 1981.

[21] Schenke, Codex Glazier. – Übrigens gehört zum Siegeszug von Kahles Theorie eines besonderen mittelägyptischen Dialekts – als eine Art Seitenlinie – auch, dass sich seine Behauptung einer direkten Beziehung dieses Dialekts zum so genannten altkoptischen Text von Oxyrhynchos (B. M. Or. 10808) bei der inzwischen erfolgten umfassenden Neubearbeitung dieses Papyrus durch Osing, auch wenn dessen Sprache nach Osing noch gar nicht als Koptisch, sondern noch als Spätägyptisch anzusehen ist, m. E. im Prinzip durchaus bestätigt hat. Vgl. J. Osing, Der spätägyptische Papyrus BM 10808, ÄgA 33, Wiesbaden 1976.

[22] Z. B. in Schenke, Codex Glazier, im Rahmen der Einleitung, als letzter Teil des Abschnitts „Sprache"; aber vgl. auch die vielfältigen Aufstellungen Kassers zur koptischen Dialektologie.

deren Dialekt zu dem, was nun als reines Mittelägyptisch vor aller Augen war, neu zu bestimmen. Dabei zeigte sich sogleich, dass es sich bei den beiden Michiganhandschriften gar nicht um den gleichen Dialekt handelt; während nämlich der von P. Mich. 3521 dem Dialekt *M* tatsächlich sehr nahe steht (in der Nomenklatur der Kasser-Funk-Konvention[23] mit dem Sigel *W* bezeichnet), gehört der des P. Mich. 3520 eher in die Nähe des Frühfayumischen (nach der Kasser-Funk-Konvention *V4*). Die Aufbereitung des Materials von P. Mich. 3520 für eine von Kasser und mir gemeinsam zu verantwortende Edition, die auch zugleich eine Revision derjenigen des P. Mich. 3521 enthalten soll, ist auch schon weit gediehen.

Als kleine Sensation darf es wohl bezeichnet werden, wenn kürzlich noch entdeckt wurde, dass es in der Papyrussammlung der University of Michigan unter der Inventarnummer 525 seit langem auch einen wohlerhaltenen Brief (eines gewissen Paniske an seinen Vater Apa Philoxe) gibt, der in reinem Mittelägyptisch geschrieben ist.[24] Die große Sensation der letzten Zeit besteht jedoch darin, dass sich zum Codex Scheide

---

[23] Vgl. R. Kasser, Sigles des dialectes Coptes, IACS.NL 20, Rome (January) 1987, 11.

[24] H.-M. Schenke, Ein Brief als Textzeuge für den mittelägyptischen Dialekt des Koptischen (P. Mich. Inv. 525), JCoptS 1 (1990), 59–72 mit Taf. 7. In allerneuster Zeit konnte übrigens die „Spur" von einem weiteren mittelägyptischen Brief „aufgenommen" werden. Sie ist sichtbar in Laytons neuem Katalog der literarischen Handschriften der British Library. Das dort unter den fayumischen Handschriften als Nr. 191 katalogisierte „Unclassified Fragment" (Layton, Catalogue 1987, 239 mit Taf. 25,3) macht nämlich weder einen literarischen noch einen fayumischen Eindruck. Einerseits lässt die (von Layton erwähnte) leere Rückseite ja eigentlich von vornherein an eine Urkunde (im weitesten Sinne) denken; andererseits ist innerhalb der von Layton zitierten Textprobe die Kontraktion ⲡ̣̅ⲛ̣̅ϯ als Schreibung für das Wort „Gott" eine typisch mittelägyptische Erscheinung, während zugleich das Fehlen des Lambdazismus in dieselbe Richtung weist (statt ⲉϩⲣⲁⲓ müsste man – und kann man – freilich ⲉ̇ϩⲣⲏï lesen). Diese kurze Textprobe heißt nun: „(vor allen Dingen) Gott zu danken für deine (f.) gute Gesundheit". Die mit alledem gegebene Vermutung, dass es sich hier um einen mittelägyptischen Brief an eine Frau handelt, wird durch das, was man an Worten auf Tafel 25,3 (einem kleinen Ausschnitt, der ja nur zur Veranschaulichung der Schrift dient) glaubt erkennen zu können, weiter genährt (vor allem ist ⲉ̇ϣⲟⲡⲉ „wenn" [links oben] solch ein mittelägyptisches Indiz; auffällig ist sonst noch dreimaliges Vorkommen des Adverbs ⲉ̇ⲙⲁϣⲁ „sehr" auf diesem kleinen Ausschnitt; die am sichersten zu erkennenden Textzusammenhänge sind: ⲛⲉⲩ ⲉ̇ⲣⲁⲩ ϩⲓⲱ ⲛ̇ⲧⲟⲩ „an dir (f.) gesehen (hat), bringe sie!" und: ϯⲛⲉϥⲓϣⲛϩⲏⲧ ⲉ̇ⲙⲁϣⲁ „(sonst) werde ich sehr traurig sein") und hat sich durch die bisherige Beschäftigung mit einem Foto der ganzen Seite, das mir dankenswerter Weise zur Verfügung gestellt worden ist, bestätigt: Dass der – in der Tat schwer lesbare – Text eine Spielart von reinem Mittelägyptisch ist und dass es sich um einen Brief einer einzelnen Person, die zugleich für eine Gruppe spricht („ich" und „wir"), an eine Frau handelt, darf m. E. schon jetzt als ganz sicher gelten. Nur, worum es in diesem Text des Näheren eigentlich geht, ist mir noch nicht recht klar (wie es bisher scheint, vielleicht um die nachdrückliche Forderung von – wegen langer Krankheit der Adressatin – überfälligem Unterhalt für deren Verwandte, die sich beim Absender befinden).

und Codex Glazier noch ein dritter etwa gleichaltriger und fast gleich gut erhaltener, aber nicht ganz so kleiner, Pergamentcodex gesellt hat, diesmal die gesamten Psalmen im Dialekt *M* enthaltend, aber nun nicht über den Antiquitätenmarkt, sondern als Fundobjekt bei einer offiziellen Ausgrabung der ägyptischen Altertümerverwaltung. Und zwar fand man diesen Psalmencodex Anfang November 1984 auf einem großen, alten, koptischen Friedhof beim Dorf Al-Muḍil, ca. sieben Kilometer nördlich von Al-Hibe, im Grabe eines etwa dreizehnjährigen Mädchens, unter dem Kopf der Bestatteten.[25] Und der Direktor des Koptischen Museums zu Alt-Kairo, Gawdat Gabra, ist bereits emsig an der Arbeit, um auch diesen Text, und zwar, wie man hört, unter Mitarbeit der Münsteraner Koptologen, M. Krause und G. Mink, so schnell wie möglich herauszugeben. (Hinzuzufügen ist jetzt noch P. Oxy. 4 1B 74/K (a) [ed. A. Alcock].)

Die mittelägyptische „Ernte" ist also eingebracht oder wenigstens in vollem Gange. Das heißt, es ist bereits Zeit zur „Nachlese".[26] Es bleibt immer etwas liegen, das im Nachhinein einzusammeln sich durchaus lohnt. Und es können Dinge von ganz verschiedener Art, ganz verschiedener Relevanz, ganz verschiedener Größenordnung sein. Während Shisha-Halevys „Gleanings" grammatischer Natur sind, möchte ich hier als Erstes auf das Material der Mailänder Handschrift der Paulusbriefe hinweisen. Wenn diese – wegen ihrer im kritischen Bereich schwer zu entziffernden Fragmente – am meisten Arbeit erfordernde Handschrift zuerst herausgegeben wurde, ist es gewissermaßen natürlich, dass noch viel zu tun übrig geblieben ist. Das weiß und sieht jeder Benutzer dieser Ausgabe von selbst. Die Dringlichkeit einer Nachlese hier wurde mir aber erst richtig bewusst, als ich die Gelegenheit hatte und wahrnahm, die Ausgabe an Hand von Infrarotfotografien, die mir T. Orlandi zum Studium des Schriftduktus und des Supralinearsystems zur Verfügung gestellt hatte, zu kontrollieren. Es ist eben nicht nur die Notierung der Zeichen des Supralinearsystems zu vervollständigen, sondern auch die Lesung zu verbessern (die hier gegebenen Zitate setzen solche Verbesserungen schon voraus); es ist im Allgemeinen erheblich mehr, sei es deutlich, sei

---

25 Vgl. G. Gabra, Zur Bedeutung des koptischen Psalmenbuches im oxyrhynchitischen Dialekt, GM 93 (1986), 37–42.

26 Die Anwendung dieser Metapher zur Bezeichnung der gemeinten Sache stammt leider nicht von mir; es handelt sich vielmehr um eine Entlehnung aus dem Titel von A. Shisha-Halevys Rezension der Ausgabe des Codex Scheide (Shisha-Halevy, „Middle Egyptian" Gleanings, 1983).

es unsicher, erhalten, als die Ausgabe angibt.[27] Zudem stieß ich zufällig auf zwei relativ kleine Fragmente, die zu meiner Verwunderung in der Ausgabe überhaupt nicht vorkamen. Wie inzwischen brieflich zu erfahren war, liegt das daran, dass der Herausgeber sie, als er an der Edition arbeitete, nicht identifizieren konnte. Im gleichen Zusammenhang wurde mitgeteilt, dass es auch noch andere kleinere Fragmente gebe, die gar nicht erst fotografiert worden seien. Da nun auf einem der beiden erwähnten Fragmente das für den Dialekt *M* so typische Wort ϩⲓⲧⲣⲟⲩⲣ zu erkennen war, hatte ich keine Ruhe, bis die Fragmente identifiziert waren und auch dieser Beleg von ϩⲓⲧⲣⲟⲩⲣ in einem Index verzeichnet werden konnte. Und nachdem Orlandi das Angebot gemacht hatte, dass ich selbst diese Restfragmente herausgeben sollte, entstand schließlich die Konzeption dieses Beitrags, nämlich als Signal für die allgemein nötige Nachlese der Mailänder Handschrift der Paulusbriefe eine Art Bestandsaufnahme zum Adverb ϩⲓⲧⲣⲟⲩⲣ, über das in der sonst noch gültigen Standardliteratur soviel Irrtümliches steht, dass die Wahrheit sich möglicherweise nicht von allein durchsetzt, mit der Ausgabe dieser Fragmente zu verbinden. Die für den ersten Teil der Aufgabe nötige Vergegenwärtigung des Prozesses des Zur-Kenntnis-Kommens des Ausdrucks ϩⲓⲧⲣⲟⲩⲣ ergänzt zudem das einführend nur allgemein Gesagte auf glückliche Weise, wie ich meine, durch einen punktuellen lebendigen Einblick in die junge Geschichte der Entdeckung und Erschließung des mittelägyptischen Dialekts.

Das uns hier also zuerst beschäftigende Phänomen ϩⲓⲧⲣⲟⲩⲣ tauchte zuerst im P. Mich. Inv. 3521 auf. Und die wissenschaftliche Öffentlichkeit wurde damit zum ersten Mal im Jahre 1934 bekannt gemacht durch die vierte Lieferung des Coptic Dictionary von W. E. Crum, wo es allerdings (nicht dem Mittelägyptischen, sondern) dem Fayumischen zugeordnet wird und unter der Gestalt ϩⲓⲧⲕⲟⲩⲣ erscheint. Das Lemma lautet: „ⲧⲕⲟⲩⲣ *F* nn, *speed*: Jo 13,27 ⲉⲣⲓϥ[28] ϩⲓ̣ⲧ̣ⲕ. (PMich 3521, *S* ϩⲛⲟⲩϭⲉⲡⲏ, *A*[2] ϩⲛⲟⲩϭⲗⲁⲙ, *B* ⲛϫⲱⲗⲉⲙ) τάχιον. Cf. dem *n tkr*“ (406 b 9–11). Der ganze Vers Joh 13,27 heißt übrigens: ⲙⲛⲛ[ⲥ]ⲁ ⲧⲣⲉϥϫⲓ ⲙ̅ⲡ̅ⲁⲓ̈ⲕ ϩⲁ ⲡⲥⲁⲧⲁⲛⲁⲥ ϣⲏ ⲉϩⲟⲩⲛ ⲉⲣⲁϥ

[27] Eine solche Revision in großem Stil hat übrigens, wie ich gerade erfahre, inzwischen bereits begonnen; und zwar erfolgt sie unter der Schirmherrschaft von Rodolphe Kasser durch Nathalie Bosson.

[28] Die Lesung des ersten Buchstabens bei dieser Imperativform ist visuell unsicher; erhalten ist bloß ein winziger Rest, der an sich sowohl von einem Epsilon wie von einem Alpha stammen könnte. Die Dialektnorm von *M* und *W* (vgl. Joh 6,27), die Alpha hat, macht aber die Deutung Husselmans als ⲁ̣ⲣⲓϥ praktisch sicher.

пєϫє ї̄с̄ нєч ϫє пєтк̄нєє[ч] ạрıч[28] ϩıтроур.[29] Bemerkenswert an Crums Notierung ist außerdem noch, dass sie nur auf einen Beleg hinweist, während es in P. Mich. Inv. 3521 deren zwei gibt. Die andere Stelle ist Joh 11,29 und lautet: н̄тас ϫє нтєрєссωтм ϩастωоүн̣с̣ ϩїтроүр ϩасı єв[а] ḷ ϣ[ар]ач.[30] Das Fehlen dieses zweiten Belegs bei Crum hängt wohl mit dem fragmentarischen und schwer lesbaren Charakter des Originals zusammen, das Crum auch nur durch Fotografien kannte, die ihm für sein Lexikon zur Verfügung gestellt worden waren.

Aber eben diese Crumfotos sollten noch eine wichtige Rolle spielen. Sie kamen nämlich mit seinem Nachlass in das Griffith Institute zu Oxford. Und dadurch gelangte dieser Text zur Kenntnis von P. E. Kahle, der sich sehr intensiv und um seiner selbst willen mit ihm beschäftigte, auch eine sorgfältige Transkription anfertigte. Ein Hinweis auf diesen Sachverhalt findet sich in Kahle, Bala'izah, 225 Anm. 1. Aber wirklich deutlich wird die Sache erst durch das Zeugnis von H. J. Polotsky.[31] Das besondere Interesse Kahles an dieser Handschrift hängt mit deren Dialekt zusammen. Sie wurde ja – vielleicht sogar viel mehr, als es scheint – zu einer tragenden Säule in dem von ihm errichteten Gebäude eines Systems der koptischen Dialekte und eines seiner wichtigsten Zeugnisse für den von ihm identifizierten Dialekt *M*, auch wenn Kahle – mit Recht – diesen Dialekt *M* durch P. Mich. Inv. 3521 nicht rein vertreten sieht, sondern ihn als Mittelägyptisch mit fayumischem Einfluss bestimmt (M^f). Diese Einschätzung von P. Mich. 3521 als M^f hat er allerdings nachträglich – m. E. allzu bereitwillig – zugunsten der älteren und allgemeineren Etikettierung als eine Art Fayumisch wieder zurückgenommen.[32]

---

29 Vgl. die (spätere) Edition, Husselman, Gospel of John in Fayumic, 1962, 79.

30 Vgl. die (spätere) Edition, Husselman, Gospel of John in Fayumic, 75.

31 Collected Papers, 437a: „Eine Photokopie, die Crum für sein Wörterbuch zur Verfügung gestellt worden war, kam mit seinem Nachlass in das Griffith Institute zu Oxford. Dadurch gelangte der Text zur Kenntnis P. E. Kahles, der sich eingehender mit ihm beschäftigt hat, als aus Bala'izah 225 n. 1 zu ersehen ist. Offenbar auf Grund von Mitteilungen Kahles ist die Hs. bereits im Apparat des neuen griechischen N. T. der Britischen und Ausländischen Bibelgesellschaft (ed. Kilpatrick, London 1958) unter der Sigle fa^m zitiert (cf. 6,55; 7,10; 8,39; 9,35.40; 10,4; 11,57). Durch Kahle habe auch ich den Text kennengelernt, und von meinen Notizen, die auf seinen Abschriften und brieflichen Mitteilungen (1953/4) beruhen, werde ich unten" (d. h. bei der Rezension von Husselman, Gospel of John in Fayumic, 1962) „Gebrauch machen."

32 Bala'izah, 888f. (in den Addenda zu pp. 193ff.): „... often it is almost impossible to state exactly where one dialect begins and what is to be regarded as the distinctive mark of a dialect. An obvious example are the dialects here classified as ‚Middle Egyptian proper', ‚Middle Egyptian with Fayyumic influence' and ‚Fayyumic'; on reflection it might have been better to class at least the last two under one heading of ‚Fayyumic'."

In diesem Zusammenhang hat nun auch unser Adverb seine Aufmerksamkeit gefunden, das er als ϩⲓⲧⲣⲟⲩⲣ wiedergab und von dem er nachdrücklich unterstrichen hat, dass diese Lesung sicher sei und als die allein richtige gelten müsse.

Das erfährt man aber nicht von ihm selbst, sondern im Jahre 1955 durch J. Černý in der Grapowfestschrift.[33] Die entscheidende Wendung lautet: „Dr. P. Kahle, who transcribed Pap. Michigan 3521 from a good photograph is quite positive that the true reading of the word is ⲧⲣⲟⲩⲣ in all three occurrences in the said passage.“ Die Behauptung eines dreifachen Vorkommens hängt wohl direkt mit einer anderen genauso merkwürdigen Aussage zusammen, dass nämlich P. Mich. 3521 „is a version of John 11,29–13,27.“ Joh 11,29 und 13,27 sind die beiden Verse, in denen ϩⲓⲧⲣⲟⲩⲣ als Äquivalent von Sahidisch ϩⲛ̄ ⲟⲩϭⲉⲡⲏ wirklich vorkommt, verbunden mit einem „bis“-Zeichen. Im sahidischen Johannesevangelium kommt zwar noch ein weiteres, ein drittes, ϩⲛ̄ ⲟⲩϭⲉⲡⲏ vor, und das liegt dazwischen, nämlich in 11,31, aber diese Stelle ist im P. Mich. 3521 nicht erhalten. Die Hauptsache bei Černý ist aber die etymologische Zurückführung des in ϩⲓⲧⲣⲟⲩⲣ enthaltenen offensichtlich nominalen Elements ⲧⲣⲟⲩⲣ mit der Bedeutung „speed“ auf ein ägyptisches Verbum, nämlich das Hapaxlegomenon [Hieroglyphen], belegt in „Horus und Seth“ 13,4 (Wb. V 319,2). Ob allerdings der letzte Satz dieser seiner sechsten Etymologie stimmt, liegt außerhalb meiner Beurteilungsmöglichkeit: „ [Hieroglyphen] > ⲧⲣⲟⲩⲣ is quite normal, compare [Hieroglyphen], *krr* > ⲕⲣⲟⲩⲣ ‚frog‘.“ Im Jahre 1976 findet sich diese Deutung in knapper Form wiederholt in Černýs Coptic Etymological Dictionary, und zwar mit folgendem Eintrag: „ⲧⲣⲟⲩⲣ (correct reading instead of ⲧⲕⲟⲩⲣ of Crum 406b), ‚speed‘ = [Hieroglyphen] (Wb. V, 319,2), *trr*, ‚to run a race‘. Černý in Festschrift Grapow, 34 [1955]“.[34]

Im Jahre 1962 war dann endlich die Edition des Michiganpapyrus, besorgt von Elinor M. Husselman, erschienen.[35] Und der Leser staunt nicht schlecht, wenn er da nun für unser Adverb an beiden Stellen der alten Lesung von Crum ϩⲓⲧⲕⲟⲩⲣ wiederbegegnet. Beide Male ist das Kappa ohne Punkt darunter, d. h. als absolut sichere Lesung, gegeben. Es erscheint so nicht nur im Register wieder, sondern auch auf p. 15 unter den readings peculiar to 3521. Und das alles ist um so auffälliger, als das Fragment, auf dem 13,27 steht, sich unter den in Auswahl beigegebenen Tafeln, auf plate 3,

---

[33] J. Černý, Some Coptic Etymologies, in: O. Firchow (Hg.), Ägyptologische Studien, FS H. Grapow, VIO 29, Berlin 1955, 34.

[34] J. Černý, Coptic Etymological Dictionary, Cambridge 1976, 195.

[35] Husselman, Gospel of John in Fayumic.

abgebildet findet und hier der in ϩⲓⲧⲣⲟⲩⲣ problematische Buchstabe deutlich als Rho zu erkennen ist.[36]

Auf andere Weise seltsam und verwirrend – weil noch einmal und problematisch ganz von vorn anfangend – ist die Notierung zu ⲧⲣⲟⲩⲣ in Kassers Compléments morphologiques: „ⲧⲣⲟⲩⲣ ‚bref instant(?)' *M* (dans ϩⲓⲧⲣⲟⲩⲣ ταχύ etc.)".[37] Sie erscheint nur erklärlich unter der Voraussetzung, dass Kasser Crums und Husselmans ϩⲓⲧⲕⲟⲩⲣ völlig unangetastet lässt und sein ϩⲓⲧⲣⲟⲩⲣ, das er allein aus dem ihm bekannten, aber damals noch nicht veröffentlichten mittelägyptischen Matthäusevangelium haben kann, wo es einmal, nämlich 28,7, vorkommt (in der mittelägyptischen Apostelgeschichte kommt es nicht vor), für etwas davon völlig Verschiedenes hält. Der Text der mittelägyptischen Paulusbriefe war Kasser bei Abfassung der Compléments morphologiques auch inoffiziell noch nicht bekannt. Die besagte Stelle des inzwischen veröffentlichten mittelägyptischen Matthäusevangeliums (= Codex Scheide),[38] Mt 28,7, lautet: ϩⲓⲧⲣⲟⲩⲣ ⲙⲉϣⲉ ⲛⲏⲧⲛ ⲁ̀ϫⲓⲥ ⲛ̀ⲛⲉϥⲙⲁⲑⲏⲧⲏⲥ ϫⲉ ϩⲁϥⲧⲟⲩⲛϥ ϩⲛ ⲛⲉⲧⲙⲁⲟⲩⲧ ⲁⲩⲱ ϥⲛⲉⲉⲣϣⲁⲣⲡ ⲉ̀ⲣⲟⲧⲛ ⲉ̀ⲧⲅⲁⲗⲓⲗⲁⲓⲁ̀ ⲁ̀ⲧⲉⲧⲛⲉⲛⲉ ⲉ̀ⲣⲁϥ ⲙ̇ⲙⲉ ϩⲉⲓ̈ⲡⲉ ϩⲁⲓ̈ϫⲁⲥ ⲛⲏⲧⲛ.

Der Gipfel der Verwirrung ist aber erst in dem betreffenden, nunmehr wahrhaft anachronistischen, Lemma in Vycichls Dictionnaire étymologique de la langue copte, aus dem Jahre 1983, erreicht. Es heißt dort nämlich: „ⲧⲕⲟⲩⲣ (S) subst. ‚vitesse, rapidité': dém. *tkr* ‚se dépêcher, vite' (sich

---

36 Auch die nochmalige Überprüfung beider Stellen an Hand zweier verschiedener Sätze von Fotografien, die mir durch Vermittlung von G. M. Browne und R. Kasser zur Verfügung stehen, ergab beide Male eindeutig die Lesung ϩⲓⲧⲣⲟⲩⲣ. Bei der Gelegenheit sei gleich noch eine zweite missliche und irritierende Fehllesung der Herausgeberin von P. Mich. 3521 korrigiert. Es geht um das auch ihr selbst rätselhafte Wort ⲗⲁϣⲓ in Joh 6,66 (vgl. Husselman, Gospel of John in Fayumic, 12. 15. 88; angeblich der einzige Lambdazismus in dieser Handschrift). Sie liest dort: ⲉⲧⲃⲉ ⲡⲉⲓ̈ ϩⲁ ⲟⲩⲗ|ⲁϣⲓ ⲛ̄ⲛⲉϥⲙⲁⲑⲏⲧⲏⲥ ϣⲉ | ⲛⲁⲩ ⲉⲡⲁϩ[ⲟ]ⲩ. Nun sieht ja schon diese Art des Zeilenbruchs merkwürdig aus. Und weil auf einem Foto des Satzes von G. M. Browne am linken Kolumnenrand überhaupt nicht ⲁ̣ϣⲓ zu erkennen war, sondern nur ϣⲓ, konnte die Vermutung aufkommen, dass statt des obskuren ⲗ|ⲁ̣ϣⲓ in Wirklichkeit ⲁ|ϣⲓ (die Entsprechung des mäg. ⲁ̀ϣⲉ) zu lesen sei. Dass allein dies die richtige Lesung ist, konnte auf eine doppelte Weise erhärtet werden: Zunächst durch eine vorzügliche, von Kasser, der auch selbst zu der Lesung ⲁ̣|ϣⲓ gelangt ist, zur Verfügung gestellte Infrarotfotografie, und schließlich noch dadurch, dass Randall Stewart diese Lesung am Original in Ann Arbor nachgeprüft hat und verifizieren konnte. Nach Stewart ist das ⲁ sogar ohne Punkt zu notieren; das Zeichen sehe zwar aus wie ⲗ – hat also keinen Verbindungsstrich –, aber so schreibe der Kopist dieses Codex das ⲁ eben auch sonst gelegentlich. (Brief vom 14. 10. 1986.) – Auch das letzte Wort ist übrigens zu verbessern; lies: ⲉⲡⲉ[ϩⲟ]ⲩ.

37 R. Kasser, Compléments morphologiques au dictionnaire de Crum, 43.

38 Schenke, Das Matthäus-Evangelium. Nach Gabra kommt ϩⲓⲧⲣⲟⲩⲣ auch im Psalmenkodex vor, z. B. Ps 30,3; 137,3.

beeilen, eilen, schnell) (E 660: 5 exemples: *sḏm-f* (forme verbale), *tkr tkr* impératif, *tw-y tkr ỉ-ỉr-k* ‚je vais vite à toi‘, *tm tkr* ‚ne te dépêche pas‘, *n tkr* ‚vite‘). Kahle conteste l'existence du verbe copte et veut lire ⲧⲣⲟⲩⲣ (Černý, Festschrift Grapow, p. 34, où Kahle est cité, aussi ED 185: ⲧⲕⲟⲩⲣ ‚speed‘ is nonexistent, the true reading being ⲧⲣⲟⲩⲣ). ⲧⲕⲟⲩⲣ (F) figure chez E. M. Husselman, The Gospel of John in Fayumic Coptic, Ann Arbor 1962: X 29 et XIII 27 = ϭⲉⲡⲏ (S), ϫⲱⲗⲉⲙ (B)“.[39]

Dass das Phänomen des mittelägyptischen ϩⲓⲧⲣⲟⲩⲣ jetzt in Wirklichkeit so völlig aller ehemaligen Geheimnisse entkleidet ist, wie es sich etwa schon in Westendorfs Koptischem Handwörterbuch niedergeschlagen hat,[40] liegt im Wesentlichen an der dritten der drei großen, vor dem Psalmencodex aufgetauchten rein mittelägyptischen Handschriften, der uns hier ja besonders beschäftigenden Mailänder Handschrift mit den Paulusbriefen.[41] Hier kommt nämlich das Wort ⲧⲣⲟⲩⲣ nicht nur (nach dem Stand der Edition einmal [in Wirklichkeit zweimal, siehe unten]) im Adverb ϩⲓⲧⲣⲟⲩⲣ vor, sondern auch als Verbum, das das σπουδάζειν der griechischen Vorlage übersetzt, und zwar je einmal im zweiteiligen und im dreiteiligen Konjugationsschema, wodurch sein Charakter als Infinitiv gesichert ist. Es handelt sich um die folgenden Stellen:

> 2 Thess 2,2: [ⲉ̇ⲧⲙⲧⲣ]ⲉ̣ⲧⲉⲛⲛⲁⲉⲓⲛ[42] ϩⲓ̄ⲧⲣⲟⲩⲣ [ϩⲙ ⲡⲉ]ⲧⲉⲛ’ϩⲏⲧ · ⲁⲩⲱ ⲉ̇ⲧⲙϣⲧⲁⲣ[ⲧⲣ · ⲟ]ⲩⲇⲉ ⲉⲃⲁⲗ ϩⲓⲧⲛ ⲟⲩⲡⲛ̄ⲁ̄ · [ⲟⲩⲇⲉ] ϩⲓⲧⲛ ⲟⲩⲥⲉϫⲉ · ⲏ ϩⲓ̇ⲧⲛ [ⲟⲩⲉⲡⲓ]ⲥⲧⲟⲗⲏ · ϩⲱⲥ ⲉⲃⲁⲗ ϩⲓ̇ⲧⲁⲧⲛ · ϫⲉ ϩⲁ ⲡⲉϩⲁⲩ ⲙ̇ⲡⲭ̄ⲥ̄ [ϩⲟⲛ] ⲉ̇ϩⲟⲩⲛ.
> Eph 4,3: [ⲉ̇ⲧⲛ]ⲧⲣⲟⲩⲣ ⲉϩⲁⲣⲉ[ϩ ⲉ̇ⲧⲙⲛⲧⲟⲩⲉ] ⲛ̇ⲧⲉ ⲡ̣ⲉ̣ⲡ̄ⲛ̄[ⲁ̄ ϩⲛ ⲧⲙⲣⲣⲉ ⲛ̇ϯ]ⲣⲏⲛⲏ̣.
> 1 Thess 2,17: ⲁⲛⲁⲛ ⲇⲉ ⲛⲉⲥ̣[ⲛⲏⲟⲩ ⲉ̇ϩⲁⲛⲣⲟⲣ]ⲫⲁⲛⲟⲥ · ⲛ̇ⲟⲩ̣ⲉ [ⲧⲏⲛⲟⲩ][43] ⲡⲣⲟⲥ ⲟⲩⲟⲩⲁⲉⲓϣ [ⲛ̇ⲛⲁ ⲟⲩⲟⲩⲛⲟⲩ] ϩⲙ ⲡϩⲁ ⲛ̇ϩⲙ’ⲡϩⲏⲧ̣ [ⲉⲛ ·] ⲛ̇ϩⲟⲩⲁ ϩⲁⲛⲧⲣⲟⲩ[ⲣ ⲉ̇ⲛⲉ ⲉ̇ⲛⲉ]ⲧⲉⲛϩⲁ ϩ̣ⲛ ⲟⲩⲉⲡ̣[ⲓⲑⲩⲙⲓⲁ ⲉ]ⲧⲛⲁϣⲟⲥ.

Die nun folgende Ausgabe der beiden kleinen mittelägyptischen Fragmente der Mailänder Handschrift der Paulusbriefe hat zur Grundlage die

39 W. Vycichl, Dictionnaire étymologique de la language copte, Leuven 1983, 213a.

40 W. Westendorf, Koptisches Handwörterbuch, Heidelberg 1977, 244. 548.

41 Orlandi, Lettre di San Paolo. Vgl. zu (ϩⲓ)ⲧⲣⲟⲩⲣ in dieser Ausgabe besonders die Bemerkung von Quecke (Il Dialetto, in: T. Orlandi (Hg.), Lettre di San Paolo in Coptoossirinchita, P.Mil.Copti 5, Mailand 1974, 103).

42 Zur Rekonstruktion mit einem Rho in der Klammer vgl. W.-P. Funk, Beiträge des mittelägyptischen Dialekts zum koptischen Konjugationssystem, in: D. W. Young (ed.), Studies Presented to Hans Jakob Polotsky, E. Gloucester 1981, 186 mit Anm. 36.

43 Die Ausgabe hat an dieser Stelle ⲛ̇ⲥⲁ̣ ⲉ[, was eine Rekonstruktion praktisch unmöglich macht. Demgegenüber zeigt die der Ausgabe beigegebene Tafel von f. 41 v, dass Orlandis Lesung der beiden Buchstaben ⲥⲁ̣ durchaus hinterfragt werden kann. Ich glaube jedenfalls hier deutlich die Präposition ⲛ̇ⲟⲩⲉ zu erkennen. Vgl. auf der Tafel in Z. 7 und 8 die Schreibung dieser Präposition!

Infrarotfotografien von Vorder- und Rückseite der betreffenden Doppelglastafel, in der sie aufbewahrt werden, und eine Kollation des Originals, die W.-P. Funk Ende September 1980 in Mailand für mich durchgeführt hat.[44] Die Fotografie zeigt zwischen den Glastafeln noch vier Fragmente: links oben (im Blick auf die Vorderseite) den oberen, mittleren Teil von f. 36 v mit Eph 3,1–3 (in der Ausgabe S. 61), links unten das in der Ausgabe (S. 37) als f. 17 r veröffentlichte Stück (mit 1Kor 16,2–3) und rechts die beiden unveröffentlichten Fragmente, das obere Teile von 1Kor 16,20–23, das untere Teile von 1Kor 16,2–6 (auf dem recto) enthaltend. Als Funk die Glastafel sah, war das Epheserfragment allerdings bereits entfernt worden. Es handelt sich bei dem Material der Fragmente, wie Funk notiert hat, um schönen, dicken, braunen Papyrus. Nach seiner Beschreibung des allgemeinen Zustands der beiden unveröffentlichten Fragmente ist die Schrift so deutlich wie auf den Fotos mit bloßem Auge nicht zu sehen. Die Tinte ist mehr oder weniger stark verkrümelt, und der Papyrus stellenweise sehr dunkel. Das Zersetzungsprodukt der Tinte ist manchmal durch die Lupe sehr schön zu sehen. Die Schrift ist daher eher grauweiß als braun vom Hintergrund zu unterscheiden. Die Mischung aus brauner Tinte und ihrem grauweißen, glänzenden Zersetzungsprodukt ergibt insgesamt (wenigstens wenn man sie unter der Lupe betrachtet) eine brüchige, bröcklige, aber ziemlich deutliche Buchstabenkontur.

Das unveröffentlichte Fragment mit 1Kor 16,2–6 auf dem recto (unten rechts) gehört zu demselben folio wie das schon veröffentlichte Fragment mit 1Kor 16,2–3 auf dem recto (unten links). Es erschien daher notwendig, diese beiden, von ein und derselben Papyrusseite stammenden Fragmente (nach recto und verso) einander zuzuordnen, und das heißt, das neue Fragment zusammen mit dem alten Fragment wiederzugeben, obgleich das letztere nicht mit kollationiert worden war. Überhaupt geschieht die Zuordnung vorerst rein theoretisch und versuchsweise, nämlich vorbehaltlich einer Überprüfung am Original, ob denn, wenn die beiden Fragmente in einer Glastafel in diese Position zueinander gebracht worden sind, auch der Verlauf der Papyrusfaserung dem entspricht.

44 In der Università degli Studi di Milano, Facoltà di lettere, Istituto di Papirologia, Via Festa del Perdono, 7.

folio 17 r ↑

(1Kor 16,2–6)

(oberer Rand)

(rechter Außenrand)

1] ⲡ̣ⲉⲧ[
2 ϫⲉ]ⲕⲉⲥ ⲉ̣[ⲛ ⲁⲓ̄ϣⲁⲛⲉⲓ ⲧⲟⲧ]ⲉ
3 ⲗⲟ]ⲅ̣ⲉⲁ ⲛⲉ[ϣⲟⲡⲉ]
4 [3]] ⲇⲉ ⲁ[ⲓϣⲁⲛⲉⲓ] . [?]
5 ⲛⲉⲇⲟⲕ]ⲓⲙⲁⲍⲉ [ⲙ̇ⲙⲁⲩ]
6 ⲉⲡⲓ]ⲥⲧ[ⲟⲗⲏ ⲉ̇ϫⲓ ⲛ̇ⲧⲉⲧⲉ]ⲛ
7] . [ ](leer)
8 [[4]ⲉ̇ϣⲟⲡⲉ ⲇⲉ ⲡⲉⲧⲉϣϣⲏ ⲡ]ⲉ ⲉ̇
9 [ⲧⲣⲁⲃⲟⲕ ϩⲱ ⲥⲉⲛ̇ⲛⲏⲟⲩ] ⲛ̣ⲉⲙⲉⲓ̄
10 [[5]ϯⲛ̇ⲛⲏⲟⲩ ⲇⲉ ϣⲁⲣⲟⲧⲉ]ⲛ ϩⲓ̄ⲧⲣⲟⲩⲣ·
11 [ⲁⲓ̄ϣⲁⲛⲉⲓ ⲉ̇ⲃⲁⲗ ϩⲛ ⲧⲙ]ⲁⲕⲉⲇⲟ
12 [ⲛⲓⲁ· ϯⲛ̇ⲛⲏⲟⲩ ⲅⲁⲣ ⲉ̇]ⲃ̣ⲁⲗ ϩⲛ
13 [ⲧⲙⲁⲕⲉⲇⲟⲛⲓⲁ·[6]] . ⲇⲉ ϯ
14 [ⲛⲉϭⲱ]ϫ̣ⲉ
15 [ⲕⲉⲥ]ⲛ̣ ⲧⲏ·
16 [ⲛⲟⲩ ⲉ̇ⲧⲉ]ⲧ̣ⲛⲉ
17 [ ](leer)

(abgebrochen)

3 Die Edition hat]ⲧⲉ ⲁⲛ ⲉ[, wobei das ⲧⲉ als zu ⲧⲟⲧⲉ gehörig angesehen wird und das ⲁⲛ dann unerklärlich bleibt. Da man in dieser Zeile vor dem Verb ϣⲟⲡⲉ noch eine Konjugation und einen Ausdruck für „Sammlung(en)“ erwartet (vgl. S: ⲛⲧⲉ <ⲟⲩ>ⲟⲩⲱϭ̄ⲥ̄ ϣⲱⲡⲉ; *B*: ⲛ̄ⲧⲉ ϩⲁⲛⲱⲡ ϣⲱⲡⲓ), bleibt eigentlich nichts anderes übrig, als in ⲛⲉ das Futurmorphem zu sehen (*M* hätte also statt des Konjunktivs von *S* und *B* eine Futurform verwendet) und die drei Buchstaben davor zu einem Ausdruck für „Sammlung“ zu rechnen. Das könnte dann nur das beibehaltene Fremdwort λογεία sein (ⲗⲟⲅⲉⲁ für ⲗⲟⲅⲓⲁ), vorausgesetzt, dass das von Orlandi mit Sicherheit als Tau gedeutete Zeichen auch ein Gamma sein könnte, d. h., dass dieses Zeichen keinen linken Querbalken gehabt hätte (dafür, dass sich in dieser Handschrift das Tau vom Gamma nur durch diese linke Seite unterscheidet, also bloß halb so breit ist wie Tau, vgl. Edition Abb. f. 41 v 21/22, wo Tau und Gamma am Zeilenanfang genau untereinander stehen).

13 . ⲇⲉ ϯ]: Nur von Funk am Original entziffert. Der Buchstabenrest vor ⲇⲉ muss zum mäg. Äquivalent des τυχόν „vielleicht“ gehören (*S:* ⲙⲉϣⲁⲕ; *B:* ⲧⲁⲭⲁ). Im Mäg. ist als solches Äquivalent aus (dem so genannten westlichen Text von) Apg 12,15 nur das synonyme griechische Lehnwort ⲡⲁⲛⲧⲱⲥ

bekannt. Unglücklicherweise sperrt sich der erhaltene merkwürdige Rest gegen eine schnelle Identifizierung. Es handelt sich – nach Funks Notizen – um einen ganz hoch, etwas über der normalen Oberzeile stehenden Haken (wie ein seitenverkehrter Apostroph); fast wie von einem ϭ, aber dafür ist er doch zu krumm. Während aber nun die Herkunft dieses Restes sowohl von einem Kappa (und damit die Rekonstruktion ⲙⲉϣⲉ]ⲕ̣) als auch von einem Sigma (und damit die Rekonstruktion ⲡⲁⲛⲧⲱ]ⲥ̣) als ausgeschlossen gelten muss, erscheint Alpha durchaus als möglich (der manchmal tatsächlich über die Oberzeile hinausgehende lange Schrägstrich hätte eben oben einmal mit einem kleinen Haken begonnen). Wenn also eins der drei diskutierten Wörter hier gestanden hat, kann es nur ⲧⲁⲭ]ⲁ̣ gewesen sein.

Z. 14 Der Rest vor dem Epsilon ist das Ende eines waagerechten Striches, fast auf der Unterzeile, bzw. knapp halbhoch, und mit Abstand vom Epsilon. Mir scheint, dass Funks Beschreibung nur mit ⲁ̣ oder ⲭ̣ vereinbar ist. Dann aber ist es das Nächstliegende, wie ursprünglich im griechischen Teil von Codex D, die finale Konjunktion schon hier zu vermuten und also ⲭ̣ⲉ||[ⲕⲉⲥ zu rekonstruieren.

Z. 15 Statt ⲛ̣ ist theoretisch auch die Lesung ⲙ̣, ⲡ̣, ⲏ̣ oder ⲓ̣ möglich. Der Buchstabenrest ist ein senkrechter dicker Strich. Man hat sich hier wohl ein zu παραχειμάσω/-ⲉⲣⲧⲉⲡⲣⲱ sekundär hinzugetretenes (und dem in der Lücke von Z. 14 vorauszusetzenden ϩⲁⲧⲉ ⲧⲏⲛⲟⲩ paralleles) ϩ]ⲛ̣ ⲧⲏ·||[ⲛⲟⲩ vorzustellen. Der oberzeilige Punkt müsste hier dann als eine Gestalt des Silbentrenners verstanden werden (vgl. z. B. f. 42 r am Ende von Z. 3 [Ed., 72]; unsere Handschrift kennt ja neben dem – meist in halber Höhe stehenden – Satzpunkt durchaus auch den Silbentrenner, als dessen Grundform man den Apostroph ansehen kann, dessen Größe und Krümmung freilich verschieden ist und der in der konkreten Realisierung meist auch nur mehr oder weniger von der Gestalt eines Punktes abweicht).

Z. 16 Dass der Buchstabenrest unmittelbar nach der Lücke gut von einem Tau stammen kann, ergab sich erst bei der Kollation des Originals. Gegen den Eindruck der Fotografie glaubte Funk auf dem Original auch noch einen Supralinearpunkt über dem Epsilon zu erkennen, ohne sich aber ganz sicher zu sein. Erwarten wird man einen solchen Punkt hier jedenfalls nicht, denn es kann sich bei der erhaltenen Buchstabengruppe wohl nur um die zweite Hälfte der betreffenden, von dem Vorhergehenden ⲭⲉⲕⲉⲥ abhängigen, Konjugationsform des Energetischen Futurs handeln, auf deren letztes Epsilon kein Supralinearpunkt gehört.

folio 17 v →

(1Kor 16,11–15)

(oberer Rand)

(linker Außenrand)

1] · [11]ⲙⲡ̣ⲉ̣[ⲣⲧⲉ
2] . . . ⲙⲁ[ⲧⲫⲁϥ
3] ϩⲓ̅ⲛⲁⲥ ⲉ[ϥⲉⲉⲓ
4 ϯϭⲟϣⲧ] ⲅⲁⲣ ⲉ̣[ⲃⲁⲗ
5 ⲥⲛⲏ]ⲟⲩ· [12
6] . [
7] . [
8 ⲁ[ⲩⲱ ⲙ̇ⲡⲧⲟϣ ⲙ̇]
9 ⲡⲭ̅ⲥ̅ [ⲉⲛ ⲡⲉ ⲉ̇ⲧⲉⲣϥⲓ ⲧⲉⲛⲟⲩ·]
10 ϥⲉⲛ̣ⲛ̣[ⲏⲟⲩ ⲇⲉ ⲁϥϣⲁⲛϩⲏⲓ̅ⲉ̈ ⲉⲡⲉ]
11 ⲟⲩⲁⲉ[ⲓⲱ· [13]ⲣⲁⲉⲓⲥ ⲟϩⲏ ⲣⲉⲧⲛ]
12 ⲧⲏ̣ⲛⲟ̣[ⲩ ϩⲛ ⲧⲡⲓⲥⲧⲓⲥ· ⲭⲣⲁ ⲛ̇ⲧⲉ]
13 ⲧⲉⲛϭ[ⲙϭⲁⲙ· [14]ϩⲟⲃ ⲛⲓⲙ ⲉ̇ⲧⲉⲛⲧⲏ]
14 ⲧⲉⲛ̣ [ⲙⲁⲣⲟⲩϣⲟⲡⲉ ϩⲛ ⲟⲩⲁⲅⲁ]
15 ⲛⲏ̣ [[15]ϯⲧⲟⲃϩ ⲇⲉ ⲙ̇ⲙⲟⲧⲉⲛ]
16 ⲛⲁ̣[ⲥⲛⲏⲟⲩ ⲙ̇]
17 ⲡ[ⲏⲓ ϩⲛ]
18 ⲧ[ⲁⲭⲁⲓ̅ⲁ

(abgebrochen)

2 ⲧⲫⲁϥ: Diese, der Metathese des Hori nicht unterworfene, Gestalt des ⲧ-Kausativs von ⲡⲱϩ/ⲡⲟϩ „gelangen“ ist für das Mäg. durch Apg 15,3 belegt.

8 Die Lesung des Alpha ergab sich erst bei der Kollation des Originals.

9 Die Entzifferung des von der sahidischen Version her nicht erwarteten ⲡⲭ̅ⲥ̅ wird Funk verdankt. Auch einige bohairische Zeugen ([Tt] G M Pc) haben übrigens den entsprechenden Zusatz: ⲙ̇ⲡϭ̅ⲥ̅.

10 Lesung des zweiten ⲛ̣ nur nach Fotografie. Die Schreibung ϥⲉⲛⲛⲏⲟⲩ (mit Epsilon) im Falle der Zusammenfügung ϥ + ⲛ̇ⲛⲏⲟⲩ (statt ϥⲛⲛⲏⲟⲩ [d. h. ϥⲛ|ⲛⲏⲟⲩ], wie diese Form des I. Präsens im Codex Scheide und Codex Glazier stets, nämlich sechsmal, geschrieben wird [Mt 16,27; 17,11; 21,5; 24,50; Apg 7,52; 13,25]) – in der Mailänder Handschrift der Paulusbriefe ist unsere Stelle das einzige Vorkommen von ⲛ̇ⲛⲏⲟⲩ mit einem einkonsonantigen Präformativ – entspricht der allgemeinen Tendenz dieser Handschrift, die silbischen Sonore nicht nur im Auslaut, sondern auch im Inlaut vokalisch aufzulösen; vgl. vor allem ϥⲉⲛϩⲁⲧ 2Thess 3,3 (neben ϥⲛϩⲁⲧ 1Thess 5,24), aber auch ⲡⲉⲧⲉⲛⲧⲁⲧⲕ[45] 1Kor 4,7.[46]

---

[45] M. E. ist allerdings dort nicht ⲡⲉⲧⲉⲛ[ⲧⲁⲧ]ⲕ, sondern ⲡⲉⲧⲉⲛ[ⲧⲉ]ⲕ zu rekonstruieren, was aber im hiesigen Zusammenhang irrelevant ist.

[46] Und dazu Quecke, Il Dialetto, 93.

Z. 12 Die Lesung des Omikron ist, infolge eines Irrtums meinerseits, bei der Kollation nicht gezielt überprüft worden. Die Kollationsvorlage hatte nämlich fälschlicherweise die (den Dialekten *A* und *L* eigentümliche) Form ⲧⲏⲛⲉ, und Funk hat das Epsilon „durchgehen" lassen.

(Z. 12) ϫⲣⲁ als mäg. Entsprechung des sahidischen ϫⲣⲟ ist belegt durch P. Mich. 1291 (4 r 5). [Das fälschlich dafür gehaltene (ϫ)ϫⲁⲣⲁ ist die Entsprechung des sahidischen ⲧⲁϫⲣⲟ.]

Z. 14 Die Position der Gruppe ⲧⲉⲛ̣ verrät, dass *M* die Wendung πάντα ὑμῶν nicht nach der von *S* gewählten Möglichkeit (ⲛⲉⲧⲛ̄ϩⲃⲏⲩⲉ ⲧⲏⲣⲟⲩ), sondern entsprechend der von *B* bevorzugten Alternative (ϩⲱⲃ ⲛⲓⲃⲉⲛ ⲉⲧⲉⲛⲧⲱⲧⲉⲛ) übersetzt hat.

Z. 15 ⲡⲏ̣ im Prinzip von Funk bei der Kollation entziffert. Was das Eta betrifft, so ist das allerdings nur meine Deutung seiner sorgfältigen Beschreibungen, Zeichnungen und Erwägungen zu diesem Buchstabenrest.

Z. 16 Lesung des ⲁ̣, wodurch Versstelle und Wort identifiziert sind, durch Funk. (Theoretisch könnte der als ⲁ gedeutete Buchstabenrest auch von einem ϫ oder ⲗ stammen.)

Das zweite unveröffentlichte Fragment mit 1Kor 16,20–23 auf dem recto (oben rechts auf dem Foto der Vorderseite der Glastafel) gehörte, wie sich nicht nur aus seinem Inhalt, sondern auch aus dem Profil der Fragmentenränder ergibt, zu dem Blatt, das im ursprünglichen Papyruscodex unmittelbar auf dasjenige, das den Text von 1Kor 16,2–6/11–15 trägt und hier – nach dem schon davon veröffentlichten Fragment – mit f. 17 bezeichnet ist, folgte. Da in Orlandis Textausgabe als f. 18 ein Blatt folgt, das schon 2Kor 6,17–7,5/7,5–10 enthält, ist die Einordnung unseres zweiten Fragments in die folio-Nomenklatur problematisch. Aus dieser Notlage erklärt sich die hier für das zweite Fragment gewählte Bezeichnung als f. 17*. Der Vergleich des Ränderprofils der beiden unveröffentlichten Fragmente ist auch an sich instruktiv. Aus ihm ergibt sich nämlich eine begründete Vermutung über die Zahl der mit dem oberen Blatteil weggebrochenen Zeilen und somit unsere hiesige Zeilenzählung.

folio 17* r ↑

(1Kor 16,20–23)

(ca. 6 Zeilen Verlust)

(rechter Außenrand)

7 ⲙ̇ⲡⲉⲧⲉⲛⲏ]ⲣ̣ ϩⲛ
8 [ⲟⲩⲡⲓ ⲉⲥⲟⲩⲉⲃ· ^{21}ⲡⲁⲥⲡⲁ]ⲥⲙⲟⲥ
9 [ⲉ̇ⲑⲁⲓ̄ⲥϩⲏⲓϥ ⲛ̇ⲧⲁϭⲓϫ ⲁ]ⲛⲁⲕ
10 [ⲡⲁⲩⲗⲟⲥ· ^{22}ⲡⲉⲧⲉ ⲛϥ]ⲙ̣ⲏⲓ̄ⲉ̇ ⲉⲛ
11 [ⲙ̇ⲡⲉⲛⲭ̄ⲥ̄ ⲙⲁⲣⲉϥϣ]ⲟⲡⲉ ⲛ̇

12 [ⲁⲛⲁⲑⲉⲙⲁ ⲙⲁⲣⲁⲛⲁⲑⲁ·] ^{23}ⲡⲉ
13 [ϩⲙⲁⲧ ⲙ̇ⲡⲉⲛⲭ̅ⲥ̅ ⲓ̅ⲏ̅ⲥ̅ ϥ]ⲛ̣ⲉ
14 [ⲙⲏⲧⲉⲛ ›—]-
15 [ ] (leer)
(abgebrochen)

.0 ⲙ̣: Der Rest vom ⲙ ist nur auf dem Foto hinreichend deutlich erkennbar.

.3 Theoretisch ist statt ⲛ̣ auch ⲏ̣, ⲙ̣ oder ⲡ̣ möglich. Zur stilistischen Wiederaufnahme des nominalen Subjekts durch das entsprechende Präsenspräformativ (im Unterschied zu *S* und *B*) in unserer Handschrift vgl. 1Thess 5,28: ⲡⲉϩⲙⲁⲧ ⲙⲡⲉⲛ|[ⲭ̅ⲥ̅ ⲓ̅ⲏ̅]ⲥ̣ ⲡⲉ[ⲭ̅]ⲣ̅ⲥ̅ ϥⲛⲉⲙⲏⲧⲉⲛ· ›— (vgl. aber andererseits auch Phil 4,23: ⲡ̣ⲉϩⲙⲁⲧ [ⲙⲡⲉ]ⲛ̣ⲭ̅ⲥ̅ | [ⲓ̅ⲏ̅ⲥ̅ ⲡⲉⲭ̅ⲣ̅]ⲥ̅ ⲙⲉⲛ ⲡⲉⲧⲉⲛ |[ⲡ̅ⲛ̅ⲁ̅· ϩⲁⲙⲏ]ⲛ· ››—›››—).

.4 Der von Funk identifizierte Diplenschwanz ruft die Frage hervor, ob wir es hier schon mit dem Ende desjenigen Zeichen(kompendium)s zu tun haben, das in unserer Handschrift das Ende der einzelnen Briefe markiert. Dann würde aber der Schlussvers 24 ausgelassen sein. Denn der mögliche Freiraum in Z. 14 ist natürlich viel zu knapp zur Aufnahme eines zu erwartenden ⲧⲁⲁⲅⲁⲡⲏ (ⲥ)ⲛⲉⲙⲏⲧⲉⲛ ⲧⲏⲣⲧⲉⲛ ϩⲙ ⲡⲉⲭ̅ⲣ̅ⲥ̅ ⲓ̅ⲏ̅ⲥ̅ (ϩⲁⲙⲏⲛ). Wenn aber der Diplenschwanz nur von einer einfachen Diple stammt, wie sie als Abschnittszeichen auch sonst im Text vorkommt, so dass man annehmen könnte, dass der Vers 24 als zweiter Schlussgruß mit der nächsten Zeile noch einmal neu angesetzt hätte, dann müsste nach ϥⲛⲉⲙⲏⲧⲉⲛ und vor ›— in Z. 14 noch etwas gestanden haben, das weder durch den griechischen Text noch die anderen koptischen Übersetzungen gedeckt ist, vielleicht ein aus Vers 24 hinzugewachsenes (oder von dort verschobenes) ⲧⲏⲣⲧⲉⲛ.

folio 17* v →

(2Kor 1,3–4)

(ca. 7 Zeilen Verlust)

(linker Außenrand)

8 ⲭ̣[ⲣ̅ⲥ̅· ⲡⲓⲟⲧ ⲛⲙ̇ⲙⲛⲧϣⲁⲛϩⲧⲏϥ]
9 ⲁⲩϣ̣ [ⲡⲛ̅ϯ̅ ⲛ̇ϯⲧⲟⲕ ⲛⲓⲙ ⲛ̇]
10 ϩ̣ⲏ̣[ⲧ· ^{4}ⲡⲉⲧϯⲧⲟⲕ ⲛ̇ϩⲏⲧ ⲛⲉⲛ ϩⲛ]
11 ⲛⲉⲛ[ⲑⲗⲓⲯⲓⲥ ⲧⲏⲣⲟⲩ ϫⲉ ⲉ̇ⲛⲉ]
12 ⲛⲉϣ[ϭⲙϭⲁⲙ ϩⲱⲛ ⲉ̇ϯⲧⲟⲕ ⲛ̇]
13 ϩⲏⲧ [ⲛ̇ⲛⲉⲧϩⲛ ⲑⲗⲓⲯⲓⲥ ⲛⲓⲙ]
14 ⲉ̇ⲃⲁ̣[ⲗ ϩⲓ̅ⲧⲉⲛ ⲡϯⲧⲟⲕ ⲛ̇ϩⲏⲧ]
15 ⲉⲧ̣[ⲥⲉϯⲧⲟⲕ ⲛ̇ϩⲏⲧ ⲛⲉⲛ]
16 ⲙ̇[ⲙⲁϥ ⲉ̇ⲃⲁⲗ ϩⲓⲧⲉⲛ ⲡⲛ̅ϯ̅]
(abgebrochen)

Z. 8 Funks Beschreibung des Buchstabenrestes als von ⲗ oder (eben) von ⲭ stammend, identifiziert das Wort, um das es sich hier handelt, und macht zugleich die Platzverteilung in der Zeile sicher.

Z. 10 Die Buchstabenreste sind hier besonders schwer zu deuten, obgleich der Rahmen des zu Erwartenden eng gesteckt ist: Da ja die Äquivalente für παράκλησις/παρακαλεῖν in *M* ϯⲧⲟⲕ ⲛ̀ϩⲏⲧ (ⲛⲉ=) sind, müsste etwas vom Ende des durch ⲛⲓⲙ determinierten Nomens ϯⲧⲟⲕ ⲛ̀ϩⲏⲧ am Anfang von Z. 10 erscheinen. Während man nach dem Foto noch glaubt, hier die Reste von zwei oder drei, wenn auch schwer zu definierenden, Buchstaben zu erkennen, erwiesen sich die verschiedensten Verifikationsversuche am Original zunächst jedoch als hoffnungslos, zumal an dieser Stelle die obere, horizontale Papyrusfaserschicht fehlt. Jedenfalls war die ursprüngliche Suche nach Resten eines ⲛⲓⲙ am Anfang von Z. 10 praktisch erfolglos. Zwar ist eine Hasta, wie von einem Jota, deutlich zu erkennen, aber sie steht genau unter der Mitte des ⲩ von Zeile 9; und schon wegen dieser Platzverteilung kann es sich nicht um das Jota von ⲛⲓⲙ handeln. Eine Lesung [ⲛ]ⲓ[ⲙ] oder ⲛ̣ⲓ[ⲙ] geht aber auch deswegen nicht, weil der leicht bogenförmige Rest des ersten Buchstabens der Zeile mitten unter dem Alpha von ⲁⲩⲱ̣ steht. Nun war aber wohl die Voraussetzung der Kollation, dass als mäg. Äquivalent von πάσης παρακλήσεως (*S*: ⲛ̄ⲥⲟⲡⲥ̄ ⲛⲓⲙ; *B*: ⲛ̄ⲧⲉ ⲛⲟⲙϯ ⲛⲓⲃⲉⲛ) ⲛ̀ϯⲧⲟⲕ ⲛ̀ϩⲏⲧ | ⲛⲓⲙ anzusetzen sei, falsch. Vielmehr muss das ⲛⲓⲙ wohl unmittelbar dem ersten Glied des Syntagmas ϯⲧⲟⲕ ⲛ̀ϩⲏⲧ folgen: also ⲛ̀ϯⲧⲟⲕ ⲛⲓⲙ ⲛ̀|ϩⲏⲧ. Und nach Funks detaillierten Beschreibungen und Zeichnungen scheinen nun die Buchstaben Hori und Eta mit den erhaltenen Resten und ihrer Verteilung wohl vereinbar zu sein.

Z. 11 Lesung des zweiten Ny (nur) nach dem Foto.

Z. 15 Lesung ⲧ̣ von Funk erwogen; es scheint nämlich noch der Zusammenstoß des linken Querbalkens vom Tau mit dem Ende des oberen Bogens des Epsilon sichtbar zu sein. Ob aber die ganze Relativform hier ⲉⲧ̣[ⲥⲉ- oder ⲉⲧ̣[ⲟⲩ- gelautet hat, ist ungewiss. Beide kommen im Mäg. vor; allerdings ist ⲉⲧⲥⲉ- die für diesen Dialekt typische.

Abschließend sei noch kurz die Frage nach dem Zuwachs, den diese vier fragmentarischen Textstellen für die Kenntnis des Mittelägyptischen bringen, gestellt und beantwortet sowie die Relevanz dieser Textstellen für die Textgeschichte des Neuen Testaments zusammengefasst.

Was nun die Bereicherung der Kunde vom mittelägyptischen Dialekt anbelangt, so ist sie zwar nicht überwältigend groß, aber doch nicht zu verachten. Und auch, wenn in den wirklich erhaltenen Teilen der Textstücke nichts erscheint, was noch sensationell wäre, so finden sich doch außer dem für das Mittelägyptische typischen Adverb ϩⲓⲧⲣⲟⲩⲣ (1Kor 16,5), das uns bei dieser „Nachlese" ja als Ariadnefaden diente, mit Sicherheit (bzw. mit hinreichender Sicherheit) auch noch die folgenden typisch mittelägyptischen Wörter und Formen: die Präposition ⲛⲉⲙⲉ⸗: ⲛⲉⲙⲉⲓ „mit mir" (1Kor 16,4); die Objektsform des Personalpronomens der 2. Prs. Pl. ⲧⲏⲛⲟⲩ „euch" (1Kor 16,6.13); die Kontraktion für ⲡϫⲁⲉⲓⲥ: ⲡ̄ϫ̄ⲥ̄ „der Herr" (1Kor 16,12); der zu der bekannten Pluralform ⲉⲣⲏ(ⲟ)ⲩ gehörige Singular ⲏⲣ „Genosse" zum Ausdruck der Reziprozität („einander") (1Kor 16,20); die charakteristische Gestalt des Verbums „lieben", nämlich ⲙⲏⲓ̄ⲉ̇ (1Kor 16,22); das Omikron als Zeichen des offenen O-Lautes im Verbum ϣⲟⲡⲉ (1Kor 16,22); das modale Hilfsverb ⲛⲉϣ „können"[47] (2Kor 1,4). Hervorzuheben ist auch die Orthographie der Präsensform von ⲛ̇ⲛⲏⲟⲩ, nämlich ϥⲉⲛⲛⲏⲟⲩ (1Kor 16,12), weil sie der einzige in den Mailänder Paulusbriefen erhaltene Beleg für die Verbindung eines der einkonsonantigen und stimmlosen Präsenspräformative (das sind neben ϥ- noch ⲕ- und ⲥ-) mit diesem Verb (im Qualitativ) ist und in einem nicht selbstverständlichen Fall die Tendenz der durch die Mailänder Handschrift der Paulusbriefe (und den Kairiner Psalmencodex) repräsentierten Ausprägung des klassischen Mittelägyptisch zur vokalischen Auflösung der silbischen Sonore besonders deutlich zeigt. Und schließlich sollte wohl nicht der Hinweis unterlassen werden, dass unsere Fragmente alle Elemente des diesem Typ von *M* eigentümlichen Supralinearsystems, dessen Studium ja sozusagen der Ausgangspunkt für die hiesige Darlegung war, enthalten. Man kann sie also als „Muster" für die ganze Handschrift betrachten. Es kommt also das gesamte Inventar der im Falle der Eigensilbigkeit supralinear bezeichneten Buchstaben vor, das aus folgenden fünf Zeichen besteht: ⲉ̇, ⲛ̇, ⲙ̇, ⲓ̄, ϩⲓ̄. Ein Punkt über silbischem ⲁ gehört dagegen nicht zum Inventar dieses Typs. Während beim ⲛ und ⲙ der Punkt mitten über dem Buchstaben steht – was als gemeinmittelägyptisch zu gelten hat –, ist unserer Handschrift eigentümlich, dass beim silbischen ⲉ die (gemeinte) Position des Punktes genau über dessen Ende ist. Was die Bezeichnung des silbischen /i/ anbelangt, so haben unsere Fragmente auch „Anteil" an der Variabilität, sei es in der Ausführung, sei es bloß im jetzigen Erscheinungsbild, des supra-

[47] Vgl. H.-M. Schenke, On the Middle Egyptian Dialect , Enchoria 8 (1978), Sonderband, 54*f. (100).

linearen Elements. Während Funk im Falle von ⲙⲏⲓ̈ⲉ̇ (1Kor 16,22) auch im Original über dem Jota anstandslos den kurzen Strich wiedererkannt hat, vermerkt er zu dem entsprechenden Zeichen bei ϩⲓ̄ⲧⲣⲟⲩⲣ (1Kor 16,5), dass das, was zu sehen ist sowohl ein Strich als auch ein Trema, ja sogar auch der (allein übrig gebliebene) zweite Punkt des Trema bzw. das (allein übrig gebliebene) verdickte Ende des dünnen Striches sein könnte. Auf das Ganze der Handschrift gesehen, kommt m. E. aber die – von Quecke mit Recht erwähnte[48] – Bezeichnung des silbischen /i/ mit dem Trema nur als Ausnahme vor, während die Regel der kleine Strich ist, der allerdings auch wie ein Zirkumflex leicht gewölbt sein kann. Wiewohl nun die Markierung über einfachem Jota und über der Kombination ϩⲓ bei aller Variabilität hier praktisch zusammenfällt, ist ihr Ursprung und Wesen, wie die Querverbindungen zu anderen, und nicht nur mittelägyptischen, Texten zeigen, ganz verschieden: der Strich über dem einfachen Jota meint die Diärese und ist also das Trema, während der Strich über ϩⲓ, der diese Zeichenkombination als silbisches /i/ kenntlich macht, dem wirklichen Zirkumflex entspricht und also nach Ursprung und Wesen der Zirkumflex ist.

Der Wert unserer vier Textfragmente für die neutestamentliche Textgeschichte besteht darin, dass sie – trotz ihres geringen Umfangs – nicht weniger als fünf variae lectiones bieten oder vorauszusetzen scheinen bzw. implizieren könnten; es handelt sich um die Stellen 1Kor 16,5.6.6.12.23/24.

Das ϩⲓ̄ⲧⲣⲟⲩⲣ in 1Kor 16,5 ist das mittelägyptische Übersetzungsäquivalent eines griechischen ταχύ (Mt 28,7; Joh 11,29), ταχέως (2Thess 2,2) oder τάχιον (Joh 13,27),[49] so dass der Text von *M* hier etwa ein griechisches ἐλεύσομαι δὲ ταχέως πρὸς ὑμᾶς repräsentiert. Meines Wissens ist der Zusatz dieses Adverbs durch keinen weiteren Textzeugen gedeckt. Mit anderen Worten, die mittelägyptische Übersetzung ist der einzige Zeuge dieser Lesart. Zustande gekommen ist diese sekundäre Lesart – auf welcher Stufe der Textgeschichte auch immer – durch Einwirkung einer Parallelaussage desselben 1. Korintherbriefes in 4,19 (vgl. aber übrigens auch Phil 2,14).

---

[48] Vgl. H. Quecke, Il Dialetto, Anm. 75; und ders., Zur Schreibung von i/j in der koptischen Buchschrift, in: F. Junge (Hg.), Studien Zur Sprache und Religion Ägyptens, FS W. Westendorf, Göttingen 1984, 316f.

[49] Das Mäg. besitzt übrigens in ⲙ̀ⲡⲣⲏⲧⲉ noch ein weiteres, ihm eigentümliches Äquivalent für ταχύ.

1Kor 16,6 enthält – wie es scheint – gleich zwei besondere Lesarten. Zunächst entspricht die vorgezogene Position der finalen Konjunktion ϫⲉⲕⲉⲥ einer auch anderswo, nämlich durch die erste Hand im griechischen Teil des Codex Claromontanus (D*), bezeugten Lesart. Entsprechend dem dortigen ἵνα εἰ καὶ παραχειμάσω darf man dann den mittelägyptischen Text hier auch wie folgt ergänzen: ϫ̣ⲉ||[ⲕⲉⲥ ⲁⲓ̈ϣⲁⲛⲉⲣⲧⲉⲡⲣⲱ. Während also diese Besonderheit des Textes von *M* durch die Textgeschichte als gedeckt gelten kann, ist das folgende (mutmaßliche) ϩ]ⲛ̣ ⲧⲏ·||[ⲛⲟⲩ, das ein griechisches ἐν ὑμῖν als Zusatz zu παραχειμάσω repräsentiert, meines Wissens singulär und wohl, wie schon gesagt, nichts weiter als eine einfache Explikation des natürlich Gemeinten durch variierende Wiederholung des bereits ausgedrückten πρὸς ὑμᾶς/ϩⲁⲧⲉ ⲧⲏⲛⲟⲩ. Es ist zur Veranschaulichung vielleicht ganz gut, noch einmal aufzuführen, wie man sich den Wortlaut von 1Kor 16,6 in *M* insgesamt vorzustellen hat: ⲧⲁⲭ]ⲁ̣ ⲇⲉ ϯ||[ⲛⲉϭⲱ ϩⲁⲧⲉ ⲧⲏⲛⲟⲩ] ϫ̣ⲉ||[ⲕⲉⲥ ⲁⲓ̈ϣⲁⲛⲉⲣⲧⲉⲡⲣⲱ ϩ]ⲛ̣ ⲧⲏ·||[ⲛⲟⲩ ⲛⲧⲟⲧⲉⲛ ⲉ̇ⲧⲉ]ⲧ̣ⲛⲉ||[ⲧⲫⲁⲓ etc.

In 1Kor 16,12 hat der Zusatz ⲙ̇]ⲡ̄ϫ̄ⲥ̄, der – wie schon gesagt – innerhalb der bohairischen Überlieferung durch die Zeugen (T[t]) G M P[c] gedeckt ist und einem griechischen (καὶ πάντως οὐκ ἦν θέλημα) κυρίου entspricht, auch eine Basis in der griechischen Textgeschichte, wenngleich der Zusatz dort θεοῦ lautet, bezeugt von der ersten Hand in der Minuskel 1908 (entsprechend der heutigen Zählung nach Gregory; das ist Tischendorfs Nr. 47) und von der Minuskel 81 (das ist von Sodens 162) sowie durch ein Zitat bei Chrysostomos.[50]

Am Schluss des 1. Korintherbriefes erhebt sich schließlich noch die folgende textkritische Alternative: Entweder hat *M* den Vers 24 ganz ausgelassen, sei es versehentlich, sei es in Analogie zu den üblichen Schlüssen der Paulusbriefe, oder unser Zeuge repräsentiert in Vers 23 ein griechisches ἡ χάρις τοῦ κυρίου ἡμῶν Ἰησοῦ μετὰ πάντων ὑμῶν, wobei die vollere Form μετὰ πάντων ὑμῶν statt bloßem μεθ' ὑμῶν am einfachsten als Analogiebildung zu dem Ausdruck in Vers 24 zu erklären wäre. Allerdings ist die Alternative nicht zwingend, weil man nicht ausschließen kann, dass *M* den Vers 24 wohl ausgelassen und doch in Vers 23 ϥⲛⲉⲙⲏⲧⲉⲛ ⲧⲏⲣⲧⲉⲛ ››› – geboten hat. Jedenfalls ist meines Wissens keine dieser erwogenen

50 G. Mink war so freundlich, diese aus zwei verschiedenen Textausgaben (und der darauf bezogenen Literatur) gewonnenen Daten an Hand der Filme von den betreffenden Handschriften, die im Institut für Neutestamentliche Textforschung zu Münster zur Verfügung stehen, zu kontrollieren und zu verifizieren. Es ist tatsächlich so, dass beide Minuskeln, sowohl 81 als auch 1908* θέλημα θεοῦ haben.

Varianten durch irgendeinen anderen Textzeugen gedeckt. Dass aber so etwas dennoch möglich war, mag man darin angezeigt finden, dass die griechische Minuskel 38 (von Sodens δ 355) ein ἀμήν schon am Ende von Vers 23 hat und dass der Vers 24 sich im Randbereich der griechischen Überlieferung in besonders vielfältiger Variation präsentiert.[51]

[51] Vgl. H. von Soden, Die Schriften des Neuen Testaments in ihrer ältesten erreichbaren Textgestalt hergestellt auf Grund ihrer Textgeschichte, Göttingen 1913, 727.

CARL SCHMIDT UND DER PAPYRUS BEROLINENSIS 8502*

Unter den vielen koptischen Texten, die Carl Schmidt erworben und/oder erschlossen hat, nimmt der P. Berol. 8502 insofern vielleicht eine Sonderstellung ein, als C. Schmidt mit dessen Erschließung nicht zu Ende gekommen ist und seine Pläne mit ihm sich nicht erfüllt haben. Ja, C. Schmidt ist geradezu über der Arbeit an dem P. Berol. 8502 gestorben und hat uns also die Vollendung des angefangenen Werkes als Vermächtnis hinterlassen. Und für die Erben bedeutet die Weiterarbeit an ihm, mit der gleichen Liebe zu diesem kostbaren Text und mit der gleichen Hingebung an die Sache, eo ipso Ehrung für C. Schmidt. So ist denn auch die spätere Edition des Papyrus durch W. C. Till „Dem Andenken Carl Schmidts gewidmet".[1] Auch die zweite Auflage (1972) hat deren Bearbeiter immer so *verstanden*, obgleich die *Worte* der Widmung bei der Umgestaltung des „Vorspanns" verloren gegangen sind.

Es handelt sich bei dem P. Berol. 8502 um einen gut erhaltenen kleinen, einlagigen Papyruscodex (Format 10,8 × 13,5 cm), dessen Hauptinhalt drei gnostische Schriften sind (1. Das Evangelium nach Maria; 2. Das Apokryphon des Johannes; 3. Die Sophia Jesu Christi), nebst einem kurzen asketischen Text aus den Petrusakten als Anhang (4. Die Tat des Petrus). Die geläufig gewordene Abkürzung BG – für (Codex) Berolinensis Gnosticus – ist von W. E. Crum für sein Coptic Dictionary (abgeschlossen 1939) geprägt worden, in das er den Text des Berliner Papyrus – lange vor seiner Veröffentlichung – nach Fotografien einarbeiten konnte.[2]

Ins Licht der gelehrten Öffentlichkeit war der kleine Codex im Jahre 1896 getreten, als Dr. Reinhardt ihn in Kairo für das Ägyptische Museum zu Berlin käuflich erwerben konnte. Er ist jetzt dem Bestand der Papyrussammlung der Staatlichen Museen eingeordnet.[3] Schmidts Nachforschungen

---

* In: P. Nagel (Hg.), Carl-Schmidt-Kolloquium an der Martin-Luther-Universität 1988, WBH 23, Halle (Saale) 1990, 71–88.

[1] W. C. Till, Die gnostischen Schriften des koptischen Papyrus Berolinensis 8502, TU 60, Berlin 1955.

[2] Vgl. Till, Papyrus Berolinensis 8502, 6.

[3] C. Schmidt, Ein vorirenaeisches gnostisches Originalwerk in koptischer Sprache, SPAW 36 (1896), 839; ders. Die alten Petrusakten im Zusammenhang der apokryphen Apostelliteratur nebst einem neuentdeckten Fragment untersucht, TU.NF 9/1, Leipzig 1903, 1; und Till, Papyrus Berolinensis 8502, 6. Da die Einzelheiten des Erwerbungsvorgangs sich bei Schmidt nicht ganz klar ausgedrückt finden und unsere Vorstellungen davon von der

über die eigentliche Herkunft des Papyrus haben ergeben, dass er zuerst bei einem arabischen Antikenhändler in Achmim aufgetaucht sei. Er wäre eingehüllt in Federn in einer Mauernische gefunden worden. Und Schmidt glaubte daher mit Sicherheit annehmen zu dürfen, dass er aus dem Gräberfeld von Achmim oder wenigstens aus der Umgebung der Stadt stamme.[4] Schmidt hat unmittelbar nach dem Erwerb, noch im Jahre 1896, der Berliner Akademie der Wissenschaften eine kurze Notiz mit einer ersten Einschätzung des Werts der Neuerwerbung und Übersetzungsproben vorgelegt, unter dem Titel „Ein vorirenaeisches gnostisches Originalwerk in koptischer Sprache". Das Jahr 1903 sah dann bereits die Edition der kurzen vierten Schrift des BG, „Die Tat des Petrus", im Kontext einer größeren Untersuchung über „Die alten Petrusakten im Zusammenhang der apokryphen Apostelliteratur". Im Jahre 1905 erfährt man schließlich in der Einleitung zum ersten Band der koptisch-gnostischen Schriften, dass ein zweiter Band für die Übersetzung der drei ersten gnostischen Schriften des BG vorgesehen war.[5] Die Edition des koptischen Textes für sich sollte dieser Übersetzung allerdings vorausgehen und in den „Texten und Untersuchungen" erscheinen. Eine Teilübersetzung, den ersten Abschnitt des Apokryphon Johannis (bis p. 44) umfassend, wird allerdings schon im Jahre 1907 geboten, und zwar im Rahmen einer grundlegenden Abhandlung über das literarische Verhältnis zwischen dem Apokryphon des Johannes

Exegese der betreffenden Worte Schmidts abhängig sind, seien diese Sätze hier im Wortlaut wiedergegeben: „Im Januar dieses Jahres" (das ist 1896) „wurde Hrn. Dr. Reinhardt in Kairo von einem Antikenhändler aus Achmim eine umfangreiche Papyrushandschrift angeboten, die nach dessen Angaben von einem Fellaḥen in einer Mauernische gefunden sein sollte. Bereits eine oberflächliche Prüfung überzeugte mich von dem hohen Werth dieser Handschrift, für deren Erwerbung die Wissenschaft Hrn. Reinhardt zu grossem Danke verpflichtet ist. Heute" (das ist 9. Juli 1896) „befindet sich der Schatz bereits im Aegyptischen Museum zu Berlin, woselbst jedes einzelne Blatt sorgsam unter Glas geborgen ist" (Schmidt, Vorirenaeisches gnostisches Originalwerk, 839).

„In einer kurzen Notiz, die ich im J. 1896 der Akademie der Wissenschaften über einen von Herrn Dr. Reinhardt in Kairo erworbenen koptischen Papyrus vorlegte, wies ich darauf hin" (usw.) … „Die koptische Papyrushandschrift befindet sich jetzt in Berlin unter der Inventarnummer P. 8502 des ägyptischen Museums" (Schmidt, Petrusakten, 1). Der alte Eintrag im Inventarbuch der Papyrussammlung hat folgenden Wortlaut: „65 Blatt eines *Koptischen Papyrus-Codex*. von Blatt 12 (S. 23) an vollständig (56 Blatt) Seite 142 gehört nicht mehr zum Text. Acc 12/1896 Durch Dr. Reinhardt erworben."

[4] Schmidt, Petrusakten, 2. Die betreffende Notiz Schmidts hat folgenden Wortlaut: „Zum Schlusse will ich noch bemerken, dass auf Grund meiner persönlichen Nachforschungen die Handschrift zuerst bei einem arabischen Antikenhändler in Achmim aufgetaucht ist. Sie war, wie ich weiter erfuhr, eingehüllt in Federn in einer Mauernische gefunden worden. Wir dürfen daher mit Sicherheit annehmen, dass sie aus dem Gräberfelde von Achmim oder wenigstens aus der Umgebung der Stadt stammt."

[5] C. Schmidt, Koptisch-gnostische Schriften I, GCS 13, Leipzig 1905, IX.

und Irenäus adv. haer. I,29, die den Titel trägt: „Irenäus und seine Quelle in adv. haer. I,29". Auch die Herstellung der gerade erwähnten Ausgabe des koptischen Textes der drei gnostischen Schriften (Evangelium nach Maria, Apokryphon Johannis, Sophia Jesu Christi) war in vollem Gange, als der „Unstern" (der Unglücksstern), der nach einem Eltesterzitat bei Till[6] die modernen Geschicke des BG bestimmt hat, aufzugehen begann und die erste Katastrophe, durch Wasser, heraufbeschwor. Im Jahre 1912, als die Ausgabe nahezu ausgedruckt war, hat ein Rohrbruch im Keller der Priesschen Druckerei zu Leipzig die gesamte Auflage vernichtet. Dann kam der Krieg (der erste Weltkrieg) und dann der Tod. Merkwürdigerweise hatte Schmidt nämlich erst kurz vor seinem Tode (17. April 1938) einen neuen Anlauf zur Publikation des fehlenden koptischen Textes genommen, zu dessen Ausführung er dann nicht mehr kam; es sollte sich um einen anastatischen Neudruck nach den in Schmidts Hand befindlichen Aushängebogen der vernichteten Auflage handeln. Till spricht in diesem Zusammenhang von einem wiederholten Zögern bei Schmidt und führt das auf die Schwierigkeit des Textes zurück.[7]

Nachgelassen hat Schmidt in Sachen BG die erwähnten Aushängebogen, die sein Handexemplar waren und nach denen der Text dann doch noch gedruckt wurde, als sie mit Verzögerung gefunden worden waren,[8] und drei handgeschriebene Bruchstücke von Übersetzungsversuchen, wobei das erste Konzept mit einigen Lücken p. 19–50 umfasst, das zweite p. 7–77 und das dritte p. 45–77.[9] An gedruckten Übersetzungsproben sind in diesem Zusammenhang außer den bereits erwähnten die Übersetzung von Stellen des Evangeliums nach Maria in der Einleitung seiner Übersetzung der Pistis Sophia[10] und im Catalogue of the Greek Papyri in the John Rylands Library Manchester, Vol. III,[11] zu verzeichnen.

Dass der Unglücksstern dem BG auch nach dem Tode von C. Schmidt „treu" geblieben ist und z. B. die schließlich doch zustande gekommene Erstedition der koptisch-gnostischen Schriften des BG durch W. C. Till bis ins Jahr 1955 hinein verzögert hat, sei hier nicht näher ausgeführt, außer soweit er sich später meiner selbst als des „Erben zweiten Grades" bedient

6 Papyrus Berolinensis 8502, 1.

7 Papyrus Berolinensis 8502, 5.

8 Till, Papyrus Berolinensis 8502, 1f.

9 Till, Papyrus Berolinensis 8502, 4.

10 C. Schmidt, Pistis Sophia, Ein gnostisches Originalwerk des dritten Jahrhunderts aus dem Koptischen übersetzt., Leipzig 1925, LXXXVIIIf.

11 London 1938, 22.

hat. Wenigstens erwähnt sei jedoch die damals unvermeidliche, Kodikologie und Lesung tangierende Kalamität, dass Till außer der Schmidtschen „Erbmasse" (die sich ihm aber, wie er sagt,[12] eher als hinderlich denn als hilfreich erwies) nur an Hand von Fotografien arbeiten konnte, und die Hinderung durch Glück, ich meine den glücklichen Umstand der Entdeckung der Nag Hammadi-Codices, die Parallelversionen vom Apokryphon Johannis und der Sophia Jesu Christi enthielten, von denen wenigstens die des zuerst zugänglichen Codex III (nach einer von Till gebrauchten älteren Nomenklatur: CG I) in die Ausgabe des BG eingearbeitet werden konnten und sollten.

Der Schwerpunkt des Folgenden sei vielmehr die Mitteilung und Zusammenführung von Bemühungen, Erkenntnissen und Entdeckungen zum BG, zu denen es nach seiner Edition (und zwar nicht nur in erster, sondern auch in zweiter Auflage) gekommen ist.

Sobald die wissenschaftliche Neugier nach dem Inhalt des BG befriedigt und seine Texte allgemein zugängliches Material für den linguistischen und religionswissenschaftlichen Forschungsbetrieb geworden waren, wobei sich die gemeinsame Auswertung mit den Nag Hammadi-Texten nahe legte und als besonders fruchtbar erwies, fanden auch die äußeren Gegebenheiten des kleinen Codex, also der ganze Komplex der Kodikologie, die ihnen gebührende Aufmerksamkeit. Auch hierbei war die gleichzeitige Forschung an den Nag Hammadi-Codices in mancher Hinsicht und Fragestellung für die Arbeit am BG außerordentlich günstig.

1. *Dekor*

Zunächst verdienten die dekorativen Elemente von Text und Schrift durchaus eine gesonderte Betrachtung. Dieser Komplex kam in Tills Textausgabe verständlicherweise zu kurz. Das gilt besonders für die Zeichen, die der Text über Buchstaben und Seitenzahlen hinaus aufweist und die in diesem Druck entweder gar nicht oder irreführend wiedergegeben waren. Eine der Hauptaufgaben für die zweite Auflage war daher – neben der Überprüfung schwieriger Lesungen am Original – die Vermittlung eines vollständigen und adäquaten Bildes dieser Zeichen. Und nachdem die zweite Auflage erschienen war, ergab sich die Gelegenheit, diesen ganzen Komplex des Dekors, der, wenn man im Editions – „Geschäft" noch einmal ganz von vorn hätte beginnen können, ein Teil der Einleitung zur

12 Till, Papyrus Berolinensis 8502, 3.

Ausgabe hätte sein müssen, in einer Zusammenfassung darzustellen und mit dem nötigen Anschauungsmaterial zu belegen, worauf hier ausdrücklich verwiesen sei, statt es zu wiederholen.[13] Die Paragraphoi und die Koronides konnten in der zweiten Auflage übrigens deswegen ziemlich genau wiedergegeben werden, weil ein Zeichner sie nach meinen Angaben gezeichnet und an den betreffenden Stellen in ein Exemplar der ersten Auflage, das als Druckvorlage für das photomechanische Herstellungsverfahren diente, eingeklebt hat. Auch alle anderen Änderungen sind so gemacht worden, dass die neu gesetzten Zeilen oder auch Sternchen am Rande, die auf den neu hinzugekommenen Anhang verwiesen, in das alte Exemplar eingeklebt worden sind. So erklärt sich die gelegentlich äußerst auffällige schwächere Druckstärke mancher Zeilen. Was nun die Paragraphoi und Koronides betrifft, so haben an zwei Stellen die Strahlen des schon mehrfach beschworenen Unglückssterns auf dem Weg vom Graphiker zur Druckerei die Kraft das Klebstoffs zum Teil neutralisiert, so dass je eine Paragraphos und eine Koronis im Druck fehlen. Dem konnte nur noch durch einen Einlegzettel mit „Berichtigungen“, der das und noch andere, auf die gleiche Weise bzw. durch das angewandte Druckverfahren unsichtbar gewordene Dinge vermerkte, begegnet werden. Man möge mich nicht für penetrant halten, dass mich nun gerade die beiden erwähnten, in Wegfall gekommenen Abschnittszeichen erheblich „gewurmt“ haben und ich daher diese Gelegenheit hier benutzen möchte, um ihre Form und Plazierung noch einmal so, dass der Leser sie in sein Exemplar selbst einzeichnen kann, ausdrücklich zu beschreiben.

p. 82 hat außer dem Abschnittszeichen in der letzten (19.) Zeile unter ihrem Anfang noch eine Koronis. Diese letzte Zeile sieht also folgendermaßen aus:[14]

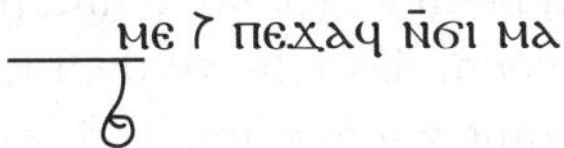

Und auf p. 126 findet sich unter dem Anfang der 16. Zeile (das ist die drittletzte) das rechte Ende einer Paragraphos (der Anfang ist durch die

---

[13] H.-M. Schenke, Bemerkungen zum koptischen Papyrus Berolinensis 8502, Berlin 1974, 316f.

[14] Vgl. die zweite der beiden Tafeln, die der Edition beigegeben sind, und Schenke, Bemerkungen, Tafel 46a.

Beschädigung, die das Blatt hier aufweist, weggebrochen). Die letzten drei Zeilen dieser Kolumne sehen also folgendermaßen aus:

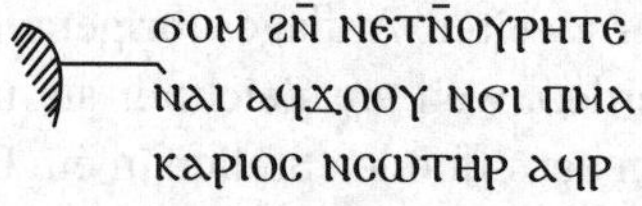

2. *Buchblock*

Die kodikologische Analyse das Buchblocks, die natürlich nur am Original möglich ist, vollzog sich in zwei Stufen. Zunächst ging es mehr oder weniger nur darum, unter Korrektur der betreffenden Bemerkungen Tills,[15] einfach die ursprüngliche Plazierung der 65 erhaltenen Blätter, dessen letztes auf der Vorderseite, wo der Text endet, die Seitenzahl 141 trägt, zu bestimmen. Da die Lagenmitte, wo die Faserrichtung von R ↑ V → auf R → V ↑ umspringt, eindeutig bei den Seiten 76 → 77 →, also erheblich hinter der numerischen Mitte der gezählten Seiten, liegt, war klar, dass die Lage keineswegs nur aus Doppelblättern bestanden haben konnte. Es galt also, ausgehend von p. 75/76 + 77/78 als dem innersten bzw. obersten Doppelblatt der Lage, zu bestimmen, *welche* der anderen Blätter und *wie* sie zu Doppelblättern zusammengehört haben. Es kam also auf die Prüfung des Bruchprofils und/oder die Kontinuität der horizontalen Faserung an inneren Rand der Blätter, da, wo sie ursprünglich im Falz zusammenhingen, an. Es stellte sich dabei mehr oder weniger schnell heraus, dass unter den erhaltenen Blättern drei waren, die niemals einen Teil eines Doppelblattes gebildet hatten, sondern von Anfang an eingebundene Einzelblätter waren, und zwar alle in der linken bzw. vorderen Hälfte der Lage. Bei zweien war das besonders klar, weil sich an ihnen noch der schmale Heftrand befindet (p. 19/20 und p. 47/48).[16] Das Ergebnis dieser Analyse, nebst einem dasselbe verdeutlichenden Schema, erschien sowohl in der Ergänzung zur zweiten Auflage von Tills Edition des BG[17] als auch, damit dieser Aspekt wirklich das nötige Gewicht bekäme, als Hauptpunkt einer speziellen kleinen Abhandlung über den BG.[18]

---

15 Till, Papyrus Berolinensis 8502, 7.

16 Vgl. die Abbildungen bei Schenke, Bemerkungen, Tafel 45b. 45c.

17 W. Till/H.-M. Schenke, Die gnostischen Schriften des koptischen Papyrus Berolinensis 8502, TU 60, ²1972, 331f.

18 Schenke, Bemerkungen, 315f. 317.

Der Anlass zu einer zweiten Stufe der Analyse, die übrigens auch zu einer wichtigen Korrektur des bisherigen Ergebnisses führte, kam von außen. Innerhalb des Teams des U.S. amerikanischen Coptic Gnostic Library Project hatte man inzwischen an Hand der Nag Hammadi-Codices die kodikologische Analyse einlagiger Papyruscodices, in besonderem Anschluss an die Arbeiten H. Ibschers, erheblich weiter vorangetrieben, ja auf eine neue Stufe gehoben. Und da nun die Texte des BG in die Ausgabe der Texte der Nag Hammadi-Codices einbezogen werden sollten (wie übrigens umgekehrt der Berliner Arbeitskreis bei Aufnahme von C. Schmidts oben erwähntem Plan einer Fortführung von „Koptisch-Gnostische Schriften" mit den Texten des BG das Projekt um den ganzen Komplex der Nag Hammadi-Schriften erweitert hat), erschien es als wünschenswert, wenn nun auch eine kodikologische Analyse des BG im Rahmen der Coptic Gnostic Library würde erscheinen können. Aber dazu bedurfte es eben der Beantwortung eines sehr viel diffizileren Fragenkatalogs in Verbindung mit einer konkreten Anfrage an das bisherige Ergebnis. Es war nämlich inzwischen klar, dass die Einzelblätter normalerweise einfach das Ende einer zu Doppelblättern zerschnittenen Papyrusrolle sind. Und in dieser Perspektive hatte in dem bisherigen Schema das Blatt p. 43/44 eine unnatürliche Position.

Um diesen Teil des Ergebnisses einer nochmaligen Überprüfung vorwegzunehmen, so ist doch nicht p. 43/44 das dritte Einzelblatt, sondern p. 45/46. Ganz praktisch gesehen, kann man das Schema in Till/Schenke, 1972, 332 und Schenke 1974, 317 einfach dadurch berichtigen, dass man auf der rechten Seite die Notierung von p. 105/106 mitsamt dem Mittelstrich um eine Position nach unten verschiebt. Diese Partie etwas oberhalb der Mitte muss jetzt *statt*:

↑ 47/48 →
↑ 45/46 → ―――――――― →105/106 ↑
↑ 43/44 →

folgendermaßen aussehen:

↑ 47/48 →
↑ 45/46 →
↑ 43/44 → ―――――――― →105/106 ↑

Bei dieser zweiten Stufe der analytischen Arbeit, die in Zusammenarbeit mit Ulrich Luft, der damals noch an den Staatlichen Museen zu Berlin tätig war, durchgeführt wurde, ging es neben allerlei Vermessungen vor allem um horizontale Papyrusfaserkontinuität zwischen den *äußeren* Rändern der ursprünglichen Doppelblätter und um das Auffinden von Klebungen (der Kolleseis). Auf der Grundlage des von uns gelieferten Materials ist dann die ausführliche kodikologische Analyse in ständigem Vergleich mit den entsprechenden Sachverhalten in den Nag Hammadi-Codices, die sich bei Parrott findet,[19] ausgearbeitet worden.[20] Diese kodikologische Analyse des BG hat schließlich dann auch Aufnahme gefunden in die einschlägigen Partien des abschließenden Bandes der Faksimile-Ausgabe der Nag Hammadi-Codices.[21]

Das wesentliche Ergebnis der Analyse, auf das wir uns hier beschränken wollen, besteht in Folgendem: Der Buchblock des BG besteht aus drei zugeschnittenen Papyrusrollen, deren jede aus zwei langen Papyrusstreifen (Kollemata) zusammengeklebt war. Diese Rollen sind, wie folgt, zu rekonstruieren:[22]

Rolle 1: [2]+[C]. [4]+[A]. [6]+141. 8+139. 10+117.
[12]+135. [14]+[133]. 16+131. 18+129.
20+Heftrand.
Kollesis, rechts über links, geht am linken Rand durch p. 8.

Rolle 2: 22+127. 24+125. 26+123. 28+121. 30+119. 32+117.
34+115. 36+113. 38+111. 40+109. 42+107. 44+105.
46+[Heftrand].
Kollesis, rechts über links, geht durch p. 117.

---

19 D. M. Parrott, (ed.), Nag Hammadi Codices V,2–5 and VI with Papyrus Berolinensis 8502, 1 and 4, NHS 11, Leiden 1979, 9–12. 36–45.

20 Von dieser Analyse ist übrigens die Argumentation auf der Mitte von S. 37 kaum zu verstehen. Es sieht so aus, als würde Rolle 1 von Codex II irgendwie für Rolle 1 von Codex VII „einspringen". Die merkwürdige Unschärfe dieser Seite hängt auch zusammen mit der nicht „gedeckten" Zahl „twelve" (Z. 2 [müsste es nicht „eleven" heißen? s. FacEd 1984, 52 Z. 1 v. u.]), was andererseits in Korrespondenz stehen könnte mit dem in Z. 26 nicht wiederholten „and three" bei Codex I (Z. 15). S. 41 Z. 10 von unten ist statt der Summe 143,8 zu lesen: 144,0. So richtig jetzt in FacEd 1984, 70.

21 FacEd, Leiden 1984, 32–70.

22 Wir stellen uns den geöffneten Buchblock vor Beschriftung, Heftung und Bindung vor – diejenigen Seiten der Doppelblätter mit horizontaler Papyrusfaserrichtung „blikken" also nach oben – und machen in Gedanken den Prozess, der zu dieser Stapelung von Doppelblättern geführt hat, rückgängig, indem wir den Stapel vom jeweils untersten Doppelblatt so „abheben", dass die Doppelblätter Stück für Stück wieder in die Position kommen, die sie ursprünglich in der jeweiligen Rolle innehatten. Dabei bezeichnen wir die einstigen Rollenstücke (und jetzigen Doppelblätter) nach den jetzigen Seitenzahlen, aber nur derjenigen der (unserem Blick zugewandten) horizontalfaserigen Blattseiten, die durch das Pluszeichen als zu einem Doppelblatt gehörig gekennzeichnet sind, während eckige Klammern (die Oberseiten von) verloren gegangene(n) Doppelblätter(n) bzw. Rollenstücke(n) bedeuten.

Rolle 3: *48*+Heftrand. 50+103. 52+101. 54+99. 56+97. 58+95. 60+93. 62+91. 64+89. 66+87. 68+85. 70+83. 72+81. 74+79. 76+77.
Kollesis, rechts über links, geht durch p. 62.

Es besteht also durchgehend Faserkontinuität zwischen dem *rechten* Rand eines Doppelblattes und dem *linken* Rand des darüber liegenden (wenn man sich den Buchblock *aufgeschlagen* bzw. *vor* der Faltung vorstellt). Aber, während das restliche Einzelblatt bei Rolle 1 und 2 am rechten Ende erscheint, befindet es sich bei Rolle 3 am linken Ende, mit welchem „Roman" auch immer man sich den Zuschneideprozess im Einzelnen vorstellen mag. Ein offenes Problem stellt übrigens das linke Ende von Rolle 1 dar. Der oben angegebene Anfang geht von der Grenzmöglichkeit aus, dass der Codex zwar zwei hintere (A/B. C/D), aber überhaupt kein vorderes Vorsatzblatt gehabt hätte.

3. *Kartonage*

Auch der Anstoß zu den folgenden zwei Rekognitionen kam von dem damaligen amerikanischen Kooperationspartner. Man war dort beim systematischen Sammeln kodikologischer Daten auf eine Notiz in Schmidts erster Mitteilung über den Erwerb des BG aufmerksam geworden, die hierzulande ganz in Vergessenheit geraten war, wonach der BG beim Ankauf „noch in dem Originaldeckel aus Leder und Papyrus" lag.[23] Die erbetenen Nachforschungen führten zunächst auf den P. Berol. 8508, von dem es im Inventarbuch ausdrücklich heißt, dass er aus dem Einband von P. 8502 stammt.[24] Es handelt sich um zwei Blätter von ungefähr gleichem Format (8,0 × 10,5 cm), die einmal (mit der Schrift nach innen) aufeinander geklebt waren und von denen das erste mit einem nach festem Schema

[23] C. Schmidt, Vorirenaeisches gnostisches Originalwerk, 839. Die ganze Notiz hat folgenden Wortlaut: „Das Manuscript lag noch in dem Originaldeckel aus Leder und Papyrus, wie überhaupt das Ganze in einem unversehrten Zustande gefunden sein musste. Aber schon hatten die Hände der habgierigen Araber die einzelnen Lagen der Blätter unter einander geworfen, so dass bei der ersten flüchtigen Prüfung die ursprüngliche Zahl der Blätter nicht festgestellt werden konnte; erst nach der Abschrift ergab sich, dass die Handschrift fast vollständig erhalten war, nur einige Blätter waren entweder geraubt oder zerstört".

[24] Der – zugegebenermaßen etwas verwirrende – alte Eintrag hat folgenden Wortlaut: „2 Blatt *Papyrus*. Waren als Buchdeckel für den Codex 8502 zusammengeklebt (vgl. 8502. *Griechischer* Brief. Z 4: χαίρειν Z 13: μνηα̣ ϥθ H: 11 cm Br: 8 cm."

abgefassten christlichen Empfehlungsschreiben, sozusagen mit einem kirchlichen Reisepass, in griechischer Sprache beschrieben ist. Der Papyrus ist übrigens von K. Treu inzwischen herausgegeben worden.[25] Der Brief lautet folgendermaßen:

> Papas Herakleides an die Mitgeistlichen (συνλιτουργ[οῖς]) am jeweiligen Ort, seinen geliebten Brüdern, im Herrn einen Gruß.
>
> Unseren Bruder P. [...]pe (?), wenn er zu Euch kommt, nehmt in Frieden auf, durch welchen Euch und die Eurigen ich und die Meinigen Euch freundlich grüße.
>
> Ich bete für Eure Gesundheit im Herrn.
>
> Amen. Amen (ⲙⲛⲏⲁ ⲋⲑ).[26]

Was nun die *Beziehung* zwischen P. 8508 und P. 8502 betrifft, so dürfte der Teil der Notiz von Schmidt „und Papyrus" durch den P. 8508 sozusagen „gedeckt" sein. Es dürfte sich also um ein Stück der Papyrusmakulatur aus der Einbandkartonage unseres Codex (möglicherweise um Reste des Spiegels einer Einbandhälfte)[27] handeln. Nähere Details darüber, wer und wie man dieses Stück daraus gewonnen hat, sind aber nicht bekannt. Aber die nächstliegende Annahme ist wohl, dass man seinerzeit im Berliner Museum die Kartonage aus dem Einbandleder gelöst hat und der jetzige P. 8508 als das einzige beschriebene bzw. entzifferbare Stück allein der Inventarisierung und der Aufbewahrung wert erschien. Und das allein würde jedenfalls dem Wortlaut von Schmidts Notiz entsprechen. Man kann aber eben auch nicht ausschließen, dass der Rest der Papyrusmakulatur bereits zwischen Auffindung und endgültigem Ankauf abhanden gekommen ist. Auch bei den Nag Hammadi-Codices ist ja die Hauptmasse der Papyrusmakulatur auf rätselhafte Weise aus den Einbänden verschwunden.[28] So oder so oder noch anders, die *Beziehung* zwischen P. 8508 und P. 8502 ist jedenfalls keine sachliche, bzw., wie Treu lakonisch feststellt, liefert die Kombination von P. 8508 und P. 8502 „nur einen allgemeinen Hinweis auf Beziehungen sowohl zwischen Gnosis und Kirche als

[25] K. Treu, P. Berol. 8508: Christliches Empfehlungsschreiben aus dem Einband des koptisch-gnostischen Kodex P. 8502, APF 28 (1982), 53–54; zu dem betreffenden Schema vgl. ders., Christliche Empfehlungs-Schemabriefe auf Papyrus, Antwerpen/Utrecht 1973, 629–636.

[26] Vgl. K. Treu, Empfehlungsschreiben, 54.

[27] Vgl. M. Krutzsch/G. Poethke, Der Einband des koptisch-gnostischen Kodex Papyrus Berolinensis 8502, FuB 24 (1984), 39b Anm. 13.

[28] Vgl. H.-M. Schenke, Rezension von J. W. B. Barns/G. M. Brown/J. C. Shelton (ed.), Nag Hammadi Codices, Greek and Coptic Papyri from the Cartonnage of the Covers, NHS 16, Leiden 1981, in: OLZ 79 (1984), 138.

auch zwischen Kopten und Griechen".[29] Man sieht im Spiegel des Verhältnisses von P. 8508 und P. 8502, wie leichtsinnig es war, für die Nag Hammadi-Codices, wegen einiger monastischer und speziell pachomianischer Indizien in der Papyrusmakulatur der Einbände, zu schließen, dass diese in einem pachomianischen Kloster in der Nähe der Fundstelle nicht nur gebunden, sondern auch geschrieben und benutzt worden seien.[30]

Dennoch hat P. 8508 eine erhebliche *Bedeutung* für den BG. Aber diese liegt in der Sphäre der Chronologie. Bisher gab es keine andere Möglichkeit der Datierung des Codex als das Schätzen des Alters der in ihm verwendeten Buchschrift. Nach dem Vorgang von C. Schmidt[31] datiert man Schrift (und Codex) ins 4.–5. Jahrhundert. Die genaueste Festlegung innerhalb dieses Rahmens versucht V. Stegemann: die ersten Jahre des 5. Jahrhunderts,[32] während Tardieu/Dubois sagen: Ende des 4. *oder* Anfang des 5. Jahrhunderts, wobei sie sich auch auf den linguistischen und den kodikologischen Aspekt berufen.[33] Dieser, wie gesagt, erratene Datierungsrahmen (4./5. Jh.) wird nun durch den P. 8508 zunächst einmal in erfreulicher Weise bestätigt und gesichert. Die Urkundenschrift ist nämlich paläographisch viel genauer datierbar als die Buchschrift und die griechische wiederum genauer als die koptische. Da nun aber die Schrift des P. 8508 ins frühe 4. Jahrhundert, ja vielleicht auch schon ins späte 3. Jahrhundert weist,[34] müssen wir wohl auf Grund dieses überraschend frühen terminus ante quem non für die Abfassung des BG mindestens an die obere Grenze des üblichen Datierungsrahmens gehen (2. Hälfte des 4. Jh.), vielleicht sogar ein bisschen darüber hinaus. Solch ein Empfehlungsbrief ist ja keine Urkunde, die man längere Zeit nach ihrer Ausstellung aufheben müsste. Und ich kann mir auch nicht gut vorstellen, dass die ägyptischen Buchbinder Papyrusabfall noch gebrauchen konnten, wenn er schon Jahre lang „auf Halde" lag. Dass der terminus ante quem non des BG nicht so genau ist wie der (allerdings spätere) des Nag Hammadi-Codex VII und wohl auch dieser „Bibliothek" überhaupt (Jahr 348),[35]

---

29 Treu, Empfehlungsschreiben, 53.

30 Vgl. Schenke, Rezension Barns et al., 139.

31 Schmidt, Vorirenaeisches gnostisches Originalwerk, 839 (5. Jh.); ders., Petrusakten, 2 (4./5. Jh.).

32 V. Stegemann, Koptische Paläographie. Quellen und Studien zur Geschichte und Kultur des Altertums und des Mittelalters I, Reihe C, Heidelberg 1936, pl. 4.

33 M. Tardieu/J.-D. Dubois, Introduction à la littérature gnostique, Éditions du CERF/ Éditions du C.N.R.S., Paris 1986, 101.

34 Vgl. Treu, Empfehlungsschreiben, 53.

35 Vgl. Schenke, Rezension Barns et al., 138f.

diesen „Mangel" könnte man dadurch in etwa als ausgeglichen ansehen, dass unser Empfehlungsbrief einem festen Schema entspricht, das als solches wohl nur eine bestimmte Zeitlang in Ägypten in Gebrauch war. Von den sieben Paralleltexten des P. 8508 stammen nach Meinung der Experten einer aus dem 3. Jahrhundert, drei aus dem 3./4. Jahrhundert, zwei aus dem 4. Jahrhundert und nur einer aus dem 4./5. Jahrhundert.[36]

4. *Einband*

Nach der Entdeckung des P. 8508 als eines schrifttragenden Stückes der Einbandmakulatur des BG blieb die Frage, ob auch das von Schmidt erwähnte Leder des Einbandes, also die eigentliche Einband*decke*, wirklich mit nach Berlin gekommen war und dort noch aufzufinden sei. Freilich versagt das Inventarverzeichnis hier seine Hilfe. Dennoch war die Suche von Erfolg gekrönt. Es stellte sich nämlich heraus, dass es in der Papyrussammlung der Staatlichen Museen einen Ledereinband gibt, der nicht nur nicht inventarisiert, sondern gewissermaßen „herrenlos", sprich: „inhaltslos", ist, insofern als nicht mehr bekannt war, zu welchen Codexblättern des Bestandes der Sammlung er gehört, ja, ob sich sein einstiger Inhalt überhaupt in Berlin befindet; er hätte ja auch als Einzelstück angekauft sein können.

Wenn mich die Erinnerung nicht täuscht, wurde ich auf das Stück nur aufmerksam, weil es in der ständigen Ausstellung der Papyrussammlung zusammen mit Blättern des P. 11 946 präsentiert wurde, zu denen es in der Größe auch vorzüglich passte.[37] Dieser P. 11 946 ist der aus 3 Doppelblättern und 5 Einzelblättern bestehende Rest eines kleinen sahidischen Pergamentcodex, der das Johannesevangelium und Psalmen enthielt (Format 11,9 × 14,2 cm); herausgegeben von U. Luft.[38] Allerdings ist weder in Lufts Edition noch in dem Katalog von W. Beltz[39] von diesem Einband die Rede. Als man nach Entnahme aus der Vitrine die Innenseite mit den Resten der Papyrusmakulatur sehen konnte, erschien es als viel näher liegend, nicht zuletzt wegen der Analogie zu den Einbänden der Nag Hammadi-Codices,

36 Vgl. Treu, Empfehlungsschreiben, 53 Anm. 6.

37 Vgl. U. Luft/G. Poethke, Leben im Altertum – Literatur, Urkunden, Briefe aus vier Jahrtausenden, Berlin 1977, 107f.

38 U. Luft, Bruchstücke eines saidischen Johannesevangeliums und Psalters (Berlin P 11 946), APF 24/25 (1976), 157–170.

39 W. Beltz, Katalog der koptischen Handschriften der Papyrus-Sammlung der Staatlichen Museen zu Berlin (Teil 1), APF 26 (1978), 114.

dass es sich um den Einband eines kleinen *Papyrus*codex handelt, zumal man ja bei einem Pergamentcodex, wie es der P. 11 946 einmal war, Einbanddeckel aus Holz erwarten müsste. Die einzigen Papyruscodexblätter der Berliner Sammlung, die der Größe (bzw. Kleinheit) nach zu dem Einband passen, sind aber nun die unseres BG. So lag die Vermutung durchaus nahe, dass es sich um den von Schmidt erwähnten Ledereinband des P. 8502 handelt. Dieser Einband ist inzwischen von M. Krutzsch und G. Poethke bearbeitet und herausgegeben worden (1984), und zwar präsentieren ihn die Herausgeber eben tatsächlich als den Einband des BG. Ihre Untersuchung hat sie also zur Identifikation geführt. Die vorzüglichen Abbildungen der Ausgabe und die sorgfältige Beschreibung des Stückes laden nun einen breiten Interessenten- und Spezialistenkreis zur Nachprüfung der Argumentation der Herausgeber ein und ermöglichen es, einen eigenen Standpunkt zu gewinnen. Mir selbst liegt daran, die Frage nicht vorschnell als erledigt abgehakt zu sehen, sondern noch etwas offen zu halten. Vorläufig ist auch mir die Identifikation ziemlich wahrscheinlich, aber eben auch nicht mehr.

Die Sache hat in meinen Augen nämlich zwei „Haken“. Die beiden Sachverhalte, die ich meine, kommen in der Ausgabe zwar durchaus zur Sprache, werden aber als Schwierigkeiten m. E. nicht genügend bzw. überhaupt nicht empfunden. Die erste Schwierigkeit besteht darin, dass Buchblock und Einband in der Größe nur ungefähr zueinander passen. Der Buchblock des BG würde einen Einband vom Format 21,6 × 13,5 cm (das sind die Abmessungen des äußeren Doppelblattes dieses einlagigen Codex), oder ein *klein wenig* größer, benötigen,[40] der vorhandene aber misst 25,5–26,0 × 14,5 cm, d. h., er ist eigentlich etwas zu groß. Vielleicht aber potenziert die gleich zu nennende zweite Schwierigkeit die erste gar nicht, sondern vermag sie zu lindern. Die Musterung, die dieser Einband aufweist, ist unsymmetrisch und lässt mit hinreichender Sicherheit erkennen, dass wir es mit der sekundären Verwendung eines Lederstückes zu tun haben, das ursprünglich für ein Buch bestimmt war, dessen Buch*deckel* (und also auch der geschlossene Buchblock und die Blätter) das wahrlich stattliche Format von 32 × 40 cm gehabt hat. Von den großen griechischen Majuskelhandschriften des Neuen Testaments bzw. der griechischen Bibel ist z. B. nur der Codex Sinaiticus vergleichbar (38 × 43 cm). Soll bzw. muss man also annehmen, dass der BG anlässlich einer antiken Restaurierung in Ersatz seines (defekt gewordenen) ursprünglichen

[40] Vgl. Parrott (ed.), Nag Hammadi Codices, 36; Krutzsch/Poethke, Einband, 39b.

Einbandes (von dem wir gar nichts mehr wüssten) sekundär mit diesem Stück, das von dem defekten Einband eines ausrangierten bzw. ebenfalls zu restaurierenden Riesencodex stammen müsste, eingebunden worden wäre? Nun haben weder Schmidt, noch Till, noch ich im Buchblock Zeichen einer Reparatur, etwa einer sekundären Heftung, gefunden (freilich auch nicht danach gesucht). Also müsste man wohl die Annahme „durchspielen", dass gleich der „fabrikneue" Buchblock des BG mit einem anderswo ausrangierten Einbandlederfragment gebunden worden wäre. Und bei diesem „recycling" hätte man sich eben nicht die Mühe gemacht, das Altleder dem neuen Buchblock ganz genau anzupassen. Ich hoffe, dass das vorstellbar ist. Der Riesencodex, von dem das Leder stammt, muss ja nicht koptisch, sondern kann griechisch, muss ja nicht aus Papyrus, sondern kann aus Pergament gewesen sein. Außerdem dürfte dessen Format auf offiziellen, wohl kirchlichen Gebrauch hinweisen; und dabei gehen Bücher eben schneller kaputt.

Doch um die Dinge so zu sehen, gibt es noch ein, wie es scheint, erhebliches Hindernis, nämlich die *Datierung* des ursprünglichen Großeinbandes, bzw. dessen Datierung, wie sie die *Herausgeber* vornehmen. Ihrer Meinung nach ist nämlich mit der Herstellung des ursprünglichen Einbandes nicht vor dem 6. Jahrhundert zu rechnen. Und daraus folge, dass zwischen der Niederschrift des BG, die sie, wie üblich, ins frühe 5. Jahrhundert setzen, und der Anfertigung des Einbandes – wohlgemerkt: noch für ein ganz anderes Buch – mindestens 100 Jahre liegen.[41] Aber heißt das nicht im Klartext, dass der betreffende, wiederverwendete Einband, wie wir ihn vor uns haben, eben doch nicht der des BG sein kann, ohne dass hier der Ort wäre, das gesamte Geflecht der Aporien auszubreiten, mit denen diese Datierung die Hauptthese der Editoren von der Zusammengehörigkeit des vorhandenen Einbandes mit dem P. 8502 unterminiert?

5. *Fortschritte in der Texterschließung*

Neben der Aufarbeitung der materiellen Details, wie sie zur Behandlung des BG als eines Artefakts nun einmal gehören, hat auch die Arbeit am Inhalt erstaunliche Früchte hervorgebracht. Was dabei vor allem ins Auge fällt und hier genannt zu werden verdient, ist die Aufnahme der Schriften des BG in die verschiedenen großen textkritischen, um die Werke der Nag

---

[41] Krutzsch/Poethke, Einband, 40b.

Hammadi-Codices zentrierten, Ausgaben (koptisch-)gnostischer Schriften. Das U.S. amerikanische Projekt „The Coptic Gnostic Library" bietet das Evangelium nach Maria, in der Bearbeitung von R. McL. Wilson und G. W. MacRae, und die Taten des Petrus, in der Bearbeitung von J. M. Brashler und D. M. Parrott, am Ende des Bandes mit der Ausgabe von Nag Hammadi-Codex V,2–5 und VI.[42] Im Rahmen des kanadisch-französischen Unternehmens der „Bibliothèque copte de Nag Hammadi" ist zunächst das Evangelium nach Maria, auf der Grundlage intensiver, unter Anleitung von J.-É. Ménard in Berlin durchgeführter Kollationen des Originals, im Jahre 1983 von A. Pasquier neu herausgegeben worden.[43] Schließlich ist dem BG in seiner Gesamtheit sogar die Ehre widerfahren, von M. Tardieu eingeleitet, übersetzt und ausführlich kommentiert, den Inhalt des Pilotbandes einer im Jahre 1984 neu begonnenen französischen Reihe, der „Sources Gnostiques et Manichéennes", zu bilden.[44] In Zusammenarbeit mit J.-D. Dubois hat M. Tardieu im ersten Band der „Introduction à la littérature gnostique" auch noch eine Art einleitungswissenschaftlicher Behandlung des BG gegeben, in der die gesamte Erschließungsarbeit am BG bis in die neueste Zeit hinein vorzüglich dokumentiert wird.[45]

Am meisten gewonnen hat bei diesen Bemühungen vielleicht das Evangelium der Maria, dessen Erschließung ja, da von ihm eigentlich nur ein Torso erhalten ist und es keine Parallelen in den Nag Hammadi-Codices gibt, auch besonders intensiver Arbeit bedarf. Z. B. ist vom Evangelium nach Maria inzwischen, wie man bei Tardieu/Dubois erfährt,[46] noch ein zweites, eine andere griechische Handschrift repräsentierendes griechisches Fragment entdeckt worden, das der Stelle BG p. 9,1–10,14 entspricht. Es handelt sich um P. Oxy. 3525.[47]

Ich möchte in diesem Zusammenhang die hiesige Gelegenheit nun zunächst dazu benutzen, um noch einmal gezielt auf die beiden Stellen des Evangeliums der Maria hinzuweisen, wo alle neueren Ausgaben oder Bearbeitungen eine im Vergleich zu Tills und meinem Text verbesserte Textbasis haben oder voraussetzen, und so selbst fleißig mitzuhelfen, ein

---

42 Vgl. Parrott (ed.), Nag Hammadi Codices, 453–471 und 473–493.

43 A. Pasquier, L'Évangile selon Marie, BCNH.T 10, Québec 1983.

44 M. Tardieu, Écrits gnostiques, Codex de Berlin, SGM 1, Paris 1984; s. auch meine Rezension Tardieus in JAC 27/28 (1984/1985), 238–242.

45 Tardieu/Dubois, Introduction, 99–138.

46 Tardieu/Dubois, Introduction, 102–104.

47 Vgl. P. J. Parsons, in: A. K. Bowman, R. A. Coles u. a., The Oxyrhynchus Papyri, 50, London 1983, 12–15 mit pl. 2. Vgl. jetzt auch D. Lührmann, Die griechischen Fragmente des Marienevangeliums POx 3525 und PRyl 463, NovT 3 (1988), 321–338.

durch meine Hand mitverschuldetes Unglück wieder gut zu machen. Es handelt sich um die Verbform in den beiden Parallelsätzen p. 8,22–9,3. Till hatte hier folgendermaßen gelesen und übersetzt:

> ⲙ̣[ⲡⲓ]ⲕⲁ ⲗⲁⲩ ⲛ̄ϩⲟⲣⲟⲥ ⲉϩⲣⲁï ⲡⲁⲣⲁ ⲡⲉⲛⲧⲁïⲧⲟϣϥ̄ ⲛⲏⲧⲛ̄
> ⲟⲩⲇⲉ ⲙ̄ⲡï† ⲛⲟⲙⲟⲥ ⲛ̄ⲑⲉ ⲙⲡⲛⲟⲙⲟⲑⲉⲧⲏⲥ
>
> Ich habe kein Gebot erlassen außer dem, was ich euch festgesetzt habe.
> Auch habe ich kein Gesetz gegeben wie der Gesetzgeber (etc.)

Es kommt auf das ⲙ̄ⲡï- in p. 9,2 an, wonach die Lücke in p. 8,22 ergänzt worden ist. Was ich gern wissen würde, ist, ob etwa auch schon Schmidt so gelesen, rekonstruiert und verstanden hatte. Jedenfalls muss ich gestehen, dass ich trotz sorgfältiger Kollation des Originals hier kein „Haar in der Suppe" entdeckt habe, weder paläographisch noch orthographisch/grammatisch noch semantisch. Hilfe kam dem missverstandenen Evangelium wieder erst aus Übersee. Und zwar war es G. MacRae, der hier die schärfsten Augen hatte und auf Fotografien von ziemlich mäßiger Qualität, die ihm zur Verfügung standen und von denen er nicht wusste, dass sie mein eigenes Amateurwerk waren, erkannte, dass die Lesung des Zeichens ï in p. 9,2 nicht stimmen konnte. Seine Anfrage, ob stattdessen nicht ⲣ̄ zu lesen sei, hat sich am Original sofort und einwandfrei bestätigt. Das angebliche Trema ist in Wirklichkeit ein ganz kurzer Supralinearstrich und das angebliche Jota hat oben eine ganz kleine Schlaufe, ist also in Wirklichkeit ein Rho. Auch zeigte es sich, dass in 8,22 ⲙⲡⲣ̣̄ statt ⲙ̣[ⲡⲓ] zu lesen ist.[48] Die Übersetzung der Passage muss also lauten:

> Erlasst kein Gebot außer dem, was ich euch festgesetzt habe!
> Und gebt auch kein Gesetz wie der Gesetzgeber (etc.)

Der zweite Punkt, auf den ich hier die Aufmerksamkeit lenken möchte, betrifft die jüngsten papyrologischen und exegetischen Bemühungen um diejenige Stelle im Evangelium der Maria, die in meinen Augen die allerschwierigste ist. Es geht um die erste Hälfte der Zeile 17 auf p. 18. Schmidt hatte hier ⲛⲧⲛϫⲡⲟⲛ ⲛⲁⲛ gelesen und mit „und" (sc. wir mögen) „uns zubereiten" übersetzt,[49] was aber beides von Till verworfen wurde.[50] Er hielt das Problem der Lesung dieser Stelle – wenigstens an Hand seiner Fotos – für unlösbar und gab als Text hier nur ⲛ̣ⲧ̣ⲛ̣[. . . . . . ⲕⲁⲧ]ⲁ̣ ⲑ̣ⲉ etc., wozu er

---

48 Vgl. Parrott (ed.), Nag Hammadi Codices, 459, Anm. zu p. 8,22 und p. 9,2.
49 Schmidt, Pistis Sophia, LXXXIX.
50 Till, Papyrus Berolinensis 8502, 296f.

in der Übersetzung als Sinn vorschlug „[uns so formen (?)] wie“. Meine am Original bei verschiedenem Licht, aber mit einfachem Gerät gewonnene Lösung ⲛ̣ⲧ̣ⲛ̄ⲁ̣ⲡⲟ̣ⲭⲱⲣ̣ⲓ̣ ⲕ̣ⲁ̣ⲧ̣ⲁ̣ ⲑ̣ⲉ etc., wobei das griechische ἀποχωρεῖν als das Äquivalent von ⲃⲱⲕ in der Parallele p. 8,21, auf die sich unsere Stelle ja zurückbezieht, verstanden worden war, habe ich an anderem Ort relativ ausführlich zu begründen und zu erläutern gesucht.[51] Demgegenüber ist nun aber A. Pasquier praktisch auf die Lesung Schmidts zurückgekommen, die nur in einem Buchstaben geändert ist, was allerdings einen ganz anderen Sinn gibt bzw. ermöglicht; sie liest nämlich: ⲛ̣ⲧ̣ⲛ̣̄ϫⲡⲟ̣ϥ ⲛ̣ⲁ̣ⲛ̣ ⲕ̣ⲁ̣ⲧ̣ⲁ̣ ⲑ̣ⲉ etc. („engendronsle en nous comme“) und MacRae ist ihr gefolgt (wobei er übersetzt: „and acquire him for ourselves as“) – nicht zuletzt wohl wegen ihrer Berufung auf eine Kollation unter ultraviolettem Licht[52] und der Notierung der entscheidenden Buchstaben ϫⲡ ohne Punkt, also als absolut sicher –, während Tardieu bei meinem Text geblieben ist („partons comme il nous l’a demandé“).[53] Da A. Pasquier ihre Lesung offenbar unter Einsatz von besserem technischen Gerät gewonnen hat und die Differenz unserer Ergebnisse beunruhigen musste, bin ich auch selbst noch einmal mit modernerer Ausrüstung und Methodik mehrfach an diese Stelle herangegangen mit dem Ergebnis, dass A. Pasquier völlig im Recht ist. Nach dem Konjunktivpräfix ist tatsächlich ϫⲡ (und zwar eindeutig – also ohne Punkte) zu lesen, wobei natürlich das ϫ der eigentlich neuralgische Punkt ist. Die Lesung des folgenden Buchstabes als ⲟ̣ erscheint möglich; ⲛ̣ⲁ̣ⲛ̣ ist nicht nur wahrscheinlich, sondern unter UV-Licht ziemlich deutlich zu erkennen (während die Infrarot-Fernsehkamera ein falsches Bild von dieser Stelle vermittelt). Der Buchstabe dazwischen (Schmidt: ⲛ; Pasquier: ϥ) ist demgegenüber kaum zu identifizieren. Doch dürfte es mit dem ϫⲡ am Anfang des Verbalausdrucks kaum eine andere Möglichkeit geben, sich den unleserlichen Rest davon vorzustellen, es sei denn, dass man etwa ϫⲡⲟ̣ⲥ̣ statt ϫⲡⲟ̣ϥ vermutet. Jedenfalls aber musste und könnte man unter Voraussetzung der Lesung von A. Pasquier den koptischen Text als genaue Entsprechung des griechischen verstehen:

ἐκεῖνο τὸ προστα<χ>θ[ὲν ἡ]μεῖν π[ο]ιήσωμεν

ⲛ̣ⲧ̣ⲛ̣̄ϫⲡⲟ̣ϥ ⲛ̣ⲁ̣ⲛ̣ ⲕ̣ⲁ̣ⲧ̣ⲁ̣ ⲑ̣ⲉ ⲛ̄ⲧ̣ⲁϥϩⲱⲛ ⲉⲧⲟⲟⲧⲛ̄.

---

[51] Schenke, Bemerkungen, 318f.
[52] Vgl. Parrot (ed.), Nag Hammadi Codices, 455.
[53] Vgl. Tardieu, Écrits gnostiques, 81.

ϫⲡⲟ kann ja in bestimmten Zusammenhängen tatsächlich das Übersetzungsäquivalent von ποιεῖν sein. Und das Suffix bei ϫⲡⲟ⸗ braucht sich ja nicht unbedingt auf den in der vorhergehenden Wendung genannten „vollkommenen Menschen" *zurück*zubeziehen, sondern könnte als Neutrum (gewissermaßen in Entsprechung zu τὸ κτλ. in der griechischen Version) auf den folgenden Vergleichssatz *vor*verweisen. Der Sinn wäre dann etwa: „wir wollen es zustande bringen, wie er (es) uns aufgetragen hat."

BEMERKUNGEN ZUR APOKALYPSE DES ALLOGENES (NHC XI,3)*

Es ist die Absicht dieser Bemerkungen, die Aufmerksamkeit der gelehrten Welt auf eine besonders wichtige und schöne, aber noch wenig bekannte Schrift aus dem Funde von Nag Hammadi zu lenken, von der Arbeit derer, die an ihrer Erschließung wirken, Mitteilung zu machen und weiterführende Hinweise aus benachbarten Disziplinen zu erwirken. Es bedarf nämlich durchaus der Hilfe vieler, um die Tücke der Materie, die uns diesen komplizierten Text nur mäßig erhalten präsentiert, mit Methode und Scharfsinn zu überlisten. Es handelt sich, kurz gesagt, beim „Allogenes" (so lautet der Untertitel dieser Schrift in der Handschrift) um ein Dokument, wahrscheinlich das Leitdokument, der philosophisch orientierten sethianischen Gnosis, das zudem zu der Bibliothek der gnostischen Herausforderer des Plotin in Rom gehörte (Porphyrius vita Plotini Kap. 16). Und zwar darf wohl angenommen werden, dass unser „Allogenes" (in dem es ja um eine Offenbarung geht, die zwar der Allogenes allein empfängt, die er aber „seinem Sohn" Messos weitergibt, damit dieser sie verkündige) in vit. Plot. 16 unter der Bezeichnung (ἀποκάλυψις) Ἀλλογενοῦς καὶ Μέσου erscheint.

Bei der – im Wesentlichen noch nicht in die Öffentlichkeit gelangten – Arbeit an der Erschließung dieser Schrift haben sich vier Personen besondere Verdienste erworben: John D. Turner (University of Nebraska, Lincoln), Charles W. Hedrick (Southwest Missouri State University, Springfield), James M. Robinson (Claremont Graduate School) und Karen L. King (Brown University, Providence).

Turner hat sich am ausführlichsten mit dem „Allogenes" beschäftigt. Er ist ja auch der für diese Schrift Zuständige im Coptic Gnostic Library Project. Entsprechend stammt (im Wesentlichen) von ihm (wenn auch unter Mitwirkung von Orval S. Wintermute) die englische Übersetzung des „Allogenes" in The Nag Hammadi Library in English,[1] die zusammen mit dem betreffenden Teil in The Facsimile Edition of the Nag Hammadi Codices[2] bisher den einzigen allgemeinen und direkten Zugang zum

---

* In: W. Godlewski (ed.), Coptic Studies, Acts of the Third International Congress of Coptic Studies, Warschau 1990, 417–424.

[1] NHLibEng, San Francisco 1977, 444–452.

[2] FacEd, Codices XI, XII and XIII, Leiden 1973, pl. 4, 51–75.

Ganzen dieser Schrift vermittelt. Turner hat insbesondere Bahnbrechendes geleistet in der Aufbereitung des koptischen Textes mit einer die Möglichkeiten voll ausschöpfenden Erschließung dessen, was in den Lücken des Papyrus einst gestanden haben mag. Darüber hinaus hat er sich schon in drei großen Zugriffen um die Einordnung dieses neuen Textes in die Geistesgeschichte der Spätantike bemüht.[3] Hedrick trägt jetzt Verantwortung für den Text des Allogenes als volume editor desjenigen, noch in Vorbereitung befindlichen Bandes der Coptic Gnostic Library, der der wissenschaftlichen Edition des Inhalts der Nag Hammadi Codices XI, XII und XIII gewidmet ist, nachdem er schon vorher (neben Stephen Emmel) einer der Hauptakteure des Coptic Gnostic Library Teams bei der langwierigen papyrologischen Grundlagenarbeit (eben auch für den „Allogenes“) im Koptischen Museum zu Kairo war.

Robinson ist es, der – abgesehen von seiner dem Teamleiter gebührenden Zuständigkeit für das Ganze – in einem Vortrag auf dem International Colloquium on Gnosticism in Stockholm (20.–25. August 1973) als Erster auf eine direkte Querverbindung zwischen dem „Allogenes“ und neuplatonischen Konzeptionen hingewiesen hat.[4] Karen King schließlich hat unter Billigung und Förderung von Robinson, Hedrick und Turner den „Allogenes“ zum Gegenstand ihrer Dissertation gemacht und vorerst (als Grundlage für einen geplanten Sachkommentar) unter Benutzung der druckfertigen Textfassung für die CGLib-Edition eine eigenständige, ausführlich eingeleitete und mit vollständigem Register versehene Sonderedition dieser Einzelschrift geliefert.[5]

Was nun, nach dieser Einleitung, die angekündigten Bemerkungen selbst anbelangt, so seien sie nacheinander Problemen der Sprache, des Rahmens und des Inhalts gewidmet.

[3] Diese Arbeiten sind im Einzelnen: The Gnostic Threefold Path to Enlightenment, NovT 22 (1980), 324–351; Gnostic Sethianism, Platonism and the Divine Triad (vom Dezember 1982, geschrieben für das Working Seminar „Gnosticism and Early Christianity“, das vom Department of Religious Studies der Southwest Missouri State University vom 29. März bis 1. April 1983 in Springfield, Missouri, veranstaltet worden ist), 135 Schreibmaschinenseiten nebst 12 Seiten Anmerkungen; Gnosticism and Platonism: The Platonizing Sethian Texts from Nag Hammadi in Their Relation to Later Platonic Literature (als Beitrag für The International Conference on Neoplatonism and Gnosticism an der University of Oklahoma, 18.–21. März 1984), 45 Schreibmaschinenseiten.

[4] The Three Steles of Seth and the Gnostics of Plotinus, Stockholm 1977, 132–142. Vgl. zu dieser Problematik jetzt auch L. Abramowski, Marius Victorinus, Porphyrius und die römischen Gnostiker, ZNW 74 (1983), 108–128.

[5] The Quiescent Eye of the Revelation: Nag Hammadi Codex XI. 3 „Allogenes“, 1984.

I. *Probleme der Sprache*

Nachdem, so kann man wohl sagen, im Großen und Ganzen klar ist, wovon im „Allogenes" die Rede ist, hängt der Fortschritt des Verständnisses entscheidend von der exakten Erfassung der Struktur der einzelnen Aussagen ab, also von einer eingehenden sprachlichen Analyse des Textes und seiner Elemente.

Wie unmittelbar die Analyse der Form das Verständnis des Inhalts tangiert, kann man am besten an einem Begriff demonstrieren, der so etwas wie der Zentralbegriff des „Allogenes" ist. Dieser heißt auf koptisch ⲡⲓϣⲙⲛ̄ⲧϭⲟⲙ. Turner versteht das (gefolgt z. B. von Robinson) als „the Triple Power" und der in diesem Begriff gefundene Kraftaspekt bestimmt tiefgehend das Gesamtverständnis des „Allogenes" bei Turner. Aber dies Verständnis ist eben nicht richtig. Schon die Nichtkongruenz von Artikel und dem (zweiten) Nomen zeigt an, dass in diesem Syntagma nicht die gewöhnliche Hierarchie im Verhältnis von Zahlwort und Substantiv vorliegt. Man kann solchen „Herrschaftswechsel" verschieden zu beschreiben und zu erfassen versuchen.[6] Hier könnte man z. B. folgendes sagen:

Statt „*die* dreimalige *Kraft*" (= „die drei Kräfte" oder eben „die dreifache Kraft" bzw. „the Triple Power") heißt es „*der Dreimalige* an Kraft" (= „der Dreimalkräftige/-mächtige/-gewaltige" bzw. „the Triplepowered One").

Ganz offenbar jedenfalls ist der koptische Ausdruck die Übersetzung eines griechischen τριδύναμος. Im Übrigen möchte ich hier nur Zeugnis davon geben, dass eine solche Analyse von Karen King durchgeführt worden ist und in ihrer Dissertation präsentiert wird. Von ganz entscheidender Bedeutung dabei war übrigens die Identifikation der Satzgrenzen. Vielmehr möchte ich von den dabei gewonnenen Erkenntnissen solche mitteilen, die für die Koptologie allgemein von Interesse sein könnten.

1. Analogiebildung zur Extraposition der Konjugationsbasis des Verbalsatzes beim Ausdruck für „haben". So jedenfalls könnte man das in unserer Schrift gleich zweimal vorkommende Phänomen nennen.

Vgl. p. 49,31–34: ⲉⲟⲩⲛ̄ⲧⲉ ⲧⲙⲛ̄ⲧⲱⲛϩ ⲟⲩⲛ̄ⲧⲉⲥ ⲛ̄ⲧⲙⲛ̄ⲧⲁⲧⲟⲩⲥⲓⲁ ⲙⲛ̄ ⲧⲙⲛ̄ⲧⲉⲓⲙⲉ „zugleich besitzt die Lebenskraft die Wesenlosigkeit samt dem Erkenntnisvermögen";

---

[6] Vgl. für ein analoges Phänomen H.-M. Schenke (Rezension Böhlig/Wisse, Nag Hammadi Codices III,2 und IV,2), OLZ 74 (1979), 20.

p. 67,25–28: ϫⲉ ⲟⲩⲛ̄ⲧⲉ ⲡⲓⲁⲧⲥⲟⲩⲱⲛϥ̄ ⲟⲩⲛ̄ⲧⲁϥ ⲛ̄ϩⲉⲛⲁⲅⲅⲉⲗⲟⲥ ⲟⲩⲧⲉ ϩⲉⲛⲛⲟⲩⲧⲉ „ob der Unerkennbare Engel oder Götter besitzt".

2. Kurze Form des affirmativen Energetischen Futurs bzw. Apodotisches *efsōtm*. Eine Form, die u. E. als die von Ariel Shisha-Halevy entdeckte Kategorie gedeutet werden muss, kommt einmal wirklich (p. 49,11), und dreimal in Ergänzungen (Turners) vor (p. 46,23.27.33). Der sehr schwierige Satz mit der wirklich erhaltenen Form lautet folgendermaßen:

ϫⲉ̣ [ⲉϣⲱ]ⲡⲉ ⲉⲩϣ[ⲁⲛ]ⲣ̄ⲛⲟⲉⲓ ⲙ̄ⲙⲟϥ ⲙ̄[ⲡⲓⲣⲉ]ϥϫⲓⲟⲟⲣ ⲛ̄ⲧⲙⲛ̄ⲧⲁⲧⲛ̄ⲁⲣ[ⲏϫⲥ̄] ⲛ̣̄ⲧⲉ
ⲡⲁϩⲟⲣⲁⲧⲟⲛ ⲙ̄ⲡⲛ̄[ⲁ̄ ⲉⲧⲕ]ⲏ̣ ⲛ̄ϩⲣⲁ̣[ï] ⲛ̄ϩⲏⲧϥ̄
ⲉⲥⲕⲱⲧⲉ̣ ⲙ̄ⲙⲟ<ⲥ> ⲉⲣ[ⲟϥ]

Denn [we]nn sie ihn begreifen als den ‚Fähr[ma]nn' der Grenzenlo[sig]keit
des unsichtbaren Geist[es, der sich] in ihm befindet,
wird sie (die Erkenntnis) <sich> [ihm] zuwenden. (p. 49,7–11)

Als Tempus der Apodosis bei Konditionalsätzen erscheint sonst am häufigsten der Aorist I oder II (p. 48,33; 56,33.[35].36; 57,8.17; 61,18; 66,20.21), aber auch der Imperativ (p. 59,19.31.33.37), eine Infinitivkonstruktion (p. 48,6f.) und – worauf es mir hier ankommt – das (volle) Energetische Futur (p. 46,17[?]; 48,18; 56,17.18). Innerhalb der zuletzt genannten Kategorie ist die Stelle p. 48,18 insofern besonders interessant, als die futurische Apodosis zu einer (verkürzten) Cleft Sentence transformiert (das Energetische Futur somit in Relativform) vorliegt:

ⲛ̄ⲧⲟϥ ⲉ[ⲧⲉ]ϥ̣ⲉ̣ϣⲱⲡⲉ „er selbst ist es, d[er] werden wird".

3. Die Form ⲉⲁϥⲥⲱⲧⲙ̄ *funktioniert* in unserem Text konkurrenzlos *wie* ein zweites Perfekt (d. h. erscheint als *glose* der substantivischen Cleft Sentence) und *ist* also hier das Perfekt II.[7] Es sind zwei Stellen, die das zeigen (p. 50,11–15; 66,30–33). Sie lauten:

ⲉⲧⲃⲉ ϯⲥⲃⲱ ⲉⲧⲛ̄ϩⲏⲧⲟⲩ
ⲉⲁⲡⲓⲙⲉⲉⲩⲉ̣ ⲉⲧⲛ̄ϩⲏⲧ
ⲁϥⲡⲱⲣϫ̄ ⲛ̄ⲛ̣[ⲏ] ⲉ̣ⲧ̣ϫ̣ⲟⲥⲉ ⲉ[ⲡ]ϣⲓ ⲙⲛ̄
ⲛⲓⲁⲧ[ⲥ]ⲟⲩ[ⲱ]ⲛⲟⲩ

It is because of the teaching which is in them, that the thought which is in me seperated tho[se] who are exalted beyond [mea]sure and those who are un[k]no[w]able. (Übers. King)

ⲉⲃⲟⲗ ϩⲙ̄ ⲡⲏ ⲉⲧⲁϩⲉⲣⲁⲧϥ̄ ⲛ̄ⲟⲩⲟⲉⲓϣ ⲛⲓⲙ
ⲉⲁϥⲟⲩⲱⲛϩ̄ ⲉⲃⲟⲗ ⲛ̄ϭⲓ ⲟⲩⲱⲛϩ̄ ⲛ̄ϣⲁ ⲉⲛⲉϩ

[7] Vgl. H. J. Polotsky, Études de syntaxe copte, Kairo 1944, § 14B (= Collected Papers, Jerusalem 1971, 152f.).

It is from that one who stands at every time,
that eternal life appeared. (Übers. King)

4. Unser Text verwendet im Rahmen seiner negativen Theologie als terminus technicus ein bisher unbekanntes koptisches Verb von offenbar negativer Wertigkeit. Das Wort heißt ϣⲱϫϩ̄ und kommt an folgenden Stellen und in folgenden *status* vor:

ϣⲱϫϩ̄	(v.tr.) 62,16; 63,25f.26
ϣⲁϩϫ⸗ ϣⲁϫϩ⸗ :	
ϣⲁϩϫϥ̄	62,26; 67,32
ϣⲁϫϩϥ̄	62,7
ϣⲁϩϫⲟⲩ	62,27
ⲁⲧϣⲁϫϩϥ̄	63,27f.

Als Anschauungsmaterial sei der Satz gewählt, der – im Schema: weder-noch – aber auch nicht die Negation – das Wort gleich dreimal enthält (p. 63,25–28):

ⲟⲩⲧⲉ ⲉⲛⲥⲉϣⲱϫϩ̄ ⲙ̄ⲙⲟϥ ⲁⲛ
ⲟⲩⲧⲉ ⲉϥϣⲱϫϩ̄ ⲛ̄ⲗⲁⲁⲩ ⲁⲛ
ⲟⲩⲧⲉ ⲛ̄ⲛⲟⲩⲁⲧϣⲁϫϩϥ̄ ⲁⲛ ⲡⲉ

In Turners Übersetzung ist als Bedeutung „diminish" vorausgesetzt; entsprechend erscheint die Bedeutung „vermindern" (?) im Register von F. Siegert.[8] Leider führt nun auch die Etymologie nicht direkt zu einem eindeutigen Resultat für die Bedeutung. Es gibt allerdings nur ein ägyptisches Wort, und zwar ein *hapax legomenon*, das als Vorläufer von ϣⲱϫϩ̄ in Frage kommt; ein Wort, das erst J. Osing mir, auf Anfrage, zur Kenntnis gebracht hat,[9] aber auch dessen Bedeutung kann nur geraten werden. Es handelt sich um das Verb śḏh in p. Sallier I 5,8,[10] das im Wörterbuch der Ägyptischen Sprache[11] in der Verlesung śꜣḥ erscheint. Es steht (in diesem Schultext des Inhalts, dass man seine Arbeit nicht zugunsten von Vergnügungen vernachlässigen darf) im Pseudopartizip und in der Verbindung ỉw nꜣj.f ỉrj.w śḏḥ.j n ỉb.śn. Als Bedeutung sowohl für śḏḥ dort als auch für ϣⲱϫϩ̄ hier schlägt Osing nun „beschränken, einschränken" vor. Der betreffende Satz im p. Sallier I würde dann lauten: „Mühsame Arbeit ist vor ihm, wo ihm doch kein Diener Wasser bringt, keine Frau ihm Brot

[8] Nag-Hammadi-Register, WUNT 26, Tübingen 1982, 156.
[9] Brief vom 16.1.1984.
[10] A. H. Gardiner, Late Egyptian Miscellanies, BibA 7, Brüssel 1937, 82; R. A. Caminos, Late Egyptian Miscellanies, Oxford 1954, 313f.
[11] Band IV, 22,6.

bereitet, *und seine Gefährten beschränkt sind für ihr Herz*" (d. h. nur für sich selbst sorgen). Und als Übersetzung des oben zitierten Satzes aus Allogenes ergäbe sich:

> wie er ja weder beschränkt *wird*,
> noch irgendetwas (seinerseits) beschränkt;
> noch ist er unbeschränkt.

5. In diesem Dokument begegnet uns zweimal der seltsame Nominalausdruck ⲡⲓⲟⲩⲁⲧⲟ (p. 50,2.32). Was er im Großen und Ganzen bedeutet, ergibt sich nun aus der Parallele von p. 50,30–32 und p. 64,2–4:

> ⲛ̣ⲏ ⲉⲧⲉ ⲛ̄ⲛⲁⲧⲥⲟⲩⲱⲛⲟⲩ ⲙ̄ⲡⲓⲟⲩⲁⲧⲟ
> „die (Dinge), die unerkennbar sind für..."
> ...ϩⲉⲛⲗⲁⲁⲩ ⲛⲉ...ⲛ̄ⲛⲁⲧⲥⲟⲩⲱⲛⲟⲩ ⲛⲁⲩ ⲧ̣ⲏⲣⲟⲩ
> „irgendwelche Dinge, die unerkennbar sind für alle".

Das heißt, wie ⲛⲁⲩ ⲧⲏⲣⲟⲩ einem griechischen (τοῖς) πᾶσιν entspricht, dürfte ⲙ̄ⲡⲓⲟⲩⲁⲧⲟ wohl das Äquivalent für (τοῖς) πολλοῖς sein und das bedeutet wiederum, dass darin das wohlbekannte Nomen ⲁⲧⲟ „Menge" stecken dürfte. Das ist offenbar auch die Meinung von Turner, der „the multitude" übersetzt, und auch die von Siegert, der die eindeutige der beiden Stellen unseres Textes eben unter ⲁⲧⲟ nennt.[12] Allerdings notiert er sie als XI 50,{32}, hält den Text hier also für nicht in Ordnung; verständlicherweise, denn „the multitude" würde ja nur ein ⲡⲓⲁⲧⲟ voraussetzen. Was aber ist ⲟⲩ? Schreibversehen, sekundärer Zuwachs am Wortanfang, oder etwa einfach der unbestimmte Artikel? Es wäre dies ja nicht der einzige Fall im Koptischen, dass ein nominaler Ausdruck mit zwei Artikeln versehen erscheint; vgl. z. B. ⲛⲓⲡⲧⲏⲣϥ̄ (in unserem Text p. 59,3; 62,21) und etwa ⲟⲩⲡⲉⲧⲛⲁⲛⲟⲩϥ sonst. Nun ist der Ausdruck, der uns hier beschäftigt, tatsächlich auch noch anderswo einmal belegt, nur mit dem normalen bestimmten Artikel (statt des demonstrativen) und im status constructus (statt des status absolutus), und zwar in der fayumischen Übersetzung der Epistula Jeremiae V. 12.[13] Die Übersetzung von ἐκμάσσονται τὸ πρόσωπον αὐτῶν διὰ τὸν ἐκ τῆς οἰκίας κονιορτόν ὅς ἐστιν πλείων ἐπ' αὐτοῖς lautet da ϣⲁⲩⲃⲱϯ ⲇⲉ ⲙⲡⲉⲩϩⲁ ⲉⲃⲁⲗ ⲛⲧⲉⲛ ⲡⲟⲩⲁⲧⲉ ϣⲁⲓϣ ⲛⲧⲉⲛ ⲡⲏⲓ ⲉⲧϩⲓϫⲱⲟⲩ. Dabei gibt ⲡⲟⲩⲁⲧⲉ ϣⲁⲓϣ die Verbindung ὁ κονιορτός, ὅς ἐστιν πλείων

[12] Nag-Hammadi-Register, 5.

[13] É. Quatremère, Recherches critiques et historiques sur la langue et la littérature d'Égypte, Paris 1808, 234.

wieder, und zwar so, als hätte sie gelautet ὁ πλείων κονιορτός. Wenn man nun fragt, welches Element in dem koptischen Ausdruck dem πλείων entspricht, so muss die Antwort lauten: (nicht ⲁⲧⲉ-, sondern) ⲟⲩⲁⲧⲉ-. Man wird nach alledem die Sache so sehen dürfen: Der von ⲁⲧⲟ „Menge" abgeleitete Ausdruck ⲟⲩⲁⲧⲟ/ⲟⲩⲁⲧⲉ- „eine Menge (von)" = „Vieles", „Viele" bzw. „viel ...", „viele ..." ist (in manchen Bereichen des Koptischen) so lexikalisiert worden, dass er seinerseits mit dem bestimmten Artikel versehen werden konnte, um „das Viele", „die Vielen" bzw. „der (die, das) viele ...", „die vielen ..." zu bezeichnen. Der im „Allogenes" begegnende Nominalausdruck ⲡⲓⲟⲩⲁⲧⲟ würde demgemäß tatsächlich „die Vielen" heißen.

II. *Probleme des Rahmens*

Der literarische Rahmen, in dem der Inhalt der Schrift „Allogenes" erscheint, ist kunstvoll und kompliziert. Und so ist es kein Wunder, dass er sowohl bei Porphyrius als auch bei K. Rudolph[14] zu Missverständnissen führen konnte.

Was klar ist und inzwischen allgemein bekannt sein kann, ist folgendes: Der wirkliche Autor lässt die Schrift *von* einer Person namens Allogenes *für* eine andere Person namens Messos, die Allogenes mein Sohn nennt, geschrieben sein, damit dieser ihren Inhalt unter denen, die dessen würdig sind, verbreite. Und was Allogenes mitteilt, besteht im Wesentlichen aus zwei Teilen. Es handelt sich um zwei Offenbarungen, die Allogenes im Abstand von hundert Jahren zuteil geworden sind: die erste im Wesentlichen eine Audition und durch ein weibliches Himmelswesen namens Jouel vollzogen, die zweite im Wesentlichen eine Vision in Entrückung und durch die so genannten Kräfte der Erleuchter vermittelt. Sowohl Jouel als auch die Kräfte der Erleuchter gehören dem Pantheon der sethianischen Gnosis an.

Die Schwierigkeit bzw. das, was man vielleicht über das Wohlbekannte hinaus noch sagen kann, liegt in bzw. kommt aus manchen Einzelheiten. Ich möchte, was mir auf dem Herzen liegt, vom alleräußersten Rahmen ausgehend und dann zum Inneren fortschreitend zur Sprache bringen. Während der Schluss der Schrift mit dem Verkündigungsauftrag an Messos gut genug erhalten ist, um mit Wahrscheinlichkeit rekonstruiert werden zu können, fehlt der Anfang ganz. Aber, was fehlt, sind

---

14 Die Gnosis, Leipzig/Göttingen 1977, 53; ²1980, 54; berichtigt in der englischen Übersetzung, Edinburgh 1983, 48.

nur 5 ¾ Zeilen; und mit dem Ende von Z. 6 sind wir schon mitten in der Rede eines Offenbarers an Allogenes. Das heißt, die Exposition der Schrift (Vorstellung des Allogenes, Erscheinen des Offenbarers, Einführung des Themas der Offenbarung, etc.) muss sehr knapp gewesen sein. Dass die Schilderung des Erscheinens des Offenbarers so knapp gewesen sein muss, ist dabei vielleicht am wenigsten auffällig. Denn auch sonst werden in unserer Schrift die Erscheinungen der jeweiligen Himmelswesen, die dem Allogenes die Offenbarungen bringen – auffälligerweise – überhaupt nicht ausgemalt, sondern lediglich – und zwar in knappster Form – konstatiert. Gerade in diesem Zusammenhang nun finde ich eine Erwägung von Karen King sehr interessant. Sie stellt nämlich fest, dass hinsichtlich der konsequent durchgehaltenen Komplexität des Rahmens „Allogenes" innerhalb der Bibliothek von Nag Hammadi nur mit der Epistula Jacobi Apocrypha (NHC I,2) verglichen werden kann, und wird so zu der Vermutung geführt, dass auch „Allogenes" als Brief des Allogenes an Messos konzipiert gewesen ist und man sich also als Anfang ein entsprechendes Briefpräskript vorzustellen habe.[15] Mit dieser Theorie würde sich eben auch die auffällige Kürze des Eingangs der Schrift, das sofortige Zur-Sache-Kommen, gut erklären.

Weiter im Inneren des Rahmens verdienen zwei bzw. drei Suffixe unsere Aufmerksamkeit: Im vorderen Teil des Textes in dem Satz „[Ich habe] diese (Worte) *von dir* gehört" die 2. Pers. sgl. m. in dem Präpositionalausdruck ⲉⲃⲟⲗ ⲛ̄ⲧⲟⲟⲧⲕ̄ (p. 50,10f.) und gegen Schluss (zweimal) die 3. Pers. sgl. m. in dem Satz ⲛⲁï ⲇⲉ ⲛ̄ⲧⲉⲣⲉϥϫⲟⲟⲩ ⲁϥⲡⲱⲣϫ̄ ⲉⲃⲟⲗ ⲙ̄ⲙⲟï „Als *er* dies aber gesagt hatte, schied *er* von mir" (p. 68,23–25). Das aber heißt: vorn (vor p. 50,10f.) spricht *noch nicht* die im Übrigen den ersten Teil beherrschende *weibliche* Offenbarergestalt der Jouel, und hinten (vor p. 68,23–25 und irgendwo auf dem verlorenen oberen Teil dieser Seite beginnend) sprechen schon *nicht mehr* die Kräfte der Erleuchter, die sonst die zweite Hälfte beherrschen. Übrigens kann das „Du" von p. 50,10f. nicht (als Stück des Briefrahmens) auf Messos gehen, sondern dürfte zu einer Antwort gehören, die Allogenes dem Sprecher der vorhergehenden Offenbarung gibt. Mir erscheint es nun wahrscheinlich, dass der Sprecher des Anfangs und der Sprecher am Ende der Gesamtoffenbarung ein und dieselbe Person ist. Dieses Himmelswesen scheint dem Allogenes irgendwie besonders nahe zu stehen. Hinten verspricht er dem Allogenes, ihm den gesamten Inhalt der erfolgten Offenbarungen zu diktieren: „Schrei[b' auf,

[15] The Quiescent Eye, 56f.

w]as ich dir s[ag]en un[d] woran ich dich erinnern werde" (p. 68,16–19). Zur Komplexität des Rahmens unserer Schrift gehört eben auch, dass der Autor nicht einfach den Allogenes sozusagen aus der Erinnerung das von ihm Gehörte und Gesehene niederschreiben lässt, sondern noch dieses Himmelswesen dazwischenschaltet, das die Worte des Textes authentisch diktiert haben soll. Vorn kommt die Zuständigkeit dieses Wesens für Allogenes in folgendem Hendiadyoin zum Ausdruck: „Der Beschützer, den ich (dir) [ge]geben habe, <ist es,> [der] dich belehrt hat; un[d] die Kraft, die in dir [wo]hnt, ist es, die sich (dir schon) oftmals [zur Re]de gede[hnt] hat" (p. 45,9–12).

Mit Hilfe dieses Topos können wir nun wahrscheinlich doch noch dieses Wesen, dessen Name und Erscheinung uns mit den ersten fünf Zeilen der Schrift verlorengegangen ist, identifizieren. Wo nämlich Jouel die Rolle des Offenbarers übernimmt, sagt sie zu Allogenes – diesen Topos, wie es scheint, noch einmal aufnehmend: „Du wurdest bekleidet mit einer großen Kraft, (nämlich mit) jener, mit der dich der Vater des Alls, der Ewige, bekleidet hat, bevor du zu diesem Ort kamst, damit du die (Dinge), die schwer zu sondern sind, sonderst und damit du die (Dinge), die unerkennbar sind für die Vielen, erkennst und du dich (so) rettest zu dem (Ort), der dir gehört" (p. 50,24–34). Der dem Allogenes so nahe stehende Offenbarer am Anfang und am Ende der Schrift ist also wohl „der Vater des Alls" (das ist übrigens ein Ausdruck, der nur dieses eine Mal vorkommt; auch das bloße Wort „Vater" kommt nicht noch einmal vor), und das wiederum könnte eine Bezeichnung des himmlischen Adamas sein, der ja als Helfer und Offenbarungsmittler für Allogenes, der doch sein im Irdischen befindlicher Sohn Seth ist, auch am richtigen Platz ist.

Dass der Name „Allogenes", den die Hauptperson unserer Schrift trägt und der auch als (Kurz-)Titel (am Ende) des Buches fungiert, eine Bezeichnung der aus der israelitischen Tradition stammenden Sethgestalt ist, daran braucht hier nur erinnert zu werden. Es ist also kein anderer als der legendäre Heros der Sethianer selbst, der hier die Offenbarungen empfängt. Worauf man aber noch kurz hinweisen könnte, ist, dass das Motiv der hundert Jahre, um die die beiden Offenbarungsblöcke voneinander getrennt sind (p. 56,21f.; 57,31; 58,8), vorzüglich zu dieser Identifikation passt und sie seinerseits unterstützt. Nur bei einem solchen Wesen der Vorzeit, das ja nach der Tradition ein Lebensalter von 912 Jahren erreicht hat, ist eine Pause solchen Ausmaßes plausibel. Also, wer Allogenes ist, ist klar. Wer aber ist sein Sohn Messos? Die Forschung sagt: Niemand weiß es. Aber vielleicht kann man das Geheimnis doch mehr oder weniger lüften – im Wesentlichen mit Hilfe dessen, was hier von diesem Messos gesagt oder vorausgesetzt wird. Messos kann nicht als *direkter* leiblicher Nachkomme des Allogenes verstanden werden. Dem widerspricht die Art und Weise, wie dies Buch in seine Hände kommen soll, die einen erheblichen zeitlichen Abstand voraussetzt: Allogenes deponiert es auf einem Berge und unterstellt es dem Schutz des dort herrschenden schrecklichen Berggeistes, bis einst die Zeit gekommen sein wird, dass Messos den Berg besteigt und der Schreckliche es ihn nehmen lässt oder es ihm gibt: „Und du sollst dieses Buch auf einem Berg deponieren und d(ess)en Hüte[r] herbeirufen (mit den Worten): ‚Komm, du Schrecklicher!' " (p. 68,20–23).

Messos kann aber auch nicht als Repräsentant der Sethianer dieser letzten Generation gelten. Es fehlen nämlich bei dem Bergmotiv alle eschatologischen Züge, wie besonders ein Vergleich mit dem Ende des Ägypterevangeliums ergibt (vgl. besonders NHC III p. 68,10–20: „Dieses Buch hat der große Seth ... geschrieben .... Er deponierte es auf dem Berge, ..., damit es in den letzten Zeiten und Fristen ... hervorkomme und kundgemacht werde ..."). Messos ist kein Letzter, sondern offenbar ein „Mittlerer", wie schon sein Name sagen könnte, falls der genauso sinnhaltig sein sollte wie der des Allogenes. Der Sinn des Bergmotivs an sich dürfte wiederum sein, das empfindliche Buch (p. 68,21) vor einem seiner beiden Feinde, dem Wasser (der großen Flut) zu bewahren: Der Berg ist so hoch, dass die Wasser der Flut nicht bis zu seinem Gipfel reichen. Dann ist Messos vorgestellt als eine nach der Sintflut lebende Gestalt der sethianischen Geschichtsvorstellung. Soviel kann man m. E. mit Bestimmtheit sagen. Das letzte Wort in dieser Sache dagegen hat für mich selbst zunächst nur den Charakter einer gedanklichen Versuchung. Dieser versuchliche Gedanke ergibt sich, wenn man zu dem gerade Ausgeführten noch das Allerauffälligste, nämlich die – im Text nur gerade eben berührte – Vorstellung von dem Schrecken verbreitenden Gott dieses Berges hinzunimmt. Dabei kann sich dann die Frage aufdrängen, ob der Messos unseres Textes nicht einfach eine sethianische Adaption und Verfremdung des Mose, der auf dem Sinai von Jahwe die Heilige Schrift empfängt, ist.

III. *Probleme des Inhalts*

Was den Inhalt des „Allogenes" anbelangt, so ist das Erste, was man deutlich sieht, dass er von sethianisch-gnostischem Charakter ist. Die typisch sethianische Nomenklatur und Mythologie kommt Zweifel ausschließend zur Sprache. Das Zweite, was gleich danach auffällt, ist der Reichtum an philosophischer Fachterminologie. „Allogenes" gehört zu einer besonderen Gruppe innerhalb des sethianischen Schrifttums (die übrigen drei Schriften sind „Zostrianus", „Die drei Stelen des Seth" und „Marsanes"), die von einer intensiven Begegnung zwischen sethianischer Gnosis und spätantiker Philosophie zeugt. Und zwar ist „Allogenes", wie Turner mit guten Gründen gezeigt hat, wohl die älteste Schrift und zugleich der Leittext dieser Gruppe, für die Turner deswegen den Terminus „Allogenes-Gruppe" geprägt hat. Als mutmaßliche Abfassungszeit setzt Turner ca. 200 n. Chr. an.[16]

Das Sachthema, um das es in dieser Schrift geht, d. h. der Gegenstand, der im fiktiven Rahmen der Offenbarungen vom wirklichen Verfasser abgehandelt wird, ist sehr speziell und diffizil. Es ist die Metaphysik bzw. Ontologie der höchsten Sphäre der göttlichen Welt. Dabei wird die Spitze des sethianischen Pantheons: Unsichtbarer Geist, Barbelo mit ihrem Äon und die drei Emanationsstufen bzw. Gestalten καλυπτός, πρωτοφανής und ἀυτογενής, auf seine philosophischen Implikationen hin ausgelegt. Der Unsichtbare Geist ist das Eine, das absolut transzendente wahrhaft Seiende; Barbelo und ihr Äon ist der in mehrfacher Hinsicht dreifaltige Bereich des göttlichen Nous bzw. die Welt der Ideen. Besonders bemerkenswerte und identifizierbare philosophische Schulkonzeptionen, die irgendwie dem Mittleren Platonismus entlehnt sein müssen, sind dabei:

1. Die dreifache Modalität im Bereich des göttlichen Nous als ὕπαρξις/εἶναι, ζωή/ζῆν und νοῦς/νοεῖν an sich und in wechselseitiger Durchdringung.[17]
2 Die dreifache Gliederung bzw. Stufung von Kräften im Bereich des göttlichen Nous in οἱ ὄντως ὄντες παντέλειοι (von Turner auf die paradigmatischen Ideen bezogen), οἱ ὁμοῦ ὀντες παντέλειοι (nach Turner die mathematischen Ideen) und οἱ καθ' ἑνα ὄντες τέλειοι (von Turner als die Ideen der Einzeldinge gedeutet).[18]
3. Die Lehre vom individuellen δαίμων eines jeden Menschen.[19]
4. Die Auffassung von der philosophischen Notwendigkeit der Selbsterkenntnis, wonach im Grunde die Erkenntnis der Tiefe des Selbst mit der Erkenntnis des Höchsten Seins identisch ist.

---

16 Gnostic Sethianism, 86; ähnlich K. King: „First quarter of the third century" (The Quiescent Eye, 58).

17 Vgl. Robinson, The Three Steles, 140f.; Turner, Gnostic Sethianism, 40–42.

18 Vgl. Turner, Gnostic Sethianism, 83.

19 Vgl. King, The Quiescent Eye, 65f.

Was also im „Allogenes" behandelt wird, ist im Großen und Ganzen klar. Das Problematische am Inhalt des „Allogenes" ist das *Wie*. Während die mythologisch-konkreten Partien auch in dieser Hinsicht noch ziemlich verständlich sind, kommt es im philosophisch-abstrakten Bereich zu erheblichen Verständnisdefiziten. Das ist ja auch leicht einzusehen, denn gerade in philosophischen Sätzen und Passagen kommt es ja auf die Beziehung der Begriffe, ihre Verknüpfung und die Hierarchie der Teile entscheidend an.

Diese Problematik ist also eine solche, der man vor allem mit exegetischer Kleinarbeit zu Leibe gehen muss; und es ist zu hoffen, dass der von K. King geplante Kommentar, von dem im Ansatz schon manches in der Einleitung ihrer Textausgabe zu erkennen ist, genauere Aufschlüsse bringen wird. Gleichwohl darf man von ihm nicht alles erwarten. Denn es gibt erhebliche objektive Hindernisse: die vorausgesetzte Mythologie und die philosophische Deutung sind nicht völlig zur Deckung zu bringen. Wir haben nur diesen einen Textzeugen und können also Textverderbnisse, wie sie in jeder Überlieferung vorkommen, nicht durch Textvergleich erkennen und korrigieren. Dieser Textzeuge ist zudem eine Übersetzung und muss also auch im besten Fall, wenn nämlich der Übersetzer sein Original voll verstanden hat, das Gemeinte verunklaren. Und schließlich hat unser Textzeuge ja große Lücken, die gerade das Verständnis diffiziler Einzelheiten und – gegebenenfalls – ungewöhnlicher Gedanken belasten bzw. unmöglich machen; zentrale Aussagen beginnen mitten im Satz bzw. hören mitten im Satz auf, so dass man oft nicht einmal weiß, *von wem* oder *wovon* eigentlich das Gesagte gesagt wird.

Vielleicht aber kann Hilfe von außen diesen Mangel ausgleichen oder mildern. Wenn es nämlich richtig ist, dass in dieser Schrift ein Sethianer redet, der seinen Glauben philosophisch auslegt und untermauert, darf man bis zum Erweis des Gegenteils annehmen, dass er in der philosophischen Interpretation weniger aus Eigenem schöpft, als Fremdes *irgendwoher* übernimmt. Nun gibt es im „Allogenes" so etwas wie philosophische „Fingerabdrücke"; gemeint sind ganz individuelle, prägnante und spezifische, und doch zugleich rätselhafte Aussagen oder Ausdrücke, die (wenn sie, wie gesagt, nicht vom Autor selbst stammen) im Prinzip zur Identifikation seiner *direkten* philosophischen Quelle führen müssten. Und von dieser Quelle her könnte noch Licht auf manches fallen, was sonst dunkel bleibt.

Es sind fünf Aussagen, die ich in diesem Zusammenhang zum Schluss unterbreiten möchte. Und zwar geht es um die Metaphern vom Fährmann, vom Steuermann und vom Haus, um den Terminus „das stille Auge der Offenbarung“ und um die Vorstellung von der Komplementarität von, wie man zunächst übersetzen wird, „Erstoffenbarung“ und „Offenbarung“. Die betreffenden Stellen lauten folgendermaßen:

> Denn [we]nn sie ihn begreifen als den ‚Fähr[ma]nn‘ der Grenzenlo[sig]keit des unsichtbaren Geist[es, der sich] in ihm befindet, wird sie (die Erkenntnis) <sich> [ihm] zuwenden, um zu erfahren, was [jener] ist, [d]er in ihm ist, und wie er [ex]istiert. (p. 49,7–14)[20]
>
> [Und] unbewegt bewegte sich der, der dort in dem Steu[e]rmann ist, um nicht unterzugehen in dem Grenzenlosen (, und zwar bewegte er sich) durch eine andere Wirksamkeit des Erkenntnisvermögens. Und er hielt Einkehr bei sich selbst und offenbarte sich als jegliches Begrenzen. (p. 53,9–17)
>
> (Vom transzendenten Gott) „Er ist einerseits etwas Körperliches, das sich an einem (bestimmten) Platz befindet, er ist andererseits etwas Unkörperliches, das sich in einem (ganzen) Hause befindet, weil er ein dem Werden nicht unterworfenes Dasein besitzt.“ (p. 65,30–33)
>
> (Von dem, der ungeziemend über den transzendenten Gott gedacht hat, gilt:) „Er war blind, (weil er) fern von dem stillen Auge der Offenbarung (war).“ (p. 64,30–33)
>
> „Ich wurde erfüllt mit einer Offenbarung durch eine Erstoffenbarung des Unerkennbaren.“ Und: „Hindere nun nicht mehr die Unwirksamkeit, die in dir ist, durch die Suche nach jenen unerreichbaren (Dingen), sondern höre von ihm – wie es (allein) möglich ist – mittels einer Erstoffenbarung und einer Offenbarung!“ (p. 60,37–61,2 und 61,25–32; der Begriff „Erstoffenbarung“ auch noch p. 61,9f.)[21]

20 Der erste Abschnitt wurde unter sprachlichem Gesichtspunkt schon in Teil I herangezogen.

21 Zum Verständnis dieser letzten beiden Stellen müsste man vor allem erst einmal wissen, welche griechischen Begriffe hinter den beiden koptischen Ausdrücken stecken. Vielleicht waren diese einander gar nicht so ähnlich, wie es nach dem Koptischen scheint. Man könnte sich durchaus so etwas wie πρωτοφάνεια gegenüber φωτισμός vorstellen. Die gleiche Erwägung hinsichtlich des ersten Begriffs findet sich auch bei L. Abramowski, Marius Victorinus, 119.

„ER MUSS WACHSEN, ICH ABER MUSS ABNEHMEN." DER KONFLIKT ZWISCHEN JESUSJÜNGERN UND TÄUFERGEMEINDE IM SPIEGEL DES JOHANNESEVANGELIUMS*

Was im Folgenden geboten werden soll, ist eigentlich nur – oder zunächst einmal – eine mir am Herzen liegende generelle Zusammenstellung neuer Aspekte zum Johannesevangelium (bzw. dessen, was ich dafür halte). Aber diese Aspekte sind nicht von gleicher Relevanz und Kraft. Vielmehr ergibt sich, nicht nur durch die Reihenfolge ihrer Anführung, sondern auch aus der Sache selbst eine gewisse Ballung der exegetischen Sprengkraft und eine Zuspitzung der Problematik, die durch die Überschrift, die dieser Zusammenstellung schließlich gegeben worden ist, angedeutet werden soll. Der Schwerpunkt dieses Beitrags liegt also in der zweiten Hälfte – bzw. dem dritten Drittel –, und die betreffenden Ausführungen hängen mehr oder weniger mit dem Werk von Georg Richter zusammen und beziehen sich in der Sache alle irgendwie auf den Sachverhalt des Täufertums.

Der hiesige Versuch, Neues aufzufinden, zu gewichten und einzubringen, setzt allerdings eine Haltung voraus, der das in der wissenschaftlichen Erschließung des vierten Evangeliums bereits Erreichte – und das ist ja doch unendlich viel – nicht *so* wichtig ist, dass sie alles noch darüber Hinausdrängende nur noch als eine Verletzung des exegetischen Burgfriedens empfinden könnte, eine Haltung mithin, die die communis opinio – so wichtig und nötig das Ringen um sie ist – nicht mit der Wahrheit verwechselt.

Das Johannesevangelium steckt ja tatsächlich immer noch voller Rätsel. Woher aber kann *Neues* zu ihrer Lösung kommen? Das Neue, das hier gemeint ist, sind ja nicht einfach Erfindungen, die wir nach Belieben machen könnten. Das Neue kommt von außen und von innen; es ergibt sich aus neu entdecktem Beleg- oder Parallelenmaterial *und* es wird uns in exegetischen Sternstunden als Frucht des zähen Fleißes von „Besessenen" zuteil. Es gibt nun – und davon sei hier die Rede – drei wesentliche

* In: Ch. Elsas/H. G. Kippenberg (Hg.), Loyalitätskonflikte in der Religionsgeschichte, FS für C. Colpe, Würzburg 1990, 301–313.

Impulse für das Johannesevangelium, nämlich 1. die überraschend neue Kenntnis von einem Geheimen Markusevangelium; 2. die Auswertung (vor allem von zwei) der neu entdeckten Nag Hammadi-Texte; 3. bestimmte Ideen oder Intuitionen von Georg Richter, der solch ein fruchttragender „Besessener" war.

I. *Die Bedeutung des Geheimen Markusevangeliums für das Johannesevangelium*

Die Bedeutung des Geheimen Markusevangeliums für die neutestamentliche Wissenschaft liegt nicht in erster Linie in seiner Beziehung zum Johannesevangelium.[1] Dennoch ist diese Relation bedeutend genug, um unter den neuen Aspekten zum Johannesevangelium Erwähnung zu verdienen. Das Geheime Markusevangelium ist eine nur in Alexandria im Rahmen des Taufrituals gebräuchlich gewesene, durch auffälliges Sondergut ausgezeichnete Gestalt unseres zweiten Evangeliums, von dessen realer Existenz wir erst kurze Zeit wissen, nachdem Morton Smith im Jahre 1958 in der Bibliothek des in der Wüste Juda liegenden Mar Saba-Klosters das Fragment eines der Briefe aus der im Ganzen verlorenen Briefsammlung des Clemens Alexandrinus entdeckt hat, in dem davon die Rede ist und sogar zwei Stücke von dessen Sondergut zitiert werden.[2]

Die augenfällige Beziehung zwischen diesem Geheimen Markusevangelium und dem Johannesevangelium liegt nun einfach darin, dass das größere Stück des von Clemens aus dem Geheimen Markusevangelium zitierten Sondergutes eine Parallele zu der bisher nur im Johannesevangelium zu findenden Geschichte von der Auferweckung des Lazarus (Joh 11,1–44) darstellt. Im Geheimen Markusevangelium stand das betreffende Stück zwischen Mk 10,34 und 35 (also zwischen Dritter Leidensverkündigung und Zebedaidenfrage) und lautet:

---

[1] Zur Bedeutung des Geheimen Markusevangeliums generell vgl. z. B. H. Koester, History and Development of Mark's Gospel. From Mark to Secret Mark and 'Canonical' Mark, in: B. Corley (ed.), Colloquy on New Testament Studies: A Time for Reappraisal and Fresh Approaches, Macon, GA, 1983, 35–57; H.-M. Schenke, The Mystery of the Gospels of Mark, SecCent 4 (1984), 65–82.

[2] Vgl. M. Smith, Clement of Alexandria and a Secret Gospel of Mark, Cambridge, MA, 1973; ders., Clement of Alexandria and Secret Mark. The score at the end of the first decade, HThR 75 (1983), 449–461. Jetzt auch aufgenommen bei W. Schneemelcher (ed.), NTApo[5] I, 89–92.

> Und sie kommen nach Bethanien. Und dort war eine Frau, deren Bruder gestorben war. Und sie kam und fiel vor Jesus nieder und spricht zu ihm: Sohn Davids, erbarme dich meiner. Die Jünger aber tadelten sie. Und erzürnt ging Jesus mit ihr weg in den Garten, wo das Grabmal war; und sogleich hörte man aus dem Grabmal eine laute Stimme; und Jesus trat hinzu und wälzte den Stein von der Tür des Grabmals weg. Und sogleich ging er hinein, wo der Jüngling war, streckte die Hand aus und richtete ihn auf, indem er ihn an der Hand fasste. Der Jüngling aber blickte auf zu ihm und liebte ihn und begann ihn zu bitten, er möge bei ihm bleiben. Und als sie herausgegangen waren aus dem Grab, gingen sie in das Haus des Jünglings; denn er war reich.
>
> Und nach sechs Tagen beauftragte ihn Jesus; und am Abend kommt der Jüngling zu ihm, nur mit einem Hemd auf dem bloßen Leibe bekleidet. Und er blieb bei ihm jene Nacht; denn es lehrte ihn Jesus das Geheimnis des Reiches Gottes.
>
> Und von dort ging er weg und kehrte an das andere Ufer des Jordans zurück (II 23–III 11).

Diese Geschichte des Geheimen Markusevangeliums von der Auferweckung eines anonymen Jünglings ist traditionsgeschichtlich wohl zu betrachten als eine ältere Stufe derselben Geschichte, die mittels der Semeiaquelle Aufnahme ins vierte Evangelium gefunden hat und die uns da, vom Evangelisten erheblich bearbeitet, als Auferweckung des Lazarus entgegentritt. Jedenfalls ist der „synoptische" Vergleich dieser beiden Versionen hinsichtlich des gemeinsamen und des je Besonderen von erheblichem Interesse, setzt neue Maßstäbe bei der Rekonstruktion der Semeiaquelle und öffnet überhaupt den Blick für die Substruktionen des Johannesevangeliums.

Außerdem enthält das zitierte Stück mit der Wendung *ho de neaniskos emblepsas autō ēgápēsen autón* (III 4), die im zweiten Stück des Sondergutes, das Clemens zitiert, in der *Umkehrung* (*ho neaniskos*) *hon ēgápēsa auton ho Jēsous* (III 15) wiederaufgenommen wird, einen potenziellen Ansatzpunkt für eine neue Diskussion über die alte Frage der Gestalt des Lieblingsjüngers im vierten Evangelium.[3]

---

[3] Vgl. C. W. Hedrick/R. Hodgson (ed.), Nag Hammadi, Gnosticism, and Early Christianity, Peabody, MA, 1986, 120f.

II. *Die Bedeutung des Thomasbuches und der Schrift „Protennoia" für das Johannesevangelium*

Wenn man sich die Frage nach der Bedeutung der im Dezember 1945 bei Hamra Dom am Dschebel et-Tarif, in der weiteren Umgebung der oberägyptischen Stadt Nag Hammadi, aufgefundenen Schriften für das Verständnis des Johannesevangeliums und des johanneischen Christentums stellt, so muss man sagen, dass sich im Laufe der Arbeit der letzten Jahre eben besonders die beiden in der Kapitelüberschrift genannten Texte für die Exegese des Johannesevangeliums als wichtig erwiesen haben.

Die Schrift, die wir nach der ersten Hälfte ihres Schlusstitels „Das Buch des Thomas" (abgekürzt: LibThom) nennen, ist in der altchristlichen Literatur überhaupt nicht bezeugt. Wir haben von ihrer Existenz nur durch die zufällige Wiederauffindung ihres Textes selbst erfahren. Allerdings stellt der entdeckte Text nur eine koptische Übersetzung dar und ist auch nur in einer einzigen Kopie erhalten. Er findet sich als siebente und letzte Schrift in dem jetzt als Nr. II gezählten Codex der Kairoer Sammlung von Nag Hammadi-Papyri (Coptic Museum, Department of Manuscripts, inv. 10544).[4] Die Schrift hat ihre Bedeutung für das Verständnis des Johannesevangeliums in dreierlei Hinsicht:

Am Anfang von LibThom findet sich eine Stelle, von der m. E. noch ein neues Licht auf die Problematik des Lieblingsjüngers im Johannesevangelium fällt. Die Worte, die gemeint sind, haben ihren Platz in der Rahmung des ersten Sachkomplexes als Offenbarungsrede Jesu gegenüber Thomas (p. 138,4–21), in der Thomas dreimal als der (leibliche) Bruder Jesu angeredet oder apostrophiert wird, und lauten: „Du bist mein Zwilling und mein wahrer Freund" (p. 138,7f.). Es kommt hier auf das zweite Prädikat dieses Satzes an. Und wir dürfen hinter dem koptischen Text wohl ein griechisches *sy ei … ho philos mou ho alēthinos* voraussetzen, was in einer zum direkten Vergleich mit der stereotypen johanneischen Lieblingsjüngerbezeichnung geeigneten Transformation ja heißen würde: *sy ei hon philō alēthōs* (bzw. in delokutiver Gestalt: *autos estin hon ephilei ho Jēsous alēthōs*). Diese LibThom-Stelle ist m. E. ein besonders wichtiges Glied in einer Argumentationskette, die zu der Hypothese führt, dass bei der von der Redaktion des vierten Evangeliums geschaffenen

[4] Siehe jetzt Schneemelcher, NTApo[5] I, 192–204.

Lieblingsjüngerfiktion eine Version der syrischen Judas Thomas-Legende Modell gestanden hat.[5]

LibThom bietet auch noch auf einer anderen Ebene, nämlich (nicht im Rahmen, sondern) im Stoff, überaus auffällige Parallelen zum Johannesevangelium, und zwar gerade zu solchen Stellen, die ganz dunkel sind und der Exegese die größten Schwierigkeiten machen, und sich zudem alle gerade im dritten Kapitel finden. Und zwar enthält LibThom p. 138,21–36 Parallelen zu Joh 3,21 (bzw. 1Joh 1,6) und zu 3,12; und LibThom p. 140,5–18 wirft Licht auf Joh 3,11.[6]

Schließlich ist auch der Dialograhmen von LibThom im Ganzen für die Exegese des Johannesevangeliums von Interesse. LibThom begegnet sich nämlich mit dem Johannesevangelium auch in dem beiderseits vorhandenen Phänomen der Missverständisse des/der Dialogpartner(s). In LibThom ist es nun aber relativ leicht durchschaubar, dass diese „Missverständnisse" die ungewollte Folge der sekundären Dialogisierung eines zugrunde liegenden Textkontinuums sind. In der Beurteilung kann man die „Ergebnisse" mehr auf die Ungeschicklichkeit des Dramaturgen zurückführen oder mehr in der objektiven Schwierigkeit der Aufgabe, die sich dieser gestellt hatte, begründet sehen. Jedenfalls stellt sich im Lichte von LibThom auch für das vierte Evangelium die Frage, ob nicht mindestens ein Teil der so genannten johanneischen Missverständnisse auf solche Weise literarkritisch zu erklären ist. LibThom ist also auch wichtig als Testmodell zur Prüfung oder Überprüfung exegetischer Methoden, die auf das Johannesevangelium schon angewendet werden bzw. noch anzuwenden sind. Und zwar betrifft das eben nicht nur den Spezialfall der Missverständnisse, sondern überhaupt die Literarkritik der johanneischen Reden, die ja weithin einseitige Dialoge sind.[7]

Auch die andere für das Johannesevangelium wichtige Nag Hammadi-Schrift mit dem merkwürdigen, in der griechischen Subscriptio verzeichneten Titel „Die dreigestaltige Protennoia" (abgekürzt: Protennoia) war vor der Auffindung einer koptischen Version des verlorenen griechischen Originals im Rahmen des Nag Hammadi-Fundes völlig unbekannt. Die Blätter, auf denen dieser Text steht, sind schon in der Antike aus dem ursprünglichen Buchblock und Einband gelöst worden und wurden vorn im Einband des jetzt als Nr. VI gezählten Codex der Kairoer Sammlung

[5] Hedrick/Hodgson, Nag Hammadi, 121–125.

[6] A. H. B. Logan/A. J. M. Wedderburn (eds.), The New Testament and Gnosis: Essays in honour of R. McL. Wilson, Edinburgh 1983, 216f.

[7] Logan/Wedderburn, New Testament, 221–223.

von Nag Hammadi-Papyri liegend vergraben und wieder aufgefunden (Coptic Museum, Department of Manuscripts, inv. 10545).[8]

Die Bedeutung der Protennoia für das Johannesevangelium ist noch größer als die von LibThom, wenngleich sie – wenigstens zunächst – nur den Prolog betrifft. Seit Bekanntwerden der Protennoia ist die Arbeit am Johannesprolog auf eine neue Basis gestellt. Die Protennoia ist mit Abstand die engste Parallele, die es zum Johannesprolog gibt, wie immer man die Parallelität deutet, d. h., wie immer man die Frage, wer von wem abhängig ist, beantworten mag. Die Parallelaussagen zum Johannesprolog, die die Exegese bisher aus ganz verschiedenen Texten und Bereichen mühsam zusammentragen musste, finden sich in Protennoia in einer einzigen Schrift vereint.[9] Die Relevanz der Protennoia betrifft aber nicht nur das sachliche Verständnis des Prologs – übrigens bis in die diffizilste Logik der Einzelaussagen hinein –, sondern auch die Beurteilung seiner Form, vor allem die Rekonstruktion seiner Vorlage, wobei im Prinzip m. E. die Analyse Bultmanns bestätigt wird. Die beiden Texte interpretieren sich gegenseitig, wobei aber m. E. mehr Licht von der Protennoia auf den Johannesprolog fällt als umgekehrt. Es sieht so aus, als ob Gedanken und Vorstellungen, die in Protennoia in ihrem natürlichen Kontext stehen, im Johannesprolog nur in Auswahl erscheinen und einem fremden Zweck dienstbar gemacht werden. Wiewohl die Protennoia gnostifizierte Weisheit in leichter und partieller christlich-gnostischer Übermalung bietet, dürfte sie doch die Quelle repräsentieren bzw. sichtbar machen, aus der der Verfasser des Logosliedes, das der vierte Evangelist seinem Prolog zugrunde legt, geschöpft hat.

Nun ist aber die Protennoia zugleich nur ein Glied einer ganzen, in sich geschlossenen, größeren Gruppe gnostischer Texte (die meisten von ihnen ebenfalls erst durch den Nag Hammadi-Fund bekannt geworden), die eine ganz bestimmte Spielart einer wesentlich und ursprünglich nichtchristlichen Gnosis repräsentiert. Diese Textgruppe ist wiederum zu verstehen als das literarische Produkt einer besonderen gnostischen Bewegung, in der – nach Ausweis der Texte – die Taufe eine zentrale Rolle spielte (die

---

[8] Vgl. z. B. G. Schenke [Robinson], Die dreigestaltige Protennoia (NHC XIII), TU 132, Berlin 1984.

[9] C. Colpe, Heidnische, jüdische und christliche Überlieferung in den Schriften aus Nag Hammadi III, JAC 17 (1974), 119–124; C. A. Evans, On the Prologue of John and the Trimorphic Protennoia, NTS 27 (1981), 395–401; B. Layton (ed.), The Rediscovery of Gnosticism, II, SHR 41, Leiden 1981, 643–670.

also eine gnostische Täuferbewegung war),[10] die vermutlich eine nichtgnostische Vorgeschichte gehabt hat, und deren Ursprung nach dem einzigen Indiz, das wir haben – das ist der Name des samaritanischen Sektenstifters Dositheus, der in einer dieser Schriften, in den so genannten „Drei Stelen des Seth", als der des Tradenten ihres Inhalts erscheint (NHC VII, p. 118,10f.) –, wohl in Samaria gesucht werden muss. Für diese Spielart der Gnosis und ihre Trägergruppe hat sich in der Nag Hammadi-Forschung inzwischen – in Neufassung einer alten Ketzerbezeichnung – der Name Sethianismus/Sethianer eingebürgert.[11]

Infolge dieser Gruppenzugehörigkeit legt sich nun die Frage nahe, ob die Beziehung zwischen Protennoia und Johannesprolog etwa nur der Spezialfall einer viel allgemeineren Beziehung zwischen Sethianismus und Johannesevangelium ist, ob etwa speziell der Sethianismus bzw. eine Version desselben der gnostische Hintergrund (der Reden) des Johannesevangeliums – oder ein wesentlicher Teil desselben – sei. Das ist natürlich ein weites Feld. Aber vorläufig scheint es so, als könnte man auf diese Weise mehrere noch ganz dunkle Sachverhalte des vierten Evangeliums aus einer Wurzel erklären. Im Blick auf das Folgende und, um das Zusammenpassen der sich aus dieser Perspektive ergebenden allgemeinen Fragen mit den konkreten aus einer anderen Richtung kommenden Antworten des folgenden Schwerpunktteils deutlich zu machen, seien hier nur deren zwei herausgegriffen, nämlich die Täuferpolemik und die auffällige Rolle der Samaritanerthematik im vierten Evangelium. Wenn das vom Evangelisten dem Prolog zugrunde gelegte gnostische Logoslied, wie Bultmann wohl doch mit Recht vermutet hat, eigentlich ein Lied auf Johannes den Täufer war und dieses zugleich die größte Verwandtschaft mit einer sethianischen Schrift aufweist, muss man dann nicht annehmen, dass die im vierten Evangelium bekämpften täuferischen Konkurrenten samaritanische und mit den Sethianern in Verbindung stehende Johannesjünger waren, für die die Inkarnation des Logos in Johannes dem Täufer nichts anderes als die Inkarnation des himmlischen Seth bedeutete?[12]

---

[10] Speziell zur sethianischen Taufe vgl. J.-M. Sevrin, Le dossier baptismal séthien: Études sur la sacramentaire gnostique, BCNH.É 2, Québec 1986.

[11] Vgl. Layton, Rediscovery, II, 588–616; Hedrick/Hodgson, Nag Hammadi, 55–86.

[12] Vgl. Hedrick/Hodgson, Nag Hammadi, 111–114.

III. *Aspektverschiebungen durch Ideen von Georg Richter*

1. *Die Gemeinde des vierten Evangelisten ist (selbst/auch) eine Täufergemeinde*[13]

Nach weit verbreiteter Überzeugung innerhalb der historisch-kritischen Forschung liegt uns das vierte Evangelium nur in einer sekundären Bearbeitung des ursprünglichen Werkes vor, in einer Redaktion – manche sagen, in einer *kirchlichen* Redaktion. Zu dieser Auffassung gehört, dass diese Redaktion an entscheidenden Punkten tendenziös ist und z. B. erst durch sie gewisse Hinweise auf die in der Kirche allgemein gebräuchlichen Sakramente Taufe und Herrenmahl, und auf deren Heilsnotwendigkeit, dem ursprünglichen Werk des Evangelisten aufgesetzt worden wären. Dieses selbst sei sakramentskritisch gewesen. Der Evangelist hätte die Sakramente entweder gar nicht gekannt oder ihnen wenigsten gleichgültig gegenübergestanden. Das ist insbesondere die Auffassung Bultmanns und der Bultmannschule. Es geht dabei um drei Textstellen: Zunächst um 6,51b–58, wo das Symbol des Lebensbrotes, unter dem bis dahin Jesus selbst und seine Worte verstanden wurden, ganz überraschend plötzlich und ganz überraschend massiv auf die Eucharistie umgebogen wird, in der Jesu Fleisch und Blut genossen wird. Es geht weiter um die Notiz 19,34b–35: „und alsbald ging Blut und Wasser heraus. Und der das gesehen hat, der hat es bezeugt, und sein Zeugnis ist wahr; und dieser weiß, dass er die Wahrheit sagt, auf dass auch ihr glaubet." Das ist ja offensichtlich eine den Zusammenhang unterbrechende Notiz, eine Glosse also, die – wie man es hier sieht – die beiden kirchlichen Sakramente (nicht in einer Stiftung des Irdischen oder des Auferstandenen, sondern) im Kreuzestode Jesu begründet erscheinen lassen soll. Es geht schließlich um die beiden in ihrem Kontext tatsächlich etwas auffallenden Wörter *hydatos kai* in 3,5 („Jesus antwortete: Wahrlich, wahrlich ich sage dir: Es sei denn, dass jemand geboren werde aus *Wasser und* Geist, so kann er nicht in das Reich Gottes kommen"), die in dieser Perspektive als eine redaktionelle Retusche erscheinen können oder müssen, mit der die wunderbare Neuwerdung des Menschen durch den Geist auf das Wasserritual der

[13] Vgl. M. C. de Boer, Jesus the Baptizer: 1 John 5:5–8 and the Gospel of John, JBL 107 (1988), 87–106, mit dem sich die hier vorgetragene Sicht der Dinge insofern berührt, als auch nach de Boer die Johannesgemeinde eine Täufergemeinde und die von ihr geübte Taufe Zentrum eines Konflikts ist, nur dass er nicht auf den Konflikt zwischen Johannes- und Jesusjüngern abhebt, sondern auf den innergemeindlichen Konflikt des johanneischen Christentums.

Taufe festgelegt werden soll. Der neuralgische Punkt dieser Gesamtauffassung ist die besagte Deutung der enigmatischen Stelle 19,34b–35. Und durch einen Aufsatz Richters gerade zu dieser Stelle[14] kommt nun die ganze Konzeption ins Rutschen. Richter bestreitet nämlich, ja er widerlegt, die Deutung von Blut und Wasser auf die Sakramente und bestimmt stattdessen die Tendenz dieser Glosse als antidoketistisch. Was die Glosse betonen will, sei „das wahre Menschsein und die wirkliche Leiblichkeit Jesu".[15] Das ist gewiss nicht neu, wird aber von Richter so sorgfältig mit einem ganzen Arsenal von Argumenten und Belegen begründet, dass man sich der Kraft dieser Demonstration nicht wird entziehen können. Wenn aber damit aus dem „Dreigestirn" der redaktionellen Sakramentsstellen (6,51b–58; 19,34b–35; 3,5) das mittlere „untergegangen" ist, erlischt m. E. automatisch auch das dritte. 6,51b–58 und 3,5 sind für sich betrachtet keineswegs gleichrangig und gleichgewichtig. Das Stück 6,51b–58 ist lang und ganz offensichtlich ein Fremdkörper; und so offensichtlich ist das bei den nur zwei Wörtern „Wasser und" in 3,5 eben nicht. Das heißt, die Wörter „Wasser und" in 3,5 sind wahrscheinlich überhaupt nicht redaktionell, sondern haben doch schon zum ursprünglichen Text des Evangelisten gehört. Was von einem Sakrament gilt, muss ja nicht gleich für beide zutreffen. Das heißt im Falle des Johannesevangeliums: Wenn auch das Sakrament des Herrenmahls erst von der Redaktion eingetragen ist und also wohl der johanneischen Gemeinde ursprünglich fremd war, so *braucht* das vom Sakrament der Taufe keineswegs zu gelten und *wird* es wohl auch nicht gelten. Und schließlich werden ja erst, wenn 3,5 so, wie es dasteht, vom Evangelisten stammt, die beiden Notizen, die Jesus selbst die Taufe an anderen vollziehend zeigen (3,22; 4,1), sinnvoll. 4,1 sagt ja auch nicht und kann auch nicht meinen, dass dies das letzte Mal war, dass Jesus taufte. Das alles aber heißt eben nichts anderes, als dass man sich die Gemeinde des vierten Evangelisten (auch) in der kultischen Praxis der Gemeinde der ehemaligen Jünger Johannes' des Täufers viel ähnlicher vorzustellen hat, als man es gemeinhin tut.

---

14 G. Richter, Blut und Wasser aus der durchbohrten Seite Jesu (Joh 19,34b), in: J. Hainz (Hg.), Studien zum Johannesevangelium, BU 13, Regensburg 1977, 120–142.

15 Studien, 140.

2. *Genuine Johanneschristologie ist auch im Corpus des vierten Evangeliums (in der Polemik) präsent*

Es geht hier um die Würdigung und die Konsequenzen des einzigen Auswegs, den es aus dem schlimmsten der exegetischen Dilemmas der Perikope vom Zeugnis des Täufers (1,19–34) gibt, und den eben wiederum G. Richter gewiesen hat. Diese Perikope, die ja auf den *ersten* Blick und unter einem bestimmten Blickwinkel *immer* aussieht wie ein Trümmerhaufen, ist so oder so wohl nur zu verstehen als das Produkt eines Kampfes zwischen Tendenz und Tradition, zwischen Sinn und Stoff, was in gewisser Hinsicht auch vom vierten Evangelium insgesamt gilt. Was der Text sagen will, ist aber auch klar: Der Text will innerhalb des Schemas einer *martyria* des Täufers diesen folgendes sagen lassen:

1. Die Ankündigung: „Ich kündige hiermit feierlich und offiziell das Kommen des Erlösers in die Welt an."
2. Die Identifikation: „Dieser Jesus von Nazareth ist der angekündigte und erwartete Erlöser."
3. Die Abweisung eines möglichen Missverständnisses: „Ich selbst bin nicht der erwartete Erlöser."

Im hiesigen Zusammenhang geht es nur um diese letzte, die dritte Seite der *martyria* des Täufers. Und es ist die Unverständlichkeit der Logik mit der diese Abweisung des Täufers konkret geschieht („Ich bin nicht der Christus. Und sie fragten ihn. Was denn? Bist du Elia? Er sprach: Ich bin's nicht. – Bist du der Prophet? Und er antwortete: Nein!" [V. 20b.21]), die m. E. den größten Beitrag zu dem genannten „Trümmerhaufenaspekt" der Perikope leistet. Der Gipfel des Problems ist V. 25, wo nicht nur der Alternativcharakter der Applikation der drei christologischen Titel: Christus, Elia, der Prophet aufgehoben erscheint, sondern mit solcher christologischen Prädizierbarkeit auch der Sachverhalt des Taufens in notwendiger Verknüpfung gesehen wird. „Und sie fragten ihn und sprachen zu ihm: Warum taufst du denn, so du nicht Christus bist noch Elia noch der Prophet?" Diese Frage, die übrigens auch gar nicht beantwortet wird, setzt voraus, dass zum Messias-Sein, zum Elia-Sein und zum Der-Prophet-Sein das Taufen gehört. Aber derartige Vorstellungen von einer Taufe des Messias, des Elia, des Propheten gibt es nun einmal im Judentum überhaupt nicht. Doch auch von der geschichtlich gewordenen Verbindung der christlichen Taufe mit dem Glauben an die Messianität Jesu her gesehen, wird die Frage, noch dazu im Munde von Pharisäern, nicht verständlich.

Trotz gewisser Notlösungen, um die die Exegese nie verlegen ist, bleibt die Sache völlig undurchsichtig, *es sei denn* – und diese Idee stammt wieder aus einem Aufsatz von G. Richter –,[16] dass der Text hier in der Polemik den Täufer genau das zu verleugnen zwingt, was seine Anhänger wirklich von ihm bekennen, mit anderen Worten, dass der dritten Seite der *martyria* des Täufers – ähnlich wie im Prolog – so etwas wie ein echter Komplex einer Johanneschristologie zugrunde liegt. Auch die Johannesjünger hätten – wie die Christen bei Jesus – nach und nach mehr als einen christologischen Hoheitstitel auf ihren Meister übertragen, Titel nebst den dazugehörigen Vorstellungen, die *an sich* gar nicht miteinander vereinbar sind. Und für die Johannesjünger hätte die Taufe des Täufers bzw. das Taufen in der Nachfolge des Täufers etwa den gleichen Stellenwert gehabt, den das *apethanen hyper ton hamartion hemon* im christlichen Kerygma einnimmt (1Kor 15,3). Wenn es erlaubt wäre, das Gemeinte und Erahnbare mit Hilfe einer Vorstellung zu verdeutlichen, so könnte man sagen, die eine uns interessierende Seite von der *martyria* des Täufers sei insgeheim programmiert durch ein Täuferbekenntnis des Inhalts:

> *autos estin ho Christos kai Elias kai ho prophetes*
> *hos apestale baptisai hemas en pneumati hagio*
> *eis aphesin ton hamartion hemon*

Das alles aber würde bedeuten, dass der Schatten, den Johannes der Täufer ins vierte Evangelium wirft, noch gewaltiger ist, als man es auf den ersten Blick sieht; dass die Polemik gegen die Täuferjünger noch stärker zum Wesen des vierten Evangeliums gehört, als man ohnehin schon annimmt, und dass sie auch Stellen und Partien bestimmt, denen man es zunächst gar nicht anmerkt.

In diesem Zusammenhang ist mir z. B. – wiederum infolge eines fremden, in der Literatur gefundenen Hinweises – aber diesmal nicht von Richter, sondern von Jürgen Becker –[17] die Stelle 10,41 wichtig und interessant geworden („Und viele kamen zu ihm und sprachen: Johannes tat kein Zeichen; …") und hat die Frage wachgerufen, ob etwa auch die Benutzung der Semeiaquelle durch den Evangelisten etwas mit der antitäuferischen Frontstellung zu tun hat, ob also die *sēmeia*, und zwar auch in ihrer Massivität, dem Evangelisten doch wichtiger waren, als man – besonders im Ausstrahlungsbereich von Bultmanns Johannesdeutung – bisher hat wahrhaben wollen.

---

16 Vgl. G. Richter, „Bist du Elias?" (Joh 1,21), Studien, 1–41 (bes. 15).

17 J. Becker, Das Evangelium des Johannes, ÖTK 4,1/2, Gütersloh 1979; Würzburg 1981.

3. *Die Johannesgemeinde und die Jesusgemeinde des vierten Evangelisten haben einen gemeinsamen Hintergrund (auch) in Samarien*

Eines der notorischen Rätsel des vierten Evangeliums ist, wie oben schon erwähnt, der auffällige Stellenwert, den das Samaritanertum in ihm hat.[18] Dass er sich so erklären könnte, wie es die thesenartige Überschrift dieses Abschnitts anzudeuten versucht, darauf könnte eine ganze Reihe mehr oder weniger gewichtiger Indizien hinweisen. Für das, was jetzt folgt, gibt es meines Wissens allerdings keine „Rückendeckung" mehr, weder durch Richter, noch durch einen anderen.

Da ist zunächst einmal die rätselhafte Ortsangabe in 3,23: „Johannes aber taufte auch noch zu Enon, nahe bei Salim, denn es war viel Wasser daselbst." Nun scheint der Kontext der ganzen Perikope von Jesus und dem Täufer (3,22–30) vorauszusetzen, dass dieses *Haimōn eggys tou Salim*, wo Johannes tauft, nahe bei der Stelle liegt, wo Jesus tauft (V. 22), und das hieße, *auch* in Judäa. Aber die so bezeichnete Lokalität ist innerhalb von Judäa kaum zu identifizieren. Nach Eus. onom. p. 40,1 liegen Ainon und Salim vielmehr acht römische Meilen südlich von Skythopolis, und d. h. im nördlichsten Samarien. Ein anderes Salim, ebenfalls in Samarien, gibt es noch heute, und zwar 5 1/2 km östlich von Sichem (schon von Epiph. pan. 55,2,2 bezeugt). Man darf aber nun, weil wir kein Ainon bei Salim in Judäa kennen, nicht etwa gleich, wie es gelegentlich geschieht, annehmen, dass die Namen bloß frei erfundene Symbole seien („Quellen in der Nähe des Heils"). Vielmehr dürfte hier ein Stück Tradition fassbar sein, die der Evangelist vielleicht nicht ganz richtig benutzt hat, und die den Täufer eben (auch) in Samaria tätig sein lässt. Und der Ursprung dieser Tradition müsste wiederum in dem Umstand zu vermuten sein, dass es auch in Samarien Gruppen von Johannesjüngern gegeben hat. Dass somit die in unserer Perikope vorausgesetzten Tauforte Jesu und Johannes' des Täufers weit auseinander gelegen haben und die vorausgesetzte Kommunikation zwischen Jesus- und Täuferjüngern also eigentlich schwer vorstellbar ist, darüber vermag volkstümliche, auf das wesentliche orientierte Erzählweise wohl hinwegzusehen.[19]

Der nächste Punkt betrifft den für das vierte Evangelium sowieso typischen christologischen Hoheitstitel „der Prophet". Wenn das oben

---

[18] Vgl. als den neuesten mir bekannten (aber flüchtigen) Überblick zu dieser Frage M. Pamment, Is There Convincing Evidence of Samaritan Influence on the Fourth Gospel?, ZNW 73 (1982), 221–230.

[19] Vgl. im Übrigen R. Schnackenburg, Das Johannesevangelium I, HThK 4, Freiburg i.B. 1965, 450f.

Erwogene stimmt, dass hinter den Selbstverleugnungen der *martyria* des Täufers eine bestimmte Johanneschristologie steht, dann muss es wohl auch als wahrscheinlich gelten, dass die Prädizierung des Johannes als „der Prophet" das Ursprüngliche ist, und das Geltendmachen dieses Titels auch für Jesus, genauer gesagt seine Beanspruchung allein für Jesus, (nur) eine polemische Reaktion der konkurrierenden Jesusgemeinde war. In dem Chorschluss der Speisungsgeschichte 6,14 („Da nun die Menschen das Zeichen sahen, das Jesus tat, sprachen sie: Das ist wahrlich der Prophet, der in die Welt kommen soll") dürfte dann z. B. die konkrete Formulierung der Artikulation des Erstaunens (mit dem Gipfel in dem „wahrlich" und dem bestimmten Artikel) am besten als die polemische Übermalung von etwas einfacherem, vielleicht etwas ähnlichem wie in Lk 7,16, seitens des Evangelisten aufzufassen sein.

Was an dieser Stelle der Argumentation aber nun insbesondere interessiert, ist der sich aus dem Gesagten organisch ergebende Verdacht, dass der direkt auf Johannes und indirekt auf Jesus angewendete Hoheitstitel „der Prophet", wenn es denn Johannesjünger auch in Samarien gegeben hat, sich vielleicht am besten aus der spezifischen Eschatologie der Samaritaner erklären könnte, wo er etwa wie der geläufige Ausdruck Taeb („der Wiederkehrende") ursprünglich die von den Samaritanern erwartete endzeitliche Erlösergestalt bezeichnet hätte. Dieser Taeb ist ja der Dt 18,15–19 verheißene „Prophet wie Mose".[20]

Ein weiterer in dieselbe Richtung weisender Hinweis könnte sich aus der Lösung des Rätsels von 4,38 ergeben. Dort heißt es als Abschluss des Komplexes 4,35–38, in dem das Thema des Verhältnisses von Samaritanertum und Judentum in der Sicht des Christentums unter dem missionarischen Gesichtspunkt, dass Samaria reif sei für das Christentum, zur Sprache kommt, folgendermaßen: „Ich habe euch gesandt zu schneiden, was ihr nicht gearbeitet habt; andere haben gearbeitet, und ihr seid in ihre Arbeit gekommen." Und das eigentliche Rätsel dieses Verses lautet: Wer sind *die anderen*? Das Rätsel ist groß. Und groß ist die Zahl der Lösungsversuche, kaum übersehbar und verwirrend, wie ja denn schon der ganze Komplex V. 35–38 der schwierigste der ganzen Perikope 4,1–42 über „Jesus und die Samaritaner" ist. Es ist hier jedoch nicht der Ort, all diese Schwierigkeiten und Lösungsversuche zu entfalten bzw. auszubreiten. Ich möchte aber bekennen, dass mich nach langem Mittappen im Dunkeln

20 Vgl. F. Dexinger, Der Taheb. Ein „messianischer" Heilsbringer der Samaritaner, RWS 3, Salzburg 1986.

seit geraumer Zeit und je länger je mehr das Gefühl beschleicht, dass 4,38 auch irgendwie mit dem Täufer und dem Täufertum zusammenhängen dürfte, und dass dann die hiesige Aussage sozusagen die *andere Seite*, eine Art Umkehrung der Aussagen von 1,35–37 und 3,25–30 sei, wo Johannes zu seinen Jüngern über Jesus sagt: „Siehe, das ist Gottes Lamm!", woraufhin diese zu Jesus übergehen, bzw. wo Johannes zu seinen Jüngern sagt: „Er muss wachsen, ich aber muss abnehmen." 4,38 wäre dann so etwas wie Jesu „Dankeschön" für das Jüngeropfer des Johannes, das der Evangelist in Anknüpfung an seine Vorlage Jesus hier sagen lässt. Der Übergang von der Vorlage zur Ergänzung des Evangelisten wäre am besten in der Mitte von V. 36 zu lokalisieren, beginnend mit den Worten „auf dass sich miteinander freuen, der da sät und der da schneidet", wobei die Metapher des Säenden auf Johannes, die des Erntenden auf Jesus hinweisen würde. Und „die anderen" von V. 38 sind eben die der Jesusbewegung vorarbeitenden und in sie aufgehenden Johannes*jünger*. Dass der Evangelist Jesus dieses „Dankeschön" gerade hier in der Samaritanerperikope – den Komplex der Vorlage, wo das Samaritanertum unter missionarischem Gesichtspunkt zur Sprache kommt, ergänzend und den ursprünglichen Aspekt verschiebend – zum Ausdruck bringen lässt, ist wiederum aber nur verständlich unter der Voraussetzung, dass es eben erhebliche Gruppen von Johannesjüngern in Samaria nicht bloß wirklich gab, sondern dass das dem Evangelisten auch bekannt war. Aber nicht nur das; vorausgesetzt ist wohl auch, dass es auch und gerade in Samaria zur Begegnung der Johannesgemeinde mit der Jesusgemeinde des vierten Evangelisten und zum partiellen Aufgehen jener in diese gekommen ist.

Wirklich neu aber ist es eigentlich nicht, wenn wir mit alledem hier eine Verbindung zwischen der von Johannes ausgehenden Täuferbewegung und Samaria erwägen. Das setzen nämlich schon die ps.-clementinischen Homilien voraus; und eben dies dürfte der historische Kern sein, wenn sie zu erzählen wissen, dass sowohl der samaritanische Sektenstifter Dositheus als auch der samaritanische Gnostiker Simon Magus zum Jüngerkreis Johannes' des Täufers gehört, ja sogar nach seinem Tod nacheinander dessen Nachfolge angetreten hätten.[21]

Dass sowohl die Johannesbewegung als auch der Teil der Jesusbewegung, aus dem die Gemeinde des vierten Evangelisten hervorging, früh in den Sog der Gnosis gerieten, ist m. E. sicher. Davon kann man

---

[21] II 22,2–26,5; Übersetzung bei E. Hennecke/W. Schneemelcher (Hg.), NTApo [3]II, 382–384.

ausgehen. Ob beides miteinander zusammenhängt und ob etwa das für den Synkretismus besonders offene Samaria als Schauplatz bzw. lokaler Ausgangspunkt dieses beiderseitigen und gemeinsamen Überfremdungsprozesses anzunehmen ist, scheint eine Frage zu sein, die eigentlich nahe liegt und es zumindest wert ist, wach gehalten zu werden.[22] Jedenfalls scheint das Vermutete – und das Bewusstsein des Evangelisten davon – ein Hintergrund zu sein, auf dem allein – oder wenigstens am besten – ein bestimmter Vers des Johannesevangeliums, der schon viele irritiert hat und auch mich schon früh den Blick prinzipiell in diese Richtung lenken ließ, zwanglos verständlich wird. Gemeint ist 8,48, wo die Juden als Reaktion auf eine typisch johanneische (also sozusagen „christlich-gnostische") Jesusrede sagen: „Sagen wir nicht recht, dass du ein Samariter bist?" (d. h. einer, der so ähnlich redet wie z. B. Simon Magus). Ob übrigens die in diesem Vers sich findende und für das vierte Evangelium überhaupt so typische Redeweise von „den Juden" auch etwas mit seinem mutmaßlich partiellen samaritanischen Hintergrund zu tun hat – eine Vermutung, die an sich keineswegs neu ist –, mag in der durch diesen Beitrag aufgezeigten Gesamtperspektive mit neuem Gewicht ebenfalls noch erwogen werden können.

[22] Als unmittelbarer Kontext darf über den Sethianern nicht der Mandäismus vergessen werden. Vgl. in diesem Zusammenhang G. Widengren (ed.), Der Mandäismus, Wege der Forschung 167, Darmstadt 1982, 1–17 (das ist die Einleitung und das Resumé des Herausgebers). Widengren hält die Auffassung der Pioniere und der so genannten religionsgeschichtlichen Schule für die Quintessenz der Forschungsgeschichte. In unserem Zusammenhang ist dabei ein Satz wie dieser besonders wichtig: „Die Mandäer haben sich im Westen spätestens zur Zeit Johannes des Täufers konstituiert. Sie gehören in die Geschichte der jüdischen Täufersekten, und viele Ideen und Riten verknüpfen sie mit der Qumransekte und dem samaritanischen Gnostizismus" (S.12). Festzuhalten ist auch, dass er zwei generelle Probleme noch für ungeklärt hält, nämlich das Verhältnis der religiösen Theorie und Praxis der Mandäer zu dem johanneischen Typus des Urchristentums (S.1) und den Zusammenhang der Mandäertaufe mit der Johannestaufe (S.12). Und nun kommt in Bezug auf das zweite Problem noch ein fruchtbarer Widerspruch Widengrens gegen Rudolph ins Spiel. Während nach Rudolph der Täufer mit dem Ursprung der Mandäer nichts zu tun gehabt habe und seine Gestalt in der mandäischen Literatur samt und sonders sekundär und spät sei (ein „Veto", das die Nichtspezialisten bisher meinten respektieren zu müssen), erklärt Widengren das für eine „vorausgefasste Meinung" (S.17) und wird nicht müde zu versichern, dass „die Mandäer... die Bewegung des Täufers miterlebt und daher nicht ohne Ursache sich auf Johannes berufen" haben (S.13).

DIE ROLLE DER GNOSIS IN BULTMANNS KOMMENTAR ZUM JOHANNESEVANGELIUM AUS HEUTIGER SICHT*

Eine kritische Würdigung des im Thema genannten ganz wesentlichen Aspekts von Bultmanns Johannesdeutung aus einem Abstand von fünfzig Jahren nach dem erstmaligen Erscheinen seines Kommentars zum Johannesevangelium erfordert als ersten Schritt so etwas wie die Aufhebung dieser zeitlichen Entfernung, dass wir uns also zurückversetzen in das Jahr 1941 und die Zeit davor, besonders in die von Haenchen beschworenen 20er Jahre, in denen Bultmann „die Grundlagen seiner Johannesexegese legte".[1] Mit anderen Worten, ich betrachte es als unumgänglich und immer noch oder schon wieder lohnend, mit einer möglichst sachgemäßen Beschreibung des Gegenstandes selbst einzusetzen, von dem dann erst gesagt werden kann und soll, wie er heute beurteilt wird oder zu beurteilen wäre.

I. *Der Stellenwert der Gnosis in Bultmanns Interpretation des Johannesevangeliums*

Die Rolle, die die Gnosis in Bultmanns Kommentar zum Johannesevangelium spielt und die man in zusammengefasster Form in seinem RGG-Artikel zum Johannesevangelium vom Jahre 1958 finden kann, einem Artikel, den Liebhaber ja gern als das nachträgliche Äquivalent der im Johanneskommentar fehlenden Einleitung verstehen,[2] ist eine dreifache: eine religionsgeschichtliche, eine literarkritische und eine hermeneutische.

Der allgemeine religionsgeschichtliche Hintergrund, vor dem Bultmann das Johannesevangelium sieht, und der dann auch die Anwendung der religionsgeschichtlichen, mit Vergleichen arbeitenden, Interpretationsmethode bei der Einzelexegese bestimmt, ist die Gnosis. Das hängt rein äußerlich erst einmal damit zusammen, dass Bultmanns Arbeit am Johannesevangelium zeitlich zusammenfällt mit einer ganz besonders intensiven und fruchtbaren Phase der Gnosisforschung, die auch eine

---

* In: Protokoll der Tagung ‚Alte Marburger' am 2. bis 5. Januar 1991 in Hofgeismar, 49–83.

[1] E. Haenchen, Das Johannesevangelium und sein Kommentar, in: Die Bibel und wir, Gesammelte Aufsätze II, Tübingen 1968, 212. 223.

[2] Vgl. z. B. Haenchen, Das Johannesevangelium und sein Kommentar, 209.

überwältigende, vorher nicht für möglich gehaltene Menge gnostischer Originalschriften vor den Augen der staunenden oder ungläubigen, interessierten Fachwelt und Öffentlichkeit erscheinen ließ. Aufbruch in wissenschaftliches Neuland war gefordert. Es war die Zeit, da die sprachliche Erschließung manichäischer Textfragmente, die die deutschen Turfanexpeditionen mitgebracht hatten, durch Gelehrte wie F. C. Andreas, W. Henning, W. Lentz, E. Waldschmidt, W. Bang, A. von Le Coq in größerem Umfang begann, und da zugleich die umfangreichen und vollständig erhaltenen Hauptzeugnisse der mandäischen Spielart der Gnosis durch die Übersetzungen von M. Lidzbarski über den ganz kleinen Kreis der Spezialisten hinaus bekannt wurden. Man kann auch sagen, es ist die Zeit des Mandäerfiebers. Jedenfalls ist Bultmann von der Ähnlichkeit der Ausdrucksweise dieser Texte mit der des Johannesevangeliums fasziniert. Und es muss ihm – wie auch anderen (z. B. W. Bauer) – schlagartig und unmittelbar klar gewesen sein, dass hier der bisher ohne evidentes Ergebnis gesuchte, religionsgeschichtliche Mutterboden des Johannesevangeliums endlich ans Licht gekommen ist.[3]

Dabei ist zugleich die Gnosis mit den Augen von R. Reitzenstein und W. Bousset gesehen, als denjenigen Pionieren der Gnosisforschung, die parallel zur sprachlichen die religionsgeschichtliche Erschließung der neuen Texte in Angriff nahmen. Die Gnosis wird als ein dem Christentum lange voraus liegendes religionsgeschichtliches Phänomen verstanden und entsprechend bzw. zugleich in einem sehr weiten Sinne gefasst, so dass z. B. die Menschensohnvorstellung der jüdischen Apokalyptik und die jüdischen Weisheitsspekulationen bis hin zur Logoslehre des Philo mit zum Ausstrahlungsbereich und Wirkungsfeld der Gnosis gerechnet werden. „Da sich Parallelen zwischen Johannesevangelium und Philo von Alexandria finden, hielt man früher vielfach die alexandrinisch-jüdische Religionsphilosophie, als deren Hauptvertreter uns Philo bekannt ist, für die Voraussetzung der Theologie und Sprache des Johannesevangeliums, vor allem wohl veranlasst durch den Begriff des Logos (Wort), der im Prolog des Johannesevangeliums erscheint und der bei Philo eine große Rolle spielt. Indessen hat sich das als ein Irrtum erwiesen, da im Johannesevangelium jegliche philosophische Gedankenbildung fehlt. Die Parallelen erklären sich vielmehr daraus, dass auch Philo unter dem Einfluss

---

[3] Vgl. dazu seinen Aufsatz aus dem Jahre 1925: Die Bedeutung der neu erschlossenen mandäischen und manichäischen Quellen für das Verständnis des Johannesevangeliums, in: E. Dinkler (Hg.), Exegetica, Aufsätze zur Erforschung des NT, Tübingen 1967, 55–104.

des gnostischen Denkens steht".[4] Von diesem Ansatz aus kann Bultmann auch die dualistische Sprache der ihm bei Abfassung des RGG-Artikels bereits bekannten, neu entdeckten Qumrantexte nicht im Geringsten irritieren. Für ihn bedeuteten die einschlägigen Züge der essenischen Literatur keine religionsgeschichtliche Alternative zur Gnosis. „Nun hat man neuerdings vermutet, dass die dualistische Begrifflichkeit des Johannesevangeliums aus einem sektiererischen Judentum stammt, das durch die neu gefundenen Texte aus den Höhlen am Toten Meer bezeugt wird. In einigen Stücken dieser Texte findet sich in der Tat der charakteristische Dualismus von Licht und Finsternis; aber diese Texte bezeugen doch nur, dass es ein vom gnostischen Dualismus beeinflusstes Judentum gab (was man übrigens schon vorher wissen konnte). Es fehlt aber in diesen Texten die gnostische Erlösergestalt, wie sie im Johannesevangelium vorausgesetzt ist."[5] Bultmanns weiter Gnosisbegriff ist übrigens auf der anderen Seite in Zusammenhang zu sehen mit der – einen noch weiteren Begriff von Gnosis voraussetzenden bzw. begründenden – existenzphilosophischen Interpretation der Gnosis durch Hans Jonas (Gnosis und spätantiker Geist I, 1934), die ebenfalls zu dieser Phase der Gnosisforschung zu rechnen ist.

Die Durchführung der religionsgeschichtlichen Interpretation des Johannesevangeliums auf dem Hintergrund der Gnosis im Kommentar ist, was sozusagen das „Materialprinzip" betrifft, also die zum Vergleich herangezogenen Parallelen, wesentlich bestimmt durch das Vorherrschen der Oden Salomos und der mandäischen Schriften, die ja nach Bultmanns Auffassung neben den Briefen des Ignatius dem Johannesevangelium sachlich am nächsten stehen.[6] Dieses materiale Element wird aber ergänzt durch eine Art Formalprinzip. Es wird durch eine ganz bestimmte Optik gesehen, auf ein ganz charakteristisches Koordinatensystem bezogen. Dieses Formalprinzip ist die Kategorie des gnostischen Urmensch-Erlösermythus, der auch der Mythus vom Erlösten Erlöser genannt werden kann.[7] Auch das ist eine Anleihe aus den Pionierarbeiten von Bousset und Reitzenstein. Diese Theorie besagt, dass dem gesamten Phänomen der Gnosis ein und derselbe alte, einheitliche, wenn auch in den Einzelheiten variable Mythus zugrunde liegt. Und diejenige Variante dieses Erlösermythus,

---

[4] R. Bultmann, Johannesevangelium, RGG[3] III, Tübingen 1959, 846.

[5] Bultmann, Johannesevangelium, RGG[3] III, 846f.

[6] Bultmann, Johannesevangelium, RGG[3] III, 847.

[7] Vgl. W. Nethöfel, Strukturen existentialer Interpretation, Bultmanns Johanneskommentar im Wechsel theologischer Paradigmen, Göttingen 1983, 68–97.

die nach Bultmann unmittelbar als hinter dem Johannesevangelium stehend und seine charakteristischen Aussagen prägend anzusehen ist, beschreibt er 1959 mit folgenden Worten: „Aus der Lichtwelt wird eine göttliche Gestalt auf die von dämonischen Mächten beherrschte Erde herab gesandt, um die Lichtfunken, die aus der Lichtwelt stammen und infolge eines Falles in der Urzeit in menschliche Leiber gebannt sind, zu befreien. Der Gesandte nimmt menschliche Gestalt an und tut auf Erden die ihm vom Vater aufgetragenen Werke, wobei er vom Vater nicht ‚abgeschnitten' ist. Er offenbart sich in seinen Reden (‚Ich bin der Hirt' usw.) und vollzieht so die Scheidung zwischen den Sehenden und den Blinden, denen er als ein Fremdling erscheint. Die Seinen hören auf ihn, und er weckt in ihnen die Erinnerung an ihre Lichtheimat, lehrt sie ihr eigentliches Selbst erkennen und lehrt sie den Rückweg in die Heimat, in die er selbst, ein erlöster Erlöser, wieder emporsteigt."[8]

Wie es denn nun aber zu dieser gnostischen Sprache des Johannesevangeliums gekommen sei, diese Frage wird in erster Linie mit der Person und Herkunft des Evangelisten beantwortet. Es ist das die dem Evangelisten eigentümliche Art zu denken und zu sprechen, und zwar weil er selbst aus der Gnosis stammt, ursprünglich ein Gnostiker gewesen ist. Und zwar sei es speziell und konkret die unter den Einfluss der Gnosis geratene bzw. von der Gnosis aufgesogene Jüngergemeinde Johannes des Täufers gewesen, von der er herkomme. Zum Christentum bekehrt, versucht er nun, den neuen Glauben in seiner „Mutter"-Sprache auszudrükken.[9] Man darf sich, was Bultmann meint, wohl so ähnlich vorstellen, wie wir es ja bei Paulus am deutlichsten sehen, der als ehemaliger Pharisäer ja den neuen Glauben, zu dem er bekehrt worden ist, auch gar nicht anders als in den ihm „angewachsenen" pharisäischen Kategorien auszudrücken vermag.

Das zuletzt über die Person des Evangelisten Gesagte berührt sich nun aufs engste mit der literarkritischen Rolle der Gnosis in Bultmanns Johanneskommentar. Außer dieser „personalen" Quelle für den gnostischen Aspekt des Johannesevangeliums gibt es nach ihm außerdem noch eine materiale, nämlich literarische gnostische Quelle, die der Evangelist in seinem Werk benutze. Wir kommen hier also zu einem wichtigen Punkt von Bultmanns literarkritischer Analyse des Johannesevangeliums, speziell seiner Quellentheorie. In dem sicheren Bewusstsein, dass alle bisher

---

[8] Bultmann, Johannesevangelium, RGG³ III, 847.

[9] Vgl. R. Bultmann, Das Evangelium des Johannes, KEK II¹⁰, Göttingen 1941, 5.

versuchten Grundschrifthypothesen die literarischen Rätsel des Johannesevangeliums nicht erklären konnten,[10] lokalisiert er das Gestaltungsprinzip des Evangeliums nicht am Anfang des Entstehungsprozesses, sondern am Ende, genauer gesagt: kurz vor dem Ende. Das eigentliche Johannesevangelium sei das Werk eines literarisch mit Quellen kreativ arbeitenden Verfassers (dieser wird „der Evangelist" genannt), das allerdings durch unglückliche äußere Umstände in Trümmer gegangen und von einer tendenziös großkirchlichen Redaktion nur notdürftig „repariert", aber auch ergänzt worden sei. Das zuletzt, über die Redaktion, Gesagte ist aber nicht der Aspekt der Theorie, der uns interessiert. Das sind vielmehr die für den Evangelisten angenommenen Quellen. Nach Bultmanns in sorgfältigster Detailarbeit und mit analytischem Scharfblick erarbeiteten Theorie benutzt der Evangelist für sein Werk außer zwei „gewöhnlichen", erzählenden Quellen, nämlich einer Semeiaquelle und einer Quelle mit der Passionsgeschichte nebst abschließenden Ostererzählungen, eine dritte Quelle von ganz besonderer Art, die Offenbarungsreden enthalten habe, und zwar rein gnostische Offenbarungsreden, deren Thesen (sofern brauchbar) vom Evangelisten auf Jesus bezogen bzw. Jesus in den Mund gelegt werden und so das Rückgrat der charakteristischsten Partien, die das Johannesevangelium aufzuweisen hat, nämlich der Dialoge und Reden, bilden. Sie heben sich ja von ihrem jetzigen Kontext auch relativ deutlich ab. Sie sind von beinahe poetisch zu nennender Form. Ihre Formulierung ist apodiktisch und begründungslos. Und gewöhnlich sind je zwei durch Parallelismus miteinander verbunden. Dieser Parallelismus membrorum ist oft antithetisch und am typischsten so, dass die Antithese nicht einen einfachen Gegensatz zur These darstellt, sondern mehr oder weniger eine einfache Umkehrung der These ist. H. Becker hat in kritischem Anschluss an Bultmann diese Quelle zu rekonstruieren versucht.[11] Eine andere, einfachere Veranschaulichung von Bultmanns Quelle der Offenbarungsreden, nämlich eine bloße Zusammenstellung der im Kommentar auf diese Quelle zurückgeführten Texte, findet sich bei D. M. Smith.[12] Der Evangelist stammt also nicht nur selbst aus der Gnosis, spricht nicht nur selbst

---

[10] Vgl. J. Painter, Tradition and Interpretation in John 6, NTS 35 (1989), 449 ("It is, ..., perplexing to find evidence of sophisticated literary developments alongside poorly integrated material").

[11] Die Reden des Johannesevangeliums und der Stil der gnostischen Offenbarungsrede, FRLANT 68, Göttingen 1956.

[12] The Composition and Order of the Fourth Gospel. Bultmann's Literary Theory, New Haven, CT, 1965, 23–34.

ihre Sprache, sondern benutzt auch noch – und zwar im Zentrum seines Werkes – eine gnostische Vorlage.

Wie er dazu gekommen sein mag, darauf kenne ich bei Bultmann selbst, der ja mit solchen Konkretionen ganz außerordentlich vorsichtig ist, keine Antwort. Aber seine Theorie impliziert gleichwohl eine Antwort. Nach Bultmanns Auffassung hat nämlich diese Quelle der Offenbarungsreden, die er sich übrigens als eine Schrift wie die Oden Salomos vorstellt,[13] nicht nur auch dem ersten Johannesbrief als Vorlage gedient,[14] sondern gehörte ebenso schon der dem Prolog des Johannesevangeliums zugrunde liegende Logoshymnus zu ihr.[15] Dieser Logoshymnus aber war nach Bultmann in der Quelle ein Hymnus auf den – als gnostischer Erlöser verstandenen – Täufer Johannes.[16] Das heißt aber auf der einen Seite nichts anderes, als dass die Quelle der Offenbarungsreden so etwas wie das ursprüngliche „Evangelium", die ursprüngliche „Bibel" des Evangelisten war, eben ein Dokument seines alten Glaubens, auf der anderen Seite, dass das, was der oder die Erlöser in diesen Reden offenbaren – mag deren „ich" bzw. „wir" sich ursprünglich und eigentlich auch auf himmlische Wesen (wie den Logos) beziehen –, von den Täuferjüngern auch als Botschaft ihres Meisters verstanden werden konnte und wurde, und entsprechend Johannes selbst als deren Mund oder Inkarnation.

Was nun schließlich die hermeneutische Rolle der Gnosis in Bultmanns Johannesdeutung betrifft, so ist der Ausgangspunkt dafür der Umstand, dass das Johannesevangelium trotz gnostischen Hintergrundes und gnostischer Hauptquelle in Wirklichkeit nur irgendwie „halbgnostisch" ist. Und das ist von hermeneutischer Brisanz und Relevanz, insofern sich aus der Differenz der johanneischen von der original-gnostischen Erlösungslehre das Profil von Botschaft und Theologie des Johannesevangeliums ablesen lässt. Bei dem Unternehmen des Evangelisten, die Heilsbedeutung Jesu von Nazareth in den Kategorien der gnostischen Erlöserlehre auszudrücken, fallen bestimmte Züge des ursprünglichen Mythus notwendigerweise, natürlicherweise aus. Das sind z. B. „die kosmologische Begründung des

13 Bultmann, Das Evangelium des Johannes, KEK II[10], 15.

14 R. Bultmann, Exegetica, Aufsätze zur Erforschung des Neuen Testaments, Tübingen 1967, 105; später galten die Quellen als nur miteinander verwandt (Johannesevangelium, RGG[3] III, 837).

15 Bultmann, Das Evangelium des Johannes, KEK II[10], 45 („Es wird sich zeigen, dass sich das Verfahren das Evangelisten nicht auf den Prolog beschränkt. Die diesem zugrunde liegende Quelle stammt vielmehr aus einer Sammlung von ‚Offenbarungsreden', die ähnlich den OdSal zu denken sind, und die der Evangelist den Jesusreden des Evangeliums zugrunde gelegt hat"), 5.

16 Bultmann, Das Evangelium des Johannes, KEK II[10], 5.

Charakters der Welt und der Situation der Menschen; sodann vor allem das Motiv der Präexistenz des inneren menschlichen Selbst, das nach gnostischer Vorstellung von Natur des Heils teilhaftig ist. Während daher in der Gnosis der Ruf des Offenbarers nur die Erinnerung an die wahre Natur des menschlichen Selbst weckt, stellt er im Johannesevangelium den Menschen vor die Entscheidung des Glaubens."[17] Was ebenfalls ausfällt, ist der materielle Inhalt der Offenbarungen des Erlösers. Zu den in Bultmanns Optik so deutlichen Merkwürdigkeiten des Johannesevangeliums gehört ja, dass Jesus immer wieder verspricht mitzuteilen, was er beim Vater gesehen und gehört hat (vgl. 3,11; 8,26.40), ohne das Versprechen jemals einzulösen. Man könnte sagen, dass nicht nur die Person des Evangelisten beim Christwerden eine Metamorphose erfahren hat, sondern auch seine Sprache. Aber die Kategorien der Gnosis hätten nun eine gewisse Prädisposition für die Artikulation des Heils in Christus, und zwar wegen der Radikalität der in ihnen ausgedrückten bzw. ausdrückbaren Verlorenheit der Menschen, der Unweltlichkeit Gottes und damit im Zusammenhang des Offenbarungsbegriffes. Und so können die gnostischen Kategorien für den Evangelisten zum Ausdrucksmedium des reinen und radikalen christlichen Offenbarungsbegriffs werden, wie er konsequenter von niemandem im frühen Christentum gedacht worden ist. Dabei wird aus dem kosmischen Dualismus der Gnosis dann geschichtliche Dialektik. Und das alles heißt zugleich, dass der Evangelist selbst schon ein Programm der Entmythologisierung entwirft und durchführt.

In diesen Zusammenhang der Entmythologisierung des kosmischen Dualismus der Gnosis gehört nun auch das Bultmann eigentümliche, sublime Konzept des das Johannesevangelium prägenden Entscheidungsdualismus.[18] In der knappsten Form lautet Bultmanns diesbezügliche These: „Der Dualismus des Johannesevangeliums ist ... nicht wie in der Gnosis ein kosmologischer, sondern ein Entscheidungsdualismus."[19] In dieser Form verrät die These freilich nichts mehr über die Schmerzen, unter denen sie geboren wurde, wie ja hier auch der eigentliche Gegenbegriff von „Entscheidung", nämlich „Determination", fehlt. Denn entwickelt worden ist diese Auffassung im exegetisch-hermeneutisch-entmythologisierenden

---

[17] Bultmann, Johannesevangelium, RGG³ III, 847.

[18] Vgl. Nethöfel, Strukturen existentialer Interpretation, 122–125.

[19] Bultmann, Johannesevangelium, RGG³ III, 848. Die Formel als solche scheint übrigens inzwischen, losgelöst von ihrem Grunde, in der Erbauungssprache ein gewisses Eigenleben zu führen. Vgl. J. Gnilka, Johannesevangelium, Die neue Echter Bibel, Würzburg 1983, 10 („Der johanneische Dualismus ist zutreffend als Entscheidungsdualismus definiert worden").

Ringen mit gewissen deterministischen oder wenigstens deterministisch klingenden Formulierungen des Johannesevangeliums. Solche Kernworte des johanneischen Determinismus sind z. B. im sechsten Kapitel, wo sie erstmals auftreten, die Verse 37. 39. 44. 45b, in denen noch ganz besonders die Vorstellung vom „Ziehen des Vaters" ins Auge fallen muss. Und den uneingeweihten Leser mögen in Bultmanns Kommentar zu Kapitel 6 folgende Sätze wirklich überraschen: „Was jenes ‚Ziehen' des Vaters ist, wird jetzt vollends deutlich. Schon das πᾶς deutet an, dass nicht an die determinierende Auswahl Einzelner gedacht ist, sondern dass es jedem frei steht, zu den vom Vater Gezogenen zu gehören.... : jenes Ziehen ist kein magischer Vorgang, keine mit Naturkraft sich vollziehende Determination.... Nicht hinter der Glaubensentscheidung des Menschen, sondern in ihr vollzieht sich das ‚Ziehen' des Vaters."[20] Es sei „deutlich, dass sich Gottes Wirken am Menschen nicht anders als im Akt des Glaubens vollzieht und nicht in einer mysteriösen Weise dahinter steht."[21]

Der johanneische Kontext, in den hinein diese vier Verse des sechsten Kapitels gehören, ist übrigens viel breiter und sieht im Ganzen folgendermaßen aus: Es sind zwei Menschenklassen, die dem Offenbarer gegenübertreten. Die einen sind die aus Gott Seienden (8,47), die zerstreuten Kinder Gottes (11,52), die aus der Wahrheit Seienden (18,37E). Ihnen stehen gegenüber die ἐκ τῶν κάτω (8,23), ἐκ τοῦ κόσμου (8,23; 17,14.16), ἐκ τοῦ πατρὸς τοῦ διαβόλου (8,44) Seienden. Nur die Menschen der ersten Gruppe, die Gott ihm gegeben hat (6,37.39.65; 10,29; 17,2.6.9.24; 18,9), die Seinen (13,3f.12.14.26.27; 13,1; 13,10) können zu ihm kommen, können glauben, d. h., sie müssen zu ihm kommen, müssen glauben, denn sie sind die vom Vater Gezogenen (6,44), die mit der inneren Stimme Begabten (6,45b), die vom Sohne Erwählten (13,18; 15,16.19). Die andere Menschengruppe kann nicht (οὐ δύναται) zu Christus kommen (8,43; 12,39f.; 15,25). Und für Bultmanns Gesamtinterpretation dieses Phänomens ist es eben typisch, dass er die so zur Sprache kommende dualistische Determination nur für den gnostischen Hintergrund des Johannesevangeliums gelten lässt. Der Evangelist dagegen habe diese mythologische Konzeption selbst schon entmythologisiert und vergeschichtlicht. Und Bultmanns Schlüsselwort für das, was unter den Händen des Evangelisten aus dem deterministischen Dualismus der Gnosis geworden sei, ist eben „Entscheidungsdualismus".[22]

---

20 Bultmann, Das Evangelium des Johannes, KEK II^{10}, 172.

21 Bultmann, Das Evangelium des Johannes, KEK II^{10}, 174.

22 Vgl. Bultmann, Das Evangelium des Johannes, KEK II^{10}, 114f. 171f. 174. 240. 342f. 347; ders., Theologie des Neuen Testaments, Tübingen ^{5}1965, 373–378 (§ 43).

II. *Die communis opinio über Bultmanns exegetisches Operieren mit der Gnosis in der so genannten post-Bultmannian phase*[23] *bis heute*

Wenn es nunmehr darum gehen soll, nach der heute gewöhnlich vertretenen Sicht der soeben beschriebenen Rolle der Gnosis in Bultmanns Kommentar zum Johannesevangelium zu fragen, so erweist sich die Frage als fruchtbar nur in einem Teilbereich der neutestamentlichen Wissenschaft, nämlich da, wo man etwa wenigstens von demselben Grundprinzip und denselben methodischen Voraussetzungen wie er ausgeht. Man könnte auch sagen: innerhalb derjenigen breiten Bewegung der Johannesforschung, die um das geistige Erbe Bultmanns ringt. Exegetische Schulen, wo man Bultmann zwar lobend oder warnend erwähnt, sich aber von ihm völlig unberührt bewahrt hat, können hier nicht interessieren. Und noch eine zweite Vorbemerkung ist angebracht: Die Zeiten gleichen sich. Wie Bultmanns Arbeit wegen der sensationellen Funde und Quellen zu seiner Zeit ein Aufbruch zu neuen Ufern war, so ist auch die Gegenwart bestimmt durch sensationelle Entdeckungen von relevanten neuen Texten, die auszuwerten sind. Das gilt immer noch von dem Funde manichäischer Handschriften in koptischer Sprache, der schon in den 30er Jahren in Medinet Mahdi gemacht worden war, deren Erschließung aber immer noch nicht abgeschlossen ist – wozu jüngst noch der Kölner Manicodex in griechischer Sprache getreten ist –, in ganz besonderem Maße jedoch von den Nag Hammadi-Texten. Wo sollen denn neue Impulse für die Johannesforschung herkommen, wenn nicht durch Anstöße von außen? Es dürfte also von besonderem Interesse sein, zu beobachten, wo und welch eine Rolle diese neuen „Parallelen“ in der Aufarbeitung des Bultmannerbes spielen.

Und wenn wir somit zur Sache selbst kommen, müssen wir allerdings klar feststellen, dass die heutige Sicht der Rolle, die die Gnosis in Bultmanns Kommentierung des Johannesevangeliums spielt, eindeutig und dezidiert negativ ist. Man hegt allgemein die Überzeugung, dass Bultmann sich da „verrannt“ hat. Nun betrachte ich es nicht als meine Aufgabe, diesen allen klar vor Augen liegenden Sachverhalt durch endlose Reihen von Namen und Zitaten zu belegen. Was ich aber nicht unterdrücken kann, ist das wachsende Staunen meinerseits über das Rätsel, dass und warum sein Johanneskommentar eigentlich in den höchsten Tönen gepriesen wird, wenn man ihm doch das Herz herausgenommen hat.

---

[23] Vgl. zu diesem Begriff Dinkler in Exegetica, 1967, XIX².

So nennt Haenchen unter dem so viel versprechenden Titel „Das Johannesevangelium und sein Kommentar" diesen Kommentar wohl im Eingang ein „epochemachende(s) Werk", das „die Johannesexegese revolutioniert" habe,[24] um aber dann in der Einzelbesprechung seinem Autor ganze Serien von Ohrfeigen zu verabreichen. Was mir vielmehr vorschwebt, ist eine Art Anatomie oder Pathologie der Verleugnung des Vaters.

Die Sache fing schon damit an, dass Bultmanns Hypothese einer Quelle der Offenbarungsreden von Anfang an niemals – selbst im engsten Kreise seiner direkten Schüler nicht[25] – eine Chance gehabt hat, akzeptiert zu werden. Und bei dieser allgemeinen Ablehnung ist es auch geblieben.[26] Dabei ist doch gerade sie die „das Profil seines Kommentars prägende Hauptquelle" im Rahmen seiner, wie man dennoch sagt, „klassische(n) Quellentheorie."[27] Ohne diese tragende Säule hat die Konstruktion der Bultmannschen Quellentheorie keinen Halt mehr[28] und klappt zwangsläufig nach der einen oder der anderen Seite um, nach der einen Seite, d. h. sich zu einer Grundschrifthypothese zurückentwickelnd,[29] oder nach der anderen Seite, d. h. so, dass das Gestaltungsprinzip nicht mehr kurz vor dem Ende des Entwicklungsprozesses liegt, sondern ganz am Ende, indem der – übrigens auch erheblich umfangreicher gewordenen – Redaktion die Rolle zuerkannt wird, die bei Bultmann der Evangelist hatte.[30] Das geht bis zu dem Extrem, dass man die so genannte redaktionsgeschichtliche Methode der Synoptiker auf das Johannesevangelium anwendet.[31] Dieses Umklappen nach da und dort kann im Einzelnen durchaus unterschiedlich ausfallen, und beide Möglichkeiten sind auch kombinierbar. Gleichwohl empfinden sich die wirklich zahlreichen Vertreter der so genannten

[24] Das Johannesevangelium und sein Kommentar, 208.

[25] Vgl. Schenke/Fischer, Einleitung in die Schriften des Neuen Testaments II, 1979, 182.

[26] Vgl. z. B. U. Schnelle, Antidoketische Christologie im Johannesevangelium. Eine Untersuchung zur Stellung des vierten Evangeliums in der johanneischen Schule, FRLANT 144, 1987, 17 mit Anm. 45 („…, so wird eine Quelle von ‚Offenbarungsreden' heute mit Recht abgelehnt").

[27] H. Thyen, Johannesevangelium, TRE 17, 1988, 205.

[28] Vgl. Haenchen, Das Johannesevangelium und sein Kommentar, 210 („…, es sieht so aus, als müsse der ganze Bau zusammenstürzen, sobald ein Steinchen oder zwei sich als nicht haltbar erweisen").

[29] Vgl. z. B. auch die Beurteilung bei Schnelle, Antidoketische Christologie, 15[36].

[30] Vgl. Schenke/Fischer, Einleitung, 200; neuerdings F. Neirynck, John 21, NTS 36 (1990), 336 ("the redactor sometimes takes the shape of an evangelist").

[31] Schnelle, Antidoketische Christologie; ders., Die Abschiedsreden im Johannesevangelium, ZNW 79 (1989), 45–62.

neueren Literarkritik als in einem wesentlichen Konsens stehend.[32] Und wenn J. Becker insofern etwas aus dem Konsens heraus zu fallen scheint, als er von Bultmanns Quellentheorie zu retten versucht, was zu retten ist, muss er sich das Diktum Thyens gefallen lassen: „Der ‚kirchliche Redaktor' ist deshalb zu Recht aus der Diskussion verschwunden. Unter erheblicher Erweiterung des Umfangs seines redaktionellen Anteils führt er in J. Beckers Kommentar eine einsame Postexistenz."[33] Der größte gemeinsame Nenner innerhalb dieses Konsenses dürfte die Konzeption einer johanneischen Schule, eines johanneischen Kreises, eines johanneischen Gemeindeverbandes sein, aus deren Geschichte (sozusagen als Produkt von deren Geschichte) das Johannesevangelium[34] und die Johannesbriefe zu erklären seien. Auf das Gewonnenhaben dieser Sicht der Dinge sind ihre Vertreter ausgesprochen stolz – allerdings in völliger Vergessenheit dessen, dass auf die diesbezüglichen Darlegungen (wieder) zutreffen könnte, was Käsemann schon gesagt hat, dass sie nämlich „auf weite Strecken in die Gattung der Märchenbücher einzureihen sind, mag ihr trockener Ton und Inhalt noch so sehr Tatsachenreportagen vortäuschen."[35] Natürlich hat es so etwas wie eine johanneische Schule gegeben, wie die Briefe und die gleiche Sprache verschiedener Verfasser zeigen. Das Problem ist der Anfang und die Voraussetzung einer Kontinuität von Anfang an. Jedenfalls ersetzt hier die Konzeption eines kontinuierlichen Wachstums des Johannesevangeliums die Vorstellung Bultmanns von einem Bruch mit der Vergangenheit nebst radikalem Neuanfang, als dessen Objektivation das vierte Evangelium zu verstehen wäre. Wie fern den Heutigen diese Gedanken Bultmanns sind, kann man z. B. mit der Verwunderung J. Beckers darüber dokumentieren, dass Köster, den er übrigens und m. E. mit Recht als einen der wenigen, die doch noch irgendwie an Bultmanns Idee einer Quelle der Offenbarungsreden festhalten, nennt, „das Frühstadium johanneischer Theologie und Überlieferung durch die in den Reden noch präsenten Einzelmaterialien bestimmt" sein lässt, „die – etwa analog dem

---

[32] Vgl. die schöne Beschreibung dieses Konsenses bei W. Klaiber, Der irdische und der himmlische Zeuge. Eine Auslegung von Joh 3.22–36, NTS 36 (1990), 205f.

[33] Thyen, Johannesevangelium, 209.

[34] Vgl. z. B. Gnilka, Johannesevangelium, Die neue Echter Bibel, 8; B. Bonsack, Der Presbyteros des dritten Briefs und der geliebte Jünger des Evangeliums nach Johannes, ZNW 79 (1988), 59f. („Wenn es nun richtig ist, ... dass das Evangelium in seiner heutigen Gestalt offenkundig nicht von einer einzelnen Person konzipiert und redigiert worden ist, sondern über mindestens zwei Generationen hinweg im Kreis eines ‚johanneischen' Gemeindeverbands entstanden ist ...").

[35] E. Käsemann, Jesu letzter Wille nach Johannes 17, Tübingen ^{2}1967, 10.

Thomasevangelium – gnostische Christologie vertreten."[36] Das Erstaunen ist so groß, dass er sich schließlich hinreißen lässt zu sagen: „Es kann nicht von ungefähr sein, dass die große Zahl der anderen Forscher sowohl bei der Analyse der johanneischen Christologie wie auch des Dualismus – bei Differenzen im Einzelnen – das ‚gnostische' Stadium statt an den Anfang in die spätere Zeit rücken."[37]

Wenn nun schon die Bultmannsche Quelle der Offenbarungsreden en bloc abgelehnt wird, bleibt natürlich für Bultmanns Auffassung von ihrem Eingangshymnus, der, als Vorlage des Johannesprologs dienend, ursprünglich ein gnostisches Loblied auf den Täufer Johannes gewesen sei, im Allgemeinbewusstsein nur noch der Rang einer Kuriosität übrig.[38]

Dass nun mit der Nichtakzeptanz der Theorie einer Quelle der Offenbarungsreden der Stellenwert der Gnosis im Johannesevangelium automatisch ein anderer werden muss, ist ja an sich evident und klang auch schon in Zitaten ausdrücklich an. Geht es dabei doch um die Erklärung der „Halbheit" des Gnostischen in den Reden des Johannesevangeliums. Auch bei der Demontage dieser Konstruktion Bultmanns fallen nun die Teile nach zwei Seiten auseinander. Bei Wegfall der zwei Ebenen gibt es für die eine übrig bleibende Ebene, auf der sich Gnostisches und Nichtgnostisches findet, nur die Möglichkeit, entweder das eine oder das andere für das Wesentliche zu halten. Wer die gnostischen Motive und Strukturen für das Wesentliche, sei es des Evangeliums als ganzen (Käsemann, Schottroff), sei es einer als Werk des Evangelisten verstandenen Grundschrift (Langbrandtner, U. B. Müller), hält, wird Evangelium bzw. Grundschrift und den betreffenden Verfasser als wirklich gnostisch verstehen. Wichtig ist mir dabei zunächst einmal, wie sich besonders bei Käsemann gezeigt hat, dass es für die Sache gar nicht darauf ankommt, ob bzw. wie oft man das Stichwort „Gnosis" dabei fallen lässt. Entscheidend ist, wie man die Sache beschreibt. Bei U. B. Müller kommt in seiner Darstellung der „Göttlichkeit Jesu beim Evangelisten Johannes"[39] das Wort „Gnosis"

[36] J. Becker, Aus der Literatur zum Johannesevangelium (1978–1980), ThR 47 (1982), 306.

[37] Becker, Aus der Literatur zum Johannesevangelium, 307.

[38] Vgl. J. Becker, Das Evangelium des Johannes, ÖTK 4, Gütersloh 1979, 75 („Aber so sicher das Lied kein christliches Element enthält, hat die Zuweisung an die Täufergemeinde nur den Wert einer modernen biographischen Legende"); E. Haenchen, Das Johannesevangelium. Ein Kommentar, aus den nachgelassenen Manuskripten herausgegeben von U. Busse, Tübingen 1980, 38f. („Die These von dem Evangelisten als einem bekehrten Täuferjünger, welcher den seinem früheren Meister, dem Täufer, geltenden Hymnus später erst in Jesus Christus erfüllt sah, ihn ins Griechische übersetzte und an den Anfang seines Evangeliums setzte, wobei er ihn obendrein noch missverstand, wird wohl korrekturbedürftig sein").

[39] Die Menschwerdung des Gottessohnes. Frühchristliche Inkarnationsvorstellungen und die Anfänge des Doketismus, SBS 140, Stuttgart 1990, 62–83.

überhaupt nicht vor und er leitet im Übrigen das Christusbild religionsgeschichtlich auch ganz anders ab, und doch unterscheidet sich sein Bild in der Sache kaum von dem Käsemanns oder L. Schottroffs.

Bei dem Werk von L. Schottroff, „Der Glaubende und die feindliche Welt", in den zwei Dritteln, die die Gnosis an sich und das Johannesevangelium betreffen, lohnt es sich aus verschiedenen Gründen, ein wenig zu verweilen, schon weil hier die Auseinandersetzung mit dem Gnosisverständnis Bultmanns direkt, und auch ausdrücklich auf der Grundlage der veränderten religionsgeschichtlichen Basis, erfolgt. Ihr Ergebnis ist ja, wie oben schon vorausgesetzt, dass das Verhältnis des Glaubenden zur Welt in der Gnosis und im Johannesevangelium grundsätzlich gleich ist, dass mithin der vierte Evangelist selbst ein Gnostiker sei. Und das Ergebnis ist umso überraschender, wenn man sieht, dass sie keineswegs etwa durch Aufnahme der Interpretation Käsemanns, sondern gerade durch das Weiterdenken derjenigen Bultmanns dazu gelangt. Zu der Gleichsetzung beider Größen kommt L. Schottroff übrigens nicht zuletzt dadurch, dass sie schon über die Gnosis an sich nicht mehr so denkt, wie es üblich ist. Sie begründet und vertritt nämlich die These, dass das Erlösungsverständnis der Gnosis, auch wenn es so scheint, keineswegs wirklich naturhaft sei, sondern die freie Entscheidung des Aufgerufenen für oder gegen das Angebot der Erlösung voraussetze und einschließe. Der Dualismus der Gnosis sei also im Kern ein Entscheidungsdualismus. Es ist klar, dass hier Bultmanns in Konfrontation mit der Gnosis gewonnene Interpretation des Johannesevangeliums auf die Gnosis selbst zurückwirkt – so etwas ähnliches findet sich, an einem einzelnen gnostischen Text, dem Thomasevangelium, demonstriert, übrigens auch schon bei Haenchen –,[40] wie diese Konzeption ja auch nur mit Hilfe existentialer Interpretation, von der weitgehend Gebrauch gemacht wird, zu gewinnen bzw. zu behaupten ist, allerdings keineswegs mit Hilfe existentialer Interpretation überhaupt, sondern mit Hilfe einer speziell auf die Entscheidungssituation abhebenden, wie sie Bultmann in der Interpretation des Johannesevangeliums demonstriert hat. Im Übrigen verfolgt man, was das Johannesevangelium selbst betrifft, mit einem eigenartigen Gefühl, wie sie im Unterschied zu Bultmann, der, wenn er über das, was dem vierten Evangelisten bewusst ist, in kühner (Um-)Interpretation hinaus denkt, es zugunsten des vierten Evangelisten tut, dasselbe Verfahren nun zu seinen Ungunsten gebraucht, wie sie sich jeden Weg, zu einem günstigeren Verständnis des Johannesevangeliums zu kommen, verbaut – offenbar nicht aus irgendeiner Voreingenommenheit,

[40] Das Johannesevangelium und sein Kommentar, 223f.

sondern um der Konsequenz willen. Das liegt daran und die Konsequenz besteht in dem Umstand, dass sie Bultmanns Grenzgedanken vom johanneischen Entscheidungsdualismus konsequent zur Grundlage ihrer Johannesinterpretation und zum Schlüssel aller Aussagen des vierten Evangeliums macht. Das heißt, der johanneische Dualismus gilt nur für den Augenblick des Aufrufs zur Entscheidung für oder gegen die Erlösung. Der vierte Evangelist reflektiere nur den Punkt der Entscheidung und habe keinerlei zeitliche Perspektive im Sinn. Das so verstandene dualistische Denken gleicht zwei gleich großen Kreisen, die sich überhaupt nicht berühren, während sie durch ein und denselben Impuls angestoßen jeder in sich selbst unendlich kreisen. Was dem Entscheidungsdualismus widerspricht (z. B. 1,1–4; 1,14; 3,16), wird dennoch in seinem Sinne interpretiert. Der ganze Aussagenkomplex, für den 3,16 repräsentativ ist, z. B. unterstreiche nur den Sachverhalt der Entscheidungssituation angesichts der Offenbarung. „Gott hat die Welt geliebt" heiße etwa: „Wer sich nicht für Gottes in der Offenbarung angebotene Liebe entscheidet, wird zur Welt." Das Ergebnis ist im Grunde der Ausgangspunkt: gemäß der Definition des johanneischen Dualismus hat der Glaubende nichts mit der gottfeindlichen Welt zu tun (die Kreise berühren sich nicht). Das gnostische Integritätsprinzip ist bei Johannes voll gewahrt. Also ist der vierte Evangelist selbst ein Gnostiker.[41]

Bei Langbrandtner und den für uns relevanten Partien seines Buches „Weltferner Gott oder Gott der Liebe" ist der Grund eines abermaligen Verweilens vor allem, dass sich hier diese religionsgeschichtliche Tendenz der post-Bultmannianischen Johannesforschung mit dem allgemeinen Trend der neueren johanneischen Literarkritik zur Grundschriftkonzeption in charakteristischer Weise verbindet. Er unterscheidet im Johannesevangelium zwei Schichten, nämlich eine johanneische Grundschrift und eine umfangreiche Redaktion. Ein weiterer guter Grund der hiesigen Hervorhebung ist, dass es ihm um nichts geringeres geht als um eine planmäßige und groß angelegte Auswertung der Nag Hammadi-Schriften für die Erkenntnis des religionsgeschichtlichen Ortes des Johannesevangeliums, und zwar eben unter gleichzeitiger Erarbeitung und Einbringung der erwähnten spezifischen literarkritischen Theorie hinsichtlich des Johannesevangeliums. Und das heißt, Langbrandtner begibt sich auf wissenschaft-

[41] L. Schottroff, Der Glaubende und die feindliche Welt. Beobachtungen zum gnostischen Dualismus und seiner Bedeutung für Paulus und das Johannesevangelium, WMANT 37, Neukirchen/Vluyn 1970; vgl. dazu H.-M. Schenke, Rezension zu Schottroff, ThLZ 97 (1972), 751–755; hier 998–1002.

liches Neuland, um Pionierarbeit zu leisten. Im Übrigen ist es interessant zu sehen, dass Langbrandtner in seiner Auffassung und Behandlung der Gnosis konsequent in den Fußstapfen von L. Schottroff wandelt. Deren Gnosisverständnis macht also bereits Schule. Typisch dafür sind vor allem die Begriffe Entscheidungsdualismus und Integritätsprinzip in ihrer Verwendung als Kategorien der Gnosis. Um die Nag Hammadi-Schriften mit dem Johannesevangelium sinnvoll und kontrollierbar vergleichen zu können, bedarf es eines gemeinsamen Nenners. Langbrandtner wählt dafür die Struktur des theologischen Denkens in den betreffenden Texten. Es geht ihm dabei im Wesentlichen um die Strukturen der Glaubensentscheidung als des vermeintlichen Zentrums des gnostischen Denkens und um die funktionale Relation folgender Größen zu ihr: Abstammung, Präexistenz, Prädestination; den ethisch-praktischen Vollzug des Glaubens; das Vorhandensein bzw. Fehlen von Sakramenten; Auferstehung, Weg und Anodos; den Erlöser; die Grundzüge der Mythologie. Nach diesem Muster werden die Nag Hammadi-Schriften befragt und mit den zwei Schichten des Johannesevangeliums verglichen. Bei der Durchführung ergeben sich interessante Interpretationen und wichtige Einsichten, z. B. dass der gnostische Charakter eines Textes nicht abhängig ist von der Quantität gnostischer Mythologie, oder dass die Tatsache, dass Gott Schöpfer der Welt genannt wird, keineswegs zur Kennzeichnung einer ungnostischen Theologie ausreicht. Als Ergebnis dieses Vergleiches der Nag Hammadi-Texte mit dem Johannesevangelium ergibt sich für Langbrandtner, dass (während – wie gesagt – L. Schottroff das ganze Johannesevangelium für gnostisch hält und nach Käsemann das Prädikat des naiven Doketismus seiner gesamten Christologie gilt) nur eine bestimmte Schicht desselben, die Grundschrift im Gegensatz zur Redaktion gnostisch (aber eben wirklich gnostisch, und nicht etwa nur gnostisch beeinflusst) sei. Die jüngere Schicht der Redaktion dagegen erweist sich aber als nichtgnostisch. Wenn in ein und derselben Schrift nun Gnostisches und Nichtgnostisches steht, so befinden sich die Schichten offenbar im Widerstreit und ist das Nichtgnostische als antignostisch zu verstehen. (Auch in diesem Punkt, dass sich antignostische bzw. antidoketistische Stücke, Schichten, Aspekte, Motive schon im Johannesevangelium selbst finden, entspricht Langbrandtner einem typischen Zug der post-Bultmannianischen Johannesforschung.[42] So richtig überraschen kann Langbrandtners Ergebnis allerdings nicht, war von vornherein abzusehen, ja, stand in gewisser Hinsicht schon

[42] Zu vergleichen vor allem Richter und Schnelle.

vorher fest. Die Deutung des Johannesevangeliums von der Gnosis aus ist ja schließlich nicht neu und weit verbreitet. Langbrandtners Zielvorstellung ist auch nur, wenn ich recht verstanden habe, durch seine besondere Art der Demonstration und unter Beschränkung des Gnostischen auf nur eine von zwei Schichten die bislang noch Zögernden bzw. anders Denkenden zu überzeugen. In unserem hiesigen Zusammenhang heben wir noch einmal hervor und halten fest, dass Langbrandtner das Paradebeispiel dafür ist, wie leicht und logischerweise sich – bei Wegfall von Bultmanns Quelle der Offenbarungsreden – die Bauteile so verschieben, dass die Rolle von dieser Quelle Bultmanns nun auf die Grundschrift, und das heißt auf den Evangelisten selbst übergeht.[43]

Die Sicht Käsemanns, Schottroffs und Langbrandtners dürfte allerdings wohl nicht als repräsentativ gelten. Die übliche religionsgeschichtliche Beurteilung der teils gnostisch teils nichtgnostisch anmutenden Stoffmasse der johanneischen Reden und Dialoge ist vielmehr die oben bereits genannte andere Möglichkeit. Das Nichtgnostische gilt als wesentlich. Und dann ist das Ganze eben als noch-nicht-gnostisch, als erst auf dem Wege zur Gnosis hin befindlich zu beurteilen. Diese Auffassung, dass das Johannesevangelium im Trend, der zur Gnosis führt, liegend, gnostisierend, praegnostisch o. ä. sei, ist in der post-Bultmannianischen Johannesforschung weit verbreitet; fast möchte man sagen, es sei die normale. Für diese allgemeine Einschätzung mag die Stellungnahme Kümmels in seiner Einleitung als repräsentativ gelten.[44] Direkter noch kann man das in einem einschlägigen Satz aus J. Beckers letztem Forschungsbericht ausgedrückt finden: „Viele rechnen heute damit, dass die johanneische Christologie im Zusammenhang mit dem Dualismus Rückschlüsse auf ein jüdisch-gnostisierendes Milieu zulässt, wobei von einer noch unliterarischen Gnosis in statu nascendi ausgegangen und dabei vor allem häufig ein dem Johannesevangelium vorgegebener Erlösermythos ausdrücklich ausgeschlossen wird."[45] Ob man das aber als ein bewahrtes Erbe Bultmanns ansehen darf, kann man bezweifeln. Denn Thyen drückt dieselbe Sache lieber gleich mit einem anti-Bultmannianischen Vorzeichen aus, wenn er formuliert:

[43] W. Langbrandtner, Weltferner Gott oder Gott der Liebe. Der Ketzerstreit in der johanneischen Kirche. Eine exegetisch-religionsgeschichtliche Untersuchung mit Berücksichtigung der koptisch-gnostischen Texte aus Nag-Hammadi, BET 6, Frankfurt a. M. 1977; vgl. dazu H.-M. Schenke, Rezension zu Langbrandtner, Enchoria 9 (1979), 149–153; hier 1019–1024.

[44] W. G. Kümmel, Einleitung in das Neue Testament, Berlin 1989, 185–195.

[45] J. Becker, Das Johannesevangelium im Streit der Methoden (1980–1984), ThR 51 (1986), 63.

> Es kann wohl gesagt werden, dass der gnostische Erlösermythos nicht als seine Tiefenstruktur *hinter*, sondern noch *vor* dem Johannesevangelium liegt. Vielleicht ist es ein Schritt in seine Richtung, zumal es mit vielen gnostischen Texten einen gelegentlich erschreckenden Antijudaismus teilt (...). Doch gerade hier ist auch die Differenz fundamental: Noch in seinen schroffsten Antijudaismen bleibt es im Gegensatz zu jenen zutiefst jüdisch (...). Der gnostische *Bruch* wird nicht vollzogen. Gott bleibt der Schöpfer, der seine Welt liebt und erlöst. Der Dualismus als Spiegel der traumatischen Erfahrung der Tötung des in sein ‚Eigentum' gekommenen Logos durch die ‚Seinen' und einer ‚Welt', die die Glaubenden mit ihrem Hass verfolgt, bleibt umgriffen vom Schöpfer.[46]

Allerdings ist auch schon wieder eine Tendenz zu spüren, die Sache und den Begriff der Gnosis bei der Johannesinterpretation lieber ganz aus dem Spiel zu lassen. Eine solche Haltung setzt also im Prinzip voraus, dass in der gemischten Textmasse des Johannesevangeliums der nichtgnostische Teil als so wesentlich gesehen wird, dass das gnostische Aussehen des anderen Teils als bloßer Schein verstanden werden kann. Hierher gehört für mich z. B. ein Diktum Haenchens: „Darum sollte man sich auch erst bedenken, wenn man das Johannesevangalium ‚gnostisierend' nennt."[47] Und in einer auf die Spitze getriebenen Weise durchgeführt findet sich solches „Bedenken" in U. Schnelles Buch über „Antidoketische Christologie im Johannesevangelium", insofern als der innerhalb der johanneischen Gemeinden aufgetretene christologische Doketismus, den nicht nur der erste und zweite Johannesbrief, sondern *zuletzt* auch das Johannesevangelium bekämpfe, als rein innergemeindliches Entwicklungsprodukt verstanden wird. „Der historische wie theologische Standort des 4. Evangelisten ist in den Auseinandersetzungen der johanneischen Schule zu suchen, nicht aber im Gegenüber zum zeitgenössischen Judentum oder gnostischen Gruppen. Johannes verfasste sein Werk nicht als eine Apologie gegen Juden, Täuferjünger oder Samaritaner, noch ist mit dem Johannesevangelium ‚die gnostische Heilslehre in den Kanon gelangt.' Vielmehr muss das 4. Evangelium in mehrfacher Hinsicht als das originäre Produkt der johanneischen Schule verstanden werden: Es ist als Reaktion auf eine christologische Kontroverse in der johanneischen Schule entstanden."[48] Praktisch genau dieselbe isolierte Sicht des in der johanneischen Gemeinde aufgetretenen und bekämpften Doketismus – nur

[46] Thyen, Johannesevangelium, 220.

[47] Haenchen, Das Johannesevangelium, 145.

[48] Schnelle, Antidoketische Christologie, 257f.; vgl. auch seinen dortigen Exkurs „Was ist Doketismus?" (76–82), der diese Sicht der Dinge schon vorbereitet.

ohne die polemischen Abgrenzungen – findet sich (übrigens bei beinahe entgegen gesetzter Sicht der Entstehung und Geschichte der johanneischen Schriften) bei U. B. Müller.[49]

An dieser Stelle könnte man auch P. Hofrichter einordnen, insofern als auch sein Entwurf – wenngleich in einer völlig eigenständigen und alles auf den Kopf stellenden Weise – es vermeiden möchte, das Johannesevangelium in irgendeiner Weise als von der Gnosis abhängig zu sehen. Ihm gelingt das dadurch, dass er das hinter dem Prolog des Johannesevangeliums stehende und von ihm in besonderer Weise rekonstruierte Logosbekenntnis sowohl für die Wurzel von Darstellung und Anschauung des Johannesevangeliums, als auch für die Wurzel der Gnosis hält. Wo es in seinem Buch um das Johannesevangelium selbst geht, glaubt er beweisen zu können, „dass die Redekompositionen des Evangelisten und der kirchlichen Redaktion je das Logosbekenntnis kommentieren und das kanonische Evangelium somit insgesamt einen mehrschichtigen narrativen Kommentar oder Katechismus zum Logosbekenntnis darstellt."[50] Der Schwierigkeit, dass es offenkundigerweise kaum oder nur wenige motivische Querverbindungen zwischen dem Prolog und dem eigentlichen Johannesevangelium gibt, begegnet Hofrichter mit dem Gedanken, dass die Christologie des Prologs im Evangelium eben sehr kritisch aufgenommen werde. Was er über die Gnosis schreibt, geschieht in großer Sachkenntnis und unter Benutzung einer Fülle gnostischer Originaltexte bei größtmöglicher Auswertung der Nag Hammadi-Texte. Sein Ergebnis lautet auch hier gleichwohl: „Unter Voraussetzung der ursprünglich christologischen Bedeutung von Joh 1,6 lässt sich die gesamte gnostische Lehrentwicklung auf die midraschartige Exegese des Logosbekenntnisses reduzieren. Die Gnosis erschließt sich überraschenderweise als eine auf der Grundlage dieses normativen Textes und der platonischen Philosophie völlig rational, ja rationalistisch konstruierte Dogmatik. Der viel umrätselte gnostische Mythos erweist sich als Ergebnis einer sehr einfachen, paraphrasierenden Textexegese.... Die Spekulationen über die Gnosis als eine vorchristliche Untergrundreligion dürften demnach endgültig der Wissenschaftsgeschichte angehören.[51]

---

[49] Die Menschwerdung des Gottessohnes, 84–101.

[50] P. Hofrichter, Im Anfang war der ‚Johannesprolog'. Das urchristliche Logosbekenntnis – die Basis neutestamentlicher und gnostischer Theologie, BU 17, Regensburg 1986, 104.

[51] Hofrichter, Im Anfang war der „Johannesprolog", 236; vgl. im Übrigen die Besprechung von Hofrichter bei H.-M. Schenke, JAC 30 (1987), 195–200; hier 1088–1096.

Die anderen beiden Sachverhalte neben der Nichtakzeptanz der Hypothese einer Quelle gnostischer Offenbarungsreden, die hier noch zu nennen sind, besitzen sachlich durchaus gleiches Gewicht für die Destruktion von Bultmanns Sicht der Bezogenheit des Johannesevangeliums auf die Gnosis, obgleich es möglich und tunlich ist, hier kürzer zu sein. Der erste dieser beiden Sachverhalte ist der Umstand, dass die von Reitzenstein und Bousset übernommene Konzeption des Mythus vom Erlösten Erlöser als des alten Fundaments der Gnosis bzw. als desjenigen Elements, das die Gnosis im Innersten zusammenhält, die bei Bultmann sich in etwas undurchsichtiger Weise nahezu überall als Universalschlüssel eingesetzt findet, zur Nachprüfung herausforderte. Dieser Aufgabe haben sich etwa gleichzeitig und unabhängig voneinander, aus verschiedenen Schulen der neutestamentlichen Wissenschaft kommend und entsprechend wohl auch von etwas unterschiedlichen Motiven geleitet, C. Colpe und ich unterzogen.[52] Und das Ergebnis war auf beiden Seiten negativ. Ich selbst habe diese Arbeit bereits unter voller Einbeziehung der mir damals bekannten Nag Hammadi-Texte, also die These nicht nur an den Texten, an denen sie entwickelt worden war, testend, sondern auch unter „Anhörung" völlig neuer, exegetisch unvorbelasteter „Zeugen" durchgeführt. Nun gibt es in alten und neuen gnostischen Texten durchaus Partien und Konzeptionen, die dem Mythus vom Erlösten Erlöser, wie er in der Forschung beschrieben wird, ähnlich sind. Aber direkt und als ganzer findet er sich in keinem einzigen der bekannten Texte – außer in manichäischen; und auch da nur, wenn der vielstufige und figurenreiche manichäische Erlösungsmythus so zusammengefasst erscheint, dass verschiedene Gestalten und ihre Funktionen zusammenfallen. In dieser Perspektive erscheint also der gnostische Urmythus vom Erlösten Erlöser als eine, aus dem Verlauf der Forschungsgeschichte heraus verständliche, optische Täuschung, in der eine einzelne späte Sonderform für das alte, allem zugrunde Liegende gehalten wurde. Mithin wäre der Mythus vom Erlösten Erlöser in seiner behaupteten Allgemeinverbindlichkeit als eine unsachgemäße Abstraktion zu betrachten und als Rahmenkonzeption der Gnosis nicht mehr verwendbar. Übrigens spielte dieser Sachverhalt oben schon einmal eine Rolle, insofern als die Gnosiskonzeption von L. Schottroff schon als eine

---

[52] Vgl. C. Colpe, Die religionsgeschichtliche Schule. Darstellung und Kritik ihres Bildes vom gnostischen Erlösermythus, FRLANT 78, Göttingen 1961; H.-M. Schenke, Der Gott ‚Mensch' in der Gnosis. Ein religionsgeschichtlicher Beitrag zur Diskussion über die paulinische Anschauung von der Kirche als Leib Christi, Göttingen 1962, besonders 16–33.

Art Ersatz für den nicht mehr als brauchbar geltenden Mythus vom Erlösten Erlöser zu verstehen war.

Der andere, im Ganzen also dritte destruktive Sachverhalt kommt von dem speziellen Felde der Mandäerforschung. Auch da ist die Forschung weitergegangen. Für Bultmann war ja die auffällig große Rolle, die Johannes der Täufer in den mandäischen Texten spielt, ein ganz wesentliches Element für sein Bild von der gnostischen, Johannes den Täufer als Erlöser verehrenden Täufergemeinde, aus der der Evangelist selbst und seine Hauptquelle stammen sollte. Diese Täufergemeinde und die Urmandäer wurden in eins gesehen oder aus derselben Wurzel stammend vorausgesetzt. Nun ist aber inzwischen K. Rudolph in seinen zu einem Standardwerk für diesen Forschungszweig gewordenen Untersuchungen über die Mandäer bei seiner Analyse der mandäischen Texte, die von Johannes dem Täufer handeln, zu dem Ergebnis gekommen, es sei mit Sicherheit zu konstatieren, dass Johannes der Täufer nicht zur ältesten Schicht der mandäischen Überlieferung und also nicht zum Grundbestand der mandäischen Lehre gehöre.[53] Obgleich nun dieses Votum Rudolphs die Bultmannsche Sicht der Dinge nicht direkt unmöglich macht, zumal ja unter dieser Voraussetzung noch die Frage, die Rudolph m. E. im Dunkeln lässt, zu klären wäre, wie denn dann wohl der Täufer Johannes, und zwar als Gegner Jesu, in die Gedankenwelt der Mandäer gelangt sein mag, aber Schwierigkeiten bereitet es allemal. Und so ist es kein Wunder, wenn in der post-Bultmannianischen Johannesforschung diese Klärung der mandäischen Seite der Sache durchaus als einer der tödlichen Dolchstöße für Bultmanns Auffassung vom religionsgeschichtlichen Hintergrund des Johannesevangeliums gilt.[54]

Dass man das so gravierende Sachverständigengutachten Rudolphs überhaupt hinterfragen könnte, auf den Gedanken bin ich selbst auch nicht gekommen und habe hier arglos mitvertraut und mich auch bei diesem Punkt in Gedanken und Worten an der Verleugnung mitschuldig gemacht. Das ist freilich jetzt anders geworden. Aber um das auch noch zu artikulieren, brauchen wir erst einmal eine neue Optik.

---

53 K. Rudolph, Die Mandäer I. Prolegomena: Das Mandäerproblem, FRLANT 74, Göttingen 1960, 66–80.

54 Vgl. Haenchen, Das Johannesevangelium und sein Kommentar, 213; Thyen, Johannesevangelium, 207.

III. *Was sich an Bultmanns spezifisch „gnostischer" Interpretation des Johannesevangeliums aus heutiger Sicht zu bestätigen scheint*

Wir wechseln also die Optik, indem wir von der Sicht, wie sie heute tatsächlich ist, übergehen zu einer Sicht, wie sie m. E. heute – der neuen Forschungslage gemäß, d. h. praktisch und in der Hauptsache dem gegenwärtigen Stand der Erschließung der für das Johannesevangelium relevanten Nag Hammadi-Texte entsprechend – bereits sein könnte bzw. sich als Möglichkeit abzuzeichnen beginnt. Diese Nag Hammadi-Texte spielen ja, wie zum Teil auch bereits zum Ausdruck kam, in der modernen Diskussion dieser Seite der johananneischen Frage eine, parallel zu deren Veröffentlichung und Erschließung, immer größer werdende Rolle.[55] Aber so richtig „berührt" wird die Johannesforschung von den Nag Hammadi-Parallelen noch nicht. Am auffälligsten ist mir das Phänomen und Funktionieren dieses Sich unberührt Haltens bei U. B. Müller geworden, wo er am Ende seiner Behandlung der Inkarnationsaussage von Joh 1,14[56] „abschließend" noch auf die Dreigestaltige Protennoia zu sprechen kommt.[57] „Abschließend sei ein Vergleich von Joh 1,14 mit einem gnostischen Text gewagt, der eine gewisse Ähnlichkeit mit dem Logoslied hat und im selben religionsgeschichtlichen Milieu wurzeln soll: die dritte Rede der so genannten ‚dreigestaltigen Protennoia'. Allerdings ist die Textinterpretation äußerst umstritten."[58] Bei einem derartigen Vergleich kommt es übrigens tatsächlich darauf an, dass auch der verglichene Text genauso sorgfältig exegesiert und interpretiert wird wie der Text, von dem der Vergleich ausgeht. Und bei den Forschern, die sich mit der exegetischen Auswertung der Nag Hammadi-Texte beschäftigen, hat nicht jeder die Augen, den wahren Wert und die wirkliche Bedeutung eines gegebenen Textes zu erkennen. Aber das ist ein weites Feld. Und mit den Nag Hammadi-Schriften wollen wir hier auch gar nicht anfangen, sondern mit demjenigen Mandäerproblem, mit dem wir in Kapitel II aufgehört haben.

Die Mandäerforschung ist ja, wie schon angedeutet, in der post-Bultmannianischen Ära weitergegangen, nicht so spektakulär zwar, aber nicht

[55] Vgl. außer dem zu L. Schottroff und Langbrandtner bereits Gesagten z. B. Becker, Das Johannesevangelium im Streit der Methoden 57f. 63; Thyen, Johannesevangelium, 206. 219f.

[56] Müller, Die Menschwerdung des Gottessohnes, 40–61.

[57] Müller, Menschwerdung, 58–61.

[58] Müller, Menschwerdung, 58.

ohne auch ihre Sensationen zu haben. Und entsprechend ist dem Mandäismus ein Band der Reihe „Wege der Forschung“ gewidmet worden. Und die Beschäftigung mit dieser Vergangenheitsbewältigung hat mir persönlich erhebliche neue Impulse vermittelt. In diesem von G. Widengren herausgegebenen Bande verdient seine Einleitung,[59] die ja das einzige ist, was vorher noch nicht gedruckt war, m. E. allergrößte Aufmerksamkeit. Er sagt hier nämlich auch ganz deutlich, wie er selbst die Mandäerfrage und den Weg der Mandäerforschung sieht und gesehen wissen möchte. In der „Frage aller Fragen“, also, ob die Mandäer, deren erhaltene Literaturdenkmäler ja erst mit dem 8. Jahrhundert n. Chr. einsetzen, eine späte, das Christentum voraussetzende, in Mesopotamien entstandene Glaubensgemeinschaft sind, oder ob die Gruppe etwa genauso alt wie das Christentum selbst ist, mit ihm zusammen in Palästina entstanden und erst durch einen Exodus nach Mesopotamien gekommen, hält Widengren die Auffassung der Pioniere und der so genannten religionsgeschichtlichen Schule, allerdings ohne gewisse Überspitzungen Reitzensteins, für die Quintessenz der Forschungsgeschichte.[60] Vgl. z. B.: „Die Mandäer haben sich im Westen spätestens zur Zeit Johannes des Täufers konstituiert. Sie gehören in die Geschichte der jüdischen Täufersekten, und viele Ideen und Riten verknüpfen sie mit der Qumransekte und dem samaritanischen Gnostizismus.“[61] Interessant zu registrieren ist auch, welche von den generellen Problemen dem Herausgeber noch ungeklärt erscheinen. Es sind zwei: zum einen das Verhältnis der religiösen Theorie und Praxis der Mandäer zu dem johanneischen Typus des Urchristentums,[62] zum anderen der Zusammenhang der Mandäertaufe mit der Johannestaufe.[63] In Bezug auf den zuletzt erwähnten Sachverhalt kommt nun auch noch – und das ist der eigentliche Punkt, auf den es mir in diesem Zusammenhang ankommt – ein bemerkenswerter Widerspruch Widengrens gegen ebendie oben am Ende von Kapitel II ins Spiel gebrachte These von Rudolph zutage. Widengren hält nämlich dieses „Ergebnis“ von Rudolph, dass Johannes der Täufer mit dem Ursprung der Mandäer nichts zu tun gehabt habe und seine Gestalt in der mandäischen Literatur samt und sonders sekundär und spät

[59] G. Widengren, Der Mandäismus. Wege der Forschung 167, 1982, 1–17.
[60] Widengren, Mandäismus, 12.
[61] Widengren, Mandäismus, 12.
[62] Widengren, Mandäismus, 1.
[63] Widengren, Mandäismus, 12.

sei, für eine „vorausgefasste Meinung“[64] – das sei einfach nicht wahr[65] – und wird nicht müde zu versichern, dass „die Mandäer ... die Bewegung des Täufers miterlebt und daher nicht ohne Ursache sich auf Johannes berufen“ haben.[66] Und das Gewicht der in diesem Sammelband enthaltenen Argumente in dieser Sache scheint tatsächlich zugunsten der Position von Widengren auszuschlagen.[67]

Es mag übrigens gut sein zu wissen, dass auch der andere für Bultmann so wichtige Parallelenkomplex, die Oden Salomos, das Interesse der gegenwärtigen Forschung wieder auf sich gezogen hat.[68]

Was nun die Nag Hammadi-Schriften anbelangt, die m. E. – in dieser oder jener Hinsicht – als Bultmanns Konzeption rechtfertigend angesehen werden könnten, so möchte ich mit einem Komplex von Texten beginnen, der den Prozess einer gnostischen Metamorphose der Weisheit zeigt, und zwar insofern als er für unsere Frage bedeutet, dass Bultmann sehr wohl im Recht war, wenn er die späte jüdische Weisheit nicht als Alternative zur Gnosis gelten lassen wollte, sondern selbst mit zum Phänomen der Gnosis rechnete. Der Nag Hammadi-Fund hat eben unsere Kenntnis von der Geschichte der Weisheitstradition ganz wesentlich erweitert. Es gibt eine ganze Reihe gnostischer Nag Hammadi-Schriften von wesenhaft weisheitlicher Bestimmtheit. Manche von ihnen sind als ganze weisheitlich bestimmt – wenn auch in verschiedener Weise. Dazu gehört das schon eine geraume Zeit bekannte und auch bereits mannigfaltig ausgewertete Thomasevangelium (NHC II,2), dann die beiden Schriften „Die Brontē – Vollkommener Verstand“ (NHC VI,2) und der Authentikos Logos (NHC VI,3), dessen gnostischer Charakter allerdings umstritten ist. Auch die Lehren des Silvanus (NHC VII,4) dürfen hier genannt werden, die zwar selbst nicht gnostisch sind, aber Gnosis voraussetzen. Bei der Epistula Jacobi Apocrypha (NHC I,2) und dem Buch des Thomas (NHC II,7) liegt die weisheitliche Bestimmtheit in ihrem Substrat an Spruch(sammlungs)gut.

---

64 Widengren, Mandäismus, 17.

65 Widengren, Mandäismus, 11.

66 Widengren, Mandäismus, 13; vgl. auch 10 und 12.

67 Vgl. auch H.-M. Schenke, „Er muß wachsen, ich aber muß abnehmen“ – Der Konflikt zwischen Jesusjüngern und Täufergemeinde im Spiegel das Johannes-Evangeliums, in: Ch. Elsas/H. G. Kippenberg (Hg.), Loyalitätskonflikte in der Religionsgeschichte, Würzburg 1990, 313[22]; hier 704[22].

68 Siehe vor allem die Arbeiten und Textausgaben von J. H. Charlesworth und M. Lattke; vgl. des näheren jetzt J. T., Sanders, Nag Hammadi, Odes of Solomon, and NT Christological Hymns, in: J. E. Goehring at al (Hg.), Gnosticism and the Early Christian World, Sonoma, CA, 1990.

Im Falle das LibThom ist zwar dieses Substrat selbst nicht gnostisch, wohl aber das dialogisierte Werk, wie es jetzt vorliegt. In der zum sethianischen Komplex gehörenden, oben schon einmal erwähnten, Schrift mit dem Titel „Die dreigestaltige Protennoia" (NHC XIII) ist alles, was die Zentralgestalt der Protennoia selbst betrifft, eine ziemlich offenkundige gnostische Metamorphose von hellenistisch-jüdischer Weisheits- und Logosspekulation. Diese Nag Hammadi-Schriften kann man zwei Kategorien eines idealtypologischen Gesamtspektrums der Formen, in denen Weisheit vorkommt, zuordnen:

1. der paränetischen Weisheit (in Gestalt von Weisheitssprüchen) in gebrochener Version, der zusätzlich gnostische „Lichter" aufgesetzt sind (EvThom; AuthLog; Silv; EpJac; LibThom) – damit ist auch schon gesagt, dass es in der Natur der Sache liegt, wenn es in diesem Bereich gelegentlich schwierig ist, eine Schrift als gnostisch zu identifizieren;
2. der (reinen) Isis/Sophiavorstellung in gnostischer Metamorphose (Brontē; Protennoia).[69]

Das Buch des Thomas nun ist sogleich unter einem anderen Gesichtspunkt noch einmal zu nennen, nämlich als eine äußere Bestätigung der Legitimität von Bultmanns Ansatz einer besonderen Quelle für die Reden und Dialoge des Johannesevangeliums. Nicht nur, dass der Stoff von LibThom eine Parallele zu Joh 3,11f.21 aufweist, deren Substanz von Bultmann und H. Becker ja der Quelle der Offenbarungsreden zugerechnet wird. Sie lautet: „Deswegen müssen wir zu euch reden. Denn dies ist die Lehre für die Vollkommenen. Wenn ihr vollkommen sein wollt, müsst ihr euch danach richten. Wenn nicht, ist euer Name ‚Unwissend'.... Wenn schon das, was ihr sehen könnt, verborgen ist vor euch, wie könnt ihr dann hören von dem, was nicht zu sehen ist? Wenn es schon schwer für euch ist, die in der Welt sichtbaren Werke der Wahrheit zu tun, wie wollt ihr dann die (Werke) der erhabenen Größe und Erfüllung, die ja nicht sichtbar sind, tun? Wie also wollt ihr ‚Täter (der Wahrheit)' genannt werden?"[70] Es ist vielmehr der Dialograhmen von LibThom im Ganzen,

---

[69] Vgl. im Übrigen H.-M. Schenke, Die Tendenz der Weisheit zur Gnosis, in: B. Aland (Hg.), Gnosis, Göttingen 1978; ders., Gnosis: Zum Forschungsstand unter besonderer Berücksichtigung der religionsgeschichtlichen Problematik, VF 32 (1987), 17–20; hier 401–423 und 614–636.

[70] P. 140,9–12 und p. 138,28–34. Vgl. H.-M. Schenke, The Book of Thomas (NHC II.7): A Revision of a Pseudepigraphical Epistle of Jacob the Contender, in: A. H. B. Logan/ A. J. M. Wedderburn (Hg.), The New Testament and Gnosis, Edinburgh 1983, 216f.

der hier unsere Aufmerksamkeit verdient. LibThom begegnet sich ja mit dem Johannesevangelium ganz deutlich im beiderseits vorhandenen Phänomen der Missverständnisse des/der Dialogpartner. In LibThom ist es aber nun relativ leicht durchschaubar, dass diese „Missverständnisse" die ungewollte Folge der sekundären Dialogisierung eines zugrunde liegenden Textkontinuums sind. In der Beurteilung kann man die „Ergebnisse" mehr auf die Ungeschicklichkeit des Dramaturgen zurückführen, oder mehr in der objektiven Schwierigkeit der Aufgabe, die sich dieser gestellt hatte, begründet sehen. Jedenfalls stellt sich im Lichte von LibThom auch für das Johannesevangelium die Frage, ob nicht mindestens ein Teil der so genannten johanneischen Missverständnisse auf solche Weise literarkritisch zu erklären ist. LibThom wäre also wichtig als Testmodell zur Überprüfung und gegebenenfalls Bestätigung exegetischer Methoden, die auf das Johannesevangelium schon angewendet werden bzw. noch anzuwenden sind. Und zwar betrifft das eben nicht nur den Spezialfall der Missverständnisse, sondern überhaupt die Literarkritik der johanneischen Reden, die ja weithin einseitige Dialoge sind. Ganz speziell betrifft das die das Ganze erfassende literarkritische Version Bultmanns, für die ja die Hypothese einer den Reden als Quelle zugrunde liegenden Sammlung rein gnostischer Offenbarungsreden charakteristisch ist.[71] Kurzum, die Einsicht in den literarischen Charakter von LibThom mag so etwas wie die erste Phase sein, die schließlich zur Wiederauferstehung von Bultmanns Theorie einer Quelle der Offenbarungsreden führen könnte (σπείρεται ἐν φθορᾷ, ἐγείρεται ἐν ἀφθαρσίᾳ).

Auch die Relevanz der Protennoia als Einzelschrift muss noch hervorgehoben werden. Ihre Bedeutung für das Johannesevangelium und zur Rehabilitierung angefochtener Aspekte von Bultmanns literarkritischem Verständnis desselben ist noch größer als die von LibThom, wenngleich sie – wenigstens zunächst – nur den Prolog betrifft. Seit Bekanntwerden der Protennoia ist die Arbeit am Johannesprolog objektiv auf eine neue Basis gestellt. Die Protennoia ist mit Abstand die engste Parallele, die es zum Johannesprolog gibt, wie immer man die Parallelität deutet, d. h., wie immer man die Frage, wer von wem abhängig ist, beantworten mag. Die Parallelaussagen zum Johannesprolog, die die Exegese bisher aus ganz verschiedenen Texten und Bereichen mühsam zusammentragen musste,

[71] Vgl. Schenke, The Book of Thomas, 221–223; ders., Das Thomas-Buch, 1989.

finden sich in Protennoia in einer einzigen Schrift vereint.[72] Die Relevanz der Protennoia betrifft aber nicht nur das sachliche Verständnis des Prologs – übrigens bis in die diffizilste Logik der Einzelaussagen hinein –, sondern auch die Beurteilung seiner Form, vor allem die Rekonstruktion seiner Vorlage, wobei eben im Prinzip m. E. die Analyse Bultmanns bestätigt wird. Die beiden Texte interpretieren sich gegenseitig, wobei aber m. E. mehr Licht von der Protennoia auf den Johannesprolog fällt als umgekehrt. Es sieht so aus, als ob Gedanken und Vorstellungen, die in Protennoia in ihrem natürlichen Kontext stehen, im Johannesprolog nur in Auswahl erscheinen und einem fremden Zweck dienstbar gemacht werden. Wiewohl die Protennoia gnostifizierte Weisheit in leichter und partieller christlich-gnostischer Übermalung bietet, dürfte sie doch die Quelle repräsentieren bzw. sichtbar machen, aus der der Verfasser des Logosliedes, das der vierte Evangelist seinem Prolog zugrunde legt, geschöpft hat.

Nun ist aber die Protennoia zugleich nur ein Glied einer ganzen, in sich geschlossenen, größeren Gruppe gnostischer Texte (die meisten von ihnen ebenfalls erst durch den Nag Hammadi-Fund bekannt geworden), die eine ganz bestimmte Spielart einer wesentlich und ursprünglich nichtchristlichen Gnosis repräsentiert. Diese Textgruppe ist wiederum zu verstehen als das literarische Produkt einer besonderen gnostischen Bewegung, in der – nach Ausweis der Texte – die Taufe eine zentrale Rolle spielte (die also eine gnostische Täuferbewegung war),[73] die vermutlich eine nichtgnostische Vorgeschichte gehabt hat, und deren Ursprung nach dem einzigen Indiz, das wir haben – das ist der Name des samaritanischen Sektenstifters Dositheus, der in einer dieser Schriften, in den so genannten „Drei Stelen des Seth", als der des Tradenten ihres Inhalts erscheint (NHC VII, p. 118,10f.) –, wohl in Samaria gesucht werden muss. Wir kommen damit also auf das oben durch Widengren beschworene Phänomen eines samaritanischen Gnostizismus zurück. Für diese Spielart der Gnosis und ihre Trägergruppe hat sich in der Nag Hammadi-Forschung inzwischen –

[72] C. Colpe, Heidnische, jüdische und christliche Überlieferung in den Schriften aus Nag Hammadi III, JAC 17 (1974), 119–124; C. A. Evans, On the Prologue of John and the Trimorphic Protennoia, NTS 27 (1981), 395–401; B. Layton (ed.), The Rediscovery of Gnosticism, Leiden 1981, 643–670.

[73] Speziell zur sethianischen Taufe vgl. J.-M. Sevrin, Le dossier baptismal séthien: Études sur le sacramentaire gnostique, BCNH.É 2, Québec 1986.

in Neufassung einer alten Ketzerbezeichnung – der Name Sethianismus/ Sethianer eingebürgert.[74]

Infolge dieser Gruppenzugehörigkeit legt sich nun die Frage nahe, ob die Beziehung zwischen Protennoia und Johannesprolog etwa nur der Spezialfall einer viel allgemeineren Beziehung zwischen Sethianismus und Johannesevangelium ist, ob etwa speziell der Sethianismus bzw. eine Version desselben der gnostische Hintergrund (der Reden) des Johannesevangeliums bzw. spezifischer im Sinne Bultmanns des Verfassers und seiner Redequelle sei. Man müsste in diesem Falle annehmen, dass die Quelle ein umfangreicher und keineswegs nur Offenbarungsreden enthaltender Textkomplex gewesen sei, aus dem der Evangelist nur relativ weniges als für seine Jesusreden brauchbar herausgegriffen hätte. Und man müsste entsprechend den Genitiv „der“ in Bultmanns Bezeichnung „Quelle *der* Offenbarungsreden“ dahingehend deuten, dass es eine (reiche) Quelle gewesen sei, mit deren Hilfe der Evangelist die Offenbarungsreden *Jesu* gestaltet habe. Aber all das wäre – wie mir scheint – durchaus mit einer der Varianten der Äußerungen Bultmanns in dieser Sache vereinbar. Gleichwohl ist das alles immer noch nur eine vage Idee. Aber vorläufig will es mir so scheinen, als könnte man auf diese Weise mehrere noch ganz dunkle Sachverhalte des vierten Evangeliums aus einer Wurzel erklären. Es seien hier nur deren zwei herausgegriffen, nämlich die Täuferpolemik und die auffällige Rolle der Samaritanerthematik im vierten Evangelium. Wenn das vom Evangelisten dem Prolog zugrunde gelegte gnostische Logoslied, wie Bultmann wohl doch mit Recht vermutet hat, eigentlich ein Lied auf Johannes den Täufer war, und dieses zugleich die größte Verwandtschaft mit einer sethianischen Schrift aufweist, muss man dann nicht annehmen, dass die im vierten Evangelium bekämpften täuferischen Konkurrenten samaritanische und mit den Sethianern in Verbindung stehende Johannesjünger waren, für die die Inkarnation des Logos in Johannes dem Täufer zugleich nur eine der Gestaltwerdungen des himmlischen Seth bedeutete?[75]

Ich möchte mit einem Gedanken schließen, den ich bisher nur ganz vorsichtig denke. Mir kommt es so vor, als könnte und müsste sogar die von C. Colpe und mir destruierte Konzeption des Mythus vom Erlösten

---

74 Vgl. Layton (ed.), The Rediscovery of Gnosticism, 588–616; C. W. Hedrick/R. Hodgson (ed.), Nag Hammadi, Gnosticism, and Early Christianity, Peabody, Mass. 1986, 55–86.

75 Vgl. Hedrick/Hodgson (ed.), Nag Hammadi, Gnosticism, and Early Christianity, 111–114.

Erlöser rehabilitiert werden. Sie war und ist zwar nicht die Wahrheit, aber sie enthielt vielleicht mehr Wahres, als ich jedenfalls zunächst empfand. Und die Summe der mir jetzt bekannten gnostischen Texte würde den Begriff eines „Mythus vom Erlösten Erlöser“ als einer modernen wissenschaftlichen Kategorie zur Kennzeichnung des Wesens der Gnosis durchaus als sinnvoll erscheinen lassen.

FOUR PROBLEMS IN THE LIFE OF PAUL RECONSIDERED*

I. *The Origin of Paul*

Paul came from the Cilician city of Tarsus.[1] This passes, or passed, as absolutely certain in the view of New Testament scholars. It never entered my mind that one could doubt this and at the same time doubt the tradition concerning Paul's Roman citizenship inherited from his father (Acts 22:25–29). Rather, this doubt, together with the different view to which it ultimately leads, comes from Helmut Koester.[2] As a matter of fact, only Acts says that Paul came from Tarsus (9:11; 21:39; 22:3), whereas in his own letters nothing is reported about this. Incidentally, Koester refers to the Tarsian origin of Paul, before calling it into question, as "quite conceivable."[3]

If one wants to go beyond Koester's "conceivableness" to more serious doubt, one has to explain how this view of Paul's origin could have occurred to the author of Acts or from where he may have gotten it. It is quite improbable that he produced it himself, for it obviously contradicts his tendency to make Paul a Jerusalemite as much as possible. He ought to have gotten it from one of his sources. If one looks at those passages in Acts where Ταρσεύς or Ταρσός occurs (9:11; 21:39; or 9:30; 11:25; 22:3), it is immediately obvious that only 9:11 can be taken into account as a possible source. In other words, Luke would have derived his conviction that Paul came from Tarsus from the legend of Paul's conversion near or in Damascus, which was originally independent before Luke included it in his work. Luke has considerably revised this "source," especially in order to make it fit his overall perspective. Critical research on Acts has been able to give us an idea of the original shape of the legend, but this analysis cannot be provided here. What matters in this context is that the

* In: B. A. Pearson et al. (ed.), The Future of Early Christianity, Essays in Honor of Helmut Koester, Minneapolis 1991, 319–328.

[1] This paper is an abridged version of a lecture entitled "Chapters in a Life of Paul," which was originally prepared for and read at the Union Theological Seminary in New York (25 April 1985) as well as in New Haven, CT (Harvard-Yale Day, 26 April 1985).

[2] H. Koester, *Introduction to the New Testament* II, Philadelphia, PA, 1982, 97f. Regarding the problem of Paul's Roman citizenship, see esp. W. Stegemann, "War der Apostel Paulus ein römischer Bürger?" *ZNW* 78 (1987), 200–229.

[3] Koester, *Introduction* II, 97.

tradition on which Luke depends tells only that Paul (or Saul) was known in Damascus as a man from Tarsus.[4] One should not blame Luke for taking and using this information in the most natural way, namely, as meaning that Paul is a citizen of the city of Tarsus (21:39) and that he was even born in Tarsus (22:3).

But there is still another way of understanding the tradition that Paul is referred to as "the man from Tarsus." Paul could have been called "the man from Tarsus" in the same way that Barnabas was known as "the man from Cyprus" (Acts 4:36) and Simon, the father of Alexander and Rufus, as "the man of Cyrene" (Mark 15:21). Accordingly, Ταρσεύς would be something like a patronym and would have been used to distinguish this Saul from all the other Jews bearing the same name. In such a case, the actual relationship to Tarsus as presupposed by this surname need not indicate more than the fact that the family of Paul had originally come from Tarsus.

In the conversion legend Paul is called "the man from Tarsus" when he has just arrived at Damascus. It might seem less logical to apply such a name to a traveler like Paul than to a resident of the city, raising the question of whether, behind this unmotivated detail, there might not lie an earlier historical fact that Paul was known to the Jews as well as to the Christians of Damascus as "the man from Tarsus."

At this point our problem intersects with another very difficult question, namely, how it could be that Paul, the historical persecutor of Christians, would come to Damascus in order to carry out his purpose. His supposed "coming to" Damascus is presupposed not only by the larger context of Acts, which is historically impossible (Paul is sent by the high priests from Jerusalem, etc.) but already by the self-contained conversion legend, though here it is unclear where he comes *from*. Critical research on Paul is unable to answer this question in a plausible way. Perhaps the reason is not that critical research has gone astray but that the question itself is wrong—all the more since Paul himself, when he speaks of this event in Gal 1:17, does not at all presuppose his "coming to" or "having come to Damascus," but merely his "being" or "having been" in Damascus: "nor did I go up to Jerusalem to those who were apostles before me, but

---

[4] Strictly speaking, the phrase of Acts 9:11 ζήτησον ... Σαῦλον ὀνόματι Ταρσέα does not mean "inquire ... for a man of Tarsus named Saul" (RSV) but "inquire ... for a Saul named the man of Tarsus," i.e. ὀνόματι belongs to Ταρσέα. See M.-É. Boismard/A. Lamouille, *Le Texte occidental des Actes des Apôtres: Reconstitution et réhabilitation* II, "Synthèse" 17, Paris 1984, 64.

I went away into Arabia; and again I returned to Damascus" (*RSV*). This would mean, in fact, that Paul did not *come* to Damascus at all, but he *was* in Damascus and had been for some time. Whatever he may have done, good or evil, before his conversion—especially all the evil he did as a persecutor against the Christian community—he did it in Damascus as a member of one of the synagogues there.[5] Thus it would actually have been as an inhabitant of Damascus that Paul was called "the man from Tarsus."

II. *Paul in Arabia*

The next problem in Paul's life lies hidden in the same verse that was important in the first section of this paper (Gal 1:17), "I went away into Arabia; and again I returned" (*RSV*). In Acts there is no corresponding narrative. The problems posed by these words are well known, and it is not for their sake that I touch this point. Rather, there is a new element to which I want to direct attention, though this is only a kind of "reification" of an exegetical alternative. Since Paul gives only hints of what actually happened in this passage, his words contain many enigmas for scholarship. Systematically, they can be seen as posing four riddles: (1) Where did Paul go? That is, what is meant here by Arabia? (2) Why did Paul go there? (3) How much time did Paul spend in Arabia? That is, how much of the three years between his conversion and his first visit to Jerusalem was occupied by a sojourn in Arabia? Since the words εὐθέως of v. 16 and ἀλλά of v. 17 suggest that Paul's departure for Arabia took place *very soon* after his conversion, how much of the three years remained *after* his return to Damascus and *before* his departure for Jerusalem? (4) Does Damascus belong to Arabia, or is it to be reckoned among τὰ κλίματα τῆς Συρίας ("the regions of Syria" [v. 21])?

In the past, scholars were inclined to take "Arabia" as a geographical expression (which in terms of lexicography is absolutely possible), to understand it as the Syrian-Arabian desert, and to interpret Paul's sojourn in this wilderness—in analogy to the tradition of the forty days that Jesus spent in the desert (Matt 4:1f./Luke 4:1f.)—as a time necessary for consideration and contemplation before he felt able to depart and fulfill his

[5] The idea that Paul may have been a Damascene comes from Helmut Koester as well (*Introduction* II, 97f., 100). Once more my own share is the attempt to display it a little more and to transpose it into my "coordinate system."

mission. Today, this interpretation is mentioned mainly in order to dismiss it, as, for example, by G. Bornkamm: "It is wrong to imagine the 2½ to 3 years of Paul's sojourn there as a time of monastic seclusion while he would have prepared by meditation for his later work."[6]

On this hypothesis, Paul's stay in Arabia must not have been very long. Yet the assumption that he stayed only briefly in Arabia is not necessarily bound to this hypothesis. So F. Mussner says: "Presumably the stay in Arabia was only short-lived since a date is missing (unlike 1:18 and 2:1)."[7] But as for how "Arabia" is to be understood and what Paul intended to do there, Mussner shares the usual contemporary interpretation.

This modern interpretation takes the word "Arabia" politically, as meaning the Nabatean-Arabic kingdom (east of Palestine), which was ruled at that time by Aretas IV. Paul would have gone there to begin immediately his mission to the Gentiles, which he felt to be his obligation. In Damascus itself there was already a Christian community, and the Christians there may also have preached to the Gentiles sporadically. It is quite conceivable that Paul thought there was nothing more for him to do and simply looked to the nearest virgin land for his mission. But how near was Arabia to Damascus? Was Damascus itself situated in the territory of Arabia, though at its extremity, so that Paul only moved from the border to the interior? Such must be the supposition of Koester when he writes that "Paul first went as a missionary to 'Arabia,' i.e. Damascus, its environs, and the areas to the south."[8] Did the way from Damascus to Arabia include a frontier crossing from the Roman province of Syria to the kingdom of Aretas?

It is, of course, easier to ask such questions than to answer them. At all events, Damascus was located within the borderland of Syria and Arabia, and therefore the political situation must have been very complicated. It is also certain that this city in the period concerned was normally under Roman rule; nevertheless, the suzerainty seems to have changed once again for a short period. The dating of the three years is of great importance in this connection. The space of time in which Damascus may have been Nabatean comprises only the period from 37 to 65 CE, but the call of Paul and the beginning of the three years cannot be that late.

---

[6] G. Bornkamm, *Paulus*, Urban Bücher 119, Stuttgart 1969, 48f.; the translation is my own.
[7] F. Mussner, *Der Galaterbrief*, HThK 9, Leipzig 1974, 93; the translation is my own.
[8] Koester, *Introduction* II, 101.

"Arabia" is large. Where, then, in this large area have we to imagine Paul's first missionary attempts? In the cities, of course, that existed even in this large and mostly infertile country. There is a certain tendency in present-day scholarship not to have Paul go away too far from Damascus. It is said, for example, that Paul would have gone "into the area south-east of Damascus, which includes the northern parts of the Nabatean kingdom."[9] I do not consider this limitation, common as it is, to be very cogent. If it could be presumed that Paul already at that time proceeded in the way we know from his later period, namely, to build up his headquarters in the capital of the country to be evangelized, then we would have to imagine that he felt drawn to the royal residence, that is, to the city of Petra, which was located far in the south of the country. I prefer to imagine that in this period of about two years Paul, above all, evangelized Petra.

In addition, this would better explain the later search for him in Damascus by an official of the king (2 Cor 11:32f.). That this search was actually connected with Paul's mission in Arabia and was a belated reaction to it has justly been taken for granted by many scholars. It seems that by this mission Paul had incurred the suspicion and wrath of the king himself.

As for the results of Paul's mission during these two obscure years, I join the widespread suspicion of scholars that they must have been limited at best. Perhaps his early return to Damascus must be seen in connection with this suspected fact that Paul's first missionary attempt remained without any results worth mentioning.

III. *The Flight from Damascus*

I have already mentioned the danger that Paul encountered in Damascus. The pertinent text is 2 Cor 11:32f.

At Damascus, the governor under King Aretas guarded the city of Damascus in order to seize me, but I was let down in a basket through a window in a wall, and escaped his hands (*RSV*).

We are concerned here with two problems: first, the political status of Damascus that is presupposed in this passage. More specifically, does this

---

[9] H. Schlier, *Der Brief an die Galater*, KEK 7, Göttingen [13]1965, 58; my own translation. In principle the same view is held by Mussner, *Galaterbrief*, 91f.; Bornkamm, *Paulus*, 48; for Koester's view see above.

passage necessarily imply that the city of Damascus belonged to the sphere ruled by the Nabatean king Aretas IV in this period? Second, we have to deal with the time of Paul's flight from Damascus within the chronological frame of his life.

Regarding the first of these problems, we are faced with a choice between general political probability (the Romans, once they have a place, will never give it up) and the wording of the text. In fact, the wording of the Greek is not exactly that of the *RSV* translation. The Greek word for "governor" here is ἐθνάρχης, and this problematic term is decisive in the discussion. The matter is difficult, for, as A. Negev has put it, "The existence of a Nabatean ruler at Damascus at this time has never been satisfactorily explained."[10]

The difficulty lies in the connection of three elements: (1) ὁ ἐθνάρχης, whose technical meaning is in dispute; (2) Ἀρέτα τοῦ βασιλέως, where the sense of the genitive is in doubt; and (3) ἐφρούρει, where the question is the kind of guarding that is meant. The term ἐθνάρχης usually has three meanings: (a) the ruler of a larger territory to whom his suzerain does not want to grant the title of a king; (b) the chief of a tribe; and (c) the leader of a national minority in a *polis*. On the other hand, there is no evidence that the word could also mean "governor." Rather, Nabatean governors bore the title of στρατηγός.[11] But a genitive such as follows here, "*of* King Aretas," does not make sense with any of these three meanings. Finally, for the verb ἐφρούρει, we must choose between the alternatives "to safeguard from inside" or "to besiege from outside."

Regarding the overall interpretation of this difficult phrase by scholars, there appears to be a clear polarization. Roughly speaking, the opinion of the exegetes is opposed to that of the historians. Within the realm of present-day exegesis one is used to starting from the axiom that at the time of Aretas IV, as well as before and after, Damascus as a part of the province of Syria was under Roman rule. Accordingly, one has to assume that the ἐθνάρχης was a bedouin chief in the charge of the Nabatean king who by order of King Aretas lay in wait for Paul outside the gates of Damascus. This theory leaves room for many special nuances in detail.

A review of this interpretation, including a convincing disclosure of its weak points, is found in Robert Jewett's *chronology*.[12] Jewett also gives new arguments in support of the opposite position (taken by the historians)

[10] A. Negev, "The Nabateans and the Provincia Arabia" *ANRW* 2.8, Berlin 1974, 569.
[11] See E. A. Knauf, "Zum Ethnarchen des Aretas 2 Kor 11,32," *ZNW* 74 (1983), 145f.
[12] R. Jewett, *Paulus-Chronologie: Ein Versuch*, München 1982, 58–63.

that infers another Nabatean rule over Damascus, but he dismisses the relevance of the numismatic arguments.[13] In this he is not in agreement with the opinion of the present-day specialists. What is essentially at issue is the gap of the (pseudo-)autonomous (that is, performed under Roman rule) minting of Damascus under Caligula (37–41 CE) and Claudius (41–54 CE). This gap also extends deep into the reign of Nero; the minting of Damascus is resumed only in the year 65 CE. In the eyes of Y. Meshorer and T. Fischer this numismatic evidence is a clear hint that at that time, say from 37 to 65, Damascus temporarily did not belong to the Roman province of Syria but to the kingdom of the Nabateans.[14] The explanation of the political status of Damascus to the effect that this city between 37 and 65 CE generally, and especially at the time of the event recorded in 2 Cor 11:32f., was Nabatean means for the chronology of Paul that his flight from Damascus must have taken place between 37 (the presumed recommencement of Nabatean rule over Damascus) and 40 CE (the death of Aretas IV).

As is well known, 2 Cor 11:32f. has a parallel in Acts 9:23–25. Also well known is that the relationship between these two passages is problematic, especially since in Acts it is the Jews who search for Paul. But, as the matter of the basket shows, there can be no doubt that both passages refer to the same event. In Acts, however, Paul, after escaping, goes directly to Jerusalem to pay his first visit to the Christian community there (9:26). It is quite natural, though Acts suppresses the three years including Paul's stay in Arabia, that scholars generally see 2 Cor 11:32f. and Gal 1:18 as the same event. In other words, they take 2 Cor 11:32f. to be the description of the way in which the ἀνῆλθον εἰς Ἱεροσόλυμα ἱστορῆσαι Κηφᾶν ("I went up to Jerusalem to visit Cephas" [Gal 1:18]) took place. This, indeed, is feasible only for those who either date the conversion of Paul fairly late (in the years 34 or 35 CE) or, like Jewett, are prepared to subject their dating of Paul's conversion to the chronological deduction from 2 Cor 11:32f. under discussion here. On the other hand, many exegetes who advocate a more or less early date for the conversion of Paul seem to face a dilemma by this chronological deduction. The identification of 2 Cor 11:32f. and Gal 1:18 is not at all beyond doubt. As a matter of fact, the words of Gal 1:18 taken by themselves do not at all give the impression that the departure from

[13] Ibid., 61f.

[14] See Y. Meshorer, *Nabataean Coins*, Qedem 3, Jerusalem 1975, 63f., 67; T. Fischer, review of Meshorer, *Nabataean Coins, OLZ* 74 (1979), 242, 244 (and letter from Fischer of 24 October 1979).

Damascus was forced and precipitated. On the other hand, in 2 Cor 11:32f., Paul does not say a single word about the point in his life when the flight from Damascus took place.

That means, if one dates the conversion, say, about 30/31 CE—as I do—Paul's departure from Damascus and first visit to Jerusalem would have taken place in the year 33 CE. Afterwards, four to seven years later, between the first visit to Jerusalem and the Apostolic Council there, when he was in τὰ κλίματα τῆς Συρίας καὶ τῆς Κιλικίας ("the regions of Syria and Cilicia" [Gal 1:21]), Paul would have been once more in Damascus. And it would have been only then that the humiliating flight happened. On the other hand, from such a perspective—apart from the dates of the years mentioned only as an example—three further conclusions follow: (1) One must no longer take for granted that after leaving Jerusalem Paul marched along more or less directly to Antioch, and that he left this city and its environs again only in order to travel to the Apostolic Council. (2) According to Paul, Damascus—seen in geographical perspective—is a part of the κλίματα τῆς Συρίας, whether politically it belonged to the Roman province of Syria (as at the time of Gal 1:17) or was under the rule of the Arabic Nabateans (as at the time of 2 Cor 11:32f.). (3) Paul's close connection with Damascus in the period before his conversion would also have continued after his conversion and after his contact with Jerusalem, possibly even during the Antiochian period.

IV. *The Secrecy of the First Visit to Jerusalem*

From Paul being imperiled in Damascus we, once again, look back to his first visit to Jerusalem, which, according to our considerations, would have taken place some years before. There seems to be a mystery about this visit, a mystery that becomes clearer as one looks more closely at the wording of Paul's text (Gal 1:18f.,22–24). Paul's visits to Jerusalem may always have been problematic, even the very first one.

Then after three years I went up to Jerusalem to visit Cephas, and remained with him fifteen days. But I saw none of the other apostles except James the Lord's brother. (Gal 1:18–19)

And I was still not known by sight to the churches of Christ in Judea; they only heard it said, "He who once persecuted us is now preaching the faith he once tried to destroy." And they glorified God because of me. (Gal 1:22–24)

One wonders just how it happened that of all the Christians in Jerusalem Paul contacted only Peter and James. According to the wording of Gal 1:18f. one has to assume that Paul stayed the fourteen days in the home of Peter and that he saw James only by chance when the latter happened to pay Peter a visit. Before asking for reasons we want to describe the phenomenon somewhat more clearly in terms of method. We are not concerned with all the problems contained in the text, rather we are interested only in a special perspective. Why Paul *says* here what he says is by and large clear. In the context of his *apologia* to the Galatian Christians he wants to prove his independence from the human authorities in Jerusalem. But our question is why the things were the way as Paul affirms on oath that they were. Paul states that the purpose of this journey was to become acquainted with Peter. This is certainly true in the sense that Peter was at that time the most important figure in Jerusalem he could meet. Yet, at the same time, one may also consider the question whether Paul perhaps stated as his purpose not what he wished to *achieve* but simply what he actually *obtained*, namely his contact with Peter. The same statement by Paul can be investigated from a second perspective: Paul wanted to contact Peter, but whether Peter wanted to see Paul is not stated. On the other hand, regarding the shortness of the stay in Jerusalem, it is not explicitly said that this short stay was in accordance with Paul's plans. Was this nevertheless Paul's intention, or would the reasons for his short stay have been outside his desires and intentions? Had Paul actually come from Damascus to Jerusalem alone? That he says "I" does not necessarily mean that no one else was with him. Such attendants from Damascus could be hidden in the word ἡμεῖς of v. 23, who seem to be more enigmatic than is dreamt of in our usual exegetical procedures; it could be they who *say* what the Christian communities of Judea (including Jerusalem) *hear*.[15] At the same time, in this verse there is the only (though indirect) hint at what Paul and Peter might have negotiated during those fifteen days. The topic should essentially have been whether Paul was to be recognized as a legitimate preacher of the Christian faith, even though he was such a passionate persecutor of the church only recently.

---

[15] Regarding this problem, however, see the short but interesting remarks of G. Lüdemann, who takes v. 23 to be a personal tradition connected with the missionary work of Paul in the regions of Syria and Cilicia (*Paulus, der Heidenapostel* I, *Studien zur Chronologie*, FRLANT 123, Göttingen 1980, 44, 72 n. 40, 80 n. 44).

Regarding the question why this stay of Paul in Jerusalem may have been so secret, the first set of possibilities that might come to mind would be either that it was dangerous for Paul to show up in Jerusalem or that the Christian community did not want to see him. Although the concrete statements in the parallel of Acts 9:26–30 contradict the assertions of Galatians, and are incompatible with them, their general purport and the wider context virtually seem to suggest a sort of a commentary on our passage from Galatians. In fact, A. Oepke interprets the situation along these lines. He says concerning Gal 1:19:

> He did not even get sight of the other apostles, much less of the other members of the community. The danger required the strictest incognito. As much as the Jews pursued him, as little the Christians trusted him. The report of Acts (9:26ff.) sets off *this* difficulty correctly, but is otherwise incompatible with the statement of Paul.[16]

H. Lietzmann thinks similarly but mentions only one of the two aspects:

> When Paul did not see another apostle except Peter and James, the reason for this would hardly have been that all the apostles were on journeys, but that Paul had to keep himself hidden from the Jews: this may also glimmer through in Acts 9:29.[17]

In my opinion, the actual acceptance of such a possibility (which, incidentally, Hans Dieter Betz also takes into consideration)[18] depends on the question whether it is conceivable that Paul would have such problems in Jerusalem if his persecution of the Christians had not at all taken place in Jerusalem, and had not been nearly as cruel as Luke imagines, but had only made use of the usual means of synagogue punishment, as critical scholarship supposes.[19] In spite of this consideration, I take this situation to be quite imaginable. Actually, there were about three years between Paul changing sides in Damascus and his visit to Jerusalem; during a time of that length news could travel far greater distances. Moreover, one may assume that there were sufficient contacts and common interests between the Jews of Damascus and Jerusalem as well as between

---

[16] A. Oepke, *Der Brief des Paulus an die Galater*, ThHK 9, Berlin ²1957, 35; the translation is my own.

[17] H. Lietzmann, *An die Galater*, HNT 10, Tübingen ³1932, 9; the translation is my own.

[18] H. D. Betz, *Galatians: A Commentary on Paul's Letter to the Churches in Galatia*, Hermeneia, Philadelphia 1979, 78 n. 202.

[19] See, e.g., Koester, *Introduction* II, 99f.

Christians of the two places. No doubt, this "turnaround" of Paul was sensational enough to tell.

Nevertheless, I do not think it proper to restrict oneself to considering only this one possibility. It may be just as well to keep the question open. In this perspective, I do not even want, as is usually done, to exclude the suggestion of W. M. Ramsay and F. Sieffert that perhaps Paul could not meet the other apostles simply because they were out of town at the time.[20] After all, Paul's problems during his visit to Jerusalem and the secrecy and shortness of his stay there might simply be explained as resulting from an unfortunate timing of the visit: the churches of Judea altogether (Gal 1:22) could just then have been in a phase of oppression by their unbelieving compatriots, such as is presupposed by 1 Thess 2:14.

[20] W. M. Ramsay, *A Historical Commentary on St. Paul's Epistle to the Galatians*, London ²1900, 283; F. Sieffert, *Der Brief an die Galater*, KEK 7, Göttingen ⁹1899, 70.

BEMERKUNGEN ZUM P. HAMB. BIL. 1 UND ZUM ALTFAYUMISCHEN DIALEKT DER KOPTISCHEN SPRACHE*

I

Mit der Edition der bislang noch ausstehenden Texte des Hamburger Papyrus Bilinguis 1 wird der wissenschaftlichen Öffentlichkeit ein mächtiges Werk vorgelegt.[1] Und es bedarf schon einiger Wochen angestrengter Lektüre, ehe man sich anschicken kann, seine Eindrücke zu artikulieren, Hervorhebenswertes auszuwählen, seine Anfragen zu formulieren. Diese Edition ist wichtig. Aber, wie groß ist diese ihre Wichtigkeit? Ist sie so wichtig, wie ihre äußere Gestalt prächtig ist? Kurzum, haben wir es hier mit einem wissenschaftlichen Jahrhundertereignis zu tun, wenigstens auf dem Gebiete der Koptologie? Wenn das nun auch vielleicht ein wenig überstiegen klingen mag, so ist mir doch diese Frage während der Lektüre nicht aus dem Sinn gegangen. Vielleicht war diese Frage ein nützlicher Begleiter, besonders auf den „Durststrecken". Sicher aber hängt sie mit dem Gedenken an P. E. Kahle zusammen, der wie kein anderer die wissenschaftliche Bedeutung der koptischen Texte dieses Papyrus erkannt und beschworen hat, aber selbst nur von Ferne der Verheißung einer Edition derselben in Hoffnung entgegensehen konnte,[2] einer Verheißung, deren Erfüllung wir gerade erleben durften. Biblische Assoziationen sind dem Werke gegenüber offenbar angebracht, denn es fängt mit solchen selbst auch an, nämlich in dem Avertissement von Lucchesi auf S. 6, wenn er diejenigen, die an der Gesamtedition des P. Hamb. Bil. 1 am Werk waren, um die Verschiedenheit ihres Anteils zu bezeichnen, in Analogie zum

---

* Enchoria 18 (1991), 69–93.

[1] Bernd Jørg Diebner/Rodolphe Kasser (Hg.), Hamburger Papyrus Bil. 1. Die alttestamentlichen Texte des Papyrus Bilinguis 1 der Staats- und Universitätsbibliothek Hamburg: Canticum Canticorum (Coptice), Lamentationes Ieremiae (Coptice), Ecclesiastes (Graece et Coptice). Bearbeitung der koptischen Texte von P. Angelicus M. Kropp O. P.†, Bernd Jørg Diebner und Rodolphe Kasser. Bearbeitung des griechischen Textes von Christian Voigt† (unter Mitarbeit von Bernd Jørg Diebner und Enzo Lucchesi). Mit einer Untersuchung von Rodolphe Kasser „Le dialecte (*F7*) des parties coptes du Papyrus bilingue N° 1 de Hambourg." COr 18, Genève 1989.

[2] "I can only touch briefly on the Fayyumic dialect, since the most important text, the Ms. 1 of the Hamburg Staats- und Universitätsbibliothek is still unpublished.... From a linguistic, dialectical and biblical point of view this is undoubtedly one of the most interesting Coptic manuscripts that have been found in Egypt" (Bala'izah I, 1954, 227f.).

Gleichnis von den Arbeitern im Weinberg (Mt 20,1–16) als Arbeiter der ersten, dritten, sechsten bzw. neunten, und elften Stunde sieht.

Das vorliegende Werk hat eine verwirrend komplizierte Gestalt, die nicht nur mit der Ungewöhnlichkeit des Gegenstandes zusammenhängt, sondern sich auch – und vielleicht noch mehr – aus einer über Generationen hinweggehenden, ungleichmäßig verlaufenen und „kurvenreichen" Entstehungsgeschichte erklärt. Ein wenig spiegelt sich das schon in dem außerordentlich komplexen Titel des Buches wider. Näheres über die Geschichte der Edition findet der Benutzer in dem ersten Abschnitt der Einleitung (S. 7–11). Weiter geht es in dieser Einleitung dann mit einer Erläuterung der Konzeption der Edition (S. 12–14). Es folgt die obligatorische Beschreibung der Handschrift und ihres Inhalts (S. 14–34). Während in deren zweitem Teil, wo es (nach der Kodikologie) um die Schrift und das Alter der Handschrift geht, der Schwerpunkt gegen Ende zu sich schon mehr und mehr auf den einen griechischen der insgesamt vier zu edierenden Texte verlagert, gilt der letzte Abschnitt der Einleitung (S. 34–49) dann nur noch diesem griechischen Ecclesiastes (der in der LXX-Forschung als Papyrus 998 fungiert), ja wird geradezu zu einer speziellen Einführung in die später im Bande folgende (S. 241–256) Ausgabe desselben, und zwar unter der sachlichen Frage nach der Eigenart dieser griechischen Ecclesiastesfassung, gegebenenfalls übrigens auch in Konfrontation mit der im gleichen Codex stehenden koptischen Version. Die Antwort auf diese Frage lautet übrigens, dass im Vergleich mit den großen alten Codices der griechischen Bibel der griechische Ecclesiastes des P. Hamb. Bil. 1 die größte Verwandtschaft mit dem Vaticanus aufweist, und dass die im Papyrus folgende koptische mit der griechischen Textform wohl eng – und dieselbe Texttradition repräsentierend – zusammengehört, aber nicht so, dass jene die direkte Übersetzung von dieser sein könnte. Es gibt eben auch charakteristische Unterschiede zwischen ihnen.

Wer nun erwartet, dass das, was jetzt nach dieser Gesamteinleitung, die in deutscher Sprache abgefasst ist, unter Übergang ins französische Medium folgt (S. 51–140), ein Pendant des unmittelbar Vorhergehenden, nämlich eine entsprechende Hinführung zu den drei koptischen Texten des P. Hamb. Bil. 1 ist, der findet seine Erwartung zugleich bestätigt und enttäuscht. Eine Einführung ist das schon, aber eine sehr spezifische. Sie ist von beabsichtigter Einseitigkeit und überraschender Weiträumigkeit.[3]

[3] Auf dem Titelblatt wird das ja mit „Untersuchung" ausdrücklich als ein Stück *sui generis* abgehoben, und durch ihren Untertitel (auf S. 51) steht es ihr auch an der Stirn geschrieben, worum es hier nur gehen soll.

Die Sache hat zunächst einmal einen objektiven Grund und hängt mit dem das ganze Werk bestimmenden Phänomen zusammen, dass der griechische und die koptischen Teile der Ausgabe grundverschieden behandelt werden und verschieden behandelt werden müssen, weil sie in ganz verschiedene Forschungsfelder hineingehören und da auch noch einen ganz verschiedenen Stellenwert haben. Der griechische Text hat eine gewisse Relevanz für die LXX-Forschung; die koptischen Texte sind eine „Offenbarung" für die Koptologie. So hat der griechische Text einen textkritischen Apparat, der koptische nur einen papyrologischen; für die koptischen Texte gibt es eine (deutsche) Übersetzung und ein sprachliches Register, für den griechischen keines von beiden. Der griechische Text findet sich gewissermaßen mit professioneller Routine, die sich auf das Allernotwendigste beschränkt, herausgegeben, während die Ausgabe der koptischen Texte primär als Studienobjekt verstanden und entsprechend mit allerlei Studienmaterial angereichert worden ist. Abgesehen von der nur so zu verstehenden Art des Registers (s. unten) sind profilbestimmende Elemente dieses Studienbuchcharakters der koptischen Teile die (soweit vorhanden) unter dem neuedierten koptischen Text (sozusagen als zweiter Apparat) beigegebene(n), schon bekannte(n), koptische(n) Parallelversion(en) und die jeweils unter der (deutschen) Übersetzung mit abgedruckte (griechische) LXX-Version.

Die Besonderheiten der hier vorliegenden – nicht nur hinführenden (S. 51–140), sondern auch im Register (S. 319–501) durch Aufschlüsselung auswertenden – (ersten) Erschließung der koptischen Texte haben aber – neben den objektiven – auch persönliche Gründe. Wir bekommen die neuen Texte zu sehen durch die Optik eines Koptologen, dessen eigentliches wissenschaftliches Lebensziel – wenn ich recht sehe – die planmäßige Ausarbeitung eines allumfassenden und Crum überbietenden, großen koptischen Lexikons ist, und der *deswegen* sein linguistisches Interesse mit allergrößter Leidenschaftlichkeit auf die koptische Dialektologie konzentriert hat. Damit ist aber auch schon angedeutet, dass es möglicherweise zu einem Interessenkonflikt kommt zwischen den normalen Benutzern dieses Werkes, die doch so schnell und so direkt wie möglich zu den neuen Texten hingeführt und in sie eingewiesen werden möchten, und diesem Herausgeber, der sie damit aufzuhalten scheint, dass er diese altfayumischen Texte in erster Linie im dialektologischen Kontext des Gesamtfayumischen sehen und verständlich machen möchte, wozu er dann aber weit ausholen muss, um sie zunächst erst einmal auf den neuesten Stand der eigenen, in steter Entwicklung begriffenen koptischen Dialektologie einzuschwören.

Was nun das Herz der ganzen Ausgabe betrifft, also die Darbietung der Texte selbst, so ist das relativ klein (S. 141–317), zumal man im Falle der koptischen Texte ja noch die Studienbeigaben, d. h. jeweils eine halbe Seite, abziehen muss. Nach einer technischen Einführung (S. 141–147) ist die Reihenfolge der Ausgabe, die der Reihenfolge der Texte im ursprünglichen Codex entspricht, die folgende: Das Hohe Lied koptisch (jeweils auf der linken Seite; und deutsch: rechts gegenüber) (S. 149–177); die Klagelieder des Jeremia koptisch (und deutsch) (S. 179–239); der Prediger Salomo griechisch (S. 241–256); der Prediger Salomo koptisch (und deutsch) (S. 257–317).

Das gewaltige, dreiteilige Register zu den koptischen Texten (S. 319–501) verrät die Handschrift eines Lexikographen aus Passion, der nichts von dem, was er für wichtig hält, auslassen möchte. Zunächst kommt die normale Aufschlüsselung des Sprachbestandes der Texte (S. 319–397). Sie ist so gut wie vollständig; d. h., der Ausdruck „passim" erscheint nur ganz selten. Lexik und Grammatik werden zusammengenommen. Hier ist die Informationsdichte besonders groß. An nicht unbedingt Erwartetem werden in den einzelnen Lemmata mitgeboten: die Äquivalente der koptischen Wörter und Formen – soweit belegt – in allen anderen Spielarten des Fayumischen mit Einschluss von dessen dialektologischer Umgebung; (im Prinzip) die Angabe der der jeweiligen Wiedergabe zugrunde liegenden griechischen Wörter der LXX; und möglichst genaue, dem Kontext und der Vorlage gerecht werdende französische Übersetzungsäquivalente. Zum Benutzen dieses Registers muss man sich allerdings ein bisschen Zeit nehmen, nicht zuletzt, um die oft verschlüsselten Angaben zu dechiffrieren. Und man muss erst den Schock des allerersten Lemmas (S. 319) überwinden, wo der Lexikograph zur Bezeichnung der Subjektsausdrücke des Präsens (die sog. Präformative mit Suffixen auf eine Stufe stellend) eine dem Linguisten unerträgliche Nomenklatur gewählt hat, ein Schock, der in gleichem oder geringerem Stärkegrad überall da wiederkehrt, wo im Register dann noch die erweiterten bzw. transponierten Formen des Präsens an die Reihe kommen.

Mit den gerade genannten zusätzlichen Informationen dieses Hauptregisters hängt es nun zusammen, dass es noch zwei weitere Register gibt. Aus der Aufnahme der griechischen Wörter als Vorlage ergab sich die Möglichkeit, in einem zweiten Registerteil (S. 397–438), auch noch diese Vorlagewörter zu registrieren und diese Umkehrung vom Grundbestand des Hauptregisters dazu zu benutzen, nun die koptischen Äquivalente, die die griechischen Vorlagewörter in allen anderen bekannten, veröffentlichten oder nicht veröffentlichten, koptischen Übersetzungen der drei alttestamentlichen Schriften haben, neu einzubringen. Das heißt, die diesbezüglichen Informationen gehen über das in den Paralleltexten, unten auf den Seiten der Textausgabe, implizit Gebotene erheblich hinaus. Ein sehr viel einfacheres Register vom Register ist der dritte Registerteil, der (nur) die registrierten koptischen Textsegmente von P. Hamb. Bil. 1 nun auch noch einmal nach den französischen Übersetzungsäquivalenten ordnet (S. 438–501). Da diese Äquivalente aber vielfältig sind, erscheinen dieselben koptischen Ausdrücke so oft wieder, dass einem dieser Dialekt dadurch noch einmal richtig vertraut gemacht wird, wobei freilich auch gewisse Unstimmigkeiten, dadurch dass man das, was gar nicht stimmen kann, so oft vorgehalten bekommt, unmöglich übersehen werden können.

Es folgen schließlich noch ein kombiniertes Abkürzungs- und Literaturverzeichnis (S. 503–528) und – am Schluss, als Krone des Ganzen – der gesamte hier herausgegebene Text in fotografischen, zum Teil doppelten (von neuen *und alten* Fotografien gemachten), Reproduktionen; allerdings im Maßstab 1 : 1,25. Das heißt, wer sich an Hand eines maßstabgetreuen Bildes einen Eindruck – z. B. wegen der wahren Schriftgröße – von einer Seite des P. Hamb. Bil. 1 machen möchte, der muss weiterhin auf die Abbildung von *Acta Pauli* S. 8 zwischen Vorwort und Einleitung von Schmidt/Schubart 1936 (s. unten Anm. 5) zurückgreifen.

Nach dieser kurzen Beschreibung des Werkes ist nun zunächst erst einmal Dank abzustatten dafür, dass die Arbeiter an diesem „Weinberg", jeder auf seine Weise, ihr mühsames Werk der Aufbereitung eines so schwierigen und übrigens auch so fragmentarischen Textes für eine Edition mit einer solch bewunderungswürdigen Akribie vollbracht haben, wodurch sie auch das bestaunenswerte, ja neidisch machende, technische Instrumentarium, das Verlag und Druckerei zur Verfügung stellen konnten, voll zur Geltung zu bringen vermochten. Mit anderen Worten, man kann sich hier den Worten von R. Kasser in seiner „Postface" (S. 529) nur anschließen. Dieses beharrliche Streben nach Vollkommenheit zeigt sich nicht zuletzt in der Liste von *Addenda et Corrigenda* auf S. 530, gerade insofern, als es sich dort nur um Kleinigkeiten wie Punkte über oder unter den koptischen Buchstaben handelt. Hinzuzufügen wäre dieser Liste aber vor allem noch das Folgende: S. 44 Z. 18: τ[ουτω; S. 45 Z. 3: τούτῳ; S. 47 Z. 14: κ̣[ατεσκεψαμην; Z. 14f.: κατεσκεψαμην; S. 48 Z. 1: και); S. 153 Z. 23: „das zwischen ⌈meinen Brüsten⌉ schlafen soll" (das ⲉϥⲉⲛ̈ⲕⲁⲧ des koptischen

Textes auf der Seite gegenüber ist jedenfalls Fut. III, und möglicherweise in circumstantialer Transposition); S. 159 Z. 13: „ist es“ (die Klammern sind nicht nötig: einfacher deiktischer Aussagetyp);[4] S. 187 Z. 3: „ergeht“ (?); S. 193 Z. 5: „aller meiner“; S. 234 Z. 3: ⲛ̈ⲛⲉ̄; S. 236 Z. 14: ⲛⲉⲧⲧⲁ]ⲓ̣̈ⲏⲟⲩⲧ; S. 243 App. zu Z. 27: των α̅ν̅ω̅ν̅; S. 248 Z. 3: παις (mit nachgetragenem Jota)?; S. 250 Z. 6: ϊσχυρου; Z. 26: επηρωτασας; S. 256 Z. 18: [εζη]; App. zu Z. 14: επιστρεψη; S. 324 Z. 13: cf. ⲁϩⲣⲁ⸗ *M4*; S. 326 Z. 25 (ganz zu streichen); S. 365 Z. 25: ⲟⲩⲉϣ⸗ (= *W V4* etc.; S. 372 Z. 7: [ϣⲉϣϥ] (cf. ⲥⲉϣϥ *M*); S. 385 Z. 21: cf. ϭⲟⲛⲧ *M*; S. 465 Z. 3: ⲛⲏϩⲥⲓ.

II

Nun betrifft diese hier beschriebene Ausgabe aber in Wirklichkeit nur einen Teil – den bislang noch ausstehenden zweiten Teil des P. Hamb. Bil. 1. Der erste Teil mit den griechischen Paulusakten war schon 1936 erschienen.[5] Und bei Erwägungen zu Phänomen und Bedeutung des Objekts dieser neuen Teilausgabe selbst ist es gut, den ganzen Codex im Auge zu behalten. Wenn es dabei übrigens zu Interferenzerscheinungen in der Akzentuierung und Perspektive zwischen der Ausgabe und dieser ihrer Vorstellung und Empfehlung kommen sollte, so wird sich das hoffentlich als der gemeinsam interessierenden Sache dienend erweisen. Der Wert des P. Hamb. Bil. 1 als des Restes von einem außerordentlich alten, nämlich schon in die Zeit um 300 n. Chr. datierbaren (vgl. S. 21) Papyruscodex mit dem sehr merkwürdig gemischten Gesamtinhalt: 1. ActPaul (griech.); 2. Hhld (kopt.); 3. Klgl (kopt.); 4. Pred (griech.); 5. Pred (kopt.) hängt zunächst einmal im Ganzen von bestimmten mehr oder weniger ästhetischen Urteilen ab. Und in diesem Bereich zeigt sich nun eine, m. E. letztlich ins Abseits führende, Tendenz, die direkt oder indirekt darauf hinauszulaufen scheint, die Bedeutung dieses Codex zu bagatellisieren. Die Sache fängt mit dem Urteil bei Schmidt/Schubart an, dass die Schrift des Codex eine „ungefüge, schlechte Schulschrift“ sei (1936: 9). Während aber Schmidt/Schubart dabei das Ganze als Werk eines einzigen Schreibers ansahen, glaubt Diebner deutlich zwei verschiedene Hände erkennen zu können (S. 19 u. ö.) und Kasser sogar deren sechs oder sieben (die

[4] Vgl. A. Shisha-Halevy, Coptic Grammatical Chrestomathy, Orientalia Lovaniensia Analecta 30, Leuven 1988, 70f.

[5] C. Schmidt/W. Schubart (Hg.), ΠΡΑΞΕΙΣ ΠΑΥΛΟΥ Acta Pauli. Nach dem Papyrus der Hamburger Staats- und Universitäts-Bibliothek, VHSUB.NF 2, Glückstadt/Hamburg 1936.

man aber in zwei Gruppen ordnen könne [S. 110–112 u. ö.]). Und dabei wird eben unter der Hand aus der Schulschrift eine Schulübung. Das liest sich schließlich z. B. so: „D'une manière générale, on a l'impression que les divers élèves-copistes du P. Bil. 1 étaient habitués à une sorte de cursive à ⲁ arrondis, plutôt qu' à la sorte d'onciale à ⲁ anguleux dont leur maître, selon la présente hypothèse, leur recommandait l'utilisation; recommandation à laquelle ils auront prêté une oreille plus ou moins attentive, selon leur tempérament, la vigilance du maître qui surveillait leur travail, la difficulté du texte qu'ils trouvaient dans leur modèle, etc." (S. (110)/111[293]). In derselben Richtung wirkt weiter, was Schmidt/Schubart bereits aus dem Inhalt über den privaten Charakter des Codex geschlossen hatten. „Offensichtlich handelt es sich um eine Bibelhandschrift, die mehr einen privaten Charakter trug, indem der Urheber sich Texte zusammenschrieb, wie er sie liebte und brauchte" (1936: 8).... „Auf jeden Fall war der Kodex nicht für den Gebrauch in der Kirche bestimmt. Die Zusammensetzung ist ein Unikum und ist mit großer Wahrscheinlichkeit auf das Konto des Abschreibers zu setzen. Das Hauptinteresse des Kompilators konzentrierte sich m. E. auf die Acta Pauli, die deswegen auch an den Anfang gestellt sind, während die alttestamentlichen Schriften nur als Annex erscheinen" (1936: 9). Jedenfalls läuft das alles darauf hinaus, dass hier Leute am Werk gewesen wären, die weder ihre eigene Sprache (das Griechische) angemessen schreiben konnten, noch die Lokalsprache (den fayumischen Dialekt des Koptischen) hinreichend verstanden haben, und so ein ephemeres Produkt von sprachlicher Inkompetenz hervorgebracht hätten. Die Sache erscheint mithin so gravierend, dass man sich veranlasst sehen könnte, hier gegen die Autorität von W. Schubart und C. Schmidt und ihrer Fortsetzer aufzustehen mit einem Versuch, die Dinge in ziemlich genau entgegengesetzter Weise zu betrachten, und zwar etwa so: Die Handschrift ist einheitlich (die Nuancen irrelevant) und von zweckmässiger Schönheit. Nicht nur der Bibelstil kann schön sein, sondern eben auch ein solcher etwas kursiverer, den so flüssig zu schreiben übrigens sehr viel mehr Übung erfordert als z. B. das Nachmalen der Buchstaben des Codex Sinaiticus. Das stattliche Format des ursprünglichen Codex (ca. 26 × 20 cm) und die Mühe seiner Anfertigung sind nur verständlich, wenn man dieses Buch wirklich dringend gebraucht hat. Und wiederum wegen der Unproportionalität seiner Zweisprachigkeit müsste man es von vornherein verstehen als unmittelbares Zeugnis einer lebendigen (wenn auch nur kurz blühenden und dann erst einmal abbrechenden) frühen zweisprachigen christlichen Kultur im Fayum. Entsprechend wäre vorauszusetzen, dass die Gemeinschaft, der unser Codex einst gehörte, *all* die in ihm enthaltenen Schriften in beiden Sprachen nötig hatte und dass das, was man hier vermisst (also: ActPaul [kopt.]; Hhld [griech.]; Klgl [griech.]) nur deswegen fehlt, weil es in einem oder mehreren anderen Büchern zur Verfügung stand.

III

Wenn in dem, was noch folgt, die Perspektive auf die koptischen Teile des P. Hamb. Bil. 1 und speziell auf ihre sonst noch nirgends bezeugte Sprachform beschränkt wird, so mag auch dabei als Ausgangspunkt die Annahme der Einheitlichkeit auch dieser besonderen Gestalt des Koptischen stehen, unter der Frage, wie weit man unter der Prämisse kommt, dass wir es hier mit der legitimen (wenn auch variablen) Schreibung einer realen Sprache zu tun haben – und nicht etwa mit einem zufälligen Sammelsurium, aus dem wir erst Sprache zu machen hätten. Wenn man die Individualität dieser altfayumischen Gestalt des Koptischen (*F7* in der Nomenklatur von Kasser) kurz charakterisieren will, so ist der zweckmäßigste Hintergrund, um ihr besonderes Profil sich abheben zu lassen, das (von Kahle) so genannte Frühfayumische (Kassers *F4*). (Wo also nichts anderes gesagt wird, sind diese beiden Spielarten gleich.) Als Beispiel für dieses Frühfayumische mag auf BM Or. 6948 (4)/(3) [Apg 7,14–28; 9,28–39] in der (von Kasser nicht erwähnten) Neuausgabe durch Kahle (Bala'izah I, 286. 288–290) verwiesen werden. In der Sphäre der Orthograhie zeigt sich die Singularität – außer in den überaus zahlreichen so genannten hyperkompletten Schreibungen (= impliziten Buchstabenverdopplungen [durch Einzelbuchstaben *und* Monogramme]) – vor allem einerseits im Supralinearsystem, andererseits in der Schreibung des Wortes für „Gott". Es gibt nur ein Supralinearzeichen, nämlich zwei nebeneinander gesetzte Supralinearpunkte (also äußerlich identisch mit dem wohlbekannten Zeichen für die Diärese). Und damit werden von den Konsonanten nur die Sonore My und Ny, und von den Vokalen nur Jota markiert (S. 26. 111f.). Während aber die Markierung von ⲙ und ⲛ eindeutig ist, nämlich die Eigensilbigkeit bezeichnet, geht die Verwendung dieses Supralinearzeichens bei ⲓ überraschenderweise weit über die Kennzeichnung dieses Sachverhalts hinaus, aber nicht ohne dass es für das Verständnis des nicht analogen Gebrauchs Ansatzpunkte in anderen koptischen Texten und Schriftsystemen gäbe (vgl. für den benachbarten Dialekt *M* z. B. die Schreibungen ⲉⲓ̈ⲙⲉ, ϩⲓ̈ⲧⲛ und ϩï im PMich 1291,[6] d. h., der Gebrauch des Zeichens reicht wohl bis zum Allograph für den Zirkumflex). Was die Schreibung des Wortes für „Gott" betrifft, so erscheint die allgemeinfayumische (aus *B* entlehnte) Kontraktion ⲫ̅ϯ̅ stets als Monogramm zusammengezogen: ⲫ̅ (Bögen des Phi und [darüber] Querstrich des Ti, der zugleich den Kontraktionsstrich mitvertritt, an ein und derselben Hasta. Wie ich von W.-P. Funk nachträglich erfahren habe, ist diese monographische Schreibung „eine in späten bohairischen Handschriften ganz geläufige Variante"). Eine besondere Wortform bzw. ein besonderes Wort ist die satzverbindende Konjunktion ⲁϩⲁ „und" (ca. viermal so häufig wie das auch vorkommende ⲁⲩⲱ [S. 323f.]), die nach Kahle (Bala'izah I, 230) sonst nur in späteren unliterarischen fayumischen Texten vorkommt. Spezifische Wortgestalten, die durch eine ungewöhnliche vokalische Auflösung unbetonter silbischer Sonore zustande kommen: Wenn nach offener Tonsilbe mit ⲱ die Nebensilbe in ⲃ oder ⲙ endet, erscheint davor ⲟ (statt ⲉ); belegt durch die Wörter: ⲕⲱⲗⲟⲙ, ⲥⲱⲣⲟⲙ, ⲥⲱⲧⲟⲙ, ⲧⲱⲗⲟ[ⲃ], ⲱⲣⲟⲃ, ϣⲱⲥⲟⲙ, ϩⲱⲧⲟⲃ (vgl. S. 134). Sogar ein ⲱ begegnet in enttonter oder schwachtoniger Silbe, nämlich im *stat. nominal.* der Präp. „auf" etc., der eben in der Regel ⲉϫⲱⲛ- geschrieben wird (vgl. S. 136). Derartige vokalische Auflösungen lassen sonst in frappierender Häufigkeit ⲓ (neben ⲉ) erscheinen (vgl. S. 135f.), so z. B. in den Morphemen ⲗⲓⲙ- („Mensch von"), ⲙⲓⲛⲧ- *praef.* zur Bildung von *abstracta*; ⲙ̈ⲡⲓⲗ- *imp. neg.*; -ⲧⲓⲙ- Negation des Infinitivs; oder den Präpositionen ⲙⲓⲛ- „mit" und ϩⲓⲛ- „in". Beachtenswert ist aber auch die Auflösung in ⲩ, und zwar nicht nur in ⲧⲩⲃⲃⲁ, sondern auch in ⲑⲩⲃⲓⲁ und ϩⲩⲃⲥⲱ (vgl. S. 135 mit Anm. 465). Zur Variabilität dieser Schriftsprache gehört im Übrigen auch noch ganz wesentlich eine Instabilität des ϩ, das oft fehlt, wo es hingehört, z. B. im Paradigma der Präp. ϩⲁ- „unter" (Formen wie ⲛ̈ⲁⲗⲁϥ), und erscheint, wo man es nicht erwartet, besonders im Zusammenhang mit dem Buchstaben ϫ (wie z. B. in ϫϩⲁ „säen"; vgl. besonders S. 122–124), nebst einer Tendenz zur Reduktion von Sonoren im An- und Inlaut (z. B. ϫⲣⲁ(ⲙ)ⲡⲓ „Taube"; vgl. z. B. S. 124f.). Den Bereichen, wo es derartig „wilde" Variationen gibt, stehen aber auch solche von klarer Normierung gegenüber. Es wird z. B. orthographisch klar unterschieden zwischen dem lokativen Präfix ⲙⲁⲛ- und dem eigentlichen, ursprünglichen Syntagma ⲙⲉ ⲛ̈-. Vor allem aber fehlt konsequentermaßen dieser Schriftsprache der Buchstabe ϭ (vgl. S. 121); Wörter, die im Gemeinfayumischen mit ϭ geschrieben werden,

[6] 1 r 14; 3 v 2. 5; 4 r 2 (vgl. H.-M. Schenke, Apostelgeschichte 1,1–15,3 im mittelägyptischen Dialekt des Koptischen (Codex Glazier), TU 137, Berlin 1991, 245–248).

haben hier dafür ein ϫ (z. B. das häufige Wort ϫⲓϫ „Hand") und vermehren also die sowieso ϫ-haltigen Wörter erheblich. Sonstige Einzelformen oder Einzelwörter, die nur in diesem Altfayumischen vorkommen, sind: ⲁⲛⲓ- Imp. von ⲓ̈ⲛⲓ „nachahmen", „gleichen"; ⲛⲓⲙⲓ „jeder"; ⲛⲁⲟⲩⲉ⸗ „selbst", „allein"; ⲡⲓⲁ⸗ *stat. pronom.* eines Verbs „aufwecken"; ϩⲁⲩⲛⲓ „einige" (in formaler Entsprechung zu (ⲕⲉ)ⲕⲁⲩⲛⲓ „andere"). Innerhalb des Konjugationssystems gehört zur Individualität dieser Sprache, wie es scheint, eine kurze Form des negativen Kompletivs (Schema ⲙ̇ⲡⲁϥ; also homonym mit dem neg. Aorist in *B*) und als Alternative zur normalen Form der 3. Pers. Pl. des relativen Fut. I die Form ⲉⲧⲉ ⲥⲉⲛⲉ- (Cant 8,8). Hervorhebenswert, wenn auch nicht absolut individuell, sind im Bereich der Konjugationen: das relativ häufige Vorkommen der Extraposition der Basis (und zwar bei: Perf. I affirm.; Energ. Fut. affirm./neg.; Aor. affirm.; Kompletiv neg.; Konditionalis), die Existenz des einfachen Konditionalis, der kausative Infinitiv in der Gestalt ⲧ(ⲗ)ⲉ-, die achmimisierende Form ⲙⲉⲛⲧⲟⲩ- (Cant 1,7) innerhalb des Paradigmas des Imp. caus. neg. (vgl. S. 61. 140) und der von Kasser in vielfältiger Form schon herausgestellte Umstand, dass die zweiten Tempora des Verbalsatzes, wenn sie denn vorhanden sind, sich unter Homonymen verbergen (vgl. z. B. S. 140, aber auch die entsprechenden Lemmata des Registers). Auf dem Felde der Syntax gehört – außer dem Syntagma ⲟⲩⲛ ⲧⲉ ⲑⲏ (5mal) als Äquivalent für πῶς und Synonym für ⲛ̄ⲁϣ ⲛ̄ϩⲉ *S* (etc.) – zum besonderen Profil der Sprache die indirekte Anknüpfung des direkten Objekts bei transitiven Verben mit ⲛ̇ⲥⲁ-. Die Sache kommt mir in der Dichte der Belege so frappierend vor, dass ich eine komplette Zusammenstellung der Belege dieser Kategorie hier für nützlich halte.

Lam 1,15: ⲁϥϣⲱⲛⲁ ⲛ̇ⲥⲁ ⲛⲁϫⲱⲣⲁ
„er entfernte meine Starken"

2,4 : [––– ⲁϥϩⲱⲧⲟ]ⲃ ⲛ̣̇ⲥⲁ ⲛⲉⲧⲉ ⲛⲁⲃⲉⲗ ⲧ̣ⲏ̣ⲗⲟⲩ ⲙⲏⲓ̈ ⲙ̇ⲙⲁ[ⲩ –––]
„er tötete alle, die meine Augen lieben"

2,5 : ⲁϥⲱⲙⲥ ⲛ̇ⲥⲁ ⲡ̅ⲗ̅ⲥ̅ (sic!)
„er versenkte Israel"

2,5 : ⲁϥⲱⲙⲥ [ⲛ̇]ⲥⲁ ⲛⲉⲧⲉⲓ̈ ⲛ̇ⲛⲁⲩ ⲛ̣̇ⲧ̣ⲉϥ
„er versenkte die, die herrlich sind bei ihm"

2,7 : ⲁϥ[ⲛⲟⲩϫ] ⲛ̇ⲥⲁ ⲡⲉϥⲙ̣ⲁⲛⲧⲩⲃⲃⲁ
„er verwarf sein Heiligtum"

2,16: ⲁⲩⲗ[ⲁϫⲗ]ϫ̣ ⲛ̇ⲥⲁ ⲛⲉⲩⲁⲃⲉϩ
„sie rieben ihre Zähne"

2,17: [ⲁϥ]ϫⲓ̣ⲥ̣ⲓ ⲛ̄ⲥⲁ ⲡⲧⲉⲡ ⲛ̄ⲛⲉ<ⲧ>ⲗⲱϫ [ⲙ̄ⲙ]ⲁ̣
„er erhöhte das Horn derer, die dich (f.) bedrängen"
2,20: ⲉⲕⲉϩⲱⲧⲃ ⲛ̄ⲥⲁ ⲟ̣[ⲩⲉⲃ]
„du wirst töten (einen) Priester"
3,53: ⲁⲩϩⲱⲧⲃ ⲛ̄ⲥⲁ ⲡⲁ[ⲱⲛϩ —]
„sie töteten mein Leben"
3,58: ⲁⲕⲥⲱ̣ϯ <ⲛ̄>ⲥⲁ ⲡⲁⲱⲛϩ
„du erlöstest mein Leben"
4,18: ⲁⲛϫⲱⲡⲓ ⲛ̄ⲥⲁ ⲛⲉⲛⲕⲟ̣[ⲩ̈ ⲛ̄ⲛⲁⲗⲁⲩ̈ —]
„wir ergriffen unsere kleinen Kinder"

Eccl
7,18: ⲙ̄ⲡⲓⲗⲱⲣⲉⲃ ⲛ̄ⲥⲁ ⲧⲉⲕϫⲓϫ
„besudele nicht deine Hand!"

Wir beschließen diese Zusammenfassung der Hauptcharakteristika, die das Altfayumische im Rahmen des Koptischen generell und speziell im Vergleich mit dem Frühfayumischen als dem nächsten Nachbarn aufweist, mit einem semantischen Phänomen. Die zusammengesetzte Präp. ϩⲁⲗⲉⲧ⸗ (eigentlich „unter dem Fuß von") hat hier die semantische Bandbreite der Bedeutung „nach" so ausgeweitet, dass sie auch noch den zeitlichen Aspekt mit umfasst, wodurch ϩⲁⲗⲉⲧ⸗ zu einem speziellen Synonym des gemeinkoptischen ⲙ̄ⲛ̄ⲛ̄ⲥⲱ⸗ wird.

Vgl.
Eccl 6,12: ⲟⲩⲛ ⲡⲉⲧⲛⲉϣ[ⲱⲡⲓ] ϩⲁⲗⲉⲧϥ
„was ist es, das nach ihm sein wird?"
7,14: ϫⲉ ⲛⲉ ⲡⲗⲱⲙⲓ ⲛⲉϥϫⲓⲛ ⲗⲁⲡⲧ ϩⲁⲗⲉⲧⲉϥ
„damit der Mensch nach sich nichts finde"
10,14: ⲟⲩⲛ ⲡⲉⲑⲁⲗⲉϩⲧ (für ⲡⲉⲧ-ϩⲁⲗⲉⲧϥ)
„was ist es, das nach ihm ist?"

IV

Der höchste Genuss des Koptologen beim Sich-zu-eigen-Machen eines solch neuen Textes besteht wohl darin, zu sehen, dass auch ein archaischer Text mit derartig befremdender dialektologischer Oberfläche in der sprachlichen Grundstruktur doch den Regeln der koptischen Gesamtsprache, und zwar auch in gewissen sensitiven Bereichen, gehorcht. Umso wichtiger ist es, gewisse Aspekte der Ausgabe, die so oder so dieses Bild zu trüben scheinen, möglichst noch aufzuhellen. Oft liegt es bei der schwierigen Rekonstruktion der Lücken einfach an einer zu einseitigen Fixierung auf den Gesichtspunkt des zur Verfügung stehenden Raumes.

- Cant 1,7 (= p. 12,13/14): [— ⲙⲁⲧⲁ]ⲙ̣ⲁⲉⲓ ⲉⲡⲏ ⲉⲧⲉ | ⲁⲧⲁⲯⲩⲭⲏ ⲙⲉⲗⲗⲓⲧϥ „Verkünde mir den, den | meine Seele lieb*gewonnen hat*!" Am Ende von Z. 13 ist im Original ein versehentlich geschriebenes ⲙ getilgt; und das rätselhafte, groß geschriebene ⲁ auf dem Rand vor dem Zeilenanfang von Z. 14 mit ⲧⲁⲯⲩⲭⲏ (vgl. App. zur Stelle und schon S. 21) ist weiter nichts als die andere Hälfte der Textkorrektur, nämlich der Nachtrag der vom suffigierten Infinitiv ⲙⲉⲗⲗⲓⲧϥ unbedingt geforderten Perfektbasis.
- Cant 4,15: (Ed.) [— ⲟⲩϣⲉⲓ̈ ⲉϥⲡⲉϩ]ⲧ ⲟⲩⲙⲁⲩ ⲉϥⲁⲛⲉϩ „[— ein Brunnen, der] lebendiges Wasser [ergieß]t." Wegen des direkten Objektanschlusses ist in der Lücke der circumstantiale Aorist ⲉϣⲁϥ- (statt des circumstantialen Präsens ⲉϥ-) vorauszusetzen.
- Cant 5,2: (Ed.) ⲧⲉⲥⲙⲏ ⲙ̄ⲡⲁ[ⲥⲁⲛ] | ⲥ̣ⲧⲁ̣[ϩⲁⲓ̈ ⲛ̄ϥⲧⲱϩⲟⲙ ⲉⲡⲗⲁ] „Die Stimme meines [Bruders] | tri[fft mich, und er klopft an die Tür]." Im Falle des suffigierten Infinitivs ⲧ̣ⲁ̣[ϩⲁⲓ̈ kommt man ohne Perfektbasis nicht aus, wo immer man sie finden mag. Und dann sowieso wohl lieber ⲁϥⲧⲱϩⲟⲙ oder ⲉϥⲧⲱϩⲟⲙ.
- Cant 5,14: (Ed.) [— ⲛⲉϥϫⲉⲟⲩϫϩ] | ϩⲉⲛⲛⲟⲩⲃ ⲛⲉ ⲉⲩⲡⲁⲅⲕ [ⲛ̄ϩⲏⲧⲟⲩ —] „[— Seine Hände] | sind (aus) Gold, [daraus] geformt." Die Ergänzung ⲛ̄ϩⲏⲧⲟⲩ erscheint wenig evident. Wenn überhaupt Erweiterung mit ⲛ̄ϩⲏⲧ⸗, dann wenigstens ⲛ̄ϩⲏⲧϥ.

Cant 6,5: (Ed.) [— ⲡⲉϥⲱⲓ̈] | [ⲛ̄ⲑⲏ ⲛ̄ⲟⲩⲙⲏ]ϣ̣ⲁ ⲙ̄ⲃⲁⲙⲡⲓ ⲛ̄ⲧⲁϥⲓ̈ etc.
6,6: (Ed.) [— ⲛⲉⲁⲃⲉϩ] | [ⲛ̄ⲑⲏ ⲛ̄ϩⲉⲛⲉ]ⲥⲁⲟⲩ — ⲛ̄ⲧⲁⲩϣⲁⲃⲟⲩ
„[— Dein (f.) Haar] | [ist wie eine] Ziegen[her]de die … gekommen ist" etc.
„[— Deine (f.) Zähne] | [sind wie Sch]afe, die man geschoren hat."

Die Relativform der Adjektivsätze setzt die Determiniertheit der Bezugsnomina voraus, also: ⲙ̄ⲡⲙⲏ]ϣ̣ⲁ und ⲛ̄ⲛⲉⲛⲉ]ⲥⲁⲟⲩ.

- Cant 7,3: (Ed.) [ⲧⲉ]||[ϩⲉⲗⲡⲓ ⲟⲩⲕⲣⲁⲧⲏⲣ] ⲉϥϣⲏⲕⲓ ⲧⲉ ⲉⲧ̣[ϣⲁⲧ (ⲛ)]ⲛ̣̄ ϫⲱⲣϫ ⲉⲛ „[Dein (f.)] | [Nabel ist ein] tief (ziselierter) [*Mischkrug,*] der nicht des vorbereiteten (Trank [*sic!*]) [ermangelt]." Das Problem ist hier die Lesung des ⲧ̣, die die Relativform ⲉⲧ̣[ϣⲁⲧ ergibt, die aber weder vorn zu dem indeterminierten Antecedens passt noch hinten mit der Negation harmoniert. Nach dem Faksimile will es so scheinen, als könne man (wie man muss) den (attributiven) Umstandssatz des negierten Präsens lesen, nämlich ⲉⲛ̣[ϥϣⲁⲧ.

- Cant 7,5: (Ed.) ⲛⲉⲃⲉⲗ ⲛ̄ⲑ̣[ⲏ ⲛ̄ⲛⲉⲙⲙⲁ]ⲩ ⲉⲛⲁϣⲱⲟⲩ „Deine (f.) Augen sind wi[e die] großen [Teich]e" etc. Der attributive Umstandssatz setzt die Indeterminiertheit des Bezugsnomens voraus. Also ist zu ergänzen ⲛ̄ϩⲉⲛⲙⲁ]ⲩ.
- Cant 7,10: (Ed.) ϯⲛⲉⲙⲁϣⲓ | [ⲉⲡⲁⲥⲁⲛ] ⲛ̣̄ⲥⲟⲩⲧⲱⲛ „Ich werde wandeln | [zu meinem Bruder] in Geradheit." Da ein Syntagma ⲛ̄ + Stativ völlig außerhalb der Möglichkeiten der koptischen Sprache liegt, muss man entweder konjizieren, oder aber den Rest vor ⲥⲟⲩⲧⲱⲛ anders lesen. Es wäre am Original noch einmal zu prüfen, ob das, was man hier erwarten muss, nicht doch gelesen werden kann, nämlich ⲉ̣ⲓ̣̈ⲥⲟⲩⲧⲱⲛ. In den Registern erscheint übrigens das imaginäre ⲛ̣̄ⲥⲟⲩⲧⲱⲛ als angebliches Äquivalent von εἰς εὐθύτητα immer wieder (S. 358. 413. 455. 456. 493. 498).
- Cant 8,2: (Ed.) [— ⲉⲓ̈ϫⲓⲧⲕ ⲁⲉⲓⲛ]ⲁ̣ⲓ̣ⲛ̣̄ⲧⲕⲕ̣ ⲉ̣ⲟⲩⲉ ⲡⲏ̣[ⲓ̈ ⲛ̄ⲧⲁⲙⲉⲩ —] „[— Dich (m.) ergreifend, werde] ich dich hineinbringen ins Ha[us meiner Mutter —]". (Im erhaltenen Mittelteil ist gemeint ⲁⲉⲓⲛ]ⲉⲛ̄ⲧⲕ ⲉϩⲟⲩⲛ ⲉⲡⲏ[ⲓ̈; vgl. App. und S. 330 Register unter ⲉϩⲟⲩⲛ.) Das Problem ist die Ergänzung davor. Der suffigierte Infinitiv -ϫⲓⲧⲕ ist im Präsenssystem nur möglich im Falle des „present-based future", also als Teil des Instans (nach dem Futurmorphem -ⲛⲉ-), sonst verlangt er eine Verbalsatzbasis. In Korrespondenz zum Textverständnis der Übersetzung wäre ⲉⲁⲓ̈ϫⲓⲧⲕ „Dich ergriffen habend" die einfachste Bereinigung.
- Cant 8,5: (Ed.) [— ⲉⲥⲧⲁϫⲣⲁⲥ ⲉ]|[ⲡⲉ]ⲥ̣ⲥⲁⲛ „[— gestützt auf] | [ih]ren Bruder." Das Textverständnis und das gewählte Präsenspräfix verlangen als zu ergänzendes Prädikat in der Klammer zwingend den Stativ ⲧⲁϫⲣⲏⲟⲩⲧ.
- Lam 1,4: (Ed.) ⲛⲉⲥⲡⲩⲗⲏ ⲧⲏⲗⲟⲩ [ⲥⲉⲧⲁⲕ]ⲁ „Alle ihre *Tore* [sind zerstör]t." Das Problem ist die Ergänzung der Verbform. *S* und *B* haben wohl das Präsens, aber mit dem Stativ. Ein Äquivalent bei Gebrauch des Infinitivs kommt nur auf der Perfektbasis heraus; also: [ⲁⲩⲧⲁⲕ]ⲁ.
- Lam 3,11: (Ed.) ⲁ̣ϥ̣ⲕ̣[ⲉⲧ ⲉ]ⲓ̣ⲧⲁⲕⲁ „[— Er] | br[achte mich zur] Zerstörung." Dieser Fall ist analog dem Vorhergehenden (Lam 1,4): *S* und *B* haben zwar bei der zweiten Verbform den Umstandssatz des Präsens, aber mit dem Stativ. Hier mit dem Infinitiv kann es nur heißen (in Neben- statt Unterordnung): ⲁ]ⲓ̣̈ⲧⲁⲕⲁ.

- Lam 3,26: (Ed.) [— ⲥϩⲩⲡⲟ]ⲙ̣ⲉ̣[ⲛⲓ ⲛ]ⲉ̣ϥ ⲛ̈ⲥϩⲣⲁⲕ ⲛ̈ⲧⲟⲩϣⲏ | [ⲙ̈ⲡ̅ⲟ̅ⲥ̅] „[sie *harrt* Sei]ner und ruht (voll Zuversicht) in der Nacht | [(auf) den Herrn].“ Wegen der Erweiterung der Kernaussage durch den Konjunktiv (ⲛ̈ⲥ- bei ϩⲣⲁⲕ) kann diese nicht im einfachen Präsens gestanden haben, sondern muss – wenn auch der Platz knapp werden sollte – das Futur gewesen sein; also [— ⲥⲛⲉϩⲩⲡⲟ]ⲙ̣ⲉ̣[ⲛⲓ etc. Auch am Ende dieses Kolons gibt es übrigens noch eine Schwierigkeit, wenn auch von ganz anderer Art: In der Lücke nach dem weder durch die griechische noch die sahidische und bohairische Version gedeckten ⲛ̈ⲧⲟⲩϣⲏ kann man eigentlich nur [ⲙⲉⲛ ⲡⲉϩⲁⲟⲩ] erwarten, was aber viel mehr Raum, als zur Verfügung steht, beanspruchen würde. Das *εἰς τὸ σωτήριον Κυρίου* der LXX scheint jedenfalls schon durch das (aus V. 25 wiederholte) ⲛ]ⲉ̣ϥ vertreten zu sein.
- Lam 3,37: (Ed.) ⲛⲓⲙ̣ [ⲡⲉⲧⲁϥϫⲱ] ⲙ̣̈ⲙ̣ⲁ̣[ⲥ] ⲛ̈ⲧⲉⲓϩⲏ „We[r hat] so [gesprochen,]“…? ϫⲱ ⲙ̈ⲙⲁⲥ gehört zum Präsens wie ϫⲁⲥ zum Verbalsatz. Also kann es (in Abweichung von der LXX-Vorlage und den koptischen Parallelen) nur [ⲡⲉⲧϫⲱ] etc. geheißen haben, auch wenn dafür der Platz ein bisschen reichlich sein sollte. Allerdings müsste man sich entsprechend auch den folgenden zweiten Teil des Satzes im Präsens (oder Futur) vorstellen.
- Eccl 1,3: (Ed.) ⲛ̈ϩⲓⲥⲓ ⲛⲓⲙⲓ ⲉⲧⲉϥ̣`[ϩ]´ⲁ̣[ⲥⲧϥ ⲉ]ⲗ̣ⲁϥ „(in) jeglicher Mühe, [da]rin er sich ab[müht].“ Das Präsenspräfix verlangt als Verbform aber den Stativ; und vielleicht kann am Ende nach der Lücke auch noch ⲙ̣ statt ⲗ̣ gelesen werden: also ⲉⲧⲉϥ̣`[ϩ]´ⲁ̣[ⲥⲓ ⲙ̈]ⲙ̣ⲁϥ (vgl. Eccl 9,9).
- Eccl 1,10: (Ed.) [ⲡⲉⲧ(ⲛⲉ)ϣⲉ] | ϫⲓ ⲛ̈ϫⲁϥ „[Wird einer sa]|gen“ – gedacht als Entsprechung für das, was die LXX normalerweise hier hat, nämlich: ὃς λαλήσει καὶ ἐρεῖ (*S* ⲉⲣⲉ ⲡⲣⲱⲙⲉ ⲛⲁϣⲁϫⲉ ⲉⲣⲟⲟⲩ ⲛ̄ϥϫⲟⲟⲥ; *V4* ⲛ̇ⲧⲉ ⲟⲩⲉⲓ̈ ϣⲉϫⲓ ⲛϥϫⲁⲁⲥ). Und dieses imaginäre Syntagma erscheint dann stereotyp im Register mit der Bedeutung: „celui qui parle(ra) pour dire, celui qui profére(ra) cette affirmation“ (S. 383. 440. 447. 455. 483. 488). Der Schlüssel zur Erkenntnis der Wahrheit liegt in dem Suffix ⸗ϥ, das – statt des üblichen ⸗ⲥ – nur als Bezugspronomen auftreten kann, also ein echtes Antecedens verlangt. So kommt man notgedrungen zu folgender Veränderung von Ergänzung und Lesung: [ⲡⲉⲧϥⲛⲉϣⲉ] | ϫⲓ ⲛ̈<ϥ>ϫⲁϥ „Das, was er reden und sagen wird.“ Und das entpuppt sich nun einfach als die Übersetzung der besonderen *varia lectio*, die der griechische Text von Eccl im P. Hamb. Bil. 1 hier hat, nämlich mit ὅσα (statt ὅς) (s. S. 243 mit App.; und als Besonderheit schon S. 42 vermerkt).

- Eccl 4,1: (Ed.) ⲛⲓⲙ̀ⲓⲛ́ⲧϫⲓ̣ [ⲛ̀]ϫⲁⲥ ⲧⲏⲗⲟⲩ ⲉⲧⲟⲩϣⲁⲡ̣ ϩ̣[ⲁ̀]ⲗⲁϥ | [ⲙ̀ⲡⲣⲉ —] „alle Vergewaltigungen, die u[n]ter [der Sonne] geschehen." Dass es an diesem Text nichts zu verbessern gibt, wird hier zum Problem. Denn die Herausgeber wundern sich über die beim relativen Präsens ⲉⲧⲟⲩϣⲁⲡ̣ trotz Identität von Subjekt und Antecedens nicht – wie gewöhnlich – eingetretene Zeroisierung des Suffixes so sehr, dass sie sich im App. zu einem „lege ⲉⲧⲁⲩϣⲁⲡ" hinreißen lassen.
- Eccl 4,9: (Ed.) [— ⲁⲗⲉ ⲡⲉⲩⲃⲉⲕⲏ ⲛⲁ]ⲛ̣ⲟⲩ[ϥ] „[— ihr Lohn ist g]u[t]." Die hier eingesetzte pränominale Form des Präsens II Transponenten geht nicht mit dem Adjektivverb zusammen. Aber möglich wäre stattdessen ein ⲉⲧⲉ („deren Lohn gut ist") oder auch einfach ϫⲉ.
- Eccl 4,10: (Ed.) ⲁ̣[ϥϣⲁϩⲏⲓ̈] | [ⲉϥⲙ̀ⲙⲁⲩ(ⲉ)ⲧϥ —] „w[enn er fällt] | [und allein ist —]." Bei der koptischen Rekonstruktion des aus Platzgründen hier vermuteten zusätzlichen, von Vorlage und Parallelen nicht gedeckten Motivs vom Alleinsein stört (nur) das Präfix des präsentischen Umstandssatzes ⲉϥ-. Die Verstärker (Augentia) gehören nicht zum Paradigma der Prädikate des Präsenssystems. Andererseits könnte der ergänzte Verstärker an sich (also ohne ⲉϥ-) sehr wohl einfach das Übersetzungsäquivalent des αὐτῷ der LXX sein. (LXX:) „Wehe dem einen *selbst*, wenn er fällt" = (*F7*) „Wehe dem einen, wenn er fällt, *selbst*."
- Eccl 4,11: (Ed.) [— ⲟⲩ]ⲛⲧⲉ ⲑⲏ ⲛ̀ⲧⲁϥϩⲙ̣[ⲁⲙ ϫⲉ ⲛ̀ϫⲓ] | [ⲡⲓⲟⲩⲁⲉⲓ —] „[— W]ie [aber] wäre er wa[rm geworden], | [der allein ist? —]" Hier ist mir der Sinn des ergänzten ϫⲉ überhaupt nicht klar, zumal es offenbar eine relativ späte „Verbesserung" des Textes ist, da eine ältere Fassung des Editionsmanuskripts, die mir Diebner freundlicherweise schon vor einigen Jahren zur Verfügung gestellt hatte, dieses nur platzfüllende ϫⲉ noch gar nicht aufweist. Oder ist das am Ende nur ein unbemerkt gebliebener Druckfehler für ein ⲇⲉ, das dem „[aber]" der Übersetzung entsprechen sollte?
- Eccl 5,10: (Ed.) [— ϩ]ⲓ̣ⲙ ⲡⲁϣⲉⲓ̈ ⲛ̀ϩⲉⲛⲡⲉ[ⲧ]ⲛ̣ⲁ̣[ⲛⲟⲩϥ —] „[— I]n der Fülle von G[ütern —]." Bei dem generalisierenden ⲡⲉⲧⲛⲁⲛⲟⲩ⸗ kongruiert das Suffix mit dem vor den ganzen Komplex tretenden Artikel: Wenn vorn also ϩⲉⲛ- steht, müsste das Suffix hinten ⸗ⲟⲩ sein. (Wie ich von H. Quecke nachträglich erfahre, ist diese Regel aber nicht ohne Ausnahme und also mein Verbesserungsvorschlag hier nicht zwingend.)
- Eccl 5,13: (Ed.) [— ⲁⲗⲉ] | [ⲧⲉⲓ̈ⲙⲉ]ⲛ̣ⲧⲗ̀ⲉⲙ̣ⲙⲁ̣[ⲁ ⲉⲓ] ⲉ̣ⲡⲧⲁ[ⲕⲁ —] „[— geht dieser R]eichtum zum Verder[ben —]." Wenn das (ergänzte) ⲉⲓ das Verb „kommen" meint – und nicht etwa ⲉⲓ̈, den Stativ von ⲓ̀ⲗⲓ –, dann kann das Konjugationspräfix ⲁⲗⲉ- nur der kurze Konditionalis

sein, dessen Existenz in *F7* ja tatsächlich gegeben ist (vgl. Register S. 321). Auch die Übersetzung scheint dieses Verständnis des ergänzten Textes vorauszusetzen.

- Eccl 5,17: (Ed.) [— ϩεï ⲛⲁⲛⲟⲩ (ⲡⲉ) ⲡⲉ]|[ⲧⲛⲁⲛⲟⲩϥ ⲉⲧⲁïⲛⲉⲩ] ⲉ̣ⲗⲁϥ „[— Siehe, gut ist] | [das Glück (= Gute), das ich gesehen habe].“ Die erste Frage ist, warum man den „Irrläufer“ (ⲡⲉ) im Laufe der Jahre nicht losgeworden ist. Die zweite gilt dem Sinn dieser aller Ansatzpunkte entratenden Rekonstruktion überhaupt. Fest steht doch nur, dass das Motiv des Sehens hier nicht am Anfang stand, wie in der LXX, auch nicht in der Mitte, wie in *S*, sondern am Ende. Und wahrscheinlich ist es, dass eine griechische Fassung zugrunde liegt, die wie die griechische Ecclesiastesversion desselben Codex (und *S A C*) ὃ εἶδον las, aber im Unterschied zu ihr ἀγαθόν nicht ausgelassen hat (vgl. S. 39. 41. 47. 249), so dass man sich am liebsten als Übersetzung dieses griechischen ἰδοὺ ὃ εἶδον (ἐγὼ) ἀγαθόν, ὅ ἐστιν καλόν im ursprünglichen Text von *F7* folgende Cleft Sentence vorstellen möchte: ϩεï ⲟⲩⲡⲉⲧⲛⲁⲛⲟⲩϥ ⲉⲛⲁⲥⲱϥ ⲡⲉⲧⲁïⲛⲉⲩ ⲉⲗⲁϥ „Siehe, etwas Gutes, das zugleich schön ist, ist es, was ich gesehen habe.“
- Eccl 5,17: (Ed.) ⲛⲉ̣ϥϩⲓⲥⲓ ⲧⲏⲗⲟⲩ ⲉⲧϥϩⲁⲥ[ⲧϥ ⲛ̈ϩⲏⲧⲟⲩ] „alle(n) seine(n) Mühen, [in denen] man sich abmüh[t].“ Nach dem Konjugationspräfix des (relativen) Präsens ⲉⲧϥ- ist allein die Ergänzung der Verbform zum Stativ -ϩⲁⲥ[ⲓ zulässig (wie es in der mir bekannten ursprünglichen Fassung übrigens auch schon stand). Der suffigierte Infinitiv widerspricht hier der Jernstedtschen Regel.
- Eccl 5,19: (Ed.) ⲫ ⲡⲉⲧ[ⲁⲃ]ϣ[ⲉ]ϥ̣ „Gott ist es, der ihn [ver]wi[rrt].“ Hier widerspricht nun der Text selbst scheinbar (ohne auf Widerstand der Herausgeber zu stoßen) dieser Jernstedtschen Regel. In Wirklichkeit dürfte es sich aber nur um eine Haplographie des Elements ⲁⲃ handeln. Vielleicht war das ausgelassene zweite ⲁⲃ ja auch schon über der Zeile nachgetragen. Jedenfalls wollte der Kopist wohl *schreiben*: ⲡⲉⲧⲁⲃⲁⲃϣⲉϥ, und *gemeint* hat er: ⲡⲉⲧⲁϥⲁⲃϣⲉϥ. Das heißt andererseits, der kompetente koptische Übersetzer hatte bei der Möglichkeit der Aspektnuancierung durch Wiedergabe des griechischen Präsens ὁ θεὸς περισπᾷ mit einer (präsentischen) Cleft Sentence für die *Glose* sinnvollerweise das Perfekt gewählt: „Gott *ist* es, der ihn verwirrt *hat*.“
- Eccl 7,1: (Ed.) ⲛⲁⲛⲟⲩ ⲟⲩⲗⲉⲛ ⲉϩⲟⲩⲁⲥⲧ̣ ⲉ̣ⲟⲩⲛⲉϩ ⲉ̣ⲧⲛⲁⲛⲟⲩϥ „Besser ist ein Name als gutes Öl.“ Hier ist die Frage, aus welchen Gründen hier am Ende nach einem indeterminierten Bezugsnomen statt des normalen attributiven Umstandssatzes der Relativsatz steht. Aber bevor wir anfangen, nach geheimen grammatischen Nuancen zu forschen, wäre

erst noch einmal die Lesung zu hinterfragen. Auf dem Faksimile kann ich jedenfalls ein eindeutiges ⲧ nicht erkennen. Auch erscheint der Raum für zwei Buchstaben zu klein. Sollte also auf dem Papyrus nicht doch das erwartete ⲉ̣ⲛⲁⲛⲟⲩϥ zu lesen sein?

- Eccl 8,17: (Ed.) [— ⲛⲉⲧⲉ ⲡⲗⲱⲙⲓ ϩⲁⲥⲧϥ] | [ⲛ̅ϩⲏⲧⲟⲩ ⲉϣ]ⲓ̣ⲛ̣ⲓ ⲙ̅ⲙⲁ̣[ⲛ ϣϫⲁⲙ ⲙ̅ⲙⲁϥ ⲉϫⲓⲛⲓ —] „[— Was der Mensch sich] | [abmüht zu su]chen, nich[t kann er es finden, —].“ Am Anfang passen das Präsens und der suffigierte Infinitiv nicht zusammen. Man muss also entweder ϩⲁⲥⲧϥ in ϩⲁⲥⲓ oder noch besser ⲛⲉⲧⲉ in ⲛⲉⲧⲁ ändern, zumal der PMich 3520 (*V4*) Perfekt und ϩⲁⲥⲧϥ hat. Es heißt dort: ⲡⲉⲧⲁ ⲡ̣ⲣ̣ⲱⲙⲓ ϩ̣ⲁ̣ⲥ̣ⲧ̣ϥ ⲉϥϣ̣[ⲓⲛⲓ] ⲙ̣ⲙⲁϥ̣ ⲙ̣ⲉϥϭⲛⲧϥ. Da nun aber die deutsche Übersetzung für den rekonstruierten koptischen Text diesem überhaupt nicht entspricht und dennoch wohl die richtige Idee zu seinem Entwurf darstellt, sollte man sich wohl sowieso das, was in *F7* wirklich gestanden hat, mehr in Analogie zu *V4* als zu *S* vorstellen. Und das hieße vor allem, dass das, was nach ⲉϣ]ⲓ̣ⲛ̣ⲓ kommt, gar nicht der negative Existentialsatz ist, sondern vielmehr das Objekt von ϣⲓⲛⲓ (also ⲙ̅ⲙⲁ̣[ϥ oder ⲙ̅ⲙⲁ̣[ⲩ) mit dem Bezugspronomen, das die Verbindung zum Determinativpronomen als dem Antecedens des Relativsatzes herstellt.
- Eccl 9,2: (Ed.) [— ⲁϩⲁ (ⲙ̅)ⲡⲉⲧⲉⲓ]ⲗ̣ ϣⲟⲩ[ϣⲁⲩ] | [ϣⲓ ⲉⲛ —] „[— und derjenige, der nicht Op]fer br[ingt].“ Das, was negiert wird, ist in Übersetzung und Text verschieden. Der Text bedeutet in Wirklichkeit: „und nicht derjenige, der Opfer bringt.“ Ein Text, der zur Übersetzung passt, müsste hingegen lauten: ⲁϩⲁ ⲡⲉⲧⲉ ⲛ̅ϥⲉⲓ]ⲗ̣ ϣⲟⲩ[ϣⲁⲩ] | [ϣⲓ ⲉⲛ —].
- Eccl 9,3: (Ed.) [— ⲟⲩϫⲓⲛⲕⲓⲙ (ⲙ)ⲡⲉ]ⲩϩⲏⲧ ⲥⲙⲟⲩ[ϩ ϩⲗⲏⲓ̈ ϩ]ⲓⲙ ⲡ̣ⲉ̣ⲩ̣ⲱ̣[ⲛϩ] „[— Wanken ihr]es Herzens ist in Fül[le i]n ihrem L[eben].“ Bei dieser Rekonstruktion und Deutung habe ich von Anfang an ein ungutes Gefühl gehabt, weil ich nicht glaube, dass der Infinitiv ⲙⲟⲩϩ im Präsens „voll *sein*“ bedeuten kann. Dieses ⲙⲟⲩϩ ist ja sowieso ein Element, das man hier nach Vorlage und Parallelen nicht erwartet. Unter Akzeptanz der anderen wesentlichen Prämissen von Rekonstruktion und Lesung vermag ich damit nur fertig zu werden bei Austausch von ϩⲗⲏⲓ̈ gegen den Objektsausdruck ⲙ̅ⲙⲁϥ und mit der Voraussetzung einer doppelten Extraposition am Anfang: „[Unruhe, was ih]r Herz betrifft, sie erfüll[t es i]n ihrem L[eben].“
- Eccl 9,4: (Ed.) [— ϫⲉ ⲛⲁⲛⲟⲩ `ⲟⲩ´ⲟⲩϩⲁⲣ ⲉⲧⲁ]ⲛⲉϩ ⲉϩⲟⲩ[ⲁⲥⲧ ⲉⲟⲩⲙⲟ]ⲩ̣ⲓ̣ ⲉⲧⲙⲁ|[ⲟⲩⲧ —] „[— dass ein le]bender [Hund] besser ist al[s ein] to[ter Lö]we.“ Hier geht es um die syntaktische Kongruenz der erweiternden Adjektivsätze mit ihrem nominalen Kern. Der einzige Anhaltspunkt dafür ist der Relativtransponent ⲉⲧ- bei ⲙⲁ[ⲟⲩⲧ —]. Der aber

ist deutlich genug, um zu zeigen, dass – wie in allen anderen koptischen Versionen auch, und in direkter Entsprechung zur griechischen Vorlage – es sich in *F7* beidemale um determinierte Ausdrücke mit relativischem Attributssatz gehandelt haben muss (während im Falle von Indeterminiertheit die Attribute ja als Umstandssatz erscheinen würden). Es ist also unbedingt zu lesen: [— ϫⲉ ⲛⲁⲛⲟⲩ `ⲡ́ⲟⲩϩⲁⲣ ⲉⲧⲁ] ⲛⲉϩ ⲉϩⲟⲩ[ⲁⲥⲧ ⲉⲡⲙⲟ]ⲩ̣ⲓ̣ ⲉⲧⲙⲁ||[ⲟⲩⲧ —].

- Eccl 9,10: (Ed.) ⲡⲙⲉ ⲉⲧⲕⲓ ⲛⲛⲉ ⲉⲙⲉⲩ „der Ort, wohin du im Begriff bist zu gehen.“ Der Anstoß liegt in der Sektionierung von ⲉⲧⲕⲓⲛⲛⲉ, wodurch sich der unmögliche Eindruck ergab, dass hier das Verbum ⲓ̈ „kommen“ in der Funktion eines Hilfszeitwortes im Präsenssystem gebraucht wäre. Die Verwunderung (freilich nicht das ⲓ̈ im Präsens betreffend) über den so verstandenen Ausdruck zieht sich durch das ganze Buch (vgl. S. 49. 62. 331. 333. 343. 345. 424. 429. 474. 477. 482). Der Ausdruck liegt auf derselben Ebene wie ⲉⲧⲕ̣ⲓ̣ⲙ̣ⲙ̣ⲉ̣ⲩ̣ (Eccl 11,7), wo aber nach dem Missgriff der Einleitung (S. 35), auf dem Wege über Beibehaltung der falschen Worttrennung in der Textdarbietung (S. 314) bei korrekter Übersetzung (wenn auch mit Fragezeichen [S. 315]), im Register völlige Klarheit erreicht ist (S. 343; merkwürdigerweise steht der andere Ausdruck, für den genau dasselbe gilt, unmittelbar darunter, ohne dass die Gleichheit des Falles erkannt wäre). Mit anderen Worten, das scheinbar rätselhafte ⲓ ist die prosodisch bedingte vokalische Auflösung des silbischen Sonors im Verbum ⲛ̄ⲛⲉ „gehen“. Das ⲓ ist also genau dasselbe ⲓ wie z. B. im Syntagma ⲙ̄ⲡⲓⲙⲧⲁ ⲛ̄- (ⲉⲃⲁⲗ) „vor“ (vgl. die entsprechenden Notizen dazu im Register S. 342).
- Eccl 9,12: (Ed.) ⲛⲟⲩⲁ[ⲓ̈ϣ ⲉⲑⲁⲩ —] „zu einer [schlimmen Z]eit.“ Der indeterminierte Zeitausdruck (mit immanentem bzw. haplographischem unbestimmtem Artikel) fordert unbedingt den attributiven Umstandssatz, also [— ⲉϥϩⲁⲩ —], wie er in den unterägyptischen Parallelen PMich 3520 (*V4*) und PMich 6868 (*F5*) auch ausdrücklich steht.
- Eccl 9,15: (Ed.) [— ϥⲛⲉϩ]ⲉⲙ ⲧⲡⲟⲗ[ⲓⲥ —] „[— er würde] die *Sta*[*dt* ret] ten.“ Der Direktanschluss des determinierten Objekts schließt ein Präsens in der Klammer aus. Es kann da nur der Konjunktiv (wie ursprünglich im Manuskript der Ausgabe) oder der Instans gestanden haben, wie immer die Raumaufteilung gewesen sein mag (zur Not kann man ja im Falle des Instans Haplographie annehmen [— ϥ<ⲛⲉ>ⲛⲉϩ]ⲉⲙ.
- Eccl 9,15: (Ed.) [— ⲁϩⲁ ⲙ̄ⲡⲉ] | ⲗⲱⲙ[ⲓ ⲡⲉ ⲛ̄ⲧⲁϥⲓ̈ⲗ] ⲡ<ⲙ>ⲏ̣ⲟⲩ̣ⲓ̣ [ⲙ̄ⲡⲉⲓ̈ⲗⲱⲙⲓ ⲛ̄ϩⲏⲕⲓ —] „[— Und <später> war kein] | Men[sch, der an diesen armen Mann ge]da[cht hätte. —]“ Ehe der Leser hier ohnmächtig wird – der „Wirrwarr“ dieser Stelle ist das Produkt einer sekundären

Verschlimmbesserung; der perfektische Relativsatz (wenn auch durch keine Vorlage oder Parallele gedeckt) hatte, wie noch die Übersetzung zeigt, ursprünglich einen anderen und erträglichen „Vorbau" –, möge er die beziehungslosen Elemente ⲡⲉ und ⲛ̄ⲧⲁϥ- durch ⲙ̄ⲡⲉϥ- ersetzen. Man könnte hier also einen der im P. Hamb. Bil. 1 so häufigen Fälle einer Extraposition der Konjugationsbasis annehmen.

- Eccl 9,17: (Ed.) [ⲛ̄ϣⲉϫⲓ] | ⲛ̄ⲛⲓⲛ[ⲥⲃⲁ ⲁⲩⲥⲁⲧⲙⲟⲩ ϩⲓⲛ ⲟⲩⲙⲁⲧⲛⲉⲥ ÷ ⲁⲗⲉ ⲡ]ⲉⲩⲥⲱⲧⲟ̣[ⲙ] | ⲉ̣ϩⲟⲩⲁ[ⲥⲧ ⲉⲧⲉⲥⲙⲏ —] „Die [Worte] | der [Weisen werden in Behaglichkeit gehört. I]hnen zuzuhöre[n] | (ist) meh[r als das Geschrei (etc.) —]." Problematisch erscheint mir hier das Element ⲁⲗⲉ-, d. h. – zur Unterbringung des offenbar überschießenden Elementes ⲡⲉⲩⲥⲱⲧⲟⲙ – die Annahme eines verblosen zweiten Präsens mit ⲉϩⲟⲩⲁⲥⲧ ⲉ- als Prädikat. Demgegenüber würde bei Austausch mit ⲛⲁⲛⲟⲩ- zwar der Platz etwas enger, jedoch Konstruktion und Stil einwandfrei: „[— Es ist besser, i]hnen zuzuhöre[n] | [als dem Geschrei (etc.) —]."
- Eccl 10,10: (Ed.) ⲉϣⲱ[ⲡⲓ ⲁⲗⲉ ⲡⲃⲉ]|ⲛⲓⲡⲉ ϩⲏⲓ̈ ⲛ̄ⲧⲁϥ ⲧϥ̣ ϣⲁⲗⲉ ⲡⲉϥϩⲁ ϣⲧⲁⲗⲧⲉⲗ „We[nn (aber) das Ei]sen | fällt, (dann) zittert seine Schneide (= Gesicht)." Für das Rätsel dieses Satzes, nämlich den Fremdkörper ⲧϥ̣, werden zwei verschiedene (?) „spekulative" Erklärungsversuche angeboten. Im Apparat unter dem Text (S. 310) heißt es: „ⲧϥ̣ an *vestigium propositionis nominalis exarandae* (ⲛ̄ⲧⲁϥ <ⲛ̄>ⲧϥ)??" Im Register (S. 348) liest man unter ⲛ̄ⲧⲁϥ: „<ⲛ>ⲧϥ̣- (?) forme atone (?), dans ⲛ̄ⲧⲁϥ ⲧϥ̣ E. 10,10?" Nun ist aber von der Vorlage und den Parallelen her klar, was an dieser Stelle des Satzes zu *erwarten* ist, nämlich eine Entsprechung des καί in καὶ αὐτός der Vorlage, d. h. ein ⲇⲉ (vgl. Eccl [*F7*] 7,24: ⲛ̣[ⲧⲁ]ⲥ̣ [ⲇ]ⲉ̣). Auch ist – jedenfalls nach dem Faksimile – das als ϥ wiedergegebene, schwer identifizierbare Zeichen des Originals als ein irregulär geschriebenes bzw. aus einer angefangenen Fehlschreibung verbessertes ⲉ deutbar. Wir hätten dann hier ⲧⲉ̣ zu lesen und ⲇⲉ zu verstehen.
- Eccl 11,5: (Ed.) ⲛ̣ⲉ̣ⲓ̣ ⲉ̣ⲧⲉ̣ϥⲉⲓⲧ̣ⲟ̣ⲩ ⲧ̣ⲏ̣ⲗⲟⲩ „die er alle gemacht hat." Das (3.) Epsilon unsicherer Lesung, um das sich der Text von der Übersetzung unterscheidet, ist kein Druckfehler. Diese – überhaupt nicht hinterfragte – Lesung der unsyntaktischen Verbindung von relativer Präsensform mit suffigiertem Infinitiv findet sich schon im ursprünglichen Manuskript der Ausgabe und ist im Register festgeschrieben, insofern als unsere Relativform da eben als relatives Präsens dokumentiert wird (S. 330). Obgleich der Papyrus hier so schlecht zu lesen ist, dass das Faksimile nicht hilft, so ist doch hinreichend klar, dass der

Text von *F7* nur ⲉⲧⲁϥ- gewesen sein kann (sonst wäre das Futur ⲉⲧ(ⲉ) ϥⲛⲉⲉⲓⲧⲟⲩ zu erwarten). Übrigens setzt auch der PMich 3520 (*V4*) ein griechisches ἐποίησεν statt des ποιήσει der geläufigen LXX-Version voraus (vgl. ⲉⲧⲁϥⲧ̣ⲁⲙⲓⲁⲩ ⲧⲏⲣ̣ⲟ̣ⲩ).

V

Die altfayumische Sprache des P. Hamb. Bil. 1 hat aber ihre Bedeutung nicht nur in sich selbst, sondern auch darin, dass sie in vielerlei Hinsicht Licht ins Dunkel der Umgebung bringt. Es mag mir verziehen werden, wenn ich hier besonders die Relevanz, die der P. Hamb. Bil. 1 und seine Edition für den Bereich des mittelägyptischen Dialekts (*M*) haben, hervorkehre.

Zunächst einmal möchte ich die Aufmerksamkeit darauf lenken, dass die besonders variable, etwas wilde, und doch kontrolliert wirkende Orthographie des P. Hamb. Bil. 1 einen sehr seltsamen, vor kurzem von A. Alcock in dieser Zeitschrift veröffentlichten mittelägyptischen Text, gemeint ist P. Oxy. 4 1B 74/K(a),[7] m. E. in einem ganz neuen Licht erscheinen lässt. Dessen kuriose Schreibweise ist nämlich auf einmal nicht mehr isoliert, sondern wirkt als organischer Bestandteil eines Kontinuums orthographischer Möglichkeiten. Automatisch erhält auch der Textinhalt eine viel höhere Würde. Und schließlich kommt Klarheit in die Stellen, die bisher noch unverständlich geblieben sind. Obgleich ich nun vorhabe, an anderer Stelle (ZÄS) im Rahmen einer kleinen Serie „Mittelägyptische Nachlese" noch einmal ausführlich und grundsätzlich auf diesen mittelägyptischen Text zurückzukommen, kann ich es mir nicht versagen, gleich jetzt – zur Information der Leser und im Sinne einer schnellen Berichtigung – sozusagen das Ergebnis mitzuteilen, indem ich den Text Alcocks in einer (Re-)Standardisierung nebst Übersetzung hier einfüge.[8]

(recto) ϩⲣⲏⲓ̈ ϩⲛ ⲧⲙⲉϩⲥⲁ ⲛ̇ⲣⲁⲙⲡⲉ ⲛ̇ⲥⲉⲟⲩⲏⲣⲟⲥ | ⲙⲛⲛ̇ⲥⲁ ⲡⲇⲓⲱⲅⲙⲟⲥ ⲉⲣϣⲟⲡⲉ ϩⲁⲧⲉϥϩⲏ <ϩⲁⲑⲏ ⲙ̇ⲡⲇⲓⲱⲅⲙⲟⲥ ⲉⲣϣⲟⲡⲉ ⲙⲛⲛ̇ⲥⲱϥ> | ϩⲓ̈ ⲡⲙⲁⲕⲁⲣⲓⲟⲥ ⲇⲓⲟⲛⲩⲥⲓⲟⲥ ⲡⲉⲡⲓⲥⲕⲟⲡⲟⲥ | ⲛ̇ⲣⲁⲕⲁⲧⲉ·

[7] Vgl. A. Alcock, Enchoria 11 (1982), 1–5, mit Tafel 1–2.

[8] Vorausgesetzt ist dabei Alcocks Entzifferung des wirklichen Textes (mit nur drei Ausnahmen; nämlich: r 1 ⲧⲙⲉϩⲥⲁ statt ⲧⲙⲉϩⲥⲁⲓ; r 21 ⲛ̄ⲧ̄ statt ⲡ̄ⲧ̄ und ⲁⲓ̣ⲛⲉ statt ⲁϩⲛⲉ); und meine ganz und gar künstliche Transkription in die klassische Orthographie von *M* hat nur den Sinn, auf die kürzeste Weise auszudrücken, was der wirkliche Text m. E. *gemeint* hat.

ⲡⲉⲣⲁ ⲇⲉ ⲥⲉⲟⲩⲏⲣⲟⲥ ⲁϥⲧⲟⲟⲩⲛ ⲁϥⲉⲓ ⲉϩⲣⲏⲓ̈ ⲉⲧⲛⲁϭ ⲙ̇ⲡⲟⲗⲓⲥ ⲣⲁⲕⲁⲧⲉ | ⲉⲧⲉ ⲧⲉⲓ̈ ⲧⲉ ⲧⲙⲏⲧⲣⲟⲡⲟⲗⲓⲥ ⲛ̇ⲕⲏⲙⲉ· ⲁϥⲧⲟⲟⲩⲛ | ⲛ̇ⲟⲩⲇⲓⲱⲅⲙⲟⲥ ⲉϫⲉⲛ ⲛⲉⲭ̅ⲣ̅ⲛ̅ⲥ̅·

ⲟⲩⲁⲛ ⲛⲓⲙ | ⲟⲩⲛ ⲉⲧⲉ ⲛⲁⲩⲡⲓⲥⲧⲉⲟⲩⲉ ⲉⲡⲉⲭ̅ⲣ̅ⲥ̅· ϩⲁϩ | ⲙⲉⲛ ⲛ̇ϩⲏⲧⲟⲩ ⲁⲩⲉⲣϩⲁⲧⲉ ⲁⲩⲑⲩⲥⲓⲁⲍⲉ ⲛ̇ⲛ̇ⲉⲓⲇⲱⲗⲟⲛ· ϩⲉⲛⲕⲁⲟⲩⲉ ⲇⲉ ⲁⲩⲁⲛⲁⲭⲱⲣⲓ | ⲡⲡⲁⲗ ⲛ̇ⲧⲡⲟⲗⲓⲥ ⲉⲙⲡⲟⲩⲛⲉϣϭⲉⲛϭⲁⲙ ⲉ|ⲧⲟⲟⲩⲛ ϩⲁ ⲡϣⲉⲙϣⲉ ⲉⲧϫⲉϩⲙ ⲉⲧⲥⲉⲛⲉ | ⲉⲣⲁϥ·

ⲛⲁⲣⲉ ϩⲉⲛϣⲏⲟⲩⲉ ⲅⲁⲣ ⲛⲁⲩⲕⲏ ⲉ|ϩⲣⲏⲓ̈ ϩⲓ̈ ⲧⲁⲅⲟⲣⲁ· ⲡⲉⲧⲥⲛⲉⲉⲣϩⲛⲉϥ ⲉϫⲓ ⲟⲩⲛⲓⲛⲉⲓ̈ ⲉⲃⲁⲗ ϩⲓ̈ⲧⲛ ⲡⲉⲣⲁ ϣⲁϥϣⲉ ⲛⲉϥ | ⲛ̇ϣⲁⲣⲡ ⲛϥⲑⲩⲥⲓⲁⲍⲉ ⲛ̇ⲥⲉⲕⲱ ⲛⲉϥ ⲉϩⲣⲏⲓ̈ | ⲛ̇ⲟⲩⲟⲯⲱⲛⲓⲟⲛ·

ⲛⲁⲣⲉ ⲟⲩⲛⲁϭ ⲛ̇ⲇⲓⲱⲅⲙⲟⲥ | ⲛⲁϥϣⲁⲡ ϩⲛ ⲧⲉⲭⲱⲣⲁ ⲛ̇ⲕⲏⲙⲉ· ⲛⲉ|ⲭ̅ⲣ̅ⲛ̅ⲥ̅ ⲙⲉⲛ ⲛⲁⲣⲉ ⲡⲉⲣⲁ ϩⲟⲧⲃ ⲙ̇ⲙⲁⲩ· ⲁⲩⲱ ⲛⲉⲣⲡⲏⲓ̈ⲉ ⲛ̇ⲛⲉⲧⲥⲉⲙⲟⲩⲧⲉ | ⲉⲣⲁⲩ ϫⲉ ⲛ̅ϯ̅ ⲛⲁⲩⲕⲟⲧ ⲙ̇ⲙⲁⲩ·

ϩⲁⲓ̈ⲛⲉ | ⲇⲉ ⲉⲃⲁⲗ ϩⲛ ⲛⲉⲭ̅ⲣ̅ⲛ̅ⲥ̅ ⲁⲩⲁⲛⲁⲭⲱⲣⲓ ⲛⲉⲩ | ⲡⲡⲁⲗ ⲛ̇ⲧⲡⲟⲗⲓⲥ·
(verso) ⲛⲁⲩⲛⲉⲙⲉⲩ ⲛ̇ϫⲉ ϩⲉⲛⲕⲉⲡⲁⲣⲑⲉⲛⲟⲥ· | ⲉϩⲟⲩⲛ ⲉⲟⲩⲡⲣⲟⲁⲥⲧⲓⲟⲛ ⲉϥⲥⲁⲡⲓⲏϥⲧ ⲛ̇ⲧⲡⲟ|ⲗⲓⲥ ⲛ̇ⲙⲓⲗⲓⲟⲛ ⲥⲛⲉⲩ· ⲉⲡⲁ ⲟⲩⲡⲣⲉⲥⲃⲩ|ⲧⲉⲣⲟⲥ ⲡⲉ ⲉⲡⲉϥⲣⲉⲛ ⲡⲉ ⲓ̈ⲱϩⲁⲛⲛⲏⲥ· ⲁⲩϭⲱ ϩⲙ ⲡⲙⲉ ⲉⲧⲙⲙⲉ· ⲉⲩϣⲁⲡ ϩⲛ ⲟⲩϩⲣⲁⲕ· | ⲛ̇ⲛⲁⲩⲟⲩⲟⲙ ⲛ̇ⲛⲓⲛⲉⲓ̈ ⲉⲛ ⲉⲓⲙⲏⲧⲓ ⲟⲩⲁⲧⲉ | ⲙ̇ⲙⲉⲧⲉ ϩⲓ̈ ⲙⲁⲩ ⲉⲩⲡⲣⲟⲥⲕⲁⲣⲧⲉⲣⲓ ⲉ|ⲡⲉϣⲗⲏⲗ ⲉⲣⲉ ⲡⲙⲁⲕⲁⲣⲓⲟⲥ ⲓ̈ⲱϩⲁⲛⲛⲏⲥ | ⲡⲉⲡⲣⲉⲥⲃⲩⲧⲉⲣⲟⲥ ⲉⲧⲁⲛⲉⲣϣⲉⲣⲡ ⲛ̇ϫⲁϥ ⲉⲣⲟⲧⲉⲛ ⲉϥϣⲁⲡ ⲛⲉⲩ ⲛ̇ⲑⲏ ⲛ̇ⲟⲩⲓ̈ⲟⲧ | ⲉⲛⲁⲛⲟⲩϥ:

Übersetzung

Im sechsten Jahr des Severus, *nach* der Verfolgung, die *vor* seiner Zeit stattgefunden hatte, <und *vor* der Verfolgung, die *nach* seiner Zeit> unter dem seligen Dionysios, dem Bischof von Alexandria, <stattfand>.

Da machte sich der Kaiser Severus auf und kam herab zu der großen Stadt Alexandria, das ist die Hauptstadt Ägyptens. Er brachte eine Verfolgung über die Christen.

Was nun alle die betrifft, die an Christus glaubten, so fürchteten sich zwar viele von ihnen und opferten den Götzen, andere aber zogen sich nach außerhalb der Stadt zurück, weil sie den unreinen Gottesdienst, den sie sahen, nicht ertragen konnten.

Denn Altäre waren auf dem Marktplatz aufgestellt (mit der Aufschrift): Wem es wohl gefallen wird, etwas vom Kaiser zu empfangen, der wird zuerst hingehen und opfern, und man wird ihm eine Belohnung aussetzen.

Es war eine schlimme Verfolgung im Lande Ägypten. Was die Christen nun betrifft, so ließ der Kaiser sie töten. Und die Tempel der so genannten Götter wurden (wieder) aufgebaut.

Einige jedoch von den Christen zogen sich nach außerhalb der Stadt zurück – es waren auch etliche Jungfrauen bei ihnen – zu einem Landgut, das im Osten der Stadt (in einer Entfernung) von zwei Meilen lag und einem Presbyter namens Johannes gehörte. Sie blieben an jenem Ort, indem sie sich ruhig verhielten. Sie aßen nichts mit Ausnahme nur von Kräutern mit Wasser, indem sie im Gebet verharrten, während der selige Presbyter Johannes, den wir euch zuvor genannt hatten, für sie wie ein guter Vater war.

VI

Noch eine weitere Beziehung des P. Hamb. Bil. 1 zum Mittelägyptischen erscheint als Ausschnitt aus einem Kontinuum von Realisierungsmöglichkeiten, das diesmal aber die Sprache selbst betrifft. Der Aspekt eines solchen Kontinuums oder, wie man auch sagen könnte, eines breiten sprachlichen Spektrums ist es ja, was sich unmittelbar aus Kassers Vorstellung des Altfayumischen im Kontext der anderen Spielarten des Fayumischen nebst den mit dem Fayumischen aufs engste verwandten Formen des Koptischen ergibt. Und solche „Spektralanalyse" war auch gerade im Bereich des Fayumischen überfällig. Denn wie irreführend ist die Vielfalt der Erscheinung von Wörtern und Formen, die in der herkömmlichen Lexikographie unter dem Sigel *F* begegnet? Kassers ausgeklügeltes dialektologisches Unterscheidungs-, Ordnungs- und Bezeichnungssystem bringt hier tatsächlich Hilfe; und man kann – nach meiner eigenen Erfahrung – mit ihm arbeiten, auf jeden Fall erst einmal lexikographisch, wie sich ja auch schon in dem Hauptregister der Ausgabe des P. Hamb. Bil. 1 zeigt, wo nämlich jeder altfayumischen Form das ganze Spektrum der anderen Formen, die es im Bereich des Fayumischen und seiner Umgebung gibt, gegenübergestellt ist. Problematisch könnte die Sache nur werden, wenn man das lexikographische System zu direkt mit den Formen der einst – in Zeit und Raum – wirklich gesprochenen und geschriebenen Sprache in Beziehung setzt. Aber nun soll ja nicht Kassers Dialektologie, die ein Thema für sich ist, Gegenstand dieser Betrachtung sein. Der Hinweis auf sie diente vielmehr nur als Sprungbrett für die Erörterung eines weiteren hervorhebenswerten Aspekts der Bedeutung des P. Hamb. Bil. 1 selbst.

Aus dem in der Ausgabe des P. Hamb. Bil. 1 dokumentierten Gesamtkontinuum der Sprache des Fayum und seiner Umgebung kann man nämlich mit Gewinn an Einsicht eine für die Beziehung des Fayumischen zum Mittelägyptischen relevante Dreiecksbeziehung herausheben, und zwar zwischen dem Altfayumischen des P. Hamb. Bil. 1, der Sprachform des von Kasser dankenswerterweise wieder in Erinnerung gerufenen P. BM Or. 4919(5) (S. 108–110) und eben dem Mittelägyptischen.

Das Londoner Papyrusfragment, vermutlich aus dem 4./5. Jahrhundert n. Chr. stammend und Bruchstücke eines nicht identifizierten Textes bietend, war einst von W. E. Crum herausgegeben worden.[9] P. E. Kahle bestimmte die sprachliche Art dieses Textes als Frühfayumisch mit mittelägyptischem Einfluss, wobei dieser Einfluss sich aber ganz einseitig nur im Gebrauch des mittelägyptischen Perfektsystems auf Hori zeige.[10] Die Bedeutung des Londoner Papyrus für Kasser und seine exzeptionelle Rolle innerhalb der Ausgabe des P. Hamb. Bil. 1 besteht darin bzw. erklärt sich daraus, dass er praktisch dieselbe Spielart des Fayumischen repräsentiere wie die koptischen Partien des Hamburger Codex, also in Kassers Nomenklatur: *F7*. So ist eben auch das Sprachmaterial des Londoner Fragments voll in das Register dieser *F7* Texte integriert. Um den gleichwohl bestehenden Unterschieden Rechnung zu tragen (z. B. heißt die so wichtige Partikel, die die nachträgliche Explikation des pronominalen Subjekts einer Konjugation einführt, konsequent ⲛ̀ϫⲉ gegenüber dem ⲛ̀ϫⲓ von *F7*), nennt Kasser die Sprache des Londoner Fragments allerdings *F74*, macht sie also zum Unterdialekt von *F7*. Nun weist das Londoner Fragment von den Spezifika des Hamburger Textes nur ein einziges auf, nämlich ϫ für ϭ. Im Übrigen wirkt dessen Sprache wie der Typ des Fayumischen, den Kasser *F4* nennt. Da nun zudem Schrift und Schreibung des Londoner Fragments von einem ungleich höheren Grad an Normalisierung und Standardisierung zeugen, sollte es eigentlich näher liegen, wenn das Verhältnis der beiden Spielarten des Fayumischen zueinander überhaupt als das eines Dialekts zu seinem Unterdialekt gefasst werden müsste, umgekehrt die Sprache des Hamburger Codex für den Unterdialekt der Sprache des Londoner Papyrus zu halten. An dem Verhältnis dieser beiden Texte zueinander kann einem die Ambivalenz der dialektologischen Systematik Kassers besonders deutlich werden. Aber auch das wiederum ist ja hier gar nicht mein „Punkt“ . Mein begeistertes Interesse an dem von Kasser „wiederausgegrabenen“ – von mir nämlich vorher gar nicht recht wahrgenommenen P. BM Or. 4919(5) – liegt vielmehr ganz auf der Linie der Einordnung durch Kahle. Durch die offenbar hier zur Norm gewordene Benutzung des nur aus dem Mittelägyptischen als in obligatorischem Gebrauch befindlich bekannten Perfektsystems auf Hori in einer Spielart des Frühfayumischen stellt er eine höchst wichtige und willkommene direkte Verbindungslinie vom reinen Mittelägyptischen zum reinen Fayumischen dar.

[9] Ein verlorenes Tempuspräfix im Koptischen, ZÄS 36 (1898), 139f.

[10] “An early Fayyumic text with Middle Egyptian influence is the fragmentary BM 521 which shows normal Fayyumic, but has the Middle Egyptian verbal prefix ϩⲁϥ-, ϩⲁⲩ-” (Bala'izah I, 230).

Die schließlich noch geschuldete dritte Seite des Beziehungsdreiecks besteht in einer – wenn auch noch so dünnen – direkten Verbindungslinie zwischen der altfayumischen Sprache des P. Hamb. Bil. 1 selbst und dem Mittelägyptischen. Was gemeint ist, sind bestimmte Formen und Aspekte von *F7*, die identisch mit solchen des Mittelägyptischen sind bzw. zur Erklärung von spezifischen mittelägyptischen Phänomenen dienen können. Das wichtigste ist wohl die oben schon erwähnte alternative Form der 3. Pers. Pl. des relativen Futurs ⲉ[ⲧⲉ] ⲥ̣ⲉ̣ⲛⲉ- in Cant 8,8 (ⲁⲛⲉ̣[ⲓ̈ⲗⲓ ⲛ̄ⲟⲩ (*sic*!) ⲛ̄ⲧⲉⲛ]ⲥⲱⲛⲓ ⲙ̄ⲡⲉϩⲁ̣ⲟ̣ⲩ ⲉ[ⲧⲉ] ⲥ̣ⲉ̣ⲛⲉϣⲉϫⲓ | ⲉⲧⲃⲏⲧⲥ). Dabei hängt natürlich alles von der Richtigkeit der Lesung und Rekonstruktion ab. Im Mittelägyptischen ist ⲉⲧⲥⲉⲛⲉ- Standard.[11] Das nächste an Wichtigkeit ist ein möglicher weiterer Beleg einer der für das Mittelägyptische typischen, aber sporadisch auch in fayumischen Texten vorkommenden Stativformen mit unerwartetem ⲧ bei Zweiradikalien mit End-Pi,[12] nämlich ϩ̣ⲉ[ⲡ]ⲧ̣ in dem Syntagma ⲛⲉ̣ⲛⲙⲉ ⲉ̣ⲧ̣ϩ̣ⲉ[ⲡ]ⲧ̣ „die verborgenen Orte“ (Lam 3,10). Aber auch hier hängt die Relevanz zunächst von der Lesung ab. Schon im Apparat zum Text wird die hier vorausgesetzte Lesung auf Kasser zurückgeführt und mit der Alternativlesung von Diebner ⲉ̣ⲧ̣ϩ̣ⲉ[ⲉ]ⲡ̣ⲧ konfrontiert. Und im Register sagt Kasser, dass auch die Lesung ϩ̣ⲉⲡ̣ nicht ausgeschlossen sei (S. 378). Nun ist die Lesung am Ende aber gar nicht unsere erste Sorge. Das ist vielmehr das sowohl von Diebner als auch von Kasser als sicher gelesene ⲉ. Denn die Form, über die wir uns freuen würden, wenn wir sie wiederfänden, lautet ja ϩⲏⲡⲧ. Und der fragliche Buchstabe vor der Lücke war wahrscheinlich auch ein ⲏ – wenn das Faksimile nicht ganz täuscht; vgl. die genau entsprechende linke Hälfte des Etas von ⲧⲏϥ, dem letzten Wort der letzten Zeile dieser Seite (p. 23; Tabula 12). Es wäre also tatsächlich ϩ̣ⲏ̣[ⲡ]ⲧ̣ zu lesen. Weitere Verbindungsglieder zum Mittelägyptischen hin sind: der *stat. pronom.* ⲥⲓⲛⲟⲩⲱⲛ⸗ von ⲥⲁⲟⲩⲛ in Lam 4,8 (ⲙ̄ⲡⲟⲩⲥⲓⲛⲟⲩ̣ⲱⲛ̣ⲟ[ⲩ] ϩ̣[ⲗ]ⲏ̣ⲓ̣̈ ϩⲓⲛ ⲛⲉⲩϩⲓⲁⲩⲓ̣̈);[13] die Schreibung des Wortes ⲃⲁⲗ „Äußeres“ nach dem bestimmten Singularartikel und innerhalb bestimmter Syntagmen mit (unter Umständen sogar haplographischem) ⲡ (vgl. S. 125. 324. 341); die Schreibung des Interrogativadverbs „wo“ mit Omikron statt Omega, also ⲧⲟⲛ; der Gebrauch der Form ϫⲉϩ als Infinitiv

---

[11] Vgl. H.-M. Schenke, Enchoria 8, 1978 Sonderheft, (94)48*f.

[12] Vgl. H.-M. Schenke, Apostelgeschichte, 54[115]. W.-P. Funk hält ϩⲏⲡⲧ übrigens für die Standardform (auch) in *F5*.

[13] Vgl. Schenke, Apostelgeschichte, 56.

„berühren" in Lam 4,15;[14] der Gebrauch des Vokals ⲩ.[15] Schließlich mag noch darauf hingewiesen werden, dass im Licht der in *F7* allgegenwärtigen „itazistischen" Schreibung von ⲁⲓ für ⲉ (vgl. S. 137) die willkürliche orthographische Festlegung der Schreibung des Wortes für „Jude" im Bereich des Mittelägyptischen (ïⲟⲩⲇⲁⲓⲉⲓ *M* / ïⲟⲩⲇⲉï *W*)[16] besonders einsichtig wird.

Neben diesen außergewöhnlichen Verbindungen zwischen *F7* und *M* gibt es natürlich sowieso noch den Bereich, wo das Fayumische und das Mittelägyptische von vornherein phonologisch übereinstimmen und der nach Art der Anlage der Ausgabe des P. Hamb. Bil. 1 dort in ausführlicher und eindrücklicher Weise anschaulich gemacht wird. Dazu sind jetzt jedoch zwei kleine Ergänzungen bzw. Korrekturen möglich und nötig. Das Wort für „Horn" hat im Mittelägyptischen in Wirklichkeit dieselbe Vokalisation wie im Fayumischen, nämlich ⲧⲉⲡ.[17] Die Entsprechung zum Verb ϫⲗⲁ/ϫⲣⲁ „stark sein" heißt auch im Mittelägyptischen ϫⲣⲁ, während das mittelägyptische ϫϫⲁⲣⲁ die Entsprechung zu ⲧⲁϫⲣⲁ „sichern" darstellt.[18]

VII

Zum Abschluss dieses Willkommensgrußes für die Erscheinung des so lange erwarteten altfayumischen und für die gesamte fayumisch-mittelägyptische Dialektfamilie so überaus wichtigen Textes eignet sich kaum etwas besser als eine Betrachtung zum „Schibboleth" des Fayumischen, dem Lambdazismus,[19] und zwar unter der Frage, wie dieser im P. Hamb. Bil. 1 eigentlich konkrete Gestalt gewonnen hat, zumal sich das auf Grund der Anlage der vorliegenden Ausgabe des Textes besonders anzubieten scheint. Bei dieser nur kurzen Bemerkung zu einem an sich sehr wichtigen Thema soll es speziell – und zwar in mehrfacher Hinsicht – um die Grenzen des Lambdazismus gehen.

Der Lambdazismus des Fayumischen ist ja zunächst einmal überhaupt ein begrenztes Phänomen. Diese Metamorphose des ⲣ zu ⲗ gegenüber allen anderen Dialekten betrifft doch nur einen Teil der Wörter mit ⲣ; denn einerseits gibt es ja schon Wörter mit ⲗ in den anderen Dialekten;

---

[14] Vgl. H.-M. Schenke, Das Matthäus-Evangelium im mittelägyptischen Dialekt des Koptischen (Codex Scheide), TU 127, Berlin 1981, 32.

[15] Vgl Schenke, Apostelgeschichte, 60.

[16] Vgl. Schenke, Apostelgeschichte, 77.

[17] Besonders zu S. 361 *s.v.*; vgl. Schenke, Apostelgeschichte, 54[114].

[18] S. 383 bzw. 363; und vgl. Schenke, Apostelgeschichte, 57.

[19] Dieser Ausdruck stammt von H. J. Polotsky; vgl. Collected Papers, 1971, 437a.

und andererseits gibt es auch eine Menge von Wörtern, die auch im Fayumischen mit ⲣ geschrieben werden. Man kann sich die Sache am zweckmäßigsten so zurechtlegen, dass man drei verschiedene *r*-Phoneme voraussetzt und folgende, von W.-P. Funk aufgestellte Regel übernimmt:[20]

r_1	→	r/[alle Dialekte]			
r_2	→	r/[alle außer *F*]	r_2	→	l/ [*F*]
r_3	→	l/[alle Dialekte]			

Mir erscheint da nun wiederum besonders interessant die Grenze zwischen /r_1/ und /r_2/, das heißt, die Betrachtung des fayumischen Lambdazismus, also das fayumischen /r_2/, von dem fayumischen /r_1/ aus.[21] Ich habe mich also bei der Beschäftigung mit dem P. Hamb. Bil. 1 von vornherein für alle Wörter interessiert, die in dieser Spielart des Fayumischen mit ⲣ geschrieben werden. Sie finden sich in der folgenden Liste zusammengestellt:

ⲁⲣⲱϯ	„Milch"	ϣⲁⲣϣⲣ	„umstürzen"
ⲁⲣⲱϫ=	„Ende"	ϩⲣⲏ	„Nahrung"
ⲃⲱⲣⲉ	„vertreiben"	ϩⲣⲁⲕ	„ruhig sein"
ⲃⲱⲣⲕ	„zürnen"	ϩⲉⲣⲙⲉⲛ	„Granatapfel"
(ϊⲃ)ⲃⲣⲉⲧ	„von Zypresse"	ϩⲣⲏⲗⲓ	„Blume"
(ⲉ)ⲓⲱⲣϩ	„betrachten"	ϩⲣⲱⲧ	„Kelter"
ⲕⲉⲣⲙⲓ	„Asche"	ϩⲣⲁϣ	„schwer sein"
ⲙⲛⲧⲣⲏ	„Zeuge"	ϩⲓⲣϣⲓⲗⲓ	„Jüngling"
ⲡⲣⲉϣ	„Matte"	ϩⲧⲁⲣⲓ	„Stute"
ⲣⲉ	„Sonne"	ϩⲧⲱⲣ	(pl.) „Pferde"
(ϊ)ⲣⲣⲁ	„König"	ϩⲁⲧⲣⲏ	„Zwilling"
ⲣⲏⲥ	„Süden"	ϫⲁⲣ	(Stativ) „stark sein"
ⲣϣⲱⲛ	„Mantel"	ϫⲱⲣ	„jagen"
ⲥⲱⲣⲟⲙ	„irreführen"	ϫⲱⲣⲓ	„stark"
ⲧⲁϫⲣⲁ	„sichern"	ϫⲱⲣⲁ	„stark"
ⲱⲣⲉⲃ	„besudeln"	ϫⲁⲣⲱⲃ	„Stab"
ϣⲉⲣ	„Haut"	ϫⲣⲁ(ⲙ)ⲡⲓ	„Taube"
ϣⲁⲣⲡ	„erster"	ϫⲱⲣϫ	„jagen"
ϣⲱⲣⲡ	„früh sein"		

Die meisten Wörter dieser Liste werden auch im sonstigen bzw. klassischen Fayumisch mit Rho geschrieben, zeigen also das typische „Rest-Rho" des Fayumischen, oder, noch einmal anders gesagt, liegen eindeutig jenseits der Grenze zwischen /r_2/ und /r_1/. Bei einigen allerdings gibt es

[20] Vgl. W.-P. Funk, Die Zeugen des koptischen Literaturdialekts *I7*, ZÄS 114, 1987, 130/1[20].

[21] Dieses Interesse hängt mit der Arbeit am PMich 3520 (*V4*) als einem Stück Kontext des Mittelägyptischen zusammen; vgl. Schenke, Apostelgeschichte, 78f.

Fluktuationen, die uns zeigen, dass wir hier in den Grenzbereich selbst kommen. Diese Fluktuation zeigt sich schon innerhalb unseres Textes selbst, wo es zu den in der Liste aufgeführten Wortgestalten in *F7* relevante Alternativen gibt. Sonst zeigt sie sich darin, dass gelegentlich dem ⲣ der hiesigen Wörter *außen*, d. h. im sonstigen bzw. klassischen Fayumisch, eine Wortgestalt mit ⲗ gegenübersteht. Es sind allerdings drei verschiedene Grenzbereiche, in die uns diese Fluktuationen führen.

1. Bei dem Wort „Blume" kommt die Mischgestalt mit (einem) Rho ϩⲣⲏⲗⲓ im P. Hamb. Bil. 1 in Wirklichkeit nur ein einziges Mal vor; sonst wird das Wort aber ϩⲗⲏ(ⲗ)ⲓ geschrieben, wie es auch die allein klassisch-fayumische Form dieses Wortes ist. Diesem inneren Gegenüber läuft nun parallel das äußere Gegenüber *F7*/*F*(*5*) bei noch vier anderen Wörtern der Liste, nämlich: ⲁⲣⲱϫ⸗/ⲁⲗⲱϫ⸗; ϣⲉⲣ/ϣⲉ(ⲉ)ⲗ; ϣⲱⲣⲡ/ϣⲱⲗ(ⲉ)ⲡ; ϣⲁⲣϣⲣ/ϣⲁⲗϣⲉⲗ. Das heißt aber nichts anderes, als dass wir es hier, direkt an der Zäsur zwischen /r_1/ und /r_2/ mit der Grenze zwischen den Dialekten *F* und *V* zu tun haben, bzw. mit der besonders durch den PMich 3520 repräsentierten, nicht unbedeutenden Tendenz am Rande des Fayumischen, /r_2/ durch /r_1/ zu ersetzen bzw. den Unterschied zwischen ihnen zu neutralisieren.

2. An die entgegengesetzte Grenze des fayumischen Lambdazismus führt uns die innertextuelle Fluktuation beim Nomen ϩⲓⲣϣⲓⲗⲓ und beim Stativ ϫⲁⲣ. Die Form ϩⲓⲣϣⲓⲗⲓ entspricht zwar dem (äußeren) normalfayumischen ϩⲉⲣϣⲓⲗⲓ, ihr steht aber im Text selbst als die für ihn eigentlich charakteristische Wortgestalt die Form ϩⲉⲗϣⲓⲗⲓ gegenüber. Ein ähnliches innertextuelles Gegenüber gibt es bei dem Stativ ϫⲁⲣ dadurch, dass die Infinitivform dieses Verbs ϫⲗⲁ heißt, obgleich deren normal-fayumische Gestalt ϫⲣⲁ ist. Wir haben es also hier mit einer Art „Ausuferung" des fayumischen Lambdazismus zu tun (sozusagen Ersetzung von /r_1/ durch /r_2/). Auf derselben Linie liegt nun auch der überaus bemerkenswerte, oben in Abschnitt III schon vermerkte Sachverhalt, dass, wenn im kausativen Infinitiv die Liquida erscheint, sie es als ⲗ tut – und nicht als ⲣ, wie es das im Fayumischen Übliche ist.

3. Noch ein anderer Grenzbereich kommt schließlich in den Blick an Hand des Rho im Verbum ⲃⲱⲣⲕ, obgleich die Sachlage zunächst der gerade (unter Nr. 2) besprochenen analog zu sein scheint. In unserem Text alterniert ⲃⲱⲣⲕ wohl mit ⲃⲱⲗⲕ bzw. ⲃⲱⲗⲉⲕ, aber die außerhalb für das Fayumische belegte Form lautet ⲃⲱⲣⲕ. Nur, da auch die anderen

Dialekte, nämlich *A L M* und *S*,[22] hier ein ⲗ haben, sieht es eher danach aus, dass das eigentliche Fayumisch hier die „unnatürliche" Form hat – legitim wäre allein ⲃⲱⲗ(ⲉ)ⲕ –, die durch eine Art „Umkehrung" des Lambdazismus zustande gekommen wäre (nach der Pseudomaxime: wenn ⲗ für ⲣ eintreten kann, warum nicht auch ⲣ für ⲗ?). Vermutlich also haben wir es hier zu tun mit einem Problem an der Grenze zwischen /r_2/ und /r_3/ bzw. handelt es sich um ein Umschlagen – um die „Achse" /r_2/ herum – von /r_3/ zu /r_1/.

22 Für das Sahidische jetzt durch die Nag Hammadi-Schriften belegt; vgl. UW, NHC II, p. 103,16; ExAn, NHC II, p. 132,3; 1ApcJac, NHC V, p. 28,4; ApcAd, NHC V, p. 64,22; Noēma, NHC VI, p. 43,32; 44,27; ParSem, NHC VII, p. 18,36f.

WAS IST GNOSIS? NEUE ASPEKTE DER ALTEN FRAGEN NACH DEM URSPRUNG UND DEM WESEN DER GNOSIS*

Etwas zum Lachen war Adam,
der in Fälschung als Abbild eines Menschen
geschaffen wurde durch den Siebenten,
als ob er (dadurch) mich und meine Brüder überwältigt hätte,
die wir doch schuldlos bei ihm sind
und nicht gesündigt haben.
Etwas zum Lachen war auch Abraham samt Isaak und Jakob....
Etwas zum Lachen war David....
Etwas zum Lachen war Salomo....
Etwas zum Lachen waren auch die zwölf Propheten....
Etwas zum Lachen war Mose....
Ja, etwas zum Lachen war dieser Archont (selbst),
weil er sagte:
„Ich bin Gott, und es gibt keinen, der größer ist als ich.
Ich allein bin der Vater, der Herr;
und es gibt keinen anderen außer mir.
Ich bin ein eifersüchtiger Gott,
der ich bringe die Sünden der Väter über die Kinder
bis zu drei und vier Generationen"....
Ja, etwas zum Lachen war es,
ein (Selbst-)Gericht und falsche Prophetie.
(Der zweite Logos des großen Seth [2LogSeth],
NHC VII,2 p. 62,27–65,2)

Wahrlich, <nicht> mich sahen und bestraften sie,
ein anderer – ihr Vater – war jener, der die Galle und den Essig trank,
nicht ich war es, der mit dem Rohr geschlagen wurde,
ein anderer war es, der das Kreuz auf seiner Schulter trug, nämlich Simon.
Ein anderer war es, dem die Dornenkrone aufs Haupt gesetzt wurde;
ich aber ergötzte mich in der Höhe
an dem ganzen (scheinbaren) Reichtum der Archonten
und dem Samen ihres Irrtums
<und der...> ihres eitlen Ruhms;
und ich lachte über ihren Unverstand.
(2LogSeth, p. 56,4–20)

Jesus sagte: „Selig sind die Einsamen und Auserwählten!
Denn ihr werdet das Reich finden,

* In: J. B. Bauer/H. D. Galter (Hg.), Gnosis, GrTS 16, Graz 1994, 179–207.

weil ihr aus ihm stammt
und dorthin zurückkehren werdet."
(Das Evangelium nach Thomas [EvThom].
NHC II,2 p. 41,27–30, § 49)

So etwas ist gnostisch! Das heißt, solche Sätze, solche Texte, nennt man gnostisch. Und Texte wie diese gibt es eben wirklich. Und in solchen konkreten Fällen ist dann das Urteil möglich: das und das ist gnostisch. Demgegenüber ist die Frage, was die Gnosis – an sich – ist, als eine abstrakte, schwer oder kaum zu beantworten. Aber mit einem „Ich weiß es nicht" lässt sich ja die Frage als solche auch nicht verscheuchen. Die Frage als solche hat also auch eine Art von „Realität". Sie zielt auf das, was die Vielheit solcher konkreten Texte, die nicht nur einander ähnlich sind, sondern auch charakteristische Eigenheiten und Unterschiede aufweisen, zusammenhält – falls es überhaupt ein solches Band gibt.

Ich schäme mich der eigenen, neuerlichen, Unsicherheit in dieser Frage jedenfalls nicht. Mir geht es ja nicht besser als Hans Jonas, von dem Morton Smith sagen konnte: „As an authority on gnosticism, Clement has one great advantage over Jonas – he knew what he was talking about."[1] Übernehmen wir ruhig das Urteil, dass wir – in gewisser Hinsicht –, wenn wir über die Frage „Was ist Gnosis?" sprechen, nicht wissen, wovon wir reden.

Die Frage nach der Gnosis hat im Wesentlichen zwei bzw. drei Richtungen: die beiden im Thema genannten Unterfragen nach dem Ursprung und dem Wesen der Gnosis, denen ich aber jetzt noch die Frage nach den Grenzen der Gnosis hinzufügen möchte. Dieses Fragenbündel ist nicht neu – gewiss nicht. Und es liegen schon viele Antworten vor – auch von mir selbst.[2] Nach Lage der Dinge wird man sich nicht wundern, wenn die Antworten verschieden sind. Gleichwohl ist es nicht deplatziert, es noch einmal zu versuchen. Die Zeit ist reif dafür, objektiv und subjektiv. Es ist wohl an der Zeit, die Summe zu ziehen aus der modernen Gnosisforschung, die wesentlich durch die Erschließung des Nag Hammadi-Fundes bestimmt ist. Die Zeit der Sensationen und (unbefriedigten) Neugier ist vorbei; der Forschungsalltag hat uns wieder. Und auch

---

[1] Vgl. M. Smith, The History of the Term Gnostikos, in: B. Layton (ed.), The Rediscovery of Gnosticism, SHR 41, Leiden 1981, 803.

[2] H.-M. Schenke, Hauptprobleme der Gnosis. Gesichtspunkte zu einer neuen Darstellung des Gesmtphänomens, Kairos 7 (1965), 114–123; ders., Die Gosis, in: J. Leipoldt/W. Grundmann (Hg.), Umwelt des Urchristentums, Berlin 1965, 371–415; ders., The Problem of Gnosis, SecCent 3 (1983), 71–87; hier 160–173; 114–159 und 538–553.

mir persönlich liegt es am Herzen, nach Jahrzehnten des Mitmachens und am Ende der akademischen Laufbahn die „Gretchenfrage(n)" noch einmal, die vielen neuen Eindrücke, Erkenntnisse, Erwägungen und Zweifel zusammenfassend, von Grund auf anzugehen.

Die alten Fragen, die also neu zu stellen sind, sind übrigens keineswegs neutral, sondern haben durch die Forschungsgeschichte längst ein bestimmtes Gefälle, ein besonderes Vorzeichen, erhalten. Besonders die erste hat es in sich, wie wir gleich sehen werden.

I. *Der Ursprung der Gnosis*

Mein alter Lieblingssatz „Der Ursprung der Gnosis ist dunkel"[3] gilt zwar noch immer, aber das Dunkle hat seine Abstufungen, so dass „Katzenaugen" vielleicht doch etwas sehen können. Und die Brisanz der Frage, der neuralgische Punkt, besteht in der Möglichkeit, dass die Gnosis vorchristlich und das Christentum durch sie mitgeprägt sein könnte. Eine solche Vorstellung ist für viele ein Horror. Wie sehr man sich noch heute vor dem von der so genannten religionsgeschichtlichen Schule geborenen Gespenst eines lange vorchristlichen Mythos vom erlösten Erlöser als dem Kern und dem Wesen der Gnosis fürchten kann, ist mir z. B. besonders bei Peter Hofrichter aufgefallen.[4] Ich selbst möchte die Relevanz der Frage an dem Beispiel der Johannesinterpretation von Rudolf Bultmann konkret machen, zumal hier von meiner Seite eine gewisse Pflicht zur Wiedergutmachung mit im Spiel ist. Also hat Bultmann recht, wenn er voraussetzt, dass der Hintergrund, vor dem das Johannesevangelium zu sehen ist, eine schon voll entwickelte (eben vorchristliche, sei sie heidnisch oder jüdisch oder beides) Gnosis ist? Und was ergibt sich dazu aus den Nag Hammadi-Schriften?

Die offenkundigen harten Tatsachen sind: es gibt nichtchristliche gnostische Texte unter den Nag Hammadi-Handschriften; aber für keinen dieser Texte ergibt sich als Abfassungszeit ein Datum in vorchristlicher Zeit. Also, eine chronologisch vorchristliche Schrift hat auch der Nag Hammadi-Fund nicht beschert – zur Enttäuschung der einen und zur Erleichterung der anderen. Aber dennoch hat der Nag Hammadi-Fund das

[3] Vgl. Schenke, Hauptprobleme, 118; ders., The Problem of Gnosis, 79.

[4] M. Hofrichter, Im Anfang war der "Johannesprolog". Das urchristliche Logosbekenntnis – die Basis neutestamentlicher und gnostischer Theologie, BU 17, Regensburg 1986, z. B. 207. 305; und siehe dazu meine Rezension zu Hofrichter in:, JAC 30 (1987), 197f; hier 1090f.

Kräfteverhältnis der Argumente in dem bisherigen Pro und Contra entscheidend verändert.

Am deutlichsten zeigt sich das vielleicht am Phänomen des gnostischen Sethianismus bzw. an der aus der Nag Hammadi-Forschung erwachsenen Sethianismustheorie, die inzwischen, soweit ich sehe, so gut wie Allgemeingut (zunächst einmal) der Fachleute geworden ist. Ich habe damit angefangen,[5] John D. Turner und Jean-Marie Sevrin haben sie ausgebaut,[6] und Bentley Layton hat sie zu Tode geritten – fast.[7] Eine beträchtliche Gruppe von Nag Hammadi-Texten (z. B. Das Apokryphon des Johannes [AJ], BG 2; NHC II,1; III,1; IV,1; Allogenes [Allog], NHC XI,3; Die dreigestaltige Protennoia [Protennoia], NHC XIII), zu denen sich dann auch noch einige schon vorher bekannte Texte oder Zeugnisse gesellen (z. B. Irenäus adv. haer. I 29 und das so genannte Unbekannte altgnostische Werk),[8] erweisen sich als Zeugnisse einer besonderen Spielart von Gnosis mit deutlichen, charakteristischen Konturen, die man im Einzelnen beschreiben kann, einer Spielart von Gnosis, die man vorher so nicht erkennen konnte, einer Spielart von Gnosis, die sich von anderen Spielarten deutlich unterscheidet und die an geschichtlicher Bedeutung und Ausstrahlung sehr wohl mit dem Valentinianismus konkurrieren kann.

Zur Bezeichnung für diese Spielart von Gnosis hat man einen Namen aus der altkirchlichen Ketzerpolemik wiederverwendet. Also, der Name ist alt, aber nicht die jetzt damit genannte Sache. Aber willkürlich ist die Wahl der Bezeichnung nicht, denn es gehört zu den Grundvorstellungen dieser Spielart von Gnosis, dass Seth, der Adamsohn, der Erlöser ist, in welcher Gestalt oder Inkarnation und wie oft auch immer er erscheinen mag. Zu den Charakteristika der Mythologie dieses Sethianismus gehört auch eine besonders auffällige Taufideologie, die ihrerseits wieder nur der Überbau einer bestimmten Praxis der Wassertaufe ist. Die Sethianer waren also gnostische Täufer. In unserem Zusammenhang kommt es nun

---

[5] H.-M. Schenke, Das sethianische System nach Nag-Hammadi-Handschriften, in: P. Nagel (Hg.), Studia Coptica, Berlin 1974, 165–173; hier 285–292; ders., The Phenomenon and Significance of Gnostic Sethianism, in: Layton (ed.), The Rediscovery, 1981, 588–616; hier 501–528.

[6] J. Turner, Sethian Gnosticism: A literary history, in: C. W. Hedrick/R. Hodgson (ed.), Nag Hammadi, Gnosticism, and Early Christianity, Peabody, MA 1986, 55–86; ders., The Figure of Hecate and Dynamic Emanationism in The Chaldean Oracles, Sethian Gnosticism, and Neoplatonism, SecCent 7, 1989–90, 221–232; J.-M. Sevrin, Le dossier baptismal séthien, BCNH.É 2, Québec 1986.

[7] B. Layton, The Gnostic Scriptures. A New Translation with Annotations and Introductions, Garden City, NY, 1987.

[8] Vgl. C. Schmidt, Koptisch-gnostische Schriften I: Die Pistis Sophia, Die beiden Bücher des Jeû, unbekanntes altgnostisches Werk, Berlin [4]1981, 335–367.

darauf an, dass es in dieser Textgruppe nichtchristliche Texte (z. B. Die drei Stelen des Seth [StelSeth], NHC VII,5; Allog; Marsanes [Mar], NHC X) und mehr oder weniger christliche Texte gibt (z. B. Protennoia; Das Ägypterevangelium [ÄgEv], NHC III,2; IV,2 [weniger]; Die Hypostase der Archonten [HA], NHC II,4; AJ [mehr]), während zugleich offenbar ist, dass die nichtchristlichen das Ursprüngliche sind, wir es also mit einer stufenweisen Verchristlichung innerhalb der Textgruppe als Widerspiegelung einer stufenweisen Verchristlichung einer gnostischen Menschengruppe zu tun haben. Was die örtliche Lokalisierung dieser Gruppe betrifft, so weist das einzige Indiz, das wir haben (die Berufung auf Dositheus am Anfang von StelSeth), nach Samarien. Zugleich lässt die Rolle der Taufe bei den Sethianern noch auf eine vorgnostische Stufe in der Entwicklung und Verbreitung dieser Gruppe schließen. Die wirklich vorhandenen Texte, die wir nach Übereinkunft „sethianisch-gnostisch" nennen, lassen uns also in gedanklich-spekulativer Rückwärtsbewegung eine „Entwicklungslinie" erkennen, auf der wir sehen, wie eine spätisraelitische, möglicherweise samaritanische, vielleicht auch schon synkretistische, Taufbewegung erst unter den Einfluss der Gnosis und dann unter den Einfluss des Christentums kam. Nun ist diese Entwicklungslinie ja schon an sich interessant genug, zumal sie uns als Paradigma dienen kann für die sachliche Priorität der nichtchristlichen gegenüber der christlichen Gnosis im Ganzen. Wir erkennen hier in einer Gruppenbewegung dasselbe Stufenschema wieder, das wir am Verhältnis zweier Einzelschriften zueinander noch viel deutlicher sehen können, nämlich am Verhältnis der Sophia Jesu Christi (SJC; BG 3; NHC III,4), eines christlich-gnostischen Dialogs, zum Brief des Eugnostos (Eug; NHC III,3; V,1), einer nichtchristlichen Abhandlung, und am Verhältnis des Buches des Thomas (LibThom; NHC II,7), eines ebenfalls christlich-gnostischen Dialogs, zu der hellenistisch-jüdischen Weisheitslehre, die seine Vorlage gewesen sein dürfte.[9] Aber die sethianische Entwicklungslinie wird noch interessanter, weil es ganz dicht daneben noch andere, gleichartige oder sehr ähnliche, jedenfalls gleichgerichtete Entwicklungslinien gibt.

Da liegt gleich „neben" der sethianischen die simonianische Entwicklungslinie. Nun haben ja der gnostische Simonianismus und die an seiner Wurzel stehende Prophetengestalt des Simon von Gitta,

[9] Vgl. zu dieser Quellentheorie für das LibThom H.-M. Schenke, Das Thomas-Buch (Nag-Hammadi-Codex II,7), TU 138, Berlin 1989, besonders 198–202 (Rekonstruktion der Quelle).

genannt „der Magier", schon längst einen bestimmten Platz und einen erheblichen Stellenwert in der Frage nach dem Ursprung der Gnosis, sonderlich in deren uns hier beschäftigender Nuancierung, wo es bloß um die Vorchristlichkeit der Gnosis geht.[10] Dass schon die traditionellen Quellen zur simonianischen Gnosis die Vorstellung einer Entwicklungslinie hervorrufen, sei hier als selbstverständlich vorausgesetzt, wenngleich es natürlich in der Forschung Unterschiede bei deren Nachzeichnung gibt. Was uns hier interessiert, ist das neue Profil, das diese Kurve bekommt, falls es sich als richtig erweisen sollte bzw. es in der Forschung genügend große Zustimmung dazu gibt, dass auch von den Nag Hammadi-Texten drei in den Bereich der Quellen des Simonianismus gehören. In der Diskussion ist die Sache jedenfalls bereits.[11] Die kleine Textgruppe, die ich meine, besteht aus den drei Schriften, die folgende Titel tragen: Die Brontē – Vollkommener Verstand (Brontē), NHC VI,2; Authentikos Logos (AuthLog), NHC VI,3; Die Exegese über die Seele (ExAn), NHC II,6. Diese drei Schriften sind eng miteinander verwandt und ergänzen doch einander auf eine eigenartige Weise. Man kann sagen, dass ein und derselbe Seelenmythos in Brontē dialektisch, in AuthLog ethisch, in ExAn mythologisch und exegetisch zur Sprache kommt. Zu welcher gnostischen (oder nichtgnostischen) Richtung sie gehören, geht aus ihnen zwar nicht, jedenfalls nicht eindeutig, hervor, aber Tatsache ist auf jeden Fall, dass vieles in ihnen an Simonianisches erinnert. Meines Erachtens sind die Berührungen mit dem, was bisher vom Simonianismus bekannt war, groß genug, um den Versuch zu wagen – und sei es zunächst nur im Sinne eines Experiments –, sie mit den bekannten simonianischen Quellen in einen Topf zu werfen. Aber das hat dann eine regelrechte Kettenreaktion zur Folge, deren Verlauf die kirchlichen Ketzerbestreiter hier in einem recht ungünstigen Licht erscheinen lässt, und wo u. a. das angeblich simonianische Lehrstück von der Dirne Helena als Braut und Objekt der Erlösung durch Simon als gegnerische Persiflage echter simonianischer Gedanken, Vorstellungen und Metaphern erkennbar wird. Kurzum, diese Nag Hammadi-Texte eröffnen die Möglichkeit, in der Geschichte der Entwicklung des Simonianismus, d. h. in der Zurückverfolgung der

[10] Vgl. besonders den sprechenden Aufsatztitel von E. Haenchen, Gab es eine vorchristliche Gnosis?, in: Gott und Mensch, Gesammelte Aufsätze, Tübingen 1965, 265–298.

[11] Vgl. z. B. G. Lüdemann, Untersuchungen zur simonianischen Gnosis, GTA 1, Göttingen 1975, 75–77. 136[95b]; K. Rudolph, Simon – Magus oder Gnosticus? Zum Stand der Debatte, ThR 42 (1977), bes. 352–359.

simonianischen Entwicklungslinie, wenn schon nicht zur Lehre des wirklichen Simon, so doch wenigstens auf eine Entwicklungsstufe, die noch vor der häresiologischen Festschreibung durch Justins „Syntagma" liegt, zurückkommen.[12]

Die besondere Nähe dieser neuen, so veränderten Kurve zur sethianischen Entwicklungslinie liegt nicht nur darin, dass sie uns zu demselben Ort zurückführt wie diese, nämlich Samarien – nur dass es beim Simonianismus sicher ist, dass sein Entstehungsort Samarien ist –, sondern ergibt sich auch noch aus zwei zusätzlichen Erwägungen bzw. Sachverhalten. Die Art und Weise, wie in Apg 8,5–25 und der/den mutmaßlichen Quelle(n) von der Taufe, der sich Simon unterzieht, die Rede ist, wenn man sie zusammennimmt mit der sich in den Pseudoklementinen findenden Vorstellung, dass Simon Magus zum Jüngerkreis Johannes des Täufers gehört hat und der legitime Nachfolger des Johannes war (Ps.-Clem. Hom. II, 23–25), könnten darauf schließen lassen, dass der historische Simon selbst (nebst seinen Nachfolgern) ein Täufer war, ein Taufender, ein die Heilsnotwendigkeit der Taufe Predigender. (Es könnte so aussehen, als habe es im damaligen Palästina keine Heilsverkündung ohne Taufe gegeben.) Das ist eine alte Idee meines Freundes Karl Martin Fischer. Und etwas anderes kann auch Geo Widengren nicht meinen, wenn er eine Querverbindung von Mandäern über die jüdischen Täufersekten zu dem, wie er sagt, „samaritanischen Gnostizismus" zieht.[13] Die andere Erwägung ergibt sich aus der Tatsache, dass es unter den Nag Hammadi-Forschern da und dort zunehmend Zweifel an dem gnostischen Charakter von Texten unserer Dreiergruppe gibt.[14] Nun bin ich mir zwar gar nicht sicher, ob der dabei vorausgesetzte Begriff von Gnosis nicht ein solcher ist, den wir hier noch bestreiten werden. Aber das sei einmal dahingestellt. In Anbetracht der Unsicherheit, ja Unentscheidbarkeit, in der Frage, die besonders an Hand von Apg 8,5–25 als dem ältesten Zeugnis zum Simonianismus diskutiert wird, ob der historische Simon wirklich selbst schon ein Gnostiker war oder eben noch nicht und erst die von ihm begründete Bewegung in den Sog der Gnosis geriet, müsste das jedenfalls noch nicht gegen den simonianischen Charakter dieser Texte sprechen. Aber wir können unsererseits diese Tendenz als Aufhänger nehmen für die Erwägung, dass vielleicht auch die simonianische Gnosis eine

[12] Vgl. z. B. H.-M. Schenke, Gnosis: Zum Forschungsstand unter besonderer Berücksichtigung der religionsgeschichtlichen Problematik, VF 32 (1987), bes. 11–17; hier 614–636.

[13] G. Widengren (Hg.), Der Mandäismus, Wege der Forschung 167, Darmstadt 1982, 12.

[14] Vgl. Schenke, Gnosis: Zum Forschungsstand, 16.

nichtgnostische Vorgeschichte gehabt hat. Wie die sethianische würde dann die simonianische Entwicklungslinie bei einem samaritanischen Täufertum beginnen und über die Stufe, zunächst der Gnostifizierung, dann zur Anpassung an das Christentum als eines immer bestimmender werdenden Teils seiner Umwelt führen.

Das Stichwort „Mandäer" ist bereits gefallen. Der Mandäismus ist ein relativ alter Forschungsgegenstand, und auch nicht mein Gebiet. So kann und muss ich mich hier (noch) kürzer fassen. Und Neues habe ich ja auch gar nicht zu sagen – außer dem Hinweis auf die Parallelität der geschichtlichen Entwicklung. Wer über die Mandäer und über das so genannte Mandäerproblem etwas Bescheid weiß, dem mag sich ja schon von selbst bei der obigen Skizze über den Sethianismus der Gedanke aufgedrängt haben: Ist das nicht genau so wie bei dem Mandäismus. Das Täufertum ist bei den Mandäern auf deutlichste Weise der härteste Kern ihrer Religion, und auch die kritische Analyse ihrer Texte ergibt eine Entwicklungslinie, die uns vom Mesopotamien des 7./8. Jahrhunderts nach Christus in das Palästina des ersten christlichen Jahrhunderts zurückführt (der Exodus aus Palästina in den Osten ist hier ein Spezifikum). Auch bei ihnen ist der Taufbrauch vielleicht ursprünglicher als die damit verbundene und seiner Erklärung dienende gnostische Weltanschauung. Und diese wiederum ist offenbar älter als die christlichen Elemente, in denen sich das Mandäertum einseitig polemisch mit seiner (späteren) christlichen Umwelt auseinandersetzt.

Auffälligerweise nichtpolemisch, sondern im höchsten Maße ehrenvoll, ist demgegenüber die Bezugnahme der Mandäer auf die Gestalt Johannes des Täufers. Ja, sie berufen sich auf ihn. Er ist einer ihrer Heroen, der irdische Gewährsmann ihrer Richtung schlechthin. Und das, obwohl sich ja auch die angefeindeten Christen auf ihre Weise auf Johannes den Täufer berufen, wie ja denn das Neue Testament viele wertvolle Traditionen über Johannes den Täufer und seine Bewegung enthält. Und aus diesen und anderen Texten, sobald man sie als Quellen versteht, ergibt sich noch einmal eine im Großen und Ganzen den drei anderen parallele Entwicklungslinie – nicht ganz parallel freilich, da sie ja – und das ist der erste hier wichtige Gesichtspunkt – nach dem gerade Gesagten, irgendwo die mandäische kreuzt oder berührt. Im Unterschied zur sethianischen, simonianischen und mandäischen Entwicklungslinie ergibt sich die johanneisch-täuferische gewissermaßen in der Gegenrichtung, nämlich nicht im Rückwärts-, sondern im Vorwärtsgang. Während bei jenen anderen die sichere Textbasis mehr oder weniger spät liegt und die Anfänge relativ dunkel sind, ist bei dieser hier die sichere Textbasis relativ früh und liegt der Ausgang der Sache im Dunkeln. Werfen wir zum Schluss dieses Abschnitts noch rasch einen Blick auf die parallelen Stufen dieser Entwicklungslinie.

Dass die Johannesbewegung eine vorchristliche Taufbewegung ist, das ist an sich zwar selbstverständlich, hat, in unserem Kontext zu betonen, aber seinen Sinn. Aber wie ist es nun mit dem Verhältnis der Gnostifizierung zur Christianisierung? Mögen wir ruhig einmal so naiv fragen: Erfolgt auf der johanneisch-täuferischen Entwicklungslinie die Gnostifizierung auch vor der Christianisierung oder umgekehrt hier im Unterschied zu dort die Christianisierung vor der Gnostifizierung? Die Nichtstimmigkeit dieser Frage wirft nachträglich noch ein heilsames Licht auf das bisher Gesagte, in dem sich zunächst zeigt, dass das, was mit Entwicklungslinien gemeint ist, gar keine Linien sind. Man darf sich die Dinge dort, weil sie im Dunkeln liegen, nicht weniger differenziert vorstellen als hier, wo sie deutlicher zu Tage treten. Übrigens meint Christianisierung hier: Aufgehen im Christentum, Bekehrung zum Christentum, Verschmelzung mit dem Christentum. Und auch Gnostifizierung meint hier mindestens da, wo diese johanneisch-täuferische Entwicklungslinie die mandäische trifft, ebenfalls nichts Geringeres als Aufgesogenwerden von einer ganz bestimmten, schon vorhandenen Spielart von Gnosis. Aber darauf kommt es hier nicht so sehr an wie darauf, dass das eine nicht die gleiche Gruppe von Johannesjüngern betroffen hat – haben muss – wie das andere. Die vom Christentum aufgesogenen Johannesjünger waren – zunächst einmal – andere als die, die dann in den Sog der Gnosis gerieten und (zum Teil) in den Mandäern aufgingen. Und erhellend ist weiterhin, dass es sich bei der Frage nach der Reihenfolge von Christianisierung und Gnostifizierung gar nicht um ein einfaches Entweder-Oder handelt, sondern um ein Sowohl-als-Auch. Denn während die Synoptiker nach einhelliger Meinung der Exegeten den baldigen und direkten Übergang von Johannesjüngern in die Jesusbewegung voraussetzen, ist das beim Johannesevangelium ganz anders. Wenigstens ist es die Vorstellung Bultmanns bzw. liegt es in der Verlängerung seiner Gedanken und Andeutungen, dass es zu dem johanneischen Typ des Christentums dadurch gekommen ist, dass schon völlig von der Gnosis erfasste Johannesjünger sich (doch noch) zum Christentum bekehrt haben. Diese Auffassung Bultmanns wird heute zwar nur noch belächelt, aber ich glaube, dass er doch recht hatte. Jedenfalls hat mich – gegen meinen Willen – die eigene jahrzehntelange Betrachtung des Johannesevangeliums mit den durch die neuen Texte geschärften Augen in die Arme des „Vaters" zurückgetrieben. Nach meiner Meinung wird Bultmanns religionsgeschichtliche Auffassung des Johannesevangeliums und auch der Gnosis an sich durch die neuen Quellen im Großen und Ganzen bestätigt.[15]

Solche Bestätigung kommt ganz entscheidend auch aus dem Bereich oder Aspekt von Nag Hammadi-Texten, zu dem wir nun noch übergehen und wo wir auch auf eine Entwicklungslinie stoßen, aber auf eine ganz andersartige. Unsere vier bisherigen Entwicklungslinien führten ja alle auf Samaria und Umgebung, also sagen wir auf Palästina, zurück bzw. begannen dort. Und da wir es am Anfang dieser Linien mit dem Gnostischwerden von vordem nicht gnostischen Erlösungsbewegungen zu tun haben, könnte man verführt werden, davon abzuleiten, daraus zu folgern, dass die Gnosis überhaupt, die Gnosis als allgemeines Phänomen – von dem wir übrigens immer noch nicht wissen, was es eigentlich ist – in diesem Raum entstanden ist, bzw. bereits existierende derartige Hypothesen darin bestätigt zu sehen. Und als ein Gegengewicht gegen die Arglosigkeit solchen Denkens verweisen wir nun am Schluss unseres ersten Abschnitts noch auf das umfangreiche und gewichtige Phänomen der gnostifizierten Weisheitstradition, wie es sich uns in den Nag Hammadi-Schriften überraschend präsentiert hat. Es ist ein ganzer Komplex von Texten, der den Prozess einer gnostischen Metamorphose der Weisheit zeigt. Und dieser Textkomplex bestätigt nun Bultmanns Antwort auf die religionsgeschichtliche Frage nach dem Ursprung der Gnosis insofern, als es zu dieser Antwort gehörte, die späte jüdische Weisheit nicht als Alternative zur Gnosis gelten zu lassen, sondern selbst mit zum Phänomen der Gnosis zu rechnen. Die so genannte „dualistische Weisheit", mit der Egon Brandenburger z. B. religionsgeschichtlich operiert,[16] hat es eben tatsächlich gegeben, allerdings nicht als eine Alternative zur Gnosis, auch nicht als Vorstufe davon, sondern als sie selbst. Die große Bedeutung des Nag Hammadi-Fundes besteht ja auch darin, dass er unsere Kenntnis von der Geschichte der Weisheitstradition ganz wesentlich erweitert. Es gibt eine ganze Reihe gnostischer Nag Hammadi-Schriften von wesenhaft weisheitlicher Bestimmtheit. Manche von ihnen sind als ganze weisheitlich bestimmt – wenn auch in verschiedener Weise. Dazu gehört das EvThom, dann die beiden Schriften Brontē und AuthLog, aber auch Die Lehren des Silvanus (Silv), NHC VII,4, die zwar selbst nicht gnostisch sind, aber

[15] Vgl. H.-M. Schenke, Die Rolle der Gnosis in Bultmanns Kommentar zum Johannesevangelium aus heutiger Sicht, 1991, 49–83; hier 705–732.

[16] Vgl. den Untertitel seines Buches: E. Brandenburger, Fleisch und Geist. Paulus und die dualistische Weisheit, WMANT 29, Neukirchen, Vluyn 1968. Der Sache nach gehört auch D. Georgi, Der vorpaulinische Hymnus Phil 2, 6–11, in: E. Dinkler (Hg.), Zeit und Geschichte, Tübingen 1964, 263–293, hierher.

Gnosis voraussetzen. Bei der Epistula Jacobi apocrypha (EpJac), NHC I,2, und dem LibThom liegt die weisheitliche Bestimmtheit in ihrem Substrat an Spruch(sammlungs)gut. Im Falle des LibThom ist zwar dieses Substrat selbst nicht gnostisch, wohl aber das dialogisierte Werk, wie es jetzt vorliegt. In der Protennoia ist alles, was die Zentralgestalt der Protennoia selbst betrifft, eine ziemlich offenkundige gnostische Metamorphose von hellenistisch-jüdischen Weisheits- und Logosspekulationen.[17] Und die Weisheitstradition, in die also die Nag Hammadi-Texte einen neuen Einblick gewähren, hat man schon längst unter dem Bilde einer Entwicklungslinie gesehen.

Nun lässt sich wiederum der Teil der Kurve, den unsere Texte neu zutage treten lassen, mit den anderen vier Linien zusammen sehen und vergleichen. Dass der gnostifizierten Form der Weisheit eine nichtgnostische voraus liegt, bedarf an sich (wiederum) keines Wortes, ist aber in unserem Zusammenhang wegen der Analogien dennoch von Gewicht. Das Verhältnis von Gnostifizierung und Verchristlichung ist ähnlich differenziert zu sehen wie auf der johanneisch-täuferischen Entwicklungs-„Linie". Brontē repräsentiert eine nichtchristliche gnostische Metamorphose der Weisheit. Bei der Protennoia liegt eine nicht christliche gnostische Metamorphose der Weisheit zu Grunde, während die christlichen Züge nur sekundärer Firnis sind. Im Falle des LibThom erfolgt die Gnostifizierung zusammen mit der Christianisierung in ein und demselben (redaktionellen) Akt. Und beim EvThom ist es genau umgekehrt wie bei der Protennoia: zu Grunde liegt eine direkte Vereinnahmung der Weisheit durch das Christentum, während die gnostischen Elemente nur sekundär aufgesteckte Lichter sind.

Dass bei alledem, was wir bisher bedacht haben, einige Schriften doppelt vorkamen (Protennoia einerseits und Brontē und AuthLog andererseits), möge nicht überraschen. Und es bringt unser Bild nicht durcheinander, wenn die weisheitliche Entwicklungslinie die sethianische und die simonianische berührt oder kreuzt. Die spätisraelitische Weisheit gehört doch zum selbstverständlichen Erbe der sethianischen und simonianischen Täufergruppen, das sie jederzeit beleben und in spezieller Weise integrieren konnten. Mit alledem ist freilich der Punkt, auf den es uns hier entscheidend ankommt, noch gar nicht berührt. Es ist der Sachverhalt,

---

[17] Vgl. G. Schenke [Robinson], Die Dreigestaltige Protennoia, TU 132, Berlin 1984, 20–23; H.-M. Schenke, Die Tendenz der Weisheit zur Gnosis, in: B. Aland (Hg.), Gnosis, FS H. Jonas, Göttingen 1978, 352–354; hier 401–423; ders., Gnosis: Zum Forschungsstand, 17–21; hier 614–636.

dass die über Christianisierung und Gnostifizierung zurückverfolgte weisheitliche Entwicklungslinie sozusagen überall und nirgends hinführt. Die Weisheit ist international wie die Magie. Also, aus dieser Kurve ergibt sich für die gnostische Metamorphose kein besonderer, einzelner Ort.

II. *Das Wesen der Gnosis*

Die Antwort auf die Frage nach dem Wesen der Gnosis und die Antwort auf die Frage nach dem Ursprung der Gnosis bedingen einander auf vielfältige Weise. Die Summe unserer Reflexionen über die religionsgeschichtliche Frage nach dem Ursprung der Gnosis könnte man nun so ziehen: Fragen kann man viel, antworten wenig. Aber das Wenige, das man meines Erachtens mit hinreichender Sicherheit sagen kann, genügt mir und ist ja auch wichtig genug: Als das Christentum entstand, war die Gnosis schon da. Gnosis und Christentum sind gleichzeitige und im Prinzip und ursprünglich von einander unabhängige Phänomene. Wie das Christentum für die Gnosis ein Stück der geistigen Umwelt war, so die Gnosis für das Christentum. Gleichzeitigkeit bedeutet aber nicht Gleichartigkeit. Vielmehr läuft alles, was ich hier sagen möchte, auf die Andersartigkeit der Gnosis hinaus. Aber wie anders? Die Frage nach dem Wesen der Gnosis könnte man eine philosophische nennen. Und wie wir die religionsgeschichtliche Frage nach dem Ursprung zugespitzt hatten auf die Frage, ob Bultmann nicht doch recht behalten hat, so läuft diese philosophische nach dem Wesen auf die personale Frage hinaus, ob Hans Jonas mit seinem weiten Begriff von Gnosis, der von niemandem akzeptiert worden war, nicht doch – wenigstens im Grunde – recht hatte, jedenfalls viel mehr, als ich selbst geglaubt habe.[18]

Es sind die Tatsachen, die solchen Gesinnungswandel verursachen.[19] Tatsache ist, dass der enorme Zuwachs an Originalquellen und neuen Einsichten auch eine neue Unsicherheit im Gefolge hat. Vor allem droht die Abgrenzung der Gnosis, die Grenzlinie zwischen Gnosis und Nicht-Gnosis,

---

[18] Vgl. H.-M. Schenke, Rezension zu Hans Jonas, Gnosis und spätantiker Geist, FRLANT. NF 33 u. 45, 1954, Bd. I, ThLZ 84 (1959), 813–820, und Bd. II, ThLZ 85 (1960), 657–661; hier 955–967.

[19] Dass wir in der Gnosisforschung jetzt neue Kategorien bzw. neue Begriffe brauchen, das ist übrigens auch die Überzeugung von Layton. Nur mit seiner Lösung, die praktisch in der fast unglaublichen Reduktion: Gnosis = Sethianismus besteht, kann ich (natürlich) nicht einverstanden sein. Vgl. Layton, The Gnostic Scriptures, und meine Rezension zu Layton, ThLZ 114 (1989), 101–104; hier 1141–1144.

zu verschwimmen. Je deutlicher die Konturen der einzelnen Spielarten von Gnosis werden, also z. B. Sethianismus, Simonianismus, Valentinianismus, Marcionitismus, Mandäismus, Manichäismus, desto mehr verliert die „Gnosis" als das umgreifende Ganze seine Bestimmtheit.

Vielleicht hängt mit dieser theoretischen Verunsicherung eine Verarmung bzw. Fehlleistung in der exegetischen Praxis, bei der Befragung einschlägiger Texte, zusammen. Man kann zunehmend beobachten, dass die Entscheidung der Frage, ob ein gegebener Text gnostisch sei oder nicht, davon abhängig gemacht wird, ob in ihm in erheblichem Umfang Teile oder Elemente von solch klar definierten gnostisch-mythologischen Systemen vorkommen. Aber, so wahr es ist, dass die Gnosis in diesem Strauss verschiedener mythologischer Systeme zu Sprache kommt, so wenig darf man doch in Umkehrung schließen, dass sie auch an diese Systeme gebunden ist. In dieser wichtigen Frage rufe ich gern Wolfgang Langbrandtner als einen unverdächtigen Zeugen an mit seiner Einsicht, dass der gnostische Charakter eines Textes nicht abhängig ist von der Quantität gnostischer Mythologie. Der entscheidende Satz von ihm, in die spezielle Fragestellung seines Buches eingebettet, lautet folgendermaßen: „Hierbei spielt es, was wichtig ist, keine Rolle, ob die Glaubensentscheidung mit ihren Strukturen oder die Mythologie bei der Darstellung der Theologie einen größeren Raum einnimmt, ob also eine gnostische Schrift viele oder wenige mythologische Spekulationen aufweist, da ja, wie festgestellt, der Mythos in der Gnosis eine Funktion des gnostischen Existenzverständnisses sein dürfte".[20] Langbrandtner nennt auch selbst schon die Gründe für diese Sicht der Dinge. Es ist die eine, weithin anerkannte Seite der Antwort von Jonas auf die Frage nach dem Wesen der Gnosis, die von der Existenzphilosophie bestimmte, ohne die die neuere allgemeine Gnosisforschung undenkbar ist. Danach ist das Gnostische, der Kern der Gnosis, nicht irgendein Gedankending, sondern eine ganz charakteristische, radikal negative Daseinshaltung. Und diese Daseinshaltung ist es, was (schon) solche scharf konturierten und unter sich verschiedenen Spielarten von Gnosis wie die genannten, aber eben auch noch manches andere, im Inneren zusammenhält.

So habe auch ich – nach früherer Begegnung mit dem Werk von Jonas – die Sache immer gesehen, habe aber diese Sicht des Kerns mit der Wesensbestimmung „Erlösungsbewegung" (das Gesamtphänomen der

[20] W. Langbrandtner, Weltferner Gott oder Gott der Liebe. Der Ketzerstreit in der johanneischen Kirche, BET 61, Frankfurt a. M. 1977, 230.

Gnosis ist eine Erlösungsbewegung) zusammenzubringen versucht und zwar so: Die Gnosis ist „eine religiöse Erlösungsbewegung der Spätantike, in der die Möglichkeit einer negativen Welt- und Daseinsdeutung in besonderer und unverwechselbarer Weise ergriffen ist und sich zu einer konsequent Welt verneinenden Weltanschauung verfestigt hat, die sich ihrerseits wieder in Wortprägungen, Bildersprache und Kunstmythen charakteristischen Ausdruck verleiht."[21] Aber das *genus proximum* dieser Definition scheint mir mit der Wirklichkeit der Texte nicht mehr in Übereinstimmung gebracht werden zu können. Dieser Oberbegriff ist vermutlich zu konkret, verführt zur Assoziierung des Gedankens der gegenseitigen Ansteckung und läuft unweigerlich auf die Vorstellung eines einzigen, in Raum und Zeit lokalisierbaren Ursprungs hinaus und ist schließlich überhaupt in zu großer Analogie zum Christentum gedacht. „Erlösungsbewegung(en)" könnte man mit Recht wohl nur einzelne Teile der Gnosis, manche ihrer scharf konturierten Spielarten wie Sethianismus und Simonianismus, nennen.

Nun fiel ja schon der Begriff der Grenze in Bezug auf die Gnosis. Und mir schwebt nun vor, die Frage „Was ist Gnosis?" bzw. „Was ist das Wesen der Gnosis?" an Hand des Bildes von den Grenzen der Gnosis weiterzuverfolgen. Wir bleiben also bei der Geometrie: Entwicklungslinien und Grenzlinien. Nach dem schon Gesagten sind die Grenzen im Inneren des Bereichs, den wir Gnosis nennen, deutlich bzw. werden immer deutlicher: Den Valentinianismus oder den Manichäismus hat es als religionsgeschichtliche Phänomene wirklich gegeben. Aber die Außengrenze ist so undeutlich geworden, dass man sich fragen oder fragen lassen muss, ob es sie wirklich gibt. Der von Morton Smith abgeschossene Pfeil (siehe oben S. 773) sitzt fest und bewirkt Nachdenklichkeit und Zweifel. Auf diese Außengrenze und ihre verschiedenen Abschnitte werden wir noch zu sprechen kommen.

Für ein hoffnungsvolles Fragen nach dem Wesen der Gnosis sind zunächst innere Grenzen, aber auf einer anderen Koordinate, noch wichtiger. Bei der Vorstellung von den Entwicklungslinien hatten wir immer wieder das Bild der Gnostifizierung gebraucht. Wir sprachen von der Gnostifizierung von Taufbewegungen und von der Gnostifizierung der Weisheitstradition. Damit ist eine Grenze innerhalb einer dynamischen Vorstellung bezeichnet, eine Grenze als in einer Bewegung überschrittene, die Grenze zwischen Noch-nicht-gnostisch und Schon-gnostisch. An

[21] Vgl. Schenke, Hauptprobleme der Gnosis, 116.

dieser Stelle nun ist es gut, das Modell noch um eine Position zu erweitern. Es gehört nämlich auch noch der ganze Bereich der Gnostifizierung von Spielarten des Christentums dazu. Die Nag Hammadi-Texte haben das besonders anschaulich gemacht für judenchristliche Jakobus- und Petrustraditionen (vgl. einerseits EpJac; die erste und zweite Apokalypse des Jakobus [1/2 ApcJac], NHC V,3. und 4; andererseits die Apokalypse des Petrus [ApcPt], NHC VII,3). Und an dieser Grenze erhebt sich die ganz natürliche Frage, was denn wohl diese Gnostifizierung – an so ganz verschiedenen Stellen – bewirkt hat, was für eine Kraft? Den Sachverhalt der Gnostifizierung hatten wir auch so ausgedrückt: die und die Richtung kam in den Sog der Gnosis, woraus dieselbe Frage nun in der Form resultiert: Was hat diesen Sog ausgeübt? Wenn man schon so fragt, ist man bereits halb bei der Antwort: Kann es etwas anderes sein als eine geistige Kraft, also ein Geist, der Zeitgeist oder ein Teil desselben? Ist also die Gnosis vielleicht nichts Konkreteres, nichts Massiveres als bloß ein bestimmter sublimer Geist? Und damit kehren wir eben schon fast ganz in die Arme von Jonas zurück, für den ja die Gnosis der Geist der Spätantike schlechthin war. Bleibt also bloß noch die Frage nach der Weite dieses Geistes. Und einer Antwort darauf suchen wir uns zu nähern mit Hilfe einer nochmaligen, aber nun eingehenderen Betrachtung der statischen Außengrenze der Gnosis.

III. *Die Grenzen der Gnosis*

Wer durch die Tatsachen hinsichtlich der Frage „Was ist Gnosis?" so verunsichert ist wie wir, für den ist ja nun der Grenzbereich der Gnosis (dessen, was man gemeinhin „Gnosis" nennt) sowieso ein besonders interessantes Beobachtungs- und Meditationsfeld. Und diese Grenzen der Gnosis (also die Bereiche, wo Gnosis an andere religionsgeschichtliche Phänomene stößt) sind vielfältig, und man kann sie auch in verschiedenen Perspektiven betrachten. Von diesen Grenzen in dieser oder jener Betrachtungsweise war ja von denen zum Juden- bzw. Samaritanertum, zum Ur- und Frühchristentum und zur Weisheit mehr explizit oder mehr implizit schon die Rede. Im Gefälle unserer Überlegungen, an der Stelle, wo die einfache Frage „Was ist Gnosis" sich verwandelt hat in die Frage „Wie weit geht Gnosis?", ist hier nun noch in besonderer Weise die Grenze zwischen Gnosis und Mönchsmystik und die Grenze zwischen der Gnosis und der Philosophie ins Blickfeld zu rücken.

Was zunächst die Grenze zwischen Gnosis und Mönchsmystik betrifft, so ist das eben ein Bereich, der ja in der Gnosiskonzeption von Hans

Jonas als Übergang von der mythologischen zur philosophisch-mystischen Gnosis eine besondere Bedeutung hat. Aber im Unterschied zu anderen Grenz- oder Übergangsbereichen ist dieser hier nur zufällig durch gelegentliche Randaufgaben und auch erst in allerjüngster Zeit wieder in den Horizont meiner Erinnerung getreten.

Zunächst durch eine beiläufige Beschäftigung mit der Gestalt des Evagrius Ponticus, des berühmten und trotz seiner posthumen Verurteilung als eines origenistischen Ketzers viel gelesen und, ganz besonders in Syrien, ungeheuer einflussreich gebliebenen Vaters der Mönchsmystik. Zunächst ergab sich infolge der Betrauung mit der Herausgabe des koptischen Berliner Evagrius-Ostrakons (P. Berol. 14700), dessen drei Sentenzen sich als Exzerpte aus der Schrift *De octo spiritibus malitiae* herausstellten, bei der zufällig gleichzeitigen Arbeit an diesem Ostrakon und an meinem Kommentar zum LibThom eine überaus interessante Querverbindung zwischen diesem christlich-gnostischen Text und der ersten Sentenz des Ostrakons durch das seltsame, auf beiden Seiten vorhandene Motiv des ethischen Wertes der Flucht. Zwar erklärt sich die Gemeinsamkeit wohl nicht aus einem direkten Hinüber- und/oder Herüberwirken, sondern einfach aus der beiderseitigen Verwurzelung in der hellenistisch-jüdischen Tradition Alexandrias. Aber für mich war das doch ein erstes Achtungszeichen.[22]

Viel deutlicher trat diese Problematik ins Bewusstsein anlässlich der Aufgabe einer Rezension der Ausgabe der kleinen Schrift des Evagrius mit dem Titel Gnosticus von A. und C. Guillaumont.[23] Dieser Traktat hat das Verhalten und die Lehrweise des Gnostikers zum Gegenstand – der Inhalt der Erkenntnis und Lehre des Gnostikers wird in einem anderen Traktat behandelt, den „Kephalaia Gnostica“. Dabei gilt als Gnostiker ein Mönch, der die Phase des Lebens als „Practicus“, in der es die Leidenschaft zu bekämpfen galt, bereits hinter sich hat und so die zweite, durch Leidenschaftslosigkeit bestimmte Stufe des Mönchseins erreicht hat, wo ihm einerseits eine Schau des Wesens der Dinge möglich wird und er andererseits die Aufgabe der Belehrung gegenüber all denen hat, die seine Stufe der Vollkommenheit und Gnosis noch nicht erreicht haben. Und der dabei von Evagrius vorausgesetzte und verwendete, für ihn typische Begriff von Gnosis und gnostisch ist nun Anlass für die Herausgeber, darüber

[22] Vgl. Schenke, Das Thomas-Buch, 109; ders., Das Berliner Evagrius-Ostrakon (P. Berol. 14 700), ZÄS 116 (1989), 90–107.

[23] Vgl. H.-M. Schenke, Rezension zu A. Guillaumont/C. Guillaumont, Évagre le Pontique. Le Gnostique ou a celui qui est devenu digne de la science, Paris 1989, JAC 33 (1990), 269–271; hier 1147–1149.

nachzudenken, in welchem Verhältnis diese Gnosis denn nun zu dem Phänomen steht, das die Religionshistoriker „Gnosis“ nennen. Sie behandeln diese Frage unter gebührender Berücksichtigung der komplizierten Begriffsgeschichte des Terminus „Gnostikos“, und zwar in Auswertung des Weichen stellenden Aufsatzes dazu aus der Feder von Morton Smith.[24] Und in ihrer Optik sind das im Grunde ganz verschiedene Dinge, die nur zufällig den gleichen Namen tragen. Das alles ist wohlverständlich – und auch weithin üblich. Nur ist dies vielleicht doch nicht die einzige mögliche Perspektive – eben wenn man sich aus diesem Anlass an den immer noch vage – weil niemals ausgeführt – im Raum stehenden Gedanken von Hans Jonas erinnert,[25] wonach von einer höheren Warte aus auch die Gnosis des Evagrius mit als zu jener anderen „Gnosis“, sofern diese denn tatsächlich den Geist der Zeit repräsentiert, gehörig erscheinen kann.

Schließlich kam auch Origenes selbst unter dieser Frage ins Blickfeld, wiederum ganz zufällig, nämlich im Rahmen der (Pro-forma-)Betreuung einer Dissertation zu der Schrift des Origenes über das Passa. Denn in dieser durch den Tura-Fund vom Sommer 1941 wiedergewonnenen Schrift waren zwei kleine direkt gnostische Passagen zu entdecken. Die erste steht p. 34,26–29 und lautet:

> οἳ καὶ δυνήσονται [μηδ]ẹ̀ν καταλιπεῖν τῶν κρε[ῶν ἕ]ως πρωΐ, ὡς λέγει, εἷς που [ἐκ] χιλίων καὶ δύο ἐκ μυρίων
>
> (Nur) diese (wenigen) werden auch in der Lage sein, nichts von dem Fleisch bis zum Morgen übrig zu lassen, wie es heißt: ‚Einer etwa aus tausend und zwei aus zehntausend‘.

Das „Einer aus tausend, zwei aus zehntausend“ ist nämlich keineswegs ein wirkliches – auch kein freies bzw. zusammengesetztes – Schriftzitat, sondern kann nur das aus echt gnostischen Texten wohlbekannte Agraphon bzw. die entsprechende Maxime sein.[26]

Die zweite Stelle steht p. 46,24–29:

> Ὁμολογουμένως γὰρ μετέστησεν ἡμᾶς Αἰγύπτου καὶ τῶν αὐτῆς ἀρχόντων, οὓς προσήλωσεν τῷ σταυρῷ παραδειγματίσας <ἐν παρρησίᾳ θριαμβεύσας> αὐτοὺς ἐν αὐτῷ.

---

[24] Smith, The History of the Term Gnostikos, in: Layton (ed.), The Rediscovery of Gnosticism, 796–807.

[25] Das sollte in dem nicht geschriebenen (bzw. nicht erschienenen) zweiten Teil des zweiten Bandes von „Gnosis und spätantiker Geist“ geschehen.

[26] Vgl. EvThom §23; Pistis Sophia c. 134 (C. Schmidt, Koptisch-gnostische Schriften I: 229,21); Irenäus *adv. haer.* I 24,6; Epiphanius *pan.* 24,5,4.

> Denn wahrlich hat er uns versetzt aus Ägypten heraus und weg von dessen Archonten, die er ans Kreuz genagelt hat, indem er sie <öffentlich> zu Spott machte <und über sie triumphierte> an ihm (dem Kreuz).

Das sieht ja auf den ersten Blick aus wie eine Art Zusammenziehung und Anwendung von Kol 1,13 und 2,14f., wobei freilich das Objekt des προσηλοῦν schon sehr merkwürdig ist. Dass es in Wirklichkeit aber eine gnostische Variante der Kolosserpassage ist bzw. deren gnostischen Hintergrund reflektiert, wird erst durch die Parallele im gnostisch-sethianischen Ägypterevanglium deutlich, wo der entscheidende Satz lautet: „Er nagelte die Kräfte der dreizehn Äonen an das Kreuz und machte sie durch es (das Kreuz) zunichte" (NHC III p. 64,3–5 par NHC IV p. 75,17–20).[27] In beiden Fällen ist das Merkwürdige, dass diese Sätze nicht als herangezogenes Fremdgut erscheinen, sondern so, als ob Origenes offenbar hier so denkt.

Nun sind die genannten „Grenzüberschreitungen" nicht gewichtig genug, um uns Jonas hier gänzlich wieder in die Arme zu werfen, was ja auch bedeuten würde, uns einer Theorie zu überantworten, die es (als ausgeführte) gar nicht gibt. Aber um die Frage nach der Bedeutung der wechselseitigen Beziehungen an dieser Grenze wach zu halten, reicht das Material allemal. Außerdem führen mich diese Beobachtungen sowieso in eine etwas andere Richtung, obgleich sie schon von Jonas inspiriert ist. Diese Sache hier bringt mich nämlich auf einen alten Gedanken zurück, den ich, hinsichtlich einer anderen Grenze zwar, zu Ehren von Jonas schon einmal zum Ausdruck gebracht habe.[28] Wenn es denn so ist, dass in der Gnosis die Daseinshaltung das Primäre, das Bestimmende, das Zusammenhaltende, das Konstante ist, die Objektivation, also die Mythologie oder die Theologie, aber das Sekundäre und Abgeleitete, dann könnte man doch denken, dass ein Grenzübergang von der Gnosis zur Mönchsmystik oder umgekehrt, ein Wechsel von der einen zu der anderen Seite, eine „Bekehrung", einfach bedeuten könnte, dass bei gleich bleibender Daseinshaltung nur die Theorien, die sie erklären, ausgetauscht werden. Das würde voraussetzen, dass die Daseinshaltung der Gnosis im konkreten Leben zum Ausdruck kam, nämlich eine ihr eigentümliche Ethik hatte, und das war in der Regel eine Ethik von weltverneinender, radikaler Askese. Und in diesem Bereich der radikalen Askese und den Verlautbarungen darüber auf beiden Seiten, sind die Brüder diesseits und

[27] Vgl. Schenke, The Phenomenon and Significance of Gnostic Sethianism, 604f.
[28] Schenke, Die Tendenz der Weisheit zur Gnosis, 359.

jenseits der Grenze ja sowieso einander zum Verwechseln ähnlich. Die Entscheidung des Einzelnen bei der Begegnung mit der anderen Richtung würde davon abhängen, welche Theorie die eigene Haltung am besten rechtfertigt, begründet und als notwendig erweist.

Da nun nach Jonas nächst der Mönchsmystik auch die zeitgenössische Philosophie, sonderlich die neuplatonische, von der bewussten höheren Warte aus mit zur Gnosis gerechnet werden kann, dürften für unsere Bedenken der Frage der Weite des gnostischen Geistes einige neue, Jonas damals noch nicht bekannte, Fakten aus den Nag Hammadi-Texten, die im Bereich der Grenze zwischen Gnosis und Philosophie liegen, von nicht geringem Interesse sein. Und das bringt uns zum Schluss noch einmal zu dem am Anfang herangezogenen Phänomen des Sethianismus zurück. Zum Gesamtbestand der sethianischen Texte gehört nämlich eine Untergruppe, bestehend aus StelSeth; Zostrianus (Zostr), NHC VIII,1; Mar; Allog, von denen in der Forschung Allog als der älteste und als der Leittext gilt, eine Gruppe, die bestimmt ist durch eine außerordentlich weitgehende Interaktion mit und Anpassung an die zeitgenössische Philosophie in Begrifflichkeit und Geist.

Die Bedeutung dieser philosophischen Sektion des gnostischen Sethianismus liegt darin, dass es eben diese Spielart der Gnosis war, die in Rom in der Schule Plotins auftauchte und dort für solche Unruhe gesorgt hat, dass sie der Anlass geworden ist zu der einzigen polemischen Schrift, die der friedfertige Plotin je geschrieben hat (Enn. II,9 [= 33]). Das deutlichste Zeichen für den Austausch, der hier zwischen Gnosis und Philosophie über die kategoriale Trennungslinie hinweg oder durch die Mauer hindurch, stattgefunden hat, sind zwei Dreierreihen von Begriffen, nämlich einerseits παροικήσεις, μετάνοιαι, ἀντίτυποι,[29] andererseits ὕπαρξις, ζωή, νοῦς, bzw. entsprechende Äquivalente. Im ersten Fall handelt es sich wohl um theoretische Konzeptionen der gnostischen Sethianer, auf die Plotin bloß polemisch Bezug nimmt. Die Verbindung beider Seiten durch die zweite Dreiheit ist viel inniger. Es handelt sich um eine sublime metaphysische Spekulation in Bezug auf die Wurzel des Seins und die Entfaltung des Seienden, die beide Parteien teilen und wo es überhaupt noch nicht ausgemacht ist, wer von wem abhängig ist. Ja, die Chronologie der Zeugnisse lässt es als möglich erscheinen, dass hier der

[29] Vgl. Enn. II,9,6,2, C. Elsas, Neuplatonische und gnostische Weltableitung in der Schule Plotins, RGVV 34, Berlin 1975, 74, mit Zostr, vor allem p. 5,17–29; 8,12–16; 12,3–22.

Neuplatonismus abhängig ist vom philosophischen Sethianismus.[30] Im Sethianismus jedenfalls sind ὕπαρξις, ζωή, νοῦς abstrakte Parallelbegriffe bzw. Interpretationen für die drei Bereiche des Äons der Barbelo (der überhimmlischen göttlichen Mutter der Sethianer), die mythologisch καλυπτός, πρωτοφανής, αὐτογενής, heißen und eine Dreieinigkeit der ontologischen Stufen der Ideenwelt meinen. Die Dinge liegen jedenfalls hier so, dass man versucht sein könnte, realiter von einer fließenden Grenze zu sprechen.

„Was ist Gnosis?" Haben wir die Frage beantwortet? Sicher nicht befriedigend. Aber wir haben getan, was wir konnten. Und wenn es auch nur die Angabe der Richtung war, wo die Antworten zu suchen sind.

Auch falls wir jetzt mehr Fragen haben als vorher, ist das nicht schlecht. Denn das würde ja bedeuten, dass wir wenigstens den Fragehorizont erhellt, das Fragenspektrum, das unser Thema impliziert, entfaltet und damit die Grundfrage präzisiert haben.

---

[30] Vgl. die folgenden beiden Statements: „In sum, the fact that ... seems to suggest that the Neoplatonists are more likely dependent on the Sethian ‚Platonists' than the reverse" (Turner, The Figure of Hecate, 226). „As a representative of the Middle Platonic period, *Zostrianos* provides evidence for the pre-Plotinian origin of the triad Existence-Mind-Life employed by later Neoplatonic writers to explain the functioning of Plotinus' second hypostasis, Mind" (J. H. Sieber, Nag Hammadi Codex VIII, NHS 31, Leiden 1991, 24).

DIE PSALMEN IM MITTELÄGYPTISCHEN DIALEKT DES KOPTISCHEN (DER MUDIL CODEX)*

Der Schleier ist gelüftet. Die mit größter Spannung erwartete Edition des mittelägyptischen Psalmencodex ist da.[1] Jetzt kann jeder ihn sehen, mit ihm arbeiten und ihn in der jeweils interessierenden Weise befragen und auswerten. Es ist wahrlich auch noch viel zu tun! Diese Ausgabe ist ja nur ein Anfang der Erschließung. Man könnte sie direkt als eine „Studienausgabe" bezeichnen. Das Hauptanliegen des Herausgebers war von Anfang an die Anfertigung, Einrichtung und Bereitstellung einer zuverlässigen Transkription, mit der andere weiterarbeiten könnten.[2] Und diese Aufgabe hat Gawdat Gabra in wahrhaft mustergültiger Weise erfüllt. Ja, die Fachwelt ist ihm zu großem Dank verpflichtet, dass er nicht schon selbst in höherem Maße eine Auswertung mit der Edition verbunden hat, was dieselbe vielleicht auf unabsehbare Zeit verschoben hätte. Es ist also ein großes Glück, dass wir, die wir *jetzt leben*, sie noch sehen können.

I. *Allgemeine Vorstellung der neuen Handschrift*

Der Psalmencodex ist am 28. Oktober 1984 bei einer offiziellen Ausgrabung der ägyptischen Altertümerverwaltung auf einem großen, alten, koptischen Friedhof beim Dorf Al-Muḍil, ca. sieben Kilometer nördlich von Al-Hibe, im Grabe eines etwa dreizehnjährigen Mädchens, unter dem Kopf der Bestatteten, gefunden worden. Es handelt sich um einen für die damalige Zeit ganz normal hergestellten Pergamentcodex, ähnlich den Codices Scheide und Glazier, nur nicht ganz so klein (Format ca. 13 × 17 cm) und nicht ganz so „überirdisch" gut erhalten. Die betreffenden kodikologischen Details werden in der Ausgabe natürlich beschrieben, und zwar gleich zweimal: Zunächst durch den Herausgeber, Gawdat Gabra, selbst,

---

* Enchoria 23 (1996), 86–144.

[1] G. Gabra (Hg.), Der Psalter im oxyrhynchitischen (mesokemischen/mittelägyptischen) Dialekt, mit Beiträgen von Nasry Iskander, Gerd Mink und John L. Sharp, ADAIK.K 4, Heidelberg 1995.

[2] Gabra hat sich also hier – aber auch sonst, wie es scheint – die Ausgabe des sahidischen Psalters (B.L. Or. 5000) durch Budge zum Vorbild genommen.

ausführlich und mit Illustrationen,[3] kurzum in einer Weise, wie einer, der ein Philologe, aber kein „Buchmann" und Einbandspezialist ist, sich eben helfen muss (S. 27–36); und danach noch einmal, aber nun kurz und professionell, durch John L. Sharp III,[4] einen der drei „contributors" (S. 37–41).[5] Das Aufregende ist aber nicht der Codex als solcher, sondern sein Inhalt: die Psalmen im mittelägyptischen Dialekt. Dass die Sprache, in der der Inhalt des Mudil Codex geschrieben ist, reines Mittelägyptisch ist, also Dialekt *M* ohne „wenn und aber", ist ganz offensichtlich und wurde auch von Gabra schon auf den ersten Blick erkannt (vgl. S. 23). Abgesehen von den inzwischen wohlbekannten allgemeinen Charakteristika des Mittelägyptischen sei zeichenhaft der merkwürdige Einzelzug hervorgehoben, dass eben auch im Psalmencodex das griechische Wort ἡγεμώ̲ν in der Gestalt ϩⲏⲅⲉⲙⲁ̲ⲛ erscheint (Ps 50,14; 54,14; 67,28). Sonst würde sich aber als ein „Codewort" auch noch ϩⲙⲉⲧ „(Wind-)Stille" eignen (vgl. Ps 106,29).[6]

Nun ist aber der mittelägyptische Dialekt eine lebendige Sprachform des Koptischen. Und es gibt infolgedessen durchaus gewisse Unterschiede innerhalb seiner Zeugen. Der Eindruck, der sich schon durch die ersten Informationen, kleine Textproben und auf Grund von einzelnen Fotos ergeben hat, wird nun durch das jetzt vorliegende Ganze voll bestätigt, dass nämlich der Psalmencodex mit der Mailänder *Papyrus*

---

[3] Dass sich dabei auch ein paar Verwechslungen bzw. Unklarheiten eingeschlichen haben, liegt wohl in der Natur der Sache. Am auffälligsten ist auf S. 33 Abb. 7 (in der Mitte des Lagenschemas) die Unmöglichkeit des Gegenübers von (4) Haar und (5) Fleisch.

[4] John L. Sharp(e) III, von der Duke University, Durham, North Carolina, USA, ist übrigens der Mann, der es übernommen hat, den Katalog der berühmten Einbände der Pierpont Morgan Library, New York City, neu zu schreiben. (Vgl. L. Depuydt, Catalogue of Coptic Manuscripts in the Pierpont Morgan Library, Leuven 1993, XI.) [Ich nehme jedenfalls an, dass es sich um die gleiche Person handelt, auch wenn ihr Name bei Gabra: Sharp, und bei Depuydt: Sharpe geschrieben wird.]

[5] Hinsichtlich eines Details, nämlich der Einstiche für die blinde Linierung der Schriftzeilen, gibt es übrigens einen sachlichen Widerspruch zwischen den beiden Kodikologien. Während Gabra sagt: „Die Einstiche für die horizontalen Linien, die quer über die gesamte Breite des Doppelblattes gehen, befinden sich innerhalb des Schriftspiegels" (S. 34), heißt es bei Sharp: „Pricking marks in the outer margins for the horizontal rulings, which extend completely across the page, are not discernible" (S. 37). Nun ist das zwar kein Widerspruch im streng logischen Sinne, denn auf den *Rändern* (vorausgesetzt, dass Gabra Recht hat, – und er hat sicher mehr Zeit gehabt, um sich die Sache anzusehen) sind sie wirklich nicht. Sharp hat sie eben gesucht, wo sie nicht sind. Aber *meinen* dürfte Sharp ja mit seinem Satz, dass diese Einstiche überhaupt fehlen. (Einstiche, die dann später nach der Beschriftung der Blätter innerhalb des Schriftspiegels zu liegen kommen, sind übrigens m. W. ganz normal.)

[6] Vielleicht ist auch ⲁϣⲉⲗ Ps 105,30 (in ⲁⲩⲱ ϩⲁ ⲡⲁϣⲉⲗ ⲗⲁ für καὶ ἐκόπασεν ἡ θραῦσις) ein solch typisch mittelägyptisches Einzelwort, falls es nämlich mit dem ⲁϣⲉⲗ von Mt 1,19 identisch sein sollte.

Handschrift der Paulusbriefe enger zusammengehört als etwa mit den anderen Pergamentcodices (Scheide und Glazier) und wie diese Mailänder Handschrift eine Spielart des Dialekts *M* repräsentiert, die eine größere Nähe zum benachbarten Fayumisch verrät. Die in dieser Perspektive zu nennenden generellen Phänomene des Mudil Codex sind: Vokalische Auflösung der silbischen Sonore im Inneren lexikalischer und syntagmatischer Wörter (also z. B. ⲥⲟⲧⲉⲙ statt ⲥⲟⲧⲙ bzw. ϥⲉⲛⲛⲏⲟⲩ statt ϥⲛ̀ⲛⲏⲟⲩ „er wird kommen"); eine starke Neigung zu digraphischer Schreibung des hinteren Glide /w/ (also z. B. ⲙⲁⲟⲩ neben ⲙⲁⲩ „Wasser"; ⲙⲉⲟⲩ neben ⲙⲉⲩ „Mutter"; ϩⲁⲟⲩ neben ϩⲁⲩ „Tag" *und* „böse sein"); Transposition ins Perfekt II durch das Element ⲁ (statt ⲉ̇). Das Perfekt II lautet also ⲁϩⲁ-/ⲁϩⲁ⸗.[7] Das allgemeine Zusammengehen des Mudil Codex und des Milan Codex im Gegenüber zu den Codices Scheide und Glazier kann man sich sehr schön auch an einem Einzelphänomen vergegenwärtigen, nämlich an dem *verbum compositum* für „stehen": Im Codex Scheide heißt es: ⲟϩⲉ̳ⲣⲉⲧ⸗, im Codex Glazier ⲟϩⲏ̳ ⲉ̳ⲣⲉⲧ⸗, aber im Psalmencodex wie im Milan Codex ⲟϩⲏ̳ⲣⲉⲧ⸗.[8] Als spezifische Zeichen für die besondere Nähe des Mudil Codex zum Fayumischen könnten folgende seiner Besonderheiten geltend gemacht und verstanden werden: zunächst die Gestalt des Wortes für „reich", nämlich ⲣⲉⲙⲁⲁ (gegenüber ⲣⲙⲙⲉⲁ̀ der Codices Scheide und Glazier; sowohl die „Vereinfachung" des My als auch die a-Färbung des vorletzten Vokals scheinen mir in diese Richtung zu weisen).[9] Weiter wäre zu nennen (besonders) die Dissimilation des ersten Rho in den abgeleiteten Formen des Verbums ⲙⲏⲓ̈ⲉ̇ „lieben": ⲙⲉⲛ̳ⲣⲓ-/ⲙⲉⲛ̳ⲣⲓⲧ⸗ und auch ⲙⲉⲛ̳ⲣⲓⲧ. Schließlich sei auf das nur einmal vorkommende seltene Wort ϣⲓϩⲏⲧ hingewiesen. Es findet sich Ps 36,4: ⲁⲣⲓϣⲓϩⲏⲧ’ ϩⲙ̇ ⲡϫ̅ⲥ̅ ⲧⲁⲣⲉϥϯ ⲛⲉⲕ ⲛ̇ⲛ̇ⲁⲓⲧⲏⲙⲁ ⲙ̇ⲡⲉⲕϩⲏⲧ (für: *κατατρύφησον τοῦ κυρίου, καὶ δώσει σοι τὰ αἰ τήματα τῆς καρδίας σου*) „Hab' deine Wonne in dem Herrn, so wird er dir die Bitten deines Herzens erfüllen!" Das Wort kommt sonst nämlich nur zweimal im Dialekt *V4* vor: Did (B.L. Or. 9271) 10,3: [— ϩⲁⲕⲧⲉ]ⲓ̣ⲧⲟⲩ ⲛ<ⲉ>ⲛϣⲏⲣⲓ ⲛⲛ̣[ⲣ]ⲱⲙⲓ ⲉⲩϣⲓϩⲏⲧ (für: *τροφήν τε καὶ ποτὸν ἔδωκας τοῖς ἀνθρώποις εἰς ἀπόλαυσιν*) „— du hast sie den Kindern der Menschen gegeben zur Wonne"; Eccl (P. Mich. 3520) 9,7: ⲁⲙⲟⲩ ⲟⲩⲱ̣ⲙ ⲙⲡⲉⲕⲁⲓ̈ⲕ ϩⲛ ⲟⲩⲟⲩⲛⲁ̣ϥ̣ ⲁⲩⲱ ⲥⲱ ⲙⲡⲉⲕⲏⲗⲡ ϩⲛ ⲟⲩϣⲓϩⲏⲧ

---

[7] Die bezeugten Einzelformen sind: ⲁϩⲁ- (Ps 117,23; 126,1), ⲁϩⲁⲓ̈ (Ps 72,25), ⲁϩⲁϥ (Ps 10,3; 102,10.10), ⲁϩⲁⲩ (Ps 43,4).

[8] Das *simplex* heißt freilich ⲟϩⲉ̳̇ (vgl. Ps 16,7).

[9] In den Paulinen ist das Wort nirgends ganz erhalten. Das Register zieht die Evidenz mit Recht zu ⲣ(ⲉ)ⲙⲙⲁ(ⲁ) zusammen. An der besterhaltenen Stelle (Eph 3,16) steht jedoch ⲣⲉ[ⲙ]ⲙⲁⲁ. Es sieht also so aus, als stimme der Milan Codex wenigstens in einem der beiden besonderen Züge mit dem Mudil Codex überein.

ϫⲉ ⲏⲇⲏ ⲁϥⲧ ⲙⲧⲱⲟⲩ ⲉϫⲛ ⲡⲉⲕⲧⲁⲙⲓⲁ (für: δεῦρο φάγε ἐν εὐφροσύνῃ ἄρτον σου καὶ πίε ἐν καρδίᾳ ἀγαθῇ οἶνόν σου, ὅτι ἤδη εὐδόκησεν ὁ θεὸς τὰ ποιήματά σου) „Komm, iss dein Brot in Frohsinn und trink' deinen Wein in Wonne! Denn schon hat Gott Wohlgefallen gefunden an deinem Werk."

Nun hat aber die mittelägyptische Sprachform des Psalmencodex auch ganz individuelle Züge. Die auffallendsten davon sind zwei an der Zahl, und zwar ein paläographisches und ein orthographisches. Das paläographische ist die ganz ungewöhnliche Gestalt, in der der Buchstabe Kjima (ϭ) hier (im „Wechsel" mit einer relativ normalen Form) erscheint: er ist „seitenverkehrt" geschrieben und ähnelt einem kleinen griechischen Delta (δ). Ästhetisch scheint diese Buchstabenform gar nicht zu dem sonstigen Schriftduktus (im so genannten Bibelstil) zu passen. Und wenn solch ein „Herausfallen" bzw. „Nichtpassen" ein Zeichen für ein relativ hohes Alter der betreffenden Schriftform ist, dann mag Gabras Auffassung von dem relativ hohen Alter des Psalmencodex wohl im Recht sein. Die orthographische Überraschung, die der Mudil Codex uns beschert, ist das durchgehende Schwanken der Schreibung des unbetonten auslautenden Vokals, der im Fayumischen als ⲓ erscheint, zwischen ⲉ (was im Mittelägyptischen allein als „normal" zu gelten hat) und ⲏ.[10] Vgl. z. B. Ps 37,13:

ϩⲁⲩϫⲓⲧ ⲛ̇ϭⲁⲛⲥ ⲉⲩϣⲓⲛⲉ̱ ⲛ̇ⲥⲁ ⲧⲁⲯⲩⲭⲏ
ⲁⲩⲱ ⲛⲉⲧϣⲓⲛⲏ̱ ⲛ̇ⲥⲁ ϩⲉⲛⲡⲉⲑⲁⲟⲩ ⲉ̇ⲣⲁⲓ̈ ϩⲁⲩϫⲱ ⲛ̇ϩⲉⲛⲙⲉⲛⲧⲡⲓϭⲉ

Sie taten mir Unrecht, indem sie nach meiner Seele trachten;
und die, die nach Bösem gegen mich trachten, redeten eitle Dinge.

Es gibt aber noch eine ganze Reihe weiterer auffälliger Züge, die eine Hervorhebung verdienen. Da wäre zunächst zu nennen der „Vorfall" des anaptyktischen Vokals.[11] Da das, besonders im Spiegel von Polotskys zweitem Aufsatz zur koptischen Lautlehre,[12] eine hochinteressante und zugleich überschaubare Erscheinung ist, habe ich versucht, bei der Lektüre alles Einschlägige zu notieren und möchte hier also etwas ausführlicher werden und das Phänomen vollständig darzubieten versuchen. Bei dreiradikaligen Verben, deren letzter Konsonant ein Sonor ist, mit einem einkonsonantigen nicht sonoren Suffix (also: ⸗ⲧ, ⸗ⲕ, ⸗ϥ, ⸗ⲥ), d. h., wenn

[10] Dass dieses unbetonte Schluss-ⲏ auf halbem Wege zwischen -ⲉ und -ⲓ liegt und also wiederum die besondere Nähe dieser Spielart des Mittelägyptischen zum Fayumischen zeigt, wird vielleicht an einer Stelle besonders deutlich, wo nun wirklich ein ⲓ geschrieben worden ist. Vgl. Ps 104,39: ϩⲁⲕϫⲓⲙⲁⲓ̈ⲧ ϩⲏⲧⲟⲩ ϩⲛ ⲟⲩϭⲏⲡⲓ „du hast sie geführt in einer Wolke."

[11] Vgl. schon H. Quecke, Il dialetto, in: T. Orlandi (ed.), Lettre di San Paolo in Copto-ossirinchita, P.Mil.Copti 5, Milano 1974, 96, zu demselben Phänomen.

[12] Vgl. H. J. Polotsky, Collected Papers, Jerusalem 1971, 358–362.

eine Struktur /CV.CR/ sich zu /CV(.)CRC/ verschiebt, ist es im Koptischen normal, dass zwischen dem Sonor und dem Suffix als anaptyktischer Vokal ein ⲉ hervorsprosst. Vgl. in Entsprechung zum Allgemeinkoptischen als mitteläg yptische Beispiele: ⲛⲉϩⲙⲉⲧ (Apg 12,11); ⲛⲉϩⲙⲉϥ (Apg 7,10); ϩⲁⲧⲃⲉⲧ (Apg 7,28); ϫⲁⲕⲙⲉⲥ (Apg 9,37).[13] In der Sprache des Psalmencodex sprosst nun aber dieser Vokal nicht *nach*, sondern *vor* dem Sonor, und es entstehen so „Muster", wie sie normalerweise nur entstehen können, wenn nicht der *letzte*, sondern der *mittlere* Konsonant der Grundform ein Sonor ist, also bei einer Umstrukturierung von /CV.RC/ zu /CV(.)RCC/. Vgl. das Natürliche mit dem Ungewöhnlichen in:

ⲧⲁ | ⲙ̱ⲉⲥϥ (Apg 2,29);
ϩⲁ | ⲧⲉⲃ̱ϥ (Ps 36,32).

Am häufigsten kann man das Normale (anderswo) und das Unerwartbare hier in den Psalmen an dem theologisch so gefüllten und wichtigen Wort ⲛⲟⲩϩ(ⲉ)ⲙ „retten" ablesen. Im Mudil Codex finden sich folgende einschlägige Belege:

ⲛⲉϩⲉⲙⲧ „mich retten" (17,20.49.49; 21,22; 30,2; 31,7; 33,5; 43,7; 53,9; 54,17; 70,2; 108,22; 114,6; 118,134.153; 139,2; 142,9; 143,7.11);
ⲛⲉϩⲉⲙⲕ „dich retten" (80,8);
ⲛⲉϩⲉⲙϥ „ihn retten" (17,1; 40,2; 70,11).[14]

Der Grund für die „falsche" Stelle des „Auftauchens" kann aber nicht (nur) das ϩ sein.[15] Denn dieselbe Sache kommt der fremden „Regel" gemäß auch bei den selteneren Verben der gleichen Struktur vor. Vgl.

ⲧⲁϭⲉⲛⲧ „mich (um)stoßen" (117,13);
ⲧⲁϭⲉⲛϥ „ihn (um)stoßen" (61,4);
ⲟⲩⲁⲧⲉⲃϥ „ihn überschreiten" (103,9);
ϩⲁⲧⲉⲃϥ „ihn töten" (36,32);
ϫⲁⲕⲉⲙⲧ „mich waschen" (50,9).

Dieselbe Erscheinung findet sich nun aber auch bei anderen Wörtern, die „von Natur aus" die gleiche Struktur (am Ende) haben, wo also das erste Element einer Doppelkonsonanz des Schluss*clusters* ein Sonor ist. Vgl.

---

13 Dieses anaptyktische ⲉ kann übrigens auch durch ein anaptyktisches ⲛ vertreten werden; vgl. ⲛⲉϩⲙⲛⲧ (Mt 14,30); ⲛⲉϩⲙⲛϥ (Mt 27,42.43); ⲥⲁⲧⲙⲛ̄ϥ̄ (Apg 1,4).

14 Es gibt zwar Ausnahmen davon; aber die sind weit davon entfernt, auf dem Rückweg zum Üblichen zu liegen. Es handelt sich um die beiden „Formen" oder Verschreibungen ⲛⲉϩⲉⲛ̱⸗ϥ (21,9) und ⲛⲉϩⲉⲛ̱⸗ⲧ̱ϥ (81,4).

15 Vgl. Polotsky, Collected Papers, 360[2].

ⲙⲁⲧⲉⲛⲥ „Ruhe“ (22,2; 114,7; 131,4);[16]
ⲗⲁϥⲉⲗϥ „eitern“ (37,6);
ⲛ]ⲉ̣ϩⲉ[ⲃϥ „Joch“ (2,3);
ⲥⲣⲁϥⲉⲣϥ „abfallen“ (1,3; 36,2; 89,6);
ϩⲗⲁⲡⲉⲗⲡ „verzagen“ (118,53);
ϩⲣⲁϫⲉⲣϫ „knirschen“ (111,10).

Eine noch allgemeinere Besonderheit von Orthographie und Sprache des Psalmencodex ist die Schwäche des Hori, die sich darin dokumentiert, dass das Zeichen ϩ in vielfältigster Weise an Stellen und in Zusammenhängen erscheint, wo es nicht hingehört, bzw. dass es dort, wo es zu recht steht, behandelt wird, als wäre es gar nicht da. Hier aber kann ich mich kurz fassen, da Gerd Mink, der zweite von Gabras „contributors“ in seinem Beitrag über die Sprache des Mudil Codex (S. 59–74) *darüber* das Nötige zufriedenstellend dargelegt hat. Es sind aber nicht alle einschlägigen Phänomene von gleichem Überraschungscharakter. Und das Allerseltsamste sei deswegen hier noch einmal hervorgehoben. Es ist die fast standardisierte Schreibung der Silbe aus Hori und Epsilon als ϩⲉ̇, wie z. B. in ⲕⲉϩⲉ̇ „Erde“, ⲁϩⲉ̇ „Herde“, ϩⲉ̇ⲑⲛⲟⲥ „Volk“. Durch die Setzung des Supralinearpunkts (Djinkim) über das Epsilon ist dieses als für sich selbst eine Silbe bildend markiert und folglich das Hori davor behandelt, als wäre es gar nicht da. Im Übrigen habe ich zum Phänomen des Hori meinerseits nur noch irgendwie auffällige Positionen desselben in *Eigennamen* gesammelt (wo es sich allerdings gerade um ein *starkes* Hori handelt). Und zwar erschien mir als bemerkenswert das Folgende: ⲁⲁϩⲣⲱⲛ (76,21; 98,6; 104,26; 105,16; 113,18.20; 117,3; 132,2; 134,19);[17] ⲁⲃⲉⲓϩⲣⲱⲛ (105,17); ⲃⲉⲛⲓϩⲁⲙⲓⲛ (79,3);[18] ⲥⲁϩⲟⲩⲗ (17,1; 56,1) neben ⲥⲁⲟⲩⲗ (58,1);[19] ϩⲣⲁⲁⲃ (86,4).[20] Die Position des Hori *vor* dem Rho (also die Kombination ϩⲣ) findet sich übrigens auch in der Schreibung des Fremdworts χείμαρρος als ϫⲓⲙⲁϩⲣⲟⲥ „Wildbach“ (82,10).[21]

Von nicht zu unterschätzender Bedeutung ist auch die im Psalmencodex überaus häufige Schreibung eines ⲱ statt des ⲟ vor ⲟⲩ bzw. das ständige Schwanken in der Schreibung (besonders an Wortenden) zwischen dem

[16] ⲙⲁⲧⲉⲛⲥ statt *ⲙⲁⲧⲛⲉⲥ auch in den Paulusbriefen (2Thess 1,7) gegenüber von ⲙⲁⲧⲛⲥ in den Codices Scheide und Glazier (Mt 11,29; Apg 3,20).

[17] Vgl. das normale(re) ⲁ̀ϩⲁⲣⲱⲛ in Apg 7,40.

[18] So auch Apg 13,21.

[19] ⲥⲁⲟⲩⲗ auch in Apg 13,21.

[20] Vgl. ϩⲣⲁⲭⲁⲃ Mt 1,5.

[21] Die geläufigere Gestalt, in der ein doppeltes griechisches Rho in der koptischen Wiedergabe erscheint, ist ja (umgekehrt): ⲣϩ.

zu erwartenden ⲟⲟⲩ und einem ⲱⲟⲩ. Das Phänomen als solches ist durchaus schon bekannt.[22] Nur konnte man bisher geneigt sein, solche Formen für gelegentliche Verschreibungen zu halten. Im Lichte des Mudil Codex wird aber nun deutlich, dass es im Mittelägyptischen eine echte Tendenz zur Schreibung von ⲱⲟⲩ für ⲟⲟⲩ gibt. Und das dürfte mit einer Einwirkung der Phonetik auf die Orthographie zusammenhängen. Hier macht sich wohl die ganz natürliche Tendenz der Schließung des offenen ⲟ-Lautes vor /w/ geltend. Und diese Tendenz verschafft sich innerhalb unseres Dossiers für den Dialekt *M* nur im Psalmencodex vitalen Ausdruck. Das Phänomen ist so omnipräsent, dass ich gar nicht erst versucht habe, die Vorkommen dieses idiolektalen ⲱⲟⲩ zu notieren, sondern mich von vornherein auf besondere Beispiele beschränkt habe.[23] Also, die Sache sieht z. B. so aus: ⲛⲁⲛⲱ⸗ⲟⲩ „sie sind gut" (34,12; 35,5 u. ö.);[24] ⲧⲱⲟⲩⲉⲛ „(sich) erheben" (17,49); ⲕⲣⲱⲟⲩ, Pluralform von ⲕⲣⲁ „Ufer" (58,14; 64,6.9; 66,8; 97,3); ⲧⲕⲉⲛⲓ̈ⲱⲟⲩ (65,15; 91,15), Stativ von einem noch in keinem Dialekt bezeugten Kausativ ⲧⲕⲉⲛⲓ̈ⲁ (22,5)/ⲧⲕⲉⲛⲓ̈ⲁ⸗ⲩ (19,4) „fett machen". Diese Erscheinung betrifft nun auch das einzige Vorkommen desjenigen Verbs, das in meiner Arbeit am Dialekt *M* eine Art Schlüsselrolle gespielt hat, und das im klassischen Mittelägyptisch ⲙ̇ⲧⲟⲟⲩ („Gefallen haben") heißt, hier aber eben (nur) in der Gestalt ⲙ̣̇ⲧⲱⲟⲩ erscheint (146,10). Für das Verb „töten", dessen *status absolutus* die bisherigen Zeugen von *M* nicht bieten, musste man rein theoretisch bisher als Grundform *ⲙⲟⲩⲟⲩⲧ ansetzen. Und wenn nun der Psalmencodex dafür nur die Form ⲙⲱⲟⲩⲧ präsentiert (100,8; 104,29), wo also die Einwirkung auf den Tonvokal *von hinten* (←ⲟⲩ, die ⲟ zu ⲱ umfärben möchte) stärker ist als die *von vorn* (ⲙ→, die ⲟ in ⲟⲩ zu verwandeln trachtet), so erhebt sich hier durchaus die Frage, ob auch dieses ⲙⲱⲟⲩⲧ nur zum Idiolekt des Psalmencodex gehört, oder in diesem besonderen Falle die Wortgestalt mit ⲱ vielleicht doch die mittelägyptische Normalform ist. Die phonetische Beeinflussung des ⲟ-Lautes durch unmittelbar benachbartes /w/ funktioniert aber offenbar nicht nur rückwärts (wie in allen bisher genannten Beispielen), wenn ein /w/ folgt, also unmittelbar danach artikuliert wird, sondern auch vorwärts, wenn ein /w/ vorhergeht. Anders kann ich mir jedenfalls, in der einmal eröffneten Perspektive einer von der Phonetik bestimmten oder beeinflussten Orthographie, die Formen ⲟⲩⲱⲧⲉ̣ⲃ „vergehen" (89,6) und ϫⲟⲩⲱⲧⲉ „zwan-

[22] Vgl. z. B. H.-M. Schenke, Das Matthäus-Evangelium im mittelägyptischen Dialekt des Koptischen (Codex Scheide), TU 127, Berlin 1981, 34.

[23] Einen dickeren Strauß von Beispielen präsentiert Mink (S. 60f.).

[24] Mink sagt übrigens, dass diese Form im Psalmencodex „stets" so geschrieben sei (S. 60); und ich selbst habe auch keine Ausnahme gefunden.

zig" (89,10) nicht erklären. All diesen unter einer bestimmten Bedingung auftreten könnenden Omegas stehen nun allerdings auch einige „unkonditionierte" Omegas, d. h. einfache Schreibfehler durch Beeinflussung seitens der Nachbardialekte gegenüber. Aber diese wirklichen Fehler sind weniger, als man auf den ersten Blick glaubt. Bei mir ist nur ⲕⲱⲧⲏ „wenden" (52,7), ϣⲱⲡⲉ „werden" (34,5; 36,18) und ϫⲱⲕ „erfüllen" (23,1) übrig geblieben.

Ebenso charakteristisch für die Sprache des Psalmencodex ist ein sehr verwandtes Phänomen, wenn es auch nicht von der gleichen Größenordnung ist. Es handelt sich um die Tendenz, in der 3. Pers. Pl. des Dativs: ⲛⲁ(ⲟ)ⲩ statt ⲛⲉ(ⲟ)ⲩ zu schreiben. Es geht also wiederum um eine „Orthographie", die von der konkreten Artikulation, die (in der vorderen Vokalreihe) den Standardlaut des Dativs unmittelbar vor /w/ nach unten verschiebt, bestimmt ist. Die Belege sind: ⲛⲁⲟⲩ (24,14; 77,23.25.29.55; 82,10; 87,9; 103,8.28; 105,15; 106,7; 148,6); ⲛⲁⲩ (104,40; 106,26).[25] Dass wir es so (durch den artikulatorischen Kontext) konditioniert sehen und nicht für eine einfache fehlerhafte Beeinflussung durch das Sahidische halten, hängt damit zusammen, dass wir auf die hiesige Erscheinung durch die Verhältnisse in der Dialektspielart *W* (P. Mich. 3521; Johannesevangelium) schon vorbereitet sind, wo nämlich im Dativ die 3. Pers. Pl. genauso – oder noch „vollkommener" – „aus der Reihe tanzt", nur dass dort auch noch das Paradigma ⲡⲉϫⲉ⸗ davon betroffen ist (3. Pers. Pl. ⲡⲉϫⲁⲩ [Joh 6,28.60; 9,12] neben ⲡⲉϫⲉⲩ [Joh 9,24.40]).[26]

Zum Wesen der Sprache des Mudil Codex wird man schließlich auch seinen Reichtum an (sonst) seltenen (wenn nicht unbekannten) wie selt*samen* Pluralformen rechnen dürfen. Es ist mit den Pluralformen so ähnlich wie mit dem Verbum ⲟⲩⲁⲡ „heilig sein" (und zwar in dieser Grundform): Was einem sonst nur ab und zu einmal begegnet, findet sich hier „dicht an dicht". Von den Pluralformen seien hervorgehoben ⲥⲛⲱϥ als Plural von ⲥⲛⲁϥ „Blut" (9,13; 77,44), ϭⲣⲱϭ als Plural von ϭⲣⲁϭ „Same" (64,11; 125,6), ⲕⲁϩⲉⲩ als Plural von ⲕⲁϩ „Ecke"[27] (18,7) und vor allen Dingen das „unerträumbare" ⲉⲣⲟⲩⲓ̈ als der hiesige, omnipräsente Plural von ⲉ̀ⲣⲁ „König". Das heißt, die Pluralform von ⲉ̀ⲣⲁ folgt hier dem *pattern*:

---

25 Ein unerwarteter Vokal ist gelegentlich auch das ⲉ selbst, und zwar wenn es anstelle eines ⲓ erscheint; vgl. z. B. Ps 18,4: ϭⲉ̄ⲛ- (Nominalpräfix); Ps 50,20: ⲁⲣⲉ̄- (Imp. von ⲉⲓⲣⲉ); Ps 51,5: ⲛ̀ϩⲟⲩⲁⲉ̀ⲥⲧⲉ „mehr als".

26 Vgl. z. B. H.-M. Schenke, Apostelgeschichte 1,1–15,3 im mittelägyptischen Dialekt des Koptischen (Codex Glazier), TU 137, Berlin 1991, 73 mit Anm. 179.

27 Im Codex Scheide heißt dieser Plural übrigens ⲕⲁϩⲏⲟⲩ.

ⲣⲉⲙⲁⲁ (ⲣⲙⲙⲉⲁ) ⲣⲉⲙⲁⲟⲩⲓ̈ (ⲣⲙⲙⲁⲟⲩⲓ̈);
ϣⲉⲙⲙⲁ (ϣⲙⲙⲁ) ϣⲉⲙⲙⲟⲩⲓ̈ (ϣⲙⲙⲟⲩⲓ̈);
ϩⲉⲗⲗⲁ (ϩⲗⲗⲁ) ϩⲉⲗⲗⲟⲩⲓ̈ (ϩⲗⲗⲟⲩⲓ̈).[28]

Wie für die Psalmen insgesamt die Kategorie der Seligpreisung wesentlich ist, so fängt ja das Buch auch schon mit einer solchen an. Und die Augen werden einem groß, wenn man hier liest: ⲛⲁⲁⲓ̈ⲉⲧϥ (Ps 1,1), also mit einem zuvor noch nie gesehenen doppelten Alpha. Aber so wird eben dieses Paradigma im Psalmencodex immer und ohne Ausnahme geschrieben. Der Weheruf als Ausdruck des Gegenteils der Seligpreisung kommt in den Psalmen nur einmal vor, allerdings auch in einer unerwarteten Gestalt, nämlich als ⲟⲩⲉⲓ̈ gegenüber dem (vielfachen) ⲟⲩⲁⲓⲉⲓ des Codex Scheide; vgl. 119,5: ⲟⲩⲉⲓ̈ ⲛⲉⲓ̈ ϫⲉ ϩⲁ ⲡⲁⲙⲁⲛϣⲟⲡⲉ ⲟⲩⲏⲓ̈ⲉ „Weh mir, dass meine Wohnung so fern geworden ist." Vielleicht bringt uns aber das einzelne ⲟⲩⲉⲓ̈ der Psalmen die Wahrheit über das vielfache ⲟⲩⲁⲓⲉⲓ des Matthäusevangeliums. Denn die beiden Schreibungen sind identisch, wenn man nicht, wie bisher, das -ⲓⲉⲓ von ⲟⲩⲁⲓⲉ̳ⲓ̳ für eine Schreibung von /j/ hält, sondern sein ⲁⲓ (ⲟⲩⲁ̳ⲓ̳ⲉⲓ) für eine („itazistische") Schreibung von ⲉ.[29] Doch zurück zum Ausdruck der Seligpreisung. Die Festigkeit dieses für die Spielart des Dialekts *M* im Psalmencodex charakteristischen Ausdrucks, ebenso wie z. B. die konsequente Schreibung des Wortes für „reich" ⲣⲉⲙⲁⲁ, veranlasst uns, diese „Vorstellung" der neuen Handschrift abzuschließen mit einer Einladung zur Reflexion über das Stabile und das Variable seiner Besonderheiten, und dass es eben beides gibt. Es gibt da offenbar Unterschiede in der Wertigkeit. Dass ⲛⲁⲁⲓ̈ⲉⲧϥ und ⲣⲉⲙⲁⲁ *so* und nicht anders heißen, ist dem Schreiber oder der hier vertretenen Schreiberschule eben wichtig, während es darauf, ob nun ϣⲓⲛⲉ̳ oder ϣⲓⲛⲏ̳, ⲉ̇ϫⲟ̳ⲟⲩ oder ⲉ̇ϫϣ̳ⲟⲩ, ⲛⲉ̳ⲟⲩ oder ⲛⲁ̳ⲟⲩ zu schreiben ist, nicht so sehr ankommt.[30]

Als eine Art Anhang dieser „Vorstellung" sollte vielleicht der Hinweis nicht ganz fehlen, dass zum „Gesicht" unseres neuen Zeugen *natürlich*

---

[28] Vgl. zu diesen und anderen Pluralform im Übrigen Mink (S. 65).

[29] Allerdings muss man dabei auch das parallele Gegenüber zwischen der Gestalt des Wortes für „Jude" in den Codices Scheide und Glazier *einerseits*, und im P. Mich. 3521 (Johannesevangelium; im Dialekt *W*) *andererseits*, in die Betrachtung miteinbeziehen: ⲓ̈ⲟⲩⲇⲁⲓⲉⲓ gegenüber ⲓ̈ⲟⲩⲇⲉⲓ̈. Aber es könnte eben sein, dass man in der neuen Gesamtperspektive zu dem entgegengesetzten Ergebnis kommt, als es bei dem ersten Lösungsversuch in der Ausgabe des Codex Glazier (Schenke, TU 137, 1991, 77) erreicht werden konnte.

[30] Übrigens weiß der Schreiber, wenn es darauf ankommt, das heißt wenn davon die Bedeutung abhängt, wenigstens die beiden Laute (bzw. Schreibungen) ⲉ und ⲏ sehr wohl zu unterscheiden. Vgl. 105,37.38: ϩⲁⲩϣⲱⲧ’ ⲛ̇ⲛⲉⲩϣⲏⲣⲉ ⲙⲉⲛ ⲛⲉⲩϣⲏⲣⲏ ⲛ̇ⲛ̇ⲇⲁⲓⲙⲱⲛ ÷ ϩⲁⲩⲡⲟϩⲧ’ ⲉ̇ⲃⲁⲗ’ ⲛ̇ⲟⲩⲥⲛⲁϥ ⲛ̇ⲁⲉⲓⲧⲛⲁⲃⲉ ⲡⲉⲥⲛⲁϥ ⲛ̇ⲛⲉⲩϣⲏⲣ̣ⲉ̣ ⲙ̣ⲉ̣ⲛ̣ ⲛⲉⲩϣⲏⲣⲏ „Sie opferten ihre Söhne und ihre Töchter den Dämonen. Sie vergossen unschuldiges Blut; das Blut ihrer Söhne und ihrer Töchter."

auch eine erhebliche Zahl neuer Wörter gehört, seien sie neu für die koptische Lexikographie überhaupt, oder nur in ihrer Bezeugung (und Form) innerhalb des Dialekts *M*. Da dieser Bereich aber nicht zum Schwerpunkt meiner Aufmerksamkeit gehörte, kann ich hier nur auf das hinweisen, was mir *besonders* in die Augen gefallen ist.

Da wäre zunächst, worauf Gabra selbst schon vor Erscheinen seiner Ausgabe hingewiesen hat,[31] das „Lemma" ⲧⲟϩ(ⲉ)ⲛ(*) „grün werden, grün sein" zu nennen, vertreten duch den *Stativ* ⲧⲉϩⲉⲛ „grün *sein*" (Ps 22,2: ϩⲁϥⲧⲣⲁϣⲟⲡⲉ ϩⲛ ⲟⲩⲙⲉ ⲉϥⲧⲉϩⲉⲛ „er lässt mich sein an einem Ort, der grün ist" [Luther: „er weidet mich auf einer grünen Aue"]) und durch die Nominalbildung ⲧⲉϩⲛⲏ „junges Grün" etc. (Ps 103,14; 146,8). Auffällig sind weiter: ⲛ̇ϥⲁ (für εὐθηνία) „Fülle" (Ps 29,7; 67,18; 121,6.7), ϭⲉⲗʼⲗⲉ „Schild" (Ps 34,2; 45,10), ⲥⲁⲣⲟⲩⲉⲓϭⲉ (für σιαγών) „Wange" (Ps 31,9), ϩⲁⲟⲩⲉ̇ als *Stativ* von ϩⲓⲟⲩⲉ̇ „werfen" (Ps 87,6) und, dass das griechische Wort μελέτη stets mit ⲙⲉⲗⲉⲧⲏⲥⲓⲥ wiedergegeben wird, während an der einzigen Stelle, wo im Koptischen doch ⲙⲉⲗⲉⲧⲏ steht, das die „Übersetzung" von ἀδολεσχία ist (Ps 54,3). Eine enttonte Form von ⲟⲩϣⲏ „Nacht" begegnet (auch in *M*) in dem *compositum* ⲉⲣⲟⲩϣⲉⲛ̇ⲣⲁⲉⲓⲥ „Nachtwache halten", „wachen" (Ps 101,8; 126,1).[32] Am wichtigsten aber sind hier die beiden Wörter, die nur bekannt *aussehen,* in Wirklichkeit aber bisher unbekannte Homonyme der vertrauten Wörter sind. Es handelt sich um: ⲙ̇ϩⲉⲩ (nicht „Grab" [wie auch in den Psalmen häufig], sondern) „Geschlecht" (Ps 21,28; 95,7), ⲙ̇ϩⲉ̇ⲟⲩ (106,41), ϩⲣⲏ (nicht „Nahrung" [wie auch in den Psalmen häufig], sondern) „Gras" (Ps 36,2; 91,8; 101,5; 103,14; 105,20; 128,6).

II. *Das Problem der Textdarbietung*

Gabras so sorgfältig vorbereitete und durchgeführte Darbietung des mittelägyptischen Textes der Psalmen nach dem Mudil Codex hat nun einen Aspekt, der einigen seiner Benutzer, solchen nämlich, die es genau wissen möchten, doch auch Kopfschmerzen bereiten könnte und auch schon bereitet hat. Der Mudil Codex ist nicht ganz so gut erhalten wie die Codices Scheide und Glazier. Und so hat sein Text eben einige Lücken. Und der Punkt ist nun, dass diese Lücken bei Gabra weithin in einer bestimmten Weise „offen" bleiben.[33] Was ich meine, sei am Psalm 1 demonstriert,

---

31 Vgl. Gabra, ⲧⲉϩⲛ „grün" und ⲧⲉϩⲛⲏ „Saat (junges Getreide?)," GM 105 (1988), 11–13.

32 Vgl. W. Westendorf, Koptisches Handwörterbuch, Heidelberg 1965/1977, 162 mit Anm. 1.

33 Gabra sucht dieses Verfahren auf S. 81 in seinen „Hinweise(n) zur Textausgabe und zum Apparat" zu erklären und zu rechtfertigen. Dort wird auch dargelegt, warum er statt

und zwar im Gegenüber des Zustandes, in dem er in der Edition wirklich erscheint (links) und wie er erscheinen könnte (rechts).

ⲛⲁⲁⲓ̈ⲉⲧϥ ⲙⲡⲣⲱⲙ[ⲉ	1	ⲛⲁⲁⲓ̈ⲉⲧϥ ⲙⲡⲣⲱⲙ[ⲉ ⲉⲧⲉ ⲙⲡϥⲃⲱⲕ]
ϩⲙ ⲡⲥⲁϫⲛⲉ ⲛⲛ̣[		ϩⲙ ⲡⲥⲁϫⲛⲉ ⲛ̣ⲛ[ⲓⲁⲥⲉⲃⲏⲥ]
ⲟⲩⲇⲉ ⲙ̇ⲡϥⲟϩⲏⲣⲉⲧϥ ϩⲓ̈[		ⲟⲩⲇⲉ ⲙ̇ⲡϥⲟϩⲏⲣⲉⲧϥ ϩⲓ̈ [ⲧⲉϩⲓⲏ ⲛ̇]
ⲛⲓⲣⲉϥⲉⲣⲛⲁⲃⲉ		ⲛⲓⲣⲉϥⲉⲣⲛⲁⲃⲉ
ⲁⲩⲱ ⲉⲙⲡϥϩⲙⲁⲥ· ϩⲓ̈ ⲧⲕⲁⲑⲉ[ⲇⲣⲁ ⲛ]		ⲁⲩⲱ ⲉⲙⲡϥϩⲙⲁⲥ’ ϩⲓ̈ ⲧⲕⲁⲑⲉ[ⲇⲣⲁ ⲛ̇]
ⲛⲓⲗⲟⲓⲙⲟⲥ		ⲛⲓⲗⲟⲓⲙⲟⲥ
ⲛ̇ⲥⲁ ⲉϥϩⲛ ⲡ̣ⲛⲟⲙⲟⲥ ⲙⲡ̣ⲭ̅ⲥ̅ [	2	ⲛ̇ⲥⲁ ⲉϥϩⲛ ⲡ̣ⲛⲟⲙⲟⲥ ⲙⲡ̣ⲭ̅ⲥ̅ [ⲛ̇ϭⲏ ⲡⲉϯ]
ⲣⲉ ⲙ̇ⲡⲉⲧⲉϩⲛⲉϥ		ⲣⲉ ⲙ̇ⲡⲉⲧⲉϩⲛⲉϥ
ⲁⲩⲱ ϥⲛⲉⲙⲉⲗⲉⲧⲁ ⲙ̇ⲡⲉϥⲛⲟ̣[ⲙⲟⲥ]		ⲁⲩⲱ ϥⲛⲉⲙⲉⲗⲉⲧⲁ ⲙ̇ⲡⲉϥⲛⲟ̣[ⲙⲟⲥ]
ⲙ̇ⲡⲉϩⲁⲩ ⲙⲉⲛ ⲧⲉⲟⲩϣⲏ̣		ⲙ̇ⲡⲉϩⲁⲩ ⲙⲉⲛ ⲧⲉⲟⲩϣⲏ̣
ϥⲛⲉϣⲱⲡⲉ ⲛ̇ⲑⲏ ⲙⲡⲓϣⲉⲛ [ⲉⲧ]	3	ϥⲛⲉϣⲱⲡⲉ ⲛ̇ⲑⲏ ⲙⲡⲓϣⲉⲛ [ⲉⲧ]
ⲣⲏⲧ ϩⲓ̈ϫⲉⲛ ⲛⲓⲙⲁ ⲛϩ̣ⲉⲧ̣[ⲉ]		ⲣⲏⲧ ϩⲓ̈ϫⲉⲛ ⲛⲓⲙⲁ ⲛϩ̣ⲉⲧ̣[ⲉ]
ⲙ̇ⲙⲁⲟⲩ		ⲙ̇ⲙⲁⲟⲩ
ⲡⲉⲓ̈ ⲉ̇ⲧⲛⲉϯ ⲙ̇ⲡⲉϥⲕⲁⲣⲡⲟⲥ [		ⲡⲉⲓ̈ ⲉ̇ⲧⲛⲉϯ ⲙ̇ⲡⲉϥⲕⲁⲣⲡⲟⲥ [ϩⲙ]
ⲡⲉϥⲟⲩⲁⲉⲓϣ ⲛ̇ⲧⲉϥ·		ⲡⲉϥⲟⲩⲁⲉⲓϣ ⲛ̇ⲧⲉϥ·
ⲁⲩⲱ ⲟⲩϭⲱⲃⲉ ⲛ̇ⲧⲉϥ ⲙⲉⲥ̣ⲥ̣ⲣ̣ⲁ̣[ϥ]		ⲁⲩⲱ ⲟⲩϭⲱⲃⲉ ⲛ̇ⲧⲉϥ ⲙⲉⲥ̣ⲥ̣ⲣ̣ⲁ̣[ϥ]
ⲉⲣϥ ⲉⲃⲁⲗ·		ⲉⲣϥ ⲉⲃⲁⲗ’
ϩⲟⲃ ⲛⲓⲙ ⲉⲧϥⲛⲉⲉⲩ ϥ̣[		ϩⲟⲃ ⲛⲓⲙ ⲉⲧϥⲛⲉⲉⲩ ϥ̣[ⲛⲉⲥⲁⲩⲧⲉⲛ]
ⲛ̇ⲛⲧ̣ⲉⲓ̈ϩⲏ· ⲉⲛ̣ ⲧⲉ ⲑⲏ ⲛ̣[	4	ⲛ̇ⲛⲧ̣ⲉⲓ̈ϩⲏ’ ⲉⲛ̣ ⲧⲉ ⲑⲏ ⲛ̣[ⲛⲓⲁⲥⲉⲃⲏⲥ]
ⲛⲛⲧ̣ⲉ̣ⲓ̣̈[ϩ]ⲏ̣ ⲉⲛ [ⲧⲉ]		ⲛⲛⲧ̣ⲉ̣ⲓ̣̈[ϩ]ⲏ̣ ⲉⲛ [ⲧⲉ]
ⲛⲥⲁ ⲁⲩⲛⲉⲉⲣ ⲑⲏ ⲙⲡ[		ⲛⲥⲁ ⲁⲩⲛⲉⲉⲣ ⲑⲏ ⲙⲡ[ⲓϣⲁⲉⲓϣ]

(verso)

]ⲡ̣ⲧ̣ⲏ̣ⲟⲩ ⲑⲗⲁϥ ⲉⲃⲁ̣ⲗ̣		[ⲉⲧϣⲁⲣⲉ] ⲡ̣ⲧ̣ⲏ̣ⲟⲩ ⲑⲗⲁϥ ⲉⲃⲁ̣ⲗ̣
[ϩⲓϫⲉ]ⲛ̣ ⲡ̣ϩ̣[ⲁ ⲙ]ⲡ̣ⲕⲉϩⲉ̇		[ϩⲓ̈ϫⲉ]ⲛ̣ ⲡ̣ϩ̣[ⲁ ⲙ̇]ⲡ̣ⲕⲉϩⲉ̇
ⲡ]ⲉ̣ⲓ̣̈ ⲛ̣ⲛ̣ⲉ̣ⲁ̣ⲥ̣ⲉⲃⲏⲥ ⲧⲟⲩⲛϥ	5	[ⲉ̇ⲧⲃⲉ ⲡ]ⲉ̣ⲓ̣̈ ⲛ̣ⲛ̣ⲉ̣ ⲁ̣ⲥ̣ⲉⲃⲏⲥ ⲧⲟⲩⲛϥ
] ⲧⲉⲕⲣⲓⲥⲓⲥ		[ϩⲛ] ⲧⲉⲕⲣⲓⲥⲓⲥ
ⲣⲉ]ϥⲉⲣⲛⲁⲃⲉ ϩⲛ ⲧⲥⲩⲛⲁⲅⲱ		[ⲟⲩⲇⲉ ⲣⲉ]ϥⲉⲣⲛⲁⲃⲉ ϩⲛ ⲧⲥⲩⲛⲁⲅⲱ
ⲅ̣ⲏ̣ ⲛ̣ⲛⲓⲇⲓⲕⲁⲓⲟⲥ		ⲅ̣ⲏ̣ ⲛ̣ⲛⲓⲇⲓⲕⲁⲓⲟⲥ
ϫ̣ⲉ̣ ⲡ̣ⲭ̣ⲥ ⲥⲁⲟⲩⲛ ⲛⲧⲉϩⲓ̈ⲏ ⲛ̇ⲛⲓ	6	ϫ̣ⲉ̣ ⲡ̣ⲭ̣ⲥ ⲥⲁⲟⲩⲛ ⲛⲧⲉϩⲓ̈ⲏ ⲛ̇ⲛⲓ
ⲇ̣ⲓ̣ⲕ̣ⲁ̣ⲓⲟⲥ		ⲇ̣ⲓ̣ⲕ̣ⲁ̣ⲓⲟⲥ
ⲧ̣ⲉ̣ϩ̣ⲓ̣̈ⲏ ⲇⲉ ⲛ̇ⲛ̣ⲓ̣ϣⲉϥⲧ· ⲁⲥⲛ̇ⲛⲉ		ⲧ̣ⲉ̣ϩ̣ⲓ̣̈ⲏ ⲇⲉ ⲛ̇ⲛ̣ⲓ̣ϣⲉϥⲧ’ ⲁⲥⲛ̇ⲛⲉ
ⲉ̣̇ⲡⲧⲁⲕⲁ:		ⲉ̣̇ⲡⲧⲁⲕⲁ:

solcher Ergänzungsversuche, deren er sich nicht sicher genug war, einen Apparat erstellt, dessen einziger Inhalt die doppelte Angabe dessen ist, was die sahidische Psalmenausgabe von Budge und die bohairische Psalmenausgabe von Lagarde *da* haben, *wo* in seinem Text die Lücken bleiben.

(1) „Wohl dem Mensch[en, der nicht gewandelt ist]
im Rat de[r Unfrommen]
und sich nicht gestellt hat auf [den Weg]
der Sünder
und der sich nicht gesetzt hat auf den Stu[hl der]
Schändlichen.
(2) Sondern im Gesetz des Herrn befindet sich, [wer t]ut,
was ihm gefällt.
Und er wird nachdenken über sein Ge[setz]
am Tage und in der Nacht.
(3) Er wird sein wie ein Baum, [der]
wächst an Wasser-
kanälen.
Dieser ist es, der seine Frucht geben wird [zu]
seiner bestimmten Zeit.
Und kein Blatt von ihm wird
abfallen.
Alles, was er tun wird, [wird wohl gelingen].
(4) Nicht so ist die Weise der [Unfrommen;]
nicht so [ist] sie.
Sondern sie werden sein wie [Staub,]
[den] der Wind wegbläst
[von] dem Ange[sicht d]er Erde.
(5) [Deswg]en wird kein Unfrommer aufstehen
[im] Gericht,
und kein Sünder in der Versammlung der Gerechten.
(6) Denn der Herr kennt den Weg der
Gerechten;
der Weg der Frevler aber führt
ins Verderben."

Das Problem ist nicht das Ausbleiben einer Ergänzung an sich, sondern die „Offenheit" der Klammern, dass sie einerseits geöffnet, aber nicht geschlossen, andererseits geschlossen, aber nicht geöffnet werden, und vor allem die damit gegebene Unsicherheit über den für eine Rekonstruktion zur Verfügung stehenden Raum, mit anderen Worten, dass es nicht nach dem Muster geht: [...] oder: [ca. 3]. Nach Lage der Dinge muss man vorläufig am jeweils linken Textrand sein Vertrauen in die von Gabra gewählte Position des Zeichens] setzen, wodurch der Raum bis zum Anfang der Zeile, sei sie nun als eine volle oder als eine eingerückte anzusetzen, eindeutig bestimmt wäre. Aber auf dem Computer kann es leicht passieren, dass solche Klammerteile schließlich doch nicht genau da stehen, wo man sie haben wollte. Und dieser theoretische Zweifel hat seine Berechtigung an einer Stelle erfahren, wo es möglich war, den Druck anhand eines Fotos zu kontrollieren. Auf p. 268 mit dem Text von Ps 78,9–12 (S. 152, rechtes unteres Viertel) steht in der vorletzten Zeile das Zeichen] um etwa eine knappe Buchstabenbreite zu weit rechts (das erste ⲛ nach der Klammer gehört unter den Zwischenraum des *ersten* ⲟⲩ der drittletzten Zeile) und steht in der *letzten* Zeile das Zeichen] um *ca.* zwei Buchstabenbreiten zu weit links (das ϩ nach der Klammer gehört etwa unter das erste ϭ der vorletzten Zeile, bzw. genau unter den Zwischenraum des *zweiten* ⲟⲩ der drittletzten Zeile).[34] Am rechten Textrand haben wir dagegen nicht einmal diese problematische Hilfe.

Wir können und wollen aber nun den ersten Psalm auch gleich benutzen, um an einem konkreten Anschauungsobjekt bestimmte Züge der Spielart des Mittelägyptischen, in der der Psalmencodex abgefasst ist, zu besprechen. Wir suchen zunächst nach Beispielen für das allgemein und für das Ganze schon Erörterte. Vgl. also: die vokalische Auflösung der silbischen Sonore in ⲙⲉⲛ „und“ (V. 2) und ϩⲓ̈ϫⲉⲛ „auf“ (V. 3); die digraphische Schreibung des /w/ in ⲙⲁⲟⲩ „Wasser“ (V. 3) im Wechsel mit der einfachen in ϩⲁⲩ „Tag“ (V. 2); die Gestalt des *verbum compositum* ⲟϩⲏⲣⲉⲧ⸗ „stehen“ (V. 1); den Vorfall des anaptyktischen Vokals in ⲥ̣ⲣ̣ⲁ̣[ϥ]ⲉⲣϥ „abfallen“ (V. 3); das Element ϩⲉ̇ in ⲕⲉϩⲉ̇ „Erde“ (V. 4); das Doppelalpha in dem Ausdruck ⲛⲁⲁⲓ̈ⲉⲧ⸗ „selig ist …“ (V. 1). Als Nächstes werfen wir einen Blick auf die Punkte des Supralinearsystems. Wir finden den einfachen Punkt (Djinkim) über ⲙ, ⲛ und ⲉ. Nur das sind auch im übrigen Text die Buchstaben, über denen er, falls sie eine Silbe für sich bilden, regelmäßig erscheint. Über ⲁ kommt er nur sporadisch vor. Typisch für den Psalmencodex ist nur die jeweilige Position dieses Punktes. Bei ⲙ und ⲛ hat er seinen Platz zwar in der Mitte der Buchstabenbreite, aber eigentlich gar nicht *über* dem Buchstaben, sondern ist etwa in Höhe der Oberzeile in den jeweiligen Winkel des Buchstabens „versenkt.“ Demgegenüber steht er beim ⲉ hoch darüber, aber nicht in der Mitte, sondern genau über dem rechten Ende. Übrigens zeigt sich Gabras Sorgfalt und Streben nach Genauigkeit nicht zuletzt daran, dass auch in seinem gedruckten Text der Supralinearpunkt über dem ⲉ an das rechte Ende desselben verschoben ist. Es hat ihm also

[34] Um die richtige Relation herzustellen, sei gesagt, dass ich solchen Grund zur Beanstandung nur auf einer von insgesamt 38 mit dem Text der Ausgabe verglichenen Fotografien gefunden habe. Außer den Textseiten, die am Ende der Ausgabe durch die dort beigegebenen Abbildungen illustriert sind, habe ich auch noch die folgenden kontrollieren können: p. 78 mit Ps 27,5–8; p. 153 mit Ps 47,14–48,4; (die „bewusste“ Seite) p. 268 mit Ps 78,9–12; p. 269 mit Ps 78,13–79,3; p. 316 mit Ps 93,1–6; p. 317 mit Ps 93,7–13; p. 331 mit Ps 98,6–99,1; p. 404 mit Ps 118,3–9; p. 405 mit Ps 118,10–17.

keine Ruhe gelassen, bis er seinen Computer so eingerichtet hatte, dass er eben dies hergab. Was den Supralinearpunkt im Psalmencodex anbelangt, so habe ich nach zweimaliger Textlesung den zunächst allgemeinen Eindruck, dass er in dieser Handschrift – verglichen mit den anderen *M*-Zeugen – relativ oft irrtümlich gesetzt ist. Das andere vorkommende Supralinearzeichen ist das Trema. Aber von diesen Tremata ist nur dasjenige innerhalb des Kompendiums ϩϊ (V. 1[2x].3.6[2x]) etwas Typisches. So nämlich wird die Verbindung von Hori und Jota immer geschrieben. Wenngleich nun diese Zeichenverbindung innerhalb des Dossiers von *M* als etwas relativ Besonderes erscheinen kann, so gehört sie doch zu einem text- und dialektübergreifenden Problem; und es ist unerheblich, ob das Kompendium ϩϊ, ϩⲓ̅ oder ϩⲓ̂ geschrieben ist und ob der Strich oder der Zirkumflex bloß das Jota oder beide Buchstaben überdeckt. Und es ist – *pace* Mink[35] – nicht legitim oder sinnvoll, dieses ϩϊ mit dem Element ϩⲉ̇, wie es z. B. in ⲕⲉϩⲉ̇ vorkommt, auf eine Stufe zu stellen und so direkt als ein (weiteres) Zeichen für die Hori-Schwäche des Mudil Codex zu verwenden. Etwas typisch Mittelägyptisches finden wir schließlich noch in dem zweimaligen Gebrauch der Präposition ⲛ̇ⲥⲁ- als Konjunktion mit der Bedeutung „sondern" (V. 2.4). Dieses spezifisch mittelägyptische ⲛ̇ⲥⲁ- finden wir im Psalmencodex auch sonst noch wieder, nämlich 43,4; 51,9; 113,9.26. Schließlich noch ein Wort zur Kontraktionsschreibung des Wortes „(der) Herr" in V. 2.6. So wird das Wort „(der) Herr" hier im Psalmencodex ebenso wie in den anderen *M*-Texten praktisch immer geschrieben (bei unproblematischer Lesung natürlich: ⲡⲭ̅ⲥ̅). Im Psalmencodex wird das Wort aber „aus Versehen" auch zweimal ausgeschrieben, und da stimmt es mit der theoretisch angesetzten Form ϫⲁⲉⲓⲥ, diese damit bestätigend, überein. Die beiden Stellen sind:

Ps 105,41: ϩⲁ ⲛⲉⲧⲙⲁⲥⲧⲉ ⲙ̇ⲙⲁⲩ ⲉⲣϫⲁⲉⲓⲥ ⲉ̇ⲣⲁⲩ
Die, die sie hassen, wurden Herr über sie;

Ps 113,2: ⲁⲩⲱ ϩⲁ ⲡⲓⲥⲣⲁⲏⲗ' ⲉⲣϫⲁⲉⲓⲥ ⲉ̇ⲣⲁⲥ
Und Israel wurde Herr darüber.[36]

---

35 Vgl. S. 61f. der Ausgabe.

36 Fast die ganze Wahrheit findet sich freilich schon in den Paulusbriefen; vgl. 1Kor 7,4: [– ⲁⲩⲱ ⲡϩⲁⲟⲩ]ⲧ ⲛϥⲁ ⲉⲛ ⲙ̇ⲡϫⲁⲉⲓ[ⲥ ⲙ̇ⲡⲉϥⲥⲱⲙⲁ] „auch der Mann ist nicht der Herr über seinen Leib." – Mir ist das deswegen wichtig, weil auch im Codex Glazier das Wort einmal ausgeschrieben ist, aber da in der *sahidischen* Form ϫⲟⲉⲓⲥ, und die Sprache eben manchmal nicht logisch ist.

III. *Sprachliche Überraschungen im Mudil Codex*

Zur Einleitung des nun Folgenden ist es vielleicht nicht unnütz, wenn ich hier bekenne, dass meine erste Vollbegegnung mit dem Psalmencodex mit einer gewissen Enttäuschung verbunden war. Aber das war meine eigene Schuld, denn was ein neuer Zeuge an Informationen bringt, hängt ja ganz entscheidend von den Fragen ab, die man an ihn stellt, von den Erwartungen, mit denen man an ihn herantritt. Und meine Fragen und Erwartungen waren eben falsch und „ungerecht", wenn auch vielleicht verständlich. Ich trat natürlich von den Codices Scheide und Glazier herkommend an den Psalmencodex heran, und das auch noch in einem ganz besonderen Sinne. Ich war gerade mit der Herstellung einer Konkordanz – nach dem Lemmatisierungsprogramm, das in Québec an der Université Laval entwickelt worden ist – für das Matthäusevangelium nach dem Codex Scheide und für die Apostelgeschichte, soweit sie im Codex Glazier enthalten ist (1. Hälfte), fertig geworden. Und diese Mt/Apg-Konkordanz wurde in Québec – hinsichtlich der dabei erfolgenden Einrichtung des Programms für den mittelägyptischen Dialekt des Koptischen – geradezu als eine „Vorübung" für eine Konkordanz des mittelägyptischen Psalmentextes betrachtet, auf die man sich dort vorbereitet. Kurzum, ich war auf ganz neue „Offenbarungen" aus, wie ich sie von meiner Arbeit an den Codices Scheide und Glazier „gewohnt" war („was kein Auge je gesehen") bzw. auf Antworten auf da noch offen gebliebene Fragen. Und etwas in dieser (fälschlich) erwarteten Größenordnung gab es eben nicht. Und somit bewahrheitete sich der Satz: „Was das tatsächliche Formeninventar des mittelägyptischen Dialekts angeht, so bleiben jedenfalls nach Kenntnisnahme der drei großen Handschriften[37] nur noch ganz wenige Fragen offen."[38] Hinzu kommt – wie ich jetzt sehe –, dass der Psalmentext, in all seiner Schönheit, doch wenig Gelegenheit hat, syntaktische Raritäten zu bieten. Er ist ja meistens im Stil sehr schlicht und in Phraseologie und Terminologie voller Einseitigkeit und voll von Wiederholungen.

Nun hält der Psalmencodex aber doch wenigstens *einige* Überraschungen bereit, die, wenn man die Erwartungen auf ein gesundes Maß zurückschraubt, immer noch groß genug sind. In Mt 11,30 hatte sich als Prädikat eines Nominalsatzes einmal der Ausdruck: ⲟⲩⲉ̀ⲛⲁⲛⲟⲩϥ gefunden. Der

---

[37] Gemeint sind der Milan Codex mit den Paulusbriefen und die Codices Scheide und Glazier.

[38] W.-P. Funk, Beiträge des mittelägyptischen Dialekts zum koptischen Konjugationssystem, in: D. W. Young (ed.), Studies presented to Hans Jakob Polotsky, Gloucester 1981, 177.

betreffende Satz(teil) lautet dort: ⲡⲁⲛⲉϩⲃϥ … ⲟⲩⲉ̇ⲛⲁⲛⲟⲩϥ ⲡⲉ „mein Joch ist gut/sanft“ (als Entsprechung von: ὁ … ζυγός μου χρηστὸς … ἐστιν). Und in einem so vereinzelten Fall konnte man die Möglichkeit eines einfachen Schreibfehlers (Haplographie des ⲉ̇) nicht ausschließen.[39] Nun findet sich aber im Psalmencodex diese Erscheinung der, wie es aussieht, direkten Verbindung des unbestimmten Singularartikels mit dem Umstandssatz des Präsens, bzw. solche „*koaleszierenden* Umstandssätze“[40] in einer hinreichend großen Zahl, um erkennen zu lassen, dass wir es hier mit einem regelmäßigen Aussagemuster zu tun haben. Vgl.

ⲟⲩⲉ̇ⲛⲁⲛⲟⲩϥ „einer, der gut ist“, „ein Guter“ 33,9; 51,11; 118,68;
ⲟⲩⲉϥⲟⲩⲉⲃ „einer, der heilig ist“, „ein Heiliger“ 17,26.26; 18,8;
ⲟⲩⲉϥⲕⲁⲗϫ „einer, der verkehrt ist“, „ein Verkehrter“ 17,27;
ⲟⲩⲉϥⲥⲟⲩⲧⲟⲛ „einer, der aufrecht/gerecht ist“, „ein Gerechter“ 24,8.

Es handelt sich im Einzelnen um folgende Stellen:

Ps 33,9: ϫⲓ ϯⲡⲉ <ⲧ>ⲁⲣⲉ̇ⲧⲉⲛⲛⲉⲩ ϫⲉ ⲟⲩⲉⲛⲁⲛⲟⲩϥ ⲡⲉ ⲡϫ̅ⲥ̅
Schmeckt, und ihr werdet sehen, dass der Herr gut/freundlich ist.

Ps 51,11: ⲁⲩⲱ ϯⲛⲉϩⲩ̈ⲡⲟⲙⲉⲛⲁⲓ ⲙ̇ⲡⲉⲕⲣⲉⲛ
ϫⲉ ⲟⲩⲉ̇ⲛⲁⲛⲟⲩϥ ⲡⲉ ⲙ̇ⲡⲉⲙⲧⲁ ⲛ̇ⲛⲉⲧⲟⲩⲉⲃ ⲛ̇ⲧⲉϥ
Und ich werde auf deinen Namen vertrauen,
denn er ist gut vor deinen Heiligen.

Ps 118,68: ⲛ̇ⲧⲁⲕ ⲡϫ̅ⲥ̅ ⲛ̇ⲧⲕ ⲟⲩⲉ̇ⲛⲁⲛⲟⲩϥ ⲛ̇ⲧⲕ ⲟⲩⲭ̣̅ⲣ̣̅ⲥ̣̅
Du Herr, du bist gut und du bist freundlich.

Ps 17,26: ⲁⲕⲙⲁϣⲉ ⲙⲉⲛ ⲟⲩⲉϥⲟⲩⲉⲃ ⲉ̇ⲕⲉⲉⲣⲟⲩⲉϥⲟⲩⲉⲃ
Wenn du mit einem Heiligen wandelst, wirst du ein Heiliger sein.

Ps 18,8: ⲡ̣ⲛⲟⲙⲟⲥ ⲙ̇ⲡϫ̅ⲥ̅ ⲟⲩⲉϥⲟⲩⲉⲃ ⲡⲉ ⲉϥⲕⲟⲧⲉ ⲛ̇ⲛ̣ⲉ̣ⲯⲩⲭⲏ
Das Gesetz des Herrn ist heilig, indem es die Seelen wendet.[41]

Ps 17,27: ⲁⲕⲙⲁϣⲉ ⲙⲉⲛ ⲟⲩⲉϥⲕⲁ̣ⲗ̣ϫ ⲉ̇ⲕⲉⲕⲁⲧⲕ ϩⲁⲃⲁⲗ’ ⲙ̇ⲙⲁϥ
Wenn du mit einem Verkehrten wandelst, sollst du dich von ihm abwenden!

Ps 24,8: ⲟⲩⲭ̅ⲣ̅ⲥ̅ ⲁⲩⲱ ⲟⲩⲉϥⲥⲟⲩⲧⲟⲛ ⲡⲉ ⲡϫ̅ⲥ̅
Gütig und gerecht ist der Herr.

---

39 ⲟⲩⲉ̇ⲛⲁⲛⲟⲩϥ für ⲟⲩⲉ̇ ⲉ̇ⲛⲁⲛⲟⲩϥ. Vgl. Mt 8,2: ⲟⲩⲉ̇ ⲉϥⲕⲏⲕ ⲙ̇ⲡⲥⲁⲃϩ = λεπρός; Mt 9,2: ⲟⲩⲉ̇ ⲉϥⲥⲏϭ = παραλυτικός.

40 Terminus von W.-P. Funk (Brief vom 19. September 1995).

41 Vielleicht kann man diesen Satz (als einen koptischen) in seinem zweiten Teil, trotz des Fehlens eines ⲁⲩⲱ vor ⲉϥⲕⲟⲧⲉ, auch so verstehen: „Das Gesetz des Herrn ist heilig *und eins, das die Seelen wendet.*“

Um diese m. E. bisher analogielose sprachliche Erscheinung einzuordnen, wüsste ich vorläufig nur zwei Möglichkeiten anzubieten. Auf der einen Seite lässt es sich sozusagen nachträglich in dem # 51 von Polotskys Grundlagen unterbringen. An dieser Stelle seines Werkes erscheint ein Ausdruck wie ⲟⲩⲉ̇ ⲉϥⲥⲟⲧⲉⲙ als eine Art Entsprechung zu dem geläufigen ⲡⲉⲧⲥⲟⲧⲉⲙ.[42] Er sagt, ⲡⲣⲱⲙⲉ ⲉⲧⲥⲟⲧⲉⲙ verhalte sich zu ⲟⲩⲣⲱⲙⲉ ⲉϥⲥⲟⲧⲉⲙ wie ⲡⲉⲧⲥⲟⲧⲉⲙ zu ⲟⲩⲉ̇ ⲉϥⲥⲟⲧⲉⲙ.[43] Nun ist aber die zweite Seite dieser „Gleichung" offenbar nicht ausgewogen. Und in # 9 hatte Polotsky ja schon darauf hingewiesen, dass das Determinativpronomen ⲡ- die volle Form ⲡⲏ neben sich hat. Wäre es also nicht besser bzw. ist es möglich, die obige Gleichung Polotskys folgendermaßen zu variieren: ⲡⲣⲱⲙⲉ ⲉⲧⲥⲟⲧⲉⲙ verhält sich zu ⲟⲩⲣⲱⲙⲉ ⲉϥⲥⲟⲧⲉⲙ wie *entweder* ⲡⲏ ⲉⲧⲥⲟⲧⲉⲙ zu ⲟⲩⲉ̇ ⲉϥⲥⲟⲧⲉⲙ *oder* ⲡⲉⲧⲥⲟⲧⲉⲙ zu ⲟⲩⲉϥⲥⲟⲧⲉⲙ? In ⲡⲉⲧⲥⲟⲧⲉⲙ ist doch der Relativsatz nicht weniger koaleszierend als der Umstandssatz in ⲟⲩⲉϥⲥⲟⲧⲉⲙ. Der Unterschied ist doch bloß, dass wir an ⲡⲉⲧⲥⲟⲧⲉⲙ gewöhnt sind.[44] Andererseits erinnert die hiesige Erscheinung an den von Shisha-Halevy entdeckten substantivischen Gebrauch des antecedenslosen Umstandssatzes.[45] Der Ausgangspunkt seiner Darlegung ist übrigens auch das Gegenüber von ⲡⲉⲧⲥⲟⲧⲉⲙ und ⲟⲩⲉ̇ ⲉϥⲥⲟⲧⲉⲙ. Und nach erneuter Lektüre seines Artikels im Blick auf unser neues Phänomen will es mir scheinen, als wäre unser ⲟⲩⲉϥⲥⲟⲧⲉⲙ eine Art von *missing link* auf einer Linie, die *doch* ziemlich direkt von dem bekannten ⲟⲩⲉ̇ ⲉϥⲥⲟⲧⲉⲙ zu seinem spezifischen øⲉϥⲥⲟⲧⲉⲙ führt. Vgl. besonders die Korrespondenz seines Beispiels # 10 (sahidische Variante von Ps 24,8) mit der in der oben gegebenen Liste enthaltenen mittelägyptischen Fassung dieses Verses:

---

[42] Dabei erlaube ich mir, das, was für die koptische Grammatik allgemein gelten soll und was Polotsky vom Sahidischen aus demonstriert, hier einfach mit Hilfe der Sprachform des Psalmencodex auszudrücken.

[43] Vgl. dazu übrigens auch schon Stern, Koptische Grammatik, Leipzig 1880/Osnabrück 1971, 242 (# 406).

[44] *Grammatisch* gibt es natürlich eine ganze Reihe von Unterschieden. Das ⲟⲩⲉϥⲥⲟⲧⲉⲙ scheint in seinem Gebauch viel mehr eingeschränkt zu sein als ⲡⲉⲧⲥⲟⲧⲉⲙ. Wie es aussieht, gibt es das nämlich nur im Singular, nur im Präsens und nur, wenn das Subjekt des Umstandssatzes mit dem Antecedens ⲟⲩ- übereinstimmt. Auf eine weitere Einschränkung weist mich W.-P. Funk hin (Brief vom 17. 11. 1995): Als „Füllung" des Rahmens ⲟⲩⲉϥ- haben wir nämlich (bisher jedenfalls) nur einfache Stativ- oder Adjektivverb-Formen, mithin eine Gruppe, die derjenigen Gruppe von Formen, die bei „invariablem ⲡⲉⲧ-" vorkommen, ähnlich sei, und das ist eine „halbgeschlossene" oder eng begrenzte Liste. Vielleicht erweist sich also die von mir gewählte (vorläufig-*theoretische*) Bezeichnung des Rahmens als ⲟⲩⲉϥⲥⲟⲧⲉⲙ (mit seiner Infinitivform) überhaupt als erheblich zu weit in Anbetracht dessen, womit sich der *nucleus* ⲟⲩⲉϥ- *wirklich* erweitert findet.

[45] Vgl. A. Shisha-Halevy, The Circumstantial Present as an Antecedent-less (i.e. substantival) Relative in Coptic, JEA 62 (1976), 134–137.

(*S*) ⲟⲩⲭⲣⲏⲥⲧⲟⲥ ⲁⲩⲱ ⲉϥⲥⲟⲩⲧⲱⲛ ⲡⲉ ⲡϫⲟⲉⲓⲥ
(*M*) ⲟⲩⲭ̅ⲣ̅ⲥ̅ ⲁⲩⲱ ⲟⲩⲉϥⲥⲟⲩⲧⲟⲛ ⲡⲉ ⲡϫ̅ⲥ̅

Die nächste sprachliche Überraschung des Psalmencodex sind folgende drei absolute Imperativformen:

ⲁⲣⲉⲓ̈ [von (ⲉ)ⲓⲣⲉ/ⲏ „tun“]: „tu’ (es)!“ 4,6; 33,15; 36,3.27; 49,14; 85,17; 118,124; daneben aber einmal auch das gewöhnliche ⲁⲣⲓⲣⲉ 108,21.
ⲁⲛⲉⲓ̈ [von (ⲉ)ⲓⲛⲉ/ⲏ „bringen“]: „bring’ (es)!“ 28,1.1.1.2; daneben aber auch ⲁⲛⲓⲛⲉ 95,7; 141,8; 142,11.
ⲁϫⲉⲓ̈ [von ϫⲱ „sagen“]: „sag’ (es)!“ 9,12; 101,24.

Das sieht des Näheren im Text folgendermaßen aus:

Ps 4,6: ⲁⲣⲉⲓ̈ ⲛ̀ⲟⲩⲑⲩⲥⲓⲁ ⲛ̀ⲟⲩⲇⲓⲕⲁⲓⲟ̣ⲥⲩⲛⲏ ⲁ̣ⲩⲱ ϩⲉⲗⲡⲓ̣ⲍⲉ ⲉ̀ⲡϫ̅ⲥ̅
Vollbringt ein Opfer von Gerechtigkeit und hofft auf den Herrn!

Ps 33,15: ⲣⲉⲕⲧⲕ ϩⲁⲃⲁⲗ’ ⲙ̀ⲡ’ ⲡⲉⲑⲁⲟⲩ· ⲁⲩⲱ ⲁⲣⲉⲓ̈ ⲙ̀ⲡⲁⲅⲁⲑⲟⲛ
Wende dich ab vom Bösen und tu’ das Gute!

Ps 36,3: ϩⲉⲗⲡⲓⲍⲉ ⲉ̀ⲡϫ̅ⲥ̅ ⲁⲩⲱ ⲁⲣⲉⲓ̈ ⲛⲟⲩⲙⲉⲛⲧⲭ̅ⲣ̅ⲥ̅
Hoffe auf den Herrn und tu’ Gutes!

Ps 36,27: ⲣⲉⲕⲧⲕ ϩⲁⲃⲁⲗ’ ⲙⲡ’ ⲡⲉⲑⲁⲟⲩ ⲁⲣⲉⲓ̈ ⲙ̀ⲡⲁⲅⲁⲑⲟⲛ
Wende dich ab vom Bösen; tu’ das Gute!

Ps 49,14: ⲁⲣⲉⲓ̈ ⲛ̀ⲟⲩⲑⲩⲥⲓⲁ ⲛ̀ⲥⲙⲟⲩⲉ̀ ⲙ̀ⲡⲛ̅ϯ̅
Vollbringe ein Lobopfer für Gott!

Ps 85,17: ⲁⲣⲉⲓ̈ ⲛ̀ⲟⲩⲙⲉⲉⲓⲛ ⲛⲉⲙⲉⲓ̈ ⲉⲩⲡⲉⲧⲛⲁⲛⲟⲩϥ
Tu’ ein Zeichen mit mir zum Guten!

Ps 118,124: ⲁⲣⲉⲓ̈ ⲙ̀ⲡⲉⲕϩⲉⲗ’ ⲕⲁⲧⲁ ⲡⲉⲕⲛ̣ⲉ̣ⲉ̣̀
Tu’ deinem Knecht nach deiner Gnade!

Ps 28,1f.: ⲁⲛⲉⲓ̈ ⲙ̀ⲡϫ̅ⲥ̅ ⲛ̀ϣⲏⲣⲉ ⲙ̀ⲡⲛ̅ϯ̅
ⲁⲛⲉⲓ̈ ⲙ̀ⲡϫ̅ⲥ̅ ⲛ̀ϩⲉⲛϣⲏⲣⲉ ⲛ̀ⲁⲉⲓⲗ’
ⲁⲛⲉⲓ̈ ⲙ̀ⲡϫ̅ⲥ̅ ⲛ̀ⲟⲩⲁⲩ ⲙⲉⲛ ⲟⲩⲧⲁⲓ̈ⲁ
ⲁⲛⲉⲓ̈ ⲙ̀ⲡϫ̅ⲥ̅ ⲛ̀ⲟⲩⲁⲩ ϩⲙ ⲡⲉϥⲣⲉⲛ
Bringt dar dem Herrn, ihr Söhne Gottes!
Bringt junge Widder dem Herrn dar!
Bringt Ehre und Lob dem Herrn dar!
Bringt Ehre dem Herrn dar in seinem Namen!

Ps 9,12: ⲯⲁⲗⲗⲏ ⲉ̀ⲡϫ̅ⲥ̅ ⲡⲉⲧϣⲁⲡ ϩⲛ ⲥⲓⲱⲛ
ⲁϫⲉⲓ̈ ⲛ̀ⲛⲉϥϩⲃⲏⲟⲩⲏ ϩⲛ ⲛⲓϩⲉⲑⲛⲟⲥ
Singet dem Herrn, der in Zion wohnt!
Sagt an seine Werke unter den Völkern!

Ps 101,24: ϩⲁⲓ̈ϫⲉⲟⲩⲱ ⲛⲉϥ ϩⲓ̈ ⲧⲉϩⲓⲏ ⲛ̀ⲧⲉϥϭⲁⲙ
ⲁϫⲉⲓ̈ ⲉ̀ⲣⲁⲓ̈ ⲙ̀ⲡⲉⲥⲃⲁⲕ ⲛ̀ⲛⲁϩⲁⲟⲩ
Ich habe ihm geantwortet auf dem Wege seiner Kraft.
Sag’ mir an die Kürze meiner Tage!

Nun kommt auch diese Überraschung nicht, ohne dass es eine Art „Vorankündigung" gegeben hätte. Diese findet sich in Did (B.L. Or. 9271) 11,3 mit der bisher singulären Imperativform ⲁⲣⲉ̈ⲓ von ⲉⲓⲣⲉ „tun." Vgl. ⲉⲧⲃⲉ ⲛⲁⲡⲱⲥⲧⲱⲗⲟⲥ ⲇⲉ ⲛⲉⲙ ⲛⲉⲡⲣⲱⲫⲏⲧⲏⲥ ⲕⲁⲧⲁ ⲡⲥⲉϫⲓ ⲙ̄ⲡⲉⲩⲁⲅⲅⲉⲗⲓⲱⲛ ⲁⲣⲉ̈ⲓ ⲛ̄ⲧⲉ̈ⲓϩⲏ = Περὶ δὲ τῶν ἀποστόλων καὶ προφητῶν, κατὰ τὸ δόγμα τοῦ εὐαγγελίου οὕτω ποιήσατε. Mit dieser Didacheparallele haben wir aber wieder eine Beziehung der Sprache des Psalmencodex zum Dialekt *V4* innerhalb der fayumischen Sprachfamilie.[46] Für sich genommen wirken diese absoluten Imperativformen in gewisser Hinsicht „logischer" als die üblichen, weil nämlich die gebräuchlichen Konstruktformen nun aus ihnen direkt durch einfache Enttonung ableitbar erscheinen.

Es gibt aber nun auch noch eine gleichrangige dritte Überraschung, die ich als solche bei der ersten und zweiten Durchsicht des Psalmentextes noch gar nicht bemerkt hatte, die mir vielmehr erst beim nachträglichen Aufarbeiten meiner Notizen sichtbar geworden ist: Der mittelägyptische Psalmentext verfügt über einen *enttonten* inkludierten Dativ[47] im Syntagma ϯ-( )-ⲧⲟⲕ ⲛ̀ϩⲏⲧ (als dem Übersetzungsäquivalent des *einfachen* παρακαλεῖν). Die Belegstellen sind:

ϩⲁⲕϯ-ⲛⲓ-ⲧⲟⲕ ⲛ̀ϩⲏⲧ (Ps 70,21; 85,17)
(für: παρεκάλεσάς με)
Du hast mir Trost gespendet.

ⲙⲁⲣⲉ ⲡⲉⲕⲛⲉⲉ̀ ϣⲟⲡⲉ ⲉ̀ϥϯ-ⲛⲓ-ⲧⲟⲕ ⲛ̀ϩⲏⲧ (Ps 118,76)
(für: γενηθήτω δὴ τὸ ἔλεός σου τοῦ παρακαλέσαι με)
Möge dein Erbarmen kommen, indem es mir Trost spendet.

ⲉ̣ⲓ̈ϫⲱ ⲙⲙⲁⲥ ϫⲉ ⲁⲕⲛⲉϯ-[sic]ⲛ̀ⲓ-ⲧⲟⲕ ⲛ̀ϩⲏⲧ ⲛ̀ⲉϣ ⲛ̀ⲟⲩⲁⲉⲓϣ (Ps 118,82)
(für: λέγοντες Πότε παρακαλέσεις με;)
mit den Worten: Zu welcher Zeit wirst du mir Trost spenden?

ⲛⲉⲧⲥⲉϯ-ⲛⲟⲩ-[ⲧⲟⲕ] ⲛ̣ϩⲏⲧ (Ps 125,1)
(für: παρακεκλημένοι)
Solche, denen man Trost spendet.

Die Elemente ⲛⲓ und ⲛⲟⲩ sind hier nicht das, wonach sie auf den ersten Blick aussehen (pluralischer Demonstrativartikel[48] bzw. Objektsanknüpfung

---

[46] Sowohl der Hinweis auf die Didacheparallele als auch die Hervorhebung der möglicherweise besonderen Bedeutsamkeit der Verbindungslinie zum Dialekt *V* stammen wieder von W.-P. Funk (Brief vom 16. September 1995).

[47] Der Gedanke, dass es so etwas geben *könnte*, taucht schon bei S. Emmel, Proclitic Forms of the Verb ϯ in Coptic, in: D. W. Young (ed.), Studies, Gloucester 1981, 139, in seinem grundsätzlichen Aufsatz über das Phänomen des in den ϯ-Syntagmen inkludierten Dativs auf.

[48] Im Falle von Ps 118,76 geht das schon deswegen nicht, weil hier im Präsens ein direkt angeschlossener Demonstrativartikel ja gegen die Stern–Jernstedtsche Regel verstoßen würde.

und unbestimmter Singularartikel), sondern die enttonten Formen des Dativs der 1. Pers. Sgl. (ⲛⲉï)[49] und der 3. Pers. Pl. (ⲛⲉⲩ).[50]

Neben diesen „flächendeckenden“ Überraschungen des Mudil Codex gibt es auch noch eine „punktuelle,“ deren Sprengkraft aber vielleicht noch größer ist. Er handelt sich um die schlichte Existenz des interlokutiven Nominalsatzes Ps 101,28: ⲛⲧⲕ ⲛ̇ⲧⲁⲕ „Du bist du (selbst)“, also mit dem absoluten Personalpronomen als dem Subjekt *und dem Prädikat*, was eine Satzstruktur ist, die es nach dem gegenwärtigen Stand der koptischen Syntax gar nicht geben dürfte.[51] Das Herausfallen unserer Stelle aus dem gewohnten Rahmen ergibt sich besonders deutlich im synoptischen Vergleich mit der LXX-Fassung und den beiden anderen koptischen Übersetzungen:

σὺ δὲ ὁ αὐτὸς εἶ
S ⲛ̄ⲧⲟⲕ ⲇⲉ ⲛ̄ⲧⲟⲕ ⲟⲛ ⲡⲉ
B ⲛ̣́ⲑⲟⲕ ⲇⲉ ⲛ́ⲑⲟⲕ ⲡⲉ
M ⲛ̇ⲧⲁⲕ ⲇⲉ ⲛⲧⲕ ⲛ̇ⲧⲁⲕ

Wenn es erlaubt ist, nach den großen Überraschungen auch noch auf eine kleine hinzuweisen, so kann hier angefügt werden, dass im Psalmencodex das bisher nur als persönlich in Erscheinung getretene Indefinitpronomen ϩⲓ (in der Psalmenschreibung ϩï) auch in unpersönlichem Gebrauch begegnet, also als wäre es ohne weiteres mit ⲛⲓⲛⲉï austauschbar (vgl. Ps 33,11; 118,133).[52]

49 Vgl. dessen volle Form in der normalen Stellung in Ps 22,4: ⲛ̇ⲧⲁⲩ ⲛⲉⲑⲁⲩϯ-ⲧⲟⲕ ⲛ̇ϩⲏⲧ ⲛⲉï „Sie sind es, die mir Trost gespendet haben“; 68,21: ⲡⲉⲧⲛ̣ⲉϯ-ⲧⲟⲕ ⲛ̇ϩⲏⲧ ⲛⲉï ⲛ̇ⲛⲁϥϣⲁⲡ ⲉⲛ „Einer, der mir Trost spenden könnte, war nicht da“; 118,50: ⲡⲉï ⲡⲉⲣϯ-ⲧⲟⲕ ⲛ̇ϩⲏⲧ ⲛⲉï ϩⲙ ⲡⲁⲑⲉϩⲉⲃⲃⲓⲁ „Dies ist es, was mir Trost gespendet hat in meiner Erniedrigung“.

50 Erst im Licht dieser Erscheinung, wie sie sich im Psalmencodex findet, wird auch nachträglich ein unbemerkt gebliebenes Problem des Codex Scheide verständlich. Die zweite Seligpreisung (Mt 5,4) hat dort die Form: ⲛⲁⲉⲓⲉ́ⲧⲟⲩ ⲛ̇ⲛⲉⲧⲣ’ ϩⲏⲃⲉ. ϫⲉ ⲛ̇ⲧⲁⲩ ⲛⲉⲧⲥⲉ ⲛⲉϯ ⲛⲟⲩⲧⲟⲕ ⲛ̇ϩⲏⲧ. Nach meiner bisherigen Analyse, wie sie im Register der Mt-Ausgabe dokumentiert ist [N-(obj.) + ⲟⲩ-(art.indef.)], wäre nämlich der Text hier korrupt, weil dann dem Relativsatz das Bezugspronomen fehlen würde. Aber wie man jetzt eben sieht, ist der Text absolut korrekt; denn das dativische Bezugspronomen ist das zwischen ϯ- und ⲛ̇ⲧⲟⲕ „eingeschlossene“ ⲛⲟⲩ.

51 Hinweis von W.-P. Funk (Brief vom 16. September 1995), unter anderem mit Verweis auf Polotsky, Grundlagen des koptischen Satzbaus I, AStP 27, Atlanta 1987, 24 (# 28).

52 Auf zwei andere Erweiterungen unserer Optik macht schon Mink in seinem Beitrag zur Sprache mit Recht aufmerksam, nämlich dass man nicht mehr sagen kann, dass im Dialekt *M* die griechischen *Verba contracta* auf -εῖν konsequent mit einfachem Iota geschrieben würden (es kommt im Psalmencodex neben -ⲓ eben auch -ⲉⲓ vor), und dass der Temporalis konsequent durch den (antecedenslosen) Relativsatz (gewöhnlich des Perfekt) ersetzt sei (im Psalmencodex gehört das Paradigma ⲛ̇ⲧⲉⲣⲉ- ganz selbstverständlich zum Formeninventar).

Es gibt schließlich noch ein Phänomen, über dessen Bedeutung – ja reale Existenz – ich mir noch nicht recht im Klaren bin. Es handelt sich um die Einführung des nachgestellten nominalen Subjekts einer Konjugation. Dass neben der Standardform ⲛ̇ϭⲏ gelegentlich auch ⲛ̇ϫⲉ, ⲛ̇ϭⲓ und ø begegnen (ø besonders auffällig nach ϥⲥⲙⲁⲙⲉⲧ „gepriesen sei“[53]), ist noch nichts Absonderliches. Wohl aber, dass es einige Male so aussieht, als würde die Präposition ⲉ- die normale Subjekteinführung vertreten. Es handelt sich um folgende Stellen: Ps 71,18: [ϥⲥⲙⲁ]ⲙ̣ⲉ̣ⲧ̣ ⲉ̳ⲡ̣ⲭ̅ⲥ̅ „Gepriesen sei der Herr“; Ps 88,50: ⲁⲩⲧⲟⲛ ⲉ̳ⲛⲉⲕⲛⲉⲉ̇ „Wo sind deine Gnadenbeweise?“; Ps 103,8: ϣⲁⲩϣⲉⲛⲁⲟⲩ ⲉ̇ⲡϣⲟⲓ̈ ⲉ̳ⲛⲧⲟⲩⲓ̈ⲏ ⲛ̇ⲥⲉⲉⲓ ⲉ̇ⲡϭⲁⲛ ⲉ̳ⲛⲥⲟϣⲉ „Es erheben sich die Berge und es senken sich die Täler.“

IV. *Das Wiedersehen mit guten Bekannten im Mudil Codex*

Neben der Entdeckung von Neuem kann natürlich auch das Wiedersehen mit schon bekannten Phänomenen, die für den Dialekt *M* in einem höheren Sinn wesentlich sind, große wissenschaftliche Freude und Bereicherung bedeuten. Ich möchte diesen Überblick, der natürlich ein wenig von dem, was mich eben interessiert hat und noch begeistert, bestimmt ist, mit drei syntaktischen Besonderheiten des Mittelägyptischen beginnen. Da ist zuerst die Verwendung des Relativum ⲉ̇ⲧⲉ als Copula eines Nominalsatzes zu nennen.[54]

Ps 2,7: ⲛ̇ⲧⲁⲕ ⲉ̇ⲧⲉ ⲡⲁϣⲏⲣⲉ ⲁⲛⲁⲕ ϩⲁⲓ̈ϫⲡⲁⲕ ⲙ̇ⲡⲁⲟ̣ⲩ
Du bist mein Sohn.[55] Heute habe ich dich gezeugt.

Ps 30,4: ⲛ̇ⲧⲁⲕ ⲉ̇ⲧⲉ ⲡⲁϫϫⲁⲣⲁ ⲁⲩⲱ ⲡⲁⲙⲁⲛⲡⲟⲧ
Du bist meine Stärke und mein Zufluchtsort.

Ps 30,5: ⲛ̇ⲧⲁⲕ ⲉ̇ⲧⲉ ⲡⲁⲣⲉϥⲙⲓϣⲉ ⲉ̇ϩⲣⲏⲓ̈ ⲉ̇ϫⲟⲓ̈
Du bist einer, der für mich kämpft (= mein Beschützer).

Ps 41,10: ⲛ̇ⲧⲁⲕ ⲉ̇ⲧⲉ ⲡⲁⲣⲉϥϣⲁⲡⲧ ⲉ̇ⲣⲁϥ
Du bist einer, der mich bei sich aufnimmt (= mein Beistand).

Ps 42,2: ⲛ̇ⲧⲁⲕ ⲉ̇ⲧⲉ ⲡⲁⲛ̅ϯ̅ ⲡⲁϫϫⲁⲣⲁ ⲉ̇ⲧⲃⲉ ⲟⲩ ϩⲁⲕⲕⲉⲧ ⲛ̇ⲥⲟⲕ
Du bist mein Gott (und) meine Stärke! Warum hast du mich verlassen?

---

[53] Z. B. Ps 88,53; 105,48.

[54] Die folgende Aufstellung ist zu verstehen als eine Art Fortsetzung und Ergänzung der Liste von Schenke, Codex Scheide, TU 127, 1981, 36.

[55] Eigentlich bzw. wörtlich bedeutet dieses Aussagmuster, nach meinem Ermessen jedenfalls: „Du bist es, der mein Sohn ist.“

Ps 45,11: ⲥⲉ̣ⲣϥⲉ ⲧ̣ⲁⲣⲉⲧⲉⲛⲛⲉⲩ ϫⲉ ⲁⲛⲁⲕ ⲉ̇ⲧⲉ ⲡⲛ̅ⲧ̅
Denkt nach, und ihr werdet sehen, dass *ich* Gott *bin.*

Ps 118,111: ⲛ̣ⲧ̣ⲁ̣ⲕ̣ ⲉ̣ⲧⲉ ⲡ̣ⲉ̣ⲣⲟⲩⲁⲧ ⲙ̣ⲡ̣ⲁ̣ϩⲏⲧ ⲡ̣ⲉ̣[56] (?)
Du bist die Wonne meines Herzens.

Ps 141,6: ⲛ̇ⲧⲁⲕ ⲉ̇ⲧⲉ ⲧⲁϩⲉⲗ'|ⲡⲓⲥ ⲧⲁⲙⲉⲣⲓⲥ ϩⲛ ⲧ'ⲧⲁⲉ̇ ⲛ̣ⲛⲉⲧⲁⲛϩ
Du bist meine Hoffnung (und) mein Teil in dem Lande der Lebenden.

Zu den Eigentümlichkeiten von *M* gehört der reiche und vielfältige Gebrauch des Perfektpartizips ⲉⲣ-. Das ist auch im Psalmencodex so. Als ganz besonders typisch dabei ist mir jedoch immer seine Verwendung in der verkürzten und vollständigen Cleft Sentence erschienen, weswegen als nächstes die einschlägigen Stellen hier zusammengestellt seien.[57]

Ps 3,8: ⲛ̇ⲧⲁⲕ ⲉⲣⲡⲁⲧⲁⲥⲥⲉ̣ ⲛ̣ⲟ̣ⲩ̣ⲁ̣ⲛ̣ [ⲛⲓⲙ]
Du bist es, der einen [jeden] geschlagen hat.

Ps 21,10: ⲛⲧⲁⲕ ⲉⲣⲛⲧ ⲉ̇ⲃⲁⲗ' ϩⲛ ⲧⲕⲁⲗⲁϩⲩ
Du bist es, der mich aus dem Mutterleib gezogen hat.

Ps 38,10: ⲛ̇ⲧⲁⲕ ⲉⲣⲧⲁⲙⲙⲓⲁⲉⲓ
Du bist es, der mich gemacht hat.

Ps 39,12: ⲛ̇ⲧⲁⲩ ⲉⲣϣⲁⲡⲧ' ⲉⲣⲁⲟⲩ
Sie sind es, die mich bei sich aufgenommen haben.

Ps 54,13b: ⲉⲛⲛⲉ ⲡⲉⲧⲙⲁⲥⲧⲉ ⲙ̇ⲙⲁⲓ̈ ⲉⲣϫⲉ ⲛⲁϭ ⲛ̇ⲥⲉϫⲉ ⲉ̇ϩⲣⲏⲓ̈ ⲉ̇ϫⲟⲓ̈
ⲛⲁⲓ̈ⲛⲉϩⲁⲡⲧ' ⲉ̇ⲣⲁϥ
Wenn der, der mich hasst, es wäre, der große Worte über mich gesagt hat,
würde ich mich vor ihm verbergen.

Ps 73,14: ⲛ̇ⲧⲁⲕ ⲉⲣⲗⲟⲧⲉ ⲛ̇ⲧⲁⲡⲏ ⲙ̇ⲡⲉⲇⲣⲁⲕⲱⲛ
Du bist es, der den Kopf des Drachen zerschmettert hat.

Ps 73,15: ⲛ̇ⲧⲁⲕ ⲉⲣⲡⲟϩ ⲛ̇ⲙ̇ⲡⲏⲅⲏ ⲙⲉⲛ ⲛ̇ⲙⲟⲩⲛⲥⲟⲣⲉⲙ
Du bist es, der die Quellen und die Wildbäche aufgetan hat.

Ps 73,16: ⲛ̇ⲧⲁⲕ ⲉⲣⲥⲉⲃⲧⲉ ⲡⲟⲩⲁⲉⲓⲛ ⲛⲉⲙ ⲡⲣⲉ
Du bist es, der das Licht und die Sonne bereitet hat.

---

56 Wenn das Element ⲡⲉ wirklich dastünde, d. h., wenn Gabras Lesung ⲡ̣ⲉ̣ hinreichend sicher oder wahrscheinlich wäre, so könnte man unsere Stelle als eine Art Bestätigung der von mir versuchten Ableitung dieses Satzmusters mit ⲉ̇ⲧⲉ als *copula* ansehen, vgl. Schenke, Codex Scheide, 1981, 36; ders., Codex Glazier, 1991, 53 m. Anm. 109. Es ist aber – wegen der Festigkeit der Satzform mit dem bloßen ⲉ̇ⲧⲉ – sicher weiser, vorerst an dieser singulären Stelle lieber mit einem Schreib-, Lese- oder Interpretationsversehen zu rechnen.

57 Fortsetzung und Ergänzung der Liste von Schenke, Codex Scheide, 1981, 36f.

Ps 73,17a: ⲛ̇ⲧⲁⲕ ⲉⲣⲥⲉⲃⲧⲉ ⲛ̇ⲧⲟϣ ⲧⲏⲣⲟⲩ ⲙ̇ⲡⲕⲉϩⲉ̇
Du bist es, der alle Grenzen der Erde bereitet hat.

Ps 73,17b: ⲡϣⲟⲙ ⲛⲉⲙ ⲡⲁⲏⲣ · ⲛ̇ⲧⲁⲕ ⲉⲣⲧⲁⲙⲙⲓⲁⲟⲩ
Sommer und Nebel, du bist es, der sie gemacht hat.

Ps 88,13: ⲛ̇ⲧⲁⲕ ⲉⲣⲥⲟⲛⲧ’ ⲙ̇ⲡⲉⲙϩⲓⲧ’ ⲙⲉⲛ ⲧⲑⲁⲗⲁⲥⲥⲁ
Du bist es, der den Norden und das (Süd-)Meer geschaffen hat.

Ps 94,5: ⲛⲉϥϭⲓϫ ⲉⲣⲡⲗⲁⲥⲥⲉ ⲙ̇ⲡⲉⲧϣⲟⲩⲟⲟⲩ
Deine Hände sind es, die das Trockene gebildet haben.

Ps 98,4: ⲛ̇ⲧⲁⲕ ⲉⲣⲥⲁⲃⲧⲉ ⲛ̇ⲛⲉⲧⲥⲟⲩⲧⲟⲛ
Du bist es, der die geraden Dinge bereitet hat.

Ps 98,8: ⲛ̇ⲧⲁⲕ ⲉⲣⲕⲱ ⲛⲉⲩ ⲉ̇ⲃⲁⲗ̣
Du bist es, der ihnen verziehen hat.

Ps 99,3: ⲛ̇ⲧⲁϥ ⲉⲣⲧⲁⲙⲙⲓⲁⲛ ⲛ̇ⲁⲛⲁⲛ ⲉⲛ ⲡⲉ
Er ist es, der uns gemacht hat; und nicht wir selbst.

Ps 101,26: ⲛ̇ⲧⲁⲕ ⲉⲣⲥⲙⲉⲛ ⲥⲉⲛⲧⲉ ⲙ̇ⲡⲕⲉϩⲉ̇
Du bist es, der das Fundament der Erde gelegt hat.

Ps 106,24: ⲛ̇ⲧⲁⲩ ⲉⲣⲛⲉ ⲉ̇ⲛⲉϩⲃⲏⲟⲩⲉ ⲙ̇ⲡϫ̅ⲥ̅
Sie sind es, die die Werke des Herrn gesehen haben.

Ps 138,5: ⲛ̇ⲧⲁⲕ ⲉⲣⲡⲗ[ⲁⲥⲥⲉ ⲙ̇ⲙⲁⲓ̈]
Du bist es der [mich gebildet] hat.

Ps 148,5: ⲛⲧⲁϥ ⲉⲣ̣ϫⲁⲥ [ⲁⲩⲱ ϩⲁⲩϣⲟⲡⲉ]
Er ist es, der sprach, [und sie entstanden].

* * *

Ps 2,7: ⲡϫ̅ⲥ̅ ⲡⲉⲣϫⲉⲥⲛⲉⲓ̈ ϫⲉ ⲛ̇ⲧⲁⲕ ⲉ̇ⲧⲉ ⲡⲁϣⲏⲣⲉ
Der Herr ist es, der zu mir gesagt hat: „Du bist mein Sohn“.

Ps 54,13a: ⲉⲛⲛⲉ ⲟⲩϫⲉϫⲉ ⲡⲉⲣϫⲡⲓⲁⲉⲓ
ⲛⲁⲓ̈ⲛⲉⲧⲟⲟⲩⲉⲛ
Wenn es ein Feind wäre, der mich geschmäht hat,
würde ich es ertragen.

Ps 118,3: ⲛⲛⲉⲧⲉⲣ̣ϩⲟ̣ⲃ ⲅ̣ⲁ̣ⲣ ⲉ[ⲛ ⲉⲧⲁⲛⲟ]ⲙⲓⲁ ⲛ̣ⲉ[ⲣϣ]ⲉ̣ⲛ̣[ⲉⲩ] ϩⲓ̈ ⲛⲉ<ϥ>ϩⲓ̈ⲁⲟⲩⲉ̇
Denn nicht die, die Unrecht tun, sind es, die auf <seinen> Wegen wandelten.

Ps 118,50: ⲡⲉⲓ̈ ⲡⲉⲣϯⲧⲟⲕ ⲛ̇ϩⲏⲧ ⲛⲉⲓ̈ ϩⲙ ⲡⲁⲑⲉϩⲉⲃⲃⲓⲁ
Dies ist es, was mir Trost gegeben hat in meiner Erniedrigung.

Ps 118,102: ⲛ̇ⲧⲁⲕ ⲡⲉⲣⲥⲙⲉⲛ ⲛⲟⲙⲟⲥ ⲛⲉⲓ̈
Du bist es, der mir das Gesetz aufgerichtet hat.

Dass es im Koptischen überhaupt die Kategorie eines kurzen (ϣⲁⲛ-*losen*) affirmativen Konditionalis gibt, ist erst durch die Verhältnisse im Dialekt *M* in helles Licht getreten. Deswegen ist es sozusagen unsere Schuldigkeit, auch sein Vorkommen im Psalmencodex zu katalogisieren. Dieser kurze Konditionalis begegnet an folgenden Stellen:

Ps 2,12: [ϩⲟ]ⲧ̣[ⲁⲛ] ⲁ̣ⲣⲉ ⲡⲉϥϭⲟⲛⲧʼ ⲙⲟⲩϩ ⲙ̣ⲡ̣ⲣ̣ⲏ̣ⲧⲉ
Wenn sein Zorn (so) schnell entbrennt,....

Ps 4,5: ⲁ̣ⲧ̣ⲉ̣ⲛ̣ϭ̣ⲟ̣ⲛ̣ⲧ̣ ⲙⲡⲉⲣⲉⲣ[ⲛⲁⲃⲉ]
Wenn ihr (schon) zornig seid, so [sündigt] (wenigstens) nicht!

Ps 17,26a: ⲁⲕⲙⲁϣⲉ ⲙⲉⲛ ⲟⲩⲉϥⲟⲩⲉⲃ
Wenn du mit einem Heiligen wandelst,.....

Ps 17,26b: ⲁⲕⲙⲁϣⲉ ⲙⲉⲛ ⲟⲩⲁⲉⲓⲧⲛⲁⲃⲉ
Wenn du mit einem Sündlosen wandelst,....

Ps 17,27a: ⲁⲕⲙⲁϣⲉ ⲙⲉⲛ ⲟⲩⲥⲟⲧⲡʼ
Wenn du mit einem Erwählten wandelst,.....

Ps 17,27b: ⲁⲕⲙⲁϣⲉ ⲙⲉⲛ ⲟⲩⲉϥⲕⲁ̣ⲗ̣ϫ
Wenn du mit einem Verkehrten wandelst,....

Ps 26,3a: ⲁⲣⲉ ⲟⲩⲡⲁⲣⲁⲙⲃⲟⲗⲏ ⲕⲟⲧⲉ ⲉ̇ⲣⲁⲓ̈ ⲡⲁϩⲏⲧʼ ⲛ̇ⲛⲉϥⲉⲣϩⲁⲧⲉ
Wenn mich ein (feindliches) Lager umgibt, so wird mein Herz sich doch nicht fürchten.

Ps 26,3b: ⲕⲁⲛ ⲁⲣⲉ ⲟⲩⲡⲟⲗⲉⲙⲟⲥ ⲧⲟⲩⲛϥ ⲉ̇ϩⲣⲏⲓ̈ ⲉ̇ϫⲟⲓ̈ ϩⲙ ⲡⲉⲓ̈ ⲁⲛⲁⲕ ϯⲛⲉϩⲧⲉ
Auch wenn sich ein Krieg wider mich erhebt, so bin ich darin zuversichtlich.

Ps 48,17: ϩⲟⲧⲁⲛ ⲁⲣⲉ ⲟⲩⲣⲟⲙⲉ ⲉⲣⲣⲉⲙⲁⲁ
..., wenn ein Mensch reich wird.

Ps 49,18: ⲁⲕⲛⲉⲩ ⲉⲩⲣⲉϥϫⲓⲟⲩⲉ̇ ϣⲁⲣⲉⲕ̣ⲡⲟⲧʼ ⲛⲉⲙⲉϥ
Wenn du einen Dieb siehst, so läufst du ihm nach.

Ps 126,5: ϩⲟⲧⲁⲛ ⲁⲩⲥⲉ[ϫⲉ ⲛ̇]ⲟⲩⲉ̇ ⲛⲉⲩϫⲁϫⲏⲟⲩ [ϩⲛ] ⲙ̣ⲡ̣ⲩⲗⲏ
..., wenn sie mit ihren Feinden streiten in den Toren.

Bei der als Nächstes hervorzuhebenden syntaktischen Erscheinung, diesmal aus der Kategorie des interlokutiven Nominalsatzes, geht es nicht nur um reine Wiedersehensfreude, sondern um die Vergewisserung in einer Sache, die bisher aus dem Bereich der bloßen Vermutung nicht herauskam. Im (fragmentarischen) Milan Codex gab es eine Stelle, wo das absolute Personalpronomen innerhalb des interlokutiven Nominalsatzes (also in seiner *enttonten* Form) in einer noch nie zuvor gesehenen und auch nicht vorhersehbar gewesenen *langen* Gestalt geschrieben war. Und entsprechend dieser Schreibung an der einen Stelle hatte der Herausgeber Orlandi zwei andere Stellen provisorisch ergänzt.[58] Das sieht im Einzelnen nun so aus:

---

[58] Vgl. H. Quecke, Il dialetto, in: Orlandi, P.Mil.Copti 5, 98 oben.

Eph 4,25: ⲁⲛⲛⲉⲛ ⲙ̇ⲙⲉ[ⲗⲟⲥ ⲛ̇ⲛⲉⲛⲉⲣⲏⲩ (*oder:* ⲙ̇ⲡⲉⲛⲏⲣ)·
ⲁ(ⲧⲉ)ⲧ]ⲉⲛϭⲟⲛⲧ ⲙ̇[ⲡⲣⲉⲣⲛⲁⲃⲉ·[59]---]
Wir sind die Glie[der voneinander.
Wenn ih]r (schon) zornig seid, so [sündigt (wenigstens) nicht]!

Eph 2,10: [--- ⲁⲛⲁⲛ ⲅⲁⲣ ⲁⲛ]ⲛⲉ[ⲛ ⲡⲉϥ]ⲧⲁ̣[ⲙⲓⲁ· ---]
[--- Denn wir, *wi*]*r si*[*nd* seine] Schö[pfung ---].

Eph 5,30: [--- ϫⲉ ⲁⲛⲛⲉ]ⲛ ⲙ̇ⲙⲉⲗⲟⲥ ⲙ̇ⲡⲉ[ϥⲥⲱⲙⲁ· ---]
[--- Denn *wir s*]*ind* die Glieder [sein]es [Leibes. ---]

Der Psalmencodex zeigt nun eindeutig, dass dieses Verständnis samt den Rekonstruktionen richtig war. ⲁⲛⲛⲉⲛ- ist die typisch mitteläqyptische Form in dem betreffenden Paradigma. Vgl.

Ps 78,13: ⲁⲛⲁⲛ ⲇⲉ
ⲁⲛⲛⲉⲛ ⲡⲉⲕⲗⲁⲟⲥ
ⲁⲛⲛⲉⲛ ⲛⲉⲥⲁⲟⲩ ⲙ̇ⲡⲉⲕⲁϩⲉ̇
Wir aber,
wir sind dein Volk;
wir sind die Schafe deiner Herde.

Ps 94,7: ⲁⲩⲱ ⲁⲛⲁⲛ
ⲁⲛⲛⲉⲛ ⲡⲉϥⲗⲁⲟⲥ
ⲁⲛⲛⲉⲛ ⲛⲉⲥⲁⲟⲩ ϩⲛ ⲧⲉϥϭⲓϫ
Und wir,
wir sind sein Volk;
wir sind die Schafe in seiner Hand.

Ps 99,3: ⲁⲛⲛⲉⲛ ⲡⲉϥⲗⲁⲟⲥ
ⲁⲩⲱ ⲛⲉⲥⲁⲟⲩ ⲙ̇ⲡⲉϥⲁϩⲉ
Wir sind sein Volk
und die Schafe seiner Herde.

Ob ⲁⲛⲛⲉⲛ- auch die *einzig* legitime Form dafür in *M* ist, hängt jedoch von der Deutung zweier Stellen ab, wo das Personalpronomen der 1. Pers. Pl. in derselben Funktion in verschiedentlich „verkürzter" Gestalt erscheint.

Einerseits haben wir:

Ps 102,14: ⲁⲣⲓ ⲡⲙⲏⲟⲩⲉ̇ ⲡ̄ϫ̄ⲥ̄ ϫⲉ
ⲁⲛⲛ ⲟⲩⲕⲉϩⲉ
Gedenke daran, o Herr, dass
wir welche von Erde *sind*!

59 Vgl. oben beim kurzen Konditionalis die Originalstelle Ps 4,5.

Andererseits haben wir:

Act 14,15: ⲁ̀ⲛⲁⲛ ϩⲱⲛ
ⲁⲛ ϩⲉⲛⲣⲱⲙⲉ ⲛ̀ⲧⲉⲧⲛϩⲏ
Auch wir, *wir sind* Menschen wie ihr.[60]

Ein sehr charakteristischer Zug der Syntax des Dialekts *M* ist auch eine konsequent durchgeführte Verteilung der Realisierung von ⲉⲣ-*composita* zwischen Verbalsatz (TP) und Präsens (BP)[61] nach folgendem Schema:

TP	*vs.*	BP
ⲉⲣϩⲁⲧⲉ	*vs.*	ⲁ ⲛ̀ϩⲁⲧⲉ „sich fürchten"
ⲉⲣⲑⲏ ⲛ̀-	*vs.*	ⲁ ⲛ̀ⲑⲏ ⲛ̀- „gleich sein mit"
	usw.	

Dieses Phänomen findet sich auch in eindrucksvoller Weise im Psalmencodex wieder. Dabei scheint mir besonders hervorhebenswert die Distribution:

TP	*vs.*	BP
ⲉⲣϫⲉϫⲉ (Ps 3,8)	*vs.*	ⲁ ⲛ̀ϫⲉϫⲏ „feindlich sein" (Ps 34,19)
ⲉⲣϫ̅ⲥ̅(/ϫⲁⲉⲓⲥ) (Ps 9,26.31; 48,15; 71,8; 105,41; 109,2; 113,2; 118,133)	*vs.*	ⲁ ⲛ̀ϫ̅ⲥ̅ "Herr sein" (Ps 21,29; 58,14; 65,7; 88,10; 102,19)

Nun war es bisher vielleicht am auffälligsten, dass diese Distribution auch bei dem *compositum* ⲉⲣⲡⲙⲏⲟⲩⲉ̀ „sich erinnern" funktionierte; vgl. die beiden BP-Fälle Mt 16,9: ⲛ̀ⲧⲉⲧⲛⲁ̀ ⲙ̀ⲡⲙⲏⲟⲩⲉ̀ ⲉⲛ „erinnert ihr euch nicht?" und Apiôn-Brief [B.L. Or. 11173(2)] Z. 5: ϯⲁ̀ ⲙ̀ⲡⲟⲩⲙⲏ[ⲟⲩⲉ̀] „ich erinnere mich deiner." Nun zeigt aber der Psalmencodex, dass es innerhalb von BP, für dieses *compositum* jedenfalls, noch die Alternative zwischen ⲁ ⲙ̀ⲡⲙⲏⲟⲩⲉ̀ und (dem *direkt* der Stern–Jernstedtschen Regel entsprechenden) ⲉⲓⲣⲉ ⲙ̀ⲡⲙⲏⲟⲩⲉ̀ gibt. Vgl. Ps 102,18: ⲛⲉⲧϩⲁⲣⲉϩ ⲉ̀ⲧⲉϥⲇⲓⲁⲑⲏⲕⲏ ⲁⲩⲱ ⲉ̀ⲧⲉⲓⲣⲉ ⲙ̀ⲡⲙⲏⲟⲩⲉ̀ ⲛ̀ⲛⲉϥⲉⲛⲧⲟⲗⲏ ⲉ̀ⲉⲩ „Die, die seinen Bund bewahren und die sich an seine Gebote erinnern, um sie zu tun."

[60] Möglicherweise gibt es eine Verteilung zwischen der Langform ⲁⲛⲛⲉⲛ- und der Kurzform ⲁⲛ(ⲛ)-, die von der Art des Artikels abhängig ist, mit dem das folgende Prädikat beginnt, sei es nun bloß in phonetischer oder grammatischer Hinsicht (determiniert *vs.* indeterminiert).

[61] Das mag im Prinzip einer allgemeineren unterägyptischen Tendenz entsprechen (mündlicher Hinweis von W.-P. Funk), im Dialekt *M* ist sie aber auf jeden Fall ganz besonders auffällig ausgeprägt.

Zu den Besonderheiten von *M* kann man auch bestimmte, sehr charakteristische Zeitadverbien rechnen, auf die hin wir *nunmehr* den Psalmencodex durchsehen. Es handelt sich um:

ⲙ̀ⲡⲣⲏⲧⲉ „schnell". Zu den bisherigen vier Belegen der Codices Scheide und Glazier (Mt 5,25; 28,8; Apg 12,7; 14,2) kommen durch den Mudil Codex nicht weniger als acht weitere hinzu, nämlich: Ps 2,12; 6,11; 36,2.2; 68,18; 78,8; 101,3; 147,4. Bei der Gelegenheit wäre übrigens zu bemerken, dass in den zukünftigen mittelägyptischen Konkordanzen dieses Adverb nicht mehr von einem Nomen ⲣⲏⲧⲉ „Augenblick",[62] sondern versuchsweise von einem Nomen ⲡⲣⲏⲧⲉ[63] abgeleitet wird. Die betreffenden Einträge stehen jetzt unter dem Buchstaben ⲡ, und das betreffende Lemma lautet: ⲡⲣⲏⲧⲉ (?) in ⲙⲡⲣⲏⲧⲉ „promptly".

ϩⲓ̈ⲧⲣⲟⲩⲣ „schnell". Dieses Wort hat ja in der Geschichte der Erschließung des mittelägyptischen Dialekts und seines unmittelbaren Kontextes eine ganz besondere Rolle gespielt.[64] Im Psalmencodex kommt es selbst zwar nur zweimal vor (Ps 30,3; 137,3). Aber dafür bestätigt er die schon aus dem Codex der Paulusbriefe stammende Erkenntnis, dass sein Kern ⲧⲣⲟⲩⲣ ein Verb der Bedeutung „eilen, sich beeilen" ist. Hier gibt es allerdings ταχύνειν (und nicht σπουδάζειν) wieder. Vgl. Ps 15,4: ϩⲁ ⲛⲉⲩⲙⲉⲛⲧϭⲱⲃ' ϩⲁⲩⲁϣⲉⲓ̈ ⲙⲉⲛⲛ̀ⲥⲁ ⲛⲉⲓ̈ ϩⲁⲩⲧⲣⲟⲩⲣ „Ihre Schwachheiten wurden zahlreich; danach beeilten sie sich"; 105,13: ϩⲁⲩⲧⲣⲟⲩⲣ' ⲉⲣⲡⲟⲃϣ ⲛ̀ⲛⲉϥϩⲃⲏⲟⲩⲉ̀ „Sie beeilten sich, seine Werke zu vergessen." Neu aber ist im Psalmencodex das von diesem Verbum abgeleitete *nomen agentis* ⲣⲉϥⲧⲣⲟⲩⲣ. Vgl. Ps 44,2: ⲡⲁⲗⲉⲥ ⲟⲩⲕⲉϣ ⲛ̀ⲅⲣⲁⲙⲙⲁⲧⲉⲩⲥ ⲡⲉ ⲛ̀ⲣⲉϥⲧⲣⲟⲩⲣ' ⲉϥⲥϩⲉⲓ̈ (ἡ γλῶσσά μου κάλαμος γραμματέως ὀξυγράφου) „Meine Zunge ist das Schreibrohr eines Schriftgelehrten, der schnell ist im Schreiben."

ϩⲛ ⲟⲩϣⲡⲉⲛϣⲟⲡ „plötzlich" („in einem Augenblick"). Diese mittelägyptische Form des aus anderen Dialekten, besonders dem Sahidischen, schon bekannten Ausdrucks, allerdings ohne die Sonorauflösung, also in der Gestalt ϩⲛ ⲟⲩϣⲡⲛϣⲟⲡ, findet sich schon in Apg 2,2; 9,3. Sie wird aber nun als mittelägyptisches Inventar bestätigt durch zwei Belege in den Psalmen. Diese sind: 63,5: ϩⲛ ⲟⲩϣⲡⲉⲛϣⲟⲡ' ⲥⲉⲛⲉϩⲓ̈ ⲥⲁⲧⲏ ⲉⲣⲁϥ ⲛ̀ⲥⲉⲧⲉⲙⲉⲣϩⲁⲧⲉ (ἐξάπινα κατατοξεύσουσιν αὐτὸν καὶ οὐ φοβηθήσονται) „(Ganz) plötzlich werden sie mit Pfeilen auf ihn schießen und sich nicht (einmal) fürchten"; 72,19: ⲛ̀ⲉϣ ⲛ̀ϩⲏ ϩⲁⲩϣⲟϥ ϩⲛ ⲟⲩϣⲡⲉⲛϣⲟⲡ· ϩⲁⲩⲟϫⲉⲛ ϩⲁⲩⲧⲁⲕⲁ ⲉ̀ⲧⲃⲉ

---

[62] Vgl. Westendorf, Koptisches Handwörterbuch, 168; Schenke, Codex Scheide, 169; ders., Codex Glazier, 219.

[63] ⲙ̀ⲡⲣⲏⲧⲉ wird also jetzt mit dem femininen Nomen ⲁⲡⲣⲏⲧⲉ „Zwischenzeit, Zeitraum" in Zusammenhang gesehen (vgl. Westendorf, Koptisches Handwörterbuch, 10. 168).

[64] Vgl. Schenke, Mittelägyptische „Nachlese" I, ZÄS 116 (1989), 160–174; hier 637–658.

ⲧⲉⲩⲁⲛⲟⲙⲓⲁ (πῶς ἐγένοντο εἰς ἐρήμωσιν ἐξάπινα· ἐξέλιπον, ἀπώλοντο διὰ τὴν ἀνομίαν αὐτῶν) „Wie wurden sie (so) plötzlich verwüstet! Sie schwanden dahin und gingen zugrunde wegen ihrer Gesetzlosigkeit.“[65]

ⲛⲥⲁϩⲣⲉⲩ „sogleich“ (als Wiedergabe von παραχρῆμα) in Ps 39,16. Solch „adverbieller“ Gebrauch der zusammengesetzten Präposition ⲛ̇ⲥⲁϩⲣⲉ⸗ begegnet im Mittelägyptischen auch schon in Mt 21,19, aber in der Gestalt ⲛ̇ⲥⲁϩⲣⲉⲥ (und zwar ebenfalls als Wiedergabe von παραχρῆμα). Vgl.

Mt 21,19: ϩⲁⲥ̱ϣⲁⲟⲩⲉ̇ ⲛ̇ⲥⲁϩⲣⲉⲥ̱ ⲛ̇ϭⲏ ⲧⲃⲱ ⲛ̇ⲕⲛⲧⲏ
Es verdorrte sogleich der Feigenbaum.

Ps 39,16: ⲙⲁⲣⲟ̱ⲩ̱ϫⲓ ⲙ̇ⲡⲉⲩϣⲓⲡⲉ ⲛ̇ⲥⲁϩⲣⲉⲩ̱ ⲛ̇ϭⲏ ⲛⲉⲧϫⲱ ⲙ̇ⲙⲁⲥ ⲛⲉⲓ̈ ϫⲉ ⲕⲁⲗⲱⲥ ⲕⲁⲗⲱⲥ
Es mögen sogleich ihre Schmach empfangen, die zu mir sagen: ‚gut, gut‘.

Bei diesem Gebrauch *kongruiert* also das Suffix von ⲛ̇ⲥⲁϩⲣⲉ⸗ mit dem Subjekt des jeweiligen Satzes.

Nun erinnert das Gegenüber von ⲛ̇ⲥⲁϩⲣⲉⲥ̱ und ⲛ̇ⲥⲁϩⲣⲉⲩ̱ an ein anderes, wenigstens äußerlich ähnliches Gegenüber im Bereich des Mittelägyptischen, nämlich von ⲕⲁⲛⲥϥ̱ (Apg 8,32) und ⲕⲁⲛⲥⲟ̱ⲩ̱ (Ps 43,23), beidemale als Wiedergabe von σφαγή. Vgl.

Apg 8,32: ϩⲁⲩⲛ̇ⲧϥ ⲛ̇ⲑⲏ ⲛ̇ⲟⲩⲉ̇ⲥⲁⲩ ⲉ̇ⲡⲕⲁⲛⲥϥ
Sie brachten ihn wie ein Schaf zur Schlachtung.

Ps 43,23: ϩⲁⲩⲁⲡⲉⲛ ⲛ̇ⲑⲏ ⲛ̇ϩⲉⲛⲉ̇ⲥⲁⲟⲩ ⲉ̇ⲡⲕⲁⲛⲥⲟⲩ
Sie sahen uns an wie Schafe(, die) zur Schlachtung (bestimmt sind).

Und auch hier sieht es nach einer Entsprechung zwischen dem Objekt des Bringens/Ansehens und dem jeweilgen Affix von ⲕⲁⲛⲥ⸗ aus. Dann aber ist ⲕⲁⲛⲥϥ wohl doch nicht (und ⲕⲁⲛⲥⲟⲩ natürlich auch nicht) eine rein nominale und feststehende Ableitung vom Verb ⲕⲟⲛⲥ (Ps 43,6) „durchbohren,

---

[65] Vgl. auch noch zwei neue Belege aus dem fayumischen Kontext, nämlich Eccl 9,12 im P. Mich. 3520 (*V4*) und P. Mich. 6868 (*F5*):
V4: ⲛⲧⲉⲓ̇ϩⲏ ⲁⲩϭⲟ̣ⲣϭ(sic!) ⲉⲛⲉⲛϣⲏⲣⲓ ⲛⲛⲓⲣⲱⲙⲓ ϩⲛ ⲟⲩⲁⲓϣ ⲉϥϩⲁⲩ
ϩⲟⲧⲁⲛ ⲁϥϣⲁⲛϩⲏⲓ ⲉϫⲱ̣[ⲟⲩ] ϩ̣ⲛ ⲟⲩϣⲉⲡⲛϣ̣[ⲱ]ⲡ
„…, so werden die Kinder der Menschen gefangen zu einer bösen Zeit,
wenn sie plötzl[ic]h über [sie] hereinbricht.“
F5: ⲛⲧϩⲏ ⲛⲛⲉⲓ ⲉⲧⲉ ϣⲁⲩϭⲱⲣϭ ⲉⲗⲁⲩ
ⲛⲧⲉⲓϩⲏ ⲙⲛ̣ ⲛ̣ⲉ̣ϣ[ⲏⲗ]ⲓ ⲙⲡⲗⲱⲙⲓ ϩⲛⲛ ⲟⲩⲟⲩⲁⲓϣ ⲉϥϩⲁⲩ
ϩⲱⲧⲁ̣ⲛ̣(sic!) ⲁϥϣⲁⲛⲓ ⲉϩⲗⲏⲓ ⲉϫⲱⲟⲩ ϩⲛⲛ ⲟⲩϣⲡⲉⲛϣⲱⲡ
„Wie diese gefangen werden,
so (ist es) mit den K[in]dern des Menschen zu einer bösen Zeit,
wenn sie plötzlich über sie kommt.“

stechen, schlachten",[66] sondern es handelt sich jeweils nur um eine variable Verwendung des suffigierten und determinierten *Infinitivs* κονс: „für das es/sie Schlachten" „um es/sie zu schlachten".

Des weiteren sei auch noch auf das zweimalige Wiedervorkommen das geheimnisvollen Wortes τκαν hingewiesen, das uns aus Mt 12,20 ja als lexikalischer Kern (mit der Bedeutung „Sieg, Macht") eines adverbiellen Ausdrucks bekannt ist.[67] Die Mt-Stelle ist ein Stück aus dem dortigen Zitat des Gottesknechtsliedes Jes 42,1–4 und lautet: ϣαντϥ' ϩιογė μ̄πεϥϩεπ ėβαλ ϩν ογτκαν „bis er sein Gericht siegreich durchführt." Die Psalmenstellen, es sind Ps 50,6 und 117,10, zeigen nun, dass ähnlich wie τρογρ in ϩιτρογρ auch τκαν eigentlich ein Verb ist. Sie lauten nämlich: ϫεκεс εκετμαϊα ϩν νεκсεϫε νκτκαν ϩμ πτρεκϯ ϩεπ „damit du Recht bekommst in deinen Worten und siegreich bist in deinem Richten", bzw.: ϩα νϩεθνος τηρọ[γ κο]τε ϩ̣ραϊ̣ ṁπρεν ṁπ̅ϫ̅с̅ ϩαϊτκαν ėραογ „Alle Völker umringten mich; (doch) im Namen des Herrn besiegte ich sie."[68]

Zu den guten alten *Einzel*bekannten, denen man im Psalmencodex mit Interesse und Genugtuung wiederbegegnet, mag übrigens auch die besondere mittelägyptische Bedeutung („*traurig* werden/*traurig* sein") des an sich auch außerhalb von *M* bekannten Verbs βολκ / (*stat.*) βαλκ gerechnet werden [vgl. Ps 54,3; 68,21 bzw. (*stat.*) 41,6.12; 42,5], sowie das Wort ϣοπ „Nachtwache" (Ps 89,4; 129,6.6). Das Wort ηρ „Genosse" begegnet einmal (Ps 121,3) *nicht* zum Ausdruck eines Reziprokverhältnisses, aber auch nicht einfach in der Grundbedeutung wie im P. Bodmer III (Joh; *B4*), sondern als Wiedergabe des adverbialen Ausdrucks ἐπὶ τὸ αὐτό. Vgl. – ογπολις ερε π̱εсογαπ' ϩϊ πεϥηρ „– eine Stadt, deren Heiligkeit beisammen ist."

Zum *allgemeineren* Phänomen des Mittelägyptischen gehört dagegen der etwas seltsame Gebrauch des Ypsilon, sei es, dass sein Zeichen geschrieben wird, wo man es nicht erwartet, sei es, dass statt seiner etwas anderes steht. Und so ist es interessant zu erfahren, was denn

---

[66] Zu diesem Wort in anderen Dialekten vgl. z. B. Westendorf, Koptisches Handwörterbuch, 65. – Vgl. noch das Lemma in der Konkordanz von Codex Scheide und Codex Glazier: κανсϥ „slaughter" im Zusammenhang mit dem Registereintrag Schenke, Codex Glacier, 210.

[67] Zum Geheimnis dieses Wortes und auch zu der Verwirrung, die es schon gestiftet hat, vgl. Westendorf, Koptisches Handwörterbuch, 228 und 546.

[68] Dieser verbale Charakter von τκαν wird übrigens auf das glücklichste auch noch bestätigt durch eine fayumische Fassung von Röm 8,37 (wo es im Präsens nach dem Präverbal ελϩογε- erscheint: αλλα ϩν νει τηλογ τενελϩογε τκαν εβαλ ϩιτεν πη ντaϥελαгαπαν μμαν „Aber in all diesen (Dingen) sind wir über die Maßen siegreich durch den, der uns seine Liebe geschenkt hat." Pierpont Morgan Library M 660. Vgl. Schenke, Rezension zu L. Depuydt [Catalogue of Coptic Manuscripts, 1993], OLZ 90 [1995], 155; hier 1224–1230.

nun der Psalmencodex in diesem Bereich an neuen oder ergänzenden Informationen bietet.

ⲩ̈/ⲩ für ⲏ:
ⲕⲁⲗⲁϩⲩ̈ „Leib“ (16,14; 21,11.15; 39,9; 43,26; 57,4; 70,6.6; 109,3; 126,3; 131,11);
ⲕⲁⲗⲁϩⲩ (21,10).
ϩⲩ̈ⲃⲥ „Leuchter“ (17,29; 118,105);
ϩⲩⲃⲥ̣ (49,6);
ϩⲏⲃⲥ (131,17).
ⲩ für ⲃ:
ⲧⲩⲧ „Fisch“ (104,29).
ⲩ für ⲟⲓ:
ⲕⲩⲗⲁⲥ (als Wiedergabe von κοιλάς) (59,8).
ⲟⲓ für ⲩ:
ⲁⲡⲟⲗⲟⲓ (33,1);
ⲕⲁⲧⲁⲗⲟⲓ (88,45);
ⲕⲱⲗⲟⲓ (39,10).

Am Ende dieses Abschnitts über die wissenschaftliche Bedeutung der Wiederbegegnung mit Bekanntem seien noch zwei Beobachtungskomplexe untergebracht, die, wenn überhaupt, dann nur indirekt dazugerechnet werden können. Der erste Gesichtspunkt ist, dass die Dinge so „über Kreuz“ liegen, dass auch der Mudil Codex manchmal gegenüber den Codices Scheide und Glazier das Bekannte, nämlich das Ursprüngliche bzw. echt Mittelägyptische bewahrt hat. Das kann man einerseits am griechischen Verbum διώκειν beobachten: während die Codices Scheide und Glazier konsequent die unnatürliche Orthographie ⲇⲓⲱⲅ̱ⲉ standardisiert haben, findet sich im Mudil Codex das ursprüngliche Kappa bewahrt (vgl. ⲇⲓⲱⲕⲉ in Ps 43,17; 68,5.27). Andererseits zeigen das in großer Deutlichkeit die Paradigmen von ⲟⲩⲁⲉ⸗ „selbst“ und ϩⲓⲱ⸗ „auf.“ Während diese in den Codices Scheide und Glazier durch gewisse Erweiterungen (durch -ⲧ- bzw. -ⲛ-) bestimmt sind, erscheinen im Mudil Codex (mit der einen Ausnahme von ⲟⲩⲁⲉⲧ̳ⲕ in Ps 70,16) regelmäßig die Grundformen. Vgl.

	ϩⲓ̈ⲱⲧ (34,13.15; 68,12.13)
ⲟⲩⲁⲉⲕ (50,6; 82,19);	ϩⲓ̈ⲱⲕ (69,5; 103,1);
ⲟⲩⲁⲉⲧ̳ⲕ (70,16);	
ⲟⲩⲁⲉϥ (10,5; 32,15; 71,18; 76,15; 85,10; 135,4.7; 148,13);	ϩⲓ̈ⲱϥ (62,2; 67,11; 74,4; 92,1.1; 108,18);
ⲟⲩⲁⲉⲥ (26,12).	ϩⲓ̈ⲱⲥ (31,8; 97,7);
	ϩⲓ̈ⲱⲛ (4,7);
	ϩⲓ̈ⲱⲟⲩ (34,26; 108,29; 131,9.16.18).

Der andere Punkt ist, dass von der Arbeit an den Codices Scheide und Glazier her mir die Frage nach dem uneigentlichen Gebrauch bestimmter

Präpositionen als wichtig „bekannt" ist. Im Mudil Codex ergibt sich nun unter der Frage nach dem Gebrauch von Präpositionen als Konjunktionen das folgende „Bild":

ⲉ̀ⲡⲙⲉ	+	Konjunktiv (108,4);
ⲙⲉⲛⲛ̀ⲥⲁ	+	Konjunktiv (126,2);
ⲛ̀ⲥⲁ	+	Konjunktiv (132,1);
ϩⲁⲑⲏ	+	Konjunktiv (26,1; 38,14; 57,10);
ⲛ̀ⲥⲁⲃⲏⲗ	+	Umstandssatz (105,23);
ⲛ̀ⲧⲉⲛ	+	Umstandssatz (31,3);
ⲛ̀ϫⲓⲛ	+	Umstandssatz (70,6).

V. *Der Mudil Codex und die Löcher in der Lexik von Codex Scheide und Codex Glazier (und den „kleinen Texten")*[69]

Eine andere Perspektive, in der man von den bekannten mittelägyptischen Texten aus auf den neuen Text blicken kann, eröffnet sich mir von der gerade fertig gestellten mittelägyptischen Synopse des Matthäusevangeliums und der Apostelgeschichte her (natürlich unter gebührender Berücksichtigung der schon vorhandenen Synopse der kleinen *M*-Texte). Es ergeben sich ja aus dem bisher bekannten und aufgearbeiteten Material ganz bestimmte, mehr oder weniger dringliche Fragen, deren Beantwortung man von einem neuen Text erhoffen kann. Aber auch hier werden nicht alle Erwartungen erfüllt. Auf die beiden in meinen Augen ganz besonders dringenden Fragen, nämlich ob es in *M* wirklich ein Interrogativpronomen ⲧⲟⲩ „was?"[70] und einen *status constructus* ⲙⲟ- von ⲙⲁⲩ „Wasser"gibt,[71] erhalten wir nämlich keine Antwort. Aber vielleicht ist diese „Fehlanzeige" doch insofern mehr als nichts, als sie den Verdacht verstärkt, dass beides vielleicht nur Schreibfehler waren: ⲧ̱ⲟⲩ für ⲟⲩ und ⲙⲟ- für ⲙⲟⲩ̱-.

Eine Frage, die sich nun ganz unmittelbar aus der Arbeit an der Synopse ergibt, ist die nach der Bestätigung oder Nichtbestätigung der

[69] Die Idee zu diesem Kapitel ist mir erst gekommen, *nachdem* ich mit meiner zweimaligen, Notizen sammelnden, Durchsicht der Psalmenausgabe fertig war. Ich habe also die hier gebotenen Belege erst *nachträglich* (praktisch über die griechische Septuagintakonkordanz) gesucht, und werde wohl manches bei diesem „Nachspiel" nicht (wieder)gefunden haben. Ich kann mir z. B. gar nicht vorstellen, dass nicht irgendwo das Wort ⲧⲁⲙⲁ „inform, instruct" doch vorkommen sollte. Aber gefunden habe ich es eben (*so*) nicht.

[70] In ⲧⲟⲩ ⲡⲉⲣϩⲓⲧⲛ ⲁ̀ⲛⲁⲛ (für: τί πρὸς ἡμᾶς) „Was ist es, das uns unsererseits betroffen hat?" (Mt 27,4).

[71] In ⲙⲟⲟⲣϣ (für: ὕδωρ ψυχρόν) „kühles Wassser" (Mt 10,42).

bisher nur erschlossenen Grundformen bestimmter Wörter, die man herkömmlicherweise mit einem Sternchen versieht. Ich gebe nun zunächst einmal als Frageraster eine vollständige Liste aller mit einem solchen Sternchen versehener Lemmata aus meiner (*englisch*sprachigen) Mt/Apg-Synopse.[72]

ⲃⲟⲕⲉ (*)	tan
ⲉⲃⲣⲉⲓ̈ (*)	seed
ⲉϣⲱ (*)	sow
ⲉⲓⲟⲣⲙ (*)	gaze
ⲕⲟⲣⲉ (*)	put down, fall
ⲕⲟϥⲉ (*)	compel
ⲗⲓⲃⲉ (*)	make mad
ⲗⲟⲧⲉ (*)	crush, dash (?)
ⲙⲟⲩⲛ (ⲉⲃⲁⲗ) (*)	endure, last
ⲟⲗ (*)	take up
ⲟⲧϩ (*)	tie, secure
ⲥⲟⲕ (*)	gather, pluck
ⲥⲟϣ (*)	despise
ⲥⲟϣ (*)	strike, blow
ⲥⲟϭ (*)	stiffen, paralyse
ⲧⲁⲙⲁ (*)	inform, instruct
ⲧⲣⲣⲉ (*)	frighten (?)
(ⲧ)ⲥⲧⲁ (*)	turn back
ⲑⲉⲣϣⲁ (*)	make heavy
ⲧⲟϭⲛ (*)	reject
ϣⲟⲛⲉ (*)	be merciful
ϣⲁⲧϣⲧ (*)	carve, dig
ϣⲟⲩⲁ (*)	pour, empty
ϣⲉϣ (*)	stroke
ϩⲏ (or ϩⲩ) (*)	belly
ϩⲁϫϩϫ (*)	press, distress
ϫⲟⲕⲉ (*)	prick, sting
ϫⲟⲧⲉ (*)	pierce
ϭⲟⲗⲉ (*)	clothe, cover

Für viele Positionen dieser Liste ergibt sich nun aus dem Psalmencodex gar keine Erleuchtung, nämlich für: ⲃⲟⲕⲉ, ⲉⲃⲣⲉⲓ̈, ⲕⲟⲣⲉ, ⲕⲟϥⲉ, ⲗⲓⲃⲉ, ⲥⲟⲕ, ⲥⲟϣ "strike, blow", ⲥⲟϭ, ⲧⲁⲙⲁ, ⲧⲣⲣⲉ, ⲑⲉⲣϣⲁ, ϣⲟⲛⲉ,[73] ϣⲁⲧϣⲧ, ϩⲏ, ϩⲁϫϩϫ,

---

[72] In dieser Synopse sind übrigens nicht einfach alle unbezeugten Formen asterisziert, sondern nur solche, deren Rekonstruktion *nicht selbstverständlich* ist.

[73] Bei ϣⲟⲛⲉ liegt freilich die Unsicherheit auf einer etwas anderen Ebene als bei den anderen Wörtern der Liste (es ist nicht eine reine Frage der Form, sondern auch der *Deutung* von Formen).

ϫⲟⲕⲉ und ϫⲟⲧⲉ. Die gesuchte Grundform selbst hat sich freilich nur in einer kleinen Anzahl von Fällen finden lassen, nämlich in den Fällen:

ⲉⲓⲟⲣⲙ: siehe die Form ϊⲟⲣⲉⲙ Ps 118,82.
ⲗⲟⲧⲉ: siehe Ps 41,11; 42,2; 73,14; 109,5.6.

Hier bei ⲗⲟⲧⲉ ist das positive Ergebnis besonders willkommen (vgl. das Fragezeichen in der obigen Liste). Deswegen seien die einschlägigen Stellen ausführlich aufgeführt. Bisher war ja nur der *status pronominalis* ein einziges Mal in Mt 21,44 belegt: ϥⲛⲉⲗⲁⲧⲉ⸗ϥ für συνθλασθήσεται. Und jetzt kommen nun noch die folgenden Verwendungen und Äquivalente hinzu:

Ps 41,11: ϩⲙ ⲡⲧⲣⲉⲩⲗⲟⲧⲉ ⲛⲛⲁⲕⲏⲥ
für: ἐν τῷ καταθλάσαι τὰ ὀστᾶ μου;

Ps 42,2: ϩⲙ ⲡⲧⲣⲉⲩⲗⲟⲧⲉ ⲛ̇ⲛⲁⲕⲏⲥ
(*bloße Wiederholung ohne Grundlage im griechischen Text*);

Ps 73,14: ⲛ̇ⲧⲁⲕ ⲉⲣⲗⲟⲧⲉ ⲛ̇ⲧⲁⲡⲏ ⲙ̇ⲡⲉⲇⲣⲁⲕⲱⲛ
für: σὺ συνέθλασας τὰς κεφαλὰς τοῦ δράκοντος;

Ps 109,5: ϩⲁϥⲗⲟⲧⲉ ⲛ̇ϩⲉⲛⲉ̇ⲣⲟⲩϊ
für: συνέθλασεν ... βασιλεῖς;

Ps 109,6: ⲛ̇ϥⲗⲟⲧⲉ ⲛ̇ⲧⲁⲡⲏ ⲛ̇ⲟⲩⲁϣⲉ
für: συνθλάσει κεφαλὰς ... πολλῶν.
(ⲗⲟⲧⲉ also = συνθλᾶν/καταθλᾶν.)

ⲙⲟⲩⲛ (ⲉ̇ⲃⲁⲗ): siehe Ps 60,8; 118,90;

vgl. aber zur *Vervollständigung unserer Kenntnis des Paradigmas* auch noch ⲙⲏⲛ ⲉ̇ⲃⲁⲗ Ps 118,89.91.

ⲥⲟϣ „despise“: (Da das geradezu eine Art *terminus technicus* der Psalmensprache ist, gibt es dafür besonders viele Belege) siehe Ps 58,9; 59,14; 72,22; 107,14; 118,22;

vgl. aber auch ⲥⲉϣ- Ps 43,6; 77,59; 101,18; 105,24; 118,118(?);
ⲥⲁϣ⸗ϥ Ps 21,25;
ⲥⲁϣ⸗ⲟⲩ Ps 52,6; 57,8; 68,34;
ⲥⲏϣ Ps 14,4; 118,141.

ϣⲟⲩⲁ: siehe Ps 77,20; 104,41 [ϣ{ⲁ}ⲟⲩⲁ].

Im Falle von ⲟⲧϩ ist zwar nicht das Wort für „tie, secure“ bezeugt, aber wenigstens sein Homonym „pour“, und zwar in der Form ⲟⲧⲉϩ (Ps 41,5).

Weil aber nun die Konstruktion der betreffenden Stelle mir ein wenig merkwürdig erscheint, sei sie hier angeführt:

> ϩⲁⲓ̈ⲉⲣ ⲧⲁⲯⲩⲭⲏ ⲛ̀ⲟⲧⲉϩ ⲉ̀ϩⲣⲏⲓ̈ ⲉ̀ϫⲟⲓ̈
> (für: ἐξέχεα ἐπ᾽ ἐμὲ τὴν ψυχήν μου)
> Ich machte meine Seele zu etwas, das über mich ausgegossen ist.

Für andere Posten der obigen „Wunschliste" gibt es wenigstens interessante Ergänzungen des Paradigmas.

ⲉϣⲱ „sow" kommt zwar nicht vor, aber wenigstens das maskuline ϣⲉ Ps 79,14.
ⲟⲗ *Befund negativ*, aber vgl. ⲁⲗ⸗ⲧ Ps 131,3; ⲁⲗ⸗ⲕ Ps 67,19.
(ⲧ)ⲥⲧⲁ *negativ*, aber vgl. ⲥⲧⲁ⸗ϥ Ps 117,22; ⲥⲧⲁ⸗ⲩ Ps 87,6.
ⲧⲟϭⲛ *negativ*, aber vgl. ⲧⲁϭⲉⲛ⸗ⲧ Ps 117,13; ⲧⲁϭⲉⲛ⸗ϥ Ps 61,4.
ϭⲟⲗⲉ *negativ*, aber vgl. ϭⲉⲗⲉ- Ps 146,8; ϭⲁⲗⲉ/ⲏ (*stat.*) Ps 44,10.14.

Nun gibt es aber auch noch ganz *ähnliche* Fragen (und Antworten), auch wenn sie nicht durch unsere Liste gedeckt sind. Es geht um folgende Wörter:

ⲟⲕ: Konstruktion und semantische Struktur dieses Verbs konnten anhand des bisherigen Materials nicht wirklich deutlich werden. Alte Probleme und neue Erkenntnisse sind mir wichtig genug, um hier sowohl die *alten* als auch die *neuen* Belege zu unterbreiten.

Die „alten" Belege

Mt 14,6: ϩⲁⲥⲟⲕ-ϩⲧⲏϥ ⲛ̀ϩⲏⲣⲱⲇⲏⲥ
Sie fand das Wohlgefallen des Herodes.

Apg 6,5: ϩⲁ ⲡⲉⲓ̈ⲥⲉϫⲉ ⲟⲕ-ϩⲧⲏϥ ⲙ̀ⲡⲙⲏϣⲉ ⲧⲏⲣϥ ⲛ̀ⲙ̀ⲙⲁⲑⲏⲧⲏⲥ
Dieses Wort fand das Wohlgefallen der ganzen Menge der Jünger.

Apg 12,3: ϫⲉ ⲡϩⲱⲃ ⲟⲕ-ϩⲧⲏⲟⲩ ⲛ̀ⲛⲓ̈ⲟⲩⲇⲁⲓⲉⲓ
--- dass die Sache den Juden gefällt.

Die neuen Belege

Ps 25,3: ϩⲁⲓ̈ⲟⲕ-ϩⲧⲏⲕ ϩⲣⲏⲓ̈ ϩⲛ ⲧⲉⲕⲙⲉⲉ̀
Ich habe dein Wohlgefallen gefunden in deiner Wahrheit.

PS 34,14: ⲧⲉⲓ̈ ⲧⲉ ⲑⲏ ⲉ̀ⲑⲁⲓ̈ⲟⲕ-ϩⲧⲏⲕ
--- so habe ich dein Wohlgefallen gefunden.

Ps 55,14: ⲉ̀ⲧⲣⲁⲟⲕ-ϩⲧⲏϥ ⲙ̀ⲡⲛ̄ⲧ̄
--- auf dass ich Gottes Wohlgefallen fände.

Ps 68,32: ⲛ̀ϥⲁⲕ-ϩⲧⲏϥ ⲙⲡⲛ̄ⲧ̄
--- und es wird Gottes Wohlgefallen finden.

Ps 146,1: пєсмоүє ч̣ａк-ϩтнч м̇пєнн̄ϯ
Der Lobpreis gefällt unserem Gott wohl.[74]

Der *status nominalis* vom Verbum ⁽*⁾ок „zufriedenstellen" hat also im *verbum compositum* ак-/ок-ϩтн⸗ „das Herz *von jemandem* zufrieden stellen", „das Wohlgefallen *von jemandem* finden", „*jemandem* Wohlgefallen" neben der normalen enttonten auch die scheinbar volltonige Gestalt.[75] Und das Auftreten dieser oder jener Gestalt des *status nominalis* auch im Präsens zeigt, dass dieser mit der Körperteilbezeichnung ϩтн⸗ gebildete Verbalausdruck zu jener kleinen Gruppe derartiger *verba composita* gehört, die der Stern–Jernstedtschen Regel nicht gehorchen.[76]

моүϣт „durchwandern, erforschen": Dieses Verb und sein Paradigma sind mir deswegen wichtig, weil mir bei ihm in der Ausgabe des Codex Scheide ein peinliches Missgeschick passiert ist.[77] Vgl. also моүϣт Ps 118,2.15.115; мєϣт- Ps 108,11; 118,34; маϣт⸗[78] Ps 63,7 [пн̄ϯ нємаϣтоү „Gott wird sie erforschen"]; маϣт *stat.* Ps 110,2.

нєсє-: Die Pränominalform dieses Adjektivverbs war bisher noch nicht belegt, findet sich jetzt aber in Ps 150,5.

тоϣ „Grenze": Diese bisher nicht bekannte Singularform, von der der Plural zwischen тєϣнoү (Mt) und таϣнoү (Apg) schwankt, ist jetzt *gefunden*, aber nicht *gesucht* worden. Sie steht Ps 73,17. Bisher war als Singular ⁽*⁾таϣ angesetzt worden.[79]

оүап „heilig werden/sein": Dieser *Infinitiv* [der ja im Koptischen überhaupt ein ganz seltenes, fast (schon) nicht (mehr) vorhandenes Wort ist] zum omnipräsenten *Stativ* оүєв war im bisher bekannten Corpus von Texten im Dialekt *M* zwar schon einige Male im Milan Codex belegt.[80] Aber es ist dennoch überraschend, in welch reichem Maße er nun im

---

[74] Im Lichte dieses Belegkomplexes wird die Lesung der einschlägigen Stelle (Gen 6,9) des mittelägyptischen Genesisfragments als ϩа [нωє] ḥк-ϩтнч [мпн̄]ϯ, vgl. Barns/Kasser, Le manuscrit moyen-égyptien B.M. Or. 9035, Le Muséon 84 (1971), 398 nebst der Anm. dazu auf S. 400, noch unwahrscheinlicher, als sie es immer schon war, zumal ja auf der beigegebenen Fotografie von dem alle Erwartungen „auf den Kopf stellenden" ḥ überhaupt nichts zu erkennen ist.

[75] Diese Erscheinung ist ja bei zweiradikaligen Verben gar nicht zu selten und betrifft im Dialekt *M* vornehmlich das Verbum „essen", dessen *status nominalis* eben *auch* оүом(-) lautet, was übrigens der Psalmencodex voll bestätigt.

[76] Vgl. Polotsky, Collected Papers, 248 # 23 Obs. 1; Schenke, Codex Scheide, 37.

[77] Vgl. Schenke, Codex Scheide, 159b; gegenüber Schenke, Codex Glazier, 54[114].212b.

[78] Im Unterschied zu мєϣт⸗ (Mt 21,35; Apg 5,40) von мιϣє „schlagen".

[79] Diese ursprüngliche Rekonstruktion wird freilich durch den neuen Beleg nicht ganz zweifelsfrei widerlegt. Da nämlich in Ps 73,17 тоϣ die Extension des bestimmten Pluralartikels ṅ- ist, darf es nicht als unmöglich gelten, dass wir in тоϣ einfach noch eine *dritte* Pluralform haben.

[80] Vgl. Hebr 12,10; Eph 4,24; 1Thess 2,10; 3,13; 2Thess 2,4.

Psalmencodex vertreten ist, sowohl in verbalem als auch in nominalem Gebrauch. Ja, hier im Psalmencodex ist das attributive ⲛ̇ⲟⲩⲁⲡ als Ausdruck des Adjektivs „heilig" geradezu äquivalent und austauschbar mit dem Relativsatz ⲉⲧⲟⲩⲉⲃ bzw. dem attributiven Umstandssatz ⲉϥⲟⲩⲉⲃ.

ϩïⲉ̇ (Folgerungspartikel): Ps 57,12.12. Das Erscheinen dieser Form ist deswegen interessant, weil die Codices Scheide und Glazier hier auseinandergehen; vgl. Mt 6,23: ϩⲓⲉ̇ gegenüber Apg 5,38; 11,18: ⲉⲓⲉ̇.

ϣⲉϣ „stroke": Ob es diese in meiner Konkordanz *so* in Ansatz gebrachte nominale Grundform (innerhalb der Wortfamilie ⲥⲟϣ „strike") für die Ableitung ϣϣ- in den einschlägigen *composita* überhaupt gegeben hat, kann man fragen, zumal sie auch im Psalmencodex nicht vorkommt. Es begegnen vielmehr wieder nur Ableitungen: Das bisher allein aus Apg 7,34 bekannte *compositum* ϣϣⲛϩⲏⲧ „Schmerz" (= ϣϣ|ⲛ|ϩⲏⲧ) kommt im Psalmencodex ziemlich häufig vor, nämlich Ps 12,3; 30,11; 40,4; 106,39; 114,3; 126,2, aber natürlich in der Schreibung (unter Auflösung des Sonors) ϣϣⲉ̱ⲛϩⲏⲧ (= ϣϣ|ⲉⲛ|ϩⲏⲧ). Dazu kommt nun noch das *compositum* ϣϣⲉⲛⲧⲉϭⲥⲉ (= ϣϣ|ⲉⲛ|ⲧⲉϭⲥⲉ) „Spur, Fußtritt" in Ps 16,5; 72,2.

ϫⲣⲁ „stark, siegreich sein": Ps 26,14; 30,25; 118,70. Bisher war es nur in der Schreibung des ϫ als ⲭ in P. Mich. 1291 bezeugt. Die nun vorhandenen eindeutigen Belege für die Existenz dieses Wortes in der zu erwartenden Form sind deswegen so besonders wichtig, weil sie die Identifizierung von (ϫ)ϫⲁⲣⲁ („sichern") als eines ganz anderen Wortes endgültig machen.[81]

Am Ende dieses Kapitels über die Füllung von Löchern und die Absicherung weicher Stellen sei noch rasch (*listen*artig) alles untergebracht, was im Psalmencodex an Formen der 2. Pers. Sgl. fem. vorkommt. Diese Form ist ja in jedem koptischen Dialekt die notorisch weichste Stelle des personalen Kategoriensystems, wo uns jede Bereicherung sowieso willkommen sein muss.

Konjugationen:		
Präsenspräformativ:	ⲧⲉ	(Ps 41,6.6.12.12; 42,5.5);
Perfekt:	ϩⲁ	(Ps 113,5);
Perfekt (rel.)	ⲉ̇ⲧⲉ ϩⲁ	(Ps 136,8);
Energ. Futur (affirm.)	ⲉ̇ⲣⲉ	(Ps 44,17);
Possessivartikel:	ⲡⲟⲩ-	(Ps 34,3; 44,11.11.11.12.12.18; 102,4; 136,5; 145,10);
	ⲧⲟⲩ-	(Ps 102,5.5; 114,7);
	ⲛ̇ⲟⲩ-	(Ps 44,17; 102,3.3; 136,9);

81 Vgl. Schenke, Codex Glazier, 57.

Präpositionen:

Dativ ⲛ̇-/ⲛⲉ⸗:	ⲛⲏ	(Ps 44,17; 102,2.3);
ⲉ̇ϫ(ⲉ)ⲛ-/ⲉ̇ϫⲟ⸗:	ⲉ̇ϫⲱ	(Ps 102,4);[82]
Suffix am Infinitiv ⲕⲟⲧⲉ	ⲕⲁⲧⲧⲉ	(Ps 114,7);
Suffix am Ausdruck ⲁϩⲣⲁ⸗	ⲁϩⲣⲁ	(Ps 113,5).

VI. *Die Psalmen im Codex Scheide und Codex Glazier im synoptischen Vergleich*

Die „Inspiration" zu der nun folgenden kleinen Synopse stammt aus einer Anmerkung, in der auf die Vergleichsmöglichkeit des eigentlichen Psalmen*textes* mit den Psalmen*zitaten* im Neuen Testament, besonders der Apostelgeschichte, hingewiesen wird (S. 77[93]). Weil nun aber bei der Edition selbst von dieser großen Chance nicht der geringste Gebrauch gemacht worden ist, müssen wir eben selbst in die Bresche springen. Es geht mir dabei freilich nicht sogleich um Auswertung. Es war vielmehr mein Bestreben, das betreffende Material so aufzubereiten, dass der Leser selbst sieht, wie sich die Texte zueinander verhalten, und also ganz leicht seine eigenen Schüsse ziehen kann.

Ps 2,1f.

(1) ⲉ̣̇ⲧⲃ̣ⲉ̣ ⲟⲩ ϩⲁ ⲛⲓϩⲉ̇ⲑⲛⲟⲥ · ϩⲁⲩⲛⲉϩⲉⲙϫⲉⲛϩ ·
ⲁⲩⲱ ⲛ̇ⲗⲁⲟⲥ ϩ̣ⲁⲩⲙⲉⲗⲉⲧⲁ ⲛ̇ϩⲉⲛⲡⲉⲧ’ ϣⲟⲩⲉⲓⲧ
(2) [ⲛⲉⲛ]ⲉ̣ⲣⲟⲩ̣ⲓ̣̈ ⲙ̣ⲡⲕ̣ⲉϩⲉ̇ ⲙⲉⲛ ⲛⲉ̣[ⲧⲁⲣⲭⲉⲓ]
ϩⲁⲩⲧ̣ⲁ̣ⲩ̣ⲧ̣ⲉ̣ ϩⲁⲩⲟ̣[ϩⲏⲣⲉⲧⲟⲩ] ϩⲓ̈ⲟⲩⲥ̣ⲁ̣ⲡ̣
[ⲉϯ ⲛ̇ⲟⲩⲉ̇] ⲡϫ̅ⲥ̅ ⲙⲉ̣ⲛ ⲡⲉϥⲭ̅ⲣ̅ⲥ̅

(1) Warum haben die Heiden die Augenbrauen geschüttelt
und haben die Völker nachgedacht über Nichtigkeiten?
(2) [Die] Könige der Erde und die, [die herrschen,]
haben sich versammelt, sind hin[getreten] zugleich,
[um zu kämpfen gegen] den Herrn und seinen Gesalbten.

Ps 2,1f. nach *Apg 4,25f.*

(1) ⲉ̇ⲧⲃⲉ ⲟⲩ ϩⲁ ⲛⲓϩⲉⲑⲛⲟⲥ ϫⲓⲥⲉ ⲙ̇ⲙⲁⲩ.
ⲛ̇ⲗⲁⲟⲥ ϩⲁⲩⲙⲉⲗⲉⲧⲁ ⲛ̇ϩⲉⲛⲡⲉⲧϣⲟⲩⲉⲓⲧ ·
(2) ϩⲁⲩⲧⲟⲩⲛⲟⲩ ⲛ̇ϭⲏ ⲛⲉⲣⲟⲟⲩ ⲙ̇ⲡⲕⲉϩⲉ
ⲙⲛ ⲛⲉⲩⲁⲣⲭⲱⲛ ϩⲁⲩⲧⲁⲩⲧⲉ ⲉ̇ⲡⲉⲩⲏⲣ ϩⲓⲟⲩⲥⲁⲡ’
ⲉⲩϯ ⲛ̇ⲟⲩⲉ̇ ⲡϫ̅ⲥ̅ ⲙⲛ ⲡⲉϥⲭ̅ⲣ̅ⲥ̅ ·

---

82 Es gibt also – entgegen der Behauptung von Mink (64 Z. 1f. v.u.) – doch einen Beleg für die Form der 2. Pers. Sgl. fem. von ⲉ̇ϫ(ⲉ)ⲛ-/ⲉ̇ϫⲟ⸗! Und dieser Beleg aus dem Psalmencodex ist auch deswegen besonders wichtig, weil gerade diese (seltene) Form in unserem bisherigen Inventar noch gefehlt hat.

(1) Warum haben die Heiden sich erhoben,
haben die Völker nachgedacht über Nichtigkeiten?
(2) Aufgestanden sind die Könige der Erde,
und ihre Herrscher haben sich miteinander zugleich versammelt,
indem sie kämpfen gegen den Herrn und seinen Gesalbten.

Ps 2,7f.
(7) ⲛ̇ⲧⲁⲕ ⲉ̇ⲧⲉ ⲡⲁϣⲏⲣⲉ
ⲁⲛⲁⲕ ϩⲁⲓ̈ϫⲡⲁⲕ ⲙ̇ⲡⲁⲟ̣ⲩ̣ ·
(8) ⲁⲓⲧⲓ ⲙⲙⲁⲓ̈
ⲧⲁϯ ⲛⲉⲕ ⲛ̣[ϩⲉ̇ⲑⲛ]ⲟ̣ⲥ̣ ⲉ̇ⲧⲉⲕⲕⲗⲏ̣ⲣⲟⲛⲟ̣[ⲙⲓⲁ]
ⲁⲩⲱ ⲛⲉⲕⲙⲁⲛⲁⲙⲉϩⲧ̣ⲉ̣
ϣⲁ [ⲁⲣⲟⲩϫϥ ⲙ̇]ⲡ̣[ⲕⲉ]ϩ̣ⲉ̣

(7) Du bist es, der mein Sohn ist.
Ich meinerseits habe dich heute gezeugt.
(8) Bitte mich,
so werde ich dir die [Völk]er zu deinem Er[be] geben
und deine Besitztümer
bis [ans Ende] d[er Er]de!

Ps 2,7f. nach *Apg 13,33*
(7) ⲛ̇ⲧⲁⲕ ⲡⲉ ⲡⲁϣⲏⲣⲉ
ⲁ̇ⲛⲁⲕ ϩⲁⲓ̈ϫⲡⲁⲕ ⲙ̇ⲡⲁⲩ
(8) ⲁⲓⲧⲓ ⲙ̇ⲙⲁⲓ̈
ⲛ̇ⲧⲁϯ ⲛⲉⲕ ⲛ̇ϩⲉⲛϩⲉⲑⲛⲟⲥ ⲉ̇ⲧⲉⲕⲕⲗⲏⲣⲟⲛⲟⲙⲓⲁ̇ ·
ⲁⲩⲱ ⲛⲉⲕⲙⲁⲛⲁ̇ⲙⲉϩⲧⲉ
ϣⲁ ⲛⲁⲉ̇ⲧⲉ ⲙ̇ⲡⲕⲉϩⲉ ·

(7) Du bist mein Sohn.
Ich meinerseits habe dich heute gezeugt.
(8) Bitte mich,
so werde ich dir Völker zu deinem Erbe geben
und deine Besitztümer
bis an die Grenzen der Erde.

Ps 6,9
[ϩⲛ ⲧⲏⲛ]ⲟⲩ[83] ϩⲁⲃⲁⲗ ⲙⲙⲁⲓ̈
ⲟⲩⲁⲛ [ⲛⲓ]ⲙ ⲉⲧⲉⲣϩⲟⲃ ϩⲛ ⲧⲁⲛⲟⲙⲓⲁ

[Lass]t [ab] von mir
ein [je]der, der in der Ungerechtigkeit tätig ist!

---

83 Zur Rekonstruktion vgl. Apg 5,38: hier und dort Wiedergabe von ἀπόστητε. Vgl. andererseits auch Ps 118,115: ⲣⲉⲕ ⲧⲏⲛⲟⲩ.

Ps 6,9 nach *Mt 7,23*
ⲙⲉϣⲉ ⲛⲏⲧⲛ ϩⲁⲃⲁⲗ ⲙⲙⲁϊ
ⲛⲉⲣⲅⲁⲧⲏⲥ ⲛ̇ⲧⲁⲛⲟⲙⲓⲁ̀

Geht weg von mir,
ihr Täter der Ungerechtigkeit!

Ps 15,8–11
(8) ⲛⲁϊⲛⲉⲩ ⲉ̇ⲡ̅ⲭ̅ⲥ̅ ⲙ̇ⲡⲁⲙⲏⲧ ⲉ̇ⲃⲁⲗ' ⲛ̇ⲟⲩⲁⲉⲓϣ ⲛⲓⲙ
ϫⲉ ϥϩϊ ⲟⲩϊⲛⲉⲙ ⲙ̇ⲙⲁϊ ϫⲉ ⲛⲛⲁⲛⲁⲉⲓⲛ
(9) ⲉ̇ⲧⲃⲉ ⲡⲉϊ ϩⲁ ⲡⲁϩⲏⲧ ⲉⲩⲫⲣⲁⲓⲛⲉ
ϩⲁ ⲡⲁⲗⲉⲥ ⲧⲉⲗⲏⲗ ·
ⲉ̇ⲧⲓ ⲇⲉ ⲧⲁⲕⲉⲥⲁⲣⲝ' ⲥⲛⲉϣⲟⲡⲉ ϩⲛ ⲟⲩϩⲉⲗⲡⲓⲥ
(10) ϫⲉ ⲛ̇ⲛⲉⲕⲕⲱ ⲛ̇ⲧⲁⲯⲩⲭⲏ ϩⲛ ⲁⲙⲉⲛⲧⲉ
ⲟⲩⲇⲉ ⲛ̇ⲛⲉⲕϯ ⲙ̇ⲡⲉⲧⲟⲩⲉⲃ ⲛ̇ⲧⲉⲕ ⲉ̇ⲛⲉⲩ ⲉ̇ⲡⲧⲁⲕⲁ
(11) ϩⲁⲕⲟⲩⲟⲛϩ ⲛⲉϊ ⲉ̇ⲃⲁⲗ' ⲛ̇ⲛⲉϩ̣ⲓ̣<ⲁ>ⲟⲩⲉ̇ ⲙ̇ⲡⲟⲛϩ
ⲕⲛⲉϫⲁⲕⲧ ⲉⲃ̣ⲁ̣ⲗ̣ ⲛ̣̇ⲟⲩⲉⲩⲫⲣⲟⲥⲩⲛⲏ ⲛⲉⲙ ⲡⲉⲕϩⲁ
ⲟⲩⲉⲣⲟⲩⲁ̣ⲧ ⲡⲉⲧϩⲛ ⲧⲉⲕⲟⲩϊⲛⲉⲙ ⲉ̇ⲡⲧⲏⲣϥ

(8) Ich sah den Herrn vor mir allezeit;
denn er ist zu meiner Rechten, damit ich nicht zittere.
(9) Deswegen ist mein Herz fröhlich geworden,
hat meine Zunge gejubelt.
Aber auch noch mein Fleisch wird in Hoffnung bleiben;
(10) denn du wirst meine Seele gewiss nicht in der Unterwelt lassen,
auch wirst du deinem Heiligen gewiss nicht zumuten, das Verderben zu sehen.
(11) Du hast mir enthüllt die Wege des Lebens;
du wirst mich erfüllt machen von Fröhlichkeit mit deinem Angesicht;
Freude ist es, was in deiner Rechten ist, ganz und gar.

Ps 15,8–11 nach *Apg 2,25–28*
(8) ϩⲁϊⲉⲣϣⲉⲣⲡ ⲛ̇ⲛⲉ ⲉ̇ⲡ̅ⲭ̅ⲥ̅ ⲙ̇ⲡⲁⲙ̇ⲧⲁ ⲉ̇ⲃⲁⲗ ⲛ̇ⲟⲩⲁ̇ⲉⲓϣ ⲛⲓⲙ ·
ϫⲉ ϥϩⲓ ⲟⲩϊⲛⲉⲙ ⲙ̇ⲙⲁϊ ϫⲉⲕⲉⲥ ⲛ̇ⲛⲁⲕⲓⲙ'
(9) ⲉ̇ⲧⲃⲉ ⲡⲉϊ ϩⲁ ⲡⲁϩⲏⲧ ⲉⲩⲫⲣⲁⲓⲛⲉ
ⲁⲩⲱ ⲡⲁⲗⲉⲥ ϩⲁϥⲧⲉⲗⲏⲗ'
ⲉ̇ⲧⲓ ⲇⲉ ⲧⲁⲕⲉⲥⲁⲣⲝ ⲥⲛⲉⲟⲩⲟϩ ϩⲛ ⲟⲩϩⲉⲗⲡⲓⲥ.
(10) ϫⲉ ⲛ̇ⲕⲛⲉⲕⲱ ⲛ̇ⲥⲟⲕ ⲉⲛ ⲛ̇ⲧⲁⲯⲩⲭⲏ ϩⲛ ⲁ̇ⲙⲛⲧⲉ·
ⲟⲩⲇⲉ ⲛ̇ⲕⲛⲉϯ ⲉⲛ ⲙ̇ⲡⲉⲧⲟⲩⲉⲃ ⲛ̇ⲧⲉⲕ ⲉ̇ⲛⲉ ⲉ̇ⲡⲧⲁⲕⲁ ·
(11) ⲁⲕⲟⲩⲟⲛϩ ⲛⲉϊ ⲉ̇ⲃⲁⲗ ⲛ̇ⲛⲉϩⲓⲁ̇ⲟⲩⲉ̇ ⲙ̇ⲡⲟⲛϩ :
ⲕⲛⲉϫⲁⲕⲧ ⲉ̇ⲃⲁⲗ ⲛ̇ⲟⲩⲛⲁϥ ⲛ̇ⲧⲉ ⲡⲉⲕϩⲁ ·
ⲡⲉⲣⲟⲩⲁⲧ' ⲁϥϩⲛ ⲧⲉⲕ' ⲟⲩϊⲛⲉⲙ' ⲉ̇ⲡⲧⲏⲣϥ ·

(8) Ich habe zuvor den Herrn vor mir gesehen allezeit;
denn er ist zu meiner Rechten, damit ich nicht bebe.
(9) Deswegen ist mein Herz fröhlich geworden,
und meine Zunge hat gejubelt.
Aber auch noch mein Fleisch wird in Hoffnung wohnen;

(10) denn du wirst meine Seele nicht verlassen in der Unterwelt,
auch wirst du deinem Heiligen nicht zumuten, das Verderben zu sehen.
(11) Du hast mir enthüllt die Wege des Lebens;
du wirst mich erfüllt machen von Fröhlichkeit von deinem Angesicht;
die Freude, sie ist in deiner Rechten ganz und gar.

Ps 15,10b nach *Apg 13,35*
ⲛ̇ⲛⲉⲕϯ ⲙ̇ⲡⲉⲧⲟⲩⲉⲃ ⲛ̇ⲧⲉⲕ’ ⲉ̇ⲛⲉ ⲉ̇ⲡⲧⲁⲕⲁ ·

Du wirst deinem Heiligen gewiss nicht zumuten, das Verderben zu sehen.

Ps 21,2
ⲡⲛ̅ϯ̅ ⲡⲁⲛ̅ϯ̅ ⲙⲁϯ ϩⲧⲏⲕ ⲉ̇ⲣ̣ⲁï
ⲉ̇ⲧⲃⲉ ⲟⲩ ⲁⲕⲛⲉⲕⲉⲧ ⲛ̇ⲥⲟⲕ .

O Gott, mein Gott, gib Acht auf mich!
Warum bist du dabei, mich zu verlassen?

Ps 21,2 nach *Mt 27,46*
ⲡⲛ̅ϯ̅ ⲡⲁⲛ̅ϯ̅ ————————
ⲉ̇ⲧⲃⲉ ⲟⲩ ⲁ̇ⲕⲛⲉⲕⲉⲧ ⲛ̇ⲥⲟⲕ ·

O Gott, mein Gott, ————————,
warum bist du dabei, mich zu verlassen?

Ps 21,9
ϫⲉ ϩⲁϥⲛⲉϩⲧⲏ ⲉ̇ⲡϫ̅ⲥ̅ ⲙⲁⲣⲉϥⲛⲉϩⲉⲛϥ (sic!)[84]
ⲙⲁⲣⲉϥⲧⲟⲩϫⲁϥ ⲉ̇ϣⲟⲡⲉ ϥⲟⲩⲉϣϥ

: Er hat auf den Herrn vertraut; möge er ihn erretten!
Er möge ihn befreien, wenn er ihn liebt!

Ps 21,9 nach *Mt 27,43*
(ⲉϣϫⲉ ϥⲛⲉϩⲧⲉ ⲉ̇ⲡⲛ̅ϯ̅ ⲙⲁⲣⲉϥⲛⲉϩⲙⲛϥ’ ⲧⲉⲛⲟⲩ)
———————— ⲉ̇ϣⲟⲡⲉ ϥⲟⲩⲉϣϥ·

(Wenn er auf Gott vertraut, so möge er ihn jetzt erretten,)
———————— wenn er ihn liebt!

---

84 An dieser Stelle ist – aus welchen Gründen auch immer – ⲛ für ⲙ geschrieben worden. (Das Umgekehrte gibt es z. B. im Wort für „finden“, nämlich das merkwürdige ϭⲓⲙⲉ [20,9; 88,21; 114,3; 118,170] *neben* dem normalen ϭⲓⲛⲉ [45,2; 114,3; 131,5].) Im Psalmencodex lautet diese Form sonst ⲛⲉϩⲉⲙϥ (vgl. 17,1; 40,2; 70,11). Der nach vorn „verrutschte“ anaptyktische Vokal (aus ⲛⲉϩⲙϥ [Mt 27,49; Apg 7,24] wird ⲛⲉϩⲉ̲ⲙϥ statt ⲛⲉϩⲙⲉ̲ϥ [Apg 7,10] oder ⲛⲉϩⲙⲛ̲ϥ [Mt 27,42.43]), ist also hier normal.

Ps 21,19
ϩⲁⲩⲡⲱϣ ⲛ̇ⲛⲁϩⲁⲓ̈ⲧⲉ ⲉ̇ϩⲣⲉⲩ
ⲁⲩⲱ ϩⲁⲩϩⲓ̈ ⲕⲗⲏⲣⲟⲥ ⲉ̇ⲧⲁϩⲉⲃⲥⲱ

Sie haben meine Kleider unter sich verteilt,
und sie haben das Los geworfen um mein Gewand.

Ps 21,19 nach *Mt 27,35*
ϩⲁⲩⲡⲱϣ ⲛ̇ⲛⲁϩⲁⲓ̈ⲧⲉ ⲉ̇ϩⲣⲉⲩ
ⲁⲩⲱ ϩⲁⲩϩⲓ ⲕⲗⲏⲣⲟⲥ ⲉ̇ⲧⲁϩⲃⲥⲱ ·

Ps 41,6.12; 42,5
ⲉ̇ⲧⲃⲉ ⲟⲩ ⲧⲉⲃⲁⲗⲕ ⲧⲁⲯⲩⲭⲏ *bzw.*
ⲉ̇ⲧⲃⲉ ⲟⲩ ⲧⲁⲯⲩⲭⲏ ⲧⲉⲃⲁⲗⲕ

Warum bist du (so) betrübt, o meine Seele? *bzw.*
Warum, o meine Seele, bist du (so) betrübt?

Ps 41,6.12; 42,5 nach *Mt 26,38*
——— ⲧⲁⲯⲩⲭⲏ ⲃⲁⲗⲕ’

———Meine Seele ist betrübt.

Ps 68,26
[ⲙⲁⲣⲉ] ⲧ̣ⲉ̣ⲩⲉⲣⲃⲉ ϣⲟϥ
ⲛ̇ϥⲧ̣ⲉ̣ⲙ̣ϣⲱⲡⲉ ⲛ̇ϭⲏ ⲛⲉⲧⲛⲉϣⲟ̣ⲡ̣ⲉ̣[85] ϩⲛ̣ ⲛ̣ⲉ̣ⲩ̣ⲙ̣ⲁ̣ⲛ̣ϣ̣ⲟ̣ⲡⲉ

Ihr Gehöft [soll] öde werden,
so dass es keinen gibt, der in ihren Wohnungen wohnen wird.

Ps 69,26 nach *Apg 1,20*
ⲙⲁⲣⲉ ⲧⲉϥⲉⲣⲃⲉ ϣⲟϥ ·
ⲙ̇ⲡⲣⲧⲉ ϩⲓ ϣⲱⲡⲉ ϩⲛ ⲛⲉϥⲙⲁⲛϣⲱⲡⲉ ·

Sein Gehöft soll öde werden;
nicht soll irgendeiner wohnen in seinen Wohnungen.

Ps 77,2
ϯⲛⲉⲟⲩⲱⲛ ⲉ̇ⲣⲟⲓ̈ ϩⲛ ϩⲉⲛⲡⲁⲣⲁⲃⲟⲗⲏ
ϯⲛⲉϫⲱ ⲛ̇ϩⲉⲛϣⲡⲏⲣⲉ ⲛ̇ϫⲓⲛ ϣⲁⲣⲡ ·

Ich werde meinen Mund öffnen in Gleichnissen.

85 Sic! Man erwartet ⲡ̳ⲉⲧⲛⲉ-.

Ich werde wunderbare Dinge erzählen von Anfang an.

Ps 77,2 nach *Mt 13,35*
ⲉ̇ⲓ̈ⲉ̇ⲟⲩⲟⲛ ⲉ̇ⲣⲟⲓ̈ ϩⲛ ϩⲉⲛⲡⲁⲣⲁⲃⲟⲗⲏ ·
ⲛ̇ⲧⲁϫⲱ ⲛ̇ϩⲉⲛⲡⲉⲧϩⲏⲡⲧ ⲛ̇ϫⲓⲛ ⲧⲕⲁⲧⲁⲃⲟⲗⲏ ⲙ̇ⲡⲕ̅ⲙ̅ⲥ̅

Ich möchte meinen Mund öffnen in Gleichnissen,
auf dass ich verborgene Dinge erzähle von der Grundlegung der Welt an.

Ps 90,11f.
(11) ϫⲉ ϥⲛⲉϩⲟⲛ ⲉ̇ⲧⲁⲧⲟⲩ ⲛ̇ⲛⲉϥⲁ̣ⲅ̣ⲅ̣ⲉ̣ⲗⲟⲥ ⲉ̇ⲧⲃⲏⲧⲕ
ⲉ̇ⲧⲣⲉⲩϩⲁⲣⲉϩ ⲉ̇ⲣⲁⲕ ϩⲓ̈ ⲛⲉⲕϩⲓ̈ⲁⲟⲩⲉ̇ ⲧⲏⲣⲟⲩ
(12) ⲛ̇ⲥⲉϥⲓⲧⲕ ϩⲓ̈ ⲛⲉⲩϭⲓϫ
ϫⲉ ⲛⲛⲉⲕϫⲓϫⲣⲁⲡ ⲉ̇ⲟⲩⲟⲛⲉ ϩⲛ ⲧⲉⲕⲟⲩⲉ̇ⲣⲏⲧⲉ

(11) Denn er wird seinen Engeln Befehle geben deinetwegen,
dass sie dich bewahren auf allen deinen Wegen
(12) und sie dich auf ihren Händen tragen,
damit du nicht an einen Stein stößt mit deinem Fuß.

Ps 90,11f. nach *Mt 4,6*
(11) ϫⲉ ϥⲛⲉϩⲟⲛ ⲛ̅ⲛⲉϥⲁⲅⲅⲉⲗⲟⲥ ⲉⲧⲃⲏⲧⲕ
————————
(12) ϫⲉ ⲉⲩⲉϥⲓⲧⲕ ϩⲓ ⲛⲉⲩϭⲓϫ
ⲙⲏⲡⲟⲧⲉ ⲛ̇ⲧⲉ ⲧⲉⲕⲟⲩⲉ̇ⲣⲏⲧⲉ ϫⲓϫⲣⲁⲡ ⲉ̇ⲟⲩⲟⲛⲉ ·

(11) Denn er wird seinen Engeln befehlen deinetwegen
————————
(12) damit sie dich auf ihren Händen tragen,
aus Furcht, dass dein Fuß an einen Stein stoßen könnte.

Ps 103,12
ⲉ̇ϣⲁⲩϣⲟⲡⲉ ϩⲓ̈ϫⲟⲟⲩ ⲛ̇ϭⲏ ⲛ̇ϩⲁⲗⲉⲧⲏ ⲛ̇ⲧⲡⲏ

Auf ihnen werden wohnen die Vögel des Himmels.

Ps 103,12 nach *Mt 13,32*
ϩⲱⲥⲧⲉ ⲛ̇ⲧⲉ ⲛ̇ϩⲁⲗⲉⲧⲉ ⲛ̇ⲧⲡⲏ ⲛ̇ⲥⲉⲉⲓ
ⲛ̇ⲥⲉϣⲟⲡⲉ ϩⲣⲏⲓ̈ ϩⲓϫⲛ ⲛⲉϥⲕⲗⲁⲇⲟⲥ

(…) so dass die Vögel des Himmels kommen
und Wohnung nehmen oben auf seinen Zweigen.

Ps 108,8
ⲛ̣̇ⲧ̣ⲉ̣ ⲕ̣ⲉ̣ⲟⲩⲉ̇ ϫⲓ ⲛ̣̇ⲧ̣ⲉ̣ϥ̣ⲙ̣ⲉ̣ⲛ̣ⲧ̣ⲉ̣̇ⲡ̣ⲓ̣ⲥ̣ⲕ̣ⲟ̣ⲡ̣ⲟ̣ⲥ̣

so dass ein anderer sein Aufsichtsamt übernimmt.

Ps 108,8 nach *Apg 1,20*
ⲧⲉϥⲙⲛⲧⲉ̇ⲡⲓⲥⲕⲟⲡⲟⲥ ⲙⲁⲣⲉ ⲕⲉⲟⲩⲉ̇ ϫⲓⲧⲥ

Sein Aufsichtsamt soll ein anderer übernehmen.

Ps 109,1
ⲡⲉϫⲉ ⲡϫ̅ⲥ̅ ⲙ̇ⲡⲁϫ̅ⲥ̅ ϫⲉ
ϩⲙⲁⲥ ϩⲓ̈ ⲟⲩⲓ̈ⲛⲉⲙ ⲙ̇ⲙⲁⲓ̈
ϣⲁⲛϯⲕⲱ ⲛ̇ⲛⲉⲕϫⲁϫⲏⲟⲩ
ⲛ̇ϩⲩ̈ⲡⲟⲡⲟⲇⲓⲟⲛ ⲛ̇ⲛⲉⲕⲟⲩⲉ̇ⲣⲏⲧⲉ

Es sprach der Herr zu meinem Herrn:
Setz’ dich zur Rechten von mir,
bis ich deine Feinde hinlege
als Schemel deiner Füße!

Ps 109,1 nach *Mt 22,44*
ϩⲁ ⲡϫ̅ⲥ̅ ϫⲁⲥ ⲙ̇ⲡⲁϫ̅ⲥ̅ ϫⲉ
ϩⲙⲁⲥ ⲛ̇ⲥⲁⲟⲩⲓ̈ⲛⲉⲙ ⲙ̇ⲙⲁⲓ̈
ϣⲁⲛϯⲕⲱ ⲛ̅ⲛⲉⲕϫⲁϫⲏⲟⲩ
ⲛ̅ϩⲩⲡⲟⲡⲟⲇⲓⲟⲛ ϩⲁ ⲛⲉⲕⲟⲩⲉ̇ⲣⲏⲧⲉ ·

Der Herr hat zu meinem Herrn gesagt:
Setz’ dich auf die rechte Seite von mir,
bis ich deine Feinde hinlege
als Schemel unter deine Füße!

Ps 109,1 nach *Apg 2,34f.*
ⲡⲉϫⲉ ⲡϫ̅ⲥ̅ ⲙ̇ⲡⲁϫ̅ⲥ̅ ϫⲉ
ϩⲙⲁⲥ ϩⲓ ⲟⲩⲓ̈ⲛⲉⲙ ⲙ̇ⲙⲁⲓ̈
ϣⲁⲛϯⲕⲱ ⲛ̇ⲛⲉⲕϫⲁϫⲏⲟⲩ
ⲛ̇ϩⲩⲡⲟⲡⲟⲇⲓⲟⲛ ⲛ̇ϩⲟⲩⲛ ϩⲁ ⲛⲉⲕⲟⲩⲉ̇ⲣⲏⲧⲉ ·

Es sprach der Herr zu meinem Herrn:
Setz’ dich zur Rechten von mir,
bis ich deine Feinde hinlege
als Schemel tief unter deinen Füßen!

Ps 117,22f.
(22) ⲡⲟⲛⲉ ⲉⲑⲁ ⲛⲉⲧⲕⲟⲧ ⲥⲧⲁϥ ⲉ̣̇ⲃⲁⲗ’
ⲡⲉⲓ ϩⲁϥϣⲟⲡⲉ ⲛ̇ⲟⲩⲁⲡⲏ ⲛ̇ⲕⲁϩ
(23) ⲁ̇ϩⲁ ⲡⲉⲓ̈ ϣⲟⲡⲉ ϩⲁⲧⲉⲛ ⲡϫ̅ⲥ̅
ⲁⲩⲱ ⲟⲩϣⲡⲏⲣⲉ ⲡⲉ ⲛ̇ⲛⲁϩⲣⲉⲛ ⲛⲉⲛⲃ̣ⲉ̣ⲗ̣

(22) Der Stein, den die Bauleute verschmäht haben,
dieser ist zum Eckstein geworden.
(23) Bei dem Herrn ist dies geschehen
und ist ein Wunder vor unseren Augen.

Ps 117,22f. nach *Mt 21,42*

(22) ⲡⲟⲛⲉ ⲉ̇ⲑⲁⲩⲥⲧⲁϥ ⲉ̇ⲃⲁⲗ ⲛ̇ϭⲏ ⲛⲉⲧⲕⲟⲧ’
ⲡⲉï ϩⲁϥϣⲟⲡⲉ ⲛ̇ⲟⲩⲁ̇ⲡⲏ ⲛ̇ⲕⲁϩ ·
(23) ⲉ̇ϩⲁ ⲡⲉï ϣⲟⲡⲉ ⲉ̇ⲃⲁⲗ ϩⲓⲧⲛ ⲡϫ̅ⲥ̅ ·
ⲁⲩⲱ ⲟⲩϣⲡⲏⲣⲉ ⲡⲉ ⲛ̇ⲛⲁϩⲣⲛ ⲛⲉⲧⲛⲃⲉⲗ’

(22) Der Stein, den verschmäht haben die Bauleute,
dieser ist zum Eckstein geworden.
(23) Durch den Herrn ist dies geschehen
und ist ein Wunder vor euren Augen.

Ps 117,26 und Ps 148,1
ϥⲥⲙⲁⲙⲉⲧ ⲛ̇ϫⲉ <ⲡⲉⲧ>ⲛ̣̇ⲛ̣̇ⲏ̣ⲟ̣ⲩ̣ ϩⲙ̣ ⲡⲣⲉⲛ ⲙ̇ⲡϫ̅ⲥ̅
und
ⲥⲙⲟⲩⲏ ⲉⲡϫ̅ⲥ̅ ⲉ̇ⲃⲁⲗ’ [ϩⲛ ⲙ̇ⲡⲏⲟⲩⲉ̇]
ⲥⲙⲟⲩⲏ ⲉⲣⲁϥ ϩⲛ {ⲛ}ⲛⲉⲧϫⲁ[ⲥⲉ]

Gelobt sei <, der da> kommt im Namen des Herrn!
und
Preist den Herrn von [den Himmeln her!]
Preist ihn in der Höhe!

Ps 117,26 und Ps 148,1 nach *Mt 21,9*
ⲱ̂ⲥⲁⲛⲛⲁ ⲙ̇ⲡϣⲏⲣⲉ ⲛ̇ⲇⲁⲩⲉⲓⲇ’.
ϥⲥⲙⲁⲙⲉⲧ ⲡⲉⲧⲛⲛⲏⲟⲩ ϩⲙ ⲡⲣⲉⲛ ⲙ̇ⲡϫ̅ⲥ̅ ·
ⲱ̂ⲥⲁⲛⲛⲁ ϩⲛ ⲛⲉⲧ’ ϫⲁⲥⲉ·

Hos(i)anna dem Sohne Davids.
Gelobt sei, der da kommt im Namen des Herrn!
Hos(i)anna in der Höhe.

und nach *Mt 23,39*
ϥⲥⲙⲁⲙⲉⲧ ⲡⲉⲧ{}ⲛ̇ⲛⲏⲟⲩ ϩⲙ ⲡⲣⲉⲛ ⲙ̄ⲡϫ̅ⲥ̅

Gelobt sei, der da kommt im Namen des Herrn!

Ps 145,6
ⲡⲉⲣⲧⲁⲙⲙⲓⲁ ⲛⲧⲡⲏ ⲙⲉ[ⲛ] ⲡⲕⲉϩⲉ
ⲧⲑⲁⲗⲁⲥⲥⲁ ⲙⲉⲛ ⲛⲉⲧⲉⲛϩⲏⲧⲥ ⲧⲏⲣⲟⲩ

Der geschaffen hat den Himmel und die Erde,
das Meer und alle, die in ihm sind.

Ps 145,6 nach *Apg 4,24*
(ⲡⲛ̅ⲧ̅) ⲉⲣⲧⲁⲙⲙⲓⲁ̇ ⲛ̇ⲧⲡⲏ ⲙⲛ ⲡⲕⲉϩⲉ ·
ⲑⲁⲗⲁⲥⲥⲁ ⲙⲛ ⲛⲉⲧⲛ̇ϩⲏⲧⲟⲩ ⲧⲏⲣⲟⲩ

(Gott,) der geschaffen hat den Himmel und die Erde,
das Meer und alle, die in ihnen sind.

Ps 145,6 nach *Apg 14,15*
(ⲡⲛ̄ϯ) ⲡⲉⲓ̈ ⲉⲑⲁϥⲧⲁⲙⲓⲉ̇ ⲧⲡⲏ ⲙⲛ ⲡⲕⲉϩⲉ
ⲑⲁⲗⲁⲥⲥⲁ ⲙⲛ ⲛ̇ⲕⲉ ⲛⲓⲙ ⲉⲧⲛ̇ϩⲏⲧⲟⲩ ·

(Gott,) dieser, welcher den Himmel und die Erde geschaffen hat,
das Meer und jedes Ding, das in ihnen ist.

VII. *Rätsel bei unterpunktierten (also nicht mit Eindeutigkeit gelesenen) Buchstaben*

Es lässt sich nicht gut vermeiden, hier gegen Ende unserer Würdigung des Psalmencodex und seiner Edition nun auch noch kurz auf solche Quisquilien einzugehen, die von wirklichem Wert vielleicht nur für die Spezialisten sind. Die Lesung des Psalmencodex ist an den Rändern der beschädigten Stellen gelegentlich sehr schwierig. Und obgleich Gabra, mit Hilfe von UV-Licht arbeitend, mit größter Sorgfalt an den neuralgischen Stellen die problematischen Buchstabenreste zu identifizieren gesucht hat, bleiben manchmal doch Fragen bei dem, der die Sache aus größerem Abstand sieht, zumal Gabra, infolge des nicht-kritischen Charakters seiner Ausgabe, keine Gelegenheit hat zu vermerken, welche Deutungen für bestimmte Reste vielleicht *auch noch* möglich sind. So müssen wir das aus der Ferne eben hier und da anfragen.

Ps 2,2: ϩⲁⲩⲉ̣ | [ ]: Statt ⲉ̣ erwartet man ein ⲟ̣. Denn man kann doch wohl nichts anderes ergänzen als ϩⲁⲩⲟ̣ | [ϩⲏⲣⲉⲧⲟⲩ].

Ps 10,6: ⲧⲟ̣ⲁ̣|ⲉ̇: Statt ⲟ̣ würde man ein ⲧ̣ erwarten.

Ps 17,23: [ⲁⲩⲱ] ⲛ̣ⲉ̣ϥ̣ⲇ̣ⲓ̣ⲕ̣ⲁ̣ⲓⲱⲙⲁ ⲙ̣̇ⲡ̣ⲓ̣ⲟ̣ⲩⲏ̣ⲓ̈|ⲉ̇ ⲛ̇ⲥⲁⲃⲁⲗ’ ⲙ̇ⲙⲁⲓ̈: Es wäre interessant zu wissen, ob die Buchstabenspuren hier auch mit ⲙ̇ⲡⲟ̲ⲩ̲(ⲟⲩ) ⲏⲓ̈ⲉ̇ vereinbar sind.

Ps 18,8: ⲉⲥ̣[ⲉ]: Man würde gar zu gern wissen, welchen Grad von Wahrscheinlichkeit das ⲥ̣ hat, das einer sachgemäßen Ergänzung hier im Wege zu stehen scheint.

Ps 35,9: [ⲛ]ⲅ̣ⲧⲥⲁⲟⲩ: Hier ist die Lesung ⲅ̣ irritierend, weil die betreffende Konjunktivform im Mittelägyptischen normalerweise (nicht ⲛⲅ-, sondern) ⲛⲕ- lautet.[86]

Ps 35,10: ⲁⲣⲉⲧⲙⲟⲩⲙⲉ ⲙ̇ⲡⲟⲛϩ ϩⲁⲩ̣|ϩⲁ ϩⲧⲏⲕ: Die grammatische Korrespondenz verlangt jedenfalls statt {ϩ}ⲁⲩ̣ϩⲁϩⲧⲏⲕ ein {ϩ}ⲁⲥ̣ϩⲁϩⲧⲏⲕ.

Ps 63,8: ⲛ̇ϣⲏⲣⲉ ⲛ̣̇ϣⲏⲙ: Hier ist es die suspekte Anknüpfung von ϣⲏⲙ mit dem attributiven ⲛ̇-, was die Sache nachfragenswert macht.

---

[86] Vgl. dazu auch in Minks Beitrag S. 71.

Ps 65,18: ϩⲁϥⲛⲉⲩ ⲉⲩⲭⲓ ⲛϭⲁ̣[ⲛⲥ]: Darin kann ϩⲁϥⲛⲉⲩ nicht stimmen. Wenn man nicht auch ϩⲁⲓ̣̈ⲛⲉⲩ *lesen* kann, muss man zu ϩⲁ<ⲓ̈>ⲛⲉⲩ *konjizieren.*

Ps 67,5: [ⲥ]ⲁ̣ⲃⲧⲉ ⲛⲉϩⲓ̈ⲁⲟⲩⲉ̇: Der Direktanschluss des Objekts an den *status absolutus* des Infinitivs kommt unerwartet. Vielleicht könnte man [ⲥ]ⲉ̣ⲃ̣ⲧⲉ(-) lesen. Sonst müsste vor ⲛⲉϩⲓ̈ⲁⲟⲩⲉ̇ noch ein <ⲛ̇> eingefügt werden.

Ps 70,23: ⲉ̣ⲑⲁ̣ⲕⲥ̣ⲁ̣ⲧⲉ̣: Ob der runde Buchstabenrest am Ende auch als (das nötige Suffix) (⸗)ⲥ̣ gelesen werden kann? (Erst) dann wäre die Sache in Ordnung!

Ps 71,15: ϥ̣ⲛ̣ⲉ̣ϣⲗⲏ̣ⲗ̣: Hier scheint die grammatische Person nicht zu stimmen (also das Element ϥ). Jedenfalls wird statt der 3. Pers. *Sgl.* die 3. Pers. *Pl.* gebraucht.

Ps 77,30: ϭ̣ⲛ̣̇ [---]: Wenn das der *status nominalis* von ϭⲓⲛⲉ sein soll, so wäre der im hiesigen Präsens kaum zu verstehen. *Erwarten* muss man hier, in Entsprechung zu den Parallelen, ϩⲛ̣ [ⲣⲱⲟⲩ].

Ps 80,5: ⲡⲟⲩⲉϩⲥⲉϩⲛⲉ ⲡⲁ̣ ⲡⲓⲥⲣⲁⲏⲗ': Das ist jedenfalls kein *Satz.* Es fehlt (so oder so) ein ⲡⲉ. Ist es denn ausgeschlossen, ⲡⲉ̣ ⲙ̣̇ⲡⲓⲥⲣⲁⲏⲗ zu lesen?

Ps 102,1: ⲛⲉⲧ̣ⲡ̣ⲁ̣ϩⲟⲩⲛ̣ [---]: Genau über dem ϩ steht ein[sic]. Aber beziehen wird es sich wohl auf das Element ⲡ̣ⲁ̣. Ist es denn gänzlich ausgeschlossen, hier ⲛⲉⲧ̣ⲥ̣ⲁ̣ϩⲟ̣ⲩⲛ̣ [ⲙ̇ⲙⲁⲓ̈ (ⲧⲏⲣⲟⲩ)] oder ⲛⲉⲧ̣ϩ̣ⲓ̣ϩ̣ⲟⲩⲛ̣ [ⲙ̇ⲙⲁⲓ̈ (ⲧⲏⲣⲟⲩ)] zu lesen?

Ps 118,17: ⲙ̣ⲁϣⲃⲃⲓ̣̈ⲟ̣ (für ἀνταπόδος): Der letzte Buchstabe sieht nach Tafel 11*a* aus wie ⲱ und muss auch ⲱ sein. Vgl. zu dem betreffenden koptischen Nomen Ps 54,21: ⲙ̇ⲙⲉⲛⲧⲟⲩ ϣⲉⲃⲃⲓⲱ ⲅⲁⲣ (für οὐ γάρ ἐστιν αὐτοῖς ἀντάλλαγμα).

Ps 135,13: ⲡⲉⲧⲉϩⲁϥⲡⲉ̣ϣ ⲛ̣̇ⲧ̣ⲑ̣ⲁ̣ⲗⲁ̣ⲥ̣ⲥ̣ⲁ̣: Der *status nominalis* ⲡⲉϣ- passt mit dem Objektsanschluss durch ⲛ̇- nicht zusammen. Ist eine Lesung -ⲡ̣ⲟ̣ϣ denn wirklich ausgeschlossen?

Ps 136,8: ⲧ̣ⲧϣⲏⲣⲉ: Wenn hier bei der sinnlosen „Verdoppelung" des Artikels kein [sic] steht, kann man fragen, ob etwa nur ein einfacher Druckfehler vorliegt.

Ps 138,3: ϩⲁⲕϣⲟ̣ⲣⲡ̣ ⲛ̣[---]: Hier ist wieder die Deutung eines runden Buchstabenrestes als ⲟ̣ problematisch. Im Rahmen der Wiedergabe des προεῖδες der LXX kann es sich doch nur (wie in *B*) um das Präverbal (ⲉⲣ)ϣⲉⲣⲡ ⲛ̇- handeln. Man würde also ϩⲁⲕϣⲉ̣ⲣⲡ̣ ⲛ̣[ⲛⲉ(ⲩ)---] erwarten.

Zum Abschluss des Versuchs der Bewusstmachung dieser Art von Problemen sei es mir erlaubt, noch ganz kurz auf das Problem der *Worttrennung* in der Edition des Psalmencodex hinzuweisen. Es gibt ja verschiedene „Traditionen" und verschiedene Prinzipien. Und man muss sich immer so oder so entscheiden. Und keine der gebräuchlichen Präsentationsweisen ist ohne Nachteile. Manche der aus Gabras Prinzip resultierenden Nachteile habe ich *implizit* durch die Art, wie die betreffenden Wörter hier geboten werden, zu korrigieren gesucht. Aber um diese allgemeine Seite des Problems geht es mir hier nicht so sehr wie um die Notierung derjenigen wenigen Stellen, wo in der Worttrennung die Sache so oder so überhaupt nicht stimmt. Diese sind:

Ps 51,10: ⲁⲛⲁⲕ ⲇⲉ ϩⲁïⲉⲣ ⲑⲏ ⲛ̇ⲟⲩⲃⲉϫⲁⲉⲓⲧ ϩⲁⲡⲉⲥⲟⲩⲧⲉϩ ϩⲙ ⲡⲏï ⲙ̇ⲡⲛ̅ϯ „Ich aber war wie ein Ölbaum unter seiner Frucht im Hause Gottes". Es geht hier um das markierte ϩⲁ. So, ohne Worttrennung, schreibt Gabra sonst nur die Pränominalform des Perfekt, während es sich hier um die Präposition „für, unter" *etc.* handeln muss, die er gewöhnlich – selbst in der (mit ϩⲁ) zusammengesetzten Präposition ϩⲁϩⲧⲏ⸗ „auf" *etc.* (= ϩⲁ ϩⲧⲏ⸗) – für sich schreibt.

Ps 72,15: ⲛⲉï ⲛⲉ ϯⲛⲉϫⲁⲟⲩ „Diese (Worte) sind es, die ich sagen werde." Hier ist die Relativform des Präsens ⲉϯ in der Mitte auseinandergerissen worden.

Ps 118,138: ϩⲁⲕϩⲟⲛ ⲛ̇ⲛⲉⲕⲙⲉⲛⲧⲙⲉⲧⲣⲏ ϩⲛ ⲧⲇⲓⲕⲁⲓⲟⲥⲩⲛⲏ ⲁⲩⲱ ⲙⲉⲛⲧⲙⲉⲉ̇ ⲉ̇ⲙⲉⲧⲉ „Du hast deine Zeugnisse befohlen in der Gerechtigkeit und (in) der Wahrheit gar sehr." Das markierte ⲙⲉⲛ kann nicht ein Teil des Nominalpräfixes ⲙⲉⲛⲧ- sein, sondern ist die Präposition ⲙⲉⲛ „mit" im Gebrauch als *copula*, mit der die vorhergehende *copula* ⲁⲩⲱ „verstärkt" wird. Dieses Phänomen der doppelten *copula* ⲁⲩⲱ ⲙⲉⲛ/ⲛⲉⲙ ist übrigens im Psalmencodex beinahe omnipräsent.

Ps 132,1: [ϩⲉ]ⲓ̣ⲡ̣ⲉ ⲟⲩⲡⲉ̣[ⲧ]ⲛ̣ⲁⲛⲟⲩϥ „Siehe, was ist es, das gut ist." Das heißt, das markierte ⲟⲩ kann hier nicht der unbestimmte Artikel sein, sondern ist das Interrogativpronomen (in einer Cleft Sentence).

VIII. *Lesungs- und Rekonstruktionsprobleme*

Ähnliche Anfragen zum Textverständnis wie bei der Lesung der Buchstabenfragmente, die *an* den Lücken stehen, ergeben sich gelegentlich natürlich auch, oder erst recht, bei der Ergänzung der Lücken selbst, wenn und wo eine solche denn überhaupt versucht wird. Hier ist also wieder die Liste der einschlägigen Anfragen.

Ps 3,4: ⲡⲁⲣⲉ̣ϥϯ̣ ϣ[ⲁⲡⲧ ⲉⲣⲁⲕ]: Es muss jedoch heißen: ⲡⲁⲣⲉ̣ϥ{ϯ̣}ϣ[ⲁⲡⲧ ⲉⲣⲁϥ]. Zu diesem für die Psalmen-Sprache so charakteristischen Ausdruck ⲡⲁⲣⲉϥϣⲁⲡⲧ ⲉⲣⲁϥ „mein Beistand" vgl. Ps 58,10; 61,3.7; 88,27; 90,2; 143,2. Wenn es in Ps 58,17 doch einmal ⲉⲣⲁⲕ heißt (ϩⲁⲕϣⲟⲡⲉ ⲛⲉï ⲛ̇ⲣⲉϥϣⲁⲡⲧʼ ⲉⲣⲁⲕ), so liegt das daran, dass wir uns da nicht in der Sphäre der Benennung, sondern in der Sphäre der Prädikation befinden.

Ps 3,7: ⲛⲉï ⲉⲣⲧⲟⲩⲛⲟⲩ ⲉ̇ϩⲣⲏ̣ị̈ | ⲉⲩⲕⲟⲧⲉ: Nach dem Adverb am Zeilenende wird dessen Erweiterung durch ⲉ̇ϫⲟï vermisst. Es ist nur die Frage, ob da noch Reste sind, die eine Lesung ⲉ̣̀ϫ̣ⲟ̣ⲓ̈ erlauben, oder ob man <ⲉ̀ϫⲟⲓ̈> konjizieren muss.

Ps 5,6: [ⲟⲩⲇ]ⲉ ⲡⲁⲣⲁⲛⲟⲙⲟⲥ ϭⲱ: Lies stattdessen [ⲙⲉⲣ]ⲉ ⲡⲁⲣⲁⲛⲟⲙⲟⲥ ϭⲱ.

Ps 6,3: ⲁⲛ̣[ⲁⲕ ⲟⲩ]|ϣⲟⲛⲉ: Lies ⲁⲛ̣[ⲁⲕ ϯ]|ϣⲟⲛⲉ.

Ps 9,35: ⲛ̣ⲧⲁⲕ ⲉⲧⲁⲓ̈ ⲃⲟⲏⲑⲟⲥ: Man würde erwarten: ⲛ̣ⲧⲁⲕ ⲉⲧⲁ[87] ⲛ̣̀ⲃⲟⲏⲑⲟⲥ.

Ps 11,3: ϩⲛ̲ ϩⲉⲛⲥⲡⲁⲧⲟⲩ ⲛ̀ⲕⲣⲁϥ ϩⲙ̲ ⲡϩⲏⲧ: Das „vorabbildende“ ϩⲛ am Anfang ist wohl einfach ein Fehler und also zu tilgen.

Ps 13,1: ⲙ̀ⲙⲟ̲ⲛ ⲡⲉⲧⲉⲓⲣⲉ *etc.*: Das ⲟ kann (so oder so) nicht stimmen. Man erwartet ⲙ̀ⲙⲉ̲ⲛ.

Ps 15,2: ⲛ̀ⲧⲁⲕ ⲡ̣[ⲁ̅ⲭ̅ⲥ̅]: Es muss wohl heißen: ⲛ̀ⲧⲁⲕ ⲡ̣[ⲉ ⲡⲁ̅ⲭ̅ⲥ̅].

Ps 17,18: ⲛ̀ϩⲟⲩⲉ̀ⲣⲁⲓ̈ mit einem [sic] über ⲩⲉ̀: Hier verstehe ich bloß dieses [sic] nicht.

Ps 17,25: ⲉ̀ϥⲉⲧⲟⲩⲓ̈ⲁ̀ ⲛⲉⲉ̲ⲓ̲̈: Hier vermisst man über dem ⲛⲉⲉⲓ̈ ein [sic]! Wenn es sich bei dem zweiten ⲉ nicht um einen Schreibfehler handelt, müsste man in dem Trema über ⲓ den graphischen Vertreter eines Zirkumflexes sehen, der die Gesamtheit von ⲉⲓ als /j/ bezeichnet.

Ps 18,5: (Einrückung) ⲡⲉⲩϩⲣⲁⲩ ⲉ̀ⲓ̈ ⲉⲃⲁⲗ’: (Zum Trema gilt das gerade Gesagte.) Das eigentliche Problem hier ist, dass der Gebrauch des Verbums ⲉⲓ „kommen“ *vor* dem ⲡⲉⲩϩⲣⲁⲩ unbedingt noch ein [ϩⲁ] verlangt.

Ps 21,13: ⲥⲁⲛⲏ̲ⲟ̲ⲩ̲ϣⲧ: Mir kommt diese „Form“ als Stativ von ⲥⲉⲛⲱϣ/ⲥⲁⲛⲟⲩϣ⸗ ein wenig seltsam vor.

Ps 24,10: [ⲙⲉⲛⲧ]ⲙⲉⲧⲣⲏⲓ̈ⲟⲩ: Das Element ⲓ̈ in der Schreibung dieses Wortes ist wohl sicherlich ein Fremdkörper.

Ps 25,1: ⲛ̀ϩⲏⲧⲓ̈: Wohl bloß Tippfehler für ⲛ̀ϩⲧⲏⲓ̈.

Ps 38,13: ⲛⲁⲁ̲ⲓ̈ⲁⲧⲉ „meine Väter“: Das zweite ⲁ ist sicherlich ein Schreibfehler; es ist bloß die Frage, auf welcher *Ebene* er entstanden ist. Möglicherweise liegt ein unbewusster Einfluss des „omnipräsenten“ ⲛⲁⲁⲓ̈ⲉⲧ⸗ „selig ist…“ vor.

Ps 39,13: ⲛ̀ⲟⲩϩⲁⲓ̈ⲥⲧⲉ *ohne* [sic] : Gemeint ist natürlich: ⲛ̀ϩⲟⲩⲁⲓ̈ⲥⲧⲉ.

Ps 47,3: ⲙ̀ⲡⲉⲣⲉⲣⲟⲩⲁⲧ *ohne* [sic] : Versehentliche Verdoppelung des Elements ⲉⲣ.

Ps 48,15: ⲉ̀ⲥⲉⲉⲣ ⲉ̀ⲥⲉ̲: Schreibfehler für ⲉ̀ⲥⲉⲉⲣ-ⲉⲥ = παλαιωθήσεται.

Ps 55,7: ⲕⲁⲧⲁⲑⲏ ⲉ̀ⲧⲁⲥ̲ϩⲩⲡⲟⲙ̣[ⲉⲛⲁⲓ ⲉ̲]|ⲧⲁϯⲭⲏ: Übereinstimmung mit dem griechischen Text kann erreicht werden durch die Konjektur ⲉ̀ⲧⲁⲩ̲-. Innere Stimmigkeit des Koptischen verlangt dagegen (innerhalb der Lücke) nur den Austausch des ⲉ̲- durch ⲛ̲̀ϭⲏ̲.

Ps 56,9: ⲙ̀ⲡⲛⲟ̲ⲩ̲ ⲛ̀ϣⲟⲣⲡ: Der normalen Erwartung würde *nur* ein ⲙ̀ⲡⲛⲉ̲ⲩ ⲛ̲̀ϣⲟⲣⲡ „in der Morgenstunde“ entsprechen. Andererseits lässt das Fehlen des Djinkim über ⲛ bei dem vorhergehenden ⲛⲟⲩ an eine Konstruktform von ⲛⲉⲩ denken; also: ⲙ̀ⲡⲛ̲ⲟ̲ⲩ̲ⲛ̲ϣⲟⲣⲡ.

[87] ⲁⲓ̈ statt ⲁ wäre die Form der Dialekte *W, F4* und *F5*.

Ps 56,11: ϣⲁϩⲣⲏⲓ̈ ϩⲉⲛϭⲏ̣ⲡⲉ̣: Zwischen Adverb und Nominalphrase wird die Präposition ⲉ-vermisst.

Ps 57,6: ⲡⲉⲓ̈ ⲉ̀|[ⲧ]ⲉ̣ⲛ̣ⲉϥⲥⲱⲧⲉⲙ: Wenn man statt ⲛ̣ auch ⲙ̣ (also den neg. Aor.: ⲙ̣ⲉϥ-), lesen könnte, wäre alles in Ordnung.

Ps 64,10: ϩⲁⲕⲧⲁϣⲉ | ⲉϥ ⲛ̀ⲣⲉⲙⲁⲁ: Das ist das Äquivalent von ἐπλήθυνας τοῦ πλουτίσαι αὐτήν. Wir haben hier die gleiche Konstruktion wie in *S*. Also: ⲉϥ ist der suffigierte Infinitiv von ⲉⲓⲣⲉ „tun“; und die „Grundaussage“ lautet: ϩⲁⲕ-( )-ⲉϥ ⲛ̀ⲣⲉⲙⲁⲁ „du hast sie (*die* *Erde*/ ⲡⲕⲉϩⲉ) reich gemacht“. Und dazwischen eingeschoben findet sich nun der *status nominalis* von ⲧⲁϣⲁ „vermehren“, der mithin als Präverbal funktioniert, so dass das Ganze heißt: „du hast sie *in vielerlei Hinsicht* reich gemacht“. Es gibt übrigens ja sowieso noch zwei andere Psalmen-Stellen, an denen dieses Präverbal (wie schon in *S*, so nun auch in *M*) erscheint, nämlich Ps 77,38: ϥⲛⲉⲧⲁϣⲉ ⲕⲟⲧⲉ ⲉ̀ⲃⲁⲗ’ ⲙ̀ⲡⲉϥϭⲱⲛⲧ „Er wird *in vielerlei Hinsicht* seinen Zorn abwenden“; Ps 125,2: ϩⲁ ⲡϫ︦ⲥ︦ ⲧⲁϣⲉ ⲉⲓⲣⲉ ⲛⲉⲙⲉⲛ „Der Herr hat (es) *in vielerlei Hinsicht* mit uns getan.“[88]--- Da wir gerade bei dem Phänomen der Präverbale sind, sei hier gleich noch eingefügt, dass eins der anderen Präverbale, nämlich ⲉⲣⲡⲕⲉ-, (wie in *S*) sowohl in Ps 68,30 als auch in Ps 118,141 gebraucht wird. Vgl. Ps 68,30: ⲁⲛⲕ ⲟⲩϩⲏⲕⲉ ⲉϥⲉⲣⲡⲕⲉ ⲙⲁϫϩ „Ich bin ein Armer, der *auch noch* betrübt ist“; Ps 118,141: ⲁⲛⲕ ⲟⲩϩⲏⲕⲉ ⲁⲛⲁⲕ ⲉ̀ϥⲉⲣⲡⲕⲉ ⲥⲏϣ „Ich, meinerseits, bin ein Armer, der *auch noch* verachtet ist.“ Vgl. übrigens auch oben die Bemerkung zu Ps 138,3.

Ps 64,12: [---ⲡⲉⲕ̣ⲗ̣ⲁ̣ⲙ̣ [ⲛⲧⲉ]|ⲣⲁⲙⲡⲉ: Die Ergänzung von Genitivausdruck *und* bestimmtem Singularartikel ist nicht befriedigend. Trotz der Zeilenbrechung lieber [ⲛⲧ] oder [ⲛⲧⲉ ⲧ].

Ps 72,11: ϩⲙ ⲡⲉⲧϫⲁⲥⲉ ⲡⲉⲩϩⲏⲧ: ⲡⲉⲩϩⲏⲧ ist nicht durch den griechischen Text der LXX gedeckt. Wenn die koptische Wendung aber in sich einen Sinn ergeben soll, müsste es <ⲉ>ⲡⲉⲩϩⲏⲧ „(höher) <als> ihr Herz“ heißen.

Ps 77,38: ϣⲁⲛϩⲏⲧϥ: Es muss aber ϣⲁⲛϩⲧⲏϥ heißen.

Ps 77,67: [---ⲥⲁⲧ]ⲡ̣ ⲛ̣̀ⲧ̣ⲫ̣ⲩ̣ⲗ̣ⲏ̣: Lies ---ⲥⲟⲧ]ⲡ ⲛ̣̀ⲧⲫⲩ̣ⲗⲏ̣.

Ps 81,5: ⲉⲩⲙⲁϣⲉ ϩⲣⲏⲓ̈ ϩⲙ ⲡⲕⲉϩⲉ: Man vermisst bei -ⲕⲉϩⲉ ein [sic]; denn gemeint sein muss natürlich -ⲕⲉⲕⲉ.

Ps 82,11: ⲛ̀ⲑⲏ ϩⲉⲛⲉⲓⲧⲉⲛ „wie (Haufen von) Schmutz“: Man erwartet eigentlich die (ursprüngliche) Genitivkonstruktion: ⲛ̀ⲑⲏ ⲛ̀ϩⲉⲛⲉⲓⲧⲉⲛ. Aber in der Sprache der mittelägyptischen Psalmen scheint ⲛ̀ⲑⲏ sowieso auf dem Weg zu einer eigenständigen Präposition (also *von* ⲛ̀-ⲧ-ϩⲏ ⲛ̀- zu ⲛ̀ⲑⲏ-) bzw. Konjunktion zu sein.

Ps 88,26: Lies [---ⲧⲑⲁ]|ⲗⲁⲥⲥⲁ. In der Ausgabe ist das Schließen der Klammer am Zeilenende vergessen worden (also] fehlt).

[88] Vgl. im Übrigen und zur Relevanz W.-P. Funk, Zur Syntax des koptischen Qualitativs II. Die koptischen Präverbale und ihr Gebrauch beim Qualitativ, ZÄS 105 (1978), 94–114.

Ps 93,2: ⲙⲁⲩ̈ⲓⲁ ⲛ̀ⲟⲩⲧⲟⲩ̈ⲓⲁ̈ⲓⲁ mit einem sic über dem vorletzten ⲓ̈ⲁ: Dieses sic ist hier eindeutig zu wenig an kritischer „Information." Hier rächt sich besonders der Entschluss des Herausgebers, die nachträglichen Verbesserungen des Textes, die er durch den Schreiber selbst, einen alten Korrektor oder die geheimnisvolle zweite Hand, die hier im Spiel war, nicht offenzulegen. Denn an dieser Stelle ist der Text verbessert worden, aber irgendwie nur halb und uneindeutig.[89] Jedenfalls muss der *beabsichtigte* Text, um dem griechischen ἀπόδος ἀνταπόδοσιν zu entsprechen, lauten: ⲙⲁ<ⲧⲟ>ⲩ̈ⲓⲁ ⲛ̀ⲟⲩⲧ`ⲟⲩⲓ̈´[[ⲁⲓ̈]]ⲁ.

Ps 97,1: ϩⲁⲥⲧⲟⲩϫⲁϥ ⲛ̀ϭⲏ ⲡⲉϥⲟⲩⲓ̈ⲛⲉⲙ: Wie und wann immer die Inkongruenz zustande gekommen sein mag, das nachgestellte Subjekt *muss* ⲧⲉϥⲟⲩⲓ̈ⲛⲉⲙ sein.

Ps 103,2: ϩⲁⲕϭⲁⲗⲉⲕ ̱ⲡⲟⲩⲁⲓⲛⲉ ⲛ̀ⲑⲏ ⲛ̀ⲟⲩⲉⲣϣⲟⲛ: Diese Wendung enthält gleich zwei Elemente, die eines sic würdig sind. Korrekt wäre der Text jedenfalls nur, wenn er hieße: ϩⲁⲕϭⲁⲗⲉⲕ ⲙ̀ⲡⲟⲩⲁⲉⲓⲛ ⲛ̀ⲑⲏ ⲛ̀ⲟⲩⲉⲣϣⲟⲛ „Du hast dich mit Licht bekleidet wie mit einem Mantel".

Ps 103,4: ⲛ̀ⲉⲛϣⲉϩ: Auch dieser Ausdruck verlangt nach einem sic. Denn gemeint wird wohl sein: ⲛ̀<ϩ>ⲉⲛϣⲉϩ (das heißt, die Auffälligkeit dieser Stelle gehört zum Phänomen der Hori-Schwäche des Mudil Codex).

Ps 104,44: ⲁⲩⲱ [ϩⲁⲩ]ⲕ̣ⲗ̣ⲏ̣ⲣ̣ⲟ̣ⲛ̣ⲟ̣ⲙ̣[ⲓ] *ⲙ̀ⲡⲟⲗⲓⲥ ⲛ̀ⲛ̀ⲗⲁⲟⲥ: Die hier vollzogene Ergänzung der Konjugation ist *kein* Problem, wohl aber die Anknüpfung von ⲡⲟⲗⲓⲥ. In die Klammer am Seitenende muss wohl noch die das Objekt anknüpfende Partikel ⲛ̀- hinein. Dass die Übersetzung hier das griechische πόνους λαῶν als πόλεις λαῶν missverstanden oder interpretiert hat, steht auf einem anderen Blatt.

Ps 105,46: ϩⲉⲛⲙⲉⲛⲧϣⲁⲛϩⲧⲏϥ: In dieser Handschrift kongruiert bei diesem Syntagma normalerweise das Suffix im Numerus mit dem Artikel. Man wundert sich also, warum es hier nicht auch ϩⲉⲛⲙⲉⲛⲧϣⲁⲛϩⲧⲏⲟⲩ. heißt.

Ps 106,30: ϩⲁⲩϫⲓ ⲙⲁⲉⲓⲧ ϩⲏⲧⲟⲩ: Zu *erwarten* ist jedoch ein singularisches Subjekt, also: ϩⲁϥϫⲓ ⲙⲁⲉⲓⲧ ϩⲏⲧⲟⲩ.

Ps 108,18: ⲉⲛ[ⲉϥ]|ⲙ[ⲁ]ϩⲧ: M. E. muss der zu ergänzende Vokal ⲉ sein.

Ps 110,2: ϩⲛ ⲛⲉⲧϥⲟⲩⲉ̀ϣⲟⲩ: Hier ist mir das Problem nur, was Gabra mit seinem sic über ⲛⲉⲧϥ- andeuten will.

Ps 112,9: ⲡ̣ⲉ̣ⲧ̣ⲧ̣ⲉ̣ ⲧⲁϭⲣⲏⲛ ⲉϣⲟⲡⲉ̣: Als Übersetzung von ὁ κατοικίζων στεῖραν ist das offenbar eine kausative Konstruktion. Aber der Auffassung des Elements -ⲧ̣ⲉ̣- als der pränominalen, Rho-losen Form des kausativen Infinitivs steht die Anknüpfung des Verbs mit ⲉ im Wege. Solche Einführung des Verbs scheint die Umschreibung

[89] In der Zeile steht ⲛ̀ⲟⲩⲧⲁⲓ̈ⲁ. Und das ⲁⲓ̈ soll durch ein kleines darüber gesetztes ⲟⲩⲓ̈ offenber *ersetzt* werden (nach Foto!).

des Kausativverhältnisses mit ⲕⲱ vorauszusetzen. Aber dann müsste man vorn das Futur, also ⲡ̣ⲉ̣ⲧ̣ⲛ̣ⲉ̣ⲕ̣ⲉ̣ lesen dürfen.

Ps 117,28: ⲧ̣ⲛⲉⲟⲩⲟⲛϩ ⲛⲉⲕ ⲉ̀ⲃⲁⲗ: Da das die Übersetzung von ἐξομολογήσομαί σοι sein soll, fragt man sich natürlich, warum der Buchstabenrest am Anfang nicht gleich als ϯ gedeutet worden ist.

Ps 118,112: ⲉ̀ⲉⲓⲣⲉ ⲛ[ⲉ]ⲕ̣|ⲇⲓⲕⲁⲓⲱⲙⲁ: Wenn in der Lücke nicht noch Platz für ein weiteres ⲛ (vor dem ⲉ) ist, muss man konjizieren, also <ⲛ̀>ⲛ[ⲉ]ⲕ̣- lesen.

Ps 118,118: ϩⲁⲕⲥⲉϣ ⲛ̣̀ⲟⲩ̣ⲁ̣ⲛ̣ ⲛ̣ⲓ̣ⲙ̣: Bei dieser „Lesung" stehen sich der *status nominalis* des Verbs und die indirekte Objektsanknüpfung duch ⲛ̀- gegenseitig im Wege.

Ps 131,17: ϯⲛⲉⲧⲧⲟⲩ[ⲛⲁⲥ] ⲛ̣ⲟⲩⲧⲉⲡ' ⲛ̀ⲇⲁⲩⲉⲓⲇ: (ⲧ)ⲧⲟⲩⲛⲁⲥ= ist nur der *status* <u>*pronominalis*</u> des Verbs „aufrichten". Der hier erforderliche *status absolutus* heißt (ⲧ)ⲧⲟⲩⲛⲁ, (vgl. Ps 112,7).[90]

Ps 142,1: ϩ[ⲙ ⲡⲧ̱]ⲣ̱ⲉ̱ⲡⲉϥϣⲏⲣⲉ <u>ⲡⲏⲧ</u> ⲛ̀ⲥⲱϥ: Da es die bei diesem Textverständnis vorausgesetzte Verbindung des kausativen Infinitivs mit dem Stativ nicht gibt, muss man nach einer anderen „Brücke" zwischen ϩ[und]ⲣⲉ suchen. Der rechte „Pfeiler" könnte das Umstandssatzpräfix ⲉ]ⲣⲉ sein. Die Deutung des linken „Pfeilers" aber ist nicht zuletzt eine Platzfrage, die man ohne Autopsie nicht beantworten kann. Würde der Platz für ein ϩ[ⲙ ⲡⲉϩⲁ(ⲟ) ⲩ reichen?

Abschließen möchte ich diese Aufstellung mit einem vielleicht sachlich hierher gehörenden Phänomen, das aber nicht auf einen einzelnen Vers beschränkt ist. Ich meine die Weise, in der das griechische Wort μονόκερως „Einhorn" in der Psalmentext-Ausgabe erscheint, nämlich folgendermaßen:

ⲡⲁⲡⲓⲧⲉⲡ ⲟⲩⲟⲧ Ps 91,11;
ⲡⲁ<u>ⲛⲓ</u>ⲧⲉⲡ ⲟⲩⲟⲧ Ps 77,69;
ⲛⲁ<u>ⲛⲓ</u>ⲧⲉⲡ ⲟⲩⲟⲧ Ps 21,22; 28,6.

Es ist das hier <u>markierte</u> Element ⲛⲓ-, über das ich „gestolpert" bin. Und zwar hatte ich Schwierigkeiten, das so „singularische" ⲟⲩⲟⲧ als Extension eines (wirklich) pluralischen Ausdrucks zu verstehen. Ich habe den Verdacht, dass es das gar nicht gibt und möchte also fragen, ob man das *dreimalige* ⲛⲓ- einfach als Verschreibung des allein als sprachlich und logisch sachgemäßen, wenn auch nur *einmal* erscheinenden, ⲡⲓ- ansehen kann: Nur „das (Tier) bzw. die (Tiere) mit <u>dem einen</u> Horn" ist sinnvoll.[91]

---

[90] So auch Apg 3,22; 13,23.33. Das merkwürdige Phänomen, dass bei den abgeleiteten Formen ein ⲥ zwischen den Stamm und den Objektsausdruck tritt, teilt das Paradigma (ⲧ)ⲧⲟⲩⲛⲁ „aufrichten" mit dem Paradigma (ⲧ)ⲧ(ⲉ)ⲗϭⲁ „heilen" [vgl. (ⲧ)ⲧⲟⲩⲛⲁ<u>ⲥⲧ</u> „mich aufrichten" (Ps 40,11) mit ⲧⲉⲗϭⲁ<u>ⲥⲧ</u> „mich heilen" (Ps 29,3)].

[91] Die Psalmenausgabe von Budge hat in Ps 21,22 freilich auch ⲛⲁ<u>ⲛⲓ</u>ⲧⲁⲡ ⲛ̄ⲟⲩⲱⲧ.

IX. *Offene Fragen und vorläufige Eindrücke*

Dass in einer *editio princeps* manche Fragen des betreffenden Textes und seiner Bedeutung offen bleiben, ist mehr oder weniger natürlich. Aber der „Verbraucher" hat seinerseits auch das natürliche Recht, wenigstens nach dem zu *fragen,* was er auch noch gern wissen möchte. An einem Punkt nun ist eine gewisse Informationslücke ganz besonders schmerzlich. Es gehört zum Wesen des Mudil Codex (wie jeder Benutzer schon an den beigegebenen Fotografien sieht), dass seine Schrift – besonders unten, wo die Seiten (jetzt) beschädigt sind – von einer zweiten Hand und mit anderer Tinte nachgezogen worden ist. Darauf wird auch in der Ausgabe hin und wieder einmal Bezug genommen. Besonders wichtig ist der Informations-„Splitter" innerhalb der anderthalb Seiten von Nasry Iskander, Gabras drittem „contributor", über den Prozess der Konservierung des Codex (S. 43–44),[92] dass die zweite Tinte auch aus der Antike stammt. Aber zum Thema wird dieser gravierende Sachverhalt nirgends. Und es gibt so vieles, was man dazu wissen möchte, z. B. in welchem Verhältnis die Arbeit der zweiten Hand zum Sachverhalt der Beschädigung am unteren Teil der Blätter steht. Mir erscheint es nicht zwingend, dass beides *unmittelbar* zusammengehört. Es mag eher plausibel sein, dass diese Ausbesserung der Schrift dem (völligen) Verlust von Blattstücken vorausliegt. Die interessanteste Frage in diesem Bereich ist freilich, ob die zwei Formen des Buchstaben Kjima (ϭ), die absonderliche und die quasi normale, sich einfach auf die beiden „Hände" verteilen lassen. Nach den Fotografien in und außerhalb der Edition, die ich dazu „befragen" konnte, scheint mir das möglich zu sein. Man hätte dann freilich damit zu rechnen, dass die zweite Hand nicht nur unten auf den Seiten herumgebessert hätte.

Offen bleibt auch die Frage der Bedeutung des Mudil Codex für die Septuagintaforschung. Wenn dieses Thema gar nicht angeschnitten worden wäre, würde man sich wahrscheinlich gar nicht wundern. So etwas ist ja auch nicht unbedingt die Aufgabe einer Erstedition. Aber Gabra macht in einem besonderen Kapitel dem Benutzer den Mund wässrig, ohne ihm den Appetit dann in irgendeiner Weise zu stillen.[93] Wir haben hier in

---

92 Dieser Prozess ist insofern noch nicht ganz abgeschlossen, als gegen Ende des Codex kurz hintereinander dreimal zwei Blätter so fest zusammengeklebt waren, dass ihre Trennung noch nicht geglückt ist. Die somit verborgen bleibenden (und in der Edition fehlenden) dreimal zwei Textseiten sind: pp. 462/463 (*mit* Ps 138,9–19); 468/469 (*mit* Ps 140,4–141,3); 476/477 (*mit* Ps 143,12–144,7).

93 „Die Überlieferung und Erforschung des koptischen Psalmentextes" (75–79).

einer anderen Größenordnung dasselbe Phänomen wie in Anmerkung 93 hinsichtlich der Bedeutung der Psalmenzitate im Neuen Testament: die Sache wird angedeutet; mehr nicht.

Damit bin ich auch schon an dem Übergang von den Fragen, die der Herausgeber offen gelassen hat, zu bestimmten ersten Eindrücken, die der Benutzer über das klar Erkannte hinaus gewinnen kann. Wo immer ein Exeget Psalmen außerhalb ihres ursprünglichen Kontextes antrifft, muss er die Frage stellen: Wird einfach nur der Text der Septuaginta benutzt, oder kommt etwas vom hebräischen Urtext durch? Bei der koptischen Psalmenversion des Mudil Codex kam es mir nun manchmal so vor, als sei das an bestimmten Stellen gar nicht die Septuaginta, was da übersetzt wird. Ein anderer (noch) vager Eindruck, der also die Weiterverfolgung der betreffenden Sache verlangt, ist der einer, gelegentlich in Erscheinung tretenden, auffällig engen Beziehung einerseits zum Bohairischen, andererseits zum Altkoptischen. Wo in der Lexik durch (mir) unbekannte Wörter oder Formen Verständnisschwierigkeiten auftraten, gab es nach meiner Erinnerung mehrfach entscheidende Hilfe bei Wörtern oder Formen, die die existente Lexikographie einerseits als „Bohairisch", andererseits als „Altkoptisch" auswies. In den Zusammenhang der Beziehungen zum Bohairischen bzw. zum Unterägyptischen überhaupt mag auch das oben schon einmal erwähnte Phänomen der doppelten *copula* ⲁⲩⲱ ⲙⲉⲛ/ⲛⲉⲙ gehören, wie übrigens auch der Gebrauch des langen Pluralartikels: ⲛⲉⲛ- bzw. ⲛⲛ-, oder, unter Assimilation, auch ⲛⲉⲙ-. *Dass* dieser lange Pluralartikel vorkommt, ist eine schlichte Tatsache;[94] die „Vagheit" besteht nur in dem Eindruck, dass das relativ häufig der Fall ist bzw. entsprechende *Cluster* so zu deuten sind. Was die Artikel anbelangt, so hatte ich im Nachhinein den vorläufigen Eindruck, dass seine volle silbische Gestalt (ⲡⲉ-, ⲧⲉ-, ⲛⲉ-) relativ häufig auch in unüblichem Gebrauch vorkam (besonders vor /w/). Es war auch „unterwegs", dass ich auf die Frage des Vorkommens des kurzen Futurs (III) (also: ⲉϥⲥⲟⲧⲉⲙ[95] für ⲉϥⲉⲥⲟⲧⲉⲙ) und des Konjunktivs ohne ⲛ- (also: ϥⲥⲟⲧⲉⲙ[96] für ⲛϥⲥⲟⲧⲉⲙ) aufmerksam wurde.

---

94 Gestützt auf diese Tatsache wurde er z. B. oben in Ps 2,2 ergänzt. Als eindeutige Belege habe ich mir notiert: Ps 49,1: ⲡⲛ̄ϯ ⲛ̇ⲛⲉⲛⲛ̄ϯ „der Gott der Götter"; Ps 57,7: -(sic!) ⲛ̇ⲉⲛⲛⲉϫⲉ ⲛ̇ⲙ̇ⲙⲟⲩⲓ̈ „die Zähne der Löwen"; Ps 76,6: -ⲛⲉⲛⲣⲉⲙⲡⲏⲟⲩⲉ „die Jahre."

95 Als einschlägige Stellen könnten in Betracht gezogen werden z. B. Ps 48,4: ⲣⲟⲓ̈ ⲉϥⲥⲉϫⲉ „mein Mund soll reden"; Ps 55,4: ⲁⲛⲁⲕ ⲉ̇ⲓ̈ⲛⲉϩⲧⲏ ⲉ̇ⲣⲁⲕ „ich werde dir gewiss vertrauen."

96 Mögliche Kandidaten für solche Deutung sind Ps 79,20: ⲕⲟⲧⲉ ⲙ̇ⲙⲁⲛ ⲛⲕⲟⲩⲟⲛϩ ⲙ̇ⲡⲉⲕϩⲁ ⲉ̇ⲃⲁⲗ' ⲉ̇ϫⲟⲛ ⲧⲉⲛⲟⲩϫⲉⲓ̈ „Bring' uns zurück und lass dein Angesicht über uns erscheinen, so

Der letzte vage, aber vielleicht *auch* viel versprechende Eindruck betrifft eines der textgliedernden Zeichen, die alle auch in Minks Beitrag zur Sprache – wenn auch nicht besonders klar[97] – beschrieben sind (63f.). Es geht um das ganz zuletzt erwähnte „apostrophartige( ) Zeichen" (64). Bei der Konsultation der zur Verfügung stehenden Fotografien ist mir nun die Idee gekommen, ob etwa in dem Zeichen ˊ eine Art von poetischem „Umbruch*marker*" zu sehen sei, dessen (eigentliche) Funktion es wäre, inmitten einer *Schrift*zeile anzugeben, wo eine neue *Poesie*zeile beginnt. Es ist ja auffällig, dass der Mudil Codex das „normale" poetische Umbruchszeichen, mit dem der Rest einer Stiche hinten *über* das Ende einer Schriftzeile versetzt wird, nicht kennt. Unser ˊ mag also so etwas wie ein Substitut dafür sein.

Nachtrag

Zu S. 6[24] (hier S. 798[24]): Wie ich von R. Kasser erfahre, gibt es aber doch *einen* Fall mit Omikron, nämlich Ps 33,13: ϩⲉⲛϩⲁⲩ ⲉ̀ⲛⲁⲛⲟⲟⲩ „gute Tage".

Zu S. 27, Z. 1 (hier S. 821, Z. 10): Neben ⲧⲩⲧ „Fisch" kommt aber auch die normale Form ⲧⲃⲧ vor (Ps 8,9 [Hinweis von Kasser]). Und dieses ⲩ dürfte sowieso auf einer anderen Ebene liegen als die übrigen der aufgeführten. W.-P. Funk erinnert mich nun, dass die fayumische Normalform des Wortes für „Fisch" ⲧⲩⲃⲧ lautet. Und so könnte man denken, wenn man die Sache nicht für einen einfachen Schreibfehler halten will, dass das hiesige ⲩ nicht einfach ⲃ „vertritt", sondern das „Kompendium" ⲩⲃ.

Zu S. 28, Z. 21 (hier S. 823, Z. 8): Der Singular des Wortes für „sow" kommt doch vor. Und er heißt nicht ⲉϣⲱ, sondern ⲉϣⲟⲩ. Vgl. Ps 16,14: [ϩⲁⲩ]ⲙ̣ⲉϩ ϩⲏⲧⲟⲩ ⲛⲁϥⲉⲛⲉϣⲟⲩ „sie füllten ihre Bäuche mit Schweinefleisch" (Hinweis von Kasser und Funk).

Zu S. 47 (hier S. 842), Ps 142,1: Da der Platz für: ϩ[ⲙ + nominale Extension + relativum nach Auskunft von Kasser nicht ausreicht, kommt als linker „Pfeiler" wohl nur ϩ[ⲱⲥ in Frage. Also: ϩ[ⲱⲥ ⲉ̀]ⲣⲉ ⲡⲉϥϣⲏⲣⲉ ⲡⲏⲧ ⲛ̀ⲥⲟϥ „[wie] sein Sohn ihn verfolgt". Nach Kasser kann man übrigens statt ⲉ̀]ⲣⲉ sogar ⲉ̣ⲣⲉ lesen.

werden wir gerettet!"; Ps 81,8: ⲧⲟⲟⲩⲉⲛ ⲡⲛ̄ⲧ̄ ⲕⲕⲣⲓⲛⲉ ⲙ̀ⲡⲕⲉϩⲉ̀ „Erhebe dich, o Gott, auf dass du die Erde richtest!"

97 Mein Problem mit dieser Partie ist, dass einerseits, das, was gleich aussieht (ein mehr oder weniger hochstehender Punkt), nicht als im Wesen Verschiedenes gedeutet, und andererseits das, was verschieden aussieht (Supralinearpunkt und Trema), für im Wesen Gleiches genommen wird. Z. B. kann m. E. der *halb*hohe Punkt, vor allem hinter ⲗ, nur die graphische Realisierung des (silbentrennenden) Apostrophs sein.

CODEX GLAZIER – EIN KOPTISCHER ZEUGE DES „WESTLICHEN" ACTATEXTES*

Der Codex Glazier ist ein vorzüglich erhaltener kleiner Pergamentcodex, der sich in der Pierpont Morgan Library, New York City, befindet. Die Handschrift so zu benennen, ist praktisch und empfehlenswert, obgleich diese Benennung Eindeutigkeit nur im Bereich der neutestamentlichen Textforschung und der Koptologie besitzt. Eine exakte Bezeichnung muss lauten: The William S. Glazier Collection, no. 67.[1] (Die ganze Sammlung Glazier umfasst übrigens 75 Stücke.) Der Bankier William S. Glazier (seit 1929 in der Investment Banking firm of Lehman Bros. tätig, seit 1940 als Teilhaber), der in den Vereinigten Staaten als der bedeutendste und erfolgreichste private Sammler von frühen mittelalterlichen Schmuckhandschriften galt, hatte den kleinen Codex, von dem hier die Rede ist, im Jahre 1962 von dem bekannten New Yorker Antiquar Hans P. Kraus erworben.[2] Über den Fundort in Ägypten gibt es keine Informationen. Allerdings hat man wegen seines ungewöhnlich guten Erhaltungszustandes immer schon vermutet, dass er aus einem Grabe stammt. Und jetzt legt sich nun der Argwohn nahe, dass er (wie auch der Codex Scheide) schon demselben Friedhof entnommen worden ist, auf dem kürzlich ein mittelägyptischer Psalmencodex ausgegraben wurde (s. unten). Nach dem frühen Tode von Mr. Glazier (er starb noch im gleichen Jahr, im Alter von 55 Jahren, am 20. Dezember 1962) kam unser Codex zusammen mit der ganzen Sammlung laut Testament zunächst für eine gewisse Zeit in den Besitz von Treuhändern, die ihn und die übrige Sammlung aber 1963 der Pierpont Morgan Library, mit der Mr. Glazier als Mitglied des Council of Fellows und danach als Trustee eng verbunden war, zur Verwahrung und Nutzung übergaben. Mit dem 9. Mai 1984 ist die Glazier Collection schließlich ganz in den Besitz der Pierpont Morgan Library übergegangen.

Das Format des Codex Glazier ist etwa 10,5 × 12,1 cm. Er befindet sich noch – wenngleich lose – in seinem so gut wie vollständig erhaltenen

* In: J. Irmscher (Hg.), Die Literatur der Spätantike polyethnisch und polyglottisch betrachtet, Amsterdam 1997, 33–41.

[1] Vgl. J. Plummer, The Glazier Collection of Illuminated Manuscripts, New York 1968 (zum hier vorgestellten Codex S. 7f.).

[2] H. Lehmann-Haupt (ed.), Homage to a Bookman – Essays on Manuscripts, Books and Printing Written for Hans P. Kraus on his 60th Birthday, Berlin 1967.

Einband. Dieser besteht im Wesentlichen aus zwei polierten Holzdeckeln, aus rotbraunem, mit Streicheisenlinien und runden Stempeln in Blindprägung verziertem Ziegenleder und zwei langen Schließriemen aus dem gleichen Material. Der ursprünglich eingeklebt gewesene Buchblock besteht aus 14 in sich und untereinander durch Heftung einst fest verbundenen und durchgezählten Lagen. Die einzelnen Lagen, mit Ausnahme der ersten, sind Quaternionen. Die ersten als Lage 1 behandelten 4 Doppelblätter sind in Wirklichkeit in zwei Binionen angeordnet. Der Buchblock enthält (anfangend auf der 5. Seite der ersten und endigend auf der 9. Seite der letzten Lage) 213 beschriebene und durchgezählte Seiten. Da das erste Blatt der Lage 1 und das letzte Blatt der Lage 14 durch die Einklebung in den Einband mit den Holzdeckeln fest verbunden sind, hat der Codex vorn ein Vorsatzblatt und hinten nach der leeren Rückseite von p. 213 noch deren zwei.

Der im Codex gebotene Text ist die erste Hälfte der Apostelgeschichte. Die Handschrift endet auf p. 213 unten, und zwar – wie die Abschnittsschlusszeichenkombination nebst Schlusskoronis, sowie die leere Rückseite gefolgt von den beiden hinteren Vorsatzblättern zeigen – planmäßig mit dem Vers 15,3. Wir haben es also offensichtlich mit dem ersten Bande einer zweiteiligen Apostelgeschichtshandschrift zu tun. Merkwürdig ist allerdings, dass der Titel des dargebotenen Werkes nirgends erscheint. Der Text ist mit einer professionellen Buchschrift, vermutlich des 5. Jahrhunderts, die eine Spielart des Bibelstils repräsentiert, in einer Kolumne pro Seite geschrieben. Eine Kolumne hat in der Regel 16 Zeilen; es kommen aber auch 34 Seiten mit 17 Zeilen und 8 Seiten mit 15 Zeilen vor. Entsprechend differiert die Höhe des Schriftspiegels ein wenig. Der Schriftspiegel der Normalseiten hat etwa die Maße 6,5 × 8,0 cm. Apg 1,1–15,3 ist in der Handschrift in 90 Paragraphen gegliedert, deren Zäsuren in der Regel durch die Kombination von einer erweiterten Diplenkombination innerhalb der Zeile (in Rot und Schwarz), einer Koronis am Rande (meist in Rot; gelegentlich nur in Schwarz; manchmal auch in Rot und Schwarz) und der halben Ausrückung des Anfangsbuchstabens der ersten Zeile des neuen Abschnitts gebildet werden.[3]

Der Codex Glazier enthält nun, abgesehen von seinem Hauptgegenstand, davor und danach jeweils noch eine interessante Besonderheit, auf die

[3] Vieles über die materielle Beschaffenheit des Codex Glazier, besonders über den Einband, ist schon seit geraumer Zeit der Öffentlichkeit bekannt. Vgl. J. S. Kebabian, The Binding of the Glazier Manuscript of the Acts of the Apostles (IVth or IV/Vth century), in: H. Lehmann-Haupt (ed.), Homage to a Bookman, (24) 25–29; P. Needham, Twelve Centuries of Bookbindings 400–1600, New York/London 1979, 7–11.

die Aufmerksamkeit zu lenken ist. Die Vorderseite des ersten hinteren Vorsatzblattes ist mit einer farbigen Miniatur versehen. Da der Codex ziemlich bald nach seiner Herstellung als Totenbeigabe mit begraben worden sein dürfte, kann seine Dekoration damit übrigens kaum viel später als die Beschriftung erfolgt sein. Die Miniatur zeigt ein auf eine Basis gestelltes und aus Flechtwerk bestehendes Henkelkreuz, unten flankiert von zwei Pfauen, von denen jeder einen Zweig im Schnabel hält, während auf den beiden Kreuzesarmen und im kreisrunden Henkel je eine Taube sitzt. Die spezielle Ausführung dieser Miniatur in Zusammenhang mit ihrer frühen Datierung ist für die Kunstgeschichte von erheblicher Bedeutung.[4]

Gegenüber dieser sich hinten im Codex findenden „Zugabe" ist das Besondere vorn nur ein zufällig erhalten gebliebenes Stück Makulatur. Bei der ersten Hälfte der ersten Lage ist ein Doppelblatt mit verwendet worden (das wird zugleich der Grund für die Abweichung von der normalen Lagenkonstruktion sein), das bei der Herstellung einer gleichformatigen Handschrift, die das 2. Königsbuch des Alten Testaments (4Kön nach der LXX-Zählung) in demselben Dialekt des Koptischen enthielt, wegen eines Kopierfehlers gleich nach dem Anfang der Beschriftung (so dass also noch drei freie Seiten übrig waren) ausrangiert worden war, nachdem der Schreiber den Rest des Schriftrahmens der verschriebenen Seite (mit der Seitenzahl 2) noch zu einer doppelten Schreibspielerei in griechischer Sprache benutzt hatte. Ob die Sache nun wirklich so beabsichtigt war, wie sie jetzt erscheint, ist unklar. Jedenfalls leuchtet die Makulatur einem jetzt als Erstes entgegen, wenn man den Codex öffnet. Das heißt, die verschriebene Seite blieb merkwürdigerweise sichtbar als Rückseite des mit dem Vorderdeckel fest verbundenen ersten Blattes des Buchblocks. Bei dem Gesagten ist schon vorausgesetzt, was aber noch eine ausdrückliche Nennung verdient, dass die aufgeklebte und so verdeckte Vorderseite dieses Blattes keinerlei Spuren von Beschriftung zeigt (die durchschimmern müsste, wenn sie vorhanden wäre), und dass die gesamte Beschriftung der sichtbaren Seite von ein und demselben Schreiber stammt, der wiederum mit dem Schreiber des den Codex füllenden Textes identisch ist.

Hinsichtlich der drei Elemente, die sich auf dieser Seite präsentieren (und die alle in ihrer Weise bedeutsam sind), ist mir das mittlere bisher

[4] H. Bober, On the Illumination of the Glazier Codex. A Contribution to Early Coptic Art and Its Relation to Hiberno-Saxon Interlace, in: H. Lehmann-Haupt (ed.), Homage to a Bookman, (30) 31–49. Für die vorgesehene Berliner Edition des Codex Glazier hat A. Effenberger die kunstgeschichtliche Behandlung dieser Miniatur übernommen.

ein Rätsel; und ich benutze die Gelegenheit dieser Veröffentlichung auch zu dem praktischen Zweck, die Hilfe der diese lesenden Kollegen zu seiner Lösung zu erbitten. Auf den ersten 10 Zeilen steht also ein Fragment von 4Kön 1,2–3 in mittelägyptischen Dialekt des Koptischen. Was erhalten ist, heißt übersetzt: „[(2)…oder] (p. 2) n[icht.] 3Der Engel des Herrn aber rief nach Elias dem Thesbiter und sagte: Stehe auf und geh' hinaus vor die Boten <des Königs> von Samaria; sprich mit ihnen und sage: ‚Gibt es denn keinen Gott in Israel, dass ihr hingehen müsst]…‘.“ Unten auf der Seite steht in erheblich größeren Buchstaben in drei Zeilen (Z. 12–14) das aus der Anthologia Graeca (IX 538) bekannte Epigramm, das damit schon für das 5. Jahrhundert bezeugt ist: Ἀβροχίτων δ' ὁ φύλαξ θηροζυγοκαμψιμέτωπος („Herrlich gekleidet der Wächter, der Tierstirnen unter das Joch beugt“ Übers. D. Ebener), allerdings unter Auslassung des Delta, und hinten, weil der Platz zu Ende war, durch Doppelschreibung des Psi abgekürzt, wodurch freilich der eigentliche Sinn dieses Verses, nämlich alle Buchstaben des griechischen Alphabets zu bieten, verloren gegangen ist. Im koptischen Bereich war übrigens dieses Epigramm schon seit der Ausgrabung des Epiphaniusklosters von Theben durch den Fund einer damit beschriebenen Holztafel bekannt.[5] Zwischen 4Kön 1,2–3 und Anthologia Graeca IX 538 steht aber nun – von beiden durch einen größeren bzw. kleineren Zwischenraum abgesetzt – in normal großen Buchstaben als Zeile 11: ἐν πολλοῖς μέν, was doch wohl nur für sich und als ein (wenigstens dem Schreiber) geläufiges Incipit verständlich ist. Aber wovon ist es das Incipit? Von einem Buch? Von einem Sprichwort? Ein Buch, das so anfängt, konnte ich bisher jedenfalls nicht finden. Und selbst bei der Suche nach Einzelsätzen, die so anfangen oder in denen das vorkommt, hat der von Robert A. Kraft für mich befragte Komputer der University of Pennsylvania, Philadelphia, in den die griechische Literatur allerdings noch nicht lückenlos eingespeichert war, nur deren zwei ausgestoßen (Xenophon Sym. 2,9; Plato Resp. 538A), von denen wieder nur der erste als eine Sentenz (bzw. als eine solche enthaltend) angesehen werden kann. Allerdings erscheint diese Sentenz hier nicht recht passend; denn sie würde lauten: Ἐν πολλοῖς μὲν καὶ ἄλλοις δῆλον ὅτι ἡ γυναικεία φύσις οὐδὲν χείρων τῆς τοῦ ἀνδρὸς οὖσα τυγχάνει, γνώμης δὲ καὶ ἰσχύος δεῖται. („In vielen und immer wieder anderen Dingen ist offenbar, dass die weibliche Natur in keiner Weise schlechter ist als die des Mannes, dass es ihr aber an Einsicht und Stärke fehlt“).

---

5 Vgl. H. G. Evelyn White, Greek Ostraca and Papyri, in: The Monastery of Epiphanius at Thebes 2, New York 1926, no. 616.

Was nun den Inhalt des bisher in seiner äußeren Gestalt vorgestellten Codex Glazier anbelangt, so kann seine Bedeutung für die neutestamentliche Textgeschichte kaum überschätzt werden. Sie besteht darin, dass der absolut lückenlos erhaltene Text von Apg 1,1–15,3 hier in der seltenen, früher „westlich" genannten (weil zuerst im lateinischen Westen aufgetauchten) Textform geboten wird, deren einziger einigermaßen vollständiger Zeuge bisher der Codex Bezae Cantabrigiensis (Handschriftensigel D) war; man nennt übrigens diese Textform heute besser nach diesem ihrem alten Hauptzeugen D-Text. Es ist das diejenige vieldiskutierte und seltsame Textgestalt, die es im Neuen Testament nur für die Apostelgeschichte gibt, und in der diese Schrift wie die zweite, erheblich umgearbeitete Auflage eines Romans erscheint und die also aus einer Zeit stammen dürfte, in der die Apostelgeschichte von den Christen tatsächlich noch wie ein Roman behandelt werden konnte. Im Codex Glazier erschienen praktisch all die in der neutestamentlichen Textkritik berühmten Sonderlesarten. Das sei an einigen markanten Beispielen, mit Hilfe einer Übersetzung der betreffenden Passagen aus dem Codex Glazier, illustriert (dabei werden die charakteristischen Abweichungen vom Standardtext, als welcher der der 26. Auflage des Novum Testamentum Graece von Nestle-Aland gilt, durch Unterstreichungen hervorgehoben):

> Apg 8,24: „Simon antwortete, indem er <u>zu ihnen</u> sagte: <u>Ich flehe (euch) an</u>: Bittet ihr <u>Gott</u> zu meinen Gunsten, damit nichts von <u>diesen bösen (Dingen)</u>, die ihr genannt habt, über mich komme; <u>und er weinte sehr ohne aufzuhören</u>."
>
> Apg 9,22: „Saulus aber erstarkte noch mehr <u>im Worte</u> und brachte die Juden, die in Damaskus wohnen, in Verwirrung, dadurch dass er sie belehrte, <u>indem er sagte</u>: <u>Dieser Jesus</u>, er ist es, der der Christus ist, <u>an dem Gott Wohlgefallen gefunden hat</u>."
>
> Apg 11,27.28: „In jenen Tagen kamen Propheten aus Jerusalem herab nach Antiochia. [28]<u>Es herrschte aber eine große Freude. Während wir beieinander versammelt waren</u>, erhob sich einer von ihnen, dessen Name Agab war, und kündigte durch den <u>Heiligen</u> Geist eine große Hungersnot an, die über die ganze Welt kommen würde, die, die unter Claudius kam."
>
> Apg 12,10: „Nachdem sie aber durch das erste <u>Tor</u> und das zweite gegangen waren, kamen sie an die eiserne Pforte, die in die Stadt hineinführt. Diese öffnete sich ihnen selbst. Als sie aber herausgegangen waren, <u>stiegen sie die Stufen herab und</u> gelangten bis zur ersten Gasse. Sogleich wich der Engel von ihm."
>
> Apg 12,25: „Barnabas aber und Saulus, <u>dieser, der Paulus genannt wurde</u>, kehrten aus Jerusalem zurück – sie hatten <u>ihre</u> Unterstützung erfüllt –, wobei sie <u>auch</u> Johannes, den, der Markus genannt wird, mit sich nahmen."

Dieser D-Textcharakter der vom Codex Glazier gebotenen Apostelgeschichte ist übrigens schon seit geraumer Zeit bekannt und von

T. C. Petersen,[6] E. J. Epp[7] und E. Haenchen in Zusammenarbeit mit P. Weigandt[8] auch schon zum Gegenstand von – wenn auch vorläufigen – Spezialuntersuchungen gemacht worden. Und selbst in die Lehrbücher hat dieses Wissen vom textgeschichtlichen Stellenwert des Codex Glazier bereits Eingang gefunden.[9] Die wichtigste Arbeit jedoch, die bisher zur Auswertung des neuen Zeugen geleistet worden ist, findet sich und ist jedermann leicht zugänglich im textkritischen Apparat der 26. Auflage des Novum Testamentum Graece von Nestle-Aland und wird G. Mink verdankt. Nach einem Mikrofilm des Codex, der dem Institut für Neutestamentliche Textforschung in Münster seit langem zur Verfügung steht, sind die textkritischen Varianten des Codex Glazier unter dem Sigel mae in diese Textausgabe eingearbeitet worden, und zwar in absolut zuverlässiger Weise, wenn auch nicht wirklich vollständig. Dass es übrigens auf den Seiten 23 und 59 bei der Einführung dieses neuen Zeugen irrtümlich G 68 (statt G 67) heißt, geht m. W. auf die lange zurückliegende falsche Beschriftung eines Mikrofilms in der Pierpont Morgan Library selbst zurück. Dennoch hat all das Genannte noch nichts mit einer planmäßigen Erschließung und Relevanzbestimmung des Codex Glazier zu tun. Ja, eine solche hat noch gar nicht begonnen. Denn was dazu fehlt, ist erst einmal eine Textausgabe. Und eine solche als sehr bald hier bei uns in Berlin erscheinend anzukündigen, ist der zweite praktische Zweck, den ich mit diesen Ausführungen verbinde.

Ursprünglich hatte T. C. Peterson vom St. Paul's College Washington, D.C., die Aufgabe übernommen, den Text des Codex Glazier zu edieren.[10] Nach seinem Tode im Jahre 1966 ist das Projekt dann auf Father Paulinus Bellet von der Catholic University of America, Washington, D.C., aber inzwischen emeritiert, übergegangen. Diese amerikanische Textausgabe ist auch unterdessen im Prinzip fertig, scheint aber wohl doch nicht so schnell zur Verfügung zu stehen, wie zunächst angenommen werden konnte.[11] Bei dieser Konstellation und nach dem glücklichen Abschluss nebst der freundlichen Aufnahme der hiesigen Edition der „Zwillings“-

[6] An Early Coptic Manuscript of Acts: An Unrevised Version of the Ancient So-Called Western Text, CBQ 26 (1964), 225–241.

[7] Coptic Manuscript G 67 and the Role of Codex Bezae as a Western Witness in Acts, Journal of Biblical Literature 85 (1966), 197–212; ders. The Theological Tendency of Codex Bezae Cantabrigiensis in Acts, SNTS.MS 3, Cambridge 1966.

[8] The Original Text of Acts?, NTS 14 (1967/68), 469–481.

[9] B. M. Metzger, The Early Versions of the New Testament – Their Origin, Transmission, and Limitations, Oxford 1977, 117–119.

[10] Vgl. An Early Coptic Manuscript of Acts, 225–241.

[11] Vgl. H.-M. Schenke, Das Matthäus-Evangelium im mittelägyptischen Dialekt des Koptischen (Codex Scheide), TU 127, Berlin 1981, 1 Anm. 5.

Handschrift, d. h. des Codex Scheide, der das Matthäusevangelium in demselben mittelägyptischen Dialekt des Koptischen enthält, wurde in partnerschaftlichem Einverständnis mit Father Bellet und mit Förderung durch die Pierpont Morgan Library das inzwischen weit gediehene Projekt geboren, neben der erwarteten amerikanischen Edition noch eine zweite, im Komplementsverhältnis zu ihr stehende, in deutscher Sprache zu erarbeiten. Da die Berliner Edition des Codex Glazier nach denselben (wesentlich linguistisch bestimmten) Prinzipien wie die des Codex Scheide erfolgt und die von Father Bellet von der Textdarbietung bis zum Register ganz anders angelegt ist und auch in ihrer textkritischen Orientierung einen entgegengesetzten Schwerpunkt hat, werden sich die beiden Textausgaben, dessen bin ich sicher, einander tatsächlich zum Nutzen aller Interessenten ergänzen. Nachdem es im Frühjahr 1985 möglich war, mit Hilfe eines IREX-Stipendiums das nach Fotografien hergestellte Manuskript am Original in New York zu überprüfen, konnte es 1991 als Band 137 der TU im Druck erscheinen.

Am Inhalt des Codex Glazier ist übrigens nicht nur sein D-Textcharakter von Interesse, sondern noch eine weitere durchgehende Eigentümlichkeit, die man seinen Biblizismus nennen könnte. Es sieht so aus, als hätte sich der Mensch oder die Gruppe, die für den hier bezeugten Gesamttexttyp verantwortlich ist, durch die Freiheit, die der Verfasser der Apostelgeschichte bei der Zitierung des Alten Testaments, bzw. in seinen Bezugnahmen darauf, an den Tag legt, geradezu brüskiert gefühlt. Jedenfalls zeigt unser Text durchgehend die Tendenz, derartige „Fehler" des Lukas (Ungenauigkeiten, Auslassungen, Verkürzungen, Umstellungen, Vermischungen) wieder rückgängig zu machen oder zu verbessern. Als markantestes Beispiel sei die umfangreiche Reorganisation des Komplexes Apg 7,31–34 zitiert, in dem V. 34 nun unüberschaubar lang geworden ist (nach V. 31 ist der Actatext praktisch durch das Original Ex 3,4b–10 ersetzt):

> [31]Mose aber, als er (es) sah, wunderte er sich über die Erscheinung. Als er aber im Begriffe war hinzuzutreten, dass er (sie) betrachte, <u>redete der Herr mit ihm in einer Stimme, indem er sprach:</u> [33]<u>Mose, Mose! Er aber sprach: Was ist es, Herr? Er sprach zu ihm: Nähere dich diesem Orte nicht! Löse die Sandale, die an deinen Füßen ist! Denn der Ort, an dem du stehst, ist ein heiliges Land. Er sprach zu ihm:</u> [32]<u>Ich bin es, der der Gott deines Vaters ist, der Gott Abrahams, der Gott Isaaks und der Gott Jakobs. Mose aber wandte sein Gesicht ab: denn er fürchtete sich hinzublicken vor Gott.</u> [34]<u>Gott sprach gegenüber Mose:</u> Ich habe wohl die Misshandlung meines Volkes, das in Ägypten ist, gesehen; und ich habe ihr Geschrei gehört <u>über die Aufseher: denn ich kenne ihren Schmerz</u>. Ich bin herabgekommen, um sie zu retten <u>aus der Hand der (Leute) von Ägypten.</u> Jetzt komm, dass ich dich nach Ägypten

sende, um sie aus jenem Lande herauszuführen und sie hinzubringen in das Land, das gut und weit ist, ein Land, das fließt von Milch und Honig, in das Gebiet der Kanaaniter, Hethiter, Amoriter, Pheresiter, Hewiter, Gergesiter und Jebusiter. Siehe, das Geschrei der Kinder Israels ist zu mir gedrungen, und ich habe die Bedrückung gesehen, mit der die Ägypter sie bedrücken. Jetzt komm, dass ich dich zu Pharao sende, dem König Ägyptens, und du mein Volk, die Kinder Israels, aus dem Lande Ägyptens herausführst.

Schließlich sei noch eine ausdrückliche Bemerkung über die besondere Art des Koptischen, in dem der Codex Glazier den westlichen Actatext bezeugt, gemacht. Die Sprache, in der Apg 1,1–15,3 geboten wird, ist nämlich der hochinteressante und gerade erst im Prozess der Erschließung begriffene mittelägyptische Dialekt des Koptischen. Und für die Linguistik ist der Codex Glazier als Zeuge des Mittelägyptischen von genauso unschätzbarem Wert, wie er es als Zeuge des D-Textes für die neutestamentliche Textforschung ist.[12] Aber das ist nicht der Schwerpunkt der hiesigen Präsentation.

Übrigens scheint die Gegenwart für Entdeckungen von mittelägyptischen Texten besonders fruchtbar zu sein. Neben den Paulusbriefen (P. Mil. Copti),[13] dem Matthäusevangelium (Codex Scheide) und der Apostelgeschichte (Codex Glazier) ist Anfang November 1984 auch noch ein Psalmencodex im mittelägyptischen Dialekt zutage gekommen. Das Besondere an dieser letzten Entdeckung, was ich in diesem Rahmen weitergeben möchte, ist – außer dem Objekt selbst natürlich –, dass diesmal der Fundort in Ägypten und die Fundumstände bekannt sind, weil der Fund im Rahmen einer offiziellen Grabung der ägyptischen Altertümerverwaltung gemacht worden ist. Der mittelägyptische Psalmencodex wurde gefunden bei Ausgrabungen auf einem großen, alten Friedhof beim Dorf Al-mudil, etwa sieben Kilometer nördlich vom Ramsestempel zu Al-Hiba. Und zwar stammt er aus dem Grabe eines etwa 13-jährigen Mädchens, wo er unter dem Kopf der Bestatteten gelegen hatte.[14]

---

12 Übrigens hat auch in diesem Bereich die Auswertung des von Codex Glazier gebotenen Materials bereits begonnen. Es ist z. B. schon einbezogen bei H.-M. Schenke, On the Middle Egyptian Dialect of the Coptic Language, Enchoria 8 (1978), Sonderband, 43 (89)–(104)58; W.-P. Funk, Beiträge des mittelägyptischen Dialekts zum koptischen Konjugationssystem, in: D. W. Young (ed.), Studies Presented to H. J. Polotsky, E. Gloucester (Mass.) 1981, 177–210; Schenke Codex Scheide, 1–50 (= Einleitung) und 149–202 (= Index).

13 T. Orlandi, Lettere di San Paolo in Copto-ossirinchite, P.Mil.Copti 5, Milano 1974.

14 Im Prinzip ging die Nachricht von diesem Fund durch die Nachrichtenagenturen und die Presse. Die darüber hinausgehenden Einzelheiten verdanke ich den Mitteilungen von Gawdat Gabra, dem Direktor des Koptischen Museums zu Alt-Kairo, der auch selbst den Text nach seiner Konservierung zu edieren beabsichtigt.

MARGINAL NOTES ON MANICHAEISM FROM AN OUTSIDER*

An outsider to Manichaean studies who momentarily turns his interest to issues related to Manichaeism is, nevertheless, an *interested* outsider. The basis for my interest in Manichaeism, as expressed in the following "marginal notes", is the relationship between Manichaeism and the Gnosis of an earlier type, or one could say, between Manichaeism and the rest of the Gnostic world in all its diverse aspects.

My interest in this regard began with a reconsideration of the relevance of Manichaean teaching on the "primordial man" for the religio-historical concept of the myth of a "redeemed redeemer" as the core of Gnosis. It is with great pleasure that I now correct my previous position that this alleged myth of the redeemed redeemer did not exist prior to Manichaeism. I now anticipate that a full-scale study of the relevant Nag Hammadi texts in this regard might result in a sort of vindication and revival of the classical hypothesis concerning the redeemed redeemer, which, though not completely accurate in all of its features, now appears to be closer to historical realities than could previously have been imagined.

My interest was also sparked by the intriguing possibility that some traditional passages known to us from the Nag Hammadi texts might have been influenced by Manichaeism. By way of introduction, I will briefly mention two examples. The first passage is perhaps the most important in this respect. It is the long section on the "primordial man" in *On the Origin of the World* (NHC II,5), especially the whole complex p. 108,14–112,1 (= ##45–61).[1] The second example concerns the *Gospel of Thomas* (NHC II,2) that was certainly read and transmitted by the Manichaeans. In the *incipit* to this gospel, the designation of Jesus as the "living Jesus" (ⲓ̅ⲥ̅ ⲉⲧⲟⲛϩ; cf. Ἰη(σοῦ)ς ὁ ζῶν, P. Oxy. 654,2) has a Manichaean ring for the experienced

* In: P. Mirecki/J. BeDuhn (Hg.), *Emerging from Darkness. Studies in the Recovery of Manichaean Sources*, NHMS 43, Leiden 1997, 289–294.

[1] A. Böhlig, *Die Gnosis, III: Der Manichäismus*, Zürich/München 1980, 53–4; A. Böhlig/C. Markschies, *Gnosis und Manichäismus*, BZNW 72, Berlin/New York 1994, 158; A. Böhlig/P. Labib, *Die koptisch-gnostische Schrift ohne Titel aus Codex II von Nag Hammadi im Koptischen Museum zu Alt-Kairo*, DAWB.IO 58, Berlin 1962; and B. Layton, *Nag Hammadi Codex II,2–7 together with XIII,2*, BRIT. LIB. OR.4926(1), and P.Oxy. 1*, 654, 655, NHS 20, Leiden 1989, 2,12–134, esp. 50–59.

ear.[2] A third example from the Nag Hammadi texts, this time concerning the *Gospel of Philip*, will be more fully discussed below. In any case, the relationship between the Nag Hammadi and the Manichaean texts, no matter what chronological order the lines of derivation may suggest, is of considerable importance for future scholarly research.

Of course, the positive relationship that the Nag Hammadi collection displays towards Manichaeism is, in principle, only one of two possible evaluations that the representatives of the earlier Gnosis could have made in their confrontation with Mani's newly formed type of Gnosis. Such an encounter that to our modern eyes may simply appear to be an encounter between two varieties of one and the same redemptive movement could also have resulted in bitter enmity on the side of the older Gnosis. This possibility is especially evident in relation to the famous passage on the primordial man in the book of Zosimus *On the Letter Omega*,[3] in which the name Μανιχαῖος seems, from a Gnostic perspective, to be the secret name of the antichrist.

I now turn to three new observations that have only recently dawned on the horizon of my own perception through the course of my regular work. The first two of these "marginal notes" are ideas that came to my mind while preparing reviews of recent books in Manichaean studies. These ideas were only briefly expressed in those reviews, yet I consider them worthy of liberation from their original contexts, and so I gather them together and bring them to focus here.

First, while commissioned to prepare a review of A. Villey's book on Alexander of Lycopolis' refutation of Manichaeism (1985),[4] it became clear to me that there was still some lingering scholarly confusion on the meaning of the toponym "Lycopolitanus" as it was employed by the neo-Platonist Alexander. The question I raise is whether this traditional part of his name "of Lycopolis" refers to Alexander's place of birth or his place of activity (where he flourished as a teacher of philosophy). But what is equally unclear is why Villey never discusses or refutes the earlier and opposite understanding of P. W. van der Horst and J. Mansfeld in their

---

[2] Layton, *Nag Hammadi Codex II,2–7*, 1,38–128, esp. 52–53, and 113.

[3] *Zosimus of Panopolis, 'On the Letter Omega,'* ed. & tr. by H. M. Jackson, Texts and Translations 14 (Missoula, MT, 1978) §14, pp. 35 and 54 n. 72.

[4] H.-M. Schenke, Review of A. Villey, *Alexandre de Lycopolis, Contre la doctrine de Mani*, SGM 2, Paris 1985, in *JAC* 30 (1985), 213–17; hier 1097–1102. See also Böhlig, *Die Gnosis*, 6.55; Böhlig/Markschies, *Gnosis und Manichäismus*, 136.

brief study (1974).[5] To be sure, they do not discuss the issue either, but their position can be inferred from the wording of the title of their study: *An Alexandrian Platonist*..., suggesting that cosmopolitan Alexandria was Alexander's place of activity as head of the neo-Platonic school, while provincial Lycopolis was merely his place of birth. I would suggest that the opposite view held by Villey, now so popular among Manichaean researchers, that Alexander was the head of the provincial school in Lycopolis where he polemicized against regional Manichaeans, perhaps is simply the result of a too mechanical combination of two problematic and separate issues. The first, as already noted, is Alexander's toponym "Lycopolitanus," and the second is the possibility (or, as some would say, the probability) that the area of Lycopolis in the fourth and fifth centuries was a centre for Egyptian Manichaeism. This latter issue has gained support among some modern scholars in the light of the Coptic Manichaean codices from Medinet Madi inasmuch as they were written in what is often called the "Lycopolitan" dialect of Coptic (dialect siglum *L4*), which indeed may have been one of the vernaculars of that region of Egypt in which Lycopolis was situated (whether the word "region" is to be understood in its narrower or broader sense). However, this "short circuit" reasoning, which too quickly links Alexander's toponym "Lycopolitanus" with the region of the "Lycopolitan dialect", thus suggesting provincial Lycopolis as his place of polemical and philosophical activity, is still a general temptation among scholars.

My second marginal note originates from my belated acquaintance with the precious though small Mani codex of Cologne and, again, by means of two reviews of new editions of its text, both by L. Koenen and C. Römer (1985 and 1988).[6] The impression of this already famous text on this outsider to Manichaean research immediately raised two naive questions. The first concerns its value as a source document, but it is the second on which I wish to elaborate. It seems a difficult, if not a hopeless effort to determine the literary genre of the text contained in the damaged little book, or even, in the least, to clarify its internal literary structure. So

---

[5] P. W. van der Horst/J. Mansfeld, *An Alexandrian Platonist Against Dualism. Alexander of Lycopolis' Treatise 'Critique of the Doctrines of Manichaeus'*, Leiden 1974.

[6] H.-M. Schenke, Reviews of L. Koenen/C. Römer, [ed.] *Der Kölner Mani-Kodex. Abbildungen und diplomatischer Text*, PTA 35, Bonn 1985, and L. Koenen/C. Römer, [ed.], *Der Kölner Mani-Kodex. Über das Werden seines Leibes*. Kritische Edition aufgrund der von A. Henrichs und L. Koenen besorgten Erstedition, PapCol 14, Opladen 1988, in *ThLZ* 114 (1989), 820–822.

the question came to this outsider's mind, whether this codex presents us with one of those rare cases in which an unusual circumstance (a heavily damaged text) can permit or even demand an equally unusual methodological procedure. Therefore, I dared to ignore, as an exegetical experiment, not only the inserted titles, which are so strange at times, but also the given title for the whole book as well (Περὶ τῆς γέννης τοῦ σώματος αὐτοῦ), especially since the content of the book is not at all a description of the origin of the body of Mani,[7] but instead is something like a personal confession by Mani regarding his vocation and his supernatural guidance by revelations. Under this condition, it would appear that the long theological discussion in about the middle of the preserved text (esp. 45,1–74,4), which does not fit with what seems to be the literary frame, could in fact be part of the genuine frame which thus would come to our view only in the middle of the text and not at the beginning or at the end, both of which are virtually missing due to the deterioration of the vellum. This would not be the first case in which an original frame comes to the surface only in the midst of a mutilated text.[8] This centerpiece seems to explain the immediate topic and to describe the purpose of all that precedes it and all that follows in the rest of the extant text. Thus, the figure of the teacher Baraies, who is named as the author of this part, may be seen on a different level from the other disciples of Mani who are summoned as witnesses. Hence one can imagine that the book already began with an exhortation like γνῶτε…, ὦ ἀδελφοί, καὶ σύνετε πάντα… (45,1f.), or something similar to these words, as a kind of rhetorical resumptive phrase. Then the book may have concluded with a cadential address similar to: ἡμεῖς τοίνυν, ὦ ἀδελφοί, παῖδες τυγχάνοντες τοῦ πν(εύματο)ς τοῦ π(ατ)ρ(ὸ)ς ἡμῶν… (72,9–12).

In addition, the reference to Paul within this piece (60,13–62,9) is not merely of a general interest for New Testament scholarship. Rather, the connection made between Paul's discussion in 2 Corinthians (12:2–4) and the references to his experience of his vocation in the letter to the Galatians (1:11–17) indicates that the Manichaean author Baraies understood the references to being caught up to the third heaven (ἁπαγέντα τὸν τοιοῦτον ἕως τρίτου οὐρανοῦ) and caught up into paradise (ὅτι ἡρπάγη εἰς τὸν παράδεισον; 2 Cor 12:2–3) as referring to the same event as Paul's revelatory vocation to apostleship (ἀλλὰ δι' ἀποκαλύψεως, Gal 1:12; and

[7] See Koenen/Römer, *Der Kölner Mani-Kodex*, 1988, xv n. 2.
[8] Schenke in *ThLZ* 114 (1989), 822.

ἀποκαλύψαι τὸν υἱὸν αὐτοῦ ἐν ἐμοί, 1:15–16a). Therefore, Baraies may pass as sort of a forerunner of John Knox, for whom this combination was the starting point for his and his present day followers' reconstruction of early Christian chronology regarding the date of the apostolic council (Gal 2:1–10), which they place *after* the second missionary journey of Paul, and that means *after* his activity in Macedonia and Greece.[9]

My third and final marginal note is in a closer connection to my actual occupation. It is a "flower" plucked from my work on a new critical edition, with commentary, of the *Gospel of Philip* (NHC II,*3*). There seems to be a remarkable relationship between *Gos. Phil.* #3a and a certain passage from the Cologne Mani codex. According to my linguistic analysis, *Gos. Phil.* #3a reads:

> Those who are heirs to the dead *are themselves dead*;
> and it is (only) the dead that they are heirs to.
> Those who are heirs to him who is living are alive;
> and they are heirs to him who is living—and (to) the dead.

What needs special clarification in this paragraph of the *Gospel of Philip* is the end of the first line of our translation given above, that is, the unexpected proposition that heirs can be called "dead". This strange metaphoric saying is clarified through a comparison with three relevant parallels from the Gospel of Matthew (Matt 8:22; cf. Luke 9:60a), the *Gospel of Philip* (#93a), and the Cologne Mani codex (74,8–76,9). Since the focal point of this discussion is the parallel in the Mani codex, let me briefly discuss the first two parallels in the gospels of Matthew and Philip.

Our saying in *Gos. Phil.* #3a clearly recalls the logion in Matt 8:22, "Leave the dead to bury their own dead" (ἄφες τοὺς νεκροὺς θάψαι τοὺς ἑαυτῶν νεκρούς). It is certainly quite easy to transpose the contents of the saying from the *Gospel of Philip* into the form of the logion of Matthew, resulting in, "Leave the dead to be heirs to their dead." Or *vice versa,* one can transpose the contents of the logion of Matthew into the form of the logion of the *Gospel of Philip,* "Those who bury the dead are themselves dead." That is, those who are "to bury their own dead" in Matt 8:22 could have been understood as "dead" in the same sense as "those who are heirs to the dead" in *Gos. Phil.* #3a.

Regarding our second parallel, the saying in *Gos. Phil.* #3a also recalls a similar saying in the same text #93a. Both sayings appear to be concerned

9 See, for example, John Knox, *Chapters in a Life of Paul,* New York 1950, 47–60.

with the same matter, although they express it through different images and forms. So, *Gos. Phil.* #93a reads:

> This world is a corpse-eater. All the things eaten in it *themselves also die.* Truth is a life-eater. Therefore, no one nourished by [truth] will die.

In the context of our discussion, it is the second sentence that is of importance, since it provides the possibility of a cross-connection of the predicates in *Gos. Phil.* #93a and #3a:

(*Gos. Phil.* #93a) ⲥⲉⲙⲟ[ⲩ] ϩⲱⲟⲩ ⲟⲛ (73,21)
(*Gos. Phil.* #3a) ⲛ̄ⲧⲟⲟⲩ ϩⲱⲟⲩ ⲥⲉⲙⲟⲟⲩⲧ (52,7)

Remarkably, it appears that in *Gos. Phil.* #93a the text says too little while in #3a it says too much. In #93a, in the context of corpse-eating, it would appear to be more natural if it would read, "All the things eaten in the world *are* themselves (*already*) *dead.*" Then there would be no problem in the earlier passage in #3a, if we could imagine, "Those who are heirs to the dead themselves (*have to*) *die also.*" But under the circumstances, we cannot avoid asking whether the two crucial verbal expressions have to be understood at least in a way that their semantic ranges intersect. For #93a, we would then gain the understanding, "All the things eaten in the world *are* themselves *about to* die." And our sentence in #3a would then mean, "Those who are heirs to the dead *will be* themselves dead *soon*" (or, "are themselves *as good as* dead").

Our third parallel, from the Cologne Mani codex (74,8–76,9), seems to confirm exactly this understanding of our focal text in *Gos. Phil.* #3a. This parallel is, in any event, the most peculiar of the three and is relevant to the entire paragraph of the *Gospel of Philip.* But this parallel text might not be an independent tradition, and the mutual relation between the two texts could instead be seen in analogy to the Johannine *story* of the foot washing (John 13:4–5,12–20) and the conceptually similar *saying* in Luke 22:27.[10] This suggests that the Manichaean text in the Cologne Mani codex might be only a transposition of our metaphor itself into the legend of a saint, and we know that the *Gospel of Philip* was accepted and used by Manichaeans as part of their literature. According to the passage in the Cologne codex, Mani had reported the following story from his youth:

---

[10] Luke 22:27, "For which is the greater, one who sits at table, or one who serves? Is it not the one who sits at table? But I am among you as one who serves."

> When I lived in their[11] midst, one day Sitaios, the elder of their council, son of Gara, took me by my hand, because he loved me and looked upon me as his beloved son. So, he took me by my hand, while nobody was present, and after a bit of a walk [he dug out] enormous treasures that he had kept (there) secretly and displayed them to me. He said to me, "These treasures are mine and I can dispose of them. Henceforth, however, they shall be yours. For there is nobody whom I love like you so that I want to give him these treasures." When he had spoken thus to me, I said to myself, "Earlier than he, already my most blessed father[12] took me (by my hand) and gave me an immortal and imperishable treasure. If one inherits it, he shall, in addition to it, receive eternal life."[13] So, I replied to the elder Sita, "Where are our ancestors who possessed these treasures before us as heirs? Behold, they died and perished; they did not possess them as their property and did not take them along with themselves either.[14]

By the way, the closest point of contact is between the crucial metaphoric phrase from the *Gospel of Philip* (ⲛ̄ⲧⲟⲟⲩ ϩⲱⲟⲩ ⲥⲉⲙⲟⲟⲩⲧ) and the hendiadys in the Mani codex that they "died and perished" (ἰδού γὰρ ἀπέθανον καὶ ἀπώλοντο).[15] Finally, a comparison of these texts suggests that one could understand the sentence in the *Gospel of Philip* to mean that there is not merely a single case in view, but rather an entire genealogical chain of all those who ever were or are heirs to dead ones.[16]

[11] The antecedent is the Jewish Christian community of Elkhasaite baptists in southern Mesopotamia; see S. N. C. Lieu, *Manichaeism in the Later Roman Empire and Medieval China*, Tübingen ²1992, 35–50.

[12] "Father" is probably a reference to the so-called *syzygos* who mediated revelation to Mani; see Lieu, *Manichaeism,* 7, 44–47, 50, and 65.

[13] ὃν ἄν τ[ις] κληρονομήσοι, ἀθά[νατον] ζωὴν πρὸς τούτω[ι κομι]εῖται.

[14] *CMC* 74,8–76,9; my translation follows that of Koenen and Römer (50–53) with the inclusion of an element of the Greek text inadvertently omitted in the German translation; note also the preference I have given to a reading from the *apparatus criticus.*

[15] *CMC* 76,5–6.

[16] I would like to thank P. Mirecki for adjusting my English style.

KONKORDANZEN ZU DEN NAG HAMMADI CODICES*

Wenn die folgende Vorstellung eines neuen Teilunternehmens der kanadisch-französischen „Bibliothèque copte de Nag Hammadi" stellenweise den Eindruck eines Lobgesangs machen sollte, so sei das einem Menschen verziehen, dem das große Glück widerfahren ist, im Zentrum des Unternehmens, das ist die Theologische Fakultät der Université Laval in Québec, Canada, *quasi* als „Zauberlehrling" in die Herstellungsweise der Produkte, um die es geht (ein ganz bestimmtes, in Québec entwickeltes so genanntes „Lemmatisierungsprogramm"), eingeführt zu werden. Ich schreibe die hiesigen Zeilen, *nachdem* ich während eines einjährigen Aufenthalts an der Université Laval als „professeur rechercheur invité" (1994/95) unter Anleitung und mit Hilfe des „Hexenmeisters" W.-P. Funk selbst eine solche Konkordanz für die mittelägyptisch-koptischen Texte der Codices Scheide und Glazier (von denen der erste das ganze Matthäusevangelium und der zweite die erste Hälfte der Apostelgeschichte enthält) hergestellt habe, und *nachdem* ich etwas später, wieder zu Hause in Berlin, dann auch gleich noch den ganzen, gerade von Gawdat Gabra herausgegebenen mittelägyptischen Psalmencodex (den so genannten „Mudil Codex") für die Lemmatisierung, die in Québec erfolgen soll, in den Computer eingegeben habe, und *während* ich jetzt gerade dabei bin, eine einzelne Nag Hammadi-Schrift, das so genannte Evangelium der Wahrheit (die dritte Schrift des Nag Hammadi Codex I) im Zusammenhang mit der Vorbereitung einer Neuausgabe zu lemmatisieren.

Damit ist auch schon gesagt, dass die bisher erschienenen vier Konkordanzen zu jeweils ganzen Nag Hammadi Codices, die der Ausgangspunkt und das Zentrum dieser Darlegungen sind, nur der Gipfel eines (kanadischen) „Eisbergs" sind. Aber halten wir uns zunächst an diesen für alle sichtbaren Gipfel. Die Bibliothèque copte de Nag Hammadi hat vor kurzem (im Jahre 1992) damit begonnen, ihren beiden Reihen „Section Textes" und „Section Études" (unter der nötigen, erheblichen Vergrößerung des Formats) eine dritte Reihe, nämlich die „Section Concordances"

---

* OLZ 92 (1997), 661–673. Besprechung von Régine Charron, Concordance des textes de Nag Hammadi. Le Codex VII; Pierre Cherix: Concordance des textes de Nag Hammadi. Le Codex VI; Régine Charron: Concordance des textes de Nag Hammadi. Le Codex III; Pierre Cherix: Concordance des textes de Nag Hammadi. Le Codex I, BCNH.C 1. 2. 3. 4, Louvain/Paris 1992/1993/1995.

hinzuzufügen. Bisher sind, wie gesagt, vier solcher Konkordanzen erschienen, je zwei in der Bearbeitung der Kanadierin Régine Charron (für die Codices VII [1992] und III [1995]) und zwei in der Bearbeitung des Schweizers Pierre Cherix (für die Codices VI [1993] und I [1995]). Die Beteiligung der Schweiz bei der Erstellung der Konkordanzen hängt damit zusammen, dass Pierre Cherix von Anfang an bei der Erarbeitung des Lemmatisierungsprogramms in Québec beteiligt war. Als nächstes wird von kanadischer Seite die Bearbeitung von Codex VIII und IX (in einem Band [Nr. 5]) erwartet (schon im Druck), während die Konkordanz von Codex II wiederum in der Schweiz, diesmal von Françoise Morard, hergestellt werden sollte. Ob es dabei bleibt, muss abgewartet werden.

Diese Konkordanzen bestehen, abgesehen von den etwas variablen Informationen der einleitenden Abschnitte, aus drei wesentlichen Teilen: Neben dem umfangreichsten Hauptteil, der eigentlichen Konkordanz, gibt es da nämlich auch noch den fortlaufenden Text, wie er der Lemmatisierung zu Grunde liegt („Texte suivi"), und einen Index, der einem hilft, für alle im Text vorkommenden Gestalten eines Wortes oder einer Form das richtige Lemma der Konkordanz zu finden. Diesen Index braucht übrigens auch der kundige Konkordanzbenutzer, um sich in diesem Labyrinth zurechtzufinden. Also, wenn man z. B. wissen möchte, wo man den unbestimmten Pluralartikel ϩⲉⲛ- (*S*) bzw. ϩⲛ̄- (*L6*) finden kann, sagen die kanadischen Bände: unter dem Buchstaben ⲟⲩ, nämlich mit dem Singularartikel (ⲟⲩ-) zusammen, die schweizerischen Bände aber: unter dem Wort ϩⲟⲉⲓⲛⲉ „einige". Dieser „Index complet des mots-formes" bzw. „Index des segments" ist, wie auch die Konkordanz selbst, in der Regel dreifach unterteilt, nämlich in: „Mots coptes autochtones" bzw. „Segments coptes", „Mots gréco-coptes" bzw. „Segments gréco-coptes" und „Noms propres". In der Konkordanz gibt es nach Bedarf aber auch noch andere Kategorien, so z. B. „Chiffres et mots magiques" bzw. „Mots magiques" und „Mots non lemmatisés.

Die Konkordanz ist so organisiert, dass das Segment, um das es jeweils geht, immer genau in der Mitte einer den betreffenden Textausschnitt wiedergebenden Zeile, unmittelbar nach einer Mittelspalte erscheint. Man braucht also, im Unterschied zu herkömmlichen Konkordanzen, das betreffende Wort nicht erst in dem gebotenen Textausschnitt zu suchen. Am rechten Rande jeder Zeile steht jeweils die Stellenangabe. Die Seiten haben oben rechts und links (die Seitenzahl steht in der Mitte) laufende Titel, was eine sehr große Hilfe bei der Arbeit ist. Die einzelnen Lemmata haben links neben der Überschrift noch die Angabe, wie oft das betreffende Segment vorkommt [also z. B. in Codex VII (Band 1, S. 414): 100 ⲥⲟⲟⲩⲛ,

d. h., in Codex VII kommt das Wort ⲥⲟⲟⲩⲛ „erkennen" hundertmal vor; oder vgl. den Eintrag, ebenfalls in Codex VII (S. 304): 2367 ⲡ- (article défini)]. Die Lemmata sind natürlich auch noch nach den verschiedenen Gebrauchs- oder Erscheinungsweisen des betreffenden Wortes geordnet; bei Verben wie ⲥⲟⲟⲩⲛ „erkennen" in folgender Reihenfolge: absoluter Infinitiv, dessen *status nominalis*, dann der *status pronominalis* (dieser Block wiederum in sich geordnet nach den verschiedenen Personalsuffixen), und schließlich die verschiedenen nominalen Verwendungsweisen. Da es in diesem Rahmen nicht möglich ist, meinen Worten eine Illustration, die sofort alles klar machen würde, beizufügen, will ich die bloße Beschreibung des Aussehens der Konkordanzen hier nicht weiter ausdehnen.[1]

Von allgemeinem Interesse dürfte dagegen der Hinweis auf eine gewisse Variabilität des hinter diesen Konkordanzen stehenden Systems sein. Der erste Band unterscheidet sich z. B. schon dadurch von den drei späteren, dass die Lemmatitel nur koptisch gegeben sind, während ihnen vom Band 2 an in der Regel die Bedeutung in Französisch hinzugefügt wird. Eine nächste Stufe der Betrachtung des Sachverhalts der Variabilität ergibt sich aus dem einfachen Vergleich zwischen den kanadischen und schweizerischen Produkten der Reihe. Zunächst einmal sehen die Konkordanzen schon insofern verschieden aus, als verschiedene koptische Typen verwendet werden.[2] Das heißt, der Lemmatiseur kann offenbar mit verschiedenen Typensätzen arbeiten. Außerdem weist das Prinzip der koptischen Worttrennung gewisse oder erhebliche Verschiedenheiten auf, ist jedenfalls nicht genau dasselbe. Und nur in den kanadischen Bänden findet sich in den Einleitungen ein textkritischer Abschnitt, in dem für neuralgische Stellen unter Bezugnahme auf die vorhandenen Textausgaben (und den Befund des Originals) die Wahl der in der Konkordanz benutzten Textgestalt offengelegt wird.[3] Auch gibt es nur in den kanadischen Bänden die Kategorie der „Mots non lemmatisés".[4] Die Mittelspalte, die in der kanadischen Konkordanzversion die Breite von zwei Buchstaben hat, ist in der schweizerischen Version um eine Buchstabenbreite größer.

[1] Vgl. aber die zweisprachige Introduction in die ganze Reihe, die sich in ihrem ersten Band findet (1–15 [Französisch]; 17–25 [Englisch]), und in der das Prinzip und die Anlage dieser Konkordanzen dem Benutzer im Einzelnen erklärt werden.

[2] Vgl. Band 2, S. 2: „À la différence du premier volume de la collection, l'impression de la concordance, du texte et de l'index des segments a été réalisée à l'aide du programme de traitement de texte *Multi-Lingual Scholar 4.2.*"

[3] Vgl. in Band 1: „Les sources" (8–15); in Band 3: „Liste de critique textuelle" (XV–XXXII).

[4] Vgl. Band 1, 709 (18 Wörter); Band 3, 526–531 (nicht durchgezählt).

Dieser Umstand bringt den Vorteil mit sich, dass Cherix ein Zeichen (und zwar einen Winkel: >) dort in die Spalte setzen kann, um damit anzudeuten, dass innerhalb eines Lemmas hier eine neue Kategorie beginnt, wozu bei den kanadischen Konkordanzen gegebenenfalls eine ganze Leerzeile herhalten muss.

Die Hauptbesonderheit der schweizerischen Version hängt auch mit der Ordnung der Belege und Stellen innerhalb ein und desselben Lemmas zusammen. Hier werden die Belege ein und derselben Kategorie eines Lemmas auch noch nach dem syntaktischen Rahmen links und rechts von dem betreffenden Segment geordnet.[5] Dieses zusätzliche und höhere Ordnungsprinzip ist aber ziemlich schwer durchschaubar und führt jedenfalls dazu, dass die Reihenfolge der Belege im Text, die in der kanadischen Version innerhalb großer Blöcke eingehalten wird (man kann immer noch sozusagen „am Text entlanggehen") wie aufgehoben erscheint, jedenfalls erheblich verdunkelt wird, so dass es praktisch sehr schwer ist, innerhalb eines großen Lemmas eine bestimmte Stelle, an der man interessiert ist, zu finden. Es gibt aber auch erhebliche und zahlreiche Unterschiede in den Einzelheiten, und zwar nicht nur in der linguistischen Nomenklatur, sondern auch in der realen Verteilung und Ordnung des segmentierten Materials. Das kann man vielleicht am schnellsten an der Behandlung des multifunktionalen Elements ⲛ̄- sehen, aber auch bei den Konjugationen oder bestimmten Präpositionen. Eines der Prinzipien, das hinter *dieser*, solche Einzelfragen betreffenden *Andersartigkeit* steht, dürfte eine stärkere Betonung des diachronischen Aspekts der koptischen Sprache sein. Aber natürlich repräsentiert das alles auch eine andere (mir sehr interessante, wenn auch etwas fremde) koptologische „Schule."

Während ich die übrigen drei Konkordanzen gewissermaßen als Luxus besitze, habe ich die von Codex I im Rahmen meiner Neubearbeitung des Evangeliums der Wahrheit und einer Neuübersetzung des Tractatus

---

[5] Cherix selbst erklärt es mit folgenden Worten: „Tous les segments analysés sont regroupés sous une vedette spécifique et chaque nouveau morphème et chaque nouvelle analyse sont signalés par la présence d'*un chevron au centre de la page*, et classés selon un ordre dont le lecteur comprendra vite la logique / logique rigoureux: pour toutes les classes, les segments toniques précèdent les segments clitiques lesquels sont suivis, dans l'ordre / accompagnés, en contexte immédiat, de nominaux coptes, puis grecs, prédéterminés, postdéterminés et indéterminés, de verbo-nominaux, puis de segments d'autres classes grammaticales. Les verbo-nominaux utilisés dans des constructions verbales précèdent les formes nominalisées. *Le classement du contexte tient compte de six segments consécutifs, lesquels peuvent, selon les classes grammaticales, précéder le segment analysé* (*nominaux, auxiliaires verbaux, etc.*), *ou le suivre* (*verbo-nominaux, préfixes nominaux, etc.*)." [Band 2, 1; Band 4, 1 (*Hervorhebung* vom Rezensenten)].

Tripartitus (NHC I,5) in unmittelbarem Gebrauch. Ich kann in diesem Zusammenhang nur bezeugen, dass diese Konkordanzen ganz wunderbare Hilfsmittel sind – nicht zuletzt für die linguistische Analyse der Texte: Im Unterschied zu den üblichen Registern der betreffenden Ausgaben bieten sie eine *vollständige* Aufschlüsselung der Texte und ermöglichen die direkte Anschauung dessen, was man sich sonst durch mühsames Nachschlagen erst zusammensuchen muss. Unter dem hiesigen Gesichtspunkt der Variabilität des Lemmatisierungsprogramms von Laval erhebt sich bei der Konkordanz von Codex I aber die Frage, warum hier das Wörterbuch *nicht* variiert worden ist. Denn im Unterschied zu den drei anderen Codices, die sahidisch sind, ist der Codex I in einer Spielart des Lykopolitanischen (Dialect *L6*) geschrieben;[6] und trotzdem wurde ihm das sahidische Programm „übergestülpt". Das heißt, die Lemmatitel (und auch die laufenden Seitentitel) bleiben Sahidisch, während nun ihre Füllung (in der Hauptsache jedenfalls; diese *L6*–Texte enthalten nicht wenige Sahidismen) Lykopolitanisch ist. Das führt (in meinen Augen jedenfalls) gelegentlich zu grotesken Anomalien der alphabetischen Ordnung des Materials, zum Beispiel wenn nun unter dem Lemmatitel (S. 123): 1844 ⲉ-, ⲉⲣⲟ⸗, „vers" in der Hauptsache die Formen ⲁ-, ⲁⲣⲁ⸗, die ja allein für *L6* normal sind, erscheinen. Noch auffälliger ist vielleicht das Lemma für die nachgestellte Negationspartikel. Da heißt der Titel: ⲁⲛ (négation); und dann kommt 170mal ⲉⲛ. Auch das Gesamtbild wird durch dieses Verfahren schief. Wenn man die Konkordanz „liest", kann der Eindruck entstehen, als sei die Sprache des Codex I bloß ein sehr stark oberägyptisch eingefärbtes Sahidisch, denn wegen der Titel bieten die Lemmata, wenn Formen beider Dialekte vorkommen, immer erst die sahidischen (wie *viele* oder wie *wenige* das auch sein mögen) und dann erst die lykopolitanischen. Gleichwohl ist das sahidische Raster in einigen wenigen Punkten wenigstens abgewandelt bzw. ergänzt worden. So findet sich außer dem Lemma: 812 ⲁ- (parfait) [S. 17–35] auch noch ein Lemma: 284 ⲁϩ- (parfait) [S. 67–73] und im Anschluss an das Lemma: 616 ⲁⲩⲱ „et, ainsi" [S. 52–65] auch noch ein Lemma: 23 ⲁⲩⲱϩⲛ̄ „et, ainsi" mit all den „komischen" Formen, die es nur im Evangelium der Wahrheit

[6] Mit *dieser Besonderheit* und der zusätzlichen Schwierigkeit, dass der orthographische (und linguistische) Standard der Texte des Codex I, insbesondere der seiner langen fünften Schrift, des Tractatus Tripartitus, auch noch sehr zu wünschen übrig lässt, hängt auch *jene Besonderheit* der ihm gewidmeten Konkordanz zusammen, dass nämlich in den Rahmen ihrer Einleitung ein von G. Roquet stammendes „Spicilège d'épigraphie et de langue" eingefügt ist (S. 3–12).

gibt [S. 66]. Statt ϵιⲙϵ heißt der betreffende Lemmatitel gleich ⲙ̄ⲙϵ „comprendre, savoir" (S. 250), aber es heißt *nicht* ⲡ̄ⲣ̄ⲣϵ statt ⲡϵιⲣϵ „sortir, jaillir" (S. 543). Dabei gibt es in Québec doch eine Wörterbuchversion, die direkt auf das Nag Hammadi-Lykopolitanisch zugeschnitten ist. Ja es gibt auch schon mehr oder weniger fertige Konkordanzen zu den Texten im Dialekt *L6*, wenn auch vorerst nur auf dem Computer. Vielleicht liegt der Grund darin, dass man bei den Konkordanzen nicht anders verfahren wollte als bei den Registern der Einzeltextausgaben der Bibliothèque copte de Nag Hammadi, wo man, wohl um der direkten Vergleichbarkeit willen, für alle Texte das sahidische Raster verwendet hat. Man könnte auch sagen, dass die Erarbeitung einer Lemmatiseurkonkordanz gerade für den Codex I, auf Grund des irregulären Charakters (mindestens der *Orthographie*) seiner längsten Schrift (des TractTrip), schon kompliziert genug war. Ehe man seine allzu oft hybriden Formen in den Computer eingeben konnte, musste man sie zuvor ja doch erst einmal zu deuten versuchen. Und in diesem Bereich linguistischer „Orakeleinholung" hat Cherix nach meinem Eindruck eine ganz vorzügliche Arbeit geleistet. Die erwähnte Wörterbuchversion für den Dialect *L6*, und, wie ich gleich hinzufügen darf, alle möglichen anderen koptischen Dialekte, bedient sich übrigens der englischen Sprache.

Und damit komme ich nun zu einem weiteren wichtigen Aspekt der Variabilität des Wörterbuchspektrums von Laval. Diese englischsprachige Version, nach der ich auch meine Konkordanz der Texte der Codices Scheide und Glazier angefertigt habe, hat gegenüber dem französischsprachigen Modell die Besonderheit, die in meinen Augen eine gravierende Verbesserung darstellt, dass es konsequent die Grammatik von der Lexik trennt; das heißt, es nimmt die Konjugationen und das Determinatorensystem aus dem Hauptteil der Konkordanz heraus, um sie nach den „Native Words", den „Loan Words" und den „Proper Names" als „Conjugations" und „PTN Pronominals" für sich zu bieten. Blicken wir von diesem Standard noch einmal auf die „Vorform", wie sie in den Nag Hammadi-Konkordanzen gebraucht ist, zurück. Da findet sich also das Präsens I unter ϥ- (présent I) *zwischen* ϣⲱϣϭϵ „frapper" bzw. ϣⲱϫⲡ „laisser, abandonner" bzw. ϣϭⲁ „coup" und ϥι „porter" bzw. ϥ „il (pronom inerte)" eingeordnet; und mit ⲁ- (parfait [affirmativ]) fängt die ganze Sache in der Regel an, während sein negatives Complement, also das negative Perfekt unter dem Lemmatitel ⲙⲡϵ- (parfait négatif) bzw. ⲙ̄ⲡϵ- (parfait nié) weit getrennt davon erst unter dem Buchstaben ⲙ erscheint. Entsprechend steht der einfache bestimmte Artikel am Anfang des Buchstaben ⲡ.

Es gibt solche nach dem englischen Modell gemachten Konkordanzen auch schon in gedruckter Form, nämlich als vorläufige und einem kleinen Kreise von Kollegen und Freunden geschenkweise anvertraute Privatdrucke ihres Schöpfers W.-P. Funk. Ich selbst besitze solche vorläufigen Konkordanzen z. B. für „Early Fayyumic Fragments (Dialect *F4*)" (1992); „Coptic Fragments of the ‚*I*' Group of Dialects" (1992); „Short Texts and Fragments in the Middle Egyptian Dialect of Coptic" (1993) [Dialekt *M*]; „P. Mich. 3520 (incomplete) [includes: Eccl 1–5; 9; 1Jn 1–2] together with The British Library Excerpt of Didache" (1993) [Dialekt *V4*]; „Later Standard Fayyumic Texts (Excerpts and Fragments)" (1994) [Dialekt *F5*]; „The Coptic Fragments of Mani's Epistles" (1995) [Dialekt *L4*]. Diese Privatdrucke sind übrigens *auch* zu verstehen als eine Vorbereitung zu einem realen zukünftigen Publikationsprojekt, wie es im September 1995 offiziell durch Bernard Coulie, General Secretary der Reihe CSCO, und Verlagschef Peeters verbreitet wurde. Die betreffende Mitteilung lautet wörtlich:

> The CSCO secretariate at Louvain-la-Neuve announces the publication, beginning in 1996, of a subset of volumes containing Concordances to important corpora of Coptic literature.
>
> Continuing the line of publication started in the 1950's with the *Concordance du Nouveau Testament sahidique*, these volumes will provide useful tools for all areas of research in Coptic philology. They will be focused, in a first period at least, on the various dialect versions of Coptic Biblical texts (with special emphasis on those corpora that are accessible in ancient manuscripts and good editions, but lack indexes).
>
> The program is initiated and supervised by Wolf-Peter Funk. Contributors enlisted so far include R. Charron, W.-P. Funk, H.-M. Schenke. Volumes planned to be published in the next few years include:
>
> Concordance to the Book of Proverbs in Achmimic Coptic (Dialect *A*)
> Concordance to the Book of Proverbs according to Papyrus Bodmer VI (Dialect *P*)
> Concordance to Matthew and Acts in Middle Egyptian Coptic (Dialect *M*)
> Concordance to Short Texts and Fragments in Middle Egyptian Coptic (Dialect *M*)
> Concordance to Early Standard Fayyumic Manuscripts (Dialect *F4*)
> Concordance to Early Bohairic Biblical Texts (Dialect *B4*)
> Concordance to the Book of Psalms in Sahidic Coptic
> Concordance to the Book of Psalms in Middle Egyptian Coptic (Dialect *M*)
>
> Any suggestions for other texts to be processed or persons willing to contribute will be very welcome.

Der nächste Gesichtspunkt, unter dem wir sowohl die schon vorhandenen als auch die zukünftigen Konkordanzen zu koptischen Texten betrachten wollen, gilt ihrer Herstellungsweise, also der Frage, wie man sie macht. Wenn ich (als Lehrling) schon nichts über den komplizierten Aufbau des Programms sagen kann, so drängt es mich umso mehr, etwas von dem, was ich über die Arbeit mit diesem Programm gelernt und erfahren habe, mitzuteilen. Aber zunächst einmal sei noch eingeflochten, dass die Arbeit am Lemmatiseur, bzw. das Erlernen derselben, in Québec einfach zur Ausbildung oder Weiterbildung in der an der Theologischen Fakultät betriebenen Koptologie und Nag Hammadi-Forschung gehört, wie auch schon einschlägigen Prospekten zu entnehmen ist. Und speziell zu der Arbeit der Herausgeber von Nag Hammadi-Texten in der Bibliothèque copte de Nag Hammadi gehört neuerdings in der Regel als erster Schritt die Herstellung einer Arbeitskonkordanz für den betreffenden Text. In dem Konferenzzimmer des dortigen Nag Hammadi-Teams habe ich eine ganze Reihe von Ausdrucken solcher Konkordanzen zu einzelnen Nag Hammadi-Texten mit eigenen Augen gesehen. Um so etwas nun herzustellen, muss der Text erst in einer bestimmten Weise geschrieben werden. Es kommt darauf an, dass der (in Seiten und Zeilen *oder* Kapiteln und Versen gegliederte) Text in einer Weise grammatisch und syntaktisch segmentiert wird, auf die der Computer reagieren kann. Das geschieht mit einer festgelegten Kombination von „dièses“ (…#…#…) *innerhalb* syntagmatischer Wörter und Spatien *zwischen* solchen. Da der Text auf der DOS-Ebene geschrieben wird, müssen die Supralinearstriche, die Tremata, die Unterpunktierungen etc. *vor* die Buchstaben gesetzt werden, *über* und/oder *unter* die sie gehören. Der Anfang des Evangeliums der Wahrheit (der dritten Schrift von Nag Hammadi Codex I), wie ihn auch Cherix für seine Konkordanz eingegeben haben muss, sieht dann zum Beispiel folgendermaßen aus:

/01301631\[7]
ⲡ#ⲉⲩⲁⲅⲅⲉⲗⲓⲟⲛ¯ⲛ#ⲧ#ⲙⲏⲉ˙ ⲟⲩ#ⲧⲉⲗⲏⲗ ⲡⲉ
/01301632\
¯ⲛ#ⲛⲉⲉⲓ¯ⲛⲧⲁϩ#ϫⲓ#ⲡⲓ#ϩⲙⲁⲧ˙ ⲁⲃⲁⲗ ϩ¨ⲓⲧⲟⲟⲧ¯ϥ
/01301633\
¯ⲙ#ⲡ#ⲓⲱⲧ¯ⲛⲧⲉ#ⲧ#ⲙⲏⲉ˙ ⲁ#ⲧⲣⲟⲩ#ⲥⲟⲩⲱⲛ¯ϥ
/01301634\
ϩ¯ⲛ#ⲧ#ϭⲁⲙ¯ⲙ#ⲡⲓ#ϣⲉϫⲉ¯ⲛⲧⲁϩ#¨ⲓ ⲉⲃⲁⲗ ϩ¯ⲛ#
/01301635\
ⲡⲓ#ⲡⲗⲏⲣⲱⲙⲁ ⲡⲉⲉⲓ ⲉⲧ#ϩ¯ⲛ#ⲡⲓ#ⲙⲉⲉⲩⲉ

---

7 Innerhalb dieses „Zählwerks“ ist die Zahl 0130 der Code für den betreffenden Text (hier also das Evangelium der Wahrheit), der Rest (1631 usw.) die Seiten- und Zeilenzahl des Codex I, also p. 16,31 usw.

/01301636\
ⲟⲩⲁϩⲁ ⲡⲓ#ⲛⲟⲩⲥ ⲛⲧⲉ#ⲡ#ⲓⲱⲧ'

(„Das Evangelium der Wahrheit bedeutet Freude für die, denen es vom Vater der Wahrheit gnädig gewährt worden ist, ihn zu erkennen (und zwar) durch die Kraft des Wortes, das aus jener Fülle gekommen ist, die im Denken und im Verstand des Vaters vorhanden ist").

Der so formatierte Text wird dann „geschrieben", das heißt an eine bestimmte Stelle hinkopiert, von wo die Kopie in den Lemmatiseur importiert wird. Erst zum Schluss des ganzen Verfahrens gelangen übrigens die Supralinearstriche, die Tremata, die Unterpunktierungen etc. automatisch *über* bzw. *unter* die Buchstaben, zu denen sie gehören. Der Lemmatiseur ist nun das Programm, mit Hilfe dessen der Text in seine Elemente zerlegt und diese sachgemäß geordnet werden können. Diese Hauptarbeit der Lemmatisierung erfolgt in zwei Stufen: Wenn man die „Lemmatisation *automatique*" aufruft, arbeitet der Computer ganz allein. Das heißt, er ist auf alle eindeutigen sprachlichen Phänomene eingestellt und ordnet alles Eindeutige automatisch. Solche eindeutigen Elemente aus dem Anfang des obigen Beispiels, mit denen der Computer allein fertig wird, sind: die Nomina bzw. Substantive ⲉⲩⲁⲅⲅⲉⲗⲓⲟⲛ, ⲙⲏⲉ, ⲧⲉⲗⲏⲗ und ϩⲙⲁⲧ; weiterhin die perfektische Relativform ⲛ̄ⲧⲁϩ-, der Demonstrativartikel ⲡⲓ-, das Adverb ⲁⲃⲁⲗ und die suffigierte Präposition ϩⲓ̈ⲧⲟⲟⲧϥ̄. Der Lemmatiseur gibt sofort auch an, wieviel Elemente/Worte er lemmatisiert hat, aber auch, welche er *nicht* kennt und also deswegen nicht lemmatisieren konnte. Solche „unbekannten Wörter" sind gewöhnlich zum Teil Verschreibungen bei der Texteingabe (z. B. Wörter mit einem wirklich falschen Buchstaben oder, wo bloß eine „dièse" bzw. ein Spatium vergessen worden ist), die mit Hilfe dieser Negativanzeige entlarvt werden, so dass man sie nun im Lemmatiseurtext noch verbessern kann. Zum anderen Teil sind das richtige Wörter, um die das Vokabular des Computers nachträglich noch erweitert werden kann und muss. Das eigentliche Werk des Bearbeiters besteht in der dann folgenden Stufe der „Lemmatisation *interactive.*" Wenn man diese aufruft, erscheinen auf dem Bildschirm nacheinander alle mehrdeutigen Elemente nebst den (numerierten) für sie möglichen Optionen, zwischen denen sich der Bearbeiter durch Wahl der betreffenden Nummer entscheiden muss. Was die ersten beiden Zeilen unseres Beispiels betrifft, so wird der Computer zunächst beim Element ⲡ- fragen, ob es sich um den Artikel [ⲡ- (def. art.)] oder um das *Determinativpronomen* [ⲡ- (preceding rel.)] handelt. Für das ⲛ- vor ⲧ#ⲙⲏⲉ bietet der Computer die größtmögliche Fragepalette an, nämlich 11 Möglichkeiten; und man muss die Nummer mit der Kategorie „relation" drücken.[8] Dann kommt bei ⲧ- wieder die Frage: Artikel oder Determinativpronomen. Bei ⲟⲩ- kommt praktisch bloß die Rückfrage, ob das auch wirklich der unbestimmte Artikel ist. Zu ⲡⲉ bietet der Computer 5 Möglichkeiten an, nämlich: copular pronoun (was hier richtig ist), backgrounding particle (beim Imperfekt), das Wort „sky, heaven", die silbische Form des bestimmten Singularartikels und eine Form des Possessivartikels (also mit dem Ø-Suffix der 2. Pers. Sgl. fem.). Sodann kommt für das ⲛ̄- vor ⲛⲉⲉⲓ wieder die elffache Palette, aus der man diesmal die Antwort „dative" aussuchen muss.[9] Bei ⲛⲉⲉⲓ gibt es nicht nur die Alternative zwischen Demonstrativ*pronomen* und Demonstrativ*artikel*, wo man dem Computer „sagen" muss, dass das erste hier richtig ist. Er bietet vielmehr auch die Möglichkeit einer Imperfektform (1. Sgl.) und einer Form des negativen energetischen Futurs an. Die Hauptfrage zu ϫⲓ- lautet schließlich, ob das wirklich der echte *status nominalis* des Verbs „take, receive" ist (richtig!) oder nur das Bildungselement eines *verbum compositum* auf (ϫⲓ-). Der Computer bietet aber auch noch die Möglichkeit der Deutung als einer Form des Verbs ϫⲟⲩ „say" an. Das nächste, was dann zu tun ist, ist die Präzisierung. Hier ist der erste Schritt wieder eine „Précision *automatique*"; und die vollzieht der Computer dann in Windeseile. Dabei geht es zum Beispiel um die richtige Reihenfolge der Suffixe an einem bestimmten Infinitiv, oder die richtige grammatische Reihenfolge der Konjugationsformen, oder die Ordnung: Maskulinum, Femininum, Plural bei den „PTN-Pronominals". Das alles „kennt" der Computer und bringt er allein in Ordnung. Aufgabe der dann noch anstehenden „Précision *interactive*" ist eine gewisse Feinarbeit und, wenn man will, eine gewisse künstliche Ordnung (wenn man also zum Beispiel beim Verb ϩⲙⲟⲟⲥ/ϩⲙⲁⲥⲧ̄ den Gebrauch im Präsens [„sitzen"] von dem im Verbalsatz [„sich setzen"] unterscheiden will, oder beim ⲛ̄- der Identität den Gebrauch zur nominalen „Aufhebung" des Suffixes einer der infrage kommenden Präpositionen *von* dem zur Einführung des „Prädikats" nach ϣⲱⲡⲉ, ϣⲟⲟⲡ und ⲟ/ⲟⲉⲓ). Bei dem, was vor allem gemacht werden *muss*, geht es z. B. um die Ordnung

[8] Das der Lemmatisierung zugrunde liegende Kategoriensystem hat die Unterscheidung zwischen Genitivpartikel ⲛ̄- und der Präposition ⲛ̄- (/ⲙ̄ⲙⲟ⸗) „in" etc. aus bestimmten theoretischen Gründen (mit denen ich selbst freilich einige Probleme habe) aufgegeben und fasst diesen ganzen Komplex als ⲛ-, ⲙⲙⲟ⸗ (relation) zusammen.

[9] Es gibt Fälle wie diesen, wo man hinsichtlich der grammatischen Identifizierung schwanken kann (hier zwischen *Genitiv* [also: relation] *und Dativ*). Aber in struktureller bzw. synchronischer Hinsicht ist (doch) nur die Identifikation als Dativ einwandfrei, wie übrigens auch Cherix entschieden hat (vgl. Band 4, 373, Z. 5).

der Vorkommen des Instans ⲛⲁ-, ob er nach einem nominalen Subjekt erscheint, nach einem Präformativ des Präsens I, nach einer konvertierten Form, oder nach ⲉⲧ- (rectus). Wenn man die betreffende Kategorie aufruft, wird einem wieder ein bestimmtes Frageraster vorgeführt, in das man bloß die richtigen Zahlen einzusetzen braucht. Bei dem Relativkonverter des Präsens ⲉⲧ- ist zu unterscheiden, ob danach ein Infinitiv kommt, der Instans ⲛⲁ-, ein Stativ, ein adverbieller Ausdruck, oder speziell das Adverb ⲙ̄ⲙⲁⲩ/ⲙ̄ⲙⲉⲩ. Also, die Stellen mit ⲉⲧⲙ̄ⲙⲁⲩ/ⲉⲧⲙ̄ⲙⲉⲩ („jener/jene") kommen jeweils ganz zum Schluss. Unter den copular pronouns ⲡⲉ, ⲧⲉ, ⲛⲉ sind diejenigen auszusondern, die in einer Cleft Sentence gebraucht sind. Und bei den Verben müssen schließlich die Ableitungen und der Gebrauch als Nomen ganz an das Ende der betreffenden Lemmata „geschickt" werden. Mit dem Aufruf der „Présentation des résultats" beginnt dann der letzte Akt, der zur Umwandlung der eingegebenen Daten in die oben beschriebene Form der Konkordanz führt, die erst auf dem Bildschirm erscheint und dann ausgedruckt werden kann.[10]

Und damit komme ich nun zu meinem nächsten Punkt, den „Risiken und Nebenwirkungen." Die Maschine kann doch nicht alles, und bei ihrer Bedienung macht man auch selbst unweigerlich Fehler, die es zu entdecken und noch auszumerzen gilt. Es ist also unvermeidlich, ganz sorgfältig Korrektur zu lesen, um etwaige „Irrläufer" zu finden. Bei einem Text im Dialekt *L6* ist es z. B. sehr leicht möglich, dass Formen des Demonstrativ*pronomens* (ⲡⲉⲉⲓ, ⲧⲉⲉⲓ, ⲛⲉⲉⲓ) unter die Demonstrativ*artikel* (ⲡⲉⲉⲓ-, ⲧⲉⲉⲓ-, ⲛⲉⲉⲓ-) geraten. Mir selbst ist das beim Dialekt *M* mehrfach passiert, wo die Formen ⲡⲉϊ, ⲧⲉϊ, ⲛⲉϊ bzw. ⲡⲉϊ-, ⲧⲉϊ-, ⲛⲉϊ- lauten, zumal man bei der entsprechenden Frage des Computers (wegen des Tremas) ein „enter" mehr braucht, um auf die Stelle zu kommen, wo die richtige Zahl hingehört. Und außerdem sind mir auch noch einige Dative (ⲛⲉ⸗) mit dem Suffix der 1. Pers. Sgl. (ⲛⲉϊ) unter die Pluralformen des Demonstrativpronomens (eben auch: ⲛⲉϊ) geraten. Wie gesagt, so etwas kann alles passieren, man muss es bloß noch rechtzeitig bemerken. Auch bei den objektiven Fehlerquellen sind das Hauptproblem die Homonyme, und zwar wenn sie unbemerkt bleiben und also der Computer gar nicht die Frage stellt, ob es sich (etwa bei einem Text im Dialekt *M*) bei der Form ⲙ̀ϩⲉⲩ um das (altbekannte) Wort „Grab" oder um das (neue)

[10] Diese Skizze der Herstellung erfasst freilich nur die Arbeitsgänge, wie sie in Québec selbst üblich sind und gelehrt werden. Auch in der Herstellung gibt es sicher wohl eine gewisse Variabilität.

Wort „Geschlecht“ handelt, oder bei ϩⲣⲏ um „Nahrung“ oder „Gras.“ Das Lexikon und das Frageprogramm des Computers müssen also im Laufe der Lemmatisierung eines Textes, besonders wenn dieser neu ist und also bisher Unbekanntes enthält oder enthalten kann, unter Umständen häufig ergänzt werden. Man braucht natürlich „begabte“ Augen, um solche subjektiv oder objektiv bedingten Fehler und Fehlerquellen zu erkennen und zu beseitigen. Zu den unvergesslichen Urerlebnissen dieser Art gehört für mich, dass ich sozusagen dabei war, als Régine Charron beim Korrekturlesen ihrer Konkordanz zu Codex III innerhalb des Lemmas ϫⲱ „dire“ die *eine* Stelle (im „Dialog des Erlösers“ [Konkordanzabkürzung DiS] 144:11) herausfischte, wo das ϫⲱ nur eine besondere Schreibweise des Wortes ϫⲟ „semer, planter“ ist.[11] Vielleicht aber gehört auch ein bisschen Glück dazu. Dieses hat jedenfalls Cherix bei seiner Konkordanz zu Codex VI an der Stelle nicht gehabt, wo er die Synonymität von ⲧⲏⲛⲉ „vous“ und ⲧⲏⲛⲉ „digue“ nicht bemerkt hat und ihm so der „Damm“ zwischen das Objektspronomen der 2. Pers. Pl. gerutscht ist.[12]

Der letzte Gesichtspunkt, unter dem wir die koptischen Lavalkonkordanzen betrachten wollen, ist, dass sich infolge der mit der Lemmatisierung verbundenen analytischen Arbeit bzw. als Ergebnis derselben in diesen Konkordanzen auch zu einzelnen Punkten „Wahrheiten“ finden, die es sonst so noch gar nicht gibt. Als Beispiel sei einerseits hingewiesen auf die (für das linguistische Substratum und die Geschichte der Texte so wichtigen) mittelägyptischen Züge im Sahidisch von Codex III, wie sie sich aus seiner Konkordanz nun ablesen lassen. Vgl. besonders die Lemmata: ⲁ- (parfait affirmatif) (Band 3, S. 4–18) [mit den beiden Formen auf Hori gegen Ende (ÉvÉ 43:1; SJC 93:22)], ⲉⲣ- (participe) (S. 57f.), ⲉⲟⲟⲩ „gloire“ (S. 77f.) [und darin den letzten Beleg mit der Form ⲁⲩ (Eug. 76:1)], und -ⲧⲏⲩⲧⲛ (pronom suffixe) (S. 308) [mit den zahlreichen Belegen der Form ⲧⲏⲛⲟⲩ].[13] Andererseits möchte ich innerhalb der Konkordanz von Codex VI die Aufmerksamkeit auf die Lemmata ⲁϩⲁⲛ- „avec“ (Band 2, S. 33) und ⲃⲉⲣⲱⲧⲑ „Berôtèth“ (S. 439) richten. Denn damit sind die „unseligen“ neun Bronzemünzen endlich vom Tisch, nur dass die „Leute“

[11] Vgl. das Ergebnis jetzt in Band 3, 400.

[12] Vgl. Band 2, S. 267 unter: „10 ⲧⲏⲛⲉ vous“. Es handelt sich um die erste der dort aufgeführten Stellen, die aus Asklepios (Konkordanzabkürzung DiP) 71,21 stammt.

[13] Zur Relevanz dieser Phänomene vgl. W.-P. Funk, The Linguistic Aspect of Classifying the Nag Hammadi Codices, in: L. Painchaud/A. Pasquier (éd.), Les textes de Nag Hammadi et le problème de leur classification, BCNH.É 3, Québec/Louvain/Paris 1995, (107–147) 136–139.

das noch nicht wissen.[14] In der Konkordanz zu Codex I bedeutet für mich übrigens auch das Lemma ⲟⲩⲱϣ „espace, intervalle“ (Band 4, S. 659) das Wiedersehen mit einer alten „Wahrheit.“ Hier hat Cherix das Homonym von ⲟⲩⲱϣ „désirer, vouloir“ unter dem gemeinsamen Erscheinungsbild von ⲟⲩⲱϣ(ⲉ) erkannt, während man gewöhnlich, bis in die Gegenwart hinein, auch das ⲟⲩⲱϣⲉ von TractTrip [TrT] 54:23, und zwar wider jeden Sinn, als „Wille“ versteht. Das wird erst anders werden in der noch gar nicht erschienenen Neubearbeitung der französischen Übersetzung des Tractatus Tripartitus von L. Painchaud und E. Thomassen, die im Rahmen der französischen Gesamtübersetzung der Nag Hammadi-Texte, die für die „Bibliothèque de la Pléiade“ vorbereitet wird, zu erwarten ist. Es gibt übrigens in demselben Band auch noch andere kleine und überraschende Lemmata, die mit dem linguistischen „Telegramm“ von Roquet im Einleitungsteil zusammenhängen und alle sehr interessant sind, wenngleich ich (zumindest) über einige von ihnen erst noch ein bisschen nachdenken möchte. Es sind dies die Lemmata ⲙⲛⲏ „ici, là“ (S. 265); ⲙⲓⲛⲉ „caractère propre“ (S. 265–267); ⲣⲁ „procédure, état“ (S. 547) [mit den letzten beiden Eintragungen von ⲣⲉ-]; ⲧ̄ⲛ̄- „chaque“ (S. 595);[15] ⲱⲣ̄ϣ̣̄ „faire relâche“ (S. 660) [mit dem einen Eintrag von ⲟⲩⲁϣⲣⲉ] und ϫⲉⲡ- „heure“ (S. 810). Was dies zuletzt genannte Lemma anbelangt, so gibt es allerdings eine gewisse Inkongruenz zwischen der Darlegung von Roquet (auf S. 10) und dem Konkordanzeintrag von Cherix, insofern als Roquet von einem Syntagma ϫⲓ | ⲛ̄ϫⲓⲙ̳ⲡⲓⲛⲉⲩ (ÈvV 18:10) ausgeht, das es mit diesem imaginären ⲙ̳ aber weder im Original des Evangeliums der Wahrheit noch hinten in der Konkordanz gibt.[16]

---

[14] Es geht um das Verständnis der Stelle Noema 41,28–30: ⲁⲩⲱ ⲁⲩⲧⲁⲁϥ ⲉⲧⲟⲟⲧϥ̄ ⲛ̄ⲥⲁⲥⲁⲃⲉⲕ ⲁϩⲉⲛ ⲃ̄ⲉ̄ⲣ̄ⲱ̄ⲧ̄ⲑ̄, die fast „uni sono“ folgendermaßen übersetzt wurde: „Und sie lieferten ihn aus an Sasabek für neun Bronzemünzen“ (Krause 1971); „And they handed him over to Sasabek for nine bronze coins“ (Wisse 1979); „Et il fut remis à Sasabek pour 9 pièces de bronze“ (Cherix [selbst noch] 1982). Aus der Reihe „tanzte“ nur der Berliner Arbeitskreis mit: „. . . und (zwar) übergaben sie ihn Sasabek und Enberoth“ (1973).

[15] Das Nachdenken führt freilich nicht immer zu einem positiven Resultat. Die hier von (Roquet und) Cherix propagierte Deutung des ⲧ̄ⲛ̄- in EvV 35:11 kann z.B. *nicht* stimmen; und zwar schon deswegen nicht, weil sie der für diese Stelle erhaltenen sahidischen Parallel-Version zuwiderläuft. Dem ⲉⲧⲛ̄ⲛⲏⲩ ⲁ̳ⲧ̳ⲛ̳̄ⲟⲩⲁⲉⲓϣ ⲙ̄ⲡⲓϣⲧⲁ unseres Codex I entspricht in Codex XII ein ⲁϥϯ̳ ⲛ̄ⲟ[ⲩⲟⲉⲓϣ ⲙ̄ⲡⲓϣⲧⲁ]. Also muss das zur Diskussion stehende ⲧ̄ⲛ̄- doch (auch) eine Form von ϯ „geben“ sein.

[16] Ein anderes kleineres Missgeschick, das mir zufällig aufgefallen ist, besteht darin, dass Cherix in EvV 31:18 aus Versehen ein ⲇⲉ zuviel eingegeben hat (vgl. den „Texte suivi“ S. 917), das nun an allen in Frage kommenden Stellen (z. B. S. 663 und S. 843) mit durch die Konkordanz „geistert“; statt ⲟⲩϫⲉⲉⲓⲇⲉ ⲇ̳ⲉ̳ darf es nur ⲟⲩϫⲉⲉⲓⲇⲉ heißen.

Vielleicht ist aber nun über dem Vielen, was ich auf dem Herzen hatte, der am Anfang angekündigte „Lobgesang“ doch etwas zu kurz gekommen. Aber als solcher Lobgesang *gemeint* war dennoch all das Gesagte. Immer wenn ich an den Wochenenden in Québec an meinem, mit dem Lemmatiseur versehenen häuslichen Computer saß, oder wenn ich jetzt in Berlin mit dem Lemmatiseur auf meinem Notebook Computer „spiele“, ergreift mich eine Art von Respekt, die ich vielleicht mit Worten gar nicht richtig auszudrücken vermag, einerseits vor der technischen Leistung der Computerspezialisten der Université Laval, die dieses Programm repräsentiert (auch wenn ich *die* ja nur ahnen kann), andererseits vor der (mir direkt in die Augen springenden) koptologischen Kompetenz und Weisheit, mit der alle verfügbaren linguistischen Register der Koptologie hier eingebaut worden sind. Es ist schon ein „großer Zauber“!

ON THE COMPOSITIONAL HISTORY OF THE *GOSPEL OF THOMAS**

I. *Introduction*[1]

The subject of this paper is a stage in the literary history of the *Gospel of Thomas* that is still obscure: nothing less than the very act of its creation. But before I attempt to illuminate this dark corner by describing its various aspects, I would like to demonstrate the near hopelessness of the task by posing a series of puzzling questions. For example, just which *Gospel of Thomas* shall we discuss? Will it be that book in which we are told that a Samaritan is going to sacrifice a lamb in the Jerusalem temple (*Gos. Thom.* 60)?[2] Or that book in which it is presupposed that in addition to prophets there are "angels" who will come to people in order to enter into partnership with them in giving and receiving (*Gos. Thom.* 88; cf. Phil. 4:15)? Or that book in which Jesus is astonished like a disciple rather than playing the role of a master revealing truth and wisdom (*Gos. Thom.* 29)? Or that book at the very beginning of which there is a blurring of the borderline between what is introductory framing and the actual content of the first saying, since the majority of scholars did not accept Johannes Leipoldt's understanding of what should be understood as Saying 1, but followed instead the misconception of the so-called "authorized" Leiden version.[3] Or that book in which an allegedly "good" owner of a vineyard does evil insofar as he refuses to leave for the workers what they need to

* In: Occasional Papers of The Institute for Antiquity and Christianity Number 40, 1998.

[1] The essay was written for the 1991 Fall Meeting of the Jesus Seminar in Edmonton, Alberta, and originally appeared in the journal *Forum* 10/1–2 (March/June 1994) 9–30 [published in the spring of 1998]. It is reprinted here by permission of the editor. The author wishes to thank Stephen J. Patterson for his help to improve the English of this manuscript.

[2] Cf. Ernst Haenchen, "Wir hören von einem Mann, der ein Schaf zum Opfer nach Jerusalem bringt," "Die Anthropologie des *Thomas-Evangeliums*," in: H. D. Betz/L. Schottroff (ed.), *Neues Testament und christliche Existenz*, Tübingen 1973, 209. Cf. note 13 below.

[3] On this question the correct opinion of Leipoldt seems to be getting a hearing once again; however, now it has taken the curious form of regarding Saying 1 (as generally considered) as not a saying at all, but rather part of the prologue. (See Karen King, "Kingdom in the *Gospel of Thomas*," *Forum* 3/1 (1987), 59, referring to Stevan L. Davies, *The Gospel of Thomas and Christian Wisdom*, New York 1983, 152; also Bentley Layton, *The Gnostic Scriptures*, New York 1987, 380.)

live (*Gos. Thom.* 65)?[4] Or that book in which a field occupied by persons who do not own it is returned to its owners twice (*Gos. Thom.* 21)?[5] Or that book in which the beatitude of the hungry (*Gos. Thom.* 69,2) has been disfigured beyond recognition by translation (and against the grammar), even though its actual meaning has been available for some time?[6] And where does the text of which we are to speak begin? For there is no unanimity, as already noted, about what constitutes its prologue.[7] All of this is to say that when asking about the compositional history of the *Gospel of Thomas*, one must have in mind the *Gospel of Thomas* as best we can understand it. For the question of its genesis cannot be answered apart from the best possible detailed exegesis of the text; and the exegesis of the text will in part depend on an understanding of the whole as someone's "creation." These two interpretive issues are quite interdependent.

II. *Defining the Problem*

I wish to say at the outset that I am no Thomas specialist; and while I have long admired and made use of the *Gospel of Thomas*, I have not pursued research in this specific field over a long period of time. Nevertheless, since receiving the invitation to pursue this matter I have done my best and lived with this question for these past several months. My own peculiar approach to the question is shaped by two texts in the immediate neighbourhood of the *Gospel of Thomas*, with which I do feel quite at home. The categories, structures, and profiles of these texts affected my approach to the *Gospel of Thomas*. The two texts I have in mind by "neighbourhood" are on the one hand the *Book of Thomas*, and on the other hand the *Gospel of Philip*. From my experience with the *Book of Thomas* derives the interest

[4] Stephen J. Patterson, *The Gospel of Thomas and Jesus*, Sonoma 1993, 142; idem in John S. Kloppenborg et al., *Q—Thomas Reader*, Sonoma 1990, 102 and 154, provides a way out of this dilemma by reconstructing the relevant word as ⲭⲣⲏ[ⲥⲧⲏ]ⲥ ("usurer") rather than ⲭⲣⲏ[ⲥⲧⲟ]ⲥ ("good person").

[5] In fact the text appears to say that the occupants of the field try to buy it by trading their clothes for it. Cf. note 15, below.

[6] The text should read, following Kenolsick Grobel, "Blessed are those who hunger in order to satisfy the belly of everyone in want," "How Gnostic is the *Gospel of Thomas?,*" *NTS* 8 (1961/1962), 373; cf. Patterson, *The Gospel of Thomas and Jesus*, 52.

[7] Cf. the numeration systems of A. Guillaumont et al., *The Gospel according to Thomas: The Secret Sayings of Jesus*, San Francisco 1959, with that of Leipoldt, *Das Evangelium nach Thomas: Koptisch und Deutsch*, TU 101, Berlin 1967, who takes Saying 1 in the so-called "authorized version" as part of the prologue. Leipoldt's suggestion (correct in my view) has recently surfaced again (see note 3 above).

in the relationship between the framework and the content of individual sayings, as well as in the question whether the content becomes more understandable when the framework is ignored (and hence shown to be secondary). From my experience in exegeting the *Gospel of Philip* derives the method of dividing obscure passages into smaller segments in order to then better understand these isolated parts, as well as the awareness that particular details in the text raise the suspicion that the composition might simply consist of excerpts from other texts.[8] If we were to define our task as closely as possible, we might say that we have here a kind of "borderline investigation" straddling the fence between form criticism or tradition history on the one hand, and textual criticism on the other. In other words, we are concerned with the point at which the lines of form criticism, when followed forward, and textual criticism, when followed back, converge. The form-critical and tradition-critical study of individual sayings—if necessary in comparison to parallels in canonical and extra-canonical gospels—in order to determine their value within the history of the gospel tradition is the area of research that has received the most attention, and that, in my view, has produced the most fruitful results (or at least the clearest fronts). But also in the area of text criticism, i. e., the transmission of the *Gospel of Thomas* once it had been written, we have enough clues to formulate some ideas about the main lines of its development (including the formation of variants,[9] errors in transmission,[10] and the development of recensions). In this we are aided not only by the existence of a Coptic translation of the entire text and fragments of it in Greek, but also by the *testimonia.* In between these areas of investigation, however, there is only darkness. And it appears to me that the tacit result of the little research that has been done to date—insofar as it has touched on this borderline area at all—is that there is no simple connecting line that would lead directly from the tradition history of this text to its textual history. This means that the composition of the *Gospel of Thomas*

[8] This is especially the case with the phenomenon of the missing antecedent, which leaves the beginning of a saying suspended in mid-air, e.g., "*The* man " in *Gos. Thom.* 8,1; "Who are you to say *these things* to us" in *Gos Thom.* 43,1; or "You too seek *his* treasure" in *Gos Thom.* 76,3.

[9] See, e.g., the different location of the saying concerning the splitting of a piece of wood and lifting a stone in NHC II,2 [*Gos. Thom.* 77] and P. Oxy. 1 [*Gos. Thom.* 30], or the different length of *Gos. Thom.* 36 in NHC II,2 and P. Oxy. 655.

[10] E.g., the confusion regarding the word "God" (*Gos. Thom.* 30) in NHC II,2 in the face of P. Oxy. 1, or the confusion of "truth" and "heaven" (*Gos. Thom.* 6) (i.e. ⲙⲉ and ⲡⲉ) in NHC II,2 when compared to P. Oxy. 654. Likewise the word ἀνάπαυσις (*Gos. Thom.* 51) in NHC II,2 may simply be a mistake for ἀνάστασις.

cannot be imagined as having taken the form of a person simply writing down the oral tradition of a given Christian community, or an author or redactor revising and rearranging smaller written collections of sayings which had themselves been composed in this way—even though this is the way that scholars, especially of the Koester school of thought, have more or less conceived it, assuming unimaginatively that there would be no other way to conceive it. In fact, however, when one tries to follow the tradition history of this text forward to the point of intersection with its textual history, one inevitably runs into a brick wall. Obviously, it is not possible in this way to arrive at an idea of how the *Gospel of Thomas* became a text. This brick wall is thrown up by a number of well-known peculiarities of the text itself, or more precisely, the multitude of rough edges that the text displays.

But before proceeding further with our inquiry it seems appropriate to clarify certain premises from which I intend to approach this problem. Briefly stated, I consider myself a member of the Koester school of thought and wish to do nothing more than lend precision to his basic idea. Thus, on the one hand I am convinced that individual sayings in the *Gospel of Thomas* are of the greatest possible value in terms of tradition history, and in the broadest and most general terms to be considered independent of the canonical gospels and the sayings gospel, which was apparently the second source of the two longer synoptic gospels. On the other hand, I believe that the *Gospel of Thomas*, once it had come into existence, not only looked like a sayings gospel—and accordingly is a phenomenon parallel to the so-called sayings source—but really was one that functioned as a sayings gospel, and that it exercised the attraction characteristic of this genre. However, the *Gospel of Thomas* most likely did not originate in the same manner as Q. And so we come to the problem at hand: how did the *Gospel of Thomas* originate?

III. *Aporiae in the Text of the Gospel of Thomas*

Let us return to those "rough edges." It is not unusual that in a document, which has been available for only a relatively short time, there are still things that are not yet fully understood. On the other hand, in the *Gospel of Thomas* there is also so much that seems explicable—an impression that can easily dominate our view of the *Gospel of Thomas* because of the many synoptic parallels, which suggest familiarity at every turn—that one can work successfully with this gospel using the well-accepted methods of form criticism without encountering objection. One works with what is understood (or thought to be understood) and leaves out what is obscure. And this is, I repeat, completely legitimate within the framework of a form-critical investigation and evaluation of the *Gospel of Thomas*. Nevertheless, we should not allow the large amount of *Gospel of Thomas* material already basking in daylight blind us to the small remainders still shrouded in darkness, especially when one tries to address the particular problem of the origin of the *Gospel of Thomas*. Indeed, in addressing this redaction-critical question, these remaining obscurities—which I will refer to now as *aporiae*—are crucial. In fact, the question hinges on this point. For these *aporiae* are the telltale signs whose preservation might just have made it possible to reconstruct this text the way it was created.

I have chosen the word *aporiae* consciously, bearing in mind all the associations this term has in the history of New Testament scholarship. It suggests on the one hand the need to employ the methods of literary criticism in our redaction-critical search for the origins of the *Gospel of Thomas*. At the same time, it suggests that the methods used here will bear a certain similarity to those used by Julius Wellhausen in his work on the Gospel of John.

1. The catalogue of *aporiae* begins with some well-known unsolved questions. There is first the enigmatic phenomenon of the *doublets*, pointed out so effectively by Oscar Cullmann several years ago, but which has not yet been satisfactorily explained by any redaction theory.[11] These doublets are: *Gos. Thom.* 3 and 113; 5 and 6,5–6; 6,1 and 14,1–3; 22,4 and 106,1; 48 and 106,2; 55 and 101; 56; 80 and 111,3; and 87 and 112.

2. The second item in the catalogue is the equally well-known and often puzzling *isolation* of the sayings of the *Gospel of Thomas* by the repeated, stereotypical introductory formula "Jesus said," which presents each new saying as though it were beginning anew.[12] Of primary interest here is simply the isolating nature of the technique itself; for this is one of two characteristics of the *Gospel of Thomas* (the other being the chaotic sequence of the elements of this gospel) which separates it so significantly

[11] "Das Thomasevangelium und die Frage nach dem Alter der in ihm enthaltenen Tradition," *ThLZ* 85 (1960), 328. Cf. more recently also Charles W. Hedrick, "Thomas and the Synoptics: Aiming at a Consensus," *SecCent* 7/1 (1989–1990), 51–52.

[12] For a discussion see e.g. James M. Robinson, "Foreword," in: Kloppenborg et al., *Q-Thomas Reader*, ix.

from Q. These two sayings gospels appear to belong to the same family only when one looks at them generally and contrasts them with the narrative gospels. But when one removes this contrast, the essential difference between Q and the *Gospel of Thomas* becomes obvious—a difference that has directly to do with the respective origins of these two texts. These introductory formulae make the *Gospel of Thomas* appear to be not so much a sayings gospel as a collection of quotations, not so much a sayings collection as a catena of excerpts of sayings of Jesus, whatever the origin of such sayings might have been. Now, the use of the term "excerpt" to describe the *Gospel of Thomas* would by no means be new. But it is usually found among those on the "other side" of this issue, in the more conservative camp, which regards the *Gospel of Thomas* as consisting of excerpts from the canonical and other gospels. However, the question could be raised whether those many scholars have not seen something here that is formally true, although not necessarily leading to the conclusion that the tradition-historical importance of the content of these sayings is thereby lessened.

3. The phenomenon of isolation also pertains naturally to those logia that are presented within a short framing device, most commonly a question from the disciples or some other person preceding the formula "Jesus said." These frames are of greater relevance than is normally thought, at least from our point of view. Here again we see that the real *Gospel of Thomas* is considerably removed from our ideal concept of a sayings gospel. Only form-critical research work on the *Gospel of Thomas* can neglect the importance of these framing devices. I wish to point out three quite different aspects to this problem of the framing devices that are very important for the question of the origin of the *Gospel of Thomas.*

(a) These framing devices, in fact, have broader narrative implications and are more important than it would initially seem, given the small number of words which these devices comprise. This can best be shown with *Gos. Thom.* 60 and 61. *Gos. Thom.* 60 presents Jesus with the disciples on his way from Galilee to Judea via Samaria. This, then, is nothing less than a piece of narration from the story of Jesus.[13]

[13] The correct understanding of the beginning of *Gos. Thom.* 60 has an immediate influence on the meaning of ϥι both in this connection and for understanding what the Samaritan does with the lamb. Here ϥι cannot mean "take along," "carry," or the like, but "to steal." Accordingly, the beginning of *Gos. Thom.* 60 should be translated: "<He saw> a

Under penetrating exegesis *Gos. Thom.* 61,1–4 turns out to be an *apophthegma* of the calling of Salome into the discipleship of Jesus on the occasion of a banquet she is giving.[14] This, too, implies a larger narrative framework behind this seemingly isolated story.

(b) In contrast to these natural framing devices, which are necessary for an understanding of the logion, there are others of which the opposite is true. In fact, if we look at them seriously, they turn out to be completely artificial, free of content, or sometimes even absurd. This is the case, for instance, where a parable of Jesus appears as a direct answer to a leading question posed by the disciples, which elicits only the expected answer. Compare the beginning of *Gos. Thom.* 20: "The disciples said to Jesus, 'Tell us what the kingdom of heaven is like.'" Curiously, the phenomenon of such grotesque questions, "what is it like?," continues in *Gos. Thom.* 21 and 22 (pertaining, then, to the whole cluster of *Gos. Thom.* 20–22). It begins with Mary's question (here the name probably refers to the mother of Jesus): "What are your disciples like?" (*Gos. Thom.* 21,1), and continues with the question of the disciples, "So shall we enter the kingdom by being little ones?" (*Gos. Thom.* 22,3). Here the framing devices obviously are not only secondary, but we are confronted in *Gos. Thom.* 20, 21,1–4, and 22 with jewels in a sham setting. In my opinion, the motif of the "little ones" in *Gos. Thom.* 21,1–4 and 22, as well as *Gos. Thom.* 37 (presumably), also belongs to this category of spurious scaffolding that only serves to obfuscate the content of these sayings.[15] In any event, secondary

---

Samaritan who was about to steal a lamb when he was on his way to Judea. He said to his disciples, 'That man is after the lamb!' They said to him, 'In order to kill and eat it,'" etc.

[14] In my opinion, *Gos. Thom.* 61 should be translated: "Jesus said (at the banquet of Salome), 'Two will rest (and eat) on one couch: the one will die, and the other will live.' Salome said, 'Who are *you*, man? For only as a <foreigner> do you have a place on my couch and have eaten from my table.' Jesus answered her, 'I am he who comes from him who is (always) equal (to himself). I was given from what belongs to my father.' <Salome replied,> 'So, then, I will be your disciple!'—For this reason I say, if one will be <equal> (to God), he will be filled with light; but if one will be separated (from God), he will be filled with darkness." This reconstruction presupposes a conjecture of Hans Jakob Polotsky for 43,26; on this see Bentley Layton (ed.), *Nag Hammadi Codex II,2–7 together with XIII,2*, Brit. Lib. Or. 4926 (1), and P. Oxy. 1, 654, 655,* I: *Gospel according to Thomas, Gospel according to Philip, Hypostasis of the Archons, and Indexes*, NHS 20, Leiden 1989, 74, apparatus.

[15] It could be conjectured that the core of *Gos. Thom.* 21 is a kingdom parable as well. Instead of the little children, one ought to imagine strangers. The children do not fit in with the picture since what is put off needs to have a certain value (so, e.g., also jewelry) in order to pass for some sort of payment. Accordingly, one could understand it this way: "(The kingdom of God is like strangers) who have settled in a field that is not theirs. When the *owners* of the field come, *they* will say, 'Deliver up our field to us!' But they will put

questions that have been constructed after a pre-existing answer are also to be found throughout the *Gospel of Thomas* in less striking form, for instance in the aforementioned *Gos. Thom.* 37.

(c) The framing devices, as well as the "frameless" logia, often imply certain well-known or typical situations in the story of Jesus, or perhaps an orientation to that story. Most evident and prominent is the occasion of Jesus' departure from the disciples (e.g., *Gos. Thom.* 12; 18; 24,1; 37; 38; 50; 51; 71; 92; 111; 113), or, on the other hand, the commissioning of the disciples (e.g., *Gos. Thom.* 6,1; 14; 33,1; 53; 68; 69; 73; 93). But situations also appear from the middle of Jesus' ministry (e.g., *Gos. Thom.* 13; 22,1–2; 46; 52; 60; 72; 78; 79; 99; 100), or even from its beginning, especially under the theme of the calling of the disciples (e.g., *Gos. Thom.* 19,2; 23; 42; 55; 61; 90; 101). The most extreme case is *Gos. Thom.* 114, which, though Jesus is speaking, nevertheless clearly presupposes that Jesus has already departed from the disciples.[16] The explicit and implicit addressees of the sayings of Jesus are the disciples, and through them the Syrian wandering ascetics whose gospel this book became. But there appear also outsiders as addressees (clearly, e.g., in *Gos. Thom.* 72,1–2; 79; 91; 100; 104), even in cases where it is not obvious (e.g., *Gos. Thom.* 3; 78; 89). Most interesting in this regard is certainly the fact that even those people who necessarily are semi-outsiders do occur twice (whose alleged absence caused some astonishment for Patterson), namely, the settled sympathizers of these wandering ascetics (*Gos. Thom.* 44 [cf. *Didache* 11,7] and *Gos. Thom.* 88).[17]

off their clothing in *their* presence in order to deliver it to *them* to the effect that *they* ceded them *their* field." The crucial question here is the reference of the third person plural pronouns. So, in 37,4 [*Gos. Thom.* 21,4] ⲥⲉⲕⲁⲕ<ⲟⲩ> is to be conjectured, in which case ⲥⲉ- should then be taken for the conjunctive, unless one emends here to ⲥⲉ<ⲛⲁ> as well. In *Gos. Thom.* 22 it is obvious that the proper saying of Jesus begins only at 37,25 [*Gos. Thom.* 22,4]: "When you make the two one." All that which precedes this is nothing but an artificial expansion. Concerning *Gos. Thom.* 37, one can refer to the fact that an equivalent to "like little children" (39,33) [*Gos. Thom.* 37,2] is missing in the parallel passage in the *Gospel of the Egyptians* (Clement of Alexandria, *Stromateis* III 92,2).

[16] Cf. *Gos. Thom.* 10 and 28, which are quite similar in this respect.

[17] To begin with, the word ἄγγελος used here and in *Gos. Thom.* 13 cannot mean "angel," and thus cannot refer to heavenly beings, but simply means "messenger," and is a synonym of ἀπόστολος (cf. *Did.* 11,3). Accordingly, the addressees of this saying ("you") are by no means the disciples, but those people to whom the disciples or their followers and descendants, the wandering radicals, come now and then as messengers and prophets (the so-called "sympathizers"). The saying is a rule of church order, which arranges the exchange of spiritual and terrestrial goods (cf., for this principle, e.g., Rom 15:27). The messengers and prophets possess spiritual goods that are destined for the sympathizers. The sympathizers possess material goods, of which a certain part is due to the messengers and

Thus, the general confusion created by these framing devises and their implications only serves to increase the chaos in the *Gospel of Thomas*, which, on the basis of its themes, was already great enough in itself.

4. The next point in our list of *aporiae* is the irritation that results from the isolation of the pieces of content of the *Gospel of Thomas*—usually too little isolation, but occasionally also too much. This problem can be seen most easily by noting the differences in the enumeration of the logia one finds in various editions of the *Gospel of Thomas*. Compare the Leiden edition, which has come into common usage (here abbreviated c.u.), with the old edition of Leipoldt (the crucial differences are in the numbering of his sayings 13, 22, 93, and 94), and with that of Marvin W. Meyer,[18] who, like Leipoldt, ends up with 113 sayings, rather than the standard 114 of the Leiden edition (Meyer's crucial points of difference are in his numbering of his sayings 73 and 110). This purely external problem in the text arises from the fact that one may detect natural breaks in the content of the *Gospel of Thomas* where there is no formal break (as is the case each time the words "Jesus said" are used to introduce a new saying)—and vice versa. Hence, in the Leiden edition, for example, this introductory formula has been added conjecturally to *Gos. Thom.* 27, 93, and 101. In the case of *Gos. Thom.* 27, to be sure, this is supported by P. Oxy. 1. At the transition from *Gos. Thom.* 94 to *Gos. Thom.* 95 the formula has been reconstructed in a lacuna. Similarly, *Gos. Thom.* 69 has been divided into *Gos. Thom.* 69a and 69b. In the middle of *Gos. Thom.* 13 (c.u.), Leipoldt sees a paragraph break of this kind (new beginning with: ⲁⲩⲱ ⲁϥϫⲓⲧϥ̄ ⲁϥⲁⲛⲁⲭⲱⲣⲉⲓ [p. 35,7]), and within *Gos. Thom.* 21 (c.u.) he understands the phrase ⲇⲓⲁ ⲧⲟⲩⲧⲟ ϯϫⲱ ⲙ̄ⲙⲟⲥ ϫⲉ (p. 37,6) as an explicit new beginning. In a similar way, Meyer thinks he has discovered a new saying introduction of this kind within *Gos. Thom.* 111 (c.u.) in the words ⲉⲓⲥ̄ ϫⲱ ⲙ̄ⲙⲟⲥ ϫⲉ (p. 51,8–9). However, just the opposite is the case with the whole complex of *Gos. Thom.* 73–75 (c.u.), which Meyer presumably considers to be a kind of short dialogue consisting of a thesis of Jesus, a reply from out of the crowd, and an

prophets as a reward for their ministry. The phrase at the end (*Gos. Thom.* 88,2b: "and say to yourselves," etc.) does not demand anything else beyond what has been demanded just before, but only aims at the internal sentiment at the giving of this worldly reward for a spiritual gift: Don't make them beg you! Keep the reward for the messengers and prophets always ready before they arrive!

[18] *The Secret Teachings of Jesus*, New York 1984.

answer from Jesus. Meyer therefore counts this complex as only one logion (in his enumeration *Gos. Thom.* 73), taking the beginnings ⲡⲉϫⲁϥ ϫⲉ and ⲡⲉϫⲉ ⲓ̅ⲥ̅ (p. 46,9.11) for internal elements and not macro-syntactical signals.[19] Comparable to this view is that of Leipoldt, who did not see any necessity to divide the complexes *Gos. Thom.* 92/93 and 94/95 (c.u.) into two self-contained logia, and accordingly neither added by conjecture <ⲡⲉϫⲉ ⲓ̅ⲥ̅ ϫⲉ> (p. 48,30) to create *Gos. Thom.* 93, nor reconstructed [ⲡⲉϫⲁϥ ⲛ̄ϭⲓ ⲓ̅ⲥ̅] or something similar (p. 48,35) to create *Gos. Thom.* 95. Now, all these phenomena are only the tip of the iceberg. Nevertheless, with the passages on p. 37,6; 51,8–9; and 46,9 we encounter elements that are of central importance within the overall list of *aporiae*.

5. In addition, parts of this iceberg below the water line may also be encountered in Layton's translation through his introduction of headings for discrete sense units in the *Gospel of Thomas*, for in *Gos. Thom.* 19 he inserts two headings, and in *Gos. Thom.* 21 even three. Indeed, in these multiple-member logia we are confronted generally with a curious double phenomenon, namely, that many of them can be interpreted as belonging internally together (cf. above all *Gos. Thom.* 61 but also, e.g., *Gos. Thom.* 14), while others seem understandable only when one breaks them up into smaller pieces, so that one would expect to find each of them newly introduced by the formula "Jesus said." *Gos. Thom.* 19 and 21, which Layton presents in this way, are in fact especially clear examples for such an argument. And in the case of *Gos. Thom.* 21, Layton's first intermediate division is in correspondence with Leipoldt's earlier view. More interesting is his second division. Layton understands "Let an experienced person dwell in your midst!" (*Gos. Thom.* 21,8[9]) as the final note of his second section, which he calls the "Story of a landowner and a bandit." Then his third section (*Gos. Thom.* 21,9–10[10–11]) can present itself purely as coming "From a parable of a harvest." This is a fascinating solution to which Layton first opened my eyes. I only considered making the decisive separation *before* "Let an experienced person dwell in your midst," understanding this sentence itself as the introduction to what follows.[20] However, be that as it may, the sentence *before* it (*Gos. Thom.* 21,7b[8]) cannot be understood as the last part of the "Story of a

[19] Cf. also Kloppenborg et al., *Q-Thomas Reader*, 154, note to *Gos. Thom.* 74.

[20] "Let there be among you a man of understanding (to whom applies), 'When the grain is ripened, he came quickly with his sickle in his hand and reaped it.' "

landowner and a bandit," a fact which is glossed over in the various editions by an inordinate freedom in translation. The sentence ⲉⲡⲉⲓ ⲧⲉⲭⲣⲉⲓⲁ ⲉⲧⲉⲧⲛ̄ϭⲱϣⲧ ⲉⲃⲟⲗ ϩⲏⲧⲥ̄ ⲥⲉⲛⲁϩⲉ ⲉⲣⲟⲥ ("for the support which you expect will be found") (p. 37,14–15), due to the semantics of its building elements, signals the "promise of good things." This has no relationship at all to its context, with neither a connection forward nor backward. And when one experiments by looking at it alone, it gives the impression of being the promising second part of a sentence to which something like "do not be anxious about your food what you shall eat" would be the first part. Indeed, this first part still exists elsewhere in the *Gospel of Thomas*, namely, in the additional development of the "care" motif in the P. Oxy. 655 version of *Gos. Thom.* 36. In this especially complex case we can see already a kind of *aporia*, which will have to be discussed later, namely, the separate occurrence, or dislocation, of things which belong together. As for *Gos. Thom.* 19, I would also like to assume one more paragraph break than Layton's partitioning presupposes. I cannot help but take the second sentence (*Gos. Thom.* 19,2) also as a self-contained unit. Further (more or less clear) breaks are to be found in *Gos. Thom.* 3.4 (p. 32,26); 6,2 (p. 33,18); 11,3 (p. 34,19); 24,2 (p. 38,6); 39,3 (p. 40,11); 43,3 (p. 40,23); 47,3 (p. 41,17); 62,2 (p. 44,1); 77,2 (p. 46,26); and 79,3 (p. 47,9). I believe that those breaks alone are able to make difficult passages understandable when they are seen as the beginning of a new, self-contained saying.

6. The existing introductory formulae working as macro-syntactical organizational signals are also irritating because some of them are obviously wrong. Especially *Gos. Thom.* 74 and *Gos. Thom.* 111 come under this heading (we had already noticed them as problematic from another perspective). The introduction of *Gos. Thom.* 74 by ⲡⲉϫⲁϥ ϫⲉ ⲡϫⲟⲉⲓⲥ, which, according to the context and on the presupposition of the Sahidic character of the passage can only mean "*He* said, 'Lord...'," is a *crux* that is well-known to the specialists, but it is normally downplayed.[21] Of course, it would not be impossible to account for this enigmatic introduction one way or another. For now, however, it is important simply to expose it and allow it to work its perplexing effect. The problem here lies in the fact that there is no antecedent for ⲡⲉϫⲁϥ, and that Jesus is not simply

[21] Cf., e.g., Layton, *Nag Hammadi Codex II, 2–7* [*Gospel according to Thomas*], 80, apparatus; Kloppenborg et al., *Q-Thomas Reader*, 154, note to *Gos. Thom.* 74; Kenneth V. Neller, "Diversity in the *Gospel of Thomas*: Clues for a New Direction," *SecCent* 7 (1989/1990), 11, n. 52.

addressed here, but clearly addressed with a saying. It is not too much to say then that here we have a situation quite comparable to the *Book of Thomas* 139,12–20.[22] We might summarize the problem thus: it appears as though Jesus has ceased to be the speaker and become the addressee of a (Jesus!) saying.

In order to fully understand the *aporia* in *Gos. Thom.* 111, one must realize that the only correct reading on p. 51,8 is (and always was) ⲟⲩⲭ ϩⲟⲧⲓ (=οὐχ ὅτι).[23] However, I do not believe Layton and Thomas Lambdin are correct in taking the text to be linguistically corrupt at this point. In my opinion, we are here confronted with a normal rhetorical ellipse, in which, however, it is not a form of λέγειν that has been dropped, but some verbal form or expression, which together with the negation would produce a rhetorical question—something like (ἢ) οὐκ (οἴδατε) ὅτι (cf. 1 Cor 6:4). Thus, all speculation based on reading a delta (ⲟⲩⲇ) instead of a chi (ⲟⲩⲭ), as, for example, in the *editio princeps*, is built upon sand. ⲟⲩⲭ ϩⲟⲧⲓ, then, is the beginning of a sentence and goes with the following phrase ⲉⲓⲥ̄ ϫⲱ ⲙ̄ⲙⲟⲥ ϫⲉ, so that it reads: "Is it not the case that Jesus says...?" But this means that in *Gos. Thom.* 111 it appears that Jesus is quoting himself, and in the third person. Now, it may well be that the appearance thus given is deceptive inasmuch as the rhetorical question does not really go with the first part of *Gos. Thom.* 111 (as seen from the disparate content, among other things). Nevertheless, we meet here a completely new speaker—quite unexpectedly—who *quotes* Jesus, and thus belongs to a whole new level of narrative that we encounter now for the first time.

Under the heading of misleading introductions, however, we must also include *Gos. Thom.* 46. For here, too, Jesus seems to quote himself, insofar as this saying is interrupted in the middle (p. 41,10) with the words, ⲁⲉⲓϫⲟⲟⲥ ⲇⲉ ϫⲉ ("I, however, said...."). But since this phrase uses the perfect tense, and perhaps more importantly, the first person singular, it does not formally break out of the framework in such a decisive way. Still, one cannot help but wonder whether this phrase does not presuppose a preceding ⲙⲉⲛ clause—something like ⲡⲉϫⲉ ⲓⲥ̄ ϫⲉ <ⲁⲧⲉⲧⲛ̄ϫⲟⲟⲥ ⲙⲉⲛ ϫⲉ> ϫⲓⲛ ⲁⲇⲁⲙ.... ("Jesus said, 'You have said that from Adam....'"). One might possibly include *Gos. Thom.* 88 in this category as well, as its different form of address indicates that it was originally no saying of Jesus.

---

[22] Cf. Hans-Martin Schenke, *Das Thomas-Buch*, TU 138, Berlin 1989, 87–91.

[23] Cf. now, especially, Layton, *Nag Hammadi Codex II, 2–7* [*Gospel according to Thomas*], 92, with apparatus.

7. In these examples, however, we have already entered into that broader category of *aporiae* whose irritation arises from the fact that their introductions turn matters completely upside down. One may see this phenomenon most clearly, in my opinion, with *Gos. Thom.* 15. For this saying becomes understandable only when one disregards the quotation formula, "Jesus said," entirely. What was absolutely obscure as a saying of Jesus becomes clear immediately when taken as a saying spoken *about* Jesus rather than *by* him. If this logion is indeed a saying about Jesus, its content presupposes and implies a Gnostic docetic Christology. And, taking into consideration the form of the saying—and it is, to be sure, a prophetic word spoken to others—one might well understand this logion in reality to have been a saying of John the Baptist concerning Jesus, a Gnostic variant of the so-called messianic preaching of the Baptist (cf. Mark 1:7–8, pars.)

It appears to me that *Gos. Thom.* 4(,1) also belongs in principle to this category. As a saying of Jesus it is incomprehensible, but it becomes meaningful immediately when seen as a prophetic prediction aiming at Jesus.[24] This prediction, however, seems to involve a greater distance between the prophecy and its fulfilment than was the case with the prediction of John. In terms of content, we could consider this logion to be governed by a sort of "Simeon motif" (cf. Luke 2:21–39), since the act of circumcision (note that circumcision was normally performed after seven days) would have coincided with the action of presenting the child in the temple. For the motif of a nursing child speaking miraculously, together with the number seven used in connection with some temporal element, one might point to the *Acts of Peter* 15.

8. Furthermore, just as there are several individual sayings in the *Gospel of Thomas* whose immediate framework is inappropriate, and whose content becomes understandable only when this framework is faded out, so also the content of the *Gospel of Thomas* as a whole stands in tension with the framework of the gospel. Now, the discussion of the relationship between the framework of the *Gospel of Thomas* and its content is well known. However, it has usually focused on the relationship of the incipit plus the content to the title at the end of the text, with the result that

[24] Corroboration of the idea that this logion deals with Jesus could be found in the Hippolytus *Testimonium*; for this cf. Layton, *Nag Hammadi Codex II,2–7* [*Gospel according to Thomas*], 103.

this title at the end, "the *Gospel according to Thomas*," does not seem to suit the content and the incipit, and is therefore to be taken as secondary. The correctness of this view of the title at the end, which is in any case secondary, is here presupposed. But what about the relationship of the proper and original frame—that is, the real incipit (32,10–14, or the incipit + *Gos. Thom.* 1)—to the content? It is the case that this proper and original frame also does not fit the content of the text, and must therefore also be taken as secondary. This understanding of the matter is also not new, and has been advocated elsewhere on the strength of just one (the first) of the three arguments that are to be offered presently. But since our concern is to explore and describe more comprehensively this *aporia*, I will mention all three:

(a) A considerable number of sayings in the *Gospel of Thomas* are not at all secret. Rather, they have a simple meaning, indeed, a meaning so obvious that there is no need at all to search for a special *hermeneia.* This is most apparent with the missionary instructions (e.g., *Gos. Thom.* 14, 33, 36, 93) and rules pertaining to church order (e.g., *Gos. Thom.* 25, 88, 95). The incipit in fact is fitting for only some of the sayings in the *Gospel of Thomas*, above all the parables, which, to be sure, were understood in early Christianity as παροιμίαι—and which they actually are once the original point of reference is no longer known.[25] There are also the two sayings that, in my opinion, have been set up from the beginning as riddles, standing under the (unexpressed) theme: "What is it?" (*Gos. Thom.* 2 and 70).

(b) On the other hand, there are also pericopes in the *Gospel of Thomas* for which the *prooemium's* instruction to seek after their interpretation is not fitting simply because in their case the interpretation is explicitly given with the saying—a phenomenon that will be discussed more thoroughly below with reference to a particular instance. These interpretations, however, seem to appear only in the form of additions—which, in fact, may turn out to be remnants of something more. But what is noteworthy here is that they occur with much greater frequency than Koester presupposes.[26]

---

[25] For the term, cf. John 10:6; 16:25,29, and for that matter also *Ap. Jas.* 7,1–6; 8,1–11.

[26] Helmut Koester, *Einführung in das Neue Testament*, Berlin 1980, 588; „Überlieferung und Geschichte der frühchristlichen Evangelienliteratur," *ANRW* II, 25/2 (1984), 1517; "*The Gospel of Thomas*: Introduction," in Layton (ed.), *Nag Hammadi Codex II,2–7* [*Gospel according to Thomas*], 41.

(c) But most of all, there is the fact that the corpus and the introduction to the *Gospel of Thomas* are not in agreement on the role of Thomas himself. Here one may detect a state of affairs having to do with the composition history of the *Gospel of Thomas* of a sort that is comparable to the problem of the Beloved Disciple in the case of the Gospel of John, namely, that Thomas appears on two different levels in the text: in the incipit as the one who reports what Jesus said, that is, as the (alleged) author of the gospel, and in the corpus itself (strictly speaking, only in *Gos. Thom.* 13) as a person who is reported upon.[27] Now, here we are concerned with the relevance of this contradiction between the incipit and *Gos. Thom.* 13 for how one might imagine the origin of the *Gospel of Thomas.* Of course, notwithstanding this tension, there is also an essential connection between these two pieces, and moreover, it is also clear in which direction this connection lies, namely, that the incipit is dependent on *Gos. Thom.* 13 (and not *vice versa*). But then, if we fade out the framework provided by the incipit as secondary, then the *Gospel of Thomas* logion (13) suddenly appears as just one among many. While great things are indeed said of Thomas, things that set him off from all the other disciples, great things—of another kind—are also said of other (male and female) disciples, namely James (*Gos. Thom.* 12), Salome (*Gos. Thom.* 61), and Mary Magdalene (*Gos. Thom.* 114). And what is more, the importance of Thomas in *Gos. Thom.* 13 is relativized or even neutralized entirely by *Gos. Thom.* 108, insofar as according to this saying all of the disciples and followers of Jesus have the same opportunity to enter into the close relationship with Jesus, which in *Gos. Thom.* 13 is reserved for Thomas alone. In other words, *Gos. Thom.* 13 and 108 have the same relationship to one another as do Mt 16:18–19 and 18:18. All of this means, then, that we are not faced in this gospel with a content whose origins are to be found in a genuine "Thomas" tradition—a genuine tradition that is represented only by *Gos. Thom.* 13 (cf. *Acts of Thomas* 47 and the *Book of Thomas* 138,1–21)—but with a broader, more generally accepted tradition. It also means that—as with the similar situation in the *Book of Thomas*—in the *Gospel of Thomas,* a broader tradition quite generally accepted among Christians has

[27] Cf. H.-M. Schenke, "The Function and Background of the Beloved Disciple in the Gospel of John," in C. W. Hedrick/R. Hodgson, Jr. (ed.), *Nag Hammadi, Gnosticism, and Early Christianity*, Peabody 1986, 125; hier 598–613.

> been secondarily declared the property of the Thomas community by representatives of this special Thomas tradition, because and to the extent that it seemed to them congenial. And they did this in a very practical way by means of an appropriate framework based on the *Thomas* logion (now *Gos. Thom.* 13), which was among this material by chance.

9. We now turn to a kind of *aporia* we have already met in the course of our discussion. This is the curious phenomenon of the separation and dislocation of complexes that more or less obviously belong together, and which have consequently lost their meaning. This special phenomenon becomes most clearly visible in the relationship between *Gos. Thom.* 6 and 14, the peculiarity of which was noticed by Patterson, who attempted to explain it, but in a way that has not (yet) convinced me.[28] *Gos. Thom.* 6,1 is a specific three-part question, which is answered only in Thom 14, and this most precisely point by point. On the other hand, *Gos. Thom.* 6,2–6 is not even acceptable as a secondary answer to *Gos. Thom.* 6,1 (nor is *Gos. Thom.* 6,1 acceptable as a secondary question constructed to introduce the "pre-existent" answer supplied by *Gos. Thom.* 6,2–6). For the decisive sentence *Gos. Thom.* 6,2 does not deal with hypocrisy and self-deception as Patterson thinks, but is, as Gilles Quispel convincingly pointed out long ago,[29] nothing but a variant of the Golden Rule. Because its meaning is, "You shall not lie *to anybody*, and, You shall not do *to others* what you hate."

Similarly, the question posed and its answer in *Gos. Thom.* 24 are quite incomprehensible. If, however, one might suspect that 24,2–3 is not—and never was—the answer to the question posed in 24,1, and wonders whether the true answer to 24,1 might be hidden somewhere else in the *Gospel of Thomas*, the "wandering" logion *Gos. Thom.* 77,2–3 might be the most appropriate guess.

Also, the two logia on John the Baptist, *Gos. Thom.* 46 and 78, would actually belong together, and this in the inverse order: 78 + 46. The separation and dislocation, in this case, results in the loss of meaning for *Gos. Thom.* 78. That John's name should occur in its immediate context is indispensable if one is to understand it, and a conscious abandoning of

---

[28] Patterson, *The Gospel of Thomas and Jesus*, 147.

[29] G. Quispel, "The *Gospel of Thomas* Revisited," in B. Barc (ed.), *Colloque international sur les textes de Nag Hammadi* (*Québec, 22–25 août 1978*), BCNH.É 1, Québec/Leuven 1981, 243.

any reference to John in order to create a more generally applicable saying seems impossible.

The same basic phenomenon, namely, wherein the separation of two things that originally belong together results in the obscuring of meaning, is to be seen also in *Gos. Thom.* 104, although in yet another form. Here the Thomas version of the *apophthegma* concerning the question about fasting (cf. Mark 2:18–20, pars.) appears to be interrupted by the sentence (placed on the lips of Jesus): "What is the sin I have committed, or wherein have I been defeated?" (*Gos. Thom.* 104,2). The origin of the present form of the logion in Thomas might, in principle, be imagined most easily as a kind of textual corruption. That is, two doublets of this *apophthegma* will have been drawn together here,[30] occasioned by the similarity of their introductory questions. The question that originally introduced *Gos. Thom.* 104,2, which here would have been dropped in the editing process, might be imagined as going something like this: "Why do you not pray, and why do you not fast?"

10. Finally, there is another category of *aporia* to be mentioned, namely the shortening of texts in such a way that their meaning is deformed. This phenomenon occurs in an especially striking way in two parables, the Parable of the Wheat and the Weeds (*Gos. Thom.* 57)[31] and the Parable of the Seed Growing Secretly (*Gos. Thom.* 21,9[10]). In the latter case the text seems to have been reduced to little more than an allusion and, due to the absence of its antecedent elements, has become so removed and isolated that it is even possible to contest the parabolic character of this sentence at all.[32] Incidentally *Gos. Thom.* 75 may also be seen as a similar case, if Quispel is right in recognizing a reference to the Parable of the Ten Maidens in this logion.[33] This strikes me as quite probable in view of the similar way in which abrupt reference is made to this parable in *Gos. Phil.* §122c.

---

30 *Gos. Thom.* 104 should in this case be added to the list of doublets given above as *Gos. Thom.* 104,1.3 and *Gos. Thom.* 104,2.

31 The phenomenon itself is well-known; cf. e.g. Patterson, *The Gospel of Thomas and Jesus*, 46.

32 Cf. King, "Kingdom in the *Gospel of Thomas*," 51–52.

33 Quispel, "The *Gospel of Thomas* Revisited," 234–235.

11. But the "cornerstone" of this building of *aporiae* is an item that is more mysterious yet. In fact, it was the discovery of this phenomenon that actually inspired the overall view presented here. We have touched on it in passing already above: in the *Gospel of Thomas*, there is one "I" too many. In order to demonstrate what I have in mind, the best place to start is with *Gos. Thom.* 61. Of concern here is the final sentence of the *apophthegma*—the calling of Salome (*Gos. Thom.* 61,5): "For this reason I say, if one would be <equal> (to God), he will be filled with light, but if one would be separated (from God), he will be filled with darkness." The fact that something is wrong in this sentence is generally well-known.[34] But it has usually been assumed that only a simple "Jesus said to her" has been omitted just before this sentence, just as a "Salome said" has similarly been omitted in 61,4. But this is only a superficial remedy. Rather, upon closer examination it appears that this last sentence falls entirely outside of the narrative framework of this saying, and thus is located at quite a different level of the narrative. This hunch, which arises at first as a kind of instinctive unease based on my feel for the language, can be verified by looking at the supposed antecedent for the anaphoric ⲉⲧⲃⲉ ⲡⲁⲉⲓ ("Therefore") with which this sentence begins. The matter from which this response is said to follow (hence, "Therefore") can hardly be seen in the statement of Salome that immediately precedes it. Neither can it be any single element from the dialogue. Rather, it must be the entire *apophthegma* as a whole. All of this means, however, that the "I" of this final sentence can no longer be seen as the "I" of Jesus, but the "I" of a second person, namely someone who, in this final sentence, is making application of this Jesus *apophthegma*. In other words, this is the "I" of a hermeneutic.

Now, this realization produces a kind of exegetical chain reaction, at first by raising the suspicion that—as with the formula of inference, "For this reason I say...." in *Gos. Thom.* 61—there might be formulae of inference or other formulaic expressions such as "You, however...," or the ubiquitous formula "Whoever has ears to hear...," in which we can see a similar shift in voice from citation to application. The phrase "For this reason I say" occurs only once elsewhere in the *Gospel of Thomas*, namely in *Gos. Thom.* 21,5. Here it would mean "For this reason I add another parable (of Jesus)." So this "I" may also be the "I" of our interpreter, all the more so in view of the fact that later in this paragraph there is a sentence

34 Cf. now, especially, Layton, *Nag Hammadi Codex II,2–7* [*Gospel according to Thomas*], 74–75, with apparatus.

that looks like a homiletical application: "May there be a person of understanding among you!" (*Gos. Thom.* 21,8[9]).[35] Incidentally, a further consequence of this discovery of a hermeneutical "I" may be the existence also of a second "you" that would not designate the disciples (which, to be sure, are the implied hearers throughout the *Gospel of Thomas*), but another group of persons who are being instructed to make use of the Jesus tradition. This may help to explain *Gos. Thom.* 21,8[9].

This phenomenon of the second "I" emerges grammatically, and thus with a degree of certainty, once again in *Gos. Thom.* 29,3. It is impossible that the "I" who is astonished here is Jesus, since—as we know from *Gos. Thom.* 2—to be astonished is a feature of those who seek after truth (and thus not a feature of the revealer of truth). But then, of course, the first two verses of *Gos. Thom.* 29 cannot be words of Jesus either. Consequently, the entire *Gos. Thom.* 29 is to be considered a hermeneutical reflection.

IV. *A Solution*

While the large pile of *aporiae* built up from all of these various instances is a firm reality to be dealt with—at least when taken as a whole—any explanation of it in terms of the redaction history of the book will always remain hypothetical. The origin of the book exhibiting such *aporiae* may have been multi-staged, and could have had many contributors,[36] so that each *aporia* may have its own explanation. But in my opinion, the first question must be whether it is possible to explain all of these various *aporiae* as coming from one and the same root. And I am of the conviction that in the case of the *Gospel of Thomas* a single-stage hypothesis should be preferred to any pluralistic one. In fact, there is one *aporia*, which, if it can be solved, will lead to a solution for all the rest, that is, the problem of the one "I" too many.

I believe that it is in fact possible to explain this extra "I." And it is important, I think, to point out that it is not necessary to conjure up any new ideas to this end, but rather simply to assemble some threads of the

35 To be sure, the formula διὰ τοῦτο λέγω ὑμῖν occurs in the New Testament also on the lips of Jesus, but only in Matthew (6:25; 12:31; 21:43). It would also be possible to assume a double omission in this passage of *Gos. Thom.* 21, in the following way: "For this reason I say, <...>.<Jesus said,> 'If the owner knew ....'"

36 As might be supposed in a creative appropriation of Neller's ideas (in "Diversity in the *Gospel of Thomas*") who himself, however, proposed a more straight-forward line of development.

current discussion and tie them up in a new way. Indeed, the inspiration for such a solution comes from the current discussion, namely Koester's insistence that the work of Papias of Hierapolis, Λογίων κυριακῶν ἐξηγήσεως συγγράμματα πέντε, occupies a key position in the history of the sayings tradition, in which the *Gospel of Thomas* is imbedded.[37] Papias, however, need not have been the first or last person to have collected and commented upon rare dominical sayings, or rare forms of them. Nor is it necessary to consider his reasons for doing so the only possible presupposition for activity of this kind. In any event, our *Gospel of Thomas*, with all of its *aporiae*, is the sort of writing one would have to imagine if a person would, in a sense, have reversed the process of development by endeavouring to extract only the dominical sayings themselves from a work like that of Papias, thus setting them free once again from the restricting shell of the commentary. In other words, we might explain the *Gospel of Thomas*, in terms of its origin, as a collection of sayings excerpted from a commentary on them. This would account for the one "I" too many, as well as the myriad of other *aporiae* enumerated above, as traces of that earlier commentary, which the "author" of the *Gospel of Thomas* neglected to eliminate in excerpting material for his new collection. Moreover, the incipit of our *Gospel of Thomas* could itself serve as a further argument for, or at least an illustration of this idea. For the fact that it reads as it does may be accounted for by supposing that the title of the excerpted source is still preserved in it. That title could perhaps be imagined as something like: ἡ ἑρμηνεία τῶν λόγων τοῦ (ζῶντος) Ἰησοῦ ("The Interpretation of the Words of the [Living] Jesus").[38]

This hypothesis of a single stage creation of the *Gospel of Thomas* may appear at first glance to be somewhat inflexible; however, there is room enough for variations within it. For example, it is possible to imagine the spiritual distance between the content of the source document and the mentality of the excerpter quite differently. And related to this would be the explanation for the excerpter's simultaneous omission of one interpretation while at the same time demanding another in the incipit. There is

[37] Cf. e.g. Koester, *Einführung*, 430; "*Thomas:* Introduction," 45.

[38] Cf., incidentally, the title of NHC XI,1: ἡ ἑρμηνεία τῆς γνώσεως. Of course, the redaction work done by the creator of our *Gospel of Thomas* need not have been restricted to the creation of the prologue. However, in my view, the assumption of redaction work also within the text of various sayings in the *Gospel of Thomas* is not particularly useful for explaining the basic problems of the text.

a broad spectrum of possibilities for answering these questions, marked on either end by the following scenarios:

(1) The content of the source document was so congenial to the thought of the excerpter that the interpretation found there would have been virtually identical to that after which he calls his readers to seek. In this case the omission of the interpretation found already in the source document could have simply had a pedagogic-mystagogic purpose.
(2) Or it may have been the opposite case, that the excerpter omitted the interpretation of the dominical sayings in the source document because he viewed it as insufficient or deceptive, and was thus to be superseded by a new interpretation to be produced from out of the Thomas tradition itself.

Now, it is close to this end of the spectrum that those who have difficulty dealing with unknown quantities might find opportunity to take the *Gospel of Thomas* as an excerpt of the five books of Papias themselves! For it is not necessary to assume that all of the sayings of Jesus contained in this source document were in fact extracted, but only those that the excerpter found agreeable.

Finally, one last word regarding the date of the *Gospel of Thomas*. If it really did originate in the way we have hypothetically envisioned, we would in any event have to remain close to the period in which Papias flourished. In other words, our hypothesis is consistent with respect to the question of dating (and in some other respects as well) with what passes at present for the *communis opinio*: the "ominous" year 140 CE. It therefore also implies a re-abandonment of the early dating attempted within the Koester school of thought, which, incidentally, cannot be right on other grounds. This conclusion must be drawn from a passage in the *Gospel of Thomas* itself, in which a *terminus ante quem non* can be found, namely *Gos. Thom.* 68,2. This saying reads—according to the only possible understanding of the text as it is transmitted—"And they (i.e. your persecutors themselves) will not (no longer) find a (dwelling-)place there where they persecuted you." The reference here can only be to Palestine, or more especially, to Jerusalem. This threat of retaliation, as a *vaticinium ex eventu*, shares in principle the same perspectival voice as *Gos. Thom.* 71, except that it no longer points only to the destruction of the temple that took place in the year 70 CE, but indeed to the banishment of the Jews from Jerusalem after the year 135 CE, at the end of the Bar Kochba rebellion.

DAS BERLINER „KOPTISCHE BUCH“ (P. 20915) UND SEINE GEHEIMNISSE*

Der Papyrus Berolinensis 20915, das so genannte „Koptische Buch“ der Berliner Papyrussammlung, wird seit einigen Jahren intensiv für eine Publikation vorbereitet. Von dieser Arbeit wurde schon mehrfach auf größeren und kleineren Fachkongressen berichtet, und zwar von W. Beltz 1988 auf dem Carl Schmidt-Kolloquium in Halle[1], von G. Robinson auf den Kongressen der IACS 1992 in Washington[2] und 1996 in Münster[3]. Es darf also vorausgesetzt werden, dass die Fachleute über den Gegenstand, um den es sich handelt, von der Schwierigkeit und den Fortschritten seiner Bearbeitung und seiner mutmaßlichen Bedeutung bereits Bescheid wissen. Da ich nun in der letzten Zeit immer intensiver mit in die Arbeit an diesem Papyrus hineingezogen worden bin und weil ich die Mitarbeit an ihm als eine faszinierende wissenschaftliche Herausforderung[4] kennen gelernt habe, möchte auch ich mich zu Wort melden, um aus meiner Perspektive etwas über dieses geheimnisvolle „Koptische Buch“ mitzuteilen.

Dieses „Buch“ ist bzw. war eigentlich gar kein Buch, sondern nur ein relativ großer Posten von mehr oder weniger kleinen Fragmenten. Wenn der Text, um den es hier geht, inzwischen doch wie ein Buch aussieht, so

---

* ZÄS 126 (1999), 61–70.

[1] Der Inhalt dieses Aufsatzes wurde auf der VIII. Internationalen Halleschen Koptologentagung (15.–18. Mai 1998) vorgetragen.

Vgl. Walter Beltz, Zum sogenannten „Koptischen Buch“, dem Berliner P 20915 – Ein Vorbericht, in: P. Nagel (ed.), Carl-Schmidt-Kolloquium an der Martin-Luther-Universität 1988, Halle 1990, 89–93.

[2] Vgl. Gesine Schenke Robinson, Codex Berolinensis P 20915: An Initial Survey, in: D. W. Johnson (ed.), Acts of the Fifth International Congress of Coptic Studies, Washington, 12–15 August 1992, Rom 1993, 2/2, 369–379.

[3] Vgl. Gesine Schenke Robinson, Codex Berolinensis P20915: A Progress Report, in: S. Emmel/M. Krause/S. G. Richter/S. Schaten (Hg.), Ägypten und Nubien in spätantiker und christlicher Zeit, Akten des 6. Internationalen Koptologenkongresses, Münster, 20.–26. Juli 1996, Sprachen und Kulturen des Christlichen Orients, Bd 6,2, Wiesbaden 1999, 169–177.

[4] Die Faszination stammt aus der Vermutung, dass wir es mit den Resten eines unbekannten, aber bedeutenden literarischen Werkes zu tun haben, und wird konkret in der Herausforderung literarischer „pottery“-Arbeit, bei der es gilt, auf Grund einzelner „Scherben“ eine Vorstellung von dem ursprünglichen „Gefäß“ zu gewinnen. Zunächst muss man aus Textfetzen erst einmal ganze Sätze rekonstruieren; und dann gilt es, aus den so gewonnenen Text-„Inseln“ auf die Struktur und den Inhalt des ganzen Werkes zu schließen. Und bei alledem geht es nicht ohne Experimente und Risiko.

ist das vor allem das Verdienst von G. Robinson, der es in jahrelanger und mühevoller Arbeit gelungen ist, aus diesen Fragmenten Seiten zu rekonstruieren. Da ich vieles davon aus allernächster Nähe miterlebt habe, bin auch ich allein es, der den Wert dieser Arbeit ermessen kann und also würdigen muss. Ich möchte das mit einem Vergleich tun und frank und frei behaupten: Was Hugo und Rolf Ibscher für die koptischen Manichaica aus Medinet Madi waren, ist G. Robinson für das „Koptische Buch“. Ohne sie gäbe es das koptische Buch als etwas Lesbares überhaupt nicht. Was bei den einen die ruhige Hand war, ist bei ihr ein phänomenales visuelles Gedächtnis für Profile, Kantenformen, Papyrusmuster. Und damit hat sie Wunder getan und Texte praktisch aus dem Nichts geschaffen.

Das größte Wunder aus dem letzten Jahr (1997) war die stufenweise Rekonstruktion eines Textstückes aus kleinsten Fragmenten, das nun für die Entschlüsselung der Geheimnisse des P. 20915 vielleicht von allergrößter Bedeutung ist. Die gemeinte Stelle findet sich auf S. B 8→[5] unten und lautet: ⲙ̣ⲁⲣⲛ||[ϫⲓ] ϭⲉ ⲟⲛ ⲛ̄ⲕ̣[ⲉⲙⲁ]ⲣⲧⲩⲣⲓⲁ· ⲉⲃⲟⲗ | [ϩ]ⲛ̣̄ ϯⲃⲓⲃⲗⲟ[ⲥ ⲛ̄ⲟ]ⲩⲱⲧ’ ⲙ̄ⲡⲕⲏⲣⲩ||[ⲅ]ⲙⲁ ⲉⲥⲟ ⲛ̄[ⲧⲉⲓ̈ϩⲉ· ⲁ]ⲗⲗ ⲉⲡⲓ[6] ϩⲛ̄ | [ⲧ]ⲁ̣ⲣⲭⲏ ⲛ̄ⲛⲁ̣[ⲓ̈ ⲧⲏⲣⲟ]ⲩ̣ ⲉⲣⲉ ⲡ̣ⲛⲟⲩⲧⲉ | [ⲉϥ]ϫ̣ⲟⲥⲉ ⲉ[ⲡⲉⲛⲧⲁϥ]ⲡⲗⲁⲥⲥⲉ ⲙ̄||[ⲙⲟϥ - - -] „Lasst uns also noch ein anderes Zeugnis aus demselben Buch der Verkündigung [nehmen], das [so] lautet: ‚Aber weil am Anfang [aller] Dinge, während Gott erhaben ist über [das, was er] gebildet [hatte - - -‘]“. Hier wird ein Zitat aus einem Buch eingeführt, von dem gesagt wird, dass es vorher schon zitiert wurde, und als dessen Name „das Kerygma“ angegeben wird. Nun kennen wir aber nur ein Buch des frühen Christentums, von dem das der Hauptbestandteil des Titels war; und das ist „das Kerygma Petri“. Der Name des Petrus mag hier fehlen, weil eine Kurzbezeichnung der Schrift genügte, nachdem sie schon vorher eingeführt und zitiert worden war. Leider kann man mit dem Zitat selbst nicht viel anfangen, weil der Text nach der zitierten Stelle sehr fragmentarisch wird und daher auch noch niemand sagen kann, wo es zu Ende ist. Aber die Hauptsache ist hier, dass das Kerygma Petri nur von Clemens Alexandrinus und dem Valentinianer Herakleon als echte Schrift des Petrus betrachtet und verwendet wurde.

---

5 Die Bezeichnung der Blätter bzw. Seiten ist immer noch vorläufig und zeigt die Spuren der bisherigen kodikologischen Arbeit, nämlich die Ordnung des Kerns eines rekonstruierten Blattes nach seiner Position in einer der Serien mit ähnlichem Profil. B8 bedeutet also: achtes Blatt der B-Serie. Dieses Blatt ist insgesamt übrigens aus zehn Fragmenten zusammengesetzt.

6 Hier müsste ein griechischer Satzanfang mit Ἀλλ’ ἐπεὶ einfach übernommen worden sein. Vgl. dazu noch folgende Satzanfänge: [--- ⲉ]ⲧ̣ⲓ ⲇⲉ ⲡⲁⲣⲁ [- - -] (A 11→); ⲟⲧⲓ ⲙⲉⲛ ⲇⲉ (B 6→); ϩⲟⲧⲓ ⲙⲉⲛ ⲅⲁⲣ (E 2→; [F 5→]).

Die rekonstruierten Seiten geben immer noch keinen zusammenhängenden Text. Es ist nur eine Seitenzahl erhalten, nämlich 152 auf B 1→, und nur eine größere Textzäsur, auf D 1↑. Eine Ordnung der Blätter im Rahmen einer kodikologischen Rekonstruktion des Codex ist, oder war bisher, nicht möglich. Die einzige Chance, die Blätter in eine vernünftige Reihenfolge zu bringen, besteht in ihrer Ordnung nach inhaltlichen Motiven. Da diese sich aber gelegentlich zu überkreuzen oder zu wiederholen scheinen und man nicht ganz gegen die Sortierung nach Profilen verstoßen kann, führt auch das zu keinem wirklich befriedigenden Ergebnis bzw. hat es das bisher nicht getan.

Was den Inhalt betrifft, so weisen die Fragmente zwei Brennpunkte auf; diese sind die Schöpfung und der Zorn Gottes. Und es ist und bleibt deshalb die Frage, ob wir es mit den Resten von zwei ganz verschiedenen Abhandlungen oder mit zwei verschiedenen Schwerpunkten einer einzigen Abhandlung zu tun haben. Nach Lage der Dinge muss man eher mit einer Verzahnung der beiden Hauptthemen rechnen. Der Zorn Gottes ist doch dessen Reaktion auf die Übertretung seines Gebotes, und die Behandlung der Schöpfungsthematik schließt auch die Sündenfallsgeschichte mit ein (Stichwort das Verb ⲡⲁⲣⲁⲃⲁ[7]).

Wegen der Duplizität des Vorkommens einer bestimmten Wendung könnte man sogar annehmen, dass der Titel der Abhandlung in der betreffenden Wendung aufgenommen ist und folgendermaßen lautet: ⲡⲗⲟⲅⲟⲥ ⲉⲧⲃⲉ ⲧⲇⲏⲙⲓⲟⲩⲣⲅⲓⲁ ⲙ̄ⲡⲣⲱⲙⲉ „Die Abhandlung von der Schöpfung des Menschen". Die beiden gemeinten Textstellen sind einmal B 9↑: [ⲡ]ϣⲁϫⲉ ⲙⲉⲛ ⲛ̄ⲧⲇⲏⲙⲓⲟⲩⲣⲅ̣[ⲓⲁ] | ⲙ̣̄ⲡⲣⲱⲙⲉ ⲙ̄ⲡⲣ̄ⲧⲣⲉϥϣⲱⲡ[ⲉ ⲉϥ]|ⲏ̣ⲡ ⲉⲗⲁⲁⲩ ⲉⲓⲙⲏⲧⲓ ⲉⲡ̣[ⲛⲟⲩⲧⲉ] | ⲙ̣ⲁⲩⲁⲁϥ ⲛⲙ̄ ⲡⲉϥⲗⲟⲅ̣[ⲟⲥ - - -] „Fürwahr, [die] Lehre von der Schöpfung des Menschen soll niemandem gehören als [Gott] allein und seinem Logos" und zum anderen das Fragment $40^{3} + 53^{26}$→: [- - - ϩⲛ̄ ⲧ]ⲙ̣ⲏ̣ⲧ̣ⲉ ⲅⲁⲣ ⲙ̄ⲡⲗⲟⲅⲟ[ⲥ] | [ⲉⲧⲃⲉ ⲧⲇⲏⲙ]ⲓ̣ⲟⲩⲣⲅ̣ⲓⲁ ⲙ̄ⲡⲣⲱⲙ[ⲉ - - -] „Denn [in der] Mitte der Abhandlung [über die] Schöpfung des Menschen [- - -]". Dieser Gedanke stammt allerdings aus einer Zeit, da die erste Stelle noch fragmentarischer war und wir sie etwas anders ergänzt hatten. Denn jetzt kommen mir Zweifel, ob diese Stelle mit all ihren Worten nicht völlig aus dem Argumentationszusammenhang verstanden werden muss und da bedeutet: „Nach all dem Gesagten muss die Schöpfung des Menschen ganz allein Gott und seinem Logos zugeschrieben (aufs Konto gesetzt) werden".

[7] Natürlich ist auch von der Sünde die Rede, auf H 3↑, wie es scheint, sogar von der Sünde der Dämonen: „[- - - Alle]zeit, [Nacht] und Tag, sind die [Gedanken auf] Schlechtes [gerichtet]. Nicht [nur die Menschen,] sondern auch die Dämonen [- - -]."

Jedenfalls hat das erste Schwerpunktthema (Schöpfung) seinen eigenen inneren Schwerpunkt, und der ist die Menschenschöpfung. Aus den Fragmenten geht klar genug hervor, dass der Autor demonstrieren will, dass die ganze Schöpfung nur um des Menschen willen erfolgt ist. Es geht um die Herausarbeitung der Sonderstellung des Menschen in der Schöpfung. Und eben weil das der Schwerpunkt des Schwerpunkts ist, spielt die Seelenlehre bzw. die Anthropologie mit ihrem Dualismus von Leib und Seele in unserem Text eine so herausragende Rolle[8].

Was den zweiten Schwerpunkt des Textes anbelangt (die Lehre vom Zorn Gottes), so konnte inzwischen eine Stelle rekonstruiert werden, die sich nun wie eine Einführung in die hinter den diesbezüglichen Ausführungen unseres Autors stehende *Metaphertheorie* liest. Nach seiner Lehre übt Gott seinen Zorn oder seine Rache nicht direkt, sondern mittels seiner Kräfte aus, die nicht nur „Engel“ genannt werden, sondern auch durch alle möglichen scharfen und spitzen oder sonst gefährlichen Geräte, besonders das Schwert, symbolisiert werden. Die betreffende Einführung findet sich auf C 8→ und lautet: „[- - -. Es gibt] aber [rächende] Kräfte. [Manchmal] werden sie in den Schriften mit Schwertern verglichen, [ein andermal] aber mit Bogen und [Pfeil], wieder ein andermal mit Stock [und] Geißel, manchmal aber auch [mit etwas anderem]. Sie werden aber auch [die Rache] Gottes und der Zorn [Gottes] genannt, wie wir gesagt haben. [Manchmal werden sie alle] mit tödlichen [Geräten] verglichen, <manchmal> [aber mit - - -.] David [sagte] es in dieser [Weise im siebenten] Psalm, wenn er [wiederum sagt]: ‚Gott ist ein [gerechter Richter,] stark und langmütig, [der] seinen Zorn [nicht täglich bringt. Wenn ihr] euch [nicht ändert, wird er sein Schwert schärfen. Er hat] seinen [Bogen] gespannt [und bereit gemacht,] und er hat [in ihm] tödliche [Geräte] bereitet. [Seine Pfeile hat er erschaffen für die], die [verbrannt werden sollen.‘]“ Eine ähnliche theoretische Klarstellung findet sich auf C 9↑ (nach unserer Textfolge kommt dieses Blatt allerdings erst erheblich

---

[8] Charakteristische Züge der Seelenlehre des „Koptischen Buches“ sind, dass *κίνησις* und *αἴσθησις* als Resultat der Belebung des Leibes durch die Seele ganz eng zusammengehören, dass das Leben ein Wechsel von Anstrengung und Ausruhen ist, und vor allem, dass die Folge von Beseelung/Belebung vierfach ist, nämlich dass der zunächst tote Leib sich bewegt, wahrnimmt, lebendig ist und den Ort wechseln kann (vgl. E 5↑/E 5→; F 12→). Zur Seelenlehre sei außerdem eine Stelle direkt zitiert, weil sie noch ein bisschen dunkel, aber vielleicht wichtig ist. Sie findet sich oben auf D 3↑ und lautet: [- - -] ⲙⲉⲛ ⲅⲁⲣ ϯ ⲛ̄ⲛ̄ⲍⲱⲟⲛ [. . . . . . ⲯⲩ]|ⲭⲓⲕⲏ ⲛ̄ⲟⲩⲥⲓⲁ ⲉϥϣⲟ[ⲟⲡ ⲉⲃⲟⲗ] | ⲛ̄ⲛ̄ⲕⲁⲑⲟⲗⲓⲕⲟⲛ ⲛ̄ⲕⲩ[ⲕⲗⲟⲥ· ⲡⲉⲧ]|ϯ ⲯⲩⲭⲏ ⲇⲉ ⲙ̄ⲡⲕⲁⲧ[ⲁ ⲑⲓⲕⲱⲛ ⲛⲁ]|ϯ ⲧⲁⲡⲟⲇⲓⲝⲓⲥ ⲁⲡⲟ[ⲙⲉⲣⲟⲩⲥ . . .] „Denn zwar gaben [die - - -] den Lebewesen [(etwas von)] seelischem Wesen, das [aus] den allgemeinen [Sphären] stammt. [Der] aber, [der] den Eben[bildlichen] beseelt, [wird teilweise - - -] den Beweis erbringen.“

später). Da heißt es zwischen den langen Zitaten von Jes 34,4–7 und Ez 9,2–10 folgendermaßen: „Salomo [aber ist es, der] über dieses Schwert sagte: [‚Er wird] das Schwert [schärfen] für seinen [vernichtenden] Zorn‘ (Sap 5,20). Aber nicht nur vergleichen sie [die Kräfte] der Rache mit einem Schwert, [einem Bogen,] einem Pfeil, einem [Stock und] einer Geißel, sondern auch mit einer [Axt und] einem Schermesser. Einer Axt [verglich er sie und] sagte: ‚Siehe, die [Axt ist an die Wurzel] der Bäume [gelegt. Jeder] Baum, [der] keine guten [Früchte bringt, wird gefällt] und in [verzehrendes Feuer] geworfen werden‘ (Lk 3,9). [Das] Aufgelöste [sind] aber wieder Äxte, [wenn es heißt]:“ (es folgt Ez 9,2–10). Vgl. in diesem Zusammenhang auch noch H 5→, wo es oben heißt: „‚Du hast [deine Rechte] ausgestreckt, und die Erde verschlang [sie‘ (Ex 15,12). Wir sagen]: Der Geist Gottes [und seine] Rechte und sein Zorn sind [die Kräfte] der Rache, wobei sie [Rache üben wie die,] über die wir gesprochen haben. Es sind Kräfte, die (so) erklärt werden durch das, worüber wir schon [sprachen.]“

Diese Metaphertheorie unseres Autors beschränkt sich aber nicht nur auf Waffen und ähnliches, sondern wird auch auf die Elemente, besonders Himmel und Erde, ausgedehnt, die ja in der Bibel oft als Zeugen angerufen werden. Wie bei der Rede von Städten und Ländern sind dabei nicht die Orte selbst gemeint, sondern jeweils die Wesen, die in ihnen wohnen. Hier also wandelt sich die *Metapher*theorie in eine *Stellvertretungs*theorie. Vgl. z. B. F↑ 4, da liest man oben: „[- - - das Schwert, das] geschärft ist, [um] mit ihm die Erde [zu vernichten]. Er sagt [es] freilich [über die,] die auf der Erde wohnen. Denn [er ruft] das nicht [aus] über der Erde, [die doch keine] Ohren [hat.] Das [ist es,] was Hiob gemeint hat [mit: ‚Sprich doch] mit der Erde! Vielleicht [antwortet sie] dir‘, weil es gar nicht [möglich ist, dass sie] antwortet dem, der [zu ihr] spricht.“ Und unten heißt es in Interpretation von Gen 18,20–21: „Er sagte dies [über die Städte und] über die Erde (von Sodom und Gomorra), obwohl es [nicht] die Erde [meint]; es betrifft die, die auf ihr wohnen.“

In den Zusammenhang der Lehre vom Zorn Gottes und ihrer Exemplifizierung an Hand von Stellen der Schrift gehört nun wohl auch ein anderes bemerkenswertes Phänomen unserer Fragmente, das man die „Läuse-Theologie“ des Autors nennen könnte. Es ist jedenfalls hier mehr von den verschiedensten Arten von Ungeziefer die Rede als in jeder anderen mir bekannten theologischen Schrift. Vgl. D 3↑ („So [lernt das Beispiel] von der Motte[: Es gibt] Körper, die [- - -] die zerfressen werden [- - -]“); D 4↑ (unten: [- - - ⲁ]ⲩⲱ ⲥⲉϫⲓ ⲯ[ⲩⲭⲏ - - -] | [ⲛ̄ⲑⲉ ⲙ̄]ⲡⲅ[ⲉ]ⲛⲟⲥ ⲛ̄ⲛ̄ⲑⲉⲣⲙⲟⲩⲑⲓⲥ | [ⲉⲧⲥϣ]ⲟⲟⲡ [ⲉⲃ]ⲟⲗ ϩⲙ̄ ⲡⲕⲁϩ ⲙ̣̄ⲙⲁ̣ⲧⲉ | [ⲛ̄ϭⲓ ⲧⲉϥ]ⲥ̣ⲩⲛ[ⲟⲩ]ⲥⲓⲁ· „Und sie werden [beseelt - - - wie] das Geschlecht der Nattern, [deren] doppeltes

Wesen nur aus der Erde stammt“); D 4→; D 12↑. Bei den Heuschrecken, die ja als Strafe Gottes in der Bibel eine besonders große Rolle spielen und auf ihre Weise tödlich sind, weil sie die Nahrung der Menschen auffressen, oder bei den Skorpionen, die ja auch tödlich stechen können, ist der thematische Zusammenhang noch relativ klar. Aber es werden eben auch noch viele andere Arten genannt.

Vielleicht ist hier ein günstiger Platz, um einzuflechten, dass in unserem Text auch einmal eindeutig ganz große Tiere vorkommen, nämlich Elefanten (F 6↑). Allerdings gehört die Nennung dieser Tiere wohl in einen ganz anderen Zusammenhang, jedenfalls wenn die Vermutung berechtigt ist, dass wir es hier mit einer Anspielung auf die einzige Elefantengeschichte der Bibel (LXX), in 3 Mac 5,6, zu tun haben.

Die Arbeit am P. 20915 ist inzwischen soweit gediehen, dass ihr Ende abzusehen ist. Verabredungen für die endgültige Veröffentlichung sind schon getroffen. Sie soll in der Reihe CSCO erscheinen; und der Textband soll so gestaltet werden, dass—wie in Thompsons berühmter Ausgabe des subachmimischen Johannesevangeliums—jeder Textseite das entsprechende Faksimile des Originals gegenübersteht.

Im Blick auf den bevorstehenden Abschluss der Arbeit am „Koptischen Buch“ ist uns nun der Gedanke gekommen, in der Zwischenzeit bis zum wirklichen Erscheinen der Ausgabe schon einmal jeweils ein paar Seiten, die besonders interessante Phänomene oder Probleme enthalten, im Voraus zu veröffentlichen, wozu wir übrigens auch das Einverständnis des Herausgebers der CSCO eingeholt haben. Es geht dabei um kommentierte Editionen von bestimmten Textpartien. Bei einem so schwierigen Text kann es nichts schaden, wenn wir von Fachleuten, die anders nicht zu erreichen sind, noch rechtzeitig Kritik erfahren oder Hilfeleistung bekommen. Der Plan sieht bisher vor, dass G. Robinson zwei Beiträge in Le Muséon veröffentlicht, deren Titel so lauten sollen: „Sethianism and the Doctrine of Creation in a Partially Restored Coptic Codex (P. Berol. 20915)“ und „A Plea for Gender Equality in a Partially Restored Coptic Codex (P. Berol. 20915)“.

Die Textfolge, um die es in dem ersten Beitrag gehen soll, ist: D 1↑ + B 5↑ + B 5→ + B 4→ + B 4. Dabei ist das sachliche Zentrum dieser Textdarbietung, sowie des ganzen Beitrags, die sich oben auf B 4↑ findende *Sethianerstelle*, die nach der letzten Rekonstruktion folgendermaßen aussieht: [- - - ⲁϩⲉⲛ]||[ⲕⲟⲟⲩ]ⲉ ⲇⲉ ϫⲟⲟⲥ ϫ̣[ⲉ ⲁⲩⲛⲟϭ ⲇⲉ] | [ⲛ̄]ⲁ̣ⲣⲭⲱⲛ ⲧⲁⲙⲓⲉ ⲡⲣ̣[ⲱⲙⲉ· ⲡⲉϊⲛⲟϭ] | ⲇⲉ ⲛ̄ⲁⲣⲭⲱⲛ ⲉⲧⲁⲣⲭⲓ ⲉ[ϫⲱⲟⲩ ⲁⲩ]ⲙ̣ⲟⲩⲧⲉ̣ ⲉ̣ⲣ̣ⲟ̣ϥ ⲛ̄ⲧⲟⲟⲩ ϫ̣[ⲉ ⲓ̈ⲁⲗⲇⲁ]||ⲃ̣ⲁⲱⲑ ⲉⲣ̣ⲉ̣ [ⲥ]ⲁ̣ⲃ̣ⲁⲱⲑ̣ [ϣⲟⲟⲡ ϩⲁϩ]ⲧⲏϥ· ⲁⲩⲱ ⲁⲇⲱⲛⲁⲓⲟ̣[ⲥ· ⲓ̈ⲁⲱⲑ· ⲉ]ⲗⲱⲁⲓⲟⲥ ⲱⲣⲁⲓⲟⲥ· ⲁ̄[ⲥⲧⲁⲫⲁⲓⲟⲥ·] | ⲉⲧⲣⲉⲩⲙⲉⲧⲉⲭⲉ ⲉⲧ[ⲇⲏⲙⲓⲟⲩⲣ]||ⲅⲓⲁ м̄пршмє· таї̣ [ϭє тє тєгнш]|мн н̄н̄снѳіанос̣ [- - -] „[Andere] aber [haben] gesagt: ‚[Ein mächtiger] Archont [aber] schuf den Menschen.' [Diesen mächtigen] Archonten aber, der über [sie] herrscht, den nannten [sie] selbst: Jaldabaoth, während bei ihm [noch] Sabaoth [ist], und außerdem Adonaios, [Jaoth,] Eloaios, Oraios und [Astaphaios], damit sie teilhaben an der [Schaffung] des Menschen. Das [also ist die Lehre] der Sethianer." Die Sethianer erscheinen hier als ein Beispiel für die vielen Richtungen, die aus dem Plural von Gen 1,26: „Lasset uns einen Menschen schaffen" eine falsche, polytheistische Konsequenz gezogen haben.

Nun ist es auch ganz in der Nähe jener Stelle, dass der Name *Zoroaster* zweimal als fiktiver Autorenname oder als Garant einer bestimmten Tradition und Lehre erscheint, und zwar an einer Stelle ganz eindeutig (B 3↑) und an einer anderen, der Sethianerstelle ganz nahen Stelle, als Möglichkeit der Rekonstruktion (B 4↑). Da der Text an den betreffenden Stellen nun so fragmentarisch ist, dass er nicht erkennen lässt, welche im Namen des Zoroaster vertretene Lehre oder Tradition der Autor im Blick haben mag, muss man es hier mit der Festschreibung einer ganz bestimmten und notwendigen Frage bewenden lassen. Die Frage lautet: Stehen die Lehre der Sethianer und die Zoroaster-Tradition in der Perspektive unseres Autors in einer sachlichen Beziehung? Der Hintergrund der Frage ist der Traktat Zostrianus (NHC VIII,1), wo nämlich eine Spielart der sethianischen Gnosis als Zoroaster-Tradition deklariert wird (ganz direkt freilich nur im kryptographischen griechischen Kolophon). Übrigens wird in dieser ersten Vorveröffentlichung auch noch die Möglichkeit einer weiteren, aber positiven Aufnahme eines sethianischen Theologumenons im „Koptischen Buch" diskutiert[9].

Wegen des Sethianerbezugs in unserem Text war die Arbeit an seiner Erschließung von Anfang an verbunden mit der Frage, ob er eigentlich (normal-)christlich oder *christlich-gnostisch* sei. Diese Frage ist noch nicht entschieden. Zwar macht die „Oberfläche" des Textes einen eindeutig christlichen Eindruck. Aber normal kann man das hier vertretene Christentum wohl doch nicht nennen. Aber wenn der Text speziell gnostisch sein sollte, dann könnte er das nur unter der Oberfläche sein. Nun ist mir eine Stelle aufgefallen, wo man vielleicht doch eine gnostische Auffassung erkennen kann. Gemeint ist die Rede vom Gefängnis auf F 10→. Wir zitieren am besten vom Ende der Vorderseite (F 10↑) an. Es heißt

[9] Dabei geht es um die merkwürdige Lehre von zwei Erden, einer unsichtbaren und der uns bekannten sichtbaren, aus deren Zusammenfügung das doppelte Wesen des Menschen besteht (F 15 →).

da: „[Die Erde] aber ernährte (?) [- - -] und die Kriechtiere und die Vögel. [Er nennt] sie so. Es sollen aber die Namen der Seelen [genannt werden. Jedoch] sollen nicht mitgeteilt werden die * [Namen der Körper - - -] aber [- - -] seit sie selbst [an diesen Ort] gelegt worden sind wie in ein Gefängnis [- - - indem sie] eingesperrt wurden für ihre ganze [Zeit.] Denn sie haben gesagt, dass nach [der] Vollendung der ersten Welt eine andere Welt entstehen [soll. Und] nach einer anderen langen Zeit besteht [die Notwendigkeit,] dass wieder eine andere Welt entsteht.“[10] Die gnostische Auffassung vom Leib als dem Gefängnis der Seele ist hier freilich auf die Tiere ausgedehnt und steht im Zusammenhang mit der für unseren Autor typischen Auffassung, wonach Gen 1 erst von der Schaffung der Tier*seelen*, und Gen 2(,19) erst von der Schaffung der Tier*leiber* handelt, und dass sich die Benennung der Tiere durch Adam nur auf die Tierseelen bezieht (in der Zuerkennung der Seelen-Namen vollzieht sich die Beseelung der Tierleiber). Andererseits muss man in dem ⲡⲉϫⲁⲩ „sie haben gesagt“ ein gewisses Warnungszeichen sehen. Denn wenigstens der dann folgende, ebenfalls typische Gedanke von dem Nacheinander mehrerer Welten könnte auf das Konto anderer Leute gehen und von unserem Autor hier nur zitiert sein.

Dieser letzte Aspekt gehört nun zu einem der vielen Geheimnisse, die unser Text im Ganzen bereithält. Der Verfasser diskutiert auch sonst in hohem Maße andere Lehren und Meinungen. Und wegen der Lücken kann man oft nicht sicher sein, ob eine rekonstruierbare These seine eigene Meinung darstellt oder eine Auffassung ist, die er nur aufgreift, sei es nun zur Bestätigung seiner eigenen Position, sei es, um sie zu kritisieren oder ganz zu widerlegen.

Bei dem zweiten Beitrag von G. Robinson soll die Textfolge D 10↑ + D 10→ + D 6↑ + D 6→ + D 9↑ + D 9→ veröffentlicht werden und geht es in der Sache um einen überraschend kritischen Schriftbezug unseres Autors auf Gen 2,23a und Gen 46,26. In Bezug auf die erste Stelle kritisiert er, dass Adam sich in seiner Stellungnahme auf Knochen und Fleisch der Eva beschränkt und nichts von ihrer Seele sagt. Und bei Gen 46,26

[10] Weil in diesem Textstück mehrere Besonderheiten des „Koptischen Buches“ auf engstem Raum vorkommen, sei auch der koptische Wortlaut geboten: [ⲁⲡⲕⲁϩ] ⲇⲉ ⲥⲛϣ .. [.........] | [..ⲁ]ⲩⲱ ⲛ̄ϫⲁⲧϥⲉ ⲁ̣[ⲩ]ⲱ̣ ⲛ̣̄[ϩⲁ]ⲗ̣ⲁⲧⲉ | [ϥⲙⲟⲩ]ⲧⲉ ⲉⲣⲟⲟⲩ ⲛ̄ⲧⲉϊϩⲉ· ⲙⲁⲣⲟⲩ||[ⲙⲟⲩⲧⲉ ϩ]ⲱⲱϥ ⲉⲛⲣⲁⲛ ⲛ̄ⲛⲉⲯⲩⲭⲟ||[ⲟⲩⲉ· ⲁⲗⲗ]ⲁ· ⲙ̄ⲡⲣ̄ⲧⲟⲩⲧⲁⲟⲩⲟ ⲛ̄ⲛ̄*[ⲣⲁⲛ ⲛ̄ⲛ̄ⲥⲱⲙⲁ ....] | [.......] .. ⲇⲉ ... [.......] | ϫⲛ̄ⲧⲁⲩⲕⲁⲁⲩ ⲙⲁⲩⲁ̣[ⲁⲩ ϩⲙ̄ ⲡⲉϊⲙⲁ] | ⲛ̄ⲑⲉ ϩⲛ̄ ⲟⲩϣⲧⲉⲕⲟ̣ [...... ⲉⲁⲩ]||ⲱⲧⲡ ⲉϩⲟⲩⲛ ⲙ̄ⲡⲉⲩ̣ⲟ̣ⲩ[ⲟⲉⲓϣ ⲧⲏ]||ⲣϥ· ⲡⲉϫⲁⲩ ⲅⲁⲣ ϫⲉ ⲙⲛ̄[ⲛ̄ⲥⲁ ⲧⲥⲩⲛ]||ⲧⲉⲗⲓⲁ ⲙ̄ⲡϣⲟⲣⲡ ⲛ̄ⲕⲟⲥ[ⲙⲟⲥ ⲉⲣⲉ] | ⲕⲉⲕⲟⲥⲙⲟⲥ ϣⲱⲡⲉ ⲁ̣[ⲩⲱ ⲙⲛ̄]||ⲛ̄ⲥⲁ ⲕⲉⲛⲟϭ ⲛ̄ⲟⲩⲟⲉⲓϣ [ⲉⲣⲉ ⲧⲉⲭⲣⲓ]||ⲁ ϣⲟⲟⲡ ⲉⲧⲣⲉ ⲕⲉⲕⲟ̣[ⲥⲙⲟⲥ ϣⲱ]||ⲡⲉ.

wundert sich der Verfasser darüber, dass die Frauen der Jakob-Söhne bei der Zählung nach Seelen nicht mitgerechnet werden. Die erste dieser überraschenden Feststellungen findet sich oben auf D 6→ und lautet: „[- - -] nur des Körpers, [die der Seele] aber nicht, als [Adam (?)] sagte[:] ‚Das nun ist Knochen [von] meinen Knochen und Fleisch [von] meinem Fleisch.‘ Vielmehr [ziemte es sich für ihn zu] sagen: ‚Wenn es der Leib [meines Weibes] ist, der aus [meinem Leibe] genommen wurde, dann wurde auch die Seele [aus] meiner Seele [und wurde auch der Geist (?)] aus [meinem Geist (?) genommen.‘] Doch [das ist] nicht die [Weise, in der Adam] sich hingestellt [hat,] sondern [(als wäre nur der Leib?)] aus ihm, stellte er [sich] hin.“ Der entscheidende Kommentar zur zweiten Genesis-Stelle steht oben auf D 9→, wo man liest: „Ist es [etwa] vernünftig, dass [sie] bereitet werden aus [ihrem Vater] und der Mutter, und dass (doch) das [Geschlecht nur] nach dem Vater [gezählt wird, während] die Mutter nicht zu [dem Samen] gezählt wird?“

Meine erste Vorveröffentlichung ist für die Zeitschrift Enchoria bestimmt und soll den Titel tragen: „Der Barnabasbrief im Berliner ‚Koptischen Buch‘ (P. Berol. 20915)“ [hier 911–934]. Dabei stellen die zu veröffentlichenden Seiten keine (mutmaßliche) Textfolge dar, sondern sind jene aus unserer Textfolge herausgegriffenen drei Einzelblätter, auf denen der Barnabasbrief zitiert wird; nämlich: B 6→ / B 6↑; B 12↑ / B 12→ ; B 11↑ / B11→. Auf ihnen wird Barn 6,11–12/13a zweimal zitiert (B 6→ und B 12→ /B 12↑). Bei diesen Dubletten verhalten sich übrigens erhaltener Text und Lücken so, dass sie sich auf das glücklichste ergänzen. Auf B 11↑ wird Barn 6,17–18 zitiert. Darin, dass die eine Stelle gleich zweimal vorkommt, spiegelt sich die Bedeutung wider, die diesem Beleg im Rahmen der Argumentation des Autors hinsichtlich der Lehre von der Schöpfung des Menschen zukommt. Barn 6,11–12 (mit seinen Wendungen λέγει τῷ υἱῷ· Ποιήσωμεν κτλ. und ταῦτα πρὸς τὸν υἱόν) ist nämlich sein Hauptschriftbeweis dafür, dass es nicht die scheinbar vielen sind, mit denen Gott (nach Gen 1,26) redet und schafft, sondern dass er das sozusagen mit sich selbst tut. Bei alledem ist natürlich der Umstand, dass unser Autor (wie sonst nur von Clemens Alexandrinus und Origenes bekannt) den Barnabasbrief für echt hält und als Bestandteil der Heiligen Schrift versteht (sozusagen, als wäre seine Bibel der Codex Sinaiticus), als eine der wesentlichen Spuren, die vielleicht einmal zur wirklichen Entlarvung des Autors führen könnten, von allergrößtem Wert. Bei der Anwendung des Belegs Barn 6,11–12 (ergänzt durch Sib VIII 264–267 + 259–262) [auf B 12→] überträgt unser Autor das Wort „Sohn“ in seine eigene theologische Sprache und setzt also dafür „Logos“ ein: ⲡⲁ̣[ⲓ̈] | [ⲇⲉ] ⲟ̣ⲩ[ⲥⲩⲥⲥ]ⲏⲙⲟⲛ ⲡⲉ ⲁⲩⲱ ⲟⲩⲓⲛ̣[ⲉ] | ⲉⲛⲕⲣⲓ̣[ⲛⲉ] ⲙ̄ⲙⲟϥ ⲡⲁⲣⲁ ⲡⲕⲉⲥⲉ̣[ⲉⲡⲉ] | ⲉⲙⲡϥ[ϫ]ⲟⲟⲥ ϫⲉ ⲁϩⲁϩ ⲧⲁⲙⲓⲟ̣[ϥ] | ⲁⲗⲗⲁ [ϫ]ⲉ ⲡⲛⲟⲩⲧ̣ⲉ ⲙⲁⲩⲁⲁ[ϥ ⲡⲉⲛ]|ⲧⲁϥⲧⲁⲙ̣ⲓ̣ⲟϥ ϩⲙ̄ ⲡⲉϥⲗⲟⲅ[ⲟⲥ - - -] „Das [aber] ist eine [Übereinstimmung] und [Gleichheit], die wir gegenüber allem anderen bevorzugen, sofern sie nicht besagt hat, dass viele [ihn] geschaffen haben, sondern dass Gott allein [es ist, der] ihn durch seinen Logos geschaffen hat.“ Soviel zu dem Barnabas-Aufsatz für Enchoria.

Das Thema für einen weiteren Beitrag meinerseits ist noch nicht festgelegt. Aber vielleicht wäre der nächste große Gegenstand, der herausgegriffen zu werden verdient, der ganze Komplex der Schriftzitate im „Koptischen Buch“, wobei man das Gewicht auf einige der ungewöhnlichen legen könnte.

Die Erwähnung dieses literarischen Projekts mag im hiesigen Zusammenhang dann gleich der Anknüpfungspunkt für ein paar Bemerkungen zu diesen Zitaten sein. Der erste Gesichtspunkt ist, dass diese Zitate bei der „Textwerdung“ des P. 20915 eine ganz entscheidende Rolle gespielt haben und noch spielen. Da sie zum Teil sehr oder ziemlich lang sind, macht ihre Identifikation und die Rekonstruktion der betreffenden Fragmente manche Seiten richtig voll. Die Liste aller identifizierten Zitate ist sehr umfangreich. Hier möchte ich nur auf solche Zitate aufmerksam machen, die mir, und zwar unter verschiedenen Gesichtspunkten, als besonders wichtig erscheinen. Es sind dies: Ex 4,24f. auf C 1→ (die Geschichte von Sephora und dem Blutbräutigam); 2Kön 24,15–17 auf C 2→ (der Engel auf der Tenne des Jebusiters Ornan); Ez 9,2–10 auf C 9↑ / C 9→ (der Engel mit dem langen Gewand [ποδήρης]); Jes 22,15–23 auf C 12→ (die Geschichte von Somnas, dem Schatzmeister; nach dem, was auf dem verso [C 12↑] zu erkennen ist, scheint unser Autor zu wissen, wie die Geschichte wirklich ausgeht); Jes 34,4–7 auf C 10↑ + C 9↑ (Gericht über Idumäa und Bosra); 2Kön 15,35 auf H 6→ (der Engel des Herrn schlägt 185000 Assyrer in ihrem Lager).

Es gibt aber auch Zitate, die zu den *Geheimnissen* des „Koptischen Buches“ gehören. Sie konnten nämlich bisher nicht identifiziert werden. Da der hiesige Beitrag auch, oder sogar in allererster Linie, als eine Bitte um Mithilfe gemeint ist, möchte ich die wichtigsten dieser Fälle hier einfach einmal auflisten:

B 1↑ Nach dem Zitat von Mt 5,40 geht es weiter mit: „Denn er befiehlt uns, [nicht] die [zu] verachten, die zu uns gehören, [und dass] wir niemandem Gewalt antun. [Denn das ist es,] was er sagt: ‚[Niemand soll] ihn aber verlassen. [Denn] der Mensch ist [kein] Fremder, [der - - - (Text wird lückenhaft und unverständlich)].“ ‘

B 3→ „Andere [aber - - -] zum Schöpfer [der Welt.] Die Sophia wurde [ihr (der Welt)] zur Mutter – nach ihrer Meinung. Und aus [dem] Logos, der sie (die Welt) schuf, [- - -. Er sagte] aber: ‚Das [vollkommenste (?)] Werk deiner [Schöpfung] ist der Mensch, der du [genannt] wirst: Weltschaffender (κοσμοποιός)‘, [d. h.: der, der ihm] den Leib und die [Seele] gegeben hat. Andere aber sagen: ‚Der Widersacher [hat - - -] in ihm [- - -].“

B 7→ Das ist die Stelle vom *Bekenntnis des Teufels*! Es heißt oben auf der Seite: „Sogar der Teufel bekennt, dass [Gott] allein es ist, der [das All] geschaffen hat, wodurch er aber sich selbst zu einem macht, der seiner (Gottes) Schöpfung fremd ist[11]. Einige aber denken darüber [anders. Wir haben] schon zuvor über sie gesprochen. Er [sagt aber] Folgendes: ‚Du bist es, der im [Anfang den ersten] Menschen geschaffen hat. Adam ist es, den du [geschaffen hast,] und dem du eine Seele gegeben hast.‘ “

B 8→ Oben auf der Seite, wo unten gesagt wird, dass jetzt noch ein Zitat aus dem gleichen Buch des Kerygmas (Petri) kommt, liest man das Folgende, und zwar dann natürlich unter der Frage, ob das im Ganzen, oder ob ein Teil davon, das vorhergehende Kerygmazitat sein könnte. Es heißt da: „[- - -] und [er] hat [- - -] und er setzte ihn [ins Paradies (?) und unterstellte] ihm alles, was [in der] Welt [ist], während er [ihn (dahin) setzte, versehen mit] einem freien Verstand, damit der freie Wille (τὸ αὐτεξούσιον) [zur Geltung kommen (?) möge. Ebenso] sollt [auch] ihr ihm dienen [im Gewand], das heller ist als diese. [Sie sind schon jetzt geoffenbart worden], damit du hörst [auf das], was die Schriftstelle (λέξις) uns [über] sie sagt: ‚Gott, der [das] All geschaffen hat, er ist es, der [auch den] Menschen geschaffen hat, und er ist es, der [will], dass wir ihm dienen.‘ Und [es sind Dinge], die uns zwar genügen, [aber hört auf das], was er sagte über [ihn (?)! - - - sie] folgten (?) [der] Stille (?) [- - -] des Menschen. Sie brachten [aber] Ruhe [in seine] Ohren, [und sie] schufen einen [- - -] andere [- - -] sie (?).“

B 12↑ Eine dunkle Stelle, wo man die Frage offen halten muss, ob es nicht bessere Rekonstruktions- und Verständnismöglichkeiten gibt. Zur Zeit lautet die Übersetzung jedenfalls so: „[- - -,] sondern seht, dass [der,] der [nur] ein Wort [hat, zusammen ist mit] denen, die es ausgesprochen haben nur über [den einen,] und nicht über alle anderen: ‚Denn [du (fem.)

[11] Das heißt, dass er an der Schöpfung nicht mitgewirkt hat.

bist] fleischlich.‘ Die Schrift hat [das] Wort [überliefert.]“ Der koptische (rekonstruierte) Text für das mutmaßliche kurze Zitat sieht dabei so aus: ⲛ̄||[ⲧⲉ ⲟⲩⲥⲁⲣ]ⲕⲓⲕⲏ ⲅⲁⲣ.

C 2↑ Das ist die Stelle mit dem („apokryphen“) Michael-Zitat. Wir lesen: „… aus dem, was [Michael (?)] über den Altar (?) sagt, der ihm anvertraut worden ist, und aus dem, was Michael über sich (selbst) sagt. Lasst uns jetzt [also] die (beiden) Worte (τὰ ῥητά) hören(:) ‚Der Vollkommene (?) hat mir allein [mitgeteilt], dass [das] Kleid (?), das er den Freuden (?)-Engeln [(zu geben?)] gedachte, [- - -] Gericht in der [Menge (?) von] allen [- - -.] Und der(?) [- - -].‘“

D 13→ Hier, im oberen Teil der Seite, geht es nicht um die Identifizierung eines Zitats, sondern bloß um die Identifizierung einer Anspielung. Es ist von einem „Feldherrn der Perser“ die Rede. Aber die Beziehung ist bislang absolut dunkel. Die Stelle lautet im Zusammenhang: „[- - -] während jede einzelne ihm [eine] Kraft gab. [Die] geehrten [Engel][12] kamen aber auch. Eine [Macht ist es. Sie (?)] entstand aus [- - -] wie bei Jakob [- - -, die] die umgibt, die [den] Herrn [fürchten,] und [die sie rettet] vor [allen] Feinden (πολέμιος). [Es gibt] aber einen, der dasteht [wie ein] Feldherr der Perser [und (seinen Platz)] einnimmt, während Gott [es ist, der] Israel (?) [rettet.]“ Der problematische Satz lautet auf Koptisch: [- - - ⲟⲩⲛ] | [ⲟ]ⲩⲁ ⲇⲉ ⲉϥⲁϩⲉⲣⲁⲧϥ̣ [ϩⲱⲥ ⲥⲧⲣⲁ]||[ⲧ]ⲏ̣ⲅⲟⲥ ⲛ̄ⲛ̄ⲡⲉⲣⲥⲏⲥ [. . . ⲉϥⲁⲛⲁ]||[ⲡ]ⲗ̣ⲏ̣ⲣⲟⲩ ⲉⲡⲛ̣ⲟⲩ[ⲧⲉ ⲡⲉⲧⲛⲟⲩϩⲙ̄ ⲙ̄]||[ⲡ]ⲓ̣ⲏ̄ⲗ̄:

D 13↑ Im oberen Teil sieht es so aus, als würde ein apokryphes Jesuswort zitiert. Aber die Frage ist, aus welcher Quelle es kommen mag. Angesichts der Umgebung, in der es erscheint, könnte man jedenfalls erwägen, ob der Kontext wieder ein Zitat aus dem Kerygma Petri ist. Die Stelle lautet: „… die, die gerettet werden sollen. [Denn] ohne [sie] hätten sie nicht zu [ihm] gelangen können. [Während er] ihnen folgt, ruft er alle herbei, auf dass sie [zu Teilhabern (?)] unserer Vollendung würden, [indem er] es ihnen so [sagt:] [‚Kehrt um,] und ein jeder [von euch vollbringe das] Werk des Menschen, [und ein] jeder von euch [zeige] seinen Eifer gegenüber [dieser Gewissheit] eurer [eigenen] Neu[schöpfung (?)]. Kommt [- - -]

---

[12] Die Verbindung ⲛ̄ⲁⲅⲅⲉⲗⲟⲥ ⲉⲧⲧⲁⲉⲓⲏⲩ „die geehrten Engel“ kommt in unserem Text so häufig vor, dass man fragen kann, ob das etwa (ähnlich wie das Adverb ψεκτως/ⲯⲉⲕⲧⲱⲥ „schuldhaft“ auf H 4→) auch ein Element aus dem *Idiolekt* des Autors ist, das uns helfen kann, das Geheimnis seiner Person zu lüften.

ihn (?) und [verweilt (?)] bei den Engeln des Himmels!' [Denen (es)] aber befohlen war, die vollbrachten [das] Werk eifrig. Denn der [Sohn] war nicht ungehorsam, sondern hat bereitwillig den Dienst [für die] Menschen durch den Heiligen(?) Geist[13] [getan. - - -]"

F 3↑ Hier scheint irgendein Philosoph (allerdings ein frommer) zitiert zu werden. Dabei ist die Abgrenzung des Zitats nur vorn klar. Wo es zu Ende ist, kann man nicht sagen. Wenn man die Identität des Weisen raten dürfte, so würde mir als erster *Hermes Trismegistos* einfallen. Vielleicht ist das eine Spur, der sich zu folgen lohnt. Der Text selbst jedenfalls lautet so: „Treffend aber hat [einer von] den Weisen der Welt [gesagt: ‚Es gibt keinen] Ort, um [dich] zu [verstecken] und Gott zu entfliehen. Es [bewacht] dich [vielmehr] eine Mauer [im] himmlischen Bereich, die leuchtet [und] niemanden [- - -.] Wer ist es, [dem] es [erlaubt] ist, sie zu überwinden? - - -'].“[14]

F 12→ Ganz unten auf dieser Seite ist in einer Weise von Baumeistern die Rede, die eigentlich nur als Anspielung auf irgendetwas sinnvoll sein könnte. Bisher aber ist uns nur 1Par 29,6f. als möglicher Bezugspunkt eingefallen. Aber das ist noch keine Lösung. Wir brauchen eine bessere Idee. Deswegen seien hier Text und Übersetzung mitgeteilt: [. . . . . .] ϥ̣ⲓ̣ ⲁ̣ⲛ ⲛ̄ⲟⲓⲕⲟⲇⲟ̣[ⲙⲟⲥ ⲇⲉ] | ⲥⲉϫⲓ ⲙ̄ⲙ[ⲟ]ϥ ⲉⲕⲉⲧⲃⲁ ⲛⲭⲣ[ⲩⲥⲓⲟⲛ] „[- - -] nehmen nicht. Die Baumeister aber empfangen ihn für noch einmal (?) 10000 Goldstücke.“

Zum Schluss seien noch ein paar Bemerkungen zum *Geheimnis der Sprache* des „Koptischen Buches“ gemacht. Zunächst handelt es sich einfach

[13] Die (zum Teil rekonstruierte) koptische Phrase lautet: ϩⲓ̣[ⲧⲛ̄] ⲡⲉⲡ̄ⲛ̄ⲁ̄ ⲛ̄ϩⲁ||[ⲅⲓⲟⲛ - - -]. Dabei wäre natürlich ⲛ̄ϩⲁⲅⲓⲟⲛ anstelle des sonst üblichen ⲉⲧⲟⲩⲁⲁⲃ an sich sehr auffällig, aber nicht unbedingt in dieser Schrift, wo eben gelegentlich griechische Wörter oder Phrasen stehengeblieben sind, die sonst übersetzt werden (vgl. vor allem ⲧⲱ ⲅⲁⲣ ⲟⲛⲧⲓ auf H 2↑ und ⲟⲩⲟⲩⲣⲁⲛⲟⲥ auf G 1↑). Eine Alternative wäre die Rekonstruktion zu ⲛ̄ϩⲁ||[ⲡⲗⲟⲩⲛ. Aber eine Wendung „durch den *einfachen* Geist“ scheint hier keinen evidenten Sinn zu ergeben. – Wie ich nachträglich sehe, ist die obige Rekonstruktion aber gar nicht wirklich so kühn, wie ich gedacht habe. Denn wenigstens im Codex III von Nag Hammadi ist ϩⲁⲅⲓⲟⲥ/ϩⲁⲅⲓⲟⲛ offenbar ein ganz geläufiges Fremdwort (sieben Vorkommen). Und es begegnet dort auch zweimal die Verbindung -ⲡ̄ⲛ̄ⲁ̄ ⲛ̄ϩⲁⲅⲓⲟⲛ (vgl. ⲟ̣ⲩⲡ̄ⲛ̄ⲁ̄ ⲛ̄ϩⲁⲅⲓⲟⲛ [AJ p. 21,7] bzw. ⲡⲉⲡ̄ⲛ̄ⲁ̄ ⲛ̄ϩⲁⲅⲓⲟⲛ [ÄgEv p. 60,7f.]).

[14] Bei dieser Stelle ist vielleicht die gleichzeitige Mitteilung des originalen Wortlauts nicht unnütz. Der koptische Text lautet: ⲕⲁ̣ⲗⲱⲥ ⲇⲉ ⲁ[ⲟⲩⲁ ϫⲟⲟⲥ ⲉⲃⲟⲗ] | ϩⲛ̄ ⲛ̄ⲥⲟⲫⲟⲥ ⲙ̄ⲡⲕⲟⲥⲙ[ⲟⲥ ϫⲉ ⲙ̄ⲙⲛ̄] | ⲙⲁ ⲙ̄ⲙⲁⲩ ⲉⲧⲣⲉⲕϩⲱ̣[ⲡ ⲙ̄ⲙⲟⲕ ⲛ̄ⲅ̄]||ⲣ̄ⲃⲟⲗ ⲉⲡⲛⲟⲩⲧⲉ ϥϩ̣[ⲁⲣⲉϩ ⲇⲉ] | ⲉⲣⲟⲕ ⲛ̄ϭⲓ ⲟⲩⲥⲟⲃⲧ [ϩⲛ̄ ⲛⲓⲉⲡⲟⲩ]||ⲣⲁⲛⲓⲟⲛ ⲉϥⲧⲁ̀ⲁ́ⲧⲉ ⲉⲃ̣[ⲟⲗ . . . . .] |ⲗ̄ⲗⲁⲁⲩ ⲛ̣ⲓ̣ⲙ̣ ⲉⲧⲥ̣̄[ⲧⲟ ⲛⲁϥ ⲉ-. . . .] | ⲉⲃⲟⲗ ⲙ̄ⲙ̣[ⲟϥ - - -].

um zwei nötige Korrekturen von früher (auf dem Kongress in Münster) Gesagtem. Der Eindruck, dass hier bei dem *verbum compositum* ⲣ̄ⲭⲣⲓⲁ „benötigen" als Präsensform statt (oder neben) dem normalen ⲟ ⲛ̄ⲭⲣⲓⲁ auch eine Form mit dem bestimmten Artikel gebraucht wird, nämlich ⲟ ⲛ̄ⲧⲉⲭⲣⲓⲁ, hat wohl getäuscht. Der springende Punkt ist, dass an der klarsten Stelle (B 10→) das ⲛ eindeutig keinen Supralinearstrich hat.

Ich glaube nicht mehr, dass das negative Adjektiv ⲁⲧⲡⲣ̄ⲣⲟ (C 6↑) mit dem Nomen ⲣ̄ⲣⲟ „König" zusammenhängt, „königslos" bedeutet und das „eingeschlossene" ⲡ (bestimmter Artikel) also das zu lösende Rätsel ist. Da der Kontext mit seiner Metapher vom Scheren der Schafe vielmehr die Bedeutung „stumm" nahe legt, muss man ⲁⲧ-ⲡⲣ̄-ⲣⲟ segmentieren [„nicht (seinen) Mund öffnend"] und ist das Rätsel also, von welchem (bekannten oder unbekannten) Verb dann der *status nominalis* ⲡⲣ̄- abzuleiten ist. Innerhalb der bekannten Lexik gibt es keines, das sich dafür anbietet. Es sei aber noch hinzugefügt, dass im hiesigen Fall das ⲣ̄ assimiliert sein könnte und wir also auch nach der Möglichkeit einer Ableitung von *ⲡⲛ̄- suchen müssten.

In der ersten Zeile von B 1↑ findet sich die Wendung [ϫⲉ ⲛ̄ⲛⲉⲛⲕⲁ] ⲧ̣ⲁⲫⲣⲟⲛⲓ ⲛ̄ⲛⲉⲛⲕⲟⲟⲩⲉ, die ja wörtlich bedeutet: [„dass wir] unsere anderen [nicht] verachten". Das Problem dabei ist der Ausdruck ⲛ̄ⲛⲉⲛⲕⲟⲟⲩⲉ. Da man innerhalb einer solchen Ermahnung natürlich ein: „dass wir einander nicht verachten" erwartet, muss man sich wohl fragen, ob ⲛ̄ⲛⲉⲛⲕⲟⲟⲩⲉ etwa bloß ein wenig (oder gar nicht) bekanntes Äquivalent von ⲛ̄ⲛⲉⲛⲉⲣⲏⲩ ist. Sonst müsste sich der seltsame Ausdruck aus dem (vorangehenden, aber unbekannten) Kontext erklären und das Pendant von so etwas wie „die einen von unseren (Brüdern)" sein.

Der Rest der Bemerkungen zur Sprache bezieht sich auf drei griechische Bestandteile des Vokabulars, die an sich und in ihrer Gestalt merkwürdig genug sind, um unsere Aufmerksamkeit zu verdienen. Auf B 8↑ wird folgender Gedanke, dessen Ende unklar ist, vorgetragen: „[Es ist] vernünftig, [dass] wir fragen, wegen welcher [Sache es ist, dass] der [Logos] diese Schriftstelle ‚Lasst uns schaffen' benutzt hat für den [- - -, als ob] sie Vervielfältigung ist [- - -]." Die letzte fragmentarische Wendung ist die Übersetzung von [ⲉ]ⲥ̣ⲟ ⲙ̄ⲡⲗⲏⲑⲩ<ⲥ>ⲙ̣[ⲟⲥ - - -]. Und die Frage ist, ob jemand eine bessere Möglichkeit der Deutung der Kombination ⲡⲗⲏⲑⲩⲙ̣[hat, als ⲡⲗⲏⲑⲩⲙ̣[ⲟⲥ - - -] zu lesen und das als Schreibung für πληθυσμός zu deuten[15].

---

[15] Von U.-K. Plisch, der freundlicherweise das Manuskript dieses Beitrages durchgesehen hat, kommt die Idee, ob man statt des ⲙ̣ vor der Lücke etwa auch ⲛ̣ lesen könne.

Auf D 5↑ kommt eine fragmentarische Verbindung ϩⲩⲡⲓⲥⲭⲟⲩ ⲛ̄ϩⲉ̣ⲛⲕⲟ̣ [ⲟⲩⲉ - - -] vor, übersetzt mit „verspricht anderen (?) [- - -]". Mein Problem ist, ob man hinter ϩⲩⲡⲓⲥⲭⲟⲩ wirklich das griechische Verb ὑπισχνεῖσθαι vermuten darf. Ein Verb *ὑπισχοῦν, auf das die koptische Wortgestalt hinzudeuten scheint, gibt es ja nicht.[16]

Auf A 12→ lesen wir in unklarem Zusammenhang die Verbindung ⲟⲩⲥ̣ [. . . . .] . ⲁϥⲁⲛⲩ ⲙ̄ⲙⲟϥ [- - -] „Eine [- - - ist es, was] er vollbrachte [- - -]". Dabei geht es mir um das Verb ⲁⲛⲩ. Nun ist ἀνύειν an sich ein wohlbekanntes griechisches Verb, nur dass es in der Gräzität, die wir uns hinter diesem „Koptischen Buch" vorzustellen haben, vielleicht nicht sehr gebräuchlich ist und deswegen unsere Aufmerksamkeit verdient.

Er dachte in diesem Fall an die Ergänzung zu einem Partizip von πληθύνειν. Aber wenn der unsichere Buchstabe ein ⲛ̣ ist, dann wäre die Ergänzung des Adjektivs πληθυντικός sicher näherliegend. Auf jeden Fall aber führt Plischs Idee zum wirklichen Verständnis des Textes, dass nämlich die Wendung [ⲉ]ⲥⲟ ⲙ̄ⲡⲗⲏⲑⲩ . [- - -] so oder so meinen dürfte: „indem sie *pluralisch* ist", also „als Plural".

16 Auch dieses Problem ist mit U.-K. Plischs Hinweis auf Sextus NHC XII p. 34,8–10 (Nr. 389b) bereits gelöst. Vgl. ⲉⲣⲓϩⲩⲡⲟⲥⲭⲟⲩ ⲛ̄ϩⲱⲃ ⲛⲓⲙ ⲉϩⲟⲩ[ⲟ ⲉ]ⲧⲣⲉⲕϫⲟⲟⲥ ϫⲉ ⲁⲛⲟⲕ ⲟⲩⲥⲟⲫⲟ̣[ⲥ·] = πάντα μᾶλλον ἢ τὸ σοφὸς εἶναι ὑπισχνοῦ „Versprich alles lieber als das Weisesein." Die Wortgestalt im Koptischen Buch (mit ihrem ι) ist dabei sogar noch etwas „korrekter" als die von NHC XII (mit ihrem ο).

DER BARNABASBRIEF IM BERLINER „KOPTISCHEN BUCH" (P. BEROL. 20915)*

I

Der Papyrus Berolinensis 20915, das so genannte „Koptische Buch" der Berliner Papyrussammlung, ist ein sehr alter, wohl schon aus dem 4. Jahrhundert stammender, sahidischer Papyruscodex, bzw. die Reste davon. Seine sahidische Sprachform ist von allerhöchster Normierung und Standardisierung. Sowohl der (christliche) Text, den er bietet, als auch der Autor sind (noch) unbekannt und (offenbar) schwer zu identifizieren. Es liegt also der Schleier eines Geheimnisses über diesem Papyrus. Wann, wo, wie, von wem, und ob überhaupt dieser Papyrus in Ägypten angekauft worden ist bzw. wie und wann er nach Berlin kam, darüber gibt es in der Papyrussammlung, aber auch sonst, keine Unterlagen (mehr). Aber er muss wohl Ende der 20er Jahre dieses Jahrhunderts schon in Berlin gewesen sein. Denn es gibt oder gab Transkriptionen einzelner Stücke dieses Codex in der Handschrift von Carl Schmidt und in der Handschrift von Hans Jakob Polotsky. Und es ist wiederum wahrscheinlich, dass diese aus einer Zeit stammen, da ihre große Arbeit an den sensationelleren manichäischen Texten aus dem Fund von Medinet Madi noch nicht angefangen hatte.

Das Koptische Buch war jedenfalls dann lange Zeit vergessen. Seit einigen Jahren wird es aber nun endlich intensiv für eine Publikation vorbereitet. Von dieser Arbeit wurde mehrfach auf Fachkongressen berichtet, besonders von G. Robinson auf den Kongressen der IACS 1992 in Washington[1] und 1996 in Münster.[2]

Dieses „Buch" ist bzw. war aber eigentlich gar kein Buch, sondern nur ein relativ großer Posten von mehr oder weniger kleinen Fragmenten. Wenn der Text inzwischen doch wie ein Buch aussieht, so ist das vor

---

* Enchoria 25 (1999), 53–75, Tafel 19–24.

[1] Vgl. Gesine Schenke Robinson, „Codex Berolinensis P 20915: An Initial Survey", in D. W. Johnson (ed.), Acts of the Fifth International Congress of Coptic Studies, Washington, 12–15 August 1992, Rom 1993, 2/2, 369–379.

[2] Vgl. Gesine Schenke Robinson, , Codex Berolinensis P20915: A Progress Report (im Druck) [Erschienen in, siehe hier S. 896, Anm. 3.].

allem das Verdienst von G. Robinson, der es in jahrelanger Arbeit gelungen ist, aus diesen Fragmenten Seiten zu rekonstruieren.

Die rekonstruierten Seiten geben aber immer noch keinen zusammenhängenden Text. Es ist nur eine Seitenzahl erhalten, nämlich 152 auf B 1→,[3] und nur eine größere Textzäsur, auf D 1↑. Eine Ordnung der Blätter im Rahmen einer kodikologischen Rekonstruktion des Codex ist, oder war bisher, nicht möglich. Die einzige Chance, die Blätter in eine vernünftige Reihenfolge zu bringen, besteht in ihrer Ordnung nach inhaltlichen Motiven. Da diese sich aber gelegentlich zu überkreuzen oder zu wiederholen scheinen und man auch nicht ganz gegen die Sortierung nach Profilen verstoßen kann, führt auch das zu keinem wirklich befriedigenden Ergebnis bzw. hat es das bisher nicht getan.

Was den, wie oben gesagt, unbekannten Inhalt betrifft, so weisen die Fragmente zwei Brennpunkte auf; diese sind: die Schöpfung und der Zorn Gottes. Und es ist und bleibt deshalb die Frage, ob wir es mit den Resten von zwei ganz verschiedenen Abhandlungen oder mit zwei verschiedenen Schwerpunkten einer einzigen Abhandlung zu tun haben. Nach Lage der Dinge muss man eher mit einer Verzahnung der beiden Hauptthemen rechnen. Der Zorn Gottes ist doch dessen Reaktion auf die Übertretung seines Gebotes, und die Behandlung der Schöpfungsthematik schließt auch die Sündenfallsgeschichte mit ein (Stichwort das Verb ⲡⲁⲣⲁⲃⲁ[4]).

Wegen der Duplizität des Vorkommens könnte man sogar annehmen, dass der Titel der Abhandlung in derselben aufgenommen ist und lautet: ⲡⲗⲟⲅⲟⲥ ⲉⲧⲃⲉ ⲧⲇⲏⲙⲓⲟⲩⲣⲅⲓⲁ ⲙ̄ⲡⲣⲱⲙⲉ „Die Abhandlung von der Schöpfung des Menschen." Die beiden gemeinten Textstellen sind einmal B 9↑: [ⲡ]ϣⲁϫⲉ ⲙⲉⲛ ⲛ̄ⲧⲇⲏⲙⲓⲟⲩⲣⲅ̣[ⲓⲁ] | ⲙ̣̄ⲡⲣⲱⲙⲉ ⲙ̄ⲡⲣ̄ⲧⲣⲉϥϣⲱⲡ[ⲉ ⲉϥ]ⲏ̣ⲡ ⲉⲗⲁⲁⲩ ⲉⲓⲙⲏⲧⲓ ⲉⲡ̣[ⲛⲟⲩⲧⲉ] | ⲙ̣ⲁⲩⲁⲁϥ ⲛⲙ̄ ⲡⲉϥⲗⲟⲅ̣[ⲟⲥ ---] „Fürwahr, [die] Lehre von der Schöpfung des Menschen soll niemandem gehören als [Gott] allein und seinem Logos" und zum anderen das Fragment 40^{3} + 53^{26}→: [--- ϩⲛ̄ ⲧ]ⲙ̣ⲏ̣ⲧ̣ⲉ ⲅⲁⲣ ⲙ̄ⲡⲗⲟⲅⲟ[ⲥ] | [ⲉⲧⲃⲉ ⲧⲇⲏⲙ]ⲓ̣ⲟⲩⲣⲅ̣ⲓⲁ ⲙ̄ⲡⲣⲱⲙ[ⲉ ---] „Denn [in der] Mitte der Abhandlung [über die] Schöpfung des Menschen [- - -]".

---

3 Die Bezeichnung der Blätter bzw. Seiten ist immer noch vorläufig und zeigt die Spuren der bisherigen kodikologischen Arbeit, nämlich die Ordnung des Kerns eines rekonstruierten Blattes nach seiner Position in einer der Serien mit ähnlichem Profil. B 1 bedeutet also: erstes Blatt der B-Serie. Dieses Blatt ist insgesamt übrigens aus 14 Fragmenten zusammengesetzt.

4 Natürlich ist auch von der Sünde die Rede; auf H 3↑, wie es scheint, sogar von der Sünde der Dämonen: „[- - - Alle]zeit, [Nacht] und Tag sind die [Gedanken auf] Schlechtes [gerichtet.] Nicht [nur die Menschen,] sondern auch die Dämonen [- - -]."

Dieser Gedanke stammt allerdings aus einer Zeit, da die erste Stelle noch fragmentarischer war und wir sie etwas anders ergänzt hatten. Denn jetzt kommen mir Zweifel, ob diese Stelle mit all ihren Worten nicht völlig aus dem Argumentationszusammenhang verstanden werden muss und da bedeutet: „Nach all dem Gesagten muss die Schöpfung des Menschen ganz allein Gott und seinem Logos zugeschrieben (aufs Konto gesetzt) werden.“ Aber vielleicht sind die beiden Sichtweisen gar nicht unvereinbar.

Jedenfalls hat das erste Schwerpunktthema (Schöpfung) seinen eigenen inneren Schwerpunkt, und der ist die Menschenschöpfung. Aus den Fragmenten geht klar genug hervor, dass der Autor demonstrieren will, dass die ganze Schöpfung nur um des Menschen willen erfolgt ist. Es geht um die Herausarbeitung der Sonderstellung des Menschen in der Schöpfung.

Die Arbeit am P. 20915 ist inzwischen so weit gediehen, dass ihr Ende abzusehen ist. Verabredungen für die endgültige Veröffentlichung sind schon getroffen. Sie soll in der Reihe CSCO erscheinen; und der Textband soll so gestaltet werden, dass – wie in Thompsons berühmter Ausgabe des subachmimischen Johannesevangeliums – jeder Textseite das entsprechende Faksimile des Originals gegenübersteht. Im Blick auf den bevorstehenden Abschluss der Arbeit am „Koptischen Buch“ ist uns nun der Gedanke gekommen, in der Zwischenzeit bis zum wirklichen Erscheinen der Ausgabe schon einmal jeweils ein paar Seiten, die besonders interessante Phänomene oder Probleme enthalten, im Voraus zu veröffentlichen, wozu wir übrigens auch das Einverständnis des Herausgebers der CSCO eingeholt haben. Es geht bei diesem Projekt also um kommentierte Editionen ausgewählter und besonders interessanter oder problematischer Textpartien. Bei einem so schwierigen Text kann es nichts schaden, wenn wir von Fachleuten, die anders nicht zu erreichen sind, noch rechtzeitig Kritik erfahren oder Hilfeleistung bekommen. Der Plan sieht bisher vor, dass G. Robinson zwei Beiträge in Le Muséon veröffentlicht, deren Titel so lauten sollen: „Sethianism and the Doctrine of Creation in a Partially Restored Coptic Codex (P. Berol. 20915)“ und „A Plea for Gender Equality in a Partially Restored Coptic Codex (P. Berol. 20915)“.

Die Textfolge, um die es in dem ersten Beitrag gehen soll, ist: D 1↑ + B 5↑ + B 5→ + B 4→ + B4↑→. Dabei ist das sachliche Zentrum dieser Textdarbietung, sowie des ganzen Beitrags, die sich oben auf B 4↑ findende Sethianerstelle, die nach der letzten Rekonstruktion folgendermaßen aussieht: [--- ⲁϩⲉⲛ]||[ⲕⲟⲟⲩ]ⲉ ⲇⲉ ϫⲟⲟⲥ ϫ̣[ⲉ ⲁⲩⲛⲟϭ] ⲇⲉ | [ⲛ̄]ⲁ̣ⲣⲭⲱⲛ ⲧⲁⲙⲓⲉ ⲡⲣ̣[ⲱⲙⲉ· ⲡⲉⲓ̈ⲛⲟϭ] | ⲇⲉ ⲛ̄ⲁⲣⲭⲱⲛ ⲉⲧ[ⲁⲣⲭⲓ ⲉ[ϫⲱⲟⲩ ⲁⲩ]||ⲙ̣ⲟⲩⲧⲉ̣ ⲉ̣ⲣⲟ̣ϥ ⲛ̄ⲧⲟⲟⲩ ϫ̣[ⲉ ⲓ̈ⲁⲗⲇⲁ]||ⲃ̣ⲁⲱⲑ ⲉⲣⲉ̣ [ⲥ]ⲁ̣ⲃⲁ̣ⲱⲑ [ϣⲟⲟⲡ ϩⲁϩ]||ⲧⲏϥ· ⲁⲩⲱ ⲁⲇⲱⲛⲁⲓⲟ̣[ⲥ· ⲓ̈ⲁⲱⲑ· ⲉ]||ⲗⲱⲁⲓⲟⲥ· ⲱⲣⲁⲓⲟⲥ· ⲁ̄[ⲥⲧⲁⲫⲁⲓⲟⲥ·] | ⲉⲧⲣⲉⲩⲙⲉⲧⲉⲭⲉ ⲉⲧ[ⲇⲏⲙⲓⲟⲩⲣ]||ⲅⲓⲁ ⲙ̄ⲡⲣⲱⲙⲉ· ⲧⲁⲓ̈ [ϭⲉ ⲧⲉ ⲧⲉⲅⲛⲱ]||ⲙⲏ ⲛ̄ⲛ̄ⲥⲏⲑⲓⲁⲛⲟⲥ̣ [---] „[Andere] aber sagten: [Ein mächtiger] Archont [aber] schuf den Menschen. [Diesen mächtigen] Archonten aber, der über [sie] herrscht, den nannten [sie] selbst: Jaldabaoth, während bei ihm [noch] Sabaoth [ist], und außerdem Adonaios, [Jaoth,] Eloaios, Oraios und [Astaphaios,] damit sie teilhaben an der [Schaffung] des Menschen. Das [also ist die Lehre] der Sethianer." Die Sethianer erscheinen hier als ein Beispiel für die vielen Richtungen, die aus dem Plural von Gen 1,26: „Lasset uns einen Menschen schaffen" eine falsche, polytheistische Konsequenz gezogen haben.

In dem zweiten Beitrag von G. Robinson soll die Textfolge D 10↑ + D 10→ + D 6↑ + D 6→ +D 9↑ + D 9→ veröffentlicht werden und geht es in der Sache um einen überraschend kritischen Schriftbezug unseres Autors auf Gen 2,23a und Gen 46,26. In Bezug auf die erste Stelle kritisiert er, dass Adam sich in seiner Stellungnahme auf Knochen und Fleisch der Eva beschränkt und nichts von ihrer Seele sagt. Und bei Gen 46,26 wundert sich der Verfasser darüber, dass die Frauen der Jakob-Söhne bei der Zählung nach Seelen nicht mitgerechnet werden.

Meine hiesige Vorveröffentlichung nun beschäftigt sich mit der Benutzung des Barnabasbriefes durch den Verfasser des Koptischen Buches. Dabei stellen die zu veröffentlichenden Seiten freilich *keine* (mutmaßliche) *Textfolge* dar, sondern sind einfach jene aus unserer Textfolge herausgegriffenen *drei Einzelblätter*, auf denen der Barnabasbrief eben zitiert wird; nämlich: B 6→ / B 6↑; B 12↑ / B 12→; B 11↑ / B 11→. Auf ihnen wird zweimal Barn 6,11–12/13a zitiert (B 6→ *und* B 12↑ / B 12→). Bei diesen *Dubletten* ist übrigens die „Verteilung" des erhaltenen Textes und der Lücken so, dass sie sich auf das Glücklichste ergänzen.[5] Auf B 11↑ wird Barn 6,17–18 zitiert.

[5] Siehe dazu Synopse 1.

II

Es folgt also zunächst einmal einfach die Vorveröffentlichung der genannten drei einzelnen Blätter, auf denen der Barnabasbrief vorkommt. Und zwar werden die betreffenden Seiten genau so geboten, wie sie zur Zeit in unserem Gesamtmanuskript des Koptischen Buches aussehen. Also, auch dort ist z. B. die Präsentation zweispaltig und die Übersetzung in Deutsch. Einer näheren Erläuterung bedarf dabei aber nur die Kopf-Zeile einer jeden Seite. Zwischen der (immer noch) vorläufigen Seiten-Nomenklatur (also im ersten Fall: B-6→) und der Bemerkung, ob es sich um die Vorder- oder Rückseite des betreffenden Codexblattes handelt [im ersten Fall also: (recto)], ist jeweils zusammengestellt, aus welchen und wie vielen Fragmenten das Codexblatt rekonstruiert worden ist. Dabei gibt die erste und unterstrichene Zahl das Kernfragment an, um das herum die anderen plaziert worden sind. Die großen Zahlen verweisen auf die alte Zählung von Glastafeln, in denen die Fragmente jahrzehntelang aufbewahrt worden waren, die hochgestellten Zahlen auf die betreffenden Einzelfragmente, die sich in diesen Tafeln fanden ($\underline{60}^{1+2}$ heißt also: ursprüngliche Tafel Nr. 60, Fragment 1 und 2). Wenn ein L vor einer Zahl steht, bezieht sich das auf Stücke, die vorher noch gar nicht verglast waren, sondern in Papier-Lagen aufbewahrt wurden bzw. zwischenzeitlich geordnet waren (L heißt also: Lage). Jetzt sind alle diese jeweiligen Einzelstücke in ihrer neuen Zusammenfügung natürlich neu verglast, und zwar unter den Seiten-Signaturen B-6→ usw.

Text

B-6→: $\underline{60}^{1+2} + 21^{3} + 49^{15} + 60^{4} + 21^{4} + 19^{3}$ (recto)

(oberer Rand)

[ⲑⲓⲕ]ⲱⲛ ⲙ̄ⲡⲧⲏⲣϥ̄· ⲛ̄ⲛⲉⲧⲛ̣̄[ϯ ⲉ]	[das] Bild für alles. Ihr sollt ihnen nicht
[ϫⲱ]ⲟ̣ⲩ ⲛ̄ⲑⲓⲕⲱⲛ ⲙ̄ⲡⲛⲟⲩⲧⲉ[· ⲟⲩⲛ̄]	das Ebenbild Gottes [zuerkennen]. Denn
[ⲟⲩⲣ]ⲱⲙⲉ ⲅⲁⲣ ⲛ̄ⲟⲩⲱⲧ ⲉϥϫ̣ⲓ̣ ⲛ̣̄[ⲑⲓ]	[es ist ein] einziger Mensch, der [das Ebenbild
[ⲕⲱⲛ ⲉ]ⲛ̣̄ⲟ̣ⲩ̣ⲟ̣ⲛ ⲛ̣ⲓⲙ ⲣ̣ⲱ̣ [ⲁⲛ ⲡⲉ ϩⲙ̄]	empfängt, [und] eben nicht jeder [in dem]
[ⲡⲅⲉⲛⲟ]ⲥ̣ ⲧ̣ⲏ̣ⲣϥ̄ ⲛ̄ⲣ̄ⲣⲱⲙ[ⲉ] ϫ̣ⲉ̣ ⲛ̣[ⲁï]	ganzen [Geschlecht] der Menschen. Denn
[ⲛⲉ ⲛⲉⲛⲧ]ⲁⲩϫⲟⲟⲩ ⲉⲧⲃⲏⲏⲧϥ̄ ⲉⲛⲉ̣	[das ist es, was] gesagt worden ist über ihn.
[ϣⲁϫⲉ ϩ]ⲱⲱⲛ ⲉⲣⲟⲛ ⲟⲧⲓ ⲙⲉⲛ ϫⲉ ⲃ̣[ⲁⲣ]	Wir sollen auch über uns [reden]. Denn
[ⲛⲁⲃⲁ]ⲥ ⲉϥⲟⲩⲱⲛϩ ⲙ̄ⲙⲟϥ ⲉⲃⲟⲗ ϩⲓ	[Barnabas] offenbart es durch [das,]
[ⲧⲛ̄ ⲛⲉ]ⲛ̣ⲧⲁϥϫⲟⲟⲩ [a]ⲉϫⲙ̄ ⲡⲏ ⲃⲁⲣⲛⲁ	was er über jenen gesagt hat. Barnabas
[ⲃⲁⲥ ⲁϥ]ⲧ̣ⲁ̣ⲟⲩⲟϥ ⲉϥϫⲱ ⲙ̄ⲙⲟⲥ ⲛ̄	verkündete es, indem er [wörtlich] sagte:
[ⲧⲉïϩⲉ] ϫ̣ⲉ [b]ⲉⲡⲉⲓ̂ⲇⲏ ⲁϥⲁⲁⲛ ⲛ̣̄ⲃⲣ̣̄ⲣⲉ̣	„Da er uns also erneuert hat [durch die]
[ϩⲙ̄ ⲡⲕⲱ ⲉⲃ]ⲟⲗ ⲛ̄ⲛⲉⲛⲛⲟⲃⲉ̣ [ⲁϥⲁ]	[Vergebung] unserer Sünden, [hat er uns]
[ⲁⲛ ⲛ̄ⲕⲉⲧⲩ]ⲡ̣ⲟ̣[ⲥ ϩⲱⲥ ⲟⲩⲛ̄ⲧⲛ̄ ⲧⲉ]	[zu einer anderen Art gemacht, auf dass wir]
[ⲯⲩⲭⲏ ⲛ̄ⲛ̄ϣⲏⲣⲉ ⲕⲟⲩï ϩⲱⲥ ⲉϥⲁⲛⲁ]	[die Seele von Kindern haben sollten, als ob]
[ⲡⲗⲁⲥⲥⲉ ⲙ̄ⲙⲟⲛ ⲟⲛ ⲡⲉϫⲁⲥ ⲅⲁⲣ ⲛ̄]	[er uns neu geschaffen hätte. Denn es betrifft]
[ϭⲓ ⲧⲉⲅⲣⲁⲫⲏ ⲉⲧⲃⲏⲏⲧⲛ̄ ⲉϥ]ϫ̣ⲱ̣ ⲙ̣̄[ⲙⲟⲥ]	[uns, wenn die Schrift sagt, dass er zu seinem]
[ⲙ̄ⲡⲉϥϣⲏⲣⲉ ϫⲉ ⲙ]ⲁ̣[ⲣ]ⲛ̣̄ⲧ̣ⲁ̣[ⲙ]ⲓ̣ⲟ̣	[Sohn sagt:] ‚Lasst uns [einen Menschen]
[ⲛ̄ⲟⲩⲣⲱⲙⲉ ⲕⲁⲧⲁ ⲧ]ⲉⲛϩⲓⲕⲱⲛ ⲁⲩⲱ	schaffen [nach] unserem Bild und [nach]
[ⲕⲁⲧ]ⲁ̣ ⲡ̣ⲉⲛⲉⲓⲛⲉ̣ ⲛ̄ⲥⲉⲣ̣̄ ϫⲟⲉ̣ⲓⲥ ⲉⲛⲉ	unserem Gleichnis. Und sie sollen herrschen
[ⲑⲏⲣ]ⲓⲟⲛ ⲙ̄ⲡⲕⲁϩ ⲁⲩⲱ ⲛ̄ϩⲁⲗⲁⲧⲉ	über die [Tiere] der Erde und die Vögel
[ⲛ̄ⲧ]ⲡⲉ ⲁⲩⲱ ⲛ̄ⲧⲃⲧ̄ ⲛ̄ⲧⲉⲑⲁⲗⲁⲥ	[des] Himmels und die Fische des Meeres.‘
[ⲥⲁ·] ⲁ̣ⲩⲱ ⲡⲉϫⲁϥ ⲛ̄ϭⲓ ⲡϫⲟⲉⲓⲥ· ⲛ̄	Und der Herr sprach, [als] er
[ⲧⲉⲣ]ⲉϥⲛⲁⲩ ⲉⲡⲉ̣[ⲡ]ⲗ̣ⲁⲥⲙⲁ ⲉⲧⲛⲁ	das gute Gebilde des Menschen sah,
[ⲛⲟⲩ]ϥ ⲙ̄ⲡⲣⲱ[ⲙⲉ ⲡ]ⲉϫⲁϥ ϫⲉ ⲁϣⲁï	er sprach: ‚Seid fruchtbar [und]
[ⲛ̄ⲧⲉⲧⲛ̄ⲁïⲁï ⲛ̄ⲧⲉ]ⲧ̣ⲛ̣̄[ⲙ]ⲉ̣ϩ [ⲡⲕⲁϩ·]	[mehret euch und] füllet [die Erde.‘ Diese]
[ⲛⲁï ⲁⲣⲁ ⲛ̄ⲧⲁⲩϫⲟⲟⲩ ⲉⲡϣⲏⲣⲉ·]	[Dinge also waren zum Sohn gesagt worden.]
[ⲡⲁⲗⲓⲛ ⲟⲛ ϯⲛⲁⲧⲥⲁⲃⲟⲕ ϫⲉ ϥ]	[Wiederum werde ich dich belehren, dass er]
[ϣⲁ]ϫⲉ ⲉⲧⲃⲏⲏⲧ̣ⲛ̣̄ ⲉ[ϥⲟⲩⲱⲛϩ ⲛ̄]	über uns spricht, indem [er] jenes
[ⲛⲉ]ⲧ̣ⲙ̄ⲙⲁⲩ ⲉⲃⲟⲗ· ⲁⲩ[ⲱ]	[offenbart."] Und [ ]
[ⲙ̄]ⲙⲁⲧⲉ ⲁⲛ ⲉϥϫⲱ ⲙ̄[ⲙⲟⲥ ϫⲉ]	] [ ] nicht nur, indem er [sagt:]
[c][ⲡⲉ]ⲛⲉⲓ̂ⲓⲛⲉ ⲧⲏⲣⲛ̣̄ ⲉⲣⲉ ⲡ̣[ⲉⲛⲡⲗⲁⲥⲙⲁ]	unser aller Gleichnis, während [unser Gebilde]
[ⲟ ⲛ̄ⲕⲉⲧ]ⲩ̣ⲡⲟⲥ· ⲡⲉⲛ̣ⲙⲉϩⲥ̣[ⲛⲁⲩ ⲛ̄]	[von anderer] Art [ist]. Unsere zweite
[ⲧⲁⲙⲓⲟ ϩⲛ̄ ⲧϩⲁⲏ] ⲛ̄ϫ̣ⲓ̣ ⲛ̣̄[ⲧⲁϥⲇⲏ]	[Erschaffung gibt es am Ende], seit [sie]

(unterer Rand)

---

[a] ⲉϫ über der Zeile nachgetragen.

[b] Barn 6,11–13a; ⲉ nach ϫ über der Zeile nachgetragen.

[c] Anspielung auf Barn 6,13.

↑: 60^{1+2+4} + 49^{15} + 21^{3} + 19^{3} + 21^{4} (verso)

(oberer Rand)

]ⲟ̣ⲩⲣⲅⲓ ⲉⲧⲃⲉ ⲡⲉⲛⲟⲩϫⲁ̣[ⲓ̈ ⲉ]	vollzogen wurde zu unserer Rettung, [damit]
·ⲉⲛ]ⲡ̣ⲱϩ ⲉⲧⲙ̄ⲛ̄ⲧ̄ⲧⲉⲗⲓⲟⲥ ⲉⲛ[ⲟ ⲛ̄]	[wir] die Vollendung erreichen, sofern wir
ⲓ̈]ⲙ̣ⲓ̣ⲛⲉ ⲁⲛϫⲓ ⲕⲁⲧⲁ ⲡⲓⲛ̣[ⲉ]	[von solcher Art] sind. Wir empfingen gemäß
ⲱ] ⲕ̣ⲁ̣ⲧⲁ ⲡϣⲓ ⲛ̄ⲧⲉ̣ⲫⲩⲥ[ⲓⲥ ⲁⲩ]	dem Gleichnis [und] gemäß dem Maß der Natur,
ⲙ̣[ⲉⲭⲣⲓ] ⲛϥⲕⲁⲧⲁⲛⲧ[ⲁ ⲉⲩⲣⲱⲙⲉ]	[und bis] es gelangt zu [einem] vollkommenen
]ⲧⲉⲗⲓⲟ̣ⲥ̣ ⲉⲡϣⲓ ⲛ̄ⲧϭⲟ[ⲧ ⲉⲧϫⲏⲕ]	[Menschen], zu dem Maß des [vollkommenen]
ⲩ ϫⲉ ⲡⲱⲥ ϥϫⲱ ⲙ̄ⲙⲟⲥ [ϫⲉ ⲡ]	Alters. Seht, wie er sagt, [dass] es [der]
ⲱⲙⲉ ⲡⲉ ⲛ̄ⲧⲁϥⲧⲁⲙⲓⲟϥ ⲛ̣̄[ⲧⲉ]	Mensch ist, den er [am] Anfang nicht klein
·ⲉⲓ̂ⲧⲉ ⲛ̄ⲟⲩⲕⲟⲩⲓ ⲁⲛ· ⲛ̣̄[ⲧⲁϥϣⲱ]	geschaffen hat. [Er ist] nicht [entstanden]
ⲁⲛ ⲛ̄ⲑⲉ ⲉⲧϣⲟⲟⲡ ⲧⲉ̣[ⲛⲟⲩ ⲕⲁ]	wie er jetzt ist, (sondern) „gemäß
ⲁ̣ ⲡⲣ̣ⲁ̣ⲛ ⲛ̄ⲑⲏⲗⲓⲕⲓⲁ ⲉⲧϫ̣[ⲏⲕ]	dem Namen des [vollkommenen] Alters“.
]ⲛϥ̄ ⲉⲣⲟϥ ⲉⲃⲟⲗ̣ ϫ̣[ⲉ]	[ ] ihn zu ihm, weil [ ]
]. ⲧ̣ⲙ̄ⲛ̄ⲧⲧ̣[ⲉⲗⲓⲟⲥ]	[ ] die [Vollendung]
]	[ ]
]	[ ]
]ⲉ . [ ]	[ ]
ⲗⲟ ⲇ[ⲉ ⲟⲩⲛ̄ϣ]	wird aber aufhören [Es ist] möglich, dass
ⲙ̣ ⲉⲧⲣⲉ ⲟⲩⲁ̣ [ⲛ̄ϥ]	einer [und dass er] den Ebenbild-
ⲙ̄ⲡⲕⲁⲑⲓⲕⲱⲛ̣ ⲁ̣ϥⲱ̣ⲛ̣[ϩ ⲕⲁⲧⲁ ⲡⲓ]	lichen empfängt. Er kam zum Leben [gemäß]
ⲙ̄ⲡⲛⲟⲩⲧⲉ· ⲁϩⲁϩ ϣⲱⲡⲉ [ⲉⲩⲉⲓⲙⲉ]	dem Gleichnis Gottes. Viele haben es erreicht,
ⲉϥϫⲱⲕ ⲉⲣⲉ ⲡⲟⲩⲁ ⲡⲟⲩ[ⲁ ϫⲏⲕ]	seine Vollendung [zu erkennen,] während
ⲗ ⲙ̄ⲡⲉϥϩⲱⲃ ϣⲁⲛⲧⲟⲩⲓ̣ [ⲉⲩⲉⲓ̂]	jeder einzelne [vollendet] ist in seinem Werk,
ⲉⲑⲁⲏ ⲉⲧ[ⲟⲩ]ⲏϩ ⲛ̄ⲥⲱϥ ⲉ[ⲧⲃⲉ]	bis sie dazu kommen, das Ende [zu erkennen], das
ⲁϥⲭ̣ⲣ̣ⲱ ⲙ̣̄[ⲡⲥⲉ]ⲉⲡ̣ⲉ̣ ⲉⲧ[ ]	ihm folgt. Deswegen brauchte er die [Menge], die
]	[ ]
]	[ ]
] .. [...] ⲁ̣ϥⲁ̣ⲁ̣ϥ [ⲛ̄ⲃⲣ̄ⲣⲉ]	[ ] er machte ihn [neu(?)]
ⲅⲛ̄ ⲛⲉ]ⲧⲗⲓⲧⲟⲩⲣⲅⲓ ⲙ̄ⲡⲉ[ϥⲣⲁⲛ]	[durch die,] die seinem [Namen(?)] dienen,
ⲉ ⲛⲓⲁⲅ]ⲅ̣ⲉⲗⲟⲥ ⲛⲉ ⲉⲧⲧⲁⲉ̣[ⲓⲏⲩ]	[das sind jene] verehrten Engel,
ⲧⲁ] ⲡ̣ⲁⲩⲗⲟⲥ ϣⲁϫⲉ ⲉ[ⲣⲟⲟⲩ]	[über die] Paulus (so) sprach [:]
:] [c]ⲙⲏ ⲛ̄ϩⲉⲛⲗⲓⲧⲟⲩⲣ̣[ⲅⲓⲕⲟⲛ]	„Sind es [nicht] dienstbare
ⲙ̄ⲡ]ⲛ̣̄ⲁ̣ ⲛⲉ ⲉ̣ⲩ̣ⲧ̣ⲛ̣̄ⲛ̣ⲟ̣[ⲟⲩ ⲙ̄ⲙⲟ]	Geister, die ausgesandt [werden]
ⲉⲩⲇⲓⲁⲕⲟⲛⲓⲁ ⲉⲧⲃⲉ ⲛⲉⲧⲛⲁ]	[zum Dienst an denen, die das Heil]
ⲏⲣⲟⲛⲟⲙⲓ ⲛ̄ⲟⲩⲟⲩϫⲁⲓ̈·]	[erben sollen?“]

(unterer Rand)

---

[a] Anspielung auf Eph 4,13.

[b] ϣ]ⲱⲡⲉ, mit dem Nachtragszeichen darüber, auf dem linken Rand nachgetragen.

[c] Hebr 1,14.

B-12↑: $\underline{38}^{1+2} + 67^{12} + L8^{80} + L9^{77} + 38^{3} + 18^{2} + 54^{2} + 38^{4} + 59^{21} + 36^{6} + L15^{43}$ (recto)

(oberer Rand)

[ⲁ]ⲗⲗⲁ ⲁⲛⲁⲩ ϫ̣[ⲉ]	[,] sondern seht, dass [der,] der [nu
[ⲡⲉⲧⲉⲩⲛ̄ⲧ]ϥ̣ ⲟⲩϣⲁϫⲉ ⲙ̄ⲙⲁⲩ ⲙ̣̄	ein Wort [besitzt, sich unter] denen [befindet],
[ⲙⲁⲧⲉ ϩⲛ̄] ⲛⲉⲛⲧⲁⲩϫⲟⲟⲩ ⲉϫⲙ̄	es nur über [den einen] ausgesprochen haben,
[ⲡⲟⲩⲁ ⲙ̄ⲙ]ⲁⲧⲉ ⲡⲁⲣⲁ ⲡⲥⲉⲉⲡⲉ ⲛ̄	und nicht über alle anderen: „Denn [du (fem.)]
[ⲧⲉ ⲟⲩⲥⲁⲣ]ⲕⲓⲕⲏ ⲅⲁⲣ ⲁⲧⲉⲅⲣⲁⲫⲏ̣	[bist] fleischlich.“ Die Schrift hat [das]
[ⲧⲁⲟⲩⲟ ⲙ̄ⲡϣ]ⲁϫⲉ· ⲉⲛ̣ⲉ̣ⲣⲉ ⲡϣⲁϫⲉ	Wort [überliefert.] Wenn das Wort [
[ⲉⲁ]ⲁϥ ⲉⲧⲃⲉ ⲡⲉⲓ̈ⲥⲱⲙⲁ ⲙ̄	hätte, [um] ihn zu schaffen [nur] wegen
[ⲙⲁⲧⲉ ⲡⲉ ⲉ]ⲛ̄ϥ̄ⲟⲩⲱⲛϩ ⲉⲃⲟⲗ' ⲁⲛ	dieses Leibes, ohne dass es offenbart hätte
[ⲛ̄] ⲛⲉϥⲛⲁⲣ̄ ⲭⲣⲓⲁ ⲁⲛ ⲡⲉ	[das ,] hätte er es nicht nötig gehabt
[ⲉⲧⲣⲉ ϩⲉⲛⲕⲟ]ⲟⲩⲉ ⲉⲛⲉⲣⲅⲓ ⲛⲙ̄ⲙⲁϥ·	[dass] andere mit ihm zusammenwirken.
[ⲁⲗⲗⲁ ϣ̄ϣ]ⲉ ⲉϫⲟⲟⲥ ϫⲉ ⲡⲉⲓ̈ⲥⲱ	[Vielmehr ziemt es sich] zu sagen, dass dieser
[ⲙⲁ ⲙ̄ⲡⲣⲱⲙⲉ] ⲉⲧⲥⲟⲃⲕ' ⲁϥⲣ̄ ⲭⲣⲓⲁ	geringe [Leib des Menschen] es nötig hatte,
[ⲉⲧⲣⲉⲩ] ⲉ̣ⲣⲟϥ· ⲁⲩⲱ ⲉⲧⲣⲉ ϩⲁϩ	[dass man] ihm [,] und dass vie
[ⲙ̄ⲙ]ⲟⲥ ⲉⲡⲟⲩⲁ· ϩⲱⲥⲧⲉ	[es] für den einen. Folglic
[ ]ϭ̣ⲙ̄ϭⲟⲙ ⲉⲙⲁⲓ̈ⲟϥ	[ ] fähig sind, ihn zu rechtfertige
[ ] .. ⲥ̄[·] ⲟ̣ⲩ̣ⲁ	[ ] sie. Einer(
[ ]	[
[ⲡⲉⲛⲧⲁϥϣ]ⲱ̣ⲡ̣ⲉ ⲙ̣̄ⲙ[ⲟϥ· ⲛ̄ϩⲟ]ⲩ̣ⲟ	[was] ihm geschah. Vielmeh
[.. ⲉϫ]ⲙ̄ ⲡⲓ̣[ⲱⲧ] ⲛⲙ̄ ⲡϣⲏ̣ⲣⲉ̣ [ⲙ̄ⲡⲛ]ⲟ̣ⲩ	[über] den [Vater] und den Sohn [Gotte
[ⲧⲉ ⲛ̄ⲧ]ⲁⲩϫ[ⲟⲟ]ⲥ̣· ϩⲱⲥ ⲉⲛⲧⲁ̣ ⲡ̣ⲓ̣ⲱⲧ	haben sie [gesprochen], als ob der Vater zu den
[ϫⲟⲟⲥ] ⲙ̣̄ⲡϣ[ⲏⲣ]ⲉ ϫⲉ [a]ⲙⲁⲣⲛ̄ⲧⲁⲙⲓⲟ	[Sohn sagte]: „Lass uns [einen Menschen]
[ⲛ̄ⲟⲩⲣⲱⲙⲉ ⲕⲁⲧ]ⲁ ⲧⲉⲛϩⲓⲕⲱⲛ ⲁⲩⲱ	schaffen [nach] unserem Bild und [unserem]
[ⲡⲉⲛⲉⲓ̂ⲛⲉ]· ⲉⲃⲟⲗ ⲇⲉ ϩⲓⲧⲟⲟⲧϥ	[Gleichnis]!“ Nicht [nur] durch ihn (Barnabas)
[ⲙ̄ⲙ]ⲁ̣ⲧ̣ⲉ ⲁⲛ̣ [ⲉϥ]ⲧⲣⲉⲛ̣ϫⲓ ⲛ̄ⲧⲉⲓ̈ⲡⲓ	lässt [er] uns diesen Glauben empfangen,
[ⲥⲧⲓ]ⲥ ⲁⲗⲗⲁ ⲉ̣[ⲃⲟⲗ ϩⲓ]ⲧ̣ⲛ̣̄ ⲧ̣ⲃⲓⲃⲗⲟⲥ ⲛ̄	sondern auch [durch] das Buch der
[ⲥⲓⲃ]ⲩ̣ⲗⲗⲁ ⲉⲥⲥⲩⲛϩⲓⲥ̣ⲧ̣[ⲁ ⲙ̄ⲡⲉ]ⲓ̈ⲛⲟⲩⲥ	Sibylle, die dasselbe Verständnis
[ⲛ̄ⲟⲩ]ⲱⲧ' ⲛⲉϩⲣⲏⲧⲟⲛ ⲇ[ⲉ ϯ]ⲛⲁ[ⲧ]ⲁ̣	aufweist. Die(se) Worte aber werde [ich]
[ⲟⲩⲟ]ⲟⲩ· ⲁⲩⲱ ϣⲟⲣⲡ ⲙⲉ̣[ⲛ] ⲡⲁⲃⲁⲣ	[mitteilen]. Und zwar zuerst das des
[ⲛⲁⲃⲁ]ⲥ ⲉϥⲟ ⲛ̄ⲧ̣ⲉⲓ̈ϩⲉ· [b]ⲉⲡ̣[ⲉ]ⲓ̣ ⲟⲩⲛ ⲁϥ	Barnabas, das folgendermaßen lautet: „Weil er
[ⲁⲁⲛ ⲛ̄ⲃ]ⲣ̣̄ⲣ̣ⲉ ϩⲙ̄ ⲡⲕⲱ ⲉⲃⲟ̣[ⲗ] ⲛ̄ⲛⲉⲛ	[uns] erneuert hat durch die Vergebung unsere
[ⲛⲟⲃⲉ ⲁϥⲁⲁ]ⲛ̣ ⲛ̄ⲕⲉⲧⲩⲡⲟⲥ ϩⲱⲥ	[Sünden, hat er] uns zu einer anderen Art
[ⲟⲩⲛ̄ⲧ]ⲛ̣̄ [ⲧⲉ]ⲯⲩ̣[ⲭⲏ ⲛ̄]ⲛ̄ϣⲏⲣ̣ⲉ ⲕⲟⲩⲓ̈[c]	[gemacht,] auf dass wir [die Seele] von Kindern
	[haben] sollten

(unterer Rand)

[a] Barn 6,12 (vgl. Gen 1,26).
[b] Barn 6,11.
[c] ⲕⲟⲩⲓ̈ auf den rechten Rand hinaus geschrieben.

2→: 38[1+2+3] + L9[77] + L8[80] + 67[12] + 38[4] + 54[2] + 18[2] + 36[6] + 59[21] + L15[43] (verso)

(oberer Rand)

ⲱ]ⲥ̣ ⲉϥⲁⲛⲁⲡⲗⲁⲥⲥ̣[ⲉ ⲙ̄ⲙⲟⲛ ⲟⲛ]	als ob er [uns wieder] neu geschaffen hätte.
ϫⲁⲥ ⲅⲁⲣ ⲛ̄ϭⲓ ⲧⲉⲅⲣⲁ[ⲫⲏ ⲉⲧⲃⲏ]	Denn es betrifft uns, wenn die Schrift
ⲛ̄ ⲉϥϫⲱ ⲙ̄ⲙⲟⲥ ⲙ̄[ⲡⲉϥϣⲏⲣⲉ ϫⲉ]	sagt, dass er zu [seinem Sohn] sagt[:]
ⲣⲛ̄ⲧⲁⲙⲓⲟ ⲛ̄ⲟⲩⲣ[ⲱⲙⲉ ⲕⲁⲧⲁ]	‚Lasst uns einen [Menschen] schaffen [nach]
ⲏϩⲓⲕⲱⲛ ⲁⲩⲱ ⲕⲁ̣ⲧ̣[ⲁ ⲡⲉⲛⲉⲓⲛⲉ·]	unserem Bild und nach [unserem Gleichnis.]
ⲁⲣⲭⲓ ⲉⲛⲉⲑⲏⲣⲓⲟ[ⲛ ⲙ̄ⲡⲕⲁϩ ⲁⲩⲱ]	Und sie sollen herrschen über die Tiere
ⲗⲗⲁⲧⲉ ⲛ̄ⲧⲡⲉ ⲁⲩ̣[ⲱ ⲛ̄ⲧⲃⲧ̄ ⲛ̄]	[der Erde und] die Vögel des Himmels und
ⲁⲗⲁⲥⲥⲁ ⲁⲩⲱ ⲡ̣[ⲉϫⲁϥ ⲛ̄ϭⲓ]	[die Fische des] Meeres.' Und der Herr
ⲟⲉⲓⲥ ⲛ̄ⲧⲉⲣⲉϥⲛ[ⲁⲩ ⲉⲡⲉⲡⲗⲁ]	[sprach,] als er [das] gute [Gebilde]
ⲁ ⲉⲧⲛⲁⲛⲟⲩϥ ⲙ̄ⲡ̣[ⲣⲱⲙⲉ ⲡⲉϫⲁϥ]	des [Menschen] sah, und [sagte]: ‚Seid
ⲁϣⲁⲓ̈ ⲛ̄ⲧⲉⲧⲛ̄ⲁⲓ̣̈[ⲁⲓ̈ ⲛ̄ⲧⲉⲧⲛ̄]	fruchtbar und mehret euch und füllet die
ⲡⲕⲁϩ· ⲛⲁⲃⲁⲣⲛ̣[ⲁⲃⲁⲥ ⲇⲉ]	Erde.'" Soweit die (Worte) des Barnabas.
ⲛⲁⲓ̈· ⲙⲁⲣⲛ̄ⲥ̣[ⲱⲧⲙ̄ ⲧⲉⲛⲟⲩ ⲉⲛⲁ]	Lasst uns [nunmehr hören auf die (Worte)]
ⲩⲗⲗⲁ· [b]ϫⲓⲛ ⲧ[ⲉϩⲟⲩⲉⲓ̂ⲧⲉ ⲉⲁϥ]	[der] Sibylle: „Im [Anfang, als der]
]ⲧϥ̄ ⲛ̣ⲁ̣ϥ ⲛ̣̄[ⲣⲉϥϣⲟϫⲛⲉ ⲛ̄ϣⲟⲣⲡ]	[Allherrscher] sich ihn [zuerst]
ⲡⲡⲁⲛⲧⲟⲕⲣⲁⲧⲱⲣ ⲡⲉ]	[zum Ratgeber] erkor,
ⲁϥ ϫⲉ ⲙ]ⲁ̣ⲣ̣ⲛ̣̄ⲧ̣ⲁ̣ⲙ̣[ⲓⲟ ⲛ̄ⲧⲉⲛϩⲓ]	[sprach er:] ‚Lass uns [unser] Bild
ⲛ̣ ⲓ̣̈ⲉ̣ ⲛ̄ⲟⲩⲁⲛ[ⲁⲥⲧ]ⲏⲙⲁ̣ [ⲛ̄ⲟⲩⲱⲧ·]	schaffen oder eine [gemeinsame] Schöpfung.'
ϩⲛ̄ ⲧⲡⲉ ϥⲛⲁ[ϫⲓ ⲉ]ϫ̣ⲱϥ [ⲛ̄ⲧⲙⲟⲣ]	Der Himmlische wird [die] Gestalt des
ⲙ̄ⲡⲣⲱⲙⲉ ⲉⲛ[ⲧⲁ ⲡ]ⲛⲟⲩ[ⲧⲉ ⲡⲗⲁⲥ]	Menschen auf sich [nehmen], den [Gott] im
ⲙ̄ⲙⲟϥ ϫⲓⲛ ⲧ̣ⲉ[ϩⲟⲩⲉⲓ̂ⲧⲉ ϩⲛ̄ ⲛⲉϥ]	[Anfang mit seinen] heiligen Händen
ⲉⲧⲟⲩⲁⲁⲃ· ⲡ[ⲉⲛⲧⲁ ⲫⲟϥ ⲡⲗⲁ]	gebildet hat [und den die Schlange]
ⲙ̄ⲙⲟϥ ϩⲛ̄ ⲟⲩ[ⲕⲣⲟϥ ⲉⲡϣⲁⲓ̈ ⲙ̄ⲡ]	mit [List zum Schicksal des] Todes
ⲩ· ⲉⲧⲣ̣[ⲉ]ϥϫⲓ ⲙ̣̄[ⲡⲥ]ⲟⲟⲩⲛ ⲙ̣̄[ⲡⲡⲉ]	verführt [hat], damit er [die] Erkenntnis des
ⲁ̣ⲛ[ⲟⲩϥ ⲛ]ⲙ̣̄ ⲡ̣[ⲡ]ⲉⲑⲟⲟⲩ· ⲡⲁ̣[ⲓ̈]	Guten und Bösen erlange." Das [aber] ist eine
] ⲟ̣ⲩ[ⲥⲩⲥⲥ]ⲏⲙⲟⲛ ⲡⲉ ⲁⲩⲱ ⲟⲩⲓⲛ̣[ⲉ]	[Übereinstimmung] und [Gleichheit], die wir
ⲣⲓ̣[ⲛⲉ] ⲙ̄ⲙⲟϥ ⲡⲁⲣⲁ ⲡⲕⲉⲥⲉ̣[ⲉⲡⲉ]	gegenüber allem anderen bevorzugen, sofern
ⲓϥ[ϫ]ⲟⲟⲥ ϫⲉ ⲁϩⲁϩ ⲧⲁⲙⲓⲟ̣[ϥ]	sie nicht besagt hat, dass viele [ihn] geschaffen
ⲁ [ϫ]ⲉ ⲡⲛⲟⲩⲧ̣ⲉ ⲙⲁⲩⲁⲁ[ϥ ⲡⲉⲛ]	haben, sondern dass Gott allein [es ist, der]
ϥⲧⲁⲙ̣ⲓⲟϥ ϩⲙ̄ ⲡⲉϥⲗⲟⲅ[ⲟⲥ ⲛⲁⲓ̈]	ihn durch seinen Logos geschaffen hat.
ⲉⲛⲧ̣ⲁ̣ ⲡⲛⲟⲩⲧ̣[ⲉ ϫⲟⲟⲩ ⲉⲡⲉϥ]	Denn [das,] was Gott [zu seinem] Logos
]ⲅ̣ⲟⲥ̣ ⲛ̣̄ⲧⲁϥϫ̣[ⲟⲟⲩ] ⲟ̣ⲩ[ ]	[gesagt hat,] hat er gesagt [ ]
]ⲛⲉⲕⲧⲓⲥ[ⲓⲥ]ⲁⲛ̣[ ]	[ ] die Schöpfungen [ ]

(unterer Rand)

---

[a] Barn 6,11–12.
[b] Sib VIII 264–267 + 259–262.
[c] [ⲁϥⲧⲁ]ⲙ̣ⲓⲟϥ auf dem linken Rand nachgetragen.

B-11↑: $65^{29} + \underline{60}^{8} + 61^{6} + \underline{12}^{3} + 61^{15} + 23^{5} + 61^{18} + 45^{1}$ (recto)

(oberer Rand)

[ ]	[
[ ]	[
[ ]	[
[ ]	[
[ ]ϥ̄ [a]ⲛ̄ⲑⲉ ⲉⲧⲉⲣⲉ ⲡⲓⲱⲧ [ϫⲱ ⲙ̄]	[ ] ihn, wie der Vater [sagt]
[ⲙⲟⲥ ϫⲉ ϯ] ⲛⲁϥ ⲛ̄ⲧⲉⲥⲧⲟⲗⲏ ⲉⲧ[ⲛⲁ]	[: „Gebt] ihm das [beste] Gewand!“
[ⲛⲟⲩ]ϥ ϥⲙ̣[ⲟⲩ]ⲧⲉ ⲉⲣⲟⲥ ⲛ̄ⲣⲁ̣[ⲛ ⲛⲓⲙ]	Er [nennt] es mit [allerlei] Namen.
[ ] . . [ ]	[
[ ]ⲙ̣ⲙⲟⲥ ⲉⲣⲉ̣ [ ]	[ ] es, während [
[ ] . ⲛ̄ⲧⲁϥⲧⲁⲁ̣[ⲥ ϩⲓⲱ]	[er] zog [es ihm] an [
[ϣϥ ϣⲟ]ⲟ̣ⲡ ϩⲁⲑⲏ ⲛ̄ⲧⲉ̣[⸗]	[existiert(?)] vor [
[ⲛⲁ]ⲕ̣ⲟⲥⲙⲓ ⲙ̣ⲙⲟϥ ⲛ̣̄[ ]	[werden] ihn schmücken [mit(?)]
[ϥ]ⲛ̣ⲁϫⲓⲧⲥ ⲇⲉ ⲟⲛ̣ [ ]	[ ] er wird es aber wieder empfangen [
[ⲙ̄ⲡⲓⲟ]ⲩⲟⲉⲓϣ ⲙⲉⲛ ⲅⲁ[ⲣ]	[ ] Denn zwar zu jener Zeit (?) [
[ ] ϩⲛ̄ ⲧⲉⲥⲧⲟⲗⲏ ⲙ̣̄[ ]	[ ] in dem Gewand des [
[ ]. . . . . . .[ ]	[
[ ]	[
[ ]	[
[ ]ⲡ̣ ⲛ̄ⲧ̣ⲟ̣ⲟ̣[ⲧ⸗][b]	[
[ ]ⲙ̣ⲙ̣ⲛ̄	[
[ ] ⲙ̣ⲡⲕⲁϩ	[der Erde]
[. . .]ⲁ̣ⲥ̣ ⲡⲱⲥ ⲟ̣[ⲩϩⲓ]ⲕ̣ⲱⲛ ⲧⲉⲧϥϫⲓ	[ ], wieso es ein Ebenbild ist, das er
[ⲙ̄ⲙⲟ]ⲥ ⲛ̄ϣⲡϣ[ⲡ] ϩⲙ̄ ⲡⲧⲣⲉϥϫⲓ ⲛ̄	als Verheißung empfängt, wenn [der] erste
[ⲡⲕⲁⲑ]ⲓⲕⲱⲛ ⲛ̣̄[ϭⲓ ⲡ]ϣⲟⲣⲡ ⲛ̄ⲣⲱⲙⲉ	Mensch [den Eben]bildlichen empfängt.
[ⲟⲩ ⲙ]ⲟ̣ⲛⲟⲛ ⲇⲉ ⲛ̣̄[ⲧⲁ]ϥϫⲓⲧϥ̄ ⲁⲗⲗⲁ	[Nicht] nur aber, dass er (di)es empfing, sondern
[ⲟⲛ ⲧⲉ]ϥⲁⲣⲭⲏ̣ ⲕⲁ̣[ⲧⲁ] ⲑⲉ ⲉⲧⲉⲣⲉ ⲃⲁⲣⲛⲁ̣	[auch] seine Herrschaft, wie es Barnabas
[ⲃⲁⲥ ϫ]ⲱ̣ ⲙ̄ⲙ[ⲟ]ⲥ̣ [ϩ]ⲛ̄ ⲛⲉⲓ̈ϩⲣⲏⲧⲟⲛ	mit diesen Worten sagt:
[ϫⲉ [c]ⲛ̄ⲧⲉⲉⲓϩⲉ ϭⲉ ⲉ]ⲁ̣ⲛⲟⲩϫⲁⲓ̈ ϩⲙ̄	[„Nachdem] wir [so also] erlöst worden sind
[ⲡϣⲁ]ϫⲉ̣ ⲧⲛ̄ⲛⲁ̣[ⲱⲛϩ] ⲛ̄ⲧⲛ̄ⲣ̄ϫⲟⲉⲓⲥ̣	durch [das Wort,] werden wir [leben] und [die]
[ⲉⲡⲕⲁ]ϩ· ⲁϥϣⲣⲡϫⲟ̣[ⲟ]ⲥ̣ ⲇ̣ⲉ [ϫⲉ]	[Erde] beherrschen. Er hat aber zuvor gesagt [:]
[ⲁⲩⲱ ⲁϣ]ⲁⲓ̈ ⲛ̄ⲧⲉⲧⲛ̄ⲁⲓ̈[ⲁⲓ̈] ⲛ̄ⲧ[ⲉⲧⲛ̄]	[‚Und] seid fruchtbar und mehret euch und
[ⲣ̄ϫⲟⲉⲓⲥ] ⲉⲛⲉⲑⲏⲣⲓⲟⲛ ⲛⲓⲙ ϭ[ⲉ ⲧⲉⲛ]	[herrschet] über die Tiere.‘ Wer [also] ist es
[ⲟⲩ ⲡⲉⲧⲛ]ⲁ̣ϣⲣ̄ϫⲟⲉⲓⲥ ⲉ̣[ⲛ]ⲉⲑⲏ[ⲣⲓⲟⲛ]	[jetzt, der] herrschen kann über die Tiere
[ⲏ̄ ⲛ̄ⲧⲃ̄ⲧ ⲏ̄ ⲛ̄]ϩⲁⲗⲁⲧⲉ̣ [ⲛ̄]ⲧ̣ⲡⲉ· ϣ[ϣⲉ]	[oder die Fische oder die] Vögel des Himmels?
[ⲅⲁⲣ ⲉⲣⲟⲛ ⲉⲁⲓ]ⲥ̣ⲑⲁⲛⲉ̣ ϫ̣ⲉ ⲡ̣[ⲧⲣⲉ]	[Denn wir müssen] verstehen, dass der [Umstand
[ⲟⲩⲁ ⲁⲣⲭⲓ ⲟ]ⲩⲉⲝⲟ̣[ⲩⲥⲓⲁ ⲡⲉ ϫⲉⲕⲁⲥ]	[dass einer herrscht,] Macht voraussetzt,
[ⲉⲣⲉ ⲟ]ⲩⲁ ⲉⲡⲓⲧⲁⲥⲥ[ⲉ ⲛ̄ϥⲣ̄ϫⲟⲉⲓⲥ]	[damit] einer befehlen [und beherrschen kann.]

(unterer Rand)

[a] Vgl. Lk 15,22(?).
[b] ⲧ̣ⲟ̣ⲟ̣[schon auf rechtem Rand.
[c] Barn 6,17–18.

ı→: $65^{29} + \underline{60}^{8} + 61^{6} + \underline{12}^{3} + 23^{5} + 61^{15+18} + 45^{1}$ (verso)

(oberer Rand)

]	[ ]
]	[ ]
]	[ ]
]	[ ]
] ϫⲉ ⲡⲁï ϣⲟⲟⲡ ⲁⲛⲧⲁ̣[ⲙⲱⲧⲛ̄]	[,] dass dieser existiert. Wir haben [euch]
ε] ⲁϥϫⲟⲟⲥ ⲛⲁⲛ ⲙ̄ⲡⲓⲟⲩ̣[ⲟⲉⲓϣ]	[belehrt(?), dass] er uns damals sagte [ ]
ε]. ⲉ̣ⲛϣⲁϫⲱⲕ ϩⲱ̣ϣ̣ⲛ ⲉ̣[ⲃⲟⲗ]	[ ] „Wenn auch wir erfüllen
] . . . [ ]	[ ]
] ⲛ̣̄ⲑⲩ̣ⲡ̣ⲟ̣ⲙ̣[ⲟⲛⲏ]	[ ] die Geduld. [ ]
ϫⲁ]ϫⲉ ⲡⲉϣⲁⲛ̣[ ]	[ein Feind(?)] ist es, den wir [ ]
] . ⲙ̄ⲙⲟϥ ⲉϫⲛ̣̄ [ ]	[ ] ihn über [ ]
ⲉ]ⲣⲟⲟⲩ ⲉ̣ⲁ̣ϥⲧⲁⲙ̣[ⲟⲛ]	[ ] sie, nachdem er [uns] belehrt hatte [ ]
]ⲛ ⲁⲩⲱ ϫⲉ̣ ϣ̄ϣⲉ̣ [ ]	[ ] und dass es nötig ist [ ]
]ⲛ̣ ⲥⲉⲟⲩⲏⲟⲩ ⲛ̣̄ [ ]	[ ] sie sind fern(?) [ ]
]ϫⲟⲟⲩ· ϩⲙ̄ ⲡⲧⲣ̣[ⲉ]	[ ] sagte sie. Wenn [ ] uns
]ⲟⲛ ⲉⲣϫⲟⲉⲓⲥ ⲉ[ⲣⲟⲟⲩ]	[ ], um über [sie] zu herrschen [ ]
]¯ . . . . [ ]	[ ]
]	[ ]
]	[ ]
[ ]	[ ]
ⲁ̣ϩ[ ]	[ ]
]ⲕⲟⲟⲩ̣[ⲉ]	andere [ ]
]ⲓⲛⲉ ⲉⲛⲧ̣ⲃ̣[ⲧ ⲛ̄ⲧ]ⲉⲑ̣ⲁⲗⲁ̣ⲥ̣[ⲥⲁ]	einige in Bezug auf die Fische [des] Meeres.
]ⲗⲁⲧⲉ ⲛ̄ⲧⲡ̣[ⲉ ⲟⲩ]ⲏ̣ϩ ⲛ̄ⲥⲱⲟ̣[ⲩ ⲥⲉ]	Die Vögel des Himmels folgen [ihnen. Sie]
]ⲓ̈ⲙⲉ ⲉⲛⲉ̣[ⲩⲛⲟϭ] ⲛ̣̄ϩⲉⲡ ⲉⲩ]	werden [ihr großes] Gericht(?) erkennen. Sie
]ⲗⲁⲙⲃⲁⲛ̣[ⲉ ⲇⲉ] ⲁ̣ⲛ ϫⲉ ⲛⲁ̣[ⲉⲓ]	nehmen [aber] nicht(?) vorweg, dass [diese],
]ⲉ ⲛⲁⲛⲁⲕⲟ[ⲡⲏ ⲛ]ⲉ ⲙ̄ⲡ̣ϣⲁϫ̣[ⲉ ⲉⲧ]	wenn sie die Hinderungen des überein-
]ⲫⲱⲛⲓ ⲡⲉ̣[ ] . [.]ⲉ̣ ⲛ̄ⲛ . [ ]	stimmen[den] Wortes wären [ ]
]ⲧⲁⲟⲩⲟϥ· . [ϫⲉ ⲉⲣ]	es hervorgebracht würde [, damit]
]ⲣ̣ⲱⲙⲉ ⲉ̣ⲛ̣[ⲧⲁϥ-] . . . . [ ]ⲓⲕ[ ]	der Mensch, der [ ]
] . . [ ] . . ⲧ̣ⲟⲛ ⲉϫⲓ ⲧ[ⲉϥ-]	[ ] um zu nehmen [seine]
ⲙⲟⲣ]ⲫⲏ ⲛ̣̄ⲥⲱⲙⲁⲧⲓⲕⲟⲛ̣ [ ]	[ ] körperliche Gestalt [ ]
] ⲁϩⲟⲉ̣[ⲓ]ⲛⲉ ⲙⲉⲩⲉ ⲉⲣⲟ̣[ϥ ϫⲉ]	[ ] Einige dachten über [ihn, dass]
ⲛ̄]ⲧϥ̄ ⲉϫ̣ⲙ̄ ⲡⲣⲱⲙⲉ ⲛ̄ⲁ . [ⲛ̄]	[er] ihn über den Menschen [gebracht] habe als
ⲟⲩ]ⲇⲁⲓⲟ̣[ⲥ] ⲉ̣ⲥϫⲏⲕ ⲉ[ⲃⲟⲗ]	[eine] eifrige, vollkommene [ ]
ⲗⲟ]ⲅ̣ⲟⲥ ⲛ[ ] . . . [ ]	[ ] Verstand [ ]
]ⲛ̣ⲟⲩ . [ ]	[ ] ein [ ]
] ⲉⲡⲉⲉ̣ⲓ̣ϩⲱ̣[ⲃ]	[ ] zu diesem Werk(?) [ ]

(unterer Rand)

Bemerkungen zu den Textseiten

B 6→ hat nach unserem Ordnungsversuch seinen Platz in der Nähe des Anfangs (Vorderseite des 4. oder 5. Blattes). Es besteht kein Anschluss zum Text der mutmaßlich vorhergehenden Codexseite. Das heißt, unsere Seite beginnt mit dem Ende eines Satzes, dessen Anfang wir nicht kennen. Was uns hier nun besonders interessieren muss, ist, in welchem Licht das etwa in der Mitte der Seite plazierte Barnabas-Zitat (6,11–13a) durch die Einführung oben auf der Seite und die Anwendung, die unten auf der Seite beginnt und sich auf der Rückseite fortsetzt, erscheint. Wenn oben gesagt zu werden scheint, dass die Gottesebenbildlichkeit nur für Adam, und eben nicht für alle seine Nachkommen, gilt, so steht das hier nicht etwa im Zusammenhang mit einer Reflexion über den Sündenfall, sondern mit einem der Grundgedanken der Barnabas-Stelle, dass nämlich die Menschenschaffung von Gen 1,26 in Wirklichkeit gar nicht Adam meint, sondern allegorisch auf die Neuschaffung der Menschen *durch* und *in* Christus zu beziehen ist. Dass die Genesisstelle „über uns" redet, ist der Gesichtspunkt schon der Einführung des Zitats wie auch der des Beginns seiner Anwendung. Der Abbruch des Zitats gerade an der Schaltstelle, wo der Autor des Barnabasbriefes verspricht, im Folgenden zu zeigen, dass sich die GenesisStelle nicht auf die Schaffung des alten Menschen bezieht, sondern auf die Neuschaffung, also dass mit πάλιν σοι ἐπιδείξω, πῶς πρὸς ἡμᾶς λέγει Schluss ist und das so eingeführte: δευτέραν πλάσιν ἐπ' ἐσχάτων ἐποίησεν. λέγει δὲ κύριος· Ἰδού, ποιῶ τὰ ἔσχατα ὡς τὰ πρῶτα κτλ. gar nicht mehr zitiert wird, ist ja auch zu auffällig. Aber das, was nicht weiter zitiert wird, ist offenbar dennoch vorausgesetzt. Denn nur so ist die Fortsetzung der Darlegung mit der Entfaltung der Konzeption des neugeschaffenen und zu seinem Vollmaß heranwachsenden Menschen zu verstehen.

B 6↑ setzt die Auswertung des Barnabaszitats fort. Am Anfang dieser Seite vollzieht sich der Übergang von dem aus Barnabas stammenden Gedanken der eschatologischen Neuschaffung des Menschen zur Vorstellung von seinem Wachstum. Diese Vorstellung könnte aus Eph 4,13 übernommen oder von dort abgeleitet sein. Aber ob Eph 4,13 auch der alleinige Bezugspunkt dieser Darlegung ist, daran kann man sehr wohl zweifeln. Es sieht eher danach aus, als ob noch auf irgendetwas anderes, uns nicht Bekanntes, Bezug genommen würde.

Die Wurzel dieser Wachstumsvorstellung liegt freilich im Barnabasbrief selbst, wenn in 6,17a der Sachverhalt des (nach 6,8) zu erlangenden „*Landes*, wo Milch und Honig fließen" *so* aufgenommen wird: τί οὖν τὸ γάλα καὶ τὸ μέλι; ὅτι πρῶτον *τὸ παιδίον* μέλιτι, εἶτα γάλακτι ζωοποιεῖται „Was (bedeuten) nun ‚Milch‘ und ‚Honig‘? (Sie bedeuten,) dass *das Kind* zunächst mit Honig, dann mit Milch am Leben erhalten wird.“ Und das Motiv von der *Vollendung* des Wachstums liegt in 6,19 beschlossen, wo es heißt: εἰ οὖν οὐ γίνεται τοῦτο νῦν, ἄρα ἡμῖν εἴρηκεν, πότε· ὅταν καὶ αὐτοὶ *τελειωθῶμεν* κληρονόμοι τῆς διαθήκης κυρίου γενέσθαι „Wenn das nun jetzt (noch) nicht der Fall ist, hat er uns also gesagt, wann (es sein wird): Wenn wir selbst *zur Vollendung gelangt* sein werden, Erben des Bundes des Herrn zu werden.“

Der im Text des Koptischen Buches folgende Hinweis, dass der am Anfang geschaffene Mensch *nicht klein* gewesen sei, könnte sich auf die jüdische Legende beziehen, wonach Adam vor dem Sündenfall so groß war, dass sein Scheitel an den Himmel stieß.[6] Und diese jüdische Vorstellung wäre gleich wieder auf den Riesenleib der Kirche bezogen worden.

Unten auf der Seite ist dann von den Engeln als den Wachstumshelfern dieses neuen Menschen die Rede, und zwar unter Zitierung von Hebr 1,14. Dieser Vers ist übrigens ein Lieblingswort unseres Autors. Denn er zitiert ihn im Ganzen dreimal (außer hier auf B 6↑ auch noch auf B 9→ und K 1↑). Unser Autor hat also keine Probleme mit dem Hebräerbrief. Für ihn ist dessen Verfasser Paulus und der Brief folglich ohne weiteres kanonisch.

B 12↑: Die Entfernung das Blattes B 12 von Blatt B 6 ist vermutlich gering. Auch B 12 gehört nach unserer Ordnung mit an den Anfang des Buches. Nach dieser Ordnung ist B 12 nämlich das übernächste Blatt (dazwischen liegt nur noch D 13). Der abgerissene Anfang der Seite mit seinem merkwürdigen Zitat („Denn [du bist] fleischlich“) gehört zu den dunkelsten Stellen des Koptischen Buches. Die Rekonstruktion ist wenigstens sehr nahe liegend und ihre Grammatik und Syntax klar durchschaubar, nicht aber die Struktur der Semantik. Mit anderen Worten, der theologische Sachverhalt, auf den sich die Aussage beziehen könnte, ist (noch) nicht klar. Aber dieser Gedanke muss in den Umkreis der Schöpfungslehre gehören; und hier nun in den Umkreis der eigentlichen, nicht allegorisierten Schöpfungslehre. Ja, es sieht nach dem Ende des Zitats dann so aus, als würde die Frage diskutiert, ob, wenn schon der innere Mensch, die Geistseele, von Gott allein geschaffen worden sein muss, dasselbe auch wirklich von

---

6 Vgl. z. B. H.-M. Schenke, Der Gott „Mensch“ in der Gnosis, Berlin 1962, 127–129. Zu vergleichbaren ägyptischen Gedanken s. G. Vittmann, „Riesen“ und riesenhafte Wesen in der Vorstellung der Ägypter, BÄ 13, Wien 1995.

dem viel geringer wertigen Leib des Menschen zu gelten hätte. Es ist aber, wie noch so oft im Koptischen Buch, nicht deutlich, ob damit eine gegnerische Lehre besprochen wird, oder ob der Autor diesen Gedanken, mit welchem Ergebnis auch immer, selbst wohlwollend erwägt. Entschieden wird die Sache nun offenbar wieder mit einem Barnabaszitat, das auf der Seite unten anfängt und bis zum Ende des ersten Drittels der Rückseite reicht. Es ist zwar dasselbe wie auf Seite B 6→, aber der Zweck, um dessentwillen es (wieder) angeführt wird, ist nun ein anderer. Hier dient Barn 6,11–12 (mit seinen Wendungen λέγει τῷ υἱῷ· Ποιήσωμεν κτλ. und ταῦτα *πρὸς τὸν υἱόν*) nämlich als der Hauptschriftbeweis dafür, dass es nicht die scheinbar vielen sind, mit denen Gott (nach Gen 1,26) redet und schafft, sondern dass er das sozusagen mit sich selbst tut. Die andere Abzweckung kommt auch schon äußerlich dadurch zum Ausdruck, dass das Zitat *hier* vor dem Satz, der *dort* der letzte war und die Richtung der Anwendung festlegte, aufhört. Das Zitat ist und funktioniert hier wie eine Art Zusammenfassung der entsprechenden Stelle der Genesis mit eindeutiger Erklärung des dortigen *Wir* („Lasst *uns* schaffen"). Die andere Besonderheit der hiesigen Wiederholung des Barnabaszitats ist, dass als Zeuge für die rechte Lehre unseres Autors von der Schaffung des Menschen allein durch Gott Barnabas *zusammen mit* der Sibylle aufgerufen wird, und zwar in dieser Reihenfolge. Ob diese Verkoppelung der beiden Zeugen etwas Besonderes zu bedeuten hat und also für uns einer der Hinweise auf die Identität des Verfassers sein könnte, mag eine wichtige Frage sein, die ich aber zur Zeit nicht beantworten kann.

B 12 →: Hier geht also das Barnabaszitat weiter. Der Abschluss des Zitats und der Übergang zu dem Zeugnis der Sibyllinischen Orakel ist erhalten bzw. evident rekonstruierbar. Diese Zäsur ist überdies im Manuskript durch eine *Paragraphos* kenntlich gemacht. Zitiert wird nun aus den Sibyllinischen Orakeln eine der beiden Stellen, an denen auf Gen 1,26 Bezug genommen wird, nämlich Buch VIII 264–266 nebst Umgebung, das heißt VIII 264–268 + 259–262, und zwar in dieser „verkehrten" Reihenfolge.[7] Im Folgenden werden beide Zeugnisse dann unter dem Gesichtspunkt ihrer Einführung ausgewertet. Und dabei überträgt unser Autor das Wort „Sohn" aus dem Barnabaszitat in seine eigene theologische Sprache und setzt also dafür „Logos" ein.[8]

---

[7] Die andere Stelle der Sibyllinen mit Bezug auf Gen 1,26 ist VIII 439–446.

[8] Der Begriff des Logos könnte sich freilich auch aus Sib VIII 446 angeboten haben.

B 11↑: Das auf dieser Seite zu findende (und aus demselben Komplex Barn 6,11–19 stammende) nächste Barnabaszitat, nämlich Barn 6,17–18, steht vermutlich in größerer Entfernung zu den beiden vorhergehenden Zitaten; nach unserer vorläufigen Ordnung gehört es in die Nähe der Mitte der Schrift. Die direkte sachliche Verbindung der Reste des oberen Teils der Seite, wo offenbar das Motiv der Gewandverleihung die Darlegung beherrscht, mit dem Barnabaszitat unten, samt dessen Einführung, ist nicht klar, und kann es wohl auch gar nicht sein. Aber, dass aus dem Komplex Barn 6,11–19 gerade dieses Stück jetzt angeführt wird, zeigt, dass auch im hiesigen Zusammenhang die Schöpfungslehre der Genesis als Vorabbildung dessen, was die Erlösung durch Christus bedeutet, im Blick des Autors ist.

B 11→: Auf der Rückseite des Blattes bleiben, infolge der vielen nicht rekonstruierbaren Lücken, Gedankengang und Gesichts- oder Orientierungspunkte völlig im Dunkeln, und zwar im oberen Teil noch erheblich mehr als im unteren. Das in der letzten Zeile des oberen Teils erscheinende Motiv des Herrschens könnte aber das verbindende Element zwischen dem Barnabaszitat auf dem unteren Teil der Vorderseite und der Rede von den Vögeln des Himmels als eines Teils der Tiere, über die geherrscht werden soll, auf dem unteren Teil dieser Seite sein.

III

Als nächster Schritt soll nun das Verhältnis der Barnabaszitate untereinander bzw. zu dem griechischen Urtext durch zwei Synopsen sichtbar gemacht werden.

Synopse 1 (*Barn 6,11–12/13a*)

In jedem der elf *drei*zeiligen Kolon-Blöcke ist die *erste* Zeile der griechische „Normaltext“ (nach der Ausgabe der Apostolischen Väter von Funk/Bihlmeyer),[9] die *zweite* Zeile der Text von Seite B 6→ des Koptischen Buches und die *dritte* Zeile der Text von dessen Blatt B 12↑/B 12→.

[9] Die Apostolischen Väter. Neubearbeitung der Funkschen Ausgabe von K. Bihlmeyer, 2. Aufl. mit einem Nachtrag von W. Schneemelcher, I, SQS 2,1,1, Tübingen 1956. Vgl. auch Die Apostolischen Väter. Griechisch-deutsche Parallelausgabe auf der Grundlage der Ausgaben von F. X. Funk, K. Bihlmeyer und M. Whittaker, mit Übersetzungen von M. Dibelius und D.-A. Koch, neu übersetzt und herausgegeben von A. Lindemann und H. Paulsen, Tübingen 1992.

1. ἐπεὶ οὖν ἀνακαινίσας ἡμᾶς ἐν τῇ ἀφέσει τῶν ἁμαρτιῶν
ⲉⲡⲉⲓ̂ⲇⲏ ⲁϥⲁⲁⲛ ⲛ̣̄ⲃⲣ̣̄ⲣⲉ̣ [ϩⲙ̄ ⲡⲕⲱ ⲉⲃ]ⲟⲗ ⲛ̄ⲛⲉⲛⲛⲟⲃⲉ̣
ⲉⲡ̣[ⲉ]ⲓ̣ ⲟⲩⲛ ⲁϥ[ⲁⲁⲛ ⲛ̄ⲃ]ⲣ̣̄ⲣⲉ ϩⲙ̄ ⲡⲕⲱ ⲉⲃⲟ̣[ⲗ] ⲛ̄ⲛⲉⲛ[ⲛⲟⲃⲉ]
2. ἐποίησεν ἡμᾶς ἄλλον τύπον,
[ⲁϥⲁⲁⲛ ⲛ̄ⲕⲉⲧⲩ]ⲡ̣ⲟ̣[ⲥ]
[ⲁϥⲁⲁ]ⲛ̣ ⲛ̄ⲕⲉⲧⲩⲡⲟⲥ
3. ὡς παιδίων ἔχειν τὴν ψυχήν,
[ϩⲱⲥ ⲟⲩⲛ̄ⲧⲛ̄ ⲧⲉⲯⲩⲭⲏ ⲛ̄ⲛ̄ϣⲏⲣⲉ ⲕⲟⲩⲓ̈]
ϩⲱⲥ [ⲟⲩⲛ̄ⲧ]ⲛ̣̄ [ⲧⲉ]ⲯⲩ̣[ⲭⲏ ⲛ̄]ⲛ̄ϣⲏⲣ̣ⲉ ⲕⲟⲩⲓ̈
4. ὡς ἂν δὴ ἀναπλάσσοντος αὐτοῦ ἡμᾶς.
[ϩⲱⲥ ⲉϥⲁⲛⲁⲡⲗⲁⲥⲥⲉ ⲙ̄ⲙⲟⲛ ⲟⲛ]
[ϩⲱ]ⲥ̣ ⲉϥⲁⲛⲁⲡⲗⲁⲥⲥ̣[ⲉ ⲙ̄ⲙⲟⲛ ⲟⲛ]
5. λέγει γὰρ ἡ γραφὴ περὶ ἡμῶν, ὡς λέγει τῷ υἱῷ·
[ⲡⲉϫⲁⲥ ⲅⲁⲣ ⲛ̄ϭⲓ ⲧⲉⲅⲣⲁⲫⲏ ⲉⲧⲃⲏⲏⲧⲛ̄ ⲉϥ]ϫ̣ⲱ̣ ⲙ̣̄[ⲙⲟⲥ ⲙ̄ⲡⲉϥϣⲏⲣⲉ ϫⲉ]
ⲡⲉϫⲁⲥ ⲅⲁⲣ ⲛ̄ϭⲓ ⲧⲉⲅⲣⲁ[ⲫⲏ ⲉⲧⲃⲏ]ⲏⲧⲛ̄ ⲉϥϫⲱ ⲙ̄ⲙⲟⲥ ⲙ̄[ⲡⲉϥϣⲏⲣⲉ ϫⲉ]
6. Ποιήσωμεν κατ᾽ εἰκόνα καὶ καθ᾽ ὁμοίωσιν ἡμῶν τὸν ἄνθρωπον,
[ⲙ]ⲁ̣[ⲣ]ⲛ̣̄ⲧ̣ⲁ̣[ⲙ]ⲓ̣ⲟ̣ [ⲛ̄ⲟⲩⲣⲱⲙⲉ ⲕⲁⲧⲁ ⲧ]ⲉⲛϩⲓⲕⲱⲛ ⲁⲩⲱ [ⲕⲁⲧ]ⲁ̣ ⲡ̣ⲉⲛⲉⲓⲛⲉ̣
ⲙⲁⲣⲛ̄ⲧⲁⲙⲓⲟ ⲛ̄ⲟⲩⲣ[ⲱⲙⲉ ⲕⲁⲧⲁ] ⲧ̣ⲉⲛϩⲓⲕⲱⲛ ⲁⲩⲱ ⲕⲁ̣ⲧ̣[ⲁ ⲡⲉⲛⲉⲓⲛⲉ·]
7. καὶ ἀρχέτωσαν τῶν θηρίων τῆς γῆς καὶ τῶν πετεινῶν τοῦ οὐρανοῦ
ⲛ̄ⲥⲉⲣ̣̄ϫⲟⲉ̣ⲓⲥ ⲉⲛⲉ[ⲑⲏⲣ]ⲓⲟⲛ ⲙ̄ⲡⲕⲁϩ ⲁⲩⲱ ⲛ̄ϩⲁⲗⲁⲧⲉ [ⲛ̄ⲧ]ⲡⲉ
ⲛ̄ⲥⲉⲁⲣⲭⲓ ⲉⲛⲉⲑⲏⲣⲓⲟ[ⲛ ⲙ̄ⲡⲕⲁϩ ⲁⲩⲱ] ⲛ̄ϩⲁⲗⲁⲧⲉ ⲛ̄ⲧⲡⲉ
8. καὶ τῶν ἰχθύων τῆς θαλάσσης.
ⲁⲩⲱ ⲛ̄ⲧⲃⲧ̄ ⲛ̄ⲧⲉⲑⲁⲗⲁⲥ[ⲥⲁ·]
ⲁⲩ̣[ⲱ ⲛ̄ⲧⲃⲧ̄ ⲛ̄]ⲧⲉⲑⲁⲗⲁⲥⲥⲁ
9. καὶ εἶπεν κύριος, ἰδὼν τὸ καλὸν πλάσμα ἡμῶν·
ⲁ̣ⲩⲱ ⲡⲉϫⲁϥ ⲛ̄ϭⲓ ⲡϫⲟⲉⲓⲥ· ⲛ̄[ⲧⲉⲣ]ⲉϥⲛⲁⲩ ⲉⲡⲉ̣[ⲡ]ⲗ̣ⲁⲥⲙⲁ ⲉⲧⲛⲁ[ⲛⲟⲩ]ϥ ⲙ̄ⲡⲣⲱ[ⲙⲉ]
ⲁⲩⲱ ⲡ̣[ⲉϫⲁϥ ⲛ̄ϭⲓ] ⲡϫⲟⲉⲓⲥ ⲛ̄ⲧⲉⲣⲉϥⲛ[ⲁⲩ ⲉⲡⲉⲡⲗⲁ]ⲥⲙⲁ ⲉⲧⲛⲁⲛⲟⲩϥ ⲙ̄ⲡ̣[ⲣⲱⲙⲉ]
10. Αὐξάνεσθε καὶ πληθύνεσθε καὶ πληρώσατε τὴν γῆν.
[ⲡ]ⲉϫⲁϥ ϫⲉ ⲁϣⲁⲓ̈ [ⲛ̄ⲧⲉⲧⲛ̄ⲁⲓ̈ⲁⲓ̈ ⲛ̄ⲧⲉ]ⲧ̣ⲛ̣̄[ⲙ]ⲉ̣ϩ [ⲡⲕⲁϩ·]
[ⲡⲉϫⲁϥ] ϫⲉ ⲁϣⲁⲓ̈ ⲛ̄ⲧⲉⲧⲛ̄ⲁⲓ̣̈[ⲁⲓ̈ ⲛ̄ⲧⲉⲧⲛ̄]ⲙⲉϩ ⲡⲕⲁϩ·
11. ταῦτα πρὸς τὸν υἱόν. πάλιν σοι ἐπιδείξω, πῶς πρὸς ἡμᾶς λέγει.
[ⲛⲁⲓ̈ ⲁⲣⲁ ⲛ̄ⲧⲁⲩϫⲟⲟⲩ ⲉⲡϣⲏⲣⲉ· ⲡⲁⲗⲓⲛ ⲟⲛ ϯⲛⲁⲧⲥⲁⲃⲟⲕ ϫⲉ ϥϣⲁ]ϫⲉ ⲉⲧⲃⲏⲏⲧ̣ⲛ̣̄

Synopse 2 (*Barn 6,17b.18*)

1a. οὕτως οὖν καὶ ἡμεῖς τῇ πίστει τῆς ἐπαγγελίας καὶ
[ⲛ̄ⲧⲉⲉⲓϩⲉ ϭⲉ ---]

1b. τῷ λόγῳ ζωοποιούμενοι
[ⲉ]ⲁ̣ⲛⲟⲩϫⲁï ϩⲙ̄ [ⲡϣⲁ]ϫ̣ⲉ
2. ζήσομεν κατακυριεύοντες τῆς γῆς.
ⲧ̣ⲛ̣̄ⲛ̣ⲁ̣[ⲱⲛϩ] ⲛ̣̄ⲧⲛ̄ⲣ̣̄ϫ̣ⲟ̣ⲉ̣ⲓ̣ⲥ̣ [ⲉⲡⲕⲁ]ϩ·
3. προείρηκε δὲ ἐπάνω· Καὶ αὐξανέσθωσαν καὶ πληθυνέσθωσαν
ⲁϥϣⲣⲡϫ̣ⲟ̣[ⲟ]ⲥ̣ ⲇ̣ⲉ̣ [ϫⲉ ⲁⲩⲱ ⲁϣ]ⲁï ⲛ̄ⲧⲉⲧⲛ̄ⲁï[ⲁï]
4. καὶ ἀρχέτωσαν τῶν ἰχθύων.
ⲛ̄ⲧ[ⲉⲧⲛ̄ⲣ̄ϫⲟⲉⲓⲥ] ⲉⲛⲉⲑⲏⲣⲓⲟⲛ
5a. τίς οὖν ὁ δυνάμενος νῦν ἄρχειν θηρίων ἢ ἰχθύων
ⲛⲓⲙ ϭ[ⲉ ⲧⲉⲛⲟⲩ ⲡⲉⲧⲛ]ⲁ̣ϣⲣ̄ϫⲟⲉⲓⲥ ⲉ̣[ⲛ]ⲉⲑⲏ[ⲣⲓⲟⲛ ⲏ̄ ⲛ̄ⲧⲃ̄ⲧ]
5b. ἢ πετεινῶν τοῦ οὐρανοῦ;
[ⲏ̄ ⲛ̄]ϩⲁⲗⲁⲧⲉ̣ [ⲛ̄]ⲧ̣ⲡⲉ·
6. αἰσθάνεσθαι γὰρ ὀφείλομεν, ὅτι τὸ ἄρχειν ἐξουσίας ἐστίν,
ϣ̣[ϣⲉ ⲅⲁⲣ ⲉⲣⲟⲛ ⲉⲁⲓ]ⲥ̣ⲑⲁⲛ̣ⲉ̣ ϫ̣ⲉ ⲡ̣[ⲧⲣⲉ ⲟⲩⲁ ⲁⲣⲭⲓ ⲟ]ⲩⲉⲝⲟ̣[ⲩⲥⲓⲁ ⲡⲉ]
7. ἵνα τις ἐπιτάξας κυριεύσῃ.
[ϫⲉⲕⲁⲥ ⲉⲣⲉ ⲟ]ⲩ̣ⲁ ⲉⲡⲓⲧⲁⲥⲥ[ⲉ ⲛ̄ϥⲣ̄ϫⲟⲉⲓⲥ]

* * *

Da wir nun einmal beim koptisch-griechischen Sprachvergleich sind, mag es auch nicht überflüssig sein, wenn wir zusätzlich eine ähnliche Synopse für das Zitat aus den Sibyllinischen Orakeln gleich mitliefern.

Synopse 3 (Sib VIII 264–267 + 259–262)

264. αὐτὸν γὰρ πρώτιστα λαβὼν σύμβουλον ἀπ’ ἀρχῆς
ϫⲓⲛ ⲧ[ⲉϩⲟⲩⲉⲓ̂ⲧⲉ ⲉⲁϥ]ϫ̣[ⲓ]ⲧϥ̄ ⲛ̣ⲁ̣ϥ̣ ⲛ̣̄[ⲣⲉϥϣⲟϫⲛⲉ ⲛ̄ϣⲟⲣⲡ]
265. εἶπεν ὁ παντοκράτωρ· ‘ποιήσωμεν, τέκνον, ἄμφω
ϩ[ⲡⲡⲁⲛⲧⲟⲕⲣⲁⲧⲱⲣ ⲡⲉ]ϫ[ⲁϥ ϫⲉ ⲙ]ⲁ̣ⲣ̣ⲛ̣̄ⲧ̣ⲁ̣ⲙ̣[ⲓⲟ]
266. εἰκόνος ἡμετέρης ἀπομαξάμενοι βροτὰ φῦλα·
[ⲛ̄ⲧⲉⲛϩⲓ]ⲕⲱ̣ⲛ̣ --
267. νῦν μὲν ἐγὼ χερσίν, σὺ δ’ ἔπειτα λόγῳ θεραπεύσεις
----
268. μορφὴν ἡμετέρην, ἵνα κοινὸν ἀνάστεμα δῶμεν’.
-------------------- ị̈ⲉ̣ ⲛ̄ⲟⲩⲁⲛ[ⲁⲥⲧ]ⲏⲙⲁ̣ [ⲛ̄ⲟⲩⲱⲧ·]
259. οὐράνιον δώσει καὶ μορφώσει τὸν ἀπ’ ἀρχῆς ἄνθρωπον
ⲡⲉ̣ⲧ̣ϩⲛ̄ ⲧⲡⲉ ---------- ϥⲛⲁ[ϫⲓ ⲉ]ϫ̣ⲱϥ [ⲛ̄ⲧⲙⲟⲣ]ⲫⲏ ⲙ̄ⲡⲣⲱⲙⲉ
260. πλασθέντα θεοῦ παλάμαις ἁγίαισιν,
ⲉⲛ[ⲧⲁ ⲡ]ⲛⲟⲩ[ⲧⲉ ⲡⲗⲁⲥ]ⲥⲉ ⲙ̄ⲙⲟϥ ϫⲓⲛ ⲧ̣ⲉ[ϩⲟⲩⲉⲓ̂ⲧⲉ ϩⲛ̄ ⲛⲉϥ]ϭⲓϫ ⲉⲧⲟⲩⲁⲁⲃ·

261. ὅν τ' ἐπλάνησεν ὄφις δολίως ἐπὶ μοῖραν ἀπελθεῖν
π[ενⲧⲁ ⲫοϥ πλⲁ]ⲛⲁ ⲙ̄ⲙοϥ ϩⲛ̄ ⲟⲩ[ⲕⲣοϥ ⲉⲡϣⲁï]
262. τοῦ θανάτου γνῶσίν τε λαβεῖν ἀγαθοῦ τε κακοῦ τε.
[ⲙ̄ⲡ]ⲙⲟⲩ· ⲉⲧⲣ̣[ⲉ]ϥϫⲓ ⲙ̣̄[ⲡⲥ]ⲟⲟⲩⲛ ⲙ̣̄[ⲡⲡⲉ]ⲧⲛⲁ̣ⲛ[ⲟⲩϥ ⲛ]ⲙ̣̄ ⲡ̣[ⲡ] ⲉⲑⲟⲟⲩ·

[*Vgl.* Sib VIII 264–268 in der Übersetzung von U. Treu:
„Ihn zuerst als Ratgeber von Anfang an nehmend,
Sagte der Allherrscher: ‚Lass uns, Kind, beide
Als Abbild unserer Erscheinung die sterblichen Menschen machen,
Jetzt werde ich mit den Händen, du dann mit dem Logos
Unsere Gestalt abbilden, damit wir eine gemeinsame Schöpfung machen'."

Und: Sib VIII 258–262 ebenfalls in der Übersetzung von UTreu:
„Und dem vergänglichen Fleisch wird er Gestalt und Glauben den Ungläubigen,
Himmlischen, geben, und er wird Gestalt annehmen des von Anfang
Mit den heiligen Händen Gottes geformten Menschen,
Den verführt hat die Schlange mit List, dass er zum Geschick
Des Todes gehe und das Wissen von Gut und Böse bekomme."]

Bemerkungen zu den Synopsen

An der ersten Synopse kann man zunächst einmal direkt ablesen, in welchem Maße sich die beiden koptischen Passagen, die den gleichen Text bieten, also Dubletten sind, „ergänzen". Es ist sehr oft so, dass der eine Text gerade da, wenigstens in den wesentlichen Bestandteilen, erhalten ist, wo der andere eine Lücke hat. Natürlich sieht man auch, wo beide koptischen Texte Lücken haben und der koptische Text von uns also nur auf Grund des griechischen Wortlauts versuchsweise rekonstruiert worden ist. Besonders an solchen Stellen, aber auch sonst, erleichtert die Synopse (entsprechend natürlich auch die zweite) die Kontrolle der betreffenden Rekonstruktionen und gegebenenfalls ihre Verbesserung durch die Fachkollegen.

Am interessantesten sind im Falle des Vorhandenseins oder der sicheren Rekonstruierbarkeit beider koptischer Texte, oder wenigstens eines von ihnen, die Unterschiede der koptischen Texte untereinander und die Abweichung beider oder eines von ihnen vom griechischen Text. Dabei sind die Bedeutungsaspekte ganz verschieden. Wir gehen in unseren Bemerkungen aber einfach der Reihe nach vor:

Synopse 1

1. Zeile 1 und 3: οὖν/ⲟⲩⲛ gegenüber Zeile 2: -ⲇⲏ. Da die unterschiedlichen „Lesarten“ keinen Bedeutungsunterschied implizieren, liegt wohl die Annahme am nächsten, dass der ursprüngliche griechische Verfasser des Textes von P. 20915 an der einen Stelle aus dem Kopf frei zitiert hat und da eben einmal ἐπειδή statt ἐπεὶ οὖν geschrieben hat.

1. Zeile 1: Bloß τῶν ἁμαρτιῶν „der Sünden“ (also *ohne* ἡμῶν) gegenüber Zeile 2 und 3: ⲛ̄ⲛⲉⲛⲛⲟⲃⲉ „unserer Sünden“. Der „Überschuss“ eines solchen selbstverständlichen Possessivums dürfte mit der Idiomatik der koptischen Sprache zusammenhängen und ist also kaum als Textvariante zu beurteilen.

5. Zeile 1: Bloß τῷ υἱῷ „zu dem Sohn“ (also ohne αὐτοῦ) gegenüber Zeile 2 und 3: ⲙ̄ⲡⲉϥϣⲏⲣⲉ „zu seinem Sohn“.[10] Auch dieser „Überschuss“ des Possessivums dürfte auf das Konto der Idiomatik des Koptischen gehen und ist wohl hier ebenfalls keine Textvariante.

7. Zeile 1 und 3: καὶ ἀρχέτωσαν bzw. ⲛ̄ⲥⲉⲁⲣⲭⲓ „und sie sollen herrschen“ gegenüber Zeile 2: ⲛ̄ⲥⲉⲣ̄ϫⲟⲉ̣ⲓⲥ (ebenfalls) „und sie sollen herrschen“. Während Zeile 3 ἄρχειν als Fremdwort übernimmt, setzt Zeile 2 dafür das koptische Äquivalent ⲣ̄ϫⲟⲉⲓⲥ ein. Beide Ausdrücke sind im Koptischen gleichermaßen gebräuchlich. Vgl. Kolon (5) der zweiten Synopse, wo ἄρχειν auch nicht übernommen, sondern durch ⲣ̄ϫⲟⲉⲓⲥ übersetzt worden ist.[11] Der hier vorliegende Sachverhalt könnte als ein Zeichen dafür verstanden werden, dass dem koptischen Übersetzer des griechischen Originals kein fester Wortlaut einer schon vorhandenen koptischen Version des Barnabasbriefes vor Augen oder im Gedächtnis war, sondern er das griechische Verb der in seiner griechischen Vorlage enthaltenen Zitate frei, nämlich teils so und teils so, wiedergegeben hat.

9. Zeile 1: τὸ καλὸν πλάσμα ἡμῶν „*unser* gutes Gebilde“ gegenüber Zeile 2 und 3: ⲡⲉⲡⲗⲁⲥⲙⲁ ⲉⲧⲛⲁⲛⲟⲩϥ ⲙ̄ⲡⲣⲱⲙⲉ „das gute Gebilde *des Menschen*“. Das ist nun eine echte Textvariante, die der P. 20915 zur Textgeschichte des Barnabasbriefes beiträgt. Denn es gibt diese Variante (im Prinzip) auch schon in der griechischen Überlieferung. Während nämlich die gewöhn-

[10] Der Possessivartikel -ⲡⲉϥ- ist zwar beide Male nur ergänzt, aber eine Rekonstruktion mit dem einfachen Artikel -ⲡ- scheint die Lücken eben jeweils nicht zu füllen.

[11] In den Ergänzungen ist das Verb ἄρχειν einmal mit ⲣ̄ϫⲟⲉⲓⲥ (Synopse 2, Kolon 4) und einmal mit ⲁⲣⲭⲓ (Synopse 2, Kolon 6), je nach dem in der Lücke zur Verfügung stehenden Raum, wiedergegeben worden. Außerdem entspricht ⲣ̄ϫⲟⲉⲓⲥ einmal einem κατακυριεύειν (Synopse 2, Kolon 2) und haben wir es einmal als Äquivalent für einfaches κυριεύειν ergänzt (Synopse 2, Kolon 7).

liche Lesart ἡμῶν von den Zeugen SHL geboten wird, hat der Zeuge V demgegenüber die Lesart ἄνθρωπον.[12] Da nun ein Akkusativ nicht recht in die Syntax des betreffenden griechischen Satzes hineinpasst, unsere koptische Übersetzung aber den syntaktisch evidenten Genitiv ἀνθρώπου voraussetzt, dürfte die *äußere Gestalt* der Lesart des griechischen Zeugen V auf einer Textverderbnis beruhen, der koptische P. 20915 mithin ein wertvollerer Zeuge eben dieser Alternativlesart sein.

10. Zeile 1: *Keine* Wiederholung des εἶπεν von Kolon 9 (bzw. keine Wiederaufnahme mit einem ähnlichen Ausdruck zur Kennzeichnung des wirklichen Zitatbeginns) gegenüber der Wiederholung von ⲡⲉϫⲁϥ unter Hinzufügung von ϫⲉ in Zeile 2 und 3. Das könnte eine Verdeutlichung des koptischen Übersetzers sein. Da dieses Textelement aber (offenbar) zweimal vorkommt, kann man allerdings nicht mit Sicherheit ausschließen, dass die Vorlage unseres koptischen Übersetzers hier von dem heutigen griechischen Text verschieden war und doch vielleicht ein λέγων ὅτι oder etwas Ähnliches enthielt.

Synopse 2

1. Eine Entsprechung des καὶ ἡμεῖς τῇ πίστει τῆς ἐπαγγελίας καὶ „auch (wir durch) den Glauben an die Verheißung und" von Zeile 1 fehlt in Zeile 2. Wenn der Schreiber der uns vorliegenden Kopie dieses Textelement nicht bloß versehentlich ausgelassen hat bzw. nur wir einen entsprechenden Nachtrag seinerseits, der dann auf einem der verlorenen Ränder gestanden haben dürfte, nicht mehr haben, müsste man am ehesten annehmen, dass der Autor des griechischen Originals hier beim Zitieren absichtlich verkürzt hat. Vielleicht geschah das sogar tendenziös, falls ihm nämlich „der Glaube an die Verheißung" weit weniger wichtig gewesen wäre als „das Wort".

3. Eine direkte Entsprechung von ἐπάνω „(weiter) oben" von Zeile 1 fehlt in Zeile 2. Die einfachste Erklärung dürfte hier sein, dass der koptische Übersetzer dieses ἐπάνω nur für eine rein rhetorische Verstärkung des Elements προ- in προείρηκε „er hat *vorher* gesagt" verstanden und es also in seinem koptischen Präverbal -ϣⲣⲡ- (als Element von ⲁϥ-ϣⲣⲡ-ϫ̣ⲟ̣[ⲟ]ⲥ̣) gleich mitabgedeckt gesehen hat.

[12] Die Auflösung der Zeugen-Sigla ist: H = Codex Hierosolymitanus (11. Jh.); S = (der berühmteste aller *Bibel*codices, der eben den Barnabasbrief als Teil des Neuen Testaments mit enthält) Codex Sinaiticus (4. Jh.); L = Lateinische Übersetzung (von Kapitel 1–17); V = Codex Vaticanus graecus 859 (11.–13. Jh.). Vgl. A. Lindemann/H. Paulsen, Die Apostolischen Väter, 24f.

3/4. Zeile 1: *αὐξανέσθωσαν καὶ πληθυνέσθωσαν καὶ ἀρχέτωσαν* „sie *sollen* fruchtbar sein und sich mehren und herrschen“ gegenüber Zeile 2: [ⲁϣ]ⲁï ⲛ̄ⲧⲉⲧⲛ̄ⲁï[ⲁï] ⲛ̄ⲧ[ⲉⲧⲛ̄ⲣ̄ϫⲟⲉⲓⲥ] „seid fruchtbar und mehret euch und herrschet“, also die *dritte* Person des Imperativs gegenüber der *zweiten.* Die genaue koptische Entsprechung der griechischen Formulierung müsste ⲙⲁⲣⲟⲩⲁϣⲁï ⲛ̄ⲥⲉⲁïⲁï ⲛ̄ⲥⲉⲣ̄ϫⲟⲉⲓⲥ lauten. Die koptische Fassung dieser Wendung sieht aus wie eine Wiederangleichung dieser Wendung des Barnabasbriefes an den Wortlaut des biblischen Schöpfungsberichts selbst (Gen 1,28) bzw. eine Angleichung von Barn 6,18 an die Form von Barn 6,12b (vgl. Synopse 1, Kolon 10). Eine solche Reassimilation wäre aber dem ursprünglichen, den Barnabasbrief bloß benutzenden Autor genau so gut zuzutrauen wie dem koptischen Übersetzer, der wohl seine Bibel auch gut kennt.

4. Zeile 1: τῶν ἰχθύων „über die *Fische*“ gegenüber Zeile 2: ⲉⲛⲉⲑⲏⲣⲓⲟⲛ „über die *Tiere*“. Das sieht zwar aus wie eine Verbesserung des hier änigmatischen Barnabastextes: das Herrschen über die Fische ist ja nur zu verstehen in Rückbeziehung auf die Zweckbestimmung von Gen 1,26 als eine Art *Incipit,* so dass man verstehen muss „über die Fische *und so weiter*“. Und demgegenüber wäre das Herrschen über die Tiere eine in sich verständliche zusammenfassende Bezeichnung der betreffenden Seite der menschlichen Bestimmung. Aber diesen Gedanken brauchen wir weder unserem Autor noch unserem Übersetzer „in die Schuhe“ zu schieben, weil er sich nämlich schon in der griechischen Barnabastradition findet. Also es ist wieder eine echte Alternativlesart, der wir hier begegnen. Während alle anderen Textzeugen das als ursprünglich geltende τῶν ἰχθύων bieten, hat der Zeuge H unser τῶν θηρίων.

Synopse 3

An der Synopse ist leicht ablesbar, dass Identifikation und Rekonstruktion des Zitats in der zweiten Hälfte, also ab Vers 259, praktisch sicher sind, während man das vom ersten Teil keinesfalls behaupten könnte. Zusätzliche Verunsicherung kommt durch das rätselhafte ϩ[--- (265) ins Spiel, verbunden mit dem Umstand, dass in der Codex-Zeile, die so anfängt, versehentlich etwas ausgelassen und am Rande nachgetragen war und wir nicht wissen, wie viel und was das genau war.[13] Andererseits ist 264–268

[13] Derartige Verbesserungen gehören übrigens mit zum Wesen des „Koptischen Buches“. Sie sind überaus häufig. Und man weiß nicht so recht, ob man mehr die Nachlässigkeit beim ursprünglichen Kopieren oder den Fleiß des nachträglichen Korrigierens in den

mit seinem Verständnis von Gen 1,26, dass Gott hier zu seinem Logos als seinem Ratgeber (σύμβουλος) spricht, die Stelle, die unser Autor als Beweis aus den Sibyllinen meinen muss. Und die erhaltenen wenigen und meistens ganz schwachen und wenig distinktiven Reste lassen sich mit den Hauptelementen von 264–267 vereinbaren, und nicht etwa mit den Versen, die 259 vorhergehen, und auch nicht mit der zweiten Gen 1,26–Stelle der Sibyllinen, sei es im Ganzen, sei es teilweise.

Diese zweite Stelle der Sibyllinen, an der Gen 1,26 aufgegriffen und in demselben Sinne (Logos als Ratgeber) interpretiert wird, sei hier zum Nutzen des Lesers auch noch angeführt.

> *σῷ παιδὶ πρὸ κτίσεως πάσης στέρνοις ἴσοισι πεφυκώς*
> σύμβουλος, πλάστης μερόπων κτίστης τε βίοιο.
> ὃν πρώτη στόματος γλυκερῇ προσφθέγξαο φωνῇ·
> ἡμετέρῃ καὶ δῶμεν ἔχειν ζωαρκέα πνοιήν·
> ᾧ θνητῷ περ ἐόντι τὰ κοσμικὰ πάντα λατρεύσει
> καὶ χοικῷ πλασθέντι τὰ πάνθ᾽ ὑποτάξομεν αὐτῷ᾽.
> ταῦτα δ᾽ ἔφησθα Λόγῳ, τῇ σῇ φρενὶ πάντα δ᾽ ἐτύχθη.
>
> [*Vgl.* Sib VIII 439–446 in der Übersetzung von U. Treu:
> „Mit deinem Sohn vor jeder Schöpfung mit gleichem Herzen gewachsen,
> Berater, Bildner der Menschen und Schöpfer des Lebens.
> Den hast du zuerst mit süßer Stimme angesprochen:
> ‚Lass uns einen uns von Gestalt gleichen Menschen machen
> Und ihm den lebensbewahrenden Odem geben,
> Ihm, obwohl sterblich, soll der ganze Erdkreis dienen,
> Und ihm, dem aus Lehm gebildeten, wollen wir alles unterstellen.‘
> Dies hast du dem Logos gesagt, durch deinen Geist ward alles vollendet.“]

IV

Nach dem Abstecher zu den Sibyllinischen Orakeln schwenken wir zum Schluss wieder auf den eigentlichen Kurs (Barnabas) ein. Es ist nämlich noch die Aufgabe zu erfüllen, einige zusammenfassende bzw. ergänzende Bemerkungen über die Bedeutung, die das Vorkommen von Zitaten aus dem Barnabasbrief in P. 20915 hat, zu machen. Dabei handelt es sich um drei Aspekte.

1. Der Barnabasbrief war auf Koptisch bisher überhaupt noch nicht belegt. Aber natürlich ist unser Text nicht ohne weiteres ein Zeugnis

---

Vordergrund stellen soll. Jedenfalls sieht das „Koptische Buch“ stellenweise so aus wie das Handexemplar eines Gelehrten, der überall seine Notizen gemacht hat.

für die Existenz einer koptischen Übersetzung des Barnabasbriefes. In Anbetracht des mutmaßlichen Alters von P. 20915 (4. Jh.) ist es vielmehr zunächst einmal näher liegend, von vornherein anzunehmen, dass es sich einfach nur um die Mitübersetzung griechischer Barnabaszitate bei der koptischen Übersetzung eines griechischen Buches handelt. Und es gibt ja auch Anzeichen dafür, dass die Dinge sich wahrscheinlich so verhalten. Trotzdem ist es von großem Reiz, wenigstens diese Einzelstellen in koptischem Gewande zu sehen, noch dazu in der Übersetzung eines Menschen, der sein Metier verstand.

2. Dass der Barnabasbrief als unbestrittene Autorität zitiert wird, ist in der Alten Kirche sehr ungewöhnlich. So ist denn der Umstand, dass unser Autor den Barnabasbrief für echt hält und als Bestandteil der Heiligen Schrift versteht (sozusagen, als wäre seine Bibel der Codex Sinaiticus), als eine der wesentlichen Spuren, die einmal zur Identifizierung des unbekannten Autors des Koptischen Buches führen könnten, von allergrößtem Wert. Solche Haltung dem Barnabasbrief gegenüber ist nämlich bisher nur von Clemens Alexandrinus und Origenes bekannt. Und es sieht so aus, dass, falls schon nicht Clemens oder Origenes selbst dieser Autor sein kann, das griechische Werk, von dem wir mit dem „Koptischen Buch“ eine aus dem 4. Jh. stammende Kopie einer sahidischen Übersetzung haben, wenigstens schon aus der Zeit und wohl auch aus der geistigen Umgebung von Clemens und Origenes stammt, also ein sehr frühes christliches Buch ist.

3. Während das Zitat von Barn 6,11–12 einmal eindeutig im Kontext der eigentlichen Schöpfungslehre unseres Autors erscheint und als Hauptbeweis dafür dient, dass Gott allein es ist, der nur mit Hilfe seines Logos den Menschen als Mittelpunkt der Welt schafft und dass also alle Lehren falsch sind, die aus dem Plural von Gen 1,26 schließen, oder sowieso glauben, dass die Schöpfung der Welt auf eine Mehrzahl von Göttern, Engeln oder Dämonen zurückzuführen sei, ist auch klar, dass der Autor weiß und exegetisch sonst auch damit Ernst macht, dass der ganze Komplex Barn 6,11–19 die Schöpfung des Menschen durch Gott und seinen Sohn als Allegorie der Neuschaffung des Menschen durch Christus versteht. Und in diesem Zusammenhang ergibt sich nun die Frage, welche Rolle sonst der Barnabasbrief vielleicht noch für die Theologie, und speziell eben die Eschatologie, unseres Autors gespielt haben mag. Das theoretische Problem, ob in dem ursprünglichen Werk der Barnabasbrief noch öfter als nur die drei Male, wo wir es auf den erhaltenen Fragmenten sehen, und vielleicht auch noch mit anderen Komplexen als nur mit dem Stück 6,11–19, vorkam, ist natürlich unlösbar. Aber mir ist in der Praxis

aufgefallen, dass auf den erhaltenen Fragmenten der Begriff der ἀνάπλασις bzw. das Verb ἀναπλάσσειν relativ oft wiederkehren (es handelt sich im Einzelnen um: ⲁⲛⲁⲡⲗⲁⲥⲓⲥ B 10↑; B 13↑; und ⲁⲛⲁⲡⲗⲁⲥⲥⲉ D 12→). Da das nun gerade die Zentralvorstellung des Komplexes Barn 6,11–19 ist, sollte man jednefalls erst einmal an den betreffenden Stellen durchaus mit der Möglichkeit der Weiterwirkung der Barnabasstelle rechnen und sich dann auf dieser Basis auch weiterhin dafür offen halten, dass vielleicht auch manche der anderen Besonderheiten der eschatologischen Aussagen unseres „Koptischen Buches" mit der Einwirkung der Theologie des Barnabasbriefes zusammenhängen.

BEMERKUNGEN ZU # 71 DES THOMASEVANGELIUMS*

EvThom # 71 galt immer schon, und mit Recht, als ein besonders rätselhafter Spruch. Er lautet in der Fassung des Berliner Arbeitskreises für koptisch-gnostische Schriften von 1996 folgendermaßen: ⲡⲉϫⲉ ⲓ̅ⲥ̅ ϫⲉ ϯⲛⲁϣⲟⲣ[ϣⲣ̄ ⲙ̄ⲡⲉⲉ]ⲓ̣ⲏⲉⲓ ⲁⲩⲱ ⲙⲛ̄ ⲗⲁⲁⲩ ⲛⲁϣⲕⲟⲧϥ ⲛ̣̄[ⲕⲉⲥⲟⲡ (spatium)] und ist dort übersetzt mit: „Jesus spricht: ‚Ich werde [dieses] Haus [zerstören], und niemand wird es [wiederum] erbauen können.'" Außerdem wird als Rückübersetzung geboten: Λέγει Ἰησοῦς· καταλύσω [τοῦτον τὸν] οἶκον καὶ οὐδεὶς δυνήσεται [πάλιν] οἰκοδομῆσαι αὐτόν.[1]

Die Rätselhaftigkeit dieses Spruches hängt zwar auch mit derjenigen Lücke zusammen, die das Logion am Ende aufweist, aber das Rätselraten konzentrierte sich doch fast ausschließlich auf die mutmaßliche sachliche Beziehung der vorhandenen sprachlichen Elemente des Spruches, besonders auf die Frage, was denn mit dem Ausdruck „dieses Haus" gemeint sei. Und was die Endlücke betrifft, so hat man sie, wie wir selbst (siehe oben) praktisch, oder wenigstens in der Vorstellung, mit irgendeinem redundanten Element ausgefüllt und, in Verkennung oder unter Geringschätzung der Gefahr, zum Teil sehr spezifische und kühne Vermutungen oder Hypothesen auf der Basis dessen, was ja dazustehen schien (wonach für die Thomasversion eben typisch sei, dass ein (Wieder-)Aufbau vollständig ausgeschlossen wird), entwickelt. Für S. Patterson z. B. könnte der Spruch politische Untertöne gehabt und ursprünglich den Untergang des verhassten Hauses des Herodes gemeint haben, ehe er, nach dem Tode von Herodes Agrippa (I.) im Jahre 44 n. Chr., sekundär auf den Jerusalemer Tempel, und zwar auch als einen politischen Faktor unter der Römerherrschaft, umgedeutet wurde.[2] G. Riley bezieht in Analogie zu Joh 2,19.21 „dieses Haus" auf den Leib Jesu und sieht in diesem Spruch dann eine Polemik der Trägergruppe des EvThom gegen die Auffassung von der leiblichen Auferstehung Jesu, und der Menschen überhaupt, wie sie von der Gemeinde, die hinter dem Johannesevangelium steht, vertreten wird.[3]

---

* Enchoria 27 (2001), 120–126.

[1] K. Aland (Hg.), Synopsis Quattuor Evangeliorum, Stuttgart [15]1996, 517–546.

[2] Vgl. S. Patterson, The Gospel of Thomas and Jesus, Sonoma, CA 1993, 53f., 149f., 236f.

[3] G. Riley, Resurrection Reconsidered: Thomas and John in Controversy, Minneapolis 1995, 133–156.

Man ist meines Wissens bisher noch nie auf den Gedanken gekommen, dass Sätze, die (wie hier das problematische zweite Glied des Spruches) mit „Niemand (kann/wird können)...", oder ähnlich, anfangen, einem Muster entsprechen können, in dem gerade die Schlusswendung entscheidend ist, insofern als diese aus einem Satz, der wie ein *allgemein verneinendes Urteil* anfängt, mit einem „außer..." die Formulierung einer *Ausnahme* macht. Das vielleicht bekannteste Beispiel für dieses Satzmuster ist ein Jesuswort aus dem Neuen Testament (Joh 14,6), das lautet: οὐδεὶς ἔρχεται πρὸς τὸν πατέρα εἰ μὴ δι' ἐμοῦ / ⲙⲛ̄ ⲗⲁⲁⲩ ⲛⲏⲩ ϣⲁ ⲡⲓⲱⲧ ⲉⲓⲙⲏⲧⲓ ⲉⲃⲟⲗ ϩⲓⲧⲟⲟⲧ „niemand kommt zum Vater (*kann* zum Vater *kommen*) *außer* durch mich."

Andere, und gleich koptische, Beispiele für dieses Satzmuster,[4] und zwar aus demselben Codex (NHC II), in dem das EvThom überliefert ist, sind:[5]

- AJ p. 11,20f.: ... ⲙⲛ̄ ⲕⲉⲛⲟⲩⲧⲉ ϣⲟⲟⲡ ⲛ̄ⲥⲁⲃⲗ̄ⲗⲏⲉⲓ „... es existiert kein anderer Gott außer mir."
- AJ p. 13,9: ... ⲙⲛ̄ ⲕⲉⲛⲟⲩⲧⲉ ⲛ̄ⲥⲁⲃⲗ̄ⲗⲁї „... es gibt keinen anderen Gott außer mir."
- EvPhil p. 58,14f.: ⲁϫⲛ̄ⲧϥ ... ⲙⲛ̄ ϣϭⲟⲙ ⲉⲛⲁⲩ ⲉⲡⲣⲟ „... außer durch es (das Lamm) gibt es keine Möglichkeit, den König zu sehen."
- EvPhil p. 59,30f.: ⲁϫⲛⲧⲥ̄ ⲙⲁⲣⲉ ⲡⲣⲟⲥⲫ[ⲟⲣⲁ ϣⲱ]ⲡⲉ ⲉϥϣⲏⲡ „Außer durch sie (die Weisheit) [wird] kein Opfer wohlgefällig."
- EvPhil p. 61,20–23: ⲙⲛ̄ ϭⲟⲙ ⲛ̄ⲧⲉ ⲗⲁⲁⲩ ⲛⲁⲩ ⲁⲗⲁⲁⲩ ϩⲛ̄ ⲛⲉⲧⲥⲙⲟⲛⲧ ⲉⲓⲙⲏⲧⲓ ⲛ̄ⲧⲉ ⲡⲉⲧⲙ̄ⲙⲁⲩ ϣⲱⲡⲉ ⲛ̄ⲑⲉ ⲛ̄ⲛⲉⲧⲙ̄ⲙⲁⲩ „Niemand kann etwas von dem Feststehenden sehen, außer dadurch, dass er jenem gleich wird."
- EvPhil p. 61,36–62,2: ⲙ[ⲛ̄ ⲗⲁⲁⲩ ⲛⲁϣϫⲓ] ⲁ̣ϫⲛ̄ ⲧⲡⲓⲥⲧⲓⲥ [ⲙ]ⲛ̄ ⲗⲁⲁⲩ ⲛⲁϣϯ ⲁϫⲛ̄ ⲁⲅⲁⲡⲏ „[Niemand wird empfangen können], außer mit dem Glauben. Niemand wird geben können, außer mit Liebe."
- EvPhil p. 64,32f.: [- - - ⲁϫⲛ̄]ⲧ̣ϥ̄ ... ⲛⲉ ⲡⲕⲟⲥ[ⲙⲟ]ⲥ̣ ⲛⲁϣⲱ[ⲡⲉ ⲁⲛ - - -] „... [außer durch] sie (die Hochzeit) könnte die Welt [nicht] bestehen."
- EvPhil p. 65,7–10: ... ⲙⲛ̄ ⲗⲁⲁⲩ ⲛⲁϣⲣ̄ⲃⲟⲗ ⲉⲛⲁⲉⲓ ... ⲉϥⲧⲙ̄ϫⲓ ⲛ̄ⲟⲩϭⲟⲙ ⲛ̄ϩⲟⲟⲩⲧ ⲙⲛ̄ⲛ ⲟⲩⲥϩⲓⲙⲉ „... niemand wird diesen entfliehen können, ...,

[4] Dabei kommt es nicht unbedingt auf das gleiche Aussehen an, sondern auf die Übereinstimmung hinsichtlich der *inneren* Struktur. Was das bloße Erscheinungsbild betrifft, so kann ja der betonte (der „außer" enthaltende) Modifikator (besonders im Falle von ⲁϫⲛ̄ⲧ⸗) auch am Anfang stehen.

[5] Die Übersetzungen der Stellen sind, zum Teil mit leichter Gewalt, absichtlich so gemacht, dass sie das (logische) „außer" als den gemeinsamen Nenner hervortreten lassen.

außer dadurch, dass er eine männliche Kraft und eine weibliche empfängt."

- EvPhil p. 69,8–10: ⲙⲛ̄ ⲗⲁⲁⲩ ⲛⲁϣⲛⲁⲩ ⲉⲣⲟϥ ... ⲭⲱⲣⲓⲥ ⲟⲩⲟⲉⲓⲛ „Niemand wird sich sehen können ..., außer mit Licht."
- EvPhil p. 78,7–9: ⲡⲥⲁⲙⲁⲣⲓⲧⲏⲥ ⲛ̄ⲧⲁϥϯ ⲗⲁⲁⲩ ⲁⲛ ⲁⲡⲉⲧϣⲟⲟϭⲉ ⲉⲓⲙⲏ ⲏⲣⲡ ϩⲓ ⲛⲉϩ „Der Samariter gab dem Verwundeten nichts außer Wein und Öl."
- EvPhil p. 81,34–82,2: ⲙⲛ̄ [ⲗⲁⲁⲩ ⲛⲁϣ]ⲥⲟⲟⲩⲛ ϫⲉ ⲁϣ ⲡⲉ ⲫⲟ[ⲟⲩ ⲉⲧⲉ ⲫⲟⲟⲩⲧ] ⲙⲛ̄ ⲧⲥϩⲓⲙⲉ ⲣ̄ⲕⲟⲓⲛⲱⲛⲉⲓ ⲙⲛ̄ ⲛⲟⲩⲉⲣⲏⲩ ⲉⲓⲙⲏ ⲛ̄ⲧⲟⲟⲩ ⲟⲩⲁⲁⲩ „[Niemand wird] wissen [können], wann [der Mann] und die Frau sich miteinander vereinigen, außer ihnen selbst."
- HA p. 86,30f.: ⲙⲛ̄ ⲗⲁⲁⲩ [ⲁϫⲛ̄ⲧ] „Es gibt niemanden [außer mir]."
- UW p. 103,12f.: ... ⲙⲛ̄ ⲕⲉⲟⲩⲁ ϣⲟⲟⲡ ⲁϫⲛⲧ „... es existiert niemand anderes außer mir."
- UWp. 106,5f.: ... ⲛⲉ ⲙⲛ̄ ⲗⲁⲁⲩ ⲛ̄ⲙⲙⲁϥ ϩⲛ̄ ⲧⲉⲕⲗⲟⲟⲗⲉ ⲉⲓⲙⲏⲧⲓ ⲁⲧⲥⲟⲫⲓⲁ „... niemand war bei ihm in der Wolke außer der Sophia ...."
- UW p. 108,10–12: ... ⲙ̄ⲡⲉ ⲗⲁⲁⲩ ⲛⲁⲩ ⲉⲣⲟϥ ⲉⲓⲙⲏⲧⲓ ⲁⲡⲁⲣⲭⲓⲅⲉⲛⲉⲧⲱⲣ ⲟⲩⲁⲁϥ ⲙⲛ̄ ⲧⲉⲡⲣⲟⲛⲟⲓⲁ ⲉⲧⲛ̄ⲙ̄ⲙⲁϥ „... niemand sah ihn, außer dem Archigenetor selbst und der bei ihm befindlichen Pronoia."
- ExAn p. 128,20–22: ⲙ̄ⲡⲉⲥϭⲛ̄ ϩⲏⲩ ... ⲗ̄ⲗⲁⲁⲩ ⲛ̄ⲧⲟⲟⲧⲟⲩ ⲉⲓⲙⲏⲧⲓ ⲁⲛϫⲱϩⲙ̄ „... sie hatte keinerlei Nutzen von ihnen außer den Besudelungen ..."
- ExAn 135,1f.: ⲙⲛ̄ ⲗⲁⲁⲩ ⲛⲁϣⲉⲓ ϣⲁⲣⲟⲉⲓ ⲉⲓⲙⲏⲧⲓ ⲛ̄ⲧⲉ ⲡⲁⲉⲓⲱⲧ ⲥⲱⲕ ⲙ̄ⲙⲟϥ „Niemand wird zu mir kommen können, außer dass ihn mein Vater zieht ..."[6]

Die koptischen Ausdrücke für dieses weichenstellende „außer" sind: ⲁϫⲛ̄-/ⲁϫⲛ̄ⲧ⸗, ⲉⲓⲙⲏ(ⲧⲓ), ⲛ̄ⲃⲗ̄-[7]/ⲛ̄ⲃⲗ̄ⲗⲁ⸗, ⲛ̄ⲥⲁ-[8], ⲛ̄ⲥⲁⲃⲏⲗ[9]/ⲛ̄ⲥⲁⲃⲗ̄ⲗⲁ⸗, ⲭⲱⲣⲓⲥ,

---

[6] Vgl. die Fassung dieser Partie von Joh 6,44 im koptisch-sahidischen NT: ⲙⲛ̄ ϣϭⲟⲙ ⲛ̄ⲗⲁⲁⲩ ⲉⲉⲓ ϣⲁⲣⲟⲓ̈ ⲉⲓⲙⲏⲧⲓ ⲛ̄ⲧⲉ ⲡⲁⲉⲓⲱⲧ ... ⲥⲱⲕ ⲙ̄ⲙⲟϥ „Es ist für niemanden möglich, zu mir zu kommen, außer dass ihn mein Vater ... zieht."

[7] Vgl. dessen Entsprechung (ⲉⲃⲏⲗ ⲉ-) in der bohairischen Übersetzung von Gen 32,39: ⲙⲙⲟⲛ ⲕⲉⲟⲩⲁⲓ ⲉⲃⲏⲗ ⲉⲣⲟⲓ „es gibt niemanden anderes außer mir."

[8] Vgl. Mt 12,39: ... ⲛ̄ⲛⲉⲩϯ ⲙⲁⲉⲓⲛ ⲛⲁⲥ ⲛ̄ⲥⲁ (Var. ⲉⲓⲙⲏⲧⲉⲓ) ⲡⲙⲁⲉⲓⲛ ⲛ̄ⲓ̈ⲱⲛⲁⲥ ⲡⲉⲡⲣⲟⲫⲏⲧⲏⲥ „... es wird ihm (diesem Geschlecht) kein Zeichen gegeben werden, außer dem Zeichen des Propheten Jona." Mk 13,32: ⲉⲧⲃⲉ ⲡⲉϩⲟⲟⲩ ... ⲉⲧⲙ̄ⲙⲁⲩ ⲙⲛ̄ ⲧⲉⲩⲛⲟⲩ ⲙⲛ̄ ⲗⲁⲁⲩ ⲥⲟⲟⲩⲛ ... ⲛ̄ⲥⲁ (Var. ⲉⲓⲙⲏⲧⲓ) ⲡⲉⲓⲱⲧ ⲙⲁⲩⲁⲁϥ „Über jenen Tag ... und die Stunde weiß niemand Bescheid ... außer dem Vater allein."

[9] Vgl. Röm 7,7: ... ⲙ̄ⲡⲓⲥⲟⲩⲛ̄ ⲡⲛⲟⲃⲉ ⲉⲓⲙⲏⲧⲉⲓ ⲉⲃⲟⲗ ϩⲓⲧⲙ̄ ⲡⲛⲟⲙⲟⲥ· ⲛⲉⲓ̈ⲥⲟⲟⲩⲛ ... ⲁⲛ ⲡⲉ ⲛ̄ⲧⲉⲡⲓⲑⲩⲙⲓⲁ ⲛ̄ⲥⲁⲃⲏⲗ ϫⲉ ⲁⲡⲛⲟⲙⲟⲥ ϫⲟⲟⲥ ϫⲉ ⲛ̄ⲛⲉⲕⲉⲡⲓⲑⲩⲙⲓ „... ich habe die Sünde nicht kennen gelernt außer durch das Gesetz.... ich hätte die Begierde nicht gekannt, außer dadurch, dass das Gesetz gesagt hat: ‚Du sollst nicht begehren!'"

oder auch das Konjugationspräfix eines negativen Konditionalsatzes. Die Wahl zwischen den gegebenen Möglichkeiten (sofern sie nicht frei ist), bzw. die jeweilige Erweiterung im Falle von ⲉⲓⲙⲏ(ⲧⲓ) [mit der Präposition ⲉ-/ⲁ- (bzw. Ø) oder dem Konjunktiv] und ⲛ̄ⲥⲁⲃⲏⲗ [mit der Präposition ⲉ- oder der Konjunktion ϫⲉ], hängt wesentlich davon ab, ob das, was auf „außer" folgt, ein nominaler Ausdruck ist (und auch von seiner Art) oder aber ein ganzer Satz.

Die Zeit der Arglosigkeit in Bezug auf EvThom # 71 ist aber nun vorüber, und zwar einfach dadurch, dass April D. DeConick (soweit ich weiß) als einzige und erst jetzt die Möglichkeit gesehen hat, dass das zweite Glied dieses Logions von solcher Struktur gewesen ist, wie wir sie gerade beschrieben haben, und also keinen „Lückenbüßer", sondern einen „außer"-Modifikator am Ende gehabt hat. Diese befreiende Erkenntnis findet sich in ihrem Buch: *Voices of the Mystics. Early Christian Discourse in the Gospels of John and Thomas and Other Ancient Christian Literature*, Journal for the Study of the New Testament, Supplement Series 157, Sheffield 2001, und zwar innerhalb einer relativ knappen Analyse dieses Spruches, in der sie sich besonders mit der Auffassung von G. Riley (siehe oben) auseinandersetzt (S. 105–107). Freilich macht DeConick von diesem Gedanken selbst gar keinen Gebrauch. Die betreffende Notiz findet sich vielmehr nur in einer beiläufigen Anmerkung (S. 106[48]) und lautet: „It should be noted, however, that a lacuna is found at the end of ⲛⲁϣⲕⲟⲧϥ. It is theoretically possible that it might have contained the words ‚except for me', using a construction with ⲛ̄ⲥⲁⲃⲏⲗ." Diese Anmerkung gehört nämlich zu folgendem Satzpaar des Haupttextes: „Although it is about the Temple, this Logion has substantial differences compared to its variants. Jesus talks about destroying the Jerusalem Temple in all variants, but only in Logion 71 does he state that the earthly Temple will not be rebuilt." Und sie geht gleich im nächsten Absatz, bei der Entwicklung ihrer eigenen Deutung des Spruches, weiterhin von der *communis opinio* aus, dass „Logion 71 does not mention rebuilding at all" (S. 106). Was übrigens diese Deutung selbst betrifft, so wird die Aussage vom Niederreißen und Nicht-Wiederaufbau auf den wirklichen Tempel von Jerusalem bezogen und im Zusammenhang mit einer mutmaßlichen Orientierung der Thomasgemeinde auf den himmlischen Tempel als das Ziel ihres mystischen Aufstiegs gesehen. In der endgültigen Zerstörung des irdischen Tempels hätte man eine Freilegung oder Bestätigung des Wegs zum oberen Heiligtum gesehen und deswegen das überlieferte Wort ins eigene Evangelium aufgenommen (S. 107).

Wenn man nun aber die von DeConick erkannte, wenngleich verworfene, und doch so wertvolle Möglichkeit meint, als die Wirklichkeit aufnehmen und anwenden zu müssen, wäre, unter Berücksichtigung der von B. Layton in seiner Textausgabe angegebenen Lesungsmöglichkeiten für den Buchstabenrest vor der Lücke und die Größe derselben,[10] die oben gegebene Textfassung des Berliner Arbeitskreises wie folgt zu ändern: ⲡⲉϫⲉ ⲓ̅ⲥ̅ ϫⲉ ϯⲛⲁϣⲟⲣ[ϣⲣ̄ ⲙ̄ⲡⲉⲉ]ⲓ̣ⲏⲉⲓ ⲁⲩⲱ ⲙⲛ̄ ⲗⲁⲁⲩ ⲛⲁϣⲕⲟⲧϥ ⲛ̣̄[ⲥⲁⲃ̅ⲗ̅ⲗⲁï][11] „Jesus spricht: ‚Ich werde [dieses] Haus [zerstören], und niemand wird es aufbauen können [außer mir].'" Rückübersetzung: Λέγει Ἰησοῦς· καταλύσω [τὸν] οἶκον [τοῦτον] καὶ οὐδεὶς δυνήσεται οἰκοδομῆσαι αὐτὸν [πλὴν ἐμοῦ].[12]

Nun gehört die Entdeckung von DeConick meiner Meinung nach zu solchen Dingen, die in sich so evident sind, dass sie eigentlich keines Beweises bedürfen. Man muss eben nur darauf kommen. Ich finde die Sache aber doch so aufregend, dass ich ein paar Beweisübungen nicht ganz unterdrücken kann.

Zunächst kann man ja den Thomasspruch mit seiner Endlücke durchaus als eine Art „Kreuzworträtsel" behandeln und also fragen: Was muss in der Lücke gestanden haben, falls die Thomasversion des Tempelwortes eine *vollständige* formale Parallele zu den neutestamentlichen Versionen (Mt 26,61; 27,40; Mk 14,58; 15,29; Joh 2,19; Apg 6,14) gewesen sein sollte, wonach man eben auch im zweiten Glied eine Beziehung auf Jesus zu erwarten hätte? Es ist übrigens genau diese methodisch-exegetische Fragestellung, die mir beim Lesen von DeConicks Buch in den Sinn gekommen ist, als ich, anlässlich ihrer Beschreibung des Rätsels von EvThom # 71 *im Haupttext,* wieder einmal ins Grübeln verfiel und also noch ehe ich beim nachträglichen Lesen der *Anmerkung* feststellte, dass die Wahrheit bereits entdeckt war.

---

[10] B. Layton (ed.), Nag Hammadi Codex II,2–7, together with XIII,2*, Brit. Lib. Or. 4926(1), and P. Oxy. 1, 654, 655, Vol. 1, NHS 20, Leiden 1989, 80.

[11] Zu ⲛ̄ⲥⲁⲃ̅ⲗ̅ⲗⲁï vgl. als Beispiel die oben zitierte Stelle AJ (NHC II) p. 13,9: ⲙⲛ̄ ⲕⲉⲛⲟⲩⲧⲉ ⲛ̄ⲥⲁⲃ̅ⲗ̅ⲗⲁï „es gibt keinen anderen Gott außer mir." Das ist übrigens nicht die einzige Möglichkeit, die betreffende exegetische These, was *der Sache nach* in der Lücke gestanden haben dürfte, zu konkretisieren. Und diese exegetische Schlussfolgerung ist mir auch viel wichtiger, als ihre äußerliche Realisierung. Man könnte sich z. B. auch bloßes ⲛ̣̄[ⲃ̅ⲗ̅ⲗⲁï] oder ⲛ̣̄[ⲕⲉⲥⲟⲡ ⲁϫⲛ̄ⲧ] vorstellen. Aber von diesen beiden Möglichkeiten wäre die erste etwas zu kurz und die zweite etwas zu lang, abgesehen davon, dass die koptischen Übersetzungen der Versionen des neutestamentlichen Tempelwortes das Adverb ⲛ̄ⲕⲉⲥⲟⲡ „wieder(um)" gar nicht aufweisen. Zur Möglichkeit von ⲛ̄ⲃ̅ⲗ̅ⲗⲁï vgl. übrigens Mk 12,32: ⲙⲛ̄ ϭⲉ ⲛ̄ⲃ̅ⲗ̅ⲗⲁϥ „Es gibt niemanden anderes außer ihm." Es kommt übrigens auch noch ⲛ̣̄[ⲥⲁ ⲁⲛⲟⲕ] in Frage; vgl. 2ApcJac, NHC V, p. 56,26–57,1: [- - - ⲙⲛ̄ ⲕⲉ]ⲟⲩⲁ ⲛ̄ⲥⲁ ⲁⲛⲟⲕ und 2LogSeth, NHC VII, p. 53,31: ⲙ̄ⲙⲛ̄ ϭⲉ ⲛ̄ⲥⲁ ⲁⲛⲟⲕ „Es gibt niemanden anderes außer mir".

[12] Zu πλὴν ἐμοῦ vgl. z. B. Dt 32,39: καὶ οὐκ ἔστιν θεὸς πλὴν ἐμοῦ.

Die nächste Übung, die man ausführen kann, ist das Ziehen zweier *Linien*, durch die die neutestamentlichen Versionen des Tempelwortes mit derjenigen des EvThom (oder umgekehrt) verbunden werden können (die aber hier nicht als literarische oder traditionsgeschichtliche Entwicklungslinien gemeint sind). Da ist zunächst als die wichtigere diejenige zu ziehen, durch die der Thomasspruch besonders mit der (unter dem Gesichtspunkt des Könnens formulierten) Matthäusversion des Tempelwortes (Mt 26,61) verbunden werden kann. Diese lautet ja: δύναμαι καταλῦσαι τὸν ναὸν τοῦ θεοῦ καὶ διὰ τριῶν ἡμερῶν οἰκοδομῆσαι (αὐτόν). Wenn man sich nun dessen („elliptisches") zweites Glied formal verselbständigt und also mit δύναμαι aufgefüllt, aber um διὰ τριῶν ἡμερῶν verkürzt, vorstellt, wäre das die erste von zwei imaginären Zwischenstufen, über die man von dem zweiten Glied der Matthäusversion zu dem zweiten Glied der Thomasversion kommt. Die Linie führt also von: καὶ διὰ τριῶν ἡμερῶν οἰκοδομῆσαι (αὐτόν) über: *καὶ δύναμαι οἰκοδομῆσαι (αὐτόν) und: *καὶ ἐγὼ μόνος δύναμαι οἰκοδομῆσαι (αὐτόν) zu: καὶ οὐδεὶς δύναται/δυνήσεται οἰκοδομῆσαι αὐτὸν πλὴν ἐμοῦ.

Die zweite Verbindungslinie ist zwar bei weitem nicht so relevant, aber doch nicht ohne Interesse. Sie verläuft von τὸν ναὸν τοῦ θεοῦ (Mt 26,61) über τὸν ναὸν τοῦτον (Mk 14,58 und Joh 2,19) zu τὸν οἶκον τοῦτον (EvThom 71) und endet bei τὸν τόπον τοῦτον (Apg 6,14).

Man kann aber auch noch eine dritte Erwägung anstellen. Im Spiegel der angeführten Beispiele kann man nämlich sehen, dass der erste, negative Teil von EvThom # 71 nur so aussieht, als könnte er eine eigenständige negative Behauptung sein, und dass seine Modifikation am Ende mit dem Element „außer" nicht nur möglich, sondern notwendig ist, dass also auch hier die negative Behauptung schon so formuliert ist, dass sie auf dieses „außer" zuläuft und erst mit ihm abgeschlossen und sinnvoll ist. Das liegt daran, dass die Sätze dieses Typs mit ihrer Negation meinen, dass etwas nicht *anders* ist, sei es nun, dass es um *niemanden anderes* geht, sei es, dass die betreffende Sache *nicht in anderer Weise* geschieht. Auch wenn dieses „anders" gar nicht ausgedrückt ist, so ist es doch latent vorhanden. Und das würde nun heißen, dass der problematische Satz in EvThom # 71 von Anfang an schon meint: „... und niemand *anderes* wird es aufbauen können [außer mir]."

Mit diesem formalen Neuverständnis von EvThom # 71 ist natürlich die Frage nach seiner sachlichen Beziehung wieder völlig offen. Aber ich betrachte es hier nicht als meine Aufgabe und wäre auch außerstande, dieses Problem gleich mitzulösen. Dennoch will ich einen Gedanken, der mir beim Nachdenken über diese Frage gekommen ist, nicht verheimlichen.

Dieser hat zwei Seiten und lautet: *Wenn* EvThom # 71 keine sekundäre, in johanneischem Geist erfolgte (vgl. Joh 10,17f.) Kombination der Mk- und Mt-Fassung, unter Auslassung des Motivs der drei Tage, sein sollte, sondern als eigenständig zu betrachten wäre, *dann* könnte man es vielleicht als ein Jesus in den Mund gelegtes Weisheitswort verstehen (vgl. Lk 11,49), und zwar als eine Parallele zu Lk 13,35 und Mt 23,38f.[13]

[13] Vgl. übrigens das Zerstörungsmotiv in der entgegengesetzten Blickrichtung des manichäischen Psalmenbuches (C. R. C. Allberry (ed.), Stuttgart 1983, 196,13f.), wo die wirkliche Zerstörung des Jerusalemer Tempels durch die Römer als ein Tun Jesu selbst erscheint: „Er (Jesus) zerstörte (den im Irdischen befangenen Juden) ihren Tempel und zerriss auch ihren Vorhang. Er wühlte seine Steine um, indem er nach seinen Dämonen suchte."

EIN ANDERES MATTHÄUSEVANGELIUM IM DIALEKT M BEMERKUNGEN ZUM CODEX SCHØYEN*

Was hier (und anderswo) „Codex Schøyen“ genannt wird, sind umfangreiche Reste eines alten, vermutlich im 4. Jahrhundert geschriebenen Papyrus-Codex mit dem Text des Matthäusevangeliums im mittelägyptischen Dialekt des Koptischen, die sich seit April des Jahres 1999 im Besitz der Schøyen Collection befinden und an deren Edition ich arbeite (Katalognummer MS 2650: 39 Blätter vom Format 20 × 23 cm; einkolumnig beschrieben [Kolumnenmaße 14–16 × 18 cm] mit 25–28 Zeilen pro Seite. Von den letzten zwei Dritteln des ehemaligen Codex ist weit mehr erhalten [samt letzter Seite mit Schlusstitel] als vom ersten Drittel [der Anfang fehlt ganz; das erste erhaltene Blatt bietet 5,38–6,4]). Und die hiesigen Bemerkungen sind gedacht als *spezielle* Ergänzung zu einer in *Enchoria* erfolgten *allgemeinen* Bekanntmachung des Codex Schøyen.[1] Was sich dort mitgeteilt findet, soll hier nicht wiederholt, sondern in bestimmter Hinsicht weitergeführt werden, wobei das Augenmerk besonders auf einige syntaktische Probleme gerichtet ist.

Diese Wiederaufnahme sei begonnen mit zwei *korrektiven* Ergänzungen zu Gegenständen, die schon in *Enchoria* zur Sprache kamen. Der *erste Nachtrag* betrifft die Frage der *Textform* dieses Matthäusevangeliums. Mir ist im Verlauf der weiteren Arbeit an der Edition dieses neuen Textes eine gewisse Arglosigkeit, die wohl aus meinen früheren Aussagen zu dieser Seite der Sache gesprochen haben mag, inzwischen abhanden gekommen. Die Andersartigkeit dieses Matthäusevangeliums ist nicht durch eine freie Übersetzung des kanonischen Matthäus zu erklären, sondern kann nur darauf beruhen, dass unser Übersetzer ein anderes Matthäusevangelium als das kanonische zur Vorlage hatte. Was das aber nun eigentlich *bedeutet*, darauf möchte ich erst am Schluss zu sprechen kommen. Eine gewisse Implikation dieser Erkenntnis für die nunmehr zu besprechenden sprachlichen Phänomene besteht aber darin, dass es mindestens bei einigen

* In: M. Immerzeel/J. van der Vliet (Hg.), Coptic Studies on the Threshold of a New Millennium, Proceedings of the Seventh International Congress of Coptic Studies, Leiden, 27 August–2 September 2000, Bd. 1, OLA 133,2, Leuven u. a. 2004, 209–220.

[1] Vgl. H.-M. Schenke, Das Matthäus-Evangelium in einer Variante des mittelägyptischen Koptisch auf Papyrus (Codex Schøyen), Enchoria 26 (2000), 88–107.

von ihnen nicht mehr wirklich sicher ist, ob das betreffende auffällige syntaktische Phänomen auf einem besonderen Sprachgebrauch bei der Wiedergabe der bekannten griechischen Vorlage beruht, oder darauf, dass eine andere griechische Konstruktion zugrunde liegt. Wir arbeiten also jetzt mit „doppeltem Boden".

Bei dem *zweiten Nachtrag* zum *Enchoria*-Aufsatz geht es nun schon um eine solche sprachliche Erscheinung, nämlich den Gebrauch des Ausdrucks ⲟⲩ ⲧϩⲏ (*ohne* Transposition des folgenden Satzes) als Interrogativadverb „wie?", wo in den anderen Übersetzungen bzw. Dialekten einfach das griechische Fremdwort ⲡⲱⲥ übernommen wird, oder der Ausdruck ⲛ̄ⲁϣ ⲛ̄ϩⲉ (o. ä.) „in welcher Weise?" gebraucht ist. Mein Punkt ist, dass ich erst nachträglich bemerkt habe, dass es diese Erscheinung sporadisch auch schon in der Sprache des Codex Scheide[2] (= mae 1) gibt, und zwar einmal in der vorher nur postulierten vollen Form ⲟⲩ ⲧⲉ ⲑⲏ (Mt [mae 1] 22,12) und einmal in der Verkürzung ⲟⲩ ⲑⲏ (Mt [mae 1] 26,54), die im Codex Schøyen (= mae 2) nun Standard ist.

Die anderen hier zu besprechenden Besonderheiten der Sprache des Codex Schøyen sind *acht* an der Zahl, nämlich die folgenden:

1. *Der inkludierte, enttonte Dativ.* Der mae Psalmencodex[3] hat uns die Augen dafür geöffnet, dass es im Dialekt *M* bei einem ϯ-*compositum* das Phänomen eines inkludierten, enttonten Dativs gibt. Das bisherige Formeninventar beschränkte sich aber auf die 1. Pers. Sgl. (-ⲛⲓ-) und die 3. Pers. Pl. (-ⲛⲟⲩ-).[4] Der Codex Schøyen erweitert unsere Perspektive insofern, als er mit mehr oder weniger großer Sicherheit drei einschlägige Stellen bietet, die nicht nur diese Erscheinung auch bei anderen *verba composita* auf ϯ- und bei einem auf ϫⲓ- zeigen, sondern auch das Inventar dieses tonlosen Dativs um die 3. Pers. Sgl. (-ⲛϥ-) und die 1. Pers. Pl. (-ⲛⲛ-) erweitern. Der sicherste Beleg ist Mt 20,7, wo es heißt: ⲙ̇ⲡⲉ ϩï ϯ-ⲛⲛ-ⲃ[ⲉ]ⲕⲏ „Niemand gab uns Lohn". Die zweite Stelle ist Mt 22,24: ⲁⲣⲏ ⲟⲩⲉ ϫⲓ-ⲛϥ|-ⲥϩⲓⲙⲏ „Wenn einer sich (ein) Weib nimmt". Hier ist nicht das Phänomen als solches unsicher, sondern nur die *Schreibung* dieses enttonten Dativs. Das Problem ist die Lesung des Buchstabens ϥ unmittelbar vor der

[2] Vgl. H.-M. Schenke, Das Matthäus-Evangelium im mittelägyptischen Dialekt des Koptischen (Codex Scheide), TU 127, Berlin 1981.

[3] G. Gabra, Der Psalter im oxyrhynchitischen (mesokemischen / mittelägyptischen Dialekt), ADAIK.K 4, Heidelberg 1995.

[4] Vgl. H.-M. Schenke, Die Psalmen im mittelägyptischen Dialekt des Koptischen (der Mudil-Codex), Enchoria 23 (1996), 103f.; hier 810f.

Bruchkante am Ende der Zeile. Sie ist inzwischen am Original überprüft worden. Auf dem Papyrus sieht es tatsächlich viel mehr nach -ⲛϥ̣- aus als etwa nach -ⲛⲉ̣[ϥ-]. Bei der dritten Stelle, Mt 24,45, habe ich den inkludierten Dativ nur rekonstruiert. Sie lautet: ⲛ̇ϯ-ⲛ̣[ⲟⲩ-ϩⲣⲏ] „Um [ihnen Nahrung] zu geben". Und zwar ist es der geringe zur Verfügung stehende Raum, der zu dem Wagnis geführt hat, zur Wiedergabe von δοῦναι αὐτοῖς (τὴν) τροφήν hier das *compositum* ϯ-ϩⲣⲏ mit eingeschobenem enttonten Dativ -ⲛⲟⲩ- anzusetzen.

2. Es gibt im Codex Schøyen mehrere Stellen, die insofern auffällig sind, als ein zu erwartender *kausativer Infinitiv* (oder eine entsprechende Konstruktion), trotz eines implizierten zweiten Actors, *ausgelassen* zu sein scheint. Weil ich mir selbst nicht im Klaren darüber bin, *wie* auffällig sie eigentlich sind, führe ich sie hier einfach einmal der Reihe nach vor, und zwar unter stetem Vergleich mit den entsprechenden Stellen aus dem Codex Scheide, die sich so oder so als nützlich erweisen werden.

> Mt 20,21 mae 2: ⲟⲩ ⲡⲉⲧⲉ-ⲟⲩⲉϣ ⲉϥ ⲛⲏ „Was ist es, das du (f.) willst, es dir (f.) zu tun?" mae 1 hat hier eine ganz andere Konstruktion, weil er eine andere Lesart (und zwar die des matthäischen Standardtextes) wiedergibt, nämlich (bloß): ⲁ̀ⲣⲉⲟⲩⲉϣ ⲟⲩ „Was willst du (f.)?"
>
> Mt 20,32 mae 2: ⲟⲩ ⲡ[ⲉ]ⲧⲉⲧ[ⲛ-ⲟⲩⲉϣ ⲉϥ] ⲛⲏⲧⲛ „Was ist es, das ihr wollt, es euch zu tun?" Rekonstruktion ohne zweiten Subjektsausdruck nach 20,21. Aber mae 1 hat hier den vermissten kausativen Infinitiv, nämlich: ⲟⲩ ⲡⲉⲧⲉⲧⲛ-ⲟⲩⲉϣ ⲧⲁⲉϥ ⲛⲏⲧⲛ „Was ist es, das ihr wollt, dass ich es euch tue?"
>
> Mt 27,21 mae 2: ⲛⲓⲙ ⲙⲡⲉⲓ̈ⲃ̄ ⲡⲉⲧⲉⲧⲛ-ⲟⲩⲉϣ ⲕ[ⲉϥ ⲛⲏ]ⲧ̣ⲉⲛ „Wer von diesen beiden ist es, den ihr wollt, ihn euch freizulassen?" mae 1 bietet hier genau dieselbe Auslassung, nämlich: ⲛⲓⲙ ϩⲙ ⲡⲉⲓ̈ⲥⲛⲉⲩ ⲡⲉⲧⲉⲧⲛ-ⲟⲩⲉϣ ⲕⲉϥ ⲛⲏⲧⲛ ⲉ̇ⲃⲁⲗ.

Im Falle von Mt 27,17 finden wir die Umkehrung des bei Mt 20,32 Beobachteten. mae 2 hat den kausativen Infinitiv, nämlich: ⲛⲓⲙ ϩⲉⲛ ⲛⲉⲓ̈ ⲡⲉⲧⲉⲧⲉⲛ-ⲟⲩⲉϣϥ ⲉⲧⲣⲁⲕⲉϥ [ⲛⲏⲧⲉⲛ] ⲉⲃⲁⲗ „Wer von diesen ist es, von dem ihr wollt, dass ich ihn euch freilasse?" Und mae 1 ist es, der ihn hier vermissen lässt, nämlich: ⲛⲓⲙ ϩⲙ ⲡⲉⲓ̈ⲥⲛⲉⲩ ⲡⲉⲧⲉⲧⲛ-ⲟⲩⲉϣ ⲕⲉϥ ⲛⲏⲧⲛ ⲉ̇ⲃⲁⲗ „Wer von diesen beiden ist es, den ihr wollt, ihn euch freizulassen?"

> Mt 20,28 mae 2: ⲛⲁϩⲁϥⲓ̈ ⲉⲛ ⲉϣ[ⲉⲙϣ]ⲏ̣ⲧϥ „Er ist nicht gekommen, ihm zu dienen"; mae 1 hat hier wieder, was in mae 2 zu fehlen scheint, nämlich: ⲛ̇ⲉ̀ϩⲁϥⲉⲓ ⲉⲛ ⲉ̇ⲧⲣⲟⲩⲇⲓⲁ̀ⲕⲟⲛⲓ ⲛⲉϥ (wörtlich) „Er ist nicht gekommen, dass sie ihm dienen."

Es gereicht vielleicht zur Abrundung des Bildes, wenn man darauf hinweist, dass es auch das Umgekehrte gibt, nämlich den redundanten Ausdruck eines zweiten Actors. Der redundante kausative Infinitiv findet sich bei mae 2 in Mt 27,58, nämlich: ⲧⲟⲧⲏ <ϩ>ⲁϥⲕⲉⲗⲉⲟⲩⲏ ⲛ̇ϫⲏ ⲡⲓⲗⲁⲧⲟⲥ̣ ⲉ̣[ⲧⲣⲉ]ⲩⲧⲉϥ ⲛⲉϥ (wörtlich) „Da befahl Pilatus, dass sie ihn ihm gäben“ = „Da befahl Pilatus, dass er ihm gegeben würde.“ Mae 1 aber hat hier die einfache Form, nämlich: ϩⲁϥⲕⲉⲗⲉⲩⲉ̇ ⲛ̇ϭⲏ ⲡⲓⲗⲁⲧⲟⲥ ⲉ̇ⲧⲉϥ ⲛⲉϥ „Pilatus befahl, ihn ihm zu geben.“ Allerdings erklärt sich der Unterschied hier in allererster Linie aus der griechischen Vorlage τότε ὁ Πιλᾶτος ἐκέλευσεν *ἀποδοθῆναι* (αὐτῷ), für die es im Koptischen verschiedene Arten der Wiedergabe gibt.

In diesem Zusammenhang kann man dann auch noch Mt 18,6 sehen. Bei mae 2 findet sich kein Ausdruck eines zweiten Actors; es heißt nämlich nur: ⲛⲁⲛⲟⲩⲥ ⲛⲉϥ ⲉⲙⲉⲗϩ ⲟⲩⲱⲛⲏ [ⲛ̇ⲛⲟⲩⲧ ⲉϩⲏ]ⲧ̣ϥ „Es ist gut für ihn, einen [Mühl]stein [an] seinem Leib zu befestigen“. Mae 1 hingegen hat einen solchen, und zwar hier ausgedrückt im Konjunktiv, nämlich: ⲥⲣⲛⲁϥⲣⲉ ⲛⲉϥ ⲛ̇ⲥⲉⲉⲓϣⲉ ⲛ̄ⲟⲩⲟⲛⲉ ⲛ̇ⲛⲟⲩⲧ ⲉ̇ⲛⲉϥⲙⲁⲧⲉ „Es ist gut für ihn, dass sie einen Mühlstein an seinen Hals hängen.“ Wir haben es freilich hier auch mit zwei deutlich verschiedenen Textformen zu tun.

3. Der Codex Schøyen bringt den endgültigen Beweis dafür, dass der *Weheruf* im Dialekt *M* in Wirklichkeit ⲟⲩⲉ̈ⲓ lautet, und dass also seine Erscheinung im Codex Scheide als ⲟⲩⲁⲓⲉⲓ nur eine orthographische Variation darstellt (ⲁⲓ für ⲉ). Davon aber ist schon in dem oben genannten *Enchoria*-Aufsatz die Rede; auch davon, dass es eine Stelle gibt, wo allem Anschein nach eine enttonte Form ⲟⲩⲓ̈- auftritt. Ich möchte aber die hiesige Gelegenheit benutzen, um zu einem bestimmten, noch offen gebliebenen Problem dieser Stelle einen nachträglichen Gedanken zu äußern. Der betreffende Vers ist Mt 18,7 und lautet im Ganzen: [ⲟⲩⲉⲓ̈ ⲙⲡⲕⲟⲥⲙ]ⲟⲥ ⲙⲉⲛ ⲛⲉϥⲥⲕⲁⲛⲇⲁⲗⲟⲥ̣ ⲁ̣[ⲛⲁⲅⲕⲏ ⲅⲁⲣ ⲛⲧⲉ ⲛⲉⲥⲕⲁⲛⲇⲁ]ⲗⲟⲥ ⲓ̈ ⲡⲗⲏⲛ ⲟⲩⲓ̈ⲛⲉϥ ⲡⲣⲱⲙⲏ ⲉⲧⲉ̣ [ⲡⲉⲥⲕⲁⲛⲇⲁⲗⲟⲥ] ⲛⲛⲏⲟⲩ ⲉⲃⲁⲗ ⲛϩⲏⲧϥ „[Wehe der Welt] und ihren Ärgernissen! [Denn es ist nötig, dass die Ärgernisse] kommen. Indes, weh' ihm, dem Menschen, aus dem [das Ärgernis] kommen wird!“ Der Sachverhalt, der die Schreibung von mae 2 bzw. die bezeichnete Deutung diskreditiert erscheinen lassen könnte, ist die nominale Auflösung des vorläufigen pronominalen Objekts durch einfache Juxtaposition. Ohne Enttonung kommt diese Konstruktion, vielleicht einfach in Analogie zu dem bei den zweiten Personen geläufigen und notwendigen Muster, auch sonst gelegentlich vor. Vgl. z. B. (*S*) ⲟⲩⲟⲓ̈ ⲛⲁⲩ ⲛⲉⲧⲁⲗⲉⲡⲱⲣⲟⲥ „Wehe ihnen, den Erbärmlichen“ (*Liber Bartholomaei*, ed. Westerhoff,[5] 90); (*B*) ⲟⲩⲟⲓ ⲛⲁⲥ

5 Vgl. M. Westerhoff, Auferstehung und Jenseits im koptischen „Buch der Auferstehung Jesu Christi, unseres Herrn“, OBC 11, Wiesbaden 1999.

ⲣⲁⲕⲟϯ „Wehe ihr, (der Stadt) Alexandria" (MG 255; nach Crum 473a 2). Und der nachträgliche Gedanke ist, ob es erlaubt sein mag, dieses Phänomen beim Weheruf (auch) im Lichte des Gegenteils, nämlich im Ausdruck der Seligpreisung von der Form ϥⲥⲙⲁⲙⲉⲧ + *nomen* zu sehen, wo auffällig oft im Dialekt *M* das nachgestellte nominale Subjekt in einfacher Juxtaposition, also ohne die einführende Subjektspartikel (ⲛ̇ϭⲏ o. ä.), erscheint. Die betreffenden Stellen sind: Mt 21,9 mae 2: ϥⲥⲙⲁⲙⲉⲧ ⲡⲉⲧⲉⲛⲛⲏⲟⲩ ϩⲉⲛ ⲡⲣⲉⲛ ⲛⲡϭ̄[ⲥ]. Mae 1: ϥⲥⲙⲁⲙⲉⲧ ⲡⲉⲧⲛⲛⲏⲟⲩ ϩⲙ ⲡⲣⲉⲛ ⲙ̇ⲡⲭ̄ⲥ̄. Mt 23,39 (nur) mae 1: ϥⲥⲙⲁⲙⲉⲧ ⲡⲉⲧ{ } | ⲛⲛⲏⲟⲩ ϩⲙ ⲡⲣⲉⲛ ⲙ̄ⲡⲭ̄ⲥ̄ (mae 2 hat hier die Einführung durch ⲛϫⲏ). Ps 88,53: ϥⲥⲙⲁⲙⲉⲧ ⲡⲭ̄ⲥ̄ ϣⲁ ⲉⲛⲉϩ. Ps 105,48: ϥⲥⲙⲁⲙⲉⲧ ⲡⲭ̄ⲥ̄ ⲡⲛ̄ϯ ⲙ̇ⲡⲓⲥⲣⲁ̣ⲏⲗ ⲛ̇ϫⲓⲛ ⲉ̇ⲛⲉϩ ϣⲁ̣ ⲉ̣ⲛ̣ⲉ̣ϩ̣.

4. Zu den hervorstechenden Charakteristika der Sprache des Codex Schøyen gehört es, dass der ⲉ-Laut in bestimmten phonetischen Umgebungen, besonders vor ⲟⲩ und ϩ, als ⲁ erscheinen kann. So wird die 3. Pers. Pl. des Dativs sehr häufig ⲛⲁ(ⲟ)ⲩ geschrieben, wechselt die Schreibung ⲡⲁ-ϩⲁ̣(ⲟ)ⲏ „der Tag" bzw. ⲛⲁ-ϩⲁ(ⲟ)ⲩ „die Tage" mit ⲡⲉ-ϩⲁ(ⲟ)ⲩ bzw. ⲛⲉ-ϩⲁ(ⲟ)ⲩ und lautet das circumstantiale Perfekt ⲁϩⲁ⸗.[6] Diese Erinnerung an schon in *Enchoria* Gesagtes dient hier aber nur als Anknüpfungspunkt für die Frage, ob man etwa eine ganz fürchterliche *crux* des Textes von mae 2 in dieser Perspektive sehen und lösen kann. Es geht um die Präposition ⲁⲭⲉⲛ in Mt 27,18. Der betreffende Satz lautet: ⲛⲁ<ϥ>ⲥⲁⲟⲩⲛ ⲅⲁⲣ ⲡⲉ ϫⲉ ⲁⲭⲉⲛ ⲫ[ⲑⲟⲛⲟⲥ] ⲉ̣ϩⲁⲩⲧⲉϥ ⲛⲉϥ. Und die nächstliegende Auffassung, wonach in ⲁⲭⲉⲛ eine Schreibvariante der Präposition ⲁϫϫⲉⲛ-/ⲁϫϫⲓⲛ- „ohne" zu sehen wäre, würde mae 2 genau das Gegenteil von dem sagen lassen, was an dieser Stelle des Matthäusevangeliums wirklich gestanden haben muss; mae 2 würde nämlich bedeuten: „Denn <er> wusste, dass sie ihn ihm ohne [Neid] übergeben hatten." Und so erhebt sich eben die Frage, ob ⲁⲭⲉⲛ nicht eher auch als eine ⲁ-Schreibung der Präposition ⲉϫⲉⲛ- „auf" etc. zu deuten ist, die in mae 2 das an dieser Stelle sonst übliche ⲉⲧⲃⲉ- vertreten würde (wenn nicht die Vorlage schon eine andere war). Bei dem Regimen ⲫⲑⲟⲛⲟⲥ würde man übrigens dann keine ø-Determination anzunehmen haben, sondern einen implizierten art. def.[7] Und der Satz könnte dann heißen: „Denn <er> wusste,

---

[6] A. Shisha-Halevy hat in der Diskussion den Gedanken geäußert, dass das ⲁ in dieser Perfekt-Form vielleicht nicht, wie die anderen ⲁ-Schreibungen, rein phonetisch zu erklären sei, sondern einer der archaischen Züge der Sprache von mae 2 sei und auf das *j-protheticum* des Demotischen zurückgehe.

[7] Diese Idee stammt von U.-K. Plisch.

dass sie ihn ihm wegen des [Neides] übergeben hatten.“ Es gibt diese Präposition in ungewöhnlicher Bedeutung und Kontext übrigens auch noch an einer anderen Stelle, nämlich in 26,35, wo es heißt: ϩⲁ[ϥ]ⲉⲣⲟⲩⲱ ⲛϫⲏ ⲡⲉⲧⲣⲟⲥ ⲉϥϫ̣[ⲱ] ⲙ̇[ⲙ]ⲁⲥ ϫⲉ ⲉⲛⲉ̣ϣⲁⲛϯⲙⲟⲩ ⲉϫⲱⲕ ⲛ̇ⲛⲁⲁⲡⲁⲣⲛ[ⲓ] ⲙ[ⲙ]ⲁ̣ⲕ̣ „Petrus antwortete und sagte: ‚Wenn es geschähe, dass ich deinetwegen sterbe, werde ich dich nicht verleugnen!‘“[8]

5. Am Anfang von Punkt 4 war unter anderem schon beiläufig davon die Rede, dass in der vom Codex Schøyen repräsentierten Spielart des Dialekts *M* das *circumstantiale Perfekt* die Form ⲁϩⲁ⸗ hat. Es gibt nun Anlass zu der Vermutung, dass es diese grammatische Form nicht nur mit dem ungewöhnlichen ⲁ-Transponenten, sondern auch ganz ohne ihn, also *mit ø-Transponent*, gibt. Der Anlass zu solchen Erwägungen ist einerseits der Vergleich von Mt 13,8 mit Mt 13,23, andererseits der Gleichnisanfang Mt 21,33. In 13,8 heißt es: ⲟⲩⲁⲛ ⲁϩⲁϥⲉⲣϣⲏ ⲟ]ⲩⲁⲛ ⲁϩⲁϥⲉⲣⲥⲏ ⲟⲩ[ⲁⲛ ⲁϩⲁϥⲉⲣⲙⲉⲃ „da war etwas, das hundert ergab,] da war etwas, das sechzig ergab, da [war etwas, das dreißig ergab.“ Aber in 13,23 lesen wir: ⲟ̣ⲩⲁⲛ ϩⲁϥⲉⲣϣⲏ ⲟⲩⲁⲛ ϩⲁ̣[ϥⲉⲣⲥⲏ ⲟⲩⲁⲛ ϩⲁϥⲉⲣⲙⲉ]ⲃ. Und das würde ohne die Annahme eines ø-Transponenten eben bedeuten: „Da war etwas, das ergab hundert, da war etwas, das [ergab sechzig, da war etwas, das ergab dreißig].“ Es ist jedoch wohl näher liegend, dass die sachliche Wiederaufnahme des in 13,8 Gesagten *ganz genau so* zu analysieren und zu übersetzen ist wie die Wendung dort.

In 21,33 fängt das Gleichnis von den bösen Weingärtnern folgendermaßen an: ⲛ̣ⲉⲟⲩⲉⲛ ⲟⲩⲣⲱⲙⲏ ⲛⲉⲩⲥⲭⲏⲙⲱⲛ ϩⲁϥⲧ̣[ⲱϫⲏ] ⲛ̣ⲟⲩⲙⲁⲛⲉⲗⲁⲗⲏ ϩⲁϥⲕⲱⲧ ⲛⲟⲩⲥⲁⲃⲧ ⲉ[ⲣⲁϥ ϩⲁ]ϥϣⲓⲕⲏ ⲛⲟⲩϩⲣⲟⲧ ϩⲉⲛ ⲧⲉϥⲙⲏⲧⲏ ϩⲁϥⲕ[ⲱⲧ ⲛ̇]ⲟ̣ⲩⲡⲩⲣⲅⲟⲥ ϩⲣⲏï ⲛϩⲏⲧϥ ϩⲁϥϯ ⲙⲙⲁϥ ⲉⲧⲁⲧ[ⲟⲩ] ⲛ̣ϩⲉⲛⲟⲩⲁï<ⲏ> ϩⲁϥϣⲉⲛⲉϥ ⲉⲡϣⲉⲙⲁ· Und das müsste man ohne Annahme einer ø-Transposition so übersetzen: „Es war ein vornehmer Mann. Er [pflanzte] einen Weinberg. Er baute eine Mauer [um ihn]. Er grub eine Kelter in seiner Mitte. Er [baute] einen Turm in ihm. Er gab ihn in die Hand von Bauern. Er ging in die Fremde.“ Aber das wäre das einzige Gleichnis, wo an der „Schaltstelle“ *kein* attributiver Circumstantialis stünde.[9]

---

8 Diese ganze Idee habe ich übrigens als zu künstlich inzwischen wieder aufgegeben, besonders infolge einer Diskussion mit W.-P. Funk.

9 Es sind hier zwei verschiedene Reaktionen zu vermelden: W.-P. Funk hat die Meinung geäußert, dass die Annahme eines ø-Transponenten nach ⲟⲩⲁⲛ überhaupt kein Problem darstelle, während nach A. Shisha-Halevy die Annahme eines ø-Transponenten in all den genannten Fällen unnötig ist.

6. Im Codex Schøyen finden sich seltsame Gebrauchsweisen des *Kausativen Imperativs*, besonders als Äquivalent von finalen Aussagen. Das ist nun allerdings ein Bereich, wo man sich besonders an die Frage erinnern muss, ob und in welchem Maße das jeweils ein Phänomen der mae 2 eigenen Sprache ist, oder in seiner griechischen Vorlage gründet.

Die hier mit der Unsicherheit des Bodens gegebene Möglichkeit zu schwanken erinnert mich übrigens, wie beiläufig erwähnt sei, an die eigene Irritation bei der Beurteilung der Wiedergabe der matthäischen formelhaften Frage zur Eröffnung eines Gesprächs oder einer Belehrung: τί σοι (oder ὑμῖν) δοκεῖ „Was scheint dir (euch) [richtig zu sein]?" mit ⲟⲩ ⲡⲉⲧⲕϫⲱ (ⲡⲉⲧⲉⲧⲉⲛϫⲱ) ⲙⲙⲁϥ = „Was ist es, das du (ihr) sag(s)t?" Und es ist eben die Frage, ob das wirklich noch eine der Möglichkeiten der koptischen Sprache ist, um diese Formel zu übersetzen, oder ob diese Wiedergabe eben einer anderen Vorlage folgt, die direkt τί λέγεις (oder λέγετε) gehabt hätte. Entscheidend für ihre Beantwortung im ersteren Sinne dürfte übrigens die Stelle Mt 26,53 sa sein (ⲏ ⲛ̄ⲅϫⲱ ⲙ̄ⲙⲟⲥ ⲁⲛ für ἢ δοκεῖς), wo eben tatsächlich einmal das koptische Verb ϫⲱ „sagen" (und nicht bloß ⲙⲏⲟⲩⲏ „denken") als Übersetzungsäquivalent von δοκεῖν erscheint.

Es geht beim Kausativen Imperativ nun um folgende Stellen und Aussagen (zunächst *neg. caus. imp.*):

25,8: ⲙⲁ ⲛⲉϩ ⲛⲉⲛ [ϩⲱ]ⲛ ⲙⲡⲉⲣⲧⲉ ⲛⲉⲛⲗⲁⲙⲡⲁ̣ⲥ̣ ⲟ̣ϣⲉⲙ „Gebt [auch] uns Öl! Lasst unsere Lampen nicht verlöschen!'". Der Standardtext ist: δότε ἡμῖν ἐκ τοῦ ἐλαίου ὑμῶν, ὅτι αἱ λαμπάδες ἡμῶν σβέννυνται. Die Übersetzung von mae 2 entspricht aber: δότε καὶ ἡμῖν ἔλαιον. μὴ αἱ λαμπάδες ἡμῶν σβεσθήτωσαν.

26,5: ⲡϣⲉⲏ ⲡⲏ ⲙ̇ⲡ̣ⲉ̣[ⲣ]ⲧⲉ ⲡⲗⲁⲟⲥ ϣ̣[ⲧⲁⲣⲧⲉⲣ] „‚Es ist das Fest. Das Volk soll nicht [in Unruhe geraten].'" Der Standardtext ist: μὴ ἐν τῇ ἑορτῇ, ἵνα μὴ θόρυβος γένηται ἐν τῷ λαῷ. Die Übersetzung von mae 2 entspricht aber: ἑορτή ἐστιν· μὴ θορυβηθήτω ὁ λαός.

7,6: ⲙ̇ⲡⲉⲣϯ ⲙⲡⲉⲧⲟⲩ[ⲉⲃ ⲛⲛⲉⲩϩⲁⲣ ⲙ̇ⲡⲉⲣⲧⲟⲩ- - - -] ⲟⲩⲇⲉ ⲡⲉⲧⲉⲛⲙⲁⲣ[ⲅⲁⲣⲓⲧⲏⲥ ⲙ̇ⲡⲉⲣϩⲓⲧϥ ϩⲁ ⲛⲉϣⲉⲟⲩ ⲙⲡⲉ]ⲣⲧⲟⲩ<ϩ>ⲟⲙ ⲛⲥⲉⲥⲉⲓ[ⲧⲏ ⲙⲙⲁϥ ϩⲁ ⲛⲉⲟⲩⲉⲣⲏⲧⲏ ⲛⲥⲉⲕⲁⲧ]ⲟⲩ ⲉⲣⲱ̣ⲧ̣ⲛ ⲛⲥⲉⲡⲉϩ [ⲧⲏⲛⲟⲩ „Gebt nicht das Heilige [den Hunden; sie sollen es nicht - - -]; auch nicht eure Perle, [werft sie nicht vor die Schweine]; sie [sollen nicht] trampeln und [sie] verteilen [unter ihren Füßen und] sich zu euch [wenden] und [euch] zerreißen." Dieses Logion enthält übrigens „die schönste Lücke" des Codex Schøyen. Sein Text muss nämlich in der Lücke des ersten Halbverses einen Überschuss gehabt haben. Und es liegt nun nahe, an eine Phrase in Analogie zum zweiten Halbvers zu denken, wie sie sich tatsächlich in der Parallele von EvThom 93,1 findet. Die Entsprechung des dortigen Ausdrucks ϫⲉⲕⲁⲥ ⲛⲟⲩⲛⲟϫⲟⲩ ⲉⲧⲕⲟⲡⲣⲓⲁ („damit sie es nicht auf den Misthaufen werfen") müsste hier dann etwa lauten: ⲙ̇ⲡⲉⲣⲧⲟⲩϩⲓⲧϥ ⲉⲧⲕⲟⲡⲣⲓⲁ („sie sollen es nicht auf den Misthaufen werfen"). Der Standardtext hat nur: Μὴ δῶτε τὸ ἅγιον τοῖς κυσὶν μηδὲ βάλητε τοὺς μαργαρίτας ὑμῶν ἔμπροσθεν τῶν χοίρων, μήποτε καταπατήσουσιν αὐτοὺς ἐν τοῖς ποσὶν αὐτῶν καὶ στραφέντες ῥήξωσιν ὑμᾶς. Die Übersetzung von mae 2 (bei experimenteller Schließung der Lücke) entspricht aber: Μὴ δῶτε τὸ ἅγιον τοῖς κυσὶν. μὴ βαλέτωσαν αὐτὸ εἰς τὴν κοπρίαν. οὐδὲ τὸν μαργαρίτην ὑμῶν μὴ βάλητε αὐτὸν ἔμπροσθεν τῶν χοίρων. μὴ καταπατησάτωσαν καὶ μὴ ῥιπτησάτωσαν αὐτὸν ὑποκάτω τῶν ποδῶν αὐτῶν καί μὴ στραφέντες ῥηξάτωσαν ὑμᾶς. Der Singular des Wortes „Perle" findet sich übrigens sonst nur noch in bo[ms] (G_2*).

Die hervorhebenswerten Stellen mit dem *affirm. caus. imp.* sind:

13,30: ⲁⲗⲗⲁ ⲕ]ⲉ̣ⲩ ⲙⲁⲣⲟⲩⲁⲩⲝⲉⲛⲉ ⲙ[ⲉⲛ ⲡⲉⲩⲏⲣ - - -] „[Sondern lasst] es! Sie sollen [miteinander] wachsen [- - -]". Der Standardtext ist: ἄφετε συναυξάνεσθαι ἀμφότερα. Die Übersetzung von mae 2 entspricht aber: ἀλλὰ ἄφετε. συναυξανέσθωσαν ἀμφότερα. Das nur ergänzte ⲁⲗⲗⲁ stammt übrigens aus der bo Version, mit der mae 2 an dieser Stelle auch im Gebrauch des kausativen Imperativs übereinstimmt; vgl. ⲁⲗⲗⲁ ⲭⲁⲩ ⲙⲁⲣⲟⲩⲣⲱⲧ ⲛⲉⲙ ⲛⲟⲩⲉⲣⲏⲟⲩ.

19,7: ⲉⲧⲃⲏ ⲟⲩ ⲙⲱϋⲥⲏⲥ ϩⲁϥⲕⲉⲗⲉⲩⲏ ϫⲉ [ⲡⲏ ⲉ]ⲧⲛⲉϩⲓ̈ ⲧⲉϥⲥϩⲓⲙⲏ ⲉⲃⲁⲗ ⲙⲁⲣⲉϥϯ ⲛⲉⲥ ⲛⲟⲩⲟ[ⲩ]ⲧⲟⲩⲓ̈ⲁ „Weswegen hat Mose befohlen: ‚[Wer] seine Frau verstoßen wird, soll ihr einen Scheidebrief geben'?" Der Standardtext ist: τί οὖν Μωϋσῆς ἐνετείλατο δοῦναι βιβλίον ἀποστασίου καὶ ἀπολῦσαι αὐτήν. Die Übersetzung von mae 2 entspricht aber: τί Μωϋσῆς ἐκέλευσεν (ὅτι) ὃς ἂν ἀπολύσῃ τὴν γυναῖκα αὐτοῦ, δότω αὐτῇ ἀποστάσιον (vgl. 5,31; also hier eindeutig andere Vorlage).

27,64: ⲕⲉⲗⲉⲟⲩⲏ ⲟ]ⲩⲛ ⲙⲁⲣⲟⲩϫϫⲁⲣⲁ ⲉⲣⲱϥ ⲙ̇ⲡⲉⲙϩ[ⲉⲟⲩ „[Befiehl] nun, das Grab soll gesichert werden!" Der Standardtext ist: κέλευσον οὖν ἀσφαλισθῆναι τὸν τάφον. Die Übersetzung von mae 2 entspricht aber: κέλευσον οὖν. ἀσφαλισθήτω ὁ τάφος.

28,10: ⲙⲁϣ [ⲛⲧⲉⲧⲉⲛⲧⲁⲙⲉ ⲛⲁⲥⲛⲏ]ⲟⲩ ⲙ̣ⲁⲣⲟⲩⲕⲱⲧⲏ ⲛⲉⲓ ⲉⲧⲅⲁ[ⲗⲓⲗⲁⲓⲁ ⲁⲩⲱ ⲙⲁⲣⲟⲩ]ⲛ̣ⲉⲟⲩ ⲉⲡⲁⲓ̈ ⲙⲙⲉⲟⲩ „‚Geht [und belehrt meine Brüder!] Sie sollen mir zurückkehren nach Ga[liläa und sie sollen] mich dort sehen!'". Der Standardtext ist: ὑπάγετε ἀπαγγείλατε τοῖς ἀδελφοῖς μου ἵνα ἀπέλθωσιν εἰς τὴν Γαλιλαίαν, κἀκεῖ με ὄψονται. Die Übersetzung von mae 2 entspricht aber: ὑπάγετε ἀπαγγείλατε τοῖς ἀδελφοῖς μου. ὑποστρεψάτωσάν μοι εἰς τὴν Γαλιλαίαν, κἀκεῖ με ὁράτωσαν.

Ähnlich unerwartete Gebrauchsweisen finden sich übrigens auch für den *Kausativen Konjunktiv* und den *Limitativ*. Davon sei aber jeweils nur ein Beispiel gegeben. Der kausative Konjunktiv findet sich z. B. einmal anstelle des normalen Konjunktivs als Tempus des Finalsatzes nach der Konjunktion ἵνα in Mt 20,21, wo es heißt: ⲡ̣ⲉ̣[ϫⲉⲥ ⲛⲉϥ ϫⲉ ϯⲟⲩⲉϣ]ⲧⲣⲉⲕϫ̣ⲁⲥ ϩⲓⲛⲁⲥ ⲧⲁⲣⲏ ⲡⲁϣⲏ[ⲣⲏ ⲃ̄ ϩⲙⲁⲥ ⲟⲩ]ⲉ̣ ϩⲓ̈ⲟ[ⲩ]ⲛⲉⲙ ⲙ̇ⲙⲁⲕ ⲟⲩⲉ ϩⲓ̈ϩⲃⲟⲩⲣ [ϩⲣⲏⲓ̈ ϩⲉⲛ ⲧⲉⲕⲙⲉⲛⲧⲉⲣⲁ „[Sie sprach zu ihm: ‚Ich will,] dass du sagst, dass meine zwei Söhne [sitzen, einer] rechts vor dir, einer links, [in deinem Reich].'"

Der Limitativ begegnet uns z. B. zweimal in dem Doppelgleichnis vom Schatz und der Perle in Mt 13,44–46, wo wir lesen: ⲧ]ⲙⲉⲛⲧⲉⲣⲁ ⲛⲉⲛⲡⲏ ⲁⲥⲓ̈ⲛⲏ ⲛⲟⲩ[ⲁϩⲁ ⲉϥϩⲏⲡⲧ] ϩⲉⲛ <ⲧ>ⲥⲱϣⲏ ⲁϩⲁ ⲟ̣ⲩⲉ ⲕⲓⲙⲏ ⲙⲙⲁϥ [ϩⲁϥϯ ⲙⲡⲉⲧ]ⲉⲛⲧⲉϥ ⲧⲏⲣϥ ⲉⲃⲁⲗ ϣⲁⲛⲧϥϣⲱⲡ [ⲛ̇ⲧⲥⲱϣⲏ ⲉⲧⲙⲙⲉ]ⲟⲩ ⲡⲁⲗⲓⲛ ⲧⲙⲉⲛⲧⲉⲣⲁ ⲛⲉⲛⲡⲏ [ⲁⲥⲓ̈ⲛⲏ ⲛⲟⲩⲉϣⲱⲧ] ⲛⲣⲱⲙⲏ [ⲉϥⲕⲱ]ⲧⲏ ⲛⲥⲁ ϩⲉⲛⲙⲁⲣ[ⲅⲁⲣⲓⲧⲏⲥ ϩⲁϥⲕⲓ]ⲙⲏ ⲛⲟⲩⲉ̇ ⲉⲛ̣[ⲁⲛⲟ]ⲩϥ̣ ϩⲁϥϣⲏ ϩⲁϥ[ϯ ⲙⲡⲉⲧⲛⲧⲉϥ ⲧ]ⲏⲣϥ ⲉⲃⲁⲗ ϣⲁⲛ[ⲧ]ϥ̣ϣⲱⲡ[10] ⲙⲡⲓⲙⲁⲣ[ⲅⲁⲣⲓⲧⲏⲥ ⲉⲧⲙⲙⲉ]ⲟⲩ „Das] Reich der Himmel gleicht einem [Schatz, der verborgen ist] in <dem> Feld, den einer gefunden hat. [Er] ver[kaufte] alles, [was] er hatte, bis er [jenes Feld] kaufte. Wiederum, das Reich der Himmel [gleicht einem Kauf]mann, [der] nach Perlen [sucht. Er] fand eine, die gut war; er ging; er ver[kaufte] alles, [was er hatte], bis er jene Perle kaufte.“ Der zweimalige Ausdruck ϣⲁⲛⲧϥϣⲱⲡ entspricht einem griechischen ἕως ἂν ἀγοράσῃ bzw. ἕως ἠγόρασεν mit fast finalem Sinn. Der Standardtext aber hat stattdessen καὶ ἀγοράζει (13,44) bzw. καὶ ἠγόρασεν (13,46).

7. Der vorletzte Einzelpunkt soll der Hinweis auf das Muster einer Art von *conjugatio periphrastica* sein. Das Schema ist ϥⲙⲉϩ ⲟⲩⲏⲣ ⲉϥ- = wörtlich: „wieviel macht er voll, indem er“, und das bedeutet: „wie sehr tut er *das und das*“. So etwas war mir vorher noch nie begegnet, und ich habe es auch jetzt noch nirgends wiedergefunden. Dies Muster wird in mae 2 zweimal, nämlich in den Verhören vor dem Hohenrat und dem Statthalter, und beidemale mit demselben *Verbum compositum* ⲉⲣⲙⲉⲧⲣⲏ, angewendet. Die betreffenden Verse sind:

26,62: ⲧⲟⲧⲏ ϩⲁϥⲧⲟⲩⲛϥ ⲛ̇ϫⲏ ⲡ̣[ⲁⲣⲭⲓⲉⲣⲉ]ⲱⲥ ϩⲁϥⲟϩⲏ ⲉⲣⲉⲧϥ ⲡⲉϫⲏϥ ⲛⲓ̅ⲏ̅ⲥ̅ ϫⲉ [ⲛⲕⲥⲉ]ϫⲏ ⲉⲛ ⲕⲛⲉⲟⲩ ϫⲉ ⲥⲉⲙⲉϩ ⲟⲩⲏⲣ ⲉⲩⲉⲣⲙⲉ[ⲧⲣⲏ ⲉ]ⲣⲁⲕ „Da erhob sich der [Hohepriester]; er trat (in die Mitte) und sprach zu Jesus: ‚Redest [du nicht]? Du siehst, wie sehr sie [gegen] dich Zeugnis ablegen!‘“ Die entscheidende Phrase entspricht übrigens einer griechischen Wendung οὐ λαλεῖς; ὁρᾷς πόσα σου καταμαρτυροῦσιν, und nicht dem οὐδὲν ἀποκρίνῃ τί οὗτοί σου καταμαρτυροῦσιν; des Standardtextes.

27,13: ⲡⲉϫ[ⲉ ⲡⲓⲗⲁ]ⲧ̣ⲟⲥ ⲛⲉϥ ϫⲉ ⲛⲕⲥⲱⲧⲉⲙ ⲉⲛ ϫⲉ ⲥⲉⲙⲉϩ ⲟⲩ[ⲏⲣ ⲉⲩⲉⲣ]ⲙⲉⲧⲣⲏ ⲉⲣⲁⲕ ⲉⲧⲃⲏ ⲟⲩ ⲛⲕⲥⲉϫⲏ ⲉⲛ „[Pilatus] sprach zu ihm: ‚Hörst du nicht, wie [sehr sie] gegen dich Zeugnis [ablegen]? Weswegen redest du nicht?‘“ Hier folgt die Übersetzung von mae 2 in der uns interessierenden Wendung dem Standardtext, nämlich: οὐκ ἀκούεις πόσα σου καταμαρτυροῦσιν;

8. Schließlich sei gleich noch auf ein anderes, aber nur einmal vorkommendes Satzmuster hingewiesen, das mir auch bisher unbekannt war. Es

10 Auch die fayumische Übersetzung (*F5*), die im Übrigen den Standardtext wiedergibt, hat hier einmal (in V. 46) den Limitativ (ϣⲁⲛⲧⲉϥ-).

findet sich in Mt 24,42, der im Ganzen lautet: *ⲕⲉⲥ ⲟⲩⲛ ⲉⲧⲉⲛⲥⲉⲃⲧⲱⲧ* ϫⲉⲛ ⲛ̇ⲧⲉⲧⲉⲛⲥⲁⲟⲩⲛ ⲉⲛ ⲙ̇ⲡⲉϩⲁⲟⲩ ⲉⲧⲉ ⲡϭ︦ⲥ︦ ⲛⲛ[ⲏ]ⲟ̣ⲩ ⲙⲙⲁϥ „*Macht also, dass ihr bereit seid*, denn ihr kennt den Tag nicht, an dem der Herr kommen wird!“ Das heißt, der mit der 3. Pers. fem. suffigierte und als Imperativ verwendete Infinitiv der Verbs ⲕⲱ vertritt hier das an dieser Position und in dieser imperativischen *conjugatio periphrastica* gebräuchliche ϣⲱⲡⲉ (vgl. das ϣⲱⲡⲏ ⲉⲧⲉⲧⲉⲛⲣⲁïⲥ „Werdet wachend!“ gleich im übernächsten Vers [44]). Dieses imperativische Element ⲕⲉⲥ ist mir nun zufällig, und zwar in bohairischer Gestalt als ⲭⲁⲥ, in einer anderen, negativen Imperativstruktur wiederbegegnet, nämlich in Mt 24,4 (bo), wo es heißt: ⲙ̄ⲡⲉⲣⲭⲁⲥ ⲛ̄ⲧⲉ ⲟⲩⲁⲓ ⲥⲉⲣⲉⲙ ⲑⲏⲛⲟⲩ „Lasst es nicht zu, dass euch einer irreführt!“ Und ich würde gern wissen, ob es sich in diesem und/oder jenem Fall doch vielleicht um ganz gebräuchliche Satzmuster handelt.

Wie versprochen, kehre ich zum Schluss zu der Frage der besonderen *Textform* von mae 2 zurück mit dem Versuch, die Tragweite des darüber Erkannten abzuschätzen und gewisse Konsequenzen aufzuzeigen. Wenn mae 2 wirklich die Übersetzung eines anderen griechischen Matthäustextes ist, dann ergeben sich zunächst zwei eng miteinander verbundene grundlegende Erwägungen. *Erste Erwägung*: Es ist in der alten Kirche nur von einem einzigen anderen Matthäustext je die Rede gewesen, und das ist der, der in den etwas verworrenen Nachrichten der Kirchenväter und anderer Quellen über judenchristliche Evangelien auftaucht. Obgleich nun mae 2 nichts von dem bei den Kirchenvätern genannten oder zitierten Sondergut dieser Evangelien enthält, oder vielleicht gerade deswegen, ist es nahe liegend, in dem von mae 2 repräsentierten Matthäustext diejenige Textform zu sehen, die den verschiedenen Ausformungen der judenchristlichen Evangelien zugrunde lag. Dieses Matthäusevangelium aber war, nach den vorliegenden Nachrichten, ursprünglich hebräisch bzw. aramäisch geschrieben. *Zweite Erwägung*: Wenn es zutrifft, wie es m. E. der Fall ist und wie jeder bald selbst sehen kann, sobald die Ausgabe vorliegt, dass die Verschiedenheit zwischen der griechischen Vorlage von mae 2 *einerseits* und dem kanonischen Matthäusevangelium *andererseits* von solcher Art ist, dass weder die Vorlage von mae 2 von dem kanonischen Matthäusevangelium abgeleitet werden kann, noch gar das kanonische Matthäusevangelium von der Vorlage von mae 2 (das Verhältnis zwischen diesen beiden Textformen des Matthäusevangeliums ist eben nicht so, wie das zwischen dem so genannten „westlichen“ Text und dem Standardtext der Apostelgeschichte), liegt es nahe anzunehmen, dass beide Größen zugleich von einer dritten abhängig sind. Und das kann aber wiederum kaum etwas anderes gewesen sein als das schon erwähnte hebräische Matthäusevangelium der Judenchristen.

Was die sekundäre „Anschlussfrage" nach der Reihenfolge der beiden mutmaßlichen Übersetzungen dieses Evangeliums ins Griechische anbelangt, so müsste man wegen des enormen Unterschiedes in der Verbreitung der beiden Versionen annehmen, dass der kanonische Matthäus zuerst (durch einen Prozess von Übersetzung) entstanden ist und die Matthäusversion von mae 2 erst etwas, oder erheblich, später. Die Implikation wiederum, dass also auch unser Matthäusevangelium seine Entstehung einer Übersetzung aus dem Hebräischen verdankt, müsste dazu führen, die so genannte synoptische Frage noch einmal neu zu stellen. Denn die Zwei-Quellen-Theorie, wenigstens in der Gestalt, in der sie unsere Schulweisheit heute bestimmt, nach der ja das Matthäusevangelium in griechischer Sprache auf der Basis zweier griechischer Quellen geschaffen worden sei, ist mit dieser durch den Codex Schøyen neu eröffneten Perspektive unvereinbar.

REZENSIONEN

Rezension zu Hans Jonas: Gnosis und spätantiker Geist I*

Habent sua fata libelli! An diese alte Weisheit fühlen wir uns erinnert, wenn uns die Geschicke des Werkes von Hans Jonas „Gnosis und spätantiker Geist“ enthüllt werden, wie es in den Vorworten zur zweiten Auflage des ersten Teiles und zur ersten Auflage des zweiten Teiles (erste Hälfte) geschieht. Das Werk, von dem die erste Auflage des ersten Teils im Jahre 1934 bei Vandenhoeck & Ruprecht in Göttingen erschienen war, wurde bald darauf mitsamt seinem Autor in den Strudel der Ereignisse hineingerissen, die damals über Deutschland hereinbrachen und das geistige und leibliche Leben des Verfassers wie aller seiner jüdischen Blutsverwandten in Mitteleuropa bedrohten. In seinem bereits veröffentlichten Teil, vor allem aber in dessen geplanter Fortführung, geriet das Werk zwischen die Mühlsteine der Geschichte. Schon 1933 hatte J. Deutschland verlassen und war nach London in die Emigration gegangen. Im Jahre 1935 siedelte er nach Palästina über, wo er seinen neuen Wohnsitz in Jerusalem nahm. Nach dem zweiten Weltkriege wechselte er nochmals Land, Erdteil, Sprache und begab sich nach Ottawa in Kanada. Die räumliche Entfernung vom Wirkungsbereich seiner Jugend und deren Hintergründe bewirkten, dass J. sich auch von dem Arbeitsthema seiner Jugend abwandte und sein Interesse auf ganz andere Problemkreise richtete.

Der erste Teil des Werkes über die Gnosis war inzwischen vergriffen. Und als nach dem Krieg die Frage einer Neuauflage akut wurde, war es aus den genannten persönlichen Gründen dem Verfasser nicht möglich, das Buch auf den neusten Stand der Wissenschaft, die in der Erforschung der Gnosis seit dem Jahre 1934 natürlich weiter fortgeschritten war, zu bringen, das heißt, die seit diesem Zeitpunkt erschienene Literatur organisch einzuarbeiten und die seinem Werk widerfahrene Kritik auszuwerten. Hinzu kam ein sachlicher Grund, der eine solche Bemühung wenig ratsam erscheinen ließ. Um die Jahre 1945/46 war bei Nag Hammadi in Oberägypten der in den letzten Nummern dieser Zeitschrift mehrfach zur Sprache gekommene sensationelle Fund einer ganzen gnostischen Bibliothek gemacht worden,[1] der der Auffindung manichäischer Originalschriften in Chinesisch-Turkestan um die Jahrhundertwende und der Entdeckung der koptischen Manichaica von Medinet Madi in den dreißiger Jahren nicht nur an die Seite trat, sondern sie an Bedeutung bei weitem überbot und eine ganz neue Epoche in der Erforschung der Gnosis einleitete. Verfasser und Verlag kamen dementsprechend überein, einen photomechanischen Nachdruck des Werkes

---

* Bd. I: Die mythologische Gnosis. Mit einer Einleitung zur Geschichte und Methodologie der Forschung, 2. durchges. Aufl., FRLANT.NF 33, Göttingen 1954. In: ThLZ 84 (1959), 813–820.

[1] Vgl. jetzt auch E. Hennecke/W. Schneemelcher, NTApo ³I, 158–271.

von 1934 herauszubringen. Wie es sich bei der angewandten Technik von selbst versteht, wurde der Text der ersten Auflage dabei nur ganz unbedeutend geändert; im Wesentlichen erhielt allein das Inhaltsverzeichnis eine abgewandelte, erweiterte Gestalt, die die Orientierung des Lesers und das Nachschlagen erleichtern soll. Gekoppelt wurde diese zweite Auflage des ersten Teils mit der erstmaligen Veröffentlichung der ersten Hälfte des zweiten Teils des Gesamtwerkes, die auch ihrerseits, ohne Änderungen, so gedruckt wurde, wie sie bereits in den dreißiger Jahren konzipiert worden war. Die noch ausstehende zweite Hälfte des zweiten Teils, deren Ausarbeitung der Verfasser überhaupt noch nicht in Angriff genommen hat und mit deren Drucklegung daher vorerst kaum zu rechnen sein dürfte, soll am Schluss der eigentlichen Darstellung Nachträge mit der Aufarbeitung der seither erschienenen Literatur und die Register bringen.

Wir haben es hier nur mit dem ersten Teil des Gesamtwerkes, der den Untertitel „die mythologische Gnosis“ trägt, zu tun. Dieser Band hat allen Widrigkeiten zum Trotz seinen Weg – wenigstens bei den Theologen und Religionshistorikern – bereits gemacht, was ja schon darin zum Ausdruck kommt, dass infolge der großen Nachfrage eine zweite Auflage dem Verlag als lohnend erschien. Einen großen Anteil an dem Erfolg des Buches hat Rudolf Bultmann, der von Anfang an dem Werk, das einer Geisteshaltung, wie Bultmann selber sie vertritt, entspringt, besonderes Interesse entgegenbrachte, ihm mancherlei Förderung angedeihen ließ und mit seiner ganzen Autorität dafür eintrat. So ist das Buch für einen ganzen Flügel der neutestamentlichen Wissenschaft zum Standardwerk über die Gnosis geworden. Doch auch über diesen Kreis von Forschern hinaus hat es sich Geltung verschafft. Heute gehört es mit Recht für jeden, der sich über die Gnosis äußert, geradezu zum guten Ton, sich auf J. zu beziehen. Der bei alledem nicht zu leugnende Abstand des Werkes von den gegenwärtig brennenden Fragen der Gnosisforschung zusammen mit der allgemeinen Geltung, die es sich in der Fachwelt erobert hat, berechtigen uns, von einer klassischen Darstellung über die Gnosis zu reden. Es tritt damit den Arbeiten so bedeutender Gnosisforscher wie Anz, Bousset, Reitzenstein, Schaeder an die Seite. Und doch ist es hinsichtlich der Zielsetzung und der Methode von den Arbeiten der genannten Gelehrten ganz verschieden. Werke wie das von J. sind typische Erscheinungen am Ende einer Forschungsperiode. Und wir, die wir im Anfang einer neuen Epoche der Erforschung der Gnosis stehen, wo eigentlich alles wieder in Fluss geraten ist, wo all die alten Probleme auf eine erneute Prüfung warten und neue Probleme in Fülle sichtbar werden, tun gut daran, den Inhalt und die Ideen des Buches von J. noch einmal vor unserem geistigen Auge vorüberziehen zu lassen und in Verbindung damit die Frage zu stellen, welche von seinen Gedanken wir als unaufgebbar mit in den neuen Forschungsabschnitt hinübernehmen müssen und in welchen wir dem Verfasser nicht zu folgen vermögen.

J. fühlt sich der Gruppe von Forschern verbunden und zugehörig, die die Gnosis als Ganzes zu durchdringen und zu begreifen suchten,[2] den Forschern,

[2] Das Gegenteil davon ist die Forschungsrichtung, der es im Wesentlichen auf die Erkenntnis der Elemente ankam, d. h. auf das Verständnis der einzelnen gnostischen Systeme und ihrer Entwicklung.

die die Gnosis als einheitliche Größe und als eine Ganzheit im Bereich des spätantiken Synkretismus überhaupt erst erkannt hatten. Mit ihnen betrachtet er die Gnosis als ein vorchristliches Phänomen,[3] das seinerseits aber auf das Christentum eingewirkt hat (S. 6f.). Er rechnet sich im Besonderen zu der Richtung, die den Ursprung der so verstandenen Gnosis im Orient sucht, wie sie vor allem von Bousset und Reitzenstein repräsentiert wurde (S. 8. 20f. 24 Anm. 1. 71). Jedoch bemängelt er, dass man bisher nur die religionsgeschichtliche Forschungsmethode angewendet hatte. J. nennt diese von ihm nicht an sich, sondern nur in ihrer Alleinherrschaft angegriffene Methode die „philologische" oder „motivgeschichtliche". In der bisherigen Forschung hatte man sich auf die Suche nach der Herkunft und Ableitungsmöglichkeit der Einzelvorstellungen beschränkt. Wenn man festgestellt hatte, dass beispielsweise der Dualismus Licht-Finsternis aus dem Iran, der Dualismus Geist-Leib aus dem Griechentum, die Lehre von den Planetenherrschern aus Babylonien stammt, glaubte man den Ursprung der Gnosis im Wesentlichen bereits gefunden zu haben. Man erklärte sich das Zusammenkommen der einzelnen und verschiedenen Vorstellungen verschiedenster Herkunft als einen Überlagerungs- bzw. Verschmelzungsprozess. J. bezeichnet das kritisch und treffend als Chemie oder Alchemie der Ideen und Weltanschauungen (S. 11 .32. 36. 47. 48). Ideen verbinden sich doch nicht in irgendeiner abstrakten Sphäre, sondern in den Köpfen von lebendigen Menschen. Solange die religionsgeschichtliche Methode allein herrschte, musste die geistesgeschichtliche Bewertung der Gnosis negativ ausfallen. Es ging nach dem Mephistowort aus Goethes Faust: „Dann hat er die Teile in seiner Hand, fehlt leider nur das geistige Band".

Um die Erkenntnis eben dieses geistigen Bandes geht es J., d. h., um die Erkenntnis des Grundes in den Köpfen der Menschen, der sie die disparaten Anschauungen aus vieler Herren Ländern zusammenfügen ließ, wodurch die Bedeutung der einzelnen Elemente von dem neuen Ganzen her gewöhnlich eine Umprägung erfuhr. Dazu ist eine ganz neue Methode erforderlich, die die bisher angewandte religionsgeschichtliche, „philologische" Methode und die mit ihrer Hilfe geleistete religionsgeschichtliche Arbeit, die J. im Wesentlichen für abgeschlossen hält, zwar voraussetzt, aber ihrerseits nun ein nochmaliges Durcharbeiten des gesamten Materials fordert. Die neue Methode ist eine philosophische, man könnte auch sagen geistesgeschichtliche. Sie fragt nach der in den menschlichen Geistesprodukten, in unserem speziellen Fall in den gnostischen Texten, sich aussprechenden Auffassung der Menschen von sich selbst und ihrer Umwelt, nach ihrer Daseinshaltung. Die Anwendung dieser Methode auf die Gnosis ist das, was J. in seinem Werke sich vorgenommen hat. Er verzichtet also mit Absicht auf jede religionsgeschichtliche Weiterarbeit an den Texten (S. 83), vertritt aber die Auffassung, dass die Anwendung der philosophischen Methode die Ergebnisse der religionsgeschichtlichen Forschung, die er im Großen und Ganzen übernimmt, abzuwandeln und zu korrigieren in der Lage ist (S. 84).

Unter dem Subjekt der Daseinshaltung versteht J. nun aber keineswegs bloß den empirischen Menschen bzw. eine Gruppe von empirischen Menschen,

---

[3] Den Begriff „Gnosis" definiert er im Abschnitt 5 der Einleitung auf S. 4f.

sondern etwas dahinter liegendes, eine Art intelligibles Ich, das noch nicht in die empirischen Einzel-Ichs zerspalten ist. Dieses Ich befindet sich nicht ganz im sozusagen luftleeren Raum, ist vielmehr an den empirischen Menschen gebunden und wird von der Menschheitsgeschichte in der Bildung seiner Haltung beeinflusst. Von dem Kausalitätszusammenhang der Welt ist es jedoch frei und kann gewissermaßen von außen in ihn hinein wirken (S. 59f. 62 Anm. 1. 2). Nach der Haltung dieses Ich zum Dasein fragt J. Dabei gibt er ausdrücklich zu erkennen, dass er diese Fragestellung an der Existenzphilosophie Heideggers gelernt hat (S. 17 Anm. 1. 90f).

Jede Daseinshaltung des intelligiblen Ich hat empirische, in der Menschheitsgeschichte auftretende Träger bzw. eine ganze Trägerschicht (S. 19. 54. 143). In seiner Auffassung von dem geschichtlichen Wirksamwerden der Gnosis ist J. nach seinen eigenen Worten stark von Spenglers „Problemen der arabischen Kultur" beeinflusst worden (S. 13. 70. 73f). Im Einzelnen vertritt er folgende Meinung: In den Jahrhunderten um die Zeitenwende herum vollzog sich im Osten der alten Mittelmeerwelt spontan und gleich in breiter Front ein gewaltiger geistiger Umbruch. Ein neues Weltgefühl und eine neue, von allen bisherigen verschiedene Daseinshaltung wurden geboren und breiteten sich stürmisch zuerst im Osten, dann auch im Westen aus. Die Träger dieser revolutionären Bewegung waren Völkerschaften und Klassen des Orients, die Jahrhunderte lang unterdrückt waren und nun plötzlich auf dem Gebiet des Geistes und ohne politische Umwälzungen Befreiung und Sieg erlebten (S. 70–75). Das bedeutete den Beginn eines neuen Zeitalters der Geschichte, des Weltzeitalters der Gnosis (S. 64. 253), das das Zeitalter des Griechentums ablöste (S. 141–143) und dem Zeitalter der neueren abendländischen, von den germanischen Völkern getragenen Kultur vorherging (S. 18 Anm. 1). Das die gesamte Spätantike durchziehende Streben der Menschen nach Erlösung, der in den verschiedensten geistigen Produkten der Zeit in unterschiedlichen Formen sich Ausdruck verleihende Zug zur Entweltlichung sind Zeichen und Zeugnisse für den Sieg dieser Bewegung. Der durch eschatologische Strömungen und Entweltlichungstendenz charakterisierte spätantike Geist (S. 258) findet seinen prägnantesten Ausdruck in der Religionsform, die man gewöhnlich Gnosis nennt, und in den ihr zuzurechnenden Texten. Derselbe Geist weht aber in den Mysterienreligionen, im Zauber, im Christentum, bei Philo, bei Origenes, in der Mönchsmystik, im Neupythagoreismus und im Neuplatonismus (S. 5–9). Weil hier derselbe Geist herrscht wie in der eigentlichen Gnosis, wir können auch sagen: dieselbe Daseinshaltung, nennt J. all die genannten Bereiche mit ihren Produkten „gnostisch". In diesem Sinne gilt für ihn die Formel: Gnosis = Spätantiker Geist. Aber nicht nur in der gleichen Grundhaltung besteht das Verbindende des vielschichtigen Geisteslebens der Spätantike, aus dem einen Grund erwachsen vielmehr auch stoffliche Gemeinsamkeiten und strukturelle Übereinstimmungen.

Nach dieser Zusammenfassung der Hauptgedanken des Werkes von J. und nach den Hinweisen darauf, wie er zu ihnen gekommen ist, wenden wir uns dem Gang seiner Darstellung zu. J. will im ersten Band unter den neu von ihm herangetragenen Gesichtspunkten den Stoff der gewöhnlich so genannten Gnosis – J. nennt sie mythologische Gnosis – neu aufarbeiten. Es ist klar, dass zu diesem Zweck das herangezogene Quellenmaterial nicht unbedingt vollständig zu sein braucht (S. 83). Zunächst geht es nun darum, aus den gnostischen Texten die gnostische Daseinshaltung aufzuweisen und darzulegen. Darauf gilt es zu zeigen, wie die großen gnostischen Systeme aus dieser Daseinshaltung entspringen und sie widerspiegeln (S. 12).

Das erste Kapitel leitet zur Lösung der ersten Aufgabe hin, indem es unter der Überschrift „Der Logos der Gnosis“ gnostische Bilder und Metaphern behandelt, in denen sich Weltgefühl und Daseinshaltung der Gnostiker unmittelbarer offenbaren als in den spekulativen Systemen. Auch bekommt man so das allen Spielarten der mythologischen Gnosis Gemeinsame besser in die Sicht, als wenn man von den komplizierten Gedankengebilden ausgeht. Das Material für das erste Kapitel schöpft J. in der Hauptsache aus den mandäischen Texten (S. 94–96). So behandelt er typische Symbole wie z. B. das „Fremde“ (S. 96f.); die „Mischung“ (S. 104); „Fall“, „Sinken“, „Gefangennahme“ (S. 105f.); das „Geworfensein“ (S. 106–109); Angst, Irren, Heimweh (S. 109–113); Betäubung, Schlaf, Trunkenheit (S. 113–118); Ruf und Antwort (S. 120–139).

Im zweiten Kapitel müht sich J. dann darum, die gnostische Daseinshaltung zu erheben (S. 256). Man kann eine Daseinshaltung nun nicht rein und an sich aufweisen, sondern immer nur an und in den Anschauungen, in denen sie sich objektiviert (S. 16). J. entwickelt also unter der Überschrift „die Daseinshaltung der Gnosis“ eine Art allgemeiner gnostischer Normaltheologie. Dabei lässt er sich von den vier Begriffen κόσμος – ψυχή – πνεῦμα – θεός leiten, die er in ihrer Gesamtheit, in ihren Beziehungen zueinander und jeden für sich als eine revolutionäre Konzeption bestimmt (S. 251). Das alles geschieht in – wie der Verfasser es selber nennt – einer mosaikhaften Methode beim Heranziehen von Quellen (S. 187) und in ständiger Konfrontation der gnostischen Bedeutung der Begriffe mit dem Sinn, den sie im Griechentum haben, wodurch das vollkommen Neue und Andersartige der gnostischen Konzeption gezeigt wird: Grundlegend ist der doppelte Dualismus Welt-Gott und Seele-Geist. Die Welt in ihrer Ganzheit wird negativ bewertet. Ihr Gegenpol ist der unweltliche, ja gegenweltliche Gott, der zu der Welt in keinem anderen Verhältnis als dem des radikalen Gegensatzes steht. Diesem Dualismus im Großen entspricht im Menschen der Dualismus von Seele und Geist. Die Seele gehört mit dem Körper zusammen ganz auf die Seite der Welt. Demgegenüber stellt der Geist überhaupt keinen Körperteil dar, sondern ist nichts weiter als ein Punkt, das Prinzip der Erlösbarkeit des Menschen von seiten des gegenweltlichen Gottes. An dieser gnostischen Normaltheologie kann man nun als ihr zugrunde liegend und sich in ihr aussprechend eine Daseinshaltung erkennen, die durch das Moment der Eschatologie und die Tendenz der Entweltlichung bestimmt ist (S. 258). Allerdings arbeitet J. das nicht übermäßig klar heraus, so dass es nicht unverständlich ist, wenn Schoeps urteilt: J. bemüht sich „um eine philosophische Interpretation der gnostischen Existenz und will das in allen Erscheinungen zum Durchbruch kommende Urerlebnis beschreiben. Worin dieses aber nun tatsächlich besteht, habe ich nicht zu erfassen vermocht“.[4] Was J. eigentlich mit dem Kapitel will, kommt relativ am klarsten in dem Abschnitt über das revolutionäre Element der Gnosis (S. 214–251) zum Ausdruck, in welchem auch die gefühlsmäßige Seite der Sache deutlich wird.

[4] ThLZ 81 (1956), 417 Anm. 16.

Mit dem dritten Kapitel wendet J. sich schließlich unter dem Thema „gnostische Mythologie und Spekulation" den großen Systemen zu. Hier verfolgt der Verfasser nun den Zweck, die ausgeprägten Gedankengebilde der Gnostiker als Äußerungsformen der erarbeiteten Grundhaltung dieser Denker verstehen zu lehren und den Übergang zum zweiten Teil seines Gesamtwerkes vorzubereiten, wo er ja nun beweisen muss, dass Philo, Origenes und Plotin in den Bereich der Gnosis gehören (S. 258). Praktisch bietet J. hier die gängigen Systeme nach Typen geordnet (S. 258) und in mehr oder weniger aufschlussreicher Darstellung. Er unterscheidet den iranischen Typus, vertreten durch Mani, und den syrisch-ägyptischen Typus, vertreten von fast allen übrigen Gnostikern (S. 256f.). Der iranische Typus erklärt das Zustandekommen der gegenwärtigen Welt durch einen Kampf des guten mit dem bösen Urprinzip, der syrisch-ägyptische Typus durch Emanation und Verschlechterung (Fallmotiv) aus dem allein vorhandenen guten Urprinzip (Vgl. S. 280).

In dem mandäischen Schrifttum tauchen beide Typen auf. Um den Blick des Lesers für die Unterschiede zu schärfen, stellt J. zuerst die mandäischen Kosmogonien dar (S. 262–283), wobei er die einzelnen den beiden verschiedenen Typen entsprechenden Stücke durch Zusatz der Buchstaben B und A kenntlich macht. Es folgt eine instruktive und äußerst wertvolle Wiedergabe des manichäischen Erlösungsdramas durch eine mosaikartige Zusammenfügung der mit verschiedenen Buchstaben gekennzeichneten Quellen (S. 284–320). Nach einer Erörterung über das Lied von der Perle aus den Thomasakten (S. 320–328) wendet J. sich dem syrisch-ägyptischen Typus der gnostischen Spekulation zu. Er vertritt die Auffassung, dass dieser zweite Typus sozusagen gnostischer sei als der erste. Der iranische Typ sei sehr stark an die vorgegebene persische Mythologie gefesselt (S. 330), während der syrisch-ägyptische Typ eine freie Entfaltung der gnostischen Grundhaltung darstelle (S. 329f.). Die vielen Systeme, die den syrisch-ägyptischen Typ repräsentieren, werden nach dem Geschlecht des Wesens, das zu Fall kommt und mit seinem Fall die Weltentstehung auslöst, in eine männliche und weibliche Gruppe geteilt (S. 335). In der ersten Gruppe stellt J. dar: das System des Baruchbuches des Gnostikers Justin (S. 335–341); die Lehre der Peraten und Sethianer des Hippolyt (S. 341–343); den Naassenerhymnus (S. 343f.); die Lehre des Poimandres (S. 344–348); die Naassenerpredigt (S. 348–351). Als Vertreter der weiblichen Gruppe werden behandelt: das unter dem Namen des Simon Magus überlieferte System (S. 353–357); die Systeme der Barbelognostiker und Ophiten nach Irenäus adv. haer. I 29.30 (S. 360–362); das valentinianische System (S. 362–375), das für J. die ideale Ausprägung des syrisch-ägyptischen Typus (S. 363) und damit die Krönung der mythologisch-gnostischen Spekulation überhaupt darstellt (S. 362).

Nur wer sich selbst um das Verständnis der Gnosis und ihrer inneren Einheit anhand der Quellen bemüht hat und dabei am Gewirr der Vorstellungen und Systeme verzweifelt ist, kann eigentlich den Wert der Hauptidee des Werkes von J. ermessen: In den Systemen findet man die Einheit nicht, sie liegt tiefer, nämlich in der Daseinshaltung der Menschen, die die Systeme schufen. Die Frage nach der Daseinshaltung ist der Schlüssel zum geistesgeschichtlichen Verständnis der Gnosis überhaupt. Hinter diese Erkenntnis können wir nicht mehr zurück. Bei diesem Bekenntnis voller Zustimmung in der Hauptsache glauben wir jedoch nicht verhehlen zu dürfen, dass wir den letztlich idealistischen Zug in dem Verständnis des Verfassers von der Daseinshaltung nicht mit übernehmen können. Für uns sind die Subjekte der Daseinshaltung die empirischen Menschen. Aber diese Einschränkung und, was im Weiteren noch kritisch zu Einzelheiten zu sagen ist, kann unsere positive Stellung zum Wesentlichen nicht entwerten.

Neben der neuen Fragestellung ist das Charakteristischste an den Ausführungen von J. die Ausweitung des Begriffes der Gnosis. Die diesbezüglichen Auffassungen des Verfassers wurzeln letztlich in seiner Geschichtsphilosophie, genauer gesagt in der Theorie, dass um die Zeitenwende herum eine eschatologische und nach Entweltlichung strebende Daseinshaltung erwacht, die es vorher nicht gegeben hatte und die später nicht noch einmal neu entstehen konnte. Wenn das richtig ist, muss diese Daseinshaltung, wo immer sie auftritt, aus dieser einen Wurzel stammen; und da sie sich zuerst und am deutlichsten in der eigentlichen Gnosis Ausdruck verleiht, kann man mit Fug und Recht auch die anderen Bereiche, in denen sie zu Tage tritt, „gnostisch" in weiterem Sinne nennen.

Es erhebt sich indessen eine erdrückende Fülle von Argumenten gegen diese Geschichtskonstruktion. Beginnen wir mit dem Leitbild, das J. vom Griechentum hat. Dieses Bild ist eigentümlich starr. Praktisch ist für ihn das Griechentum mit der Philosophie des Aristoteles und der Stoa identisch (Z. B. S. 42f. 141–143. 146). Nach diesem Kanon werden alle anderen Äußerungsformen des griechischen Geistes ausgelegt, insonderheit Plato (z. B. S. 144). Nun ist ja bekannt, dass die Platodeutung ganz allgemein sich zwischen der aristotelischen und der neuplatonischen Interpretation als ihren Grenzmöglichkeiten bewegen muss. Das Verständnis Platos bei J. ist – wie wir meinen zu Unrecht – extrem aristotelisch. Der Pessimismus bei den Griechen und anderswo wird entsprechend in den der Gnosis verwandten Zügen bagatellisiert (S. 151. 165).[5] Und trotz allem kann J. nicht umhin, Tatsachen – bei ihm natürlich am Rande – anzuerkennen, die dieses Leitbild vom Griechentum zerstören. J. vermerkt selbst, dass in hellenistischer Zeit die aristotelisch-stoische Philosophie nur die Weltanschauung der Gebildeten war. Unterhalb dieser Schicht hat es doch aber auch Griechen gegeben, deren Daseinshaltung nur weniger leicht feststellbar ist. Aber Papyri und Graffiti z. B. machen eine solche Erhebung durchaus möglich und würden ein ganz anderes Bild zeigen. Dass die griechischen Handwerker, Geschäftsleute und Soldaten der Modephilosophie der Oberschicht huldigten, ist ja auch von vornherein unwahrscheinlich. Die Orphik andererseits zeigt deutlich einen Zug von Entweltlichung und Transzendenz (S. 144. 251), wie er ja für die Gnosis so kennzeichnend ist. Und auch im Platonismus lassen sich – wie J. einzuräumen genötigt ist – Elemente von Dualismus, Pessimismus, Transzendenz und Mystik mühelos feststellen (S. 245. 42).

Nicht weniger reformbedürftig ist das Bild, das J. sich von der iranischen Weltanschauung macht. Im Grunde setzt er sie einfach dem orthodoxen Parsismus gleich (S. 42). Die neuere Iranistik und Religionsgeschichte, insbesondere die

[5] Nicht anders ergeht es übrigens dem indischen Nihilismus (S. 150. 153).

Arbeiten der Uppsala Schule – vertreten durch Namen wie Nyberg,[6] Olerud,[7] Hartman,[8] Widengren[9] – haben jedoch eine Vielfalt und Vielschichtigkeit im religiösen Leben des alten Iran nachgewiesen.

Wie Griechentum und Persertum schematisiert und typologisiert J. nun auch die Gnosis selbst, um sie dann als völlig andersartig ihnen gegenüberstellen zu können. In dem für diese Frage zentralen zweiten Kapitel seines Buches entwickelt er die allgemeine Weltanschauung der Gnosis so prinzipiell und fasst ihren Dualismus so überspitzt, dass kein konkretes System dem mehr entspricht. Das heißt, eine gnostische Weltanschauung von solcher gedanklichen Schärfe und Radikalität hat es nie gegeben. Ganz deutlich wird das, wenn J. in diesem Kapitel konkrete Systeme als Belege heranzieht, z. B. das des Marcion (S. 173–175. 230f.), oder die Emanationslehren (S. 186–190), besonders die Emanationslehre der Valentinianer (S. 189), wobei immer nur jeweils ein Moment passt und alles übrige dem von J. vorher Ausgeführten widerstreitet. In gewissem Sinne muss man hier J. eben das vorwerfen, was er seinen Vorgängern zum Vorwurf machte: auch er selbst treibt Chemie der Weltanschauungen; seine Vorgänger trieben chemische Synthese, er selbst chemische Analyse; er stellt die gnostische Weltanschauung chemisch rein in der Retorte dar. Dabei haben wir gegen das Verfahren an sich gar nicht einmal etwas einzuwenden. Natürlich darf man ein Geistesprodukt radikaler verstehen, als es sein Autor gemeint hat. Es ist aber u. E. nicht zulässig, daraus ohne weiteres historische Schlüsse zu ziehen.

Über J. hinaus führt weiterhin eine Erkenntnis, die er selbst andeutet, aber nicht auswertet, nämlich dass die Daseinshaltung gar nichts Starres ist, sondern etwas, das sich zu entwickeln und zu verändern vermag, wie sich auch ihre Objektivationen als Folge davon entwickeln und verändern. Konkret versteht J. den hellenistischen Fatalismus als eine Vorstufe der gnostischen Erlösungsidee (S. 224–226). Das Christentum entspringt einer derjenigen der Gnosis verwandten Daseinshaltung (S. 80–82).

Aus alledem ergibt sich für uns im Unterschied zu J., dass die verschiedenen möglichen und verwirklichten Daseinshaltungen nicht sprunghaft-epochenweise auftreten, sondern wir vielmehr eine kontinuierliche Skala von Daseinshaltungen anzusetzen haben, deren einzelne Möglichkeiten je nach den Umständen an verschiedenen Orten und zu verschiedenen Zeiten unabhängig von einander realisiert werden können. So liegt u. E. der Orphik, dem Platonismus und der indischen Mystik die gleiche oder eine ähnliche Daseinshaltung wie der Gnosis zugrunde. Auf den von J. verwendeten weiten Begriff der Gnosis und seinen Grund bezogen heißt das: Es besteht kein Anlass, von der gewöhnlichen Auffassung dieses Begriffes abzugehen. Mit demselben Recht wie „gnostisch" könnte man die

---

[6] Henrik Samuel Nyberg, Die Religionen des alten Iran, MVÄG 43, Leipzig 1938.

[7] Anders Olerud, L'idee de macrocosmos et de microcosmos dans le Timee de Platon, Uppsala 1951.

[8] Sven S. Hartman, Gayōmart, Étude sur le syncretisme dans l'ancien Iran, Uppsala 1953.

[9] Geo Widengren, Stand und Aufgaben der iranischen Religionsgeschichte, Numen 1 (1954), 16–83; Numen 11 (1955), 47–134; Der iranische Hintergrund der Gnosis, ZRGG 4 (1952), 97–114.

Spekulationen eines Origenes und Plotin auch „orphisch" oder „indisch-mystisch" nennen.

Nun ist für J. die sachliche Zusammengehörigkeit von mythologischer und philosophischer Gnosis auch in bestimmten formalen Ähnlichkeiten der Systeme begründet, vor allem in der Ähnlichkeit des valentinianischen Systems mit dem des Plotin (S. 375). Diese Ähnlichkeit, deren Nachweis J. allerdings noch nicht erbracht hat, wäre von einigem Belang nur dann, wenn das valentinianische System als vollkommenste Ausprägung der Emanationssysteme tatsächlich den gnostischsten Charakter aufwiese, wie J. behauptet (S. 362f.). Wie J. zu dieser Behauptung kommt, ist uns jedoch unerfindlich. Die Emanationssysteme sind doch nicht weniger von vorgegebenem mythischen Material abhängig als der Manichäismus (vgl. S. 329f.). Wenn also wesentliche Ähnlichkeiten zwischen Valentin und Plotin wirklich bestehen, dann können wir dafür mit Baur nur den beiden gemeinsamen griechischen Einfluss verantwortlich machen (S. 375).

Noch ein Wort sei zu dem kollektivistischen Zug der Theorie von J. über die Entstehung der Gnosis gesagt. J. legt allerdings kein allzu großes Gewicht darauf. Wie die Parallele mit dem Christentum zeigt (Vgl. S. 80–82), muss es sich u. E. bei der Geburt der gnostischen Weltanschauung wie bei der Geburt jeder religiösen Bewegung um eine Wechselwirkung von Individuum und Kollektiv gehandelt haben.

An einem Punkte hat J. – wie wir erfahren – seine Meinung mehrmals geändert. 1954 vertritt er im Vorwort zur zweiten Auflage des ersten Teils seines Jugendwerkes die Meinung, dass man den positiven Anteil des Judentums an der Entstehung der Gnosis in Zukunft nicht mehr übergehen dürfe, wie dies in seinen Ausführungen noch geschehen sei (S. X). In seinem neuesten Buch über die Gnosis erwähnt er indessen beiläufig,[10] ihn habe noch nichts von alledem, was bisher dafür ins Feld geführt worden sei, von dem jüdischen Ursprung der Gnosis überzeugen können.[11]

[10] Hans Jonas, The Gnostic Religion: The Message of the Alien God and the Beginnings of Christianity, Boston/New York 1958.

[11] Nach einer brieflichen Mitteilung von Wilson (St. Andrews). Ich selbst habe das Buch leider noch nicht in die Hände bekommen können.

Rezension Zu Hans Jonas: Gnosis und spätantiker Geist II,1*

Der zweite Teil (erste Hälfte) des Werkes von Hans Jonas „Gnosis und spätantiker Geist" mit dem Untertitel „Von der Mythologie zur mystischen Philosophie" zielt auf eine Interpretation der Gedanken des Philo, des Origenes, des Plotin und der Mönchsmystik als Äußerungen des spätantiken gnostischen Geistes, auf die im ersten Teil wiederholt vorverwiesen war. Dabei reicht die Darstellung selbst in II,1 nur bis zu Origenes; Plotin und die Mönchsmystik bleiben dem noch ausstehenden Band II,2 vorbehalten. Trotzdem durchziehen der Ansatz und die Tendenz der Behandlung des Plotin und der Mönchsmystik natürlich schon den ganzen Bd. II,1. Die Gedanken eines Philo, eines Origenes, eines Plotin und der Mönchsmystik werden als gnostisch aufgefasst und gedeutet, weil und insofern als sie Objektivationen derselben Daseinshaltung sind, die sich auch in den mythologischen Systemen der eigentlichen Gnostiker Ausdruck verschafft. Nun stehen aber die Gedanken der genannten Denker als Objektivationen der durch die Entweltlichungstendenz gekennzeichneten Daseinshaltung nicht einfach auf derselben Ebene wie die gnostischen Kunstmythen, sondern bilden diesen gegenüber eine höhere Objektivationsstufe, die die mythologische Stufe voraussetzt und ihr daher notwendig zeitlich folgt. Die höhere Stufe wird allerdings erst von Plotin wirklich erreicht; Philo und Origenes bilden den Übergang von der niederen zur höheren Stufe.

Die mythologische Objektivationsstufe ist gekennzeichnet durch eine Kluft zwischen menschlichem Tun und der Erlösung; die Ethik ist für die Erlösung belanglos, und die Erkenntnis kann die Erlösung nur gedanklich vorwegnehmen, nicht aber tatsächlich vollziehen. Der Wunsch nach menschlicher Vollziehbarkeit der Erlösung ist der Stachel, der zu einer neuen Objektivation derselben gnostischen Daseinshaltung treibt. Die Erfüllung dieses Wunsches ist aber innerhalb des Mythus als solchem, der dem Subjekt ein objektiv sich vollziehendes Geschehen gegenüberstellt, unmöglich. Das System – J. hat dabei stets das Emanationssystem der Valentinianer vor Augen – muss entmythisiert werden, wodurch es aus Mythus zu Metaphysik, und zwar zu mystischer Metaphysik, verinnerlicht wird. Die Verinnerlichung besteht darin, dass nun bei Plotin im Recht handelnden Subjekt und durch das rechte Handeln dieses Subjekts sich die Erlösung vollzieht, in der die Bewegung vom Einen in die Vielheit rückgängig gemacht wird und das Eine wieder zu sich selbst zurückkehrt. Das rechte Handeln besteht in Ethos und Gnosis; die Gnosis aber muss in Anpassung an ihren höchsten Gegenstand, das unerkennbare Ur-Eine, in der Ekstase gipfeln, die ihrerseits auch wieder ein Phänomen des Ethos ist. So hat der Band II,1 – was neben den zu behandelnden Denkern die zu erörternden Sachverhalte anbetrifft – die mystische Ekstase (S. 21)

---

* Bd. II, 1: Von der Mythologie zur mystischen Philosophie, FRLANT.NF 45, Göttingen 1954. In: ThLZ 85 (1960), 657–661.

und den entsprechenden gnostischen Tugendbegriff (S. 22) zum Hauptgegenstand. Der letzte Sinn der so skizzierten Konzeption ist die teils an die Phänomene der Spätantike herangetragene, teils an ihnen gewonnene Überzeugung, dass sich in der Daseinshaltung der Gnosis bestimmte Grundbestimmungen des Menschseins besonders auswirken, nämlich die Weltbesessenheit und die Weltüberfremdung des Daseins. Dieser Grundbestimmungen kann der Mensch sich zunächst nur bewusst werden, indem er sie vergegenständlicht (im gnostischen Mythus), wodurch er sie eigentlich verfehlt. Der Prozess ihrer Bewusstwerdung führt über die verinnerlichte Gegenständlichkeit mystischer Metaphysik, die als Objektivation den Daseinsphänomenen immer noch letztlich unangemessen ist, schließlich zu der Daseinsanalyse Heideggers (S. 13. 18).

Die Durchführung dieser Hauptgedanken im Einzelnen beginnt mit einleitenden Betrachtungen „zum Problem der Objektivation und ihres Formwandels" (S. 1–23). Es ist im Wesentlichen von dem die ganzen sonstigen Ausführungen tragenden und die beiden Teile des Werkes verklammernden Verhältnis zwischen Daseinshaltung und Objektivation überhaupt, und speziell zwischen der gnostischen Daseinshaltung und ihren verschiedenen Objektivationen die Rede.

Kapitel 1 behandelt dann „die Auflösung des antiken ἀρετή-Begriffs im Bereich der Gnosis" (S. 24–43). Neben vielfältiger Wiederaufnahme von schon im ersten Teil Gesagtem bietet J. einen die gemeinte Sache m. E. etwas verzeichnenden Abschnitt über „ἀρετή im Gemeindechristentum" (S. 31–35) und eine ziemlich interessante Ausführung über „ἀρετή bei Philo von Alexandrien" (S. 38–43). Der Sinn des Kapitels im Gesamtzusammenhang ist der Aufweis, dass, weil in der mythologischen Gnosis und in verwandten Erscheinungen spätantiker Geistigkeit kein Platz mehr für die Tugend als Selbstvollendung innerhalb dieser Welt ist, ein peinlicher und merklicher Mangel entsteht, insofern als das natürliche Streben des Menschen nach eigener Aktivität in der Heilsverwirklichung unter den veränderten Bedingungen nicht mehr sinnvoll in die Seinsordnung einbezogen werden kann.

Der Auffüllung dieses Mangels kommen wir um einen Schritt in Kapitel 2 näher, das über „Vorwegnahme des ἔσχατον und die Ausbildung eines gnostischen ἀρετή-Begriffes" handelt (S. 43–65), speziell in Bezug auf die Mysterienreligionen. Die Mysterienreligionen haben für J. eine außerordentliche Bedeutung, nicht nur weil er glaubt, wahrscheinlich machen zu können, dass sie in ihrer Theorie nach und nach mit gnostischen Gedanken durchsäuert wurden, sondern weil er in ihrer Praxis, sonderlich der Ekstase und den Ansätzen einer darauf ausgerichteten asketischen Tugend, Elemente sieht, die, wenn sie nur mit der richtigen Metaphysik verbunden werden, die auf einer höheren Stufe gnostischer Objektivation notwendigen Mittel der Selbstverwirklichung der Erlösung seitens der Menschen abgeben können.

Kapitel 3 hat dann „Gotteserkenntnis, Schau und Vollendung bei Philo von Alexandrien" zum Gegenstand (S. 70–121). Dabei behandelt J., nachdem er die hauptsächlichsten Widersprüche, die sich bei Philo hinsichtlich der Erkennbarkeit Gottes finden, zusammengestellt hat, ins Einzelne gehend zunächst gesondert die theoretische Gotteserkenntnis und schließlich die mystische Gotteserkenntnis. Philo erweist sich für J. als, wenn auch nicht durchweg so doch weitgehend, von gnostischen Gedanken bestimmt, d. h. von Gedanken, die gnostischer Daseinshaltung entspringen und diese widerspiegeln.

Kapitel 4 trägt die Überschrift „Vom zweiten zum dritten Jahrhundert, oder: Von der mythologischen zur philosophisch-mystischen Gnosis" (S. 122–170). Hier bemüht sich J. systematisch um den Nachweis, dass die Systeme der mythologischen Gnosis wesentlich unvollkommen sind, weil sie dem Menschen als dem Objekt der Erlösung keine Möglichkeit der Mitvollziehung der Erlösung zuerkennen können. An diesem Mangel muss die Gnosis zugrunde gehen, wenn es ihr nicht gelingt, auf einer höheren Stufe der Spekulation Systeme hervorzubringen, die die Vollziehbarkeit der Erlösung durch den Menschen einschließen. Dabei ist sich J. durchaus bewusst, dass seine diesbezüglichen Darlegungen nur haltbar sind, wenn es gelingt, einen Einwand, der sich sogleich einstellt, auszuschalten: Auch das Judentum und das Christentum erkennen ja in ihren edelsten Formen dem Menschen keinen Anteil an der Bewirkung der Erlösung zu und haben dennoch Bestand gehabt. J. widerlegt diesen Einwand anhand eines Vergleichs von den in Frage kommenden Zügen der mythologischen Gnosis und des Juden- und Christentums, der zeigen soll, dass der bezeichnete Sachverhalt dem Juden- und Christentum wesentlich sei, nicht aber der Gnosis.

Das mit „Die Systeme des dritten Jahrhunderts: Origenes" (S. 171–223) überschriebene Kapitel 5 bringt schließlich eine dankenswerte Darstellung der Lehre des Origenes nach De Principiis und eine Erörterung über die gnostischen Züge dieser Lehre.

Zur Würdigung und Kritik der Gesamtanschauung von J. verweise ich auf meine Besprechung von Teil I (2. Aufl.). Hier sollen nur einige Bedenken geäußert werden, die sich speziell auf Bd. II,1 beziehen. Der Aufbau dieses Teils mit seiner Mischung von mehr systematischen (Kap. 1, 2 und 4) und mehr historischen Kapiteln (Kap. 3 und 5) will nicht recht glücklich erscheinen. Vielleicht hängt das letztlich auch mit einer tiefen Widersprüchlichkeit zusammen, die das ganze Buch durchzieht, anscheinend ohne dass J. sich dessen bewusst ist: Entweltlichungstendenz und Vollziehbarkeit der Erlösung durch den Menschen sind nämlich in Wirklichkeit gegensätzlich wirkende Prinzipien: je mehr Entweltlichungstendenz, desto weniger Vollziehbarkeit, und umgekehrt. Danach hätten wir bei Plotin im Vergleich zu Valentin zwar eine höhere Form der Spekulation, die aber mit einer Erweichung bzw. Entfernung der ursprünglichen weltfeindlichen Daseinshaltung erkauft ist. Überhaupt vermag man nicht überall gnostische Daseinshaltung zu erkennen, wo J. sie findet. Negative Theologie bei Philo z. B. ist allein noch kein sicheres Anzeichen dafür (vgl. S. 75,2. 79. 98).

Ein unüberwindliches Hindernis bietet die eschatologische Daseinshaltung des Juden- und Christentums für die Durchführung der Konzeption von J. Auch diese Haltung weist ja, wie J. zugibt (S. 48), die Entweltlichungstendenz auf. Man hat deutlich den Eindruck, dass J. nicht so recht weiß, wie er diese jüdische und christliche Haltung seiner Theorie einordnen soll. Wo er einen Teilaspekt, nämlich die Nichtvollziehbarkeit der Erlösung von seiten des Menschen, mit dem entsprechenden Aspekt der mythologischen Gnosis vergleicht, um eine wesentliche Differenz zwischen der jüdisch-christlichen und der gnostischen Sicht herauszuarbeiten (S. 130–143), sind die Ausführungen alles andere als überzeugend.

Eine weitere Schwierigkeit stellt das System des Mani dar (S. 175), ohne dass diese Tatsache J. deutlich zum Bewusstsein kommt. Wenn die mythologische Gnosis im valentinianischen System ihre Vollendung erreicht hat und die Entwicklung nur in Richtung auf Plotin weitergehen kann, wie soll man dann Mani und die Lebendigkeit seiner Gemeinde historisch verstehen? Der Valentinianismus ist übrigens für J. in erster Linie deswegen die Krönung der mythologischen Gnosis, weil von hier aus der Gedankensprung zu Plotin als möglich erscheint. Man würde den Valentinianismus, wenn wir ihn im Sinne von J. nach der ursprünglichen gnostischen Daseinshaltung beurteilen wollten, eher als ein Verfallsprodukt der Gnosis kennzeichnen, weil die bestechende Systematik auf Kosten der Radikalität in der Daseinshaltung geht. Hier muss nämlich ein Sachverhalt angemerkt werden, den J. überhaupt nicht beachtet und der dennoch von ganz entscheidender Bedeutung ist: Die Objektivation wirkt auf ihre Basis, die Daseinshaltung, zurück (soweit ist das auch die Meinung von J.); Veränderungen in der Sphäre der Objektivation müssen also, sofern sie ihrerseits nicht schon in einer Veränderung der Daseinshaltung begründet sind, eine Änderung in der Daseinshaltung zur Folge haben.

Ein weiterer Einwand richtet sich gegen die Behauptung bzw. Voraussetzung, dass innerhalb der mystischen Philosophie, im Unterschied zur Mythologie, der Mensch die Erlösung nicht bloß glaubt, sondern bereits zu Lebzeiten tatsächlich erfährt (S. 163. 165. 168). J. deutet doch wiederholt selbst an, dass die Bedeutung dessen, was der Mensch tut, wesentlich von seiner Interpretation im Rahmen des Gesamtsystems abhängt. Das Tun an sich ist mehrdeutig. Wenn ein Mensch zur Vorbereitung auf eine Ekstase oder überhaupt körperliche und geistige Askese betreibt, erlebt und erfährt er in diesem Tun als solchem keinen Aufstieg zum Ur-Einen bzw. keine Erlösung. Erlösung ist das Tun für ihn nur dann, wenn er dazu noch beispielsweise die Weltanschauung Plotins teilt. Auch er *glaubt* letztlich nur, die Erlösung zu erfahren. Wie groß der Unterschied zwischen der mythologischen Gnosis und der mystischen Philosophie hinsichtlich der Vollziehbarkeit der Erlösung durch den Menschen auch sein mag, er wirkt sich jedenfalls nicht darin aus, dass das Erlebnis der Erlösung in der mystischen Philosophie „wirklicher", in der mythologischen Gnosis weniger wirklich wäre. Einmal unterläuft J. schließlich sogar auch in der Argumentation ein Zirkel, wenn er nämlich ausführt, dass die Entwicklung der Theorie in den Mysterienreligionen im Sinne des Zeitgeistes, nämlich in Richtung auf die Gnosis, erfolgt sei (S. 65–69), während der Sinn seines Gesamtwerkes über die Gnosis doch gerade ist, erst nachzuweisen, dass die Gnosis der Zeitgeist der Spätantike war.

Rezension zu Martin Krause/Pahor Labib: Die drei Versionen des Apokryphon des Johannes im koptischen Museum zu Alt-Kairo*

Die philologische und religionsgeschichtliche Bearbeitung einer der wichtigsten Schriften der christlichen Gnosis, eben des Apokryphon Johannis (AJ), kann jetzt endlich ohne jede Hemmung vorangehen, nachdem auch die drei Versionen aus dem Fund von Nag Hammadi in einer sorgfältigen und verlässlichen Edition, die wir K./L. verdanken, vorliegen; die einzige sonst noch vorhandene Version, die des Berliner Papyrus 8502 (BG), ist schon seit 1955 bekannt.[1] Die drei Kairoer Versionen, eine kurze (wie die in Berlin) und zwei längere, finden sich in den Nag Hammadi Codices III (Kurzform), II (Langform), IV (Langform); das sind die Nummern des Koptischen Museums, auf die wir uns umstellen müssen; bisher bezeichnete man die betreffenden Codices meist als CG I, CG II und CG VII.[2] Die Version des Codex III war im Großen und Ganzen schon länger durch den textkritischen Apparat von Till's Ausgabe der Berliner Version bekannt. Durch Veröffentlichung von Photographien war auch der Text aus Codex II bereits vorher bekannt.[3] Wozu man aber bisher nur mit einiger Mühe Zugang fand, das ist jetzt bequem benutzbar. Ganz unbekannt war bislang die Version des schlecht erhaltenen Codex IV. Mit der Erschließung und Bereitstellung dieses Textes durch mühevolles Zusammensuchen und Zusammensetzen der einzelnen Fragmente hat sich K. ein besonderes Verdienst erworben.

Der eigentlichen Edition vorangestellt ist eine Art neuer Bestandsaufnahme der äußeren Daten von Nag Hammadi Codex I–VI (S. 5–36). In der einleitenden Erörterung über die drei Versionen des AJ (S. 37–53) findet sich innerhalb der Beschreibung der einzelnen Blätter und Fragmente relativ häufig eine missliche Vertauschung in der Zählung der Fragmente zwischen recto und verso ein und desselben Blattes; ein und dasselbe Fragment wird bei der Beschreibung der Vorderseite etwa als Nr. 1 gezählt, bei der Beschreibung der Rückseite aber etwa als Nr. 2. Das ist bei folgenden Blättern und Fragmenten der Fall: C. II 1/2 Fragm. 1 u. 2; C. IV 3/4 Fragm. 1 u. 2; 5/6 Fragm. 2 u. 3; 21/22 Fragm. 1 u. 2; 33/34 Fragm. 4 u. 5; 35/36 Fragm. 2 u. 3; 37/38 Fragm. 2 u. 3; 41/42 Fragm. 2 u. 3; 43/44 Fragm. 1 u. 3; 45/46 Fragm. 1 u. 3; 47/48 Fragm. 1 u. 2. Diese Vertauschung hängt natürlich damit zusammen und kommt so zustande, dass K. die nur fragmentarisch erhaltenen Blätter, deren Fragmente bei der ersten vorläufigen Konservierung

* ADAI.K 1, Wiesbaden 1962. In: OLZ 59 (1964), 548–553.

[1] Walter C. Till, Die gnostischen Schriften des koptischen Papyrus Berolinensis 8502, TU 60, Berlin 1955.

[2] Z. B. Till, Die gnostischen Schriften, 9f.

[3] Pahor Labib, Coptic Gnostic Papyri in the Coptic Museum at Old Cairo, Vol. I, Cairo 1956, Taf. 47–80.

zwischen verschiedene Plexiglasscheiben geraten sind, nicht richtig zusammensetzen durfte, sondern sich mit dem Zusammensetzen der Photographien behelfen musste (so wurden aus einem Blatt zwei gewissermaßen isolierte Seiten), und dass K. im Zusammenhang damit und auch sonst die Fragmente nicht als Fragmente je eines Blattes mit recto und verso betrachtet, sondern als Fragmente zweier isolierter Seiten, wobei er dann die Fragmente jeder Seite konsequent von links nach rechts zählt. K. versichert in einem an den Herausgeber gerichteten Schriftstück, wie ich nachträglich erfahre, diese nicht am Blatt, sondern an der Einzelseite orientierte Betrachtungs- und Zählweise mit ihren offenkundigen Nachteilen bewusst gewählt zu haben, und hält sie auch jetzt noch für das – unter den gegebenen Umständen – beste Verfahren. Die Darbietung des Textes der drei Versionen selbst erfolgt nacheinander (C. III = S. 55 bis 108; C. II = S. 109–199; C. IV = S. 201–255). Jede der drei Versionen wird übersetzt. Auf jeder Quartseite der Edition steht links der Text Blatt für Blatt und Zeile für Zeile wie in dem betreffenden Codex, jeweils rechts daneben ebenfalls blatt- und zeilenweise die wortwörtliche Übersetzung, und unter den beiden Kolumnen ein textkritischer Apparat. Diese Seitenausnutzung bringt es mit sich, dass viele Zeilen des Textes wie der Übersetzung abgeteilt werden mussten. Dadurch wird der Text unübersichtlich, was besonders dann störend wirkt und ein unklares Bild ergibt, wenn die Zeilenenden gar nicht erhalten, sondern ergänzt sind.

Was die Darbietung des erhaltenen koptischen Textes anbelangt, so kann man natürlich über die zweckmäßigste Worttrennung, sei es überhaupt, sei es in diesem und jenem Fall, streiten. Unmöglich aber ist es, den Artikel vom Beziehungswort zu trennen (III 33,25; 36,6; II 2,23; 21,7; IV 3,20), und natürlich kann man nicht abtrennen ϭⲓ ⲛ̄- (II 20,22). Es finden sich auch sonst noch gelegentlich eindeutige Fehler in der Worttrennung, z. T. auf Missverständnissen des Textes beruhend.

Der textkritische Apparat ist zweifellos mit Fleiß gearbeitet, aber er ist unterschiedlich: bei C. II sehr ausführlich, bei C. IV ganz knapp, bei C. III von zunehmender Ausführlichkeit. Die in ihm gemachten Angaben über die Entsprechungen sind, wie meine Nachprüfungen ergeben haben, oft nicht genau genug. Mehr als die Hälfte der Angaben bestehen überdies nur in einem bloßen Verweis auf die entsprechende Stelle bei den jeweils anderen Versionen; d. h., man muss doch nachschlagen, und das könnte man auch ohne Apparat. Es fehlt ein klares, sinnvolles Prinzip und dessen genaue Befolgung. Die Uneinheitlichkeit und das Unbefriedigende des Apparats hängen zunächst einfach damit zusammen, dass die drei Versionen nicht nebeneinander, sondern nacheinander dargeboten werden; die letzte Wurzel aber ist, dass jeweils die Unterschiede der drei anderen Versionen zu der einen als Text zu bietenden schlechterdings zu groß sind, um in Form eines Apparats wirklich sinnvoll aufgeführt werden zu können. Die von der Sache geforderte Form der Konfrontation je einer Version mit den drei anderen ist m. E. überhaupt nicht die Form eines textkritischen Apparats, sondern die Form einer Synopse.

Die Ergänzungen der Textlücken sind, wo sie sich nicht mit Notwendigkeit aus einer erhaltenen Parallelstelle ergeben, nicht immer hieb- und stichfest. K. ergänzt oft schematisch, was nur zu leicht zu Verstößen gegen die Gesetzmäßigkeiten der koptischen Sprache führt; z. B.: III 29,13 statt ⲁⲥϩⲟⲡⲥ ⲙ̄ⲙⲟⲥ muss es heißen ⲁⲥϩⲱⲙ ⲙ̄ⲙⲟⲥ; III 29,15 ⲃⲏⲧⲥⲡⲓⲣ geht, nicht, weil davor der maskuline Possessivartikel steht, abgesehen davon, dass mit ⲉⲧⲙⲙⲉⲩ kein neuer Satz anfangen kann; l. ⲥⲡⲓⲣ ⲧϭⲟⲙ; III 39,21 statt ⲧⲁϩⲉⲥ muss es heißen ⲧⲁϩⲟ; II 1,20f. statt ⲉⲉⲓϫⲟ]ⲟⲥ muss es heißen ⲁⲓϫⲟ]ⲟⲥ; II 3,18 ⲉϥⲕⲁⲑⲁⲣⲟⲛ ist unmöglich, l. ⲛ̄ⲕⲁⲑⲁⲣⲟⲛ; II 3,2f. u. IV 4,8f. ist sicher falsch ergänzt, mit (ⲛ̄)ⲟⲩⲁⲁ(ⲧ)ϥ kann der neue Satz unmöglich anfangen, l. etwa ⲉⲣⲉ ⲟⲩⲟⲛ ⲛⲓⲙ ϣⲟⲟⲡ ⲛ̄ϩⲏⲧϥ (ⲛ̄)ⲟⲩⲁⲁ(ⲧ)ϥ; IV 5,26 muss sicher zu [ⲟⲩ(ⲙⲛⲧ)ⲁⲕ]ⲉ[ⲣ]ⲁⲓⲟⲥ ergänzt werden; IV 48,8; ϣⲟⲩⲉ [ⲉϫⲱ]ϥ ist unmöglich, l. etwa ϣⲟⲩⲉ [ⲥⲛⲟ]ϥ; usw. Mit besonderer Vorsicht sind alle Ergänzungen am Anfang von C. II und IV, wo beide nur fragmentarisch erhalten sind, zu betrachten. Der Schematismus zeigt sich übrigens nicht nur bei den Ergänzungen, sondern auch in der Verwertung der Ausgabe und Übersetzung von Till. Das wird am deutlichsten II 1,19, wo in der Übersetzung das Wort ἱερόν auftaucht, das im koptischen Text von C. II überhaupt nicht vorkommt, vielmehr aus der Till'schen Übersetzung des Berliner Codex stammt (BG 20,5); weiter bei der Behandlung von ϩⲓⲧⲙ̄ ⲡϯ. K. fasst unter Berufung auf Till (App. zu III 11,16) ⲡϯ als Kurzschreibung von ⲡⲛⲟⲩⲧⲉ auf (vgl. Index S. 264). Den Ausdruck ϩⲓⲧⲙ̄ ⲡϯ übersetzt er auch III 11,16 und II 8,24 mit „durch Gott", III 12,19.21.25; II 7,32 und IV 12,4 aber mit „auf Veranlassung Gottes". Wie kommt K. auf „Veranlassung"? Sollten hier gewisse Angaben Tills, nämlich: Die gnost. Schr., S. 105 App. Z. 9f.; S. 109 App. Z. 4f. 9f.; und besonders S. 300f., wo zum Ausdruck kommt, dass ⲡϯ an sich als „die Veranlassung" oder als „Gott" verstanden werden könnte, eingewirkt haben, K.s Übersetzung hier also letztlich auf einer unbewussten Kombination der beiden Möglichkeiten beruhen? K. versichert jedoch, wie ich nachträglich erfahre, dass es sich nur um eine freiere Übersetzung handeln soll. Wie dem auch sei, die ausdrückliche Berufung K.s auf Till für die Auffassung von ⲡϯ als ⲡⲛⲟⲩⲧⲉ und diese Auffassung selbst sind sowieso nicht richtig; denn Till ist gerade der Ansicht, dass ⲡϯ in III 11,16; 12,19.21.25 (die anderen Stellen kannte er noch nicht) „die Veranlassung" bedeutet. Und Till hat damit sicher Recht. Dafür spricht vor allem die feste Verbindung ϩⲓⲧⲙ̄ ⲡϯ ⲙⲛ̄ ⲧⲉⲩⲇⲟⲕⲓⲁ (III 12,19f.21.25f.), die offenbar ein Hendiadyoin darstellt: „auf Veranlassung und Beschluss"; sie ist nämlich umkehrbar, vgl. II 8,24 ϩⲓⲧⲛ̄ ⲡⲟⲩⲱϣⲉ ⲙⲛ̄ ⲡϯ „auf Beschluss und Veranlassung"; ferner: wo dem ⲡϯ ein Substantiv folgt, ist dieses immer mit ⲙ̄- angeschlossen (III 11,16; II 7,32; 8,24), was m. E. darauf hinweist, dass es sich dabei wohl um einen Gen. handelt. K.s Auffassung des ⲙ̄- als Anknüpfung der Apposition ist zwar möglich, wirkt aber doch schon äußerlich, um vom Inhaltlichen ganz zu schweigen, recht künstlich. Auch hat K. die Behauptung Tills, dass ⲃ̄ϣⲉ = Erkenntnisunfähigkeit sei, unkritisch übernommen, obgleich es doch offensichtlich = λήθη ist (III 26,23; 32,13), so dass er schließlich sogar ⲙⲟⲟⲩ ⲛ̄ⲃϣⲉ (II 25,7 u. IV 39,4f.) mit „Erkenntnisunfähigkeitswasser" statt mit „Wasser des Vergessens" übersetzt.

Damit sind wir schon bei der Übersetzung. Sie will, alle drei Male, ganz wörtlich sein. Aber deswegen darf man doch nicht den koptischen unbestimmten Artikel vor Stoffbenennungen und bei Abstrakten mit übersetzen, wie K. es fast durchgehend tut. Übersetzen und Verstehen bedingen sich gegenseitig. Man kann also nicht einfach erst übersetzen, was dasteht, und danach erst verstehen wollen, weil das, was in der Sprache fixiert dasteht, oft mehrdeutig ist. So kommt es, dass ich oft glaube, anders interpunktieren, anders beziehen, anders übersetzen zu sollen als K. Aber davon kann hier nicht im Einzelnen gehandelt werden. Ich möchte vielmehr einige der Stellen besprechen, wo K. eindeutig und objektiv falsch versteht und falsch übersetzt: μητροπάτωρ übersetzt K. in völliger Verkennung des Sinnes stets mit „Großvater“; gemeint ist hier doch der Vater, der zugleich Mutter ist. ⲧⲛ̄ als Nebenform von transitivem ϯ (II 5,13.21.27.33; 6,33) ist nicht erkannt. II 6,1 ⲉⲧϣⲏⲡ = ⲉⲧϩⲏⲡ. II 6,22.24 ⲛ̄ⲧⲏϥ ist Genitivpartikel (S^{f} F) „von ihm“. ϫⲱⲛϥ (II 9,33.35; 15,27; 17,35; IV 24,19; 27,23) ist nicht als ϣⲱⲛϥ erkannt; II 9,33.35 meint ϫⲱⲛϥ überdies sicher (σύμφωνος) „Gefährte“. II 10,10 ϩⲃ̄ⲃⲣⲏϭⲉ heißt natürlich „Blitz“ (Crum 53b). II 11,18 ϣⲁϥⲧⲉ heißt „gottlos“. II 14,23f. ⲁⲛⲇⲣⲉⲁⲥ ist nicht ἀνδρέος – und das hieße auch nicht „männlich“ im Sinne des Geschlechts – sondern ἀνδριάς „Bildsäule“.[4] II 14,29 muss heißen ϩⲓⲧⲙ̄ ⲡⲟⲩ[ⲱⲛϩ ⲉⲃⲟ]ⲗ̣ „durch den [Widerschein]“; vgl. die Parallele IV 23,8 [ϩⲓⲧ]ⲙ̣̄ ⲡ̣ⲉϩ[ⲉ]ⲃ̣[ⲥ] „durch den Schatten“ (nicht „Schleier“). II 15,23 ϥⲟⲩϩⲉ heißt nicht „Augenlid“, sondern „Haar“ (Crum 623a). II 15,27 wie kommt K. von ϣⲁⲩ zu „Körper“? ⲡϫⲱⲛϥ ⲛ̄ⲛ̄ϣⲁⲩ heißt „die Harmonie der Teile“. In II 16,27 kann unmittelbar nach den Blutgefäßen eigentlich nur von Atmungsgefäßen die Rede sein. Ich möchte abteilen ⲛⲱⲟⲩⲛⲉ ⲛ̄ⲛⲓϥⲉ „die Atemkanäle (?)“. Vielleicht hängt ⲱⲟⲩⲛⲉ mit ⲟⲩⲱⲛ „öffnen“ zusammen; Metathese von ⲟⲩⲱⲛⲉ zu ⲱⲟⲩⲛⲉ. Der ganze Abschnitt II 15,29–17,6 par. IV 24,21–26,17 ist von K. syntaktisch und sachlich falsch aufgefasst worden: Die Namen sind nicht die Namen der verschiedenen Glieder und Organe, sondern natürlich die Namen der Dämonen, die diese Glieder schaffen; trotz des einen Namens, der dann übrigbleibt (II 17,6 par. IV 26,16f.). Wie ich nachträglich erfahre, hatte K. den Abschnitt zunächst so aufgefasst, wie ich es als allein sinnvoll behaupte, hat es aber in der Fahnenkorrektur noch umgeändert, u. zw. eben wegen des einen sonst übrig bleibenden Namens und gestützt auf W. Till, Koptisch-gnostische Schriften I, 1959, 363f. und H. Grapow, Grundriss der Medizin I, Berlin 1954, 12. Was an den genannten Stellen steht, wirft für die Entscheidung unserer Frage m. E. jedoch nichts ab. Ich selbst habe die beiden Möglichkeiten mehrmals hin und her erwogen, ehe ich mich für die obige Auffassung entschied. Mein Hauptargument ist natürlich der Inhalt; ich kann der anderen theoretischen Verbindungsmöglichkeit keinen Sinn abgewinnen. Aber es gibt auch äußerliche Hinweise: Normalerweise steht die Objektspartikel ⲛ̄- vor den Körperteilen; nach K.s Auffassung würde man dagegen vor den Namen ein ϫⲉ erwarten. Die Interpunktion in Codex IV ist hier ziemlich konsequent und entspricht genau meiner Auffassung; also hat zumindest der Schreiber dieses Codex (bzw. seine Leser) den Text so verstanden. Gelegentlich sind ein Name und eine Mehrzahl von Körperteilen aufeinander bezogen; ein Dämon kann wohl eine Mehrzahl schaffen, aber eine Mehrzahl kann kaum einen einzigen Namen tragen. Die deutlichste Stelle in dieser Richtung ist IV 25,4f.: ⲧⲏⲃⲁⲣ ⲛ̄ⲧⲛⲁϩⲃⲉ ⲛ̄ⲟⲩⲛⲁⲙ ⲙⲛ̄ ⲧⲛⲁϩⲃⲉ ⲛ̄ϭⲃⲟⲩⲣ· Das kann nur heißen „Tebar (sc. schuf) die rechte Schulter und die linke Schulter“. Übrigens ist der Abschnitt II 15,29–19,10 par. IV 24,21–29,19, der der Langform des AJ eigentümlich ist, außerordentlich interessant unter dem Gesichtspunkt der anatomischen Bezeichnungen des Koptischen, werden doch hier die Glieder und Organe des Menschen mit großer Ausführlichkeit und in strenger Ordnung

[4] Vgl. Hippolyt Ref. V 7,6 (Wendland 80, 5–9).

vom Scheitel bis zum Zehennagel aufgeführt. Dann heißt natürlich in II 16,4; 17,10 (IV 25,2; 26,22) ⲙⲟⲩⲧ nicht „Sehne", sondern „Hals"; in II 16,29 (IV 26,3f.) könnten die Genitalien der Frau gemeint sein, eine „rechte Gebärmutter" und einen „linken Penis" gibt es natürlich nicht; ⲉⲇⲩⲟⲛ ist (II 16,30 par. IV 26,5) nach den Hoden notwendigerweise das Schamglied; II 16,32–34 (IV 26,8f.) ist von K. völlig verkannt worden: es ist die Rede vom „Lendenmuskel des rechten Beins" und vom „linken Lendenmuskel"; ⲕⲗ̄ⲗⲉ (II 17,2f.25 par. IV 27,8f.) ist nicht „Knie", sondern „Fußgelenk"; ⲙⲉⲥⲧϩⲏⲧ (II 17,16 par. IV 26,29) nicht „Brust", sondern „Brustkorb". II 17,33 hinter ⲁⲣⲭⲉⲛⲇⲉⲕⲧⲁ dürfte sich ἀρχαὶ δέκα verbergen. II 18,22 ⲛⲓⲕⲉ nicht νίκη, sondern ⲛⲉⲕⲉ „Mühe". II 21,15 ⲉⲧⲛⲁⲥ = ⲉⲧⲛⲁⲁⲥ „die (in ihm) groß ist". In II 21,31 ist zu lesen ϩⲉⲛⲙⲟⲩ ⲛⲉ „sind Tod". II 25,19 ⲛⲉⲛ- ist nicht Possessivartikel, sondern wohl einfacher Pluralartikel (wie B F). II 26,18 ⲙⲁⲣⲉ- ist nicht Optativ, sondern negatives Praesens consuetudinis. II 27,18 ist zu lesen ⲛ̄ⲥⲁ ⲕⲉⲟⲩⲉⲓⲉ „man lässt sie sich verbinden mit einer anderen, in der der Geist des Lebens ist". II 28,16 ist das zweite ⲙ̄ⲙⲓⲛⲉ keineswegs zu tilgen; und in Z. 18 ist zu lesen ⲥϭⲟⲙⲉ; II 28,12–21 muss dann heißen: „Und sie trieben Ehebruch mit der Sophia voneinander (d. h., jeder mit der Paargenossin des anderen), und sie erzeugten aus sich (und) woben (?) die Heimarmene – das ist die letzte Fessel – die (ja so) verschieden ist; und sie ist mal so, mal so, weil sie (ihre Erzeuger) verschieden voneinander sind. Und sie (die Heimarmene) ist drückend und tückisch, sie, in die alle Götter, Engel, Dämonen und (Menschen-)Geschlechter verflochten sind bis auf den heutigen Tag". II 28,23 ist zu lesen ⲡⲟⲩⲁ ⲙⲛ̄ ⲧⲙⲣ̄ⲣⲉ „die Lästerung und die Fessel". II 28,27 ⲧⲉ ist kausativer Infinitiv (wie A F): „und so ließen sie die ganze Schöpfung blind werden". II 29,13 ⲛⲁⲥ ist Imperfekt im Adverbialsatz: „es war mit ihm die (Wolke) des Lichts". II 31,16 nicht „ich bin das Mitleid", sondern „ich bin der Barmherzige". II 31,21 ϭⲁⲗⲉⲥ heißt nicht „Mühle", sondern „Umhüllung" (Crum 809b unten).[5]

Kleinere Irrtümer und Ungenauigkeiten, wie sie nie ganz zu vermeiden sind, hier noch aufzuzählen, würde zu weit führen. Nur zu einem kleinen Teil sind sie in den Nachträgen und Verbesserungen (S. 295–307) berichtigt worden. Die Indices am Ende der Edition (S. 257–293) sind mit Fleiß gemacht und gut brauchbar, wenngleich die Fehler in der Textauffassung hier noch einmal erscheinen. Übrigens muss man, um zur rechten Beurteilung der vorliegenden Ausgabe zu gelangen, in Rechnung stellen, was ich von K. erst nachträglich brieflich erfuhr, dass sie unter ganz ungewöhnlich schwierigen Bedingungen zustande gekommen ist; K. bekam z. B. Codex IV erst zu sehen, als Codex III schon gesetzt war; dann sollte die Edition auf Wunsch von Pahor Labib möglichst schnell erscheinen, zog sich aber doch unerwartet in die Länge; das Manuskript ging stückweise in Druck; die Fragmente durften nicht zusammengesetzt werden, usw.

Es seien noch einige Bemerkungen gestattet, wie die Arbeit am AJ m. E. weitergehen müsste. Als nächstes sollte eine Synopse der vier Versionen des AJ und von Irenäus adv. haer. I 29 geschaffen werden. Dabei muss man natürlich von der originalen Seiten- und Zeilenordnung abgehen. Um aber die par. Stücke bequem miteinander vergleichen zu können, müsste man den Text des AJ in Kapitel und Verse einteilen. Aus der synoptischen Arbeit wird von selbst eine

[5] Auch ϭⲁⲗⲉⲥ Crum 813a heißt nicht „Mühle", sondern ist „part of a mill".

Überprüfung bzw. Verbesserung der bisherigen Ergänzungen der Lücken erwachsen. Schließlich müsste sich dabei auch die Möglichkeit ergeben, die noch unergänzt gebliebenen Lücken mit mehr oder weniger Sicherheit zu schließen. Bei zwei von diesen Lücken kann man die Ergänzung schon jetzt auf Anhieb vornehmen: III 25,20f. muss man ergänzen ⲉⲧⲉⲓ[ⲛⲉ ⲙ̄ⲙⲟ]ⲛ̣; in BG 54,1f. entsprechend ⲧⲛ̄[ⲥ]ⲱⲛ[ⲉ ⲧⲥⲟⲫⲓⲁ ⲉⲧⲉⲓ]ⲛⲉ ⲙ̄ⲙⲟⲛ. II 18,28 darf man etwa ergänzen ⲟⲩⲭⲟ[ⲗⲟⲥ. Die nächste Aufgabe wäre die Erarbeitung eines kritischen Textes. K. spricht von einem „Archetyp". Der Archetyp unserer vier Versionen ist griechisch. Wir haben es nämlich anscheinend mit drei verschiedenen, im Prinzip voneinander unabhängigen Übersetzungen aus dem Griechischen zu tun (1. BG, 2. C. III, 3. C. II/C. IV), die ihrerseits wieder schon auf zwei differierenden griechischen Versionen fußen (Kurztext, Langtext). Zum griechischen Archetyp kommen wir nur in einzelnen Fällen, sozusagen punktweise, zurück. Ich meine einen koptischen Text, gewonnen durch Auswahl und Kombination der unter textkritischem Gesichtspunkt besten Lesarten, eventuell auch durch Konjektur, einen Text also, den es so in Wirklichkeit vermutlich niemals gegeben hat, aber mit dem wir doch, was den Sinn betrifft, dem griechischen Archetyp am nächsten kommen dürften. Und dann wäre noch nötig eine freie Übersetzung dieses kritischen Textes. Die weithin üblichen wörtlichen Übersetzungen sind gewöhnlich eigentlich nur dem, der den koptischen Text daneben hat und selbst lesen kann, verständlich. Es wird aber bei dem großen und berechtigten allgemeinen Interesse an diesen neuen gnostischen Texten dringend eine Übersetzung gebraucht, die den Sinn eines solchen Traktats auch dem des Koptischen nicht Kundigen zu übermitteln vermag.

Rezension zu Michel Malinine/Henri-Charles Puech/Gilles Quispel/ Walter Till/Robert McL. Wilson/Jan Zandee: De resurrectione (Epistula ad Rheginum)*

Endlich liegt nun auch die lange angekündigte und mit Spannung erwartete Ausgabe des so genannten Briefes an Rheginus über die Auferstehung vor. Es handelt sich um die an dritter Stelle im Codex Jung befindliche Schrift, von deren Existenz und ungefährem Inhalt man schon seit geraumer Zeit weiß. Ihr am Schluss stehender, eigentlicher Titel lautet übrigens: Der λόγος über die ἀνάστασις. Mit dieser dankbar begrüßten Ausgabe ist die aus mannigfachen Gründen etwas schleppende Publizierung der koptisch-gnostischen Schriften aus dem Funde von Nag Hammadi wieder ein Stück vorangekommen; allerdings nur ein kleines Stück, denn die hier, wie im Falle des Evangelium Veritatis in einem Prunkband, veröffentlichte Schrift ist nur ein Schriftchen von 7 Seiten oder 262 kurzen Zeilen. Was ihre Sprache betrifft, so ist sie im subachmimischen Dialekt des Koptischen geschrieben; als Ursprache ist jedoch Griechisch anzunehmen. Der Duktus der Handschrift weicht übrigens charakteristisch von dem, in dem die anderen Bestandteile des Codex Jung geschrieben sind, ab; die dritte Schrift des Codex Jung ist also auffälligerweise von einem anderen Schreiber geschrieben worden als dem, der die Schriften davor und danach geschrieben hat. Was die Darstellungsform anbelangt, so haben wir es mit dem Corpus eines Briefes zu tun (ein Präskript fehlt), den ein im Dunkeln bleibender Verfasser, der sich zwar für seine Lehre auf direkte Offenbarung durch Jesus Christus beruft (49,37–50,1), aber dennoch ausdrücklich den Apostel (Paulus) zitiert (45,24f.) und auf das Evangelium(sbuch) verweist (48,7f.), an seinen Schüler, einen gewissen, sonst unbekannten Rheginus, der wohl in Palästina wohnend vorausgesetzt wird (44,18f.), schreibt. Von daher erscheint der jetzige Titel unserer Schrift (der λόγος über die ἀνάστασις), und zwar ob die Briefform nun echt oder fingiert ist, als deutlich sekundär. Der In!alt ist eindeutig gnostisch, und zwar geht es um eine gnostische Usurpierung bzw. um ein gnostisches Verarbeiten des Begriffs der Auferstehung. Es wird eine gnostische Konzeption der Auferstehung entwickelt, wie sie im Prinzip bereits hinter der Parole ἀνάστασιν ἤδη γεγονέναι (2Tim, 2,18) der in den Pastoralbriefen bekämpften Häretiker stehen dürfte. Allerdings habe ich persönlich, und zwar sehr im Unterschied zu den Herausgebern, besonders wegen der Gegenüberstellung: Sohn Gottes (= Gottheit Jesu) und Menschensohn (= Menschheit Jesu) (44,21–36), den Verdacht, dass unsere vorliegende Schrift selbst erst ein relativ spätes Produkt der Gnosis darstellt. Mit der Briefform und dem Thema zusammenhängend, aber von da aus allein nicht erklärbar, ist der argumentierende, beinahe rationale, um ein vernünftiges Nacheinander bemühte Stil unserer Schrift, der dem des so genannten Evangelium Veritatis ziemlich

---

* Codex Jung F. XXII^{r}–XXV^{v} (p. 43–50), Zürich/Stuttgart 1963. In: OLZ 60 (1965), 471–477.

diametral entgegengesetzt ist, und der unsere Schrift viel leichter verständlich macht. Wenn es dennoch dunkle Stellen darin gibt, dann liegt das letztlich daran, dass gnostische Weltanschauung und Auferstehungsgedanke eigentlich überhaupt nicht zueinander passen, d. h., dass unser Verfasser sich im Grunde um eine gar nicht mögliche Harmonie bemüht. Dem Verfasser aber erscheint der Auferstehungsgedanke deswegen unaufgebbar, weil er ihn als einen wesentlichen Ausdruck des Von-außen-Kommens des Heils bzw. des Gnadengedankens versteht. Die sachlichen Schwierigkeiten liegen besonders da, wo wirklich versucht wird, die Vorstellung der Auferstehung des Leibes bzw. des Fleisches nach dem Tod beizubehalten und mit dem Gedanken des Seelenaufstiegs nach dem Tod zu kombinieren; es wird natürlich keine Kombination in der Sache, sondern nur ein Hin-und-her-Pendeln in den Worten. Wo mehr der bloße Begriff der Auferstehung im Brennpunkt steht, ist die Argumentation hingegen meist durchsichtig; eines ihrer wesentlichsten Prinzipien ist da, wie mir scheint, das durch die koptische Übersetzung noch hindurchschimmernde Wortspiel mit ἀνιστάναι.

Die vorliegende Edition nun selbst beginnt mit einer Einleitung von 28 Seiten (S. VII–XXXIV), für die im Wesentlichen Quispel und Puech verantwortlich zeichnen. An dieser Einleitung erscheinen mir besonders wertvoll, außer natürlich den rein philologischen Bemerkungen, die aber von Till stammen, die Ausführungen über die Solartheologie als den Hintergrund von 45,28–39 und ein eindringender, die Unterschiede treffend herausarbeitender Vergleich unserer Schrift mit dem Evangelium Veritatis. Sonst ist die Einleitung ganz darauf abgestellt, unsere Schrift in den Rahmen des Valentinianismus einzuordnen und als ein Werk des Valentinus selbst hinzustellen. Dabei fällt allerdings ein gewisser Umschwung des Tenors auf: Zuerst läuft die Darstellung ganz zielstrebig und gewissermaßen ohne Skrupel auf die Identifikation des Autors mit Valentinus zu; ganz plötzlich kommt dann ein Rückzieher, was diese Identifikation betrifft, und die Formulierungen werden ganz vorsichtig. Das dürfte natürlich damit zusammenhängen, dass hier die Meinungen zweier Forscher miteinander verknüpft sind. Aber dieser Umschwung ist m. E. auch von einigem sachlichen Belang; er spiegelt nämlich im Grunde nur die Aporie wider, in die die Behauptung des valentinianischen Ursprungs und Charakters unserer Schrift führt. Nach dem Gang der Argumentation kann nämlich die Schrift nur valentinianisch sein, wenn sie nicht von den Valentinianern, sondern von Valentinus selbst stammt. Auch kommen Quispel und Puech in eine sehr schwierige Lage hinsichtlich ihrer Theorie über Valentinus als möglichen Autor des Evangelium Veritatis. Es könnte nämlich sowieso nur eine der beiden im Charakter so gegensätzlichen Schriften von Valentinus stammen. Aber auch die dargebotenen einzelnen Argumente für den allgemein-valentinianischen Charakter unserer Schrift gleichen ja Spinnwebfäden. Begriffe wie Äon, Pleroma, Sperma, Apokatastasis, die in unserer Schrift begegnen, und auch die Trichotomie (πνεῦμα, ψυχή, σάρξ [45,39–46,2]) sind in der Gnosis relativ weit verbreitet.[1] Mit bloßen Begriffen kann man überhaupt keine gnostische Schrift

[1] Vgl. H.-M. Schenke, Die Herkunft des sogenannten Evangelium Veritatis, 1958, 20[2] (hier 9–32); ders. Nag-Hamadi-Studien II, ZRGG 14 (1962), 272f. (hier 40–55). Zur Apokatastasis vgl. Hippolyt refutatio (Wendland 202,22; 204,10; 206,19f.21.24; 207,20f.29 [Basilides]);

identifizieren, weder als valentinianisch noch als irgendeiner anderen Spielart zugehörig; das geht nur mit Hilfe ganzer Vorstellungskomplexe. Und Tatsache ist, dass ein typisch valentinianischer Vorstellungskomplex sich in unserer Schrift nicht findet. Dass allgemeingnostische Vorstellungen und Begriffe, von denen unsere Schrift voll ist, auch in valentinianischen Texten begegnen, ist natürlich kein Argument, obgleich das in der Einleitung (und in den Anmerkungen) der Edition fortwährend so hingestellt wird. Auch die Benutzung des Begriffs und der Vorstellung der Auferstehung selbst schließlich ist innerhalb der Gnosis nichts für den Valentinianismus Typisches.[2] Und auf die Häufigkeit der Verbindung unserer Schrift mit valentinianischen Texten in nicht typisch valentinianischen Zügen sollte man sich m. E. nicht berufen.

Für die nähere Identifizierung der Gnosis, die unser Text repräsentiert und voraussetzt, gibt es m. E. nur einen wirklichen Ansatzpunkt; im Großen und Ganzen ist die Schrift jedenfalls so beschaffen, ja vielleicht bewusst so abgefasst, dass sie für alle Spielarten der christlichen Gnosis, soweit ihnen an einer positiven Beziehung zur Großkirche und ihrer Lehre etwas lag, brauchbar und lehrreich war. Dieser eine Ansatzpunkt ist ein ganz auffälliger, beiläufiger Gebrauch von ⲡⲧⲏⲣϥ̄ „das All" in 46,38 und 47,26. In 46,38 wird „das All" anscheinend als etwas Besonderes neben Pleroma und Kosmos aufgeführt, und in 47,26 wird „das All" mit den Gnostikern identifiziert, und zwar ohne mystische Assoziationen. Ich habe bisher innerhalb der Gnosis keine genau analogen Aussagen gefunden; auch ist mir keine gnostische Konzeption gegenwärtig, aus der heraus unsere Aussagen ohne weiteres und direkt verständlich würden. Aber es gibt Ähnliches. Nach Irenäus adv. haer. I 2,6 (Valentinianer) wird der Soter „das All" genannt; nach Hippolyt ref. VIII 12; X 17 (Lehre des Arabers Monoimos) ist der „Mensch" das All und gibt es neben dem „Menschen" noch einen metaphysischen „Sohn des Menschen"; diese Anschauung ist verbunden mit Spekulationen über das Sein und das Werden; nach Philippusevangelium § 95 und 107 hat der Gnostiker das All, und damit die Auferstehung, empfangen. Es will mir so scheinen, als ob von diesen Parallelen aus hinter unserer Schrift eine Konzeption sichtbar würde, in der die Motive „das All", der Same, die Menschheit, Sohn des Menschen, nicht „werden", sondern „sein", und die Auferstehung ganz eng und eigenartig miteinander verknüpft sind, und zwar etwa so: „das All" = der Same = die Menschheit; von ihnen gilt im Prinzip und eigentlich nicht das Werden, sondern das Sein; der Soter als Sohn des Menschen vermittelt den doch Gewordenen die Auferstehung als Rückkehr zum ursprünglichen und eigentlichen Sein. Das ist noch keine Identifizierung, noch keine Theorie, wohl aber ein gangbarer Weg zu einer solchen. In dieser Richtung müsste m. E. weitergefragt werden.

Nach der Einleitung wird auf 8 Tafeln der koptische Text zunächst in Form von Reproduktionen der Papyrusseiten gegeben. Dabei sind die ersten sechs, deren Vorlagen sich in Zürich befinden, wesentlich besser als die letzten zwei,

Pistis Sophia Kapitel 50 (Anfang). Zur Trichotomie vgl. z. B. H. Jonas, Gnosis und spätantiker Geist I[2], 1954, 212–214.

2 Vgl. nur 2Tim. 2,18; Irenäus adv. haer. I 23,5 (Menander); Hippolyt ref. VII 27,10f. (Basilides); und dazu W. Schmithals, Die Gnosis in Korinth, 1956, 72.

deren Vorlagen in Kairo sind. Anscheinend hatten die Herausgeber nicht die Möglichkeit, die beiden Kairoer Papyrusseiten zum Zwecke der Edierung neu zu photographieren, sondern mussten sich mit schon vorhandenen Aufnahmen des Koptischen Museums begnügen. Es schließt sich der gedruckte koptische Text an, bearbeitet im Wesentlichen von Till und Malinine, nebst drei Übersetzungen: einer französischen (von Malinine und Puech), einer deutschen (von Till) und einer englischen (von Zandee und Wilson); die französische ist dem koptischen Text gegenübergestellt (S. 1–17), die beiden anderen folgen gesondert und erst hinter den Anmerkungen zum koptischen Text und der französischen Übersetzung (S. 49–57 und S. 59–67). Es handelt sich bei den Übersetzungen wirklich um drei, nicht nur durch die Sprache verschiedene Übersetzungen. Sie haben sich zwar offensichtlich gegenseitig beeinflusst, sind auch im Großen und Ganzen miteinander abgestimmt, weisen aber doch interessante leichte Abweichungen voneinander auf; dabei stehen gewöhnlich die deutsche und die englische einander näher als beide oder eine von beiden der französischen. Ein durchgehender Unterschied betrifft zunächst die allgemeine Haltung: die französische ist zugleich um ein sachliches Verständnis bemüht und also erfreulicherweise relativ frei; die deutsche ist das genaue Gegenteil, sie ist übertrieben wörtlich und überlässt das Verständnis anderen; die englische hält etwa die Mitte. Die anderen, einzelnen Unterschiede betreffen die Textauffassung an schwierigen Stellen. Der deutlichste Unterschied zeigt sich in der Wiedergabe von 47,38–48,3; vgl.

„… donc les membres visibles, une fois morts, ne seront pas
„… also die Glieder, die sichtbar (aber) tot sind, werden
„… the members which are visible (but) dead will not be

sauvés, alors que les membres vivants qui sont en eux seraient
nicht gerettet werden, denn (sonst) würden die lebendigen
saved for it is (only) the living members that are within

appelés à ressusciter."
Glieder, die in ihnen sind, auferstehen."
them which were to rise again."

Das Recht liegt hier übrigens nur auf der Seite Tills (deutsche Übersetzung). Die Übersetzungen sind aber alles in allem, zunächst in philologischer Hinsicht, aber weithin auch in hermeneutischer Hinsicht, als zuverlässig, ja als vorzüglich zu bezeichnen.

Das schließt jedoch nicht aus, dass man an manchen Stellen den Text sprachlich auch anders auffassen kann. Und es gibt nun einige Stellen, wo ich mit der vorgeschlagenen Übersetzung, bzw. der philologischen Auffassung des Textes, die sie widerspiegelt, keinen befriedigenden Sinn verbinden kann, und die mir so zum Anlass geworden sind, es mit solchen anderen philologischen Möglichkeiten einmal zu versuchen. All das zusammen mit sonstigen kritischen Bemerkungen zu der dreigestaltigen Übersetzung sei im Folgenden aufgeführt. 43,33: Das ⲁⲩ- ist hier vielleicht, ebenso wie das ⲁⲕ- in 48,6, nicht das Perfekt I, sondern eine dialektische Form (vgl. ABF) des Präsens II. 43,34f. möchte ich lieber übersetzen: „sie suchen mehr als ihre Ruhe". In 44,5 passt die Wortstellung nicht so ganz zur Übersetzung; vielleicht sollte man ⲁⲡⲉⲧⲉϣϣⲉ als gleichbedeutend einem ⲕⲁⲧⲁ ⲡⲉⲧⲉϣϣⲉ verstehen; dann würde es heißen: „da du uns geziemend höflich nach der Auferstehung fragst". Zu 44,8–10 kann man fragen, ob der jetzige Wortlaut nicht durch ein möglicherweise relativ weit hinter unserm Text liegendes Versehen zustande gekommen ist, und ob der Gedanke nicht ursprünglich einmal war: „und viele (nämlich die Leute der Großkirche) glauben zwar an sie, doch nur wenige (die Gnostiker) sind es, die sie finden". 44,12–21 ist, was den Sinn betrifft, eine ganz schwierige Stelle. Die Hauptschwierigkeit ist dabei das Verbum χρω; verstanden als χρῆσθαι „gebrauchen" gibt es eigentlich gar keinen Sinn. Wie wäre es, wenn man hier stattdessen an χρῆν „ein Orakel erteilen" denken würde? Für den ganzen Abschnitt schlage ich dann diese Übersetzung vor: (Sag' mir:) „Wie hat der Herr, als er im Fleisch war und sich (da) als Gottessohn offenbarte, die(se) Dinge (selbst) andeutungsweise verkündet? Er wandelte (ja) in eben dem Lande, in dem du wohnst, mit seiner Predigt gegen das Gesetz der Natur; ich nenne es aber ‚den Tod'." Dabei erkläre ich mir das ebenfalls schwierige ⲁϥϩⲙⲁϩⲉ (Z. 17) als Metathese von ⲁϩϥⲙⲁϩⲉ. 45,2–14 möchte ich lieber so übersetzen: „Aber es gibt nichts (wirklich) Schwieriges innerhalb des Wortes der Wahrheit; sondern <… (im Gegenteil!) …>, da ja die *Auflösung* (bereits) hervorgetreten ist, um nichts verborgen zu lassen, vielmehr um schlechthin alles über das Entstehen zu offenbaren. Die *Auflösung* des Bösen auf der einen Seite, die Offenbarung des Wertvollen auf der anderen Seite, das ist die Emanation der Wahrheit und des Geistes; die Gnade der Wahrheit ist es." Der erste Satz wäre ein Anakoluth; der zweite folgt mit Stichwortanschluss über das Wort ⲡⲃⲱⲗ. Bei dem unerklärlich scheinenden ⲉⲧⲣⲉⲡⲃⲱⲗ (Z. 4f.) sieht es auf der Reproduktion so aus, als wäre das ⲡ über ein ϥ geschrieben; wenn sich das am Original bestätigen würde, könnte man annehmen, der Schreiber hätte irrtümlich geschrieben ⲉⲧⲣⲉϥⲃⲱⲗ (vgl. *Z.* 7 ⲁⲧⲣⲉϥⲟⲩⲱⲛϩ̄), das dann durch Änderung von ϥ in ⲡ verbessert, aber ⲉⲧⲣⲉ zu tilgen vergessen. Das ⲛ̄ⲧⲁϥ (Z. 5) wäre dann Perfekt II und nicht Partikel. In 45,19 müsste man die Korrespondenz des ⲁϥⲧⲟⲩⲛⲁⲥϥ̄ zu dem ⲁⲛⲧⲱⲱⲛ ⲛⲙ̄ⲙⲉϥ (Z. 26f.) in der Übersetzung stärker hervorheben: „er ist auferstanden" – „wir sind auferstanden mit ihm". Für 46,5–19 schwebt mir folgende Übersetzung vor: „Denn es ist ein Grundsatz des Glaubens, mein Sohn, und nicht des Überzeugtwerdens: ‚der Tote wird auferstehen'. Und es gibt (wohl) den Fall, dass jemand das Glauben gelten lässt, unter den hiesigen Philosophen. Aber (es gilt für uns): ‚er wird *auferstehen*', und der (betreffende) hiesige Philosoph soll nicht glauben, (der Tote sei) einer, der sich selbst zurückwendet. Und was unseren Glauben anbelangt: Wir haben nämlich den Sohn des Menschen erkannt und sind zum Glauben gekommen, dass er auferstanden ist von den Toten. Und dieser ist es, von dem wir sagen: er ist zur Auflösung des Todes geworden." 46,32–47,1 kann auch so verstanden werden: „Die Wahrheit nun, die (von uns) bewahrt wird, kann nicht aufgelöst werden, noch ist sie (überhaupt) entstanden. Stark ist der Zusammenhalt des Pleromas; klein ist das, was sich herauslöste und zur Welt wurde; das All aber ist das (von der Welt?), was (vom Pleroma?) umfasst wird, es ist nicht entstanden, es war". 47,9f. scheint mir eher Apposition zu ⲡⲁⲓⲱⲛ zu sein, als ein neuer Satz: „… zu dem Äon, der (zwar) besser ist als das Fleisch, der (aber zugleich) für es Ursache des Lebens ist". Bei dem schwierigen χόριον in 47,17, das ja zunächst einfach ‚Fell' bedeutet, spiele ich mit dem Gedanken, ob hier nicht eine Anspielung auf den gnostischen, aber nicht auf die Gnosis beschränkten

Topos vorliegt, wonach der δερμάτινος χιτών von Gen. 3,21 der materielle Leib sei.[3] Ein besonderes Problem ist das ϩεεϲ (47,29f.30; 49,32) und das ⲛ̄ⲛⲉⲥ ⲛ̄ϩⲉ (47,38). Tills Deutung von ϩεεϲ als Nebenform von ϩⲉ leuchtet mir nicht ein. Und der auf S. VIII ausgesprochene Verweis auf Tills Koptische Grammatik § 79 scheint mir nur aus irgendeinem Missverständnis heraus erklärlich. Ich frage mich, ob wir es in 47,29f.30.38 nicht einfach mit dem Adjektiv ⲉⲥ „alt" zu tun haben, und zwar in beiden möglichen Konstruktionen; diese Deutung von ⲛϯϩⲉ ⲉⲥ (47,29f.) als „in dieser alten Weise" würde automatisch auch die Schwierigkeit des ⲛ̄ⲛⲉⲥ ⲛ̄ϩⲉ (47,38) lösen: „In den alten Weisen also werden die sichtbaren Glieder, die tot sind, nicht (auferstehen und so) gerettet werden, denn (sonst) würden die lebendigen Glieder (der Sünde?), die in ihnen sind, (mit)auferstehen" (47,38–48,3). Das ϩεεϲ von 49,32 muss hingegen wohl davon getrennt gehalten werden; bei ihm scheint es sich mir doch nur um eine bisher unbekannte Dialektform von ϩⲓⲥⲉ handeln zu können. Die in den Übersetzungen vorausgesetzte und in den Anmerkungen begründete philologische Deutung von 49,29f. leuchtet mir nicht ein; die in den Anmerkungen genannten formalen Parallelen sind nämlich keine. Wie wäre es, wenn man das ⲛ̄ⲥⲁ als „außer" verstehen würde? 49,28–33 möchte ich dann so übersetzen: „... weswegen verzeihe ich (es) denn, wenn nicht (wegen) deiner Ungeübtheit? Es ziemt sich für jeden Einzelnen, sich zu üben in einer Anzahl von Leiden und so erlöst zu werden von diesem Element (d. h. dem Fleisch)". Bei 50,8–11 frage ich mich, ob man nicht folgendermaßen verstehen sollte: „Jetzt aber beneide nicht etwa einen (d. h. mich), der zu dir gehört, wo er die Fähigkeit besitzt, nützlich zu sein".

Der mit dem Text verbundenen französischen Übersetzung sind ziemlich ausführliche kritische Anmerkungen angefügt (S. 19–48), die im Wesentlichen von Puech stammen. Hier werden etwa schwierige Textstellen besonders besprochen, verschiedene Möglichkeiten des Verstehens gegeneinander abgewogen, Sachparallelen zitiert und in ihrer Relevanz erörtert. Das alles soll sein und ist ein dankenswerter Anfang der sachlichen Erschließung unserer Schrift. Aber leider dienen diese Anmerkungen ihrem Verfasser auch wieder dazu, den hermeneutischen Blickwinkel auf den Valentinianismus zu verengen.

Die Indices am Ende des Werkes (S. 68–72) stammen eigentlich von Till, aber Malinine hat ihnen die französische Gestalt gegeben. Bei Stichproben habe ich zu meiner Überraschung festgestellt, dass unter ⲉⲧⲃⲉ die Stellen 44,6; 47,2 fehlen. Unter ϩεεϲ bei ϩⲉ wird 47,30 inkorrekt doppelt genannt.

---

[3] Vgl. Irenäus adv. haer. I 5,5; Excerpta ex Theodoto 55,1; Hippolyt ref. X 13; Philo post. Caini 137.180; leg. all. III 69; conf. ling. 55; Clemens Alexandrinus strom. III 95,2; Origenes contra Cels. IV 40; Sel. in Gen. (Lo. VIII 58); Lev. H. 6, 2.

Rezension zu Alexander Böhlig/Pahor Labib: Koptisch-gnostische Apokalypsen aus Codex V von Nag Hammadi im Koptischen Museum zu Alt-Kairo*

Böhlig legt hier in routinierter Weise die Erstausgabe der Schriften des Nag Hammadi Codex V, mit Ausnahme des am Anfang stehenden Eugnostosbriefes, d. h. die Erstausgabe der Apokalypse des Paulus, der zwei Apokalypsen des Jakobus und der Apokalypse des Adam vor, die dankenswert schnell erfolgte und doch, vorläufig, gründlich genug ist.

Allerdings verstehe ich nicht, wie B. in der Darbietung des koptischen Textes auf die Wiedergabe des Vokalstriches meint verzichten zu können (S. 9 Anm. 4). Die Begründung dafür, die er in seiner Ausgabe der Titellosen Schrift, wo er genauso verfährt, gibt,[1] ist ganz und gar nicht einleuchtend, und sein diesbezügliches Verfahren ist mit philologischer Akribie m. E. schlechterdings nicht zu vereinbaren. Auch sonst geht B. stellenweise recht souverän mit der Überlieferung um, wo er nämlich seine Konjekturen (ohne Kennzeichnung) einfach in die Textwiedergabe setzt und nur in einer Anmerkung sagt, was eigentlich wirklich in der Handschrift steht. Da die Handschrift sehr beschädigt ist, muss vieles ergänzt werden – noch mehr ist freilich überhaupt nicht zu ergänzen, und die so entstehenden Textlücken erschweren das Verständnis des inhaltlichen Zusammenhangs der Schriften beträchtlich; die Bezeichnung der im koptischen Text ergänzten Elemente in der Übersetzung (d. h. die Setzung von entsprechenden Klammern) ist nun aber von einer unzumutbaren Laxheit. Weiter ist an der Textdarbietung vor allem noch die widernatürliche Worttrennung bei den Präpositionen ϩⲛ und ⲙⲛ, bzw. bei ⲟⲩⲛ, mit verdoppeltem ⲛ vor dem unbestimmten Artikel des Singulars, bzw. vor einem artikellosen, mit einem Vokal beginnenden Wort zu beanstanden; B. teilt immer ϩⲛ ⲛⲟⲩ- bzw. ⲙⲛ ⲛⲟⲩ- (24,20; 30,24; 32,10; 36,19; 43,20; 48,8.22; 49,24; 52,23; 55,16; 57,19; 58,12; 61,13; 62,19; 63,6f.10.23; 75,4; genau so übrigens auch in seiner Ausgabe der Titellosen Schrift) statt ϩⲛⲛ ⲟⲩ- bzw. ⲙⲛⲛ ⲟⲩ-. Man vermisst auch, wo doch die Seiten meist oben und unten zerstört bzw. beschädigt sind, eine Kennzeichnung des oberen und unteren Randes (sofern vorhanden) einer Seite, ich meine ein System, aus dem der Benutzer mit Sicherheit ersehen kann, ob und wo die als erste bzw. letzte wiedergegebene Zeile einer Textseite wirklich die erste bzw. letzte Zeile der Seite ist.

Die Sprache der Schriften erklärt B. als ein Sahidisch durchsetzt von mittelägyptischen Dialekteinschlägen, die auf das Konto des aus Mittelägypten stammenden

---

* WZH Sonderband, Halle-Wittenberg 1963. In: OLZ 61 (1966), 23–34.

[1] A. Böhlig/P. Labib, Die koptisch-gnostische Schrift ohne Titel aus Codex II von Nag Hammadi, Berlin 1962, 13: „von der Wiedergabe dieser Striche" ist „abgesehen, da sie nur erschwerend wirken; wer sich studienhalber diesem Phänomen widmen will, muss das ohnehin an Originalen tun."

Schreibers kämen (S. 11–14). Diese These ist jedoch in mehrfacher Hinsicht nicht akzeptabel. Der Tatbestand selbst ist zunächst ein vorklassisches Sahidisch, dessen vorklassischer Charakter eben ganz wesentlich in gewissen Wortformen besteht, die dem klassischen Sahidisch fremd sind. Und zwar ist eine beträchtliche Anzahl dieser fremden Formen dem subachmimischen bzw. achmimischen Dialekt eigen; eine beträchtliche Anzahl ist den drei Dialekten: Subachmimisch, Achmimisch und Fayumisch gemein; und ein paar dieser Formen sind für das Fayumische typisch. Übrigens sind die diesbezüglichen Aufstellungen B.s schon im Material gar nicht durchweg zuverlässig, geschweige denn im Gefälle: S. 12 Z. 22f. ist etwas durcheinander geraten. Z. 2 v. u.: ⲉⲙⲁϩⲧⲉ begegnet nicht in FAA_2, sondern nur in A_2. Z. 1 v. u.: ⲁϫⲛ begegnet nicht nur in S, sondern auch in AA_2F (ⲁϫⲉⲛ), und ⲉϫⲛ keineswegs in FAA_2, wohl aber in S. S. 13 Z. 1: ⲙⲉⲥⲧ⸗ begegnet nicht in FAA_2, sondern in SAA_2. Z. 2: ⲙⲉⲧⲉ begegnet nicht in FAA_2, sondern in SAA_2. Z. 4: ⲛⲙⲙⲉ⸗ begegnet nicht in FAA_2, sondern in S^aA_2. Z. 13 v. u.: Der Satz: „Q ⲙⲉϩ bietet sicher entsprechende Vokalkürzung zu ⲙⲟϩ“ ist mir unverständlich; ⲙⲉϩ ist doch ein ganz normales Qualitativ in SBF; und ein Qualitativ ⲙⲟϩ gibt es überhaupt nicht (sollte etwa ⲙⲏϩ gemeint sein?). Sieht man das tatsächlich vorliegende Material in der richtigen Perspektive, muss man zu dem Urteil kommen, dass die Sprache unserer Schriften ein vorklassisches Sahidisch mit starkem subachmimischem bzw. achmimischem Dialekteinschlag bei gelegentlichen Fayumismen ist. B. kommt zu seiner These durch Überbetonung dieser Fayumismen, womit eine in ihrer Tendenz durchsichtige allgemeine Verschiebung der Gewichte Hand in Hand geht, unter stillschweigender Voraussetzung eines Reflexes der besonderen Theorie P. E. Kahles von der Existenz eines eigenen mittelägyptischen Dialekts, der sachlich zwischen F und A_2 stünde.[2] Nun ist aber die Theorie Kahles von einem mittelägyptischen Dialekt gerade alles andere als unbestrittenes Allgemeingut der Koptologen; seit Beginn der Erschließung der Nag Hammadi-Schriften ist auch die Erörterung der koptischen Dialekte und ihres Ursprungs sowieso wieder völlig im Fluss; und außerdem trifft das, was B. Mittelägyptisch nennt, nicht einmal wirklich das, was Kahle darunter verstanden hat.

Wir wenden uns nun den edierten Schriften selbst zu. Die Apokalypse des Paulus (Codex V p. 17–24) ist ein kümmerliches Machwerk, sozusagen das Produkt eines gnostischen Hilfsschülers. Es handelt sich nur um eine wilde zweck- und ziellose Ausmalung bzw. Weiterspinnung der Entrückung des Paulus (2Kor. 12,2–4), verziert mit ein paar paulinischen Eierschalen (18,16–19 und 23,3f. [Gal 1,15]; 23,13–17 [Eph 4,8–10]). Und zwar lässt der Verf. diese Entrückung stattfinden bei Jericho auf dem Wege des gerade bekehrten Apostels Paulus von Damaskus nach Jerusalem zu seinen älteren Mitaposteln, die ihm eben bis Jericho entgegenkommen. Diese Situation ist übrigens als Ansatzpunkt für apokryphe Wucherungen schon aus den Paulusakten bekannt.[3] Das inhaltliche Verständnis der Schrift wird besonders dadurch belastet, dass nicht ohne weiteres deutlich ist, wo sich eigentlich die zwölf Apostel befinden, von denen immer wieder die Rede ist: sind sie etwa auch im Himmel oder auf der Erde? B. meint, dass der „Aufstieg“ des

[2] Bala'izah, London 1954, bes. I, 193–268.

[3] Vgl. E. Hennecke/W. Schneemelcher, NTApo [3]II, Tübingen 1964, 242, 269.

Paulus „gemeinsam mit den übrigen Aposteln . . . erfolgt“ (S. 16). Ich bin der entgegen gesetzten Meinung: der von Himmel zu Himmel aufsteigende Paulus blickt immer wieder nach unten und sieht dort auf der Erde die zwölf Apostel und sich selbst in ihrem Kreise.

Im Einzelnen: 18,4 ergänze etwa ⲁϥϫⲛⲟⲩϥ. 18,5 ergänze etwa ⲉⲓⲡⲱϩ ⲛⲁϣ. In 18,6 ist m. E. nicht Jericho sondern Jerusalem zu lesen; die Szene spielt bei Jericho (19,13), aber Paulus ist auf dem Wege hinauf nach Jerusalem; ergänze also ⲏⲙ ⲁϥⲟⲩⲱϣⲃ. 18,8/9 ergänze etwa ⲛ̣[ⲧⲁⲧⲁ]‖ⲙⲟⲕ. In 18,10 ergänze ⲁⲗⲗⲁ an Stelle von ⲁⲩⲱ. Dann dürfte 18,4–14 heißen: „. . . . [auf] dem Weg. [U]nd [er fragte ihn]: ‚[Auf welchem] Wege [komme ich] nach Jerusal[em]?‘ Der kleine Knabe [antwortete]: ‚Sag (erst) deinen Namen, auf dass i[ch] dir den Weg [zei]ge.‘ [Der Knabe] kannte Pa[ulus (natürlich), aber] er wollte durch seine Worte mit ihm ins [Gespräch] kommen <; er fragte also nur>, u[m] einen Vorwa[nd] zu haben, mit ihm [zu] reden.“ In 18,20 ist natürlich zu lesen ϣⲃⲏ̣[ⲣ ⲁⲡⲟⲥⲧⲟⲗⲟⲥ]. In 18,22f. ergänze etwa ⲁⲛⲟⲕ ⲡⲉ ⲡⲉⲧ̣[ⲛⲁϣⲱⲡⲉ ⲛⲙ]‖[ⲙ]ⲁⲕ· ⲙⲁ ⲧⲟⲟ̣[ⲧⲕ ⲛⲁⲓ . . . „Ich bin es, der [bei] dir [sein wird]. Gib’ [mir deine] Hand . . .“ 19,1 ergänze etwa [. . . . . ϥⲛⲁⲃⲱⲗ] ⲉⲃ[ⲟⲗ ⲉⲡ]. 19,2/3 ergänze etwa [ⲛϭⲓ ⲡⲕⲟⲥⲙⲟⲥ ⲧⲏ]ⲣϥ ⲉⲧ[ϩⲁ]‖[ⲧ]ⲛ. 19,4 lies etwa [ⲙ]ⲉⲛ . . . 19,5 statt ⲡⲓⲕⲟⲥⲙⲟⲥ ergänze ⲡⲓⲅⲉⲛⲟⲥ. 19,6 ergänze [ⲉⲧⲃ]ⲉ ⲡⲏ. 19,1–7 heißt dann: „. . . nämlich . . . , wird [zu]letzt [die ga]nze [Welt], die den Arch[onten, d]iesen Mächten, [Eng]eln, Kräft[en] und dem ganzen [Geschlecht] der Dämonen un[terworfen ist], au[fgelöst werden], (u. zw.) dessent[weg]en, der sich in [Kör]pern als Seelensame offenbart.“ 20,6 ⲕⲁⲧⲁ ⲅⲉⲛⲟⲥ erscheint deplaziert; die Übers. von B. ist nicht möglich. 20,8 die Ergänzung ⲥ[ⲟⲃ]ⲧ̣ⲉ leuchtet mir nicht ein, zumal B. etwas ganz anderes übersetzt [„nahmen“]; ergänze lieber ⲥ[ⲱ]ⲧ̣ⲉ. Überhaupt scheint mir der ganze Satz 20,5–10 (durch Versehen beim Abschreiben) durcheinander geraten zu sein. Er dürfte ursprünglich etwa gelautet haben: ⲁⲓⲛⲁⲩ ⲇⲉ ϩⲛ ϯⲙⲉϩϥⲧⲟ ⲙⲡⲉ ⲉⲛⲓⲁⲅⲅⲉⲗⲟⲥ ⲉⲩⲉⲓⲛⲉ ⲛⲛⲟⲩⲧⲉ ⲕⲁⲧⲁ ⲅⲉⲛⲟⲥ· ⲁⲓⲛⲁⲩ ⲇⲉ ⲉⲛⲓⲁⲅⲅⲉⲗⲟⲥ ⲉⲩⲥⲱⲧⲉ ⲛⲛⲟⲩⲯⲩⲭⲏ ⲉⲃⲟⲗ ϩⲙ ⲡⲕⲁϩ ⲛⲧⲉ ⲛⲉⲧⲙⲟⲟⲩⲧ „Ich sah aber im vierten Himmel die gottähnlichen Engel nach ihrer Art; da sah ich, wie die(se) Engel (gerade) eine Seele aus dem Lande der Toten erlösten.“ 20,24/25 lies etwa [ϯⲟⲩ] ⲱϣ ⲉⲓⲛⲉ ⲛⲛⲟⲩϫⲱⲙⲉ | [ⲉⲧⲥⲥⲏϩ ϩⲓ]ⲱⲱϥ „<Der Zöllner antwortete:> ‚[Ich wi]ll ein Buch bringen (lassen), in dem [es geschrieben steht]‘.“ 20,26 lies natürlich [ϣⲟⲙ] ⲉⲧ ⲙⲙⲛⲧⲣⲉ „[dr]ei Zeugen“. 20,30 ergänze etwa ⲛⲥⲟⲛ oder ⲛϣⲏⲣ oder ⲛⲣⲱⲙⲉ. 21,1 ergänze etwa ϣⲁⲛ[ⲧⲉϩ]ⲉ „bis [du] verfie[lst]“ usw. (und sie umbrachtest). 22,16 ⲛⲉϥϫⲓ ⲙⲙⲟⲉⲓ ϩⲁϫⲱⲟⲩ heißt jedenfalls nicht „er führte mich vor ihnen“, sondern „er nahm mich vor sie“, d. h.: er stellte mich an ihre Spitze. Die Parallele 20,4f. legt aber m. E. vielleicht die Lesung ⲛⲉϥϫⲓ {ⲙ}ⲙⲟⲉⲓ<ⲧ> ϩⲁϫⲱⲟⲩ nahe, was dann heißen würde „er führte sie“. 22,23/24 ist sicher nicht richtig ergänzt (vgl. 21,27f.; 22,12f.; 23,29ff.); lies ⲁϥⲟⲩⲱⲛ ⲛ̣[ⲁï ⲁⲩⲱ] | [ⲁⲓⲉⲓ] ⲉϩⲣⲁï ⲉϯⲙⲉϩⲥⲁ[ϣϥⲉ ⲙⲡⲉ] „Er öffnete m[ir, und ich stieg] auf zum sie[benten Himmel].“ Ich möchte die Frage stellen, ob in 22,27 der unsichere Buchstabe (ⲡ̣) etwa auch ein ⲧ̣ sein könnte. Ich würde mir 22,25–30 dann folgendermaßen ergänzt denken: [ⲁⲓⲛⲁⲩ] ⲉ̣ⲩϩⲗⲗⲟ ⲛⲣⲱ[ⲙⲉ ⲉϥϩⲛ] | [ⲧⲙⲏⲧ]ⲉ ⲙⲡⲟⲩⲟⲉⲓⲛ [ⲉⲧⲉⲣⲉ ⲡⲉϥ]‖[ϩⲟⲉⲓ]ⲧ̣ⲉ ⲟⲩⲟⲃⲉϣ· ⲛⲉⲣ[ⲉ ⲡⲉϥⲑⲣⲟ]‖[ⲛⲟⲥ] ϩⲛ ϯⲙⲉϩⲥⲁϣϥⲉ ⲙⲡⲉ̣ | [ⲉⲧⲟ] ⲛⲟⲩⲟⲉⲓⲛ ⲛϩⲟⲩⲟ ⲉⲡⲣⲏ ⲛ‖[ⲧⲃⲁ] ⲛⲕⲱⲃ ⲛⲥⲟⲡ „[Ich sah inmitt]en des Lichtes einen Greis [in] weißem [Klei]de. [Sein Thron st]and im siebenten Himmel, [der zehntausend]mal heller als die Sonne [war].“

Die zwei Apokalypsen des Jakobus sind dagegen von großem Wert. Beide benutzen, jede in ihrer besonderen Weise, als Hintergrund bzw. zur Lokalisierung der auszuführenden gnostischen Gedanken weitestgehend die apokryphe (juden-)christliche Jakobustradition. Dabei gilt beiden der „Herrenbruder" Jakobus als der entscheidende Mittler der Gnosis, als derjenige, der von Jesus die Schlüssel der Gnosis bekommen hat bzw. bekommt. Was den speziellen Rahmen der ersten Apokalypse (Codex V p. 24–44) anbelangt, so handelt es sich um Gespräche Jesu mit Jakobus anlässlich zweier Begegnungen, deren erste am Dienstag der Karwoche, deren zweite einige Tage nach der Auferstehung stattgefunden hätte, mit einer kurzen Schilderung des Jakobusmartyriums als sinnvollem Abschluss. Die Gedanken der Schrift kreisen ja vor allem um das Erlösung bedeutende Scheiden aus der Welt: Jesus geht dabei voran, Jakobus als Prototyp des Gnostikers soll folgen; dabei hat das Ganze einen doppelten Boden, insofern als Jerusalem mit der Welt in Parallele gesetzt wird, die irdischen Feinde mit den Archonten, usw. Die Schrift trägt den Stempel des Valentinianismus an der Stirn. Als sensationell empfinde ich die hier (33,16–34,18; 34,26–35,19) vorliegende Einarbeitung zweier schon durch die Zitierung bei Irenäus (adv. haer. I 21,5)[4] bekannter valentinianischer Mysterienformeln. Die Substanz der ersten Formel weist übrigens eine charakteristische glossenartige Erweiterung auf (34,7–15), und die Übereinstimmung zwischen unserer Schriftstelle (33,2–35,26?) und Irenäus (adv. haer. I 21,5) geht über die beiden Formeln hinaus, betrifft auch, mehr oder weniger vollkommen, die Angaben über deren Zweck und Folge, woraus auf eine besondere valentinianische Schrift als gemeinsame Quelle sowohl dieses Stückes der Jakobusapokalypse als auch der gesamten Irenäusdarstellung in adv. haer. I 21,5 zu schließen ist. Bemerkenswert an unserer Schrift ist schließlich auch noch die sich in 31,17–26 findende authentische Formulierung des klassischen gnostischen Doketismus.

Die zweite Apokalypse des Jakobus (Codex V p. 44–63) stellt sich dar als ein Bericht, den ein Priester namens Marim, der dann auch als Verfasser der Schrift selbst gilt, dem Vater des Jakobus namens Theudas von der Predigt des Jakobus im Tempel (worin dieser unter Verwendung von dessen angeblichen Worten über den gnostisch verstandenen Jesus spricht und insbesondere seine eigene Ostervision samt der ihm dabei zuteil gewordenen Offenbarung schildert) und seinem darauf folgenden Martyrium gegeben habe. Im Anfang ist der Sinn von B. teilweise verkannt, insofern als er Aussagen von Jesus auf Jakobus bezieht; auch sind die Richter, die genannt werden, nicht die Richter des Jakobus, dessen Gegenüber vielmehr das Volk ist, sondern die vormaligen Richter Jesu. Merkmale eines besonderen gnostischen Systems oder einer besonderen gnostischen Schule finden sich in dieser zweiten Jakobusapokalypse hingegen nicht. Das Gedankengut, das sie darbietet, ist vielmehr allgemeingnostisch, allerdings von solcher Art, dass sich in ihm die Daseinshaltung der Gnosis überhaupt eindrucksvoll widerspiegelt. Es ist mithin ein Text, wie ihn sich der Religionsgeschichtler beinahe nicht besser wünschen kann. Und dieses Gedankengut erscheint nun weitgehend auch noch

4 W. Völker, Quellen zur Geschichte der christlichen Gnosis, Tübingen 1932, 140, 17–21 und 24–30.

in einer Sprache von poetischer Schönheit und Kraft, worauf hingewiesen zu haben als ein besonderes Verdienst B.s einzuschätzen ist, ohne dass doch seine Einzelanalysen dieser Stücke voll bejaht werden könnten. Stil und Sprache dieser poetischen Stücke ähneln auffällig den so genannten Offenbarungsreden des Johannesevangeliums, womit sich jedes weitere Wort über den Wert der Schrift erübrigt.

Nun wieder zu Einzelheiten: 24,11–18 besser „Siehe, jetzt kommt meine (eigene) Erlösung zum Ziel. Ich habe mit dir dafür ein Zeichen verabredet, mein Bruder Jakobus …, damit, wenn ich dir (dieses) Zeichen gebe, <du> (die Sache) verstündest und (die Wahrheit darüber) hörtest“. In 24,17 ist vermutlich hinter ⲛⲁⲕ etwa ein <ⲉⲕⲉ> ausgefallen (vgl. 25,23f.). 24,30 besser [ⲛ]ⲉ̣[ⲩ]ϣⲟⲟⲡ ⲇⲉ „und schon existier[ten sie]“. 25,8f. besser „meine Erlösung“. 25,23 ergänze ⲕⲛⲁ[ⲉⲓⲙⲉ] (vgl. 24,17f.). 25,24 ergänze etwa [ϩⲉⲛⲛⲟⲩⲧⲉ]. 25,25 ergänze etwa ϩⲉⲛⲁⲣ̣[ⲭⲱⲛ ⲓ̅ⲃ̅ ⲛⲉ]. 25,26 ergänze [ⲛⲁⲣⲭⲱⲛ. 25,20–26 würde dann heißen: „Aber deine Erlösung wird (dich) von ihnen erlösen. Damit du weißt, wer sie sind u[nd] wie sie sind, sollst du [(es) erfahren] und hören: Sie sind keine [Götter], sondern [es sind zwölf] Ar[chonten]: Diese zwö[l]f [Archonten …“ 26,3 lies „zwölf Hebdomaden“. 26,15f. ϣⲁϣⲟⲩ (Crum 609a) heißt gar nicht allgemein „Gefäß“ (und ist nicht etwa ein Äquivalent von σκεῦος), sondern „Topf“, „Krug“. Eine Übersetzung „Töpfe“ wäre natürlich sinnlos. In einer passenden Bedeutung ist das Wort ϣⲁϣⲟⲩ m. W. nicht belegt. Ich neige dazu, es hier mit ϣⲱϣ „gleich sein“ (Crum 606a–607a) in Zusammenhang zu bringen und als seine mutmaßliche Bedeutung etwa „Gleichheit“ anzunehmen. Also lies „zweiundsiebzig Gleichheiten (?)“. 27,8–12 lies „Und du wirst nicht mehr Jakobus sein, sondern jener, der (in Wahrheit) existiert. Und die Unzählbaren alle werden alle mit einem Namen versehen sein“. 27,22 besser ⲕⲉ[ⲧ ⲁⲛ]. 27,23 ergänze [ⲙⲛ]. 27,24 zu ergänzen ist m. E. ein Verb, dessen Objekt mit ⲉ- angeknüpft wird (ⲉⲣⲟⲓ̈ Z. 25) und zu dem ein ⲉⲃⲟⲗ (das von Z. 25) gehört. 27,22–26 heißt dann: „Und sie sind [nicht] mit etwas ander[em] gewappnet, sondern sie sind gegen mich gewappnet [mit] einem Gericht, ohne dass ich dabei von ihnen ge … werden konnte.“ 28,5–7 lies „wenn sie sich gegen dich wappnen, soll es da keinen Tadel (für sie) geben? Du bist (doch) mit Erkenntnis gekommen, damit“ usw. 28,23f. lies „Und (doch) [er]innere ich mich an das, was ihnen nicht gehört“. 29,15 ⲁⲛ = (S) ⲟⲛ. 29,16 Ergänzung <ⲛⲁⲓ̈> ist falsch; vgl. W. Till, Koptische Grammatik, Leipzig 1955, § 324; ⲥⲉ = (S) ⲛⲥⲉ Konjunktivpräfix. 29,14–19 heißt dann: „Wie kannst du danach uns noch erscheinen, nachdem sie dich ergriffen haben und du dies Los vollendet hast und zum Seienden emporgestiegen sein wirst?“ 30,8f. muss m. E. heißen „und es möge dir ins Herz dringen“, wie immer man sich das ⲉϩⲏⲧⲕ erklären mag. 30,23 ergänze besser [ⲉϥϩ] ⲱϣ. 30,25 ergänze besser [ⲧⲉ ⲉϥϫ]ⲱ. 30,26 ergänze besser [ⲡⲙⲁ ⲛⲧⲥⲃ]ⲱ. 30,27 ergänze besser [ⲁⲩⲱ ⲁⲡ]ⲙⲏⲏϣⲉ. Dann heißt 30,18–28: „Und J. ging auf den Berg, der G. genannt wird, … [mit er]regtem Herzen – er wusste ja [nicht], dass es einen Tröste[r] gibt –, [indem er sa]gte: ‚Dies ist [der Ort der] zweiten [Leh]re‘. [Und die] Menge (der Jünger) [zer]streute sich. J. aber … “ Damit erübrigt sich B.s Anmerkung zu Z. 25ff. 31,25 ergänze besser [ⲃⲱⲗ]. 31,23–26 heißt dann: „Dieses (Leiden usw.) war vielmehr vorbehalten ein[em] Gebilde der Archo[n]ten (d. h. meinem σῶμα), und (di)eses verdiente es (ja), durch s[ie] zer[stört] zu werden“. 32,26 ergänze vielleicht [ⲛⲉϥⲃⲁⲗ ⲛⲉϥ]ϣⲉⲥⲓ. In ϣⲉⲥⲓ könnte man m. E. am ehesten ein Qualitativ von ⲥⲓϣⲉ sehen. 32,27 ergänze [ⲉⲧⲙⲛⲧϭⲁⲃϩ]ⲏⲧ. 32,28 ergänze etwa [ⲟⲡ ⲛϩⲏⲧϥ ⲁⲗⲗⲁ ⲁ]. 32,26–29 würde dann heißen: „[und war] sehr erbittert [über die in ihm be]findliche [Klein]müt[igkeit. Aber] der Herr sa[h ihn an]" usw. 33,24–34,1 lässt sich nach Irenäus adv. haer. I 21,5 ziemlich sicher ergänzen. Der erste Buchstabe von 33,28 (ⲩ) beruht vermutlich auf einer falschen Lesung von ϫ; der Anfang der Zeile muss natürlich ϫⲉ gelautet haben. Und zwischen 33,29 und 34,1 gehört noch eine Zeile hinein. Lies also: [ϥⲛⲁϫⲟⲟⲥ] (25) ⲛⲁⲕ ϫⲉ ⲁⲩ[ⲛⲟϫⲕ ⲉⲃⲟⲗ ⲉⲧⲃⲉ ⲟⲩ] (26) ⲉⲕⲉϫ[ⲟⲟⲥ ⲛⲁϥ ϫⲉ ⲁⲓⲉⲓ ⲉⲃⲟⲗ] (27) ϩⲙ ⲡⲏ [ⲉⲧⲣϣⲟⲣⲡ ⲛϣⲟⲟⲡ] (28) ϫ̣ⲉ ⲉ̈ⲓⲉ[ⲛⲁⲩ ⲉⲛⲉⲧⲉ ⲛⲟⲩⲛ] (29) [ⲛ]ⲉ [ⲁⲩⲱ ⲛϣⲙⲙⲟ ⲧⲏⲣⲟⲩ] (30!) [ϥⲛⲁϫⲟⲟⲥ ⲛⲁⲕ ϫⲉ ⲁϣ ⲛ] (1) [ⲉ] ⲛⲓϣⲙⲙⲟ „[Er wird] zu dir [sagen: ‚Weswegen] wurdest [du ausgesandt?‘] Du sollst [zu ihm] s[agen: ‚Ich kam] von jenem, [der präexistent ist,] damit ich [sähe all das Unsrige und Fremde.‘ Er wird zu dir sagen: ‚Was ist] dieses Fremde?‘" 34,14 besser „als sie vormals daran ging". 34,22 ⲣⲉϥⲁⲙⲁϩⲧⲉ ist einfach koptisches Äquivalent von παραλήμπτωρ und heißt also etwa „Greifer". Das ⲟ̣ von 34,25 wird in Wirklichkeit wahrscheinlich ein ⲉ̣ sein, und das ⲧ von 34,26 ein ⲩ. 34,25 (Ende)-28 lässt sich ganz gut nach Irenäus adv. haer. I 21,5 ergänzen: ⲉⲕⲉ̣[ϫⲟⲟⲥ ⲛⲁⲩ ϫⲉ ⲁⲛⲟⲕ] ⲟⲩⲥⲕⲉ[ⲩⲟⲥ] | [ⲉϥⲧⲁⲉⲓⲏⲩ ⲉ]ϩⲟⲩⲟ ⲛ[ⲧⲥϩⲓⲙⲉ] | [ⲛⲧⲁⲥⲧⲁⲙⲓ]ⲱ[ⲧⲛ „sollst du [zu ihnen sagen: ‚Ich bin] ein Gefä[ß, das] vielmals [wertvoller ist] als [das Weib, das] eu[ch geschaffen hat.]" 35,9f. besser „Es hat keinen Vater der A. gegeben." 36,4 die Ergänzung ist sicher falsch; lies [ⲉⲧ ⲙⲡⲥⲁ ⲛⲧⲡ]ⲉ <ⲛ> „[die sich befinden oberhalb der]" (gemeint ist die valentinianische Zwölfheit). 36,18 ergänze ⲙ[ⲛ ⲗⲁⲁⲩ ⲛⲁⲥⲟ], und 36,18f. heißt dann: „N[iemand wird] einen [ken]nen, der (noch) in J. wohnt." Die Zerstörung J.s und des Tempels gilt in der Tradition als Strafe für die Tötung des Jakobus.[5] 36,22 lies ⲉϥ<ⲉ>ϩⲙⲟⲟⲥ; 36,22f. heißt dann: „soll A. sich hinsetzen und es aufschreiben." 37,16f. m. E. besser ⲉⲧⲛⲉ | [ϯ ⲛ]ⲥⲉϫⲓⲥⲉ „[zusammen mit] der Bedeutung von jenem, das sie [veranlassen] wird, sich [zu] erheben." 38,11 ergänze vielleicht ⲛⲧⲉ[ⲗⲉⲓⲟⲥ. 38,16 lies ⲉⲣ[ⲟϥ] ϯ[ⲥⲁϣ]ϥⲉ. 39,13 ⲛⲁϥⲉ = ⲛⲉϥⲟ (S). 39,14 ergänze etwa [ϫⲉ ⲛⲧ]ⲁⲣⲓⲉⲓ. 39,13f. „er war unwissend; [denn], als ich" usw. 39,17f. lies „als ob es ein Sohn von ihm wäre." 40,18f. ergänze besser ⲉ<ⲩⲉ>ⲥⲟⲩⲱⲛ ⲛⲉ[ⲧⲉ ⲛⲱⲟⲩ] | ⲛⲉ „<sollen sie> das [Ihr]ige erkennen". 40,19–22 besser „Vertreibe aus dir alle Arten von Ungerechtigkeit und gib acht, dass du dich nicht (wieder) an sie gewöhnst". ⲕⲱϩ (40,22) nicht „beneiden" (so B., s. Register S. 120), sondern „vertraut sein mit", „gewöhnt sein an" (Crum 133a oben II). 40,24 besser „so tröste (zugleich) diese" usw. 42,14 ergänze besser ⲃⲱ[ⲕ ϣⲁⲣⲟⲟⲩ] und 42,15 ⲟⲩⲱ[ⲛϩ ⲙⲡⲁ̈ⲓ ⲉⲃⲟⲗ]; 42,14–17 heißt dann: „Ich aber will [zu ihnen (sc. den zwölf Jüngern und den sieben Jüngerinnen)] geh[en] und (ihnen) [dieses] offen[baren] – denn sie haben an [dich] geglaubt –, d[amit sie] getröstet seien." 42,21–23 lies „er richtete die Z[wö]lf auf und legte Trost [in] sie." ⲥⲟϩⲉ (42,21) = ⲥⲟⲟϩⲉ (Crum 380b oben [nicht unten]).

44,20 lies [ϭⲉⲡ]ⲏ ⲙⲙⲟⲕ „Beeile dich!" 44,22 ⲛⲛⲉϥ „damit nicht...". 45,6 ergänze [ⲙ]ⲉϣⲁⲕ „[vie]lleicht". Ist davor etwa in Wirklichkeit ϭ̣[ⲉ]ⲡ̣ⲏ ϭⲉ zu lesen? „Eile also!" 45,22 ⲉⲡⲉϥⲥⲱⲛⲧ [ⲡⲉ] muss natürlich heißen „wie es seine Gewohnheit war"; es handelt sich hier um das ⲥⲱⲛⲧ von Crum 346a Mitte. 46,11

[5] Vgl. vor allem Eusebius Kirchengeschichte II 23,18 (Hegesipp); Origenes Kommentar zu Mt 13,55; contra Cels. I 47; II 13.

ergänze ⲛⲥⲁ ⲡ̣[ϫⲟⲉⲓⲥ] „auf den [Herrn]“; (vgl. Z. 20). Und auf ⲡϫⲟⲉⲓⲥ, also auf Jesus, beziehen sich dann die drei folgenden Relativsätze (Z. 12–19), während der Relativsatz davor, dessen Ende das Wort ⲡϫⲟⲉⲓⲥ ist (Z. 9–11), sich nochmals auf Jakobus bezieht. B. hat diesen ganzen Abschnitt falsch bezogen. 46,21 ergänze etwa [ⲁϥⲉⲓ]. 46,23 ergänze [ⲉϥⲧ]ⲉ̣ ⲣ̣ⲛⲧϥ. 46,24 ergänze etwa [ⲡⲉⲛⲧⲁ ⲡⲉϥⲉⲓⲱⲧ]. 46,20–24 heißt dann: „[Dies]er Herr hier [ist gekommen] als Sohn, der [nach] uns sieht, und als Bruder, [der] seinen Namen ver[leiht], wenn er kommt zu [dem], den [sein Vater] gezeugt [hat].“ 47,9 die Ergänzung ⲉ[ⲓⲱⲧ passt denkbar schlecht. Ist etwa ⲥ̣[ⲱ̄ⲣ̄ „Heiland“ zu lesen? 47,11/12 ergänze etwa ϣⲟ|[ϫⲛⲉ ⲉⲧ]ⲉ̣ⲓ̣ und lies „und die Abs[icht, die] aus Wahrheit kommt“. 47,19–22 muss heißen: „Die beiden (Blinden [Mt. 9,27–31; 20,29–34]), die wieder sehen, das bin ich. – Durch die Schrift ist (über Jesus) prophezeit“ usw. Und das Schriftzitat geht natürlich auf Jesus, nicht auf Jakobus, wie B. meint. Ebenso referiert Jakobus (entgegen der Meinung von B., der an Aussagen des Jakobus über sich selbst denkt) auf den nächsten beiden Seiten (48 u. 49) Selbstaussagen Jesu. 48,5/6 ergänze etwa ⲧ]ⲥⲁⲣⲝ | [ⲛⲁⲧⲙ]ⲙ̣ⲉ ⲉⲓⲛ[ⲁⲛⲧ]ⲟⲩ „(Ich bin eingegangen in) das [unwiss]ende Fleisch. Ich wer[de] sie heraus[bringen]“ usw. 48,12 ergänze etwa ϩ[ⲛ ⲟⲩⲛⲓⲕⲏ] „i[n Sieg]“. 48,13f. lies ⲛϯϯ ⲧ]ⲱ|ⲗ̣ⲙ ⲁⲛ, was übrigens wohl heißen soll „ich tadele nicht“. 48,15 ⲥ[ⲡⲉ]ⲣⲙ̣ⲁ̣ passt schlecht in den Gedankenzusammenhang. Könnte im Text etwa auch ⲑ̣[ⲉⲗ]ⲏ̣ⲙ̣ⲁ̣ gestanden haben? 48,23 entweder man ergänzt [ⲙⲁ], dann müsste man aber übersetzen „an verborgener Stelle“; oder man versteht „heimlich“, dann müsste man wohl [ϩⲉ] ergänzen. 49,5 ergänze vielleicht besser [ⲛϫⲡⲟ] und übersetze 49,5–8: „Ich [bin der Er]st[geborene], der (zuerst) erzeugt wurde und [ihrer al]ler Herr[schaft] vernichten wird.“ 49,20 lies ⲅⲁⲣ <ⲁⲛ>; und 49,17–21 heißt: „damit ihr mich (wirklich) seht: Wenn ich entstanden bin, wer bin ich denn dann? Ich bin nämlich <nicht> so gekommen, wie ich bin“ (vgl. 57,10–18). In 50,5 ist auf jeden Fall anders abzuteilen; nämlich [..]ⲏ̣ⲉ̣ⲓ̈ ϩ[ⲛ] usw. „(zu) hause (?) lange Zeit“. Und in 50,4 würde ich eher an ϭ]ⲱ denken. B.s Konjektur in 50,23 beruht auf einem Germanismus. Es muss schon bei dem sachlich merkwürdigen ⲡⲥⲟ[ⲛ ⲙⲡ]ⲉⲕⲉⲓⲱⲧ „der Brud[er] dein[es] Vaters“ bleiben. Aber entsprechende Verwandtschaftsbeziehungen lassen sich durchaus vorstellen. Der Vater des Jakobus ist nach dieser Schrift ja sowieso nicht Joseph, sondern Theudas, und als seine Mutter wird dann auch kaum Maria gedacht sein. 52,24f. könnte man sich vielleicht so ergänzt denken: [ⲡ]ⲉⲛ[ⲧⲁϥⲁⲁⲥ ⲣⲁⲓⲥⲑ]ⲁⲛⲉⲥ|[ⲑⲁⲓ ⲁⲛ ⲉⲡⲉϥⲉⲣⲅⲟⲛ ⲁ]ⲗⲗⲁ. Und 52,18–25 dürfte heißen: „Und geh' hin, wenn man deinetwegen vorbeikommt, indem es bewirkt wird durch jenen, der herrlich ist (sc. den wahren Vater [?]). Wenn man aber Unruhe stiften und Macht errichten will, so verst[eht der, der es bewirkt hat, sein Werk (selber) nicht, so]ndern“. 53,1 ergänze ... ⲁϥϩⲓ ⲧⲟⲟⲧ[ϥ ⲉⲡⲉⲧϥⲣⲛⲟⲓ̈]. 53,2 ergänze [ⲙ]ⲙⲟϥ ⲁⲛ· ⲟⲩ [ⲃⲗⲗ]ⲉ usw. In 53,4 erscheint mir die Ergänzung [ⲥⲱⲙⲁ] zu speziell; lies vielleicht lieber [ⲥⲱⲛⲧ]. 53,1–5 heißt also m. E.: „... Er (der Demiurg) machte sich an [etwas,] was [er] nicht [verstand]. [Blin]d [ist der], [dur]ch den sie ausgesandt wurden, um die [Schöpfung] hier zu vollbringen.“ 53,29 ergänze etwa [ⲟⲩⲁⲫⲑⲁⲣⲥⲓⲁ]. 53,30/54,1 ergänze etwa [ⲉⲣⲉ ⲛⲉⲥϣⲏⲣⲉ ⲟⲩⲁ] | [ⲁⲩ ⲣⲁⲓⲥ]ⲑⲁⲛⲉⲥⲑⲁⲓ ⲉⲣ[ⲟⲥ]. 54,2 ergänze etwa [ⲛⲧ]ⲁϥ [ⲟⲩⲛ]. 54,3 ergänze etwa [ⲛϭⲟⲗ]. 54,5 ergänze vielleicht besser [ϩⲱ]ϣ̣. 54,6 B.s Ergänzung ist unmöglich; ergänze etwa [ⲉϥⲧⲱ]ϭ̣. 53,28–54,10 heißt dann: „Vielmehr ist sie [ein] ewiger [Ta]g und [Unvergänglichkeit,] die [nur ihre Kinder wahr]nehmen.

Er (der Demiurg) [also] hat sich [der Lüge] bedient, denn er gehört nicht zu ihnen. Deswegen ist er in [Bedrängnis]. Deswegen [rüst]et er sich, damit er nicht beseitigt werde. Deswegen nämlich ist er denen, die unten sind, (d. h.) denen, auf die man herabgesehen hat, um sich in ihnen zu vollenden, überlegen." 55,2 m. E. dürfte hinter ⲛⲛⲁⲗⲟ[ⲩ ein neuer Satz und wohl auch ein neuer Gedanke anfangen. Ergänze daher auf jeden Fall in 55,3 besser [ϯⲟ]ⲩⲱϣ ⲉⲟⲩⲱⲛϩ [ⲉⲃⲟⲗ ⲉ]. Und 55,2–12 heißt m. E.: „[Und ich] will [mich d]urch dich offenbaren. Und der [Geist der Kr]aft wird s[ich (infolgedessen) den] Deinigen offenbaren. Und es werden die gute Tür du[rch] deine Vermittlung öffnen (alle), die hineingehen wollen und die danach trachten, auf dem Weg zu wandeln, der zu dieser Tür f[ührt]; und sie werden dir [folg]en" usw. 55,8 lies <ⲛϭⲓ> ⲛⲉⲧⲟⲩⲱϣ. 57,1 die Ergänzung <ⲃⲟⲗ ⲙⲙⲟï> ist unnötig; vgl. Till § 235. 57,3 lies besser etwa [ⲟⲩⲛ ϭⲟ]ⲙ usw. „Ich habe Gewalt über alles." (Damit ist das Zitat der Worte des Demiurgen zu Ende.) 58,9 lies „welcher sein wird". 59,26/27 ergänze vielleicht ⲁⲛⲟⲕ | [ⲇⲉ ⲁϥⲧⲣⲉ ⲛⲁⲙⲁⲁϫⲉ] ⲟⲩⲱⲛ „Was mich [aber] betrifft, [so hat er meine Ohren] sich öffnen [lassen]". 60,2 ⲁⲩⲱ darf nicht übersetzt werden, da es offensichtlich nur der zu wörtlichen Übersetzung eines καὶ ... καὶ ... seine Entstehung verdankt. 60,7 ⲉⲃⲟⲗ ⲙⲡϫⲟⲉⲓⲥ halte ich für einen falsch eingeordneten Randnachtrag; die Wendung hat ihren richtigen Platz anscheinend in Z. 14 hinter ⲛⲏⲧⲛ. 60,17 lies ⲡⲏ <ⲉⲧⲉ ⲡ>ⲉⲧⲉ, wobei das letzte ⲉ wohl das Qualitativ von ⲉⲓⲣⲉ ist. 60,5–19 muss m. E. heißen: „Der Herr ist es, der euch [gefa]ngengenommen hat { }, indem er euch die Ohren verschließt, damit sie nicht den Klang meiner Rede hören, und ihr (durch sie) in euren Herzen aufmerk[sam] werden [und] mich ‚den Gerechten' nennen könntet. Deswegen sage ich euch <durch den Herrn>: ‚Siehe ich (der Herr) habe euch (dieses) euer Haus (den Tempel) gegeben, von dem ihr sagt: ‚Gott hat es geschaffen' (und) in Bezug auf das derjenige, der in ihm wohnt, verheißen hat, euch eine Erbschaft in ihm zu geben'." 63,1/2 vielleicht sollte man besser lesen ⲛⲥⲁⲃⲟⲗ ⲙⲡⲉⲕ | [ⲉⲙⲁ ⲛϭⲟ]ⲉⲓⲗⲉ „au[ch] aus der [Fre]mde".

Die Apokalypse des Adam schließlich (Codex V p. 64–85) ist die Skizze einer vollständigen gnostischen Weltgeschichte im fiktiven Schema einer Zukunftsoffenbarung, die Adam von den drei Himmelsboten Jesseus, Mazareus und Jessedekeus, die zu ihm gekommen waren, empfangen hat und die er nun unmittelbar vor dem Tode seinem Sohn Seth, als dem Prototyp der Gnostiker, weitergibt. Eingeschoben und nur ganz künstlich mit dem Rahmen verbunden ist ein quasi-systematischer Exkurs über andere Erlöservorstellungen, in dem sich echte mythologische Konzeptionen mit bloßen Konstruktionen eigenartig mischen. Schema und Material der Schrift sind im Wesentlichen wohl spätjüdisch apokryph und wurden mit Gewalt, so gut (bzw. schlecht) es eben ging, gnostischer Weltanschauung dienstbar gemacht. Entsprechend bleibt vieles vom Inhalt unklar. Die Weltgeschichte bis zum Kommen des σωτήρ (Jesus), von dem unter der Bezeichnung φωστήρ die Rede ist, ohne dass dieses auf manichäischen Einfluss zurückgehen müsste, wird jedenfalls in drei Perioden gesehen: die erste endet mit der Sintflut; die zweite mit einer Feuerkatastrophe; die dritte reicht eben bis zum Kommen des Erlösers. (Vgl. Nag Hammadi Codex II p. 144,27–34 [„Das Wesen der Archonten"].) Auch die Menschheit selbst wird anscheinend dreifach geteilt gesehen: Der Same des Seth stellt die vollkommenen Gnostiker dar; der Same des Sem wohl die negative Entsprechung, d. h. die bedingungslosen

Anhänger des Demiurgen; der Same des Ham und Japhet steht irgendwie dazwischen und repräsentiert wohl die der Erlösung noch fähigen Menschen. Der Same des Seth ist allerdings selbst schon eine schillernde Größe mit einem Gefälle von der Existenz als wirklicher Mensch über eine Art Heroenexistenz zur Existenz als Himmelswesen. B. hält diese unsere Schrift, in der sich in die Augen springende christliche Elemente tatsächlich nicht finden, nun gleich für ein Produkt vorchristlicher Gnosis (vgl. bes. S. 5. 95). Diese These samt ihrer Einzelausführung und Begründung halte ich für durch und durch verfehlt. Nämlich: 1. Nichtchristlich heißt nicht notwendig vorchristlich, sondern kann auch nebenchristlich oder nicht-mehr-christlich sein. 2. Nach der Rahmensituation kann man gar keine deutlich christlichen Züge erwarten; solche Züge würden vielmehr aus der Situation fallen (am Ende des „Wesens der Archonten“ ist z. B. ähnlich unbestimmt von dem Erlöser die Rede). 3. Wir haben es sowieso ganz offenbar mit einem Spätprodukt der Gnosis zu tun. 4. Es finden sich doch Motive, die so nur in der Sphäre bzw. im Ausstrahlungsbereich des Christentums möglich erscheinen (Heiliger Geist 77,17f.; das Fleisch des Erlösers 77,16–18; die heilige Taufe 84,7; 85,24f.; der Name 77,19; 83,5f.; hinzu kommt noch die weitgehende sachliche Übereinstimmung mit eindeutig christlich-gnostischen Schriften).

Nun wieder zu Einzelheiten: Zu 64,4 vgl. Josephus ant. 1,67. In 65,10 lies „war fern“. 67,19f. lies „die ich vorher“. 69,10f. lies „durch jene (Wasser), die sie von allen Seiten bedrängten, und“ usw. 70,19 die Gleichung Noah = Deukalion auch Ps.-Clem. Hom. II 16,4; Rec. VIII 50. Zwischen 71,25 und 72,1 muss m. E. eine Zeile fehlen. Ergänze etwa folgendermaßen: ⲟⲩⲧⲉ ⲉ[ⲃⲟⲗ ϩⲓ] (26) [ⲧⲛ ⲛⲁϣⲏⲣⲉ ⲁⲛ ⲁⲗⲗⲁ ⲉⲃⲟⲗ ϩⲓ] (1) [ⲧⲛ ⲧⲅⲛ]ⲱⲥⲓⲥ · [ⲁ]ⲩ[ⲱ ϥ]ⲛ̣ⲁ (2) [ⲥⲱⲧⲉ] usw. „auch nicht d[urch meine Söhne, sondern durch die Gn]osis.‘ U[nd er (Gott)] wird jene Menschen [erlösen].“ 72,18ff. vgl. Jub. 7,20–39 (Mahnrede Noahs). 72,21 lies „dient ihm (Gott)“. 73,1 ergänze etwa (ⲧⲟⲧⲉ ϥⲛⲁϫⲟⲟⲥ ⲛϭⲓ) [ⲥ̅ⲏ̅ⲙ̅ ⲡ]ϣ̣[ⲏ]ⲣⲉ ⲛⲛⲱϩⲉ ϫ[ⲉ ⲡⲁ] „(Dann wird sagen) [Sem der] Sohn Noahs: [‚Mein]“. 73,13 lies „hervor<gehen> aus“. 73,27 ergänze vielleicht ⲡ̣[ⲕⲉϣⲱϫⲡ ⲙ]. 73,29 ergänze vielleicht [ⲉⲛⲉϥⲙⲁ]. 73,27–29 würde dann heißen: „Und [auch] der [Rest des S]amens wird a[n seine Orte] gehen. Die anderen Völker…“ 73,31/74, 1 könnte ich mir so vorstellen: ⲥⲉⲛⲁⲣⲛⲟⲃⲉ] ⲅⲁⲣ [ϩⲛ ⲛⲉⲩ]||[ϩⲃⲏⲩ]ⲉ ⲉⲧⲙⲟⲟⲩⲧ [ⲉ]ⲡ[ⲉⲓ]ⲛⲟϭ „Sie werden] nämlich [sündigen in ihren] toten [Werke]n [gegen] d[ies]en großen“. 74,18 sc. Sem. 74,19 lies <ⲡⲁ>ⲛⲓϭⲟⲙ usw. „<den> alle<r> Kräfte“ (vgl. 84,20). Der vorliegende koptische Wortlaut erklärt sich wohl einfach als eine zu wörtliche Übersetzung etwa von ἐποίησεν πᾶν τὸ θέλημά σου καὶ πάντων τῶν δυνάμεων. 74,21 lies „Herrschaft erlangt hat“. 74,25f. lies „abwendig gemacht deine ganze Schar“. 74,29 ergänze etwa [ⲉⲩⲡⲱ]ⲧ ⲛⲥⲁ ϯⲃ[ⲁⲣ]ⲩⲥ ⲛⲕ[ⲱϩⲧ] „[indem sie] der F[euer]barke (-β[ᾶρ]ις) [folg]en“. Zur Verwechslung von βαρύς und βᾶρις in der Schreibung vgl. Ps. 44,8 (Crum 390b). Und zu der ganzen Vorstellung von einem zweiten Weltuntergang durch Feuer (74,26ff.) vgl. aus der näheren geistigen Umgebung Ps.-Clem. Rec. I 32.[6]

6 Vgl. weiter Mekilta Exodus 18,1: „Er bringt weder eine Feuerflut noch eine Wasserflut, sondern die Tora gibt der Heilige, gepriesen sei er, seinem Volk und seinen Geliebten.“ S. Buber (ed.), Aggadat Bereschit, Krakau 1903, I,1: „Da sagte der Heilige, gepriesen sei er, zu den Frevlern: So ihr sagt, dass ich geschworen habe, nicht wieder eine Flut über die

75,9 lies „Dann werden sie... werfen". 76,8f. lies „zum dritten Male". 77,21f. (der Übers.) lies „irrtümlich benutzen". 77,23 lies „Woher stammt sie (sc. die Kraft dieses Menschen [Z. 6])". 77,24 (der Übers.) lies „lügnerischen". 77,25–27 d. h.: auf die keine Kraft gekommen ist. Gemeint ist 77,18ff. so: Sie werden sich dieses Namens φωστήρ irrtümlich bedienen, wenn sie, in Beantwortung der Frage: ‚Von wo ist es erfolgt usw.?', über den φωστήρ das Folgende sagen. Die πλάνη liegt also nicht in der Frage, sondern in den (ersten dreizehn) Antworten darauf. 77,28 (der Übers.) lies „nun (οὖ[ν])". 78,4 lies „an den Busen". 78,5 diese seltsame Wendung begegnet stereotyp, d. h. als Formel, am Ende jeder der ersten dreizehn Aussagen über den φωστήρ. Ihre Seltsamkeit liegt beschlossen in dem Worte ⲙⲟⲟⲩ „Wasser". Wir haben hier m. E. einen übertragenen Gebrauch dieses Wortes zu konstatieren, wohl in Aufnahme und Weiterbildung der bekannten bildlichen Verwendung von *mw* im Ägyptischen.[7] Als Bedeutung unserer Formel wäre dann etwa zu vermuten: „und so trat er in Erscheinung". Aus dieser Interpretation würde übrigens folgen, dass der ganze Exkurs mit den vierzehn Vorstellungen über den Erlöser original koptisch konzipiert ist. 79,13 lies „in einem Bezirk". 79,19ff. zur fünften Erlöservorstellung vgl. Hippolyt ref. V 19,13–21 (Sethianer). 79,30 ergänze besser etwa ⲉⲧ̣[ⲃⲉ ⲟⲩⲛⲟⲩⲧⲉ]. 80,1 ergänze besser ⲉϥⲉⲧ[ⲟⲟⲩ]ⲧⲉ. 79,29–80,3 heißt m. E.: „[Er entstand] weg[en eines Gottes], der unten ist, damit er Blumen pf[lü]cke. Sie (sc. eine der Blumen) wurde schwanger von der Begierde, wie Blumen sie haben". Vgl. im Übrigen zu dieser sechsten Aussage die ägyptische Vorstellung vom Gott aus und auf der Blume.[8] Die achte Vorstellung (80,20ff.) erinnert an die Felsengeburt des Mithra. Zur neunten Vorstellung (81,1ff.) vgl. die Art, wie die gnostische Sophia ihren Sohn erzeugt. 81,19 ⲉϩⲟⲩⲉ ⲉⲣⲟϥ hat natürlich in Wahrheit nichts mit ϩⲟⲩⲟ zu tun (so B. im Register) und heißt auch nicht „über sich". Vielmehr handelt es sich ganz gewiss um das Verb ⲟⲩⲉ ⲉ- „fern sein von". Verschiedener Meinung sein kann man nur über das Element ⲉϩ. Ich halte es für eine Dialektform der perfektische Relativsätze einleitenden Partikel ⲁϩ-, wenngleich eine solche Dialektform bisher m. W. nicht belegt ist.[9] Lies also „die fern von ihm war". Zu dieser zehnten Vorstellung im Ganzen vgl. einerseits den term. techn. „Wolke" für weibliche Himmelswesen bei den Mandäern,[10] andererseits Atums Urzeugung in Form der Selbstbefriedigung.[11] 82,12–15 heißt m. E.: „Jedes Gebären ihres Archonten [ist] ein Spreche[n]. Und dieser Logos sprach an jenem

---

Welt zu bringen, bei eurem Leben!, ‚für die Spötter sind Strafen bereit und Schläge für den Rücken der Toren' (Prov. 19,29), Schläge um Schläge! Habe ich geschworen, nicht wieder eine Wasserflut zu bringen, so bringe ich eine Flut von Feuer und Schwefel und Steinen, denn es heißt: ‚Und der Herr ließ Feuer und Schwefel über Sodom und Amorrah regnen' (Gen. 19,24)." [Diese Stelle verdanke ich meinem Kollegen Johann Maier.] Vgl. auch Sap 10,4–7 (Sintflut und Feuergericht über Sodom und Gomorrha parallel) und überhaupt Bill. III 773.

[7] Vgl. A. Erman/H. Grapow, Wörterbuch der aegyptischen Sprache II 52/53 (D).

[8] Vgl. S. Morenz/J. Schubert, Der Gott auf der Blume, Ascona 1954; E. Bielefeld, Eros in der Blume, Archäologischer Anzeiger (1950/51), 47ff.

[9] Vgl. Crum, Copt. Dict. 24a; Kahle, Bala'izah I 175–179.

[10] K. Rudolph, Die Mandäer II, Göttingen 1961, 310 Anm. 7.

[11] H. Bonnet, Reallexikon der ägyptischen Religionsgeschichte, Berlin 1952, 865.

Or[t] eine Begrenzung aus“. ⲧⲱϣ entspricht u. a. ὅρος. Und der Hintergrund dieser dreizehnten Vorstellung ist möglicherweise der Horos der Valentinianer (vgl. z. B. Hippolyt ref. VI 31,5f.). 82,19 (der Übers.) lies „zur Ruhe gebracht würde“. 83,4–7 heißt m. E.: „Dann wird der Same (sc. des Sem [?]) diese (Licht-)Kraft bekämpfen. Diejenigen, die seinen Namen annehmen, werden auf dem Wasser und < . . . , werden gerettet werden (?)> vor ihnen allen.“ 83,24f. muss es m. E. heißen: „alle Werke der Kräfte in Unverstand“. 84,5–8 Nominalsatz: „M., M. und M. sind nämlich die, denen die heilige Taufe und das lebendige Wasser untersteht.“ Und ich halte diesen Satz für einen hier falsch eingeordneten, in Wahrheit hinter Z. 18* gehörenden Randnachtrag. 84,11/12 lies ⲉⲙⲛ ⲛⲟⲙⲟ[ⲥ] | ⲧⲉ ⲉⲧⲟⲟⲧⲟⲩ „denen kein Gesetz gegeben ist“. ⲧⲉ ist m. E. zu identifizieren als Qualitativ von ϯ. 85,1–11 heißt m. E.: „Ihre Frucht wird nicht schwinden. Sondern es werden bekannt sein, bis zu den großen Äonen, die Worte des Gottes der Äonen, die bewahrt wurden ohne Buch und ohne (überhaupt) geschrieben zu sein.[12] Sondern Engelwesen werden diese (Worte) bringen, die kein Geschlecht der (irdischen) Menschen kennen lernen wird; denn sie werden sich befinden auf einem hohen Berg (und eingemeißelt) auf einem Felsen der Wahrheit.“ Und wir haben in den letzten Worten wohl eine Anspielung auf den Topos von den Stelen des Seth zu sehen.[13] 85,15–17 entspricht wohl einem ἐν σοφίᾳ γνώσεως καὶ διδαχῇ ἀγγέλων; lies also „weise durch Erkenntnis und belehrt von Engeln“. 85,18 die Worte ϫⲉ ϥⲥⲟⲟⲩⲛ ⲛϩⲱⲃ ⲛⲓⲙ „Denn er weiß alle Dinge“ halte ich wieder für einen falsch eingeordneten Randnachtrag, dessen richtige Stelle in Z. 21 hinter ϣⲏⲣⲉ ist.

[12] Wörtlich: „die man bewahrt hat, indem man nicht zum Buch gegriffen hat, indem sie auch nicht aufgeschrieben waren.“

[13] Vgl. Josephus ant. 1,67–71; J. Doresse, Les livres secrets des Gnostiques d’Égypte I, Paris 1958, 272 Anm. 66.67.

Rezension zu Wolfgang Schrage:
Das Verhältnis des Thomas-Evangeliums zur synoptischen Tradition und zu den koptischen Evangelienübersetzungen*

Schrages Kieler Habilitationsschrift aus dem Winter-Semester 1962/63, die jetzt im Druck vorliegt, ist ein unter Ausschöpfung aller modernen Hilfsmittel und mit erstaunlicher Akribie gearbeiteter (und gedruckter), hilfreicher und die Forschung befruchtender und weiterführender (vgl. bes. S. 65 oben; S. 148 unten; S. 150 Anm. 1; S. 153 oben; S. 157 oben) Kommentar zum EvThom. Ein gezielter Kommentar, denn es geht ihm nur um die den Synoptikern parallelen Partien des EvThom. Und ein Kommentar mit (m. E. richtiger) Tendenz, insofern als es in ihm ganz wesentlich um den Beweis geht, dass diese Stücke von unseren Synoptikern abhängig sind und nicht aus der ihnen voraus liegenden Tradition stammen. Dem dient auch die besondere Auswertung der sozusagen normalen koptischen Evangelienübersetzungen, die dem Werk Sch.s, bis ins Schriftbild hinein, die eigene Note gibt. Nach der Reihenfolge ihres Erscheinens im EvThom werden die in Frage kommenden Partien, d. h. die einschlägigen Logien bzw. Logienteile, einer Erörterung unterzogen, die nach einem gleich bleibenden Schema, dessen drei Hauptpunkte schon der Titel des Werkes anzeigt, verläuft: Zunächst wird jeweils der koptische Text des EvThom mit den entsprechenden Partien des sahidischen NT synoptisch konfrontiert. Es folgt eine Erörterung der Gemeinsamkeiten und Unterschiede zwischen dem betreffenden Thomaslogion und den oft auch unter sich differierenden Parallelen des griechischen NT unter Voraussetzung literarkritischer und formgeschichtlicher Erkenntnisse und Problemstellungen und, wie gesagt, unter der speziellen Frage, ob denn tatsächlich, wie oft behauptet und vorausgesetzt, Thomas von den Synoptikern unabhängig sei. Eine ähnliche Erörterung (unter derselben Frage) des Verhältnisses von Thomas zur koptischen Übersetzung der Synoptiker, die nicht bloß auf die sahidische beschränkt ist, sondern die anderen (vor allem die bohairische) mit einbezieht, schließt sich an. Und die geht dann über in eine textkritische Erörterung, wo unter dem Ziel, Thomas seinen Platz in der Textgeschichte des NT anzuweisen, die besonderen Beziehungen von Thomaswendungen zu mehr oder weniger auffällig parallelen sekundären NT-Lesarten aufgezeigt werden; hierbei spielt dann naturgemäß immer wieder die Erörterung von Paralleleinflüssen innerhalb der Synoptiker eine große Rolle. Den Abschluss bilden jedes Mal Erwägungen über den gnostischen Sinn, den das betreffende (Synoptiker-)Logion bei Thomas (gewonnen) hat, unter ausgiebiger Heranziehung bereits vorliegender gnostischer Deutungen der betreffenden Schriftstelle, und überhaupt von ähnlichen und verwandten Aussagen in den Nag Hammadi-Texten und sonstigen gnostischen Primär- und Sekundärquellen. Als eine Art Rechenschaftsablegung für das Herangehen und

---

* Zugleich ein Beitrag zur gnostischen Synoptikerdeutung, BZNW 29, Berlin 1964. In: ThLZ 93 (1968), 36–38.

die dabei angewandte Methode und als eine Art Ergebnis ist dem so aufgebauten Kommentar eine längere Einleitung (S. 1–27) vorangestellt worden.

Für das EvThom bindet sich Sch. ganz eng an den Text der Brillschen Ausgabe. Er übernimmt z. B. jedes Lesezeichen des Manuskripts und jeden Punkt der Editoren unter einem Buchstaben. Bei der Übernahme auch der originalen Länge und Lage des Vokalstriches (statt zu normalisieren) kommt es dadurch, dass es dem Setzer anscheinend technisch nicht möglich war, einen über mehrere Buchstaben durchgehenden Strich zu setzen, und er statt eines langen mehrere kleine setzte, gelegentlich zu unsinniger Plazierung solcher kleinen Vokalstriche. Gelegentlich fehlt ein Trema über dem Jota, und innerhalb der Ergänzungen steht mehrmals ein Vokalstrich ohne Vorbild in der Ausgabe. Auf S. 90 ist in der Mt/Lk-Par zu Log 36 falsch abgetrennt; lies ⲡⲉⲧⲉⲧⲛⲁⲧⲁⲁϥ. S. 94 in der Mt-Par zu Log 39b lies ⲛ̄ⲛⲉⲓϭⲣⲟⲟⲙⲡⲉ. S. 110 Z. 4 lies ϥⲛⲁⲣ̄ϩⲩⲃⲣⲓⲍⲉ. Auf S. 129 ist am Anfang von Log 62 die zweite Klammer um einen Buchstaben zu weit nach rechts gerutscht. S. 138 Z. 9 lies ⲁⲛⲟⲩⲟⲉⲓⲉ. S. 159 in Log 76b lies ⲉⲙⲁⲩ ⲉⲟⲩⲱⲙ und ⲙⲁⲣⲉ {ϥ}ϥⲛ̄ⲧ. S. 168 Log 86 fehlen in dessen erster Zeile die Punkte unter den Buchstaben ⲩ und ⲁ. S. 170 Log 89 lies in dessen erster Zeile ⲙ̄ⲡⲡⲟⲧⲏⲣⲓⲟⲛ. S. 197 Z. 1 lies ⲁⲩⲱ . . .; und in Z. 5 hat Sch. ohne Bemerkung eine andere Ergänzung als „Brill".

Was die breiten Darlegungen der Beziehungen des EvThom zu den griechischen und koptischen Synoptikern und zur Textgeschichte anbelangt, so bleibt da trotz der Richtigkeit der Grundtendenz, trotz der mit Fleiß, Gelehrsamkeit und Sorgfalt zusammengebrachten Fülle instruktiven Materials, trotz vieler sofort überzeugender Einzeleinsichten noch manches m. E. unbefriedigend. Sch.s sozusagen „flächige" Art der Behandlung wird der Kompliziertheit der Verhältnisse, mit denen er es zu tun hat, nicht gerecht. Auch entzieht sich das Material nur allzu oft der Herrschaft von Sch.s Sprache und Logik. So unterlaufen ihm Unscharfe Begriffe (etwa „Beziehung" statt „Abhängigkeit") und Formulierungen (vgl. S. 176 Z. 8–11); Voraussetzungen und Folgerungen kreuzen sich, und oft fehlen die Akzente. In dem Gewirr von Übereinstimmungen und Unterschieden kommt es doch jeweils auf das Wichtige an. Das textgeschichtliche Material bleibt weithin – wegen der Beschränkung von Sch.s Interesse auf die Frage der Abhängigkeit des EvThom von den Synoptikern – ohne Auswertung. Das Material enthält viel mehr Fragen, als Sch. stellt. Und oft stellt er nicht die richtigen. Wenn das EvThom, wie Sch. mit Recht voraussetzt und zeigt, in vielen Partien deutlich von allen drei Synoptikern abhängt, so ist doch die wichtigste Frage die, ob etwa Thomas in eben diesen Partien, und auch sonst, nicht bereits von einer Evangelienharmonie abhängt bzw. beeinflusst ist, eine Frage, die Sch. nur zufällig und zu spät streift (S. 187), und werden von daher alle Übereinstimmungen mit Tatian von allergrößtem Interesse. Andererseits muss der oft festzustellende und von Sch. auch breit aufgezeigte enge Zusammenhang bestimmter Partien des EvThom mit Lk sofort wenigstens die Frage nach einer möglichen Beziehung des EvThom zum Evangelium Marcions hervorrufen. Sch.s Erörterung der Beziehungen zwischen dem EvThom und den koptischen Synoptikern zeigt stellenweise tatsächlich auf, dass da eine solche Beziehung besteht. Aber die Art dieser Beziehung bleibt, weil das Phänomen nur als Bestätigung der Abhängigkeit von den Synoptikern überhaupt gesehen wird, unbestimmt. Das hängt auch damit zusammen, dass Sch. im Bann dieser Blickrichtung die (manchmal ganz geringfügigen) Verbindungen von Thomas zu sa überbetont und dic (manchmal gravierenden) Unterschiede vernachlässigt. Zu den gravierenden (und von Sch. vernachlässigten) Unterschieden gehört vor allem die Verwendung verschiedener Wörter hier und dort: vgl. z. B. Log 9 ⲥⲓⲧⲉ/ϫⲟ; Log 14a ⲡⲁⲣⲁⲇⲉⲭⲉ/ϣⲱⲡ und ⲑⲉⲣⲁⲡⲉⲩⲉ/ⲧⲁⲗϭⲟ; Log 72 ⲡⲱϣⲉ/ⲡⲱⲣϫ; Log 73 ϣⲓⲛⲁ/ϫⲉ(ⲕⲁⲥ); Log 76a ⲧⲟⲟⲩ/ϣⲱⲡ; Log 93 ⲙⲁⲣⲅⲁⲣⲓⲧⲏⲥ/ⲉⲛⲉⲙⲙⲉ. Der Leser hat dabei manchmal durchaus den Eindruck, dass Sch. hier „Mücken seiht und Kamele verschluckt" (vgl. etwa S. 161f.). So kommt es zu einer Verschiebung der Werte: Was wahrscheinlich ist, wird als absolut sicher hingestellt, wodurch es dann möglich wird, offensichtlich nicht Geltendes noch als wahrscheinlich zu bezeichnen (vgl. z. B. S. 68). Nun zeigt ja Sch. mit Recht auch Beziehungen zwischen Thomas und bo und zu noch anderen koptischen Übersetzungen auf, ja auch Beziehungen zu nur einer Handschriftengruppe oder gar einer Einzelhandschrift. Was aber die Übereinstimmung auf der einen Seite bei Unterschieden auf der anderen Seite, und was die Übereinstimmungen in Verschiedenem mit so viel Verschiedenem textgeschichtlich bedeutet, wie diese Tatbestände zu interpretieren sind, wird dem Leser nicht deutlich gemacht, wiewohl er sich natürlich seinen eigenen Vers darauf machen kann. Die Entstehung der koptischen Bibelübersetzung(en) ist ja auch ein Problem für sich, ohne dass das bei Sch. in den Blick käme. Die sahidische als die vermutlich älteste gilt als erst um die Mitte des dritten Jahrhunderts entstanden.

Die Erörterungen über den gnostischen Sinn der behandelten Logien schließlich, mit ihrem reichen Material, sind instruktiv und weiterführend und gelangen nur ganz gelegentlich einmal an die Grenze eines müßigen Spekulierens (S. 132f.).

Im Übrigen sei nur noch auf einige Einzelheiten hingewiesen: S. 12 Z. 20 lies anstelle des zweiten „Mt" Lk. S. 53 Z. 10 lies PS 182,7f. (D). Z. 19f.: die Verwendung des Fut. in einem solchen Fall ist für das Koptische völlig normal; vgl. etwa W. Till, Das Evangelium nach Philippos, 1963, 3. Z. 23–29: Zur Voranstellung von ⲛⲉⲧϣⲱⲛⲉ vgl. das ebenfalls vorgezogene ⲡⲉⲧⲟⲩⲛⲁⲕⲁⲁϥ. S. 63 Z. 11: statt ⲛ̄ϩⲟⲩⲛ- lies ⲛ̄ϩⲟⲩⲟ. S. 72 Z. 33–36: Aus der herangezogenen Wendung Tills ist unter keinen Umständen zu schließen, dass die besagte Wortfolge des Mt im Koptischen hätte beibehalten werden können; die Veränderung der Wortfolge bei Mt-sa ist doch notwendig. S. 80 Z. 1 v. u. bis S. 81 Z. 2 lies „in dem anderen Ohr"; die Verbindung von ϩⲙ̄ ⲡⲕⲉⲙⲁⲁϫⲉ mit dem folgenden ⲧⲁϣⲉⲟⲉⲓϣ ist philologisch abwegig. S. 82 Z. 1 v. u. bis S. 83 Z. 1: Verwechslung zwischen Lk 8 und Lk 11. S. 100 Anm. 7 lies ⲛ̄ⲁϩⲟⲣⲁⲧⲟⲛ ⲙ̄ⲡⲛ̄ⲁ̄. S. 102 Z. 25: ⲉⲗⲟⲟⲗⲉ ist ebensowenig wie ⲕⲛ̄ⲧⲉ eine Pluralform. S. 124 Z. 4 v. u. (ebenso S. 157 Z. 3 v. u.; S. 158 Z. 12; S. 184 Z. 9) lies „des Vaters". S. 125 Z. 19: Thomas hat gar nicht „in". S. 128 Z. 4–1 v. u.: die Erwägung einer Verschreibung von ϩⲓⲧⲙ̄ in ϩⲛ̄ⲛⲁ erscheint mir als abwegig. S. 134 Z. 10 lies ⲕⲉⲟⲩⲁ. S. 142 Z. 10 lies ⲙⲁⲛ̄ⲉⲗⲟⲟⲗⲉ. S. 145 Anm. 23: nicht „stets"; vgl. (84,23); 86,20; 88,22; (97,12); (99,18.20). S. 158 Z. 18: πορεία heißt „Reise". S. 161 Z. 21 lies οἶκοι. S. 162 Anm. 5: statt „durch einen Relativsatz im Praes. II" muss es heißen: durch einen Umstandssatz in der Funktion eines Relativsatzes. S. 178 Anm. 5 letzte Zeile lies ἀργός. S. 179 Z. 12f. u. Z. 5f. v. u.: der Artikel ist da, und die Berufung auf Till ein Irrtum. S. 180 Z. 5 lies „das". S. 188 Z. 2–4 mit Anm. 5: ⲉϯⲣⲉ ist nur eine Schreibvariante von ⲉⲧⲉⲓⲣⲉ, und die Anm. 5 gegenstandslos. S. 199/200: ϭⲱϣⲧ ⲉⲃⲟⲗ wird m. E. einfach überinterpretiert; es ist wohl doch bloß eine dem ϯϩⲧⲏϥ parallele Wiedergabe von παρατήρησις; „so dass man (sc. nach seinen Zeichen) Ausschau halten könnte".

Rezension zu Jacques É. Ménard: L'Évangile de vérité: Rétroversion grecque et commentaire*

Die vorliegende Arbeit, die aus der Schule H.-Ch. Puechs kommt, stellt, was ihre Zielsetzung, aber auch die von Fleiß und Gelehrsamkeit zeugende Durchführung betrifft, wie zunächst einmal konstatiert sei, eine eindrucksvolle Leistung dar, die die Erforschung des so genannten Evangelium Veritatis (EV) doch ein kleines Stück vorangebracht hat. Von mir selbst darf ich jedenfalls bekennen, dass ich – von manchen hilfreichen, auch kritischen Einzelbemerkungen abgesehen – durch die Lektüre von Ménards Werk, meist allerdings mehr indirekt als direkt von ihm angeregt, ein bisschen tiefer, wie mir scheint, in das Verständnis dieser zweiten Schrift des Codex Jung (CJ) eingedrungen bin. Aufgegangen ist mir so durch und an M. vor allem, dass die Unschärfe, das Schwebende und Nebelhafte der Ausführungen des EV sein Wesen ausmachen. Es bleibt ja meist in der Schwebe, ob eigentlich von Himmelswesen oder von Menschen die Rede ist (M. erklärt das immer mit la loi de l'exemplarisme inversé), offenbar bzw., wie mir jetzt offenbar ist, weil es dem Verfasser des EV, wie es ihm in jeder Beziehung um das Wesen, um die Grundstruktur (der Welt, des Falls, der gnostischen Mythologie überhaupt, usw.) geht, einzig und allein auf das aus dem Vater Sein, wo immer sich die betreffenden Wesen befinden, ankommt. Und nun nicht auf das Sein schlechthin, sondern auf die Bewegung, nämlich aus dem Vater her und wieder zum Vater hin (M. spricht in diesem Zusammenhang oft von la loi de l'immanence und vom mouvement cyclique gnostique [vgl. bes. S. 134]). Eben diese Bewegung machen auch die Gedanken und Ausführungen des Verfassers des EV immer und immer wieder. Dies ist sein Thema, sein einziges Thema, das nur vielfältig variiert wird und unter immer neuen Begriffen und Bildern und in neuen Nuancen, bzw. mit neuen Akzenten versehen wiederkehrt. Und es kehrt schließlich deswegen wieder, die Bewegung kommt deswegen nicht zur Ruhe, weil hier im Grunde Undenkbares gedacht werden muss; diese Bewegung aus dem Vater heraus meint ja das Werden des Negativen aus dem Positiven, zu dem es dann wieder zurück soll.

Was allerdings die Einzelheiten betrifft, erregt bei M. manches Verwunderung und bleibt mancher Wunsch offen. Das Gliederungsprinzip des Werkes sind einfach die CJ-Seiten. Zwar werden in den zunächst CJ-Seiten-weise gegebenen (re)konstruierten griechischen Text nebst französischer Übersetzung (S. 29–84 „texte")[1] meine Zwischentitel eingefügt, aber dabei kommt es zu merkwürdigen, weil völlig sinnlosen Verschiebungen. Dieser Textteil enthält zudem, ebenfalls

---

* Paris 1962. In: ThLZ 94 (1969), 340–343.

[1] Die französische Übersetzung weicht von der der Erstausgabe, also praktisch der Puechs, vom Austauschen gleichbedeutender Wörter abgesehen, nur an ganz wenigen Stellen ab, wie z. B. in CJ 34–18, wo M. in unvertretbarer Weise einfach das etwas schwierige ⲟⲩⲉⲉⲓ auslässt.

CJ-Seiten-weise, einen Anmerkungsapparat, in dem im Wesentlichen nur die Wahl der griechischen Wörter gerechtfertigt werden soll; das geschieht gewöhnlich durch den einfachen Vermerk, dass das betreffende griechische Wort nach Ausweis von Crums koptischem Lexikon als Äquivalent des betreffenden koptischen Wortes überhaupt irgendwo vorkommt. Die griechische Übersetzung ist natürlich ein enormes Wagnis; und gemessen an dem Risiko und der Größe der Aufgabe, ist das Ergebnis zunächst einmal bewundernswert. Bei näherem Hinsehen jedoch erscheint einem diese Übersetzung teils als zu wörtlich (dann sieht sie nicht wie Griechisch, sondern wie Koptisch mit griechischen Wörtern aus), teils als zu frei. Manchmal stimmt die französische Übersetzung auch nicht mit dem griechischen Text überein; manchmal passt die Anmerkung nicht zum griechischen Text. Eine der größten Merkwürdigkeiten von M.s Buch ist, dass er z. B. seine richtige französische Übersetzung von CJ 31,7 „à son cheminement" unter Berufung auf Crum 210a (ϭⲛⲙⲁⲁϩⲉ angeblich = ἀναπλήρωσις) im Apparat mit τῇ ἐκ (sic) πληρώσει αὐτῆς (rück)übersetzt. Er bemerkt seinen Fehler, nämlich die Verwechslung von ⲙⲟⲟϣⲉ/ⲙⲁⲁϩⲉ „gehen" und ⲙⲟⲩϩ „füllen", auch im Kommentar nicht, wo er noch ausdrücklich sagt: „Le terme ἀναπλήρωσις peut signifier, entre autres choses, l'accomplissement d'une mission" (S. 155). Und vgl. als Beispiel andererseits CJ 32,18 bzw. 20: M. übersetzt ⲁϥⲣ̄ ϩⲱⲃ mit „il a travaillé", sagt im Apparat, dass ⲣϩⲱⲃ = ἐνεργεῖν ist, und hat dann im griechischen Text ᾐτήσατο. Auch differieren gelegentlich der Kommentar und die (Rück-)Übersetzung ins Griechische. So schlägt M. z. B. im Kommentar (S. 143) als Übersetzung von CJ 27,20f (nach Konjektur) vor: λαμβάνουσι μορφὴν καὶ τὴν γνῶσιν, während er im Text (ohne Konjektur) hat: λαμβάνουσι τὴν μορφὴν τῆς γνώσεως. Gelegentlich trägt die griechische (angebliche Rück-)Übersetzung deutlich die Züge einer einfachen Weiterübersetzung von Puechs französischer Übersetzung ins Griechische (vgl. CJ 29,14: ϩⲛ̄ϩⲁⲉⲓⲛⲉ → tels ou tels [Puech] → celui-ci ou celui-là [M.] → τὸν δὲ ἢ τὰ δέ).

Was die Art betrifft, in der die koptischen Wörter weithin im Apparat erscheinen (Qualitativ als Infinitiv, *status pronominalis* und *nominalis* ohne jede Kennzeichnung als solche, usw.), so ist das unter jeder Kritik. Und schließlich wird bei alledem der Zweck, den die (Rück-)Übersetzung ins Griechische haben soll, nämlich Griechisch als Ursprache des EV zu erweisen (S. 24), nicht erreicht. Die bloße Übersetzbarkeit ist doch noch kein solcher Beweis! Um diesen Zweck zu erreichen, hätte M. schon vielfach zeigen müssen, dass Aporien des koptischen Textes sich durch (produktiven) Rückgang auf einen mutmaßlichen griechischen Wortlaut von selbst auflösen. Davon ist M. jedoch weit entfernt, wie ja dann eine Begründung, Erläuterung oder Interpretation des gewählten griechischen Wortlauts im Kommentar überhaupt keine Rolle (mehr) spielt (vgl. das Zurückbleiben M.s hinter seinem Ziel bes. an Hand von S. 173 Mitte). Nun ist aber M. in dieser Hinsicht sowieso ins Leere gestoßen, insofern als P. Nagel inzwischen, und zwar in der bei M. vermissten Weise, Syrisch als Ursprache des EV wahrscheinlich gemacht hat.[2] Das Griechische kommt mithin höchstens noch als Zwischenglied in Frage.

---

[2] Vgl. P. Nagel, Die Herkunft des Evangelium Veritatis in sprachlicher Sicht, OLZ 61 (1966), 5–14.

Der Kommentar M.s (S. 85–198) hat die Struktur von Anmerkungen zu den CJ-Seiten. Es sieht also schon äußerlich danach aus, als sei er im Grunde nur eine Auffüllung der „notes critiques" der Züricher Textausgabe, deren Material sich entsprechend bei M. übernommen findet. Aber das stimmt auch innerlich. Ist es doch der erklärte Zweck von M.s Kommentar, den valentinianischen Ursprung des EV zu demonstrieren (S. 27). Das geschieht zunächst einmal in einem ganz bestimmten größeren Rahmen: Die Oden Salomos, die auf der anderen Seite als das dem EV am engsten Verwandte in der Diskussion sind, werden zwar in umfangreichen Stellenverzeichnissen genannt, allerdings nur da, wo sie M. keine Schwierigkeiten machen, werden aber stets als judenchristlich und quasi-orthodox abgestempelt, während die (auffälligen) quasi-orthodoxen Partien des EV mit Gewalt „gnostisiert" werden. Zwischen den Oden Salomos und dem EV verläuft mithin für M. die scharfe Trennungslinie, die nach seiner Überzeugung die wahre, in jüdischer Sprache sich Ausdruck verschaffende, Erlösung der Menschen durch Gott in Christo von der bloß eingebildeten, und zwar in griechischem Geist gedachten, Selbsterlösung der Menschen trennt. Nun hat es M. mit dem Valentinianismus des EV aber immer noch nicht leicht, und er kommt damit auch praktisch nicht durch, ohne es aber selbst zu merken. Das sieht der Leser jedoch schon an zahllosen Aussagen wie: „das und das ist sehr gnostisch, und bes. sehr valentinianisch". Außerdem verwickelt sich M. hier in lauter Widersprüche: Einerseits soll – wie ja auch immer wieder die Lehre des EV von dem Valentinianismus, „soweit er bisher bekannt war", abgehoben wird – das EV den Ursprung des Valentinianismus bezeichnen (vgl. besonders S. 152); andererseits hält M. die zweite Schrift des CJ gar nicht mehr für das von Irenäus genannte Evangelium Veritatis der Valentinianer, sondern für einen homiletischen Kommentar dazu (S. 26f; nach S. 170 unten ist sie allerdings doch wieder ein Evangelium Veritatis), und geht in seinen Erwägungen so weit, sogar mit einem Schüler des Marcus als Verfasser zu rechnen (S. 159). Wiederum ist, wie M. ausdrücklich feststellt (S. 181), der Verfasser des EV Exponent der ptolemäischen Form des Valentinianismus. Nun kann der Verfasser aber nicht Valentinus, Ptolemäus und Marcus zugleich sein. Schließlich räumt M. sogar noch ein, dass (auch) das EV (wie von den Oden Salomos behauptet) judenchristliche Wurzeln hat (S. 186 unten). Der Leser merkt auch nur allzu oft, wie die Bezugnahme auf valentinianische „Parallelen" M. vom Sinnzusammenhang des EV wegführt, und wie für das Verständnis hinderlich, ja gewalttätig es ist, den Text des EV über den valentinianischen Leisten zu schlagen.

Sich um den immanenten Sinn des Textes des EV selbst zu bemühen, wie dies, wenn auch unter anfechtbaren Voraussetzungen, jetzt vorbildlich G. Fecht demonstriert,[3] hat M. anscheinend überhaupt noch nicht als seine eigentliche Aufgabe erfasst. So erfährt man beinahe eher etwas z. B. über die Lehre der Vorsokratiker als über den Sinn einer bestimmten Stelle des EV. Zudem will M. ja auch an Hand des EV sich selbst erarbeiten und anderen zeigen, was Gnosis

[3] Vgl. G. Fecht, Der erste Teil des sogenannten Evangelium Veritatis, Orientalia 30 (1961), 371–390; 31 (1962), 85–119; 32 (1963), 298–335.

überhaupt ist. Die Folge davon ist, dass M.s Bemerkungen zum Text oft aussehen wie ein Ausweichen in gnostische Gemeinplätze.

Was den Inhalt des Kommentars im Einzelnen anbelangt, so fällt eine durchgehende künstliche Mythisierung und Gnostifizierung der Christologie auf; der Christus des EV sei im Grunde der göttliche Funke in jedem Menschen, der sich selbst erkennt und so erlöst (vgl. S. 104. 105. 111. 114. 116. 122. 129. 134. 150. 152. 155. 176. 201). Ganz entsprechend neigt M. auch sonst dazu, den Text zu allegorisieren und alles über einen Leisten zu schlagen (vgl. S. 113. 177), außerdem die vielen Bilder des Textes teils in Mythus zu verwandeln, teils als Allegorien zu behandeln (vgl. S. 169. 174). Gelegentlich kann es sich M. auch nicht versagen, an einem ganz kleinen Häkchen die Datierung des EV aufzuhängen (vgl. S. 154). Irgendwie soll das EV nach M. auch den Sachverhalt des Glossolalie (le don des langues) widerspiegeln (vgl. z. B. S. 140f. 176), was ich nicht verstehe. Gut finde ich M.s Interpretation von CJ 33,31–39 (S. 166) und die Erwägung zu CJ 37,24f. (S. 181). Hervorzuheben wären weiter die klugen Ausführungen auf S. 172 zu CJ 35,6–14. Umgekehrt sei auf S. 137 (zu CJ 25,28f.) als auf eine typische Fehlinterpretation hingewiesen. Auch M.s Deutung von CJ 34,8f. (S. 168) ist eine besonders windige Angelegenheit. Seine Erwägungen zu CJ 34,18f. (S. 169 oben) scheitern an dem ⲡⲉ von CJ 34,19. Am meisten finden sich Inkorrektheit und Irrtum auf kleinstem Raum auf S. 189 zu CJ 40,24f. (übrigens kommt ⲉⲧⲟⲩⲁϣϥ̄, wie selbst Till nicht gesehen hat, überhaupt nicht von ⲟⲩⲱϣ, sondern von ⲱϣ ⲉⲧⲟⲩ-ⲁϣϥ̄ „den man ruft"). Und was auf S. 194 oben zu CJ 42,1f. (Anfang) steht, hat überhaupt keinen Sinn.

M.s Werk hat neben einer „Introduction" (S. 21–27) auch noch eine besondere „Conclusion" (S. 199–203). Innerhalb der letzteren sei auf die treffende Bemerkung hingewiesen, dass das EV das Wesen der Gnosis überhaupt offenbare (S. 201), womit sich M. auch der Auffassung, die H. Jonas vom EV hat, nähert. Ganz am Anfang steht eine Bibliographie (S. 9–17), die einige Wünsche offen lässt und nicht ohne leichte Merkwürdigkeiten ist, und ein Abkürzungsverzeichnis (S. 17f.). Ganz am Schluss finden sich ein (leider unvollständiges [von CJ 16 z. B. fehlen εὐαγγέλιον, ἔρχομαι, σωτήρ, καλέω, ἔργον]) Register der griechischen Wörter (S. 205–216), ein Schriftstellenregister (S. 217–234), in dem die Zusammenstellung der Crumseiten völlig überflüssig ist, und ein Autorenregister (S. 235–237).

Rezension zu Luise Schottroff: Der Glaubende und die feindliche Welt. Beobachtungen zum gnostischen Dualismus und seiner Bedeutung für Paulus und das Johannesevangelium*

Das vorliegende Buch von Luise Schottroff geht auf ihre im Januar 1969 von der Evangelisch-theologischen Fakultät der Universität Mainz angenommene Habilitationsschrift zurück. Es ist ein hochinteressanter, notwendiger und ungewöhnlicher Versuch, das alte Problem der offenbar zwischen der Gnosis und bestimmten Schichten des NT bestehenden Beziehungen auf der durch die Erkenntnisse der jüngsten religionswissenschaftlichen Erforschung der hellenistischen Umwelt des Urchristentums veränderten Basis neu zu durchdenken. So ungewöhnlich, wie die Wege, die Sch. den Leser führt, so überraschend ist auch das Ergebnis: Die Sicht des Verhältnisses des Glaubenden zur Welt in der Gnosis und im Johannesevangelium ist grundsätzlich gleich (der vierte Evangelist ist selbst ein Gnostiker), während Paulus, auch wenn er und wo er in gnostischen Kategorien denkt und argumentiert, die gnostische Sicht des Verhältnisses des Glaubenden zur Welt so entscheidend modifiziert, dass ein antignostisches Verständnis des Menschen dabei herauskommt. Überraschend ist das Ergebnis namentlich für das Johannesevangelium, zumal wenn man sieht, wie Sch. keineswegs etwa durch Aufnahme der Interpretation Käsemanns, sondern gerade durch Weiterdenken derjenigen Bultmanns zu einer Auffassung gelangt, die an Radikalität Käsemann noch überbietet.

Sch.s Anschauung steht nun in einem innigen Zusammenhang mit zwei wichtigen und richtigen Anliegen, die sich durch das ganze Buch ziehen:

1. Die bisher die gesamte religionsgeschichtliche Erörterung des Verhältnisses von Gnosis und NT beherrschende Konzeption von dem einen, alle gnostischen Objektivationen prägenden und verbindenden Erlösermythos, d. h. die klassische Theorie über den Mythos vom Erlösten Erlöser, ist nicht mehr aufrechtzuerhalten. Es bedarf infolgedessen einer ganz neuen Bestimmung dessen, was gnostisch ist, einer Neudefinition des allen gnostischen Texten Gemeinsamen als Grundlage des Vergleichs mit dem NT.
2. Es ist phänomenologisch falsch, hermeneutisch fragwürdig und theologisch unzulässig, die Gnosis und gnostische Konzeptionen einfach als den schwarzen Hintergrund zu benutzen, vor dem das Christentum und christliche Konzeptionen umso heller in Erscheinung treten, etwa nach dem gängigen Kanon: nicht Gnosis – also reiner Offenbarungsglaube, bzw. nicht naturhaft – also geschichtlich. Dieses zweite Anliegen, mit dem die Verfasserin an den Grundfesten theologischer Denkgewohnheiten der Gegenwart rüttelt, verobjektiviert sich bei ihr in der These, dass das Erlösungsverständnis in der Gnosis,

* WMANT 37, Neukirchen-Vluyn 1970. In: ThLZ 97 (1972), 751–755.

auch wenn es so scheint, keineswegs wirklich naturhaft sei, sondern die freie Entscheidung des Aufgerufenen für oder gegen das Angebot der Erlösung voraussetze und einschließe.

In Anbetracht der Bedeutsamkeit dieser Anliegen kann es als weniger gewichtig erscheinen, dass in der Durchführung und im Ergebnis vieles so, wie es jetzt dasteht, nicht abnehmbar sein dürfte, während es um so lohnender sein könnte zu verfolgen und zu verstehen, von welchen Voraussetzungen aus und auf welchem Weg Sch. zu ihren ungewöhnlichen Thesen kommt, zumal so der Blick dafür frei werden könnte, dass den Anliegen der Verfasserin auch anders Rechnung zu tragen möglich ist.

Grundlegend, ja die späteren Einschätzungen des Paulus und des Johannesevangeliums geradezu präjudizierend, ist der der Gnosis selbst gewidmete Teil I ihres Buches (S. 4–114). Ausgehend von dem Apokryphon Johannis (AJ) und dem System Iren. adv. haer. I 30 gewinnt Sch. hier durch Analyse dreier Sachkomplexe, nämlich: 1. Belebung Adams, 2. Sophiamythos, 3. Erlösung/Erlöser, ihre Sicht des Wesens der Gnosis. Nach ihr ist Gnosis primär eine ganz spezifische Art theologischen Denkens, das sich in einer unverwechselbaren Interpretation des vorgegebenen mythischen Materials äußert. Der Raum dieses gnostischen Denkens ist der als Kategorie verstandene radikale Dualismus von Licht und Finsternis im Sinne von Heil und Unheil, innerhalb dessen das Selbst des Menschen, obwohl dem Licht und Heil zugehörig, als der Finsternis und dem Unheil anheim gefallen gesehen ist. Und die Bewegung dieses Denkens ist getrieben von dem Impuls und bestimmt von dem Ziel, die Integrität dieses lichten Selbstes und seines Erlösers trotz des Seins in der Finsternis zu behaupten und auf immer neue Weise zu zeigen. Die Pole dieses Dualismus seien aber keineswegs als Grenzpunkte einer wirklich gemeinten Abwärts- und Wiederaufwärtsbewegung zu verstehen, ebenso wenig wie die Integrität des lichten Wesens, das dem Selbst des Menschen zukommt, wirklich substanzhaft gedacht sei, sondern das gnostische Denken sei ganz und gar konzentriert auf einen einzigen Punkt, nämlich die Situation, in der der Mensch mit dem Angebot der Erlösung konfrontiert wird und sich so oder so entscheidet; der Dualismus der Gnosis sei also im Kern ein Entscheidungsdualismus. Es ist klar, dass hier Bultmanns in Konfrontation mit der Gnosis gewonnene Interpretation des Johannesevangeliums auf die Gnosis selbst zurückwirkt, wie diese Konzeption Sch.s ja auch nur mit Hilfe existentialer Interpretation, von der Sch. weitgehend Gebrauch macht, zu gewinnen bzw. zu behaupten ist, allerdings keineswegs mit Hilfe existentialer Interpretation überhaupt, sondern mit Hilfe einer speziell auf die Entscheidungssituation abhebenden, wie sie Bultmann in der Interpretation des Johannesevangeliums demonstriert hat. Ist aber überhaupt die Entscheidungssituation für gnostisches Daseinsverständnis konstitutiv? Das Bild würde sich sofort verschieben, wenn man etwa nur dahingehend modifizieren würde, dass für das Daseinsverständnis der Gnosis die Situation des Sich-entschieden-Habens konstitutiv ist. Auch was die Relation Interpretation/Stoff in Sch.s Gnosisverständnis anbelangt, so fühlt man sich erinnert an die redaktionsgeschichtliche Betrachtungsweise der Evangelien. Aber es wäre gerade zu fragen, in welchen Grenzen diese Analogie anwendbar ist. Es ist ja überhaupt das Phänomen von Sch.s Gnosisdeutung, dass alle geltend gemachten Gesichtspunkte an sich richtig sind, aber dennoch durch die Summe ihrer Überspitzungen ein fast vollkommener Verfremdungseffekt eintritt. Die entscheidende Frage an diesen Entwurf ist allerdings die nach der Funktion, nach dem Stellenwert, nach dem Realitätsgrad, die der Mythos, u. zw. der gnostische Kunstmythos, bzw. das gnostische System, in gnostischer Weltanschauung hat. Sch. fasst die Gnosis bei dem zweifellos vorhandenen Sachverhalt gnostischer Theologie, beim Sachverhalt gnostischen Denkens. Muss dazu aber nicht eine entsprechende Basis gehören? Kann gnostische Theologie nicht nur gedacht werden als etwas, das sich auf der Grundlage eines Allgemeineren, das man gnostische Religion bzw. gnostischen Mythos nennen könnte, erhebt, und setzt gnostisches Denken nicht gnostisches Existieren, d. h. ein gnostisches Existenzverständnis (Jonas), als das Grundlegende voraus? Wo Sch. das, was jeweils interpretiert wird, heiße es Material oder Mythos, reflektiert, kommt sie jedenfalls gar nicht auf der Basis zum Halten, sondern fährt abwärts gleich bis in den Keller, d. h. bis zu den vorgnostischen Mythologemen. Das liegt aber daran, dass sie hinsichtlich des gnostischen Mythos das Kind mit dem Bade bereits ausgeschüttet hat, insofern als es ihr selbstverständlich erscheint, dass mit dem Dahinfall des gnostischen Erlösermythos im Sinne Reitzensteins auch die Gattung „gnostischer Mythos“ bzw. die Gattung „gnostischer Erlösermythos“ nicht mehr als für die Gnosis konstruktiv angesehen werden könnte.

Von Sch.s Gnosisverständnis aus ergibt sich der Fortgang ihrer Untersuchung im zweiten, neutestamentlichen Teil – auch die Auswahl der zu behandelnden Komplexe des NT – mit ziemlicher Konsequenz. Das ist bei dem Paulus gewidmeten Abschnitt (S. 115–227) m. E. allerdings schwerer zu durchschauen als bei der Joh-Partie. Vor allem möchte man gern dahinter kommen, wie Sch. hier eigentlich, warum, und d. h. kraft welcher Mechanismen, zu dem in diesem Rahmen überraschend positiven Urteil über Paulus gelangt, während dieselben Mechanismen beim vierten Evangelisten sich zu dessen Ungunsten auswirken. Das liegt zunächst einmal daran, dass Sch. nach der Weichenstellung im Gnosisteil nur einen begrenzten Bereich der paulinischen Theologie abfahren kann: Gnosis ist ein bestimmter Dualismus – also ist Paulus nach seiner Beziehung zur Gnosis da zu befragen, wo er dualistisch redet. Und das ist nun für die Verfasserin der Fall in 1Kor 1,18–2,16 und Kap. 15. In diesen Abschnitten sind nach der Überzeugung vieler (meine eingeschlossen) tatsächlich gnostische Kategorien verwendet. Aber diese verbreitete exegetische Hypothese erscheint bei Sch. nun infolge ihres besonderen Ansatzes in einer eigenartigen Transformation. Der paulinische Dualismus erscheint ihr dem gnostischen Dualismus strukturell sowohl gleich als auch ungleich. Und diesen Doppelaspekt kann sie nicht anders verstehen, als dass Paulus hier in prinzipieller polemischer Auseinandersetzung mit der Gnosis den gnostischen Dualismus zugleich aufnimmt und zugleich entscheidend (nämlich hinsichtlich der Integrität des zu Erlösenden und seines Erlösers) modifiziert. In kämpferischem Widerspruch zur Gnosis formuliere Paulus die Auffassung, dass der Mensch vor dem Kommen des Erlösers wirklich dem Unheil ganz und gar verfallen sei und der Erlöser bei seinem Eingehen in die Welt sich ihrem Unheilsbereich ganz preisgegeben habe. Das hat ja Paulus nun tatsächlich – und nicht nur hier – gesagt. Aber charakteristisch für Sch. ist, dass sie von einem dualistischen Überbau auf diese Grundüberzeugung sozusagen herabblickt. Man kann allerdings das Phänomen auch in genau entgegen gesetzter Richtung betrachten: Paulus geht von der Erkenntnis des Erlöstseins des Menschen aus völliger Verlorenheit aus, und alles, was er sagt, sei es in den ursprünglichen pharisäischen Kategorien, sei es – den Griechen ein Grieche werdend – in hellenistischen Kategorien (die dualistischen eingeschlossen), ist von daher bestimmt und dient nur zur Erläuterung dieses Sachverhalts. Dann allerdings braucht auch die Übernahme gnostischer Kategorien bzw. die Verwendung dualistischer Formulierungen gar nicht polemisch und antignostisch zu sein. Ja, man könnte von da aus sogar zu der Gegenthese kommen: Wer hier gnostisch ist (in welchem Maße auch immer), ist einzig und allein Paulus selbst. Sch. ihrerseits sieht die von ihr im Text gefundene prinzipielle Auseinandersetzung des Paulus mit der Gnosis verständlicherweise auf dem Hintergrund der gängigen Theorien (besonders an Schmithals und U. Wilckens anknüpfend), dass Paulus es auch konkret in Korinth mit gnostischen Gegnern zu tun hat. Allerdings ist sie hinsichtlich der näheren Bestimmung der Position dieser Gegner relativ vorsichtig. Ja, sie gelangt an einer Stelle ihres Buches sogar zu einer Formulierung, die die Tragfähigkeit der besagten Theorie erheblich erschüttert. Sie sagt da ausdrücklich (u. zw. gegen Schmithals, der alles, was in Korinth geschieht, für Gnosis halte), man müsse damit rechnen, „dass die Gruppe in Korinth eine komplexe synkretistische Religiosität vertritt. Die Korinther verstehen sich als Christen, teilen dualistisches Denken, nehmen Mysterienhaftes auf und, wie andere Partien des 1. Korintherbriefes zeigen, sie pflegen auch ein Pneumatikertum, das auch nicht unbedingt mit gnostischem Denken zusammengehört" (S. 165). Als neuralgischer Punkt für Sch., bzw. als die Stelle, wo man am besten testen kann, ob Sch.s Paulusdeutung aufgeht oder eben nicht, erscheint mir 1Kor 2,8. Sch. muss hier nämlich (aus Systemzwang und weil für sie ja ein gnostischer Erlösermythos für den Nachweis von Gnosis ausscheidet) ausgerechnet die Stelle, in der man bisher – und mit gutem Grund – am sichersten von Paulus positiv aufgenommene gnostische Vorstellungen erkennen zu können glaubte, als bewusste antignostische These des Paulus ausgeben (S. 220–224).

Während bei Paulus der Dualismus nur einzelne Gedankenkomplexe bestimmt und Sch.s Behandlung des Paulus entsprechend nur begrenzte Relevanz für die Theologie des Paulus besitzt, geht sie in dem Abschnitt, der dem vierten Evangelium gewidmet ist (S. 228–296), aufs Ganze, muss sie es tun, denn für sie ist das Denken des vierten Evangelisten ganz und gar und überall dualistisch. Mit einem eigenartigen Gefühl verfolgt man, wie sie im Unterschied zu Bultmann, der, wenn er über das, was dem vierten Evangelisten bewusst ist, in kühner (Um-) Interpretation hinaus denkt, es zugunsten des vierten Evangelisten tut, dasselbe Verfahren nur zu seinen Ungunsten gebraucht, wie sie sich jeden Weg, zu einem günstigeren Verständnis des Johannesevangeliums zu kommen, verbaut – offenbar nicht aus irgendeiner Voreingenommenheit, sondern um der Konsequenz willen. Das liegt daran und die Konsequenz besteht in dem Umstand, dass sie Bultmanns Grenzgedanken vom johanneischen Entscheidungsdualismus konsequent zur Grundlage ihrer Joh-Interpretation und zum Schlüssel aller Aussagen des vierten Evangeliums macht. Das heißt, der johanneische Dualismus, dessen Formulierungen nach ihr die Struktur haben: Einerseits: Im Heil ist der, welcher glaubt bzw. aus Gott stammt bzw. Liebe übt usw.; andererseits: Im Unheil ist der, welcher nicht glaubt bzw. vom Teufel stammt bzw. Hass zeigt usw., wobei die Subjektsbezeichnungen auf jeder Seite nicht nur austauschbar, sondern identisch seien, gilt nur für den Augenblick des Aufrufs zur Entscheidung für oder gegen die Erlösung. Der vierte Evangelist reflektiere nur den Punkt der Entscheidung und habe keinerlei zeitliche Perspektive im Sinn. Das so verstandene dualistische Denken gleicht zwei gleich großen Kreisen, die sich überhaupt nicht berühren, während sie durch ein und denselben Impuls angestoßen jeder in sich selber unendlich kreisen. Man kann sich Sch.s Gedanken auch an dem Sachverhalt der Belichtung eines schwarz-weiß Films verbildlichen. In der Wirkung kommt jedenfalls die Konzentration auf den Punkt der Entscheidung und die Definition des Dualismus als eines absolut leeren derjenigen einer Null und des Unendlichkeitsbegriffes in der Mathematik nahe, mit denen man scheinbar alles beweisen kann. Was dem Entscheidungsdualismus widerspricht, wird dennoch von Sch. in seinem Sinne interpretiert. 1,1–4 meine in Wirklichkeit weder Präexistenz und Schöpfungsmittlerschaft des Erlösers, noch Schöpfung überhaupt, sondern beziehe sich wie alles andere auf den einen Punkt göttlicher Offenbarung und menschlicher Entscheidung, heiße ja im Grunde nichts anderes als „ich und der Vater sind eins". In dem Satz „das Wort ward Fleisch" (1,14) meine Fleisch keineswegs den Bereich des Unheils selber, sondern nur den Bereich, in dem sich die Entscheidung zwischen Heil und Unheil vollzieht. Einen doppelten Weltbegriff gebe es bei Johannes nur scheinbar. Der ganze Aussagenkomplex, für den 3,16 repräsentativ ist, unterstreiche nur den Sachverhalt der Entscheidungssituation angesichts der Offenbarung. „Gott hat die Welt geliebt" heißt nach Sch. etwa: Wer sich nicht für Gottes in der Offenbarung angebotene Liebe entscheidet, wird zur Welt. Das Ergebnis ist im Grunde der Ausgangspunkt: gemäß der Definition des johanneischen Dualismus hat der Glaube nichts mit der gottfeindlichen Welt zu tun (die Kreise berühren sich nicht). Das gnostische Integritätsprinzip ist bei Johannes voll gewahrt. Also ist der vierte Evangelist selbst ein Gnostiker. Allerdings sind die letzten beiden Schlüsse m. E. nur dadurch möglich, dass Sch. einen Augenblick lang ihre Ausklammerung der Zeitperspektive selbst wieder rückgängig macht. Denn wenn es die gottfeindliche Welt im Augenblick der Offenbarung noch gar nicht gibt, dann ist ja auch nichts da, womit der auf die Offenbarung hin Glaubende vorher vermischt oder unvermischt gewesen sein könnte, in Bezug worauf die Aussage von seiner Integrität sinnvoll wäre. Eigentlich gibt es überhaupt keinen *salvandus*, sondern nur den *salvatus in statu nascendi*. Und entsprechend könnte bzw. müsste man eher von Sch.s Prämissen aus die Erlösung im Johannesevangelium als eine Art von *creatio ex nihilo* bezeichnen, und wir wären plötzlich beim genauen Gegenteil von ihrem Ergebnis.

Diese Rezension ist nicht am „grünen Tisch" entstanden, sondern sozusagen am Konferenztisch; sie setzt eine gründlich vorbereitete und kollektiv ausgewertete Konferenz unseres Berliner Arbeitskreises für koptisch-gnostische Schriften mit Luise Schottroff über die Thesen ihres Buches und ihrer anderen Arbeiten voraus. So wendet sie sich auch ausnahmsweise außer an Luise Schottroff selbst mehr an diejenigen, denen das Buch bereits vertraut ist, als an solche, die es noch nicht kennen, es sei denn mit der Versicherung, dass sich die Lektüre dieses Buches lohnt.

Rezension zu Roger Aubrey Bullard: The Hypostasis of the Archons*

Etwa gleichzeitig mit dem hier zu besprechenden Buch sind zwei andere Arbeiten über die Hypostase der Archonten (HA) – das ist die vierte Schrift aus Nag Hammadi Codex II – erschienen: Eine weitere, aber wesentlich philologisch orientierte Textausgabe von Peter Nagel (Das Wesen der Archonten aus Codex II der gnostischen Bibliothek von Nag Hammadi, Koptischer Text, deutsche Übersetzung und griechische Rückübersetzung, Konkordanz und Indizes, WBH 1970/6 [K 3]); und eine Übersetzung von Martin Krause nebst Einführung und Anmerkungen (M. Krause/K. Rudolph, Koptische und mandäische Quellen eingeleitet, übersetzt u. erläutert, in: W. Foerster (Hg.), Die Gnosis, Bd. II., Zürich/Stuttgart 1971, 46–62.160f.), zwei Arbeiten, an denen das Werk B.s gemessen werden muss (und umgekehrt), wenn sein Wert bestimmt werden soll.

Die Edition des Textes nebst allem, was dazugehört, ist ungenügend. Aber da das die übereinstimmende Auffassung der Sachverständigen ist, kann ich jetzt (vom Herausgeber um Kürzung gebeten) auf den umfangreichen Einzelnachweis verzichten.

Das Interesse des Kommentars gilt wesentlich dem Gedankengehalt des Textes, der in seinem unmittelbaren Kontext erhellt werden soll. In der Tat vermeidet es B. konsequent, die spezifischen Gedanken des Textes etwa über den allgemein-gnostischen Leisten zu schlagen. Die Kommentierung ist – z. T. verständlicherweise – unterschiedlich nach Extensität und Qualität. Manche Partien der Schrift werden sehr ausführlich erörtert, bei manchen beschränkt B. sich auf eine Paraphrase des Inhalts oder auf den Vermerk, aus welcher Stelle des AT die betreffende Partie gespeist ist. Es finden sich im Kommentar vorzügliche Einzelbeobachtungen, Fragen, Thesen und Literaturhinweise neben bodenlosen Spekulationen. Mit Recht vertritt und erhärtet B. die These, dass in der HA ein gnostischer Stoff, der nach B. aus zwei Quellen zusammengefügt ist, in einer christlich-gnostischen Redaktion vorliegt, die vorn und hinten deutlich zutage liegt, aber auch an zahlreichen Glossen inmitten der Darstellung erkennbar wird. Überzeugend ist auch seine Auffassung, dass in 135,11 eine Zäsur vorliegt und dass der Abschnitt davor 134,27–135,11 nur eine redaktionelle Zusammenfassung eines Teils der in der zweiten Hälfte geschilderten Offenbarung des Engels Eleleth an Norea darstellt. Mit besonderer Intensität widmet B. sich den Beziehungen unserer Schrift zur sahidischen Bibelübersetzung, namentlich der Genesis, und fragt er nach Elementen der HA und der Gnosis überhaupt, die aus einheimisch ägyptischer Tradition stammen. Aus diesem Zusammenhang ragt besonders hervor seine mit plausiblen Aspekten versehene, wenn auch nicht wirklich überzeugende, komplizierte Mutmaßung, dass ein Sachzusammenhang besteht zwischen

* The Coptic Text with Translation and Commentary, With a Contribution by Martin Krause, PTS 10, Berlin 1970. In: OLZ 72 (1977), 377–381.

der Person und dem Namen der Norea, wobei er der Schreibung dieses Namens ohne ⲛ (in 140,14) besondere traditionsgeschichtliche Bedeutung beimisst, und dem ägyptischen Uräus (S. 95–98). (Übrigens erklärt Nagel die auffällige – und in Wirklichkeit wohl irrtümliche – Namensform ⲱⲣⲉⲁ sehr plausibel aus einer falschen Wortabgrenzung der griechischen Vorlage: ΚΑΙ/ΗΛΘΕΝ/ΩΡΑΙΑ [Nagel S. 76 Anm. zu Z. 11].) Während diese Partie des Kommentars gewissermaßen auf der Grenze zwischen Erwägenswertem und Kuriosem steht, springt auf der anderen Seite die zu 135,27–28 (S. 60f.) und 137,7–11 (S. 75–80) entwickelte, breit ausgeführte und mit reichem Vergleichsmaterial versehene Auffassung ins Auge, dass für die HA Adam nach dem Vorbild der zweigeschlechtlichen Archonten ursprünglich zweigeschlechtlich geschaffen wäre und die den Menschen des Geistes beraubende Erschaffung der Eva durch Trennung der beiden Geschlechter erfolgt sei. Nun ist allerdings der Text selber an dieser seiner Vergewaltigung nicht ganz unschuldig, insofern als tatsächlich die Notiz über die Zweigeschlechtlichkeit der Archonten kurz vor dem Motiv der Erschaffung Adams nach dem Bilde der Archonten erscheint und die auf die Erschaffung der Eva folgende Notiz „und Adam wurde (wieder) ganz und gar psychisch" (137,10f.) wie ein erratischer Block im Textzusammenhang steht. Andererseits ist diese Interpretation der Grund dafür, dass B. das Rätsel der beiden Frauen des Adam gar nicht richtig in den Blick bekommt, geschweige denn den Schlüssel zu ihm findet. Die andere, gleich bemerkenswerte, auch ähnlich breit ausgeführte, Fehlinterpretation wird in einer unfassbaren Weise gegen den Text entwickelt. Nach B. geht aus 136,11–19 hervor, dass der Geist, der in Adam eingeht, von unten aus der Erde kommt (S. 67–71), obgleich er selbst übersetzt „it came down", und ohne zu erkennen, dass γῆ ἀδαμαντίνη „stählerne Erde" natürlich den (blauen) Himmel meint, ja ohne nach der Bedeutung des doch gewiss auffälligen (von B. gar nicht übersetzten) ἀδαμαντίνη auch nur zu fragen. An diesem Fall wird übrigens ganz besonders deutlich, was auch sonst – neben dem schon Erwähnten – noch dem Kommentar B.s fehlt, nämlich das Bemühen, erst einmal den Gedankengang des Textes im Einzelnen zu erfassen, die Logik (oder Unlogik) der Satzgefüge abzuschätzen, sozusagen das Profil der Darstellung, das merkwürdig genug ist, nachzuzeichnen.

Im Folgenden seien noch ein paar durch die Beschäftigung mit dem Buch B.s angeregte, über früher Gesagtes hinausgehende, Beobachtungen, Gedanken und Arbeitshypothesen zur HA selbst – wovon einiges Wenige oben schon anklang – vorgetragen. Der Verfasser der Schrift arbeitet als Redaktor. Seine Arbeit besteht im Wesentlichen darin, dass er um eines ganz bestimmten Zweckes willen und unter einem relativ engen Thema („Was der Gnostiker über die bösen und gefährlichen Archonten wissen muss") aus einem ihm vorliegenden gnostisch-mythologischen Material eine Auswahl trifft und das Ausgewählte dem besonderen Zweck entsprechend (um)ordnet. Sein Material besteht im Wesentlichen aus einer Apokalypse der Norea, die ihrerseits Produkt einer ganz bestimmten gnostischen Richtung ist. Diese Quelle verrät sich erstmalig in 141,13ff. durch die 1. Pers. Sg. Aber der Übergang in die Stilform der Quelle (d. h. erstes aus dem gewählten anderen Rahmen Fallen seitens des Redaktors) bedeutet nicht unbedingt, dass auch da erst die Quelle einsetzt. Die Stilform ist – hier wie auch sonst – nicht der einzige Leitfaden für die Quellenkritik. Die entscheidende Zäsur ist vielmehr – der neue Faden setzt ein – bei 140,18: „Norea und die Arche Noah" und „Norea und die Archonten" repräsentieren zwei ganz verschiedene Themen und Traditionen, wie das über das bisher bekannte Material hinaus – hinsichtlich der Besonderheit des zweiten Themas – die Ode über Norea in NHC IX (p. 27,11–29,5) besonders deutlich zeigt. Der bis hierher reichende andere Faden der HA (p. 135,11–140,18) hat, wie Krause m. E. im Prinzip richtig erkannt hat (Gnosis II, S. 46), vor allem die Funktion, den Leser mittels der Urgeschichte der Menschheit von Adam bis Norea mit dieser Norea bekannt zu machen. Eine entscheidende Frage scheint mir nun zu sein, ob dieser andere, erste Faden wirklich eine andere Quelle ist bzw. auf einer solchen beruht. Einerseits nämlich sind die beiden Teile durch bestimmte Motive innerlich ganz eng miteinander verbunden; dabei ist vor allem an die Parallelität zwischen Eva und Norea zu denken. Andererseits finden sich auch in diesem ersten Faden Parallelen zu UW. Von der näheren Untersuchung dieser Parallelität hängt für unsere Frage eine Menge ab, aber auch davon, wie andere auffällige Charakteristika der HA, namentlich in ihrem ersten Faden (die aber natürlich nicht alle nur nach ein und demselben Prinzip zu erklären sind) in diese Perspektive passen.

Zunächst ihr *Epitome-Charakter*: Bestimmte Partien der HA sind nicht aus sich selbst zu verstehen, sondern nur auf dem Hintergrund ihrer ausführlicheren Parallelen in UW. Da nicht anzunehmen ist, dass die HA von UW direkt abhängig ist, ergibt sich daraus übrigens m. E. zwangsläufig, dass beide Schriften von einer dritten Schrift (nicht bloß von ein und demselben gnostischen System) abhängig sind, von der ein besonderes Kennzeichen war, dass in ihr von der himmlischen Welt, dem Bereich der Achtheit, nicht gehandelt wurde, eine Schrift, hinsichtlich derer ich des näheren die Frage habe, ob es nicht die im zweiten Faden der HA fassbare „Apokalypse der Norea" selbst war.

In engem Zusammenhang mit dem Epitome-Charakter der HA sind ihre *Halbheiten* zu sehen, die sich in zwei miteinander in Beziehung stehenden Hinsichten finden: Einerseits sind viele mehr oder weniger direkt der Genesis entstammende Motive und Szenen nur halb gnostifiziert. Andererseits erscheinen bestimmte typisch gnostische Strukturen nur halb durchgeführt, etwa die kosmologische und anthropologische Trichotomie: Achtheit – Bereich des πνεῦμα, Herrschaft des bußfertigen Sabaoth – Bereich der ψυχή, Herrschaft des gestürzten Jaldabaoth – Bereich der ὕλη; Adams Leib σάρξ seiend und aus der ὕλη stammend, Adams Seele aus dem Hauch des Demiurgen stammend, Adams Geist aus der Achtheit stammend; Kain der Sarkiker von den Archonten gezeugt; Abel der Psychiker von Adam gezeugt; Seth bzw. Norea als Pneumatiker von oben gezeugt. Aus diesen Halbheiten der HA auf ein sachlich relativ frühes Entwicklungsstadium der von ihr (oder ihren betreffenden Teilen) repräsentierten Gnosis zu schließen, wie B. es z. B. ständig tut, halte ich für arglos. Ich möchte sie eher mit dem besonderen literarischen Charakter der HA in Zusammenhang bringen.

Ein weiteres Merkmal der HA ist die *Verschobenheit* mancher *Motive*: Motiv und Motiviertes stehen nicht (mehr) in unmittelbarer Verbindung. Die Zweigeschlechtlichkeit und das tierische Gesicht der Archonten (135,27–29) sind allein motiviert durch ebendiesen Charakter ihres Vaters (142,16–18; vgl. 142,34f. u. 143,2–4) und motivieren ihrerseits nichts (mehr). Das Kommen des in Adam Wohnung nehmenden Geistes aus der ἀδαμαντίνη γῆ ist eigentlich auch ein Motiv dafür, dass der erste Mensch „Adam" heißt. Und das Motiv des auf der

Erde Kriechens als Grund für den Namen Adam (136,16f.) gehört sachlich zu der vergeblichen Einhauchung der Seele seitens des Demiurgen (136,3–6). Die hilfreiche Stimme von oben (136,17–19) dürfte identisch sein mit der Anrede durch das geistige Weib (137,11–13). Die Schändung der Eva durch die Archonten (137,26–28) scheint der Grund für die Geburt des Kain (139,11f.) sein zu sollen. Der Grund dafür, dass Jaldabaoth wie eine Fehlgeburt ist (142,15), ist seine Entstehung aus der Hyle (142,19). Mit dem ausgestreckten Finger (142,29f.) stößt die Pistis Sophia den Jaldabaoth ins Chaos (142,31f.). Die Zweigeschlechtlichkeit des Jaldabaoth (142,34f.) ist die Voraussetzung nur dafür, dass er als Einzelner Kinder hervorbringen kann (143,2–4).

Schließlich ist in diesem Zusammenhang das Augenmerk auf die zahlreichen *Dubletten* zu lenken: Doppelt formulierter Zweck für die Zuführung der Tiere (136,22 par 23f.). Adam schläft zweimal ein (137,5 par 7). Die Schlange gerät zweimal unter den Fluch der Archonten (139,1 par 2f.). Doppelte Argumentation der Archonten mit dem angeblichen Vorbild von Noreas Mutter (140,19–21 par 30–32). Doppelte Aussage der Unbeschreibbarkeit des Engels Eleleth (141,13f. par 16f.). An manchen dieser Stellen ist übrigens ganz deutlich, dass die Dubletten damit zusammenhängen, dass das, was zwischen ihnen steht, ein Einschub ist. Die interessanteste Dublette ist indessen die ganze Partie 135,23–136,10, wo es scheint, als seien hier zwei ganz verschiedene gnostische Versionen der Schöpfung Adams, die eine auf Gen 2,7, die andere auf Gen 1,26 fußend, „durcheinander gerührt". – Zurücklenkend auf die oben gestellte Frage nach dem Charakter des ersten Fadens der HA möchte ich unter Berücksichtigung all der genannten Phänomene und daran geknüpften Erwägungen und die bereits gegebene allgemeine Einschätzung der HA weiterführend als Arbeitshypothese formulieren: Der erste Hauptteil der HA (135,11–140,18) besteht im Wesentlichen auch aus (u. zw. vorgezogenem) Material der Apokalypse der Norea, das mit anderem, meist biblischem bzw. apokryphem Material nur durchwirkt ist, damit so etwas wie ein von Adam zu Norea führender Erzählungsfaden entsteht.

Rezension zu Christoph Elsas: Neuplatonische und gnostische Weltablehnung in der Schule Plotins*

Elsas befasst sich in dem vorliegenden Werk, das aus seiner Göttinger theologischen Dissertation von 1971 (S. VII) hervorgegangen ist, mit der anderen Grenze der Gnosis, der Grenze, die als kategoriale Schranke die Gnosis von der (gleichzeitigen) Philosophie trennt, die aber zugleich auch der Ort ist, wo es für die menschlichen Träger der beiden unvereinbaren Weltanschauungen zu Auseinandersetzungen, gegenseitiger Beeinflussung und unter Umständen sogar zum Frontwechsel kommt. Da der Blick der gegenwärtigen Gnosisforschung – infolge der Art der gerade zu erschließenden neuen Quellen – auf die Grenze zwischen Gnosis und Christentum fixiert ist, muss man es E. schon als Verdienst anrechnen, die Existenz der anderen Grenze überhaupt wieder ins Bewusstsein gehoben zu haben, zumal es ja auch hochinteressant ist, die geistigen Bewegungen an beiden Seiten der Gnosis miteinander zu vergleichen. Auch vermag das Thema und das Werk von E. das „Philosophische" an der Gnosis (und das Mythologische an der damaligen Philosophie) aufs Neue deutlich werden zu lassen.

Das konkrete Ziel der Arbeit von E. ist es, gewisse in Rom befindliche, der Philosophie mindestens nahe stehende und in der Schule Plotins verkehrende Gnostiker, die der Anlass zu der einzigen polemischen Schrift, die Plotin je geschrieben hat (Enn. II, 9 [= 33]), geworden sind, besser und deutlicher zu erfassen, ihre Wurzeln zu erkennen und die Bedeutung dieser Konfrontation für die Entfaltung der Philosophie des Plotin selbst einzuschätzen. Die Durchführung der Untersuchung, die zu dem gesteckten Ziel führen soll, erfolgt in drei Stufen:

Bei der ersten Stufe (praktisch in Teil B. „Philosophiehistorische Aufschlüsse über die Gegner Plotins" S. 14–55) geht es um die Befragung und Auswertung des unübersichtlichen und wenig ergiebig scheinenden Geflechts der einschlägigen Nachrichten in der spätantiken Fachliteratur auf der Suche nach möglichen geistigen und personalen Querverbindungen des Plotin und seiner Gegner. Dabei spielt die wirkliche Beziehung zu Numenius und die mögliche Beziehung zu den so genannten „viri novi" („die Neuen") des Arnobius (adv. nat. II 15) eine zentrale Rolle. Während man im Allgemeinen dem Autor auf den verschlungenen Pfaden gern und gelehrig zu folgen bereit ist, gibt es zwei Punkte, bei denen man stutzt und Schwierigkeiten hat oder haben könnte. Das ist einerseits (in Anknüpfung an eine entsprechende Auffassung von M. Mazza) die These, dass die Bezeichnung „viri novi" bei Arnobius die Aufnahme einer (echt gnostischen) Selbstbezeichnung der Betreffenden darstelle, die ihrerseits sachlich identisch sei mit der bekannten gnostischen Selbstbezeichnung „allogeneis" (S. 41f.); andererseits die eigene kühne Identifikation von Elchasai und Nikotheos (S. 35).

* RGVV 34, Berlin/New York 1975. In: ThLZ 102 (1977), 644–646.

Es folgt als zweite Stufe der Untersuchung (unter der Überschrift: C. „Die Entfaltung des plotinischen Denkens in der Polemik der Schriften 30–33" S. 56–85) eine sofort einleuchtende und instruktive Herausarbeitung der Gegenposition(en), gegen die sich Plotin in seiner Schrift wendet. Und dazu nimmt E. nicht nur Enn. II, 9, sondern unter Aufnahme der von R. Harder stammenden und heute wohl allgemein akzeptierten Auffassung, wonach Enn. III, 8; V, 8; V, 5; II, 9 (= 30–33) ursprünglich eine zusammenhängende Schrift gebildet hätten, eben diese höhere Einheit der Großschrift; und er vollzieht es in einer die Gegenposition(en) heraushebenden Paraphrase ihres Inhalts.

Die dritte Stufe ist ein Vergleich der einzelnen Motive dieser Gegenposition(en) mit einem ausgewählten Feld von Konzeptionen der geistigen Umwelt (D. „Systematische Zuordnung der Zeugnisse über die Gegner Plotins" S. 86–237). Dabei wird ein Katalog von abgestuften Einzelmotiven als Raster benutzt, der zur Erfassung der gnostischen Weltanschauung insgesamt und an sich sehr fruchtbar sein dürfte, bei Anwendung zur Identifikation einer besonderen Spielart von Gnosis bzw. eines gnostischen Systems, wo es doch (allein) auf das Distinktive ankommt, aber problematisch werden muss.

Und dieser Sachverhalt bleibt nun auch nicht ohne Auswirkung auf die Ergebnisse, als die man die letzten beiden Teile anzusehen hat (E. „Numenius und die Numenius-Gnostiker" S. 238–255; F. „Die Abwehr des Gnostizismus als Element zur Ausformung der plotinischen Organismus-Metaphysik" S. 256–283). Die Auswertung der vorangegangenen Motivanalyse zur Gesamteinschätzung der gnostischen Gegner des Plotin erfolgt im Prinzip durch die Umkehr; wie die Analyse die einzelnen Motive in verschiedene Bereiche hinein verfolgte, so gilt nun das befragte Gesamtphänomen als aus diesen verschiedenen Bereichen heraus zusammengewachsen. So kommt E. auf den synkretistischen Charakter der Gnosis der Gegner des Plotin (S. 248–255). Mit welchem sachlichen Recht er diese übrigens „Numenius-Gnostiker" nennt, ist mir nicht recht klar geworden. Wenn man im Unterschied zu E. die distinktiven Züge der gegnerischen Lehre zum Leitfaden der Suche nach der Identität der gnostischen Gegner des Plotin nimmt, so kommt man, wie mir in Auseinandersetzung mit E.s Untersuchungen und durch Diskussion der Probleme im Berliner Arbeitskreis für koptisch-gnostische Schriften immer deutlicher wurde, in neuer Profilierung zu der alten, schon von C. Schmidt vertretenen These, dass sie (sozusagen „reine") Sethianer waren.

Ein anderes Problem im Ergebnisteil ist die besondere Weise, wie auf die Jonas'sche Frage, die übrigens den „Aufhänger" der ganzen Abhandlung bildet, ob denn die Philosophie Plotins selbst zur Gnosis gehöre, das fertige Schema von M. Weber, wonach es Weltverneinung als Askese und Mystik gebe, als (negative) „Antwort" gesetzt wird (S. 238–247).

Im Ganzen ist aber E.s Werk – unbeschadet der hier an ihn gerichteten Anfragen – ein instruktiver, gewichtiger und gelehrter Beitrag zur gegenwärtigen Erforschung von Gnosis und spätantiker Geistigkeit.

Rezension zu Michel Tardieu: Trois Mythes Gnostiques: Adam, Éros et les animaux d'Égypte dans un écrit de Nag Hammadi (II,5)*

Die vorliegende Arbeit stammt aus der Schule von H.-Ch. Puech. Ihr Verfasser hat mit ihr 1972 an der Pariser Sorbonne (Lettres et Civilisations) promoviert. Sie ist der Weiterführung der Erschließung der von A. Böhlig herausgegebenen so genannten Titellosen Schrift aus Nag Hammadi Codex II (auch „Vom Ursprung der Welt" [UW] bzw. „On the Origin of the World" [Orig. World] genannt) gewidmet.[1] So arbeitet T. zunächst einmal die kurze Geschichte der ihr bereits gewidmeten Forschung ausführlich auf. Dass er dabei vom Fortgang des beschriebenen Prozesses selbst eingeholt und überholt wird (vgl. besonders Chr. Oeyen, Fragmente einer subachmimischen Version der gnostischen „Schrift ohne Titel", NHS 6, Leiden 1975, 125–144; H.-G. Bethge, „Vom Ursprung der Welt" – Die fünfte Schrift aus Nag Hammadi Codex II neu herausgegeben und unter bevorzugter Auswertung anderer Nag Hammadi-Texte erklärt, Berlin 1975), ist auf diesem Forschungsfeld, wo gerade jetzt besondere Intensität herrscht, ganz natürlich und darf keinesfalls – unter Verkürzung der zeitlichen Perspektive – den Blick für den spezifischen Beitrag und den eigenen Stellenwert der Arbeit T.s verstellen. In einem Anhang bietet der Verfasser auch noch eine eigene und – von Kleinigkeiten abgesehen – gute französische Übersetzung dieser Schrift und der ihr nächstverwandten „Hypostase der Archonten". Der bleibende Wert des Hauptinhalts der Arbeit von T. besteht m. E. vor allem in der Bereitstellung eines umfangreichen Materials an direkten oder auch weitläufigen Parallelen zu den drei im Untertitel angegebenen Themenkomplexen, das hin und wieder deren unmittelbaren, vor allem aber ihren entfernteren Hintergrund erhellt. Der Verfasser vermag der Forschung diesen Dienst in solchem Umfang zu erweisen, weil er ein vorzüglicher Kenner der einschlägigen, besonders der klassischen und der patristischen Literatur ist.

Mit dem Gesagten ist aber das eigentliche Anliegen des Werkes von T. noch keineswegs bezeichnet. Zu diesem gehört schon, dass dem Verfasser – und zwar im Zusammenhang mit seinem Gesamtverständnis der Gnosis in Ägypten – sehr viel daran liegt, eine Vorstellung von der griechischen Originalgestalt des allein erhaltenen koptischen Übersetzungstextes, wenigstens hinsichtlich ihrer zentralen Begriffe, zu gewinnen. Diese Bemühungen erfolgen allerdings mit unzureichenden Mitteln, wobei besonders auffällig ist, dass relativ oft die Äquivalenz der Wortpaare nicht gegeben ist (vgl. z. B. S. 74 Anm. 171: das Äquivalent zu *eklektoi* ist keineswegs *sotp*, sondern *eusotp*, das wiederum genau genommen einem *eklektoi einai* entspricht). Letzten Endes aber geht es dem Verfasser um nichts Geringeres

* Paris 1974. In: ThLZ 103 (1978), 507–509.

[1] Vgl. H.-M. Schenke, ThLZ 84 (1959), 243–256; sowie, ThLZ 89 (1964), 17–20.

als um das rechte Verstehen des vorliegenden individuellen Textes. Dieses gnostische Kompendium, das in seinem Rahmen sehr verschiedenes Material birgt, ist nun in der Tat nicht ohne weiteres zu begreifen. So ist jeder neue und mit neuen – auch ungewöhnlichen – Mitteln erfolgende Versuch in dieser Richtung an sich zu begrüßen. Wenn T. aber vorauszusetzen scheint, dass der Sinn der einzelnen koptischen Konstruktionen, Satzteile und Satzgefüge bereits feststeht und neue Bemühungen also nur von der Makrostruktur des Textes ausgehen können, so befindet er sich m. E. im Irrtum und gleicht einem Mann, der den fünften Schritt vor dem zweiten tun will. Es wird von T. im Grunde abgezielt auf eine Betrachtungsweise und exegetische Methode ähnlich der, die man aus der Bibelwissenschaft als die „redaktionsgeschichtliche" kennt. Mit einem gewissen Recht glaubt der Verfasser, dass die literarkritische und traditionsgeschichtliche Arbeit am Text – namentlich in der Ausprägung Böhligs – nichts Entscheidendes zum Verstehen des Textes, wie er nun einmal ist, abwirft; und er hält auf der anderen Seite das Anlegen philosophie- und theologiegeschichtlicher Maßstäbe an gnostische Texte wie diesen für gänzlich verfehlt – und vollzieht damit persönlich den Erkenntnisfortschritt nach, den die neuere Gnosisforschung insgesamt schon vor Jahrzehnten gemacht hat. Des näheren geht es T. nun um die Erfassung der spezifischen Logik des mythologischen Denkens des gnostischen Autors von UW. Und eben darum wählt er als spezielles Untersuchungsobjekt diejenigen Textpartien, die UW über die geläufigen gnostischen Mythen und Mythologeme hinaus aufweist und wo eben das eigene Denken und Spekulieren des Autors am deutlichsten zum Ausdruck kommt. Schließlich ist zum Verständnis und zur Beurteilung von T.s Arbeit noch wesentlich, dass er – freilich ohne eine theoretische Begründung zu geben, und, wenn ich recht sehe, im Verlauf der Arbeit zunehmend – in erheblichem Maße versucht, bei der Durchführung seiner Untersuchung sich bestimmte Elemente des linguistischen Strukturalismus nutzbar zu machen. Verwendet wird vor allem die Relation von „signifiant" und „signifié" und die Konzeption semantischer Felder; und gerade diese ist es übrigens, die mit ihrer Realisierung in überaus zahlreichen schematischen Darstellungen auch optisch das Buch bestimmt.

Nun ist auch dieses Anliegen selber – und zwar eigentlich in allen seinen Komponenten – durchaus willkommen. Probleme gibt es nur hinsichtlich der Durchführung. Auf Einzelheiten einzugehen, erscheint mir im Fall dieses Buches allerdings nicht zweckmäßig zu sein, obgleich es schon bemerkenswert ist, mit welcher unbegreiflichen Beharrlichkeit T. darauf aus ist, gerade das vom Autor der Schrift nicht ausgeführte Schema der acht Schöpfungstage nun seinerseits zu füllen. Hier geht es vielmehr ums Prinzip. Ich möchte versuchen zu erklären, woran es eigentlich liegt, dass sich dem normalen Exegeten bei der Lektüre von T.s Interpretationen „die Haare sträuben". Dieses psychologische Phänomen glaube ich als ein allgemeines durchaus voraussetzen zu dürfen. Die Problematik konzentriert sich in der „analyse comparative", wie T. sie betreibt. Das Herausheben der drei Themenkomplexe zu spezieller Betrachtung führt zur Vernachlässigung, bis hin zur völligen Nichtbeachtung des Kontextes der individuellen Schrift. Zum Kontext, in dessen Rahmen interpretiert wird, werden die Parallelen für den betreffenden Topos aus anderen Texten. Das resultiert praktisch in rücksichtsloser Eintragung von Gedanken der Parallelen in den hiesigen Text. T.s Methode ist nur an Begriffen und Begriffsfeldern orientiert. Es kommt einem vor, als betreibe er Textlinguistik an einem Text, dessen Sprache gar keine Syntax hat. Eines der verblüffendsten Produkte dieser Exegese – in Zusammenhang übrigens mit der unkritischen Übernahme des unsinnigen Textverständnisses der Erstübersetzung (p. 115,3 f.: „Als sie aber Adam vollendet hatten, legte er ihn *in* ein Gefäß" [Böhlig]; statt: „Als sie Adam aber fertiggestellt hatten, legte er ihn hin *als* ein lebloses Ding" [Bethge]) – ist die Vorstellung von Adam im Alchimistentiegel (S. 125 mit Anm. 266). Obgleich also T. die mythologische Logik des Textes meint, bekommt er eine Logik in den Griff, die *hinter* dem Text liegt und die sich schließlich für den unbefangenen Leser als völlig *außerhalb* des Textes befindlich erweist. Man kann es auch so sagen: Bei T.s Exegese kommt zwar ein in sich sinnvolles Ergebnis heraus, aber das hat mit dem individuellen Text, von dem ausgegangen wurde und dessen Verständnis gefördert werden sollte, überhaupt nichts mehr zu tun. T.s ganze Methode erscheint einem manchmal im Grunde enger verwandt mit bestimmten Seiten der rabbinischen Allegorie als mit den Prinzipien der zeitgenössischen historisch-kritischen Wissenschaft. Es wäre ja auch nicht das erste Mal, dass die Einführung einer neuen und modernen Arbeitsmethode sozusagen „aus Versehen" – bzw. zunächst einmal, hinsichtlich der Sache, um die es geht – zu einem Rückfall um Jahrhunderte führt. Was m. E. an T.s Arbeit problematisch ist, hängt nun übrigens wiederum zusammen mit der Faszination, die ein ganz bestimmtes Gedanken- und Vorstellungsmuster auf T. ausübt, die ihn dieses Muster überall wiederfinden lässt bzw. ihn vorwiegend da zu suchen nötigt, wo es tatsächlich zu finden ist; ich meine den Sachverhalt der Ambivalenz einer Gestalt oder einer Sache, die, im labilen Gleichgewicht zwischen zwei entgegen gesetzten Polen ruhend und diese Gegensätze in sich umfassend, von sich selbst verschieden und doch mit sich selbst identisch ist. Im Übrigen weist das Buch eine relativ hohe Quote von Druckfehlern auf.

Rezension zu Alexander Böhlig/Frederik Wisse: Nag Hammadi Codices III,2 und IV,2. The Gospel of the Egyptians*

Der Inhalt und die Bedeutung des gnostischen Ägypterevangeliums aus dem Funde von Nag Hammadi sind im Großen und Ganzen und im Prinzip schon seit geraumer Zeit bekannt und brauchen deshalb anlässlich der Ausgabe von B./W. nicht noch einmal beschrieben zu werden. Diese neue Ausgabe der beiden, in einfacher Synopse einander gegenübergestellten, Versionen des ÄgEv darf indessen als eine Glanzleistung editorischer Arbeit begrüßt und empfohlen werden, die der Erforschung dieses Textes erst die nötige sichere Basis gibt. Das Hauptinteresse der Fachwelt richtet sich verständlicherweise auf die darin enthaltene erstmalige Edition des in sorgfältigster Weise rekonstruierten Textes aus Codex IV. Selbst die erst im Herbst 1974 von Charles W. Hedrick und Stephen Emmel in Kairo plazierten Fragmente konnten noch berücksichtigt werden, wenngleich da hin und wieder noch ein als unleserlich bzw. als ergänzt notierter Buchstabe im Original bzw. auch in der Faksimile-Ausgabe des Codex IV verifizierbar ist. Aber auch schon die bloße Lesung des erhaltenen Textes der Version des Codex III ist gegenüber der Ausgabe von J. Doresse beträchtlich verbessert (nur bei dem ⲙⲛ in 49,18 ist mir einmal ein versehentliches Weggefallensein – nach meiner Photographie zu urteilen – eines Supralinearstriches aufgefallen), von der erst durch die Parallele in Codex IV mit Sicherheit möglichen und verlässlich ausgeführten Ergänzung ihrer Lücken ganz zu schweigen. Dass das Beiwerk, das diesen Kern umrahmt, nicht an jedem Punkt denselben Grad an Vollkommenheit wie die eigentliche Ausgabe erlangt, bzw. dass der Benutzer da leichter gelegentlich anderer Meinung sein kann, liegt in der Natur der Sache. Die Bestimmung des Inhalts des ÄgEv als einer Verbindung von Barbelognosis und Sethianismus (S. 32. 36) ist für mich z. B. nichtssagend, weil m. E. die so genannte Barbelognosis selbst weiter nichts als Sethianismus ist. Auch setzt eine befriedigende Gesamteinschätzung des ÄgEv unbedingt die Beantwortung der Frage nach der Textsorte, die es repräsentiert, voraus, die aber, wenn ich recht sehe, von den Herausgebern gar nicht gestellt wird. In den rätselhaften Fünf Siegeln, von denen im Text selbst und in seiner Auswertung durch B./W. mehrfach die Rede ist (S. 27. 50. 174), möchte ich meinerseits eine Bezeichnung der höchsten „Fünfeinigkeit" vermuten, insofern als jeweils bei der Anrufung ihrer Namen im Ritus der Taufe der Täufling mit einer σφραγίς versehen wird.

Dass der der Ausgabe beigegebene Kommentar die Probleme des Textes nur in Auswahl behandeln kann und dass im konkreten Fall die sich aus der Synopse ergebenden Probleme den Vorrang haben, ist selbstverständlich. Wenn nun gelegentlich im Kommentar ein anderer Text von Codex IV vorausgesetzt ist, als er

* (The Holy Book of the Great Invisible Spirit), edited with Translation and Commentary in cooperation with P. Labib, NHS 4, Leiden 1975. In: OLZ 74 (1979), 17–23.

vorn erscheint (S. 177 Z. 1 v. u. – S. 178 Z. 2; S. 178 Z. 15f.; S. 179 Z. 2f.; S. 189 Z. 4), wird niemand, der eine Ahnung von der komplizierten Genesis des Werkes hat, daran Anstoß nehmen. Ein bisschen unangenehm ist nur in den griechischen Rekonstruktionen das relativ häufige Fehlen des Artikels vor dem einem determinierten Nomen nachgestellten Adjektiv (S. 168 Z. 15.22 [in Z. 17 umgekehrt ein Artikel zuviel]; S. 170 Z. 18.24). Auch im Register finden sich ein paar Dinge, die man sich besser gewünscht hätte (z. B. – abgesehen von Dingen, die in besonderem Zusammenhang später zu nennen sind –: ⲕⲟⲩⲟⲩⲛ⸗ und ⲕⲟⲟⲩⲛ⸗ statt ⲕⲟⲩⲟⲩⲛ(ⲧ)⸗ und ⲕⲟⲟⲩⲛⲧ⸗; „that" als erste Bedeutung von ⲙ̄ⲙⲁⲩ; unter ϩⲛ̄- wird ⲛ̄ϩⲏⲧ⸗ nicht besonders aufgeführt; ⲥⲁϩⲣⲉ „above" statt ⲉⲧⲥⲁϩⲣⲁï ⲛ̄- [IV 75,13]).

Eine Textausgabe wäre überfordert, wenn man von ihr bereits die Lösung, ja auch schon die bloße Artikulation aller Probleme der betreffenden Schrift verlangen würde. Sie ist eher zu verstehen als ein Aufruf an die Nutznießer, wenn möglich da weiterzumachen, wo die Herausgeber aufhören mussten. Dementsprechend möchte ich den hier zur Verfügung stehenden Raum in der Hauptsache dem Versuch einer begrenzten Weiterarbeit an der Sache, u. zw. speziell die Basis betreffend, widmen:

Wieso bzw. mit welchem Recht das Buch eigentlich ein „Evangelium der Ägypter" heißen kann, als welches es im (nur in NHC III vorhandenen) Kolophon apostrophiert wird (p. 69,6), diesem wichtigen und interessanten Problem widmen die Herausgeber viel Aufmerksamkeit. Ich muss allerdings gestehen, dass mir der ägyptische Charakter, den der Inhalt (teilweise) haben soll, und besonders die behauptete Verbindung des als Erlöser verstandenen Adamsohnes Seth mit dem ägyptischen Gott gleichen (griechischen) Namens nicht wirklich deutlich geworden ist. Besonders konkret wird diese Einschätzung in der durchaus bestreitbaren Ergänzung der einzigen Leerstelle des sonst mit Sicherheit zu rekonstruierenden Incipit beider Versionen mit (ⲛ̄ⲧⲉ ⲛ̄)ⲣ̄ⲙ̄ⲛ̄ⲕⲏⲙⲉ:

III ⲡϫⲱⲱⲙⲉ ⲛ̄{ⲧ}ϩ[ⲓⲉ]ⲣ̣[ⲁ ⲛ̄ⲧⲉ ⲛ̄ⲣ̄ⲙ̄ⲛ̄ⲕⲏⲙⲉ] |
ⲛ̄ⲧⲉ ⲡⲓⲛⲟϭ ⲛⲁⲧⲛⲁⲩ ⲉⲣ̣[ⲟϥ ⲙ̄ⲡ̄ⲛ̄ⲁ̄
IV [ⲡϫⲱⲱⲙⲉ ⲉⲧⲟⲩⲁ]ⲁ̣ⲃ ⲛ̄ⲧⲉ ⲛⲓ|[ⲣ̄ⲙ̄ⲛ̄ⲕⲏⲙⲉ
ⲛ̄ⲧⲉ] ⲡ̣ⲓⲛⲟϭ ⲛ̄ⲛⲁ|[ⲧⲛⲁⲩ ⲉⲣⲟϥ ⲙ̄ⲡ̄ⲛ̄ⲁ̄]

Diese Ergänzung würde zwar leicht verständlich machen, wieso Gongessos im Kolophon bei seiner Bezeichnung „Das Evangelium der Ägypter" auf die Ägypter kommt. Aber es stört schon die dabei nötige Konjektur einer gar nicht ganz erhaltenen Wendung. Auch leistet das herangezogene Incipit der „Drei Stelen des Seth" (NHC VII p. 118,10–12) nicht wirklich, was es soll (ⲡϫⲱⲱⲙⲉ kann wohl kaum wie ⲡⲟⲩⲱⲛϩ ⲉⲃⲟⲗ [bzw. ihre griechischen Vorlagen] nach einem Gen. auct. noch den Gen. obj. haben). Und „die Ägypter" als Selbstbezeichnung einer gnostischen Gruppe müsste befremdlich erscheinen. Vor allem scheint mir die Ergänzung den grundlegenden Einsichten von B./W. selbst zu widersprechen, nach denen der Kolophon als ganzer sekundär ist und die Bezeichnung des Buches nach „den Ägyptern" eine Bezeichnung von außen darstellt. Kurzum, mir scheint die Suche nach einem griechischen fem. nomen actionis, das den Unsichtbaren Geist als Gen. obj. nach sich haben kann, noch keineswegs abgeschnitten, und ich halte ἐπίκλησις immer noch für den ersten Anwärter. Im Übrigen wäre der Grad von

Übereinstimmung und Differenz der beiden Versionen im Incipit keineswegs größer als im Inneren des Werkes, wenn man läse:

III ⲡϫⲱⲱⲙⲉ ⲛ̄ⲧϩ[ⲓⲉ]ⲣ[ⲁ ⲛ̄ⲉⲡⲓⲕⲗⲏⲥⲓⲥ] | usw.
IV [ⲡϫⲱⲱⲙⲉ ⲉⲧⲟⲩⲁ]ⲁ̣ⲃ ⲛ̄ⲧⲉ ⲛⲓ|[ⲉⲡⲓⲕⲗⲏⲥⲓⲥ] usw.

Andererseits wird die sekundäre Bezeichnung als „Evangelium der Ägypter" interessant unter dem Gesichtspunkt der Geschichte dieses Buches: Von Sethianern in Ägypten (griechisch) verfasst und gebraucht, (in der Version des Codex III) exportiert und in der Ferne von Gongessos und anderen Gnostikern als *ägyptisches* Produkt geschätzt, mit dem Siegel dieser Hochschätzung (im Kolophon) wieder nach Ägypten zurückgekommen und in die Landessprache übersetzt.

S. 57: IV 51,8: Lies ⲉⲡⲙⲉ[ϩϥⲧⲟⲟⲩ ⲡⲉ].

IV 51,13f.: ϩⲉⲛϭⲟⲙ ⲧⲏⲣⲟⲩ heißt nicht „alle Kräfte" (bzw. „all powers"), sondern „lauter Kräfte" (bzw. etwa „nothing but powers [= only powers]").

S. 70: III 44,15: Anlässlich des unsyntaktischen ⲛ̄ϭⲓ sollte gleich im Apparat eine diesbezügliche Bemerkung stehen (wie im entsprechenden Fall S. 91 IV 61,2), und nicht erst und nur im Kommentar (S. 173) erfolgen. Gleichwohl erscheint es mir nicht unmöglich, die betreffenden Zeilen und ihre Parallele so zu rekonstruieren, dass das ⲛ̄ϭⲓ normal erscheint.

S. 71: IV 55,3f.: B./W. erklären in den beiden Verbindungen ⲛⲓϣⲙⲧϩⲟⲟⲩⲧ und ⲛⲓϣⲙⲧⲅⲉⲛⲟⲥ die Pluralartikel als gegen die koptische Grammatik verstoßend (S. 44). Und darauf liegt im Zusammenhang ein gewisser Nachdruck, insofern als gerade mit diesen „falschen" Pluralartikeln versucht wird, von Böhligs ursprünglicher Auffassung, wonach die im System zentrale Gestalt, die bezeichnet wird als ⲡϣⲟⲙⲛⲧ ⲛ̄ϩⲟⲟⲩⲧ ⲛ̄ⲁⲗⲟⲩ (u. ä.), ein Kollektivum sei, das auf dem Hintergrund der Vorstellung von den drei Jünglingen im Feuerofen zu sehen wäre, einen Rest zu bewahren. Aber hier ist wohl nur ein anderes Abhängigkeitsverhältnis zwischen Zahlwort und Nomen zu erkennen:

nicht ⲛⲓϣⲙⲧ ϩⲟⲟⲩⲧ, sondern ⲛⲓϣⲙⲧϩⲟⲟⲩⲧ,

d. h., ϣⲙⲧ- ist syntaktisch gar kein Zahlwort mehr, sondern bildet mit ϩⲟⲟⲩⲧ zusammen ein Nomen, das als solches korrekt behandelt wird. Dann ist aber unser ⲛⲓϣⲙⲧϩⲟⲟⲩⲧ trotz des Pl. eigentlich ein (weiteres) Argument in umgekehrter Richtung, nämlich ein eindeutiger Hinweis darauf, dass der entsprechende, an sich doppeldeutige Sgl. ebenso (als „der Dreimalmännliche") zu verstehen ist (wie es B./W. im Allgemeinen ja auch tun).

S. 72/73: Hier wird m. E. unnötigerweise durch die Ergänzung je eines ⲙ̄- in den Lakunen beider Versionen (III 44,22/IV 55,12) „der große Christus" aus einem Beinamen des dreimalmännlichen Kindes zu dessen Vater gemacht.

S. 79: Das ⲡⲓⲁⲣⲏϫϥ (IV 57,3), das die Herausgeber mit „the end" wiedergeben, dürfte wohl ein einfacher Schreibfehler des koptischen Kopisten für ⲡⲓⲁⲧⲁⲣⲏϫϥ sein.

S. 85: In IV 59,6 ist nach ⲁⲧϯ ⲏⲡⲉ unbedingt – u. zw. wegen des eindeutig aktiven Charakters von ϯⲏⲡⲉ – die Konjektur eines <ⲉⲣⲟⲟⲩ> notwendig. Am Ende der Zeile ist m. E. noch [ⲛ]ⲏ̣ zu lesen. In IV 59,10 kann das ⌈ⲛ̄ⲧⲟⲟⲩ⌉ nicht befriedigen; vielleicht sollte man es mit [ⲛ̄ϭⲓ ⲛⲁⲓ̈] versuchen. Die zweite Hälfte von Z. 14 könnte m. E. ϩⲙ̣ [ⲡ]ϫ̣[ⲱⲕ ⲉⲃⲟⲗ ⲛ̄] gelautet haben.

S. 93: IV 61,13: Ohne die Konjektur eines <ⲛⲁⲓ̈> vor ⲧⲏⲣⲟⲩ ist das intendierte Verständnis des Zusammenhangs nicht aufrecht zu erhalten. In Z. 22 wird die Aussage sinnvoll und parallel zur anderen Version m. E. erst durch die Lesung eines ⲡⲁ vor ⲡⲣⲱⲙⲉ; vielleicht ist am einfachsten ϩ̄ⲛ̄ ⲟⲩϭⲱⲣ̄ϭ̄ ⲉ[ⲡⲁⲓ̈ ⲡⲉ] | [ⲡⲁ ⲡⲣⲱ]ⲙⲉ.

S. 95: In IV 62,2 bedeutet die Konjektur m. E. eine Verschlimmbesserung, weil das (Kindes-)Kind ja schon vorher (Z. 1) genannt ist.

S. 101: In IV 63,11 stellen die Herausgeber unverständlicherweise und völlig unnötig mit der Annahme eines substantivierten Qualitativs eine Grundregel der koptischen Grammatik auf den Kopf; und die Erläuterung im Kommentar (S. 179) macht die Sache nur noch schlimmer.[1] Wenn der erhaltene und in der Faksimile-Ausgabe deutlich sichtbare Strich der koptische Silbenstrich sein sollte, könnte man nur lesen <ⲡ>ⲡ̄ⲣ̄[ⲣⲓⲉ ⲉ]||[ⲃⲟⲗ. Aber m. E. hat hier genau dasselbe gestanden, wie in Codex III, nämlich Prophania, nur eben als Eigenname behandelt, d. h. ohne Artikel und mit Hervorhebungsstrich, also: ⲡ̄ⲣ̄[ⲟ̄ⲫ̄ⲁ̄]||[ⲛ̄ⲉ̄ⲓ̄ⲁ̄ (vgl. den Strich über ⲑⲉⲙⲓⲥⲥⲁ̄ in IV 74,6).

S. 106: III 53,11: ⲟⲩϩⲙⲉ kann nur als Schreibfehler des koptischen Kopisten für ⲟⲩⲙⲉϩϩⲙⲉ gedeutet werden, sonst könnten der unbestimmte Artikel und der folgende Sgl. fem. nicht stehen. Das zeigt auch das parallele ϯⲁⲛϩⲙⲉ (IV 65,4); die Präfigierung durch ⲁⲛ- (Crum 10b, 18ff.) nebst der Auffassung der Zusammensetzung als Femininum hat die gleiche syntaktisch-semantische Funktion, wie die Verwandlung der Kardinalzahl in das Femininum der Ordinalzahl.

S. 113: In IV 66,24 ist die Ergänzung ⲛ̄ⲑⲉ wegen des maskulinen Suffixes bei ϫⲟⲟ⸗ syntaktisch falsch. Den freien Raum könnte man dann vielleicht mit ⲡⲏ oder ⲁⲩⲱ füllen.

S. 120: III 57,3–5 sind offenbar zwei parallele Vergleichssätze im Impf., die man im Prinzip so rekonstruieren müsste:

> ⲛ]ⲉⲣⲉ ⲡⲉⲥϩⲟ ⲟ ⲛ̄ⲑⲉ ⲛ̄||[ⲟⲩⲟⲩⲟⲉⲓⲛ ⲉϥϫⲁϩ]ⲙ̄
> ⲡⲉⲥⲥⲙⲟⲧ ⲛⲉϥ||[ⲧⲣⲉϣⲣⲁϣ ⲛ̄ⲑⲉ ⲙ̄ⲡⲓ]ⲥⲛⲟϥ
>
> (Ihr Gesicht war wie vergängliches Licht;
> ihre Gestalt war rot wie Blut.)

Für die Rekonstruktion der wichtigen und schwierigen Stelle III 57,11–16 sind die wertvollen Reste der Version des Codex IV gar nicht herangezogen worden, obwohl die erhaltenen Partien beider Versionen sich vorzüglich ergänzen. III 57,11–16 müsste etwa heißen:

---

[1] Vgl. dazu W.-P. Funk, Zur Syntax des koptischen Qualitativs, ZÄS 104 (1977), 25–39, bes. 29f. mit Anm. 24 und 26.

ⲧ]ⲟ̣ⲧⲉ ⲧϭⲏⲡⲉ ⲉⲥⲙⲁ
[ϫ̅ϭ̅ ⲁⲥϫⲡⲟ ⲉⲃⲟ]ⲗ̣ ϩ̅ⲛ̅ ⲧⲙⲟⲛⲁⲥ ⲥ̅ⲛ̅ⲧⲉ
[ⲉⲧⲛ̅ⲧⲁⲥ ⲙ̅ⲡⲓⲕ]ⲟⲩⲉⲓ ⲛ̅ⲟⲩⲟⲉⲓⲛ· ⲛ̅
[ⲧⲟϥ ⲡⲓⲁⲅⲅⲉⲗ]ⲟⲥ ⲡⲉⲛⲧⲁⲥⲧⲁϩⲟϥ
[ⲉⲁϥⲉⲓ ⲉⲃⲟⲗ] ϩⲛ̅ ⲧϭⲏⲡⲉ ⲙ̅ⲡⲥⲁ<ϩ>
[ⲣⲉ·

(Da brachte die Wolke, weil sie [aus zweien] zusammengesetzt war, aus ihren beiden Einheiten jenes kleine Licht hervor. Das ist jener Engel, der, den sie ergriff, als er aus der Wolke oben hervorgegangen war.)

S. 122/123: Das in beiden Versionen ergänzte und mit „together" übersetzte ⲛ̅ⲙ̅ⲙⲁⲩ (III 57,19/IV 69,3) kann das Gemeinte nicht decken. Es ist nur (in Entsprechung zu Gen 2,24) ⲙ̅ⲡⲉⲥⲛⲁⲩ denkbar; und als Präp. empfiehlt sich dann auch ⲉ- mehr als ⲛ̅-.

S. 128: Die Verbindung ⲡⲁ̈ⲓ ⲉⲧⲃⲏⲏⲧ̅ϥ̅ (III 59,9) wirkt auf jeden Fall merkwürdig und sieht mir weniger nach einer singulären stilistischen Variante des gewöhnlichen ⲉⲧⲃⲉ ⲡⲁ̈ⲓ oder eines einfachen ⲉⲧⲃⲏⲏⲧ̅ϥ̅ aus, als nach einer fehlerhaften Schreibung des üblichen relativischen Anschlusses ⲡⲁ̈ⲓ ⲉⲧⲉ ⲉⲧⲃⲏⲏⲧ̅ϥ̅ (vgl. III 42,5; IV 61,12).

S. 128/129: Die syntaktische Auffassung der Stelle III 59,21ff./IV 71,5ff. durch die Herausgeber (die ich auch selbst bisher vertreten hatte) impliziert den unmöglichen Gedanken, dass im Grunde die Gnosis auch diejenigen, die wegen der Nichterlangung derselben zugrunde gehen, erfasst. Das zwingt zum Versuch einer anderen sprachlichen Analyse, zumal der Text sowieso auch einige in andere Richtung weisende sprachliche Signale enthält, die bei der bisherigen Auffassung einfach überfahren werden, nämlich das jeweils doppelte ⲙ̅ⲛ̅ⲛ̅ⲥⲁ, dessen nächstliegende Deutung doch eigentlich die als die zusammengesetzte, ein Zeitverhältnis ausdrückende Präp. „nach" ist, und dass das ⲉⲣⲏⲧ von Codex IV im Unterschied zum ⲧⲱⲃϩ des Codex III sowieso nicht ohne weiteres mit ⲛ̅ⲥⲁ verbindbar ist. Von daher erscheint mir auch die folgende Strukturanalyse erwägenswert: „Als sie gekommen war, verlautbarte sie ihre Verheißung. Nach dem (Entstehen des) Samen(s) des Herrschers dieses Äons … (und) nach dem (Entstehen des) Samen(s) Adams …, da kam der große Engel Hormos, um zu bereiten" (usw.).

S. 130: Bei dem an sich etwas auffälligen, weil pleonastisch geschriebenen Nomen ⲡⲉ-ⲧϫⲟ (III 60,4f.) ergibt sich eine gewisse Unklarheit aus der Notierung von ϫⲟ als Verb im Register.

S. 131: In IV 71,22 müsste man, um den Satz syntaktisch und sachlich durchsichtig zu haben, statt ⲛ̅ⲧⲉ lieber ⲛ̅ⲑⲉ ⲛ̅- ergänzen.

S. 133: Das in der Luft hängende ϩⲱⲱϥ (IV 71,29) ist der deutlichste Hinweis darauf, dass in den Ergänzungen dieses Abschnitts irgendetwas nicht stimmt. Vielleicht könnte man die Sache so in Ordnung bringen, dass man in Z. 23 ⲟ̣[ⲩⲛⲟⲙ]ⲏ und in Z. 28/29 ϩ̅ⲛ̅ ⲟ̣[ⲩϭⲉ]||[ⲡⲏ ⲡⲁ̈ⲓ ⲇⲉ] ϩⲱⲱϥ usw. ergänzt

S. 138: Warum die Herausgeber in III 62,6f. die (doch wohl bloß fehlerhafte) Schreibung (ⲡⲉⲧ)ⲙⲁϩⲧⲉ unverbessert stehen lassen und im Register dann so notieren, als wäre es eine echte sprachliche Variante zu ⲉⲙⲁϩⲧⲉ, ist nicht recht einzusehen.

S. 140/141: Die Zahl 400 (III 62,14/IV 73,28) ist nach Maßgabe sethianischer Dogmatik für die himmlischen Schutzengel der Gnostiker viel zu klein. Es fehlen drei Nullen bzw. im Koptischen ein ⲛ̄ϣⲟ, das auch sonst eine gewisse Neigung zeigt, beim Schreiben vergessen zu werden (vgl. ApcAd NHC V p. 73,15f. gegenüber p. 74,12). In Codex IV kann übrigens das in Codex III vermutlich vergessene ⲛ̄ϣⲟ durchaus gestanden haben; man braucht ja die Lakunen nur etwas anders zu füllen, nämlich etwa: ϥⲧⲟⲩϣⲉ ⲛ̣̄[ϣⲟ ⲛ̄ⲁⲅ]||[ⲅⲉⲗⲟⲥ ⲛ̄ⲁⲏ]ⲣ. Die attributivische Anknüpfung von ⲁⲏⲣ empfiehlt sich (hier und IV 62,9: ⲡⲕ]ⲁ̣ϩ [ⲛ̄ⲛ]ⲁⲏⲣ [vgl. S. 178 Z. 8f.]) sowieso mehr als die genitivische.

S. 141: Das am Anfang von IV 74,8 ergänzte ⲙⲛ̄ erscheint sinnwidrig, während es mehrere Möglichkeiten gibt, die (ganze) Lücke (von sechs Buchstaben) konkordant zu Codex III zu füllen. – Auf dieser Seite hat übrigens der Druckfehlerteufel ein arges Spiel getrieben und das jeweils erste Zeichen von Zeile 1–4 der Übersetzung unten um eine Zeile nach unten verschoben.

S. 142: In der Anmerkung zu 63,8 sind die Worte „construct" und „absolute" zu vertauschen.

S. 144/145: Dass sich hier (III 63,9.16f./IV 74,24; 75,3f.) der (ganz und gar ungnostische) Gedanke einer Versöhnung der Welt ausgedrückt fände (s. Übersetzung und S. 30), glaube ich schon seit geraumer Zeit nicht mehr. Das ϩⲱⲧⲃ in Codex IV (75,3; so natürlich auch in 74,24 zu ergänzen) ist nur die Bestätigung einer längst gehegten Vermutung. Kurzum, m. E. ist hinsichtlich des Verhältnisses ϩⲱⲧⲡ (III)/ϩⲱⲧⲃ (IV) genau das Gegenteil von dem, was die Herausgeber behaupten, richtig. Der Fehler liegt bei Codex III. Die gnostische Taufe ist hier verstanden als ἀπέκδυσις τοῦ σώματος τῆς σαρκός (vgl. Kol 2,11ff. mit den entsprechenden Querverbindungen) und entsprechend redet unser Text mit leichten Varianten des konkreten Ausdrucks von der Tötung der Welt an der Welt, die der Täufling in der Taufe vollzieht (vgl. für die Verwendung des Verbs ϩⲱⲧⲃ zum Ausdruck solcher Gedanken z. B. Röm 8, 13 B; Eph 2,16 B; Kol 3,5 B). – Das etwas merkwürdige Wort ⲉⲡⲓⲕⲗⲏⲧⲟⲥ in III 63,19, das zum Anlass einiger Verwirrung in Übersetzung, Kommentar (S. 192) und Register (S. 226) wird, ist m. E. nur eine wilde Schreibung von ⲉⲡⲓⲕⲗⲏⲥⲓⲥ. – ⲛⲓⲁⲧϫⲱϩⲙ ⲛ̄ⲕⲟⲩⲟ̣ⲩⲛ̄ϥ ⲛ̄[ⲧⲉ] ⲡⲟⲩⲟⲉⲓⲛ ⲉⲧⲛⲉⲁϥ (IV 75,9f.) kann kaum heißen: „the incorruptible bosom [of] the great light" (denn bei dieser syntaktischen Auffassung des Textes könnte er, wenn ich recht sehe, nur quasi medizinisch von den Genitalien des großen Lichtes reden [auch wäre dann dieses ⲕⲟⲩⲟⲩⲛ̄ϥ im Register falsch aufgeführt]), sondern wohl: „the incorruptible ones in the bosom of the great light". Entsprechend sollte man wohl in III 63,20 konjizieren: <ϩⲛ̄> ⲛ̄ⲕⲟⲗⲡⲟⲥ ⲙ̄{ⲛ}ⲡⲛⲟϭ ⲛⲟⲩⲟⲉⲓⲛ.

S. 148: M. E. könnte man, wenn man die griechischen Akkusative auf der Ebene des jetzt vorliegenden Textes sieht, auch übersetzen: „Der große Beistand (was sich dann auf Seth bezöge) offenbarte ihnen (den) Jesseus, (den) Mazareus, (den) Jessedekeus" usw., und fragen, ob nicht gegebenenfalls dieses Verständnis der mutmaßlichen Vorlage durch Codex III den ursprünglichen Sinn des Textes trifft.

S. 159: Die Auffassung des Wortes ⲧⲱϭⲉ (IV 79,14), das man wohl mit den Herausgebern für eine Schreibung von ⲧⲱⲕ (Crum 403a, 13) halten muss, als Nomen mit der Bedeutung „steadfastness" erscheint mir angesichts des Spektrums seiner Bezeugung schwierig (im Register steht es übrigens verwirrenderweise unter dem Lemma ⲧⲱϭⲉ „plant“), zumal die Parallele in Codex III seine Deutung als Verb und eine Ergänzung wie ⲁϊⲙⲟⲩ[ϫⲧ ⲉⲡⲉϣⲁϥ]|ⲧⲱϭⲉ „ich verband mich mit dem, der fest besteht“ ziemlich nahe legt.

S. 161: Die eindeutige Transitivität des Verbs ϭⲱⲣϭ „prepare“ (IV 80,10) sperrt sich gegen seine (Intransitivität implizierende) Auffassung durch die Herausgeber. Wie mir scheint, muss man entweder ein <ⲙ̄ⲙⲟϥ> ergänzen oder ein unausgedrücktes Objekt annehmen; etwa: „nachdem er es (oder ihn) zubereitet hat im Taufwasser“.

S. 164: ⲟⲩⲡⲗⲏⲣⲱⲙⲁ ⲧⲏⲣϥ (III 69,3f.) heißt nicht „the whole pleroma“, sondern etwas wie „nothing but fullness“ (= ein echtes Pleroma).

S. 189: Die Erwägungen zu ⲡⲉϥⲁⲧⲟⲛ̄ⲥⲙⲟⲧ gegenüber ⲛⲉϥⲕⲟⲧ̄ⲥ̄ erscheinen mir unnötig. ⲁⲧⲟ gehört mit ⲥⲙⲟⲧ enger zusammen als mit dem Artikel, und diese Verbindung gibt wohl so etwas wie πολυτροπία oder ποικιλία wieder.

S. 193/194: Die Deutung der Kreuzigung der Äonen (III 64,3ff./IV 75,17ff.) in Analogie zu dem entsprechenden kosmogonischen Motiv des manichäischen Mythus führt die Interpretation m. E. weit vom Text weg, der doch nur eine Deutung der Kreuzigung Jesu im Sinne der so genannten „zweiten Taufe“ (vgl. zur „dritten Taufe“ = Aufstieg 2Log Seth NHC VII p. 58,15f.), d. h. im Sinne einer ἀπέκδυσις τοῦ σώματος τῆς σαρκός, als Begründung der ebenso als ἀπέκδυσις verstandenen Taufe der Gnostiker sein kann (vgl. Kol 2,11ff. und K.-W. Tröger, Gnosis und NT, 1973, 222f.). Wenn übrigens das -ⲟⲩⲟⲥϥⲟⲩ (IV 75,19) nicht wäre, müsste man auch weiterhin ⲕⲩⲣⲟⲩ (III 64,5) für ein griechisches Verb halten. Angesichts dieses Gegenübers legt sich jedoch der Verdacht nahe, dass das -ⲟⲩ von ⲕⲩⲣⲟⲩ ein Suffix und der Rest ein verderbter koptischer *status pronominalis* ist (etwa von ⲕⲱⲣϥ oder ⲕⲱⲱⲣⲉ). (Im Kommentar zur Stelle [S. 193 Z. 1 v. u. – S. 194 Z. 2] hat die Verwechslung der beiden ⲕⲩⲣⲟⲩ-Stellen [III 63,23 und 64,5] eine ganze Serie aller möglichen Verwechslungen nach sich gezogen.)

Rezension zu Wolfgang Langbrandtner: Weltferner Gott oder Gott der Liebe. Der Ketzerstreit in der johanneischen Kirche*

Eine Erschließung und Beschreibung des Inhalts der jetzt im Druck vorliegenden Dissertation von W. Langbrandtner, die im Dezember 1975 von der Theologischen Fakultät der Universität Heidelberg angenommen worden ist, anhand ihres Titels bzw. eines ihrer drei Titel, ist schwierig und nicht ratsam. Vom Inhalt her ist der Leser auf den Haupttitel nicht vorbereitet. Seine spannende Frage, warum das Buch eigentlich so heißt, findet ihre überraschende Beantwortung erst im Rahmen einer Schlussbemerkung (S. 403). Verblüffend ist da einerseits das Attribut der „Weltferne" für den gemeinten Gott der Gnosis, nachdem L. das ganze Werk über die These vertreten hat, dass die Entscheidung des Glaubens zwischen Heil und Unheil angesichts der von Gott den Menschen angebotenen Heilsoffenbarung das Zentrum der Gnosis sei.

Wenn dieser Gott auch im Gegensatz zur Welt steht, so ist er doch den Gnostikern jedenfalls genauso nahe wie der Gott der Liebe den Christen. Andererseits kann das „oder" irritieren, und zwar gleich in einer doppelten Hinsicht. Denn eigentlich ist nach dem Inhalt des Werkes doch wohl die Entwicklung bzw. die Bewegung von dem antikosmischen Gott zum Gott der Liebe gewichtiger als die Alternative; und dann überrascht auch der eine bestimmte Entscheidung zu fordern scheinende Charakter dieser Alternative, nachdem jedenfalls der wissenschaftliche Eros des Verfassers auf den „weltfernen" Gott gerichtet war und er also nicht viel dafür getan hat, dass einem der siegreiche Gott der Liebe sympathisch wird. Auch der erste Untertitel eignet sich schwerlich zum Schlüssel, insofern als der Ketzerstreit in der johanneischen Kirche zwar eines der wesentlichen Ergebnisse der Arbeit ist, aber keineswegs ihr Thema. Am nächsten kommt der Sache, um die es geht, noch der zweite Untertitel, wenngleich das „mit Berücksichtigung" das Gewicht, das die Nag Hammadi-Texte in der Arbeit tatsächlich haben, nicht deutlich genug werden lässt.

Es geht in dem vorliegenden Werk um nichts geringeres als um eine planmäßige und groß angelegte Auswertung der Nag Hammadi-Schriften für die Erkenntnis des religionsgeschichtlichen Ortes des Johannesevangeliums. (Dass das unter gleichzeitiger Erarbeitung und Einbringung einer spezifischen literarkritischen Theorie hinsichtlich des Johannesevangeliums geschieht – diese zweite Seite der Sache klammern wir hier erst einmal aus, um sie später zur Geltung zu bringen.) Das heißt, L. begibt sich auf wissenschaftliches Neuland, um Pionierarbeit zu leisten. Ob man es mehr als durch diesen Sachverhalt verursacht hinnehmen oder gerade bedauern soll, dass L., wie es aussieht, bei seinen Arbeitsschritten wenig

---

* Eine exegetisch-religionsgeschichtliche Untersuchung mit Berücksichtigung der koptisch-gnostischen Texte aus Nag-Hammadi, BET 6, Frankfurt/M. 1977. In: Enchoria 9 (1979), 149–153.

nach rechts und links guckt, kann man sich fragen. Es ist jedoch befriedigend und lehrreich zu sehen, wie sich die Erschließung der neuen Texte hier fortsetzt in ihrer Anwendung. Dabei können sich die beiden Prozesse ruhig überschneiden, zumal der zweite befruchtend auf den ersten zurückzuwirken vermag. Selbst wenn die schnelle Anwendung sich zuweilen als vorschnell erweisen sollte, so ist ein solches Aufsichnehmen des Risikos einem nur auf Sicherheit orientierten Abwarten zweifellos vorzuziehen.

L. entscheidet sich mit guten Gründen dafür, nur mit den bereits erschlossenen Nag Hammadi-Schriften zu arbeiten, d. h. mit denjenigen, die (bei Abfassung der Dissertation) in einer oder mehreren Texteditionen bzw. Übersetzungen vorlagen (es handelt sich praktisch um die Schriften der Codices I – VI mit Ausnahme des Tractatus Tripartitus und des Gebets des Apostels Paulus aus Codex I und des Dialogs des Erlösers aus Codex III). Dabei kann es dann allerdings passieren, dass er gelegentlich auch einen Irrtum übernimmt bzw. auf einem solchen aufbaut. Das ist z. B. deutlich der Fall, wenn auf S. 173 für eine Stelle aus der Hypostase der Archonten (p. 87,8) aus der benutzten Übersetzung „ihre Söhne" für ⲛⲉϥϣⲏⲣⲉ übernommen wird, oder S. 325 (mit Anm. 1) für Evangelium Veritatis p. 18,23f. „Er geriet durch sie in Bedrängnis, er wurde zugrunde gerichtet" für ⲁⲥϩⲱϣ ⲛ̄ϩⲏⲧϥ ⲁⲥⲟⲩⲱⲥϥ̄. Auf S. 201 Anm. 4 wird mit ⲛⲟⲛ (anstelle von ⲛⲁⲛ) ein Druckfehler der benutzten Textausgabe des Philippusevangeliums übernommen. Nur ganz selten greift L. selbst einmal in die Grunderschließung seiner Materialien ein, z. B. S. 263[1] und 290,[3] wobei ihm an der zweiten Stelle übrigens die Verkennung eines Irrealis unterläuft. Häufiger ist es der Fall, dass er bei sachlich dunklen Textstellen den Sinn erraten muss und sich dabei in die Gefahr der Verkürzung begibt. Aber die diesbezüglichen Sätze der Arbeit sind gewöhnlich an der Partikel „wohl" oder einem ihrer Äquivalente leicht erkennbar. Und überhaupt kommt es auf solche Kleinigkeiten bei einem derartig umfassenden Projekt der Sachauswertung, wo man sowieso weithin mit Zusammenfassungen, Abstraktionen und Näherungswerten arbeiten muss, im Grunde nicht sehr an.

Um die Nag Hammadi-Schriften mit dem Johannesevangelium sinnvoll und kontrollierbar vergleichen zu können, bedarf es eines gemeinsamen Nenners. L. wählt dafür die Struktur des theologischen Denkens in den betreffenden Texten. Es geht ihm dabei im Wesentlichen um die Strukturen der Glaubensentscheidung als des vermeintlichen Zentrums des gnostischen Denkens und um die funktionale Relation folgender Größen zu ihr: Abstammung, Präexistenz, Prädestination; der ethisch-praktische Vollzug des Glaubens; das Vorhandensein bzw. Fehlen von Sakramenten; Auferstehung, Weg und Anodos; der Erlöser; die Grundzüge der Mythologie. Nach diesem Muster werden im dritten der vier Kapitel als dem Zentrum der Untersuchung (S. 194–373) die Nag Hammadi-Schriften befragt und mit den (nach L.) zwei Schichten des Johannesevangeliums verglichen. Entworfen und begründet worden ist dieses Frageraster im vorhergehenden zweiten Kapitel (S. 121–194) anhand besonders ausgewählter Texte, wobei über die Nag Hammadi-Texte hinausgegriffen wird und auch die Sektenrolle von Qumran (als Gegenbeispiel) einbezogen wird.

Bei der Durchführung ergeben sich interessante Interpretationen und wichtige Einsichten, z. B. die, dass der gnostische Charakter eines Textes nicht abhängig von der Quantität gnostischer Mythologie ist (S. 230), oder dass die Tatsache, dass Gott

Schöpfer der Welt genannt wird, keineswegs zur Kennzeichnung einer ungnostischen Theologie ausreicht (S. 188). Das Ergebnis, dass das Johannesevangelium (in seiner älteren Schicht) gnostisch sei, kann allerdings nicht überraschen, sondern war von vornherein abzusehen, ja stand in gewisser Hinsicht schon vorher fest. Die Deutung des Johannesevangeliums von der Gnosis aus ist schließlich nicht neu und hat längst Schule gemacht. L.s Zielvorstellung ist auch nur, wenn ich recht verstanden habe, durch seine besondere Art der Demonstration und unter Beschränkung des Gnostischen auf nur eine von zwei Schichten die bislang noch Zögernden bzw. anders Denkenden zu überzeugen. Ob das allerdings gelingt – und auch ob die Schule, aus der L. kommt, ihm bei diesem „Vermittlungsversuch" folgen wird –, daran wird man wohl doch gewisse Zweifel hegen dürfen.

Um L. in den bisher beschriebenen Aspekten seines Vorgehens und Wollens ganz zu verstehen, ist es gut zu wissen, dass er in seiner Auffassung und Behandlung der Gnosis konsequent in den Fußstapfen von Luise Schottroff wandelt.[1] Typisch dafür sind vor allem die Begriffe Entscheidungsdualismus und Integritätsprinzip in ihrer Verwendung als Kategorien der Gnosis. Nun kann man wohl hinter der Wahl dieser Termini bei L. Schottroff beachtenswerte Anliegen erkennen,[2] aber zur schulmäßigen Beschreibung und Analyse des Phänomens der Gnosis eignen sie sich m. E. nicht. Was den so genannten Entscheidungsdualismus anbelangt (der ja eigentlich eine rein theologische Neuschöpfung R. Bultmanns zur Vermeidung einer Antinomie des Johannesevangeliums im Interesse einer existentialen Interpretation war),[3] d. h., ob man wirklich die in gnostischen Texten behauptete himmlische Abstammung, Präexistenz oder Prädestination des Gnostikers als Folge[4] (und nicht als Ursache) seiner Annahme des Angebots der rettenden Erkenntnis deuten darf (mit der entsprechenden Umkehrung für den Nichtgnostiker), hängt überhaupt nicht davon ab, auf welchem der beiden Sachverhalte mehr Gewicht liegt und welcher also häufiger zur Sprache gebracht wird, auch nicht davon, welcher etwa in der Entfaltung der Gedanken der primäre bzw. sekundäre ist, sondern einzig und allein von dem Bewusstseinsinhalt dessen, der die betreffenden Aussagen über die himmlische Herkunft usw. macht.

Aus der Auffassung des kosmologischen Dualismus der Gnosis als eines Entscheidungsdualismus ergibt sich für L. das Strukturmerkmal der Wesensveränderung des Menschen durch die Glaubensentscheidung – ein Merkmal, das sonst gerade als typisch für die Mysterienreligionen im Unterschied zur Gnosis (wo man nur wieder wird, was man schon war) gilt. Und mit dem Integritätsprinzip ist das Strukturmerkmal der Zweideutigkeit bzw. der Gefährdung des Erlösers als der Grenze der Erniedrigung des gnostischen Erlösers gegeben. Es ist überhaupt eine interessante Frage, die man an die Arbeit L.s stellen

---

[1] Ihr diesbezügliches Hauptwerk ist: Der Glaubende und die feindliche Welt – Beobachtungen zum gnostischen Dualismus und seiner Bedeutung für Paulus und das Johannesevangelium, WMANT 37, Neukirchen-Vluyn 1970.

[2] Vgl. H.-M. Schenke, ThLZ 97 (1972), 751–755; hier 998–1002.

[3] R. Bultmann, Theologie des Neuen Testaments, Tübingen [5]1965, 373.

[4] Vgl. z. B. einen Satz wie diesen (S. 236): „Hierdurch machen diese §§ klar, dass Präexistenz und Erlösung dem Gnostiker nicht von Natur aus verfügbar sind, sondern durch die Glaubensentscheidung erworben werden."

kann, ob und in welchem Maße der Austausch religionsgeschichtlich gebräuchlicher durch theologische Begriffe (Entscheidung, Glaube/Unglaube, Heil/Unheil, Heilsgewissheit usw.), die zunächst einmal vielleicht nur um der Vergleichbarkeit gnostischer Texte mit dem Johannesevangelium willen gewählt worden sind, nicht nur dem damit beschriebenen – an sich wohlvertrauten – Phänomen der Gnosis ein neuartig wirkendes Aussehen verleiht, sondern auch die Ergebnisse der Textbefragung mit vorprogrammiert.

Die Ausrichtung auf das theologische Denken der Gnosis, das sicher ein lohnender Gegenstand ist, der aber m. E. schwerer zu fassen ist, als es L. vorkommt (es geht z. B. ganz sicher nicht ohne die Berücksichtigung der Abhängigkeit des Inhalts der Texte von ihrer Gattung), scheint leicht zu Verkürzungen der Textaussagen zu führen, indem nur noch das von ihnen aufgenommen wird, was der Erwartung der theologischen Systematisierung entspricht. Es gibt im vorliegenden Buch hin und wieder Partien, wo der Leser den Eindruck gewinnen kann, dass das in dem betreffenden Text gefundene Muster sich nur auf der Brille des Exegeten befindet. Bei der Auswertung der Schrift „Brontē" (NHC VI,2) dürfte das am deutlichsten werden. Zu einem weiteren Problem ist es mir geworden, ob es eigentlich zulässig ist, den Aufweis und das Nachzeichnen theologischer Strukturen mit Fragen der Entstehung und Entwicklung der betreffenden Gedankenkomplexe direkt zu kombinieren.

Beim Vergleich der Nag Hammadi-Texte mit dem Johannesevangelium ergibt sich für L., dass (während L. Schottroff das ganze Johannesevangelium für gnostisch hält und nach E. Käsemann[5] das Prädikat des naiven Doketismus seiner gesamten Christologie gilt) nur eine bestimmte Schicht desselben gnostisch (aber eben wirklich gnostisch, und nicht etwa nur gnostisch beeinflusst) sei. Hier trifft und verschlingt sich L.s religionsgeschichtliche Forschung mit einer von ihm im ersten Kapitel (S. 1–121) entwickelten literarkritischen Theorie zum Johannesevangelium. Das Johannesevangelium ermöglicht und ermuntert durch seine zahlreichen Aporien und wegen seines sichtbar vielschichtigen Charakters zu mancherlei Art von Literarkritik. Man kann vieles versuchen. Aber gut ist nur das, was sich in vielerlei Hinsicht bewährt und exegetisch als fruchtbar erweist.

Bis vor kurzem galt weithin das literarkritische Dreischichtenmodell, das R. Bultmann in seinem Epoche machenden Kommentar zum Johannesevangelium[6] begründet und durchgeführt hatte (1. Schicht: Quellen: eine Sammlung von Wundergeschichten, ein Komplex von so genannten Offenbarungsreden, eine in sich selbständige Passionsgeschichte; 2. Schicht: das Werk des diese Quellen souverän verarbeitenden Evangelisten; 3. Schicht: nachträgliche Redaktion von verkirchlichender Tendenz) als ein gewisser Abschluss der literarkritischen Versuche; und bei vielen, zu denen auch ich mich rechne, hat sich an dieser Geltung auch heute noch nichts geändert. L. ist hier nun zunächst einmal nur Exponent einer doch relativ breiten Bewegung innerhalb der um das geistige Bultmannerbe ringenden Johannesforschung, in der es infolge der Nichtübernahme der Hypothese von einer besonderen Quelle der Offenbarungsreden zu einer wesentlichen

[5] E. Käsemann, Jesu letzter Wille nach Johannes 17, Tübingen ^{2}1967.

[6] R. Bultmann, Das Evangelium des Johannes, KEK 2, Göttingen ^{18}1964.

Umstrukturierung des literarkritischen Modells kommt. Aus dem, was im Wesentlichen eine Quellentheorie war, wird mit einem gewissen Automatismus eine Grundschrifttheorie. Das angenommene Ausmaß der Redaktion nimmt zu, entsprechend verflüchtigt sich der Evangelist und bekommt sein Werk in gewisser Weise die Funktion von Bultmanns Offenbarungsreden (die ja als rein gnostisch gedacht waren), insofern als es selbst zur gnostisierenden bzw. gnostischen Grundschrift wird, während die Redaktion die Rolle des Bultmannschen Evangelisten zuerkannt bekommt und sie zur Hauptebene der Interpretation wird.

Das Ergebnis von L.s individueller Realisierung dieser allgemeineren Tendenz, also seine Scheidung einer johanneischen Grundschrift (die gnostisch ist) von einer umfangreichen (nichtgnostischen) Redaktion, findet sich übersichtlich zusammengestellt auf S. 104f. und 106. Auf das Konto der Redaktion gehört nach L. auch der so genannte Lieblingsjünger (das ist an sich auch meine Überzeugung). Und dieser bekommt nun in seiner Konzeption eine ganz entscheidende Rolle zugewiesen. Dass übrigens die Bezeichnung „Lieblingsjünger" stereotyp als „Pseudonym" apostrophiert wird, erklärt sich vom Ende her als so gemeint, dass sich hinter dem Lieblingsjünger in Wirklichkeit eine bedeutende Gestalt der johanneischen Kirchengeschichte verbirgt. Wenn in ein und derselben Schrift nun Gnostisches neben Nichtgnostischem steht, so befinden sich die Schichten offenbar im Widerstreit und ist das Nichtgnostische als antignostisch zu verstehen. Es geht also ein Bruch mitten durch das Johannesevangelium. Und genau an dieser Umbruchstelle hat nach L. der Lieblingsjünger seinen Platz. Aus 13,21–27 (Perikope von der Bezeichnung des Judas als des Verräters Jesu) glaubt er schließen zu können, dass die Person, die mit dem Lieblingsjünger gemeint ist, Verräter, und das heißt Ketzer, in der Gemeinde entlarvt habe; aber diese Verräter Jesu und Ketzer sind niemand anders als diejenigen Christen, die sich treu (zu treu) an ihr Evangelium, eben die johanneische Grundschrift, halten (S. 53f.). Die nächste Etappe in diesem also vom „Lieblingsjünger" vom Zaun gebrochenen Ketzerstreit in der johanneischen Gemeinde (der eben nicht erst zur Zeit der Johannesbriefe, wo er ja direkt bezeugt ist, entbrannt sei) wäre dann die redaktionelle Entschärfung, ja totale theologische Umorientierung der als häretisch erkannten Grundschrift, als deren treibende Kraft, die wir Redaktor nennen, eine zweite markante Persönlichkeit der komplizierten Geschichte des johanneischen Christentums angesehen wird.

In dem kurzen letzten (vierten) Kapitel seines Buches (S. 373–404) dehnt L. seine religionsgeschichtliche und literarkritische Konzeption schließlich noch auf die Johannesbriefe aus und verfolgt den erschlossenen Ketzerstreit – nun auf überschaubarem Terrain – bis zur Einmündung des johanneischen Christentums in den Frühkatholizismus. Nach L. sind die Briefe später als die Redaktion des Evangeliums, wobei der zweite und dritte noch vor dem ersten zeitlich einzuordnen sind. Der sich „Presbyteros" nennende Absender des zweiten und dritten Briefes gilt ihm als eine dritte wahrhaft kirchenlenkende Persönlichkeit der johanneischen Gemeinden. Das Auffälligste innerhalb dieses Komplexes ist, dass L. meint erschließen zu können, wie der Streit zwischen dem Presbyter und Diotrephes, von dem der dritte Johannesbrief zeugt, ausgegangen ist. „Als Grund für die Aufbewahrung eines solchen theologisch unwichtigen Dokumentes, das zudem mehr die Schwäche als die Stärke der eigenen Position zum Ausdruck bringt, lässt sich eigentlich nur die Verbindung mit einem für die Gemeinde wichtigen und freudevollen Ereignis denken, wahrscheinlich mit dem Treffen des Alten und des Diotrephes – wie es 3. Joh 13f. ankündigt –, bei dem wohl alle Zweifel über die Rechtgläubigkeit" (sc. des Alten) „ausgeräumt worden sind" (S. 400; vgl. auch S. 402).

Rezension zu Jozef Vergote: Grammaire copte I*

Der große und vielseitige belgische Gelehrte Jozef Vergote, kürzlich durch eine umfangreiche Festschrift anlässlich seines 65. Geburtstages international hoch geehrt,[1] ist seit Jahren mit der Vorbereitung und Ausarbeitung einer koptischen Grammatik beschäftigt, deren erster Teil, der – abgesehen von einer Einleitung – die Komplexe „Lautsystem" und „Wortbildung" behandelt (in zwei Heften, nach synchronischer [Ia] und diachronischer [Ib] Betrachtungsweise getrennt), seit 1973 schon vorliegt. Da die beiden Komplexe im Gesamtgefüge der koptischen Grammatik nur einen vergleichsweise bescheidenen Platz einnehmen, lässt der Umfang ihrer hiesigen Behandlung ein auf uns zukommendes immenses Gesamtwerk erahnen und mit Spannung erwarten.

Diese Grammatik – soviel ist schon auf den ersten Blick deutlich – entspricht nicht dem Charakter der üblichen Grammatiken orientalischer Sprachen, die zugleich „Lehrbücher für den Anfänger und Nachschlagewerk für den Fortgeschrittenen sein" wollen.[2] Sie verfolgt vielmehr rein sprachwissenschaftliche Zwecke und ist also ganz deskriptiv. Lehrbuchcharakter ist ihr freilich dennoch insofern zueigen, als Bezugnahme auf Literatur und Diskussion kontroverser Probleme der eigenen Darstellung streng untergeordnet wird. Zum Phänomen dieser Grammatik gehört aber auch etwas (gerade wenn das zuletzt Bemerkte gilt), was an ihr selbst gar nicht sichtbar ist, nämlich die persönliche Flexibilität ihres Verfassers, oder anders ausgedrückt: das lebendige und in Auseinandersetzung mit anderen Positionen sich vollziehende Ringen V.s um die bestmögliche Erfassung, Beschreibung und Erklärung schwieriger und problematischer Sachverhalte. Für das, was bereits hinter dem in ihr erreichten Stand liegt, finden sich z. B. in der Rezension von M. Krause wichtige Hinweise;[3] und dass die Entwicklung an einzelnen Punkten über diesen Stand auch schon wieder hinausgegangen ist, findet seinen Niederschlag in der Auseinandersetzung V.s mit J. Osing.[4] Offen zutage liegend und geradezu profilbestimmend ist demgegenüber die Unausgeglichenheit in der Behandlung der einzelnen sprachlichen Phänomene: Während sie bei Sachverhalten, über die V. speziell gearbeitet hat,

---

* Bd. I a/b: Introduction, phonétique et phonologie, morphologie synthématique (structure des sémantèmes), (a=) Partie synchronique, (b=) Partie diachronique, Louvain 1973. In: OLZ 76 (1981), 345–351.

[1] Vgl. P. Naster/H. de Meulenaere/J. Quaegebeur (ed.), Miscellanea in honorem Josephi Vergote, OLP 6/7, 1975/1976.

[2] G. Mink, Allgemeine Sprachwissenschaft und Koptologie, in: R. McL. Wilson (ed.), The Future of Coptic Studies, CoptSt 1, Leiden 1978, 74.

[3] Vgl. M. Krause, ChrÉ 49 (1974), 418–420.

[4] Vgl. J. Vergote, Problèmes de la ‚Nominalbildung' en égyptien, ChrÉ 51 (1976), 261–285; ders., La vocalisation des formes verbales en égyptien – Des matériaux nouveaux?, BibOr 34 (1977), 135–139.

von überwältigender Materialfülle ist, geht sie, wo das nicht der Fall war, kaum über das Übliche hinaus. Wenngleich also die ideale, strenge, ausgewogene Form einer Theorie dieser Grammatik nicht innewohnt, so akzeptieren wir sie doch mit Respekt und Dankbarkeit als die Zusammenfassung des Lebenswerkes eines Gelehrten, der in sich als Schüler und Nachfolger von L. Th. Lefort die Löwener koptologische Schule und zugleich die durch K. Sethe und H. Grapow vermittelte Berliner ägyptologische Tradition vereinigt. Dieses um so mehr, als das bahnbrechend Neue an dem Werk ohne diese unterschiedliche Verteilung der Gewichte vielleicht vorerst gar nicht realisierbar gewesen wäre. Gemeint ist die Inangriffnahme einer *synchronischen* Analyse und Beschreibung der koptischen Sprache, die allerdings (wie das ja schon rein äußerlich in der Zweiteilung des Werkes – dieses dadurch unverwechselbar machend – zum Ausdruck kommt) nur *neben* einer diachronischen, und zwar so, dass beide Betrachtungsweisen einander zu interpretieren vermögen, Platz und Recht haben soll. Dabei ist aber nun gleich wieder das Verhältnis zwischen den beiden Aspekten in Bezug auf die äußere Zweiteilung (und deren Benennung) durchaus problematisch. Mink kleidet seinen Eindruck in die Formulierung eines Problems, wenn er sagt: „Ob die Synchronie-Diachronie-Trennung der Grammatik Vergotes diese methodische Voraussetzung" (bezieht sich auf die unmittelbar vorhergehende Definition des Verhältnisses von Synchronie und Diachronie) „hat oder ob es sich hier um eine Trennung üblicher synchronisch-diachronischer Mischgrammatik und historischer Grammatik handelt, bedürfte einer ausführlichen Würdigung" (Allgemeine Sprachwissenschaft, 80f.). Es ist praktisch dieselbe Stellung, die auch W.-P. Funk bezieht, nur dass dieser sie etwas direkter, ausführlicher und auch pointierter formuliert: „his ‚Partie synchronique' is only partly synchronic. Much of the material handled there is hardly accessible to a strictly synchronic approach (e.g., most of the items headed as ‚ancienne derivation' …), nor does the author always handle it in a synchronic way. This focal bias is, in a sense, counterbalanced by his ‚Partie diachronique' (…) where the approach often appears to be a comparative Hamito-Semitic one, which of course is not just the same as a diachronic approach to Coptic."[5] V. kann in seiner „Partie diachronique" gar nicht weit genug ausholen. Um die Wortbildung zu erklären, setzt er sogar bei dem Protosemitischen ein. Das Ganze läuft praktisch auf eine Analyse der *ägyptischen* Sprache hinaus, bzw. auf eine historische Grammatik des Ägyptischen, und zwar von den vorägyptischen Wurzeln bis zum Koptischen als dem Ausläufer, wodurch aber das Koptische als das *Thema*, Ausgangs- und Zielpunkt, aus den Augen kommt. In dem Teil, der synchronisch sein will („Partie synchronique") – und es übrigens auf weite Strecken hin auch wirklich ist –, irritiert mich persönlich am meisten, als m. E. offenkundigste und auf breitester Front erfolgende Durchbrechung des methodischen Prinzips, die ständige Einbeziehung und den koptischen Wörtern völlig gleichberechtigte Behandlung griechischer Transkriptionen (spät)ägyptischer Wortformen, die sich in Eigennamen finden.

Aber dennoch – wie sehr auch die beiden Prinzipien miteinander im Kampf liegen (was so besonders offensichtlich freilich nur durch die mit der

5 W.-P. Funk, Toward a Synchronic Morphology of Coptic, in: Wilson (ed.), The Future of Coptic Studies, 109.

Zweiteilung verbundene unglückliche Betitelung der Teile wird) und wie sehr auch das Neue vom Alten erdrückt zu werden droht – ist in der Beurteilung alles Gewicht auf das Neuartige und in die Zukunft Weisende zu legen, zumal in Anbetracht von H. J. Polotskys Urteil: „As regards linguistic methodology, it is no secret that Egyptologists are not conspicuous in the forefront of modern movements."[6] Schließlich war es ja V. selbst, der schon vor fast 30 Jahren die synchronische Behandlung des Koptischen gefordert hat (vgl. Mink, Allgemeine Sprachwissenschaft, 78f.). Und er hat erhebliche Mühen auf sich genommen, um Wege zu finden, wie die Methoden und Erkenntnisse der modernen strukturellen Linguistik auf das Koptische anwendbar zu machen sind (Teil Ia, vf.). Das Ergebnis ist – ungeachtet der oben gemachten Abstriche – beeindruckend. So etwas wie die hier in V.s Grammatik gebotene Phonologie der koptischen Sprache hatte es vorher praktisch noch gar nicht gegeben (vgl. Mink, Allgemeine Sprachwissenschaft, 86). Und es ist eben keineswegs so, dass etwa nur das Bekannte mit neuen Termini aufbereitet worden wäre, obgleich man auch das schon als Fortschritt anzusehen hätte (Mink, Allgemeine Sprachwissenschaft, 76f.). Vielmehr ermöglicht das neue Instrumentarium neue Erkenntnisse. Besonders erhellend erscheint mir dabei, wie das Phänomen der partiellen Inkongruenz des Phonem- mit dem Grapheminventar, besonders bei den Vokalen, in den Blick kommt und begriffen wird. Hier wird erstmalig, systematisch und in größerem Zusammenhang gezeigt, dass z. B. ein und dasselbe Graphem ⲁ durchaus verschiedene (wenn auch phonetisch nahe beieinander liegende) Phone repräsentieren dürfte. Dasselbe gilt für die Grapheme der o- und e-Laute (ⲟ/ⲱ bzw. ⲉ/ⲏ), wobei hier aber noch dazukommt, dass die Opposition „kurz/lang" zugunsten derjenigen von „offen/geschlossen" unter bestimmten Bedingungen neutralisiert wird. Andererseits können verschiedene Graphe zur Bezeichnung der Allophone (seien es kombinatorische, seien es freie Varianten) ein und desselben Phonems dienen. Am wichtigsten ist hier die Erkenntnis, dass in gewissen Fällen auf der einen Seite ⲏ, auf der anderen Seite die Silbigkeit eines Sonors als Allophone von ⲉ anzusehen sind. Ebenso bahnbrechend ist V.s Entwurf einer synchronischen Wortbildungslehre des Koptischen; und Funk findet mit Recht Worte höchster Anerkennung für sie, als „in fact the first attempt that has ever been made at a comprehensive synchronic lexical morphology of Coptic. As such it is highly appreciated, and both the material and classification presented will no doubt have a strong stimulating effect on future research in this field" (Synchronic Morphology, 109).

Nun hat eine Grammatik es nicht nur mit ganz großen Perspektiven, sondern auch mit vielen Einzelheiten zu tun; und der Autor einer solchen hat das Recht, von einem Rezensenten auch zu erfahren, was diesem in jenem Bereich der kleinen Dinge besonders aufgefallen ist. Auch hier ist es vorwiegend der Teil „Partie synchronique", an dem mein Blick gelegentlich „hängen geblieben" ist. Bei der Lektüre von „Partie diachronique" war die Bereitschaft, sich belehren zu lassen, größer als der Wunsch zum Hinterfragen oder gar der Mut zum Zweifel, wenngleich seine zweite, die lexikalische Morphologie diachronisch behandelnde

---

[6] H. J. Polotsky, Coptic, in: T. A. Sebeok (ed.), Current Trends in Linguistics, Vol. 6, The Hague 1970, 558.

Hälfte, weil jetzt direkt mit einem Werk J. Osings vergleichbar, das etwa dem gleichen Gegenstand gewidmet ist, aber in Methode und Ergebnis erheblich abweicht,[7] nun doch nicht problemlos hingenommen werden kann.

Zu Teil Ia: Partie synchronique

S. 6 Z. 17f.: J. Drescher hat niemals die Absicht gehabt, den (inzwischen durch Kassers dialektologische Aufstellungen so berühmt gewordenen) Papyruscodex 31 der Pierpont Morgan Library, New York City, zu publizieren (Brief vom 4. 2. 1978). Die Edition ist vielmehr von R. Kasser und H. Quecke zu erwarten.

§§ 13.52–54.57E.58: Hier wird das schwierige, umstrittene und *weichenstellende* graphisch-phonologische Problem, das sich hinter dem Stichwort „Supralinearstrich" verbirgt, behandelt, und zwar auf der Linie des älteren „Vorschlag(s) zur Güte", den Polotsky schon als nicht annehmbar erklärt hat.[8] Minks Einschätzung der Lage, dass Nagel in dieser Angelegenheit „das letzte Wort gesagt haben dürfte" (Allgemeine Sprachwissenschaft, 86), ist offenbar zu optimistisch. Zuerst ist bei V. tatsächlich von silbischen Sonoren die Rede; dann aber wird aus praktischen Gründen für den Silbengipfel die Notierung als ə eingeführt, die sich sogleich als wirklicher („mittlerer") Vokal ins phonologische System integriert findet ($ə_2$, wenn der Strich in Beziehung zu einem Sonor steht; $ə_1$, wenn er über anderen Konsonanten [d. h., wo es in B *gar keine* Entsprechung gibt] steht; [als $ə_3$ gilt das unbetonte ϵ]).

Wenn in § 58 unbetontes u und i als Allophone von $ə_1$ erklärt werden, so sind nicht nur die beiden entscheidenden Formulierungen schief und nicht zur eigenen Argumentation passend, sondern können auch die gesamten Ausführungen über das Phänomen der Enttonung von Vokal + w bzw. Vokal + j zum bloßen Vokal u bzw. i kaum befriedigen.

V.s. Entscheidung für ə ist einer der zwei Hauptgründe, warum die Behandlung der *Silben* offenbar in erster Linie zu dem, was in seiner Grammatik zu kurz gekommen erscheint, gehört. Der andere Grund ist objektiver Natur. Um es mit einer Wendung von H. Quecke zu sagen: es gibt „bis heute kaum etwas Verlässliches über die Silbe im Koptischen" (Brief vom 30. 7. 1977) – die ja nicht identisch ist mit dem, was im (diachronischen) Silbengesetz so heißt. Interessante einschlägige Beobachtungen sind allerdings schon reichlich vorhanden, z. B. über die nicht seltene „Phasenverschiebung" zwischen Silbe und Morphem (vgl. Funk, Synchronic Morphology, 108), und auch an brauchbaren Ansatzpunkten mangelt es nicht; solche sind: – abgesehen von den Beobachtungen am Supralinearstrich selbst – vor allem die Zeilenbrechung, die Setzung des Apostrophs als Silbentrenner (besonders in dem Chester Beatty Papyrus der Apokalypse des Elias,[9] dessen Edition, besorgt von A. Pietersma und H. Attridge, sich übrigens im Druck befindet, und

7 J. Osing, Die Nominalbildung des Ägyptischen, Mainz 1976.

8 H. J. Polotsky, OLZ 52 (1957), 221.

9 Das ist nämlich die geheimnisvolle Handschrift, auf die schon Polotsky unter diesem Gesichtspunkt Bezug nimmt (OLZ 59 [1964], 252).

das Supralinear*punkt*system des Dialekts M.[10] Aber es sieht so aus, als gehöre die Erforschung der koptischen Silben zu den Gebieten, die man – wenigstens zunächst einmal – für jeden Dialekt (wenn nicht für jede wichtige Handschrift) einzeln in Angriff nehmen muss.

S. 49 Z. 20f.: Mit ⲉϩⲛⲁϥ/ⲉϩⲛⲏⲧⲛ ist der Circumstantialis von ϩⲛⲁ= als angebliche Grundform benutzt. Polotskys diesbezügliche Ausführungen[11] sind ohne Zweifel zutreffend und werden zudem durch den reichen Gebrauch des Lexems (unter der Gestalt ϩⲛⲉ=) im Dialekt M voll bestätigt.

S. 53–59 (Appendice: Les aires naturelles des dialectes coptes): Hinsichtlich des Hauptproblems der koptischen Dialektgeographie, nämlich der (ursprünglichen) Lokalisierung des Sahidischen, nimmt V. – obgleich er infolge des sachlichen Gewichts, das der Dialekt des Papyrus Bodmer VI (für V. Protosahidisch [vgl. z. B. „Partie diachronique", § 91,6]) in dieser Frage beansprucht, mit Polotsky die (forschungsgeschichtliche) „Rückkehr" von S in die Thebais nicht mehr für fern hält (S. 57; vgl. Mink: Allgemeine Sprachwissenschaft, 89f.) – schließlich doch einen ähnlichen Standpunkt wie Worrell ein und plaziert S zwischen B (Delta) und M (Bereich von Oxyrhynchos) (siehe Skizze III auf S. 59). Man kommt m. E. aus dem circulus vitiosus dieses Problems wohl nur heraus, wenn man Kahle wenigstens darin folgt, dass man S aus dem sachlichen und geographischen System der koptischen Dialekte ganz herausnimmt: S. hat vielleicht überhaupt keine (solche) lokale Basis (wie die anderen Dialekte) gehabt, sondern war immer schon da, als diese (in der Funktion einer Schriftsprache) entstanden (vgl. „Partie diachronique", S. 9). Man könnte sich zugleich vorstellen (im Sinne einer von Polotsky erwarteten „less naive" [ich möchte sagen: mehrdimensionalen] „explanation" [Current Trends 6, 561]), dass – in koptischer Zeit – S sehr wohl von der Thebais aus, trotz des dort beheimateten A, (weil einem anderen *Standard* zugehörig) seinen Siegeszug als ägyptische „Koine" angetreten hätte. „Sahidic's success as a national dialect depended upon the many features it shared with the local dialects and the small number unique to itself – a neutrality that facilitated comprehension und imitation."[12]

S. 78 (= § 87,2) : Die Idee, die V. hier am Schluss des Abschnitts über das so genannte *participium conjunctum* äußert, nämlich dass man in ihm vielleicht ein abgeleitetes Nomen im *status constructus* sehen könnte, scheint mir auf eine Erfolg versprechende Spur zu lenken, weil man unter einer solchen Voraussetzung den Unterschied der *Bedeutungs*struktur bei identischer *Bildungs*struktur zwischen Zusammensetzungen mit transitiver bzw. intransitiver Verbalwurzel (nämlich beide Male aus einem genitivischen Rektionsverhältnis erwachsend) besser verstehen könnte.

---

[10] Das Sigel M bezieht sich auf die Dialektbezeichnung „Mittelägyptisch"; V. selbst bevorzugt die andere Bezeichnung für denselben Dialekt, nämlich „Oxyrhynchitisch" (Sigel O).

[11] OLZ 52 (1957), 231.

[12] B. Layton, Coptic Language, Interpreter's Dictionary of the Bible, Suppl. Vol., Nashville 1976, 176a.

S. 91 Z. 5f. (dritte Spalte): Im Dialekt M hat das Negativpräfix ⲁⲧ- gelegentlich auch noch die Form ⲁⲉⲓⲧ- (1Kor 7,19; Mt 12,5.7; 26,17; Doxologie 22).

§ 101,2: Die Nominalbildung durch das Präfix ⲁⲧ-, besonders die deverbale, gehört zu den Punkten der Grammatik, die zu kurz gekommen sind (vgl. Funk, Synchronic Morphology, 117). Aber demselben, der diesen Mangel so deutlich aufgezeigt und auch seine objektiven Gründe artikuliert hat, wird inzwischen schon die entsprechende Abhilfe verdankt.[13]

S. 93 Z. 14f. (und Ib, Partie diachronique, S. 159 Z. 30–32): Vielleicht sollte man zu ⲣⲉϥⲙⲟⲟⲩⲧ „tot" doch die Opposition (mit dem normalen Infinitiv statt des Qualitativs) ⲣⲉϥⲙⲟⲩ „sterblich" erwähnen.

§ 102,2: In der Eingangsformulierung repräsentiert die Wendung „ou au qualitatif" – ebenso wie manche Aussagen auf S. 97 (das Stichwort „Qualitativ" dazu in Z. 14. 23) – eine Rede- bzw. Denkweise[14], die – wenigstens in einer *synchronischen* Grammatik – nicht als legitim anerkannt werden kann.[15]

Die Sachaussage dieses Abschnitts, dass es im Koptischen auch eine Nominalbildung durch Suffigierung des Infinitivs durch -ϥ (maskuline Nomina erzeugend) und -ⲥ (feminine Nomina erzeugend) gäbe,[16] hat Vergote unter dem Eindruck von Osings „Nominalbildung" inzwischen – m. E. zu schnell – fallengelassen.[17]

S. 94 (= § 103,2.8): Bei der Beschreibung der Nominalbildungen ⲥⲁ-ⲛ̄- und ⲙⲁ-ⲛ̄- könnte der unabdingbar scheinende Supralinearstrich irritieren. Zwar gibt das benutzte Schema die Morphologie der Komposita korrekt wieder und finden sich auch in den Handschriften die entsprechenden Schreibungen mit dem Strich, aber es gibt eben auch Handschriften, die den Strich *nicht* setzen, und das heißt doch, in denen ⲥⲁⲛ- und ⲙⲁⲛ- als eine einzige Silbe aufgefasst sind.

S. 95 Z. 25: Anlässlich des einen offenkundigen Druckfehlers ⲥⲟⲧⲙ̄⸗ (sic) kann ich ein allgemeineres Wort des Mitgefühls nicht unterdrücken. Jeder Autor auf diesem Feld weiß, wie sehr die gewünschte Wiedergabe des Supralinearstriches im Druck von technischen Möglichkeiten und Imponderabilien abhängt. Es ist zu schade, dass durchgehend da, wo ein Strich über *zwei* Buchstaben gehen sollte, stets nur zwei einzelne herausgekommen sind.

Die Spalte der *status pronominales* im § 105 ist übrigens weithin irreal; es müsste m. E. heißen: ⲥⲟⲧⲙ(ⲉ)⸗; ⲥⲟⲟⲩ(ⲁ)ϩ⸗; ⲟⲙ(ⲉ)ⲥ⸗; ⲧⲁϩⲙ(ⲉ)⸗; ⲙⲟⲧⲛ(ⲉ)-.[18]

---

13 Vgl. W.-P. Funk, ‚Blind' oder ‚unsichtbar'? – Zur Bedeutungsstruktur deverbaler negativer Adjektive im Koptischen, in: P. Nagel (Hg.), Studien zum Menschenbild in Gnosis und Manichäismus, Halle 1979, 55–65.

14 Vgl. z. B. auch P. Nagel, Die Einwirkung des Griechischen auf die Entstehung der koptischen Literatursprache, in: F. Altheim/R. Stiehl (Hg.), Christentum am roten Meer, I, Berlin 1971, 341–344.

15 Vgl. W.-P. Funk: Zur Syntax des koptischen Qualitativs, ZÄS 104 (1977), 25–39; 105 (1978), 94–114.

16 Was neuere Dinge anbelangt, so dürfte z. B. das ⲕⲁⲁⲥ (Nag Hammadi Codex XIII, p. 46,11) unter dem Verdacht stehen, eine Nominalbildung auf -ⲥ vom Verbum ⲕⲱ zu sein; vgl. G. Schenke (Robinson), ThLZ 99 (1974), 746 Anm. 26.

17 J. Vergote, ChrÉ 51 (1976), 268f. 285.

18 Vgl. H. J. Polotsky, Zur koptischen Lautlehre II, ZÄS 69 (1933), 125–129.

S. 96 *Z.* 2: Eine gewisse Erklärung für das „mais" findet sich bei A. Shisha-Halevy, Bohairic ⲧⲱⲟⲩⲛ (ⲧⲱⲛ=), A Case of Lexemic Grammaticalisation, Enchoria 7 (1977), 109–113.

Zu Teil Ib: Partie diachronique

§ 13,2: Inzwischen gibt es die Neubearbeitung von J. Osing, Der spätägyptische Papyrus BM 10808, ÄgA 33, Wiesbaden 1976.

S. 40 § 33 Absatz 2 (vgl. auch Teil Ia, S. 22 § 36 Absatz 3): Diese Sätze über das Schriftzeichen Omikron im Dialekt M, besonders die Wendung „comme cette voyelle est brève", wirken wie ein Fremdkörper in V.s sonst so flexibler Phonologie. Die Sache ist genau so anzusehen, wie V. sie zunächst zu erwägen anhebt, um den Gedanken aber sofort zu verwerfen.[19]

S. 90 *Z.* 24–26: Es ist (allein) dieses singularische ⲏⲣ, das im echten Mittelägyptisch (hier übrigens stets auch grammatisch als Singular behandelt) zum Ausdruck des Semantems „einander" verwendet wird.

S. 131 *Z.* 2–5: Das Wort ⲧⲣⲟⲩⲣ, eigentlich im Dialekt M zu Hause, ist auch selbst ein Verb: „eilen" (vgl. Eph 4,3 M; 1Thess 2,17 M). Substantiviert begegnet es bisher nur innerhalb des Adverbs ϩⲓⲧⲣⲟⲩⲣ „schnell": 1Kor 16,5 M (nicht ediert); 2Thess 2,2M; Mt 28,7 M; Joh 11,29 F^{m}; 13,27 F^{m}. Es ist die zuletzt genannte Stelle, auf die sich V.s Satz bezieht. Und diese steht wirklich unter einem „Unstern", insofern als die Herausgeberin des Textes, Elinor M. Husselman (The Gospel of John in Fayumic Coptic [P. Mich. Inv. 3521], The University of Michigan, Kelsey Museum of Archaeology, Studies 2, Ann Arbor 1962) die Verlesung Crums noch einmal nachvollzogen hat. Allerdings kann man sich auf einer der der Ausgabe in Auswahl beigegebenen Fotografien (Plate 3) selbst leicht davon überzeugen, was wirklich in der Handschrift steht. Mit der zweiten Joh-Stelle verhält es sich übrigens entsprechend.

S. 157 *Z.* 14f.: Es wäre verlockend zu fragen, ob man in dem ϭⲣⲏ (Nag Hammadi Codex XIII, p. 35,20), das sich von der Semantik und Morphologie her sicher als zu der in den Lexika unter ⲥϭⲣⲁϩⲧ aufgeführten Gruppe von Wörtern bzw. Formen gehörig erweist,[20] und entsprechend dann auch in den übrigen schon bekannten Schreibformen ohne Sigma, etwa einen *Rest* des der Kausativbildung *ságraḥ* zugrunde liegenden *einfachen grḥ* sehen könnte.

S. 159 § 91,6: Formal noch näher als in P kommen wir dem Archetyp von ⲣⲉϥ- im so genannten Tractatus Tripartitus, der letzten Schrift des Nag Hammadi Codex I (= Codex Jung), wo statt seiner gelegentlich ⲣⲱⲙⲉ ⲉϥ- (p. 68,4; 133,31; 136,5), ⲣⲱⲙⲉϥ- (p. 51,32.35f.; 64,23; 68,2) und ⲣⲙ̄ⲙⲉϥ- (p. 108,28.30; 136,4) steht. Doch obgleich morphologisch älter, sind diese Formen grammatisch jünger, nämlich schon in Genus, Numerus und hinsichtlich der Determination neutralisiert.

[19] Vgl. zu diesem Phänomen und seiner Deutung im Übrigen H. Quecke, Il Dialetto, in: T. Orlandi (ed.), Lettere di San Paolo in Copto-ossirinchita, P.Mil.Copti 5, Milano 1974, 87–89; J. Osing, Der spätägyptische Papyrus BM 10808, 130–137.

[20] Vgl. G. Schenke (Robinson), ThLZ 99 (1974), 745 Anm. 2.

Rezension zu A. F. J. Klijn: Seth in Jewish, Christian and Gnostic Literature*

Das vorliegende Buch bietet einen interessanten und instruktiven Ein- oder Überblick hinsichtlich dessen, was in den einschlägigen, den drei Bereichen, die der Titel nennt, zugehörigen Quellen an Auffassungen und Vorstellungen über Seth, seine Herkunft, seinen Wandel und sein Geschlecht, zu finden ist. Und jeder Forscher, der gegenwärtig oder in Zukunft bei seiner Arbeit auf Probleme stößt, die mit der Gestalt des Adamsohnes Seth verbunden sind, wird gern darauf zurückgreifen und sich hier mit Informationen versorgen können. Eine solche Hilfe kann dies Buch nicht zuletzt deswegen leisten, weil in ihm auch entlegenes und spätes Material herangezogen worden ist, und wegen seiner umfangreichen Anmerkungen und der Menge von Verweisen.

Sein Inhalt entfaltet sich – nach einer Introduction (S. VIIf.) – in fünf, je nach Umfang in sich noch weiter gegliederten Kapiteln: I. Seth in Jewish Literature (S. 1–28); II. Seth in Samaritan Literature (S. 29–32); III. The Name of Seth and Facts from his Life in Jewish and Christian Literature (S. 33–47); IV. Seth in Christian Literature (S. 48–80); V. Seth in Gnostic Literature (S. 81–117). Die Final Conclusions (S. 118–120) werden als VI. Kapitel gezählt. Es folgen noch zwei Anhänge: Appendix I ist überschrieben „Water and Fire" und behandelt im Sinne einer ausgedehnteren Anmerkung die Traditionen vom (periodischen) Weltuntergang durch Wasser- und Feuerfluten (S. 121–124). Appendix II ist eine tabellarische Übersicht über die Art und das Vorkommen sethianischer Topoi in den behandelten gnostischen Texten (S. 125–127). Den Schluss bilden ein Literaturverzeichnis (S. 128–131) und ein Stellenregister (S. 132–145).

Der größere Rahmen, in dem, wie die Einleitung ausführt, Idee und Durchführung des Seththemas zu sehen sind, ist das Interesse an dem Sachverhalt des jüdischen Erbes im Christentum bzw. an der (positiven wie negativen) Rückbeziehung des Christentums auf das Judentum. Schon nach dieser in der Einleitung eröffneten Perspektive muss man dann das über die Gnosis zu Sagende eigentlich wie ein Anhängsel erwarten. Und so erscheint es schließlich auch, nämlich in Gestalt eines letzten Kapitels, und zwar *nach* dem Christentum. Dass hier schon die Anordnung der Stoffkomplexe Probleme impliziert, erfährt der Leser aus den Worten des Verfassers allerdings nicht. Das hängt sicher auch mit einem weiteren Phänomen des Buches und seines Autors zusammen. Es sieht so aus, als gehöre K. zu jenem großen Kreis von Gelehrten, die im Grunde an die Selbstmächtigkeit des Materials glauben und entsprechend damit rechnen, dass die Stoffe und Texte von selbst und ungefragt alles, was man wissen muss, verlautbaren. Als ein Bekenntnis dieses Glaubens möchte ich schon die allerersten Sätze des Buches werten: „The title of this work speaks for itself. In this book the

* NovT.S 46, Leiden 1977. In: ThLZ 106 (1981), 819–821.

way in which Jews, Christians and Gnostics speak about Seth, the son of Adam, is discussed" (S. VII). Natürlich beschränkt sich das Buch dennoch nicht auf eine reine Darbietung des Materials. Es kommen schon auch Probleme zur Sprache; aber es sind solche, die sozusagen zufällig am Wege auftauchen. Die Frage nach ihrer Relevanz und Wesentlichkeit wird m. E. nicht gestellt.

Nun ist ja aber die Darbietung von Material an sich noch keine unwichtige und nicht einmal eine ganz einfache Sache. Bei der Wiedergabe dessen, was in den Texten steht, die meistens nicht ohne eine Zusammenfassung, eine Konzentrierung des dort Gesagten abgeht, kommt es ganz entscheidend darauf an, dass durch die notwendige Verkürzung nicht etwa eine perspektivische oder Schwerpunktverschiebung eintritt. Dass diese Selbstverständlichkeit hier eigens erwähnt wird, darf damit in Zusammenhang gesehen werden, dass mir in dem der Gnosis gewidmeten Teil, mit dessen Material ich am meisten vertraut bin, ein paar Stellen aufgefallen sind, wo das einschlägige Charisma den Verfasser in einem solchen Maße im Stich lässt, dass seine Wiedergabe den Inhalt der Texte geradezu ins Gegenteil verkehrt. Vgl. z. B. S. 86 Anm. 21 Z. 9 und Z. 15: "Noah who wanted her to go into the ark" und "she refused to go into the ark" (während beide Texte sagen, dass Norea in die Arche wollte, aber Noah sie nicht ließ). Auf S. 105 heißt es: "According to the work entitled the ‚Three Steles of Seth', Seth wrote down on three pillars or steles the things that he was told by Dositheus". Unglücklicherweise findet sich auch im technischen Bereich eine ziemlich große Anzahl hinderlicher Versehen, z. B. Kroll für Holl (S. 84[7]. 86[21]. 112[176]); H. Ibscher als Herausgeber der Kephaleia (S. 95[70]. 109[155]); Genogessos für Gongessos (S. 100 Z. 21); auch Schreib- bzw. Druckfehler im griechischen Text, die sogar zu falschen grammatischen Formen geführt haben.

Der bereits erwähnte Verzicht auf eine gezielte Befragung des Materials, auf den hier noch einmal zurückzukommen ist, dürfte es wohl sein, der mindestens mitverantwortlich ist für plötzliche Blockaden in der Perspektive ("This shows how complicated a phenomenon the introduction of Sethian ideas into gnosticism was" [S. 106; die Möglichkeit der Beziehung von Sethianischem und Gnostischem ist hier *a priori* einseitig festgelegt; es könnten ja z. B. umgekehrt auch gnostische Ideen in den Sethianismus eingedrungen sein]) oder für Unschärfe in der Formulierung von Urteilen ("Seth is a saviour who will appear at the end of time and is identified with Jesus. We cannot exclude the possibility that this conviction was influenced by Christian ideas" [S. 107]).

Schließlich soll hier nicht ungesagt bleiben, dass K. mit seinem Buch einer sehr aktuellen Fragestellung der modernen Gnosis- und Nag Hammadi-Forschung begegnet. Das Phänomen oder auch Problem des gnostischen Sethianismus erscheint im Augenblick als so gewichtig, dass z. B. auf der International Conference on Gnosticism at Yale (28.–31.3.1978) eines der beiden zentralen Seminare diesem Thema gewidmet war.[1] Und von den Proceedings dieses Seminars, die von B. Layton als dem Organisator der Konferenz herausgegeben wurden und bei Brill in Leiden (in den Nag Hammadi Studies) erschienen sind, darf man sich sowohl

---

[1] Vgl. z. B. den schon Ende April desselben Jahres erschienenen Bericht von M. Tardieu, Le Congrès de Yale sur le Gnosticisme, REAug 24 (1978), 188–209.

eine Ergänzung des Materials als auch eine Profilierung der Fragestellung versprechen. Es geht ja weithin um dieselben Stoffe, aber die Blickrichtung ist so gut wie entgegengesetzt. Von einer großen Gruppe miteinander verwandter Nag Hammadi-Texte, in denen dem Seth und seinem Geschlecht eine Schlüsselfunktion zukommt, wird zurückgefragt nach einer möglichen Verwurzelung wesentlicher sethianischer Vorstellungskomplexe im Judentum (und/oder Samaritanertum), sei es, dass diese Komplexe uns direkt aus jüdischen Quellen, sei es, dass sie uns nur durch die Vermittlung des Christentums entgegentreten. Und wenn nun schon in dem doch ganz anders ansetzenden Buch von K. ziemlich deutlich herauskommt, dass weder die Juden noch die Christen, wohl aber die Gnostiker sich besonders für die Gestalt des Seth interessiert haben (vgl. z. B. S. 28. 78. 119), dann dürfte eben diese Perspektive die eigentlich fruchtbare sein.

Rezension zu Jacques É. Ménard: L'ÉVANGILE SELON THOMAS*

Das Thomasevangelium aus Codex II ist und bleibt wohl die größte Kostbarkeit innerhalb des Schatzes, der mit dem Fund von Nag Hammadi gehoben wurde. Unter den übrigen Nag Hammadi-Texten gibt es nur ganz wenige, die ihm an Rang nahe kommen könnten. Darum ist es völlig verständlich und legitim, dass sich in unverhältnismäßiger Weise gerade auf das EvThom der Scharfsinn und die Gelehrsamkeit der Fachleute, Einzelheiten untersuchend oder das Ganze einordnend, konzentrierte und bereits einen Berg von Literatur hervorgebracht hat. Rund zwanzig Jahre Forschung am EvThom sind schon wieder ein Stück Geschichte. Und wenn man heute eine Monographie über das EvThom zur Hand nimmt, besonders wenn sie in einer renommierten Reihe erschienen ist, können die Erwartungen nicht gering sein. Man ist begierig zu erfahren, nicht nur, was der Verfasser mit den wenigen noch ganz dunklen Stellen macht, sondern vor allem, ob und wie sich ihm aus der Aufarbeitung der Literatur eine bestimmte und klare Perspektive für diese Schrift ergibt – und *ob* es etwa schon die Perspektive Kösters ist bzw. wie nahe er ihr kommt.[1] Denn auch *das* ist ja über die zwanzigjährige Forschung am EvThom zu sagen: Es gab eine Fülle von Einsichten und neuen Erkenntnissen, aber m. E. nur *eine* geniale und überzeugende Konzeption für das Ganze – und die stammt eben von Helmut Köster und besagt im Wesentlichen, dass das EvThom im Rahmen des lebendigen Prozesses der Tradition der *Worte* Jesu, die als Träger eine besondere, ja einseitige Spielart des frühen Christentums, nämlich weisheitlich bestimmtes Christentum, voraussetzt, zu sehen ist.

M.s Buch, das in Introduction (S. 1–51), Traduction (S. 53–74) und Commentaire (S. 75–210) gegliedert ist (wobei die Introduction folgende Hauptabschnitte aufweist: A. Nature de l'écrit d'après les témoignages externes [S. 1–2]; B. Lieu et date [S. 2–4]; C. Milieu [S. 5–27]; D. Théologie [S. 27–48]; E. Structure de l'Évangile selon Thomas [S. 48–51]) und am Ende noch eine ausführliche Bibliographie (S. 211–219) und ein umfangreiches Register (S. 220–252) bietet, besticht zunächst durch die in ihm gespeicherte Gelehrsamkeit. Ja, der Leser fühlt sich überwältigt von der Fülle der Belege und der zitierten Parallelen und von der bis in kleinste Einzelheiten gehenden Genauigkeit in den Aufstellungen zur Textgeschichte. Der koptische Text wird allerdings nicht geboten, sondern in der Leidener Ausgabe von A. Guillaumont u. a. (1959) vorausgesetzt. Seltsamerweise gilt dem Verfasser aber auch die französische Übersetzung dieser Ausgabe als so „kanonisch", dass er sie, von „points de detail" abgesehen, einfach übernimmt und als Basis seines Kommentars versteht (S. 55 Anm.). In diesem Kommentar wird dann übrigens,

---

* NHS 5, Leiden 1975. In: OLZ 77 (1982), 262–264.

[1] Vgl. H. Köster/J. M. Robinson, Entwicklungslinien durch die Welt des frühen Christentums, Tübingen 1971, 121–134 und 155–173.

soweit vorhanden, die in den Oxyrhynchospapyri enthaltene griechische Version des EvThom logienweise und in rekonstruierter Form geboten.

Was die Gesamteinschätzung des EvThom durch M. anbelangt, so findet sich auf S. 27 oben der folgende schöne Satz: „L'Évangile selon Thomas pourrait dans ce cas se présenter comme le plus ancien témoin que nous possédions à l'heure actuelle d'une gnose syriaque naissante." Diesen Ansatz im Kommentar durchzuführen, und das heißt, die einzelnen Aussagen des EvThom sozusagen in der Bewegung zu erfassen und zu beschreiben, das wäre schon eine Aufgabe, an der sich zu versuchen lohnend sein müsste. Jedoch ist der vorliegende Kommentar davon weit entfernt, insofern als das EvThom hier doch einfach über ein und denselben allgemeingnostischen „Leisten" geschlagen wird. Zwar ist hin und wieder von mündlicher Tradition die Rede und wird die Unabhängigkeit von den Synoptikern für bestimmte Stücke erwogen; aber schließlich gilt das Ganze dann doch als von einem *Schriftsteller* gemacht und als von den Schriften des NT abhängig, die zudem (in unhistorischer Perspektive) dem EvThom als „kanonische" gegenübergestellt werden. Der syrische Einschlag wird immer wieder – und mit Recht – betont; aber der Leser gewinnt keine Klarheit darüber, ob er sich nun die Urform des EvThom in syrischer oder griechischer Sprache vorstellen soll. Eine große Linie ist hier, wie überhaupt in dem Buch, schwer zu erkennen.

Vielleicht hängt die Irritation des Lesers mit dem Fehlen eines Vorworts zusammen, in dem M. sich über die Art seines Vorgehens und die Abzweckung seines Werkes hätte äußern können. Ich halte es nicht für ausgeschlossen, dass er es vielleicht von Anfang an im Sinne des literarischen Genus der Exzerptliteratur angelegt hat, etwa um französischsprachigen Studenten einen schnellen und bequemen Überblick über die in der internationalen Fachliteratur begegnenden Stoffe und Meinungen zu verschaffen. Der Vergleich des Kommentars mit dem Buch von W. Schrage und der betreffenden Partie der Einleitung (S. 16–22) mit dem Aufsatz von A. Baker über das Verhältnis des EvThom zum syrischen Liber Graduum zeigt in diesem Bereich jedenfalls eindeutig ein Verhältnis von Quelle und Redaktion, das nicht viel anders ist als bei Hippolyt. Nur so erklären sich auch einige der Rätsel des Buches. Z. B. gibt M. mit „l'*Hymne* des Naassènes" Schrages „Naassener*predigt*" wieder (z. B. S. 91. 147), wie ähnlich aus dem *Liber* Graduum unter seiner Feder „*Libri* Graduum" werden. S. 144 Z. 27 steht signis anstelle von si quis; S. 145 Z. 13 ein R für das Sigel, das die Koinegruppe bezeichnet. In der Wendung „il n'est plus question de ζιζάνια, le terme technique du N. T. où il apparaît huit fois, mais d'ivraie" (S. 159 Z. 8–10) ist Verschiedenes durcheinandergeraten. Auf S. 168 Z. 17 ist aus V 7, 35f. aus Versehen V, 7, 5ss geworden. S. 181 Z. 26 ist ad vocem „Titelloses Werk" die Angabe 157, 16ss aus NHC II in die Pistis Sophia transferiert worden. Der unverständliche Satz S. 191 Z. 33–35 wird als Wiedergabe von Schrage einsichtig, wenn man statt des „joug" ein „domination" einsetzt. S. 194 Z. 10 findet sich dasselbe fehlerhafte ἀγρός (anstelle von ἀργός) wie bei Schrage (S. 178 Anm. 5 letzte Zeile). S. 197 Z. 23–25 ist der Sinn der Vorlage verdreht und zugleich deren ζωπυρούμενον in ζωοποιούμενον verlesen.

Zu den Rätseln des Buches gehört übrigens schon die Äußerung über den Namen des Thomas auf S. 2 nebst der Dublette auf S. 76. (Solche Dubletten zwischen Einleitung und Kommentar gehören übrigens auch zum Profil des Werkes.) Vielleicht ist es auf ähnliche Weise zu lösen.

Wenn die formgeschichtliche Betrachtungsweise, nicht nur für den nachgeprüften Bereich, sondern überhaupt die angebrachte sein sollte, ist das eigentliche Anliegen M.s am besten mit dem Instrumentarium der so genannten redaktionsgeschichtlichen Methode zu erheben. Es könnte sich dabei ergeben, dass M.s spezifischer Beitrag in dem Versuch besteht, die Theologie des EvThom zusammenzufassen und eine sachliche Verbindung bzw. sogar eine Art Gedankenfortschritt von Spruch zu Spruch oder von Spruchgruppe zu Spruchgruppe aufzuzeigen.

Rezension zu Michael Lattke: Die Oden Salomos in ihrer Bedeutung für Neues Testament und Gnosis, I/II*

Als Verheißung und Grundsteinlegung eines bedeutenden wissenschaftlichen Unternehmens verdient das, was M. Lattke hier in den zwei Bänden (vermehrt um ein Zusatzheft) vorlegt, wohl begrüßt zu werden. L.s Interesse an den Oden Salomos ist nicht neu. Es wurde bereits geweckt durch die Arbeit an seiner Dissertation, die einen speziellen Aspekt des Johannesevangeliums zum Gegenstand hatte[1] Aus der sich dort findenden Sicht des Johannesevangeliums lässt sich wohl auch auf die *Richtung* des Interesses an den Oden Salomos schließen – schließen muss man darauf, denn gesagt wird über die Bedeutung der Oden Salomos für Neues Testament und Gnosis sowie über die übrigen Hauptprobleme dieser frühchristlichen Hymnensammlung im vorliegenden Teil des neuen Werkes vorerst nichts.

Die Oden Salomos sind L. so wichtig geworden, dass er sie nicht länger nur als eine der so genannten religionsgeschichtlichen Parallelen behandelt wissen möchte, als hätten solche Texte nur den Lebenszweck, für die Bibelexegese ausgewertet zu werden. „Daher erscheint" ihm „ein kritischer Kommentar – im Stile biblischer Kommentare – zu den Oden Salomos als dringendes wissenschaftliches Desiderat" (S. VIIf.). Das ist das Ziel: die exegetische Behandlung der Oden Salomos um ihrer selbst willen, wobei es sich ja dann ergeben kann – wie der Rezensent von sich aus hinzufügen möchte –, dass umgekehrt biblische Texte zu religionsgeschichtlichen Parallelen werden. Da nun tatsächlich die Oden Salomos ein besonders schöner, besonders schwieriger und besonders wichtiger Gegenstand sind – und etwa für das Verständnis des Johannesevangeliums geradezu eine Schlüsselfunktion haben – wird man der von L. behaupteten Dringlichkeit nichts abmarkten wollen. Und um die Oden Salomos wirklich zu verstehen, ist noch viel zu tun. Natürlich hängt das Projekt auch mit der Sensation zusammen, dass sich in dem seltsamen Anthologiecodex der Bibliothek Bodmer auch eine der Oden Salomos (die elfte) in griechischer Sprache gefunden hat (gezählt als P.Bodmer XI), die seit der Edition im Jahre 1959 der wissenschaftlichen Auswertung zur Verfügung steht und nach Aufarbeitung verlangt. Und schließlich spielt auch der Wettbewerb um die sachgemäßeste Erfassung des Gegenstandes mit dem großen Antipoden James H.

---

* Bd. I: Ausführliche Handschriftenbeschreibung. Edition mit deutscher Parallel-Übersetzung. Hermeneutischer Anhang zur gnostischen Interpretation der Oden Salomos in der Pistis Sophia. 1979. Ia: Der syrische Text der Edition in Estrangela. Faksimile des griechischen Papyrus Bodmer XI. 1980. Bd. II: Vollständige Wortkonkordanz zur handschriftlichen griechischen, koptischen, lateinischen und syrischen Überlieferung der Oden Salomos. Mit einem Faksimile des Kodex N, OBO 25,1.1a.2, Fribourg/Göttingen 1979/80. In: ThLZ 107 (1982), 820–823.

[1] M. Lattke, Einheit im Wort: Die spezifische Bedeutung von ἀγάπη, ἀγαπᾶν und φιλεῖν im Johannesevangelium, StANT 41, München 1975; vgl. N. Walter, ThLZ 102 (1977), 580–583.

Charlesworth von der Duke University, Durham, N. C., der auch ein Spezialist für die Oden Salomos ist, eine Rolle.

L. ist nun allerdings der Meinung – und verfährt entsprechend –, dass es, um zu dem anvisierten Ziel zu gelangen, nötig sei, noch einmal ganz von vorn anzufangen, dass das Feld, dem die Bearbeitung zuteil werden soll, zunächst völlig umgepflügt werden müsse. Wenn nun vielleicht auch die Notwendigkeit eines solchen Neubeginns nicht jedem in jeder Hinsicht einleuchten dürfte, so kommt doch Nützliches dabei heraus. Das ganze Werk, von dem vorerst nur die beiden ersten Bände vorliegen (sie waren es – noch ohne das Zusatzheft –, mit denen L. sich 1979 an der Katholisch-Theologischen Fakultät der Universität Augsburg für das Fachgebiet Neues Testament habilitiert hat) ist auf vier Bände veranschlagt. Und das, was man am nötigsten braucht, der Kommentar, wird erst als Band 4 kommen, während der auch noch vorher zu erwartende dritte Band die Forschungsgeschichte – wiederum vom Grund auf und allumfassend – darbieten soll.

Was nun die vorliegenden Bände präsentieren, geht im Großen und Ganzen bereits aus den ausführlichen Untertiteln hervor, so dass man sich hinsichtlich des Inhalts auf einige Erläuterungen beschränken kann.

Die Beschreibung der Handschriften ist so ausführlich, wie im Untertitel versprochen, sorgfältig erarbeitet und instruktiv. Es handelt sich um folgende vier Handschriften (bzw. Teile von ihnen): 1. Papyrus Bodmer XI (Griechisch) (S. 1–23; Faksimile Bd. Ia, S. 59–64); 2. Codex Askewianus (Koptisch, sahidischer Dialekt), London, British Library MS. Add. 5114 (S. 24–31); 3. „Kodex der Nitrischen Wüste" (Syrisch), London, British Library MS. Add. 14538 (S. 32–51; Faksimile in Bd. II, S. 195–201); 4. „Kodex Harries" (Syrisch), Manchester, John Rylands Library Cod. Syr. 9 (S. 52–77). Im Fall des P.Bodmer XI hat L.s papyrologische Nachlese sogar zur Korrektur einer falschen Lesung der *editio princeps* geführt (S. 10 unten, betreffend OdSal 11,23c). Ob er noch in einem zweiten Fall auf der richtigen Spur ist (S. 23, Anm. 1, betreffend OdSal 11,21b), ist wohl bloß am Original selbst zu entscheiden. L.s Anmerkung klingt so, als hätte er den Bodmerpapyrus nicht selbst sehen können – im Unterschied zu den anderen drei Handschriften, bei denen seine Beschreibung jeweils auf Autopsie beruht (vgl. S. 56, Anm. 3).

An die zweckmäßige und überschaubare Gestaltung seiner kritischen Textedition, die ja das Zentrum des ersten Bandes repräsentiert (S. 78–185), hat L. viel Mühe und Kalkül gewandt – mit Erfolg. Die Übersetzung steht dem Text gegenüber. Bei zweisprachig erhaltenen Oden stehen die parallelen Abschnitte (ihre Übersetzungen entsprechend) untereinander. Der textkritische Apparat findet sich jeweils gleich unter dem betreffenden Text- und Übersetzungsstück. Dass der syrische Text dabei nur in Transliteration geboten wird, muss man hinnehmen (das ganze Werk ist in Schreibmaschinensatz gedruckt). Wer aber – wie der Rezensent – Mühe hat, ein solcherart „verfremdetes" Syrisch direkt aufzunehmen, wird dankbar dafür sein, dass der Herausgeber, sobald eine syrische Schreibmaschine in seine Reichweite kam, den Text in syrischer Schrift (Bd. Ia), und zwar in Seiten- und Zeilenentsprechung zum Hauptband, nachgereicht hat.

Was die Übersetzung anbelangt, so wird wohl mancher überrascht sein, wenn er ihren Sinn und ihre Art folgendermaßen beschrieben findet: es sei „eine neue deutsche Übersetzung, die natürlich nicht nur das – vorläufige – Produkt quasi vom Nullpunkt ausgehender Arbeit mit Grammatik und Wörterbuch darstellt, sondern die ebenso den bisherigen Übersetzern Vieles verdankt. Unsere Übertragung soll zunächst nicht mehr als eine Arbeitshypothese und Lesehilfe sein. Erst der Kommentar kann zu einer endgültigeren und begründeteren Übersetzung führen" (S. X). Und diese Worte sind auch keine Untertreibung; die tatsächliche Übersetzung entspricht ihnen. Ob nun aber dieses Zurückgehen hinter einen bereits erreichten Standard des Textverständnisses sich wirklich lohnt, wird man allerdings erst beurteilen können, wenn die Verheißung erfüllt ist und der Kommentar einmal vorliegt.

Der letzte Komplex des ersten Bandes (S. 187–225) trägt dem Umstand Rechnung, dass die fünf Oden Salomos (Nr. 1, 5, 6, 22, 25) im Codex Askewianus ja gar nicht als Text erscheinen, sondern als Zitate in einem anderen Text, der „Pistis Sophia". Und die Rückgewinnung von Texten aus Zitaten hat stets ihre besonderen Probleme. Zunächst liefert L. den Kontext der in der Edition bereits gebotenen Textstücke nach (koptisch und deutsch in Synopse), während dann in einem „Hermeneutischen Anhang" (S. 207–225) die Spezifik der Benutzung dieser Salomo-Oden in der Pistis Sophia an sich und die sich daraus ergebende Problematik der Verwendbarkeit der Zitate für die Textkritik zur Sprache kommt. Bei dem, wie das geschieht, kann man allerdings den Eindruck haben, dass L. auf die entscheidenden Fragen nicht zielstrebig zugeht, dass diese vielmehr im Wesentlichen nur bei der Bezugnahme auf Krageruds einschlägiges Buch auftauchen, wenngleich L.s Antwort auf Kragerudsː Fragen in der Regel den Vorzug vor dessen eigenen Antworten zu verdienen scheinen. Dieser Anhang war übrigens einmal eigenständig (als Vortrag auf der International Conference on Gnosticism, Yale 1978 [S. 225, Anm. 1]), wodurch sich gewisse Passagen, die dem Leser des Buches als Wiederholungen erscheinen müssen, erklären.

Was den Band 2 anbelangt, so hat die in ihm enthaltene Konkordanz ja in noch höherem Maße als der Inhalt von Band 1 Verheißungs- und Fundamentcharakter. Es darf ihr jedoch bescheinigt werden, wie sich schon in ihrer ganzen Aufmachung zeigt und meine Kontrollen bestätigt haben, dass sie mit großer Sorgfalt und der ganzen Routine eines ehemaligen Mitarbeiters am Institut für neutestamentliche Textforschung der Universität Münster erarbeitet worden ist. Das syrische Material findet sich wieder in Transliteration; aber die Artikelköpfe und Verweise werden wenigstens in syrischer Schrift (kalligraphisch) geboten.

Zum Schluss möchte ich mir erlauben, noch auf ein paar Kleinigkeiten verschiedener Art hinzuweisen.

I S. 11, Z. 8 (u. ö.): Dass der Strich über Omega (der doch nichts anderes als ein supralineares Ny ist) für Sigma steht, kann ich vorerst einfach nicht glauben. I S. 14, Z. 3f. v. u.: Wohl nicht Hörfehler, sondern Phänomen der sekundären Dissimilation. I S. 14 Anm. 1 (u. ö.): L.s Konjektur zu OdSal 11,22b scheint mir syntaktisch nicht vertretbar zu sein. Übrigens finden sich im griechischen Text der Ode 11 ja noch andere Stellen, die bloß Worte, aber keinen Text bieten, und eigentlich so, wie sie sich präsentieren, gar nicht übersetzbar sind, woran auch immer das liegen mag. I S. 29f.: Die Aussagen über „die seltenen Bindestriche der Handschrift" erscheinen mir etwas rätselhaft. Die Bindestriche in Schmidts Text, die L. ja übernimmt, wirken jedenfalls wie eine rein editorische Zutat. I S. 111: In der Übersetzung von Ode 11,16e muss es statt „frohlocken" heißen: „frohlockten". I S. 127: In der Übersetzung von Ode 18,13b fehlt ein „nicht". I S. 218, Z. 5 v. u. muss es heißen: kopt. Z: „Es mögen meine Verfolger *fallen*". In der koptischen Konkordanz, deren Struktur mich besonders beschäftigt hat, ist – abgesehen von einem gelegentlichen Abweichen von dem gewählten Prinzip der schematischen Segmentierung – auffällig die Behandlung der Wörter *moout* und *pethoou*. Dabei ist die Einordnung von *moout* als Qualitativ von *mouout* (II S. 22b) m. E. absolut richtig, aber weder durch Crum noch durch Westendorf vorgegeben (die diesen Qualitativ ja zu *mou* stellen). Die Behandlung von *pethoou* (bes. II S. 26b, Z. 21) ist der einzige Punkt, den ich finden konnte, wo L. im koptischen Bereich ein Versehen passiert ist (nicht als p-*et*-hoou analysiert).

Rezension zu Bentley Layton: The Gnostic Treatise on Resurrection from Nag Hammadi*

Laytons Dissertation aus dem Jahre 1971 über den (auch) so genannten Rheginusbrief (Rheg) aus Nag Hammadi Codex I (= Codex Jung)[1] hat es wahrlich verdient gedruckt zu werden, wodurch sie nun leichter zugänglich ist und endlich zu allgemeiner Kenntnis kommen kann. Ihre Druckfassung entspricht nahezu ihrer Originalgestalt. Sie hat in der Zwischenzeit auch nichts an Aktualität und Bedeutsamkeit verloren. Aber vielleicht ist es trotzdem gut, eine Brücke bis in die unmittelbare Gegenwart zu schlagen durch die ausdrückliche Hinzufügung und Einbeziehung eines Beitrags von L. zum gleichen Gegenstand aus dem Jahre 1978, nämlich: „Vision and Revision: A Gnostic View of Resurrection", in: B. Barc (ed.): Colloque international sur les Textes de Nag Hammadi, BCNH.É 1, Québec 1981, 190–217. Der Hinweis auf dieses jüngere Wort zur Sache dürfte auch insofern zweckmäßig sein, als in ihm das wissenschaftliche Ergebnis und das eigentliche Anliegen von L.s Arbeit am Rheg erheblich deutlicher zum Ausdruck kommt als in der Dissertation, die als kommentierte Textausgabe ja vielerlei Aufgaben zugleich zu bewältigen hatte und deren exegetisches Zentrum der Autor 1978 selbst „a rather technical philosophical and grammatical commentary" nennen kann.

Die *Bedeutung* von L.s Werk zum Rheg besteht nun in nichts Geringerem als darin, dass er den Text (noch einmal) „entdeckt" hat. Rheg gehört zu solchen Texten, die man noch lange nicht verstanden hat, wenn man sie (angeblich) übersetzt hat und ihren Inhalt (scheinbar) wiedergeben kann. Es kommt auf den richtigen exegetischen Schlüssel an; und den hat für Rheg erst L. gefunden. Dieser „Schlüssel" besteht in der Auffindung des allein *natürlichen* Kontextes der Sätze unserer Schrift, in Verbindung mit einer genaueren Bestimmung ihres literarischen Charakters, und das alles auf der Grundlage einer exakten sprachlichen Analyse. Mit anderen Worten, L. liest den Text mit den Augen eines heidnischen oder christlichen Platonikers etwa des 2. Jahrhunderts n. Chr., der die Stilform der Diatribe beherrscht: und das Dunkel lichtet sich. Was bisher allen (auch dem Rezensenten selbst) wie der, eigentlich aussichtslose, Versuch erschien, den neuen gnostischen Gedanken, dass die Auferstehung schon geschehen sei (vgl. 2Tim 2,18), mit der (letztlich aus dem Judentum) ererbten Vorstellung einer Auferstehung des Fleisches zu verbinden, erweist sich in Wirklichkeit als reine Darlegung der gnostischen Position zu dieser Frage, in die nur nach der Manier der Diatribe andere Auffassungen als Probleme und zum Zwecke der Widerlegung bzw. Abweisung aufgenommen sind. Die Widersprüche des Textes sind nur

---

* Edited with Translation and Commentary, HDR 12, Missoula, MO 1979. In: ThLZ 107 (1982), 823–824.

[1] Vgl. zu anderen Arbeiten über diesen Text J. Leipoldt, ThLZ 90 (1965), 518–520; und K.-W. Tröger, ThLZ 101 (1976), 927–930.

scheinbar. Sie kommen nicht auf das Konto des Verfassers von Rheg, sondern auf das Konto einer prinzipiell falschen Lektüre. Diesen aufregenden Sachverhalt kann man übrigens sehr schön – und L. tut das 1978 auch selbst – an einem ganz bestimmten kleinen Satz „aufhängen", der zugleich zur Illustration der Wichtigkeit genauer sprachlicher Analyse dienen mag, wie L. sie ja (als Schüler von H. J. Polotsky) durchweg mustergültig betreibt. Die Wendung p. 47,24: *oun hmat araf* (vom Leib ausgesagt) heißt in Wirklichkeit gar nicht: „es gibt Gnade für ihn" (sc. bestehend in seiner Auferweckung) o. ä., sondern ganz im Gegenteil: „er schuldet Dank", d. h., der (zugrunde gehende) Leib hat der Seele bzw. dem Nous dankbar zu sein, dass er überhaupt gelebt hat.

Als besonders charakteristische Züge an der *Gestalt* des vorliegenden Buches seien folgende genannt: die Darbietung des koptischen Textes erfolgt in (von 1–198 durchgezählten) Kola, die sein Profil überschaubar machen. Ebenso auffällig ist eine Doppelheit der Übersetzung: Dem Text steht jeweils gegenüber: *oben* eine Übersetzung, die (wegen des besonderen Stils von Rheg notwendigerweise) von der Paraphrase reichlich Gebrauch macht; und *unten* eine solche (als Kontrollinstanz nun benötigte), die allein auf die Wiedergabe der Struktur der Sätze Wert legt.

Der Kommentar ist dreigeteilt: Zunächst erfolgt eine Kommentierung, die wesentlich an den charakteristischen Wendungen und Begriffen orientiert ist. Es folgt dann eine Art Gesamteinschätzung des Textes und schließlich noch eine rein grammatische Exegese. Besondere grammatische Probleme und Phänomene sind herausgezogen und werden im Anschluss in neun Appendizes behandelt. Ein mustergültiger, den koptischen Text bis in die kleinsten Einzelheiten hinein aufschlüsselnder Index und eine Synopse über das Verhältnis der 198 Kola zu den Seiten und Zeilen des Kodex beschließen das Werk. Auf ein Literaturverzeichnis wurde verzichtet.

Von den vergleichsweise unerheblichen Dingen, wo L. nicht (gleich) überzeugt und man anderer Meinung sein bzw. bleiben kann, über die im Einzelnen zu reden aber hier nicht der Raum ist, sei nur ein Sachverhalt wenigstens angedeutet, weil er mit dem Wesen von L.s Herangehen zusammenhängt; ich meine eine problematische, den Text leicht überfremdende Rückwirkung des an sich so fruchtbar gewordenen Kontextes. In L.s Interpretation scheint Rheg ein wenig philosophischer und sozusagen „dogmatischer" zu werden, als er es vermutlich ist, so dass schließlich seine christlichen Elemente nur noch wie eine Verkleidung erscheinen.

Rezension zu J. W. B. Barns/G. M. Browne/J. C. Shelton: Nag Hammadi Codices: Greek and Coptic Papyri from the Cartonnage of the Covers*

Dieser schmale Band der Editionsreihe „The Coptic Gnostic Library" (CGLib) steht in einer engeren Beziehung zu dem entsprechenden Teil des Tafelwerks[1] als alle anderen Bände von CGLib. Während man nämlich mit den „normalen" Tafelbänden in der Regel selbständig arbeiten kann, dürfte sich der Nag Hammadi-Forscher mit den Faksimiles der Kartonage ohne Hilfe der Edition hoffnungslos allein gelassen fühlen. Hier gehört das eine mit dem anderen unmittelbar zusammen. Auch ist umgekehrt die Edition ohne den Tafelband (und die durch ihn vermittelte Anschauung) gar nicht vollständig. Es kommt noch eine zweite literarische Relation hinzu, ohne die das hiesige Werk nicht zu verstehen ist; ich meine die Verbindungslinie zu dem einschlägigen Aufsatz, den John Barns für die Pahor Labib-Festschrift geschrieben hat.[2]

Aber damit rühren wir zugleich an das besondere Schicksal, mit dem das Werk verbunden, von dem es betroffen worden ist und als dessen Folge allein sich zwei seiner Eigentümlichkeiten verstehen lassen. Barns hatte im Januar 1971 die Bearbeitung der gesamten Kartonage übernommen, starb aber plötzlich und unerwartet (23. Januar 1974) vor Abschluss dieser Arbeit. So war es also ein Vermächtnis, das Browne und durch ihn dann auch Shelton mit der Aufgabe übernahmen, Barns Material und die Sache selbst zum Druck zu bringen, wobei dann Browne schließlich nur die koptischen Stücke betreute und Shelton die große Menge der griechischen überließ. Aber diese Umstände brachten es nun mit sich, dass, während Browne so glücklich war, zweimal seine Originale in Kairo kollationieren zu können, Shelton, der die Hauptlast zu tragen hatte, seine Arbeit ohne *Autopsie* vollbringen musste.

Was den Inhalt der hiesigen Edition anbelangt, so hat er mit den Nag Hammadi-Texten sachlich zunächst einmal überhaupt nichts zu tun.[3] Es handelt sich um Fragmente, ja Splitter, verschiedenartigster Texte (in der Regel von Urkunden), die nur zufällig mit den Codices zusammen erhalten geblieben sind, weil sie zu Papyrusblättern gehörten, die in sekundärer Verwendung und üblicherweise zur Versteifung der Seitenteile der Ganzledereinbände wahllos in diese eingeklebt waren. Es sind nur acht der elf erhaltenen Einbände (vom „Codex XIII" ist ja

---

* NHS 16, Leiden 1981. In: OLZ 79 (1984), 137–140.

[1] FacEd, Cartonnage, Leiden 1979.

[2] J. W. B. Barns, Greek and Coptic Papyri from the Covers of the Nag Hammadi Codices. A Preliminary Report, in: M. Krause (ed.), Essays on the Nag Hammadi Texts in Honour of Pahor Labib, NHS 6, Leiden 1975, 9–17 (17f.: Comment, by E. G. Turner).

[3] Vgl. die Worte über das Verhältnis von Inhalt und Einbandmakulatur bei K. Treu, P. Berl. 8508: Christliches Empfehlungsschreiben aus dem Einband des koptisch-gnostischen Kodex P. 8502, APF 28 (1982), 53–54.

nur eine Einzelschrift erhalten, und der Einband von Codex XII fehlt), in denen sich die hier bearbeiteten Reste solcher Einbandfüllung fanden (die Einbände der Codices II, III und X enthielten überhaupt keine Kartonage). Wohlgemerkt, es fanden sich auch hier *nur* Reste der Füllung – mit Abstand am meisten im Einband von Codex VII –; wo die eigentliche Masse der ursprünglich eingeklebt gewesenen Papyrusmakulatur geblieben ist, das stellt ein großes Rätsel dar.[4]

Diese so zustande gekommene und hier nun nach allen Regeln der Kunst herausgegebene kleine Papyrussammlung kann man also legitimerweise zunächst einmal an sich betrachten und fragen, welche Bereicherung sie der griechischen und koptischen Papyrologie bringt. Die Herausgeber sagen: wenig. Hervorzuheben wären in solch allgemeiner Perspektive jedoch wohl die Texte Nr. 22 und 23 (Codex V); 143 und 144 (Codex VIII); C2 (Codex VII). Nr. 22 und 23 sind wichtig, weil sie die vorübergehende Unterteilung der Thebais in zwei Prokuraturen voraussetzen, Nr. 143 und 144 als bisher analogielose Kopien genereller Kaisererlasse – bzw. sie *wären* wichtig, wenn sie besser erhalten wären (vgl. Shelton auf S. 3 und 11) –; Nr. C2 ist als frühes sahidisches Genesisfragment willkommen (Gen 32,5–21; 42,27–30.35–38).

In einer anderen, spezielleren, durch den hiesigen Rahmen sowieso dominierenden und wohl in der Tat allein wirklich fruchtbaren Perspektive geht es um die Erkenntnisse, die sich aus diesen zufälligen Textbeigaben für die Haupttexte, also die in den Nag Hammadi-Codices enthaltenen Schriften, ergeben. In dieser Perspektive sind die genauen Datierungen der drei (aus dem Einband von Codex VII stammenden) Urkunden Nr. 63 (20. November 341); Nr. 64 (21. November 346); Nr. 65 (7. Oktober [?] 348) besonders wichtig. Das Jahr 348 ist mithin der exakte *terminus ante quem non* des Einbandes und wohl auch der Gesamtherstellung (zunächst einmal) von Codex VII (vgl. Shelton auf S. 5 und 11). Alle Angaben von Orten, besonders die Bezeugungen von Diospolis (Parva) und von Chenoboskia, sind ebenfalls bedeutungsvoll, denn aus der Summe dieser Ortsangaben ergibt sich, dass (wenigstens erst einmal) die Codices I, V, VII und XI tatsächlich in derjenigen Region Ägyptens, in der auch der Fundort liegt, also jedenfalls innerhalb der Thebais, gebunden und wohl auch überhaupt hergestellt worden sind (vgl. Shelton auf S. 11). Bei der Übertragung dessen, was sich so für einen Codex oder eine Gruppe von Codices feststellen lässt, auf andere Codices oder Gruppen wird man übrigens vorsichtig sein und der mehrfaltigen Gruppierung bzw. Gruppierungsmöglichkeit der Nag Hammadi-Codices[5] Rechnung tragen müssen. Der Fund stellt keine organisch gewachsene Größe dar, sondern ist eine zufällige Summe!

Damit aber sind wir schon im Bereich der oben angedeuteten, nicht ohne Kummer zu betrachtenden zweiten Eigentümlichkeit dieses Werkes. Unsere letzten Sätze nehmen ja die Ansicht Sheltons auf. Aber diese ist eben, und gerade an diesem zentralen Punkt, derjenigen des eigentlichen Pioniers in der Erschließung der Nag Hammadi-Kartonage geradezu entgegengesetzt, ohne dass dieser darauf noch reagieren und vielleicht sich hätte korrigieren können. Barns

---

[4] Vgl. J. M. Robinson, FacEd, Cartonnage, ix.

[5] Vgl. z. B. Robinson, FacEd, Cartonnage, xiii und xv.

war ja auf Grund des Materials, besonders des reichhaltigen aus Codex VII, zu der Auffassung gelangt und hatte sie in seinem Preliminary Report öffentlich bekundet, dass die Nag Hammadi-Codices in einem pachomianischen Kloster der unmittelbaren Umgebung hergestellt und benutzt worden seien. Und infolge seiner Autorität und weil er damals der einzige mit diesem Material befasste Experte war, hat die Nag Hammadi-Forschung das, soweit ich sehe, weithin als eines der Fundamente ihren nächsten Arbeitsschritten zugrunde gelegt und sich dadurch, wie es jetzt aussieht, unglaublich in die Irre führen lassen. Shelton ist nun gerade dem Problem dieses angeblich pachomianischen Hintergrundes nachgegangen (vgl. besonders S. 2.5[11].6–11). Zu Codex VII, in dessen Kartonage ja tatsächlich Mönchsbriefe vorkommen, kann er schließlich sagen: "In summary, it may be said that Codex VII presents us with a very mixed assortment of texts ranging from secular contracts to monastic letters and bits of Scripture. It is hard to think of a satisfactory single source for such a variety of documents except a town rubbish heap – which may indeed have been the direct source of all the papyri the bookbinders used" (S. 11). Und das letzte Wort seiner Einleitung lautet: "There are no certain traces of classical Pachomian monasticism in the cartonnage" (S. 11). Wer nach Sheltons sorgfältiger Abwägung des Pro und Contra noch einmal den Preliminary Report von Barns liest, wird geradezu betroffen sein von einer so völlig einseitigen Verfolgung der Spuren und Deutung der Indizien.

Anhangweise möchte ich mir schließlich erlauben, die wenigen sachlich relevanten Einzelheiten aufzuführen, bei denen mir Fragen offen geblieben sind.

- Nr. 79: Muss der Name in Z. 12 nach der Korrektur nicht Μαουμ[(also *ohne* Jota) lauten?
- Nr. 81: Wo kommen die beiden ersten Zeilen her?
- Nr. 143b (S. 91): Steht in Z. 15 nicht in Wirklichkeit der (falsche) Dativ κιγ̣δύνοις da (also nicht Ypsilon, sondern Jota vor dem Sigma)? In Z. 17 fehlen nach ἕστ̣ωσαν die Buchstaben Omikron und Jota.
- Nr. 143f. (S. 93): Kann es sein, dass im linken Teil oberhalb von Z. 11 zwei Zeilen fälschlich zusammen geschoben sind, oder ist die FacEd (Inv. VIII 6c) hier zu korrigieren?
- Nr. 143g (S. 94): Bei der Wiedergabe der ersten Zeilen scheint das relative Verhältnis der linken und rechten Teile nicht zu stimmen.

Rezension zu Douglas M. Parrott: Nag Hammadi Codices V,2–5 and VI with Papyrus Berolinensis 8502,1 and 4*

Innerhalb der von J. M. Robinson begründeten und geleiteten englischsprachigen Gesamtausgabe der Nag Hammadi-Texte („The Coptic Gnostic Library“ [CGLib]) ist der hier zu besprechende Band der (in der Reihenfolge des Erscheinens) erste der sozusagen „normalen“ Bände.[1] Man könnte diesem Buch durchaus so etwas wie den Status eines Pilot-Bandes zuerkennen und ihm daraufhin, falls es nötig erschiene, manches zugute halten. Zugleich mag diese Ouvertüre der Anlass sein, um zunächst einige Worte über das Projekt als Ganzes zu sagen.

Robinson gibt dafür zu Beginn seines Vorwortes (S. VII) folgende Definition: „‚The Coptic Gnostic Library‘ is a complete edition of the Nag Hammadi Codices and of Papyrus Berolinensis 8502, comprising a critical text with English translations, introductions to each codex and tractate, notes, and indices. Its aim is to present these texts in a uniform edition that will promptly follow the appearance of The Facsimile Edition of the Nag Hammadi Codices and that can be a basis for more detailed technical and interpretive investigations.“ Das Ziel ist also eine Handausgabe, ein auf das Wesentliche beschränktes Arbeitsmittel. Dabei liegt das Hauptgewicht auf der editorischen Präsentation des koptischen Textes. Und unersetzlich ist dieses Arbeitsmittel, weil es die abschließenden Ergebnisse einer jahrelangen kollektiven papyrologischen Rekonstruktions- und Kollationsarbeit an den Originalen in Kairo umfasst. Man muss zudem wissen, dass diese umschichtigen Kollationen zuletzt auch unter Benutzung ultravioletter Lampen vorgenommen wurden (vgl. S. IX), wobei Schriftspuren sichtbar und deutbar wurden, die sonst auf den Originalen (geschweige denn auf den Faksimiles) auch mit der stärksten Lupe und bei bestem Sonnenlicht nicht zu erkennen sind. Man kann diesen Aspekt auch so formulieren: Die Textausgabe lässt auch da noch sehen, wo der entsprechende Faksimile-Band nichts mehr zu enthüllen vermag. Damit haben wir auch schon einen weiteren Gesichtspunkt aus Robinsons Definition unterstrichen, dass nämlich CGLib in engem Zusammenhang mit der Facsimile Edition verstanden werden will. In der Tat hat ja Robinsons CGLib-Team

---

* Edited with English Translation, Introduction and Notes. Contributors: J. Brashler, P. A. Dirkse, C. H. Hedrick, G. W. MacRae, W .R. Murdock, D. M. Parrott, J. M. Robinson, W. S. Schoedel, R. McL. Wilson, F. E. Williams, F. Wisse, NHS 11, Leiden 1979. In: OLZ 79 (1984), 460–464.

[1] Die schon 1975 erschienene Ausgabe des Ägypterevangeliums (NHS IV) hat eine Sondergeschichte und liegt daher zu einem Teil außerhalb des Großprojekts, vgl. H.-M. Schenke, OLZ 74 (1979), 17–23; und die auch noch zeitlich vor dem hiesigen Werk liegende Neuedition des Codex Askewianus und des Codex Brucianus (NHS IX, 1978; NHS XIII, 1978) kann sachlich nur als eine Art Rahmenprogramm begriffen werden, vgl. H.-M. Schenke, ThLZ 106 (1981), 889–892.

die Hauptlast bei der Erarbeitung der Facsimile Edition getragen, wobei die Arbeit an der Facsimile Edition und die Arbeit an der kritischen Gesamtausgabe der Texte nur zwei Seiten ein und desselben Prozesses darstellten. Schließlich gilt es noch, ins Bewusstsein zu heben, dass das ganze Editionsunternehmen ein team work darstellt, und zwar die Arbeit eines großen Teams, das seine Arbeit in vielfältiger Verflechtung geleistet hat und noch leistet; anders hätte man das gewaltige Projekt gar nicht angehen können.

In dem zuletzt genannten Sachverhalt liegt nun schon begründet, dass die einzelnen Bände der CGLib bei aller Entsprechung zum konzeptionellen Rahmen einer „*uniform* edition" doch gewiss nicht *Uniformität* zeigen werden. Das liegt neben der Verschiedenheit der Texte (etwa hinsichtlich ihrer Bekanntheit, ihres Erhaltungszustandes, ihrer Verständlichkeit, ihrer editorischen Ordnung) vor allen Dingen an der Individualität des jeweiligen Volume Editors und der Größe, Zusammensetzung und „Regierbarkeit" seiner Contributors, d. h. des Kreises derer, die für die einzelnen Texte bzw. auch nur für bestimmte Aspekte eines Textes (koptische Fassung, Übersetzung, Anmerkungen, Einleitung) zuständig sind.

Was nun speziell diesen ersten Band, für den D. Parrott als Volume Editor verantwortlich zeichnet, anbelangt, so sind alle in ihm edierten Texte inzwischen bereits so gut bekannt – die aus Codex V vornehmlich durch die Edition von Böhlig[2], die aus Codex VI durch die Edition von Krause[3] und die aus P. Berol. 8502 durch die Editionen von Till (1955) bzw. C. Schmidt (1903) –, dass sich die Vorstellung, ja auch die bloße Aufzählung der in ihr gebotenen Texte hier erübrigt und wir uns ganz auf das besondere Profil der Ausgabe als solcher konzentrieren dürfen. Vor allen Einzelheiten sei jedoch gesagt, dass diese ihren Zweck voll und ganz erfüllt und für die weitere Arbeit an den gebotenen Texten nun eine neue Basis darstellt.

Was aber nun die Besonderheiten anbelangt, so ist man zunächst bei der Gesamteinleitung (S. 1–45) durch die Unausgewogenheit der zur Sprache gebrachten Aspekte frappiert; der gewichtigen „Codicological Analysis of Nag Hammadi Codices V and VI and Papyrus Berolinensis 8502" aus der Feder von J. M. Robinson (S. 9–45) steht nichts annähernd Gleichwertiges etwa über die Orthographie und die Sprache der Codices gegenüber. Das bemerkenswerte orthographische Phänomen, dass die Codices V und VI die Zeichenkombination Hori und Jota stets mit Zirkumflex schreiben, findet z. B. nur ganz beiläufig in technischen Bemerkungen über die Druckwiedergabe (S. 8) Erwähnung; und dass der Silbentrenner (Apostroph) nur in Verschmelzung mit bestimmten Buchstaben (nämlich Tau, Pi, Gamma und Kappa) erscheint (so kann man jedenfalls die Erscheinung der „Haken" an diesen Buchstaben deuten), und was der gedruckte Text *praktisch* ja so mustergültig wiedergibt, erfährt man *theoretisch* überhaupt nicht. Zur Erläuterung der Sprache, in der die Codices V und VI geschrieben sind

[2] Vgl. H.-M. Schenke, OLZ 61 (1966), 23–34; hier 980–990.

[3] Vgl. H.-M. Schenke, Zur Faksimile-Ausgabe der Nag-Hammadi-Schriften – Nag-Hammadi-Codex VI, OLZ 69 (1974), 229–243; hier 305–321; und ders., Sprachliche und exegetische Probleme in den beiden letzten Schriften des Codex II von Nag Hammadi, OLZ 70 (1975), 5–13; hier 346–354.

(also der besonderen Art des sahidischen Dialekts), genügt Parrott eine halbe Seite (S. 2), wo praktisch nur auf die Einschätzungen der beiden Erstherausgeber, Böhlig und Krause, hingewiesen wird. Wenn auch gerade da zunächst etwas zu fehlen scheint, so kann man doch im nachhinein in diesem Verzicht auch etwas Weises finden, besonders wenn man bedenkt, was einem alles erspart bleibt, falls sowieso keine anderen Kriterien zur Verfügung stünden und etwa nur (noch einmal) gemacht worden wäre, was sich weithin als sprachliche Analyse eines koptischen Dokuments gibt. Die Einleitungen zu den einzelnen Texten, diesen jeweils unmittelbar vorgeschaltet, sind programmgemäß ganz knapp gehalten. Die Textausgabe selbst, als das Zentrum des Werkes, stellt einen erheblichen Fortschritt gegenüber den Erstausgaben von Böhlig (Codex V) und Krause (Codex VI) dar. Gegenüber Böhlig fällt sofort ins Auge, dass wir hier nun endlich und fürs Ganze erstmalig den Text mitsamt dem Supralinearsystem haben. Den deutlichsten Fortschritt gegenüber Krause wird man darin sehen dürfen, dass hier der *first draft* Character von dessen Auffassung und Übersetzung vergessen gemacht wird. Aber der wichtigste Fortschritt besteht im Darbieten von Dingen, die bei Böhlig und Krause noch gar nicht da waren, nämlich in dem Einschluss inzwischen plazierter Fragmente und in der Klärung der Lesung unsicherer bzw. bisher als unsicher geltender Buchstaben. Text und Übersetzung stehen einander kolumnen- und zeilengetreu gegenüber, so dass das Werk in dieser Hinsicht sich den Aspekt einer neuerlichen „Erst"-Edition gibt. Bei so (relativ) lange und inzwischen so gut bekannten Texten, von denen manche auch schon mehr als einmal herausgegeben worden sind, war diese schlichteste aller Präsentationsweisen sicher nicht die einzig mögliche Lösung.[4] Immerhin hat dieses Beharren beim Vorgegebenen auch einen Vorteil, nämlich den, dass die neuen Lesungen an den Randzonen der Blätter leichter zu erkennen sind. Bei den Anmerkungen, die sich in einem Apparat jeweils gleich unter der Text- und Übersetzungskolumne finden, fällt auf, dass sie sich aufs Ganze gesehen wenig um die sprachlichen Probleme des Textes kümmern (was doch das Allernotwendigste und Nächstgelegene ist) und sich stattdessen in einer Fülle von Sachverweisen ergehen. Auch muss es als wünschenswert gelten, im Apparat die nicht nur visuell, sondern auch sachlich unsicheren (unterpunktierten) Buchstaben und die gar nicht identifizierten Buchstabenreste (die nur durch einen Punkt angedeutet sind) hinsichtlich dessen, was möglich und was unmöglich ist, erläutert zu bekommen. Was speziell die Übersetzungen anbelangt, die – von ganz wenigen Ausnahmen abgesehen – an sich ohne Fehl und Tadel sind, so erscheinen sie mir doch in exegetischer Hinsicht oft einen Schritt hinter das bereits erreichte Verständnis zurück zu bedeuten – am augenfälligsten in der Schrift „Der Gedanke unserer großen Kraft" (VI,4). Es sei hier aber auch angemerkt, dass es Unterschiede in der Präsentation der einzelnen Schriften gibt (ganz verschieden ist z. B. auch das Ausmaß von Rekonstruktionen bei beschädigten Stellen). Während z. B. „Die Zweite Apokalypse des Jakobus" (V,4), über die C. Hedrick und W.-P. Funk so intensiv gearbeitet und sich ausgetauscht haben, durchaus den Eindruck des Fertigen und Abgeschlossenen macht,

[4] In B. Laytons Ausgabe der Schriften des Codex II wird das jedenfalls ganz anders sein.

springt bei den „Taten des Petrus und der zwölf Apostel“ (VI,1) zunächst in die Augen, wie viel eigentlich noch zu tun ist.

Das Register bleibt hinter der Ausgabe etwas zurück. Da es sich sowieso nur um Word Indices handelt (die eigentlich schwierigen Dinge sind also von vornherein ausgeklammert), die als Sammelbecken des Wortbestandes so vieler sprachlich ganz verschiedener Einzeltexte kaum eine eigene Aussage machen können, bedeutet das keine allzu große Minderung; und ich vermag nicht einmal zu sagen, ob die Mängel hier überhaupt größer sind als die, die sich „normalerweise“ (infolge des „Allzumenschlichen“) in solchen Registern finden, zumal es sich im Großen und Ganzen um (mehr oder weniger große) Kleinigkeiten handelt. Jedenfalls kann man mit dem Register doch ohne weiteres und gut arbeiten. Die Wurzel der Dinge ist wohl ein zu blindes Vertrauen in die Register der Erstausgaben und der zu direkte Versuch, beide miteinander zu kombinieren. Hinzugekommen ist dann wohl noch die unvermeidliche Schwierigkeit, dass der Wachstumsprozess in der Textwerdung bis zum Stadium der endgültigen Edition immer wieder Umänderungen auch im Register nötig gemacht haben dürfte, die eben nicht ohne Spuren geblieben sind.

Aber es bleibt dabei: Dieser Band der CGLib wird als ein Gewinn für die Forschung dankbar akzeptiert und lässt uns die folgenden mit Spannung erwarten.

Rezension zu Birger A. Pearson: Nag Hammadi Codices IX and X*

Der hier vorzustellende Band aus der von J. M. Robinson begründeten und geleiteten englischsprachigen Gesamtausgabe der Nag Hammadi-Texte (CGLib) dürfte von den interessierten Fachkollegen mit besonderer Spannung erwartet worden sein. Diese große Erwartung hängt unmittelbar mit den Sachverhalten zusammen, die zu nennen sind, wenn wir das, was an diesem Bande – im Rahmen der ganzen Reihe betrachtet – charakteristisch ist, bezeichnen wollen. Da ist dreierlei zu nennen:

1. Es handelt sich um eine *Erst*ausgabe, d. h., die hier gebotenen insgesamt vier Nag Hammadi-Schriften (drei in Codex IX, eine in Codex X) gehören zu denen, die bisher noch nicht ediert worden waren. Diese Wesensbezeichnung wird kaum eingeschränkt durch die Tatsache, dass die ganz kurze, zweite Schrift des Codex IX zufällig ein klein wenig vorher, und zwar als Teil des kanadisch-französischen Parallelunternehmens, erschienen ist.[1]
2. Dieses ist im Wesentlichen das Ergebnis der Forschungsarbeit *eines* Mannes. Gewiss wurde die kodikologische und papyrologische Grundlagenarbeit von dem ganzen CGLib Team mitgetragen. Auch hat Pearson für die linguistische, exegetische und überhaupt editorische Seite der Sache seit langem den offenen Gedankenaustausch mit interessierten und einsatzwilligen Kollegen und die Diskussion strittiger Punkte gesucht und gepflegt. Schließlich hat S. Giversen bei der Arbeit am Codex IX – allerdings, wenn ich recht verstehe, nur in der Frühphase – eine erhebliche Rolle gespielt. Und doch wird durch all dieses das oben gefällte Urteil nicht aufgehoben. In einer Hinsicht bedeutete allerdings diese Konzentration von Arbeitslast und Verantwortung auch einen kleinen Vorteil für P.: Es blieb ihm die sonst nötig gewesene Mühe des Koordinierens und Abstimmens mit einer Vielzahl von contributors erspart.
3. Der Gegenstand der hiesigen Edition sind zwei extrem schlecht, nur in Trümmern erhaltene Codices. Die Aufgabe des Editors war also besonders schwierig – überhaupt nicht vergleichbar mit der Arbeit an den gut erhaltenen Nag Hammadi-Texten. P. hat diese Schwierigkeit nicht nur schlechthin gemeistert, sondern durch Beharrlichkeit und Scharfsinn aus diesen Trümmern unvergleichlich mehr „herausgeholt", als man meinte erhoffen zu dürfen.

In Anbetracht der großartigen Gesamtleistung, die dieses Werk repräsentiert, fallen gelegentlich auftretende (bei einem so komplizierten Unternehmen wohl

---

* Edited with English Translation, Introduction and Notes, Contributors: B. A. Pearson and S. Giversen, NHS 15, Leiden 1981. In: OLZ 79 (1984), 246–249.

[1] M. Roberge (ed.), Noréa (NHC IX,2), BCNH.T 5, Québec 1980, 149–171.

nie ganz vermeidbare) und vom Benutzer leicht erkenn- und korrigierbare Versehen im typographischen und überhaupt mehr technischen Bereich nicht ins Gewicht.

Die *Sprache* des Codex IX ist eine Art Sahidisch, dessen lykopolitanische (in anderer Nomenklatur: subachmimische) „Beimengungen" nach P. als Indiz dafür zu gelten haben (womit P. eine Betrachtungsweise von Bentley Layton aufnimmt), dass diese Sprache nur an der Oberfläche sahidisch sei, als geheime Basis aber das Lykopolitanische habe, also gewissermaßen pseudosahidisch *und* kryptolykopolitanisch sei (vgl. S. 17). Die Sprache des Codex X ist dagegen eine ziemlich reine Gestalt des Lykopolitanischen; auch die von P. als Sahidizismen aufgeführten Phänomene (S. 224 [außer dem in Z. 1 genannten falschen Vokalismus: ⲁ für ⲉ]) sind nämlich als legitim lykopolitanisch anzusehen. Und für die koptische Sprachwissenschaft dürfte zweifellos der Codex X das größere Interesse beanspruchen.

Es verhält sich damit gewissermaßen umgekehrt wie mit dem *Inhalt* der beiden Codices. Von diesem ist zunächst zu sagen, dass alle vier Schriften gnostisch sind, und zwar gehören die ersten beiden Texte von Codex IX und der eine Text des Codex X zu dem Bereich der (von Haus aus nichtchristlichen) sethianischen Gnosis, während die dritte Schrift des Codex IX als typisches Zeugnis einer christlichen Gnosis gelten darf. Aber – die Aussagekraft von Texttrümmern ist verschieden. Während man sich an Hand der Reste des Codex IX noch ein ganz gutes Bild von Inhalt und Form seiner drei Schriften machen kann (die titellose mittlere und ganz kurze – vom CGLib-Team „The Thought of Norea" genannt, während der Berliner Arbeitskreis nach wie vor die Bezeichnung „Ode über Norea" bevorzugt – ist sowieso praktisch ganz erhalten), bleibt die eine Schrift des Codex X, deren Schlusstitel „Marsanes" mit Sicherheit lesbar bzw. rekonstruierbar ist, vom Geheimnis umschwebt; und das wenige, was man versteht, verdankt man ganz allein den unermüdlichen Entschlüsselungsbemühungen von P. Fast drängt sich der Argwohn auf, dass „Marsanes" vielleicht zu solchen Schriften gehört, die man auch, wenn sie ganz vorhanden sind, kaum versteht. Damit hängt zusammen, dass P. bei der Erschließung des Erschließbaren von Codex X kaum Unterstützung und Anregung von anderer Seite erfahren hat; praktisch alles, was – auch schon vor dem Erscheinen der Edition – zu Marsanes geschrieben worden ist, stammt aus der Feder von P. Bei Codex IX ist das etwas anders. Bei der Erschließung von dessen dritter und längster Schrift, von der kein Titel vorhanden – jedenfalls nicht erhalten – ist, und die man nun nach Übereinkunft „Testimonium Veritatis" nennt, hat P. seit geraumer Zeit vor allem in Klaus Koschorke einen bedeutenden, eigenständigen, kritischen Partner.[2] Wenn man hinsichtlich der ersten Schrift von Codex IX, deren Titel „Melchisedek" lautet, an einer freundschaftlich-kritischen Alternative bei gleicher Basis interessiert ist, so sei verwiesen auf H.-M. Schenke, Die jüdische Melchisedek-Gestalt als Thema der Gnosis, in: K.-W. Tröger (Hg.), Altes Testament – Frühjudentum – Gnosis, Berlin 1980, 111–136.

---

2 Vgl. nicht zuletzt dessen deutsche Übersetzung in ZNW 69 (1978), 91–117.

Zur konkreten Anlage des hier besprochenen Werkes sei noch Folgendes bemerkt: Der Ausgabe jedes der beiden Codices ist eine alles Nötige bietende und inhaltlich ausgewogene Einführung vorangestellt mit den Unterabschnitten: 1. Codicology, 2. (Contents and) Paleography, 3. Language (S. 1–18. 211–227). Außerdem wird jeder Einzelschrift noch eine deren Inhalt ausführlich analysierende Einleitung gewidmet, die unmittelbar vor der Darbietung ihres jeweiligen Textes steht (S. 19–40. 87–93. 101–120. 229–250). Dabei gipfelt die Einleitung zu TestVer, nachdem der alexandrinische Kontext eindrucksvoll herausgearbeitet worden ist, in der interessanten These: „It would therefore not be unreasonable to suggest that the author of Testim. Truth is Julius Cassianus himself, or at least one of his intimate followers“ (S. 120). Bei einer Erstausgabe wie dieser ist es nahe liegend, dass der koptische Text und die Übersetzung in Gegenüberstellung seiten- und zeilengetreu nach dem Original geboten werden. Die Textdarbietung ist besonders bestechend in ihren Rekonstruktionen, die das rechte Maß für das Mögliche und Unmögliche beachten, samt und sonders überzeugend sind und den Text eigentlich erst zu dem machen, was er noch ist. Hier schlägt sich die jahrelange intensive und geniale Arbeit des Editors vielleicht am deutlichsten nieder. Das gilt aber fast im gleichen Maße auch von dem unterhalb von Text und Übersetzung gebotenen, reich ausgestatteten Anmerkungsapparat. Hier wird auf alle wesentlichen Phänomene und Probleme eingegangen und ein Sachkommentar *in nuce* gegeben. Dass es dabei manchmal zu Wiederholungen von in der Einleitung schon Gesagtem kommt, ist vielleicht gar nicht schlecht. Wenn ich den Absatz in der Mitte von S. XII richtig verstehe, dann hat P. die Ausarbeitung der Indices ganz zwei Mitarbeiterinnen überlassen. Das scheint vertretbar, sofern die Indices keinen anderen Anspruch geltend machen, als der Wiederauffindung von Textstellen zu dienen. So werden übrigens auch gelegentliche Merkwürdigkeiten in diesem Bereich erklärlich.

Zum Schluss sei noch auf fünf verschiedene Einzelheiten hingewiesen, die mir persönlich beim Durcharbeiten von P.s großem Werk wichtig geworden sind:

1. Das Codex IX p. 40,25 in Kontraktion vorkommende Wort ⲥⲧⲁⲩⲣⲟⲥ ist nach P.s Textausgabe mit dem Henkelkreuz statt des üblichen Stauros-Monogramms geschrieben; und in der Einleitung (S. 12 Z. 2 v. u.) wird darauf ausdrücklich als auf eine Besonderheit hingewiesen. Irritierend ist nun aber, dass die Facsimile Edition deutlich das normale Stauros-Monogramm zeigt (bzw. zu zeigen scheint).
2. Für die Sprache des Codex IX ist über das in dieser Ausgabe Gesagte hinaus erwähnenswert, dass sie den einfachen Konditionalis (= Shisha-Halevys Protatic *efsōtm*) gebraucht. Und zwar kommt er unverkennbar zweimal mit dem Verbum ⲉⲓ vor: In der Wendung ⲉⲩⲉ͡ⲓ ⲉϩⲟⲩⲛ ⲉⲧ̣ⲡ̣ⲓⲥⲧⲓⲥ p. 69, 7f. kann das Element ⲉⲩⲉ͡ⲓ nur diejenige Form sein, die als ⲉⲩϣⲁⲛⲉ͡ⲓ geläufig ist. Und der ganze Satz (p. 69,7–13) muss dann m. E. etwa lauten: „Es gibt Leute, die, *wenn* sie zum Glauben kommen, [eine] Taufe [empfangen], als ob sie [sie] zur Hoffnung auf Heil hätten – [sie (die Taufe)], die sie ‚das [Siegel]‘ nennen – ohne zu [wissen], dass die [Väter der] Welt an jenem [Ort] offenbar sind.“ Entsprechend ist in p. 73,18f. der Ausdruck ⲕ]ⲁⲛ ⲉⲩⲁ̣ⲅ[ⲅⲉⲗⲟⲥ] ⲉ͡ⲓ als Äquivalent für ⲕⲁⲛ ⲉⲣϣⲁⲛ ⲟⲩⲁⲅⲅⲉⲗⲟⲥ ⲉ͡ⲓ anzusehen. Und der Zusammenhang (p. 73,18–22)

bedeutet: „... mit den Worten: [‚Selbst wenn] ein [Engel] aus dem Himmel käme und euch etwas anderes verkündigte, als was wir euch verkündigt haben, so sei er verflucht', ohne zuzulassen" etc.

3. Dieses protatische *efsōtm* kommt vielleicht auch noch an einer anderen Stelle von Codex IX und mit einem anderen Verb als ⲉⲓ vor, und wohl gleich in Kombination mit dem anderen von Shisha-Halevy entdeckten, zum Dreiteiligen Konjugationsschema gehörenden *efsōtm*, dem apodotischen. So allein, scheint mir, könnte man hinter den Sinn des rätselhaften Satzes p. 29,3–5 – mit seinen beiden, auf gewöhnliche Weise nicht einsichtig konstruierbaren Konjugationspräfixen in ⲉⲥϣⲁϫⲉ (das dann = ⲉⲥϣⲁⲛϣⲁϫⲉ wäre) und ⲉⲩⲣ̄ϩⲱⲃ (= ⲉⲩⲉⲣ̄ϩⲱⲃ) – kommen. Er würde dann heißen: „Wenn sie betreffs der zwei Namen spricht, werden sie einen einzigen Namen erzeugen". Ob man noch weiter gehen und vermuten darf, dass eigentlich so etwas gemeint ist wie: „Betreffs der zwei Namen – wenn du sie aussprichst, werden sie einen einzigen Namen erzeugen", das sei dahingestellt.

4. An zwei Stellen des Codex X (p. 4,28; 5,24) scheint es der Kontext erheblich näher zu legen, den mit ϫⲉ eingeleiteten Nebensatz nicht als abhängigen Aussagesatz, sondern als indirekten Fragesatz aufzufassen; ϫⲉ würde also nicht „dass" („that") heißen, sondern „ob" („whether"). Diese grammatische Alternative könnte übrigens sogar das Gesamtverständnis des Traktats „Marsanes" nicht unerheblich tangieren, ja unter Umständen modifizieren. Jedenfalls würde in diesem Falle P.s große Anmerkung zu p. 5,24–26 gar nicht mehr stimmen.

5. Die letzte Bemerkung gelte dem rätselhaften Formelement ⲁⲧⲟⲩ- (in der Verbindung ⲁⲧⲟⲩϫⲡⲁ=), das sich im Lykopolitanischen des Codex X findet und dessen bisher ungelöste Aenigmatik P. auf S. 225f. ausführlich erörtert. Ich habe keine Lösung. Mein Anliegen ist nur, auch noch an dem zu rütteln, was bislang als das allein Feststehende gilt, nämlich an der *Bedeutung* („unbegotten"). Mir will es so scheinen, am deutlichsten in p. 7,18 (vgl. zur Aussagestruktur z. B. einerseits Kol. 1,15, andererseits 1Kor. 2,7), dass der Ausdruck vielleicht überhaupt nicht negativ, sondern positiv ist (nicht „unbegotten", sondern gerade „begotten"), dass mithin ⲁⲧϫⲡⲁ= und ⲁⲧⲟⲩϫⲡⲁ= (trotz der optischen Ähnlichkeit) nicht Varianten, sondern Gegensätze sein könnten.

Rezension zu Charles W. Hedrick: The Apocalypse of Adam. A Literary and Source Analysis*

Die vorliegende Arbeit ist Hedricks Ph.D. Dissertation, mit der er 1977 an der Claremont Graduate School bei James M. Robinson promoviert hat.

Ihr *Autor* ist ein Mann, dessen Bedeutung für die Nag Hammadi-Forschung weit über das hinausgeht, was er hier zu einer speziellen Nag Hammadi-Schrift ausführt. Als Mitglied des U.S.- amerikanischen Coptic Gnostic Library Project war er in dem fruchtbaren Jahrzehnt von 1970 bis 1980 sozusagen die „rechte Hand" des Projektleiters James M. Robinson und eine der Schlüsselfiguren bei der papyrologischen Arbeit im Koptischen Museum von Kairo zur Vorbereitung der großen Faksimile Edition. Reflexe davon (Bemerkungen zur Anzahl fehlender Zeilen, zur Größe von Lakunen, zur Plazierung von Fragmenten, etc.), die sich auch in der hiesigen Arbeit immer wieder finden, wird der eingeweihte Leser also mit besonders großer Aufmerksamkeit zur Kenntnis nehmen.

Auch der *Gegenstand* der Dissertation, die gnostische Adamapokalypse (ApcAd), als fünfte und letzte Schrift in Codex V erhalten (p. 64,1–85,32), ist nicht irgendeine Nag Hammadi-Schrift, sondern eine, die seit ihrer erstmaligen Veröffentlichung im Jahre 1963 durch A. Böhlig[1] in der Gnosisforschung, vor allem als Beleg für die These vom ursprünglich nichtchristlichen Charakter der Gnosis, aber auch als Repräsentant des Sethianismus, bereits eine zentrale Rolle gespielt hat. Charakteristisch für ApcAd ist ja der Reichtum an echten jüdischen, auch außerbiblischen, Traditionen, die als der gnostischen Interpretation zugrunde liegend noch leicht zu erkennen sind, bei gleichzeitigem völligen Fehlen (eindeutiger) christlicher Züge.

Die *Perspektive*, unter der H. an ApcAd herantritt, erinnert an den allgemeinen und bedeutenden Sachverhalt einer fruchtbaren Wechselbeziehung zwischen der exegetischen Arbeit am NT und am Corpus der Nag Hammadi-Schriften. Hier ist die Richtung so, dass neutestamentliche Methoden auf eine Nag Hammadi-Schrift angewendet werden (vgl. S. 1–3).

Der besondere *Aspekt*, um dessen Erkenntnis und Erklärung es H. zentral geht, ist die traditionsgeschichtliche Schichtung bzw. die geschichtliche Dimension von ApcAd. Es liegt hier eben nicht alles auf einer einzigen literarischen Ebene, sondern auf verschiedenen. Das wurde an sich schon früh gesehen, aber H.s Arbeit ist der auffälligste und konsequenteste Versuch, diese Seite des Textes, und zwar mittels einer ganz bestimmten Theorie (die man eben auch als Spiegel für die betreffende Problematik an sich benutzen kann) zu erhellen.

H.s *Ausgangspunkt* ist die Erkenntnis des in der Tat erstaunlichen Sachverhalts, dass ApcAd anscheinend zwei verschiedene Einleitungen (einerseits: 64,6–65,23

---

* SBL.DS 46, Chico, CA 1980. In: ThLZ 109 (1984), 447–448.

[1] Vgl. dazu ThLZ 90 (1965), 359–362; sowie OLZ 61 (1966), 23–34; hier 980–990.

+ 66,12–67,12; und andererseits: 65,24–66,12 + 67,12–21) und zwei verschiedene Schlüsse besitzt (einerseits: 85,19–22a; andererseits: 85,22b–31).

Seine *These*, die sich noch auf weitere Sprünge oder Abnormitäten, auch im Inneren des Textes, stützen kann, lautet: ApcAd besteht aus zwei Quellen (source A und source B genannt), die ein Redaktor gegen Ende des 1. Jahrhunderts n. Chr. in Palästina (vgl. S. 213–215) zusammengearbeitet und mit seinen eigenen Verdeutlichungen und Akzenten versehen hat. Die beiden Quellenblöcke würden – abgesehen von Einleitung und Schluss – einfach nacheinander geboten. Der Einsatz des Corpus von source B (die übrigens nur teilweise geboten werde und auch gar keine einheitliche Größe gewesen sein müsse) sei durch die Zäsur in 76,8 gegeben. Als redaktionelle Elemente werden sieben Glossen (65,3–9; 69,10–17; 71,4–8; 76,6–7; 76,11–13; 82,18–19; 83,4–7) und praktisch der ganze Schlussteil – mit Ausnahme eben von 85,19–22a als dem Schluss von source A – (84,4–85,18.22b–31) gerechnet.

Der *Inhalt* des Werkes und der Gang der Darlegungen im Einzelnen ist ganz auf die Demonstration und Auswertung dieser These fixiert. Die These steht nicht am Ende, sondern gewissermaßen am Anfang des Buches. Die Darbietung erfolgt im Wesentlichen in drei Abschnitten. Der erste, der der Identifikation der Quellen und der Redaktion gewidmet ist, umfasst relativ wenige Seiten (S. 21–57). Es folgt sogleich als umfangreichster Teil die sachliche Charakterisierung der beiden Quellen und der redaktionellen Teile: "The Character of the A Source" (S. 59–95); "The Character of the B Source" (S. 97–184); "The Redactor" (S. 185–226). Den Abschluss bildet eine mit exegetischen Anmerkungen versehene Textausgabe – aber nun eben nicht der Adamapokalypse, wie sie wirklich ist, sondern eine Textausgabe der rekonstruierten Elemente: Source A (S. 229–258); Source B (S. 259–281); The Redactor (S. 283–298). Die dabei verwendete Fassung des koptischen Textes ist übrigens nicht absolut identisch mit der der Ausgabe von George W. MacRae in "The Coptic Gnostic Library" (NHS 11, 1979).[2] Es geht hier nicht darum, dass H. in der Rekonstruktion von Lücken kühner ist als MacRae, sondern um gelegentliche kleine und kleinste Unterschiede im Detail der Präsentation des erhaltenen Bestandes. Das Auffälligste in diesem Bereich ist eine differierende Zeilenzählung von p. 69, weil H. nicht akzeptieren kann, dass oben wirklich eine Zeile fehlt.

Natürlich gibt es auch *Fragen*, die man an H.s Buch richten kann. Eine ist, ob er nicht doch den selbst beschworenen fruchtbaren Pluralismus der exegetischen Methoden etwas aus dem Auge verloren hat und sich zu einseitig und zu schnell auf eine einzige Methode, die Literarkritik, festgelegt hat. Es scheint mir noch nicht ausgemacht zu sein, dass diese Literarkritik wirklich als die einzige bzw. die evidenteste Erklärung der vorhandenen Ungereimtheiten dieses Textes gelten darf, eines Textes, dessen „Sorte" ja noch nicht einmal völlig deutlich ist. (Manchmal kann man sogar den Eindruck haben, er sei eigentlich nur eine Variantensammlung zu einer Schrift.) Auch gibt es immanente Probleme der vorgeschlagenen Lösung. Bei der Quelle A wird es mir vor allem zum Problem, woher Adam eigentlich weiß, was er dem Seth über die Zukunft sagt.

---

2 Vgl. dazu ThLZ 107 (1982), 824f.

Rezension zu Marvin W. Meyer: The Letter of Peter to Philip*

Das vorliegende Werk, die nur leicht revidierte Druckfassung einer Ph.D. Dissertation der Claremont Graduate School von 1979, betreut von James M. Robinson, ist eine ausführlich kommentierte Ausgabe des sehr merkwürdigen Nag Hammadi-Textes, der den Lesern dieser Zeitschrift schon seit 1978 durch Hans Bethges kurze Vorstellung bekannt ist.[1] Der Autor, Marvin Meyer, jetzt einer der beiden Assistant Directors of the Institute for Antiquity and Christianity in Claremont, war mehrere Jahre lang (1975–1978) Research Associate des Coptic Gnostic Library Project, das von eben diesem Institut getragen wird. Er ist auch als Managing Editor der englischen Gesamtübersetzung der Schriften des Nag Hammadi-Fundes ("The Nag Hammadi Library in English") dem Kundigen wohlbekannt.[2] M. konnte also für seine Dissertation aus dem Vollen schöpfen.

In der Introduction (S. 1–15) holt der Verfasser weit aus. Der Leser erfährt mancherlei Wissenswertes, z. B. auch, dass mit diesem bescheidenen „Brief des Petrus an Philippus" (abgekürzt: EpPt), genauer gesagt, mit einer Abschrift dieses Textes, die Robinson 1966 aus Münster mit nach Claremont brachte, die – inzwischen so gewaltig gewordene – Nag Hammadi-Forschung in Claremont begonnen hat.

Die eigentliche Textausgabe besteht aus "Text, Translation, Notes, and Indices" (S. 17–67). Koptischer Text und Übersetzung stehen jeweils auf gegenüberliegenden Seiten und folgen beide – allerdings bei fortlaufenden Codexseiten – zeilengetreu dem Original. Die Anmerkungen stehen nicht *unter* dem Text bzw. der Übersetzung, sondern folgen ihnen. Dieser ganze Komplex besticht durch äußerste Akribie. Das kommt auch in den Anmerkungen verbal zum Ausdruck. Zwar werden da auch Dinge wie grammatische Probleme oder Möglichkeiten der Rekonstruktion von Textlücken besprochen. Aber profilbestimmend sind minutiöse Ausführungen über die Beschaffenheit und Deutbarkeit von problematischen Einzelbuchstaben, die nur in Resten erhalten sind. Die Indices geben die Bestandteile des Textes absolut vollständig wieder, sind überlegt strukturiert und in ihren Darbietungen geradezu anschaulich, obgleich man gelegentlich in der Frage, was man auf Kosten wovon anschaulich machen soll, die Prioritäten auch etwas anders setzen kann.

Ein besonderes kleines Kapitel mit dem etwas irreführenden Titel "Grammar" (S. 69–90) umfasst auch die in einer solchen Textausgabe erwarteten Bemerkungen zu Schrift, Schreibung und Sprache. Was wirklich zur Grammatik gesagt wird,

* Text, Translation, and Commentary, SBL.DS 53, Chico, CA 1981. In: ThLZ 109 (1984), 735–736.

[1] H.-G. Bethge, Der Brief des Petrus an Philippus, ThLZ 103 (1978), 161–170; inzwischen gibt es auch noch eine einfache Textausgabe von J.-É. Ménard, besprochen von W.-P. Funk in ThLZ 106 (1981), 194–196.

[2] Siehe W.-P. Funk, ThLZ 106 (1981), 660–662.

sollte man als einen Appendix zu den Indices verstehen, wo nun noch diejenigen Aspekte des Textes aufgeschlüsselt werden, die nach Anlage der Indices in ihnen nicht erscheinen konnten. Mehr soll offenbar nicht geleistet werden, wie ja denn das gewählte sprachwissenschaftliche Instrumentarium auch gar nicht mehr hergeben würde.

Der Kommentar (S. 91–188) ist der umfangreichste Teil des Buches. Seine Stärke liegt einerseits in einer durchgefeilten Grob- und Feingliederung des Textes, der so in einem sinnvollen und erhellenden Nacheinander dem Leser vor Augen kommt, verbunden mit einer verständnisvollen und Verständnis weckenden Paraphrase der einzelnen Abschnitte. Die Stärke liegt andererseits in der souveränen Bereitstellung des zur Erläuterung dienlichen Parallelenmaterials; besonders aus den anderen Nag Hammadi-Schriften. Wie schon vorher die Indices, so ist auch der Kommentar auf Anschaulichkeit hin angelegt, insofern als er sich Platz gönnt, um wichtige Belegstellen nicht nur zu nennen, sondern ausgiebig (gewöhnlich in Urtext und Übersetzung) zu zitieren. Was die exegetische Haltung anbelangt, so scheint mir M. bewusst eine Linie zu verfolgen, die sich, extreme Positionen und unnötige Risiken scheuend, an das hält, was sicher zu sein scheint. An Einzelpositionen seien zwei hier hervorgehoben. 1. M.s Auffassung zur Schlüsselfrage des Verhältnisses von EpPt zu Apg: In Auseinandersetzung mit K. Koschorke[3], der EpPt ja für eine gnostische Paraphrase der Apg hält, sieht M. den Verfasser von EpPt nur von gewissen lukanischen Materialien abhängig (vgl. z. B. S. 144 u. 191). 2. M. setzt als selbstverständlich voraus und wendet diese Voraussetzung in der Exegese vielfältig an, dass EpPt (als ein christlich-gnostischer Traktat) von einer ganz bestimmten *Gruppe* christlicher Gnostiker getragen sei. Was M.s Kommentierung anderen noch zu tun übrig lässt, um mit den nach wie vor dunklen Stellen fertig zu werden, ist eine Verständnisbemühung, in der sprachliche und inhaltliche Aspekte in unmittelbarem Zusammenhang behandelt werden. Auch zwei Kleinigkeiten seien noch kritisch vermerkt: Den kleinen Missgriff des Anfangs, dass er – genau wie Ménard[4] – in der Grußformel (p. 132,15) *che*[*ire*] statt *che*[*re*] erwägt bzw. voraussetzt, möchte man gern schnell vergessen, wenn man nur nicht fortwährend in dem Buch daran erinnert würde. "With four messages" ist ganz gewiss keine mögliche Übersetzung der notorisch schwierigen drei koptischen Wörter am Anfang von p. 140,25.

Die von einem solchen Werk erwarteten Bestandteile "Selected Bibliography" und "Index of Ancient Sources" werden am Schluss geboten (S. 201–209 bzw. 211–220).

Im Ganzen ist das Buch von M. als eine echte Bereicherung der Nag Hammadi-Fachliteratur den Interessenten sehr zu empfehlen.

[3] K. Koschorke, Eine gnostische Pfingstpredigt, ZThK 74 (1977), 323–343; ders., Eine gnostische Paraphrase des johanneischen Prologs, VigChr 33 (1979), 383–392.

[4] Siehe W.-P. Funk, ThLZ 106 (1981), 195 Z. 18 v. u.

Rezension zu Michel Tardieu: Écrits gnostiques: Codex de Berlin*

Was der bekannte französische Gnosisforscher Michel Tardieu in dem hier zu besprechenden Buch bietet, ist nichts Geringeres als der Anfang eines gewaltigen wissenschaftlichen und editorischen Unternehmens. Es ist der „Pilot"-Band einer Reihe, die außer der Gesamtheit der (koptisch-)gnostischen Originalschriften auch noch etliche der umfangreicheren manichäischen Quellen in kommentierter Übersetzung umfassen soll. Wir tun also gut daran, uns dieses Musterexemplar gerade auch in seiner Anlage, seinen Prinzipien und Tendenzen genauer anzusehen. Dass nun gerade dem Berliner Codex, d. h., dem koptischen Papyrus Berolinensis Gnosticus 8502 (BG) die Ehre zuteil wird, den Neubeginn zu markieren, kommt einem Berliner, der sich zudem gerade für diesen schönen, kleinen und in der Tat bedeutenden Papyruscodex in gewisser Weise mitverantwortlich fühlt, nicht ungelegen.

Der Titel „Codex de Berlin" besagt aber eigentlich doch ein bisschen zu wenig; denn, was die beiden Kernstücke des BG anbelangt, das „Apokryphon des Johannes" (AJ) und die „Sophia Jesu Christi" (SJC), so werden sie konsequent synoptisch im Kontext der sich in den Nag Hammadi-Codices (NHC) findenden Parallelen behandelt, das AJ also in vier Versionen, nämlich den beiden Kurzversionen in BG und NHC III und den beiden Langversionen in NHC II und NHC IV, die SJC in zwei Versionen, der des BG und des NHC III, zu denen aber noch die beiden Versionen des literarisch ganz eng verwandten Eugnostosbriefes (Eug) aus NHC III und NHC V kommen. Und im Rahmen dieser synoptischen Betrachtung kommt es dann auch mehr oder weniger notwendig dazu, dass gar nicht mehr die Version des „Codex de Berlin" der Leittext ist, sondern eine der anderen. Bei der SJC ist das sogar unvermeidlich, weil mit Recht Eug als literarische Vorlage der SJC gesehen und ausgewertet wird. Beim AJ zeigt sich der Sachverhalt darin, dass sich die Reihenfolge der behandelten Abschnitte im Differenzfall nach der Version des NHC II (statt nach der des BG) richtet. Alle Texte sind von T. übrigens in Paragraphen eingeteilt worden und werden auch paragraphenweise kommentiert.

Was die Prinzipien und Tendenzen des Buches in seiner Gesamtheit betrifft, so erscheinen mir vor allem folgende Sachverhalte mitteilenswert: Auffällig und bestechend zugleich ist es, dass und wie T. die Texte ernst nimmt; er hält es für dringend erforderlich, dass sie endlich – wie er sagt – „gelesen" werden. Für ihn sind sie eben kein Spielplatz mehr für kindliche Übersetzungsversuche. So sollen schon seine eigenen Übersetzungen eine neue Stufe der Erschließung repräsentieren, insofern als sie sachgemäß und sachbezogen sein sollen. Ein besonders schönes und gelungenes Beispiel für dieses Bestreben ist der Anfang von AJ § 28

* SGM 1, Paris 1984. In: JAC 27/28 (1984/85), 238–242.

(BG p. 37,18–38,1): „Elle (= Sophia) se rendit compte en le voyant qu'il avait l'aspect disparate d'un serpent à gueule de lion, aux yeux étincelants de feu", und zwar im Gegenüber etwa zu Tills Übersetzung in der Erstausgabe: „Sie sah es aber in ihrer Erwägung, dass es vom Gepräge eines anderen Aussehens geworden war, da es von Schlangen- und Löwenaussehen war. Seine <Augen> leuchteten feurig". Aus diesem Bestreben ergibt sich auch, dass T.s Übersetzungen legitimerweise gelegentlich Züge einer Paraphrase aufweisen, z. B. dadurch, dass die wirklichen Bezugsworte statt der Personalpronomina (nicht in Klammern, wie im obigen Beispiel, sondern) direkt in den Text gesetzt werden. Man darf es fast als natürlich bezeichnen, dass im Rahmen der Bemühung um eine solch lesbare und die mutmaßlich gemeinte Sache treffende Übersetzung auch der Fall eintritt, wo andere der Meinung sein können, dass diese Übersetzung nicht mehr Wiedergabe des koptischen Textes ist. M. E. ist das z. B. der Fall in AJ § 52 „L'insufflation d'Adam" (BG p. 51,1–52,1 Parr.). Und da in diesem Falle der Kommentar besonders stark auf der Übersetzung fußt, sind dessen Sachaussagen gleich mit betroffen.

Das Ernstnehmen des Textes kommt auch darin zum Ausdruck, dass in reichem Maße die Methode der Literarkritik angewendet wird. Die vielen Unebenheiten, Wiederholungen, Widersprüche, etc. der Texte werden eben nicht hingenommen, sondern als Signale einer vielstufigen Textwerdung verstanden. Dabei wird die Geschichte der Textwerdung und die Geschichte der Weiterentwicklung der Texte – eine Weiterwirkung, die T., wo immer es ihm möglich erscheint, als literarische versteht – außerordentlich weiträumig gesehen, nämlich bis in die zoroastrische und islamische Literatur hinein (vgl. unter dem Gesichtspunkt die Stemmata zu AJ und Eug/SJC S. 45 und S. 61 [bei diesen Stemmata ist mir freilich nicht alles klar geworden, zumal man den Eindruck haben kann, dass die Beschreibungen der Zusammenhänge nicht ganz deckungsgleich mit den Zeichnungen sind, und die Rückbezüge variabel erscheinen; bei dem Stemma zum AJ S. 45 kann man sich fragen, ob die gestrichelte Linie statt von n zu s nicht von o zu s laufen müsste; und vgl. noch die Rückbezüge auf S. 301 und 319; beim Stemma zu Eug/SJC S. 61 habe ich T. so verstanden, dass die Linie, die zu III führt, statt von SO eigentlich von c ausgehen müsste]).

Die Kommentierung hat ihren Schwerpunkt in der Befragung des Textes nach dem Vorkommen und gegebenenfalls der Abwandlung der großen philosophischen und religiösen Ideen der Zeit. Das soll gelten, obgleich die Kommentierung keineswegs ein und demselben Muster folgt und im Einzelnen sehr verschieden ist, eben je nachdem, was und wie viel der Kommentator zu sagen hat. Man kann auch nicht einmal sagen, dass irgendwelche wichtigen exegetischen Aspekte und Befragungshinsichten wirklich ausfallen; irgendwo kommen sie alle einmal vor. Gleichwohl kann man vielleicht doch gewisse schwache Positionen bezeichnen: Die Synoptik als Hintergrund der synoptisch dargebotenen Übersetzungen wird relativ wenig ausgewertet; aber das kann nun kaum anders sein und darf nicht T. angelastet werden, weil die schon so lange angekündigten koptischen Synopsen von AJ und Eug/SJC noch nicht erschienen sind. Gravierender ist schon, dass kaum versucht wird, aus der sprachlichen Analyse des koptischen Textes exegetischen Gewinn zu ziehen – mit Ausnahme des koptisch/griechischen Sprachvergleichs, insofern als T. oft und mit Recht aus dem koptischen Wortlaut auf den der mutmaßlichen griechischen Vorlage schließt, besonders wenn koptische Wendungen nur als Missverständnisse einer griechischen Vorlage verständlich erscheinen. Selbst wo wichtige Entscheidungen über Textlesung bzw. Textverständnis getroffen (oder vorausgesetzt) werden, kann das ohne jedes erklärende Wort abgehen (z. B. die allein richtige zweimalige Lesung von ⲙ̄ⲡⲣ̄- anstelle des ⲙ̄ⲡⲓ̈- der Textausgabe im „Evangelium nach Maria" [EvMar p. 8,22; 9,2] oder die befreiende Deutung des Zeta in AJ NHC II p. 19,1 als Zahlzeichen 7 in Korrektur des Verständnisses von Krauses Edition). Ein weiterer, aber nun starker Charakterzug an T.s Kommentierung ist die Liebe zur Struktur des Inhalts. Wo immer Textaussagen auf ein Schema gebracht werden können, geschieht das in einleuchtender und sachgemäßer Weise – und dem Leser zum Nutzen.

Hinsichtlich des vorausgesetzten und hin und wieder in der Erklärung auch deutlich hervortretenden Gesamtverständnisses der Gnosis gehört T. zu den Forschern, die den Mutterboden der Gnosis in griechischer, und nicht in orientalischer bzw. speziell iranischer Tradition sehen. Es ist eben auffällig oft, dass T. den Gedanken der Ableitung einer gnostischen bzw. manichäischen Vorstellung aus dem Iran abwehrt, die „Entwicklungslinie" vielmehr stets aus der Gnosis über den Manichäismus hin zu den betreffenden (tatsächlich spät bezeugten) iranischen Vorstellungen laufen lässt. Gleichwohl findet sich auf S. 273 einmal ein ganzes Nest interessanter und wahrscheinlich auch problematischer Ableitungen aus dem Iran.

Der Aufbau des Buches ist, wie folgt: Nach einem „Avant-propos" (S. 9–12) und der nötigen Zusammenstellung von „Abréviations et sigles" (S. 13–16, unter denen freilich Z = Zostrianus fehlt [s. aber Index locorum S. 437]) folgt als erster inhaltlicher Schwerpunkt eine „Introduction" (S. 17–72). Man kann diese Einleitung sogar als das eigentliche Zentrum des Ganzen betrachten, denn nur hier fasst T. sein Verständnis des Codex insgesamt und seiner einzelnen Schriften zusammen (EvMar: S. 20–25; AJ: S. 26–47; SJC/Eug: S. 47–67; Praxis des Petrus: S. 67–72). T. legt zunächst einmal allergrößten Wert darauf, die im BG gebotene Auswahl von Texten und sogar ihre Anordnung als wohldurchdacht herauszuarbeiten; es handele sich keinesfalls um eine der zufälligen Textsammlungen. Dabei sei das AJ das eigentliche Zentrum, um das die anderen Texte einleitend, verstärkend und ausleitend herumgruppiert seien. Entsprechend kommt auch dem, was T. hier in der Einleitung über das AJ sagt, die größte Bedeutung für uns zu.

Für T. ist der Name „Apokryphon *des Johannes*" keineswegs willkürlich. AJ ist nach T. vielmehr das Produkt einer echten, freilich esoterischen Johannestradition, die sich – in besonderer Frontstellung gegen das Judenchristentum – von der Johannesschule in Ephesus abgespalten habe (vgl. z. B. S. 42 unten). Die Begriffe „Jean ésotérique" und „judéochrétiens" (der letztere in einem charakteristischen weiten Sinn) sind geradezu termini technici der Darstellung von T. Mit der Vorstellung der esoterischen Jonannestradition hängt auch die spezifische Theorie zusammen, dass sich im AJ Hymnenfragmente aus einer verloren gegangenen johanneischen Sammlung fänden. Dass tatsächlich ein sehr starkes johanneisches Kolorit im AJ vorhanden ist, wird von T. im Kommentar überzeugend zum Bewusstsein gebracht. Als Ganzes betrachtet ist das AJ nach T. im Grunde das einheitliche Werk eines einzigen Verfassers, und zwar eines gnostischen *Christen* (das Christliche am bzw. im AJ sei also kein „Firnis"). Die im AJ enthaltenen nichtchristlichen Mythologoumena werden von T. auf eine besondere Quellenschicht, deren sich die esoterische Johannestradition bediente, zurückgeführt; er nennt sie „apocalypses chaldaïques". In der Anwendung und Konkretisierung dieser Quellentheorie, wie sie bei der Kommentierung dann erfolgt, wird übrigens deutlich, dass diese Quellenschicht einfach etwa dem entspricht, was andere Nag Hammadi-Forscher die sethianische Mythologie nennen. Aber für T. ist das eben nicht der Kern des Ganzen, sondern vom christlichen Verfasser bewusst herangezogenes Hilfsmaterial.

Aus dem Komplex Eug/SJC im Rahmen der Einleitung sei zunächst nur wiederholend erwähnt, dass T. hinsichtlich des literarischen Abhängigkeitsverhältnisses mit vollem Recht die Auffassung vertritt und begründet, dass Eug die Quelle von SJC sei. Was aber wirklich nun interessant ist, ist die religionsgeschichtliche Einordnung des Eug. Und das Auffällige dabei ist, dass T. den Eug trotz des völligen Fehlens der typisch gnostischen dualistischen Weltsicht, wie ja im Text überhaupt nur von der heilen himmlischen Sphäre die Rede ist, doch noch für ein Dokument der (christlichen) Gnosis hält. Ja, er versteht ihn des näheren als „le chaînon manquant entre Valentin et Monoïme" (S. 66).

Bei der Praxis des Petrus, die trotz ihres nicht gnostischen Charakters wegen ihrer Askeseforderung dem Gnostiker als Geist von seinem Geiste vorkommen musste und deshalb mit Bedacht vom Schöpfer der im BG enthaltenen Textsammlung als paränetischer Ausklang gewählt worden sei, macht sich unter der Hand von T., nicht nur hier in der Einleitung, sondern auch und erst recht im Kommentar, ein soziologischer Gesichtspunkt gewissermaßen selbständig. Es ist, als ob T. sich nicht genug tun kann im Protestieren gegen den in der Person des Petrus erscheinenden orientalischen Haustyrannen, der mit seiner Tochter machen kann, was er will.

Auf die Einleitung folgt der Komplex der Übersetzung (S. 73–222; und zwar im Einzelnen: EvMar: S. 75–82; AJ: S. 82–166; SJC/Eug: S. 167–215; die Praxis des Petrus: S. 217–222), aus dem die folgenden Phänomene hervorgehoben seien. Für alle – paragraphenweise gegebenen – Übersetzungen ist ein jeweils im Prinzip dreiteiliger Apparat typisch: in der ersten Abteilung stehen, wenn vorhanden, die Angaben von Stellen, wo der betreffende Abschnitt des übersetzten Textes zitiert oder überhaupt bezeugt ist; die zweite Abteilung ist der Angabe von Stellen gewidmet, die nach T. als die Quellen des oben übersetzten Textabschnitts anzusehen sind (dabei hat möglicherweise die Bedeutung des Wortes „Quelle" einen gewissen Spielraum, bzw. würde dem Leser die Benutzung leichter, wenn er für sich wenigstens die Dinge so „weich" sehen dürfte; es kommt übrigens nicht selten zu Dubletten zwischen diesem Teil des Apparats und der entsprechenden Partie des Kommentars); die dritte Abteilung schließlich ist der Angabe wichtiger Parallelen vorbehalten. Als Kleinigkeit sei hierzu beiläufig bemerkt, dass auf S. 104 die Gegenüberstellung von Pigeradama(s) und Geradama(s) nicht stimmt; auch die drei zuletzt genannten Stellen aus Zostrianus haben Pigeradama(s). Im Allgemeinen ist der Apparat jedoch eine reiche Fundgrube für den Benutzer.

Bei der Übersetzung des vierfach überlieferten AJ erscheint in Synopse nur, was als Übersetzung präsentabel ist, d. h., zu Anfang ist sie nur zweispaltig (BG und NHC II), dann wird und bleibt sie dreispaltig (BG, NHC III und NHC II); d. h. die trümmerhafte vierte Version, die in NHC IV enthalten ist, tritt in der Übersetzung selbst – verständlicherweise – überhaupt nicht in Erscheinung.

Bei der Übersetzung des Komplexes Eug/SJC ist es die Eug-Version des NHC V, die ausfällt. Synoptisch dargeboten werden auch nur die Eug-Version von NHC III und die SJC-Version des BG, während die Version der SJC nach NHC III nur als Anhang gebracht wird (S. 203–15). Innerhalb dieses Anhangs kann man übrigens zu S. 206 § 7 fragen, warum hier bei „a été trouvée" auf die Konjizierung der Negation, wie bei beiden Versionen des Haupttextes geschehen (S. 175), verzichtet wurde.

Der Kommentarteil umfasst die Seiten 223–410, ist also nicht viel umfangreicher als der Übersetzungsteil (EvMar: S. 225–237; AJ: S. 239–345; SJC/Eug: S. 347–402; Praxis des Petrus: S. 403–410). Die Kommentierung ist, wie gesagt, unschematisch und also vielseitig, knapp und im Stil entsprechend vorwiegend apodiktisch. Für diskutierendes Eingehen auf die einschlägige Literatur ist kein Platz. Gleichwohl kommt Literatur, und zwar in Verweisen, zur Sprache. Obgleich man also im Kommentar nicht alles finden kann, was man vielleicht sucht, darf er im Ganzen als gelungen und nützlich gelten. Das schließt nicht aus, dass der Leser manchmal auch Schwierigkeiten hat, die Deutung voll zu übernehmen. Solche Schwierigkeiten könnte es z. B. geben bei der Deutung des Aiôn-Begriffs im AJ (s. die Stellen im Index S. 447f.). Im Zusammenhang damit, dass T. den Begriff der Quelle vorwiegend im rein literarischen Sinne versteht, wird die Beziehung des zu kommentierenden Textes auch zur Bibel (bzw. den Apokryphen und Pseudepigraphen) im Allgemeinen *sehr* direkt, und manchmal (wie auf S. 277 letzter Absatz zu § 29 und S. 283 Z. 25–27) vielleicht auch *zu* direkt gesehen. In diesen Kontext gehören wohl auch die an sich interessanten Ableitungen der Bezeichnung „Auge des Lichtes" für Adam (S. 372) und des Namens der Pistis Sophia (S. 374). Die Deutung der sich mitten im AJ findenden Bezeichnung der Sophia als „unsere Mitschwester" (S. 274 letzter Absatz) liegt m. E. gänzlich außerhalb des Bereichs, wo eine Lösung erwartet werden kann. In meinen Augen kann das „ich", das *so* von der Sophia redet, nur selbst ein weibliches Wesen sein; aber dann hätten wir hier einen deutlichen Fingerzeig für die längst im Raum stehende Vermutung, dass dieses „ich" im *Corpus* des AJ (im Unterschied zum äußeren *Rahmen*) ursprünglich überhaupt nicht Jesus war, was natürlich zu einer ganz anderen Auffassung von Charakter und Entstehung des AJ führt, als T. sie vertritt.

Im Bereich koptisch-linguistischer Interpretation, den T., wie schon angedeutet, im Allgemeinen meidet, könnte man am meisten Ungenügen empfinden. Das hängt vielleicht zum Teil damit zusammen, dass Zitate in den alten Sprachen, also auch koptische Wörter und Wendungen, offenbar aus drucktechnischen Erfordernissen nur in Umschrift gegeben werden können, wodurch sich leicht auch noch ganz äußerliche Fehler einschleichen. Als Beispiele solcher „Untiefen" sei verwiesen auf S. 292 Z. 10f.; S. 295 Z. 8. 16; S. 311 Z. 5 v. u. (wo in der Transkription *t-phātasia* der Strich über dem *a* auf ein supralineares Ny am Ende der betreffenden koptischen Zeile [NHC II p. 17,34–35] zurückgeht). Beim Wort ⲧⲱϭⲉ (BG p. 38,15) bzw. ⲧⲱⲕⲉ (NHC III p. 15,23) quält sich T. wahrscheinlich die ganze Zeit über mit einem nicht gemeinten bloßen Homonym herum (S. 276. 296. 317).

Der Band wird beschlossen durch sehr ausführliche und vorzügliche Indices (S. 411–516), die sich dem intensiven Benutzer als außerordentlich hilfreich erweisen werden. Die einzelnen Bestandteile dieses Schlusskomplexes sind:

I. Concordance des paragraphes (S. 413–419); II. Index locorum (S. 421–444); III. Index analytique (S. 445–513); IV. Bibliographie (S. 515–516). Die Bibliographie ist unnachahmlich kurz und enthält nur die Titel, auf die im Text in abgekürzter Form Bezug genommen worden ist, und zwar unter Verweis darauf, dass T. ein besonderes bibliographisches Werk „Introduction à la littérature gnostique" plant, über das auf S. 12 unten Näheres gesagt wird. Demgegenüber ist der Index analytique in Idee, Konstruktion, inhaltlicher Fülle und Aussagekraft das Glanzstück des Schlussteils und bietet eine Übersicht und Zusammenschau der behandelten Sachen und Begriffe von hohem Gebrauchswert.

Der Rezensent dieses Eröffnungsbandes „Codex de Berlin" möchte hiermit dem von Michel Tardieu in Angriff genommenen großen Unternehmen der „Sources Gnostiques et Manichéennes" alle guten Wünsche für volles Gelingen mit auf den Weg geben.

Rezension zu Pierre Cherix: Le Concept de Notre Grande Puissance (CG VI,4)*

Bei der vorliegenden Arbeit handelt es sich um eine ganz vorzügliche Textausgabe einer einzelnen Nag Hammadi-Schrift. Diese Ausgabe ist unter dem Patronat von Hans Quecke in Rom entstanden. Warum die Wahl des jungen Schweizer Koptologen gerade auf diese Schrift gefallen ist, wird nicht direkt gesagt. Aus einer Notiz auf S. 2 kann man jedoch herauslesen, dass es als Mangel empfunden wurde, dass es bisher von ihr noch keine französische Übersetzung gab und der Herausgeber zugleich der Gewissheit war, zu ihrem sprachlichen Verständnis Neues beitragen zu können. Jedenfalls verdient gerade diese Schrift, die unter dem seltsamen Titel „Der Gedanke unserer großen Kraft“[1] so etwas wie den Abriss einer universalen gnostischen Heilsgeschichte bietet, tatsächlich die besondere Bemühung der Spezialisten. Sie gehört nämlich zu den dunkelsten Nag-Hammadi-Schriften, während zugleich das, was man von ihr bisher versteht, vielversprechend ist. Freilich ist sie so dunkel, wie sie uns[2] und auch dem Claremont-Team erscheint,[3] in den Augen von Ch. nun auch wieder nicht. Während m. E. nur Einzelsätze und Einzelstücke des Textes einigermaßen klar sind, der Sinn und Rahmen des Ganzen aber rätselhaft bleiben, kann Ch. sagen: „CG VI,4 est un exposé didactique tout à fait cohérent“ (S. 4); und die dazugehörige Einschränkung, die er in Anm. 3 formuliert, lautet lediglich: „Malgré certaines imperfections (...) ou certaines phrases laborieuses (...)..., rien ne permet d' affirmer que nous avons affaire ici à un texte composite.“ Den auffälligen Sachverhalt, dass das im Text sprechende „Ich“ bald ein Offenbarer zu sein scheint, der von der Großen Kraft in der dritten Person spricht, bald die große Kraft selbst, erklärt er sich z. B. damit, dass der Verfasser des Textes vielleicht die Absicht hatte, „de mettre l'accent sur l'identité ontologique du Révélateur et de la Grande Puissance“ (S. 5). Aber da es Ch. gar nicht um eine textlinguistische und religionsgeschichtliche Analyse von Noēma geht, wäre es unsachgemäß, bei diesen beiläufigen und provisorischen Bemerkungen der Einleitung einzuhaken. Sein Werk ist philologischer Natur und muss als solches gewürdigt und gegebenenfalls kritisiert werden.

Nun halten in Wirklichkeit das Würdigenswerte und das Kritikbedürftige keineswegs etwa einander die Waage. Was zu würdigen ist, ist das ganze Unternehmen samt seiner Durchführung im Einzelnen, und zwar in Superlativen.

---

* Texte, remarques philologiques, traduction et notes, OBO 47, Fribourg/Göttingen 1982. In: Enchoria 13 (1985), 233–242.

[1] Nach den Abkürzungen des Berliner Arbeitskreises für koptisch-gnostische Schriften: „Noēma“.

[2] Vgl. K. M. Fischer (federführend), Der Gedanke unserer großen Kraft (Noēma). Die vierte Schrift aus Nag-Hammadi-Codex VI, ThLZ 98 (1973), 169–176.

[3] Vgl. D. M. Parrott (ed.), Nag Hammadi Codices V,2–5 and VI with Papyrus Berolinensis 8502,1 and 4, NHS 11, Leiden 1979, 291f.

Auf Schritt und Tritt die vorzügliche koptologische Schule, aus der er kommt, unter Beweis stellend, hat Ch. ein beispielhaftes und Maßstäbe setzendes Werk geschaffen, das die Erschließung dieses schwierigen Textes ein erhebliches Stück voranbringt und sich zugleich als Arbeitsmittel für andere empfiehlt. Was demgegenüber zu kritisieren ist, sind im Grunde nur Kleinigkeiten. Und wenn die Notierung dieser Kleinigkeiten hier auch einen größeren Raum einnimmt als die Sätze der Anerkennung, so liegt das m. E. in der Natur der Sache, sollte aber keinen Leser die wahren Relationen vergessen machen. Im Gegenteil, die Aufzählung der problematischen oder zu verbessernden Kleinigkeiten dient gerade dem Zweck, den Charakter von Ch.s Werk als Arbeitsmittel nicht geschmälert zu sehen. Das Werk ist übrigens in Schreibmaschinensatz gedruckt, in dem auch Tippfehler leicht übersehen werden können.

Das Buch enthält nach einem Literaturverzeichnis (S. IX–XIII) und der schon erwähnten, kurzen „Introduction" (S. 1–6) drei große Abschnitte, nämlich: „Le texte" (S. 7–30), „Remarques philologiques" (S. 31–63) und „Indices" (S. 65–95), die wir nacheinander durchzugehen haben.

Der Textteil beginnt mit einem „Sommaire du texte" (S. 7–9). Ch. gibt hier eine richtige Gliederung. Die Schrift besteht danach, abgesehen von einer Einleitung (p. 36,3–27), aus zwei großen Abschnitten (p. 36,27–43,2 und 43,3–48,13), deren jeder mit einer Gruppe von Fragen beginnt, auf welche in jedem Abschnitt wiederum in zwei Abteilungen geantwortet wird, die jeweils im Schema der zwei Äonen gehalten sind, wobei erst der fleischliche dem psychischen Äon gegenübersteht, dann der psychische dem zukünftigen Äon. Was mich aber an der Gliederung besonders interessiert, ist, dass die Zäsuren ihrer kleinsten Untereinheiten mit denen der von K. M. Fischer herausgearbeiteten Einteilung im Prinzip übereinstimmen,[4] wenngleich gelegentlich Ch.s Abschnitte größer sind als die von Fischer. Auf S. 8 Z. 3 lies 39:16 statt 37:16.

Das Zentrum des Textteils ist natürlich die Darbietung des koptischen Textes mit der jeweils auf der anderen Seite gegenübergestellten französischen Übersetzung. Auffälligerweise steht jedoch die Übersetzung links und der Text rechts, wie ich es sonst nur noch aus B. Laytons Ausgabe der Hypostase der Archonten kenne. Text und Übersetzung werden fortlaufend und den Abschnitten der Gliederung entsprechend gegeben, und dabei doch so, dass die Zählung der Codexseiten und -zeilen an Markierungen im Text und Zahlen an seinem Rand abgelesen werden kann.

Was den koptischen Text, für sich betrachtet, angeht, so beruht er nicht auf Autopsie, sondern ist nach der Faksimile-Ausgabe gemacht (S. 1 Anm. 5). Ein Vergleich mit der inzwischen erschienenen CGLib-Ausgabe von Noēma (s. Anm. 3: NHS 11, 291–323) und einschlägigen Notizen des Claremont Teams, die mir zur Verfügung stehen, zeigt, dass im Bereich der Textbeschädigungen und -lücken noch manches am Text zu präzisieren ist; so können vor allem Ergänzungsklammern verschoben oder getilgt werden und manche der (die Unsicherheit der Lesung angebenden) Punkte unter den Buchstaben wegbleiben. Gelegentlich ist ein oberzeiliger Punkt oder ein Apostroph nachzutragen. Aber

---

4 Vgl. Fischer, Der Gedanke unserer großen Kraft (Noēma). 169–176.

das alles im Einzelnen hier aufzuführen, würde wohl doch zu weit gehen. Auch einige andere Sachverhalte seien nur grundsätzlich genannt. Ein Phänomen der in Codex VI gebrauchten Schrift, das man wohl als Ligatur von ⲧ, ⲡ (, ⲅ) und Apostroph zu verstehen hat (implizit so gedeutet auch von Ch. selbst [S. 56 § 44]), kann in dem koptischen Schreibmaschinensatz nur unvollkommen wiedergegeben werden. Dass in diesem Satz der Apostroph ohne Verbindung rechts oberhalb von dem betreffenden Buchstaben schwebt, könnte man zwar durchaus als eine normalisierende Wiedergabe rechtfertigen; wo aber dieser Buchstabe auch noch einen Supralinearstrich hat, ergibt sich in der Wiedergabe eine irreale Ligatur zwischen *Supralinearstrich* und Apostroph. Nicht direkt mit den Grenzen der Schreibmaschine zu tun hat der Umstand, dass die Konjunktivformen ⲛϥ- und ⲛⲥ- den Supralinearstrich (der nach dem System der im Codex gebrauchten Orthographie in der Mitte über den beiden Buchstaben zu stehen hat, in der Realisierung freilich mehr oder weniger leicht nach rechts verschoben erscheint) in Ch.s Text stets über dem zweiten Buchstaben haben, während er im Index (S. 67) über dem ersten steht. In der Worttrennung hat der Text einige systematisch durchgeführte Eigenheiten, unter denen besonders die freie Stellung der syntaktischen Elemente ⲛ̄, ⲙ̄ und ⲉ ins Auge fällt (auch darin scheint Ch. seinem Lehrer B. Layton zu folgen). Dafür gibt es dann Zusammenziehungen von Elementen, wo es gebräuchlicher ist, sie zu trennen.

Die anzumerkenden Einzelheiten sind nun die folgenden:

- p. 36,21/22: lies ⲥⲉⲟ|ϫⲛⲟⲩ statt ⲥⲉ|ⲟϫⲛⲟⲩ.
- p. 37,28/29: lies ⲛ̄ϩⲏ|ⲧϥ̄ statt ⲛ̄ϩ|ⲏⲧϥ̄.
- p. 37,35/38,1: lies zusammengezogen ⲙ̄ⲙⲟⲩⲉⲓ*[ⲏ. Was soll der Spiritus hier (und im Apparat) über dem Eta?
- p. 39,25: lies ⲟⲩⲙⲛ̄ⲧ’ⲇⲓⲁⲃⲟⲗⲟⲥ (mit Supralinearstrich).
- p. 39,31: lies ϫⲓ ⲛ ϭⲟⲛⲥ̄ (ohne Supralinearstrich über dem Ny).
- p. 40,23: lies ϣⲁⲛⲧⲉϥⲟϫⲛϥ statt ϣⲁⲛⲧⲉϥⲟϫⲛⲉϥ.
- p. 41,3: die Konjektur ⲛ̄<ϭⲓ> ⲛⲱϩⲉ ist vorzüglich und entspricht ja auch unserem eigenen Textverständnis. Man könnte sich freilich fragen, ob man nicht doch ohne Konjektur auskommen kann, wenn man das Ny als identificativum versteht, wonach es dann heißen würde „als Noah“. Vgl. auch die schöne Bemerkung Ch.s „Le Révélateur est le nouveau Noé“ (S. 28 Anm. 84).
- p. 41 ,28: lies ϩ̂ⲓϫⲛ̄ (*mit* Zirkumflex).
- p. 41,33: lies ⲁϥϫⲓⲧϥ̄. Wie kommt Ch. hier zu den spitzen Klammern und zu der Frage im Apparat, wo doch schon die Faksimile-Ausgabe ganz eindeutig ist?
- p. 43,33: lies ϣⲟⲣ<ϣ>ⲣ̄ statt ϣⲟⲣϣⲣ̄. Der Schreiber hat statt des zweiten ϣ ein ⲱ geschrieben, d. h. den „Schwanz“ zu schreiben vergessen.
- p. 45,8/9: lies ⲁϥⲣ̄ | ⲣ̄ⲣⲟ statt ⲁϥⲣ̄ ⲣ̄|ⲣⲟ.
- p. 46,4: lies ⲥⲉⲛⲁⲥⲱⲗⲉϫ statt ⲥⲉⲛⲁϭ̣ⲱⲗⲉϫ. Das ist eine wichtige Neulesung der Amerikaner. Entsprechend sind die Übersetzung § 45 der Sprachanalyse und das Register zu korrigieren.
- p. 46,32: lies ϥⲛⲁⲱϫⲛ̄ statt ⲉϥⲛⲁⲱϫⲛ̄ (entsprechend muss im Register [S. 66] die Angabe 46:32 vom Futur II zum Futur I verschoben werden).
- p. 47,1: lies ⲛ̄ϭⲓ ⲡ[.]ϩ [± 11–13].
- p. 47,4: lies ϩ̄ⲓⲧⲛ̄ ⲧⲥⲟⲫⲓⲁ ⲉⲓ[± 5–7].
- p. 47,16: lies ⲛ̄ ⲧⲙⲛ̄ⲧ’ⲥⲁⲉⲓⲉ statt ⲧⲙⲛ̄ⲧ’ⲥⲁⲉⲓⲉ.

- p. 47,17: lies ⲉⲩⲥⲃ̅ⲧⲁⲧ’ (*ohne* Apostroph beim Beta). Entsprechend ist die darauf bezügliche Notiz auf S. 56 § 44 zu streichen.
- p. 48,1: lies ⲡϣⲏ̅ (mit supralinearem Ny am Zeilenende; also = ⲡϣⲏⲛ). Damit sind alle diesbezüglichen Erwägungen im Apparat hinfällig.
- p. 48,2: lies [± 6–7] ϭ̣ⲟⲛⲥ̅ ⲉⲧ’ϣⲟⲟⲡ’ ⲉ.
- p. 48,5: [± 3–4] ⲗ̣ ϫⲉ etc.
- p. 48,14/15: lies ⲧⲛ̅ⲛⲟϭ | ⲛ̅ ϭⲟⲙ.

Die typischen Züge der französischen Übersetzung sind einerseits die exakte Wiedergabe der (adjektivischen) Cleft Sentences und der zweiten Tempora, andererseits ein paraphrasenhafter Zug, der dadurch zustande kommt, dass Ch. die zahlreichen „schwebenden" Pronomina dadurch eindeutig macht, dass er sie durch die (seiner Auffassung nach) gemeinten Nomina ersetzt (in diesen Fällen ist in den Anmerkungen zu finden, wie die Wendung wörtlich lautet).

An Einzelheiten sei auf Folgendes hingewiesen:

- S. 10 Z. 3: lies „connaîtra" statt „connaître".

  Z. 4: in der Wendung „et le feu ne pourra le consumer" erscheint der bestimmte Artikel nicht gerechtfertigt. Oder hängt das etwa mit der Idiomatik der Zielsprache zusammen?

  Z. 7: „ils sont soumis à ces contraintes" als Übersetzung von (ⲉⲧⲉ) ⲛⲉⲉⲓϩⲧⲟⲣ ⲉⲣⲟⲟⲩ ist ein besonders markanter und nachdenkenswerter unter den neuen Deutungsversuchen von Ch. Wörtlich „que ces contraintes sont sur eux" (siehe Anm. 8 auf S. 24).
- S. 12 Z. 3: „ni (sc. est capable) l'éon de vie de vivre sans elle" erscheint als Wiedergabe von ⲟⲩⲧⲉ ⲙ̅ⲙⲛ̅ϭⲟⲙ ⲙ̅ ⲡⲁⲓⲱⲛ ⲛ̅ ⲱⲛϩ̅ ⲛ̅ ⲟⲩⲉϣ ⲛ̅ ⲃⲗ̅ⲗⲁϥ. Es sieht so aus, als wäre ⲛ̅ ⲱⲛϩ̅ zweimal übersetzt. Das Register allerdings legt ⲱⲛϩ̅ hier als Verb fest.

  Z. 4: „C'est en comprenant avec pureté que l'on possède ce qui est en elle" (als Übersetzung von ⲉⲩⲛ̅ⲧⲁϥ ⲙ̅ⲙⲁⲩ ⲙ̅ ⲡⲉⲧⲛ̅ϩⲏⲧϥ̅ ⲉϥⲣ̅ ⲛⲟⲉⲓ ϩⲛ̅ ⲟⲩⲡⲉⲧ’ⲟⲩⲁⲁⲃ) ist eine besonders kühne und schöne Deutung unter Voraussetzung der Möglichkeiten des zweiten Tempus (bzw. der substantivischen Cleft Sentence); ⲉⲩⲛ̅ⲧⲁϥ ist als Präs. II gedeutet, während ⲉϥⲣ̅ ⲛⲟⲉⲓ als circumstantiales Präs. zum Adverb-Äquivalent und Prädikat („vedette") wird.

  Z. 5: ⲛ̅ⲧⲉⲧⲛ̅ⲙ̅ⲙⲉ ϫⲉ ⲟⲩⲉⲓ ⲧⲟ ⲡⲉ wird – unter Einbeziehung neuer Erkenntnisse – mit „et sachez d'où il est" übersetzt (vgl. S. 51f. § 33).

  Z. 7: „C'est à tous qu'il l'a donné" ist keine korrekte Übersetzung von ⲉϥϯ ⲛⲁⲩ ⲧⲏⲣⲟⲩ (p. 37,29); es müsste heißen „…qu'il donne". Es scheint eine Konfusion mit dem ⲧⲁⲁϥ vier Zeilen darüber (p. 37,25) eingetreten zu sein.
- S. 14 Z. 8: Das passivische „rendus" als Übersetzung von ⲉⲩⲕⲱ ⲉϩⲣⲁï wiederholt den Fehler, den schon Krause und wir gemacht haben.

  Z. 14: „Et elle a brûlé tous les couples" – Ch. möchte also in ⲏⲉⲓ (p. 40,12) statt des gewöhnlichen Wortes für „Haus" lieber das seltene Homonym „Paar" sehen. Der syntaktische und semantische Kontext scheinen aber dieser Auffassung nicht günstig zu sein.

  Z. 21: „Alors dans cet éon, *c'est-à-dire* l'éon psychique". Obgleich Ch. auf S. 53f. § 37 den hier gebrauchten demonstrativen Pleonasmus ⲡⲉï-…ⲉⲧⲉ ⲡⲁï ⲡⲉ richtig erklärt, hat er diese Erkenntnis in der Übersetzung der hiesigen Stelle nicht angewendet. Es heißt einfach „... dans cet éon-ci psychique".

- S. 16 Z. 2: „Et il fut remis à Sasabek *pour 9 pièces de bronze*". Krauses „sieben Bronzemünzen" sind offenbar unausrottbar. Dieser Auffassung stehen aber (abgesehen von ihrer Sinnlosigkeit) vier Sachverhalte im Wege: 1. ⲃⲉⲣⲱⲧⲑ (das Theta mit eingeschlossen) wird durch den Hervorhebungsstrich als Eigenname bezeichnet; 2. bei solchen Zahlen steht im Falle der Indetermination überhaupt kein Artikel, und schon gar kein Pluralartikel; 3. die Zahl hätte ihren Platz *vor* dem Gezählten; 4. die Präp. ⲁ- heißt nicht „für". Nach alledem müsste vielmehr ⲁϩⲉⲛ zusammengehören und eine Präposition sein, die am besten mit dem lykopolitanischen ⲁϩⲛ̄- „und" (vgl. Crum XVI zu 25a) zu identifizieren wäre. Der Satz dürfte also heißen: „Et il fut remis à Sasabek et Berōth".

  Z. 23: „et à devenir éons infinis". Diese Übersetzung von ⲛ̄ⲥⲉϣⲱⲡⲉ ⲛ̄ ⲁⲓⲱⲛ ⲛ̄ ⲁⲧʼⲱϫⲛ̄ ist völlig in Ordnung und entspricht auch der allgemeinen Auffassung. Trotzdem möchte ich noch einmal fragen, ob die Abteilung ⲛ̄ⲥⲉϣⲱⲡ ⲉ|ⲛ̄ⲁⲓⲱⲛ („et à recevoir les éons infinis") dem Kontext nicht doch besser entspricht.

  Z. 24: „il a enseigné" entspricht im Tempus nicht dem ⲉϥⲧⲁϣⲉ ⲟⲉⲓϣ. Und es nützt auch nichts, wenn es in der dazugehörigen Anm. 81 (S. 28) heißt: „Litt.: *enseignant*".

  Z. 26: „il est devenu le premier éon". Weder dies noch die in Anm. 83 (S. 28) gegebene Alternative *„il a fait"* etc. ist eine korrekte Übersetzung von ⲁϥⲣ̄ ⲡϣⲟⲣⲡ̄ʼ ⲛ̄ ⲁⲓⲱⲛ. ⲣ̄- vor einem Zeitbegriff wie hier heißt „passer" („zubringen").
- S. 20 Z. 27f.: „l'éon de la *justice*". Es ist zu bestreiten, dass das sahidische Wort ϩⲁⲡ auch „Gerechtigkeit" heißen kann. Was es aber wirklich heißt („Gericht" o. ä.) widerspricht dem Kontext. Daher ist anzunehmen, dass wir im Text die lykopolitanische Form des Wortes ϩⲟⲡ „Brautgemach" vor uns haben.

Der Textteil wird beschlossen von 121 nachgestellten Anmerkungen zur Übersetzung (S. 24–30).

- Anm. 10: Das vorletzte Wort muss wohl *les* statt *mes* heißen.
- Anm. 17: ist ein etwas verwirrender Versuch, mit dem ⲁ ϣⲱⲡⲉ von p. 36, 30f. fertig zu werden. In Z. 4 muss es übrigens wohl „vit" statt „vient" heißen. M. E. ist das ⲁ ϣⲱⲡⲉ ohne Konjektur überhaupt nicht zu übersetzen; etwa <ϫⲉ ⲡⲱⲥ ϥⲛ>ⲁϣⲱⲡⲉ.
- Anm. 23: lies „dépendre" statt „dépendra".
- Anm. 26: „On attendrait ϩⲛ̄ ⲟⲩⲙⲛ̄ⲧⲡⲉⲧⲟⲩⲁⲁⲃ". Ich kann diese Erwartung nicht teilen. M. E. ist das im Text stehende ϩⲛ̄ ⲟⲩⲡⲉⲧⲟⲩⲁⲁⲃ völlig korrekt.
- Anm. 30: In Z. 3 lies ϫⲱ statt ϫⲟ.
- Anm. 43: „Litt.: *soumet*". Das bezieht sich auf das „soumit" der Übersetzung. Aber „soumit" kann doch nicht als „freie" Übersetzung von ⲉϥⲣ̄ ϩⲩⲡⲟⲧⲁⲥⲥⲉ gelten (das ⲉϥ- ist im Register als Präs. II ausgewiesen).
- Anm. 56: Hier übt Ch. gesunde Kritik an der voreiligen Auffassung, die in ⲛⲓⲁⲛϩⲟⲙⲟⲓⲟⲛ (p. 40,7) eine Bezugnahme auf die christliche Sekte der Anhomöer sieht und dies dann auch noch für die Datierung der Schrift auswertet. (Vgl. auch schon die skeptischen Töne auf S. 6.)

- Anm. 60: Ch. bezieht das schwierige ⲛ̄ϩⲏⲧⲥ̄ (p. 40,13) auf „la mère du feu" oder „l'âme". Die einzig logische Beziehung ist m. E. jedoch die auf das hinter ⲕⲁϩ stehende griechische Femininum γῆ.
- Anm. 63: „*il l'a recevra* ou *il sera reçu*". Lies „*la*" oder „(*la*)" statt „*l'a*". Die nach dem „oder" genannte angebliche Alternative ist zu verwerfen. ϫ(ⲉ)ⲓ gehört zu den Verben von stark aktiver Bedeutung, die nie passivisch gebraucht werden. Entsprechend ist im Register S. 85 Z. 3 v.u. der Zusatz „(moy.)" hinter 40:28[1] zu tilgen.
- Anm. 98: quält sich mit der Erklärung des ⲧⲣⲩⲫⲏ von p. 46,11 ab. Dass es aber auch „éventuellement *voracité*" heißen könnte, erscheint unglaubhaft.
- Anm. 106: nimmt zu dem religionsgeschichtlichen Problem der im Text als Dauer des Weltenbrandes genannten 1468 Jahre (p. 46,27–29) Stellung, wobei Ch. mit Recht vor allzu schneller Ableitung dieses Motivs aus dem Manichäismus warnt. Die letzten beiden Sätze scheinen mir aber eine unzulässige Vermischung von Religionsgeschichte und Linguistik zu praktizieren.

Der zweite Hauptteil des Werkes, die „Remarques philologiques", sind eine Meisterleistung. Was hier geboten wird, unterscheidet sich „um Welten" von dem, womit der Leser gewöhnlich in Ausgaben von Nag-Hammadi-Texten unter dem Stichwort „Sprache" gelangweilt oder geärgert wird. Es geht wirklich um die wesentlichen Dinge. Die Fragen, die an den Text gestellt werden, sind präzise. Hintergrund und Koordinaten der Erhebungen sind zweckmäßig gewählt. Der Hintergrund sind neben dem klassischen Sahidisch des Neuen Testaments das Achmimische (= *A*), das Lykopolitanische (= *L*) [bzw., wie Ch. in der herkömmlichen Terminologie sagt, das Subachmimische (= A_2)] und der Dialekt des Papyrus Bodmer VI (= *P*). Und Ch. unterscheidet zwei Arten von sprachlichen Besonderheiten: solche, die sich aus der Einwirkung von *A*, *L* und *P* erklären lassen, und solche, die irgendwie innersahidisch sind. Die einen definiert er in der Introduction (S. 31f.) als „caractéristiques (dialectales) non sahidiques" und behandelt sie in drei Abschnitten: Les caractéristiques vocaliques (S. 33–35 = § 1–2), Les caractéristiques lexicales (S. 35f. = § 3) und Les caractéristiques morphosyntaxiques (S. 35–46 = § 4–23). Die anderen Besonderheiten heißen „particularismes (dialectaux sahidiques)" und sind nur einfach unterteilt, wobei nun – gewissermaßen chiastisch – mit dem wichtigeren begonnen (bzw. gleich fortgefahren) wird: Les particularismes morphosyntaxiques (S. 47–54 = § 24–38), und dann erst Les particularismes orthographiques (S. 54–60 = § 39–52).

Das Ergebnis der sprachlichen Untersuchungen, unter der Überschrift „Conclusions" (S. 60–63) zusammengefasst, ist in meinen Augen nicht so wichtig wie die vorhergehenden Aufstellungen selbst. Was soll schon herauskommen? Vorklassisches oberägyptisches Sahidisch. Um es in der eigenen Terminologie des Verfassers zu sagen, wählen wir eine knappe Formulierung aus der Einleitung (S. 3f.): „nous avons affaire à une langue d' époque très ancienne, probablement un sahidique encore suffisamment souple pour tolérer la présence d'éléments grammaticaux et lexicaux d'origines dialectales diverses, plus particulièrement AA_2 ou *PBodmer 6*". Von Bedeutung an seinem Ergebnis ist allerdings etwas Negatives, dass er nämlich der naheliegenden Versuchung widersteht, im Gefolge von B. Layton die Sprache von Noēma etwa für krypto-subachmimisch zu erklären.

Auch für diesen Teil sei die Aufmerksamkeit noch auf bestimmte besondere Züge und einzelne Sachverhalte gelenkt:

Man vermerkt mit Interesse, wie Ch. bei der Arbeit mit dem „Dialekt“ *L* von selbst gelegentlich auf den Sachverhalt stößt und ihn artikuliert, dass das Phänomen *L* gar kein einheitlicher Dialekt ist, insofern als er bemerkt, dass das manichäische *L* eine Größe für sich ist (S. 34 mit Anm. 4; S. 36 mit Anm. 3). Umso mehr muss es auffallen, dass er das Element ⲁ (anstelle von ⲛⲁ) zur Bildung der „Instans“ Verbform (Futur) als einen allgemeinen Zug von AA_2 voraussetzt (S. 36 § 5 Z. 2), obgleich gerade dies doch ein hervorstechendes Charakteristikum nur des manichäischen *L* (bzw. A_2) ist.

Die Aussagen über die Relevanz des relativen Präs. nach dem Paradigma ⲉⲧⲉϥ- auf S. 32 sind missverständlich, wenn sie nicht wirklich im Lichte von § 27 gesehen werden. Dieses Paradigma findet sich übrigens sogar noch in mehr als den dort genannten Nag-Hammadi-Texten. S. 34 § 2 mit Anm. 6: Der hier überraschend auftauchende imaginäre sahidische Qualitativ ⲥⲃ̄ⲧⲟⲧ (statt des wirklichen ⲥⲃ̄ⲧⲱⲧ) dürfte anzeigen, dass die betreffende Zeile nicht ganz zu der hier aufgeführten Gruppe gehört.

S. 47f. § 24: Ob das Schema ⲡⲣⲱⲙⲉ ϥⲛⲁⲥⲱⲧⲙ̄ (also mit Extraposition des nominalen Subjekts im Fut. I) neben bzw. anstatt ⲡⲣⲱⲙⲉ ⲛⲁⲥⲱⲧⲙ̄ wirklich etwas so besonderes ist, wie Ch. es hier darstellt, ist mir noch ein Problem.

S. 48 § 25: Ch. diskutiert hier das Konjugationspräfix ⲉϣⲁϥ- im Ausdruck ⲉϣⲁϥⲧⲛ̄ⲧⲙ̄ϭⲛ̄ ⲗⲁⲁⲩ ⲉ ⲣⲱⲕϩ̄ „wenn es (das Feuer) nichts mehr zum Verbrennen findet“ (p. 46,30f.), verwirft jedoch seine Deutung als besondere Form des Konditionalis und bestimmt es vielmehr als zweites Tempus oder Circumstantialis des Aorist (in seiner Terminologie *Consuétudinal*) [siehe auch Register S. 67; aber was soll dort der Rückverweis auch auf § 32?]. Dabei verkennt er, dass, wie immer die Form auch aussehen mag (und ob sie nun echt oder nur verschrieben ist), die Bestimmung ihres Wesens unbedingt von der hier gebrauchten Negation ⲧⲛ̄ⲧⲙ̄ (= ⲧⲙ̄) ausgehen muss; es kann also nur eine Nebensatzkonjugation sein, und von denen kommt tatsächlich nur eben der Konditionalis in Frage.

S. 50 Anm. 1: in Z. 2 lies „supra“ statt „aupra“; in Z. 5 lies ⲡⲉ statt ⲛⲉ. Auch von der Argumentation, dass in p. 46,26f. eine verkürzte Cleft Sentence vorliege, fühle ich mich nicht überzeugt.

S. 51 § 32: Die Beschreibung „Bipartite prépositionnelle (*i.e.* pronom-sujet + préposition) suivie d'un infinitif“ (Z. 2f.) für das normale sahidische Schema (ⲙ̄) ⲙⲛ̄ϭⲟⲙ ⲙ̄ⲡⲣⲱⲙⲉ ⲉⲥⲱⲧⲙ̄ ist m. E. nicht glücklich. Was soll in Z. 5 der Stern hinter (37:)20 bedeuten? (Wieso übrigens „précédées de“ [S. 69 Anm. 1]?) Und was tut diese Angabe überhaupt hier zwischen den beiden anderen?

S. 55 § 43: Noēma teilt mit dem Rest des Codex VI und den Codices IV, V, VII, VIII und IX die orthographische Eigentümlichkeit, dass der Komplex ϩⲓ, wo immer er erscheint, einen supralinearen Strich trägt (ϩ̅ⲓ̅, ϩ̅ⲓ̅ⲛⲁ, ϩ̅ⲓ̅ⲧⲛ̄, etc.). Ich finde es richtig und gut, dass Ch. diesen Strich wie selbstverständlich als Zirkumflex bezeichnet.

Auch der dritte Hauptteil der Edition, das sprachliche Register, ist eine Augenweide für den Kenner und Liebhaber. Die Konjugationen sind am Anfang (S. 65–67) gesondert in schöner Übersichtlichkeit aufgeführt. Was die Gesamtanlage betrifft – kein System kann alle Vorzüge vereinigen – , so ist es jedenfalls nicht nach dem Prinzip der Einmaligkeit der Nennung eines jeden Elements angelegt;

der Schwerpunkt liegt stattdessen auf der Sichtbarmachung der Konstruktionen, in denen die Elemente begegnen. Die Anordnung der Elemente folgt dem Lexikon von Crum. Statt der Bedeutung der Wörter erscheint die Kolumnenzahl von Crum. Bei den Verben wird intransitiv/passivischer Gebrauch des bloßen Infinitivs (im Verbalsatz = Dreiteiliges Konjugationsschema) durch den Zusatz „(moy.)" gekennzeichnet. Das Register ist auf Ausführlichkeit, aber nicht auf absolute Vollständigkeit hin angelegt. Die Artikel erscheinen nicht. Gespart wird bei den Präpositionen ⲛ̄-, ⲛⲁ⸗ und ⲛ̄-, ⲙ̄ⲙⲟ⸗ (im Normalfall) durch die Bemerkung *passim*, wobei das Lemma ⲛ̄-, ⲙ̄ⲙⲟ= (wie bei Crum) auch die Genitiv-, Attributs- und Objektsanknüpfung durch das Element ⲛ̄- mitumfasst. Wirklich vermissen könnte man die Registrierung der Transponenten (in anderer Terminologie: Konverter) ⲉ und ⲉⲧⲉ, wo sie außerhalb des Konjugationssystems gebraucht sind, z. B. vor der Existenz/Nichtexistenz-Aussage und dem Nominalsatz.

Schließlich auch zum Register noch einmal einige Einzelheiten.

- S. 71 Z. 14: „ⲉⲛⲉ particule interrog. (irréel) (56b)". Bei Crum sind das jedoch zwei verschiedene Lemmata. Und die genannte Stelle 39:2 mit ihrem Irrealispräfix gehört (nur) zum zweiten.
- S. 75 Z. 11 und S. 76 Z. 17: Die zusammengesetzte Präposition ⲛ̄-ⲧⲡⲉ ⲛ̄- ist nicht (mehr) von ⲡⲉ „Himmel", sondern von einem maskulinen Nomen ⲧⲡⲉ „Oberes" abzuleiten.[5]
- S. 75 Z. 15: lies 38:7 statt 38:7^{1}.
  Z. 16: lies 38:10^{1} statt 38:10.
  Z. 1 v. u.: kein „emploi abusif" von ⲛ̄ϭⲓ an der Stelle p. 36,18, sondern offenkundige Textverderbnis. Es heißt dort ⲁⲩⲱ ⲛ̄ⲥϫⲟⲕⲟⲩ ⲉⲃⲟⲗ ⲛ̄ϭⲓ ⲛⲟⲩⲉⲡⲓⲛⲟⲓⲁ ⲙⲛ̄ ⲛⲟⲩϩⲃⲏⲩⲉ (p. 36,17–19), von CH. übersetzt „et qu' elle rende parfaites les pensées et les actes de ceux-là" (so im Prinzip übrigens schon Krause und nun auch CGLib). Was einem hier unter „emploi abusif" zugemutet werden soll, sagt die darauf bezügliche Anmerkung in CGLib mit argloser Deutlichkeit: „The object is introduced by ⲛ̄ϭⲓ, which is very unusual" – „very unusual" in der Tat. Außerdem ist ja ein (pronominales) Objekt schon da. Der syntaktische Rahmen erzwingt es geradezu, hier eine Verschreibung für ⲛ̄ⲥ<ⲉ> ϫⲟⲕⲟⲩ anzunehmen: „und (damit) ihre Gedanken und Werke *sich* vollenden".
- S. 83 Z. 22: Warum erscheint die Bezeichnung „nombre cardinal" nur hier?
- S. 85 Z. 16: lies ϩⲁϩ statt ϩⲁⲧ; die Angabe 42:31 muss um eine Zeile nach oben versetzt werden.
- S. 91 Z. 7 und Z. 3 v. u.: lies „m" statt „f".
- S. 92 Z. 1 v.u.: Das ⲛ̄- ist der Pluralartikel. Solche Hervorhebung erfolgt im Register sonst nur (mit dem ausdrücklichen Zusatz „attr" versehen), wenn es sich bei dem ⲛ̄- um den Attributsanschluss handelt.

---

[5] Vgl. W. Westendorf, Koptisches Handwörterbuch, Heidelberg 1965 (1977), 239 mit Anm. 1; 548; B. Layton, Compound Prepositions in Sahidic Coptic, in: D. W. Young (ed.), Studies Presented to H. J. Polotsky, East Gloucester, Mass., 1981, 262f.

Rezension zu Stephen Emmel: Nag Hammadi Codex III,5: The Dialogue of the Savior*

Ein lange Zeit „herrenloser" und unediert gebliebener Nag Hammadi Traktat hat nun endlich doch seinen Editor gefunden. Der zunächst vielleicht etwas verwunderlich anmutende Umstand, dass hier im Rahmen der Coptic Gnostic Library (CGLib) einer einzelnen Schrift, die nur einfach überliefert ist und also nicht um der Synoptik willen einen Sonderstatus verdient, ein eigener Band gewidmet ist, erklärt sich aus der Organisation und Geschichte des CGLib-Projekts. Da alle übrigen Schriften des Nag Hammadi-Codex (NHC) III, nämlich das Apokryphon des Johannes (NHC III,1), das Ägypterevangelium (NHC III,2), der Brief des Eugnostos (NHC III,3) und die Sophia Jesu Christi (NHC III,4) in anderen Codices Parallelversionen haben und deshalb jeweils in codexübergreifenden Synopsen erscheinen sollen, oder, wie das Ägypterevangelium, schon erschienen sind, ist die fünfte und letzte Schrift des Codex III sozusagen übrig geblieben. Zunächst ist daran gedacht gewesen, sie zusammen mit den Schriften (Nr. 2–7) des Codex II herauszugeben. Aber da ihr sahidischer Sprachcharakter sich von dem relativ einheitlich im Codex II repräsentierten zu sehr unterscheidet und daher die Einbeziehung dieser Schrift die gesamte Architektonik der Ausgabe des Codex II, wie sie von dessen Herausgeber, Bentley Layton, schließlich konzipiert worden ist, korrumpiert hätte, musste dieser Gedanke doch wieder fallengelassen werden. Es blieb also gar nichts anderes übrig, als diesen „Restbestand" für sich herauszugeben. Und man kam auf den glücklichen Gedanken, mit seiner Ausgabe einen Mann zu betrauen, der trotz seiner Jugend bereits ein hervorragender Spezialist auf dem Gebiet der Koptologie und Nag Hammadi-Forschung ist. S. Emmel ist also der zuletzt installierte Volume Editor. Er war sehr oft und zuletzt (bis 1977) auch sehr lange als Mitglied bzw. im Auftrage des CGLib-Projekts in Kairo und ist so durch die kontinuierliche Arbeit an den Originalen zu einem der besten Kenner der Nag Hammadi-Materie geworden.[1] Ihm verdanken wir auch die Aufarbeitung und Zusammenstellung der „Unique Photographic Evidence for Nag Hammadi Texts".[2] Als Herausgeber des Dialogs des Erlösers (Dial) war er auch schon insofern prädestiniert, als eine der größten Nag Hammadi-Sensationen, nämlich die bisher einmalige sekundäre Wiederauffindung von verlorenem Nag Hammadi-Material mit seinem Namen verbunden ist und gerade eine Seite dieses Traktats aus Codex III betrifft. Es handelt sich um ein großes Fragment von der Mitte der pp. 145/146, das als zufälliger Bestandteil der Papyrussammlung eines

* Edited with English Translation, Introduction and Notes. Contributers: S. Emmel, H. Koester, E. Pagels, NHS 26, Leiden 1984. In: Enchoria 14 (1986), 175–187.

1 Vgl. seinen Bericht: The Nag Hammadi Codices Editing Project: A Final Report, NARCEg 104 (1978), 10–32.

2 BASP 14 (1977), 109–121; 15 (1978), 195–205. 251–261; 16 (1979), 179–191. 263–275; 17 (1980), 143–144.

anonym gebliebenen gelehrten Sammlers in den frühen 60er Jahren in die Hände des New Yorker Antiquars H. P. Kraus gekommen war, der die Sammlung 1964 an die Beinecke Rare Book and Manuscript Library der Yale University in New Haven, Connecticut, weiterverkauft hatte, wo Emmel unser Fragment (Yale inv. 1784) im Jahre 1980 identifizierte.[3] Der Rezensent hatte übrigens das Vergnügen, diesen „Außenposten" der Nag Hammadi-Sammlung in New Haven mit eigenen Augen zu sehen.

S. Emmel als der Volume Editor dieses Bandes ist zugleich auch fast der alleinige Contributor. Von ihm stammt alles in dem Werk mit Ausnahme der Introduction (S. 1–17), in der H. Koester und E. Pagels den Inhalt des Traktates beschreiben, analysieren und bewerten. Wir werden später auf die von ihnen entfaltete Sicht der Dinge zu sprechen kommen. Zunächst aber gilt unser Interesse dem Anteil Emmels. Aber obgleich, wie gesagt, in dem Band das meiste von ihm stammt, ist doch nicht alles, was von ihm stammt, auch von Anfang an von ihm selbst gemacht. Das hängt mit dem kollektiven Arbeitsstil des CGLib-Teams und mit der späten Übertragung der Herausgeberschaft auf ihn zusammen. Emmel selbst fasst diesen Sachverhalt in der Preface so zusammen: „My task was to edit not just the Coptic text, but a dossier of transcriptions and notes compiled across the years by various members of the Coptic Gnostic Library Project. I had been the last member of this team of scholars to work extensively on the manuscript in Cairo" (S. XI; die elf Personen, um die es sich handelt, sind S. 37 genannt). Aber als letztes Glied der Kette und Herausgeber hat er natürlich die volle und alleinige Verantwortung für alles, was in der Edition nun steht. Die Art der Edition ist bestimmt durch die Absicht, zunächst einmal eine verlässliche Grundlage für alle weitere Arbeit zur Erschließung von Dial zu schaffen (S. XI). Von da aus erklärt es sich auch, dass Emmel selbst sie „intentionally conservative" nennen kann, insofern als orthographische und grammatische Unregelmäßigkeiten im Text selbst nicht korrigiert werden und bei den vielen Lücken der Text nur da rekonstruiert worden ist, wo sich die Rekonstruktion – und zwar im Wortlaut – mit Sicherheit und Notwendigkeit ergab (S. 37).

Emmels Part beginnt mit einer Beschreibung der Handschrift („The Manuscript" S. 19–36), deren erster Abschnitt (S. 19–27) der Kodikologie gewidmet ist, und zwar den gesamten Codex III betreffend. Da alle übrigen Schriften dieses Codex in anderen Bänden der CGLib nur als Bestandteile neben anderen erscheinen, ist allein hier in der Ausgabe des Dial der natürliche Ort, den Codex III umfassend und grundsätzlich kodikologisch zu beschreiben und zu analysieren. Und das tut Emmel souverän im Stile des Fachmanns. Es ist – über die bloße Beschreibung hinaus – die Rede von der Auffindung in Oberägypten, den frühen Geschicken, der Behandlung und Konservierung im Koptischen Museum zu Alt-Kairo bis hin zur Rekonstruktion der Manufaktur von Buchblock und Einband. Einmalig im Rahmen der CGLib dürfte wohl sein, dass hier auf S. 24/25 die sechs Papyrusrollen,

[3] Vgl. S. Emmel, A Fragment of Nag Hammadi Codex III in the Beinecke Library: Yale inv. 1784, BASP 17 (1980), 53–60. Siehe auch FacEd, Introduction, Leiden 1984, 115f. und besonders Taf. 25*/26*, wo das neue mit den beiden alten Fragmenten (vgl. FacEd Codex III, Leiden 1976, Taf. 139/140) in Fotomontage zusammengefügt ist.

durch deren Zerschneidung der einlagige Buchblock gewonnen worden ist, in einer schematischen Zeichnung anschaulich gemacht werden. Der zweite Abschnitt der Beschreibung der Handschrift ist dann dem Text von Dial gewidmet (S. 27–36), wobei zunächst die – von Emmel abschließend sehr günstig beurteilte – Qualität der vorliegenden Kopie behandelt wird (S. 27–31), um dann schließlich Orthographie und Grammatik zur Sprache zu bringen (S. 31–36). Das geschieht in gedrängter, aber umfassender Form. Dem spezifischen Gebrauch der Satz- und Silbentrenner und des Supralinearstriches wird die gebührende Aufmerksamkeit gewidmet. Am interessantesten ist aber natürlich die Demonstration der „orthographic instability" (S. 30) dieses sahidischen Textes, sowie die Übersicht über die in unserem Text unerwartet auftretenden (fremden) Formen.

Die auffälligste sprachliche Besonderheit von Dial ist nun zweifellos die fünfmal vorkommende Pränominalform des negierten Konditionalis ⲉⲣⲧⲙ̄ⲧⲉ- (127,1; 134,1.5.8.11) [gegenüber einmaligem ⲉⲣϣⲁⲧⲙ̄- (133,23)], die Emmel zwar hervorheben, aber noch nicht erklären konnte (S. 35). Das ist inzwischen W.-P. Funk gelungen, wie er sogleich nach Kenntnisnahme von Emmels Edition in einem privaten kleinen Memorandum vom 24. 9. 1985 niedergelegt hat (auf das ich mich auch im Folgenden – mit seiner Einwilligung – noch hin und wieder berufen werde); inzwischen ist diese seine Erkenntnis Bestandteil einer grundsätzlichen Behandlung der Formen des Konditionalis geworden.[4] Unser ⲉⲣⲧⲙ̄ⲧⲉ- ist in Entsprechung zu sehen zu ⲉϣⲁⲛⲧⲉ- als der normalen Pränominalform des affirmativen Konditionalis im Lykopolitanischen der Manitexte (=L_{ma}). Das ⲉⲣⲧⲙ̄ⲧⲉ- in einem sahidischen Text dürfte sich erklären als Einwirkung des Fremddialekts L_{ma}, für den die negative Entsprechung zu ⲉϣⲁⲛⲧⲉ- zwar nicht belegt ist, die aber tatsächlich systemgerecht ⲉ(ⲣ)ⲧⲙ̄ⲧⲉ- gelautet haben müsste. Das auffällige Element -ⲧⲉ- begegnet übrigens auch noch in der Pränominalform des negierten Konjunktivs im Achmimischen, die ⲧⲉⲧⲙ̄ⲧⲉ- bzw. ⲧⲉⲧⲙ̄ⲛ̄ⲧⲉ- heißt, wobei das erste ⲧⲉ das Konjunktivpräfix und das zweite unser problematisches Element ist, in dem man wohl, wenn man es überhaupt an sich deuten will, den kausativen Infinitiv sehen müsste.[5]

Es gibt übrigens in Dial noch eine weitere problematische, aus der gleichen Richtung stammende, fremde Konjugationsform, die aber erst von Funk als solche erkannt wurde, nämlich ⲉϣⲁⲧⲉⲧⲛ̄- (122,7), was nicht, wie Emmel meinte, Aorist circ. (so Index) sein kann, sondern der Konditionalis sein muss. Das Element –ϣⲁ- ist zwar nur über der Zeile nachgetragen, aber seine Plazierung lässt unzweideutig erkennen, dass *diese* Form gemeint ist und nicht das sonst gebräuchliche, dem sahidischen Standard entsprechende ⲉⲧⲉⲧⲛ̄ϣⲁ(ⲛ)- (121,3; 123,3; 138,16; 141,5.9; 143,23). Unser singuläres ⲉϣⲁⲧⲉⲧⲛ̄- ist auf dem Hintergrund der Standardformen für die 2. Pl. in L_{ma} A zu sehen, für die charakteristisch ist, dass das lange „Suffix" wie ein Nomen behandelt wird bzw. die Position eines nominalen Subjekts

---

[4] Vgl. W.-P. Funk, Koptische Isoglossen im oberägyptischen Raum. 3. Die Konjugationsformen des Konditional, ZÄS 114 (1987), Anm. 30.

[5] Vgl. Funk, ZÄS 114, Anm. 15 und 30.

einnimmt; diese Formen sind nämlich ⲉϣⲁⲛⲧⲉⲧⲛ̄- L_{ma}, ⲁϣⲁⲧⲉⲧⲛ̄- A = ⲉϣⲁⲧⲉⲧⲛ̄- Clem. Berol.; L_{jo} hat ⲉⲣ(ⲉ)ϣⲁⲧⲉⲧⲛ̄- neben ⲉⲧⲉⲧⲛ̄ϣⲁ-.[6]

Emmels Zusammenstellung der sprachlichen Besonderheiten von Dial hinzuzufügen wäre vielleicht auch noch eine, die eine ganze Satzart betrifft, nämlich die Cleft Sentence. Neben der für das Sahidische normalen Gestalt der Cleft Sentence, wo das Kopulapronomen mit dem Relativkonverter verschmolzen und variabel ist, gibt es auch – und zwar fast genauso häufig (13:11) – den Fall, dass das Kopulapronomen in voller Form vor dem Relativum steht; aber es erscheint dann offenbar unveränderlich, nämlich auch bei pluralischer Vedette[7] – eine feminine kommt leider weder bei diesem Typ noch im Normalfall vor – in der Form ⲡⲉ. (S. Indexes, S. 106b.) Und die Unveränderlichkeit der Korrelation ⲡⲉ ⲉⲧ- erinnert stark an die typisch bohairische Form der Cleft Sentence.[8] In diesem Zusammenhang sollte auch nicht unerwähnt bleiben, dass das einzige Mal, dass das perfektische Partizippräfix ⲉⲣ- in Dial auftaucht, in einer Cleft Sentence ist,[9] was zugleich den einzigen Fall einer Cleft Sentence ohne Kopularpronomen darstellt.

Der Schluss, den Emmel aus der Summe der von ihm zusammengestellten orthographischen und grammatischen Normabweichungen zieht, lautet: „By and large, these non-Sahidic features are deviations in the direction of Subachmimic (and, to a lesser extent, Achmimic). In this respect, the text is reminiscent of the crypto-Subachmimic texts in NHC II, though hardly so striking in its deviation from Sahidic" (S. 31). Nun steht die hier wie selbstverständlich vorausgesetzte, von Bentley Layton stammende These vom krypto-subachmimischen bzw. krypto-lykopolitanischen Dialekt mancher Nag Hammadi-Texte im Widerspruch zu der durch Funks Arbeiten über die oberägyptischen Dialekte immer deutlicher werdenden Tatsache, dass das so genannte Lykopolitanische gar kein Dialekt, sondern eine Gruppe von Dialekten ist, und man also zu unterscheiden hat (vor allem) zwischen dem Lykopolitanischen der Manitexte (=L_{ma}), dem der Nag Hammadi-Texte (= L_{nh}) und dem des Johannesevangeliums (= L_{jo}). Deswegen halte ich es für richtig, in diesem Zusammenhang die Incidenz-Matrix aus dem privaten Memorandum von W.-P. Funk, mit deren Hilfe er Emmels Beurteilung des Dialekts von Dial korrigiert hat, zu veröffentlichen. Das geschieht mit seinem Einverständnis und in einer, gegenüber dem damals Niedergelegten, leicht verbesserten Fassung. Er sagt zur Einführung: „Nach Abzug aller bloß orthographischen oder nicht lokalisierbaren Eigentümlichkeiten reduzieren sich die Normabweichungen vom klassischen Sahidisch in Dial auf folgende sprachliche Merkmale (deren Normalität in bestimmten Dialekten durch + markiert ist)." Die Incidenz-Matrix selbst betrifft die Dialekte P (= Dialekt des Papyrus Bodmer VI), M (= Mittelägyptisch), L_{ma} (= das Lykopolitanisch der Manitexte), L_{jo} (= das Lykopolitanisch des Johannesevangeliums), L_{nh} (= Nag Hammadi-Lykopolitanisch), A (= Achmimisch) und hat folgende Gestalt:

---

[6] So W.-P. Funk, Memorandum; und ZÄS 114.

[7] 138,13f.: ⲛ̄ⲧⲟⲟⲩ ϭⲉ ⲡⲉ ⲉⲧⲛⲁⲣ̄ϫⲟⲉⲓⲥ ⲉϫⲱⲛ; 138,14f.: ⲛ̄ⲧⲱⲧⲛ̄ ⲡⲉ ⲉⲧⲛⲁⲣ̄ϫⲟⲉⲓⲥ ⲉϫⲱⲟⲩ; 131,12 und 138,10 nicht vollständig erhalten.

[8] Vgl. H. J. Polotsky, Nominalsatz und Cleft Sentence im Koptischen, Collected Papers, Jerusalem 1971, 419f.

[9] 133,10f.: ⲛ̄ⲧⲟϥ ⲉⲣⲧⲁϩⲉ ⲡⲕⲟⲥⲙⲟⲥ ⲉⲣⲁⲧϥ̄.

	P	M	L_{ma}	L_{jo}	L_{nh}	A		statt
ⲥⲉϫⲡ- -	–	+	+	+	–	–		ϣⲉϫⲡ-
-ⲧⲏⲛⲟⲩ -	–	+	–	–	–	–		-ⲧⲏⲩⲧⲛ̄
ⲉⲧⲉⲩ-	+	–	–	–	–	–		ⲉⲧⲟⲩ-
ⲡⲟⲩ-	+	–	+	+	o	+		ⲡⲉⲩ-
ⲛⲱ⸗	–	(+)	+	+	–	+		ⲛⲟⲩ⸗
(ⲛ̄)ⲛⲟⲩ-	+	–	+	+	+	+		ⲛ̄ⲛⲉⲩ-
ⲛ̄ⲧ-	–	–	–	+	+	–	}	ⲉⲛⲧ- (+ Perf.)
ⲉⲧ-	+	+	+	–	–	+	}	
-ⲁϩ-	+	–	–	–	+	+		(ⲉⲛⲧ)ⲁϥ- etc.
ⲉⲣ-	–	+	–	+	–	–	}	
ⲉϣⲁⲧⲉⲧⲛ̄-	(+)	–	+	–	–	+		ⲉⲧⲉⲧⲛ̄ϣⲁⲛ-
(+ ⲉⲣⲧⲙ̄ⲧⲉ-)								
	0,55	0,45	0,55	0,55	0,3	0,55		

Funks Interpretation der Matrix lautet schließlich folgendermaßen: „Positive Übereinstimmung der Abweichungen mit einem bestimmten Dialekt ist also nicht gegeben. Emmels Charakterisierung (S. 31) ‚deviations in the direction of Subachmimic (and, to a lesser extent, Achmimic)' ist nicht zutreffend. Auch ist das Bild anders als bei Codex II, wo 2–6 besonders L_{nh}-trächtig, 1+7 dagegen A/L_{ma}-trächtig erscheinen. Es handelt sich einfach um ein nach verschiedenen Richtungen hin geöffnetes, nicht gut normiertes Sahidisch."

Das Zentrum von Emmels Werk, Text und Übersetzung (S. 37–95), sind so angeordnet, dass auf der jeweils linken Seite der koptische Text codexseitenweise und zeilengetreu wiedergegeben wird, was bei einer Erstausgabe sowieso nahe liegend und bei einem so lückenhaften Text auch besonders zweckmäßig ist, während gegenüber auf der jeweils rechten Seite die Übersetzung fortlaufend steht, aber in 104 Paragraphen eingeteilt und so entsprechend abgesetzt ist. Beide Seiten sind jeweils mit einem Apparat versehen. Die Exaktheit, mit der das alles gemacht ist, verdient Bewunderung. Der Informationsreichtum der Apparate ist beeindruckend. Was dem koptischen Text wegen des oben erwähnten „konservativen" Prinzips seiner Gestaltung an mehr oder weniger nahe liegenden Ergänzungen der Lücken fehlt – oft bloß, weil die konkrete Realisierung einer absolut sicheren Ergänzung nicht nur auf eine einzige Weise möglich ist –, wird im Apparat zum koptischen Text geboten, peinlichst in Wahrscheinlichkeitsgraden abgeschattet, obgleich man hinsichtlich seines „probably" bzw. nur „possibly" gelegentlich auch einmal dezidiert der entgegen gesetzten Meinung sein kann (z. B. 142,18). Besonders wichtig erscheint mir die Ergänzung von 129,13f. in der Erkenntnis, dass es sich um eine Parallele zu Logion 81b des Thomasevangeliums handelt: [ⲡⲉⲧⲉ (ⲟ)ⲩⲛ̄]ⲧ̣ϥϭⲟⲙ ⲙⲁⲣⲉϥⲣ̄ⲁⲣⲛⲁ ⲙ̄|[ⲙⲟⲥ ⲛ̄ϥⲣ̄ⲙⲉ]ⲧⲁⲛⲟⲉⲓ [„Wer Macht hat, soll *auf sie* verzichten *und Buße tun*"). Sehr hilfreich ist auch die Rekonstruktion ⲛ̄[ⲕ]ⲁ̣ⲛⲓⲙ in 133,13, wonach der Satz 133,13f. dann eben lautet: „Denn alles, was nicht wankt, das verkündige ich euch" etc., welches konkrete Verb auch immer am Anfang von Z. 14 zu ergänzen sei (möglicherweise einfach [ϫⲱ ⲙ̄ⲙⲟ]ⲟⲩ). Dieser Apparat dient sonst noch vor allem dazu, im Text gebotene Rekonstruktionen zu begründen, bei nicht identifizierten Buchstabenresten die in Frage kommenden Buchstaben aufzuführen, bei als unsicher notierten Komplexen, die aus einem Buchstaben und dem Supralinearstrich bestehen, zu erklären, was daran unsicher ist und was nicht, und um bei nichtsahidischen Formen auf das sahidische Äquivalent hinzuweisen. Bei all dem erweist sich Emmel als überzeugter Anhänger von B. Laytons Editionstechnik. Der Apparat zur Übersetzung bietet natürlich die Übersetzung der auf der gegenüberliegenden Seite dargebotenen koptischen Ergänzungsmöglichkeiten, darüber hinaus aber auch noch bloße Übersetzungs(-und Interpretations-)alternativen des jeweiligen koptischen Textes, besonders was die Beziehung der Pronomina betrifft, und überhaupt die Auflösung missverständlicher Pronomina. Auch hier kann dem Benutzer eine als Alternative angebotene Auffassung einmal glücklicher vorkommen als die von Emmel gewählte, wie z. B. (§ 40) 136,23; (§ 60) 140,16–17. Der koptische Text wird in einer konsequent von der Prosodie bestimmten Worttrennung geboten, aber nur soweit seine Elemente sprachlich analysierbar sind. Wo das – infolge der Lückenhaftigkeit des Textes – nicht der Fall ist, wird die *scriptio continua* des Originals beibehalten. Es ist offenbar dieses Prinzip, das dazu führt, dass gelegentlich beim Zusammenstoßen von Analysierbarem und Nichtanalysiertem das nötige *spatium* fehlt. Lies z. B. 121,12:]ⲟⲩ ⲉϥⲟⲛϩ; 123,4:] . ⲉ̣ [ⲧ]ⲉⲧⲛ̄ⲛⲁⲛⲁⲩ; 123,20: (ⲁⲩ)]ⲱ ⲙ̄ⲡⲟⲩⲉϣ. Die englische Übersetzung hat einen enorm hohen Grad von Zuverlässigkeit und verrät in ihrer Wiedergabe der Cleft Sentences, der zweiten Tempora und der Vergleichsformeln beste Polotskyschule. Das schließt natürlich nicht ganz aus, dass man auch, sei es in Nuancen der Wiedergabe, sei es in der vorausgesetzten Textauffassung, einmal anderer Meinung sein kann. Statt „*What* is the place ...?" (§ 77 [142,16]) ist es z. B. vielleicht genauer zu sagen: „*Wie beschaffen* ist der Ort ...?"; dem „*The place* you can reach" (§ 78 [142,18]) wäre m. E. so etwas wie „*Wo immer* ihr hingelangen könnt" vorzuziehen; und in § 83 (143,8) liegt es mir näher, mit „concerning the mystery of truth" den neuen Satz – proleptisch – anfangen zu lassen.

Auch das Register, die „Indexes" (S. 97–127), dürfte für den Liebhaber der koptischen Linguistik eine Augenweide sein. Es ist vollständig und besteht aus einem Wortindex (Koptisch, Griechisch, Eigennamen) und einem besonderen Index aller grammatischen Formen (vgl. S. 31). Der Begriff der Vollständigkeit verträgt aber noch eine Spezifizierung. Nicht aufgenommen sind nämlich – verständlicherweise – die (noch) nicht deutbaren Buchstabengruppen an den Rändern der Lakunen. Dafür ist das Register in einer anderen Hinsicht sozusagen „übervollständig". Auch das ist gewissermaßen natürlich. Da nämlich vieles, was zum Verständnis des koptischen Textes gehört, gar nicht dort, sondern nur im Apparat zum Text erscheint, musste es als nahe liegend erscheinen, auch den *ergänzten* Text, wie er im Apparat zu finden ist, – mit einer bestimmten Markierung freilich – ins Register aufzunehmen. Aber damit ziehen auch all die im Apparat gebotenen Alternativen ins Register ein, das daher mehr Elemente bietet, als der Text überhaupt hat. Dieser Umstand zusammen mit der Orientierung an den Syntagmen, in denen die Wörter vorkommen, die es mit sich bringt, dass viele Ausdrücke samt den Stellenangaben mehrmals erscheinen,[10] bewirkt, dass die Angaben des Registers nicht (ohne weiters) zähl- und summierbar sind. Die Lemmata des Registers der koptischen Wörter (S. 98–116) sind nach den Leitformen des Lexikons von Crum geordnet, wobei aber die Reihenfolge nicht unbedingt die von Crum ist, und – statt einer Bedeutungsangabe – in der Regel auch durch den bloßen Hinweis auf die betreffende Spalte bei Crum identifiziert. Das Besondere daran ist die Anwendung einer möglichst genauen grammatischen Nomenklatur und die (schon erwähnte) Spezifizierung der Gebrauchsweisen der Wörter. Bei transitiven Verben wird z. B. ausdrücklich der Gebrauch ohne direktes Objekt und der so genannte mediale (d. h. intransitiv/passivische) Gebrauch bezeichnet. Bei der schönen Definition dessen, was unter medialem Gebrauch zu verstehen sei, fehlt allerdings der Hinweis, dass er an den Verbalsatz (= Dreiteiliges Konjugationsschema) gebunden ist. Im Übrigen fasst Emmel den Begriff des *transitivum* sehr eng; nach ihm sind transitiv nur die Verben, die einen *status nominalis* und/oder einen *status pronominalis* haben. Aber wie verhält sich dazu die Auffassung, dass ⲟⲩⲛⲧⲉ- ein transitives Suffixverbum sei (S. 104a/110a)? Eine Kleinigkeit, die mir nicht einsichtig ist, sind die besonderen Notierungen ⲙⲁ- (S. 102) und ⲥⲁ- (S. 107b). Ich kann z. B. nicht einsehen, dass ein Statusunterschied bestehen soll zwischen dem ⲙⲁ in ⲙⲁⲛ̄ϫⲓⲟⲟⲣ (S. 102b) und ⲙⲁⲛ̄ϣⲉⲗⲉⲉⲧ (S. 111a). Eine andere Kleinigkeit ist schließlich noch, dass die Rubrik unter ⲉⲃⲟⲗ ϩⲛ̄- (S. 99b) und ϩⲛ̄- (S. 113a) „as nn" irritierend wirken kann, weil doch nicht die Präposition als solche, sondern nur der volle präpositionelle Ausdruck nominalisiert werden kann; vielleicht wäre rein beschreibendes „with article" zweckmäßiger.

Das Register der grammatischen Formen (S. 119–127) enthält nicht nur die Konjugationen (übrigens unter Einbeziehung der Negation des Präsens), sondern auch die Konverter des Existentialsatzes, der Suffixkonjugation und des Nominalsatzes (in letzterer Rubrik ist auch die *Negation* des Nominalsatzes eingeordnet), die Personalsuffixe (d. h. alle außer denen an den Konjugationsbasen) und alle Arten von Artikeln. Die hier vorgeführte konsequente Aussonderung und Zusammenstellung aller Sprachelemente, die keine selbständigen Wörter darstellen, also die Trennung der Grammatik vom Lexikon im Register, was als Idee auch schon bei A. Shisha-Halevy begegnet,[11] empfinde ich als außerordentlich lehrreich und interessant (besonders als Kontrastprogramm zu dem vom Berliner Arbeitskreis für koptisch-gnostische Schriften entwickelten Registersystem), auch wenn sie vielleicht nicht nur Vorteile hat[12] und ihre Zweckmäßigkeit auch vom Texttyp und Editionszweck abhängig ist. Dass es unter den Konjugationen (des zweiteiligen Schemas) kein Futur gibt, das betreffende Bildungselement futurischer Aussagen ⲛⲁ- vielmehr im Wortregister erscheint (S. 104b), entspricht der

[10] Z. B. ⲉⲃⲟⲗ ⲧⲱⲛ S. 99b und S. 109a; ⲥⲏϥⲉ S. 108a und 108b.

[11] Vgl. „Middle Egyptian" Gleanings: Grammatical Notes on the „Middle Egyptian" Text of Matthew, ChrÉ 58, No. 115–116 (1983), 312.

[12] Z. B. kategoriale Trennung des Demonstrativartikels ⲡⲉⲉⲓ- vom entsprechenden Demonstrativpronomen ⲡⲁ̈ⲓ.

Präsenstheorie Polotskys, die die durch ⲛⲁ + Infinitiv gebildete Instansform als einen der vier möglichen Prädikatstypen des *Präsens* ansieht. Nicht glücklich hingegen ist die (möglicherweise durch Systemzwang bestimmte) Bezeichnung und *Einordnung* des perfektischen Partizippräfixes ⲉⲣ- als Relativform (S. 121b).

Was die sachliche Relevanz des von ihm herausgegebenen Textes anbelangt, so sagt Emmel in seiner Preface selbst darüber: „*The Dialogue of the Savior* is of primary importance to the study of the history of the transmission of the sayings of Jesus" (S. XI). Und diese Sicht der Dinge ist es nun, die H. Koester und E. Pagels in der „Introduction" (S. 1–17) begründen und entfalten. In Koesters neueren Arbeiten über die Logientradition (s. Bibliography S. 16f.) spielt Dial übrigens schon seit geraumer Zeit eine entscheidende Rolle. Die sachliche Analyse dieses lückenhaften Textes ist natürlich noch schwieriger als die sprachliche. Das wäre sicher noch viel schwerer, wenn der Text nicht, wie schon sein Titel sagt, ein Dialog Jesu mit seinen Jüngern, namentlich Judas (Thomas), Matthäus und Maria (Magdalena) wäre, der zudem einen meist sehr „engmaschigen" Dialograhmen aufweist (die Fragen und Antworten sind in der Regel sehr kurz), so dass trotz der Lücken, infolge der immer wiederkehrenden Einführungsformeln, wenigstens zunächst einmal die Zäsuren des Textes und die Struktur des Ganzen hinreichend deutlich erkennbar sind. Dieser Dialog ist eindeutig von gnostischem Charakter. Aber unser Text „cannot be understood as a simple product of gnostic theology. Rather, like the gospel of John, it is a testimony of the theological reflection which took place as the tradition of the sayings of Jesus was further developed within the horizon of gnostic thought" (S. 15). Das Verhältnis von Dial zum Johannesevangelium spielt übrigens auch sonst bei der Analyse eine zentrale Rolle. Dass Dial tatsächlich nur als Endprodukt einer mehrstufigen Entwicklungsgeschichte seines Stoffes zu verstehen ist, zeigt sich nur zu deutlich an der Unausgeglichenheit seines Inhalts; seine verschiedenen Abschnitte weisen erhebliche Unterschiede in Stil und Inhalt auf. Koester/Pagels machen nun die inhaltlichen Unterschiede und Konturen des Textes in folgender Übersicht (S. 2) anschaulich:

Incipit	(120,1)	Titel
§ 1–3	(120,2–124,22)	Einleitung
§ 4–14	(124,23–127,19)	Dialog, Teil I
§ 15–18	(127,19–128,23)	Schöpfungsmythos
§ 19–20	(128,23–129,16)	Dialog, Teil II
§ 21–24	(129,16–131,18)	Schöpfungsmythos, Forts.
§ 25–34a	(131,19–133,21 [?])	Dialog, Teil III
§ 34b–35	(133,21 [?]–134,24)	Weisheitsliste
§ 36–40	(134,24–137,3)	Apokalyptische Vision
§ 41–104a	(137,3–146,20)	Dialog, Teil IV
§ 104b	(146,20–147,22)	Schlussanweisungen
Explicit	(147,23)	Titel

Nach Koester/Pagels sind nun die eigentlich dialogischen Teile, wo Frage und kurze Antwort schnell aufeinander folgen, nicht nur das Rückgrat des Textes, sondern auch seine Hauptquelle und der Kern, um den alles andere allmählich herum gewachsen ist. Diese Dialogquelle weist engste Beziehungen zum Thomasevangelium auf. Sie ist zum großen Teil interpretierbar als Darbietung des *ordo salutis* in Form eines Kommentars zu Thomasevangelium Logion 2. Die von ihr repräsentierte dialogische Interpretation von Herrenworten sei archaischer als in vergleichbaren Partien des Johannesevangeliums (S. 6). Entsprechend hoch ist das für diese Quelle angenommene Alter; sie wird in die letzten Jahrzehnte des 1. Jahrhunderts gesetzt und sei, wie noch einmal ausdrücklich betont wird, „certainly not later than the gospel of John" (S. 16). Aber auch die (griechische Vorlage der) Schrift, wie sie uns jetzt vorliegt, sei relativ alt. Da ihr Autor, dessen Sprache der der Deuteropaulinen und Katholischen Briefe verwandt sei, weder die kanonischen Evangelien noch die echten Paulusbriefe benutzt, kämen als Zeit für die vorliegende Redaktion von Dial schon die ersten Jahrzehnte des 2. Jahrhunderts infrage (S. 15f.). Nicht unwichtig im Rahmen der hier ja nur andeutbaren Gesamtkonzeption von Koester/Pagels ist auch die Auffassung, dass unser Text nicht zu dem bekannten Typ des gnostischen Offenbarungsdialogs zwischen dem auferstandenen Jesus und seinen Jüngern gehöre, sondern einen Dialog des irdischen Jesus meine (S. 15). Dieses Verständnis von Dial, das auf den 17 Seiten der Einleitung zu dem vorliegenden Werk natürlich viel ausführlicher entfaltet und mit reichem Belegmaterial begründet wird, aber an sich schon aus den Aufsätzen Koesters bekannt ist, ist m. E. außerordentlich suggestiv bzw. hat man sich schon so daran gewöhnt, dass es einem wie selbstverständlich vorkommt. Gleichwohl ist all das, was Koester bzw. Koester/Pagels hier und anderswo darüber geschrieben haben, immer noch skizzenhaft und bleibt etwas vage, was vielleicht bei dem lückenhaften Text auch gar nicht anders sein kann. Die Konzeption ist also sozusagen noch offen und bedarf der Erprobung und Bestätigung durch ständige Überprüfung bei der weiteren und nun in die Details gehenden Beschäftigung mit diesem Text, die ja die vorliegende Edition inaugurieren will.

Ich kann es mir nicht versagen, mit solcher Detailarbeit sogleich ein wenig zu beginnen, nicht zuletzt in der Überzeugung, die Freude über das Vorliegen dieser schönen Ausgabe nicht besser als eben so zum Ausdruck bringen zu können. Es folgen also hier noch ein paar besondere vermischte Anmerkungen zum Text.

- 120,3–6: Mit „stand at rest" wird der Text vielleicht zu sehr „unterbelichtet." Das Begriffspaar ϩⲓⲥⲉ und ⲁⲛⲁⲡⲁⲩⲥⲓⲥ dürfte auf jeden Fall die Vorstellung von der Welt als dem Bereich der Mühsal und dem Himmel als dem Bereich des ewigen göttlichen Sabbat zum Hintergrund haben. Im Deutschen könnte man etwa sagen: „Endlich, Brüder, ist die Zeit herbeigekommen, dass wir unsere Mühsal hinter uns lassen können, um einzutreten in das Reich der Ruhe." Außerdem ist mit einem Satz wie diesem und besonders durch die Art, wie von der Zeit die Rede ist, die Situation des Abschieds Jesu von seinen Jüngern gegeben, sei diese nun direkt (doch) als die der Himmelfahrt oder nur in Analogie zu den johanneischen Abschiedsreden vorgestellt.
- 120,19–23: Der „Stein des Anstoßes" bzw. der neuralgische Punkt bei Emmels Verständnis dieses Satzes ist das „*concerning* it." Als Objekt der Präposition

können wir nur die ὀργή vermuten, die wiederum hier die Rolle der Heimarmene spielt. Und der Sinn des Satzes dürfte etwa sein: „Sie trugen ihr diese Worte vor mit Furcht und Zittern; doch sie übergab sie einigen Archonten, denn niemand konnte ihr entkommen." Das heißt, die Worte, von denen die Rede ist, sind schon richtig, aber man darf sie nicht *mit Furcht und Zittern* sagen.

- 121,1: Funk schlägt die Lesung ⲛ̣ⲧⲁⲩⲥ̣ⲟⲩⲱⲛ̣ ⲡⲓⲱⲧ̣ vor, was grammatisch besser wäre und – wenigstens nach dem Eindruck des Faksimile – durchaus möglich schiene.
- 121,2f.: Es ist m. E. offensichtlich – auch Funk hat das von Anfang an so gesehen –, dass die Worte ⲁⲩⲱ ⲛⲉⲟⲟⲩ | [ⲧ]ⲏ̣ⲣⲟⲩ ⲉⲧⲉⲧⲛ̄ⲧ ⲛ̄ⲟⲩⲉⲟⲟⲩ bereits der Anfang des folgenden (Satzes und) Paragraphen sind. Die Wendung ist freilich auch in sich noch schwer zu verstehen (schon Emmel erwägt ja die Möglichkeit einer Textverderbnis), besonders die Konjugationsform ⲉⲧⲉⲧⲛ̄-. M. E. ist es das Nächstliegende, in der ganzen Wendung eine proleptische Angabe des Sachbetreffs und in ⲉⲧⲉⲧⲛ̄- das relative Präsens zu sehen: „Und (was) all die Lobpreisungen (betrifft), mit denen ihr Lobpreis darbringt …". Bei solcher Benutzung einer Art Akkusativ des inneren Objekts könnte der Stellvertreter des Antecedens im Relativsatz (ⲛ̄ϩⲏⲧⲟⲩ) als überflüssig gegolten haben.
- 121,18: ⲡⲁⲗⲓⲛ gehört wohl nicht zum Gebetstext, sondern dürfte liturgische Rubrik sein, die ein zweites Gebet einführt, das sich an Jesus (selbst) richtet, wodurch zugleich die Künstlichkeit des Dialograhmens an dieser Stelle offenbar wird.
- 121,20–122,1: Das (erste) ⲛⲁï in Z. 20 ist der neuralgische Punkt von Emmels Verständnis dieser Passage. Dies ⲛⲁï und das von Z. 22 stehen einander doch offenbar genauso *gegenüber* wie die beiden Ausdrücke ϩⲛ̄ⲧⲉⲕⲡⲣⲟⲥⲫⲟ[ⲣ]ⲁ̣ und ϩⲛ̄ⲛⲉⲩϩⲃⲏⲟⲩⲉ [ⲉⲧⲛⲁ]ⲛⲟⲩⲟⲩ. M. E. ist diese Passage etwa so zu verstehen:

> Durch dein Opfer werden diese (deine Erwählten) eingehen
> (in das Reich der Ruhe);
> durch ihre (eigenen) guten Werke haben diese (deine Erwählten) ihre
> Seelen (schon) aus den blinden Gliedern befreit,
> damit sie Bestand haben bis in alle Ewigkeit.

- 123,1–3: Funk schlägt vor, die Lücken am Anfang der Zeilen folgendermaßen zu ergänzen: (1) [ⲡⲉⲧⲛⲁ]ϫ̣ⲓ; (2) [ⲡⲟⲥ· ⲡ]ⲙ̣ⲁ; (3) [ⲟⲩⲇⲉ ⲧⲩ]ⲣⲁⲛⲛⲟⲥ. Nach ihm heißt also der ganze Satz (von 122,24 an): „Er ist es, der euch mitnehmen wird zu dem Ort – dahin, wo es keine Herrschaft und keine Tyrannen gibt."
- 123,6 und 124,13: Beide Fragmente ergänzen sich gegenseitig. Es hat also beide Male ϯⲧⲁⲙⲟ ⲙ̄ⲙⲱⲧⲛ̄ ϫⲉ geheißen; und diese Formel bezeichnet, wie das ähnliche ϯⲛⲁⲧⲥⲁⲃⲱⲧⲛ̄ (122,1f.), eine Zäsur, einen *Neueinsatz* des Dialogs (verbunden wohl mit einem Themenwechsel).
- 125,21: Nach dem Faksimile erscheint es nicht unmöglich, dass das als Sigma gelesene Zeichen nach der Lücke auch die unteren Zweidrittel eines Epsilon sein könnten; wo der obere kurze Bogen gestanden haben mag, ist der Papyrus ja schon zerstört. Wenn das tatsächlich so wäre, könnte man vielleicht [ⲧⲉⲕⲛⲟⲩ]ⲛ̣ⲉ̣ ergänzen.
- 126,2–5: Diese Passage erinnert an die johanneischen Parakletensprüche, was noch deutlicher wird, wenn man Z. 3–5 folgendermaßen vervollständigt: (3) ϫ[ⲉⲕⲁⲁⲥ; (4) ϩⲁⲧ[ⲛ̄ ⲧⲏⲛⲟⲩ; (5) ϣⲁ̣[ⲣⲱⲧⲛ̄.

- 126,18–20: Die Frage meint wohl: „Solange ich den Körper trage –, woher kommt es, dass ich weine, und woher kommt es, dass ich lache?" Auch die Antwort ist dann – im Prinzip wenigstens – klar; ergänze (21) [ⲡⲥⲱⲙⲁ]; (22) [ⲙⲛ̄ⲡⲕⲉ]; (23) [ⲉ]ⲧ̣[ⲃⲉ]: „Der Körper weint über seine Werke und alles Übrige, und der Nous lacht über [die ... des] Geistes."
- 129,18: Sind mit den „Zeichen" vielleicht die Sternbilder gemeint, so dass es in § 21/22 *auch* um Astrologie bzw. die Heimarmene gehen könnte?
- 133,9: ⲁⲗⲗⲁ ϫⲉⲕⲁⲁⲥ etc. ist, wie schon Funk erkannt hat, eine Ellipse; Funk demonstriert das folgendermaßen: „Aber (das tut/kann/darf (?) sie nicht,) damit das Urwort nicht eitel sei."
- 133,10–13: Es handelt sich offenbar um zwei Sätze. Mit ⲁⲩⲱ ⲁϥϣⲱⲡⲉ beginnt ein neuer Satz mit einem neuen Subjekt („die Welt").
- 135,8–10: Vgl. Röm. 10,6f.
- 136,23: Vgl. zum Motiv das Fragment des Evangeliums der Eva (Epiphanius pan. 16,3,1).
- 140,20: Wäre eine Lesung ⲉϥⲁⲣⲅ̣[ⲓ] vielleicht die Lösung des „Rätsels" am Zeilenende?
- 141,1: Vermutlich ⲟⲩⲕ̣[ⲱϩⲧ ⲉϥϥ]ⲱⲧⲉ̣ etc.: „und wie ein verzehrendes Feuer für die, die dich nicht kennen."
- 142,1: Es bleibt für den Rest der Lücke kaum etwas anderes übrig als die Ergänzung ⲁϥⲛ]ⲁ̣ⲩ, die indessen den ganzen kühnen Makarismus verständlich machen würde: „Wohl dem Mann, der den Krieg fand und den Kampf sah – (nur) mit den Augen; weder brauchte er zu töten noch wurde er getötet und ging doch als Sieger hervor."
- 142,20f.: Vielleicht: „Ist alles, was so geordnet ist, sichtbar?"
- 143,8–10: ⲉⲧⲃⲉ (Z. 8) ist wohl besser als das Folgende einleitend zu verstehen. Der Sinn der ganzen Aussage könnte sein:
  In der Wahrheit sind wir *verborgen*,
  und doch sind wir im Irdischen *offenbar*.
- 144,23f.: Emmels Ergänzungen an den Zeilenenden scheinen nicht wirklich sicher zu sein. In Z. 23 könnte man sich auch, obgleich es etwas länger ist, [ⲛ̄ⲧⲟⲟⲩ] und in Z. 24 [ⲟⲛ] vorstellen, besonders wenn man das, was Maria vorher (in § 93) sagt, als Frage versteht (s. die diesbezügliche Anmerkung Emmels).
- 145,14–17: Diese Passage ist zunächst wohl besser in zwei Sätze zu teilen und in Z. 15 entsprechend [ⲛⲉ ⲁⲧⲉ]ⲧ̣ⲛ̄ zu ergänzen. Weiter ist wohl Funk zuzustimmen, dass ⲉⲙ|[ⲡⲁⲧⲉ- (Z. 15/16) grammatisch und inhaltlich so wenig passt, dass man berechtigt sei, einen Schreibfehler in Rechnung zu stellen; er schlägt hier ⲉ{ⲙ}|[ⲧⲉ ⲙ̄ⲡⲉ- und am Beginn von Z. 17 [ⲥⲟⲩⲱⲛ̄ⲥ· vor. Also: „Sondern ihr seid es vielmehr. Ihr habt den Weg erkannt – den, welchen weder Engel noch Mächte erkannt haben."

Abschließend sei noch bemerkt, dass unser Text wohl nicht nur infolge der Lücken rätselhaft ist. Verständnisprobleme gibt es auch, wo er gut erhalten ist. Manchmal hat man deutlich den Eindruck, dass – sei es vom Verfasser so gewollt, sei es als Folge einer „verlustreichen" Überlieferungsgeschichte – in Abbreviaturen geredet wird. Am auffälligsten ist das vielleicht, wenn, wie bei § 67, eine Frage überhaupt keine Antwort bekommt, bzw., wie in § 70, eine Antwort gegeben wird, nach der keiner gefragt hat.

Rezension zu Maddalena Scopello: L'Exégèse de l'âme: Nag Hammadi codex II,6*

Die Verfasserin dieses Buches ist in der Nag Hammadi-Forschung durch vorausliegende Veröffentlichungen bereits wohl etabliert und man weiß auch aus diesen Arbeiten schon, dass es gerade die vorletzte Schrift des Codex II von Nag Hammadi mit dem Titel „Die Exegese über die Seele" (ExAn) ist, die ihr Interesse geweckt hat und deren Problemen sie in Jahren intensiver Forschung nachgegangen ist. Das ist ja auch in der Tat ein sehr wichtiger Text, an dessen Erschließung zu arbeiten sich auf jeden Fall lohnt. Sein Inhalt ist die Erzählung von Fall, Entfremdung und Rückkehr der Allseele, versetzt mit Komplexen von allegorisch gemeinten Schriftstellen aus AT, NT und Homer, die den Seelenmythus stützen und als wahr erweisen sollen. Was die Autorin uns nun als Ergebnis ihrer Bemühung vorlegt, zeugt von intensiver, geduldiger und sorgfältiger Arbeit, ist sehr interessant und enthält unaufgebbare Einsichten.

Wenn man die äußere Anlage des Buches prägnant beschreiben will, könnte man einerseits bei der Frage einsetzen, wie es mit den spezifischen Gewichten der drei im Untertitel genannten Teile (1. „Introduction" in zehn Kapiteln: S. 1–100; 2. „Traduction" nebst „Notes de critique textuelle": S. 103–115; 3. „Commentaire": S. 119–162) eigentlich bestellt ist. In dieser Perspektive dürfte dann die „Einleitung" als der eigentliche Schwerpunkt erscheinen, als eine im Grunde selbständige Abhandlung (schließlich endet sie ja in Kap. 10 mit einer „Conclusion" [S. 95–100]), zu der sich die noch folgenden Teile (Übersetzung und Kommentar) wie eine Art Anhang verhalten. Auch ist die Demonstrationsweise von „Einleitung" und Kommentar grundverschieden: Die „Einleitung" ist ausladend und Wiederholungen nicht scheuend angelegt – entsprechend werden die angezogenen Belege, auch die jedem zuhandenen, in der Regel in vollem Wortlaut geboten –, während der Kommentar mehr dem Charakter von Anmerkungen entspricht und dort aus der Fülle der notierten Belege nur wenige, die als besonders wichtig gelten, zitiert werden. Vielleicht spiegelt sich aber in diesen Stilunterschieden auch einfach die sukzessive Entstehungsweise des Gesamtwerkes wider. Wenn man die Sache so sehen dürfte, müsste übrigens Kap. 1 der „Einleitung" („Le texte copte" [S. 1f.]) eines der ältesten Stücke repräsentieren, insofern als hier Informationen aus der Frühzeit der Nag Hammadi-Forschung als „ewige Wahrheiten" gehandelt werden. Den Schrecken dieser beiden Seiten und der folgenden S. 3 mit Anm. 1 (wo in einer unvorstellbar verballhornisierten Angabe des Titels der Faksimile-Ausgabe von Codex II schließlich die UNESCO mit den USA verwechselt wird) muss man erst überwinden, um sich an dem Rest des Werkes erfreuen zu können.

Andererseits könnte das Werk aber auch den Eindruck einer Textausgabe machen, bei der lediglich der koptische Text selbst weggelassen worden ist. Nur unter diesem Gesichtspunkt dürfte der erste Teil des Index, ein – bis auf ganz

* NHS 25, Leiden 1985. In: BibOr 44 (1987), 694–698.

wenige Kleinigkeiten – vollständiges und vorzüglich gearbeitetes Register der im Text vorkommenden griechischen Fremdwörter und Eigennamen (S. 175–179), voll verständlich sein. (Der Rest des Indexteils ist übrigens wieder normal: Stellenregister [S. 179–204] und Autorenregister [S. 204–206]). Zugleich kommt aber in dieser Seltsamkeit noch einmal ein wichtiges exegetisches Anliegen der Autorin zum Ausdruck. Das Buch beginnt ja auch schon (in Kap. 3 der Einleitung „Le vocabulaire" [S. 5–7]) mit Wortlisten, wo allerdings nur die sachlich wichtigen Begriffe aufgeschlüsselt sind. Für die Autorin ist nun einmal die griechische Begrifflichkeit, sei es, dass sie noch im koptischen Text erhalten ist, sei es, dass sie als ihm unterliegend mit Sicherheit erkannt werden kann, ein wesentlicher Schlüssel zum Verständnis und zur religionsgeschichtlichen Einordnung von ExAn, wie ja auch der ganze Kommentar zeigt.

In der einleitenden Abhandlung geht es im Wesentlichen um die Erörterung von drei umfassenden Sachproblemen der Schrift ExAn; und zwar: 1. um das literarische Verhältnis der Schriftzitate zu der Erzählung (in Kap. 6: „La composition" [S. 13–16]), 2. um die Herkunft der Schriftzitate (in Kap. 7: „Les sources" [S. 17–44]), 3. um die besondere Art, in der der Seelenmythus erzählt wird (in Kap. 8: „Le genre littéraire" [S. 45–55] und in gewisser Hinsicht auch in dem die wesentlichen Konturen des Textes noch einmal nachzeichnenden Kap. 9: „Souillure et purification dans l'Exégèse de l'âme" [S. 57–93]).

Bei der Behandlung der ersten Frage widerlegt die Autorin gewisse frühere Vorstellungen von einem stufenweisen Entstehungsprozess des jetzigen Textes, in dessen Verlauf die Schriftzitate der Erzählung erst sekundär zugewachsen wären. Sie zeigt, dass wichtige Zitate nicht ohne weiteres aus der Erzählung gelöst werden können, sondern ihrerseits Farbe und Wortwahl der Erzählung mitbestimmen. Und das führt sie zu der Auffassung von der literarkritischen Integrität des Textes. Auch wenn man dieser Auffassung vielleicht nicht in allen Einzelheiten folgen mag (von dem einen Mann, der das Werk in einem Wurf erschaffen hat), so muss doch bestehen bleiben, dass eine eventuelle Priorität des Mythus gegenüber den Zitaten jedenfalls nicht mechanisch vorzustellen oder zu erweisen ist.

Was das Problem der Herkunft der Schriftzitate anbelangt, so geht die Verfasserin der fruchtbaren Frage nach, ob und wieweit diese vielleicht gar nicht aus den Schriften selbst, sondern schon aus einer Testimoniensammlung geschöpft worden sind. Die Wiederkehr der hauptsächlichen Zitatenkomplexe in ähnlichen Zusammenhängen bei Clemens, Origenes, Didymus macht die Annahme einer Testimonienquelle für die drei AT-Blöcke: a) Jer 3,1–4; Hos 2,4–9; Ez 16,23–26; b) Gen 12,1; Ps 45,11–12; c) Ezechielapokryphon; Jes 30,15 tatsächlich wahrscheinlich. Übrigens ist bei alledem auch sowieso noch interessant und fruchtbar, dass ExAn überhaupt auf dem Hintergrund des Geisteslebens von Alexandria gesehen wird. Dass die Autorin nun auch die beiden Homerstellen, wenngleich vorsichtig, auf das gleiche Florilegium zurückführt, das mag noch angehen, wenn sie aber diesem selbst auch schon gnostischen Charakter zuschreibt, so ergibt sich das keineswegs aus ihrer Argumentation und führt zu unnötigen Komplikationen.

Dass der in ExAn geschilderte Seelenmythus nicht im arteigenen Stil geboten wird, ist den „Eingeweihten" schon lange aufgefallen. Die Autorin erklärt nun in ansprechender Weise diese stilistische Verfremdung aus der Einwirkung der Gattung des hellenistischen Liebesromans und jüdischer Legenden, die sich um bestimmte Frauengestalten gerankt haben. Nur ist diese Erhellung des Hintergrundes vielleicht etwas einseitig, weil durch dieses helle Licht andere, auch wesentliche Querverbindungen, z. B. mit dem in ganz ähnlichem Stil gehaltenen Perlenlied, obgleich dies an sich vorkommt (z. B. S. 128, 137 und 138), zugleich verdunkelt werden.

Einseitigkeiten und Kurzschlüsse sind übrigens dem vorliegenden Werk m. E. auch sonst nicht fremd. Das erste hier zu nennende Phänomen ergibt sich aus dem gerade mit angedeuteten Sachverhalt, dass die Autorin in enormem Maße und mit großer Gelehrsamkeit jüdische apokryphe bzw. pseudepigraphe Parallelen zur Interpretation des Textes von ExAn, den sie von Anfang an – von Wisses Zweifel offenbar unberührt – als gnostisch bezeichnet, heranzieht.

Nun ist, was die Autorin glaubt, die eine Sache, welchen Eindruck sie den Lesern vermittelt, eine ganz andere. Jedenfalls scheint das, was die Autorin an Exegese wirklich vollzieht, darauf hinzuführen, dass ExAn eigentlich jüdisch ist. So erklärt sich wohl auch die auffällige und abseitige Tendenz, die beiden Gestalten, des Vaters und des Bräutigams, zusammenfallen zu lassen (S. 66, 67, 81 und 144). Wo die Autorin – viel zu spät, nämlich erst in der „Conclusion" – sich selbst die Frage stellt, ob die Schrift ExAn denn wirklich gnostisch sei, zieht sie sich auf die diplomatische Formel zurück, sie sei eben gnostisch, aber von stark judaisierendem Charakter (S. 100) – eine „Lösung", die genauso gut, oder eigentlich eher, hätte auch umgekehrt ausfallen können: eine stark judaisierende Schrift mit leicht gnostischem Charakter.

Bei alledem kommen übrigens auch die NT-Stellen, mithin die christlichen Elemente, für die Gesamtbeurteilung der Schrift nicht recht zur Geltung; und des Rechts, diese etwa als nachträgliche Zufügungen zu vernachlässigen, hat sich die Autorin durch ihre rigorose Lösung der literarkritischen Problematik selbst begeben.

Andererseits geht die Überbetonung der jüdischen Perspektive Hand in Hand mit der völligen und eigentlich unverständlichen Ausblendung einer anderen, die für eine ganze Forschungsrichtung die entscheidende ist, nämlich die – durch die Nennung der Helena im zweiten Homerzitat ja nahegelegte – Beziehung von ExAn zum Simonianismus.

Kurzschlüsse gibt es auch im Kleinen. Manche von ihnen scheinen als Programmierung folgende „Umkehrung" eines mathematischen Lehrsatzes zu haben: Auch wenn zwei Größen einer dritten ungleich sind, so sind sie doch untereinander gleich. Nur in dieser Optik dürfte z.B. auf S. 76 der Vergleich mit EvPhil 82,26–83,2 (s. auch EvPhil 82,34–83,2 auf S. 134), oder die Interpretation der irdischen Hochzeit (S. 140), die im Text den Hintergrund der himmlischen Hochzeit abgibt, verständlich sein. Vor allem aber kann ich es mir nur so erklären, wenn die in der Tat sehr merkwürdige Lehre von ExAn, nach der der Mutterschoß der Seele, der sich außen an ihr befindet, sich zum Zwecke der Bekehrung von außen nach innen wenden muss (für dieses Spezifikum konnte leider auch das vorliegende Werk keine Parallele beibringen), in den Augen der Verfasserin bedeutet, dass die Seele aus der Männlichkeit zur Weiblichkeit zurückfinden muss (z.B. S. 64, 83 und 133f.).

Der Kommentar, auf den wir implizit schon mit Bezug genommen haben, ist an den Sachfragen von ExAn orientiert. Als Basis nimmt er das in der französischen

Übersetzung (die an sich in Ordnung ist) festgelegte Textverständnis, das – außer wenn es um griechische Äquivalente koptischer Wörter geht – nicht auf seine Berechtigung hin hinterfragt oder etwa gar begründet wird. Die Kommentierung erhellt im Wesentlichen die Terminologie und Vorstellungswelt der Schrift durch reiche Beibringungen von Parallelmaterial. Besonders eindrucksvoll erscheint mir dabei das hohe Ausmaß, in dem die übrigen Nag Hammadi-Schriften (noch ohne Kenntnis des Nag Hammadi-Registers von F. Siegert) für das Verständnis von ExAn fruchtbar gemacht werden. Dass der koptische Text freilich notorisch problematische Stellen enthält, kann bei dieser Art des Herangehens nicht in den Blick treten, geschweige denn, dass etwas zu ihrer Erhellung getan wird. Als Beispiel sei auf zwei der schwierigsten von ihnen samt ihrer inzwischen erfolgten Lösung verwiesen: Die Wendung ⲟⲩⲇⲉ ϣⲁⲩⲙⲁⲁϫⲉ (= ϣⲁ-(ⲟ)ⲩⲙⲁⲁϫⲉ) ⲙⲛ̄ⲧⲁⲥϥ ⲉⲃⲟⲗ ϩⲙ̄ ⲡⲉⲥⲙ̄ⲕⲁϩ (p. 128,19f.), die so viel Kopfzerbrechen gemacht hat, heißt in Wirklichkeit: „und nicht einmal ein Ohr hat sie in ihrem Leid" (s. P. Nagel, Eine verkannte koptische Präposition, HBO 5 (1983), 89–98 und vgl. als Strukturparallele auch ϣⲁϩⲗⲏⲓ ⲉⲩⲁⲓⲕ ⲉⲛ ⲙⲡⲉⲗⲃⲓⲧϥ ⲛⲉⲙⲏⲧⲉⲛ ϩⲓ ⲧⲉϩⲓⲏ „nicht einmal ein Brot sollt ihr mit euch auf den Weg nehmen" [W. Till, Koptische Chrestomathie für den fayumischen Dialekt, Wien 1930, 26]). Die problematische Phrase von p. 134,34, die nach Layton ⲡⲉⲉⲓϩⲱⲃ ⲅⲁⲣ ⲟⲩⲉⲓⲉⲓ ⲡⲉ ⲙ̣̄[ⲡⲥⲁ]ⲛ̣ⲧ̣ⲡⲉ zu lesen ist, bedeutet: „Denn diese Sache ist etwas, das von oben stammt" (vgl. B. Layton, Towards a New Coptic Paleography, in: T. Orlandi/F. Wisse (ed.), Acts of the Second International Congress of Coptic Studies, Rom 1985, 320). Überhaupt wird der objektive Fortschritt, der in der Erschließung von ExAn von den ersten Bemühungen an erfolgt ist, in diesem Werk nicht sichtbar. Dabei hat die Autorin doch selbst am Original in Kairo gearbeitet (S. 2 und 113). Im Gegenteil, die textkritischen Anmerkungen (S. 113–115) vermitteln eher den Eindruck, als könnte man frei zwischen den Textlesungen und Textauffassungen von Krause, Wisse und Layton wählen.

Der äußere Eindruck des Buches verliert etwas an Schönheit durch eine stattliche Anzahl von Unachtsamkeiten im Bereich der zahlreichen altsprachlichen Zitate, auf wessen Konto auch immer sie gehen. Das Wort σπλάγχνον z.B. kommt fünfmal vor (S. 134 und 168), ihm fehlt aber immer das erste Ny. Oder, nach welchem Prinzip bei koptischen Wörtern der Supralinearstrich gesetzt oder weggelassen wird, ist unerfindlich. Vor allem gibt es in der Sektionierung von Worten und Sätzen und bei der Herausschälung von Griechisch/Koptischen Äquivalenten Probleme. Wie von einem Computer abgetrennt wirkt z.B. das griechische Zitat S. 25,[47] das mitten in einem Satz beginnt und mitten in einem Satz aufhört. Oder, als koptisches Äquivalent von οἶκος τοῦ πατρός erscheint immer das koptische Syntagma ⲡⲏⲉⲓ ⲙ̄ⲡⲉⲉⲓⲱⲧ (S. 19 und 23), das doch aber den Possessivartikel der 2. Pers. Sg. fem. enthält.

Rezension zu Peter Hofrichter: Im Anfang war der „Johannesprolog". Das urchristliche Logosbekenntnis – die Basis neutestamentlicher und gnostischer Theologie*

Der Verfasser, der schon durch verschiedene interessante, fundierte und stets zu neuartigen oder wenigstens ungewöhnlichen Lösungen führende Arbeiten zu Spezialproblemen des Johannesprologs auf sich aufmerksam gemacht hat, zeigt uns nunmehr in einem großen Wurf, wie gewaltig die Konsequenzen sind, die sich nach seiner Auffassung aus der von ihm propagierten Lösung bestimmter Probleme des Prologs ergeben; sie gehen bis hin zu Empfehlungen für die aktuelle Innen- und Außenpolitik der Kirche. Und es ist gewiss unmöglich zu sagen, dass die von H. hier entwickelte und behauptete Sicht der Dinge nicht anspruchsvoll wäre. So beginnt die knappe Formulierung dessen, was er als den Forschungsertrag seiner Arbeit festgehalten sehen möchte, mit folgenden Sätzen: „Das Bild des Urchristentums, das sich im Laufe der Untersuchung Stück für Stück zu einer Gesamtschau gefügt hat, scheint zunächst alle bisherigen Vorstellungen umzustürzen. Nicht nur der johanneische Problemkreis und die religionsgeschichtliche Frage der Gnosis, auch die Entstehung der synoptischen Evangelien, die Grundlagen der paulinischen Theologie und die Geschichte der Urgemeinde sind fundamental betroffen" (S. 365; der Rezensent wird auch im folgenden häufiger als üblich wörtlich zitieren müssen, weil man es ihm vielleicht nicht glauben würde, wenn er es nur erzählte). Solche Sätze sind schon erregend. Und das gleiche darf man auch von der ganzen Darstellung sagen, die zu ihnen führt. Auch von diesem Buch gilt eben wieder, was schon H. Thyen einer der Vorstudien von H. bescheinigt hat, dass es „von Anfang bis Ende ungemein fesselnd" ist (ThR.NF 44 [1979], 122, Anm. 38). Der Rezensent muss sogar bekennen, dass er die Spannung nicht ertragen konnte und es ihm hier das erste mal bei einem wissenschaftlichen Buch passiert ist, was wohl manche Leser von Kriminalromanen gelegentlich tun sollen, nämlich dass er die Lösung des „Falles" am Ende des Buches, d. h. die Antwort auf die Frage, woher denn der Johannesprolog nun stammt, vor der umfangreichen Darstellung des Weges, auf dem der Autor den Leser dahin führt, gelesen hat. Da erfährt man, dass der Täter in der Nähe des Andreas zu suchen ist. Andreas heiße in der Tradition deswegen „Bruder" des Petrus, weil er (vor Stephanus und Philippus) der Führer des hellenistischen Judenchristentums in Jerusalem gewesen sei: „Geht man ... hinter Philippus und Stephanus ... zurück, so gelangt man zu jener ersten Periode der hellenistischen Lehrentwicklung, die mit der Gestalt des ehemaligen Täuferjüngers Andreas und mit der Weisheitschristologie verbunden ist und die dem Bruch mit der hellenistischen Synagoge

---

* BU 17, Regensburg 1986. In: JAC 30 (1987), 195–200.

noch vorausliegt. In den Anfang dieser Periode und in ein entfernteres Umfeld des Andreas ist wohl auch der Ursprung des Logosbekenntnisses anzusiedeln" (S. 361f.). Der literarische Hintergrund dieses Logosbekenntnisses sei das Werk Philos von Alexandria, von dessen Theologie die hellenistische Synagoge von Jerusalem geprägt gewesen sei (S. 367). Wie H. über Grund und Sinn des Logosbekenntnisses denkt, darüber geben folgende Sätze die deutlichste Auskunft: „Das Logosbekenntnis scheint... nicht nur eine Konkordienformel zwischen Christentum und Judentum, sondern auch eine Kompromissformel zwischen Anhängern einer Geburtschristologie und einer Taufchristologie darzustellen. Es handelt sich also wohl um einen durch harte Verhandlungen und mit äußerstem Scharfsinn erstellten Text, der als gemeinsame Basis der Christen innerhalb der hellenistischen Synagoge dienen sollte. Nur diese Qualität des Textes als die Formel der später verlorenen Einheit der Christen mit dem Judentum und der Christen untereinander kann wahrscheinlich die unbestrittene Autorität dieses Textes erklären, gegen die sich die neutestamentliche Theologie nur mehr mit dem Mittel der Interpretation durchsetzen konnte" (S. 332). Das „Corpus delicti", also das, was H. unter dem Logosbekenntnis eigentlich versteht, d. h. die ursprünglichste Form des dem Anfang des Johannesevangeliums zugrunde liegenden Logostextes, hat man sich in folgender Gestalt vorzustellen:

I,1 Im Anfang war das Wort,
und das Wort war bei Gott,
und Gott war das Wort.
2 Dieses war im Anfang bei Gott;
alles ist durch es geworden,
und ohne es wurde nichts.
3 Was geworden ist, darin war Leben,
und das Leben war das Licht der Menschen,
und das Licht leuchtet in der Finsternis,
und die Finsternis hat es nicht ergriffen.
II,1 Ein Mensch trat auf,
von Gott gesandt,
damit er Zeugnis gebe für das Licht.
2 Er war das wahre Licht,
das jeden Menschen erleuchtet,
der in die Welt kommt.
3 Er kam in sein Eigenes,
und die Eigenen nahmen ihn nicht auf;
allen aber, die ihn aufnahmen,
ihnen gab er Macht, Kinder Gottes zu werden.
III,1 Nicht aus Blut
und nicht aus Fleischeswollen,
sondern aus Gott wurde er geboren.
2 Und das Wort wurde Fleisch
und wir sahen seine Herrlichkeit,
Herrlichkeit des Monogenen vom Vater.
3 Niemand hat Gott je gesehen;
der monogene Gott,
der an der Brust des Vaters ist,
jener hat berichtet. (S. 68f. bzw. 76f.)

Gemeint ist der Text übrigens nicht in dem durch diese deutsche Übersetzung festgelegten Verständnis, sondern in der ihr unterliegenden griechischen Fassung mit der ihr zu Recht oder zu Unrecht von H. zugeschriebenen *Mehrdeutigkeit*, auf die es bei den vielfältigen Ableitungen, die H. aus dem sog. Logosbekenntnis vornimmt, entscheidend ankommt. Worauf es bei der Rekonstruktion des Logosbekenntnisses selbst ankommt, und was für H. charakteristisch und für seine Gesamtsicht unabdingbar ist – abgesehen von seinem Verständnis von μονογενής als „mutterlos" –, das sind die oben als II,1 und III,1 bezeichneten Textteile, d.h. einerseits die Auffassung, dass Joh 1,6–8 nicht ganz und gar ein sekundärer Einschub sei, sondern dass hier die kirchliche Redaktion einen schon vorhandenen Text, der ursprünglich Jesus selbst meinte, nur entchristologisiert und auf Johannes den Täufer umgedeutet habe, d. h. andererseits, dass H. in 1,13 die schwach bezeugte singularische Textvariante, und zwar ganz ohne Relativpronomen, als (zwar nicht mehr unter textkritischem Gesichtspunkt [so hat es einmal angefangen; aber diese Sicht hat H. inzwischen aufgegeben], wohl aber in literarkritischer und traditionsgeschichtlicher Perspektive) ursprünglich ansieht.

Ein so weit gespannter und anspruchsvoller Entwurf wie der von H. wird es sich gefallen lassen müssen, dass man zunächst einmal sein Ergebnis, wie auch immer man zu ihm kommt, betrachtet, ob es in sich selbst evident oder wenigstens plausibel und widerspruchsfrei ist. Und der Rezensent muss gestehen, dass er gleich hier erhebliche Schwierigkeiten empfindet. Das fängt schon mit der Bezeichnung Logos*bekenntnis* an. Damit, dass sich dieser Text stilistisch von den im Neuen Testament sonst wiedergefundenen Hymnen unterscheidet, kann man ihn doch nicht sogleich aus dem liturgischen Bereich in den kerygmatischen verweisen. Sein Inhalt ist auch nicht weniger *einseitig*, und also theologisch missverständlich wie die Hymnen. H. spricht selbst von der Eigenart des Logosbekenntnisses, in dem Tod und Auferstehung Jesu nicht vorkommen und nur unter dem Titel der Herrlichkeitsoffenbarung entsprechend dem Vers 14c erfasst werden können" (S. 323). Und ein einziges „wir" (III,2b) macht einen solch langen und gedichteten Text noch nicht gleich zum Bekenntnis. Bei H. scheint die Diskussion dieser Frage abzubrechen, bevor sie richtig begonnen hat (S. 39–41). Außerdem will die Deutung des Textes als Bekenntnis nicht recht mit seiner schließlichen Einstufung als Kompromissformel zusammenpassen; und wiederum passt auch diese Einstufung nicht zur Länge und dichterischen Form des Textes. Gleichwohl gibt es etwas Gemeinsames zwischen einer Kompromissformel und dem Logoslied, das ist die Unschärfe und Vieldeutigkeit, wenn H. den Sachverhalt der Vieldeutigkeit vielleicht auch erheblich übertreibt. Aber welchen Sinn hat es dann noch, eine solche Chimäre als Ursprung der urchristlichen Theologie anzunehmen? Er scheint sich auch unter den Händen aufzulösen, irgendwie gar nicht dieser Welt anzugehören. Und wenn die Gnostiker den Text so leicht gnostisch *verstehen* konnten („Mit der Ausbildung der gnostischen Spekulationen ist also bereits ab der Entstehung des Logosbekenntnisses selbst in den frühen dreißiger Jahren zu rechnen" [S. 359]), dann können auch sie selbst ihn eigentlich als Kompromisstext *gemacht* haben. Aber das ist ja gerade das letzte, was H. will. Übrigens fehlt mir auch das rechte Verständnis für das, was H. unter „Jahwechristologie" versteht: sie soll sehr früh die Logoschristologie abgelöst haben. Ich kann damit nur „Two Powers in Heaven" assoziieren.

Nun gehört es aber zu H.s Selbstverständnis, dass neben der Meinung „siehe, ich mache alles neu" die andere Behauptung steht, wonach dieses Neue dennoch auch wieder das Alte ist. H.s zu Anfang zitierte Formulierung des Forschungsertrags seiner Arbeit geht nämlich *so* weiter: „Dennoch ist das Ergebnis so revolutionär nicht. Die kritische Forschung der letzten hundert Jahre wird zwar nicht in der Theoriebildung, wohl aber in den erkannten Zusammenhängen weitestgehend bestätigt, wobei sich nun gerade die so ärgerlichen Aporien, die einem wissenschaftlichen Konsens stets im Wege standen, harmonisch auflösen" (S. 365). Es ist für H.s Werk tatsächlich typisch, dass gewisse vertraute Relationen gar nicht in sich angetastet, sondern gewissermaßen in einem exegetischen „Umkehrspiel" einfach im Ganzen umgedreht werden, wobei H. meint, die Dinge, die jetzt auf dem Kopf stehen, auf die Füße zu stellen (und nicht umgekehrt). So ähnlich sagt er es selbst an Hand der Dreiecksmetapher: „Die Basis des Beziehungsdreiecks: Johannesevangelium, Logoshymnus und Gnosis ist nicht die Gnosis, sondern das Logosbekenntnis" (S. 237; vgl. auch S. 145). Das sieht im Einzelnen z. B. so aus: Während es üblich ist, die singularische Variante in Joh 1,13 als sekundäre Änderung zu betrachten, die den Sinn hatte, die Vorstellung der Jungfrauengeburt auch im Johannesevangelium bezeugt zu finden, ist für H. dieser Vers gerade die Quelle der synoptischen Kindheitsgeschichten. Während Joh 1,17 wegen seines paulinischen Klanges im Allgemeinen für einen späten, die Kenntnis paulinischer Theologie voraussetzenden Nachtrag gehalten wird, haben wir es nach H. hier, als einer sehr frühen Erweiterung des Logosliedes, mit der Quelle (oder einer der Hauptquellen) der Theologie des Paulus zu tun. Aus der allgemeinen Feststellung der Forschung, dass es auffälligerweise kaum und nur wenige motivische Querverbindungen zwischen dem Prolog und dem eigentlichen Johannesevangelium gibt, wird bei H., dass das Johannesevangelium trotzdem nichts weiter als ein Kommentar zum Prolog ist, in dem aber die Christologie des Prologs sehr kritisch aufgenommen wird. Das gleiche wiederholt sich beim Logosbegriff als christologischem Titel, der ja im Johannesprolog ganz isoliert steht; das heißt eben nach H., dass die gesamte übrige Christologie des Neuen Testaments die Logoschristologie als ihre Wurzel nicht ohne stärkste und mannigfaltige Modifikationen beibehalten konnte.

Trotz des Neuen, das er – wie gesagt, weithin in Umkehrung von Altem – bringt, hat natürlich auch H. selbst seinen Ort in der Forschungsgeschichte und exegetischen Tradition, den zu bestimmen für das Verständnis seiner Arbeit von Nutzen sein kann. H. gehört zu der der Literarkritik am Johannesevangelium verpflichteten Forschergeneration der Ära nach Bultmann, wo sich im direkten Einflussbereich von dessen Literaranalyse, und zwar hauptsächlich infolge der Nichtübernahme seiner Hypothese von einer besonderen Quelle der Offenbarungsreden, eine wesentliche Umstrukturierung des literarkritischen Modells vollzieht, wobei das Ausmaß der Stoffe, die auf das Konto der kirchlichen Redaktion gesetzt werden, rapide zunimmt und entsprechend der Evangelist im Begriff ist, sich zu verflüchtigen zugunsten einer johanneischen Tradition, einer johanneischen Verkündigungsgeschichte oder einer johanneischen Entwicklungslinie – im Falle von H. müsste man sagen: einer johanneischen Auslegungsgeschichte; auch bleibt bei ihm von Bultmanns Quelle der gnostischen Offenbarungsreden doch etwas übrig, nämlich der Prolog, aber als ein nichtgnostisches Dokument. (Andere

Vertreter dieser Richtung sind: J. Becker, U. B. Müller, G. Richter, H. Thyen.) Auch im Bereich der Gnosisforschung entspricht H.s Vorgehen, obgleich er *das* nicht selbst sagt, einem bestimmten modernen Trend, wonach die Gnosis im Wesentlichen nur eine charakteristische Art der Interpretation vorgegebener Texte ist (Hauptvertreter: K. Koschorke und H. Köster).

Was uns zum Gesamtverständnis von H.s Sicht der Dinge nun noch fehlt, ist seine Motivation. Der Weg zu einem solch gewaltigen (Gegen-)Entwurf kann ja nicht zufällig gefunden, sondern muss gesucht worden sein. Nun sind H.s Beweggründe nicht auf den ersten Blick zu erkennen, weil er seinen Generalangriff auf 100 Jahre historisch-kritische Arbeit am Neuen Testament ganz friedfertig und in wissenschaftlich unterkühltem Ton vorträgt. Es sind nur manche Wendungen, manche Nuancen in der Formulierung von Zwischenergebnissen, die die Motive erkennen lassen, so z.B., wenn er von der „Entmythologisierung des berühmten Anthropos-Mythos" spricht (S. 207); oder vgl.: „Gerade die von Bultmann als mythologisch bezeichneten Stoffe der synoptischen Tradition ... sind aus dieser Textinterpretation" (sc. des Logosliedes) „bedacht und gestaltet worden, wie etwa die Motive der Geburt, Taufe, Verklärung und Auferstehung ..." (S. 305). Kurzum, es ist die Betrachtungsweise der sogenannten religionsgeschichtlichen Schule, die mit einer sich entwickelnden mythologischen Beeinflussung des werdenden Christentums von außen rechnet, gegen die H. sich zur Wehr setzt, ganz besonders natürlich gegen die Vorstellung des gnostischen Urmensch-Erlösermythos, von dem ja nach dieser Schule die Theologie des Johannesevangeliums entscheidend abhängig ist. H. scheint von dem Urmensch-Erlöser-„Gespenst" nicht loszukommen; es verfolgt ihn noch in die Umkehrung der Relationen hinein. Bultmanns gnostischer Urmenschmythos ist ihm, trotz der Destruktion durch C. Colpe und den Rezensenten, immer noch nicht „tot genug". Das zeigt sich in spezifischer Weise darin, dass er auf H. H. Schaeders Hypothese aufbaut, wonach in Joh 1,6 und 9 von der aus den Mandäertexten unter dem Namen Anōš-Uthra bekannten gnostischen Erlösergestalt des Enōš, des „Menschen", die Rede sei („Es ward Enōš von Gott gesandt" bzw. „Er war das Licht der Kušta, das alle erleuchtet, Enōš, der in die Welt kommt"), nur dass er auch hier die Abhängigkeitsverhältnisse umkehrt: „Mensch" ist ursprünglich eine christologische Kategorie des Logosbekenntnisses, geht also von vornherein auf Jesus; und aus diesem Topos des Logosbekenntnisses sei der gnostische Anthroposmythos in allen seinen Spielarten abgeleitet worden.

H.s Motivation wird schließlich auch noch einmal deutlich bei seiner endgültigen Beschreibung des Ziels, zu dem ihn der gesuchte Weg geführt hat. Er nennt sein Bild des Urchristentums selbst „im Wesentlichen restaurativ. Die christliche Theologie erklärt sich weder aus einem jahrzehntelangen Entwicklungsprozess noch aus der Adaption heterogener Mythen. Sie war in der Integration hellenistischer und jüdischer Denktraditionen vorbereitet und ist von Anfang an da" (S. 365f.). In der Tat lassen sich konservative Züge nicht übersehen. Die Dinge kehren bei H., wenn auch auf dem Umweg über die kritische Forschungstradition, wieder zu ihrem Ursprung zurück. So ist für ihn der Lieblingsjünger – wenn auch redaktionell bzw. gerade deswegen – doch wieder der Zebedaide Johannes und also das vierte Evangelium nach allem Hin und Her eben doch das Evangelium *des Johannes* (S. 361).

Nach diesem Versuch der Deutung des Wesens von H.s Werk kann in diesem Zusammenhang wohl auch noch ein Blick auf den Weg selbst, den seine Darstellung nimmt, erwartet werden. Die Demonstration erfolgt in sieben Hauptstufen: 1. Das Problem (S. 13–38); 2. Rekonstruktion des Logosbekenntnisses (S. 39–82); 3. Johanneische und frühkirchliche Interpretation (S. 83–143); 4. Gnostische Rezeption (S. 145–237); 5. Die Interpretation des Logosbekenntnisses im vorjohanneischen Neuen Testament (S. 239–307); 6. Vorneutestamentliche Interpretation und Ursprung des Logosbekenntnisses (S. 309–363); 7. Forschungsertrag (S. 365–367). Da bei dem Herstellungsprozess der Buchtext mit Hilfe eines Textverarbeitungssystems erstellt und mit einem Matrixdrucker ausgedruckt werden sollte (was übrigens keineswegs fehlerfrei funktioniert hat [so kann der Leser z.B. nur raten, wieviel Zeilen zwischen S. 199 und 200 ausgefallen sind]), mussten die Anmerkungen als ein großer Block *hinter* den Text gesetzt werden (S. 369–410). Danach enthält das Buch noch das nach Hilfsmitteln, Textausgaben und Abhandlungen eingeteilte Literaturverzeichnis (S. 411–438) sowie ein Autoren- und Stellenregister (S. 439–481). Von dem, was auf der Wegstrecke zwischen Start und Ziel, also in den Hauptteilen 2–6, im Einzelnen nun passiert, kann nur das eine oder andere angedeutet werden.

Der Hauptteil 2 ist zunächst nur eine Bestandsaufnahme und Zusammenfassung dessen, was der Verfasser schon vorher erarbeitet und veröffentlicht hatte. Dabei ist der größte Teil auch noch – worauf er selbst in Anm. 129, die man nicht überlesen darf, hinweist – eine nur wenig geänderte Wiederholung seines Aufsatzes aus ZNW 70 (1979), 214–237: „Text und Zusätze im Johannesprolog“. Das heißt, an dieser Stelle entspricht das Buch vorübergehend dem Genus von „Gesammelten Aufsätzen“. Damit hängt wohl auch zusammen, dass es nur dieser Teil des Werkes ist, der reichlich mit Anmerkungen versehen ist (auf die ersten 69 Seiten des Buches [S. 13–82] entfallen 178 [+ 6] Anmerkungen, während für die restlichen 285 Seiten nur noch 132 [+ 29] übrig bleiben). Wenn H. im Vorwort sagt, dass es nicht möglich gewesen sei, „eine detaillierte Auseinandersetzung mit der unübersehbaren Literatur... zu führen, auch nicht annähernd in dem Maße, in dem diese Literatur tatsächlich verarbeitet wurde“ (S. 3), so muss sich das also auf die Hauptteile 3–6 beziehen. Was von Hauptteil 3 an folgt, hat nicht nur die Funktion der Folgerung aus dem bereits Dargelegten, sondern soll auch zu dessen Bestätigung dienen. H. glaubt immer wieder beweisen zu können, dass die von ihm als Paraphrasen verstandenen und behandelten Texte aus dem frühen Christentum und seiner Umwelt nicht (nur) den kanonischen Johannesprolog voraussetzen, sondern (auch) die von H. rekonstruierte Form des so genannten Logosbekenntnisses (in einer seiner vorkanonischen Entwicklungsstufen).

Im Hauptteil 3 ist der neuralgische Punkt der erste Abschnitt, wo es um das Johannesevangelium selbst geht und wo H. glaubt beweisen zu können, „dass die Redekompositionen des Evangelisten und der kirchlichen Redaktion je das Logosbekenntnis kommentieren und das kanonische Evangelium somit insgesamt einen mehrschichtigen narrativen Kommentar oder Katechismus zum Logosbekenntnis darstellt“ (S. 104) – neuralgisch deswegen, weil, wenn das nicht stimmt, alles andere sowieso gegenstandslos ist. Es folgt dann noch die entsprechende Behandlung der übrigen johanneischen Schriften mit Einschluss der Apokalypse, ein Abschnitt „Die Ablehnung der Logoschristologie in der nachneutestamentlichen Kirche", wo es um die Oden Salomos, die Aloger, den Monarchianismus, eine äthiopische Johannesliturgie und das Konzil von Nizäa geht (und zwar nach dem Deutekanon: wo Logoschristologie nicht vorkommt, ist sie abgelehnt), und schließlich noch ein Abschnitt unter der (missgedruckten) Überschrift „Das Fortleben der Alternativdeutungen des von Gott gesandten Anthropos in Joh 1,6 in der nachneutestamentlichen Kirche", wo mir am auffälligsten scheint, wie in H.s Optik aus der jüdischen Schrift „Joseph und Aseneth" wieder eine christliche wird.

Im vierten Hauptteil über die Gnosis ist der Ausgangspunkt verständlicherweise die Art und Weise, wie die Valentinianer die obersten acht ihrer Äonen als im Johannesprolog offenbart hinzustellen sich bemüht haben, und die mehr oder weniger offenkundigen Beziehungen, die wirklich zwischen dem Johannesprolog und zwei Nag Hammadi-Schriften („Der Brief des Petrus an Philippus" und „Die dreigestaltige Protennoia") bestehen. Und das Ergebnis ist nach dem bisher schon Gesagten nicht verwunderlich: „Unter Voraussetzung der ursprünglich christologischen Bedeutung von Joh 1,6 lässt sich die gesamte gnostische Lehrentwicklung auf die midraschartige Exegese des Logosbekenntnisses reduzieren. Die Gnosis erschließt sich überraschenderweise als eine auf der Grundlage dieses normativen Textes und der platonischen Philosophie völlig rational, ja rationalistisch konstruierte Dogmatik. Der viel umrätselte gnostische Mythos erweist sich als Ergebnis einer sehr einfachen, paraphrasierenden Textexegese ... Die Spekulationen über die Gnosis als eine vorchristliche Untergrundreligion dürften demnach endgültig der Wissenschaftsgeschichte angehören" (S. 236). Aber darauf soll hier nicht der Ton liegen, auch nicht darauf, wie der Prolog, besonders aber V. 9, gequält werden muss, um dieses „Ergebnis" zu erzielen (vgl. zu 1,9 z.B. S. 203f. und besonders den typischen Satz: „Der Mittelteil: ‚ὃ φωτίζει πάντα ἄνθρωπον' hat nach gnostischem Verständnis auch die Bedeutung: ‚[Licht], ... das den [ganzen =] vollkommenen Menschen [leuchtet =] offenbart' "). Was ich stattdessen hervorheben möchte, ist die Fülle und Sachkenntnis, mit der H. gnostische Originaltexte in überzeugender Gruppierung (urwüchsige Gnosis der Sethianer und Mandäer; Reformgnosis der Valentinianer und Manichäer) heranzieht. Es ist z.Z. noch ungewöhnlich, dass in der neutestamentlichen Exegese in solch großem Maße wie hier versucht wird, die Texte des Fundes von Nag Hammadi auszuwerten. Man darf die Akzente hier tatsächlich so setzen, weil die Vorstellung der Texte und die Referate der relevanten Passagen einen viel größeren Raum einnehmen, als dann benötigt wird, um sie über den H.schen Leisten zu schlagen. Auch kann man an den nachträglichen Anmerkungen das stufenweise Zur-Kenntnisnehmen der Fortschritte in der Erschließung der Nag Hammadi-Schriften ablesen.

Ob das neutestamentliche „Establishment" mit ähnlichem Gleichmut ertragen wird, was ihm im Hauptteil 5 zugemutet wird, darf allerdings bezweifelt werden. Warum man das bezweifeln muss und was alles in diesem Hauptteil vorkommt, und in welchem Sinne, das lässt sich sehr schön aus jenem Anfang von H.s eigener Zusammenfassung entnehmen: „Das im Johannesprolog tradierte Logosbekenntnis scheint die gesamte neutestamentliche Literatur mitgeprägt zu haben. Das Logosbekenntnis erweist sich als eine fast unerschöpfliche Quelle theologischer Reflexionen, und es scheint, dass nicht nur der gnostische Mythos, sondern auch ein Großteil der neutestamentlichen Lehrentwicklung, soweit sie über den harten Kern der synoptischen Wort- und Tatüberlieferung hinausgeht, in der interpretativen Ausfaltung des Logosbekenntnisses ihre Grundlage hat. Gerade die von Bultmann als mythologisch bezeichneten Stoffe der synoptischen Tradition und die Hauptthemen der neutestamentlichen Theologie sind aus dieser Textinterpretation bedacht und gestaltet worden, wie etwa die Motive der Geburt, Taufe, Verklärung und Auferstehung, der Begriff des Apostels, die Ekklesiologie des Leibes Christi und möglicherweise auch die paulinische Rechtfertigungslehre" (S. 305). Dass das, was H. im Bereich der Gnosis macht, auch objektiv verschieden ist von dem, was er im Rahmen des Neuen Testaments macht, darauf könnte er uns selbst ungewollt mit folgenden Sätzen, die in derselben Zusammenfassung etwas später stehen, hinweisen: „Angesichts des gemeinsamen Textbezuges und der grundsätzlich gleichen exegetischen Methode im Hintergrund des gnostischen Mythos und der kirchlich-neutestamentlichen Theologie ist der Gegensatz in der rationalen, poetischen und spirituellen Qualität um so krasser… Zum Unterschied von den neutestamentlichen Lehrerzählungen und Meditationen erweisen sich die meisten gnostischen Paraphrasen als geistlose Variationen aus einer primitiven Interpretationsscholastik" (S. 306). Man braucht bloß das, was hier der objektiven Wirklichkeit zugeschrieben wird, an den natürlichen Ort, wo es herkommt und hingehört, zurückzuverlegen, nämlich in die Anschauungs- und Erkenntniskategorien des Exegeten, um zu erkennen, dass die Ableitung im Bereich der Gnosis offenbar leichter geht als im Bereich des Neuen Testaments, bzw. dass das, was im Bereich der Gnosis schon unmöglich ist, sich im Bereich des Neuen Testaments eben als noch erheblich „unmöglicher" darstellt.

Im sechsten Hauptteil geht es zunächst um den Nachweis, dass schon Simon Magus, wie vor allem die Apophasis Megale zeige, das Logosbekenntnis gekannt und verarbeitet habe, das er wiederum nur durch die Vermittlung des Philippus kennengelernt haben könne (S. 309–321). Hier findet sich mit Anm. 298 allerdings eine kleine Bremse eingebaut, für den Fall, dass J. Frickel mit seiner Auffassung, dass Hippolyt nur eine Paraphrase der Apophasis Megale zitiere, recht hat und zugleich diese Paraphrase auch nicht simonianisch sein sollte. Es folgt dann die Partie über die Entstehung und frühe Interpretationsgeschichte des Logosbekenntnisses, aus der ich gleich zu Anfang H.s Ergebnis mitgeteilt habe (S. 321–336). Was dann nach dem eigentlichen Ende noch kommt (S. 337–363), ist die Thematisierung der Rolle der Werke Philos bei der Entstehung und frühen Interpretation des Logosbekenntnisses. Dass Beziehungen zwischen Philo und dem Johannesprolog bestehen, ist offenkundig und allgemein bekannt. Aber sie werden nun in die besondere Optik H.s gestellt. Dabei wird freilich die als normal geltende Relation *nicht* umgekehrt. Wer H.s Buch von vorn bis hinten gelesen hat, wem also, wenigstens während der Lektüre, H.s Schema der Umkehrung der Relationen in Fleisch und Blut übergegangen ist, der muss eigentlich verwundert sein, warum die entsprechenden Partien bei Philo nun auf einmal nicht auch Interpretationen des Logosbekenntnisses sein sollen. Nahe genug daran ist H. ja schließlich selbst mit der Erwägung (die er dann aber doch verwirft), ob etwa das Logosbekenntnis zunächst ein jüdisches Bekenntnis auf Mose gewesen sein könnte (S. 345f.). Und wenn man H. beim Wort nimmt, dann ist das Logosbekenntnis, das er meint, gar kein Ding in Raum und Zeit, sondern präexistent wie die Tora für einen Rabbinen. Das ist ja schließlich der erste Gedanke, den der Titel des Buches eingibt. Wenn H. so oft sagt, dass die Interpretation des Logosbekenntnisses nach Art jüdischer Midraschim erfolge, gibt er uns auch selbst den Geheimschlüssel zum Verständnis seiner Exegese. Sie ist nur an der Oberfläche „der historisch-kritischen Methode verpflichtet" (S. 5). Insgeheim aber ist sie rabbinisch, besonders dem Grundsatz verpflichtet, dass, wo dasselbe Wort vorkommt, auch von derselben Sache die Rede sein müsse, und dass man an einem Haken das ganze Gesetz aufhängen könne.

Diese Rezension, der es im Wesentlichen um das Verstehen dessen, was man da liest, geht, kann die eigene Lektüre des Buches schwerlich ersetzen (ich schreibe sie ja auch aus einer Gegenposition – sie ist der Sache nach kaum vermeidbar). Trotz der prinzipiellen Bedenken ist das Buch lesenswert, in jedem Fall belehrend und anregend.

Rezension zu André Villey: Alexandre de Lycopolis, Contre la doctrine de Mani*

Die guten Wünsche, die beim Erscheinen des Eröffnungsbandes dem von Michel Tardieu in Angriff genommenen großen Unternehmen der „Sources Gnostiques et Manichéennes" mit auf den Weg gegeben wurden,[1] scheinen in Erfüllung zu gehen. Der zweite Band der Reihe hat nicht lange auf sich warten lassen. Und schon findet sich (auf dem Einband dieses zweiten) der dritte angekündigt, nämlich: Michel Tardieu et Michel Pezin, Écrits gnostiques. Codex VII.

Der Gegenstand dieses hier nun vorzustellenden zweiten Bandes mag allerdings vielleicht ein wenig überraschen. Es geht nicht sofort mit gleich gewichtigen neuen gnostischen Originaltexten weiter. Die Reihenfolge ist also frei und hängt wohl auch vom Angebot ab. Die vorliegende Arbeit über die Streitschrift des Alexander von Lykopolis gegen die Manichäer war jedenfalls ursprünglich eine Hochschulschrift, „qui a été présenté le 27 mai 1984 pour l'obtention du Diplôme de l'École Pratique des Hautes Études (Sciences religieuses)" (S. 10). Wenn also der Text, um den es hier geht, auch nicht neu ist, so kann man dennoch nicht sagen, dass es sich um einen bekannten Text handelt. Es ist vielmehr ein vergessener Text, der allerdings in jüngster Zeit gleich zweimal „wiederentdeckt" wurde. Er ist nämlich nur wenige Jahre zuvor, im Jahre 1974, schon von den Niederländern P. W. van der Horst und J. Mansfeld mit einer gediegenen Arbeit wieder in Erinnerung gebracht worden.[2]

Villey hat mit Recht eine hohe Meinung von dieser Abhandlung, stimmt auch ihren Resultaten – von Kleinigkeiten abgesehen (s. z.B. 220_{390}–225_{404}) – zu, sodass sie ihm als Sekundärquelle erster Ordnung für sein eigenes Werk dienen kann. Die Berechtigung, etwas ähnliches wie van der Horst/Mansfeld noch einmal zu unternehmen, wird – abgesehen davon, dass die Reihe natürlich vollständig sein soll – zunächst einfach in dem Bedürfnis gesehen, eine Bearbeitung des Textes auch in französischer Sprache zur Verfügung zu haben. Seine eigentliche Legitimation bekommt das Werk V.s aber erst dadurch, dass er in der Darbietung andere und eigene Wege geht. Die niederländische Arbeit ist nämlich eigentlich nur eine mit ausführlicher Einleitung und ausführlichem Anmerkungsapparat versehene Übersetzung. Dabei ist diese „Einrahmung" der Übersetzung auch noch unausgewogen, insofern als die religionsgeschichtliche Perspektive gegenüber der philosophiegeschichtlichen entschieden zu kurz kommt. Zudem wird das (von Mansfeld) um der philosophiegeschichtlichen Perspektive willen mit bewundernswürdiger Sachkenntnis zusammengetragene Parallelenmaterial in solcher

* SGM 2, Paris 1985. In: JAC 30 (1987), 213–217.

1 Vgl. H.-M. Schenke, JAC 27/28 (1984/85) 238–242.

2 P. W. van der Horst/J. Mansfeld, An Alexandrian Platonist Against Dualism. Alexander of Lycopolis' Treatise „Critique of the Doctrines of Manichaeus", Leiden 1974 (kurz vorher auch als Artikel in Thêta-Pi, Vol. III, No. 1, April 1974 erschienen).

Ballung geboten, dass ein Leser, der nicht selbst Spezialist auf dem Gebiet der spätantiken Philosophie ist, es schwer haben dürfte, wirklich einen Durchblick zu gewinnen. Mit anderen Worten, das dort aufgehäufte Material schien geradezu darauf zu warten, durch Auswahl und exegetische Anwendung in seinem Wert für das Verständnis der Schrift des Alexander von Lykopolis demonstriert zu werden. Das eben tut V., und entsprechend ist das Unterscheidende und liegt das Schwergewicht seines Buches auf dem Kommentar. Und der Kommentar ist gut. Exegese ist eine schwere Kunst; und ihrer Erlernbarkeit sind durchaus Grenzen gesetzt. V. hat aber offenbar die Begabung zum Exegeten. Der Text des Alexander ist ja zumindest für den Nichtspezialisten nicht ohne weiteres verständlich. Aber V.s Art der Kommentierung verhilft dem Leser fortwährend zum plötzlichen Begreifen.

Wenn – wie schon angedeutet – die kurze antimanichäische Streitschrift des Alexander von Lykopolis auch nicht zu den zentralen Dokumenten des Gesamtkomplexes „Gnosis unter Einschluss des Manichäismus“ gehört (und schon gar nicht zu den Sensationen, an denen die Gegenwart ja so reich ist), so hat sie natürlich doch auch ihre Bedeutung. Diese besteht in ihrem Zeugniswert für drei verschiedene Bereiche (von denen eben nur der erste für die Gnosis relevant ist): 1. Alexanders Schrift ist ein frühes Zeugnis für den Manichäismus, und zwar sowohl für seine Lehre als auch für seine Geschichte. Die Schrift beginnt ja mit einer knappen Darstellung des manichäischen Religionssystems (das sind von den 42 Paragraphen, in die V. die ganze Schrift einteilt, die §§ 4–11; diese Partie brauchte übrigens nicht „wiederentdeckt“ zu werden, sondern spielte in der Erforschung des Manichäismus als eine seiner Quellen immer eine gewisse Rolle) und sie beschreibt und reflektiert die Ankunft, das Wirken und den Erfolg der ersten manichäischen Missionare in Ägypten. 2. Alexanders Schrift ist ein wertvolles Zeugnis für eine besondere Spielart des Neuplatonismus am Ende des 3. Jahrhunderts in Ägypten (und als solches war sie „wiederzuentdecken“); denn ihre Widerlegung des Manichäismus erfolgt ja philosophisch, und zwar eben vom Neuplatonismus aus, und diese Basis der Widerlegung kommt entweder – trotz der Polemik, die auch „fremde“ Argumente nicht verschmäht – hinreichend deutlich zum Ausdruck oder kann eben durch entsprechende Befragung des Textes sichtbar gemacht werden. 3. Alexanders Schrift ist ein interessantes Zeugnis für das kulturelle Milieu gebildeter Griechen im damaligen Ägypten. Man weiß in diesen Kreisen offenbar eine ganze Menge über das Judentum, aber auch das Christentum ist nicht mehr unbekannt. Mani gilt dem Alexander ja als einer der die eigentliche schlichte Jesusbewegung verfälschenden christlichen Sektenstifter. Die Art und Weise, wie sowohl das Judentum als auch Jesus und das Christentum in Alexanders Schrift zur Sprache kommen (Jesus als eine Art neuer Sokrates und das Christentum als Mittel zur Hebung der Moral des gemeinen Volkes) und auch sonst typisch ägyptisches Lokalkolorit durchschlägt (die Schrift endet mit einem Wort über den Nil), darf als höchst bedeutsam gelten. Diese dreifache Bedeutung von Alexanders Schrift nun wird von V. schön und deutlich herausgearbeitet; und bei ihm kommt eben auch der dritte Aspekt zu seinem Recht.

Der Aufbau dieses zweiten Bandes der Reihe entspricht im Wesentlichen dem des ersten, nur dass das Schema der Reihe, weil es sich hier um eine einzige und nur einfach überlieferte Schrift handelt, viel deutlicher heraustreten kann.

Der Inhalt besteht aus Einleitung, Übersetzung, Kommentar und Indices. In der „Introduction" (S. 13–50) werden nacheinander folgende sieben Hauptpunkte abgehandelt: I. L'auteur (S. 13–19); II. Circonstances et date de composition du traité (S. 19–22); III. Analyse de l'argument (S. 22–25); IV. Alexandre, témoin du manichéisme (S. 26–32); V. Esquisse de la philosophie d'Alexandre (S. 33–45); VI. La méthode d'Alexandre (S. 45–47); VII. Le texte. Éditions et traductions. Le présent travail (S. 47–50). Die Hauptpunkte I, II, V und VII sind übrigens noch weiter unterteilt. Von den in dieser Einleitung dargelegten und begründeten Auffassungen V.s sei hier folgendes hervorgehoben: V. teilt die moderne wissenschaftliche Ansicht, dass der Autor der betreffenden antimanichäischen Streitschrift, von dem außer seinem Namen und diesem einen Werk sonst so gut wie nichts bekannt ist, sich durch eben dieses Werk als heidnischer Philosoph zu erkennen gibt und dass also die schmale und späte christliche Tradition, wonach er ein zum Christentum bekehrter Heide und Bischof von Lykopolis gewesen sei, eine Legende ist; weil die Christen an seinem ketzerbestreitenden Werk interessiert waren, ist Alexander in ihren Augen selbst zum Christen geworden. Wenn ich recht sehe, bleiben bei V. zwei Fragen zur Person Alexanders offen bzw. ungeklärt: Zu der harmonistischen Auffassungsmöglichkeit, vertreten z. B. von H. Dörrie in RGG³ 1, 230, dass Alexander nur zur Zeit der Abfassung seiner Streitschrift noch kein Christ gewesen sei, wird nicht ausdrücklich Stellung genommen. Aus dem Duktus seiner einschlägigen Darlegungen scheint aber hervorzugehen, dass V. sie nicht teilt. Sie ist für ihn wohl so abseitig, dass er nicht einmal an sie denkt. Das andere ist eine Alternativfrage, ob nämlich die traditionelle Herkunftsbezeichnung „von Lykopolis" bloß den Herkunftsort, oder auch den Ort der Wirksamkeit des Alexander bezeichnet. Hier ist V.s eigene Position klar; er stellt sich ihn in Lykopolis als Philosophielehrer wirkend vor. Aber er erwähnt und widerlegt nicht die von van der Horst/Mansfeld als selbstverständlich (also ebenfalls ohne Begründung) vertretene Auffassung, wonach (der aus Lykopolis stammende) Alexander Repräsentant des alexandrinischen Neuplatonismus (also Haupt der Schule von Alexandria) ist. Vielleicht ist V.s Vorstellung von Alexander als dem Haupt einer neuplatonischen Provinzschule einfach das Produkt einer zu mechanischen Verbindung von Alexanders Beinamen und der durch die koptischen Manichaica, die ja im sogenannten lykopolitanischen Dialekt des Koptischen (auch Subachmimisch genannt) geschrieben sind, bezeugten Tatsache, dass im 4./5. Jahrhundert die Gegend von Lykopolis ein Zentrum des ägyptischen Manichäismus gewesen ist. Die in der Forschung üblich gewordene zeitliche Ansetzung der Schrift des Alexander auf ca. 300 n. Chr. sucht V. genauer festzulegen. Nach ihm dürfte die Abfassungszeit innerhalb der Spanne von 277 (Tod des Mani, von Alexander vorausgesetzt) bis 297 (mutmaßliches Jahr von Diokletians Edikt gegen die Manichäer, von dem sich noch kein Einfluss zeigt) liegen. Die kurze Darstellung der manichäischen Lehre, mit der Alexander seine Streitschrift beginnt, ist nach V. echt, d.h., Verkürzung und griechische Begrifflichkeit stammen nicht von Alexander, sondern von den manichäischen Missionaren, mit denen er in Konflikt geraten ist; und diese dürften ihrerseits dabei auf einer speziell für den Missionsgebrauch im griechischen Raum bestimmten, *exoterischen* Form der Lehre fußen. Und das wird ausgeführt unter Bezugnahme auf den klassischen Streit in dieser Frage zwischen H. H. Schaeder und R. Reitzenstein, wie in V.s Einleitung die Forschungsgeschichte überhaupt, von ihren allerersten Anfängen an, ausführlich zur Sprache kommt. Aber V. bezieht (ebenso wie van der Horst/Mansfeld) seine Position *jenseits* der Front, die die beiden Antipoden trennt, wenngleich er unter dem Gesichtspunkt des Wertes, der dem Zeugnis des Alexander zuzuerkennen ist, natürlich ziemlich nahe bei Schaeder steht. Als Basis für die Übersetzung und den Kommentar dient die Textausgabe von A. Brinkmann (Alexandri Lycopolitani contra Manichaei opiniones disputatio [Leipzig 1895]); aber während eine solche Benutzung bei van der Horst/Mansfeld unter dem Gesichtspunkt der Vorläufigkeit steht (vgl. An Alexandrian Platonist 3: „until such time as a new edition of the Greek text will appear"), erscheint diese Basis bei V. als etwas schlechthin Gegebenes.

Die Übersetzung des (vorausgesetzten, also nicht mit abgedruckten) griechischen Textes (S. 51–90) wird in sorgfältiger Gliederung geboten. Diese Gliederung versucht, das natürliche Profil der Schrift und also ihren Gedankengang und ihre Logik unmittelbar sichtbar zu machen. Nachdem diese Gliederung in Teil III der Einleitung in Zustimmung und Abwandlung derjenigen von van der Horst/Mansfeld begründet worden war, beginnt die Übersetzung selbst zunächst mit einem Plan dieser Gliederung (S. 53–55). Die Übersetzung selbst erscheint dann in einen doppelten Rahmen gespannt, insofern als neben der Markierung der Abschnitte und Unterabschnitte dieser neuen Gliederung auch die bisher gebräuchlichen Seiten- und Zeilenzahlen und die Kapiteleinteilung der Ausgabe Brinkmanns beibehalten werden. Die Gliederung V.s hat im Prinzip vier Ebenen, von denen die unterste und wichtigste die – schon erwähnte – Einteilung in 42 Paragraphen ist. In einer Konkordanz als dem ersten Teil der Indices (S. 345) sind eben nur diese Villeyparagraphen den Seiten und Zeilen der Brinkmannausgabe zugeordnet. Diese 42 Paragraphen behandeln folgende Gegenstände (wobei wir V.s Überschriften gleich in deutscher Entsprechung bieten): § 1: Einfachheit der christlichen Philosophie; § 2: Gründe für ihren Verfall; § 3: Mani und seine Jünger; § 4: Die zwei Prinzipien; § 5: Der Krieg und die Vermischung; § 6: Der Demiurg und die Kosmogonie; § 7: Der Dritte Gesandte und die kosmische Apparatur (zur Verwirklichung) des Heils; § 8: Die Schöpfung des Menschen; § 9: Christus und seine Sendung; § 10: Ethik und Religion; § 11: Eschatologie; § 12: Manichäische Propaganda; § 13: Schwierigkeiten einer Widerlegung; § 14: In welchem Sinne sind die zwei Prinzipien zu verstehen?; § 15: Die Materie ist nicht „ungeordnete Bewegung"; § 16: Gibt es ein drittes Prinzip?; § 17: Körperlichkeit oder Unkörperlichkeit der Prinzipien; § 18: Die Ungereimtheit einer Aufwärtsbewegung der Materie; § 19: Materie und das Verlangen nach dem Guten; § 20: Manichäismus und Mythologie; § 21: „Gott ist nicht eifersüchtig"; § 22: Status der Ersten Kraft und der Kräfte der Materie; § 23: Das Motiv des Kampfes; § 24: Das Problem des Bösen und die Theodizee: die Manichäer werden durch die Erfahrung widerlegt; § 25: Es gibt nichts Böses im Himmel; § 26: Es gibt auch nichts Böses auf der Erde – nach den Manichäern; § 27: Exkurs: Der Tierkult bei den Ägyptern; § 28: Die Lücken des Manichäismus; § 29: Der Mensch und das Böse: Lust und Begierde; § 30: Die Manichäer und die Tugend; § 31: Wiederaufnahme des Problems der Ersten Kraft; § 32: Schwierigkeiten in Bezug auf die Zweite Kraft; § 33: Schwierigkeiten in Bezug auf deren Werk; § 34: Mannigfaltigkeit des Seienden und Verschiedenartigkeit der Kraft; § 35: Mythus und Astronomie; § 36: Die unmögliche Himmelsreise; § 37: Die Ungereimtheit einer Erschaffung des Menschen durch die Materie; § 38: Wider die manichäische Christologie: Der Name Christi; § 39: Erkenntnislehre und Christologie; §40: Die Kreuzigung; §41: Die manichäische Enthaltsamkeit – unnütz und lächerlich; § 42: Das dunkle Feuer und die Vernichtung der Welt. – Die oberste Ebene von V.s Gliederung besteht in der Zweiteilung der Schrift in eine kürzere allgemeine Einführung (in das Phänomen und Problem des Manichäismus) (§§ 1–13) und die (eigentliche) Widerlegung des Manichäismus (§§ 14–42). Unter dem Text der Übersetzung finden sich hin und wieder Anmerkungen, in denen zu Problemen des Textes und seines Verständnisses – gewöhnlich in Aufnahme oder Kritik von Vorschlägen, die Brinkmann und/oder van der Horst/Mansfeld gemacht haben – Stellung genommen wird.

Der Kommentar (S. 91–340 [342]) ist nicht nur quantitativ, sondern – wie schon gesagt – auch qualitativ der Hauptbestandteil von V.s Werk. Er leistet wirklich das, was ein gelungener Kommentar leisten soll; er vermag es, dem Benutzer den schwierigen Text verständlich zu machen. Das kann im Prinzip natürlich auf verschiedene Weise erreicht, die Gewichte verschieden gesetzt, diese oder jene exegetische Methode bevorzugt werden. Und so hat auch V.s Kommentierung ihr besonderes Gesicht. Sein Profil ist bestimmt durch das eindeutige – und diesem Text sicher auch gemäße – Vorherrschen der Methode des exegetischen Vergleichs, der Arbeit mit erhellenden Parallelen. Die dunklen Aussagen des Textes werden dadurch verständlich gemacht, dass sie auf dem Hintergrund ausführlicher und in sich klarer Parallelen gesehen werden. Und mit dieser Methode hängt nun auch zusammen, dass die Exegese des ersten Teils der Schrift (§§ 1–13) in eine ganz andere Richtung geht als die Exegese des zweiten Teils (§§ 14–42).

Im ersten Teil bestimmen manichäische Parallelen das Bild, während es dann im zweiten Teil philosophische sind. Neben der bloßen Erhellung des Textsinns geht es bei der Exegese des ersten Teils ganz wesentlich um die nachträgliche und ausführliche Demonstration des in der Einleitung bereits behaupteten Sachverhalts, dass die von Alexander gegebene Skizze des manichäischen Systems echt und also seine Schrift wirklich eine wertvolle Quelle für den Manichäismus sei (vgl. z.B. S. 310f.). Unter den reichlich herangezogenen Parallelen bestimmen neben den Augustintexten und den Turfanfragmenten die im Fayum gefundenen, im lykopolitanischen Dialekt des Koptischen geschriebenen Manichaica das Bild (Kephalaia, Psalmenbuch, Homilien). Aber auch die neueste Entdeckung, der Kölner Manicodex, findet die gebührende Berücksichtigung. Gebrauch gemacht – und so dem Leser Kenntnis gegeben – wird auch von einer Auswahl wichtiger und neuester Spezialliteratur. Um so mehr ist es zu bedauern, dass die Literaturaufschlüsselung nicht einwandfrei ist. Die Liste der „Abréviations et sigles" (S. 11f.) und die „Bibliographie" (S. 359–361) ergänzen sich keineswegs so, wie der Autor behauptet, und sind auch zusammengenommen nicht vollständig. Irritation kommt übrigens auch dadurch zustande, dass im Text und Apparat – man möchte fast sagen: in der Regel – das Zahlzeichen 1 für den Buchstaben l zur Bezeichnung der Zeile(n) eines Textes steht. (Stereotyper Druckfehler! Die Zeichen sind in der verwendeten Drucktype in der Tat einander sehr ähnlich, aber es sind doch zwei verschiedene.)

Die Exegese des zweiten und umfangreicheren Teils von Alexanders Streitschrift führt uns in eine ganz andere Welt. Es geht in erster Linie darum, die (nicht für uns, sondern für seine Philosophiestudenten bestimmte) Argumentation des Alexander verständlich zu machen, fremde von eigenen Argumenten zu unterscheiden und zur Bestätigung des in der Einleitung schon Vorweggenommenen den eigenen philosophischen Standpunkt des Alexander herauszuarbeiten. Hier verdankt der vorwiegend religionsgeschichtlich orientierte Leser dem exegetischen Talent V.s ganz besonders viele Erleuchtungen, auch wenn dem Autor etwa bei der Hälfte dieses Teils etwas „die Luft auszugehen" scheint, insofern als fast nur noch die Übersetzung wiederholt und paraphrasiert wird. V. versäumt es übrigens auch keineswegs, immer wieder die Frage zu stellen, ob denn Alexanders Widerlegung des Manichäismus demselben gerecht wird, ja ob sie ihn überhaupt trifft. Und das ist nach seiner Meinung oft nicht der Fall (vgl. z.B. S. 319). Man kann einen Philosophen nicht daran hindern, ein Phänomen wie die manichäische Religion in seine Kategorien zu übersetzen und in dieser Verfremdung zu prüfen (und sie muss es sich gefallen lassen), aber es kommt so viel Unsinn dabei heraus, dass ich mich nicht einmal wundern würde (ich sage das nur im Sinne eines spielerischen Grenzgedankens), wenn ich wüsste, dass diese Schrift von einem Manichäer selbst geschrieben worden wäre, der damit die Philosophie hätte bloßstellen wollen. Manchmal aber trifft Alexander auch ins Schwarze. Vielleicht kann man die Sache so etwas fruchtbar machen, dass man sie in Analogie dazu sieht, wie Paulus die Gnosis in Korinth bekämpft: Es kommt wohl vor, dass man eine Bewegung bekämpfen zu müssen glaubt, auch wenn man sie noch gar nicht richtig kennt, und muss mithin hoffen, zu treffen, ohne zu verstehen.

Um schließlich V.s Kommentar noch einmal im Ganzen ins Auge zu fassen, so gilt auch von ihm wie für jeden, dass man in ihm nicht suchen soll, was es nicht gibt. Das, was exegesiert wird, ist nämlich in der Regel die Übersetzung – und nicht der Text selbst. Mit anderen Worten, dass die Übersetzung den Sinn der griechischen Sätze richtig wiedergibt, wird vorausgesetzt – nicht bewiesen. Diese Voraussetzung mag bei dieser Schrift auch weithin berechtigt sein, aber sicher nicht immer. Als ein Beispiel dafür, dass auch exegetische Satzanalyse noch nötig ist, mag auf die Stelle 34,13f. (Brinkmann) hingewiesen sein. Auf S. 321 (unten) wird ihre Ausklammerung geradezu definiert. Aber das im Allgemeinen Vermisste findet sich z.B. auf S. 323. Mit dem angedeuteten Sachverhalt hängt nun auch zusammen, dass die zahlreichen und oft auch langen (nach den Prinzipien der Reihe in Umschrift gebotenen) griechischen Zitate – im ersten Teil auch die koptischen – mehr der Illustration dienen, als dass sie zum Verständnis der Argumentation sachlich notwendig sind. Wenn man das Unnötige weggelassen hätte, wäre die Fehlerquote (in der Umschrift des Griechischen besonders bei den Akzenten, im Koptischen bei der Transkription überhaupt) wahrscheinlich in erträglichen Grenzen geblieben.

Rezension zu Melvin K. H. Peters: A Critical Edition of the Coptic (Bohairic) Pentateuch. Bd. 5: Deuteronomy*

Das vorliegende Werk ist der erste Band einer Neuausgabe des gesamten bohairischen Pentateuchs, die die alte Ausgabe von Paul de Lagarde aus dem Jahre 1867 ersetzen soll. Und solche Ablösung ist in der Tat nötig, weil, wie P. im einzelnen dargelegt hat, in Anbetracht heutiger Kenntnisse und Möglichkeiten Lagardes Handschriftenbasis viel zu schmal war – ganz abgesehen davon, dass er stellenweise gar keine hatte. Dass P.s Pentateuchausgabe aber nun hinten, also mit dem Deuteronomium, anfängt, erklärt sich aus den Beziehungen seiner Arbeit zu dem Göttinger Septuaginta-Projekt und seinem persönlichen wissenschaftlichen Werdegang. P. hat seine Doktorarbeit unter der Leitung von J. W. Wevers, Toronto, der der Herausgeber des Deuteronomiums im Rahmen der Göttinger Septuaginta ist, geschrieben. Und das Thema war eben: „An Analysis of the Textual Character of the Bohairic of Deuteronomy" (SBL.SCSt 9, 1979).[1] Die anderen Teile des Pentateuchs werden übrigens in der normalen Ordnung folgen; die Genesis ist bereits erschienen (SBL.SCSt 19, 1985). Aus alledem geht auch schon hervor, dass die ganze neue Textausgabe wesentlich textkritisch und textgeschichtlich – also nicht primär linguistisch – orientiert ist.

Um auf die vorliegende Ausgabe des Deuteronomiums zurückzukommen, so hat sie als Basis alle derzeit bekannten bohairischen Pentateuchhandschriften, acht an der Zahl. Die älteste und wichtigste (Rom: Bibl. Vat. Copt 1) stammt aus dem 9.–10. Jahrhundert; die übrigen sind erheblich jünger; die jüngste gar erst im Jahre 1805 geschrieben. Als Textzeugen ordnen sich diese Handschriften häufig zu drei Gruppen. Der in der Ausgabe gebotene Text ist insofern ein kritischer, als er auf der Auswahl der jeweils besten Lesart der Handschriften beruht. Die beste Lesart muss aber noch nicht die originale bzw. muss noch nicht richtig sein. Aber um des Prinzips willen, im Text nichts zu bieten, was nicht durch Handschriften gedeckt ist, hat P. sich (hier in der Dt-Ausgabe jedenfalls) bewusst jeglicher Verbesserung des überlieferten Textes enthalten. Was die Gruppierung bei der Worttrennung betrifft, so folgt P. dem Vorbild Lagardes, der sich seinerseits auf den Gebrauch der „neueren Kopten" berufen hatte (Der Pentateuch koptisch, Leipzig 1867, VII). So erklären sich solche, heute eher auffälligen, Zusammenziehungen wie: ⲫⲏⲉⲧⲁϥϣⲱⲡⲓ, ⲉϥϫⲱⲙⲙⲟⲥ, ⲉⲃⲟⲗϧⲉⲛ. Wie Lagarde, hat P. übrigens auch die in den Handschriften in Kontraktion geschriebenen Nomina sacra aufgelöst. Der textkritische Apparat ist vollständig und unterscheidet nicht zwischen Wesentlichem und Unwesentlichem. Das hängt wieder mit der besonderen Intensität, mit der der Autor gerade die handschriftliche Überlieferung des

---

* SBL.SCSt 15, Chico, CA 1983. In: OLZ 82 (1987), 546–548.

[1] Vgl. die Rezension von F. Wisse in JBL 100 (1981), 630.

Deuteronomiums bearbeitet hat, zusammen und wird sich in dieser Form bei den anderen Teilen des Pentateuchs nicht wiederholen. All diese und weitere einschlägige Informationen über die Prinzipien, Grundlagen und Absichten seiner Ausgabe bietet P. in einer auf das wesentlichste beschränkten „Introduction" (S. IX–XII).

Die Ausgabe ist mit großem Engagement und mit *der* größtmöglichen Sorgfalt gemacht, deren ein einzelner fähig ist. Damit ist aber zugleich auch eine gewisse Grenze gegeben. Natürlich ist P.s Werk handlich, nötig und brauchbar. Aber da es ja Lagarde ersetzen und also *die* kritische Textausgabe des bohairischen Pentateuch für die – sagen wir – nächsten 120 Jahre sein soll, wird man die relativ große Zahl der im koptischen Schreibmaschinensatz stehengebliebenen Druckfehler bei allem „sympathetic understanding", um das P. in der Introduction bittet (S. X), und das man angesichts seiner persönlichen Leistung auch haben muss, doch wenigstens schmerzlich empfinden dürfen. Warum konnte er sich denn nicht durchgehend und systematisch von anderen Augen helfen lassen und warum die Hast, die über dem ganzen Projekt zu liegen scheint und mit der z.B. auch der Verzicht auf die Wiedergabe des/eines Supralinearsystems begründet wird (S. X)? Auch ist die Kollation der Handschriften nur an Hand von Mikrofilmen durchgeführt worden (S. X). Sind die Handschriften und die Filme davon wirklich so gut, dass die Konsultation der Originale ganz unnötig war?

Was sonst noch anzumerken wäre, liegt im Bereich der eigentlichen Sachdiskussion. Bei der schwierigen Auswahl der besten Lesart aus dem von Missverständnissen und Entartungen strotzenden Bezeugungsgeflecht der bohairischen Handschriften könnte bzw. müsste man m.E. an einzelnen Stellen anders entscheiden als der Herausgeber, d.h. findet sich das allein Richtige im Apparat. Es handelt sich um folgende Stellen: Dt 12,30: ⲁⲣⲉ (BEG') statt ⲉⲣⲉ; 15,9: ⲛϫⲉⲟⲩⲛⲓϣϯ (G') statt ⲉⲟⲩⲛⲓϣϯ; 21,20: ⲉϥϯⲥⲩⲙⲃⲟⲗⲏ (C) statt ⲉϥϯⲥⲩⲙⲃⲟⲩⲗⲏ; 24,18: ⲁϥⲥⲟⲧⲕ (A^{mg}) statt ⲁϥⲥⲟⲛⲧⲕ; 25,13: ⲧⲉⲕⲁⲥⲟⲩⲓ (G') statt ⲧⲉⲕⲁⲥⲓⲟⲩⲓⲅ; 28,59: ⲑⲣⲟⲩⲉⲣϣⲫⲏⲣⲓ (AB'C) statt ⲑⲣⲉⲉⲣϣⲫⲏⲣⲓ; 31,21: ⲁⲩⲓⲣⲓ ⲙⲡⲁⲓⲙⲁ ⲛⲟⲩⲏⲣ (G') statt ⲁⲩⲓⲣⲓ ⲙⲡⲁⲓⲙⲁ; 33,9: ⲙⲡⲉϥⲥⲟⲩⲱⲛⲟⲩ (im Prinzip F und AH) statt ⲙⲡⲉϥⲥⲟⲩⲱⲛ. Manchmal verunklaren auch Worttrennungen bzw. –zusammenziehungen den Text. Lies z.B. 6,4: ⲉⲧⲉⲛ ⲛⲉⲛϣⲏⲣⲓ; 9,25: ⲛⲏⲉⲧⲁⲓⲁⲓⲧⲟⲩ ⲉⲓⲧⲱⲃϩ; 10,5: ⲉⲧⲁⲓⲕⲟⲧⲧ ⲁⲓⲓ; 20,20: ⲛⲟⲩⲥⲟⲃⲧ ⲉϯⲃⲁⲕⲓ; 31,16: ⲫⲏⲉⲧⲉ ⲛⲁⲓ ⲛⲁϣⲉⲛⲱⲟⲩ; 32,17: ϯⲛⲟⲩ ⲛⲏⲉⲛⲁⲣⲉ; 32,37: ⲛⲏⲉⲛⲁⲣⲉ ϩⲑⲏ{ⲛ}ⲟⲩ ⲭⲏ ⲉⲣⲱⲟⲩ. An der letzten Stelle wird zugleich noch ein weiteres Problem sichtbar. Wenn keiner der Zeugen einen korrekten bohairischen Satz bietet und die Abweichung vom sprachlichen Standard gravierend ist, kommt man m.E. ohne Konjektur, oder wenigstens ohne Kennzeichnung des Textes als verderbt, doch nicht aus. Es ist an Stellen wie diese zu denken, wo etwa folgendes zu lesen wäre: 9,5: {ⲛϫⲉ} ⲡϭⲟⲓⲥ; 14,24: ⲡⲓⲙⲁ{ⲛ}ϣⲱⲡⲓ; 18,6: ⲫⲏⲉⲧⲉϥ<ⲛⲁ>ⲥⲟⲧⲡϥ; 28,20: ϧⲉⲛ ⲫⲏ {ⲛⲓⲃⲉⲛ} ⲉⲧⲉⲕⲛⲁⲁⲓϥ; 28,56: ⲫⲏⲉⲧⲉⲛⲥⲭⲏ <ⲁⲛ … (vielleicht bloß ⲉ)>; 31,20: ⲉⲩⲉⲙⲁϩ<ⲟⲩ>; 32,12: <ⲛⲉ> ⲙⲙⲟⲛ … ⲡⲉ; 33,12: ⲫⲏⲉⲧⲁϥⲙⲉⲛⲣⲓⲧϥ <ⲛϫⲉ> ⲡϭⲟⲓⲥ.

Rezensionen zu

Jacques-É. Ménard: Le Traité sur la résurrection (NH, I,4)

Yvonne Janssens: Les leçons de Silvanos (NH VII,4)

Jacques É Ménard: L'exposé valentinien. Les Fragments sur le baptême et sur l'eucharistie (NH XI,2)

Bernard Barc (ed.): Colloque International sur les textes de Nag Hammadi (Québec, 22–25 août 1978)*

Die kanadisch-französische Editionsreihe der „Bibliothèque Copte de Nag Hammadi" (BCNH), deren Basis, Organisation, Zweck und Anlage an Hand der ersten beiden Textausgaben von W.-P. Funk in dieser Zeitschrift schon im Jahre 1981 vorgestellt worden sind[1] und auf deren weiteren Fortgang, wie er am Ende seiner Rezension bemerkte, man gespannt sein durfte, hat inzwischen tatsächlich beachtliche und eindrucksvolle Fortschritte gemacht. Nicht nur liegt bereits eine stattliche Anzahl von Textausgaben vor, von denen wir hier die neuesten Nummern 12–14 anzuzeigen bzw. zu besprechen haben, sondern es ist nun auch die bisherige „Leerstelle", nämlich die „Études", schon durch zwei Nummern besetzt. Außer der Nr. 1, dem hier zu präsentierenden Kongressband, ist nämlich erst kürzlich noch als Nr. 2 eine Arbeit von J.-M. Sevrin „Le dossier baptismal séthien – Études sur la sacramentaire gnostique" erschienen (1986).

Wir beginnen unseren Überblick des zur Rezension Vorliegenden mit BCNH.É 1. Es handelt sich um die liebevoll und sorgsam herausgegebenen Akten einer intimen Nag Hammadi-Tagung an der Universität Laval, die einer Selbstdarstellung des meist jungen kanadisch-französischen Mitarbeiterteams *vor* und dem Gedanken- und Erfahrungsaustausch *mit* renommierten Nag Hammadi- bzw. Gnosisforschern diente. Während der Hg. in seinem „Avant-propos" (S. IX–XII) eine ihn selbst nicht voll zufriedenstellende Art von Zusammenfassung zu geben versucht, mag im hiesigen Rahmen eine einfache Aufreihung der in dem Bande enthaltenen Beiträge, die übrigens systematisch geordnet und natürlich nach Länge und Inhalt verschieden gewichtig sind, genügen. Dabei sind die Namen der Mitglieder des Québec-Teams durch Kursivdruck hervorgehoben. Im Allgemeinen behandeln sie auch die ihnen übertragenen Texte, während die Gäste die übergreifenden Themen bevorzugt haben bzw. wohl um sie gebeten worden sind.

Jacques-É. *Ménard*: La Gnose et les textes de Nag Hammadi (S. 3–17); James M. *Robinson*: From the Cliff to Cairo. The Story of the Discoverers and the Middlemen of the Nag Hammadi Codices (S. 21–58); Robert McL. *Wilson*: Twenty Years after (S. 59–67); Torgny *Säve-Söderberg*: The Pagan Elements in Early Christianity and

* Ménard, BCNH.T 12, Québec/Leuven 1983; Janssens, BCNH.T 13, Québec 1983; Ménard, BCNH.T 14, Québec 1985; Barc, BCNH.É 1, Québec/Louvain 1981. In: ThLZ 112 (1987), 109–113.

[1] Vgl. H.-M. Schenke, ThLZ 106 (1981), 194–196.

Gnosticism (S. 71–85); Karl-Wolfgang *Tröger*. The Attitude of the Gnostic Religion towards Judaism as Viewed in a Variety of Perspectives (S. 86–98); Frederik *Wisse*: The "Opponents" in the New Testament in Light of the Nag Hammadi Writings (S. 99–120); Bernard *Barc*: Samaèl – Saklas – Yaldabaôth. Recherche sur la genèse d'un mythe gnostique (S. 123–150); Michel *Tardieu*: „Comme à travers un tuyau". Quelques remarques sur le mythe valentinien de la chair céleste du Christ (S. 151–177); Donald *Rouleau*: Les paraboles du Royaume des cieux dans l'Épître apocryphe de Jacques (S. 181–189); Bentley *Layton*: Vision and Revision: a Gnostic View of Resurrection (S. 190–217); Gilles *Quispel*: The Gospel of Thomas Revisited (S. 218–266); Catherine *Trautmann*: La parenté dans l'Évangile selon Philippe (S. 267–278); Raymond *Kuntzmann*: L'identification dans le Livre de Thomas l'Athlète (S. 279–287); Françoise *Morard*: Thématique de l'Apocalypse d'Adam du Codex V de Nag Hammadi (S. 288–294); Yves *Haas*: L'exigence du renoncement au monde dans les Actes de Pierre et des Douze Apôtres, les Apophtegmes des Pères du Désert et la Pistis Sophia (S. 295–303); Jean-Pierre *Mahé*: Le fragment du Discours Parfait dans la Bibliothèque de Nag Hammadi (S. 304–327); Michel *Roberge*: Le rôle du Noûs dans la Paraphrase de Sem (S. 328–339); Louis *Painchaud*: La polémique anti-ecclésiale et l'exégèse de la passion dans le Deuxième Traité du Grand Seth (NH VII,2) (S. 340–351); Yvonne *Janssens*: Les Leçons de Silvanos et le monachisme (S. 352–361); Paul *Claude*: Approche de la structure des Trois Stèles de Seth (S. 362–373); Maddalena *Scopello*: Youel et Barbélo dans le Traité de l'Allogène (S. 374–382); Paul-Hubert *Poirier*. Le texte de la version copte des Sentences de Sextus (S. 383–389); Anne *Pasquier*. L'eschatologie dans l'Évangile selon Marie: étude des notions de nature et d'image (S. 390–404); Jean-Pierre *Mahé*: Le Discours Parfait d'après l'Asclepius latin: utilisation des sources et cohérence rédactionnelle (S. 405–434). Die Brauchbarkeit des Bandes wird durch ausführliche Indices, die ein in 13 Rubriken untergliedertes Stellenregister, ein Register mythologischer und historischer Eigennamen und ein Autorenregister enthalten (S. 435–462), noch wesentlich erhöht.

Die Textausgaben, also BCNH Textes, von denen wir hier drei haben Revue passieren zu lassen, folgen alle tatsächlich bewusst einem einheitlichen Schema (Introduction, Texte et traduction, Commentaire, Index), wie schon Funk es vermutet und des Näheren beschrieben hat.[2] Es bleibt in der äußeren Anlage dem einzelnen Bearbeiter nur ein geringer Spielraum, ob er z.B. in der Einleitung auch etwas über die Sprache des Textes sagt oder nicht, ob er dem eigentlichen Kommentar etwa noch „Notes de transcription et de traduction" voranstellt, oder ob er das, was dazu zu sagen ist, in einen Apparat unter Text und Übersetzung stellt, und ob er im Index die koptischen Wörter vor oder nach den griechischen und den Eigennamen bringt. Wie diese Dinge wohl auch von der Art der zu edierenden Schrift abhängen, so ist der Bearbeiter natürlich in der inhaltlichen Füllung der Einleitung und der Art der Kommentierung dann doch relativ frei. Hinsichtlich des Index hätte ich übrigens eine Bitte an das Herausgeberkollektiv der Reihe. Dem Index aller Ausgaben ist eine wortwörtlich gleich lautende Erklärung zu dessen Aufbau vorangestellt. Und darin findet sich der Satz: „Les

---

2 W.-P. Funk, ThLZ 106 (1981), 194f.

variantes orthographiques ont été relevées systématiquement; lorsque plusieurs variantes orthographiques sont attestées pour un même vocable…, elles sont identifiées par un chiffre placé en exposant." Dieser Satz müsste unbedingt geändert werden; denn der Begriff der orthographischen Varianten ist viel zu eng. Handelt es sich doch bei den unter einem Lemma so gekennzeichneten Formen auch – und sogar in der Mehrzahl der Fälle – z.B. einfach um die verschiedenen status des Leitwortes, bzw. bei einem lykopolitanischen Text um eben die echten Formen dieses Dialekts. Der Zweck all dieser Textausgaben ist übrigens nicht – wenigstens nicht in erster Linie – eine Weiterführung der Forschung, sondern eine Bestandsaufnahme des Erreichten als Arbeitsmittel für die französischsprachige Fachwelt. Folglich ist der Maßstab, an dem sie legitimer Weise zu messen sind, ihre Zuverlässigkeit. Nun trifft es sich aber, dass etliche von ihnen – besonders wenn es sich um Texte handelt, deren Erschließung noch in den Anfängen steckt – doch eher als Meilensteine auf dem Wege zur eigentlich angestrebten Perfektion anzusehen sind. Überhaupt erfolgt ja die Erschließung der Nag Hammadi-Texte gewissermaßen in „schiefer Schlachtordnung". Das heißt, neben lange vertrauten und schon intensiv bearbeiteten und reichlich kommentierten Schriften (wie z.B. dem von Ménard hier im Sinne der Lückenschließung als BCNH.T 12 noch einmal herausgegebenen Brief an Rheginus über die Auferstehung) gibt es immer noch solche, die mehr oder weniger Neuland darstellen. Denen muss natürlich umso mehr unsere Aufmerksamkeit gelten. Deswegen konzentrieren wir uns in den folgenden Bemerkungen auf BCNH.T 13 und 14, die zwei Erstеditionen eines Nag Hammadi-Textes darstellen.

Von diesen beiden Texten war die valentinianische Abhandlung mit ihren fünf liturgischen Anhängen (BCNH.T 14) noch so gut wie gar nicht bekannt. Außer dass sie in der Faksimile-Ausgabe mit vorlag, konnte man sie praktisch nur aus John D. Turners vorläufiger Übersetzung in The Nag Hammadi Library in English (NHLibEng), Leiden 1977, 436–442, kennen. Es handelt sich um einen leider nur in Bruchstücken erhaltenen Text, an den noch viel Arbeit gewendet werden muss. Seine Sprache ist ein reines Nag Hammadi-Lykopolitanisch (Sigel: L_{nh}). An seinem valentinianischen Charakter besteht trotz der großen und kleinen Lücken nicht der geringste Zweifel. Aber eine Zurückführung auf eine bestimmte Schule innerhalb des Valentinianismus wird durch die Lücken blockiert. Der Haupttext bietet das valentinianische System in einer katechismusartigen Kurzfassung. Es sind also nicht erst die kirchlichen Ketzerbestreiter gewesen, die den Valentinianismus, nur um einen bestreitbaren Gegenstand zu haben, so „auf den Begriff" gebracht hätten. Die Lösung der formgeschichtlichen Frage – durch eine bestimmte Rahmung der Darbietung des Systems sowieso aufgegeben – ergibt sich von den fünf liturgischen Anhängen aus. Diese sind doch nur sinnvoll, wenn auch schon der Haupttext ein Stück Liturgie war, also etwa der Text der Enthüllung des Mysteriums unmittelbar vor der Initiation (so übrigens schon Elaine H. Pagels in NHLibEng, 435), und das Ganze entsprechend eine Art Agende. Mit anderen Worten, der neue Text selbst ist hoch interessant und sehr bedeutsam. Nur kann man ein gleiches von der Ausgabe, in der er uns hier entgegentritt (es ist die 4. von Ménard in dieser Reihe), leider nicht sagen. Sie bleibt entscheidend hinter den eigenen Ansprüchen zurück. Zunächst einmal ist so gut wie alles, was über die Sprache des Textes gesagt wird (das ist allerdings nicht viel), irreführend oder falsch, und die Benutzer werden hiermit gebeten, die betreffenden Aussagen nicht zu berücksichtigen. Überhaupt unterscheidet sich das Koptisch Ménards an sensitiven Punkten von der linguistischen Realität. Nach ihm kann der Qualitativ durchaus im Instans (Fut. I) (p. 22,17; 36,15) und im Perfekt stehen (p. 36,13) und ist auch substantivierbar (p. 35,13; 39,20), kann bei der relativischen Transposition des Präsens, auch wenn das Subjekt des Relativsatzes mit dem Antecedens identisch ist, dieses noch durch ein Suffix ausgedrückt werden (p. 22,16.17; 36,14), und ist das Verbum *ei* „kommen" auch im Präsens möglich (p. 22,31; 35,18 [es steht aber gar nicht *efei* auf dem Papyrus, sondern *afei*]). Auch sonst sind die Lesungen in problematischen Fällen oft einfach falsch und spiegelt die Textausgabe somit eine Sicherheit vor, die gar nicht vorhanden ist. Der eklatanteste Fall ist p. 27,29, wo Ménard das „Geisterwort" *agapotasthai* „lieben" (er)findet, obgleich doch einfach *tapodeixis* dasteht, wie ja auch schon Turner gelesen hat. Auch die Zeilenumbrüche bei der Ergänzung der Ränder sind oft unerträglich. In diesem Zusammenhang ist es übrigens misslich – gerade bei einem solchen Text, wo viel ergänzt werden muss und ergänzt worden ist –, dass Ménard seine mutmaßliche Hauptquelle für die Textgestaltung, nämlich das Manuskript von Turners für die CGLib bestimmten Textfassung, mit keinem Wort erwähnt.[3] So ist ein letztes Wort zu Ménards Textausgabe erst möglich, wenn auch Turners Edition gedruckt vorliegt. Es besteht aber der begründete Verdacht, dass alles, was an Ménards Text gut ist, von Turner stammt, und die genannten Auffälligkeiten Ménards eigene Verschlimmbesserungen dessen sind. Was schließlich Ménards Kommentar anbelangt, in dem er, wie das Literaturverzeichnis und die Verweise zeigen, sich selbst die wichtigste Autorität ist, so erweist sich der ihm eigene – den „Eingeweihten" wohlbekannte – Stil der Exegese, wobei der zu kommentierende Text in den gesamten religionsgeschichtlichen Hintergrund eingebettet wird,[4] bei einem so bruchstückhaften Text wie diesem als besonders unergiebig.

Im Unterschied zu der valentinianischen Abhandlung ist über die Lehren des Silvanus (Silv) schon außerordentlich vieles und erhellendes geschrieben worden – dem Leser dieser Zeitschrift ist diese Schrift durch die Übersetzung von W.-P. Funk bekannt –,[5] nur dass es eben (umständehalber) noch keine Textausgabe gab. Aber diese Lücke ist nun durch BCNH.T 13 endlich gefüllt. Ein weiterer äußerer Unterschied besteht darin, dass Silv vorzüglich erhalten ist und es also hier keine nennenswerten Probleme der Textherstellung gibt. Yvonne Janssens, von der in dieser Reihe schon die Ausgabe der Dreigestaltigen Protennoia stammt (BCNH.T 4), hat mit ihrer hiesigen Edition des Silv wieder eine grundsolide und vertrauenswürdige Leistung erbracht. Was die Gesamteinschätzung der Schrift anbelangt, so ist ihr der Silv ein hellenistisch-judenchristliches Produkt – etwa vom Ende des 2. Jahrhunderts –, das die Gnosis zwar voraussetzt, aber nicht selbst gnostisch ist, sondern gegen die Gnosis mehr oder weniger oft und

[3] Das ist aber nicht nur hier so; vgl. schon Funk, ThLZ 106 (1981), 196.
[4] Vgl. einerseits wieder ThLZ 106 (1981), 195.196; andererseits H.-M. Schenke, ThLZ 94 (1969), 340–343. 430–433; ders., ThLZ 99, 1974, 516; und ders., OLZ 77 (1982), 262–264.)
[5] Die Lehren des Silvanus, ThLZ 100 (1975), 7–23.

deutlich polemisiert. Die sachliche Unausgewogenheit komme zustande durch den Versuch, griechische Philosophie und Judentum bzw. Christentum zu verbinden. In der Kommentierung hat Frau Janssens das – wohl zu bescheidene – Bewusstsein, nichts Neues zu bringen, sondern nur das bisher Erarbeitete zusammenzufassen bzw. darauf zu verweisen. Dabei sind ihre Hauptautoritäten J.-É. Ménard und – verständlicherweise – J. Zandee, der ja so viel schon für das Verständnis des Silv getan hat. Vermutlich ist der besondere exegetische Beitrag der Herausgeberin die durchgehende Herausstellung der Verbindung des Silv mit der ägyptischen Mönchsethik (vgl. unter diesem Gesichtspunkt auch ihren Beitrag in BCNH.É 1 [s. oben]).

Wenn dennoch auch hier ein kleiner Wermutstropfen in den Becher der Freude fällt, so sind es wohl nur unglückliche Umstände, die das, was hier gemeint ist, verursacht haben. Vor allen Dingen ist die relativ große Zahl stehen gebliebener Druckfehler im koptischen Text zu beklagen (p. 86,8: *Gamma* statt *Ypsilon*; 93,30: *Pi* statt *Tau*; 94,11: *Ny* statt *My.*; 94,14: fehlt *Ypsilon*; 104,20: *Omikron* statt *Theta*; 114,31: fehlt *Alpha*; 115,1: *Ny* statt *Eta*; 116,28: *Rho* statt *Faj*; 117,5: *sooun* statt *souōn*) samt den nicht korrigierten Spatien, wo sie nicht hingehören, bzw. deren Gegenteil (in dem Bereich kommt es zweimal auch zu Missverständnissen: p. 84,24f. lies *pcōnt mn torgē*; p. 102,33f. lies *esooun empouoein*). Das hängt vielleicht mit einer persönlichen Haltung irgendwie zusammen, die die Grenze des Irrelevanten früher ansetzt als andere, wie sie sich wohl auch in folgender nicht gerade gewöhnlicher Danksagung des Vorwortes artikuliert: „P.-H. Poirier se chargea de la toilette définitive de mon manuscrit, ajoutant scrupuleusement tous les signes d'écriture du texte copte" (S. VII), und wie sie auch an einer gewissen Nachlässigkeit (bis hin zur Fehlerhaftigkeit) hinsichtlich technischer Details des Registers abgelesen werden könnte. An eigentlich sprachlichen Dingen wäre sonst nur noch nennenswert, dass der in p. 109,23 erkannte Possessivartikel der 2. Pers. sg. fem. auch in p. 85,24.25; 94,20 gebraucht ist; dass das *nai* in p. 100,31; 115,11 nicht das Demonstrativum sein kann, sondern der Dat. ethicus ist: „(erkenne) mir"; dass die Rekonstruktion p. 93,33 ungrammatisch ist; und dass das *ce* in p. 116,12 nicht die Partikel „also", sondern nur *ke* „ein anderer" sein kann.

Kommen wir zum Schluss noch einmal auf das Ganze zurück. Die BCNH ist ein vorzügliches, ja beneidenswertes Unternehmen. Möge ihm Fortgang und Wachstum beschieden sein.

Rezension zu Gonzalo Aranda Pérez: El Evangelio de San Mateo en copto sahidico*

Das vorliegende Buch darf angesehen werden als ein brauchbares Hilfsmittel zur Bekanntmachung und Erschließung der Fassung des sahidischen Matthäusevangeliums, wie sie sich in dem berühmten Vierevangeliencodex der Pierpont Morgan Library, New York City, (Signatur M 569) findet. Diese Sicht der Dinge entfernt sich allerdings ein wenig davon, wie der Autor selbst sein Werk versteht. Es dürfte sein Vorhaben gewesen sein, schon eine/die endgültige Ausgabe dieser sahidischen Fassung des Matthäusevangeliums vorzulegen, ja eine kritische Neuausgabe der sahidischen Übersetzung des Matthäusevangeliums schlechthin, die eben den Text von M 569 zugrunde legt, und alle wesentlichen Varianten der übrigen – fragmentarischen – Überlieferung, die ein textkritischer Apparat bietet, an ihm orientiert und also als Abweichung von ihm darbietet. Dabei ist das Werk weniger linguistisch als bibelwissenschaftlich orientiert, nämlich als Sonderbeitrag zur großen Geschichte der Bibelüberlieferung und Bibelübersetzung gemeint. Als solcher Beitrag will es Arbeitsmittel für die Textkritik und Textforschung sein. Das heißt, diese Textausgabe ist bewusst nicht sogleich mit einer textkritischen Auswertung des dargebotenen Materials belastet worden.

Die Differenz zwischen Vorhaben und Ergebnis lässt sich fast vollständig aus den Spannungen, die zwischen folgenden drei Punkten objektiv wirksam sind, erklären: 1. dem praktischen, begrenzten Zweck einer Hochschulschrift; 2. dem übermächtigen Gegenstand, dem sie gewidmet ist; 3. dem gewählten (oder aufgenötigten) Medium ihrer Drucklegung.

Das Werk ist also zunächst einmal eine Dissertation, mit der Aranda an der Philologischen Fakultät der „Universidad Complutense" von Madrid promoviert hat (S. 10). Das heißt, wir haben hier eine Art Erstlingswerk vor uns, dem a priori mit Sympathie und einer gewissen Rücksicht auf Dinge, die da noch kommen können, zu begegnen ist. Dass die Bewährung dieser Haltung dem koptologisch interessierten Benutzer dennoch nicht ganz leicht fällt, liegt nun wiederum daran, dass gerade das – vorher noch nie edierte – Matthäusevangelium des Codex M 569 für die Koptologie als einziger vollständig erhaltener Zeuge der sahidischen Übersetzung dieses Evangeliums von so großer Bedeutung ist, dass man es nun endlich ganz genau und alles darüber kennenzulernen begehrt. Auf jeden Fall also hat der Verfasser mit der Wahl seines Gegenstandes ein Desiderat getroffen.

Nun ist schon der Vierevangeliencodex als ganzer, der – zu dem berühmten Hamulifund gehörend – etwa im 8. Jahrhundert geschrieben sein dürfte (S. 28) und, zusammen mit den anderen zahlreichen Hamulicodices, bisher allein in

* (Texto de M 569, estudio preliminar y aparato critico), Madrid, 1984. In: APF 34 (1988), 62–65.

der (in nur wenigen Exemplaren verbreiteten) Faksimile-Ausgabe vorliegt,[1] von allergrößtem Wert.[2] Dementsprechend ist es dieser Evangelientext – und nicht der nur aus Fragmenten zusammengestückelte Text der Ausgabe Horners[3] –, der der Konkordanz des sahidischen Neuen Testaments zugrunde gelegt worden ist,[4] und findet sich sein Markus-, Lukas- und Johannestext als variae lectiones dokumentiert im Apparat von H. Queckes drei Teilausgaben des um etwa drei Jahrhunderte älteren Dreievangeliencodex von Barcelona.[5]

Während wir nun für Markus und Lukas je eine und für Johannes sogar drei noch um Jahrhunderte ältere und trotzdem auch vollständig erhaltene Texte haben,[6] ist das eben für Matthäus nicht der Fall. Da gibt es an Neuentdeckungen in dieser Größenordnung nur den Papyrus Bodmer 19 (aus dem 4. oder 5. Jahrhundert),[7] aber dessen Text ist erst von Mt 14,28 an erhalten und infolge der Beschädigungen des unteren Teils der Codexseiten auch dann noch lückenhaft. Wenn man also hier nun eine direkte Ausgabe des Matthäusevangeliums nach M 569 angeboten bekommt, ist es unausbleiblich, dass der echte Liebhaber der koptischen Sprache z.B. auch das interessante und eigenartige, von Aranda in der Einleitung beschriebene (S. 29–40) Supralinearsystem dieser Handschrift wiedergegeben sehen möchte.

Es handelt sich, wie es auf den ersten Blick jedenfalls scheint, um eine Kombination des unterägyptischen Djinkim- und des oberägyptischen Strichsystems. Und obgleich nun die Regeln bzw. Prinzipien der Setzung dieser Zeichen klar erkennbar sind, werden sie dennoch (auch bei einer doch so hochoffiziellen Handschrift) nicht konsequent befolgt. Und gerade um dieser Inkonsequenz willen genügt eine Beschreibung nicht, sondern muss man von Fall zu Fall selbst sehen können. Strich und Punkt kommen einander in der

---

[1] H. Hyvernat, Bybliothecae Pierpont Morgan Codices Coptici photographice expressi, Vol. I–LVI, Romae 1922. Der Codex M 569 findet sich als Band IV.

[2] Ich hatte übrigens das Glück, am 15. 5. 1985 in der Pierpont Morgan Library das Original für einige Stunden in den Händen zu halten, und habe bei der Gelegenheit auch die erste und die letzte Codexseite des Matthäusevangeliums mit dem Text von Aranda verglichen.

[3] G. Horner, The Coptic Version of the New Testament in the Southern Dialect, Vol. I–VII, Oxford 1911–1924. Das Matthäusevangelium findet sich in Vol. I (1911); die Liste der Fragmente, auf der der Text dieses und der drei übrigen Evangelien beruht, steht in Vol. III (1911) S. 344–360.

[4] L.-Th. Lefort/M. Wilmet/R. Draguet, Concordance du Nouveau Testament sahidique, CSCO 124, 173, 183, 185, 196 = Subsidia 1, 11, 13, 15, 16, Louvain 1950, 1957, 1958, 1959, 1960.

[5] H. Quecke, Das Markusevangelium Saïdisch – Text der Handschrift PPalau Rib. Inv.-Nr. 182 mit den Varianten der Handschrift M 569, Das Lukasevangelium Saïdisch – Text der Handschrift PPalau Rib. Inv.-Nr. 181 mit den Varianten der Handschrift M 569, Das Johannesevangelium Saïdisch – Text der Handschrift PPalau Rib. Inv.-Nr. 183 mit den Varianten der Handschriften 813 und 814 der Chester Beatty Library und der Handschrift M 569, PapC.ST 4, 6, 11, Barcelona 1972, 1977, 1984.

[6] Zum PPalau Rib. 183 kommen noch die beiden aus dem 6. Jahrhundert stammenden Handschriften 813 und 814 der Chester Beatty Library hinzu.

[7] R. Kasser, Papyrus Bodmer XIX – Evangile de Matthieu XIV,28 – XXVIII,20, Epître aux Romains I,1–II,3 en sahidique, Bibliotheca Bodmeriana 1962.

„Materialisation" übrigens sehr nahe und stehen in der Regel nach rechts verschoben über dem betreffenden Buchstaben. Bei Nicht-Sonor kann der kurze, nach rechts verschobene und leicht gekrümmte Supralinearstrich ohne weiteres auch als Apostroph gedeutet werden. Was den Djinkim anbelangt, so erscheint er auch über Omikron, Omega und Eta. Besonders charakteristisch ist sein Erscheinen über dem zweiten Vokal bei Doppelvokalen.

Das besondere Medium der Drucklegung, nämlich die drucktechnische Wiedergabe eines Schreibmaschinensatzes, scheint sich auf den ersten Blick auch für die Wiedergabe der Supralinearzeichen besonders gut zu eignen; man müsste sie sowieso mit der Hand eintragen und könnte das dann in größtmöglicher Originaltreue machen. Aber wenn Aranda hier nun solche Hoffnung auch enttäuscht und auf die Wiedergabe des Supralinearsystems rundweg verzichtet, wie er auch das Trema über dem Jota weglässt und die Interpunktion vereinfacht, mit dem für viele sicher falschen Trost, dass der Interessierte ja die Faksimile-Ausgabe konsultieren könne (S. 63), so mag es dem Enttäuschten ein echter Trost sein, dass, wie es bei manchen so ins Manuskript eingetragenen Kontraktionsstrichen und Asterisci zu konstatieren ist, diese Zeichen im Druck vielleicht sowieso nicht bzw. nicht vollkommen oder deutlich genug zu sehen gewesen wären.

Abgesehen von diesen Hilfszeichen ist es allerdings Arandas erklärte Absicht, die Orthographie der Handschrift minutiös wiederzugeben (S. 29). Nachdem man jedoch die Literaturangaben der Einleitung (S. 11–93) und besonders deren Ballung im Literaturverzeichnis (S. 94–101) gesehen hat, muss man sich fragen, ob der Autor nicht von zu großzügigem Wesen ist, um solcherlei Versprechungen erfüllen zu können. Ein kompromissloser Leser könnte ja – wie ich es einmal symbolisch ausdrücken möchte – denken, dass ein koptologisches Buch, in dem die Vornamen von Hans Jakob Polotsky nicht oder nicht richtig erscheinen, überhaupt nicht wert ist, weiter gelesen zu werden. Merkwürdigerweise ist aber der koptische Text und sein Apparat dann glücklicherweise doch nicht so schlimm, wie man es zunächst befürchten musste. Wiederum könnte manches in dem zuletzt angedeuteten Bereich mit dem Medium der Drucklegung zusammenhängen: Es fehlen beim Schreibmaschinensatz eben die Chance der Fahnen- und Umbruchkorrektur, sowie die Augen der Lektoren und Freunde, die mitlesen. Überhaupt sieht es so aus, als wäre Aranda ziemlich alleingelassen gewesen, ohne die nötige Hilfe bei seiner Arbeit zu haben.

Was nun die Anlage des Werkes von Aranda im einzelnen betrifft, so enthält die der Ausgabe vorangestellte Einleitung zunächst ein erstes allgemeineres Kapitel (S. 11–20) über die koptischen Übersetzungen der Bibel und insbesondere das Matthäusevangelium im sahidischen Dialekt (es ist offenbar nachträglich geschrieben worden, denn spätere Verweise in den folgenden Kapiteln auf frühere Kapitel lassen es unberücksichtigt und zählen II als I usw.). Kapitel II–IV beschreiben dann die zu edierende Handschrift, wobei, wenn ich recht sehe, der Verfasser sich auf die einschlägige Literatur und nicht auf Autopsie stützt. Dabei ist Kapitel II (S. 21–28) einer allgemeinen Vorstellung des Codex M 569 einschließlich seiner paläographischen Charakteristika gewidmet; Kapitel III (S. 29–52) trägt die ins Auge fallenden linguistischen Aspekte der Handschrift zusammen, freilich etwas umständlich und noch ohne rechtes

Gefühl dafür, wo eigentlich der „Kopf des Nagels" ist, auf den man „treffen" müsste; und Kapitel IV (S. 53–62) behandelt die Probleme der von M 569 gebotenen Textform des Matthäusevangeliums. Kapitel V (S. 63–64) und VI (S. 65–70) begründen und erklären, zum Teil ziemlich breit, die Anlage der Darbietung des koptischen Textes bzw. des kritischen Apparates. Unter VII folgt ein mit Recht ausführliches Verzeichnis der im textkritischen Apparat verarbeiteten sahidischen Matthäushandschriften (S. 71–93). Es sind (mit Ausnahme der Lektionare) zunächst die auch schon vor Horner verwendeten, von denen aber manche nach dem neuesten Identifizierungsstand jetzt unter einer Nummer zusammengenommen werden. Hinzu kommen die nach Horners Edition bekannt gewordenen bzw. veröffentlichten sahidischen Matthäusfragmente, besonders der schon erwähnte Papyrus Bodmer 19. Übrigens stand Aranda, wenn ich ihn richtig verstanden habe, fast das gesamte im Apparat verarbeitete Textmaterial auch in Fotografien zur Verfügung. Er muss also die Möglichkeit gehabt haben, fast alle Angaben Horners zu überprüfen. In welchem Umfang und nach welcher Methode er dies getan hat, darüber finden sich jedoch keine näheren Angaben. Nach der Bibliographie (unter VIII auf S. 94–101) folgt dann der Kern des Ganzen, die Textausgabe selbst (S. 105–290) – im Inhaltsverzeichnis unter IX verzeichnet. Als Anhang werden schließlich noch die auf den vorderen Vorsatzblättern des Codex nachgetragenen sahidischen Inhaltsangaben der 68 Paragraphen des Matthäusevangeliums (S. 291–293) nebst ihrer Übersetzung ins Spanische (S. 294–296) wiedergegeben.

Die Textausgabe ist übersichtlich und lesbar. Ich empfinde es als völlig sachgemäß, dass Aranda den Text nicht seiten-, kolumnen- und zeilengetreu nach dem Original, sondern fortlaufend gibt und als Ordnungs- und Verweisungsprinzip die übliche Kapitel- und Verseinteilung einträgt. Gleichwohl sind die Paragraphen- und Satz- bzw. Satzteilzäsuren im Prinzip, wenn auch in stilisierter Wiedergabe, beibehalten worden. Der kritische Apparat ist zwei- bzw. dreigeteilt. Wo Schreibversehen in der Handschrift vorkommen, verbesserte oder unverbessert gebliebene, bzw. wenn sonst irgendetwas zum Phänomen der Vorlage zu bemerken ist, wird dies unmittelbar am Fuße des Textes notiert. Auf solche Fußnoten weist in der Regel ein Asteriscus im Text hin. Sonst besteht der Apparat durchgehend aus einem Teil, der innersahidischen bzw. bloß sprachlichen Varianten gewidmet ist, und einem Teil für solche Varianten, die für die eigentliche Textkritik relevant sein können. Auch der Apparat ist in seiner Übersichtlichkeit sehr angenehm. Er will übrigens vollständig sein, nämlich – abgesehen von irrelevanten Schreibalternativen – jeweils alle Varianten und alle Zeugen bieten. An Problemen, die der Apparat bietet, ist mir Folgendes aufgefallen: Nicht selten ist die Worttrennung im Apparat anders als im Text. Die Reihenfolge, in der die Lemmata des Apparates erscheinen, stimmt häufig nicht mit der Reihenfolge, in der die betreffenden Wörter im Text erscheinen, überein. Manchmal erscheint eine Position des ersten Apparates im zweiten unverändert noch einmal. Viel häufiger aber sind Verdoppelungen anderer Art, die mit dem Prinzip der Eindeutigkeit der Beziehung und der Widerspruchslosigkeit der Aussagen in Konflikt geraten. Und schließlich ist der Apparat auch nicht wirklich vollständig, wie mir übrigens nur zufällig beim Vergleich mit Papyrus Bodmer 19 aufgefallen ist.

Noch ein letztes Wort zum Gebrauch von Arandas Werk. Entscheidend ist die Frage des „Wozu“. Als Text für Vorlesungen und Übungen, als Übungslektüre beim Sprachunterricht, oder einfach zum Lesen des Matthäusevangeliums auf Sahidisch kann man es m.E. getrost verwenden. Wenn man dagegen mit ihm wissenschaftlich weiterarbeiten will, muss man es erst „justieren“. Schon die bloßen Tippfehler sowohl im Text als auch im Apparat haben das „natürliche“ Ausmaß einer Fahnenkorrektur. Aber für jemanden, der Zugang zum Original oder zur Faksimile-Ausgabe und zu den Quellen des Apparates hat und also in der Lage ist zu kollationieren, dürfte der Besitz von Arandas Werk als Vorlage dazu eine begrüßenswerte Hilfe sein.

Rezension zu Jean-Marie Sevrin:
Le dossier baptismal sethien. Études sur la sacramentaire gnostique*

In seiner dissertation magistrale de la Faculté de Théologie de l'Université catholique de Louvain, die in der Reihe der Bibliothèque Copte de Nag Hammadi auch der wissenschaftlichen Öffentlichkeit zugänglich gemacht worden ist, geht der Verfasser, J.-M. Sevrin, von der, wie er sagt, inzwischen schon allgemein geteilten Überzeugung aus, dass die Entdeckung und Klarheit über den Sethianismus zu den wichtigen Erkenntnissen gehöre, die der Textfund von Nag Hammadi beschert hat. Unter Sethianismus ist dabei eine ganz bestimmte Spielart der Gnosis verstanden, die man dem Valentinianismus hinsichtlich der Größenordnung und Relevanz sehr wohl an die Seite stellen kann. Als sethianische Texte in den Nag Hammadi-Codices gelten der Fachwelt mit Sicherheit: Das Apokryphon des Johannes (AJ) Nag Hammadi-Codex (NHC) II,1; III,1; IV,1 (zuzüglich der Version des Codex Berolinensis Gnosticus 8502 (BG) [2] und der Parallele in Irenäus adv. haer. I 29); die Hypostase der Archonten (HA) NHC II,4; das Ägypterevangelium (ÄgEv) NHC III,2; IV,2; die Apokalypse des Adam (ApcAd) NHC V,5; die drei Stelen des Seth (StelSeth) NHC VII,5; Zostrianus (Zostr) NHC VIII, 1; Melchisedek (Melch) NHC IX,1; die Ode über Norea (OdNor) NHC IX,2; Marsanes (Mar) NHC X; der Allogenes (Allog) NHC XI,3; und die dreigestaltige Protennoia (Protennoia) NHC XIII. Von den schon länger bekannten Originalschriften gehört schließlich noch dazu die titellose Schrift, das so genannte „Unbekannte altgnostische Werk" (UAW), aus dem Codex Brucianus.

Umstritten ist indessen immer noch die Frage, ob die Verwandtschaft dieser sethianischen Texte untereinander etwa nur ein rein literarisches Phänomen ist oder doch eine soziologische Basis in einer bestimmten gnostischen Gruppe hat, deren Entwicklung und Geschichte sich dann in diesen Texten widerspiegeln würde. Der Verfasser ist nun mit Recht der Meinung, dass die Lösung dieses Problems ganz entscheidend von dem Verständnis der auffällig vielen Stellen, an denen diese Texte – in vielfältigster Weise – von der Taufe reden, abhängt, wobei es besonders um die Alternative geht, ob diese Aussagen nur in den Bereich der Mythologie gehören oder aber zugleich ein wirkliches kultisches Wasserritual meinen bzw. voraussetzen. Diese Frage ist zwar schon in größerem oder kleinerem Rahmen berührt oder diskutiert worden, aber es ist das erklärte Ziel der vorliegenden Arbeit, diese Sache endlich mit der nötigen Ausführlichkeit und Gründlichkeit zu behandeln und zu entscheiden. S. ist nun für dieses Werk offenbar von der Person her und durch seine bisherigen einschlägigen Arbeiten besonders gut gerüstet. Jedenfalls ist sein nun vorliegendes fertiges Werk über die sethianische Taufe eine ganz wesentliche Bereicherung, Absicherung und Weiterentwicklung der Sethianismustheorie der modernen Gnosisforschung,

---

* BCNH.É 2, Québec 1986. In: BibOr 45 (1988), 143–149.

wie sie etwa gleichzeitig in einem anderen Teil der Welt und an Hand anderer Phänomene der sethianischen Schriften auch von John D. Turner, University of Nebraska, Lincoln, geleistet worden ist. Es ist zwar ganz natürlich, aber auch ein bisschen schade, dass diese beiden Pioniere anscheinend ohne Kenntnis voneinander und ohne wissenschaftliche Kommunikation ihre wichtigen Arbeiten getan haben.

Für die Art von S.s Herangehen an die Texte und ihre für die Tauffrage entscheidenden Stellen sowie für die Durchführung seiner Untersuchungen und Exegesen ist eine ganz besonders große Vorsicht und so etwas wie ein Streben nach Voraussetzungslosigkeit charakteristisch. Er ist auf der Suche nach sicheren Indizien und unterscheidet in seinen Urteilen außerordentlich streng zwischen dem, was ihm sicher erscheint und was nur in verschiedenen Graden wahrscheinlich oder gar bloß möglich ist. Und es ist wohl auch nur die andere Seite derselben Sache, wenn er skeptisch ist gegenüber allgemeinen religionsgeschichtlichen Kategorien (vgl. z.B. S. 233, Anm. 34), auf die Anwendung von anderswo gewonnenen Erkenntnissen der so genannten Formgeschichte verzichtet und das Heranziehen religionsgeschichtlicher Parallelen soweit wie möglich vermeidet (schon das bloße Stichwort „Mandäer" kommt nur ein einziges Mal, und auch nur in einer Bezugnahme auf eine in der Literatur vorgegebene Auffassung, vor [S. 287]; noch erstaunlicher ist, dass auch die Johannestaufe als mögliches Vergleichsobjekt praktisch entfällt).

Die Anlage des Werkes ist so, dass nach einer allgemeinen und knappen „Introduction" in den Gegenstand und das Ziel der Arbeit (S. 1–8) zunächst in sieben Kapiteln in einer chronologisch und sachlich sinnvollen Stufenfolge jede der sieben (von den insgesamt zwölf) sethianischen Schriften, in denen von der Taufe die Rede ist, in ihrem Wesen und ihrer Problematik einzeln vorgestellt und auf Taufbezug und Taufverständnis hin an den betreffenden Stellen ausführlich exegetisch befragt wird, ehe in einem achten Kapitel das Erarbeitete zusammengefasst und die Summe des Ganzen gezogen wird.

Es beginnt in Kap. I mit dem AJ (S. 9–48). Dass hier dem Schluss des Pronoiahymnus vom Ende der Langversion (II p. 31,11–27 Par), wo ja davon die Rede ist, wie der Typos des zu Erlösenden mit fünf Siegeln im Lichte des Wassers versiegelt wird, eine entscheidende Rolle zukommt (S. 31–37), ist klar; notwendig erscheint auch die Behandlung des Motivs von der Salbung des himmlischen Sohnes (BG p. 30,14–31,5 Parr [S. 38–46]); auffällig und folgenreich ist dagegen die Einbeziehung und die Taufdeutung von BG p. 26,14–27,6 Parr (S. 14–31), wo die erste Stufe der göttlichen Emanation als Selbsterkenntnis des Urgottes im Spiegel des ihn umgebenden Lichtwassers beschrieben wird. Ich selbst vermag in dieser Textstelle keinerlei Taufbezug zu erkennen. Für S. aber scheint er sich im wesentlichen zum einen aus der Wendung „C'est lui qui nous a dit ces choses" zu ergeben, die er für die Eingangswendung hält und der er den Gedanken entnimmt, dass der Urgott zugleich die Quelle der Offenbarung und des Seins ist (vgl. für den Stellenwert dieses „Eingangs" nicht nur S. 14/15, sondern auch S. 17.30), – aber die fragliche Wendung ist in Wirklichkeit der Abschluss des vorhergehenden Abschnitts (vgl. Joh 1,18) –, zum anderen dadurch, dass er den ganzen hiesigen Text im Lichte einer ganz bestimmten Stelle aus der Protennoia liest. S. 19 Z. 12 lies ϩⲣ̄- ⲉⲃⲟⲗ statt ⲣ̄ ⲉⲃⲟⲗ; S. 34 Z. 19 und S. 35 Z. 9 lies ⲧⲟⲩⲛⲟⲩⲥ statt ⲧⲟⲩⲛⲟⲥ; S. 34 Z. 26 lies ⲡⲉⲛⲧⲁϩⲥⲱⲧⲙ̄ statt ⲡⲉⲛⲧⲁⲕⲥⲱⲧⲙ; S. 39 Z. 8 lies ⲉⲛϥϣⲁⲁⲧ statt ⲉⲛϣⲁⲁⲧ. Wie kommt S. in Z. 5 von Anm. 41 auf S. 31 darauf, dass ϭⲟⲟⲗⲉⲥ maskulin sei?

In Kap. II schließt sich sinnvollerweise die Behandlung der Protennoia an (S. 49–79), ein Text, der ja in engstem sachlichen und formalen Zusammenhang zu dem Pronoiahymnus (der Langversion) des AJ steht. Hier sind es nicht weniger als acht Passagen, die Taufbezug aufweisen (bzw. im Kontext so verstanden werden können) und von S. einer gründlichen Exegese unterzogen werden. Die von S. als Bindeglied zu der problematischen Stelle des AJ in Anspruch genommene Wendung findet sich gleich in der ersten Passage und lautet: (Die Protennoia spricht)

> Ich [stieg herab in die] Mitte der Unterwel[t].
> Ich ging [über der] Finsternis leuchtend [auf].
> Ich bin es, de[r] das W[asser] hervorsprudeln ließ.
> [I]ch bin es, der in [leucht]enden Wassern verborgen ist.
> Ich bin es, der dem All aufgegangen ist,
> einem nach dem and[er]en, durch meinen Gedanken.
> Ich bin es, der voller Ruf ist (p. 36,4–9).

Hier ist wirklich von Heil schaffender Offenbarung die Rede. Der Schlusstitel heißt übrigens nicht „Le discours (ⲗⲟⲅⲟⲥ) de la *manifestation* (ⲉⲡⲓⲫⲁⲛⲉⲓⲁ) triple (ⲅ̄) de la Prôtennoia trimorphe ⲅ̄" (S. 49[5]), sondern nur: „Prôtennoia trimorphe 3 (+ Sainte Ecriture écrite-par-le Père. En connaissance parfaite)", während „Le discours de la manifestation 3" nur der Titel des dritten Teilstückes ist (es gibt keinen syntaktischen Übergang). S. 59 Z. 1 v. u. lies ⲛ̄ⲛⲉϥⲕⲁⲣⲡⲟⲥ statt ⲛ̄ⲛⲉⲥⲕⲁⲣⲡⲟⲥ.

Das Kap. III kommt dann zum Zentrum des sethianischen Taufdossiers, zum ÄgEv (S. 80–144). Im ÄgEv laufen, wie S. überzeugend aufzeigt, alle Fäden zusammen. Die Tauftexte, fünf an der Zahl, finden sich geballt am Ende der Schrift, darunter, wie S. zeigt, drei Texte, die direkt aus der Taufliturgie stammen, nämlich eine Art Bekenntnis der Gnosis und zwei Taufhymnen. Die Exegese der Texte ist hier besonders gründlich. Auch die Form der gebundenen Texte wird ausführlich erörtert. Die Exegesen beginnen hier, wie es schon beim AJ der Fall war, mit einem synoptischen Vergleich der beiden (bzw. beim AJ: vier) Versionen. Dabei kommt vielleicht manchmal der Sachverhalt zu wenig zur (praktischen) Geltung, dass wir es ja nur mit Kopien von Texten (mit den ihnen eigentümlichen Versehen) zu tun haben, mit der Folge, dass hinter Textunterschieden m.E. gelegentlich zu schnell eine bestimmte Tendenz vermutet wird. Was hervorhebenswerte Einzelheiten angeht, so bin ich besonders dankbar für die einleuchtende liturgische Erklärung von zwei rätselhaften Wendungen des zweiten Taufhymnus, nämlich die Erklärung von „Ich habe meine gefalteten Hände ausgebreitet" (III p. 67,7f.) als einen seltsamen Gebetsgestus, bei dem die Arme vor der Brust einen Kreis bilden, und die Deutung von „Ich habe ihn (den Geruch des Lebens) mit Wasser gemischt" (III p. 67,23f.) auf eine Reinigung des Taufwassers mit Öl. Gleichermaßen erhellend war mir die textkritische Rehabilitierung des „mir" in IV p. 75,24, wodurch ja erst das betreffende Stück, an dessen Anfang diese 1. Pers. Sgl. – zunächst überraschend – erscheint, als „Bekenntnis" identifizierbar wird. Aber läuft dann S.s Erörterung auf S. 96/97 (an deren Anfang es übrigens

Aussagen gibt, die ich nicht verstehe), nicht zuletzt wegen der stehengebliebenen Akkusative, nicht eigentlich darauf hinaus, das zum „Ich" gehörende „Du" in IV p. 75,24 zu ergänzen: ⲁⲩ[ⲱ ⲁⲕ]ⲟⲩⲱⲛϩ ⲛⲁⲓ̈ ⲉⲃⲟⲗ „Un[d du hast] mir geoffenbart…"? Nicht glücklich erscheint dagegen die diskussionslose Bevorzugung der länger bekannten Variante ϩⲱⲧⲡ (III p. 63,9.16) gegenüber dem ϩⲱⲧⲃ̅ von Codex IV (p. [74,24]; 75,3) und, dass S. also hier die Taufe weiterhin als „Versöhnung der Welt mit der Welt" verstanden findet (vgl. S. 86–94. 270), was ja dem Kontext durchaus zuwiderläuft, statt als „Tötung der Welt durch die Welt". Bei einem der koptischen termini technici für Taufe, ϫⲱⲕⲙ̅, vollzieht sich an Hand der Frage, ob intransitiv/passivischer Gebrauch des Infinitivs möglich sei, eine „unterirdische" Wendung zum Besseren (vgl. S. 105 unten mit S. 212[23]. 236[38]). Zur Anm. 48 der S. 105 ist noch die Gestalt der Jouel im Allogenes zu ergänzen (p. 50,20; 52,14; 55,18.34; 57,25). S. 98 Z. 1 v. u. lies ⲛ̄ⲛ̄ⲥⲱⲧⲡ statt ⲉⲧⲥⲟⲧⲡ. S. 111[56] lies ⲛ̣ⲏ ⲉⲧⲛ̄ⲡ̣ϣⲁ statt ⲛⲉⲧⲙⲡϣⲁ. S. 126 Z. 23 lies ⲓⲇⲉ statt ⲓϫⲉ.

Verglichen mit dem ÄgEv ist in der ApcAd, der das Kap. IV gewidmet ist (S. 145–181), von der Taufe eher beiläufig und, wie S. herausarbeitet, erst in der letzten redaktionellen Schicht die Rede; aber auch erst wieder gegen Ende des Textes. Gleichwohl ist die ApcAd von entscheidender Bedeutung für die Frage der sethianischen Taufe, weil in ihr diejenige Stelle vorkommt, auf Grund deren es – trotz Einspruches von Anfang an – zu der irrigen communis opinio gekommen ist, dass die ApcAd – und also wohl der Sethianismus überhaupt – gegen die Wassertaufe eingestellt sei, also das Bild einer himmlischen Geisttaufe gegen die wirkliche Wassertaufe ausspiele. Es handelt sich um p. 84,4–8 mit der Nennung der Namen und der Funktionsbezeichnung der drei sethianischen Taufengel Micheus, Michar und Mnesinous am Anfang einer himmlischen Scheltrede. Die Zeit des Irrtums dürfte aber vorbei sein, denn S. hat nun ganz ausführlich und gründlich nachgewiesen und auseinandergelegt – was jeder von Anfang an hätte sehen müssen –, dass (wie auch immer die drei Taufengel an diese Stelle gekommen sind) sie jedenfalls unter keinen Umständen die Adressaten der Scheltrede sein können, dass die Scheltrede vielmehr die Antwort auf die vorhergehende Klage der gottlosen Menschen, d.h. aller Nichtgnostiker, ist. In diesem Zusammenhang ist vielleicht eine sowieso nötige partielle Korrektur des bisherigen Textverständnisses nicht ohne Interesse: ⲛⲉⲓ̈ ϩⲁ ⲛⲉⲛⲡ̅ⲛ̅ⲁ̅ am Ende der Klage (p. 84,1f.) heißt nicht „Ceux-là sont contre nos esprits" (S. 160), sondern „Erbarme dich unserer Geister!" (ⲛⲉⲓ̈ ist also keine [Fremd-]Gestalt des Demonstrativums, sondern die fayumische Form für das Verbum, das sahidisch ⲛⲁ lautet). Der Sinn der Nennung der Taufengel an der bewussten Stelle ist nach S. eine ungrammatische (für S. auch sekundäre) Identifizierung der Himmelsstimme. Vielleicht ist das tatsächlich die beste Lösung; sie berührt sich übrigens mit einer – grammatisch freilich problematischen – Idee, die A. Böhlig auf der Yale Conference geäußert hat.[1] In Grammatik umgesetzt, müsste S.s Erklärung so lauten: der ursprüngliche Text war bzw., was der Redaktor meinte, hätte lauten müssen: ⲧⲟⲧⲉ ⲁⲩⲥⲙⲏ ϣⲱⲡⲉ ϣⲁⲣⲟⲟⲩ <ⲉⲃⲟⲗ ϩⲓⲧⲛ̄> ⲙⲓⲭⲉⲩ<ⲥ̄> ⲙⲛ̄ ⲙⲓⲭⲁⲣ ⲙⲛ̄ ⲙⲛⲏⲥⲓⲛⲟⲩⲥ ⲛⲏ ⲉⲧϩⲓϫⲛ̄ ⲡⲓϫⲱⲕⲙ̄ ⲉⲧⲟⲩⲁⲁⲃ

[1] Vgl. die Discussion zu Session Two, in: B. Layton (ed.), Rediscovery of Gnosticism II, Leiden 1981, 557f.

ⲙⲛ̄ ⲡⲓⲙⲟⲟⲩ ⲉ̣ⲧ̣ⲟⲛ̄ϩ ⲉⲥϫⲱ ⲙ̄ⲙⲟⲥ ϫⲉ (p. 84,4–8) „Da erscholl eine Stimme für sie -<(ausgehend) von> Micheu<s>, Michar und Mnesinous, die über die heilige Taufe und das lebendige Wasser eingesetzt sind – mit den Worten: …“ S. arbeitet weiter überzeugend heraus, dass Taufpolemik in der ApcAd schon vorliegt. Aber es sind Wassertäufer, die mit Wassertäufern um das richtige Verständnis der Wassertaufe streiten. Im Zusammenhang mit dieser Konfrontation steht auch die Litanei mit den dreizehn falschen Vorstellungen über die erlösende Epiphanie des Erleuchters auf dem Wasser, der S. daher mit Recht einen besonderen Abschnitt widmet (S. 177–180). Diese polemische Funktion wird übrigens noch deutlicher, wenn man gegen die bisherige Gewohnheit, der auch S. noch folgt (S. 177: „… les anges et toutes les générations des puissances ‘usent du Nom erronément’ et s’interrogent sur l’origine de l’erreur“), den Neueinsatz in den Worten ϩⲛ̄ ⲟⲩⲡⲗⲁⲛⲏ (p. 77,21f.) erkennt: „Dann werden die Engel und alle Geschlechter der Mächte diesen Namen in Gebrauch nehmen. – Sie sind in solcher Verwirrung, dass sie sagen usw. (wörtlich: Es ist in Verwirrung, dass sie sagen)“.

Die Schwierigkeit beim Kap. V über Zostr (S. 182–203) bestand darin, dass es noch keine Edition von diesem, abgesehen vom Anfang und Ende, nur trümmerhaft erhaltenen Text gibt und S. also nur nach der Facsimile Edition und der vorläufigen Übersetzung von John H. Sieber in NHLibEng arbeiten konnte. Er tut es gekonnt und legt überzeugend die Verbindung der unzähligen Himmelstaufen, denen sich Zostrianus, wie der Text schildert, bei seiner (dem Offenbarungsempfang dienenden) Himmelsreise unterziehen muss, mit der liturgischen Wirklichkeit der sethianischen Gemeinde, für die der Text bestimmt ist, dar. Es sind nur Kleinigkeiten, die ich hinzuzufügen wüsste. Dass die Wendung ⲁⲩⲱ ⲁⲓ̈ϯ ⲙ̄ⲡⲁⲧⲟⲩⲱⲧ ϩ̄ⲓ̄ⲱⲱⲧ (p. 130,6f.) nach S. davon handelt, dass „il établit son temple“ (S. 184.199), hängt möglicherweise von Siebers (mindestens missverständlicher) Übersetzung „and (sc. I) put on my temple“ ab. ⲧⲟⲩⲱⲧ kann hier aber nur „Statue“ heißen und bezieht sich auf das πλάσμα (d. h. den Leib), das (den) Zostrianus nach p. 4,23f. bei Beginn der Himmelsreise abgelegt und auf der Erde zurückgelassen hatte. Gemeint ist also: „ich zog meine Statue (d. h. meine irdische Gestalt) (wieder) an“. (So übrigens auch F. Siegert in seinem Nag Hammadi-Register). Auch bei S.s Text Nr. 8a (p. 60,24) kann etwas nicht stimmen, wenn folgendes als Äquivalent geboten wird: „car elle me [ba]ptisa (ϫⲉ ⲛⲁⲓ̈ ⲁⲥϯ ⲱⲙ[ⲥ])…“ (S. 190). p. 60,23f. kann nur heißen: ⲁⲩⲱ̣ [ⲛ̄]|ⲧⲁⲥϫⲉ ⲛⲁⲓ̈ ⲁⲥϯ ⲱⲙ[ⲥ̄ ⲛⲁⲓ̈] „Und nachdem sie diese (Worte) gesagt hatte, taufte sie [mich]“. S. 195[33] lies ϥϭⲁⲗⲏⲟⲩⲧ statt ⲉϥϭⲁⲗⲏⲟⲩⲧ und ⲉϥⲣ̄ⲙⲉⲧⲁⲛⲟⲉⲓ statt ⲉϥⲙⲉⲧⲁⲛⲟⲉⲓ. S. 195[34] ist die erwogene Rekonstruktion [. ⲙ]ⲁ̣ϥⲟⲩⲏϩ keine grammatisch legitime Möglichkeit. S. 199 Z. 12 tilge „191“ und füge stattdessen „le délire“ ein.

Kap. VI ist der Schrift UAW gewidmet (S. 204–221). Aber es geht hier eigentlich nur um eine einzige Stelle gegen Ende dieses Textes (p. 50,36–51,34), die deutlich sethianische Taufvorstellungen enthält und sich besonders eng mit einer Stelle des Zostr berührt. S. macht wahrscheinlich, dass es sich um ein Zitat aus Zostr handelt, und interpretiert die UAW-Passage dementsprechend als einen nur sehr entfernten Reflex des ursprünglichen Taufritus. S. 209 Z. 11f.: Bei der Gleichung „’ceux qui ont été produits de (ou par) la matière‘ (ⲛⲉⲧϫⲡⲟ ⲛⲑⲩⲗⲏ)“ hängen die nicht evidente Übersetzung (liegt hier ein Einfluss von MacDermots „those begotten of matter“ vor?) und die Verunstaltung des koptischen Textes unmittelbar zusammen. Der Text hat jedenfalls in Wirklichkeit ⲛⲉϫⲡⲟ („die Erzeugnisse").

Der letzte Einzeltext, der in Kap. VII besprochen und auf seinen Taufbezug hin analysiert wird, ist Melch (S. 222–246). Obgleich von diesem Text nicht viel erhalten ist, befindet sich S. doch in einer weit günstigeren Position als im Falle des Zostr, denn er kann sich auf eine vorzügliche Edition (von Birger A. Pearson) und auf bereits vorliegende ausführliche Analysen wägend und wählend stützen. Das Charakteristischste von S.s eigener Deutung der Taufstellen ist die Auffassung, dass die im Kontext der Schrift seltsamen und überflüssigen Selbstprädikationen des Offenbarers („Ich bin Gamaliel") und des Offenbarungsempfängers („Ich bin Melchisedek") sich aus der zugrunde liegenden Taufliturgie der sethianischen Gemeinde erklären, zu deren Formular es gehört hätte, dass der Täufer (S. sagt „Mystagoge") und der Täufling sich mit den mythischen Gestalten des Gamaliel bzw. des Melchisedek identifizieren.

Die Ernte, die S. schließlich in Kap. VIII unter der Überschrift „Le baptême séthien" einbringt (S. 247–294), ist reich. An der Gliederung dieses Kapitels lässt sich dieser Reichtum und die Weite der Perspektive schön und direkt ablesen. (I. Le rite baptismal: A. Existence d'un rite baptismal; B. Les éléments du rite. II. Les formules rituelles: A. Les formes litaniques et hymniques; B. Courtes formules traditionnelles; C. La généalogie des formules. III. La doctrine baptismale: A. Le baptême comme gnose; B. Baptême transcendant et rite baptismal. IV. La situation du baptême séthien: A. Les doctrines gnostiques particulières; B. La christianisation secondaire du baptême; C. La composante magique; D. Possibilité d'une origine baptiste juive; E. Conclusion). Auch hier kann zur Konkretisierung aus der Fülle nur einiges wenige herausgegriffen werden. Das wichtigste Ergebnis, zu dem S. kommt, ist m.E., dass der befragte Textkomplex tatsächlich mit Sicherheit ein Ritual der Wassertaufe voraussetzt, und das heißt, dass es wirklich eine sethianische Taufe gegeben hat, von deren Akten (Epiklese, Apotaxis etc.) und liturgischen Texten sich noch eine ganze Menge erkennen lässt. Der Kern des Taufvorgangs ist eine fünfmalige Untertauchung, verstanden als „die fünf Siegel". Die Projektion der Taufe in den Himmel und/oder in die mythische Urzeit geht vom praktizierten Wasserritual aus und ist ohne dasselbe nicht erklärbar. Die sethianische Taufe ist ein Ritual sui generis und also im Kern nicht von der christlichen Taufe abhängig. Wenn man dennoch darüber hinaus noch nach den Wurzeln der von den Sethianern geübten und durch ihre Deutung neukonzipierten Taufe als solcher fragt, so darf man sie mit einiger Wahrscheinlichkeit in häretisch-jüdischen Täuferkreisen finden. Neben den inneren Indizien dafür kann S. auch ein äußeres geltend machen, nämlich den Namen und die Funktionsbezeichnung des (Sesengen-)Barpharanges.

Die genannten und die ungenannten Ergebnisse S.s entsprechen im Wesentlichen meiner eigenen Überzeugung oder haben, wo sie darüber sachlich hinausgehen, meine Zustimmung. Es gibt nur drei Aspekte, wo m.E. doch eine gewisse Reserve angebracht erscheint. 1. S. sieht die sethianische Taufe begründet in der Verbindung des (häretisch-jüdischen) Taufrituals mit der, wie er sagt, „barbeliotischen" Triade: Vater, Mutter, Sohn einerseits und dem sethianischen Geschichtsbild nebst dem Selbstverständnis der Gruppe als Same des Seth andererseits. Dieses merkwürdige „und" ist m.E. nichts anderes als die direkte Auswirkung der oben als problematisch bezeichneten Deutung von AJ BG p. 26,14–27,6 Parr auf die Taufe. Wenn aber das „barbeliotische“ Element als eine „fremde Zutat“ wegfällt, rücken automatisch die Taufe selbst und das von S. so genannte „sethianische Thema“ viel enger zusammen. 2. In der Perspektive S.s scheint die Gefahr zu lauern, aus der Relation der (doch nur zufällig erhaltenen [sozusagen „einer aus tausend, zwei aus zehntausend“]) Texte des sethianischen Taufdossiers direkt eine lineare Geschichte der sethianischen Taufe zu konstruieren. 3. Mit dieser Tendenz nun hängt wohl unmittelbar die sehr zu bestreitende Auffassung zusammen, dass die Projizierung der Taufe in den Himmel und den Mythus, wenn sie auch das irdische Ritual nicht ausschließt, so doch zwangsläufig auf eine Entwertung des irdischen Rituals zulaufe (vgl. S. 275. 281f. 292). Wenn S. in diesem Zusammenhang auf die Vielzahl der himmlischen Taufen des Zostr als einen Reflex der Verwilderung des irdischen Rituals hinweist (S. 282. 292), so ist das strenggenommen nicht im Einklang mit seinen Prinzipien. Zunächst einmal gibt es die Vielzahl der Taufen des Zostr doch nur im Himmel. Wenn irgendetwas, dann ist die Taufvielfalt im Himmel eine rein mythologische Vorstellung. Das sind zwar nun doch drei große Anfragen geworden; aber sie richten sich ja auch an ein großes Werk.

Rezension zu Paul-Hubert Poirier: La version Copte de la Prédication et du Martyre de Thomas*

Die von E. Lucchesi in seinem „Répertoire des manuscrits coptes (sahidiques) publiés de la Bibliothèque Nationale de Paris" erst kürzlich angekündigte[1] und von den Interessenten seitdem mit Spannung erwartete Ausgabe der aus dem Weißen Kloster stammenden Pariser Fragmente der sahidischen Thomasakten durch P.-H. Poirier liegt nun vor. In dieser Edition von Poirier ist aber mehr enthalten als etwa nur die Blätter 129[18],89–91.99–101[r],108.111(.171; 132[2],90) der Bibliothèque Nationale. Was Poirier bietet, ist vielmehr gleich eine Art Dossier *aller* ihm bekannt gewordener Reste der sahidischen Übersetzung der Thomasakten. Bei diesen Fragmenten handelt es sich um über ganz Europa verstreute Blätter verschiedener Pergamentcodices des Weißen Klosters (außer in Paris auch in London, Rom, Straßburg und Wien) und um einen Teil des aus dem Fayum stammenden Codex copt. 635 der Pierpont Morgan Library, New York City. Poirier dürfte übrigens für die Aufnahme auch dieses Bestandes der Thomastradition seit der Arbeit an seiner Dissertation gewissermaßen prädestiniert gewesen sein.[2] Aber E. Lucchesi ist auch mit von der Partie. Er hat nicht nur in seinem Beitrag (S. 5–24) den kodikologischen Horizont der Edition erheblich erweitert, indem er die anderen Reste und den Gesamtinhalt der betreffenden Codices des Weißen Klosters zu identifizieren unternahm, sondern hat auch selbst den Text eines Pariser Blattes (copt. 132[2],90) ediert (S. 41f.) und übersetzt (S. 91). Der dem Zerstreuungsgrad des Materials angemessene internationale Charakter des Unternehmens kann außerdem daran gesehen werden, dass wesentliche Hinweise auf Fragmente der koptischen Apostelakten Bentley Layton und R.-G. Coquin verdankt werden (S. 9[1]. 13[5]. 15[9]. 16[5]. 17[5]. 28[2]).

Alle hier edierten Reste der koptischen Thomasakten stammen aus Codices, die die (Taten und) Martyrien aller (zwölf) Apostel enthielten. Diese Thomasfragmente bieten außer dem Martyrium eine besonders aus der arabischen und äthiopischen Tradition unter dem Namen „Predigt des Thomas" bekannte orthodoxe Bearbeitung der eigentlichen Thomasakten. Die aus sieben verschiedenen Codices (A, B, C, D, E, F und M genannt) stammenden Fragmente überschneiden sich im erhaltenen Text in vielfältiger Weise. Aber die vorliegende Pionieredition konnte sich noch keine synoptische Bearbeitung leisten, sondern hat erst einmal codexweise Blatt für Blatt wiedergegeben (S. 41–90) und im Anschluss daran auch Blatt für Blatt übersetzt (S. 91–107). Bei der Mehrzahl der Blätter setzt die Edition übrigens Autopsie der Originale voraus (S. 29 mit Anm. 1). Seiner eigentlichen Textausgabe hat auch Poirier noch eine knappe

---

* SHG 67, Bruxelles 1984. In: OLZ 83 (1988), 48–51.

1 Vgl. H.-M. Schenke, OLZ 82 (1987), 24.

2 Vgl. P.-H. Poirier, L'Hymne de la perle des Actes de Thomas, Strasbourg 1980.

„Introduction“ vorangestellt (S. 27–40). Die zitierten bzw. zitierten *und* edierten Handschriften finden sich zweimal, einmal von Lucchesi (S. 24) und einmal von Poirier (S. 111f.) in einem Index aufgeschlüsselt. Der sprachliche Index (Poiriers) kann demgegenüber etwas mager erscheinen – aber natürlich folgt er hier nur einem vorgegebenen Modell –, insofern als in ihm nur die Eigennamen (S. 113f.) und die griechischen Wörter (S. 115–119) erfasst sind. Die acht Tafeln geben von jedem der sechs aus dem Weißen Kloster stammenden Codices eine Seite wieder, von M deren zwei.

Die Ausgabe ist sorgfältig gearbeitet; auch der Druck des koptischen Textes ist bestechend schön. Dem Herausgeber liegt offenbar an der genauen Wiedergabe des jeweiligen Originals. So wird der Text pro Seite kolumnen- und zeilengetreu gegeben. Und insbesondere ist auf die Wiedergabe der Satz- und Abschnittsschlusszeichen und der ausgerückten vergrößerten Buchstaben am Beginn eines neuen Abschnitts viel Wert gelegt worden. Warum aber das Supralinearsystem so behandelt worden ist, wie es auf S. 40 unten beschrieben wird, ist nicht recht verständlich und auch nicht wenig schade. Es heißt da: „D'une manière générale, les surlignes ne sont pas notées.“ Das heißt, ganz und konsequent weggelassen sind Silbenstrich bzw. -punkt und Trema eben auch nicht. Der Kontraktionsstrich und das supralineare Ny werden natürlich immer wiedergegeben.

Bei der Präsentation des koptischen Textes – um schließlich auch noch auf ein paar bemerkenswerte Einzelheiten einzugehen – würde man sich noch einige Korrekturen bzw. erklärende Anmerkungen mehr wünschen, was zum Teil nicht ohne Auswirkung auf die Übersetzung sein würde. Aber zunächst, da in einer Ergänzung einmal ein Druckfehler vorkommt (-ⲟⲩⲱⲙ für -ⲟⲩⲱⲛ „öffnen“; p. 76a,1), sind vielleicht auch manche anderen vom Autor nicht erklärten „Schreibungen“ einfach Druckfehler. Das betrifft in erster Linie Stellen, an denen so oder so irrtümlich ϩ anstelle eines ⲣ steht (p. 79b,14; 84b,14) bzw. umgekehrt ⲣ für ϩ (p. 83a,22). Auch p. 53a,19 erwartet man (wie es in der Parallele p. 66b,23f. ja steht) ⲁⲡⲣ̅ⲣⲟ ⲃⲱⲕ und p. 69b,27 ϭⲓⲛⲉⲓ „Kommen“ statt ϭⲓⲛⲉ. Für p. 69a,15 scheint jedenfalls die Übersetzung die Basis ⲁ vor ϩⲁϩ vorauszusetzen. p. 65a,18 lies am Zeilenende am besten ⲡⲉ<ⲭ̅ⲥ̅>. p. 70b,23f. scheint die Lesung und Deutung ⲙ<ⲛ> | ⲛⲉⲕⲉⲛⲧⲟⲗⲏ „*und* deine Gebote“ unvermeidlich. Für ⲁϥⲧⲣⲉϥϣⲱⲡⲓ ⲛⲧⲉϥϩⲏ (S^f; p. 73b,6–8) ist die nächstliegende Deutung wohl: „er ließ ihn (so) werden (,) wie er (war).“ p. 76b,14 lies ⲙⲡⲟⲩⲥⲁⲕ[ⲟⲩ] und 24 ⲥⲙⲟⲛ<ⲧ>ⲛ. p. 78b,13 dürfte die Konjektur des Herausgebers unberechtigt sein; lies etwa (Z. 11–14): [ⲉⲣ̅ⲡⲉⲑⲟⲟⲩ] | ϩⲛ{ⲛ} ⲛⲉ[ϩⲃⲏⲩⲉ] | ⲉⲧⲕⲉⲓⲣⲉ [ⲙⲙⲟ] | ⲟⲩ (vgl. p. 53b,28f.).

Zu vier Stellen habe ich je eine *Frage* auf dem Herzen: Wäre in p. 53a,18 statt des mir unverständlichen ⲧⲙ[ⲉ ⲧ]ⲉ ⲑⲉ (was nach P. bedeuten soll : „C'est ainsi qu' [est] la vérité“) etwa auch die Lesung ⲧⲁ̣ⲓ̣̈ [ⲧ]ⲉ ⲑⲉ „so ist es“ möglich? Könnte man in p. 68b,12 statt [ⲙ]ⲡ̣ϯⲙⲏ auch [ⲟ]ⲩ̣ϯⲙⲏ lesen: „(nimm) *einen* Preis (*für* diesen)“? Ist etwa die Lücke in p. 87a,23 so groß, dass man statt ⲥⲟⲧ[ⲡ] auch ⲥⲟⲧ[ⲡⲥ] lesen dürfte? Kann man in p. 88a,6 statt des unsyntaktischen unbestimmten Artikels ⲟ̣ⲩ̣ etwa auch einen bestimmten, etwa ⲡ̣ⲓ̣, lesen?

Der Text enthält zwei Stellen, an denen jeweils das Element ⲡⲉ Schwierigkeit macht oder zu machen scheint: p. 65b,1 und 86a,22. Im ersten Fall ist als syntaktische Einheit wohl abzugrenzen: ⲉⲧⲣⲁⲕⲱ ⲉϩⲣⲁⲓ̈ ⲙⲡⲁⲥⲱⲙⲁ ⲛⲧⲁⲃⲱⲕ ϣⲁⲡⲉⲭ̅ⲥ̅ ⲉⲓⲣⲁϣⲉ ⲡⲉ und ist in diesem Nominalsatz ⲡⲉ das Subjekt all dessen, was vorhergeht, nämlich des kausativen Infinitivs nebst seiner konjunktivischen Fortsetzung und circumstantialen Erweiterung: „Dass ich meinen Leib ablege und freudig zu Christus gehe, *ist es* (nämlich sein [Christi] Wille)." An der zweiten Stelle scheint das ⲡⲉ in dem Satz ⲁⲛⲟⲕ ⲛⲉⲓ ⲙⲡⲙⲁ ⲁⲛ ⲡⲉ (Z. 21f.) dessen Tempus als Imperfekt zu bestimmen (Poirier : „Je n'étais plus dans ce lieu"). Nun fordert aber der Kontext gebieterisch ein Präsens, wie es ja auch in der griechischen Vorlage steht (οὐκ εἰμὶ ἐνταῦθα bzw. οὐκ εἰμὶ ἐνθάδε). Also dürfte das ⲛⲉⲓ . . . ⲁⲛ wohl das negierte Präsens II sein, wie immer sich das dann überflüssige ⲡⲉ am Ende auch erklären mag: ob als einer der seltenen Fälle, wo dies Enklitikon eben nach einem anderen Tempus als dem Imperfekt steht oder als einfache Textverderbnis (man könnte sich durchaus eine Auslassung am Zeilenbruch, wie sie auch p. 65a,18 vorkommt, vorstellen, etwa dass in der koptischen Vorlage unserer Kopie an dieser Stelle ein zusätzliches ⲡⲉ<ϫⲁϥ> stand).

Ein sprachliches Problem, das zugleich von inhaltlicher Relevanz ist, betrifft den *„fünften* Mann" beim Hinrichtungskommando (Acta Thomae § 164/165), nämlich ob die betreffenden vier Soldaten von einem Anführer befehligt worden sind oder nicht. Die koptische Überlieferung scheint in dieser Frage nämlich gespalten zu sein.

Vgl. p. 54b,9f. (Codex B): ⲉⲙⲛ ⲟⲩⲛⲟϭ ⲛϩⲏⲧⲟⲩ „unter denen kein Anführer war";

p. 69a,29f. (Codex F): ⲉⲣⲉ ⲟⲩⲛⲟϭ ϩⲛ ⲧⲉⲩⲙⲏⲧⲉ „in deren Mitte sich ein Anführer befand";

p. 79b,22f. (Codex M): ⲙⲛ ⲕⲉⲛⲟϭ ⲉϥϩⲓϫⲱⲟⲩ „und auch ein(em) Anführer, der über sie eingesetzt war".

Aber wahrscheinlich hat P. Recht, wenn er die Lesart von Codex B für korrupt hält (S. 54[2] und 96). Aber mit der Tilgung des ⲉ ist es nicht getan; man muss als Ausgangsform der Verschlimmbesserung schon {ⲉ}ⲙⲛ ⲟⲩⲛⲟϭ <ⲉϥ>ⲛϩⲏⲧⲟⲩ ansetzen.

Auch was die Übersetzung von Poirier insgesamt und an sich betrifft, so gibt es – trotz ihrer vorzüglichen Qualität – doch hin und wieder ein paar Stellen, wo noch etwas präzisiert oder verbessert werden könnte.

Im Register ist bei ἄρχων das ⲁⲣⲭⲟⲥ zu tilgen und die darauf bezogene Angabe p. 55a,24 zu ἔπαρχος zu stellen. Unter (ἐλπίς) fehlt die Hervorhebung der Schreibung ohne Epsilon: ϩⲗⲡⲓⲥ. Unter (ὅσον) füge hinzu: ⲛϩⲟⲥⲟⲛ p. 59b,29.

Rezension zu Melvin K. H. Peters: A CRITICAL EDITION OF THE COPTIC (BOHAIRIC) PENTATEUCH. BD. 1: GENESIS; BD. 2: EXODUS*

Die hier anzuzeigenden zwei handlichen Bände sind Teil einer Neuausgabe des gesamten bohairischen Pentateuchs, die die alte Ausgabe von Paul de Lagarde aus dem Jahre 1867 ersetzen soll. Es handelt sich allerdings nicht um den Anfang des Unternehmens. Der ist vielmehr schon im Jahre 1983 mit der Ausgabe des Deuteronomiums erfolgt.[1] An der Tatsache, dass P.s Pentateuchausgabe gerade mit dem letzten der fünf Bücher angefangen hat, lässt sich wiederum Wissenswertes über den Hintergrund und Zweck des ganzen Vorhabens ablesen. Hintergrund und Zweck ist die Septuagintaforschung und speziell das Göttinger Septuagintaprojekt. P. ist Schüler von J. W. Wevers, Toronto,[2] der u. a. der Herausgeber des Deuteronomiums im Rahmen der Göttinger Septuaginta ist; und das Thema seiner Dissertation war eben: „An Analysis of the Textual Character of the Bohairic of Deuteronomy".[3]

P.s Initiative um die Erstellung einer neuen Ausgabe des bohairischen Pentateuchs ist nun nicht nur deswegen begrüßenswert, weil sich seit den Zeiten de Lagardes die Kenntnis und Zugänglichkeit der Handschriften entscheidend verbessert hat, sondern auch schon, weil Lagardes Ausgabe inzwischen eine schwer zugängliche Seltenheit geworden ist und also für den Hochschulunterricht z.B. kaum noch zur Verfügung steht.[4] So ist denn auch P.s Werk zwar eine *kritische* Ausgabe des bohairischen Pentateuchtextes, aber doch eine solche, die für den Studien- und Lehrbetrieb an den Universitäten gedacht und also um der Erschwinglichkeit willen mit sparsamsten Mitteln hergestellt ist. Die jeweiligen Einleitungen sind lakonisch kurz und leben von der – wohl berechtigten – Gewissheit, dass solche Textausgaben sich selbst interpretieren. Vor allen Dingen werden hier die Textzeugen, auf denen – nach dem Auswahlprinzip der jeweils besten Lesart – der kritische Text beruht, kurz vorgestellt. Es sind dies jeweils acht mittelalterliche oder noch jüngere Codices, die den ganzen Pentateuch, bzw. zwei ganze Bücher oder ein ganzes Buch aus ihm, enthalten. Eine ausführliche Beschreibung dieser Handschriften findet sich – nach einem Hinweis von P. – in seiner Dissertation. Im Falle der Genesis kommt ausnahmsweise noch der altbohairische Papyrus Bodmer III hinzu, in dem aus der Genesis nur der Anfang (1,1–4,2) enthalten ist. Aber sonst finden Fragmente von Pentateuchtexten, bzw. die etwaige

* SBL.SCSt 19/22, Atlanta, GA 1985/1986. In: ThLZ 113 (1988), 421–424.

1 Peters, Melvin K. H., A Critical Edition of the Coptic (Bohairic) Pentateuch, Vol. 5, Deuteronomy, Chico, CA, 1983 = SBL.SCS 15.

2 Zur Person und Bedeutung dieses Forschers siehe K.-H. Bernhardt, ThLZ 110 (1985), 796f.

3 Missoula, MT, 1979 = SBL.SCS 9; und vgl. dazu die Rezension von F. Wisse, JBL 100, 1981, 630.

4 Vgl. H. J. Polotsky, OLZ 54 (1959), 455, Anm. 1 (= Collected Papers, 1971, 235).

Suche nach solchen, keine Erwähnung oder Berücksichtigung. So kommen z.B. die beiden Handschriftenfragmente Bibl. 1 und Bibl. 2 der Hamburger Staats- und Universitätsbibliothek nicht vor,[5] obgleich es sich doch bei Bibl. 1 offenbar um versprengte Teile von P.s Codex D handelt. In Einzelheiten der Gestaltung des textkritischen Apparates gibt es leichte Modifikationen von Band zu Band mit einer Entwicklung zur Straffung der Angaben. Aber nach wie vor stehen sprachlich wichtige Angaben neben der Notierung sinnloser Textentstellungen, an denen diese späten Handschriften ja so reich sind. Seufzend fragt sich der Leser, ob es denn wirklich nötig ist, dass ihm etwa der gesammelte Unsinn, der sich in der Handschrift F findet, unterbreitet wird.

P.s Bestreben, Lagarde zu ersetzen, und eine bleibende Abhängigkeit von demselben – auch wo sie nicht angebracht ist – sind wohl nur zwei Seiten ein und derselben Sache. Über das anderenorts schon Gesagte hinaus sei hier auf das Phänomen hingewiesen, dass offenbare Druckfehler in Lagardes Ausgabe wie echte Textvarianten behandelt werden (vgl. z.B. bei Gen 31,52; 36,26; 40,1; 47,19), und dass manche Absonderlichkeiten im Text weiter nichts sind als die Festschreibung von unerkannten Irrtümern, die Lagarde damals unterlaufen waren (es muss z.B. abgeteilt werden in Gen 24,65 *mpeseršōn asčolhs*; Gen 41,37 *rane pharaō*; Gen 42,15.16 *še poučai*). Missgeschicke von derselben Struktur passieren ihm aber auch selbst, wenn er von der Textform Lagardes abweicht (lies Gen 3,6 *frane nibal*; Gen 30,15 *neme mpaiečōrh*; Ex 5,20 *eunēou de*; Ex 10,7 *šan akouōš*).

Während H. J. Polotsky aber von dem einen sagen kann: „Le coptisant de tout premier ordre qu' était Lagarde",[6] dürfte das von seinem „Nachfahren" nicht gelten. So jedenfalls findet die einseitig textkritische Orientierung des Werkes unter Vernachlässigung all dessen, woran der Linguist interessiert sein muss, wohl am besten ihre Erklärung. Und in dieser Perspektive ist noch einmal der missliche Verzicht auf das (klassische) Supralinearsystem anzumerken.[7] In engstem Zusammenhang damit steht dann auch die Beibehaltung von solchen Abtrennungen wie *ete nẖēt=* (z. B. Gen 49,32; Ex 20,11), *ete nẖrēi ẖen-* (z.B. Ex 3,7; 12,12; 20,4); *ete nte-/nta=* (z.B. Ex 9,19; 20,10.17.17), trotz der inzwischen erfolgten Klarstellung durch Polotsky;[8] allerdings ist auch das wieder eine Nachwirkung von Lagarde, dessen Text in diesen Fällen einen Supralinearpunkt über dem Ny hat. Am meisten zu bedauern aber ist die Schaffung von ungrammatischen Passagen des „kritischen" Textes durch falsche Kombination bzw. Auswahl der Zeugen (vgl. z.B. Gen 33,5; 40,21; 41,48; 44,5; 48,6; 50,5; Ex 10,15; 20,10; 29,37).

---

[5] Vgl. O. H. E. Burmester: Koptische Handschriften, I: Die Handschriftenfragmente der Staats- und Universitätsbibliothek Hamburg, Teil 1, VOHD 21,1, Wiesbaden 1975; Rezension H.-M. Schenke, OLZ 77 (1982), 347–349.

[6] Une question d'orthographe bohaïrique, BSAC 12 (1949), 32 (= Collected Papers, 385).

[7] Vgl. zu diesem Polotsky, Collected Papers, 378f.

[8] Collected Papers, 380–388.

Von ungleich größerem Ausmaß ist allerdings die Irritation, die aus dem reichen „Schatz" an Tippfehlern und sonstigen Verwechslungen, die der Schreibmaschinensatz aufweist, resultiert. Wenn P. in den „Acknowledgments" zum Exodusband, auf die allzu menschliche Seite dieser Sache anspielend, sagt: „I was privileged to have, for the first time, the benefit of another pair of eyes to assist in proof-reading the entire text and apparatus. The level of accuracy in Exodus should thus be highest of the three volumes..." (S. VII), so kann man die in diesen Worten ausgedrückte Hoffnung nur insofern als erfüllt ansehen, als das Ausmaß der Mängel hier tatsächlich etwas geringer ist als in Deuteronomium und Genesis. Diese Dinge gehen weit über bloße und offenkundige Verwechslungen, Vertauschungen, Auslassungen, Dittographien hinaus. Es kommt auch zu irregulären grammatischen Formen, die den Arglosen verführen könnten, an der Stern-Jernstedtschen oder ähnlichen Regeln zu zweifeln (vgl. vor allem in Gen 5,24; 17,26; 21.21; 27,18; 31,13; 35,14.29; 42.12; Ex 6,7; 9,9; 11,4; 12,32; 16,32.32; 30,38; 32,11). Betroffen sind sowohl der Text selbst, als auch der textkritische Apparat und sogar ihr Verhältnis zueinander (es kommt bisweilen etwa vor, dass der Text selbst als Variante erscheint). Das alles führt dazu, dass man in Fällen, wo Text und Apparat nicht in sich evident sind, sich ohne Gegenkontrolle nicht unbedingt auf P.s Angaben verlassen müssen möchte. Allerdings sei auch gesagt, dass in einer ganzen Reihe dubios erscheinender Fälle, wo eine sofortige Kontrolle möglich war, die Stichproben die Korrektheit der betreffenden Aufstellungen von P.s Ausgabe erwiesen haben.

Schließlich seien noch zwei Einzelheiten angemerkt. Natürlich ist der altbohairische Text von Gen 1,1–4,2 der interessanteste und wichtigste der bohairischen Pentateuchüberlieferung, und so musste er unbedingt in die Ausgabe einbezogen werden. Aber ihn auf die gleiche Stufe mit den anderen (um rund ein Jahrtausend späteren) Zeugen zu stellen und ihn zusammen mit diesen als Basis zur Erstellung des kritischen Textes des Anfangs der Genesis zu benutzen, erscheint schon von vornherein als mindestens problematisch, und der diesbezügliche Versuch P.s kann denn auch kaum als gelungen bezeichnet werden. Das sieht man nicht zuletzt daran, dass in Gen 1,1–4,2 die Fehlerquote nun wirklich unerträglich hoch ist und sich aus den Angaben des Apparates kein korrektes und vollständiges Bild des altbohairischen Textzeugen ergibt. Die andere Bemerkung gilt dem Zeichen für die Zahl 200. Als Alternative zu dem Zeichen Sigma erscheint oft bei P. das Zeichen Omega (vgl. Gen 5,3.6.22; 11,17.19.21.23.32), was den Uneingeweihten verführen muss, hier die Hunderter für vervierfacht zu halten. Dass es sich in Wirklichkeit nur um das dem Omega *ähnliche* Sonderzeichen für 200 handelt, kommt erst und nur bei Gen 32,14 richtig zum Ausdruck.

Rezension zu Jozef Vergote: Grammaire copte II*

Es ist vollbracht! Vergotes große koptische Grammatik liegt nunmehr mit dem – zehn Jahre nach dem ersten erschienenen[1] – zweiten Doppelteil vollständig vor. Erleichtert sind die Wartenden. Erleichtert dürfte auch der Autor selbst sein. Denn das ganze Unternehmen mit all seinen willkommenen oder auch irritierenden Besonderheiten ist doch wohl nur zu verstehen als eine Art Summe seines Lebenswerkes. Und diese Summe abzuschließen hat auch nicht geringe Mühe gemacht. Infolge des Widerstreits zwischen Wissenschaft und Wirtschaft – wie man annehmen darf – ist nämlich dieser zweite Teil, bei Weiterzählung der Paragraphen und Seiten, im Unterschied zum ersten, in Schreibmaschinensatz gedruckt. Dieser Satz ist, wie jeder Benutzer zugeben wird, nicht schön; besonders störend wirken die verbesserten Tippfehler und die nachträglich mit einer koptischen Schreibmaschine eingetragenen koptischen Wörter und Sätze, sofern diese oft nicht auf der gleichen Höhe wie die übrigen Zeilen stehen. Aber, da in keinem der beiden „Avant-propos" ein Dank an eine Schreibkraft formuliert ist, glaube ich mir vorstellen zu müssen, dass V. sich das alles selbst „abquälen" musste. Das heißt übrigens auf der anderen Seite, dass das, was uns ästhetisch an diesem Teil des Gesamtwerkes vielleicht missfällt, als ausgeglichen gelten kann durch das Bewusstsein, dass wir hier das vervielfältigte Manuskript des Meisters selbst vor Augen haben. Das ist nun einerseits beruhigend und von vornherein (beim Fehlen von Kontrollmöglichkeiten) Vertrauen einflößend, insofern als man keine Fehler zu erwarten braucht, wie sie z.B. dadurch entstehen, dass eine Sekretärin ein Manuskript, das sie ins Reine schreiben soll, schlecht lesen kann; andererseits bringt uns das in einen sehr engen menschlichen Kontakt mit dem Autor, weil, wenn sich nun doch Fehler finden, es nur solche sein können, die seinen eigenen Händen unterlaufen und seinen eigenen Augen verborgen geblieben sind.

Ob mit der beschriebenen äußeren Ungleichartigkeit der beiden Teile auch zusammenhängt, dass der abschließende zweite Teil keine Register zu dem Gesamtwerk bietet, wie man sie bei einem derart inhaltsreichen *opus* eigentlich erwarten darf, kann man fragen. An Orientierungshilfen findet sich jedenfalls jeweils nur eine Liste mit „Sigles et abréviations" am Anfang und ein ausführliches Inhaltsverzeichnis an Ende. V. erklärt oder rechtfertigt das mit folgenden Worten: „Afin de faire mieux saisir les innovations introduites ainsi que leur caractère rationnel j'ai préféré à un Index, ou table alphabétique des sujets traités, une Table des matières détaillée, qui permettra tout autant, je crois, de repérer aisé-

---

* Bd. 2: Morphologie syntagmatique, Syntaxe, Tome a: Partie synchronique. Tome b: Partie diachronique, Leuven 1983. In: OLZ 84 (1989), 272–278.

[1] Vgl. H.-M. Schenke, OLZ 76 (1981), 345–351.

ment la place occupée par les divers phénomènes morphologiques et syntaxiques" (S. X). Ich bin aber trotzdem der Meinung, dass das Fehlen eines Index, zumal die beiden Bände des ersten Teils ja keine so ausführlichen Inhaltsverzeichnisse aufweisen, der Benutzung dieser Grammatik als Nachschlagewerk nicht förderlich ist.

Was den Inhalt dieses zweiten Teils anbelangt, so bietet er (nach den Komplexen „Lautsystem" und „Wortbildung", die im ersten Teil abgehandelt worden sind) alles, was noch aussteht, und das ist: Formenlehre und Syntax – allerdings in „schiefer Schlachtordnung", insofern als die diachronische Abteilung nur die Formenlehre historisch untermauert, aber kein Äquivalent zur synchronischen Syntax bietet, was übrigens im Vorwort zu IIb (Partie diachronique, XIV, 167–304) verteidigt wird (S. VII); es handele sich eben nicht um eine historische Grammatik der ägyptischen Sprache im Vollsinne, sondern um ein Hilfsmittel zum Verständnis der koptischen Grammatik.

Hinsichtlich des allgemeinen Charakters entspricht dieser zweite Teil voll und ganz dem ersten; und so braucht die bei der Rezension des ersten Teils gegebene Beschreibung der typischen Züge hier an sich nicht wiederholt zu werden. Allerdings gibt es nennenswerte Besonderheiten bei der Anwendung des bei V. Geläufigen auf die Gegenstände von Formenlehre und Syntax. Aber zunächst einmal ist dieser „Rest"-Teil der Grammatik überraschend gering an Umfang. Anders ausgedrückt, was an meiner Besprechung des ersten Teils „prophetisch" war, hat sich als falsche Prophetie erwiesen. Ich sah auf Grund des ersten Teils ein „immenses Gesamtwerk" auf uns zukommen. Aber, was nun noch kam, ist doch an Umfang und Inhalt nur wenig anders als das Übliche. Das heißt, man stellt beim Rückblick vom zweiten auf den ersten Teil fest, dass der Höhepunkt gar nicht mehr kommt, sondern bereits überschritten ist. Vielleicht hätte man das vorher wissen müssen, denn das Spezialgebiet und das Spezialinteresse von V. ist nun einmal die Phonetik bzw. Phonologie der ägyptischen Sprache und nicht die Grammatik. Und so kommt es denn auch, dass er ganz am Ende des Gesamtwerkes (siehe die langen Listen in IIb, S. 281–292) wieder da ist, wo er „hergekommen" ist, nämlich bei der phonologischen Rekonstruktion ägyptischer Wörter und Formen auf Grund der griechischen und anderer Wiedergaben ägyptischer Eigennamen. Andererseits ist es auch wieder nur die Auswirkung eines schon am ersten Teil deutlich sichtbar gewordenen Zuges, nämlich die geradezu profilbestimmende Unausgewogenheit der einzelnen Bestandteile. Im Inneren von IIa (Partie synchronique, XIII, 109–251) kommt die Unausgewogenheit in einer qualitativen Ungleichheit der beiden Lehrstücke zum Ausdruck. Während nämlich die Formenlehre einen ziemlich konventionellen Eindruck macht, kommt erst – und nun überraschend – in der Behandlung der Syntax der von V. erwartete moderne linguistische Ansatz zur Durchführung. Diese zweite Hälfte von IIa (S. 195–241) ist wohl auch derjenige Abschnitt, auf den V. selbst am meisten Wert legt. Und in der Tat ist die sich hier findende Neuordnung der an sich bekannten syntaktischen Erscheinungen des Koptischen höchst interessant, wobei m.E. ganz besonders eindrucksvoll die universale Rolle des Umstandssatzes zur Anschauung und zum Bewusstsein gebracht wird. Das Ordnungsprinzip dabei sind die Funktionen der Semanteme (S. 199–224), des Nexus (S. 224–232) und des Nebensatzes (S. 232–241), während dann jeder dieser großen Abschnitte (auf der unmittelbar nachfolgenden Gliederungsebene) nach der Rolle, die den „termes primaires", den „termes secondaires" und den „termes tertiaires" bei diesen Funktionen zukommt, unterteilt ist.

Auf den zweiten Teil der Grammatik insgesamt bezogen (also synchronisch und diachronisch) kommt die Unausgewogenheit in dem Nebeneinander und Ineinander von Passagen ganz verschiedener „Höhenlage" zum Ausdruck. Dabei reicht das Spektrum von Passagen wie aus der Schulgrammatik bis hin zu oft sehr abrupt einsetzenden Komplexen, die ohne weiteres wohl nur einem Leser, der bereits Vergotekenner und -anhänger ist, verständlich sind. Die ebenfalls schon angemerkte Flexibilität des Autors, sein Engagement für die behandelte Sache, das Ringen um ihre immer bessere Erfassung, kommt in diesem zweiten Teil besonders darin zum Zuge, dass dieser Teil in etwas verwirrender Weise eine ganze Anzahl von Korrekturen von Einzelthesen des ersten Teils bringt. Das hängt natürlich damit zusammen, was auch selbst ein sehr bemerkenswertes, unter diesem Gesichtspunkt zu nennendes Charakteristikum ist, dass die inzwischen erschienene einschlägige Literatur sorgfältig aufgearbeitet und eingearbeitet ist, z. B. J. Osings Ausgabe des Spätägyptischen Papyrus BM 10808 (ÄgA 33, Wiesbaden 1976), und vieles andere mehr. Es gibt aber auch, was diese allgemeinen Züge des Werkes betrifft, einen bemerkenswerten Aspektunterschied, bei gleicher Grundhaltung freilich, zwischen dem ersten und dem zweiten Teil. Während nämlich im ersten Teil die Bezugnahme auf Literatur bzw. die Diskussion kontroverser Probleme relativ wenig zum Tragen kommt, nimmt die Wiedergabe und Inanspruchnahme der Arbeiten und Auffassungen anderer Fachkollegen schon auf den ersten Blick und nach dem, was der Autor ausdrücklich vermerkt, einen auffallend breiten Raum ein. Und der Raum wird sich wohl als noch breiter erweisen, wenn man im Zuge der Weiterarbeit mit diesem Arbeitsmittel den einzelnen Dingen weiter nachgeht, bzw. wenn die Spezialisten für die einzelnen Bereiche das, was sie sofort sehen, untereinander austauschen. Jedenfalls dürften manche Partien durchaus der Literaturgattung des Florilegiums nahe kommen. Aber auch hier bleibt es weithin bei der Unterordnung des von V. Exzerpierten und Akzeptierten. Denn dieses bleibt, in den eigenen Rahmen eingespannt, nicht immer, was es eigentlich ist; oder aber es gibt Probleme bei der Integration, bzw. kann es dem Benutzer so scheinen, weil es ihm nicht deutlich wird, wie und wo diese Dinge integriert werden.

Wer Vergotes gelehrtes, polymorphes und unter vielerlei Gesichtspunkten komponiertes Werk nimmt, wie es ist, und in ihm nicht sucht, was er nicht findet, dem wird es sich aber als eine Fundgrube von vielem Wissens- und Bedenkenswerten erweisen, der wird in ihm eine unerschöpflich reiche Quelle von Anregungen aller Art haben. Zu den Schönheiten des Buches gehört für mich z.B., in welch wahrhaft großen Dimensionen die Einsichten und Arbeiten von H. J. Polotsky zur koptischen und ägyptischen Grammatik (etwa in Sachen adjektivische und substantivische Cleft Sentence) angenommen und aufgenommen sind, auch wenn durch die Einbettung in den anders geordneten Kontext vieles von der dort schon erreichten Klarheit wieder verloren geht. Und es ist überhaupt interessant, was bei V.s (an sich schon erwähntem) unermüdlichen Streben nach wissenschaftlicher Aktualität herauskommt. Polotsky ist nur ein Beispiel für seine Aufarbeitung von aktueller Spezialliteratur. So intensiv und kreativ wie bei dem Bemühen um die Literatur ist er auch bei der Aufnahme und Einarbeitung von neuem sprachlichen Material. Das gilt nicht nur, wie – unter anderem Gesichtspunkt – bereits erwähnt, für den Spätägyptischen Papyrus BM 10808, sondern viel zentraler noch von den Nag Hammadi-Texten, besonders den Subachmimisch (A_2) bzw. Lykopolitanisch (L) geschriebenen, und dem mittelägyptischen Dialekt, bei V. nicht unter dem Sigel M, sondern unter O (= Oxyrhynchitisch) erscheinend. Von besonderem Interesse ist dabei dann natürlich z.B. V.s Behandlung der beiden Paradigmen des Perfekts auf Hori: ⲁϩⲓ- (L) und ϩⲁϊ- (M) (IIa, S. 147f./IIb, S. 218) samt den Relativformen (IIa, S. 166f./IIb, S. 206), des perfektischen Partizippräfixes ⲉⲣ- (IIa, S. 167/IIb, S. 206) und des Konditionals ohne -ϣⲁⲛ- (IIa, S. 156f./IIb, S. 236). Auch auf die Behandlung der Form ⲉⲁϥ- als Perfekt II-Äquivalent in der substantivischen Cleft Sentence (IIa, S. 161) – wenn auch samt den Beispielen nur aus Polotskys Études de syntaxe copte (S. 48f.) übernommen – mag hingewiesen werden, weil damit der Finger auf eine wichtige, noch wenig erschlossene Kategorie gelegt wird. Überaus lehrreich war mir persönlich auch der demotische Beispielssatz *ỉr ỉw.k* (*ḥr*) *tm gm.t.f ỉw.k* (*r*) *ptr nꜣ rmt.w* (P. Strassb. 39 v° 1–4) „si tu ne le trouves pas, tu examineras les gens“ (IIb, S. 258), weil man ihn als Vorbild eines koptischen Satzmusters verstehen kann, in dem der Konditional ohne -ϣⲁⲛ- und das Energetische Futur (= Fut. III) ohne -ⲉ- (Shisha-Halevys „protatic ⲉϥⲥⲱⲧⲙ̄“ und „apodotic ⲉϥⲥⲱⲧⲙ̄“) unmittelbar nebeneinander stehen; vgl. z.B. Nag Hammadi Codex IX p. 29,3–5: ⲉⲥϣⲁϫⲉ ⲉⲧⲃⲉ ⲡⲣⲁⲛ ⲥⲛⲁⲩ ⲉⲩⲣ̄ϩⲱⲃ ⲁⲟⲩⲣⲁⲛ ⲛ̄ⲟⲩⲱⲧ „Wenn sie betreffs der zwei Namen spricht, werden sie einen einzigen Namen erzeugen“.[2] Als einen sich durch das ganze Werk hindurchziehenden Makel empfinde ich es hingegen, wenn V. die präsentischen Sätze mit adverbiellem Prädikat vom Präsens I kategorial trennt (wiewohl er sie praktisch mit ihm zusammen behandelt) und als Nominalsatz mit adverbiellem Prädikat auf eine Stufe mit dem wirklichen Nominalsatz stellt.[3] Diese Auffassung hat zwar ihre Wurzeln in der Forschungsgeschichte[4] und kommt wohl irgendwie von G. Steindorff her; aber so drückt das Steindorff selbst doch nicht aus. Und wenn ich Polotsky richtig verstanden habe und er recht hat, wonach von den vier im Präsens möglichen Prädikaten (Infinitiv, Qualitativ, Instans, Adverb) gerade das letzte das Wesen der Sache verrät, dann ist der „Rückfall“ V.s nicht gering zu achten.

V.s koptische Grammatik ist – wir deuteten es mit anderen Worten bereits an – so etwas wie sein Vermächtnis an uns. Und wie bei solchem Anlass nicht selten, liegt auch ein Hauch von Tragik über dem Ganzen, und zwar besonders, weil man beim Lesen von Teil IIa, also der koptischen Formenlehre und Syntax, den Eindruck nicht los wird, dass das – gemessen an der Entwicklung des Faches – entweder viel zu spät oder viel zu früh geschrieben wurde. Da z.Z.

---

2 Vgl. auch H.-M. Schenke, OLZ 79 (1984), 249.

3 Vgl. besonders den ersten Satz von IIa, § 191, der den Eindruck erweckt, als ob „man“ es so sähe.

4 Vgl. den Forschungsüberblick in H. J. Polotsky, Grundlagen des koptischen Satzbaus, AStP 28 (1987), 9–16 (= § 1–14 der ersten Abhandlung „Grundzüge des koptischen Nominalsatzes“).

die Entwicklung sich geradezu stürmisch vollzieht, war diese Grammatik gewissermaßen schon überholt, als sie geschrieben wurde. Das Gebäude ist auf Pfählen errichtet, an denen allenthalben fleißig „gesägt" wird. Oder, ohne Bild gesagt: in einer Zeit, von der A. Shisha-Halevy mit Recht sagt: „Obviously one cannot any longer be content with haphazard collection of facts: a *Spezialgrammatik* approach and precise internal portraiture are now called for";[5] in einer Zeit, wo unter der linguistischen Befragung von W.-P. Funk das Subachmimische (bzw. Lykopolitanische) sich in eine Gruppe von Einzeldialekten auflöst, deren Spezifika immer deutlicher erfasst werden (vgl. u.a. die von ihm in der ZÄS begonnene Artikelserie „Koptische Isoglossen im oberägyptischen Raum"), wo es zugleich infolge der Initiative von R. Kasser auf breiter Front zu einer differenzierteren Erfassung des Gesamtkomplexes der koptischen Dialekte kommt; in einer Zeit, da die Erschließung einer ganzen Reihe größerer und kleinerer Texte im mittelägyptischen Dialekt (M), von der V. bei der Abfassung seines Werkes nur das „Morgenrot" gesehen hat, das Arbeitsfeld der Koptologie grundlegend verändert, muss eine solche Gesamtgrammatik des Koptischen fremdartig erscheinen.

Nicht ohne Zusammenhang mit diesem Gesamtbild sind wohl auch manche Einzelzüge zu sehen, die beim kritischen Benutzer kein rechtes Glücksgefühl aufkommen lassen. Nicht nur, dass V., da er nun einmal von Haus aus kein Grammatiker ist, bei unvollkommenem principium divisionis in IIa, die Schönheit und Klarheit der sprachlichen Struktur des Koptischen nicht zur Anschauung bringen kann und allzu vielem in dem, wo und wie es erscheint, ein Charakter der Großzügigkeit und Zufälligkeit anhaftet, man hat schon bei wichtigen einzelnen Lehrsätzen oft den Eindruck, dass sie den gemeinten Sachverhalt nicht voll erfassen. Und als die andere Seite von genau derselben Sache darf wohl ein zu schnelles Verallgemeinern von tatsächlich Vorhandenem gelten. So erscheinen z.B. ⲉⲛⲉϥ- und ⲉϣⲁϥ- als die sahidischen Paradigmen des relativen Imperfekt und Aorist schlechthin (IIa, S. 166); aber wiewohl das die gewöhnlichen und auch die sprachgeschichtlich relevanten Formen sind, so gibt es in den sahidischen Texten daneben durchaus auch ⲉⲧⲉ ⲛⲉϥ- und ⲉⲧⲉ ϣⲁϥ-. Wenn gelehrt wird (IIa, S. 159/IIb, S. 243), das negative Präsens II laute im Koptischen ⲉⲧⲉ ⲛ̄ϥ-... ⲁⲛ, so kann sich diese Behauptung jedenfalls nur auf einen einzigen Beleg (nämlich die als Beispiel zitierte Stelle Röm 14,6) stützen.[6] Das angebliche archaische Paradigma des Perfekt ⲁϩϥ̄- (L) (IIa, S. 147/IIb, S. 218) ist irreal; das wirkliche, übrigens nur einer Form des Dialekts L, nämlich L_{nh} bzw. *L6*, eigentümliche, Paradigma ist „gemischt"; das Hori „verschwindet" regelmäßig vor den Suffixen -ⲕ, -ϥ und -ⲥ; also gerade V.s „Nenn-Form" ⲁϩϥ̄- ist inexistent.[7] Wie ungenaue Formulierung und vorschnelle Verallgemeinerung Hand in Hand gehen, zeigt ganz besonders der folgende Satz (über den Konditional): „Dans la négation, *A* place ⲧⲙ- toujours devant l'infinitif" (IIa, S. 157); das folgende anonym gegebene Beispiel (es handelt

[5] A. Shisha-Halevy, Middle Egyptian Gleanings, ChrÉ 58 (1983), 311.
[6] Vgl. H. J. Polotsky, Études de syntax copte, 89.
[7] Vgl. W.-P. Funk, ZÄS 111 (1984), 110–130.

sich um Zach 14,18) ist nämlich wiederum der einzige – und in diesem Fall unerwartete – Beleg für die betreffende sprachliche Erscheinung.[8]

Die konkrete Durchführung der vom Projekt her unbedingt geforderten gleichmäßigen Berücksichtigung aller koptischen Dialekte ist überhaupt von Anfang an und grundsätzlich problematisch. Die diesbezügliche „Verheißung" im Vorwort von IIa lautet: (was V. machen wolle, sei) „essentiellement une grammaire sahidique. Les autres dialects, au moyen des données empruntées notamment à la *Koptische Dialektgrammatik* de W. C. Till, sont pris en considération afin de donner une description plus complète de la langue copte et en même temps la base indispensable à la compréhension de son évolution diachronique" (S. IX). Es kann aber nicht gutgehen, wenn Tills Notbehelf[9] zum sprachwissenschaftlichen Fundament umfunktioniert wird. So ist denn auch die „Erfüllung" ganz entsprechend. „Exkurse" in die anderen Dialekte erscheinen, oder erscheinen auch nicht, nur als Anhängsel zu den betreffenden Paragraphen, und gewöhnlich unvollständig und/oder ungenau.

Wie die Angaben zu den Dialekten sind auch die Beispielsätze, die in V.s Grammatik (auch in IIb) reichlich geboten werden, meist aus älteren Grammatiken oder sprachwissenschaftlichen Abhandlungen übernommen. Vielleicht hängt damit ihre Redundanz und ihr „class-room"-Charakter zusammen, nebst dem Umstand, dass manchmal etwas am unpassenden Ort erscheint. Als ungeeignetes und auch an sich unverständliches Beispiel für den Gebrauch der Nomina, die Possessivsuffixe annehmen (können), erscheint z.B. folgender, so kommentierter Beleg: „(une giraffe atteint) ⲉⲡϩⲧⲏϥ ⲛ̄ⲛϣⲏⲛ Mor 15.62, le sommet des arbres. Le suffixe est redondant dans cette expression" (IIa, S. 128). Nun stammt der Beleg, wie die Abkürzung verrät, offenbar aus Crums Coptic Dictionary; aber da steht (718a 15 v. u.) ⲉⲡϩ. ⲛⲛϣⲏⲛ, was als ⲉⲡϩⲏⲧ ⲛⲛϣⲏⲛ aufzulösen ist. Um noch ein zweites Beispiel zu nennen, so kann etwa der Satz ϩⲣⲁⲓ ⲛ̄ϩⲏⲧϥ̄ ⲡⲉ ⲡⲱⲛϩ (Joh 1,4) nicht als Beleg für die „phrase d'identité" (eine Spielart des zweiteiligen Nominalsatzes) gelten (IIa, S. 212). Es kommt allerdings auch vor, dass koptische Belege nur scheinbar nicht passen, weil in ihnen einfach versehentlich etwas ausgelassen (oder hinzugefügt) ist, wie z.B. bei ϩⲙ̄ⲙⲉ ⲛⲉϥϣⲁϫⲉ (Sap 2,17 [IIa, S. 119]) und ⲛⲁⲓ ⲇⲉ ⲛ̄ⲣⲁⲛ (Mt 10,2 [IIa, S. 121]), wo jeweils nur die Kopula ⲛⲉ vergessen worden ist. Derartige mehr oder weniger belangreiche und mehr oder weniger irritierende Tippfehler in den koptischen Beispielen begegnen übrigens ziemlich häufig. Erwähnt sei in diesem Zusammenhang auch gleich die in Koptologenkreisen schon „berühmt" gewordene „falsche Lehre" dieser Grammatik, wonach das Schema der Verneinung des präsentischen Umstandssatzes bei nominalem Subjekt ⲉⲛⲉⲣⲉ- . . . ⲁⲛ laute (IIa, S. 159 Z. 2f.; S. 164 Z. 19. 26). Die korrekte, dem obwaltenden System allein entsprechende Form steht allerdings auch da, nämlich ⲉⲛ- . . . ⲁⲛ, wenngleich an falscher Stelle (IIa, S. 164 Z. 21).

---

[8] Vgl. im Übrigen gerade dazu W.-P. Funk, Koptische Isoglossen im oberägyptischen Raum: 3. Die Konjugationsformen des Konditional, ZÄS 114 (1987), 51 mit Anm. 26. 27. 28.

[9] Vgl. H. J. Polotskys Rezension von Tills Koptischer Dialektgrammatik in Collected Papers, Jerusalem 1971, 363–372.

Mit den Beispielssätzen hat noch ein weiteres Phänomen zu tun. Sie sind nicht nur mit einer französischen Übersetzung versehen, sondern, wo sie, wie meist, aus der Bibel stammen, oft auch noch mit dem griechischen Original konfrontiert. Aber dabei entspricht die Übersetzung in problematischen Fällen oft nicht dem koptischen Wortlaut, sondern wirkt wie eine Wiedergabe des griechischen Textes und/oder ist wohl einfach einer/der geläufigen französischen Bibelübersetzung entnommen. Das damit in den Blick gekommene Dreiecksverhältnis: Koptisch – Griechisch – Französisch ist aber nicht rein zufällig. Die betreffenden Partien bzw. Aspekte hängen nämlich einerseits (zufällig) mit V.s Lehrtätigkeit zusammen, sind aber nachträglich bewusst beibehalten oder aufgenommen worden, um durch den Vergleich der Sprachen neue Einsichten in das Koptische zu vermitteln (vgl. IIa, S. IX. X). Allerdings scheint diese Komparatistik dem Autor gelegentlich außer Kontrolle zu geraten und wird dann zum Selbstzweck (vgl. vor allem IIa, S. 209–234. 238–241). Die Schwierigkeit mit der Bändigung seines Materials hat V. freilich nicht nur in diesem Bereich. Vielmehr ist – in meinen Augen jedenfalls – eine Inkonstanz der Perspektive oder eine Promiskuität der Gedankenrichtungen für das ganze Werk typisch. Besonders deutlich wird das in der diachronischen Abteilung (IIb), wo die μετάβασις εἰς ἄλλο γένος fast zum Prinzip erhoben erscheint. In dem weiten Feld der Vorgeschichte des Koptischen, wo man, um das Koptische zu erklären, tatsächlich für die verschiedenen Komplexe sich in sehr unterschiedlichen zeitlichen Abständen vom Koptischen bewegen muss, geht in der vorliegenden Durchführung des Projekts die Richtung auf das Koptische hin meist verloren, oder die Verbindung erscheint als „Kurzschluss". Im Übrigen aber ist das der Bereich, wo der Rezensent nicht mehr die Kompetenz zu Einwänden hat, sondern wo er in erster Linie seine Bereitschaft und Lust zu rezipieren gern bekennt. Als einer, der wirklich auf diesen Abschluss der Grammatik gewartet hat, wird er auch sonst das Seine tun, um das viele Gute, Wahre, Interessante, Weiterführende, das darin enthalten ist, zu bewahren und Frucht bringen zu lassen.

Rezension zu Harold W. Attridge: Nag Hammadi Codex I (the Jung Codex)*

Die Vorstellung und Würdigung dieses neuen Teils der englischsprachigen Gesamtausgabe der Nag Hammadi-Texte („The Coptic Gnostic Library" [CGLib]) beginnt mit der Klage darüber, dass zwei der Mitglieder des CGLib-Teams, die an diesem Werk mitgearbeitet haben, sein Erscheinen gar nicht mehr erleben konnten: Dieter Müller und George W. MacRae. Dieter Müller, aus der Leipziger ägyptologischen Schule von Siegfried Morenz hervorgegangen[1] und in den späten 60er Jahren schließlich nach Nordamerika verschlagen, wo er in Kontakt zum CGLib-Project von Claremont gekommen ist, war der ursprünglich vorgesehene Volume Editor der CGLib-Ausgabe des Codex I. Von ihm stammen noch in dem jetzt unter seinem Nachfolger H. W. Attridge herausgekommenen Werk die Bearbeitung des „Gebets des Apostels Paulus" (PrecPl) und eine gewisse Grundlage der Bearbeitung des so genannten „Tractatus Tripartitus" (TractTrip). Aber er ist schon im Jahre 1977 auf tragische Weise beim Versuch, einem Überfallenen zu helfen, ums Leben gekommen. Man liest mit Wehmut und Respekt den Ursprungshinweis „Mueller", wo immer er in dem Werk erscheint, besonders im kritischen Apparat der Ausgabe des TractTrip. George W. MacRae, ein amerikanischer Jesuit, zuletzt Professor für Neues Testament an der Divinity School der Harvard University, spielte in dem CGLib-Team eine ganz wichtige Rolle, viel bedeutender, als es in seinem Beitrag zum vorliegenden Werk als Mitherausgeber des so genannten „Evangelium Veritatis" (EV) zum Ausdruck kommt. Nicht wenige der anderen, meist jüngeren Teammitglieder verdanken ihm mindestens die erste Einführung in Koptologie und Gnosisforschung. Sein Name wurde in ihren Kreisen mit höchstem Respekt genannt. Jetzt ist er tot, im Jahre 1985 ganz plötzlich gestorben, nachdem er von schwerer Krankheit gerade wieder genesen schien.

Das vorliegende, zweibändige Werk bietet eine zusammenfassende kritische Neuausgabe aller im Nag Hammadi Codex I enthaltenen fünf christlich-gnostischen Schriften, von denen ein Teil offensichtlich speziell valentinianischen Ursprungs ist. Diese fünf Schriften sind:

1. PrecPl (p. A,1–B,10; d. h., dieser kurze Text ist – wie man erst durch die kodikologischen Untersuchungen von S. Emmel weiß – erst nachträglich auf das vordere Vorsatzblatt des Codex geschrieben worden; in der Ausgabe: Bd. 1, S. 5–11; Bd. 2, S. 1–5);
2. Epistula Jacobi apocrypha (EpJac) (p. 1,1–16,30 = I 13–53; II 7–37);

* 2 Bde., NHS 22/23, Leiden 1985. In: OLZ 84 (1989), 532–538.

[1] Aus dieser Zeit stammt sein Werk „Ägypten und die griechischen Isis-Aretalogien", ASAW.PH 53, Leipzig 1960 (s. auch die Rezension von Ladislaus Castiglione, OLZ 58 [1963], 130–136).

3. EV (p. 16,31–43,24 = I 55–122; II 39–135);
4. Der Brief an Rheginus über die Auferstehung (Rheg) (p. 43,25–50,18 = I 123–157; II 137–215);
5. TractTrip (p. 51,1–138,27 = I 159–337; II 217–497).

NHC I (der im Zusammenhang damit, dass die Hauptmenge seiner Blätter für längere Zeit im Besitz des C. G. Jung Instituts, Zürich, war, zunächst unter dem Namen „Codex Jung" bekannt geworden ist)[2] ist einer der besterhaltenen und sprachlich[3] wie sachlich wichtigsten Codices aus dem Funde von Nag Hammadi. Sein Inhalt ist auch schon verhältnismäßig lange, nämlich mindestens seit dem schon geraume Zeit zurückliegenden Erscheinen der Erstausgaben seiner einzelnen Schriften,[4] bekannt und hat bereits vielfältige wissenschaftliche Bearbeitung und Auswertung gefunden. Wir können uns hier also ganz auf die äußeren und inneren Besonderheiten der Neuausgabe als solcher beschränken.

Mitteilenswert ist zunächst schon die Verteilung der Zuständigkeiten unter den Mitarbeitern. Das Ganze ist zwar eine Gemeinschaftsarbeit, aber dennoch gibt es Hauptverantwortliche für die einzelnen Schriften. Es sind dies: für PrecPl: D. Mueller; für EpJac: F. E. Williams; für EV: H. W. Attridge/G. W. MacRae; für Rheg: M. L. Peel; für TractTrip: H. W. Attridge/E. H. Pagels. Die jeweilige Hauptverantwortlichkeit bezieht sich auf jeden Fall auf die Einführung zu der betreffenden Schrift, die Übersetzung und den Kommentar (die „notes") – und nicht so sehr auf die Gestaltung der Darbietung des koptischen Textes nebst dessen kritischem Apparat, die wohl doch, ohne dass es direkt gesagt wird, wesentlich in einer Hand, nämlich der von H. W. Attridge als des Volume Editors, gelegen haben wird. Aus dieser Verteilung der Zuständigkeit erklären sich gewisse Unterschiede, die dem aufmerksamen Benutzer auffallen werden, z.B. Unterschiede hinsichtlich der Schwerpunkte in den Einleitungen, die der Ausgabe jedes einzelnen Traktats jeweils unmittelbar vorhergehen, vor allem, in welchem Maße und mit welcher Kompetenz von der Sprache des betreffenden Textes die Rede ist,[5] Unterschiede hinsichtlich der Qualität der Übersetzung (m.E. ist z.B. Williams' Übersetzung von EpJac nicht besonders gut und fällt gegen die anderen

---

[2] Wenn es in der Einleitung des Volume Editors heißt: „For a time during the 1950's and 60's this codex was in the possession of the Jung Institute in Zürich and hence is also known as the Jung Codex" (S. 1), so ist das eine Verkürzung, die die Wirklichkeit eigentlich verzerrt und schon gar nicht dem Informationsbedürfnis des ins Auge gefassten Benutzers gerecht wird. Auch sonst ist übrigens die Gesamteinleitung des Herausgebers unüberbietbar kurz (S. 1–3). So wird auch z.B., statt dem Leser den Codex I kodikologisch vorzustellen, einfach auf die kodikologische Analyse, die sich in der Facsimile Edition des Codex I findet, verwiesen. Vgl. zu dieser und der in ihr enthaltenen kodikologischen Information H.-M. Schenke, OLZ 81 (1986), 241–244.

[3] Er ist der Hauptzeuge einer bestimmten Spielart der lykopolitanischen Dialektgruppe (L_{nh} oder L6 genannt).

[4] Vgl. z.B. die Rezensionen von J. Leipoldt, ThLZ 82 (1957), 825–834; und H.-M. Schenke, ThLZ 87 (1962), 682 (EV); OLZ 60 (1965), 471–477 (Rheg); OLZ 66 (1971), 117–130 (EpJac); ZÄS 105 (1978), 133–141 (TractTrip und PrecPl).

[5] Es gibt in dieser Ausgabe von NHC I keine zusammenfassende Behandlung der Sprache dieses Codex, so dass z.B. die so wichtige Frage nach der Einheitlichkeit (trotz der

ab), Unterschiede schließlich im Stil der „notes" (am eindrucksvollsten in diesem Bereich sind die „notes" von Peel zu Rheg, die dem Charakter eines wirklichen Kommentars am nächsten kommen, was kein Wunder ist, da Peel früher schon einmal einen solchen geschrieben hatte;[6] die hiesige Neufassung seiner Deutung gewinnt ein wesentlich neues Profil besonders durch die völlige und konsequente Einarbeitung der die Weichen neu stellenden Arbeit von B. Layton,[7] auch wenn Peel deren entscheidende Thesen im wesentlichen doch nicht akzeptiert).

Was die äußere Anlage der Ausgabe anbelangt, so sind die schon mehrfach genannten „notes", die einen eigenen (zweiten) Band ausmachen, der dicker ist als die eigentliche Ausgabe (der erste Band), wohl dasjenige Element, das zuerst in die Augen fällt. Das heißt, was zunächst wohl nach gebräuchlichem Muster als Anmerkungsapparat zur Übersetzung gedacht gewesen sein mag, hat unter der Hand der Bearbeiter so gewuchert, dass es die normale Form gesprengt hat. Dafür finden sich aber nun im ersten Band unter der Übersetzung oft recht große weiße Flecke. Aber auch sonst hat diese Ausgabe ihr eigenes Profil. Vernünftigerweise hat man nämlich sowohl den auf den jeweils linken Seiten stehenden Text, als auch die rechts gegenüberstehende Übersetzung in normale Druckzeilen umgesetzt und in sachliche Abschnitte gegliedert. Durch die betreffenden Zahlen am Rande und kleine Striche in den Druckzeilen ist dennoch das übliche Zitieren nach Codexseiten und -zeilen sowie das Auffinden so angegebener Stellen ohne weiteres möglich.[8] Dass bei einem derart umgesetzten Text das supralineare Ny am Ende ursprünglicher Codexzeilen aufgelöst werden musste, ist logisch. Dass man nach dem gleichen Prinzip auch mit den Abkürzungen der *nomina sacra* verfahren ist, erscheint dagegen wohl weniger begründet. Durch mechanische Anwendung des Auflösungsprinzips kommt übrigens für die Kontraktion ⲑⲓⲏⲗⲙ p. 16,9 (wo ⲏ und ⲗ vertauscht sind) ein hybrides ⲑⲓⲏ(ⲣⲟⲩⲥⲁ)ⲗ(ⲉ)ⲙ heraus. Ein kritischer Apparat unter dem koptischen Text bietet die Quellen für solche Textrekonstruktionen, die von denen der *editiones principes* abweichen, Identifizierungen mehrdeutiger Formen, wesentliche (vorgenommene oder vorgeschlagene) Konjekturen und paläographische Bemerkungen. Beschlossen wird der erste Band durch ein zweiteiliges Register. Der erste Teil (S. 339–399) schlüsselt – wie bei Textausgaben üblich – die lexikalischen Elemente des edierten Codex auf. Den zweiten Teil (S. 400–444) bildet eine Zusammenstellung aller, nicht nur in den „notes" von Bd. 2, sondern auch schon in Bd. 1 herangezogenen alten Quellen. Wie es im Vorwort heißt, war übrigens eine besondere Hilfskraft, David Peabody, bei der Ausarbeitung dieser Indices beteiligt (S. XIII).

Differenzen) des von den einzelnen Schriften etwas verschieden repräsentierten lykopolitanischen Dialekts kaum in den Blick kommen kann.

[6] The Epistle to Rheginos. A Valentinian Letter on the Resurrection, Introduction, translation, analysis and exposition, London 1969; deutsche Übersetzung von W.-P. Funk unter dem Titel „Gnosis und Auferstehung", Neukirchen 1974.

[7] The Gnostic Treatise on Resurrection from Nag Hammadi, HDS 12, Missoula 1979; vgl. Rezension H.-M. Schenke, ThLZ 107 (1982), 823f.

[8] Auch das Register dieser Ausgabe selbst arbeitet ja natürlich mit den Zahlen der Codexseiten und -zeilen.

Herausgekommen ist bei dem Unternehmen von Attridge und seiner Gruppe m.E. ein in der Substanz zuverlässiges Arbeitsmittel, das unter Vermeidung der Einseitigkeiten der Ersteditoren die bisherige Forschung souverän aufnimmt und weiterführt. Das Weiterführende besteht in meinen Augen vor allem in drei verschiedenen Dingen:

a) Die Lesung des koptischen Textes an bestimmten problematischen Stellen ist gegenüber allen vorangegangenen Ausgaben entscheidend verbessert. Erst jetzt hat die Exegese der Schriften des Codex I eine wirklich sichere Basis. Das ist das Ergebnis langjähriger amerikanischer Teamarbeit und zugleich das persönliche Verdienst von S. Emmel, dessen Anteil im Vorwort denn auch mit Recht hervorgehoben wird (S. XIII).
b) Im Rahmen dieser Ausgabe sind zum ersten Mal die sahidischen Fragmente des EV aus dem Codex XII (mit)herausgegeben worden. Das geschieht in einem von F. Wisse stammenden Appendix zum EV-Teil (S. 119–122). Nach Lage der Dinge braucht die vorliegende Gestalt der Edition, besonders was die rekonstruierten Elemente anbelangt, noch nicht das letzte Wort in dieser Sache zu sein.[9] Aber der Benutzer kann sich doch sofort davon überzeugen, dass die seit geraumer Zeit im Raum stehende Doppelbehauptung wirklich stimmt: Der Text, von dem diese sa. Fragmente aus Codex XII stammen, war tatsächlich das EV; und: Dieses sa. EV repräsentiert eine andere Textform als die vom lykopolitanischen EV gebotene.
c) Gerade der sprachlich und sachlich so schwer verständliche und noch der meisten Erschließungsarbeit bedürftige TractTrip profitiert in besonderem Maße durch das vorliegende Werk. Das soll nicht heißen, dass Attridge/Pagels den eigentlichen Schlüssel zum Verständnis dieses Textes schon gefunden hätten. Aber sie arbeiten erfolgversprechend an einem solchen; d.h., sie zeigen und gehen ein Stück auf einem Wege, der Erfolg verspricht. Schon die neuen Lesungen dieser Ausgabe kommen ganz besonders dem Text des TractTrip zugute. Hinzu kommt die sich als äußerst fruchtbar erweisende Einarbeitung der Dissertation von Einar Thomassen (auf die auch an sich hier hingewiesen sei),[10] auch wenn sie sich zunächst nur im kritischen Apparat zum koptischen Text findet und noch nicht die Diskussionen in den „notes" beeinflussen konnte. In sprachlicher Hinsicht ist beeindruckend der systematische Versuch, bei der Analyse hybrider Verbformen von der äußeren Gestalt abzusehen und allein von der Syntax auszugehen (vgl. die Zusammenfassung der diesbezüglichen exegetischen Erkenntnisse in den Aufstellungen der Einleitung zum Konjugationssystem des TractTrip [S. 163–166]). Der andere in die Zukunft weisende Zug ist die durch entsprechende Partien der praktischen Kommentierung im

[9] Nach der Faksimile-Ausgabe scheint z.B. auch das My in ⲙⲡⲉϥⲟⲩⲱ̣[ϣ] (Fragm. A NHC XII p. 53,26) den Supralinearstrich zu haben; Fragm. C NHC XII p. 57,11/12 muss es wohl ⲛ̄ϣⲟ]|[ⲣⲡ heißen; bei Fragm. E und F ist das dritte der neuplatzierten Fragmente noch nicht berücksichtigt worden (vgl. FacEd, Introduction, S. 129 und pl. 27*/28*).

[10] The Tripartite Tractate From Nag Hammadi. A New Translation with Introduction and Commentary, Diss. St. Andrews 1982.

Leser erweckte Einsicht, dass der Weg zum Verständnis dessen, worum es im einzelnen jeweils in dem Text geht (die große Linie bzw. das System als solches waren von vornherein klar), nur über die subtilste linguistische Analyse der einzelnen Sätze und Satzteile geht, sei es, dass die Sätze korrekt sind und es also möglich ist, sie nach ihrem Sinn zu befragen, sei es, dass sie sich als verderbt erweisen – aber dann wissen wir wenigstens, warum wir nichts verstehen. Das Rätselraten muss jedenfalls ein Ende haben.

Was in diesem Rahmen schließlich noch zu tun übrig bleibt, ist die Erklärung der kleinen Einschränkung, die oben bei der Empfehlung der vorliegenden Textausgabe enthalten war. Es gibt nämlich neben dem vielen Vorzüglichen und Verlässlichen auch ein paar eigentlich nicht recht verständliche und weniger angenehme Randerscheinungen. Diese finden sich glücklicherweise am wenigsten im koptischen Text selbst, etwas stärker im kritischen Apparat und am augenfälligsten in den „notes". Nachdem man z.B. in der Haupteinleitung gelesen hat: „No attempt has been made in this transcription to indicate a distinction between the supralinear stroke and the variant forms of the circumflex" (S. 2), ist man nicht wenig überrascht, wenn man in der Textdarbietung den Zirkumflex nun doch in den verschiedensten Formen gedruckt findet. Nicht voll eingelöste Versprechen gibt es auch beim (S. XXVIII ausdrücklich definierten) Klammersystem. Vor allem erscheinen in der Übersetzung ziemlich häufig eckige Klammern, wo Winkelklammern hingehören. Von den zahlreichen Druckfehlern sind am unangenehmsten diejenigen, die sich direkt im koptischen Text selbst finden: So fehlt p. A,31 zwischen ⲕⲁⲧⲁ und ⲙ̅ⲡⲛⲟⲩⲧⲉ das Wort ⲡⲉⲓⲛⲉ; p. 75,31 lies ⲉⲩⲉ{ⲟⲩ}ⲛⲧⲟⲩ statt ⲉⲩ{ⲟⲩ}ⲛⲧⲟⲩ; p. 75,35/36 lies ⲛ̅ⲛⲁⲩⲧⲉ{ⲩ}ξⲟⲩⲥⲓⲟⲥ statt ⲛ̅ⲛⲁⲩⲧⲉ{ⲩ}ξⲟⲩⲓⲟⲥ; p. 90,2 lies ⲙ̅ⲡⲉⲧⲁϩϣⲱⲡⲉ statt ⲙ̅ⲡⲉⲧϩϣⲱⲡⲉ; p. 93,37 lies ϩⲁⲣⲁϥ statt ⲁⲣⲁϥ; p. 101,24 lies ⲁⲣⲁⲩ statt ⲁⲣⲁϥ; p. 102,27 lies ⲧⲣⲉϥⲥⲁⲧⲁⲙ statt ⲧⲣⲉϥⲥⲁⲧⲁⲙ̅; p. 124,23 lies ⲉⲩⲟ statt ⲟⲩⲟ.

Ein allgemeineres Phänomen ist auch, dass man sich so merkwürdig schwertut, wenn es darum geht, das selbst Gesagte exakt zu wiederholen, sei es nun in den Lemmata des kritischen Apparats (dort besonders die Punkte unter den Buchstaben und die Supralinearstriche betreffend), sei es bei der Bezugnahme auf die Übersetzung am jeweiligen Beginn der einzelnen „notes". Im kritischen Apparat betrifft die gelegentliche Ungenauigkeit natürlich auch die Meinung von anderen, was sich bis hin zu „übler Nachrede" auswirken kann (vgl. vor allem I 42 zu p. 9,16; I 96 zu p. 27,20). Irritation verursacht nicht zuletzt die individuelle Verwendung von Elementen der linguistischen Nomenklatur. Die missbräuchliche Anwendung des Begriffs der Konjugationsbasis (als ginge es dabei um die Basis des Verbs und nicht nur um die Basis der Konjugationssuffixe) zieht sich, vom Abkürzungsverzeichnis angefangen, durch das ganze Werk. Auch im Register zur Textausgabe, das, nach den praktischen Erfahrungen, die ich mit ihm schon zu machen Gelegenheit hatte, substantiell verlässlich, ja auch aussagekräftig ist, finden sich neben Druckfehlern gelegentliche kleine Unkorrektheiten (z.B. sind der Bindestrich bei den Präpositionen und die Genusbezeichnung bei den Nomina nicht konsequent gesetzt) und sind Nomenklatur (auch wenn sie von Crum stammt) und Anordnung m.E. nicht immer glücklich.

Schließen möchte ich mit zwei scheinbaren Verbesserungen zum Register, die in Wirklichkeit zwei neue und mir wesentlich erscheinende Einsichten darstellen, die bei der Durcharbeitung dieses lange erwarteten und nun endlich zur Verfügung stehenden Werkes mit abgefallen sind. Das ⲁϩⲣⲏï von p. 14,29 ist gar nicht das geläufige Adverb, sondern die Präp. ⲁϩⲣⲛ̄- mit dem Suffix der 1. Pers. Sgl. Die Hebung des Tonvokals im stat. pronom. ⲁϩⲣⲉ⸗ von ⲉ zu ⲏ vor dem Suffix der 1. Pers. Sgl. entspricht ganz den Regeln (vgl. im Dativ ⲛⲏï gegenüber ⲛⲉϥ etc.,[11] und bei der Präp. „mit" ⲛⲙ̄ⲙⲏï gegenüber ⲛⲙ̄ⲙⲉϥ etc.). p. 23,2 ist kein Beleg für das Verb ϣⲉϫⲉ, sondern der dritte Beleg des EV für die Konjunktion ⲉⲓϣϫⲉ (auch p. 29,20 steht ja nicht ⲉϣϫⲉ, wie das Register angibt, sondern eben ⲉⲓϣϫⲉ). Die Entzifferung dieser dritten Belegstelle wird übrigens George MacRae verdankt, nur darf man nicht zu ⲉ̣ⲓϣ̣[ⲉ]||ϫⲉ „ergänzen", sondern hat einfach ⲉ̣ⲓϣ̣|ϫⲉ zu lesen.[12]

[11] Wenn es I 5 von der Sprache der PrecPl heißt, der stat. pronom. des Dativ laute ⲛⲏ⸗, und das sei typisch Lykopolitanisch, so erklärt sich dieser Irrtum einfach daraus, dass in diesem kurzen Gebetstext nur das Suffix der 1. Pers. Sgl. vorkommt.

[12] Vgl. im Übrigen zum Stellenwert dieser Form W.-P. Funk, Koptische Isoglossen im oberägyptischen Raum 1. ⲉϣϫⲉ „wenn" etc., ZÄS 112 (1985), 19–24.

Rezension zu Bentley Layton: The Gnostic Scriptures*

Das Werk, von den Freunden in den einzelnen Etappen seines Werdens seit der Konzipierung – aus der Nähe und in der Ferne – mit Interesse verfolgt, liegt nun endlich vor. Es sieht aus wie eine (der gängigen) Anthologie(n) gnostischer Original- und Sekundärtexte in moderner Übersetzung (aus dem Koptischen, Griechischen oder Lateinischen). Und doch ist es etwas Besonderes. Es sind drei Punkte, durch die es sich von dem Üblichen unterscheidet und unter denen man seine Besonderheit am einfachsten beschreiben kann: 1. ein typisch amerikanisches Lokalkolorit; 2. ein unverwechselbares Charisma seines Verfassers; 3. eine aufregende, neue Gnosiskonzeption.

1. Es ist zunächst die für den Europäer ungewohnt andere Art, wie amerikanische Hochschullehrer auf ihre Studenten eingehen, die dem ganzen Buch den Stempel aufdrückt. Auch ein Yale Professor holt selbstverständlich seine „undergraduates" da ab, wo sie wirklich sind. Das Buch will zwar neben den Studenten (und allgemeiner Leserschaft) auch die Fachgelehrten ansprechen, aber profilbestimmend sind dabei natürlich die schwächsten Glieder. Das heißt, es wird möglichst nichts vorausgesetzt, und es wird so gut wie alles (explizit oder implizit) erklärt. Nun kann man das sicher verschieden gut machen. Und Layton macht es eben so, dass gerade durch diese, das Gewohnte neu artikulierende Art der Darstellung die Lektüre auch für den Fachkollegen zu einem Erlebnis wird. Mit diesem Grundzug hängen nun auch mancherlei Einzelaspekte zusammen, vor allem das Streben nach Veranschaulichung und Überschaubarkeit. Der Illustration des Geschriebenen dienen vier Tabellen, eine Zeichnung und sechs gezeichnete Karten. Dass durch die letzteren zugleich eine Festlegung in Raum und Zeit von Sachverhalten erfolgt, die weithin doch nur den Wirklichkeitsgrad von Hypothesen haben, muss dabei in Kauf genommen werden. Um die Orientierung beim Lesen der Texte zu erleichtern, wie es scheint, werden diese in der Regel wie Dramen behandelt, insofern als sich in ihren Einleitungen, wo es irgend geht, jeweils ein Abschnitt findet, wo unter der Überschrift „Mythic characters" die „Personen" der folgenden „Handlung" aufgelistet sind. Um des Prinzips willen ist das so auch bei Texten, die zwar „Personen", aber keine Handlung haben, wie z. B. beim EvThom. wo man dann u. a. eben den Samaritaner (von Log. 60) als „Rolle" aufgeführt findet. Mit den Adressaten ersten Grades hängt vielleicht der auch sonst festzustellende Schematismus der Einleitungen, besonders in den katalogartigen Teilen, zusammen.

2. Weitere auffallende Züge der Anthologie ergeben sich daraus, dass es dem Wesen des Verfassers entspricht, möglichst alles von Grund auf neu zu

---

* A new Translation with Annotations and Introductions, Garden City, NY 1987. In: ThLZ 114 (1989), 101–104.

machen und nur auf ganz sicheren Fundamenten zu bauen. So stammen die gebotenen Übersetzungen alle von ihm selbst und sind nach gleichartigem Prinzip gemacht. L. hat auf die Übersetzungen auch die allergrößte Sorgfalt verwendet, wie der Rezensent bezeugen kann und möchte, weil er Gelegenheit hatte, den Verfasser in seiner „Werkstatt" in New Haven bei der Arbeit zu erleben. Dass sie wohlgelungen sind und nicht nur auf der Höhe der Forschung stehen, sondern auch das Verständnis der Texte an vielen Stellen vertiefen, ergab sowohl der Probegebrauch im Berliner Arbeitskreis als auch die gezielte Kontrolle an ausgewählten notorisch problematischen Stellen. Die Übersetzungstechnik weist zwei hervorhebenswerte Besonderheiten auf. L. übersetzt alle wichtigen Ausdrücke, wo immer sie auftauchen, in der gleichen Weise, so dass der Benutzer, auch über große Entfernungen hinweg, aus der Gleichheit der englischen Wörter auf die Gleichheit des Ausdrucks der Ursprache schließen kann. Außerdem vermeidet L. sowohl die Benutzung des theologischen Fachjargons, als auch die bloße Transkription von griechischen Fachausdrücken (vgl. S. XI) – und bringt so herrliche Verfremdungseffekte zustande. Genauso große Sorgfalt hat er darauf verwendet, jeweils die bestmögliche Textgrundlage für seine Übersetzungsarbeit ausfindig zu machen und/oder selbst herzustellen. Dem gleichen Streben nach Sicherheit entspringt aber auch ein gewisser konservativer Zug im Falle der Frage von Textrekonstruktionen und, dass er sich nicht gern festlegt (lieber neutral bleibt), wo es um die Aufnahme eines Vorschlags zur Verbesserung des Textverständnisses *gegen etwas Eingebürgertes* geht. Am Anfang von EvThom Log. 60 steht z. B. nach wie vor: „[THEY SAW] a Samaritan man carrying a lamb as he went into Judaea" (S. 390). Und wie hatte ich gehofft – da er sich schon vor Jahren davon überzeugt erklärt hatte –, bei ihm zum ersten Mal das allein richtige „[HE SAW]" etc. zu sehen. Denn „as *he* went into Judaea" kann sich doch sinnvollerweise nur auf Jesus- (und *nicht* den Samaritaner) beziehen. Aber vielleicht ist die diesbezügliche Einsicht auch nur – über der Masse der für dieses Werk zu bewältigenden Arbeit – in Vergessenheit geraten, ebenso wie der Umstand, dass das in der Select Bibliography zum EvThom (S. 379) als „Full-scale commentary" angepriesene Buch von Menard ein Plagiat ist.[1]

3. L.s besondere Gnosiskonzeption findet ihren massivsten Ausdruck in der Auswahl der Texte, die seine Anthologie bietet. Deswegen ist vor jedweder Deutung und Stellungnahme erst einmal ein Inhaltsüberblick geraten.

Das Buch hat zwei Hauptteile bzw. einen Hauptteil und einen Appendix. Nur der (erste) Hauptteil enthält das, was L. „The Gnostic Scriptures" nennt (und deckt sich also mit dem Titel des Ganzen). Er ist wieder unterteilt in drei Abschnitte, nämlich (die Nag Hammadi-Schriften werden im Folgenden mit den üblich gewordenen deutschen Abkürzungen des Berliner Arbeitskreises bezeichnet):

[1] Im Wesentlichen von W. Schrage, Das Verhältnis des Thomas-Evangeliums zur synoptischen Tradition und zu den koptischen Evangelienübersetzungen, Berlin 1964; siehe dazu H.-M. Schenke, OLZ 77 (1982), 262–264.

I „Classic Gnostic Scripture“: AJ; ApcAd; HA; Brontē; Protennoia; ÄgEv; Zostr (Exzerpte); Allog (Exzerpte); StelSeth; Satorninos (nach Iren.); „The Gnostics“ (= Iren. I 29); „‚Other‘ Gnostic Teachings“ (= Iren. I 30.31); Gnostiker (nach Porphyrios); Sethianer (nach Epiph.); Archontiker (nach Epiph.); Gnostiker (nach Epiph.).

II „The Writings of Valentinus“: Valentinus nach Iren. I 11,1; die Fragmente aus verlorenen Werken des Valentinus; EV.

III „The School of Valentinus“: Das ptolemäische System (Iren. I 1–8); PrecPl; Brief des Ptolemäus an Flora; Rheg; EvPhil.

Der zweite Hauptteil bzw. Appendix mit der Überschrift „Related Writings“ ist auch noch einmal unterteilt und umfasst:

IV „The School of St. Thomas“: Perlenlied aus ActThom; EvThom; LibThom.

V „Other Early Currents“: Basilides nach Iren. I 24.3–7; die Fragmente aus verlorenen Werken des Basilides; Corp. Herm. I (= Poimandres); Corp. Herm. 7.

Hinzu kommen natürlich noch die Einleitungen und Auswahlbibliographien auf den verschiedenen Stufen des Gliederungssystems (in den Einleitungen zu den Einzelschriften findet übrigens immer auch der formgeschichtliche Aspekt vorzügliche Berücksichtigung) und Indices (Namen und Sachen; Schriftstellen), die von David Dawson stammen und von denen der erste (S. 467–517) – in seiner Ausführlichkeit und Spezifizierung beinahe ein Werk für sich – besondere Empfehlung verdient.

Dem Eingeweihten wird nun sofort zweierlei auffallen: der in dem bestimmten Artikel des Titels („*The* Gnostic Scriptures“) liegende Ausschließlichkeitsanspruch für die Sammlung und das Fehlen – fast möchte man sagen: der Hauptsache, nämlich – der ja so zahlreichen, aber eben nicht schulmäßig festlegbaren christlich-gnostischen Nag Hammadi-Schriften. Es muss übrigens noch hinzugefügt werden, dass sich am Ende der Einleitungen zu Abschnitt I und III jeweils noch Verweise auf solche Texte finden, die zwar zu der betreffenden Gruppe gehören, aber aus praktischen Gründen nicht in die Anthologie aufgenommen werden konnten, unter der Überschrift „Classic gnostic works not in this volume“ (S. 22) bzw. „Some important Valentinian materials not in this volume“ (S. 275). In dem Bereich der so genannten „gnostischen“ und der valentinianischen Texte ist also schon so etwas wie Vollständigkeit, wenigstens in der Erfassung, angestrebt. Warum allerdings ApcJac nicht als „important“ genug gilt, um in der Aufstellung von S. 275 mit genannt zu werden, erscheint unverständlich.

Die bezeichneten Auffälligkeiten sind aber nun nicht zufällig, sondern eben Ausdruck einer bestimmten Konzeption L.s, über die er auch hier und anderswo ausdrücklich Rechenschaft ablegt. Die gegenwärtige Gnosisforschung ist tatsächlich dadurch bestimmt, dass der Gnosisbegriff bzw. das, was den merkwürdig radikal nihilistischen (und gewöhnlich „gnostisch“ genannten) Auffassungen der Spätantike gemeinsam ist, immer verschwommener wird, während umgekehrt die Konturen bestimmter Textgruppen immer deutlicher hervortreten. L. ist nun der Überzeugung, dass man, um zu einer zeitgemäßen Neuerfassung des Ganzen zu kommen, allein von dem historisch Konkreten auszugehen habe; und das ist tatsächlich neben dem Valentinianismus (II.III) der (meist so genannte) Sethianismus (I). Dass aber bei L. der Ausgangspunkt (scheinbar) zur Beschränkung wird, beruht auf zwei zusätzlichen und problematischen Prämissen. Unter Bezugnahme auf Morton Smith, der die Aufmerksamkeit auf den vergessenen Umstand gelenkt hat, dass die Selbstbezeichnung „Gnostiker" merkwürdig selten ist, sieht L. es für belegbar an, dass es vor allem die Sethianer (in seinen Augen übrigens nur eine *christliche* Sekte) waren, die sich so nannten (und so werden unter seinen Händen die sethianischen Schriften zu *den* gnostischen Schriften). Die zweite Prämisse ist, dass es einerseits nicht Polemik, sondern die Wahrheit ist, wenn Irenäus sagt, dass Valentinus „adapted the fundamental principles of the so-called gnostic school of thought to his own kind of system" (I 11,1 [Übers. Layton: S. 225]) und dass er andererseits mit den Gnostikern auch wirklich die Sethianer meint (so wird für L. der Valentinianismus zum *Reform*-Sethianismus [und beides gehört dann eben unmittelbar zusammen] und der Sethianismus zur *klassischen* Gnosis). Der Sinn der überhaupt nicht gnostischen und der nicht spezifisch „gnostischen" Texte des Appendix ist es nur noch, die Quellen für die Herkunft der nicht aus dem Sethianismus erklärbaren Elemente im Reform-Sethianismus des Valentinus aufzuzeigen. Dass das der *Kanon* für L.s gnostische Schriften ist, zeigt besonders deutlich seine Tabelle auf S. XVI („Historical Relationships of the Writings in This Book") an. Es wäre allerdings m. E. ein Missverständnis von L.s Konzeption, wenn man sich von ihr verführen ließe, hinfort unter Gnosis praktisch nur noch Sethianismus und Valentinianismus zu verstehen. Aber diese Verführung hat schon begonnen.

Rezension zu Hans Jakob Polotsky: Grundlagen des koptischen Satzbaus, Erste Hälfte*

Die an der wissenschaftlichen Grammatik der koptischen Sprache Interessierten wussten seit langem: Polotsky arbeitet in Jerusalem an einem Werk über die Grundlagen des koptischen Satzbaus. Und manchen von ihnen, wie z. B. dem Rezensenten selbst, war es sogar vergönnt, vorher Einblicke in Teile desselben zu tun. Aber, wann würde das fertige Ganze – und würde es überhaupt – erscheinen? Koptologische „Jerusalempilger" brachten ja auch als „Überlieferung" mit, er pflege zu sagen: „Ich muss nicht alles publizieren, was ich schreibe." Nun ist das Werk da, wenigstens in seiner ersten Hälfte. Sie umfasst, nach einer Einleitung zum Thema des Gesamtwerkes (S. 1–8), dessen erste drei Kapitel, nämlich I: Grundzüge des koptischen Nominalsatzes (S. 9–43 §§ 1–56); II: Grundzüge der nominalen Transposition im Koptischen (S. 45–140 §§ 1–136); III: Der kausative Infinitiv und die kausativen Konjugationen, oder: Das prospektive Hilfsverb *-re* (S. 141–168 §§ 1–45). Schon der verschiedene Umfang dieser drei Kapitel zeigt deutlich, worauf hier das Gewicht liegt, und dass also der Autor Ernst macht mit dem, was er in der Einleitung verspricht, dass nämlich die Transposition (früher von ihm „Konversion" genannt), die darin besteht, „dass Sätze aller Typen durch verschiedene grammatische Mittel in eine der drei nichtverbalen Wortklassen: Substantiv, Adjektiv, Adverb, überführt werden" (S. 1), als eine der beiden Eigentümlichkeiten des koptischen Satzbaus im Mittelpunkt der Darstellung stünde. Die zweite Hälfte des Gesamtwerkes soll – nach dem Vorwort zum vorliegenden Teilband (S. V) – noch einmal drei Kapitel bringen, nämlich IV: Der Verbalsatz (die Tempora); V: Der Satz mit adverbialem Prädikat (das Präsens); VI: Grundzüge der adverbialen Transposition (gemeint sind die Umstandssätze). Diese Hauptgliederung richtet sich nach der anderen der zwei erwähnten Eigentümlichkeiten des koptischen Satzbaus, nämlich der (wesentlichen) Dreifalt (in der Vielfalt) der Prädikationstypen: Das Prädikat eines koptischen Satzes ist entweder ein (Pro-)Nomen oder ein Verb oder ein Adverb.

Die Art von Darlegung und Demonstration entspricht den Vorzügen, an die man sich bei P.s Arbeiten schon gewöhnt hat. Neu ist die Heranziehung von Nag Hammadi-Schriften und die Berücksichtigung des oxyrhynchitischen Dialekts.

Die Bedeutung dieses Buches (als eines Werkes, mit dem man arbeiten kann) und sein richtungsweisender (an bestimmten Punkten wohl auch die Geister scheidender) Charakter kann im vorgegebenen Rahmen einer kurzen Besprechung vom Rezensenten nur bezeugt, aber nicht dargelegt werden. Er muss sich damit begnügen, auf einige ganz grundsätzliche Punkte hinzuweisen.

Im zentralen Kap. II werden als „nominal" zwei Transpositionen behandelt, nämlich (A) die adjektivische, womit das weite Feld der Relativsätze gemeint ist (S. 45–127) und (B) die substantivische (S. 129–140), d. h. die so genannten Zweiten

---

* Decatur, GA 1987. In: APF 36 (1990), 89–90.

Tempora. Bei dem Ausdruck „Adjektivsätze" (für die Relativsätze) ist P. eine ganz bestimmte Blickrichtung wichtig: Er möchte diese Sätze nicht verstanden wissen als Äquivalente eines wirklichen Adjektivs in einem vorgegebenen Satz, sondern als selbst eigentlich einen Vollsatz bildend, der durch die Transposition den Charakter eines Adjektivs erhalten hat (S. 48 § 7). Die Adjektivierung wird in zwei Stufen erfolgend gesehen: zunächst gibt der Transponent einem Satz (z. B. ⲁϥⲥⲱⲧⲙ̄ „er hat gehört") einen noch unentschiedenen, bloß nominalen Status (ⲉⲛⲧ-ⲁϥⲥⲱⲧⲙ̄), und dann erst wird dieser Ausdruck durch das Davortreten des so genannten Determinativpronomens (ⲡ-ⲉⲛⲧ-ⲁϥⲥⲱⲧⲙ̄ „*der* [oder: *einer*], der gehört hat") zum Adjektiv(satz) (S. 45f. § 3). Diese Form des so genannten „freien" Adjektivsatzes, d. h. mit bloßem Determinativum – und nicht mit einem, den bestimmten Artikel habenden, nominalen Antecedens (ⲡⲣⲱⲙⲉ ⲉⲛⲧⲁϥⲥⲱⲧⲙ̄ „*der Mensch*, der gehört hat") – versehenen, versteht P. als das Ursprüngliche und Wesentliche (vgl. S. 50 § 10). Das hängt damit zusammen, dass er im Vorgang der Transposition den pronominalen Brennpunkt im ursprünglichen Satz (⸗ϥ-), der dort dem Bereich der Prädikation angehört, in das Determinativpronomen (ⲡ-), und damit in den Bereich der „Benennung", (sei es partiell, sei es vollkommen) transformiert sieht (S. 48f. § 8).

Der Höhepunkt des Werkes, der zugleich ein neuralgischer Punkt sein könnte, liegt wohl da, wo der letzte Abschnitt der langen Abhandlung über die Bildungstypen und Gebrauchsweisen der adjektivischen Transposition, der der adjektivischen Cleft Sentence gewidmet ist (S. 105–127), mit der (relativ kurzen) Darstellung über die substantivische Transposition (S. 129–140), die als ganze den Untertitel „Die substantivische Cleft Sentence" trägt, zusammentrifft. Die jetzt „adjektivisch" genannte Cleft Sentence ist das, was als koptische Cleft Sentence schlechthin im grammatischen Bewusstsein der Koptologen (übrigens auch schon dank P.) fest verwurzelt ist. Sie heißt jetzt so nach ihrem, dem vorangehenden (pro-)nominalen Prädikat folgenden und durch adjektivische Transposition zustande gekommenen Subjekt (ⲡⲉïⲣⲱⲙⲉ ⲡⲉⲛⲧⲁϥⲥⲱⲧⲙ̄ „dieser Mensch ist es, *der gehört hat*"). Der springende Punkt ist nun, dass P. jetzt die Sätze, die das so genannte Zweite Tempus gebrauchen (und deren Verbalausdruck er schon seit langem als substantivisch erklärt hat), in einem Verhältnis der direkten Komplementarität zu den wohlbekannten Cleft Sentences versteht, auch wenn sie ganz anders aussehen (einerseits einem Nominalsatz ähnlich und mit dem Prädikat vorn; andererseits einem Verbalsatz fast gleich und mit dem Prädikat [im Normalfall] hinten). Wird in jenen ein (Pro-)Nomen eines zugrunde liegenden Satzes zum Prädikat gemacht, so in diesen ein adverbialer Ausdruck. „Substantivisch" heißt diese zweite Kategorie der Cleft Sentence wieder nach ihrem Subjekt, das durch die substantivische Transposition eines zugrunde liegenden Verbalausdrucks zustande kommt (ⲛ̄ⲧⲁ ⲡⲣⲱⲙⲉ ⲥⲱⲧⲙ̄ ⲉⲧⲃⲏⲏⲧϥ „*Dass der Mensch gehört hat*, ist seinetwegen"). Für eine solche Zusammenschau beruft sich P. auf die beiderseitigen doppelten Nexus und die innere Form.

Aus dem letzten Kapitel dieser ersten Hälfte der „Grundlagen" sei schließlich noch P.s Selbstkorrektur hinsichtlich der Bezeichnung der Form ⲧⲁⲣⲉϥⲥⲱⲧⲙ̄ („so wird er hören") herausgegriffen. Er möchte sie nicht mehr einen „Konjunktiv *des Futur*" genannt wissen. „Konjunktiv" möge diese Form weiterhin heißen, aber ihr Wesen sei als kausativ-promissiv zu bestimmen (S. 163f. § 38).

Nun warten wir auf die zweite Hälfte der Grundlagen!

Rezension zu Antoine Guillaumont/Claire Guillaumont: Évagre le Pontique. Le Gnostique ou A celui qui est devenu digne de la science*

Dieser kleine, aus fünfzig, als Kapitel gezählten, mehr oder weniger kurzen Sentenzen bestehende Traktat des berühmten und trotz seiner posthumen Verurteilung als origenistischer Ketzer viel gelesenen und, ganz besonders in Syrien, ungeheuer einflussreich gebliebenen Vaters der Mönchsmystik hat seinen Namen von dem in ihm angeredeten Mönchstyp. Als Gnostiker gilt der Mönch, der die Phase des Lebens als „Practicus", in der es die Leidenschaften zu bekämpfen galt, bereits hinter sich hat und so die zweite, durch Leidenschaftslosigkeit bestimmte Stufe des Mönchseins erreicht hat, wo ihm einerseits eine Schau des Wesens der Dinge möglich wird und er andererseits die Aufgabe der Belehrung gegenüber all denen hat, die seine Stufe der Vollkommenheit und Gnosis noch nicht erreicht haben. Der dabei von Evagrius vorausgesetzte und verwendete, und für ihn typische, Begriff von Gnosis und gnostisch – das griechische Wort, das die Herausgeber mit „science" übersetzen, lautet γνῶσις – ist übrigens, nicht nur für die Herausgeber, sondern auch für die Benutzer, Anlass, darüber nachzudenken, in welchem Verhältnis diese Gnosis denn nun zu der „fälschlich so genannten" Gnosis, d. h. zu jener breiten religiösen, in- und außerhalb des Christentums in Erscheinung getretenen Erlösungsbewegung, die die religionsgeschichtliche Forschung „die Gnosis" zu nennen sich gewöhnt hat, eigentlich steht. Die Herausgeber behandeln diese Frage in Kapitel II,1 unter der Teilüberschrift „Définition et fonction du gnostique" (S. 24–26) unter gebührender Berücksichtigung der komplizierten Begriffsgeschichte des Terminus „Gnostikos", und zwar in Auswertung des weichenstellenden Aufsatzes dazu aus der Feder von Morton Smith (S. 254). Und in ihrer Optik sind das im Grunde ganz verschiedene Dinge, die nur zufällig den gleichen Namen tragen. Um eben das anzuzeigen, wählen sie ja auch als Übersetzungsäquivalent für γνῶσις (statt „gnose") das zum Paar γνωστικός/gnostique sprachlich so wenig zu passen scheinende Wort „science" (S. 24, Anm. 2). Das alles ist nun wohlverständlich – und auch weithin üblich. Nur ist dies vielleicht doch nicht die einzig mögliche Perspektive. Der Gedanke von Hans Jonas, der in dem nicht geschriebenen (bzw. nicht erschienenen) zweiten Teil des zweiten Bandes von „Gnosis und spätantiker Geist" ausgeführt werden sollte, steht immer noch im Raum, wonach von einer höheren Warte aus auch die Gnosis des Evagrius mit als zu jener Erlösungsbewegung, sofern diese denn tatsächlich den Geist der Zeit repräsentierte, gehörig erscheinen kann.

Literarisch, thematisch und auch überlieferungsgeschichtlich gehört der Traktat „Der Gnostiker" mit zwei anderen Werken des Evagrius ganz eng zusammen. Das sind auf der einen Seite der Traktat „Practicus", und auf der anderen

* Édition critique des fragments grecs, traduction intégrale établie au moyen des versions syriaques et arménienne, commentaire et tables, SC 356, Paris 1989. In: JAC 33 (1990), 269–271.

Seite die „Kephalaia Gnostica“, insofern als der „Practicus“ den Weg beschreibt, auf dem man zum Gnosticus wird, und erst die „Kephalaia Gnostica“ den Inhalt der Erkenntnis und Lehre des Gnostikers behandeln, während unser kleiner, sozusagen „mittlerer“ Traktat zunächst nur das Verhalten und die Lehr*weise* des Gnostikers zum Gegenstand hat. Es sind übrigens gerade diese beiden Pendants, die die Herausgeber, bzw. einer von ihnen, schon vorher ediert haben.[1] Und da nun von den beiden Pendants gerade überlieferungsgeschichtlich der „Practicus“ dem „Gnosticus“ noch einmal erheblich näher steht als die „Kephalaia Gnostica“ – sie wurden weithin als ein einziges Werk bildend verstanden und tradiert –, ist es nur zu natürlich, dass (schon um Wiederholungen zu vermeiden) in der vorliegenden Ausgabe des „Gnosticus“ ständig auf die vorangegangene Ausgabe des „Practicus“ verwiesen wird.

Diese Ausgabe des „Gnosticus“ ist überhaupt die erste wirklich *kritische* Edition dieses Textes. Und sie bietet all das, was der Benutzer von einer solchen an Informationen, Belehrungen und Erklärungen erwartet, ohne dass das hier beschrieben zu werden braucht, zumal ja auch schon der ausführliche Titel des Werkes die wesentlichen Elemente, aus denen es aufgebaut ist (außer der Einleitung), ausdrücklich nennt. Nur dass die Editorenaufgabe hier – schon wegen des (für die Evagriusüberlieferung überhaupt typischen)[2] Übergewichts der orientalischen Übersetzungen (hier Syrisch und Armenisch) gegenüber dem nur exzerptweise erhaltenen griechischen Urtext – ganz besonders schwierig war und es schon der durch jahrelange Hingabe erworbenen Meisterschaft dieser führenden Evagriusspezialisten bedurfte, um ein so natürlich wirkendes und brauchbares Quellenwerk zu schaffen. Im Kommentar fasziniert den diese Würdigung schreibenden Outsider, der dem Evagrius zwar schon einmal (übrigens auch mit Hilfe von Antoine Guillaumont) „begegnet“ ist,[3] aber deswegen noch lange keine Evagriuskompetenz besitzt, besonders, wie die vielen dunklen Stellen des Textes, indem Evagrius durch Evagrius interpretiert wird, sich stufenweise lichten. Als Beispiel sei anderen Benutzern die wirklich beeindruckende Exegese von Kap. 28 empfohlen.

Für den Amateur ist wohl auch typisch, dass sein Interesse einseitig ist und er so leicht etwas vermisst, was der Professional in diesem Zusammenhang eben nicht zu sagen wünscht. Aber er kann ja den betreffenden Sachverhalt nun als Ergänzung bzw. Anfrage einbringen. So erhebt sich ihm zu dem auf S. 33 angeschnittenen Problem, wie man sich denn das Lehren des Gnostikers unter den Mönchen der Kellia, wo Evagrius ja gelebt hat, *konkret* vorzustellen habe, die Frage, ob denn hier nicht auch die moderne archäologische Lokalisierung und Erschließung dieses Anachoretenzentrums, an der doch auch Antoine

---

[1] Vgl. Antoine Guillaumont, Les six centuries des „Kephalaia Gnostica“ d'Évagre le Pontique. Édition critique de la version syriaque commune et édition d'une nouvelle version syriaque, intégrale, avec une double traduction française, PO 28, Paris 1958; A. Guillaumont/C. Guillaumont, Évagre le Pontique, Traité pratique ou Le Moine, SC 170/171, Paris 1971.

[2] Vgl. Antoine Guillaumont, Le rôle des versions orientales dans la récupération de l'œuvre d'Évagre le Pontique, CRAI 1985, 64–74.

[3] Vgl. H.-M. Schenke, ZÄS 116 (1989), 90–107.

Guillaumont selbst so maßgeblich beteiligt ist, etwas Wesentliches beizutragen hat.[4] Eine andere Aktualisierung könnte sich aufdrängen, wo die von Evagrius übernommene und besonders schon bei Clemens von Alexandria sich findende Auffassung besprochen wird, dass der Gnostiker nicht allen alles sagen dürfe, sondern das, was immer er sagt, von dem Fassungsvermögen des Hörers abhängig machen müsse (vgl. S. 96f. 125f.), und zwar durch eine Querverbindung zu dem von Morton Smith entdeckten Fragment eines Clemensbriefes an einen gewissen Theodorus,[5] in dem gerade dieser Gedanke beherrschend ist, aber in so scharfer Zuspitzung erscheint, dass er den Zweifel an der Echtheit des Briefes mitgenährt hat. Aber in der von den Herausgebern eröffneten Perspektive dürfte dieser Grund des Zweifels vielleicht nun doch erheblich an Kraft verlieren.

[4] Vgl. z. B. H.-M. Schenke, OLZ 72 (1977) 341–346 (bes. 341 Anm. 2); und Philippe Bridel, Le site monastique copte des Kellia. Genève 1986.

[5] Vgl. Morton Smith, Clement of Alexandria and a secret Gospel of Mark, Cambridge, Mass, 1973.

Rezension zu Bentley Layton: Catalogue of Coptic Literary Manuscripts in the British Library Acquired Since the Year 1906*

Große Sammlungen von Kunstwerken oder Altertümern haben die natürliche Tendenz, sich fortwährend zu vermehren. Das trifft auch für den Bestand koptischer Handschriften des Department of Oriental Collections der British Library zu.[1] Seit dem Erscheinen von Crums berühmtem Katalog im Jahre 1905[2] hat er sich so enorm vergrößert, dass sich den Autoritäten der British Library die Notwendigkeit einer Ergänzung bzw. Weiterführung der Katalogisierungsarbeit von W. E. Crum aufdrängte. Sie waren so glücklich, dafür B. Layton von der Yale University, Conn., USA, einen der führenden Koptologen Nordamerikas, zu gewinnen. Und das Glück war gegenseitig; denn L. empfand diesen Auftrag (wie er es einmal mit einem mir unvergesslichen Ausdruck bezeichnete) als ein „once in a lifetime project". Dieser Größe der Aufgabe hat übrigens auch sein Einsatz dafür entsprochen. Allerdings beschränkt sich L. – im Unterschied zu Crum[3] – auf die literarischen Handschriften, weil er – möglicherweise zu recht – der Überzeugung ist, dass die Erforschung der koptischen Urkunden sich inzwischen zu einer eigenständigen Disziplin der Koptologie entwickelt hat,[4] womit dann die Katalogisierung des Zuwachses an Urkunden in der British Library einem besonderen Werk und der Verantwortung einer dafür zuständigen Autorität zugewiesen wird. Es ist auch noch auf eine weitere Ausklammerung hinzuweisen. Von einer ganzen Reihe der hier katalogisierten Handschriften sind die ursprünglichen Einbände noch vorhanden, werden aber gesondert aufbewahrt, während die Manuskriptblätter sich in einem modernen Einband präsentieren. Und eben auch diese alten Einbände werden ausgeklammert (S. LXV), was an sich wohlverständlich ist, wenn es nur nicht dadurch „unproportional" würde, dass ja die modernen Einbände einen mit der allergrößten Akribie behandelten Gegenstand der Katalogisierung bilden.

Das von L. katalogisierte neue Handschriftenmaterial stammt im Wesentlichen aus fünf großen Komplexen an Neuerwerbungen, deren Umfang und Geschichte in der „Introduction" mitgeteilt werden. Der erste von diesen Komplexen, erworben in den Jahren 1907–1911, umfasst 21 sahidische Pergament- und Papiercodices aus dem 10. und 11. Jahrhundert nebst (aus den Einbänden gewonnenen)

* London 1987. In: OLZ 85 (1990), 153–158.

1 Vormals eine Abteilung des British Museum.

2 W. E. Crum: Catalogue of the Coptic Manuscripts in the British Museum, London 1905.

3 Weitere Unterschiede liegen in dem viel kleineren Format, in der Nichtfarbigkeit der Reproduktionen, in weitgehendem Verzicht auf die Wiedergabe (und sei es auch nur auswahlweise) der koptischen Texte, und in der Benutzung eines Druckpapiers für die Ewigkeit.

4 Hier im weitesten Sinne für alles Nichtliterarische gebraucht.

Papyrusfragmenten, vorwiegend aus Esna bzw. Edfu stammend (S. XXVII bis XXX). Der zweite Posten besteht aus den Resten von 63 ursprünglich zur Bibliothek des Weißen Klosters gehörenden Pergament- und Papiercodices, ebenfalls in Sahidisch, erworben 1909 (S. XXX–XXXIII). Bei dem dritten Bestandteil, erworben 1910, handelt es sich um die A. C. Harris-Papyri, nämlich Reste von 22 sahidischen Papyruscodices, die aus Klöstern des alten Theben stammen (S. XXXIII–XLIV). Der vierte, im Jahre 1917 Eigentum des British Museums (jetzt British Library) gewordene Zuwachs ist der berühmteste und besteht aus der (49 Katalognummern ergebenden) Sammlung von Robert Curzon. Diese Curzonhandschriften sind in der Hauptsache bohairisch, gewöhnlich mit arabischer Übersetzung versehen; es gehören aber auch Teile von neun Pergamentcodices in Sahidisch dazu (S. XLIV–XLIX). Die von L. resümierte Geschichte dieser Sammlung hat übrigens in einem Punkte inzwischen durch S. Emmel eine Korrektur erfahren. Es geht um den Ort des Erwerbs der (wenigstens) sechs (wahrscheinlich aber acht) letztlich aus dem Weißen Kloster stammenden sahidischen Handschriften der Sammlung Curzons. Und zwar widerlegt Emmel die geläufige, und eben auch von L. geteilte (z. B. S. XLIV.48 XLVII), Auffassung, dass Curzon auch diese aus dem Wadi Natrun mitgebracht habe. Seine Gegenposition lautet wörtlich: „Rather, like all the other White Monastery manuscripts discovered before the 1880s, they entered the antiquities market directly from the White Monastery by means unknown. Curzon received them in England, through the agency of Henry Tattam, acting on behalf of Rudolph Lieder".[5] Die fünfte, im Jahre 1935 erfolgte, umfängliche Neuerwerbung umfasst 44 papierne Bibelcodices in Bohairisch mit arabischer Übersetzung, fast alle um das Jahr 1800 herum geschrieben, aus dem Besitz von John Lee, mit Einschluss der berühmten Marcelbibel (S. XLIX–LI). Die Geschichten dieser fünf großen Teilsammlungen sind nicht nur kompliziert, sondern auch hochinteressant, besonders die der Sammlungen von Curzon und Lee, und lesen sich zum Teil spannend wie Kriminalromane. Neben den fünf großen Komplexen haben natürlich auch kleinere Sammlungen und Einzelstücke zur Erweiterung des Bestandes der British Library beigetragen. Von kleineren Sammlungen sind besonders die Wadi Sargafragmente noch zu erwähnen, von denen freilich (s. oben) nur die literarischen Aufnahme in den Katalog gefunden haben, und das sind spärliche Reste von 14 alten Codices meist biblischen Inhalts (S. LI–LII).

Es entspricht nun dem Wesen des Autors, dass er nicht einfach da weitermacht, wo andere aufgehört haben. Vielmehr versucht er auch hier, die Sache von Grund auf neu zu durchdenken und durchzuführen. Es ist sein erklärtes Ziel, unter Adaption der modernsten Methoden der Bibliographie an Handschriftensammlungen wie diese, einen ganz neuen und viel präziseren Standard der Katalogisierung zu schaffen. Vorhergehende methodologische Reflexionen sind ja in Anbetracht der Schwierigkeit der Aufgabe auch tatsächlich vonnöten, handelt es sich doch innerhalb des Bereichs der koptischen literarischen Handschriften nicht nur um sehr viele, sondern auch um verschiedenste

[5] S. Emmel, Robert Curzon's Acquisition of White Monastery Manuscripts. A Reconsideration of the Evidence, in: J. Ries (ed.), IVe Congrès International d'Etudes Coptes, Louvain-la-Neuve 1988, 59.

und sehr weit auseinander liegende Objekte: von sahidischen Papyrus- und Pergamenthandschriften des 4. Jahrhunderts bis hin zu papiernen bohairisch-arabischen Bilinguen aus dem 19. Jahrhundert; und die alle gilt es doch nach einem gleichartigen Schema zu erfassen und zu beschreiben. Diese Neuentwicklung geschah durchaus in dem Bewusstsein, stellvertretend für andere etwas zu entwerfen, was als Muster und Vorbild für weitere moderne Kataloge ähnlicher Sammlungen dienen kann. Und diese beabsichtigte Musterwirkung hat auch tatsächlich schon begonnen. Denn Leo Depuydt arbeitet bereits daran, wie er auf dem IVe Congrès International d'Études Coptes in Louvain-la-Neuve 1988 öffentlich mitteilte, im Rahmen eines Ph.D. Dissertation Programms der Yale University die koptischen Handschriften der Pierpont Morgan Library, New York City, nach diesem Schema zu katalogisieren.

Diese neue Methode ist aber nicht nur exakt und informativ, sondern auch ein bisschen kompliziert, und so kann sie nicht einfach angewendet werden, ohne vorher erläutert worden zu sein. Das geschieht mit hinreichender Ausführlichkeit und Klarheit in einem besonderen, auf die „Introduction" folgenden Abschnitt: „Descriptive Method" (S. LIV–LXVI). Jeder Katalogeintrag enthält stereotyp und immer in derselben Reihenfolge die folgenden 13 Positionen (wobei natürlich im konkreten Vollzug auch einige wegen Nichtbetreffens leer bleiben können): Short Title Entry; Physical Description of the MS; Related Fragments; Analysis of Contents; Colophons; Corrections, Marginal Apparatus, Ancient Annotations; Structure of the MS (Collation); Writing Materials; Layout of Text; Script; Decoration; Present Binding (if in boards); Modern History of the MS. Das Prinzip der Methode und des nach ihr zustande gebrachten Produkts ist: Präzision, Gleichmäßigkeit und „Querverbund". Diesem „Querverbund" dienen nicht nur zahlreiche normale Querverweise in dem Katalog selbst, sondern auch ein großer Indexteil (S. 411–444), der freilich die Aufschlüsselung des Materials unter verschiedensten Gesichtspunkten fast ein wenig zu übertreiben scheint, sowie viele Listen und Aufstellungen in der Einleitung. Zum Zwecke der Präzision werden, wo immer es möglich ist, die zu beschreibenden Details der betreffenden Handschrift auf schon vorhandene, sozusagen „äußere" Standards bezogen, von deren Existenz der Benutzer, wenn der Rezensent von sich auf andere schließen darf, unter Umständen erst aus diesem Katalog selbst erfährt. L. hat eben wirklich grundlegende und auf den verschiedensten Gebieten getätigte Vorarbeiten geleistet. Z. B. werden alle Angaben über Farben, nämlich die Bezeichnung und eine Nummer, nach den ISCC-NBS Centroid Color Charts (1977), Level III, gegeben (vgl. zur Einführung S. LXIII mit Anm. 33). Glücklicherweise kann man diese Angaben im Großen und Ganzen verstehen, auch wenn man keinen Zugang zu und keine rechte Vorstellung von diesem offenbar hochoffiziellen Bezugsgegenstand hat. Ein anderes Beispiel ist die Bezeichnung des Prinzips der blinden Linierung von Lagen in den Pergamenthandschriften nach einem von J. Leroy eingeführten System.[6] Diese Bezeichnungen allerdings dürften einem, der das Buch von Leroy nicht hat oder kennt, unentschlüsselbar bleiben. Am meisten Bewunderung aber empfinde ich bei der Beziehung der Papierarten

6 J. Leroy, Les types de réglure des manuscrits grecs, Paris 1976.

und Wasserzeichen der zu beschreibenden Papiercodices der Sammlung auf das Informations- und Vergleichsmaterial der diesbezüglichen Fachliteratur unter Benutzung der dort üblichen Koordinatensysteme. Für die Analyse des Papiers der Papierhandschriften hat L. sich eine ganz enorme Sachkenntnis erworben und versteht sie auch zu vermitteln.

Die Ordnung der katalogisierten Handschriften erfolgt zunächst nach Dialekten: erst die sahidischen, dann die bohairischen. Und diese beiden großen Blöcke sind dann jeweils unter sachlichen Gesichtspunkten weiter gegliedert in: Bible, Liturgical Works, Canons usw. Zwischen diesen beiden großen Abteilungen (I und V) sind (als Abteilung II–IV) die ganz wenigen Stücke in anderen Dialekten (nämlich Subachmimisch, Fayumisch und Mittelägyptisch) eingeordnet. Von den im Katalog beschriebenen Handschriften sind die einen bereits veröffentlicht (jeder Koptologe wird hier also „gute Freunde" wiederfinden), die anderen noch unerschlossen. Um auch eine Anschauung zu ermöglichen, werden so gut wie von allen noch unveröffentlichten Stücken in einem Tafelanhang Abbildungen gegeben. Sie haben zwar den Nachteil, dass es sich bloß um Ausschnitte handelt – beabsichtigt ist nur die Illustration des Schriftduktus –, der aber fast aufgewogen wird durch den Vorteil, dass ihr Maßstab durchgehend 1:1 ist. Für die schon veröffentlichten Handschriften wird jeweils auf bereits – gewöhnlich in den Editionen selbst – vorliegende Abbildungen verwiesen.

Der gewaltige Eindruck des Gesamtwerks sollte nun eigentlich jedwede kleinliche Kritik verstummen lassen, zumal solche doch nur je zufällig anhand der jeweils „guten Freunde" des Rezensenten möglich sein dürfte, wenn es eben nicht gerade ein Katalog wäre, wo es auf die Korrektheit auch der geringsten Kleinigkeiten ankommt, und also jede notwendige Ergänzung oder auch Korrektur der Sache zugute kommt und auch – wie ich vom Autor selbst weiß – in seinem Sinne ist. Nr. 186, das Hiobfragment aus Wadi Sarga, gehört nicht in die Abteilung (III) der fayumischen Handschriften, obgleich sein Herausgeber, Crum, es seinerzeit als fayumisch eingestuft hatte, sondern in die Abteilung (IV) der mittelägyptischen Handschriften zu dem dort zunächst allein vertretenen Genesisfragment von Wadi Sarga. Dieses Hiobfragment ist ja eines der wichtigsten Zeugnisse für Kahles Entdeckung und Darstellung des mittelägyptischen Dialekts gewesen. Unter den fayumischen Handschriften findet sich mit der Nr. 191 („Unclassified Fragment") irrtümlich (aber das ist ein Irrtum, für den die Wissenschaft dem Bearbeiter zu allergrößtem Dank verpflichtet ist, denn ohne ihn würde der Text kaum so schnell ins Licht der Öffentlichkeit getreten sein) gleich noch eine in reinem Mittelägyptisch, aber das ist keine literarische, sondern ein (und zwar an eine Frau gerichteter) Brief. Das zeigt der von L. gegebene Satz aus Z. 3–4 recht deutlich. Die Wendung (mit dem Ende von Z. 2) lautet nämlich: ṇϣⲁⲣⲡ ṇϩⲟⲃ ⲛⲓⲙ | ⲉⲉⲩⲭⲁⲣⲓⲥⲧⲓ ⲙⲡ̣̄ṇ̄ϯ ⲉϩⲣḥⲓ̈ ⲉϫⲛ ⲡⲟ̣ⲩ̣|ⲟⲩϫⲉⲓ̈ ⲉⲧⲛ̣ⲁ̣ⲛⲟⲩϥ̣ „vor allen Dingen Gott zu danken für deine (f.) vorzügliche Gesundheit". Übrigens ist das auf der dazugehörigen Abbildung (Pl. 25,3 [Z. 4 v. u.]) zu lesende Verbum compositum ϥⲓϣⲛϩⲏⲧ (in ϯⲛⲉϥⲓϣⲛϩⲏⲧ ⲉ̇ⲙⲁϣⲁ „(sonst) werde ich sehr traurig sein") durchaus belegt (in ApcPl NHC V p. 21,16f.; 1ApcJac NHC V p. 32,19). Es geht in dem Brief vermutlich um rückständigen Unterhalt für Verwandte der angeschriebenen Frau, die sich in der Obhut des Absenders befinden. Es würde sich also um ein Problem handeln, wie es sich aus einem solchen Arrangement, das der (ebenfalls mittelägyptische) Paniskebrief (P. Mich. 525) trifft, nach einer gewissen Zeit ergeben haben könnte. Bei der Katalognummer 1, einem anderen „guten Freund", nämlich Budges berühmtem alten Papyruscodex mit Dt/Jon/Apg, gibt es eine merkwürdige Einzelangabe zu den Seiten(zahlen) der Apg (S. 3 Z. 5 des ersten Absatzes), deren Rätsel ich nicht zu lösen vermag. Natürlich können von den Seiten 1–110 nicht die Seiten 253–260 und 273–276 fehlen (nach Budges Ausgabe, die mir bei der Apg mit den Kollationen des Originals durch C. Schmidt vorliegt, sind es die Seiten ϥΓ–Ρ (= 93–100), die fehlen). Aber ich kann mir nicht erklären, wie diese Angabe zustande kam.

Rezension zu Søren Giversen: The Manichaean Coptic Papyri in the Chester Beatty Library*

In derjenigen Sparte der Koptologie, die es mit der koptischen Literatur gnostischen und gnosisnahen Inhalts zu tun hat, ist es in jüngster Zeit zu einer bemerkenswerten Schwerpunktsverlagerung gekommen, insofern als nach Abschluss der Grundlagenarbeit an den Nag Hammadi-Codices das Engagement und Interesse dafür frei wurde, nun auch endlich die Erschließung der koptischen Manichaica aus dem früheren, Anfang der dreißiger Jahre dieses Jahrhunderts in Medinet Madi im Fayum gemachten Funde, die durch den zweiten Weltkrieg, der auch Verluste, Verlagerungen und Verwirrung der Bestände im Gefolge hatte, praktisch zum Erliegen gekommen war, zu Ende zu bringen. Dass, wie und warum es dabei – zur Überraschung der Fernerstehenden, wie angenommen werden darf – zur Gründung gleich von zwei internationalen Komitees gekommen ist und wie es sich mit deren Organisation, Planung, Arbeitsteilung, Kooperation und Konkurrenz verhält, kann man in und zwischen den Zeilen der diesbezüglichen Verlautbarungen im Newsletter der International Association for Coptic Studies Nr. 19, August 1986, S. 3–9 zur Kenntnis nehmen. Beiden Komitees geht es natürlicherweise im Wesentlichen um die Erarbeitung kritischer Textausgaben der noch unveröffentlichten Teile des Fundes.

Wir haben es hier nun mit der Würdigung und Wertung einer Besonderheit des zweiten Komitees, das sich für die koptischen Manichaica der Chester Beatty-Sammlung zuständig gemacht hat, zu tun. Hier hat man nämlich den glücklichen Gedanken entwickelt, zunächst einmal, so schnell wie möglich, und um vielen Interessenten die Mitarbeit zu ermöglichen bzw. zu erleichtern, eine Faksimile-Ausgabe zu schaffen, und zwar nun nicht nur der noch unpublizierten, sondern zugleich auch für die bereits in kritischen Editionen vorliegenden Texte. Dieses Werk liegt nun vollständig vor. Es ist so wohlgelungen, dass sich bei seiner Betrachtung als allererstes der Wunsch regt, es möge möglich sein, eine solche Faksimile-Ausgabe auch für den Teil des Fundes herzustellen, der sich in der Papyrussammlung der Staatlichen Museen zu Berlin befindet.

Die vierbändige Faksimile-Ausgabe der Chester Beatty-Bestände umfasst – streng genommen – nicht wirklich alles, was zu dieser Sammlung gehört, sondern nur alles, was konserviert ist und sich in Dublin befindet. Nicht eingeschlossen werden konnten nämlich einige noch immer nicht konservierte fragmentarische Blätter

* Facsimile Edition, published under the Auspices of the Trustees of the Chester Beatty Library with the Support of the Carlsberg Foundation and under the Responsibility of the International Committee for the Publication of the Manichaean Coptic Papyri from Medinet Madi Belonging to the Chester Beatty Library (Søren Giversen, Rodolphe Kasser, Martin Krause). Genf: Patrick Cramer. Vol. I: Kephalaia, 1986. XXVI S., 354 Taf.; Vol. II: Homilies & Varia, 1986. X S., 126 Taf.; Vol. III: Psalm Book Part I, 1988. XIV S., 344 Taf.; Vol. IV: Psalm Book Part II, 1988, 4 Bde., COr 14–17, Genf 1986–88. In: OLZ 85 (1990), 292–295.

des Psalmenbuches, die sich, wenn ich recht verstanden habe, zur Zeit noch im British Museum befinden müssten, und vor allen Dingen die Hauptmasse des noch nicht vollständig konservierten Codex mit dem (in so genannte Synaxeis eingeteilten) Lebendigen Evangelium des Mani, falls denn die oft geäußerte und auch nahe liegende Vermutung stimmt, dass diese Bestände des Westberliner Ägyptischen Museums eigentlich zur Chester Beatty-Sammlung gehören. Umgekehrt enthält die Ausgabe offenbar auch ein fremdes Blatt (siehe unten).

Bei einem Werk wie diesem hängt das Gelingen neben der vorbereitenden und einführenden Arbeit des Herausgebers und der Drucklegung, für die der Verlag verantwortlich zeichnet (und deren beider Namen allein auf den Titelblättern erscheinen), ganz entscheidend von der Kunst des Fotografen ab. Der Name des Mannes, der die Papyri für die Faksimiles fotografiert hat, ist David Davison. Besondere, zum Teil unüberwindliche Probleme für das Fotografieren und bei der Herstellung der Faksimiles resultieren daraus, dass die Glas- bzw. Plexiglasrahmen, in denen sich die zarten Papyrusblätter befinden, nicht mehr geöffnet werden können oder dürfen, vor allem, weil die Papyrusfasern jetzt am Glas haften und das Öffnen der Rahmen also die Seiten wahrscheinlich beschädigen oder zerstören würde. In manchem Rahmen liegt das Papyrusblatt noch zwischen Zellophanpapier. Hier musste also durch das Papier hindurch fotografiert werden, was vorzüglich gelungen ist. Wo im Laufe der Jahre Fragmente von ihrem rechten Ort verrutscht sind, hat man, wo immer das technisch möglich war, die richtige Plazierung durch Fotomontage hergestellt. Nichts zu machen war natürlich bei ganz kleinen Fragmenten und da, wo noch Fragmente von Nachbarblättern auf dem Papyrus haften und Teile von dessen Text und ihre eigene Rückseite verbergen. Der bedeutendste derartige Fall ist mit p. 131/132 von Psalm Book Part II gegeben, wo der Glasrahmen nicht ein Blatt, sondern drei noch aufeinander liegende Blätter einschließt; wenn auch das mittlere Blatt nach einer alten Auskunft von Hugo Ibscher leer sein soll, so bleibt doch auf jeden Fall der Text von der Rückseite des ersten Blattes und von der Vorderseite des dritten Blattes (vorerst) nicht zugänglich.

Der Herausgeber, der jeden der vier Bände mit einer kurzen Einführung versehen hat, in der er mitteilt, was immer er für mitteilenswert hält, und der nach eigenem Bekenntnis von jungen Jahren an von den koptischen Manitexten fasziniert war, hat das große Verdienst, diese Texte – auch auf dem Höhepunkt der Erschließungsarbeit an den Nag Hammadi-Codices – nie aus den Augen verloren zu haben, die Fortsetzung der Arbeit an ihnen, wo immer möglich, öffentlich anmahnend und kontinuierlich selbst betreibend. In meinen Augen ist er die eigentlich treibende Kraft für die gegenwärtige Konjunktur auf diesem Gebiet. Bei solchem Engagement ist es auch verständlich, dass ihm die äußeren Umstände, unter denen sich die frühere Arbeit an den koptischen Manichaica vollzogen hat, und die er aus ihm allein zugänglichem Archivmaterial zu rekonstruieren in der Lage ist, fast genauso wichtig sind, wie die Texte selbst. Das ist wohl einer der Gründe für eine gewisse „Polyphonie" der Einführungen, die sich auch sonst in einer vorsichtigen Entfernung von der Sache selbst zu halten scheinen. Diese auffällige Zurückhaltung wird mit dem allgegenwärtigen Hinweis auf die zukünftige kritische Edition der Texte, der die Faksimile-Ausgabe ja nur dienen will, legitimiert.

Die besondere Anziehung, die diese Faksimile-Ausgabe auf die Interessenten ausübt, verdankt sie natürlich den bisher praktisch noch völlig unzugänglichen Teilen der Chester Beatty-Sammlung; das sind vor allem der zweite Band der Kephalaia, dessen Seitenüberschriften (ⲛ̄ⲕⲉⲫⲁⲗⲁⲓⲟⲛ ⲛ̄ⲧⲥⲟⲫⲓⲁ (verso)/(recto) ⲙ̄ⲡⲁϫⲁⲓⲥ ⲡⲙ̄ⲛ̄ⲭ̄ⲥ̄ „Die Kapitel der Weisheit meines Herrn, des lebendigen Mani (Μανιχαῖος)") sich zwar von denen des in Berlin befindlichen ersten Bandes (ⲛ̄ⲕⲉⲫⲁⲗⲁⲓⲟⲛ/ⲙ̄ⲡⲥⲁϩ „Die Kapitel des Lehrers") unterscheiden, der aber dennoch die direkte Fortsetzung desselben gewesen sein dürfte, und der erste Teil des Psalmenbuches. Der Text dieser Stücke ist zwar nicht so gut erhalten wie der der schon veröffentlichten (Homilien und Psalmenbuch II), aber man kann doch noch ohne zu große Schwierigkeiten eine ganze Menge lesen – und viele Augen sehen mehr! Eine sehr schwierige Aufgabe von absoluter Priorität, die der Herausgeber bei diesen beiden Komplexen zu lösen hatte und mit Beharrlichkeit zu lösen vermochte, worüber auch in den betreffenden Einführungen gebührend berichtet wird, war eine provisorische (Wieder-)Herstellung der (ursprünglichen) Reihenfolge der Blätter.

Ein besonderes Geheimnis schien die Varia von Vol. II zu umgeben. Hier erwies sich nun schon die auf Beteiligung einer möglichst großen Zahl von Fachleuten an der Erschließung der Texte gerichtete Strategie des zweiten internationalen Komitees in ihrer Fruchtbarkeit. Denn W.-P. Funk, Mitglied des anderen internationalen Komitees, sah sofort und konnte auf dem IV Congrès International des Études Coptes im September 1988 in Louvain-la-Neuve mitteilen, dass die letzten 13 Blätter von Vol. II (p. 101–126) das Ende der Synaxeis des Lebendigen Evangeliums darstellen (eine Schlussvignette ist auf der unteren Hälfte von p. 110 hinreichend deutlich zu erkennen),[1] also zu dem großen Codex gehören, von dem ein abgeteilter Restposten von 31 Blättern von C. Schmidt seinerzeit für die Staatlichen Museen zu Berlin erworben worden ist (P. Berol. 15 995), während der Hauptbestandteil (ursprünglich offenbar im Besitz von Chester Beatty) mit dem noch gar nicht konservierten Anfang sich in West-Berlin befindet. Außerdem hat Funk darauf hingewiesen – und das ist in meinen Augen die größte Sensation –, dass das von Giversen in seiner Einführung (vgl. auch Vol. III, S. XIII) viel umrätselte Blatt p. 99/100 tatsächlich ein Teil der so genannten manichäischen Kirchengeschichte (P. Berol. 15 997) ist, der also auf Grund irgendeines Versehens aus Berlin nach Dublin versprengt worden ist, was bei der damaligen Kooperation ohne weiteres als möglich erscheinen muss. Es ist das besterhaltene der noch von diesem Codex, dessen noch nicht konservierter Hauptbestandteil im Krieg verloren gegangen ist, erhaltenen Blätter, und zwar genau das, dessen Inhalt C. Schmidt in „Ein Manifund in Ägypten" S. 27, Z. 15 – S. 28, Z. 21 beschreibt.[2]

Die Errata, die mir in den Einführungen aufgefallen sind und deren Korrektur der übrigen Leserschaft von Nutzen sein mag, sind: Vol. I, S. XX, Z. 6 v. u.: statt ⲧ̄ⲕ̄ⲋ̄ = 326 lies ⲧ̄ⲕ̄ⲍ̄ =327. Z. 2–1 v. u.: Warum bricht die vierzeilige Zusammenfassung

[1] Man hatte offenbar mit der Konservierung dieses Codex hinten angefangen.

[2] Wie ich nachträglich erfahren habe (Brief vom 23. 9. 1989), sind die in diesem Absatz genannten Dinge dem Herausgeber wohlvertraut und hat er sie auch anderenorts schon mitgeteilt.

von Kephalaion 333 nach der zweiten Zeile ab, zumal sich aus der Fortsetzung ergibt, dass die Lesung am Ende der zweiten Zeile nicht stimmen kann? M. E. lautet der Text: ⲉⲣⲉ ⲡⲓⲕⲉⲫⲁⲗⲁⲓⲟⲛ ϫⲱ ⲙ̄ⲙⲁⲥ ⲉⲧⲃⲉ | ⲡⲁⲡⲟⲥⲧⲟⲗⲟⲥ ϫⲉ ⲉϥⲧⲣⲉ ⲛⲅⲣⲁⲫⲉⲩⲥ̣ ⲥ̣|ϩⲉï ⲛ̄ϩⲛ̄ ⲉⲡⲓⲥⲧⲟⲗⲁⲩⲉ ⲉϥϫⲁⲩ ⲙ̄ⲙⲁⲩ ⲕⲁ|ⲧⲁ ⲙⲁ ⲙⲁ „Dies Kapitel handelt von dem Apostel, dass er die Schreiber Briefe schreiben lässt und sie Ort für Ort versendet." Vol. II, S. VIII, Z. 19 v. u.: statt „leider auf" lies „leider bis auf". S. X, Z. 18: statt ⲙ̄ⲙⲏ lies ⲙ̄ⲙⲏⲉ. Z. 19: statt ⲛ̄ⲥⲉϫⲉ lies ⲛ̄ⲥⲉϫⲡⲟ̣ und statt 123 lies 113. Vol. III, S. XIII, Z. 21: statt „Volume III" lies „Volume II". Vol. IV, S. IX, Z. 6: statt 78* lies 48*. S. X, Z. 20: tilge die Punkte unter den drei koptischen Buchstaben nach der Klammer. S. XI, Z. 24: statt „Dobbeltblätter" lies „Doppelblätter".

Die in Aussicht genommenen kritischen Textausgaben, deren Vorbereitung die Faksimile-Ausgabe, wie gesagt, dienen soll, wird man wohl nicht zu bald erwarten dürfen. Es sollen übrigens auch die schon bekannten Texte neu ediert werden. Die Arbeit ist aber bereits im Gange. Und mehrere junge und vielversprechende Koptologen sind mit am Werk, wie man in Louvain-la-Neuve erfahren konnte. Es sind aber für dieses Großprojekt und neben ihm sicher auch viele kleine Schritte nötig. So möge sich jeder aufgerufen fühlen, der die Bände in die Hand bekommt und irgendwelche zusammenhängenden Stücke erkennt und versteht, dies sogleich zu veröffentlichen. Die Fortsetzung der Erschließung der koptischen Manichaica von Medinet Madi – oder wenigstens ihre Begleitung mit allen guten Wünschen – ist eine Verpflichtung für alle, die sich für den Manichäismus interessieren und die koptische Sprache lieben.

Rezension zu Michael Green:
The Coptic *Share* Pattern and its Ancient Egyptian Ancestors. A Reassessment of the Aorist Pattern in the Egyptian Language*

Das Verständnis der koptischen Grammatik hat in den letzten Jahren erfreulich zugenommen. Dennoch bleiben Probleme, solche, die das System als ganzes betreffen, und auch solche, bei denen es (zunächst) nur um einen einzelnen Punkt geht. Ein Problem der letzteren Art ist der Gegenstand der von G. hier vorgelegten Studie. Sie widmet sich in diachronischer Perspektive dem genaueren semantischen (Eigen-)Wert einer der Konjugationen des koptischen Verbalsatzes, nämlich des affirmativen (jetzt meist) so genannten Aorist (Schema: ϣⲁϥⲥⲱⲧⲙ̄; andere Bezeichnungen sind z. B. Praesens consuetudinis, Consuétudinal, Habitual). Dass es im Gebrauch gerade des Konjugationstyps ϣⲁϥⲥⲱⲧⲙ̄ ungeklärte Reste gibt, ist in der Koptologie durchaus schon bemerkt worden (vgl. bes. S. 83 über Möller und Junker), bestimmt aber kaum noch das gegenwärtige Bewusstsein.[1] Der gemeinte „Rest" kommt besonders prägnant in der zweiten Hälfte von Tills Angabe über die Bedeutung dieser Konjugation zum Ausdruck: „gewohnheitsmäßig wiederholtes Geschehen (pflegen), allgemein Gültiges, gelegentlich (besonders in vulgärer Sprache) Zukunft".[2] Und entsprechend kann man G.s Anliegen als Gegenthese bzw. Gegenposition zu diesen Worten beschreiben. Nach G. ist der „vulgäre" Sprachgebrauch eben keineswegs Entartung, sondern repräsentiert und bewahrt das Eigentliche und Ursprüngliche. Und in der Tat, was von der Orthographie nicht-literarischer koptischer Texte gilt, muss ja nicht automatisch für ihre syntaktischen Strukturen gelten, besonders, wenn solche an ganz bestimmte Topoi und Textsorten gebunden sind, und dies auch schon in der vorkoptischen Phase der ägyptischen Sprachgeschichte so ist. Auf den Punkt gebracht findet sich dies Prinzip der Betrachtung allerdings nicht hier, sondern in jener älteren Arbeit.[3] Das hängt wohl mit der sympathisch unaufdringlichen Art zusammen, wie in der hiesigen Studie sachgemäße und glückliche Methodik (nicht groß beschrieben, sondern) *angewendet* wird. Und diese methodischen „Glücksgriffe" sind vor allem auf der einen Seite die Verknüpfung der Hauptfragestellung mit der Problematik der Textsorten, auf der anderen Seite die Bestimmung des semantischen Wertes der in Frage stehenden Konjugation im Vergleich zu den „Nachbar"-Formen (das sind ϥⲛⲁⲥⲱⲧⲙ̄ [Instans] und ⲉϥⲉⲥⲱⲧⲙ̄ [Fut. (III)]), mit deren einer (Instans) ϣⲁϥⲥⲱⲧⲙ̄ einfach austauschbar ist, während

---

* Warminster 1987. In: OLZ 85 (1990), 408–410.

1 Eine ähnliche Problemlage gibt es übrigens noch beim kausativen Konjunktiv ⲧⲁⲣⲉϥⲥⲱⲧⲙ̄, die G. in einer früheren Arbeit behandelt hat; vgl. The ⲧⲁⲣⲉ Pattern in Coptic Non-Biblical Texts, ZÄS 110 (1983), 132–143.

2 W. Till, Koptische Grammatik, Leipzig [2]1961, § 304.

3 Vgl. ZÄS 110 (1983), 137, erster Absatz.

sie mit der anderen (Fut. [III]) in komplementärem Verhältnis („modally neutral" vs. „modally marked") steht.

Aufmerksam geworden auf das nun verhandelte Problem ist der Verfasser sozusagen empirisch, im Laufe eines langen und intensiven Umgangs mit nichtliterarischen koptischen Texten. Lösbar aber erschien es ihm nur in Zusammenschau des ϣⲁϥⲥⲱⲧⲙ̄ solcher Texte mit den vorkoptischen, ägyptischen Entsprechungen *sḏm.ḫr.f* und *ḫr(.f) sḏm.f,* die ja in ebensolchen Texten zu Hause sind. Der Hauptinhalt der Studie ist nun, nach allerlei Präliminarien, eine Dokumentation des Gebrauchs dieser Formen in ägyptischen und nicht-literarischen koptischen Texten anhand von 136 Beispielen. Von den in § 11 „Summary" zusammengefassten Ergebnissen sei der wichtigste Punkt wörtlich wiedergegeben : „The basic function ascribed in this study to ϣⲁⲣⲉ, to *sḏm.ḫr.f* and to *ḫr(.f) sḏm.f* is the expression of a ‚fact' in the form of a modally neutral (‚indicative') statement which expresses the logical consequence or deduction stemming from the premise(s) expressed in the preceding statement(s). From this specific property comes the association of these patterns, in particular types of context, with expression of gnomic statements. In Coptic technical, literary, and non-literary genres, the use of ϣⲁⲣⲉ is widespread with the effective sense of an indicative statement serving to express result or consequence without any gnomic or aoristic connotations" (S. 89).

Dass der von G. vorgelegten „Studie" auch ein Charakter von Unabgeschlossenheit eignet, ist bei „Studien" ja erlaubt und wird bei dieser Thematik niemanden wundern. Die offensichtliche und vom Autor auch eingestandene und erklärte Unabgeschlossenheit besteht darin, dass es von dem neuen, anderen, gegenteiligen Ausgangspunkt aus noch nicht bzw. nicht mehr zu einer Synthese mit dem bekannten und nun einmal im Vordergrund stehenden Gebrauch von ϣⲁϥⲥⲱⲧⲙ̄ in der koptischen, besonders der „klassischen", Literatur, von dem die Grammatiken sonst ausgehen, und der der Grund für die üblichen (aber nach G. nun nicht mehr passenden) Bezeichnungen dieses Tempus ist, kommt. Der Verfasser hätte seine Arbeit auch selbst gern nach dieser Seite hin abgerundet und ist nur durch äußere Umstände daran gehindert worden (S. VI). Hier müssen nun also andere weitermachen. Vielleicht ist das auch wegen der Weite des Feldes der koptischen Literatur notwendig. Der Rezensent hat in einem kleinen Ausschnitt (MtEv) probehalber schon einmal einen ersten Versuch gemacht, das ϣⲁϥⲥⲱⲧⲙ̄-Paradigma in so genanntem guten literarischen Koptisch von G.s Standpunkt aus zu erfassen. Es scheint zu gehen; und das *apodotische* ϣⲁϥⲥⲱⲧⲙ̄ schien ja so etwas auch immer schon zu fordern. Hilfreich bei solchen „Proben aufs Exempel" dürfte, jedenfalls bei den Bibeltexten, eine systematische Erhebung des verschiedenen Verhaltens der Dialekte (also wenn nicht alle Versionen den Aorist haben) gegenüber den Präsentia des griechischen Originals sein.

Als eine nicht ins Auge fallende „Unabgeschlossenheit" erscheint mir noch das Ausbleiben einer Reflexion über das Verhältnis des ϣⲁϥⲥⲱⲧⲙ̄ zu seinem negativen Gegenüber ⲙⲉϥⲥⲱⲧⲙ̄, wenn das doch eine andere Etymologie (*bw ir.f sḏm*) und dementsprechend ursprünglich einen anderen semantischen Horizont („‚global' negative" [S. 61]) hat. Ich meine die Frage, was es bedeutet, und zu welchen *Rückwirkungen* es kommen möchte, wenn im (literarischen) Koptisch ⲙⲉϥⲥⲱⲧⲙ̄ zum festen negativen Komplement von ϣⲁϥⲥⲱⲧⲙ̄ wird (bzw. geworden ist) (vgl. S. 61, wo diese Frage für einen Augenblick an die Oberfläche kommt).

Schließlich kann die Bemerkung nicht unterdrückt werden, dass es diese schöne Arbeit wohl verdient hätte, dass ihr auch im technischen Bereich des Kopierens und Korrigierens der Belege noch ein wenig mehr Sorgfalt zugewandt worden wäre (jedenfalls gilt das für den Ausschnitt, wo der Rezensent es kontrollieren konnte).

Rezension zu M.-É. Boismard/A. Lamouille: Le texte Occidental des Actes des apôtres*

Man konnte schon vor einiger Zeit aus Jerusalem hören, dass dort in der École Biblique ein neues großes Werk über den so genannten westlichen Text der Apostelgeschichte (das ist der so stark von dem normalen Text abweichende Text jener kleinen Zeugengruppe, deren Hauptvertreter der Codex Bezae Cantabrigiensis [D] ist) in Arbeit sei. Diejenigen Fachkollegen, die an diesem Gegenstand – aus welchen Gründen auch immer – gleichfalls interessiert sind, dürften sich gefragt haben, einerseits, ob es überhaupt *noch* sinnvoll sei, ein solch altes, vom textkritischen Establishment längst zur Ruhe gebettetes Thema noch einmal aufzugreifen, andererseits, ob die Zeit für eine als anstehend erachtete gründliche Überprüfung der Frage des westlichen Apg-Textes *schon* gekommen sei. Jetzt haben wir das fertige Werk vorliegen. Und man wird sagen dürfen, dass mit ihm die Zukunft (in Sachen westlicher Text) tatsächlich schon begonnen hat.

Nun wird kaum jemand die mühselige, langwierige und entsagungsreiche Arbeit, die eine solch gründliche Neubearbeitung des alten Themas erfordert, auf sich nehmen, wenn er nicht von einer neuen Idee (bzw. von der Einsicht in die Wahrheit einer vergessenen alten Idee) besessen ist. So geht es den Autoren um eine Wiederbelebung und Neufassung der gleichermaßen bestechenden und umstrittenen Theorie – hierzulande besonders mit den Namen F. Blaß und T. Zahn verbunden –, wonach schon der Verfasser der Apg selbst sein Werk in zwei verschiedenen Fassungen herausgebracht habe, unter welchen aber die ältere diejenige sei, die der westliche Text widerspiegelt. Das Werk von B./L. versteht sich als Plädoyer für die Priorität und Lukanizität des westlichen Textes – „Plädoyer“ übrigens auch insofern, als einseitig nur *eine* Spur, die in ebendiese Richtung verlaufende, verfolgt wird – und ist zugleich ein Arbeitsmittel, das den Benutzer in die Lage versetzt und ihm die Freiheit gibt, die Position von B./L. kritisch zu prüfen und die Probleme des westlichen Textes auch unabhängig weiterzuverfolgen. Zwiefach, wie das Werk selbst, könnten auch die Reaktionen der Benutzer sein: Es nötigt Hochachtung ab, veranlasst aber nicht selten auch zum „Zähneknirschen“.

Was diese zweite Seite der Sache anbelangt, so lässt sich das Gemeinte wohl am besten im Rahmen einer Skizzierung von Aufbau und Inhalt des Werkes, bzw. im Rückblick auf das Ganze andeuten. In der ausführlichen „Introduction“ des ersten Bandes (S. 1–122) wird zunächst die Geschichte des Problems umrissen (I. „Historique du problème“ [S. 3–10]). Es folgt dann als erster Höhepunkt ein differenzierter Überblick über die Zeugen des westlichen Textes (II. „Les

* Reconstitution et réhabilitation. I: Introduction et textes; II: Apparat critique, Index des caractéristiques stylistiques, Index des citations patristiques, 2 Bde., Paris 1984. In: ThLZ 115 (1990), 198–200.

témoins du texte Occidental“ [S. 11–95]) – differenziert insofern, als eine ausführliche Behandlung legitimerweise nur denjenigen Bereichen zuteil wird, wo B./L. selbständige Grundlagenforschung betrieben haben; das sind vor allem, neben bestimmten Gruppen griechischer Minuskeln, die z. T. schon v. Soden herausgehoben hatte, die Kirchenväter (ganz besonders Chrysostomos), die Altlateiner und die äthiopische Übersetzung, wobei übrigens die Beurteilung des (von B./L. sehr hoch veranschlagten) Zeugenwertes der letzteren ein entscheidender Prüfstein für die Übernehmbarkeit oder Nichtübernehmbarkeit der vorgelegten Position sein dürfte. Die letzten beiden Abschnitte der Einleitung (III. „Le texte Occidental“ [S. 97–118] und IV. „Le texte Alexandrin“ [S. 119–122]) geben schließlich eine Art Zusammenfassung der in allem Vorangegangenen schon angekündigten und durch viele Beispiele konkretisierten Konzeption von B./L. Ihr Wesen besteht m. E. darin, dass dem so genannten neutralen Text (in der Terminologie von B./L. „Texte Alexandrin“ [abgekürzt: TA]) nicht *eine* westliche Textform gegenübersteht (B./L.: „Texte Occidental“ [abgekürzt: TO]), sondern deren *zwei* (als TO und TO^2 unterschieden); und es ist nur TO, dem die Priorität gegenüber TA zukommen soll, und der TA beeinflusst hat oder haben kann, während die Einflüsse in umgekehrter Richtung nur TO^2 betreffen. Wiederum dürfte die Legitimität einer „Abspaltung“ von TO^2 insofern ein neuralgischer Punkt dieser Auffassung sein, als ihm viele der *realen*, bekannten, auffälligen Lesarten der westlichen Textzeugen zugeschrieben werden und dadurch TO seinerseits fast als eine *imaginäre* Größe erscheinen kann. Übrigens ist nach B./L. auch TA, wie ihn die Zeugen $BSCAP^{74}$ usw. bieten, noch nicht ohne weiteres mit der zweiten Version, die Lukas seiner Apostelgeschichte gegeben hat, identisch, wenngleich dieser so genannte „texte pré-Alexandrin“ sich nur geringfügig von TA (also bei weitem nicht so wie TO^2 von TO) unterscheidet.

Als Hauptstück des ersten Bandes folgt schließlich eine ganz vorzügliche Synopse von TA und TO („Synopse“ in des Wortes spezieller Bedeutung: durch ein glücklich gewähltes Verteilungs- und Markierungssystem kann man die Übereinstimmungen und Unterschiede der beiden Versionen mit einem Blick erfassen). Was als TO jeweils in der rechten Kolumne geboten wird – und worum es ja eigentlich geht –, ist ein aus den westlichen (und anderen) Textzeugen gewonnener kritischer und weithin auch (aus den Übersetzungen) rekonstruierter Text. Das, woran er gemessen wird, und was also jeweils links als TA gegenübersteht, ist hingegen ein wirklicher Text, nämlich der des Vaticanus (Codex B), allerdings gereinigt von seinen gelegentlichen Fehlern und aus dem Rahmen fallenden Eigenheiten. Gelegentlich tritt partienweise zwischen die beiden Standardkolumnen noch eine dritte, meist mit dem Text, der als TO^2 bestimmt wurde und wo solche, gewöhnlich im textkritischen Apparat erfolgende Bestimmung auch anschaulich gemacht zu werden verdiente, oft auch mit dem Originaltext des Codex D; und nur ein einziges Mal (bei Apg 2,43) handelt es sich um eine als TA^2 bezeichnete Abspaltung der linken Kolumne.

Der kritische Apparat zum Text der Synopse, der gelegentlich auch kommentierende Bemerkungen mit umfasst, ist der Hauptbestandteil des zweiten Bandes (S. 1–194). Dieser Apparat als Konzentrat jahrelanger, sorgfältiger Forschungs- und Sammelarbeit – wie man sich vorstellen darf – ist sehr detailliert und weiterführend; aber er ist dennoch funktional ausgerichtet: Es geht in ihm nicht einfach um die volle Registrierung alles Vorhandenen, sondern um den Erweis dessen, was als TO gelten soll (wenngleich die *Bezeichnung* der Phänomene stets von TA ausgeht). Damit mag es zusammenhängen, dass er über die volle Länge hin nicht ganz gleichmäßig ist, wenn sich das nicht noch einfacher aus dem natürlichen Wachstumsprozess des Ganzen, von dem man auch sonst einige „Jahresringe" zu bemerken glaubt, erklärt. Andererseits ergibt sich durch die Polarisierung der Textgeschichte (auf TO *oder* TA) ein sehr vereinfachtes Bild von der Wirklichkeit.

Als Bezugsfeld stilistischer Argumente in Apparat und Einleitung, die für B./L. eine größere Rolle zum Erweis der Lukanizität sowohl von TO als auch von TA spielen, als hier zum Ausdruck kommen kann, folgt als erster großer Registerteil eine dreigliedrige Aufschlüsselung von Stil-Charakteristika der Apg (S. 195–335), nämlich geordnet nach dem Alphabet, der Häufigkeit des Vorkommens und den Belegstellen, an denen sie erscheinen. Diese Listen sind an sich wohl interessant und funktionierend. Ob allerdings die Kraft des stilistischen Arguments der Größe des Raums entspricht, die ihm hier zugebilligt wird, kann man bezweifeln. Anders ist das mit dem Teil des Registers, der noch folgt, dem Index, der verwendeten patristischen Belege (S. 337–349). Erst durch ihn werden ja die so sorgsam zusammengetragenen Kirchenväterangaben des textkritischen Apparats verifizierbar.

Das Werk von B./L. enthält viele faszinierende Analysen und Erkenntnisse, besonders was den Mischcharakter bzw. die Sekundarität von Textformen anbelangt. Das Problem ist nur die Übernehmbarkeit des Ganzen, also etwa (außer dem schon Erwähnten) mitsamt dem recht künstlich gewonnenen und künstlich wirkenden Kurztext, als welcher TO hier erscheint, oder mitsamt einer recht problematischen Art des Ineinandergreifens von Text- und Literarkritik. Glücklicherweise eilt es aber nicht mit einer solchen grundsätzlichen Entscheidung. Zunächst verstehen nämlich die Autoren ihre Thesen selbst nicht als „unabänderlich", sondern als Vorschlag, den sie den Kollegen zum Test übergeben, wie sie ja auch ihre Rekonstruktionen gar nicht überall und in jeder Hinsicht als schon endgültig erscheinen lassen. Aber letztlich hängt das wohl damit zusammen, dass das, was uns hier unterbreitet wird, nur eine Etappe darstellt auf einem Forschungsweg, der offenbar noch erheblich weitergehen soll und von dem der aufmerksame und auf die Zwischentöne achtende Leser die Richtung bisher nur ahnen kann (vgl. I S. 9 [Ende des ersten Absatzes] und im Apparat die geheimnisvollen Hinweise auf die singularischen Lesarten zu 13,6.8.46; 14,3.14).

Wenn also auch zu dem Ganzen noch kein sicheres Urteil möglich oder sinnvoll ist, so gibt es doch einen Teilbereich, wo ein solches Abwarten nicht nur nicht nötig ist, sondern wo der Rezensent mit der Abgabe eines Urteils jedenfalls nicht zögern darf und kann. Mit anderen Worten, hier soll zum Schluss noch einmal aufgenommen und erklärt werden, was oben unter dem Rätselwort „die Zukunft hat schon begonnen" angedeutet worden war. Der ungewöhnliche Wert der Arbeit von B./L. besteht allein schon darin, dass sie einen neuen, noch gar nicht edierten (was sie bedauernd feststellen) Textzeugen für den westlichen Text, der an Wert dem des Codex D selbst fast gleichkommt, schon voll einbezogen und seinem Wert gemäß zur Geltung gebracht haben (Sigel Mae, in Entsprechung zu dem mae in Nestle-Aland[26]). Gemeint ist der Codex Glazier der Pierpont Morgan

Library, New York City, ein vollständig erhaltener kleiner Pergamentcodex (nicht Papyrus, wie B./L. versehentlich laufend sagen); und das ist die Meinung des Verfassers einer Ausgabe desselben, wie sie nun inzwischen doch im Druck ist.[1] Dom Paulinus Bellet hatte B./L. mit einer Photokopie des Codex Glazier versehen und Michel Tardieu, assistiert von M. Pezin, hatte ihnen eine französische Übersetzung angefertigt (I, S. XI). Die Aufarbeitung von Mae ist so gut, souverän und überzeugend, dass ich selbst bei einigen seiner Lesarten erst nachträglich durch die Brille von B./L. hindurch den westlichen Charakter erkannt habe. Am dankbarsten bin ich für die „Augenöffnung“ an der Stelle Apg 1,6, wo aber nun B./L. ihrerseits noch nicht gesehen haben, dass neben Augustinus auch Mae die von ihnen als westlich bestimmte Lesart bezeugt. Der Text von Mae heißt hier nämlich: „Sie nun kamen zusammen, wobei sie ihn fragten: ‚Herr, wirst du zu dieser Zeit zurückgegeben (und) wann ist das Reich Israels?‘“ Dass auch umgekehrt eine genauere sprachliche Analyse von Mae an manchen Stellen zur Modifikation oder auch Korrektur der jetzigen Notierung bei B./L. führen wird, liegt in der Natur der Sache und ist in diesem Zusammenhang nicht des Verweilens wert.

[1] H.-M. Schenke, Apostelgeschichte 1,1–15,3 im mittelägyptischen Dialekt des Koptischen (Codex Glazier), TU 137, Berlin 1991.

Rezension zu Donald Rouleau: L'Épître Apocryphe de Jacques (NH I,2) Louise Roy: L'Acte de Pierre (BG 4)*

Obgleich es das Prinzip der Editionsreihe BCNH ist, jeden Einzeltext für sich herauszugeben, wird doch gelegentlich – wie hier – aus praktischen Gründen die Ausgabe einer kürzeren Schrift mit der Ausgabe einer größeren Schrift in einem Bande vereinigt. Es besteht also kein Anlass für den Benutzer, darüber nachzudenken, was EpJac und ActPt in den Augen der Herausgeber der Reihe etwa sachlich verbinden könnte. Die beiden je autonomen Editionen dieses Bandes sind nur äußerlich dadurch verbunden, dass beide dem für BCNH obligatorischen Schema entsprechen, und dass mit ActPt keine neue Seitenzählung beginnt, sondern die Seiten des ganzen Bandes durchgezählt werden (EpJac = S. VII–XIV, 1–161; ActPt = S. 163–233). Beide Editoren haben sorgfältig gearbeitet und in ihren Einleitungen, der Darbietung des koptischen Textes, seiner Übersetzung und Kommentierung etwas sehr Brauchbares geschaffen.[1] Mit den „textkritischen" Apparaten und den Registern kann man allerdings nicht in gleichem Maße zufrieden sein; und dabei hängt das zu Beanstandende nicht nur mit einigen zugrunde liegenden, und m. E. problematischen Prinzipien zusammen (wovon zu reden aber hier nicht der Ort ist).

Da es sich bei beiden Texten um solche handelt, deren Inhalt seit kürzerer oder längerer Zeit wohlbekannt ist, darf man sich in diesem Rahmen ganz auf die besondere Weise beschränken, in der die Herausgeber diese Texte verstehen und behandeln.

Das Neue, um das Rouleau die bisherige Erforschung der EpJac meint bereichern zu können, besteht darin, dass er EpJac als eine (indirekt) polemische Schrift versteht und erklärt: Hier opponiere eine bestimmte christliche Gruppe (noch von innen) gegen die hierarchische Struktur der Großkirche und die ihr entsprechende Auffassung von der Vermittlung des Heils. Eben *so* erklärt sich ihm am besten der dialektische bzw. paradoxe Charakter vieler Passagen und die merkwürdige Rolle, die Petrus in dem Text spielt (seine Figur repräsentiere die Großkirche). Diese Auffassung wird in der Einleitung begründet (vgl. besonders S. 21f.) und im Kommentar konsequent durchgeführt. So richtig und fruchtbar diese – den Neutestamentler an die so genannte redaktionsgeschichtliche Methode erinnernde – Interpretation *im Prinzip* und *stellenweise* ist, bei der Anwendung als

---

* BCNH.T 18, Québec 1987. In. ThLZ 115 (1990), 575–577.

[1] Im koptischen Text von ActPt habe ich überhaupt keinen Druckfehler bemerkt, und für EpJac wäre – abgesehen von zwei fehlenden Unsicherheitspunkten und sieben vermissten Supralinearstrichen – nur die Verwechslung von Hori und Cima p. 4,18 Ende und die (sich übrigens schon in der editio princeps findende) Vertauschung des falschen Ypsilon im Wort für Heuchelei zwischen Zeile 18 und 21 von p. 7 zu verzeichnen.

„Hauptschlüssel" eines so multidimensionalen Textes, wie es EpJac ist, führt sie automatisch auch zu Einseitigkeiten. Schon das Ziel der Polemik (Hierarchie der Großkirche) ist sehr eng gefasst. Obgleich das Ende der Schrift, in dem ja eine bestimmte Traditionstheorie mit Einschluss einer charakteristischen Variante vom „Messiasgeheimnis" enthalten ist, von R. zutreffend und besonders schön erklärt wird, wird diese Partie nicht (auch) mit den Paradoxien in Beziehung gesetzt. Außerdem gibt es in EpJac Komplexe, die sich sowieso nur bei formgeschichtlicher Optik erschließen. Dass R.s Erklärung von EpJac nicht ganz aufgeht, wird vielleicht auch an einer gewissen Unschärfe in der Bezeichnung der Position, von der aus die Polemik geführt wurde, erkennbar. Während nämlich die Einleitung den Eindruck hinterlässt, dass R. die Meinung derjenigen teilt, für die EpJac an sich nicht gnostisch ist (vgl. S. 22. 24), bezeichnet oder versteht der Kommentar die Polemik – wie selbstverständlich – als von Gnostikern getragen (vgl. z. B. S. 108. 131. 137). An dem Kommentar – als fortlaufende Erklärung konzipiert, am Gedankengang der Schrift orientiert und ihren roten Faden herauszuarbeiten bemüht –, der Exegese in großen Zügen betreibt und dabei die Darstellung durch zahlreiche listenartige und schematische Aufstellungen veranschaulicht, mag bei kritischem Lesen noch als bemerkenswert erscheinen, dass eine wirklich durchgehende (explizite) Diskussion mit den im Literaturverzeichnis, in der Einleitung und im kritischen Apparat zum koptischen Text genannten Vorgängern, mit Ausnahme der Autoren der editio princeps, nicht erfolgt.

Was das Verständnis von Einzelfragen anbelangt, so möchte ich mir noch Bemerkungen zu zwei Stellen erlauben: In R.s Übersetzung von p. 14,29: „qui (m') attendent là-haut dans les cieux" repräsentiert das „là-haut" fälschlicherweise dasjenige Element des koptischen Textes, das das nur ergänzte Element („me") wirklich ausdrückt: d. h., *ahrei* ist hier nicht das häufige Adverb, sondern die Präposition *ahrn-* „zu", „gegen", „entgegen" im status pronominalis mit dem Suffix der 1. Pers. Sgl. (nebst der in diesem Fall dialektspezifischen Hebung des Tonvokals). In der „Leidensweissagung" der EpJac enthält die letzte Aussage (p. 5,18f.; in R.s Übersetzung: „ni ensevelis dans le parfum") eine schon viel umrätselte und -diskutierte crux interpretum. Es handelt sich um das Wort, das R. – eine Konjektur Kassers (problematisch) aufnehmend – mit „parfum" übersetzt, das aber in Wirklichkeit „Sand" bedeutet. Im Lichte der bohairischen Version von Ex 2,12 erscheint mir das Wort „Sand" jetzt gar nicht mehr so unverständlich. Ja, es könnte sogar eine sehr wichtige traditionsgeschichtliche Relevanz bekommen. Denn, wenn der auferstandene Jesus den Aposteln Jakobus und Petrus hier sagt, dass ihnen noch bevorsteht, „im Sand verscharrt zu werden wie ich selbst", so wird das einerseits automatisch verständlich, wenn man einmal voraussetzt, dass dieser Text (oder das Textstück) die relativ späten Erzählungen der Evangelien von der Grablegung und dem leeren Grabe Jesu vielleicht noch gar nicht kennt, und dürfte andererseits eine solche Aussage genau dem entsprechen, was man historisch über das Begräbnis Jesu ja schon vermutet hat.

Man wird nicht sagen können, dass das Bruchstück der alten Petrusakten (die Geschichte von der gelähmten Tochter des Petrus), als letzte Schrift im P. Berol. 8502 (BG) überliefert, gegenwärtig im Zentrum des wissenschaftlichen Interesses steht. Um so mehr muss man die entsagungsreiche Bearbeitung von L. Roy respektieren, mit der sie den Text, seine Probleme und seine Bedeutung noch einmal in großer Ausführlichkeit und Umsicht beleuchtet, ohne zu erwarten, dass das zu wesentlich neuen Erkenntnissen führt. Nach Lage der Dinge erscheint es – hinsichtlich der Gesamteinschätzung von ActPt durch die Herausgeberin – hinreichend, auf ihre Stellung zu der allerjüngsten und auffälligen Deutung von Tardieu (in: Écrits gnostiques. Codex de Berlin, 1984) hinzuweisen.[2] Während sie nämlich für Tardieus Auffassung vom hohen Stellenwert von ActPt im Rahmen des BG (als dem beabsichtigten paränetischen Abschluss und Höhepunkt der ganzen Sammlung) sehr offen ist, versagt sie ihm mit Recht jegliche Gefolgschaft bei seiner „soziologischen" Nebeninterpretation.

Ich persönlich verdanke dem Werk der Autorin die Öffnung der Augen dafür, dass doch noch nicht alle Textprobleme von ActPt gelöst waren bzw. sind. Und als ein Verantwortlicher für den BG möchte ich mir deshalb zum Schluss noch einige hervorhebende und weiterführende Bemerkungen zu diesem Bereich gestatten. In p. 132,5 geht es um die Beziehung eines *Ny*; R. übernimmt da zurecht aus CGLib (Brashler/Parrott) die evidente neue Sektionierung *hō nai-*, womit zugleich das Vorkommen von achmimisierenden Imperfektformen im BG um einen Fall vermehrt ist. P. 139,1 erscheint mir ihre eigenständige Rekonstruktion des Verbs, von dem ja nur der Rest des letzten Buchstabens erhalten ist, (zu *tamio* „herstellen"), sowie die vorzeitliche Auffassung des ganzen Satzes als einleuchtend und weiterführend. Die Präposition am Anfang von p. 136,2 heißt wohl gar nicht „in" (wie im Register S. 230 b deutlich vorausgesetzt wird), sondern „gegen" (*hn- = ehrn-* wie z. B. auch LibThom p. 143,2).[3] P. 139,8f. ist zwar das zweiteilige griechische Syntagma eine Art Adverbäquivalent, aber das zweite Element für sich doch nur das, wonach es aussieht, nämlich ein Adjektiv; das ganze Syntagma ist zu interpretieren als „on the grounds that I was suitable" (G. M. Browne). Die in p. 140,14 seinerzeit auch von mir unterstützte Tilgung des Wortes *tērou* war/ist ein Fehler; dieses *Augens* hat auch nach indeterminiertem Ausdruck seine Legitimität; der fragliche Gesamtausdruck bedeutet: „und *lauter* andere Reden", das heißt: „und noch viele andere Reden".

NB: Nicht jeder Autor ist für alles verantwortlich zu machen, was in seinem Werk erscheint. Wenn der Leser in der Vorbemerkung zu Text und Übersetzung (S. 185) den Satz findet: „Nous avons introduit, autant dans le texte que dans la traduction, la numérotation des sentences communément admise par les éditeurs", so möge er sich nicht wundern, wenn diese „Verheißung" nicht wahr gemacht werden kann. Der Satz ist offenbar durch ein mechanisches Versehen aus der Ausgabe der Sextussprüche (BCNH 11) hierher geraten.

---

[2] Vgl. H.-M. Schenke, JAC 27/28 (1984/85), 238–242.

[3] Vgl. auch H. J. Polotskys Rezension von Crums Coptic Dictionary, Collected Papers, 377.

Rezension zu Ariel Shisha-Halevy: Coptic Grammatical Categories. Structural Studies in the Syntax of Shenoutean Sahidic*

Was auf den folgenden Zeilen besprochen und zu würdigen versucht wird, ist ein sehr ungewöhnliches, in Neuland vorstoßendes Werk zur koptischen Sprachkunde. Unüblich und neuartig wie sein Gegenstand mit der auf ihn angewendeten Methode ist auch seine literarische Gestalt; sie passt eigentlich in keine der gewöhnlichen Gattungen hinein. So ist es keineswegs zufällig, wenn das Vorwort mit einer Aussage darüber beginnt, was dieses Werk *nicht* ist: „This book is not a Coptic grammar, nor is it cast in the semblance of one" (S. VII). Leicht zu lesen ist es gewisslich auch nicht. Aber wer die Mühe nicht scheut und sich die dazu nötige Zeit nimmt, dem erschließen sich ganz neue Perspektiven und bringt die Lektüre unendlichen Gewinn. Und wenn man es einmal wirklich ganz gelesen hat, ist es auch als Handbuch und Nachschlagewerk von allergrößtem Nutzen – nach meiner Erfahrung aber erst dann. Das ist freilich nur die Erfahrung eines Vertreters der angewandten koptischen Linguistik mit einem Werk der theoretischen und systematischen koptischen Linguistik. Wer dem Forschungsfeld des Autors näher steht und für den also gar kein „Graben" da ist – so ist es mir übrigens auch direkt bezeugt worden –, dem können wohl auch die Teile vor dem Ganzen sogleich verständlich und von Nutzen sein. Zur Vervollständigung der Offenlegung der Perspektive, aus der diese Rezension kommt, sei hier auch noch gesagt, dass sie nach nur einmaliger Lektüre des Werkes erfolgt. Das heißt, es ist möglich oder sogar wahrscheinlich, dass sich mir noch nicht alles, was der Autor in sein Werk hineinlegen wollte, erschlossen hat (aber das kann ja und wird schon noch kommen), und der Freund möge also auch etwas nachsichtig sein, falls etwa manches von dem Gemeinten (vorerst) noch etwas „schief" ankommt.

Der allgemeine Gegenstand, um den es in dem Buch geht, ist die Sprache des Schenute von Atripe (also eine oberägyptische Spielart des sahidischen Dialekts des Koptischen). A. Shisha-Halevy ist derjenige Kollege, der sich am intensivsten mit dem, was von den Werken dieses berühmten Archimandriten des 5. Jahrhunderts erhalten ist, beschäftigt hat. Und die vorliegende Arbeit ist ein besonders markantes Stück seiner vielfältigen linguistischen Auswertungen der in jahrelanger Arbeit erworbenen Materialkenntnis. Die ganze Sache ist außerdem getragen von der – im Prinzip von vielen geteilten – Überzeugung, dass der Sprache des Schenute aus zwei Gründen ein besonders hoher Stellenwert im Rahmen der Koptologie zukomme: 1. Die literarische Hinterlassenschaft des Schenute ist praktisch das einzige Corpus von originalem literarischen Sahidisch (d. h. von Texten, die *nicht* aus dem Griechischen übersetzt sind) und daher als Basis sprachwissenschaftlicher Untersuchung der koptischen Grammatik dem

* AnO 53, Rom 1986. In: OLZ 86 (1991), 154–159.

so genannten „klassischen" Sahidisch, das ist die Sprache der sahidischen Bibel, einerseits gleichwertig, andererseits überlegen, auf jeden Fall aber als Korrektiv unverzichtbar. 2. (Und damit unmittelbar zusammenhängend:) Die überfälligen Fortschritte in der Erkenntnis des Funktionierens der koptischen Sprache kann es nur auf dem Wege von spezial-grammatischen Untersuchungen geben, wo nicht die verschiedenen Sprachstufen zugleich behandelt und miteinander vermengt werden, sondern wo man von einem in sich einheitlichen, aber gleichwohl nicht zu schmalen, Corpus von Texten ausgeht. Und das Corpus der erhaltenen Werke des Schenute ist eben als Basis für ein derartiges spezial-grammatisches Herangehen an das Koptische geradezu ideal.

Die zur Erfassung der Sprache des Schenute verwendete Methode ist eine solche, die möglichst rein deskriptiv sein will. An der methodischen Sauberkeit und der Freiheit von falschen oder problematischen Voraussetzungen (z. B. einer überkommenen Redeteilgrammatik) ist dem Verfasser überaus viel gelegen. Er versteht und präsentiert sich dabei selbst ganz allgemein als einen Vertreter des europäischen Strukturalismus. Seine Verwirklichung struktureller Forschungsweise impliziert die Perspektive sprachlicher Funktion und reicht auch weit in den Bereich der Textlinguistik hinein.

Das schon erwähnte spezial-grammatische Anliegen des Autors zeigt sich nun auch darin, dass sein hiesiges Werk aus dem Phänomen der Sprache des Schenute nur einen speziellen, noch kaum oder gar nicht, jedenfalls nicht im Zusammenhang, behandelten Teilkomplex herausgreift. In der von ihm nicht gebilligten Sprache (der Redeteilgrammatik) könnte man das die Syntax der Adverbien nennen, wenn man den Begriff des Adverbs sehr allgemein fasst. Jedenfalls ist das der Leitfaden, von dem aus dann freilich auch noch manches in der Nähe Liegende mit herangezogen wird. In der Nomenklatur des Verfassers selbst sind es die Modifikatoren (bzw. Expansionen) nominaler und verbaler Syntagmen (Schema: ⲡ-ⲣⲱⲙⲉ bzw. ⲁϥ-ⲥⲱⲧⲡ) – mit Einschluss von Modifikatoren des Nexus. Ganz zugespitzt könnte man sagen, es gehe eigentlich nur um die universale *nota relationis* ⲛ̄- nebst Verwandtem.

Das Werk gliedert sich – nach einer Einführung („Aims, Scope and Method", S. 1–14) – in sieben große Kapitel, die – wie die Einführung selbst – wiederum vielstufig untergliedert sind. Kap. 1 bietet zunächst eine strukturierte Gesamtaufstellung und -übersicht des Bestandes und Funktionierens der Modifikatoren (ⲉⲃⲟⲗ ϩⲛ̄- etc.) („A Polyparadigmatic Patterning of Modifiers in Unmarked, Position-Marked or Morphematic Cohesion", S. 15–60). Dabei kommt auch ihre Funktion als Prädikat, besonders die wohlbekannte als sozusagen „natürliches" Prädikat des Präsens (Zweiteiliges Konjugationsschema) (§ 1.2.1.1, S. 36–38), zur Darstellung. Ihre Funktion als „künstliches" Prädikat mehrgliedriger Sätze bei Veränderung von deren Satzperspektive – vor allem durch die Transposition von Konjugationen in die so genannten Zweiten Tempora – wird jedoch hier nur genannt (§ 1.2.2, ein Paragraph ohne Inhalt), weil ihr das ganze zweite Kapitel gewidmet ist („The Adverbal Modifier Focalized: The Second Tense in Micro-Macrosyntactic and Categorial Perspective", S. 61–104). Hier findet übrigens – zur Frage der Zweiten Tempora – auch eine explizite Auseinandersetzung des Autors mit seinem Lehrer H.J. Polotsky statt (§ 2.0.0.1, S. 62–64). Der entscheidende Dissens liegt darin, dass Sh.-H. sich nicht vom wirklich substantivischen Charakter der Zweiten Tempora,

d. h., dass diese Transposition die Substantivierung der betreffenden Verbformen zum Effekt hat, überzeugen kann.

Das dritte Kapitel handelt von der Funktion derjenigen Modifikatoren (also besonders ⲛ̄-/ⲙ̄ⲙⲟ⸗), die zum Ausdruck des direkten Objekts dienen („The So-Called ‚Direct Object' Adverbal Expansion: Patterns, Paradigmatics and Distribution", S. 105–127). In diesem Kapitel erscheint dann auch die so genannte Stern-Jernstedtsche Regel über die Anknüpfung des direkten Objekts, besonders die Restriktion im Präsens (ϥⲥⲱⲧⲡ ⲙ̄ⲙⲟϥ vs. ⲁϥⲥⲟⲧⲡϥ), in Sh.-H.s Optik (vgl. bes. § 3.1.2.1, S. 118f.), wobei er sich besonders um die Aufhellung der „Ausnahmen" auf der „anderen Seite", nämlich, dass es im Verbalsatz (Dreiteiliges Schema) neben ⲁϥⲥⲟⲧⲡϥ durchaus sehr oft auch ⲁϥⲥⲱⲧⲡ ⲙ̄ⲙⲟϥ heißt, bemüht. Hier ist auch der rechte Ort für die Behandlung eines weiteren sehr markanten Phänomens der koptischen Syntax, das gerade in jüngster Zeit wieder Aufmerksamkeit erregt hat, nämlich der von W.-P. Funk so genannten Präverbale (z. B. ⲣ̄ⲡⲕⲉ in ⲁϥⲣ̄ⲡⲕⲉⲥⲱⲧⲡ) (§ 3.3 „The ‚predication mediators': verb-lexeme premodifiers", S. 124–126).

In Kap. 4 geht es um die Syntax desjenigen Modifikators (es ist wiederum die „omnipräsente" *nota relationis* ⲛ̄-), der(/die) ein nominales Syntagma um ein Attribut erweitern kann („The Adnominal Modifier: A Definable ‚Adjective' Category in Coptic?", S. 129–139). Genauso schwierig und problematisch wie die hier mitbehandelte (und übrigens in konstruktiver Weise im Grunde positiv entschiedene) Frage, ob es überhaupt und tatsächlich Adjektive im Koptischen gibt, ist dasjenige Problem, das zum alleinigen Thema des nächsten, fünften Kapitels gemacht wird, nämlich, was als Neutrum in der koptischen Sprache, die keine besondere Form dafür hat, zu bestimmen sei. Da es aber, wiewohl mit der Frage nach den Adjektiven verbunden, doch etwas abseits des Leitfadens der Modifikatoren-Syntax liegt, wird es ausdrücklich als Exkurs eingeführt („Neuter Gender as a Syntagmatically Manifested, Paradigmatically Defined Category", S. 141–153). Mit dem sechsten Kapitel, in dem es um die Modifikatorenklasse der von Polotsky so genannten „Verstärker" (ⲧⲏⲣϥ etc.) geht, sind wir dann wieder beim Thema („The Augens, an Anaphoric-Cohesion Modifier of Pronominal Reference. Syntactic Prosody", S. 155–184). Am meisten überraschend dürfte es sein, wenn man auf der Leitlinie der Modifikatoren-Syntax im Sahidisch des Schenute zuletzt im siebenten Kapitel noch den Konjunktiv (ⲛ̄ϥⲥⲱⲧⲡ) behandelt findet („The Conjunctive: An ⲛ-Marked Conjugated Adnexal Modifier", S. 185–214). Da der Bereich der Modifikatoren sich mit dem der Konjugationen überschneidet und außer dem Umstandssatz auch die Nebensatzkonjugationen betrifft, besteht das Auffällige nicht zuletzt darin, dass nur und gerade der Konjunktiv herausgegriffen wird. Das liegt nun nicht nur daran, dass Sh.-H. den Umstandssatz als nächstgelegenen Modifikatorenpartner des Konjunktivs schon in seiner Dissertation behandelt hat (aber natürlich kommt er auch hier immer wieder vor), sondern hat seinen Anlass vor allem darin, dass der Verfasser eine echte Beziehung zwischen der „Konjugationsbasis" des Konjunktivs ⲛ̄⸗ und der *nota relationis* ⲛ̄- sieht (vgl. bes. § 7.1.1, S. 187).

Diese sieben Kapitel sind nun in einem Punkt einander sehr ähnlich, nämlich insofern als sie alle aus einem (kürzeren) theoretisch-abstrakten und einem (längeren) konkreten Teil bestehen. In dem Anfangsteil wird jeweils die linguistische Befragungshinsicht für den in Aussicht genommenen Aspekt der koptischen

Sprache erörtert und werden sozusagen die Koordinaten des ent- und aufzuschlüsselnden Schenutematerials festgelegt. Das geschieht jedes Mal unter ausgiebiger Heranziehung von einschlägigen Autoritäten der allgemeinen Linguistik, deren Werke übrigens im Literaturverzeichnis („Bibliographical References", S. 221–236) mit der koptologischen Fachliteratur zusammen aufgeführt erscheinen und dort etwa die Hälfte aller Titel ausmachen. Vielleicht liegt es in der Natur der Sache, wenn der so abgesteckte Rahmen jeweils erheblich größer erscheint als das Bild, das dann hineingesteckt wird. Andererseits wird das, was mancher vom Rahmen nicht gleich ganz verstehen sollte, durch das (kleinere) Bild selbst dann einfach und klar. Dieses „Bild", d. h. der jeweils konkrete Hauptteil jedes Kapitels, bietet das bereits geordnete einschlägige koptische Sprachmaterial; dessen Untersuchung und Analyse wird also nicht vorgetragen, sondern vorausgesetzt. Was geboten wird, sind schon Sh.-H.s Ergebnisse. Man könnte all diese zweiten Teile der sieben Kapitel als Teil einer aufs höchste durchkonstruierten, linguistisch angeordneten Schenute*konkordanz*, gerade auch in dem Miteinander von zitierten Textabschnitten und bloßen Verweisen auf solche, verstehen – auch insofern, als der eigentliche und volle Genuss dieser Belege nur möglich erscheint, wenn der Leser das Schenutecorpus neben sich auf dem Schreibtisch liegen hätte (auch wegen der gelegentlichen Versehen, die trotz der spürbaren Akribie, die über der Drucklegung gewaltet hat, bei einem so komplizierten Satz wie diesem nicht ausgeblieben sind und die man nach dem Corpus verbessern müsste); aber das ist ja nicht nur praktisch kaum zu machen, sondern auch theoretisch gar nicht möglich, da eine Fülle von unveröffentlichtem Material verwendet ist. Um so wichtiger ist es, dass am Ende des Buches ein zusammenfassender Überblick über das Schenutecorpus erscheint, und zwar in zwei Blöcken, zunächst unter dem Gesichtspunkt, was alles dazugehört („Appendix: Textual Sources Constituting the Corpus", S. 215–220), dann unter dem Gesichtspunkt, was davon in diesem Buch herangezogen worden ist („Index locorum", S. 253–264).

Es ist nun hier nicht der Ort, in die kaum überschaubaren und schwer zu „übersetzenden", diffizilen Details zu gehen, sei es, um sie darzustellen, sei es, um etwas davon zu diskutieren, zumal von meiner Seite sowieso nur wenige Anfragen oder Einwände kommen würden, eher schon einige Ergänzungen aus anderen koptischen Textcorpora, oder aber gewisse Unterstreichungen von Stellen, wo an sich vertraute Sachverhalte in Sh.-H.s System zu etwas Neuem werden, wie z. B. seine Bemerkungen zu einem zeitlosen Präsens (ϥⲡⲱⲧ neben ϥⲡⲏⲧ) (§ 3.1.2.1.1, S. 118f. und § 7.2.4.1, S. 202f.). Stattdessen will ich mich hier auf zwei ganz allgemeine Sachverhalte beschränken. Der erste besteht in der Frage, wie man mit dem Abdriften Sh.-H.s von den mit allerhöchstem Respekt als Ausgangsbasis gewürdigten Positionen seines Lehrers J. H. Polotsky umgehen soll. Die sich hier allmählich auftuende Kluft geht ja weit über den erwähnten Komplex der Zweiten Tempora hinaus und zieht sich mehr oder weniger durch das ganze Buch. Und der Grund liegt natürlicherweise in der verschiedenen Art des Herangehens an die Phänomene dort und hier. Ich persönlich möchte die Widersprüche, die sich da ergeben, als solche, wie sie bei komplementären Systemen auftreten können, verstehen. Man kann und muss mit beiden Systemen arbeiten. Man kann auch sagen, es gehe um zwei verschiedene „Wahrheiten". Die Wahrheit Polotskys liegt in der Evidenz der Zurückführung der sprachlichen

Erscheinungsvielfalt auf die einfachen und wesentlichen Grundstrukturen; seine Wahrheit ist einfach, anschaulich und übersichtlich. Die Wahrheit Sh.-H.s ist dagegen vielfältig, weil sie ihren Ort in den Erscheinungen selbst hat; und sie ist daher auch von einer gewissen Unübersichtlichkeit, die sich dem vorliegenden Werk mitgeteilt hat. Allerdings, wenn man es sich einmal erschlossen hat, sind der „Index of Subjects Discussed" (S. 239–248) und das folgende Register der „Coptic Morphs und Words" (S. 249–251) ein gut funktionierendes Mittel, um das, was man sucht, auch wiederzufinden. Aber Sh.-H.s System ist wie eine gute Landkarte, wo wirklich alle wesentlichen Konturen des Geländes an ihrer Stelle eingezeichnet sind.

Der „kartographische" Vergleich führt nun sogleich zu dem zweiten mir hervorhebenswert erscheinenden allgemeinen Sachverhalt. Mit der Kartenartigkeit von Sh.-Hs. Aufstellungen hängt es unmittelbar zusammen, dass und wie sich sein System samt dessen Niederschlag im vorliegenden Buch so direkt und vorzüglich als Arbeitsmittel und Werkzeug (weiter)verwenden lässt. Mit dieser „Karte" der Sprache des Schenute und ihren einzelnen „Planquadraten" lassen sich eben andere Bereiche und Stufen des Koptischen ganz direkt und unmittelbar vergleichen – zu welchem Zweck auch immer, sei es also, dass man sie am originalen Sahidisch des Schenute messen will, sei es, dass man mit ihnen (nach und nach) diesen Ausschnitt im Sinn eines immer allgemeineren Begriffs des Koptischen zu ergänzen trachtet. Aus meiner Perspektive und der bisherigen Praxis kann ich jedenfalls die Arbeit mit diesem neuen Instrument nur dringend weiterempfehlen.

Rezension zu Einar Thomassen/Louis Painchaud: Le Traité tripartite (NH I,5)*

Im Rahmen des kanadisch-französischen Unternehmens der Bibliothèque Copte de Nag Hammadi (BCNH) stellt das vorliegende Werk in dreierlei Hinsicht etwas ganz Besonderes dar. Erstens ist hier die schon vorhandene Arbeit eines „Fremden", d.h. eines nicht französischsprachigen Wissenschaftlers einfach übernommen worden. Zweitens zeugt dieser Band – abgesehen von ganz wenigen Dingen, die wirklich nur als Kleinigkeiten einzustufen sind – von allergrößter wissenschaftlicher und drucktechnischer Akribie. Und drittens beschränkt er sich nicht darauf, den gegenwärtigen Stand der Forschung zu konservieren, sondern leistet selbst einen ganz gewichtigen Forschungsbeitrag. Das Dunkel um den Tractatus Tripartitus (TractTrip) lichtet sich; die weißen Flecken des scheinbar Unverständlichen nehmen rasant ab. Erst T. vermag für viele der verbliebenen Text- und Interpretationsprobleme evidente Lösungen anzubieten.

E. Thomassen, ein Norweger, hat an der University of St. Andrews, Scotland, bei R. McL. Wilson (also einem der Mitherausgeber der editio princeps von TractTrip)[1] promoviert. Und es ist eben diese seine Dissertation von 1982 („The Tripartite Tractate from Nag Hammadi. A new Translation with Introduction and Commentary"), die die Grundlage von BCNH 19 bildet. Mit dem TractTrip ist T.s Wahl tatsächlich auf einen bedeutenden Gegenstand gefallen: die einzig vorhandene, originale und ausführliche Darlegung des valentinianischen Systems der Gnosis, und zwar zudem noch in der sonst überhaupt nicht belegten Ausprägung, die es in der so genannten orientalischen Schule gewonnen hat, wie T. als erster gesehen und m. E. überzeugend begründet hat. Der springende Punkt dabei ist die Auffassung, dass die Kirche und der Leib des Erlösers rein pneumatisch sind. Und das Schöne ist nun, dass die besondere Problematik des TractTrip der besonderen Kompetenz von T. entspricht, Text und Bearbeiter also wie für einander geschaffen erscheinen, insofern als T. sowohl über die „höheren Weihen" koptischer Linguistik, als auch über eine profunde Sachkenntnis der spätantiken Philosophie verfügt.

Um eine wirklich „einfache" Übernahme dieser Dissertation in die BCNH handelt es sich freilich doch nicht. Zunächst einmal ist die direkte Vorlage für die Umsetzung in das andere Medium keineswegs diese Dissertation selbst, sondern eine erheblich überarbeitete und ergänzte Fassung derselben. Und dann sind der koptische Text (der in der Dissertation nicht enthalten war) und das sprachliche Register ganz neu hinzugekommen. Darüber, dass schließlich die Transponierung aus dem Englischen in das Französische auch kein einfacher

* Texte établi, introduit et commenté, BCNH.T 19, Québec 1989. In: ThLZ 116 (1991), 101–103.

[1] Vgl. zu dieser Ausgabe K.-M Fischer, ThLZ 104 (1979), 661f.

Übersetzungsvorgang sein konnte, und überhaupt über die komplizierten Prozesse und Zuständigkeiten bei der Entstehung des Bandes, wird im Vorwort (VIIf.) einiges gesagt. Das Ergebnis ist jedenfalls (äußerlich) eine Gestalt, wie sie dem einheitlichen Schema der Reihe entspricht, nämlich Introduction (S. 1–48), Texte et traduction (beides codexseiten- und zeilengetreu einander gegenüberstehend) (S. 49–259), Commentaire (S. 260–458), Index (S. 459–533).

In der Introduction findet sich auch – sozusagen als Resümee der sonst meist *hinter* der Bearbeitung stehenden sprachlichen Analyse des Textes – ein instruktiver und hilfreicher Abschnitt über die Sprache von TractTrip (S. 21–38). Was darin – und auch in manchen einschlägigen Bemerkungen des Kommentars – steht, ist von allergrößtem *sachlichen* Gewicht. Denn der Fortschritt im Verständnis des TractTrip geht nur über die subtilste linguistische Analyse der Formen, Wendungen und Sätze. Die große Linie, bzw. das System des Textes waren ja von vornherein klar; nur, wovon im Einzelnen die Rede ist, bleibt oft so frustrierend dunkel. Nun ist aber solch sprachliche Analyse auch wieder besonders schwierig, weil das Koptisch des TractTrip gar nicht wie richtiges Koptisch aussieht. Aber – wie T. zeigt – ist es dennoch weithin möglich, die Sprache des TractTrip zu „dechiffrieren", weil „Orthographie" und Sprache nicht dasselbe sind – und unter diesem Gesichtspunkt wird ein Text wie dieser nun sprachwissenschaftlich geradezu interessant. Überraschend und über die Erwartungen hinausgehend in diesem Abschnitt ist die Deutung einer ganzen Reihe von Konjugationsformen als Relativa der Zweiten Tempora (Präs., Fut., Perf.) (S. 26–28) – mir erscheint das allerdings nur erwägenswert im Fall der (von Polotsky so genannten) „Split Adjective Clause" – und die – m. E. voll überzeugende und exegetisch evidente (vgl. besonders S. 113) – Identifizierung eines Satzmusters, das aussieht wie eine adjektivische Cleft Sentence mit adverbieller (statt nominaler) *vedette*, bzw. wie eine substantivische Cleft Sentence, in der – bei Voranstellung der *vedette* – noch das Element *p*(*e*) zwischen diese und die *glose* tritt (S. 36f.). Die neuen Kategorien des kurzen Konditionalis (etwa im Falle von *efjitf* [vgl. S. 36 und 108f.]) und des kurzen Fut. III (etwa für *estntōns* [S. 190]) bringt T. dagegen noch nicht in Ansatz.

Die (Neu-)Edition des koptischen Textes (nebst Übersetzung) ist es, die besonders von der intensiven, bis in die Zeit der Arbeit an der Dissertation zurückreichenden und auch auf der Gegenseite sich als fruchtbar erweisenden, Zusammenarbeit mit H. W. Attridge als dem für TractTrip Zuständigen im U. S. amerikanischen Parallelunternehmen der Coptic Gnostic Library[2] profitiert hat. Die Textfassung (für die nach S. VII T. selbst verantwortlich ist) und bestimmte Notizen (besonders im kritischen Apparat) scheinen Autopsie vorauszusetzen; doch wird das nirgends explizit gesagt (aber auch nicht verneint). In diesem Zusammenhang kann man dann aber auch fragen, warum Emmels Textauffassungen nicht konsequent akzeptiert worden sind. Der kritische Apparat soll, wenn ich recht sehe, nur eine Auswahl aus dem, was hier zu notieren möglich gewesen wäre, bieten.

---

2 Vgl. H.-M. Schenke, OLZ 84 (1989), 532–538.

Der wissenschaftliche Wert der Übersetzung als des primären Ausdrucks eines weiterführenden Textverständnisses, von dem implizit ja schon die Rede war, ist über jeden Zweifel erhaben. Allerdings wird sie, wie mir etwa von p. 70 an aufgefallen ist, gelegentlich relativ frei, ja paraphrasenhaft. Ein wenig enttäuschend finde ich es, dass T. nicht wenigstens aus dem, wie er sich die Sache mit dem „*je* d'introduction" zurechtlegt (S. 10; vgl. auch im Index 526b [„utilisé comme particule pour introduire un paragraphe"]), mehr für Übersetzung und Textgliederung gemacht hat. Ich habe mich leider geirrt, als ich meinte, der wahre Charakter dieses *je* (als den Exzerptcharakter des Textes verratend) sei so sonnenklar, dass man es nur einmal auszusprechen brauche.[3]

Der Kommentar ist auf natürliche und angenehme Weise ungleichmäßig. Es ist eben verschieden – und also auch verschieden viel –, was ein Exeget zu den einzelnen Passagen eines Textes zu sagen hat, wenn er nicht erklären will, was sowieso jeder – oder auch er selbst noch nicht – versteht, und wenn das, was er sagen will, neu sein soll. Im Übrigen möchte ich hier bezeugen, dass der Kommentar genau das hält, was T. von ihm (in dem Vorwort seiner Dissertation [S. VII]) verspricht: „The purpose of the commentary is, first, to discuss the reading of the text, secondly, to identify Valentinian themes and technical terms, thirdly, to situate each passage within the context of the system as a whole, and in relation to other Valentinian systems, and fourthly, to indicate the broader religious and philosophical background for the ideas occurring in the text." Allerdings ist von diesen vier Punkten, was zum ersten gehört, jetzt in den kritischen Apparat zum koptischen Text gewandert. Von den drei übrigen Schwerpunkten habe ich am meisten „Augenöffnung" im Rahmen des vierten erfahren. Wichtige allgemeine Gesichtspunkte des Kommentars, die dem Gesamtverständnis des Textes zugute kommen, sind, dass schon die Protologie als Soteriologie gemeint ist und verstanden werden muss, sowie die Verankerung des Textes im Kult.

Was den Index anbelangt, so war ich etwas irritiert, als ich im Vorwort las: „Pierre Létourneau a préparé les index qu'Anne Pasquier a vérifiés et mis au point" (S. VII) – also gar keine Beteiligung von T. Es ist aber erstaunlich gut gegangen. Was oben über die herausragende Akribie des Werkes gesagt wurde, betrifft (nach meinem Gesamteindruck und etlichen Stichproben) auch das Register, nur dass manche Übersetzungsäquivalente der aufgelisteten Wörter und Wendungen nicht aus dem koptischen Lexikon stammen, sondern aus der konkreten – und manchmal eben auch recht freien – Übersetzung T.s abgeleitet sind. In diesem Register, das ja so etwas wie das Skelett der merkwürdigen Sprache des TractTrip bietet und also von den Liebhabern solcher Dinge, zu denen ich mich auch selbst rechne, mit Lust zu „lesen" ist, – aber auch in dem ganzen übrigen Buch – kommt überzeugend zum Ausdruck, welche Stärken und Chancen eigentlich in der besonderen Anlage der Bände des Unternehmens der BCNH, wo jede Schrift für sich geboten wird, stecken.

---

3 Vgl. H.-M. Schenke, ZÄS 105 (1978), 135.

Rezension zu Michael Lattke:
Die Oden Salomos in ihrer Bedeutung für Neues Testament und Gnosis, III*

Das grundlegend und mit „langem Atem" in Angriff genommene große Werk L.s über die OdSal, über dessen Prinzipien und Ziele schon anlässlich des Erscheinens seiner ersten beiden Bände berichtet worden ist,[1] kommt mit dem jetzt erschienenen dritten Band der Erfüllung der Verheißung zur Freude der darauf – in der Spannung zwischen „schon" und „noch nicht" – Wartenden hoffentlich ein großes Stück näher. Was – wie erinnerlich – eigentlich verheißen ist, ist ja ein vierter Band: Erst der soll etwas noch nie da Gewesenes bringen, nämlich einen kritisch-exegetischen Kommentar zu den OdSal; er soll also nicht nur das ganze Unternehmen abschließen, sondern muss es auch rechtfertigen. So wird ja auch L.s endgültige Übersetzung der OdSal erst von diesem erwartet. Und entsprechend dieser Perspektive des Werkes, mit seinem „Achtergewicht", ist der vorausgeworfene Schatten des Kommentars in dem vorliegenden dritten Band, einem „Zwischenglied", praktisch omnipräsent (z. B.: „Diese Forderung gilt immer noch, bis ein vollständiger Kommentar ihre Erfüllung erlaubt!" [S. 60] „... die für einen Kommentar herangezogen werden müssen" [S. 61]). Dass der Fortgang des Unternehmens sich verzögert hat (S. VII), ist – in Anbetracht der Umstände (L. lehrt jetzt im Department of Studies in Religion an der University of Queensland, Australien) – völlig verständlich. Und verständlich ist es auch, dass sich während dieses „Verzugs" die Pläne selbst etwas geändert haben. So ist nun auch aus der eigentlich als Inhalt des Bandes III angekündigten Forschungs*geschichte* inzwischen, wie jetzt zu sehen ist, eine Forschungs*bibliographie* geworden, bzw. ist die Transformation der Bibliographie in Geschichte nicht mehr für unbedingt nötig gehalten worden. Ob man diese Entscheidung bedauern oder begrüßen soll, mag wohl von der Art der Interessiertheit des Benutzers abhängen. Wer sich für die große Linie interessiert und die Stufen des wissenschaftlichen Fortschritts nacherleben möchte, wird vielleicht nicht so auf seine Kosten kommen wie einer, der sich – wie der Rezensent – besonders für die Einzelheiten interessiert, und dem die „Nachschlagbarkeit" eines solchen Werkes ein Wert an sich ist. Jedenfalls ist diese „Umpolung" für den Autor selbst Anlass genug, um die jetzige Anlage des Werkes ausführlich zu begründen und zu erklären (S. XI–XIV). Ob aber nun die Kompliziertheit dieser Einführung (die ihr in meinen Augen wenigstens eigen ist) nur die Kompliziertheit der Anlage des Werkes selbst sachgemäß widerspiegelt

* Forschungsgeschichtliche Bibliographie 1799–1984 mit kritischen Anmerkungen. Mit einem Beitrag von M. Franzmann. A Study of the Odes of Solomon with Reference to the French Scholarship 1909–1980, OBO 25,3, Fribourg 1986: In: ThLZ 116 (1991), 190–191.

[1] Vgl. H.-M. Schenke, ThLZ 107 (1982), 820–823.

oder mehr in der Kompliziertheit seiner Vorgeschichte begründet ist, kann man sich fragen. In der Tat schwierig ist freilich die Einbeziehung und Einarbeit der Arbeit von Majella Franzmann; aber die wird gerade in der Einführung nicht hinreichend erklärt. Vielmehr enthüllt es sich erst „unterwegs“ (vgl. S. 329. 365. 368), dass und wie hier die B. A. (Hons.)-Arbeit einer Schülerin integriert worden ist; und zwar ist deren erster bibliographischer Teil aufgespalten und über die ganze Bibliographie verteilt worden (kenntlich schon an der englischen Sprache der Anmerkungen, ehe jeweils am Ende die Zeichnung M. F. erscheint), während der zusammenfassende zweite Teil als Anhang (Kap. VI, S. 371–425) geboten wird.

Der Kern von L.s Band III erscheint als Kap. IV „Chronologische Bibliographie 1910–1984“ (S. 57–367). Ihm sind aber noch drei darauf zuführende kleine (Einführungs-)Kapitel vorangestellt, nämlich: „I. Die Zeit des Rätselratens über die Oden-Zitate“ (S. 1–30); „II. Das Jahr der syrischen editio princeps von J. R. Harris“ (S. 31–47); „III. Der Anfang der ‚Hochflut‘ mit A. Harnack“ (S. 49–56). Es *folgen* dem Kernstück unter V. schließlich noch „Ergänzungen und Nachträge“ (S. 368–370).

Nun ist ein Werk wie dieses natürlich nicht zum Lesen, sondern zum Nachschlagen da. Aber man kann dennoch darin tatsächlich auch *lesen*. Besonders die Lektüre der kleinen Eingangsabschnitte empfand ich als außerordentlich anregend. Jeder Rückblick auf die allerersten Anfänge eines Forschungsbereichs hat ja etwas Faszinierendes. Dass die Frage nach dem Verhältnis der OdSal zum Johannesevangelium von Anfang an da ist, war mir vorher gar nicht so bewusst. Ebenso interessant war mir zu erfahren, dass auch die Möglichkeit der Frühdatierung (ins 1. Jh. n. Chr.) schon am Beginn der Forschung ergriffen worden ist.

Was nun sonst die „kritischen Anmerkungen“ des Werkes, die jeweils den eigentlichen bibliographischen Angaben folgen, anbelangt, die aus Skizzierung (mit vielen wörtlichen Zitaten) und Bewertung des Inhalts bestehen, so sind sie – nicht gleich im Umfang – variabel genug, um das Wichtige vom weniger Wichtigen sich abheben zu lassen. Besonders ausführlich sind z. B. die Bemerkungen zu „GRIMME OdSal (1911)“ (S. 98–107) und „ABBOTT Light (1912)“ (S. 123–129). Gleichwohl ist die Länge nicht unbedingt ein Wertmesser; denn gerade die allerwichtigsten einschlägigen Werke, diejenigen nämlich, die L. im Kommentar ständig zu benutzen gedenkt (Zusammenstellung auf S. XII), werden in der Regel in dieser Bibliographie nur einer kurzen und allgemeinen „kritischen Anmerkung“ gewürdigt, wodurch der Bd. III übrigens ein wenig den Charakter eines Forschungs-„Museums“ (die „toten Gleise“) bekommt. Bei Werken, die die OdSal nicht zum Gegenstand haben, sich vielmehr u. a. nur so oder so auf sie beziehen, geht es in den „kritischen Anmerkungen“ natürlich nur um diesen OdSal-Bezug.

Alle Notierungen dieses „Zwischengliedes“ in L.s Werk über die OdSal, einschließlich der zur praktischen Handhabung nötigen Verzeichnisse und Register am Anfang und Ende, sind, soweit ich es beurteilen kann und zu prüfen vermochte, sorgfältig erarbeitet – und auch sorgfältig von L. selbst „getippt“ worden (S. VIII) –, so dass der Kreis der an den OdSal wissenschaftlich Interessierten hier ein Arbeitsmittel in die Hand bekommen hat, dessen Brauchbarkeit sich ihm wohl erst bei der konkreten Arbeit damit voll erschließen wird.

Rezension zu John S. Kloppenborg/Marvin W. Meyer/Stephen J. Patterson/Michael G. Steinhauser: Q – Thomas Reader*

Der Anlass für die Konzipierung dieses Studienbuches war die Verfügbarkeit sowohl über eine Übersetzung von Q (von J. S. Kloppenborg; hier jetzt S. 31–74), als auch über eine solche vom Thomasevangelium (EvThom) (von M. W. Meyer; hier jetzt S. 128–158), die beide für eine Ausgabe der neutestamentlichen Apokryphen bestimmt waren. Diese Übersetzungen als der Kern des Projekts – von denen überraschenderweise nur der Übersetzung des EvThom der zugrunde liegende (koptische) Text beigegeben ist – brauchten dann nur noch eingeleitet zu werden. Und das besorgte für Q M. G. Steinhauser (S. 3–27) und für das EvThom S. J. Patterson (S. 77–123). Dem Charakter eines Studienbuches wird außer durch die Art der Einleitungen, die praktisch bei „Null" anfangen, dadurch Rechnung getragen, dass zwischen Einleitung und Übersetzung jeweils noch weiterführende Literaturangaben nebst kurzer Skizzierung des Wesens der betreffenden Bücher oder Aufsätze geboten werden („Suggested Reading", S. 28–30. 124–127), sowie dadurch, dass am Ende ein kleines Wörterbuch (eine „Mini-RGG") angefügt ist, wo die in den Einleitungen vorkommenden Titel, Namen, Begriffe etc. erklärt werden („Glossary", S. 160–165). Die Übersetzung des EvThom umfasst übrigens auch eine Übersetzung der griechischen Fragmente (S. 156–158) und wird beschlossen mit einer Liste der Parallelen zwischen Q und EvThom (S. 159). Ganz am Ende findet sich schließlich noch ein Index der modernen Autoren (S. 166).

Das Wesentliche des bisher über Idee, Konzept, Verantwortlichkeiten hinsichtlich dieses Buches Gesagten findet sich in einer „Preface" von Robert W. Funk als dem Präsidenten von Polebridge Press dargelegt (S. VI). Die theoretische Aufgabe, die beiden (Bestand-)Teile des „Readers" wirklich als eine Einheit erscheinen zu lassen, übernimmt dann in einem „Foreword" J. M. Robinson (S. VII–X). Als Zweck des ganzen Unternehmens kommt dabei heraus, dass man das durch die wesentlich narrativen Evangelien des Neuen Testaments bestimmte Bild von der Evangelienüberlieferung ergänzen will durch die Präsentation eben dieser beiden erhaltenen bzw. rekonstruierbaren Beispiele für den ganz anderen Typ des Spruchevangeliums (Sayings Gospel).

Damit, aber auch durch die Sache selbst, ist klar, dass dieses Lesebuch aus einer Forschungsrichtung stammt und eine Perspektive vermittelt, deren spiritus rector in meinen Augen eigentlich Helmut Köster ist – in Nordamerika schon so etwas wie eine communis opinio innerhalb der kritischen Forschung, deren Einzug in Europa und vor allem in den deutschsprachigen Raum aber wohl noch weithin durch W. Schrage (ich meine sein so überraschend einflussreich

* Sonoma, CA 1990. In: ThLZ 117 (1992), 359–360.

gewordenes Buch über das EvThom) blockiert ist. Also, umso interessanter muss die Lektüre für uns Hiesige sein, zumal die ganze Sache sorgfältig und lehrreich gemacht ist und mithin auch unter diesem Gesichtspunkt empfohlen werden kann.

Man erhält z. B. in der Einleitung zu Q wichtige Informationen über die allerneuste Q-Forschung in der englischsprachigen Welt; und die Einleitung zum EvThom erdreiste ich mich kongenial zu nennen. Im koptischen Text des EvThom habe ich nur drei Druckfehler entdeckt (23:2 lies se̲naōhe; 95:2 lies -jitou̲; 103 lies nēu̲). Innerhalb von Q kommt der Druckfehlerteufel nur gegen Ende hin zum Zuge und hat sich da besonders auf das Gleichnis vom großen Abendmahl konzentriert.

Dass ein solches Lesebuch nicht bloß das Erreichte zu konservieren braucht, sondern auch weiterführende Erkenntnisse enthalten und vermitteln kann, zeigt sich im EvThom an zwei Stellen. Wir haben hier die erste Fassung des EvThom, die am Anfang von § 60 endlich das so lange schon erwünschte <af̲nau> bietet, wenngleich ohne Folgen für das Textverständnis: Meyer lässt dennoch den Samariter, und nicht Jesus, (weiter) nach Judäa gehen („<He saw> a Samaritan carrying a lamb and going to Judea"). Ungetrübte Erleuchtung bedeutet hingegen der Vorschlag von Patterson (S. 101f.), am Anfang von § 65, dem Gleichnis von den „bösen" Weingärtnern, statt des „eingebürgerten" funktionslosen und nur neue Rätsel schaffenden nkhrē[sto]s zu lesen: nkhrē[stē]s, wodurch ja die besonderen Züge dieser Gleichnisversion mit einem Schlage stimmig werden: Es ist gar nicht die Rede von einem irgendwie „guten" Menschen, sondern von einem „Wucherer", der den Bauern nichts zum Leben lassen will.

Die letzte Bemerkung – auch sie gemeint als Zeugnis dafür, mit welchem Interesse ich das Buch gelesen habe – mag insofern mit Nachsicht bedacht werden, als sie von einem Neutestamentler stammt, der kurioserweise sich unvergleichlich viel mehr mit dem EvThom beschäftigt hat als mit der Q-Problematik, für den also die hiesige Präsentation von Q die Begegnung mit einem vergleichsweise fremden Text ist. Welch ein Unterschied! Nun mag ja vom EvThom gelten, dass man aus dem, was da steht, einen ganz ordentlichen Text machen könnte. Aber um wie viel mehr gilt das von Q, wenigstens von Kloppenborgs Q, wo doch weithin nur das Material geboten wird (und Q 16:16 z. B. auch gleich zweimal), das vielleicht als Grundlage für eine Vorstellung von dem ursprünglichen Spruchevangelium dienen mag? Natürlich hängt das mit der unterschiedlichen Existenzweise der beiden Texte zusammen: Das EvThom ist wenigstens Realität, und Q eben doch bloß eine Idee. Nun erschien mir bei dieser plötzlichen Konfrontation mit einem „Zipfel" der Q-Forschung die Vorstellung vom Anfang dieses Evangeliums am allerschwierigsten. Um so interessanter war da eine – doch erheblich scheinende – Differenz zwischen dem „realen" Anfang in Kloppenborgs Darbietung von Q, wo es (üblicherweise) mit Bußpredigt des Täufers, messianischer Verkündigung des Täufers und Versuchung Jesus losgeht, und der Behauptung Robinsons in seinem „Foreword", dass Q ursprünglich mit der ersten Seligpreisung angefangen hätte (S. VIII). Das ist aber wahrscheinlich so gemeint – und insofern gar kein wirklicher Widerspruch –, dass die ersten drei Perikopen eben zu den späteren Zuwächsen gehören (von Q 3:7–9. 16–19 auf S. 25 ausdrücklich gesagt). Aber, ob sekundär oder nicht, darf man sich die Sache vielleicht so vorstellen, dass diese drei Perikopen überhaupt nicht an den Anfang von Q gehören, sondern ihren Platz – so oder so – mitten darin hatten, die Täuferstellen in einem großen „Bündel" alle zusammenstanden und die Versuchung Jesu *während* seiner Wirksamkeit vorgestellt war?

Rezension zu Charles W. Hedrick: Nag Hammadi Codices XI, XII, XIII*

Das gewaltige Unternehmen der CGLib kommt mit diesem Bande, der so vieles und verschiedenes enthält, seinem Abschluss ein gutes Stück näher. Die hier kritisch edierten Texte, jeweils samt Einleitung und Anmerkungen, sind im Einzelnen die folgenden:

NHC XI,1:	„Die Interpretation der Gnosis" (Inter) (S. 21–88);
XI,2:	Eine Valentinianische Abhandlung (ExpVal) mit fünf valentinianischen Gebeten (PrecVal) als Appendices: eins zur Salbung, zwei zur Taufe und zwei zur Eucharistie (S. 89–172);
XI,3:	„Der Allogenes" (Allog) (S. 173–267);
XI,4:	„Hypsiphrone" (Hyps) (S. 269–279);
XI	Fragmente (S. 281–285).
NHC XII,1:	Sextussprüche (Sextus) (S. 295–327);
XII,2:	Evangelium Veritatis (EV) (S. 329–347);
XII,3:	Ein fragmentarischer Traktat (S. 349–355).
NHC XIII,1:	„Die dreigestaltige Protennoia" (Protennoia) (S. 371–454);
XIII,2:	Vom Ursprung der Welt (UW) (S. 455–457).

Zur Ausgabe gehören ferner je eine Einleitung in den betreffenden Codex: XI (S. 3–20); XII (S. 289–294); XIII (S. 359–369); und ein sprachliches Register für alle Texte gemeinsam (S. 461–546). Von den mehr oder weniger selbstverständlichen technischen Umrahmungen vorn und hinten wäre hinten ein zweiter Teil der Indizes erwähnenswert mit „References to Ancient Works" (S. 547–564) und „References to Modern Authors" (S. 565–566).

Die Ausgabe ist ein Gemeinschaftswerk, zu dem viele, Genannte und Ungenannte, beigetragen haben. Das Titelblatt nennt als Contributors sechs Personen, nämlich: E. H. Pagels, J. M. Robinson, J. D. Turner, O. S. Wintermute, A. C. Wire und F. Wisse. Aber selbst bei diesen ist der Beitrag ganz unterschiedlich. Was sie jeweils getan haben, wird im Inhaltsverzeichnis formal spezifiziert. Und wie die kleineren Anteile dabei zu bewerten sind, darüber kann man etwas zwischen denjenigen Zeilen, die als eine Art Zusatz in Robinsons generellem Foreword sich speziell auf diesen Band beziehen (S. IX Z. 4 v. u. – S. X Z. 3), lesen. Die Hauptakteure sind jedenfalls doch nur zwei, nämlich Turner und Wisse. Und von diesen beiden ist noch einmal Turner herauszuheben. Wisse ist für NHC XII praktisch allein zuständig. Für alles andere ist eben Turner, sei es ebenfalls allein, wie in Codex XIII, sei es unter Hilfe oder Hinderung durch andere, wie in Codex XI, verantwortlich. Ich persönlich jedenfalls zolle dem Buch meinen Respekt, weil

* Edited with English Translation, Introduction and Notes, NHS 28, Leiden 1990. In: OLZ 88 (1993), 372–380.

ich in ihm ein großes Stück vom Lebenswerk eines mir wissenschaftlich ganz nahe stehenden Kollegen und Freundes niedergelegt finde. Turner ist nicht irgendeiner der amerikanischen Nag Hammadi-Leute, sondern ein Mann, der besonders auf dem Felde der Erschließung des gnostischen Sethianismus auf Grund der Nag Hammadi-Schriften – und zwar im Zusammenhang mit der Arbeit an diesen hier herausgegebenen Texten – ganz Bahnbrechendes geleistet hat. Ein zweiter wesentlicher Aspekt dieses Werkes (neben dem der Relevanz dessen, was von Turner stammt) kommt übrigens auch schon in den erwähnten Zeilen Robinsons zu Gesicht und ist der der „Geschichtlichkeit". Jedenfalls erfährt man da, aber auch sonst, dass das Werk eine lange und komplizierte Vorgeschichte gehabt hat. Ich darf die andere Seite noch hinzufügen, nämlich dass es bei seinem Erscheinen an bestimmten Punkten bereits überholt – oder wenigstens eingeholt – ist. Es steht eben mitten drin im Strome der Forschung.

Dass das alles so ist, hängt mit dem fragmentarischen Charakter der Texte zusammen, der dem linguistischen und exegetischen Scharfsinn höchste Leistung abverlangt und trotzdem nur zu stück- und stufenweiser Erkenntnis führt, falls man nicht, jedes Risiko scheuend, auf das Verstehen überhaupt verzichtet. Und Turner ist eben kein solch philologischer „Feigling" und scheut sich nicht, unter Gefahr zu arbeiten. Wenn man das Werk als „im Fluss" befindlich mit solcher Sympathie betrachtet, wird man mit verständnisvollem Mitgefühl auch diejenigen Elemente hinnehmen, die als nirgendwo mehr hinführende „Spuren" dieser Vorgeschichte noch stehen geblieben sind. Solche finden sich nämlich gelegentlich im Register, wenn dieses offenbar ein Textverständnis oder eine Textrekonstruktion voraussetzt, die im Text selbst gar nicht mehr geteilt wird. Ich möchte ein Beispiel hier herausgreifen, weil es zugleich mit einer „Offenbarung" für mich verbunden ist. Im Allog heißt es im Rahmen seiner eindrucksvollen negativen Theologie:

ⲟⲩⲥⲱⲙⲁ ⲙⲉⲛ ⲡⲉ ⲉϥϩⲛ̄ ⲟⲩⲧⲟⲡⲟⲥ
ⲟⲩⲁⲧⲥⲱⲙⲁ ⲇⲉ ⲡⲉ ⲉϥϩⲛ̄ ⲟⲩⲏⲉⲓ· (p. 65, 30–32),

was ja ungefähr bedeuten muss: „Er ist einerseits etwas Körperliches, *das sich* (oder: *sofern er* sich) an einem Platz befindet; er ist andererseits etwas Unkörperliches, *das sich* (oder: *sofern er* sich) in einem Hause befindet." Und hier ist mir das polare Gegenüber von „Platz" und „Haus", in dem ja die Pointe liegen muss, bisher ein Rätsel geblieben, für das aber nun Turner die Lösung präsentiert. Sie lautet: ϩⲛ̄ ⲟⲩⲏⲉⲓ ist eine wörtliche Übersetzung von οἰκείως (S. 265). Und er übersetzt daher den ganzen Satz in unmittelbar einleuchtender Weise so: „Spatially he is corporeal, while properly he is incorporeal" (S. 233). Aber wenn man, um das Glücksgefühl des Verstehens zu vollenden, ins Register schaut, so sucht man unsere Stelle unter dem Lemma ⲏⲓ m. house (S. 465) vergeblich, um sie stattdessen unter ⲟⲩⲉ zu finden: „be distant ⲟⲩⲏⲉⲓ ◊ XI,3: 65,32" (S. 494).

Die andere Seite der „Geschichtlichkeit" des vorliegenden Werkes (man könnte auch sagen: die Wirkungsgeschichte *vor* seinem Erscheinen), also das daneben Einherlaufen anderer wesentlicher und erfolgreicher Erschließungsvorstöße, hat drei Schwerpunkte und hängt zusammen mit der internationalen Kooperation der Nag Hammadi-Forschung. Diese drei Schwerpunkte sind in der zeitlichen Reihenfolge ihres Gewichtigwerdens: Protennoia, Allog und Inter. Und in allen drei Fällen sind persönliche Beziehungen im Spiel, weil es sich jeweils (ursprünglich) um Dissertationen handelte, mit deren Betreuung ich zu tun hatte oder habe. Und möglich wurde das alles nur dadurch, dass das Claremont Team durch die Vermittlung des Volume Editors C. W. Hedrick und mit Zustimmung von Turner dessen jeweils aktuelle, für die Ausgabe bestimmte Textfassung zur Verfügung gestellt hat. Im Prinzip gibt es auch die Rückkoppelung, also die Einflussnahme dieser Einzelvorstöße auf Turners Gesamtwerk, aber, wie es scheint, noch nicht sehr umfänglich, wofür der Grund wohl in der natürlichen Trägheit der Bewegung eines so großen „Körpers", wie es die komplette Edition von gleich drei Codices nun einmal ist, liegt. Die drei „Satelliten" der Arbeit von Turner sind: Gesine Schenke (Robinson), Die dreigestaltige Protennoia (Nag-Hammadi-Codex XIII), TU 132, Berlin 1984;[1] Karen L. King, The Quiescent Eye of the Revelation. Nag Hammadi Codex XI.3 „Allogenes", Diss. Brown University 1984.[2] Der dritte „Satellit" ist noch im Entstehen. Es ist eine viel versprechende Arbeit über Inter, die z. Z. hier unter den Händen von Uwe-Karsten Plisch entsteht.

Dass man überhaupt an Turner „vorbeikommt" bzw. über ihn hinausgelangen kann, hängt m. E. mit einer gewissen Einseitigkeit von Turners exegetischem Charisma zusammen. Seine große Stärke ist das Aufspüren der Hintergründe und des allgemeinen Kontextes der Schriften insgesamt, bis hinab zu ihren Einzelsätzen. Dieser Kontext ist (ihm) für Inter und Exp/PrecVal der Valentinianismus, für Allog die mittelplatonische und neuplatonische Philosophie und für Protennoia der mythologische Sethianismus, wie er besonders vom Apokryphon des Johannes vertreten wird. Für diese Bereiche ist in den Anmerkungen jeweils eine solche Fülle von Belegen und Verweisen angehäuft, dass ich jedenfalls deren Relevanz im Ganzen noch gar nicht überschauen kann, die also noch der „Wiederbelebung" durch Auswertung, unter Umständen nur von Fall zu Fall, harren oder bedürfen. Kurzum, durch Turner ist sozusagen das jeweilige Koordinatensystem der Textinhalte erkannt und festgelegt worden. Das heißt, wir erfahren von Turner, wovon die Texte und ihre Einzelsätze handeln. Aber eben nicht unbedingt auch schon, wie sie davon handeln. Es ist also die linguistische „Mikroskopie" der Einzelsätze, die unter Umständen noch weiterführen kann.

Nun haben wir bei alledem schon vorausgesetzt, dass die Texte dieser Ausgabe nicht alle gleich wichtig sind. Außerdem beziehen wir die Legitimität, so darüber zu reden, wie wir es bisher getan haben und auch noch fortzusetzen gedenken, aus dem Umstand, dass die Texte selbst durch andere Ausgaben, die englische Gesamtübersetzung, oder Inhaltsangaben der wissenschaftlichen Öffentlichkeit bereits vertraut sind und also hier nicht mehr vorgestellt werden müssen. Unter dem Gesichtspunkt der Neuheit oder relativen Unbekanntheit – wenn man einmal von Hyps und dem Traktat XII,3, die zu kurz und so fragmentarisch sind, dass sie (vorerst) praktisch wertlos bleiben, absehen darf –, so gebührt Inter die Krone. In dem ihm gewidmeten Teil des Werkes haben wir es mit der Erstedition eines überaus interessanten und wichtigen Textes zu tun. Er ist des Schweißes

---

1 Rezension von J. Helderman, OLZ 86 (1991), 485–488.

2 Vgl. auch meine eigene „Flankierung" durch „Bemerkungen zur Apokalypse des Allogenes (NHC XI,3)", in: W. Godlewski (ed.), Coptic Studies, Warschau 1990, 417–424.

der Exegeten, um Schritt für Schritt noch mehr von seinem Geheimnis zu enträtseln, überaus wert. Um es auf eine Formel zu bringen: es ist eine Homilie, die in einem Maße in paulinischen Bahnen weiterdenkt, als wäre Paulus noch einmal auferstanden, und theologisch so originell und tiefsinnig, dass ich persönlich immer wieder auf die Frage zurückkomme, ob das nicht am Ende ein Originaltext des Marcion ist. Das heißt übrigens zugleich, dass ich Probleme damit habe, wie selbstverständlich Inter hier von Turner (wenn auch in Übereinstimmung mit anderen) über den valentinianischen Leisten geschlagen wird.

Da wir nun sowieso gerade bei dem ersten der edierten Texte sind, kann es wohl nicht schaden, wenn wir nach den bisherigen Unterstreichungen auch noch *der Reihe nach* etwas über die Texte und ihre hiesige Edition sagen. Der zweite – wie der erste sich im lykopolitanischen Dialekt (*L6*) präsentierende – Text, ExpVal mit PrecVal, ist offensichtlich wirklich valentinianisch. Aber sehr viel mehr als diese Tatsache als solche – neben dem Umstand, dass im Haupttext das/ein valentinianische(s) System epitomeartig und in natürlicher Weise, nämlich von oben nach unten, zur Sprache kommt – kann man dem fragmentarischen Text m. E. kaum entnehmen. Wenn ich damit hinter dem, was die Bearbeiter herauslesen zu können meinen, nämlich eine bestimmte Lokalisierung innerhalb der Spielarten, in denen Valentinianismus vorkommt, zurückbleibe, so hängt das damit zusammen, dass für solche Schlüsse das gegenwärtige Textverständnis noch keine genügend sichere Basis abgibt. Dass z. B. die sachliche Gleichwertigkeit der koptischen Äquivalente, die mit den aus der griechischen Vorlage beibehaltenen Fachausdrücken ja frei wechseln können, stärkere Beachtung verlangt, wird besonders an der Nichtberücksichtigung des Umstandes deutlich, dass das Femininum der Ordinalzahlen als koptische Entsprechung der Zahlsubstantive auf -άς fungiert; also absolutes ⲧⲙⲁϩⲥⲛ̄ⲧⲉ heißt eben „die Zweiheit" und ist = ἡ δυάς, ⲧⲙⲁϩϥⲧⲟⲉ = ἡ τετράς, ⲧⲙⲁϩⲙⲁⲁⲃⲉ = ἡ τριακοντάς. Im Vergleich mit der vorangegangenen Ausgabe von Exp/PrecVal durch Ménard (BCNH, „textes", 14, 1985; vgl. ThLZ 112 [1987], 111f.) kann übrigens gesagt werden, dass keine der dort beanstandeten Merkwürdigkeiten in Turners Text vorkommt.

Zum Allog, in dem es im wesentlichen in der Form einer gnostischen Offenbarung um die Erfassung der Dreieinigkeit der ontologischen Stufen der Ideenwelt: ὕπαρξις (καλυπτός), ζωή (πρωτοφανής) und νοῦς (αὐτογενής) geht, sei unter der Frage nach der Breite der Beziehung zwischen dem gnostischen Sethianismus und dem johanneischen Typ des Christentums über das bereits Gesagte (und verschiedentlich Geschriebene) hinaus die ganz spezielle Frage gestattet, ob wir in dem Beschützer (ⲡⲣⲉϥⲁⲣⲉϩ), der am Anfang genannt wird (p. 45,9), dieselbe Gestalt sehen dürfen, die am Ende unter anderem sagt: „Schrei[b' auf, w]as ich dir s[ag]en un[d] woran ich dich erinnern werde" (p. 68,16–19), und ob das dann nicht eine Parallele zum johanneischen Parakleten ist (vgl. besonders Joh 14,26 mit dem Motiv des *zukünftigen* Erinnerns an die in der *Vergangenheit* gehörten Worte). – Was den puren Text von Allog betrifft, so ist in p. 65,23 hinter ⲉⲃⲟⲗ ein ϩⲛ̄ vom Herausgeber aus Versehen ausgelassen worden.

Die letzte Schrift des zweisprachigen (und von zwei Händen geschriebenen) Codex XI, Hyps, ist, wie schon gesagt, zu kurz und zu bruchstückhaft, als dass man verstehen könnte, worum es in ihr geht. Wenn man es an Hand charakteristischer Motive im Sinne eines Experiments mit Analogien versucht, so könnten sich ExAn (NHC II,6) und OdNor (NHC IX,2) am ehesten anbieten, und könnte man schließlich versucht sein, in Hypsiphrone – analog zur Achamoth der Valentinianer – einen Namen und Aspekt der gefallenen Sophia oder (Welt-) Seele zu vermuten.

Die Entdeckung der Sextussprüche innerhalb des Nag Hammadi-Fundes war seinerzeit eine Sensation allerersten Ranges. Und sie wird m. W. dem Mann verdankt, der sie hier herausgibt: F. Wisse. Allerdings ist es nicht die Erstausgabe; die ist vielmehr schon im Jahre 1983 erschienen und stammt von P.-H. Poirier (BCNH.T, 11). Also ist Wisse hier leider „überholt" worden. Und es ist zu schade, dass das nicht nur im zeitlichen Sinne gilt. Wisses Ausgabe wirkt ausgesprochen karg und wie „stehen geblieben". Anders kann ich mir auch die hohe Quote und die Art von Fehlern, die hier (aber auch in den anderen Teilen des Codex XII) auftauchen, zumal im Vergleich zu Poirier, nicht erklären. Vgl. z. B. p. 27,7 (Spr. 310): [ϩⲱⲃ ⲛⲓⲙ] ⲡ̣ⲛⲟⲩⲧⲉ ϫⲡⲟⲟⲩ ⲛⲉϥ „[Everything] God possesses." Auch hiervon gilt, was er in den Anmerkungen zu p. 30,4 (Spr. 342) ⲡⲉⲧ<ⲧ>ⲁⲉⲓⲁⲕ „that which honors you" sagt: „The use of the status pronominalis with the present tense is strange" (S. 325). Oder vgl. ⲉⲩⲡⲉⲧⲉϣϣⲉ „what is fitting" (p. 30,8; Spr. 344), wo das ⲉⲩ (der vedette) nicht als Interrogativpronomen erkannt ist, sondern offenbar als ⲉ – (ⲟ)ⲩ – gedeutet wird.

Auch die Reste der sahidischen Version des EV werden hier nicht zum ersten Mal herausgegeben (auch sie übrigens m. W. von Wisse als solche erkannt), sondern waren schon als ein Appendix zum lykopolitanischen EV Teil der CGLib-Ausgabe des Codex I, nur dass in diesem Fall die „Vor-Ausgabe" schon von Wisse selbst stammte.[3] Die hiesige eigentliche Ausgabe unterscheidet sich nun von dem Vorläufer nicht nur durch das übliche Rahmenwerk, sondern auch durch Verbesserungen bzw. Erweiterungen in der Textdarbietung. Gleichwohl kann man auch mit der jetzigen Fassung noch nicht zufrieden sein. Vgl. z. B. nur das unverbessert gebliebene [ⲕⲁⲓ]ⲧⲟⲓ ⲛⲉϥϣⲟⲟⲡ̣· [ⲛ̄ϭⲓ ⲙⲛ̄ ⲗⲁⲁⲩ] „although there was [no one]" (p. 58,8). – p. 57,14 fehlt infolge eines einfachen Druckfehlers ein Jota; es muss heißen ⲡⲓⲙⲉ[ⲣⲓⲥⲙⲟⲥ].

In bezug auf den dritten Text von Codex XII, den fragmentarischen Traktat, ist es schade, dass es bisher nicht möglich war, ihn zu identifizieren. Auch ich selbst habe es in mehreren Anläufen vergeblich versucht. Man muss also hoffen, dass nun nach der Veröffentlichung dieser Text zufällig einmal einem solchen Spezialisten vor die Augen kommt, der ihn wie selbstverständlich wiedererkennen kann.

Mit der Darbietung der Protennoia durch Turner kommen wir wieder zu einem Glanzstück des Gesamtwerkes. Bei der religionsgeschichtlichen „Gretchenfrage", nämlich der Frage nach dem Verhältnis dieses sethianischen Textes zum Johannesevangelium, besonders zu seinem Prolog, argumentiert er ohne jegliche Voreingenommenheit und kommt zu einem sehr differenzierten Ergebnis, das aber doch mehr auf der Linie von Colpe, Robinson und G. Schenke (Robinson), als auf der von Y. Janssens und Helderman liegt, und das heißt, dass die Protennoia tatsächlich den *Hintergrund* des Johannesevangeliums aufzuhellen in der Lage

---

[3] Vgl. H.-M. Schenke, OLZ 84 (1989), 535f.

ist. Vielleicht zu dem Interessantesten, was man bei Turner zur Protennoia findet, gehört der Versuch, die in der Tat merkwürdige literarische Gestalt, in der diese Schrift ihre faszinierende Theologie des Wortes entwickelt, durch eine sehr flexible entstehungs- und redaktionsgeschichtliche Theorie zu erklären, in deren Zentrum die Trias φθόγγος, φωνή, λόγος als Hypostasen der Protennoia steht. Ich fand das so verheißungsvoll, dass ich sogleich mit dieser Theorie praktisch zu arbeiten angefangen habe, wobei sie sich als brauchbares Handwerkszeug erwiesen hat. Freilich kommt bei ihr die formgeschichtliche Perspektive vielleicht ein wenig zu kurz. Und dieser ungeklärte Rest könnte zu dem Versuch (ver)führen, die Protennoia mit der anderen dreiteiligen sethianischen Schrift, den Drei Stelen des Seth (NHC VII,5), enger zusammenzurücken, d.h., auch in ihr einen Text von wesentlich liturgischem Charakter zu sehen. Dann könnte man nämlich ihr merkwürdiges (antecedensloses) ⲧⲟⲧⲉ (ϭⲉ̣), besonders am Beginn der „eingesprengten" scheinbar mythologischen Schilderungen (p. 37,3; 38,16.30; 39,13; 40,8; 41,[35]; 43,27), vielleicht auf derselben Ebene stehend sehen wie ⲛ̄ϣⲟⲙⲉⲧ ⲛ̄ⲥⲟⲡ „Dreimal (zu sprechen)" (StelSeth p. 120,19), ϩⲙ̄ ⲫⲏⲧ „Im Stillen (zu zitieren)" (ÄgEv NHC III p. 66,20f.) und ϩⲛ̄ ⲕⲉⲥⲙⲏ ⲧⲉⲛⲟⲩ ϫⲉ „(Zitiere) jetzt mit anderer Stimme folgendermaßen" (ÄgEv NHC III p. 66,27–67,1), nämlich als liturgische Rubrik verstehen: „Sodann (also) (sollst du das Folgende zitieren)". Dies ⲧⲟⲧⲉ in der Protennoia wäre also vielleicht gar nicht das uns geläufige narrative Gliederungssignal, sondern ein Gliederungssignal ganz anderer Art. – Im koptischen Text sind mir übrigens folgende Druckfehler aufgefallen: Neben einigen zuviel gesetzten Unsicherheitspunkten (p. 48,7.19.23 [unter Ny]; p. 49,8 [unter Rho]) sind p. 38,15 (im fünften Wort) ⲧ und ⲁ vertauscht worden und ist p. 48,35 ein ϭ in das Wort ⲧⲉⲛⲟⲩ geraten.

Der letzte „Text" der Ausgabe (NHC XIII,2), der Anfang von UW, ist weniger ein Text als ein Stück Makulatur – jedenfalls für den, der in der alten Zeit schon die Seiten mit der Protennoia aus einem viel dickeren Codex herausgerissen hat, auf deren letzter zufällig schon die ersten Zeilen der nächsten Schrift dieses uns sonst verlorenen Codex standen. Auch wenn dies auf so seltsame Weise erhalten gebliebene Fragment textkritisch im Vergleich zu dem in Codex II im Ganzen erhaltenen Text praktisch nichts abwirft, so gibt wenigstens ein Punkt seiner hiesigen Präsentation Anlass zu einem vielleicht nicht unnötigen Verweis. Ich meine das Verständnis des Elements ⲟⲩ[ⲉⲓ - - -] (Z. 33) im letzten Satz, dessen Übersetzung so absolut korrekt *klingt*: „And the shadow [derives from a] work existing from the [first", aber nicht korrekt *ist*, wie das Register zeigt, wo dieses ⲟⲩⲉⲓ als Zahlwort „eins" erscheint (S. 493). Nun ist das zwar auch in Laytons Ausgabe des Codex II im Prinzip so (NHS 21, 1989, 222 [Emmels Register]); aber damit ist die Sache ja noch nicht richtig. Dass dies ⲟⲩⲉⲓ vielmehr als ⲟⲩ-ⲉⲓ „ein Kommen" aufzufassen und in welchem größeren Kontext diese Erscheinung zu sehen ist, darüber kann man jetzt die nötigen Informationen in einem Aufsatz von W.-P. Funk finden.[4]

[4] Vgl. W.-P. Funk, Formen und Funktionen des interlokutiven Nominalsatzes in den koptischen Dialekten, LOAPL 3 (1991), 57–60.

Was die Aufschlüsselung der edierten Texte im sprachlichen Register anbelangt, so hat man sich hier entschlossen, alle Texte in einem einzigen Register zusammenzufassen. Das war fürwahr ein kühner Entschluss, da es sich ja um Texte in verschiedenen koptischen Dialekten handelt. Der Codex XI ist vorn (Inter; Exp/PrecVal) lykopolitanisch und hinten (Allog; Hyps), wie die Texte der übrigen Codices XII und XIII, sahidisch, wenngleich es nicht die gleiche Spielart des Sahidischen ist. (Darüber – wie überhaupt zur Sprache der Texte – ist in den Einleitungen Turners in Kürze schon ganz wesentliches gesagt oder zusammengestellt.)[5] Aber diese Zusammenfassung des Sprachmaterials ist doch ganz gut gelungen. Besonders der Hauptteil mit den koptischen Wörtern ist ein interessantes Anschauungsmaterial über die Wanderbewegungen lykopolitanischer Wörter und Formen in das Sahidische hinein geworden. Im Großen und Ganzen erfüllt dieses Register seinen bescheidenen Zweck auch sonst recht gut. Man findet die Wörter des Textes im Register schon wieder, und mit Hilfe des Registers findet man gesuchte Stellen im Text wieder. (Vgl. besonders S. 481 die unerwartete feminine Entsprechung zum Nominalpräfix ⲣⲉϥ-, also ⲣⲉⲥ-, die aber nur in ExpVal vorkommt.) Die linguistischen Ansprüche, die der „Konstrukteur" (J. D. Turner) selbst an sein Register stellt, sind ja wahrlich nicht sehr hoch. Gleichwohl zählt das Register für mich doch zu den weniger geglückten Teilen des Gesamtwerkes. Es finden sich darin neben den oben schon erwähnten „Wachstumsringen" nicht nur auch sonst noch allerhand Allzumenschliches (also in Sympathie Verzeihbares!), sondern auch wirklich schlimme Dinge. Vgl. z. B. Eintragungen wie ϣⲓⲧⲥ f. portion (499); ϣⲙⲙⲟ be strange (500); ϩⲙⲙⲉ be hot (507); ϥⲓ ϩⲓⲥⲉ suffer (510); ϫⲱⲗⲉ m. harvest (513); ϫⲟⲟⲩ send ϫⲁⲩⲟ⸗ (514); und besonders die unglaubliche „Grundform" ⲟⲩⲡⲉⲧⲉ ϣϣⲉ ⲡⲉ (S. 504) für das, was im Text ⲟⲩⲧⲉ ⲙ̄ⲡⲉⲧⲉ ϣϣⲉ ⲁⲛ ⲡⲉ heißt.

---

[5] Vgl. jetzt W.-P. Funk, Toward a Linguistic Classification of the „Sahidic" Nag Hammadi Texts, in: D. W. Johnson (ed.), Acts of the Fifth International Congress of Coptic Studies, Rome 1993, 163–177.

Rezension zu Hans Jakob Polotsky: Grundlagen des koptischen Satzbaus, Zweite Hälfte*

Die erwartete zweite Hälfte der „Grundlagen" ist nun auch da (erschienen 1990), aber nicht mehr ihr Autor. Er ist am 10. August 1991 in Jerusalem gestorben. Hoch betagt zwar, kurz vor seinem 86. Geburtstag stehend, aber dennoch unerwartet und plötzlich. Ich habe es erst viel zu spät erfahren, anlässlich eines Besuchs von R. Kasser Anfang Oktober hier in Berlin, und war nicht darauf vorbereitet. Trauer braucht sich der Torheit nicht zu schämen: „Sein" Exemplar meiner Ausgabe des Codex Glazier war schon auf dem Weg nach Jerusalem, aber die Sendung kann ihn nicht mehr erreicht haben. Und ich hätte doch so gern gesehen, dass er sich mit mir auch an diesem oxyrhynchitischen Text der Apostelgeschichte noch erfreut, ihn mit seinen „starken Augen" (C. Schmidt) gelesen und in seine linguistischen Reflexionen einbezogen hätte.

Er hat noch im Sommersemester 1990 als Gastprofessor am Ägyptischen Seminar der Freien Universität in Berlin eindrucksvoll gewirkt. Bei der Gelegenheit habe ich ihn auch zweimal privat sprechen und mit ihm fachsimpeln können. Ich habe ihm da übrigens auch eine Kopie des Manuskripts meiner Rezension des ersten Teils der „Grundlagen"gegeben und ihm meine Stellung „zwischen den Fronten" bekannt,[1] hin- und her gerissen zwischen der Faszination seiner Zurückführung der komplexen Phänomene der koptischen Sprache auf ihre Grundstrukturen *und* der umfassenden „Kartographie" aller Erscheinungen bei seinem Schüler Ariel Shisha-Halevy (vor allem in seinen „Categories"),[2] und für die angewandte Linguistik aus beiden Systemen Nutzen ziehend.

Nun ist alles anders. Das kleine Bändchen erscheint wie ein Vermächtnis, und seine Rezension bekommt unausweichlich etwas vom Charakter eines Nachrufes. Der neutrale Stil wandelt sich zum Bekenntnis; statt den Inhalt des Buches einfach zu beschreiben, erliegt man dem Versuch, ihn zu deuten, die grammatischen Sätze ihrerseits zu interpretieren, nicht nur zu hören auf das, was er sagt, sondern herauszufinden, wo ihm das Herz geschlagen hat.

Nun kommen Polotskys „Grundlagen" (auch schon in ihrem ersten Teil übrigens) einem exegetischen Herantreten mehr als halbwegs entgegen. Man könnte durchaus respektvoll sagen, er hat uns, wie weiland Clemens von Alexandria, στρωματεῖς hinterlassen. Es wirkt ja nicht alles, was darinsteht, gleichgewichtig und ausgewogen. *Äußeres* Gleich- und Ebenmaß jedenfalls ist dieser Darstellung nicht zueigen. Die für die „Grundlagen" typischen forschungsgeschichtlichen „Tiefgrabungen", bzw. die mit der Weite ihres Horizontes geradezu erdrückenden Beziehungen koptischer Erscheinungen auf grundsätzliche Phänomene der

---

* ASP 29, Atlanta, GA 1990. In: APF 40 (1994), 101–104.

1 Siehe H.-M. Schenke, APF 36 (1990), 89–91.

2 Vgl. H.-M. Schenke, OLZ 86 (1991), 154–159.

Sprachwissenschaft, finden sich nur an einzelnen Punkten in die „normalen" grammatischen Darlegungen eingestreut. Diese selbst bieten aufregend Neues versteckt in wohlvertrautem Alten (jedenfalls wirkt die Sache auf mich so), aber nun auch so, dass die Fülle der Beispielssätze mehr ins Auge fällt als die grammatischen Beschreibungen, denen sie doch dienen sollen. Orientiert ist das Ganze im Wesentlichen an der sahidischen Bibel (Hinweise *auf* oder Beispiele *aus* anderen Dialekten: Bohairisch, Subachmimisch, Oxyrhynchitisch, kommen nur sporadisch vor), und diese Ausgangsbasis wird nur gelegentlich verbreitert in erster Linie durch das Sahidisch des Schenute, Nag Hammadi-Texte, Apostolische Väter etc. Also Grund genug, um nach den Gründen zu fragen. Warum gerade so? Und solches Fragen führt uns eben zum Herzen der Sache.

Aber vorher ist doch noch der „Pflichtübung" bloßer Beschreibung zu genügen. Zunächst einmal ist dieser Band schon insofern wirklich die zweite „Hälfte", als die Seitenzählung einfach weitergeht; die erste eigentliche Textseite ist S. 169. Was die Kapitel anbelangt, die ja auch weitergezählt werden, so ist den drei ursprünglich projektierten Kapiteln, die jetzt z. T. auch etwas anders heißen, noch ein zusätzliches Kapitel vorangestellt worden, nämlich IV. Die Wortklasse „Verbum" (Einleitung zu V und VI) (S. 169–174 §§ 1–9); dann kommen erst als V. Grundzüge des Verbalsatzes (der Tempora) (S. 175–202 §§ 1–46), VI. Grundzüge des Adverbialsatzes (des Präsens) (S. 203–224 §§ 1–30) und VII. Grundzüge der adverbialen Transposition (S. 225–260 §§ 1–30). Es folgen ein „Rückblick 1889–1989" (S. 261), ein „Nachwort" (S. 263), „Zusätze und Berichtigungen zu Teil I" (S. 265–267 [mit einer umfänglichen Neufassung von S. 114,12–3 v. u.])[3] und schließlich eine Art Literaturverzeichnis unter der Überschrift „Gekürzte Zitate (Auswahl)" (S. 269–272).

Kehren wir nun zum Versuch der Deutung des im Buch Gesagten zurück. Zunächst einmal ist es die sachgemäße Haltung diesen στρωματεῖς gegenüber, nicht zu fragen, wie der Autor unseren Erwartungen entspricht, sondern einfach auf das zu hören, was er uns zu sagen wünscht. Und klar ist auch von vornherein, dass ihm wichtig ist, worüber er so auffällig tiefgründig handelt. Aber das ist nicht der alleinige Wegweiser. Die Länge des Kapitels und die Flut seiner Beispiele machen deutlich, dass der/ein Schwerpunkt des Buches hinten in Kapitel VII liegt. – Wenn Polotsky übrigens hier und sonst zur Illustration einer Regel mehr als ein Beispiel bringt, das ja eigentlich zum bloßen Verständnis der Regel genügen würde, so kann das nur bedeuten, dass sie ihm einen Wert an sich darstellen. Es sind das die in einem langen Forscherleben gesammelten Edelsteine, aus denen das jeweilige Gesetz der Sprache gewissermaßen von selbst hervorleuchtet. Es sind Ikonen zu linguistischer Kontemplation! Und ihre Wichtigkeit, ihre Leucht- und *Er*leuchtungskraft, liegt in ihrer Ordnung, sei es, dass es eine innere Ordnung ist, dass also ein und dasselbe Zitat eine bestimmte relevante Opposition oder Alternation selbst bietet, sei es, dass diese Ordnung erst durch ihre Reihenfolge und Gruppierung zustande kommt. – Und schließlich bringt ja nun erst dieses

[3] Man erfährt auch durch einen Zusatz des Editors, dass dieser Teil I in Wirklichkeit Bd. 27 der ASP ist, d. h., dass nicht – wie ich dachte – das Titelblatt die Wahrheit enthält, sondern dessen Rückseite und der Einbandrücken.

Kapitel VII mit der Behandlung und Sortierung der Umstandssätze das noch ausstehende dritte Element zu dem Dreiklang der Transpositionen, in dem nach Polotsky die eine Hälfte des *Wesens* des koptischen Satzbaus liegt. In welcher Weise diese „Erkenntnis der drei Transpositionen als zusammengehöriger Gruppe" aber dem Autor am Herzen liegt, diesen „Ton" zur „nüchternen Prosa der Grammatik" (S. 263), findet man in dem ganz kurzen „Rückblick 1889–1989" (S. 261). Es ist hier und S. 224 (s. unten), wie wenn ein Theologe seine Abhandlungen jeweils mit einem Gebet beschließt.

Was dieses die „Grundlagen" bestimmende und durchziehende Modell der Transpositionen betrifft, so möchte ich mir in dieser Vermächtnisannahme und unter dem Gesichtspunkt des Herzschlagens einen über den Inhalt des vorliegenden Buches hinausführenden Hinweis erlauben. *Nach* den „Grundlagen" hat Polotsky noch einen wichtigen Aufsatz geschrieben: „Zur Determination im Koptischen", von dem ich gar nicht weiß, ob er schon erschienen ist, bzw. wo er erscheinen wird. Jedenfalls war ihm selbst die Sache so wichtig, dass er, als wir uns im Sommer 1990 in Dahlem unterhielten, immer wieder davon anfing und irgendwie sich gar nicht vorstellen zu können schien, dass ich sein großes Geheimnis schon kannte, weil er mir bereits eine Kopie seines Manuskripts geschickt hatte. Es geht darin um die wirklich rätselhafte Genusinkongruenz zwischen Subjektspronomen und Nomen in dem Nominalsatztyp ⲟⲩⲙⲉ ⲡⲉ „er ist wahrhaftig bzw. gerecht" und zwischen Artikel und Nomen in dem Syntagma des Typs ⲡⲙⲉ „der Wahrhaftige bzw. Gerechte". Und Polotsky erklärt eben den Benennungsausdruck ⲡⲙⲉ als *adjektivische Transposition* der Prädikation ⲟⲩⲙⲉ ⲡⲉ, also ⲟⲩⲙⲉ ⲡⲉ/ⲡⲙⲉ in Sachparallele zu ⲁϥⲥⲱⲧⲙ̅ „er hat gehört"/ⲡⲉⲛⲧⲁϥⲥⲱⲧⲙ̅ „der gehört hat" bzw. ϥⲙ̅ⲙⲁⲩ „er ist dort"/ⲡⲉⲧⲙ̅ⲙⲁⲩ „der dort ist". „Somit reiht sich die ‚Genusinkongruenz' zwischen Artikel und Nomen den Erscheinungen der ägyptisch-koptischen Grammatik an, die erst mit Hilfe der Transposition sich einer rationellen Darstellung erschlossen haben" (Ms. S. 12). (Übrigens findet sich am Ende des Aufsatzes als § 10 eine liebenswert spitzig-spritzige Auseinandersetzung mit A. Shisha-Halevy, der in seinen „Categories" [§ 5.1.1.0.1, S. 142f.] denselben Gegenstand von den ihm eigenen anderen Prämissen aus behandelt hat.)

Von der zweiten der beiden dreifaltigen Grundlagen des koptischen Satzbaus, nämlich der wesentlichen Dreiheit der Prädikationstypen (Nomen, Verbum, Adverb als Prädikat) ist in Teil I bisher nur erst der Satz mit nominalem Prädikat beschrieben, analysiert und illustriert worden. Die beiden anderen Typen, der Satz mit dem verbalen Prädikat und der Satz mit dem adverbialen Prädikat sind für den zweiten Teil aufgespart geblieben. Ihre Behandlung erfolgt – gewissermaßen schulmäßig –, wie das Inhaltsverzeichnis ja zeigt, *vor* der der Umstandssätze. Die entscheidende Weichenstellung findet sich aber schon in Kapitel IV (in Verbindung mit VI § 18, wo die Stern-Jernstedtsche Regel eingeführt wird) und ist der Grund für dessen Hinzukommen. Hier werden das Wesen der beiden Prädikationstypen und ihr kategorialer Unterschied bestimmt. Für den Temporalsatz ist typisch die Dreigliedrigkeit (Tripartite Conjugation Pattern): ⲁ=ϥ-ⲥⲟⲧⲡ(ϥ) „er hat (ihn) erwählt", wobei das Prädikat die Konjugationsbasis *in Verbindung mit* dem aktualen Infinitiv als ihrem Objekt ist. Die formale Variation geschieht im ersten Glied, insofern als die Perfektbasis unseres Beispiels gegen sechs andere ausgetauscht werden kann (im Ganzen sind es sieben Konjugationsbasen bzw. Tempora: drei affirmative und vier negative). Demgegenüber hat das Präsens nur zwei Glieder (Bipartite Conjugation Pattern): ϥ-ⲙ̄ⲙⲁⲩ „er ist dort", wobei allein das zweite Glied das Prädikat ist und die formale Variation in diesem zweiten Glied erfolgt, insofern als diese zweite Stelle außer durch das Adverb, wie in unserem Beispiel, (bzw. einen entsprechenden Präpositionalausdruck) auch durch den Stativ (ϥ-ⲥⲟⲧⲡ „er ist erwählt"), den *durativen* Infinitiv (ϥ-ⲥⲱⲧⲡ [ⲙ̄ⲙⲟϥ] „er ist dabei [ihn] zu erwählen") und das Instans (ϥ-ⲛⲁ[ⲥⲱⲧⲡ] „er ist im Begriff zu [erwählen]") eingenommen werden kann. Von diesen vier Prädikatsarten haben auch die anderen drei letztlich adverbialen Charakter und prädizieren also alle vier ruhende Ortsverhältnisse. So kommt Polotsky als letzte Stufe seines Eindringens in die Sache zu der genial einfachen These, dass der wesentliche Unterschied zwischen Temporalsatz und Präsens der des Aspekts ist und dass die beiden Aspekte „die grammatischen Korrelate der Anschauungsformen der Zeit und des Raumes" sind (S. 170; erstmalig vorgetragen GM 88 [1985], 19–23). Wie sehr er sich dieser Einsicht freut und wie er wohl auch dankbar ist für die Wahrheit, die sich ihm hier eröffnet hat, kommt (wiederum) in einer bewegenden kurzen Bemerkung am Ende von Kapitel VI (§ 30) zum Ausdruck, wo er sagt, dass „die Anschauungsweise, die in den prädikativen Beziehungsverhältnissen der ägyptisch-koptischen Grammatik ihren Ausdruck findet – besonders in dem Gegensatz Tempora vs. Präsens und in dem ‚lokalistischen' Charakter des letzteren –" eigentlich einen Propheten als Verkünder gebrauchen könnte (S. 224).

Rezension zu Jan Zandee:
The Teachings of Sylvanus (Nag Hammadi Codex VII,4)*

Die posthum erschienene Ausgabe der „Lehren des Silvanus" (Silv) durch Jan Zandee ist ein würdiger Anlass, an die Faszination und Bedeutung dieser hellenistisch-christlichen Weisheitslehre zu erinnern. Ihre Art und ihr Inhalt sind ja im Grunde – wenigstens im deutschsprachigen Raum – durch die Übersetzung von W.-P. Funk wohlbekannt.[1] Und das dort enthaltene Textverständnis ist übrigens noch nicht überholt worden, ja nicht einmal erreicht – weder von der *editio princeps* des Silv durch Yvonne Janssens (BCNH.T 13, Québec 1983) noch durch die jetzt vorliegende von Zandee. Zandee war dem Zauber dieser Schrift erlegen und hat sie über die Maßen geliebt. Jahrzehnte seines Forscherlebens hat er ihrer Bearbeitung gewidmet. Und der letzte umfangreichste Ertrag davon liegt ja nun vor. Aber es war eine unglückliche Liebe, insofern als Zandee in mehrfacher Hinsicht und aus Gründen, von denen man manche nur ahnen kann, mit seiner Arbeit nicht ans Ziel gekommen ist. Denn das jetzt vorliegende Werk ist ja noch gar nicht die von Zandee und Malcolm L. Peel erwartete kritische Textausgabe, die im Rahmen der US-amerikanischen Reihe der Coptic Gnostic Library in dem Band, der dem Codex VII gewidmet ist, erscheinen soll. Der Ausgabe-Teil *hier* wird ja im Unterschied zu *dort* von Zandee allein verantwortet. Und der gewaltige Kommentar-Teil ist sowieso ein Stück *sui generis*. Dieser Kommentar, der in Zandees Augen offenbar die Hauptsache ist – anders wäre die „Schlichtheit", in der die Edition des Textes selbst gehalten ist, nicht zu erklären –, ist trotz seines Umfangs von ausgesprochener Einseitigkeit. Diese Einseitigkeit hat mehrere Aspekte. Die linguistischen Probleme des Textes sind ausgeklammert.[2] Eine Auseinandersetzung mit anderen Textauffassungen – sei es im Einzelnen, sei es global – findet nicht statt. Es kommt auch nur eine einzige exegetische Methode zur Anwendung, nämlich der religionsgeschichtliche Vergleich. So ist der Kommentar praktisch nur eine Parallelensammlung zum Silv, und zwar aus den Bereichen Bibel, Philo, Stoa, Platonismus, Gnosis, Justin und Origenes. Wiederum ausgeklammert sind Clemens Alexandrinus und der judenchristliche Bereich, weil dafür das Entsprechende schon anderswo vorgelegt worden war.[3]

---

* Text, Translation, Commentary, EU 6, Leiden 1991. In: Enchoria 21 (1994), 196–210; siehe auch JAC 36 (1993), 231–234.

1 Vgl. W.-P. Funk, Die Lehren des Silvanus, ThLZ 100 (1975), 7–23.

2 Und zwar unter speziellem Verweis auf seinen Aufsatz „Deviations from Standardized Sahidic" in: The Teachings of Silvanus, Le Muséon 89 (1976), 367–381; vgl. zu dieser Seite des sprachlichen Phänomens noch W.-P. Funk, BibOr 45 (1988), 23f.; ders., Toward a Linguistic Classification of the „Sahidic" Nag Hammadi Texts, in: D. Johnson (ed.). Acts of the Fifth International Congress of Coptic Studies, Vol. 2,1, Rome 1993, 163–177.

3 Siehe J. Zandee, „The Teachings of Silvanus" and Clement of Alexandria, Leiden 1977; ders., „The Teachings of Silvanus" (NHC VII,4) and Jewish Christianity, in: R. van

In dieser beeindruckenden und leidenschaftlichen Reduktion der Aspekte kommt aber nun das Anliegen Zandees umso deutlicher heraus. Sein ganzes Interesse liegt darin, den Silv als ein Zeugnis alexandrinischer Theologie verständlich zu machen, das speziell von Origenes abhängig sei. Andererseits führen dieses Anliegen und diese Anlage eben dazu, dass der Ertrag recht allgemein bleibt und die Demonstration inhaltlich nicht über die Prämissen hinausführt (man sieht den Silv in einem „Spinnennetz" von Verwandtschaftsbeziehungen stehen); konkrete Fragen werden nicht einmal gestellt und könnten auch mit solcher Exegese niemals beantwortet werden.

Im Rahmen dieser Zeitschrift verdienen aber der koptische Text und seine Probleme sowieso mehr Interesse als ein solcher Kommentar. Wenn auch die Ausgabe des koptischen Textes, die im großen und ganzen übrigens zuverlässig ist, keine großen Ansprüche stellt, so kann sie doch in dem schmalen Grenzbereich, wo noch Probleme liegen, wenn diese nicht als solche kenntlich gemacht werden, falsche Sicherheit vortäuschen und auf lange Sicht eine nachteilige Wirkung ausüben. Es ist ja in der Nag Hammadi-Forschung sowieso schwer, falsche „Computereingaben", die in den ersten Versuchen getätigt wurden, wieder herauszubekommen. Außerdem verdient es der Text, so genau wie möglich genommen zu werden. Und es ist schließlich die gleiche Liebe, wie Zandee sie hatte, wenn auch mit anderem Schwerpunkt, aus der heraus das geschieht. Die Dinge, die zur Sprache gebracht werden sollen, sind zugleich auch von einem allgemeinen Interesse, weil sie zum Teil schon die editio princeps von Y. Janssens betreffen, also allen (beiden) z. Z. vorhandenen Ausgaben zueigen sind. Dass sie hier nicht alle zum ersten Mal artikuliert werden, sondern manche schon in den Rezensionen der editio princeps eine Rolle spielten,[4] macht es leider nicht überflüssig, das Schuldige noch einmal und auf andere Weise anzumahnen.

Wir beginnen am besten mit derjenigen crux interpretum des Silv, der Zandee eigens eine Göttinger Miszelle gewidmet hat.[5] Auf p. 87 folgt einer zweigliedrigen Ermahnung: „Die tierische Natur, die in dir ist, wirf aus dir heraus! Und den schlechten Gedanken lass nicht zu dir ein!" (Z. 27–31) folgender Satz zur Begründung: ⲉⲛⲉⲥⲟⲩⲡⲱϩ ⲅⲁⲣ ⲉⲕⲥⲟⲟⲩⲛ ⲛ̄ⲑⲉ ⲉϯϯⲥⲃⲱ ⲛⲁⲕ (Z. 31–32). Und hier ist es das erste Element samt seiner syntaktischen Verknüpfung mit dem Rest, was so dunkel ist, und bei dem keine Analyse aufgeht. Funk versteht den Ausdruck im Sinne von ⲉ-ⲛⲉⲥⲉ̱-ⲡⲱϩ und übersetzt den ganzen Satz: „denn es ist gut, dahin zu gelangen, dass du so erkennst, wie ich dich lehre" (ThLZ 100 [1975], 12). Und dieser Auffassung ist – zögernd – auch Y. Janssens gefolgt: „Car il est beau (?) d'arriver à ce que tu saches comment je t'instruis" (BCNH.T 13, 33 mit Anm.). In einem Brief an Zandee (vom 1. 2. 1977) gibt er freilich zu – und nennt die einzelnen Gründe –, dass dieser Lösungsversuch ihn selbst nicht ganz befriedigt. Auch in der Concordance des textes de Nag Hammadi, Le Codex VII, par Régine Charron, BCNH.C, section „concordances" 1, Québec 1992, ist unsere Stelle unter

---

den Broek/M. J. Vermaseren, Studies in Gnosticism and Hellenistic Religions, Leiden 1981, 498–584.

4 Vgl. H.-M. Schenke, ThLZ 112 (1987), 109–113; W.-P. Funk, BibOr 45 (1988), 18–24.

5 J. Zandee, Eine Crux Interpretum in den "Lehren des Silvanus", GM 44 (1981), 79f.

ⲛⲉⲥⲉ-, ⲛⲉⲥⲱ⸗ eingeordnet (S. 280). In der Tat sind ja die Schreibungen ⲉ und ⲟⲩ in anderen „Fächern" des koptischen Elementeninventars als Varianten, vor allem beim Objektspronomen der 3. Pers. Pl., wohlbekannt. Zandees Alternatividee, über die nachzudenken sich lohnt, auch wenn man mit dem Weg, auf dem er zu ihr kommt, seine Probleme haben kann, läuft nun darauf hinaus, in dem Element ⲥⲟⲩ das Präsenspräformativ der 3. Pers. Sgl. fem. in unpersönlichem Gebrauch zu sehen. Er analysiert also ⲉⲛⲉ – ⲥⲟⲩ – ⲡⲱϩ, wobei dann das Element ⲉⲛⲉ die Fragepartikel oder der Imperfekt- mit Umstandssatztransponent sein könnte. In der vorliegenden Ausgabe hat er sich schließlich auf die zweite Möglichkeit festgelegt und übersetzt nun: „For it would befit you to know the way which I teach" (S. 19). In Anbetracht von Mt 26,35 (*B*) ⲕⲁⲛ ⲁⲥϣⲁⲛⲫⲱϩ ⲛ̄ⲧⲁⲙⲟⲩ ⲛⲉⲙⲁⲕ („Auch wenn es nötig wäre, mit dir zu sterben") erscheint das im Kern sehr plausibel. Nur müsste man wohl bei der Realisierung dieser Idee in einem Text, dessen Sprache ein so vorzügliches Koptisch ist, auf eine Konjektur rekurrieren und ⲉⲛⲉⲥ{ⲟⲩ}ⲡⲱϩ lesen. Aber nun zeigt ein Vergleich unseres Satzes mit der Wendung aus dem bohairischen Matthäus-Evangelium ein Auseinandergehen in der Anfügung der Prädikatserweiterung. Und man hat guten Grund zu zweifeln, ob der Umstandssatz ⲉⲕⲥⲟⲟⲩⲛ dieselbe Funktion haben kann, wie der Konjunktiv ⲛ̄ⲧⲁⲙⲟⲩ. Da sich als eigentliches Zentrum des Problems inzwischen offenbar das Element ⲟⲩ herauskristallisiert hat, scheint aber nun noch die Frage übrigzubleiben, ob das ⲟⲩ nicht einfach der unbestimmte Artikel ist und man davor ein ⲉ als ausgefallen annehmen darf. Ohne irgendeine Art von Konjektur scheint man ja hier sowieso nicht auszukommen. Und die versehentliche Auslassung eines Buchstabens kommt in dieser Kopie des Silv – in eindeutiger Weise – immer mal wieder vor: Man würde also analysieren ⲉⲛⲉⲥ<ⲉ> ⲟⲩⲡⲱϩ, und könnte sich fragen, ob der ganze Satz dann etwa den Sinn hätte: „Denn schön ist (die) Mündigkeit, wenn du (nämlich) so erkennst, wie ich (es) dich lehre." Nach Lage der Dinge muss aber dieses Problem noch als völlig offen im Bewusstsein gehalten werden.

Des weiteren Nachdenkens wert ist auch eine Ermahnung, die auf derselben Codexseite ein paar Zeilen höher, steht: „Gib meine Lehre nicht preis und erwirb dir nicht Ungelehrigkeit, damit du dein Volk nicht in die Irre führst!" (Z. 19–22). Allerdings ist das gemeinte Phänomen hier nicht linguistischer, sondern traditionsgeschichtlicher Natur. Es ist die Rede vom Volk des Adressaten, die überaus merkwürdig ist und zu der Frage veranlassen kann, ob wir hier nicht einen archaischen Rest der Weisheit zu Gesicht bekommen, wo eben dieser Adressat noch der König war. Wenn man diese Spur „aufnimmt", meint man auch an anderen Stellen noch königliche Züge dieser Weisheit durchschimmern zu sehen, z. B. p. 87,33–88,6 (vgl. besonders das Motiv vom Herrschen über jedes Volk); p. 89,17–24 (die Rede vom [Königs-]Gewand, Krone und Thron); p. 91,25–30 („ - - - und du wirst über jeden Ort der Erde herrschen - - -").

Aber jetzt zu den angekündigten Dingen, und zwar in der richtigen Reihenfolge! Bei dem Satz ϩⲉⲛⲑⲏⲣⲓⲟⲛ ⲅⲁⲣ ⲉⲑ̣ⲟⲟⲩ ⲛⲉ ⲙ̄ⲙⲉⲉⲩⲉ ⲉⲧⲛⲁⲛⲟⲩⲟⲩ ⲁⲛ „denn böse Tiere sind die unguten Gedanken" (p. 85,11–13) wäre gut zu wissen, welches die Bedingungen sind, unter denen hier als Erweiterung des Prädikats der Relativsatz statt des zu erwartenden attributiven Umstandssatzes erscheint.

p. 86,19 ist ein Tippfehler (ⲉ) zu tilgen; es muss heißen ⲛ̄ⲧⲙⲛ̄ⲧⲛⲟⲩⲧⲉ.

p. 87,33f. ergänzt Zandee ⲉ̣ⲛϩⲟ[ⲗⲓⲅ]ⲟ̣ⲛ gegenüber dem ⲉ̣ⲛϩⲟ[ⲣⲁⲧ]ⲟ̣ⲛ von Funk und Janssens. Diese Ergänzung ist übrigens schon in NHLibEng, 1977, 348 vorausgesetzt: „If it is good to rule over the [few]“ etc., und hat auch bereits Aufnahme in F. Siegerts Nag Hammadi Register von 1982 gefunden (dort S. 277). Nun wird man gern zugeben, dass der Gegensatz „*wenig* – alles“ hier prägnanter wäre als der indirekt ausgedrückte von „*sichtbar* – unsichtbar“, doch ist zu bezweifeln, ob dieses griechische Adjektiv überhaupt je Bestandteil des koptischen Sprachinventars geworden ist.

In Zandees Übersetzung von p. 88,19–22: ⲙ̅ⲡⲣ̅ϣⲱⲡⲉ ⲛ̅ⲣⲉϥϫⲓ ⲙⲟⲉⲓⲧ ϩⲏⲧⲥ̅ ⲛ̅ⲧⲉⲕⲙⲛ̅ⲧⲁⲧⲥⲟⲟⲩⲛ ⲉⲧⲟ ⲛ̅ⲃⲗ̅ⲗⲏ „do not become a guide in your blind ignorance“ ist die Wiedergabe der Präposition ϩⲏⲧ⸗ mit „in“ ein wenig verwunderlich. ϫⲓ ⲙⲟⲉⲓⲧ ϩⲏⲧ⸗ ist doch ein festes Syntagma, nach dem „deine blinde Unwissenheit“ als das Geführte (bzw. hier als das, was *nicht* geführt werden soll) bestimmt ist. Die daraus resultierende exegetische Frage, ob und wie man denn selbst seine eigene blinde Unwissenheit führen könne, kann man verschieden beantworten. Die Rede vom Führen könnte etwa metaphorisch gebraucht sein im Sinne von „bestärken“, „vergrößern“. Das ganze könnte aber auch bedeuten, dass man nicht gut sein eigener Blindenführer sein kann.

Bei p. 91,24f.: ϫⲓ ⲉⲣⲟⲕ ⲙ̅ⲡⲥⲁ ⲛ̅ⲧⲙⲛ̅ⲧⲛⲟⲩⲧⲉ ⲙ̅ⲡⲗⲟⲅⲟⲥ ist anzumerken, dass Zandee – ebenso wie übrigens Y. Janssens – Funks Konjektur ⲙ̅ⲡⲥⲁ<ϩ> für nicht evident genug hält und sich stattdessen mit der „Seite“ herumschlägt: „take for yourself the side of the divinity of reason.“ Vgl. jedoch einerseits p. 85,23–27; 90,33–91,1; 96,32–97,3; 110,14–18; andererseits p. 96,19–21; 103,25f.; 118,2–4. Im Falle von -ⲥⲁ<ϩ> wird man ⲙⲛ̅ⲧⲛⲟⲩⲧⲉ natürlich als Wiedergabe von εὐσέβεια verstehen und in ⲙ̅ⲡⲗⲟⲅⲟⲥ nicht einen zweiten Genitiv, sondern eine identifizierende Apposition sehen. Siehe im Übrigen Funks Übersetzung: „nimm den Lehr<er> der Frömmigkeit, den Logos, an!“[6]

Für den koptischen Satz p. 92,27–29: ⲧⲯⲩⲭⲏ ⲇⲉ ⲡⲉⲛⲧⲁϥⲣ̅ⲡⲗⲁⲥⲥⲉ ⲛ̅ⲛⲉⲩϩⲏⲧ ⲟⲩⲁⲁⲩ gibt es gleich drei grundverschiedene Textauffassungen bzw. Übersetzungen. Vgl. „but the soul is that which he (i. e., God) formed for their own hearts“ (Zandee); „tandis que l’âme est ce qui a modelé leurs coeurs à eux“ (Janssens); „die Seele dagegen ist es, was in ihnen selbst ‚gebildet‘ wurde“ (Funk). Nun lassen sich bei einem exegetischen Satz wie diesem nicht alle semantischen Probleme (hier vor allem bei der adverbiellen Erweiterung) in den Kategorien der Grammatik lösen. Die Struktur des Satzkerns ist aber eindeutig bestimmbar. Und danach ist Zandees Übersetzung eindeutig falsch, weil sie nach -ⲣ̅ⲡⲗⲁⲥⲥⲉ ein ⲙ̅ⲙⲟϥ verlangen würde. Doch auch die Auffassung von Janssens, die den Verbalausdruck ebenfalls für transitiv hält, aber nun ⲛⲉⲩϩⲏⲧ zu seinem Objekt macht, dürfte nicht stimmen. M. E. setzt ihre Übersetzung nach ⲇⲉ ein ⲧⲉ ⲧⲉⲛⲧⲁⲥⲣ̅ⲡⲗⲁⲥⲥⲉ voraus. Der Satz ist jedenfalls eine adjektivische Cleft Sentence, in der also ⲧⲯⲩⲭⲏ das Prädikat ist. Nur in diesem Satzmuster ist auch die völlige Inkongruenz des Subjekts (ⲡⲉⲛⲧⲁϥⲣ̅ⲡⲗⲁⲥⲥⲉ etc.) mit dem Prädikat natürlich.

---

[6] ThLZ 100 (1975), 13; und vgl. die entsprechenden Eintragungen bei R. Charron, Concordance, 12. 417. 742.

Und ⲣ̄ⲡⲗⲁⲥⲥⲉ ist nach dem Kontext determiniert als Äquivalent von πλάσσεσθαι, *nicht* von πλάσσειν.

p. 93,30 vertritt in der Übersetzung ein „it" das ausdrücklich wiederholte ⲧⲯⲩⲭⲏ des koptischen Textes. Und wenige Zeilen danach (Z. 33) ist in bezug auf den koptischen Satz ⲧ̣[ⲉⲓ̈ϩⲉ ⲧ]ⲉ̣ⲧⲥ̄ⲣ̄ⲇⲟϭⲓ ⲛ̄ⲧⲁⲗⲏⲑⲓⲁ auch gegen Zandee die Wahrheit noch einmal zu sagen.[7] Schon Y. Janssens hatte falsch, wenn auch anders, ergänzt, nämlich ⲁ̣[ϣ ⲛϩⲉ] ⲉ̣ⲧⲥ̄ⲣ̄ⲇⲟϭⲓ ⲛ̄ⲧⲁⲗⲏⲑⲓⲁ, und übersetzt: „[comment] peut-elle concevoir la vérité?" Aber im Missverständnis des Syntagmas ⲥⲣ̄ⲇⲟϭⲓ ⲛ̄- stimmen beide Ausgaben völlig überein. Beide halten die Seele für das Subjekt und betrachten die Wahrheit als das direkte Objekt. Vgl. Zandees Übersetzung: „In [this way] it imagines the truth." Entsprechend sind die Eintragungen der Register: dort „(δοκεῖν) ⲣ ⲇⲟϭⲓ concevoir", hier „δοκεῖν to imagine". Nun gibt es aber das Verb δοκεῖν im Koptischen überhaupt nicht. Es ist nur der griechische unpersönliche Ausdruck δοκεῖ „es scheint", der zum Inventar des Koptischen geworden ist und dort in der Gestalt ⲥⲇⲟⲕⲉⲓ, bzw. einer Schreibvariante wie hier, bzw. einer Tempusvariante, erscheint. Und das ⲛ̄- danach ist der Dativ. Zandees Rekonstruktion des Zeilenanfangs ist als solche übrigens nicht unsyntaktisch. Nur würde sein Text bedeuten: „Diese Weise ist es, (in der) es der Wahrheit als richtig erscheint." Aber das entspräche keinem geläufigen Schema; auch ist diese Rekonstruktion um etwa zwei Buchstaben zu lang, während es unter der Voraussetzung eines ⲧ̣ vor der Lücke keine mögliche kürzere gibt. Das einzig evidente ist nach wie vor Funks ⲁ̣[ϣ ⲡ]ⲉ̣ⲧⲥ̄ⲣ̄ⲇⲟϭⲓ ⲛ̄ⲧⲁⲗⲏⲑⲓⲁ, was wörtlich übersetzt heißt: „Welches ist es, das der Wahrheit als richtig erscheint?"

In p. 94,7–9: ⲁⲣⲉⲟⲩⲱϣⲉ ⲁⲣ̄ ⲧⲃ̄ⲛⲏ ⲛ̄ⲧⲁⲣⲉϣⲱⲡⲉ ϩⲛ̄ ⲧⲉⲓ̈ⲫⲩⲥⲓⲥ ⲛ̄ⲧⲉⲓ̈ⲙⲓⲛⲉ sind die beiden Konjugationsformen die neuralgischen Punkte. Zandees Übersetzung unterscheidet sich durch *ihre* Auffassung grundlegend von Funks und Janssens'. Vgl. „You wished to become animal when you had come into this kind of nature" (Zandee), gegenüber: „Willst du etwa zum Tier werden und daraufhin in der nämlichen Natur existieren?" (Funk) und: „Veux-tu être animal et vivre dans une nature de cette sorte?" Das heißt, Funk und Janssens haben ⲁⲣⲉ- als dialektisch eingefärbtes Präsens II und ⲛ̄ⲧⲁⲣⲉ- als Kausativen Konjunktiv (sog. Finalis) gedeutet, während Zandee von Anfang an die linguistisch näher liegende, aber exegetisch schwierigere Auffassung als Perfekt I und Temporalis gewählt hat. Und in diesem Falle behält wohl Zandee Recht. Auch hat Funk inzwischen seine Meinung korrigiert. Vgl. „As-tu voulu être animal quand tu as accédé à une telle nature?"[8] Vg. schließlich auch Charrons Concordance, wo das ⲁⲣⲉ- unter dem Lemma ⲁ- (parfait affirmativ) (S. 35) und das ⲛ̄ⲧⲁⲣⲉ- unter dem Lemma ⲛⲧⲉⲣⲉ- (temporel) (S. 291) erscheinen. Der Umschwung bei Funk erklärt sich aus der allmählich gewachsenen Erkenntnis, dass – im Unterschied zu anderen Spielarten

[7] Vgl. schon W.-P. Funk, ThLZ 100 (1975), 23 Anm. 27; H.-M. Schenke, ThLZ 112 (1987), 113; W.-P. Funk, BibOr 45 (1988), 21.

[8] BibOr 45 (1988), 22.

des Sahidischen der Nag Hammadi-Texte – das Sahidisch des Silv dem so genannten klassischen Sahidisch relativ nahe kommt.[9]

ⲁⲣ̄ⲕⲟⲓⲛⲱⲛⲓ in p. 94,10 und ⲁⲣ̄ⲛⲟⲉⲓ in p. 96,16 können nicht Imperative sein, wie Zandee und (vor ihm schon) Janssens meinen (das müsste ⲁⲣⲓⲕⲟⲓⲛⲱⲛⲓ bzw. ⲁⲣⲓⲛⲟⲉⲓ heißen); es ist vielmehr der mit der Präposition ⲉ-/ⲁ- eingeführte Infinitiv: „*um* teil*zu*haben“ bzw. „*um zu* erkennen“.[10]

Für die Auffassung und Übersetzung des Satzes (p. 95,7–11) „For it is fitting for you to be in agreement with the *understanding* of (these) two: with the understanding of the snake and with the innocence of the dove“ (Hervorhebung hier und in folgenden Zitaten von mir) ist es charakteristisch, dass Zandee – ebenso wie Y. Janssens – das erste des zweimaligen ϩⲛ̄ ⲧⲙⲛ̄ⲧⲣⲙ̄ⲛ̄ϩⲏⲧ (Z. 8f.) nicht für eine Textverderbnis und also Funks Konjektur nicht für zwingend hält.[11]

p. 96,26 ist ϫⲉⲣⲟ ein Tippfehler; lies ϫⲣⲟ.

p. 97,10–12: ⲟⲩⲣⲱⲙⲉ ⲇⲉ ⲛ̄ⲁⲑⲏⲧ ⲙⲁϥϩⲁⲣⲉϩ ⲉϣⲁϫⲉ ⲙ̄ⲙⲩⲥⲧⲏⲣⲓⲟⲛ. Diesen Satz übersetzt Zandee folgendermaßen: „And a foolish man does not guard against speaking (a) mystery.“ Und die Übersetzung von Janssens ist im Prinzip genauso, nämlich: „Et un insensé ne s'abstient pas de répéter (un) secret.“ Beide verstehen also ϩⲁⲣⲉϩ als Verbum unvollständiger Prädikation, das durch den mit ⲉ- angeschlossenen Infinitiv ϣⲁϫⲉ erweitert ist und *dessen* Objekt (mit ⲙ̄- angeschlossen) wiederum ⲙⲩⲥⲧⲏⲣⲓⲟⲛ ist. Nun gibt es zwar das Syntagma ϩⲁⲣⲉϩ + Infinitiv, wenngleich der Infinitiv nicht die geläufige Erweiterung von ϩⲁⲣⲉϩ ⲉ- ist. Aber ⲙ̄- kann nicht die Objektsanknüpfung sein, weil die zwischen sich und dem Nomen einen Artikel verlangt. Die Klammer in jeder der beiden zitierten Übersetzungen bezeichnet also schon den neuralgischen Punkt. Nun braucht man aber den Text gar nicht zu quälen oder zu verbessern, denn das Nichtvorhandensein eines Artikels nach ⲙ̄- signalisiert, dass ⲙⲩⲥⲧⲏⲣⲓⲟⲛ das so angeknüpfte Attribut des *Nomens* ϣⲁϫⲉ ist. Vgl. ϩⲉⲛⲗⲟⲅⲟⲥ ⲙ̄ⲙⲩⲥⲧⲏⲣⲓⲟⲛ p. 96,5f. Und bei *dem* als einem Objektsausdruck im negierten Satz ist der Ø-Artikel gesetzmäßig. Entsprechend hatte ja auch schon Funk übersetzt: „Ein Tor vermag keine Geheimnisse zu bewahren.“ In Charrons Concordance findet sich freilich ϣⲁϫⲉ wieder (oder noch) als Infinitiv registriert (S. 93) und das ⲙ̄- in die Kategorie ⲛ-, ⲙⲙⲟ= (relation) (also = gen. und praep.) eingeordnet (S. 250).

Die Übersetzung „Do not trust anyone as a friend“ für ⲙ̄ⲡⲣ̄ⲧⲁⲛϩⲟⲩⲧⲕ̄ ⲙ̄ⲙⲛ̄ ⲗⲁⲁⲩ ⲛ̄ϣⲃⲏⲣ (p. 97,30f.) ist viel zu ungenau, um den Punkt zu treffen. Es muss heißen: „Vertraue dich keinem Freunde an“.[12] Am Ende von Z. 34 derselben Seite ist auch die Lesung von Zandee nicht exakt genug. Er bietet ⲉϥϣⲧ[ⲣ̄ⲧ]ⲱⲣ̣, während es ⲉϥϣⲧⲣ̣̄ⲧⲱ[ⲣ] (so im Prinzip Janssens und Funk [ZÄS 103, 11]) sein müsste.

---

[9] Vgl. Funk, BibOr 45 (1988), 22. 23f.; und das Washington Paper „Toward a Linguistic Classification“.

[10] Vgl. die besonders ausführlichen Darlegungen dazu von Funk, BibOr 45 (1988), 22.

[11] Vgl. Funk, ThLZ 100 (1975), 15; R. Charron, Concordance, 12. 743: ⲉⲕⲧⲏⲧ {ϩⲛ̄ ⲧⲙⲛ̄ⲧⲣⲙ̄} ⲛ̄ϩⲏⲧ.

[12] So W.-P. Funk, ThLZ 100 (1975), 15; und vgl. gerade zu diesem Abschnitt Funks Aufsatz mit *der* Entdeckung zum Silv, „Ein doppelt überliefertes Stück spätägyptischer Weisheit“, ZÄS 103 (1976), 8–21.

Die Ergänzung und Übersetzung der beiden letzten Zeilen (33/34) von p. 98 ist problematisch. Während Janssens die Hauptlücke lieber offen lässt, bietet Zandee: ⲃⲗ̄ⲗⲉ ⲅⲁⲣ ⲛⲓⲙ ϥⲙ[ⲟⲟϣⲉ] | [ⲛ̄ⲑⲉ] ⲉⲛⲁⲩ ⲉⲣⲟϥ [ⲕⲁⲧⲁ] * ⲑⲉ etc. „For every blind man [goes along] | [in such a way] that he (?) is seen [just] * as“ usw. Aber das ist weit jenseits des linguistisch Möglichen. Funk hatte schon 1975 übersetzt: „Denn jeder Blinde ist auf [Dauer] un[fähig (?)], sie (sc. die Sonne) zu sehen. [Eben]so“ usw. Und dabei war folgende Rekonstruktion vorausgesetzt: ⲃⲗ̄ⲗⲉ ⲅⲁⲣ ⲛⲓⲙ ϥⲙ[ⲏⲛ ⲉϥⲉ ⲛ̄]ⲁ̣ⲧ̣||[ϭⲟⲙ] ⲉⲛⲁⲩ ⲉⲣⲟϥ [ⲧⲁⲓ̈ ⲁⲛ ⲧⲉ] * ⲑⲉ usw. (ThLZ 100 [1975], 23 Anm. 37); wobei Funk freilich die Mitte unmittelbar nach Erscheinen in ϥⲙ[ⲏⲛ ⲁϫⲛ̄]||[ϭⲟⲙ] oder: ϥⲙ[ⲏⲛ ⲛ̄ⲁⲧ]||[ϭⲟⲙ] verbessert hat. Für Charron ist aber diese Vorstellung von dem, was da gestanden haben könnte, nicht sicher genug, um in ihre Concordance aufgenommen zu werden (siehe dort S. 744); nur das Ende davon findet sich nämlich dort: ⲉⲣⲟ[ϥ ⲧⲁⲓ̈ ⲧⲉ].

Im Satz p. 100,8: ⲟⲩⲥⲱⲙⲁ ⲡⲉ ⲡⲛⲟⲩⲧⲉ, von Zandee, in Übereinstimmung mit den Übersetzungen von Funk und Janssens, mit „God is a body“ übersetzt, könnte man m. E. die von Jernstedt entdeckten Geheimnisse der Determination im Koptischen in Ansatz bringen und besser übersetzen: „Gott ist körperlich“ („einer *von* Körper ist Gott“).

In ⲁⲣⲓ ⲛⲟⲉⲓ ⲛⲁⲓ̈ ⲙ̄ⲡⲛⲟⲩⲧⲉ (p. 100,31f. und p. 115,10f.) wird das Element ⲛⲁⲓ̈ von Zandee genauso missverstanden wie schon von Janssens, wie seine Übersetzung „Consider *these things* about God“ zeigt. Denn diese würde einen Ausdruck ⲛ̄ⲛⲁⲓ̈ verlangen. ⲛⲁⲓ̈ kann also gar nicht das Demonstrativpronomen sein, sondern ist der Dativ (und zwar dativus ethicus) mit dem Suffix der 1. Pers. Sgl.; wörtlich also: „Erkenne *mir* Gott“ etc. (Vgl. auch Charron, Concordance, 257.)

Ob die Wendung ⲛϥ̄ϫⲱϩⲙ̄ ⲁⲛ (p. 101,32) wirklich, wie allgemein angenommen, heisst: „it *is* not defiled“, ist nicht so sicher, wie es scheint. Das Problem ist die Voraussetzung des intransitiv/passivischen Gebrauchs des Infinitivs ϫⲱϩⲙ̄ im Präsens. Vielleicht muss es doch heißen: „er befleckt nicht“, das heißt, der unreine Ort befleckt die Sonne nicht.

Im Umkreis dieser Stelle gibt es nun übrigens drei Passagen, wo man analog zu der Weise, wie wir in unserem Durchgang sonst im wesentlichen die Gesetze der Grammatik zur Geltung zu bringen versuchen, mit den Gesetzen der Semantik operieren könnte oder muss. In dem Satz ⲟⲩⲁⲧϭⲟⲙ ⲇⲉ ⲡⲉ ⲁⲣ̄ⲑⲉⲱⲣⲓ ⲙ̄ⲡⲉⲭ̄ⲥ̄ ⲛ̄ⲑⲉ ⲙ̄ⲡⲣⲏ (p. 101,13–15) „Es ist aber (genauso) unmöglich, Christus zu schauen (,) wie (es unmöglich ist,) die Sonne (zu schauen)“, der ja Funk schon sachliche Schwierigkeiten gemacht hat (ThLZ 100 [1975], 16), erwartet man nach dem engeren wie weiteren Kontext statt „Christus“ eigentlich „Gott“. Und es sieht so aus, als falle hier das Stichwort „Christus“ einfach etwas zu früh.

Den Satz p. 102,11–13 „For he who condemns may not be judged by the one who condemns“ nennt Zandee im Kommentar unter Assoziation mit Mt 7,1 mit Recht „enigmatic“ (S. 283). Die offenbare Unverbundenheit, besonders mit dem Vorhergehenden, könnte einfach daran liegen, dass dazwischen ein Satz ausgefallen ist.

Ein „Schleier“ scheint auch über p. 102,15f. zu liegen: ⲡⲗⲟⲅⲟⲥ ⲙⲛ̄ ⲡⲛⲟⲩⲥ ⲟⲩⲣⲁⲛ ⲛ̄ϩⲟⲟⲩⲧ ⲡⲉ. Nun könnte man an sich verstehen „Logos und Nûs *ist* (*jeweils*) *ein* männlicher Name.“ Und das stimmt ja auch (etwa im Gegenüber zu „Seele“); nur erscheint das Motiv der Männlichkeit hier völlig deplaziert. Ist es zu kühn, in ⲛ̄ϩⲟⲟⲩⲧ ein verderbtes ⲛ̄<ⲟⲩⲱ>ⲧ zu erwägen: „Logos und Nûs ist ein <und derselbe> Name“ (*wie* oder für *„Gott“*)?

p. 103,17–19: ⲉⲕϣⲁⲛⲙⲟⲟϣⲉ ϩⲛ̄ ⲕⲉⲟⲩⲉ̅ⲓ̅ ⲧⲉϩ̅ⲓ̅ⲏ ⲉⲧⲕ̄ⲛⲁⲁⲁⲥ ⲙ̄ⲙⲛ̄ ϩⲏⲩ ⲛ̄ϩⲏⲧⲥ̄ wird von Zandee (wie vor ihm schon von Janssens) mindestens nicht exakt genug übersetzt, wenn es heißt: „If you walk on *another way*, there will be no profit in it.“ Denn es heißt eben nicht ϩⲛ̄ ⲕⲉϩ̅ⲓ̅ⲏ. Zwischen ⲕⲉⲟⲩⲉ̅ⲓ̅ und ⲧⲉϩ̅ⲓ̅ⲏ liegt vielmehr gerade die Zäsur zwischen Protasis und Apodosis. Die Struktur ist also so: „Wenn du wandelst auf einem anderen, (dann gilt:) der Weg, den du machen wirst – es ist kein Nutzen in ihm.“

Gleich der nächste Satz (p. 103,19–22) scheint mir auch eine hervorhebenswerte sprachliche und rhetorische Struktur zu haben: ⲕⲁⲓ ⲅⲁⲣ ⲛⲉⲧⲙⲟⲟϣⲉ ϩ̅ⲓ̅ ⲧⲉϩ̅ⲓ̅ⲏ ⲉⲧⲟⲩⲉⲥⲧⲱⲛ ⲧⲉⲩϩⲁⲏ ⲉⲩⲛⲁⲃⲱⲕ ⲉⲡⲓⲧⲛ̄ ⲉⲡⲧⲁⲕⲟ ⲙ̄ⲡⲃⲟⲣⲃⲟⲣⲟⲥ. Zandee übersetzt: „For also those who walk on the broad way *will go* down at *their end* to the perdition of the mire“, wobei ⲧⲉⲩϩⲁⲏ als (adverbielle) vedette einer substantivischen Cleft Sentence verstanden sein müsste: „Es ist an ihrem Ende, dass sie gehen werden“, als stünde da ⲉⲩⲛⲁⲃⲱⲕ ϩⲛ̄ ⲧⲉⲩϩⲁⲏ. Nun scheint tatsächlich das Fehlen der Adverbialisierung von ⲧⲉⲩϩⲁⲏ durch die Präposition ϩⲛ̄ (o. ä.) mit seiner „Verschiebung“ an die Spitze dieser Kernaussage unmittelbar zusammenzugehören. Dieser Sachverhalt spielt auch in Funks Erklärung unseres Problems, die freilich in eine andere Richtung läuft, eine entscheidende Rolle.[13] Ich kann bloß schlecht glauben, dass (ⲛ̄)ⲧⲉⲩϩⲁⲏ auf derselben Ebene liegt wie (ⲛ̄)ⲧⲉⲓ̈ϩⲉ (p. 101,3) oder (ⲛ̄)ϣⲟⲣⲡ̄ (p. 108,1). Andererseits dürfte auch der semantische Rahmen folgendes Gefälle erwarten lassen: „Ihr Ende ist es, dass sie gehen werden“ usw.[14] Dann müsste es also ein (elliptischer) Nominalsatz sein, dessen *Subjekt* ⲧⲉⲩϩⲁⲏ und dessen Prädikat der „dass-Satz“, die durch Transposition substantivierte Verbform ⲉⲩⲛⲁⲃⲱⲕ wäre.[15]

p. 104,2–4: ⲁϥⲃⲱⲗ ⲉⲃⲟⲗ ⲛ̄ⲛⲙ̄ⲙⲓⲥⲉ ⲙ̄ⲡⲙⲟⲩ· ⲁⲩϯ ⲛⲁⲁⲕⲉ ⲙ̄ⲙⲟⲟⲩ „He released the children of death. They were in travail.“ Hier überschneiden sich ein grammatisches und ein semantisches Problem. Nach Zandee liegen also die Kinder des Todes in Geburtswehen. Nun ist aber das verbum compositum ϯⲛⲁⲁⲕⲉ ⲛ̄-/ⲙ̄ⲙⲟ⸗ nicht reflexiv. Also Subjekt und Objekt müssen verschieden sein. Das setzt zwar Janssens richtig voraus, kommt aber doch zu dem gleichen sachlichen Verständnis wie Zandee: „On leur a imposé les douleurs de l'enfantement.“ Die Verteilung von Subjekt und Objekt ist aber so, dass der Subjektsausdruck die Gebärende (bei metaphorischem Gebrauch gegebenenfalls auch *den* Gebärenden) bezeichnet und der Objektsausdruck die Kinder, die (mit Schmerzen) von ihr (ihm) geboren werden. Funk allein ist es, der richtig übersetzt hat: „Sie (d. h. die Kinder des Todes) wurden mit Schmerzen geboren,“ also unter Voraussetzung des grammatischen Subjekts als eines Ausdrucks der unbestimmten Person („Man gebar sie unter Schmerzen“). Und wenn man nun fragt, wer denn wohl das logische Subjekt dieses Gebärens ist, kann die Antwort nur lauten: der Tod. Wir haben es hier offenbar

---

13 BibOr 45 (1988), 20.

14 Vgl. z. B. im Neuen Testament 2Kor 11,15; Phil 3,19; Heb 6,8.

15 Vgl. zu den grammatischen Rahmenbedingungen A. Shisha–Halevy, Coptic Grammatical Categories, 1986, 99 = § 2. 8. 3(b).

mit dem Motiv vom kreißenden Tod (vgl. dazu z. B. die Kommentare zu Apg 2,24) zu tun. Schließlich ist es in solcher Perspektive versuchlich zu erwägen, ob es hier nicht im Überlieferungsprozess zu einer der so häufigen Verwechslungen von ϥ und ⲩ gekommen ist und als ursprünglich auch der direkte Ausdruck des offenbar Gemeinten, nämlich ⲁ<ϥ>ϯ ⲛⲁⲁⲕⲉ ⲙ̄ⲙⲟⲟⲩ anzusetzen wäre: „<Er (der Tod)> gebar sie unter Schmerzen.“

Im nächsten Satz: ⲁϥⲣ̄ⲥⲫⲣⲁⲅⲓⲍⲉ ⲙ̄ⲫⲏⲧ ϩⲣⲁï ⲛ̄ϩⲏⲧϥ̄ (p. 104,6f.) ist die mehrteilige Prädikatserweiterung problematisch. Zandees Übersetzung: „he sealed up the (very) heart *of* it“ impliziert jedenfalls keine korrekte Analyse der Elemente. Aber Janssens hat auch Schwierigkeiten; vgl.: „il l’a scellé jusqu’ au coeur.“ Es sind jedenfalls formal zunächst einmal zwei verschiedene, nicht untereinander, sondern nur durch das Satzganze zusammengehaltene Angaben, nämlich Antworten auf die impliziten Fragen: wen/was? und: wo? Daraus ergeben sich auch für die Exegese zwei verschiedene Fragen: *Wessen* „Herz“ ist das Objekt des Versiegelns? Und: *Worin, an welchem Ort* findet dieses Versiegeln statt? Nun könnte man ja die beiden Fragen so beantworten, dass beide Male „die Unterwelt“ herauskommt: er versiegelte das Herz der *Unterwelt* in der *Unterwelt*, was auf korrekte Weise zu dem von Zandee intendierten Verständnis des Satzes hinführen würde. Für dieses Verständnis beruft er sich übrigens auf ApkJoh 20,3 (vgl. S. 295). Das würde zwar zur Umgebung unseres Satzes passen, nicht aber zu den für ihn selbst gewählten Wörtern. Die Rede vom Versiegeln *des Herzens* ist christliche Taufsprache (vgl. z. B. 2Kor 1,22); also, das Herz gehört den aus der Unterwelt Befreiten. Entsprechend würde man bei der Suche nach dem Antecedens des Personalsuffixes von ϩⲣⲁï ⲛ̄ϩⲏⲧϥ̄, wenn unser Satz für sich alleine dastünde, unbedingt den Geist als *das* Mittel der Versiegelung erraten, also: „durch ihn (den Geist)“, während nach dem (jetzigen) Kontext nur die Unterwelt (die freilich im Silv letztlich als metaphorische Bezeichnung für *diese* Welt fungiert) in Frage kommt: „in ihr (der Unterwelt)“ – als der Ort, an dem der Erlöser bereits die die Erlösung bestätigende und sichernde Taufe vollzieht.

Was die Auffassung des Finalsatzes p. 104,10–13 betrifft: ϫⲉⲕⲁⲁⲥ … ⲉϥⲛⲁⲛ̄ⲧⲕ̄ ⲉϩⲣⲁï ϩⲙ̄ ⲡⲛⲟⲩⲛ ⲛϥ̄ⲙⲟⲩ ϩⲁⲣⲟⲕ etc. „so that he might bring you … up from the Abyss and might die for you“ etc., so hat sich Zandees (und Janssens’) theologisch künstliche Textauffassung (Höllenfahrt Christi *vor* dem Kreuzestode, der doch ihre Bedingung ist), bei normaler Sprache, gegenüber Funks theologisch normaler Textauffassung, unter Voraussetzung ungewöhnlicher sprachlicher Gestalt, als richtig durchgesetzt. Das heißt, nach der jetzigen Erkenntnis vom Standard des Sahidischen von Silv kann man die Auffassung des ⲛϥ̄ in ⲛϥ̄ⲙⲟⲩ als eine Schreibung des Imperfekt nicht mehr aufrechterhalten (vgl. auch Charron, Concordance, 282 unter Konjunktiv). Unser Passus ist die zentrale Stelle für den von Zandee so vehement hervorgehobenen Sachverhalt, dass im Silv die Höllenfahrt nur eine Metapher der Inkarnation sei. Das bedeutet für unseren Finalsatz, dass seine beiden Teile als *parallele* Bezeichnungen des Heilswerkes zu sehen sind.

Bei Zandees „Übersetzung“ von ϩⲁϩ … ⲛ̄ⲣⲉϥϫⲁⲗⲕ̄ ⲥⲟⲧⲉ (p. 105,10) mit „many who are submerged in fire“ (so schon in NHLib*Eng*, 355), die so unendlich weit entfernt von der Wahrheit ist, *auf* die man wohl einmal kommen kann (durch zweimalige Wahl der falschen Homonyme), während es unverständlich ist, wenn man in Konfrontation mit der allein evidenten „Alternative“ („viele Pfeilschützen“

[Funk]; „beaucoup d'archers" [Janssens]), nicht wieder *davon herunter*kommt, ist alles *theoretisch* möglich mit Ausnahme des „in"; der Direktanschluss von ⲥⲟⲧⲉ zeigt, dass ϫⲁⲗⲕ̄- eine transitive Verbform ist.[16]

Den Umstandssatz am Ende der Mahnung, das alte Gewand der Hurerei mit einem neuen, strahlend reinen zu vertauschen: ⲉⲛⲉⲥⲱⲕ ϩⲣⲁï ⲛ̄ϩⲏⲧⲥ̄ (p. 105,17), kann man sicher in verschiedener Weise legitim wiedergeben. Aber Zandees *finale* Fassung „*that* you *may be* beautiful in it" geht nicht.

Der Satz ⲟⲩϩⲁϩ ... ⲛ̄ⲛⲟⲩⲃ ⲡⲉ (p. 107,7) kann nicht bedeuten „he is much gold." Die Hierarchie der Elemente des Prädikats ist eine andere als von Zandee vorgestellt. Nicht: „ein vieles von Gold ist es" – denn ϩⲁϩ selbst kann überhaupt keinen Artikel haben –, sondern: „eines von viel Gold, ein goldreiches, ist es." Das heißt, der unbestimmte Artikel determiniert nicht ϩⲁϩ, sondern das *schon vorher* „zusammengesetzte" Syntagma ϩⲁϩ ⲛ̄ⲛⲟⲩⲃ.

Sehr schön kommt dagegen die besondere Rolle, die der unbestimmte Singularartikel haben kann, zum Tragen, wenn Zandee den Satz ⲡⲟⲩϣⲁϫⲉ ⲟⲩⲙⲛ̄ⲧⲧⲃ̄ⲛⲏ ⲡⲉ (p. 107,24f.) mit „their speech is animalistic" übersetzt. Denn das ist nichts anderes als eine freie Wiedergabe der Satzstruktur: „ihre Rede ist eine von Tierheit."

In dem Satz: ⲉϣⲁϥϣⲱⲡⲉ ϩⲣⲁï ⲛ̄ϩⲏⲧϥ̄ ⲉϯ ⲟⲩⲣⲟⲧ ⲛ̄ϩⲏⲧ ⲛ̄ⲧⲯⲩⲭⲏ (p. 107,32–34) macht die Anknüpfung des Infinitivs ⲉϯ an ϣⲱⲡⲉ nicht nur Zandee, sondern auch Janssens Schwierigkeiten. Vgl. „since there is in it (the power) to give joy to the soul" (Zandee) und: „ayant en lui de quoi réjouir l'âme" (Janssens). Nun ist das Problem m. E. im Prinzip unabhängig von der Frage, ob man ⲉϣⲁϥ- als Umstandssatz oder als zweites Tempus versteht. Aber im konkreten Fall scheint die Prämisse, es sei ein Umstandssatz, doch zur Irritation beigetragen zu haben. Aber verständlich ist sie eigentlich nicht, zumal Funk schon – unter Auffassung des ⲉϣⲁϥ- als Aorist II freilich – eine völlig plausible Übersetzung vorgegeben hatte. ϣⲱⲡⲉ heißt ja sowieso nur in Grenzfällen „sein". Also: „es ist in (oder: *an*) ihm (dem Weinstock), dass er (der Wein) *entsteht* (o. ä.), *um zu* erquicken die Seele."

Janssens übersetzt p. 108,27–30: „Et celui qui se rend semblable à Dieu ne fait rien qui soit digne de Dieu." Aber es muss eigentlich jedem, der verstehen will, was er liest, klar sein, dass da – wie es in solcherart von Sätzen ja leicht geschieht – aus Versehen eine zweite Negation ausgelassen ist. Das ist nicht nur schon bei Funk dokumentiert, sondern entspricht auch der Meinung von Zandee: „But he who makes himself like God is one who does nothing <un->worthy of God," nur dass er Funks entsprechende Konjektur des koptischen Textes: ⲉϥⲙ̄ⲡϣⲁ ⲙ̄ⲡⲛⲟⲩⲧⲉ <ⲁⲛ> (ThLZ 100 [1975], 23 Anm. 48; übernommen von Charron, Concordance, 13. 748) verschmäht oder vielleicht bloß „vereinfachen" wollte mit einem unsäglichen ⲉϥ<ⲁⲧ>ⲙ̄ⲡϣⲁ ⲙ̄ⲡⲛⲟⲩⲧⲉ, aus dem Verbum ⲙ̄ⲡϣⲁ ein *konjugiertes* Adjektiv machend.

In dem Übersetzungssatz (p. 109,4–6): „The soul then which is a member of God's household is *one which* is kept pure" gibt das Verbindungsstück „is one

16 Vgl. hier im Übrigen einfach LibThom p. 139,15–17 und H.-M. Schenke, Das Thomas-Buch, TU 138, Berlin 1989, 87–89.

which" der koptischen (adjektivischen) Cleft Sentence genau die entgegengesetzte Richtung. Es muss heißen: „It is the soul ... which ...".

In dem Satz p. 110,24–26: ⲡⲉⲛⲧⲁϥⲃⲱⲗ ⲉⲃⲟⲗ ⲛ̄ⲧⲟⲟⲧϥ̄· ⲛ̄ⲙ̄ⲙⲣ̄ⲣⲉ ⲉⲛⲉϥⲁⲙⲁϩⲧⲉ ⲙ̄ⲙⲟⲟⲩ ist der Relativsatz am Ende schwieriger, als es auf den ersten Blick erscheint. Zandee übersetzt: „It is he who loosened from himself the chains *of which he had taken hold.*" Und das genau Entsprechende findet sich bei Janssens: „... dont il s'était saisi." Das ist grammatisch das einzig Normale, nur dass es keinerlei Sinn ergibt. Damit aber signalisiert der Text, dass er anders – und weniger „normal" – verstanden sein möchte. Was die Wendung nach dem Kontext etwa meinen muss, ist auch klar, nämlich genau das, was Funk übersetzt hat: „mit denen er gefesselt war." Es ist nur die Frage, wie man zu diesem Ergebnis kommt. Man ist versucht zu glauben, dass das nur auf dem Wege einer Konjektur durch Austausch der Suffixe geht: ⲉⲛⲉ<ⲩ>ⲁⲙⲁϩⲧⲉ ⲙ̄ⲙⲟ<ϥ> (vgl. z. B. Apg 2,24; Röm 7,6).

In Z. 31 derselben Seite ist eine kleine Verwechslung passiert, insofern als ⲡϫⲁⲥⲓϩⲏⲧ („der Hochmütige") mit „haughtiness" wiedergegeben wird, als hätte der Text hier ⲧⲙⲛ̄ⲧ ϫⲁⲥⲓϩⲏⲧ.

Von ungleich größerem Gewicht ist die Verkennung eines ⲡⲉϫⲁϥ im Satz p. 111,27–29: ⲁⲣⲱⲙⲉ ⲅⲁⲣ ⲛⲓⲙ ⲣ̄ ⲥⲟϭ ⲡⲉϫⲁϥ ⲉⲃⲟⲗ ϩⲙ̄ ⲡⲉⲩⲥⲟⲟⲩⲛ, was Zandee so übersetzt: „For every man has become a fool *and* has spoken out of his (own) knowledge." Die formale und sachliche Unverbundenheit dieses ⲡⲉϫⲁϥ mit dem Vorhergehenden ist aber das Textsignal für eine zweite Textebene, nämlich, dass wir es hier mit dem Phänomen der in den zitierten Satz hinein verschobenen Zitationsformel ⲡⲉϫⲁϥ (ϫⲉ) zu tun haben, wobei das ϫⲉ wegfällt.[17] Damit werden die Textaussagen als Pauluszitat gekennzeichnet. Da das m. E. schlechterdings evident ist, braucht hier nur auf die Übersetzung von Funk zurückverwiesen zu werden.

p. 112,8–11: ⲁϥⲟⲩⲱⲛϩ̄ ⲉⲃⲟⲗ ⲙ̄ⲡⲕⲟⲥⲙⲟⲥ ⲛ̄ϭⲓ ⲟⲩⲛⲟϭ ⲛ̄ⲁⲙⲁϩⲧⲉ ⲙⲛ̄ ⲟⲩⲛⲟϭ ⲛ̄ⲉⲟⲟⲩ· ⲁⲩⲱ ⲡⲱⲛϩ̄ ⲛ̄ⲧⲡⲉ ⲉϥⲟⲩⲱϣ ⲉⲣ̄ⲡⲧⲏⲣϥ̄ ⲃ̄ⲃⲣ̄ⲣⲉ. Dafür lautet Zandees Übersetzung: „A Great Power and a Great Glory *has made the world manifest.* And the Life of Heaven *wishes* to renew all" etc. Nun verstößt das zugrunde liegende Textverständnis (wie es sich übrigens auch bei Janssens findet) zwar nicht unbedingt gegen die Grammatik der Sprache, wohl aber – und zwar erheblich – gegen die „Grammatik" der Bedeutung – hier liegt doch ganz offenbar ein bestimmtes theologisches Aussagemuster, ein bestimmtes Gefälle mit einer bestimmten Verteilung der Elemente vor (vgl. z. B. Tit 3,4–7) –, während es eine sprachliche Alternative gibt, die mit *beiden* Gesetzen in Übereinstimmung ist. (Die „doppeldeutigen" Elemente des Koptischen und die problematischen der Übersetzung sind oben unterstrichen bzw. kursiv gesetzt): Nicht zwei Sätze, sondern einer (trotz des Punktes); ⲟⲩⲱⲛϩ̄ ⲉⲃⲟⲗ nicht transitiv, sondern intransitiv; ⲙ̄- nicht Akkusativ, sondern Dativ; ⲁⲩⲱ nicht Einsatz eines neuen Satzes, sondern das letzte Glied einer Aufzählung einführend; ⲉϥ- nicht Präsens II, sondern Umstandssatz. Damit aber sind die Substruktionen der längst vorliegenden Übersetzung von Funk beschrieben.

---

17 Vgl. z. B. W. Till, Koptische Grammatik, ²1961, § 355.

Das spezifische Profil des Satzes p. 115,9f.: ⲛ̄ⲧⲟϥ ⲅⲁⲣ ⲡⲉ ⲛ̄ⲟⲩⲟⲉⲓϣ ⲛⲓⲙ ⲉϥϣⲟⲟⲡ ⲛ̄ϣⲏⲣⲉ ⲙ̄ⲡⲓⲱⲧ ist in Zandees Übersetzung (ebenso wie in der von Janssens) eingeebnet: „For he is always Son of the Father." Die wirkliche Struktur ist aber: „Denn er ist es – allezeit existierend als Sohn des Vaters."

Danach kommt ein Satz (p. 115,10–16), von dem Van den Broek mit Recht bemerkt, dass er allen Übersetzern die größten Schwierigkeiten macht. Er selbst hat in seiner besonderen Perspektive des *sachlich* Möglichen und zu Erwartenden die sprachliche Alternative von Nonsens und Verderbnis einfach übersprungen. „Therefore, I take it to mean this: the fact that God, the eternal Pantokrator, always reigns, does not imply that he did not need the divine Son from the beginning".[18] Wenn man diese Deutung in Linguistik zurück „übersetzen" will, müsste man zunächst die Struktur des Textes herausstellen:

ⲁⲣⲓⲛⲟⲉⲓ ⲛⲁϊ
ⲙ̄ⲡⲛⲟⲩⲧⲉ ⲡⲡⲁⲛⲧⲟⲕⲣⲁⲧⲱⲣ ⲉⲧϣⲟⲟⲡ ⲛ̄ⲟⲩⲟⲉⲓϣ ⲛⲓⲙ·
(ϫⲉ) ⲛ̄ⲛⲉⲣⲉ ⲡⲁϊ ϣⲟⲟⲡ ⲁⲛ
ⲉϥⲉ ⲛ̄ⲣ̄ⲣⲟ ⲛ̄ⲟⲩⲟⲉⲓϣ ⲛⲓⲙ·
ⲙⲏⲡⲱⲥ ⲛ̄ϥ̄ϣⲱⲡⲉ
ⲉϥϣⲁⲁⲧ ⲙ̄ⲡϣⲏⲣⲉ ⲛ̄ⲑⲉⲓⲟⲥ (ⲛ̄ⲟⲩⲟⲉⲓϣ ⲛⲓⲙ)

Und dann müsste man annehmen, dass die *zweite* Negation, die gebraucht wird, um den (ϫⲉ)- Satz im „Gleichgewicht" zu halten, in ⲙⲏⲡⲱⲥ ⲛϥ̄- vorliegt. Das würde dann heißen: „Erkenne mir, dass Gott, der Allherrscher, der (es) zu aller Zeit ist, nicht Herrscher sein konnte zu aller Zeit, ohne (zu aller Zeit) des göttlichen Sohnes bedürftig zu sein." Für eine solche syntaktisch-semantische Funktion von ⲙⲏⲡⲱⲥ-Sätzen müsste man noch nach Beispielen suchen. Und ich halte es für möglich, dass man fündig wird. Vorerst kann ich nur auf Apg 5,39 (*S*) verweisen.

Die Wendung ⲁⲣⲏϫϥ̄ ⲛⲓⲙ ⲛ̄ⲑⲉⲓⲟⲛ ⲛⲉ ⲛ̄ⲣⲙ̄ϩⲛ̄ⲏⲉⲓ ⲙ̄ⲡⲛⲟⲩⲧⲉ (p. 115,21–23) wird von Zandee übersetzt: „All divine limits are those which belong to God's household", und das entspricht auch genau dem Textverständnis von Janssens. Nun hatte aber Funk hier nicht einen einzigen Satz, sondern deren zwei gesehen: „Wer ist seine Grenze? Die göttlichen Wesen sind Verwandte Gottes." In Charrons Concordance findet sich das offenbar problematische ⲛⲓⲙ jedoch (noch) unter ⲛⲓⲙ „tout, chaque" (S. 275) und nicht unter ⲛⲓⲙ „qui?" eingeordnet. Die Sache ist grammatisch und semantisch so und so schwierig. Der grammatische Kern des Problems ist, dass ⲁⲣⲏϫϥ̄ selbst schon ein determinierter Ausdruck ist, der also durch ein ⲛⲓⲙ „tout, chaque" nicht – jedenfalls nicht ohne weiteres – noch einmal determiniert werden kann. Andererseits sieht ⲛ̄ⲑⲉⲓⲟⲛ tatsächlich attributiv aus; vgl. ⲫⲩⲥⲓⲥ ⲛⲓⲙ ⲛ̄ⲑⲉⲓⲟⲥ (p. 100,19). Der Auffassung des ⲛⲓⲙ als „qui?" scheint die Wortstellung entgegenzustehen und die nicht in die Schemata passende Nominalsatzform, die dabei herauskäme. Für diese zweite Hälfte der Absonderlichkeiten könnte man freilich auf das Schema ⲛⲓⲙ ⲣⲛ̄ⲧϥ̄ („Was ist sein Name?") als Variante von

[18] R. Van den Broek, The Authentikos Logos, VigChr 40 (1986), 13.

ⲛⲓⲙ ⲡⲉ ⲡⲉϥⲣⲁⲛ hinweisen; und die Verkehrung der Reihenfolge von Subjekt und Prädikat mag rhetorische Gründe haben.

Es bleibt schließlich nur noch übrig, zwei weitere Tippfehler zu korrigieren: p. 115,31 muss es ⲙ̄ⲡⲅⲉⲛⲟⲥ heißen (das ⲉ zwischen ⲡ und ⲅ ist zu tilgen) und p. 117,32 ⲉⲙ[ⲡⲁ]ⲧⲉⲕⲛⲟϫⲟⲩ (ⲩ vor ϫ zu tilgen).

Die „Lehren des Silvanus" sind wahrlich eine faszinierende Schrift, ob man sie nun im Ganzen auf sich wirken lässt und den Schwerpunkt auf das viele legt, wo alles klar ist, oder ob man das noch Dunkle zu erhellen sucht.

Rezension zu Wilfred C. Griggs: Early Egyptian Christianity from its Origins to 451 C.E.*

Der Verfasser schreibt sein Buch im Bewusstsein, einem Desiderat der Forschung zu entsprechen. Und er hat recht damit. Das christliche Ägypten, besonders in seiner kreativen Frühphase, für sich genommen zum Gegenstand wissenschaftlicher Betrachtung und Besinnung zu machen, liegt im Zuge der Zeit. Im Kielwasser der Erschließung des Nag Hammadi-Fundes ist es zu einer Welle erneuten Interesses an der Koptologie im Allgemeinen und an der Wissenschaft vom christlichen Ägypten überhaupt gekommen. Unübersehbare Zeichen dafür sind die Gründung einer International Association for Coptic Studies im Jahre 1976 und das in allerjüngster Zeit mit der Edition abgeschlossene Unternehmen der Erstellung einer großen koptischen Enzyklopädie: Aziz S. Atiya (ed.), The Coptic Encyclopedia 1–8, New York 1991. Ebenso wie Griggs als Einzelperson hat man auch im Institute for Antiquity and Christianity in Claremont, California, die Zeichen der Zeit erkannt und den laufenden Forschungsprojekten ein neues mit dem Titel „The Roots of Egyptian Christianity", unter dem Direktorat von Birger A. Pearson, hinzugefügt. Das ferne Ziel dieser Forschungsbestrebungen in Claremont soll eine umfassende Geschichte des Christentums in Ägypten von seinen Anfängen bis zur arabischen Eroberung im 7. Jh. n. Chr. sein. Und begonnen hat man die Arbeit dort erst einmal mit der Einberufung und Durchführung eines internationalen „organizational meeting" (19.–23. September 1983). Die Proceedings dieser Gründungskonferenz liegen inzwischen auch im Druck vor: B. A. Pearson/J. E. Goehring (ed.), The Roots of Egyptian Christianity, Studies in Antiquity and Christianity, Philadelphia 1986. Was man also in Claremont, und von Claremont aus, generalstabsmäßig und eine lange „Belagerung" planend erstrebt, hat Griggs im Handstreich erledigt.

Damit ist nun schon ganz Wesentliches über dieses Buch gesagt. Es ist bestimmt von der Kühnheit und Frische, mit der sein Autor an die zu erforschenden und darzustellenden Dinge herangeht. Und für einen wie mich, der in innigstem Kontakt mit bestimmten Einzelphänomenen dieser Geschichte „lebt", liest sich das Buch geradezu spannend, wenn einem so der Zusammenhang, in dem das alles steht, überzeugend wieder in Erinnerung gebracht wird. Dass es so wirken kann, hängt übrigens auch mit einer Überzeugung des Autors hinsichtlich der zu setzenden Schwerpunkte zusammen. Ich möchte das, was ich meine, den Deißmann-Aspekt nennen. G. meint, es sei höchste Zeit, das, was der Sand Ägyptens uns an Originaldokumenten erhalten und wiedergegeben hat, für dieses Thema zu sammeln und auszuwerten. Das sagt schon der allererste Satz des Buches: „Discoveries of manuscripts in Egypt during the past century, especially those directly related to the establishment and development of the Christian religion in that country, coupled with the continual advance of archaeological

* 2. Aufl., CoptSt 2, Leiden 1991. In: BibOr 51 (1994), 362–365; siehe auch ThLZ 119 (1994), 140–143.

discoveries, necessitate an evaluation of Early Egyptian Christianity" (S. VI). So kommen denn außer den Nag Hammadi-Papyri das geheime Markusevangelium (S. 20f.) bzw. der Brief des Clemens, in dem davon die Rede ist (S. 48), und der Papyrus Egerton 2 (S. 26f.) ausführlich zur Sprache; oder auch etwa aus dem Kreis der Nag Hammadi-Schriften das koptische Thomasevangelium in seinem Verhältnis zu den drei griechischen Fragmenten aus Oxyrhynchos (P.Oxy. 1. 654. 655) (S. 29ff.) und – andererseits – die Papyrusbriefe, die im Zusammenhang mit dem melitianischen Schisma stehen (herausgegeben von H. I. Bell, Jews and Christians in Egypt, 1924, 38–99) (S. 117ff.), wie überhaupt die Darstellung des melitianischen Schismas nicht nur äußerlich einen relativ breiten Platz einnimmt, sondern m. E. auch inhaltlich, was Analyse, Deutung und Verständnis anbelangt, zu den Höhepunkten des Werkes gehört.

Freilich kann bei einem so hohen Anspruch der erste Zugriff eines einzelnen wohl nicht wirklich alles Wichtige enthalten. So ist z. B. anzumerken, dass von den großen Funden der jüngsten Zeit, der mit dem Nag Hammadi-Fund etwa gleichzeitige Fund von Tura nicht vorkommt – wenigstens nicht direkt, auch nicht mit einer Andeutung –, und seine Auswertung hätte doch der Schilderung der origenistischen Streitigkeiten und der Schilderung des Wirkens von Didymos dem Blinden viel zusätzliche Farbe geben können. Auch das Anfangsversprechen einer Auswertung der neuen archäologischen Entdeckungen bleibt im Wesentlichen unerfüllt.

Nun kommt bei G. eine Bezugnahme auf die Entdeckung und die Ausgrabungen von Kellia – was das wichtigste zu dem Thema wäre – zwar vor (S. 150), aber ohne dass diese Sensation ausgewertet würde. Er ist da ganz offensichtlich nicht auf dem Laufenden (vgl. S. 167 Anm. 253) – aber ich meine das ganz ohne Vorwurf; man kann nun einmal nicht alles in gleicher Weise beherrschen. Vielleicht ja hängt manche von solchen „Leerstellen" auch mit der Präexistenz des hiesigen Werkes zusammen, die (mir) nicht recht deutlich geworden ist. Jedenfalls sagt G. im Rahmen der Introduction: „Special thanks are due to Professor Dr. Dr. Martin Krause [...] for patience and encouragement while the text underwent revisions and, hopefully, improvements in the decade since its first appearance" (S. 1). Welche Rolle diese so relativ lange zurückliegende Erstgestalt des Werkes spielte und welches ihre Existenzweise war, erfährt man aber nicht.

Hier ist nun erst einmal der geeignete Ort, um das Räsonieren zu unterbrechen und das Nötige über den äußeren Aufbau und die Reihenfolge der Inhalte mitzuteilen. Nach einer Preface (S. VI–VII) und einer Introduction (S. 1–2) wird das Thema in sechs großen, nicht weiter unterteilten, Kapiteln abgehandelt, nämlich: I. The Diffusion of Early Christianity: An Appraisal (S. 3–12); II. Early Christianity in Egypt (S. 13–43); III. The Emergence of Orthodoxy and Heresy in Egyptian Christianity (S. 45–78); IV. Egyptian Christianity in the Third Century: The Development of Local Christianity (S. 79–116); V. The Fourth Century: Schisms and Consolidation (S. 117–169); VI. Autocracy in Christian Egypt and the Separation from Catholicism (S. 171–228). Alle diese Kapitel sind mit reichen Anmerkungen „untermauert"; aber diese erscheinen nicht als footnotes, sondern jeweils (für jedes Kapitel extra) als endnotes. Abgeschlossen wird die Darstellung mit einem Epilogue (S. 229–231), der mit der Preface eine Art inclusio bildet; d. h., G. kommt auf die dort schon genannten Thesen und die spezifische Sicht der Hauptlinien der Entwicklung, dieselben vielleicht ein klein wenig mehr entfaltend, zurück. Mit nochmals anderen Worten, man kann sich mithilfe dieser beiden Stücke sehr schnell über Tendenz und Generallinie von G.s Buch informieren. Aber mit dem Epilog ist das Buch noch gar nicht zu Ende. Es kommen noch ziemlich viele, hilfreiche Seiten mit verschiedenartigen Aufschlüsselungen; zunächst eine eindrucksvoll umfangreiche Bibliography (S. 233–250). Ich muss gestehen, dass ich auch diesen Teil fast mit Spannung gelesen habe; es ist interessant, die Substrukturen eines Werkes so ausführlich zu Gesicht zu bekommen, das aus einer im wesentlichen ganz anderen wissenschaftlichen Tradition kommt, als sie uns von Jugend an geläufig ist. Es folgen noch drei Indices, einer für die Ortsnamen (S. 251–255), einer für die Personennamen (S. 257–266) und einer für die Sachen (genannt „Index-General") (S. 267–274). Ganz am Ende stehen zwei (in schwarz-weiß gezeichnete) Karten von Unter- und Mittelägypten einerseits (S. 275), und von Oberägypten andererseits (S. 276).

Dieser Listenteil am Ende dürfte sich als sehr hilfreich erweisen. Ich habe ihn auch schon mit Erfolg benutzt, um bestimmte interessante Stellen wiederzufinden. Und diese Nützlichkeit wird wohl nicht ernsthaft in Frage gestellt durch einige merkwürdige Unstimmigkeiten, die man darin entdecken kann. Im Literaturverzeichnis war mir der auffälligste diesbezügliche Eintrag: Till, W. C. „Schenutes Werke", Koptische Grammatik. Leipzig: VEB Verlag, 1966 (S. 249). Aber auch Historia Ecclesia als jeweiligen Hinweis auf die Kirchengeschichten des Eusebius (S. 238), Socrates, Sozomenus (S. 248) und Theodoret (S. 249) habe ich sonst noch nie gesehen. Theonas erscheint, weil „*the church of* Theonas" ein Ort ist, unter den Ortsnamen (S. 255). In Anbetracht dieser Phänomene will es einem freilich so vorkommen, als ob, wenn auch im Text selbst hin und wieder ein Satz nicht ganz klar erscheint, das nicht am Leser liegen muss. Als Beispiel sei ein Satz aus dem Epilog zitiert: „Christianity was introduced into Egypt during the first century, as is well attested by the first century Biblical and non-Biblical Christian manuscripts discovered in that country" (S. 229). Da kommt das zweite „first" völlig unerwartet; und gemeint sein kann nur „second century". Man weiß aber nicht recht, wie man diese Züge damit in Beziehung setzen soll, dass in anderen Regionen, da, wo in anderen Büchern gelegentlich die schlimmsten Dinge passieren, peinlichste Genauigkeit herrscht, besonders deutlich bei den für G.s Durchführung des Themas so typischen längeren griechischen und koptischen Quellenzitaten. Ich habe nicht mehr als zwei verdruckte griechische Akzente gefunden. Das heißt, seine Textwiedergaben sind besser als manche griechische oder koptische Textausgabe.

Der durchgehende Charme von G.s Studie – so nämlich nennt er selbst sein Werk immer wieder (er versteht es also als Pionierarbeit und nicht etwa als Lehrbuch) – besteht in dem ständigen kritischen Dialog mit drei Arten von Zeugen: den einschlägigen antiken Einzelurkunden, der patristischen Literatur, sonderlich den alten Kirchengeschichten, und der modernen Geschichtsschreibung. Dabei sind die Mischung der Elemente und die Art des Dialogs, je nach Problemlage, durchaus unterschiedlich. Im ersten Kapitel z. B. müssen viele Texte behandelt werden, von denen man vorher weiß, dass sie zu keinem brauchbaren Ergebnis führen. Und während man zunächst von Kapitel II an keine Schwierigkeit hat, mit der Darstellung in den Grenzen Ägyptens zu bleiben, muss man in den späteren Kapiteln die speziell ägyptische Perspektive sehr mühsam aus der Weltverflochtenheit aller Dinge herausdestillieren. Was die Frische von G.s kritischem Geist anbelangt, so war ich einerseits zwar verwundert, dass er sich z. B. so schwer tut in der Frage, ob, oder ob nicht, die griechischen P.Oxy. 1. 654. 655 Fragmente des Thomasevangeliums sind oder nur von etwas ähnlichem. Andererseits war ich aber entzückt über seinen Mangel an Märchengläubigkeit, wie er ihn gegenüber der in Fachkreisen schwer wieder ausrottbaren Auffassung erweist, dass die Nag Hammadi-Schriften in pachomianischen Klöstern hergestellt und benutzt worden seien (S. 176–180), wie auch gegenüber den von Robinson so genüsslich zusammengetragenen Einzelheiten der Story von der Entdeckung und den Schicksalen der Nag Hammadi-Codices bis zu ihrer Aufnahme in die Bestände des Koptischen Museums zu Alt-Kairo (S. 176f. mit Anm. 20 auf S. 216f.). Die Leitidee der gesamten Darstellung – oder vielleicht wäre es besser zu sagen: das Hauptergebnis seiner Forschungen, das nun deren Darstellung bestimmt – ist m. E. ganz modern und findet in mir jedenfalls Aufnahmebereitschaft, insofern als hier die (freilich revidierte) klassische Konzeption von Walter Bauer aus „Rechtgläubigkeit und Ketzerei" eine fruchtbare Verbindung mit der aktuellen Perspektive Helmut Kösters vom traditionsgeschichtlichen Wert der so genannten apokryphen Überlieferung eingegangen ist. Dabei wird Bauers Auffassung über die Frühphase des Christentums in Ägypten direkt zum Gegenstand der Reflexion und ist die entscheidende Modifikation die Ersetzung des Elements „Häresie" durch so etwas wie allgemeinen christlichen Wildwuchs, von dem die Häresie, besonders die gnostische, nur ein Element unter vielen ist. Demgegenüber kommt der Name Köster gar nicht vor. Aber da die Kösterperspektive sowieso ganz Nordamerika durchsäuert, darf man sich wohl trotzdem darauf verlassen, dass auch Köster als Pate hinter G. steht. Nach G. ist das Christentum schon im ersten Jahrhundert nach Ägypten gekommen, und zwar nicht nur nach Alexandria und ins Delta, sondern auch schon in das Niltal. Aber es war ein vielgesichtiges, ungeordnetes Christentum, ohne Verbindung der einzelnen Gruppen untereinander, ein Christentum, das wesentlich von „apokryphen" christlichen Schriften lebte. Erst am Ende des zweiten Jahrhunderts (Zeit des Clemens und des Bischofs Demetrius) fasst ein anderes, organisiertes und lehrmäßig geordnetes Christentum in Alexandria Fuß. Dieser (fremde) Typ wird mit den Schriften, die durch das Neue Testament repräsentiert sind, in Verbindung gesetzt, die eine einseitige, westliche Auswahl darstellen, weil sie alle – nach G. – nur aus dem „fruchtbaren Halbmond", der sich von Jerusalem nach Rom erstreckt, stammen. Und die Interaktion zwischen diesen beiden Typen von Christentum bestimmt nun im wesentlichen die ägyptische Kirchengeschichte bis zum Konzil von Chalcedon, wobei der Trend freilich einseitig ist, insofern als es der in Ägypten neue Typ, der hierarchische Katholizismus, ist, der von Alexandria aus das alteingesessene freie Christentum unter seine Kontrolle zu bringen versucht. In diesem Prozess spielt übrigens das ägyptische Mönchtum als eine der Modifikationen des ursprünglichen ungebundenen Christentums eine ganz zentrale Rolle. Aber gerade als die Einigung der ägyptischen Christenheit unter katholischem Vorzeichen in etwa gelungen ist, kommt es, eben im Kontext des Konzils von Chalcedon, dazu, dass die „vereinigte" Kirche Ägyptens aus der katholischen Ökumene ausbricht und zu einer abgesonderten Nationalkirche wird.

Rezension zu Christoph Markschies:
Valentinus Gnosticus? Untersuchungen zur valentinianischen Gnosis mit einem Kommentar zu den Fragmenten Valentins*

Die Frageform des Titels dieses gewaltigen Werkes schießt dem Leser, schon bevor er überhaupt mit der Lektüre angefangen hat, einen Pfeil des Zweifels ins Herz. Oder, wenn es ein kundiger Leser ist, wird die Titelfrage verschüttete Zweifel wieder freilegen, bzw. die vorhandenen Zweifel verstärken und auf jeden Fall ihn überaus neugierig machen, ob es dem Autor gelingt, über den bloßen Zweifel hinauszuführen und Gewissheit zu begründen, dass Valentinus selbst gar kein Gnostiker war. Andererseits erinnert M.s Titel an die Überschrift von K. Rudolphs Forschungsbericht zum Simonianismus: „Simon – Magus oder Gnosticus?“[1] und lässt es eben nicht als einmalig erscheinen, wenn es sich herausstellen sollte, dass die Berufung der Valentinianer auf Valentinus vielleicht genauso problematisch ist, wie die Berufung der Simonianer auf Simon (Magus) (so sieht das M. übrigens auch selbst [vgl. S. 396]). Und wenn hier nun versucht wird, die Lehre Valentins allein aus dem, was er selbst gesagt hat – und sei es noch so wenig – zu rekonstruieren, so erinnert das einen Neutestamentler daran, dass die kritische Forschung zur Erhebung der Theologie des Paulus ja auch nicht auf die *Apostelgeschichte* zurückgreift, sondern sich allein auf die (echten) *Briefe* beschränkt. Was nun die (antizipierte) Erwartung des Lesers an die Darlegungen des Buches von M. betrifft, so will es mir persönlich so erscheinen, als würde sie zugleich erfüllt und *nicht* erfüllt, bzw. *sowohl* erfüllt *als auch* nicht erfüllt. Zwar wird dem Leser schnell klar und immer deutlicher, dass M. darauf hinaus will, dass Valentinus gar kein Gnostiker war, und das wird auch in seiner Zusammenfassung am Ende des Werkes als Ergebnis seiner Untersuchungen formuliert, aber merkwürdigerweise doch so, dass bis zuletzt diesem „sic“ ein, wenn auch leises, „et non“ gegenübersteht. Vgl. die folgenden Urteile in ihrem Nacheinander! „Wir wissen natürlich nicht sicher, ob Ptolemäus oder ein anderer ‚Schüler‘ Valentins der ‚erste Valentinianer‘ war und erst sie mit vollem Recht ‚Valentinianer‘ genannt werden dürfen. *Aber der Valentin der Fragmente war kein Valentinianer; dies sollte m. E. nicht mehr ignoriert werden*“ (S. 406 [Hervorhebung von Markschies selbst]). „Gab es eine Wende in Valentins Theologie? Oder bestand der Bruch in Wahrheit zwischen den Schülern und dem Lehrer? Wofür man sich auch entscheidet: Der *hypothetische* Status jedes Urteils sollte nicht ignoriert werden. Wenn Ptolemäus und seine Kollegen den Valentinianismus begründeten, hätte sich als Valentins „Unglück“ erwiesen, dass er zu begabte (und eigenwillige) Schüler hatte, die sein Werk nicht treu überlieferten, sondern durch eine eigene Systembildung ersetzten, die sie wahrscheinlich gleichzeitig aus Pietät und Gründen der Propaganda

---

* Tübingen 1992. In: JAC 38 (1995), 173–177.

[1] ThR 42 (1977), 279–359.

als Lehre Valentins ausgaben“ (S. 406 [Hervorhebung von M.]). „Wie man auch immer zu den Fragmenten Valentins denkt: Es wird Zeit, Valentin unter den Übermalungen als eigenständigen Theologen freizulegen und ihn nicht mehr als ‚mediokren‘ Anreger des Ptolemäus, sondern als einen / eigenständigen theologischen Kopf der Alten Kirche zu rehabilitieren, dessen unkonventionelle Lösungen und poetische Begabung ihn noch heute über viele seiner Zeitgenossen hebt. Valentins Fragmente erlauben, eine geistige Zwischenstufe zwischen Philo und Clemens Alexandrinus zu rekonstruieren und so etwas mehr Licht in die frühe Entwicklung der alexandrinischen Theologie zu bringen. Die Fragmente zeigen einen Theologen, der wieder seinen Platz im Kreis der wichtigeren Theologen Mitte des 2. Jahrhunderts einnehmen sollte“ (S. 406f. [das in dieser „Blütenlese“ aus M.s Schluss-„Kadenz“ nicht weniger als dreimal vorkommende, sozusagen imperativische, „sollte“ ist übrigens ein Spezifikum des Stils dieses ganzen Buches, an dessen Auftreten man deutlich sehen kann, worauf es dem Autor ankommt, bzw. eben einfach, was er von seinen Lesern „verlangt“]).

In diesem Schlussabschnitt erfährt der Leser auch, was M. als den schärfsten Kontrast zu seiner Auffassung empfindet, der wiederum zum Verständnis für M.s eigene Position hilfreich ist. Der „schwarze Mann“ für M. in dieser Frage (diese Metapher ist wohl nicht übertrieben, wie die Wortwahl in dem sogleich folgenden Zitat zeigen wird) ist B. Layton: „Der These B. *Laytons*, Valentinus sei ein „christlicher Reformer eines klassischen gnostischen Systems gewesen“, kann nicht scharf genug widersprochen werden. Wenn sie sich als Konsens der Forschung durchsetzen sollte, wäre m. E. der historische Valentin tragisch verzeichnet. Für diese Behauptung fehlt uns in den Fragmenten *jeder* Anhalt, sie stützt sich, wie Layton selber zugeben muss, eigentlich nur auf Irenäus’ hochproblematisches Valentinreferat. Layton verschweigt diese Schwierigkeiten und stellt diesen Text einfach an den Beginn seines Abschnittes über Valentin“ (S. 405 [Hervorhebung von M.]).[2] Diese Worte von M. sind aber nicht nur wegen ihrer „Stärke“ instruktiv, sondern auch noch in mancher anderen Hinsicht. Sie zeigen einem z. B., wo man eigentlich selbst hingehört. Ich habe – siehe Rezension – ja auch an Layton eine Menge auszusetzen, aber im „Sperrfeuer“ von M. fühle ich mich doch an Laytons Seite. Vor allen Dingen kommen in diesen Sätzen – mehr oder weniger explizit – alle drei „Ecken“ des „magischen“ Dreiecks vor, von deren Verhältnis zueinander die Entscheidung der Frage: (War) Valentinus (ein) Gnosticus? abhängig ist. Die drei Punkte dieses Dreiecksverhältnisses sind 1. (und natürlich) die Fragmente Valentins; 2. das Referat des Irenäus über die Lehre des Valentinus selbst: adv. haer. I 11,1; 3. dessen einleitende Behauptung, die ja die eigentliche Basis für Laytons Auffassung darstellt. Dieser Schlüsselsatz lautet nun folgendermaßen: Ὁ μὲν γὰρ πρῶτος ἀπὸ τῆς λεγομένης Γνωστικῆς αἱρέσεως τὰς ἀρχὰς εἰς ἴδιον χαρακτῆρα διδασκαλείου μεθαρμόσας, Οὐαλεντῖνος, οὕτως ὡρίσατο. Aber diesen Satz übersetzt M. im zweiten Teil seines Anhangs, der Text und Übersetzung von Irenäus adv. haer. I 11,1 bietet, so: „Denn der erste *von der sogenannten gnostischen Häresie, der* die Prinzipien (oder: Anfänge) in eine eigene Gestalt der Schule transferierte,

[2] Siehe dort auch Anm. 97–100; und zum Kontext dieser Auffassung Laytons vgl. meine Rezension seines Buches „The Gnostic Scriptures“ in ThLZ 114 (1989) 101–104.

Valentin, setzte sie so fest" (S. 409), und zwar ohne sich hier oder anderswo in seinem Werk mit Laytons allein evidenter Analyse, wonach die beiden Präpositionen ἀπό und εἰς in einem Entsprechungsverhältnis stehen, nach dem die (von mir) hervorgehobenen Worte lauten müssten: *„der von der sogenannten gnostischen Häresie"*, auseinanderzusetzen.

Nun ist aber M.s Ergebnis (das, wie gesagt, nicht so ganz entschieden wirkt) *eine* Sache, und das, wie wir selbst es aufnehmen, eine *andere*. Ich persönlich finde M.s Untersuchungen, Argumente und Ergebnisse interessant und bedeutend genug, um selbst – über das, was bei M. gesagt wird, hinaus – zu versuchen, den Valentinianismus unter Ausklammerung von Valentinus zu erklären. Bei M. findet sich in dieser Hinsicht keineswegs schon alles Nötige gesagt (siehe weiter unten!).

Der wissenschaftliche Wert und der einen neuen Grund legende Charakter des umfangreichen Buches von M. darf als unbestreitbar gelten. Dem Autor geht es um Vollständigkeit des Materials und um die nötige Ausführlichkeit der Darlegungen. Der Anmerkungsapparat, das Literaturverzeichnis, das ich übrigens gern und mit Gewinn „gelesen" habe (S. 414–465), und die Register (S. 466–516) sind überwältigend; von altsprachlichem Text wird reichlicher Gebrauch gemacht, außer – natürlich – griechischen und lateinischen Texten werden hebräische und koptische Zitate geboten, das Koptische allerdings nur in einfacher *Umschrift*. Dabei ist die Heranziehung des Koptischen keineswegs ein bloßer Zierrat, sondern gehört schon zur Sache selbst. Denn der Autor macht in sachlich eindrucksvoller Weise Gebrauch von einschlägigen Nag Hammadi-Texten bzw. koptisch-gnostischen Texten. Er macht sich also die Arbeit nicht leicht. Und entsprechend hart sind die Forderungen, die er an andere stellt, bzw. seine Kritik an ihnen, wenn sie diesen nicht genügen.[3] Das ist aber auch deswegen etwas prekär, weil man bei solchem eigenen Aufwand und Anspruch nicht sicher sein kann, selbst nichts wichtiges vergessen zu haben, was eben M. prompt z. B. mit Laytons *Monographie* zum Rheginusbrief, erschienen im Jahre 1979, die für ihn so wichtig gewesen wäre, geschehen ist. Auch sonst ist der einmal gewählte Reichtum des wissenschaftlichen Beiwerks, der – bei allem Respekt, den ich ihm zolle – nach meinem Geschmack oft von der zu verhandelnden Sache abführt, für Unglücksfälle „offener", als es eine bescheidenere Version wäre. Der interessanteste solcher Fälle hat sich S. 209 (Anm. 36, Z. 3) ereignet, wo im Zitat von ActAndr. et Mt. 33 das seltsame ᾳ im Syntagma μικρᾷ παιδίῳ sich aus der schlechten Druckqualität des Nachdrucks der Ausgabe von Bonnet an dieser Stelle (115,6) erklärt, wenn vom Omega am Ende der Zeile die Schlussrundung nicht „kommt", so dass das, was tatsächlich erscheint, fast wie ein Alpha aussieht. Zu den besonders schönen Aspekten von M.s Apparat gehört für mich, dass so viele der Anmerkungen einen lebendigen Einblick in die wissenschaftliche Kommunikation an der Universität Tübingen gestatten. Dazu gehört auch der zweimalige Bezug auf Jens Holzhausen (S. VIII und 168 Anm. 103), der fast parallel zu M. und praktisch unter den gleichen Prämissen an demselben Problemkomplex gearbeitet hat,

---

[3] Vgl. z. B. die Kritik an C. W. Griggs' Buch „Early Egyptian Christianity" („wichtige Texte und Literaturtitel fehlen" [S. 318[168]] – als ob es nur darauf ankäme!).

und doch zu einem erheblich anderen Ergebnis gekommen ist. Für ihn erweisen die Fragmente den Valentinus bereits als einen Gnostiker, der auch der legitime Urheber des Valentinianismus sei, wenngleich das valentinianische *System* erst von den Schülern geschaffen worden ist.[4] Übrigens liegt nun auch die Antwort M.s auf Holzhausen schon vor.[5]

Der Gang der Handlung, also die Durchführung der Arbeit, oder der Weg, der zur Beantwortung der Haupttitelfrage führen soll, kommt in dem Untertitel – nach meinem Gefühl jedenfalls – irgendwie verkehrt herum zum Ausdruck. Die Fragmente Valentins sind doch nicht irgendetwas, was in M.s Werk *auch* zur Sprache kommt, sondern gerade die Hauptsache: das Kernstück und der Ausgangs*punkt* von allem übrigen. Also nach einer kurzen Einleitung (S. 1–8) kommt als der umfangreichste Teil des Ganzen erst einmal ein Kommentar zu Valentins Fragmenten (S. 9–290). Dieser behandelt nicht nur die neun echten, sondern auch die zwei unechten Fragmente. Ehe ich hier nun die Inhaltsangabe fortsetze, mag es erlaubt sein, gleich ein paar Bemerkungen speziell zu diesem Kommentarteil einzuschieben. Der Kommentar ist grundgelehrt und ich habe eine Menge Neues aus ihm gelernt. Es hat mir aber nicht alles gleich gut gefallen. Bei den Ausführungen zu Fragment 5 war das am wenigsten der Fall, während mir die Exegese von Fragment 8 richtig spannend vorkam. Ein übergreifendes Problem bei der (von der Willigkeit, sich überzeugen zu lassen, getragenen) Lektüre dieses Kommentars war mir jedoch die Hierarchie der exegetischen Werte, d. h., es kommt immer mal wieder vor, dass mir wirklich grundlegende linguistisch-exegetische Probleme (zunächst) übersehen zu sein scheinen, bzw. erst nachträglich, wenn die Weichen bereits gestellt sind, in den Blick genommen werden. Bei der Behandlung von Fragment 1 bleibt z. B., was die Umstandsbestimmung ὡς δὴ αὐτοῦ ἐν αὐτῷ καθεστῶτος betrifft, viel zu lange ungeklärt, welches von den beiden Personalpronomina, bzw. wer von den beiden „Menschen", die sie sprachlich hier vertreten, denn nun als das Subjekt und welches als das Objekt des Einwohnens zu betrachten sei; es wird einfach die eine der beiden Möglichkeiten vorausgesetzt (vgl. S. 44. 48. 49. 50). Auch wird für das Verb ἀφανίζειν am Ende des Fragments immer schon die Bedeutung „verderben" vorausgesetzt, lange bevor die Wahl gerade dieser Bedeutung erklärt und begründet wird. Während man den Schlussabsatz der Kommentierung des Fragments 3 über die Verdauung Jesu mit einiger Verwunderung lesen wird, muss man sich fragen, warum denn die Hauptsache des Textes – jedenfalls das, was mir als der springende Punkt erscheint –, nämlich die Funktion und Bedeutung des *Adverbs* in ἤσθιεν καὶ ἔπινεν <u>ἰδίως</u>, offenbleibt. Nicht nur den Kommentar betrifft etwas, was – in meinen Augen jedenfalls – eine andere Eigenheit ist. Ich meine eine gewisse „Ungerechtigkeit" in der Behandlung von „Nullinformationen". M. muss ja ungewöhnlich viel mit „nichts" arbeiten. Aber man wird leicht unwillig, wenn er den Wert von seinem „nichts" mit der Abwertung des „nichts" von anderen zu

---

[4] Vgl. J. Holzhausen, Der „Mythos vom Menschen" im hellenistischen Ägypten. Eine Studie zum „Poimandres" (= CH I), zu Valentin und dem gnostischen Mythos, Theoph. 33, Bodenheim 1994; und ders., Gnosis und Martyrium, ZNW 85 (1994), 116–131.

[5] Vgl. A. Böhlig/Ch. Markschies, Gnosis und Manichäismus, BZNW 72 (1994), 90–96.

erhöhen trachtet. Dieses ungute Gefühl hatte ich besonders bei seinen harten Hinweisen auf die chronologische Unbestimmtheit und Unbestimmbarkeit gnostischer Originaltexte (vgl. z. B. S. 322). Doch nun zurück zur Inhaltsangabe! Die Ergebnisse der Kommentierung werden schließlich nur noch ergänzt und abgesichert durch „Untersuchungen zu Valentins Prosopographie und Doxographie". Dabei umfasst der erste Teil, also die Behandlung der Überlieferung zur *Person* des Valentinus, die Seiten 293–336, und der zweite Teil über das, was man abgesehen von den Fragmenten zur *Lehre* Valentins erfährt oder ausmachen kann, die Seiten 337–387. Wenn man M.s Zusammenfassung der von ihm gefundenen Elemente der Biographie Valentins liest (S. 335f.), so muss man über deren Spärlichkeit erstaunt sein. Es ist schon merkwürdig, wie wenig die alte Kirche an Erinnerung an diesen berühmten Lehrer und (für *sie* jedenfalls) Ketzervater bewahrt hat. Valentinus wirkt mehr wie ein Schatten und nicht wie eine wirkliche Persönlichkeit der Kirchengeschichte.

Bei der Doxographie geht es (im Wesentlichen) zunächst um zwei Nag Hammadi-Schriften, nämlich um das Evangelium Veritatis und um den Rheginusbrief, von denen mehr oder weniger vielstimmig behauptet worden ist, dass sie nicht nur *valentinianischen* Urspungs seien, sondern es sich bei ihnen sogar um Originalschriften des *Valentinus selbst* handeln könnte. Es fällt M. nun nicht schwer zu zeigen, dass die betreffenden Hypothesen auf Sand gebaut sind. Es bleibt dann nur noch übrig, das System Irenäus adv. haer. I 11,1, von dem Irenäus behauptet, das sei die Lehre des Ketzervaters Valentinus selbst, durch interne Analyse und Vergleich mit den Aussagen der Fragmente auf seine doxographische Echtheit zu prüfen. Auch hier ist sein negatives Ergebnis schlechthin überzeugend, kommt aber natürlich nicht unerwartet. Es folgt dann in diesem zweiten Hauptteil noch ein Abschnitt: „Die weiteren häresiologischen Valentinreferate und ihr Zusammenhang", ehe M. zur Zusammenfassung und zum Schluss des Ganzen kommt (S. 388–407), mit dessen Inhalt wir oben angefangen hatten. Zwischen diesem Schluss und dem mit dem Literaturverzeichnis anfangenden Registerteil gibt es ferner einen dreiteiligen Anhang (S. 408–413), enthaltend: 1. Synopse zu den angeblichen Valentinzitaten in Ps.-Tertullians „Adversus omnes haereses"; 2. Das angebliche Valentinreferat in Irenäus „Adversus Haereses" I 11,1: Text und Übersetzung; 3. Ein anonymer Valentinianer über die Speisen und den Bythos (Porphyrius, Abst. I 42,2–3).

Was können und sollen wir nun unsererseits mit M.s Ergebnis anfangen? Die Schlüsselfrage scheint mir zu sein, wie man sich den Ursprung des nach ihm *„fälschlich sogenannten* Valentinianismus" nun vorstellen soll, wenn er eben nicht bei Valentinus liegt. Zunächst einmal aber kann ich der Versuchung nicht widerstehen, den Hintergrund von M.s Lehrsatz „… Valentin … war kein Valentinianer" (S. 406) um ein mögliches „Dekorationsstück" zu erweitern. Im Rahmen seiner vorbildlichen und dankenswerten Heranziehung aller ihm irgendwie einschlägig erscheinenden Nag Hammadi-Schriften kommt M. auf S. 387 im Kapitel über die Doxographie auch auf die Stelle TestVer NHC IX,3 p. 56,1–5 zu sprechen, und zwar in der gebräuchlichen Rekonstruktion nebst dem entsprechenden Verständnis von B. Pearson (NHS 15, 172–173), wonach dort einer unbekannten Person vorgeworfen werde, *den Weg Valentins zu vollenden*, indem er von der „Ogdoas" spräche. M. hat das nun so eindrücklich vor Augen gestellt, dass mir Probleme hinsichtlich der Struktur der Semantik aufgefallen sind. Kann man den Weg eines anderen vollenden? Vollendet nicht jeder nur seinen eigenen Weg? Müsste man nicht erwarten, dass Valentinus hier nicht das Objekt, sondern das Subjekt der Wegvollendung sei? Das würde in Grammatik transponiert bedeuten, ob man in dem betreffenden Satz p. 56,1f. am Ende der ersten Zeile statt der *Objektsanknüpfung* nicht die *Einführungspartikel* für das nachgestellte, das vorherige Pronomen explizierende *nominale Subjekt* ergänzen sollte. Das würde dann so aussehen: ⲁ̣ϥϫⲱⲕ' ⲉⲃ̣[ⲟ]ⲗ ⲙ̅ⲡ'ⲡⲱⲧ' [ⲛ̅ϭⲓ (ⲡ)ⲟⲩⲁ]||[ⲗ]ⲉⲛⲧⲓⲛⲟⲥ̣ „Valentinus vollendete den (sc. seinen) (Lebens-)Lauf". Nun meint aber solche Rede, wie schon innerhalb von TestVer p. 34,10 zeigt, auf welche Stelle Pearson im Apparat seiner Ausgabe selbst verweist, gewöhnlich das Martyrium. Setzt also TestVer etwa auch von Valentinus voraus, dass er Märtyrer geworden ist, wie es G. Lüdemann schon für seinen Schüler Ptolemäus wahrscheinlich zu machen versucht hat?[6]

Das Ausprobieren von M.s Ergebnis beginnt am besten mit der Erhellung der Schwierigkeiten, mit denen man noch konfrontiert wird. Neun kleine Fragmente aus einem ganzen Theologenleben, noch dazu ohne ihren ursprünglichen Kontext und ohne dass wir wissen, aus welcher Etappe seines Lebens sie stammen – darf man da der Richtung trauen, in die sie weisen? Ist nicht doch jeder allgemeine Gesichtspunkt sicherer als *dieser* konkrete Hinweis? Auch eine zweite Implikation kann einem Schwierigkeiten bereiten. Clemens von Alexandrien, aus dessen „Stromateis" die meisten Fragmente stammen, kommt bei M. schlecht weg. Bei M.s Kommentierung kommt heraus – und zum Teil beweist er es einem auch richtig –, dass Clemens die Valentintexte (Briefe, Predigten und anderes), aus denen die Zitate stammen, gar nicht mehr kennt und sie also in völliger Unkenntnis ihres eigentlichen Sinnes verwendet. Es fällt mir schwer, das „Bewiesene" wirklich zu glauben, zumal ich persönlich einen bestimmten Satz von Morton Smith nicht wieder loswerden kann, der da lautet: „As an authority on gnosticism, Clement has one great advantage over Jonas – he knew what he was talking about"[7] – und diese Kritik muss sich ja nicht auf die Person von Hans Jonas beschränken. Was nun den Namen „Valentinianer" (also Valentiniani, οἱ ἀπὸ Οὐαλεντίνου, und ähnlich) betrifft, so müsste man sich wohl festlegen, ob man seine Herkunft in einer (polemischen) Bezeichnung von *Gegnern* sehen will, oder ob man sie als *Selbst*bezeichnung noch glaubt verstehen zu können. Wenn wir mit M.s Ergebnis Ernst machen wollen, müssen wir uns wohl für die erste Möglichkeit entscheiden, wie es M. ja auch selbst nahelegt, wenn er zum erstenmal auf dieses Problem zu sprechen kommt (obgleich diese Favorisierung danach wieder vergessen zu sein scheint). Vor allem aber brauchen wir, wenn Valentinus das nicht mehr sein kann, einen anderen einzelnen Menschen, der als Schöpfer des valentinianischen Systems gelten kann. Diese Forderung habe ich übrigens auch gegenüber der im Einzelnen erheblich anderen Auffassung von

---

6 Vgl. G. Lüdemann, Zur Geschichte des ältesten Christentums inn Rom: I. Valentin und Marcion; II. Ptolemäus und Justin, ZNW 70 (1979), 86–114.

7 The History of the Term Gnostikos, in: B. Layton (ed.), The Rediscovery of Gnosticism, Leiden 1981, 803.

J. Holzhausen. Bei aller Variation in manchen Details erweckt das valentinianische System doch die Vorstellung eines Stammbaums, der auf eine einzige Urgestalt desselben zurückführt. Es ist mir unvorstellbar, dass die Valentinusschüler, die ja vielleicht gar keine richtigen „Schüler" waren, *gemeinsam* dieses System entworfen und sich darauf festgelegt hätten, und dass *jeder für sich* seine System-„Variante" frei geschaffen hätte. Wenn man nun schon von Valentinus fast nichts weiß, so ist uns dieser „Mister X" *gänzlich* unbekannt, bzw. eben ein *reines Postulat.* Ich weiß auch nicht, ob es überhaupt Sinn hat, diesen „Valentinusersatz" mit irgend einer der namentlich bekannten, aber als vom Ursprung *abhängig* geltenden Personen, die die Überlieferung in diesem Zusammenhang nennt, zu identifizieren, zumal ja Ptolemäus als der erste Anwärter vielleicht auch ausfällt (siehe oben). Aber all diese Schwierigkeiten müssen nicht unüberwindlich sein. Freilich kann man sie nur überwinden, wenn man sie kennt. Und ich persönlich verspüre schon eine gewisse „Lust", es mit diesem, von M. gezeigten neuen Weg – wenn auch vielleicht erst einmal probeweise – zu versuchen.

Rezension zu Douglas M. Parrott: Nag Hammadi Codices III,3–4 and V,1 with Papyrus Berolinensis 8502,3 and Oxyrhynchus Papyrus 1081: Eugnostos and The Sophia of Jesus Christ*

Wir freuen uns mit dem Autor, Douglas M. Parrott, Professor an der University of California, Riverside (Program in Religious Studies), und der aktiven oder passiven „Nag Hammadi-Gemeinde", dass die so lange erwartete und für die Weiterarbeit dringend notwendige synoptische Ausgabe der beiden Schriften „Eugnostos (der Seelige)" (Eug) und „Die Sophia Jesu Christi" (SJC) im Rahmen der Coptic Gnostic Library (CGLib) nun endlich im Druck vorliegt. Als Synopse hat sie ihren Vorgänger in der CGLib-Ausgabe des Ägypterevangeliums (Böhlig/Wisse 1975), und auch ihr Nachfolger, die CGLib-Synopse des Apokryphon des Johannes (AJ), zeichnet sich am Horizont schon ab, für die neben Fred Wisse nunmehr Michael Waldstein (von der University of Notre Dame, Indiana) verantwortlich zeichnet (dabei ist Wisse zuständig für die Langversion, Waldstein für die Kurzversion). Die letztere Bemerkung gebe ich als Information auch deswegen hier weiter, weil für viele Interessenten dieses AJ-Projekt schon den Charakter einer Fata Morgana angenommen haben dürfte. Und ich darf hier in dieser Weise als Zeuge für die Realität dieses Projektes auftreten, weil Herr Waldstein die Freundlichkeit besessen hat, mir bereits zwei „drafts" dieser Ausgabe zuzusenden.

Die Freude als Mitfreude hat einen doppelten Hintergrund. P. hat sich so ziemlich von Anfang an gerade für diese beiden Texte (Eug und SJC) – fast könnte man sagen: von Jugend an – interessiert („This project was begun in 1967, while I was a graduate student at the Graduate Theological Union" – das ist der erste Satz seiner Preface [S. XI]) und hat an ihnen mehr gearbeitet als alle anderen Nag Hammadi-Leute. Es geht also um die Feier des Erfolgs der Arbeit am Lieblingsobjekt. Die andere Seite des Hintergrundes ist, dass die Freude hier eine reine ist, insofern als bei diesem ganz allein verantworteten Lieblingsprojekt keinerlei Grund zu Klagen besteht, wie sie bei dem „dazwischen gekommenen" Projekt der Herausgabe von NHC V und VI, wo P. als Volume Editor die Beiträge sehr vieler Contributors zu koordinieren hatte, anzustimmen waren.[1] Also, um es gleich vorweg zu sagen, das vorliegende Werk von P. ist m. E. grundsolide gearbeitet, in seinen Informationen zuverlässig und lehrreich und, wo es sich um Urteile oder Ideen des Autors über die Texte handelt, interessant und nachdenkenswert. Ich sage das, nachdem ich das Werk des Freundes besonders kritisch gelesen habe, mit umso größerer Freude.

Dass dennoch auch ein Freund einem nicht alles recht machen kann, wird gleich an meinem nächsten Punkt deutlich, wobei ich mir erlaube, die etwas

---

* NHS 27, Leiden 1991. In: JAC38 (1995), 177–181.

[1] Vgl. H.-M. Schenke, OLZ 79 (1984), 460–464.

persönliche Art, mit der ich nun einmal angefangen habe, noch ein wenig beizubehalten. Als ich das Buch in die Hand bekam, wollte ich zunächst nichts anderes wissen als, ob hier nun endlich dem unseligen „Freut euch in diesen“ im Eingang von Eug (nach NHC III) der Garaus gemacht und die von Dom Paulinus Bellet entdeckte Wahrheit[2] auch in angemessen helles Licht gerückt worden sei. Aus der Synopse der Versionen von NHC III und V des Eug an dieser Stelle:

(III) ϫⲉ ⲣⲁϣⲉ	ϩⲛ̄ⲛⲉⲉⲓ·	ⲉⲧⲣⲉⲧⲛ̄ⲉⲓⲙⲉ	ϫⲉ	ⲣⲱⲙⲉ	ⲛⲓⲙ
(IV)	ⲭⲁⲓⲣⲉ	ϯⲟⲩⲱϣ	[ⲉⲧⲉⲧ]ⲛ̄ⲙ̣[ⲙⲉ]	ϫⲉ	ⲛ̄ⲣⲱⲙ̣[ⲉ]	ⲧⲏⲣⲟⲩ

lässt sich doch ohne weiteres ablesen, dass ϫⲉ ⲣⲁϣⲉ/ⲭⲁⲓⲣⲉ der übliche Gruß am Ende des Briefpräskripts ist, während mit ϩⲛ̄ⲛⲉⲉⲓ/ϯⲟⲩⲱϣ das Briefcorpus beginnt, mithin ϩⲛ̄ⲛⲉⲉⲓ ein Synonym von ϯⲟⲩⲱϣ sein muss, wodurch es als bloße Schreibvariante von ϩⲛⲁ̈ⲓ̈, wie diese Form im klassischen Sahidisch heißen würde, entlarvt ist. Die Reduplikation des ⲛ an der Silbengrenze im Wortinneren stört nicht nur nicht ernsthaft, sondern könnte sogar als eine Bestätigung der sowieso im Raum stehenden Vermutung aufgefasst werden, dass der Verbalausdruck ϩⲛⲁ⸗, dessen Etymologie ja unklar ist, eben von einem ägyptischen Wort, das doppeltes /n/ hatte, stammt.[3] Aber P. hat sich leider weder von Bellets Argumentation noch von der Sache selbst überzeugen lassen. Vgl. S. 40f. Anm. zu Eug-III 70,2–3. Dieses Urteil zeichnete sich auch schon vorher in der Einleitung ab, wo man liest: „..., after the address proper, Eug-V has the same verb as the SJC parallels (V 1,3 || III 92,7 || BG 80,4), ϯⲟⲩⲱϣ, 'I want' (Gr. θέλω). Neither that verb *nor an equivalent* is found in Eug-III“ (S. 17 [Hervorhebung von mir]).

Dass wir uns mit den Vorbemerkungen bzw. mit einer Einzelheit so lange aufhalten, ist schließlich auch gar nicht schlimm, denn die Texte, um die es hier geht, bzw. ihr Inhalt, sind seit geraumer Zeit bekannt, genauer gesagt, seit der Ausgabe des BG (Papyrus Berolinensis 8502 [Gnosticus]) durch W. C. Till im Jahre 1955, wo er schon die Parallelen aus NHC III (Eug und SJC) in seinem kritischen Apparat bieten durfte. Grundsätzlich neu sind hier bei P. nur das synoptische Arrangement (was ja natürlich schwierig genug gewesen sein mag) und die in diesem Rahmen erstmals gebotene Ausgabe der Eug-Version des Codex V. Es ist dieser Bestandteil von P.s Synopse, auf den man besonders gespannt war. Hier half ja auch die Faksimile-Ausgabe des Codex V den Interessenten nicht viel, denn dieser Codex ist schlecht erhalten und die Lesung seiner Texte, besonders an den Brüchen, sehr schwierig. Erschwerend hinzu kommt noch, dass die Eug-Version von Codex V im Chor der insgesamt vier Paralleltexte am eigenständigsten ist, sodass zu seiner Entzifferung und Rekonstruktion die Parallelen der drei anderen Texte oft nicht sehr helfen können. Die Lesung auch des Originals selbst ist schon schwierig und mühsam. Ich habe im Dezember 1976, im Leseraum des Koptischen Museums zu Kairo unmittelbar neben P. sitzend, ihn selbst über dem Eug von Codex V stöhnen hören. Weil diese (Mit-)Ausgabe von Eug-V mit-

---

[2] Vgl. R. McL. Wilson (ed.), Nag Hammadi and Gnosis, NHS 14, Leiden 1978, 56–58.

[3] Vgl. H. J. Polotsky, Zur Neugestaltung der koptischen Grammatik, Collected Papers, Jerusalem 1971, 232.

samt den vielen Rekonstruktionen, die dabei nötig sind, etwas besonderes ist, habe ich mich für das Verhältnis von Parrotts Text zu dem auf der verbreiteten CD ROM PHI #6, The Packard Humanities Institute, 1991, interessiert. Wo ich sie an neuralgischen Stellen miteinander verglichen habe, waren sie identisch. Das scheint zu heißen, auf der CD ROM ist Parrotts Text, aber dieser wohl in der „Absegnung", die er durch das „Mutter-Haus", das Institute for Antiquity and Christianity in Claremont, California, erfahren hat. An diesem Text haben schließlich, wie das bei dem amerikanischen Team üblich (und vorbildlich) ist, auch andere Teammitglieder mitgearbeitet, wovon Parrott in seinem Werk übrigens genau Rechenschaft ablegt.

All das bisher Gesagte enthebt uns aber nicht der Pflicht, das Buch noch beschreibend vorzustellen. Seine Anlage ist ganz normal: Es besteht im Wesentlichen aus Einleitung, Textdarbietung und Register. Die Einleitung (S. 1–30) finde ich gut und sachgemäß. Weil ich aber nur einiges herausheben kann, will ich wenigstens die Überschriften ihrer siebzehn Abschnitte nennen: Discovery; Publication History; Titles; The Relationship of the Tractates and its Significance; Dating; Original Language; Provenance; Writers and Audiences; Sources of Eugnostos; Relationship of the Texts; The Codices; Physical State of the Tractates; Scribal Characteristics; Transcriptions; Translation Policies; Footnotes and Endnotes; Literary Forms. Dass das Verhältnis von Eug zu SJC (über die alte Frage hinaus, wer denn von wem abhängig sei, wobei sich da inzwischen als *communis opinio* die Auffassung vom sekundären Charakter der SJC durchgesetzt hat) überaus problematisch und interessant ist (mit der Kernfrage, wieso der Codex III das „Original" und die christliche „Fälschung" unmittelbar nebeneinander bringen kann), dafür hat mir erst P. die Augen geöffnet, der dieses Problem gründlich behandelt und zu dem Ergebnis kommt, dass SJC geschaffen worden sei, um nicht-christliche Gnostiker, die Eug verehrten, zur christlichen Gnosis zu bekehren; sie sollten Eug als eine Prophetie erkennen, die in Christus erfüllt sei (vgl. bes. S. 4 und 9). Dabei ist die Schrift Eug selbst nach P. noch gar nicht gnostisch, sondern wird von ihm als protognostisch eingestuft (S. 16). Entstanden sei Eug durch die Verbindung zweier verwandter spekulativer Systeme im ersten Teil, an die dann noch (im zweiten Teil) ein drittes spekulatives Schema unter Schwund seines Anfangs angefügt worden wäre (vgl. bes. S. 15). Dabei wird die Verschmelzung dieser Gedankengebilde auf der Basis des Zusammenkommens verschiedener Trägergruppen verstanden (S. 15f.). Die zeitliche Ansetzung beider Schriften durch P. ist sehr früh. Bei Eug hält er die Entstehung schon im 1. Jahrhundert v. Chr. für das Wahrscheinlichste. Dementsprechend setzt er dann die Entstehung von SJC ins späte 1. oder frühe 2. Jahrhundert n. Chr.: „If Eug is dated in the first-century B.C.E., then SJC should probably be dated late in the first or early in the second century" (S. 6). Bei der Frage nach dem Entstehungsort kommt P. für beide Schriften auf die Antwort: Ägypten (S. 7).

Zwischen Einleitung und Textdarbietung ist ein sehr nützlicher „Guide to the Parallels" eingeschoben (S. 31–34). Der Text wird in einer sehr einfachen Synopse geboten (S. 35–179) – im Prinzip so wie vordem schon das Ägypterevangelium, nur dass hier jede Seite noch einmal zweigeteilt ist. Also auf der jeweils linken Seite stehen die beiden Versionen des Eug nebeneinander: oben der koptische Text, unten die englische Übersetzung; rechts ist es dann entsprechend mit der SJC.

(Genauso wird später auch die Ausgabe des AJ aussehen.) Einzelprobleme der Texte werden in Fußnoten besprochen, Probleme, die mehrere Texte betreffen, in Endnoten (S. 181–183). Durch die freien Räume und die Höhe in der Anordnung der Zeilen in den vier Kolumnen wird unmittelbar deutlich, wo die Texte parallel sind, und wo nicht. Die Sache wird *so* deutlich, dass man sich geradezu geniert, mit ansehen zu müssen, wie der Autor der SJC den Eug „ausschlachtet".

Das Register (S. 185–208) beschränkt sich auf die tragenden Wörter. Das heißt, die grammatischen Elemente sind nicht aufgenommen. Dadurch ist es manchmal schwierig oder unmöglich, in kritischen Fällen die von der Übersetzung vorausgesetzte Textauffassung zu verifizieren. Ich habe von dem Register – unter Respektierung der vom Verfasser gewollten Beschränkungen – einen guten Eindruck. Abgesehen von gelegentlichen Kleinigkeiten scheint die Sache in Ordnung zu sein. Wirklich Gravierendes ist mir nicht aufgefallen. Das einzige allgemeinere Problem, das ich bei der Lektüre dieses Teils des Werkes empfunden habe, ist, dass bei der Aufschlüsselung der Lemmata nach Wortverbindungen gar nicht selten „zufällige" Verbindungen aufgenommen sind, wo die direkte Verbindung im Register nicht der Hierarchie dieser Elemente im vorausgesetzten Satz entspricht. Was ich meine, kann man vielleicht am besten an dem Eintrag ⲣⲉϥϯ (S. 193 Z. 3) sehen, der sich auf den Ausdruck, der im Text ⲣⲉϥϯⲙⲟⲣⲫⲏ heißt, bezieht. Ähnliche Schwierigkeiten hat man übrigens gelegentlich mit der verwendeten Nomenklatur. Die Frage des Adjektivs im Koptischen ist ein Problem, gewiss. Aber den präpositionellen Ausdruck ϩⲁ ϩⲟⲧⲉ („unter Furcht") als Adjektiv zu deklarieren (S. 199 Z. 12 v. u.), liegt wohl jenseits vertretbarer Möglichkeiten. Auch z. B. die Notierung ⲧⲟⲛⲧⲛ̄ v.: ϯ ⲧⲟⲛⲧⲛ̄ (S. 193 Z. 19 v. u.) ist mindestens eine irreführende Verkürzung der Relationen (das „v." ist dabei das Problem).

Am Schluss des Werkes findet sich P.s Neuausgabe des P. Oxy. 1081, der aus drei Fragmenten eines Papyrusblattes der griechischen (Ur-)Gestalt der SJC besteht. Die Sorgfalt und Liebe, mit der P. gearbeitet hat, kann man hier vielleicht am deutlichsten sehen. Ein kleines Missgeschick ist allerdings insofern passiert, als das letzte Blatt des Werkes, S. 217f. mit dem Register der Ausgabe des P. Oxy. 1081, nicht im Buch eingebunden war (jedenfalls in meinem Fall).

Nach dieser Gesamtvorstellung sei es dem „Liebhaber" schließlich noch erlaubt, einige Einzelheiten dieser oder jener Art hervorzuheben:

Ein Werk wie dieses beschert auch eine Wiederbegegnung mit alten und vertrauten Problemen, wie sie z. B. in den Ausdrücken ⲧⲉⲑⲟⲛⲧ/ⲧⲉⲧϩⲁⲛⲧ und ⲙⲁⲛⲧⲏ stecken. Ich sage das hier nur, um darauf hinzuweisen, dass P. für das zweite eine neue Erklärung zu haben meint; und zwar hält er es für eine Transkription des griechischen Wortes μαντεία (S. 37. 181. 205).

Es gibt auch einen ganzen Satz, wo P. zu Unrecht vom Verständnis seiner Vorgänger abweicht: ⲡⲉⲧⲉⲃⲟⲗ ⲅⲁⲣ ϩⲓⲧⲟⲟⲧϥ̄ ⲙ̄ⲙⲓⲛ ⲙ̄ⲙⲟϥ ⲟⲩⲃⲓⲟⲥ ⲉϥϣⲟⲩⲉⲓⲧ ⲡⲉ(ⲧⲉ) ϣⲁϥⲁⲁϥ (III 71,1–3 Parr [S. 46/47]), wo er den Kern – nach der Extraposition des Subjekts der Glose – nicht (mehr) als Cleft Sentence versteht, was schließlich zu der selbständigen Übersetzung des Elements ϣⲁϥⲁⲁϥ mit „it is self-made" führt. Der Satz im Ganzen kann aber nur heißen: „For – regarding whatever is from itself – it is an empty life that it leads".

Gleich danach gibt es in III 71,6f. (S. 46) eine schwierige Wendung, nämlich ⲉⲉⲓ ⲉϩⲟⲩⲛ ⲙ̄ⲡⲃⲟⲗ ⲛ̄ⲧⲉⲉⲓϣⲟⲙⲧⲉ ⲛ̄ⲥⲙⲏ, die P. mit „to get free of these three voices" wiedergibt, wobei die Zäsur zwischen ⲉϩⲟⲩⲛ und ⲙ̄ⲡⲃⲟⲗ übersprungen zu sein scheint.

III 93,22 (S. 49) wird die Relativform ⲉⲑⲁⲩ- (unter Berufung auf Tills BG-Ausgabe) als Schreibfehler verstanden und in ⲉ<ⲧ>ⲁⲩ- verbessert. ⲉⲑⲁⲩ- ist aber eine ganz legitime Form, wenn auch eine solche, die in einem anderen Dialekt, dem so genannten mittelägyptischen, zu Hause ist.

Schwierig erscheint es mir, mit Rekonstruktion und Verständnis von V 2,12f. (S. 50): ⲉⲓⲙⲏ̣[ⲧⲓ ⲉϥⲉ]ⲓ̣ⲙ̣[ⲉ] ⲛⲁϥ ⲟⲩⲁⲁϥ fertig zu werden, zumal wenn es mit „except [he (alone) knew] himself" übersetzt wird. ⲛⲁϥ kann jedenfalls nicht der Objektsausdruck von ⲉⲓⲙⲉ sein.

In III 96,23 (S. 63) scheint mir bei ⲟⲩϭⲟⲙ <ⲛ̄>ⲟⲩⲟⲩⲥⲓⲁ die Konjektur, die eigentlich unnötig ist, falsch zu sein. Wenn es schon der Genitiv sein soll, dann müsste es <ⲛ̄ⲧⲉ> statt <ⲛ̄> heißen.

V 4,5f. (S. 70) wird [ϯⲡⲓⲥⲧⲓⲥ] . . . ⲛ̄ⲧⲉⲛⲡⲉ mit „[the] higher [faith]" übersetzt, als stünde ⲛ̄ⲧⲡⲉ da. Und im Index (S. 190 unter ⲡⲉ) wird der problematische Ausdruck eben *so* registriert.

III 76,1 (S. 78) hat den Ausdruck ⲛ̄ⲛⲁⲩ ⲛⲓⲙ in Parallele zu dreimaligem (ϩ)ⲛ̄(ⲛ)ⲉⲟⲟⲩ ⲛⲓⲙ. Wir haben es also dort nicht mit dem Wort ⲛⲁⲩ „Stunde" zu tun, sondern mit ⲁⲩ, demselben Wort, das die Parallelen haben, nur in einer Form aus einem anderen Dialekt (*M, F*).

V 7,12 (S. 94): [ⲛ]ⲏ̣ ⲉϯⲛⲉ ⲙ̄ⲙⲟⲟⲩ ⲉⲃⲟⲗ kann nicht heißen „[those] that resemble them", weil das Adverb ⲉⲃⲟⲗ zeigt, dass das Verb gar nicht ⲉⲓⲛⲉ „gleichen" ist (so auch registriert im Index S. 186), sondern sein Homonym ⲉⲓⲛⲉ „bringen". Die fragliche Wendung dürfte vielmehr etwa bedeuten: „[those] that bring them forth".

Auf S. 105 gelingt P. eine herrliche Berichtigung einer schwierigen und offenbar missverstandenen Stelle des BG (98,18–99,1): Es heißt dort nicht ⲡⲛⲟⲩⲥ ⲛⲁⲩ ⲧⲟⲧⲉ | [(ⲟⲩⲛ ?) - - -], sondern ⲡⲛⲟⲩⲥ ⲛⲁⲩⲧⲟⲧⲉ|[ⲗⲓⲟⲥ - - -].

In der Wendung V 9,16f. (S. 108) ⲛ̣ⲏ ⲉⲧⲉ ⲛ̄ⲟⲩⲟⲉⲓⲛ . . . <ⲛⲉ>, die P. mit „. . . are the lights . . . " übersetzt, hätte ich gern gewusst, wie er dabei das Element ⲉⲧⲉ versteht. M. E. kann es nur ⲉⲧ-ⲉ, also Relativtransponent mit dem (fremden) Stativ von ⲉⲓⲣⲉ sein, aber ich habe diese Stelle nicht unter ⲉϯ im Register gefunden.

Ich möchte hier die Aufmerksamkeit gleich auf zwei weitere Stellen der Eug-Version von Codex V lenken, die mir ungewöhnlich vorkommen: [- - - ⲛⲏ] ⲙ̄ⲙ[ⲛ̄ⲧ'ϩⲟⲟⲩⲧ'] (11,25 [S. 122]) und ⲛ̄ⲛ̣[ⲏ] ⲛ̄ϯⲟⲃ ⲛ̄ϭⲁⲙ̣ (12,26f. [S. 138]), was nach P. „jene Männlichkeiten" bzw. „von jenen 72 Kräften" bedeuten müsste. Nun ist ja das problematische ⲛⲏ mehr oder weniger nur ergänzt; und im ersten Impuls kamen mir die betreffenden Rekonstruktionen als unmöglich vor, zumal man an der ersten Stelle mit ⲉⲧ[ⲉⲣⲉ] ⲙ̄ⲙ[ⲛ̄ⲧ'ϩⲟⲟⲩⲧ'] noch eine viel näher liegende Möglichkeit hat. Aber vielleicht gibt es die rekonstruierte Konstruktion (praktisch ⲛⲏ ⲛ̄- für ⲛⲓ- etc.) doch. Die „gemischte" Schreibung der Zahl zwölf als ⲙⲛ̄ⲧ'ⲓ̄ⲃ̄ (V 11,20) kommt mir weniger ungewöhnlich vor als P. (vgl. S. 122 mit Anm. zu Eug-V 11,20).

III 84,4f. (S. 128): ⲡϣⲙⲧ{ⲧ}ϣⲉⲥⲉ ⲛ̄ⲧⲛ̄ ⲧⲉⲣⲟⲙ<ⲡ>ⲉ ⲛ̄ϩⲟⲟⲩ kann nicht (wie die Codex V-Parallele) heißen: „The three hundred sixty *days of the year*"; das Syntagma ⲣⲟⲙⲡⲉ ⲛ̄ϩⲟⲟⲩ muss vielmehr „Jahr von Tagen" bedeuten.

III 85,7 (S. 140) muss das überlieferte ⲛⲁⲛⲟⲩ unbedingt in ⲛⲁⲛⲟⲩ<ⲟⲩ> verbessert werden; entsprechend ist auch der betreffende Eintrag im Index (S. 189: ⲛⲁⲛⲟⲩ-) zu ändern.

Auf S. 162 oben ist die zweimalige Rekonstruktion des Wortes ⲥⲙⲟⲧ als Femininum problematisch; und gegenüber auf S. 163 bewirkt die Konjektur zu BG 116,5 nicht, was sie soll; es müsste schon <ⲙⲛ̄ ⲛⲉⲛ>ⲧⲁⲩϣⲱⲡⲉ heißen.

Im koptischen Druckbild des Buches gibt es einige kleine Probleme, die wohl mit dem benutzten Computer zusammenhängen: die Abstände der Buchstaben zueinander und die Position des Supralinearstriches sind manchmal nicht wirklich so, wie sie der Verfasser offenbar haben wollte. Am auffälligsten ist das beim Buchstaben ⲩ, der relativ oft an den vorhergehenden Buchstaben herange*drückt* erscheint. Demgegenüber kommen eigentliche Druckfehler oder Versehen von ähnlicher Art kaum vor. Und die, die es doch gibt, kann man fast „an einer Hand abzählen". Ich führe sie, soweit sie mir aufgefallen sind, dennoch hier zum Nutzen des Lesers, wie ich hoffe, und zur Dokumentation der Mühe, die ich mir gegeben habe, auf:

- S. 23 Z. 7: lies (ⲛⲉ-) statt (ⲛⲉ⸗).
- S. 37 erster Eintrag des Apparates: lies 90,14 statt 91,1.
- S. 57 Anm. zu 86,6: lies "between ⲡⲉ and ⲫⲓⲗⲓⲡⲡⲟⲥ".
- S. 174 Anm. zu 117,10: lies [ⲭⲱ] statt [ϫⲱ].
- S. 182 Z. 5: lies „initial".
- S. 185 Z. 1 v. u.: lies ⲁϫⲛ̄- statt ⲁϫⲛ̄.
- S. 190 Z. 9: lies ⲛⲁϩⲃⲉϥ.
- S. 193 Z. 19: lies ⲙⲁⲧⲁⲙⲟ⸗.
- S. 196 Z. 23f.: „ⲛⲁ⸗ ϣ- (non-literary form)" bezieht sich auf den Verbalausdruck (ⲛ̄)ⲛⲁϣ-ϣⲁϫⲉ, und dessen (erweitertes) Konjugationspräfix gehört (als 1. Pers. Sgl.) zu demselben Paradigma wie das folgende „(ⲛ̄)ⲛⲉ⸗ ϣ-". Z. 8 v. u.: lies ϣⲃ̄ⲃⲓⲛⲟⲩⲧ'.
- S. 203 Z. 3 v. u.: lies 14,[11].
- S. 205 Z. 10: lies ⲉⲕ ⲙⲉⲣⲟⲩⲥ. Z. 13 v. u.: lies οὐ γάρ.
- S. 214 Z. 4: lies [ἐ]ν. Z. 3 der Anm. zu Line 45: zwischen „about" und „of" fehlt etwas.
- S. 215 App. Z. 3 v. u.: lies τῷ[ν.

Auf eine eigentliche Exegese lässt sich P. in diesem Buch übrigens nicht ein, weil er das, was er da zu sagen hätte, in einem besonderen Kommentar niederlegen möchte (s. S. 30: „Matters of interpretation have been dealt with only in passing, in view of an anticipated commentary"). Darauf kann man sich also noch freuen.

Zum Schluss möchte ich noch einmal auf die Schrift Eug als literarisches Phänomen zurückkommen, eine Schrift, die ja in P.s Gesamtverständnis des von ihm hier herausgegebenen kleinen Schriftenkomplexes eine zentrale Rolle spielt und auf deren Analyse er auch schon so viel Scharfsinn und Energie verwendet hat. Eug stellt tatsächlich ein Problem dar. Und mit der Erkenntnis, dass SJC von ihm abhängt, ist noch nicht allzu viel gewonnen und tauchen sofort sehr schwierige „Folgeprobleme“ auf. Die *formale* Abhängigkeit der SJC von Eug muss ja nicht auch automatisch die *inhaltlich-sachliche* Abhängigkeit bedeuten. Den Problemen, die mich aufs Neue quälen und für die mir P. fürwahr die Augen geöffnet hat, ist allerdings wohl nicht mit P.s Weise der Literarkritik beizukommen. Was mir bei der Lektüre zum Problem wurde, ist die sachliche *Eigenständigkeit* von Eug. Eug liegt also der SJC voraus und ist im Unterschied zu ihr nicht christlich. Sein Gegenstand ist nur die Entstehung und Entfaltung der Himmelswelt als des Vorbildes unserer Welt hier unten. Doch *wen* mögen solche Spekulationen schon interessiert haben? Philosophen? Kaum! Juden? Unmöglich! Aber es ist ja nun das Verhältnis der Gottheit „Mensch“ zu seinem Spross, dem „Sohn des Menschen“, offensichtlich der Angelpunkt des Ganzen. Es kommt eine himmlische Kirche vor (S. 108. 148–150), und es ist vom Zustandekommen des Mangels der Weiblichkeit die Rede (S. 140). Ich kann mir eigentlich bloß *eine* Gruppe von Menschen vorstellen, die sich für *so etwas* interessiert haben könnte: christliche Gnostiker, ja *christliche*, und nicht irgendwelche anderen. Aber dann würde ja durch den formalen Akt der (wahrlich penetranten) „Dramatisierung“ des Eug durch die SJC dennoch sachlich der *Inhalt* des Eug nur wieder in den Kontext zurückkehren, in den er eigentlich gehört und in dem er so oder so vielleicht auch immer gestanden hat. Dass ein „Argwohn“ wie dieser (mehr ist es bei mir im Augenblick nicht) auf eine ganz andere (sozusagen „normalere“) Chronologie (wieder) hinausläuft, als P. sie vertritt (siehe oben), versteht sich von selbst.

Rezension zu Leo Depuydt: Catalogue of Coptic manuscripts in the Pierpont Morgan Library*

Vielen Koptologen dürfte bekannt gewesen sein – spätestens seit der Mitteilung von dem Projekt auf dem IVe Congrès international d' études coptes 1988 in Louvain-La-Neuve (durch Depuydts Beitrag „A Descriptive Catalogue of the Pierpont Morgan Coptic Collection") –, dass unter der Verantwortung von Bentley Layton an der Yale University in New Haven, Connecticut, als Ph.D. Dissertation von Leo Depuydt ein Katalog der koptischen Bestände der berühmten Pierpont Morgan Library, New York City, im Entstehen begriffen war. Aber die Spannung, mit der das Erscheinen dieses Katalogs erwartet wurde, wird wohl nicht bei allen gleich groß gewesen sein. Wer sich jedoch durch das Glück persönlicher und unmittelbarer Kontakte mit dieser so typisch amerikanischen Wissenschaftsinstitution verbunden fühlen darf, mag ähnlich wie der Rezensent dem Zeitpunkt, wo man diesen Katalog wirklich sehen kann, entgegengefiebert haben. Nun aber ist es endlich so weit! Und ich will auch gern gestehen, dass ich so sehr neugierig war, dass ich sogleich nach dem Erhalt des Werkes mit seinem Studium zum Zwecke der Rezension angefangen habe.

Nun wird es wohl einerseits an der wissenschaftlichen „Begierde" gelegen haben, andererseits aber auch an dem literarischen Charakter der zwei Bände dieses Werkes selbst, dass ich mich ihm nicht „frontal", sondern eher „von der Seite" genähert habe. Ein Katalog, der ja, wenn man ihn als „Lektüre" nimmt, immer etwas von der Spannung eines Telefonbuchs hat, ist doch eigentlich zum Nachschlagen, Suchen und Finden da. Also ich habe, der eigenen gegenwärtigen Interessenlage entsprechend, ziemlich hinten mit den relativ wenigen fayumischen Stücken (Nr. 259–277) angefangen, von denen ich das Psalterfragment (Nr. 259) und den unvollständigen Pergamentcodex mit den Paulusbriefen (Nr. 264) als besonders interessant hervorheben möchte. Schon ein flüchtiger Blick auf die einzige als Illustration im Tafelband gebotene Abbildung des Codex mit den Paulusbriefen (P. 415) mag in der linken Kolumne bei Z. 10–13 hängen bleiben, wo er die Stelle Röm 8,37 in folgender Gestalt findet: ⲁⲗⲗⲁ ϩⲛ ⲛⲉⲓ ⲧⲏⲗⲟⲩ ⲧⲉⲛⲉⲗϩⲟⲩⲉ ⲧⲕⲁⲛ ⲉⲃⲁⲗ ϩⲓⲧⲉⲛ ⲡⲏ ⲛⲧⲁϥⲉⲗⲁⲅⲁⲡⲁⲛ ⲙⲙⲁⲛ, die sogleich zwei „Offenbarungen" bereithält: zum einen den Beleg für die Existenz des Präverbals ⲣ̅ϩⲟⲩⲉ- (*S*) etc. auch im Fayumischen (vgl. W.-P. Funk, ZÄS 105 [1978], 114), zum anderen die Erkenntnis, dass das geheimnisvolle Wort ⲧⲕⲁⲛ (vgl. W. Westendorf, Koptisches Handwörterbuch, 1965/1977, 228 und 546) eigentlich ein Verbum ist. Die Paulusbriefe dürften übrigens auch wegen ihrer Schrift (mit ihren schönen typisch fayumischen ϣ-Zeichen), die sie als einige Jahrhunderte älter, als es die Masse des hier katalogisierten Gutes ist, erscheinen lässt, unsere besondere

* 2 Bde., Leuven 1993. In: OLZ 90 (1995), 154–162.

Aufmerksamkeit verdienen. Andererseits sind alle fayumischen Texte – jedenfalls soweit sie, so oder so, aus dem Hamulifund stammen – unter der Frage nach der Dialektgeschichte des Fayum wichtig. Die Pierpont Morgan-Sammlung koptischer Handschriften ist ja berühmt wegen der 47 Pergamentcodices des so genannten Hamulifundes – zufällig im Frühling 1910 in den Resten eines dem Erzengel Michael geweihten Klosters, die in der Nähe der heutigen Ortschaft Hamuli (im äußersten Westen des Fayum) liegen, gemacht –, die 1911 von Pierpont Morgan gekauft worden waren. Und die große Menge dieser Codices, die also einmal die Bibliothek dieses fayumischen Klosters – oder einen Teil davon – gebildet haben und alle in dem Zeitraum von ca. 822/23 bis 913/14 n. Chr. entstanden sind, ist nicht im fayumischen Dialekt, sondern im sahidischen geschrieben, während sich *aber* (ältere) fayumische Textreste in der Makulatur und vor allem in den pastedowns der Einbände gefunden haben. Ein Teil der fayumischen Nummern dieses Katalogs sind z. B. solche ehemaligen *pastedowns*. D. selbst skizziert diesen Sachverhalt nebst den sich aus ihm ergebenden Folgerungen so: „It is striking how many fragments from disused Faiyumic codices are found in Hamuli codices that are themselves written in Sahidic. This makes it possible to date the demise of the Faiyumic dialect and the rise of Sahidic as the literary dialect of the Faiyum. Since the Hamuli codices roughly belong to the ninth and beginning of the tenth centuries AD, the use of Faiyumic for literary purposes must have declined roughly in the eighth century" ([I] S. LXV). Aber man tut vielleicht gut daran, das Indiz der Hamulicodices nicht zu schnell zu verallgemeinern. Was vom äußersten Westen des Fayum gelten mag, muss nicht in gleichem Maß für die anderen Regionen des Fayum zutreffen. Das Aussterben des fayumischen Dialekts muss nicht überall gleich schnell erfolgt sein.

Natürlich musste ich nach der Betrachtung dessen, was aus diesem Katalog über das Fayumische hinzuzulernen war, auch erst einmal die „alten Bekannten" wiedersehen. Damit meine ich in erster Linie die beiden kleinen alten Pergamentcodices mit der Apostelgeschichte im sahidischen bzw. mittelägyptischen Dialekt (Nr. 28 und 278). Der Katalogeintrag Nr. 278 ist der Codex Glazier („Call Number" G67; Apg 1,1–15,3 im mittelägyptischen Dialekt), um dessentwillen ich mich im Jahre 1985 einen ganzen Monat lang täglich derselben Gastfreundschaft des Stabes der Pierpont Morgan Library erfreuen durfte, wie sie D. in den Acknowledgments seiner beiden Bände ([I,] S. LIIIf.; [II,] S. XXXIX) beschwört. Bei der Betrachtung der Tafeln, die den Codex Glazier zeigen (Pl. 460–463), empfinde ich freilich ein Ungenügen hinsichtlich der Farben der Wiedergabe. Während der Arbeit am Codex Glazier hatte ich auch einmal die Gelegenheit, den anderen noch nicht konservierten bzw. restaurierten Codex mit der Apostelgeschichte auf Sahidisch auf dem Arbeitstisch des Restaurators liegend mit Muße in Augenschein zu nehmen. (Vgl. besonders das Farbbild von diesem Codex im Ganzen, in aufgeschlagenem Zustand, auf Pl. 464 [man sieht hier übrigens sehr schön, dass das Holz der Buchdeckel widerstandsfähiger war als das Pergament zwischen ihnen]; Schwarzweiß-Wiedergaben von vier Seiten finden sich Pl. 350–353). Ich habe auch selbst eine kleine Expertise für die Pierpont Morgan Library zur Sprache und zur Textform dieser Apostelgeschichte angefertigt, in der ich zu demselben Urteil gekommen bin, wie meine „Vorgänger" und wie es hier im Katalog nun festgeschrieben ist: Es ist leider nur die ganz normale sahidische Textfassung. Und schließlich war das Ziel meiner ungezügelten Neugier diejenige, noch unveröffentlichte und doch schon vom Hörensagen wegen ihres Dialekts berühmt gewordene Handschrift, die den Grund oder den Vorwand dafür darstellt, dass in dem modernen Spektrum der koptischen Dialekte auch ein Dialekt *H* (Hermopolitanisch) erscheint. Sie hat hier die Katalognummer 279 („Call Number" M636). Auch sie ist in gewisser Hinsicht ein „alter Bekannter", nämlich insofern, als ich im Jahre 1978, damals von Princeton (Scheide Library) aus, die Pierpont Morgan Library besuchend, schon einmal einige Stunden vor dem Original gesessen habe. Ich hatte damals freilich den Eindruck, mir den falschen Text bestellt zu haben, denn die Seiten, die ich da sah, zeigten gar keine richtige Buchschrift, sondern waren wie mit Urkundenschrift beschrieben. Aber es war doch der richtige Codex, wie ich jetzt aus der Beschreibung durch D. (mit Textbeispielen) und Plate 418 ersehe. Und bei D. scheint die betreffende Dialektbestimmung nun auch schon „verewigt" worden zu sein, wenn Codex M636 als einziger Eintrag unter: „IV Manuscript in Dialect *H*" aufgeführt wird. Nun kann sich aber durch Beispiel und Bild jeder selbst ein – wenigstens vorläufiges – Urteil bilden, schon allein, wenn er z. B. die merkwürdigen Schreibungen dieses Textes in der verwilderten „Orthographie" anderer Pierpont Morgan-Texte wiederfindet. Was ist, wenn die Orthographie von M636 genauso „unseriös" sein sollte wie die Schrift? Ich möchte ja gern an die Existenz von *H* glauben, aber noch bekenne ich mich als voll von Zweifeln.

Nur aber ist es an der Zeit, Zum „Geschäft" zu kommen. Natürlich habe ich den Katalog „unter die Lupe" genommen und ihn in seiner Ganzheit zu erfassen gesucht, wovon nunmehr Rechenschaft zu geben ist. Der Katalog ist ganz bewusst nach dem Schema gemacht, das B. Layton für solche Aufgaben neu entwickelt und in seinem Katalog der neu erworbenen koptischen literarischen Handschriften der British Library angewendet hat. Dieses Katalogisierungsprinzip ist nun schon in der Rezension von Laytons Werk m. E. zur Genüge beschrieben worden.[1] Statt die Beschreibung des Prinzips zu wiederholen, möchte ich gleich die Art und die Wirkung seiner Anwendung bei D. und, gegebenenfalls, die Abwandlungen charakterisieren. D.s Katalog ist mit der allergrößten Sorgfalt gemacht und stellt somit der Laytonschule ein sehr schönes Zeugnis aus. Man kann sich glücklich fühlen, diesen Katalog zu besitzen, oder wenigstens Zugang zu ihm zu haben. Es gibt hier nun zunächst drei Unterschiede zu Laytons eigener Anwendung des deskriptiven Systems zu vermerken. In D.s Katalog kann man (trotz des „Telefonbuchcharakters") doch auch wirklich lesen. Das heißt, er nennt und beschreibt nicht nur Texte, sondern er bietet auch welche, und zwar doch in erheblichem Umfang. Dazu wählt er verständlicherweise solche aus, die noch nicht veröffentlicht sind und/oder wo er die eigene Verantwortung für die unmittelbare Mitteilung seiner Kenntnis des Materials an die interessierte Fachwelt empfindet.

Die Art dieser „Ersteditionen" ist je nach Sachlage verschieden, manchmal nur in Auszügen (besonders bei stark zerstörten Texten), oft aber auch insgesamt, teils nur die Texte, teils mit Übersetzung, von der gelegentlich freilich ausdrücklich betont wird, dass sie nur vorläufig sei. Diese Partien habe ich besonders gründlich

[1] Vgl. H.-M. Schenke, OLZ 85 (1990), 153–158.

betrachtet und freue mich sagen zu dürfen, dass Textbehandlung und das in den Übersetzungen zum Ausdruck kommende Textverständnis meisterlich sind und den Bearbeiter eben (über den „Vater“ Layton) als Polotsky-„Enkel“ ausweisen. Seine Übersetzungen zu lesen vermag dem Liebhaber solchen Herangehens großes Vergnügen zu bereiten.

Dass bei der Textdarbietung auf die Wiedergabe des jeweiligen Supralinearsystems verzichtet wird, kann man unter dem Gesichtspunkt der Vorläufigkeit der „Edition“, der Schwierigkeit der Lesung und auch der Sache selbst verstehen; dass auch bei Wortbrechungen am Zeilenende um das Zeichen herum, das das Ende der Zeile angibt (|), „Luft“ gelassen wird (also nach dem Prinzip: ⲥⲱ | ⲧⲙ, und nicht: ⲥⲱ|ⲧⲙ), macht die Sache zwar etwas unübersichtlich, aber nicht so, dass man sich nicht daran gewöhnen könnte. Ein weiterer Unterschied dieses Katalogs der Pierpont Morgan Library gegenüber jenem Katalog der British Library besteht darin, dass hier keine Beschränkung auf die literarischen Texte erfolgt, also auch die koptischen Urkunden der Pierpont Morgan-Sammlung selbstverständlich einbezogen sind. Die Entscheidung in dieser Frage, ob man besser so oder so verfährt, ist wohl nicht unwesentlich abhängig von dem „Profil“ und der Größenordnung der betreffenden Sammlung: In der Pierpont Morgan Library gibt es eben nicht so besonders viele nichtliterarische Stücke. Der dritte Unterschied schließlich besteht in der enormen Vergrößerung der Anschaulichkeit, insofern als hier an die Stelle von Laytons „angehängten“ Schriftbeispielen ein eigener zweiter Band mit Tafeln tritt, der die ganzen Seiten auch ganz zeigt, obgleich in der hier nötigen Verkleinerung. Allerdings hat auch diese Andersartigkeit wieder ihre objektiven Gründe: Während sich Layton auf die bloße Veranschaulichung der Schrift seiner Stücke beschränken kann, sind ja die Hamulicodices der Pierpont Morgan Library gerade wegen ihrer Illustrationen, ihrer Buchschmuckelemente berühmt. Ein ganz wesentlicher Teil dieses Schmucks, bzw. dieser Codices als Artefakte, sind nun auch die alten Einbände dieser Bücher. Und so möchte ich hier – als ein anderes Phänomen des vorliegenden Katalogs – einfügen, dass diese Hamulieinbände zwar vorkommen, aber nicht eigentlich mit zum Gegenstand der Beschreibung werden. Einerseits schien der besonders zerbrechliche Zustand dieser Einbände eine (neuerliche) eingehende Untersuchung nicht angeraten sein zu lassen; so beruft sich D. auf einschlägige alte Notizen oder Beschreibungen aus dem Archiv; in manchen Fällen hat Jane Greenfield für ihn die Einbände beschrieben (allerdings in einer Kurzform, die man ohne Anschauung und Zeichnungen, wenn man nicht selbst Buchbinder ist, wohl nur schwer versteht; mit Hilfe der Anschauung, die die Tafeln 401 und 402 bieten, gelingt es aber doch wenigstens zu ahnen, was sie jeweils meint). Andererseits hängt das damit zusammen, dass die Einbände bereits Gegenstand eines „Zwillingsprojekts“ sind; vgl. die Bemerkung von William M. Voelkle im Vorwort des Tafelbandes (S. XI): „All of the bindings would have been included had not John L. Sharpe III of Duke University recently undertaken the task of editing and updating Theodore Petersen's typescript on Coptic bookbinding. The binding catalogue will perfectly complement Leo D.'s work“.

Dass sich in diesem Katalog unendlich vieles so stereotyp wiederholt und auch sonst viel „Leerlauf“ vorkommt, liegt an dem zugrunde gelegten Befragungsformular, das eben sehr allgemein gehalten ist – und es wohl auch sein muss –, bei dessen Ausfüllung dann sehr oft ein „nicht betreffend" einzutragen ist. Gleichwohl sei man gewarnt, bei der „Lektüre" unaufmerksam zu werden, denn ab und zu erscheinen inmitten der schon hundertmal gelesenen Formeln plötzlich auch wichtige Spezifika. Die Formelhaftigkeit und „Dichte" der Sprache (Telegrammstil) hat zudem die Tendenz, die *Beziehung* der Aufstellungen verschwimmen zu lassen, und lässt auch gelegentlich die Frage aufkommen, ob diese oder jene Beschreibung vollständig ist (so vollständig wie die anderen). Was die Anwendung des ebenfalls zum System gehörenden „Querverbunds" betrifft, so sind wohl manchmal D.s Querverweise etwas übertrieben (also, wenn etwa auf etwas verwiesen wird, was unmittelbar vorhergeht [z. B. S. 218 unten: „*See* No. 112"] bzw. unmittelbar folgt [z. B. S. 224 oben: „*See also* No. 116(1)"]). Gleichwohl möchte ich bekennen, dass ich diese Art der Deskription (immer noch) als gut und nützlich empfinde. Sie vermittelt nicht zuletzt einen unmittelbaren Eindruck von der Beständigkeit koptischer literarischer Tradition. Der geheime Grund dieses „Bekenntnisses" ist ein gewisser Zweifel, der mich bei diesem „Zweitaufguss" des Laytonschen Systems beschlichen hat, der ja den Eindruck vermittelt, als sei nun dieses Prinzip das A und O moderner Textbeschreibung. Das System kann nur unter Einschränkung als gut oder wegweisend akzeptiert werden. Es eignet sich nämlich nur zur ersten Erfassung und Ordnung *sehr großer* Mengen von Textmaterial. Dass solche Sorge keineswegs unbegründet ist, kann man daran sehen, dass Layton selbst schon das „Individuum" des Nag Hammadi-Codex VIII nach diesem Schema „beschrieben" hat.[2]

Zum Inhalt des Katalogs sei schließlich noch bemerkt – bzw. ergänzt –, dass der Hauptteil aus sahidischen Stücken (ganzen – oder fast ganzen – Codices, Einzelblättern und Fragmenten) besteht (Nr. 1–258), dass aber außer den dann folgenden und schon erwähnten Texten in den Dialekten *F, M* und *H* auch noch bohairische Texte dazugehören (Nr. 280–302). Die nichtliterarischen Texte erscheinen als Nr. 303–351. Es gibt dann noch zwei Appendices, nämlich I: „Manuscripts in other languages, forgeries, and objects associated with the Coptic collection" (S. 573–603 = Nr. 352–401) und II: „Hamuli manuscripts at the Coptic Museum in Cairo" (S. 609–647 = Nr. 402–421). Von den systemgerechten Register- und Einleitungsteilen (S. 649–709 bzw. S. XI–CXVII) hat die Geschichte der Pierpont Morgan-Sammlung („The components of the collection" S. LV–LXXXII) mit den US-amerikanischen Koryphäen der Koptologie bzw. Papyrologie als „dramatis personae",[3] die den Leser übrigens auch durch das ganze übrige Werk begleiten, mein besonderes Interesse gefunden. Und natürlich verdient alles, was hier, aber auch sonst (vgl. „Hamuli manuscripts kept in other collections" S. LXXXII–LXXXIX; und „The monastery of St. Michael at Phantoou" S. CIII–CXVI), über den Hamulifund (den Ort, die Umstände, die Schicksale etc.) mitgeteilt oder zusammengefasst wird, unsere Aufmerksamkeit.

---

[2] Vgl. Nag Hammadi Codex VIII, in: John H. Sieber (ed.), The Coptic Gnostic Library, NHS 31, Leiden 1991, 3–5.

[3] Vor allem Henri Hyvernat von der Catholic University of America, Washington, D.C., Theodore C. Petersen vom St. Paul's College, Washington, D.C., und Francis Willey Kelsey, (Latinist) an der University of Michigan in Ann Arbor.

Kataloge wie dieser verlangen vom Rezensenten – oder bieten die Möglichkeit –, selbst „nachträglich" und zum Nutzen der „Verbraucher" ein bisschen mitzumachen. Zunächst kann man vielleicht die Identifizierung zweier Nummern noch präzisieren. Nr. 90 sieht mir weniger nach einem „Homiletic (?) Fragment" aus als nach einem Lektionarteil; jedenfalls steht auf Recto a nur 1 Joh 2,16.17 und auf Recto b und Verso a.b nur ein Stück aus Apg 8,26ff. Viel interessanter aber ist Nr. 154 mit der Kartonage von M587 und M597 (vgl. Pl. 401. 402). Darin findet sich nämlich (unter c) folgende Passage: ⲡⲉϫⲁϥ ⲛϭⲓ ⲡϩⲏⲅⲉⲙⲱⲛ ϫⲉ ϣⲉ ⲛⲁⲛⲟⲩⲧⲉ ⲟⲩⲛⲟϭ ⲧⲉ ⲧⲉⲧⲉⲛⲙⲁⲅⲓⲁ. ⲡⲉϫⲁϥ ⲛϭⲓ ⲡϣⲏⲣⲉ ϣⲏⲙ ϫⲉ ϣⲉ ⲛⲁⲛⲟⲩⲧⲉ ⲟⲩⲛⲟϭ ⲧⲉ ⲧϭⲟⲙ ⲙⲡⲉ̅ⲭ̅ⲥ̅. ⲡⲉϫⲁϥ ⲛϭⲓ ⲡϩⲏⲅⲉⲙⲱⲛ ϫⲉ ⲁⲛ[ⲓⲛⲉ] ⲛⲁⲓ ⲛⲛⲕⲁ ⲛⲣⲉϥⲟⲩⲉⲓⲥⲉ ⲛⲧⲉⲧⲉⲛⲟⲩⲉⲓⲥⲉ ⲙⲙⲟⲟⲩ ⲙⲡⲁⲙⲧⲟ ⲉⲃⲟⲗ. Und diese „erinnert" nun auf das Lebhafteste an folgenden Text im Dialekt *M*: [ⲡⲉϫ]ⲉ ⲡϩⲏⲅⲉ[ⲙⲁⲛ] ⲛⲉϥ ϫⲉ ϣⲉ [ⲡ̅ⲛ̅]ⲧ̅ ⲟⲩⲛⲁϭ ⲧⲉ [ⲧⲉⲕ]ⲙⲁⲅⲓⲁ̀ >— [ⲡⲉϫ]ⲉ ⲡⲁⲗⲟⲩ ⲛⲉϥ· [ϫⲉ]ⲉ ⲡⲁⲟⲩ ⲙ̇[ⲛⲁ̅ⲛ̅ⲧ̅] ϫⲉ ⲙ̇ⲙ̇ⲛ̇[ⲧϭⲁⲙ] ⲡⲁⲣⲁ ⲧϭⲁⲙ· [ⲉⲧⲧ]ⲁⲓ̈ⲁ̀ ⲙ̇ⲡⲁ[ⲛ̅ⲧ̅ >—] ⲡⲉϫⲉ ⲡϩⲏ[ⲅⲉⲙ]ⲁⲛ ⲛ̇ⲛⲉϥ[ϩⲗⲁ]ⲓ̈ ϫⲉ ⲁ̣ⲛ̣ⲓ̣[ⲛⲉ] (hier bricht das betreffende Fragment ab). Der *M*-Text aber gehört zu Resten des berühmt-berüchtigten Martyriums des Cyriacus und seiner Mutter Julitta.[4] Einerseits sind die Parallelen so eng, dass man die Ergänzung der Lücken des *M*-Textes nach dem *S*-Text verbessern kann und wohl auch muss. Andererseits heißt das alles eben, dass die Pierpont Morgan Library in der Papyrusmakulatur der Einbände von M587 und M597 offenbar erhebliche Teile einer sahidischen Fassung des Cyriacusmartyriums als einen verborgenen Schatz besitzt, der noch „gehoben" werden muss.

An kleinen Verbesserungen wäre schließlich noch das Folgende zu nennen (aufgeführt wird hier nur das, wo ich mir sicher bin [meist infolge der Möglichkeit des Vergleichs mit den Tafeln], also unter Ausklammerung solcher Dinge, die man zunächst nur bezweifeln kann): S. 11 Z. 10 v. u.: ff. 2r. S. 13 Z. 5: „(**1** column wide)". S. 46 Nr. 33: in Apg 9,29b muss es ⲉϩ[ⲟ]||ⲧ̱ⲃⲉϥ und in 9,30 ⲉ̣[ⲕⲁⲓ]ⲥⲁⲣⲓ̱[ⲁ] heißen. S. 52/53: Dittographie am Seitenumbruch. S. 74 Z. 2 v. u.: ⲉⲛⲟ ϭⲉ ϣⲃⲏⲣⲣϩⲱⲃ (Zäsur). S. 82 Z. 2 v. u.: ⲁϥ|ϫⲡⲉⲓⲉ ϩⲛⲣⲣⲟ (Zäsur). S. 89 Z. 11 v. u.: „(January 5 or 6 Julian)". S. 103 Z. 10 v. u.: ⲡⲛⲟⲩⲧⲉ ⲁ̱ϥ̱[ϣ]ⲁϫⲉ - - -]. S. 124 Z. 2: ⲡⲛⲧ[ⲁⲩ̱]||[ⲥⲣ̄ⲟⲩ ⲙ] ⲙⲟϥ. S. 125 Z. 6: ⲛⲉⲓϣⲁϫⲉ (Zäsur). S. 156 Z. 1 v. u.: ⲉⲓⲉ ⲧ (Zäsur). S. 172: „your **son**" als Übersetzung von -ⲡⲉⲕⲥⲟⲛ (Z. 3). S. 194 Z. 13: fehlt Übersetzung der Phrase ϩⲛ ⲟⲩⲙⲉ ⲛⲧⲁⲩⲧⲁⲛ|ϩⲟⲩⲧϥ ⲉⲡ|ⲡⲁⲗⲗⲁⲧⲓ|ⲟⲛ (S. 193 Z. 4f. v. u.). S. 226 Z. 6. v. u./S. 227 Z. 10: „which **was** built" als Übersetzung von ⲡ[ⲉ]ⲛⲧⲁϥⲕⲟⲧϥ. S. 227/228: fünf Wörter in Dittographie am Seitenumbruch. S. 228 Z. 10: ⲧⲙⲛⲧⲣⲉ̱ϥ̱ϣⲙϣⲉⲉⲓⲇⲱⲗⲟⲛ. S. 249 Z. 7: Da beim zweiten ⲣ̄ⲏⲛⲏ das sonst in solchen Fällen von D. hinzugefügte „sic!" fehlt, dürfte es ein Druckfehler sein. S. 254 Z. 23: ⲛⲧ̱ⲕ̱ⲁⲡⲡⲁⲇⲱⲕⲓⲁ. S. 255 Z. 32: Ed. Lantschoot No. 3 (E). S. 273 Z. 12 v. u.: ⲡ̣ⲧ̣ⲉⲉ[ⲗⲉⲙⲏ]. S. 276 Z. 11 : „(pages ⲑ̱̅-ⲓ̅ⲃ̅)"; Z. 26 und 39: fehlt Übersetzung von ⲧⲙⲛⲧⲛⲟϭ ⲛ. S. 283 Z. 4 v. u.: Pl. 19. S. 286 Z. 7 v. u.: ⲁⲗⲗⲁ ⲁ̱ⲡⲛⲟⲩⲧⲉ | ⲇⲁⲙⲓⲟⲟⲩ. S. 287 Z. 19: ⲛⲧⲉⲣⲉⲛϣⲁ|ϫⲉ (Zäsur). S. 314 Z. 4 v. u.: ⲁⲡⲙⲟⲩⲓ̱. S. 367/368: Dittographie am Seitenumbruch. S. 458 Z. 12: „See *Introduction* LXI". S. 487 Z. 2 v. u.: „(Sahidic ⲟⲩ̱ⲉ̱ⲣ̱ⲏⲧⲉ)".

[4] Vgl. E. M. Husselman, The Martyrdom of Cyriacus and Julitta in Coptic, JARCE 4 (1965), 79–86, bes. 84; H.-M. Schenke, Apostelgeschichte 1,1–15,3 im mittelägyptischen Dialekt des Koptischen (Codex Glazier), TU 137, Berlin 1991, 245–248, bes. 247.

In dem schönen Tafelband ist die „Anschauung" ein wenig dadurch kompliziert worden, dass die Bilder nicht alle einfach in der Reihenfolge der Katalognummern erscheinen, sondern ihre Folge durch eine kunstgeschichtliche Sachordnung mehrfach unterbrochen wird. Es kommen erst die Seiten mit den Frontispieces (Pl. 10–47), dann die mit den verzierten Textanfängen („Headpieces": Pl. 48–198), die mit den verzierten Textschlüssen („Tailpieces": Pl. 199–296), sodann Beispiele von Rand-, Initialen- und Seitenzahlen-Schmuck (Pl. 297–325 bzw. 326–327 bzw. 330); und danach erst kommen Tafeln unter dem Gesichtspunkt der Schrift (Pl. 331–436 [und Pl. 437–446]). Am Schluss sind noch Einbände (Pl. 447–459) und „Verschiedenes" („Varia": Pl. 460–468) abgebildet. Merkwürdigerweise erscheinen nun die mit Abstand ältesten koptischen Stücke der Sammlung, nämlich der Codex Glazier und die alte sahidische Apostelgeschichte, erst am Schluss unter dem „Verschiedenen". An kleinen Missgeschicken ist hier noch auf das Folgende hinzuweisen: Plate 101 und 103 bieten zweimal dieselbe Seite; d. h., in der rechten Unterschrift von Plate 101 stimmt die Angabe „f. 2r" nicht. Plate 108: Unterschrift rechts lies M590, f.51r. Plate 354b und Plate 355 stehen auf dem Kopf. Plate 358: Unterschrift rechts lies M988v. Plate 364 Unterschrift rechts: nach dem Katalogband (S. 95 [7.b.]) müsste es M615, f. 64v heißen. Plate 369 seitenverkehrt. Plate 390: Unterschrift rechts lies M665(10a)r,(10b)v,(10c)r. Plate 410e und Plate 443 stehen auf dem Kopf.

Rezension zu Ruth Majercik:
The Chaldean Oracles*

„The *Chaldean Oracles* are a collection of abstruse, hexameter verses purported to have been 'handed down by the gods' (θεοπαράδοτα) to a certain Julian the Chaldean and/or his son, Julian the Theurgist, who flourished during the late second century C. E."

Mit diesen, ihren Gegenstand definierenden Worten beginnt die Autorin des vorliegenden Werkes ihre „Introduction" (S. 1). Aber in diesem Satz kommt noch nicht explizit zum Ausdruck, was die eigentliche Schwierigkeit der Sache ausmacht, die nämlich darin besteht, dass von dieser ursprünglichen Sammlung nur kärgliche Reste (vor allem in den Werken der späteren Neuplatoniker) erhalten sind. Dass die Beschäftigung mit diesem spröden Stoff aber keineswegs Zeit- oder Kraftvergeudung ist und immer wieder große Gelehrte angezogen hat, wie sie auch des Interesses derer, die auf benachbarten Feldern der Forschung arbeiten, stets sicher sein kann (aus einer solchen – nichtfachmännischen, sondern bloßen – „Interessenten"-Perspektive heraus ist übrigens auch diese Rezension geschrieben), liegt daran, dass die Chaldäischen Orakel, wie man mit einem Schlagwort zu sagen sich gewöhnt hat, „die Bibel der Neuplatoniker" waren (vgl. S. 2 mit Anm. 8).

Entstanden ist das Werk, von dem wir reden, als Ph.D. Dissertation an der University of California at Santa Barbara auf Anregung und unter der Betreuung von Birger Pearson, die 1982 angenommen worden ist. Für die Drucklegung wurde sie leicht überarbeitet (vgl. Preface S. IX). Die Arbeit ist mit bewunderungswerter Sorgfalt gemacht (die Druckfehlerquote von nur selten gesehener Geringfügigkeit [vor allem sind es manchmal einige griechische Akzente, die nicht stimmen; im *Text* der Orakel *selbst* sind vier Wörter zu verbessern: es muss heißen in Fragm. 20 *bis* ἔχων, in Fragm. 38 αΐ̲δε, in Fragm. 121 ἕ̲ξει und in Fragm. 224 Z. 4 bzw. 2 πηγάνου̲]) und besticht durch „gesundes", mit Vorsicht gebrauchtes Urteilsvermögen in den vielen problematischen Fragen, wo so oder so eine Stellung bezogen werden muss, sowie durch das Vermögen der Autorin, das selbst Erkannte in interessanter und plausibler Weise anderen zu vermitteln. Kurzum, sie vermag den Leser „mitzunehmen".

Zur Anlage des Werkes im Ganzen sei zunächst bemerkt, dass der Untertitel nur die *zentralen*, und eben nicht *alle*, Bestandteile deckt. Vor dem Text- und Übersetzungsteil (S. 47–137) und dem Kommentar (S. 138–221) wird eine für das Gesamtwerk m. E. sehr wesentliche ausführliche Introduction geboten (S. 1–46). Und am Ende gibt es außer einer Bibliography, wie man sie erwarten kann (S. 222–229), noch einen, streng auf die Textausgabe bezogenen Index der Wörter und Quellen (also keine Wörter und Quellen aus Einleitung und Kommentar mit

---

* Text, Translation, and Commentary, SGRR 5, Leiden 1989. In: ThLZ 120 (1995), 228–231.

enthaltend): „Greek words" (S. 230–243; für den, der solche Dinge zu schätzen vermag, eine Augenweide und bei einem so schwierigen und den meisten wohl ungewohnten Text eine ungemein wertvolle Hilfe; so gut wie vollständig – ausgeschlossen sind nur Personalpronomen, Präpositionen, Artikel, Partikeln und das Verb εἶναι; und aufgeschlüsselt sind nicht nur die eigentlichen Fragmente, sondern auch die in die Ausgabe einbezogenen Einführungsformeln der Quellen), „Latin words" (S. 243), „Proper names" (S. 243–244) und „Ancient sources" (S. 244–247); das ist eine Zusammenfassung und Aufschlüsselung der *vor* der Darbietung der Fragmente im Textteil jeweils gebotenen Quellenangaben, wo oft mehr als eine einzige Quelle angeführt werden musste, manchmal gar ein ganzer Quellen-„Kranz").

Dieses so hilfreiche Werk hat nun aber auch einige *Eigenarten*, die bei seiner Vorstellung vielleicht nicht übergangen werden sollten, schon weil sie irgendwie mitverantwortlich sind für die Sympathie, die es auslöst. Das Auffälligste in diesem Bereich mag sein, dass der Leser das, was die Autorin machen *wollte*, nur aus dem, was sie gemacht *hat*, erschließen kann. Das heißt, es fehlt so gut wie völlig eine Angabe über die *Hinsicht*, unter der die Autorin ihr Werk geplant und abgefasst hat, wie man sie am ehesten in der Preface erwarten könnte. Es gibt eine einzige Stelle, gegen Ende der Introduction, wo dennoch – im Zusammenhang *„materieller"* Aspekte der Textdarbietung – so etwas gesagt wird. Aber da steht nur, was das Werk *nicht* sein soll; und das wird anscheinend auch nicht um seiner selbst willen formuliert, sondern steht in einem apologetischen Zusammenhang und erklärt sich wohl aus einer gewissen „Tardieuphobie". Es heißt dort nämlich: „Since the present text *is not meant to be a new critical edition*, I have not excised the( ) suspect fragments (as Tardieu suggests), but have included all of Tardieu's reservations in my commentary" (S. 46 [Hervorhebung vom Rezensenten]). Es existieren also alte und *neue* Zweifel an der Echtheit bestimmter Fragmente (*alle* zweifelhaften Fragmente sind im vorliegenden Werk mit einem Asterisk markiert). Außerdem gibt es *vor* der Darbietung der traditionellen „Doubtful Fragments" (## 211–226) noch eine Rubrik „Various Chaldean Expressions" (## 187–210c). Und die Reihenfolge und Numerierung der Fragmente beruht auf der französischen Ausgabe von Édouard Des Places [Oracles chaldaïques, Paris 1971; durchgesehen und verbessert ²1989], die sowieso – als *kritische* Ausgabe – das große Vorbild und Modell darstellt. Aber was mir an dem zitierten Satz wesentlich ist, ist die Erklärung der *Nicht*beabsichtigung einer kritischen Textausgabe. Und mit dieser negativen Absichtserklärung hat die Autorin auch insofern Recht, als ihre Ausgabe eine kritische *tatsächlich nicht* ist. Von dem ganzen „Unterbau" (Textkritik der Quellen, Konjekturen etc.) erfährt man nur gelegentlich einiges im Kommentar. Aber was für eine Ausgabe soll es dann sein? Wohl eine irgendwie für einen größeren Kreis als den der Spezialisten gedachte. Ähnlich wie mit dem *Text* verhält es sich nun aber auch mit der *Kommentierung*: Hier wird die „Hinsicht" nicht nur nicht definiert, sondern wird überhaupt nicht recht deutlich. Die Erläuterungen im „Kommentar", der eigentlich nur eine Zusammenstellung von „Notes" ist, sind ungleichmäßig. *Profil*bestimmend sind aber hier die einfachen Verweise, in welchen anderen Fragmenten ein bestimmtes Wort, oder ein verwandtes Wort, noch vorkommt. Zur *Sach*erklärung findet sich im Kommentar so gut wie nichts. Gleichwohl ist die Hinsicht vorhanden. Aber sie findet sich in der Einleitung. Deswegen ist die Einleitung in diesem Werk so wichtig, denn *sie* enthält den eigentlichen exegetischen Kommentar zu den Chaldäischen Orakeln, ohne den ein Nicht-„Eingeweihter" wohl ganz und gar hilflos sein dürfte. Aber auch in der Einleitung erfolgt die Exegese – verständlicherweise – nur implizit, nämlich in Form von Verweisen auf die die Grundlage der Darstellung bildenden Fragmente. Aber das ist eben so gemacht, dass beim Wiederlesen der Einleitung die bereits studierten, zum Teil ja mehr als rätselhaften, Textfetzen wirklich im Nachhinein verständlich werden. Das, was die Autorin selbst – wiederum recht vage – „(an) outline" nennt (S. 5; *wovon* ist nicht gesagt), hat als Hauptgliederung die vier Punkte: Theologie, Kosmologie, Anthropologie und Soteriologie. Unter Soteriologie ist wesentlich von den Techniken und Riten der *Theurgie, die* ja dieser Richtung den Namen gegeben hat, die Rede. Beim letzten und wichtigsten Punkt der Soteriologie, der ἀναγωγή, ist das exegetische Bemühen der Autorin, vor allem auf die Fragmente 1 und 9a gerichtet, besonders deutlich. Sie ist hier auch besonders ausführlich, die Auseinadersetzung mit anderen Meinungen – unter Betonung ihrer eigenen („I would suggest..." [S. 36]) – besonders intensiv; und so kommt es schließlich, dass dieser Abschnitt nicht teilhat an der Klarheit und Eingängigkeit all dessen, was sonst in der Einleitung steht. Es geht hier um die – offenbar schwierige – Frage des Verhältnisses von Ritus/Technik *und Kontemplation* beim Aufstieg der Seele, also sozusagen um das Verhältnis von Äußerlichkeit und Innerlichkeit beim Empfang dieses „Sakraments". Das mit Schmerzen geborene Ergebnis ist, dass es sich, wenigstens bei der höchsten Stufe des „Aufstiegs", um ein dialektisches Ineinander der beiden Faktoren handeln dürfte. Andere Grundprobleme der Chaldäischen Orakel, wo es lehrreich ist, die Meinung der Autorin kennenzulernen, gehören mehr zu den „Einleitungsfragen" im engeren Sinne und findet man *vor* Beginn der „outline" berührt. Mir erscheint hervorhebenswert, dass die Autorin die Auffassung favorisiert und ihrerseits zu untermauern trachtet, die den Ursprung der Orakel und der gesamten Richtung der Theurgie in *Syrien* sucht, und dass sie eine soziologische Basis in einer Art Mysteriengemeinde voraussetzt: „... it is clear that the *Chaldean system* included a complex ascent ritual involving purifications, trance, phantasmagoria, sacred objects, magical instruments and formulas, prayers, hymns, *and even a contemplative element*, all of which was practiced (most likely) in the context of a ‚mystery community'" (S. 5 [Hervorhebungen vom Rezensenten]).

Im Rahmen der Behandlung dieser „Einleitungsfragen" erscheinen nun auch drei Aspekte/Sachverhalte/Begriffe, die gewissermaßen „Vorzeichen" für die Durchführung des Ganzen sind. Davon ist das *erste* und wichtigste Element der Sachverhalt, dass M. die Chaldäischen Orakel (außer der Auswertung ihrer offenkundigen Verbindung mit dem Mittelplatonismus und der *Magie* [aus *diesem* Bereich wird besonders die so genannte „Mithrasliturgie" immer wieder als Parallele herangezogen]) konsequent (auch) im Kontext von Hermetik und Gnosis sieht; und hinsichtlich der Gnosis spielen entsprechend die Nag Hammadi-Texte eine hervorragende Rolle, sonderlich natürlich die philosophisch bestimmten *sethianischen:* Marsanes, Allogenes und Die drei Stelen des Seth. Hier wirkt sich offenbar die Kraft der Betreuung durch *B. Pearson* bzw. die Schule, aus der das kommt, besonders fruchtbar aus. Nun fällt aber im Zusammenhang damit auch – und das ist der *zweite* Sachverhalt – ein zweites (Hermetik und Gnosis mit einbeziehendes) Schlagwort für die Chaldäischen Orakel: Sie seien die – oder gehörten zur – „*Unterwelt* des Platonismus": „*John Dillon* has aptly labelled this congruence of Gnostic, Hermetic, and Chaldean thought as the 'underworld of Platonism'" (S. 3). Nun hat Dillon damit wohl auf einen wirklichen und wichtigen Aspekt hinweisen wollen, aber im vorliegenden Werk bekommt dieses Schlagwort einen Stellenwert, der zum Widerspruch reizt. Es ist der unausgesprochene Gegenbegriff einer „*Oberwelt* des Platonismus", an dem die Schwierigkeit deutlich wird. Eine wirkliche Scheidung des Platonismus in zwei „Welten" dürfte nämlich kaum durchführbar sein. Der *dritte* werkbestimmende Sachverhalt, den ich meine, ist, dass M. bei der Beschreibung und dem Verweis auf die Anschauungen, Prinzipien, Handlungen von Theurgie und Theurgen stets vom chaldäischen *System* spricht (siehe obiges Zitat). Ich sehe das übrigens mit dem allergrößten Mitgefühl, weil es mir selbst beim ersten Versuch der Beschreibung der *sethianischen Gnosis* genauso ging. Es ist schwer, einen anderen Allgemeinbegriff zu finden. Nur muss man wohl irgendwo doch sagen, dass man mit „System" nicht System meint (und/oder danach fragen, ob und welche Elemente des Gesamtphänomens Systemcharakter haben). Denn für die verschwommenen Anschauungen der chaldäischen Textreste passt der Systembegriff noch viel weniger als für den gnostischen Sethianismus.

Dem Neutestamentler wurden beim Studium des vorliegenden Werkes speziell zwei Phänomene interessant. Man erfährt beiläufig, dass es eine Theorie für *das* gibt, *was* als exegetischer Sachverhalt jedem Exegeten durch den Vergleich der Versionen der Geschichte von der Taufe Jesu (unter der Frage, *wer* dabei *was* sieht) wohlvertraut ist. Im Zusammenhang der Beschwörung von Göttern durch „*Binding* (*and Loosing*)" (S. 27f.) heißt es: „In this regard, Iamblichus (De myst., III.6) distinguishes between apparitions seen by the 'caller' (τῷ θεαγωγοῦντι), those viewed by the 'receiver' (τῷ δεχομένῳ), and those witnessed by all (τοῖς πᾶσιν θεωροῦσι) – this last apparently the most desired effect" (S. 28). Und dann ist noch für die paulinische Auffassung von der Taufe als einem Mit-Christus-Sterben und/oder Begrabenwerden von Interesse zu erfahren (oder daran erinnert zu werden), dass es auch im Ritus der chaldäischen ἀναγωγή einen Akt gab, wo der Körper begraben wurde, um seinen Tod zu symbolisieren, was als Voraussetzung für den Aufstieg galt. (Vgl. S. 37f.)

Rezension zu Alexandr Khosroyev: Die Bibliothek von Nag Hammadi. Einige Probleme des Christentums in Ägypten während der ersten Jahrhunderte*

Vielleicht geht es anderen auch so, dass sich ihnen das Buch von Khosroyev nicht gleich beim ersten Anlauf in seinem Wert erschließt. Wenn man aber die ersten Zugangsschwierigkeiten überwunden hat und sich für die Lektüre auch ein bisschen Zeit nimmt, kann man reich belohnt werden. Ein Rätsel scheint ja schon in dem Verhältnis des Titels zum Untertitel zu liegen. Wenn man jedoch mit dem Lesen fertig ist, weiß man, wie das gemeint ist. Es geht dem Autor um die Frage, inwiefern und inwieweit unsere Kenntnis des Christentums in Ägypten während der ersten Jahrhunderte durch die Bibliothek von Nag Hammadi erweitert und vertieft worden ist oder werden kann. Und die im Prinzip überzeugende Antwort, wonach das Bild reicher und komplizierter geworden ist, hängt damit zusammen, dass für Kh. die Besitzer dieser Bibliothek und auch die Besitzer ihrer Vorstufen bzw. die Hände, durch die die Texte nach und nach auf ägyptischem Boden gegangen sind, samt und sonders freie, das heißt kirchlich ungebundene, Christen waren. Die Durchführung selbst könnte man ein „Buch der Anmerkungen und Parenthesen" nennen. Und das liegt daran, dass es eigentlich ein Diskussionsdossier ist. Der Autor sagt ja auch selbst, dass im Grunde all die Fragen, die er hier diskutiert, schon von anderen Forschern angeschnitten bzw. behandelt worden sind. Aber er ist eben der Meinung, dass diese Diskussion zur Zeit stagniert oder ganz aufgehört hat. Und er möchte nun diese Diskussion wieder in Gang bringen und so die Erforschung derjenigen Dinge und Fragen, um die es ihm geht, stimulieren (S. 1f.). Wenn das stimmt, dann liegt jedoch sein Ergebnis, der Erfolg seiner Bemühungen, eigentlich außerhalb seines Buches, nämlich in der Aufnahme desselben durch die Kollegen. Und man darf daher den inneren Wert desselben wohl nicht an dem Wenigen messen, das er selbst nun doch als Ergebnis in seiner Zusammenfassung formuliert (S. 134f.)

Man kann die Sache auch so sehen, dass Kh.s „Frucht" einen harten Kern und eine weiche Schale hat. Es geht ihm im Kern um die Informationen, die sich aus den materiellen Aspekten, aus den, wie er gern sagt, „Realien" der Nag Hammadi-Sammlung ergeben. Und diese Realien sind drei an der Zahl: 1. Die technischen Charakteristika der Bücher, also vor allem die (verschiedenen) Einbände, die (unterschiedlichen) „Hände" der am Werk gewesenen Kopisten, und die (vielfältige) Kartonage, d. h. die zur Versteifung der Ledereinbände verwendete Papyrusmakulatur (aus der Analyse dieser Charakteristika ergibt sich nämlich eine evidente Gruppierung der einzelnen Codices, die schon einen ersten Hinweis auf ein langsames Zusammenwachsen dessen, was jetzt die Nag Hammadi-Bibliothek ist, gibt); 2. die (durchaus unterschiedliche) Sprache der Texte, auch der „normalen",

* ASKÄ 7, Altenberge 1995. In: JAC 40 (1997), 239–241.

die auf Sahidisch geschrieben sind; 3. die vermutlichen, sukzessiven Besitzer und Benutzer dessen, was jetzt die Nag Hammadi-Bibliothek ausmacht. Und entsprechend besteht der Hauptteil seines Werkes (eigentlich) aus drei Kapiteln: I. „Zu einigen technischen Charakteristika der Nag-Hammadi-Codices/Texte" (S. 3–22); II. „Das Sprachproblem der Nag-Hammadi-Texte" (S. 23–60); III. „Zur Frage nach dem vermutlichen Besitzer der Bibliothek" (S. 61–103). Zur Überraschung des Lesers kommt dann aber noch ein viertes Kapitel hinzu, in dem es um die entsprechende Analyse und Auswertung der auf ägyptischem Boden gefundenen manichäischen Handschriften geht. Der verständliche Ausgangspunkt dieser Erweiterung der Perspektive ist einfach die sozusagen zweite, wenn auch schon länger bekannte, koptisch-„gnostische" Bibliothek, nämlich der Fund von Medinet Madi im Fayum, zu welchem Material aber dann natürlich noch der griechisch überlieferte Kölner Manicodex und die Funde manichäischer Handschriften bei den Ausgrabungen von Kellis in der Oase Dachle, soweit sie schon bekannt sind bzw. die Nachrichten darüber, hinzugenommen werden. Das Kapitel IV ist überschrieben: „Zur Frage nach dem Weiterleben der Nag-Hammadi-Schriften/Texte in Ägypten" (S. 104–133). Dieses Weiterleben der Nag Hammadi-Schriften besteht nach Kh. in dem Umstand, dass die ägyptische Ausprägung des Manichäismus, besonders was ihre Terminologie und ihre quasi philosophische Struktur betrifft, die Kenntnis solcher Schriften, wie sie in der Nag Hammadi-Bibliothek jetzt zusammengefasst sind bzw. ihrer Inhalte, voraussetzt. Die große Linie in der Gedanken- bzw. Diskussionsführung kommt dabei dadurch zustande, dass Kh. auch die ägyptischen Manichäer in erster Linie (ebenfalls) als freie, kirchlich ungebundene Christen sehen möchte. In diesem Zusammenhang ist dann auch die später fallende Wendung zu sehen, über die ich mich persönlich am meisten gewundert habe. Sie lautet: „Manichäismus betrachte ich ebenfalls als eine gnostizistische Abzweigung des Christentums …" (S. 155). Der „Anmerkungscharakter" des Buches wird schließlich noch durch drei Anhänge verstärkt: Anhang 1: „Noch einmal über die Schreiber der Nag-Hammadi-Codices" (S. 136–142); Anhang 2: „Diskussion der T/termini ‚Gnostizismus' und ‚Gnosis'" (S. 143–157); Anhang 3: „Einige Bemerkungen zu den Antonius-Briefen" (S. 158–166). (Diese Briefe haben nämlich in der Diskussion um die angeblich pachomianische Herkunft der Nag Hammadi-Bibliothek eine nicht unerhebliche Rolle gespielt.) Beschlossen wird das Buch durch ein Literatur- und Abkürzungsverzeichnis (S. 167–192), in dem die zusammengestellte Literatur die ungeheure Belesenheit und Sachkunde des Autors noch einmal unter Beweis stellt, und durch ein Register ausgewählter Stellen (S. 193–195).

Wo nun Kh. beim harten Kern seiner Sache bleibt, kann ich ihm jedenfalls ohne weiteres folgen. Er erweist sich als sachverständig. Man hat den unmittelbaren Eindruck, dass er weiß, wovon er redet. Und seine Urteile, von denen er ja nach Lage der Dinge viele zu fällen hat, sind evident. Besonders seine Behandlung der Sprache, in der die einzelnen Nag Hammadi-Codices bzw. ihre einzelnen Texte geschrieben sind, also die Art des Lykopolitanischen, besonders aber das Sahidische dieser Texte mit seinen merkwürdigen Verformungen und Beimischungen, die nicht nur einen sozusagen „natürlichen" oberägyptischen, sondern z. T. auch einen unterägyptischen Charakter zeigen, hat mir großen Eindruck gemacht. Aus der Sprachanalyse ergibt sich für Kh. mit Recht eine

Vorstellung von dem Weg (von Norden nach Süden), den die einzelnen Texte auf ägyptischem Boden genommen haben. Und im Grunde kommt er hier (wie oft auch sonst) zu den gleichen Ergebnissen wie W.-P. Funk, obgleich er sie sozusagen in konventioneller „Handarbeit" erreicht, während Funk auf diesem Felde mit modernen statistischen Computerprogrammen arbeitet. Merkwürdigerweise kommt aber Funk in Kh.s Buch sozusagen nicht besonders gut weg. Auch sonst hatte ich manchmal den Eindruck, dass Kh. seine potentiellen Bundesgenossen nicht erkennt. In Bezug auf Funk hat sich die Lage nach Erscheinen des Buches übrigens geändert. Schließlich hat Funk selbst in diesem Buch sein eigenes Anliegen wiedergefunden und das dem Autor auch mitgeteilt.

Bei der Gelegenheit möchte ich gleich noch ein anderes Spezifikum der Diskussion von Kh. einflechten. Mir will es so scheinen, als sei die Literaturbehandlung vorwiegend gewissermaßen „flächig", *zwei-* und nicht *drei*dimensional. Der Faktor „Zeit", d. h., der Fortschritt der Forschung, kommt m. E. nicht genügend zur Geltung. Manche alten Probleme haben sich inzwischen auch von selbst erledigt, oder man sollte es meinen; und eine Forschermeinung aus der „Steinzeit" der Nag Hammadi-Forschung hat nicht das gleiche Gewicht wie ein Urteil aus der Gegenwart, die auf die Pionierarbeit von damals zurückblickt und wo man nun das ganze Feld zu überschauen vermag. In diese Perspektive gehört z. B. auch noch, dass Kh. in der Dialektbestimmung ohne die Feinheiten der sog. Kasser-Funk-Konvention meint auskommen zu können oder dass er eine besondere Thomastradition innerhalb des Christentums nicht für real hält (vgl. S. 157) oder dass er die inzwischen fast zur communis opinio gewordene Auffassung von dem speziell sethianischen Charakter einer großen Anzahl von Nag Hammadi-Texten, unter Berufung auf antiquierte Urteile einzelner anderer, beiseite lässt (vgl. S. 64). Die Einbeziehung des besonderen Charakters dieser sethianischen Texte einserseits und die Auswertung der eindeutig valentinianischen andererseits hätte sein Bild von dem „freien Christentum" Ägyptens noch viel konkreter machen können.

Was ich oben mit der „weichen Schale" gemeint habe, ist ein Sachverhalt, der vielleicht notwendigerweise mit der *Auswertung* der Ergebnisse des harten Kerns zusammenhängt. Kh. möchte, und muss ja vielleicht sogar, seine Realienanalyse mit dem Milieu in Zusammenhang bringen, aus dem diese Realien stammen und aus dem sie sich erklären bzw. das sie ihrerseits weiter erhellen, also mit der ägyptischen Umwelt der ersten Jahrhunderte, wobei Kh.s Augenmerk übrigens nicht so sehr den religiösen, sondern mehr den soziologischen Aspekten gilt. Nun ist diese Umwelt natürlich ein weites Feld, auf dem man nicht überall selbst kompetent sein kann; aber urteilen muss man trotzdem. Und in diesem Bereich der Auswertung wird die Sache vielfädig und für mich jedenfalls nicht mehr so ohne weiteres nachvollziehbar; sie wirkt manchmal sogar recht plakativ, z. B. wenn Kh. die Benutzer und Besitzer der Nag Hammadi-Schriften ohne weiteres den mittleren Schichten zuordnet, sie in den Städten sucht und für halbgebildet hält. Die *Fragen*, auf die das die Antworten sind, sind wirklich da und dringend. Aber, wie Funk die Dialektfrage mit der modernen Statistik angeht, möchte man vielleicht auch gern sehen, wie sich diese Realien ausnehmen, wenn auf sie anderswo bereits erprobte wissenschaftliche Methoden der Soziologie angewendet werden. Es gibt aber in diesem „wogenden Meer" auch überraschende Inseln mit festem

Baugrund. Entzückt hat mich jedenfalls besonders die Bemerkung zu einer Zeile der manichäischen Homilien (ed. Polotsky [p. 68,17]), wo Kh. die fragmentarische Wendung: . . ⲉ]ⲛⲱϣ ⲥⲏⲙ ϣⲏⲙ ⲙⲛ̄ⲛⲓⲕⲉ̣ⲟ̣. [„. . . Enosch, Sem, Schem, und *die anderen*" (so Polotsky) am Ende ⲛⲓⲕⲟⲑⲉ . [. . liest und auf die Apokalypsen des Enosch, des Sem, des Schem *und des Nikotheos* bezieht (S. 125 Anm. 369).

Kh.s Buch hat nun noch ein geheimes Zentrum, von dem bisher gar nicht ausdrücklich die Rede war. Wie der Rezensent selbst, so hat auch Kh. früher einmal an die letztlich m. W. von Barns stammende Idee geglaubt, dass die Nag Hammadi-Bibliothek in einem pachomianischen Kloster hergestellt und benutzt worden sei (S. 2 m. Anm. 3). Und er möchte wohl dafür „Buße tun". Ich habe freilich gar nicht gedacht, dass heute noch jemand an diese „erhabene" Torheit von einst glaubt. Aber Kh. belehrt uns eines anderen. Nach seiner Analyse der einschlägigen Literatur ist diese Hypothese geradezu zu einem Dogma der Gegenwart geworden. Und vor allem dieses Dogma ist es, das er eigentlich zu bekämpfen sich gerufen fühlt. Dazu dienen ihm ja auch schon die Realien der Kodikologie und der Dialektologie. Die eigentliche ad absurdum-Führung dieser Auffassung erfolgt in dem langen und (eben) zentralen dritten Kapitel. Und sie ist natürlich überzeugend: Die Besitzer der Nag Hammadi-Bibliothek können, aus den verschiedensten Gründen, nach Kh. nicht pachomianische Mönche auf dem Lande gewesen sein, sondern waren ungebundene Christen in den Städten (siehe oben).

Von der (zielgerichteten) Diskussion der einzelnen Nag Hammadi-Realien hat mich neben der Dialektfrage am meisten die systematische Behandlung der Nag Hammadi-Kolophone interessiert und inspiriert (S. 92–97). Von diesen Kolophonen spielt nun in Kh.s Buch derjenige, der in Codex VI zwischen den Schriften 6/7 und 8 steht, die größte Rolle (NHC VI, p. 65,8–14 [S. 92–97]). Nach Kh.s Meinung gehört diese „Scribal Note" zur Schrift Nr. 8 (Asklepius). Und sie ist ihm wichtig bei der Demonstration der Variabilität des Inhalts eines in der Herstellung befindlichen Codex'. Dessen Inhalt muss eben keineswegs mit dem seiner Vorlage identisch sein, sondern kann aus verschiedenen Vorlagen ganz neu zusammengestellt werden, oder wie nach Kh.s Verständnis aus dem Kolophon in Codex VI hervorgeht, z. B. um ein neues, gar nicht vom Auftraggeber bestelltes, Stück vermehrt werden. Aber Kh.s Diskussion dieser Sache kann einem nun auch die abweichende Idee eingeben, nämlich dass dieser Kolophon von Codex VI *eigentlich* nur verständlich wird als *Unterschrift* unter den Textkomplex Nr. 6/7 [De Ogdoade et Enneade + Hermetisches Gebet] (natürlich; ein Kolophon steht immer *am Ende* eines Textes!) und, vor allem, eine Situation reflektierend, wo ein Schreiber einzig und allein diesen kleinen Textkomplex, in einem Papyrusheft oder einem Rollenstück, kopiert hatte.

Rezension zu Nils Arne Pedersen: Studies in *The Sermon on the Great War*. Investigations of a Manichaean-Coptic Text from the Fourth Century*

Die lange Zeit unterbrochen gewesene Arbeit an den gegen Anfang der dreißiger Jahre dieses Jahrhunderts in Medinet Madi im Fayum gefundenen koptischen Manichaica ist jetzt glücklicherweise wieder voll im Gange.[1] Während aber die Arbeit an den im Besitz der Staatlichen Museen zu Berlin befindlichen Teilen des Fundes, im wesentlichen allein betrieben von W.-P. Funk in Québec, sich vorrangig der Erschließung der noch gar nicht veröffentlichten Texte widmet (*Zweite* Hälfte der Berliner Kephalaia [P. 15966], Brief-Codex [P. 15998], Manichäische Kirchengeschichte [P. 15997] und Synaxeis des Lebendigen Evangeliums) und sich daher mit einer gewissen Notwendigkeit in der Stille vollzieht, tastet sich die „junge Garde" des dänisch-deutsch-schweizerischen Teams, das die Pflege und Bearbeitung der Fundstücke, die in die Chester Beatty Library zu Dublin gelangt sind, übernommen hat, durch erneute Bearbeitung des schon Edierten und also Wohlbekannten an die eigentliche Aufgabe erst noch heran. Zu dieser Gruppe junger Forscher und ihrer Art des Herangehens an die Sache gehört auch N. A. Pedersen und sein hier zur Besprechung stehendes Werk.[2] Er ist ein Schüler von Søren Giversen; und das Werk, um das es jetzt geht, war ursprünglich seine Dissertation, mit der er an der Theologischen Fakultät der Universität von Aarhus promoviert hat. Ihr Gegenstand ist die zweite der von Polotsky seinerzeit herausgegebenen Manichäischen Homilien.[3] Da Pedersen nun aber für eine vollständig neue Bearbeitung aller dieser manichäischen Homilien zuständig ist und die Fachwelt eigentlich erst einmal diese von ihm erwartet, muss er seine persönliche Vertauschung der objektiven Prioritäten zunächst erklären. Seine Apologie hat aber auch gleich noch eine zweite Richtung. Er scheint selbst das Gefühl zu haben, dass man von ihm erwarten könnte, dass, wenn er schon nicht das Ganze neu ediert, sondern nur einen Teil herausgreift, er diesen wenigstens

---

* Aarhus 1996. In: OLZ 92 (1997), 485–489.

[1] Vgl. z. B. H.-M. Schenke, OLZ 85 (1990), 292–295, s. S. 1155–1158.

[2] Auf deutscher Seite wären da zu nennen, als Schüler von Martin Krause, Siegfried Richter und Gregor Wurst mit ihren Dissertationen. Vgl. S. Richter, Exegetisch-literarkritische Untersuchungen von Herakleidespsalmen des koptisch-manichäischen Psalmenbuches, Altenberge 1994; Gregor Wurst, Das Bêmafest der ägyptischen Manichäer, Altenberge 1995.

[3] Hans Jakob Polotsky (Hg.), Manichäische Homilien, Manichäische Handschriften der Sammlung A. Chester Beatty 1, Stuttgart 1934 (die zweite Homilie, unter dem Titel ⲡⲗⲟⲅⲟⲥ ⲙⲡⲛⲁϭ ⲙⲡⲟⲗⲉⲙⲟⲥ „Der Sermon vom großen Krieg" bzw.: ⲡⲗⲟⲅⲟⲥ ⲛⲕⲟⲩⲥⲧⲁⲓⲟⲥ „Der Sermon des Koustaios", findet sich dort auf den Seiten 7,8–42,8). Vgl. jetzt auch die Faksimile-Ausgabe der betreffenden Dubliner Blätter: Søren Giversen (ed.), The Manichaean Coptic Papyri in the Chester Beatty Library, Vol. II: Homilies & Varia, Genève 1986 (Der Sermon vom Großen Krieg findet sich dort auf Pl. 7–42).

„regelrecht" exegetisch behandelt. Dabei ist es sehr wohl Exegese, was er in seinem Buch treibt, aber eine solche, die nicht von den Einzelproblemen des Textes ausgeht, sondern von den Fragen, die der Text als ganzer in dem Leser wachruft, und die dieser nun seinerseits *von außen* an den Text richtet – was übrigens in meinen Augen die *höhere* Form der Exegese ist.

Ich habe das Buch mit großem Interesse, ja mit Spannung, gelesen. Es ist mit allergrößter Sorgfalt und Umsicht ausgeführt. Ich habe in der letzten Zeit ganz selten ein Buch in der Hand gehabt, in dem ich, wie in diesem, fast keine Druckfehler oder ähnliche Versehen gefunden hätte.[4] Diese Sorgfalt ist von so bestechender Art, dass man leicht zu übersehen geneigt ist, dass der Verfasser inhaltlich, jedenfalls was die großen Linien betrifft, eigentlich kaum etwas Neues über den Logos vom Großen Krieg sagt, sondern praktisch nur die *communis opinio* verteidigt. Aber er macht das eben so gelehrt, ausführlich und begründend, dass ebendiese Auffassung von der zweiten Homilie dann hinterher doch noch etwas anderes ist, als sie es vorher war. Wenn man übrigens von den „großen Linien" absieht, so findet sich in der exegetischen Diskussion der Einzelprobleme, die diese Schrift ja in großer Menge bietet, eine Fülle weiterführender Wertungen, Gedanken und Beobachtungen. Ich habe den koptischen Homilientext einmal *vor* und einmal *nach* der Lektüre von P.s Werk gelesen und bekenne hiermit, dass ich ihn beim zweiten Mal tatsächlich viel besser verstanden habe als beim ersten Mal. Und außerdem muss man hier sowieso noch zwischen dem Großgedruckten und dem Kleingedruckten unterscheiden. Man kann nämlich dieses Buch zu derjenigen Kategorie rechnen, bei der der größte Wert in den Anmerkungen liegt. In P.s Anmerkungen ist der Fortschritt der Wissenschaft mit Händen zu greifen. Besonders die Bemerkungen zum koptischen Text, die auf Autopsie in Dublin beruhen und in vielfältiger Weise Stellung zu Polotskys Textlesung und Textauffassung beziehen, scheinen mir von großer Wichtigkeit zu sein und lassen für die Neuausgabe der ganzen Homilien Gutes erwarten.

Auf eine einfache (und vollständige) Inhaltsangabe des Werkes möchte ich hier aber doch verzichten. Sie wäre ein bisschen schwierig, weil der Autor in dem Bestreben nach Perfektion den Aufbau (und entsprechend auch das Inhaltsverzeichnis) m. E. ein wenig „überorganisiert" hat (ein dichtes Geflecht von Vor- und Rückschauen). Das Wesentliche ist, dass nach einer Einführung (S. 11–29) und der Behandlung der klassischen „Einleitungsfragen" (S. 30–152) der Hauptteil unter der Überschrift „SGW as a homily and as an apocalyptic-eschatological text" kommt (S. 153ff.), in dem der Text unter den folgenden Hauptgesichtspunkten analysiert und interpretiert wird: „The Great War" (S. 172–256), „'The peaceable kingdom' and the bema festival" (S. 257–338) und „The judgement and the final separation between Light and Darkness" (S. 339–398). Aus dem üblichen wissenschaftlichen Apparat des Werkes (vor und nach dem Text) sind besonders die sehr ausführlichen Indices hervorzuheben (S. 459–508), die seine Benutzung zu einer Freude machen.

---

4 Die einzige Kleinigkeit, die man hier doch ein wenig bemängeln könnte, ist, dass die deutschen Zitate mehrfach nicht richtig in den englischen Text eingepasst sind.

Die durch P.s Arbeit bestätigte Gesamtauffassung über den Logos vom Großen Krieg ist, dass diese Schrift auf eine syrische, in Mesopotamien geschriebene Urfassung zurückgeht; dass sie „echt“ ist, insofern als ihr Verfasser wirklich derjenige vertraute Manischüler namens Koustaios ist,[5] unter dessen Namen sie hier überliefert wird; dass dieser in ihr die eschatologischen Ausführungen einer Originalschrift des Mani benutzt, die sich mit den einschlägigen Partien des Schâburagân auf das engste berühren, aber ohne dass deswegen diese „Quelle“ das Schâburagân selbst gewesen sein müsse; dass die Schrift eine frühe Verfolgung (unter den Königen Bahrâm II. oder Hormizd II.) reflektiert, also aus einer Zeit stammt, als noch direkte Jünger Manis lebten; und dass sie zur Lesung am Bêmafest bestimmt ist.

Der Logos vom Großen Krieg ist eine der Hauptquellen für die apokalyptischen Gedanken und Erwartungen Manis und der Manichäer. Der Text zeichnet einen apokalyptischen „Fahrplan“, zu dessen charakteristischen Zügen es gehört, dass nach der endzeitlichen Drangsal, hier im wesentlichen eben als „Großer Krieg“ vorgestellt, eine *irdische* Friedenszeit kommt, in der nun die Manichäer über ihre Feinde herrschen, und dass dieser „Chiliasmus“ auch noch verdoppelt erscheint, insofern als auf die Wiederkunft und das Weltgericht Jesu, und *vor* der himmlischen Vollendung, erst noch einmal ein solch irdisches Friedensreich folgt – was ja alles eigentlich im Widerspruch zum antikosmischen Grundansatz der manichäischen Metaphysik steht.[6] Der deutlichste Zug für den Dublettencharakter der Vorstellung ist, dass die beiden Friedensherrscher identisch sind (auch der „Große König“ von p. 32,20 kann nur Jesus meinen), und dass beide Male die Bäume reden (vgl. ⲡϣⲉ ⲛⲁⲟⲩ|[ⲉⲛ] ⲛ̄ⲣⲱϥ ⲙⲛ̄ ⲛ̄ϣⲏ̣ⲛ̣ ⲛ̄ⲥⲉⲥⲉϫⲉ „Das Holz wird seinen Mund öffnen samt den Bäumen, und sie werden reden“ [p. 32,15f.] mit: ⲛ̄ϣⲏⲛ ⲛⲁⲟⲩⲉ[ⲧⲟⲩⲉⲧ?] | ϭⲉ̣ ⲛ̄ⲥⲉⲥⲉϫⲉ „Die Bäume werden grünen (??) und reden“ [p. 39,6f.]).[7] Die Schilderung der Friedensreiche ist interessanterweise zudem eine solche, die eine gewisse soziale Frustration der manichäischen Gegenwart ziemlich direkt widerspiegelt und auch noch deutlich zeigt, dass es in der Gegenwart mit der manichäischen Kirche des Verfassers in ethischer und organisatorischer

---

[5] Der historische Koustaios muss einer der ältesten und vertrautesten Manischüler gewesen sein. Die Überlieferung kennt ihn als Begleiter Manis auf dessen letzter Reise. Im Kölner Mani-Codex erscheint er in der Überschrift eines seiner Teile (also als die Quelle des betreffenden Stückes) als Träger eines religiösen Beinamens, nämlich als Κουσταῖος ὁ υἱὸς τοῦ θησαυροῦ τῆς Ζωῆς „Koustaios, der Sohn des Schatzes des Lebens“ (p. 114,6f.); und im Corpus der Briefe wird er als Mitabsender des dritten Briefes an Sisinnios genannt.

[6] Diese (unorganische) Erwartung der irdischen Umkehrung der gegenwärtigen Verhältnisse kann man jetzt auch mit dem unerwarteten Ende der Prophetie der ApcPt (NHC VII p. 80,8–23) vergleichen.

[7] Text und Übersetzung beider Passagen sind hier nach Polotsky gegeben. Man kann freilich erwägen, ob die von ihm selbst mit einem Fragezeichen versehene Rekonstruktion im Lichte der vorhergegangenen Parallele nicht lieber mit ⲛⲁⲟⲩⲉ[ⲛ ⲛ̄ⲣⲱ(ⲟ)ⲩ] ausgetauscht werden sollte. Die zweite Passage würde dann eben lauten: „Die Bäume werden wiederum *ihren Mund öffnen* und reden“.

Hinsicht gar nicht zum Besten steht.[8] Diese Dinge so zu sehen, und vieles mehr, vermag die Untersuchung von P. zu lehren, die all die betreffenden Phänomene und Probleme anschaulich macht, ausführlich diskutiert und zu erklären sucht. Auffällig bei der Erklärung mancher der sensitiven Probleme scheint mir übrigens ein gewisser „materialistischer“ Zug zu sein. Wo andere sich gewöhnlich auf fremde und nicht assimilierte Traditionen berufen, neigt P. dazu, die (eigentlichen) Gründe in den realen Bedürfnissen der Gemeinde zu suchen: Der Verfasser schreibt so, weil er *das und das* Bedürfnis seiner Gemeinde befriedigen will.

Aus der Fülle dessen, was man bei P. lernen kann, möchte ich aber noch eine (andere) interessante Kleinigkeit herausgreifen. Im Zusammenhang der Diskussion der Bêmafest-Relation unseres Textes ist natürlich viel vom *Aufstellen* dieses Thrones hier und in anderen Texten die Rede. Und bei P. wird nun sehr schön herausgearbeitet, was mir bis vor ganz kurzer Zeit überhaupt noch nicht bekannt war, nämlich dass der koptische *terminus technicus* für das Aufstellen von Thronen das Verb ⲡⲱⲣϣ (mit der Grundbedeutung „ausbreiten“) ist.[9]

Schließlich habe ich nach soviel „Nehmen“ auch noch das Bedürfnis, selbst etwas „zu geben“, oder es wenigstens zu versuchen. Es geht um zwei Einzelzüge der Beschreibung des eigentlichen *über*irdischen Heils ganz am Ende des Textes. Da wird nun unter anderem gesagt, dass der Vater der Größe den Erlösten sein „Bild“ enthüllen wird: ⲛ̄ϥ’ϭⲱⲗⲡ’ ⲛⲛⲉⲩ ⲁⲃⲁⲗ ⲛⲧϥϩⲓⲕⲱⲛ (p. 41,15). In Anbetracht des hier offenbar aufgenommenen allgemeinen eschatologischen Topos des Schauens von Angesicht zu Angesicht und im Vergleich zu der vorangegangenen Parallele: (wahrscheinlich vom Urmenschen gesagt) – - -]ⲛⲁϭ[ⲱ]ⲗⲡ’ ⲡ̣ⲉϥϩⲟ ⲁⲃⲁⲗ (p. 40,4) „[Er] wird sein *Gesicht* enthüllen“ dürfte unsere hiesige εἰκών/ϩⲓⲕⲱⲛ-Phrase zu denjenigen gehören, in denen das betreffende Wort nicht (mehr allgemein) „Bild“, sondern (konkret) „Gesicht“ bedeutet.[10] Im übernächsten Satz heißt es dann von den Erlösten: ⲥⲉⲛⲁⲃⲱⲕ ⲁϩⲟⲩⲛ [ⲁⲡ]|ⲧⲁⲙⲓⲟⲛ: ⲥⲉⲛⲁⲉⲓ ⲁⲃⲁⲗ ⲛ̄ϩⲏⲧϥ ⲁⲛ ϩⲛ̄ ⲟⲩⲉⲁⲩ (p. 41,16f.) „Sie werden hineingehen [in das] ταμιεῖον und sie werden wieder aus ihm herauskommen in Herrlichkeit“ (Polotsky); „They will enter [the] storeroom and they will leave it again in glory“ (Pedersen [S. 394]). Da darin nun das Herauskommen als ein gesonderter Akt dem Verständnis die allergrößten Schwierigkeiten zu machen scheint, könnte man fragen, ob wir es hier nicht einfach mit dem wohlbekannten Hendiadyoin „ein- und ausgehen“ zu tun haben, zumal sich im konkreten Satz der abschließende adverbielle Ausdruck sinnvollerweise doch auf *beide* Verbalausdrücke *zugleich* beziehen muss. Dann würde der Satz heißen: „Sie werden in der Schatzkammer ein- und ausgehen in Herrlichkeit“.

---

[8] Vgl. „Die Electae werden sich schlafen legen und (wieder) aufstehen im [Hause] der Königinnen und der vornehmen Damen“ (p. 24,9f.).

[9] Vgl. im Sermon vom Großen Krieg p. 29,7: ⲉⲓⲥ ⲡⲕⲣⲓⲧⲏⲣⲓⲟⲛ ⲛ̄ⲧⲙⲏⲉ ⲁⲩⲡⲁⲣϣϥ̣ „Siehe, der Richterstuhl der Wahrheit ist *aufgestellt* worden“; und p. 36,30: ϥ̣ⲁ̣ⲉⲓ ⲁⲡⲓⲧⲛⲉ ⲛ̄ϥ̣’ⲡⲱⲣϣ ⲡⲉϥⲃⲏⲙ[ⲁ] „Er (Jesus) wird herabkommen und seinen Richterstuhl *aufstellen*“.

[10] Vgl. EvThom NHC II § 22,6; ActPt NHC VI 2,24; Ostrakon Nr. 1133 der Petersburger Ermitage (ed. V. Lemm und Quecke) V. 3.

Rezension zu Jens Holzhausen: Der „Mythos vom Menschen“ im hellenistischen Ägypten. Eine Studie zum „Poimandres“ (CH I), zu Valentin und dem gnostischen Mythos*

Der Urmenschmythos innerhalb der Gnosis (und in ihrem Umfeld) hat seit den Zeiten von R. Reitzenstein und W. Bousset seine Faszination, oder aber Bedrohlichkeit, offenbar nicht verloren. Jedenfalls greift J. Holzhausen dieses Thema in dem vorliegenden Buch, das die leicht überarbeitete Fassung seiner Dissertation darstellt, die er im Fachbereich Altertumswissenschaften der Freien Universität Berlin im Wintersemester 1992/93 eingereicht hatte, wieder auf, und zwar in dem Bewusstsein, eine ganz neue Sicht der Dinge gefunden zu haben, die er nun der wissenschaftlichen Öffentlichkeit unterbreiten und empfehlen möchte.

Die *These* selbst ist einfach und klar: Der Urmenschmythos als Mythos von einem Gott, der den Namen „Mensch“ trägt, ist zwar *vor*christlich, aber *nicht erheblich.* Er sei nämlich erst im hellenistischen Ägypten entstanden, und zwar im Rahmen der dort gebräuchlich gewesenen platonisierenden Auslegung der Genesis, besonders der beiden Stellen Gen 1,26f. und 2,7. Valentinus sei der erste und einzige gewesen, der diesen Mythos in gnostisches Denken einbezogen hätte. Und allein über Valentin und die Valentinianer hat dieser schließlich Eingang in die betreffenden anderen gnostischen Mythen und Systeme gefunden.

Der *Weg*, den der Autor nimmt, um seine These zu entfalten, wird in den wesentlichen Etappen schon im Untertitel seines Werkes verraten. Er beginnt, nach einer kurzen Einleitung (S. 1–6), mit einer erneuten und sehr gründlichen Analyse des Poimandres (S. 7–79), die, wenn man sich erlaubt, ihr Ziel ein wenig aus den Augen zu verlieren, viele interessante Beobachtungen und Einsichten zu vermitteln hat. Dabei imponiert mir ganz besonders H.s Ernstnehmen und sein Eingehen auf den überlieferten Wortlaut des Textes. Das eigentliche Ziel bzw. die Tendenz dieser Partie des Buches ist aber nun, dass der Poimandres überhaupt nicht gnostisch sei, und dass seine so überaus auffällige Urmenschlehre ihre Entstehung einfach platonischer Exegese der betreffenden Genesisstellen verdanke. Es ist klar, dass diese Interpretation und dieses Gesamtverständnis des Poimandres die *Basis* für H.s neues Verständnis des Urmenschmythos ist, bzw. für den, der sich nicht gleich ganz überzeugt fühlt, der wohl wichtigste neuralgische Punkt. Am Ende dieses Teils (S. 71–79) wird anhangweise eine neue Übersetzung des Poimandres geboten. Der nächste Schritt ist die Exegese von Valentins Fragment Nr. 1, einer weiteren wichtigen „Karte“ im Urmenschmythos-„Spiel“, dessen Karten H. vor unseren Augen neu verteilt (S. 80–101). Auf der hier beginnenden längeren Wegstrecke, die Valentin und dem Valentinianismus gewidmet

* Bodenheim 1994. In: ThLZ 122 (1997), 234–236.

ist, hat H. übrigens als „ständigen Begleiter“ den „Schatten“ von C. Markschies.[1] Im Unterschied zu Markschies, dessen Exegese von Valentins Fragmenten ja zu dem ungewöhnlichen Resultat geführt hatte, dass (auch) Valentin selbst noch gar kein Gnostiker war, steht H. der *communis opinio* nicht unbeträchtlich näher, insofern als er den gnostischen Geist und das typisch gnostische Weltverständnis auch schon in Valentins Fragmenten spürt. In der Linearität der Betrachtungsweise bei Fixierung auf den Valentinianismus (in meinen Augen geradezu eine valentinianische „Farbenblindheit“) besteht freilich völlige Übereinstimmung. Bevor nun aber der Valentinabschnitt mit der Analyse des kosmologischen Fragments Nr. 5 weitergeht (S. 130–164), wird das bedeutendste der bei H. benutzten „frei schwebenden“ Bauteile eingefügt; ich meine seinen „Versuch einer Rekonstruktion des hellenistisch-jüdischen Mythos“ (S. 102–129). Weil die Urmenschlehren von CH I und Valentins Fragm. 1 nicht von*einander* abhängig sein können, wird eine dritte Größe gesucht, die *beiden* voraus liegt. Und die findet H. eben in einer gewissen mythischen Verfestigung platonischer Genesisinterpretationen, die es neben denen Philos noch in Alexandria gegeben haben müsse. In diesem Zwischenstück macht H. dann zum Schluss aus der Beweis-„Not“ auch noch eine „Tugend“, indem er den Christushymnus des neutestamentlichen Philipperbriefes als *Stütze* in die Argumentation einbezieht (S. 118–129). Im Philipperhymnus sei jener hellenistische Mythos vom Menschen auf Christus übertragen worden (das ist praktisch die verbreitete *religionsgeschichtliche* Theorie, nur eben unter Abzug des Etiketts „gnostisch“). Auch am Ende des gesamten Valentinabschnitts findet sich ein Anhang, diesmal mit Text und Übersetzung der anderen Valentinfragmente, die in der Argumentation eine Rolle gespielt haben, nämlich Nr. 2, 4, 6, 7 und 8. Nach diesen „steilen“ Aufwärtsstrecken geht es jetzt „bergab“ (es läuft, wie es nach den Prämissen laufen muss), mit dem Schlusskapitel „Von Valentin zum gnostischen ‚Mythus vom Menschen‘“ (S. 165–228), in dem nacheinander nicht nur die Urmenschlehren der beiden valentinianischen Systemtypen besprochen werden, sondern auch noch die der einschlägigen (*nicht*valentinianischen) gnostischen Texte mit Einschluss derer aus der Nag Hammadi-Sammlung: es sind dies der Reihe nach: Irenäus adv. haer. I 30; Das Apokryphon des Johannes (BG/NHC III,1; NHC II,1/IV,1); Satornil; Vom Ursprung der Welt (NHC II,5); Die Hypostase der Archonten (NHC II,4). Quintessenz: auch die Urmenschlehre der anderen Systeme ist durch valentinianische Kanäle gelaufen.

Der nächste hervorhebenswerte Aspekt bei der Vorstellung von H.s Buch (nach *Ziel* und *Weg*) ist die Art und Weise, wie er sich auf dem Weg verhält; ich meine die besondere Art seiner *Exegese* der jeweils zur Behandlung stehenden Texte. Wenn ich recht sehe, entwickelt sich die Interpretation bei ihm weder aus dem Eingehen auf die Probleme des Textes selbst, noch in der Diskussion mit den schon vorhandenen Forschungsbeiträgen, sondern vollzieht sich vornehmlich direkt im „Vorlegen“ dessen, wie er denkt, dass man den Text verstehen müsse.[2] So spielt die wissenschaftliche Paraphrase eine zentrale Rolle und

---

[1] Vgl. vor allem dessen Buch: Valentinus Gnosticus?, WUNT 65, Tübingen 1992.

[2] Als das typischste Beispiel für das, was ich hier meine, habe ich mir die Anmerkung 243 auf S. 224 notiert, wo der exegetische „Knoten“, der mit dem Ausdruck „die arglosen,

hat der Leser im Vollzug der Lektüre beinahe nur die Wahl zwischen voller Bejahung und voller „Reserve“. Und der so überaus reiche Anmerkungsapparat hat nach meinem Gefühl eine relativ lockere Beziehung zum Haupttext. Zu dieser Art der „impliziten“ Exegese gehört wohl auch so etwas wie eine mindestens gelegentliche implizite „Entmythologisierung“.[3] In diesem Zusammenhang sei dann gleich noch konkret hingewiesen auf die mir besonders eindrucksvolle Erklärung der himmlischen Fehlentwicklung (des so genannten „Falls“), wie sie (ihn) der valentinianische Mythos zu erzählen weiß, aus der Dialektik von Unkenntnis und Erkenntnis (S. 155–159). Mit H.s Interpretationsprinzip dürfte es wohl auch zusammenhängen, dass für ihn mit den kosmogonischen auch immer gleich die soteriologischen Entsprechungen zur Stelle sind. Das Stichwort „Entmythologisierung“ bringt mich schließlich zu der bemerkenswerten Rolle, in der „Mythos“ auch explizit erscheint. Am Ende der Einleitung sagt H., dass er in seiner Verwendung des Begriffes Mythos der Mythosdefinition von G. Sellin folge, und entfaltet das dann so: „Ein mythologischer Entwurf liegt vor, wenn überzeitliche Größen (…) zu gleichsam geschichtlich handelnden Person<en> werden, mit deren Hilfe das von der Zeit unabhängige Sein des Menschen erklärt wird, indem seine Schöpfungsgeschichte erzählt wird. Durch die Einführung einer göttlichen Person, die in einem zeitlichen Sinne Schöpfungsursache ist, wird die *Lehre* vom Menschen zum *Mythos*. Diese Schöpfungsgestalt hat dann unabhängig von der dargestellten Anthropo*gonie keine selbständige Existenz*. Sie dient nur der Darstellung der Anthropo*logie*. In diesem Sinne sind die Darstellungen in CH I, bei Valentin und den gnostischen Darstellungen als Mythos zu bezeichnen, weil sie göttliche Hypostasen als in der Zeit handelnde Personen einführen, die *nur innerhalb der Schöpfungshandlung* als eigenständige Wesen fassbar sind. Sie dienen den Autoren, das Wesen und Ziel des menschlichen Daseins in einem Mythos zu beschreiben“ (S. 5/6 [*Hervorhebungen* von mir]). Nach diesem Kanon wird auch in der Durchführung konsequent verfahren, und diesbezügliche Urteile gehören zu dem, was am konstantesten wiederkehrt. Und eine der dringlichsten Fragen, die H. in mir wachgerufen hat, ist nun, ob und in welchem Maße dieses Mythosverständnis etwa sein Ergebnis tangiert oder mitbestimmt. H. kann ja diese mythologischen Gestalten direkt auch als *Fiktion* bezeichnen.[4] Aber kann eine solche bloße Fiktion wirklich Tradition bilden? Jedenfalls habe ich den eigentlich gnostischen Mythos immer so verstanden, dass von ihm gerade *nicht* gilt, was der Neuplatoniker Sallust in De diis et mundi c. 4 über den Attismythos sagt, nämlich: ταῦτα δὲ ἐγένετο μὲν οὐδέποτε, ἔστι δὲ ἀεί.[5]

---

kleinen, seligen Geister“ gegeben ist (UW p. 124,8ff.), mit einem solchen „Schwert“-Streich gelöst wird.

[3] Der Begriff selbst findet sich z. B. S. 152[292].

[4] Vgl. etwa zur valentinianischen Achamothgestalt: „Für die äußere Sophia gilt wohl in besonderem Maß: sie ist eine *Fiktion, die nur im Mythos eine Existenz besitzt*“ (S. 170[18] [Hervorhebung von mir]).

[5] H. könnte sich freilich hier auf keinen geringeren als Hans Jonas berufen, für den das geradezu *das* Motto zum gnostischen Mythos ist (vgl. Gnosis und spätantiker Geist, I[3], 1964, 92. 351 mit Anm. 1; II, 1993, 65).

Schließlich sei noch auf einige solcher Punkte hingewiesen, von deren Prüfung das Ja oder Nein, falls der Leser diese Entscheidung nicht schon beim Lesen gefällt hat, abhängen könnte. Dass der ganze Poimandres ein solcher „Punkt" ist, wurde schon angedeutet. Dabei ist mir die entscheidende Frage, wie *das* zu beurteilen ist, *was* nach Abzug der jüdischen und platonischen Elemente übrig bleibt, bzw. was das eigentlich für ein „komischer" Platonismus ist, der sich hier präsentiert. Auf derselben Dringlichkeitsstufe steht für mich die Einbeziehung der Urmenschlehre einer Nag Hammadi-Schrift (UW p. 108,14–112,25), die mit der des Poimandres so oder so irgendwie verwandt sein muss, die H. aber unter Hinweis auf möglichen manichäischen Einfluss praktisch weggelassen hat (vgl. S. 220f. mit Anm. 227.228). Ihre Berücksichtigung ist aber umso wichtiger, als ich seinerzeit in dem Buch „Der Gott ‚Mensch' in der Gnosis", das für H. in Zustimmung und Ablehnung sowieso eine zentrale Rolle spielt, das Ende der „Geschichte" noch nicht kannte. Wichtig ist wohl auch die Einsicht, dass H.s „eingleisige" Auffassung nur *möglich* ist, wenn die moderne Sethianismustheorie *falsch* ist. (Dazu, dass das eine neuralgische Stelle ist, vgl. S. 173[30] und 189[96]).[6] Dass H. es auch sonst oft nicht leicht hat, seine These durchzuführen, kann man auch an dem mir merkwürdigsten aller seiner Sätze sehen, mit denen er sich zu Satornil aus der Affäre zieht. Der gemeinte Satz findet sich innerhalb der 11. und vorletzten These seines schön übersichtlich in Thesen zusammengefassten Schlussteils (S. 229–233), die hier, auch weil sie an sich vieles von H.s Ergebnissen widerspiegelt, als ganze zitiert sei: „Auch die angeblich älteste gnostische Anthropogonie, die Irenäus für Satornil überliefert, steht in der valentinianischen Tradition. Sie enthält im Wesentlichen die gleichen valentinianischen Motive, wobei auch hier der platonische Hintergrund vergessen zu sein scheint. Die scheinbare Einfachheit des Mythos erweist sich bei näherem Zusehen nicht als altertümlich, sondern als Reduktion komplizierterer Zusammenhänge. *Irenäus hat möglicherweise eine Fassung des ‚Mythos vom Menschen', die ein Anhänger Satornils unter dem Einfluss Valentins und seiner Schule entwickelte, als Werk Satornils ausgegeben*, um beweisen zu können, dass der gesamte Valentinianismus letztlich bei dem Magier Simon seinen Ursprung hat" (S. 233 [*Hervorhebung* von mir]).

Vielleicht ist aber nun doch, über der Hervorhebung des Besonderen und zur Diskussion Reizenden, und dafür wohl auch Gedachten, das grundsolide handwerkliche Können, das der Autor auf jeder Seite seines Werkes unter Beweis stellt, und seine beeindruckende Gelehrsamkeit ein bisschen zu kurz gekommen. Dass das alles eben *auch* vorhanden ist, möchte ich wenigstens zum Schluss noch bekennen. Und zugleich sei als äußeres Zeichen dafür auf das enorme Literaturverzeichnis (S. 234–262) und auf die ausführlichen Indices, unterteilt in: „Antike Autoren, Stellen" (S. 263–287) und „Begriffe, Namen, Orte, Sachen" (S. 288–299), hingewiesen.

---

[6] Wenn es übrigens in der zweiten Hälfte der Anm. 96 von S. 189 heißt: „In der Sethianismus-Forschung stehen sich Schenkes Ansatz (...) und Rudolphs Position (...) gegenüber", so trifft das bei mir auf völliges Unverständnis, allein schon deswegen, weil hier ein Grundsatzpapier mit einem Stichwortzettel auf eine Stufe gestellt wird.

Rezension zu Hans Jonas: Gnosis und spätantiker Geist II,1.2*

Es ist also doch wahr, was ich zunächst gar nicht recht glauben konnte, nämlich dass mit dieser Neuauflage von „Gnosis und spätantiker Geist II" (II,1 in 1. Auflage 1954 [vgl. H.-M. Schenke, ThLZ 85 (1960), 657–661], in 2. Auflage 1966) dieses große Werk von H. Jonas zur Gnosis doch noch seinen Abschluss gefunden hat – genauer gesagt: einen „gewisse(n) Abschluss" (s. unten). Da sowohl der Autor als auch der Verlag damit zufrieden zu sein scheinen, traut man sich kaum zu fragen, ob sich ein Verehrer von Hans Jonas dennoch erlauben darf, seine eigene Mitfreude an diesem wissenschaftsgeschichtlichen Ereignis von Zweifeln daran, ob das, was gemacht worden ist, wirklich gut und nützlich war, trüben zu lassen. Denn das, wodurch sich die jetzt vorliegende Gestalt II,1.2 von der seit langem bekannten Gestalt II,1 im wesentlichen unterscheidet, sind ja nur die hinzugefügten Kapitel 6: „Fragmente zu Plotin" (S. 224–327) und 7: „Parerga zum Thema Gnosis" (S. 328–379). Und das heißt, da man das erwartete richtige Plotinkapitel auch jetzt nicht hatte, wurde hier gesammelt und eingestellt, was sich an alten Entwürfen und anderweitigen Darstellungen zu Plotin aus der Feder von Jonas finden (und verwenden) ließ. Und anstelle des ebenfalls noch ausstehenden Abschnitts über Evagrius Ponticus und die Mönchsmystik hat man nun (in Kap. 7) gar etwas ganz anderes genommen. Beim andächtigen Lesen dieser neuen Teile hat mich die Frage verfolgt und nicht wieder losgelassen, ob nicht doch Jonas' „Unvollendete Symphonie" einen höheren Grad von Vollkommenheit aufgewiesen hat als das jetzt so vollendete Werk. Der schließlich entscheidende Trost in diesem Konflikt ist freilich dann doch das durch einschlägige Bemerkungen von Verlag und Herausgeber vermittelte und glaubhafte Wissen darum, dass Hans Jonas, der das Erscheinen seines Werks in dieser neuen Ganzheit freilich nicht mehr erlebt hat, es selbst so gewollt bzw. nicht ungern gesehen hat. Und in hohem Maße lohnend ist die Lektüre dieser neuen bzw. neu zusammengestellten Teile allemal. Insonderheit das Plotinkapitel enthält ja wunderschöne Edelsteine, nur eben „roh" und nicht so geschliffen und angeordnet, dass sie ohne weiteres in die leer gebliebenen Stellen des „Kolliers" passen. Andererseits geben die dortigen Ausführungen sehr wohl eine Vorstellung davon, welchen Glanz die Steine hätten ausstrahlen können, wenn der „Juwelier" sie noch hätte schleifen und wirklich einpassen können. Und schließlich ist auch der Inhalt des „Fremdkörpers" Kapitel 7 an sich interessant, so dass man unter den gegebenen Umständen für die hiesige Auswahl und Zusammenstellung des sich sonst nur verstreut Findenden nicht undankbar sein wird.

Wenn man also das Werk schließlich doch annimmt, wie es ist, wird man auch Einsicht üben müssen in seinen notwendig redaktionellen Charakter, in dem es

---

* Von der Mythologie zur mystischen Philosophie (hg. v. K. Rudolph), FRLANT 159, Göttingen 1993. In: ThLZ 122 (1997), 237–239.

sich uns präsentiert. Neben der Stimme von Jonas ist da nun noch die Stimme des Herausgebers erheblich mit im Spiele. Auch dass sie erst mittendrin einsetzt, nämlich erst am Übergang von den alten (auch im alten Druck bleibenden) zu den neu hinzugefügten Teilen, ist, so merkwürdig das auch aussieht, nicht unverständlich. Aber ein wirkliches Problem könnte in der Frage liegen, ob bzw. in welchem Grade die Stimmen der beiden Forscher, die hier reden, die aufeinander angewiesen waren und auch einander mochten, wirklich zueinander passen, vorausgesetzt, dass der Eindruck richtig ist, dass der eine, der Redaktor, die Wahrheit mehr im „diesseitigen" Bereich der Mannigfaltigkeit sucht, während es dem anderen, dem „Evangelisten", den Blick nach oben gerichtet, allein um das Eine und Wesentliche zu tun ist. Wenn das nämlich stimmen würde, könnte manches von dem Vielen, was der Herausgeber in seinen „Vorbemerkungen" sagt (S. 224–251), so interessant und verdienstlich das an sich auch ist, zur Legitimation dessen, was er dann den Autor selbst sagen lassen will, nicht unbedingt nötig gewesen sein.

Es kommt noch hinzu, was für mich persönlich auch ein Thema für sich ist, das unverwechselbare „Timbre" dieser Stimme des Autors selbst. Das Einmalige und Faszinierende ist eben auch die Art, wie Jonas ausdrückt, was er zu sagen wünscht. Ich kann das eigentlich weniger beschreiben als bekennen, und schon gar nicht erklären. Ganz unmittelbar bewusst geworden ist mir dieses Phänomen, als ich ihn im Juni 1992 das letzte Mal lebend gesehen, gehört und gesprochen habe – anlässlich der Verleihung der Ehrendoktorwürde durch die Freie Universität Berlin. Wenn ein anderer und er denselben Sachverhalt bezeichnen, dann ist das eben nicht mehr dasselbe. Wissenschaft und Kunst, nämlich (natürliche) Kunst des Ausdrucks, können offenbar durchaus zusammengehen, jedenfalls tun sie das bei ihm. Entsprechend ist er nicht mehr er selbst, wenn er bloß „zitiert" wird – es sei denn, das wird sehr sorgsam und in ganzen eigenständigen Sinneinheiten gemacht. Schon deshalb möchte ich mich hier auch dem Versuch einer „Zusammenfassung" dessen, was Jonas in Kap. 6 und 7 nun noch sagt, widersetzen. Nötig ist so etwas ja schon deswegen nicht, weil so gut wie alles „Neue" anderswo schon vor langer Zeit veröffentlicht (und besprochen) worden ist. Allerdings dürfte es geboten sein, wenigstens mitzuteilen, um welche Einzelthemen es eigentlich geht. Kap. 6 ist aus folgenden vier Stücken zusammengesetzt: „Plotins Stellung zur Welt und Abwehr der Gnosis"; „Plotins Tugendlehre: Analyse und Kritik"; „Plotin über Ewigkeit und Zeit"; „The Soul in Gnosticism and Plotinus". Zur Abrundung des Plotinkapitels hat der Herausgeber noch eine Auswahlbibliographie zu „Plotin und die Gnosis" entworfen (S. 322–327). Kap. 7 hat folgende drei Teile: „Typologische und historische Abgrenzung des Phänomens der Gnosis"; „The ‚Hymn of the Pearl': Case Study of a Symbol, and the Claims for a Jewish Origin of Gnosticism"; „Gnosis, Existentialismus und Nihilismus". Wo die Einzelstücke der Kapitel 6 und 7 herstammen, erfährt der Benutzer durch diesbezügliche „Nachweise" (die auf den Seiten 380f. folgen).

Weil das mit der Sprache von Jonas so ist und es entsprechend bei ihrer Wiedergabe auf jeden Kasus und jedes Komma ankommt, habe ich für ein Phänomen des vorliegenden Buches freilich keinerlei Verständnis. Was ich meine, könnte man schamhaft mit den Worten ausdrücken: die neu gesetzten Teile hätten noch einmal (mehr) Korrektur gelesen werden müssen. Was gewöhnlich, falls überhaupt nötig, als Anhang an den Schluss einer Rezension gestellt wird, gehört hier zur Sache selbst. Es betrifft in gleicher Weise deutsche, englische und griechische Wörter, außerdem die Kommasetzung und die Worttrennung beim Zeilenbruch. Glücklicherweise erkennt der Leser diese „Unebenheiten" im Stolpern meist selbst, auch so etwas wie das Fehlen der Negation „not" (S. 345 Z. 12). Doch durch die so hinderlichen Skandale kommt es nicht zum Genuss der Sache, und die nötigen Verbesserungen geben den neuen Seiten das Aussehen von Korrekturfahnen. Aber wer kann schon ahnen, dass auch einmal, infolge von Homoioteleuton („Krise"), ein ganzes Textstück, etwa von der Länge einer Zeile, fehlt (S. 338 Z. 30). Natürlich hat die Sache gelegentlich auch komische Züge; so, wenn die Nag Hammadi-Schrift VII,5 sich als: die „Drei Seelen des Seth" benannt findet (S. 240 Z. 19). Aber hier verunstaltet der Herausgeber nur seinen eigenen Text. Und das ist noch etwas anderes als der nachlässige Umgang mit dem Text eines anderen, zumal wenn dieser selbst sich nicht mehr an der Korrektur beteiligen konnte. Und man liest also mit besonderer Wehmut auf S. 255 in den Vorbemerkungen des Herausgebers die Worte: „außerdem wollte er (Jonas) noch die Korrekturen mitlesen."

Schließen wollen wir unsere Vorstellung von „Gnosis und spätantiker Geist II,1.2" aber mit der versöhnlichen Heraushebung eines Zuges von Vollkommenheit. Die Ergänzung dieses zweiten Bandes hat nämlich auch zur Erstellung eines ausführlichen Registers geführt, wie ja Band I schon seit der dritten Auflage von 1964 ein solches aufwies. Es wurde in Zusammenarbeit mit Carsten Koch erarbeitet und unterteilt sich wie das von Band I in Namen- und Sachregister (S. 382–401) und Stellenregister (S. 402–410).

Rezension zu Alla I. Elanskaya: The Literary Coptic Manuscripts in the A. S. Pushkin State Fine Arts Museum in Moscow*

Die bekannte und verdienstvolle russische Koptologin fügt mit dem vorliegenden Werk ihren großen Verdiensten um die koptische Sprache und Literatur ein unschätzbares weiteres hinzu. Es ist nicht nur ein Werk, das die schon vorhandenen einfach um ein neues Stück vermehrt, sondern hat eher den Charakter einer Zusammenfassung des über die Jahre hin Erarbeiteten, die Summe eines Forscherinnenlebens, oder eines großen Teils davon. Und durch das Medium der englischen Sprache wird dies nun auch noch in direkter Weise zum Besitz der ganzen Welt. Es handelt sich um die erste Gesamtedition der Bestände der ehemaligen Sammlung Golenischev an koptischen (literarischen) Texten (fast ausschließlich im sahidischen Dialekt geschrieben). Mit dem Abschlusscharakter des Werkes mag der Benutzer auch die sozusagen „klassische" Art, in der diese Ausgabe gemacht ist, in Zusammenhang bringen. Damit meine ich vor allem die handschriftliche Darbietung der Texte (und der koptischen und griechischen Bestandteile des Registers), aber auch eine liebevolle Unhandlichkeit mancher Elemente der Vorführung (die autographischen Tafeln geben in der Regel die Textkolumnen durchgehend [also nicht den wirklichen Schriftspiegel der Codexseiten] wieder, so dass, wenn die Texte nicht fortlaufend sind, irritierende „Anakoluthe" entstehen; und sie haben keine Zeilenzählung, obgleich die Anmerkungen sich auf die Zeilenzahlen beziehen [man muss also beim Gebrauch selbst fleißig zählen]). Übrigens hängt die Wahl der autographischen Wiedergabe des koptischen Textes mit der Überzeugung der Autorin zusammen, ihn so am besten, nämlich bis in die Details von Supralinearsystem, Interpunktion, Tilgung etc., wiedergeben zu können. Die Qualität der Sache steht aber natürlich außer Frage. Hier sieht man eine Kapazität am Werk. Und da auch die Sammlung Golenischev, wie man an sich natürlich seit langem weiß, von allergrößter Bedeutung für die Koptologie ist, kann sich die Fachwelt glücklich schätzen, dass nun alles direkt zugänglich ist.

Die Anlage des Werkes ist im Grunde ebenso normal, wie sie „klassisch" ist. Aber es mag vielleicht doch nicht unnütz sein, sie kurz zu beschreiben. Es beginnt mit einer relativ kurzen Einleitung, die unter dem Thema steht: „Coptic MSS. of the Pushkin State Fine Arts Museum" (S. 1–7), in der auch schon diejenigen Stücke hervorgehoben werden, die nach Auffassung der Herausgeberin von ganz besonderem Wert sind, nämlich ein kleines Papyrusfragment aus dem 4. Jahrhundert mit einem Stück aus Lk 9 (Nr. III,13 = S. 446f.); ein fayumisches Fragment mit Stücken aus Ps 118 (Pergament; 6./7. Jh. [Nr. III,6 = S. 414–417]); das Pergament-Fragment einer griechisch-koptischen Bilingue mit Stücken aus Apg 3 (4./5. Jh.

* VigChr.S 18, Leiden 1994. In: Enchoria 24 (1997/98), 163–170.

[Nr. III,17 = S. 458–560]); relativ umfangreiche Papyrusreste einer Abhandlung über die Bedeutung der Taufe, in der sich in der Tat sehr merkwürdige kosmologische Spekulationen finden (8. Jh. [Nr. II,1 = S. 167–200]); und schließlich die in Moskau „gelandeten" Blätter des weltberühmten sahidischen Codex mit den Apophthegmata Patrum (9. Jh. [Nr. I,1 = S. 11–40]). An den (hier mitgenannten) Datierungen, wie sie auch für alle anderen Texte vorgenommen werden, lässt sich die wohltuende und einem gegenwärtigen Trend entgegenlaufende Überzeugung der Autorin ablesen, dass es nicht vertretbar ist, aus Objektivitätsstreben oder Sicherheitsgründen derartiges für die frühe Phase der koptischen Literatur, wo es eben (noch) keine eindeutigen Kriterien gibt, nicht wenigstens zu versuchen. Die Herausgeberin weist auch schon in der Gesamteinleitung darauf hin, dass es sich mit vielen Stücken der Sammlung Golenischev ähnlich verhält wie mit den Apophthegmen-Blättern, also dass sie ursprünglich zu bestimmten Codices gehört haben, von denen es andere Reste in anderen Museen gibt. Diese hochinteressanten Sachverhalte werden natürlich bei der Darbietung der betreffenden Stücke dann noch spezifiziert.

Diese Darbietung, also das Herzstück der Edition, gibt sich *sachlich* geordnet und erfolgt in vier großen Abschnitten: I. Historico-legendary texts (Vitae, Martyrdoms, Encomia, Legends) [Nr. 1–19]; II. Treatises, Canons, Homilies, Polemic Works, etc. [wiederum neu gezählt von 1–20]; III. Fragments of the Scriptures [21 Nummern]; IV. Lectionary for the Whole Year and Psalmodia [nur 1 Stück]. Die Darbietung der einzelnen Texte beginnt mit einer knappen katalogartigen Beschreibung (der katalogische Charakter wird übrigens vielleicht am deutlichsten in der regelmäßig erscheinenden Notiz, dass die betreffenden Blätter oder Fragmente vorn und hinten beschrieben sind, was im Katalog einer Sammlung, in der es auch Schrift*rollen* und *Urkunden* gibt, ganz normal ist, im Rahmen einer Ausgabe, in der es nur um Codex-Seiten geht, aber schon ein wenig merkwürdig wirkt). Jeder dann (wie gesagt: als Autograph) dargebotene koptische Text wird auch übersetzt, sofern sich der Sinn – nämlich bei den Bibeltexten – nicht von selbst versteht. Außerdem sind Text und Übersetzung mit Anmerkungen versehen, in denen übrigens die koptischen (und gegebenenfalls griechischen) Wörter gedruckt sind. (Dieser ganze Hauptteil umfasst die Seiten 9–486.)

Es folgen Indices, die mit einer unersetzlichen Konkordanz von Katalognummern, Ausgabe-Nummern, Seitenzahlen, mit denen die Ausgabe jeweils beginnt, und Nummern der Tafeln, die das betreffende Stück abbilden, beginnen (S. 487–489). Ohne diese Liste wäre der Leser wohl ziemlich hilflos. Die eigentlichen Register erfassen, wie auch das „klassisch" ist, nur Eigennamen (S. 490–495) und den aus dem Griechischen entlehnten Wortbestand (S. 496–517). In diesen beiden Registerteilen sind die koptischen und griechischen Wörter und Formen wiederum handschriftlich und die Stellenangaben in Schreibmaschinensatz wiedergegeben, während sonst das Buch gedruckt ist. (Nach Lage der Dinge und dem komplizierten Stoff nebst der mutmaßlich langen Vorgeschichte darf man vielleicht von vornherein keine absolute Vollständigkeit erwarten. Jedenfalls habe ich bei zufälliger Suche das ⲕⲁⲧⲉⲭⲉ von S. 17a Z. 13 und das ⲁⲑⲁⲣⲁⲛ von S. 220a Z. 20 dort nicht gefunden.) Beschlossen wird die eigentliche Ausgabe mit einer Kombination von Abkürzungs- und Literaturliste (S. 519–527).

Aber dann kommt ja noch etwas ganz besonders Wertvolles, nämlich ein Tafelteil, der *alle* edierten Texte auch im Faksimile zeigt. Die Reihenfolge der Faksimiles entspricht genau der Reihenfolge der Edition der Texte. Da aber die Tafeln außer ihrer Nummer keine identifizierenden Unterschriften haben, ist der normale Benutzer, der die Ausgabe ja nicht fortlaufend liest, sondern sich nur für ein bestimmtes Stück interessiert, unbedingt auf die am Anfang des Tafelteiles stehende „List of Plates" angewiesen, wo die Tafelnummern der Reihe nach mit den Katalognummern der Texte, die sie wiedergeben, verbunden sind.

Für die weitere Beurteilung des Werkes ist ein „Dreiecksverhältnis", in dem es steht, m. E. von nicht unerheblicher Bedeutung. Mit der einen anderen „Ecke" meine ich die alten Ausgaben, die schon Oskar von Lemm einigen Stücken der Sammlung Golenischev gewidmet hat, während die dritte „Ecke" durch eine nur drei Jahre zurückliegende Ausgabe der Herausgeberin selbst, deren Inhalt sich mit dem des jetzigen Werkes überschneidet, gebildet wird. O. v. Lemm, ein Freund Golenischevs, der für die (Wert-)Bestimmung und Erschließung seiner koptischen Erwerbungen zuständig war, hatte ja schon viel für die Bekanntmachung und den wissenschaftlichen Gebrauch (von Stücken) der Sammlung getan. Er allein saß an der Quelle und konnte mit den Originalen arbeiten, während alle anderen gelehrten Benutzer darauf angewiesen waren und sich damit begnügen mussten, dass er ihnen Fotos oder Abschriften überließ. Da also O. v. Lemm gewissermaßen der *Vorläufer* der jetzigen Herausgeberin ist, ist das Verhältnis ihres umfassenden Werkes zu seinen einzelnen Ausgaben eine wichtige Wertdimension. Wo immer „Vorarbeiten" ihres großen Vorgängers vorhanden sind, wird darauf gebührend vergleichend und korrigierend Bezug genommen. Und es gab eine ganze Menge zu verbessern. Die andere „Ecke", die „Vorarbeit" der Autorin selbst,[1] ist so etwas wie die andere Seite derselben Sache, insofern als es darin in der Hauptsache gerade um die Texte der Sammlung geht, die noch gar nicht, weder von O. v. Lemm noch, durch seine Vermittlung, von anderen (wie es z. B. J. Leipoldt mit den Moskauer Schenutetexten getan hat) ediert worden sind. Die anderen Stücke kommen zwar auch vor, aber nur am Ende in Form eines Katalogs. Jedenfalls erscheint fast alles, was in diesem Buch von 1991 steht, wortwörtlich auch in dem jetzigen Werk. Diese auffällige Verdoppelung mag mit der Besonderheit der Jahre von 1991 bis 1994 zusammenhängen, in denen auch im Lande der Autorin mehr passiert ist, als sonst in einem halben Jahrhundert zu geschehen pflegt. Ein kleines Zeichen dafür ist der Unterschied in der politischen Terminologie der Einleitungen. Die neue Zeit mag so die unerwartete Möglichkeit eröffnet haben, die Sache nun noch einmal, schöner, zugänglicher und vor allen Dingen *vollständig* zu bringen. Wie die Dinge nun einmal liegen, ist für den Benutzer der neuen *Gesamt*ausgabe die *Teil*ausgabe von 1991 insofern von Wert, als er gegebenenfalls Fehler in *dieser* im Rückgriff auf *jene* identifizieren und verbessern kann, und, weil er im Vergleich der beiden Werke sehen kann, *dass* und *wie* die Herausgeberin an bestimmten Stücken weitergearbeitet hat. Denn wo sich die beiden Werke überschneiden, sind sie doch nicht immer und überall ganz deckungsgleich. Der

[1] A. I. Elanskaya, Coptic Literary Texts of the Pushkin State Fine Arts Museum in Moscow, StAeg 13, Budapest 1991.

Benutzer beider Bücher bekommt so bei ihrem Vergleich einen interessanten Einblick in die Lebendigkeit und den Prozess des Umgangs der Autorin mit dem ihr anvertrauten Gut. Das eindrucksvollste Beispiel für solche Forschritte in so kurzer Zeit findet sich in Nr. II 19 (S. 384–391), wo die Autorin inzwischen das Moskauer Fragment mit einem 1988 von I. Gardner herausgegebenen Wiener Fragment komplettieren konnte. (Natürlich erklären sich auch manche typographischen Auffälligkeiten des neuen Werkes durch seine Beziehung zu dem etwas älteren. So sind aus Versehen manche Anmerkungszahlen in den Autographen, und/oder den Anmerkungen dazu, übernommen worden; oder Schrägstriche, die in dem Schreibmaschinensatz von 1991 eckige Klammern meinten und zu solchen hätten noch vervollkommnet werden müssen, erscheinen im jetzigen Druck, in ihrem Sinn unidentifiziert, einfach *so* wieder.)

Nun ist es das unvermeidliche Schicksal solch monumentaler Ausgaben einer ganzen Sammlung, sofern sie eben Menschenwerk sind, dass sie, während sie viele alte Unklarheiten beseitigen und früher gemachte Fehler (seien es „echte" oder nur Druckfehler) korrigieren, doch auch gelegentlich einige neue begehen. Und ein Herausgeber oder eine Herausgeberin hat das Recht, von den Rezensenten eine solch sorgfältige Lektüre zu erwarten, durch die den Benutzern gegebenenfalls hier und da eine nachträgliche Korrektur ihres jeweiligen Exemplars möglich wird. Diesem Zweck sollen die jetzt unmittelbar folgenden Notizen, die freilich nur Aspekte von „öffentlichem Interesse" enthalten, dienen.

- S. 50a Z. 20: [ⲁⲛⲅ̄ ⲡ]ⲉ̣ ⲡ̣[ⲙ]ⲁⲧⲟⲓ̈ ist eine ungrammatische Rekonstruktion.
- S. 53 Z. 17f.: „to set *me* free and to reveal *you to me*" ist jedenfalls keine „proportionale" Wiedergabe von ⲉⲧⲣⲁⲃⲱⲗ' ⲉⲃⲟⲗ' [ⲉ]ⲧⲣⲁⲟⲩⲟⲛϩ̄ⲕ̄ ⲉⲃⲟⲗ (S. 43a Z. 1f. v.u.).
- S. 54 Z. 5–7: „he revealed from the first *his* birth, this, which *dies* not" als Übersetzung von ⲁϥⲟ̣ⲩⲱⲛϩ̄ ⲉⲃⲟⲗ | [ϫⲓ]ⲛ ⲛ̄ϣⲟⲣⲡ̄ ⲛ̄ⲧⲙ̄ⲛ̄ⲧⲣⲉ | [ϥϫ]ⲡⲟ· ⲧⲁ̣[ï] ⲉⲧⲉ ⲙⲉⲥⲙⲟ̄ⲩ̄ | [ⲉⲃⲟⲗ]· (S. 44a Z. 24–27) sagt das genaue Gegenteil dessen, was dasteht (es muss heißen: „Er zeigte von Anfang an die Erzeugung, die keinen Bestand hat").
- S. 130 Z. 17: Wenn hier „to him who understands" als Übersetzung von ⲙⲡⲉⲧⲛⲟⲉⲓⲛ (S. 128a Z.16) erscheint, so hängt das mit der „Tiefendimension" des Werkes zusammen. Denn im Buch von 1991 hatte die Herausgeberin noch ⲙⲡⲉⲧⲛⲟⲉⲓ ⲛ gelesen (vgl. auch die irrtümlich stehen gebliebene Anmerkung zu dieser Textzeile).
- S. 228 Z. 3f.: „no one among us shall bend his *head* (lit. *crown*) down". Dabei bezieht sich das „lit." auf den koptischen Ausdruck ⲧⲉϥϫⲓⲥⲉ (S. 217b Z. 23); dann müsste es doch aber eigentlich heißen: „lit. back" oder „spine".
- S. 237 Z. 13f.: „those who have stayed without (lit. outside of it)" für ⲛⲉⲛⲧⲁⲩⲣ̄ⲃⲟⲗ ⲛ̄ϩⲏⲧⲥ̄ (S. 234b Z. 19f.) ist mindestens ein bisschen umständlich. Als das allein Natürliche müsste doch erscheinen: „those who have escaped it".
- S. 267b Z. 2: Es fehlt fast die ganze Zeile. Statt ⲉⲩ muss es heißen ⲉⲟⲩⲛⲟⲩⲃ ⲉϥⲥⲟⲧⲡ.
- S. 276b Z. 23: Es fehlt die ausgerückte Initiale ⲧ.
- S. 284a Z. 21: Es fehlt die ausgerückte Initiale ⲣ.
- S. 285a Z. 21: Es fehlt die ausgerückte Initiale ⲙ.

- S. 287a Z. 8: Es fehlt die ausgerückte Initiale ⲕ.
  Z. 10f.: Statt ⲉⲧϩⲁⲧⲉⲩ|ⲧⲛ̄ muss es heißen ⲉⲧϩⲁⲧⲉⲧⲏⲩ|ⲧⲛ̄.
- S. 290 Anm. zu 134a, 6–7: Am Ende fehlt hinter ⲣ̄ ϩⲟⲧⲉ noch das Glied ϩⲏⲧϥ.
- S. 292 Z. 9–11: „But it is great (lit. the whole) wonder if someone loves his brother whom he sees and does *not* love God whom he does not see". Mein Problem ist die Negation „not" in der Wendung „does not love God". Entsprechend wird diese Schenutestelle zwar auch schon von Wiesmann verstanden, ich kann aber keinen Grund dafür sehen, dass der betreffende Konjunktiv eine andere Kategorie weiterführt als den affirmativen Konditionalis. Die Stelle lautet: ⲁⲗⲗⲁ ⲧⲉϣⲡⲏⲣⲉ ⲧⲏⲣⲥ̄ ⲧⲉ ⲉⲣϣⲁⲛ ⲟⲩⲁ̂ ⲙⲉⲣⲉ ⲡⲉϥⲥⲟⲛ' ⲉⲧϥ̄ⲛⲁⲩ ⲉⲣⲟϥ', ⲁⲩⲱ ⲛϥ̄ⲙⲉⲣⲉ ⲡⲛⲟⲩⲧⲉ' ⲉⲧⲉ ⲛϥ̄ⲛⲁⲩ ⲉⲣⲟϥ ⲁⲛ' (S. 249a Z. 13–19).
- S. 312 Z. 1f. v. u.: „how you have attached hardening of heart" verlangt eine Konjektur, denn der Text hat hier die *1.* Pers. Pl.: -ⲑⲉ ⲛ̄ⲧⲁⲛ̲ⲙⲟⲩⲣ ⲙ̄ⲡⲧⲱⲙ' ⲛ̄ϩⲏⲧ, (S. 285a Z. 22–24).
- S. 326 Anm. 2: Es muss ϩⲱⲥ statt ϥⲱⲥ heißen.
- S. 380 Z. 23: Hier ist *ad vocem* ϣⲁ|ϫⲉ eine moderne Auslassung durch Homoioteleuton passiert. Zwischen |ϫⲉ und ⲁⲗⲗⲁ fehlt ϩⲓⲧⲛ̄ ϩⲉⲛϣⲁ|ϫⲉ.
- S. 400a Z. 28: Am Ende der Zeile muss [ⲛ̄ⲧⲉ] als die erste Hälfte der letzten Konjunktivform ergänzt werden.
- S. 409a Z. 7: Statt ⲁⲩⲕⲣⲟϥ lies ⲁⲩⲣ̲ⲕⲣⲟϥ.
- S. 418 Z. 3: Statt „28.5 cm" lies „28.5 *x 23.5* cm".
- S. 434a Z. 14: Am Ende der Zeile muss man ⲛ̄ⲧⲉ<ⲧⲛ̄> konjizieren.
- S. 459b Z. 18: Statt ⲁⲧⲉⲧⲙⲟⲩ] lies ⲁⲧⲉⲧⲛ̲̄ⲙⲟⲩ].
- S. 497: Der Eintrag ἀναπορεύω: ⲁⲛⲁⲡⲟⲣⲉⲓ ist zu tilgen und die Stellen*angabe* ist unter ἀπορέω einzufügen (ⲁⲛ- ist der Konjugationsausdruck [1. Pl. des Perfekt]).
- S. 498: Warum setzt die Autorin abweichend von der wissenschaftlichen Tradition als Ausgangsform für ⲁⲣⲭⲉⲓ das künstliche und singuläre ἀρχεύω an, und nicht ἄρχω?

Während die gerade abgeschlossene Liste aber nicht durch systematische Suche, sondern einfach durch Rückfragen beim Stolpern über irgendwie Unstimmiges entstanden ist, bin ich von vornherein mit der Frage an die Lektüre dieser viel versprechenden Textausgabe herangegangen, ob sich – über die allgemeine Bedeutung hinaus – in ihr vielleicht noch irgendein verborgener „Schatz" findet, der es verlangt, extra gehoben zu werden. Ich glaube tatsächlich, zwei solcher „Perlen", von je ganz verschiedener Art freilich, gefunden zu haben, nämlich eine aus dem Bereich der Theologie und eine aus dem Bereich der Linguistik.

Am Anfang des Fragments eines Encomiums auf Pachomius den Großen (Nr. I,6) findet sich eine theologische Aussage, in der der wohlbekannte christologische Topos von der Höllenfahrt Christi in eigenartiger Weise mit Ägypten in Zusammenhang gebracht wird. Die Höllenfahrt findet sozusagen in Ägypten statt – es gibt nur eine Unterwelt; und die liegt „unterhalb" von Ägypten. Entsprechend bedeutet die Entmachtung des Todes das Zuschandenwerden der ganzen Pracht des ägyptischen Totenkultes und zugleich eine Rehabilitierung derer, die *auf* der Erde Ägyptens leben. Die ägyptischen Wüstenväter sind „herrlicher" als die Pyramiden der Pharaonen. Vielleicht habe ich damit den Text überinterpretiert, aber ich fühle mich zur Zeit für diese „ägyptische Dimension“ geradezu sensibilisiert, und zwar durch die Kenntnis eines von meiner Tochter Gesa bearbeiteten fayumischen Papyrus (Pap. Col. 20912), der im gleichen Geist und eben nicht weniger merkwürdig das christliche Lob Ägyptens „singt“. Der hiesige, viel kürzere (sahidische) Text lautet jedenfalls folgendermaßen: ⲁⲙⲛ̄ⲧⲉ ϩⲱⲱϥ ⲧⲁⲓⲏⲩ ÷ ⲛ̇ⲧⲉⲣⲉ ⲡⲉⲭ̄ⲥ̄ ⲃⲱⲕ ⲉⲡⲉⲥⲏⲧ ⲉⲣⲟϥ· ⲁϥⲉⲓⲛⲉ ⲙ̇ⲡⲉϥϣⲟⲩϣⲟⲩ ⲉϩⲣⲁⲓ ⲙⲛ̄ ⲡⲉϥⲧⲙⲁⲉⲓⲟ· ⲙⲛ̄ ⲡⲉϥⲉⲟⲟⲩ ÷ ⲁϥϫⲓⲧⲟⲩ ⲉⲡϫⲓⲥⲉ ⲛ̄ⲙ̄ⲡⲏⲩⲉ· ⲙⲛ̄ ⲡⲥⲁ ⲙ̄ⲡⲡⲁⲣⲁⲇⲓⲥⲟⲥ· ÷ ⲁϥϭⲟⲟⲗⲉϥ ⲇⲉ ϩⲱⲱϥ ⲉ̣ⲟ̣ⲩϣⲓⲡⲉ [ⲙ]ⲛ̄ ⲟⲩⲛⲟϭⲛⲉϭ [ⲛ̄ⲛ]ⲉ̣ⲧϭⲉⲙ̣ ⲡⲉϥ[ϣ]ⲓⲛⲉ̣ ÷ ⲧ[ⲉ]ⲧⲥⲏϣ ϩⲛ̄ ⲛⲉⲭⲱⲣ̣ⲁ̣ ⲧⲏⲣⲟⲩ ⲧⲉ ⲕⲏⲙⲉ· ÷ ⲧⲉⲛ̣ⲟⲩ ⲇⲉ ⲁⲥⲧⲙⲁⲉⲓⲟ ϩⲙ̄ ⲡⲉⲭ̄ⲥ̄· ÷ ⲡⲉⲧⲧⲁⲓⲏⲩ ϩⲱⲱϥ ϩⲓ ⲛⲁⲣⲭⲁⲓⲟⲛ ⲡⲉ ⲁⲙⲛ̄ⲧⲉ ÷ ⲧⲉⲛⲟⲩ ⲇⲉ ⲁϥⲥⲱϣ ⲛⲁϩⲣⲉ[ⲛ ⲕ]ⲏ̣ⲙⲉ̣ ⲙⲛ̄ ⲛⲉϥϣⲏⲣⲉ̣ ⲧⲏⲣⲟⲩ· ÷ ϫⲉ ⲁⲃⲉⲓ ϩⲙ̄ ⲡⲉϥⲟⲧⲡ ⲉϩⲟⲩⲛ ϩⲛ̄ ⲟⲩⲑⲃ̄ⲃⲉⲓⲟ· (S. 86a [dabei ist der *Satztrenner* ÷ von mir hinzugefügt worden]). Indem ich manche Elemente etwas anders beziehe, als die Herausgeberin es in ihrer Übersetzung tut, um so die natürliche Ordnung der traditionellen Motive des Höllenfahrttopos herzustellen, möchte ich den Text folgendermaßen *paraphrasieren*: „(Ägypten war verachtet;) die Unterwelt aber verehrt.[2] Als Christus zu ihr herabstieg, brachte er ihren *Stolz*, ihre Rechtfertigung und ihre Herrlichkeit (*das sind eben die Toten*) hinauf und nahm sie mit sich nach oben in die Himmel und ins Paradies. Die Unterwelt aber kleidete sich in Schande und Spott für ihre Besucher.[3] Am meisten verachtet von allen Ländern ist Ägypten. Jetzt aber wurde es gerechtfertigt durch Christus. Am herrlichsten aber in den alten Zeiten ist die Unterwelt. Jetzt aber wurde sie zuschanden vor Ägypten samt allen ihren Kindern.[4] Denn Christus war in *Demut* in ihr Gefängnis eingegangen.“

Der Text, der in linguistischer Hinsicht hervorgehoben zu werden verdient, steht am Ende des Fragments einer Homilie über Christi wunderbare Geburt (Nr. II,16 = S. 367b zweite Hälfte). In ihm finden sich nicht weniger als drei Belege eines noch nicht lange bekannten Nominalsatztyps, dessen Prädikat folgende Struktur hat: ⲟⲩ-/[ϩⲉⲛ-] + *Infinitivphrase mit* Adverbial.[5] Und dabei steht das Verb ϫⲡⲟ „gebären“ Seite an Seite mit dem Verb ⲉⲓ „kommen“, von dem die Entdeckung dieses Aussagetyps ja ihren Ausgang genommen hatte. Das betreffende Textstück lautet: ⲧⲉⲓⲡⲁⲣⲑⲉⲛⲟⲥ ⲅⲁⲣ ⲛⲧⲁⲥⲉⲓ ⲁⲛ ⲉⲃⲟⲗ [ϩ]ⲛ̄ ⲧⲡⲉ· ⲉⲛⲉ ⲟⲩⲉ̣ⲓ̣ ⲅⲁⲣ ⲧⲉ ⲉⲃⲟⲗ ϩⲛ̄ ⲧⲡ[ⲉ] ⲛⲉⲥⲛⲁϣⲱⲡⲉ ⲁⲛ ⲛϣⲟⲩⲣ̄ϣ̄ⲡⲏⲣⲉ ⲙⲙⲟⲥ ⲛⲧⲉⲓϩⲉ ⲧⲏⲣⲥ̄· ⲁⲗⲗⲁ ⲟⲩⲉⲓ ⲉⲃⲟⲗ ⲧⲉ ϩⲙ̄ ⲡⲕⲁϩ· ⲟⲩϫⲡⲟ ⲧⲉ ⲛⲑⲉ ⲛⲟⲩⲟⲛ ⲛⲓⲙ· ⲟⲩⲉⲃⲟⲗ ⲧⲉ ϩⲙ̄ ⲡⲉⲥⲡⲉⲣⲙⲁ ⲛⲇⲁⲩⲉⲓⲇ· (Die Herausgeberin liest freilich ⲟⲩⲛ anstelle des ersten ⲟⲩⲉⲓ; man kann aber nach

---

2 Trotz des Anfangs mit einer Initiale kann ich in dieser kurzen Aussage nur die *zweite Seite* einer insgesamt zweiseitigen Aussage sehen.

3 Nach den immanenten Kategorien dieses Textstücks muss es die Unterwelt sein, die die Besucher besuchen. Aber da man die Unterwelt, wenn man in sie eingehen muss, eigentlich nicht „besucht“, als natürliches Objekt von Besuchen vielmehr Ägypten selbst gelten darf, kann man fragen, ob hier (und dann auch gleich noch einmal) nicht das sonst übliche maskuline Genus von ⲕⲏⲙⲉ „durchschlägt“.

4 Vielleicht sind gegen den sonstigen Genusgebrauch in unserem Text doch nicht die Kinder der Unterwelt, sondern die Kinder Ägyptens gemeint. „Natürlich“ wird die Aussage m. E. jedenfalls erst bei dieser Beziehung.

5 Vgl. W.-P. Funk, „Formen und Funktionen des interlokutiven Nominalsatzes in den koptischen Dialekten“, LOA.PL 3 (1991), § 4.4.3.

dem Faksimile für dieses nicht konstruierbare Element ohne weiteres ⲟⲩⲉ̣ⲓ̣ lesen.) „Denn diese Jungfrau stammt nicht aus dem Himmel. Denn würde sie aus dem Himmel stammen, wäre sie nicht so ganz und gar zum Staunen gewesen. Sondern sie stammt von der Erde. Sie ist eine, die hervorgebracht worden ist wie jeder. Sie ist eine aus der Nachkommenschaft Davids." ⲟⲩⲉⲓ ist also keineswegs das Femininum von ⲟⲩⲁ „einer" (E. sagt zu ⲟⲩⲉⲓ ⲉⲃⲟⲗ … ϩⲙ̅ ⲡⲕⲁϩ „lit. *one* of the earth" [S. 370]), sondern ⲟⲩ-ⲉⲓ (also, wenn schon „wörtlich", dann: „ein Kommen" bzw. „eine, die gekommen ist").

Rezension zu Gregor Wurst: Die Bema-Psalmen. The Manichaean Coptic Papyri in the Chester Beatty Library, Psalm Book, Part II, Fasc. 1*

Die Manichäismusforschung, die auf Grund ihres weit verzweigten Gegenstandes auf Internationalität und interdisziplinäre Zusammenarbeit besonders angewiesen ist, hat sich in den letzten Jahren in rasantem Tempo neue wahrhaft moderne Organisationsformen geschaffen. Nur unter diesen neuartigen Bedingungen, zu denen als ein Zug der Zeit wohl auch ein allgemeines Streben nach Enzyklopädie gehört, ist ein literarisches Großprojekt zu erklären, dessen „Pilot"-Band – oder jedenfalls einen der ersten Bände – ich hier vorzustellen die Ehre habe. Es geht um das schier unglaubliche Projekt der Zusammenfassung manichäischer oder den Manichäismus betreffender Texte und Materialien in einem einzigen riesigen Corpus. Seiner bahnbrechenden Bedeutung entsprechend hat mein „Pilot"-Band gleich zwei Vorreden, in denen der Gesamtrahmen und der Rahmen für die koptischen Texte abgesteckt und erklärt werden. Es beginnt mit einem Foreword des Editor-in-Chief, Alois van Tongerloo (S. V–VII). Man erfährt darin z. B., dass für den Zeitraum 1996–2000 das Erscheinen von nicht weniger als 30 Bänden der Gesamtreihe geplant ist. Für den hiesigen Zusammenhang ist wichtig, dass im Kontext der Vorstellung der vielen verschiedenen Unterreihen (series) von der koptischen folgendes gesagt wird: „The *Coptic series* (director: Martin Krause, Münster [D]), containing the edition of the codices found 65 years ago in the sands of Egypt, subdivides into the following parts: Vol. 1 *Psalm Book* I and II; Vol. 2 *Homilies*; Vol. 3 *Kephalaia* (Berlin); Vol. 4 will contain the Dublin *Kephalaia*. The first fascicle of the second part of the first volume of the *Series Coptica*, the *Psalm-Book* is the first to be published herewith" (S. VI). Es folgt noch ein Absatz darüber, dass die koptischen manichäischen Texte, die bei der Ausgrabung von Kellis in der Oase Dachle gefunden wurden (und werden), zusammen mit den griechischen und syrischen von Iain Gardner beigetragen werden. Aber mir geht es hier um die Interpretation und Hinterfragung einer Passage des wörtlich zitierten Absatzes, nämlich um die Platzierung der Berliner Kephalaia inmitten der Dubliner Texte und die damit gegebene Ankündigung ihres Erscheinens in dieser Reihe. Als ich zum ersten Mal von dieser Ankündigung, zunächst in einem Verlagskatalog, hörte, konnte ich nicht glauben, dass das Wirklichkeit ist. Und entsprechend hat es auch auf andere als wahres σκάνδαλον gewirkt, besonders in Québec und Claremont, CA. Man muss sich in vielerlei Hinsicht wundern. Jeder Eingeweihte weiß doch, dass die Berliner Medinet Madi-Texte unter einer

* Published under the Auspices of the Trustees of the Chester Beatty Library and under the Responsibility of the International Committee for the Publication of the Manichaean Coptic Papyri from Medinet Madi belonging to the Chester Beatty Library (Søren Giversen, Rodolphe Kasser, Martin Krause), CFM.C I,2.1, Turnhout 1996. In: Enchoria 24 (1997/98), 186–193.

anderen Verantwortlichkeit stehen als die Dubliner. Und wenn schon, warum werden von den Berliner Handschriften nur die Kephalaia und nicht auch die Kirchengeschichte, das Briefcorpus und die Synaxeis genannt? Sollte es damit zusammenhängen, dass von den Berliner Texten nur die Kephalaia schon ediert sind und man im Rahmen des Prinzips, zunächst erst einmal das schon Vorhandene zu sammeln, daran gedacht hat, einfach die alte Ausgabe von Polotsky und Böhlig zu übernehmen? Nun ist andererseits eigentlich auch bekannt, dass Wolf-Peter Funk in Québec, und zwar für den (alten) Verlag Kohlhammer, an der Ausgabe der noch unveröffentlichten zweiten Hälfte der Berliner Kephalaia arbeitet und dass die Ausgabe dieses stattlichen Restes mit *Addenda et Corrigenda* zur ersten Hälfte verbunden sein wird. Da ich diese *Addenda et Corrigenda* kenne, möchte ich hier freimütig behaupten, dass die alte Ausgabe der ersten Hälfte ohne diese Korrekturen heute praktisch nicht mehr zu gebrauchen ist. Kurzum, was immer man für das CFM will oder gewollt hat, es kann gar nicht und wird auch so nicht gehen.

Das Vorwort für die koptische Reihe aus der Feder von Martin Krause beschränkt sich demgegenüber wohltuend auf die Ankündigung und Beschreibung des Nächstliegenden, nämlich der Neuausgabe des seinerzeit von Allberry herausgegebenen zweiten Teils des Psalmenbuches, die mit dem vorliegenden Faszikel eröffnet wird. Dieses Man. PsB. II soll insgesamt in fünf Faszikeln erscheinen, und zwar mit folgenden Inhalten und Bearbeitern: Fasc. 2: Die sog. Jesuspsalmen, hrsg. v. G. Nebe und P. Nagel; Fasc. 3: Die erste Gruppe der Herakleidespsalmen und die Psalmengruppe ohne Titel, hrsg. v. S. Richter und C. Gianotto; Fasc. 4: Die Sarakotonpsalmen, hrsg. v. M. Krause und E. Smagina; Fasc. 5: Die zweite Gruppe der Herakleidespsalmen und die Thomaspsalmen, hrsg. v. S. Richter und P. Nagel. Allerdings sagt Krause nicht, dass diese anderen vier Faszikel wirklich in dieser Reihenfolge, die ja der Anordnung des Inhalts von Man. PsB. II entspricht, erscheinen werden. Von der Arbeit an einer Ausgabe an dem noch unedierten ersten Teil des Psalmenbuches ist hier überhaupt noch nicht die Rede. Aber ich weiß z. B. aus Gesprächen und Tagungsbeiträgen von S. Richter, dass er sich auch schon an den ersten Teil heranarbeitet. Eine Neubearbeitung der Homilien wird, wie man aus anderen Quellen weiß, von Nils Arne Pedersen erwartet; und es ist wohl nicht zu weit hergeholt, wenn man sich auch diese Ausgabe als einen zukünftigen Band des CFM vorstellt.

Der hier nun erst einmal zu würdigende erste Band der koptischen Reihe, der zugleich der erste Teil der Neuausgabe des zweiten Teils des Manichäischen Psalmenbuches ist, ist wirklich vielversprechend. Sein Bearbeiter, Gregor Wurst, ist mit der allergrößten Akribie und auch mit spürbarer Lust an die Sache herangegangen. Oder um es persönlicher zu sagen, ich habe sein Werk mit Vergnügen und Wohlbehagen durchgearbeitet. Das Buch ist dem Andenken C. R. C. Allberrys gewidmet. Es beginnt mit einer Beschreibung der Handschrift in Zusammenarbeit mit Siegfried Richter (S. 1–12). Dann kommen noch Bemerkungen zur vorliegenden Edition (S. 13–15), ein Abkürzungs- und Literaturverzeichnis (S. 16–18) und der Index Siglorum (S. 19). Die eigentliche Ausgabe umfasst die Seiten 20–117. Sowohl die (linke) Textseite als auch die (gegenüberliegende) Übersetzungsseite haben Apparate, die gegebenenfalls auch recht umfangreich ausfallen können. Der interessanteste Apparat ist der zur zweiten Hälfte von Ps 222, weil Wurst da schon die *variae lectiones* der Psalmenversion eines Kellisfragments (T. Kell. Copt. 4) verarbeiten konnte. Das Ganze wird beschlossen mit einem ausführlichen sprachlichen Index (S. 119–140). Da die Bemapsalmen schon eine zentrale Rolle in der Dissertation von G. Wurst gespielt haben (vgl. deren publizierte Form: G. Wurst, Das Bêmafest der ägyptischen Manichäer, Arbeiten zum spätantiken und koptischen Ägypten 8, Altenberge 1995; siehe dort schon eine Übersetzung der Bemapsalmen auf S. 153–233), war er für diese Aufgabe wohlgerüstet und kann auch für inhaltliche und eigentlich exegetische Fragen immer mal wieder auf diese Dissertation zurückverweisen.

Das eigentlich Neue an dieser Neuausgabe (gelegentlich auch im Vergleich mit dem Textverständnis der Dissertation) besteht nun vor allem in einer Überprüfung der Lesungen Allberrys an Hand des Originals, alter Fotografien, soweit bisher auffindbar (sie sind – acht an der Zahl – am Ende des Bandes abgebildet), alter Polotskyabschriften und der Notizen von Allberry selbst. Außerdem wird der Text (und die Übersetzung) soweit wie möglich der inneren Textstruktur gemäß, also in Strophen und Versen gegliedert, geboten und mit einem ausführlichen, fast vollständigen Register versehen. Mein Wohlgefallen an der Arbeit von Wurst war so groß, dass ich zunächst die Frage nach der Größenordnung dieses Neuen gar nicht gestellt habe. Wenn man sie doch stellt, so hoffe ich auf das Einverständnis des Autors, wenn ich sage, dass große „Wunder“ hier nicht geschehen (und wohl auch nicht zu erwarten waren). Die Relevanz liegt in der Vielzahl der Verifikationen und gelegentlichen „materiellen“ Verbesserungen dessen, was man schon kennt (also ob man einen Buchstaben mit oder ohne Unterpunktierung liest oder als ganzen ergänzen muss, oder die Identifizierung und Platzierung kleinster Papyrusfragmente mit einem Rest von Buchstaben). Das Größte sind Rekonstruktionen des Textes (und zwar auf Grund von Parallelen), wo Allberry und Polotsky Lücken gelassen haben. Die deutsche Übersetzung ist natürlich auch neu, und sie stellt dem Autor und der Schule, aus der er kommt, das allerbeste Zeugnis aus.

Nun ist es aber so, dass die Akribie des Autors irgendwie ansteckend ist. Jedenfalls fühlte ich mich durch ihn angespornt, es ihm an Akribie möglichst gleichzutun. Man kann auch sagen, dass man von seinem akribischen Text nur etwas hat, wenn man ihn auch ganz akribisch liest. Und dabei fällt einem natürlich selbst manchmal etwas auf. Nun liegt nach Lage der Dinge das, was mir aufgefallen ist, in der Regel auf derselben Ebene wie die Sachen, die in dieser Neuausgabe geprüft und gegebenenfalls verbessert werden (also um die Punkte unter den Buchstaben oder die rechte Platzierung der Klammern) und sie brauchen in dieser Besprechung glücklicherweise nicht im Einzelnen aufgeführt zu werden, weil ich erst vor kurzem, auf der 4. Internationalen Manichäismuskonferenz, die in Berlin stattfand (14. bis 18. Juli 1997), dem Autor meine Verbesserungen, jedenfalls soweit ich mit ihnen damals war, zeigen konnte und er mir versichert hat, dass diese und ähnliche Dinge in die für den nächsten Band sowieso geplanten *Addenda et Corrigenda* aufgenommen werden. Ich kann mich hier also auf ganz Wesentliches bzw. auf die Hervorhebung einiger mir besonders interessant erscheinender Phänomene oder Probleme beschränken.

Aber zunächst sind so schnell wie möglich im Text vier einfache Versehen zu verbessern: Auf S. 70, Ps 229,11.1b (p. 25,15) muss es wie sonst ⲡ̄ⲡⲁⲧ̱ϣⲉⲗⲉⲉⲧ’

(„der Bräutigam") heißen (entsprechend ist im Register zu ändern [S. 124b unter ⲡ- art. def. m. und S. 131a unter ϣⲉⲗⲉⲉⲧ „Braut"]); die imaginäre Form mit dem silbischen femininen Singularartikel -ⲧⲉ̄- ist nicht zu erwarten und steht hier, nach Ausweis der Faksimile-Ausgabe, auch nicht im Original. Gleich in der nächsten Zeile findet sich ebenfalls ein überflüssiger Buchstabe. In Ps 229,11.2a (p. 25,16) muss es ⲉⲓⲥ ⲛⲛ̄ⲗⲁⲙⲡⲁⲥ („siehe, unsere Lampen") statt ⲉⲓⲥ ⲛ̄ⲛⲛ̄ⲗⲁⲙⲡⲁⲥ heißen. Dieselbe Erscheinung eines überflüssigen ⲛ gibt es auch noch einmal auf S. 94; Ps 237,11.2b (p. 37,28f.), wo es ⲛ̄]ⲧⲛ̄ⲣ̄ϣⲁⲓ̈ⲉ („[und] lasst uns feiern") statt ⲛ̄] | ⲧⲛ̄ⲛ̄ⲣ̄ϣⲁⲓ̈ⲉ heißen muss. Demgegenüber *fehlt* auf S. 106 ein Element, nämlich ⲁϥ-. Ps 241,21a (p. 43,7) muss es [ⲥⲁ]ⲡⲱⲣⲏⲥ ⲁϥⲧⲁⲓ̈ⲁⲕ heißen (siehe W.s eigene Übersetzung: „[Schâ]buhr hat dir Ehre erwiesen").

Aber nun zu den eigentlichen Problemen! In dem Satz auf S. 50 ⲡⲛⲟⲩⲧⲉ ⲡⲉⲧⲟⲩⲁϩⲥⲁϩⲛⲉ ⲙⲛ̄ ϭⲉ ⲟⲩⲁϩⲥ̣[ⲁϩⲛⲉ | ⲁⲃⲏⲗ ⲁⲣ]ⲁ̣ϥ (Ps 225,10.1b [p. 16,14f.]) „Gott ist's, der befiehlt, es gibt keine Be[fehle | außer von] ihm" (Übers. Wurst) ist das Element ϭⲉ eine Rückbesinnung wert. Allberry schreibt es zwar ebenso als eigentoniges Wort, verzeichnet es aber in seinem Register mit Recht unter ⲕⲉ- *other, yet, also*, während Wurst es irrtümlich für die Folgerungspartikel hält, die aber erst nach dem ersten volltonigen Wort eines Satzes stehen kann (s. Register S. 134b unter ϭⲉ part. *also*). Ich glaubte, dass nach Lage der Dinge gar nichts anderes übrig bliebe, als auch die hiesige Gestalt von ϭⲉ („ein anderer"), trotz der Schreibung mit ϭ, für die enttonte Form dieses Wortes zu halten, so dass man also schreiben müsste ⲙⲛ̄ ϭⲉⲟⲩⲁϩⲥ̣[ⲁϩⲛⲉ („es gibt keinen anderen Befehl") usw. Die allein evidente Lösung des Problems hat aber inzwischen der Herausgeber dieser Zeitschrift, Karl-Th. Zauzich gefunden. Danach ist ϭⲉ eben doch das, wonach es aussieht, nämlich die absolute Form des betreffenden Pronomens, und kann der Satz ⲙⲛ̄ ϭⲉ ⲟⲩⲁϩⲥⲁϩⲛⲉ ⲁⲃⲏⲗ ⲁⲣⲁϥ in Wirklichkeit nur bedeuten: „Kein anderer befiehlt außer ihm".

Auf S. 62 gibt es ein anderes kleines sprachliches Element von problematischem Charakter, diesmal ⲛ̄ϫⲓ. Der betreffende Satz lautet: ⲛ̄ⲧⲁϥ ⲡ̣[ⲉ] | ⲡⲓⲙⲁⲓ̈ⲧ ϫⲛ̄ ⲛ̄ⲑⲟⲩⲓ̈ⲧⲉ ⲛ̄ϫⲓ ⲡϣⲁⲣⲡ̄ ⲛ̄ⲣⲱⲙⲉ etc. (Ps 227,10.2a [p. 22,7f.]) „Er i[st] | der Weg von Anbeginn an, der Erste Mensch" usw. (Übers. Wurst). Das heißt, hier ist das ⲛ̄ϫⲓ als jene Partikel aufgefasst worden, die im Koptischen zur nachträglichen (nominalen) „Auflösung" des (vorläufigen) pronominalen Subjekts einer Konjugation dient. Dieselbe Auffassung findet sich zwar schon bei Allberry, aber sie kann dennoch nicht stimmen, wenigstens nicht, falls die gerade gegebene Definition richtig ist. Hier haben wir es ja mit einem Nominalsatz zu tun; und da hat solches ⲛ̄ϫⲓ nichts zu suchen. Mit anderen Worten, und eigentlich auch nach dem Kontext offenkundig, haben wir es noch einmal mit dem Verb ϫⲓ (hier in der Bedeutung „führen", weil vom Weg ausgesagt) zu tun, das nur anstelle des Relativtransponenten, der im vorhergehenden Vers gebraucht war, mit der *nota relationis* ⲛ̄- angeknüpft ist (also als ⲛ̄-ϫⲓ zu analysieren). Übersetzen müsste man dann etwa: „Er i[st] | der Weg von Anbeginn an, um den Ersten Menschen zu führen" usw.

Auf S. 98 vermag Wurst durch die Verbesserung der Lesung von Allberry den Leser auf eine neue Fährte des grammatischen Verstehens zu führen. Der Satz lautet: ⲡⲉ̣[ⲓ̈] ⲣ̄ⲭⲣⲉⲓⲁ ⲙ̄ⲡⲥⲉⲓ̈ⲛⲉ ⲡⲉϣⲁϥⲃⲱⲕ̣ [ϩⲓ ⲡⲙⲁⲓ̈ⲧ ⲉⲧϭ]|ⲏ̣[ⲩ] (Ps 239,11.1 [p. 40,11f.]) „Derjenige bedarf des Arztes, der [auf dem en]g[en Wege] geht" (Übers. Wurst).

Allberry hatte statt πε̣[ï] hier π̣ạ!̣ gelesen. Man könnte nun sicher mit einiger Mühe ergründen, was einem an dem Satz und seiner Übersetzung „komisch" vorkommt, bzw. wie das durch die Übersetzung repräsentierte Textverständnis durch einen koptischen Satz „natürlicher" zum Ausdruck zu bringen wäre. Es mag aber hier die bloße Mitteilung einer linguistisch-exegetischen „Versuchung" genügen. Wenn man nämlich das ï in der Klammer einfach durch ein ⲧ ersetzen würde (dann natürlich zusammenzuziehen zu ⲡⲉ̣[ⲧ]ⲣ̄ⲭⲣⲉⲓⲁ), erhielte man eine Cleft Sentence mit der Bedeutung: „Einer, der des Arztes bedarf, ist es, der [auf dem en]g[en Wege] geht".

An einer anderen Stelle (S. 100, Ps 239,13.2a [p. 40,15f.]) ist eine Lesung, Rekonstruktion und Deutung von Allberry beibehalten worden, die aber dennoch nicht stimmen kann: ⲡ̣ⲉ̣ⲓ̣ | [ⲡⲉⲧϥ̄]ⲟⲩⲱϣ ⲧϫⲟ „W[er] gerettet werden will –". Hier wäre ein (analoges) ⲡ̣ⲉ̣ⲓ̣ | [ⲡⲉ ⲉⲧ]ⲟⲩⲱϣ ⲧϫⲟ („Dieser ist es, der gerettet werden will") zunächst nur das kleinere Übel; denn wirklich evident ist das noch keineswegs. Man muss also noch nach einer wirklichen Lösung suchen.

Schließlich ist mir noch eine zweimal vorkommende Satzstruktur aufgefallen, die *mich jedenfalls* nicht wenig überrascht hat. Die beiden betreffenden Sätze sind: ⲛⲓⲙ ⲡⲉⲧϩⲛ̄ ⲛ̄ⲣⲱⲙ[ⲉ ϯ ⲛ̄]ⲙ̣ⲙⲛ̄ⲧⲛⲁⲉ | [ⲙ]ⲡⲉⲕⲥⲙⲁⲧ (S. 76, Ps 231,13.2a [= p. 28,23f.]) „Wer unter den Mensch[en spendet] Almosen | wie du?" (Übers. Wurst); und: ⲛ̣ⲓ̣ⲙ̣ ⲡ̣ⲉ̣ⲧϩⲛ̄ ⲛ̄ⲣⲱⲙⲉ ⲛⲁϣⲧⲱⲱⲛ ϩⲁ ⲡ. [- - -] (S. 78, Ps 232,[3] [p. 29,16]) „Wer unter den Menschen wird ertragen können den [- - -]" (Übers. Wurst). Das Merkwürdige ist hier die Trennung der Elemente ⲡⲉⲧ- und ϯ bzw. ⲛⲁϣⲧⲱⲱⲛ. Denn gemeint sein kann doch nur: „Wer unter den Menschen ist es, der...".

Auch zur Sachdiskussion hätte ich noch zwei kleine Anliegen. Auf S. 28/29, Ps 220,9.2b möchte man gern wissen, ob etwa der Ausdruck „einer von tausend" (ⲟⲩⲉ ϩⲛ̄ ϣⲟ) vielleicht nur die erste Hälfte des „geflügelten" Wortes „einer aus tausend *und zwei aus zehntausend*" ist (vgl. die sahidische Version in EvThom § 23), d. h., ob die Lücke und die Reste der zweiten Hälfte des Halbverses (trotz des hinderlich erscheinenden ⲟ̣) mit ⲁⲩⲱ ⲥⲛⲉⲩ ϩⲛ̄ ⲧⲃⲁ vereinbar wären, so dass der ganze Vers 2 bedeuten könnte: „sie, auf welche blickt einer aus tausend und zwei aus zehntausend". Auf S. 106/107, Ps 241,24, wo davon die Rede ist, dass Herodes Christus hatte kreuzigen lassen, erschiene mir ein Verweis im (ersten) Textapparat, dass das aus dem Petrusevangelium stammen dürfte, hilfreich.

Das Register ist eine Augenweide und ich habe es mit Respekt, Wohlgefallen und Interesse gelesen. Es ist zwar nicht absolut vollständig (das muss es ja auch nicht sein; auch bei Registern sollte wohl der Gesichtspunkt der Angemessenheit gelten), geht aber weit über das von Allberry Gebotene hinaus. Man kann z. B. sehr schön die *variablen* Elemente der Sprache des Psalmenbuches, bzw. des Dialekts *L4*, ablesen wie ⲙⲉⲉⲩ gegenüber ⲙⲉⲩⲉ „denken", ⲉⲉ⸗ⲩ gegenüber ⲉⲓ̈⸗ⲧⲟⲩ „sie machen", ⲧⲉⲉ⸗ⲩ gegenüber ⲧⲉⲓ̈⸗ⲧⲟⲩ „sie geben"; man sieht schön den Konjunktiv und das Negative III. Futur ohne ⲛ̄. Schön ist auch die Markierung des für den Dialekt *L4* ja so typischen Gebrauchs der vollen Infinitivform bestimmter Verben als *status nominalis*, also z. B. ⲕⲱⲙϣ-, ⲙⲟⲩⲣ-, ⲡⲱⲣϣ̄-, ⲟⲩⲱϣ-. Aber dabei sollte man doch auch gleich nach Vollständigkeit streben; es fehlen nämlich z. B. ⲥϩⲉⲓ̈- 4321; ⲧⲱⲗⲙⲉ- 4518; ⲟⲩⲱⲙ- 3321.

Nun sagt Krause in seinem Vorwort, dass dieser und die folgenden Teilindices später in einen Gesamtindex des Psalmenbuches eingehen sollen (S. IX). Und diesen Hinweis darf man wohl auch verstehen als eine Einladung, jetzt noch Wünsche für diesen Gesamtindex zu äußern. Da ich aber nun über den Index noch nicht mit dem Bearbeiter dieses Teilbandes sprechen konnte, muss ich mit meinen Wünschen hier ein wenig mehr in die Einzelheiten gehen. Zunächst einmal soll ja der Gesamtindex möglichst keine Fehler mehr enthalten. Solche korrekturbedürftigen Eintragungen sind nun:

„ⲉⲣⲏⲩ mit vorangehendem ⲡⲉ⸗ etc. *einander*“; da ⲉⲣⲏⲩ eine Pluralform ist, gibt es sie nur mit vorangehendem ⲛⲉ⸗ (nur in den Dialekten, die die Singularform ⲏⲣ gebrauchen, ist das vorangehende Element ⲡⲉ⸗).

ϫⲓ ⲓ̈ⲟ(ⲟ)ⲣⲉ gehört nicht unter das Lemma „ⲓ̈ⲉⲣⲟ n. m. *Fluss*“, sondern unter ein besonderes Lemma ⲓ̈ⲟ(ⲟ)ⲣⲉ n. m. *Kanal*. (Falls eine Hierarchie für beide Nomina gesucht wird, muss umgekehrt ⲓ̈ⲉⲣⲟ dem ⲓ̈ⲟ(ⲟ)ⲣⲉ untergeordnet werden.)

„ⲓ̈ⲁⲣⲙⲉ v. intr. *ansehen, anstarren*“; die Form ⲓ̈ⲁⲣⲙⲉ ist aber der *Stativ* von ⲓ̈ⲱⲣⲙⲉ.

„ⲣ̄ ⲟⲩⲙ̄ⲗⲁϩ *kämpfen, Krieg führen*“ ist kein *verbum compositum* (das müsste ⲣ̄ⲙ̄ⲗⲁϩ lauten).

ⲙⲁⲛⲉⲥⲁⲩ kommt nicht von „ⲙⲁⲛⲉ v. tr. *weiden*“, sondern von ⲙⲁ n. m. *Ort*.

„ⲙⲛ̄ⲛ̄ⲥⲁ conj. *danach*“; „danach“ ist ein mit der Präposition ⲙⲛ̄ⲛ̄ⲥⲁ- zusammengesetzter Ausdruck und lautet ⲙⲛ̄ⲛ̄ⲥⲁ ⲛⲉⲓ̈.

„ⲙ̄ⲧⲟ n. m. / ⲙ̄ⲏⲧ pl. *Gegenwart*“; ⲙⲏⲧ kann keine Pluralform sein (vgl. J. Osing, „Zur Wortbildung von A_2 ⲙⲏⲧ ⲁⲃⲁⲗ ‚Gegenwart‘ “, GM 27 [1978], 43–44).

„ⲛⲏⲩ qual. *gehen, kommen*“ gehört nicht zu ⲛⲁ, sondern zu ⲛⲟⲩ.

„ⲛ̄ⲟⲩⲱϣ praep. *ohne*“; die gemeinte zusammengesetzte Präposition heißt ⲛ̄ⲟⲩⲱϣ ⲛ̄-.

„ⲡⲉ n. m. *Himmel*“; dies Nomen ist *feminin*; außerdem müsste man neben ⲡⲉ noch ein gesondertes Nomen ⲧⲡⲉ *Oberes* ansetzen.

„ⲣⲙ̄ϩⲉ v. intr. *frei sein*“; das Wort ist ein Nomen.

„ⲡⲉⲧϩⲓⲧ<ⲟⲩ>ⲱⲕ *Nächster*“; allgemein müsste es heißen ⲡⲉⲧϩⲓⲧ<ⲟⲩ>ⲱ⸗; was dasteht, heißt jedenfalls *dein Nächster*.

„ϣⲛ̄⸗: ϣⲛ̄ⲧϥ“; vor dem Doppelpunkt muss es ϣⲛ̄ⲧ⸗ heißen.

„ϩⲁⲑⲏ- praep. *vor etc.*“; der gemeinte präpositionelle Ausdruck heißt ϩⲁⲑⲏ ⲛ̄-(ⲙ̄-)/(ϩⲁ ⲧⲉ⸗ϩⲏ).

„ϫⲓⲟⲩⲉ v. tr. *stehen*“; Druckfehler für *stehlen*.

„ϭⲛ⸗: ϭⲛⲧⲕ“; vor dem Doppelpunkt muss es ϭⲛⲧ⸗ heißen.

„Kausativer Infinitiv neg.“; Druckfehler für: Imperativ.

Bei den griechischen Wörtern haben die folgenden einen falschen Akzent: δικαστής, δοκιμή, δωρεά, πρεσβευτής.

Die nächste Wunschkategorie betrifft die innere Konsequenz. Folgende Wörter müssten nach dem gewählten Prinzip noch den einfachen Strich (-), der den Direktanschluss bedeutet, erhalten:

ⲕⲁⲓ-; ⲕⲉ-; ⲙⲛ̄ⲧⲉϥ-; ⲙⲛ̄ⲧⲉϥ-…ⲙ̄ⲙⲉⲩ; ⲙ̄ⲡⲱⲣ-; ⲛ̄ⲧⲕ̄-; ⲟⲩⲛ̄ⲧⲉϥ-; ⲛⲁϩⲣⲛ̄-; ⲟⲩ- art. indef. sg. / ϩⲛ̄- pl.; ϩⲛ̄-; ⲁⲃⲁⲗ ϩⲛ̄-.

Bei den Zahlwörten fehlt gelegentlich die Angabe des *Genus*; es muss heißen: ⲥⲁϣϥⲉ num. f. *sieben* und ⲙⲁϩⲥⲁϣϥⲉ *sieb(en)te*; ⲙⲛ̄ⲧⲟⲩⲏⲉ f. *elf*; ϣⲙⲟⲩⲛ num. m. *acht*; ϥⲧⲁⲩ num. m. *vier*.

Bei den Konjugationen fehlt ein paarmal die sonst übliche Angabe ± n.; es muss konsequentermaßen heißen: ⲙ̄ⲡⲉ ± n.; ϣⲁⲧⲉ- ± n.; ⲙⲁⲣⲉ- ± n.; ⲧⲁⲣⲉ- ± n.; ⲙ̄ⲡⲱⲣ- ± n.

Der nächste Wunsch hat mit dem Streben nach möglichst sachgemäßer Terminologie zu tun. Der Ausgangspunkt mag der Eintrag sein: „ⲧⲏⲣ= adj. *ganz, alle*". Hier wäre es sicher sachgemäßer statt „adj." zu sagen: „Verstärker" oder „*augens*". Dasselbe Problem begegnet uns wieder beim absoluten Personalpronomen, wenn es da heißt: „ⲛ̄ⲧⲁⲥ conj."; „ⲛ̄ⲧⲁⲩ conj.". Das Personalpronomen gibt es als Konjunktion nur in der neutralisierten Form ⲛ̄ⲧⲁϥ; und das ist auch nur klar, wenn dieses ⲛ̄ⲧⲁϥ mit keinem anderen Element des betreffenden Satzes in Kongruenz stehen kann. Was gemeint ist, ist eben der Gebrauch des absoluten Personalpronomens als Verstärker oder *augens*. Eine noch delikatere Sache ist die Behandlung der medio-passivischen Verben, die ja sowohl transitiv als auch intransitiv gebraucht werden können. Gegen die einfache Nomenklatur „tr." und „intr." für den verschiedenen *Gebrauch* (im Unterschied zum wirklichen *Genus*) dieser Verben ist nichts einzuwenden. Nur die Reihenfolge der Nennung müsste konsequent sein. Und die Reihenfolge ist nicht beliebig: es sind transitive Verben, die nur eben *auch* intransitiv (bzw. „medial" oder „passivisch", wie immer man es nennen will) gebraucht werden können.

Es bleiben noch zwei ganz einfache Fragen offen, wo ich etwas nicht verstanden habe. Das ist zunächst der Eintrag „ⲛⲉⲧϫⲱⲕ ⲁⲃⲁⲗ *die Vollkommenen* (als Bezeichnung für die *electi*) 31_{28}*". Da mir das Syntagma in dieser Bedeutung merkwürdig vorkam, hätte ich mir die Sache gern angesehen; aber ich kann die Stelle nicht finden. Das andere ist, warum, wenn bei den Konjugationen extra eine Kategorie „Futur nach ϫⲉ" verwendet wird, die Form ϫⲉ ⲉ̈ⲓⲛⲁ- 19_{26} nicht dort, sondern unter „Futur II" aufgeführt wird.

Die Fachwelt darf dem Erscheinen der nächsten der angekündigten Bände mit froher Spannung entgegensehen.

Rezension zu Michel Tardieu: Recherches sur la formation de l'Apocalypse de Zostrien et les sources de Marius Victorinus; Pierre Hadot: „Porphyre et Victorinus". Questions et hypothèses*

Jetzt kann man endlich offen darüber reden: Ein großes Geheimnis wird hier gelüftet, das Geheimnis einer bedeutenden Entdeckung, die Michel Tardieu vor kurzer Zeit gelungen ist, über die er aber – im Prinzip jedenfalls – bisher Stillschweigen bewahrt hat, um sie der wissenschaftlichen Öffentlichkeit erst im Rahmen einer gründlichen Auswertung von eigener Hand zu unterbreiten. Und das geschieht in diesem hier zu würdigenden Buch. Es wird also von etwas Besonderem die Rede sein. Und das lässt vielleicht auch eine besondere Form der Besprechung berechtigt erscheinen, nämlich eine solche, die sich ganz auf das Wesentliche, auf den eigentlichen Kern der Sache, und was man selbst dazu noch beitragen kann, beschränkt.

Tardieus Entdeckung ist für den ganzen Bereich der spätantiken Religions- und Philosophiegeschichte von Bedeutung. Wenn man ihre Größe aus dem Blickwinkel der Nag Hammadi-Forschung betrachtet – es geht ja, wie schon der Titel des Buches sagt, zur „Hälfte" um eine Nag Hammadi-Schrift, nämlich den „Zostrianius" (NHC VIII,*1*) –, so muss man sie *solchen* Entdeckungen an die Seite stellen *wie* der, dass Codex XII die Sextussprüche enthält, dass die fünfte Schrift des Codex VI ein Exzerpt aus Platons Staat ist (588 B–589 B), dass es in der British Library Fragmente der aus Codex II bekannten Titellosen Schrift im lykopolitanischen Dialekt des Koptischen gibt (Or. 4926 [1]), dass ein Stück des Silvanus (NHC VII,4) eine Parallele auf einem Pergament der British Library hat (Or. 6003). Formal ähnelt sie zwar der zuletzt genannten am meisten – es geht um eine bestimmte Parallele –, sachlich aber ist sie vielleicht noch wichtiger als all die anderen Entdeckungen, denn sie *klärt* nicht nur etwas, sondern sie *schafft* etwas *aus dem Nichts*. Das heißt, sie hat zur Folge, und erst sie bringt es fertig, dass aus einigen der trümmerhaften und unverständlichen Seiten des Zostrianus ein lesbarer Text wird.

Wo ein Geheimnis ist und zu bewahren versucht wird, da gibt es auch Gerüchte! Und ich kann es mir nicht versagen, die jetzt vorliegende Wahrheit auch im Lichte der ersten Gerüchte vorzustellen. Ich hörte von der Sache zum ersten Mal im Frühjahr 1995 in Québec, Canada, als Paul-Hubert Poirier und Louis Painchaud diese Neuigkeit von einer Tagung in der Schweiz mitbrachten (dass diese beiden Personen damals zu „Geheimnisträgern" wurden, davon ist in dem vorliegenden Buch übrigens auch ausdrücklich auf S. 17b, im Rahmen einer ausführlichen Vorgeschichte und Hintergrundsbeschreibung, die Rede). Es hieß zunächst, Tardieu habe ein viel besser erhaltenes größeres Stück der griechischen

* RO 9, Bures-sur-Yvette 1996. In: JAC 41 (1998), 252–256.

Vorlage unserer koptischen Kopie des Zostrianus entdeckt. Diese Nachricht hatte die Wirkung eines „Erdbebens", jedenfalls in Québec, aber ich glaube auch überall sonst, wo man am Zostrianus arbeitete (in Québec platzte die Nachricht jedenfalls mitten in die konkreten Vorarbeiten zu der BCNH-Ausgabe des Zostrianus, die Weiterarbeit zunächst völlig lähmend, hinein). Allmählich wurden dann aber die inoffiziellen Nachrichten konkreter und schließlich auch exakt, so dass man sich auch schon ohne offizielle Enthüllung, ganz privat, und ohne dem Entdecker in die Quere kommen zu wollen, mit der Sache selbst beschäftigen konnte. Solches „Geheimwissen" und solcher „Vorlauf" stehen übrigens auch hinter den „Ergänzungen", die in meinen Augen ein notwendiger und wichtiger Teil dieser Rezension sein werden.

Die reine Wahrheit und der Kern der Sache ist eigentlich eine einfache Formel, eine *Gleichung*, die für sich vielleicht noch explosiver wirkt als in ihrem hiesigen „blow up". Sie lautet:

Z p. 64,13–84,22 = MV(aA) I 49,9–50,21
(Z = Zostrianus, NHC VIII,1; MV[aA] = Marius Victorinus [adversus Arium]).

Und diese Formel ist nun wie folgt zu interpretieren: Der koptische Text von Zostrianus NHC VIII p. 64,13–66,12 bzw. p. 66,12–84,22 hat eine wörtliche bzw. sachliche Parallele in dem lateinischen Text des Marius Victorinus adversus Arium I 49,9–50,21. Das ist aber nun nicht irgendein Textstück, sondern „das Herz der Dinge", nämlich die philosophische Entfaltung der höchsten Stufe der Transzendenz. Die besondere Art dieser Parallelität lässt sich nur so erklären, dass beide Texte hier ein und derselben (griechischen) Quelle folgen (sie sind also nicht so oder so *voneinander*, sondern von einer *dritten Größe* abhängig), die der Zostrianus nur in dem ersten Stück, das der negativen Theologie gewidmet ist, wörtlich übernimmt, während es von der zweiten Hälfte mit der positiven Theologie, mit Ausnahme der allerletzten Worte, nur weit verstreute Paraphrasen gibt. Trotz der wörtlichen Übereinstimmung finden sich aber bei beiden Benutzern dieser Quelle gelegentlich auch Zusätze oder Auslassungen. Sachlich ist die Quelle als ein mittelplatonischer Text zu bestimmen, den Tardieu, dies aber nur im Sinne einer Hypothese, dem Numenius zuschreiben möchte.

Dies alles, mitsamt dem „Unterbau", der Einzelbegründung und der Entfaltung kommt in dem Buch ausführlich zur Sprache und auch prächtig zur Anschauung. Ja, der Autor hat für die Publikation seiner wahrlich sensationellen Entdeckung auch eine ungewöhnlich reiche Ausstattung gewählt oder gefunden (auf Glanzpapier, mit Illustrationen der Texte und einem reichen Indexteil [S. 127–157], in dessen Rahmen der Index des koptischen bzw. lateinischen Textes [S. 129–137] zugleich die Funktion einer Konkordanz erfüllt und viele Enthüllungen über den jeweils griechischen Hintergrund des Vokabulars bereit hält; das alles freilich nicht ohne Druckfehler, die keineswegs alle auf dem eingelegten *Errata*blatt vom Autor selbst nachträglich verbessert worden sind).

Tardieus Entdeckung, ihre Auswertung und sein Ergebnis sind m. E. nun so evident, dass *dem* eigentlich gar nichts *hinzu*zufügen ist. Von seinen fünf Kapiteln (I: Histoire d'une découverte [S. 9–17]; II: Éléments de chronologie [S. 19–26]; III: Synopse d'un exposé de métaphysique commun à Marius Victorinus et au *Zostrien* (Nag Hammadi Codices VIII,*1*) [S. 27–45]; IV: Édition critique de la version copte de l'exposé [S. 47–58]; V: Divergences et variantes. Pour un commentaire de l'exposé [S. 59–114]) sind III–V natürlich das eigentliche Zentrum des Werkes und zeigt die Länge von V, wo das Herz des Autors am meisten schlägt. Im Beitrag des Altmeisters der Marius Victorinus-Forschung, P. Hadot, (S. 115–125) stimmt dieser den Ergebnissen von Tardieu zu und bemüht sich, diese Zustimmung mit dem Ergebnis seiner eigenen Forschungen, dass Marius Victorinus *sonst* philosophisch vom *Neu*platoniker Porphyrius abhängig sei, auszugleichen. Außerdem möchte er hinsichtlich der Quelle, wegen des in ihr auftauchenden Geistbegriffs noch eine christliche oder gnostische Zwischenstufe annehmen. Übrigens findet sich eine kleine Nachbetrachtung von P. Hadot auch schon am Ende von Tardieus Kommentar (S. 113–114). Wenn man also, wie gesagt, auch nichts *hinzu*fügen kann, so könnte man aber wohl noch etwas *ein*fügen und habe ich den dringenden Wunsch, und auch die Pflicht, eben dies zu tun. Es handelt sich um bestimmte Elemente des *Weges*, auf dem Tardieu zu seinem *Ergebnis* kommt. Unter dem Übergewicht der Beschäftigung mit der sachlichen Bedeutung von Wörtern, Wendungen und Phrasen, wofür Tardieu einen Scharfblick und eine Durchsicht besitzt, vor der man sich nur verneigen kann, scheinen bei der Rekonstruktion der einschlägigen Passagen des koptischen Textes des Zostrianus (auf Grund der lateinischen Parallele) bestimmte Aspekte des Koptischen etwas in den Hintergrund geraten zu sein, bzw. ist die Sache manchmal vielleicht schwieriger als sie dem Autor erscheint. Die Klarstellung dieses Sachverhalts (nebst der Implikation, dass in diesem Bereich noch eine Menge zu tun ist), hier nur an den wichtigsten Beispielen demonstrierbar, ist um so wichtiger, als sich die problematischen Sachverhalte, nachdem sie in Synopse und Textausgabe so eingeführt worden sind, in dem großen Kommentarteil und im Index laufend, aber nun ohne das „Warnungszeichen" von Klammern und Unterpunktierung, wiederholen. Was übrigens die bloße Darbietung des koptischen Zostrianustextes betrifft, so sagt Tardieu zwar mehrfach mit Recht, dass die Ausgabe von B. Layton und J. H. Sieber von 1991, in den NHS 31, mehr als mäßig ist – es stimmt da ja auch nicht einmal das Titelblatt, und wenn Tardieu z. B. die „Lesung" ⲛⲁⲧʼϣⲓ ⲉⲣ[ⲟϥ] in p. 64,17 (statt ⲛ̄ⲛⲁⲧʼϯϣⲓ ⲉⲣ[ⲟϥ]) für eine nicht gerechtfertigte Korrektur Laytons hält (S. 67a), so ist das doch auch weiter nichts als einer der unbemerkt gebliebenen Druckfehler –, kopiert sie aber doch gerade in dem, was in meinen Augen das Schlimmste ist, nämlich in dem Verzicht auf die Wiedergabe der Supralinearstriche. (Man möge sich also nicht wundern, wenn im Folgenden die Zitate aus Tardieu ohne Supralinearstriche erscheinen, in der Diskussion der betreffenden koptischen Ausdrücke und Phrasen diese Striche dann aber doch da sind.)

- Z p. 64,18f.: ⲁⲩⲱ ⲛⲁⲧʼⲡⲱⲣϫ ⲛ̣[ⲕⲉ]||ⲟⲩⲁ ⲙⲡⲏⲧⲏⲣϥ „et indistinct pour [tout] autre absolument" als Entsprechung von: *indiscernibile universaliter omni alteri* (MV 49,19). Hier ist das Element ⲙ̄ⲡⲏ ⲧⲏⲣϥ̄ irritierend oder störend, dass es nämlich nicht ⲉⲡⲧⲏⲣϥ̄ heißt. Andererseits könnte das ⲙ̄- in ⲙ̄ⲡⲏ ⲧⲏⲣϥ̄ das Signal dafür sein, dass wir es hier mit der koptischen Entsprechung des lateinischen Dativs *omni* (*alteri*) zu tun haben. Dann müsste man wohl mit W.-P. Funk (internes Memorandum; hinfort = WPF) ⲁⲧʼⲡⲱⲣϫ̄ zu ⲁⲧʼⲡⲱⲣϫ̄ ⲙ̣̄[ⲙⲟϥ] | vervollständigen und in dem am Anfang der nächsten Zeile stehenden ⲟⲩⲁ einen

Neueinsatz sehen: (wörtlich) „und ununterscheidbar, einer(,) für jenes ganze" etc. Übrigens kann man den Unterschied der Lesung des Buchstabenrestes vor der Endlücke von Z. 18 (Layton ⲛ[- - -], Tardieu ⲛ̣[- - -], WPF ⲙ̣̄[- - -]) als ein Zeichen dafür nehmen, dass Tardieus Entdeckung gelegentlich auch die nochmalige (Original-)Kontrolle einiger der bereits „sanktionierten" Lesungen von Buchstabenresten erforderlich und verheißungsvoll macht.

- Z p. 65,4f.: ⲟ̣[ⲩ]|[ϣⲟⲣⲡ ⲛⲗⲟ]ⲓ̣̈[ϭⲉ ⲛⲛ]ⲁ̣ⲓ̈ ⲧⲏⲣ[ⲟⲩ] „[Cause première de] tous [ceux-là]" als Entsprechung von: *omnium quae sunt causa prima* (MV 49,27). Hier ist das Problem nur die Genitivanknüpfung von ⲛⲁⲓ̈ ⲧⲏⲣⲟⲩ (mit bloßem ⲛ̄-); denn als Erweiterung eines Ausdrucks, der vom unbestimmten Artikel regiert wird, muss dieselbe ⲛ̄ⲧⲉ- lauten. Aber dann verschiebt sich natürlich die ganze Sache, und es kommt nur so etwas heraus wie: ⲟ̣[ⲩ] | [......] ⲛ̣̄[ⲧⲉ ⲛ]ⲁ̣ⲓ̈ ⲧⲏⲣ[ⲟⲩ] (WPF).
- Z p. 65,10–15: erst dreimal ⲉϩⲟⲩⲛ ⲉ-, dann ⲉϩⲟⲩⲉ- innerhalb des gleichen Satzschemas und immer in der Bedeutung „mehr als". (Eine Anschauung von Kontext und Funktion dieses problematischen ⲉϩⲟⲩⲛ ⲉ- bietet gleich das nächste Beispiel.) Das Einfachste und Nächstliegende ist wohl, hier ein dreimaliges Schreibversehen anzunehmen und eben dreimal ⲉϩⲟⲩ{ⲛ}ⲉ- zu konjizieren (WPF). Freilich ist nicht ganz auszuschließen, dass einfach die Präposition ⲉ- den Vergleich ausdrückt und sie hier (ausnahmsweise auch in dieser Funktion) mit dem Adverb ⲉϩⲟⲩⲛ verstärkt wäre. Ja, vielleicht ist es nicht einmal unmöglich, in dem „überflüssigen" ⲛ eine Apoptyxe zu sehen (man hätte dann also ⲉϩⲟⲩⲛⲉ- zu schreiben).
- Z p. 65,12–14: ⲉϥⲟⲩⲟ|[ⲙⲧ ⲉ]ϩⲟⲩⲛ ⲉ ⲡⲓⲉⲓ ⲉⲩⲙⲁ | [ⲛⲓⲙ] „plus com[pact] que le (fait d')aller en [tout] lieu" als Entsprechung von: *continuatione omni densior* (MV 49,32). Was hier stört, ist bloß die Ergänzung [ⲛⲓⲙ], denn die Determinatoren (ⲟ)ⲩ- [unbestimmter Artikel], „ein" und ⲛⲓⲙ „jeder, irgendeiner" schließen einander aus. Es muss also (vorerst) offen bleiben, wie in diesem *continuatio* (*omnis*) umschreibenden Ausdruck der Ort, zu dem gegangen wird, näher bezeichnet war; also: ⲉⲩⲙⲁ | [...] (WPF).
- Z p. 66,3f.: - - - ⲉϥ]|[ⲉ] ⲅ̣ⲁⲣ ⲉ[ⲩⲡⲧⲏ]ⲣϥ· „car [il est] plus (grand) que [tout]" als Entsprechung von: *omni toto maius* (MV 49,37f.) Die Erweiterung des Stativs von ⲉⲓⲣⲉ mit der Präposition ⲉ- in der hier vorausgesetzten Bedeutung ist fragwürdig. Auch scheint die Ergänzung eines zusätzlichen unbestimmten Artikels vor ⲡⲧⲏⲣϥ̄ hier keine rechte Funktion zu haben. Die einzig evidente Lösung der Probleme dieser Stelle findet sich schon bei WPF und lautet: - - - ⲛⲉ]|[ⲁϥ] ⲅ̣ⲁⲣ ⲉ[ⲡⲧⲏ]ⲣϥ̄.
- Z p. 66,9–12: - - - ϩⲓ] | [ⲡⲟ]ⲩⲉ ⲉⲃⲟⲗ ⲙⲙ[ⲟⲟⲩ ⲛ]|[ⲧⲏ]ⲣ̣ⲟⲩ ⲉⲧ'ϣⲟ̣[ⲟⲡ' ⲟⲛ]|ⲧⲱⲥ „[loin] de tous [les véritablement existants]" als Entsprechung von: *prae omnibus quae vere sunt* (MV 49,39f.) Der neuralgische Punkt ist hier der unsyntaktische Anschluss von ⲧⲏⲣⲟⲩ an ⲙ̄ⲙⲟⲟⲩ (durch das Element ⲛ̄-). Aber wahrscheinlich ist schon das vorausgesetzte Entsprechungsverhältnis nicht zutreffend. Jedenfalls lassen die vorhandenen „Textruinen" für diese (genauso wie für die folgende) Phrase an eine relativische Aussage des „Stammens aus" denken. Vgl. die dem entsprechende Rekonstruktion von WPF: - - -] | [ⲉ]ⲧ̣ⲉ ⲉⲃⲟⲗ ⲙ̄ⲙ[ⲟϥ ⲛⲉ ⲛⲁⲓ̈] | [ⲧⲏ]ⲣ̣ⲟⲩ ⲉⲧ'ϣⲟ̣[ⲟⲡ' ⲟⲛ]ⲧⲱⲥ „aus dem alle wahrhaft Seienden stammen". Hier

ist übrigens wieder das Problem der Lesung eines Buchstabenrestes mit im Spiel (Z. 10:]ⲩⲉ Layton bzw.]ⲩ̣ⲉ Tardieu oder]ⲧ̣ⲉ WPF).

- Z p. 66,12f.: ⲉⲧⲉ ⲉⲃⲟⲗ ⲙⲙⲟ̣ϥ [ⲙ]|ⲡⲓⲡⲛⲁ ⲉⲧ'ϣⲟⲟⲡ' ⲟⲛ̣[ⲧⲱⲥ] „qui (procèdent) de l'Esprit vérita[blement] existant" (ohne Entsprechung). Der „Haken" ist die Rekonstruktion des ⲙ̄- vor ⲡⲓⲡⲛ̄ⲁ nebst der Vorstellung, dass dies das *identificativum* ist, das die nominale Explikation des vorangehenden Suffixes einführt. Aber dann hätte der Relativsatz gar kein Subjekt! Zu rekonstruieren ist vielmehr die gleiche Struktur wie im gerade vorangegangenen Beispiel, nämlich: ⲉⲧⲉ ⲉⲃⲟⲗ ⲙ̄ⲙⲟϥ [ⲡⲉ] | ⲡⲓⲡⲛ̄ⲁ ⲉⲧ'ϣⲟⲟⲡ' ⲟⲛ[ⲧⲱⲥ] (WPF) „aus dem der wahrhaft seiende Geist stammt".
- Z p. 66,19f.: ϥϣⲟⲟⲡ̣' [ⲇⲉ] | ⲟⲩⲁⲡⲉ ⲛϩⲁⲡⲗⲟⲩⲛ „il est réalité simple" als Entsprechung von: *et simplex unum* (MV 50,12). Diese Textauffassung bietet ein doppeltes Problem: einerseits verrät die Schreibung, und enthüllt der Index (S. 135a), die Deutung von ⲟⲩⲁⲡⲉ als ⲟⲩ-ⲁⲡⲉ (wörtlich) „ein Haupt" [und nicht als das so naheliegende ⲟⲩⲁ ⲡⲉ „einer ist es"], andererseits verbaut die Ergänzung des [ⲇⲉ] die Möglichkeit, das Folgende *grammatisch* als Prädikat von ϣⲟⲟⲡ' zu verstehen. Allein evident ist vielmehr: ϥϣⲟⲟⲡ̣' [ⲉ]|ⲟⲩⲁ ⲡⲉ ⲛ̄ϩⲁⲡⲗⲟⲩⲛ (WPF) (wörtlich) „er existiert, indem er etwas Einfaches ist" = „er ist etwas Einfaches".
- Z p. 66,22–25: ⲁⲩⲱ ⲡⲏ ⲉⲧϥⲛⲁϭⲓⲛ̣[ⲉ ⲙ]|ⲙⲁϥ ϣⲁϥⲧⲣⲉϥϣϣ̣[ⲱⲧ'·] | ⲉϥϣⲟⲟⲡ' ⲛϩⲣⲁ̈ⲓ ⲇ[ⲉ ϩⲛ] | ϯⲙⲛⲧ'ⲱⲛϩ ϥⲟⲛϩ „Et qui a à Le trouver, il lui faut distin[guer.] Et en étant [dans] la vitalité, il est vivant"; Entsprechung nur vorhanden für die zweite Hälfte in den Einzelwendungen: *vitam omnem* (MV 50,11) und *vitalitas* (MV 50,19). Um die nötige Klarheit zu gewinnen, fangen wir hier am besten hinten an. Wie die Stellung von ⲇⲉ zeigt, liegt die Satzzäsur zwischen ⲉϥϣⲟⲟⲡ' und ⲛ̄ϩⲣⲁ̈ⲓ. Dann muss der Umstandssatz ⲉϥϣⲟⲟⲡ' aber mit dem vorangehenden Hauptsatz eine *conjugatio periphrastica* bilden und kann deren Verb also nicht ϣϣ̣[ⲱⲧ'], sondern muss ϣϣ̣[ⲡⲉ] sein. Die „Doppelkonjugation" davor (ϣⲁϥⲧⲣⲉϥ-) mit zweimal ⸗ϥ ist nur sinnvoll, wenn von den Aktionen zweier verschiedener Wesen die Rede ist. Und genau dasselbe zeigt ja nun schon der einleitende Relativsatz durch sein Suffix am Transponenten (ⲉⲧ⸗ϥ̄-, und eben nicht ⲉⲧ-); und das heißt, dass das Determinativpronomen ⲡⲏ sich auf das *Objekt* des Suchens beziehen muss. Gedankenstruktur also: Der, der sich hat finden lassen, bewirkt, dass der, der ihn gesucht hat, zum wahren Sein kommt. Übersetzung: „Und jener, den er suchen wird, macht, dass er zu einem Seienden wird. In der Lebendigkeit aber ist er lebendig" etc.
- Z p. 67,7–10: ⲉⲓⲙⲏⲧⲓ ⲉ̣[ϫⲱϥ] | [ⲉϥϫⲡⲟϥ ⲙ]ⲁ̣ⲩⲁⲁϥ· ⲁⲩⲱ ϥϣ̣[ⲱ]|[ⲡⲉ ⲙⲁⲩⲁⲁϥ] ⲛϩⲣⲁ̈ⲓ ⲛϩⲏⲧϥ [ⲙ]|[ⲙⲓⲛ ⲙⲙⲟϥ]· „... si ce n'est sur [lui-même, puisqu'il s'est engendré] seul. Et il [demeure seul] en lui-même, [de soi-même,]"; Entsprechung nur für die zweite Hälfte vorhanden in: *in semet ipso manens, solus in solo* (MV 50,9). Was hier unbedingt korrigiert werden muss, ist die ergänzte Verbform ⲉϥϫⲡⲟϥ, denn ein suffigierter Infinitiv ist (nach der Stern-Jernstedtschen Regel) im Präsensystem nicht zulässig. Aber vielleicht gehört da überhaupt keine Verbform hin, zumal auch Tardieus Ergänzung dessen, was unmittelbar davor steht und auf die Konjunktion ⲉⲓⲙⲏⲧⲓ folgt, nicht sonderlich evident ist. WPFs Rekonstruktion dieser Phrase leuchtet mir jedenfalls mehr ein. Sie lautet: ⲉⲓⲙⲏⲧⲓ ⲉ̣[ⲡⲏ] | [ⲉⲧⲉ ⲡⲱϥ ⲙ]ⲁ̣ⲩⲁⲁϥ· „außer dem, was ihm allein gehört".

- Z p. 67,21f.: [ⲉⲩ]ⲧⲟⲡⲟⲥ ⲛⲧⲁϥ ⲡⲉ ⲙⲛ | [ⲟⲛ] ⲉϥϣⲱⲡⲉ ϩⲣⲁï ⲛϩⲏⲧϥ „Il est lieu de soi-même et [à la fois] il demeure en soi-même" als Entsprechung von: *ipse sibi et locus et habitator, in semet ipso manens* (MV 50,8f.). Der Stein des Anstoßes ist hier das als *regimen* der Präposition ⲙⲛ̄- „mit" ergänzte Adverb ⲟⲛ „auch". Da nach ⲙⲛ̄- nur ein *nominaler* Ausdruck stehen kann, muss das nach der Lücke erscheinende]ⲉϥϣⲱⲡⲉ das Ende desselben sein. Folglich ist ⲙⲛ̄ | [ⲟⲩⲣ]ⲉϥϣⲱⲡⲉ (WPF) „und ein Bewohner" zu rekonstruieren (vgl. das im Folgenden [p. 68,3] von Tardieu selbst rekonstruierte [ⲟ]ⲩⲣⲉϥϣⲱⲡ̣[ⲉ - - -]). Und ⲣⲉϥϣⲱⲡⲉ ist das direkte Äquivalent von *habitator*.
- Z p. 68,7f.: - - - ⲉϣⲁϥ]|[ϣⲟ]ⲟⲡ' ⲛϩⲏⲧϥ „- - - elle exis]te en lui" (ohne Entsprechung). Was immer man als Konjugationsform für den Stativ ϣⲟⲟⲡ' rekonstruieren mag (vielleicht ist es aber auch besser, es hier vorerst mit WPF zu lassen), es darf keine Konjugation aus der Kategorie des Verbalsatzes sein, wie hier geschehen, sondern muss aus dem Präsenssystem genommen werden.

Rezension zu Peter Nagel:
Der Tractatus Tripartitus aus Nag Hammadi Codex I (Codex Jung)*

Das Buch, das ich gerade zu besprechen mich anschicke, ist mir seinem Inhalt nach schon seit längerer Zeit bekannt. Ich gehörte nämlich zu den Glücklichen, denen der Autor eine Kopie seines druckfertigen Manuskripts im Voraus zukommen ließ. Und ich habe auch schon längst und mit großem Gewinn intensiv damit gearbeitet, besonders weil auch ich eine neue deutsche Übersetzung des TractTrip, und zwar für die deutsche Gesamtübersetzung des Berliner Arbeitskreises für koptisch-gnostische Schriften („Nag Hammadi Deutsch"), anfertigen musste. Außer dem Werk N.s hat mich dabei übrigens auch noch eine unveröffentlichte französische Übersetzung des TractTrip begleitet, die Einar Thomassen und Louis Painchaud für die kanadisch-französische Gesamtübersetzung des Teams der Bibliothèque Copte de Nag Hammadi (BCNH), die als ein Band der „Bibliothèque de la Pléiade" erscheinen soll, ausgearbeitet haben. Mit dem allen will ich hier zunächst nur soviel sagen, dass die folgenden Bemerkungen zu N.s Buch vielleicht mehr als gewöhnlich aus der praktischen Arbeit kommen.

Wie N. diesen seinen Beitrag zur Erforschung des TractTrip versteht, kommt in einem sowohl nachdenkenswerten als auch zum Widerspruch reizenden Satzpaar gleich im Vorwort zum Ausdruck. Es heißt da: „Von einer inhaltlichen Kommentierung oder gar ‚Auswertung' wurde Abstand genommen, da die eigentliche Aufgabe des Bandes in der sprachlichen Erschließung des Textes liegt, um die weitere inhaltliche Kommentierung zu fördern. Erst nach solchen Vorarbeiten werden wirklich sichere Urteile über die Entstehungszeit des *Tractatus* und über seinen Ort in einer (Literatur-)Geschichte der valentinianischen Gnosis möglich sein" (V).

Der Übersetzung ist eine Einführung vorangestellt, in der – außer der Erklärung technischer Details – die Geschichte der Edition und der sprachlichen Erschließung des Textes, unter angemessener Würdigung der neuerlichen besonderen Verdienste von H. Attridge und E. Thomassen, skizziert und etwas über die Spezifik der neuen Übersetzung gesagt wird (S. 1–20).

Beschlossen wird der Band mit Indizes, deren Hauptbestandteil ein Register der griechischen Lehnwörter des TractTrip ist (S. 97–109). Für dieses Register ist typisch, dass es, z. B. bei der Angabe der Wortbedeutungen, ganz streng auf die vorhergehende Übersetzung bezogen ist. So kommt es, dass unter dem Eintrag: „οἰκονομία Heilsordnung, Heilsplan" als Spezialbedeutung noch einmal „οἰκονομία" erscheint, weil das Wort an den betreffenden Stellen überhaupt nicht übersetzt worden ist, oder dass bei χρεία nach der Bedeutung „Bedürfnis" sogleich die Bedeutung „es bedarf" hinzugefügt ist, weil an den betreffenden Stellen eben so

* STAC 1, Tübingen 1998. In: JAC 42 (1999), 206–209.

umschrieben worden ist. Dass es daneben kein Register der koptischen Wörter gibt, wird vielleicht mancher Benutzer bedauern – nicht zuletzt angesichts des vorn im Buch definierten Zieles der Arbeit. Es folgen aber noch die Eigennamen (S. 110) und ein Stellenregister (S. 111–113). Bis dahin ist alles sozusagen „normal", aber auf den eigentlichen Schluss folgt noch ein „Addendum" (S. 114–120), in dem N., wie manch anderer vor und nach ihm, mit G. Lüdemanns „Bibel der Häretiker" und der Weise, in der der TractTrip dort erscheint, ins Gericht geht.

Der so umrahmte Kern, die Übersetzung selbst (S. 21–88), bleibt dreigeteilt, doch sind die (sekundären) Überschriften zum Teil geändert. Teil 1 heißt nach wie vor: De Supernis. Die Überschrift von Teil 2 ist zu: De creatione hominis et de Paradiso erweitert worden. Teil 3 heißt nicht mehr: De generibus tribus, sondern: De salvatore et de redemptione. Neu ist, dass jeder dieser Teile in Paragraphen unterteilt ist. Und zwar kommt Teil 1 auf 249 Paragraphen, Teil 2 hat bloß 21, Teil 3 schließlich 146. Nach diesen Teilen und Paragraphen wird im Buch normalerweise auch zitiert und verwiesen. Bei dieser Paragrapheneinteilung knüpft N. an ein textinternes Gliederungssignal an, dessen Auffälligkeit und Bedeutung er in der Einleitung ausführlich diskutiert (S. 6f.) und das in seiner Terminologie „nicht-konjunktionales ϫⲉ" heißt. Die Sache ist ihm so wichtig, dass er ausdrücklich markiert, ob einer seiner Paragraphen mit solchem ϫⲉ beginnt (in diesem Falle erscheint nach der Paragraphen*zahl* [und einem Punkt] noch ein Paragraphen*zeichen*: also z. B.: 17. §), oder eben nicht (z. B.: 18.). Die Seiten der Übersetzung sind aussagekräftig und übersichtlich. Die Seiten- und Zeilenzählung des Codex wird jeweils auf den Rändern gegeben. Das Mengenverhältnis von Übersetzungstext oben und den Erklärungen in einem Anmerkungsapparat unten ist wohltuend ausgewogen. Wo diese oder jene Erklärung zu lang wurde, hat N. sie unter der Überschrift „Bemerkungen zur Übersetzung" zusammengefasst und dem Übersetzungstext nachgestellt (S. 89–96).

Dass N.s Übersetzung im großen und ganzen erwartungsgemäß hervorragend und weiterführend ist, kam indirekt schon zum Ausdruck und soll auch um keinen Preis durch gewisse Quisquilien, die ich neben der Respektsbezeugung ja auch schuldig bin, geschmälert werden. Ich bekenne also noch einmal, dass ich vieles aus seinem Buch gelernt und auch einfach übernommen habe. Aber natürlich hat jede Übersetzung ihre Eigenheiten, auch solche, in die der Autor seine Leser nicht einführen kann, weil sie ihm gar nicht bewusst sind. In diesem Zusammenhang möchte ich hier darauf hinweisen, dass der von N. für die Übersetzung gewählte sprachliche Ausdruck zwei verschiedene Grenzbereiche hat. Auf der einen Seite möchte er die Sache besonders durch die Wahl oder die Prägung sehr präziser Worte verständlich machen (z. B. „noëtische Seinsweise" [I 52], „kreative Natur" [I 83], „wurzelhafte Impulse" [I 97], „wechselseitige Partizipation" [I 102], „imitierte Weise" [I 121], „nicht infiziert" [I 192], „Noblesse" [für ⲙⲛ̄ⲧⲁⲫⲑⲟⲛⲟⲥ; I 37. 212], „mit allen Facetten ausgestattet" [I 230], „Kombination" [II 16], „Manifestation" [II 21], „Folgerichtigkeit" [III 5], „inszenieren" [III 9], *„homo faber"* [für ⲡⲣⲉϥⲣ̄ϩⲱⲃ; III 22], „konzipiert" [III 37], „ambivalent" [III 58]); auf der anderen Seite wird dasselbe Ziel durch eine gewisse Belebung der Sprache zu erreichen versucht, und das geschieht unter Gebrauch von Worten, die auf eine ganz andere Weise auch spezifisch sind, aber eben zum Teil so, dass sie möglicherweise nur jemand verstehen kann, für den Deutsch die Muttersprache ist (z. B. „will sagen" [für ⲉⲧⲉ ⲡⲁⲉⲓ ⲡⲉ, oder ähnlich; I 50. 98. 115; III 31], „bar des“ [I 120], „da er sich auf so unsicherem Boden befand“ [für ⲉϥϣⲟⲟⲡ ϩⲣⲏⲓ̈ ϩⲛ̅ ⲛⲓⲧⲱϣⲉ̣ ⲙ̅ⲡⲓⲣⲏⲧⲉ ⲛⲛⲁⲧⲥⲙⲓⲛⲉ; I 128], „alle anderen dieser Couleur“ [für ϩⲛ̣̅ⲕⲉⲕⲟⲟⲩⲉ … ⲧⲏⲣⲟⲩ ⲙ̣̅ⲡⲓⲣⲏⲧ[ⲉ]; I 142], „sie kamen zuhauf“ [I 154], „darein“ [I 193], „mal so mal so“ [für ⲙ̅ⲙⲓⲛⲉ ⲙⲓⲛⲉ; I 225], „Kreaturen vom Zuschnitt solcher Art“ [I 248], „selbiger“ [III 17]).

In diesem Zusammenhang möchte ich nun auch gleich auf ein Phänomen hinweisen, von dem ich nicht weiß, wie typisch es für N.s Übersetzungssprache ist. Es handelt sich um seine Wiedergabe des im TractTrip beonders häufigen Ausdrucks ⲛⲓⲡⲧⲏⲣϥ̅. Man versteht das im allgemeinen als Wiedergabe des griechischen Ausdrucks τὰ ὅλα und übersetzt es gewöhnlich mit „die Ganzheiten“, „the entireties“, „les Touts“, oder ähnlich. Ich glaube zwar schon lange nicht mehr, dass diese Wiedergabe richtig ist und etwas spezifisch Gnostisches meint, sondern möchte lieber in τὰ ὅλα bzw. ⲛⲓⲡⲧⲏⲣϥ̅ einen wohlbekannten Ausdruck für „das All“ sehen, also praktisch ein Synonym von τὰ πάντα bzw. ⲡⲧⲏⲣϥ̅, aber ich kann mir unter „*Ganz*heiten“ wenigstens etwas vorstellen, nämlich lauter Wesenheiten, die in sich vollständig sind. Nun gibt aber N. den Ausdruck ⲛⲓⲡⲧⲏⲣϥ̅ fast stereotyp mit „die *All*heiten“ wieder, und ich weiß eben nicht, ob ich das vorher schon irgendwo gelesen habe; wohl aber weiß ich, dass ich mit diesem deutschen Ausdruck keinen Sinn verbinden kann.

Einen anderen Aspekt der neuen Übersetzung kann ich nur sehr vorsichtig zu beschreiben versuchen. Bei meiner um Monate zurückliegenden Arbeit an einer eigenen Übersetzung von TractTrip (bzw. der erneuten Überarbeitung einer seit meiner Rezension der Erstedition als Manuskript immer schon vorhandenen und fortlaufend verbesserten), wie gesagt unter ständiger „geistiger Begleitung“ durch N.s Neuübertragung, fühlte ich mich durch hin und wieder bei N. auf kleinstem Raum auftretende Unachtsamkeiten verschiedener Art und verschiedenen Gewichts erheblich überrascht. Am stärksten war das der Fall, wo Textsignale einfach „überfahren“ worden waren und der Text dadurch vereinfacht erscheint. Da ich mir die Fälle damals nicht notiert hatte, musste ich sie jetzt mühsam wiederzufinden trachten. Ob es mir mit allen gelungen ist, weiß ich nicht. Aber ich muss mich ja hier sowieso auf einige Beispiele beschränken, die nur zeigen sollen, was ich meine:

Die Wendung ⲡⲉⲛⲧⲁϥⲣ̅ϣⲣ̅ⲡ̅ⲛ̅ϣⲟⲟⲡ ⲙ̅ⲙⲁϥ ⲁⲩⲱ ⲡⲉⲧⲁϥⲟⲉⲓ ⲙⲙⲁϥ ⲁⲛⲏϩⲉ ⲧⲙⲉⲧ ⲛ̅ⲁⲧϫⲡⲟϥ ⲛ̅ⲛⲁⲧⲙ̅ⲕⲁϩ (p. 113,35–37) ergibt bei N. „der, der präexistent war und auf ewig ungeboren und leidensunfähig“ (III 28); und dabei ist eben beide Male das Element ⲙ̅ⲙⲁϥ unberücksichtigt geblieben. Wenn man aber dieses in die Konstruktion miteinbezieht, sagt der Text auf einmal etwas viel Komplizierteres, nämlich so etwas wie: „*das, worin* er präexistierte und *worin* er auf ewig ungezeugt und leidensunfähig ist“.

Auf derselben Linie („überfahrenes“ ⲙ̅ⲙⲁϥ) liegt auch schon p. 52,34f. vor: ⲡⲉⲧⲟⲩⲙⲟⲩⲧⲉ ⲁⲣⲁϥ ⲙ̅ⲙⲁϥ; N.: „der, über den es heißt“ (I 10), statt etwa: „das, wodurch es über ihn heißt“.

Andere Beispiele sind p. 52,20: ⲡⲣⲉϥⲣ̅ϩⲏⲧⲥ̅ ⲛ̅ϣⲱⲡⲉ; N.: „der (sein) Werden ersonnen hat“ (=ⲥ übersehen; I 7), statt: „der ihm im Sein zuvorgekommen ist“; p. 54,1f. ⲉⲛⲧⲁϥ ⲡⲉ ⲡ̣ⲧ̣ⲏ[ⲣϥ̅] ⲙ̅ⲙⲓⲛ ⲙ̅ⲙⲁϥ; N.: ist er in sich selbst Alles“ (der *nucleus* für die Erweiterung durch den Verstärker kann nur das Pronomen am Anfang sein; I 16), statt „ist er selbst alles“; p. 54,11f.: ⲙ̅ⲡⲟⲩⲉⲉⲓ ⲡⲟⲩⲉⲉⲓ ⲛ̅ⲛⲉⲧϯⲉⲁⲩ ⲛⲉϥ; N.:

„eines jeden, der ihn verherrlicht“ (I 18), statt: „eines jeden *aus dem Kreis derer, die* ihn verherrlichen“; p. 59,24: ⲚϪⲒ ⲢⲈⲚ ⲀⲢⲀⲞⲨ; N.: „sich zu benennen“ (I 46), statt „sich benennen zu lassen“; p. 124,19: ⲠⲈⲦⲔⲀⲢⲀⲈⲒⲦ; N.: „das Schweigen“ (III 80), statt „der Schweigende“; p. 125,14: ϮⲀⲄⲀⲠⲎ ⲚⲦⲈϤ; N.: „die Liebe des Vaters“ (III 84), statt: „seine Liebe“ (in diesem Fall handelt es sich vermutlich nur um eine interpretierende Paraphrase; sie ist aber nicht als solche kenntlich gemacht); p. 125,19f.: ⲠⲒⲤⲰⲦⲈ ⲚⲀⲄⲄⲈⲖⲞⲤ ⲚⲦⲈ ⲠⲒⲰⲦ; N.: „die Rettung der Engel des Vaters“ (III 85), statt etwa: „die engelhafte Rettung des Vaters“.

Manche der Beispiele sind freilich sachlich belanglos. Es gibt aber auch kleine, an sich belanglose Unachtsamkeiten mit ganz erheblicher Wirkung. So liest man bei N. (III 75) von den Gliedern des Leibes der Kirche: „nachdem sie *aus diesem* wiederhergestellten *Ort* offenbar geworden sind“, statt: „nachdem sie *als dieser* wiederhergestellte *Leib* offenbar geworden sind“, was daran liegt, dass am Zeilenbruch von p. 123,20|21, wo ⲘⲠⲒⲤⲰ|ⲘⲀ steht, das Element ⲤⲰ einfach übersehen worden ist (im Register ist dieses σῶμα aber korrekt aufgeführt).

An einfachen Auslassungen sind mir sonst nur noch vier aufgefallen. In I 118 am Ende des Satzes „… und brachte es nach oben“ fehlt der Abschluss mit „zu den Seinigen“ (p. 78,18f.). I 148: in der Phrase „entsprechend dem (Bedürfnis des) einen, damit ihm von oben das Licht aufleuchtet als Lebensspender“ fehlt vor dem Finalsatz etwas, wo es in Wirklichkeit heißt „entsprechend dem, der bei ihnen war“ (p. 85,27–30). Am Anfang von I 168 (p. 89,15) fehlt „Deswegen“. Und schließlich I 222: in der Wendung „… damit sie sich nicht noch mehr erfreuten an der (vermeintlichen) Herrlichkeit rings um sie, sondern im Gegenteil … “ fehlt vor „sondern“ die Übersetzung von ⲚⲤⲈⲠⲰⲚⲈ ⲀⲂⲀⲖ (p. 98,36), etwa „und in der Verbannung bleiben müssten“.

In N.s Anmerkungen und Erläuterungen zum Text finden sich viele gute Dinge, z. B. Erinnerungen an noch offene Fragen, Diskussionen *mit* und Kritik *an* seinen Vorgängern, und vor allem grammatische Beweisführungen. N. tut das wohl auch im Bewusstsein, ein παιδευτὴς ἀφρόνων und διδάσκαλος νηπίων zu sein, der also auch hin und wieder zurechtweisen muss. Nur geschehen solche Zurechtweisungen gelegentlich auch zu unrecht. Und so sei zum Schluss noch auf zwei derartige und besonders problematische Anmerkungen aufmerksam gemacht:

Auf S. 27 übersetzt N. (in I 43) den Ausdruck ⲦⲈϤⲞⲨⲤⲒⲀ mit „seine Gefährtin“, begründet das dann in einer Anmerkung (unter Verweis auf eine frühere Anmerkung [zu I 15]) damit, dass, wie eine Stelle des Apokryphon Johannis zeige (III 30,4 par BG 60,3), οὐσία als Äquivalent von συνουσία fungieren könne, und sieht als Hintergrund, unter Verweis auf Eph 5,23–27 bzw. 2 Clem 14,1f., die theologische Konzeption von der Kirche als der präexistenten Braut des Erlösers an. Nun ist gegen eine solche Erwägung, auch wenn sie noch so kühn ist, an sich nichts einzuwenden, obgleich ich selbst nicht einmal glauben kann, dass das συν-Kompositum von οὐσία jemals „Gefährtin“ bedeuten kann. Aber wenn diese Idee nun gleich zu dem Verdikt „verkannt von Attridge (…) und Thomassen (…)“ führt, muss man sich wohl auf die Seite der Betroffenen stellen.

Auf S. 82 übersetzt N. (in III 105) die koptische Wendung ⲠⲈⲈⲒ ⲄⲀⲢ ⲠⲈ ⲠⲢⲎⲦⲈ ⲈⲦⲞⲨⲘⲞⲨⲦⲈ ⲀⲚⲒⲞⲨⲚⲈⲘ ⲘⲘⲀϤ (p. 130,4–6) mit: „so nämlich nennt man die zu seiner Rechten“ und erklärt das in einer Anmerkung folgendermaßen: „Wörtl.: ‚die rechts von ihm' (ⲛⲓⲟⲩⲛⲉⲙ ⲙ̄ⲙⲁϥ). Das ⲙ̄ⲙⲁϥ ist in allen Übersetzungen übersehen worden, dementsprechend auch der Bezug auf Mt 25,33–34 (Mt 25,34 sa ⲛⲉⲧϩⲓⲟⲩⲛⲁⲙ ⲙ̄ⲙⲟϥ)". Dieses so zum Stein des Anstoßes gewordene ⲙ̄ⲙⲁϥ ist aber nicht übersehen, sondern nur als das auf ⲡⲣⲏⲧⲉ bezogene Bezugspronomen des Relativsatzes verstanden worden. Andererseits hat die bloße Wortfolge ⲛⲓⲟⲩⲛⲉⲙ ⲙ̄ⲙⲁϥ mit dem Muster der zusammengesetzten Präpositionen, zu dem der Ausdruck ϩⲓⲟⲩⲛⲁⲙ ⲙ̄ⲙⲟ= gehört und für die die Nulldetermination des Nomens konstitutiv ist, nichts zu tun.

Der hier besprochene Beitrag N.s zum TractTrip ist der „Pilot"-Band einer viel versprechenden neuen Reihe: „Studien und Texte zu Antike und Christentum" (STAC), deren Herausgeber Christoph Markschies (Jena) ist. Man darf auf die nächsten Bände gespannt sein.

Rezension zu Matthias Westerhoff: Auferstehung und Jenseits im koptischen „Buch der Auferstehung Jesu Christi, unseres Herrn“*

Das Buch von W. geht auf eine Dissertation zurück, mit der er 1997 an der Theologischen Fakultät der Martin-Luther-Universität Halle-Wittenberg promoviert hat. Der Inspirator und Betreuer der Arbeit war P. Nagel, dessen hilfreiche Hinweise, besonders in den Anmerkungen zum koptischen Text, sich auch oft dokumentiert finden. (Einmal freilich scheint W. einen solchen Hinweis missverstanden zu haben, wenn er zur Erklärung des von anderen als korrupt verdächtigten Komplexes ⲛ̇ⲁⲧⲙⲟⲛⲉⲥ [Ms. C; Ms. A hat an dieser Stelle: ⲁⲧⲙⲟⲧⲛⲉⲥ· ⲟⲩⲉ̇ ⲛ̇ⲥⲁⲃⲟⲗ ⲙ̇ⲙⲟϥ· „Die Ruhe entfernte sich von ihm“] sagt: „Nagel nimmt ein auf -ⲥ abgeleitetes Qualitativ von ⲙⲟⲩⲛ an“ [S. 82a, Z. 1 v. u. mit Anm.], weil es gar keine deverbalen ⲁⲧ-Ableitungen mit dem Qualitativ gibt.)

Der Gegenstand von Dissertation und Buch ist ein relativ spätes, nur in koptischer Sprache erhaltenes christliches Apokryphon, das den Titel „Das Buch der Auferstehung Jesu Christi, unseres Herrn“ trägt. Nach W. handelt es sich *nicht* um eine Übersetzung aus dem Griechischen; es sei vielmehr in dieser späten Zeit – W. denkt an das 8. oder 9. Jahrhundert – in originalem Koptisch verfasst worden (S. 19 bzw. 226f.). Der Titel entspricht insofern dem Inhalt des Textes, als es in ihm, innerhalb eines Rahmens ausgewählter, harmonisierter und ausgesponnener Erzählungselemente der Evangelien über den Kreuzestod Jesu, seine Auferstehung und Erscheinung vor den Jüngern, um die *Bedeutung* der Auferstehung Jesu als Überwindung des Todes und Erhöhung zur Rechten Gottes geht, was durch die Einfügung ausführlicher Erzählungen von der persönlichen Begegnung des Leichnams Jesu mit dem personifizierten Tod, von Jesu Descensus ad inferos und von seiner triumphalen Himmelfahrt im Thronwagen Gottes zum Ausdruck gebracht wird. Dabei ist der Stil, auch wo es sich nicht, wie so oft, um die Zitation von Hymnentexten handelt, insofern auffällig poetisch, als der Autor sich auch innerhalb der eigentlichen Erzählungen nicht genug damit tun kann, ein und dieselbe Sache in immer neuen Variationen „litaneiartig“ zu wiederholen. Als besonders hervorstechende sachliche Motive dieses Apokryphons wären zu nennen: die einzigartige Betonung und Beschreibung der Gottesmutterschaft der mit Maria Magdalena identifizierten Mutter Jesu; die ganz extreme Herausstellung einer absoluten Autorität des Petrus; eine Übersteigerung des Theologumenons von der durch Jesu Tod und Auferstehung für Adam und alle seine Nachkommen (mit den drei Ausnahmen von Kain, Judas und Herodes) erwirkte Sündenvergebung, die deren Befreiung aus der Unterwelt und ihre sofortige Himmelfahrt mit Jesus zur Folge hat; und die als Resultat von Jesu Tod und Auferstehung für die noch

* OBC 11, Wiesbaden 1999. In: JAC 44 (2001), 237–243.

in der Welt lebenden Menschen verstandene und exzentrisch in ihrer Heilskraft herausgestellte Eucharistie.

Weil sich nun in diesem Text der Apostel Bartholomäus als Augenzeuge von umfangreichen Stücken der erzählten Ereignisse vorstellt, gilt das Buch auch als ein Bartholomäusapokryphon (dementsprechend von W., und in seinem Gefolge auch hier, abgekürzt: LB, für Liber Bartholomaei [während die im Folgenden gebrauchte Zitierung nach Kapiteln und Versen der Einteilung von Kaestli folgt]), und ist daher sein Verhältnis zu einem anderen offensichtlichen Bartholomäusapokryphon, das unter dem Titel „Die *Fragen* des Bartholomäus" in griechischer, lateinischer und altslavischer Sprache überliefert ist, und zu einem in altkirchlichen Zeugnissen nur erwähnten *Evangelium* des Bartholomäus, ein zentrales Problem für jeden, der sich mit diesem Text befasst.

Das hat aber nun, nach der Zeit der Pioniere, von denen vor allem P. Lacau, E. A. W. Budge und O. von Lemm zu nennen sind, in der große oder kleinere Partien dieses Textes nach und nach publiziert und identifiziert worden waren, bis vor kurzem kaum jemand mehr getan. Man wusste, dass es diesen Text gibt; aber Interesse fand er nicht mehr. Als zeichenhaft dafür mag seine Behandlung in dem von E. Hennecke begründeten deutschen Standardwerk „Neutestamentliche Apokryphen", bis zur 6. Auflage 1990.1997, daselbst Bd. I, S. 437/440, gelten. Das hat sich aber in der Gegenwart radikal geändert. Der LB ist geradezu neu entdeckt worden. Und W. ist nun einer der Hauptakteure dieser „Wiederbelebung", aber eben nicht der einzige. Ein zweites Zentrum (sozusagen neben Halle an der Saale) liegt in der Schweiz und wird repräsentiert von J.-D. Kaestli, bzw. von diesem in Zusammenarbeit mit P. Cherix, und von E. Lucchesi. Aber auch die Niederländerin Gonnie van den Berg-Onstwedder hat einen wichtigen Anteil an der neuen Bewegung, die in die Erforschung des LB gekommen ist, besonders (wie auch Lucchesi) durch die sensationelle Neuidentifizierung von einigen noch unerkannt in den Museen lagernden Pergamentblättern als Teilen des LB. Die neue allgemeine Lage zeigt sich nicht zuletzt darin, dass in der in Arbeit befindlichen gänzlichen Neubearbeitung der „Neutestamentlichen Apokryphen", die jetzt den neuen Namen „Antike christliche Apokryphen" tragen soll, das LB gleichberechtigt, also mit voller Übersetzung, erscheinen wird.

Was W. in seinem Buch nun liefert, möchte ich so charakterisieren: Es ist eigentlich eine kritische Textausgabe, und zwar die erste überhaupt, aber angereichert mit einer Art von vorwiegend theologischem Kommentar, der zwischen der Textausgabe und dem zu ihr gehörenden sprachlichen Register eingeschoben ist. Das alles ist mit bewundernswerter Sorgfalt und beeindruckendem Sachverstand gemacht worden. Und ich schreibe diese Zeilen, nachdem ich das Buch nicht einfach gelesen, sondern etwa ein dreiviertel Jahr mit ihm praktisch gearbeitet habe; und das war Zeit genug, um es als Arbeitsmittel auszuprobieren und dabei hochschätzen zu lernen.

Die Einleitung zur Textausgabe (S. 1–47) hat als natürliche Schwerpunkte die Vorstellung der Handschriften, auf denen der Text der Ausgabe beruht, und eine Beschreibung und Analyse der Sprache dieser Handschriften. Dabei liest sich die Darstellung der Editionsgeschichte (S. 3–12) mit ihren Irrungen und Wirrungen fast wie ein Kriminalroman. Das Ergebnis dieser spannenden und komplizierten Geschichte ist jedenfalls, dass es drei verschiedene, aber mehr oder weniger fragmentarische Handschriften, die auch jeweils drei verschiedene Rezensionen des LB repräsentieren, gibt, die von W. unter Anknüpfung an Vorgaben der Forschungsgeschichte Ms. A, Ms. B und Ms. C genannt werden. Von diesen Textzeugen ist Ms. C (= British Library, Or. 6804) der einzig zusammenhängende, umfangreichste und also wichtigste.[1] Nach W.s Auffassung (im Unterschied zu anderen Meinungen, insbesondere der von Kaestli, der Ms. A bevorzugt) kommt auch die Textform von Ms. C der ursprünglichen Fassung des LB am nächsten. Die anderen beiden Textzeugen (Ms. A und Ms. B) bestehen nur aus verstreuten Einzelblättern, die in den Sammlungen von Paris, Wien, Berlin und London entdeckt und nach und nach in ihrer jeweiligen Zusammengehörigkeit erkannt worden sind. Übrigens stammen, wie man bei W. auch erfährt, sowohl Ms. A als auch Ms. B aller Wahrscheinlichkeit nach aus der Bibliothek des Weißen Klosters, woraus man wohl schließen muss, dass der LB bei den koptischen Mönchen offenbar eine sehr hohe Wertschätzung genoss.

Was W. über die Sprache seiner drei Textzeugen sagt (sie sind alle drei im sahidischen Dialekt des Koptischen geschrieben), erfolgt unter Anwendung des neuesten Erkenntnisstandes der koptischen Linguistik (und auf diesem Felde hat sich in den letzten Jahren ja sehr viel getan), ist sehr ausführlich und geschieht mit einer solchen Bezogenheit auf die in dieser Sprache zum Ausdruck kommende Sache, wie ich es noch nie zuvor anderswo gesehen habe, geschweige denn selbst zu vollbringen vermochte.

Die Textausgabe mit gegenüberstehender Übersetzung ist synoptisch gestaltet. Wenn also ein Textstück in allen drei Zeugen (in Ms. C nebst Ms. A und Ms. B) überliefert ist, haben wir links und rechts je drei Kolumnen, im Falle von zwei Zeugen (Ms. C nebst Ms. A oder Ms. B) zwei. In großen Partien ist freilich nur der Text von Ms. C erhalten, so dass da der synoptische Charakter vorübergehend aufgehoben erscheint. Da innerhalb des an sich schon komplizierten synoptischen Bildes, zum Zwecke der Zitierbarkeit der Texte, auch noch die Zeilen der Originalseiten, die ganz kurzen der zweikolumnigen Mss. A und B, und die sehr breiten des einkolumnig und extrem schmal geschriebenen Ms. C, markiert und gezählt werden mussten, dürfte die Ausarbeitung dieses Teils unsägliche Mühe gemacht haben. Und ich weiß nun nicht, ob sich der Autor diese Mühe etwas erleichtern wollte, oder aber selbst erschwert hat, als er sich entschloss, den koptischen Text nicht mit dem koptischen Font seines Computers, sondern mit der Hand zu schreiben. Eine Erklärung dieser seiner Entscheidung findet sich auf S. 48 mit den Worten: „Ein Text ist etwas Lebendiges. Deshalb wurde die Edition handschriftlich, in Anlehnung an die Hand des Schreibers von Ms. C, mit Stenofeder und Tusche erstellt." Der kritische Apparat unter dem koptischen Text besteht (wie früher üblich) aus einer Kombination von deutschem

---

[1] E. A. W. Budge (ed.), Coptic Apocrypha in the Dialect of Upper Egypt, London 1913, 1–48 (koptischer Text) unmittelbar gefolgt von Pl. I–XLVIII (Faksimiles), S. 179–215 (Übersetzung); das ist nach B. Layton, Catalogue of Coptic Literary Manuscripts in the British Library Acquired Since the Year 1906, London 1987, Nr. 80 (nach diesem Katalog hat übrigens im Jahre 1996 Van den Berg-Onstwedder auch noch die beiden Blattfragmente der Nr. 99 als dem LB [freilich nicht dessen Ms. C] zugehörig erkannt).

Schreibmaschinensatz und nachträglich in dessen Lücken eingesetzten handgeschriebenen koptischen Elementen. Mir persönlich sagt diese Machart nicht zu; und ich habe partienweise Schwierigkeiten, die koptischen Buchstaben des Textes schnell zu erkennen oder die Notizen des Apparates zu entziffern.

Eine andere Schwierigkeit bei der Erstellung der Textausgabe bestand darin, dass der Text in allen drei Handschriften partienweise sehr große Lücken aufweist. Bei der Ergänzung der Lücken des Hauptzeugen, Ms. C, hat W. bewusst an die einschlägigen Arbeiten von v. Lemm angeknüpft. Der Text weist übrigens nicht nur Lücken auf, die die leiblichen Augen sehen können, sondern auch solche, zu deren Erkenntnis und Lokalisierung es des inneren Auges der koptischen Grammatik bedarf, und zwar noch über das von W. (oft im Anschluss an v. Lemm) erkannte Ausmaß hinaus. Also auch die erhaltenen Partien des Textes, wie es bei einem solchen sicher vielfach gebrauchten und immer wieder abgeschriebenen Werk nur zu natürlich ist, sind manchmal so, oder auch anders, korrupt. Und W. hat viel getan, solche Stellen zu erkennen und die nötigen Konjekturvorschläge zu unterbreiten. Als ein besonderes Glanzstück aus diesem Bereich der Arbeit sei eine Stelle in 7,4 (die von der Höllenstrafe der drei Erzsünder Kain, Judas und Herodes handelt) hervorgehoben, wo W. durch die Annahme einer ausgefallenen Zeile einen bisher unverständlichen Text zum Strahlen bringt: - - - | ⲉⲩⲟ ⲛⲧⲣⲓⲕⲉ|ⲫⲁⲗⲟⲥ· {ⲕⲉ} | <ⲛ̅ϭⲓ ⲛ̅ⲁⲅⲅⲉ>|ⲗⲟⲥ· ⲛⲧⲙ̅ⲛ̅ⲧ|ⲁⲧⲛⲁ ⲉⲧϣⲟ||ⲟⲡ ϩⲓϫⲱⲟⲩ· (S. 92 mit der Anm. zu fol. 31v,57f.): Die Dreiköpfigkeit, von der da die Rede ist, bezieht sich nicht auf die drei Sünder, sondern auf das Kerberos-Aussehen ihrer Plagegeister. Denn diese Wendung bedeutet nun: „(Während sie an jenem Ort sind,) wo <die Engel> der Unbarmherzigkeit, die über ihnen eingesetzt sind, dreiköpfig sind, - - -" (nicht W.s, sondern *meine* Übersetzung [*seines* Textes]).

Für die Würdigung einer Textausgabe ist es auch immer wichtig, etwas über ihre Nähe (oder eben Ferne) zu den originalen Handschriften zu erfahren. W. konnte die Londoner Handschrift (Ms. C) und ein zu Ms. A gehörendes Berliner Blatt am Original kollationieren. Kontrolliert wurden auch die anderen Teilausgaben der Bestandteile von Ms. A und Ms. B, aber an Hand von Fotografien (S. 48). Dagegen konnten die erst kürzlich von Van den Berg-Onstwedder und Lucchesi identifizierten Blätter nicht nur nicht kollationiert, sondern auch gar nicht mehr in das vorliegende Werk, das in den wesentlichen Zügen, wie der Autor sagt, bis 1995 entstand, eingearbeitet werden (S. 7[33]).

Der auf die Textausgabe folgende Kommentar, also W.s Abhandlung über das, was in seinem Text eigentlich gesagt ist, besteht aus einer Literar- und quellengeschichtlichen Untersuchung (S. 198–227) und dem eigentlich theologischen Teil, in dem es um die Jenseitsvorstellungen des LB (S. 228–263), um seine Auffassung von Ostern als des eschatologischen Geschehens (S. 264–281), um Auferweckung und Auferstehung (S. 282–285) und schließlich um die Eschatologie geht (S. 286–312). Dieser Teil wird beschlossen von einem kurzen französischen Sommaire unter der Überschrift: La résurrection et l'au-delà dans le „livre de la résurrection" copte (S. 313f.). Die theologischen Ausführungen von W. sind methodisch angelegt als eine Art systematischer Zusammenfassung des Inhalts von LB, wobei dann wichtige Phänomene des Textes auch in größere historische und/oder theologische Zusammenhänge eingeordnet werden.

Als ein hervorhebenswertes Beispiel solcher Weiterführung sei W.s kommentierende Aufnahme des Lanzenstichmotivs (3,1) genannt. Es heißt da ja von Ananias (u. a.): ⲁ̣ϥⲁ̣ⲥⲡⲁⲍⲉ ⲙ̇[ⲡ]ⲥ̣ⲡⲓ̄ⲣ ⲛⲓ̄ⲥ̄ ⲡⲉⲛⲧⲁⲩⲕⲟⲛⲥϥ̄· ⲉⲧⲃⲉ ⲡⲉⲛⲟⲩϫⲁⲓ̈ ⲧⲏⲣⲉⲛ· (in W.s Textausgabe ist das S. 54, Z. 18f.) „Er küsste die Seite Jesu, die man durchbohrt hatte um unser aller Heil willen" (Übers. W.). Und in diesem Satz ist es die präpositionelle Schlusswendung, die auf jeden Fall, und also auch schon W. selbst, des Nachdenkens wert erscheint. An sich dürfte es zwei Möglichkeiten eines konkreten Verstehens geben. Falls nämlich die Wendung aus dem LB selbst heraus verstanden werden müsste, mag sie sich darauf beziehen, dass nach dem theologischen Idiolekt von LB, und seiner spezifischen Konzeption der Omnipräsenz Jesu, auch der erhöhte Christus immer noch die offene Seitenwunde hat und diese immer zu bluten anfängt, wenn unten auf der Erde die Eucharistie gefeiert wird, damit das frische Blut Jesu aus dem Himmel in den Abendmahlsbecher fließen kann (vgl. 20,12; 24,6). Man kann hier aber auch (statt eines sakramentalen Bezugs) eine Anspielung auf eine ekklesiologische Auffassung von der Bedeutung der Seitenwunde Jesu sehen. Und diese viel interessantere exegetische Möglichkeit ist es, auf die W., unter Verweis auf die betreffende syrische typologische Auslegungstradition einerseits, und die einschlägige Stelle des koptischen Triadon andererseits (nämlich 487), aufmerksam macht (S. 264). Danach bedeutet die durchbohrte Seite Jesu das geöffnete Tor der Rückkehr zum Ursprung, das wiederaufgetane Tor zum Paradies. Wie die Dinge im einzelnen aber zusammenhängen, wird freilich noch wesentlich klarer, wenn man auch eine Stelle der Nag Hammadi-Schrift „Die Interpretation der Gnosis" (NHC XI,1 p. 10,34–36) hinzunimmt, wo der Gekreuzigte zu der (Kollektiv-)Seele, die sowohl mit der Kirche, als auch mit Eva in eins gesehen wird, sagt: „Gehe ein durch die Seite – den Ort, aus dem du herauskamst!"[2]

Was übrigens generell W.s sachlich theologische Bewertung seines Gegenstandes betrifft, so ist es sein Bestreben, aus allem, was in LB geschrieben steht, den bestmöglichen theologischen Sinn zu erheben. Und zwar tut er das auch noch mit einem fast überwältigenden Sprachvermögen. Ich will nicht verhehlen, dass diese bei einem solchen Text unerwartete Art von „betroffener" positiver Exegese bei mir einen tiefen Eindruck hinterlassen hat, auch wenn ich sie insgesamt so nicht nachvollziehen könnte.

Die Indices zum koptischen Text (S. 315–381) sind fast auf Vollständigkeit hin angelegt und verdienen es, besonders hervorgehoben zu werden. Wer solche Register zu lesen oder selbst herzustellen liebt oder gewohnt ist, dem wird die Durchsicht dieses Registers eine Augenweide sein. Sie sind unterteilt nach griechischen Wörtern einschließlich griechisch-koptischer Kombinationen, koptischen Wörtern, Eigennamen, nomina barbara, und schließen mit einem Index grammaticus, der freilich nur die Konjugationen, in der ungewohnten Reihenfolge: dreiteiliges Schema vor dem zweiteiligen, enthält. Die Elemente des auch zur Grammatik, und nicht zur Lexik, gehörenden Determinatorensystems finden sich unter die koptischen Wörter verteilt (bei den einfachen Artikeln freilich

---

[2] Vgl. U.-K Plisch, Die Auslegung der Erkenntnis (Nag-Hammadi-Codex XI,1), TU 142, Berlin 1996, 26f. 111–113.

nur mit „passim“). Ganz am Ende des Buches finden sich noch (untergliederte) Stellenindices (S. 381–387) und das Literaturverzeichnis (S. 388–396).

Wer den Mut hat, sich an solch ein schwieriges Unterfangen heranzuwagen, der wird wohl auch tapfer das Risiko einkalkuliert haben, dass ihm dabei gelegentlich Fehler unterlaufen können. Eine Reihe solcher noch zu verbessernder Sachverhalte findet sich schon zum Nutzen der potenziellen Benutzer des Buches dankenswerterweise, wenn auch in ganz knapper Form, in der Rezension von U.-K. Plisch (ThLZ 125 [2000], 966–969) zusammengestellt, auf die ich mich hier ausdrücklich beziehe, um nicht, was dort mit Recht schon genannt ist, wiederholen zu müssen. Stattdessen möchte ich auf bestimmte Dinge hinweisen, die mir *darüber hinaus* beiläufig, also ohne danach gesucht zu haben, aufgefallen sind, und die so wichtig sind, dass der Benutzer sie unbedingt auch noch wissen muss. Ich knüpfe dabei an einen der bei Plisch genannten Kritikpunkte an. Plisch sagt zu S. 163a, Z. 1: „die Übersetzung *mit dir gehen* setzt ein nicht vorhandenes ⲉϥⲙⲟⲟϣⲉ voraus, übersetze *bei dir bleiben* o. ä.“ Dies ⲉϥⲙⲟⲟϣⲉ ist aber auch im Ms. C vorhanden. W. hat bloß, im Zusammenhang mit dem Seitenumbruch, vergessen, es mit abzuschreiben. Aber nun der Reihe nach!

- S. 52 Z. 8: lies ⲛ̇ⲓ̈ⲱⲥⲏⲫ statt ⲛ̇ⲓ̈ⲱⲥⲏϥ.
- S. 62 Z. 14: lies ϩⲩⲡⲟⲙⲛⲏⲥⲕⲉ statt ϩⲩⲡⲟⲙⲏⲥⲕⲉ (und im Register S. 323 Z. 1 v. u. statt ϩⲩⲡⲟⲙⲓⲙⲛⲏⲥⲕⲉ).
- S. 86 Z. 17 (und Reg. S. 333 Z. 17): In dem *nomen compositum* ⲙ̄ⲛ̄ⲧⲛⲁϣⲧ̄ⲙⲙⲉ gehört des Element ⲙⲙⲉ zu dem Lexem ⲉⲓⲙⲉ „wissen“ und nicht zu ⲙⲉ „Wahrheit“. Das ganze Kompositum ist das geläufige Wort für „Unverschämtheit“.
- S. 100a Z. 16/17: Dittographie der Silbe ⲥⲕⲏ am Zeilenbruch.
- S. 110a Z. 17: lies ⲉⲧⲟⲛϩ̄ statt ⲛ̇ⲟⲛϩ̄.
- S. 132a Z. 13/14: Dittographie der ganzen Zeile ϫⲉ ⲱ̂ ⲁⲇⲁⲙ ⲡⲁϣⲏⲣⲉ.
- S. 144 Z. 5: Die Rekonstruktion [ⲡⲙⲉϩϣⲙⲟⲩ]ⲛ̣̄ bedeutet „Der achte“, W. aber übersetzt „Der siebente“.
- S. 148a Z. 4 v. u.: Die Rekonstruktion [- - - ⲛ̄ⲧⲟⲕ ⲣ̄ ⲙ̄]ⲡϣⲁ ist ungrammatisch und entspricht also nicht der Übersetzung „du bist würdig“. Man könnte sich aber [- - - ⲛ̄ⲧⲟⲕ ⲕⲙ̄]ⲡϣⲁ oder [- - - ⲛ̄ⲧⲟⲕ ⲡⲉⲧⲙ̄]ⲡϣⲁ vorstellen.
- S. 151 unten: lies beide Male „unserer Stadt“ statt „unserer Städte“.
- S. 152a Z. 6: lies ⲙ̄ⲙⲟⲟⲩ statt ⲙ̄ⲙⲟⲩ. Z. 7–9: die Phrase ⲛ̇ⲧⲱ̣ⲧⲛ̣̄ ⲙ̣[ⲛ̄ ⲡⲛⲟϭ ⲛ̄ⲉ]ⲡⲓⲥⲕⲟⲡⲟⲥ ⲛ̣̄ⲧ̣ⲁⲡⲥ̄ⲏ̣ⲣ̄ ⲣ̄ ⲧⲏⲩ̣[ⲧⲛ̄ ⲙⲛ̄ ⲡⲕⲟⲥⲙⲟⲥ] ⲧⲏⲣϥ̄· ist nicht evident rekonstruiert und kann keinesfalls heißen: „ihr und der große Bischof, den der Erlöser *für euch* und die ganze Welt gemacht hat.“ Z. 18: lies ⲛ̇ⲧⲉⲩⲛⲟⲩ (wie im Register S. 356 Z. 4 vorausgesetzt) statt ⲛ̇ⲧⲉⲟⲩⲛⲟⲩ.
- S. 162a Z. 2 v. u.: lies ⲙ̄ⲙⲟⲟⲩ statt ⲙ̄ⲙⲟⲩ.
- S. 164a Z. 11/12: Dittographie von ⲙ̄ⲡⲉ am Zeilenbruch.
- S. 168a Z. 8: lies ⲙ̄ⲡⲉⲭ̄ⲥ̄ ⲓ̄ⲥ̄ statt bloß ⲙ̄ⲡⲉⲭ̄ⲥ̄.
- S. 175 Z. 5: tilge (das zweite) „o Petrus“.
- S. 194 Z. 18: lies ⲛⲁⲉⲓⲟⲧⲉ statt ⲛⲁⲉⲓⲱⲧⲉ. Z. 20: lies ⲁϥϭⲱⲗⲡ̄ statt ⲁϥϭⲟⲗⲡ̄.
- S. 348 Z. 9 u. 8 v. u.: Die Form ⲥⲱⲧⲡ oder (unter Metathese) ⲥⲱⲡⲧ mit der Bedeutung „Erwählter“ ist kein Qualitativ.

Mein nächster Punkt ist das Anliegen, mich ein wenig mit in das Bemühen um das bestmögliche Verständnis einiger besonders schwieriger bzw. besonders interessanter Stellen einzuschalten:

- S. 50 Z. 19–21 (das ist am Ende von 1,2) findet sich folgende dreiteilige Phrase (Jesus sagt in der Eingangsszene von der Auferweckung eines geschlachteten Hahns): ⲁⲛⲟⲕ ⲇⲉ ⲁⲓ̄ⲉⲓ̈ ⲉ̇ⲃⲟⲗ ϩⲛ̄ ⲧⲡⲉ ⲛ̇ⲛⲙ̄ⲡⲏⲩⲉ̄ ⲉϩⲣⲁⲓ̄ ⲉ̄ϫⲙ̄ ⲡⲕⲁϩ· ⲛⲉϣⲧⲉ ⲡⲕⲁϩ ⲉϣϥⲓ̄ ϩⲁ ⲡⲁⲉⲟ̄ⲟⲩ· ⲁⲓ̄ⲉⲣⲣⲱⲙⲉ ⲉⲧⲃⲉ ⲧⲏⲩⲧⲉⲛ· Und W. übersetzt sie wie folgt: „Ich aber kam aus dem Himmel der Himmel herab auf die Erde. Nicht konnte die Erde meine Herrlichkeit ertragen. Ich wurde Mensch um euretwillen." Dabei scheint aber der zweite Satz nicht recht zwischen die anderen beiden zu passen. Nun kommt allerdings derselbe theologisch unbefriedigende Sinn auch bei der Übersetzung von Kaestli heraus: „Mais moi je suis descendu du haut des cieux sur la terre, et la terre n'a pas pu supporter ma gloire. Je suis devenu homme à cause de vous".[3] Der Grund für die Schwierigkeit liegt offenbar in dem mysteriösen Element ⲛⲉϣⲧⲉ, das von beiden für ein Tempus der Vergangenheit gehalten wird. Es ist aber ein Futur (vgl. H.-M. Schenke, On the Middle Egyptian Dialect of the Coptic Language, Enchoria 8 [1978] Sonderband, (100) 54*f.). Und dieses Futur muss hier irreal gebraucht sein, um die Begründung dafür sein zu können, dass der Erlöser, wenn er auf Erden erscheinen und sie nicht vernichten wollte, das nur als Mensch tun konnte: „Die Erde würde meine Herrlichkeit nicht ertragen können. (So) wurde ich Mensch um euretwillen."
- S. 55 Z. 8–10 (= 2,9) findet sich vor dem Beginn der Geschichte vom Martyrium des Kreuzesverehrers Ananias nur noch das abgerissene und also kaum verständliche Ende irgendeines Elements des Berichts von Kreuzigung und Tod Jesu. Dies Fragment erscheint bei W. in folgender Gestalt: BN copte 129[17] fol. 51r ⲙ̄ⲙⲟⲟⲩ̣ [… ⲛ̄ⲓⲟⲩ]|ⲇⲁⲓ̈ ⲛⲙ[~ 5] | ⲧⲉ· ⲉϥϩ[ⲁⲣϣ]|ϩⲏⲧ· ⲉϩⲣⲁ̣[ⲓ̈ ⲉϫⲱ]||ⲟⲩ· ϫⲉ ⲟⲩϩⲁⲣϣ|ϩⲏⲧ ⲛ̇ⲛⲁⲓ ⲓ̄[ⲥ̄] | ⲡⲉ· ⲉϥⲥⲟⲟⲩⲛ̇ | ϫⲉ ⲥⲉⲛⲏⲩ ⲉ̇ⲛⲉϥ|ϭ̣ⲓ̣ϫ ⲛ̇ϥ̄ϯϩⲁⲡ | ⲉⲣⲟⲟⲩ· Und die gegenüberstehende Übersetzung sieht so aus: "*Ms. A p. 35* sie […die Ju] den […], indem er l[ang]mütig m[it ihn]||en war; denn langmütig mit diesen ist [Jesus], wissend, dass sie in seine Hände kommen (werden) und er Gericht über || sie halten (wird)." Nun gibt es aber in diesem dunklen Fragment ein Motiv, das vielleicht ein bisschen mehr Licht in die Dunkelheit bringt und auf jeden Fall unsere Aufmerksamkeit verdient. Ich meine die Rede vom „in seine Hände kommen". Denn das ist ein sehr charakteristisches Martyriumsmotiv. In dem „Wettkampf" zwischen dem Verfolger und dem Märtyrer gerät der Verfolger, wie der Märtyrer zu seiner Genugtuung vorher weiß, mehrfach in die Hände des Verfolgten, wenn nämlich eine Folterung auf wunderbare Weise misslingt und der Verfolger die Pein erleidet, die dem Märtyrer zugedacht war und aus der er nur durch das Gebet des Märtyrers erlöst werden kann. [Vgl. H.-M. Schenke, Mittelägyptische „Nachlese" III: Neue Fragmente zum Martyrium des Cyri(a)cus und seiner Mutter Julitta im mittelägyptischen Dialekt des Koptischen, ZÄS 126 (1999), 158. 163f.] Hier im LB wäre demnach der christologische Gedanke vom Weltgericht durch den Sohn Gottes mit Hilfe der spezifischen Sprache eines Martyriumstopos ausgedrückt.

---

[3] J. D. Kaestli, Écrits apocryphes chrétiens I, Paris 1997, 308.

- S. 60 Z. 12–14 (= 4,2) findet sich die Phrase (im Munde des personifizierten Todes): ⲟⲩ ϭⲉ ⲧⲉ ⲧⲉⲓⲛⲟϭ ⲛ̄ϣⲡⲏⲣⲉ ⲛ̄ϯⲥⲟⲟⲩⲛ ⲁⲛ· ⲟⲩⲇⲉ ⲛ̄ϯⲥⲟⲟⲩⲛ ⲁⲛ ϫⲉ ⲟⲩ ⲡⲉ ⲡⲉⲓⲛⲟϭ ⲛ̄ϩⲃⲁ ⲙ̇ⲡⲟⲟⲩ. Hier ist ein bestimmtes Element der Rhetorik, und zwar ein paariges chiastisches Aussagemuster, angewendet, wonach dann etwa zu übersetzen wäre: „Was dieses große Wunder nun bedeutet, *weiß ich nicht*; *noch weiß ich*, was diese große Verwirrung heute bedeutet.“[4]
- S. 62 Z. 9–12 und S. 63 Z. 9–12 (= 4,5) bietet W. den koptischen Text in folgender Gestalt: ϭⲱϣⲧ̄ ⲣⲱ̂ ⲱ̂ ⲡⲁϣⲏⲣⲉ ⲉ̇ⲡⲉⲧⲉϣⲁϥϭⲱϣⲧ̄ ⲛ̄ⲛⲉϥⲃⲁⲗ· ⲛ̄ⲧⲉⲡⲣⲏ ⲁϩⲉⲣⲁⲧϥ̄ ⲁⲩⲱ ⲛⲉϥϣⲁ ⲉϩⲣⲁï ⲉϫⲙ̄ ⲡⲕⲁϩ <ⲁⲛ>· ϫⲉ ⲁϥϩⲱⲃⲥ̄ ⲙ̄ⲡⲉϥϩⲟ ϩⲛ̄ ⲟⲩⲥⲟⲩⲇⲁⲣⲓⲟⲛ· Und seine Übersetzung lautet: „Schau aber her, mein Sohn, auf *das, was* er mit seinen Augen sah. Und die Sonne stand still und ging <nicht> auf über der Erde, denn er bedeckte sein Antlitz mit einem Schweißtuch.“ Dass an dem so verstandenen Satz etwas nicht stimmen kann, wird besonders an den beiden von mir hervorgehobenen Elementen deutlich, die gar keine Entprechung im koptischen Text haben. Derjenige Sachverhalt, auf den der „Sohn“ achtgeben soll, kommt vielmehr erst in dem abschließenden, mit ϫⲉ eingeführten *Objektssatz* zum Ausdruck. Aber auch die Tempora stimmen nicht, und die konjekturelle Hinzufügung der Negation ⲁⲛ ist suspekt, weil die Konjugation ⲛⲉϥ- wahrscheinlich gar kein Imperfekt, sondern die in dieser Handschrift ja ganz geläufige Schreibvariante für die Konjunktivfom ⲛ̄ϥ- ist. Kurzum, der Satz ist wohl besser so zu übersetzen: „*Gib aber acht*, mein Sohn, auf den, der nur mit seinen Augen hinzublicken braucht, und schon erhebt sich die Sonne und geht über der Erde auf, *dass* er sein Gesicht mit einem Schweißtuch verhüllt hatte.“ So versteht übrigens im Prinzip auch schon Kaestli: „Regarde donc, ô mon fils, celui qui fixe son regard pour que le soleil apparaisse et se lève sur la terre, car il a caché son visage dans un suaire“.[5] Die Verhüllung der Augen des Erlösers wird entsprechend den sonstigen kosmologischen Vorstellungen von LB (vgl. vor allem noch 9,4) als Grund für die kurz danach beschriebene, gerade (vorübergehend) eingetretene Verkehrung der „Gesetze“ der Natur verstanden. Rätselhaft an dem ganzen Satz bleibt natürlich noch immer die Anrede an den „Sohn“. Wenn der Schlüssel zum Verständnis dieses Zuges irgendwo in dem Text von LB selbst zu finden ist, dann müsste der Apostel Thaddäus mit diesem Sohn gemeint sein und müsste dieses Element zum alleräußersten Rahmen der Schrift (oder ihrer Bartholomäusquelle) gehören, wonach der „Sohn“ Thaddäus als derjenige zu gelten scheint, der die geheimnisvollen Dinge, die Bartholomäus gesehen und (vor allem den anderen Aposteln) berichtet hat, in einem/diesem Buch aufgeschrieben hat (12,4 [in dieser Perspektive auch schon von W. gesehen; vgl. S. 217[97][Ende]]).

Mein nächstes Anliegen bezieht sich auf etwas, was W. überhaupt noch nicht wissen konnte, was aber der interessierte Benutzer des LB doch so schnell wie

[4] Zu der Verkehrung der Satzteile in der ersten Hälfte, bei der das ϫⲉ vorn notwendigerweise entfällt, vgl. H.-M. Schenke, Das Thomas-Buch (Nag-Hammadi-Codex II,7), TU 138, Berlin 1989, 173.

[5] Écrits apocryphes chrétiens I, 314.

möglich erfahren sollte. Es gibt nämlich, und zwar an „neuralgischen" Stellen, überraschende Querverbindungen zwischen dem LB und dem erst kürzlich entdeckten bzw. zugänglich gewordenen so genannten Unbekannten Berliner Evangelium (UBE), auch „Gospel of the Savior" genannt, von dem wir freilich schon lange vorher, aber ohne es zu wissen, in dem Straßburger koptischen Papyrus (leicht zugänglich in W. Schneemelcher, NTApo [6]I, 87–89) ein kleineres Fragment besaßen. Dass das Berliner und das Straßburger Stück Zeugen ein und desselben Buches sind, ist eine sensationelle Entdeckung, die S. Emmel erst vor ganz kurzer Zeit gemacht hat.[6] Da das UBE auf jeden Fall älter als der LB ist, ist die Richtung der Beeinflussung klar: UBE muss auf LB eingewirkt haben. Es gibt im Einzelnen nun die folgenden drei Berührungspunkte:

1. Das aus Joh 20,17 bekannte Herrenwort wird in LB 9,3 (nach Ms. C [in der Parallele von Ms. A fehlt die charakteristische Erweiterung]; in der Ausgabe von W. auf S. 104a Z. 1 v. u. und 106a Z. 1–4) in folgender Erweiterung zitiert: <ϯⲛⲁ>ⲃⲱⲕ [ⲉϩⲣⲁⲓ ϣⲁ ⲡⲁⲉⲓⲱⲧ ⲉⲧⲉ ⲡⲉⲧⲛ̄ⲉⲓ]ⲱ̣ⲧ ⲡⲉ· ⲁⲩⲱ ⲡⲁⲛⲟⲩⲧⲉ [ⲉⲧⲉ ⲡⲉⲧⲛ̄ⲛⲟⲩⲧⲉ ⲡⲉ· ⲁ]ⲩ̣ⲱ ⲡ̣[ⲁ]ϫ̣ⲟⲉⲓⲥ ⲉⲧⲉ ⲡⲉⲧⲛ̄ϫⲟⲉⲓⲥ <ⲡⲉ>· „<Ich werde> [auf]steigen [zu meinem Vater, der euer] Vater ist, und zu meinem Gott, [der euer Gott ist], *und zu* [*meinem*] *Herrn, der euer Herr <ist>.*" Und genau dieselbe Erweiterung findet sich schon im UBE p. 107,32–38: - - - ϣⲁⲛϯⲃⲱⲕ' ⲉϩⲣⲁⲓ̈ ϣⲁ[ⲡ]ⲁ̣ⲓ̈ⲱ̣[ⲧ ⲉ]ⲧⲉ ⲡⲉⲧ̣[ⲛ̄ⲓ̈]ⲱ̣ⲧ̣ [ⲡⲉ] ⲁⲩⲱ ⲡ[ⲁⲛⲟⲩⲧⲉ ⲉ]ⲧⲉ ⲡⲉⲧ̣ⲛ̣̄ⲛⲟⲩⲧⲉ ⲡⲉ ⲁⲩⲱ ⲡⲁϫⲟⲉⲓⲥ ⲉⲧⲉ ⲡⲉⲧⲛ̄ϫⲟⲉⲓⲥ ⲡⲉ· „(Aber ihr dürft mich nicht berühren,) bis ich aufgestiegen bin zu meinem Vater, der (auch) euer Vater ist, und (zu) meinem [Gott], der (auch) euer Gott ist, *und* (*zu*) *meinem Herrn, der* (*auch*) *euer Herr ist.*"
2. Im LB nennt Jesus seine Apostel zweimal mit dem ganz ungewöhnlichen Ausdruck ⲛⲁⲙⲉⲗⲟⲥ ⲉⲧⲟⲩⲁⲁⲃ „meine heiligen Glieder" (20,6.13). Solche *Anrede an* die Jünger, mit der entsprechenden *Auffassung von* ihnen, ist mir sonst bisher nur im UBE begegnet, wo derselbe Ausdruck dreimal vorkommt [p. 100,3f.; 107,50f.; Fragm. 9(H)F 4f.].
3. Die wichtigste Übereinstimmung ist aber die breit ausgemalte Vorstellung von einer vorösterlichen, vom Ölberg aus erfolgenden Himmelfahrt der Jünger mit Jesus, um oben im Himmel von Gottvater mit der Apostelschaft bekleidet zu werden. Dabei ist die Ausmalung, wie es scheint (UBE ist hier sehr fragmentarisch), weithin durchaus verschieden; aber die ungewöhnliche Konzeption ist eben identisch. Die Stellen sind einerseits LB 18,1–17, andererseits UBE p. 100b + 113a.b (nach der falschen kodikologischen Analyse von Hedrick/Mirecki); bzw. p. 100b.101a.b (nach der Berichtigung von Emmel); das ist Kap. 9 bei Plisch.

---

[6] Vgl. im Übrigen C. W. Hedrick/P. A. Mirecki, Gospel of the Savior. A New Ancient Gospel, Santa Rosa, CA, 1999; H.-M. Schenke, Das sogenannte „Unbekannte Berliner Evangelium" (UBE), ZAC 2 (1998), 199–213; U.-K. Plisch, Verborgene Worte Jesu – verworfene Evangelien, Berlin 2000, 27–34; S. Emmel, The Recently Published Gospel of the Savior (‚Unbekanntes Berliner Evangelium'): Righting the Order of Pages and Events, HThR 95,1 (2002), 45–72.

Mein letzter Gesichtspunkt ist eigentlich nur noch eine Frage, die sich mir aber unmittelbar aus der Erkenntnis der literarischen Abhängigkeit des LB vom UBE ergibt. Vielleicht nämlich lässt sich wenigstens versuchsweise in dieser Perspektive noch etwas Licht in eine andere auch besonders dunkle Stelle des LB bringen. Es handelt sich um die Szene mit den drei allein in der Unterwelt verbliebenen Erzsündern, die der Tod bei der Inspektion derselben, nach Jesu Descensus ad inferos, dort nur noch findet (7,4). Schon warum das, was von diesen Erzsündern in der Unterwelt ist, „Stimmen" genannt wird, während man doch den Ausdruck „Seelen" erwartet, ist merkwürdig genug. Vielleicht erklärt sich das aus der Vorstellung, dass sie in solcher Abgeschlossenheit ihre Höllenstrafen erleiden, dass man sie gar nicht sehen kann, sondern nur ihr Geschrei hört (so auch schon von W. verstanden [S. 297[49]]). Aber das Problem, das ich hier meine, ist, wieso ausgerechnet Herodes als dritter in die Gesellschaft von Kain und Judas, als der beiden anderen, gekommen sein mag. Der Text selbst nennt als Grund, dass Herodes Jesus einen Backenstreich ins Gesicht geschlagen hat. Und wenn Jesus bei seiner Erscheinung als Auferstandener vor den Jüngern diesen außer den Nägelmalen und der durchbohrten Seite (und noch anderen Leidenszeichen) auch die Spuren der Backenstreiche an den Augen bzw. im Gesicht zeigt (20,5; 24,3), so mag man sich darunter die Spuren des (einen) Backenstreiches, den Herodes ihm gegeben hat, vorstellen können. Aber wo kommt das Motiv von einem so fluchwürdigen Backenstreich her? Etwa aus einem Evangelium? Aber aus welchem dann? Kaestli denkt an ein Missverständnis von Lk 23,11 (παίειν für ἐμπαίζειν, nebst dessen Assoziation mit den Verben von Mt 26,67f.).[7] Aber reicht das aus? Nun hat das UBE seinerseits ja auffällige „rückwärtige" Verbindungslinien zum Petrusevangelium, die mich selbst schon zu der Erwägung veranlasst hatten, ob etwa der Fragmentenkomplex, den wir vom UBE haben, vielleicht nur so etwas wie ein Teilstück mit „Abschiedsreden" des Petrusevangeliums gewesen sein könnte, von dem wir bisher ja lediglich ein Fragment der Passionsgeschichte haben. Nun ist aber für das Petrusevangelium ganz typisch, dass gar nicht Pilatus, sondern Herodes den Befehl zur Kreuzigung Jesu gegeben hat und also die alleinige Verantwortung dafür trägt. Und so kann man eben auf die Frage kommen, ob etwa das Motiv von dem Backenstreich des Herodes aus dem Petrusevangelium stammt und man sich also vorstellen darf, dass im Petrusevangelium im Rahmen der Gerichtsverhandlung, von der nur noch der Schluss erhalten ist, erzählt worden sei, wie Herodes Jesus einen Backenstreich, möglicherweise als Reaktion auf eine als ungeziemend erachtete Antwort Jesu (vgl. Joh 18,22), gegeben hat.

[7] Écrits apocryphes chrétiens I, 321, Anm. zu 7,4.

Rezension zu Iain Gardner: Kellis Literary Texts; Iain Gardner/Anthony Alcock/Wolf-Peter Funk (ed.): Coptic Documentary Texts from Kellis*

Seit der Entdeckung von manichäischen Texten in griechischer, syrischer und koptischer Sprache bei den Ausgrabungen der Ruinen eines Dorfes der Oase Dachle, dessen Name in der Spätantike Kellis war, ist in der Manichäismusforschung, die zur Zeit wieder einmal in besonderer Blüte steht, nichts mehr so wie früher. Das Neue und absolut Einzigartige ist, dass wir hier zum ersten Mal die soziologische Basis dieser bisher praktisch nur in ihrem „Überbau" bekannten religiösen Erlösungsbewegung der Spätantike zu fassen bekommen. Die beiden hier zu besprechenden Bände der Reihe der Ausgrabungs*berichte* und Ausgrabungs*ergebnisse*, mit den literarischen und dem ersten Teil der dokumentarischen Texte in (vorwiegend) koptischer Sprache, geben sich, wie all die anderen Bände, zu verstehen als Zeugnisse eines „work in progress". Und alle an der Sache Interessierten werden den Verantwortlichen, den Herausgebern und den Bearbeitern Dank wissen, dass sie mit der Veröffentlichung des Materials nicht gewartet haben, bis alle Teile bearbeitet sind und jedes Problem gelöst ist, sofern so etwas überhaupt möglich ist. Auch wenn also manches an dem hier Edierten noch Züge des Vorläufigen an sich trägt und es dementsprechend auch jeweils Nachträge zu dem Vorherigen gibt, so ist es nicht nur ein Genuss, hier etwas von dem Wind und dem Staub der Oase zu spüren, sondern nötigt das in den beiden Ausgaben niedergelegte wissenschaftliche Werk rundherum den allerhöchsten Respekt ab. Und die Sache, um die es dabei geht, ist natürlich so gewaltig und vielseitig, dass sie in einem Beitrag wie diesem wohl *bezeugt*, aber ganz bestimmt nicht erschöpfend *beschrieben* werden kann.

Wenn das nun so ist, machen wir vielleicht aus der Not eine Tugend, wenn wir bewusst ganz *einseitig* anfangen, nämlich mit den Assoziationen, die das mitgeteilte Material in einem professionellen Neutestamentler hervorrufen könnte, bzw. es in meinem Falle getan hat.

Was einerseits die Briefe, aus denen das Material des zweiten Bandes vorwiegend besteht, betrifft, so fing die Sache ganz harmlos damit an, dass die in ihrem „reproachful tone" (S. 169 unten) von den Herausgebern selbst hervorgehobene und relativ häufig vorkommende briefliche Wendung „ich muss mich doch

---

* Gardner: Vol. I, with contributions by S. Clackson/M. Franzmann/K. A. Worp (Dakhleh Oasis Project: Monograph No. 4), OM 69, Oxford, 1996; Gardner/Alcock/Funk: Vol. I: P. Kell. V (P. Kell. Copt. 10–52; O. Kell. Copt. 1–2), with a contribution by C. A. Hope/G. E. Bowen (Dakhleh Oasis Project: Monograph No. 9), Oxbow Books, Oxford 1999. In: Enchoria 27 (2001), 221–230.

sehr wundern“[1] mich an die in ihrer Auffälligkeit jedem Neutestamentler wohlvertraute Besonderheit des Briefeingangs des paulinischen Galaterbriefes mit θαυμάζω ὅτι (Gal 1,6) erinnerte und dass ich bei der eher beiläufigen Bemerkung der Herausgeber, dass wir es in Kellis zu tun hätten mit einer „culture where many personal letters seem to be little more than a list of greetings“ (S. 207) an das Phänomen und die Probleme der Grußliste von Röm 16 denken musste. Und „das Ende vom Lied“ ist, dass man m. E., besonders wenn man demjenigen Flügel der neutestamentlichen Forschung angehört, für den die Literarkritik der Paulusbriefe eine ausgemachte Sache ist, und also voraussetzt, dass die Briefe, die Paulus wirklich geschrieben und abgeschickt hat, alle etwa von der Kürze und Art des Philemonbriefes gewesen sein dürften, im Spiegel des gesamten Briefverkehrs von Kellis die paulinische Mission in ihrer wesentlichen Brieflichkeit besser bzw. erst richtig versteht. Oder anders herum ausgedrückt: In der von Kellis ausgehenden bzw. um Kellis herum sich vollziehenden manichäischen Mission wiederholt sich in der Geschichte noch einmal die Strategie der Mission des Apostels Paulus. Und das ist auch sicher kein Zufall, wenn man das Selbstverständnis des Mani als eines zweiten Paulus, wie es sich in seinen eigenen Briefen kundtut, bedenkt.[2] Für das Verständnis des Materials von Kellis ergäbe sich, wenn man die Dinge in dieser Perspektive so *parallel* sieht, dass wichtige der erkennbaren bzw. schon erkannten Einzelzüge deutlich(er) als Teile eines zusammengehörenden Ganzen in den Blick treten. Die missionarische Aktivität der im Niltal befindlichen bzw. herumreisenden Kellianer wäre gar keine Nebensache neben ihrer Arbeit in und für eine Textilmanufaktur, von der die Briefe ja so oft und deutlich reden, bzw. die sie voraussetzen. Auch bei Paulus ging die Arbeit in seinem Handwerk mit seiner Missionsarbeit Hand in Hand, aber eben so, dass sie ihr diente. Die Einbeziehung der Frauen wäre kein Wunder mehr; auch in der Mission des Paulus spielen Frauen eine hervorragende Rolle. Und die immer wieder als rätselhaft herausgestellte Akkumulation des Urkundenmaterials gerade im Haus 3 des Ausgrabungsbereichs würde sich wohl doch am einfachsten so erklären, dass hier in diesem Haus von Kellis, in scheinbar so unpraktisch-abgelegener Lage, tatsächlich eine Zentrale manichäischer Mission für Ägypten lag. Nur so würde auch das viele Reden von Büchern und vom Bücherschreiben in den Briefen[3] und würden

---

[1] Vgl. ⲛ̄ⲧⲟ ⲧⲉ ϩⲱⲉ ⲙⲁⲣⲓⲁ ϯⲣϣⲡⲏⲣⲉ ⲙ̄ⲙⲟ ⲧⲟⲛⲟⲩ ϫⲉ ⲡ̣ⲱ̣ⲥ ⲛ̄ⲧⲟ ϩⲱⲉ ⲁⲣⲉⲕⲁ ⲧⲟⲧⲉ ⲁⲃ̣ⲁ̣ⲗ ⲁⲣⲉⲗⲟ ⲉⲣⲉⲉⲓⲣⲉ ⲙⲡⲛⲣⲡⲙⲉⲟⲩⲉ ⲁⲡⲧⲏⲣϥ „You, yourself, Maria: I am very much amazed how you too have left off and stopped remembering us at all!“ [P. Kell. Copt. 20 (Brief des Makarios an seine „Schwester“ Maria) Z. 18–21 (Doc. Texts, S. 166f. 168)]. ⲣ-ϣⲡⲏⲣⲉ außerdem noch: 25,57; 30,4; 39,8; 41,3. Vgl. aber auch die Synonyme ⲣ-ⲙⲁϊ̈ϩⲉ: 16,17; 20,9.53; 22,46; 24,28; und ⲣ-ⲑⲁⲩⲙⲁ ⲉ 26,24.36; bzw. ⲣ-ⲑⲁⲩⲙⲁ 22,36.

[2] Die in Kellis (auch) gefundenen Briefe des Mani, die mit zu den berühmtesten Fundgegenständen gehören (und zwar Reste von zwei verschiedenen Codices mit der Sammlung der Manibriefe), finden sich übrigens *noch nicht* in einem der beiden hier zu besprechenden Bände.

[3] Vgl. besonders P. Kell. Copt. 19 (Brief des Makarios an seinen „Sohn“ Matheos) Z. 13–19: ⲙⲉⲗⲉⲧⲉ ⲛ̄ⲛ̣[ⲉⲕ]ⲯⲁⲗⲙⲟⲥ ⲉⲓⲧⲉ ⲛ̄ⲟⲩⲓⲁⲛⲓⲛ ⲉⲓⲧⲉ ⲛ̄ⲣⲙ̄ⲛ̄ⲕⲏⲙⲉ ϩⲟⲟⲩ <ⲛⲓⲙ> ⲉⲣⲉ ⲧ̄ⲥⲣⲁϩ [...] ⲡ̣ⲙⲡⲣ̄ⲕⲉ ⲧⲉⲕⲉⲡⲁⲅⲅⲉⲗⲓⲁ ⲉⲃⲁⲗ ⲉⲓⲥ ⲧ̄ⲕⲣⲓⲥⲓⲥ ⲙ̄ⲡⲉⲧⲣⲟⲥ ϩⲁⲧ̣ⲏⲕ ⲉ[ⲣⲓ ⲡⲁⲡ]ⲟⲥⲧⲟ̣ⲗⲟⲥ ⲏ ⲙ̄ⲙⲁⲛ ⲁⲙⲁϩⲧⲉ ⲛ̄ⲛ̄ⲛⲁϭ ⲛ̄ϣⲗⲏⲗ ⲙⲛ̄ ⲛ̄ⲯⲁ̣[ⲗ]ⲙⲟⲥ ⲛ̣[ⲟⲩⲓⲁⲛ]ⲓ̣ⲛ ⲉⲓⲥⲡ̄ⲣⲏⲙⲁ ⲁⲛ ϩⲁⲧⲏⲕ ⲁⲣⲓ ⲙ[ⲉ]

von den Resten literarischer Texte die Fragmente der syrisch-koptischen Glossare erst voll verständlich.[4] Das sind keine Hinweise auf erbauliche oder katechetische Nebenbeschäftigungen, sondern dabei geht es um die Sache selbst. Die Glossare, auch wenn die erhaltenen Stücke, wie der Herausgeber ja überzeugend dargelegt hat, den Charakter von Übungen zeigen, wären mithin ein Zeichen dafür, dass in Kellis *das* Zentrum oder *ein* Zentrum der Übersetzung von Syrisch geschriebenen Büchern des Mani oder Manijüngern in die Landesprache war.

Einer der interessantesten Reste literarischer Texte von Kellis, schon weil er als einziger nicht in einer Spielart des Dialekts *L*, sondern in dem seltenen (oberägyptischen) Dialekt *I* geschrieben wurde, ist der P. Kell. Copt. 6 mit dem Text von Röm 2,6–29 (Lit. Texts, S. 81–84). Es findet sich in dem Fund und der Ausgabe übrigens auch noch mit P. Kell. Copt. 9 der Rest eines anderen Codex der Paulusbriefe, diesmal normal im Dialekt *L* geschrieben und Hebr 12,4–13 bietend (Lit. Texts, S. 98–100). Mein Punkt ist hier, dass das Römerbrieffragment für den Herausgeber zum Anlass wird, ausführlich und auch etwas umständlich darzulegen, warum der Fund eines Paulustextes kein Argument gegen den manichäischen Charakter der Religiosität der Bewohner dieser Region von Kellis ist (Lit. Texts, S. 84–90). Für einen Neutestamentler ist das nämlich überhaupt kein Problem, denn er wird sich, neben vielem anderen, sofort an die berühmte Apostrophierung des Paulus als des *haereticorum apostolus* (adv. Marc. III 5) erinnern. Das Umgekehrte gilt ihm als das Problem, nämlich wie Paulus schließlich überhaupt noch von der werdenden katholischen Kirche akzeptiert wurde.

Was die Frage nach dem möglicherweise nicht manichäischen Charakter eines Kellistextes anbelangt, so wäre mir persönlich eher der Text B von P. Kell. Copt. 2 ein Problem (Lit. Texts, S. 63f.). Wenn vorn nicht von der Sendung des Sohnes die Rede wäre, könnte man hier die Sprache der biblischen Psalmen vernehmen. Vielleicht sollte man einmal in den Oden Salomos nach Parallelen suchen.

Nachdem wir so die Kreise sehr groß, und möglicherweise zu groß, gezogen haben, wollen wir uns für den Rest mit ganz kleinen Kreisen begnügen, nämlich damit, was denn die hier herausgegebenen Texte speziell für die Koptologie

---

ⲗⲉⲧⲉ ⲙ̄ⲙⲁⲩ ⲉⲓⲥ ⲛ̄ⲕⲗⲓⲥⲓⲥ ⲥ̣ϩ ϩⲛ̄ⲕ[ⲟⲩⲓ ϩ]ⲛ̄ ϩⲛ̄ⲥⲁⲡ ⲥⲁⲡ ⲛ̄ϩⲟⲩⲟ ⲛ̄ϩⲟ[ⲩⲟ] ⲥ̣ϩ̄ ⲟⲩⲧⲩⲡⲟⲥ ⲛ̄ⲙⲏⲛⲉ ϫⲉ ϯⲣ̄ⲭⲣⲓ̣[ⲁ ⲙⲙ]ⲁⲕ ⲁⲥϩ̄ ϩⲛ̄ϫⲱⲙⲉ ⲙ̄ⲡⲓⲙⲁ „Study [your] psalms, whether Greek or Coptic, <every> day (?)... Do not abandon your vow. Here, the *Judgement of Peter* is with you. [Do the] *Apostolos*; or else master the *Great Prayers* and the Greek *Psalms*. Here too, the *Sayings* are with you: study them! Here are the *Prostrations*. Write a little from time to time, more and more. Write a daily example, for I need you to write books here." Bedeutet die ⲉⲓⲥ- ... (ϩⲁⲧⲏⲕ) Formel hier etwa: „Hiermit schicke ich dir"? Das bisher nicht einmal dem Namen nach bekannte Petrusapokryphon mit dem Titel: „Das Gericht des Petrus" wird übrigens gegen Schluss dieses Briefes, in Z. 82–84, noch einmal erwähnt, wo es heißt: ⲉϣⲱⲡⲉ ⲉⲧⲁⲙⲟ ϭⲟⲩⲣⲓⲁ ⲛⲁϯ ⲡⲛⲁϭ ⲛⲉⲡⲓⲥⲧⲟⲗ[ⲓⲟⲛ] ⲉⲛⲓϥ ⲛⲙ̄ⲙⲉⲕ ⲉϣⲱⲡⲉ ⲉⲙ̄ⲙ̄ⲁⲛ ⲁⲛ̣ⲓ ⲡ̣ⲕⲟⲩï ⲙⲛ̄ ⲛⲉⲩⲭⲱⲛ ⲙⲛ̄ ⲧⲕⲣⲓⲥⲓⲥ ⲙ̄ⲡⲉⲧⲣⲟⲥ „If my mother Kouria will give the great [*Book of*] *Epistles*, bring it with you. If not, bring the small one, with the *Prayer-Book* and the *Judgement of Peter*."

[4] T. Kell. Syr. / Copt. 1 (Lit. Texts, S. 105–111) und T. Kell. Syr. / Copt. 2 (Lit. Texts, S. 112–126). Für die syrischen Partien hier und sonst zeichnet übrigens M. Franzmann verantwortlich, die sich schon so sehr um die syrischen Oden Salomos verdient gemacht hat.

bedeuten. Dabei kann man noch unterscheiden zwischen „angewandter" und „reiner" Koptologie.

Mit der ersten Kategorie sei hingewiesen auf das Problem der Beziehung der koptischen Kellistexte zu den immer noch nicht vollständig herausgegebenen großen koptischen Papyrus-Büchern des Fundes von Medinet Madi aus den 30er Jahren. Das betrifft besonders das Psalmenbuch, die Kephalaia und die Manibriefe. Der Dialekt, in dem die Kellistexte geschrieben sind, ist zwar nicht identisch mit dem standardisierten Literaturdialekt *L4*, aber mit ihm aufs engste verwandt. Jedenfalls gehört der Dialekt der Kellistexte zu der *L*-Familie. Die Einzelheiten der Beziehungen sind jedoch erst noch zu klären. Was das Verhältnis der in diesem Dialekt geschriebenen *Texte* zueinander betrifft, so sind von den literarischen Kellistexten, die rein koptisch und deutlich manichäisch sind, wohl die wichtigsten diejenigen, die, meist auf Resten von Holztafel-Codices erhalten (darauf bezieht sich das T. in der Nomenklatur), auf verschiedene Weise eine Verwandtschaft mit dem Psalmenbuch von Medinet Madi aufweisen. Es handelt sich dabei um T. Kell. Copt. 2, 4, 5, 6 und 7 sowie um P. Kell. Copt. 1, 2 und 3 (Lit. Texts, S. 8–30.33–77). In der Aufarbeitung und Auswertung dieser Stücke ist Gardner bereits zu bewunderungswürdigen Ergebnissen gelangt, besonders in der direkten Identifizierung der Kellisstücke nicht nur mit Partien aus dem bereits (von C. R. C. Allberry) veröffentlichten zweiten Teil des Psalmenbuches, sondern, gestützt nur auf die (sehr mäßigen, von S. Giversen herausgegebenen) Faksimiles, auch mit Partien aus dem noch unveröffentlichten ersten Teil oder in der Bestimmung einer anderen Art der Beziehung der Kellistexte auf Stellen des Psalmenbuches. Bei Gardners Kommentierung der Stücke im Einzelnen ist es ein durchgehender Zug, dass er sich, m. E. mit Erfolg, und wenn ich recht sehe, auch im Trend der sonstigen Erforschung des Psalmenbuches liegend, um den Aufweis der Wahrscheinlichkeit bemüht, dass bei unterschiedlicher Fassung diejenige der Kellistexte die ältere darstellt bzw. dass überhaupt die Psalmentexte von Kellis einen ganz unerwarteten und verblüffenden Einblick in die Vorgeschichte der Redaktion des Psalmenbuches erlauben.[5]

Eine linguistische Analyse der Sprache der Kellistexte gibt es bisher nur in dem Band mit den dokumentarischen Texten und nur bezogen auf eben diese. Zwar enthält auch der Band mit den literarischen Texten ein sprachliches Register für die koptischen Texte, für dessen Erstellung sich Gardner bei S. Clackson bedankt, mit dem man zwar arbeiten kann, um gewisse Textstellen wieder aufzufinden, das aber in der Bescheidenheit seiner Anlage und in seiner Unvollständigkeit (z. B. fehlen die Konjugationen völlig und heißt es bei den Determinatoren und den geläufigsten Präpositionen nach den ersten Stellenangaben gleich „etc." [aber auch hierauf mag der Benutzer wohl das Schlüsselwort „work in progress" anwenden dürfen]), weder selbst als Anfang einer linguistischen Analyse gelten kann,

[5] Vgl. z. B.: „In general, the Kellis material shows how the uniformity of the Medinet Madi *Psalm-Book* is an artificial construction imposed on originally disparate groups of texts" (Lit. Texts, S. 54[123] [letzter Satz]).

noch für eine solche in irgendeiner Weise hilfreich ist.[6] Demgegenüber ist das von W.-P. Funk bearbeitete Register der dokumentarischen Texte das Ergebnis ihrer Lemmatisierung nach dem Programm der Université Laval. Das heißt, es ist absolut vollständig und setzt eine bis ins einzelne gehende Analyse der Texte voraus bzw. ist ein vollständiger linguistischer Kommentar zu den Texten. Was die in diesem Register implizierte Analyse noch nicht bietet und nicht bieten kann, ist eine Definition dieser Sprache nach außen, also die Analyse der Beziehungen dieser Sprachform zu dem näheren und weiteren sprachlichen und dialektologischen Umfeld. Aber auch hierzu hat Funk in seinem Beitrag zur Linguistik (Doc. Texts, S. 84–95 [#6]) im Rahmen der Einleitung, die natürlich auch sonst noch allerlei interessante Dinge enthält, schon die Grundsteine gelegt, indem er die wichtigsten Dinge herausgehoben hat. Das sind vor allem erst einmal die folgenden drei grammatischen Phänomene:

1. Wie in den literarischen Texten des Dialekts *M* findet auch im Corpus der Kellisdokumente der inkludierte enttonte Dativ in ϯ-Phrasen Verwendung, aber, wie es scheint, ohne Beschränkungen der Art des in direktem Anschluss stehenden nominalen Objektsausdruckes. Die Sache ist auch mir so wichtig, dass ich alle sechs von Funk schon *in extenso* präsentierten Beispiele hier weitergeben möchte:

- P. Kell. Copt. 22,54: ⲛ̄ⲧⲁⲩ-ⲡⲉϩ-ϯ-ⲛ̲ⲓ̲-ⲧⲁ-ϩⲏⲙⲉ „Sie haben mir schon meinen Fährlohn gegeben.“
- P. Kell. Copt. 44,19f.: ϩⲁ-ϫⲙ̄ⲛⲟⲩⲧⲉ ϯ-ⲛ̲ⲓ̲-ϩⲙ̄ⲧ-ϣⲉ „Tschemnute hat mir dreihundert (Talente) gegeben.“
- P. Kell. Copt. 44,6: ϩ(ⲁ)ⲓ-ⲧⲉ-ⲛ̲ⲕ̲-ⲟⲩ-ϯⲉ ϩⲱⲧ ⲛ̄ϣⲧⲓⲧ „Ich selbst habe dir einen Posten(?) an Weber(ei)ketten gegeben.“
- P. Kell. Copt. 19,59: ϯ-ⲛⲁ-ⲧⲛ̄-(ⲛ)ⲕ-ⲙⲏⲧ ⲛ̄ϣⲉ „Ich werde dir zehn mal hundert (Talente) geben.“
- P. Kell. Copt. 46,7f.: ⲡⲣⲱⲙⲉ (ⲉ)ⲧ-ϩ(ⲁ)ⲓ-ⲧⲛ-(ⲛ̲)ϥ̲-ⲧ-ⲕⲗⲏϥⲧ „Der Mann, dem ich die Kapuze gegeben habe.“
- P. Kell. Copt. 50,35: ⲙ̄ⲡⲣ-ⲧⲛ̄-(ⲛ)ϥ-ⲧϥ-ⲁⲟⲩⲱ „Gib ihm sein Pfand nicht!“

2. In zwei Untergruppen des Corpus der dokumentarischen koptischen Kellistexte (nämlich in den Abrechnungen P. Kell. Copt. 44, 46 und 47 einerseits, und in dem persönlichen Brief P. Kell. Copt. 50 andererseits) findet sich ein Perfektparadigma ϩ(ⲁ)ϥ-,[7] und zwar mitsamt den adverbiellen (zum Umstandssatz führenden) und adjektivischen (zum Relativsatz führenden) Transpositionen, also

---

[6] Abgesehen von den kleineren Ungereimtheiten dieses Registers wäre auf S. 152 hinzuweisen, wo sich der sowieso komisch eingeordnete Eintrag findet: „ⲛⲟⲩⲙⲉ *be sweet*: qual. ⲛⲁⲧⲙⲉ T.S/C. 2.108.“ Es ist wohl der versehentliche Ausfall des ⲧ von ⲛⲟⲩⲧⲙⲉ, der für den Irrlauf dieses Lemmas verantwortlich ist.

[7] Vgl. unter den gerade gegebenen Dativbeispielen die Perfektform der 1. Pers. Sgl. in P. Kell. Copt. 44,6, deren *reale* Gestalt nur ϩⲓ- ist.

ⲉϩ(ⲁ)ϥ-.[8] Von der Existenz eines solchen Paradigmas war bisher nichts bekannt, denn man konnte ja vorher nicht ahnen, dass die beiden im P. Bodmer VI isoliert vorkommenden Perfektformen einer 1. Pers. Sgl. auf ϩⲓ- (Prov 7,15.16) solch ein wirkliches „Zuhause" haben. Dabei ist es die Besonderheit des instabilen ⲁ dieser Perfektbasis {ϩ(ⲁ)=}, dass es nur in der Pränominalform erscheint, die also ϩⲁ- lautet, und für die nicht belegten Formen der 2. Pers. Sgl. fem. [als *ϩⲁ-] und der 2. Pers. Pl. [als *ϩⲁ(ⲧⲉ)ⲧⲛ̄-] zu postulieren ist, während die Masse der anderen „gewöhnlichen" Formen in „nackter Vokallosigkeit" in Erscheinung tritt. In diesem Paradigma ist auch der Relativsatztransponent normalerweise vokallos. Sein (ⲉ) erscheint nur in Kombination mit dem Kopularpronomen einer Cleft Sentence.

3. Der dritte grammatische „Schock" der dokumentarischen Kellistexte besteht in einer vorher noch nie in einem solchen Ausmaß gesehenen Promiskuität der Schreibung von ⲉ und ⲁ, die vor allem dazu führt, dass oft auch der Umstandssatztransponent als ⲁ- (statt als ⲉ-) in Erscheinung tritt und umgekehrt ⲉ statt ⲁ im Possessiv*pronomen* und in der 1. Pers. Sgl. des Possessiv*artikels* geschrieben wird. Das Phänomen eines Umstandssatztransponenten ⲁ- ist aber nun keineswegs auf die Dokumente beschränkt, sondern findet sich z. B. auch in den Resten der beiden Codices mit den Briefen des Mani.

In seinen Bemerkungen zur Frage des Dialekts der dokumentarischen Kellistexte schlägt Funk übrigens als vorläufige Bezeichnung *L** vor und hebt als eigenständige Züge besonders die Form ⲧⲟⲛⲟⲩ für das Adverb „sehr" hervor (gegenüber ⲧⲟⲛⲱ als der Standardform des Dialekts *L4*) und die Monophthongisierung des Phonems /-ew/, die zu der Schreibung -ⲟ in Wörtern wie ⲟ „was?", ⲙⲟ „Mutter", ⲙ̄ⲙⲟ „dort", ⲛⲟ „sehen" bzw. „Stunde" und ⲥⲛⲟ „zwei" führt, was eine Verbindungslinie von *L** {*weg* von der *L*-Familie und *hin*) zu den Dialekten *A* und *I*(*7*) darstellt (Doc. Texts, S. 91f.).

An sprachlichen Einzelphänomenen erscheinen mir noch mitteilenswert das dreimalige Vorkommen von ⲛⲟⲩⲉ (ⲁ-) als der nicht-durativen Variante des Instans-Morphems ⲛⲁ- (in allen drei Fällen ist der Rahmen ein Konditionalis), zwei Belege der Konjunktion ⲁϩⲁⲛ- „und" in der enttonten Form ⲁϩⲛ-, und vor allem der als Existenzbestätigung hochwillkommene Beleg eines mir bisher nur aus dem Codex Schøyen [vgl. Mt 24,42: ⲕⲉⲥ … ⲉⲧⲉⲛⲥⲉⲃⲧⲱⲧ= (wörtlich) „Veranlasst es, dass ihr bereit seid"] bekannten Satzmusters einer *conjugatio periphrastica* des Imperativs auf der Basis des kausativ verwendeten Verbs ⲕⲱ, nämlich: ⲕⲁⲥ ⲉⲣⲉⲧⲛⲥⲁⲩⲛⲉ= (wörtlich) „Veranlasst es, dass ihr wisst" (P. Kell. Copt. 20,40).[9] Innerhalb der literarischen Texte ist das zweimalige Vorkommen des Präsenspräformativs der 3. Pers. Pl. in der Form ⲥⲟⲩ- (statt ⲥⲉ-) auffällig (T. Kell.

[8] Vgl. unter den gerade gegebenen Dativbeispielen die relative Perfektform der 1. Pers. Sgl. in P. Kell. Copt. 46,7f., deren *reale* Gestalt nur ⲧϩⲓ- ist.

[9] In Doc. Texts, S. 169 übersetzt mit: „Let it be you know"; im Kommentar auf S. 171 dann m. E. richtig analysiert und gedeutet und mit der aus den Kephalaia bekannten Formel ϣⲱⲡⲉ ⲉⲧⲉⲧⲛ̄ⲥⲁⲩⲛⲉ verglichen, für deren Wiedergabe Gardner allerdings hier und sonst den unglücklichen Ausdruck „Happen you know" geprägt hat (vgl. z. B. auch Lit. Texts, S. 96).

Copt. 2,24.46) und verdient das Vorkommen der ganz seltenen Struktur eines zwischen dem Imperativ ⲙⲁ- und einem Objekts*suffix* inkludierten, aber nicht enttonten, Dativs besondere Erwähnung [Schema (*S*): ⲙⲁ-ⲛⲁ⸗ – ⸗]; vgl. [- - - ⲧⲛ̄] ⲧ̣ⲱⲃϩ' ⲙ̄ⲙⲁⲕ ⲙⲁⲛⲉⲛϥ̄ „Wir bitten dich: ‚Gib uns ihn.'" (P. Kell. Copt. 2,24 [Lit. Texts, S. 63]).

„Work in progress" ist, wie gesagt, das Motto dieser Ausgaben. Und wenn dies „Zauberwort" gilt, dann müsste es den Herausgebern nur allzu recht sein, wenn möglichst viele sich an der Weiterführung der Erschließung der Texte durch Vorschläge verschiedenster Art zu beteiligen versuchen. Im Vertrauen darauf und in diesem Sinne stelle also auch ich hier noch ein paar „vermischte" Bemerkungen zur Diskussion.

In Lit. Texts, S. 20, wo im Zusammenhang einer vorzüglichen großen Synopse die Zeile 31 von T. Kell. Copt. 2 mit p. 97,18–20 des unveröffentlichten ersten Teils des Psalmenbuches in evidente Beziehung gesetzt wird, findet sich die Psalmenbuch-Wendung ⲟⲩϩⲁ[ϩ] ⲛ̣̄ⲉ̣ⲓⲛⲉ ⲟⲩϩⲁϩ ⲙ̄ⲡⲉⲧ̣ϩⲁⲩ ⲡⲉ (ungrammatisch) übersetzt mit „It is many likenesses, many wickednesses." ϩⲁϩ ist aber selbst ein Determinator und kann also nicht einfach die Erweiterung des unbestimmten Artikels sein. Es ist vielmehr jeweils der ganze Ausdruck ϩⲁ[ϩ] ⲛ̣̄ⲉ̣ⲓⲛⲉ bzw. ϩⲁϩ ⲙ̄ⲡⲉⲧ̣ϩⲁⲩ, der durch die (sozusagen „nachträgliche") Voranstellung des unbestimmten Artikels in ein von diesem bestimmtes Rektionsverhältnis gesetzt wird. Es muss also heißen: „Es ist *einer von* vielen Gestalten, *einer von* vielen Bosheiten."

Eine ähnliche Verbesserung verdient auch noch eine andere Stelle derselben Synopse. Auf S. 22 sind bei der Deutung der Zeilen 15–17 von Psalmenbuch 1, p. 98, die Textsignale hinsichtlich der Zäsuren „überfahren" worden. In der zweiten Hälfte haben wir es nämlich mit folgendem *parallelismus membrorum* zu tun:

ⲛⲉ[ϥ- . . .] ϩⲛ̄ⲁⲃⲁⲗ ⲙ̄ⲡⲣⲉϣⲉ ⲛⲉ
ⲛ̣ⲉϥⲕⲁ̣ⲣⲡⲟⲥ ϩⲛ̄ⲁ[ⲃⲁ]ⲗ [ⲙ̄ⲡⲟⲩ]ⲁïⲛⲉ (ⲛⲉ)

und es kommt also nicht das (sowieso) unverständliche: „its [. . .] from joy are its fruits from the light" heraus, sondern: „Seine [Blätter o. ä.] sind welche aus der Freude, seine Früchte sind welche aus dem Licht."

Auf S. 40 kommt es im Rahmen einer Synopse von Psalm 109 (Giversen 154: (x+) 14–30/T. Kell. Copt. 4 b41–65) zu folgender Doppelzeile nebst Übersetzung:

154:29 [. . ⲧ]ⲡⲉ ⲙ̄ⲡⲙⲟⲩ ϣⲁⲛⲧⲉϥ[
ⲕ(61/63) ϫⲓ ⲧⲡ̣[ⲉ]ⲉϥⲛⲁϩⲙⲉ ⲛ̄ⲡ[ ]ⲟ̣
„tasted death until *being saved* [. . ."[10]

Und dieser Übersetzung entsprechend ist dann im Register (S. 152) die Form ⲛⲁϩⲙⲉ als Qualitativ eingeordnet worden. Es kann sich aber nach den syntaktischen Rahmenbedingungen (Nebensatzkonjugation des Verbalsatzes) nur um den Infinitiv mit dem Suffix der 2. Pers. Sgl. fem. handeln („bis er *dich* [o Seele (o. ä.)] gerettet hatte").

---

[10] Hervorhebung von mir.

Auf S. 45 kommt es im Rahmen einer anderen Synopse, durch die der fragmentarische Text der Seite a von T. Kell. Copt. 6 auf dem Hintergrund von Psalmenbuch 2 (ed. Allberry), 75,10–76,25, identifiziert wird, zu folgender Doppelzeile:

75:23 ⲧϥ̅ⲁⲡⲁⲧⲏ· ⲡⲃⲓⲟⲥ̣ ⲧⲏⲣϥ̅ ⲙⲁⲥⲧⲉ ⲛ̅ⲧⲙⲛ̅ⲧⲛⲟⲩⲧⲉ ⲉⲓ̈ⲣⲉⲩ[11]
ⲕ(12)]. . . ⲣϥ̅ ϥⲙⲁ̣ⲥ̣ⲧⲉ [

Das Problem ist nur Gardners Kommentar dazu auf S. 49. Er erkennt in der Zeile 12 des Kellistextes eine Textvariante gegenüber dem Text des Psalmenbuches. Mit Recht! Und zwar ist das eine typisch innerkoptische Variante, insofern als das Psalmenbuch das einfache Präsens mit nominalem Subjekt gebraucht, während der Kellistext das nominale Subjekt in Extraposition bietet. Aber das sagt Gardner nun so: „(line 12) ϥⲙⲁⲥⲧⲉ (the Medinet Madi text has assimilated the 3rd. person singular ϥ into the preceding word ⲧⲏⲣϥ̅ or the Kellis text has duplicated it)."

S. 52 wird die erhaltene zweite Hälfte der Zeile 44 von T. Kell. Copt. 7 so geboten: [- - -]ⲉ ⲡϥ̅ⲕⲁⲣⲡⲟⲥ ⲡⲉⲧⲙⲏⲉ· Und auf S. 53 findet sich dafür die Übersetzung: „[- - -] his fruit, *the one that is true*."[12] Es ist aber doch ⲡⲉ ⲧⲙⲏⲉ zu segmentieren, und man muss dabei das ⲡⲉ als Kopularpronomen identifizieren, also: „[- - -] seine Frucht ist die Wahrheit" oder, unter Voraussetzung einer Ergänzung des ersten erhaltenen Buchstabens zu ⲉⲧ]ⲉ: „[- - - (der Baum), dessen] Frucht die Wahrheit ist." Im Band mit den dokumentarischen Texten gibt es zwei Stellen, wo die mehr oder weniger zwingende Deutung voraussetzt, dass der *bestimmte* Artikel in einem Rektionsverhältnis zu seiner nominalen Erweiterung steht [wie bei dem (sahidischen) ⲡ-ⲙⲉ „der (Mann) von Wahrheit" = „der Gerechte"]. Es handelt sich um P. Kell. Copt. 18,22: ⲡⲗⲁⲩ ⲥⲛⲟ̣ „the double-fringed gown (?)" = „das (Gewand) von zwei Fransen" (Doc. Texts, S. 153f.) und P. Kell. Copt. 20,54: ⲧⲉⲥⲁⲩⲛⲉ ⲛⲛⲃⲁⲣⲁϩⲉ ⲧⲏⲣⲟⲩ „you know (the owners?) of all the pack animals" (Doc. Texts, S. 168f.). In P. Kell. Copt. 19,9–11 wird offenbar ein Logion des Mani zitiert, bei dem das Ende aber problematisch ist: ⲡ̅ⲙⲁⲑⲏⲧⲏⲥ ⲛ̅ⲧ̅ⲇⲓⲕⲁⲓⲟⲥⲩⲛⲏ ϣ[ⲁⲩ]||ϭⲛⲧϥ̅ ⲉⲣⲉ ⲧ̅ϩⲉⲣⲧⲉ ⲙ̅ⲡⲉϥⲥⲁϩ ϩⲓϫⲱϥ ⲉϥⲟⲩⲏⲩ ⲙ̅ⲙⲁϥ ⲛ̅ⲧϩⲉ ⲛⲉⲣϥ̅ϩ|ⲁⲣⲁϩ „'The disciple of righteousness is found with the fear of his teacher upon him (even) while he is far from him.' Like guardians (?)" (Doc. Texts, 157. 160). Nun finde ich die Deutung des letzten Wortes als „Wächter" (begründet und diskutiert auf S. 162f.) wunderbar, nur müsste sie noch syntaktisch als Element des Logions gedeutet werden. Die letzte Wendung dürfte sich über die vorletzte hinweg auf ⲉⲣⲉ ⲧ̅ϩⲉⲣⲧⲉ ⲙ̅ⲡⲉϥⲥⲁϩ ϩⲓϫⲱϥ beziehen: der Respekt vor dem Meister bleibt wie *ein* Wächter über dem Jünger, auch wenn der Meister weit weg ist. Und das ist einfach Proverbienstil. Hinsichtlich des Verständnisses von Z. 19f. desselben Dokuments, wo der Text lautet: ⲙ̣ⲡⲣ̅ⲣ̅ⲧϩⲉ ϩⲱⲕ ⲙ̅ⲡⲕⲉⲟⲩⲉ ⲉⲧⲁϩⲉ[ⲓ ⲁϣ] ⲛ̅|ⲧⲥ̅ ⲉϥⲛⲁϫⲓ ⲥⲃⲱ ϩⲁ ⲃⲉ[.][13] ⲛ̣̅ϩⲱⲃ ⲛⲓⲙ und als Übersetzung angeboten wird:

[11] Das heißt im Zusammenhang: „Der Feind meiner Seele ist die Welt, ihr Reichtum und *ihr Betrug. Das ganze Leben hasst die Frömmigkeit. Was soll ich tun*, solange ich an dem Ort meiner Feinde bin?"

[12] Hervorhebung von mir.

[13] Wenn die Lücke im Papyrus auch für zwei schmale Buchstaben Platz böte, könnte man überlegen, ob hier nicht etwa ϩⲁ ⲃⲉ[ⲕⲉ] „gegen Lohn" gestanden haben könnte.

„Do not be like the other one who came to question (?) when he was about to receive instruction about… everything" (S. 157. 160), fragen die Herausgeber in ihrer Diskussion der Stelle (S. 163) ausdrücklich, ob es außer der im Text gebotenen Rekonstruktion der kritischen Lücke mit ⲁϣ]ⲛ̄|ⲧⲥ̄ und der dort erwogenen Alternative ⲁϭ]ⲛ̄ nicht doch noch andere Möglichkeiten gibt. Vielleicht muss es gar keine Verbform sein! Dann käme nämlich vielleicht auch die präpositionelle Wendung ⲁϫ]ⲛ̄|ⲧⲥ̄ „ohne sie" (was auf ⲥⲃⲱ vorverweisen könnte) in Frage. In Zeile 69 wird dann die Wendung ⲉⲓⲛ̣ⲟ ⲉⲧⲉⲧⲛ̄ⲥⲡⲟⲩⲇⲏ mindestens sehr frei mit „I see you are zealous" übersetzt (S. 159. 161), während doch nichts gegen das wörtliche „I see your zeal" spricht, wie ja die Wendung im Register auch analysiert ist.

Mit den Formen ⲉϣⲁⲛⲧⲉ- (pränominal) und ⲉϣⲁⲧⲉ- 2. Pers. Sgl. fem. gibt es insofern eine Unausgewogenheit, als die Übersetzungen sie jeweils (und zwar wegen des ⲉ *zu Unrecht*) als Formen des Limitativ verstehen, während sie im Register (korrekt) als Formen des Konditionalis ausgewiesen sind. Da wir gerade bei Konjugationsformen sind: Von den insgesamt drei Belegen des Paradigmas ⲉⲧⲉ ⲙ̄ⲡ(ⲉ)ϥ- gibt es zwei, bei denen man den Verdacht haben könnte, dass sie gar keinen Relativsatz einleiten, sondern zu den seltenen Formen des zweiten Tempus des negativen Perfekts gehören. In P. Kell. Copt. 24,52 fehlt bei ⲉⲧⲉ̣ ⲙ̄ⲡⲛ̄ⲥϩⲉⲓ̈ [- - -] zwar die direkte Fortsetzung, aber da das der Satzbeginn ist und es also kein Antecedens für einen Relativsatz gibt, müsste man wohl etwa verstehen: „(Es ist aus dem und dem Grunde), dass wir nicht geschrieben haben." Die zweite Stelle (P. Kell. Copt. 41,7f.) ist ganz erhalten und lautet: ϫⲛ̄ ⲙ̄ⲙⲁⲛ ⲉⲧⲉ̣ ⲙ̣̄ⲡⲉⲧⲛ̄ϭⲛ̄ ⲣⲙ̄ⲉϥⲥϩⲉⲓ̈[14] und muss wohl etwa bedeuten: „Oder ist es, dass ihr keinen Schreiber gefunden habt?"

[14] In dem hiesigen ⲣⲙ̄ⲉϥ- als einer (Vor-)Form des *nomen agentis*-Präfixes (nur dieses eine Vorkommen neben zweimaligem ⲣϥ̄-) ist (wieder) eine der Querverbindungen zwischen den Kellistexten und dem P. Bodmer VI zu erkennen. (Aufgefallen ist mir unter diesem Gesichtspunkt übrigens auch der Tonvokal im Wort ⲥⲏⲓ̈ⲛⲉ „Arzt".)

Rezension zu Bentley Layton: A Coptic Grammar. With Chrestomathy and Glossary. Sahidic Dialect*

Endlich ist sie wirklich da, die „sagenumwobene" koptische Grammatik von B. Layton. Man kann nun sehen, worauf Generationen von amerikanischen Studenten mit größtem Respekt zurückschauen als dasjenige Werk, nach dem sie, als es noch im Werden war und man seiner nur in Kopien des Manuskriptes habhaft werden konnte, die koptische Sprache erlernt haben. „Sagenumwoben" auch, weil es, wie man hören konnte (andere, die dem Autor noch näher stehen, werden auch manche Einzelheiten dieser „Parusieverzögerung" kennen) schon seit einigen Jahren immer kurz vor dem Erscheinen stand.[1] Auch wurde es schon, ehe es überhaupt erschienen war, auf zwei, um vier Jahre auseinander liegenden, internationalen Kongressen für Koptologie als das Jahrhundertereignis auf dem Gebiet der koptischen Linguistik gefeiert.[2] Und diesen Rang scheint auch der Verfasser selbst für den allein angemessenen zu halten, wenn er sein Werk in direkter Nachfolge der Grammatik von Ludwig Stern sieht.[3] Am Ende des Werkes klingt es freilich etwas anders, nämlich so: „Seid so gut und gedenkt meiner, alle, die ihr in diesem Buch lesen werdet ...! Vergebt mir!" (S. 451) Aber das ist wohl nur ein kleiner Scherz, den sich L. hier mit seinen Lesern erlaubt, wenn er nämlich gerade *den* koptischen Text, dessen Anfang und Ende ich in Übersetzung zitiert habe, und das ist der Kolophon der Chester Beatty Handschrift Nr. 814, als das letzte Stück seiner Chrestomathie präsentiert.

---

* PLA.NS 20, Wiesbaden 2000. In: Enchoria 27 (2001), 231–242.

[1] „This grammar was many years in the making, and its cradle was Polotsky's office classroom, in the late 60s" (A. Shisha-Halevy, Coptic Linguistics: 1992–1996, in: S. Emmel et al. (Hg.), Ägypten und Nubien in spätantiker und christlicher Zeit, Bd. 2: Schrifttum, Sprache und Gedankenwelt, (= SKCO 6,2), Wiesbaden 1999, 320.

[2] Schon in Münster 1996 sagte Shisha-Halevy: „The centrepiece of my presentation is what I am sure you will agree is THE event of this half-century, if not this century, of Coptic grammar: Bentley Layton's *A Coptic Grammar: Sahidic Dialect* (in press, in the Porta Linguarum Orientalium series). I wish to herald here – and I shall not mince words – the best modern Coptic grammar ever compiled, a grammar that will be authoritative for Sahidic in the coming century" (Coptic Linguistics: 1992–1996, 320). Dieselben Vorschusslorbeeren wurden auch im Jahre 2000 auf dem Kongress in Leiden noch ein zweites Mal vergeben, und zwar von G. M. Browne in seinem entsprechenden Report zur Linguistik der letzten vier Jahre, der zwar nur wenige Tage vor dem wirklichen Erscheinen der Grammatik (in Abwesenheit seines Autors) verlesen wurde, aber natürlich erheblich früher geschrieben worden sein muss.

[3] Vgl. dazu folgende Wendungen aus dem Anfang der Preface: „AS A NEW CENTURY of Coptic studies begins, this grammar is meant to provide a fundamental reference tool describing and documenting the classical dialect, Sahidic, ... Unlike my predecessor Ludwig Stern, ..." (S. IX).

Angesichts so großer Erwartungshaltung könnte es sich aber ergeben, dass einer Besprechung wie dieser, die nach Lage der Dinge nicht mehr sein kann als ein erster Eindruck vom Charakter und Wert dieses Buches, der Aspekt der Vorläufigkeit deutlich anzumerken oder legitimerweise zuzuerkennen ist. Ich gedenke ja auch weiterhin mit dem neuen Buch zu leben und zu arbeiten. Und sicher erschließen sich dabei Aspekte, die bei der neugierigen ersten Begegnung mit ihm nur zu leicht verborgen geblieben sein könnten. Das Buch ist ja eine Grammatik. Das heißt, es ist ein Arbeitsinstrument, dessen wirklicher Wert sich sowieso nicht einem einzelnen erschließen kann, sondern nur durch den Gebrauch, den die Gesamtheit aller derer, die Ausschau nach einem für ihre jeweilige Arbeit geeigneten Werkzeug gehalten haben, davon machen werden und den Nutzen, den sie daraus ziehen können. Also die Praxis und die Zeit werden entscheiden! In diesem Zusammenhang möchte ich die Einseitigkeit meiner Perspektive und die sich daraus notwendigerweise ergebende Unausgewogenheit der Präsentation gleich noch einmal und auch noch etwas konkreter herausstellen. Ich schreibe diese Zeilen, nachdem ich das Werk (in allen seinen Teilen, also auch die Chrestomathie und die Register) einmal sorgfältig, wenn auch mit Abständen, durchgelesen habe. Das Nachschlagen habe ich nur anhand einiger auffälliger Elemente der Register geübt. Wer also das Werk *nur* zum Nachschlagen benutzt, wird von vornherein sowieso eine ganz andere Optik bekommen und z. B. die Anhäufung der Beispielsätze viel höher schätzen können als der *Leser*, der, wenn er einen Überblick über das ganze System zu gewinnen trachtet, sich durch diese eher aufgehalten sieht.

Diese Grammatik ist so konsequent wie nur irgend möglich deskriptiv. Ihr geht es darum, das sahidische Koptisch umfassend zu beschreiben und nicht etwa darum, es zu erklären. Was nun die einzelnen Aspekte anbelangt, so fangen wir die Vorstellung vielleicht am besten mit dem an, was sofort bzw. am meisten in die Augen springt. Nun muss man zunächst wissen, dass es zu dem Charme der Person und aller Werke von L. gehört, dass er alles, was er unternimmt, von Grund auf neu zu durchdenken und zu gestalten trachtet (ἴδου καινὰ ποιῶ πάντα). Das kommt in seiner Grammatik nun deutlich in zweierlei Hinsicht zum Zuge: In der Wahl und im Gebrauch der linguistischen Terminologie und in der Gestaltung der koptischen Textbeispiele. Fangen wir bei dem zweiten Punkt an: Alle 530 Paragraphen sind reichlich mit Textbeispielen unterlegt. Und es sind auch diese Belege, die schon vor Erscheinen der Grammatik, und zwar völlig zu recht, mit Bewunderung hervorgehoben worden sind,[4] auch wenn sich bei ihrer Häufung gelegentlich Irrläufer eingeschlichen haben, also Beispiele, die so oder so gar nicht das belegen, was sie belegen sollen. Bei diesen Belegen ist nun nicht nur auch immer genau die Quelle angegeben, also vermerkt, aus welcher Textausgabe die Belege stammen, sondern es findet sich in wichtigen Fällen darüber hinaus ziemlich oft der Hinweis, dass die betreffende Stelle der Handschrift kollationiert worden ist. Gerade dieses Letzte habe auch ich noch nie in einer Grammatik

4 „In general, I must recommend the fine painstaking documentation, a delicious selection of examples unique in any Coptic grammar I have seen" (Shisha-Halevy, Coptic Linguistics: 1992–1996, 320).

gesehen. Außerdem sind alle Belege übersetzt, manche sogar ganz oder zum Teil zweimal, wenn der normalen Übersetzung noch eine ganz wörtliche hinzugefügt wird. Worauf ich aber hier vor allem hinweisen möchte, ist die von Grund auf neu gestaltete Art, wie der koptische Text dabei geboten wird. Die Texte sind alle, nicht etwa nur am Anfang zum Eingewöhnen für die Anfänger, interpretativ segmentiert, und zwar nicht nur in der eigentlichen Grammatik, sondern auch durchweg in der Chrestomathie. Nehmen wir als Beispiel den kurzen letzten Text der Chrestomathie, auf den oben schon einmal Bezug genommen wurde. Der sieht in L.s Wiedergabe so aus: ⲁⲣⲓ-ⲧⲁⲅⲁⲡⲏ ⲁⲣⲓ-ⲡⲁⲙⲉⲉⲩⲉ ⲟⲩⲟⲛ ⲛⲓⲙ ⲉⲧ$^{\emptyset}$-ⲛⲁ-ⲱϣ ϩⲙ̄-ⲡⲉⲓ̈ϫⲱⲱⲙⲉ ⲁⲛⲟⲕ ⲡⲓⲣⲉϥ-ⲣ̄-$^{\emptyset}$ⲛⲟⲃⲉ ⲛ̄ⲧⲉ-ⲡⲛⲟⲩⲧⲉ ⲛ̄-ⲧⲁϩⲁⲏ ⲉⲃⲟⲗ ⲉ-ⲛⲁⲛⲟⲩ-ⲥ. ⲟⲩϫⲁⲓ̈. ϩⲁⲙⲏⲛ. ⲕⲱ ⲛⲁ-ⲓ̈ ⲉⲃⲟⲗ. Nun sagt L. zwar gleich am Anfang, wenn er diese „Orthographie“ einführt, begründet und erklärt, dass sie nur im Rahmen dieser seiner Grammatik ihren Sinn und ihre Berechtigung haben soll und keineswegs als Vorbild für die Wiedergabe koptischer Texte in zukünftigen Augaben gemeint ist.[5] Aber es bleibt abzuwarten, ob die Adressaten noch an diese Warnung denken, wenn sie bei der Lektüre hinten angelangt sind und sich im Laufe der Zeit an diese „Orthographie“ gewöhnt haben. Mit dem Zeichen für ein Nullmorphem ($^{\emptyset}$) wird dabei freilich ein vielleicht übertriebener Gebrauch gemacht, wenn es nämlich immer gesetzt ist, wo *an sich* ein Morphem stehen könnte, aber eben keines steht. Es kommt doch aber gar nicht auf das „an sich“ an, sondern auf ein je konkretes Paradigma, in dessen relativ engem Rahmen alle anderen Glieder ein Morphem haben. Um das an dem gerade gegebenen Beispiel zu exemplifizieren: ⲉⲧ$^{\emptyset}$- ist m. E. in Ordnung als Glied des Paradigmas der adjektivischen Transposition des Präsens ($^{\emptyset}$ statt eines der Suffixe). ⲣ̄-$^{\emptyset}$ⲛⲟⲃⲉ dagegen erscheint mir problematisch. Als Paradigma, dessen Glied diese Form sein könnte, kommt doch bloß die ganze Kategorie der *verba composita* auf ⲣ̄- in Frage, und bei denen hat die nominale Erweiterung von ⲣ̄- nie einen Artikel. Dass das Wort ⲛⲟⲃⲉ in anderen Zusammenhängen als Erweiterung von ⲡ- oder ⲟⲩ- oder aber ohne jeden Artikel stehen kann, erscheint mir hier irrelevant.

Wer die bei alledem ins Auge gefassten Adressaten nun eigentlich sind, kann auch, und besonders gut, an der zuerst genannten Eigentümlichkeit festgemacht werden. L. sucht jeglichen schwerverständlichen Fachjargon zu vermeiden. Und alle Fachtermini, die er für seinen synchronischen *survey* übernimmt oder neu prägt,[6] werden beim ersten Gebrauch in allgemein verständlicher Weise definiert. Dass es also amerikanische Studenten sind, die als die einzigen Adressaten bei der Befragung des Buches unter dem Gesichtpunkt von hearer's response sichtbar werden, wird auch an anderen Stellen deutlich, vor allem an den (schon erwähnten) gelegentlichen zweiten, wörtlichen Übersetzungen und an den Belehrungen, wie man diese oder jene koptische Wendung sachgemäß in die eng-

---

[5] „These conventions are typographical and aesthetic, and have no grammatical significance. They are *not* a recommendation for editorial practice in text editions“ (S. 23).

[6] Zu der Notwendigkeit einer Erneuerung der grammatischen Fachterminologie sowie zu der Entsprechung der neuen, zu den verschiedenen bisher gebrauchten Begriffen, vgl. S. XI/XII mit Anm. 10.

lische Sprache zu übersetzen hat,[7] oder aber ganz deutlich auch an der Warnung vor möglichen Missverständnissen aller Art, z. B., dass man den koptischen Aorist nicht mit dem griechischen verwechseln darf (S. 262 oben). Andererseits werden „zweite“ Übersetzungen gelegentlich auch vermisst, nämlich wenn Belegstellen aus dem Neuen Testament zitiert werden, deren koptische Fassung keine einfache Wiedergabe des griechischen Urtextes ist, und als Übersetzung (dem auf S. X erläuterten Prinzip entsprechend) doch einfach nur die Fassung der Revised Standard Version geboten wird. Vgl. z. B. Mk 1,45: ⲁϥ-ⲁⲣⲭⲉⲥⲑⲁⲓ ⲛ̄-$^{\emptyset}$ⲧⲁϣⲉ-$^{\emptyset}$ ⲟⲓ̈ϣ ⲛ̄-ϩⲁϩ ⲁⲩⲱ ⲉ-$^{\emptyset}$ⲥⲣ̄-ⲡϣⲁϫⲉ ϩⲱⲥⲧⲉ ⲛϥ̄-ⲧⲙ̄-ϭⲙ̄- $^{\emptyset}$ϭⲟⲙ ⲉ-$^{\emptyset}$ⲃⲱⲕ ⲉϩⲟⲩⲛ ⲉ-ⲧⲡⲟⲗⲓⲥ ⲛ̄-ⲟⲩⲱⲛϩ mit der Übersetzung: „But he began to talk *freely* about it, and to spread the news, so that He could no longer openly enter *a* town“ (zweimal, nämlich auf S. 408 und 416 [übrigens wiederholen sich Belege auch sonst gelegentlich, ohne dass eine Notwendigkeit dafür zu erkennen ist]; *Hervorhebung* von mir). Mit dem ursprünglichen oder eigentlichen Adressatenkreis hängt vielleicht auch der reiche Gebrauch von Tafeln (insgesamt 30 an der Zahl) und schematischen Darstellungen zusammen, deren didaktischer Effekt aber hin und wieder auch problematisch erscheinen kann, sofern die Tafeln das unmittelbar vorher theoretisch absolut klar Gesagte mehr verschlüsseln als weiter erhellen und die Schemata als einfache Verdoppelung des schon Mitgeteilten erscheinen. Viel gravierender aber ist etwas, was man vielleicht einfach als die andere Seite des Adressatenaspekts bezeichnen könnte. Es findet nämlich in dieser Grammatik praktisch keine wissenschaftliche Diskussion mit den Fachkollegen statt. In der Einleitung wird zwar, und das mit wirklich warmen Worten, darauf verwiesen, wieviel welchen Lehrern, Kollegen und Freunden verdankt wird, aber damit ist die Sache, von ganz kleinen und wenigen Ausnahmen abgesehen, dann auch schon erledigt. Und so werden gelegentlich an neuralgischen Punkten aus grammatischen Problemen einfach Paragraphen der Grammatik, wie es in meinen Augen am deutlichsten beim #82 der Fall ist. Weil auch die zu vermutenden ursprünglichen Adressaten aufs Ganze gesehen nur noch hin und wieder auftauchen, ist also das Buch im großen und ganzen sozusagen (nach beiden Seiten hin) gesprächspartnerfrei, ohne deswegen nicht doch viele Gesichter zu haben.

Als nächster Schritt der Vorstellung des Buches sei der Aufriss des Ganzen mitgeteilt, damit man sieht, wie L. den komplizierten und widerspenstigen Stoff der koptischen Sprache geordnet und verteilt hat. Die 530 Paragraphen werden in 4 Teilen und 25 (durchgezählten) Kapiteln abgehandelt: *Part 1* The Basic Components of the Sentence and Their Phrasal Syntax, unterteilt in: (1) Fundamental Components: Phonemes, Morphs, Syllables, and Alphabet; (2) Determinators: Articles and Determinator Pronouns; (3) Specifiers: Cardinal Numbers and Other Specifiers; (4) Personal Morphs: Personal Pronouns and Affixes; (5) Nouns (*Gendered Common Nouns* ⲣⲱⲙⲉ, *Genderless Common Nouns* ⲡⲟⲛⲏⲣⲟⲥ, *Proper Nouns* ⲙⲁⲣⲓⲁ, *Possessed Nouns* ⲣⲱ-ϥ); (6) Entity Terms, Entity

---

[7] Vgl. zu diesem Aspekt die folgende einschlägige Erklärung von L. selbst: „Occasional observations on the English translation of Coptic, which appear within parentheses or in smaller type, are not a part of the grammatical description; their only purpose is practical, and they can be safely ignored by technical readers“ (S. X unten).

Statements, and Their Phrasal Syntax; (7) Inflected Modifiers; (8) Verbs; (9) Adverbial Modifiers: Prepositions and Adverbs; (10) Conjunctions and Initial Attitude Markers; (11) Interjections; (12) Nexus Morphs and Negators. *Part 2* The Basic Clause Patterns and the Imperative, unterteilt in: (13) The Nominal Sentence; (14) The Durative Sentence; (15) Non-durative Conjugation; (16) The Imperative; (17) The Suffixally Conjugated Verboid ⲛⲁⲛⲟⲩ-ϥ; (18) Predication of Possession: ‚Have' [ⲟⲩⲛ̄ⲧⲉ- (ⲙ̄ⲙⲁⲩ), *Other Expressions of Possession*]. *Part 3* Complex Clause Patterning, unterteilt in: (19) The Conversions (*Relative Conversion, Circumstantial Conversion, Preterit Conversion, Focalizing Conversion*); (20) The Cleft Sentence; (21) Sentences of Existence and Indication Formed with ⲟⲩⲛ̄- and ⲉⲓⲥ-; (22) The Entity Statement as Subject Expansion [the Impersonal Predicate (ⲁⲛⲁⲅⲕⲏ etc.)]; (23) The Adverbial Clause Construction: Adverbial Clauses and Infinitive Phrases; (24) Reported Speech and Cognition: Direct and Indirect Discourse. *Part 4* Time Reference, nur ein Kapitel, nämlich: (25) The Coptic Tense System.

Die Chrestomathie umfasst die Seiten 443–451 und ist also, gemessen an der Textmenge der Belege innerhalb der Grammatik, auffällig kurz. Sie ist nach Texttypen ausgewählt und geordnet (Narrative and Reported Dialogue; Description; Gnomic Statements; Request, Prayer, Command; Exegesis; Learned Exposition; Epideictic; Copyist's Colophon). Es folgt ein sorgfältig auf die Arbeit mit der Chrestomathie abgestimmtes Glossar (453–464). Danach kommt noch eine relativ kurze Liste „Signals of the Basic Sentence Patterns and Conversions" (S. 465–67). Der Stoff der Grammatik wird aufgeschlüsselt in zwei aufeinander abgestimmten und sehr ausführlichen Indices, nämlich einem „Subject Index" (S. 469–499) und einem „Select Coptic Index" (S. 501–520). Diese Indices sind in der Tat ein sehr schönes und wichtiges Hilfsmittel, um diese Grammatik optimal kennenzulernen und zu gebrauchen. Sie funktionieren aber auch so, dass ein Benutzer, der beim Lesen eine Besonderheit überlesen hat, in ihnen, oft mehrfach, noch einmal mit der Nase darauf gestoßen wird. Mir ging es z. B. so, dass ich mich in einer bestimmten Phase der Lektüre nicht daran erinnern konnte, etwas über den von Stern so genannten neutropassivischen Gebrauch der koptischen transitiven Verben als einer der Weisen, wie das Koptische das Passiv ausdrücken kann, gelesen zu haben. Die Indices aber führten ohne Probleme zu #174 zurück, wo dieser Sachverhalt unter der mindestens missverständlichen Überschrift: „*Ingressive* Meaning of the Transitive Infinitive" abgehandelt wird.

An dieser Stelle möchte ich nun auch endlich noch das ausdrückliche Bekenntnis einflechten, dass ich diese Grammatik mit allergrößtem Interesse, unter großem Gewinn und so sorgfältig wie möglich gelesen habe. Manche Partien waren dabei für mich auch richtig spannend. Und mit dem „full-scale" Charakter hängt es zusammen, dass ich nicht wenig hinzugelernt habe, auch über Phänomene belehrt worden bin, denen ich vorher überhaupt noch nicht begegnet war. Eine nachteilige Tendenz des „full-scale" Charakters könnte es freilich sein, das Omnipräsente und das nur gelegentlich Vorkommende, das Wesentliche und die Randerscheinungen, gleichrangig zu behandeln. Und auch ein nachträgliches „rare" kann die Nivellierung der Höhenunterschiede nicht aufheben. Von den bekannten Dingen, deren Behandlung durch L. mir besonders gefallen hat, möchte ich zeichenhaft drei besonders hervorheben: Als eines der schwierigsten Probleme einer deskriptiven Grammatik des Koptischen gilt ja bei den Spezialisten die formale Definition solcher nominaler Lexeme wie ⲃⲗ̄ⲗⲉ „blind“, ⲛⲟϭ „groß“, ⲥⲁⲃⲉ „weise“, deren im praktischen Gebrauch befindliche Bezeichnung als Adjektive ganz unbefriedigend war. Und L.s Behandlung dieser Wortklasse als „*Genderless* Common Nouns“ (#113–125) ist vielleicht ein Weg aus diesem Dilemma, wenn es auch gerade in dieser Klasse Lexeme gibt, die maskuline und feminine Formen haben (z. B. ⲃⲗ̄ⲗⲏ neben ⲃⲗ̄ⲗⲉ oder ⲥⲁⲃⲏ neben ⲥⲁⲃⲉ). Einer der Prädikatstypen (nach Polotsky übrigens der wichtigste und die Natur dieser Prädikation bestimmende) des Präsens (L.s Durative Sentence) ist ja das Adverb bzw. der mit einer Präposition gebildete adverbiale Ausdruck. Aber es ist doch nicht jedes Adverb und nicht jede Präposition an dieser Stelle zugelassen. L. führt nun für die zugelassenen Ausdrücke den prägnanten Ausdruck „The Situational Preposition and Adverb“ ein (#310). Es gibt bei der indirekten Rede des Koptischen eine rhetorische Variante, die von vielen Übersetzern koptischer Texte übersehen wird oder ihnen nicht bekannt ist. Aber mit dieser „Unschuld“ ist es jetzt zu Ende, nachdem es in L.s Grammatik den #518 über den „Inverted Discourse“ gibt. Das Phänomen kommt natürlich auch in anderen Grammatiken vor. Der Fortschritt bei L. ist der angemessene Kontext, in dem dieser kurze Paragraph nun steht.

Eine Beschreibung dieser neuen Grammatik wäre aber unvollständig ohne den Hinweis darauf, dass der gerade erwähnte „umfassende“ Charakter gewisse Grenzen hat, und zwar drei. Der erste unter diesem Gesichtspunkt zu nennende Sachverhalt besteht darin, dass dieser „full-scale“ Charakter sozusagen erkauft ist durch eine sehr enge Begrenzung dessen, was hier als das klassische Sahidisch gilt, nämlich nur die Bibelübersetzung, die Werke des Schenute und einige Texte der ekklesiastischen Literatur (S. X), mit einem deutlichen Übergewicht des *Neuen* Testaments und der Schenutetexte. Abgesehen von der leichten oberäyptischen Verunreinigung, die sowieso durch die Schenutetexte in diese klassisch-sahidische Literatursprache Eingang findet, wird die Künstlichkeit oder auch Unnatürlichkeit solcher Begrenzung an einem Punkt ganz besonders deutlich, nämlich da, wo L. auf grammatische Phänomene des Briefformulars zu sprechen kommt, und zwar anlässlich von Brieftexten, die in seiner Auswahlliteratur vorkommen (#432 und 466), ohne wenigstens einen Seitenblick auf die unübersehbare Fülle der wirklichen Briefe zu werfen. Die zweite Begrenzung hängt mit der ersten so zusammen, dass, wie schon nicht der gesamte Bereich des Sahidischen in das Blickfeld tritt, sich der Autor erst recht fast jeden Seitenblick auf andere Dialekte versagt. Und dabei könnten doch gelegentliche Seitenblicke manche rätselhaften Phänomene so schnell verständlich machen, z. B. ein kurzer Blick auf das Bohairische bzw. die nördlichen Dialekte überhaupt, wenn die Rede darauf kommt, dass es ⲡⲏ neben ⲡ- als Determinativpronomen gibt (#411) oder invariables ⲡⲉ neben ⲡⲉ/ⲧⲉ/ⲛⲉ in der Cleft Sentence (#464 [S. 370 unten]), bzw. auf die oberägyptischen Dialekte, wo es um die Vertretung des Paradigmas ⲉϥⲉ- durch das Paradigma ⲉϥⲛⲁ- geht (#339), zumal L. ja einen solchen Seitenblick, wie er ihn beim perfektischen Partizippräfix ⲉⲣ- durchaus riskiert (#406), nicht ganz und gar für verboten hält. Die dritte Begrenzung ist, dass es in dieser deskriptiven Grammatik natürlich auch keinen Blick zurück in die Sprachgeschichte gibt. Die Perspektive ist rein synchronisch, ohne jegliche diachronische Hilfe. Das tritt besonders deutlich bei der kurzen Behandlung des perfektischen Partizippräfixes ⲉⲣ- (#406) hervor, das eben keineswegs so genannt wird, vielmehr mit der präsentischen Relativform ⲉⲧ$^{\emptyset}$- auf eine Stufe gestellt wird.[8] In viel größere Bereiche kommt man, wenn der Leser einer Grammatik nicht erfährt, warum der so genannte durative Infinitiv des Präsenssystems eigentlich so heißt, bzw. wieso ein Infinitiv überhaupt als Prädikat neben das Adverb und den Stativ treten kann, nämlich weil er ursprünglich bzw. eigentlich auch nur Teil eines adverbiellen Ausdrucks mit dem ägyptischen Vorläufer der Präposition ϩⲓ- „bei (dem)" ist. Da wir gerade bei dem Gebrauch des Wortes „durativ" sind, kann ich mir eine Frage zur Zweckmäßigkeit der von L. gewählten Terminologie nicht verkneifen, und die lautet, ob es wirklich keine bessere Möglichkeit der Benennung der Kategorie gibt, die andere z. B. Verbalsatz nennen, als den negativen Begriff der „*Non*-durative Conjugation".

Die oben gebotene Übersicht über die Anordnung des Stoffes lässt nicht nur den Bauplan dieser Grammatik schön erkennen. Man kann an ihr auch leicht ablesen, wo etwa Erscheinungen, die offensichtlich zusammenhängen, disloziert sind (wie z. B. ⲟⲩⲛ̄ⲧⲉ- und ⲟⲩⲛ̄-), oder wo Erscheinungen, die ganz verschieden aussehen, in eine gemeinsame Perspektive gerückt werden. Der interessanteste Fall für das Letztere ist, wie schon von Shisha-Halevy hervorgehoben,[9] dass die Behandlung der Cleft Sentence unmittelbar der Behandlung der so genannten Zweiten Tempora (bei L. mit dem Ausdruck *Focalizing Conversion* belegt) folgt. Nun möchte man ja denken, dass sich da die Einwirkung der betreffenden Einsichten Polotskys in die Struktur der koptischen Sprache auf diese Grammatik zeigt. Und das ist sicher äußerlich auch der Fall. Manche Elemente der Durchführung kann man aber eher als eine unterschwellige Gegenbewegung verstehen. Es heißt z. B.: „Many kinds of sentence element are eligible to be interpreted (decoded) as the focal point – subject, predicate, verbal object, adverbial modifier, adverbial clause, etc." (#445 [S. 353 unten]). Und in dieser Reihenfolge werden dann in #449 auch die Beispiele gebracht, obgleich es da schon am Anfang ausdrücklich heißt: „By far the most frequent is type (*V*), the adverbial complement, …" (S. 356 unten) und beiläufig dann bei *V. Adverbial complement* noch einmal: „The most frequent type" (S. 357 unten). Nun ist es aber nach Polotsky gerade dieser Typ, der das Wesen dieser Transposition enthüllt und ausmacht. Von der Cleft Sentence heißt es: „It thus signals a special (marked) structuring of information content within the sentence; and in this function, though not in form, it resembles the focalizing conversion" (S. 368 Mitte). Polotsky aber hat hier eine innere Form von der äußeren unterschieden. Und diese innere Form ist es, in der nach ihm die Ähnlichkeit liegt, die ihn schließlich dazu veranlasst hat, die Sätze mit den zweiten Tempora auch als Cleft Sentences zu verstehen

8 Im Select Coptic Index kann er sogar definieren: „ⲉⲣ- (*zero-conjugated converter*) past tense affirmative, like ⲉⲛⲧ-ⲁ(ϥ)-" (S. 504b; Auflösung der Abkürzungen und *Hervorhebung* von mir).

9 „… the presentation (of the Focalization Conversion) is brilliant, entirely novel and truly exhaustive. For the Second Tense, this is the first really balanced presentation in a comprehensive grammar of all constructions. The adjoining of the Cleft Sentence to the Focalization Conversion is felicitous: the treatment of the Cleft sentence is the best since Polotsky's seminal article of 1962" (Coptic Linguistics: 1992–1996, 321).

(und zwar als „substantivische" gegenüber den anderen als den nun „adjektivisch" genannten). In #474, wo es um die Gegenüberstellung der (adjektivischen) Cleft Sentence und dem ganz ähnlich aussehenden Nominalsatztyp geht, der als drittes Glied einen determinierten Relativsatz hat, könnte man zur vorletzten Zeile von Table 26 einen deutlichen Hinweis darauf vermissen, dass der Unterschied in der Korrelation des „resumptive morph" besonders deutlich wird, wenn das erste Glied ein Personalpronomen der ersten oder zweiten Person ist.

Ein typischer Zug von L.s Grammatik, der sich aus der Übersicht über die Anordnung des Stoffes nicht entnehmen lässt, ist, dass es infolge der Entscheidung über die Platzierung von sprachlichen Erscheinungen geringerer Rangordnung oft zu Wiederholungen kommt, wie z. B., dass das nominale Subjekt im Präsens oder Verbalsatz in Extraposition stehen kann und im Falle von Transposition auch mitsamt dem Transponenten. Nach L.s, wie gesagt, verteilter Darstellung ergibt sich übrigens der Eindruck, dass es im klassischen Sahidisch die Extraposition der Konjugationsbasis nur im Falle von Transposition gibt. Im nichtklassischen Sahidisch und anderen Dialekten ist jedenfalls die Extraposition auch der pränominalen Grundformen der betreffenden Konjugationen durchaus gebräuchlich. Dass es also durch die spezielle Art der Stoffverteilung zu Wiederholungen kommt, ist nun an sich, gerade für eine Grammatik, gar nichts Nachteiliges. Ja, man könnte darin durchaus didaktische Prinzipien erkennen: *repetitio est mater studiorum*. Und die Sache ist eigentlich nur deswegen so auffallend, weil L. dabei dem Prinzip folgt, dass die gleichen Dinge auch mit den gleichen Worten ausgedrückt werden müssen. So kann es passieren, dass durch die stereotype Wiederholung einer *kritischen* Bemerkung, besonders wenn sie in einem Zusammenhang fällt, wo eigene Vorsicht geboten wäre, die verhandelte Sache den Leser nachdenklicher macht, als es beabsichtigt sein kann. Das Muster dessen, was ich meine, findet sich deutlich anlässlich der Beschreibung des Phänomens, dass der objektslos gebrauchte Infinitiv eines transitiven Verbs einerseits das Objekt nur nicht ausdrückt, andererseits in, wie L. sagt, ingressiver Funktion gebraucht sein kann. Und in diesem Zusammenhang heißt es nun kurz hintereinander gleich zweimal: „Crum, *Coptic Dictionary* p. VII, mislabels both of these meanings intransitive" (#169 und 174).

Vielleicht verdient das an Überraschungen so reiche Buch auch noch ein besonderes Wort über die erste Überraschung, die es bietet. Diese findet sich in der Beschreibung der Funktion des Supralinearstriches, insofern als dabei die Funktion desselben über Sonoren und den anderen Konsonanten als gleich angesehen wird und also z. B. ⲛ̄ und ϭ̄ (als Zeichen für ^{e}n und $^{e}k^{y}$) als die silbischen Varianten von *n* bzw. k^{y} gelten, was den Autor schließlich zur Äußerung seiner Verwunderung darüber führt, dass über Jota und Ypsilon bei silbischem Gebrauch niemals ein Supralinearstrich erscheint.[10]

Schließlich ist auch noch einmal auf den beiläufig weiter oben schon genannten #82 zurückzukommen, nicht zuletzt, weil das auch in der eigenen Optik von L. ein besonders wichtiger Paragraph ist, an den durch Querverweise immer

---

10 „In both systems" (dem Kurz- und dem Langstrichsystem) „the stroke is able to occur over any consonant letter except ⲓ and ⲩ, with which (*for obscure reasons*) the superlinear stroke is incompatible" (32 Mitte; Hervorhebung von mir).

wieder erinnert wird. L. hält die hier als Lehrinhalt präsentierte Entdeckung für so bedeutend, dass er sie schon im Jahre 1996 zum Thema eines Vortrags auf dem Internationalen Koptologenkongress von Münster gemacht hat.[11] Seit dem Schrecken von Münster war es eben dieser Paragraph, den in seinem grammatischen Kontext zu sehen, ich am allerneugierigsten war, und der für mich persönlich seit Münster so etwas wie der *articulus stantis et cadentis* dieser Grammatik ist. Es geht um den seltenen Fall, wo bei dem Verboid ⲟⲩⲛ̄ⲧⲉ- das Objekt des Habens als ein Pronomen vor dem nominalen Subjektsausdruck des Besitzers erscheint, den Polotsky in seinen *Grundlagen* hinsichtlich seiner Struktur und Problematik erläutert hat,[12] und dessen problematisches Hauptzeugnis der Ausdruck „alles, was mein Vater hat" in Joh 16,15 ist, wo in der Textüberlieferung der Objektsausdruck ungewöhnlich viele Varianten hat [vgl. dazu auch #390(*b*)]:

1. ⲛ̄ⲕⲁ ⲛⲓⲙ ⲉⲧⲉ(ⲟ)ⲩⲛ̄ⲧⲉ̲ⲥ̲ ⲡⲁⲉⲓⲱⲧ
2. ⲛ̄ⲕⲁ ⲛⲓⲙ ⲉⲧⲉ(ⲟ)ⲩⲛ̄ⲧⲥ̲ ⲡⲁⲉⲓⲱⲧ
3. ⲛ̄ⲕⲁ ⲛⲓⲙ ⲉⲧⲉ(ⲟ)ⲩⲛ̄ⲧⲉ̲ ⲡⲁⲉⲓⲱⲧ
4. ⲛ̄ⲕⲁ ⲛⲓⲙ ⲉⲧⲉ(ⲟ)ⲩⲛ̄ⲧⲁϥ̲ ⲡⲁⲉⲓⲱⲧ
5. ⲛ̄ⲕⲁ ⲛⲓⲙ ⲉⲧⲉ(ⲟ)ⲩⲛ̄ⲧⲁϥ̲ⲥ̲ ⲡⲁⲉⲓⲱⲧ

L. sieht nun in diesem „Satz" von Infixen ein Indiz für die Existenz einer besonderen Kategorie, die er „The *penultimate personal object morph*" nennt, und von der er lehrt: „the variant forms in this set are apparently equivalent, expressing no distinction of gender and number and occurring interchangeably with one another." Für Polotsky war dagegen vor allem die Feststellung wichtig, dass die Leseart ⲉⲧⲉⲩⲛ̄ⲧⲉ̲ⲥ̲ hier echt ist und, gegen den ersten Eindruck, den in dieser Konstruktion legitimen Ausdruck der 3. Pers. Pl. bietet,[13] und zwar unter der ihm selbstverständlichen Voraussetzung, dass ϥ und ⲥ in diesem Paradigma das Objekt in der 3. Pers. m. und f. Sgl. bieten. Wenn man von dieser Art des Herangehens aus versucht, die aufgeführten fünf Varianten zu deuten, könnte man sagen: Nr. 1 ist die legitime Form für ein pluralisches (oder pluralisch verstandenes) Antecedens, sozusagen der *wirkliche* Vertreter eines *imaginären* ⲉⲧⲉⲩⲛ̄ⲧⲁ-ⲥⲉ; Nr. 2 ist nur eine andere oder falsche Schreibung dieser Form; Nr. 3 macht wie Röm 12,4 [vgl. #390(*b*)] von der Möglichkeit Gebrauch, das Bezugspronomen (hier für ⲛ̄ⲕⲁ ⲛⲓⲙ) wegzulassen; Nr. 4 und 5 machen beide von der Möglichkeit Gebrauch, das Antecedens ⲛ̄ⲕⲁ ⲛⲓⲙ singularisch zu verstehen [vgl. #60(*a*)] und bieten also dementsprechend das Objektssuffix der 3. Pers. m. Sgl. (ⲥ)ϥ; dabei zeigt Nr. 5 eine ähnliche Verdrehung der Elemente wie auf seine Weise Nr. 1.

---

[11] Vgl. B. Layton, A Penultimate Personal Object Morph in Classical Sahidic Coptic, in: S. Emmel et al., Ägypten und Nubien 2, 347–358.

[12] Vgl. H. J. Polotsky, Grundlagen des koptischen Satzbaus I, Decatur, Georgia, 1987, # 50, 77f.

[13] Diese Sicht der Dinge wird jetzt auch mit mehr oder weniger Sicherheit bestätigt durch zwei Stellen des so genannten Berliner Koptischen Buches (P. Berol. 20915): ⲛⲉⲧⲉⲟⲩⲛⲧⲉⲥ ⲧⲉⲯ[ⲩⲭⲏ „die (Fähigkeiten), die die Seele besitzt" und ⲛⲉⲧⲉⲩ]|ⲛ̄ⲧⲉⲥ ⲛ̄ϫⲱ[ⲱⲙⲉ „die (Lehren), die die Bücher enthalten." Vgl. G. Schenke Robinson, Codex Berolinensis P 20915: A Progress Report, in: S. Emmel et al., Ägypten und Nubien 2, 173.

Noch ein weiteres diskussionswürdiges Problem könnte in L.s Definition der Transitivität gesehen werden (#166). Für L. sind nämlich, infolge einer Vermischung von Grammatik und Semantik, alle Verben transitiv, die durch irgendeinen Objektsausdruck erweitert werden können, ganz gleich wie dieser angeschlossen ist. Und so erscheint dann als erstes Beispiel ⲁⲩ-ⲛⲁⲩ ⲉ-ⲡϣⲏⲣⲉ ϣⲏⲙ.... Die rein grammatische Auffassung, wonach transitiv nur solche Verben sind, die einen *status nominalis* und/oder *pronominalis* besitzen, kommt nicht vor. Und dass diese Definition sich schwer verträgt mit der späteren Lehre (#174) von der ingressiven Verwendung des Infinitivs transitiver Verben, die den/einen anderen Begriff von Transitivität voraussetzt, sei nur am Rande bemerkt.

Der jetzt noch folgenden, in solchen Fällen üblichen und dem Autor wie seinen Lesern geschuldeten Liste von Kleinigkeiten, gelegentlich nur in Gestalt einer Frage, sei die bewundernde Bemerkung vorangestellt, dass L.s Grammatik in all ihren Teilen und trotz der Schwierigkeit der technischen Details mit einer solchen Sorgfalt hergestellt ist, und dem Ideal der Vollkommenheit so nahe kommt, wie ich es nur selten gesehen habe. Bei dem, was ich jetzt zum Schluss noch „treibe", geht es also um nichts geringeres als eine Art Wetteifer mit dem Autor selbst um Vollkommenheit.

S. 18 Mitte: Müsste es unter IV. nicht heißen

# ⲟⲩ + V...	statt	# ⲟⲩ + N...
# ⲟⲩ + N...	statt	# N + ⲟⲩ...?

S. 46 Z. 15 lies in statt is. S. 50 Z. 12: Lies autonomous statt antonomous. S. 64: Hier geht es um den Beleg etwas unterhalb der Mitte aus Hiob 5,18: ⲛ̄ⲧⲟϥ ⲅⲁⲣ ⲡⲉ-ϣⲁϥ-ⲙⲟⲕϩ-ⲟⲩ ⲁⲩⲱ ⲛⲉϥ-ⲧⲁϩⲟ-ⲟⲩ ⲉ-ⲡⲉⲩⲙⲁ mit der Übersetzung: „For it is He who causes pain and who restored again." Im Kontext geht es um die beiden generisch gebrauchten Objektsuffixe -ⲟⲩ. Mich aber interessiert das Element ⲛⲉϥ-, das kein Imperfekt sein kann, sondern der Konjunktiv sein muss (vgl. in #351 den ersten klein gedruckten Absatz unter dem Paradigma). Wahrscheinlich liegt bloß ein Druckfehler vor und ist „restores" zu lesen. S. 72: Im Schenutezitat unten (ShIII 60:4–5) muss es am Anfang natürlich ϥ-ϫⲱ, und nicht ϥ-ϫⲟ, heißen. S. 99 Z. 4/5: Hier stört der Punkt am Zeilenbruch. S. 109 Z. 5 v. u.: Lies figure statt figured. S. 135 Z. 6 v. u.: Lies these statt hese. S. 155 Z. 10: Soll es wirklich ⲑⲉⲣⲁⲡⲟⲩ, und nicht ⲑⲉⲣⲁⲡⲉⲩⲉ, heißen? S. 171: In der Darlegung des #212 zum Schema ⲛ̄ⲥⲁ-$^{\emptyset}$ *oun* + ⲛ̄-/ⲙ̄ⲙⲟ⸗ sieht es so aus, als sollte einfach die bekannte Präposition „nach" der Kern sein. Der Kern kann aber nur die Präposition ⲛ̄- sein; und die erste Erweiterung ist ein *nomen compositum* auf ⲥⲁ- „Seite von". S. 205 Z. 2 v. u.: Lies given statt give. S. 223 Z. 14: Lies in Lk 15,25 ϩⲛ̄-ⲧⲥⲱϣⲉ statt ϩⲛ̄-ⲥⲱϣⲉ. S. 249 Mitte: Lies Circumstantial ⲉⲣⲉ-ϩⲉⲛϩⲓⲟⲙⲉ ⲥⲱⲧⲡ, und nicht Circumstantial ⲉⲧⲉ-ϩⲉⲛϩⲓⲟⲙⲉ ⲥⲱⲧⲡ. S. 271 Z. 3: Lies when statt then. S. 314 unten: Im Zitat aus Apk 3,8 erwartet man eigentlich ⲉϥ-ⲟⲩⲏⲛ, und nicht ⲉϥ-ⲟⲩⲱⲛ. S. 363 Z. 7 v. u.: Vor dem Beleg, der mit ⲟⲩϣⲡⲏⲣⲉ anfängt, muss (*III*) nachgetragen werden. S. 387 Z. 1: Muss es nicht *Pattern 3* statt *Pattern 1* heißen? S. 405 Z. 8 v. u.: Nach ⲉϣϫⲉ fehlt L.s *bound morph* Strich.

In welchem Maße nun L.s endlich erschienene und alles in allem so interessante Grammatik wirklich das nächste Jahrhundert bestimmt, bleibt zwar abzuwarten, aber sie bietet auf jeden Fall eine ganz neue Basis für alle zukünftigen Diskussionen.

Rezension zu Siegfried G. Richter:
Die Herakleides-Psalmen. The Manichaean Coptic Papyri in the Chester Beatty Library, Psalm Book, Part II, Fasc.2*

Die Fortsetzung der stückweisen Neuausgabe des von C. R. C. Allberry im Jahre 1938 schon einmal veröffentlichten zweiten Teils des manichäischen Psalmenbuches und des Berichtes darüber[1] verläuft nicht ganz so wie erwartet. Von dieser Besprechung gilt das insofern, als sie mit einer erheblichen Verspätung erfolgt, für die ich auch gleich im Voraus bei den Interessenten um Entschuldigung bitten möchte, obgleich ich nicht viel dafür kann. Vielmehr schreibe ich diese Zeilen, weil selbst so interessiert, nur wenige Tage nach Erhalt des Rezensionsexemplars. Von dem Objekt der Besprechung gilt das *zum einen*, weil die Sache gar nicht wie geplant, nämlich der Reihe nach, weitergeht (vgl. Enchoria 24, 187), und nach dem Anfangsstück der Bemapsalmen (p. 1–47 bei Allberry) nun mit den Herakleidespsalmen zwei viel spätere und an verschiedenen Stellen stehende Gruppen kommen (p. 97–110 und 187–202 bei Allberry). Es musste offenbar nach dem Prinzip gehen, was am schnellsten machbar ist. Und da dürfte es sich angeboten haben, den Spezialisten für diese Psalmengruppen dieselben (in Abänderung des Programms) für sich herausgeben zu lassen.[2] *Zum anderen* entspricht die Wirklichkeit insofern nicht den Erwartungen, als in diesem zweiten Teilband die versprochenen *Addenda et Corrigenda* des ersten (vgl. Enchoria 24, 189) noch nicht enthalten sind. Sonst aber geht es doch so weiter, wie es im ersten Teilband angefangen hatte. Auch hier gehört wieder mit zu dem Wichtigsten das entsagungsvolle „Mückenseihen", also die sorgfältigste Klärung der minutiösen Probleme des Setzens (oder Nichtsetzens) von Punkten, Klammern und Häkchen, und das alles, um in der Textlesung und im Textverständnis ein wenig über Allberry hinauszukommen. Auch zeitigt dieses Bemühen wiederum erfreulichen Erfolg. Der „Vorspann" mit der Einleitung (S. 1–7) und den Bemerkungen „Zur Edition" (S. 8) kann diesmal, nach den in Fasc. 1 schon enthaltenen Informationen, etwas kürzer sein. In der Einleitung erfährt man vor allem, dass es im gesamten Psalmenbuch fünf Gruppen von Psalmen und einen Einzelpsalm gibt, die auf Herakleides zurückgeführt werden,

---

* Published under the Auspices of the Trustees of the Chester Beatty Library and under the Responsibility of the International Committee for the Publication of the Manichaean Coptic Papyri from Medinet Madi belonging to the Chester Beatty Library (Søren Giversen, Rodolphe Kasser, Martin Krause), CFM.C 1.2, Turnhout 1999. In: Enchoria 27, 2001, 243–254.

[1] Vgl. H.-M. Schenke, Enchoria 24 (1997/1998), 186–193 S. S. 1257–1263.

[2] Vgl. vor allem die zwei Bücher von S. Richter, nämlich: Exegetisch-literarkritische Untersuchungen von Herakleidespsalmen des koptisch-manichäischen Psalmenbuches, Altenberge 1994; und: Die Aufstiegspsalmen des Herakleides. Untersuchungen zum Seelenaufstieg und zur Seelenmesse bei den Manichäern, Wiesbaden 1997.

und wo und wie diese jeweils eingeordnet (und gezählt) werden. Während die erste Gruppe der Herakleidespsalmen (Nr. 26–33), der Einzelpsalm (Nr. 128), die Passapsalmen des Herakleides (Nr. 150–154) und die als zweite gezählte Gruppe von Herakleidespsalmen (Nr. 206–217) sich alle in dem noch unveröffentlichten (und vorerst wohl auch so bleibenden) ersten Teil des Psalmenbuches finden, geht es in dieser Ausgabe nur um die als dritte und vierte gezählte Gruppe, von denen die vierte zu den nicht mehr durchgezählten Anhängen des Psalmenbuches gehört. Die dritte Gruppe umfasst die zehn Psalmen (zum Seelenaufstieg), die man sich als Gesänge bei der manichäischen Seelenmesse vorzustellen hat, mit den Nummern 277–286; für die sieben (nicht nummerierten) Psalmen der vierten Gruppe hat der Herausgeber die Nomenklatur 4Her 1–7 eingeführt. Der Psalmendichter Herakleides, nach dem diese Psalmen genannt werden, war wahrscheinlich einer der unmittelbaren Schüler Manis, und das heißt, dass diese Psalmen schon in der ersten Generation nach Manis Tod entstanden sein können. Konkret setzt R. dann aber als Entstehungszeit die ganze Spanne von der zweiten Hälfte des dritten bis zur ersten Hälfte des vierten Jahrhunderts an. Wichtig für die folgenden Bemerkungen ist noch, dass nur die vierte Gruppe gut erhalten ist und ganz besonders interessante, vor allem religionsgeschichtlich relevante und daher auch als Einzelstücke schon vielfach behandelte Psalmen enthält, deren Lektüre und Benutzung in der hier nun vorliegenden, wiederum, soweit wie möglich, nach Strophen und Versen gegliederten, Neufassung nur empfohlen werden kann. R. bezeichnet ihre (vielfach *christlichen*) Themen oder ihre Art (auf S. 5) wie folgt: 1. *Gespräch des Auferstandenen mit Maria Magdalena*; 2. Der Bittpsalm des Herakleides; 3. Der Ruf an die Baumeister; 4. *Der Amen-Hymnus des Herakleides*; 5. *Psalm von den wachsamen Jungfrauen*; 6. *Hymnus an den Sohn des lebendigen Gottes*; 7. Die Erweckung des Urmenschen.

Wenn ich nun mit der Besprechung einfach da weitermache, wo ich seinerzeit aufgehört habe, so muss ich doch gestehen, dass diese Fortsetzung nicht mit dem gleichen Hochgefühl wie der Anfang erfolgt. Aber das liegt wohl vor allem an mir, sei es nun, weil man sich inzwischen an das neue Schöne schon so gewöhnt hat, dass man nicht noch einmal den gleichen Überschwang aufbringen kann, sei es, weil ich unglücklicherweise gleich zu Beginn der Durchsicht über ein paar Dinge gestolpert bin, die sich nun zu der Sorge verdichtet haben, die ganze Neuausgabe des Psalmenbuches II könnte bei all den in so vieler Hinsicht erreichten Verbesserungen gegenüber der Ausgabe von Allberry doch in manch anderer Beziehung auch hinter dieser *editio princeps* zurückbleiben. Diese „Steine des Anstoßes" werden aber nur unterwegs zur Sprache kommen, weil ich mit meinen Bemerkungen und Erwägungen einfach Seite für Seite am Text des Buches entlang gehen möchte (wobei die *Hervorhebungen* innerhalb der Zitate immer von mir stammen):

- S. 20/21, Ps. 277, Str. 8,1b: Man liest als Übersetzung von ⲙ̄ⲡⲓⲛⲁⲩϩ̄ⲧ ⲁⲡⲁϩⲟⲩ ⲁⲡⲧⲏⲣϥ̄ „und (ich) kehrte nicht zur *Welt* zurück," während Allberry für das Element ⲁⲡⲧⲏⲣϥ̄ „at all" hat. Diese Überraschung hängt mit einer anderen, die sich im Register findet, zusammen, wo R. den substantivierten Gebrauch von ⲧⲏⲣϥ̄ aus dem Lemma ⲧⲏⲣ⸗ adj. (sic!) *ganz, alle* herausnimmt und für sie ein eigenes Lemma ⲧⲏⲣϥ̄ n. m. *Welt* einführt (S. 114b), freilich ohne an den anderen Stellen, an denen (ⲡ)ⲧⲏⲣϥ̄ vorkommt, in der Übersetzung das Wort „Welt" noch einmal zu gebrauchen.

- S. 20/21, Ps. 277, Str. 17,1: [ⲛⲟⲩ]ϫⲉ ⲁⲃⲁⲗ ⲙ̣̄ⲙ̣ⲁ̣ï ⲙ̄ⲡⲙⲏϣⲉ ⲉⲧⲥⲁϣⲉ ⲛⲛ̄ⲇⲁⲓⲙ[ⲱⲛ] „[Entrei]ße mich dem widerwärtigen Haufen der Däm[on]en". Der springende Punkt dabei ist die Bestimmung des Platzes, den das Adverb ⲁⲃⲁⲗ in der Hierarchie der Satzelemente einnimmt (ob man es als Erweiterung von ⲛⲟⲩϫⲉ oder als Nukleus von ⲙ̣̄ⲙ̣ⲁ̣ï ansieht). Jedenfalls muss der Satz entsprechend der antiken narrativen Dämonologie unbedingt heißen: „Vertreib *aus mir* den widerwärtigen Haufen der Dämonen" (vgl. *innerhalb* dieses Buches auch S. 36/37, Ps. 283, (Allberry) p. 105,6:]ⲛ̣ⲁϫϥ̄ ⲁⲃⲁⲗ ⲙ̄ⲙⲁï· „fortgeworfen *von mir*"; und *außerhalb* davon vor allem [wegen der Vielzahl der auszutreibenden Dämonen] Mk 5,1–20 Parr).
- S. 22/23, Ps. 278, Str. 3,1.2: (1a)[. . . .]ⲕ̣ ⲛ̄ⲑⲁⲗⲁⲥⲥⲁ ⲉⲧⲙⲁⲗϩ̄ (1b)ⲙ̄ⲡⲓϫⲓ ϫⲱⲕⲙ[ⲉ ⲛ̄ϩⲏⲧⲥ̄ ⲁⲛ]ⲏϩⲉ· (2a)ⲟⲩⲧⲉ ⲧⲥⲉⲧⲉ ⲛ̄ⲧⲙⲛ̄ⲧⲁⲧⲥⲓ̣ (2b)ⲙ̄ⲡⲓϫ[ⲓ ⲛ̄ⲧⲉⲥⲙⲛ̄]ⲧϭⲁⲟⲩⲁⲛ ϩⲁ ïⲉⲧ'· Das wird nun gegen die eigene, offensichtlich richtige, strophische Gliederung so übersetzt: „(1a)[- - -] das salzige Meer, (1b)ich erfuhr [nie]mals ein Bad [in ihm], (2a)noch das Feuer der Unersättlichkeit. (2b)Ich erfuhr nicht [seine] Sklaverei für mein Auge," (usw.). Das Problem ist die Zäsur zwischen (2a) und (2b). Der zweite Vers muss vielmehr etwa heißen: „noch, was das Feuer der Unersättlichkeit betrifft, (2b)erfuhr ich [seine] Sklaverei für mein Auge."
- S. 22/23, Ps. 278, Str. 3,4b: Da heißt es in der allein lesbaren zweiten Hälfte: . ⲉ[ⲧ]ⲥⲁⲣⲙⲉ ϩⲏⲧ' „das Herz in die Irre leiten." So versteht auch Allberry: „[that] lead the heart astray", nur dass er den Relativsatztransponenten mitübersetzt. Aber das ist nicht das Problem. Dies besteht vielmehr in der Deutung der Form ⲥⲁⲣⲙⲉ, die Allberry korrekt als *status nominalis* versteht, während R. sie beim Stativ einordnet (S. 113a).
- S. 24/25, Ps. 278, Str. 4,1b: ⲡⲉⲧ̣ⲉ̣ [ⲙⲛ̄ⲧⲉϥ ⲗⲁⲩⲉ ⲛ̄]ⲉⲥⲟⲩ ⲛⲁϩⲣⲏï· „die (Welt), in der es [keinen] Lohn für mich [gibt]." Es ist nicht zu erkennen, dass diese freie Übersetzung wirklich besser wäre als eine wörtliche mit: „die keinen Wert in meinen Augen hat."
- S. 24/25, Ps. 278, Str. 4,2a: ϯϣⲁⲧⲡ̄ ⲁⲡϯⲙⲉ ⲛ̄ⲛ̄ⲇ̣[ⲓⲕⲁⲓⲟⲥ] „Ich eile *zum Ort* der Ge[rechten]." Wörtlich müsste es aber heißen: *„zur Stadt."*
- S. 24/25, Ps. 278, Str. 5,2.3: ⲧϣⲧⲏⲛ ⲉⲧϣⲟⲩïⲧ ⲛ̄ⲧⲉ ϯⲥⲁⲣⲍ ⲁ̣ị̈ⲃⲁϣ[ⲧ] ⲙ̄ⲙⲁⲥ ⲉïⲟⲩⲁϫ ⲉïⲟⲩⲁⲃⲉ· ⲁïⲧⲣⲉ ⲛⲟⲩⲣⲏⲧⲉ ⲉⲧⲥⲁⲧϥ̄ ⲛ̄ⲧⲁⲯⲩⲭⲏ ϩⲱⲙ ⲁϫⲱⲥ ϩⲛ̄ ⲟⲩⲕⲁϩⲧⲏϥ· „Das eitle Gewand des Fleisches habe ich ausgezogen und bin heil und rein. Ich ließ die verklärten Füße meiner Seele vertrauensvoll auf es treten." Dies ist m. E. die interessanteste Einzelstelle aus der dritten Gruppe, den Aufstiegspsalmen, des Herakleides, nämlich die berühmte Parallele zu EvThom #37,2f., auf die R. im Apparat ja auch gebührend verweist, sowie auf Literatur, in der das Verhältnis zwischen diesen beiden Stellen des näheren behandelt wird. Sie ist so wichtig, weil sie deutlich die kultischen Implikationen der eschatologischen Perspektive des Herrenwortes zeigt: Was die Eschatologie für die einzelnen Personen bedeutet, wird in der Taufe (oder einer tauf*losen* Bekehrung) vorweggenommen, worauf wiederum in der Totenmesse Bezug genommen werden kann. Ich hebe diese Psalmenstelle aber hier nicht nur hervor, um sie lediglich wieder in Erinnerung zu rufen, sondern weil mir in ihrem Licht jetzt erst klar sichtbar

geworden ist, was mich an der Thomasparallele immer irritiert hat. Das dortige Jesuswort lautet ja: „Wenn ihr euch entkleidet, ohne dass ihr euch geschämt habt, und nehmt eure Kleider (und) legt sie unter eure Füße *wie kleine Kinder* (und) trampelt darauf,[3] dann werdet [ihr] den Sohn des Lebendigen sehen, und ihr werdet euch nicht fürchten“ (Übersetzung des Berliner Arbeitskreises für koptisch-gnostische Schriften). Der störende Vergleich mit den kleinen Kindern ist nicht an sich falsch; falsch ist nur seine *Platzierung*. Kleine Kinder pflegen nicht auf ihren Kleidern, wenn sie denn welche haben, herumzutrampeln. Wohl aber ist es typisch für sie, dass sie sich (noch) nicht schämen, wenn sie einander nackt sehen.

- S. 24/25, Ps. 278, D.1a: ⲟⲩϭⲣⲟ ⲛⲉⲕ ⲡⲡ̅ⲛ̅ⲁ̅ ⲛ̅ⲧ[ⲙⲏⲉ] „Sieg sei dir, [wahrhaftiger] Geist.“ Eigentlich heißt es aber: „Geist der Wahrheit“, wie der Beiname des Parakleten nun einmal lautet (vgl. Joh 14,17; 15,26; 16,13).
- S. 24/25, Ps. 278, D.1b: [ⲟⲩ]ϭ̣ⲣ̣ⲟ̣ ⲛ̣ⲛ̣ⲉⲧⲟⲩⲁⲃⲉ ⲛ̅ⲁⲫⲑⲟⲣⲟⲥ „[- - -] den unsterblichen Heiligen.“ Das Auffällige daran ist, dass der rekonstruierte Anfang des Halbverses gar nicht mitübersetzt ist.
- S. 26/27, Ps. 279, Str. 3,2a: [ϥⲁ]ⲟ̣ⲩ̣ⲁ̣ⲛϩ̅ϥ̅ ⲛⲉ ⲁⲃⲁⲗ „[- - - er wird] sich dir zeigen“. Das Problem ist hier nur, dass es im Apparat zu der Stelle heißt: „*Möglich* ist auch ein Präsens: ‚er zeigt sich dir‘.“ Das ist aber eben (und zwar nach der Stern-Jernstedtschen Regel) *nicht* möglich.
- S. 26/27, Ps. 279, Str. 7,2: ⲛ̅ⲑⲉ ⲛ̅ⲟⲩⲁϩⲱⲙ ⲉϥⲁⲥⲓ̈ⲱⲟⲩ ⲉϥⲧⲁⲓ̈ⲗⲉ ⲁⲃⲁⲗ ϩⲛ̅ ⲡⲉϥⲁⲏⲣ „wie einen *leichten Adler*, der sich in seine Luft erhebt.“ Hier ist das Problem der Realitätsbezug der Zielsprache. Man müsste wohl, um dem Text gerecht zu werden, ihn etwa so wiedergeben: „wie einen Adler, der sich mit Leichtigkeit in sein Luftreich erhebt.“
- S. 28/29, Ps. 280, Str. 7,1b: ⲁⲓ̈ϫ̣ⲱⲕⲣⲉ ⲛ̅ⲧⲁⲯⲩⲭⲏ ϩⲛ̅ ϯⲥⲃⲱ ⲛ̅ⲛⲟⲩⲧⲉ· „habe ich meine Seele tauglich gemacht mit der *Weisheit Gottes*“; es heißt aber eigentlich: „mit der *göttlichen Lehre*.“
- S. 30/31, Ps. 281, Str. 8,1b: ⲁⲡⲁϩⲏⲧ ⲣ̅ⲃⲁⲗ ⲁⲑⲣ̅ⲧⲉ „mein Herz entfloh der *Furcht*.“ ϩⲣ̅ⲧⲉ, als Pendant zu ϩⲁⲧⲉ, bedeutet aber „Schrecken“ (das, was Furcht *einflößt*) (entsprechend zu verbessern auch S. 26/27, Ps. 279, Str. 3,1b; S. 40/41, Ps. 284, Str. 9,2b; und vgl. auch S. 83, App. zu 87b).
- S. 34/35, Ps. 282, Str. 6,5: ⲙ̅ⲡⲓⲣ̅ϭⲁⲗⲟⲩⲁⲛ ⲅⲁⲣ ⲁⲛⲏϩⲉ ⲛ̅ⲧⲕⲁⲕⲓⲁ ⲧⲣⲉϥⲣ̅ⲃⲏⲩ „denn niemals wurde ich Knecht *des Bösen, des Frevlers*.“ Wahrscheinlich ist die Apposition attributiv und bedeutet daher die problematische Wendung einfach: „der frevelhaften Bosheit“.
- S. 36/37, Ps. 283, (Allberry) p. 104,25: - - - ⲁⲃⲓ ⲧⲟⲟⲧϥ̅ ⲛ̅ⲣⲉϥϣⲱϭⲉ - - - „die Hand zum Schlag erheben“. Hier steht das ⲣⲉϥ-Syntagma nun im Attributsanschluss. Die Übersetzung von Allberry „to lift his wounding hand“ bringt das viel besser (mit Einschluss des Possessivums) zum Ausdruck.

---

[3] Vgl. auch die Wendung ὅταν τὸ τῆς αἰσχύνης ἔδυμα πατήσητε, die sich nach Clemens Alexandrinus (Strom. III 91ff.; Stählin II 238,14–30) in einem ähnlichen eschatologischen Jesuswort des Ägypterevangeliums findet.

- S. 38/39, Ps. 283, (Allberry) p. 105,30: ϯϩⲧⲏⲕ ϩⲱⲱⲕ ϯⲛⲟⲩ ⲁⲡⲃⲓⲟⲥ ⲛ̄ⲛ̣ⲁⲡⲕⲁϩ ⲛ̄ⲕⲛⲉⲩ „Richte dein Augenmerk *heute* auf das Leben der Irdischen und sieh"; eigentlich heißt es aber gar nicht „heute", sondern „jetzt".
- S. 40/41, Ps. 284, (Allberry) p. 107,14: [...]ϫ̣ⲱϥ ⲉ̣ⲛ ⲁⲡⲧⲏⲣϥ̄ ϩⲛ̄ ⲧⲟⲩⲛⲟⲩ ⲛ̄ⲧⲕ̣ⲣ̣[ⲓⲥⲓⲥ] „[- - -] nicht *in das All* in der Stunde der *N*[*ot*." Wieso „Not"? Vgl. Allberry: „... not upon it *at all* in the hour of *judgment*".
- S. 44/45, Ps. 285, (Allberry) p. 108,18f. (nebst App. zur Übers.): - - - ϫⲉⲕⲁⲥ ⲉⲣⲉ ⲡⲥⲁϣϥ̄ ⲛ̄ⲇⲁⲓⲙⲱⲛ ⲛ̣̄ⲁ̣ⲧ̣ϩⲏ̣ⲧ ⲛⲉⲩ ⲛ̄ⲥⲉⲟⲩⲉⲓ̈ⲉ ⲁⲣⲁⲓ̈· - - - =„ - - -, damit die sieben herzlosen (?) Dämonen (mich) sehen und vor mir weichen." Die Lösung liegt m. E. in dem Phänomen des zwischen der Konjunktion des Finalsatzes und seinem Prädikat eingeschobenen adverbiellen Ausdrucks (hier in Gestalt eines Umstandssatzes oder eines kurzen Konditionalis). Danach würde die Phrase bedeuten: „ - - -, damit, wenn die sieben herzlosen (?) Dämonen (mich) sehen, sie vor mir weichen." Ob das Fragezeichen hinter der Übersetzung von ⲛ̣̄ⲁ̣ⲧ̣ϩⲏ̣ⲧ damit zusammenhängt, dass R. dieses ϩⲏⲧ im Register unter ϩⲏ n. f. *Vorderseite, Anfang* einordnet und als eine Form der Präposition ϩⲏⲧ⸗ *vor* etc. (nämlich die mit dem Suffix der 1. Pers. Sgl.) ansieht (S. 117a), kann man fragen.
- S. 48/49, Ps. 286, (Allberry) p. 110,8: - - -]ⲥ̣ⲫ̣ⲁ̣ⲓ̣ⲣⲁ ⲛ̣[ⲛ]ⲉⲧⲁⲓ̈ϫⲓⲧⲟⲩ - - - =„ - - -] Sphäre. Die ich empfangen habe - - - ". Übersetzung nicht gerechtfertigt, weil der Text ein ⲛ zuviel hat.
- S. 54/55, (4Her 1) Str. 10,1.2: [ⲁ]ⲣⲓ ⲡⲙⲉⲩⲉ ⲙ̄ⲡⲉⲧⲁⲓ̈ϫⲟⲟϥ ⲟⲩⲧⲱⲓ̈ ⲛⲉⲙⲉⲕ ϩⲛ̄ ⲡⲧⲁⲩ ⲛ̄ⲛ̄ϫⲁⲓ̈ⲧ ϫⲉ ⲟⲩⲛ̄ⲧⲏⲓ̈ ⲡⲉϯⲛⲁϫⲟⲟϥ· ⲙⲛ̄ⲧⲏⲓ̈ ⲡⲉϯⲛⲁϫⲟⲟϥ ⲁⲣⲁϥ = (Der auferstandene Jesus beauftragt Maria Magdalena, falls die Jünger Schwierigkeiten damit haben, die Osterbotschaft zu glauben, speziell dem Petrus zu sagen) „[G]edenke dessen, was ich zwischen mir und dir auf dem Ölberg gesagt habe: ‚Ich habe etwas, was zu sagen ist, aber niemanden, dem ich es sagen könnte.'" Zu diesem bereits berühmten freien Jesuslogion des manichäischen Psalmenbuches und seinen Parallelen vgl. schon R.s Buch von 1994 (S. 52). Vielleicht darf man noch hinsichtlich der speziellen Form der „Einbettung" dieses Agraphons zum Vergleich auf zwei ähnliche „Erinnerungen" der Nag Hammadi-Schrift ActPt (Codex VI,1) hinweisen, die dort aber vom auferstandenen Jesus direkt ausgehen. Die erste ist wiederum an Petrus gerichtet, aber das betreffende „Wort", diesmal ein (ganzes) Gleichnis, wird nicht wiederholt. Es heißt da: „Der Herr antwortete und sprach: ‚Petrus, es wäre nötig, dass du das Gleichnis begreifst, das ich dir (einst) gesagt habe!'" (p. 10,22–25). Die andere „Erinnerung" ist nicht an Petrus, sondern an Johannes gerichtet und hat gar kein Jesuswort, sondern ein Wort des Johannes selbst zum Gegenstand: „Er (Jesus) antwortete ihm: ‚Vortrefflich hast du, Johannes, (einmal) gesagt: »Ich weiß, dass die Ärzte der Welt (nur) die weltlichen (Krankheiten) heilen, die Ärzte der Seelen aber das Herz heilen.«'" (p. 11,14–19).
- S. 58/59, (4Her 3) Str. 6,1: [ⲡⲉⲧⲉ ⲟⲩ]ⲛ̄ⲧⲉϥ ⲱⲛⲉ ⲙ̄ⲙⲏⲉ „[Wer] *Edelstein* besitzt" – warum nimmt R. nicht den Plural wie Allberry und er selbst an einer anderen Stelle [S. 76/77, (4Her 6) Str. 21b], da doch die ø-Determination die Numerus-Alternative aufhebt?
- S. 64/65, (4Her 4) Str. 20a.b: ⲁⲙⲏⲛ ϯⲙⲉⲩ ⲛ̄ⲛⲁⲏⲧ' ⲉⲧϯ ⲁⲣⲱⲛ ⲛ̄ⲧⲉⲥⲉⲣⲱⲧⲉ = „Amen, o barmherzige Mutter, die *uns* ihre Milch gibt". Man möchte hier fragen, ob nicht bei Präpositionen, die mit Wörtern für Körperteile gebildet sind, wie

hier ⲁⲣⲱ⸗ⲛ, die Ausgangsbedeutung in eindeutig dazu passenden Kontexten automatisch an die Oberfläche kommt, so dass man vielleicht plastischer übersetzen könnte oder müsste, nämlich: „die *uns* ihre Milch *in den Mund* gibt."

- S. 64/65, (4Her 4) Str. 24a: ⲛⲉⲧⲁⲗⲙⲉ ⲁⲛⲉⲩⲉⲣ[ⲏⲩ] = „Die *sich einan*[*der*] umarmen". Unter dem Gesichtspunkt der Zielsprache vermag ich die Frage nicht zu unterdrücken, ob nur ich die *markierte* Tautologie, die mir auch anderswo, aber nur in Übersetzungen aus dem Koptischen, schon zum Anstoß geworden ist, als unschön empfinde, oder ob sie objektiv nicht dem Standard entspricht. In meinen Augen liegt das jedenfalls etwa auf der gleichen Ebene, wie wenn bei der Wiedergabe eines koptischen Finalsatzes das Futur der koptischen Vorlage beibehalten wird, wie es z. B. auf S. 47 zweimal geschehen ist [(Allberry) p. 109,13.22], oder wenn ϩⲱⲥ ⲁ-/ⲁⲣⲁ⸗ einfach mit „singen *zu*" übersetzt wird [S. 41(4x).43(2x).75[4]].
- S. 70/71, (4Her 5) Str. 18b: ⲓⲁⲕⲕⲱⲃⲟⲥ ⲡⲉϥⲕⲉⲥⲁⲛ „Jakobus, sein (nämlich des Johannes) *anderer* Bruder." Es geht um die Semantik des Elements ⲕⲉ-. Und da Johannes Zebedäus keinen dritten Bruder gehabt hat, ist die gewählte Übersetzung auf jeden Fall „irreal".[5] Und warum behandelt R. dieses Element hier anders als in Str. 28b und 32b, wonach es hier heißen müsste: „auch Jakobus, sein Bruder"? So hatte es R. übrigens selbst noch in seinem Buch von 1994 (S. 170).
- S. 74/75, (4Her 6) Str. 5: [ⲡ]ϩⲟⲟⲩ ⲛ̄ⲟⲩⲁïⲛⲉ ⲉⲧϫⲏⲕ ⲡⲁ ⲡⲓⲣⲏ ⲛ̄ⲁⲧϩⲱⲧⲡ̄ = „Vollkommener Lichttag, *der der* nicht untergehenden Sonne." Was hieran auffällig erscheinen könnte, liegt (nur) auf der Grenze zwischen den Problemen der bestmöglichen „Ankunft" in der Zielsprache und dem Phänomen einer partiellen Unausgewogenheit der Übersetzung. Jedenfalls heißt es noch in R.s Buch von 1994 (S. 227): „Vollkommener Tag des Lichtes *mit* der Sonne, die nicht untergeht." Solche (etwas freiere) Wiedergabe des Possessivpronomens durch „mit" findet sich z. B. auf derselben Seite gleich darauf in den Strophen 8 und 10.
- S. 74/75, (4Her 6) Str. 6: (a)[ⲡ]ⲁïⲕ ⲙ̄ⲡⲱⲛϩ̄ ⲉⲧⲟⲩⲁⲃⲉ (b)ⲡⲓ ⲁⲃⲁⲗ ⲛ̄ⲙ̄ⲡⲏⲩⲉ = (a)„Heiliges Brot des Lebens, (b)das aus den Himmeln." Das nach R.s Textverständnis[6] unberechtigte Spatium im koptischen Text zwischen ⲡⲓ und ⲁⲃⲁⲗ[7] im Zusammenhang mit der etwas hölzernen Übersetzung von (b) mag Anlass zu einer fragenden Erwägung sein. Die Deklaration Jesu bezieht sich ja auf die Himmelsbrotrede von Joh 6, in der vom *Kommen* des wahren Brotes

---

[4] Es wird nur zweimal sachgemäßer übersetzt, nämlich einmal mit „singen *für*" (S. 93) und einmal mit „*be*singen" (S. 95).

[5] Es sei denn, der Text selbst ist hier „irreal", insofern als die beiden Jakobusse, der Bruder des Johannes und *der andere* Jakobus (vgl. S. 76/77, [4Her 6] Str. 26 und 30) zusammengeworfen sind (was über das Martyrium gesagt wird, geht jedenfalls eindeutig auf den anderen Jakobus, den *Herren*bruder [vgl. auch R. selbst in seinem Buch von 1994, S. 201f.]).

[6] Im Register findet sich dies ⲡⲓ nämlich als ⲡⲓ-, d. h. als Demonstrativartikel, ausgewiesen (S. 112a).

[7] Vielleicht ist das in einer äußerlichen Analogie zu dem in der Strophe vorher zwischen ⲡⲁ und ⲡⲓⲣⲏ befindlichen Spatium zu sehen.

aus dem Himmel die Rede ist. Und entsprechend hat Allberry auch übersetzt: „that is *come* from the skies." Der erste Teil der Frage ist nun, ob der Demonstrativartikel πι- vor ⲁⲃⲁⲗ-Phrasen überhaupt genauso funktioniert bzw. gebräuchlich ist, wie der einfache Artikel. Denn wenn nur ⲡⲁⲃⲁⲗ dastünde, würden wir hier kein Wort verlieren. Und der zweite Frageteil ist dann dementsprechend, ob das ⲡⲓ an dieser Stelle überhaupt der Demonstrativartikel ist und nicht etwa der einfache Artikel mit substantivierten (ⲉ)ⲓ „kommen," was ja bedeuten würde, dass auch für ein Prädikat vom Typ ⲟⲩⲉⲓ ⲁⲃⲁⲗ ⲛ̄- „(Du bist / Er ist) *einer, der* aus ... gekommen ist"[8] die Transposition der Aussage zur Benennung („*der, der* aus ... gekommen ist") möglich ist.[9]

- S. 78/79, (4 Her 6) Str. 34b: ⲁϥϯ ⲧⲉⲗⲱ ⲁϩⲏⲧϥ̄ = „und (er) warf die Schlinge *um ihn*." Der markierte Teil der Übersetzung mag damit zusammenhängen, dass R. in dem Element ϩⲏⲧϥ̄ eine Form der Präposition ϩⲏⲧ⸗ erkennt (S. 117a unter ϩⲏ n. f. *Vorderseite, Anfang*). Es gehört aber zu ϩⲏ n. f. *Bauch, Leib* (worunter es bei Allberry auch steht). Mein eigentliches Anliegen ist hier aber, da sich mir die Anzeichen gehäuft haben, nach denen dieses (oder ein anderes) ϩⲏ (auch speziell) als Äquivalent von τράχηλος fungieren kann,[10] ob man nicht auch hier diese Bedeutung ansetzen sollte, mit der das Bild erst wirklich stimmig würde; also: „und (er) warf *ihm* die Schlinge *um den Hals*."
- S. 78/79, (4Her 6) Str. 40: (a)ⲁϥⲧⲛ̄ϩⲟ ⲛ̄ⲛⲉⲧⲙⲁⲩⲧ' ⲁⲃⲁⲗ (b)ϩⲛ̄ ⲡⲙⲟⲩ ⲛ̄ⲛⲉⲩⲛⲁⲃⲉ = „(a)Er machte die Toten lebendig (b)durch den Tod ihrer Sünden." Was R. hier in Halbvers (b) als „Übersetzung" sagt, gibt es nicht nur nicht in der Wirklichkeit, sondern ist auch theologisch irreal. Es kann nur gemeint sein: „durch (seinen) Tod *für* ihre Sünden."
- S. 78/79, (4Her 6) Str. 41: ⲁϥⲟⲩⲉⲛ ⲁⲛⲃⲉⲗ ⲉⲧⲧⲏⲙ ⲙ̄ⲡⲛⲉⲩ ⲙ̄ⲡⲃ̄ⲗ̄ⲗⲉ ⲙ̄ⲙⲓⲥⲉ = „Er (Jesus) öffnete die verschlossenen Augen *für das* Sehen des Blindgeborenen."

---

[8] Vgl. W.-P. Funk, Formen und Funktionen des interlokutiven Nominalsatzes in den koptischen Dialekten, LOAPL 3 (1991), # 4.4.3; und z. B. auch Enchoria 24, 169f.

[9] Vgl. das analoge ⲡⲓ in 2LogSeth, NHC VII, p. 50,12f: ⲉⲁⲛⲟⲕ ⲡⲉ ⲡⲓ ⲉⲃⲟⲗ ⲛ̄ϩⲏⲧⲟⲩ „Weil ich es bin, (und zwar) der, der aus ihrer Mitte hervorgegangen ist." Versuchsweise könnte man auch das ⲡⲓ in Brontê, NHC VI, p. 19,13, in dem das Element ⲓ ja bereits als das Verb „kommen" erkannt worden ist, in diesen Zusammenhang stellen. Vielleicht heißt das dortige ⲡⲓ ⲉⲡⲓⲧⲛ̄ ja gar nicht „das Herabkommen", sondern „der, der herabgekommen ist." Der Zusammenhang ist dort nämlich: ⲁⲛⲟⲕ ⲡⲉ ⲡⲓ ⲉⲡⲓⲧⲛ̄ ⲁⲩⲱ ⲉⲩⲛ̄ⲛⲏⲟⲩ ⲉϩⲣⲁ̈ⲓ ⲉⲧⲟⲟⲧ' (p. 19,12–14), und das heißt vielleicht ganz prägnant: „Ich bin derjenige, der herabgekommen ist, und zu mir werden sie heraufkommen." Bei H. J. Polotsky, Zur Determination im Koptischen, Orientalia 58 (1989), 464–472, findet man vielleicht ein Modell, oder mindestens eine Analogie dafür, in der Art und Weise, wie er das Verhältnis von Aussagen wie ⲟⲩⲙⲉ „ein Gerechter" und Benennungen wie ⲡⲙⲉ „der Gerechte" erklärt.

[10] Der Ausgangspunkt meiner diesbezüglichen linguistisch-exegetischen „Unruhe" war die Stelle Mt 18,6b nach dem Codex Schøyen (Dialekt: eine besondere Spielart von M), wo es heißt: ⲛⲁⲛⲟⲩⲥ ⲛⲉϥ ⲉⲙⲉⲗϩ ⲟⲩⲱⲛⲏ [ⲛ̇ⲛⲟⲩⲧ] | [ⲉϩⲏ]ⲧ̣ϥ ⲉⲥⲉⲧϥ ⲉϩⲣⲏï ⲉⲡⲡⲉⲗⲁⲅⲟ[ⲥ ⲛ̇ⲑⲁⲗⲁⲥⲥⲁ], im Zusammenhang damit, daß auch der bohairische Text hier ⲉϧⲏⲧϥ hat. Und es sind besonders zwei Stellen aus dem P. Bodmer 6 (Prov 1,9; 3,3), die mich zum Umdenken veranlasst haben. Das Element [ⲉϩⲏ]ⲧ̣ϥ an der Mt-Stelle setzt also wohl doch keine andere griechische Vorlage (nämlich εἰς τὴν κοιλίαν αὐτοῦ), wie ich erst dachte, voraus, sondern übersetzt auf seine Weise auch nur das περὶ τὸν τράχηλου αὐτοῦ des Standardtextes.

Mit Recht sieht R., im Unterschied zu Allberry („at the time"), in ⲛⲉⲩ nicht das hier ganz und gar unpassende Nomen „Stunde", sondern das (substantivierte) Verbum „sehen". Aber hinsichtlich der genaueren Bestimmung der Präposition ⲙ̅-, sowie auf der Suche nach dem Sinn, könnte man noch etwas tun. Vielleicht wäre es besser, wörtlich zu sagen: „*im* Sehen des Blindgeborenen"; und der Sinn, wie er allein dem eindrucksvollen Kontext einer zusammenfassenden Beschreibung der Heilswirksamkeit Jesu gemäß ist, wäre: „Er öffnete (allen) die verschlossenen Augen (der Seele), dadurch, dass er dem Blindgeborenen das Augenlicht schenkte."

- S. 78/79, (4Her 6) Str. 43: ⲁϥⲧⲱϭⲉ ⲛ̅ⲛⲉϥϣⲗϩ̅· ϩⲛ̅ ⲡⲓⲱϩⲉ ⲛ̅ⲛⲉϥⲥⲱⲧⲡ̅ = „Er pflanzte seine Stecklinge in der *Herde* seiner Erwählten." Der Grund für diese Versündigung an einem Bild ist die Auffassung von ⲡⲓⲱϩⲉ als ⲡⲓ-ⲱϩⲉ und nicht, wie es offensichtlich sein muss, als ⲡ-ⲓⲱϩⲉ. Entsprechend falsch ist auch der Eintrag im Register. Die Verkennung mag schließlich noch damit zusammenhängen, dass R., nach Ausweis des Registers (ⲓⲁϩⲟⲩ n. m. *Feld* 195,4), die Pluralform von ⲓ̈ⲱϩⲉ für das Wort für „Feld" hält.
- S. 78/79, (4Her 6) Str. 48: ⲛ̅ϣⲁⲙⲓⲥⲉ ⲙ̅ⲡⲧⲟ ⲁⲩⲛⲁϩ ⲛⲉⲩⲕⲗⲟⲟⲙ ϩⲓϫⲱⲟⲩ = „Die Erstgeborenen des Landes schüttelten ihre Kränze von sich." In Analogie zu dem oben zu S. 64/65, (4Her 4) Str. 20a.b Gesagten könnten Verständnis und Gestalt der zweiten Hälfte der hiesigen Strophe mit einer Übersetzung „nahmen die Kränze von ihren Häuptern ab" nur gewinnen.
- S. 80/81, (4Her 6) Str. 62: ϩⲁⲓ̈ⲛⲉ ⲁⲩⲙⲉⲥⲧⲱⲟⲩ· ⲁⲩⲛⲁϫⲟⲩ ⲁⲃⲁⲗ ⲛ̅ⲧϥⲗⲁⲓ̈ϭⲉ = „Von einigen wurden sie gehasst und um seinetwillen ausgestoßen." Man kann schwer einsehen, wieso die interpretatorische Transponierung ins Passiv den Sinn besser wiedergeben sollte, als die wirklich dastehende aktivische Version des Gedankens, nämlich: „Einige haben ihren Hass auf sie gerichtet und (haben sie) um seinetwillen ausgestoßen."
- S. 80/81, (4Her 6) Str. 67: ⲁⲩⲕⲁⲁⲩ ϩⲁ ⲡϩ̅ⲕⲟ ⲙⲛ̅ ⲡⲓⲃⲉ· ⲁⲩⲱⲛϩ̅ ⲁⲡⲉϥⲥⲉϫⲉ = „Sie wurden Hunger und Durst unterworfen und lebten *für* sein Wort." Von der Sache her würde man erwarten: „und lebten *von* seinem Wort" [vgl. vor allem Mt 4,4 (*S*): ⲛⲉⲣⲉ ⲡⲣⲱⲙⲉ ⲛⲁⲱⲛϩ̅ ⲁⲛ ⲉ̱ⲟⲉⲓⲕ ⲙⲁⲩⲁⲁϥ ⲁⲗⲗⲁ ⲉ̱ϣⲁϫⲉ ⲛⲓⲙ ⲉⲧⲛⲏⲩ ⲉⲃⲟⲗ ϩⲛ̅ ⲧⲧⲁⲡⲣⲟ ⲙ̅ⲡⲛⲟⲩⲧⲉ], und so *heißt es* also auch hier.
- S. 84/85, (4Her 6) Str. 90/91: ⲁϥϣⲁⲣ̣ϣⲣ̅ ⲙ̅ⲡⲉⲩⲣ̅ⲡⲉ· ⲁϥⲡⲱϩ ⲙ̅ⲡⲉⲩⲕⲁⲓⲟⲩⲏⲗⲟ[ⲛ] ⲁϥⲃⲁⲗⲃ̣ⲗ̣ ⲛ̅ⲛⲉϥⲱⲛⲉ· ⲉϥϣⲓⲛⲉ ⲥⲁ ⲛⲉϥⲇⲁⲓⲙⲱ̣ⲛ̣ = „Er (Jesus) zerstörte (den im Irdischen befangenen Juden) ihren Tempel und zerriss auch ihren Vorhang. Er wühlte seine Steine um, indem er nach seinen Dämonen suchte." Es geht mir hier nur um eine Unterstreichung oder Konkretisierung dessen, was R. schon in seinem Buch von 1994 (S. 262) über diese religionsgeschichtlich besonders interessante Stelle gesagt hat. Im Rahmen einer Beschreibung der Wirkung des Todes Jesu, in der das, was mit Jesus geschieht, und die Folgen davon, so in eins gesehen werden, dass das alles als Tun Jesu selbst erscheint, finden wir an dieser Stelle des Psalmenbuches auch eine Anwendung des berühmten Motivs aus dem Sagenkreis des Königs Salomo, dass dieser den Tempel einst nur mit Hilfe von Dämonen hatte erbauen können, die er aber nach getaner Arbeit in eherne Wasserkrüge, die dann noch versiegelt wurden, eingesperrt und im Tempel begraben hat. Und in dem Licht, das von der relativ neuen Nag Hammadi-Parallele (TestVer, NHC IX p. 70,4–24) auf unsere Stelle scheint,

verstehen wir: es ist nicht nur die bloße Zerstörung des Tempels durch die Römer, die der erhöhte Jesus als Strafe für die Juden, die ihn hatten kreuzigen lassen, über diese bringt, sondern auch, dass die Römer dabei zufällig auf Salomos Dämonenkrüge stießen, diese versehentlich öffneten und so den Dämonen neuerlich ihre unreine Herrschaft über das ganze Land ermöglichten.

- S. 84/85, (4Her 6) Str. 99: ⲁⲡⲙⲟⲩ ⲕⲱⲧⲉ ⲛ̄ϩⲏⲧϥ̄ ⲙ̄ⲡⲉϥϭⲛ ⲗⲁⲩⲉ ⲛ̄ⲧⲉϥ = „Der Tod suchte *nach ihm,* und fand nichts." Es handelt sich im hiesigen Kontext des Theologumenons von Jesu *Descensus ad inferos* möglicherweise speziell um das Motiv vom kreißenden Tod (der Tod hatte den Erlöser verschlungen und musste ihn in dessen Auferstehung unter Geburtsschmerzen aus seinem Leibe wieder freigeben), wonach zu übersetzen wäre: „Der Tod suchte *in sich selbst* und fand (da) nichts (mehr) *von ihm.*"
- S. 88/89, (4Her 7) Str. 2a: [ⲛ]ⲧⲁⲕⲉⲓ ⲁⲃⲁⲗ ⲉⲕⲥⲁⲩϩ· = „Hervor kamst du und *warst gesammelt.*" Die Frage ist hier (und auch 32a; 43a; 45a), was es bedeuten soll und kann, wenn von einer Einzelgestalt, die kein Kollektivum darstellt, das Qualitativ des (transitiven) Verbs ⲥⲱⲟⲩϩ̄ mit seinem Aspekt eines statischen Passivs prädiziert wird. Vielleicht so etwas wie: „anwesend sein"?
- S. 94/95, (4Her 7) Str. 39a.b bzw. S. 96/97, (4Her 7) Str. 51a.b: ⲁⲩⲧⲛ̄ⲛⲁⲩⲧ' / ⲁϊⲉⲓ ⲉⲣⲉ ⲛ̄ⲥⲃ̄ⲧⲉⲩⲉ ⲁⲣϫ̄ ⲉⲣⲉ ⲛⲁ ⲛ̄ⲟⲩⲣ̄ϣⲉ ⲣⲁïⲥ ϩⲓⲣⲱⲟⲩ(·) = „Ich wurde ausgesandt / Ich kam, während (als) die Mauern fest (stark) waren und die Wächter *über sie* wachten."[11] Die Frage ist hier ganz entsprechend zu der oben bei S. 64/65, (4Her 4) Str. 20a.b gestellten; und das läuft hier darauf hinaus, ob man nicht automatisch verstehen muss: „und die Wächter *ihre* (*d. h. die*) *Tore* (*der Mauern*) bewachten."

Was die Indices betrifft, so betrachte ich die Zeit für willkommene „Wunschzettel" nach meiner Liste von Enchoria 24, 191–193 als inzwischen abgelaufen. Ein Teil der Wünsche ist ja auch erfüllt worden; bei anderen konnte wohl das einmal gewählte Prinzip nicht mehr geändert werden. Wenn nun auch in den Indices dieses Bandes wieder manchmal bei einem *status nominalis* der einfache Strich (-) und bei einem *status pronominalis* der schräge Doppelstrich (⸗) fehlt, so werde

---

[11] Die hier durch Klammern angegebenen Varianten der Übersetzung ein und desselben koptischen Morphems oder Wortes mögen als Aufhänger dienen für die Bemerkung, dass auch sonst manches in R.s Übersetzung auffällig *unausgeglichen* ist. Nur als ein Signal für das wirklich gemeinte Phänomen sei hier notiert: Der Name ⲡⲗⲟⲩⲥⲓⲁⲛⲉ wird sowohl Plousiane (S. 23. 39) als auch Plusiane (S. 29) transkribiert; wenn die Namen Maria und Theona in der so genannten zweiten Doxologie direkt aufeinanderfolgen, erscheint das in der Übersetzung nicht nur auch so, nämlich: „Maria, Theona" (S. 25. 103), sondern wird es auch mit: „(der ...) Maria <und der> Theona" (S. 67) wiedergegeben; wenn diese Maria in der zweiten Doxologie als μακαρία bezeichnet wird, lesen wir dafür in der Übersetzung nicht nur „selig" (S. 25.103), sondern auch „glückselig" (S. 35. 43. 47. 49. 55. 57. 61. 67. 73). Daß solche Unausgeglichenheit auch die Sache selbst tangiert, zeigt außer dem Ausgangspunkt dieser Bemerkung auch schon das oben zu S. 70/71, (4Her 5), Str. 18b Gesagte und kommt besonders zum Ausdruck in 4Her 7, insofern als in der Übersetzung nicht durchgehalten wird, das dichterische Prinzip der gleichartigen koptischen Strophenanfänge auch in der Übersetzung „abzubilden".

ich solches jetzt also nicht mehr vermerken; auch nicht manche anderen Dinge von ähnlich kleiner oder mittlerer Größenordnung, mit denen man nicht glücklich sein kann. Die folgende Auflistung bietet vielmehr (von dem „unterwegs" als auffällig Notierten) nur bemerkenswerte neue oder spezifische Sachverhalte:

- S. 107a, Lemma ⲁⲁⲥ: ϯ ⲁⲁⲥ ⲁϩⲟⲩⲛ *ohrfeigen*: m. E. gehört ⲁϩⲟⲩⲛ nicht zum Verb, sondern zu der folgenden Präposition.
- S. 108b: Wie kommt ⲙⲁⲣⲁⲛ in das Lemma ⲉⲓ? ⲧⲣⲉ-, also die Pränominalform des kausativen Infinitivs, steht nicht bei diesem auf S. 121b, sondern hier unter dem Lemma ⲉïⲣⲉ (sic! wieder mit Trema).
- S. 109a, ⲕⲱⲗⲡ̄: der substantivierte Infinitiv ist maskulin; es ist die Nominalbildung ⲕⲟⲗⲡ̲ⲥ̲, die ein Femininum ist.
- S. 109b, Lemma ⲙⲟⲩ: dass ⲙⲁⲩⲧ (fälschlicherweise) für den Stativ des intr. ⲙⲟⲩ (statt des tr. ⲙⲟⲩⲟⲩⲧ) gehalten wird, hat schon Tradition. Wenn es dann aber noch heißt ⲙⲁⲩⲧ- part. conj. ⲙⲁⲩⲧⲯⲩⲭⲏ, gerät die Sache ganz aus den Fugen.
- S. 111a, ⲛⲉⲡ n. f. *Herrin*: Auch wenn das Subjekt des *verbum compositum* ⲣ̄ⲛⲉⲡ feminin ist, so ist deswegen nicht auch gleich das Nomen ⲛⲉⲡ selbst ein Femininum. Unter ⲛⲁϣⲉ- findet sich [für das, was in Wirklichkeit der Relativsatz ⲉⲧ(-)ⲛⲁϣⲱ(⸗)ⲟⲩ „die, welche zahlreich sind" ist] der Eintrag: ⲉⲧⲛⲁϣⲱⲟⲩ adj. *viel, zahlreich*.
- S. 112b: ⲟⲩⲣⲏⲧⲉ wird als Pluralform von ⲣⲉⲧ⸗ ausgegeben (kommt aber auf S. 115b auch noch einmal als n. f. vor). Weder ⲣⲙ̄ⲣⲉϣϥ̲̄ noch ⲣⲙ̄ⲣⲉϣⲉ gehören in das Lemma ⲣⲉϣⲉ *sich freuen*. Lemma ⲥⲁ- praep. *hinter, nach*: die Form ⲛ̄ⲥⲱ gehört eine Zeile höher. Unter ⲥⲁⲃⲉ adj. lies ⲥⲁⲃⲉ̲ n. m. *Weiser*.
- S. 113a: Lies besser ⲥϩⲓⲙⲉ statt ⲥⲓⲙⲉ und ⲥⲙⲁⲧ statt ⲥⲙⲟⲧ. Bei ⲥⲛⲉⲩϩ̄ wird mit den folgenden Angaben n. m. pl. wohl zuviel auf einmal geboten.
- S. 113b, Lemma ⲥⲟⲩⲱⲛ: beim Eintrag ⲥⲟⲩⲁⲛⲧ̄ ⲁ̲ⲃ̲ⲁ̲ⲗ̲ hatte ich erst Zweifel, ob das Adverb wirklich zum Verb gehört (und nicht zu dem, was ursprünglich gefolgt sein muss). Im Lichte des ⲥⲛ̄ⲟⲩⲁⲛⲧ ⲁⲃⲁⲗ von 1Ke 363,12 und des ⲥⲟⲩⲁⲛⲧ ⲁⲃⲁⲗ von 1Ke 88,12; 125,21 glaube ich jetzt aber, dass R. Recht hat.
- S. 114a: die pränominale Form des kausativen Infinitivs ohne Rho, also ⲧⲉ(-), steht hier unter ϯ *geben* und nicht bei den präsuffixalen Formen auf S. 121b. Bei -ⲧⲏⲛⲉ heißt es: Nebenform des Suffix 2. Pl., ohne dass eine Stelle angegeben wird.
- S. 115b, Lemma ⲟⲩⲣⲁⲧ: bei ϫⲁïⲟⲩⲣⲁⲧ steht bloß *voll Freude*. ⲱ interj. gehört zum graeco-koptischen Vokabular.
- S. 116a Z. 1: Das feminine Attribut ⲙⲏⲉ macht das Syntagma ⲱⲛⲉ ⲙ̄ⲙⲏⲉ noch nicht zum Femininum. Lemma ⲱⲡ: ⲱⲡ ⲁⲧⲟⲟⲧ heißt nicht *zurechnen, zuteilen*, sondern *m̲i̲r̲ zurechnen, m̲i̲r̲ zuteilen*.
- S. 116b, Lemma ϣⲓⲡⲉ: ⲣⲉϥϯ ϣⲓⲡⲉ Beschämer*in*. Dass an der betreffenden Stelle dieses Syntagma als Prädikat einer Frau erscheint, macht es noch nicht lexikalisch zum Femininum.
- S. 117a, Lemma ϣⲱϭⲉ: ⲣⲉϥϣⲱϭⲉ *Verwundeter*. Diese Bedeutung ist nicht nur an sich überraschend, sondern auch in Anbetracht von R.s Verständnis der betreffenden Stelle [s. oben zu S. 36/37, Ps. 283, (Allberry) p. 104,25]. Lemma ϩⲉ n. f. *Art, Weise*: das ϩⲉ- in ϩⲉⲛⲟⲩϥⲉ gehört nicht da hinein.

- S. 117b, Lemma ϩⲗⲁϭ: zu ϩⲗϭ̄ findet sich ein Verweis auf ϩⲏⲧ. Aber die betreffenden Syntagmen werden gar nicht erst dort, sondern gleich hier in den übernächsten beiden Zeilen aufgeführt.
- S. 118a, Lemma ϩⲛ̄(-) praep.: Was soll die besondere Anführung ϩⲛ̄ ⲟⲩ-? ϩⲛ̄ + kaus. Inf.: dazwischen gehört noch -ⲡ-. Gehört das Lemma ϩⲛ̄ⲧⲟⲩ *Indien* nicht zu den Eigennamen? Und in der Tat erscheint es da (S. 124b) noch einmal. Bei ϩⲣ̄ⲧⲉ wäre als Bedeutung *Schrecken* statt *Furcht* anzugeben.
- S. 118b: Anlässlich des Lemmas ϩⲱϭⲙⲉ v. intr. *verdorren, verwelken* muss ich doch noch einmal an die Probleme der Bezeichnungen „transitiv" oder „intransitiv" bei Angaben über neutropassivische Verben erinnern (vgl. Enchoria 24, 193). Wenn hier gleich in der nächsten Zeile die (transitive) Form ϩⲁϭⲙⲉ⸗ folgt, wirkt das schon irritierend.
- S. 119a, Lemma ϫⲱⲕⲙⲉ: der Eintrag ϫⲁⲕⲙⲉ 100,28 steht eine Zeile zu hoch.
- S. 119b, Lemma ϭⲱⲗⲡ: ϭⲁⲗⲡ ϩⲁ(-) heißt nicht *offenbaren*. Es müsste etwa heißen: qual, *offenbar sein für*. Lemma ϭⲓⲛⲉ: an dem überraschenden Eintrag ⲛ̄ⲣⲉϥϭⲛ̄ϩⲏⲩ adv. *erfolgreich* ist wohl die Kennzeichnung als Adverb (wie übrigens gleich danach noch einmal bei ⲛ̄ⲧϭⲁⲧ unter ϭⲁⲧ) das Anstößigste.
- S. 120a: Der Eintrag ⲛⲉ- + ⲟⲩⲛ̄(-) im Rahmen des *Imperfektparadigmas* ist auffällig, besonders weil der Präteritumtransponent bei Wurst (im Fasc. 1) unter den koptischen *Wörtern* erscheint. Hoffentlich gibt so etwas keine Schwierigkeiten bei der für später geplanten Zusammenfügung der Fasc.register zu einem Generalregister für das ganze Psalmenbuch!
- S. 120b: Im Bestreben, die Konjugationen, die im Finalsatz nach ϫⲉ bzw. ϫⲉⲕⲁⲥ(ⲉ) gebraucht werden, hervorzuheben und zusammenzustellen, ist das Verbalsatzparadigma des negativen energetischen Futurs unter die Konjugationen des Präsenssystems geraten.
- S. 121a: Von den Formen ⲉϣⲁ⸗, die als Circumstantialis (des Aorist) deklariert werden, ist die erste wahrscheinlich, die zweite mit Sicherheit eine Relativform.
- S. 121b: Statt Konjunktiv neg. lies: Konditionalis neg.! Entsprechend ist der Eintrag zu verschieben.
- S. 122b und S. 123a: Das Element ⲕ̅ⲩ̅ erscheint zweimal, einmal in der Anordnung ⲕ̅ⲩ̅ (κύριος) und einmal in der Anordnung κύριος (ⲕ̅ⲩ̅) [in dieser (zweiten) Anordnung als einziger Eintrag unter der Rubrik der (rein) griechischen Wörter].

Rezension zu Jürgen Hammerstaedt: Griechische Anaphorenfragmente aus Ägypten und Nubien*

Die hier vorgelegte Sammlung von Neueditionen fragmentarisch in griechischer Sprache erhaltener und aus der liturgisch besonders fruchtbaren spätantiken und frühbyzantinischen Zeit stammender Teile des eucharistischen Hochgebets aus der Messliturgie der Ostkirche entsprang, wie der Autor in seinem Vorwort erklärt, praktischen Bedürfnissen und ist begründet in dem Umstand, dass deren frühere Editionen den gegenwärtigen Bedürfnissen von Papyrologie und Liturgiewissenschaft nicht mehr genügen und also eine Revision erforderlich machten oder verdienen. Das Buch enthält somit keine neue „Botschaft", sondern bietet „Altes" in neuer, verbesserter Form und ist eigentlich bestimmt für solche Benutzer, die es ganz genau wissen wollen oder müssen, und wird auch nur von solchen in seinem wahren Wert voll gewürdigt werden können, obgleich es sehr wohl auch mit Gewinn von anderen, die an der hier verhandelten Sache so oder so interessiert sind, zu benutzen ist. Aus dem genannten Grund und Zweck des Unternehmens erklärt es sich auch, dass hier nicht alle spätantiken und frühbyzantinischen Fragmente bzw. Texte der Anaphora geboten werden; solche, die in neueren oder verlässlichen Ausgaben vorliegen, bleiben ausgeklammert. Wir haben es also nicht mit einem Kompendium von allem aus dieser Zeit Stammenden zu tun.

Die auf Grund des meist sehr fragmentarischen Zustandes der Texte wahrhaft entsagungsvolle Neubearbeitung der aufgenommenen 19 Stücke setzt fast in allen Fällen Autopsie der Originale voraus und ist nach meinem Eindruck mit der allergrößten Sorgfalt ausgeführt worden. Ich kann mich z. B. nicht erinnern, jemals eine so detaillierte, bis ins Kleinste gehende und daher auch einen breiten Raum einnehmende Beschreibung von Buchstabenresten, deren Deutung unsicher ist, vor Augen bekommen zu haben. Und da der Inhalt der Fragmente sich zum Teil überlappt und viele der Bruchstücke auch erst im Vergleich mit den ganz erhaltenen mittelalterlichen Liturgiehandschriften bedeutsam oder verständlich werden, wodurch es notwendigerweise zu dem für synoptische Vergleiche nun einmal typischen Stil kommt, (und auch noch aus vielen anderen Gründen) war die Arbeit nur mit großer technischer Routine und in einem hohen Grade von Organisiertheit, was sich bis in die Dichte der Sprache hinein auswirkt, durchzuführen.

Den Editionen der einzelnen Stücke und den jeweiligen Kommentaren dazu ist eine fünfteilige Einleitung mit folgenden Themen vorangestellt: 1. Die Schöpfung schriftlicher Anaphorenformulare am Ausgang der Antike. (Darin findet sich auch eine Definition des vorausgesetzten Begriffs von Anaphora: „Entsprechend einer in der Spätantike wurzelnden und in der heutigen Liturgiewissenschaft üblichen

* ANWAW.PC 28, Opladen 1999. In: OLZ 96 (2001), 204–207.

Praxis soll hier und im folgenden unter Anaphora bzw. Eucharistischem Hochgebet derjenige Teil der Messfeier verstanden werden, der durch die Darbringung der Gaben, auf die Gott den Heiligen Geist herab sendet, die Kommunionhandlung vorbereitet" [S. 3].) 2. Zum Inhalt des Corpus fragmentarisch erhaltener spätantiker und frühbyzantinischer griechischer Anaphoren. 3. Spätantike und frühbyzantinische Liturgieformulare in Ägypten und Nubien. (In dieser Ausgabe bieten Nr. 1–8 Teile der Markos/Kyrillosliturgie.) 4. Die vermutliche Bestimmung der erhaltenen Anaphorentexte. (Es handelt sich nicht immer einfach um fragmentarische Seiten von ehemaligen Messbüchern.) [Der Übergang von der Einleitung zum Hauptteil wird markiert durch:] 5. Zu Edition und Kommentar. Von den Indices am Ende des Werkes ist besonders auf die noch untergliederten und absolut vollständigen griechischen Wort- und Namensindices (S. 219–231) hinzuweisen.

Aus der „schiefen Optik" eines an der Sache Interessierten, der aber nur auf einem in der Nähe liegenden Felde zu Hause ist, ergeben sich nach dieser kurzen Vorstellung und nachdrücklichen Empfehlung dieses Buches noch zwei Randbemerkungen dazu, sowie eine nicht ganz zu unterdrückende Grundsatzfrage.

In Fragment Nr. 4 (PRyl. gr. 465) recto Z. 10 ergänzt der Herausgeber (mit Coquin), und unter Berufung auf die sahidische und bohairische Fassung, im Brotwort des anaphorischen Einsetzungsberichts λαβε[τε φαγετε παντες εξ αυτου - - -] (S. 78. 84). Und es erscheint mir mitteilenswert, dass dieses (dem Kelchwort analoge) πάντες sich jetzt wahrscheinlich auch schon in einem koptischen Evangelientext bezeugt findet, nämlich in dem noch unedierten Codex Schøyen Mt 26,26 (Dialekt *M*): ⲙ̇ⲙⲏⲓ̈ⲛ[ⲏ] ⲟⲩⲱⲙ̣ [ⲙⲙⲁϥ ⲧⲏⲣⲧⲛ] (auch hier ist das betreffende Element freilich nur ergänzt, aber wegen des Raumes in der Textlücke sehr naheliegend).

In einer auf demselben Papyrus (PRyl. gr. 465) der Markosanaphora hinzugefügten Totenfürbitte heißt es am Schluss (verso Z. 18–21): κατὰ τὰ[ς ἀληθεῖς καὶ ἀψευδενς] σου ἐπαγγελείας ἀποδι[δοὺς αὐτοῖς ἃ ὀφθαλμὸς] οὐκ εἶδεῖν καὶ οὖς οὐκ ἤκ[ουσεν καὶ ἐπὶ καρδίαν] ἀν(θρώπ)ου ο[ὐκ] ἀνέβη = „... und (indem du) nach deinen [wahrhaftigen und untrüglichen] Verheißungen [ihnen] verleihst, [was] kein Auge erblickt und kein Ohr vernommen hat [und] (was) [in] kein Menschen[herz] gedrungen ist" (Übersetzung H. [S. 90f.]). Dafür gibt es liturgische Paralleltexte, die H. auf S. 92 zitiert. Und auf S. 95 wird (offenbar als Quelle) auf 1 Cor 2,9 verwiesen. Nun ist das im 1. Korintherbrief aber gar keine Verheißung, sondern nur ein Zitat, noch dazu aus einer unbekannten (Heiligen) Schrift, das dementsprechend der neutestamentlichen Wissenschaft bisher große Probleme bereitet hat, auf das aber vor einiger Zeit durch den Nag Hammadi-Fund neues Licht gefallen ist, von dem nun auch die Liturgiewissenschaft profitieren könnte, insofern als dieses Wort im Thomasevangelium (NHC II,2) tatsächlich als eine Verheißung, und zwar im Munde Jesu, erscheint, und zwar in folgender Form (EvThom 17): ⲡⲉϫⲉ ⲓ̅ⲥ̅ ϫⲉ ϯⲛⲁϯ ⲛⲏⲧⲛ̄ ⲙ̄ⲡⲉⲧⲉ ⲙ̄ⲡⲉ ⲃⲁⲗ ⲛⲁⲩ ⲉⲣⲟϥ ⲁⲩⲱ ⲡⲉⲧⲉ ⲙ̄ⲡⲉ ⲙⲁⲁϫⲉ ⲥⲟⲧⲙⲉϥ ⲁⲩⲱ ⲡⲉⲧⲉ ⲙ̄ⲡⲉ ϭⲓϫ ϭⲙ̄ϭⲱⲙϥ ⲁⲩⲱ ⲙ̄ⲡⲉϥⲉⲓ ⲉϩⲣⲁï ϩⲓ ⲫⲏⲧ ⲣ̄ⲣⲱⲙⲉ = „Jesus spricht: ‚Ich werde euch das geben, was kein Auge gesehen und was kein Ohr gehört hat und was keine Hand berührt hat und was nicht in den menschlichen Sinn gekommen ist'" (Übersetzung des Berliner Arbeitskreises für koptisch-gnostische Schriften [K. Aland (Hg.), Synopsis Quattuor Evangeliorum,[15]

524]). Zum Vergleich bieten sich auch noch zwei weitere Nag Hammadi-Texte an, nämlich Philippusevangelium (NHC II,3) § 104c und der Dialog des Erlösers (NHC III,5) p. 140,2f.

Die oben erwähnte Frage schließlich bezieht sich ganz allgemein auf den Stellenwert von koptischen Texten, und der koptischen Sprache überhaupt, für ein Werk wie dieses, in dem es ja um einen bestimmten Teil der in Ägypten in koptischer Zeit gebrauchten Liturgie geht. Der Autor muss immer wieder neben den griechischen Texten auch auf koptische Parallelen im sahidischen und bohairischen Dialekt hinweisen. Und im Vorwort bedankt er sich bei H. J. Thissen und M. Weber für deren Hilfe „bei der Beurteilung der Übersetzung koptischer Texte," die ja tatsächlich, wenn sie wirklich zitiert werden, nur in der Übersetzung in eine moderne Sprache oder ins Lateinische erscheinen. Aber es gibt doch sicher Benutzer, die für die Mitteilung des koptischen Wortlauts der betreffenden Stellen dankbar gewesen wären und wenigstens selbst damit hätten etwas anfangen können. Und außerdem wäre es vielleicht wichtig, die Frage zu stellen bzw. etwas darüber zu erfahren, ob die koptischen Übersetzungen eigentlich immer eine sekundäre Textform repräsentieren müssen und nicht auch einmal etwas Ursprünglicheres bewahrt haben könnten.

Rezension zu Judith Hartenstein: Die zweite Lehre. Erscheinungen des Auferstandenen als Rahmenerzählungen frühchristlicher Dialoge*

Der Gegenstand dieser Besprechung ist eine für die Drucklegung leicht überarbeitete und nachträglich mit Registern versehene Fassung einer Dissertation, die im Sommersemester 1997 von der Theologischen Fakultät der Humboldt-Universität zu Berlin angenommen worden war. Die Autorin ist Mitglied des Berliner Arbeitskreises für koptisch-gnostische Schriften, der seinerzeit an der Theologischen Fakultät der Humboldt-Universität zum Zwecke der Erschließung der Texte aus dem Handschriftenfund von Nag Hammadi für das Verständnis des Neuen Testaments entstanden ist und in dem das auch für die Theologie so fruchtbare koptologische Erbe von Carl Schmidt bewahrt wird.[1] Wenn ich auch nach meiner Emeritierung diesen Kreis nicht mehr leite – das macht jetzt vielmehr mein Nachfolger und Schüler Hans-Gebhard Bethge, der auch der Betreuer der Dissertation von Judith Hartenstein war – so gehöre ich doch noch dazu und werde, besonders in wichtigen Fällen, zu Rate gezogen. Dadurch war ich offiziell – neben den zwei großen Gutachten von H.-G. Bethge und J. Schröter – mit einem Votum an dem Vorgang der Promotion beteiligt und werde also die Rezension damit beginnen, dass ich einfach auf bestimmte Texte aus dem Promotionsvorgang Bezug nehme.

Ehe ich aber mit der Wiedergabe des Hauptinhalts meines seinerzeit im Bemühen um größte Sorgfalt formulierten Votums beginne, möchte ich noch zu erklären versuchen, warum, oder unter welchem Aspekt, es das vorliegende Buch tatsächlich verdient, als etwas Besonderes herausgestellt zu werden. Natürlich kann der Grund nicht in einem überwältigenden und alle vorherigen Unklarheiten beseitigenden Ergebnis, zu dem die Autorin in ihrer Untersuchung gekommen wäre, gesehen werden. Die „Edelsteine" liegen vielmehr auf ihrem Wege. Es ist die Art, wie die Autorin bestimmte Nag Hammadi-Texte sozusagen gleichberechtigt bei der Interpretation der Texte des Neuen Testaments anwendet. Nachdem die Pionierarbeit auf dem Felde der Nag Hammadi-Forschung abgeschlossen ist, insofern als für alle Schriften, durch die Faksimile-Ausgabe, kritische Editionen und (wenigstens schon zum größten Teil) Konkordanzen zur Weiterverarbeitung zur Verfügung stehen, ist es die Aufgabe der jetzigen Generation, auf einer zweiten, und m. E. noch höheren Stufe der Erschließung, diese Schriften den anderen Quellen zur Geschichte und Geistesgeschichte der Spätantike an die Seite zu stellen und sie also wirklich ernst zu nehmen. Was gemeint ist, wird vielleicht

* TU 146, Berlin 2000. In: GGA 254, Nr. 3–4 (2002), 161–178.

[1] Vgl. H.-M. Schenke, The Work of the Berliner Arbeitskreis: Past, Present, and Future, in: J. D. Turner/A. McGuire (ed.), The Nag Hammadi Library after Fifty Years, NHMS 44, Leiden 1997, 62–71.

noch deutlicher, wenn man es negativ formuliert. Es ist ja inzwischen, wenigstens im Bereich der neutestamentlichen Wissenschaft, weithin schon üblich, die Nag Hammadi-Schriften zu benutzen. Doch gewöhnlich geschieht es nur zur äußerlichen und nachträglichen Verzierung von Untersuchungen, deren Ergebnisse ganz woanders gewonnen wurden. Man kann es auch so sagen: Der Verweis auf, oder sogar der Gebrauch von, Nag Hammadi-Texten gilt als modern. Aber was benötigt wird, ist die Rückkehr zur Normalität. Die Nag Hammadi-Texte sind ganz normal als Quellen, wie die anderen auch, zu behandeln. Und ich möchte also die epochale Bedeutung des Werkes von Judith Hartenstein eben darin sehen, dass es als ein Paradebeispiel für den jetzt gebotenen normalen Umgang mit den Nag Hammadi-Texten gelten kann.

Doch nun zu den Hauptpunkten meiner damaligen Beurteilung des Werkes, die m. E. in Bezug auf die Buchform immer noch gilt. Die Autorin hat eine interessante, ideenreiche, die Forschung weiterführende und mit der allergrößten Sorgfalt ausgeführte Arbeit vorgelegt. Dies allerdings war mein Eindruck erst nach Abschluss der Lektüre und der Durchführung von zusätzlichen Kontrollen. Das sei gesagt, weil es ja auch anderen Lesern wie mir gehen könnte, der ich, als ich noch mitten im Prozess des Lesens war, oft seufzen musste, weil mir der wirkliche Wert des Ganzen noch nicht klar war. Der Leser mag also darauf vorbereitet sein, dass seine Geduld hier vielleicht nicht wenig auf die Probe gestellt wird, und dass die Arbeit eindrucksvoller endet, als sie anfängt. Bestechend ist aber auf jeden Fall, dass die Autorin in der Verfolgung ihres aspektreichen Gegenstandes die Richtung nicht verliert und tatsächlich zu einer Lösung der Fragen kommt, mit denen sie an die Sache herangetreten ist. Wie es zu der Vielfädigkeit des Unternehmens gekommen ist, kann man vielleicht so sehen, dass es der Kern der ganzen Sache einmal war, den neutestamentlichen Erzählungen von der Erscheinung des Auferstandenen neue Aspekte abzugewinnen, indem man sie mit noch „ungebrauchten" neuen bzw. neu erschlossenen, apokryphen Erscheinungsgeschichten vergleicht. Älteres durch Späteres zu erklären ist zwar ungewöhnlich, hat sich aber auch schon bei anderen Sachverhalten des Neuen Testaments als ein fruchtbares Verfahren erwiesen. Von diesem Ausgangspunkt aus war der Arbeit jener methodische Gesichtspunkt, der zur Zeit unter dem Stichwort der „Intertextualität" als neu gilt, aber auf jeden Fall modern ist, und von dem sie sich ganz wesentlich bestimmt zeigt, schon mit auf den Weg gegeben. Wie nun die neutestamentlichen Erscheinungserzählungen nur in ihrem Kontext zu verstehen sind, so ist ihr Vergleich mit den apokryphen Parallelen nur sinnvoll, wenn man zuvor auch über deren Kontext die nötige Klarheit erlangt hat. Und das ist nun sehr schwierig und die Ursache dafür, dass die Untersuchung viele zusätzliche Schwerpunkte erhält. Diese anderen Erzählungen finden sich, abgesehen von der schon lange bekannten so genannten Epistula Apostolorum (EpAp), in einer Gruppe von Nag Hammadi-Texten, woraus sich zunächst einmal die Aufgabe ergab, die Gattung dieser Texte, für die die Autorin den Begriff „Dialogevangelium" gewählt bzw. geprägt, jedenfalls festgelegt hat, in ihrer Perspektive und in Auseinandersetzung mit dem betreffenden Zweig der Nag Hammadi-Forschung zu definieren. Andererseits sind die Erscheinungen in diesen Texten ja nur der äußere, meist vernachlässigte, Rahmen für den sachlichen, oft sehr schwer zu verstehenden (gnostischen) Inhalt, die Botschaft, die in ihrem Zentrum, den Dialogen des Auferstandenen mit seinen Jüngern, entfaltet wird. Von daher ist es unumgänglich, dass die Autorin zunächst einmal die betreffenden Schriften in ihrer Ganzheit analysieren und zu verstehen suchen muss. Da sie das alles sehr gut macht, kommt es eben auch dazu, dass mancher Leser den Eindruck haben mag, dass viele der Ergebnisse, zu denen sie auf dem weiten Anmarschweg kommt, interessanter und objektiv wichtiger sind als die Ergebnisse, zu denen dieser Weg sie am Ende schließlich führt.

Es ist klar, dass die Autorin, die meiste Zeit auf wissenschaftlichem Neuland arbeitend, relativ schnell und auch mehr oder weniger vorläufig oder versuchsweise eine Unmenge von Entscheidungen treffen muss. Und sie tut das tapfer, nämlich auch gegen etablierte Auffassungen von Autoritäten, durchschaubar und stets so, dass auch einer, der etwa auf der jeweils anderen Seite steht, Anlass und Stoff zu erneutem Nachdenken bekommt. Da es sich, besonders wo es in den mittleren Kapiteln um die Einleitungsfragen der betreffenden Nag Hammadi-Schriften geht, meist um große, weiträumige Probleme handelt, hat die Autorin relativ selten Gelegenheit, praktisch nur in den Anmerkungen, zu zeigen, wie sie mit exegetischen Einzelproblemen fertig zu werden versteht. Bei den großen Problemen ist eine für die Verfasserin typische Herangehensweise etwas, was man „narrative Exegese“ nennen könnte. Die Autorin vermag Aspekte und Probleme von Texten kreativ wiederzugeben. Besonders fruchtbar wirkt sich die Fähigkeit aus, wo es darum geht, umfangreiche, problematische und vielleicht widersprüchliche Sachverhalte zusammenzufassen. Es mag auch anderen Lesern wie mir gehen, dass ihnen das unmittelbar lichtvolle Einsichten beschert. Wo die Autorin ihre narrative Exegese auf überschaubare und an sich klare Texteinheiten anwendet, wo also die „Zusammenfassung“ ausführlicher wird als der Text selbst, kann man allerdings zunächst seine Probleme haben. Aber ich bin gewiss, dass man doch allmählich merkt, dass es der Autorin in dem, was auf den ersten Blick wie eine aufbauschende Nacherzählung aussieht, gelingt, entscheidende Aspekte der Texte zu entdecken und sichtbar zu machen. Dass sie ihre apokryphen Texte im Großen wie im Kleinen wirklich „ernst nimmt“, ist aber vielleicht nicht nur ein Stück der Faszination ihrer Arbeit, sondern könnte auch ein Problem implizieren. Manchmal nämlich geht dieses „Hören aufs Wort“ in einer eigenartigen Weise zusammen mit einer Haltung, die alles Wirkliche für gut zu halten geneigt ist. Eine Sache ernst nehmen und sie für gut halten ist ja nicht notwendigerweise dasselbe. Mancher wird sich vielleicht auch fragen, ob es mit dem gerade genannten Zug zusammenhängen könnte, dass die Autorin mehrfach statt (vorgegebener) literarkritischer Betrachtungsweisen von Texten lieber von deren Auffassung als organischer Ganzheiten ausgeht. Andererseits könnte dies auch mit einem noch anderen typischen Zug dieser Arbeit zusammenhängen. Bei einem so komplexen Gegenstand, wie ihn die Autorin nun einmal behandeln muss, ist es fast gar nicht möglich, den vollen Sachverhalt in den Blick zu fassen. Man muss also die gemeinte Wirklichkeit am vereinfachten Modell studieren. Eine gewisse Vereinfachung liegt freilich schon im Ausgangspunkt begründet. Dieser sind ja die Erscheinungsgeschichten der kanonischen Evangelien. Und damit sind automatisch die älteren, auch neutestamentlichen, Vorstellungen von der Erscheinung des Auferstandenen oder das Zeugnis des Clemens von der nachösterlichen Vermittlung einer kirchlich legitimen Gnosis an Jakobus, den Gerechten, Johannes und Petrus (Hypotyposen Fragment 13) oder Erscheinungsvorstellungen in anderen apokryphen Texten, wie vor allen Dingen im Evangelium nach Philippus (EvPhil NHC II,3) #26a (wo sich am Ende eine besondere Parallele zur der Erscheinungsszene eines ihrer Dialogevangelien, nämlich der Schrift „Die Sophia Jesu Christi" [SJC] findet) ausgeklammert. Auch die in diesem Ausgangspunkt gegebene Konzentration auf die *kanonischen* Evangelien wirkt in diese Richtung, und natürlich besonders wenn man deren allgemeine Bekanntheit schon um 150 voraussetzt bzw., wenn man, wo es nicht demonstrierbar ist, voraussetzt, dass die Dialogevangelien die kanonischen Evangelien kennen. Um das volle Bild zu erhalten, muss man wohl auch mit unbekannten Größen rechnen. Das Bild wird jedenfalls automatisch ein ganz anderes, wenn man mit dem Gesichtspunkt ernst macht, dass es sicher sehr viel mehr Schriften gegeben hat, als uns erhalten sind, wenn man also voraussetzt, dass sowohl die uns ganz oder nur namentlich bekannten kanonischen oder apokryphen („gewöhnlichen") Evangelien, als auch die uns jetzt vorliegenden Dialogevangelien im Verhältnis zu dem, was es einmal gab, nur „einer aus tausend und zwei aus zehntausend" sind, um es mit dem Evangelium des Thomas (NHC II,2 #23) auszudrücken. Die Autorin lässt übrigens m. E. oft genug durchblicken, dass sie sich dieses Sachverhalts theoretisch sehr wohl bewusst ist. Es ist eben bloß die Frage, mit welchen Unsicherheitsfaktoren die am Modell gewonnenen Ergebnisse behaftet sind. Diese Frage mag an bestimmten ihrer konkreten Ergebnisse besonders akut werden, z. B. an der Auffassung, dass die Sophia Jesu Christi, in besonderer Abhängigkeit von der Perikope Mt 28,16–20, die die Autorin unter Berufung auf nur eine exegetische Stimme als wahrscheinlich redaktionell erklärt,[2] das älteste der Dialogevangelien und wahrscheinlich ihr Ursprung ist, dass die so genannte Epistula Jacobi Apocrypha, hier im Buch vereinfacht „Brief des Jakobus" genannt, (EpJac NHC I,2) sich ausdrücklich auf die Erste Apokalypse des Jakobus (1ApcJac NHC V,3) bezieht und überhaupt relativ spät entstanden und von der Epistula Apostolorum literarisch abhängig ist.

Da nun die für das Buch und sein Anliegen nach alledem so zentralen Dialogevangelien alle (auch oder hauptsächlich oder nur) koptisch überliefert sind, hängt ja vieles in dem Werk davon ab, dass die Autorin die koptische Sprache wirklich beherrscht. So habe ich natürlich ganz besonders die koptologisch relevanten Partien und Aspekte der Arbeit „unter die Lupe" genommen und bin glücklich, bezeugen zu können, dass die betreffenden Partien völlig in Ordnung, ja bewunderungswürdig sind.[3] Dabei hat es die Autorin ja insofern noch besonders schwer, als sie gleich mit drei verschiedenen koptischen

---

[2] Das ist die „Stimme" von J. Lange, Das Erscheinen des Auferstandenen im Evangelium nach Matthäus. Eine traditions- und redaktionsgeschichtliche Untersuchung zu Mt 28,16–20, Würzburg 1973, 438 passim (58 Anm. 103).

[3] Es gab in der Fassung der Dissertation zwar natürlicherweise noch gewisse verbesserungswürdige oder korrekturbedürftige Kleinigkeiten, wie sie jedem passieren. Aber im Prozess der Vorbereitung der Dissertation zum Druck konnten fast alle – jedenfalls kann ich das von denen, die mir aufgefallen sind, bezeugen – bereinigt werden. Auf den ganz geringen Rest, wo kleine Wünsche offen geblieben sind, werde ich unten noch zu sprechen kommen.

Dialekten fertig werden muss, nämlich außer mit dem Sahidischen (*S*) auch noch mit dem Achmimischen (*A* [EpAp]) und dem Lykopolitanischen (in der Version *L6* [EpJac]). Und es ist nicht nur so, dass sich die Autorin auf die Originaltexte der apokryphen Erscheinungserzählungen bezieht, sondern sie präsentiert sie auch im Originaltext mit deutscher Übersetzung; sie gibt sie also im Rahmen dieser Arbeit gewissermaßen heraus. Und das macht sie (zwei-, drei- oder auch vierspaltig; und synoptisch) mit einer Akribie und Schönheit, die Bewunderung verdient. So oder so dient das Koptische hier nicht der Verzierung (siehe meine Bemerkungen weiter oben), sondern ist ein normaler Bestandteil der Untersuchung. Der koptische Text der Dialogevangelien wird genauso der Exegese zugrunde gelegt wie der griechische der kanonischen Evangelien. Die Autorin weiß auch alle einschlägigen Arbeitsmittel der Koptologie zu nutzen. Und das linguistische Instrumentarium ist auf dem neuesten Stand, d. h. auf dem Stand der H. J. Polotskyschule.

Entsprechend meiner Idee zur Gestaltung des Anfangs dieser Besprechung soll die Autorin nun aber erst einmal selbst zu Wort kommen. Ihre Dissertation enthielt ja (die für das Promotionsverfahren benötigten) Thesen, in denen sie den Inhalt und das Ergebnis ihrer Arbeit zusammenfasste. Da diese Thesen ihr Werk wirklich korrekt widerspiegeln, kann es nur der Bereicherung dienen und den Grad an Objektivität für die hiesige Darstellung erhöhen, wenn ich nunmehr den Inhalt und das Ergebnis des Buches angebe, indem ich diese Thesen referiere bzw. zitiere.

Die Autorin selbst sieht ihr Ergebnis in vierfacher Perspektive, deren erste „Die Dialogevangelien als literarische Gattung“ ist. Sie weist zunächst darauf hin, dass aus dem 2. und 3. Jahrhundert, vereinzelt auch aus späterer Zeit, Schriften erhalten seien, deren Aufbau charakteristisch ist: Sie bestehen aus einer Erscheinung Jesu nach seiner Auferstehung vor seinen Jüngern und Jüngerinnen – vor der ganzen Gruppe oder besonderen Einzelpersonen (Johannes, Maria, Jakobus) –, die einen stark belehrenden Dialog rahmt. Für solche Schriften führt die Autorin nun den Begriff der „Dialogevangelien“ ein. Sie rechnet zu ihnen: die Sophia Jesu Christi (SJC), das Apokryphon des Johannes (AJ), die Epistula Apostolorum (EpAp), das Evangelium nach Maria (EvMar), den Brief des Petrus an Philippus (EpPt), die erste Apokalypse des Jakobus (1ApcJac) und den Brief des Jakobus (EpJac). Es handelt sich, wie sie mit Recht sagt, überwiegend, aber nicht ausschließlich, um gnostische Schriften. Der im Dialog gebotene Stoff sei sehr unterschiedlich – zum Teil weitgehend nichtchristlich –, die Rahmenerzählungen seien jedoch parallel gestaltet. Als Ziel ihrer Arbeit gibt sie an, durch eine Analyse der Rahmenerzählung den Sinn und die Funktion der typischen Form zu erheben. Nach ihrer Auffassung bilden diese Dialogevangelien eine literarische Gattung, für die die Rahmenerzählung konstitutiv sei. Zwei andere Schriften, nämlich der Dialog des Erlösers (NHC III,5) und das Buch des Thomas (NHC II,7), die zwar wie die Dialogevangelien aus einem Dialog zwischen Jesus und seinen Jüngern und Jüngerinnen bestehen, aber keine Rahmenerzählung aufweisen, vermag sie freilich nicht zu dieser Gattung zu rechnen. Sie unterscheiden sich, wie sie sagt, auch in anderen Punkten, vor allem durch eine andere historische Perspektive, von ihnen: Während für die Dialogevangelien die historische Einordnung und Festlegung der Offenbarung charakteristisch sei, würden die anderen Dialoge ein Konzept vertreten, wie es für das Evangelium nach Thomas typisch sei, wonach Jesus unabhängig von Tod und Auferstehung zu Wort kommt. Die literarisch nächste Parallele zu den Dialogevangelien bietet ihrer Meinung nach die Hypostase der Archonten (NHC II,4). Die Dialogevangelien würden die kanonischen Evangelien voraussetzen und deren historische Darstellung des Wirkens Jesu übernehmen. Sie wollten diese weder ersetzen noch könnten sie unabhängig von ihnen bestehen. Die Dialogevangelien seien vielmehr von vornherein auf Koexistenz mit den kanonischen Evangelien angelegt. Ihre Absicht sei es, eine *zweite Lehre* der bekannten und anerkannten anzuschließen. Die Erscheinungserzählung als Rahmenerzählung verorte diese zweite Lehre zeitlich nach der bisherigen und qualitativ auf einer höheren Stufe. Die Dialogevangelien würden sich so als die letztgültige Lehre Jesu darstellen, die auch zur Deutung seiner früheren Worte maßgeblich sei. Diese zweite Lehre sei auch deshalb überlegen, weil Jesus nach seiner Auferstehung einen höheren Status erreicht hat. Dieser Punkt werde in einigen Schriften durch die Beschreibung der Erscheinung unterstrichen. Andere Dialogevangelien bestreiten jedoch, wie sie sagt, dass es einen Unterschied zwischen der Lehre des Irdischen und der des Auferstandenen gebe. Die Dialogevangelien seien Schriften, die an die eigene Gruppe gerichtet sind. Mit einer möglichen Ausnahme (AJ) seien sie für missionarische Zwecke weder geeignet noch bestimmt. Obwohl viel belehrender Stoff geboten werde, sei ihre Absicht nicht primär die Übermittlung von Informationen, sondern die Erbauung und Bestätigung der Leserinnen und Leser. Eine zentrale Botschaft sei die Zusage von Erlösung, und zwar insbesondere in Situationen, die durch Konflikte und Verfolgung gekennzeichnet sind. Die Sophia Jesu Christi z. B. diene zur Begründung einer christlich-gnostischen Identität, da durch die Form der Dialogevangelien eine Verbindung von verschiedenen in der Trägergruppe geschätzten Traditionen ermöglicht werde.

In der zweiten Perspektive geht es um „Wichtige Ergebnisse zu einzelnen Dialogevangelien". Das älteste erhaltene Dialogevangelium sei die Sophia Jesu Christi. Die Sophia Jesu Christi könne auch die Schrift sein, in der die Form der Dialogevangelien erstmalig entwickelt wurde. Denn sie weise Züge auf, auf deren Basis sich die Besonderheiten der anderen Dialogevangelien erklären ließen. Außerdem zeige sie klare und reflektierte Bezüge zu den Erscheinungsgeschichten der kanonischen Evangelien, die den Charakter eines Dialogevangeliums als zweite Lehre im Verhältnis zu den kanonischen Evangelien besonders deutlich machen. Sie sei so, anders als die anderen Schriften, auch für Leser und Leserinnen geeignet, die nicht mit der Form der Dialogevangelien vertraut sind. Sie sagt weiter, dass das Apokryphon des Johannes sich als durch den Zebedaiden Johannes verfasst darstellt und dadurch in besonderer Weise an das Johannesevangelium anknüpft.[4] Es sei zum Bereich johanneischer Tradition zu rechnen und stehe dabei den Johannesakten nahe, jedoch im theologischen Gegensatz zum Ersten Johannesbrief. Ebenso könne die Epistula Apostolorum zu den johanneischen Schriften gerechnet werden, wenn dies auch weniger deutlich sei; die Epistula Apostolorum vertrete

---

4 In diesem Zusammenhang möchte ich an die Möglichkeit, wenn nicht Wahrscheinlichkeit, erinnern, dass dieser Titel eigentlich nur eine Kurzform für „Apokryphes (= Geheimes) *Evangelium* nach/des Johannes" ist.

dabei aber den entgegengesetzten Flügel der Tradition. Die Dialogevangelien seien eine überwiegend in gnostischen Kreisen beliebte Literaturform. Mit der Epistula Apostolorum existiere aber auch ein Dialogevangelium, das explizit antignostisch ausgerichtet sei. Die Epistula Apostolorum habe die Form der Dialogevangelien von den Gegnern übernommen, aber nicht direkt gegen diese gewendet, sondern zur Unterstützung der eigenen Gruppe genutzt. Aufgrund der theologischen Position der Epistula Apostolorum sei die Form spezifisch abgewandelt; besonderes Anliegen sei es, auch die Lehre des Auferstandenen in den Bereich der Wirksamkeit des irdischen Jesus einzubeziehen. Dies führe aber nicht zu einer grundlegend anderen Verwendung oder Auflösung der Form. In allen Dialogevangelien werde jegliche Offenbarung auf eine begrenzte Phase des Wirkens Jesu zurückgeführt und durch Apostel oder apostolische Frauen überliefert. Das Evangelium nach Maria behandle aber besonders die Frage der späteren Veröffentlichung schon ergangener Belehrungen. In ihm werde nicht nur ein Gespräch der Jünger und Jüngerinnen mit Jesus geboten, sondern nach seinem Verschwinden würden noch durch Maria Worte Jesu übermittelt, die sie im Zusammenhang mit einer Vision erhalten habe. Auch diese Offenbarungen seien vor Jesu Verschwinden ergangen; auch wenn sie erst zu einem späteren Zeitpunkt veröffentlicht werden, propagiere das Evangelium nach Maria nicht die Möglichkeit einer kontinuierlichen Offenbarung. Das Gespräch zwischen Maria und Jesus finde vermutlich zu Zeiten des irdischen Jesus statt, und zwar nicht in der Vision, sondern im Anschluss an sie. Möglicherweise sei mit der Vision ein der Verklärung vergleichbares Erlebnis der Maria gemeint, das das Gespräch veranlasst. In manchen Dialogevangelien seien Einzelpersonen (Johannes, Maria und Jakobus) als Empfänger und Übermittler besonderer Offenbarungen hervorgehoben. Diese Personen hätten in den Trägergruppen in besonderem Ansehen gestanden und wären Garanten der Tradition gewesen. Der Brief des Petrus an Philippus zeichne sich durch eine in gnostischen Schriften nicht selbstverständliche positive Rezeption der Petrusfigur aus. Petrus sei in dieser Schrift jedoch nicht ein besonderer Offenbarungsempfänger, sondern nur der Anführer der Gruppe und Interpret der Passion Jesu im gnostischen Sinne. Die Trägergruppe des Briefes des Petrus an Philippus habe ihn nicht als Traditionsgaranten angesehen, vielmehr repräsentiere er die Großkirche, die so als gnostisch akzeptabel dargestellt werde. Da auch im Brief des Jakobus nur Jakobus, nicht der ebenfalls an den Offenbarungen beteiligte Petrus, als Offenbarungsübermittler fungiere, lasse sich anhand der Dialogevangelien kein gnostisches Christentum, das sich auf Petrus beruft, nachweisen. Die erste Apokalypse des Jakobus biete eine Variante der Dialogevangelien, in der das Gespräch zwischen Jakobus und Jesus vor- und nachösterlich stattfindet. Diese Besonderheit sei durch das Interesse an der Passion bedingt, die in der 1ApcJac eine entscheidende Rolle spielt. Jesu Passion werde als Aufstieg und Erlösung gedeutet, die ihn befähigt, auch Jakobus das für die Überwindung der Mächte beim Aufstieg nötige Wissen zu übermitteln. Anders als in anderen Dialogevangelien diene nicht die Auferstehung, sondern die Passion zur besonderen Qualifizierung der dargelegten Lehre. Der Brief des Jakobus sei das sachlich und zeitlich späteste der von der Autorin untersuchten Dialogevangelien. Er kenne die Erste Apokalypse des Jakobus und erwähne sie ausdrücklich als frühere Offenbarung Jesu an Jakobus (NHC I p. 8,31–36;

13,38–14,1; 1,28–32). Im Brief des Jakobus werde ein Bruch der Trägergruppe mit der übrigen Kirche deutlich, der sich vor allem in der negativen Darstellung der Jünger äußere und auch die von ihnen verfassten Schriften und ihre Predigt einschließe. Als einziges Dialogevangelium zeige der Brief des Jakobus keine positive Kontinuität zu den kanonischen Evangelien, sondern verwende auch bekannte Motive nur in verfremdeter Form. Aufgrund dieses Bruches mit der Tradition enthalte der Brief des Jakobus im Dialog Stoff, der in der Form Jesusworten der kanonischen Evangelien entspreche – das sei in den anderen Dialogevangelien nicht nötig, weil sie die kanonischen Evangelien anerkennen und nicht in Konkurrenz zu ihnen stünden.

In der dritten Perspektive geht es dann um „Folgerungen zur historischen Situation der Dialogevangelien". Die Gruppen, aus denen die Dialogevangelien hervorgegangen und an die sie gerichtet gewesen wären, seien Teil des allgemeinen Christentums gewesen und hätten sich auch selbst so verstanden. Dies zeige sich im grundsätzlichen Verhältnis der Dialogevangelien zu den kanonischen Evangelien, aber z. B. auch an der Wahl der Jünger und Jüngerinnen als Offenbarungsübermittler und am Zeugnis der Epistula Apostolorum über ihre Gegner, die dort Teil der gleichen Gemeinde seien. Nur die Epistula Apostolorum fasse den Konflikt der verschiedenen Anschauungen als Auseinandersetzung zwischen Aposteln und Ketzern auf; in den übrigen Schriften werde er stets unter den Jüngern und Jüngerinnen ausgetragen. Die Dialogevangelien seien auch – mit Ausnahme des Briefes des Jakobus – keine esoterischen Schriften. Deutlich sei aber ein überlegenes Selbstbewusstsein der Trägergruppen, die für sich ein vertieftes Verständnis und den Besitz besonderer Offenbarungen, eben der zweiten Lehre, in Anspruch nähmen. Diese Zugehörigkeit zum allgemeinen Christentum gelte auch für die Trägergruppen der Schriften, die nachweislich (SJC) oder vermutlich (AJ) nur die sekundäre christliche Rahmung von nichtchristlich-gnostischen Traktaten seien. Auch wenn von der Traditionsgeschichte der Schriften her das Christliche nur einen geringfügigen Zusatz bilde, so seien sie in der vorliegenden Form doch als grundlegend christlich zu bezeichnen. Eine besonders starke Rolle von Frauen im gnostischen Christentum lasse sich durch die Dialogevangelien nicht belegen. In der Sophia Jesu Christi und im Evangelium nach Maria seien Frauen, besonders Maria Magdalena, gleichberechtigte, oder sogar überlegene Offenbarungsempfängerinnen. In anderen Schriften würden jedoch nur Männer als Hauptpersonen begegnen (AJ, 1ApcJac, EpAp) bzw. würden Frauen gar nicht erwähnt (EpPt, EpJac). Gegenüber den neutestamentlichen Erscheinungsgeschichten lasse sich keine klare Steigerung des Frauenanteils feststellen. Sofern die Dialogevangelien Rückschlüsse auf die Position von Frauen in den Gruppen, in denen sie entstanden sind und geschätzt wurden, erlauben, ergebe sich ein vielfältiges Bild: In einigen Gruppen würden Frauen selbstverständlich als Autoritäten anerkannt, in anderen seien sie in ihrem Status umstritten, in wieder anderen gebe es keinerlei Hinweise auf Frauen in Leitungsfunktionen. Die gnostischen Gruppen würden sich in dieser Hinsicht wohl nicht wesentlich vom übrigen Christentum der Zeit unterscheiden, von dem sie ein Teil sind.

In der vierten und letzten Perspektive geht es der Autorin um den „Vergleich mit den Erscheinungsgeschichten der kanonischen Evangelien". Alle Dialogevangelien würden auf die Auferstehung Jesu und seine frühere Lehre verweisen und diese

Ereignisse als bekannt voraussetzen. Dadurch und durch die Anklänge an neutestamentliche Erscheinungsgeschichten in der Rahmenerzählung würden sie die geschilderten Ereignisse als diesen entsprechend oder parallel darstellen. Zur Beziehung zu den Erscheinungsgeschichten der kanonischen Evangelien würden Zitate und Anspielungen gehören, durch die Einzelheiten der Erzählungen und theologische Motive aufgegriffen würden. Von besonderer Bedeutung seien dabei Funktionsverschiebungen. Zum Beispiel werde die Verheißung des Mitseins aus Mt 28,20 in einigen Dialogevangelien zur Vorstellung des Erschienenen verwendet. Modifikationen würden oft zur Erhöhung der Bedeutung der Jünger und Jüngerinnen dienen. Die meisten Bezüge bestünden zu Mt 28,16–20. Die intensive Verarbeitung dieser Geschichte sei zum einen durch die große Bedeutung des Matthäusevangeliums erklärlich, das in gnostischen Kreisen ebenso wie in der übrigen Kirche bevorzugt rezipiert werde. Zum anderen weise diese Erzählung inhaltlich die größte Nähe zu den Erscheinungserzählungen der Dialogevangelien auf, da die Auferstehung in ihr schon vorausgesetzt ist und keine Festlegung der Gestalt des Erschienenen vorliegt. Die Schlusserscheinung des Mt sei so für eine geistige und lichtvolle Deutung der Erscheinung offen. Die Dialogevangelien entsprächen im Aufbau weitgehend den neutestamentlichen Erscheinungsgeschichten. Dies gelte für den Ablauf der Erscheinungserzählung, aber auch der Dialog könne als enorme Ausweitung des Wortes Jesu betrachtet werden. Durch einen Vergleich würden einige Besonderheiten der Erscheinungsgeschichten in den Osterkapiteln der kanonischen Evangelien deutlich: Während in den Dialogevangelien die Auferstehung Jesu vorausgesetzt sei und die Erscheinung zur Vorbereitung des Dialoges diene, werde in den kanonischen Evangelien durch die Erscheinung zunächst Jesu Auferweckung erfahren und so die Passionsgeschichte abgeschlossen. Daneben enthielten die neutestamentlichen Erscheinungsgeschichten ein Wort Jesu, das mitunter als Abschluss des ganzen Evangeliums gestaltet sei. Sie hätten so einen doppelten Kontextbezug und zwei Hauptthemen; die Erscheinung habe eigenständige Bedeutung. In den Dialogevangelien dagegen sei die Erscheinung nur in ihrer Funktion für den Dialog wichtig.

Der nächste Schritt in der Vorstellung des Buches von Judith Hartenstein soll es sein, den in alledem schon wiedergegebenen Inhalt des Buches auch noch dadurch lebendig zu machen, dass wir ihn uns in der Entwicklung vor Augen führen. Es geht jetzt also um die Reihenfolge, in der die untersuchten Probleme, Sachverhalte und Stoffe zur Sprache kommen. Das Buch ist in drei Hauptteile gegliedert, nämlich in (A.) eine Einführung (S. 1–31), (B.) die Untersuchung der einzelnen Dialogevangelien (S. 33–245) und (C.) die Auswertung (S. 247–332). Aus den Seitenzahlen ergibt sich schon mit aller Deutlichkeit, dass es eigentlich nur einen Hauptteil gibt, der lediglich vorn und hinten etwas umrahmt ist. In der Einführung werden natürlich zunächst das Anliegen und die Anlage der Untersuchung dargelegt. Dann folgen Bemerkungen zur methodischen Durchführung des Vergleichs mit den neutestamentlichen Erscheinungsgeschichten, und schließlich eine Begründung der Verwendung und Erklärung zentraler Begriffe wie „Dialogevangelium", „Erscheinungsgeschichte" und „gnostisch". Die neuralgischen Punkte dieser Darlegungen sind dabei einmal die Auswahl derjenigen nichtkanonischen Texte, die zum Vergleich mit den kanonischen benutzt werden sollen, deren kategoriale Ab- und Ausgrenzung, sowie die Wahl ihrer Benennung. Da die

Textsortengrenze bei den zur Wahl stehenden Texten gelegentlich und natürlicherweise fließend ist und es daher schon ähnliche und in Einzelheiten doch andere Gruppierungen mit ähnlichen oder anderen Benennungen gibt, ist die Auswahl der Texte und ihre Definition nicht einfach. Der andere Schwerpunkt der Einleitung ist die Erklärung des Konzepts der Intertextualität, dessen Anwendung im Ganzen und dessen Kategorien im einzelnen den Vergleich neutestamentlicher und außerneutestamentlicher Erscheinungsgeschichten über einen traditionellen Vollzug hinausführen und ihm einen aktuellen wissenschaftlichen Aspekt verleihen soll.

Bei dem Hauptteil kommt es zunächst einmal wesentlich nur auf die Reihenfolge an, in der die sieben schließlich ausgewählten Schriften untersucht und mit ihren Parallelen im Neuen Testament verglichen werden. Denn die Durchführung im Einzelnen erfolgt immer nach demselben Prinzip. Die Reihenfolge ist: die Sophia Jesu Christi; das Apokryphon des Johannes; die Epistula Apostolorum; das Evangelium nach Maria; der Brief des Petrus an Philippus; die Erste Apokalypse des Jakobus; der Brief des Jakobus. Das immer wiederkehrende Abhandlungsprinzip ist im Grunde dreigliedrig: In einer Einleitung zu der jeweiligen Schrift werden die klassischen Einleitungsfragen für die Gesamtschrift diskutiert und so oder so entschieden. Dann kommt die Darbietung der Rahmenerzählung als eine Art Textausgabe nebst Übersetzung mit anschließender Kommentierung der je eigenen Aspekte und Probleme. Und schließlich werden die Bezüge der betreffenden Rahmenerzählung zu neutestamentlichen Erscheinungsgeschichten herausgearbeitet. Abweichungen von diesem stereotypen Schema gibt es nur zweimal, nämlich da, wo auch die Texte der betreffenden Schrift selbst von dem üblichen Aufbau abweichen, nämlich im Falle des Evangeliums nach Maria und im Falle des Briefes des Petrus an Philippus. Beide Male wird noch je ein Abschnitt zwischen demjenigen über die Rahmenerzählung und demjenigen mit der Herstellung der Bezüge zu den neutestamentlichen Parallelen eingeschoben. Im Falle des Evangeliums nach Maria trägt dieser Zusatz die Überschrift: „Marias Rede: Die Vision und das Gespräch mit Jesus" (p. 10,9–17,7), im Falle des Briefes des Petrus an Philippus: „Weitere Erscheinungen Jesu". In der Auswertung geht es, in dem aus der Behandlung der Einzeltexte nun schon geläufigen „Dreierschritt", bloß eben in einer Zusammenfassung, erst um die Dialogevangelien als Gesamtschriften, dann um die Rahmenerzählung in den Dialogevangelien, und schließlich um das Verhältnis zu neutestamentlichen Erscheinungsgeschichten. Was dann noch als „Ergebnis und Ausblick" kommt, hat als seine zwei Hauptbestandteile „Die Entstehung der Dialogevangelien" und „Einige Folgerungen zur historischen Situation der Dialogevangelien". Im zweiten dieser Bestandteile geht es erst um die Position von Frauen im gnostischen Christentum, und wird dann noch etwas zur sozialen Einordnung christlich-gnostischer Gruppen im 2./3. Jahrhundert gesagt.

Schließlich ergreife ich, und zwar, wenn ich mit meiner oben gegebenen Wertbestimmung recht haben sollte, sozusagen als Höhepunkt noch die Gelegenheit, ein paar Bemerkungen zu den von der Autorin untersuchten koptisch-gnostischen Schriften und dem, was an ihrer Behandlung derselben hervorhebenswert oder auch kritisierbar ist, zu machen. Diese Schriften sind ja auch an sich von höchstem Interesse, jede mit ihrem besonderen internen bzw. externen (kontextualen) Profil. Es handelt sich übrigens nicht nur um Schriften aus dem Nag Hammadi-Fund, sondern hier wie auch sonst werden noch die seit längerem bekannten Parallelen, sei es der Gestalt nach (AJ, SJC), sei es der Sache nach (EvMar), aus dem Papyrus Berolinensis 8502 (auch Codex *Berolinensis Gnosticus* genannt [BG]) hinzugenommen. Zu dem (externen) Profil dieser Schriften gehört es zum Beispiel, dass einige mehrfach überliefert sind. Vom Apokryphon des Johannes gibt es nicht weniger als vier (koptische) Textzeugen. Von der Sophia Jesu Christi haben wir zwar nur zwei Zeugen, aber dafür ist mit dem in wiederum zwei Zeugen erhaltenen Brief des Eugnostos (Eug NHC III,3 und V,1) noch die prosaische Quelle ihrer dialogischen Fassung erhalten.[5] Das wesentliche (innere) Profil bei dem Evangelium nach Maria und der Ersten Apokalypse des Jakobus besteht darin, dass sie wegen der aus ihrem schlechten Erhaltungszustand resultierenden Lücken überhaupt nicht voll verständlich sind. Dabei ist die Lückenhaftigkeit noch von ganz verschiedener Art. Beim Evangelium nach Maria bestehen die Lücken darin, dass mit den sechs ersten Seiten schon der ganze Anfang fehlt, und dass dann mitten drin, und zwar gerade, wo es spannend wird, noch einmal vier aufeinander folgende Seiten nicht mehr vorhanden sind. Aber dafür ist diese Schrift auch mehr als einmal bezeugt, allerdings nur partiell. Denn es gibt zwei kleine Fragmente von ihrer griechischen Urfassung. Von der Ersten Apokalypse des Jakobus sind zwar alle Seiten erhalten, aber nur in Resten, weil fast alle Blätter überaus starke Beschädigungen aufweisen. Übrigens gibt es auch von der Ersten Apokalypse des Jakobus einen zweiten koptischen Zeugen. Aber der befindet sich noch auf dem Antiquitätenmarkt und ist also für die Wissenschaft vorerst noch (und, soweit ich weiß, *hoffnungslos*) unzugänglich. Der Brief des Petrus an Philippus wiederum macht gar nicht den Eindruck einer (ursprünglich) eigenständigen Schrift. Es sieht vielmehr ganz danach aus, als wäre das einmal nur der Anfang von alten apokryphen Philippusakten gewesen. Übrigens gibt es auch von diesem Text einen zweiten, aber noch unzugänglichen koptischen Zeugen, und zwar in demselben Codex, in dem sich auch die andere Version der Ersten Apokalypse des Jakobus befindet.

Bemerkungen zur Sophia Jesu Christi: Im Rahmen der Textausgabe finden sich auf S. 48 in der Kolumne, die den koptischen Text des BG bietet, drei Stellen, wo es mir nicht gelungen ist, die Autorin zu überzeugen, dass sie ihren Text korrigieren müsse. Es handelt sich in p. 79,8 um die Lesung ⲛ{ⲧ}ϫⲟⲉⲓⲧ, wo eine wirkliche Tilgung des ⲧ nicht nötig ist, weil das Phonem /ts/ tatsächlich gelegentlich mit einer solch halben Verdoppelung des Elements /t/ geschrieben wird, und um p. 79,16.17, wo das ⲏ jeweils einen spiritus lenis trägt, also ⲏ̓ geschrieben werden muss. Auf S. 50 sagt die Autorin in Anm. 80 über die Verbform ⲉⲩⲁⲡⲟⲣⲓ (BG p. 78,2 par.) als ein Element im Rahmen der langen Einleitung, dass es auch möglich sei, sie als ein „zweites Tempus“ aufzufassen, und was sich daraus für die

[5] Vgl. die schöne synoptische Ausgabe von D. M. Parrott, aus der ja auch die Autorin reichen Gewinn zieht: Nag Hammadi Codices III,*3–4* and V,*1* with Papyrus Berolinensis 8502,*3* and Oxyrhynchus Papyrus 1081: Eugnostos and The Sophia of Jesus Christ, NHS 27, Leiden 1991. Die frühe Datierung der Sophia Jesu Christi, die das Bild der Autorin ganz wesentlich bestimmt, wäre übrigens ohne die noch extremere Frühdatierung bei Parrott ganz undenkbar gewesen (vgl. S. 44).

Struktur dieser Einleitung ergäbe. Sie macht aber selbst von dieser „Möglichkeit" glücklicherweise keinen Gebrauch. Denn diese Möglichkeit besteht gar nicht. Die von ihr genannte andere Deutung gibt es nur theoretisch, nämlich unter Abstraktion vom hiesigen Kontext. Da dieser aber (natürlich) im narrativen Perfekt gehalten ist, kann es dazwischen keinen Hauptsatz im Präsens geben.

Bemerkungen zum Apokryphon des Johannes: Es wäre zunächst über die sich auf S. 74–79 findende partielle Textausgabe allgemein zu sagen, dass die Autorin so, wie auf der ersten schlecht lesbaren Seite des AJ im BG (das ist p. 19) in der Unterpunktierung der koptischen Buchstaben – womit diese wie üblich als nicht eindeutig lesbar markiert werden – konsequent dem Text von Waldstein/Wisse[6] (gegen Till/Schenke,[7] wo erheblich mehr Punkte sind) folgt, sie sich auch bei anderen Unterschieden im Text der Ausgaben, wo diese sich nur durch Druckfehler bei Waldstein/Wisse, die auch zu Formen führen, die es gar nicht gibt, unterscheiden, auf deren Seite schlägt. Dabei geht es um folgende Stellen:

- S. 77 BG p. 21,18f.: ⲛⲙ̄ⲏ|[ⲧⲛ statt ⲛⲙ̄ⲙⲏ[ⲧⲛ;
- S. 78 NHC II p. 2,25: [- - - ⲛⲕⲧⲁⲩⲟⲩ - - -] statt [- - - ⲛⲕⲧⲁⲩⲟⲟⲩ - - -];
  BG p. 75,17: ⲉⲕⲁⲥⲁϩⲟⲩ statt ⲉⲕⲉⲥⲁϩⲟⲩ;
- S. 79 BG p. 76,4: ⲁⲥⲧⲁϩⲉ statt ⲁⲥⲧⲁϩⲉ{ⲥ}.

Dazu kommen noch zwei weitere Stellen, wo Gefolgschaft nicht angebracht gewesen wäre. Beide finden sich auf S. 78, nämlich NHC II p. 2,21: [- - - ϥⲓ ⲙⲡⲉⲕϩⲟ ⲉϩⲣⲁї ⲉⲃⲟⲗ ϫⲉⲕⲁⲁ]ⲥ = „[- - - erhebe] dein [Gesicht, damit]", wo das ⲉⲃⲟⲗ, als bloßer Zeilenfüller, allen anderen Elementen nur im Wege steht und nirgendwo hingehört; und BG p. 22,14f.: ⲛⲁї ⲉⲧⲉ ϩⲉⲛ[ⲉⲃⲟⲗ ϩї̈ⲧⲛ] ϯⲅⲉⲛⲉⲁ ⲉⲧⲉ ⲙⲁⲥⲕ[ⲓⲙ ⲛⲉ - - -] = „die [aus] dem Geschlecht, das nicht [wankt], ... sind", wo man eben nicht, wenn man, nur um die Lücke besser zu füllen, einfach ϩⲛ durch ϩї̈ⲧⲛ ersetzt hat, glauben darf, dass der Sinn der Phrase noch derselbe ist.

Auf S. 84f. kommt die Autorin auf die am Anfang der Schrift erzählte Erscheinung des auferstandenen Jesus vor Johannes zu sprechen, die wegen der Lückenhaftigkeit der beiden Textzeugen, in denen diese Stelle überhaupt erhalten ist, nur zum Teil verständlich ist. Klar ist nur, dass Jesus in dieser Erscheinung seine Gestalten wechselt, und dass er auf jeden Fall sowohl als Kind als auch als Greis erscheint. Als was er aber sonst noch erscheint, bleibt unklar. Doch sobald er anfängt zu sprechen, sagt er – und das kann m. E. nur als Interpretation der Erscheinung gemeint sein: „Ich bin der Vater, ich bin die Mutter, ich bin der Sohn". Damit, dass die Autorin aber nun in Anm. 91 noch auf die schon etwas zurückliegenden Bemühungen meinerseits zu sprechen kommt, in den Lücken des Textes irgendwo das Wort ⲥϩⲓⲙⲉ so unterzubringen, dass der Text auch von der Erscheinung einer Frauengestalt handelt, und dabei diese Bemühungen,

---

6 Es handelt sich um die jetzt endlich vorliegende synoptische Ausgabe des Apokryphons des Johannes, nämlich M. Waldstein/F. Wisse, The Apocryphon of John. Synopsis of Nag Hammadi Codices II,1; III,1; and IV,1 with BG 8502,2, NHMS 33, Leiden 1995.

7 W. C. Till/H.-M. Schenke, Die gnostischen Schriften des koptischen Papyrus Berolinensis 8502, TU 60, Berlin ²1972, 78–195.

nachdem sie sich längst für die „frauenlose(n)“ Textfassung(en) von Waldstein/Wisse entschieden hatte, als mehr oder weniger unnötig erklärt, gibt sie mir einen durchaus willkommenen Anlass, auch meinerseits noch einmal auf diese alte Sache zurückzukommen. In meinen Augen ist das Problem mit der Ausgabe von Waldstein/Wisse jedenfalls noch nicht aus der Welt geschafft. Und ich finde das cherchez la femme an dieser Stelle des AJ so wichtig, dass ich eigentlich behaupten möchte: Entweder wir finden sie, oder die betreffende Textstelle ist eben völlig sinnlos. Natürlich müsste man meine jetzt etwas veraltete Demonstration,[8] die noch vor Erscheinen der Faksimile-Ausgabe von Codex II entworfen worden war und sich also für Codex II nur auf Krauses Textausgabe stützen konnte,[9] up to date bringen. Ob das geht, hängt nun m. E. letztlich nur von der Deutung eines einzigen senkrechten Striches ab: ob man nämlich in diesem die Hasta eines Ny (wie Waldstein/Wisse) oder eines My sieht, d. h., ob man nämlich in NHC II p. 2,6 in der Mitte der Zeile und vor dem dortigen ⲉ ein ⲛ̣̄ lesen muss oder auch ein ⲙ̣̄ lesen kann. In der Textwiedergabe der Autorin findet sich diese neuralgische Stelle übrigens auf S. 76, 3. Spalte, Mitte der 3. Zeile von unten.

Es gibt übrigens noch drei andere Stellen, wo die Autorin m. E. zu arglos problematischen Rekonstruktionen von Waldstein/Wisse folgt und ich sie auch nachträglich nicht (wirklich) davon abbringen konnte. Es handelt sich zunächst in dem Satz NHC II p. 1,17–19 (im Buch S. 75, 3. [und 4.] Spalte): [- - - ⲛ̄ⲧⲁⲣⲓ]ⲥⲱ[ⲧⲙ] ⲉⲛⲁϊ ⲁⲛ[ⲟⲕ ϊⲱϩⲁⲛⲛⲏⲥ ⲁϊⲕⲱⲧⲉ] ⲉⲃ[ⲟ]ⲗ̣ ϩⲙ̄ ⲡⲉⲣⲡ̣[ⲉ ⲉⲟⲩⲙⲁ ⲛⲧⲟⲟⲩ ⲙⲛ ⲛϫⲁⲓⲉ] = „[Als ich, Johannes], dieses hörte, [wandte ich mich] vom Tempel ab [zu einem bergigen und wüsten Ort]“ um die lange Lücke am Ende, wo die Herausgeber, statt wie Krause in der editio princeps einfach den Wortlaut der BG-Parallele ⲉⲡⲧⲟⲟⲩ ⲉⲩⲙⲁ ⲛ̄ϫⲁⲉⲓⲉ in die Lücke zu setzen, es mit einer wohl von der fragmentarischen Parallele in NHC III (p. 1,16f.: ⲁ̣ⲉ̣ⲓ̣ⲕ̣ⲟ̣ⲧ̣ ⲉ̣ⲃ̣ⲟ̣ⲗ̣ [ⲙⲡϩⲓ]ⲉ̣ⲣⲟⲛ ⲉⲩⲙⲁ̣ ⲛ̣̄ⲧ̣ⲟ̣ⲩⲉ …) inspirierten Neufassung des Gedankens versuchen. Dabei ist es besonders die Position des kopulativen ⲙⲛ vor einem zweiten mit ⲛ- angeschlossenen Attribut, was den Zweifel an der grammatischen Korrektheit der Rekonstruktion weckt.

Die zweite Stelle ist nun wirklich schwierig. Es handelt sich um NHC II p. 1,26f., wo die Rekonstruktion von Waldstein/Wisse so aussieht: ⲟⲩ ⲅⲁⲣ ⲉϥϣ[ⲁϫⲉ ⲉⲧⲃⲏⲧϥ ⲁϥϫⲟⲟⲥ ⲛⲁⲛ] ϫⲉ ⲡⲓⲁⲓⲱⲛ …, die sie so übersetzen: „For what did he [mean (when) he said to us], ‘That aeon (usw.)’“. Und ebendiesem Textverständnis war unsere Autorin in ihrer Dissertation gefolgt und hatte also übersetzt: „Denn was [sagte er uns], als er [über ihn sagte], dass dieser Äon (usw.)?“ Und für die Buchfassung hat sie das dann so zu verbessern gesucht: „Denn was (sagt er)? Als er [über ihn sprach, sagte er uns], dass dieser Äon (usw.)“ (S. 75). Das Problem der Stelle besteht darin, eine erheblich längere Frageformfassung zu finden, die sachlich genau der einfachen Einführungsformel der BG-Parallele: ⲁϥϫⲟⲟⲥ ⲛⲁⲛ ϫⲉ ⲡⲓⲁⲓⲱⲛ = „Er sagte uns, dass dieser Äon (usw.)“ entspricht. Und man kann das nun drehen und wenden, wie man will. Es gibt nur eine einzige Lösung. Und die besteht darin, in der Lücke am Ende der vorhergehenden Zeile Platz für ein

---

[8] Bemerkungen zum koptischen Papyrus Berolinensis 8502, MÄS 8 (Berlin 1974), (315–322) 319–322.

[9] M. Krause/P. Labib, Die drei Versionen des Apokryphon des Johannes im Koptischen Museum zu Alt-Kairo, ADAIK.K 1, Wiesbaden 1962.

ϵⲧⲃϵ zu schaffen, so dass die Frage gar nicht mit ⲟⲩ „Was?", sondern mit [ϵⲧⲃϵ] ⲟⲩ „Weswegen" anfangen kann und dann bedeutet: „Wes[wegen sagte er uns] denn, als er [über ihn sprach], dass dieser Äon (usw.)?" Natürlich könnte man sich statt des ϵⲧⲃⲏⲧϥ auch etwas anderes vorstellen, und ist das γάρ hier gar keine Begründungs-, sondern die Fragepartikel.

Die dritte Stelle BG p. 20,20–21,1 (im Buch S. 76, 2. [und 1.] Spalte) lautet: ⲁⲩⲱ ⲁⲡⲥⲱⲛⲧ | ⲧⲏⲣϥ ⲣ̄ ⲟⲩⲟϵⲓⲛ ϩⲛ ⲟⲩⲟ̣ⲓ̣ⲛ̣ ϵⲧⲛ̄*[ⲡⲓⲧⲛ ⲛⲧ]ⲡϵ = „und die ganze Schöpfung leuchtete in Licht, (p. 21) [unterhalb des] Himmels." Es mag ja sein, dass die Lücke im BG nicht ausreicht, um die Formulierung der Parallele aus Codex II [- - - ⲡⲥⲁ] ⲙ̄ⲡⲓⲧⲛ̄ aufzunehmen. Nun wird man zwar nicht bestreiten können, dass neben der ganz geläufigen *praepositio composita* ⲙ̄ⲡⲥⲁ ⲙ̄ⲡⲓⲧⲛ̄ ⲛ̄- „unterhalb von" gelegentlich auch das kürzere ⲙ̄ⲡⲓⲧⲛ̄ ⲛ̄- in derselben Funktion und Bedeutung vorkommt. Aber solche Form für eine Rekonstruktion zu benutzen, erscheint doch etwas riskant, zumal es noch eine ganze Reihe anderer koptischer Ausdrücke für „unterhalb von" gibt.

Bemerkungen zum Evangelium nach Maria: Zu dem von der Autorin aus dem Evangelium nach Maria herausgegebenen (und untersuchten) Textstück gehört auch eine schwer zu lesende Stelle, die mir (und wohl auch anderen) die allergrößten Probleme bereitet hat und es auch jetzt noch tut, und in Bezug auf die ich, obgleich in bester Absicht, zur allgemeinen Verunsicherung vermutlich nicht unerheblich beigetragen habe. Sie kommt auf S. 142 vor. Und die Autorin versäumt dort nicht, in Anmerkung 81 auf diesen meinen Sündenfall hinzuweisen. Sie weiß aber offenbar nichts von der an einem anderen und wohl zu abseits gelegenem Ort bekundeten Reue und Buße, weswegen ich hier das, was davon auf ein allgemeineres Interesse stoßen könnte, nachtragen möchte. Die problematische Phrase findet sich innerhalb der Wendung BG p. 18,15–18: ⲙⲁⲗⲗⲟⲛ ⲙⲁⲣⲛ̄ϣⲓⲡϵ ⲛ̄ⲧⲛ̄ⲧ ϩⲓⲱⲱⲛ ⲙⲡⲣⲱⲙϵ ⲛⲧϵⲗⲓⲟⲥ ⲛ̣ⲧⲛ̣̄ⲭⲡⲟ̣ϥ ⲛ̣ⲁ̣ⲛ̣ ⲕ̣ⲁⲧⲁ ⲑϵ ⲛ̄ⲧ̣ⲁϥϩⲱⲛ ϵⲧⲟⲟⲧⲛ̄, was die Autorin so übersetzt: „Vielmehr lasst uns uns schämen und den vollkommenen Menschen anziehen und ihn uns hervorbringen, wie er uns aufgetragen hat." Und es ist nun gerade dieses übliche Verständnis derjenigen Stelle, die man mit Mühe als ⲛ̣ⲧⲛ̣̄ⲭⲡⲟ̣ϥ ⲛ̣ⲁ̣ⲛ̣ lesen kann als „und ihn uns hervorbringen" (was den Jüngern doch überhaupt niemals aufgetragen worden ist), was Unbehagen bereitet und nach anderen Lösungen suchen lässt. Als vorläufiges Ergebnis darf ich hier wiederholen, dass es m. E. durchaus möglich ist, die Phrase ⲛ̣ⲧⲛ̣̄ⲭⲡⲟ̣ϥ ⲛ̣ⲁ̣ⲛ̣ ⲕ̣ⲁⲧⲁ ⲑϵ ⲛ̄ⲧ̣ⲁϥϩⲱⲛ ϵⲧⲟⲟⲧⲛ̄ als Entprechung des griechischen Paralleltextes, der hier scheinbar etwas ganz anderes, nämlich ἐκεῖνο τὸ προστα<χ>θ[ὲν ἡ]μῖν π[ο]ιήσωμεν hat, zu verstehen, wonach zu übersetzen wäre: „und (lasst) es uns zustande bringen, wie er (es) uns aufgetragen hat."[10]

Bemerkungen zur Ersten Apokalypse des Jakobus: Aus der Diskussion der Probleme dieser Schrift seien zwei Beispiele dafür herausgegriffen und mitgeteilt, wie es der Autorin gelegentlich gelingt, auch in aussichtslosen Fällen zu einer befriedigenden oder evidenten Lösung zu kommen, oder sie wenigstens

---

[10] Vgl. H.-M. Schenke, Carl Schmidt und der Papyrus Berolinensis 8502, in: P. Nagel (ed.), Carl-Schmidt-Kolloquium an der Martin-Luther-Universität 1988, WBH 23, Halle 1990 (K 9), (71–88) 84–86 S. S. 659-676, besonders 675.

zu zeigen. Auf S. 193 mit Anm. 26 und 27 geht es um die schwierige Stelle p. 40,24–26, bei der die syntaktische und sachliche Verknüpfung der Ermahnung, die der auferstandene und dem Jakobus erschienene Erlöser gegen Ende seiner Offenbarung an diesen richtet, und zwar mit den Worten: ⲧⲱⲧ' ⲛ̄ϩⲏⲧ' ⲙ̄ⲡⲉⲉⲓ| [- - -] „Sei zufrieden mit diesem [- - -]" und den nach der Lücke folgenden vier Frauennamen: „Salome, Mariam, | [Martha, Ars]inoe" unklar ist. Und die Autorin findet hier nun, im Zusammenhang einer Diskussion von A. Marjanens Kritik der (offensichtlich falschen) *communis opinio*, wonach in der Lücke am Anfang von Z. 25 das Zahlwort ϥⲧⲟⲟⲩ „vier" gestanden hat,[11] die einzig einleuchtende Erklärung: Es gibt wahrscheinlich gar keine solche Verbindung. Diese aus einer wahren Sackgasse herausführende Idee hat inzwischen auch schon feste Gestalt dadurch angenommen, dass in der neuen Textausgabe von B.W. Yoo[12] die Stelle nun heißt: ⲧⲱⲧ' ⲛ̄ϩⲏⲧ' ⲙ̄ⲡⲉⲉⲓ|[ϣⲁϫⲉ·] ⲥ̄ⲁ̄ⲗ̄ⲱ̄ⲙ̄ⲏ̄ ⲙⲛ̄ ⲙ̄ⲁ̄ⲣ̄ⲓ̄ⲁ̄ⲙ̄ | [ⲙⲛ̄ ⲙ̄ⲁ̄ⲣ̄ⲑ̄ⲁ̄ ⲙⲛ̄ ⲁ̄ⲣ̄ⲥ̄]ⲓ̄ⲛ̄ⲟ̄ⲏ̄ „Sei zufrieden mit diesem [Wort.] (Was) Salome, Mariam, [Martha, Ars]inoe (betrifft, so)[13] …".[14]

Das andere Beispiel findet sich S. 209 mit Anm. 90 und betrifft die Stelle p. 42,20–24, wo es am Beginn des erzählerischen Schlussrahmens heißt: ⲁⲩⲱ ⲁϥⲃⲱⲕ ⲙ̄ⲡⲓⲟⲩⲟⲉⲓϣ ⲛ̄|[ⲥⲁ]ⲧ̣[ⲟ]ⲟⲧϥ̄ ⲁϥⲥⲟϩⲉ ⲙ̄ⲡⲓⲙⲛ̄ⲧ|[ⲥⲛⲟ]ⲟ̣ⲩⲥ̣· ⲁⲩⲱ ⲁϥⲛⲟⲩϫⲉ | [ϩⲣⲁϊ] ⲛ̣̄ϩ[ⲏ]ⲧⲟⲩ ⲛ̄ⲟⲩⲧⲱⲧ' ⲛ̄ϩⲏⲧ' | [ⲙⲛ̄ ⲟⲩⲁⲡ]ⲟⲣⲟⲓⲁ̣ ⲛ̄ⲧⲉ [ⲟ]ⲩⲅⲛⲱⲥⲓⲥ = „Und er ging damals sogleich (und) wies die Zwölf zurecht. Und er übertrug [a]uf sie eine Überzeugung, [die aus] Erkenntnis stammt." Die Autorin sagt nun dazu: „Es folgt noch ein Stück Erzählung, in der vermutlich Jakobus weggeht und die Zwölf zurechtweist. Dass keine Bemerkung über das Verschwinden Jesu gemacht wird, ist für Dialogevangelien singulär, passt aber zur schwachen Betonung der Erscheinung Jesu." Und die Anmerkung dazu lautet: „So der Konsens in der Forschung. Vom Text her könnte es auch Jesus sein, dann wäre es aber Jesus, der mit den Zwölf zusammentrifft, was nicht dem sonst üblichen Ablauf entspricht (vgl. AJ, EpJac)." Sie ist damit die einzige, die überhaupt auf die hier alles entscheidende Frage: wer ist eigentlich „er"? gekommen ist, und so die Möglichkeit gesehen hat, dass man das Suffix ⸗ϥ in ⲁϥⲃⲱⲕ auch auf Jesus beziehen kann, und es also nicht auf Jakobus beziehen muss. Wenn dieser erlösende Gedanke von ihr auch nur erwogen wird, ohne dass sie ihn selbst aufgenommen hätte, so ist es doch erst diese ihre Idee, die die ganze Szene – in meinen Augen, jedenfalls – plötzlich klar macht: Der Text der Ersten Apokalypse des Jakobus handelt hier von der Erscheinung Jesu vor dem Kreis, der 1 Kor 15,7 „alle Apostel" heißt und unmittelbar auf die Einzelerscheinung vor Jakobus folgt. Und es ist also, wenn auch nicht vom Verschwinden, so doch vom Weggehen Jesu im Text die Rede.

---

[11] Vgl. A. Marjanen, The Woman Jesus Loved. Mary Magdalene in the Nag Hammadi Library and Related Documents, NHMS 40, Leiden 1996, 133ff.

[12] Die erste Apokalypse des Jakobus (Nag Hammadi-Codex V,3), Berlin 1999.

[13] Die beiden Zusätze in runden Klammern stammen nicht von Yoo, sondern habe ich selbst hier, um die vorausgesetzte Diskontinuität so deutlich wie möglich zu demonstrieren, eingefügt.

[14] U.-K. Plisch geht (im Rahmen der Gesamtübersetzung des Berliner Arbeitskreises) auf diesem Wege sogar noch weiter, insofern als er auch darauf verzichtet, so zu ergänzen, dass vier Frauennamen herauskommen. Er setzt nur deren drei voraus, wenn er übersetzt: „Sei zufrieden mit diesem [Wort]. Salome, Maria [Magdalena], Arsinoe [- - -]."

Bemerkungen zum (apokryphen) Brief des Jakobus: Es gibt nun vielleicht keinen besseren Abschluss dieses Berichts, als bei dem letzten der von der Autorin untersuchten koptisch-gnostischen Paralleltexte noch einmal innezuhalten, um Betrachtungen ganz anderer Art, als es die vorhergehenden waren, anzustellen. Ich nehme an, dass der Leser schon aus diesem Bericht hat entnehmen können, sei es nun aus gewissen vorsichtig kritischen Worten meinerseits, sei es aus der wiedergegebenen Sicht der Autorin selbst, sei es aus der bloßen Abfolge ihrer Untersuchungen, dass dieser Brief des Jakobus innerhalb der ausgewählten und exegetisch befragten Textgruppe eine Art „outlier" ist, ein Text, der nur schwer in das von der Autorin entworfene Bild einzubeziehen ist. Sie stellt es ja auch selbst klar genug heraus, dass das für die Gruppe gültige Schema auf den Brief des Jakobus nicht mehr richtig passt. Aber es kann sich ja nun statt eines „nicht mehr" unter Umständen auch um ein „noch nicht" handeln. Vielleicht muss man die ganze Skala umdrehen und annehmen, dass der Brief des Jakobus eine relativ frühe, und der Gegenpol der Autorin, die Sophia Jesu Christi, eine relativ späte Schrift ist. Mein Anliegen ist es freilich hier keineswegs, so etwas Gegenteiliges wirklich zu behaupten. Mir geht es bloß darum, auf die Relevanz der Rolle des Briefes des Jakobus in dem Entwurf der Autorin deutlich hinzuweisen und zu empfehlen, als Schwerpunkt jeder zukünftigen kritischen Auseinandersetzung mit diesem Buch eben diesen Text zu wählen. So wird sich m. E. am schnellsten zeigen, ob die „Hochrechnung" der Autorin auf Grund der von ihr „ausgewählten Stimmbezirke" der Wirklichkeit nahe kommt, ob die „Bezirke" also repräsentativ waren, oder aber, ob dabei ein Zerrbild der Entwicklung gemalt worden ist.

Und diesen meinen Vorschlag, den Hebel genau hier anzusetzen, möchte ich nun gleich noch damit unterstützen, dass ich auch in diesem Zusammenhang auf denjenigen Punkt dieser Schrift hinweise, wo sie am archaischsten wirkt, und das ist die Stelle p. 5,9–19. Sie kommt zwar im Buch der Autorin nicht weniger als viermal vor (S. 219A. 220. 224. 226), aber außer in der einen Anmerkung nur als allgemeines Zeugnis für staatliche Verfolgungen der Trägergruppe. Doch das, was mich an dieser Stelle interessiert und worin ihre Sprengkraft liegt, kann die Autorin ja auch gar nicht wissen, weil es noch in keine der vorhandenen Textausgaben Eingang gefunden hat. An der betreffenden Stelle sagt der auferstandene und den Jüngern erschienene Jesus zu Jakobus und zu Petrus, mit denen er sich von den übrigen abgesondert hat, und nachdem diese zum Ausdruck gebracht haben, dass sie sich vor dem Martyrium fürchten: „Oder wisst ihr nicht, dass ihr noch misshandelt, unrechtmäßig angeklagt, ins Gefängnis gesperrt, ungesetzlich verurteilt, grund<los> gekreuzigt und im Sande begraben werden müsst, wie ich selbst (es erfahren habe)?" Dabei kommt es auf das letzte Glied der Kette an, das im koptischen Text lautet: ⲙ̄ⲡⲁⲧⲟⲩⲧⲱⲙ̄ⲥⲧⲏⲛⲉ ϩⲛ̄ⲛ ⲟⲩϣⲟⲩ. Und in dieser Wendung wird nun das letzte Wort „Sand" gewöhnlich und bisher – aber unberechtigterweise – für eine unverständliche Textverderbnis gehalten, der man nur mit einer Konjektur begegnen könne.[15] Als erstes geht es um die philologische Erklärung der Sache. Sie ist einfach und besteht nur in der Erkenntnis, dass der

15 In allerneuester Zeit ist das allerdings nicht mehr so, denn die beiden Übersetzungen von U.-K. Plisch bieten bereits das korrekte Verständnis. Vgl. Verborgene Worte Jesu – verworfene Evangelien. Apokryphe Schriften des frühen Christentums, BB 5, Berlin 2000,

koptische Ausdruck „im Sand begraben werden" ein Äquivalent des κρυβῆναι ἐν τῇ ἄμμῳ von Ex 2,12 ist (vgl. *B*: ⲁϥⲑⲟⲙⲥϥ ϧⲉⲛ ⲡⲓϣⲱ) und also die Beseitigung bzw. ein nicht rituelles Begräbnis eines Leichnams meint. Und das heißt dann traditionsgeschichtlich, dass der Brief des Jakobus hier in Übereinstimmung steht mit dem, was E. Lohmeyer aus Mk 14,8 herausgelesen hat,[16] J. D. Crossan aus PetrEv II 5[17] und H. Graß aus Joh 19,31,[18] und also aller Wahrscheinlichkeit nach eine alte Tradition bezeugt, die die kanonischen Geschichten vom Begräbnis Jesu und der Entdeckung seines leeren Grabes noch gar nicht kennt.[19]

68; und seine Übersetzung im Rahmen der Gesamtübersetzung der Nag Hammadi-Texte durch den Berliner Arbeitskreis.

[16] Das Evangelium des Markus, KEK I/2[13], Göttingen 1954, 296.

[17] The Cross That Spoke. The Origins of the Passion Narrative, San Francisco 1988, XIII.

[18] Ostergeschehen und Osterberichte, Berlin 1964, 176f.

[19] Cf. H.-M. Schenke, Gnosis-Forschung 1984–1988, in: M. Rassart-Debergh/J. Ries (ed.), Actes du IVe Congrès Copte, Louvain-La-Neuve, 5–10 septembre 1988, II: De la linguistique au gnosticisme, Louvain-La-Neuve 1992, (321–333) 321.

Rezension zu François Bovon/Bertrand Bouvier/Frédéric Amsler: Acta Philippi*

Die nun endlich vorliegende Neuausgabe gerade dieser zu den jüngeren apokryphen Apostelgeschichten gerechneten Schrift war von der interessierten wissenschaftlichen Öffentlichkeit mit besonders großer Spannung erwartet worden, weil man, durch mancherlei Bekanntmachungen und partielle Vorveröffentlichungen, von der Existenz eines neuen, bisher gänzlich unbekannten bzw. übersehenen Textzeugen wusste und also erwarten konnte, dass erst jetzt endlich die Wahrheit über die Acta Philippi (APh) ans Licht kommen würde. Dieser neue Zeuge, der nun auch den Rahmen und die Grundlage der Neuausgabe bildet[1], ist der Codex Athos Xenophontos 32 (Papier, 14. Jh.). Er enthielt wirklich alle 15, dem Martyrium vorangehenden Akten und ist auch sonst erheblich umfangreicher als der bisherige Hauptzeuge, der z.B. der klassischen Ausgabe von M. Bonnet[2] zugrunde liegt. Das ist der Codex Vaticanus graecus 824 (Pergament, 11. Jh.), bei dem es vor dem Martyrium nur bis zur neunten Akte geht und der sich nun im Lichte von Xenophontos 32 als eine sekundäre, tendenziös verkürzende, orthodoxe Bearbeitung der ursprünglichen, von der Häresie der Enkratiten durchtränkten, Urfassung erweist, was übrigens von Amsler im Kommentar für jede Akte, die so doppelt überliefert ist, bis ins Detail hinein demonstriert wird. Zu dem alten Sondergut von Xenophontos 32, das nicht durch seinen Umfang sogleich in die Augen fällt, gehört übrigens eine interessante, das Philippusbild betreffende, Passage, wonach er von edler Herkunft und vor dem Eintritt in die Jüngerschaft Jesu reich gewesen sei (APh VI,8,3–5; vgl. dazu im Kommentar die Frage nach dem historischen Wert dieser Tradition unter Vergleich mit dem Liber Bartholomaei 18,16, wo solche Herkunft aus reichen Kreisen dem Matthias zugeschrieben wird [II, S. 251f.]). Leider kann nun aber der Xenophontos 32 die Wahrheit nicht ganz bieten. Denn auch er hat eine, möglicherweise ebenfalls orthodoxe, „Bearbeitung“ erfahren, insofern als irgendwann ein ganzer Komplex von gleich mehreren Lagen und einige Einzel- oder Doppelblätter aus dem Codex herausgerissen worden sind. Das große Loch, wo ganze Lagen nun fehlen, findet sich zwischen dem Anfang von Akte VIII und dem Hauptteil von Akte XI, was übrigens bedeutet, dass die ganze Akte X immer noch völlig unbekannt ist. Außerdem ist dieser „Bearbeitung“ auch fast die ganze Akte II zum Opfer gefallen. Also, was diese Lücken betrifft, so ist der neue Hauptzeuge für die Vorstellung vom Inhalt derselben doch noch weitgehend von dem alten Hauptzeugen bzw. von noch anderen Zeugen, die aber jeweils nur eine Akte bieten, abhängig. Unter

* Textus cura François Bovon, Bertrand Bouvier, Frédéric Amsler, Commentarius cura Frédéric Amsler, CChr.SA 11.12, Turnhout 1999. In: JAC 45 (2002), 239–247.

[1] Auf ihn beziehen sich auch in der Regel die im Folgenden enthaltenen Stellenangaben.

[2] R. A. Lipsius/M. Bonnet (ed.), Acta Apostolorum Apocrypha, II,2, Leipzig 1903 (Neudruck Hildesheim 1959), VII/XV, XXXVI/XXXVII, 1/90.

den „einaktigen“ Zeugen findet sich übrigens einer, dessen Text auch noch nie das Auge eines Nicht-Eingeweihten gesehen hat. Es handelt sich um den Codex Athenensis 346 (Papier, Ende 15. Jh.), der vor dem Martyrium nur die erste Hälfte (mit der Szene von der Aussendung der Apostel zur Mission [##1–15]) von derjenigen Akte bietet, die in der Sammlung der APh als Akte VIII gezählt wird. Sie erscheint hier aber als Einzelstück, also ohne mit einer Nummer auf ein außer ihr liegendes Ganzes zu verweisen, und, was hier eben das Wichtigste ist, in einer bisher noch völlig unbekannten Fassung, die dann auch viel länger ist als die des Vaticanus graecus 824.

Da nun im ersten Band des (vorerst) zweiteiligen Werkes, der der Textausgabe gewidmet ist, der griechische Text in der Regel in einfacher „bilateraler“ Synopse geboten wird, nämlich so, dass der Vaticanus graecus 824 die linke Seite einnimmt und ihm der Xenophontos 32 rechts gegenübersteht, während er im Ausnahmefall von APh VIII auf der rechten Seite vom Athenensis 346 „vertreten“ wird, fällt die jeweils längere Textform durch ihre Konfrontation mit weithin völlig leeren Gegenseiten sofort ins Auge. Ein solch markantes Gegenüber von Lang- und Kurztext findet sich vor allem in APh I, III, IV und VIII. Die einzige markante Abweichung vom Prinzip der zweiseitigen Textpräsentation besteht in der Textdarbietung von APh II, weil es von dieser Akte, obgleich der Xenophontos 32 praktisch ausfällt, neben dem Vaticanus graecus 824 noch weitere drei Zeugen gibt, die nur diese Akte überliefern (Paris, BN, codex graecus 881, Pergament, 10. Jh.: Akte II ohne Zählung *nach* dem Martyrium; Codex Vaticanus graecus 866, Pergament, 11. Jh.: nur Akte II [also ohne Martyrium]; Mailand, Biblioteca Ambrosiana, codex graecus 405, Pergament, Anfang 11. Jh.: nur Akte II [also wieder ohne Martyrium]). Daher wird diese Akte in einer eigentlich textkritischen Fassung geboten.

Eine textkritische Ausgabe ist übrigens auch bei dem Martyrium vonnöten, und zwar eine sehr viel kompliziertere, weil es von ihm nicht nur vier, sondern etwa fünfzig Textzeugen gibt, die übrigens das Martyrium in drei verschiedenen Rezensionen (die mit Γ, Δ und Θ bezeichnet werden) bieten. Dafür ist aber ein zukünftiger dritter Band vorgesehen. Und erst mit ihm wird diese Neuausgabe der APh abgeschlossen sein. Als vorläufiger Ersatz wird hier in Band I, wiederum bilateral, nur der Text des Martyriums nach den beiden Hauptzeugen von APh geboten, von denen der Xenophontos 32 ein Repräsentant der Rezension Θ ist, während der Vaticanus graecus 824 die Rezension Γ bietet.

Da wir nun gerade dabei sind, das, was wir haben, im Spiegel dessen, was wir noch erwarten müssen oder dürfen, zu betrachten, halte ich es für richtig, noch zwei kleine Nebenbemerkungen von Amsler ins hellste Licht zu rücken. Danach ist in Zusammenarbeit mit Albert Frey und Alain Aubord der griechische Text von APh mit einem Computerprogramm bearbeitet worden, als dessen Endergebnis eine vollständige Konkordanz dieses griechischen Textes zustande gekommen ist, die Amsler schon als Handwerkszeug bei seiner Kommentierung zur Verfügung stand (II, S. VIIf.) und deren Erscheinen im Druck, und zwar in der Sammlung *Instrumenta* des *Corpus Christianorum*, angekündigt wird (II, S. 607).

In der Textausgabe ist dem griechischen Text, nach dem Prinzip dieser Reihe, eine französische Übersetzung beigegeben, die meist unter dem griechischen Text, manchmal aber auch links daneben steht, nämlich in den Fällen, wo nur ein Zeuge den betreffenden Text hat, oder im Falle von APh II, und also das Prinzip der bilateralen Darbietung entfällt. Der Apparat zum griechischen Text fällt besonders dadurch auf, dass er die tatsächlichen Schreibungen und Verschreibungen der Textzeugen, besonders natürlich des Xenophontos 32, wiedergibt (einschließlich der häufigen und typischen ungewöhnlichen Akzentsetzungen). Der Apparat der Übersetzung besteht aus einem Teil, der in schlichter Weise die Bibelstellen angibt, zu denen der Text irgendeine Beziehung haben könnte, und aus einem zweiten Teil mit textkritischen Bemerkungen, die sich in der Regel auf Besonderheiten des Textes von Xenophontos 32 beziehen oder doch von ihnen ausgehen. Im Übrigen ist die Textausgabe wie auch der Kommentar, der schon insofern unmittelbar mit ihr zusammenhängt, als er die Register für beide Bände, also auch den Index des griechischen Textes, enthält, mit einer Sorgfalt gemacht, die den größten Respekt abnötigt. Die Quote der mir aufgefallenen Versehen oder Ungenauigkeiten tendiert geradezu gegen Null. So habe ich z. B. nur einen einzigen falsch gedruckten Akzent entdecken können (II, S. 363 Anm. 2 Z. 4: Zirkumflex von ἡμῖν versehentlich über dem μ). Im sprachlichen Index muss es z.B. nach ἀετός: heißen III,5,3.6; 6,11 statt III,5,3.6.11. Im Index der Texte und antiken Autoren erscheint z.B. das Philippusevangelium als NHC VIII,2 (was eine Angabe ist, die zu EpPt gehört). Im Übrigen schreibe ich dies und alles Folgende, nachdem ich das zweibändige Werk so sorgfältig wie möglich *einmal* durchgearbeitet habe. Mein Respekterweis für die Textausgabe und manche noch kommenden Anfragen zur Textauffassung können sich also, trotz der Verspätung dieser Rezension, *noch nicht* auf eine längere praktische Arbeit mit dem Werk stützen.

Die neue Text*edition* ist nun verbunden mit einer ganz bestimmten und hochinteressanten Text*auffassung*. Die APh werden uns in einer ganz bestimmten Perspektive vor Augen geführt. Und für die Vermittlung dieser Seite der Sache ist vor allen Dingen Amsler und sein großer Kommentar, der erste Kommentar übrigens, den es je zu den APh gegeben hat, zuständig.[3] Wenn im Vorwort von Band I kurz davon die Rede ist, dass es bei einer derartigen Zusammenarbeit von drei Personen nicht ganz zu vermeiden war, dass die internen Diskussionen nicht in allen Punkten zu einer von allen gemeinsam getragenen Auffassung geführt haben, vielmehr in Fragen der Textauffassung manche Unterschiede stehen geblieben sind, wie in den textkritischen Bemerkungen der Textausgabe und im Kommentar zu sehen sei (I, S. VII), so kann man fragen, ob das vielleicht gar nicht nur beschreibend, sondern auch ein bisschen klagend gemeint ist. Im Kommentar kommt jedenfalls ganz klar und oft zum Ausdruck, dass Amsler bei einer ganzen Anzahl von Problemen seinem Meister Bovon nicht folgt, sondern deutlich von ihm abrückt. Das aber betrifft nicht die große Perspektive, von der hier erst einmal die Rede sein soll.

Das erste, was hervorgehoben zu werden verdient, ist die Art und Weise, in der die *communis opinio* von der Verbindung der APh mit dem kleinasiatischen,

---

3 Das war auch schon vorher seine Rolle in: Actes de l'apôtre Philippe. Introduction et notes par Frédéric Amsler. Traductions par François Bovon, Bertrand Bouvier et Frédéric Amsler, Apocryphes, Collection de poche de l'AELAC 8, Turnhout 1996.

speziell phrygischen, Enkratitentum des 4. und 5. Jahrhundert aufgenommen wird. Das hängt zusammen mit der ersten von zwei historischen „Verortungen", die dem Text zuerkannt wird, und zwar einer soziologischen. Die andere ist von lokaler Natur. Die Herausgeber sehen die APh im Ganzen und in ihren Teilen direkt als Produkt und Zeugnis der Geschichte der Enkratiten als ihrer Trägergruppe. Es wird mehr als einmal betont, dass die große historische und theologische Bedeutung der APh vor allem darin bestehe, dass sie ein originales Zeugnis einer häretisch-christlichen Bewegung seien, die wir sonst fast nur aus Zeugnissen ihrer orthodoxen Gegner kennen. In dieser Perspektive wird nun auch die Entstehung der APh als eines Buches verständlich gemacht. Die so oft beklagte Zusammenhangslosigkeit seiner Teile und die Unvorstellbarkeit des apostolischen Itinerars liege daran, dass wir es hier gar nicht mit einer literarischen Schöpfung, sondern nur mit der Sammlung verschiedener, schon vorhandener und voneinander unabhängiger Texte zu tun haben. Die Enkratiten hätten also im Laufe des 4. bzw. 5. Jahrhunderts das Bedürfnis gehabt, alle in ihren Gruppen schriftlich umlaufenden Philippustraditionen zusammenzustellen. Vielleicht darf man sich diese Sicht der Dinge sogar so zurechtlegen, dass die vier Hauptbestandteile (APh I, II, III–VII und VIII–XV + Martyrium) ursprünglich einfach, und ohne jeden Versuch der Kombination, nebeneinander gestellt wurden und dass die doch vorhandenen Versuche von Verknüpfungen oder Verklammerungen nur von späteren Abschreibern oder Bearbeitern stammen, die das bloße Rettungsprinzip nicht (mehr) verstanden hätten. Nach Amslers Darlegungen ist jedenfalls APh VIII–XV + Martyrium das älteste Stück (zweite Hälfte des 4. Jh.), und zwar eine Schöpfung der Enkratiten im engeren Sinne. Und die Sammlung wäre durch die Voranstellung anderer Philippuskomplexe von hinten nach vorn gewachsen, zunächst durch die Vorschaltung von APh III-VII, einem Text, der seine Entstehung speziell apotaktischen Zirkeln verdanke (Ende des 4. oder Anfang des 5. Jh.). Übrigens stammt nach Amsler dieser Komplex zwar von ein und derselben Hand, aber er erkennt gleichwohl unterhalb einer Schicht, in der diese Teile zusammengehören, noch eine Zäsur zwischen APh IV und V. Also auch der auf der vorletzten Stufe eigenständige Komplex APh III-VII wäre seinerseits von hinten nach vorn gewachsen, dadurch dass dem in sich einheitlichen Stück APh V-VII noch APh III und IV vorangestellt worden wären. Die Besonderheit des Apostelbildes, von dem der Abschnitt III-VII geprägt ist, erkennt Amsler darin, dass Philippus hier als ein Apostel gesehen ist, der dazu erst vom Stand des Evangelisten aus aufsteigen musste. Bei solcher Sicht der Dinge wird übrigens der seltsame Anfang dieses Komplexes voll verständlich. Das Wachstum der ganzen Sammlung von hinten nach vorn hätte seinen „Abschluss" darin gefunden, dass man aus sachlichen Gründen APh I (zweites Viertel des 5. Jh.) an den Anfang des Ganzen gestellt hätte, weil dieses Stück die zur Zeit der Entstehung dieser Sammlung enkratitischer Philippustraditionen wichtigste enkratitische Botschaft enthielt. Das späteste Stück der Sammlung wäre dann APh II gewesen (frühestens zweite Hälfte des 5. Jh.) als ihr einziger Bestandteil, der kein enkratitisches, sondern ein orthodoxes Produkt sei und der, wiewohl der Sammlung präexistierend, nicht unabhängig von anderen Stücken derselben sei, sondern sich als eine orthodoxe Adaption von APh VI unter Zuhilfenahme von Motiven des Martyriums erweise.

Dem Blick in die Vor- und Traditionsgeschichte des Textes, den diese Theorie von der Entstehung der APh freigibt, ist aber nun noch ein Blick in die andere Richtung hinzuzufügen. Das Leben und die Entwicklung des Textes geht auch nach dem Akt der Sammlung weiter. Einerseits dürften die Einzelstücke auch nach ihrer „Einsammlung" nicht einfach aufgehört haben, als Einzelstücke weiter zu kursieren, wie man im Falle von APh II und VIII (an dem Fehlen einer Zählung bei Einzelüberlieferung) vielleicht direkt sehen kann, andererseits konnte man auch Teile sekundär aus dem neuen Buch (wieder) herauslösen, wie es ebenfalls APh II zeigen könnte, nämlich in den (beiden) Fällen, wo auch bei Einzelüberlieferung dieses Stück noch als Philippusakte Nr. 2 gezählt wird, und wie es nach Auffassung von Amsler, in der er wohl der *communis opinio* folgt, beim Martyrium der Fall ist. Schließlich blieb auch die ganze Sammlung nicht unverändert, besonders als diese Sammlung von Philippustraditionen sich über ganz Kleinasien und darüber hinaus verbreitete und dabei auch das Interesse breiterer Kreise der orthodoxen Kirche fand, was, wie es der Vaticanus graecus 824 zeigt, letztlich zu einer, die enkratitischen Spuren so gut wie möglich beseitigenden, Bearbeitung führen musste.

An dieser Stelle ist mir nun sogleich die von Amsler, wie gerade angedeutet, als selbstverständlich vertretene Auffassung eine Bemerkung wert, wonach die Sonderüberlieferung des Philippusmartyriums (wie es für die Martyrien der alten apokryphen Apostelakten in der Regel angenommen wird) dadurch zustande gekommen sei, dass es schon früh sekundär von dem Komplex APh VIII-XV, mit dem es ursprünglich eine literarische Einheit gebildet habe, abgetrennt worden sei. Unter dieser Voraussetzung erklärt er die unorganische Verbindung von APh XV und Martyrium im überlieferten Text damit, dass hier das schon selbständig gewordene und sekundär mit Motiven aus APh XV aufgefüllte Martyrium mit einer wiederum (also sozusagen „tertiär") an dieses angepassten Form von APh XV mehr oder weniger künstlich zusammengeschoben worden sei. Nun gehören all die Einzelerwägungen, die er in dieser Perspektive zur Rekonstruktion der ursprünglichen Form und des Inhalts sowie zu dem ursprünglichen Übergang von der letzten Akte zum Martyrium anstellt, zu dem Faszinierendsten in dem ganzen Werk und scheinen in sich absolut evident zu sein. Andererseits sät er aber mit der wiederholten Betonung der Altehrwürdigkeit des früh selbständig gewordenen Martyriums, die man sich ja bei so späten Akten schwer vorstellen kann, selbst gewisse Zweifel an der Legitimität der doch sehr komplizierten Voraussetzung seines Interpretationsmodells. Und außerdem will es einem so vorkommen, als ob sich das wirklich vorhandene Martyrium von den wirklich vorhandenen APh VIII-XV, aber auch von allen dem noch vorhergehenden Akten, dadurch unterschiede, dass nur in ihm eine eigentlich christliche Missionsverkündigung stattfindet. In den Akten davor wissen die Leute praktisch immer gleich vorher, was Philippus eigentlich will. Kurzum, der Außenseiter kann die Frage an die Fachleute nicht unterdrücken, ob es im Falle der APh nicht auch einmal anders als sonst gewesen sein könnte, dass nämlich das Martyrium des Philippus ursprünglich selbständig war und die Akten VIII-XV erst sekundär davorgeschaltet worden wären, und das hieße, dass man im Komplex APh VIII-XV + Martyrium zwischen APh XV und Martyrium eine ganz ähnliche Zäsur zu konstatieren hätte, wie Amsler sie im Komplex APh III-VII zwischen APh IV und V ansetzt. Das Problem ist also, ob man auch so herum ein ähnlich faszinierendes Modell entwickeln könnte, wie es Amsler auf dem Fundament der *communis opinio* gelungen ist.

Die im Vorhergehenden schon erwähnte lokale Verortung der APh besteht darin, dass vor allem das Kernstück APh VIII-XV + Martyrium konsequent als die lokalen Gegebenheiten und Traditionen der Heimat der Enkratiten widerspiegelnd verstanden wird. Dann ist natürlich die Märchenstadt Ophioryme von vornherein Hierapolis und die dort verehrte Viper ein Symbol der Göttin Kybele und will die „animalistische Theologie" dieses Komplexes, wie sie in der Bekehrung und Vermenschlichung eines Leoparden und eines Ziegenlamms, die bis zu deren Taufe (die nach Amsler den Inhalt der verlorenen Akte X gebildet haben könnte[4]) und der Teilnahme an der Eucharistie reicht, zum Ausdruck kommt, den Sieg des Christentums über den Kybelekult in Phrygien abbilden. Diese Art historischer Interpretation geht dann schließlich so weit, dass Amsler die Bezugnahme auf Noah in APh VIII,11f. als in Konkurrenz zu einer phrygischen Version von der Geschichte der Sintflut stehend erwägen kann (II, S. 321) und dass er in dem erstbekehrten und später zum Bischof von Ophioryme eingesetzten Stachys den ehemaligen Archigallus des Kybeledienstes in Hierapolis erkennt (vgl. vor allem II, S. 400. 405). Entsprechend sieht Amsler übrigens vorher in dem Stadtnamen Nikatera (APh V-VII) ein Kryptogramm für die wirkliche Stadt Caesarea (am Meer). Das alles, und vieles mehr, wird übrigens mit größtem Scharfsinn entwickelt und so vorgetragen, dass es einem, selbst wenn man Bedenken spürt, schwer fällt, diese Sicht in Frage zu stellen oder sich ihr, wenn auch nur vorläufig, zu entziehen.

Zu dem Profil des Kommentars gehört übrigens auch, dass der Hintergrund, von dem sich die APh als Text abheben, bzw. das, was ihnen vorgegeben ist und worauf sie aufbauen, vorwiegend oder einseitig literarisch (und eben nicht, wenigstens nicht in erster Linie, traditionsgeschichtlich) gesehen wird. Die Bestandteile der APh gelten als Literaturprodukte, die auf anderer Literatur aufbauen. Diese vorgegebene Literatur sind dann natürlich in erster Linie die Schriften der Bibel, und sonst nur das, was, wie vor allem die Petrus- und Johannesakten, uns an Literatur wirklich erhalten vorliegt, und so, wie es eben vorliegt. Dabei erfüllt der erste Punkt übrigens durchaus gewisse Ahnungen, die schon die Angaben der Bibelstellen des ersten Apparates der Übersetzung in der Textausgabe wecken konnten, wo es sehr oft nur um das (zufällige) Vorkommen eines Wortes dort und hier geht. Und da der zweite Punkt bedeutet, dass mit unbekannten Größen von vornherein gar nicht erst gerechnet wird, wirken manche der vermuteten Verbindungslinien zwischen den APh und seiner vorgegebenen (literarischen) Umwelt wie Spinnwebfäden.

Am eindrucksvollsten am Kommentar von Amsler – und auch unmittelbar überzeugend – ist allerdings die das Ganze eher bestimmende Anwendung seiner exegetischen Begabung auf die grundlegenden Fragen der Textanalyse. Auch hier geht er Hypothesen, wo sie dem Textverständnis helfen, keineswegs aus dem

[4] Vgl. II, S. 342 mit Anm. 2 („Qui sait si ne surgira pas un jour de la Bodmeriana un petit frère du fragment copte encore inédit des *Actes de Paul* relatant le baptême du lion?") und S. 355.

Wege. Und in diesem Bereich haben mir seine Erkenntnisse, Beurteilungen und Vermutungen ein um das andere Mal wirklich die Augen geöffnet. Als Beispiel sei seine Rekonstruktion des ursprünglichen Anfangs von APh III genannt (vgl. vor allem II, S. 148), nicht zuletzt weil sie mich sosehr inspiriert hat, dass ich mich gleich selbst versucht fühlte, die Sache noch ein wenig weiter zu treiben. Der unmögliche überlieferte Text lautet da ja: „Als aber Philippus, der Apostel Christi, in das Reich Parthiens herabkam, siehe, da fand er in einer Stadt Petrus, den Apostel Christi, zusammen mit den anderen bei ihm befindlichen Jüngern und einigen Frauen" usw. Und Amsler meint nun, dass es ursprünglich statt „Philippus, der Apostel" geheißen habe „Philippus, der Evangelist" und dass statt „in das Reich Parthiens" im Urtext „nach Samaria" gestanden habe. Aber wirklich vorstellbar wäre die Situation doch nur, wenn der Text geheißen hätte: „Als aber Philippus, der Evangelist Christi, *aus* Samaria herabkam, siehe, da fand er in *der* Stadt (nämlich Jerusalem) Petrus, den Apostel Christi, zusammen mit den anderen bei ihm befindlichen Jüngern und einigen Frauen" usw. Wenn übrigens Amsler das mehrfach vorkommende Motiv des „travestissement" der bekehrten Frauen, d. h. dass diese sich Männerkleidung anziehen, um seiner Deutung als Romanmotiv zu entgehen, „theologisch" versteht, und zwar auf dem Hintergrund der Vorstellung, dass die fleischlichen Begierden in erster Linie dem weiblichen Geschlecht innewohnen (vgl. besonders II, S. 204), so ist vielleicht die dabei vorausgesetzte Alternative (Roman oder Theologie) nicht zwingend. Es scheint nämlich schon eine diesbezügliche asketische Tradition gegeben zu haben, die vor allem ganz praktische Gründe hatte.[5]

Nach diesem globalen Respekterweis glaube ich mir aber nun auch noch eine Bemerkung über den Aspekt des Unerwarteten, dem ich manchmal bei Amslers Exegesieren begegnet bin, erlauben zu dürfen. Es scheint mir so, als komme es vor, dass, nachdem das, was jedem Leser nach den ersten Worten klar ist, breit ausgeführt und nach allen Seiten hin abgesichert worden ist, plötzlich noch etwas ganz Wichtiges und sofort Überzeugendes ohne erkennbare Vorbereitung in dem, was vorhergeht, präsentiert wird. Dieser Aspekt des Unvorhersehbaren hat wohl auch eine „idiolektale" Seite. Man mag sich schon leicht irritiert fühlen, wenn eine bestimmte Auffassung mit den Worten „Il n'est pas exclu" eingeführt wird. Auch wird der Leser nicht selten damit überrascht, dass eine zunächst vorsichtig erwogene These kurz darauf unter dem Vorzeichen „sans doute" wiederbegegnet. Andererseits kann es scheinen, als ob manch kühne Erwägung der eigentlichen Abhandlungen in den regelmäßigen Zusammenfassungen der Kapitel unerwartet zurückgenommen oder eingeschränkt wird. Das alles, was ich hier zu beschreiben oder wenigstens anzudeuten versuche, hängt wohl mit einer mir eigentlich sympathischen Dialektik exegetischen Denkens, in Konfrontation mit schwierigen und noch gar nicht diskutierten Problemen, zusammen, wo man eben nicht unbedingt vorhersehen kann, wo das „Pendel" dann eigentlich wirklich stehen bleibt.

Die unglücklichste Stelle, wo das „Pendel" solcher „Selbstgespräche" einmal stehen bleibt, findet sich beim mehrfachen Reflektieren der mutmaßlichen

---

[5] Vgl. S. J. Patterson, The Gospel of Thomas and Jesus, Sonoma, CA 1993, vor allem 153/5 („Women Disciples in Thomas").

Bedeutung, die dem Eunuchentum in APh und bei den Enkratiten beizumessen ist. Im Zusammenhang damit, dass es einerseits verheiratete Eunuchen gab und dass andererseits, nach der mehrfach zu Rate gezogenen Spezialistin Aline Rousselle[6], Eunuchen, wenn sie erst nach der Pubertät kastriert worden sind, durchaus das Verlangen nach sexueller Betätigung und auch das Vermögen dazu haben, nur eben unmöglich Kinder zeugen können, bleiben Amslers Erwägungen bei der Möglichkeit stehen, dass es bei der Forderung der Enkratiten nach sexueller Enthaltsamkeit vielleicht gar nicht so sehr um das Prinzip der Reinheit geht, sondern nur darum, dass unter Garantie keine Kinder erzeugt werden.[7]

Ich selbst habe nun die neue Ausgabe mit dem neuen Text der APh noch aus einem ganz persönlichen Grunde herbeigewünscht, nämlich unter der Frage, ob der ursprüngliche APh-Text bei traditionsgeschichtlicher Betrachtung Philippustraditionen erkennen lässt, die sie (rückwärts) mit dem Philippusevangelium (NHC II,3) verbinden. In dieser Sache hat mir ja nun, noch vor der Veröffentlichung dieser Ausgabe, aber in Kontakt mit Bovon, Christopher Rush Matthews in seiner Dissertation schon vorgearbeitet und ist zu vielversprechenden positiven Ergebnissen gekommen[8]. Für mich hat die Frage allerdings noch eine ganz individuelle Zuspitzung. Aber bevor ich dazu komme, sei hier noch, aus gegebenem Anlass, die allgemeinere Frage eingeflochten, ob und wie denn in dieser APh-Ausgabe selbst das Philippusevangelium und etwaige andere Nag Hammadi-Schriften überhaupt herangezogen worden sind. Die Antwort ist, dass NH-Schriften tatsächlich vorkommen, und zwar neben den beiden Philippustexten: dem Philippusevangelium (NHC II,3) nebst dem Brief des Petrus an Philippus (NHC VIII,2) und dem Actatext: Die Akten des Petrus und der zwölf Apostel (NHC VI,1) auch das Apokryphon des Johannes (NHC II,1; III,1; IV,1; BG 2), das Thomasevangelium (NHC II,2), das Testimonium Veritatis (NHC IX,3) und die Dreigestaltige Protennoia (NHC XIII,1), aber nur am Rande, so dass aus ihnen nicht der Nutzen gezogen werden konnte, den sie hätten bringen können.[9] Das Evangelium Veritatis (NHC I,3) kommt zwar auch mindestens einmal vor (II, S. 74[1]), wird aber im Register nicht mit aufgeführt. Dabei sind einige von diesen NH-Texten doch von allergrößter Relevanz für das Verständnis bestimmter Teile

---

6 Porneia. De la maîtrise du corps à la privation sensorielle, IIe–IVe siècles de l'ère chrétienne, Les chemins de l'Histoire, Paris 1983.

7 Vgl. II (innerhalb von Exkurs 2, über den asiatischen Enkratismus des 4. und 5. Jh. [S. 469/520]), S. 504: „Plusieurs éléments invitent même à distinguer la sexualité de la procréation, comme si la sexualité était autorisée, mais à condition de rester inféconde." S. 505: „Cette valorisation de l'eunuque qui côtoie une condamnation implicite de la sexualité de l'homme chauve s'explique peut-être par le fait que l'auteur de l'Acte I refuse la sexualité féconde, mais tolère la sexualité inféconde."

8 Vgl. Trajectories Through the Philip Tradition, Th. D. Diss., Harvard University, Cambridge, Massachusetts, 1993, 266/79 („Sayings in the Acts of Philip"). Amsler bezieht sich übrigens relativ oft auf diese Dissertation von Matthews, aber eben nicht auf diesen Abschnitt und dessen Ergebnisse.

9 TestVer erscheint z.B., wiewohl im Index der Texte und antiken Autoren ausdrücklich aufgeführt, im Werk selbst nur in einer Anmerkung als Bestandteil eines dort genannten Aufsatztitels (I, 246[16]).

oder Aspekte der APh. Was zunächst EpPt anbelangt, so wird diese Schrift nicht nur nachträglich im Exkurs 1 (II, S. 441/68) unter den Zeugnissen über Philippus, und zwar vor einer noch knapperen Notiz zum EvPhil, kurz beschrieben (II, S. 463/4), sondern auch schon, allerdings nur beiläufig und mit einem Satz, im Rahmen der Exegese von APh III erwähnt (II, S. 151). Und doch handelt es sich bei ihr, auch wenn man wie Amsler noch zögert, sie für den sekundär abgetrennten und selbständig gewordenen Anfang („Akte I") von anderen Philippusakten zu halten (II, S. 463), um eine echte Sachparallele zur gesamten Exposition von APh III (als dem Beginn des Komplexes APh III-VII), wonach eben Philippus irgendwie zunächst eine Art Fremdkörper innerhalb des Apostelkreises ist, der erst nachträglich integriert werden muss. Zum Verständnis dieser dritten Akte könnte auch das AJ noch etwas Wesentliches beitragen, insofern als die dortige Vorstellung von der Erscheinung Jesu unter der Gestalt eines riesigen Adlers auf einem Wunderbaum in der Wüste (APh III,5,1–10; 8,1), in Ergänzung der zwei von Amsler als mögliche Quellen aufgeführten Parallelen (II, S. 172 [ParalJer 6,12–7,31 und syrBar 77,18–21]), auch in Beziehung gesehen werden könnte zu der dortigen Szene von der Offenbarung des Erlösers, der sich im Paradies in Gestalt eines Adlers auf dem Baum der Erkenntnis niedergelassen hatte (AJ, NHC II, p. 23,26–28 Parr). Das AJ wirft dann auch noch ein Licht auf die in APh XIV,4,9–14; 5,13–15 vorkommende Vorstellung von der Dreigestaltigkeit Gottes (als Jüngling, Frau und alter Mann), in der er dem blinden Stachys in einer Vision erschienen ist, insofern als man sie in Parallele setzen könnte zur der im AJ die Offenbarung eröffnenden und unter wechselnden Gestalten erfolgenden Erscheinung Jesu, die dann von ihm mit den Worten: „Ich bin der Vater, ich bin die Mutter, ich bin der Sohn" kommentiert wird (vgl. AJ NHC II, p. 2,1–15 Parr), wobei sich die Parallelen gegenseitig interpretieren. Die Lösung des Rätsels, mit dem sich Amsler auf S. 373 seines Kommentars herumquält, woher denn das Arzneikästchen (νάρθηξ) gekommen sein mag, das Jesus den Aposteln gegeben haben soll (APh XIII,4,6–8), findet sich auf höherer Ebene, nämlich in ActPt (NHC VI,1), und zwar innerhalb der großen Schlussszene einer vom himmlischen Jerusalem aus erfolgenden Aussendung der Apostel zur Weltmission (p. 8,13–19; 9,30–12,19), in deren Rahmen sie außer einem Arznei*koffer* auch ein Arznei*kästchen* bekommen (p. 9,30f. ⲛⲁⲣⲧⲟⲥ bzw. ⲛⲁⲣⲇⲟⲥ für νάρθηξ]). Überhaupt stammt der gesamte Arztaspekt des Schlussteils der APh aus derselben Tradition wie der Missionsauftrag in ActPt (NHC VI,1). Ich kenne jedenfalls sonst keine apokryphe Apostelgeschichte, in der die Ausführung des Missionsauftrags Jesu aus ActPt (NHC VI,1), über das Heilen ihrer Körper die Seelen der Menschen zu heilen, so direkt beschrieben wird wie in APh. Außerdem stimmen APh VIII-XV + Martyrium mit ActPt (NHC VI,1) ganz allgemein hinsichtlich ihrer irreal wirkenden Topographie überein. In APh XI,6,8–10 nimmt ein Drache in der Wüste im Rahmen seiner Bitte um Verschonung und im Zusammenhang mit dem Angebot, dem Apostel auf wunderbare Weise eine Kirche zu bauen, Bezug auf die jüdische Tradition, wonach Salomo sich beim Bau seines Tempels hat von Dämonen helfen lassen. Aber in Anm. 32 zur Übersetzung (I, S. 291) haben sich die Herausgeber die aktuellste und konkreteste Parallele, die sich in TestVer (NHC IX, p. 70,5–20) findet, entgehen lassen.

Was nun die schon erwähnte besondere Perspektive betrifft, unter der ich die Frage nach einer Beziehung der APh besonders zum EvPhil sehe, so ist sie damit gegeben, dass sich mir bei der Beschäftigung mit dem EvPhil die Hypothese aufgedrängt hat, dass es sich bei den „Blüten", aus denen dieses Florilegium besteht, speziell und nur um Exzerpte aus alten, (sonst) nicht mehr erhaltenen, Philippusakten handelt, und zwar um Exzerpte aus deren (Missions-)Reden.[10] Diese Idee ist natürlich nur langsam gewachsen. In meinem Kommentar, wo sie sowieso nur eine ganz untergeordnete Rolle spielt, findet sie sich nur ganz vorsichtig erwogen und mehr angedeutet als entwickelt. Ich bin mir in dieser Sache aber nach und nach doch immer sicherer geworden, so dass es an der Zeit sein dürfte, diese Hypothese, in einem so dafür geeigneten Rahmen wie diesem, einmal auch an sich vorzustellen und zu reflektieren. Ich möchte die hiesige Gelegenheit natürlich zugleich dazu benutzen, um besonders die Spezialisten für die apokryphen Apostelgeschichten ausdrücklich einzuladen, hinfort die Möglichkeit mit zu bedenken und zu prüfen, dass bzw. ob es neben den jüngeren APh, um die es in dem hier besprochenen Werk geht, auch noch alte, ganz, oder eben *fast* ganz, verlorengegangene APh gegeben haben könnte, die dann wie die Andreas- und die Petrusakten schon aus der zweiten Hälfte des 2. Jahrhunderts stammen und außerdem von speziell valentinianischer Provenienz gewesen sein müssten, und zwar unter der Frage, ob eine solche Hypothese, die sich für die Erklärung, nicht zuletzt der absonderlichsten Züge des EvPhil bewährt hat, vielleicht ebenso hilfreich für die Erforschung (der Geschichte) der APh sein könnte.[11] Ich hatte übrigens schon vor einigen Jahren einmal die Gelegenheit, diese Problematik gesprächsweise F. Bovon, der mir von dem APh-Triumvirat allein persönlich bekannt ist, vorzutragen und habe den Eindruck mitgenommen, dass er sie durchaus für verheißungsvoll hält.

Natürlich ist es aber zunächst einmal meine eigene Aufgabe, an Hand der durch die Neuausgabe der APh zugänglich gewordenen ursprünglichen Form der wirklich vorhandenen jüngeren APh mir darüber klar zu werden, ob in deren Licht die bloße Hypothese der Existenz von alten APh etwa einen neuen Aspekt, sei es positiver, sei es negativer Art, erhält. Das Ergebnis ist nun im Wesentlichen negativ. Zwar gibt es auch über das von Matthews schon Erkannte hinaus einzelne Motive, die die mutmaßlichen Exzerpte der alten APh mit den jüngeren APh verbinden könnten, aber von den das Profil des EvPhil wirklich bestimmenden Themen und Ideenkomplexen findet sich in den jüngeren APh, eben auch in ihrer ursprünglichen Form samt ihren Reden, nichts wieder. Falls es also solche alten APh wirklich gegeben haben sollte, stehen sie wohl kaum in einem irgendwie direkten literarischen, ja nicht einmal traditionsgeschichtlichen, Zusammenhang mit den jüngeren APh. Entmutigend finde ich das freilich trotzdem nicht. Denn wenn, wie die kommentierte Neuausgabe der jüngeren APh ja gerade zeigt, diese nur der an entlegenem Ort eingesammelte Rest eines einseitigen Zweiges einer sonst (überall) lebendig gewesenen Philippustradition war, ist mehr als genügend freier Raum für die Postulierung ganz anderer alter APh vorhanden. Und schließ-

[10] Vgl. besonders H.-M. Schenke, Das Philippus-Evangelium (Nag-Hammadi-Codex II,3) neu herausgegeben, übersetzt und erklärt, TU 143, Berlin 1997.

[11] Im Hintergrund steht natürlich die zweifelnde Frage, ob diese Quellentheorie vielleicht das gleiche Schicksal haben könnte wie z. B. Bultmanns berühmte Hypothese einer Quelle von Offenbarungsreden für das Johannes-Evangelium.

lich gibt es ja möglicherweise („Il n'est pas exclu") mit der EpPt (NHC VIII,2) noch einen weiteren Zeugen für die frühere Existenz anderer APh. Ich möchte nun diese eigene Stellungnahme zu einer eigenen Idee mit einem Gedanken abschließen, der schon insofern vielleicht nicht ganz unangemessen erscheinen mag, als er hinter der Kühnheit mancher Hypothesen des Kommentators der jüngeren APh nicht zurückzubleiben sucht. Wenn die bekannten jüngeren APh, wie andere jüngere apokryphe Apostelakten ja auch, alte Vorgänger gleichen oder ähnlichen Namens gehabt haben sollten, dann könnten sich die, in einem „Atemzug" mit denen von Andreas, Thomas und Petrus, genannten Akten des Philippus im *Decretum Gelasianum* sich eben auf jene, und gar nicht auf diese, bezogen haben.

Ich komme schließlich noch, in Ergänzung zu dem schon von Matthews Entdeckten, zu den mir aufgefallenen möglichen motivischen Querverbindungen zwischen APh und EvPhil, die für meine Hauptfrage zwar ohne große Bedeutung sind, aber deren Auflistung hier doch von allgemeinerem Interesse sein dürfte. Es handelt sich dabei übrigens keineswegs schon um alle möglichen Querverbindungen, sondern nur um solche, die mir gleich so wichtig waren, dass ich sie mir beim Lesen notiert hatte.

In dem Nekyiabericht, der ein besonders umfangreiches Sondergut von Xenophontos 32 in Akte I darstellt und dort einem von Philippus auferweckten Sohn einer Witwe in den Mund gelegt ist, begegnet die Wendung „(an)gebunden ... mit feurigen Ketten" (δεδεμένος ... ἁλύσεσι πυρίναις [APh I,12,3f.]). Diese „feurigen Ketten" gehören hier zwar nicht zu den Strafmitteln, mit denen ein Sünder gequält würde, sondern ist mit ihnen der Kerberos am Höllentor befestigt. Aber es ist doch merkwürdig, dass im Rahmen einer Beschreibung der Hölle überhaupt ein solcher Ausdruck erscheint, wie man ihn in EvPhil #65 im Rahmen des Exzerpts einer Schau der himmlischen Hölle (die dem Apostel Philippus zuteil geworden zu sein scheint) zur Rekonstruktion einer Lücke braucht. Ich kann nun in dem Zusammenhang nicht leugnen, dass mir dabei der Gedanke durch den Kopf gegangen ist, ob etwa die ganze Nekyia von APh I und EvPhil #65 traditionsgeschichtlich so zusammenhängen, dass eine dem Philippus nach den alten APh zuteilgewordene Höllenvision, von der eben EvPhil #65 ein Exzerpt sein dürfte, in den jüngeren APh sekundär einem wiederauferweckten Toten in den Mund gelegt worden wäre. Da die Nekyia von APh sehr lang ist und durch ihr Gewicht eigentlich den Rahmen einer solch schlichten Wunderzählung sprengt, kann man eine derartige Sicht der Dinge vielleicht nicht gänzlich ausschließen. Andererseits ist aber ein Bericht über das während des vorübergehenden Aufenthalts im Jenseits Erlebte ein durchaus geläufiger Topos apokrypher Totenerweckungen (vgl. z. B. Liber Bartholomaei 21,1–12).

Das Motiv der zum Schutz ausgebreiteten Flügel (APh III,6,11f.) des dem Philippus in der Wüste erschienenen Adlers als einer Erscheinungsform Christi (APh III,5,1–10; 8,1) könnte die APh mit EvPhil #67e verbinden, besonders wenn man beide Stellen im Lichte der von Amsler herangezogenen Parallelen aus Hippolyt bzw. Ps.-Hippolyt sieht (II, S. 173[7.8]).[12]

---

[12] Die beiden Stellen sind Hippolyt, Demonstratio de Christo et Antichristo 61,2–3: τουτέστι τὴν εἰς Χριστὸν Ἰησοῦν πίστιν, ὃς ἐκτείνας τὰς ἁγίας χεῖρας ἐπὶ τῷ ξύλῳ ἥπλωσε δύω πτέρυγας,

Der Gebrauch des Wortes „Speise" (τροφή) in APh IV im Rahmen einer Gegenüberstellung von geistlicher und irdischer Nahrung (vgl. besonders den Überblick in II, S. 201) könnte in Beziehung zu den Erörterungen von EvPhil ##30a.b gesehen werden.

In APh V,14,13–15 gibt Nerkella ihrem Mann Ireos, der sie seinem Gast Philippus vorstellen will, zur Antwort: „Weiche von mir! Denn nicht einmal die Leute des Hauses haben mein Gesicht gesehen; und wie sollte ich mich von einem fremden Mann sehen lassen?" Und hierin könnte man unter Umständen ein in Erzählung umgesetztes Prinzip sehen, das uns als solches in EvPhil #122b begegnet („Und die Braut treibt nicht nur Hurerei, wenn sie den Samen eines anderen Mannes empfängt, sondern auch schon wenn sie ihr Schlafgemach verlässt und gesehen wird").

Die von Philippus in APh V,15,6f. ausgesprochene These: „Ich betrübe niemanden, sondern erquicke alle" (ἐγώ, . . . , οὐ λυπῶ οὐδένα, ἀλλὰ πάντας ἀναπαύω) samt ihrem Gesprächskontext erinnert mit der Dialektik von οὐ λυπεῖν / ἀναπαύειν an den Komplex EvPhil ##116b. 117. 118.

In APh VIII,10,1–3 ist in einer Weise von oben und unten die Rede, die sich offenbar in den gleichen Kategorien bewegt, von denen aus auch im EvPhil (und zwar besonders in #33) argumentiert wird. Es heißt da in APh: „Du hast, o Philippus, das ganze Werk der oben und unten befindlichen Schöpfung gesehen: das Licht und die Finsternis, das Wasser und das Feuer, das Gute und das Böse."

In einem lautlosen Lobpreis des Philippus auf Christus kommt die Wendung vor: „Der du dich fesseln lässt in allen Dingen, bis du den Gefesselten erlöst" (ὁ δεσμούμενος ἐν τοῖς πᾶσιν ἕως ἂν λύσῃς τὸν δεδεμένον [APh XI,9,8f.]). Und das könnte derselbe Topos sein, der in komplexerer Form in EvPhil ##9a.b.c.d abgehandelt erscheint. Amsler sieht diese Wendung freilich, im Zusammenhang mit seiner Auffassung von der Abhängigkeit des ganzen hiesigen APh-Komplexes von dem Tanzhymnus der Johannesakten, auf dem Hintergrund von ActJoh 95,4–5 (λυθῆναι θέλω καὶ λῦσαι θέλω [II, S. 351[1]]).

Entsprechend ist für Amsler auch der kurz darauf folgende Satz: „Der du die Notwendigkeit des Bades auf dich nahmst, obgleich du selbst das Bad bist" (ὁ χρείαν λαβὼν λουτροῦ αὐτὸς ὢν τὸ λουτρόν [APh XI,9,10f.]) nur eine Umformung von ActJoh 95,16–17 (λούσασθαι θέλω καὶ λούειν θέλω), während für mich darin der charakteristischste Punkt des Taufverständnisses von EvPhil zur Sprache kommt, dass nämlich der Erlöser, bevor er andere durch die Taufe erlösen konnte, erst selbst durch die Taufe erlöst werden musste (vgl. EvPhil #81b [und meinen Kommentar dazu, besonders S. 418]).

Die dreifache *captatio benevolentiae* zur Einleitung einer Predigt des Philippus in der Stadt Ophioryme: „Ihr seid der Reichtum meines Geschlechtes nach Christus, der Bestand meiner Stadt, des oberen Jerusalem, die Annehmlichkeit meines Wohnortes" (APh Mart. 3,2–4) kann den Rätselspruch EvPhil #5 in Erinnerung rufen.

δεξιὰν καὶ εὐώνυμον, προσκαλούμενος πάντας τοὺς εἰς αὐτὸν πιστεύοντας καὶ σκεπάζων ὡς ὄρνις νεοσσούς. Ps.-Hippolyt, In Sanctum Pascha 38: χεῖρας ἐξέτεινας πατρικάς, ἐκάλυψας ἡμᾶς ἐντὸς τῶν πτερύγων σου τῶν πατρικῶν.

Der christologische Polymorphietopos (APh Mart. 35,8–10): „Er war groß, und er wurde klein um der Menschen willen[13], bis er die Kleinen hatte wachsen lassen und in seine Größe hinein nahm" verbindet die APh mit EvPhil #26a.

In APh Mart. 38,15–25 findet sich, in einer auf das Abscheiden des Philippus angewandten Form, der an sich weit verbreitete Topos vom postmortalen Seelenaufstieg des Gnostikers durch die Sphären der feindlichen Archonten, aber in einer Form, die, besonders mit ihrer Lichtgewandmetapher, gerade für das EvPhil typisch ist (vgl. ##77. 106. 127a).

---

13 Variante des Vaticanus graecus 824: „um unseretwillen".

Rezension zu Andrea Lorenzo Molinari: „I Never Knew the Man“: The Coptic Act of Peter (Papyrus Berolinensis 8502.4)*

Wir haben es hier mit einem sehr ungewöhnlichen Buch zu tun. Ungewöhnlich ist schon der Gegenstand. Hier ist ein ganzes Buch über eine nur sehr kurze Erzählung geschrieben worden, die sonst kaum noch jemanden interessiert, und von der W. Schneemelcher also (ungestraft!, auch von M. nicht)[1] sagen darf: „Inhaltlich ist diese Erzählung von keiner besonderen Bedeutung“, obwohl er gleich darauf den Inhalt absolut zutreffend zusammenfasst, nämlich so: „Petrus demonstriert an seiner Tochter, dass angebliches Leiden“ (gemeint ist ihre halbseitige Lähmung) „eine Gottesgabe sein kann, wenn es dazu dient, die Jungfräulichkeit zu bewahren.“[2] In Wirklichkeit ist das aber eine atemberaubende Geschichte, die in empfindsamen Gemütern jedenfalls starke Emotionen hervorrufen muss, sei es nun, dass man, wie M. Tardieu, sich nicht genug tun kann, gegen den in der Person des Petrus erscheinenden orientalischen Haustyrannen zu protestieren, der mit seiner Tochter glaubt, alles machen zu dürfen, was er will,[3] oder wie M., sich (zuerst) über die billige Buße des arroganten Verführers Ptolemäus empört (S. 168f.), sei es, dass man sich mehr von der Tragik der Geschichte gefangen nehmen lässt und, etwa wie M. (im zweiten „Anlauf“), doch mit Ptolemäus Mitleid empfinden und Sympathie für ihn aufbringen kann (S. 169).

Es handelt sich bei alledem um die vierte und letzte Schrift des Papyrus Berolinensis 8502 (auch [Codex] Berolinensis Gnosticus genannt und entsprechend BG abgekürzt), die am Schluss mit dem Titel „Die Tat (πρᾶξις) des Petrus“ versehen ist. Sie ist wie alle anderen Schriften dieses kleinen Codex in koptischer Sprache geschrieben. Als Abkürzung für ihren Titel sowie zur Kurzbezeichnung dieser Schrift, also BG 4, wird hier zwecks leichterer Unterscheidung von dem für die alten Petrusakten gebräuchlichen Kürzel ActPt (= Acta Petri) das vom Berliner Arbeitskreis für die neue Gesamtübersetzung der Schriften von Nag Hammadi und aus dem BG in „Nag Hammadi Deutsch“ geprägte *siglum* ActusPt gebraucht.

---

* Its Independence from the Apocryphal Acts of Peter, Genre and Legendary Origins, BCNH.É 5, Québec/Louvain/Paris 2000. In: JAC 45 (2002), 247–253.

[1] Das liegt vielleicht daran, dass M. gerade einigen kritischen Sätzen von Schneemelcher über Schmidts Hypothese den Impetus für seinen Generalangriff zu verdanken meint (vgl. S. XXXIIf. und W. Schneemelcher, NTApo [6]II, 251 [M. benutzt und zitiert natürlich die englische Übersetzung von 1992]).

[2] Vgl. W. Schneemelcher, NTApo [6]II, 251.

[3] M. Tardieu, Écrits Gnostiques: Codex de Berlin, Sources Gnostiques et Manichéennes 1, Paris 1984. Dieser Protest zieht sich sowohl durch die Einleitung zu ActusPt (67–72) als auch durch den Kommentar zu dieser Schrift (S. 403–410).

Bei M. wird nun dieser kurze Text außerdem auch nur unter einem einzigen Gesichtspunkt behandelt, nämlich unter der Frage, ob wir in dieser Erzählung von der auf das Gebet des Vaters hin gelähmten Petrustochter, die ja auch sonst ihre Spuren in der Tradition hinterlassen hat,[4] einen Teil der alten Petrusakten (ActPt) vor uns haben, wie auf Grund von drei lange zurückliegenden Abhandlungen C. Schmidts, nach nur kurzem anfänglichen Zweifel eines einzelnen, jetzt alle Welt glaubt, *oder eben nicht*, worauf M. hinaus will, wie das ja schon im Titel seines Buches deutlich gesagt wird. Und wenn doch andere Gesichtspunkte später in dem Werk hinzutreten, dann nur, um diese eine Frage wirklich zu klären. Damit haben wir auch schon den Sachverhalt berührt, dass es sich um ein sehr persönliches Buch handelt. Es geht im Grunde um einen Zweikampf der ungleichen Gegner M. und Schmidt – wie nach den ActPt weiland zwischen dem Apostel Petrus und Simon Magus auf dem Forum von Rom. M. nennt Schmidt „my opponent" (S. 115), wie es Präsidentschaftskandidaten der USA gegenseitig tun, wenn sie kurz vor der Wahl zweimal zum öffentlichen Rededuell antreten. Und dieser Wettkampf wird nun von der Seite M.s auch noch in unerwartet gereizter Stimmung bestritten, die sich das ganze Buch über durchhält, so dass man wie Festus in Apg 26,24 ausrufen möchte: μαίνῃ, Παῦλε. Der dazu passende Stil ist der eines amerikanischen akademischen Essays, in dem jeweils nach Darlegung des gemeinten Sachverhalt stereotyp ein oder zwei Sachverständige zur Unterstützung aufgerufen werden.

Der Leser möge sich nun also nicht wundern, dass auch ich es weder verhindern kann noch will, meiner Rede *über* dieses Buch einen etwas persönlichen Klang zu verleihen. Das hängt übrigens auch damit zusammen, dass ich eine sehr hohe Meinung von M.s wissenschaftlicher Begabung habe, es mich aber bedrückt, dass ich in diesem Fall nicht (auch) einfach sagen kann: Es ist alles in Ordnung; die Dinge liegen genau so, wie M. sagt. Man möge mich jedoch nicht missverstehen: Das Buch, über das wir hier reden, ist genau so vorzüglich, wie ich es als selbstverständlich schon vor Beginn der Lektüre angenommen habe. Es war auch längst an der Zeit, dass ein solches geschrieben wurde. Und *im Prinzip* hat M. ja auch Recht; meine Beklommenheit rührt nur daher, dass unter den vielen

[4] Bei Augustin, contra Adimantum 17,5, und in ActPhil 36 [142], finden sich Anspielungen bzw. Bezugnahmen auf das im ActusPt enthalten gewesene Motiv von der auf das Gebet ihres Vaters hin erfolgten (einseitigen) Lähmung der Tochter des Petrus, während sich im Kap. 15 der Akten des Nereus und des Achilleus der (ganze) Inhalt des ActusPt, aber in einer anderen und in Richtung auf das Apokryphe hin weiterentwickelten Version wiedergegeben findet. Die Person, die die Anfrage wegen seiner Tochter an Petrus richtet, heißt dort Titus; die Petrustochter selbst führt den Namen Petronilla. Andererseits hat der Verführer einen anderen Namen als in der Version des BG; er heißt nämlich nicht (mehr) Ptolemäus, sondern Flaccus. Und die zweite Hälfte ist überhaupt völlig anders, denn die Petrustochter bleibt gesund; und nun erst betritt der Verführer die Bühne. Aber Petronilla lässt sich nicht entführen, sondern verlangt, und setzt auch durch, dass eine ordentliche Eheschließung vorbereitet wird, stirbt jedoch, bevor die Ehe vollzogen werden kann, und zwar nach dem Genuss der Eucharistie. Es könnte so aussehen, als wäre hier die Fortsetzung der Heilungsgeschichte mit Motiven der Geschichte von der Gärtnerstochter gestaltet worden.

guten Argumenten doch auch solche sind, die mich nicht ganz überzeugt haben und wo mir also noch Fragen offen geblieben sind.

Ganz anderer Art sind allerdings die folgenden zwei Fragen, von denen die erste freilich nur etwas Formales ist. Wenn ich nämlich recht sehe, wird nirgends in dem Buch erklärt, woher eigentlich das Motto „I Never Knew the Man", das als Haupttitel des Buches fungiert, stammt. Also setzt M. wohl voraus, dass es jeder kennt. Und vielleicht hat er ja damit bei seinen amerikanischen Lesern, für die das Buch in erster Linie bestimmt ist, auch recht.[5] Es müsste jedenfalls der die Keuschheit beteuernde Ausspruch einer Frau sein.

Die zweite Frage aber ist viel wichtiger: Man möchte doch gar zu gern wissen, welches eigentlich die *Wurzel* von M.s Agressivität in dieser ganzen Sache ist; welches bei ihm etwa der bloßliegende Nerv gewesen sein könnte, den irgend jemand aus Versehen berührt hat. Das muss ja nicht Schmidt selbst oder irgendeine seiner einzelnen Behauptungen gewesen sein. Das Mysterium, von dem ich mich hier umhüllt empfinde, ist so groß, dass ich sogar daran gedacht habe, dass der eigentliche Auslöser M. Krause gewesen sein könnte, der ja in einem Aufsatz, gestützt auf die Hypothese Schmidts nun auch gleich noch die Nag Hammadi-Schrift (NHC VI,1) „Die Taten des Petrus und der zwölf Apostel" mit zu den ActPt rechnet.[6] Jedenfalls ist diese Nag Hammadi-Schrift der Gegenstand von M.s Dissertation gewesen, in der er selbstverständlich deren Eigenständigkeit herausgearbeitet und allem weiteren zu Grunde gelegt hat.[7] Auch ist es ihm überhaupt ein ganz besonders wichtiges Einzelanliegen, das neue Bild, das sich aus dem Nag Hammadi-Fund auch für die alte Petrustradition ergibt und das die Basis der Forschung grundlegend verändert hat, in die Argumentation gebührend einzubauen. Vielleicht also ist es von daher zu verstehen, dass er, nachdem er gegen Krause die Eigenständigkeit von NHC VI,1 herausgestellt hat, nun auch gleich noch die Wurzel des Übels bekämpfen möchte, indem er gegen Schmidt auch die Unabhängigkeit von ActusPt erweist. Oder handelt es sich einfach nur ganz allgemein um die andere Seite seiner Begeisterung für die Nag Hammadi-Schriften?

Nach diesen langwierigen Vorbemerkungen können wir uns nun endlich aufmachen, den Spuren von M. in seinem Buch zu folgen. Er beginnt mit einem *exemplum*, wie solche in der zweiten Hälfte seines Werkes noch eine große Rolle spielen werden. Er vertraut nämlich seinen Lesern an, dass das Lieblingsmärchen seiner Kindheit „Des Kaisers neue Kleider" war, und dass es sich genauso mit Schmidts Theorie verhalte. Nun ist ja sofort klar, wie das gemeint ist, obgleich das *tertium comparationis* nicht ganz einfach zu erfassen ist. Deswegen sei die Anwendung wörtlich zitiert: „In a very real sense this tale of the Emperor's New

[5] Ein Student aus den USA, den ich in Berlin ein Jahr lang zu betreuen hatte und den ich danach fragte, kannte freilich das Motto weder selbst, noch einer seiner von ihm befragten Landsleute.

[6] M. Krause, Die Petrusakten in Codex VI von Nag Hammadi, in: M. Krause (ed.), Essays on the Nag Hammadi Texts in Honour of Alexander Böhlig, NHS 3, 1972, 36–58.

[7] A. L. Molinari, The Acts of Peter and the Twelve Apostles (NHC 6.1). Allegory, Ascent and Ministry in the Wake of the Decian Persecution, SBL.DS 174, Atlanta 2000.

Clothes has direct application to the history of scholarship insofar as it relates to the Act of Peter. It is the story of a preliminary theory advanced for discussion. In the years that followed, a combination of factors (e. g., obscurity of the text, limited scholarly attention, vague and unorganized critical responses) conspired to give this theory an illusion of viability. Over time, the theory gained allegiance as the conventional scholarly position on the Act of Peter based on 1) the reputation of its author; 2) lack of viable alternatives; and 3) sheer repetition over the years. Now, almost one hundred years later, this theory will be systematically challenged and dismantled. The conclusion will be clear – the emperor is naked" (S. XXXIf.)

Nach getaner Arbeit kann M. sein vernichtendes Ergebnis im Rückblick auf seinen ersten Hauptteil auch mit Hilfe eines anderen Bildes zusammenfassen, indem er nämlich Schmidts Theorie mit einem Kartenhaus vergleicht: „Schmidt has shown a great deal of evidence, building his conceptual edifice brick by brick. Because these bricks have been presented in a certain manner, they have taken on the appearance of solidity. This is the reason I have attacked systematically each component of his argument and shown it to be paper thin. Instead of a house of bricks, Schmidt's argument turns out to be a house of cards" (S. 114f.)

Bei dem, was nun zwischen Voraus- und Rückschau liegt, brauchen wir aber nicht all die einzelnen Schritte beschreibend nachzuvollziehen, zumal diese ja gar nicht eigentlich für uns bestimmt sind, sondern für die weniger Eingeweihten, die M. auf seinem Wege mitnehmen möchte. Es macht die Sache, die ihm so am Herzen liegt, auch keineswegs schlechter, ja eigentlich besser – denn es geht im Grunde um einfache „Schaltungen", die so oder so zu tätigen sind –, wenn wir uns auf das Wesentliche und die Prinzipien konzentrieren.

M. hämmert seinen Lesern vom Anfang bis zum Ende mit Recht die Tatsache ein, dass der ActusPt nur als selbständiger Text überliefert ist und keine Entsprechung in dem hat, was von den ActPt noch übrig ist (das sind allerdings nur die letzten zwei Drittel des ursprünglichen Werkes, und auch die praktisch nur in der Rezension der Actus Vercellenses), und dass das Fundament von Schmidts Bau, nämlich seine Voraussetzung, dass alle alten Petrustraditionen nur in den ActPt gestanden haben können oder aus ihnen abgeleitet worden sein müssen, nicht tragfähig, diese Voraussetzung also zu arglos ist. Die Verwandtschaft im Wortlaut der Titel von ActusPt und ActPt brauche nicht auf literarischer Abhängigkeit des ActusPt von den ActPt zu beruhen. Die neun von Schmidt behaupteten gedanklichen und sprachlichen Übereinstimmungen zwischen dem ActusPt und den ActPt sind überhaupt nicht spezifisch, sondern zeigen bloß, dass beide Texte dem Geist der ersten christlichen Jahrhunderte verpflichtet sind. Auch aus den Testimonien für die Geschichte von der durch das Gebet des Vaters gelähmten Petrustochter, sei es die so merkwürdig abweichende Nacherzählung der ganzen Geschichte in Kap. 15 der Akten des Nereus und des Achilleus, seien es die beiden bloßen Anspielungen darauf bei Augustin, contra Adimantum 17,5, und in den Philippusakten 36 [142], ergibt sich nicht zwingend, dass diese Geschichte aus den ActPt stammt bzw. zu ihnen gehört hat. Es gebe vielmehr auch andere Erklärungsmöglichkeiten. In dem Abschnitt, in dem diese Testimonien diskutiert werden (das ist S. 59–116) und auch noch andere Nachrichten über Petrus eine Rolle spielen, bemüht sich M. im einzelnen, und zwar überzeugend, um den

Nachweis alter Petrustradionen, die nicht aus den ActPt stammen, und um deren Herausarbeitung. Das Ergebnis dieser systematischen Abtragung des Gebäudes von Schmidt – bzw. des Umblasens von dessen „Kartenhaus" – besteht m. E. aber lediglich darin, dass es eben nur eine vage und hypothetische Möglichkeit ist, dass der ActusPt zu dem verlorenen ersten Drittel der ActPt gehört hat. Dass eine solche Hypothese völlig unmöglich ist, hat M. indessen, jedenfalls in meinen Augen, nicht bewiesen. Vielleicht gibt es in diesem Bereich solcherart Beweise überhaupt nicht, sondern nur mehr oder weniger wahrscheinliche Möglichkeiten.

Zum Verständnis dieser meiner einschränkenden Zustimmung sei auf folgende Punkte hingewiesen, wo M. bei seinen Abrissarbeiten mehr oder weniger offensichtlich doch Schwierigkeiten gehabt hat. Das fängt schon bei der Diskussion des Titels von ActusPt an. Dass eine Beziehung zum Titel der ActPt besteht, kann und will er auch gar nicht leugnen. Und seine im zweiten Teil entwickelte Spätdatierung des ActusPt (erste Hälfte des 4. Jahrhunderts [S. 177. 181]) hängt sicher auch damit zusammen, dass er nur so meint erklären zu können, warum der ActusPt so heißt, wie er nun einmal heißt, weil nämlich sein Verfasser, der natürlich die ActPt kannte, mit diesem Titel eine sachliche Beziehung zwischen seinem neuen Werk und den alten ActPt herstellen wollte. In dem Zusammenhang hat M. nun auch offensichtlich die größte Mühe mit der „Parallele" des Pap. Copt. Utrecht 1 (S. 22). Das ist nämlich nun nachweisbar ein Stück der Andreasakten und führt als Untertitel: „Die Tat des Andreas" ⲧⲉⲡⲣⲁ̣ⲝⲓ[ⲥ] ⲛ̄ⲁⲛⲇⲣⲉⲁⲥ = (ἡ) πρᾶξις (τοῦ) Ἀνδρέου.[8] Auch die „Entschärfung" der Brisanz der Augustinstelle ist m. E. nicht wirklich gelungen. Neben dem dortigen Bezug auf Thomas (ActThom 6–9) lassen sich die beiden Bezüge auf Petrus (durch Gebet gelähmte eigene Tochter; durch Gebet getötete Tochter eines Gärtners)[9] doch immer noch am besten so erklären, dass Augustin bei allen *drei* Hinweisen die bei den Manichäern so geschätzte Sammlung der fünf großen Apostelakten vor Augen hat.

Am skeptischsten bin ich aber gerade da, wo M. seiner Sache am sichersten zu sein scheint, wo er nämlich glaubt beweisen zu können oder bewiesen zu haben, dass der ActusPt und die ActPt vom religiösen Standpunkt her nicht vereinbar sind, besonders weil der ActusPt das Eheleben des Apostels als ganz legitim vorauszusetzen scheint, die ActPt aber durch eben diesen Petrus die absolute sexuelle Enthaltsamkeit propagieren lassen. Nun hat tatsächlich der schon im Neuen Testament bezeugte Sachverhalt, dass Petrus verheiratet gewesen ist, enkratitisch orientierten Kreisen der alten Kirche immer Schwierigkeiten bereitet. Und wenn Petrus auch noch eine Tochter gehabt haben soll, kann diese ja nicht vom Himmel gefallen sein. Aber auch ein verheirateter Mann und Vater kann doch enthaltsam sein, bzw. kann man ihn sich so vorstellen. Vielleicht aber ist sich M. auch hier gar nicht wirklich so sicher, wie er tut. Jedenfalls ist es auffällig, dass er den

[8] Vgl. G. Quispel, An Unknown Fragment of the Acts of Andrew, VigChr 10 (1956), 129–148; W. Schneemelcher, NTApo [6]II, 97.100.108.113–117; J.-M. Prieur (ed.), Acta Andreae, Textus, Turnhout 1989, 653–671.

[9] Zu der ganzen Geschichte von der Gärtnerstochter vgl. den apokryphen Titusbrief (Ps. Titus, De dispositione sanctimonii, Z. 83ff.), W. Schneemelcher, NTApo [6]II, 54f. und 258.

Petrus des ActusPt, um ihn von dem Petrus der ActPt abzusetzen, durch ständige Wiederholung gewisser Worte und Formeln geradezu künstlich zum Gegenteil eines Asketen meint machen zu müssen; vgl: „Peter cannot be portrayed as both celibate and a preacher of sexual continency and at the same time be married *and apparently sexually active* all in the same work" (S. 91). The „portrayal of Peter" (sc. im ActusPt) „as a married, *sexually active family man* is fundamentally different than the picture of Peter provided in the Acts of Peter" (S. 94f.). „This statement" (aus ActPhil 36 [142], dass Petrus aus jedem Ort floh, in dem sich eine Frau befand) „displays a gross distortion of the material known to us from the Act of Peter, e. g., the uncensored references to Peter's *continued cohabitation* with his wife and the vision at the time of his daughter's birth which implies that he was already a Christian – his time with Jesus had not changed his views on marriage and *sexual activity*. (Apparently, Peter was not very good at fleeing ‚from every place where a woman was' *and must have used his bedroom as one of his hiding places – hence, his daughter*!) (S. 97). „The text" (von ActusPt) „states very clearly that the young girl's 'mother was not persuaded' (132.17–18). There is absolutely no indication that her mother rejected the very idea of marriage. If she did, *she would look rather hypocritical indeed*! In other words, there would be a contradiction between Peter's current state of marriage (*with an apparently active sexual life so as to produce a child*) and the Christian ideal" (S. 166; alle *Hervorhebungen* von mir). Wenn man übrigens als Beispiel die Apostelgeschichte des Neuen Testaments vor Augen hat, wird man kaum Schwierigkeiten damit haben, wenn sich herausstellen sollte, dass auch die ActPt im (nicht mehr vorhandenen) ersten Teil ein bisschen oder auch erheblich anders gewesen wären als (im vorhandenen, nämlich durch die Actus Vercellenses repräsentierten) zweiten Teil.

Nach dem Abriss kommt der Neubau! M. meint mit Recht, er habe nur eine Chance auf Erfolg, wenn er keine *tabula rasa* hinterlässt, sondern selbst eine Alternative, einen Ersatz von Schmidts Modell, bzw. etwas viel besseres als er, anzubieten in der Lage ist. Es müsste also der oben, als von ihm selbst beklagt, genannte Zustand des „lack of viable alternatives" beseitigt werden. Und eben darum soll es in einem zweiten Hauptteil seines Werkes gehen. Aber was da nun wirklich kommt, ist eigentlich gar kein Ersatz, sondern etwas kategorial völlig anderes. Statt den Sinn des Textes von außen her, also von einem imaginären größeren Kontext her zu bestimmen, beginnt M., ihn im Inneren des Textes, also durch form- und traditionsgeschichtliche Analyse dessen, was wirklich vorhanden ist, zu suchen. Sein Weg ist auch hier weit und teils hochinteressant, teils aber auch ermüdend. Der Ausgangspunkt ist die Erkenntnis, dass der ActusPt aus drei Teilen besteht: 1. aus einer Wunderheilungsgeschichte (p. 128,1–131,14), 2. aus einem *exemplum*, das in diesem Fall die Geschichte vom Versuch eines Vaters, die Keuschheit seiner Tochter zu bewahren, ist (p. 131,15–139,17), 3. aus abschließenden homiletischen Bemerkungen (p. 139,18–141,6). In der Durchführung der Analyse kommt der dritte Teil am kürzesten weg und liegt der Schwerpunkt deutlich auf dem zweiten Teil. Bei der Analyse der Wunderheilungsgeschichte findet M. noch Spuren einer Heilung, bei der es beim positiven Ende bleibt, und kann er nachweisen, dass die Vorstellungen des jetzigen Textes vom Ort der Handlung nicht eindeutig sind (Platz *im* Haus oder *vor dem* Haus) und dass diese anhaltende Heilung ursprünglich *im* Haus während eines Hausgottesdienstes ihren

Platz gehabt haben müsse. Bei der Behandlung des zweiten Teils geht es besonders um die Einführung des Lesers in die παράδειγμα bzw. *exemplum* genannte Textgattung (*genus*) der antiken Literatur, und um die Herausarbeitung ihrer Formen, besonders derjenigen Unterart (*species*), die M. „chastity stories" nennt. Diese Dinge werden besonders am Beispiel der römischen Legenden von Verginia und Lucretia und an der jüdischen Susannageschichte entfaltet.

Bei der Formulierung des Ergebnisses ist wieder die Dreiteilung grundlegend. Bei der Gestaltung seines Werkes habe ein in der ersten Hälfte des 4. Jahrhunderts wirkender Autor[10] zunächst (p. 130,18–131,14) eine zugrunde liegende gradlinige Heilungswundergeschichte durch eigenmächtige Hinzufügung der Rückgängigmachung der Heilung „umgedreht" und dann ein zur *species* der Keuschheitsgeschichten gehöriges *exemplum* hinzugefügt, das er durch eine christianisierende Umformung der römischen Verginalegende gewonnen habe.[11] Dass M. gerade an dieser These vom Hintergrund und der Vorlage des Zentrums der Geschichte des ActusPt besonders viel liegt, kann man wieder daran sehen, dass eine bestimmte und in ihrer Eigenart sehr auffällige Formulierung fast wörtlich zweimal vorkommt, nämlich: „the summary of Cicero, De finibus 5.64 (with a slight adjustment for Christian sensibilities) would be an adequate description of the core story of the Act of Peter: 'in our commonwealth was found [...] the father who killed his daughter to save her from shame'" (vgl. S. 148 und dann S. 148f. und 180). Und das Ganze habe als Predigtmotiv den Gedanken, dass Gott auch in den dunkelsten Situationen zu unserem Besten wirksam ist (p. 131,12–14; 139,18–140,6).

Es wäre nun wiederum ungerecht zu verschweigen, dass ich an zwei Punkten der Ausführungen von M. im zweiten Hauptteil von Anfang an ein ungutes Gefühl nicht loszuwerden vermochte. Und das sind m. E. nun gerade zwei neuralgische Punkte. Der erste ist die an sich schöne und ganz plausibel erscheinende Vorstellung einer zugrundeliegenden Heilungsgeschichte, bei der es bei der Heilung geblieben wäre. Aber kann man sich diese dann überhaupt noch als eine Heilung der (aus gutem Grund, nämlich um nicht andere zu verführen oder selbst verführt zu werden, gelähmten) Petrustochter vorstellen? Müsste das dann nicht automatisch nur die Heilung eines (auf „natürliche" Weise) gelähmten Mädchens gewesen sein? Und andererseits gibt es doch auch ursprüngliche und sozusagen „natürliche" Umkehrwunder, z. B. wenn von Ephräm dem Syrer erzählt wird, dass

---

[10] Der oben schon einmal erwähnten (Spät-)Datierung ist ein besonderer Abschnitt gewidmet (Excursus on Date [S. 173–177]).

[11] Vgl. schon S. 156: „I am suggesting, that an early Christian author may have known and reshaped the commonly known story of Verginia, Christianized it and applied it to Peter and his family." Aber die entscheidende und alle vorhergehenden Andeutungen wirklich klärende Formulierung findet sich erst auf S. 181: „However, our analysis of genre and literary technique has shown that the Act of Peter was written by an author who was doggedly focused on his or her message. Despite the use of other material (*a miracle story which the author adroitly reversed* and *an ancient chastity story which was reshaped*), our author remained intent on demonstrating that faith in God is not in vain by asserting one central idea, specifically that God is capable of working even the darkest of situations to our advantage" (*Hervorhebungen* von mir).

er einmal einen Toten nur vorübergehend auferweckt habe, um durch dessen Zeugenaussage einen des Mordes an ihm Angeklagten zu entlasten. Nun ist der zweite Punkt mit dem ersten ganz eng verzahnt: Ich habe es nie verstanden, wie es sein kann, dass es nach M. bei dem *exemplum* um genau dieselbe Geschichte geht, die es beispielhaft erhellen soll.

Vielleicht ist es aber nicht gut, es bloß bei der Beschreibung des exegetischen Unbehagens zu belassen, sondern sollte man doch auch gleich versuchen, seine Ursache zu suchen mit dem Ziel, dieses Unbehagen zu lindern oder gar zu vertreiben. Mit anderen Worten, M.s Ausführungen und seine Sicht der Dinge zwingen geradezu zu folgendem Versuch, die Weichen ein bisschen anders zu stellen. Wenn man, statt die Geschichte, so wie sie in ActusPt geboten wird, sogleich in drei Teile zu zerlegen, erst einmal davon ausgeht, dass sie hier sozusagen „verkehrt herum" oder „verschroben" erzählt wird, sie also sozusagen schon auf einer zweiten Stufe, in einer zweiten Dimension erscheint, wäre es naheliegend, sich die Geschichte in der natürlichen Abfolge ihrer Ereignisse (also auf der grundlegenden ersten Stufe, in der natürlichen ersten Dimension) vorzustellen; und das würde etwa so aussehen: Petrus hatte eine Tochter, bei deren Geburt er schon durch eine Offenbarung erfahren hatte, dass sie durch ihre Schönheit eine Gefahr für alle Männer und so auch für sich selbst werden würde, ohne dass er diese Warnung ernst genommen hätte. Es begab sich nun, als das Mädchen herangewachsen war, dass ein reicher junger Mann namens Ptolemäus sich so sehr in sie verliebte, dass er ohne sie nicht mehr leben zu können glaubte. Und als sein Werben bei der Mutter auf taube Ohren stieß, sah er keinen Ausweg, als sie zu entführen, usw. Man darf oder muss wohl annehmen, dass die Geschichte in dieser natürlichen Form ihrer Verlegung in den Mund des Petrus anlässlich einer Sonntagsversammlung voraus gelegen hat. Und dann könnte man M.s These von einer Verchristlichung der Verginialegende vielleicht auf diese Form der Geschichte übertragen. Andererseits braucht die Verlegung der Geschichte in die höhere literarische Kategorie (der Wiedergabe in einer Rede) einen Anlass, der ja auch in der Frage des Mannes aus der Gemeinde, warum ausgerechnet die eigene Tochter des Petrus ungeheilt bleibt, gegeben ist. Und da liegt es nun nahe anzunehmen, dass es mit eben dieser Verlagerung auf die neue Ebene zusammenhängt, dass die Geschichte, und zwar erst hier, um die vorübergehende Heilung der Petrustochter erweitert worden ist. Und der Zweck dieser Erweiterung wäre es gewesen, den Anlass zur rednerischen Wiedergabe der Geschichte zu verstärken. Aber das heißt dann: Auf dieser Erzählebene ist das Umkehrwunder natürlich und notwendig.

Solche Betrachtungsweise könnte allerdings den oben genannten Eindruck von der kategorialen Eigenständigkeit des ActusPt doch noch erheblich einschränken oder sogar aufheben, falls nämlich die Verlagerung der Geschichte in eine andere und höhere Ebene gerade durch die Einbeziehung in einen großen Zusammenhang zustande gekommen oder nötig geworden wäre und so eben doch solch größeren Zusammenhang verraten würde.

Was zum Schluss noch einige erwähnenswerte Einzelheiten betrifft, so finde ich es gut, dass M. bei seinen vielen Belegen, die er dem oben genannten Stil gemäß in englischer Übersetzung bietet, die wichtigsten Passagen, wenn es sich um antike Quellen handelt, auch noch im Urtext, also in Griechisch, Lateinisch und Koptisch bietet. Das ist, wie so vieles andere auch, nach meinem Eindruck mit großer Sorgfalt gemacht worden. Wirklich „penibel“ habe ich es freilich nur für das Koptische nachgeprüft und kann zu meiner Freude sagen, dass mir nur ganz wenige typische Druckfehler aufgefallen sind, wie sie eben immer vorkommen, nämlich S. 84 Z. 2 v. u.: ⲙ̅ⲡⲣⲟⲑ̲ⲏⲧⲏⲥ statt ⲙ̅ⲡⲣⲟⲫ̲ⲏⲧⲏⲥ; S. 140 Anm. 42 Z. 3: ⲁⲩ̲ϫⲟⲟⲩ statt ⲁϥ̲ϫⲟⲟⲩ; S. 169 Z. 14: ⲁϥⲟⲩⲇ̲ⲁⲉⲓ statt ⲁϥⲟⲩϫ̲ⲁⲉⲓ; S. 171 Anm. 71 Z. 5: ⲧⲁⲅⲁⲑⲟⲥ statt ⲧⲙ̲̅ⲛ̲̅ⲧ̲̅ⲁⲅⲁⲑⲟⲥ. An sonstigen kleinen Versehen sollte vielleicht noch ein Homoioteleuton genannt werden, das in dem überaus umfangreichen Literaturverzeichnis passiert ist, und zwar unglücklicherweise gerade bei der Nennung der so grundlegenden Textausgabe des ActusPt im Rahmen der amerikanischen Coptic Gnostic Library; auf S. XIII oben muss es nämlich richtig heißen: Brashler, James, and Douglas M. Parrott, “The Act of Peter,” in Douglas M. Parrott, ed., *Nag Hammadi Codices V,2–5* usw. (warum bei den Seitenzahlen die Einleitung zu der dortigen Textausgabe nicht mit erfasst ist, bleibt unklar, ebenso warum umgekehrt auf S. XXIII bei dem ersten Titel von Parrott nur die Einleitung zur Ausgabe von Asclepius 21–29 genannt wird, während die folgenden Seitenzahlen Einleitung *und* Ausage abdecken). Da übrigens in M.s Buch soviel von Petrus/Peter die Rede ist, kann es wohl nicht zu sehr verwundern, dass der gerade genannte James Brashler auf S. 23 Anm. 53 vorübergehend auch einmal Peter Brashler heißt.

Rezension zu Michel Roberge: La Paraphrase de Sem (NH VII,1)*

Da mit diesem Buch über die Paraphrase des Sêem (ParSem) eine besonders lange offen gebliebene und schmerzlich empfundene Lücke in der für die Erschließung der Texte des im Jahre 1945 gemachten Fundes von Nag Hammadi so wichtigen Reihe von Einzeltextausgaben der „Bibliothèque copte de Nag Hammadi" (BCNH) geschlossen wird, darf man wohl die Hoffnung hegen und kundtun, dass der noch ausstehende kleine Rest von Textausgaben auch noch folgt, und also die Mitglieder und Helfer des Trägerteams von Québec den Kampf gegen die Zeit und für die nötige Förderung gewinnen und die Reihe nicht etwa doch ein Torso bleibt, sondern, wie das US-amerikanische Parallelunternehmen der Coptic Gnostic Library, in Ruhe, wenn auch zügig, abgeschlossen werden kann. Denn davon hängt der zukünftige, forschungsgeschichtliche Stellenwert dieser Reihe ja auch maßgeblich mit ab.

Nun sind aber inzwischen sowohl der Nag Hammadi-Text aus Codex VII, um den es in dieser Ausgabe von R. geht (nämlich eine von der Kosmogonie bis zur Eschatologie reichende und vorzüglich erhaltene, wenn auch sachlich weithin noch ganz dunkle Offenbarung, die ein himmlisches Wesen, eine Logosgestalt mit dem fremden Eigennamen „Derdekeas" dem aus der Welt zeitweilig entrückten Urmenschen „Sêem" gewährt und die dieser nun selbst berichtet, deren Rahmen freilich nur vorn einigermaßen deutlich ausgeprägt ist, während er sich hinten lediglich in den verschiedenen Stadien seiner Auflösung erhalten hat), als auch das besondere, feste Schema der Reihe, in der sie nun veröffentlicht vorliegt, schon so hinreichend bekannt, dass sich weder die Vorstellung von ParSem, noch der Editionsreihe BCNH.T hier zwingend nahe gelegt, und man daher sogleich mit einer Empfehlung zur Benutzung und der Beschreibung des Besonderen an Inhalt und Form der Edition einsetzen kann.

Das Buch ist mit der allergrößten Hingabe an die Sache und unter langjähriger sorgfältiger Arbeit, bei der die Liebe zum Detail eine nicht unwesentliche Rolle spielt, entstanden, und wer es besitzt oder sonst irgendwie mit ihm arbeiten kann, wird sich daran erfreuen können und in ihm ein vorzügliches und handliches Arbeitsmittel finden. Es ist ja auch gar nicht nur etwa das Werk einer einsam arbeitenden Einzelperson, sondern hinter dem Verfasser steht, wie deutlich zum Ausdruck kommt und auch sonst merkbar wird, eine wohl organisierte und wohl ausgerüstete Arbeitsgruppe. Zudem verfügt R. über die in Forscherkreisen nicht allzu sehr verbreitete Gabe, den Rat von Kollegen einzuholen und anzunehmen. Also das Gütesiegel ist diesem Buch von vornherein aufgeprägt.

Das Besondere und aus dem Rahmen der Reihe Fallende an dieser Edition ist nun der Umstand, dass in ihr auf die Textausgabe (S. 115–215) überhaupt kein

---

* BCNH.T 25, Québec/Louvain/Paris 2000. In: OLZ 97 (2002), 471–475.

Kommentar folgt, nicht einmal ein kleiner und bescheidener, und das, obgleich in der Einleitung und dem kritischen Apparat der Edition relativ häufig auf ihn vorverwiesen wird. Aber in dem Vorwort, von dem man wohl annehmen darf, dass es zu den zuletzt verfassten Teilen des Buches gehört, findet sich eine Wendung, aus der man entnehmen kann, dass es R.s Wunsch ist, diesen Kommentar in einem späteren, zweiten Band nachliefern zu können. Gleichwohl ist der Platz, wo sonst in dieser Reihe der Kommentar steht, nicht gänzlich leer. Vielmehr findet man hier R.s Übersetzung aus der Ausgabe, ohne koptischen Text und in strukturierter Form noch einmal wieder (S. 217–241). Es handelt sich also nicht etwa um eine andere, freiere Übersetzung, sondern um wortwörtlich dieselbe von vorher,[1] nur dass sie vom Kolumnen- und Zeilenzwang der eigentlichen Ausgabe befreit und dann in spezifischer Weise, mit Zwischenüberschriften und auch verschiedenem Druck gegliedert ist.[2] An diese Gliederung selbst ist der Benutzer des Buches freilich schon gewöhnt, da es zur Arbeitsweise von R. gehört, dem Verständnis des Textes auch dadurch näher zu kommen, dass er dessen Rahmen erst einmal absteckt und diesen dann stufenweise mit immer mehr Details füllt, was übrigens auch sonst zu manchen Wiederholungen führt, die aber nicht wirklich stören, sondern wie Wegweiser, auf denen die Angabe der Entfernung immer kleiner wird, dem Ziele zuzuführen vermögen. So jedenfalls ist es mir vorgekommen und ich darf hier gleich bekennen, dass ich mich auch sonst durch die Lektüre von R.s Werk aus dem Zustand einer ziemlichen Verständnislosigkeit hinsichtlich der ParSem ein nicht unerhebliches Stück herausgeführt fühle. Diese „traduction structurée" hat übrigens im Rahmen des Ganzen auch insofern ihren guten Sinn, als nur so das Ergebnis von R.s in der Einleitung beschriebenen Bemühungen, durch die Entdeckung von *formalen* Textsignalen (das sind bei ihm die *inclusio* [die betreffenden Paare von Wendungen sind fett gedruckt] und die Formel, dass das betreffende Geschehen oder die betreffende Handlung dem Willen des obersten Gottes oder des von ihm gesandten Erlösers entsprach [in Kapitälchen gedruckt][3]), die *sachliche* Gliederung zu untermauern, sichtbar gemacht werden kann.

Als einen gewissen vorläufigen Ersatz für den Kommentar kann man vielleicht die lange Einleitung verstehen (S. 1–114). Was die Einleitungsfragen im engeren Sinne betrifft, so ist es R.s Ergebnis, dass es sich bei der ParSem um eine mehrfach redaktionell bearbeitete (bei welchem Redaktionsprozess es wohl auch erst zu dem so seltsamen Titel gekommen sein mag [S. 40. 113]) Apokalypse handelt, deren Grundschrift in der ersten Hälfte des dritten Jahrhunderts im ostsyrischen Edessa entstanden sein dürfte, und deren Verfasser sich in ihr vor allem einer-

[1] Selbst die lange und den Text störende Dittographie von p. 46,20–29 wird noch einmal mit geboten.

[2] Was übrigens die Zäsuren zwischen den Absätzen betrifft, so hat mir ein Vergleich meines Entwurfs einer für „Nag Hammadi Deutsch II" bestimmten Übersetzung mit der Übersetzung von R. deutlich gezeigt, dass es sich damit im Grunde nicht anders verhält, als mit den Zäsuren zwischen den Sätzen als den kleineren Texteinheiten. Die Signale sind in manchen Fällen nicht eindeutig (genug), oder gar nicht vorhanden, so dass man hin und wieder auch zu anderen Abschnitts- und Satztrennungen kommen kann.

[3] Das von F. Wisse entdeckte Signal eines nicht begründenden γάρ ist (noch) nicht berücksichtigt.

seits mit stoischen und mittelplatonischen (dabei besonders an Numenius und den Chaldäischen Orakeln orientiert), andererseits mit valentinianischen und sethianischen Konzeptionen auseinandersetzt. Mit der von Hippolyt am Ende seines Sethianerreferats (ref. V 22,1) genannten (und vorher wohl zitierten) „Paraphrase des *Seth*“ besteht dagegen nach R. kein irgendwie gearteter literarischer Zusammenhang; die tatsächlich ja vorhandenen Übereinstimmungen werden auf das Konto des gleichen kulturellen Milieus gesetzt.

Besonders hilfreich an dieser Einleitung im Ganzen erscheint mir die reiche Arbeit mit Listen und Tabellen, als deren Höhepunkt man die dem liturgischen Herzstück der ParSem, der je dreimal vorkommenden so genannten „Erinnerung“ und dem so genannten „Zeugnis“, gewidmeten Synopse noch hervorheben könnte (S. 98f.). Die Liebe zum Detail kommt in der Einleitung besonders bei der Behandlung von Schreibung und Sprache zum Ausdruck (S. 6–25). Es hat übrigens (abgesehen von zwei kleinen Versehen)[4] auch dabei alles Hand und Fuß, nur geht es eben über das hier und heute noch Nötige weit hinaus (so wird z. B. auf S. 12–18 das gesamte Konjugationssystem aufgelistet, obgleich hier fast alles (einschließlich der oberägyptischen Dialekteinfärbungen) normal ist. Dass R. dieses oberägyptische Sahidisch nicht etwa mit der für die nichtsahidischen Nag Hammadi-Texte typischen lykopolitanischen Dialektspielart *L6* in Verbindung bringt, sondern, in einer freilich etwas vagen Weise, mit der Dialektvariante *L5* (in der z. B. das von Thompson herausgegebene Johannesevangelium geschrieben ist), könnte sich wohl vor allem aus dem ersten der beiden mit vollem Recht besonders hervorgehobenen linguistischen Merkmale der ParSem erklären, nämlich dem hier geradezu omnipräsenten Perfektpartizip ⲉⲣ-, das eben auch in Thompsons Johannesevangelium, und zwar nicht weniger als 16 mal, vorkommt, dessen wahre Heimat aber doch nicht in einer oberägyptischen Dialektspielart, sondern im mittelägyptischen Dialekt (*M*) zu suchen ist. Vielleicht sieht R. aber auch noch eine weitere Verbindungslinie zu *L5* in dem zweimal vorkommenden (von R. auf S. 19 beschrieben, aber – und zwar wohl zu Unrecht – nicht zu den herausragenden linguistischen Besonderheiten gerechnet) Aussagemuster ⲡϩⲁⲙ ⲧⲣⲉϥ-...(ⲡⲉ) „es ist nötig, dass er...“, obgleich dies doch stärker in die Richtung von *L4/A* weist. Das andere von R. als Hauptcharakteristikum hervorgehobene Merkmal ist das in ähnlicher Häufung wie ⲉⲣ- auftretende Paradigma ⲡⲁï ⲛⲉϥ-, bei dem es sich um das Phänomen einer relativen ø-Transposition des Imperfekt nach Gliedern der Reihe ⲡⲁï, ⲧⲁï, ⲛⲁï handelt, und in dem wohl die deutlichste Verbindungslinie zu der Sprache der so genannten Zentralgruppe von Nag Hammadi Codex II zu sehen ist (was R. freilich nicht sagt). Bei diesem zweiten Spezifikum ist aber nun auffällig, dass von der in der Einleitung so klar formulierten theoretischen Erkenntnis bei der praktischen Übersetzung nur etwa in der Hälfte der Fälle Gebrauch gemacht wird.

Zur Methode der sachlichen Erschließung der ParSem in der Einleitung, die R. übrigens zu der hier auch im einzelnen dargelegten Überzeugung geführt hat, dass der ParSem, gegen allen Anschein, doch ein in sich geschlossenes System

[4] Auf S. 14 Z. 6 muss es ⲉⲧⲕⲛ̱ⲁ-heißen, und S. 20 Z. 7 v. u. ist die mit (ⲛⲉⲥⲱ̂) freilich nur *vorgestellte* Aufhebung einer Ellipse unsyntaktisch.

zugrunde liegt, ist zu bemerken, dass sie besonders im Vergleich besteht. Und R. kann mit seinen außerordentlich sorgfältigen Vergleichen überraschend sichtbar machen, dass manche Vorstellungen der ParSem, mit Einschluss derjenigen von sexueller Art, gar nicht so seltsam sind, wie es zuerst scheint, sondern durchaus bestimmten Konzeptionen der zeitgenössischen Philosophie und Medizin entsprechen. Aber vergleichen kann man nur, wo es irgendwelche Parallelen gibt. Und für die ParSem sind nun gerade diejenigen Elemente, für die es bis jetzt keinerlei irgendwohin führende Verbindungslinien gibt, das eigentlich Charakteristische, von deren Erhellung das sachliche Verständnis dieses Textes eigentlich abhängt. Das gilt ja besonders für das folgende Lehrstück: Derdekeas habe zu einer bestimmten Zeit im Dämon Soldas Wohnung genommen und sei so unter den Menschen erschienen, um den Glauben zu verkünden. In dieser Situation hat er zum Gegenspieler einen anderen Dämon, der die Menschen durch eine Taufe mit schmutzigem Wasser, die angeblich die Vergebung der Sünden bewirkt, verführt. Beim Kommen des Soldas zur Taufe des Wassertäufers kommt es unter Wunderzeichen zur offenen Konfrontation. Nach der Kreuzigung des Soldas, die, wie R. übrigens als erster erkannt hat, mit dem griechischen Verb πήσσειν angedeutet wird (p. 39,30f.), und dem Entweichen des Derdekeas aus ihm, tritt eine Tochter des Täufers namens Rebouel auf die Seite des von Derdekeas vertretenen wahren Glaubens; und sie ist es, die enthauptet und so zum Blutzeugen für den Glauben wird (p. 29,33–30,36; 31,13–22; 32,5–18; 39,28–40,31). Die Verfremdung und Umwertung Johannes des Täufers und Jesu wird aber einfach als nun einmal gegeben hingenommen. Und das noch merkwürdigere Rebouelmotiv wird (wie ich die betreffenden Bemerkungen verstanden habe) als frei erfundene Allegorie für die von der Großkirche abgefallene Trägergruppe der ParSem angesehen (S. 90. 114).

In der Textausgabe zeigt sich die Liebe zum Detail besonders in der auf die Kollationsarbeit am Original in Kairo zurückgehende Beschreibung des Erhaltungszustands derjenigen Buchstaben, deren rein visuelle Lesung unsicher ist. In dem Zusammenhang könnte man freilich eine Bemerkung darüber vermissen, warum R. in p. 44,25 das angebliche ⲟⲩⲁⲩ des Originals zu ⲟⲩⲁ<ⲁ>ⲩ konjiziert, während Krause und Wisse hier eindeutig ⲟⲩⲁⲁⲩ gelesen haben.[5] Sonst ist mir nur in p. 5,5f. die Übersetzung von ϩⲣⲁï ⲛ̄ϩⲏⲧⲥ̄ als „en son *sein*" aufgefallen, weil dessen Element ⲛ̄ϩⲏⲧⲥ̄ im Register als Form der Präposition ϩⲛ̄- ausgewiesen ist, und natürlich der Druckfehler in p. 17,4, wo es ⲕⲗⲟⲟⲗ̱ⲉ heißen muss.

Das Register (S. 243–281) ist nach dem in dieser Reihe herkömmlichen System gestaltet worden, bei dem ja trotz aller Starrheit dem jeweiligen Autor doch ein nicht uninteressanter kleiner Spielraum bleibt. Mein Hauptpunkt hier ist aber, dass das Register zur ParSem eben noch nicht dem neuen, dem Lemmatisierungsprogramm der Gruppe allein Rechnung tragenden Entwurf entspricht, wie ihn andere Ausgaben der Reihe (nämlich Eugnostos [BCNH.T 26],

[5] In der Faksimile-Ausgabe ist deutlich zu sehen, dass zwischen ⲁ und ⲩ noch etwas wie ein verblichenes zweites ⲁ steht.

2000; Marsanes [BCNH.T 27], 2000; Melchisedek [BCNH.T 28], 2001) schon aufweisen. Was mir bei R.s Benutzung des Spielraums beim alten Muster als etwas unglücklich erscheint, ist vor allem, dass die einem Leitwort untergeordneten Wörter, Wortgestalten oder Syntagmen gewöhnlich nicht eingerückt sind, und dann ungenaue Notierungen, wie vor allem „ⲛⲧϩⲉ + pronom. poss." (S. 273b [statt etwa ⲛⲧ(ⲉ)⸗ϩⲉ]).

Rezension zu Pierre Cherix: LEXIQUE ANALYTIQUE DU PARCHEMIN PBODMER VI, VERSION COPTE DU LIVRE DES PROVERBES*

Der Papyrus Bodmer VI als Zeuge eines oberägyptischen Dialekts in altkoptischer Schrift ist für die koptische Linguistik ein so einmaliger und wichtiger Text, dass jeder Beitrag, der dazu dienen kann, dass wir uns nicht an das Außerordentliche gewöhnen, und uns daran erinnert, wie viel an diesem Text der Proverbien noch zu tun ist, auf das Höchste willkommen sein muss.[1] Und das hier vorzustellende, diesem Gegenstand gewidmete Werk ist eine ganz vorzügliche neue Veröffentlichung, die jedem, der an dieser Sache, oder an irgendeiner Seite von ihr, interessiert ist, wärmstens empfohlen werden kann. Da jedoch dieses Werk neue Erkenntnisse zwar *vermitteln*, aber nicht in direkter Weise *mitteilen* will, sondern als ein Arbeitsinstrument gedacht ist, mit dessen Hilfe andere, die es benutzen, zu solch neuen Erkenntnissen kommen sollen, ihm aber eigentlich keine richtige „Gebrauchsanweisung" beigegeben wurde, ist es vielleicht in diesem Falle die erste Pflicht des Rezensenten, etwas über den Gebrauch dieses „Werkzeugs" zu sagen.

Das erste, was der potenzielle Benutzer wissen muss, ist, dass das, was hier auf ihn zukommt, auf den ersten Blick aussieht, wie die nur äußerliche Verkleidung von etwas eigentlich ganz anderem. Man könnte also versucht sein zu sagen, es sei einfach eine nach dem Lemmatisierungsprogramm der Université Laval, Québec, das sich ja durch die inzwischen auf sechs angewachsenen Konkordanzen der Nag Hammadi-Codices, zu denen C. selbst zwei beigesteuert hat, schon so gut eingeführt und bewährt hat,[2] hergestellte Konkordanz des P. Bodm. VI, die nur „vom Schwanz aus aufgezäumt" ist. Das heißt, die aus den Nag Hammadi-Konkordanzen gewohnten drei Bestandteile [(1) Concordance; (2) Texte suivi; (3) Index des segments] werden in einer verkehrten Reihenfolge [nämlich: (2); (3); (1)] dargeboten, wodurch nun, was bei der Erfindung eigentlich die Hauptsache war, zum Anhang wird. Aber warum sollte das eigentlich nicht zulässig sein? Technisch geht es offenbar. Und da der Autor selbst zu den Erfindern des Programms gehört (P. Cherix war von Anfang an bei der Erarbeitung des Lemmatisierungsprogramms in Québec beteiligt), wird ihm keiner das Recht zu solch einem Experiment absprechen wollen. Hauptsache, es gelingt. Und m. E. ist es gelungen. Es geht so herum genau so gut.

---

* IELOA 2, Lausanne 2000. In: Enchoria 28 (2002/3), 185–191.

[1] Das vorliegende Werk gehört als IELOA 2 mit zum Beginn einer neuen Reihe von orientalistischen Arbeitsmitteln, innerhalb deren es neben Konkordanzen auch Grammatiken, Wörterbücher und Texteditionen geben soll. (IELOA 1 ist: D. Ellul/O. Flichy, Le grec du Nouveau Testament par les textes. Méthode d'initiation au grec de la koinè, 1998.)

[2] Vgl. H.-M. Schenke, Konkordanzen zu den Nag Hammadi-Codices, OLZ 92 (1997), 661–673.

C. hat ja auch dem nun zu einer Art Textausgabe umfunktionierten „Texte suivi" eine ansehnliche und lesbare Gestalt gegeben, die sich neben der Textausgabe von R. Kasser[3] durchaus sehen lassen kann (S. 1–25). Mit ihrem Hintergrund hängt es aber zusammen, dass in dieser Textausgabe kein Platz für eine Übersetzung ist. Dass in ihr die Schreibung des supralinearen Ny als Strich über dem letzten Buchstaben vor dem Zeilenbruch beibehalten ist und nicht wie sonst bei solchen Textumformungen mit (ⲛ) wiedergegeben wird, ist vielleicht ein kleiner Schönheitsfehler, zumal die anderen supralinearen Striche in der Orthographie des P. Bodm. VI schon verwirrend genug sind. In dem fortlaufend gedruckten Text werden neben der Kapitel- und Verseinteilung auch noch einmal die Seiten- und Zeilenzahlen des Pergamentcodex gegeben. Und es sind diese Seiten- und Zeilenzahlen, auf die der Registerteil, also die zum „Lexique analytique" gewordene Konkordanz, zurückverweist. Außerdem ist der hier aufs Neue gebotene koptische Text am Original überprüft worden, wie aus der Introduction zu entnehmen ist, in der es heißt: „J'adresse également mes remerciements à la Fondation Martin Bodmer qui m'a permis de consulter le manuscrit, mais ne m'a pas autorisé à prendre en compte les pages 65–66 et 97–98, toujours inédites" (S. VII). Dieser Satz wird hier nicht zuletzt deswegen wörtlich zitiert, damit der Benutzer dieses Buches mit dem Autor und dem Rezensenten den Sachverhalt, von dem im zweiten Teil die Rede ist und hinter dem man sich einen ganzen Kriminalroman vorstellen kann, dessen Hauptfrage wäre, wer denn ein Interesse daran gehabt haben könnte, dass nicht bei der ersten besten Gelegenheit auch der noch nicht veröffentlichte Rest des Textes der Wissenschaft zur Verfügung gestellt wird, beklagen kann. Andererseits erfährt man auf diese Weise, dass wenigstens *zwei* der zur Zeit der *editio princeps* im Buchblock fehlenden insgesamt *fünf* Blätter inzwischen aufgetaucht sein müssen. Es fällt indessen kein Wort über das Verhältnis von C.s Text zu dem von Kasser, wie *dieser* (neuere) Text auch anders als *jener* (ältere) keinen kritischen Apparat aufweist. Es ist eben eine „wortlose" Textausgabe. Alles, was der Autor zu sagen wünscht, hat er durch #-Zeichen zwischen Textsegmenten und Spatien zwischen prosodischen Einheiten des eingegebenen Basistextes, sowie durch das Bedienen der richtigen Knöpfe am Computer ausgedrückt. Dass die Worttrennung dieser Textausgabe eine andere ist als die der *editio princeps*, ist eine andere Sache und jedenfalls kein Indiz der Beziehung zu dem Vorgänger. Es wird natürlich die Worttrennung, die schon für die schweizerische Variante der Nag Hammadi-Konkordanzen von Québec typisch war, gebraucht.

Der jetzige kurze zweite Teil der „Liste des segments" (mit den drei Abschnitten: Segments coptes, Segments gréco-coptes und Noms propres [S. 27–43]) macht sich gut in seiner neuen Funktion als Bindeglied zwischen Textausgabe und Konkordanzregister. Er hat sich bei dem „Härtetest", dem ich das Werk von C. unterzogen habe, um es mit bestem Gewissen weiterempfehlen zu können, vollauf bewährt. Es kann den Benutzer, besonders bei schwerverständlichen Textkomplexen, als eine Art Wegweiser zu den betreffenden, die Sache dann auflösenden Stellen des „Lexique analytique" hinführen. Man erfährt im Zuge

---

[3] Papyrus Bodmer VI. Livre des Proverbes, CSCO.C 194.195, tom. 27.28, Louvain 1960.

einer solchen Hinführung z. B. auch den überaus wichtigen Sachverhalt, dass in der Sprache des P. Bodm. VI das Element ϩι- [für ϩ(ⲁ)ι-] auch die 1. Pers. Sgl. des Perfektparadigmas sein kann.[4]

Der dritte, zum Register umfunktionierte, ebenfalls dreigliedrige Konkordanzteil des „Lexique analytique" (S. 45–311), hat natürlich durch seinen Umfang ein deutliches Übergewicht. Dass es auf ihn eigentlich ankommt, bringt ja auch der Titel des Gesamtwerkes klar zum Ausdruck. Aber der Gebrauch dieses Hauptteils am neuen Werkzeug muss natürlich ein bisschen geübt werden. Und man tut gut daran, dabei die an anderem Ort genannten und die Arbeit etwas erschwerenden Abweichungen der schweizerischen von der kanadischen Variante des Konkondanzmodells von Québec im Auge zu behalten. Weil die Reihenfolge der Stellen, besonders bei den umfangreichen Lemmata, für alle „nichtschweizerischen" Augen ein bisschen schwer durchschaubar ist, muss man bereit sein, etwas herumzusuchen. Aber man findet schließlich doch, was man sucht.

Doch das ist nicht das Wichtigste, was hier zu sagen ist. Worauf es eigentlich ankommt, ist, dass das, was man schließlich findet, auch richtig ist. Denn natürlich können auch bei der Herstellung einer Computerkonkordanz Fehler entstehen. Die macht zwar nicht der Computer, denn dessen Programmierung ist einwandfrei, aber sie können bei seiner Bedienung im Rahmen der Prozeduren, die als je zweiter Schritt sowohl bei der Lemmatisierung als auch bei der Präzisierung als „interactive" ablaufen, entstehen. Solche Fehler können dann in der fertigen Konkordanz an mehr als einer Stelle erscheinen, und es ist nicht leicht, diese beim Korrekturlesen einer in Arbeit befindlichen Konkordanz zu finden, während ihre nachträgliche Beseitigung dagegen kein größeres Problem darstellt. Der Hauptgrund dafür, dass ich das hier sage, ist nun, dass der Härtetest, von dem schon die Rede war, in der Hauptsache darin bestanden hat, dass ich C.s Werk so gelesen habe, *als wäre* ich im Prozess des *Korrektur*lesens, sei es einer meiner eigenen, sei es einer anderen, mir nur anvertrauten, noch im Werden befindlichen Konkordanzen. Das heißt, ich habe bei allem, was mir auffällig war, nachgegraben und festzustellen versucht, ob sich da etwa ein Fehler eingeschlichen haben könnte. Und es ist mir nun eine große Freude sagen zu dürfen, dass sich bei all den vielen Tests, die ich durchgeführt habe, sogar in den schwierigsten und kompliziertesten, manchmal auch durchaus problematischen Fällen, gezeigt hat, dass C.s Lemmatisierung so gut wie fehlerfrei ist. Erwartungsgemäß! Er hat's ja erfunden!

Ob ich bei alledem auch wirklich meiner Sorgfaltspflicht nachgekommen bin, mag der Leser vielleicht an Hand der nun noch folgenden Bemerkungen selbst nachprüfen. Solche Konkordanz ist ja im Grunde ein bis in die kleinsten Details gehender linguistischer Kommentar zu dem betreffenden Text. Und ich habe

[4] Dieselbe Erscheinung findet sich, allerdings in einem ganz erheblich breiteren Kontext (nämlich als Glied eines ganzen Perfektparadigmas [nebst Transpositionen] auf ϩ(ⲁ)ϥ-), sonst nur noch in zwei Untergruppen der dokumentarischen koptischen Kellistexte (den Dialekt der ganzen Gruppe bezeichnet W. P. Funk übrigens vorläufig mit *L**). Vgl. I. Gardner/A. Alcock/W.-P. Funk, Coptic Documentary Texts from Kellis, I, (Dakhleh Oasis Project: Monograph 9), Oxford 1999, 88f. 325.

weder die Muße gehabt noch es als meine Aufgabe angesehen, so allgemeine und normale Dinge wie die Verteilung und Einordnung der Segmente ⲛ- bzw. ⲙ- oder die Scheidung der Belege des ⲉϥ-Paradigmas in adverbiale und substantivische Transposition (in C.s Terminologie: circonstanciel und ostensif) zu kontrollieren. Gleichwohl bin ich bei meinen Stichproben zufällig auf ein paar Probleme gestoßen, die hier zu unterbreiten vielleicht nicht ganz ohne Nutzen sein mag.

Der wichtigste Fall findet sich in Prov 2,1, wo der Text von P. Bodm. VI so lautet: ⲡⲁϣⲏⲣⲉ ⲉϩϣⲁϫⲓ ⲙ̄ⲡϣⲁϫⲉ ⲛ̄ⲧⲁⲉⲛⲧⲟⲗⲏ ⲉϩϩⲟⲡϥ ⳉⲁϩⲧⲏϩ. Das Problem dabei ist die Deutung der Konjugationsform ⲉϩ- in ⲉϩϩⲟⲡϥ. Nachdem sie in Kassers Register unter die Formen des Präsens II (substantivische Transposition) eingeordnet worden war, findet sie sich in C.s Konkordanz als Circumstantialis (adverbiale Transposition) gedeutet (S. 59). Aber stimmen kann weder die eine noch die andere dieser beiden Deutungen, und zwar wegen des suffixalen Objekts am Infinitiv (Stern-Jernstedtsche Regel). Die sahidische Parallele hat hier, in direkter Entsprechung zur griechischen Vorlage (κρύψῃς), den Konjunktiv ⲛⲅ̄-. M. E. haben wir es hier, bei einer anderen Auffassung von der Satzzäsur, wie das nachgetragene ⲅ̣ⲁ̣ⲣ am Anfang des nächsten Verses zeigt, mit dem kurzen energetischen Futur des Paradigmas ⲉϥ(ⲉ)-, bzw. hier in P. Bodm. VI ⲉϥ(ⲁ)-, zu tun („Mein Sohn, wenn du das Wort meines Gebotes annimmst, *sollst du* es in dir verbergen"). Dieses kurze energetische Futur ist übrigens im P. Bodm. VI vielleicht auch noch hinter anderen Belegen des ⲉϥ-Paradigmas, wenn auch nicht so leicht wie hier, wo sich die Sache einfach aus den ehernen Gesetzen der koptischen Syntax ergab, zu entdecken.

Ein Problem von etwa der gleichen Größenordnung findet sich in dem Satz Prov 20,4: ⲙⲁⲣⲉⲡϥϫⲛⲁⲩ ϣⲓⲡⲉ ⲉⲩⲛⲟⲕⲛ̄ⲕ ⲙ̄ⲙⲟϥ. Und zwar geht es dabei um das unterstrichene Element. Da nun die griechische Vorlage ὀνειδιζόμενος ὀκνηρὸς οὐκ αἰσχύνεται lautet, muss ⲡϥϫⲛⲁⲩ also die Wiedergabe von ὀκνηρός sein. Und da ϫⲛⲁⲩ ein Verb ist, das dem griechischen ὀκνεῖν entspricht, muss eben das problematische ⲡϥ- das nominalisierende Element sein. ὀκνηρός wird nun im P. Bodm. VI sonst mit (ⲡ)ⲣⲙ̄ⲉⲧϫⲛⲁ(ⲁ)ⲩ wiedergegeben, also mit (ⲡ)ⲣⲙ̄ⲉⲧ- als einem für die archaische Sprachform von P. Bodm. VI besonders typischen Nominalpräfix, das zusammen mit der Alternativform (ⲟⲩ)ⲣⲙ̄ⲉϥ- als die Vorform des klassischen ⲣⲉϥ- gilt.[5] Dementsprechend hatte Kasser hier, gestützt auf die Parallelversionen in den Dialekten *S* und *A*, in nachvollziehbarer Weise an eine Konjektur ⲡ#<ⲣ(ⲉ)>ϥ#ϫⲛⲁ(ⲁ)ⲩ gedacht. Bei C. sieht die Analyse aber ganz anders aus: ⲡ ist von ihm als der einfache bestimmte Artikel lemmatisiert worden (S. 158); soweit so gut, aber das Element ϥ- erscheint nun unverständlicherweise unter den Präformativen des Präsens (S. 241).

---

[5] Dieser Archaismus findet sich so ähnlich, und ähnlich umfangreich, neuerdings auch noch im so genannten Tractatus Tripartitus von Nag Hammadi Codex I, dessen Konkordanz übrigens auch C. verdankt wird (Concordance des textes de Nag Hammadi. Le Codex I, Bibliothèque copte de Nag Hammadi, Section „Concordances" 4, Sainte-Foy/Louvain/Paris 1995). Hier wie dort findet man die betreffenden Stellen innerhalb des Lemmas ⲣⲱⲙⲉ. Ein vereinzeltes Vorkommen von (ⲟⲩ)ⲣⲙ̄ⲉϥ- ist übrigens auch in den bisher veröffentlichten dokumentarischen koptischen Texten von Kellis zu registrieren (P. Kell. Copt. 41,8).

Ein weiteres Problem ist die Identifizierung eines ⲛ- als des ersten Elements der negierenden Klammer von ⲛ-…ⲁ(ⲛ). Nach C. (S. 106) gibt es vier solcher Fälle, von denen m. E. aber nur der vierte (Prov 10,12: ⲉⲧⲉⲛ̲ⲥⲉϫⲓ ⲁ ⲛ̄ⲕⲟⲟⲛⲥ „die nicht Unrecht tun") als negiertes Präsens eindeutig ist. Die anderen Phrasen lauten: Prov 17,5: ⲛ̄ϥ̄ⲣ̄ⲃⲟⲗ ⲁⲡⲉⲧⲑⲟⲟⲩ „(er) entkommt dem Bösen nicht", von C. gedeutet als ⲛ̲̄-ϥ̄-ⲣ̄ⲃⲟⲗ ⲁ̲ ~#ⲡⲉⲧⲑⲟⲟⲩ; Prov 20,1: ⲛ̄ϥ̄ϣⲱⲡⲉ ⲁϫⲛⲛⲟ`ⲃⲉ´ „(er) bleibt nicht ohne Sünde", von C. gedeutet als ⲛ̲̄-ϥ̄-ϣⲱⲡⲉ ⲁ̲ ~ϫⲛ#ⲛⲟ`ⲃⲉ´; Prov 11,21: ⲛ̄ϥ̄ⳏⲱⲡⲉ ⲉϥⲟⲩⲁⲁⲃ ⲁⳉⲓⲥⲉ „(er) bleibt nicht frei von Mühsal", von C. gedeutet als ⲛ̲̄-ϥ̄-ⳏⲱⲡⲉ ⲉϥⲟⲩⲁⲁⲃ ⲁ̲ ~#ⳉⲓⲥⲉ. Solche Deutung erscheint zwar nicht als unmöglich (auch wenn ϣⲱⲡⲉ im Präsens gar nicht gebräuchlich ist), aber viel einfacher und also wahrscheinlicher als die Annahme eines negativen Präsens bei Haplographie des ⲁ(ⲛ) ist hier doch die Deutung des dreimaligen ⲛ̄ϥ̄- als des für die Sprache des P. Bodm. VI typischen kurzen negativen energetischen Futurs vom Paradigma (ⲛ̄) ⲛ̄ϥ̄-, wie das ja auch schon die Meinung von Kasser war.

Es gibt auch einen Punkt, wo es mir so vorkommt, als ob mindestens die Lemma*titel* nicht optimal aufeinander abgestimmt seien. Ich meine das Lemma ⲧⲱⲣⲉ (S. 206), unter dessen Überschrift als erstes die sechs Belege von ⲡϣ#ⲧ̲ⲱ̲ⲣ̲ⲉ̲ erscheinen; aber dann tritt später (S. 229f.) ⲧⲱⲣⲉ noch einmal als Element eines Lemmatitels ϣ̄ⲡ̄ⲧⲱⲣⲉ „garantir" auf [statt eines erwarteten bloßen ϣ̄ⲡ̄-(/ⲡ̄ϣ̄-)], unter dem die sechs Belege von ⲡϣⲧⲱⲣⲉ noch einmal, nun als *compositum*, aufgeführt sind.

Der nächste Punkt betrifft ein ganz anderes Problem und bezieht sich nur auf eine Einzelheit der hier benutzten Worttrennung. C. versteht mit gutem Grund das Element ⲡⲉ eines Nominalsatzes als Enklitikon. Entsprechend lautet der Lemmatitel -ⲡⲉ („ostensif") und wird im Text dieses -ⲡⲉ mit dem vorangehenden Nomen zusammengeschrieben, wie z. B. in Prov 20,6: ⲟⲩⲛⲁⲕ̣ⲡⲉ ⲡⲣⲱⲙⲉ „Der Mensch ist groß". Nun macht aber C. selbst eine Ausnahme, wenn das zweite Nomen mit dem unbestimmten Artikel Sgl. beginnt und dieser nur ⲩ geschrieben ist, weil hier die Copula mit dem unbestimmten Artikel offenbar eine enge Verbindung eingegangen ist, wie z. B. Prov 17,25: ⲟⲩϩⲟⲣⲅⲏ ⲛ̄ⲟⲩⲓ̈ⲱⲧ ⲡⲉⲩϣⲏⲣⲉ ⲛ̄ⲁⲑⲏⲧ „Ein törichter Sohn ist etwas Hassenswertes für einen Vater." Mein Problem ist aber weniger die Ton-„Haltigkeit" und „Anziehbarkeit" dieses Elements ⲡⲉ an sich, sondern die mehr praktische Frage, ob man mit ihm nicht auch anders umgehen muss, wenn es in einer (adjektivischen) Cleft Sentence erscheint, ohne mit dem folgenden Adjektivsatztransponenten verschmolzen zu sein. Ich meine also Sätze, die bei C. folgendes Aussehen haben: Prov 12,20: ⲟⲩϩⲣⲟϥⲡ̲ⲉ̲ ⲉⲧⳉⲙⲫⲏⲧ ⲙ̄ⲡⲉⲧⲙⲉⲩⲉ ⲁϩ̄ⲙ̄ⲡⲉⲧⲑⲟⲟⲩ „Betrug ist es, was in dem Herzen dessen ist, der an Böses denkt." Das *Antecedens* von ⲉⲧ- ist doch nicht, und kann nicht sein, das indeterminierte ⲟⲩϩⲣⲟϥ, sondern das determinierte und determinierende ⲡⲉ. Andere Beispiele, die ich mir notiert habe, sind: Prov 14,3: [ⲟⲩⲕⲉⲣ]ϣ̣ⲃ̄ⲛ̄ϣⲱⲥⲡ̲ⲉ̲ ⲉⲧⳉ̄ⲛ̄[ⲧⲧⲁ]ⲡ̣ⲣⲟ ⲛ̄ⲁⲧⲑⲏⲧ „Ein Stab von Schande ist es, was in dem Munde von Toren ist"; Prov 16,10: ⲟⲩⲧⲟⲛⲧⲛⲡ̲ⲉ̲ ⲉⲧⲑⲉⲛⲥⲡⲟⲧⲟⲩ ⲙ̄ⲡ̄ⲣ̄ⲣⲟ „Ein Orakel ist es, was auf den Lippen des Königs ist." M. E. müsste die „Spalte" dieses „Spaltsatzes" an der richtigen Stelle erscheinen und also das Element ⲡⲉ in diesem Satztyp *frei*gesetzt oder an den folgenden Adjektivsatztransponenten herangerückt werden, also entweder: (Spalte) ⲡⲉ ⲉⲧ- oder: (Spalte) ⲡⲉⲉⲧ-.

Eine weitere und wiederum ganz andere Frage ist mir, ob nicht gelegentlich Wörter wegen des grammatischen Kontextes gegen ihre äußere Gestalt zu identifizieren sind. Mir ist das bei dem Wort ⲇⲟⲗⲟⲥ an den Stellen Prov 13,9 und 13,13 zum Problem geworden. Vgl. 13,9: ⲙ̄ⲯⲩⲭⲏⲩ ⲛ̄ⲛ̄ⲇⲟⲗⲟⲥ ⲡⲗⲁⲛⲁ ϧⲛ̄ϩⲛ̄ⲛⲟⲃⲉ, was doch nur heißen kann: „Die Seelen der List*ig*en gehen irre in Sünden"; und entsprechend wird dann wohl auch 13,13 mit seiner Wendung ⲙⲛ̄ⲗⲁⲁⲩⲉ ⲛ̄ⲁⲅⲁⲑⲟⲛ ⲛⲁⳃⲱⲡⲉ ⲛ̄ⲟⲩϣⲏⲣⲉ ⲛⲇⲟⲗⲟⲥ meinen: „Nichts Gutes wird einem listigen Sohn zuteil werden." Vgl. schließlich auch noch 14,25: ⳃⲁⲣⲉⲡⲇⲟⲗⲟⲥ ϩⲱϥ ⲧⲙϩ | ϩⲉϩⲛ̄ⲕⲟⲗ „Der Listige aber zündet Lügen an." An all diesen Stellen scheint sich also hinter der koptischen Wortgestalt ⲇⲟⲗⲟⲥ das griechische Adjektiv δόλιος zu verbergen, das ja die griechische Vorlage hier jedesmal hat. Solche Annahme ist jedenfalls einfacher als jeweils zu verstehen: „die von List", „ein (…) von List", „der von List".

Entsprechendes könnte man auch bei einem koptischen Element vermuten, nämlich ob sich in ⲙ̄ⲃⲟⲧⲉ ⲙ̄ⲡϫⲟⲉⲓⲥⲛⲉ ⲛⲑⲩⲥⲓⲁ ⲛ̄ⲙ̄ⲡⲁⲣⲁⲛⲟⲙⲟⲥ (Prov 15,8) „Greuel für den Herrn sind die Opfer der Frevler" hinter dem ⲙ̄- des Anfangs nicht der Hori-lose *un*bestimmte Pluralartikel verbirgt.

In Prov 7,20: ⲉϥⲛⲁⳋⲱⲧⲉ ⲙ̄ⲙⲟϥ ⲁⲡϥⲏⲓ ϩⲉⲧⲛϩⲛ̄ϩⲟⲟⲩ ⲉⲩⲏ̄ⲏ̄ⲟⲩ als Wiedergabe von δι' ἡμερῶν <u>πολλῶν</u> ἐπανήξει εἰς τὸν οἶκον αὐτοῦ könnte man versucht sein zu fragen, ob es wirklich unumgänglich ist, das Element ⲉⲩⲏ̄ⲏ̄ⲟⲩ, wie es schon Kasser getan hat, als ⲉⲩ#~ⲏ̄ⲏ̄ⲟⲩ zu analysieren und entsprechend in der Verbform dann den Stativ von ⲟⲩⲉ(ⲉ) „s'éloigner" zu sehen (vgl. S. 218f.). Vielleicht ist die Verbform doch nur #ⲏ̄ⲏ̄ⲟⲩ und dies dann als Stativ von ⲁⲓ̈ⲁⲓ̈ „augmenter, croître" (S. 50) zu deuten.

Ein weiteres Problem folgt gleich in Prov 7,22: ⲓ̈ ⲛ̄ⲧϧⲉ ⲛ̄ⲟⲩⲟⲩϩⲟⲣ ⲉϥⲕⲏⲡⲏ ⲁⲧϥϩⲉⲉ als Wiedergabe von καὶ ὥσπερ κύων ἐπὶ δεσμούς, wenn der letzte mit der Präposition ⲁ- eingeführte Komplex, der doch dem griechischen (ἐπὶ) δεσμούς entsprechen müsste, als kausativer Infinitiv mit dem Verb „fallen" gedeutet wird (vgl. S. 199 und 246).[6] Aber was soll denn das bedeuten: „oder wie ein Hund sich beeilt, um zu veranlassen, dass er fällt"? Und müsste nicht eher angenommen werden, dass ⲧϥ- der Possessivartikel vor einem femininen Nomen ϩⲉⲉ ist, das seinerseits ein Synonym von ⳋⲗⲁⲗ sein müsste, das in der Gestalt ⲕⲗⲁⲗ die sahidische Parallele an dieser Stelle hat, *es sei denn*, dass das problematische ⲁⲧϥϩⲉⲉ dem Element ⲉⲧⲁⲁϥ („um sich zu geben") der sahidischen Parallele entspricht und ein *eigentlich* noch dazugehöriges Element <ⲁⲡϥⳋⲗⲁⲗ> nur beim Herstellen der uns vorliegenden Kopie vom Abschreiber übersprungen worden ist. Dann könnte die Wendung nämlich heißen: „oder wie ein Hund sich beeilt, dass er <seine Kette> *findet*." Wenn C. übrigens das erste Wort dieser Phrase, nämlich ⲓ̈, hier und sonst als Schreibung der griechischen Konjunktion ἤ deutet, so ist das, besonders in Anbetracht der Schreibung von μή als ⲙⲓ, wie sie sich in P. Bodm. VI findet, sehr gut möglich. Aber es ist auch keineswegs ausgeschlossen, in diesem ⲓ̈ eines der *koptischen* Wörter für „oder" zu sehen.

---

[6] Wie ratlos dies Problem die Experten machen kann, ist vielleicht auch daran sehen, dass Kasser zwar in ϩⲉⲉ das Verb „fallen" sieht, aber trotzdem das vorhergehende ⲧϥ- als den (femininen!) Possessivartikel deutet. Und seine Übersetzung lautet dementsprechend: „ou comme un chien qui se hâte vers *sa chute*."

All diese zusätzlichen Bemerkungen bezogen sich auf Quisquilien und waren nur ein Teil meiner Bemühungen, mit allen zu Gebote stehenden Mitteln den Gebrauchswert des neuen Buches durch Erprobung zu beweisen. Und so kann ich hier zum Schluss auch nichts besseres tun, als der Hoffnung Ausdruck zu verleihen, dass alle, die mit diesem Werkzeug fürderhin arbeiten werden, dieselbe Freude dabei empfinden möchten, wie ich sie erfahren habe.

Rezension zu Wolf-Peter Funk:
Manichäische Handschriften der Staatlichen Museen zu Berlin. Bd. I: Kephalaia I, Zweite Hälfte*

Die Hauptsache zuerst: Es geht endlich weiter mit der Veröffentlichung der Berliner Kephalaia.[1] Und wenn man die neue Doppellieferung mit der vorhergehenden (Lieferung 11/12) aus dem Jahre 1966, die Alexander Böhlig bearbeitet hatte, vergleicht, kann man kaum einen Unterschied in der Aufmachung feststellen. Die Fortsetzung knüpft, obwohl sich die Zeiten inzwischen so sehr geändert haben, doch nahezu nahtlos da an, wo Böhlig aufgehört hatte. Aber das ist kein Zufall, sondern das große Verdienst von W.-P. Funk. Dieser Aspekt von Kontinuität hat des Näheren zwei Seiten. Funk hat auf seinem Computer einen Satz koptischer Typen zur Verfügung, die genau denen der alten Drucktypen entsprechen, die seinerzeit vom Verlag Kohlhammer extra zum Druck der manichäischen Handschriften neu entworfen worden waren,[2] und Funk kann seine Seitenbilder auch sonst auf dem Computer so einrichten, dass er dem Verlag ein auf dem Computer hergestelltes Manuskript liefern kann, das nur noch kopiert zu werden braucht. Die andere Seite ist eine Art von Selbstverleugnung. Obgleich sich ja in der koptischen Linguistik und entsprechend auch in ihrer praktischen Handhabung inzwischen vieles verändert hat, verzichtet Funk für dieses Werk auf die Anwendung solch modernerer Verfahrensweisen und benutzt vielmehr weiterhin die Prinzipien, nach denen Polotsky und Böhlig seinerzeit einmal angefangen hatten. Das betrifft beim koptischen Text besonders die Worttrennung, bei der Übersetzung die Sonderbehandlung der graeco-koptischen Elemente des Vokabulars, also dass man die griechischen Wörter in griechischer Schrift und Normalform in Klammern hinter ihre deutschen Übersetzungen stellt, und die Gestaltung der kritischen Apparate unter der koptischen und der gegenüberliegenden deutschen Textkolumne.

---

* Lieferung 13/14, herausgegeben im Auftrage der Deutschen Akademie der Wissenschaften zu Berlin, Stuttgart 1999. In: Enchoria 28 (2002/3), 192–200.

[1] Die Berliner Kephalaia werden übrigens jetzt Kephalaia I genannt, im Unterschied zu den in Dublin befindlichen (mit der Fortsetzung und also dem zweiten Teil des Gesamtwerkes), die entsprechend Kephalaia II heißen (Abkürzungen 1Ke und 2Ke).

[2] In Polotskys Vorwort zu seiner Ausgabe der Homilien heißt es: „Unser Verleger, Herr Dr. Kohlhammer, der auch sonst allen unseren Wünschen mit größter Bereitwilligkeit entgegengekommen ist, hat sich dankenswerterweise entschlossen, neue koptische Typen schneiden zu lassen, die in diesem Bande zum ersten Mal erscheinen. Die Vorlagen hat Dr. E. Zippert stilgetreu auf Grund der Berliner Kephalaia-Handschrift gezeichnet; der Schnitt wurde mit bewunderungswürdiger Exaktheit bei der Fa. H. Berthold, Berlin, durch Herrn W. Seiler ausgeführt." Vgl. H. J. Polotsky, Manichäische Handschriften der Sammlung A. Chester Beatty. Band I: Manichäische Homilien, Stuttgart 1934, IX.

Was allerdings den Umfang dieser Apparate betrifft, so unterscheiden sie sich dadurch doch recht erheblich von denen der Vorlage, wo ja so viele Seiten auch überhaupt keinen solchen haben. Das prinzipiell Neue dabei sind Eintragungen unter den Sigla: Bö^{1}, Bö^{2}, Bö^{3} und Po^{1}, Po^{2}, Po^{3}, die in dieser Lieferung aber noch gar nicht entschlüsselt werden. Wahrscheinlich kommt die betreffende Liste für diese und andere Sigla erst mit den als Abschluss geplanten „Addenda et Corrigenda" *zur* ersten und zweiten Hälfte der Berliner Kephalaia. Weil aber jeder Benutzer (nicht nur der „Eingeweihte") sie doch jetzt schon kennen sollte, teile ich hier sogleich ihre Bedeutungen mit, und zwar tue ich das nach einer privaten Vorausgabe der Doppellieferungen 13/14 und 15/16 aus dem Jahre 1996. Also: Bö^{1} = Erste Abschriften von Seiten der Hs. Berlin P. 15996 von der Hand Alexander Böhligs, hergestellt im Zeitraum 1934–1944 (vermutlich eher zu Beginn dieses Zeitraums), heute im Besitz der Berlin-Brandenburgischen Akademie der Wissenschaften (Forschungsgruppe Ägyptologie); Bö^{2} = A. Böhlig, Aus den manichäischen „Kephalaia des Lehrers", WZH 5 (1956), 1067–1084; Bö^{3} = A. Böhlig, Ja und Amen in manichäischer Deutung, ZPE 58 (1985), 59–70; Po^{1} = Erste Abschriften von Seiten der Hs. Berlin P. 15996 von der Hand Hans Jakob Polotskys, hergestellt 1931–1933, heute im Besitz der Berlin-Brandenburgischen Akademie der Wissenschaften (Forschungsgruppe Ägyptologie); Po^{2} = Überarbeitete (und teilweise mit Übersetzung versehene) Abschriften einiger Seiten der Hs. von der Hand Polotskys, heute im Crum-Nachlass des Ashmolean Museum (Oxford); Po^{3} = Textstücke publiziert in: C. Schmidt/H. J. Polotsky, Ein Mani-Fund in Ägypten, SPAW.PH (1933), 4–90 (Anhang: 86–90). Alle diese in sich so verschiedenartigen sechs „Textzeugen" sind deswegen wichtig, weil ja der Erhaltungszustand der Papyrusblätter seit der Konservierung natürlich nicht besser geworden ist und man bei diesen Zeugen die Lesung von Buchstaben finden kann, die heute nicht mehr so gut oder aber gar nicht mehr zu lesen sind, wenn es sie denn überhaupt noch gibt. Und es kommt nun einmal bei Texten dieser Art, zumal wenn sie noch ganz unbekannt sind, tatsächlich auf jeden einzelnen Buchstaben an.

Aus dieser Sechsergruppe sind nun noch einmal – zunächst einfach der Menge des Stoffes wegen – die Sigla Bö^{1} und Po^{1} und das Material, auf das sie verweisen, herauszuheben. Es handelt sich nämlich im Ganzen um einen ziemlich dicken Packen von Manuskripten. Aber dann verbirgt sich hinter diesen Sigla auch noch die Geschichte einer sensationellen Entdeckung, die man unter dem Titel: „Ein Mani-Fund *in Berlin*" erzählen könnte. Und dies ist die Kurzfassung der Geschichte: Im Jahre 1988 fand man bei Aufräumungsarbeiten in Räumen der Berliner Akademie der Wissenschaften, in dem Gebäude Unter den Linden 8, einen großen Posten alter Transkriptionen (nebst Anmerkungen) von, wie sich bald herausstellte, Seiten der Berliner Kephalaia, Transkriptionen, von deren Existenz man überhaupt nichts (mehr) gewusst hatte. Und mir wurde damals die Ehre zuteil, als (einer der) Berater (z. B. in den Fragen, ob und wie wichtig diese Materialien überhaupt sind, und besonders, ob sie etwa noch einen besseren Erhaltungszustand der Originale als den gegenwärtigen bezeugen) und als „Gesandter" in dieser Sache aktiv zu werden. Zum Teil waren das zwar Abschriften von Seiten, die schon in der „Ersten Hälfte" veröffentlicht worden waren (und wenn ich mich richtig erinnere, war der Text dieser Seiten auch schon entsprechend durchgestrichen), aber es waren eben auch viele Abschriften (in zweierlei

„Händen" [ich kannte aber damals weder die Handschrift von Polotsky noch die von Böhlig]) von Seiten aus dem noch unveröffentlichten Teil darunter. Auch durfte ich schon im gleichen Jahr auf dem Internationalen Koptologenkongress von Louvain-la-Neuve offiziell Mitteilung von diesem „neuen" Manifund machen. Es gab damals mehr als einen Interessenten, der diese Blätter für die Weiterarbeit an den Kephalaia benutzen wollte. Aber schließlich, nachdem klar war, dass Funk die Ausgabe des zweiten Teils der Kephalaia besorgen würde, bekam er natürlich das Recht, diese Abschriften für sein Editionsunternehmen auszuwerten. Ich hatte etwas später dann noch einmal die Aufgabe, als Polotsky anlässlich der Wahrnehmung einer Gastprofessur an der Freien Universität, im Wintersemester 1990, in Berlin war, ihn persönlich zu fragen, ob er überhaupt damit einverstanden sei, dass Funk seine Abschriften benutzt. Und es war überhaupt kein Problem, seine Einwilligung zu erhalten, denn wenn ich ihn recht verstanden habe, betrachtete er seine Zuständigkeit für die koptischen Manichaica als längst verjährt.

Ich will nun aber auch noch eine andere Information nicht unterdrücken, dass nämlich diese erste Doppellieferung des Restes der Berliner Kephalaia unter einer großen „Verheißung" steht. Und diese Verheißung ist fast genauso wichtig wie die Tatsache und der Inhalt der hiesigen Lieferung selbst. Ich beziehe mich damit auf etwas, das auf der Rückseite des Umschlags unter der Überschrift „In Vorbereitung" zu lesen ist. Man erfährt da nämlich zunächst einmal, dass die letzte Lieferung der Kephalaia, außer einer ausführlichen Einleitung und den schon erwähnten *Addenda et Corrigenda, auch* einen vollständigen Index zum Gesamtwerk der Berliner Kephalaia enthalten wird.[3] Es gibt ja zur Zeit überhaupt keinen Index dazu, nicht einmal einen unvollständigen. Und der ist doch bei der Eigenart der Literatursprache des koptischen Dialekts *L4*, in der die Kephalaia und die anderen Texte aus dem gleichen Fund von Medinet Madi geschrieben sind, so bitter nötig. Man kann sich aber auch deswegen der Vorfreude auf diesen Index hingeben, weil er (wie der ebenfalls von Funk stammende Index zu dem ersten Band der dokumentarischen Texte von Kellis)[4] nach dem an der Université Laval, Québec, entwickelten Lemmatisierungsprogramm hergestellt sein wird, also nach jenem Programm, dessen Resultatvariante in Gestalt von Konkordanzen zu den Nag Hammadi-Texten[5] und zu dem Papyrus Bodmer 6[6] die Koptologie ja schon in ein neues Zeitalter geführt hat.

---

[3] Was übrigens die erste Hälfte betrifft, so wird in diesem Index bereits der in den „Addenda et Corrigenda" verbesserte Text zugrunde gelegt sein. Vgl. W.-P. Funk, The Reconstruction of the Manichaean Kephalaia, in: P. Mirecki/J. BeDuhn (ed.), Emerging from Darkness. Studies in the Recovery of Manichaean Sources, Leiden 1997, (143–159) 150.

[4] Vgl. Iain Gardner/Anthony Alcock/Wolf-Peter Funk (ed.), Coptic Documentary Texts from Kellis, Vol. 1: P. Kell V (P. Kell. Copt. 10–52; O. Kell. Copt. 1–2), Oxford 1999.

[5] BCNH.C 1: Le codex VII (R. Charron); 2: Le Codex VI (P. Cherix); 3: Le Codex III (R. Charron); 4: Le Codex I (P. Cherix); 5: Les codices VIII et IX (W.-P. Funk); 6: Les codices X et XIA (W.-P. Funk), Québec 1992. 1993. 1995. 1995. 1997. 2000.

[6] Pierre Cherix, Lexique analytique du parchemin pBodmer VI, version copte du Livre des Proverbes, IELOA 2 (Collection publiée sous la direction de A. Frey) 2, Lausanne 2000.

Neben diesen Bemerkungen zum Abschluss des Projekts „Manichäische Handschriften Band I" gibt es da aber auch noch eine Vorschau auf die geplanten Bände II bis IV, nebst den für diese Ausgaben geltenden Zuständigkeiten. Ich halte nun gerade diese Information für so wichtig, dass ich sie mitsamt den kalkulierten Seitenzahlen hier wörtlich wiedergeben möchte. Es heißt da also:

Band II: Mani's Epistles. The Surviving Parts of the Coptic Codex Berlin P. 15998. Edited by Wolf-Peter Funk and Iain Gardner. Ca. 130 Seiten und 40 Tafeln.

Band III: A Manichaean Church History. The Surviving Parts of the Coptic Codex Berlin P. 15997. Edited by Wolf-Peter Funk and Stephen Patterson. Ca. 100 Seiten und 20 Tafeln.

Band IV: Manichäische Synaxeis. Lesungen aus dem Lebendigen Evangelium des Mani. Unter Mitwirkung mehrerer Fachkollegen herausgegeben von Wolf-Peter Funk. Ca. 800 Seiten.

Was nun den Inhalt der vorliegenden Lieferung 13/14 anbelangt, so geht es zunächst mitten im Kap. CXXII: Über das Ja und das Amen (p. [290].292–295) weiter, mit dessen erstem Teil die Zwischenlieferung von Böhlig aus dem Jahre 1966 (auf der Codexseite 291) geendet hatte. Dann folgen Kap. CXXIII: Über die Sonne: warum sie nicht | ins Land des Lichtes ging (p. 295–296); Kap. CXXIV „Warum an dem Tag, an welchem das Feuer | in den ..... existierte, es sie nicht verbrannte, | und wer es am Ende ist, der sie verbrennen | wird, denn (?) sie wurden von ihnen getrennt (?) (p. 296–301); Kap. CXXV: Über die vier Befestigungen: | ob Leben in ihnen ist (p. 301–302); Kap. CXXVI: Über Jesus, die Jungfrau (παρθένος) | und den Licht-Νοῦς (p. 302–303); Kap. CXXVII: [Vier] große Hungersnöte sind es, die | den Unglücken vorausgehen (p. 303–304); Kap. CXXVIII: Über die Buße (μετάνοια) (p. 304–305); Kap. CXXIX: [Über den Neid] (p. 305–307); Kap. CXXX: [Gegen Taufe und Eucharistie] (p. 307–?) (Innerhalb dieses Kapitels, dessen Text sowieso kaum noch erhalten oder lesbar ist, gibt es auch noch eine reale Lücke, insofern als das Blatt mit den Codexseiten 311 und 312 überhaupt nicht erhalten ist); Kap. CXXXI: – ?? – (p. ?–318); Kap. CXXXII: – ?? – (p. 318–?) (In diesem Kapitel kommen wir noch bis p. 322 der originalen Seitenzählung des Codex, aber dann findet sich wieder eine Lücke, und diesmal eine größere, mit einem Verlust der Seiten 323–330, die das ganze Kap. CXXXIII und dem Anfang von Kap. CXXXIV enthalten haben müssen und von denen nach Funk so gut wie nichts erhalten ist); Kap. CXXXIV: – ?? – (p. ?–333); Kap. CXXXV: [Über die Ἐγρήγοροι und den Licht-Νοῦς] (p. 333–337); Kap. CXXXVI: Über die Geburt der zwei Menschen, | des neuen Menschen <und> des alten Menschen: | [wie sie] geboren werden .... (p. 337–338); Kap. CXXXVII: Über die fünf Typen der Bruderschaft, | die sich voneinander unterscheiden (p. 338–340); Kap. CXXXVIII: Wer es ist, der sündigt und | danach Buße tut (μετανοεῖν) (p. 340–341); Kap. CXXXIX: [Ein] Psalm, den [der] Mensch darbieten wird, | .... das Leben ...... | .... für die Menschen (p. 341–343); Kap. CXL: Der Gerechte (δίκαιος) darf nicht | aufhören zu verkündigen (p. 343); Kap. CXLI: Auf welche Weise die Seele (ψυχή) | den Körper (σῶμα) verlässt (p. 343–345); Kap. CXLII: Der Mensch soll nicht glauben (πιστεύειν), | wenn er die Sache nicht mit seinen Augen sieht (p. 345); Kap. CXLIII: Alle Apostel, die in die Welt | (κόσμος) kommen, werden von | einer einzigen Kraft gesandt, | aber (ἀλλά) sie unterscheiden sich wegen | der Länder (χώρα) (p. 345–346); Kap. CXLIV: Wer ein „Almosen" veranstaltet für einen, der im | Begriffe ist, sich loszulösen, dem gereicht es zum Nutzen (p. 346–348); Kap. CXLV: Drei Monde gibt es (p. 348); Kap. CXLVI: Der alte Mensch hat fünf Speisen (τροφή), | von denen er lebt. Der [neue] Mensch hat | fünf andere (p. 348–350); Kap. CXLVII: Warum die Apostel alle Dinge | enthüllen, aber er keine Prognose | gibt über eine Sache, die geschehen | wird (p. 350–355); Kap. CXLVIII: Über die fünf Bücher, | dass sie zu fünf Vätern gehören (p. 355); Kap. CXLIX: [Die (?) ...... der (?)] Kirche (ἐκκλησία) | [sammeln es ein] an verschiedenen (κατά) Orten (p. 355–363); Kap. CL: [Es gibt (?) ....] in der Kirche (ἐκκλησία), denen [viel (?)] | [Almosen zufließt (?)], einige aber, in deren Hand nicht viel gelangt (p. 363–366.[370]); und mitten in diesem Kephalaion mit Codexseite 366 ist diese Lieferung zu Ende.

Der Erhaltungszustand des Textes ist unterschiedlich. Es gibt Seiten, wo fast alles oder sehr viel lesbar ist, und Seiten, wo nur einzelne Wörter oder Buchstaben entziffert werden konnten. Als Faustregel kann man sagen: Wo in der obigen Übersicht über die Kapitel deren Titel gut erhalten sind, ist auch der Text relativ gut erhalten, und umgekehrt. Eine Ballung von verstümmelten Seiten findet sich bei den Wiener Blättern (Codexseite 313–322) und in ihrer unmittelbaren Umgebung.[7]

Wenn man hier noch auf ein paar Einzelheiten des Inhalts hinweisen darf, so wären es fünf ganz verschiedene Sachverhalte, die vielleicht sogleich auf allgemeines Interesse stoßen könnten:

Auf Codexseite 335 (Z. 3–7) finden wir folgende Aussage: „So wie die Ἐγρήγοροι aus den Himmeln herunter | [auf die] Erde kamen mit (?) Gestalten und [Formen (?)] | [der] Bosheit (κακία), wurden sie zu Erweckern für die [Begierden] | ([ἐπιθυ-]μία) und die schlechten Ratschläge der πλάνη [in der] ganzen | Welt (κόσμος).“ Diesen Satz verstehe ich zwar nicht so richtig, aber es ist auf jeden Fall die sich in ihm findende hypostasenartige Heraushebung der πλάνη, die unser Interesse insofern verdient, als sie an die demiurgische πλάνη-Gestalt im Evangelium der Wahrheit (Nag Hammadi Codex I,3) erinnert.

Beim nächsten Punkt handelt es sich sozusagen um das „größte Rätsel“ dieses Teils der Kephalaia. Im Rahmen von Kap. CXLI heißt es auf Codexseite 344 (Z. 2–8): „Wenn der Gerechte (δίκαιος) im Begriffe ist sich loszulösen und seinen | Körper (σῶμα) zu verlassen, so kommt er heraus und löst sich aus | seinen Gliedern (μέλος). Sein Νοῦς kommt heraus an dem ...... | ...... des Kopfes, sein Denken kommt heraus zu den Nasenlöchern, | seine Einsicht kommt heraus zu den Augen, sein Sinnen | [kommt] heraus zu den Ohren, und seine Überlegung kommt | heraus [zum] Munde.“ Und das Rätsel lautet nun: Welches ist das *fünfte Loch* oder Lochpaar (bzw. das erste von fünfen) des menschlichen Hauptes, aus

7 Über diese Wiener Blätter sagt Funk anderswo: „A very small part of badly damaged material from this manuscript, which was also brought to Berlin in the nineteen-thirties for conservation, had been acquired by the Österreichische Nationalbibliothek in Vienna, where the conserved remainders are still extant today.... the Vienna lot, being for the most part illegible, cannot yield much more than some codicological insights (to confirm or disconfirm the assignment of hypothetical page numbers to extant fragments, and the progress of chapters)....“ Vgl. W.-P. Funk, The Reconstruction of the Manichaean Kephalaia, 144 (s. Anm. 3).

dem etwas entweichen kann? Die materielle koptologische Basis der Frage ist dabei: wovon kann innerhalb der Phrase ϣⲁⲣⲉ ⲡⲉϥⲛⲟⲩⲥ ⲉⲓ ⲁⲃⲁⲗ ϩⲙ ⲡⲁⲧ̣ . . | [. .] ⲡ̣ⲥ ⲛ̄ⲧⲁⲡⲉ (Z. 4f.) das ⲁⲧ̣ . . | [. .]ⲡ̣ⲥ der Rest sein? Ich kann mich noch sehr gut an unser gemeinsames und vergebliches Rätselraten in Québec erinnern. Und auch in der Zwischenzeit ist keine Lösung in Sicht gekommen, wie aus den beiden Apparaten zu der Stelle hervorgeht, in denen nur Erwägungen und Versuche mitgeteilt werden können. Unter dem koptischen Text heißt es: 4–5 ϩⲙⲡⲁⲅⲕ̣?? | [ⲉⲧϩ] ⲛ̄ⲧⲁⲡⲉ Po[2] (mit Anm.: etwa ⲁⲧⲕⲉⲉⲥ?). Und gegenüber unter der Übersetzung: 4–5 Etwa „an der [Spitze]“, „am [Scheitel] des Kopfes“, „an der [Fontanelle]“? Man möchte an so etwas wie ⲡⲁⲕⲣⲱⲛ oder ⲡⲁⲛⲧⲏⲗⲙ denken, doch scheinen sich die Schriftreste, vor allem am Anfang von Zeile 5, derartigem (wie auch dem von Polotsky vermuteten ⲡⲁⲧⲕⲉⲉⲥ) zu widersetzen.

Der nächste Hinweis gilt einer manichäischen „Speisekarte“, allerdings einer verbotenen. Im Rahmen von Kap. CXLIV findet sich nämlich auf Codexseite 347 (Z. 18–23) eine ziemlich ansehnliche Aufzählung von Delikatessen, die die Manichäer sich gelegentlich, aber zu unrecht, wie hier gelehrt wird, während einer kultischen Mahlzeit, die man sich wohl in irgendeinem Zusammenhang mit der Seelenmesse vorzustellen hat, gönnen: „Auf Veranlassung | der Begierde (ἐπιθυμία) ihres Feuers gingen sie jedoch (δέ) dazu über, unreine | Speisen (τροφή) einzuführen und sie (*scil.* die Opferfeier) zu verramschen (καπηλεύειν) | und in sie hineinzumischen unreine Dinge: Käse und Eier, Fische | [und Vögel], Schafe und Ziegen, Widder und Böcke, Gänse und Hühner, | gemästete [Kälber (?)] und gemästete Schweine.“

Von ganz anderer Relevanz ist der nächste Hinweis, nämlich auf das relativ lange Kap. CXLVII (Codexseite 350–355), in dem so wenig überzeugend versucht wird zu erklären, warum Mani eigentlich keine (exakten) Vorhersagen über die Zukunft gemacht hat. Dieses Kapitel kann nämlich, gerade in seiner an Wiederholungen reichen Langatmigkeit, den Eindruck vermitteln, dass es gerade hier um ein ziemlich ernstes *reales* Problem geht, um etwas, was von führenden Manichäern, oder wenigstens von demjenigen Lehrer, auf den die beiden Bände der Kephalaia zurückgehen, und von dem Funk mit guten Gründen annimmt, dass den damaligen Lesern sein Name sehr wohl bekannt war,[8] als echter Mangel der eigenen Religion empfunden wurde.

Der letzte Hinweis möchte schließlich die Aufmerksamkeit auf die Identifikation eines vor allem aus Mt 6,21 par Lk 12,34 bekannten Jesuswortes lenken. Die betreffende Stelle findet sich auf Codexseite 362 (Z. 27f.), wo wir lesen: ⲧϩⲉ ⲉ̣ⲧⲁ̣ ⲡ̣ⲥⲱⲧ̣ⲏ̣ⲣ ϫⲟⲟ̣ⲥ̣ ϫⲉ̣ ⲡⲙ̣ . . . . [. . . . .] | ϩⲧ̣ⲏ̣ϥ ⲙ̄ⲙⲉ̣ⲩ, als dessen Übersetzung gegeben wird: „So wie der Heiland (σωτήρ) gesagt hat: Dort (?), [wo sein Schatz ist (?)], | dort ist (?) sein Herz.“ Die Sache ist auch deswegen ziemlich interessant, weil dieses Logion noch an zwei anderen Stellen der Kephalaia vorkommt, aber nur hier seine Herkunft von Jesus angegeben wird (bzw. die betreffende Angabe erhalten ist) und Schatz und Herz in der „richtigen“ Reihenfolge stehen. Um einen bequemen Vergleich zu ermöglichen, durch den man die Art der Abwandlung bzw. Anwendung des Wortes unmittelbar sieht, seien auch die

---

[8] Vgl. W.-P. Funk, The Reconstruction of the Manichaean Kephalaia, 154f. (s. Anm. 3)

beiden anderen Stellen hier gleich noch *in extenso* geboten. Es handelt sich (in der ersten Codexhälfte) um Codexseite 200 (Z. 3f.): ⲁⲗⲗⲁ ⲡⲙⲁ ⲉⲧⲉⲣⲉ ⲡⲉⲕϩⲏⲧ ⲙⲛ ⲧⲉⲕⲉ[......] | [ⲉⲣⲉ] ⲡⲉⲕ<ⲉ>ϩⲟ ⲛⲁϣⲱⲡⲉ ⲛⲉⲕ ⲁⲛ ⲙ̄ⲡⲙⲁ ⲉⲧⲙⲙ̣[ⲉⲩ. Und das müsste nun wörtlich etwa so übersetzt werden: „Sondern da, wo dein Herz nebst deiner [- - - ist], an jenem Ort wird dir auch dein Schatz sein."[9] Die andere Stelle steht an einer noch späteren Stelle, nämlich auf Codexseite 387 (Z. 1f.): [....... ⲙ]ⲁ̣ ⲉⲧⲉⲣⲉ ⲡⲉϥϩⲏⲧ ⲙ̄ⲙⲁϥ ⲉⲣⲉ ⲡⲉϥⲉ̣ϩⲟ̣ | [....... ϩ]ⲙ̣ ⲡⲉϥⲙⲁ. Und das könnte man entsprechend so wiedergeben: „⌊- - - Da,⌋ wo sein Herz ist, an seinem Ort ⌊wird auch⌋ sein Schatz [sein]."[10]

Falls es irgendetwas an dieser erwartungsgemäß Maßstäbe setzenden Ausgabe, die ja außerdem das Ergebnis einer unermüdlichen und vielseitigen Pionierarbeit darstellt,[11] zu kritisieren geben sollte, so müssten das Dinge sein, die ich selbst, und auch gleich zweimal, übersehen habe. Ich hatte nämlich während meines einjährigen Aufenthalts in Québec (1994/5), als „professeur rechercheur invité" des Nag Hammadi-Forschungszentrums der Université Laval, auch den mir sehr ehrenvoll erscheinenden Auftrag, den ganzen Kephalaiatext so, wie er damals vorlag, durchzusehen und „auf Herz und Nieren" zu prüfen. Worauf ich selbst also unter diesem letzten Gesichtspunkt hinweisen kann, sind nur ein paar Kleinigkeiten, die mir jetzt noch aufgefallen sind:

Auf Codexseite 308 liest Funk in der Mitte von Z. 27 noch: [ⲁ]ⲃⲁⲗ ϩⲛ ⲧⲭ̣ⲱⲣⲁ̣ ⲛ̄ⲧ̣ⲉϥ̣[...]ⲁⲫ .. [, was doch mit „aus dem Land seiner ..." ganz gut übersetzbar ist. Man fragt sich also, warum er diese Zeile in seiner Übersetzung trotzdem ganz leer gelassen hat.

Auf Codexseite 341 (Z. 16) kommt die Form ⲛⲥⲣ̄ⲡⲗⲁⲛⲏ vor, in der Funk nach Ausweis seiner Übersetzung mit „sie ... geht fehl (πλανᾶσθαι)" nicht das betreffende griechische Nomen πλάνη (als nominalen Bestandteil eines *verbum compositum* auf ⲣ̄-) erkennt, sondern das Verb selbst [statt eines zu erwartenden (ⲣ̄) ⲡⲗⲁⲛⲁ, oder (ⲣ̄)ⲡⲗⲁⲛⲁⲥⲑⲁⲓ]. Das ist nun aber beileibe kein Irrtum, sondern Teil eines bestimmten analytischen Systems und hängt also vielleicht nicht in erster Linie damit zusammen, dass schon Polotsky in seiner Ausgabe der Homilien den

---

9 Eine ähnliche Verbesserung der alten Übersetzung von Böhlig wird auch in Funks „Addenda et Corrigenda" enthalten sein.

10 Was andere Textfassungen des Logions sonst betrifft, so vgl. noch Mt 6,21 ([*M*] nach dem Codex Schøyen): [- - - ⲡⲙⲉ ... ⲉⲧⲉ ⲡⲉⲕ]|ⲁϩⲁ ⲙⲙⲁϥ ⲙⲁⲣⲉ̣ϥ[ϣⲱⲡⲏ ⲙⲙⲉⲟⲩ ⲛϫⲏ ⲡⲉⲕⲕⲉϩⲏⲧ] = „[- - - ... da, wo dein] | Schatz ist, [dort] *soll* [auch dein Herz sein]"; Evangelium nach Maria ([*S*] Papyrus Berolinensis 8502 [BG 2]) p. 10,15f.: ⲡⲙⲁ ... ⲉⲧⲉⲣⲉ ⲡⲛⲟⲩⲥ | ⲙ̄ⲙⲁⲩ ⲉϥⲙ̣ⲙ̣ⲁⲩ ⲛϭⲓ ⲡⲉϩⲟ = „Da, wo der Verstand ist, dort ist der Schatz"; Justin Apol. I 16: ὅπου ... ὁ θησαυρός ἐστιν, ἐκεῖ καὶ ὁ νοῦς τοῦ ἀνθρώπου = „Da, wo der Schatz ist, dort ist auch der Verstand des Menschen"; Sextussprüche Nr. 316: ὅπου σου τὸ φρονοῦν, ἐκεῖ σου τὸ ἀγαθόν / (Nag Hammadi Codex XII p. 27*,17–20 [südliches *S*]) ⲡⲙⲁ ⲉ|ⲧϥ̄ϣⲟⲟⲡ ⲙ̄ⲙⲉⲩ ⲛ̄ϭⲓ ⲡⲉⲕⲙⲉ|ⲉⲩⲉ ϥϣⲟⲟⲡ ⲙ̄ⲙⲉⲩ ⲛ̄ϭⲓ ⲡⲉⲕ||[ⲁ]ⲅ̣ⲁⲑⲟⲛ = „Da, wo dein Denken ist, dort ist dein Gut."

11 Vgl. gerade zu dem Gesichtspunkt der Vielfältigkeit der Arbeit an den Kephalaia W.-P. Funk, The Reconstruction of the Manichaean Kephalaia (s. Anm. 3). Am Ende dieses Aufsatzes findet sich eine Liste mit allen damals noch unveröffentlichten Kapiteln *beider* Kephalaiabände. Man erhält dort also einen ersten Überblick auch über den Inhalt der Dubliner Kephalaia (Kephalaia II).

einen (ganz erhaltenen) Beleg von ⲣ̄ⲡⲗⲁⲛⲏ so gedeutet hat.[12] Jedenfalls werden nach Ausweis von Funks Konkordanz der Berliner Kephalaia alle Stellen (insgesamt vier), an denen ⲡⲗⲁⲛⲏ in verbalem Kontext (und als ⲣ̄ⲡⲗⲁⲛⲏ) vorkommt, so, nämlich als Belege von πλανᾶσθαι, gedeutet, und wird das Wort ⲡⲗⲁⲛⲏ nur in (rein) nominalem Kontext, in dem es 22 Mal vorkommt, als Nomen verstanden. Und ganz entsprechend wird z. B auch mit ⲣ̄ⲗⲩⲡⲏ *versus* (ⲧ)ⲗⲩⲡⲏ verfahren. Auch könnte das alles mit einer spezifischen Lösung des Problems des Gebrauchs von griechischen Nomina im Koptischen (scheinbar oder nicht) *anstatt der entsprechenden Verben* zusammenhängen, eines Problems, das ja viel brisanter in denjenigen koptischen Dialekten in Erscheinung tritt (vor allem *S* und *M*), die die griechischen Verben ohne die Basis von ⲣ̄- gebrauchen.

Auf Codexseite 363 (Z. 11–13) findet sich die Phrase: ⲧϩⲁⲏ ⲇⲉ ⲛⲛⲓ̣[ⲁⲣ]ⲛ̣ⲏⲧⲏⲥ | ⲉ̣ⲧⲙⲙⲉⲩ ⲙⲛ̄ ⲛⲓⲣⲉϥϫⲓⲟⲩⲁ ⲥⲉⲥⲛ̄ⲟⲩⲁⲛⲧ ⲁⲃⲁⲗ | ϫⲉ ⲥⲉⲛⲁⲧⲁϫⲁⲩ ⲁⲧⲕⲟⲗⲁⲥⲓⲥ ϣⲁⲁⲛⲏϩⲉ, die Funk so übersetzt: „am Ende (+ δέ) sind jene | Leugner (ἀρνητής) und jene Lästerer öffentlich erkannt, denn sie werden zur ewigen Strafe (κόλασις) verdammt werden.“ Nun kann man aber hier den Eindruck haben, dass das eigentliche Prädikat gar nicht ⲥⲉⲥⲛ̄ⲟⲩⲁⲛⲧ ist, sondern in dem ϫⲉ-Satz gesehen werden müsste. Man möchte also fragen, ob das Adverb ⲁⲃⲁⲗ bei einem solchen Gebrauch des Stativs ⲥⲛ̄ⲟⲩⲁⲛⲧ, wie hier, wo er der Bedeutung von einem ⲟⲩⲁⲛϩ (ⲁⲃⲁⲗ) sehr nahe kommt, diesen verstärkt,[13] sodass man das ϫⲉ explikativ verstehen könnte. Die daraus resultierende Übersetzung wäre dann wörtlich: „(was) aber das Ende jener Leugner und jener Lästerer (betrifft,) sie sind öffentlich erkannt, dass sie zur ewigen Strafe verdammt werden werden“; und freier dann: „das Ende jener Leugner und jener Lästerer wird darin bestehen, dass sie, wie öffentlich bekannt sein wird, zur ewigen Strafe verdammt werden.“[14] Auf der Übersetzungsseite zu p. 363 ist in Z. 6 auch noch ein kleines Akzentversehen zu bereinigen: statt χώρις sollte es χωρίς heißen.

---

[12] Vgl. Manichäische ... Homilien, (s. Anm. 2) Stuttgart 1934, 35,9 und Register 4*a.

[13] Man könnte als formale Parallelen auf die drei Vorkommen der Stativform *ohne* die Geminatendissimilation, wo der Stativ also in der Gestalt ⲥⲟⲩⲁⲛⲧ erscheint, hinweisen, die alle diesen Stativ durch ein ⲁⲃⲁⲗ erweitert zeigen: 1Ke 88,12; 125,21; Ps.-B. 106,21 (bei der Stelle aus dem Psalmenbuch ist diese [Rückwärts-]Beziehung des ⲁⲃⲁⲗ allerdings nicht sicher).

[14] Vgl. Die Lehren des Silvanus (Dialekt *S*), Nag Hammadi Codex VII, cap. 9,4 (p. 103,19–22): ⲕⲁⲓ ⲅⲁⲣ ⲛⲉⲧ'ⲙⲟ|ⲟϣⲉ ϩⲓ ⲧⲉϩⲓⲏ ⲉⲧⲟⲩⲉⲥⲧⲱⲛ | ⲧⲉⲩϩⲁⲏ ⲉⲩⲛⲁⲃⲱⲕ ⲉⲡⲓⲧⲛ̄ | ⲉⲡⲧⲁⲕⲟ ⲙ̄ⲡⲃⲟⲣⲃⲟⲣⲟⲥ „Denn diejenigen, die auf dem breiten Weg wandeln, ihr Ende wird es sein, dass sie in das Verderben des Schlammes hinuntergehen.“

THEMATISCHES VERZEICHNIS DER ESSAYS

Neues Testament und Alte Kirche

Gnosis und Nag Hammadi

Ägyptologie und Koptologie

LITERATURVERZEICHNIS

(Die Bearbeiter in NHLibEng werden nicht einzeln aufgeführt.)

Abel, F.-M., Géographie de la Palestine, Bd. I, Paris ²1933.

—— Le puits de Jacob et l'église Saint-Sauveur, RB 42 (1933), 384–402.

Abramowski, L., Marius Victorinus, Porphyrius und die römischen Gnostiker, ZNW 74 (1983), 108–128.

Abramowski, R., Der Christus der Salomooden, ZNW 35 (1936), 44–69.

Adam, A., Die Psalmen des Thomas und das Perlenlied als Zeugnisse vorchristlicher Gnosis, Berlin 1959.

—— Ist die Gnosis in aramäischen Weisheitsschulen entstanden?, in: U. Bianchi, Le Origini dello Gnosticismo, Colloquio di Messina, SHR.SN 12, Leiden 1967, 291–301.

—— Texte zum Manichäismus, Berlin 1969.

Adam, J., The Republic of Plato, Bd. II, Cambridge 1902.

Aland, B., Gnosis und Philosophie, in: G. Widengren (Hg.), Proceedings of the International Colloquium on Gnosticism, Stockholm, 20–25 August, 1973, Stockholm 1977, 34–73.

Aland, K., Der wiedergefundene Markusschluss? – Eine methodologische Bemerkung zur textkritischen Arbeit, ZThK 67 (1970), 1–13.

—— (Hg.) Synopsis Quattuor Evangeliorum. Locis parallelis evangeliorum apocryphorum et patrum adhibitis, Stuttgart ¹⁵1996.

Albright, W. F., The Archaeology of Palestine, Harmondsworth, UK, 1949; ²1954.

—— Discoveries in Palestine and the Gospel of St. John, in: E. Daube/W. D. Davis (Hg.), The Background of the New Testament and ist Eschatology, FS C. H. Dodd, Cambridge 1956, 153–171.

Alcock, A., Persecution under Septimius Severus, Enchoria 11 (1982), 1–5 mit Tafel 1–2.

Aleith, E., Das Paulusverständnis in der alten Kirche, BZNW 18, Berlin 1937.

Allberry, C. R. C., A Manichaean Psalm-Book, Part II,2, Manichaean Manuscripts in the Chester Beatty Collection, Stuttgart 1938.

Altaner, B., Entdeckung einer Bibliothek von 42 unbekannten gnostischen und hermetischen Schriften, ThR 46 (1950), 41–42.

Amsler, F., Actes de l'apôtre Philippe. Introduction et notes par Frédéric Amsler, Traductions par François Bovon, Bertrand Bouvier et Frédéric Amsler, Apocryphes, Collection de poche de l'AELAC 8, Turnhout 1996.

Appel, H., Einleitung in das Neue Testament, Leipzig 1922.

Aptowitzer, V., Malkizedek – Zu den Sagen der Agada, MGWJ 70 (1926), 93–113.

Arai, S., Simonianische Gnosis und die Exegese über die Seele, in: M. Krause (Hg.), Gnosis und Gnosticism, NHS 8, Leiden 1977, 185–203.

Aranda Pérez, G., El evangelio de San Mateo en copto sahidico, Texto de M 569, estudio preliminar y aparato critico, CSIC.TyE 35, Madrid 1984.

Atiya, Aziz S. (Hg.), The Coptic Encyclopedia, Bd. I–VIII, New York 1991.

Attridge, H. W., Nag Hammadi Codex I (The Jung Codex), Introductions, Texts, Translation, Indices, NHS 22/23, Leiden 1985.

Avi-Yonah, M., The Madaba Mosaic Map, Jerusalem 1954.

Bacchi, A. della Lega (Hg.), Libro d'Oltramare di Fra Niccolo da Poggibonsi, Bd. I, Bologna 1881.

Bacht, H., Neue Papyrusfunde in Ägypten, StZ 146 (1950), 390–393.

—— Zur Typologie des koptischen Mönchtums. Pachomius und Evagrius, in: K. Wessel (Hg.), Christentum am Nil, Recklinghausen 1964, 142–157.

Baker, A., The „Gospel of Thomas" and the Syriac „Liber Graduum", NTS 12 (1965), 49–55.

Baldi, D., Enchiridion Locorum Sanctorum, Jerusalem [2]1955.
Barc, B. (Hg.), Colloque International sur les textes de Nag Hammadi (Québec, 22–25 août 1978), BCNH.É 1, Québec/Louvain 1981.
Barnett, A. E., Paul Becomes a Literary Influence, Chicago 1941.
Barns, J. W. B., Greek and Coptic Papyri from the Covers of the Nag Hammadi Codices. A Preliminary Report, in: M. Krause (Hg.), Essays on the Nag Hammadi Texts in Honour of Pahor Labib, NHS 6, Leiden 1975, 9–17.
Barns, J. W. B./Kasser, R., Le manuscrit moyen-égyptien B.M. Or. 9035, Le Muséon 84 (1971), 395–401.
Barns, J. W. B./Brown, G. M./Shelton, J. C., Nag Hammdi Codices. Greek and Coptic Papyri from the Cartonnage of the Covers, NHS 16, Leiden 1981.
Barrett, C. K., Pauline Controversies in the Post-Pauline Period, NTS 20 (1973/74), 229–245.
—— Das Evangelium nach Johannes, KEK Sonderband, Göttingen 1990.
Bartsch, H.-W., Die konkrete Wahrheit und die Lüge der Spekulation. Untersuchung über den vorpaulinischen Christus-Hymnus und seine gnostische Mythisierung, TuW 1, Frankfurt a. M./Bern 1974.
Bauer, W., Das Johannesevangelium, HNT 6, Tübingen [3]1933.
—— Die Oden Salomos, Kleine Texte für Vorlesungen und Übungen 64, Berlin 1933.
—— Rechtgläubigkeit und Ketzerei im ältesten Christentum, Tübingen 1934.
—— Griechisch-deutsches Wörterbuch zu den Schriften des Neuen Testaments und der übrigen urchristlichen Literatur, Berlin [5]1958.
—— Mandäer, RGG III, Tübingen [2]1929, 1953–1957; [3]1959.
Baur, P. V. C./Rostovtzeff, M. I., et al. (Hg.), The Excavations at Dura-Europos, conducted by Yale University and the French Academy of Inscriptions and Letters, Preliminary Report of the Fifth Season of Work, New Haven, CT, 1934.
Baynes, Ch. A., A Coptic Gnostic Treatise contained in the Codex Brucianus, Cambridge 1933.
Becker, H., Die Reden des Johannesevangeliums und der Stil der gnostischen Offenbarungsrede, FRLANT 68, Göttingen 1956.
Becker, J., Die Abschiedsreden Jesu im Johannesevangelium, ZNW 61 (1972), 215–246.
—— Das Evangelium des Johannes, ÖTK 4,1/2, Gütersloh 1979; Würzburg 1981.
—— Aus der Literatur zum Johannesevangelium (1978–1980), ThR 47 (1982), 279–301. 305–347.
—— Das Johannesevangelium im Streit der Methoden (1980–1984), ThR 51 (1986), 1–78.
—— Aufbau, Schichtung und theologiegeschichtliche Stellung des Gebetes von Joh 17, ZNW 60 (1969), 56–83.
Beeson, Ch. H., Acta Archelai, GCS 16, Leipzig 1906.
Bell, H. I., Jews and Christians in Egypt. The Jewish Troubles in Alexandria and the Athanasian Controversy, Illustrated by Texts from Greek Papyri in the British Museum, with Three Coptic Texts edited by W. E. Crum, Oxford 1924.
Bell, H. I./Thompson, H., A Greek-Coptic Glossary to Hosea and Amos, JEA 11 (1925), 241–246.
Bellet, P., The Colophon of the Gospel of the Egyptians. Concessus and Macarius of Nag Hammadi, in: R. McL. Wilson (Hg.), Nag Hammadi and Gnosis, NHS 14, Leiden 1978, 44–65.
Beltz, W., Katalog der koptischen Handschriften der Papyrus-Sammlung der Staatlichen Museen zu Berlin, Teil I, APF 26 (1978), 57–119.
—— Zum sogenannten „Koptischen Buch", dem Berliner P 20915 – Ein Vorbericht, in: P. Nagel (Hg.), Carl-Schmidt-Kolloquium an der Martin-Luther-Universität 1988, Halle 1990, 89–93.
Bernhardt, K.-H., Rezension (A. Pietersma/C. E. Cox [Hg.], De Septuaginta. Studies in Honour of John William Wevers on his sixty-fifth birthday, Mississauga, Ont., Canada, 1984), ThLZ 110 (1985), 796–797.

Bethge, H. (federführend), Die Exegese über die Seele. Die sechste Schrift aus Nag-Hammadi-Codex II, eingeleitet und übersetzt vom Berliner Arbeitskreis für koptisch-gnostische Schriften, ThLZ 101 (1976), 93–104.

Bethge, H.-G. (federführend), Nebront. Die zweite Schrift aus Nag-Hammadi-Codex VI, eingeleitet und übersetzt vom Berliner Arbeitskreis für koptisch-gnostische Schriften, ThLZ 98 (1973), 97–104.

—— (federführend) Zweiter Logos des großen Seth. Die zweite Schrift aus Nag-Hammadi-Codex VII, eingeleitet und übersetzt vom Berliner Arbeitskreis für koptisch-gnostische Schriften, ThLZ 100 (1975), 97–110.

—— „Vom Ursprung der Welt" – Die fünfte Schrift aus Nag-Hammadi-Codex II neu herausgegeben und unter bevorzugter Auswertung anderer Nag-Hammadi-Texte erklärt, Theol. Diss. Berlin 1975.

—— (federführend) Der Brief des Petrus an Philippus. Die zweite Schrift aus dem Nag-Hammadi-Codex VII, eingeleitet und übersetzt vom Berliner Arbeitskreis für koptisch-gnostische Schriften, ThLZ 103 (1978), 161–170.

Betz, H. D., The Delphic Maxim γνῶθι σαυτόν in Hermetic interpretation, HThR 63 (1970), 465–484.

—— Galatians: A Commentary on Paul's Letter to the Churches in Galatia, Hermeneia, Philadelphia, PA, 1979.

Beyer, G., Neapolis (*Nāblus*) und sein Gebiet in der Kreuzfahrerzeit, ZDPV 63 (1940), 155–209.

Beyschlag, K., Zur Simon-Magus-Frage, ZThK 68 (1971), 395–426.

—— Simon Magus und die christliche Gnosis, WUNT 16, Tübingen 1974.

Bezold, C., Die Schatzhöhle, syrisch und deutsch herausgegeben, Bd. I/II, Leipzig 1883/1888.

Bianchi, U. (Hg.), The Origins of Gnosticism. Colloquium of Messina 13–18 April 1966, Texts and Discussions, SHR.SN 12, Leiden 1967.

Bielefeld, E., Eros in der Blume, Archäologischer Anzeiger 1950/51, 47ff.

Bingen, J., Rezension (FacEd, Codex II, Leiden 1974), ChrÉ 49 (1974), 418.

Blackman, E. C., Marcion and his Influence, London 1948.

Bober, H., On the Illumination of the Glazier Codex. A Contribution to Early Coptic Art and Its Relation to Hiberno-Saxon Interlace, in: H. Lehmann-Haupt (Hg.), Homage to a Bookman – Essays on Manuscripts, Books and Printing, FS H. P. Kraus, Berlin 1967, 31–49.

Böhlig, A., Aus den manichäischen „Kephalaia des Lehrers", WZH 5 (1956), 1067–1084.

—— Zur Apokalypse des Petrus, GM 8 (1973), 11–13.

—— Zum 'Pluralismus' in den Schriften von Nag Hammadi. Die Behandlung des Adamas in den Drei Stelen des Seth und im Ägypterevangelium, in: M. Krause (Hg.), Essays on the Nag Hammadi Texts in Honour of Alexander Böhlig, NHS 6, Leiden 1975, 19–34.

—— Jacob as an Angel in Gnosticism and Manicheism, in: R. McL. Wilson (Hg.), Nag Hammadi and Gnosis, NHS 14, Leiden 1978, 122–130.

—— Die Gnosis, III: Der Manichäismus, Zürich/München 1980.

—— Triade und Trinität in den Schriften von Nag Hammadi, in: B. Layton (Hg.), The Rediscovery of Gnosticism, Proceedings of the International Conference on Gnosticism at Yale, New Haven, CT (March 28–31, 1978), Bd. II, SHR 42, Leiden 1981, 617–634.

—— Ja und Amen in manichäischer Deutung, ZPE 58 (1985), 59–70.

Böhlig, A./Labib, P., Die koptisch-gnostische Schrift ohne Titel aus Codex II von Nag Hammadi im koptischen Museum zu Alt-Kairo, VIO 58, Berlin 1962.

—— Koptisch-gnostische Apokalypsen aus Kodex V von Nag Hammadi im Koptischen Museum zu Alt-Kairo, herausgegeben, übersetzt und bearbeitet, WZH Sonderband, Halle/Wittenberg 1963.

Böhlig, A./Markschies, C. (Hg.), Gnosis und Manichäismus. Forschungen und Studien zu den Texten von Valentin und Mani sowie zu den Bibliotheken von Nag Hammadi und Medinet Madi, BZNW 72, Berlin/New York 1994.

Böhlig, A./Wisse, F., Nag Hammadi Codices III,2 and IV,2: The Gospel of the Egyptians (The Holy Book of the Great Invisible Spirit), Edited with Translation and Commentary in Cooperation with P. Labib, Published under the Auspices of The German Archaeological Institute, NHS 4, Leiden 1975.

Boer, M. C. de, Jesus the Baptizer. 1 John 5:5–8 and the Gospel of John, JBL 107 (1988), 87–106.

Boismard, M.-É./Lamouille, A., Le Texte occidental des Actes des Apôtres. Reconstitution et réhabilitation, Bd. I/II, Paris 1984.

Bonner, G., The Scillitan Saints and the Pauline Epistles, JEH 7 (1956), 141–146.

Bonnet, H., Reallexikon der ägyptischen Religionsgeschichte, Berlin 1952.

Bonsack, B., Der Presbyteros des dritten Briefs und der geliebte Jünger des Evangeliums nach Johannes, ZNW 79 (1988), 45–62.

Bonwetsch, G. N., Die Bücher der Geheimnisse Henochs – Das sogenannte slavische Henochbuch, TU 44,2, Leipzig 1922.

Bornkamm, G., Mythos und Legende in den apokryphen Thomas-Akten, Göttingen 1933.

—— Die Offenbarung des Zornes Gottes, ZNW 34 (1935), 239–262 = Das Ende des Gesetzes, BEvTh 16, München ²1958, 9–33.

—— Die Häresie des Kolosserbriefes, ThLZ 73 (1948), 11–20 = Das Ende des Gesetzes, BEvTh 16, München ²1958, 139–156.

—— Zum Verständnis des Christus-Hymnus Phil 2,6–11, in: G. Bornkamm, Studien zu Antike und Urchristentum, Gesammelte Aufsätze, BEvTh 28, München ²1963, 177–187.

—— Paulus, UTb 119, Stuttgart 1969.

Bousset, W., Rezension (R. Reitzenstein, Poimandres, Leipzig 1904), GGA 167 (1905), 692–712.

—— Hauptprobleme der Gnosis, FRLANT 10, Göttingen 1907.

—— Rezension (J. Kroll, Die Lehren des Hermes Trismegistos, Münster 1914), GGA 176 (1914), 697–755.

—— Manichäisches in den Thomasakten, ZNW 18 (1917/18), 1–39.

Bovon, F., Acta Philippi. Textus cura F. Bovon/B. Bouvier/F. Amsler; Commentarius cura F. Amsler, CChr.SA 11.12, Turnhout 1999.

Bowman, J., Samaritanische Probleme. Studien zum Verhältnis von Samaritanertum, Judentum und Urchristentum, Stuttgart 1967.

Bowman, A. K./Coles, R. A., et al., The Oxyrhynchus Papyri 50, London 1983.

Brandenburger, E., Adam und Christus, WMANT 7, Neukirchen/Vluyn 1962.

—— Fleisch und Geist. Paulus und die dualistische Weisheit, WMANT 29, Neukirchen/Vluyn 1968.

Brandt, W., Mandäische Schriften, Göttingen 1893.

Braun, H., Literar-Analyse und theologische Schichtung im ersten Johannesbrief, ZThK 48 (1951), 262–292.

—— Qumran und das Neue Testament, Bd. I/II, Tübingen 1966.

Braun, R., Kohelet und die frühhellenistische Popularphilosophie, BZAW 130, Berlin 1973.

Bridel, Ph. (Hg.), Le site monastique copte des Kellia. Sources historiques et explorations archéologiques, Actes du colloque de Genève, 13–15 août 1984, Mission Suisse d'Archéologie Copte de l'Université de Genève, Genf 1986.

Brinkmann, A., Alexandri Lycopolitani contra Manichaei opiniones disputatio, Leipzig 1985.

Broek, R. van den, The Authentikos Logos. A New Document of Christian Platonism, VigChr 11 (1979), 260–286.

—— The Theology of the Teachings of Silvanus, VigChr 40 (1986), 1–23.

Brooke, A. E./McLean, N. (Hg.), The Old Testament in Greek, Cambridge 1908.

Brown, S., Concerning the Origin of the „Nomina Sacra", StudPap 9 (1970), 7–19.

Browne, G. M., Textual Notes on Nag Hammadi Codex VI, ZPE 13 (1974), 305–309.

Bruce, F. F., The "Secret" Gospel of Mark, The Ethel M. Wood Lecture, University of London, 11 February 1974, London 1974.

Budge, E. A. W., The Earliest Known Coptic Psalter, London 1898.
—— Coptic Apocrypha in the Dialect of Upper Egypt, London 1913.
Bull, R. J. et al., The fifth campaign at Tell Balatah, BASOR 180 (1965), 7–41.
Bullard, R. A., The Hypostasis of the Archons, The Coptic Text with Translation and Commentary, With a Contribution by Martin Krause, PTS 11, Berlin 1970.
Bultmann, R., Analyse des ersten Johannesbriefes, in: R. Bultman/H. von Soden (Hg.), FS Adolf Jülicher, Tübingen 1927, 138–158.
—— Das Evangelium des Johannes, KEK 2, Göttingen 1941 (= 10. Aufl. des Reihentitels); [3(12)]1952; [9(18)]1964; [11(20)]1978.
—— Die kirchliche Redaktion des ersten Johannesbriefes, in: W. Schmauch (Hg.), In memoriam Ernst Lohmeyer, Stuttgart 1951, 189–201.
—— Johannesevangelium, RGG III, Tübingen [3]1959, 840–850.
—— Theologie des Neuen Testaments, Tübingen [4]1961; [5]1965.
—— Die Bedeutung der neuerschlossenen mandäischen und manichäischen Quellen für das Verständnis des Johannesevangeliums, in: E. Dinkler (Hg.), R. Bultmann, Exegetica, Aufsätze zur Erforschung des Neuen Testaments, Tübingen 1967, 55–104.
Burkitt, F. C., Church and Gnosis, Cambridge 1932.
Burmester, O. H. E., Koptische Handschriften, I: Die Handschriftenfragmente der Staats- und Universitätsbibliothek Hamburg, VOHD 21,1, Wiesbaden 1975.
Caldwell, Th., Dositheos Samaritanus, Kairos 4 (1962), 105–117.
Caminos, R. A., Late Egyptian Miscellanies, Oxford 1954.
Campenhausen, H. von, Polykarp von Smyrna und die Pastoralbriefe, in: H. von Campenhausen (Hg.), Aus der Frühzeit des Christentums, Tübingen 1963, 197–252.
—— Die Entstehung der christlichen Bibel, BHTh 39, Tübingen 1968.
Carmignac, J., Le document de Qumran sur Melkisédeq, RQ 7 (1970/71), 343–378.
Carmoly, E., Itinéraires de la Terre Sainte des XIIIe, XIVe, XVe, XVIe, et XVIIe Siècle, traduits de l'Hébreu, Brüssel 1847.
Carroll, K. L., The Expansion of the Pauline Corpus, JBL 72 (1953), 230–237.
Casey, R. P., Serapion of Thmuis. Against the Manichees, HThS 15, Cambridge 1931.
—— Simon Magus, in: K. Lake/H. J. Cadbury (Hg.), The Beginnings of Christianity, Bd. I,5, London 1933, 151–163.
—— The Excerpta ex Theodoto of Clement of Alexandria, Studien and Documents, Bd. I, London 1934.
Castiglione, L., Rezension (D. Müller, Ägypten und die griechischen Isis-Aretalogien, Berlin 1961), OLZ 58 (1963), 130–136.
Cerfaux, L., La gnose Simonienne, RSR 15 (1925), 489–511.
—— Simon le magicien à Samarie, RSR 27 (1937), 615–617.
Cerfaux, L./Garitte, G., Les paraboles du Royaume dans l'« Évangile » de Thomas, Le Muséon 70,3–4 (1957), 307–327.
Černý, J., Some Coptic Etymologies, in: O. Firchow (Hg.), Ägyptologische Studien, FS H. Grapow, VIO 29, Berlin 1955, 30–37.
—— Coptic Etymological Dictionary, Cambridge 1976.
Chantepie de la Saussaye, P.D., Lehrbuch der Religionsgeschichte, Tübingen [4]1925.
Charron, R., Concordance des textes de Nag Hammadi, Le Codex VII, BCNH.C 1, Louvain/Paris 1992.
—— Concordance des textes de Nag Hammadi, Le Codex III, BCNH.C 3, Sainte-Foy/Louvain/Paris 1995.
Cherix, P., Le Concept de Notre Grande Puissance (CG VI,4), Texte, remarques philologiques, traduction et notes, OBO 47, Fribourg/Göttingen 1982.
—— Concordance des textes de Nag Hammadi, Le Codex VI, BCNH.C 2, Sainte-Foy/Louvain/Paris 1993.
—— Concordance des textes de Nag Hammadi, Le Codex I, BCNH.C 4, Sainte-Foy/Louvain/Paris 1995.

—— Lexique analytique du parchemin pBodmer VI, version copte du Livre des Proverbes, IELOA 2, Lausanne 2000.
Clemen, C., Die Einheitlichkeit der paulinischen Briefe anhand der bisher mit bezug auf sie aufgestellten Interpolations- und Compilationshypothesen, Göttingen 1894.
Cohn, L./Heinemann, I./Adler, M./Theiler, W., Philo von Alexandria – Die Werke in deutscher Übersetzung, Bd. III, Berlin 1962.
Cohn, L./Wendland, P., Philonis Alexandrini opera quae supersunt, Bd. I, Berlin 1896.
Colpe, C., Gnosis. 1. Religionsgeschichtlich, RGG II, Tübingen [3]1958, 1648–1652.
—— Mandäer, RGG IV, Tübingen [3]1960, 709–712.
—— Die religionsgeschichtliche Schule – Darstellung und Kritik ihres Bildes vom gnostischen Erlösermythus, FRLANT 78, Göttingen 1961.
—— Heidnische, jüdische und christliche Überlieferung in den Schriften aus Nag Hammadi III, JAC 17 (1974), 109–125.
—— Sethian and Zoroastrian Ages of the World, in: B. Layton (Hg.), The Rediscovery of Gnosticism, Proceedings of the International Conference on Gnosticism at Yale, New Haven, CT (March 28–31, 1978), Bd. II, SHR 42, Leiden 1981, 540–552.
Conder, C. R./Kitchener, H., Memoirs of the Topography, Orography, Hydrography, and Archaelogy, SWP 2, London 1882.
Conzelmann, H., Die Mutter der Weisheit, in: E. Dinkler (Hg.), Zeit und Geschichte, Bd. II, FS R. Bultmann, Tübingen 1964, 225–234.
—— Literaturbericht zu den Synoptischen Evangelien, ThR.NF 37 (1972), 220–272; ThRF. NF43 (1978), 3–51. 321–327.
Cosson, A. F. C. de, The Desert City of El Muna, BSRAA.NS 9 (1936/37), 113–253.
Courcelle, P., Connais-toi toi-même de Socrate à Saint Bernard, Bd. I/II, Études Augustiniennes, Paris 1974/1975.
Cramer, A. W., Stoicheia tou Kosmou, Nieuwkoop 1961.
Cramer, M., Archäologische und epigraphische Klassifikation koptischer Denkmäler, Wiesbaden 1957.
Crossan, J. D., The Cross That Spoke. The Origins of the Passion Narrative, San Francisco 1988.
Crum, W. E., Ein verlorenes Tempuspräfix im Koptischen, ZÄS 36 (1898), 139–140.
—— Catalogue of the Coptic Manuscripts in the British Museum, London 1905.
—— Some Further Meletian Documents, JEA 13 (1927), 19–26.
—— A Coptic Dictionary, Oxford 1939.
—— Coptica Anecdota, JThS 44 (1943), 176–179.
Crum, W. E./Bell, H. I., Wadi Sarga: Coptic and Greek Texts, Coptica 3, Hauniae 1922.
Cullmann, O., Die neuesten Papyrusfunde von Origenestexten und gnostischen Schriften, ThZ 5 (1949), 153–157.
—— Das Thomasevangelium und die Frage nach dem Alter der in ihm enthaltenen Tradition, ThLZ 85 (1960), 321–334.
Dahl, N. A., Welche Ordnung der Paulusbriefe wird vom muratorischen Kanon vorausgesetzt?, ZNW 52 (1961), 39–53.
—— The Particularity of the Pauline Epistles as a Problem in the Ancient Church, in: W. C. van Unnick (Hg.), Neotestamentica et Patristica, FS O. Cullmann, NovT.S 6, Leiden 1962, 261–271.
Dalman, G., Orte und Wege Jesu, BFChTh 2,1, Gütersloh [3]1924.
Daniélou, J., Les découvertes de manuscrits en Égypte et en Palestine, Études 265 (1959), 168–183.
Dauer, A., Das Wort des Gekreuzigten an seine Mutter und den „Jünger, den er liebte." Eine traditionsgeschichtliche und theologische Untersuchung zu Joh, 19,25–27, BiblZ 11 (1967), 222–239; BiblZ 12 (1968), 80–93.
—— Die Passionsgeschichte im Johannesevangelium. Eine traditionsgeschichtliche und theologische Untersuchung zu Joh 18,1–19,30, StANT 30, München 1972.

Daumas, F., Les fouilles de l'Institut Français d'Archéologie Orientale de 1959 à 1968 et le site monastique des Kellia, ZDMG.S I, XVII. Deutscher Orientalistentag, Vorträge, Teil 1, 1969, 1–7.
Daumas, F./Guillaumont, A., avec la collaboration de J.-C. Garcin, J. Jarry, B. Boyaval, R. Kasser, J.-C. Goyon, J.-L. Despagne, B. Lenthéric et J. Schruoffeneger, Kellia I, kôm 219, fouilles exécutées en 1964 et 1965, Fasc. I/II, Kairo 1969.
Davidson, I., Thesaurus of Mediaeval Hebrew Poetry, Bd. I, New York 1924.
Davis, S. L., The Gospel of Thomas and Christian Wisdom, New York 1983.
DeConick, April D., Voices of the Mystics. Early Christian Discourse in the Gospels of John and Thomas and Other Ancient Christian Literature, JSNT.SS 157, Sheffield 2001.
Deichgräber, R., Gotteshymnus und Christushymnus in der frühen Christenheit, StUNT 5, Göttingen 1967.
Delcor, M., Von Sichem der hellenistischen Epochen zu Sychar des Neuen Testamentes, ZDPV 78 (1962), 34–48.
—— Melchizedek from Genesis to the Qumran Texts and the Epistle to the Hebrews, JSJ 2 (1971), 115–135.
Demarest, B., A History of Interpretation of Hebrews 7,1–10 from the Reformation to the Present, Tübingen 1976.
Demke, Chr., Der sogenannte Logos-Hymnus im Johanneischen Prolog, ZNW 58 (1968), 45–68.
Depuydt, L., Catalogue of Coptic Manuscripts in the Pierpont Morgan Library (hg. v. M. Smeyers), Corpus of illuminated Manuscripts 4, Oriental Series 1, Leuven 1993.
—— Catalogue of Coptic manuscripts in the Pierpont Morgan Library (hg. v. M. Smeyers). Album of photographic plates. Photographed by David A. Loggie. Corpus of illuminated Manuscripts 5, Oriental Series 2, Leuven 1993.
Des Places, É., Oracles chaldaïques, Paris 1971; ^{2}1989.
Dexinger, F., Der Taheb. Ein „messianischer" Heilsbringer der Samaritaner, RWS 3, Salzburg 1986.
Dibelius, M., Der himmlische Kultus nach dem Hebräerbrief, in: M. Dibelius (Hg.), Botschaft und Geschichte, Bd. II, Tübingen 1956, 160–176.
Dibelius, M./Greeven, H., An die Kolosser, Epheser, an Philemon, HNT 12, Tübingen ^{3}1953.
Diebner, B. J./Kasser, R., Hamburger Papyrus Bil. 1. Die alttestamentlichen Texte des Papyrus Bilinguis 1 der Staats- und Universitätsbibliothek Hamburg. Canticum Canticorum (Coptice), Lamentationes Ieremiae (Coptice), Ecclesiastes (Graece et Coptice), COr 18, Genf 1989.
Dillmann, A., Das christliche Adambuch des Morgenlandes, JBW 5 (1852/1853), 1–144.
Dindorf , L., Chronographia, CSHB 1, Bonn 1829.
—— Chronicon paschale, Bd. I, Bonn 1832.
Dobschütz, E. von, Johanneische Studien I, ZNW 8 (1907), 1–8.
Dölger, F. J., Ichthys. Das Fisch-Symbol in frühchristlicher Zeit, Bd. I, Münster 1910/Neudr. 1999.
Dörrie, H., Alexander von Lykopolis, RGG I, ^{3}1957, 230.
—— Emanation, RGG II, Tübingen ^{3}1958, 449f.
Dodd, C. H., The Bible and the Greeks, London ^{2}1954.
Donner, H./Cüppers, H., Die Restauration und Konservierung der Mosaikkarte von Madeba, Vorbericht, ZDPV 83 (1967), 1–33.
Doresse, J., Trois livres gnostiques inédits, VigChr 2 (1948), 137–160.
—— Nouveaux aperçus historiques sur les gnostiques coptes. Ophites et Séthiens, BIE 31 (1949), 409–419.
—— Une bibliothéque gnostique copte sur papyrus, BibOr 6 (1949), 102–104.
—— Une bibliothéque gnostique copte, LNC 1 (1949), 59–70.
—— Nouveaux documents gnostiques coptes découverts en Haute-Égypte, CRAI 93 (1949), 176–180.

—— Eine neue Epoche in der Erforschung der Gnosis, ThLZ 74 (1949), 760–762.
—— Les Apocalypses de Zoroastre, de Zostrien, de Nicothée, in: Coptic Studies in Honor of W. E. Crum (= BBI 2), Boston 1950, 255–263.
—— Les livres secrets des Gnostiques d'Égypte, Paris 1958.
—— „Le Livre sacré du grand Esprit invisible" ou „L'Évangile des Égyptiens": Texte copte édité, traduit et commenté d'après le Codex I de Nag a-Hammadi/Khénoboskion, Text: JA 254 (1966), 317–435; Kommentar: JA 256 (1968), 289–386.
Doresse, J./Mina, T., Nouveaux textes gnostiques coptes découverts en Haute-Égypte, La bibliothéque de Chenoboskion, VigChr 2 (1949), 129–141.
Dornseiff, F., Das Alphabet in Mystik und Magie, Leipzig ²1925.
Drower, E. S., The Canonical Prayerbook of the Mandaeans, translated with notes, Leiden 1959.
Ebener, D., Die griechische Anthologie I–III, Bibliothek der Antike, Griechische Reihe, Berlin/Weimar 1981.
Edel, E., Altägyptische Grammatik, Bd. I, AnO 34, Rom 1955.
Elanskaja, A. I., Proischoždenie nastojaščego vremeni opredelitel'nogo predloženija i sistema upotreblenija form otnositel'nogo mestoimenija ⲉⲧ (ntj) i ⲉⲧⲉ (ntj ỉw) v koptskom jazyke, "Narody Azii i Afriki. Istorija, èkonomika i kul'tura" No. 3, Akademija nauk SSSR 1961.
—— Coptic Literary Texts of the Pushkin State Fine Arts Museum in Moscow, StAeg 13, Budapest 1991.
—— The Literary Coptic Manuscripts in the A. S. Pushkin State Fine Arts Museum in Moscow, VigChr 18, Leiden 1994.
Ellul, D./Flichy, O., Le grec du Nouveau Testament par les textes. Méthode d'initiation au grec de la koinè, IELOA 1, Lausanne 1998.
Elsas, C., Neuplatonische und gnostische Weltablehnung in der Schule Plotins, RGVV 34, Berlin/New York 1975.
Emmel, S., The Nag Hammadi Codices Editing Project: A Final Report, NARCEg 104 (1978), 10–32.
—— A Fragment of Nag Hammadi Codex III in the Beinecke Library: Yale inv. 1784, BASP 17 (1980), 53–60.
—— Proclitic Forms of the Verb ϯ in Coptic, in: D. W. Young (Hg.), Studies presented to Hans Jakob Polotsky, E. Gloucester 1981, 131–146.
—— Nag Hammadi Codex III,5. The Dialogue of the Savior, edited with English Translation, Introduction and Notes, NHS 26, Leiden 1984.
—— Robert Curzon's Acquisition of White Monastery Manuscripts. A Reconsideration of the Evidence, in: J. Ries (Hg.), IVᵉ Congrès International d'Etudes Coptes, Louvain-la-Neuve 5–10 septembre 1988, Leuven 1992.
—— The Recently Published Gospel of the Savior („Unbekanntes Berliner Evangelium"). Righting the Order of Pages and Events, HThR 95,1 (2002), 45–72.
Epp, E. J., Coptic Manuscript G 67 and the Rôle of Codex Bezae as a Western Witness in Acts, JBL 85 (1966), 197–212.
—— The Theological Tendency of Codex Bezae Cantabrigiensis in Acts, SNTS.MS 3, Cambridge 1966.
Erman, A., Neuaegyptische Grammatik, Leipzig ²1933.
Erman, A/Grapow, H., Wörterbuch der aegyptischen Sprache I-V, Leipzig/Berlin 1926–1931; VI: Leipzig/Berlin 1950.
Evans, C. A., On the Prologue of John and the Trimorphic Protennoia, NTS 27 (1981), 395–401.
Evelyn White, H. G., Greek Ostraca and Papyri, in: The Monastery of Epiphanius at Thebes 2, New York 1926.
—— The Monasteries of the Wâdi 'n Natrûn (Metropolitan Museum of Art, Egyptian Expedition). Part II: The History of the Monasteries of Nitria and of Scetis, New York 1932.
Faye, E. de, Gnostiques et Gnosticisme, Paris ²1925.

Fecht, G., Wortakzent und Silbenstruktur. Untersuchungen zur Geschichte der ägyptischen Sprache, ÄgF 21, Glückstadt 1960.
—— Der erste Teil des sogenannten Evangelium Veritatis, Orientalia 30 (1961), 371–390; 31 (1962), 85–119; 32 (1963), 298–335.
Feine, P., Die Theologie des Neuen Testaments, Berlin [8]1951.
Feine, P./Behm, J., Einleitung in das Neue Testament, Berlin [9]1950.
Feine, P./Behm, J./Kümmel, W. G., Einleitung in das Neue Testament, Heidelberg [12]1963; [13]1965.
Festugière, A.-J., La révélation d'Hermès Trismégiste, Bd. I, Paris [2]1950.
Fieger, M., Das Thomasevangelium. Einleitung, Kommentar und Systematik, NTA 22, Münster 1991.
Finegan, J., The Original Form of the Pauline Collection, HThR 49 (1956), 85–103.
Fischer, K. M., Tendenz und Absicht des Epheserbriefes, Berlin 1972.
—— Der Gedanke unserer großen Kraft (Noēma). Die vierte Schrift aus Nag-Hammadi-Codex VI, ThLZ 98 (1973), 169–176.
—— Rezension (R. Kasser/M. Malinine/H.-Ch. Puech/G. Quispel/J. Zandee, adiuvantibus W. Vycichl/R. McL. Wilson, Tractatus Tripartitus I/II, Bern 1973/1975), ThLZ 104 (1979), 661f.
Fischer, T., Rezension (Y. Meshorer, Nabataean Coins, Qedem 3, Jerusalem 1975), OLZ 74 (1979), 242–244.
Fitzmyer, J. A., Further Light on Melchizedek from Qumran Cave 11, JBL 86 (1967), 25–41.
Fleddermann, H., The Flight of a Naked Young Man (Mark 14:51–52), CBQ 41 (1979), 412–418.
Flügel, G., Mani, seine Lehren und seine Schriften, Leipzig 1862.
Flusser, D., Melchizedek and the Son of Man. A Preliminary Note on a New Fragment from Qumran, ChNI 17 (1966), 23–29.
Foerster, W., Von Valentin zu Herakleon, BZNW 7, Gießen 1928.
—— Das Apokryphon des Johannes, in: H. Bardtke (Hg.), Gott und die Götter, FS E. Fascher, Berlin 1958, 134–141.
—— Die Grundzüge der ptolemaeischen Gnosis, NTS 6 (1959/1960), 16–31.
—— Die Gnosis I–III, BAW.AC, Stuttgart/Zürich 1969/1971/1980.
Fradier, G., Découvertes d'une religion, UF 2 (1949), 11–13.
Frickel, J., Die „Apophasis Megale" in Hippolyt's Refutatio (VI 9–18). Eine Paraphrase zur Apophasis Simons, OCA 182, Rom 1968.
—— Ein Kriterium zur Quellenscheidung innerhalb einer Paraphrase, Le Muséon 85 (1972), 425–450.
Friedländer, M., Der vorchristliche jüdische Gnosticismus, Göttingen 1898.
Funk, W.-P. (federführend), Authentikos Logos. Die dritte Schrift aus Nag-Hammadi-Codex VI, eingeleitet und übersetzt vom Berliner Arbeitskreis für koptisch-gnostische Schriften, ThLZ 98 (1973), 251–259.
—— (federführend) Die Lehren des Silvanus. Die vierte Schrift aus Nag-Hammadi-Codex VII, eingeleitet und übersetzt vom Berliner Arbeitskreis für koptisch-gnostische Schriften, ThLZ 100 (1975), 7–23.
—— Die zweite Apokalypse des Jakobus aus Nag-Hammadi-Codex V, TU 119, Berlin 1976.
—— Ein doppelt überliefertes Stück spätägyptischer Weisheit, ZÄS 103 (1976), 8–21.
—— Zur Syntax des koptischen Qualitativs, ZÄS 104 (1977), 25–39; 105 (1978), 94–114.
—— Toward a Synchronic Morphology of Coptic, in: R. McL. Wilson (Hg.), The Future of Coptic Studies, First International Congress of Coptology, Cairo, December 1976, Leiden 1978, 104–124.
—— ‚Blind' oder ‚unsichtbar'? – Zur Bedeutungsstruktur deverbaler negativer Adjektive im Koptischen, in: P. Nagel (Hg.), Studien zum Menschenbild in Gnosis und Manichäismus, Halle 1979, 55–65.
—— Beiträge des mittelägyptischen Dialekts zum koptischen Konjugationssystem, in: D. W. Young (Hg.), Studies Presented to Hans Jakob Polotsky, E. Gloucester 1981, 177–210.

—— Rezension (J. É. Ménard, La Lettre de Pierre à Philippe [NH VIII,2], BCNH.T 1, Québec 1977), ThLZ 106 (1981), 194–196.
—— Rezension (J. M. Robinson [Hg.], NHLibEng, NewYork/Leiden 1977), ThLZ 106 (1981), 660–662.
—— Rezension (FacEd, Codex I, Leiden 1977), OLZ 81 (1986), 241–244.
—— Koptische Isoglossen im oberägyptischen Raum, ZÄS 112 (1985), 19–24; 113 (1986), 103–114; 114 (1987), 45–54.
—— Die Zeugen des koptischen Literaturdialekts I7, ZÄS 114 (1987), 117–133.
—— Rezension (Y. Janssens, Les leçons de Silvanos [NH VII,4], Texte établi et présenté, BCNH.T 13, Québec 1983), BibOr 45 (1988), 18–24.
—— Formen und Funktionen des interlokutiven Nominalsatzes in den koptischen Dialekten, LOA.PL 3 (1991), 57–60.
—— Toward a Linguistic Classification of the „Sahidic" Nag Hammadi Texts, in: D. W. Johnson (Hg.), Acts of the Fifth International Congress of Coptic Studies, Washington, 12–15 August 1992, Bd. II,1–2, Rom 1993, 163–177.
—— The Linguistic Aspect of Classifying the Nag Hammadi Codices, in: L. Painchaud/ A. Pasquier (Hg.), Les textes de Nag Hammadi et le problème de leur classification, BCNH.É 3, Québec/Louvain/Paris 1995, (107–147) 136–139.
—— The Reconstruction of the Manichaean *Kephalaia*, in: P. Mirecki/J. BeDuhn (Hg.), Emerging from Darkness. Studies in the Recovery of Manichaean Sources, NHMS 43, Leiden 1997.
—— Manichäische Handschriften der Staatlichen Museen zu Berlin herausgegeben im Auftrage der Deutschen Akademie der Wissenschaften zu Berlin, I: Kephalaia I, Zweite Hälfte (Lieferung 13/14), Stuttgart 1999.
Funk, F. X./Bihlmeyer, K., Die Apostolischen Väter, Bd. I, SQS 2,1,1, Tübingen ²1956.
Gabra, G., Zur Bedeutung des koptischen Psalmenbuches im oxyrhynchitischen Dialekt, GM 93 (1986), 37–42.
—— ⲧⲉϩⲛ „grün" und ⲧⲉϩⲛⲏ „Saat (junges Getreide?)", GM 105 (1988), 11–13.
—— Der Psalter im oxyrhynchitischen (mesokemischen/mittelägyptischen) Dialekt, mit Beiträgen von N. Iskander, G. Mink und J. L. Sharp, ADAIK.K 4, Heidelberg 1995.
Gardiner, A. H., Late Egyptian Miscellanies, BibA 7, Brüssel 1937.
—— Egyptian Grammar. Being an Introduction to the Study of Hieroglyphs, London ³1957.
Gardner, I. (Hg.), Kellis Literary Texts I, with contributions by S. Clackson, M. Franzmann and K. A. Worp (Dakhleh Oasis Project: Monograph No. 4), OM 69, Oxford, 1996.
Gardner, I./Alcock, A./Funk, W.-P. (Hg.), Coptic Documentary Texts from Kellis. I: P. Kell. V (P. Kell. Copt. 10–52; O. Kell. Copt. 1–2), with a contribution by C. A. Hope and G. E. Bowen (Dakhleh Oasis Project: Monograph 9), Oxford 1999.
Garitte, G., Le premier volume de l'édition photographique des Manuscrits Gnostiques Coptes et l'»Évangile de Thomas», Le Muséon 70,1–2 (1957), 59–73.
Georgi, D., Der vorpaulinische Hymnus Phil 2,6–11, in: E. Dinkler (Hg.), Zeit und Geschichte, FS R. Bultmann, Tübingen 1964, 263–293.
Gese, H., Simson, RGG VI, Tübingen ³1962, 41–43.
Geyer, P., Kritische Edition der Werke der lateinischen Kirchenväter (CSEL), Bd. 39: Petrus Diaconus, Liber de Locis Sanctis, Wien 1898, 105–121.
Ghellinck, J. de, Récentes découvertes de littérature chrétienne antique, NRTh 71 (1949), 83–86.
Girgis, W. A., Greek loan words in Coptic I–V, BSAC 17 (1964), 63–73; 18 (1966), 71–96; 19 (1970), 57–88; 20 (1971), 53–68; 21 (1975), 33–53.
Giversen, S., The Manichaean Coptic Papyri in the Chester Beatty Library, Bd. I-IV, COr 14–17, Genf 1986/1988.
Gnilka, J., Der Philipperbrief, HThK 10,3, Freiburg 1968.
—— Der Epheserbrief, HThK 10,2, Freiburg 1971.
—— Johannesevangelium, Die neue Echter Bibel, Würzburg 1983.

Godlewski, W. (Hg.), Coptic Studies. Acts of the Third International Congress of Coptic Studies in Warsaw 1984 (20.–25. August 1984), Warschau 1990.
Götze, A., Die Nachwirkung der Schatzhöhle, ZSG 2 (1923), 52–94; ZSG 3 (124), 153–177.
Goguel, M., Introduction au Nouveau Testament, Bd. II, Paris 1923.
Gold, V. R., The Gnostic Library of Chenoboskion, BiblAr 15 (1952), 70–88.
—— The Mosaic Map of Madeba, BiblAr 21, 1958, 50–71.
Goodspeed, E. J., The Meaning of Ephesians, Chicago 1933.
—— Ephesians and the First Edition of Paul, JBL 70 (1951), 285–291.
—— The Key to Ephesians, Chicago 1956.
Gräßer, E., Der Hebräerbrief 1938–1963, ThR.NF 30 (1964), 138–236.
Graf, G., Eine gnostische Bibliothek aus dem dritten und vierten Jahrhundert, MThZ 1 (1950), 91–95.
Grant, R. M., The Earliest Christian Gnosticism, ChH 22 (1953), 81–98.
—— Gnosticism and Early Christianity, New York 1959.
—— Gnosticism. An Anthology, London 1961.
Grapow, H., Grundriß der Medizin der Alten Ägypter, Bd. I, Berlin 1954.
Graß, H., Ostergeschehen und Osterberichte, Berlin 1964.
Green, M., The ⲧⲁⲣⲉ Pattern in Coptic Non-Biblical Texts, ZÄS 110 (1983), 132–143.
—— The Coptic *Share* Pattern and its Ancient Egyptian Ancestors. A Reassessment of the Aorist Pattern in the Egyptian Language, Warminster 1987.
Griggs, W. C., Early Egyptian Christianity. From its Origins to 451 C.E., CoptSt 2, Leiden/New York/Kopenhagen/Köln ²1991.
Grobel, K., How Gnostic ist the Gospel of Thomas?, NTS 8 (1961/62), 367–373.
Guillaumont, A., Les six centuries des „Kephalaia Gnostica“ d'Évagre le Pontique. Édition critique de la version syriaque commune et édition d'une nouvelle version syriaque, intégrale, avec une double traduction française, PO 28, Paris 1958.
—— Rezension (Malinine, M./Puech, H.-Ch./Quispel, G., Evangelium Veritatis ediderunt, Studien aus dem C. G. Jung-Institut 6, Zürich 1956), RHR 153 (1958), 249–253.
—— La site des „Cellia“ (Basse Égypte), RA 2 (1964), 43–50.
—— Premières fouilles au site des Kellia (Basse-Égypte), CRAI 1965, 218–225.
—— Le rôle des versions orientales dans la récupération de l'œuvre d'Évagre le Pontique, CRAI, comptes rendus de séances de l'année 1985, Paris 1985, 64–74.
Guillaumont, A/Guillaumont, C., Évagre le Pontique, Traité pratique ou Le Moine, SC 170/171, Paris 1971.
—— Évagre le Pontique, Le Gnostique ou A celui qui est devenu digne de la science. Édition critique des fragments grecs, Traduction intégrale établie au moyen des versions syriaques et arménienne, Commentaire et tables, SC 356, Paris 1989.
Guillaumont, A./Puech, H.-Ch./Quispel, G./Till, W./'Abd al Masīh, Y., The Gospel according to Thomas: The Secret Sayings of Jesus, Coptic Text Established and Translated, Leiden/London/New York 1959.
Gunkel, H., Die Oden Salomos, ZNW 11 (1910), 291–328.
—— Genesis, HK I,1, Göttingen ⁵1922.
Haardt, R., Die Gnostiker-Bibliothek von Chenoboskion, ein Stück frühchristlicher Geistesgeschichte in Originaldokumenten entdeckt, WuW 11 (1956), 224–228.
—— Koptologische Miszellen, WZKM 57 (1961), 78–101.
Haenchen, E., Gab es eine vorchristliche Gnosis?, ZThK 49 (1952), 316–349 = in: E. Haenchen (Hg.), Gott und Mensch, Gesammelte Aufsätze, Bd. I, Tübingen 1965, 265–298.
—— Das Buch Baruch. Ein Beitrag zum Problem der christlichen Gnosis, ZThK 50 (1953), 123–158.
—— Aufbau und Theologie des „Poimandres“, ZThK 53 (1956), 149–191.
—— Die Apostelgeschichte, KEK 3, Göttingen ¹²1959.
—— Neuere Literatur zu den Johannesbriefen, ThR.NF 26, (1960), 1–43. 267–291.
—— Das Johannesevangelium und sein Kommentar, in: E. Haenchen (Hg.), Die Bibel und wir, Gesammelte Aufsätze, Bd. II, Tübingen 1968, 208–234.

—— Die Anthropologie des Thomas–Evangeliums, in: H. D. Betz/L. Schottroff (Hg.), Neues Testament und Christliche Existenz, FS H. Braun, Tübingen 1973, 207–227.
—— Das Johannesevangelium: Ein Kommentar. Aus den nachgelassenen Manuskripten hg. V. U. Busse, Tübingen 1980.
Haenchen, E./Weigandt, P., The Original Text of Acts?, NTS 14 (1967/68), 469–481.
Hahn, F., Christologische Hoheitstitel, Berlin 1965.
Hammershaimb, E., Das Martyrium Jesajas, JSHRZ 2 (1973), 15–34.
Hammerstaedt, J., Griechische Anaphorenfragmente aus Ägypten und Nubien, ANWAW. PC 28, Opladen/Wiesbaden 1999.
Harman, A./Yadin, Y., Avraham Israel, Tel-Aviv 1958.
Harnack, A. von, Die Briefsammlung des Apostels Paulus und die anderen vorkonstantinischen christlichen Briefsammlungen, Leipzig 1926.
—— Marcion: Das Evangelium vom fremden Gott. Neue Studien zu Marcion, Berlin, 1960.
—— Studien zur Geschichte des Neuen Testaments und der Alten Kirche, Berlin/Leipzig 1931.
Harrison, P. N., The Author of Ephesians, Studia Evangelica II, TU 87 (1964), 595–604.
Hartenstein, J., Die zweite Lehre. Erscheinungen des Auferstandenen als Rahmenerzählungen frühchristlicher Dialoge, TU 146, Berlin 2000.
Hartman, S. S., Gayōmart, Étude sur le syncretisme dans l'ancien Iran, Uppsala 1953.
Hartmann, G., Die Vorlage der Osterberichte in Joh 20, ZNW 55 (1964), 197–220.
Hartmann, R., Die Palästina-Route des Itinerarium Burdigalense, ZDPV 33 (1910), 169–188.
Harvey, W. W., Sancti Irenaei episcopi Lugdunensis libros quinque adversus haereses, Bd. I/II, Cambridge 1857.
Hauck, F., Die Briefe des Jakobus, Petrus, Judas und Johannes (Kirchenbriefe), NTD 10, Göttingen ^{5}1949.
Hawkin, D. J., The Function of the Beloved Disciple Motif in the Johannine Tradition, LTP 33 (1977), 135–150.
Hedrick, C. W., The Apocalypse of Adam, SBL.SP (1972), 581–590.
—— The Apocalypse of Adam: A Literary and Source Analysis, SBL.DS 46, Chico, CA, 1980.
—— Thomas and the Synoptics. Aiming at a Consensus, SecCent 7/1 (1989/90), 39–56.
—— Nag Hammadi Codices XI, XII, XIII, NHS 28, Leiden/New York/Kopenhagen/Köln 1990.
Hedrick, C. W./Hodgson R. (Hg.), Nag Hammadi, Gnosticism, and Early Christianity, Peabody, MA, 1986.
Hedrick, C. W./Mirecki, P. A., Gospel of the Savior. A New Ancient Gospel, California Classical Library, Santa Rosa, CA, 1999.
Hegermann, H., Die Vorstellung vom Schöpfungsmittler im hellenistischen Judentum und Urchristentum, TU 82, Berlin 1961.
Heiberg, J. L., Aristotelis de Caelo commentaria, Heidelberg 1894.
Heinrici, C. F. G., Die valentinianische Gnosis und die Heilige Schrift, Berlin 1871.
Heintzel, E., Hermogenes der Hauptvertreter des philosophischen Dualismus in der alten Kirche, Phil. Diss., Erlangen 1902.
Helderman, J., Rezension (G. Schenke [Robinson], Die dreigestaltige Protennoia [Nag Hammadi Codex XIII], TU 132, Berlin 1984), OLZ 86 (1991), 485–488.
Helmbold, A. K., Gnostic Elements in the „Ascension of Isaiah", NTS 18 (1971/1972), 222–227.
Hendrix, P. J. G. A., De Alexandrijnsche Haeresiarch Basilides, Phil. Diss., Leiden 1926.
Hengel, M., Judentum und Hellenismus. Studien zu ihrer Begegnung unter besonderer Berücksichtigung Palästinas bis zur Mitte des 2. Jh.s v. Chr., WUNT 10, Tübingen 1969.
—— Der Sohn Gottes – Die Entstehung der Christologie und die jüdisch-hellenistische Religionsgeschichte, Tübingen ^{2}1977.
Hennecke, E./Schneemelcher, W. (Hg.), Neutestamentliche Apokryphen, I: Tübingen ^{2}1924, ^{3}1959, ^{4}1964, ^{5}1987; II: Tübingen ^{3}1964, ^{6}1997.

Hertzberg, H. W., Die Melkisedeq-Traditionen, JPOS 8 (1928), 169–179.
Hilgenfeld, A., Die Ketzergeschichte des Urchristentums, Leipzig 1884; Nachdruck: Hildesheim 1963.
Hintze, F./Schenke, H.-M., Die Berliner Handschrift der sahidischen Apostelgeschichte (P. 15 926), TU 109, Berlin 1970.
Hölscher, G., Bemerkungen zur Topographie Palästinas, III: Sichem und Umgebung, ZDPV 33 (1910), 98–106.
Hoffmann, E./Aleith, E., Das Paulusverständnis des Johannes Chrysostomus, ZNW 38 (1939), 181–188.
Hofius, O., Katapausis, die Vorstellung vom endzeitlichen Ruheort im Hebräerbrief, WUNT 11, Tübingen 1970.
—— Der Christushymnus Philipper 2,6–11. Untersuchungen zu Gestalt und Aussage eines urchristlichen Psalms, WUNT 17, Tübingen 1976.
Hofrichter, P., Text und Zusätze im Johannesprolog, ZNW 70 (1979), 214–237.
—— Im Anfang war der „Johannesprolog". Das urchristliche Logosbekenntnis – die Basis neutestamentlicher und gnostischer Theologie, BU 17, Regensburg 1986.
—— Wer ist der „Mensch, von Gott gesandt" in Joh 1,6?, BU 21 (Ergänzungsheft zu BU 17), Regensburg 1990.
Holl, K., Ancoratus und Panarion I–III, GCS 25, 31, 37, Leipzig 1915/1922/1933.
Holtzmann, H. J., Lehrbuch der Neutestamentlichen Theologie, Bd. II, Leipzig ^{2}1911.
Holtzmann, H. J./Bauer, W., Evangelium, Briefe und Offenbarung des Johannes, HCNT 4, Leipzig ^{3}1908.
Holzhausen, J., Der „Mythos vom Menschen" im hellenistischen Ägypten. Eine Studie zum „Poimandres" (= CH I), zu Valentin und dem gnostischen Mythos, Theophaneia 33, Bodenheim 1994.
—— Gnosis und Martyrium. Zu Valentins viertem Fragment, ZNW 85 (1994), 116–131.
Horner, G., (Hg.), The Coptic Version of the New Testament in the Southern Dialect, Bd. I–VII, Oxford 1911–1924.
Horst, P. W. van der/Mansfeld, J., An Alexandrian Platonist Against Dualism. Alexander of Lycopolis' Treatise „Critique of the Doctrines of Manichaeus", translated, with an introduction and notes, Leiden 1974.
Horton, F. L., The Melchizedek Tradition – A critical examination of the sources to the fifth century A.D. and in the Epistle to the Hebrews, SNTS.MS 30, London 1976.
Husselman, E. M., The Gospel of John in Fayumic Coptic (P. Mich. Inv. 3521), KMA.S 2, Ann Arbor 1962.
—— The Martyrdom of Cyriacus and Julitta in Coptic, JARCE 4 (1965), 79–86.
Hyvernat, H., Bybliothecae Pierpont Morgan Codices Coptici photographice expressi, Bd. I–LVI, Rom 1922.
Jackson, H. M., Zosimos of Panopolis on the Letter Omega, SBL.TT 14, Missoula, MT, 1978.
Janssens, Y., Le codex XIII de Nag Hammadi, Le Muséon 78 (1974), 341–413.
—— La Prôtennoia trimorphe (NH XIII,1). Texte établi et présenté, BCNH.T 4, Québec 1978.
—— Les leçons de Silvanos (NH VII,4), Texte établi et présenté, BCNH.T 13, Québec 1983.
Jarry, J., Description des restes d'un petit monastère coupé en deux par un canal d'irrigation aux Kellia, BIFAO 66 (1968), 147–155.
Jeremias, J., Heiligengräber in Jesu Umwelt, Göttingen 1958.
Jérôme, F. J., Das geschichtliche Melchisedech-Bild und seine Bedeutung im Hebräerbriefe, Theol. Diss., Freiburg i. B. 1920.
Jervell, J., Imago Dei: Gen 1,26f. im Spätjudentum, in der Gnosis und in den paulinischen Briefen, FRLANT 76, Göttingen 1960.
Jewett, R., Paulus-Chronologie: Ein Versuch, München 1982.
Jonas, H., Gnosis und spätantiker Geist, Bd I: Die mythologische Gnosis, FRLANT 33, Göttingen 1934 , ^{2}1954, ^{3}1964, ^{4}1988.

—— Gnosis und spätantiker Geist, Bd. II,1: Von der Mythologie zur mystischen Philosophie, FRLANT 63, Göttingen 1954, ²1966.
—— The Gnostic Religion: The Message of the Alien God and the Beginnings of Christianity, Boston/New York 1958; revised 1963.
—— Gnosis und spätantiker Geist, Bd. II,1.2: Von der Mythologie zur mystischen Philosophie (hrsg. v. K. Rudolph), FRLANT 159, Göttingen 1993.
Jonge, M. de/Woude, A. S. van der, 11Q Melchizedek and the New Testament, NTS 12 (1965/66), 301–326.
Jülicher, A./Fascher, E., Einleitung in das Neue Testament, Tübingen ⁷1931.
Junker, H., Eine saîdische Rezension des Engelshymnus, OrChr 6 (1906), 442–446.
Käsemann, E., Leib und Leib Christi, Tübingen 1933.
—— Das wandernde Gottesvolk, Göttingen 1939.
—— Eine urchristliche Taufliturgie, in: E. Wolf (Hg.), FS Rudolf Bultmann zum 65. Geburtstag überreicht, Stuttgart/Köln 1949, 133–148 = Exegetische Versuche und Besinnungen I, Göttingen 1960, 34–51.
—— Kritische Analyse von Phil. 2,5–11, ZThK 47 (1950), 313–360 = Exegetische Versuche und Besinnungen I, Göttingen 1960, 51–95.
—— Ketzer und Zeuge, ZThK 48 (1951), 292–311.
—— Kolosserbrief, RGG III, Tübingen ³1959, 1727–1728.
—— Jesu letzter Wille nach Johannes 17, Tübingen ²1967.
Kaestli, J. D., Écrits apocryphes chrétiens I, Paris 1997.
Kahle, P. E., Bala'izah: Coptic Texts from Deir el-Bala'izah in Upper Egypt, Bd. I/II, London 1954.
Kasser, R., Papyrus Bodmer VI – Livre des Proverbes, CSCO.C 194.195, Louvain 1960.
—— Papyrus Bodmer XIX – Évangile de Matthieu XIV,28 – XXVIII,20, Epître aux Romains II,1–II,3 en sahidique, Bibliotheca Bodmeriana, Köln/Genf 1962.
—— A propos des différentes formes du conditionnel copte, Le Muséon 76 (1963), 267–270.
—— Compléments au Dictionnaire Copte de Crum, BEC 7, Kairo 1964.
—— Textes gnostiques, Le Muséon 78 (1965), 71–98. 299–306.
—— Compléments morphologiques au dictionnaire de Crum, BIFAO 64 (1966), 19–66.
—— Exploration dans le désert occidental: Qouçoûr Ḥégeila et Qouçoûr 'Ereima, Kêmi 19 (1969), 103–110.
—— Le Papyrus Bodmer III es les versions bibliques coptes, Le Muséon 85 (1972), 65–89.
——Kasser, R./Maline, M./Puech, H.-Ch./Quispel, G./Zandee, J., adiuvantibus Vycichl, W./ Wilson, R. McL., Tractatus Tripartitus, Pars I, Bern 1973; Pars II–III, Bern 1975.
—— Sigles des Dialectes Coptes, IACS.NL 20, Rom 1987.
Kebabian, J. S., The Binding of the Glazier Manuscript of the Acts of the Apostles (IVth or IV/Vth century), in: H. Lehmann-Haupt (Hg.), Homage to a Bookman – Essays on Manuscripts, Books and Printing, FS H. P. Kraus, Berlin 1967, 25–29.
Keel, O., Die Weisheit spielt vor Gott. Ein ikonographischer Beitrag zur Deutung des mᵉsaḥäqät in Sprüche 8,30f., Freiburg/Schweiz 1974.
Khitrowo, B. de, Itinéraires russes en Orient, Genf 1889.
Khosroyev, A., Die Bibliothek von Nag Hammadi. Einige Probleme des Christentums in Ägypten während der ersten Jahrhunderte, ASKÄ 7, Altenberge 1995.
King, K., The Quiescent Eye of the Revelation: Nag Hammadi Codex XI, 3 „Allogenes." A Critical Edition, Ph.D. Diss. Brown University 1984.
—— Kingdom in the Gospel of Thomas, Forum 3 (1987), 48–97.
Kirchner, D. (federführend), Das Buch des Thomas. Die siebte Schrift aus Nag-Hammadi-Codex II, eingeleitet und übersetzt vom Berliner Arbeitskreis für koptisch-gnostische Schriften, ThLZ 102 (1977), 793–804.
—— Epistula Jacobi Apocrypha. Die erste Schrift aus Nag-Hammadi-Codex I (Codex Jung) neu herausgegeben und kommentiert, Theol. Diss., Berlin 1977.

Klaiber, W. Der irdische und der himmlische Zeuge. Eine Auslegung von Joh 3.22–36, NTS 36 (1990), 205–233.
Klein, G., Simon Magus, RGG VI, Tübingen [3]1962, 38–39.
Klijn, A. F. J., Seth in Jewish, Christian and Gnostic Literature, NovT.S 46, Leiden 1977.
Kloppenborg, J. S./Meyer, M. W./Patterson, S. J./Steinhauser, M., Q – Thomas Reader, Sonoma, CA, 1990.
Klostermann, E., Eusebius: Onomastikon, Leipzig 1904.
—— Das Markusevangelium, HNT 3, Tübingen [4]1950.
Knauf, E. A., Zum Ethnarchen des Aretas 2 Kor 11,32, ZNW 74 (1983), 145–147.
Knox, J., Chapters in a Life of Paul, New York 1950.
—— A Note on Mark 14:51–52, in: S. Johnson (Hg.), The Joy of Study. Papers on New Testament and Related Subjects Presented to Honor F. C. Grant, New York 1951, 27–30.
Köster, H., Rezension (M. Smith, Clement of Alexandria and a Secret Gospel of Mark, Cambridge, MA, 1973; M. Smith, The Secret Gospel. The Discovery and Interpretation of the Secret Gospel according to Mark, New York 1973), AHR 80 (1975), 620–622.
—— Dialog und Spruchüberlieferung in den gnostischen Texten von Nag Hammadi, EvTh 39 (1979), 532–556.
—— Einführung in das Neue Testament im Rahmen der Religionsgeschichte und Kulturgeschichte der hellenistischen und römischen Zeit, Berlin 1980.
—— Gnostic Writings as Witnesses for the Development of the Sayings Tradition, in: B. Layton (Hg.), The Rediscovery of Gnosticism, Proceedings of the International Conference on Gnosticism at Yale, New Haven, CT (March 28–31, 1978), Bd. I, SHR 41, Leiden 1980, 238–261.
—— Apocryphal and Canonical Gospels, HThR 73 (1980), 105–130.
—— Introduction to the New Testament, Bd. II: History and Literature of Early Christianity, Philadelphia, PA, 1982.
—— History and Development of Mark's Gospel: From Mark to Secret Mark and "Canonical" Mark, in: B. C. Corley (Hg.), Colloquy on New Testament Studies. A Time for Reappraisal and Fresh Approaches, Macon, GA, 1983, 35–57.
—— Überlieferung und Geschichte der frühchristlichen Evangelienliteratur, ANRW II,25/2 (1984), 1463–1542.
—— The Gospel According to Thomas (Introduction), in: B. Layton (Hg.), Nag Hammadi Codex II,2–7 together with XIII,2*, Brit. Lib. Or. 4926 (1), and P. Oxy. 1, 654, 655, Bd. I, NHS 20, Leiden 1989, 38–49.
Köster, H./Robinson, J. M., Entwicklungslinien durch die Welt des frühen Christentums, Tübingen 1971.
Kötting. B./Cramer, M., Nitrische Wüste, LThK 7, [2]1962, 1011–1012.
Kopp, B. C., Die heiligen Stätten der Evangelien, Regensburg 1959.
Koschorke, K., Eine gnostische Pfingstpredigt, ZThK 74 (1977), 323–343.
—— Der gnostische Traktat „Testimonium Veritatis" aus dem Nag Hammadi Codex IX. Eine Übersetzung, ZNW 69 (1978), 91–117.
—— Eine gnostische Paraphrase des johanneischen Prologs, VigChr 33 (1979), 383–392.
Kraft, H., Gnostisches Gemeinschaftsleben, Theol. Diss., Heidelberg 1950.
—— Gab es einen Gnostiker Karpokrates?, ThZ 8 (1952), 434–443.
Kragerud, A., Der Lieblingsjünger im Johannesevangelium. Ein exegetischer Versuch, Oslo 1959.
Kramer, W., Christos – Kyrios – Gottessohn, AThANT 44, Zürich 1963.
Krause, M., Das literarische Verhältnis des Eugnostosbriefes zur Sophia Jesu Christi, in: A. Stuiber/A. Hermann (Hg.), Mullus, FS Th. Klauser, JAC Ergänzungsband 1, Münster 1964, 215–223.
—— Rezension (W. Till, Das Evangelium nach Philippos, PTS 2, Berlin 1963), ZKG 75 (1964), 168–182.

—— Koptische Quellen aus Nag Hammadi, in: W. Foerster (Hg.), Die Gnosis, Bd. II: Koptische und mandäische Quellen, BAW.AC, Zürich/Stuttgart 1971, 5–170.
—— Die Petrusakten in Codex VI von Nag Hammadi, in: M. Krause (Hg.), Essays on the Nag Hammadi Texts in Honour of Alexander Böhlig, NHS 3, Leiden 1972, 36–58.
—— Die Paraphrase des Seem, in: F. Altheim/R. Stiehl, Christentum am Roten Meer, Bd. II, Berlin/New York 1973, 2–105.
—— Der zweite Logos des Großen Seth, in: F. Altheim/R. Stiehl, Christentum am Roten Meer, Bd. II, Berlin/New York 1973, 106–151.
—— Rezension (J. Vergote, Grammaire copte. Tome I a: Partie synchronique [viii-108pp.]; Tome I b: Partie diachronique [vi-166 pp.], Louvain 1973,), ChrÉ 49 (1974), 418–420.
Krause, M./Labib, P., Die drei Versionen des Apokryphon des Johannes im Koptischen Museum zu Alt-Kairo, ADAIK.K 1, Wiesbaden 1962.
—— Gnostische und hermetische Schriften aus Codex II und Codex VI, ADAIK.K 2, Glückstadt 1971.
Kretschmar, G., Zur religionsgeschichtlichen Einordnung der Gnosis, EvTh 13 (1953), 354–361.
——Gnosis: III. Christlicher Gnostizismus, dogmengeschichtlich, RGG II, Tübingen ³1958, 1656–1661.
Kreyenbühl, J., Das Evangelium der Wahrheit. Neue Lösung der johanneischen Frage, Bd. I–II, Berlin 1900/1905.
Kroll, W., Plotins Schriften, Leipzig 1899.
—— Vettius Valens Astrologus, Berlin 1908.
—— Die Lehren des Hermes Trismegistos, BGPhMA 12,2–4, Münster 1914.
—— Das Geschichtswerk des Herodot von Halikarnassos, RE 13, Stuttgart 1939.
Kropp, A. M., Ausgewählte koptische Zaubertexte, Brüssel 1930/1931.
Kroymann, E., Kritische Edition der Werke der lateinischen Kirchenväter (CSEL), Bd. 47: Tertullian, Adversus Valentinianos, 177–212; Adversus Marcionem, 290–650; Adversus omnes haereses, 213–226, Wien 1906.
Krutzsch, M./Poethke, G., Der Einband des koptisch-gnostischen Kodex Papyrus Berolinensis 8502, Staatliche Museen zu Berlin, FuB 24, Berlin 1984.
Küchler, M., Frühjüdische Weisheitstraditionen. Zum Fortgang weisheitlichen Denkens im Bereich des frühjüdischen Jahweglaubens, OBO 26, Freiburg/Göttingen 1979.
Kümmel, W. G., Ein Jahrzehnt Jesusforschung (1965–1975), ThR.NF 40 (1975), 289–336; ThR.NF 41 (1976), 197–258. 295–363.
—— Einleitung in das Neue Testament, Berlin ¹³1965, ²¹1989.
Kuhn, K. G., Die in Palästina gefundenen hebräischen Texte und das NT, ZThK 47 (1950), 193–211.
—— Die Sektenschrift und die iranische Religion, ZThK 49 (1952), 296–316.
Labib, P., Coptic Gnostic Papyri in the Coptic Museum at Old Cairo I, Kairo 1956.
Lagarde, P. A. de, Adversus Manichaeos, Migne PG 18, 1069–1264; Quae ex opere contra Manichaeos edito in codice Hamburgensi servata sunt graece, Berlin, 1859.
—— Der Pentateuch koptisch, Leipzig 1867.
Lampe, G. W. H., A Patristic Greek Lexicon, Oxford 1968.
La Monte, J. L., The Viscounts of Naplouse in the twelfth Century, Syria 19 (1938), 272–278.
Langbrandtner, W., Weltferner Gott oder Gott der Liebe: Der Ketzerstreit in der johanneischen Kirche. Eine exegetisch-religionsgeschichtliche Untersuchung mit Berücksichtigung der koptisch-gnostischen Texte aus Nag-Hammadi, BET 6, Frankfurt a. Main 1977.
Lange, J., Das Erscheinen des Auferstandenen im Evangelium nach Matthäus. Eine traditions- und redaktionsgeschichtliche Untersuchung zu Mt 28,16–20, Würzburg 1973.
Latte, K., Poimandres, RGG V, Tübingen ³1961, 424.
Lattke, M., Einheit im Wort: Die spezifische Bedeutung von ἀγάπη, ἀγαπᾶν und φιλεῖν im Johannesevangelium, StANT 41, München 1975.

—— Die Oden Salomos in ihrer Bedeutung für Neues Testament und Gnosis, Bd. I/II, OBO 25,1/2, Fribourg/Göttingen 1979/1986.
—— Die Oden Salomos in ihrer Bedeutung für Neues Testament und Gnosis, Bd. III: Forschungsgeschichtliche Bibliographie 1799–1984 mit kritischen Anmerkungen. Mit einem Beitrag von M. Franzmann, OBO 25,3, Fribourg/Göttingen 1986.
Laubscher, F. du Toit, God's Angel of Truth and Melchizedek – A Note on 11Q Melch 13b, JSJ 3 (1972), 46–51.
Layton, B., Coptic Language, Interpreter's Dictionary of the Bible, Suppl., Nashville 1976, 174–179.
—— The Gnostic Treatise on Resurrection from Nag Hammadi, Edited with Translation and Commentary, HDR 12, Missoula, MT, 1979.
—— Vision and Revision: A Gnostic View of Resurrection, in: B. Barc (Hg.), Colloque international sur les Textes de Nag Hammadi, BCNH. É 1, Québec 1981, 190–217.
—— Compound Prepositions in Sahidic Coptic, in: D. W. Young (Hg.), Studies Presented to H. J. Polotsky, East Gloucester, MA, 1981.
—— Towards a New Coptic Palaeography, in: T. Orlandi/F. Wisse (Hg.), Acts of the Second International Congress of Coptic Studies (Roma, 22–26 September 1980), Rom 1985, 149–158.
—— The Riddle of the Thunder (NHC VI,2): The Function of Paradox in a Gnostic Text from Nag Hammadi, in: C. W. Hedrick/R. Hodgson Jr. (Hg.), Nag Hammadi, Gnosticism and Early Christianity, Peabody, MA, 1986, 37–54.
—— The Gnostic Scriptures. A new Translation with Annotations and Introductions, Garden City, NY, 1987.
—— Catalogue of Coptic Literary Manuscripts in the British Library Acquired Since the Year 1906, London 1987.
—— The Gospel According to Thomas (Critical Edition), in: B. Layton (Hg.), Nag Hammadi Codex II,2–7 together with XIII,2*, Brit. Lib. Or. 4926 (1), and P. Oxy. 1, 654, 655, NHS 20, Leiden 1989, 52–92.
—— A Penultimate Personal Object Morph in Classical Sahidic Coptic, in: S. Emmel/M. Krause/S. G. Richter/S. Schaten (Hg.), Ägypten und Nubien in spätantiker und christlicher Zeit, Akten des 6. Internationalen Koptologenkongresses, Münster, 20.–26. Juli 1996, SKCO 6,2, Wiesbaden 1999, 347–358.
—— A Coptic Grammar, With Chrestomathy and Glossary Sahidic Dialect, PLA.NS 20, Wiesbaden 2000.
Lefort, L.-Th., Fragments bibliques en dialecte akhmîmique, Le Muséon 66 (1953), 1–30.
Lefort, L.-Th./Wilmet, M./Draguet, R., Concordance du Nouveau Testament sahidique, CSCO 124, 173, 183, 185, 196, Subsidia 1, 11, 13, 15, 16, Louvain 1950, 1957, 1958, 1959, 1960.
Leipoldt, J., Das „Evangelium der Wahrheit", ThLZ 82 (1957), 825–834.
—— Ein neues Evangelium? Das koptische Thomasevangelium übersetzt und besprochen, ThLZ 83 (1958), 481–496.
—— Rezension (M. Malinine/H.-Ch. Puech/G.Quispel/W. Till, Evangelium Veritatis [Suppl.], Zürich/Stuttgart 1961), ThLZ 87 (1962), 682.
—— Rezension (M. Malinine/H.-Ch. Puech/G. Quispel/W. Till/R. McL. Wilson/J. Zandee, De resurrectione [epistula ad Rheginum], Zürich/Stuttgart 1963), ThLZ 90 (1965), 518–520.
—— Das Evangelium nach Thomas, Koptisch und Deutsch, TU 101, Berlin 1967.
Leipoldt, J./Grundmann, W., Umwelt des Urchristentums, I: Berlin [3]1971; II: Berlin 1967, [2]1970.
Leipoldt, J./Schenke, H.-M., Koptisch-gnostische Schriften aus den Papyrus-Codices von Nag-Hamadi, ThF 20, Hamburg 1960.
Leisegang, H., Die Gnosis, KTA 32, Leipzig 1924.
—— Valentinus, Valentinianer, PRE 14,2, Stuttgart 1948, 2261–2273.
Leroy, J., Les types de réglure des manuscrits grecs, Paris 1976.

Liboron, H., Die karpokratianische Gnosis, Leipzig 1938.
Lichtenhan, R., Die Offenbarung im Gnosticismus, 1901.
Lidzbarski, M., Das Johannesbuch der Mandäer, Bd. I–II, Gießen 1905/1915.
—— Mandäische Liturgien, Berlin 1920.
—— Ginzā, der Schatz oder das große Buch der Mandäer, Göttingen/Leipzig 1925.
Lietzmann, H., An die Galater, HNT 10, Tübingen [3]1932.
—— Geschichte der alten Kirche, Bd II, Berlin [2]1953.
—— Ein Beitrag zur Mandäerfrage, SPAW.PH (1930), 595–608 = in: K. Aland (Hg.), Kleine Schriften I, Studien zur Spätantiken Religionsgeschichte, TU 67, Berlin 1958, 124–140.
—— Einführung in die Textgeschichte der Paulusbriefe an die Römer, HNT 8, Tübingen [4]1933.
Lieu, S. N. C., Manichaeism in the Later Roman Empire and Medieval China, Tübingen [2]1992.
Lindemann, A./Paulsen, H., Die Apostolischen Väter, Tübingen 1992.
Lipsius, R. A./Bonnet, M. (Hg.), Acta Apostolorum apocrypha, Bd. I–II,1.2, Leipzig 1891–1903; Neudr. Hildesheim 1959.
Lohmeyer, E., Die Briefe an die Philipper, an die Kolosser und an Philemon, KEK 9, Göttingen [10]1954.
—— Das Evangelium des Markus, KEK I/2, Göttingen [13]1954.
Lohse, E., Die Briefe an die Kolosser und an Philemon, KEK 9/2, Göttingen [2]1977; [4]1968.
—— Leontopolis, RGG IV, Tübingen [3]1960, 324.
Longenecker, R. N., Biblical Exegesis in the Apostolic Period, New York [2]1977.
Lorenzen, Th., Der Lieblingsjünger im Johannesevangelium, Stuttgart 1971.
Lüdemann, G., Untersuchungen zur simonianischen Gnosis, GTA 1, Göttingen 1975.
—— Zur Geschichte des ältesten Christentums in Rom: I. Valentin und Marcion; II. Ptolemäus und Justin, ZNW 70 (1979), 86–114.
—— Paulus, der Heidenapostel. Studien zur Chronologie, Bd. I, FRLANT 123, Göttingen 1980.
Lüdtke, W., Georgische Adam-Bücher, ZAW 38 (1919/1920), 155–168.
Lührmann, D., Die griechischen Fragmente des Marienevangeliums POx 3525 und PRyl 463, NovT 3 (1988), 321–338.
Lueken, W., Michael: Eine Darstellung und Vergleichung der jüdischen und der morgenländisch-christlichen Tradition vom Erzengel Michael, Göttingen 1898.
Luft, U., Bruchstücke eines saidischen Johannesevangeliums und Psalters (Berlin P. 11 946), APF 24/25 (1976), 157–170.
Luft, U./Poethke, G., Leben im Altertum – Literatur, Urkunden, Briefe aus vier Jahrtausenden, herausgegeben von den Staatlichen Museen zu Berlin, Papyrussammlung, Berlin 1977.
Mack, B. L., Logos und Sophia. Untersuchungen zur Weisheitstheologie im hellenistischen Judentum, StUNT 10, Göttingen 1973.
MacRae, G. W., The Jewish Background of the Gnostic Sophia Myth, NovT 12 (1970), 86–101.
—— The Apocalypse of Adam Reconsidered, in : L. C. McGaughy, The Society of Biblical Literature's One Hundred Eighth Annual Meeting, Book of Seminar Papers, Leiden 1972, 573–579.
—— The Thunder, Perfect Mind (Nag Hammadi Codex VI, Tractate 2), Center for Hermeneutical Studies in Hellenistic and Modern Culture, Protocol of the Fifth Colloquy, 11 March 1973, Berkeley, CA, 1973.
—— Adam, Apocalypse of, *IDB.S* 10, New York 1976.
—— The Apocalypse of Adam (V,5), in: D. M. Parrott (Hg.), Nag Hammadi Codices V,2–5 and VI with Papyrus Berolinensis 8502,1 and 4, NHS 11, Leiden 1979, 151–195.
Macuch, R., Alter und Heimat des Mandäismus nach neuerschlossenen Quellen, ThLZ 82 (1957), 401–408.
—— Zur Sprache und Literatur der Mandäer, Mit Beiträgen von Kurt Rudolph und Eric Segelberg, Berlin 1976.

Maier, J., Das Gefährdungsmotiv bei der Himmelsreise in der jüdischen Apokalyptik und „Gnosis“, Kairos 5 (1963), 18–40.
—— Vom Kultus zur Gnosis. Studien zur Vor- und Frühgeschichte der „jüdischen Gnosis,“ Bundeslade, Gottesthron und Märkābāh, RWS 1, Salzburg 1964.
Majercik, R., The Chaldean Oracles. Text, Translation, and Commentary, SGRR 5, Leiden/New York/Kopenhagen/Köln 1989.
Malinine, M./Puech, H.-Ch./Quispel, G., Evangelium Veritatis ediderunt, Studien aus dem C. G. Jung-Institut 6, Zürich 1956.
Malinine, M./Puech, H.-Ch./Quispel, G/Till, W., Evangelium Veritatis, Studien aus dem C. G. Jung-Institut 6, Zürich 1961.
Malinine, M./Puech, H.-Ch./Quispel, G/Till, W/Wilson, R. McL./ Zandee, J., De resurrectione (epistula ad Rheginum), Zürich/Stuttgart 1963.
Malinine, M./Puech, H.-Ch./Quispel, G/Till, W./Kasser, R., Epistula Iacobi Apocrypha, Zürich/Stuttgart 1968.
Mallon, A., Grammaire Copte. Bibliographie, chrestomathie et vocabulaire, Beirut [4]1956.
Marjanen, A., The Woman Jesus Loved. Mary Magdalene in the Nag Hammadi Library and Related Documents, NHMS 40, Leiden 1996.
Markschies, Ch., Valentinus Gnosticus? Untersuchungen zur valentinianischen Gnosis mit einem Kommentar zu den Fragmenten Valentins, WUNT 65, Tübingen 1992.
Martin, R. P., Carmen Christi. Philippians II,5–11 in Recent Interpretation and in the Setting of Early Christian Worship, SNTS.MS 4, Cambridge 1967.
Marrou, H. I., L'Évangile de vérité et la diffusion du comput digital dans l'antiquité, VigChr 12 (1958, 98–103.
Marx, F., Kritische Edition der Werke der lateinischen Kirchenväter (CSEL), Bd. 38: Filastrius, Diversarum hereson liber, Wien 1898.
Maspero, E./Droiton, J., Fouilles exécutées a Baouît, MIFAO 59, Kairo 1931.
Matthews, Ch. R., Trajectories Through the Philip Tradition, Th.D. Diss., Harvard University, Cambridge, Massachusetts, 1993.
Maurer, Ch., Die Begründung der Herrschaft Christi über die Mächte nach Kolosser 1,15–20, WuD.NF 4, Bielefeld 1955, 79–93.
Meinardus, O., Atlas of Christian Sites in Egypt, Kairo 1962.
Ménard, J. É., La Lettre de Pierre à Philippe (NH VIII,2), BCNH.T 1, Québec 1977.
—— L'Évangile selon Thomas, NHS 5, Leiden 1975.
—— Le Traité sur la résurrection (NH I,4), Texte établi et présenté, BCNH.T 12, Québec/Leuven 1983.
—— L'exposé valentinien. Les Fragments sur le baptême et sur l'eucharistie (NH XI,2), Texte établi et présenté, BCNH.T 14, Québec 1985.
Menninger, K., Zahlwort und Ziffer, Breslau 1934.
Merkel, H., Auf den Spuren des Urmarkus? Ein neuer Fund und seine Beurteilung, ZThK 71 (1974), 123–144.
Meshorer, Y., Nabataean Coins, Qedem 3, Jerusalem 1975.
Metzger, B. M., An Early Coptic Manuscript of the Gospel According to Matthew, in: J. K. Elliot (Hg.), Studies in New Testament Language and Text, Essays in Honour of G. D. Kilpatrick, NovT.S 44, Leiden 1976, 301–312.
—— The Early Versions of the New Testament – Their Origin, Transmission, and Limitations, Oxford 1977.
Meyer, A., Das Rätsel des Jacobusbriefes, BZNW 10, Gießen 1930.
Meyer, E., Ursprung und Anfänge des Christentums, Bd. II–III, Berlin/Stuttgart 1921/1923.
Meyer, M. W., The Letter of Peter to Philip. Text, Translation, and Commentary, SBL.DS 53, Chico, CA, 1981.
—— The Secret Teachings of Jesus, New York 1984.
Michaelis, W., Einleitung in das Neue Testament, Bern [2]1954.
—— Teilungshypothesen bei Paulusbriefen. Briefkompositionen und ihr Sitz im Leben, ThZ 14 (1958), 321–326.

Michel, O., Der Brief an die Römer, KEK 4, Göttingen [12]1963.
—— Der Brief an die Hebräer, KEK 13, Göttingen [12]1966.
Milik, J. T., Milkî-ṣedeq et Milkî-rešaʿ dans les anciens écrits juifs et chrétiens, JJS 23 (1972), 95–144.
Mina, T., Le papyrus gnostique du Musée Copte, VigChr 2 (1948), 129–136.
Miner, D. F., A Suggested Reading for 11Q Melchizedek 17, JSJ 2 (1971), 144–148.
Mink, G., Allgemeine Sprachwissenschaft und Koptologie, in: R. McL. Wilson (Hg.), The Future of Coptic Studies, CoptSt 1, Leiden 1978, 71–103.
Mitton, C. L., Unsolved New Testament Problems: Goodspeed's Theory Regarding the Origin of Ephesians, ET 59 (1948), 323–327.
—— The Epistle to the Ephesians, its Authorship, Origin and Purpose, Oxford 1951.
—— The Formation of the Pauline Corpus of Letters, London 1955.
—— The Authorship of the Epistle to the Ephesians, ET 67 (1956), 195–198.
Molinari, A. L., The Acts of Peter and the Twelve Apostles (NHC 6.1). Allegory, Ascent and Ministry in the Wake of the Decian Persecution, SBL.DS 174, Atlanta 2000.
—— "I Never Knew the Man." The Coptic Act of Peter (Papyrus Berolinensis 8502.4), Its Independence from the Apocryphal Acts of Peter, Genre and Legendary Origins, BCNH.É 5, Québec/Louvain/Paris 2000.
Morard, F., L'Apocalypse d'Adam de Nag Hammadi: Un essai d'interpretation, in: M. Krause (Hg.), Gnosis and Gnosticism, NHS 8, Leiden, 1977, 35–42.
Morenz, S., Koptische Funde und Forschungen, FuF 26 (1959), 57–59.
Morenz, S./Schubert, J., Der Gott auf der Blume, Ascona 1954.
Morfill, W. R./Charles, R. H., The Book of the Secrets of Enoch, Oxford 1896.
Mowry, L., The Early Circulation of Paul's Letters, JBL 63 (1944), 73–86.
Müller, C., Pseudo-Kallisthenes, Halle 1867.
Müller, C. D. G., Die Bücher der Einsetzung der Erzengel Michael und Gabriel, CSCO.C 225, Louvain 1962.
Müller, D., Ägypten und die griechischen Isis-Aretalogien, ASAW.PhH 53 Leipzig 1960.
Müller, K., Beiträge zum Verständnis der valentinianischen Gnosis, NGWG.PH, Göttingen 1920, 179–242.
Müller, U. B., Die Parakletenvorstellung im Johannesevangelium, ZThK 71 (1974), 31–78.
—— Die Menschwerdung des Gottessohnes. Frühchristliche Inkarnationsvorstellungen und die Anfänge des Doketismus, SBS 140, Stuttgart 1990.
Mussner, F., Der Galaterbrief, HThK 9, Leipzig 1974.
Nagel, P., Untersuchungen zur Grammatik des subachmimischen Dialekts, Phil. Diss., Leipzig 1964.
—— Die Herkunft des Evangelium Veritatis in sprachlicher Sicht, OLZ 61 (1966), 5–14.
—— Grammatische Untersuchungen zu Nag Hammadi Codex II, in: F. Altheim/R. Stiehl (Hg.), Die Araber in der Alten Welt, Bd. V/2, Berlin 1969, 393–469.
—— Das Wesen der Archonten aus Codex II der gnostischen Bibliothek von Nag Hammadi. Koptischer Text, deutsche Übersetzung und griechische Rückübersetzung, Konkordanz und Indizes, WBH 6, Halle-Wittenberg 1970.
—— Die Einwirkung des Griechischen auf die Entstehung der koptischen Literatursprache, in: F. Altheim/R. Stiehl (Hg.), Christentum am roten Meer, Bd. I, Berlin 1971, 341–344.
—— Thomas der Mitstreiter (zu NHC II,7: p. 138,8), BSEG 4 (1980), 65–71.
—— Eine verkannte koptische Präposition (zu Nag Hammadi Codex II,6: p. 128,19–20), HBO 5, Halle-Wittenberg 1983, 89–98.
—— Der Tractatus Tripartitus aus Nag Hammadi Codex I (Codex Jung), STAC 1, Tübingen 1998.
Naster, P./Meulenaere, H. de/Quaegebeur, J. (Hg.), Miscellanea in honorem Josephi Vergote, OLP 6/7 (1975/1976), 463–478.
Nauck, W., Die Tradition und der Charakter des ersten Johannesbriefes, WUNT 3, Tübingen 1957.

—— Zum Aufbau des Hebräer, in: W. Eltester (Hg.), Judentum – Urchristentum – Kirche, FS J. Jeremias, BZNW 26, Berlin 1960, 199–206.
Needham, P., Twelve Centuries of Bookbindings 400–1600, New York/London 1979.
Negev, A., The Nabateans and the Provincia Arabia, ANRW II,8, Berlin 1974, 520–686.
Neirynck, F., John 21, NTS 36 (1990), 321–336.
Neller, K. V., Diversity in the Gospel of Thomas. Clues for a New Direction?, SecCent 7 (1989–1990), 1–17.
Nethöfel, W., Strukturen existentialer Interpretation. Bultmanns Johanneskommentar im Wechsel theologischer Paradigmen, Göttingen 1983.
Niederwimmer, K., Johannes Markus und die Frage nach dem Verfasser des zweiten Evangeliums, ZNW 58 (1967), 172–188.
Nilsson, M. P., Geschichte der griechischen Religion, Bd. II, München 1950; ^{2}1961.
Nock, A. D./Festugière, A. M.-J., Corpus Hermeticum, texte établi et traduit, Tome I–IV, Paris 1945–1954.
—— Das Corpus Hermeticum einschließlich der Fragmente des Stobaeus, Münster 1999.
Noth, M., Das Krongut der israelitischen Könige und seine Verwaltung, ZDPV 50 (1927), 211–274.
—— Die Geschichte Israels, Berlin ^{2}1953; ^{5}1963.
Nyberg, H. S., Die Religionen des alten Iran, MVÄG 43, Leipzig 1938.
Odeberg, H., 3 Enoch or The Hebrew Book of Enoch, Cambridge 1928.
Oepke, A., Der Brief des Paulus an die Galater, ThHK 9, Berlin ^{2}1957.
Oeyen, Chr., Fragmente einer subachmimischen Version der gnostischen „Schrift ohne Titel“, Essays on the Nag Hammadi Texts in Honour of Pahor Labib, NHS 6, Leiden 1975, 125–144.
Ohlert, K., Rätsel und Rätselspiele der alten Griechen, Berlin ^{2}1912.
Olerud, A., L'idee de macrocosmos et de microcosmos dans le Timee de Platon, Uppsala 1951.
Orlandi, T., Lettre di San Paolo in Copto-ossirinchita, P.Mil.Copti 5, Mailand 1974.
Osing, J., Der spätägyptische Papyrus BM 10808, ÄgA 33, Wiesbaden 1976.
—— Die Nominalbildung des Ägyptischen, I: Textband, II: Anmerkungen und Indices, Mainz 1976.
—— La vocalisation des formes verbales en égyptien – Des matériaux nouveaux?, BibOr 34 (1977), 135–139.
—— Zur Wortbildung von A_2 ⲙⲏⲧ ⲁⲃⲁⲗ „Gegenwart“, GM 27 (1978), 43–44.
—— Nochmals zur ägyptischen Nominalbildung, GM 27 (1978), 59–74.
Painter, J., Tradition and Interpretation in John 6, NTS 35 (1989), 421–450.
Pamment, M., Is There Convincing Evidence of Samaritan Influence on the Fourth Gospel?, ZNW 73 (1982), 221–230.
Parrott, D. M., Nag Hammadi Codices III,*3–4* and V,*1* with Papyrus Berolinensis 8502,*3* and Oxyrhynchus Papyrus 1081: Eugnostos and The Sophia of Jesus Christ, NHS 27, Leiden 1991.
Parsons, P. J./Coles, R. A., et al., The Oxyrhynchus Papyri Vol. LX. London 1994 (Graeco-Roman Memoires 80), Tyche 13 (1998), 299–301.
Pasquier, A., L'Évangile selon Marie, BCNH.T 10, Québec 1983.
Patterson, S., The Gospel of Thomas and Jesus, Sonoma, CA, 1993.
Pearson, B. A., Anti-Heretical Warnings in Codex IX from Nag Hammadi, in: M. Krause (Hg.), Essays on the Nag Hammadi Texts In Honour of Pahor Labib, NHS 6, Leiden 1975, 145–154.
—— The Figure of Melchizedek in the First Tractate of the Unpublished Coptic-Gnostic Codex IX from Nag Hammadi, in: C. J. Bleeker/G. Widengren/E. J. Sharpe (Hg.), Proceedings of the XIIth International Congress of the International Association for the History of Religions (Stockholm, Sweden, August 16–22, 1970), SHR.SN 31, Leiden 1975, 200–208.

—— Egyptian Seth and Gnostic Seth, in: P. J. Achtemeyer (Hg.), SBL.SP, Missoula, MT, 1977, 25–43.
—— The Figure of Norea in Gnostic Literature, in: G. Widengren (Hg.), Proceedings of the International Colloquium on Gnosticism (Stockholm, 20–25 August, 1973), Stockholm 1977, 143–152.
—— The Tractate Marsanes (NHC X) and the Platonic Tradition, in: B. Aland (Hg.), Gnosis, FS für Hans Jonas, Göttingen 1978, 373–384.
—— (Hg.) The Nag Hammadi Codices IX and X (Contributors B. A. Pearson and S. Giversen), NHS 15, Leiden 1981.
Pearson, B. A./Goehring, J. E. (Hg.), The Roots of Egyptian Christianity. Studies in Antiquity and Christianity, Philadelphia 1986.
Pedersen, N. A., Studies in *The Sermon on the Great War*. Investigation of a Manichaean-Coptic text from the Fourth Century, Aarhus 1996.
Peel, M. L., The Epistle to Rheginus. A Valentinian Letter on the Resurrection. Introduction, translation, analysis and exposition, London 1969.
—— Gnosis und Auferstehung: Der Brief an Rheginus von Nag Hammadi, übersetzt aus dem Englischen von W.-P. Funk, Neukirchen 1974.
Peel, M. L./Zandee, J., The Teachings of Silvanus from the Library of Nag Hammadi, NovT 14 (1972), 294–311.
Percy, E., Die Probleme der Kolosser- und Epheserbriefe, Lund 1946.
Pericoli-Ridolfini, F., Le recenti scoperte di testi gnostici in lingua copta, RDStO 30 (1955), 269–296.
Perkins, P., The Gnostic Dialogue. The Early Church and the Crisis of Gnosticism, Theological Inquiries, New York 1980.
Peters, M. K. H., An Analysis of the Textual Character of the Bohairic of Deuteronomy, SBL.SCSt 9, Missoula, MT, 1979.
—— A Critical Edition of the Coptic (Bohairic) Pentateuch. V: Deuteronomy, SBL.SCSt 15, Chico, CA, 1983.
—— A critical Edition of the Coptic (Bohairic) Pentateuch. I: Genesis, SBL.SCSt 19, Atlanta, GA, 1985.
—— A critical Edition of the Coptic (Bohairic) Pentateuch. II: Exodus, SBL.SCSt 22, Atlanta, GA, 1986.
Petersen, T. C., An Early Coptic Manuscript of Acts: An Unrevised Version of the Ancient So-Called Western Text, CBQ 26 (1964), 225–241.
Peterson, E., Engel- und Dämonennamen – Nomina barbara, RMP.NF 75 (1926), 393–421.
Pitra, J. B., Analecta sacra et classica V, Paris/Rom 1888.
Plisch, U-K., Die Auslegung der Erkenntnis (Nag-Hammadi-Codex XI,1), TU 142, Berlin 1996.
—— Rezension (M. Westerhoff, Auferstehung und Jenseits im koptischen „Buch der Auferstehung Jesu Christi, unseres Herrn“, OBC 11, Wiesbaden 1999), ThLZ 125 (2000), 966–969.
—— Verborgene Worte Jesu – verworfene Evangelien. Apokryphe Schriften des frühen Christentums, BB 5, Berlin 2000.
Plummer, J., The Glazier Collection of illuminated Manuscripts, New York 1968.
Poehlmann, W. R., Addressed Wisdom Teaching in „The Teachings of Silvanus.“ A Form Critical Study, Ph.D. Diss., Harvard University 1974.
Pohl, E. K., Der Sondercharakter jüdischer Mystik, Kairos 3 (1960), 16–19.
Poirier, P.-H., L'Hymne de la perle des Actes de Thomas. Introduction – texte – traduction – commentaire, Phil. Diss., Histoire des Religions, Strasbourg 1980.
—— La version Copte de la Prédication et du Martyre de Thomas, Avec une Contribution codicologique au Corpus copte des Acta Apostolorum Apocrypha par E. Lucchesi, SubHag 67, Brüssel 1984.
Poirier, P.-H./Painchaud, L., Les sentences de Sextus (NH XII,1), Fragments (NH XIII,3), Fragments de la République de Platon (NH VI,5), BCNH.T 11, Québec 1983.

Polotsky, H. J., Zur koptischen Lautlehre II, ZÄS 69 (1933), 125–129 (= Collected Papers, Jerusalem 1971, 358–362).
—— Manichäische Handschriften der Sammlung A. Chester Beatty. I: Manichäische Homilien, Stuttgart 1934.
—— Rezension (W. C. Till, Koptische Dialektgrammatik, München 1931), GGA 196 (1934), 58–67 (= Collected Papers, Jerusalem 1971, 363–372).
—— Deux verbes auxiliaires méconnus du copte, GLECS 3 (1937), 1–3 (= Collected Papers, Jerusalem 1971, 99–101).
—— Rezension (W. E. Crum, A Coptic Dictionary, Oxford 1939), JEA 25 (1939), 109–113 (= Collected Papers, Jerusalem 1971, 373–377).
—— Études de syntaxe copte, Publications de la Société d'Archéologie Copte, Kairo 1944 (= Collected Papers, Jerusalem 1971, 102–207).
—— Une question d'orthographe bohaïrique, BSAC 12 (1949), 25–35 (= Collected Papers, Jerusalem 1971, 378–388).
—— Rezension (W. C. Till, Koptische Grammatik [Saïdischer Dialekt], Leipzig 1955), OLZ 52 (1957), 219–234.
—— Zur Neugestaltung der koptischen Grammatik, OLZ 54 (1959), 453–460 (= Collected Papers, Jerusalem 1971, 234–237).
—— The Coptic Conjugation System, Orientalia 29 (1960), 392–424 (= Collected Papers, Jerusalem 1971, 238–268).
—— Nominalsatz und Cleft Sentence im Koptischen, Orientalia 31 (1962), 413–430 (= Collected Papers, Jerusalem 1971, 418–435).
—— Ägyptische Verbalformen und ihre Vokalisation, Orientalia 33 (1964), 267–285 (= Collected Papers, Jerusalem 1971, 52–70).
—— Rezension (E. M. Husselman, The Gospel of John in Fayumic Coptic [P.Mich.Inv.3521], KMA.S 2, Ann Arbor 1962), OLZ 59 (1964), 250–253 (= Collected Papers, Jerusalem 1971, 436–438).
—— Coptic, in: T. A. Sebeok (Hg.), Current Trends in Linguistics 6, The Hague 1970, 558–561.
—— Grundlagen des koptischen Satzbaus, Bd. I/II, AStP 27/29, Atlanta, GA, 1987/1990.
—— Zur Determination im Koptischen, Orientalia 58 (1989), 464–472.
Preisendanz, K., Papyri Graecae Magicae, Bd. I, Leipzig 1928.
Preuschen, E. F. F. W., Ein altrchristlicher Hymnus, ZNW 2 (1901), 73–80.
—— Valentinus, Gnostiker und seine Schule, RE 20, Leipzig ³1908, 395–417.
—— Zur Kirchenpolitik des Bischofs Kallist, ZNW 11 (1910), 134–160.
Prieur, J.-M., Acta Andreae, Textus, CChr.SA 6, Turnhout 1989, 653–671.
Puech, H.-Ch., Nouveau écrits gnostiques découverts à Nag-Hammadi, RHR 134 (1947/48), 244–248.
—— Le manichéisme, son fondateur, sa doctrine, Paris 1949.
—— Les nouveau écrits gnostiques découverts en Haute-Égypte, in: Coptic Studies in Honor of W. E. Crum (= BBI 2), Boston 1950, 91–154.
—— The Gospel of Truth and the other Jung Codex Manuscripts, The Times, Literary Supplement, April 30, 1954, XV.
—— Une collection des paroles de Jésus récemment découverte en Égypte: „L'Évangile selon Thomas", RHR 153,1 (1958), 129–133.
—— Das Thomasevangelium, in: E. Hennecke/W. Schneemelcher (Hg.), NTApo I, Tübingen ³1959, 199–223.
Puech, H.-Ch./Doresse, J., Nouveau écrits gnostiques découverts en Égypte, CRAI 134 (1948), 87–95.
Puech, H.-Ch./Quispel, G., Les écrits gnostiques du Codex Jung, VigChr 8 (1954), 1–51.
—— Op zoek naar het Evangelie der Waarheid, Nijkerk 1954.
—— Le quatriéme écrit gnostique du Codex Jung, VigChr 9 (1955), 65–102.
Puech, H.-Ch./Quispel, G./Van Unnik, W. C., The Jung Codex. A newly recovered gnostic papyrus, London 1955.

Quatremère, É., Recherches critiques et historiques sur la langue et la littérature d'Égypte, Paris 1808.
Quecke, H., Untersuchungen zum koptischen Stundengebet, Louvain 1970.
—— Das Markusevangelium Saïdisch – Text der Handschrift PPalau Rib. Inv.-Nr. 182 mit den Varianten der Handschrift M 569, PapC.ST 4, Barcelona 1972.
—— Il Dialetto, in: T. Orlandi (Hg.), Lettre di San Paolo in Copto-ossirinchita, P.Mil.Copti 5, Mailand 1974, 87–108.
—— Rezension (J. D. Turner, The Book of Thomas the Contender from Codex II of the Cairo Gnostic Library from Nag Hammadi [CG II,7]. The Coptic Text with Translation, Introduction and Commentary, SBL.DS 23, Missoula, MT, 1975), Biblica 57 (1976), 429–432.
—— Das Lukasevangelium Saïdisch – Text der Handschrift PPalau Rib. Inv.-Nr. 181 mit den Varianten der Handschrift M 569, PapC.ST 6, Barcelona 1977.
—— Das Johannesevangelium Saïdisch – Text der Handschrift PPalau Rib. Inv.-Nr. 183 mit den Varianten der Handschriften 813 und 814 der Chester Beatty Library und der Handschrift M 569, PapC.ST 11, Barcelona 1984.
—— Zur Schreibung von i/j in der koptischen Buchschrift, in: F. Junge (Hg.), Studien zur Sprache und Religion Ägyptens, FS W. Westendorf, Göttingen 1984, 289–326.
Quesnell, Q., The Mar Saba Clementine: A Question of Evidence, CBQ 37 (1975), 48–67.
Quispel, G., The Original Doctrine of Valentine, VigChr 1 (1947), 43–73.
—— L'homme gnostique (La doctrine de Basilides), EJb 16 (1948), 89–139.
—— Die Reue des Schöpfers, ThZ 5 (1950), 257–158.
—— Gnosis als Weltreligion, Zürich 1951.
—— Simon en Helena, NedThT 5 (1952), 339–345.
—— Der gnostische Anthropos und die jüdische Tradition, EJb 22 (1953), 195–234.
—— Der Codex Jung, Neue Züricher Zeitung, 15. Nov. 1953, Nr. 2708 (46), Bl. 4.
—— Christliche Gnosis und jüdische Heterodoxie, EvTh 14 (1954), 474–484.
—— Neue Funde zur valentinianischen Gnosis, ZRGG 6 (1954), 289–305.
—— An Unknown Fragment of the Acts of Andrew, VigChr 10 (1956), 129–148.
—— The Gospel of Thomas and the New Testament, VigChr 11 (1957), 189–207.
—— Jewish Gnosis and Mandaean Gnosticism. Some Reflections on the Writing Brontē, in: J. E. Ménard (Hg.), Les Textes de Nag Hammadi. Colloque du Centre d'Histoire des Religions (Strasbourg, 23–25 octobre 1974), NSH 7, Leiden 1975, 82–122.
—— The Gospel of Thomas Revisited, in: B. Barc (Hg.), Colloque international sur les textes de Nag Hammadi (Québec, 22–25 août 1978), BCNH.É 1, Québec/Leuven 1981, 218–266.
Ramsay, W. M., A Historical Commentary on St. Paul's Epistle to the Galatians, London ²1900.
Raschke, H., Die Werkstatt des Markusevangelisten – Eine neue Evangelientheorie, Jena, 1924.
Rathke, H., Ignatius von Antiochien und die Paulusbriefe, TU 99, Berlin 1967.
Rehm, B., Die Pseudoklementinen I: Homilien, GCS 42, Berlin 1953.
—— Die Pseudoklementinen II: Recognitiones, CGS 51, Berlin 1965.
Reicke, B., Traces of Gnosticism in the Dead Sea Scrolls?, NTS 1 (1954/55), 137–141.
Reitzenstein, R., Das iranische Erlösungsmysterium. Religionsgeschichtliche Untersuchungen, Bonn 1921.
—— Die hellenistischen Mysterienreligionen nach ihren Grundgedanken und Wirkungen, Leipzig/Berlin ³1927.
—— Poimandres, Leipzig 1904; Nachdruck 1966.
Reitzenstein, R./Schaeder, H. H., Studien zum antiken Synkretismus, Leipzig/Berlin 1926.
Richter, G., „Bist du Elias?" (Joh 1,21), in: J. Hainz (Hg.), Studien zum Johannesevangelium, BU 13, Regensburg 1977, 1–41.
—— Blut und Wasser aus der durchbohrten Seite Jesu (Joh 19,34b), in: J. Hainz (Hg.), Studien zum Johannesevangelium, BU 13, Regensburg 1977, 120–142.

Richter, S. G., Exegetisch-literarkritische Untersuchungen von Herakleidespsalmen des koptisch-manichäischen Psalmenbuches, ASKÄ 5, Altenberge 1994.
—— Die Aufstiegspsalmen des Herakleides. Untersuchungen zum Seelenaufstieg und zur Seelenmesse bei den Manichäern, SKCO 1, Wiesbaden 1997.
—— Die Herakleides-Psalmen. The Manichaean Coptic Papyri in the Chester Beatty Library, Psalm Book, Part II, Fasc. 2, CFM.C 1, Turnhout 1998.
Rickenbacher, O., Weisheitsperikopen bei Ben Sira, OBO 1, Freiburg/Schweiz 1973.
Rießler, P., Altjüdisches Schrifttum außerhalb der Bibel, Heidelberg [2]1966.
Roberge, M., Noréa (NHC IX,2), BCNH.T 5, Québec 1980, 149–171.
—— La Paraphrase de Sem (NHC VII,1), BCNH.T 25, Québec/Louvain/Paris 2000.
Robinson, G. Schenke, Codex Berolinensis P 20915: An Initial Survey, in: D. W. Johnson (Hg.), Acts of the Fifth International Congress of Coptic Studies, Washington, 12–15 August 1992, Bd. II,2, Rom 1993, 369–379.
—— Codex Berolinensis P20915: A Progress Report, in: S. Emmel/M. Krause/S. G. Richter/ S. Schaten (Hg.), Ägypten und Nubien in spätantiker und christlicher Zeit, Akten des 6. Internationalen Koptologenkongresses, Münster, 20.–26. Juli 1996, SKCO 6,2, Wiesbaden 1999, 169–177.
—— Sethianism and the Doctrine of Creation in a Partially Restored Coptic Codex (Papyrus Berolinensis 20 915), Le Muséon 113 (2000), 239–262.
—— A Plea for Gender Equality in a Partially Restored Coptic Codex (Papyrus Berolinensis 20 915), Le Muséon 114 (2001), 15–39.
Robinson, J. M., A Formal Analysis of Colossians 1,15–20, JBL 76 (1957), 270–287.
—— On the Gattung of Mark (and John), in: D. G. Miller/D. Y. Hadidian (Hg.), Jesus and Man's Hope. A Perspective Book, Bd. I, Pittsburgh, PA, 1970, 99–129.
—— The Three Steles of Seth and the Gnostics of Plotinus, in: G. Widengren (Hg.), Proceedings of the International Colloquium on Gnosticism (Stockholm, August 20–25, 1973), Stockholm 1977, 132–142.
—— (Hg.) NHLibEng, Translated and Introduced by Members of the Coptic Gnostic Library Project of the Institute for Antiquity and Christianity, Claremont, CA, Leiden 1977; San Francisco/New York [4]1996.
—— Sethians and Johannine Thought, The Trimorphic Protennoia and the Prologue of the Gospel of John, in: B. Layton (Hg.), The Rediscovery of Gnosticism, Proceedings of the International Conference on Gnosticism at Yale, New Haven, CT (March 28–31, 1978), Bd. II, SHR 42, Leiden 1981, 643–670.
Roloff, J., Der johanneische Lieblingsjünger und die Lehre der Gerechtigkeit, NTS 15 (1968/69), 129–151.
Rouleau, D./Roy, L., L'Épître Apocryphe de Jacques (NH 1,2); L'Acte de Pierre (BG 4), BCNH.T 18, Québec 1987.
Rubinstein, A., Observations on the Slavonic book of Enoch, JJS 13 (1962), 1–21.
Rudolph, K., Ein Grundtyp gnostischer Urmensch-Adam-Spekulation, ZRGG 9 (1957), 1–20
—— Die Mandäer, Bd. I/II, FRLANT 74/75, Göttingen 1960/1961.
—— Theogonie, Kosmogonie und Anthropogonie in den mandäischen Schriften. Eine literarkritische und traditionsgeschichtliche Untersuchung, Phil. Habil.-Schrift, Leipzig 1961 = FRLANT 88, Göttingen 1965.
—— Rezension (R. Macuch, Zur Sprache und Literatur der Mandäer. Mit Beiträgen von Kurt Rudolph und Eric Segelberg, Berlin 1976), ThLZ 87 (1962), 739–746.
—— Rezension (A. Böhlig/P. Labib, Die koptisch-gnostische Schrift ohne Titel aus Codex II von Nag Hammadi, Berlin 1962), ThLZ 89 (1964), 17–20.
—— Rezension (A. Böhlig/P. Labib, Koptisch-Gnostische Apokalypsen aus Codex V von Nag Hammadi, Halle-Wittenberg 1963), ThLZ 90 (1965), 359–362.
—— Gnosis und Gnostizismus, ein Forschungsbericht, ThR.NF 34 (1969), 121–175. 181–231; ThR.NF 37 (1972), 389–369.
—— Simon – Magus oder Gnosticus? Zum Stand der Debatte, ThR 42 (1977), 279–359.

—— Die Gnosis – Wesen und Geschichte einer spätantiken Religion, Leipzig/Göttingen 1977, ²1980.
Sagnard, Fr. M.-M., La gnose valentinienne et le témoignage de Saint Irénée, Paris 1947.
Sanders, J. A., The Old Testament in 11Q Melchizedek, JANESCU 5 (1973), 373–382.
Sanders, J. T., Nag Hammadi, Odes of Solomon, and NT Christological Hymns, in: J. E. Goehring/C. W. Hedrick/J. T. Sanders/H. D. Betz (Hg.), Gnosticism and the Early Christian World, FS J. M. Robinson, Sonoma, CA, 1990, 51–66.
Schenke (Robinson), G. (federführend), Die dreigestaltige Protennoia, eine gnostische Offenbarungsrede in koptischer Sprache aus dem Fund von Nag Hammadi, eingeleitet und übersetzt vom Berliner Arbeitskreis für koptisch-gnostische Schriften, ThLZ 99 (1974), 731–746.
—— Die dreigestaltige Protennoia (Nag Hammadi Codex XIII). Herausgegeben, übersetzt und kommentiert, TU 132, Berlin 1984.
Schenke, H.-M., Die fehlenden Seiten des sog. Evangeliums der Wahrheit, ThLZ 83 (1958), 497–500.
—— Die Herkunft des sogenannten Evangelium Veritatis, Berlin/Göttingen 1959.
—— Das Wesen der Archonten: Eine gnostische Originalschrift aus dem Funde von Nag-Hamadi, ThLZ 83 (1958), 661–670.
—— Das Evangelium nach Philippus: Ein Evangelium der Valentinianer aus dem Funde von Nag-Hamadi, ThLZ 84 (1959), 1–26.
—— Vom Ursprung der Welt, eine titellose gnostische Abhandlung aus dem Funde von Nag-Hamadi, ThLZ 84 (1959), 243–256.
—— Rezension (H. Jonas, Gnosis und spätantiker Geist. I: Die mythologische Gnosis, FRLANT.NF 33, Göttingen 1954), ThLZ 84 (1959), 813–820.
—— Rezension (H. Jonas, Gnosis und spätantiker Geist. II,1: Von der Mythologie zur mystischen Philosophie, FRLANT.NF 45, Göttingen 1954), ThLZ 85 (1960), 657–661.
—— Der Gott „Mensch" in der Gnosis. Ein religionsgeschichtlicher Beitrag zur Diskussion über die paulinische Anschauung von der Kirche als Leib Christi, Göttingen 1962.
—— Nag-Hamadi Studien I: Das literarische Problem des Apokryphon Johannis, ZRGG 14 (1962), 57–63.
—— Nag-Hamadi Studien II: Das System der Sophia Jesu Christi, ZRGG 14 (1962), 263–278.
—— Nag-Hamadi Studien III: Die Spitze des dem Apokryphon Johannis und der Sophia Jesu Christi zugrunde liegenden gnostischen Systems, ZRGG 14 (1962), 352–361.
—— Hauptprobleme der Gnosis – Gesichtspunkte zu einer neuen Darstellung des Gesamtphänomens, Kairos 7 (1965), 114–123.
—— Die Arbeit am Philippus-Evangelium, ThLZ 90 (1965), 321–332.
—— Die Gnosis, in: J. Leipoldt/W. Grundmann, Umwelt des Urchristentums. I: Darstellung des neutestamentlichen Zeitalters, Berlin 1965, 371–415.
—— Rezension (M.Malinine/H.-Ch. Puech/G. Quispel/W. Till/R. McL. Wilson/J. Zandee, De resurrectione [Epistula ad Rheginum], Codex Jung, Zürich/Stuttgart 1963), OLZ 60 (1965), 471–477.
—— Zum gegenwärtigen Stand der Erforschung der Nag-Hammadi-Handschriften. Koptologische Studien in der DDR, WZH Sonderheft, Halle-Wittenberg 1965.
—— Exegetische Probleme der zweiten Jacobus-Apokalypse, WZH 1968,1, 109–114 (cf. OLZ 61 (1966), 23–34.
—— Rezension (J. É. Ménard, L'Évangile de vérité, Paris 1962), ThLZ 94 (1969), 340–343.
—— Das Ägypterevangelium aus Nag-Hammadi-Codex III, NTS 16 (1969/70), 196–208.
—— Der Jakobusbrief aus dem Codex Jung, OLZ 66 (1971), 117–130.
—— Rezension (L. Schottroff, Der Glaubende und die feindliche Welt, WMANT 37, Neukirchen/ Vluyn 1970), ThLZ 97 (1972), 751–755.
—— Erwägungen zum Rätsel des Hebräerbriefes, in: H. D. Betz/L. Schottroff (Hg.), Neues Testament und christliche Existenz, FS Herbert Braun, Tübingen 1973, 426–429.
—— Die neutestamentliche Christologie und der gnostische Erlöser, in: K.-W. Tröger (Hg.), Gnosis und Neues Testament, Berlin 1973, 205–229.

—— Die Taten des Petrus und der zwölf Apostel: Die erste Schrift aus dem Nag-Hammadi-Codex VI, ThLZ 98 (1973), 13–19.
—— Erwägungen zum Rätsel des Hebräerbriefes, in: H. D. Betz/L. Schottroff (Hg.), Neues Testament und christliche Existenz. FS H. Braun, Tübingen 1973, 421–437.
—— Das sethianische System nach Nag-Hammadi-Handschriften, in: P. Nagel (Hg.), Studia Coptica, BBA 45, Berlin 1974, 165–173.
—— Rezension (J. É. Ménard, L'Évangile de Vérité, NHS 2, Leiden 1972), ThLZ 99 (1974), 516.
—— Zur Faksimile-Ausgabe der Nag-Hammadi-Schriften: Nag-Hammadi-Codex VI, OLZ 69 (1974), 229–243.
—— Bemerkungen zum koptischen Papyrus Berolinensis 8502, FS zum 150jährigen Bestehen des Berliner Ägyptischen Museums, MÄS 8 (1974), 315–322.
—— Bemerkungen zur Apokalypse des Petrus, in: M. Krause (Hg.), Essays on the Nag Hammadi Texts in Honour of Pahor Labib, NHS 6, Leiden 1975, 277–285.
—— Sprachliche und exegetische Probleme in den beiden letzten Schriften des Codex II von Nag Hammadi, OLZ 70 (1975), 5–13.
—— Zur Faksimile-Ausgabe der Nag-Hammadi-Schriften: Die Schriften des Codex VII, ZÄS 102 (1975), 123–138.
—— Rezension (R. A. Bullard, The Hypostasis of the Archons, Berlin 1970), OLZ 72 (1977), 377–381.
—— Die Wiederentdeckung und Ausgrabung eines unterägyptischen Anachoretenzentrums, OLZ 72 (1977), 341–346.
—— Die Relevanz der Kirchenväter für die Erschließung der Nag-Hammadi-Texte, in: J. Irmscher/K. Treu (Hg.), Das Korpus der griechisch-christlichen Schriftsteller, Historie, Gegenwart, Zukunft, TU 120, Berlin 1977, 209–218.
—— Zum sogenannten Tractatus Tripartitus des Codex Jung, ZÄS 105 (1978), 133–141.
—— Die Tendenz der Weisheit zur Gnosis, in: B. Aland (Hg.), Gnosis, FS Hans Jonas, Göttingen 1978, 351–372.
—— On the Middle Egyptian Dialect of the Coptic Language, Enchoria 8 (1978) Sonderband, 43*(89)–58*(104).
—— Rezension (W. Langbrandtner, Weltferner Gott oder Gott der Liebe. Der Ketzerstreit in der johanneischen Kirche. Eine exegetisch-religionsgeschichtliche Untersuchung mit Berücksichtigung der koptisch-gnostischen Texte aus Nag-Hammadi, BET 6, Frankfurt a. M. 1977), Enchoria 9 (1979), 149–153.
—— Rezension (A. Böhlig/F. Wisse, Nag Hammadi Codices III,2 und IV,2. The Gospel of the Egyptians [The Holy Book of the Great Invisible Spirit], Leiden 1975), OLZ 74 (1979) 17–23.
—— Die jüdische Melchisedek-Gestalt als Thema der Gnosis, in: K.-W. Tröger, Altes Testament – Frühjudentum – Gnosis. Neue Studien zu "Gnosis und Bibel", Berlin 1980, 111–136.
—— The Phenomenon and Significance of Gnostic Sethianism, in: B. Layton (Hg.), The Rediscovery of Gnosticism, Proceedings of the International Conference on Gnosticism at Yale, New Haven, CT (March 28–31, 1978), Bd. II, SHR 42, Leiden 1981, 588–616.
—— Das Matthäus-Evangelium im mittelägyptischen Dialekt des Koptischen (Codex Scheide), TU 127, Berlin 1981.
—— Rezension (J. Vergote, Grammaire Copte. Tome I a/b: Introduction, phonétique et phonologie, morphologie synthématique (strucure de sémantèmes), (a=) Parte synchronique, (b=) Partie diachronique, Louvain 1973), OLZ 76 (1981) 345–351.
—— Rezension (A. F. J. Klijn, Seth in Jewish, Christian and Gnostic Literature, Leiden 1977), ThLZ 106 (1981), 819–821.
—— Rezension (M. Lattke, Die Oden Salomos in ihrer Bedeutung für Neues Testament und Gnosis I/II, OBO 25/1, 25/1a, 25/2, Göttingen 1979/1980), ThLZ 107 (1982), 820–823.

—— Rezension (B. Layton, The Gnostic Treatise on Resurrection from Nag Hammadi, Edited with Translation and Commentary, HDR 12, Missoula, MO, 1979), ThLZ 107 (1982), 823–824.

—— Zur Bildung der Nomina in der Ägyptischen Sprache, OLZ 77 (1982), 229–236.

—— Rezension (J. É. Ménard, L'Évangile selon Thomas, NHS, Leiden 1975), OLZ 77 (1982), 262–264.

—— Rezension (O. H. E. Burmester, Koptische Handschriften. I: Die Handschriftenfragmente der Staats- und Universitätsbibliothek Hamburg, Teil 1, Wiesbaden 1975), OLZ 77 (1982), 347–349.

—— The Problem of Gnosis, SecCent 3 (1983), 71–87.

—— The Book of Thomas (NHC II,7). A Revision of a Pseudepigraphical Epistle of Jacob the Contender, in: A. H. B. Logan/A. J. M. Wedderburn (Hg.), The New Testament and Gnosis, Essays in Honour of R. McL. Wilson, Edinburgh 1983, 213–228.

—— Rezension (J. W. B. Barns/G. M. Brown/J. C. Shelton, Nag Hammdi Codices, Greek and Coptic Papyri from the Cartonnage of the Covers. CGLib, NHS XVI, Leiden 1981), OLZ 79 (1984), 137–140.

—— Rezension (B. A. Pearson/S. Giversen, Nag Hammadi Codices IX und X, Leiden 1981), OLZ 79 (1984), 246–249.

—— Rezension (D. M. Parrott, Nag Hammadi Codices V,2–5 and VI with Papyrus Berolinensis 8502, Leiden 1979), OLZ 79 (1984), 460–464.

—— Rezension (Ch. W. Hedrick, The Apocalypse of Adam. A Literary and Source Analysis, SBL.DS 46, Chico, CA, 1980), ThLZ 109 (1984), 447–448.

—— Rezension (M. W. Meyer, The Letter of Peter to Philip. Text, Translation, and Commentary SBL.DS 53, Chico, CA, 1981), ThLZ 109 (1984), 735–736.

—— The Mystery of the Gospel of Mark, SecCent 4 (1984), 65–82.

—— Rezension (M. Tardieu, Écrits gnostiques. Codex de Berlin, Sources Gnostiques et Manichéennes, Bd. I, Paris 1984), JAC 27/28 (1984/1985), 238–242.

—— Radikale sexuelle Enthaltsamkeit als hellenistisch-jüdisches Vollkommenheitsideal im Thomas-Buch (NHC II,7), in: U. Bianchi (Hg.), La tradizione dell' enkrateia, Rom 1985, 263–291.

—— Rezension (J. T. Sanders, Ben Sira and Demotic Wisdom, SBL.MS 28, Chico, CA 1983), ThLZ 110 (1985), 601–602.

—— The Function and Background of the Beloved Disciple in the Gospel of John, in: Ch. W. Hedrick/R. Hodgson, Jr. (Hg.), Nag Hammadi, Gnosticism, and Early Christianity, Peabody, MA, 1986, 111–125.

—— Gnosis: Zum Forschungsstand unter besonderer Berücksichtigung der religionsgeschichtlichen Problematik, VF 32 (1987), 2–21.

—— Rezension (P. Hofrichter, Im Anfang war der ‚Johannesprolog'. Das urchristliche Logosbekenntnis – die Basis neutestamentlicher und gnostischer Theologie, BU 17, Regensburg 1986), JAC 30 (1987), 195–200.

—— Rezension (E. Lucchesi, Répertoire des manuscrits coptes (sahidiques) publiés de la Bibliothéque Nationale de Paris, COr 1, Genf 1981), OLZ 82 (1987), 24–25.

—— Rezension (J. É. Ménard, Le Traité sur la résurrection [BCNH.T 12], Québec 1983; Y. Janssens, Les leçons de Silvanos [BCNH.T 13], Québec 1983; J. É. Ménard, L'exposé valentinien [BCNH.T 14], Québec 1985; B. Barc [Hg.], Colloque International sur les texts de Nag Hammadi [BCNH.É], Québec 1981), ThLZ 112 (1987), 109–113.

—— Rezension (M. K. H. Peters, A Critical Edition of the Coptic [Bohairic] Pentateuch, Vol. 5: Deuteronomy, Chico, CA, 1983), OLZ 82 (1987), 546–548.

—— Das Thomas-Buch (Nag-Hammadi-Codex II,7). Neu herausgegeben, übersetzt und erklärt, TU 138, Berlin 1989.

—— Das Berliner Evagrius-Ostrakon (P. Berol. 14700), ZÄS 116 (1989), 90–107.

—— Rezension (B. Layton, The Gnostic Scriptures. A New Translation With Annotations and Introductions, Garden City, NY, 1987), ThLZ 114 (1989), 101–104.

—— Mittelägyptische „Nachlese" I. Bemerkungen zum Adverb ϩιτρογρ „schnell" anläßlich der Edition von Restfragmenten in der Mailänder mittelägyptischen Handschrift der Paulusbriefe mit einem neuen Beleg, ZÄS 116 (1989), 160–174.
—— Rezension (H. W. Attridge, Nag Hammadi Codex I [Jung Codex], Leiden 1985), OLZ 84 (1989) 523–538.
—— Rezension (H. J. Polotsky, Grundlagen des koptischen Satzbaus, Erste Hälfte. [AStP 28], Decatur, GO, 1987), APF 36 (1990), 89–91.
—— Bemerkungen zur Apokalypse des Allogenes [NHC XI,3], in: W. Godlewski (Hg.), Coptic Studies, Acts of the Third International Congress of Coptic Studies in Warsaw 1984 (20.–25. August 1984), Warschau 1990, 417–424.
—— „Er muß wachsen, ich aber muß abnehmen" – Der Konflikt zwischen Jesusjüngern und Täufergemeinde im Spiegel das Johannes-Evangeliums, in: Ch. Elsas/H. G. Kippenberg (Hg.), Loyalitätskonflikte in der Religionsgeschichte, FS Carsten Colpe, Würzburg 1990, 301–313.
—— Carl Schmidt und der Papyrus Berolinensis 8502, in: P. Nagel (Hg.), Carl-Schmidt-Kolloquium an der Martin-Luther-Universität 1988, WBH 23, Halle-Wittenberg 1990, 71–88.
—— Rezension (A. Guillaumont/C. Guillaumont, Évagre le Pontique, Le Gnostique ou A celui qui est devenu digne de la science. Édition critique des fragments grecs, Traduction intégrale établie au moyen des versions syriaques et arménienne, Commentaire et tables, SC 356, Paris 1989), JAC 33 (1990), 269–271.
—— Rezension, (B. Layton, Catalogue of Coptic Literary Manuscripts in the British Library Acquired Since the Year 1906, London 1987), OLZ 85 (1990), 153–158.
—— Rezension (S. Giversen, The Manichaean Coptic Papyri in the Chester Beatty Library I–IV, COr 14–17, Genf 1986/1988), OLZ 85 (1990) 292–295.
—— Ein Brief als Textzeuge für den mittelägyptischen Dialekt des Koptischen (P. Mich. Inv. 525), JCS 1 (1990) = FS I. A. Elanskaja, 59–72, Taf. 7.
—— Apostelgeschichte 1,1–15,3 im mittelägyptischen Dialekt des Koptischen (Codex Glazier), TU 137, Berlin 1991.
—— Rezension (E. Thomassen/L. Painchaud (Hg.), Le Traité Tripartite [NH I,5]. Texte établi, introduit et commenté par E. Thomassen; traduit par L. Painchaud et E. Thomassen, BCNH.T 19, Québec 1989), ThLZ 116 (1991), 101–103.
—— Rezension (M. Lattke, Die Oden Salomos in ihrer Bedeutung für Neues Testament und Gnosis III, OBO 25,3, Fribourg 1986), ThLZ 116 (1991), 190–191.
—— Rezension (A. Shisha-Halevy, Coptic Grammatical Categories. Structural Studies in the Syntax of Shenoutean Sahidic, Rom 1986), OLZ 86 (1991), 154–159.
—— Die Rolle der Gnosis in Bultmanns Kommentar zum Johannesevangelium aus heutiger Sicht, in: Protokollband der Tagung „Alter Marburger" am 2.–5. Januar 1991 in Hofgeismar, 49–83.
—— Mittelägyptische „Nachlese" II: Ein Privatbrief im mittelägyptischen Dialekt des Koptischen (P. BL OR 11173[2]), ZÄS 119 (1992), 43–60.
—— Gnosis-Forschung 1984–1988, in: M. Rassart-Debergh/J. Ries (Hg.), Actes du IVe Congrès Copte, Louvain-La-Neuve, 5–10 septembre 1988, Bd. II, De la linguistique au gnosticisme, Louvain-La-Neuve 1992, 321–333.
—— Rezension (H. J. Polotsky, Grundlagen des koptischen Satzbaus, 2. Hälfte, AStP 29, Georgia 1990), APF 40 (1994), 101–104.
—— Rezension (L. Depuydt, Catalogue of Coptic Manuscripts in the Pierpont Morgan Library, Corpus of illuminated Manuscripts 4.5, Oriental Series 1.2, Leuven 1993), OLZ 90 (1995), 154–162.
—— Die Psalmen im mittelägyptischen Dialekt des Koptischen (der Mudil Codex), Enchoria 23 (1996), 86–144.
—— Das Philippus-Evangelium (Nag-Hammadi-Codex II,3) neu herausgegeben, übersetzt und erklärt, TU 143, Berlin 1997.

—— Konkordanzen zu den Nag Hammadi-Codices (Besprechung von Régine Charron: Concordance des textes de Nag Hammadi. Le Codex VII, BCNH.C 1, Sainte-Foy/Louvain/Paris 1992; Pierre Cherix: Concordance des textes de Nag Hammadi. Le Codex VI, BCNH.C 2, Sainte-Foy/Louvain/Paris 1993; Régine Charron: Concordance des textes de Nag Hammadi. Le Codex III, BCNH.C 3, Sainte-Foy 1995; Pierre Cherix: Concordance des textes de Nag Hammadi. Le Codex I, BCNH.C 4, Sainte-Foy u. a. 1995.), OLZ 92 (1997), 661–673.

—— The Work of the Berliner Arbeitskreis: Past, Present, and Future, in: J. D. Turner/A. McGuire (Hg.), The Nag Hammadi Library after Fifty Years. Proceedings of the 1995 Society of Biblical Literature Commemoration, NHMS 44, Leiden 1997, 62–71.

—— Rezension (G. Wurst, Die Bema-Psalmen. The Manichaean Coptic Papyri in the Chester Beatty Library, Psalm Book, Part II, Fasc. 1., CFM.C 1, Turnhout 1996), Enchoria 24 (1997/1998), 186–193.

—— Das sogenannte „Unbekannte Berliner Evangelium" (UBE), ZAC 2 (1998), 199–213.

—— Mittelägyptische „Nachlese" III. Neue Fragmente zum Martyrium des Cyri(a)cus und seiner Mutter Julitta im mittelägyptischen Dialekt des Koptischen, ZÄS 126 (1999), 149–172, Tafel 14–22.

—— Das Berliner „Koptische Buch" (P. 20915) und seine Geheimnisse, ZÄS 126, 1999, 61–70.

—— Das Matthäus-Evangelium in einer Variante des mittelägyptischen Koptisch auf Papyrus (Codex Schøyen), Enchoria 26 (2000), 88–107.

—— Papyrus Michigan 3520 und 6868(a): Ecclesiastes, Erster Johannesbrief und Zweiter Petrusbrief im Fayumischen Dialekt, TU 151, Berlin 2003.

Schenke, H.-M./Fischer, K. M., Einleitung in die Schriften des Neuen Testaments, Bd. I/II, Berlin 1977/1979.

Scher, Addai, Théodore Bar Koni, De Moribus Manichaeorum, Migne PL 32, 1345–1378; De haeribus ad Quodvultdeum, Migne PL 42, 21–50, CSCO.S I 65/66, Paris 1910/1912.

Schille, G., Frühchristliche Hymnen, Berlin 1965.

Schlier, H., Der Brief an die Epheser, Düsseldorf [5]1965.

—— Der Brief an die Galater, KEK 7, Göttingen [13]1965.

Schmid, K. A., Die Gnostische Bibliothek von Gebel Et-Tarif, NA 5 (1950), 381–383.

Schmidt, C. (ed.), Gnostische Schriften in koptischer Sprache aus dem Codex Brucianus, Leipzig 1892.

—— Ein vorirenaeisches gnostisches Originalwerk in koptischer Sprache, SPAW 36 (1896), 839–846.

—— Plotins Stellung zum Gnostizismus und kirchlichen Christentum, TU.NF 5/4, Leipzig 1901.

—— Die alten Petrusakten im Zusammenhang der apokryphen Apostelliteratur nebst einem neuentdeckten Fragment untersucht, TU.NF 9/1, Leipzig 1903.

—— Koptisch-gnostische Schriften, Bd. I: Die Pistis Sophia, die beiden Bücher des Jeû, Unbekanntes altgnostisches Werk, GCS 13, Leipzig 1905.

—— Irenäus und seine Quelle in adv. haer. 1,29, in: A. Harnack (Hg.), Philotesia, FS Paul Kleinert, Berlin 1909, 315–336.

——Pistis Sophia, Ein gnostisches Originalwerk des dritten Jahrhunderts aus dem Koptischen übersetzt. In neuer Bearbeitung mit einleitenden Untersuchungen und Indices herausgegeben, Leipzig 1925.

—— Das koptische Didache-Fragment des British Museum, ZNW 24 (1925), 81–99.

—— Kephalaia, 1. Hälfte (Lieferung 1–10), mit einem Beitrag von Hugo Ibscher, Manichäische Handschriften der Staatlichen Museen Berlin I, Stuttgart 1940.

Schmidt, C./Polotsky, H. J., Ein Mani-Fund in Ägypten, SPAW.PH (1933), 4–90. Anhang 86–90.

Schmidt, C./Schubart, W., ΠΡΑΞΕΙΣ ΠΑΥΛΟΥ Acta Pauli. Nach dem Papyrus der Hamburger Staats- und Universitäts-Bibliothek, Glückstadt/Hamburg 1936.

Schmidt, C./Till, W., Koptisch-Gnostische Schriften, I: Die Pistis Sophia, die beiden Bücher Jeû, Unbekanntes altgnostisches Werk, GCS 45, Berlin [2]1954, [3]1962, [4]1981.
Schmidt, H. W., Der Brief des Paulus an die Römer, ThHK 6, Berlin 1963.
Schmithals, W., Die Gnosis in Korinth, Göttingen 1956.
—— Die Häretiker in Galatien, in: W. Schmithals (Hg.), Paulus und die Gnostiker. Untersuchungen zu den kleinen Paulusbriefen, ThF 35 (1965), 9–46 = ZNW 47 (1956), 25–67.
—— Die Irrlehrer von Röm. 16,17–20, StTh 13 (1959), 51–69 = Paulus und die Gnostiker, ThF 35 (1965), 159–173.
—— Zur Abfassung und ältesten Sammlung der paulinischen Hauptbriefe, in: W. Schmithals, Paulus und die Gnostiker. Untersuchungen zu den kleinen Paulusbriefen, ThF 35 (1965), 175–200 = ZNW 51 (1960), 225–245.
—— Pastoralbriefe, RGG V, Tübingen [3]1961, 144–148.
—— Der Markusschluß, die Verklärungsgeschichte und die Aussendung der Zwölf, ZThK 69 (1972), 379–411.
—— Das Evangelium nach Markus, ÖTK 2, Gütersloh/Würzburg 1979.
Schnackenburg, R., Die Johannesbriefe, HThK 13,3, Freiburg i. B. 1953.
—— Das Johannesevangelium, Bd. I-III, HThK 4,1–3, Freiburg i. B. 1965–1975.
——Der Jünger, den Jesus liebte, EKK Vorarbeiten 2, Neukirchen 1970, 97–117.
Schneemelcher, W., Paulus in der griechischen Kirche des zweiten Jahrhunderts, ZKG 75 (1964), 1–20.
—— (Hg.) Neutestamentliche Apokryphen II, Tübingen [6]1997.
Schneider, A. M., Römische und byzantinische Bauten auf dem Garizim, ZDPV 68 (1951), 211–234.
Schnelle, U., Antidoketische Christologie im Johannesevangelium. Eine Untersuchung zur Stellung des vierten Evangeliums in der johanneischen Schule, FRLANT 144, Göttingen 1987.
—— Die Abschiedsreden im Johannesevangelium, ZNW 79 (1989), 45–62.
Schoeps, H. J., Das gnostische Judentum in den Dead Sea Scrolls, ZRGG 6 (1954), 276–279.
—— Zur Standortbestimmung der Gnosis, ThLZ 81 (1956), 413–422.
—— Urgemeinde, Judenchristentum, Gnosis, Tübingen 1956.
Scholem, G., Die jüdische Mystik in ihren Hauptströmungen, Frankfurt/Zürich 1957.
—— Jewish Gnosticism, Merkabah Mysticism, and Talmudic Tradition, New York 1960; [2]1965.
—— Ursprung und Anfänge der Kabbala, SJ 3, Berlin 1962, 15–29.
Scholer, D. M., Nag Hammadi Bibliography 1948–1969, NHS 1, Leiden 1971.
—— Bibliographia Gnostica, NovT 13 (1971), 322–336; 14 (1972), 312–331; 15 (1973), 327–345; 16 (1974), 316–336; 17 (1975), 305–336.
Schottroff, L. Der Glaubende und die feindliche Welt. Beobachtungen zum gnostischen Dualismus und seiner Bedeutung für Paulus und das Johannesevangelium, WMANT 37, Neukirchen/Vluyn 1970.
Schrage, W., Das Verhältnis des Thomas-Evangeliums zur synoptischen Tradition und zu den koptischen Evangelienübersetzungen. Zugleich ein Beitrag zur gnostischen Synoptikerdeutung, BZNW 29, Berlin 1964.
—— Der erste Brief an die Korinther, EKK 7, Neukirchen 1991.
Schröger, F., Der Gottesdienst der Hebräerbriefgemeinde, MThZ 19 (1968), 161–181.
Schubert, K., Problem und Wesen der jüdischen Gnosis, Kairos 3 (1961), 2–15.
—— Jüdischer Hellenismus und jüdische Gnosis, WuW 18 (1963), 455–461.
Schürer, E., Geschichte des jüdischen Volkes, Bd. I/III, Leipzig 1901/1909.
Schulten, A., Die Mosaikkarte von Madaba und ihr Verhältnis zu den ältesten Karten und Beschreibungen des heiligen Landes, AGWG.NF 4, Berlin 1900, 5–41.
Schultz, H., Die Adresse der letzten Kapitel des Briefes an die Römer, JDTh 2 (1876), 104–130.
Schultz, W., Dokumente der Gnosis, Jena 1910.

Schwartz, E., Aporien im vierten Evangelium, Bd. II, NGWG.PH, Göttingen 1908.
Schweizer, E., Die Kirche als Leib Christi in den paulinischen Antilegomena, ThLZ 86 (1961), 241–256.
—— Erniedrigung und Erhöhung bei Jesus und seinen Nachfolgern, Zürich [2]1962.
—— Zur Herkunft der Präexistenzvorstellung bei Paulus, Neotestamentica, Zürich 1963, 105–109.
—— Aufnahme und Korrektur jüdischer Sophiatheologie im Neuen Testament, Neotestamentica, Zürich 1963, 110–121.
—— Zum religionsgeschichtlichen Hintergrund der „Sendungsformel" Gal 4,4f., Röm 8,3f., Joh 3,16f., 1. Joh 4,9, ZNW 57 (1966), 199–210 = BTNT, Neutestamentliche Aufsätze, Zürich 1970, 83–95.
—— Jesus Christus im vielfältigen Zeugnis des Neuen Testaments, München/Hamburg 1968.
Scopello, M., L'Exégèse de l'âme: Nag Hammadi codex II,6. Introduction, traduction et commentaire, NHS 25, Leiden 1985.
Scott, W./Ferguson, A. St., Hermetica, Bd. I–IV, Oxford 1924–1936.
Scroggs, R./Groff, K., Baptism in Mark: Dying and Rising with Christ, JBL 92 (1973), 536–540.
Seesemann, H., Das Paulusverständnis des Clemens Alexandrinus, ThStKr 107 (1936), 312–346.
Segal, A. F., Two Powers in Heaven – Early Rabbinic Reports about Christianity and Gnosticism, SJLA 25, Leiden 1977, 193–195.
Segelberg, E., Masbūtā, Studies in the Ritual of the Mandaean Baptism, Upsala 1958.
Sethe, K., Die relativischen Partizipialumschreibungen des Demotischen und ihre Überreste im Koptischen in zwei Ausdrücken der hellenistischen Mysteriensprache, NGWG (1919), 145–158.
Sevrin, J.-M., Le dossier baptismal séthien: Études sur le sacramentaire gnostique, BCNH.É 2, Québec 1986.
Shisha-Halevy, A., Apodotic efsōtm̄: A Hitherto Unnoticed Late Coptic Tripartite Pattern Conjugation-Form and Its Diachronic Perspective, Le Muséon 86 (1973), 455–466.
—— Protatic efsōtm̄: A Hitherto Unnoticed Coptic Tripartite Conjugation-Form and Its Diachronic Connections, Orientalia 43 (1974), 369–381.
—— The Circumstantial Present as an antecedent-less (i.e. substantival) Relative in Coptic, JEA 62 (1976), 134–137.
—— Bohairic ⲧⲱⲟⲩⲛ (ⲧⲱⲛ=): A Case of Lexemic Grammaticalisation, Enchoria 7 (1977), 109–113.
—— Protatic efsōtm̄: Some Additional Material, Orientalia 46 (1977), 127–128.
—— "Middle Egyptian" Gleanings: Grammatical notes on the "Middle Egyptian" Text of Matthew, ChrÉ 58, (1983), 311–329.
—— Coptic Grammatical Categories, Structural Studies in the Syntax of Shenoutean Sahidic, AnO 53, Rom 1986.
—— Coptic Grammatical Chrestomathy, OLA 30, Leuven 1988.
—— Coptic Linguistics: 1992–1996, in: S. Emmel/M. Krause/S. G. Richter/S. Schaten (Hg.), Ägypten und Nubien in spätantiker und christlicher Zeit, Akten des 6. Internationalen Koptologenkongresses, Münster, 20.–26. Juli 1996, SKCO 6,2, Wiesbaden 1999, 317–326.
Sieber, J. H., An Introduction to the Tractate Zostrianus from Nag Hammadi, NovT 15 (1973), 233–240.
—— Nag Hammadi Codex VIII, NHS 31, Leiden 1991.
Sieffert, F., Der Brief an die Galater, KEK 7, Göttingen [9]1899.
Siegert, F., Nag-Hammadi-Register, WUNT 26, Tübingen 1982.
Simon, M., Verus Israel, Paris 1948.
Smith, D. M., The Composition and Order of the Fourth Gospel. Bultmann's Literary Theory, New Haven, CT, 1965.
Smith, M., Clement of Alexandria and a Secret Gospel of Mark, Cambridge, MA, 1973.

—— The Secret Gospel. The Discovery and Interpretation of the Secret Gospel according to Mark, New York 1973.
—— Jesus, the Magician, New York 1978.
—— The History of the Term Gnostikos, in: B. Layton (Hg.), The Rediscovery of Gnosticism, Proceedings of the International Conference on Gnosticism at Yale, New Haven, CT (March 28–31, 1978), Bd. II, SHR 42, Leiden 1981, 796–807.
—— Clement of Alexandria and Secret Mark. The score at the end of the first decade, HThR 75 (1983), 449–461.
Soden, H. von, Die Schriften des Neuen Testaments in ihrer ältesten erreichbaren Textgestalt hergestellt auf Grund ihrer Textgeschichte, Göttingen 1913.
Soggin, J. A., Bemerkungen zur alttestamentlichen Topographie Sichems mit besonderem Bezug auf Jdc. 9, ZDPV 83 (1967), 183–198.
Spitta, F., Untersuchungen über den Brief des Paulus an die Römer. Zur Geschichte und Literatur des Urchristentums, Bd. III,1, Göttingen 1901.
Spyridonidis, C. K., The Church over Jakob's Well, PEFQS 40 (1908), 248–253.
Stählin, O., Des Clemens von Alexandreia ausgewählte Schriften aus dem Griechischen übersetzt, BKV 2, München 1934–1938.
Stegemann, V., Koptische Paläographie. Quellen und Studien zur Geschichte und Kultur des Altertums und des Mittelalters, Reihe C, Bd. I, Heidelberg 1936.
Stegemann, W., War der Apostel Paulus ein römischer Bürger?, ZNW 78 (1987), 200–229.
Stern, L., Koptische Grammatik, Leipzig 1880; Neudruck Osnabrück 1971.
Störk, L., Addenda et Corrigenda zu VOHD 21,1, Wiesbaden 1994.
—— Koptische Handschriften II: Die Handschriften der Staats- und Universitätsbibliothek Hamburg, Teil 2: Die Handschriften aus Dair Anbâ Maqâr. Unter Verwendung der Aufzeichnungen von Oswald Hugh Ewart KHS-Burmester, VOHD 21,2, Stuttgart 1995.
—— Koptische Handschriften III: Die Handschriften der Staats- und Universitätsbibliothek Hamburg, Teil 3: Addenda and Corrigenda zu Teil 1, VOHD 21,3, Stuttgart 1995.
Strange, G. le, Palestine under the Moslems, London 1890.
Strecker, G., Das Judenchristentum in den Pseudoklementinen, TU 70, Berlin 1958.
—— Redaktion und Tradition im Christushymnus Phil 2,6–11, ZNW 55 (1964), 63–78.
—— Paulus in nachpaulinischer Zeit, Kairos 12 (1970), 208–216.
Strugnell, J., The Angelic Liturgy at Qumran: 4Q Serek šīrōt ʿōlat haššabbāt, VT.S 7 (1960), 318–345.
Suitbertus, P., Die Vollkommenheitslehre des ersten Johannesbriefes, Biblica 39 (1958), 319–333. 449–470.
Tardieu, M., Les Trois Stèles de Seth. Un écrit gnostique retrouvé à Nag Hammadi, Introduit et traduit, RSPhTh 57 (1973), 545–575.
—— Trois Mythes Gnostiques. Adam, Éros et les animaux d'Égypte dans un écrit de Nag Hammadi (II,5), Centre d'Études des Religions du Livre, Laboratoire associé au CNRS no. 152. École pratique des Hautes Études – Ve Section, Paris 1974.
—— Le titre du deuxième écrit du codex VI, Le Muséon 87 (1974), 523–530.
—— Le titre de CG VI,2 (Addenda), Muséon 88 (1975), 365–369.
—— Les livres mis sous le nom de Seth et les Séthiens de l'hérésiologie, in: M. Krause (Hg.), Gnosis and Gnosticism, NHS 8, Leiden, 1977, 204–210.
—— Le Congrès de Yale sur le Gnosticisme (28–31 mars 1978), REAug 24 (1978), 188–209.
—— Écrits gnostiques, Codex de Berlin, SGM 1, Paris 1984.
—— Recherches sur la formation de l'Apocalypse de Zostrien et les sources de Marius Victorinus; Pierre Hadot: „Porphyre et Victorinus". Questions et hypothèses, RO 9, Bures-sur-Yvette, Groupe pour l'Étude de la Civilisation du Moyen-Orient 1996.
Tardieu, M./Dubois, J.-D., Introduction à la littérature gnostique, Éditions du CERF/ Éditions du C.N.R.S., Paris 1986.
Theißen, G., Untersuchungen zum Hebräerbrief, StNT 2, Gütersloh 1969.
Thomassen, E., The Tripartite Tractate From Nag Hammadi. A New Translation with Introduction and Commentary, Ph.D. Diss. St. Andrews 1982.

Thomassen, E./Painchaud, L., Le Traité Tripartite (NH I,5). Texte établi, introduit et commenté par E. Thomassen; traduit par L. Painchaud et E. Thomassen, BCNH.T 19, Québec 1989.

Thyen, H., „Johannes 13 und die ‚kirchliche Redaktion' des vierten Evangeliums", in: G. Jeremias (Hg.), Tradition und Glaube. Das frühe Christentum in seiner Umwelt, FS K. G. Kuhn, Göttingen 1971.

—— Entwicklungen innerhalb der johanneischen Theologie im Spiegel von Joh 21 und der Lieblingsjüngertexte des Evangeliums, in: M. de Jonge (Hg.), L'Évangile de Jean. Sources, Rédaction, Théologie, BEThL 44, Gembloux/Leuven 1977, 259–299.

—— Aus der Literatur zum Johannesevangelium, ThR.NF 44 (1979), 97–134.

—— Johannesevangelium, TRE 17 (1988), 200–225.

Till, W. C., Achmimisch-koptische Grammatik mit Chrestomathie und Wörterbuch, Leipzig 1928.

—— Koptische Chrestomathie für den fayumischen Dialekt, Wien 1930.

—— Koptische Dialektgrammatik mit Lesestücken und Wörterbuch, München 1931.

—— Die Gnosis in Ägypten, LPP 4 (1949), 230–249.

—— The Gnostic Apocryphon of John, JEH 3, London 1952, 14–22.

—— Die gnostischen Schriften des koptischen Papyrus Berolinensis 8502, herausgegeben, übersetzt und bearbeitet, TU 60, Berlin 1955.

—— Koptische Grammatik (Saïdischer Dialekt), Leipzig 1955, [2]1961.

—— Die Kairener Seiten des Evangeliums der Wahrheit, ThLZ 83 (1958), 497–500.

—— Bemerkungen zur Erstausgabe des „Evangelium veritatis", Orientalia 27 (1958), 269–286.

—— Das Evangelium nach Philippos, PTS 2, Berlin 1963.

Till, W. C./Schenke, H.-M., Die gnostischen Schriften des koptischen Papyrus Berolinensis 8502, erweiterte Auflage bearbeitet von H.-M. Schenke, TU 60, [2]1972.

Till, W. C./Schmidt, C., Koptisch-Gnostische Schriften, I: Die Pistis Sophia, die beiden Bücher Jeû, Unbekanntes altgnostisches Werk, GCS 45, Berlin [2]1954, [3]1962, [4]1981.

Tobler, T., Theoderici libellus de Locis Sanctis, St. Gallen/Paris 1865.

Tobler, T./Molinier, A., Itinera Hierosolymitana, Bd. I, Genf 1879.

Traube, L., Nomina sacra: Versuch einer Geschichte der christlichen Kürzung, München 1907.

Treu, K., P. Berol. 8508: Christliches Empfehlungsschreiben aus dem Einband des koptisch-gnostischen Kodex P. 8502, APF 28 (1982), 53–54.

Tröger, K.-W., Rezension (Peel, Malcolm L., Gnosis und Auferstehung: Der Brief an Rheginus von Nag Hammadi, Neukirchen-Vluyn 1974), ThLZ 101 (1976), 927–930.

—— Die Passion Jesu Christi in der Gnosis nach den Schriften von Nag Hammadi, Theol. Diss., Berlin 1978.

Toussoun, O., Notes sur le désert Lybique: „Cellia" et ses couvents, MSRAA 7,1, Alexandria 1935.

Turner, J. D., The Book of Thomas the Contender from Codex II of the Cairo Gnostic Library from Nag Hammadi (CG II,7). The Coptic Text with Translation, Introduction and Commentary, SBL.DS 23, Missoula, MT, 1975.

—— The Gnostic Threefold Path to Enlightenment, NovT 22 (1980), 324–351.

—— Sethian Gnosticism. A Literary History, in: C. W. Hedrick/R. Hodgson (Hg.), Nag Hammadi, Gnosticism, and Early Christianity, Peabody, MA, 1986, 55–86.

—— The Figure of Hecate and Dynamic Emanationism in the Chaldean Oracles. Sethian Gnosticism, and Neoplatonism, SecCent 7 (1991), 221–232.

—— Gnosticism and Platonism. The Platonizing Texts from Nag Hammadi in their Relation to Later Platonic Literature, in: R. T. Wallis/J. Bregman (Hg.), Gnosticism and Neoplatonism, StNP 6, Albany 1992, 425–459.

Unger, R., Zur sprachlichen und formalen Struktur des gnostischen Textes „Der Donner: der vollkommene Nous", OrChr 59 (1975), 78–107.

Vaillant, A., Le livre des secrets d'Hénoch. Texte slave et traduction française, Paris 1952.
Vanhoye, A., La fuite du jeune homme nu (Mc 14,51–52), Biblica 52 (1971), 401–406.
Van Unnik, W. C., Het cortgeleden ontdekte ‚Evangelie der Waarheid' en het Nieuwe Testament, Mededelingen der Koninklijke Nedertlandse Akademie van Wetenschapen, Afd. Letterkunde, Nieuwe Reeks, Deel 17, No. 3, Amsterdam 1954.
—— The recently discovered „Gospel of Truth" and the New Testament, in: F. L. Cross (Hg.), The Codex Jung: A newly recovered Gnostic Papyrus, London 1955, 81–128.
—— The origin of the recently discovered „Apocryphon Jacobi", VigChr 10 (1956), 149–156.
—— Die jüdische Komponente in der Entstehung der Gnosis, VigChr 5 (1961), 65–82.
Vaux, R. de, Das Alte Testament und seine Lebensordnungen, Bd. II, Freiburg 1962.
Vergote, J., Les livres gnostiques de Nag' Hammadi, ChrÉ 25 (1950), 171–172.
—— Grammaire Copte. Introduction, Phonétique et Phonologie, Morphologie (Structure des Sémantèmes), Ia: Partie Synchronique; Ib: Partie Diachronique, Leuven 1973.
—— Problèmes de la ‚Nominalbildung' en égyptien, ChrÉ 51 (1976), 261–285.
—— La vocalisation des formes verbales en égyptien – Des matériaux nouveaux?, BibO34 (1977), 135–139.
—— Grammaire Copte, IIa: Morphologie Syntagmatique, Syntaxe, Partie Synchronique; IIb: Morphologie Syntagmatique, Partie Diachronique, Leuven 1983.
Vermes, G., Scripture and Tradition in Judaism, StPB 4, Leiden 1961.
Vielhauer, Ph., Geschichte der urchristlichen Literatur, Berlin 1975.
Villey, A., Alexandre de Lycopolis, Contre la doctrine de Mani, SGM 2, Paris 1985.
Vincent, L.-H., La culte d'Helena a Samarie, RB 45 (1936), 221–232.
Vis, H. de, Homélies Coptes de la Vaticane II, Kopenhagen 1929.
Vittmann, G., „Riesen" und riesenhafte Wesen in der Vorstellung der Ägypter, BÄ 13, Wien 1995.
Völker, W., Paulus bei Origenes, ThStKr 102 (1930), 258–279.
—— Quellen zur Geschichte der christlichen Gnosis, SQS.NF 5, Tübingen 1932.
Vycichl, W., Dictionnaire étymologique de la language copte, Leuven 1983.
Wächter, L., Salem bei Sichem, ZDPV 84 (1968), 63–72.
Waetjen, H., The Ending of Mark and the Gospel's Shift in Eschatology, ASTI 4 (1965), 114–131.
Waldschmidt, E./Lentz, W., Die Stellung Jesu im Manichäismus, AAWB 4, Berlin 1926.
Waldstein, M./Wisse, F., The Apocryphon of John. Synopsis of Nag Hammadi Codices II,1; III,1; and IV,1 with BG 8502,2, NHMS 33, Leiden 1995.
Walter, N., Fragmente jüdisch-hellenistischer Historiker, in: W. G. Kümmel (Hg.), Jüdische Schriften aus hellenistisch-römischer Zeit, Bd. I/II, Gütersloh 1976.
—— Rezension (M. Lattke, Die Oden Salomos in ihrer Bedeutung für Neues Testament und Gnosis, Bd. I/II, OBO 25, Fribourg/Göttingen 1979/80), ThLZ 102 (1977), 580–583.
Waszink, J. H., Observations on Tertullian's Treatise against Hermogenes, VigChr 9 (1955), 129–147.
—— Tertullian, The Treatise against Hermogenes, ACW 24, Westminster/Maryland 1956.
Weiss, B., Die drei Briefe des Apostels Johannes, KEK 14, Tübingen [6]1899.
Weiß, J., Rezension (Fr. Spitta, Zur Geschichte und Literatur des Urchristentums I), ThLZ 18, 1893, 394–395.
—— Das Urchristentum, Göttingen [2]1917.
Weisse, C. H., Beiträge zur Kritik paulinischer Briefe, Leipzig 1867.
Wekel, K. (federführend), Die drei Stelen des Seth. Die fünfte Schrift aus Nag-Hammadi-Codex VII, eingeleitet und übersetzt vom Berliner Arbeitskreis für koptisch-gnostische Schriften, ThLZ 100 (1975), 571–580.
—— Die drei Stelen des Seth (NHC VII,5). Text – Übersetzung – Kommentar, Theol. Diss., Berlin 1977.
Wendland, P., Hippolytus: Refutatio omnium haeresium III, GCS 26, Leipzig 1916.

Wendt, H. H., Die Johannesbriefe und das johanneische Christentum, 1925.
Wengst, K., Christologische Formeln und Lieder des Urchristentums, StNT 7, Gütersloh 1972.
Werner, A. (federführend), Die Apokalypse des Petrus. Die dritte Schrift aus Nag-Hammadi-Codex VII, eingeleitet und übersetzt vom Berliner Arbeitskreis für koptisch-gnostische Schriften, ThLZ 99 (1974), 575–584.
—— Das Apokryphon des Johannes in seinen vier Versionen synoptisch betrachtet und unter besonderer Berücksichtigung anderer Nag-Hammadi-Schriften in Auswahl erläutert, Theol. Diss., Humboldt Universität, Berlin 1977.
Westendorf, W., Koptisches Handwörterbuch. Bearbeitet auf Grund des Koptischen Handwörterbuchs von Wilhelm Spiegelberg, Heidelberg 1965/1977.
Westerhoff, M., Auferstehung und Jenseits im koptischen „Buch der Auferstehung Jesu Christi, unseres Herrn", OBC 11, Wiesbaden 1999.
Widengren, G., Der iranische Hintergrund der Gnosis, ZRGG 4 (1952), 97–114.
—— Stand und Aufgaben der iranischen Religionsgeschichte, Numen I, Leiden 1954, 16–83; Numen II, Leiden 1955, 47–134.
—— Die Mandäer, HO I 8,2, Leiden/Köln 1961, 83–101.
—— Mani und der Manichäismus, Stuttgart 1961.
—— Der Mandäismus, WdF 167, Darmstadt 1982.
Wilckens, U., Präexistenz Christi, 1. Im NT, RGG V, Tübingen [3]1961, 491–492.
—— Das Evangelium nach Johannes, NTD 4, Göttingen 1998.
Wilson, R. McL., Gnostic Origins, VigChr 9 (1955), 193–211.
—— Gnostic Origins Again, VigChr 11 (1957), 93–110.
—— Simon, Dositheus, and the Dead Sea Scrolls, ZRGG 9 (1957), 21–30.
—— The Gnostic Problem, London 1958.
—— The Gospel of Philip Translated from the Coptic Text with an Introduction and Commentary, London 1962.
—— Gnosis und Neues Testament, UTb 118, Stuttgart 1971.
—— The Gospel of the Egyptians, StPatr 14 (TU 117), Berlin 1976.
—— The Trimorphic Protennoia, in: M. Krause (Hg.), Gnosis and Gnosticism, NHS 8, Leiden 1977, 50–54.
—— (Hg.) Nag Hammadi and Gnosis, NHS 14, Leiden 1978.
—— (Hg.) The Future of Coptic Studies, CoptSt 1, Leiden 1978.
Wilson, R. S., Marcion, a Study of a Second-Century Heretic, London 1933.
Windisch, H./Preisker, H., Die katholischen Briefe, HNT 15, Tübingen [3]1951.
Wisse, F., The Redeemer Figure in the Paraphrase of Shem, NovT 12 (1970), 130–140.
—— The Sethians and the Nag Hammadi Library, in: L. C. McGaughy (Hg.), Society of Biblical Literature 1972 Proceedings, Bd. II, Missoula, MT, 1972, 601–607.
—— On Exegeting "The Exegesis on the Soul", in: J. E. Ménard (Hg.), Les Textes de Nag Hammadi, Colloque du Centre d'Histoire des Religions (Strasbourg, 23–25 octobre 1974), NHS 7, Leiden 1975, 68–81.
—— "Gnosticism and Early Monasticism in Egypt", in: B. Aland (Hg.), Gnosis, FS H. Jonas, Göttingen 1978, 431–440.
—— Rezension (Peters, M. K. H., An Analysis of the Textual Character of the Bohairic of Deuteronomy, SBL.SCSt 9, Missoula, MT, 1979), JBL 100 (1981), 630.
Wlosok, A., Laktanz und die philosophische Gnosis, Heidelberg 1960.
Woude, A. S. van der, Melchisedek als himmlische Erlösergestalt in den neugefundenen eschatologischen Midraschim aus Qumran Höhle XI, OTS 14 (1965), 354–373.
Wright, G. E., Shechem: The Biography of a Biblical City, London 1965.
Wright, G. R. H., The Place Name Balatah and the Excavation at Shechem, ZDPV 83 (1967), 199–202.
Wuellner, W. H./Conley, Th., General Education in Philo of Alexandria. Hermeneutical Studies in Hellenistic and Modern Culture, Protocol of the Fifteenth Colloquy (9 March 75), Berkeley, CA, 1975.

Wurst, G., Das Bêmafest der ägyptischen Manichäer, ASKÄ 8, Altenberge 1995.
—— Die Bema-Psalmen. The Manichaean Coptic Papyri in the Chester Beatty Library, Psalm Book, Part II, Fasc. 1., CFM.C 1, Turnhout 1996.
Wünsch, R., Sethianische Verfluchungstafeln aus Rom, Leipzig 1898.
Wuttke, G., Melchisedech der Priesterkönig von Salem. Eine Studie zur Geschichte der Exegese, BZNW 5, Gießen 1927.
Yadin, Y., The Dead Sea Scrolls and the Epistle to the Hebrews, SH 4 (1958), 36–55.
—— A Note on Melchizedek and Qumran, IEJ 15 (1965), 152–154.
Yoo, B. W., Die erste Apokalypse des Jakobus (Nag Hammadi-Codex V,3). Neu herausgegeben, übersetzt und erklärt, Theol. Diss., Berlin 1999.
Zahn, Th., Grundriß der Geschichte des neutestamentlichen Kanons, Leipzig 1889, ^{2}1904.
Zandee, J., Die Lehren des Silvanus. Stoischer Rationalismus und Christentum im Zeitalter der frühkatholischen Kirche, in: M. Krause (Hg.), Essays on the Nag Hammadi Texts in Honour of Alexander Böhlig, NHS 3, Leiden 1972, 144–155.
—— „Les enseignements de Silvanos“ et Philon d'Alexandrie, in: J. Zandee (Hg.), Mélanges d'Histoire des Religions offerts à H.-Ch. Puech, Paris 1974, 337–345.
—— Deviations from Standardized Sahidic in „The Teachings of Silvanus“, Le Muséon 89 (1976), 367–381.
—— "The Teachings of Silvanus" and Clement of Alexandria. A New Document of Alexandrian Theology, MSÉO 19, Leiden 1977.
—— „The Teachings of Silvanus“ (NHC VII,4) and Jewish Christianity, in: R. van den Broek/M. J. Vermaseren (Hg.), Studies in Gnosticism and Hellenistic Religions, FS Gilles Quispel, EPRO 91, Leiden 1981, 498–584.
—— Eine Crux Interpretum in den „Lehren des Silvanus“, GM 44 (1981), 79–80.
—— The Teachings of Silvanus (Nag Hammadi Codex VII,4). Text, Translation, Commentary, EU 6, Leiden 1991.
Zenger, E., Die späte Weisheit und das Gesetz, in: J. Maier/J. Schreiner (Hg.), Literatur und Religion des Frühjudentums, Würzburg 1973, 43–56.
Zielinsky, Th., Hermes und die Hermetik I: Das hermetische Corpus, ARW 8 (1905), 321–372.
—— Hermes und die Hermetik II: Der Ursprung der Hermetik, ARW 9 (1906), 25–60.
Zycha, J., Augustin: De utilitate credendi (und andere antimanichäische Schriften), CSEL 25, Wien 1891/1892.

HANS-MARTIN SCHENKES BIBLIOGRAPHIE

1. *Monographien*

[1959] Die Herkunft des sogenannten Evangelium Veritatis, Berlin/Göttingen.

[1960] Koptisch-gnostische Schriften aus den Papyrus-Codices von Nag-Hamadi [mit Johannes Leipoldt], ThF 20, Hamburg-Bergstedt.

[1962] Der Gott „Mensch" in der Gnosis. Ein religionsgeschichtlicher Beitrag zur Diskussion über die paulinische Anschauung von der Kirche als Leib Christi, Berlin/Göttingen.

[1970] Die Berliner Handschrift der sahidischen Apostelgeschichte (P. 15926) [mit Fritz Hintze], TU 109, Berlin.

[²1972] Die gnostischen Schriften des koptischen Papyrus Berolinensis 8502, herausgegeben, übersetzt und bearbeitet von Walter C. Till, 2. erw. Aufl. bearbeitet von H.-M. Schenke, TU 60, Berlin.

[1978–79] Einleitung in die Schriften des Neuen Testaments [mit Karl Martin Fischer]. 2 Bde. Berlin/Gütersloh.

[1981] Das Matthäus-Evangelium im mittelägyptischen Dialekt des Koptischen (Codex Scheide), TU 127, Berlin.

Koptisch-gnostische Schriften, herausgegeben von C. Schmidt. Bd. 1: Die Pistis Sophia; Die beiden Bücher des Jeû; Unbekanntes altgnostisches Werk. 4., um das Vorwort erw. Aufl. herausgegeben von H.-M. Schenke, GCS Koptisch-Gnostische Schriften I, Berlin.

[1989] Das Thomas-Buch (Nag-Hammadi-Codex II,7), TU 138, Berlin.

[1991] Apostelgeschichte 1,1–15,3 im mittelägyptischen Dialekt des Koptischen (Codex Glazier). TU 137, Berlin.

[1997] Das Philippus-Evangelium (Nag-Hammadi-Codex II,3), TU 143, Berlin.

[2001] Das Matthäus-Evangelium im mittelägyptischen Dialekt des Koptischen (Codex Schøyen), Manuscripts in the Schoyen Collection 2 = Coptic Papyri 1, Oslo.

Nag Hammadi Deutsch [mit Hans-Gebhard Bethge und Ursula Ulrike Kaiser], Bd. 1: NHC I,1–V,1, GCS.NF 8, Koptisch-Gnostische Schriften II, Berlin/New York.

[2003] Nag Hammadi Deutsch [mit Hans-Gebhard Bethge und Ursula Ulrike Kaiser], Bd. 2: NHC V,2–XIII,1, BG 1 und 4, GCS.NF 12, Koptisch-Gnostische Schriften III, Berlin/New York.

Papyrus Michigan 3520 und 6868(a): Ecclesiastes, Erster Johannesbrief und Zweiter Petrusbrief im Fayumischen Dialekt, TU 151, Berlin 2003.

[2007] Nag Hammadi Deutsch, Studienausgabe [mit Hans-Gebhard Bethge und Ursula Ulrike Kaiser, unter Mitarbeit von Katharina Schwarz], Berlin/New York.

2. *Essays und Beiträge*

[1958] Die fehlenden Seiten des sog. Evangeliums der Wahrheit, ThLZ 83, 497–500.

„Das Wesen der Archonten". Eine gnostische Originalschrift aus dem Funde von Nag-Hamadi, ThLZ 83, 661–670.

[1959] Das Evangelium nach Philippus. Ein Evangelium der Valentinianer aus dem Funde von Nag-Hamadi, ThLZ 84, 1–26.

Vom Ursprung der Welt. Eine titellose gnostische Abhandlung aus dem Funde von Nag-Hamadi, ThLZ 84, 243–256.

[1960] Das Evangelium der Wahrheit, in: Willem Cornelis van Unnik (Hg.), Evangelien aus dem Nilsand, Frankfurt/M., 174–185.

[1962] Nag-Hamadi Studien I. Das literarische Problem des Apokryphon Johannis, ZRGG 14, 57–63.

Nag-Hamadi Studien II. Das System der Sophia Jesu Christi, ZRGG 14, 263–278.

Nag-Hamadi Studien III. Die Spitze des dem Apokryphon Johannis und der Sophia Jesu Christi zugrundeliegenden gnostischen Systems, ZRGG 14, 352–361.

Codex Jung, in: Biblisch-historisches Handwörterbuch, Bd. 1, 310.

Evangelium der Wahrheit, in: Biblisch-historisches Handwörterbuch, Bd. 1, 457.

[1963] Orakelwesen im alten Ägypten, Das Altertum 9, 67–77.

Determination und Ethik im ersten Johannesbrief, ZThK 60, 203–215.

[1964] Der Widerstreit gnostischer und kirchlicher Christologie im Spiegel des Kolosserbriefes, ZThK 61, 391–403.

Nag-Hammadi-Handschriften, in: Biblisch-historisches Handwörterbuch, Bd. 2, 1280–1281.

[1965] Zum gegenwärtigen Stand der Erforschung der Nag-Hammadi-Handschriften, in: Koptologische Studien in der DDR, WZH Sonderheft, Halle (Saale), 124–135.

Die Gnosis, in: Johannes Leipoldt/Walter Grundmann (Hg.), Umwelt des Urchristentums, Bd. 1: Darstellung des neutestamentlichen Zeitalters, Berlin, 371–415.

Hauptprobleme der Gnosis. Gesichtspunkte zu einer neuen Darstellung des Gesamtphänomens, Kairos 7, 114–123. [Neudr. in: Kurt Rudolph (Hg.), Gnosis und Gnostizismus, WdF 262, Darmstadt 1975, 585–600.]

Das Problem der Beziehung zwischen Judentum und Gnosis. Ist die Gnosis aus dem Judentum ableitbar?, Kairos 7, 124–133.

Die Arbeit am Philippus-Evangelium, ThLZ 90, 321–332.

[1966] Thomasevangelium, in: Biblisch-historisches Handwörterbuch, Bd. 3, 1975.

[1967] Die Gnosis, in: Johannes Leipoldt/Walter Grundmann (Hg.): Umwelt des Urchristentums, Bd. 2: Texte zum neutestamentlichen Zeitalter, Berlin, 350–418.

Aporien im Römerbrief, ThLZ 92, 881–888.

[1968] Exegetische Probleme in der zweiten Jakobus-Apokalypse in Nag-Hammadi-Codex V, in: Peter Nagel (Hg.), Probleme der koptischen Literatur, WBH 1, Halle (Saale), 109–114.

Jakobsbrunnen – Josephsgrab – Sychar. Topographische Untersuchungen und Erwägungen in der Perspektive von Joh. 4,5.6, ZDPV 84, 159–184.

Auferstehungsglaube und Gnosis, ZNW 59, 123–126.

[1969–70] Das Ägypter-Evangelium aus Nag-Hammadi-Codex III, NTS 16, 196–208.

[1971] Der Jakobusbrief aus dem Codex Jung, OLZ 66, 117–130. [Besprechung von Michel Malinine u. a.: Epistula Iacobi Apocrypha. Codex Jung f. I^{r}–f. VIII^{v} (p. 1–16), Zürich/Stuttgart 1968.]

[1973] Die Bedeutung der Texte von Nag Hammadi für die moderne Gnosisforschung [mit acht weiteren Mitgliedern des Arbeitskreises für koptisch-gnostische Schriften], in: Karl-Wolfgang Tröger (Hg.), Gnosis und Neues Testament. Studien aus Religionswissenschaft und Theologie, Berlin, 13–76.

Die neutestamentliche Christologie und der gnostische Erlöser, in: Karl-Wolfgang Tröger (Hg.), Gnosis und Neues Testament, Berlin, 205–229.

Erwägungen zum Rätsel des Hebräerbriefes, in: Hans Dieter Betz (Hg.), Neues Testament und christliche Existenz, FS für Herbert Braun, Tübingen, 421–437.

„Die Taten des Petrus und der zwölf Apostel“. Die erste Schrift aus Nag-Hammadi-Codex VI eingeleitet und übersetzt vom Berliner Arbeitskreis für koptisch-gnostische Schriften [„Federführend für diese Schrift: H.-M. Schenke.“], ThLZ 98, 13–19.

[1974] Das sethianische System nach Nag-Hammadi-Handschriften, in: Peter Nagel (Hg.), Studia Coptica, BBA 45, Berlin, 165–173, mit einer Abbildung.

Bemerkungen zum koptischen Papyrus Berolinensis 8502, in: FS zum 150jährigen Bestehen des Berliner Ägyptischen Museums, MÄS 8, Berlin, 315–322, Taf. 45–47.

Zur Faksimile-Ausgabe der Nag-Hammadi-Schriften. Nag-Hammadi-Codex VI, OLZ 69, 229–243. [Besprechung der Ausgabe Leiden 1972]

[1975] Bemerkungen zur Apokalypse des Petrus, in: Martin Krause (Hg.), Essays on the Nag Hammadi Texts in Honour of Pahor Labib, NHS 6, Leiden, 277–285.

Das Weiterwirken des Paulus und die Pflege seines Erbes durch die Paulus-Schule, NTS 21, 505–518.

Sprachliche und exegetische Probleme in den beiden letzten Schriften des Codex II von Nag Hammadi, OLZ 70, 5–13. [Besprechung von Martin Krause/Pahor Labib, Gnostische und hermetische Schriften aus Codex II und Codex VI, ADAI.K 2, Glückstadt 1971.]

Zur Faksimile-Ausgabe der Nag-Hammadi-Schriften. Die Schriften des Codex VII, ZÄS 102, 123–138. [Besprechung der Ausgabe Leiden 1972.]

[1977] Die Relevanz der Kirchenväter für die Erschließung der Nag-Hammadi-Texte, in: Johannes Irmscher/Kurt Treu (Hg.), Das Korpus der griechischen christlichen Schriftsteller. Historie, Gegenwart, Zukunft, TU 120, Berlin, 209–218.

Die Wiederentdeckung und Ausgrabung eines unterägyptischen Anachoretenzentrums, OLZ 72, 341–346. [Besprechung von Rodolphe Kasser u. a.: Kellia 1965, RSAC 1, Genf 1967; dies.: Kellia topographie, RSAC 2, Genf 1972.]

[1978] Die Tendenz der Weisheit zur Gnosis, in: Barbara Aland (Hg.), Gnosis. FS für Hans Jonas, Göttingen, 351–172.

Koptisch-gnostische Schriften, Bd. 2/3, in: Robert McL. Wilson (Hg.), Nag Hammadi and Gnosis: Papers Read at the First International Congress of Coptology (Cairo, December 1976), NHS 14, Leiden, 113–116.

On the Middle Egyptian Dialect of the Coptic Language, Enchoria 8, Sonderband, 43*–58* (89–104).

Zum sogenannten Tractatus Tripartitus des Codex Jung, ZÄS 105, 133–141. [Besprechung von Rodolphe Kasser u. a.: Tractatus Tripartitus, pars I: De supernis. Codex Jung f. XXVI^r–f. LII^v (p. 51–104). Bern 1973.]

[1979] Der sogenannte Tractatus Tripartitus und die in den Himmel projizierte gnostische Anthropologie, in: Peter Nagel (Hg.), Studien zum Menschenbild in Gnosis und Manichäismus, WBH 39, Halle (Saale), 147–160.

[1980] Die jüdische Melchisedek-Gestalt als Thema der Gnosis, in: Karl-Wolfgang Tröger (Hg.), Altes Testament – Frühjudentum – Gnosis. Neue Studien zu „Gnosis und Bibel", Berlin, 111–136.

[1981] The Phenomenon and Significance of Gnostic Sethianism, in: Bentley Layton (Hg.), The Rediscovery of Gnosticism: Proceedings of the International Conference on Gnosticism at Yale, New Haven, Connecticut, March 28–31, 1978. Bd. 2: Sethian Gnosticism, SHR 41,2, Leiden, 588–616. [S. auch den Nachtrag zur Diskussion, 683–685.]

[1982] Zur Bildung der Nomina in der ägyptischen Sprache, OLZ 77, 229–236. [Besprechung von Jürgen Osing: Die Nominalbildung des Ägyptischen, 2 Bde., Mainz 1976.]

[1983] The Book of Thomas (NHC II,7): A Revision of a Pseudepigraphical Epistle of Jacob the Contender, in: A. H. B. Logan/A. J. M. Wedderburn (Hg.), The New Testament and Gnosis: Essays in Honour of Robert McL. Wilson, Edinburgh, 213–228.

The Problem of Gnosis, SecCent 3, 71–87.

[1984] The Mystery of the Gospel of Mark, SecCent 4, 65–82.

Ein koptischer Evagrius, in: Peter Nagel (Hg.), Graeco-Coptica. Griechen und Kopten im byzantinischen Ägypten, WBH 48, Halle (Saale), 219–230.

[1985] Notes on the Edition of the Scheide Codex, in: Tito Orlandi/Frederik Wisse (Hg.), Acts of the Second International Congress of Coptic Studies, Roma, 22–26 September 1980, Rom, 313–321.

Radikale sexuelle Enthaltsamkeit als hellenistisch-jüdisches Vollkommenheitsideal im Thomas-Buch (NHC II,7), in: Ugo Bianchi (Hg.), La tradizione dell' enkrateia. Motivazioni ontologiche e protologiche. Atti del Colloquio internazionale, Milano, 20–23 aprile 1982, Rom, 263–291.

[1986] The Function and Background of the Beloved Disciple in the Gospel of John, in: Charles W. Hedrick/Robert Hodgson, Jr. (Hg.), Nag Hammadi, Gnosticism, and Early Christianity, Peabody, MA, 111–125.

[1987] Gnosis: Zum Forschungsstand unter besonderer Berücksichtigung der religionsgeschichtlichen Problematik, VF 32, 2–21.

[1987–89] [Beiträge zu] NTApo^5: Das Evangelium nach Philippus, Bd. 1, 148–173; Das Buch des Thomas, Bd. 1, 192–204; Die Taten des Petrus und der zwölf Apostel, Bd. 2, 368–380. [= NTApo^6 (1990–97), Bd. 1, 148–173 und 192–204, Bd. 2, 368–380; NTApo^2 (1991–92), Bd. 1, 179–208 und 232–247; Bd. 2, 412–425.]

[1989] Das Berliner Evagrius-Ostrakon (P. Berol. 14 700), ZÄS 116, 90–107, Taf. 4–5.

Mittelägyptische „Nachlese“ I. Bemerkungen zum Adverb ϩⲓⲧⲣⲟⲩⲣ „schnell“ anläßlich einer Edition von Restfragmenten der Mailänder mittelägyptischen Handschrift der Paulusbriefe mit einem neuen Beleg, ZÄS 116, 160–174, Taf. 6–7.

[1990] Carl Schmidt und der Papyrus Berolinensis 8502, in: Peter Nagel (Hg.), Carl-Schmidt-Kolloquium an der Martin-Luther-Universität 1988, WBH 23, Halle (Saale), 71–88.

Bemerkungen zur Apokalypse des Allogenes (NHC XI,3), in: Wlodzimierz Godlewski (Hg.), Coptic Studies. Acts of the Third International Congress of Coptic Studies, Warsaw, 20–25 August 1984, Warschau, 417–424.

„Er muß wachsen, ich aber muß abnehmen“. Der Konflikt zwischen Jesusjüngern und Täufergemeinde im Spiegel des Johannes-Evangeliums, in: Christoph Elsas/Hans G. Kippenberg (Hg.), Loyalitätskonflikte in der Religionsgeschichte, FS für Carsten Colpe, Würzburg, 301–313.

Ein Brief als Textzeuge für den mittelägyptischen Dialekt des Koptischen (P.Mich. inv. 525), JCoptS 1, 59–72, Taf. 7.

[1991] Die Rolle der Gnosis in Bultmanns Kommentar zum Johannesevangelium aus heutiger Sicht, in: Protokoll der Tagung „Alte Marburger“ am 2. bis 5. Januar in Hofgeismar, 49–83.

Four Problems in the Life of Paul Reconsidered, in: Birger A. Pearson et al. (Hg.), The Future of Early Christianity, Essays in Honor of Helmut Koester, Minneapolis, 319–328.

Bemerkungen zum P. Hamb. Bil. 1 und zum altfayumischen Dialekt der koptischen Sprache, Enchoria 18, 69–93. [Besprechung von Bernd J. Diebner/Rodolphe Kasser (Hg.), Hamburger Papyrus Bil. 1. Die alttestamentlichen Texte des Papyrus Bilinguis 1 der Staats- und Universitätsbibliothek Hamburg: Canticum Canticorum (coptice), Lamentationes Ieremiae (coptice), Ecclesiastes (graece et coptice), COr 18, Genf 1989.]

Mesokemic (or Middle Egyptian), in: The Coptic Encyclopedia, Bd. 8, 162–164.

[1992] Gnosis-Forschung 1984–1988, in: Marguerite Rassart-Debergh/Julien Ries (Hg.), Actes du IVe congrès copte, Louvain-la-Neuve, 5–10 septembre 1988, Bd. 2: De la linguistique au gnosticisme, PIOL 41,2, Louvain-la-Neuve, 321–333.

Mittelägyptische „Nachlese“ II. Ein Privatbrief im mittelägyptischen Dialekt des Koptischen [P. BL OR 11173(2], ZÄS 119, 43–60, 157–158.

[1994] Der Gottesspruch im Menschenmund: Zur fayumischen Überlieferung des Predigers Salomo, in: Walter Beltz (Hg.), Der Gottesspruch in der koptischen Literatur. Hans-Martin Schenke zum 65. Geburtstag, HBO 15, Halle (Saale), 24–37.

Was ist Gnosis? Neue Aspekte der alten Frage nach dem Ursprung und dem Wesen der Gnosis; in: Johannes B. Bauer/Hannes D. Galter (Hg.), Gnosis. Vorträge der Veranstaltungsfolge des Steirischen Herbstes und der Österreichischen URANIA für Steiermark vom Oktober und November 1993, GrTS 16, Graz, 179–207.

Zur Exegese des Philippus-Evangeliums, in: Søren Giversen/Martin Krause/Peter Nagel (Hg.), Coptology: Past, Present, and Future. Studies in Honour of Rodolphe Kasser, OLA 61, Leuven, 123–137.

Nag Hammadi, in: Theologische Realenzyklopädie, Bd. 23, 731–736.

[1996] Ein Agathonicus-Fragment in P.Mich. inv. 6868, in: Cornelia E. Römer/Trajanos Gagos (Hg.), P.Michigan Koenen: Michigan Texts Published in Honor of Ludwig Koenen [= *P. Mich.* XVIII], Studia Amstelodamensia ad epigraphicam, ius antiquum et papyrologicam pertinentia 36, Amsterdam, 331–345.

Die Psalmen im mittelägyptischen Dialekt des Koptischen (der Mudil-Codex), Enchoria 23, 86–144.

[1997] Codex Glazier – Ein koptischer Zeuge des „Westlichen" Acta-Textes, in: Johannes Irmscher (Hg.), Die Literatur der Spätantike polyethnisch und polyglottisch betrachtet, Amsterdam, 33–41.

Marginal Notes on Manichaeism from an Outsider, in: Paul Mirecki/Jason BeDuhn (Hg.), Emerging from Darkness. Studies in the Recovery of Manichaean Sources, NHMS 43, Leiden, 289–294.

The Work of the Berliner Arbeitskreis: Past, Present, and Future, in: John D. Turner/Anne McGuire (Hg.), The Nag Hammadi Library after Fifty Years: Proceedings of the 1995 Society of Biblical Literature Commemoration, NHMS 44, Leiden, 62–71.

Konkordanzen zu den Nag Hammadi Codices, OLZ 92, 661–673. (Besprechung von Régine Charron: Concordance des textes de Nag Hammadi. Le Codex VII, BCNH.C 1, Sainte-Foy/Louvain/Paris 1992; Pierre Cherix: Concordance des textes de Nag Hammadi. Le Codex VI, BCNH.C 2, Sainte-Foy 1993; Régine Charron: Concordance des textes de Nag Hammadi. Le Codex III, BCNH.C 3, Sainte-Foy 1995; Pierre Cherix: Concordance des textes de Nag Hammadi. Le Codex I, BCNH.C 4, Sainte-Foy 1995.)

[1998] On the Compositional History of the Gospel of Thomas, in: Occasional Papers of The Institute for Antiquity and Christianity, Number 40.

Das sogenannte „Unbekannte Berliner Evangelium" (UBE), ZAC 2, 199–213.

[1999] Der Barnabasbrief im Berliner „Koptischen Buch" (P. Berol. 20915), Enchoria 25, 53–75, Taf. 19–24.

Das Berliner „Koptische Buch" (P. 20915) und seine Geheimnisse, ZÄS 126, 61–70.

Mittelägyptische „Nachlese" III. Neue Fragmente zum Martyrium des Cyri(a)cus und seiner Mutter Julitta im mittelägyptischen Dialekt des Koptischen, ZÄS 126, 149–172, Taf. 14–22.

[2000] Das Matthäus-Evangelium in einer Variante des mittelägyptischen Koptisch auf Papyrus (Codex Schøyen), Enchoria 26, 88–107, Taf. 12.

[2001] Bemerkungen zu # 71 des Thomas-Evangeliums, Enchoria 27, 120–126.

[2003] Fritz Hintzes Beitrag zur Erforschung des Koptischen, in: Erika Endesfelder (Hg.), Von Berlin nach Meroe. Erinnerungen an den Ägyptologen Fritz Hintze (1915–1993), Asien- und Afrika-Studien der Humboldt-Universität zu Berlin, Bd. 3, Wiesbaden 2003, 69–72.

[2004] Mittelägyptische „Nachlese" IV. Die koptischen Bestände der Sammlung Schøyen und ihr Text eines „Zweiten Matthäus", ZÄS 131, 83–92.

Ein anderes Matthäus-Evangelium im Dialekt *M*: Bemerkungen zum Codex Schøyen, in: Mat Immerzeel/Jacques van der Vliet (Hg.), Coptic Studies on the Threshold of a New Millennium, Proceedings of the Seventh International Congress of Coptic Studies, Leiden, 27 August–2 September 2000, Bd. 1, OLA 133,2, Leuven, 209–220.

3. *Rezensionen*

[1959] Jonas, Hans: Gnosis und spätantiker Geist, Bd. I: Die mythologische Gnosis, 2. durchges. Aufl., FRLANT.NF 33, Göttingen 1954. In: ThLZ 84, 813–820.

[1960] Jonas, Hans: Gnosis und spätantiker Geist, Bd. II, 1: Von der Mythologie zur mystischen Philosophie, FRLANT.NF 45, Göttingen 1954. In: ThLZ 85, 657–661.

Segelberg, Eric: Maṣbūtā: Studies in the Ritual of the Mandaean Baptism, Uppsala 1958. In: ThLZ 85, 581–583.

Wilson, Robert McL.: The Gnostic Problem: A Study of the Relations between Hellenistic Judaism and the Gnostic Heresy, London 1958. In: ZRGG 12, 94–96.

[1961] Drower, E. S.: The Canonical Prayerbook of the Mandaeans, Leiden 1959. In: ThLZ 86, 335–339.

[1962] Grobel, Kendrick: The Gospel of Truth: A Valentinian Meditation on the Gospel, London 1960. In: ThLZ 87, 30–31.

[1964] Leipoldt, Johannes: Griechische Philosophie und frühchristliche Askese, BVSAW 106,4, Berlin 1961. In: ThLZ 89, 136–137.

Krause, Martin/Labib, Pahor: Die drei Versionen des Apokryphon des Johannes im Koptischen Museum zu Alt-Kairo, ADAI.K 1, Wiesbaden 1962. In: OLZ 59, 548–553.

[1965] Malinine, Michel/Puech, Henri-Charles/Quispel, Gilles/Till, Walter/Wilson, Robert McL./Zandee, Jan: De resurrectione (Epistula ad Rheginum), Codex Jung F. XXII^{r}–XXV^{v} (p. 43–50), Zürich/Stuttgart 1963. In: OLZ 60, 471–477.

[1966] Böhlig, Alexander/Labib, Pahor: Koptisch-gnostische Apokalypsen aus Codex V von Nag Hammadi im Koptischen Museum zu Alt-Kairo, WZH Sonderband, Halle-Wittenberg 1963. In: OLZ 61, 23–34.

[1967] Giet, Stanislas: Hermas et les pasteurs. Les trois auteurs du pasteur d'Hermas, Paris 1963. In: ThLZ 92, 917–918.

Arai, Sasagu: Die Christologie des Evangelium Veritatis. Eine religionsgeschichtliche Untersuchung, Leiden 1964. In: Kairos 9, 161–162.

[1968] Schrage, Wolfgang: Das Verhältnis des Thomas-Evangeliums zur synoptischen Tradition und zu den koptischen Evangelienübersetzungen. Zugleich ein Beitrag zur gnostischen Synoptikerdeutung, BZNW 29, Berlin 1964. In: ThLZ 93, 36–38.

Bianchi, Ugo (Hg.): Le origini dello gnosticismo. Colloquio di Messina 13–18 aprile 1966, SHR 12, Leiden 1967. In: ThLZ 93, 903–905.

Van Groningen, G.: First Century Gnosticism: Its Origin and Motifs, Leiden 1967. In: ThLZ 93, 922–923.

[1969] Ménard, Jacques É.: L'Évangile de vérité. Rétroversion grecque et commentaire, Paris 1962. In: ThLZ 94, 340–343.

Ménard, Jacques É.: L'Évangile selon Philippe, Strasbourg/Paris 1967. In: ThLZ 94, 430–433.

[1970] Lohse, Eduard: Die Briefe an die Kolosser und an Philemon, Göttingen 1968. In: ThLZ 95, 271–274.

[1971] Joussen, Anton: Die koptischen Versionen der Apostelgeschichte (Kritik und Wertung), BBB 34, Bonn 1969. In: ThLZ 96, 351–352.

[1971] Santos Otero, Aurelio de: Das kirchenslavische Evangelium des Thomas, PTS 6, Berlin 1967. In: ThLZ 96, 502–503.

[1972] Quecke, Hans: Untersuchungen zum koptischen Stundengebet, PIOL 3, Louvain 1970. In: ThLZ 97, 360–361.

Schottroff, Luise: Der Glaubende und die feindliche Welt. Beobachtungen zum gnostischen Dualismus und seiner Bedeutung für Paulus und das Johannesevangelium, WMANT 37, Neukirchen-Vluyn 1970. In: ThLZ 97, 751–755.

[1974] Scholer, David M.: Nag Hammadi Bibliography 1948–1969, NHS 1, Leiden 1971. In: ThLZ 99, 497.

Ménard, Jacques É.: L'Évangile de Vérité, NHS 2, Leiden 1972. In: ThLZ 99, 516.

[1975] Kosack, Wolfgang: Lehrbuch des Koptischen, Graz 1974. In: JAC 18, 199–201.

[1976] Gnilka, Joachim: Der Epheserbrief, Freiburg 1971. In: ThLZ 101, 430–432.

Krause, Martin (Hg.): Essays on the Nag Hammadi Texts in Honour of Alexander Böhlig, NHS 3, Leiden 1972. In: OLZ 71, 567–570.

Reymond, E. A. E./Barns, J. W. B.: Four Martyrdoms from the Pierpont Morgan Coptic Codices, Oxford 1973. In: ThLZ 101, 666–667.

Böhlig, Alexander: Das Ägypterevangelium von Nag Hammadi (Das heilige Buch des großen unsichtbaren Geistes) nach der Edition von Alexander Böhlig/Frederik Wisse/Pahor Labib ins Deutsche übersetzt und mit einer Einleitung sowie Noten versehen, GOF.H 1, Wiesbaden 1974. In: ThLZ 101, 750–751.

[1977] Bullard, Roger Aubrey: The Hypostasis of the Archons, PTS 10, Berlin 1970. In: OLZ 72, 377–381.

Baumeister, Theofried: Martyr Invictus. Der Märtyrer als Sinnbild der Erlösung in der Legende und im Kult der frühen koptischen Kirche. Zur Kontinuität des ägyptischen Denkens, FuV 46, Münster 1972. In: ThLZ 102, 363–365.

Elsas, Christoph: Neuplatonische und gnostische Weltablehnung in der Schule Plotins, RGVV 34, Berlin/New York 1975. In: ThLZ 102, 644–646.

[1978] Tardieu, Michel: Trois mythes gnostiques. Adam, Éros et les animaux d'Égypte dans un écrit de Nag Hammadi (II,5), Paris 1974. In: ThLZ 103, 507–509.

[1979] Böhlig, Alexander/Wisse, Frederik: Nag Hammadi Codices III,2 und IV,2. The Gospel of the Egyptians. (The Holy Book of the Great Invisible Spirit), NHS 4, Leiden 1975. In: OLZ 74, 17–23.

Langbrandtner, Wolfgang: Weltferner Gott oder Gott der Liebe. Der Ketzerstreit in der johanneischen Kirche. Eine exegetisch-religionsgeschichtliche Untersuchung mit Berücksichtigung der koptisch-gnostischen Texte aus Nag-Hammadi, BET 6, Frankfurt/M. 1977. In: Enchoria 9, 149–153.

[1980] Orlandi, Tito: Koptische Papyri theologischen Inhalts, MPER 9, Wien 1974. In: ThLZ 105, 199.

[1981] Vergote, Jozef: Grammaire Copte, Bd. I a/b: Introduction, phonétique et phonologie, morphologie synthématique (structure de sémantèmes), (a=) Partie synchronique, (b=) Partie diachronique, Louvain 1973. In: OLZ 76, 345–351.

Krause, Martin (Hg.): Gnosis and Gnosticism. Papers Read at the Seventh International Conference on Patristic Studies (Oxford, September 8th–13th, 1975), NHS 8, Leiden 1977. In: OLZ 76, 471–473.

Orlandi, Tito/Campagnano, Antonella: Vite dei monaci Phif e Longino, TDSA 51, Mailand 1975. In: OLZ 76, 555–558.

Klijn, A. F. J.: Seth in Jewish, Christian and Gnostic Literature, NovT.S 46, Leiden 1977. In: ThLZ 106, 819–821.

Schmidt, Carl/MacDermot, Violet: Pistis Sophia, NHS 9, Leiden 1978; Dies.: The Books of Jeu and the Untitled Text in the Bruce Codex, NHS 13, Leiden 1978. In: ThLZ 106, 889–892.

[1982] Wilson, Robert McL. (Hg.), The Future of Coptic Studies, CoptSt 1, Leiden 1978. In: OLZ 77, 135–137.

Ménard, Jacques É.: L'Évangile selon Thomas, NHS 5, Leiden 1975. In: OLZ 77, 262–264.

Burmester, Oswald Hugh Ewart: Die Handschriftenfragmente der Staats- und Universitätsbibliothek Hamburg. Teil 1: Catalogue of Coptic Manuscript Fragments from the Monastery of Abba Pišoi in Scetis, Now in the Collection of the Staats- und Universitätsbibliothek Hamburg, VOHD 21,1 = Koptische Handschriften 1, Wiesbaden 1975. In: OLZ 77, 347–349.

Ménard, Jacques É. (Hg.): Les textes de Nag Hammadi. Colloque du Centre d'Histoire des Religions (Strasbourg, 23–25 octobre 1974), NHS 7, Leiden 1975. In: OLZ 77, 366–369.

Browne, Gerald M.: Michigan Coptic Texts, PapC 7, Barcelona 1979. In: APF 28, 89–90.

Dassmann, Ernst: Der Stachel im Fleisch. Paulus in der frühchristlichen Literatur bis Irenäus, Münster 1979. In: ThLZ 107, 433–435.

Lattke, Michael: Die Oden Salomos in ihrer Bedeutung für Neues Testament und Gnosis, Bde. I, Ia, II, OBO 25,1.1a.2, Fribourg/Göttingen 1979/80. In: ThLZ 107, 820–823.

Layton, Bentley: The Gnostic Treatise on Resurrection from Nag Hammadi. Edited with Translation and Commentary, HDR 12, Missoula, MO 1979. In: ThLZ 107, 823–824.

Cherix, Pierre: Étude de lexicographie copte. Chenouté, Le discours en présence de Flavien (les noms et les verbes), CRB 18, Paris 1979. In: ThLZ 107, 836–838.

[1983] Layton, Bentley (Hg.): The Rediscovery of Gnosticism: Proceedings of the International Conference on Gnosticism at Yale, New Haven, Connecticut, March 28–31, 1978, 2 Bde., SHR 41, Leiden 1980–81. In: OLZ 78, 332–338.

[1984] Barns, John W. B./Browne, Gerald M./Shelton, John C.: Nag Hammadi Codices: Greek and Coptic Papyri from the Cartonnage of the Covers, NHS 16, Leiden 1981. In: OLZ 79, 137–140.

Pearson, Birger A. (Hg.): Nag Hammadi Codices IX and X, NHS 15, Leiden 1981. In: OLZ 79, 246–249.

Parrott, Douglas M. (Hg.): Nag Hammadi Codices V,2–5 and VI with Papyrus Berolinensis 8502, I and 4, NHS 11, Leiden 1979. In: OLZ 79, 460–464.

Hedrick, Charles W.: The Apocalypse of Adam. A Literary and Source Analysis, SBL.DS 46, Chico, CA, 1981. In: ThLZ 109, 447–448.

Meyer, Marvin W.: The Letter of Peter to Philip. Text, Translation, and Commentary, SBL.DS 53, Chico, CA, 1981. In: ThLZ 109, 735–736.

Bagnall, Roger S./Derow, Peter: Greek Historical Documents: The Hellenistic Period, SBL.SBSt 16, Chico, CA, 1981. In: ThLZ 109, 736–737.

[1984–85] Tardieu, Michel: Écrits gnostiques: Codex de Berlin, SGM 1, Paris 1984. In: JAC 27/28, 238–242.

[1985] Cherix, Pierre: Le Concept de Notre Grande Puissance (CG VI,4). Texte, remarques philologiques, traduction et notes, OBO 47, Fribourg/Göttingen 1982. In: Enchoria 13, 233–242.

Sanders, Jack T.: Ben Sira and Demotic Wisdom, SBL.MS 28, Chico, CA, 1983. In: ThLZ 110, 601–602.

[1986] Emmel, Stephen (Hg.): Nag Hammadi Codex III,5: The Dialogue of the Savior, NHS 26, Leiden 1984. In: Enchoria 14, 175–187.

Schmithals, Walter: Die Briefe des Paulus in ihrer ursprünglichen Form, Zürich 1984. In: ThLZ 111, 512–513.

Timm, Stefan: Das christlich-koptische Ägypten in arabischer Zeit, Teil 1: A–C, TAVO, Reihe B, Beiheft 41,1, Wiesbaden 1984. In: ThLZ 111, 750–752.

Lindemann, Andreas: Der Kolosserbrief, ZBK.NT 10, Zürich 1983. In: ThLZ 111, 820–822.

[1987] Lucchesi, Enzo: Répertoire des manuscrits coptes (sahidiques) publiés de la Bibliothèque Nationale de Paris, COr 1, Genf 1981. In: OLZ 82, 24–25.

Scopello, Maddalena: L'Exégèse de l'âme: Nag Hammadi Codex II,6, NHS 25, Leiden 1985. In: BibOr 44, 694–698.

Hofrichter, Peter: Im Anfang war der „Johannesprolog". Das urchristliche Logosbekenntnis – die Basis neutestamentlicher und gnostischer Theologie, BU 17, Regensburg 1986. In: JAC 30, 195–200.

Villey, André: Alexandre de Lycopolis. Contre la doctrine de Mani, SGM 2, Paris 1985. In: JAC 30, 213–217.

Peters, Melvin K. H.: A Critical Edition of the Coptic (Bohairic) Pentateuch, Bd. 5: Deuteronomy, SBL.SCSt 15, Chico, CA, 1983. In: OLZ 82, 546–548.

Ménard, Jacques É.: Le Traité sur la résurrection (NH I,4), BCNH.T 12, Québec/Leuven 1983; Janssens, Yvonne: Les Leçons de Silvanos (NH VII,4), BCNH.T 13, Québec 1983; Ménard, Jacques É.: L'Exposé valentinien. Les Fragments sur le baptême et sur l'eucharistie (NH XI,2), BCNH.T 14, Québec 1985; Barc, Bernard (Hg.): Colloque international sur les textes de Nag Hammadi (Québec, 22–25 août 1978), BCNH.É 1, Québec/Louvain 1981. In: ThLZ 112, 109–113.

[1988] Aranda Pérez, Gonzalo: El Evangelio de San Mateo en copto sahídico (texto de M 569, estudio preliminar y aparato crítico), Textos y estudios «Cardenal Cisneros» 35, Madrid 1984. In: APF 34, 62–65.

Sevrin, Jean-Marie: Le dossier baptismal séthien: Études sur la sacramentaire gnostique, BCNH.É 2, Québec 1986. In: BibOr 45, 143–149.

Poirier, Paul-Hubert: La version copte de la Prédication et du Martyre de Thomas, SHG 67, Bruxelles 1984. In: OLZ 83, 48–51.

Helderman, Jan: Die Anapausis im Evangelium Veritatis. Eine vergleichende Untersuchung des valentinianisch-gnostischen Heilsgutes der Ruhe im Evangelium Veritatis und in anderen Schriften der Nag Hammadi-Bibliothek, NHS 18, Leiden 1984. In: OLZ 83, 178–180.

Tuckett, Christopher M.: Nag Hammadi and the Gospel Tradition. Synoptic Tradition in the Nag Hammadi Library, Edinburgh 1986. In: ThLZ 113, 27–28.

Peters, Melvin K. H.: A Critical Edition of the Coptic (Bohairic) Pentateuch, Bd. 1: Genesis, Bd. 2: Exodus, SBL.SCSt 19/22, Atlanta, GA, 1985/1986. In: ThLZ 113, 421–424.

[1989] Vergote, Jozef: Grammaire Copte, Bd. 2: Morphologie syntagmatique, Syntaxe, Tome a: Partie synchronique. Tome b: Partie diachronique, Leuven 1983. In: OLZ 84, 272–278.

Attridge, Harold W. (Hg.): Nag Hammadi Codex I (the Jung Codex), 2 Bde., NHS 22/23, Leiden 1985. In: OLZ 84, 532–538.

Layton, Bentley: The Gnostic Scriptures. A new Translation with Annotations and Introductions, Garden City, NY, 1987. In: ThLZ 114, 101–104.

Siegert, Folker: Nag-Hammadi-Register. Wörterbuch zur Erfassung der Begriffe in den koptisch-gnostischen Schriften von Nag-Hammadi mit einem deutschen Index, WUNT 26, Tübingen 1982. In: ThLZ 114, 193–195.

Whitacre, Rodney A.: Johannine Polemic: The Role of Tradition and Theology, SBL.DS 67, Chico, CA, 1982. In: ThLZ 114, 432–433.

Cherix, Pierre: Le Concept de Notre Grande Puissance (CG VI,4). Texte, remarques philologiques, traduction et notes, OBO 47, Fribourg/Göttingen 1982. In: ThLZ 114, 523–524. [Siehe auch Enchoria 13 (1985), 233–242.]

Veilleux, Armand: La Première Apocalypse de Jacques (NH V,3). La Seconde Apocalypse de Jacques (NH V,4), BCNH.T 17, Québec 1986. In: ThLZ 114, 815–817.

Koenen, Ludwig/Römer, Cornelia: Der Kölner Mani-Kodex. Abbildungen und diplomatischer Text, PTA 35, Bonn 1985. Dies.: Der Kölner Mani-Kodex. Über das Werden seines Leibes, Kritische Edition aufgrund der von Albert Henrichs und Ludwig Koenen besorgten Erstedition, PapCol 14, Opladen 1988. In: ThLZ 114, 820–822.

[1990] Polotsky, Hans Jakob: Grundlagen des koptischen Satzbaus, 1. Hälfte, ASP 27, Decatur, GA, 1987. In: APF 36, 89–91.

Guillaumont, Antoine/Guillaumont, Claire: Évagre le Pontique. Le Gnostique ou à celui qui est devenu digne de la science, SC 356, Paris 1989. In: JAC 33, 269–271.

Leisegang, Hans: Die Gnosis. 5. Aufl., KTA 32, Stuttgart 1985. In: OLZ 85, 49–51.

Layton, Bentley: Catalogue of Coptic Literary Manuscripts in the British Library Acquired Since the Year 1906, London 1987. In: OLZ 85, 153–158.

Giversen, Søren (Hg.): The Manichaean Coptic Papyri in the Chester Beatty Library, Facsimile Edition, 4 Bde., COr 14–17, Genf 1986–88. In: OLZ 85, 292–295.

Green, Michael: The Coptic *share* Pattern and Its Ancient Egyptian Ancestors. A Reassessment of the Aorist Pattern in the Egyptian Language, Warminster 1987. In: OLZ 85, 408–410.

Boismard, M.-É./Lamouille, A.: Le texte occidental des Actes des Apôtres. Reconstitution et réhabilitation, 2 Bde., Paris 1984. In: ThLZ 115, 198–200.

Burkhardt, Helmut: Die Inspiration heiliger Schriften bei Philo von Alexandrien, Gießen/Basel 1988. In: ThLZ 115, 444–445.

Morard, Françoise: L'Apocalypse d'Adam (NH V,5), BCNH.T 15, Québec 1985. In: ThLZ 115, 495–497.

Rouleau, Donald/Roy, Louise: L'Épître apocryphe de Jacques (NH I,2). L'Acte de Pierre (BG 4), BCNH.T 18, Québec 1987. In. ThLZ 115, 575–577.

Scholten, Clemens: Martyrium und Sophiamythos im Gnostizismus nach den Texten von Nag Hammadi, JAC.E 14, Münster 1987. In: ThLZ 115, 729–731.

Kuntzmann, Raymond: Le Livre de Thomas (NH II,7), BCNH.T 16, Québec 1986. In: ThLZ 115, 893–895.

[1991] Layton, Bentley (Hg.): Nag Hammadi Codex II,2–7 together with XIII,2*, Brit.Lib. Or. 4926(1), and P.Oxy. 1, 654, 655, 2 Bde., NHS 20/21, Leiden 1989. In: JAC 34, 177–183.

Shisha-Halevy, Ariel: Coptic Grammatical Categories. Structural Studies in the Syntax of Shenoutean Sahidic, AnO 53, Rom 1986. In: OLZ 86, 154–159.

Thomassen, Einar/Painchaud, Louis: Le Traité Tripartite (NH I,5), BCNH.T 19, Québec 1989. In: ThLZ 116, 101–103.

Lattke, Michael: Die Oden Salomos in ihrer Bedeutung für Neues Testament und Gnosis, Bd. 3, OBO 25,3, Fribourg 1986: In: ThLZ 116, 190–191.

[1992] Kloppenborg, John S./Meyer, Marvin W./Patterson, Stephen J./Steinhauser, Michael G.: Q – Thomas Reader, Sonoma, CA, 1990. In: ThLZ 117, 359–360.

[1993] Hedrick, Charles W. (Hg.): Nag Hammadi Codices, XI, XII, XIII, NHS 28, Leiden 1990. In: OLZ 88, 372–380.

Böhlig, Alexander: Gnosis und Synkretismus. Gesammelte Aufsätze zur spätantiken Religionsgeschichte, 2 Bde., WUNT 47–48, Tübingen 1989. ThLZ 118, 1019–1020.

[1994] Polotsky, Hans Jakob: Grundlagen des koptischen Satzbaus, 2. Hälfte, AStP 29, Atlanta, GA, 1990. In: APF 40, 101–104.

Zandee, Jan: The Teachings of Sylvanus (Nag Hammadi Codex VII,4). Text, Translation, Commentary, EU 6, Leiden 1991. In: JAC 36 (1993), 231–234. [Siehe auch Enchoria 21, 196–210.]

Griggs, C. Wilfred: Early Egyptian Christianity. From Its Origins to 451 C.E., 2. Aufl., CoptSt 2, Leiden 1991. In: BibOr 51, 362–365. [Siehe auch ThLZ 119, 140–143.]

Aranda Pérez, Gonzalo: El Evangelio de San Marcos en copto sahídico (texto de M 569 y aparato crítico), Textos y estudios «Cardenal Cisneros» 45, Madrid 1988. In: Enchoria 21, 153–155.

Zandee, Jan: The Teachings of Sylvanus (Nag Hammadi Codex VII,4). Text, Translation, Commentary, EU 6, Leiden 1991. In: Enchoria 21, 196–210.

Griggs, C. Wilfred: Early Egyptian Christianity From Its Origins to 451 C.E., 2. Aufl., CoptSt 2, Leiden 1991. In: ThLZ 119, 140–143.

[1995] Markschies, Christoph: Valentinus Gnosticus? Untersuchungen zur valentinianischen Gnosis mit einem Kommentar zu den Fragmenten Valentins, Tübingen 1992. In: JAC 38, 173–177.

Parrott, Douglas M.: Nag Hammadi Codices III,3–4 and V,1 with Papyrus Berolinensis 8502,3 and Oxyrhynchus Papyrus 1081: Eugnostos and The Sophia of Jesus Christ, NHS 27, Leiden 1991. In: JAC 38, 177–181.

Depuydt, Leo: Catalogue of Coptic Manuscripts in the Pierpont Morgan Library, 2 Bde., Leuven 1993. In: OLZ 90, 154–162.

Majercik, Ruth: The Chaldean Oracles, SGRR 5, Leiden 1989. In: ThLZ 120, 228–231.

[1997] Khosroyev, Alexandr: Die Bibliothek von Nag Hammadi. Einige Probleme des Christentums in Ägypten während der ersten Jahrhunderte, ASKÄ 7, Altenberge 1995. In: JAC 40, 239–241.

Pedersen, Nils Arne: Studies in *The Sermon on the Great War*. Investigations of a Manichaean-Coptic Text from the Fourth Century, Aarhus 1996. In: OLZ 92, 485–489.

Holzhausen, Jens: Der „Mythos vom Menschen“ im hellenistischen Ägypten. Eine Studie zu „Poimandres“ (CH I), zu Valentin und dem gnostischen Mythos, Bodenheim 1994. In: ThLZ 122, 234–236.

Jonas, Hans: Gnosis und spätantiker Geist, Bd. II,1.2: Von der Mythologie zur mystischen Philosophie (hrsg. v. Kurt Rudolph), FRLANT 159, Göttingen 1993. In: ThLZ 122, 237–239.

[1997–98] Elanskaya, Alla I.: The Literary Coptic Manuscripts in the A. S. Pushkin State Fine Arts Museum in Moscow, VigChr.S 18, Leiden 1994. In: Enchoria 24, 163–170.

Wurst, Gregor: Die Bema-Psalmen. The Manichaean Coptic Papyri in the Chester Beatty Library, Psalm Book, Part II, Fasc. 1, CFM.C I,2.1, Turnhout 1996. In: Enchoria 24, 186–193.

[1998] Tardieu, Michel: Recherches sur la formation de l'Apocalypse de Zostrien et les sources de Marius Victorinus; Hadot, Pierre: „Porphyre et Victorinus“, Questions et hypothèses, RO 9, Bures-sur-Yvette 1996. In: JAC 41, 252–256.

Störk, Lothar: Koptische Handschriften II: Die Handschriften der Staats- und Universitätsbibliothek Hamburg, Teil 2: Die Handschriften aus Dair Anba Maqar, beschrieben unter Verwendung der Aufzeichnungen von Oswald Hugh Ewart KHS-Burmester, VOHD 21,2, Stuttgart 1995. In: OLZ 93, 165–169.

Colpe, Carsten/Holzhausen, Jens: Das Corpus Hermeticum Deutsch. Übersetzung, Darstellung, Kommentierung in drei Teilen. Teil 1: Die griechischen Traktate und der lateinische „Asclepius“; Teil 2: Exzerpte, Nag-Hammadi-Texte, Testimonien, Stuttgart/Bad Cannstatt 1997. In: ThLZ 123, 134–136.

[1999] Nagel, Peter: Der Tractatus Tripartitus aus Nag Hammadi Codex I (Codex Jung), STAC 1, Tübingen 1998. In: JAC 42, 206–209.

[2001] Westerhoff, Matthias: Auferstehung und Jenseits im koptischen „Buch der Auferstehung Jesu Christi, unseres Herrn“, OBC 11, Wiesbaden 1999. In: JAC 44, 237–243.

Gardner, Iain (Hg.): Kellis Literary Texts I, with contributions by S. Clackson, M. Franzmann and K. A. Worp (Dakhleh Oasis Project: Monograph No. 4), OM 69, Oxford, 1996; Gardner, Iain/Alcock, Alfred/Funk, Wolf-Peter (Hg.), Coptic Documentary Texts from Kellis. I: P. Kell. V (P. Kell. Copt. 10–52; O. Kell. Copt. 1–2), with a contribution by C. A. Hope and G. E. Bowen (Dakhleh Oasis Project: Monograph 9), Oxford 1999. In: Enchoria 27, 221–230.

Layton, Bentley: A Coptic Grammar With Chrestomathy and Glossary. Sahidic Dialect, PLA.NS 20, Wiesbaden 2000. In: Enchoria 27, 231–242.

[2001] Richter, Siegfried G.: Die Herakleides-Psalmen. The Manichaean Coptic Papyri in the Chester Beatty Library. Psalm Book, Part II,2. Published under the Auspices of the Trustees of the Chester Beatty Library and under the Responsibility of the International Committee fort he Publication of the Manichaean Coptic Papyri from Medinet Madi belonging to the Chester Beatty Library (Søren Giversen, Rodolphe Kasser, Martin Krause), CFM.C 1.2, Turnhout 1999. In: Enchoria 27, 243–254.

Hammerstaedt, Jürgen: Griechische Anaphorenfragmente aus Ägypten und Nubien, ANWAW.PC 28, Opladen 1999. In: OLZ 96, 204–207.

[2002] Hartenstein, Judith: Die zweite Lehre. Erscheinungen des Auferstandenen als Rahmenerzählungen frühchristlicher Dialoge, TU 146, Berlin 2000. In: GGA 254, Nr. 3–4, 161–178.

François Bovon/Bertrand Bouvier/Frédéric Amsler: Acta Philippi. Textus cura, Commentarius cura Frédéric Amsler, CChr.SA 11.12, Turnhout 1999. In: JAC 45, 239–247.

Molinari, Andrea Lorenzo: "I Never Knew the Man": The Coptic Act of Peter (Papyrus Berolinensis 8502.4). Its Independence from the Apocryphal Acts of Peter, Genre and Legendary Origins, BCNH.É 5, Québec/Louvain/Paris 2000. In: JAC 45, 247–253.

Roberge, Michel: Paraphrase de Sem (NH VII,1), BCNH.T 25, Québec/Louvain/Paris 2000. In: OLZ 97, 471–475.

[2002–3] Cherix, Pierre: Lexique analytique du parchemin pBodmer VI, version copte du Livre des Proverbes, IELOA 2, Lausanne 2000. In: Enchoria 28, 185–191.

Funk, Wolf-Peter: Manichäische Handschriften der Staatlichen Museen zu Berlin, Bd. I: Kephalaia, Zweite Hälfte (Lieferung 13/14), herausgegeben im Auftrage der Deutschen Akademie der Wissenschaften zu Berlin, Stuttgart 1999. In: Enchoria 28, 192–200.